CAMBRIDGE CLASSICAL TEXTS AND
COMMENTARIES

EDITORS

J. DIGGLE   N. HOPKINSON   S. P. OAKLEY
J. G. F. POWELL   M. D. REEVE
D. N. SEDLEY   R. J. TARRANT

50

DIOGENES LAERTIUS
LIVES OF EMINENT
PHILOSOPHERS

DIOGENES LAERTIUS

LIVES OF EMINENT PHILOSOPHERS

EDITED WITH INTRODUCTION
BY

TIZIANO DORANDI

Directeur de recherche CNRS Paris

CAMBRIDGE
UNIVERSITY PRESS

CAMBRIDGE UNIVERSITY PRESS
Cambridge, New York, Melbourne, Madrid, Cape Town,
Singapore, São Paulo, Delhi, Mexico City

CAMBRIDGE UNIVERSITY PRESS
The Edinburgh Building, Cambridge CB2 8RU, UK

Published in the United States of America by Cambridge University Press,
New York

www.cambridge.org
Information on this title: www.cambridge.org/9780521886819

First published 2013

Printed and bound in the United Kingdom by the MPG Books Group

A catalogue record for this publication is available from the British Library

ISBN 978-0-521-88681-9 Hardback

dis manibus
v. d. Petri Von der Muehll
de studiis Laertianis optime merentis
s.

αἱ δὲ τεαὶ ζώουσιν ἀηδόνες, ἧσιν ὁ πάντων
ἁρπακτὴς Ἀΐδης οὐκ ἐπὶ χεῖρα βαλεῖ

CONTENTS

CONTENTS

PREFACE

'*Si possem, haec [. . .] volumina retinerem et retractarem potius quam ederem.*' As I prepared to publish the results of nearly two decades of research dedicated to the history of the text and to the editing of the *Lives and Opinions of Eminent Philosophers* by Diogenes Laertius, more than once this phrase came to mind. But, like Siegfried Sudhaus, I did not give in to the temptation: '*sed multa me commovent, ut quae habeam tandem edam. nam [. . .] infiniti laboris aliquis tandem finis faciendus videbatur, et complurium contentione et iudicio philologorum plus effici quam unius opera expertus scio*' (*Philodemi Volumina Rhetorica* ed. S. Sudhaus, Leipzig 1892, v).

No edition of an ancient text can be considered definitive. My hope is to have taken a step forward in the understanding of the text of Diogenes' *Lives*, and to have laid down foundations on which others will build.

This project would never have been realized if I had not had the enviable privilege of belonging to a team of the French 'Centre National de la Recherche Scientifique' (CNRS), the 'Centre Jean Pépin (UPR 76)'. Being free of didactic and administrative commitments, and hence enjoying complete *otium*, I have been able to dedicate myself full time to the study of Diogenes Laertius.

Many other cultural institutions have come forward with useful and concrete offers of help.

The librarians to whom I have turned in order to consult manuscripts, or for reproductions, have responded to my requests with promptness and great helpfulness. To them and to the members of the Greek section of the 'Institut de Recherche et d'Histoire des Textes' (IRHT) in Paris I express my gratitude.

Ivan Boserup (keeper at the Manuscript Department of the Kongelige Bibliotek of Copenhagen) put at my disposal a micro-film of J. J. Reiske's 'Ad Diogenem Laertium animadversiones secundum editionem Meibomianam' (Ny Kongelige Samling 98 8vo & Ny Kongelige Samling 194 4to), partially published by H. Diels in 1889.

Colleagues and friends have always answered my questions with readiness and close attention and have been generous with advice and suggestions. I should like to express my sincere gratitude, first and foremost, to Professor Rudolf Kassel: he not only read all ten books of my edition, accompanying me through the meanderings of Laertian textual criticism, but also elucidated various obscure passages, suggested new conjectures, and corrected many errors and inconsistencies. I should also like to thank all the other members of the Institut für Altertumskunde of the University of Cologne who, under his leadership, took the time to discuss difficult passages and to provide suggestions that were always convincing. Walter Lapini kindly sent me some as yet unpublished conjectures and has put his forthcoming book on Epicurus' *Letter to Herodotus* at my disposal. I have benefited from comments and clarifications on some aspects of the *Lives'* transmission by Michael Reeve. Daniele Bianconi, Antonio Carlini, Guglielmo Cavallo, Christian Förstel, Santo Lucà, Marwan Rashed and Nigel G. Wilson helped me on palaeographical and codicological matters. Finally, I have been able to discuss individual textual and exegetical problems to great advantage with Michele Bandini, Antonio Carlini, Luca Casantini, Riccardo Chiaradonna, Michele Corradi, Pierre-Paul Corsetti, Niels Christian Dührsen, Pedro Pablo Fuentes Gonzáles, Angelo Giavatto, Richard Goulet, Marie-Odile Goulet-Cazé, Augusto Guida, Jürgen Hammerstaedt, Vinko Hinz, Neil Hopkinson, Jaap Mansfeld, David Sedley, Emidio Spinelli, Gregor Staab, Markus Stein, Mauro Tulli and Francesco Verde.

Thanks to the generosity of colleagues from the University of Basel (Henriette Harich-Schwarzbauer and Anton Bierl), I had the privilege of studying and making use of the *Nachlaß* of Peter Von der Mühll, for the first time in its entirety. The *Nachlaß* contains collations of manuscripts, notes and bibliographical details, in part arranged in apparatus form, which I have been able to check and compare profitably with material that I had previously gathered. In my apparatus and in the edition itself I have also taken into account unpublished conjectures by Von der Mühll. I would hope that the great teacher of Basel – the city that saw the publication of the *editio* princeps of Diogenes' *Lives* (1533) – would not have refused the dedication of my edition of one of his favourite authors. I have felt duty bound to pay him this homage. I only hope that my work is not too unworthy of his name and does not injure his revered memory.

Chartres
20.12.2012

INTRODUCTION

I MANUSCRIPTS

The *Lives and Opinions of Eminent Philosophers* by Diogenes Laertius (third century AD)[1] are transmitted (entirely, partially, or in the form of excerpts) by a hundred or so manuscripts.[2] The oldest witnesses of this tradition are three continuous manuscripts (**B**, **P** and **F**), datable between the end of the eleventh century and the thirteenth century, and three collections of excerpts, two (**Φ/Φh**) copied in a Vatican MS of the twelfth century (and in its descendants) and the third in a MS in Vienna (**Vi**) written and dated 28 July 925. All other manuscripts date from the fourteenth to the sixteenth centuries, though some manuscripts with excerpts are as late as the eighteenth.[3]

[1] For the known facts about Diogenes Laertius I refer readers to M.-O. Goulet-Cazé's clear and well-informed 'Introduction générale', in *Diogène Laërce* 9–27, as well as to D. T. Runia, 'Diogenes Laertios', *DNP* 3 (1997) 601–3 and to J. Warren, 'Diogenes Laertius, biographer of philosophy', in J. König and T. Whitmarsh, *Ordering Knowledge in the Roman Empire* (Cambridge 2007) 133–49. New data on Diogenes' chronology are discussed by J. Jouanna, 'Médecine et philosophie: sur la date de Sextus Empiricus et de Diogène Laërce à la lumière du *Corpus* galénique', *REG* 122 (2009) 359–90.

[2] I have published a description of all the manuscripts known to me in *Laertiana* 1–37. They should be distinguished as follows: manuscripts entirely or partially transmitting the *Lives* (30 MSS); those with the two (or one of the two) series of the *excerpta Vaticana* (11 MSS, two of which are limited to short passages); the one MS of the *excerptum Vindobonense*; those transmitting only the third book (*Life of Plato*: eight MSS, one of them with short excerpts, two more with a paraphrase and rewriting); finally, 48 MSS with more or less extended excerpts of the *Lives*. A further 26 manuscripts, in spite of what we read in catalogues, do not transmit the Greek text of the *Lives* (see *Laertiana* 32–5). In the pages that follow, I have divided the codices into three sections, in chronological order: continuous manuscripts; the *excerpta Vaticana* and the *excerptum Vindobonense*; the manuscripts of the *Life of Plato*. A concordance of the sigla is available in *Laertiana* 35–7.

[3] I briefly summarize the results obtained in my preliminary studies and re-elaborated in *Laertiana*. For addenda and corrigenda to that volume, see below, 876–8.

(i) Continuous manuscripts

P Paris, Bibliothèque nationale de France, gr. 1759. 11th/12th
cent. Oriental paper. 210×150 mm. ff. I+251 (ff. 174r end,
174v–176r blanks). Written at Constantinople by two
contemporary anonymous hands (A: 1r–95r; B: 95v–251v).
There is evidence of six correctors (**P²⁻⁷**), the most important
of whom is indicated with the siglum **P⁴**. In f. Ar, a later hand
(15th–16th cent.) copied an epitaph on Emperor Basil II the
Bulgar–slayer 'Bulgaroktonos' (958–1025), followed by two
further epitaphs, one on Julian the Apostate and one on a
certain Bessarion. In f. Av there is the abbreviated index of
the *Lives*; the hand is identifiable as that of Nicholas
Sophianos; in f. 1rv, the *index* locupletior (also reproduced by
P's descendants **E**, **H**, **I** and **Y**) preceded by the *inscriptio*
λαερτ(ίου) διογέν(ους) βίοι καὶ γνῶ(μαι) τῶν ἐν
φιλο(σοφία) εὐδοκιμησάντων καὶ τῶν ἑκάστη αἱρέσει
ἀρεσκόντων ἐν ἐπιτομ(ῆ). συναγωγή· διήιρηται τὸ
σύγγρα(μμα) εἰς βίβλ(ους) δέκα· ἑκάστου βιβλίου τὰ
πρόσωπα. *Inscriptio* (f. 2r) λαερτίου διογένους βίοι καὶ
γνῶμαι (βίων καὶ γνωμῶν s.l. γρ **P⁴**) τῶν ἐν φιλοσοφία
εὐδοκιμησάντων καὶ τῶν ἑκάστη αἱρέσει ἀρεσκόντων
(ἀρεσάντων s.l. γρ **P⁴**) (τῶν εἰς δέκα τὸ πρῶτον add. **P⁴**).
Subscriptio (f. 251v) λαερτίου διογένους φιλοσόφων βίων
(γνωμῶν **P⁴**) καὶ δογμάτων συναγωγῆς, τῶν εἰς δέκα.
ἐπίκουρος. ἐπίκουρος

B Naples, Biblioteca Nazionale, III.B.29. 12th cent. Parch-
ment. 255×180 mm. ff. VI+247+V (f. 1 is lost). It contains
Diogenes Laertius (ff. 2r–246r); Lamprias' Catalogue of the
works of Plutarch follows (ff. 246r–247v), written by a later
hand (14th cent.). There are some corrections in a
contemporary hand (**B²**). The MS was written in southern
Italy (in Sicily, maybe Palermo). *Subscriptio* (f. 246r) λαερτίου
διογένους φιλοσόφων βίων καὶ δογμάτων συναγωγῆς
τῶν εἰς ι′ ἐπίκουρος. *Subscriptiones* also at the end of books 8
(f. 190v) λαερτίου διογένους φιλοσόφων βίων καὶ

δογμάτων συναγωγῆς τῶν εἰς ιη′ η′ (*lege* ι′{η} η′ *vel* ι′ η′ οἱ) πυθαγορικοί and 9 (f. 214v) λαερτίου διογένους φιλοσόφων βίων καὶ δογμάτων συναγωγῆς τῶν εἰς ι′ θ′ ἤ (ἤ **B²**: *lege* οἱ) σποράδην καὶ πυρρώνιοι

F Florence, Biblioteca Medicea Laurenziana, plut. 69.13. 13th cent. Parchment. 285×222 mm. In two columns. Ff. III+164 (ff. 9r–19v, 38rv and ff. 161r–164r have been restored). Contains a Τριώδιον (f. 1rv); Diogenes Laertius (ff. 2r–137vI) and Cleomedes (ff. 137vI–164r). The 148 ancient parchment folios (ff. 1–8, 20–37, 39–160) are palimpsest. *Scriptura inferior*: remains of Plutarch's *Moralia* (9–19, 44–7, 55 and 29). The original Plutarchean manuscript (285× 222 mm) contained 226 folios, written in a minuscule script datable to the tenth or eleventh century. Written in Constantinople by two anonymous scribes (the first copy only f. 1rv). There are frequent corrections by a later hand, 13th/14th century (**F²**). The restored folios are written by Francesco Zanetti (*c.* 1565–70), who for the Laertian section used MS **G** as model. *Inscriptio* (f. 2r) λαερτίου διογένους βίων καὶ γνωμῶν (βίοι καὶ γνῶμαι **F²**) τῶν ἐν φιλοσοφία εὐδοκιμησάντων καὶ τῶν ἑκάστη αἱρέσει ἀρεσάντων (ἀρεσκόντων **F²**) τῶν εἰς δέκα τὸ πρῶτον. *Inscriptiones* at the beginning of each book too λαερτίου διογένους τῶν εἰς ι′ τὸ πρῶτον (τὸ δεύτερον κτλ.)

V Vatican, Biblioteca Apostolica Vaticana, gr. 1302. Oriental paper. 326×237 mm. ff. II+218. Written in Constantinople in the early 14th cent. by two contemporaneous scribes in archaizing script: A (ff. 1–81) and B (ff. 83–237). There are some corrections by the same scribe and by at least one later hand (**V²**). Miscellaneous manuscript. Diogenes' *Lives* (1–6.66 ὀνειδιζόμενος) at ff. 1r–81v. *Inscriptio* (f. 1r) λαερτίου διογένους βίων καὶ γνωμῶν τῶν ἐν φιλοσοφίαι εὐδοκιμησάντων καὶ τῶν ἐν ἑκάστη αἱρέσει ἀρεσάντων τῶν εἰς δέκα τὸ πρῶτον

Q Paris, Bibliothèque nationale de France, gr. 1758, ff. 4r–203r. Early 14th cent.

3

W Vatican, Biblioteca Apostolica Vaticana, Vat. gr. 140, ff. 1r–175r. Early 14th cent.

Co Constantinople, Library Ahmed III Topkapi Saray, ms. 80 (48 Deismann), ff. 3r–155r. Early 14th cent.

M Venice, Biblioteca Marciana, gr. 393 (coll. 896). Early 14th cent.

H Florence, Biblioteca Medicea Laurenziana, plut. 69.35, ff. 1r–246v. Written by Demetrio Scarano for Ambrogio Traversari *c.* 1419/20.

O Vatican, Biblioteca Apostolica Vaticana, Ott. gr. 355. Contains only 2.74–3.26 (ff. 14r–29v). Written in 14th–15th cent.

U Vatican, Biblioteca Apostolica Vaticana, Urb. gr. 108. Incomplete (ff. 1r–104r: 1–10.53 νομίζειν τόν). Early 15th cent. (*c.* 1427?)

Vat. gr. 2186 Vatican, Biblioteca Apostolica Vaticana, Vat. gr. 2186. Incomplete (ff. 1a–195v: 1–10.53 ἐπαίσθησις). Early 15th cent.

E Vatican, Biblioteca Apostolica Vaticana, Pal. gr. 182. 15th cent.

D Naples, Biblioteca Nazionale, III.B.28. 15th cent.

G Florence, Biblioteca Medicea Laurenziana, plut. 69.28. 15th cent.

S Vatican, Biblioteca Apostolica Vaticana, Pal. gr. 261. 15th cent.

A London, British Library, Arundel. gr. 531. 15th cent.

Leid Leiden, BPG 41. 15th cent.

Mosq Moscow, Gosudarstvennyy Istoricheskiy Muzey, gr. 463 (Vladimir). Incomplete and in disorder (ff. 196r–251v). 15th cent.

Ma Madrid, Biblioteca Nacional, 4676 (126). Written in 1462.

I Venice, Biblioteca Marciana, gr. 394 (coll. 1030). Late 15th cent.

T Vatican, Biblioteca Apostolica Vaticana, Urb. gr. 109. Late 15th cent.

Z Prague, Národní Knihovna, Raudnitzianus Lobkowicensis VI Fc 38. Late 15th cent.

K Vienna, Österreichische Nationalbibliothek, hist. gr. 59. Written *c.* 1500

C Cambridge, Trinity College, R.9.18–19. Incomplete and in disorder. Written in the late 15th or early 16th cent.

R Paris, Bibliothèque nationale de France, gr. 1405. Contains only 1.1–2.23 (ff. 14r–29v). 15th–16th cent.

X Vatican, Biblioteca Apostolica Vaticana, Reg. gr. 103. Incomplete (ff. 1r–90v: 1–5, 8–10). 15th–16th cent.

J Vatican, Biblioteca Apostolica Vaticana, Barb. gr. 21. Written in two different hands in the 16th cent.; the first (**Ja**) copied ff. 1r–88v (1–3.60 ἡγοῦνται), the second, more recent (**Jb**), ff. 89r–284v (3.60 ἱππίαι δύο-10)

N Munich, gr. 159. Incomplete and in disorder. Early 16th cent.

Y Rome, Biblioteca Angelica, gr. 97 (C.2.1), ff. 11r–151r. 16th cent.

(ii) The 'excerpta Vaticana' and the 'excerptum Vindobonense'

The 'excerpta Vaticana'

Φ Vatican, Biblioteca Apostolica Vaticana, Vat. gr. 96.[4] Oriental paper. 244×175 mm. ff. IV+229. Written in Constantinople in the early 12th cent. Contains ps.-Hesychius (ff. 19r–29v. *Inscriptio* f. 19r ἡσυχίου μιλησίου περὶ τῶν ἐν παιδείαι διαλαμψάντων σοφῶν) and *Magnum excerptum* (ff. 29v-88r. *Inscriptio* f. 29v λαερτίου διογένους βίων φιλοσόφων τόμος πρῶτος)

Ψ Vatican, Biblioteca Apostolica Vaticana, Pal. gr. 93. Oriental paper. Written in Constantinople before 1152. *Magnum excerptum* (ff. 10v–41v)

---

[4] In this edition I make the distinction between the two texts of MS Vat. gr. 96 with the sigla **Φ** (*Magnum excerptum*) and **Φh** (ps.-Hesychius). Marcovich prefers the siglum φ for ps.-Hesychius, but this can lead to confusion because in Long's edition it is used, without distinction and mistakenly, to designate the two items together.

Pg Heidelberg, Universitätsbibliothek, Pal. gr. 129. Contains *Magnum excerptum* (ff. 9r, 10v, 64v, 73v–74r) and ps.-Hesychius (ff. 9r, 10v, 72v, 73v). 14th cent.

Vg Vatican, Biblioteca Apostolica Vaticana, gr. 1898. Contains *Magnum excerptum* (f. 224r–225v) and ps.-Hesychius (f. 225v). 14th cent.[5]

Δ Mount Athos, Μονὴ Διονυσίου 3624 (Διονυσίου 90). *Magnum excerptum* (ff. 197v–238r). Late 14th cent.[6]

Π Paris, Bibliothèque nationale de France, suppl. gr. 134. *Magnum excerptum* (ff. 195v–232r). Late 14th cent.

Λ Leiden, BPG 75. *Magnum excerptum* (ff. 1r–36v). Early 15th cent.

E Naples, Biblioteca Nazionale, II.E.21. ps.-Hesychius (ff. 22v–49r). Early 15th cent.

B Florence, Biblioteca Medicea Laurenziana, plut. 59.37. ps.-Hesychius (ff. 68v–84v). Early 15th cent.

Γ Paris, Bibliothèque Nationale, gr. 3025+3026. ps.-Hesychius (3025, ff. 31r–35v+3026, ff. 31r–32v). Early 15th cent.

A Florence, Biblioteca Medicea Laurenziana, plut. 70.14. ps.-Hesychius (ff. 2r–37r). Written *c.* 1569–72.

The 'excerptum Vindobonense'

Vi Vienna, Österreichische Nationalbibliothek, phil. gr. 314. Contains only excerpts from the 'Life of Plato', book 3 (ff. 27r–29v). Written and dated July 28, 925.[7]

(iii) The manuscripts of the 'Life of Plato' (Book 3)

b Cesena, Biblioteca Malatestiana, D.XXVIII.4, ff. 4r–11v. Early 14th cent.

---

[5] **Pg** and **Vg** transmit a few excerpts from the *Magnum excerptum* and ps.-Hesychius written by Nicephoros Gregoras (*c.* 1294–1359).

[6] **Δ** and **Π** are twin MSS and transmit the same epitome of the *Magnum excerptum*.

[7] Dorandi, *Laertiana* 129–34 and *Estratti* 63–7.

z Florence, Biblioteca Medicea Laurenziana, plut. 59.1, ff. 4r–
11v. Early 14th cent.

c Florence, Biblioteca Medicea Laurenziana, plut. 85.9, ff. 27r–
32v. *c.* 1330s.

m Venice, Biblioteca Marciana, gr. 189 (coll. 704), ff. 2r–9v. 14th
cent.

a Milan, Biblioteca Ambrosiana, C 47 sup. (gr. 179), ff. 133v–
135r. Written in the 14th cent. Short excerpts from 3.80–109.

p Paris, Bibliothèque nationale de France, gr. 1417, ff. 186v–
188v. Second quarter of the 15th cent.

ba Vatican, Biblioteca Apostolica Vaticana, Barb. gr. 85, ff.
434r–440v. Third quarter of the 15th cent.[8]

II TESTIMONIA

Many passages of Diogenes' *Lives* are quoted by Byzantine
authors.

(i) The Greek Anthology and the *Suda*

The *Anthologia Palatina* – by way of Constantine Cephalas'
Anthologia (*c.* 900) – includes a large selection of poems
composed by Diogenes Laertius himself or by other authors,
and inserted by Diogenes in the *Lives*.

The *Anthologia Palatina* is transmitted by the MS

Pal Heidelberg, Universitätsbibliothek, Palat. gr. 23+Paris,
Bibliothèque nationale de France, suppl. gr. 384. 10th cent.

Some of these poems were taken up in the *Anthologia
Planudea* (**Plan**), compiled by Maximus Planudes (*c.* 1255–1305)
and copied by Planudes himself in the MS

M Venice, Biblioteca Marciana, gr. 481 (coll. 863), copy
completed in September 1301.[9]

---

[8] **p** and **ba** transmit a reworking of the *Life of Plato* written by Georgios
Scholarios. See T. Dorandi, 'Une Vie de Platon de Georges Scholarios?',
Byzantion 80 (2010) 121–41.

[9] Dorandi, *Laertiana* 152–74.

Excerpts from the 'doxographic' sections of the *Lives*, quoted anonymously, are included in the *Suda* (*c.* 975–80) through a lost intermediary witness Σ (of uncertain date). By contrast, the compilers of the *Suda* found the 'biographical' entries chiefly in the epitome (made between 829 and 857) of the Ὀνοματολόγος ἢ Πίναξ τῶν ἐν παιδείᾳ ὀνομαστῶν of Hesychius of Miletus (6th cent.). The correspondences that the *Suda*'s 'biographical' entries present with the 'biographical' sections of the *Lives* may be explained if it is allowed that Diogenes and Hesychius had access to a common source. Nevertheless, there are sporadic cases in which the *Suda* (or its source) interpolates Hesychius' text with supplementary information from the *Lives*.[10]

The *Suda* is transmitted (as regards the Laertian excerpts) in the following MSS.[11]

A Paris, Bibliothèque nationale de France, gr. 2625 (litterae A–Θ), of the 13th cent. + gr. 2526 (litterae Κ–Ψ). 12th/13th cent.

B Paris, Bibliothèque nationale de France, gr. 2622. 13th cent.

E Brussels, Bibliothèque Royale, 11281 (Omont 59). Dated 1476

F Florence, Biblioteca Medicea Laurentiana, plut. 55.1. Dated 1422

G Paris, Bibliothèque nationale de France, gr. 2623. 15th cent.

H Paris, Bibliothèque nationale de France, gr. 2624. 15th cent.

I Rome, Biblioteca Angelica, gr. 75 (C.2.8). 15th cent.

M Venice, Biblioteca Marciana, gr. 448 (coll. 1047). 13th cent.

S Vatican, Biblioteca Apostolica Vaticana, Vat. gr. 1296. Dated 1205

V Leiden, Bibliotheek der Rijksuniversiteit, Voss. gr. F 2. 12th cent.

---

[10] Dorandi, *Laertiana* 136–52.

[11] The manuscripts have been described and classified by A. Adler, *Dissertatio de codicibus Suidae*, in the fifth volume of her edition of the *Suda* (Leipzig 1938) 216–80.

(ii) Arsenius and ps.-Eudocia

Michael Apostolis (*c.* 1422–post 1474 or 1486) assembled numerous anecdotes and apophthegms from Diogenes' *Lives* in his Συναγωγὴ παροιμιῶν καὶ συνθήκη. This collection was supplemented and partially published under the title Ἰωνιά (Rome, *c.* 1519) by his son Aristoboulos Apostolis (1468/9–1535), who from 1506 was bishop of Monemvasia, going by the name of Arsenius. The Ἰωνιά of Arsenius gives an idea of the preservation and use of many passages of the *Lives* outside their context, and represents an important moment in the diffusion of Diogenes' work among Greek scholars during the Renaissance. However, the contribution of the Ἰωνιά to the *constitutio textus* of the *Lives* is insignificant, because Arsenius used one or more later manuscripts contaminated both with each other and with extraneous material; furthermore, the text is altered, often arbitrarily.

The mythological, archaeological and biographical compilation also entitled Ἰωνιά and transmitted by manuscripts under the name of the Empress Eudocia Macrembolitissa (who died after 1078), second wife of the Byzantine emperor Constantine X and after his death (1067) wife of Romanus IV Diogenes, offers no help at all. Indeed, it is nothing but a recent compilation (16th cent.), falsely attributed to Eudocia, made around 1540 by the famous scribe and artful counterfeiter Constantine Paleocappa. For his miscellany Paleocappa had recourse to material that was well known and already printed: the *Suda* (printed in 1514), Diogenes Laertius (1533), the lexicon of the humanist Varinus Phavorinus Camers (1538), Cornutus and Palaephatus (1543).[12]

(iii) Latin translations

The Latin translation attributed to Henricus Aristippus († 1162) was incomplete and is not preserved in its entirety.

---

[12] Dorandi, *Laertiana* 185–94.

There are traces of his translation of the first two books and perhaps of the *Life of Aristotle* (5.1–35) in the *Liber de vita et moribus philosophorum* of ps.-Burley (1274/5, mid 14th cent.) and in the *Compendium moralium notabilium* (1285) of Geremia da Montagnone (1255–1321). The editor can do without this witness, because Aristippus took MS **B** as his Greek exemplar.[13]

Ambrogio Traversari (1386–1439) translated the ten books between 1424 and 1433. His contribution to the *constitutio textus* of the *Lives* is minor, because he used some later Greek manuscripts which are still preserved (primarily **H**), and perhaps a lost witness representative of the 'vulgate' tradition. The *Versio Ambrosiana* marks an important step, however, in the history of the diffusion of Diogenes' *Lives* in the western world among Greekless people.[14] It was printed for the first time by Francesco Elio Marchese (Rome, 1472) and then by Benedetto Brugnoli (Venice 1475) sixty years or so before the *editio princeps* (*Frobeniana*) of the Greek text saw the light of day (1533). Unfortunately neither edition is dependable, in that neither of the editors turned to Traversari's manuscript, and Brugnoli introduces interpolations. Future editors will have Traversari's autograph (Biblioteca Medicea Laurenziana, Strozzi 64) at their disposal.[15]

---

[13] Dorandi, *Laertiana* 201–22.

[14] The research project 'Diogenes Laërtius latinus zwischen ca. 1416 und 1533' directed by Professor Thomas Ricklin (Munich) is dedicated to this aspect. See T. Ricklin, 'Marsilio Ficino und Diogenes Laërtius. Von der mitunter beachtlichen Tragweite scheinbar banaler Neuverschriftlichungen', *WS* Beiheft 33 (2009) 95–119 and 'Vorsokratiker im lateinischen Mittelalter II: Thales von Milet im lateinischen Diogenes Laertios von Henricus Aristippus bis zur lateinischen *editio princeps* (1472/1475)', in O. Primavesi and Katharina Luchner (eds.), *The Presocratics from the Latin Middle Ages to Hermann Diels* (Stuttgart 2011), 111–56.

[15] The official exemplar written for Cosimo de' Medici is also preserved (Florence, Biblioteca Medicea Laurenziana, plut. 65.21). It was copied from Traversari's autograph by Michele di Giovanni, who signed it on 8 February 1433. See Dorandi, *Laertiana* 222–8.

III EDITIONS OF THE 'LIVES' FROM THE 'FROBENIANA' TO MARCOVICH

Knoepfler has carefully investigated all the editions of Diogenes' *Lives* from the *Frobeniana* to H. S. Long. I have combined his findings with an analysis of Marcovich's more recent edition.[16]

Jérôme Froben (Hieronymus Frobenius) and Niklaus Bishof (Nicolaus Episcopius) edited the ten books of the *Lives*, for the first time in Greek, at Basel in 1533. The *editio princeps* (*Frobeniana*) took as a model a single manuscript, still preserved, of dire quality and extremely contaminated (**Z**).[17] It therefore disseminated a text of the *Lives* that was entirely unreliable, often corrupted and interpolated, and which successive editors (at least until Cobet) have tried to correct *ope ingenii* or by a non-systematic recourse to further manuscripts, not all directly examined.

The Hungarian humanist Johannes Sambucus (János Zsámboky) deserves to be taken into account among Diogenes' editors, although he only published a Latin translation of the *Lives* (1566) and the *editio princeps* (1572) of the so-called ps.-Hesychius of Miletus (**Φh**). His translation was based on the Greek text of the *Frobeniana*, corrected at various points by recourse to a *v(etus) c(odex)*. It is likely that Sambucus had access to **B**, but the *vetus codex* should probably be identified with **P** or better with one of its descendants.

Henri Estienne's three editions ([1]1570, [2]1593, [3]1615 or 1616, the third edition was printed by Henri's son Paul) are accompanied by Traversari's Latin translation and notes by Henri himself. From the second edition onwards, there are notes

---

[16] Knoepfler 44–138 (of which I summarize the main findings) and Dorandi, *Laertiana* 43–8. A list of all the editions is to be found in *Laertiana* 39–43. See also below 884–5.

[17] After correction (**Z³**). See G. Donzelli, 'De Diogenis Laertii editione quae princeps vocatur eiusque cum codice Lobkowiciano (**Z**) cognatione', *Maia* 10 (1958) 317–23 and Knoepfler 44–7.

added by Isaac Casaubon. For the establishment of the Greek text, Estienne makes use of his collations of various Italian manuscripts (among them **M**), all representing the 'vulgate' tradition, and moreover puts forward excellent conjectures.

The edition prepared by Tommaso Aldobrandini (*Aldobrandina*), unfinished at his death (1572), was published only in 1594 by his nephew Pietro. This edition is accompanied by a new and elegant Latin translation and by a rich series of notes. The Greek text is based on the *Frobeniana* (Aldobrandini did not manage to take into account Estienne's first edition) corrected at various points with readings from **B**, not always preferred (rightly or wrongly) to readings of **Z** (the *Frobeniana*'s Greek exemplar). There are some readings of good quality that cannot all be attributed to Aldobrandini, perhaps humanistic conjectures found in a manuscript now lost.

The *Aldobrandina* (text, translation and notes) was reprinted in London in 1664 by John Pearson (*Pearsoniana*). The Greek text – stripped of innumerable misprints – is accompanied by a ponderous commentary by Gilles Ménage and by the notes of Henri Estienne, Isaac Casaubon and Méric Casaubon (those of Méric previously unpublished). This edition is traditionally referred to as the *Menagiana*, but Ménage never published an edition of the *Lives*, and none of the corrections and conjectures put forward in his commentary are included in the text of the *Pearsoniana*.[18]

In 1692, two volumes of the Greco-Latin edition by Marcus Meibom (Maybaum) were published in Amsterdam by

---

[18] Ménage used Aldobrandini's Greek text, but checked it several times, personally collating three manuscripts at the Bibliothèque du Roi in Paris (indicated by the name *Regii* and identified with **P**, **Q** and **R**) and using the collations of two Italian manuscripts (*codices Romanus et Florentinus*, of less certain identification) procured for him by Émery Bigot. Ménage makes numerous personal conjectures, and divulges what some scholars (among others, Bigot, Florent Chrestien, François Guyet, Claude Saumaise and Joseph Juste Scaliger) had communicated to him or what he had found recorded in the margins of their copies. See Knoepfler 72–8.

Heinrich Wetstein. In this edition (*Meibomiana*), the text of each of the ten books of the *Lives* is divided for the first time into paragraphs of equal length, progressively numbered (a system still in use today) and accompanied, at the bottom of the page, by Henri Estienne's notes, as well as by those of the two Casaubons and Aldobrandini. In the second volume, among other things, Ménage's commentary reappears with many notes by Joachim Kühn. The Greek text of the *Meibomiana* is the result of a systematic 'contamination' of the *Aldobrandina* with the *Frobeniana* and the *Stephanianae*. Every time he found an agreement between the *Frobeniana* and the *Stephanianae* in opposition to the *Aldobrandina*, Meibom opted for the text of the former two, above all when this was confirmed by the readings of one or both of the recent MSS, **A** and **C**, whose collations had been procured for him by Thomas Gale.[19] Furthermore, Meibom tacitly corrects the Greek text at various points in a way that is often arbitrary and infelicitous. The Latin translation takes up that of Traversari, preferred to that of Aldobrandini.[20]

The ensuing edition by Daniel Longolius (1739) more or less faithfully reproduces the text of the *Meibomiana*, but differs in proposing a new subdivision of the text that is more respectful of the structure of the single lives. Each biography is subdivided into sections of varying size, characterized by thematic unity.[21]

The new edition of the *Lives* prepared by Heinrich Gustav Hübner, on the advice of his teacher Gottfried Hermann, set out to replace the *Meibomiana*, judged irremediably corrupt both in the Greek text and in the Latin translation. Hübner

[19] These are published at the end of the second volume (557–66). See *Laertiana* 3 n. 13.

[20] The defects of the *Meibomiana* were stigmatized (in perhaps too severe a manner) by I. Rossi, *Commentationes Laertianae* (Rome 1788). Rossi puts forward excellent conjectures. For an attempt at a re-evaluation of the *Meibomiana*, see Knoepfler 86–7.

[21] The text by Meibom-Longolius (but following Longolius' division into sections) is reproduced in the *editio stereotypa C. Tauchnitii* (*Tauchnitiana*), which came out in Leipzig in 1833 and was reprinted in 1884 and 1895.

only managed to edit the first volume (1828); the second came out posthumously, edited by Hermann (1831).[22] Hübner did not collate new manuscripts[23] and restricted himself to making an accurate comparison of the text of the *Frobeniana* and the *Meibomiana* with that of the *Stephanianae*, which he had chosen as his model. He gathered these readings into critical notes together with his own conjectures and those of other scholars, not including Meibom. The Greek text is accompanied by Traversari's Latin translation, retouched in several places.

The first modern 'critical' edition of the *Lives* was done by the young Carel Gabriel Cobet (*Cobetiana*), published in Paris (1850) in Ambroise Firmin-Didot's 'Bibliothèque des auteurs grecs'. The Greek text is accompanied by a Latin translation (inspired by that of Traversari). Cobet had the opportunity to check several Laertian manuscripts during his stay in Italy: in Florence, the three *Laurentiani* **F**, **G** and **H**, in Venice, the two *Marciani* **M** and **I**, in Rome, the *Vaticani* **U**, **T**, **V**, **W** and **X**, and finally, in Naples, the *Burbonici* **B** and **D**. He also had access to the *Leidensis* **Λ** (copied from *Vaticanus* **Φ**, which he had missed in Rome). Even though Cobet never wrote the promised *Praefatio* with the history of the text and the presentation of his editorial principles, and his edition did not include a critical apparatus, it is clear that he chose **F** as his main witness, a manuscript that no one had used up to that time and which seemed to him to carry an excellent tradition. However, it remains very difficult to determine whether the numerous readings in the *Cobetiana* that are not to be found in the manuscripts collated down to the

---

[22] This volume contains an *Appendix critica* (611–749), indexes (750–812) and an *Additamentum* (813–14). Hübner's edition is accompanied by two volumes containing Isaac Casaubon's notes, as well as Ménage's commentary and a choice of notes by Kühn. The first volume was published by Hübner himself (1830); the second came out posthumously, edited by K. Jacobitz (1833).

[23] In the *appendix critica* to the second volume he nevertheless takes into account the collation of **N** (a MS of very poor quality) procured for him by L. Spengel (see Hübner II 813).

present day are Cobet's conjectures or readings he found in witnesses that have not yet been explored or may have been lost. The hypothesis that for the most part they are Cobet's conjectures is very probable, taking into account his exceptional knowledge of the Greek language and his facility and mastery in making new conjectures. The major defect of Cobet's edition is his tendency to normalise grammar, syntax and style. It should not be forgotten, however, that his text contains excellent conjectures and includes readings recovered from manuscripts that had been largely ignored until then.

Peter Von der Mühll dedicated his *Habilitationsschrift* (1913) – which remained unpublished – to the earliest tradition of the *Lives* (*Die älteste Überlieferung des Diogenes Laertios*) and edited (1922) Epicurus' writings (*Letters* and *Principal Doctrines*) in the tenth book. He continued to work on the whole of Diogenes' text for many years without ever completing his critical edition. His *Nachlaß* (collations of manuscripts and *Habilitationsschrift*) is now kept in the 'Handschriftenabteilung' of the University Library, Basel. I made use of it in its entirety during the preparation of my edition.[24]

In 1925, Robert Drew Hicks published an 'eclectic' edition accompanied by an English translation and a few critical and exegetical notes for the Loeb Classical Library. Hicks started out from the *Cobetiana*, but he retouched its text with some conjectures of his own and above all by taking into account more recent and reliable editions of single books or chapters of Diogenes' *Lives*.[25]

---

[24] For a description of this material and of Von der Mühll's editorial principles, see *Laertiana* 229–45.

[25] For example, the edition of the third book (1907) by a group of young scholars from Basel (*Basileenses*); that of the *Life of Pythagoras* (8.1–50) by A. Delatte (1922); those of the tenth book by H. Usener (*Epicurea*, 1887) and (limited to the three *Letters* and the *Principal Doctrines*) by P. Von der Mühll (1922). The large sections of the *Lives* edited in H. Diels' *Poetarum Philosophorum Fragmenta* (1901) and in the *Fragmente der Vorsokratiker* ([1]1903, [4]1922) as well as in H. von Arnim's *Stoicorum Veterum Fragmenta* (1903–5) are of course to be taken into account.

The publication of Herbert Straing Long's edition of the *Lives* for Oxford Classical Texts (1964, ²1966) marks an important turning-point. For the first time, Long collated the main manuscripts and provided a critical apparatus. Unfortunately the result proved disappointing and misleading. In the first place, despite the severe criticism levelled by Long against the *Cobetiana*, this edition constantly underlies his text. Furthermore, the *Lives* are edited on the assumption that their transmission had already been irremediably contaminated in its ancient phase because it derived from an archetype with variant readings. This contamination made it impossible, he believed, to ascertain the relationships between manuscripts, even the most ancient (**B**, **P** and **F**), which are held to be more reliable than those of the 'vulgate' tradition and the *recentiores*. The contribution of the *excerpta* Vaticana (**Φ/Φh**) is disregarded. Moreover, the text, reconstructed on the basis of these erroneous premises, is disfigured by mistakes of collation, language and grammar.

The latest edition, by M. Marcovich (1999), represents the high point of the study of Diogenes Laertius' text. Marcovich bases his edition on the oldest manuscripts – the three continuous ones (**B**, **P** and **F**) and the Vatican excerpts (**Φ/Φh**) – but also takes into account **D** (considered the oldest complete MS of the 'vulgate' tradition) and the contribution of the secondary tradition, namely the quotations in the *Suda*, the *Anthologia Palatina* and the *Planudea*, as well as the *Violarium* of Arsenius and that of ps.-Eudocia.[26]

The principles adopted in his edition are set out by Marcovich with only a brief introduction: 'in textu constituendo codices **B P** ceteris praetuli, Magno excerpto **Φ** atque codice **D** liberius usus sum. ambos apparatus auxi. in apparatu critico *omnes* varias lectiones et errores codicum **B P F Φ** rettuli.

---

[26] The excerpts in **Φ/Φh** (the *Magnum Excerptum* for the first time) with those in the *Suda* are edited in Marcovich's second volume, entitled *Excerpta Byzantina*. H. Gärtner has published a third volume (2002) with the *Indices* and a few *corrigenda*.

textus recepti errores sescentos e Diogenis fontibus sanare conatus sum. adhuc latent lacunae lapsusque lamentabiles' (xvii). What is most perplexing in this sentence is the words 'e Diogenis fontibus' with which the editor declares that he tried to correct real or presumed errors in the transmission of the *Lives* by taking into account the parallel tradition. The application of such a principle for restoring the text seems to me extremely dangerous in that Diogenes was drawing on a collection from innumerable sources, to some of which he did not have direct access. An accurate reading of Marcovich's edition shows that he often normalizes or even rewrites the text to make it agree better with an ideal grammatical or syntactic model, without taking much account of Diogenes' *usus scribendi* or his method of working. *Libido coniciendi* is too frequently apparent.[27]

IV HISTORY OF THE TEXT

(i) From Usener to Knoepfler[28]

The first systematic inquiry into Diogenes' manuscripts is to be found in the introduction to the *Epicurea* of Hermann Usener[29] who concluded that the three oldest continuous manuscripts (**B**, **P** and **F**) were by themselves sufficient for the establishment of Diogenes' text.

Edgar Martini stands against Usener's depreciation of the *recentiores*. We can summarize his conclusions as follows:[30] two classes of manuscript derive independently from a common archetype. The first class (**α**) includes the *recentiores*, which can in turn be subdivided into two groups (**γ** and **δ**); the second class

---

[27] See T. Dorandi, *Phronesis* 45 (2000) 331–40 and *Laertiana* 43–8.

[28] More information on older studies, from 1850 to the 1940s, is to be found in Biedl 7–51 (who reproduces all the proposed *stemmata codicum*).

[29] H. Usener, *Epicurea* (Leipzig 1887) vi–xv. The basis had already been laid down by C. Wachsmuth in the introduction of the *Corpusculum poesis epicae Graecae ludibundae*. II. *Sillographorum Graecorum reliquiae* (Leipzig ²1885) 51–5.

[30] Martini I 73–177 and II 145–66.

(β) is made up of the oldest manuscripts. **P** and **F** show common errors, which they sometimes share with **B** (the most genuine representative of class β) and sometimes with class **α** witnesses; they were considered by Martini to be representative of a 'mixed' text. The contamination was explained by supposing that the (lost) ancestor of class **α** was formed at a remote date (11th cent.), preceding that of all the manuscripts preserved today.

Notwithstanding severe criticism from Gercke,[31] who said it was unnecessary to postulate the existence of a class **α**, Martini defended his reconstruction,[32] persisting in the idea that the whole tradition depended on two exemplars (**α** and **β**) that descend from the same ancestor. Gercke once again declared his scepticism and reaffirmed his objections to the existence of two classes **α** and **β**, maintaining, with new arguments, that MSS **B**, **P** and **F** were alone necessary for the editing of Diogenes' *Lives*.[33]

Donzelli shared and reinforced the disparaging judgement expressed by Gercke with regard to the 'vulgate'.[34] She demostrated that the contribution of the *recentiores* to the *constitutio textus* of the *Lives* is negligible, and that the rare good readings that they preserve are nothing but the conjectures of learned Byzantines and humanists.

Delatte and Düring also pronounced themselves in favour of the oldest tradition. Delatte[35] drew attention to the excerpts transmitted in the *Suda* and in MS **Φ**, which had meanwhile been discovered by Martini.[36] According to Delatte, **Φ** and the *Suda* were the only two witnesses directly deriving from the archetype. Düring[37] minimizes the importance of the *Suda* and

---

[31] A. Gercke, *Deutsche Literaturzeitung* 11 (1900) 170–3.

[32] Martini, *Überlieferung* 612–24.

[33] Gercke, *Überlieferung* 401–34. His conclusions were accepted by Schwartz 739–40 (= 455–7).

[34] Donzelli, *Codici* 93–132.

[35] A. Delatte, *La Vie de Pythagore de Diogène Laërce* (Brussels 1922) 63–97, with a stemma (95).

[36] Martini II.

[37] Düring 13–27, with a stemma (24).

maintains that **Φ** comes from the same ancestor as **B**, **P** and **F**, but that it none the less constitutes an independent branch of the tradition.

Following Martini, the study of the *excerpta Vaticana* was continued by Long,[38] Biedl and Tartaglia.[39] In particular, Biedl proved definitively that **Φ** is the ancestor of all the other witnesses of the *excerpta* Vaticana, and that it represents a distinct branch from that of the *codices* integri, **B**, **P** and **F**.[40]

In his preface,[41] Long recognizes the superiority of **B**, **P** and **F** when compared with the 'vulgate', but he puts all three of them on the same level, without going into their relationships and without taking the *excerpta Vaticana* into account. He suggests that all Laertian manuscripts came from an archetype provided with variant readings and are so irremediably contaminated that it is impossible to trace a stemma, even an approximate one or one limited to the oldest witnesses.

Knoepfler re-examined the whole question on the basis of new principles and came to important conclusions. According to him, the three oldest continuous manuscripts (**B**, **P** and **F**) had just one ancestor (**Ω**). **Φ**, although related to **Ω**, does not descend from it; **Φ** and **Ω** can however be traced back to a common ancestor, **X**. Thus **Ω** assumes the role of sub-archetype with regard to the true archetype, **X**. Some differences between **Φ** and **Ω** allow us to prove that, while **Ω** can be traced directly back to **X**, for **Φ** we must presuppose the existence of at least one lost intermediary (**χ**). Among the continuous manuscripts, **B** occupies a prominent position because it derives directly from **Ω**. Despite numerous excusable errors, **B** transmits a text that is not yet contaminated (apart from **B²**'s corrections) by the revisions to which **F** and **P** are subject (through the two lost

---

[38] H. S. Long, 'The short forms of the text of Diogenes Laertius', *CPh* 44 (1949) 230–5.

[39] Tartaglia 253–71.

[40] Biedl summarizes his findings in a stemma (105).

[41] I, v–ix. See also above 16.

exemplars **ω** and **ω'**). **B** is superior not only to the tradition of the 'vulgate' manuscripts (**α**) – born of the contamination of readings of **ω** and **ω'** – but also to the other two old continuous manuscripts **P** (to which it is closely related) and **F**, a manuscript that transmits a text that is somewhat bizarre and variously assessed. As for the origins of the manuscripts, Knoepfler distinguishes an Italo-Greek branch represented by manuscripts **B**, **P** and **F** (all written in the Greek-speaking region of southern Italy), and an oriental branch represented by **Φ** (written in Constantinople before the diffusion of the 'vulgate'). **Φ** (like **B**, **P** and **F**) descends from **X**, but through a lost transliterated continuous manuscript, corrected in several passages (**χ**). From **χ** descends the *autographon excerptoris* and, through this, *c.* 1100, **Φ**. The oriental tradition, he holds, was not totally unknown in the West, where it had an indirect influence on the formation of the 'vulgate'. Finally, the 'vulgate', according to Knoepfler, was disseminated in the Orient through **P**, after this MS was corrected on the basis of **α** (recension **P⁴**). From Byzantium, he proposes, **P** was brought again to Italy by Guarino Veronese (between *c.* 1370 and 14 December 1460), and produced (at Florence) **H**, one of the exemplars used by Traversari for his Latin translation.[42]

(ii) New evidence for the history of the text

I have taken Knoepfler's findings (based on the *Life of Menedemus of Eretria*, 2.125–44) as a starting point and tried to check them in the light of information gleaned from all ten books, after once more collating (from the original or copies) the *codices vetustiores* (**B**, **P**, **F**, **Φ** and **Vi**), the (partial) ancestor of the 'vulgate' (**V**), and the witness of the *Suda* and of the *Anthologia Graeca*.

---

[42] Knoepfler draws a stemma (154), which I have reproduced, simplified, in *Laertiana* 50.

*(ii.1) The continuous manuscripts **B**, **P** and **F** (**Ω**) and the descendants of **P***

The lacuna at the end of book 7 in **B**, **P** and **F** stands as decisive proof that these MSS derive from the same ancestor, **Ω**.[43] Not only is the end of the catalogue of writings by Chrysippus missing (suddenly interrupted at 7.202), but so are the lives of twenty or so Stoic philosophers later than Chrysippus – from Zeno of Tarsus to Cornutus – listed in the so-called *index locupletior* copied in f. 1rv of **P**. The lacuna is confirmed by the presence, common to **B**, **P** and **F**, of a space of varying size left blank at the end of book 7.[44]

B was copied directly from **Ω** by a scribe with little knowledge of Greek, who had great difficulty transcribing his model and limited himself to reproducing it in a mechanical way exactly as he managed to decipher it; at times, he did not even understand the meaning of the text that he was writing. Not counting the many errors of iotacism and vowel quantity, **B** is frequently found to have groups of letters that make no sense, words without breathings or accents, and above all numerous gaps indicated by a blank space that more or less corresponded to the text that the scribe was unable to decipher. Some lacunae have been filled in by a second hand (**B²**); this anonymous corrector rectified – above the line, in the margins or *in rasura* – many errors or readings that, rightly or wrongly, he considered erroneous. **B²**'s hand is a little later than that of **B** and can be dated palaeographically to the first half of the twelfth century. As regards the exemplar used by **B²**, I am inclined to conclude that it is the same as that of **B** (**Ω**). We can suppose that the anonymous corrector **B²** had accurately collated **B** on **Ω** and managed to read or to interpret much more than his predecessor. Evidence in favour of this hypothesis is found in those

---

[43] See Martini I 104–6. Gercke's objection (*Überlieferung* 414) is ineffective.
[44] T. Dorandi, 'Considerazioni sull'*index locupletior* di Diogene Laerzio', *Prometheus* 18 (1992) 121–6. The *index* is re-edited by me below, 65–6.

cases in which **B²** has been unable to decipher the model completely and where he leaves empty spaces to indicate that a word or phrase was obscure or incomprehensible to him. The anonymous **B²** was someone who possessed a good knowledge of the Greek language and philosophy and was, at the same time, a scrupulous reader of the *Lives*.[45]

P too was copied directly from **Ω**. The omission in **P** of the phrase (4.33) καὶ διαλιπὼν αὐτὸν ποιεῖ λέγοντα· νήξομαι εἰς Πύρρωνα καὶ εἰς σκολιὸν Διόδωρον finds its origin in a *saut du même au même* and is not in itself enough to prove that **P** descended from **Ω** through a lost intermediary. The presence of many errors common to **B** and **P** with respect to **F** has at times suggested a probable *cognatio* between **B** and **P**, two witnesses that have been thought to descend from the same exemplar, one different from that of **F**.[46] **P**, even in its original state (that is, before it had been corrected), transmits the text of **Ω** in a less genuine form than **B**, retouching it frequently *ope ingenii*.

P was corrected on various occasions by several successive hands (perhaps six), which will be indicated by the sigla **P²** to **P⁷** (the corrections made by **P⁶** and **P⁷** are few).[47] The main job of correction was done by **P⁴**. This anonymous corrector (whose activity can be dated to the first decades of the 14th cent.)[48]

45 Dorandi, *Laertiana* 51–62.
46 I am now convinced (following the suggestion of Professor M. D. Reeve, whom I sincerely thank) that this hypothesis, of which traces still persist in *Laertiana* 62–4, should be abandoned. In reality, **B**, **P** and **F** represent three branches derived from **Ω** in independent ways. The differences between **B**, **P** and **F** are explained (as we shall see) by admitting a direct derivation of **B** and **P** from **Ω** and the existence of a lost link between **Ω** and **F** (**γ**) as well as a contamination of **F** with the 'vulgate' tradition and with **Φ**.
47 In many cases it is extremely difficult to distinguish between the different hands, and caution is advisable; hence the frequency in my apparatus of the sign **Pˣ** to indicate a 'corrector qui agnosci non potest'.
48 D. Bianconi, 'Sui copisti del Platone Laur. plut. 59.1 e su altri scribi d'età paleologa. Tra paleografia e prosopografia', in D. Bianconi and L. Del Corso, *Oltre la scrittura. Variazioni sul tema per G. Cavallo* (Paris 2008) 253–88 and tables 25–30.

corrected a great deal, steted *new* readings *in rasura*, and noted others in the margins with the ambiguous compendium γρ.[49] Sometimes he recorded the original reading with εἶχε.

P is the most prolific manuscript in this tradition. It is closely related to at least another eight codices, dating from the beginning of the fourteenth century and the first decades of the sixteenth (**Q, W, Co, H, I, E, Y** and **Jb**). All these manuscripts descend, either directly or indirectly, from **P** at successive moments, and from time to time they act as proof of the different stages of **P**'s tradition, from the original at least until the corrections of $\mathbf{P^4}$. Within this group, MSS **P, Q, W, Co** and **H** make up a compact cluster; their internal relationships have been explained by Donzelli, taking into account **P**'s different phases of correction. She proved that **Q** was copied after the first ($\mathbf{P^2}$), **W** and **Co** after the second ($\mathbf{P^3}$) and **H** after the third and more substantial phase ($\mathbf{P^4}$). **H**, copied from $\mathbf{P^4}$ and collated with **Q**, is the ancestor, either direct or indirect, of MSS **I, E, Y** and **Jb**. It follows that **Q** and **W** (and perhaps **Co**) will be useful for the restoration of the original text of **P**. The remaining witnesses, from **H** onwards, at times carry some good humanistic conjectures, but not a true tradition.[50]

The position of **F** is more controversial and merits deeper analysis.[51]

One peculiarity of **F** is its frequent omission of more or less extensive passages, often filled in by a later corrector ($\mathbf{F^2}$) thanks to the collation of an exemplar that we can probably identify. Some omissions derive from obvious *sauts du même au même* (for example: 1.37–8, 47–8; 2.99; 3.54, 96; 5.10; 6.54, 64; 7.61, 71, 94–5; 8.25, 58; 9.87–8; 10.32, 85). Elsewhere, from book 5 onwards and particularly in book 7, the titles of the sources

---

[49] On the meaning of this compendium, see N. G. Wilson, 'An ambiguous compendium', *SIFC* 95 (2002) 242–3, and 'More about γράφεται variants', *AAntHung* 48 (2008) 79–81.

[50] Dorandi, *Laertiana* 64–6.

[51] More details will be found in *Laertiana* 67–78.

or *auctoritates* cited by Diogenes are left out (for example: 5.5; 6.20, 73; 7.55, 57, 62, 111, 131, 140, 142, 149; 8.83, 88; 9.31, 41; 10.15, 22). This last peculiarity may mirror a personal choice by **F**'s anonymous scribe, a scholar who was not attracted to an excess of erudition. I would also attribute to him some omissions, such as the phrases καὶ ἀποφθέγματα αὐτοῦ τάδε (1.35) and Αἰσχίνου τοῦ Σωκρατικοῦ γνώριμος (5.35), the two anecdotes in 6.66 and 67, the passage about Diogenes the Cynic's public masturbation in 6.69, and the phrase οὐ, καθά φασίν τινες, ἔνστασιν βίου (6.103). There remain other omissions that are more difficult to evaluate, but that might also be traced to the choices made by **F**'s scribe. Thus the omission of the phrase γέροντα τύραννον. πῶς ἄν τις ἀτυχίαν ῥᾶστα φέροι, εἰ τοὺς ἐχθροὺς (1.36); of the second part of Timon's lines οἷος ... γράψαι (2.55); of the words ἦν δέ, φασί, καὶ ἐκκλίτης (2.130); of the phrase ὡς ἀναισθήτους, παρακαόντων δὲ ὡς αἰσθανομένοις. ἔλεγε δὲ (4.48–9); of the phrase τὴν Διαδοχὴν ἐν ἓξ βιβλίοις καὶ Λεμβευτικὸν λόγον, ὅθεν καὶ Λέμβος ἐκαλεῖτο· ἕκτος Ἀλεξανδρεύς, γεγραφὼς τὰ Περσικὰ ἰδιώματα (5.94); of the first line and the beginning of the second (up to αἰών) of the epigram about Diogenes the Cynic (6.78); of the phrase ἐν Θήβαις ... ἐπέλεγεν (6.90); of the Homeric line (from πρόμολ') and the beginning of the following phrase οὗτος ἔλεγε τῶν πραγμάτων (6, 95). The missing text was often restored by **F²**. Another peculiarity specific to **F** is the frequent alteration of the *ordo verborum* in order to render the text more fluid by normalizing real or apparent roughnesses or anomalies. The corrections and adjustments of vocabulary and style respond to the same requirement. All these manipulations by the scribe of **F** (or of its ancestor) are to be eliminated.

Yet **F** preserves many readings superior to those transmitted by **B** and **P** (and **Φ**). Not all the readings can be explained as lucky conjectures; sometimes it must be admitted that **F** is the only witness to have preserved traces of the genuine tradition, corrupted in **B** and **P** (and **Φ**).

The following is a list of readings in **F** that seem to be successful:

1.52 ἐπέστειλε F: ἐπιστέλλει BP ‖ 2.133 αἰετός F: ἀετός BPΦh ‖ 2.135 λέγω δὲ F: λέγων δὲ BP ‖ 2.144 οὕτως ἔχον F: οὗτος B: οὕτως P ‖ 3.11 ἀνθρώπως F: -ους BP ‖ 3.15 φυσικῶς F: -ὸν BP ‖ 4.9 εἴη F: εἶναι BP ‖ 4.54 βιτίων F: βιττίων BPΦ: Βητίων Frob. ‖ 5.16 σταγείροις F: -ρη BP ‖ 5.21 τῶν ἠθνικῶν τῷ ἑβδόμῳ F: τῷ ἠθικῷ τῶν ἑβδόμων BP ‖ 5.52 αὐταῖς F: -ῶ BP ‖ 5.58 αὐτοῦ F: -ὸν BP ‖ 5.62 τούτῳ F: τοῦτο BP ‖ 5.81 Μέδων F: Μαίδων BP ‖ 6.21 παραχαράξει F: -άξαι B^2 (ξαι *in rasura*) P ‖ 6.96 γενηθείη F: -είης BP ‖ 6.100 οὐδ' F: εἰ δ' BP ‖ 7.23 τί F: τίς BP ‖ 7.67 πάθος F: -ους BP ‖ 7.83 ταῖν F: τε BP ‖ 7.89 πραγμάτων F: πραγματειῶν BP, Suda ‖ 8.37 πυθαγοριστὶ F: -ῇ B, P^x(Q): -αὶ Scaliger ‖ 9.7 βαθὺν F: -ὺς B, P^1(Q) ‖ 9.29 κόσμους F: -ος B, P^1(Q): -ον Φh ‖ 9.51 ἄνθρωπος F: ἀνθρώποις B, P^1(Q) ‖ 9.73 ὅμηρος F: -ον BP ‖ 10.37 ἐνέργημα F: ἐνάρ- BP ‖ 10.51 πρὸς ἃ βάλλομεν F: πρ. ὃ βάλ. BP: πρ. ἃ ἐπιβάλ. Schneider: προσβαλλόμενα Usener ‖ 10.53 ἔνδειαν ἔξει F: ερ . . . . . . .ξει B^1, ἔρδειαν ἔξει explevit B^2: ἐρδειανεξει P^1.

F was copied from **Ω** through an intermediary link (**γ**), as is proved by the omission, peculiar to **F**, of the portion of text corresponding to 1.65–2.17. This could not have been produced by a mechanical accident.[52]

F is a considerably contaminated witness.

Some significant errors common to **F** and **Φ** suggest a link between the two witnesses. Here is a selective list:

1.6 ἀσχολεῖσθαι BP: ἠσχολῆσθαι F^{1}Φ: ἀσχολῆσθαι F^2 ‖ 1.36 χεῖρον BPΦ^2: χείρων FΦ^1 ‖ 2.43 ἐτίμησαν BP: ἐτιμήσαντο FΦ: ἐζημίωσαν Cobet ‖ 2.125 ἐρετριῶν B: -ίων P: -ιέων FΦh ‖ 2.130 ἐλάας B^1, P: ἐλαίας B^2, FΦ ‖ 3.67

---

[52] See *Laertiana* 72–3.

μέρος BP: om. ΦΦ ‖ 3.73 αὐτῶ BP: -ὸν ΦΦ ‖ 4.37
εὑρησιλογώτατος BP: εὑρε- ΦΦh ‖ 6.48 ἔκαπτε(ν) B¹, P:
ἔκαμπτε ΦΦ: ἔκοπτεν B² ‖ 6.96 ἀποτρέψαι BP: -στρέψαι
ΦΦ ‖ 8.9 ὅταν βούλῃ BP: ὅτε βούλει ΦΦ ‖ 9.86
ποσότητας BP: ποιό- ΦΦ: ποσότητας <καὶ ποιότητας>
Cobet ‖ 10.120a οὐδένα B, P (comp.): οὐδὲν ΦΦ.

Contamination much more widespread is highlighted by
the presence of numerous errors common to **F** and **V**.

To begin with, the *inscriptio* (**F¹** f. 2r; **V** f. 1r) λαερτίου
διογένους βίων καὶ γνωμῶν τῶν ἐν φιλοσοφία
εὐδοκιμησάντων καὶ τῶν ἑκάστη (ἐν ἑκ. **V**) αἱρέσει
ἀρεσάντων τῶν εἰς δέκα τὸ πρῶτον.⁵³ Moreover **FV** add, at
the beginning of books 3, 4, 5 and 6, a short *inscriptio* λαερτίου
διογένους τῶν εἰς ι′ τὸ γ′ (δ′, ε′, ς′)⁵⁴ absent in **B** and **P** and
apparently in the original drafting of the *Lives*. Among other
cases, note:⁵⁵

1.34 ἔπειτα FV: θ′ ἑπτὰ BP ‖ 1.39 παρ′ ἡμῶν εἰς FV: παρ′
ἡμῖν ἐς BP ‖ 1.40 ποιητικά· ὁ δὲ FV: ποιητικῆς δὲ BP:
ποιητικῇ· ὁ δὲ rec. ‖ 1.40 περιτυχεῖν FV: παρα- BP ‖ 1.43
οὖρον FV: σύρον BP ‖ 1.44 τέρποιο FV: τρέποι BP:
τέρποι᾽ Diels ‖ 1.47 σαλαμῖν᾽ ἀφέντων FV: σαλαμίναφετων
B: σαλαμῖνα φέτων P: Σαλαμιναφετῶν Vossius et G.
Hermann: Σαλαμιναφετέων J. G. Renner ‖ 1.62 αὐτοῦ FV:

---

⁵³ The same *inscriptio* is found in **M** (f. 1r). For **M** and for its possible relation-
ship with **V**, see below n. 62. **P¹** (f. 2r) transmits: λαερτίου διογένους
βίοι καὶ γνῶμαι τῶν ἐν φιλοσοφία εὐδοκιμησάντων καὶ τῶν ἑκάστη
αἱρέσει ἀρεσκόντων. The *inscriptio* of **B** (lost by the accidental loss of the
first folio of the MS, *incipit* f. 2r φι]λοσοφία) should not be different from
that of **P¹**, taking into account the close affinities between **B** and **P** and the
fact that the *subscriptio* is the same in both manuscripts: **B** λαερτίου
διογένους φιλοσόφων βίων καὶ δογμάτων συναγωγῆς τῶν εἰς ι′
ἐπίκουρος (f. 246r); **P** λαερτίου διογένους φιλοσόφων βίων καὶ
δογμάτων συναγωγῆς τῶν εἰς δέκα ἐπίκουρος (f. 251v).
⁵⁴ This too is common to **M** in the form λαερτίου διογένους βίων
φιλοσόφων κτλ.
⁵⁵ In this list and those that follow, **P** indicates the original reading of the
manuscript, restored thanks to **Q** where erased by the corrector **P⁴**.

-ῶ ΒΡ ‖ 2.59 πυθοστράτου FV: νικο- ΒΡ ‖ 2.60 πεισίστρατος FV: περί- ΒΡ ‖ 2.79 καὶ ὧδε FV: ὡς δὲ καὶ ΒΡΦ: πῶς καὶ Von der Muehll ‖ 2.86 πολεμαεὺς FV: πτο- ΒΡ ‖ 2.87 τὴν δὲ ἀποκρουστικὴν FV: τὸν δὲ ἀποκρουστικὸν ΒΡΦ ‖ 2.108 ὁ ὑβριστικὸς FV: οὐριστικὸς ΒΡ: ὀὑριστικὸς (sic) Φ ‖ 2.118 ἔνθατ' FV: ἔνθετ' ΒΡ: ἔνθεντ' Φh: ἔνθ' ἔτ' Diels ‖ 2.125 σκηνορράφον FV (-φου V): -γράφον ΒΡ ‖ 2.127 συνανακόπτοντος FV: -κάμπτοντος ΒΡ ‖ 2.136 πραότατος FV: πρακτικώτατος P: πραξιώτατος B ‖ 3.11 καὶ ὁ αὐτὸς FV: κ' ἑαυτὸς B: κ// αυτος P ‖ 3.15 φυσικῶς FV: -ὸν ΒΡ ‖ 3.20 μηνίσαντος αὐτῷ διὰ FV: αὐτῷ deest in ΒΡ ‖ 3.22 μιμνασκόμενος FV: ἀμιμναισκόμενος B: ἀσμιμναισκόμενος P: ἀμμιμνασκόμενος Basileenses ‖ 3.71 κατασκευάσθαι FV: κατε- ΒΡ ‖ 4.6 πορνικοὺς FV: προυν(ε)ίκους (προ- Φ) ΒΡΦ, Suda ‖ 4.8 κατασχοῦσι FV: χουσὶ ΒΡ ‖ 4.25 ἐν εὐθυμίη FV: εὐθυειδη B: εὐθὺ ἤδη P: εὐφυΐῃ Livrea, SIFC 82 (1989) 27 n. 11, alii alia ‖ 4.27 δίφυον FV: -υιον ΒΡ ‖ 5.22 ἐρωτικῶν F[1], V: ἐρισ- ΒΡ ‖ 5.26 στοιχείων FV: -εῖον ΒΡ ‖ 5.32 κυκλοφορικὴν FV: -φορητικὴν ΒΡ ‖ 5.37 δικαστηρίου FV: δικτηρίου B[1], P: δεικτηρίου B[2] ‖ 5.53 καλλίνικος FV: καλλίνος ΒΡ ‖ 5.56 συμβέβηκεν FV: -βληκεν ΒΡ ‖ 5.57 διοσκορίδης FV: -κουρίδης ΒΡ ‖ 5.77 τῶ ἔπει FV: τὸ ἐπὶ ΒΡ: τῷ ἔτει Cobet ‖ 6.7 ἀναγκαιότερον FV: -τατον ΒΡ ‖ 6.18 ὁ τίμων δὲ διὰ τὸ πλῆθος ἐπιτιμῶν αὐτῷ FV: ῷ τίμων δὲ διὰ τὸ πλῆθος ὁ τίμων (expunx. P[2]) ἐπιτιμῶν P: ὁ τίμων διὰ τὸ πλῆθος ὁ τίμων ἐπιτιμῶν B: διὰ τὸ πλῆθος ἐπιτιμῶν αὐτῷ ὁ τίμων Φ ‖ 6.26 τὸν κύνα διογένης οἶνον ποτὲ FV: τὸν κύνα διογένης συμποεῖς ΒΡ ‖ 6.57 τάριχον FV: -ος ΒΡ.

Taking into account that **V** is the oldest preserved (although incomplete) manuscript of the 'vulgate' (**α**),[56] we can deduce that **F** was contaminated by a lost exemplar in that tradition.

[56] See below 29–31

Lastly, errors common to **P** and **F**, such that they cannot have been generated independently, prove in addition that **F** underwent a further contamination with **P** (perhaps through α):

1.21 ποιόν PFV: -οῦν B, Suda ‖ 1.29 διδυμαίω PF: δίδυμι B: Διδυμεῖ Diels ‖ 1.36 γεγόνει PF: -οι B: -ε Φ ‖ 1.61 σ' εὖ PF: σευ B: σέο West ‖ 2.118 συγκεκαυμένον PF: -καμμένον B: -καλυμμένον Φh ‖ 2.140 ὥστε PF: ὅθεν B ‖ 2.144 ἔπειγεν PF: ἐπῆγεν B[1]: ἐπεῖγε B[2]: ἔπειγέ <σε> Cobet ‖ 3.18 κρεῖττον ὃ συμφέρον PF: κρείττονος συμφέρον B ‖ 3.66 ἐδοθέντι· ἃ PF: ἐδοθέντα B ‖ 3.78 πολιτεύεσθαι PF: -σεσθαι ΒΦ ‖ 4.15 γεγονὼς PF: γεγὼς B, Pal. ‖ 4.43 ἐπηγάγετο PFV: εἰσ- B ‖ 4.47 ἔχοντα PF: περιέχοντα B ‖ 5.14 ἐπικοσμηθῇ PF: -σμιθῇ B: -μισθῇ rec. ‖ 6.73 λιτῶν PF: λοιπῶν B ‖ 6.97 ἦλθεν PF: ἦλθον B ‖ 7.81 ἔχον PF: ἔχων B ‖ 7.105 σὺν ἡμιόνω PF, Suda: συνημιονων (sic) B: σὺν ἡμιολίῳ Kuehn ‖ 7.149 ἢ PF: εἰ B: ῇ Kuehn ‖ 7.176 προοδοιπορεῖσθαι PF: -οδοποιεῖσθαι B: -ωδοιπορῆσθαι Φ ‖ 8.45 ὅς PF: ὡς B ‖ 8.47 κήλης PF: κίλλης B: σκίλλης Muretus ‖ 9.14 ἀμνηστίην PF: ἀναμνηστίην B: ἀνηστίην Reiske: ἀεὶ νηστείην Diels ‖ 9.114 συγχρονεῖν PF: συγχωρεῖν B: συχνὸν Diels ‖ 10.21 ὡς B: ὧν PF ‖ 10.151 αἰτίων B: -ιῶν PF.

The corrections made by the anonymous corrector **F**[2] are of little merit. An examination of the readings of **F**[2] proves that he had recourse to a MS of the **P** tradition preceding the **P**[4] revision (**Q**, **W** and **Co**). The clearest evidence is in the initial *inscriptio* in **F**, which **F**[2] corrects following that transmitted by **P** (and its descendants copied before **P**[4]'s correction): λαερτίου διογένους βίοι καὶ γνῶμαι τῶν ἐν φιλοσοφία εὐδοκιμησάντων καὶ τῶν ἑκάστη αἱρέσει ἀρεσκόντων. **F**[2] restores, *in rasura*, βίοι καὶ γνῶμαι for βίων καὶ γνωμῶν and ἀρεσκόντων for ἀρεσάντων; leaving however τῶν εἰς δέκα τὸ πρῶτον. A very significant example is also 2.144 ἑβδομηκοστὸν P, F[2γρ] (ο'): ὀγδοηκοστὸν B, F[1] (π').

F has no descendants.

(ii.2) The oldest 'vulgate' tradition (α)

The moment has come to consider the process of formation of the 'vulgate' tradition (**α**) and to present some thoughts on its initial diffusion.[57]

I can confirm, though with some significant modifications, the results of Knoepfler, who elaborated and probed the arguments of Gercke and Donzelli. According to Knoepfler, the 'vulgate' (**α**) – **V** being its oldest witness, but incomplete (preserved up to 6.66) – it was formed in southern Italy by 'contamination' of the two recensions, **ω** and **ω'**, descendants of **Ω**, and ancestors respectively of **F** and **P**.

The back-dating of **P** and the proven Constantinopolitan origin of **V** allow us instead to demonstrate that the vulgate (**α**) took shape in an East Greek context (probably in Constantinople) from the 'contamination' of **P** and the lost model of **F** (**γ**).[58]

The errors common to **F** and **V** listed above show the influence of **γ** (ancestor of **F**) on **V** (and hence on **α**). The following list of errors specific to **P** and **V** further proves that **α** was 'contaminated' with **P**'s tradition:

1.23 αὐτὸ PV: -ῶ BF ‖ 1.33 μὴ πρότερον λήξειν PV: οὐ πρ. λήξει BF ‖ 1.49 θώρακος καὶ ἀσπίδος PV: δόρατος καὶ ἀσπ. BF ‖ 1.55 νικίου PV: νεικείδου B: νικίδου F ‖ 1.64 μείζονα PV: πλείονα BF ‖ 2.38 μεγαλοφρονοῦντας PV: μέγα φρονοῦντας BF ‖ 2.51 μετὰ ἀγεσιλάου εἰς τὴν ἑλλάδα PV: εἰς τὴν ἑλλ. μετὰ ἀγεσ. BF ‖ 2.52 ἧκεν PV: ἦλθεν BF ‖ 2.95 ἔνεκα πάντα PV: ἔνεκα πᾶν ΒΦ: πᾶν ἔνεκα F ‖ 2.104 γεγράφει PV: γέγραφε B¹: ἐγεγράφει B²: γράφει F ‖ 2.143 πόλιν PV: πατρίδα ΒΦΦ ‖ 3.25 ὁ ῥοδοβάτου PV: ῥοδοβάτου B: ῥοδοάτου Fᵖᶜ: Ὀροντοβάτου Marres ‖ 3.74 ὑπὲρ μὲν τὸν τῆς γῆς κύκλον PV: ὑ.

---

[57] Dorandi, *Laertiana* 105–20.

[58] On the question of the geographical origin of the Laertian MSS, see below 39–40.

μὲν τῶν ἐκ γῆς κύκλων ΒΦΦ: ἐν μὲν τῷ ὑπὲρ γῆς κύκλῳ Basileenses ‖ 4.9 δωροδοκῆσαι P¹, V: -κήσαντας Β: -σας F: -σων P⁴ (coni. Madvig) ‖ 4.10 γεωμετρίαν PV: -τρικὴν ΒΦΦ, Suda ‖ 4.14 ἀρύβαν PV: ἀρρύβαν F: ἀρύββαν Β ‖ 4.17 ἄττοντος P¹, V: λυττῶντος ΒΦΦ ‖ 4.18 σκληρότητα PV: ξη- ΒΦΦ, Philodemus ‖ 5.19 σκοπεῖν PV: δεῖ σκοπεῖν BF ‖ 5.22 ἤ om. PV ‖ 5.24 titulum om. PV ‖ 5.63 ἕνα ὂν ἐὰν PV: ἕνα ἐὰν F: ἔνδον ἐὰν Β: ἕνα ὂν ἄν rec. ‖ 5.63 εὐσχήμων ἤ PV: εὐσχημωνῆ F, Β² (sine acc. Β¹), recte: εὐσχήμωνα Cobet ‖ 5.67 ἴλεια PV: ἠλεῖα Β: ἠλεῖα F: Ἰλίεια Bentley ‖ 6.40 λοῦνται PVΦ: λούονται BF ‖ 6.43 τί Pᵖᶜ: τίς Β, Pᵃᶜ, F: ὅστις Φ.

In the light of these results, we can imagine the stages in the formation of **α** as follows. It is possible that it was generated already in the middle of the twelfth century, out of the conflation of the **P** tradition and the lost model of **F** (**γ**), a manuscript (now lost) of hybrid character, carrying a 'vulgated' text (**α**) that was extensively revised, interpolated and corrected, but that can be traced back to the ancestor of the continuous manuscript, **Ω**.

At least **V** was copied from **α**. Moreover, we cannot exclude the possibility that **α** is also the direct or indirect model of other lost manuscripts, or of manuscripts preserved but not sufficiently researched.

V's contribution is limited. Some readings from **V** anticipate conjectures suggested later by modern scholars:

2.10 ἐπιλίπη V: -λίποι P: -λήποι rec.: ὑπολίπη Φ: -λείπη Β ‖ 2.24 ἐμαυτῷ V (= Stephanus): ἑαυτῷ BPF: om. Φ ‖ 4.9 ἑτάρους V: ἑταίρους BPFΦ ‖ 5.14 ἐπικομισθῆ V: -σμιθῆ Β: -σμηθῆ PF ‖ 5.27 ἐλεγεῖα ὧν V: ἐλεγιαίων Β: ἐλεγεῖαι ὧν P: ἐλεγείων F¹ (ὧν F²ᵐᵍ).

U and **Vat. gr. 2186** derive from **V** by means of a lost link (**Ambr**). Unfortunately the first part of **Ambr** that contained Diogenes' *Lives* has not been preserved, a fact that prevents us from looking closely into the relationship between the three witnesses.[59]

V breaks off at the end of f. 81v (with the first words of 6.66 ὀνειδιζόμενος), but it must originally have been more complete, perhaps even whole.[60] It is impossible to determine when the mutilation took place; what is certain is that **U** and **Vat. gr. 2186** presuppose the loss of this text, because from 6.66 (and until 10.53) they follow an exemplar that is influenced not only by the corrected **B** (**B²**), but also by the tradition reflected in **F¹** and in the later **D**, **G** and **S**.[61]

U and **Vat. gr. 2186** are twins. Indeed both MSS break off at 10.53: **U** after νομίζειν τόν and **Vat. gr. 2186** after ἐπαίσθησις (the beginning of the following phrase, οὐκ αὐτὸν οὖν δεῖ νομίζειν, is eliminated, leaving the sentence incomplete). They also share the same lacuna that swallowed up the end of the *Life of Protagoras* and most of the *Life of Diogenes of Apollonia* (9.51–7 καὶ ἀλλαχοῦ . . . παρέχεσθαι). Furthermore both present the two *subscriptiones* (only specific to **B**) at the end of books 8 (**U**: f. 88v = **Vat. gr. 2186**: f. 169r): λαερτίου διογένους φιλοσόφων βίων καὶ δογμάτων συναγωγῆς, τῶν εἰς ι΄ τὸ ὄγδοον· πυθαγορικοί, and 9 (**U**: f. 99r = **Vat. gr. 2186**: f. 186v): λαερτίου διογένους φιλοσόφων βίων καὶ δογμάτων συναγωγῆς, τῶν εἰς ι΄, τὸ θ΄ ἧς (sic) σποράδην, καὶ πυρρώνιοι.

For the relationship between MSS **D**, **G** and **S**, we shall refer, for the moment, to Donzelli's research: **D** descends from **α** by means of a lost copy (**π**), while for **G** and **S** we must suppose there is a further link (**π´**) derived from **π**.[62]

---

[59] **Ambr** (64 folios) currently contains Theophrastus' *Opuscula* and the pseudo-Aristotelian *De Melisso Xenophane et Gorgia* and *Mirabilia*. See *Laertiana* 109–20.

[60] Martini I 81 and *Überlieferung* 614; Donzelli, *Codici* 97, 108.

[61] For **U**, see Martini I 121–2 and *Überlieferung* 614–15; Donzelli, *Codici* 112. For **Vat. gr.** 2186 *Laertiana* 109–20.

[62] Dorandi, *Laertiana* 106–7 with a reproduction of Donzelli's stemma. The hypothesis did not convince Niels Christian Dührsen (see *Laertiana* 106 n. 285). Dührsen maintains that **M** also descends from **α** and that **M**

(ii.3) The 'recentiores'

A group of recent manuscripts (15th and 16th centuries), not all systematically investigated, transmits a recension of the *Lives* that is extremely contaminated and adulterated. Not having had access to these witnesses other than very occasionally and briefly, I refer to the conclusions of Martini and Düring.[63]

Martini subdivides these manuscripts into two groups, **T**, **K**, **C**, **X**, **Z** and **M**, **A**, **N**; the first group belongs to his class **α**, the second to class **β**.[64] Meanwhile, Düring proposes a classification that differs in parts:[65] **T** should be seen as having a close relationship to MSS **D**, **G** and **S** (= **d**); and **Ma** (which escaped Martini) should be considered part of the same first group (= **m**).

Neither Martini nor Düring takes into account the two further witnesses (**Leid** and **Mosq**), whose contribution has yet to be examined.

*(ii.4) The 'excerpta Vaticana' (**Φ**)*

We now move to the group of manuscripts that transmits one or both collections of the excerpts currently indicated as *Excerpta Vaticana* because their common ancestor is a MS now in the Biblioteca Apostolica Vaticana (*Vaticanus gr.* 96 = **Φ**).[66] The first collection, entitled Περὶ τῶν ἐν παιδείᾳ διαλαμψάντων, is

---

was the model for corrections by **P⁴**. This hypothesis merits serious consideration: if there were confirmation that **M** did indeed descend from **α**, then the reconstruction of **α** would be facilitated (up to 6.66) by the agreement of **V** and **M**; from 6.66 on, it would obviously be based only on **M**.

63 For **Z** (exemplar of the *editio princeps Frobeniana*), see above 11.
64 Martini I 140–75 with a stemma (176).
65 Düring 14. He based his research only on the *Life* of Aristotle (5.1–35).
66 In Dorandi, *Laertiana* 79–99 I have sketched the history of these *excerpta* (independent of that of the continuous manuscripts), and have reconstructed the phases in the organization of the two *corpora*, inquiring into their relationships, their content and the question of the identity of their compiler. All preserved MSS of the *excerpta* Vaticana derive directly or indirectly from **Φ**.

falsely attributed to Hesychius of Miletus (6th cent.). The second, entitled Λαερτίου Διογένους Βίων φιλοσόφων τόμος πρῶτος, δεύτερος [...] δέκατος, is known as *Magnum excerptum*.

The presence of numerous errors common to **Ω** and **Φ** proves their descent from the same model (**X**):

1.24 ὑστέραν X: ὑστ<άτην ἡμ>έραν Scaliger: ὑστάτην Von der Muehll (in schedis) et Marcovich ‖ 2.19 λιθοξόος X: <ὁ> λαξόος Meineke ‖ 2.41 καταβάντων τουτέστι κατάβηθι X: κατάβα {τουτέστι κατάβηθι} Bergk: κατάβα, κατάβα {τ. κ.} Cobet (coll. Ar. *Vesp.* 979) ‖ 2.43 χαλκῆς εἰκόνος ἐτιμήσαντο X: χαλκῇ εἰκόνι ἐτίμησαν Cobet ‖ 2.46 σάγαρις X: Σύαγρος L. Gyraldus ‖ 2.103 μαρίω(ι) X: Μάγᾳ Palmerius ‖ 3.23 συνείπετο X: -εῖπε Valckenaer ‖ 3.75 διαμονὴν X: διὰ γνώμην M. Casaubonus, *alii alia* ‖ 4.17 πυθόμενον X: πυθομένων Cobet ‖ 4.48 ἐτῶν X: αἰτιῶν Russell, *alii alia* ‖ 4.51 δυσσέβειαν X: δύσκλειαν Lapini: δυσγένειαν Menagius, *alii alia* ‖ 5.2 γεννηθέντα X, corruptum ‖ 5.19 εὐμορφίας X: -αν M. Casaubonus ‖ 5.31 ἀντίστροφον X: ἀντιστρόφου Is. Casaubonus ‖ 6.44 ἀθλίας X: Ἄθλιος Cobet ‖ 6.62 κοιμῶμαι X: κοιμᾷ Cobet ‖ 6.76 βοὸς πόδα X: πολύποδα Is. Casaubonus ‖ 7.23 οὖ vel οὐ X: οὐδὲν M. Casaubonus ‖ 7.125 τὸν ἄδικον X (τῶν δίκων P^{pc}): corruptum esse vidit Rossi: τὸν <Κερ>αμικὸν Arnim: τὸν Ἀττ<άλου> οἶκον Marcovich: (τὸν οἶκον iam Rossi) ‖ 7.170 φίλος X: λίθος Meineke ‖ 9.10 κεῖσθαι X: κ<ιν>εῖσθαι Reiske (cf. 3.68) ‖ 9.45 ποιητὰ X: ποιότητας Menagius ‖ 9.72 (bis) αἰτίη X: ἐτεῇ Stephanus ‖ 9.78 ἀνωφέλειαν X: ἀνωμαλίαν Kuehn (coll. Sext. Emp. *PH* 1.12) ‖ 10.8 πολυφθονερούς X: -φθόρους Bake ‖ 10.16 πρῶτος X: οἷσιν Pal.: τοὖπος Usener: πρωΐ Marcovich ‖ 10.67 διαλαμβάνει X: -βάνεται Bailey: -βάνομεν Aldobrandini: συμβαίνει Usener.

Knoepfler has demonstrated that, unlike that of **Ω**, **Φ**'s descent from **X** was not direct, but passed through two lost links: a transliterated apograph of **X**, **χ** (*c.* 10th cent.), and the *autographon excerptoris* (*c.* 11th cent.).

The indirect descent explains why the text of **Φ** is often inferior to that of **Ω** (at least in its first stage, reflected by **B** and **P¹**). It is also probable that **Φ** preserved inferior readings peculiar to **X** but corrected by **Ω**. Among the readings of **Φ** there are many that offer a text superior to that of **Ω**: evidence that is easy to explain if it is supposed that **Φ** has transmitted the text of **X** more authentically than **Ω**. Nor can we exclude either the possibility that some conjectures and revisions were made by the anonymous scholar who organized the two collections of the *Excerpta Vaticana* (one of which, **Φh**, was put together by systematically using, along with the *Lives*, many entries from the *Suda*), or traces of contamination with extra-stemmatic witnesses (parallel tradition, 'gnomological' and lexicographical tradition etc.):[67]

1.26 συνεῖλε Ω: -ῆξε Φ: -έλεξε Cobet (vid. Arist. *Pol.* 1, 11, 1259a16) ‖ 2.23 τὰ ἀριστ(ε)ία B, P¹: τοῦ ἀριστείου F, P²: τῶν ἀριστείων Φ (vid. Athen. 5, 215 E) ‖ 2.26 αὐτὸν Ω: deest in Φ (rec.), del. Cobet ‖ 2.71 καὶ γυμναζόμενοι deest in Φ: secl. Cob., recte ‖ 3.32 ἄλλο Φ (καὶ ἄλλο Huebner): deest in Ω ‖ 3.79 ἐν δὲ τοῖς διαλόγοις καὶ τὴν δικαιοσύνην θεοῦ νόμον ὑπελάμβανεν, ὡς ἰσχυροτέραν (οὖσαν add. Basileenses) προτρέψαι τὰ δίκαια πράττειν, ἵνα μὴ καὶ μετὰ θάνατον δίκας ὑπόσχοιεν οἱ κακοῦργοι Ω: (Πλ.) [. . .] ὑπέλαβεν, ὡς ἰσχύουσαν [. . .] πράττειν, ὡς κτλ. Φ ‖ 3.107 καὶ ὕδωρ καὶ χρυσὸς deest in Φ: secl. Marcovich (falso) ‖ 4.16 ῆξε Ω: ῆξε Φ (coni. Hemsterhuis, *alii*) ‖ 4.48 αἰσθανομένοις Φ (coni. M. Casaubonus): -ους

---

[67] I do not take account of the anecdotes relating to Diogenes the Cynic that **Φ** adds in 6.69 (after the words οὐδ' ἄρα ἐν ἀγορᾷ ἐστιν ἄτοπον). These are alien to Diogenes Laertius' text. The two anecdotes were probably recovered from a branch now lost (or not yet investigated) of the immense gnomological tradition belonging to Diogenes the Cynic. Whether their insertion can be traced back to the scribe of **Φ** or his model is a question that must remain open (see *Laertiana* 96–9).

Ω ‖ 5.32 αἰτιολογώτατος Ω: αἰτιώτατος Φ: αἰτιο-
λογικώτατος V ‖ 5.32 οἰκονομεῖσθαι Ω: κινεῖσθαι Φ ‖
6.36 ἐκέλευσεν Φ: ἐποίησεν Ω ‖ 6.51 ὁ μοιχὸς συνε-
λή(μ)φθη Ω: ὁ αὐλητὴς μοιχὸς ἑάλω Φ 'ὁ αὐλητὴς vel ex
Theonis Progymn. 5 ([. . .] ubi quater exstat) vel potissimum
ex Florilegio quodam' V. d. Muehll ‖ 6.63 ἀπαιτούμενος Φ:
αἰτούμενος Ω ‖ 7.14 ὥστε δεδιότας add. Φ ('sine dubio
recte' Biedl 116): lac. ind. Arnim ‖ 7.19 ἐμβλέψαντι Ω: -ος Φ
ut est ap. Athen. 8, 345 C ‖ 7.24 τις Ω: τις πρεσβύτης Φ ut
est ap. Plut. De garr. 4. 504 a (= SVF I fr. 284) 'an Φ sua e
Florilegio quodam habet?' V. d. Muehll ‖ 8.32 ταύτας Φ:
τούτους τοὺς B, P¹: τούτους F, Pˣ ‖ 9.44 νενομίσθαι
δοξάζεσθαι Ω: δοξάζεσθαι deest in Φ: del. Menagius ‖ 9.68
ἐμπλεόντων Ω: συμπλεόντων αὐτῷ ποτε Φ 'e coniectura
ut vid.' V. d. Muehll ‖ 9.104 λέγομεν οὐ δογματίζοντες
Φ: λεγομένων οὐ δογμάτων Ω ‖ 10.32 (bis) ὁμογενὴς Φ
(et coni. Gassendi): ὁμογένεια Ω ‖ ἡ ἀνομογενὴς τὴν
ἀνομογενῆ Φ (D): ἡ ἀνομογένεια τὴν ἀνομογένειαν Ω ‖
10.131 προσερχουμένοις Ω: -ους Φ (Z fr).

(ii.5) The other Byzantine excerpts

I shall now consider the *excerpta* found in the *Suda*, the *Anthologia
Palatina* (**Pal**) and **Vi**.

The *Suda* recovered the passages of Diogenes from an
anonymous work that Adler named *Philosophica* (**Σ**).

Many *errores coniunctivi* between **Σ** and **Ω** suggest that they
shared a common model:

1.93 ἀπεφήνατο BP Σ (κ 1719): ἀπεφθέγξατο Frob ‖ 2.40
ἀνθωμολογήσατο Ω Σ (α 2517): ἀντωμόσατο Menagius ‖
4.19 δώριός τις οἰκονομία Ω Σ (δ 1462): Δ. τ. ἁρμονία
Florens Christianus: Δώριόν τιν' ἁρμονίαν Marcovich:
Δωρίας τινὸς ἁρμονίας G. Hermann: τῆς Δωριστὶ
ἁρμονίας Cobet ‖ 5.72 ῥοιακῶν Ω Σ (ρ 273): ῥοδιακῶν van
Lennep ‖ 7.86 τοῦ δὲ λόγου τοῖς λογικοῖς κατὰ
τελειοτέραν προστασίαν δεδομένου, τὸ κατὰ λόγον ζῆν

INTRODUCTION

ὀρθῶς γίνεσθαι τοῖς κατὰ φύσιν Ω Σ (ο 611): <τού>τοις κ. φ. Kayser: <αὐ>τοῖς <τὸ> κ. φ. Cobet ‖ 7.90 ἀφροσύνῃ BP, Fγρ (εὐ- F in textu) Σ (α 3830): σωφροσύνῃ Aldobrandini ‖ 7.94 οἷον τὸ ἀγαθὸν ἀφ' οὗ συμβαίνει ὡς τὴν πρᾶξιν τὴν κατ' ἀρετὴν Ω Σ (α 118): post τό add. <μέν> Arnim, post συμβαίνει lac. indic. Lipsius: ὠφελεῖσθαι, ὡς τὴν ἀρετὴν, τὸ δὲ καθ' ὃ συμβαίνει Heine et Arnim (om. ὡς τὴν ἀρετὴν) ‖ 7.94 τὸ τέλειον κατὰ φύσιν λογικοῦ ἢ ὡς λογικοῦ Ω Σ (α 118): ἢ secl. Rossi ‖ 7.105 διὸ τὰ μὲν αὐτῶν ἐκλέγεται, τῶν δ' ἑτέρων ἐπίσης ἐχόντων πρὸς αἵρεσιν καὶ φυγὴν Ω Σ (α 478): post ἐκλέγεται suppl. τὰ δὲ πεκλέγεται Arnim: τὰ δ' ἀποβάλλεται Reiske: δ' secl. Menagius ‖ 7.107 ἔτι δὲ καθῆκόν φασιν εἶναι ὃ προαχθὲν εὔλογόν τε ἴσχει ἀπολογισμόν Ω Σ (κ 77): πραχθέν Menagius: τε secl. Arnim: τιν' Huebner ‖ 7.108 post καθῆκον add. τὰ δὲ οὔτε καθήκοντα οὔτε παρὰ τὸ καθῆκον Is. Casaubonus ‖ 7.109 post καθήκει[2] add. τὸ κατ' ἀρετὴν ζῆν, οὐκ ἀεὶ δὲ rec. ‖ 7.113 φιλοπονίας Ω Σ (ε 2341): -ποιΐας Stephanus ‖ 7.118 ἀπλάστως Ω Σ (α 874): -ους M. Casaubonus: ἀπλάστους <δέ> Cobet: <καὶ> ἀπλάστους Arnim ‖ 7.160 πρός τι Ω Σ (τ 282): πρὸς τά Frob ‖ 8.20 πελαργᾶν Ω Σ (π 929): πεδαρτᾶν Hemsterhuis ‖ 9.12 γνώμην Ω Σ (δ 400): γνώμον' L. Kuster et Reiske ‖ ἕνα Ω Σ: ἑνός Kuster ‖ 9.28 ὕλην Ω Σ (ε 768): Ὑέλην Is. Casaubonus ‖ 9.28 τὰ πολλά Ω Σ (ε 768): πώμαλα Diels: τὸ παράπαν Cobet ‖ 9.74 ταῖς ὁμοίαις Ω Σ (ο 802): τῶν ὁμοίων rec.

To these should be added the only error common to **B**, **P**, **Φ** and **Σ**: 2.9 καὶ τὸν γαλαξίαν ἀνάκλασιν εἶναι φωτὸς ἡλιακοῦ μὴ καταλαμπομένων τῶν ἄστρων [ἀστέρων ΦΣ] ΒΡΦ, Σ (γ 18). Modern editors print: φωτὸς <τῶν ὑπὸ> ἡλίου μὴ καταλαμπομένων {τῶν} ἄστρων φωτός (τῶν ὑπὸ add. et τῶν ante ἄστρων del. Aldobrandini: ἡλίου Von der Muehll).

Since there are no examples of *errores coniunctivi* between **Ω** and **Φ** as against **Σ** or of **Σ** and **Φ** as against **Ω**, it can be supposed that the model they shared was, once again, **X**.

36

A large selection of poems excerpted from the *Lives* derives from **Pal** through the MS of Constantine Cephalas' anthology. Numerous *errores coniunctivi* in **Ω** and **Pal** prove descent from a common exemplar:

1.97 ἀγχίαλοις BP, Pal.: ἀγχίαλος rec. ‖ 4.61 ἄρα καί σε Cobet: ἄ. καὶ σὺ Ω, Pal: ἄρ' ἄκαιρος Beckby ‖ ἔσυρεν Cobet: -ρες Ω, Pal ‖ 5.68 ἀ(πριν) BP: ἄ F: ἄ Pal: ἄν P²: ἄν P⁴: ὡς Scaliger: εἰ Jacobs ‖ 7.30 ὃν Ω, Suda (κ 21): ἧς P⁴: ἦν Pal: ἦν Pal^C: οὐ Porson ‖ 7.170 φίλος Χ, Pal.: λίθος Meineke ‖ 7.184 'ep. est τρίστιχον in [A]P [et DL]; τετράστιχον rest. Salmasius' ‖ 9.56 σεῦ P: σὲ BF, Pal: σέο Sternbach.

In this case, too, there is no evidence to contradict the identification of the ancestor of **Ω** and **Pal** with **Χ**.

Suda and **Pal** contribute in a substantial manner to the restoration of the text transmitted by **Χ**, from which they derive through distinct intermediary links (**Σ** for *Suda*, the *codex Cephalae* for **Pal**).

The few excerpts in **Vi**, the oldest manuscript in the tradition (copied, it seems, from a lost MS belonging to Arethas of Caesarea), bring no important changes with respect to the readings of **Ω** and **Φ**. There are frequent singular variants (such as the rearrangement and rewriting of 3.54–5),[68] many of which are due to a personal choice of the anonymous *excerptor* (the omissions in 3.53) or to the haste with which the scribe copied his exemplar. In some cases, there is the suspicion that we are encountering conjectures probably by Arethas (for example, 3.53 μονοτρόπως Vi [coni. Stephanus]: -τρόπῳ Ω).

(ii.6) The manuscripts of the 'Life of Plato'

The third book of the *Lives* enjoyed an independent diffusion. Four manuscripts transmit the *Life of Plato* in its entirety (**b**, **c**, **z** and **m**), and three others (**a**, **p** and **ba**) in the form of excerpts.

---

[68] Discussed in *Laertiana* 192–3.

MSS **b**, **c**, **z** and **m**, written in Constantinople in the first half of the fourteenth century, contain the *corpus Platonicum* (more or less complete) accompanied not only by Diogenes' *Life of Plato*, but also by other texts helpful for reading the Platonic *Dialogues*. As far as the relationship of these manuscripts to the tradition of Diogenes is concerned, Breitenbach, Buddenhagen, Debrunner and Fr. Von der Mühll recognized the kinship between **b**, **c** and **z**, proved by many common errors and lacunae (the agreement of the three MSS was indicated by the symbol **π**). These scholars found some errors that **b**, **c** and **z** had in common with **P**; on the other hand they did not draw conclusions on the relationships between **b**, **c** and **z**, and they advanced only a very cautious hypothesis on the descent of **c** and **z** from **b**, and of **b** from **β** (the presumed common ancestor of **b** and **P**).[69] More recently, Azzarà[70] confirmed the descent of **c** from **z** and the close links between the four MSS **b**, **c**, **z** and **m**. She demonstrated, too, that **m** derives directly from **c**, but she did not pronounce on the question of the descent of **b** from **z** or **c**, or on that of their ancestor.

These findings can be refined in the light of the new dating of **b** (early 14th cent.) and of **P** (11th/12th cent.) and the descent of **c** from **z**. An analysis of the *errores coniunctivi* between **b**, **c**, **z**, **m** and **P**[71] proves that the four manuscripts descend directly or indirectly from **P**, and that the ancestor of this group (**z**) was copied from **P** before this MS underwent radical revision by the corrector $\mathbf{P^4}$, but after only slight alteration by the corrector $\mathbf{P^2}$. MSS **c** and **m** reproduce the same text as **z**. Unfortunately the question of the position of **b** remains open.[72]

---

[69] Basileenses viii–ix, xvii–xviii.

[70] S. Azzarà, 'Note su alcuni codici di Platone e Diogene Laerzio: la datazione del Laur. LXXXV 9 e il Marc. Gr. 189', *RPL* n.s. 5 (2002) 164–71.

[71] See Basileenses ix and Azzarà 167.

[72] Cf. Azzarà 168–9. The indications in favour of **b** descending from **z** rather than from **c** that I alleged in *Laertiana* 123 are not all decisive. The fact that **b** was produced at the beginning of the fourteenth century and **c** in the 1330s might conceivably favour the hypothesis that **b** derives from **z** (also dating from the beginning of the 14th cent.) rather than from **c**.

Of the manuscripts with excerpts, **a** and **p** derive from **c**; **ba** was copied from **p**.[73]

None of these witnesses should be taken into account for the editing of book 3.

(ii.7) *The geographical unity of the transmission*

In the light of these findings and of a series of supplementary palaeographical and codicological indications, I should like briefly to come back to the question of the postulated existence (Knoepfler) of an autonomous Italo-Greek branch of the transmission, represented by **Ω**, distinct from the oriental branch, represented by the *excerpta Vaticana* (**Φ**) and the other Byzantine collections of excerpts (**Vi**, *Suda* and **Pal**).

As I have shown, a philological analysis proves that **Ω** and **Φ**, as well as **Vi**, *Suda* and **Pal**, can all be traced (directly or indirectly) to a single exemplar, **X**, kept, it would appear, in the area of Constantinople. This idea finds confirmation in a study of the palaeographical and codicological characteristics of the older descendants of **Ω**.[74]

The oriental or Constantinopolitan origin of **Φ**, **Vi**, **Pal** and *Suda* is indisputable. The hypothesis that **Ω** was an old MS preserved in a library in southern Italy depends on the assumption that **B**, **P**, **F** and **V** were written by Italo-Greek hands. New studies of the written items attributed to southern Italy prove that **B** alone is of Italiot origin (or at least copied by a scribe trained in southern Italy). **P**, **F** and **V** were written in Constantinople, or at any rate in the eastern Greek world.

Since the text of **B** does not altogether differ from that of **P** and **F** and hence of their common ancestor (**Ω**), we can further deduce that **B** does not transmit an autochthonous Italo-Greek recension. Two hypotheses could explain the presence of **B** in southern Italy (Sicily). First: **B** was written by an Italiot

---

[73] Dorandi, *Laertiana* 120–4.
[74] I discuss the question in chapters 2 and 3 of *Laertiana*.

scribe in Constantinople and was taken to Sicily. Secondly: **Ω**, after **P** and **γ** (the model of **F**) had been copied, was taken from the east to Italy, and left in Sicily at least long enough for **B** to be written, and, somewhat later, for the anonymous **B²** to make the numerous corrections and supplements to **B**. On account of the intervention by **B²**, the second hypothesis seems the more plausible. In both cases the *terminus ante quem* for the arrival of **Ω** in Italy is the date of **B²**, the first half of the twelfth century.

The transmission of the *Lives* is hence unitary and fundamentally eastern. From the same exemplar (**X**), certainly written in uncial, there derive, on the one hand, the ancestor of the *codices integri* (**Ω**), and on the other, that of the manuscripts of the *excerpta*, now represented by **Φ**.

(ii.8) Was Ω written in uncial?

It remains to inquire whether **Ω** and the ancestor of **Φ** were manuscripts in uncial script or already transliterated into minuscule, and in that case, whether they were the result of a single transliteration or of two separate ones. The answer to the second part of the question is complicated by the fact that, while **Ω** derived directly from **X**, as regards **Φ** we must presume that there was at least one lost link (**χ**), if not two (**χ** and the *autographon excerptoris*).[75]

The high frequency in **B** of errors induced by uncial script – mistakes in the division of words and the presence of sequences lacking both breathings and accents – has led to the view that **B** resulted from transliteration and that, as a consequence, **Ω** was in uncial.[76]

None the less, I believe that there are sufficient indications that **Ω** was already in minuscule, and that **Ω** and **χ** derive from

[75] There is only one error induced by uncial script in **Φ** (96, 11 = DL 5. 33) ὁ Ἑρμῆς **Ω**: θέρμης **Φ**h (confusion of O with Θ). See Martini II 164.
[76] Martini I 132–3.

a (twofold?) transliteration of **X**.[77] As far as the other (partial) witnesses derived from **X** are concerned (the models of *Suda*, **Pal** and **Vi**), it is not necessary to postulate a passage through distinct and independently transliterated exemplars.[78]

According to my reconstruction, Ω was a manuscript written in minuscule, but without breathings and accents, probably in *scriptio continua*, perhaps sporadically abbreviated and degraded by different types of error (many of them induced by uncial script) and therefore very difficult to read. Some of these characteristics are reflected in **B**, a manuscript in which breathings and accents are frequently lacking and which has many sequences in *scriptio continua*. The numerous gaps marked in **B** with more or less wide *vacua* (sometimes, entirely or partially, filled by $\mathbf{B}^2$) confirm the difficulties of reading and deciphering the model. To explain such evidence, we must suppose that the anonymous scribe of **B**, not being expert in Greek language and spelling, had slavishly – photographically, as it were – copied Ω, reproducing errors induced by uncial script, several sequences of *scriptio continua* and wrong divisions of words; leaving gaps where he could not decipher the writing, without going to much trouble to understand what he was copying down, and adding many of his own errors and blunders. A good number of these mistakes and aberrations later disappear thanks to the patient corrections of his corrector ($\mathbf{B}^2$), who had access to Ω.

If we accept that Ω was already a manuscript in minuscule, the hypothesis that **B** and **P** are the result of a twofold transliteration fails: there are too few convincing indications in its favour, even if it were admitted that Ω was a manuscript in uncial. Some sporadic errors induced by uncial script found

---

[77] See Dorandi, *Laertiana* 102–5.
[78] On the 'facility' of reading a text in uncial script up to the late-Byzantine period, see F. Ronconi, *La traslitterazione dei testi greci. Una ricerca tra paleografia e filologia* (Spoleto 2003) 64–6.

only in **P**,[79] just like some even less frequent ones in **F**,[80] do not constitute sufficient evidence of a plurality of transliterations of Ω written in uncial. Different errors induced by uncial script can appear in a manuscript tradition that depends on a single transliteration. Their presence in Ω and in some of its descendants can be explained by the persistence of uncial letters in an ancestor written in minuscule,[81] or alternatively can be traced back to the manuscript in uncial by which it was preceded (**X**, a manuscript that was undoubtedly written in uncial). Unfortunately, there is insufficient verification from examples deriving from errors induced by minuscule script to confirm my hypothesis.[82] The cases of such error that I have found in **B**, **P** and **F** are very rare. But the fact remains that such errors arise only from the second generation of minuscule and the agreements in errors induced by minuscule script only in the third,[83] and that none of the three manuscripts goes beyond the second generation.

(ii.9) **X**, and beyond **X**

A study of the typology of the variant readings of the most ancient witnesses allows us to form a clear, if limited, idea of the characteristics of **X** and of the quality of the text he transmits. It seems that the *Lives* survived up to Late Antiquity in this single exemplar written in uncial (**X**). This manuscript must have been in a bad state of preservation, riddled with gaps of greater or smaller dimension. The text that it transmits was infested with errors of grammar and syntax and with interpolations, resulting either from transmission or as a consequence of the fact that Diogenes Laertius did not have time to revise his work

---

[79] See Martini I 132–3 and Basileenses xiii.
[80] See Basileenses xiii n. 26.
[81] See Ronconi, *Traslitterazione* 125–6.
[82] See Ronconi, *Traslitterazione* 125–42 (citation from 126).
[83] See Ronconi, *Traslitterazione* 129.

thoroughly and that it was published posthumously from his papers in a form that was not wholly accurate.[84]

Are there indications that put us on the trail of the proto-history of **X**? The study of the two *subscriptiones* that only **B**, among the *codices antiquiores*, registers at the end of books 8 (f. 190v: λαερτίου διογένους φιλοσόφων βίων καὶ δογμάτων συναγωγῆς τῶν εἰς ιη′ η′ (*lege* ι′{η} η′ vel ι′ η′ οἱ) πυθαγορικοί) and 9 (f. 214v: λαερτίου διογένους φιλοσόφων βίων καὶ δογμάτων συναγωγῆς τῶν εἰς ι′ θ′ ἢ (ἢ **B**²: *lege* οἱ) σποράδην καὶ πυρρώνιοι) might perhaps reveal something useful. Their presence at this point is a very interesting indication that at least **Ω** was damaged at the end of book 7. One might attempt to explain this fact by supposing that **X** was the outcome of a union of two distinct exemplars (editions?). The first (**X'**) must have been limited to books 1–7, without *subscriptiones*. To restore the model (whether damaged or incomplete), the anonymous compiler of **X** had recourse to a second exemplar (**X' '**) in which (some?) books were provided with *subscriptiones*.[85]

V STEMMA

The stemma on p. 44 shows the relationships between the older witnesses:[86]

---

84 See below 45.
85 Dorandi, *Laertiana* 196–9.
86 The stemma reproduces what I proposed in *Laertiana* 200. In that volume there are other partial stemmas on pages 50, 66, 78, 89, 90, 107, 109, 120, 124 and 138.

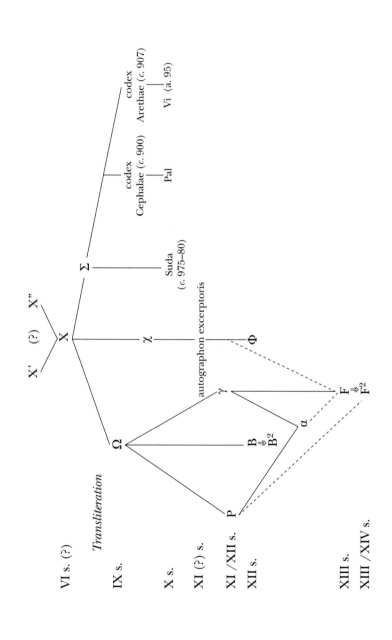

Transliteration

VI s. (?)

IX s.

X s.

XI (?) s.

XI /XII s.

XII s.

XIII s.

XIII /XIV s.

X' (?) X''

X

Σ

χ

Ω

γ

P

B ⇒B²

α

Φ

F ⇒F²

autographon excerptoris

Suda (*c.* 975–80)

codex Cephalae (*c.* 900) Pal

codex Arethae (*c.* 907) Vi (a. 95)

VI PRINCIPLES AND ARRANGEMENT OF THIS EDITION

(i) Preliminaries

I have founded the text of the *Lives* on the oldest continuous manuscripts (**B**, **P** and **F**), the *excerpta Vaticana* (**Φ**) and the other Byzantine excerpts *Suda*, **Pal** and **Vi**.

B and **P** (before correction) are the two most reliable of the *codices integri antiquiores*. **B** often provides us with a text that is closest to that of **Ω** because the scribe copied **Ω** in a very mechanical way. **P**, though contemporary with (or slightly earlier than) **B** and also derived directly from **Ω**, has a less pure text because it had already been deliberately altered. **F** is a witness that should be used with caution because of its peculiarities and contamination with the 'vulgate' tradition. However, in its original state (**F¹**) it can contribute, with **B** and **P**, to the reconstruction of the archetype of the continuous manuscripts (**Ω**). In the apparatus, I have consequently always registered **F¹**'s readings; I have also where necessary indicated **F²**'s corrections; however, I have not included the readings in the restored parts (**F³**), copied from **G**. I have taken into account the readings in the manuscripts derived from the 'vulgate' (**α**) and the other *recentiores* sporadically, and only when their text seemed to me to be superior (primarily thanks to conjecture) to that transmitted by **B**, **P**, **F**, **Φ** and the other ancient witnesses (*Suda*, **Pal** and **Vi**).[87]

When **B**, **P** and **F** agree, we may hope to reconstruct the text of **Ω**. As **Φ** and the other Byzantine excerpts transmit smaller sections of text, there are fewer cases in which we are able to follow the trail back to **X**, the common ancestor of **Ω**, **Φ** and/or the excerpts of the *Suda*, **Pal** and **Vi**.

The editor of the *Lives* is confronted with a further problem. Diogenes Laertius did not have time to revise and check in

---

[87] I drew the readings of some *recentiores* from previous studies and editions or my partial collations. For **Z**, see below 55.

detail the whole ten books; they were edited from a draft found in his papers, and published posthumously.[88] Although he left some books in an almost definitive state, the others were to some degree unfinished and in need of revision. There are numerous passages where it is possible to indicate the presence of misplaced 'file-cards', duplications and *marginalia*, as well as syntactic and stylistic uncertainties that Diogenes would no doubt have corrected had he had the opportunity. It is also likely that the order of the books and biographies within them was not yet definitive.[89]

Not all the deficiencies and inconsistencies can be explained by the hypothesis of an *opus imperfectum*. In the centuries from the 'publication' of the *Lives* to the birth of **X** (or even **X'** and **X''**), no doubt various errors entered the text and serious damage occurred (most obviously, the loss of the end of book 7). To some extent it is possible to correct **Ω** thanks to the *excerpta* of **Φ** and/or the other Byzantine *testimonia*, but in order to emend **X**, the editor must trust exclusively his own *iudicium*.

Extreme prudence is called for. The most arduous task for the editor is that of trying to determine (where possible, though many cases remain unresolved) which errors can be traced back to Diogenes (or to his sources)[90] and which, on the contrary, should

---

[88] See Schwartz 740 (= 456), who develops a perception of J. J. Reiske (see Diels, *Reiske* 304). Cf. V. d. Mühll, *Kl. Schriften* 388–90 and M. Gigante, 'Biografia e dossografia in Diogene Laerzio', *Elenchos* 7 (1986) 7–102 (*passim*). The same state of affairs is also recognized in Strabo's *Geography* (S. Radt, *Strabons Geographika. Band 1. Prolegomena. Buch I–IV: Text und Über-setzung*, Göttingen 2002, xv) and in Aelian's *Varia Historia* (N. G. Wilson, *Aelian: Historical Miscellany*, Cambridge, Mass./London 1997, 6).

[89] Dorandi, *Neapolitanus* 20–3.

[90] An eventuality that Hermann Diels acknowledged for Simplicius' com-mentary *In Aristotelis Physica* (*Simplicii in Aristotelis Physicorum libros quattuor priores commentaria* ed. H. Diels, *CAG* IX, Berlin 1982, IX–X): 'in fragmentis philosophorum recensendis non id egi ut ad scriptorum ipsorum quam proxime accederem verba . . . (n. 2: 'hoc officium explendum est ei qui edendos ipsos scriptores sibi proponit. velut nobis in animo est Philoso-phorum ante Socratem reliquias recensere, quam syllogen eos expectare iubemus, quibus nostra adnotatio consulto brevior non satisfecerit'),

be attributed to accidents during the transmission of the text. The risk of correcting Diogenes himself is constantly present.

The method that I have applied in my edition is conservative (in conscious although I hope not excessive response to Marcovich's editorial self-confidence), and attempts to take into account the difficulties that I have just outlined in a continuous and patient comparison with the characteristics of Diogenes' *usus scribendi* and style.[91] Nevertheless, there are innumerable passages in which I have thought it necessary to print emendations or conjectures that seemed to me to be self-evident or at least plausible.

(i.1) The parallel tradition

Unlike Marcovich, I have avoided attempting to improve systematically corrupt passages by recourse to the account found in the parallel tradition.

The problem is posed especially in books such as 7 and 9 (in the sections which contain the Stoic and Pyrrhonian 'doxographies' respectively) and in the writings of Epicurus quoted in book 10. Even if at times a comparison between the various traditions proves to be of particular help in understanding the thought of a philosopher or philosophical school, its contribution to the *constitutio textus* is scanty. The choices of editors often depend on personal judgements which might not convince everyone, and which should be considered case by case.

sed eam tantum modo formam accurate repraesentare studui, quam Simplicius in commentaria sua rettulisse videtur. qua ex re si grammaticae ille minus peritus videbitur, nolo mirari, cum doctioris saeculi homo et optimus interpres Alexander in hac saepe arte pueriliter erraverit'. Cf. id., *Hermes* 15 (1880) 163 n. 1 'observare licet, quod multi neglexerunt, summa fide Simplicium etiam corruptam exemplaris sui memoriam tradidisse'.

91 See K. Janáček's studies, now collected by J. Janda and F. Karfík, *Studien zu Sextus Empiricus, Diogenes Laertius und zur pyrrhonischen Skepsis* (Berlin/New York 2008) chapters 25, 35, 41 and 42, and above all the *Indice delle 'Vite' dei filosofi di Diogene Laerzio* (Florence 1992) also by Janáček.

The matter becomes somewhat delicate in the case of proper names.[92] If it ever appears likely to me that an onomastic error is not the result of bad transmission of the text but might be traced back to Diogenes himself (or his source), I have printed the manuscript reading in the text and indicated in the apparatus that it does not in reality concern that individual but another, or that he should be identified with someone who was known by a different name in a parallel tradition.

(i.2) Quotations

In the many quotations that occur in the *Lives*, I have corrected only those that I consider evident errors of transmission and not those in which there is a possibility or probability that they may go back to Diogenes or his source. The choice of a different method in editing a work like Diogenes' *Lives*, which consists of a compilation from multiple sources to which the author did not always have direct access, would have been dangerous and misleading. I have therefore considered, point by point, which text (or source) Diogenes might have used and in what way. I have not excluded the possibility that, in particular cases, this text (or source) might present an 'inferior' reading with respect to the parallel ones, and that this 'inferior' reading might have been accepted by Diogenes. The editor of fragments of the sources or 'authors' reported by Diogenes has the right to choose, when faced with two or more readings transmitted by two or more distinct traditions, the one which he considers 'superior' and hence 'genuine' relative to the writer he is dealing with. The editor of the *Lives*, facing a reading transmitted in the main (or all) manuscripts that does not go against the rules of grammar, language or syntax, does not have the right to correct it on the basis of the account found in a parallel source, even if it offers a reading that is clearly

---

[92] See the different positions taken by J. Mejer, *Diogenes Laertius and his Hellenistic Background* (Wiesbaden 1978) 25–6 and M. Gigante, *Gnomon* 55 (1983) 11.

'superior' in the judgement of a scholar working on the text of the source.

(i.3) Diogenes Laertius' 'Epicurea'

The principles I have followed in the editing of the Epicurean texts transmitted by Diogenes in book 10 require separate consideration, as they differ from those thus far adopted by editors of the *Lives*.[93]

The job of an editor of the *Epicurea* is clearly that of attempting to restore Epicurus' *ipsa verba* by a constant engagement with the text transmitted by the Laertian manuscripts. That editor can compare Diogenes' text with the witnesses of the secondary tradition and the parallel Epicurean literature (Lucretius, Diogenes of Oinoanda, the *Vatican Sayings*) when it is available. The editor of the *Lives* as a whole must follow a different path so as to avoid tampering with the evidence and publishing a text that has little or nothing to do with that written by Diogenes.

There is no doubt that, when Diogenes decided to enrich his *Life of Epicurus* by citing the three *Letters* of Epicurus (those addressed to Herodotus, Pythocles and Menoeceus), and in addition the *Principal Doctrines*, he copied the texts from a (lost) manuscript that he had found in a library. This witness was a scholarly 'edition' (as we can tell from the presence in it of accompanying scholia),[94] but one that in itself represents just one link in the centuries-old chain of transmission of Epicurus' writings, not free of errors, corruption, interpolations and modifications of language, content and perhaps even thought. Once in possession of that manuscript, Diogenes copied into

---

93 I present these principles and discuss various controversial passages of book 10 in Dorandi, *Epicuro*.

94 The content of some of the scholia excludes the hypothesis that they can be attributed to Diogenes Laertius and also that they were (all) added at a later date (in Late Antiquity or in the Proto-Byzantine period). A single ancient origin (predating Diogenes) seems most likely.

his *Life of Epicurus* the text it transmitted. But Diogenes modified the text of his model on both linguistic/grammatical and philosophical levels. Here and there he touched up the text when he judged it to be corrupt and incomprehensible; perhaps also (but this eventuality seems to me to be less probable, given Diogenes' working method) he was trying to remedy real or presumed philosophical inexactnesses in writings whose doctrinal content would be familiar and readily comprehensible to him.

The job of an editor of the *Lives* is consequently to commit himself to restoring the text of the manuscript of Epicurus that passed through the hands of Diogenes, obviously cleansing it of the deposits and superfluous adjustments that infiltrated it over the centuries from the writing of book 10 to the production of the medieval manuscripts. To go beyond this task in order to restore Epicurus' *ipsa verba* in an edition of the *Lives* is a very serious error, with dramatic consequences for the reconstruction and comprehension of the historical and literary personality of Diogenes.

This is not to advocate an unconditional defence of the transmitted text. At least nine centuries passed between the composition of the *Lives* and the oldest preserved medieval manuscript. It would be pure illusion to presume that the text had not undergone important corruptions and modifications during that time. In cases where language, grammar and syntax and the philosophical sense do not contradict the text transmitted by the manuscripts, I have kept this text, in the conviction that it was indeed the text that Diogenes Laertius read as his own exemplar (which, in various passages, might correspond to Epicurus' *ipsa verba*). In other cases, when an obvious corruption had been variously corrected, I have adopted those conjectures and corrections that seemed closest to Diogenes' manuscripts, even if they might seem philosophically 'inferior' to others that the editor of Epicurus would have had the right (and sometimes the duty) to print. In yet other cases the text is irremediably corrupt and no proposed correction seems fully convincing, even if one is not going beyond the 'traditional' aim of getting back to the manuscript of Epicurus used by Diogenes; these passages have been obelized. The possibility that such mistakes were already present in the manuscript of the *Epicurea* used by Diogenes should not be excluded. At the moment when he decided to quote Epicurus' texts in full, Diogenes could not simply leave out one or more words or phrases because he found them obscure or because they did not impart a satisfying grammatical or philosophical sense. A future editor of a modern edition of Epicurus may be more self-assured and attempt new conjectures or defend old ones. It will also be his job to separate second-level errors or errors of transmission (the only ones to concern the editor of Diogenes) from first-level ones (those already present in Diogenes' exemplar).[95]

There remains the problem of the scholia that have infiltrated the text of Epicurus' writings. Epicurus' editors have either suppressed them, or left them in the text while drawing attention to the fact that they were extraneous to Epicurus' writings by putting them in brackets, sometimes in smaller print. Alternatively they have moved them to the foot of the page, leaving a marker in the text to which they referred, or printed them in smaller type in the body of the text, distinguishing them with a right indent. All these practices on the part of Epicurus' editors are correct and methodologically valid, as the scholia are indeed extraneous to Epicurus' text. Editors of Diogenes' *Lives*, however, do not have the same range of choices. They must not suppress the scholia, but should preserve them in the text, distinguishing them from Epicurus' words by means of typographical devices alone. My choice (inspired by that of Cobet) consists of enclosing the scholia in round brackets in the same print as the text itself, but in italics.

---

[95] On the distinction between the two levels of error, cf. R. Tosi, *Studi sulla tradizione indiretta dei classici greci* (Bologna 1988) 52.

In such a way the reader can easily see the difference between Epicurus' words and what has been added by one or more anonymous readers by way of explanation, as a scholarly or exegetical complement to his text.

(i.4) Arrangement of the text

I have followed the manuscripts' division into ten books, while editing the layout of **B**, **P** (and **F**) as regards the programmatic phrases that introduce and conclude some books.[96] I have also retained the numbering of the paragraphs suggested by Meibom, in order to avoid any possible confusion that might result from altering a system that is now in common use. Alongside this numbering, Cobet added that introduced by Longolius,[97] and that choice has recently been adopted by Knoepfler.[98]

(i.5) Titles of the biographies

A novelty that may surprise some readers is the absence of titles to the single biographies, as in all the preceding editions.

This operation is not arbitrary. The titles are missing in MSS **B**, **P** and **F**, hence also in **Ω** and, in all probability, in **X** (the fact that the excerpts in **Φ** are accompanied by titles is to be ascribed to their anonymous compiler or the scribe of **Φ**). They have been added in a systematic way in the blank spaces or the margins of **P** by a later hand which is not that of **P¹** (I have indicated it as **Pˣ**; but sometimes it is that of **P⁴**). MS **F** preserves some titles in the hand of **F²**. In **B** we find four titles in the hand of **B²**; in another two cases, they seem to be written by **B¹**. Later, in the *recentiores*, titles appear regularly.

A continuous reading of the *Lives* supports my policy. Diogenes did not need to indicate the name of the subject by

---

96 Dorandi, *Laertiana* 197–8.
97 See above 13–14.
98 Knoepfler 88.

providing a heading to each biography. In order to move from one biography to another, he used idiomatic expressions such as λεκτέον/ῥητέον περὶ τοῦ δεῖνα, or more articulated equivalents (for example: 1.21, 6.19, 7.91 and 8.50); more frequently, he simply put the name of the protagonist at the beginning of a biography.[99]

(i.6) Morphology

The presence of alternative forms such as γίγνομαι/γίνομαι, τέτταρες/τέσσαρες, Ἀκαδήμεια/Ἀκαδημία *vel similia* finds justification, in a work like the *Lives*, in the fact that as he composed the work, Diogenes had access to different sources, of which he copied the original text including any orthographic peculiarities. As a result, they should not be systematically standardized. On the whole, I have kept to the manuscript tradition, and in particular to the readings given in **B** and **P** (*ante correctionem*).

(ii) Levels of apparatus

The text is accompanied by three levels of apparatus.

The first mainly records references to modern collections of the fragments of authors cited in the *Lives*.[100]

In the second apparatus, the witnesses of the secondary tradition are listed, in particular references to the excerpts transmitted by the *Suda*, the *Anthologia Palatina* (and sometimes

---

[99] Dorandi, *Laertiana* 60–2.

[100] I do not always refer to the latest editions, for in this case often *recentiores sunt deteriores*. Thus, as regards Aristotle's fragments, I have decided not to use Gigon's edition. In other cases, I have given references to both more recent and older editions. To simplify the apparatus, I have not signalled correspondences with the volumes *Der Platonismus in der Antike* by H. Dörrie, M. Baltes et al. (1987–), with *Die Fragmente zur Dialektik der Stoiker* by K. Hülser (1987–8), and with *Die Vorsokratiker* by L. Gemelli Marciano (2007–10). These three collections are nevertheless useful for the translations and commentaries.

the *Planudea*) and **Vi** (for book 3). In the same apparatus, all
the passages of the *excerpta Vaticana*, **Φ/Φh** are recorded (by
cross-reference to pages and lines in Marcovich's edition). In
book 1, for the sayings of the Seven Sages, I have also entered
the parallels both with the tradition of Demetrius of Phalerum,
transmitted by Stobaeus, and with the two Byzantine
recensions edited by Tziatzi-Papagianni.[101]

The third apparatus is reserved for the MS readings and for
conjectures. It is an apparatus accompanied, where necessary,
by short explanatory phrases and sporadic bibliographical
references. The readings of the main manuscripts (**B**, **P**, **F**
and **Φ**) and the secondary tradition are systematically recorded
here.

In the apparatus I have not made use of the siglum **X** for
indicating the consensus of the manuscripts **B**, **P**, **F** and **Φ/Φh**,
or the siglum **Ω** for indicating the consensus of the manuscripts
B, **P** and **F**.[102]

The siglum **P¹(Q)** means those cases in which the original
readings of **P**, illegible in the manuscript, have been recovered
in **Q** (copied from **P** *ante correctionem*). The readings restored in
later manuscripts (in my opinion, conjectures made by learned
Byzantines or humanists) are indicated without distinction by
the abbreviation **rec.** (in rare cases I have cited the siglum
of the MS). I am aware that this decision is not entirely satis-
factory and may not persuade everyone, but not having
investigated and made a systematic collation of the *recentiores*
and hence not having had the opportunity to classify them, I
preferred to use this anonymizing abbreviation.

---

[101] See *Laertiana* 177–9. The relationships between Demetrius of Phalerum's
collection and Diogenes Laertius' text as well as their model are investi-
gated by J. Althoff and D. Zeller, *Die Worte der Sieben Weisen* (Darmstadt
2006) 10–50. The parallels with Clement of Alexandria (see L. Canfora,
'Clemente di Alessandria e Diogene Laerzio', in *Studi M. Gigante*, Naples
1994, 79–81) could be listed and analysed in a commentary.

[102] See Radt, *Strabons Geographika* (above n. 88, I xvii, and C. Carey, *Lysiae
orationes cum fragmentis* (Oxford 2007) xxvii.

Finally, I have taken the readings from **Z** (or, *post correctionem*, **Z³**) – the exemplar used for the *editio (princeps) Frobeniana* – from Von der Mühll's *Nachlaß*, and I have recorded them in cases where a 'conjecture' attributed to this edition was in fact a reading of **Z** (or **Z³**).[103] A deeper analysis of the *recentiores* might reveal that one (or more) of these readings was already present in an older witness.

In this apparatus there is no mention of the following: most variants related to accents (with the exception of proper names), breathings, iota sub- or adscript, nu *ephelkystikon*, and punctuation; isolated readings that are probably due to scribal negligence; variants related to *scriptio plena*; variants that are easily subject to scribal whim, such as the following: μέχρι/-ις, οὕτω/-ως, γ' οὖν/ γοῦν, οὐδὲ μία/οὐδεμία; and, in the catalogues of the philosophers' writings, most variants related to numerals.

Modern conjectures on the text of Diogenes Laertius are innumerable. Scholars have often tended to correct Diogenes rather than his text. I have only registered those conjectures that seemed to be conclusive or those that have, at least, the merit of emphasizing concrete difficulties and probable or likely corruptions of the *textus receptus*. If I had included every conjecture, I would have created an unreadable and useless *monstrum*.

Knoepfler proposed the addition of an *apparatus posterior*, where the variant readings pertaining to the 'vulgate' (or one of its branches) would be registered, and to which excessively audacious conjectures would be relegated, as well as those which were manifestly unnecessary, so as not to 'éliminer purement et simplement des leçons qui certes n'ont aucune chance d'être authentiques, mais dont beaucoup ont été, à un moment ou à un autre – et parfois jusqu'à une date très

---

[103] Von der Mühll collated the whole manuscript in the original. See P. V. d. Mühll, *Epicurus. Epistulae tres et Ratae Sententiae* (Leipzig 1922) v n. 1.

récente –, adoptées par nos devanciers'.[104] A more satisfying solution might consist in publishing a separate repertory of all conjectures, as has been done, for example, for Aeschylus and Sophocles.

I have always tried to indicate the article or book where a conjecture was proposed; unfortunately in some cases I have not succeeded in my purpose, and so have resigned myself to simply entering the name of the author (accompanied, where necessary, by a phrase such as *locum non inveni*). Some corrections have been suggested orally or *per litteras* (as, for example, those that Diels cites under the name of I. Bywater in the apparatus of the *Vorsokratiker*). The most intriguing case is undoubtedly that of a series of conjectures that P. Von der Mühll attributes to a Kayser not further specified. It is likely that he is referring to Karl Ludwig Kayser (1808–72), but there is no evidence to confirm this.

(iii) Subsidium interpretationis

To simplify the first apparatus I have added at the end of the volume a 'Subsidium interpretationis'. This 'Subsidium', which may be useful for an understanding of some passages of Diogenes' *Lives*, is not systematic: indeed it is neither a complete bibliography nor a series of critical and/or exegetical notes. It is preceded by a general bibliography, ordered alphabetically.

The single books and often the single biographies are accompanied by a choice of bibliographical items that are specifically related to their content. There follow, within each book, paragraph by paragraph, further bibliographic details, parallel passages and biblio-doxographic information. These items, in the majority of cases, supplement and update the notes to the French translation edited by Goulet-Cazé. There are however some cases in which I have considered it necessary to add some older titles.

---

[104] Knoepfler 164–6 (citation from 165).

I think that I have read the entire bibliography on Diogenes' *Lives*. Therefore the absence of one or more bibliographical items should be interpreted not as an oversight but as a conscious critical choice.

(iv) Appendices

I have included three appendices.

In the first, I have described (with the exception of elegiac couplets) the metres of Diogenes' poems, which originally made up part of Diogenes' Πάμμετρος and were inserted into the narrative structure of the *Lives* by Diogenes himself. The metres are followed by a list of metrical symbols and a short bibliography. A few notes justify some textual choices.

The second appendix contains addenda and corrigenda to my *Laertiana*. It concerns, for the most part, complementary biographical items, and corrects some misprints. The third appendix contains some as yet unpublished conjectures Walter Lapini kindly sent me too late to be taken account of in this edition.

(v) Index nominum

The index of proper names that follows the Appendices is largely inspired by that of H. Gärtner (in vol. III of Marcovich's edition). Where possible I have added references to *RE*. Homonyms have separate entries, and titles of literary works are in italics.

TEXT AND
CRITICAL APPARATUS

SIGLA

Codices

B — Neapolitanus III B 29, saec. xii
    B^2 codicis **B** corrector

P — Parisinus gr. 1759, saec. xi/xii
    P^2, P^3, P^4 codicis **P** correctores. P^x codicis **P** corrector qui agnosci non potest ($P^4 = P^3$ Von der Muehll)

F — Laurentianus 69.13, saec. xiii
    F^2 codicis **F** corrector

Q — Parisinus gr. 1758, saec. xiv in.

Φ — Vaticanus gr. 96, ff. 29v–88r, saec. xii

Φh — Vaticanus gr. 96, ff. 19r–29v, saec. xii

Vi — Vindobonensis, phil. gr. 314, ff. 27r–29v, a. 925

Z — Raudnitzianus Lobkowicensis VI Fc 38, saec. xv ex.
    Z^3 codicis **Z** corrector

rec. — codex (-ices) graecus (-i) cuius (quorum) lectiones propria coniecturarum loco habentur

Anthologiae Graecae codices

Pal — Palatinus Heidelbergensis gr. 23 + Parisinus suppl. gr. 384, saec. x
    Pal^C Codicis **Pal** corrector

Plan — Anthologia Planudea, sc. cod. Marc. 481 ab ipso Planude scriptus
    $Plan^E$ 'editiones Planudeae omnes vel potissimae' (Stadtmueller II.1 xxxi)

Sudae codices (ed. A. Adler 1928–38)

A — Parisinus gr. 2625 (litt. Α–Θ), saec. xiii et Paris. gr. 2526 (litt. Κ–Ψ), saec. xii–xiii

B	Parisinus gr. 2622, saec. xiii
E	Bruxellensis 11281 (Omont 59), a. 1476
F	Laurentianus 55.1, a. 1422
G	Parisinus gr. 2623, saec. xv
H	Parisinus gr. 2624, saec. xv
I	Angelicanus 75 (C.2.8), saec. xv
M	Marcianus gr. 448 (coll. 1047), saec. xiii
S	Vaticanus gr. 1296, a. 1205
V	Leidensis Vossianus gr. ꜰ 2, saec. xii

BREVIATA

γρ	varia lectio γρ(άφεται) s. coniectura γρ(άφε)/ γρ(απτέον) praefixis litteris γρ in codicibus commemorata
***	litterae erasae
††	corruptela
<αβγ>	litterae ab editore additae
{αβγ}	litterae ab editore deletae
ac	ante correctionem
add.	add(id)it, add(ider)unt
ap.	apud
cf.	confer, confera(n)tur
cett.	ceteri codices (necnon, si adsunt, testimonia)
cod., codd.	codex, codices
coni.	coniecit
conl.	conlato (-a, -is)
corr.	(ex) correctione
del.	delevit
dist.	distinxit
dub.	dubitanter
eras.	erasit
fort.	fortasse
i.e.	id est
inc. comp.	incerto compendio

ind.	indicavit
inser.	inseruit
interp.	interpunxit
lac.	lacuna
litt.	litterae
mg	(in) margine
om.	omittit (-unt), omisso (-is)
pc	post correctionem
pos.	posuit
prop.	proposuit
ras.	in rasura
s.d.	sine die
s.l.	supra lineam
sc.	scilicet
secl.	seclusit
suppl.	supplevit
susp.	suspicatus est
tit.	titulus
transp.	transposuit
vid.	vide, videtur, videa(n)tur

Diogenis Laertii editiones necnon doctorum scripta compendiose citata recensentur infra 884–5.

ΔΙΟΓΕΝΟΥΣ ΛΑΕΡΤΙΟΥ
ΒΙΟΙ ΚΑΙ ΓΝΩΜΑΙ ΤΩΝ ΕΝ
ΦΙΛΟΣΟΦΙΑΙ ΕΥΔΟΚΙΜΗΣΑΝΤΩΝ
ΚΑΙ ΤΩΝ ΕΚΑΣΤΗ ΑΙΡΕΣΕΙ
ΑΡΕΣΚΟΝΤΩΝ

INDEX LOCUPLETIOR

* Λαερτ(ίου) Διογένους βίοι καὶ γνῶ(μαι) τῶν ἐν
φιλο(σοφία) εὐδοκιμησάντων καὶ τῶν ἑκάστῃ
αἱρέσει ἀρεσκόντων ἐν ἐπιτόμ(ῳ) συναγωγή.
διῄρηται τὸ σύγγρα(μμα) εἰς βίβλους δέκα· ἑκάστου
βιβλίου τὰ πρόσωπα·   5
α΄   ἐν τῷ α΄ Θαλῆς, Σό(λων), Χεί(λων), Πιττακ(ός), Βίας,
    Κλεόβου(λος), Περίανδρ(ος), Ἀνάχα(ρσις), Μύσων,
    Ἐπιμε(νί)δ(ης), Φερ(εκύδης).
β΄   ἐν τῷ β΄ Ἀναξίμανδρ(ος), Ἀναξιμέ(νης), Ἀναξα-
    γ(όρας), Ἀρχέλ(αος), Σωκράτ(ης), Ξενοφ(ῶν), Αἰσχί- 10
    (νης), Ἀρίστιππος, Θεόδω(ρος), Φαίδ(ων),
    Εὐκλείδ(ης), Στίλπ(ων), Κρίτ(ων), Σίμ(ων), Γλαῦκο(ς),
    Σιμμί(ας), Κέβης, Μενέδημο(ς).
γ΄   ἐν τῷ γ΄ Πλάτων.
δ΄   ἐν τῷ δ΄ Σπεύσιππος, Ξενοκρά(της), Π[ολέμων], 15
    Κράτ(η)ς, Κράντωρ, Ἀρκεσίλ(αος), Βίων, Λακύδ(ης),
    Καρνεάδ(η)ς, Κλειτόμαχος.
ε΄   ἐν τῷ ε΄ Ἀριστοτ(έλης), Θεόφραστος, Στράτων,
    Λύκων, Δημήτριος, Ἡρακλείδης.
[ς΄]   ἐν τῷ ς΄ Ἀντισθέ(νης), Διογέ(νης), Μόνιμο(ς), 20
    Ὀνησίκριτ(ος), Κράτης, Μητροκλῆς, Ἱππαρχ(ία),
    Μένιππο(ς), Μενέδημο(ς).

Indicem praebent P (f. 1ʳ⁻ᵛ, plura evanida), H eiusque apographa I E Y. Indi-
cem ediderunt V. Rose, Hermes 1 (1866) 368–72 (ex H), Martini I 86 (ex P),
Basileenses v-vi (ex P), Dorandi, Prometheus 18 (1992) 121–6 (ex P) et Mar-
covich I, 1–3 (ex P H). Uncis litteras omissas, punctis litteras evanidas
significavi.

---

2 φιλο΄ comp. P: φιλοσοφίαι H: φ[ιλο]σόφοις Martini   3 αἱρέσει P :
-σεων H   ἐπιτόᵘ comp. P: -μῆι H   Vd. M. T. Luzzatto, Studi A. Carlini
(2008) 204–5⁵   6 θαλῆς] λῆς add. Pˢ·ˡ·   12 εὐκλείδ(ης)] -εί- P³ (ex
-ο-, ut vid.)   γλαῦκο(ς)] re vera Γλαύκων   13 κέβης] ης add. P³
16 ἀρκεσίλ(αος) P: ἀρκεσίων H   17 κλειτόμαχος] ος add. Pˢ·ˡ·
20 numerum (ς΄) suppl. Marcov. (margo sinistra periit in P)   21
ἱππαρχ(ία) P: ἵππαρχος H

65

[ζ'] ἐν τῷ ζ' Ζήνων, Κλεάνθ(ης), Χρύσιππ(ος), Ζήν(ων)
Ταρσεύς, Διογέν(ης), Ἀπολλόδω(ρος), Βοηθός,
25 Μνησαρχίδης, Μνασαγόρας, Νέστωρ, Βασιλείδης,
Δάρδανος, Ἀντίπατρος, Ἡρακλείδης, Σωσιγένης,
Παναίτιος, <Ἑ>κάτων, Ποσειδ(ώ)ν(ιος), Ἀθηνό-
δωρος, Ἀθηνόδω(ρος) ἄλλος, Ἀντίπατρος, Ἄριο(ς),
Κορνοῦτ(ος).
30 [η'] ἐν τῷ η' Πυθαγόρας, Ἐμπεδοκλῆς, Ἐπίχαρμ(ος),
Ἀρχυτ(ας), Ἀλκμαίων, Ἵππασο(ς), Φιλόλα(ος),
Εὔδοξ(ος).
[θ'] ἐν τῷ θ' Ἡράκλειτος, Ξενοφά(νης), Παρμενίδ(ης),
Μέλισσος, Ζήνων, Λεύκιππος, Δημόκριτ(ος),
35 Πρωταγό(ρας), Διογέ(νης), Ἀνάξαρχ(ος), Πύρρ(ων),
Τίμ(ων).
[ι'] ἐν τῷ ι' Ἐπίκουρος *.

23–29 Posid. test. 66 Ed.-Kidd = 24 Theiler.

---

23 (ζ') num. suppl. Marcov. (mg sin. periit in P)   **25** μνασαγόρας PH:
Μνη- Martini   **27** Ἑκάτων Rose 371: κάτων PH (cf. 6.32 et 95)
ἀθηνόδωρος P ut vid.: ἀθηνόδωρος· καὶ H   **28** ἄριο(ς): ἄρειος H
30 num. (η') suppl. Marcov. (mg sin. periit in P)   **32** εὔδοξ(ος) P: ἔν- H
33 num. (θ') suppl. Marcov. (mg sin. periit in P)   **35** διογέ(νης) P:
διόδωρος H   **37** num. (ι') suppl. Marcov. (mg sin. periit in P).

LIBER I

[1] Τὸ τῆς φιλοσοφίας ἔργον ἔνιοί φασιν ἀπὸ βαρβάρων ἄρξαι. γεγενῆσθαι γὰρ παρὰ μὲν Πέρσαις Μάγους, παρὰ δὲ Βαβυλωνίοις ἢ Ἀσσυρίοις Χαλδαίους, καὶ Γυμνοσοφιστὰς παρ᾽ Ἰνδοῖς, παρά τε Κελτοῖς καὶ Γαλάταις τοὺς καλουμένους Δρυΐδας καὶ Σεμνοθέους, καθά φησιν 5 Ἀριστοτέλης ἐν τῷ Μαγικῷ καὶ Σωτίων ἐν τῷ εἰκοστῷ τρίτῳ τῆς Διαδοχῆς. Φοίνικά τε γενέσθαι Ὦχον, καὶ Θρᾷκα Ζάμολξιν, καὶ Λίβυν Ἄτλαντα

Αἰγύπτιοι μὲν γὰρ Νείλου γενέσθαι παῖδα Ἥφαιστον, ὃν ἄρξαι φιλοσοφίας, ἧς τοὺς προεστῶτας ἱερέας εἶναι καὶ 10 προφήτας. **[2]** ἀπὸ δὲ τούτου εἰς Ἀλέξανδρον τὸν Μακεδόνα ἐτῶν εἶναι μυριάδας τέσσαρας καὶ ὀκτακισχίλια

1–23 Zoroast. test. B 1a Bidez-Cumont, Mages hellén. II (1938) 7   **1–8** Arist. fr. 35 R.³   **1–7** (Διαδοχῆς) Sotion fr. 35 W.   **1–2** (Μάγους), **5** (καθά)–**8** Laitos (-Mochos) FGrHist 784 F *2   **1–2** (τὸ—ἄρξαι), **7** (φοίνικά)–**8** Democr. VS 68 A 55   **9–11** (προφήτας) FGrHist 665 F 160 **11** (ἀπὸ)–**15** FGrHist 665 F 190

1–5 (Σεμνοθέους), **7** (φοίνικά)–**20** (φησι), **24–42** (διακοσμῆσαι) Φ 1 (144.1–145.6)   **1–3** (Ἀσσυρίοις) Suda γ 28 (I 547.21–2)   **1–2** (Μάγους), **16** (ὧν—Ζωροάστρην), **20** (καὶ)–**21** (Ἀστραμψύχους) Suda μ 28 (III 307.8–9)   **4** (Γαλάταις)–**5** (Σεμνοθέους) Suda δ 1542 (II 142.23)   Steph. Byz. s. v. Δρυΐδαι (δ 133 Billerbeck–Zubler)   **7** (φοίνικά)–**8** Suda ω 283 (III 631.18–20)

Inscriptio λαερτίου διογένους βίοι καὶ γνῶμαι (βίων καὶ γνωμῶν s.l. cum γρ P⁴) τῶν ἐν φιλοσοφίᾳ εὐδοκιμησάντων καὶ τῶν ἑκάστῃ αἱρέσει ἀρεσκόντων (ἀρεσάντων s.l. cum γρ P⁴) P¹ (τῶν εἰς δέκα τὸ πρῶτον add. P⁴): λ. δ. βίων καὶ γνωμῶν (βίοι καὶ γνῶμαι F²) τῶν ἐν φιλοσοφίᾳ εὐδοκιμησάντων καὶ τῶν ἑκάστῃ αἱρέσει ἀρεσάντων (ἀρεσκόντων F²) τῶν εἰς δέκα τὸ πρῶτον F¹: λ. δ. βίων φιλοσόφων τόμος πρῶτος Φ. Cod. B inde a f. 2r legi potest (incipit l. 47 -λοσοφία)   **1** ἔργον PF: γένος Φ   **3** ἢ PF: καὶ Suda γ   καὶ om. Φ   **4** τε PF: δὲ Φ   **5–7** καθά— Διαδοχῆς om. Φ   **6** εἰκοστῷ τρίτῳ (= κγ′) PF: τρισκαιδεκάτῳ (= ιγ′) rec. (coni. Fr. Panzerbieter, JClPh Suppl. 5 [1837] 218). Vid. Roeper (1848) 22 et (1870) 557–60; Diels, Dox. Gr. (1879) 147¹   **7** ὦχον PFΦ, Suda: Μῶχον 'plurimi viri docti' teste Menag.   **9** γὰρ φασι Φ   **12** μυριάδων F καὶ om. P

67

ὀκτακόσια ἑξήκοντα τρία· ἐν οἷς ἡλίου μὲν ἐκλείψεις γενέσθαι τριακοσίας ἑβδομήκοντα τρεῖς, σελήνης δὲ
15 ὀκτακοσίας τριάκοντα δύο.

ἀπὸ δὲ τῶν Μάγων, ὧν ἄρξαι Ζωροάστρην τὸν Πέρσην, Ἑρμόδωρος μὲν ὁ Πλατωνικὸς ἐν τῷ Περὶ μαθημάτων φησὶν εἰς τὴν Τροίας ἅλωσιν ἔτη γεγονέναι πεντακισχίλια (Ξάνθος δὲ ὁ Λυδὸς εἰς τὴν Ξέρξου διάβασιν ἀπὸ τοῦ Ζωροάστρου
20 ἑξακόσιά φησι), καὶ μετ' αὐτὸν γεγονέναι πολλούς τινας Μάγους κατὰ διαδοχήν, Ὀστάνας καὶ Ἀστραμψύχους καὶ Γωβρύας καὶ Παζάτας, μέχρι τῆς Περσῶν ὑπ' Ἀλεξάνδρου καταλύσεως.

[3] λανθάνουσι δ' αὐτοὺς τὰ τῶν Ἑλλήνων
25 κατορθώματα, ἀφ' ὧν μὴ ὅτι γε φιλοσοφία, ἀλλὰ καὶ γένος ἀνθρώπων ἦρξε, βαρβάροις προσάπτοντες. ἰδοὺ γοῦν παρὰ μὲν Ἀθηναίοις γέγονε Μουσαῖος, παρὰ δὲ Θηβαίοις Λίνος. καὶ τὸν μὲν Εὐμόλπου παῖδά φασι, ποιῆσαι δὲ Θεογονίαν καὶ Σφαῖραν πρῶτον· φάναι τε ἐξ ἑνὸς τὰ πάντα
30 γίνεσθαι καὶ εἰς ταὐτὸν ἀναλύεσθαι. τοῦτον τελευτῆσαι Φαληροῖ, καὶ αὐτῷ ἐπιγεγράφθαι τόδε τὸ ἐλεγεῖον·

16–23 Xanthus Lyd. FGrHist 765 F *32   Ostan. test. 3a Bidez-Cumont, Mages hellén. II (1938) 268   **16–18** (πεντακισχίλια) Hermod. fr. 6 Isn. **19** τὴν Ξέρξου διάβασιν] i.e. anno 480/79   **24–28** (φασι) Musaeus fr. 11 III (PEG II.3)   **24–28** (Λίνος) Linus fr. 46 I (PEG II.3). Etiam fr. 14 I   **26** (ἰδοὺ)–**30** (ἀναλύεσθαι) Musaeus VS 2 A 4   **26** (ἰδοὺ)–**35** Lobo fr. 9 Gar. **28–29** (ποιῆσαι—πρῶτον) Musaeus fr. 77 (PEG II.3)   **29** (φάναι)–**30** (ἀναλύεσθαι) Musaeus fr. 78 (PEG II.3)   **30** (τοῦτον)–**33** Musaeus fr. 45 (PEG II.3)

---

21 (κατὰ—Ὀστάνας) Suda o 710 (III 570.7)

---

14 ἑβδομήκοντα τρεῖς om. Φ   **18** τὴν om. Φ   γεγονέναι PF: γενέσθαι Φ   **18–20** "parenthese" Gutschmid [Kleine Schriften III (1892) p. 4¹⁸]; eher zusatz des Diogenes als citat Hermodors' Jacoby   **19** τοῦ om. F   **20** ἑξακόσια P¹(Q)FΦ: ἑξακισχίλια Pˣ. Vid. T. Dorandi, RhM 153 (2010) 409–12   **21** ἀστραμψύχους P¹ (ύ in ras.), F, Suda: ἀστραψ. Pˣ(Q) **22** τῶν Περσῶν F   **24** αὐτοὺς Huebn.: αὐ- PF   **25** ἀφ' οὗ dub. P. Shorey, CPh 22 (1927) 109   **28** λῖνος PFΦ   **30** γίνεσθαι P: γενέσθαι FΦ   **31** αὐτῶ PF²: -ὸ F¹

Εὐμόλπου φίλον υἱὸν ἔχει τὸ Φαληρικὸν οὖδας
Μουσαῖον, φθίμενον σῶμ', ὑπὸ τῷδε τάφῳ.

ἀπὸ δὲ τοῦ πατρὸς τοῦ Μουσαίου καὶ Εὐμολπίδαι
καλοῦνται παρ' Ἀθηναίοις.   35
[4] τὸν δὲ Λίνον παῖδα εἶναι Ἑρμοῦ καὶ Μούσης
Οὐρανίας· ποιῆσαι δὲ κοσμογονίαν, ἡλίου καὶ σελήνης
πορείαν, καὶ ζῴων καὶ καρπῶν γενέσεις. τούτῳ ἀρχὴ τῶν
ποιημάτων ἥδε·

    ἦν ποτέ τοι χρόνος οὗτος, ἐν ᾧ ἅμα πάντ' ἐπεφύκει.   40

ὅθεν λαβὼν Ἀναξαγόρας πάντα ἔφη χρήματα γεγονέναι
ὁμοῦ, νοῦν δὲ ἐλθόντα αὐτὰ διακοσμῆσαι. τὸν δὲ Λίνον
τελευτῆσαι ἐν Εὐβοίᾳ τοξευθέντα ὑπὸ Ἀπόλλωνος, καὶ
αὐτῷ ἐπιγεγράφθαι·

    ὧδε Λίνον Θηβαῖον ἐδέξατο γαῖα θανόντα,   45
    Μούσης Οὐρανίης υἱὸν ἐϋστεφάνου.

καὶ ὧδε μὲν ἀφ' Ἑλλήνων ἦρξε φιλοσοφία, ἧς καὶ αὐτὸ τὸ
ὄνομα τὴν βάρβαρον ἀπέστραπται προσηγορίαν.
[5] οἱ δὲ τὴν εὕρεσιν διδόντες ἐκείνοις παράγουσι καὶ

32–33 Anth. Pal. 7.615; SH 504   **36–48** Lobo fr. 10 Gar.   **36–37** (τὸν—
Οὐρανίας) Linus fr. 22 I (PEG II.3)   **37** (ποιῆσαι)–**38** (γενέσεις) Linus fr. 79
(PEG II.3)   **40** Linus fr. 80 (PEG II.3)   **42–43** (τὸν—Ἀπόλλωνος)
Linus fr. 66 I (PEG II.3)   **43** (καὶ)–**48** Linus fr. 69 IV (PEG II.3). Etiam fr. 14
IV, 26 II et V   **45–46** Anth. Pal. 7.616; SH 505   **50–60** Orph. 8 F III
(PEG II.1); 887 II, 1021 IV, 1046 II et 1073 III (PEG II.2)   **49–51**
(ἀρχαιότατον), **56–60** Lobo fr. 7 Croen.

32–33 Pal.; Plan. III[b] 22.1   **45–46** Pal.; Plan. III[b] 22.2

---

33 μουσαῖον φθίμενον P: μ. φθινόμενον F: Μουσαίου φθιμένου (et comma
post οὖδας) Reiske ap. Stadtmueller: Μουσαίου φθίμενον Bergk, PLG II[4] 356
33 σῶμα P[1], corr. P[x]   **34** ἀπὸ τοῦ π. δὲ P   **37** κοσμογονίαν P, F[2] (γον
in ras.): -λογίαν F[1]Φ   **38** τούτῳ P: -ων F: -ου Φ   **40** πάντ' ἐπεφύκει
PF: πάντα πεφύκει Φ   **41** ἔφη ἀναξ. πάντα Φ   **42** αὐτὰ PF: ταῦτα Φ
47 ὧδε PFΦ, Pal.: ἥδε Plan. Vid. W. Lapini, Capitoli su Posidippo (2007)
254[80]   ἦρξε P: ἤρξατο F   inde a -λοσοφία B legi potest   **48** τὴν—
προσηγορίαν om. F[1], suppl. F[2]

LIBER I

50 Ὀρφέα τὸν Θρᾶκα, λέγοντες φιλόσοφον γεγονέναι καὶ εἶναι
ἀρχαιότατον. ἐγὼ δέ, εἰ τὸν περὶ θεῶν ἐξαγορεύσαντα
τοιαῦτα χρὴ φιλόσοφον καλεῖν, οὐκ οἶδα τίνα δεῖ
προσαγορεύειν τὸν πᾶν τὸ ἀνθρώπειον πάθος ἀφειδοῦντα
τοῖς θεοῖς προστρῖψαι, καὶ τὰ σπανίως ὑπό τινων
55 ἀνθρώπων αἰσχρουργούμενα τῷ τῆς φωνῆς ὀργάνῳ.
τοῦτον δὲ ὁ μὲν μῦθος ὑπὸ γυναικῶν ἀπολέσθαι φησί· τὸ δὲ
ἐν Δίῳ τῆς Μακεδονίας ἐπίγραμμα κεραυνωθῆναι αὐτόν,
λέγον οὕτως·

Θρήϊκα χρυσολύρην τῇδ᾽ Ὀρφέα Μοῦσαι ἔθαψαν,
60 ὃν κτάνεν ὑψιμέδων Ζεὺς ψολόεντι βέλει.

[6] οἱ δὲ φάσκοντες ἀπὸ βαρβάρων ἄρξαι φιλοσοφίαν
καὶ τὸν τρόπον παρ᾽ ἑκάστοις αὐτῆς ἐκτίθενται· καί φασι
τοὺς μὲν Γυμνοσοφιστὰς καὶ Δρυΐδας αἰνιγματωδῶς
ἀποφθεγγομένους φιλοσοφῆσαι, σέβειν θεοὺς καὶ μηδὲν
65 κακὸν δρᾶν καὶ ἀνδρείαν ἀσκεῖν. τοὺς γοῦν Γυμνοσοφιστὰς
καὶ θανάτου καταφρονεῖν φησι Κλείταρχος ἐν τῇ δωδεκάτῃ·
τοὺς δὲ Χαλδαίους περὶ ἀστρονομίαν καὶ πρόρρησιν
ἀσχολεῖσθαι· τοὺς δὲ Μάγους περί τε θεραπείας θεῶν

59–60 Anth. Pal. 7.617; SH 508   61–105 Zoroast. test. D 2 Bidez-
Cumont, Mages hellén. II (1938) 67–8   Dinon FGrHist 690 F 5   61–83
Sotion fr. 36 W.   65 (τοὺς)–66 (δωδεκάτῃ) Clitarch. FGrHist 137 F 6
68 (τοὺς)–87 (Ἑρμόδωρος) Arist. fr. 36 Rose[3]

59–60 Pal.; Plan. III[b] 22.3   61–92 (Ἀριμάνιος), 94 (ἀναβιώσεσθαι)–112
(ἱέρακος), 115–119 (ἀποτελεῖσθαι), 122 (τὰ)–124 (ἀνεῦρον), 126–128
(Φλιασίων), 129 (μηδένα)–134 (σοφισταί) Φ 1 (145.7–147.9)

51 (ἐγώ)–55 (ὀργάνῳ) locus fort. corruptus (sed vid. Gigante 458[18]). Vid.
Bernabé, PEG II.1, 24–27 (ad 8F) et II.2, 402 (ad 887 II)   51–53 τὸν περὶ
θεῶν ἐξαγορεύσαντα τοιαῦτα et τίνα δεῖ προσαγορεύειν glossatoris verba
esse susp. Kassel (τίνα δεῖ προσαγορεύειν secluserat A. F. W. Rudolph ap.
Chr. A. Lobeck, Aglaophamus (1829) 604[aa])   52 οἶδα. τίνα <γὰρ>
Casaub.: οἶδα, <οὐδὲ> Apelt   53 ἀφειδοῦντα PF[1pc]: ἀφελόντα BF[1ac]
54 προστρῖψαι suppl. B[1mg]   55 αἰσχρολογούμενα F² (ολο in ras.)   56
μὲν om. F   φασί F   60 ὑψημέδης F   62 ἑκάστοις P: -ης BF
αὐτῆς PF: -αῖς B   63 αἰνιγμάτως B   64 σέβειν τε Φ   67 περὶ
scr. B² in ras.   68 ἀσχολεῖσθαι BP: ἀσχολῆσθαι F[1pc] (ἀσ pc): ἠσ- F[1ac] ut
vid., Φ   τε om. FΦ

70

διατρίβειν καὶ θυσίας καὶ εὐχάς, ὡς αὐτοὺς μόνους ἀκουομένους. ἀποφαίνεσθαί τε περί τε οὐσίας θεῶν καὶ 70 γενέσεως, οὓς καὶ πῦρ εἶναι καὶ γῆν καὶ ὕδωρ· τῶν δὲ ξοάνων καταγινώσκειν, καὶ μάλιστα τῶν λεγόντων ἄρρενας εἶναι θεοὺς καὶ θηλείας. **[7]** περί τε δικαιοσύνης λόγους ποιεῖσθαι, καὶ ἀνόσιον ἡγεῖσθαι πυρὶ θάπτειν· καὶ ὅσιον νομίζειν μητρὶ ἢ θυγατρὶ μίγνυσθαι, ὡς ἐν τῷ εἰκοστῷ 75 τρίτῳ φησὶν ὁ Σωτίων· ἀσκεῖν τε καὶ μαντικὴν καὶ πρόρρησιν {καὶ} αὐτοῖς θεοὺς ἐμφανίζεσθαι λέγοντας. ἀλλὰ καὶ εἰδώλων πλήρη εἶναι τὸν ἀέρα, κατὰ ἀπόρροιαν ὑπὸ ἀναθυμιάσεως εἰσκρινομένων ταῖς ὄψεσι τῶν ὀξυδερκῶν· προσκοσμήματά τε καὶ χρυσοφορίας ἀπαγορεύειν. τούτων 80 δὲ ἐσθὴς μὲν λευκή, στιβὰς δὲ εὐνή, καὶ λάχανον τροφή, τυρός τε καὶ ἄρτος εὐτελής, καὶ κάλαμος ἡ βακτηρία, ᾧ κεντοῦντες, φασί, τοῦ τυροῦ ἀνῃροῦντο καὶ ἀπήσθιον.

[8] τὴν δὲ γοητικὴν μαγείαν οὐδ᾽ ἔγνωσαν, φησὶν Ἀριστοτέλης ἐν τῷ Μαγικῷ καὶ Δείνων ἐν τῇ πέμπτῃ τῶν 85 Ἱστοριῶν· ὃς καὶ μεθερμηνευόμενόν φησι τὸν Ζωροάστρην ἀστροθύτην εἶναι· φησὶ δὲ τοῦτο καὶ ὁ Ἑρμόδωρος. Ἀριστοτέλης δὲ ἐν πρώτῳ Περὶ φιλοσοφίας καὶ

---

85 (Δείνων)–**87** (Ἑρμόδωρος) Hermod. fr. 6a Isnardi Supplem. Acad. (1995) 272   **88** (Ἀριστοτέλης)–**97** (ἱστορεῖ) Theopomp. FGrHist 115 F 64a **88** (Ἀριστοτέλης)–**94** (Φιλιππικῶν) Zoroast. B 2 Bidez-Cumont, Mages hellén. II (1938) 9   Hermipp. FGrHistCont 1026 F 56 (Bollansée) Eudox. fr. 341 Lass.   **88** (Ἀριστοτέλης)–**92** (Ἀριμάνιος) Arist. fr. 6 R.³ = De philos. fr. 6 Ross

---

69 (καὶ¹)–**70** (ἀκουομένους) om. Φ   **70** τε² om. FΦ   οὐσίας BPFΦ: θυσίας Bidez et Cumont, Mages hellén. II (1938) 68⁴, sed vid. Spoerri, Spaethell. Berichte (1959) 59²⁶, 62¹²   θεῶν καὶ FΦP⁴: καὶ θεῶν BP¹   περί τε οὐσ. καὶ γεν. θεῶν Gercke, Überlieferung 416   **73** ad λόγους in mg cum γρ add. καὶ γενικοὺς F²   **74** καὶ **ὅσιον P   **75** εἰκοστῷ τρίτῳ (= κγ′) PF: τρισκαιδεκάτῳ (= ιγ′) Fr. Panzerbieter, JClPh Suppl. 5 (1837) 218 (supra ad 6)   **76** τε καὶ BP: τε FΦ   **77** πρόρρησιν καὶ μαντικὴν Φ καὶ del. V. d. Muehll   αὐτοῖς θεοὺς BP: θεοὺς αὐτοῖς F   θ. αὐτοῖς Cob. (καὶ servato)   λέγοντας—καὶ om. Φ   λέγοντες B   **78** ὑπὸ BPF: ἀπὸ Φ   **80** προσκοσμήματα BP¹F: προκο- ΦP⁴ (cf. 6.72)   **83** φησί (sc. Sotio) Reiske 305   **84** μαγείαν F: καὶ μαγίαν BP¹Φ, an recte?: μαντείαν P⁴   οὐδ᾽ ἔγνωσαν BP¹F²ˢ·ˡ·: οὐκ ἔγν. Φ: διέγνων F¹Pˣᵐᵍ

71

πρεσβυτέρους εἶναι τῶν Αἰγυπτίων· καὶ δύο κατ᾽ αὐτοὺς
90 εἶναι ἀρχάς, ἀγαθὸν δαίμονα καὶ κακὸν δαίμονα· καὶ τῷ μὲν
ὄνομα εἶναι Ζεὺς καὶ Ὠρομάσδης, τῷ δὲ Ἅιδης καὶ
Ἀριμάνιος. φησὶ δὲ τοῦτο καὶ Ἕρμιππος ἐν τῷ πρώτῳ Περὶ
Μάγων καὶ Εὔδοξος ἐν τῇ Περιόδῳ καὶ Θεόπομπος ἐν τῇ
ὀγδόῃ τῶν Φιλιππικῶν· [9] ὃς καὶ ἀναβιώσεσθαι κατὰ
95 τοὺς Μάγους φησὶ τοὺς ἀνθρώπους καὶ ἀθανάτους ἔσεσθαι,
καὶ τῷ ὄντι ταῖς αὐτῶν ἐπικλήσεσι διαμενεῖν. ταῦτα δὲ καὶ
Εὔδημος ὁ Ῥόδιος ἱστορεῖ. Ἑκαταῖος δὲ καὶ γενητοὺς τοὺς
θεοὺς εἶναι κατ᾽ αὐτούς. Κλέαρχος δὲ ὁ Σολεὺς ἐν τῷ Περὶ
παιδείας καὶ τοὺς Γυμνοσοφιστὰς ἀπογόνους εἶναι τῶν
100 Μάγων φησίν· ἔνιοι δὲ καὶ τοὺς Ἰουδαίους ἐκ τούτων εἶναι.
πρὸς τούτοις καταγινώσκουσιν Ἡροδότου οἱ τὰ περὶ
Μάγων γράψαντες· μὴ γὰρ ἂν ἐς τὸν ἥλιον βέλη Ξέρξην
ἀκοντίσαι, μηδ᾽ εἰς τὴν θάλασσαν πέδας καθεῖναι, θεοὺς
ὑπὸ τῶν Μάγων παραδεδομένους. τὰ μέντοι ἀγάλματα
105 εἰκότως καθαιρεῖν.
[10] τὴν δὲ τῶν Αἰγυπτίων φιλοσοφίαν εἶναι τοιαύτην
περί τε θεῶν καὶ ὑπὲρ δικαιοσύνης. φάσκειν τε ἀρχὴν μὲν

---

94 (ὅς)–**125** Hecat. Abd. VS 73 B 6   **94** (καὶ)–**97** (ἱστορεῖ) fr. 427 II (PEG
II.1)   **94** (ὅς)–**97** (ἱστορεῖ) Eudem. Fr. 89 W.   **97** (Ἑκαταῖος)–**105**
Hecat. Abd. FGrHist 264 F 3   **98** (Κλέαρχος)–**100** (φησίν) Clearch. fr. 13
W.   **98** (Κλέαρχος)–**100** (εἶναι) FGrHist 737 F 7b   **101** (πρὸς)–**104**
(παραδεδομένους) Hdt. 5.105; 7.35 et 8.109.3   **104** (τὰ)–**105** Hdt. 8.53
106–125 Hecat. Abd. FGrHist 264 F 1   Manetho FGrHist 609 F 17
106–107 (δικαιοσύνης) FGrHist 665 F 161a

---

91 ἄ(ι)δης ΒΡΦ: ἄρης F   **92** ἀριμάνιος ΒΡ¹Φ: ἀρει- ΡΡˣ   **93** τῇ¹
ΒΡΦΓ: γῆς Croenert, Kol. u. Men. 142   **96** τῷ ὄντι Diels: τὰ ὄντα ΒΡΦΦ
ταῖς******ταῖς F (ταῖς¹ suppl. F²ˢ·ˡ·)   αὐτῶν Diels: αὐ- ΒΡΦΦ: αὐταῖς
Casaub. (cf. Roeper 1848, 26–7)   ἐπικλήσεσι ΒΡΦΦ: ἐπικτήσεσι vel
-κτίσεσι Reiske 305: ἐπικυκλήσεσι L. Holstenius, Porph. de vita Pythag.
(1630) 115 ('res omnes suis revolutionibus permanere'): περικυκλήσεσι Diels
διαμένειν ΒΡ¹   ταὐτὰ Reiske 305   **97** γενητούς Cob.: γεννη- ΒΡ¹F¹:
γενικούς in mg cum γρ F²: γεννητικούς Ρˣ (ἴκ supra ητ)   τοὺς om. F
98 σοδεὺς Β   **100** post εἶναι add. ἐπεὶ ἀβραὰμ (sic) ὁ τούτων πρόγονος
χαλδαῖος ἦν Φ. Vid. Dorandi, Laertiana 96²³⁸   **101** πρὸς τούτοις
καταγινώσκουσιν ΒΡF²: ******σκουσι δὲ F¹ (om. πρ. τ.): καταγινώσκουσι
δὲ Φ   τὰ om. F¹Φ   **104** παραδεδομένους ΡΦΦ: -διδόμενους Β
107 τε ΒΡΦΦ: γὰρ Reiske 305

εἶναι τὴν ὕλην, εἶτα τὰ τέσσαρα στοιχεῖα ἐξ αὐτῆς διακριθῆναι, καὶ ζῷά τινα ἀποτελεσθῆναι. θεοὺς δ' εἶναι ἥλιον καὶ σελήνην, τὸν μὲν Ὄσιριν, τὴν δὲ Ἶσιν καλουμένην· 110 αἰνίττεσθαί τε αὐτοὺς διά τε κανθάρου καὶ δράκοντος καὶ ἱέρακος καὶ ἄλλων, ὥς φησι Μάνεθως ἐν τῇ Τῶν φυσικῶν ἐπιτομῇ καὶ Ἑκαταῖος ἐν τῇ πρώτῃ Περὶ τῆς Αἰγυπτίων φιλοσοφίας. κατασκευάζειν δὲ ἀγάλματα καὶ τεμένη τῷ μὴ εἰδέναι τὴν τοῦ θεοῦ μορφήν. [11] τὸν κόσμον γενητὸν καὶ 115 φθαρτὸν καὶ σφαιροειδῆ· τοὺς ἀστέρας πῦρ εἶναι, καὶ τῇ τούτων κράσει τὰ ἐπὶ γῆς γίνεσθαι· σελήνην ἐκλείπειν εἰς τὸ σκίασμα τῆς γῆς ἐμπίπτουσαν. τὴν ψυχὴν καὶ ἐπιδιαμένειν καὶ μετεμβαίνειν. ὑετοὺς κατὰ ἀέρος τροπὴν ἀποτελεῖσθαι· τά τε ἄλλα φυσιολογεῖν, ὡς Ἑκαταῖός τε καὶ Ἀρισταγόρας 120 ἱστοροῦσιν. ἔθεσαν δὲ καὶ νόμους ὑπὲρ δικαιοσύνης, οὓς εἰς Ἑρμῆν ἀνήνεγκαν· καὶ τὰ εὔχρηστα τῶν ζῴων θεοὺς ἐδόξασαν. λέγουσι δὲ καὶ ὡς αὐτοὶ γεωμετρίαν τε καὶ ἀστρολογίαν καὶ ἀριθμητικὴν ἀνεῦρον. καὶ τὰ μὲν περὶ τῆς εὑρέσεως ὧδε ἔχει. 125

[12] φιλοσοφίαν δὲ πρῶτος ὠνόμασε Πυθαγόρας καὶ ἑαυτὸν φιλόσοφον, ἐν Σικυῶνι διαλεγόμενος Λέοντι τῷ Σικυωνίων τυράννῳ (ἢ Φλιασίων, καθά φησιν Ἡρακλείδης ὁ Ποντικὸς ἐν τῇ Περὶ τῆς ἄπνου)· μηδένα γὰρ εἶναι σοφὸν

---

115 (τὸν)–121 (ἱστοροῦσιν) Aristag. FGrHist 608 F 5   126–130 (θεόν) Heracl. Pont. fr. 84 Sch. = 87 W.

109 διακριθῆναι BPF: διαιρε- Φ   111 καὶ δράκοντος om. Φ   112 καὶ ἄλλων om. F¹Φ, suppl. F²ˢˡ.   μάνεθως B¹PF¹: -θος B²F². Vid. Jacoby ad FGrHist 609 T 1   113 τῆς τῶν F   114 (κατασκευάζειν)–115 (μορφήν) 'locus defectus' Casaub. Vid. Gigon (1965) 104   114 δὲ ἀγάλματα BPF: δὲ καὶ ἀγ. rec.: δὲ αὐτοῖς Casaub. 'animalibus videlicet iis quae colebant' τῷ BPΦ: τὸ F   115 γενητὸν FΦ: γεννητὸν BP   119 μεταβαίνειν dub. Jacoby   122 ἑρμηνείαν ἤνεγκαν B   123 ἐδόξαζον Long   τε om. P 124 ἀστρολογίαν ex ἀστρονομίαν corr. F¹ (λ et γ in ras.)   ἀνευρόντες B περὶ BP: ἀπὸ F   127 ἐν Σικυῶνι om. Φ   128 Σικυωνίων BPF: Φλιασίων Φ   128 (ἢ)–129 (ἄπνου) om. Φ   128–129 parenthesin pos. Schwartz 752 (= 473)   129 ἐν—ἄπνου om. F¹, suppl. F²ᵐᵍ

130 {ἄνθρωπον} ἀλλ' ἢ θεόν. θᾶττον δὲ ἐκαλεῖτο σοφία, καὶ
σοφὸς ὁ ταύτην ἐπαγγελλόμενος, ὃς εἴη ἂν κατ' ἀκρότητα
ψυχῆς ἀπηκριβωμένος, φιλόσοφος δὲ ὁ σοφίαν
ἀσπαζόμενος. οἱ δὲ σοφοὶ καὶ σοφισταὶ ἐκαλοῦντο· καὶ οὐ
μόνον, ἀλλὰ καὶ οἱ ποιηταὶ σοφισταί, καθὰ καὶ Κρατῖνος ἐν
135 Ἀρχιλόχοις τοὺς περὶ Ὅμηρον καὶ Ἡσίοδον ἐπαινῶν οὕτως
καλεῖ.

[13] σοφοὶ δὲ ἐνομίζοντο οἵδε· Θαλῆς, Σόλων,
Περίανδρος, Κλεόβουλος, Χείλων, Βίας, Πιττακός. τούτοις
προσαριθμοῦσιν Ἀνάχαρσιν τὸν Σκύθην, Μύσωνα τὸν
140 Χηνέα, Φερεκύδην τὸν Σύριον, Ἐπιμενίδην τὸν Κρῆτα· ἔνιοι
καὶ Πεισίστρατον τὸν τύραννον. καὶ οἵ<δε> μὲν σοφοί.

φιλοσοφίας δὲ δύο γεγόνασιν ἀρχαί, ἥ τε ἀπὸ
Ἀναξιμάνδρου καὶ ἡ ἀπὸ Πυθαγόρου· τοῦ μὲν Θαλοῦ
διακηκοότος, Πυθαγόρου δὲ Φερεκύδης καθηγήσατο. καὶ
145 ἐκαλεῖτο ἡ μὲν Ἰωνική, ὅτι Θαλῆς Ἴων ὤν, Μιλήσιος γάρ,
καθηγήσατο Ἀναξιμάνδρου· ἡ δὲ Ἰταλικὴ ἀπὸ Πυθαγόρου,
ὅτι τὰ πλεῖστα κατὰ τὴν Ἰταλίαν ἐφιλοσόφησε. [14]
καταλήγει δὲ ἡ μὲν εἰς Κλειτόμαχον καὶ Χρύσιππον καὶ
Θεόφραστον ἡ Ἰωνική· ἡ δὲ Ἰταλικὴ εἰς Ἐπίκουρον. Θαλοῦ
150 μὲν γὰρ Ἀναξίμανδρος, οὗ Ἀναξιμένης, οὗ Ἀναξαγόρας, οὗ
Ἀρχέλαος, οὗ Σωκράτης ὁ τὴν ἠθικὴν εἰσαγαγών· οὗ οἵ τε
ἄλλοι Σωκρατικοὶ καὶ Πλάτων ὁ τὴν ἀρχαίαν Ἀκαδημίαν

133 (οἱ)–**136** Cratin. fr. 2 K.-A.   **137–215** (Διαλεκτικήν) SSR I H 6
137–151 (εἰσαγωγών) Thales test. 236 Woehrle   **137–141** Epimen. fr. 9 I
(PEG II.3)   **148** (καταλήγει)–**157** Polem. fr. 1 Gig.   **143** (Θαλοῦ)–**154**
(Κράτης) Speusipp. test. 13 Tarán

130 (σοφία)–**133** (ἀσπαζόμενος) Suda σ 806 (IV 400.19–21)   **137–171**
(ἀκαταλήπτων) Φ 1 (147.11–148.4)

130 ἄνθρωπον secl. Cob.   ἀλλὰ <τὸν> θεόν Lapini 112 (ἄνθρωπον
servato), fort. recte   **131** ἐπαγγελ. <ἢ> ὃς Lapini, Notes[2] 208   ἂν εἴη
Φ, Suda   **134** μόνον <οὗτοι> Reiske 305   **135** ἀρχιλόχοις B: -λό[x] inc.
comp. P: -λόχω F   **141** καὶ BP: δὲ F[1]: δὲ καὶ F[2]   οἵδε μὲν σοφοί Roeper
(1848) 27 (cf. infra **223**): οἱ σοφοὶ BP[1]F: οἱ μὲν οἱ σοφοὶ P[x]: οἱ μὲν σοφοὶ
<οὗτοι> Reiske 305 (<οἵδε> Richards 344): οἵ<δε> μὲν <οἱ κληθέντες/
καλούμενοι> σοφοί Mensching, Gnomon 661   **145** ἐκαλεῖτο om. F[1],
suppl. F[2s.l.]   **148–149** ἡ μὲν <Ἰωνικὴ> . . . {ἡ Ἰωνική} Huebn. II 618

συστησάμενος· οὗ Σπεύσιππος καὶ Ξενοκράτης, οὗ
Πολέμων, οὗ Κράντωρ καὶ Κράτης, οὗ Ἀρκεσίλαος ὁ τὴν
μέσην Ἀκαδημίαν εἰσηγησάμενος· οὗ Λακύδης ὁ τὴν νέαν   155
Ἀκαδημίαν φιλοσοφήσας· οὗ Καρνεάδης, οὗ Κλειτόμαχος.
καὶ ὧδε μὲν εἰς Κλειτόμαχον.

[15] εἰς δὲ Χρύσιππον οὕτω καταλήγει· Σωκράτους
Ἀντισθένης, οὗ Διογένης ὁ Κύων, οὗ Κράτης ὁ Θηβαῖος,
οὗ Ζήνων ὁ Κιτιεύς, οὗ Κλεάνθης, οὗ Χρύσιππος. εἰς   160
δὲ Θεόφραστον οὕτως· Πλάτωνος Ἀριστοτέλης, οὗ
Θεόφραστος. καὶ ἡ μὲν Ἰωνικὴ τοῦτον καταλήγει τὸν
τρόπον.

ἡ δὲ Ἰταλικὴ οὕτω· Φερεκύδους Πυθαγόρας, οὗ
Τηλαύγης ὁ υἱός, οὗ Ξενοφάνης, οὗ Παρμενίδης, οὗ Ζήνων ὁ   165
Ἐλεάτης, οὗ Λεύκιππος, οὗ Δημόκριτος, οὗ πολλοὶ μέν, ἐπ'
ὀνόματος δὲ Ναυσιφάνης {καὶ Ναυκύδης}, οὗ Ἐπίκουρος.

[16] τῶν δὲ φιλοσόφων οἱ μὲν γεγόνασι δογματικοί, οἱ δ'
ἐφεκτικοί· δογματικοὶ μὲν ὅσοι περὶ τῶν πραγμάτων
ἀποφαίνονται ὡς καταληπτῶν· ἐφεκτικοὶ δὲ ὅσοι ἐπέχουσι   170
περὶ αὐτῶν ὡς ἀκαταλήπτων. καὶ οἱ μὲν αὐτῶν κατέλιπον
ὑπομνήματα, οἱ δ' ὅλως οὐ συνέγραψαν, ὥσπερ κατά τινας
Σωκράτης, Στίλπων, Φίλιππος, Μενέδημος, Πύρρων,

---

154 (οὗ¹)–**155** (εἰσηγησάμενος) Crantor test. 4c Me.   **154** (οὗ¹)–**156**
(φιλοσοφήσας), **202** (Λακύδης) Arcesil. test. 4c Me.   **154** (οὗ²)–**157** Lacyd.
test. 4 Me.   Carnead. test. 4c Me.   Clitom. test. 6b Me.   **166**
(Δημόκριτος)–**167** Nausiph. VS 75 A 1   **158–163** (ὀλίγων) Theod. test.
64 Win.   **168–174** (Βρύσων) Pyrrh. test. 43 Decl. C.   **171** (καὶ)–**174**
(Βρύσων) Stilp. test. 189 Doer.   **173** Socrat. SSR I C 416

---

170 (ἐφεκτικοὶ)–**171** (ἀκαταλήπτων) Suda ε 3853 (III 482.29–30)

---

153 Σπεύσιππος καὶ om. Φ   **155** ἀκαδιμείαν (εἰ ex ἰ) B 'quid uno quoque
loco D.L. scripserit incertum' V. d. Muehll. Vid. ad 3.5   **156** φιλοσοφήσας
BPFΦ: κατάρξας vel σχολαρχήσας Glucker, Antiochus 234²⁶   **161** οὕτως
om. F¹, suppl. F²ˢ·ˡ·   **166** (πολλοὶ)–**167** (δὲ) om. Φ   **167** καὶ ναυκύδης
BP: κ. ναυκίδης F: κ. λακύδης Φ   ex antiqua varia lectione pro
ναυσιφάνης ortum esse indic. Diels   οὗ Marcov.: ὧν BPFΦ   **173**
Φίλιππος BPF ('philos. Megaricus; non refellitur eis quae 2.113 leguntur' V.
d. Muehll): Ἀρίστιππος Nietzsche, Philologische Schriften (1982) 173–5 (a.
1870): Φίλων Roeper (1870) 560 (cf. 9.69)

LIBER I

Θεόδωρος, Καρνεάδης, Βρύσων· κατά τινας Πυθαγόρας,
175 Ἀρίστων ὁ Χῖος, πλὴν ἐπιστολῶν ὀλίγων· οἱ δὲ ἀνὰ ἓν
συγγράψαντες· Μέλισσος, Παρμενίδης, Ἀναξαγόρας·
πολλὰ δὲ Ζήνων, πλείω Ξενοκράτης, πλείω Δημόκριτος,
πλείω Ἀριστοτέλης, πλείω Ἐπίκουρος, πλείω Χρύσιππος.
[17] τῶν δὲ φιλοσόφων οἱ μὲν ἀπὸ πόλεων
180 προσηγορεύθησαν, ὡς οἱ Ἠλειακοὶ καὶ Μεγαρικοὶ καὶ
Ἐρετρικοὶ καὶ Κυρηναϊκοί· οἱ δὲ ἀπὸ τόπων, ὡς οἱ
Ἀκαδημαϊκοὶ καὶ Στωϊκοί. ἀπὸ συμπτωμάτων δέ, ὡς οἱ
Περιπατητικοί, καὶ ἀπὸ σκωμμάτων, ὡς οἱ Κυνικοί· οἱ δὲ
ἀπὸ διαθέσεων, ὡς οἱ Εὐδαιμονικοί· τινὲς ἀπὸ οἰήσεως, ὡς
185 οἱ Φιλαλήθεις καὶ Ἐλεγκτικοὶ καὶ Ἀναλογητικοί· ἔνιοι δὲ
ἀπὸ τῶν διδασκάλων, ὡς οἱ Σωκρατικοὶ καὶ Ἐπικούρειοι,
καὶ τὰ ὅμοια· καὶ οἱ μὲν ἀπὸ τῆς περὶ φύσιν πραγματείας
φυσικοί· οἱ δὲ ἀπὸ τῆς περὶ τὰ ἤθη σχολῆς ἠθικοί·
διαλεκτικοὶ δὲ ὅσοι περὶ τὴν τῶν λόγων τερθρείαν
190 κατατρίβονται.
[18] μέρη δὲ φιλοσοφίας τρία, φυσικόν, ἠθικόν,
διαλεκτικόν· φυσικὸν μὲν τὸ περὶ κόσμου καὶ τῶν ἐν αὐτῷ·
ἠθικὸν δὲ τὸ περὶ βίου καὶ τῶν πρὸς ἡμᾶς· διαλεκτικὸν δὲ τὸ

174 Bryson SSR II S 6   175–176 (οἱ—Ἀναξαγόρας) Parmenid. VS 28
A 13   Anaxag. VS 59 A 37   178 Epic. p. 87, 1–3 Us.   179–181 (Κυρ-
ηναϊκοί) Eucl. test. 44A Doer. = fr. 129 Mann.   191–192 (μέρη—
διαλεκτικόν), 195–196 (ἀπὸ δὲ Σωκρ. . . . τὸ ἠθικόν), 197 (τοῦ)–208 Eucl.
test. 35 Doer.   179–192 (μέρη—διαλεκτικόν), 197 (τοῦ)–200 fr. 150 Mann.

191–197 (διαλεκτικόν) Φ 1 (148.5–8)

174 κατά τινας 'nescio quare iteratum fuerit . . . videtur nomen philosophi
latere' Reiske 305, 'Reiskii offensionem rectam, sed prius potius κατά τινας
(172) corruptum credit Wachsmuthius' Diels ad Reiske 306. Vid. Mensching,
Gnomon 662   175<Ἀρκεσίλαος>, Ἀρίστων Roeper (1870) 561 (cf. 4.32)
176 συγγράψαντες BP, γρ F²: σύγγραμμα F¹: σύγγραμμα <ὡς> Marcov.
(cf. supra 172 ὥσπερ)   177 Ξενοκράτης Ritschl, Opusc. philol. I (1866)
185 (a. 1840/1): ξενοφάνης BPF, an recte? ipse D.L. errorem commisisse vid.
180 ἠλειακοὶ F: ἠλια- BP   182 ἀπὸ BP: καὶ ἀπὸ F   185 ἐλεγκτικοὶ
F¹: ἐκλεκ- BP, γρ F²ᵐᵍ   187 τὴν φύσιν F   188 δὲ FP⁴: om. BP¹   ἤθη
FP⁴: οἰκεῖα BP¹, 'an recte?' V. d. Muehll   ἠθικοί BFP⁴: οἱ ἴκοι P¹(Q): ἢ οἴκοι
in mg cum γρ Pˣ   190 κατατρίβονται BP: -γίνονται F   192 τὸ PF:
ὁ B   193 τὸ¹ PF: τὸν B

76

ἀμφοτέρων τοὺς λόγους πρεσβεῦον. καὶ μέχρι μὲν
Ἀρχελάου τὸ φυσικὸν εἶδος ἦν· ἀπὸ δὲ Σωκράτους, ὡς 195
προείρηται, τὸ ἠθικόν· ἀπὸ δὲ Ζήνωνος τοῦ Ἐλεάτου, τὸ
διαλεκτικόν. τοῦ δὲ ἠθικοῦ γεγόνασιν αἱρέσεις δέκα·
Ἀκαδημαϊκή, Κυρηναϊκή, Ἠλειακή, Μεγαρική, Κυνική,
Ἐρετρική, Διαλεκτική, Περιπατητική, Στωϊκή,
Ἐπικούρειος.   200

[19] Ἀκαδημαϊκῆς μὲν οὖν τῆς ἀρχαίας προέστη Πλάτων,
τῆς μέσης Ἀρκεσίλαος, τῆς νέας Λακύδης· Κυρηναϊκῆς
Ἀρίστιππος ὁ Κυρηναῖος, Ἠλειακῆς Φαίδων ὁ Ἠλεῖος,
Μεγαρικῆς Εὐκλείδης Μεγαρεύς, Κυνικῆς Ἀντισθένης
Ἀθηναῖος, Ἐρετρικῆς Μενέδημος Ἐρετριεύς, Διαλεκτικῆς 205
Κλειτόμαχος Καρχηδόνιος, Περιπατητικῆς Ἀριστοτέλης
Σταγειρίτης, Στωϊκῆς Ζήνων Κιτιεύς· ἡ δὲ Ἐπικούρειος ἀπ᾽
αὐτοῦ κέκληται Ἐπικούρου.

Ἱππόβοτος δ᾽ ἐν τῷ Περὶ αἱρέσεων ἐννέα φησὶν αἱρέσεις
καὶ ἀγωγὰς εἶναι· πρώτην Μεγαρικήν, δευτέραν 210
Ἐρετρικήν, τρίτην Κυρηναϊκήν, τετάρτην Ἐπικούρειον,
πέμπτην Ἀννικέρειον, ἕκτην Θεοδώρειον, ἑβδόμην

195–196 (ὡς προείρηται) supra § 14   **203** Aristipp. fr. 127A Mann.
204 Antisth. test. 134A Decl. C.   **209–215** (Διαλεκτικήν) Hippob.
fr. 1 Gig.   **209–214** (Περιπατητικήν) Theod. test. 49 Win.   **209–210**
(Μεγαρικήν), **214** (οὔτε)–**215** (Διαλεκτικήν) Eucl. test. 41 Doer.   **209–210**
(Ἱππόβοτος—εἶναι), **211** (τρίτην Κυρηναϊκήν), **212** (πέμπτην—
Θεοδώρειον) Aristipp. fr. 134 Mann.

201–224 contraxit Φ 1 (148.10–19)   **209–234** Suda αι 286 (ΙΙ 177.5–20)

---

195 ἦν εἶδος F ὡς προείρηται om. Φ **197** ἠθικοῦ
<προστεθειμένου> vel <προστ. τε καὶ διαλεκτικοῦ> Mansfeld, Studies
362 (a. 1986) **198** ἠλειακὴ PF: ἠλια- B **199** διαλεκτική—στωϊκή
om. B¹, suppl. B²ᵐᵍ **201** οὖν BP¹ **202** τῆς μέσης—Λακύδης secl.
Schwartz 757 (= 481) 'falsche Wiederholung aus I 14' **203** ἠλειακῆς
PF: ἠλια- B. Vid. Dittenberger, Hermes 41 (1906) 199¹ ὁ² om. B **206**
κλειτόμαχος καρχηδόνιος BPFΦ, 'ipse D.L. errorem commisisse vid.' V. d.
Muehll (cf. Schmidt, Studia Laert. 27): Κλεινόμαχος ὁ Χαλκηδόνιος (ὁ
χαλκηδ. rec.) Nietzsche, Philologische Schriften (1982) 176–9 (a. 1870):
Κλεινόμαχος <Θούριος ἢ ὥς τινες Διονύσιος> Χαλκηδόνιος Roeper (1870)
563: Διονύσιος ὁ Χαλκηδόνιος Rossi 7–9. Vid. K. Doering, Megariker (1972)
12, 98–9 et Glucker, Antiochus 177³⁵ **207** κιτιεὺς B: κιττι- P: ὁ κιττι- FΦ

77

Ζηνώνειον τὴν καὶ Στωϊκήν, ὀγδόην Ἀκαδημαϊκὴν τὴν ἀρχαίαν, ἐνάτην Περιπατητικήν· **[20]** οὔτε δὲ Κυνικήν,
215 οὔτε Ἠλειακήν, οὔτε Διαλεκτικήν. τὴν μὲν γὰρ Πυρρώνειον οὐδ᾽ οἱ πλείους προσποιοῦνται διὰ τὴν ἀφασίαν· ἔνιοι δὲ κατά τι μὲν αἵρεσιν εἶναί φασιν αὐτήν, κατά τι δὲ οὔ. δοκεῖ μὲν γὰρ αἵρεσις εἶναι· αἵρεσιν δὲ λέγομεν, φασί, τὴν λόγῳ τινὶ κατὰ τὸ φαινόμενον ἀκολουθοῦσαν ἢ δοκοῦσαν
220 ἀκολουθεῖν· καθ᾽ ὃ εὐλόγως ἂν αἵρεσιν τὴν Σκεπτικὴν καλοῖμεν. εἰ δὲ αἵρεσιν νοοῖμεν πρόσκλισιν δόγμασιν ἀκολουθίαν ἔχουσιν, οὐκέτ᾽ ἂν προσαγορεύοιτο αἵρεσις· οὐ γὰρ ἔχει δόγματα. αἵδε μὲν ἀρχαὶ καὶ διαδοχαὶ καὶ τοσαῦτα μέρη καὶ τόσαι φιλοσοφίας αἱρέσεις.
225 **[21]** ἔτι δὲ πρὸ ὀλίγου καὶ Ἐκλεκτική τις αἵρεσις εἰσήχθη ὑπὸ Ποτάμωνος τοῦ Ἀλεξανδρέως, ἐκλεξαμένου τὰ ἀρέσαντα ἐξ ἑκάστης τῶν αἱρέσεων. ἀρέσκει δ᾽ αὐτῷ, καθά φησιν ἐν τῇ στοιχειώσει, κριτήρια τῆς ἀληθείας εἶναι τὸ μὲν ὡς ὑφ᾽ οὗ γίνεται ἡ κρίσις, τουτέστι τὸ ἡγεμονικόν· τὸ δὲ ὡς
230 δι᾽ οὗ, οἷον τὴν ἀκριβεστάτην φαντασίαν. ἀρχάς τε τῶν ὅλων τήν τε ὕλην καὶ τὸ ποιοῦν, ποιότητά τε καὶ τόπον· ἐξ οὗ γὰρ καὶ ὑφ᾽ οὗ καὶ ποίω<ς> καὶ ἐν ᾧ. τέλος δὲ εἶναι ἐφ᾽ ὃ πάντα ἀναφέρεται, ζωὴν κατὰ πᾶσαν ἀρετὴν τελείαν, οὐκ ἄνευ τῶν τοῦ σώματος κατὰ φύσιν καὶ τῶν ἐκτός.
235 λεκτέον δὲ περὶ αὐτῶν τῶν ἀνδρῶν, καὶ πρῶτόν γε περὶ Θαλοῦ.

---

213 καὶ om. F¹, suppl. F²ˢ·ˡ·   τὴν ἀρχαίαν secl. Glucker, Antiochus 178   **215** ἠλειακὴν PF: ἠλια- B, Suda   **216** ἀφασίαν Rossi 10–15: ἀσάφειαν BPFΦ   **218** μὲν γὰρ BPF: μέν γε Marcov.: δὲ Cob.   δὲ BPF: δὴ Marcov.: μὲν γὰρ rec.   φασί BPF: del. Cob. (deest in rec.)   **219** τὸ PF: τὸν B ἀγωγὴν post ἀκολουθοῦσαν add. Casaub.: post ἀκολουθεῖν (**220**) Marcov., sed vid. Rossi 15 et Emperius ap. Huebn. II 619   **220** καθ᾽ ὃ FP⁴: om. BP¹ **221** πρόσκλισιν BP: -κλησιν F, Suda (codd. AVᵃᶜM)   δόγμασιν B: ἐν δόγμασιν F¹P⁴, Suda: νοήμασιν P¹(Q), F²   **222** ἔχουσαν Suda   **205** πρὸ ὀλίγου om. Suda   ἐκλεκτὴ Suda   **227** ἀρέσαντα BP, Suda: ἀρέσκοντα F   ἐξ om. B   **231** ποιοῦν B, Suda: ποιόν PF   ποιότητά Menag.: ποίησιν BPF, Suda   **232** ποίως Reiske 306 et Roeper (1870) 563: ποίω B, P¹ ut vid., Suda: ποῦ FP²   ὃ P: ᾧ BF, Suda   **234** τῶν¹ om. F¹, suppl. F²ˢ·ˡ·   **235** ʻpost δὲ excidit νῦν aut ἤδηʼ Reiske 306 (sed vid. infra § 122)

[22] ἦν τοίνυν ὁ Θαλῆς, ὡς μὲν Ἡρόδοτος καὶ Δοῦρις καὶ Δημόκριτός φασι, πατρὸς μὲν Ἐξαμύου, μητρὸς δὲ Κλεοβουλίνης, ἐκ τῶν Θηλιδῶν, οἵ εἰσι Φοίνικες, εὐγενέστατοι τῶν ἀπὸ Κάδμου καὶ Ἀγήνορος. < . . . > καθὰ καὶ Πλάτων φησί· (καὶ πρῶτος σοφὸς ὠνομάσθη ἄρχοντος 5 Ἀθήνησι Δαμασίου, καθ᾽ ὃν καὶ οἱ ἑπτὰ σοφοὶ ἐκλήθησαν, ὥς φησι Δημήτριος ὁ Φαληρεὺς ἐν τῇ τῶν Ἀρχόντων ἀναγραφῇ). ἐπολιτογραφήθη δὲ ἐν Μιλήτῳ, ὅτε ἦλθε σὺν Νείλεῳ ἐκπεσόντι Φοινίκης· ὡς δ᾽ οἱ πλείους φασίν, ἰθαγενὴς Μιλήσιος ἦν καὶ γένους λαμπροῦ. 10

[23] μετὰ δὲ τὰ πολιτικὰ τῆς φυσικῆς ἐγένετο θεωρίας. καὶ κατά τινας μὲν σύγγραμμα κατέλιπεν οὐδέν· ἡ γὰρ εἰς αὐτὸν ἀναφερομένη Ναυτικὴ ἀστρολογία Φώκου λέγεται εἶναι τοῦ Σαμίου. Καλλίμαχος δ᾽ αὐτὸν οἶδεν εὑρετὴν τῆς ἄρκτου τῆς μικρᾶς, λέγων ἐν τοῖς Ἰάμβοις οὕτως· 15

καὶ τῆς Ἀμάξης ἐλέγετο σταθμήσασθαι
τοὺς ἀστερίσκους, ᾗ πλέουσι Φοίνικες.

κατά τινας δὲ μόνα δύο συνέγραψε, Περὶ τροπῆς καὶ

1–277 Diels PPF 1 A 1 = Thales test. 237 Woehrle   1–216 VS 11 A 1   1–4 (Ἀγήνορος), 8 (ἐπολιτογραφήθη)–10 Duris FGrHist 76 F 74   2 Democr. VS 68 B 115a   5 Plat., Prot. 343 a 2   4 (καθὰ)–8 (ἀναγραφῇ) Demetr. Phal. fr. 93 SOD = 149 W.   6 Δαμασίου] i.e. anno 582/1   12 (καὶ)–14 (Σαμίου) Phocus test. 1 (PEG I). Vid. VS 11 B 1   16–17 Callim. fr. 191.54–5 Pf. = CPF I 1*** 102 2T 119–20   VS 11 A 3

Ante 1 tit. θαλῆς Pxmg. De titulis singulis vitis falso additis, vid. Dorandi, Laertiana 61–2   1 ἦν τοίνυν in ras. B²   2 ἐξαμύου BPF¹: ἐξαμυούλου F². Vid. Diels, AGPh 2 (1889) 167   3 θηλιδῶν BP: θηλυ- F: Νηλειδῶν Tannery, Mémoires scientifiques IX (1929) 2 (a. 1879) et Bywater ap. Diels (cf. 9 Νείλεῳ): Βηλιδῶν A. Meineke, Delect. poet. Anth. Gr. (1842) 210*   4 lac. ind. Diels, qui ex. gr. ἦν δὲ τῶν ἑπτὰ σοφῶν suppl. 'ab hoc loco aliena, nam quia Thales ab aliis Μιλήσιος dictus erat cf. Clem. (Strom. 1, 62, 3), Platonis (Protag. 343 a) testimonium adscriptum est' V. d. Muehll   9 Νείλεῳ Diels: νειλαίῳ P: νειλιαίῳ B² (ν et α in ras.): νηλίῳ F: νειλέῳ Z (Frob.)   ἐκπεσὼν τῆς Φ (coni. Casaub.), an recte ? cf. Bredlow, D. L. 410–1   11 ἐγένετο Steph.² praef. 14   14 οἶδεν om. F¹, suppl. F²s.l.   16–18 τοὺς ἀστερίσκους σταθμήσασθαι F   18 μόνα* (ς eraso?) B   συνέγραψε (συν s.l. B¹)

Ἰσημερίας, τὰ ἄλλ' ἀκατάληπτα εἶναι δοκιμάσας. δοκεῖ δὲ
20 κατά τινας πρῶτος ἀστρολογῆσαι καὶ ἡλιακὰς ἐκλείψεις
καὶ τροπὰς προειπεῖν, ὥς φησιν Εὔδημος ἐν τῇ Περὶ τῶν
ἀστρολογουμένων ἱστορίᾳ· ὅθεν αὐτὸν καὶ Ξενοφάνης καὶ
Ἡρόδοτος θαυμάζει. μαρτυρεῖ δ' αὐτῷ καὶ Ἡράκλειτος καὶ
Δημόκριτος.
25 [24] ἔνιοι δὲ καὶ αὐτὸν πρῶτον εἰπεῖν φασιν ἀθανάτους
τὰς ψυχάς· ὧν ἐστι Χοιρίλος ὁ ποιητής. πρῶτος δὲ καὶ τὴν
ἀπὸ τροπῆς ἐπὶ τροπὴν πάροδον εὗρε, καὶ πρῶτος τὸ τοῦ
ἡλίου μέγεθος <τοῦ ἡλιακοῦ κύκλου ὥσπερ καὶ τὸ τῆς
σελήνης μέγεθος> τοῦ σεληναίου ἑπτακοσιοστὸν καὶ
30 εἰκοστὸν μέρος ἀπεφήνατο κατά τινας. πρῶτος δὲ καὶ τὴν
ὑστάτην τοῦ μηνὸς τριακάδα εἶπε. πρῶτος δὲ καὶ περὶ
φύσεως διελέχθη, ὥς τινες.

Ἀριστοτέλης δὲ καὶ Ἱππίας φασὶν αὐτὸν καὶ τοῖς ἀψύχοις
μεταδιδόναι ψυχάς, τεκμαιρόμενον ἐκ τῆς λίθου τῆς
35 μαγνήτιδος καὶ τοῦ ἠλέκτρου. παρά τε Αἰγυπτίων

19 (δοκεῖ)–**24** Heracl. T 718 Mour.   **19** (δοκεῖ)–**23** (θαυμάζει) Xenoph. VS
21 B 19 = 43 G.-Pr.[2]   **19** (δοκεῖ)–**22** (ἱστορίᾳ) Eudem. fr. 144 W.   **23**
Hdt. 1.74.2   Heracl. VS 22 B 38   **24** Democr. VS 68 B 115a   **25–26**
(ποιητής) Choeril. fr. 12 (PEG I) = SH 331   FGrHist 696 F 34i   **34–35**
(ἠλέκτρου) fort. ex Arist., De an. A 2, 405 a 19–21, sed vid. Moraux, Peripatos
292–3   Hipp. 86 B 7 = FGrHist 6 F 5   **35** (παρά)–**38** (λογιστικός)
Apollod. FGrHistCont 1097 F 1d   **35** (παρά)–**37** (βοῦν) Pamphil. fr. 1
Cagn.

19 (δοκεῖ)–**21** (προειπεῖν) Φ 10 (195.17–18)   **25–26** (ἔνιοι—ψυχάς),
26 (πρῶτος)–**35** (ἠλέκτρου) Φ 10 (195.18–196.2)

19 ἄλλ' ἀκατάληπτα dub. Casaub.: ἄλλα καταληπτὰ BPF   **21** καὶ
τροπὰς secl. Schwartz 752 (= 474), 'male excerptum' Diels (PPF)
προεῖπεν B[1], corr. B[2]   **23** αὐτῷ BF: -ὸ P   **25** καὶ om. F   πρῶτον
αὐτὸν φασιν εἰπεῖν Φ   **26** χοιρίλος B: -ῖλος P[1](Q): -ίλλος FP[x]   **28–29**
lacunam fortasse Laertii operi tribuendam explevit Diels ad Reiske 306
(cf. Roeper 1852, 443–4): τοῦ τοῦ ἡλίου μεγέθους τὸ τοῦ σεληναίου Cob.
Text. trad. def. F. Hultsch, Abhandl. z. Gesch. d. Mathem. 9 (1899) 194[2]
31 ὑστάτην V. d. Muehll et Marcov.: ὑστέραν BPFΦ: ὑστ<άτην ἡμ>έραν
Scaliger ap. Menag.   πρῶτος δὲ om. Φ   **32** διηλέχθη F (η[1] ex ει)   ὥς
τινες om. Φ   **33** καὶ Ἱππίας om. Φ   **34** μεταδιδόναι (-ῶ- B) BP[1]Φ:
διδόναι FP[x]   ψυχάς BPFΦ: -ῆς rec., fort. recte   **34–35** τῆς μαγνήτιδος
λίθου Φ

γεωμετρεῖν μαθόντα φησὶ Παμφίλη πρῶτον καταγράψαι
κύκλῳ τὸ τρίγωνον ὀρθογώνιον, καὶ θῦσαι βοῦν. [25] (οἱ δὲ
Πυθαγόραν φασίν, ὧν ἐστιν Ἀπολλόδωρος ὁ λογιστικός.
οὗτος προήγαγεν ἐπὶ πλεῖστον ἅ φησι Καλλίμαχος ἐν τοῖς
Ἰάμβοις Εὔφορβον εὑρεῖν τὸν Φρύγα, οἷον 'σκαληνὰ καὶ   40
τρίγωνα' καὶ ὅσα γραμμικῆς ἔχεται θεωρίας).
    δοκεῖ δὲ καὶ ἐν τοῖς πολιτικοῖς ἄριστα βεβουλεῦσθαι.
Κροίσου γοῦν πέμψαντος πρὸς Μιλησίους ἐπὶ συμμαχίᾳ
ἐκώλυσεν· ὅπερ Κύρου κρατήσαντος ἔσωσε τὴν πόλιν. καὶ
αὐτὸς δέ φησιν, ὡς Ἡρακλείδης ἱστορεῖ, μονήρη αὐτὸν   45
γεγονέναι καὶ ἰδιαστήν. [26] ἔνιοι δὲ καὶ γῆμαι αὐτὸν καὶ
Κύβισθον υἱὸν σχεῖν· οἱ δὲ ἄγαμον μεῖναι, τῆς δὲ ἀδελφῆς
τὸν υἱὸν θέσθαι. ὅτε καὶ ἐρωτηθέντα διὰ τί οὐ τεκνοποιεῖ,
'διὰ φιλοτεκνίαν' εἰπεῖν. καὶ λέγουσιν ὅτι τῆς μητρὸς
ἀναγκαζούσης αὐτὸν γῆμαι ἔλεγεν, 'οὐδέπω καιρός·' εἶτα,   50

---

38 Πυθαγόραν] cf. 8.12 et Diod. 10.6.4   **39** (οὗτος)–**41** Callim. fr.
191.59–60 Pf. = CPF I 1*** 102 2T 124–5   **42–46** (ἰδιαστήν) Clytus fr. 3
(FHG II 333)   **44** (καὶ)–**51** (καιρός) Heracl. Pont. fr. 81 Sch. = 45 W.
49 (καὶ)–**55** Hieron. Rhod. fr. 47 White = 39 W. (**51** φησὶ–**55**)

47 (οἱ)–**48** (θέσθαι) Suda θ 295 (II 712.15–16)   **50** (ἀναγκαζούσης)–
51 (καιρός), **53** (βουλόμενος)–**55** Φ 10 (196.10–14)

36 γεωμετρεῖν B² (εῖν in ras.), P: om. F et post παμφίλη add. γεωμετρίαν
37 κύκλῳ Colonienses: κύκλου BPΦ: ἡμικυκλίου dub. Diels post Meibom.
(ἐπὶ ἡμικυ.)   κύκλον τοῦ τριγώνου ὀρθογωνίου Cagnazzi   <ὅτε> καὶ
Bywater ap. Diels   **39** οὗτος (i.e. Pythagoras) FPˣ: αὐτὸς BP¹   πλεῖον
Emperius, Adv. 323   ἅ om. B   **39** (οὗτος)—**41** 'emblema olim ad
Pythagoram pertinens ut Diod. X 6, 4 docet cf. Walth. Volkmann Quaest. de
Diog. L. I (Bresl. 1890) p. 5' Diels (PPF)   **41** γραμματικῆς B   **43** γὰρ
οὖν B   ἐπὶ συμμαχίᾳ πρὸς Μιλησίους F   **44–45** καὶ αὐτὸς (sc. Thales
personatus ap. Heraclidem) BPF: Κλύτος Menag.: Πάταικος Volkmann
(1895) 14 (conl. Plut., Sol. 6.3). 'Auctoris alicuius in mendo hic cubare nomen'
Casaub., 'ego dubito conl. Laert. VIII 4; accus. c. inf. posuisse videtur per-
spicui causa propter parenthesin' Diels (PPF), qui in eadem sententia αὐτὸν
pro αὐ. recte posuit   **46** ἰδιαστήν BP: ἡσυχα- F   δὲ FP⁴: om. BP¹
καὶ² om. F   **47** Κύβισθον Diels ex Plut., Sol. 7.2 (cf. L. Robert, Noms
indig. I, 1963, 52–3): κίβισθον B: κίδι- P¹(Q): κίβισσον FP⁴ˢ˙ˡ·   σχεῖν Scaliger
(teste Diels): ἔχειν BPF, fort. recte   **48** ὅτε BPF: ὅθεν dub. Sternbach 188
(ad Gnom. Vat. 509)   **50** αὐτὸν ἀναγκαζούσης F

ἐπειδὴ παρήβησεν ἐγκειμένης, εἰπεῖν, 'οὐκέτι καιρός.' φησὶ
δὲ Ἱερώνυμος {καὶ} ὁ Ῥόδιος ἐν τῷ δευτέρῳ τῶν Σποράδην
ὑπομνημάτων ὅτι βουλόμενος δεῖξαι ῥᾷον εἶναι πλουτεῖν,
φορᾶς ἐλαιῶν μελλούσης ἔσεσθαι, προνοήσας ἐμισθώσατο
55 τὰ ἐλαιουργεῖα καὶ πάμπλειστα συνεῖλε χρήματα.

[27] ἀρχὴν δὲ τῶν πάντων ὕδωρ ὑπεστήσατο, καὶ τὸν
κόσμον ἔμψυχον καὶ δαιμόνων πλήρη. τάς τε ὥρας τοῦ
ἐνιαυτοῦ φασιν αὐτὸν εὑρεῖν καὶ εἰς τριακοσίας ἑξήκοντα
πέντε ἡμέρας διελεῖν.

60 οὐδεὶς δὲ αὐτοῦ καθηγήσατο, πλὴν ὅτι εἰς Αἴγυπτον
ἐλθὼν τοῖς ἱερεῦσι συνδιέτριψεν. ὁ δὲ Ἱερώνυμος καὶ
ἐκμετρῆσαί φησιν αὐτὸν τὰς πυραμίδας ἐκ τῆς σκιᾶς,
παρατηρήσαντα ὅτε ἡμῖν ἰσομεγέθεις εἰσί. συνεβίω δὲ καὶ
Θρασυβούλῳ τῷ Μιλησίων τυράννῳ, καθά φησι Μινύης.

65 τὰ δὲ περὶ τὸν τρίποδα φανερὰ τὸν εὑρεθέντα ὑπὸ τῶν
ἁλιέων καὶ διαπεμφθέντα τοῖς σοφοῖς ὑπὸ τοῦ δήμου τῶν
Μιλησίων. [28] φασὶ γὰρ Ἰωνικούς τινας νεανίσκους βόλον
ἀγοράσαι παρὰ Μιλησίων ἁλιέων. ἀνασπασθέντος δὲ τοῦ
τρίποδος ἀμφισβήτησις ἦν, ἕως οἱ Μιλήσιοι ἔπεμψαν εἰς
70 Δελφούς· καὶ ὁ θεὸς ἔχρησεν οὕτως·

56–63 (εἰσί) Hieron. Rhod. fr. 48 White = 40 W. (**61** ὁ–**63** εἰσί)   **63**
(συνεβίω)–**64** Minyes FGrHistCont IIII F 1   **65–87** Leandr. FGrHist
492 F 18

56–63 (εἰσί) Φ 10 (196.3–9)

---

52 ἱερ. καὶ ὁ ῥόδ. BP: ἱερ. ὁ ῥόδ. F: καὶ Ἱερ. ὁ Ῥόδιος Cob.   **53** ῥᾷον
BPFΦ: ῥᾴδιον K. Fr. Hermann 373 ex Arist., Pol. A 11, 1259a17 (= VS 11 A 10)
εἶναι πλουτεῖν BPFΦ: εἶναι πλ. <φιλοσόφοις> Volkmann (1895) 5 (ex Arist.):
εἶναι <τοῖς σοφοῖς> πλ. Marcov.   **54** ἐλαιῶν F: om. BPΦ   **55** συνεῖλε
BPF: -ῆξε Φ: συνέλεξε Cob. (ex Arist.): -έλεγε K. Fr. Hermann 373:
-εῖρε Emperius, Adv. 323: -ῆγε vel -ήγαγε Richards 345   **58** αὐτόν φασιν
Φ   **60** δὲ P¹(Q)F: τε BΦP⁴   ὅτι F: ὅτ' P: ὅτ' B   **62** αὐτόν φησί F
63 ἰσομεγέθεις εἰσί(ν) BPF: ἰσομεγέθης ἐστί Menag.   συνεβίου B   **64**
μινύης ex μην- ut vid. Fˣ   **65** δὲ om. F¹, suppl. F²ˢˡ·   <οὐ> φανερὰ
Richards 341   **66** ἁλιέων om. B¹, suppl. B²ᵐᵍ   **70** ἔχρησεν BPF²ᵐᵍ·
ἔφησεν F¹

ἔκγονε Μιλήτου, τρίποδος πέρι Φοῖβον ἐρωτᾷς;
τίς σοφίᾳ πάντων πρῶτος, τούτου τρίποδ᾽ αὐδῶ.

διδοῦσιν οὖν Θαλῇ· ὁ δὲ ἄλλῳ καὶ ἄλλος ἄλλῳ ἕως
Σόλωνος. ὁ δὲ ἔφη σοφίᾳ πρῶτον εἶναι τὸν θεὸν καὶ
ἀπέστειλεν εἰς Δελφούς. ταῦτα δὴ ὁ Καλλίμαχος ἐν τοῖς 75
Ἰάμβοις ἄλλως ἱστορεῖ, παρὰ Λεανδρίου λαβὼν τοῦ
Μιλησίου. Βαθυκλέα γάρ τινα Ἀρκάδα φιάλην καταλιπεῖν
καὶ ἐπισκῆψαι ᾽δοῦναι τῶν σοφῶν ὀνηΐστῳ.᾽ ἐδόθη δὴ
Θαλῇ καὶ κατὰ περίοδον πάλιν Θαλῇ· [29] ὁ δὲ τῷ Διδυμεῖ
Ἀπόλλωνι ἀπέστειλεν, εἰπὼν οὕτω κατὰ τὸν Καλλίμαχον· 80

Θαλῆς με τῷ μεδεῦντι Νείλεω δήμου
δίδωσι, τοῦτο δὶς λαβὼν ἀριστεῖον.

τὸ δὲ πεζὸν οὕτως ἔχει· ᾽Θαλῆς Ἐξαμύου Μιλήσιος
Ἀπόλλωνι Δελφινίῳ Ἑλλήνων ἀριστεῖον δὶς λαβών.᾽ ὁ δὲ
περιενεγκὼν τὴν φιάλην τοῦ Βαθυκλέους παῖς Θυρίων 85
ἐκαλεῖτο, καθά φησιν Ἔλευσις ἐν τῷ Περὶ Ἀχιλλέως καὶ
Ἀλέξων ὁ Μύνδιος ἐν ἐνάτῳ Μυθικῶν.

71–72 Orac. 247 P.-W.   **75** (ταῦτα)–**82** Callim. fr. 191.32 et 76–7
Pf.   Dieg. 6.6–19 (fr. 163 Pf.) = CPF I 1*** 102 1T   Eleus. FGrHist 55 F 1
84 (ὁ)–**87** Alexand. Mynd. FGrHist 25 F 1

72 pro τίς hab. ὅς V. Max. 4.1 ext. 7 (᾽τίς hic loci idem valet atque ὅστις᾽
Reiske 306)   σοφίᾳ BP¹(Q), Diod. 9.3.2, V. Max.: σοφίη FP⁴   πάντων
om. F   **73** διδοῦσιν BP, γρ F²ᵐᵍ: δηλοῦσιν F¹   **75** δὴ ὁ BP: δὲ F
76 ἰαμβίοις F   λεανδρίου PF: δὲ ἀνδρίου B: Μαιανδρίου C. Keil, Vind.
onomatol. (1843) 9–12, sed vid. C. Wendel, Hermes 70 (1935) 356–60 et
Bollansée, FGrHistCont IVA 1, 171¹   **78** ὀνηΐστῳ B in ras.: de P¹ non
constat: τῶ πρωτίστω PˣQ (τῶ in ras., πρω pc et τίστω s.l.), F: τῷ ἀρίστῳ
Callim. Dieg. 6.21 (Pfeiffer)   ante ἐδόθη lac. ind. Jacoby   δὴ BP: om.
F¹, δὲ suppl. F²ˢˡ   **79** Διδυμεῖ Diels (infra **128** et Callim. Dieg. 6.18):
δίδυμι (᾽B²) B: διδυμαίω PF   **81** νειλεω B: -λέω PF¹: -λαίω F² (ει ex η et αί
s.l.). Vid. Pfeiffer ad Call. fr. 80.17–8   **82** τώυτὸ Roeper (1870) 564
ἀριστῆον Pfeiffer   **85** περιενεγκὼν BP: περι*αγαγὼν F   παιδός F
θυρίων B² (υ in ras.): in F υ fort. ex η   ᾽sane Θηρίων quoque est nomen
recte formatum᾽ V. d. Muehll. Vid. Roeper (1848) 32. Apud Callim.
Ἀμφάλκης nominatur   **86** ἐλευσεῖς (᾽B²) B, ἐλευσῖς P¹   **87** ἀλέξων (i.e.
Ἀλέξανδρος, sed vid. Jacoby, FGrHist Ia 548) BF, Pˣᵐᵍ: λαέξων P²(Q)

Εὔδοξος δ' ὁ Κνίδιος καὶ Εὐάνθης ὁ Μιλήσιός φασι τῶν
Κροίσου τινὰ φίλων λαβεῖν παρὰ τοῦ βασιλέως ποτήριον
90 χρυσοῦν, ὅπως δῷ τῷ σοφωτάτῳ τῶν Ἑλλήνων· **[30]** τὸν
δὲ δοῦναι Θαλῇ. καὶ περιελθεῖν εἰς Χίλωνα, ὃν πυνθάνεσθαι
τοῦ Πυθίου τίς αὐτοῦ σοφώτερος· καὶ τὸν ἀνειπεῖν
Μύσωνα, περὶ οὗ λέξομεν. (τοῦτον οἱ περὶ τὸν Εὔδοξον ἀντὶ
Κλεοβούλου τιθέασι, Πλάτων δ' ἀντὶ Περιάνδρου). περὶ
95 αὐτοῦ δὴ τάδε ἀνεῖπεν ὁ Πύθιος·

> οἰταῖόν τινα φημὶ Μύσωνα ἐν Χηνὶ γενέσθαι
> σοῦ μᾶλλον πραπίδεσσιν ἀρηρότα πευκαλίμῃσιν.

ὁ δὲ ἐρωτήσας ἦν Ἀνάχαρσις. Δαΐμαχος δ' ὁ Πλαταιϊκὸς
καὶ Κλέαρχος φιάλην ἀποσταλῆναι ὑπὸ Κροίσου Πιττακῷ
100 καὶ οὕτω περιενεχθῆναι.

Ἄνδρων δ' ἐν τῷ Τρίποδι Ἀργείους ἆθλον ἀρετῆς τῷ
σοφωτάτῳ τῶν Ἑλλήνων τρίποδα θεῖναι· κριθῆναι δὲ
Ἀριστόδημον Σπαρτιάτην, ὃν παραχωρῆσαι Χείλωνι.
[31] μέμνηται τοῦ Ἀριστοδήμου καὶ Ἀλκαῖος οὕτως·

88–94 (Περιάνδρου) Eudox. fr. 371 Lasserre = FGrHistCont 1006 F 1   **88**
Εὐάνθης] FHG III 2 adn.   **93** (περὶ οὗ λέξομεν) infra § 106–8   **94**
(Πλάτων) Plat., Prot. 343 a 4   **96–97** Orac. 245 P.-W.   **98** (Δαΐμαχος)–
100 Daimach. FGrHist 65 F 6   **99** Clearch. fr. 70 W.   **101–103**
(Χείλωνι) Andron Ephes. FGrHistCont 1005 F 2

96–97 Etiam infra § 106

---

92 τοῦ πυθίου om. F[1], suppl. F[2s.l.]   αὐτοῦ Diels: αὐ- BPF   ἀνειλεῖν
Richards 345, sed vid. Degani ad Hippon. fr. 65.2   **93** (τοῦτον)–
94 (Περιάνδρου) del. Menag. (cf. infra § 41)   τὸν om. F   ἔνδοξον B
95 δὴ om. F[1], suppl. F[2s.l.]   ἀνεῖλεν Casaub.   **96** μύσωνα BP[1](Q),F:
μύσων᾿* P[x]   ἐν BP: ἐνὶ F   **98** δὲ B[2]P: δ᾿ B[1]F   Δαΐμαχος Casaub.:
δαίδαχος BP: δαίδαλος (λ ex χ rasura factum) F   Πλαταιϊκὸς
Casaub.: πλατωνικὸς BPF   'sed considerandum num Δαίδαλος ὁ
Πλατωνικὸς verum sit (sic Cobet)' V. d. Muehll   **101** δ᾿ om. B[1], suppl.
B[2s.l.]   **103** ἀριστοτέληδημον B[1], corr. B[2]: ἀριστ**ό**δημον P   χείλωνι
B: χί- PF

ὡς γὰρ δή ποτ' Ἀριστόδα-   105
μον φᾶσ' οὐκ ἀπάλαμνον ἐν Σπάρτᾳ λόγον
εἰπεῖν· 'χρήματ' ἄνηρ, πενι-
χρὸς δ' οὐδεὶς πέλετ' ἐσλός'.

ἔνιοι δέ φασιν ὑπὸ Περιάνδρου Θρασυβούλῳ τῷ
Μιλησίων τυράννῳ πλοῖον ἔμφορτον ἀποσταλῆναι· τοῦ δὲ   110
περὶ τὴν Κῴαν θάλασσαν ναυαγήσαντος, ὕστερον
εὑρεθῆναι πρός τινων ἁλιέων τὸν τρίποδα. Φανόδικος δὲ
περὶ τὴν Ἀθηναίων θάλασσαν εὑρεθῆναι καὶ ἀνενεχθέντα εἰς
ἄστυ γενομένης ἐκκλησίας Βίαντι πεμφθῆναι· διὰ τί δέ, ἐν
τῷ περὶ Βίαντος λέξομεν.   115

[32] ἄλλοι φασὶν ἡφαιστότευκτον εἶναι αὐτὸν καὶ
δοθῆναι πρὸς τοῦ θεοῦ Πέλοπι γαμοῦντι· αὖθίς τε εἰς
Μενέλαον ἐλθεῖν καὶ σὺν τῇ Ἑλένῃ ἁρπασθέντα ὑπ'
Ἀλεξάνδρου ῥιφῆναι εἰς τὴν Κῴαν θάλασσαν πρὸς τῆς
Λακαίνης, εἰπούσης ὅτι περιμάχητος ἔσται. χρόνῳ δὲ   120
Λεβεδίων τινῶν αὐτόθι γρῖφον ὠνησαμένων καταληφθῆναι
καὶ τὸν τρίποδα, μαχομένων δὲ πρὸς τοὺς ἁλιέας γενέσθαι
τὴν ἄνοδον ἕως τῆς Κῶ· καὶ ὡς οὐδὲν ἤνυτον, τοῖς Μιλησίοις
μητροπόλει οὔσῃ μηνύουσιν. οἱ δ' ἐπειδὴ διαπρεσβευόμενοι
ἠλογοῦντο, πρὸς τοὺς Κῴους πολεμοῦσι. καὶ πολλῶν   125
ἑκατέρωθεν πιπτόντων ἐκπίπτει χρησμὸς δοῦναι τῷ
σοφωτάτῳ· καὶ ἀμφότεροι συνῄνεσαν Θαλῇ. ὁ δὲ μετὰ τὴν

105–108 Alcae. fr. 360 V.   **112–114** (πεμφθῆναι) Phanodic. FGrHist
397 F 4a   **115** (λέξομεν) infra § 82

---

105 ὡς BF: ὣς P, schol. Pind., Isthm. 2.17 (iii 215–6 Drachmann). Vid. W.
Buehler, Zenob. v (1999) 535–6   ἀριστόδαμον B: -δημον F: -δαμον ὃν P¹Q
(ὃν del. Pˣ)   **106** φασ' Roeper (1852) 448: φασὶν B: φασὶ PF: φαῖσ' F. G.
Schneidewin, Delectus poetarum . . . Graecorum (1839) 279 (ad fr. 41) post
J. Blomfield, Alcaei fragmenta, Museum Criticum or Cambridge Classical
Researches 2 (1814) 432 (ad fr. xxviii) et Th. Bergk, RhM 3 (1835) 227 (φᾶσ')
107 εἰπεῖν BPF, schol.: εἴπην Blomfield   **108** ἐσλός B¹P, schol.: ἐσλθός
B²F   post ἐσλός add. οὐδὲ τίμιος schol., textui inscruit Huebn. falso, vid.
Hermann (1829) 235   **121** αὐτόθι om. F¹, suppl. F²ˢ·¹·   γρῖφον P¹(Q):
γρεῖ- B: γρῖπον P⁴: γρύ- F   ἐωνησαμένων BF   **122** καὶ om. F¹, suppl.
F²ˢ·¹·   δὲ B¹F: δὴ PB²   ἁλιεῖς F   **123** ἤνυτον P⁴: ἤνυττον P¹(Q):
ἤνυτὸν B: ἤνυον F   **127** θαλῇ PFˡᵃᶜ: θαλην B: θαλῆν Fˡᵖᶜ

περίοδον τῷ Διδυμεῖ τίθησιν Ἀπόλλωνι. **[33]** Κῴοις μὲν οὖν τοῦτον ἐχρήσθη τὸν τρόπον·

130   οὐ πρότερον λήξει νεῖκος Μερόπων καὶ Ἰώνων,
πρὶν τρίποδα χρύσειον, ὃν Ἥφαιστος βάλε πόντῳ,
ἐκ πόλιος πέμψητε καὶ ἐς δόμον ἀνδρὸς ἵκηται,
ὃς σοφίᾳ τά τ᾽ ἐόντα τά τ᾽ ἐσσόμενα †πρό τ᾽ ἐόντα†.

Μιλησίοις δέ·

135   ἔκγονε Μιλήτου, τρίποδος πέρι Φοῖβον ἐρωτᾷς;

καὶ ὡς προείρηται. καὶ τόδε μὲν οὕτως.

Ἕρμιππος δ᾽ ἐν τοῖς Βίοις εἰς τοῦτον ἀναφέρει τὸ λεγόμενον ὑπό τινων περὶ Σωκράτους. ἔφασκε γάρ, φασί, τριῶν τούτων ἕνεκα χάριν ἔχειν τῇ Τύχῃ· πρῶτον μὲν ὅτι 140 ἄνθρωπος ἐγενόμην καὶ οὐ θηρίον, εἶτα ὅτι ἀνὴρ καὶ οὐ γυνή, τρίτον ὅτι Ἕλλην καὶ οὐ βάρβαρος. **[34]** λέγεται δ᾽ ἀγόμενος ὑπὸ γραὸς ἐκ τῆς οἰκίας, ἵνα τὰ ἄστρα κατανοήσῃ, εἰς βόθρον ἐμπεσεῖν καὶ αὐτῷ ἀνοιμώξαντι φάναι τὴν γραῦν· ᾽σὺ γάρ, ὦ Θαλῆ, τὰ ἐν ποσὶν οὐ 145 δυνάμενος ἰδεῖν τὰ ἐπὶ τοῦ οὐρανοῦ οἴει γνώσεσθαι;᾽ οἶδε δ᾽ αὐτὸν ἀστρονομούμενον καὶ Τίμων, καὶ ἐν τοῖς Σίλλοις ἐπαινεῖ αὐτὸν λέγων·

130–133 Orac. 248 P.-W.   **135** Orac. 247 P.-W.   **136** (ὡς προείρηται) supra § 28   **137–141** (βάρβαρος) Hermipp. FGrHistCont 1026 F 13

138 (ἔφασκε)–**145** (γνώσεσθαι;) Φ 10 (196.15–22)

128 διδυμεῖ P¹(Q): δίδυμει B: διδυμαίω F: δινδυμαίω P⁴ (ν s.l. et αίω in ras.)   ἀνατίθησιν F   **130** οὐ BF: μὴ P   λήξει BP¹F: λήξειν P² (ν s.l.)   **131** χρύσειον P²: -σιον BP¹: χρήσειον Fˣ (ιον in ras.)   Ἥφαιστος κάμε τεύχων Diod. 9.3.2   ᾽quod in D.L. stupide corruptum est᾽ V. d. Muehll   **133** σοφίᾳ B, Diod.: δεδάηκε Fˣ (δεδάηκ in ras.), P⁴ (in ras. et κε s.l.): δεδάυκε Q (de P¹ non constat): σοφὸς ᾗ Diels   τά τ᾽ ἐόντα FᵖᶜP⁴: τά τε ὄντα BP¹Fᵃᶜ πρό τ᾽ ἐόντα BFPˣ (ex Homero): πρό τε ὄντα P¹(Q): προδέδορκεν Diod., fort. recte   ᾽quod in D.L. denuo mendose scriptum est, nam δεδάηκε est correctura᾽ V. d. Muehll   **135** ἐρωτᾷς om. B   **136** τόδε BP: ὧδε F **138** περὶ PF: ἐπὶ B   φησί Steph.   **139** τριῶν ἕνεκα τούτων ἔχειν χάριν F   **138–141** μέν φησιν ὅτι Φ   **140** οὐ¹ om. F¹, suppl. F²ˢ·ˡ· **143** κατανοήσῃ PB²F²: -σει B¹F¹   **147** ἐπαινεῖ αὐτὸν PF²: -εῖν αὐ. F¹: ἐπ᾽ ἐνιαυτὸν B

THALES

οἷόν θ' ἑπτὰ Θάλητα σοφῶν σοφὸν <ἀστρονομῆσαι>.

ἀστρονόμημα δὲ γεγραμμένα ὑπ' αὐτοῦ φησι Λόβων ὁ
Ἀργεῖος εἰς ἔπη τείνειν διακόσια. ἐπιγεγράφθαι δ' αὐτοῦ   150
ἐπὶ τῆς εἰκόνος τόδε·

  τόνδε Θαλῆν Μίλητος Ἰὰς θρέψασ' ἀνέδειξεν
  ἀστρολόγον πάντων πρεσβύτατον σοφίῃ.

[35] τῶν τε ᾀδομένων αὐτοῦ εἶναι τάδε·

  οὔ τι τὰ πολλὰ ἔπη φρονίμην ἀπεφήνατο δόξαν·   155
  ἕν τι μάτευε σοφόν,
  ἕν τι κεδνὸν αἱροῦ·
  λύσεις γὰρ ἀνδρῶν κωτίλων γλώσσας ἀπεραντολόγους.

φέρεται δὲ καὶ ἀποφθέγματα αὐτοῦ τάδε·
πρεσβύτατον τῶν ὄντων θεός· ἀγένητον γάρ.   160
κάλλιστον κόσμος· ποίημα γὰρ θεοῦ.
μέγιστον τόπος· ἅπαντα γὰρ χωρεῖ.
τάχιστον νοῦς· διὰ παντὸς γὰρ τρέχει.
ἰσχυρότατον ἀνάγκη· κρατεῖ γὰρ πάντων.
σοφώτατον χρόνος· ἀνευρίσκει γὰρ πάντα.   165
οὐδὲν ἔφη τὸν θάνατον διαφέρειν τοῦ ζῆν. 'σὺ οὖν,' ἔφη

148 Timon SH 797 = fr. 23 Di Marco   **149–158** Lobo fr. 1 Gar.   **152–153** Anth. Pal. 7.83; SH 509   **155–158** SH 521 = fr. 1 Pell.-Ted.

152–153 Pal.; Plan. IIIᵃ 28.17   **159–177** (τύραννον), **185** (οὖς)–**187** (τέκνων) Φ 10 (196.23–197.13)

148 θ' ἑπτὰ BP: ἔπειτα F   θαλή τὰ B   **148–149** ἀστρονομῆσαι (vel <-εῖσθαι>). ἀστρονόμημα E. Magnelli, Eikasmos 16 (2005) 145–7: <ἀστρονομοῦντα>. ἀστρ. V. Garulli, Eikasmos 15 (2004) 261–71, duce I. F. Langheinrich, De Timone sillographo III (1723) 7   **149** ἀστρονόμημα BP¹(Q)F²: ἀστρονόμημα. τὰ F¹P⁴   **152** τόνδε BP, Pal.: τὸν F   θρέψασα* ἔδειξεν B (ν eraso)   **153** ἀστρολόγον BPF, Pal.: -ων Pal.ᶜ, Plan. (coni. Reiske 306)   σοφίῃ F, Pal.: -α BP   **154** αὐτὸν B   **155** ἔπη PF: ἐπὶ B   **156** ἕν τι P: εον τι B: ἔντι Fᵖᶜ (ex ἔοντα?)   **158** λύσεις BPF (cf. Wil., Kl. Schr. IV 388, a. 1925): βύσεις Cob.: δήσεις Diels (PPF): παύσεις Bergk, PLG²   **159** φέρεται—τάδε scr. F² (ται—τάδε in ras.), pauciora habuerat F¹   **160** ἀγένητον B: ἀγέννητος PF: -τον Gnom. Vat. 320   **164** πάντα Φ

87

τις, 'διὰ τί οὐκ ἀποθνήσκεις;' 'ὅτι,' ἔφη, 'οὐδὲν διαφέρει.'
[36] πρὸς τὸν πυθόμενον τί πρότερον γεγόνοι, νὺξ ἢ
ἡμέρα, 'ἡ νύξ,' ἔφη, 'μιᾷ ἡμέρᾳ πρότερον.' ἠρώτησέ τις
170 αὐτὸν εἰ λήθοι θεοὺς ἄνθρωπος ἀδικῶν· 'ἀλλ' οὐδὲ
διανοούμενος,' ἔφη. πρὸς τὸν μοιχὸν ἐρόμενον εἰ ὀμόσῃ μὴ
μεμοιχευκέναι, 'οὐ χεῖρον,' ἔφη, 'μοιχείας ἐπιορκία;'
ἐρωτηθεὶς τί δύσκολον, ἔφη, 'τὸ ἑαυτὸν γνῶναι·' τί δὲ
εὔκολον, 'τὸ ἄλλῳ ὑποθέσθαι·' τί ἥδιστον, 'τὸ
175 ἐπιτυγχάνειν·' τί τὸ θεῖον, 'τὸ μήτε ἀρχὴν ἔχον μήτε
τελευτήν.' τί δύσκολον εἴη τεθεαμένος ἔφη, 'γέροντα
τύραννον.' πῶς ἄν τις ἀτυχίαν ῥᾷστα φέροι, 'εἰ τοὺς
ἐχθροὺς χεῖρον πράσσοντας βλέποι.' πῶς ἄν ἄριστα καὶ
δικαιότατα βιώσαιμεν, 'ἐὰν ἃ τοῖς ἄλλοις ἐπιτιμῶμεν, αὐτοὶ
180 μὴ δρῶμεν.' [37] τίς εὐδαίμων, 'ὁ τὸ μὲν σῶμα ὑγιής, τὴν δὲ
ψυχὴν εὔπορος, τὴν δὲ φύσιν εὐπαίδευτος.' φίλων
παρόντων καὶ ἀπόντων μεμνῆσθαί φησι· μὴ τὴν ὄψιν
καλλωπίζεσθαι, ἀλλὰ τοῖς ἐπιτηδεύμασιν εἶναι καλόν. 'μὴ
πλούτει,' φησί, 'κακῶς,' 'μηδὲ διαβαλλέτω σε λόγος πρὸς
185 τοὺς πίστεως κεκοινωνηκότας.' 'οὓς ἄν ἐράνους εἰσενέγκῃς,'

---

173 (ἐρωτηθεὶς—γνῶναι) Stob. III 1 172 δ 9 (= Dem. Phal. fr. 87 SOD = 114
Wehrli); Rec. Par.₁ Thal. 8   **174** (τί)–**175** (ἐπιτυγχάνειν) Stob. δ 10; Rec.
Par.₁ Thal. 9   **181** (φίλων)–**182** (φησι) Stob. δ 2; Rec. Par.₁ Thal. 1
182–183 (μὴ—καλόν) Stob. δ 3; Rec. Par.₁ Thal. 2   **183** (μή)–**184** (κακῶς)
Stob. δ 4; Rec. Par.₁ Thal. 3   **184** (μηδὲ)–**185** (κεκοινωνηκότας) Stob. δ 5;
Rec. Par.₁ Thal. 4   **185** (οὓς)–**187** (τέκνων) Stob. δ 8; Rec. Par.₁ Thal. 7

---

167 οὐδὲν ὁ θάνατος διαφέρει Φ   **168** γεγόνοι B: γεγόνει PF: γέγονε Φ
170 λήθοι BP: λάθοι F (ex λάθη), Φ   **171** ὀμόσῃ Roeper (1852) 451–2 ut
Gnom. Vat. 317: ὀμόσει RFΦ: ὥμως εἰ B¹: ὀμώσει B²   **172** χεῖρον BRΦ²:
χείρων FΦ¹   post ἐπιορκία interrogationis signum pos. Sternbach 122 (ad
Gnom. Vat. 317)   **174** ὑποθέσθαι BFΦ: -τίθεσθαι P   **175** τὸ¹ om. BP
176 δύσκολον BPFΦ, Gnom. Vat. 321: δὲ καινὸν Menag. (ex Plut., De genio
Socr. 6, 578 C): δυσκολώτατα Russell 173: παράδοξον dub. V. d. Muehll (ex
Plut., Sept. sap. conv. 147 B et Phld., De morte 4, PHerc. 1050, col. 38.28–31
Henry)   ἔφη om. Φ   **176** (γέροντα)–**178** (ἐχθροὺς) om. F¹, suppl. F²ᵐᵍ
177 φέρη F²   **178** χεῖρον om. B¹, suppl. B²ᵐᵍ   **181** ψυχὴν BP¹(Q),
Gnom. Vat.: τύχην FP³   φύσιν BP¹(Q), Gnom. Vat. 321: ψυχὴν FP³
184 διαβαλέτω P

φησί, 'τοῖς γονεῦσι, τοὺς αὐτοὺς προσδέχου καὶ παρὰ τῶν τέκνων.' τὸν Νεῖλον εἶπε πληθύειν ἀνακοπτομένων τῶν ῥευμάτων ὑπὸ τῶν ἐτησίων ἐναντίων ὄντων.

φησὶ δ' Ἀπολλόδωρος ἐν τοῖς Χρονικοῖς γεγενῆσθαι αὐτὸν κατὰ τὸ πρῶτον ἔτος τῆς τριακοστῆς ἐνάτης 190 Ὀλυμπιάδος. [38] ἐτελεύτησε δ' ἐτῶν ἑβδομήκοντα ὀκτώ (ἤ, ὡς Σωσικράτης φησίν, ἐνενήκοντα)· τελευτῆσαι γὰρ ἐπὶ τῆς πεντηκοστῆς ὀγδόης Ὀλυμπιάδος, γεγονότα κατὰ Κροῖσον, ᾧ καὶ τὸν Ἅλυν ὑποσχέσθαι ἄνευ γεφύρας περᾶσαι, τὸ ῥεῖθρον παρατρέψαντα. 195

γεγόνασι δὲ καὶ ἄλλοι Θαλαῖ, καθά φησι Δημήτριος ὁ Μάγνης ἐν τοῖς Ὁμωνύμοις, πέντε· ῥήτωρ Καλλατιανός, κακόζηλος· ζωγράφος Σικυώνιος, μεγαλοφυής· τρίτος ἀρχαῖος πάνυ, κατὰ Ἡσίοδον καὶ Ὅμηρον καὶ Λυκοῦργον· τέταρτος οὗ μέμνηται Δοῦρις ἐν τῷ Περὶ ζωγραφίας· 200 πέμπτος νεώτερος, ἄδοξος, οὗ μνημονεύει Διονύσιος ἐν Κριτικοῖς.

[39] ὁ δ' οὖν σοφὸς ἐτελεύτησεν ἀγῶνα θεώμενος γυμνικὸν ὑπό τε καύματος καὶ δίψους καὶ ἀσθενείας, ἤδη γηραιός. καὶ αὐτοῦ ἐπιγέγραπται τῷ μνήματι· 205

189–195 Apollod. FGrHist 244 F 28   Sosicr. fr. 1 Giannat.   **189–191** i.e. anno 624/3   **192–195** i.e. 548–545   **196–202** Demetr. Magn. fr. 8 Mejer **200** (τέταρτος) Duris FGrHist 76 F 31

---

186 φησί om. F¹Φ, suppl. F²ˢ·ˡ·   καὶ om. Φ   **188** ἐναντίων om. B¹, suppl. B²ˢ·ˡ·   **189** γεγενῆσθαι BP: γεγονέναι F   **190** κατὰ τὸ πρῶτον ἔτος BP: ἐν τῷ πρώτῳ ἔτει F   ἐνάτης (= θ) Diels, Chron. Unters. 16: πέμπτης (ε′ F¹: ε^ης F²) BPF. Vid. De Fidio 251–61   **191** ἐτελεύτησεν ἐτῶν BPˣᵐᵍ   **191** (ἐτελεύτησε)–**193** (Ὀλυμπιάδος) om. F¹, suppl. F²ᵐᵍ **192** ἐνενήκοντα <δ′> Rohde, Kl. Schr. 1 (1901) 169 (a. 1878)   **195** παρατρεῦσαντα B   **197** Καλλατιανός Cob.: καλλαντ- B: καλαντ- P¹: καλαντιν- FP² (cf. 5.83)   **200–202** 'quartus (= alter) et quintus (= primus) post Dem(etrium) additi' Diels (PPF)   **200** ζωγραφίας BP: -γράφων F **201** μνημονεύει BP: μέμνηται F   **202** Κρητικοῖς Casaub. Vid. Roeper (1852) 452   **203** δ' οὖν BP: γοῦν F   **205** γηραιὸς ὢν F ἐπέγραψε F

ἢ ὀλίγον τόδε σᾶμα, τὸ δὲ κλέος οὐρανόμακες,
τῶ πολυφροντίστω τοῦτο Θάλητος ὅρη.

ἔστι καὶ παρ' ἡμῖν ἐς αὐτὸν ἐν τῷ πρώτῳ τῶν
Ἐπιγραμμάτων ἢ Παμμέτρῳ τόδε τὸ ἐπίγραμμα·

210   γυμνικὸν αὖ ποτ' ἀγῶνα θεώμενον, Ἥλιε Ζεῦ,
τὸν σοφὸν ἄνδρα Θαλῆν ἥρπασας ἐκ σταδίου.
αἰνέω ὅττι μιν ἐγγὺς ἀπήγαγες· ἦ γὰρ ὁ πρέσβυς
οὐκέθ' ὁρᾶν ἀπὸ γῆς ἀστέρας ἠδύνατο.

[40] τούτου ἐστὶ τὸ Γνῶθι σαυτόν, ὅπερ Ἀντισθένης ἐν
215 ταῖς Διαδοχαῖς Φημονόης εἶναί φησιν, ἐξιδιοποιήσασθαι δὲ
αὐτὸ Χείλωνα.

περὶ δὴ τῶν ἑπτά (ἄξιον γὰρ ἐνταῦθα καθολικῶς
κἀκείνων ἐπιμνησθῆναι) λόγοι φέρονται τοιοῦτοι. Δάμων ὁ
Κυρηναῖος, <ὁ> γεγραφὼς Περὶ τῶν φιλοσόφων, πᾶσιν
220 ἐγκαλεῖ, μάλιστα δὲ τοῖς ἑπτά. Ἀναξιμένης δέ φησι πάντας
ἐπιθέσθαι ποιητικῇ· ὁ δὲ Δικαίαρχος οὔτε σοφοὺς οὔτε
φιλοσόφους φησὶν αὐτοὺς γεγονέναι, συνετοὺς δέ τινας καὶ
νομοθετικούς. Ἀρχέτιμος δὲ ὁ Συρακούσιος ὁμιλίαν αὐτῶν

206–207 Anth. Pal. 7.84; SH 510   **210–213** Anth. Pal. 7.85   **214–216**
Antisth. Rhod. FGrHist 508 F 3 = fr. 3 Giannat.   **217–251** VS
10.1   **217–223** (νομοθετικούς) Dicaearch. fr. 37 Mirh. = 30 W. (**221** ὁ–
223 νομοθετικούς)   **218** (Δάμων)–**220** (ἑπτά) Damon FHG IV 377
220–221 (Ἀναξιμένης—ποιητικῇ) Anaxim. Lamps. FGrHist 72 F 22
223 (Ἀρχέτιμος)–**224** (παρατυχεῖν) Archet. FGrHistCont 1098 F 1

206–207 Pal.; Plan. IIIᵃ 28.18   **210–213** Pal.; Plan. IIIᵃ 28.19.

206 ἢ BF, Pal.: ἢ P: ἢ ῥ' Plan.   σᾶμα B¹: σῆμα FP², Pal. (ῆ in ras.): σῶμα B²
οὐρανόμακες BP: -μηκες F, Pal.   **207** τῶ P²: τῶ δὲ vel τῶδε BP¹F: τοῦ
Pal.   πολυφροντίστω BPF: -του Pal.   τούτω F   ὅρη P¹, Pal.: ορη B:
ὅρει FP²: ὁρῆς Casaub.   **208** ἡμῖν BP¹(Q): ἡμῶν FP³   ἐς BP: εἰς F
209 Παμμέτρου Gigante, Sileno 10 (1984) 245   **210** αὖ P: ἀ B¹ (eras. B²),
F²ˢ·ˡ·: om. F¹, Pal.: ἂν Reiske ap. Stadtmueller   ἠέλιε BPF, Pal., Plan. ('cf.
καύματος' **204** Diels): Ἠλεῖε Plan.ᴱ (vid. Casaub.)   **211** σταδίου F, Pal.:
-ίων BP   **212** ἢ Plan.: ἢ BPF, Pal.ᶜ   **215** φησὶ φημονόης εἶναι F
216 αὐτὸ BP: ἑαυτῶ F   χείλωνα B: χί- PF   **219** ὁ add. Bywater ap.
Diels   **221** ἐπιθέσθαι BP¹(Q): ἔπη θέσθαι F, P³ (η in ras.)   ποιητικῇ
rec.: -ῆς BP¹(Q): -ὰ FP³   ὁ δὲ F: δὲ B¹P, exp. B²   **222** φησὶ post
γεγονέναι F   **223** δὲ F: τε BP

ἀναγέγραφε παρὰ Κυψέλῳ, ᾗ καὶ αὐτός φησι παρατυχεῖν·
Ἔφορος δὲ παρὰ Κροίσῳ πλὴν Θαλοῦ. φασὶ δέ τινες καὶ ἐν   225
Πανιωνίῳ καὶ ἐν Κορίνθῳ καὶ ἐν Δελφοῖς συνελθεῖν αὐτούς.
[41] διαφωνοῦνται δὲ καὶ αἱ ἀποφάσεις αὐτῶν καὶ ἄλλου
ἄλλο φασὶν, ὡς ἐκεῖνο·

> ἦν Λακεδαιμόνιος Χείλων σοφός, ὃς τάδ' ἔλεξε·
> 'Μηδὲν ἄγαν· καιρῷ πάντα πρόσεστι καλά.'   230

στασιάζεται δὲ καὶ περὶ τοῦ ἀριθμοῦ αὐτῶν. Λεάνδριος
μὲν γὰρ ἀντὶ Κλεοβούλου καὶ Μύσωνος Λεώφαντον
Γοργιάδα, Λεβέδιον ἢ Ἐφέσιον, ἐγκρίνει καὶ Ἐπιμενίδην
τὸν Κρῆτα· Πλάτων δὲ ἐν Πρωταγόρᾳ Μύσωνα ἀντὶ
Περιάνδρου· Ἔφορος δὲ ἀντὶ Μύσωνος Ἀνάχαρσιν· οἱ δὲ   235
καὶ Πυθαγόραν προσγράφουσιν. Δικαίαρχος δὲ τέσσαρας
ὡμολογημένους ἡμῖν παραδίδωσι, Θαλῆν, Βίαντα,
Πιττακόν, Σόλωνα. ἄλλους δὲ ὀνομάζει ἕξ, ὧν ἐκλέξασθαι
τρεῖς, Ἀριστόδημον, Πάμφυλον, Χείλωνα Λακεδαιμόνιον,
Κλεόβουλον, Ἀνάχαρσιν, Περίανδρον. ἔνιοι προστιθέασιν   240

---

225 (Ἔφορος—Θαλοῦ) Ephor. FGrHist 70 F 182   **229–230** Critias eleg.
fr. 7 W² = 5 G.-Pr.²   **231** (Λεάνδριος)–**234** (Κρῆτα) Leandr. FGrHist 492 F
16   Epimen. fr. 9 II (PEG II.3)   **231–241** Dicaearch. fr. 38 Mirh. = 32 W.
(**236** Δικαίαρχος–**240** Περίανδρον)   **234–235** (Πλάτων—Περιάνδρου)
Plat., Prot. 343 a 4   **235** (Ἔφορος—Ἀνάχαρσιν) Ephor. FGrHist 70 F 182
236 (Δικαίαρχος)–**248** (Ἀναξαγόραν) Acus. test. 11a Fowler   **240**
(ἔνιοι)–**246** (Φερεκύδην) Acus. VS 9 A 1 = FGrHist 2 T 11A

224 παρὰ κυψέ(λ)λω BPF: παρὰ <Περιάνδρῳ τῷ> Κυψέλου Roeper
(1848) 38 (conl. Plut., Sept. sap. conv. 2, 146 B–C)   παρατυχεῖν BP¹(Q):
περι- FP⁴   **225** εὔφορος P   **227** αἱ B: om. PF   ἀποφάνσεις FB²
αὐτῶν om. B¹, suppl. B²ˢˡ.   **228** φασὶν B¹: φ. εἶναι PB²: εἶ. φ. F   **229**
χείλων BPˣ: χί- P¹F   **231** Λεάνδριος BPF: Μαιάνδριος C. Keil, Vind.
onomatol. (1843) 9–12 (vid. supra ad **76**)   **232** γὰρ om. B¹, suppl. B²ˢˡ.
233 Γοργιάδα Reiske 306: γορσιάδα BP¹(Q): κορσίλλα F¹Pˣᵐᵍ:
γοργασιάδα in mg cum γρ F²   **234** τὸν BF: τὴν P   **235** δὲ² om. F¹,
suppl. F²ˢˡ.   **237** ὡμολογημένους BP: ὡμολογου- F: ὁμο- Cob.   **238**
ἐκδέξασθαι P¹(Q), corr. P⁴   **239** χείλωνα BP¹: χί- FPˣ   χίλωνα
πάμφυλον F   Λακεδαιμονίους Roeper (1852) 454

Ἀκουσίλαον Κάβα ἢ Σκάβρα Ἀργεῖον. **[42]** Ἕρμιππος δ᾽ ἐν
τῷ Περὶ τῶν σοφῶν ἑπτακαίδεκά φησιν, ὧν τοὺς ἑπτὰ
ἄλλους ἄλλως αἱρεῖσθαι· εἶναι δὲ Σόλωνα, Θαλῆν, Πιττακόν,
Βίαντα, Χείλωνα, <Μύσωνα>, Κλεόβουλον, Περίανδρον,
245 Ἀνάχαρσιν, Ἀκουσίλαον, Ἐπιμενίδην, Λεώφαντον,
Φερεκύδην, Ἀριστόδημον, Πυθαγόραν, Λᾶσον
Χαρμαντίδου ἢ Σισυμβρίνου (ἢ ὡς Ἀριστόξενος Χαβρίνου)
Ἑρμιονέα, Ἀναξαγόραν. Ἱππόβοτος δὲ ἐν τῇ Τῶν
φιλοσόφων ἀναγραφῇ· Ὀρφέα, Λίνον, Σόλωνα, Περίανδρον,
250 Ἀνάχαρσιν, Κλεόβουλον, Μύσωνα, Θαλῆν, Βίαντα,
Πιττακόν, Ἐπίχαρμον, Πυθαγόραν.
φέρονται δὲ καὶ τοῦ Θαλοῦ ἐπιστολαὶ αἵδε·

Θαλῆς Φερεκύδει

[43] πυνθάνομαί σε πρῶτον Ἰώνων μέλλειν λόγους ἀμφὶ
255 τῶν θείων χρημάτων εἰς τοὺς Ἕλληνας φαίνειν. καὶ τάχα
μὲν ἡ γνώμη τοι δικαίη ἐς τὸ ξυνὸν καταθέσθαι γραφὴν ἢ
ἐφ᾽ ὁποιοισοῦν ἐπιτρέπειν χρῆμα εἰς οὐδὲν ὄφελος. εἰ δή τοι
ἥδιον, ἐθέλω γενέσθαι λεσχηνώτης περὶ ὁτέων γράφεις· καὶ
ἢν κελεύῃς, παρὰ σὲ ἀφίξομαι εἰς Σῦρον. ἢ γὰρ ἂν φρενήρεες
260 εἴημεν ἐγώ τε καὶ Σόλων ὁ Ἀθηναῖος, πλώσαντες μὲν ἐς

---

241 (Ἕρμιππος)–**251** Epich. test. 10 K.-A.   **241** (Ἕρμιππος)–**248**
(Ἀναξαγόραν) Hermipp. FGrHistCont 1026 F 10   **241** (Ἕρμιππος)–**245**
(Ἐπιμενίδην) Epimen. fr. 9 III (PEG II.3)   Pherec. fr. 4 Schibli   Epimen.
FGrHist 457 T 2ter   VS 7 A 2a   **246** (Λᾶσον)–**247** (Χαβρίνου) Lasus
test. 6 Brussich   **247** Aristox. fr. 86 W.   **248** (Ἱππόβοτος)–**251**
Hippob. fr. 6 Gig.   **249** Linus fr. 51 (PEG II.3)   **253–277** Hercher 740.

---

241 σκάβρα BP: -βα F   **243** ἄλλως PF: -ος B   **244** χείλωνα BP: χί- F
Μύσωνα inser. Casaub.   **246** λάσον BPF   **247** σησυμβρινοῦ B:
-βρίνου F   χαβρίνου BPF: Χαρμίνου Bergk, Kl. Schr. II 298 (a. 1850/1)
248 τῇ om. F   **249** λῖνον BPF   **253** φερεκύδη B   **254** λόγους
μέλλειν F   **255** ἐς F   **256** ξυνὸν B, Pˣ (ξυ in ras.), F: κοινὸν P¹(Q)   ἢ
P¹, F² in ras. ('cf. Herod. IX 26' Diels): μᾶλλον ἢ B: καὶ μᾶλλον ἢ F¹Pˣ: ἢ καὶ
μᾶλλον P³ˢ·ˡ·   **257** χρῆμα BPF: ῥῆμα Emperius, Adv. 323 (sed vid. **266**)
ἐς Cob.   'fortasse ὡς οὐδὲν ὄφελος cf. Diog. IX 40' Diels   **258**
λεσχηνεύτης Scaliger ap. Menag. Vid. Diels (PPF) ad loc.   **259** κελεύῃς P:
-εις BF   εἰς BP: ἐς F   σύρον BP¹: οὖρον FP⁴   ἢ BP: ἥ F   φρενήρεσες B
260 <εἰ> πλώσαντες Casaub., sed vid. Roeper (1852) 456   εἰς B

Κρήτην κατὰ <τὴν> τῶν κεῖθι ἱστορίην, πλώσαντες δὲ ἐς
Αἴγυπτον ὁμιλήσοντες τοῖς ἐκείνῃ ὅσοι ἱερέες τε καὶ
ἀστρονόμοι, παρὰ σὲ δὲ μὴ πλώσαιμεν; ἥξει γὰρ καὶ ὁ
Σόλων, ἢν ἐπιτρέπῃς. **[44]** σὺ μέντοι χωροφιλέων ὀλίγα
φοιτέεις ἐς Ἰωνίην, οὐδέ σε ποθὴ ἴσχει ἀνδρῶν ξείνων· ἀλλ'   265
ὡς ἔλπομαι ἑνὶ μούνῳ χρήματι πρόσκεαι τῇ γραφῇ. ἡμεῖς
δὲ οἱ μηδὲν γράφοντες περιχωρέομεν τήν τε Ἑλλάδα καὶ
Ἀσίην.

Θαλῆς Σόλωνι

ὑπαποστὰς ἐξ Ἀθηνέων δοκέεις ἄν μοι ἁρμοδιώτατα ἐν   270
Μιλήτῳ οἶκον ποιέεσθαι παρὰ τοῖς ἀποίκοις ὑμέων· καὶ
γὰρ ἐνταῦθά τοι δεινὸν οὐδέν. εἰ δὲ ἀσχαλήσεις ὅτι
καὶ Μιλήσιοι τυραννευόμεθα (ἐχθαίρεις γὰρ πάντας
αἰσυμνήτας) ἀλλὰ τέρποι' ἂν σὺν τοῖς ἑταίροις ἡμῖν
καταβιούς. ἐπέστειλε δέ σοι καὶ Βίης ἥκειν ἐς Πριήνην· σὺ δὲ   275
εἰ προσηνέστερόν τοι τὸ Πριηνέων ἄστυ, κεῖθι οἰκέειν, καὶ
αὐτοὶ παρὰ σὲ οἰκήσομεν.

---

261 τὴν add. Menag.   εἰς F   **262** ὁμιλήσοντες P, B² (ὁ s.l. ex corr.):
-σαντες F   ἐκείνῃ BPF: ἐκεῖ Cob.   τε om. F¹, suppl. F²ˢ·ˡ·   **263**
ἀστρονόμοι BP: -λόγοι F   πλώσαιμεν PF: -σεμεν B: πλοσόμενοι Bywater
ap. Diels: del. Cob.   ὁ om. F   **264** ἐπιτρέπεις F   **265** ἀλλ' BF: ἀλλὰ
P   **266** ἡμέες Menag.   **267** περιχωρέομεν P: -ρέωμεν B: -ρεύομεν F
268 τὴν ἀσίην F   **270** ἀθηνέων Pⁱ: -ναίων BPⁱF   δοκέ*οις F
ἁρμοδιώτατα om. Pⁱ, suppl. Pⁱˢ·ˡ·   **272** ἐνθαῦτά Huebn.   **273**
τυραννευόμεθα B: -εόμεθα PF   πάντας BPF: πάντως Bergk, Kl. Schr. II
298 (a. 1850/1)   **274** αἰσυμίντας (ί ex corr. ν in ras.) B²   τέρποι' Diels:
τρέποι B, Pⁱ ut vid.: τέρποιο FP⁴ (ἑρποιο in ras.)   ἑταίροις P: ἑτέροις
B: ἑτάροις F   **275** σοι BPF: τοι Menag.   ἥκειν ἐς PF: ἡκεῖνος B
276 κεῖθι P: κειοι B: *κεῖθι F   **277** οἰκήσομεν P: -σωμεν BF.

[45] Σόλων Ἐξηκεστίδου Σαλαμίνιος πρῶτον μὲν τὴν σεισάχθειαν εἰσηγήσατο Ἀθηναίοις· τὸ δὲ ἦν λύτρωσις σωμάτων τε καὶ κτημάτων. καὶ γὰρ ἐπὶ σώμασιν ἐδανείζοντο καὶ πολλοὶ δι' ἀπορίαν ἐθήτευον. ἑπτὰ δὴ
5 ταλάντων ὀφειλομένων αὐτῷ πατρῴων συνεχώρησε πρῶτος καὶ τοὺς λοιποὺς τὸ ὅμοιον προὔτρεψε πρᾶξαι. καὶ οὗτος ὁ νόμος ἐκλήθη σεισάχθεια· φανερὸν δὲ διὰ τί.
ἔπειτα τοὺς λοιποὺς νόμους ἔθηκεν, οὓς μακρὸν ἂν εἴη διεξιέναι, καὶ ἐς τοὺς ἄξονας κατέθετο.
10 [46] τὸ δὲ μέγιστον, τῆς πατρίδος αὐτοῦ Σαλαμῖνος ἀμφισβητουμένης ὑπό τε Ἀθηναίων καὶ Μεγαρέων καὶ πολλάκις τῶν Ἀθηναίων ἐπταικότων ἐν τοῖς πολέμοις καὶ ψηφισαμένων εἴ τις ἔτι συμβουλεύσοι περὶ Σαλαμῖνος μάχεσθαι, θανάτῳ ζημιοῦσθαι, οὗτος μαίνεσθαι
15 προσποιησάμενος καὶ στεφανωσάμενος εἰσέπεσεν εἰς τὴν ἀγοράν· ἔνθα τοῖς Ἀθηναίοις ἀνέγνω διὰ τοῦ κήρυκος τὰ συντείνοντα περὶ Σαλαμῖνος ἐλεγεῖα καὶ παρώρμησεν αὐτούς. καὶ αὖθις πρὸς τοὺς Μεγαρέας ἐπολέμησαν καὶ ἐνίκων διὰ Σόλωνα. [47] ἦν δὲ τὰ ἐλεγεῖα τὰ μάλιστα
20 καθαψάμενα τῶν Ἀθηναίων ταῦτα·

εἴην δὴ τότ' ἐγὼ Φολεγάνδριος ἢ Σικινίτης
ἀντί γ' Ἀθηναίου, πατρίδ' ἀμειψάμενος·

1–277 Vitam Solonis ed. Martina 378–85   1–7 Sol. test. 76 G.-Pr.[2]   10–38 Sol. test. 47 G.-Pr.[2]   21–24 Sol. fr. 2 W.[2] = 2.3–6 G.-Pr.[2]

1–7 (σεισάχθεια) Φ 11 (197.15–20)

Ante 1 tit. σόλων P[x]   2 τοῖς Ἀθηναίοις F   3 τε σωμάτων καὶ F
10 Σαλαμῖνος secl. Cob., deest in Z (Frob.)   15 εἰσέπεσεν BPF: -παισεν
K. Fr. Hermann 373 et Meineke ap. Huebn. II 628, sed vid. P. Chantraine,
RPh 40 (1966) 147 et D. Searby, Elenchos 24 (2003) 186   16 διὰ BPF:
ἐπὶ Roeper (1870) 571: ἀπό Marcov.   τοῦ om. F   κηρυκείου Roeper
(1870) 571   20 ταῦτα BP: τάδε F   21 Σικινήτης rec., rectius   22
ἀμειψάμενος BP, γρ F[mg]: ἀμείψασθαι F

94

αἶψα γὰρ ἂν φάτις ἥδε μετ' ἀνθρώποισι γένοιτο·
Ἀττικὸς οὗτος ἀνὴρ τῶν Σαλαμιναφετῶν.

εἶτα·   25

ἴομεν εἰς Σαλαμῖνα μαχησόμενοι περὶ νήσου
ἱμερτῆς χαλεπόν τ' αἶσχος ἀπωσόμενοι.

ἔπεισε δὲ αὐτοὺς καὶ τὴν ἐν Θρᾴκῃ χερρόνησον
προσκτήσασθαι. **[48]** ἵνα δὲ μὴ δοκοίη βίᾳ μόνον, ἀλλὰ καὶ
δίκῃ τὴν Σαλαμῖνα κεκτῆσθαι, ἀνασκάψας τινὰς τάφους   30
ἔδειξε τοὺς νεκροὺς πρὸς ἀνατολὰς ἐστραμμένους, ὡς ἦν
ἔθος θάπτειν Ἀθηναίοις· ἀλλὰ καὶ αὐτοὺς τοὺς τάφους πρὸς
ἕω βλέποντας καὶ ἀπὸ τῶν δήμων τοὺς χρηματισμοὺς
ἐγκεχαραγμένους, ὅπερ ἦν ἴδιον Ἀθηναίων. ἔνιοι δέ φασι
καὶ ἐγγράψαι αὐτὸν εἰς τὸν κατάλογον τὸν Ὁμήρου μετὰ   35
τὸν

        Αἴας δ' ἐκ Σαλαμῖνος ἄγεν δυοκαίδεκα νῆας,
        στῆσε δ' ἄγων ἵν' Ἀθηναίων ἵσταντο φάλαγγες.

[49] τοῦ δὴ λοιποῦ προσεῖχον αὐτῷ ὁ δῆμος καὶ ἡδέως
καὶ τυραννεῖσθαι ἤθελον πρὸς αὐτοῦ· ὁ δὲ οὐχ εἵλετο, ἀλλὰ   40
καὶ Πεισίστρατον τὸν συγγενῆ, καθά φησι Σωσικράτης,

26–27 Sol. fr. 3 W.[2] = 2.7–8 G.-Pr.[2]   **34** (ἔνιοι)–**38** Megarica adesp. 12c
Piccirilli   **37–38** Hom. B 557–8   **39–48** (σιωπώντων) Sosicr. fr. 2
Giannat.

41 (Πεισίστρατον)–**61** (Αἴγυπτον) Φ 11 (198.1–18)

23 γένοιτο BFP[x]: γένετο P[1](Q)   **24** Σαλαμιναφετῶν Vossius, Iustin.
(1669) 52 (ad 2.7) et G. Hermann ad F. Viger, De idiotismis ([3]1824) 927–8:
σαλαμίναφετων B: σαλαμῖνα φέτων P[x](Q): σαλαμῖν' ἀφέντων FP[4]:
Σαλαμιναφετέων J. G. Renner in G. Curtius, Studien z. griech. u. latein.
Grammatik I.1 (1868) 204   **26** εἰς PFB[2]: ἐς B[1]   **27** ἀπωσάμενοι B (ω ex
ο), schol. Dem. 19, 478a (II 81.12 Dilts)   **28** θράκει χερόννησον F   **29**
(ἵνα)–**30** (κεκτῆσθαι) om. F[1], suppl. F[2mg]   **29** δοκοίη PF: δοκ*ῆ ἡ B[2] (*ῆ in
ras.): δοκοῖεν Richards 342   **34** δὲ καὶ φασὶ B   **35** τὸν[1] BP: τοῦ F
36 τὸν BP: τὸ F   post **36** 'tale quid desideratur <τόνδε τὸν στίχον>' V. d.
Muehll   **39** προσεῖχον PF: -εν B   **40** καὶ BPF: κἂν Richards 341
ἤθελον B[1]PF: -εν B[2]   πρὸς BP: ὑπ' F   **41** φασὶ B

προαισθόμενος τὸ ἐφ' ἑαυτῷ διεκώλυσεν. ἄξας γὰρ εἴς τινα
ἐκκλησίαν μετὰ δόρατος καὶ ἀσπίδος προεῖπεν αὐτοῖς τὴν
ἐπίθεσιν τοῦ Πεισιστράτου· καὶ οὐ μόνον, ἀλλὰ καὶ βοηθεῖν
45 ἕτοιμος εἶναι, λέγων ταῦτα· 'ἄνδρες Ἀθηναῖοι, τῶν μὲν
σοφώτερος, τῶν δὲ ἀνδρειότερός εἰμι· σοφώτερος μὲν τῶν
τὴν ἀπάτην Πεισιστράτου μὴ συνιέντων, ἀνδρειότερος δὲ
τῶν ἐπισταμένων μέν, διὰ δέος δὲ σιωπώντων.' καὶ ἡ
βουλή, Πεισιστρατίδαι ὄντες, μαίνεσθαι ἔλεγον αὐτόν· ὅθεν
50 εἶπε ταυτί·

δείξει δὴ μανίην μὲν ἐμὴν βαιὸς χρόνος ἀστοῖς,
δείξει, ἀληθείης εἰς μέσον ἐρχομένης.

[50] τὰ δὲ περὶ τῆς τοῦ Πεισιστράτου τυραννίδος
ἐλεγεῖα προλέγοντος αὐτοῦ ταῦτα ἦν·

55 ἐκ νεφέλης φέρεται χιόνος μένος ἠδὲ χαλάζης
βροντὴ δ' ἐκ λαμπρῆς γίγνεται ἀστεροπῆς·
ἀνδρῶν δ' ἐκ μεγάλων πόλις ὄλλυται, εἰς δὲ μονάρχου
δῆμος ἀϊδρίη δουλοσύνην ἔπεσεν.

ἤδη δὲ αὐτοῦ κρατοῦντος οὐ πείθων ἔθηκε τὰ ὅπλα πρὸ
60 τοῦ στρατηγίου καὶ εἰπών, 'ὦ πατρίς, βεβοήθηκά σοι καὶ
λόγῳ καὶ ἔργῳ,' ἀπέπλευσεν εἰς Αἴγυπτον καὶ εἰς Κύπρον,

51–52 Sol. fr. 10 W.² = 14 G.-Pr.²   **55–58** Sol. fr. 9 W.² = 12 G.-Pr.²

42 αἰσθόμενος Φ   ἑαυτὸ F   ἄξας ΒΦ: ἦξας P   τινα ΒΡΦΦ: τὴν Tan.
Faber ap. Menag.   **43** δόρατος καὶ ἀσπίδος BF: θώρατος καὶ ἀσπ.
P: ξίφους καὶ δόρατος Φ   αὐτοῖς om. Φ   **45** ἕτοιμος εἶναι ΒΡΦ:
ἦν ἕτοιμος F   ταῦτα om. F   **46** ἀνδρειότερος τῶν δὲ σοφωτ. Φ
47 τοῦ πεισιστρ. F, πεισιστράτου om. Φ   **48** διὰ δὲ δειλίαν σιγώντων
Φ   **51** δείξει PF: δειξει* B: δείξειε Φ   **52** δ' ἀληθείης F   εἰς ΒΦ: ἐς P
55 φέρεται ΒΡF: χεῖται Φ: πέλεται Diod. 9.20.2 (= Exc. hist. IV 286 Boissev.),
Plut., Vit. Sol. 3.6   ἠδὲ ΒΡΦΦ: ἢ Diod.: ἠὲ dub. West   χαλάζης ΒΦΦ:
θαλάσσης P: -άττης Diod.   **56** δ' Φ, Diod., Plut.: τ' ΒΡF   λαμπρᾶς
Diod., Plut.   γίνεται ΡΦΦ, Diod., Plut.: γεί- B   **57** δ' om. Diod. 19.1.4
ὤλετο F   εἰς ΒΡF: ἐς Diod. 19, Plut.: ἐκ Diod. 9   μονάρχου ΒΡF, Diod.
9: μόναρχον Φ: τυράννου Diod. 19   **58** ἀϊδρίη Ρ¹, Diod. 19: -ύη F: -είη
Ρ×Φ, Diod. 9 et 19 (cod. R²): ἀΐδρις ων B² (' ις s.l. et ων in ras.)   δουλοσύνης
Diod. 9   **59** κατακρατοῦντος F   πρὸ τοῦ στρατηγίου ΒΡΦ: ἐν τῶ
στρατηγείω F   **60** βεβ. σοι ὦ πατρίς Φ   καὶ ἔργω καὶ λόγω F

καὶ πρὸς Κροῖσον ἦλθεν, ὅτε καὶ ἐρωτηθεὶς ὑπ' αὐτοῦ, 'τίς σοι δοκεῖ εὐδαίμων;' 'Τέλλος,' ἔφη, 'Ἀθηναῖος καὶ Κλέοβις καὶ Βίτων' καὶ τὰ θρυλούμενα.

[51] φασὶ δέ τινες ὅτι κοσμήσας ἑαυτὸν ὁ Κροῖσος 65 παντοδαπῶς καὶ καθίσας εἰς τὸν θρόνον ἤρετο αὐτὸν εἴ τι θέαμα κάλλιον τεθέαται· ὁ δὲ 'ἀλεκτρυόνας,' εἶπε, 'φασιανοὺς καὶ ταώς· φυσικῷ γὰρ ἄνθει κεκόσμηνται καὶ μυρίῳ καλλίονι.' ἐκεῖθέν τε ἀπαλλαγεὶς ἐγένετο ἐν Κιλικίᾳ, καὶ πόλιν συνῴκισεν ἣν ἀφ' ἑαυτοῦ Σόλους ἐκάλεσεν· 70 ὀλίγους τέ τινας τῶν Ἀθηναίων ἐγκατῴκισεν, οἳ τῷ χρόνῳ τὴν φωνὴν ἀποξενωθέντες σολοικίζειν ἐλέχθησαν. καί εἰσιν οἱ μὲν ἔνθεν Σολεῖς, οἱ δ' ἀπὸ Κύπρου Σόλιοι. ὅτε δὲ τὸν Πεισίστρατον ἔμαθεν ἤδη τυραννεῖν, τάδε ἔγραψε πρὸς τοὺς Ἀθηναίους· 75

[52] εἰ δὲ πεπόνθατε δεινὰ δι' ὑμετέρην κακότητα,
μή τι θεοῖς τούτων μοῖραν ἐπαμφέρετε·
αὐτοὶ γὰρ τούτους ηὐξήσατε, ῥύσια δόντες,
καὶ διὰ ταῦτα κακὴν ἔσχετε δουλοσύνην.
ὑμέων δ' εἷς μὲν ἕκαστος ἀλώπεκος ἴχνεσι βαίνει, 80
σύμπασιν δ' ὑμῖν κοῦφος ἔνεστι νόος.

76–83 Sol. fr. 11 W.² = 15 G.-Pr.²

62 (πρὸς Κροῖσον ἦλθεν)–**72** (ἐλέχθησαν) Φ 11 (197.21–9)   **71–73** Cf. Eust., in Dion. Perieg. 875 (GGM II 372.1–10) et S. Radt in Studies W. J. Aerts (Groningen 1993) 27

63 τέλλος Pᵖᶜ (ο ex ω?): τέλαος B: τέλλης F   ἔφη BP: εἶπεν F **64** θρυλλούμενα PF   **65** αὐτὸν F   **66** καὶ om. F¹, suppl. F²ˢ·¹·   **68** φασιανοὺς om. F¹, καὶ φασιανοὺς add. F²ˢ·¹·   ταὼ B² (ras. supra α et post ω)   κεκόσμηται F   **69** τε BPF: δὲ Φ   κιλικίη F   **70** ἀφ' ἑαυτοῦ Φ: ἐξ αὐτοῦ Suda: ἀπ' αὐτοῦ BPF   **73** κύπρου P, Fˣ (ὑπρο in ras.): κρυπτοῦ B   **76** δεινὰ BPF: λυγρὰ Diod. 9.20.3 (= Exc. hist. IV 287 Boissev.), Plut., Vit. Sol. 30.3 et 30.8   ὑμετέραν F, Diod.   **77** τι θεοῖς BPF, Plut. 30.8 (cod. UMA): θεοῖσιν Diod., Plut. (cod. S)   τούτων BPF: ταύτην Diod.   μοῖραν BPF: μῆνιν Plut.   'sed τούτων μοῖραν intellige 'hoc miserorum fatum' (cf. Vian Rev. de Philol. 34, 1960, 274)' Gentili-Prato **78** ῥύσια BPF: ῥύματα Diod., Plut. Vid. A. Gottesmann, Mnemosyne 58 (2005) 412–13   **79** ταῦτα BPF: τοῦτο Diod.   **80** ὑμῶν Diod., Plut. δὶς B² (` et ras. post δ)    **81** ὑμέϊν (` B²) B   κοῦφος BPF, Diod.: χαῦνος Plut.

97

εἰς γὰρ γλῶσσαν ὁρᾶτε καὶ εἰς ἔπος αἰόλον ἀνδρός,
εἰς ἔργον δ' οὐδὲν γιγνόμενον βλέπετε.

καὶ οὗτος μὲν ταῦτα. Πεισίστρατος δ' αὐτῷ φεύγοντι
85 τοῦτον ἐπέστειλε τὸν τρόπον.

Πεισίστρατος Σόλωνι

[53] οὔτε μόνος Ἑλλήνων τυραννίδι ἐπεθέμην, οὔτε οὐ
προσῆκόν μοι, γένους ὄντι τῶν Κυδριδῶν. ἀνέλαβον γὰρ
ἐγὼ ἃ ὁμόσαντες Ἀθηναῖοι παρέξειν Κόδρῳ τε καὶ τῷ
90 ἐκείνου γένει ἀφείλοντο. τά τε ἄλλα ἁμαρτάνω οὐδὲν ἢ περὶ
θεοὺς ἢ περὶ ἀνθρώπους· ἀλλὰ καθότι σὺ διέθηκας τοὺς
θεσμοὺς Ἀθηναίοις, ἐπιτρέπω πολιτεύειν. καὶ ἄμεινόν γε
πολιτεύουσιν ἢ κατὰ δημοκρατίαν· <οὐκ> ἐῶ γὰρ οὐδένα
ὑβρίζειν· καὶ ὁ τύραννος ἐγὼ οὐ πλεῖόν τι φέρομαι
95 τἀξιώματος καὶ τιμῆς, ὁποῖα δὲ καὶ τοῖς πρὶν βασιλεῦσιν ἦν
τὰ ῥητὰ γέρα. ἀπάγει δὲ ἕκαστος Ἀθηναίων τοῦ αὐτοῦ
κλήρου δεκάτην, οὐκ ἐμοί, ἀλλὰ ὁπόθεν ἔσται ἀναλοῦν εἴς
τε θυσίας τὰς δημοτελεῖς καὶ εἴ τι ἄλλο τῶν κοινῶν καὶ ἢν
ὁ πόλεμος ἡμᾶς καταλάβῃ.

100 [54] σοὶ δὲ ἐγὼ οὔτι μέμφομαι μηνύσαντι τὴν ἐμὴν
διάνοιαν. εὐνοίᾳ γὰρ τῆς πόλεως μᾶλλον ἢ κατὰ ἐμὸν
ἔχθος ἐμήνυες· ἔτι τε ἀμαθίᾳ τῆς ἀρχῆς, ὁποίαν τινὰ
ἐγὼ καταστήσομαι. ἐπεὶ μαθὼν τάχα ἂν ἠνέσχου
καθισταμένου, οὐδὲ ἔφυγες. ἐπάνιθι τοίνυν οἴκαδε,
105 πιστεύων μοι καὶ ἀνωμότῳ, ἄχαρι μηδὲν πείσεσθαι Σόλωνα
ἐκ Πεισιστράτου. ἴσθι γὰρ μηδὲ ἄλλον τινὰ πεπονθέναι τῶν

86–110 Hercher 490

---

82 ἔπος αἰόλον BPF, Diod.: ἔπη αἱμύλου Plut. 'num ἔπος αἱμύλον
ἀνδρός?' Gentili-Prato   **83** γινόμενον PF, B² (γι- in ras.), Diod.   **85**
ἐπέστειλε F: ἐπιστέλλει BP (cf., ex. gr., infra 1.93)   **86** om. F   **90** τε F:
γε BP, fort. recte   **92** ἐπιτρέπω rec. (coni. Casaub.): -τρόπω B: -τροπῶ
P, F² (ο et ῶ ex corr.): -τρωπῶ Roeper (1848) 39   **93** οὐκ add. Cob.
94 ὁ del. Marcov.   πλεῖον BP: πλέον F   **95** τῆς τίμης F   πρὶν BP:
πρόσθεν F   **96** ἀπάγει BP, γρ F²ᵐᵍ: παρ- F¹   **98** τὰς om. P   **99** ὁ
BPF, secl. Cob. (om. rec.)   **101** <τὸ> ἐμὸν Frob.   **105** ἄχαριν B

ἐμοὶ ἐχθρῶν. ἢν δὲ ἀξιώσῃς τῶν ἐμῶν φίλων εἷς εἶναι, ἔσῃ
ἀνὰ πρώτους· οὐ γάρ τι ἐν σοὶ ἐνορῶ δολερὸν ἢ ἄπιστον·
εἴτε ἄλλως Ἀθήνησιν οἰκεῖν, ἐπιτετράψεται. ἡμῶν δὲ εἵνεκα
μὴ ἐστέρησο τῆς πατρίδος.   110
    ταῦτα μὲν Πεισίστρατος. Σόλων δὲ ὅρον ἀνθρωπίνου
βίου φησὶν ἔτη ἑβδομήκοντα.
    [55] δοκεῖ δὲ καὶ κάλλιστα νομοθετῆσαι· ἐάν τις μὴ τρέφῃ
τοὺς γονέας, ἄτιμος ἔστω· ἀλλὰ καὶ ὁ τὰ πατρῷα
κατεδηδοκὼς ὁμοίως. καὶ ὁ ἀργὸς ὑπεύθυνος ἔστω παντὶ   115
τῷ βουλομένῳ γράφεσθαι. Λυσίας δ' ἐν τῷ κατὰ Νικίδου
Δράκοντά φησι γεγραφέναι τὸν νόμον, Σόλωνα δὲ
τεθηκέναι τόν τι ἡταιρηκότα εἴργειν τοῦ βήματος.
συνέστειλε δὲ καὶ τὰς τιμὰς τῶν ἐν ἀγῶνι ἀθλητῶν,
Ὀλυμπιονίκῃ μὲν τάξας πεντακοσίας δραχμάς, Ἰσθμιονίκῃ   120
δὲ ἑκατόν, καὶ ἀνὰ λόγον ἐπὶ τῶν ἄλλων· ἀπειρόκαλον γὰρ
ἐξαίρειν τὰς τούτων τιμάς, ἀλλὰ μόνων ἐκείνων τῶν ἐν
πολέμοις τελευτησάντων, ὧν καὶ τοὺς υἱοὺς δημοσίᾳ
τρέφεσθαι καὶ παιδεύεσθαι.
    [56] ὅθεν καὶ ἐζήλουν καλοὶ κἀγαθοὶ γίνεσθαι κατὰ   125
πόλεμον· ὡς Πολύζηλος, ὡς Κυνέγειρος, ὡς Καλλίμαχος, ὡς
σύμπαντες οἱ Μαραθωνομάχαι· ἔτι θ' Ἁρμόδιος καὶ
Ἀριστογείτων καὶ Μιλτιάδης καὶ μυρίοι ὅσοι. ἀθληταὶ δὲ
καὶ ἀσκούμενοι πολυδάπανοι, καὶ νικῶντες ἐπιζήμιοι καὶ

113–117 (νόμον) Lys. fr. 246 Carey   **125–127** (Μαραθωνομάχαι) Aesch.
test. 33 Radt

---

113 (ἐάν)–**115** (ὁμοίως) Φ 11 (199.1–3)

---

107 ἀξιώσῃς PF², B¹ (α-): ἄξιος ἧς B² (ος in ras.): ἀξιώσεις F¹   εἰ δὲ
ἀξιώσεις Cob.   **108** ἀνὰ πρώτους BPˣ: ἂν ὁ πρῶτος P¹(Q), F   **109**
ἐπιτρέψεται F   οὕνεκα Cob.   **111** ἀνθρωπείου F   **112** ἔτη φησὶν F
116 νικίδου F² (ί ex ή): νεικείδου B: νικίου P. Vid. Gigante 463¹⁶¹   **117**
γεγραφέναι BP: τεθεικ- F   **118** τεθηκέναι B: τεθει- PF²ᵐᵍ, om. F¹   τι
Lapini 112: τε BPF²ˢ·¹, om. F¹   **119** ἀγῶσιν Cob.   **120** ὀλυμπιονίκη P:
-νείκη B: -νίκην F   **121** γὰρ FP⁴: τε γὰρ BP¹   **122** τὸ ἐξαίρειν F
123 υἱούς PF: υἱεῖς B   **125** καλοὶ BP: πολλοὶ F: πολλοὶ καλοὶ
Cob.   **126** ὡς ἐπὶ πολὺ ζῆλος B   κυνέγειρος P⁴: κυναί- BP¹F   **127**
μαραθωνομάχαι BP: -μάχοι F   θ' B: τε F: δ' P   **128** ὅσοι BP: ἄλλοι F
δὲ om. F

130 στεφανοῦνται κατὰ τῆς πατρίδος μᾶλλον ἢ κατὰ τῶν ἀνταγωνιστῶν· γέροντές τε γενόμενοι κατὰ τὸν Εὐριπίδην·

τρίβωνες ἐκλιπόντες οἴχονται κρόκας.

ὅπερ συνιδὼν ὁ Σόλων μετρίως αὐτοὺς ἀπεδέξατο. κάλλιστον δὲ κἀκεῖνο· τὸν ἐπίτροπον τῇ τῶν ὀρφανῶν 135 μητρὶ μὴ ξυνοικεῖν, μηδ᾽ ἐπιτροπεύειν, εἰς ὃν ἡ οὐσία ἔρχεται τῶν ὀρφανῶν τελευτησάντων. [57] κἀκεῖνο· δακτυλιογλύφῳ μὴ ἐξεῖναι σφραγῖδα φυλάττειν τοῦ πραθέντος δακτυλίου· καὶ ἐὰν ἕνα ὀφθαλμὸν ἔχοντος ἐκκόψῃ τις, ἀντεκκόπτειν τοὺς δύο. ἃ μὴ ἔθου, μὴ ἀνέλῃ· εἰ δὲ μή, 140 θάνατος ἡ ζημία. τῷ ἄρχοντι, ἐὰν μεθύων ληφθῇ, θάνατον εἶναι τὴν ζημίαν.

τά τε Ὁμήρου ἐξ ὑποβολῆς γέγραφε ῥαψῳδεῖσθαι, οἷον ὅπου ὁ πρῶτος ἔληξεν, ἐκεῖθεν ἄρχεσθαι τὸν ἐχόμενον. μᾶλλον οὖν Σόλων Ὅμηρον ἐφώτισεν ἢ Πεισίστρατος 145 < ... >, ὥς φησι Διευχίδας ἐν πέμπτῳ Μεγαρικῶν. ἦν δὲ μάλιστα τὰ ἔπη ταυτί· ‘οἳ δ᾽ ἄρ᾽ Ἀθήνας εἶχον’ καὶ τὰ ἑξῆς.

---

132 Eur. fr. 282.12 Kann.   **144** (μᾶλλον)–**146** Dieuchid. FGrHist 485 F 6 = fr. 6 Piccirilli   **146** (οἳ—εἶχον) Hom. Β 246

---

134 (τὸν)–**135** (ξυνοικεῖν) Φ 11 (199.3–4)   **136** (δακτυλιογλύφῳ)–**141** Φ 11 (198.19–199.1)   **142–143** (ἐχόμενον) Suda υ 457 (IV 667.18–20)

---

131 ἀγωνιστῶν F   κατὰ om. F   **132** τρίβονες F   ἐκλιπόντες Cob.: ἐκλείπ- BPF: ἐκβαλόντες Athen. 10, 413 D   **135** ξυνοικεῖν B: συν- PFΦ **137** σφραγίδα FΦ   **139** ἀνέλη BPF: -αιροῦ Φ   **140** ἡ ζημία FP⁴mg: om. BP¹, an recte?   τῷ ἄρχοντι deest in Φ   ἐὰν BF: *ἂν P: ἐὰν τις Φ **142** ὑποβολῆς BPF, Suda: -λαβῆς A. Pallis, CQ 7 (1913) 134 (conl. ps.- Plat., Hipparch. 228 b 9): -δοχῆς A. S. Ferguson, CQ 15 (1921) 43 (conl. Athen. 15, 694 A-B). Vid. Gigante 463¹⁶⁴   ἔγραψε Suda   **143** στίχον post ἐχόμενον Suda (cod. A): τὸν στ. Suda (cod. V)   **144** (μᾶλλον— Πεισίστρατος) tamquam ex glossemate del. Rossi 18–21. Vid. Roeper (1870) 571–2   Ὅμηρον <ἐμβολαῖς> Marcov. (conl. supra **34–38**)   post Πεισίστρατος lac. esse vidit Ritschl, Opusc. philol. I (1866) 54 (a. 1838), ipse ὅσπερ συλλέξας τὰ Ὁμήρου ἐμποίησέ τινα εἰς τὴν Ἀθηναίων χάριν falso supplens: ἐκεῖνος γὰρ (ἄρα Merkelbach, RhM 95 (1952) 29¹⁵) ἦν ὁ τὰ ἔπη εἰς τὸν κατάλογον ἐμποιήσας, καὶ οὐ Πεισίστρατος temere suppl. Leaf, Iliad (²1900) XVIII: ὃς ἔπη τινὰ ἐνέβαλε εἰς τὴν ποίησιν αὐτοῦ Jacoby **146** ταυτί PF: ταῦτα B² (˙ ex corr. et α in ras.)

[58] πρῶτος δὲ Σόλων τὴν τριακάδα ἔνην καὶ νέαν
ἐκάλεσεν. καὶ πρῶτος τὴν συναγωγὴν τῶν ἐννέα ἀρχόντων
ἐποίησεν εἰς τὸ συνειπεῖν, ὡς Ἀπολλόδωρός φησιν ἐν
δευτέρῳ Περὶ νομοθετῶν. ἀλλὰ καὶ τῆς στάσεως γενομένης ₁₅₀
οὔτε μετὰ τῶν ἐξ ἄστεως, οὔτε μετὰ τῶν πεδιέων, ἀλλ᾽ οὐδὲ
μετὰ τῶν παράλων ἐτάχθη.

ἔλεγε δὲ τὸν μὲν λόγον εἴδωλον εἶναι τῶν ἔργων· βασιλέα
δὲ τὸν ἰσχυρότατον τῇ δυνάμει. τοὺς δὲ νόμους τοῖς
ἀραχνίοις ὁμοίους· καὶ γὰρ ἐκεῖνα, ἐὰν μὲν ἐμπέσῃ τι κοῦφον ₁₅₅
καὶ ἀσθενές, στέγειν· ἐὰν δὲ μεῖζον, διακόψαν οἴχεσθαι.
ἔφασκέ τε σφραγίζεσθαι τὸν μὲν λόγον σιγῇ, τὴν δὲ σιγὴν
καιρῷ. [59] ἔλεγε δὲ τοὺς παρὰ τοῖς τυράννοις δυναμένους
παραπλησίους εἶναι ταῖς ψήφοις ταῖς ἐπὶ τῶν λογισμῶν·
καὶ γὰρ ἐκείνων ἑκάστην ποτὲ μὲν πλείω σημαίνειν, ποτὲ δὲ ₁₆₀
ἥττω· καὶ τούτων τοὺς τυράννους ποτὲ μὲν ἕκαστον μέγαν
ἄγειν καὶ λαμπρόν, ὁτὲ δὲ ἄτιμον. ἐρωτηθεὶς διὰ τί κατὰ
πατροκτόνου νόμον οὐκ ἔθηκε, 'διὰ τὸ ἀπελπίσαι,' εἶπεν.
πῶς τε ἥκιστα ἀδικοῖεν οἱ ἄνθρωποι, 'εἰ ὁμοίως,' ἔφη,
'ἄχθοιντο τοῖς ἀδικουμένοις οἱ μὴ ἀδικούμενοι.' καὶ 'τὸν μὲν ₁₆₅
κόρον ὑπὸ τοῦ πλούτου γεννᾶσθαι, τὴν δὲ ὕβριν ὑπὸ τοῦ
κόρου.' ἠξίωσέ τε Ἀθηναίους τὰς {μὲν} ἡμέρας κατὰ
σελήνην ἄγειν. καὶ Θέσπιν ἐκώλυσε τραγῳδίας διδάσκειν,
ὡς ἀνωφελῆ τὴν ψευδολογίαν. [60] ὅτ᾽ οὖν Πεισίστρατος
ἑαυτὸν κατέτρωσεν, ἐκεῖθεν ἔφη ταῦτα φῦναι. τοῖς τε ₁₇₀

---

149 Ἀπολλόδωρος] non constat   **168** (καὶ)–**169** (ψευδολογίαν) Thespis
1 TrGF I test. 17

155–167 (κόρου) Φ 11 (199.5–19)

---

148 ἐκάλεσεν BP: ὠνόμασε F   **151** ἄστεως B¹F: -εος PB²   πεδιέων
BPF²: -ίων F¹: -ιαίων Valckenaer ad Hdt. (ed. Wesseling (1763) 447, 59a)
οὐδὲ BP: οὔτε F   **153** εἶναι om. F   **157** ἔφασκέ τε BPF: ἔλεγε δεῖν Φ
158 ἔλεγε δὲ om. Φ   δὲ om. F   δυναμένους om. Φ   **160** καὶ BPFΦ,
Gnom. Vat. 505: ὡς Marcov.   **161** ἥττω BPF: ἐλάττω Φ, Gnom. Vat. 505
162 ὁτὲ BPΦ: ὅτε F: ποτὲ Gnom. Vat. 505 (coni. Steph.)   δὲ διὰ F
163 οὐ τέθηκε P   **164** ἥκιστα BPFΦ: ἥκιστ᾽ ἂν rec. Vid. Gercke,
Ueberlieferung 404–5   **165** ἄχθονται Φ   καὶ οἱ μὴ Φ   καὶ om. Φ
167 ἀθηναίοις F   **168** μὲν om. rec.   **170** ἑαυτὸν FP⁴: αὑτὸν BP¹

ἀνθρώποις συνεβούλευσεν, ὥς φησιν Ἀπολλόδωρος ἐν τῷ
Περὶ τῶν φιλοσόφων αἱρέσεων, τάδε· καλοκἀγαθίαν ὅρκου
πιστοτέραν ἔχε. μὴ ψεύδου. τὰ σπουδαῖα μελέτα. φίλους μὴ
ταχὺ κτῶ· οὓς δ᾽ ἂν κτήσῃ μὴ ἀποδοκίμαζε. ἄρχε πρῶτον
175 μαθὼν ἄρχεσθαι. συμβούλευε μὴ τὰ ἥδιστα, ἀλλὰ τὰ
ἄριστα. νοῦν ἡγεμόνα ποιοῦ. μὴ κακοῖς ὁμίλει. θεοὺς τίμα,
γονέας αἰδοῦ. φασὶ δ᾽ αὐτὸν καὶ Μιμνέρμου γράψαντος,

αἳ γὰρ ἄτερ νούσων τε καὶ ἀργαλέων μελεδωνέων
ἑξηκονταέτη μοῖρα κίχοι θανάτου,

180 **[61]** ἐπιτιμῶντα αὐτῷ εἰπεῖν·

ἀλλ᾽ εἴ μοι κἂν νῦν ἔτι πείσεαι, ἔξελε τοῦτο
(μηδὲ μέγαιρ᾽ ὅτι σεῦ λῷον ἐπεφρασάμην)
καὶ μεταποίησον, Λιγυαστάδη, ὧδε δ᾽ ἄειδε·
'ὀγδωκονταέτη μοῖρα κίχοι θανάτου.'

171 Ἀπολλόδωρος] non constat   **178–179** Mimn. fr. 6 W.[2] = 11 G.-Pr.[2]
181–184 Sol. fr. 20 W.[2] = 26 G.-Pr.[2]

---

172 (καλοκἀγαθίαν)–**177** (αἰδοῦ) Φ 11 (199.20–4)   **172–173** (καλοκἀγα-
θίαν—ἔχε) Stob. III 1.172 β 4 (Dem. Phal. fr. 87 SOD = 114 Wehrli); Rec. Par.[1]
Sol. 3–4; Rec. Mon. Sol. 4   **173** (μὴ ψεύδου) Stob. β 6; Rec. Par.[1] Sol.
5   (τὰ σπουδαῖα μελέτα) Stob. β 7   **173** (φίλους)–**174** (ἀποδοκίμαζε)
Stob. β 9; Rec. Par.[1] Sol. 7; Rec. Mon. Sol. 9   **174–175** (ἄρχε—ἄρχεσθαι)
Stob. β 10; Rec. Par.[1] Sol. 8; Rec. Mon. Sol. 10   **175–176** (συμβούλευε—
ἄριστα) Stob. β 2; Rec. Par.[1] Sol. 9; Rec. Mon. Sol. 11   **176** (μὴ κακοῖς
ὁμίλει) Stob. β 14; Rec. Par.[1] Sol. 12; Rec. Mon. Sol. 14

171–172 ἐν τῇ περὶ φιλοσ. αἱρέσει F   **173** ἔχε P, B[2] (ras. post ε): ἔχειν
F: de B[1] non constat   **174** δ᾽ om. B   **176** ὁμίλει PF: ὀμείλη B
176–177 γονεῖς τίμα θεοὺς φοβοῦ F   **178** αἲ BP: αἲ F   μελεδωνέων B:
-δώνων P: -δωνῶν F[2] (ω ex ο)   **179** ἑξήκοντα ἔτη BP   **180** αὐτὸν B
εἰπεῖν BPF[2]: εἶπεν F[1]   **181** κἂν BPF: καὶ F. Thiersch, Acta Philol. Mona-
censium 1 (1812) 209   τοῦτο BF[1] (i.e. ἔπος): τοῦτον PF[2] (subaud. στίχον
Mimnermi). Vid. Gentili-Prato 118 (ad loc.)   **182** σεῦ B: σ᾽εῦ PF: σέο
West   λῷον ἐπεφρ. J. F. Boissonade, Poetae Graeci gnom. (1823) 261 (ad fr.
α): τοῖον ἐπεφρ. BPF: λώιον ἐφρ. Fl. Christianus ap. Menag.   **183** καὶ
μεταποίησον om. F[1], suppl. F[2mg]   Λιγυαστάδη praeeunte Wolfio (ap.
Boissonade), Bergk, PLG fr. 20 (Λιγυαστ-) et Diels, Hermes 37 (1902) 482
(Λιγυαστ-) conl. Suda μ 1077 (III 397.20–1): αιγιαστάδη B: αἰγιαστάδι F:
αιγιαστάδὶ P[1]: ἀγυιᾶς ταδὶ P[x]: Λιγιαστάδη West   **184** ὀγδώκοντα ἔτη
B (ὡ in ras.)   κίχει B

τῶν δὲ ᾀδομένων αὐτοῦ ἐστι τάδε·   185

πεφυλαγμένος ἄνδρα ἕκαστον ὅρα,
μὴ κρυπτὸν ἔγχος ἔχων κραδίᾳ,
φαιδρῷ προσεννέπῃ προσώπῳ,
γλῶσσα δέ οἱ διχόμυθος
ἐκ μελαίνας φρενὸς γεγωνῇ.   190

γέγραφε δὲ δῆλον μὲν ὅτι τοὺς νόμους, καὶ δημηγορίας
καὶ εἰς ἑαυτὸν ὑποθήκας, ἐλεγεῖα, καὶ τὰ περὶ Σαλαμῖνος καὶ
τῆς Ἀθηναίων πολιτείας ἔπη πεντακισχίλια, καὶ ἰάμβους καὶ
ἐπῳδούς.

[62] ἐπὶ δὲ τῆς εἰκόνος αὐτῷ ἐπιγέγραπται τόδε·   195

ἡ Μήδων ἄδικον παύσασ᾽ ὕβριν, ἥδε Σόλωνα
τόνδε τεκνοῖ Σαλαμὶς θεσμοθέτην ἱερόν.

ἤκμαζε μὲν οὖν περὶ τὴν τεσσαρακοστὴν ἕκτην
Ὀλυμπιάδα, ἧς τῷ τρίτῳ ἔτει ἦρξεν Ἀθήνησι, καθά φησι
Σωσικράτης· ὅτε καὶ τίθησι τοὺς νόμους. ἐτελεύτησε δὲ ἐν   200
Κύπρῳ βιοὺς ἔτη ὀγδοήκοντα, τοῦτον ἐπισκήψας τοῖς
ἰδίοις τὸν τρόπον· ἀποκομίσαι αὐτοῦ τὰ ὀστᾶ εἰς Σαλαμῖνα
καὶ τεφρώσαντας εἰς τὴν χώραν σπεῖραι. ὅθεν καὶ Κρατῖνος
ἐν τοῖς Χείρωσί φησιν, αὐτὸν ποιῶν λέγοντα·

οἰκέω δὲ νῆσον, ὡς μὲν ἀνθρώπων λόγος,   205
ἐσπαρμένος κατὰ πᾶσαν Αἴαντος πόλιν.

186–197 Lobo fr. 2 Gar.   **186–190** SH 522 = fr. 2 Pell.-Ted.   **196–197**
Anth. Pal. 7.86 et 9.595b; SH 511   **198–200** i.e. anno 594   **205–206**
Cratin. fr. 246 K.-A.

186–190 Φ 11 (200.1–5)   **196–197** Pal.

187 μὴ <σε> dub. Bergk, PLG² (Solon. fr. 42). Vid. Wil., Kl. Schr. IV 388 (a.
1925)   ἔγχος BPFΦ: ἔχθος Casaub.   κραδίᾳ BP¹: -ίῃ FΦP^x   **188**
προσεννέπῃ Φ: -ενέπῃ BPF   **189** οἱ BPF: τοι Φ   **190** μελαίνας BPΦ:
-ης F   γεγωνῇ P² (ω supra o), F²: -γώνη B: -γονῇ P¹: -γώνοι F¹: -γόνοι Φ
192 καὶ² F: δὲ καὶ BP   **195** αὐτῷ BP: -οῦ F (infra § 73 et 79)   τόδε BP:
τάδε F   **196** ἡ μήδων BPF: τὴν Pal.   παύσασ᾽ BPF: -σα Pal.^C: -σαν
Pal.   ἥδε BPF: ποτὲ ἥ. Pal.   **197** τόνδε τεκνοῖ BPF: τὸνδ᾽ ἔχει Pal.:
τόνδετ᾽ ἔχει Pal.^C (τ᾽ ἔ in ras.): τόνδ᾽ ἐπέχει Jacobs   **199** ἦρξεν BP: -χεν F
Ἀθήνησι Cob.: ἀθηναίων BPF   **200** σωκράτης Β   τιθέναι Richards
342   **205** οἰκέω δὲ BP: οἰκαίω δὴ F

[63] ἔστι δὲ καὶ ἡμέτερον ἐπίγραμμα ἐν τῇ προειρημένῃ Παμμέτρῳ, ἔνθα καὶ περὶ πάντων τῶν τελευτησάντων ἐλλογίμων διείλεγμαι παντὶ μέτρῳ καὶ ῥυθμῷ, ἐπιγράμμασι
210 καὶ μέλεσιν, ἔχον οὕτως·

σῶμα μὲν ἦρε Σόλωνος ἐν ἀλλοδαπῇ Κύπριον πῦρ·
ὀστὰ δ' ἔχει Σαλαμίς, ὧν κόνις ἀστάχυες·
ψυχὴν δ' ἄξονες εὐθὺς ἐς οὐρανὸν ἤγαγον· εὖ γὰρ
θῆκε νόμους αὐτοῖς ἄχθεα κουφότατα.

215 ἀπεφθέγξατο δέ, φασί, Μηδὲν ἄγαν. καὶ αὐτόν φησι Διοσκουρίδης ἐν τοῖς Ἀπομνημονεύμασιν, ἐπειδὴ δακρύοι τὸν παῖδα τελευτήσαντα, ὃν ἡμεῖς οὐ παρειλήφαμεν, πρὸς τὸν εἰπόντα, 'ἀλλ' οὐδὲν ἀνύτεις,' εἰπεῖν, 'δι' αὐτὸ δὲ τοῦτο δακρύω, ὅτι οὐδὲν ἀνύτω.'
220 φέρονται δὲ αὐτοῦ καὶ ἐπιστολαὶ αἵδε·

Σόλων Περιάνδρῳ

[64] ἐπαγγέλλεις μοι πολλούς τοι ἐπιβουλεύειν. σὺ δὲ εἰ μὲν μέλλεις ἐκποδὼν ἅπαντας ποιήσεσθαι, οὐκ ἂν φθάνοις. ἐπιβουλεύσειε δ' ἄν τις καὶ τῶν ἀνυπόπτων, ὁ
225 μὲν δεδιὼς περὶ αὑτῷ, ὁ δὲ σοῦ καταγνούς, οὐκ ἔσθ' ὅ τι οὐκ ὀρρωδοῦντος· κἂν τῇ πόλει χάριν κατάθοιτο ἐξευρὼν ἢ

211–214 Anth. Pal. 7.87   **215** (καὶ)–**219** Diosc. FGrHist 594 F 6
221–260 Hercher 636

211–214 Pal.   **215** (μηδὲν ἄγαν) Stob. β 1; Rec. Mon. Sol. 1   **216** (δακρύοι)–**219** Φ 11 (200.6–8).

---

208 (ἔνθα)–**209** (μέτρῳ) om. F¹, suppl. F²ᵐᵍ   **212** ὀστὰ G. H. Schaefer ap. Huebn. II 748: -τᾶ BPF: -τέα Pal.   **213** εὖ BPF: ἦ vel ἐν Jacobs   **214** αὐτοῖς BPFᵖᶜ (i.e. τοῖς ἄξοσιν): ἀστοῖς Fᵃᶜ ut vid. (coni. Casaub.)   **215** ἀπεφθέγξατο F²Pˣ: ἀν- BP¹F¹   **216** δακρύοι B: -ύει PF   **217** παρειλήφαμεν BP: -ελάβομεν F   **218** ἀνύττεις P   **219** ἀνύτω BFPˣ: -ύττω P¹: -ύω Φ   **220** καὶ om. F¹, suppl. F²ˢ·¹   **222** ἀπαγγέλλεις Menag.   **223** μὲν om. F¹, suppl. F²ᵐᵍ   ποιήσεσθαι F   **225** δεδιὼς F αὐτῶ P⁴: αὐτῶι P¹: -ῶν B¹: -οῦ B²ˢ·¹·: -ὸ F   **226** κατάθοιτο (οιτ in ras.) Pˣ(Q): -θηται (*η in ras.) B²: -τατίθειο (ιο in ras. ex σαι) F²: κατάθοιο Hermann ap. Huebn. II 634   ἐξαιρῶν Richards 345   ἢ Casaub.: ἦν BPF

μὴ ὕποπτος εἴης. ἄριστον μὲν οὖν ἀπέχεσθαι, ἵνα τῆς
αἰτίας ἀπαλλαγῆς. εἰ δὲ πάντως τυραννητέον, φροντίζειν
ὅπως τὴν ἀλλοδαπὴν δύναμιν πλείονα ἕξεις τῆς ἐν τῇ
πόλει, καὶ οὐδεὶς ἔτι τοι δεινός, μηδὲ σὺ ἐκποδών τινα 230
ποιοῦ.

Σόλων Ἐπιμενίδῃ

οὔτε οἱ ἐμοὶ θεσμοὶ ἄρα Ἀθηναίους ἐπιπολὺ ὀνήσειν
ἔμελλον, οὔτε σὺ καθήρας τὴν πόλιν ὤνησας. τό τε γὰρ
θεῖον καὶ οἱ νομοθέται οὐ καθ' ἑαυτὰ δύνανται ὀνῆσαι τὰς 235
πόλεις, οἱ δὲ ἀεὶ τὸ πλῆθος ἄγοντες ὅπως ἂν γνώμης
ἔχωσιν. οὕτω δὲ καὶ τὸ θεῖον καὶ οἱ νόμοι, εὖ μὲν ἀγόντων,
εἰσὶν ὠφέλιμοι· κακῶς δὲ ἀγόντων, οὐδὲν ὠφελοῦσιν.
[65] οὐδ' οἱ ἐμοὶ ἀμείνους εἰσὶ καὶ ὅσα ἐγὼ ἐνομοθέτησα.
οἱ δ' ἐπιτρέποντες τὸ ξυνὸν ἔβλαπτον, οἳ οὐκ ἐγένοντο 240
ἐμποδὼν Πεισιστράτῳ ἐπιθέσθαι τυραννίδι. οὐδ' ἐγὼ
προλέγων πιστὸς ἦν. ἐκεῖνος δὲ πιστότερος κολακεύων
Ἀθηναίους ἐμοῦ ἀληθεύοντος. ἐγὼ δὴ θέμενος πρὸ τοῦ
στρατηγίου τὰ ὅπλα εἶπον τῶν μὲν μὴ αἰσθανομένων
Πεισίστρατον τυραννησείοντα εἶναι ξυνετώτερος, τῶν δὲ 245
ὀκνούντων ἀμύνασθαι ἀλκιμώτερος. οἱ δὲ μανίαν Σόλωνος
κατεγίνωσκον. τελευτῶν δὲ ἐμαρτυράμην· 'ὦ πατρίς, οὗτος
μὲν Σόλων καὶ λόγῳ καὶ ἔργῳ ἕτοιμός τοι ἀμύνειν· τοῖς δ' αὖ
καὶ μαίνεσθαι δοκῶ. ὥστε ἄπειμι οἱ ἐκ μέσου ὁ μόνος ἐχθρὸς
Πεισιστράτου· οὗτοι δὲ καὶ δορυφορούντων αὐτόν, εἴ τι 250
βούλονται.' ἴσθι γὰρ τὸν ἄνδρα, ὦ ἑταῖρε, δεινότατα

---

227 οὖν BP¹F²: οὖν ἦν F¹P⁴: οὖν <τοι τῆς ἀρχῆς> Marcov. **228**
ἀπαλλαγῆς Cob.: -γείης BPF **229** πλείονα BF: μείζονα P τῆς BP:
τῶν F **231** ποιού<μενος> Marcov. (conl. **223** ποιήσεσθαι) **235**
ὀνῆσαι F, P⁴ (ἦσαι in ras.): ὀνίναι B, γρ Pˣ: ὀνεῖν P¹(Q) **238** ἀγόντων
secl. Cob. ὠφελοῦσι. καὶ οὐδ' F **239** ὅσα BP: -ους F, 'an recte?' V. d.
Muehll **240** ξυνὸν BF: κοι- P **241** (-ποδών)–159, **20** (τοῦ) ff. 9r-19v
cod. F a manu recentiore (F³) scripta sunt; lectiones cod. Laur. 69.28 (G) non
dignae sunt quae notentur **244** στρατηγείου Cob. εἶπον om. F¹,
suppl. F²ᵐᵍ **246** ἀμύνασθαι PFᵖᶜ: ἀμεί- B: ἀμύνεσθαι Cob. **247** δὲ
FPˣ: om. BP¹ **249** οἱ BP¹, expunxit B²: τοι rec. **250** οὗτοι BP:
οἱ Cob.

ἁψάμενον τῆς τυραννίδος. **[66]** ἤρξατο μὲν δημαγωγεῖν·
εἶτα δὲ ἑαυτῷ τραύματα ποιήσας, παρελθὼν ἐπ᾽ ἡλιαίαν
ἐβόα φάμενος πεπονθέναι ταῦτα ὑπὸ τῶν ἐχθρῶν· καὶ
255 φύλακας ἠξίου παρασχεῖν οἱ τετρακοσίους τοὺς νεωτάτους.
οἱ δὲ ἀνηκουστήσαντές μου παρέσχον τοὺς ἄνδρας.
οὗτοι δὲ ἦσαν κορυνηφόροι. καὶ μετὰ τοῦτο τὸν δῆμον
κατέλυσεν. ἢ μάτην ἔσπευδον ἀπαλλάξαι τοὺς πένητας
αὐτῶν τῆς θητείας, οἵ γε δὴ νῦν ξύμπαντες ἑνὶ δουλεύουσι
260 Πεισιστράτῳ.

Σόλων Πεισιστράτῳ

πιστεύω μηδὲν κακὸν ἐκ σοῦ πείσεσθαι. καὶ γὰρ πρὸ τῆς
τυραννίδος φίλος σοὶ ἦν, καὶ νῦν οὐ μᾶλλον διάφορος ἢ τῶν
ἄλλων τις Ἀθηναίων ὅτῳ μὴ ἀρέσκει τυραννίς. εἴτε δὲ ὑφ᾽
265 ἑνὸς ἄρχεσθαι ἄμεινον αὐτοῖς, εἴτε δὴ δημοκρατεῖσθαι,
πεπείσθω ᾗ ἑκάτερος γινώσκει. **[67]** καὶ σὲ φημὶ πάντων
τυράννων εἶναι βέλτιστον. ἐπανήκειν δέ μοι Ἀθήναζε οὐ
καλῶς ἔχον ὁρῶ, μή μέ τις μέμψηται, εἰ διαθεὶς Ἀθηναίοις
ἰσοπολιτείαν, καὶ παρὸν τυραννεῖν αὐτὸς οὐκ ἀξιώσας, νῦν
270 ἐπανελθὼν ἀρεσκοίμην οἷς σὺ πράσσεις.

Σόλων Κροίσῳ

ἄγαμαί σε τῆς περὶ ἡμᾶς φιλοφροσύνης· καὶ νὴ τὴν
Ἀθηνᾶν, εἰ μὴ περὶ παντός μοι ἦν οἰκεῖν ἐν δημοκρατίᾳ,
ἐδεξάμην ἂν μᾶλλον τὴν δίαιταν ἔχειν ἐν τῇ παρὰ σοὶ
275 βασιλείᾳ ἢ Ἀθήνησι, τυραννοῦντος βιαίως Πεισιστράτου.
ἀλλὰ καὶ ἥδιον ἡμῖν ἡ βιοτὴ ἔνθα πᾶσι τὰ δίκαια καὶ ἴσα.
ἀφίξομαι δ᾽ οὖν παρὰ σέ, σπεύδων τοι ξένος γενέσθαι.

261–277 Hercher 637.

253 ἐπ᾽ ἡλιαίαν P: ἐπὶ λιαίαν B: ἐφ᾽ ἡλι- Menag., sed vid. Kassel-Austin ad
Ar. fr. 216 et N. Dunbar ad Ar., Av. 110   **257** δὲ Pˣ: om. BP¹   **265** δὴ R.
Burns ap. Long: δεη B: δέει P¹ ut. vid., δ*εῖ Pˣ: δέη Menag.: 'an δέοι' V. d.
Muehll: om. Cob.   **266** ἑκάτερος BP: ἕκαστος rec.   **269** παρὸν B¹P:
-ὼν B²   **272** σε P: σου B   **276** ἀλλὰ καί<περ> vel ἀλλ᾽ <εἰ> καὶ dub.
V. d. Muehll   **277** γοῦν vel δὴ οὖν dub. V. d. Muehll

[68] Χείλων Δαμαγήτου Λακεδαιμόνιος. οὗτος ἐποίησεν ἐλεγεῖα εἰς ἔπη διακόσια, καὶ ἔφασκε πρόνοιαν περὶ τοῦ μέλλοντος λογισμῷ καταληπτὴν εἶναι ἀνδρὸς ἀρετήν. πρός τε τὸν ἀδελφὸν δυσφοροῦντα ὅτι μὴ ἔφορος ἐγένετο, αὐτοῦ ὄντος, 'ἐγὼ μὲν γὰρ ἐπίσταμαι,' εἶπεν, 'ἀδικεῖσθαι, σὺ δὲ 5 οὔ.' γέγονε δὲ ἔφορος κατὰ τὴν πεντηκοστὴν ἕκτην Ὀλυμπιάδα (Παμφίλη δέ φησι κατὰ τὴν ἕκτην, καὶ πρῶτον ἔφορον γενέσθαι) ἐπὶ Εὐθυδήμου, ὥς φησι Σωσικράτης. καὶ πρῶτος εἰσηγήσατο ἐφόρους τοῖς βασιλεῦσι παραζευγνύναι· Σάτυρος δὲ Λυκοῦργον.   10

οὗτος, ὥς φησιν Ἡρόδοτος ἐν τῇ πρώτῃ, Ἱπποκράτει θυομένῳ ἐν Ὀλυμπίᾳ, τῶν λεβήτων αὐτομάτων ζεσάντων, συνεβούλευσεν ἢ μὴ γῆμαι, ἤ, εἰ ἔχοι γυναῖκα, ἐκπέμψαι καὶ παῖδας ἀπείπασθαι. **[69]** φασὶ δ' αὐτὸν καὶ Αἰσώπου πυθέσθαι, ὁ Ζεὺς τί εἴη ποιῶν· τὸν δὲ φάναι, 'τὰ μὲν ὑψηλὰ 15 ταπεινοῦν, τὰ δὲ ταπεινὰ ὑψοῦν.' ἐρωτηθεὶς τίνι διαφέρουσιν οἱ πεπαιδευμένοι τῶν ἀπαιδεύτων, ἔφη, 'ἐλπίσιν ἀγαθαῖς.' τί δύσκολον; 'τὸ τὰ ἀπόρρητα

1–78 Chilon test. 2 G.-Pr.[2]   **1–2** (οὗτος—διακόσια), **35–39**, **69–71** Lobo fr. 3 Gar.   **3** (πρός)–**10** Pamphil. fr. 2 Cagn.   **6** (γέγονε)–**10** Apollod. FGrHist 244 F 335c   Satyr. fr. 9 Schorn   Sosicr. fr. 4 Giannat. **6–7** i.e. 556–2   **7** τὴν ἕκτην] i.e. 756–2   **8** ἐπὶ Εὐθυδήμου] i.e. anno 556/5   **11–14** (ἀπείπασθαι) Hdt. 1, 59   **14** (φασὶ)–**16** (ὑψοῦν) Aesop. Sent. 9 (250 Perry)

---

3 (πρός)–**6** (οὔ) Φ 12 (200.10–2)   **14** (φασὶ)–**16** (ὑψοῦν) Φ 12 (201.11–13). Cf. Gnom. Vat. 553   **16** (ἐρωτηθεὶς)–**33** (πείθεσθαι) Φ 12 (200.13–201.5)

Ante **1** tit. χείλων P^x   **1** χείλων BP: χίλων rec.   **2** ἐλεγεῖαν P   **2–3** (ἔφασκεν—ἀρετήν) 'der Text kann nicht in Ordnung sein' Gigon (1965) 104 **3** post εἶναι lac. ind. Croenert, De Lobone Argivo in Charites Leo (1911) 136 (ad fr. 10), κατ' add. Marcov., sed vid. Casaub. 'providentiam rerum futurarum, ratiocinatione comprehensam, esse viri virtutem'   **5** γὰρ om. Φ   ἀδικεῖσθαι ἔφη Φ   **6** ἕκτην BP: πέμπτην rec. (coni. Casaub.)   **7–8** (Παμφίλη—γενέσθαι) recte interpunxit et interpretatus est A. Gutschmid, Kl. Schr. IV (1893) 28–9   **7** ἕκτην BP: πέμπτην Scaliger, Thes. temp. (1606) 87 ad a. MCCCCLIX   καὶ del. Schwartz 743 (= 460) **9** εἰσηγήσατο <τὸ> Reiske 306   **14** αὐτοῦ καὶ Αἴσωπον Reiske 306. Vid. Mensching, Gnomon 662   **15** μὲν om. Φ   **16** ταπεινῶν et ὑψῶν Cob.

σιωπῆσαι, καὶ σχολὴν εὖ διαθέσθαι, καὶ ἀδικούμενον
20 δύνασθαι φέρειν.᾽ προσέταττε δὲ καὶ ταῦτα· γλώττης
κρατεῖν, καὶ μάλιστα ἐν συμποσίῳ. μὴ κακολογεῖν τοὺς
πλησίον· εἰ δὲ μή, ἀκούσεσθαι ἐφ᾽ οἷς λυπήσεσθαι. μὴ
ἀπειλεῖν μηδενί· γυναικῶδες γάρ. [70] ταχύτερον ἐπὶ τὰς
ἀτυχίας τῶν φίλων ἢ ἐπὶ τὰς εὐτυχίας πορεύεσθαι. γάμον
25 εὐτελῆ ποιεῖσθαι. τὸν τεθνηκότα μὴ κακολογεῖν. γῆρας
τιμᾶν. φυλάττειν ἑαυτόν. ζημίαν αἱρεῖσθαι μᾶλλον ἢ κέρδος
αἰσχρόν· ἡ μὲν γὰρ ἅπαξ ἐλύπησε, τὸ δὲ διὰ παντός.
ἀτυχοῦντι μὴ ἐπιγελᾶν. ἰσχυρὸν ὄντα πρᾶον εἶναι, ὅπως οἱ
πλησίον αἰδῶνται μᾶλλον ἢ φοβῶνται. μανθάνειν τῆς
30 αὑτοῦ οἰκίας καλῶς προστατεῖν. τὴν γλῶτταν μὴ
προτρέχειν τοῦ νοῦ. θυμοῦ κρατεῖν. μαντικὴν μὴ ἐχθαίρειν.
μὴ ἐπιθυμεῖν ἀδυνάτων. ἐν ὁδῷ μὴ σπεύδειν. λέγοντα μὴ
κινεῖν τὴν χεῖρα· μανικὸν γάρ. νόμοις πείθεσθαι. ἠρεμίᾳ
χρῆσθαι.

20 (γλώττης)–**21** (συμποσίῳ) Stob. III 1.172 γ 2 (Dem. Phal. fr. 87 SOD =
114 Wehrli); Rec. Par.₁ Chil. 1; Rec. Mon. Chil. 53   **22** (μὴ—λυπήσεσθαι)
Stob. γ 4; Rec. Par.₁ Chil. 3; Rec. Mon. Chil. 8   **22** (μὴ)–**23** (ἀπειλεῖν) Stob.
γ 3; Rec. Par.₁ Chil. 2   **23** (ταχύτερον)–**24** (πορεύεσθαι) Stob. γ 5; Rec.
Par.₁ Chil. 4   **24–25** (γάμον—ποιεῖσθαι) Stob. γ 6; Rec. Par.₁ Chil. 5
(τὸν—κακολογεῖν) Stob. γ 7; Rec. Par.₁ Chil. 6   **25–26** (γῆρας τιμᾶν)
Stob. γ 8; Rec. Par.₁ Chil. 7; Rec. Mon. Chil. 9   **26** (ζημίαν)–**27** (παντός)
Stob. γ 10; Rec. Par.₁ Chil. 9; Rec. Mon. Chil. 12   **28** (ἀτυχοῦντι μὴ
ἐπιγελᾶν) Stob. γ 11; Rec. Par.₁ Chil. 10; Rec. Mon. Chil. 13   **28**
(ἰσχυρὸν)–**29** (φοβῶνται) Stob. γ 12; Rec. Par.₁ Chil. 11   **29** (μανθάνειν)–
30 (προστατεῖν) Stob. γ 13; Rec. Par.₁ Chil. 12   **30–31** (τὴν—νοῦ) Stob.
γ 14; Rec. Par.₁ Chil. 14; Rec. Mon. Chil. 14   **31** (θυμοῦ κρατεῖν) Stob. γ
15; Rec. Par.₁ Chil. 13; Rec. Mon. Chil. 15   **32** (μὴ—ἀδυνάτων) Stob. γ 16;
Rec. Par.₁ Chil. 16   **32** (ἐν—σπεύδειν) Stob. γ 17; Rec. Mon. Chil. 17
32 (λέγοντα)–**33** (γάρ) Stob. γ 18; Rec. Par.₁ Chil. 18   **33** (νόμοις
πείθεσθαι) Stob. γ 19; Rec. Par.₁ Chil. 19; Rec. Mon. Chil. 18   **33–34**
(ἠρεμίᾳ χρῆσθαι) Rec. Par.₁ Chil. 20

20 δύνασθαι secl. Cob.   δὲ καὶ om. Φ   γλώσσης Φ   **21** τοὺς ΒΡΦ:
τὸν rec.   **23** μηδενὶ ἀπειλεῖν Φ   **24** ἢ—εὐτυχίας om. Φ   **28**
ἐπιγελᾶν ΒΡ: ἐπεγγελᾶν Φ (cf. infra § 93)   **30** αὑτοῦ Huebn.: αὐ- ΒΡ:
ἑαυ- Φ   γλῶσσαν Φ   **31** μαντικὴν μὴ ἐχθ. post ἐπιθ. ἀδυν. (**32**)
transp. Φ   ἐκχαίρειν Β

[71] τῶν δὲ ᾀδομένων αὐτοῦ μάλιστα εὐδοκίμησεν 35
ἐκεῖνο·

ἐν λιθίναις ἀκόναις ὁ χρυσὸς ἐξετάζεται,
διδοὺς βάσανον φανεράν· ἐν δὲ χρυσῷ
ἀνδρῶν ἀγαθῶν τε κακῶν τε νοῦς ἔδωκ᾽ ἔλεγχον.

φασὶ δ᾽ αὐτόν ποτε γηραιὸν ἤδη ὄντα εἰπεῖν ὡς οὐδὲν 40
συνειδείη ἄνομον ἑαυτῷ ἐν τῷ βίῳ· διστάζειν δὲ περὶ ἑνός.
κρίνων γάρ ποτε φίλῳ δίκην αὐτὸς μὲν κατὰ τὸν νόμον,
†τὸν δὲ φίλον† πείσειεν ἀποδικάσαι αὐτοῦ, ἵνα ἀμφότερα
καὶ τὸν νόμον καὶ τὸν φίλον τηρήσῃ.

ἐνδοξότατος δὲ μάλιστα παρὰ τοῖς Ἕλλησιν ἐγένετο 45
προειπὼν περὶ Κυθήρων τῆς νήσου τῆς Λακωνικῆς.
καταμαθὼν γὰρ τὴν φύσιν αὐτῆς, 'εἴθε,' ἔφη, 'μὴ γεγόνει, ἢ
γενομένη καταβυθισθῆναι.' καὶ εὖ προὐνοήσατο. **[72]**
Δημάρατος μὲν γὰρ φυγὰς ὢν Λακεδαιμονίων Ξέρξῃ
συνεβούλευσε τὰς ναῦς συνέχειν ἐν τῇ νήσῳ· κἂν ἑαλώκει ἡ 50
Ἑλλάς, εἰ ἐπείσθη Ξέρξης. ὕστερόν τε Νικίας ἐπὶ τῶν
Πελοποννησιακῶν καταστρεψάμενος τὴν νῆσον, φρουρὸν

37–39 SH 523 = fr. 3 Pell.-Ted.

37–39 Φ 12 (201.6–10)   **40–41** (βίῳ) Φ 12 (201.14–15)   **45–54** Φ 12
(201.15–21)

---

37 ἐν <μὲν> Bergk, PLG   λιθίναις ΒΦ, P⁴ (λι et ί in ras.): ἀθήναις P¹(Q)
38 φανεράν ΒΡΦ: φοβ- rec.   χρυσῷ ΒΡΦ: χρόνῳ W. Headlam, CR 14
(1900) 6–7 (conl. adesp. eleg. 22 West²): καίρῳ Marcov. (conl. ps.-Men.,
Sent. 385 Pernigotti)   **40** ποτε om. Φ   **41** συνειδεῖν Β   ἄνομον
rec.: ἄγνωμον P¹: ἀγνῶ- ΒΡ*Φ   ἑαυτὸν Β¹ ut vid.   **42–43** 'in verbis
Laertii post illa, αὐτὸς μὲν κ. τ. νόμον, desideratur aliquid' Casaub. (conl.
Gel. 1.3.3–7)   post μὲν (**42**) add. κατεδίκαζε Menag.: καταδικάσειε
post νόμον add. Roeper (1848) 42   **43** τὸν δὲ φίλον ΒΡ: τοὺς δὲ φίλους
(supple συνδικαστάς) Menag.: τοὺς δὲ ἄλλους Roeper   αὐτοῦ ΒΡ: -ῶ
rec.: -ὸν Menag. Vid. A. Wilhelm, SIG³ 953 adn. 41   **44** τηρήσῃ ΒΡ: -σαι
rec.   **45** δὲ ΒΡ: δὴ rec.   **47** γεγόνει ΒΡ: ἐγε- Φ: γεγονέναι Roeper
48 καταβυθισθῆναι ΒΡ: -εβυθίσθη Φ   **50** ἑαλώκει ΒΡ: ἥλω Φ   **51** τε
ΒΡ: δὲ Φ   τῶν P: τὸν Β   **52** πελοποννησιακῶν P⁴: -πονησ**ίων Β:
-πονησίων P¹

LIBER I

ἐγκατέστησεν Ἀθηναίων, καὶ πάμπολλα τοὺς Λακεδαιμονίους κακὰ διέθηκε.
55 βραχυλόγος τε ἦν· ὅθεν καὶ Ἀρισταγόρας ὁ Μιλήσιος τοῦτον τὸν τρόπον Χειλώνειον καλεῖ. < ... > Βράγχου δὲ εἶναι, ὃς τὸ ἱερὸν ἔκτισε τὸ ἐν Βραγχίδαις. ἦν δὲ γέρων περὶ τὴν πεντηκοστὴν δευτέραν Ὀλυμπιάδα, ὅτε Αἴσωπος ὁ λογοποιὸς ἤκμαζεν. ἐτελεύτησε δ᾽, ὥς φησιν Ἕρμιππος, ἐν
60 Πίσῃ, τὸν υἱὸν Ὀλυμπιονίκην ἀσπασάμενος πυγμῆς. ἔπαθε δὴ τοῦτο ὑπερβολῇ τε χαρᾶς καὶ ἀσθενείᾳ πολυετίας. καὶ αὐτὸν πάντες οἱ κατὰ τὴν πανήγυριν ἐντιμότατα παρέπεμψαν.

ἔστι δὲ καὶ εἰς τοῦτον ἐπίγραμμα ἡμῶν·

65 **[73]** Φωσφόρε, σοί, Πολύδευκες, ἔχω χάριν, οὕνεκεν υἱὸς
Χείλωνος πυγμῇ χλωρὸν ἕλεν κότινον.
εἰ δ᾽ ὁ πατὴρ στεφανοῦχον ἰδὼν τέκνον ἤμυσεν ἡσθείς,
οὐ νεμεσητόν· ἐμοὶ τοῖος ἴτω θάνατος.

ἐπὶ δὲ τῆς εἰκόνος αὐτῷ ἐπιγέγραπται τόδε·

70 τόνδε δορυστέφανος Σπάρτα Χείλωνα φύτευσεν,
ὃς τῶν ἑπτὰ σοφῶν πρῶτος ἔφυ σοφίᾳ.

55–56 (καλεῖ) Aristag. FGrHist 608 F 11 = T 1   **57** (ἦν)–**59** (ἤκμαζεν)
Aesop. test. 8 Perry   **57–58** i.e. 572–68   **59** (ἐτελεύτησε)–**68** Hermipp.
FGrHistCont 1026 F 18   **65–68** Anth. Pal. 7.88   **70–71** Anth. Pal.
9.596; SH 512

59 (ἐτελεύτησε)–**61** (πολυετίας) Φ 12 (201.21–4)   **65–68** Pal.   **70–71**
Pal.

53–54 πάμπ. κακὰ τοὺς λακ. Φ   **56** χειλώνειον P: -νιον B   locum
mancum esse vid. Casaub., post καλεῖ lac. ind. Menag.   **60** πείσῃ B:
πίσσηι P: -η Φ   ἀσπασάμενος BP: θεασά- Φ   πυγμῆς BPΦ: del. vel
πυγμῇ scrib. esse prop. Roeper (1848) 42: σφυγμῇ 'incomposito pulsu' O.
Jahn, Philologus 26 (1867) 4: πυγμῆς <ἕνεκα> dub. J. Ebert ap. Gentili-Prato
πυγμῆς ἀσπασάμενος Menag.   **61** δὴ BP: δὲ Φ   **64** ἐπίγραμμα om.
B, 'fort. recte' V. d. Muehll   **65** φωσφόρες οἱ B   **66** χείλωνος BP:
χί- Pal.   **67** τέκνον om. Pal.   **69** αὐτῶ BP: -οῦ rec. (supra § 62 et infra
§ 79)   **70** χείλωνα φύτευσεν B, Pal.: χείλων᾽ ἔφύτευσεν P   **71** σοφίᾳ
BP¹: -η P⁴: -αν Croenert, De Lobone Argivo 136 (ad fr. 10)

110

ἀπεφθέγξατο, 'ἐγγύα, πάρα δ' ἄτα.' ἔστιν αὐτοῦ καὶ
ἐπιστόλιον τόδε·

Χείλων Περιάνδρῳ

ἐπιστέλλεις ἐμὶν ἐκστρατείαν ἐπὶ ἐκδάμως, ὡς αὐτός κα 75
ἐξέρποις· ἐγὼν δὲ δοκέω καὶ τὰ οἰκῇα σφαλερὰ ἦμεν ἀνδρὶ
μονάρχῳ, καὶ τῆνον τυράννων εὐδαιμονίζω ὅστις κα οἴκοι
ἐξ αὐτὸς αὐτῷ κατθάνῃ.

75–78 Hercher 193.

---

72 αὐτοῦ om. B¹, suppl. B²ˢ·ˡ·   **75** ἐμὶν P⁴: ἐμῖν P¹: εμειν B   ἐκστρατείαν
Casaub.: ἀστρατείαν Pˣ: -είας P¹: αιστρατηας B   ἐμίνη στρατείαν Ahrens
251   ἐπὶ ἐκδάμως P: ἐπιεκδαμῶς B   κα BP: καὶ rec.   **76** ἐξέρποις
ἐγὼν P⁴: ἐξερποισετων B: ἐξερποῖσαι τῶν P¹(Q)   οἴκηα B: οἰκεῖα P
77 κα K. Fr. Hermann ap. Huebn. II 637: καὶ BP   οἴκοι P: οικει B 'fort.
recte, cf. Schwyzer I, 549' V. d. Muehll   **78** ἐξ BP: ἐν Richards 344
αὐτῷ Cob.: αυτω B: αὐτοῦ P   αὐτῷ αὐτὸς Menag.

[74] Πιττακὸς Ὑρραδίου Μιτυληναῖος. φησὶ δὲ Δοῦρις τὸν πατέρα αὐτοῦ Θρᾳκα εἶναι. οὗτος μετὰ τῶν Ἀλκαίου γενόμενος ἀδελφῶν Μέλαγχρον καθεῖλε τὸν τῆς Λέσβου τύραννον· καὶ περὶ τῆς Ἀχιλλείτιδος χώρας μαχομένων
5 Ἀθηναίων καὶ Μιτυληναίων ἐστρατήγει μὲν αὐτός, Ἀθηναίων δὲ Φρύνων παγκρατιαστὴς Ὀλυμπιονίκης. συνέθετο δὴ μονομαχῆσαι πρὸς αὐτόν· καὶ δίκτυον ἔχων ὑπὸ τὴν ἀσπίδα λαθραίως περιέβαλε τὸν Φρύνωνα, καὶ κτείνας ἀνεσώσατο τὸ χωρίον. ὕστερον μέντοι φησὶν
10 Ἀπολλόδωρος ἐν τοῖς Χρονικοῖς διαδικασθῆναι τοὺς Ἀθηναίους περὶ τοῦ χωρίου πρὸς τοὺς Μιτυληναίους, ἀκούοντος τῆς δίκης Περιάνδρου, ὃν καὶ τοῖς Ἀθηναίοις προσκρῖναι.

[75] τότε δ' οὖν τὸν Πιττακὸν ἰσχυρῶς ἐτίμησαν οἱ
15 Μιτυληναῖοι, καὶ τὴν ἀρχὴν ἐνεχείρισαν αὐτῷ. ὁ δὲ δέκα ἔτη κατασχὼν καὶ εἰς τάξιν ἀγαγὼν τὸ πολίτευμα, κατέθετο τὴν ἀρχήν, καὶ δέκα ἐπεβίω ἄλλα. καὶ χώραν αὐτῷ ἀπένειμαν οἱ Μιτυληναῖοι· ὁ δὲ ἱερὰν ἀνῆκεν, ἥτις νῦν Πιττάκειος καλεῖται. Σωσικράτης δέ φησιν ὅτι ὀλίγον
20 ἀποτεμόμενος ἔφη 'τὸ ἥμισυ τοῦ παντὸς πλεῖον εἶναι'. ἀλλὰ καὶ Κροίσου διδόντος χρήματα οὐκ ἐδέξατο, εἰπὼν ἔχειν ὧν

1–107 Pittac. test. 3 G.-Pr.[2]   **1–17** (ἄλλα), **29** (Ἡράκλειτος), **63** (γηραιός), **90** (εὐγενεστέρα)–**93** (Ἀλκαῖος) Alcae. fr. 469 V.   **1** (Πιττακὸς— Μιτυληναῖος), **2** (οὗτος)–**17** (ἄλλα) Apollod. FGrHist 244 F 27a   **1** (φησὶ)– **2** (εἶναι) Duris FGrHist 76 F 75   **2–9** Vid. Lapini, Eraclide 79–99   **14– 23** Sosicr. fr. 5 Giannat.

---

4 (μαχομένων)–**9** (χωρίον), **15** (τὴν)–**22**, **25** (τὸν)–**28** (κρείσσων) Φ 13 (202.2–17)

Ante **1** tit. πιττακὸς P^x   **1** ὑρραδίου B, P⁴ (δίου in ras.): ὕρρα P¹(Q): ὑρράδιος rec.   μιτυληναῖος BPΦ: Μυτι- Cob., 'noli D.L. ipsum emendare cum Cobeto' V. d. Muehll   **4** Ἀχιλείτιδος Cob.   **5** μιτυληναίων BPΦ: Μυτι- Cob.   post αὐτός add. Μιτυληναίων Casaub., post Μιτυλ. Jacoby, post ἐστρατήγει Richards 342   **10** διαδικασθῆναι BP⁴: δικασθῆναι P¹ **11** μιτυληναίους BP: Μυτι- Cob.   **12** ὂν P: ὦν B   **15** μιτυληναῖοι BPΦ: Μυτι- Cob.   ἐνεχείρισαν PΦ: -ρησαν B   **20** πλέον Φ   ἀλλὰ om. Φ   **21** οἱ διδόντος Φ   ὧν BP: ἂν Φ

ἐβούλετο διπλάσια· ἄπαιδος γὰρ τἀδελφοῦ τελευτήσαντος κεκληρονομηκέναι.

[76] Παμφίλη δέ φησιν ἐν τῷ δευτέρῳ τῶν Ὑπομνημάτων, ὡς τὸν υἱὸν αὐτοῦ Τυρραῖον καθήμενον ἐπὶ 25 κουρείου ἐν Κύμῃ χαλκεύς τις πέλεκυν ἐμβαλὼν ἀνέλοι. τῶν δὲ Κυμαίων πεμψάντων τὸν φονέα τῷ Πιττακῷ, μαθόντα καὶ ἀπολύσαντα εἰπεῖν, 'συγγνώμη μετανοίας κρείσσων.' Ἡράκλειτος δέ φησιν, Ἀλκαῖον ὑποχείριον λαβόντα καὶ ἀπολύσαντα φάναι, 'συγγνώμη τιμωρίας κρείσσων.' 30

νόμους δὲ ἔθηκε· τῷ μεθύοντι, ἐὰν ἁμάρτῃ, διπλῆν τὴν ζημίαν (ἵνα μὴ μεθύωσι, πολλοῦ κατὰ τὴν νῆσον οἴνου γινομένου). εἶπέ τε 'χαλεπὸν ἐσθλὸν ἔμμεναι·' οὗ καὶ Σιμωνίδης μέμνηται λέγων· 'ἄνδρ' ἀγαθὸν ἀλαθέως γενέσθαι χαλεπόν, τὸ Πιττάκειον.' **[77]** (μέμνηται αὐτοῦ 35 καὶ Πλάτων ἐν Πρωταγόρᾳ· 'ἀνάγκᾳ δ' οὐδὲ θεοὶ μάχονται.' καὶ 'ἀρχὴ ἄνδρα δεικνύει'.) ἐρωτηθεὶς δέ ποτε τί ἄριστον, 'τὸ παρὸν εὖ ποιεῖν.' καὶ ὑπὸ Κροίσου, τίς ἀρχὴ μεγίστη, 'ἡ τοῦ ποικίλου,' ἔφη, 'ξύλου,' σημαίνων τὸν νόμον. ἔλεγε δὲ καὶ τὰς νίκας ἄνευ αἵματος ποιεῖσθαι. ἔφη δὲ 40

24–30 Heracl. T 722 Mour.   **24–28** (κρείσσων) Pamphil. fr. 3 Cagn.
33 (χαλεπὸν—ἔμμεναι) Simon. PMG 542.11 = fr. 260, 1–2 Poltera
(ἄνδρ'—χαλεπόν) Simon. PMG 542.1–2 = fr. 260, 1–2 Polt.   **36** (Πλάτων)
Plat., Prot. 345 d 5 = Simon. PMG 542.29–30 = fr. 260, 29–30 Polt.

---

29 (Ἀλκαῖον)**–33** (ἔμμεναι), **38** (ὑπὸ)**–57**, **71** (νεανίσκῳ)**–92** Φ 13 (202.23–204.15)   **33** (καὶ)**–35** (Πιττάκειον) Suda π 1658 (IV 136.31–2)

---

22 γὰρ om. Φ   τοῦ ἀδελφοῦ B²Φ   **23** κεκληρονομηκέναι om. Φ
25 τυρραῖον PB²: τυραῖον B¹Φ: τὸν Ὑρραδίου K. Fr. Hermann 373   **29**
ἡράκλειτος P: -κλητος B: Ἡρακλείδης (i.e. Lembus) Roeper (1848) 42   **31**
νόμους BPΦ: νόμον Roeper (1870) 572 post Wyttenbach, Plut. Mor. I (1810)
691 'nisi νόμον, certe post ἔθηκε excidisse putandum ἐν οἷς vel simile'
διπλῆν εἶναι P⁴   **33** γινομένου BP: ὄντος Φ   εἰπεῖν B   τε om. Φ
33 (οὗ)**–37** (μάχονται) 'D.L. addidit, insuper μέμνηται—Πρωταγόρᾳ
inserens' V. d. Muehll. Vid. Volkmann (1895) 6 et Wil., Sappho u. Sim. (1913)
159²   **34** σιμωνίδη* B: σίμων Suda   λέγων om. P   ἀνδραἀγαθὸν B²
(ἀ²ˢ·ˡ· et ὸν in ras.): ἄνδρα ἀγ. P   ἀλαθέως P, Plat.: ἀλλὰ θεὸς B: ἀλαθέα
Suda   **36** ἀνάγκα BP: -ῃ Plat.   **37** δεικνύει B¹P: δείκνυσιν B² (ras.
supra υ et σιν in ras.)   **40** νίκας δεῖν Φ

καὶ πρὸς τὸν Φωκαϊκὸν φάσκοντα δεῖν ζητεῖν σπουδαῖον ἄνθρωπον, 'κἂν λίαν,' ἔφη, 'ζητῇς, οὐχ εὑρήσεις.' καὶ πρὸς τοὺς πυνθανομένους τί εὐχάριστον, 'χρόνος,' ἔφη· ἀφανές, 'τὸ μέλλον·' πιστόν, 'γῆ·' ἄπιστον, 'θάλασσα.' **[78]** ἔλεγέ τε
45 συνετῶν μὲν ἀνδρῶν, πρὶν γενέσθαι τὰ δυσχερῆ, προνοῆσαι ὅπως μὴ γένηται· ἀνδρείων δέ, γενόμενα εὖ θέσθαι. 'ὃ μέλλεις πράττειν, μὴ πρόλεγε· ἀποτυχὼν γὰρ γελασθήσῃ.' ἀτυχίαν μὴ ὀνειδίζειν, νέμεσιν αἰδούμενον. παρακαταθήκην λαβόντα ἀποδοῦναι. φίλον μὴ λέγειν
50 κακῶς, ἀλλὰ μηδὲ ἐχθρόν. εὐσέβειαν ἀσκεῖν. σωφροσύνην φιλεῖν. ἀλήθειαν ἔχειν, πίστιν, ἐμπειρίαν, ἐπιδεξιότητα, ἑταιρίαν, ἐπιμέλειαν.

τῶν δὲ ἀδομένων αὐτοῦ μάλιστα εὐδοκίμησε τάδε·

ἔχοντα χρὴ τόξον <τε> καὶ ἰοδόκον φαρέτραν
55 στείχειν ποτὶ φῶτα κακόν.
πιστὸν γὰρ οὐδὲν γλῶσσα διὰ στόματος
λαλεῖ διχόμυθον ἔχουσα καρδίη νόημα.

53–67 Lobo fr. 4 Gar.   **54–57** SH 524 = fr. 4 Pell.-Ted.

---

43 (χρόνος)–**44** (μέλλον) Stob. III 1.172 ε 9 (Dem. Phal. fr. 87 SOD = 114 Wehrli); Rec. Par.₁ Pitt. 9   **44** (πιστόν—θάλασσα) Stob. ε 10; Rec. Par.₁ Pitt. 11   **47–48** (ὃ—γελασθήσῃ) Stob. ε 2; Rec. Par.₁ Pitt. 1; Rec. Mon. Pitt. 1   **48** (ἀτυχίαν—αἰδούμενον) Stob. ε 5; Rec. Par.₁ Pitt. 4; Rec. Mon. Pitt. 3   **49** (παρακαταθήκην—ἀποδοῦναι) Stob. ε 6; Rec. Par.₁ Pitt. 5; Rec. Mon. Pitt. 2   **49** (φίλον)–**50** (ἐχθρόν) Stob. ε 8; Rec. Par.₁ Pitt. 7; Rec. Mon. Pitt. 4   **50** (εὐσέβειαν ἀσκεῖν) Stob. ε 13; Rec. Par.₂ Pitt. 15; Rec. Mon. 15   **50** (σωφροσύνην)–**52** Stob. ε 13; Rec. Par.₁ Pitt. 12

---

42 κᾶν Richards 341: ᾶν BPΦ. Vid. Gigante 465²⁰⁹   ζητῇς BP: ζητήσῃς Φ   **43** ἀφανές BPFΦ: ἀχάριστον Emperius, Adv. 323   **44** τε om. Φ   **45** μὲν BΦ: om. P   **46** προνοῆσθαι B   γενομένων εὖ διαθέσθαι Φ   **48** ἀτυχίαν BPΦ: εὐ- Gnom. Vat. 153 'nostra lectio unice est vera' Sternbach   **50** μηδ' <εὖ> Marcov.   **54** ἔχοντα om. Φ   τόξον BP: -ω Φ: -α Hermann ap. Huebn. I 53ᵏ   τε add. Bergk, PLG   ἰοδόκον φαρέτραν BP: ἰοδόκω φαρέτρη Φ: ἰοδόκην {φαρέτραν} Wil., Kl. Schr. IV 388 (a. 1925)   **55** ποτὶ B, Pˣᵐᵍ (del. P⁴), Φ: ἐπὶ Pⁱ in textu   **57** διχόθυμον Cob.   ἔχουσι Bergk, PLG³: ἔχοντι Pellizer-Tedeschi   καρδίη C. D. Ilgen, Scholia (1798) 135–6: κραδίη BPΦ: -ίην rec.

[79] ἐποίησε δὲ καὶ ἐλεγεῖα ἔπη ἑξακόσια, καὶ ὑπὲρ νόμων καταλογάδην τοῖς πολίταις.

ἤκμαζε μὲν οὖν περὶ τὴν τεσσαρακοστὴν δευτέραν 60 Ὀλυμπιάδα· ἐτελεύτησε δ' ἐπὶ Ἀριστομένους τῷ τρίτῳ ἔτει τῆς πεντηκοστῆς δευτέρας Ὀλυμπιάδος, βιοὺς ὑπὲρ ἔτη ἑβδομήκοντα, ἤδη γηραιός. καὶ αὐτῷ ἐπὶ τοῦ μνήματος ἐπιγέγραπται τόδε·

    οἰκείοις δακρύοις ἁ γειναμένα κατακλαίει 65
    Πιττακὸν ἥδ' ἱερὰ Λέσβος <ἀποφθίμενον>.

ἀπόφθεγμα αὐτοῦ· καιρὸν γνῶθι.

γέγονε δὲ καὶ ἕτερος Πιττακὸς νομοθέτης, ὥς φησι Φαβωρῖνος Ἀπομνημονευμάτων πρώτῳ καὶ Δημήτριος Ὁμωνύμοις, ὃς καὶ μικρὸς προσηγορεύθη. 70

τὸν δ' οὖν σοφὸν λέγεταί ποτε νεανίσκῳ συμβουλευομένῳ περὶ γάμου ταῦτα εἰπεῖν, ἅ φησι Καλλίμαχος ἐν τοῖς Ἐπιγράμμασι·

[80]   ξεῖνος Ἀταρνείτης τις ἀνήρετο Πιττακὸν οὕτω
    τὸν Μιτυληναῖον, παῖδα τὸν Ὑρραδίου· 75

60–63 (γηραιός) Apollod. FGrHist 244 F 27b   **60–61** i.e. 612–608   **61** ἐπὶ Ἀριστομένους] i.e. anno 570   **65–66** SH 513   **68–70** Favor. fr. 32 Bar. = 1 Mensch. = 39 Am.   Demetr. Magn. fr. 9 Mejer   **74–89** Anth. Pal. 7.89; Callim. epigr. 1 Pf.

74–89 Pal.; Plan. III[a] 28.20

58–59 καὶ καταλογάδην Ὑπὲρ νόμων Marcov.   **61** ἀριστομένους BP[1]: -δήμου s.l. cum γρ P[4]   **62** δευτέρας del. prop. Jacoby (i.e. anno 578)   **63** ἑβδομήκοντα BP: ὀγδο- Meursius, Archontes Ath. (1622) 48 (Rohde, Kl. Schr. I 85–6)   ἤδη γηραιός secl. Cob., ἤδη γηρ. <ὢν, ὅτε κατέσχεν τὴν πολιτείαν> dub. Jacoby. Nihil mutandum, vid. Mensching, Gnomon 662 et Lapini, Filologia filosofica 265   αὐτοῦ Roeper (1870) 573   **65** οἰκείοις P: οἰκεῖοι B[2] (~ et ι in ras.)   δακρύοις P[4] (οις in ras.): δακρύοισιν BP[xmg]: δάκρυσιν P[1](Q): δαπέδοις Roeper (1870) 573 (conl. § 85)   ἁ γειναμένα P[4]: ἁ -νη P[1]: λιγ**νομενῆ B[2] (λιγ in ras. αι supra ** et ˇ add.)   κατακλάει P[1](Q), B[2] (λαί in ras.): καταθάπτει P[4] (θάπτει in ras.): -κεύθει Roeper (1870) 574   **66** ἐνθάδε πιττακόν P[4]   ἁδ' dub. V. d. Muehll   ἀποφθίμενον add. Cob.   **69** ἐν ἀπομν. B[2s.l.]   **70** ἐν ὁμων. B[2s.l.]   **74** ἀνήρετο B[2] (ή in ras.), P: ἀνεί- Φ, Pal.   **75** μιτυληναῖον B[2] (λην in ras.), PΦ, Pal., 'in Callimacho sane corrigendum' V. d. Muehll   ὑρραδίου BP, Pal.[C]: -άδιον Φ, Pal.

'ἄττα γέρον, δοιός με καλεῖ γάμος· ἡ μία μὲν δὴ
νύμφη καὶ πλούτῳ καὶ γενεῇ κατ' ἐμέ·
ἡ δ' ἑτέρη προβέβηκε. τί λώϊον; εἰ δ' ἄγε σύμ μοι
βούλευσον, ποτέρην εἰς ὑμέναιον ἄγω.'

80   εἶπεν· ὁ δὲ σκίπωνα, γεροντικὸν ὅπλον, ἀείρας,
'ἤνιδε, κεῖνοί σοι πᾶν ἐρέουσιν ἔπος.'
οἱ δ' ἄρ' ὑπὸ πληγῇσι θοὰς βέμβικας ἔχοντες
ἔστρεφον εὐρείῃ παῖδες ἐνὶ τριόδῳ.
'κείνων ἔρχεο,' φησί, 'μετ' ἴχνια.' χὠ μὲν ἐπέστη

85   πλησίον· οἱ δ' ἔλεγον· 'τὴν κατὰ σαυτὸν ἔλα.'
ταῦτ' ἀΐων ὁ ξεῖνος ἐφείσατο μείζονος οἴκου
δράξασθαι, παίδων κληδόνα συνθέμενος.
τὴν δ' ὀλίγην ὡς κεῖνος ἐς οἰκίον ἤγετο νύμφην,
οὕτω καὶ σύ, Δίων, τὴν κατὰ σαυτὸν ἔλα.

90   **[81]** δοκεῖ δ' ἐκ διαθέσεως αὐτὰ εἰρηκέναι. εὐγενεστέρα
γὰρ οὖσα αὐτῷ ἡ γυνή, ἐπειδήπερ ἦν Δράκοντος ἀδελφὴ
τοῦ Πενθίλου, σφόδρα κατεσοβαρεύετο αὐτοῦ.

τοῦτον Ἀλκαῖος σαράποδα μὲν καὶ σάραπον ἀποκαλεῖ
διὰ τὸ πλατύπουν εἶναι καὶ ἐπισύρειν τὼ πόδε· χειροπόδην

93–98 (ῥυπαρόν) Alcae. fr. 429 V.

76–79 Suda α 4305 (I 397.21–4)   **82–83** Suda β 236 (I 467.27–8)   **93–98** (ῥυπαρόν) Suda σ 118 (IV 325.24–8)   **93–97** (ἄλυχνον) Φ 13 (202.18–22)

77 γενεῇ ΒΡ, Pal.: γένεϊ Φ, Suda   **78** σύμ μοι Ρ, Pal.[C]: σύν μοι ΒΦ, Pal., Suda   **80** εἶπέ Β²   σκίπωνα Φ, Pal.: σκή- Ρ¹(Q), Pal.[C]: σκέπτ- Β[pc]   **81** ἤνίδε Ρ, Pal.: ἤνιπε Φ: ἦν*δ' ἐκείνοις οἷ Β   **82** βέμβικας ΡΦ: βέβει- Β¹ (ει ex η): βέμβει- Β²: βέμβη- Suda: βέμβε- Pal.   ἐλῶντες Menag.   **83** εὐρείῃ ΡΦ, Pal.[C]: -εῖν Β: -είην Pal.   παῖδας Β²   **84** ἴχνια ΡΦ, Pal.[C]: -νεσι Pal.: ἰχνιάχωμεν Β¹: ἰχνιάσ- Β²   ἐπέστη Φ: ἐφ- ΒΡ¹(Q), Pal.[C]: ἐφέστην Pal.   **85** τὴν ΒΡΦ, Pal.[C]: τὸν Pal.   **87** κληδόνα ΒΡ, Pal.: -ι Φ   **88** οἰκίον ἤγετο Ρ: οἰκείαν ἤ. Β: οἶκον ἐπήγετο Φ, Pal.   **89** versum om. Φ   Δίων ΒΡ: γ' ἰὼν Pal.   **91** οὖσα αὐτῷ ΒΦΡ[4mg]: αὐτῷ οὖσα Ρ¹(Q)   **91–92** ἐπεὶ δράκοντος ἦν ἀδελφὴ σφόδρα Φ   **92** αὐτοῦ Φ (coni. Kuehn): -ὸν ΒΡ   **94** σύρειν Suda   χειροπόδην ΒΡΦ: χιροπόδαν Lobel: -δαις G. Liberman, Alcée. Fragments (1999) 188[b]: χιρροπόδαν Ο. Hoffmann, Die griech. Dialekte II (1893) 175 et 491. Vid. E. M. Hamm, Gramm. Sappho u. Alkaios (1957) 95 et Voigt ad loc. 346

PITTACUS

δὲ διὰ τὰς ἐν τοῖς ποσὶ ῥαγάδας, ἃς χειράδας ἐκάλουν· 95
γαύρηκα δὲ ὡς εἰκῇ γαυριῶντα· φύσκωνα δὲ καὶ γάστρωνα
ὅτι παχὺς ἦν· ἀλλὰ μὴν καὶ ζοφοδορπίδαν ὡς ἄλυχνον·
ἀγάσυρτον δὲ ὡς ἐπισεσυρμένον καὶ ῥυπαρόν. τούτῳ
γυμνάσιον σῖτον ἀλεῖν, ὥς φησι Κλέαρχος ὁ φιλόσοφος.
καὶ αὐτοῦ ἐστιν ἐπιστόλιον τοιόνδε· 100

Πιττακὸς Κροίσῳ

κέλεαί με ἱκνῆσθαι ἐς Λυδίαν, ὅπως σοι τὸν ὄλβον ἴδοιμι·
ἐγὼ δὲ καὶ μὴ ὀρεὶς πέπιθμαι τὸν Ἀλυάττεω παῖδα τῶν
βασιλήων πολυχρυσότατον πέλην. οὐδέν τε πλέον ἄμμιν
ἱκομένοις ἐς Σάρδις· χρυσῷ γὰρ οὐ δεύμεσθ᾽, ἀλλὰ πέπαμαι 105
ἄρκια καὶ τοῖς ἐμοῖς ἑτάροις. ἔμπας δ᾽ ἵξομαι, ὡς ἀνδρὶ ξείνῳ
γενοίμαν τοι ὅμιλλος.

98–99 (τούτῳ—φιλόσοφος) Clearch. fr. 71 W.   **101–107** Hercher 491.

96 Cf. Hesych. φ 1059 φύσκων· γάστρων, παχύς   **98–99** (τούτῳ—ἀλεῖν) Φ 13 (204.15–16)   **100–107** Φ 13 (204.16–205.1).

96 γαύρηκα B² (coni. Menag.): -ρικα B¹P, Suda   δὲ¹ BPF: τε Suda   **97** διότι Suda   ζοφοδορπίδα Suda   **98** ἀγασύραστον Suda   τούτῳ P: τοῦτο B: τούτου Φ   **99** γυμνάσιον BPΦ: γυμνασία ἦν Cob., fort. recte   **102** ἱκνῆσθαι B²: ἱκνησ B¹: ἱκνεῖ- PΦ: ἱκνέε- Cob.   λυδίαν BP: -ην Φ   ἴδημι B   **103** καὶ BP: αἴκεν Φ: κἂν Marcov.   ὁρῆς Φ   πέπιθμαι B: πέπεις- PΦ   ἀλυάτεω P   **104** πέλην B¹: -λεν B²: -λειν PΦ   τε BP: δὲ Φ   ἄμμι νείκομεν οἱ σες B   **105** Σάρδις Steph.: σάρδεις BPΦ   χρυσῷ BΦ: -οῦ P   δεύμεσθ᾽ BP: -μεθ᾽ rec.: δευόμεσθα Φ   ἀλλὰ PΦ: αλλα B: ἀλλ᾽ ἃ Frob.   πέπαμμαι Φ   **106** ἄρκια PΦ: α- B¹: ἀ- B²: ἀρκίει καὶ Frob.: ἄρκια <τ᾽ ἐμοὶ> Marcov.   ἐμοῖς om. Φ   ἑτάροις Cob. et Bergk, Kl. Schr. II 298 (a. 1850/1): ἑταί- BPΦ   δ᾽ ἵξομαι PΦ: δείξ- B   ξείνῳ PΦ: ξένω B: ξένῳ V. d. Muehll   **107** γενοίμαν Bergk, Kl. Schr. II 298 (a. 1850/1): -μην BPΦ   ὅμιλλος Meineke, FCG III (1840) 549**: ὕμιλλος B: ὑμίλαος P¹(Q): ὁμί-P⁴ (ὁ in ras.): συνόμιλος Pˣˢˡ: φίλος οὐ δώρων ἕκατι Φ ('estne οὐ δ. ἕ. ex D.L.?' V. d. Muehll)   συνόμιλλος Bergk, Kl. Schr. II 298 (a. 1850/1): -ύμιλλος V. d. Muehll

LIBER I

[82] Βίας Τευτάμου Πριηνεύς, προκεκριμένος τῶν ἑπτὰ
ὑπὸ Σατύρου. τοῦτον οἱ μὲν πλούσιον, Δοῦρις δὲ πάροικόν
φησι γεγονέναι. Φανόδικος δὲ κόρας αἰχμαλώτους
λυτρωσάμενον Μεσσηνίας θρέψαι τε ὡς θυγατέρας καὶ
5 προῖκας ἐπιδοῦναι καὶ εἰς τὴν Μεσσήνην ἀποστεῖλαι τοῖς
πατράσιν. χρόνῳ δὲ ἐν ταῖς Ἀθήναις, ὡς προείρηται, τοῦ
τρίποδος εὑρεθέντος ὑπὸ τῶν ἁλιέων, τοῦ χαλκοῦ,
ἐπιγραφὴν ἔχοντος 'τῷ σοφῷ,' Σάτυρος μέν φησι παρελθεῖν
τὰς κόρας (οἱ δὲ τὸν πατέρα αὐτῶν, ὡς καὶ Φανόδικος) εἰς
10 τὴν ἐκκλησίαν, καὶ εἰπεῖν τὸν Βίαντα σοφόν, διηγησαμένας
τὰ καθ' ἑαυτάς. καὶ ἀπεστάλη ὁ τρίπους· καὶ ὁ Βίας ἰδὼν
ἔφη τὸν Ἀπόλλω σοφὸν εἶναι, οὐδὲ προσήκατο. **[83]** οἱ δὲ
λέγουσιν ἐν Θήβαις τῷ Ἡρακλεῖ αὐτὸν ἀναθεῖναι, ἐπεὶ
ἀπόγονος ἦν Θηβαίων ἀποικίαν εἰς Πριήνην στειλάντων,
15 ὥσπερ καὶ Φανόδικός φησι.

λέγεται δὲ καὶ Ἀλυάττου πολιορκοῦντος Πριήνην τὸν
Βίαντα πιήναντα δύο ἡμιόνους ἐξελάσαι εἰς τὸ
στρατόπεδον· τὸν δὲ συνιδόντα καταπλαγῆναι τὸ μέχρι
καὶ ἀλόγων διατείνειν αὐτῶν τὴν εὐθένειαν. καὶ ἐβουλήθη
20 σπείσασθαι, καὶ εἰσέπεμψεν ἄγγελον. Βίας δὲ σωροὺς

1–85 Bias test. 1 G.-Pr.² **1–15** Satyr. fr. 8 Schorn **2** (τοῦτον)–**3** (γεγονέναι) Duris FGrHist 76 F 76 **3** (Φανόδικος)–**15** Phanod. FGrHist 397 F 4b **6** (ὡς προείρηται) supra § 31

3 (κόρας)–**12** (προσήκατο) Φ 14 (205.20–206.1) **16** (Ἀλυάττου)–**25** (κλαίειν) Φ 14 (205.3–11) **16** (Ἀλυάττου)–**20** (ἄγγελον) Suda π 1569 (IV 128.28–129.2)

Ante **1** tit. βίας Pˣ **1** τευτάμου P: -ταμίδου B: -ταμίδης Menag. **2** πλούσιον BP: πολίτην J. M. van Gent, Epist. crit. de Duridis Samii reliquiis (1842) 23: πλούσιον <καὶ πολίτην> dub. Jacoby πάροικον BP: πενιχρόν Menag. **4** μεσηνίας PΦ **5** ἔδωκε Φ (orat. recta) μεσήνην PΦ **6** πατράσιν αὐτῶν P⁴ **8** σοφῶ BP: -οτάτω Φ **9** τὸν πατέρα BP: οἱ πατέρες Φ (οἱ τῶν κορῶν πατέρες): τοὺς πατέρας Marcov. Vid. St. Schorn, Satyros (2004) 351–2 **11** κατ' αὐτάς Φ **12** ἀπόλλω BP: ἀπόλλωνα Φ **14** εἰς B: ἐς P **15** ὁ φανόδικος B **16** δὲ om. B **17** πιήναντα BP, Suda: πιάνας Φ **18** τὸν δὲ συνιδόντα BP, Suda: ὁ δὲ βασιλεὺς ἰδὼν Φ τὸ Φ, Suda: om. BP **19** εὐθένειαν P: -ενείαν B: -ηνίαν Φ, Suda 'quid D.L. scrips. incertum' V. d. Muehll

118

ψάμμου χέας καὶ ἄνωθεν σῖτον περιχέας ἔδειξε τῷ
ἀνθρώπῳ· καὶ τέλος μαθὼν ὁ Ἀλυάττης εἰρήνην ἐσπείσατο
πρὸς τοὺς Πριηνέας. θᾶττον δ' αὐτῷ πέμψαντι πρὸς τὸν
Βίαντα, ἵνα ἥκοι παρ' αὐτόν, 'ἐγὼ δέ,' φησίν, Ἀλυάττῃ
κελεύω κρόμμυα ἐσθίειν' {ἴσον τῷ κλαίειν}. **[84]** λέγεται δὲ 25
καὶ δίκας δεινότατος γεγονέναι εἰπεῖν. ἐπ' ἀγαθῷ μέντοι τῇ
τῶν λόγων ἰσχύϊ προσεχρῆτο. ὅθεν καὶ Δημόδοκος ὁ Λέριος
τοῦτο αἰνίττεται λέγων·

> ἢν τύχῃς τίνων, δικάζευ τὴν Πριηνίην δίκην.

καὶ Ἱππῶναξ α'· 30

> καὶ δικάζεσθαι Βίαντος τοῦ Πριηνέος κρέσσων.

τοῦτον γοῦν καὶ ἐτελεύτα τὸν τρόπον. δίκην γὰρ ὑπέρ
τινος λέξας ἤδη ὑπέργηρως ὑπάρχων, μετὰ τὸ καταπαῦσαι
τὸν λόγον ἀπέκλινε τὴν κεφαλὴν εἰς τοὺς τοῦ τῆς θυγατρὸς
υἱοῦ κόλπους· εἰπόντος δὲ καὶ τοῦ δι' ἐναντίας καὶ τῶν 35
δικαστῶν τὴν ψῆφον ἐνεγκόντων τῷ ὑπὸ τοῦ Βίαντος

---

29 Demod. fr. 6 W.^{2} = 2 G.-Pr.^{2} **31** Hippon. fr. 12 Degani

---

23 (θᾶττον)–**25** (ἐσθίειν) Suda κ 2464 (III 192.13–5)   **25** (λέγεται)–**31**
Suda β 270 (I 470.20–2)   **31** Suda δ 1055 (II 93.21)   **32** (δίκην)–**39**
(πόλις) Φ 14 (206.2–8)

21 περιχέας BP: περιρράνας Φ   **22** ὁ om. Φ   εἰρήνην om. Φ
23–24 πρὸς Βίαντα τὸν σοφὸν ἵνα θᾶττον παρ' αὐτὸν ἥκοι Suda
23 τὸν om. Φ   **24** δέ om. Suda   **25** ἴσον τῷ κλαίειν BPΦ: tamquam
ex glossemate secl. Huebn. (deest in Suda)   **25–26** δὲ εἰς τὰς δίκας Suda
27 ἐχρῆτο Suda   Δημόδοκος S. Bochart ap. Menag.: δημόδικος BP
Λέριος Erasmus, Adag. III, vi 9 (no. 2509) Heinimann-Kienzle, ASD II 6 (1981)
350.77: ἀλιείριος BP^1(Q): ἀλεί- P^4 **29** τίνων B^{1}P^1(Q): τήνων B^{2}P^4: κρίνων
Z^3 (Frob.). Vid. V. d. Muehll, Kl. Schr. 349 (a. 1965) et B. Gentili, Gnomon 52
(1980) 98   δικάζεο West   **30** ἱππώναξ BP   α' A. Meinicke, Choli-
ambica poiesis Graec. (1845) ad fr. 70: ἃ P: eras. B^x: om. Suda, del. Menag.
31 δικάζεσθαι BP, Suda: -σασθαι Strab. 14.1.12 (636 C.)   πριηνέος B: -έως
P, Strab., Suda βδ   κρέσσων Casaub.: κρεῖσσον (ῖ ex ί B) BP: κρείσσων
Suda βδ: κρέσσον Strab.   tetrametr. agn. Th. Gaisford, Hephaest. (1810)
265   **32** γοῦν BP: οὖν Z (Frob.)   **34** τοῦ om. B   θυγατριδοῦ Φ
36 διενεγκόντων Φ

βοηθουμένῳ, λυθέντος τοῦ δικαστηρίου νεκρὸς ἐν τοῖς κόλποις εὑρέθη. **[85]** καὶ αὐτὸν μεγαλοπρεπῶς ἔθαψεν ἡ πόλις, καὶ ἐπέγραψαν·

40
    κλεινοῖς ἐν δαπέδοισι Πριήνης φύντα καλύπτει
    ἥδε Βίαντα πέτρα, κόσμον Ἴωσι μέγαν.

ἀλλὰ καὶ ἡμεῖς·

    τῇδε Βίαντα κέκευθα, τὸν ἀτρέμας ἤγαγεν Ἑρμῆς
    εἰς Ἀίδην, πολιῷ γήραϊ νιφόμενον.
45
    εἶπε γάρ, εἶπε δίκην ἑτάρου τινός· εἶτ᾽ ἀποκλινθεὶς
    παιδὸς ἐς ἀγκαλίδας μακρὸν ἔτεινεν ὕπνον.

ἐποίησε δὲ περὶ Ἰωνίας, τίνα μάλιστα ἂν τρόπον εὐδαι-
μονοίη, εἰς ἔπη δισχίλια. τῶν δὲ ᾀδομένων αὐτοῦ εὐδοκίμησε τάδε·

50
    ἀστοῖσιν ἄρεσκε πᾶσιν ἐν πόλει αἴ κε μένῃς·
    πλείσταν γὰρ ἔχει χάριν· αὐθάδης δὲ τρόπος
    πολλάκις βλαβερὰν ἐξέλαμψεν ἄταν.

[86] καὶ τὸ μὲν ἰσχυρὸν γενέσθαι τῆς φύσεως ἔργον· τὸ δὲ λέγειν δύνασθαι τὰ συμφέροντα τῇ πατρίδι ψυχῆς ἴδιον καὶ

---

38 (καὶ)–**41**, **47–52** Lobo fr. 5 Gar.   **40–41** Anth. Pal. 7.90; SH 514
43–46 Anth. Pal. 7.91   **47–48** FGrHist 439 T 1   **50–52** SH 525 = fr. 5
Pell.-Ted.

40–41 Pal.; Plan. III^a 28.21   **43–46** Pal.; Plan. III^a 28.22   **50–60**
(ἐνεγκεῖν) Φ 14 (206.10–20)   **53–79** Cf. Gnom. Vat. 148–50, 153–5

37–38 ἐν τοῖς κ. τοῦ παιδὸς Φ   **40** κλεινοῖς B, Pal.: -ῆς P   **41** πέτρα
BP: -η Pal.: πάτρη F. G. Schneidewin, Philologus 1 (1846) 21   **44** ἐς Pal.^C
νιφόμενον P^x, Pal.: νει- P^1, B^2 (ει in ras.): νη- Pal.^C   **45** εὖτε γὰρ εἶπε
Reiske ap. Stadtmueller, sed cf. 9.28 et Gigante 466^{230}   ἑτέρου B   τινος
ἑτάρου Pal.   **47** ἂν B^1P: ὃν B^{2s.l.}   **48** <ἐλεγεῖα> εἰς dub. Gentili-
Prato II 46   **50** ἀρέσκεο Bergk, PLG^3   ἐν πόλει αἴ κε μένῃς PΦ:
ἐμπολιαικεμενης B^1: ἐν πολιᾶ* κεμένοις B^2 (ν^1 in ras. et οις supra ης)
ἐν πόλει < ... > ᾖ κε Casaub., ἧκε Bergk PLG^4, ἅς κε Lloyd-Jones
51 πλείστην Φ   **51–52** solutam orationem put. Marcov., ut vid.
52 πολλάκις βλαβερὰν BΦ: πολλάκι βλ. P: βλαβερὰν πολλάκις
J. A. Hartung, Die Griech. Lyriker I (1856) 52: πολλάκις del. V. d. Muehll:
πολλάκι <δή> βλ. K. Fr. Hermann 371   **53** καὶ om. Φ   τὸ^1 PΦ: τὸν B
δὲ om. Φ

φρονήσεως. εὐπορίαν δὲ χρημάτων πολλοῖς καὶ διὰ τύχην 55
περιγίνεσθαι. ἔλεγε δὲ ἀτυχῆ εἶναι τὸν ἀτυχίαν μὴ φέροντα·
καὶ νόσον ψυχῆς τὸ τῶν ἀδυνάτων ἐρᾶν, ἀλλοτρίων δὲ
κακῶν ἀμνημόνευτον εἶναι <ὑγίειαν>. ἐρωτηθεὶς τί
δυσχερές, 'τὴν ἐπὶ τὸ χεῖρον,' ἔφη, 'μεταβολὴν εὐγενῶς
ἐνεγκεῖν.' συμπλέων ποτὲ ἀσεβέσι, χειμαζομένης τῆς νεὼς 60
κἀκείνων τοὺς θεοὺς ἐπικαλουμένων, 'σιγᾶτε,' ἔφη, 'μὴ
αἴσθωνται ὑμᾶς ἐνθάδε πλέοντας.' ἐρωτηθεὶς ὑπὸ ἀσεβοῦς
ἀνθρώπου τί ποτέ ἐστιν εὐσέβεια, ἐσίγα. τοῦ δὲ τὴν αἰτίαν
τῆς σιγῆς πυθομένου, 'σιωπῶ,' ἔφη, 'ὅτι περὶ τῶν οὐδέν σοι
προσηκόντων πυνθάνῃ.' 65

[87] ἐρωτηθεὶς τί γλυκὺ ἀνθρώποις, 'ἐλπίς,' ἔφη. ἥδιον
ἔλεγε δικάζειν μεταξὺ ἐχθρῶν ἢ φίλων· τῶν μὲν γὰρ φίλων
πάντως ἐχθρὸν ἔσεσθαι τὸν ἕτερον, τῶν δὲ ἐχθρῶν τὸν
ἕτερον φίλον. ἐρωτηθεὶς τί ποιῶν ἄνθρωπος τέρπεται, ἔφη,
'κερδαίνων.' ἔλεγέ τε τὸν βίον οὕτω μετρεῖν ὡς καὶ πολὺν 70
καὶ ὀλίγον χρόνον βιωσομένους, καὶ φιλεῖν ὡς μισήσοντας·
τοὺς γὰρ πλείστους εἶναι κακούς. συνεβούλευέ τε ὧδε·
'βραδέως {τε} ἐγχείρει τοῖς πραττομένοις· ὃ δ' ἂν ἕλῃ,
βεβαίως τηρῶν διάμενε. μὴ ταχὺ λάλει· μανίαν γὰρ ἐμφαίνει.

---

60 (συμπλέων)–**65** Φ 14 (205.12–17)   **66** (ἥδιον)–**69** (φίλον) Φ 14
(205.17–19)   **66** (τί)–**79** Φ 14 (206.20–207.4)   **71** (καὶ)–**72** (κακούς)
Stob. III 1.172 ς 1 (Dem. Phal. fr. 87 SOD = 114 Wehrli); Rec. Mon. Bias 9
73–74 (βραδέως—διάμενε) Stob. ς 3; Rec. Par.₁ Bias 2; Rec. Mon. Bias 1–2
74 (μὴ—ἐμφαίνει) Stob. ς 4; Rec. Par.₁ Bias 3; Rec. Mon. Bias 10

55 πολλοῖς post τύχην transp. Φ   **56** εὐτυχία Gnom. Vat. 153, 'nostra
lectio unice est vera' Sternbach (ad loc.)   **57** τῶν om. Φ   **57–58**
ἀλλοτρίων δὲ κακῶν P: ἀλλότριόν τε κακὸν B: τὸ ἀλλότριον κακὸν Φ
58 ὑγίειαν add. Lapini, Note 227   **59** τὸ τὴν ἐπὶ Φ   **60** τῆς νεὼς
χειμαζομένης Φ   **61** τούς om. Φ   ἐπικαλουμένων BP: -βοωμένων Φ
63 ἀνθρώπου om. Φ   ποτέ om. Φ   **64** πυνθανομένου Φ   **66**
ἐλπίς om. B   **68** ἐχθρὸν πάντως Φ   **70** τε om. Φ   <δεῖν> μετρεῖν
Tauchn.   **71** καὶ² om. Φ   ὡς καὶ Φ   **72** συνεβούλευέ τε ὧδε om. Φ
73 βραδέως τε BPⁱ: τε eras. Pˣ   ἐγχειρεῖν B   μένε Φ

75 φρόνησιν ἀγάπα. **[88]** περὶ θεῶν λέγε ὡς εἰσίν. ἀνάξιον
ἄνδρα μὴ ἐπαίνει διὰ πλοῦτον. πείσας λαβέ, μὴ βιασάμενος.
ὅ τι ἂν ἀγαθὸν πράττῃς, εἰς θεοὺς ἀνάπεμπε. ἐφόδιον ἀπὸ
νεότητος εἰς γῆρας ἀναλάμβανε σοφίαν· βεβαιότερον γὰρ
τοῦτο τῶν ἄλλων κτημάτων.᾽

80 μέμνηται τοῦ Βίαντος καὶ Ἱππῶναξ, ὡς προείρηται, καὶ ὁ
δυσάρεστος Ἡράκλειτος μάλιστα αὐτὸν ἐπήνεκε γράψας·
'ἐν Πριήνη Βίας ἐγένετο ὁ Τευτάμεω, οὗ πλείων λόγος ἢ τῶν
ἄλλων.᾽ καὶ οἱ Πριηνεῖς δὲ αὐτῷ τέμενος καθιέρωσαν τὸ
Τευτάμειον λεγόμενον. ἀπεφθέγξατο· οἱ πλεῖστοι
85 {ἄνθρωποι} κακοί.

---

80 (ὡς προείρηται) supra § 84   **80–81** Heracl. T 719 Mour.   **82** (ἐν)–
83 (ἄλλων) VS 22 B 39 = fr. 100 Marcov.

---

75 (φρόνησιν ἀγάπα) Stob. ς 7; Rec. Par.₁ Bias 6; Rec. Mon. Bias 19
(περὶ—εἰσίν) Stob. ς 8; Rec. Par.₁ Bias 7   **75** (ἀνάξιον)–**76** (πλοῦτον) Stob.
ς 13; Rec. Par.₁ Bias 11; Rec. Mon. Bias 17   **76** (πείσας—βιασάμενος)
Stob. ς 14; Rec. Par.₁ Bias 12; Rec. Mon. Bias 5   **77** (ὅ—ἀνάπεμπε) Stob.
ς 15; Rec. Par.₁ Bias 13; Rec. Mon. Bias 18.

---

78 εἰς γῆρας ἀπὸ νεότητος Φ   γὰρ om. B   **80** ἱππώναξ BP
82 πλέων Cob.   **83** καθιερώσαντο B² (ι in ras. et ᾽) omisso τὸ
84 ἀπεφθέγξατο rec.: ἀν- BP (cf. supra § 63, 73 et infra § 93)   **85**
ἄνθρωποι BP¹: eras. Pˣ (cf. supra **72**).

[89] Κλεόβουλος Εὐαγόρου Λίνδιος, ὡς δὲ Δοῦρις, Κάρ. ἔνιοι δὲ εἰς Ἡρακλέα ἀναφέρειν τὸ γένος αὐτόν. ῥώμῃ δὲ καὶ κάλλει διαφέρειν, μετασχεῖν τε τῆς ἐν Αἰγύπτῳ φιλοσοφίας. γενέσθαι τε αὐτῷ θυγατέρα Κλεοβουλίνην, αἰνιγμάτων ἑξαμέτρων ποιήτριαν, ἧς μέμνηται καὶ Κρατῖνος ἐν τῷ 5 ὁμωνύμῳ δράματι, πληθυντικῶς ἐπιγράψας. ἀλλὰ καὶ τὸ ἱερὸν τῆς Ἀθηνᾶς ἀνανεώσασθαι αὐτὸν <τὸ> ἀπὸ Δαναοῦ. οὗτος ἐποίησεν ᾄσματα καὶ γρίφους εἰς ἔπη τρισχίλια.

  καὶ τὸ ἐπίγραμμά τινες τὸ ἐπὶ Μίδᾳ τοῦτόν φασι ποιῆσαι·   10

     χαλκῆ παρθένος εἰμί, Μίδου δ' ἐπὶ σήματι κεῖμαι.
     ἔστ' ἂν ὕδωρ τε ῥέῃ καὶ δένδρεα μακρὰ τεθήλῃ,
[90]   ἠέλιός τ' ἀνιὼν λάμπῃ, λαμπρά τε σελήνη,
     καὶ ποταμοὶ ῥείωσιν, ἀνακλύζῃ δὲ θάλασσα,

1–8 Cleobulina test. 13 Matelli (Aevum 71 [1997] 11–61)   1 (Κλεόβουλος— Κάρ) Duris FGrHist 76 F 77   (Κλεόβουλος—Λίνδιος), 4 (γενέσθαι)–6 (ἐπιγράψας) Cratin. fr. 91 K.-A.   8 (οὗτος—τρισχίλια), 34–37, 61–62 Lobo fr. 6 Gar.   11–16 IGmetr. 233   11–12, 15–16 Anth. Pal. 7.153

1–5 (ποιήτριαν), 8 (οὗτος—τρισχίλια), 34–35, 40 (ἔλεγέ)–42 (ποιεῖν), 55–59 (ἑβδομήκοντα), 63–68 (πελαγία) Suda κ 1719 (III 127.28–128.4) 8 (οὗτος)–16 Φ 15 (207.6–14)   11–12, 15–16 Pal.; Plan. III[b] 6.1

Ante 1 tit. κλεόβουλος P[x]   2 ῥώμῃ P: γνώμῃ B   3 τε om. B   7 τὸ add. Casaub., κτισθὲν add. rec. (cf. Martini I 118)   ἀπὸ BP: ὑπὸ rec. 8 ᾄσματα BPF: αἰνίγματα O. Jahn, Philologus 28 (1869) 4, fort. recte. Vid. Garulli, Lobone 62   9 ἐπὶ μίδα BP: εἰς τὸν μίδαν Φ   11 μίδου BPΦ, Cert. Hom. Hes. 15 (43.6–11 Wil.), Philop., in Arist. An. post. 156.16–21 Wallies: -α Plat., Phdr. 264 d, Favor., Cor. 38, Pal., Plan., Σ 59: μίδεω Ps.-Hdt., Vita Hom. 11 (7.30–8.3 Wil.)   σήματος ἧμαι Cert.   12 ἔστ' BPΦ, Favor., Ps.-Longin. 36.2, Sext. Emp., PH 2.37 et Math. 8.184, Philop., Vita, Pal.: ἔς τ' Sext. Emp., Math. 1.28, Cert.: εὖτ' GV 1945.2 (= SGO 16/31/ 05.2), Plan., Σ: ὄφρ' Plat., Lib., or. 17.34   ῥέῃ BP, Favor., Ps.-Longin., Sext. Emp., PH et Math. 8, Vita: νάῃ Φ, Plat., Sext. Emp., PH et Math. 1, Lib., Philop., Pal., Plan., Σ, Cert.   13–14 ordine inverso Cert.   14 ῥείωσιν Roeper (1848) 43: ῥέωσιν BPΦ: γε ῥέωσιν rec.: πλήθωσι Cert.   ἀνακλύζῃ P, Vita: -κλύζει B: -βλύζῃ Φ: περικλύζῃ Cert.: ἀναβρύζῃ J. Rodríguez Somolimos, Emerita 58 (1990) 227–30 ex GV 1945.3 (= SGO 16/31/05.3)

15 αὐτοῦ τῇδε μένουσα πολυκλαύτῳ ἐπὶ τύμβῳ,
 ἀγγελέω παριοῦσι, Μίδας ὅτι τῇδε τέθαπται.

 φέρουσι δὲ μαρτύριον Σιμωνίδου ᾆσμα, ὅπου φησί·

 τίς κεν αἰνήσειε νόῳ πίσυνος Λίνδου ναέταν Κλεόβουλον,
 ἀενάοις ποταμοῖς ἄνθεσί τ' εἰαρινοῖς
20 ἀελίου τε φλογὶ χρυσέας τε σελάνας
 καὶ θαλασσαίαισι δίναισ' ἀντί<α> θέντα μένος στάλας;
 ἅπαντα γάρ ἐστι θεῶν ἥσσω· λίθον δὲ
 καὶ βρότεοι παλάμαι θραύοντι· μωροῦ
 φωτὸς ἅδε βούλα.

25 οὐ γὰρ εἶναι Ὁμήρου τὸ ἐπίγραμμα, πολλοῖς ἔτεσι
προέχοντος, φασί, τοῦ Μίδα.

 φέρεται δ' αὐτοῦ ἐν τοῖς Παμφίλης Ὑπομνήμασι καὶ
αἴνιγμα τοῖον·

[91] εἷς ὁ πατήρ, παῖδες δὲ δυώδεκα· τῶν δὲ ἑκάστῳ
30 παῖδες <δὶς> τριάκοντα διάνδιχα εἶδος ἔχουσαι·
 αἱ μὲν λευκαὶ ἔασιν ἰδεῖν, αἱ δ' αὖτε μέλαιναι·
 ἀθάνατοι δέ τ' ἐοῦσαι, ἀποφθινύθουσιν ἅπασαι.

18–24 Simon. PMG 581 = fr. 262 Poltera **27–33** Pamphil. fr. 4 Cagn.
27 Erinna fr. °°13 Neri

15–16 Suda α 4531 (I 423.28–9) = μ 1036 (III 393.28–9) **27–33** Φ 15
(207.15–208.4) **29–30** (τριάκοντα) Suda κ 1718 (III 127.26–7)

15 πολυκλαύτῳ BPΦ: -κλαύστῳ rec., Plan., Σ: -κλαύτου . . . τύμβου Plat.,
Vita ἐνὶ Philop. **16** ἀγγελέων Suda α (codd. GIVM): σημανέω Cert.
μίδης Philop., Cert. **18** νόῳ Hermann ap. Huebn. I 63ᵍ: νῶ BP **20**
χρυσέας Hermann ap. Huebn. I 63ʲ: -ᾶς BP σελάνας rec.: σα- BP **21**
θαλασσαίαισι B: -έαισι P δίναις BP: -νης rec. ἀντία θέντα Bergk,
PLG (fr. 57): ἀντιθέντα BP στάλας Pⁱ(Q): στή- P⁴ (στή in ras.): τάλας B
23 βρότεοι Hermann ap. Huebn. I 63ᵐ: -ειοι P: -ιοι B **26** τοῦ
Μίδα Cob.: τὸν μίδαν PB²: τ. μίδα Bⁱ (sic) **28** τοίονδε Φ **29** δὲ
δυώδεκα BP, Suda: δὲ om. Φ: δυωκαίδεκα Pal.: δυο- rec. δέ θ' ἑκάστῃ
Pal. **30** παῖδες BPΦ, Pal., Suda κούραι corr. Canter conl. Stob. 3.8.37
(I 99.16–20 Wachsmuth, ubi κᾶρα cod. F: κά- cod. P) δὶς add. M. Gudius
ap. Menag. τριάκοντα Φ, Suda: τριή- BP, Pal.: ἑξή- Stob. διάνδιχα
BPΦ, Pal.: -διχη Stob. **31** αὖτε PΦ, Pal.: αὐταὶ B: αὖται Stob.
32 ἀθάνατοι BPΦ, Pal.: -ται Stob. τ' ἐοῦσαι B, Pal.: τε οὖσαι PΦ

ἔστι δ᾽ ὁ ἐνιαυτός.
τῶν δὲ ᾀδομένων εὐδοκίμησεν αὐτοῦ τάδε·

ἀμουσία τὸ πλέον μέρος ἐν βροτοῖσι   35
λόγων τε πλῆθος· ἀλλ᾽ ὁ καιρὸς ἀρκέσει.
φρόνει τι κεδνόν· μὴ μάταιος ἁ χάρις γενέσθω.

ἔφη δὲ δεῖν συνοικίζειν τὰς θυγατέρας, παρθένους μὲν
τὴν ἡλικίαν τὸ δὲ φρονεῖν γυναῖκας· ὑποδεικνὺς ὅτι δεῖ
παιδεύεσθαι καὶ τὰς παρθένους. ἔλεγέ τε τὸν φίλον δεῖν   40
εὐεργετεῖν, ὅπως μᾶλλον ᾖ φίλος· τὸν δὲ ἐχθρὸν φίλον
ποιεῖν. φυλάσσεσθαι γὰρ τῶν μὲν φίλων τὸν ψόγον, τῶν δὲ
ἐχθρῶν τὴν ἐπιβουλήν. [92] καὶ ὅταν τις ἐξίῃ τῆς οἰκίας,
ζητείτω πρότερον τί μέλλει πράσσειν· καὶ ὅταν εἰσέλθῃ
πάλιν, ζητείτω τί ἔπραξε. συνεβούλευέ τε εὖ τὸ σῶμα   45
ἀσκεῖν· φιλήκοον εἶναι μᾶλλον ἢ φιλόλαλον· φιλομαθῆ
μᾶλλον ἢ ἀμαθῆ· γλῶσσαν εὔφημον ἴσχειν· ἀρετῆς οἰκεῖον
εἶναι, κακίας ἀλλότριον· ἀδικίαν φεύγειν· πόλει τὰ βέλτιστα

35–37 SH 526

38–58 Φ 15 (208.5–25)   **40** (τὸν—εὐεργετεῖν) Rec. Mon. Cleob. 4   **45**
(εὖ τὸ σῶμα ἀσκεῖν) Stob. III 1.172 α 3 (Dem. Phal. fr. 87 SOD = 114 Wehrli);
Rec. Par.₁ Cleob. 3–4   **46** (φιλήκοον—φιλόλαλον) Stob. α 4; Rec. Par.₁
Cleob. 5a; Rec. Mon. Cleob. 5   **46–47** (φιλομαθῆ—ἀμαθῆ) Stob. α 5; Rec.
Par.₁ Cleob. 5b-6; Rec. Mon. Cleob. 6   **47** (γλῶσσαν—ἴσχειν) Stob. α 6;
Rec. Par.₁ Cleob. 7; Rec. Mon. Cleob. 7   **47** (ἀρετῆς)–**48** (ἀλλότριον)
Stob. α 7; Rec. Par.₁ Cleob. 8; Rec. Mon. Cleob. 8   **48** (ἀδικίαν φεύγειν)
Stob. α 8; Rec. Par.₁ Cleob. 10; Rec. Mon. Cleob. 10   **48–49** (πόλει—
συμβουλεύειν) Stob. α 9; Rec. Par.₁ Cleob. 11–2

---

35 μέρος secl. Wil., Kl. Schr. IV 389 (a. 1925)   βροτοῖσι P, γρ B²ᵐᵍ:
βροντοῖσιν B¹   **37** φρόνει τι BP: φρονεῖν τί rec.: φρονοῦντι Diels ad
Reiske 306 cum prioribus coniungens: φρονέοντι Pellizer-Tedeschi   ἁ
χάρις P: ἄχαρις B   γενέσθω B: γι- P   **39** τὸ PΦ: τῶ B   δὲ φρονεῖν
B: φρ. δὲ P: δὲ φρόνημα Φ   **40** ἔλεγέ τε om. Φ   **41** φίλος BPΦ: -ον
rec.   **42** γὰρ BP: om. Φ: δὲ Roeper (1848) 44   ψόγον BPΦ: φθόνον
Nauck, Mél. Gr.-R. III (1893) 329. Vid. Sternbach ad Gnom. Vat. 370
43 ἐξίοι P   **44** ζητείτω πάλιν Φ   **46** φιλόλαλον B² (λον in ras.), PΦ:
πολύ- Stob.   **46–47** φιλομαθῆ—ἀμαθῆ secl. Cob.   πολυμαθῆ Stob.
48 βέλτιστα BP: βελτίονα Φ

συμβουλεύειν· ἡδονῆς κρατεῖν· βίᾳ μηδὲν πράττειν· τέκνα
50 παιδεύειν· ἔχθραν διαλύειν. γυναικὶ μὴ φιλοφρονεῖσθαι,
μηδὲ μάχεσθαι, ἀλλοτρίων παρόντων· τὸ μὲν γὰρ ἄνοιαν,
τὸ δὲ μανίαν σημαίνει. οἰκέτην παρ' οἶνον μὴ κολάζειν,
δοκεῖν γὰρ <ἂν> παροινεῖν. γαμεῖν ἐκ τῶν ὁμοίων· ἂν γὰρ
ἐκ τῶν κρειττόνων λάβῃς, φησί, δεσπότας κτήσῃ τοὺς
55 συγγενέας. [93] μὴ ἐπιγελᾶν τοῖς σκωπτομένοις·
ἀπεχθήσεσθαι γὰρ τούτοις. εὐτυχῶν μὴ ἴσθι ὑπερήφανος·
ἀπορήσας μὴ ταπεινοῦ. τὰς μεταβολὰς τῆς τύχης γενναίως
ἐπίστασο φέρειν.

ἐτελεύτησε δὲ γηραιός, ἔτη βιοὺς ἑβδομήκοντα· καὶ αὐτῷ
60 ἐπεγράφη·

ἄνδρα σοφὸν Κλεόβουλον ἀποφθίμενον καταπενθεῖ
ἥδε πάτρα Λίνδος πόντῳ ἀγαλλομένη.

ἀπεφθέγξατο· μέτρον ἄριστον. καὶ Σόλωνι ἐπέστειλεν
οὕτω·

61–62 Anth. Pal. 7.618; SH 515 = fr. 6 Pell.-Ted.

---

49 (ἡδονῆς κρατεῖν) Stob. α 10; Rec. Par.₁ Cleob. 13; Rec. Mon. Cleob. 13
49 (βίᾳ—πράττειν) Stob. α 11; Rec. Mon. Cleob. 15   **49–50** (τέκνα
παιδεύειν) Stob. α 12; Rec. Mon. Cleob. 16   **50** (ἔχθραν διαλύειν)
Stob. α 14   **50** (γυναικὶ)–**52** (σημαίνει) Stob. α 16; Rec. Par.₁ Cleob. 16
52 (οἰκέτην)–**53** (παροινεῖν) Stob. α 17; Rec. Par.₁ Cleob. 17; Rec. Mon.
Cleob. 17   **53** (γαμεῖν)–**55** (συγγενέας) Stob. α Cleob. 18; Rec. Par.₁
Cleob. 18; Rec. Mon. Cleob. 19   **55** (μὴ)–**56** (τούτοις) Stob. α Cleob. 19;
Rec. Par.₁ Cleob. 19; Rec. Mon. Cleob. 20   **56** (εὐτυχῶν)–**57** (ταπεινοῦ)
Stob. α 20; Rec. Par.₁ Cleob. 20; Rec. Mon. Cleob. 21   **57–58** (τὰς—
φέρειν) Rec. Mon. Cleob. 22   **61–62** Pal.

---

50 διαδύειν B   **52** σημαίνειν Roeper (1848) 44   παρ' οἶνον Roeper:
πάροινον ΒΡΦ: μεθύοντα(ς) Stob.   **53** δοκεῖν Β¹ΡΦ: δοκεῖ Β²: εἰ δὲ
μή, δόξεις Stob. 'an δόξειν? cf. Stob.' V. d. Muehll   ἂν add. Cob.
συμπαροινεῖν Φ 'recte, etsi hoc verbum deest in lexicis' Biedl 114   **54**
φησί om. Φ   **56** ἴσθι ΒΡ: ἔσο Φ Suda   **61** ἀποφθιμένου Pal.
κατακεύθει Roeper (1870) 575   **63** ἀπεφθέγξατο Ζ³ (Frob.): -φήνατο ΒΡ,
Suda   πάντων μέτρον Suda

CLEOBULUS

Κλεόβουλος Σόλωνι 65

πολλοὶ μέν τιν εἰσὶν ἑταῖροι καὶ οἶκος πάντη· φαμὶ δὲ
ἐγὼν ποτανεστάταν ἐσεῖσθαι Σόλωνι τὰν Λίνδον
δαμοκρατειμέναν. καὶ ἁ νᾶσος πελαγία, ἔνθα οἰκέοντι οὐδὲν
δεινὸν ἐκ Πεισιστράτω. καὶ τοὶ ἑταῖροι δὲ ἑκάστοθεν πάρ τυ
βασοῦνται. 70

65–70 Hercher 207.

66 τιν Casaub.: τινὲς B²P¹, Suda: τύνη Pˣ: τίνη V. d. Muehll   εἰσὶν B²P¹,
Suda: ἔασιν Pˣ: ἐντὶ V. d. Muehll   ἑταῖροι P, Suda: ἔτε- B: ἔτα- Cob.:
ἑτά- rec.   πάντη Suda: παντὶ BP   δ' ἐγὼ Suda   **67** ποτανεστάταν
G. Koen, Greg. Corinth. De dialect. (1766) 85: ποτανιωτατάταν (sic) B: ποτ'
ἀνιωτάταν P¹ (τ' ἀνιω in ras.): ποτνιωτάταν Suda: ποτανιωτάταν Z
(Frob.) ('hoc est, πρὸς τὰς ἀνίας μάλιστα ποιοῦσαν' Menag.): ποθεινο-
Ae. Portus, Suidas I (1619) 1468   ἔσεσθαι Suda   **68** δαμοκρατειμέναν
B: -τεομέναν P: -τεῖν μὲν οὖν Suda: -τευμέναν I. Toup, Emend. in Suid.
(1760) 98   οἰκέοντι P: οἰκεντι B: οἰκέντι V. d. Muehll   **69** πισιστράτω
B: πεισιστράτου P   καίτοι B   ἑταῖροι P: ἔτε- B: ἔτα- Cob.: ἑτά- Steph.
πάρ τυ Porson, Adv. (1812) 282: παρτυ B: πάρ τοι P.

127

[94] Περίανδρος Κυψέλου Κορίνθιος ἀπὸ τοῦ τῶν
Ἡρακλειδῶν γένους. οὗτος γήμας Λυσίδην, ἣν αὐτὸς
Μέλισσαν ἐκάλει, τὴν Προκλέους τοῦ Ἐπιδαυρίων
τυράννου καὶ Ἐρισθενείας τῆς Ἀριστοκράτους παιδός,
5 ἀδελφῆς δὲ Ἀριστομήδους θυγατέρα, οἳ σχεδὸν πάσης
Ἀρκαδίας ἐπῆρξαν, ὥς φησιν Ἡρακλείδης ὁ Ποντικὸς ἐν τῷ
Περὶ ἀρχῆς, παῖδας ἐξ αὐτῆς ἐποίησε δύο, Κύψελον καὶ
Λυκόφρονα· τὸν μὲν νεώτερον συνετόν, τὸν δὲ πρεσβύτερον
ἄφρονα. χρόνῳ δὴ ὑπ᾽ ὀργῆς βαλὼν ὑποβάθρῳ ἢ λακτίσας
10 τὴν γυναῖκα ἔγκυον οὖσαν ἀπέκτεινε, πεισθεὶς διαβολαῖς
παλλακίδων, ἃς ὕστερον ἔκαυσε.

τόν τε παῖδα ἀπεκήρυξεν εἰς Κέρκυραν λυπούμενον ἐπὶ
τῇ μητρί, ᾧ ὄνομα Λυκόφρων. [95] ἤδη δὲ ἐν γήρᾳ
καθεστὼς μετεπέμπετο αὐτὸν ὅπως παραλάβῃ τὴν
15 τυραννίδα· ὃν φθάσαντες οἱ Κερκυραῖοι διεχρήσαντο. ὅθεν
ὀργισθεὶς ἔπεμψε τοὺς παῖδας αὐτῶν πρὸς Ἀλυάττην ἐπ᾽
ἐκτομῇ· προσσχούσης δὲ τῆς νεὼς Σάμῳ, ἱκετεύσαντες τὴν
Ἥραν ὑπὸ τῶν Σαμίων διεσώθησαν.

καὶ ὃς ἀθυμήσας ἐτελεύτησεν, ἤδη γεγονὼς ἔτη
20 ὀγδοήκοντα. Σωσικράτης δέ φησι πρότερον Κροίσου
τελευτῆσαι αὐτὸν ἔτεσι τετταράκοντα καὶ ἑνί, <τρισὶ> πρὸ

1–96 Periand. test. 9 G.-Pr.[2] **1–9** (ἄφρονα) Heracl. Pont. fr. 28 Sch. =
144 W. **19–22** (Ὀλυμπιάδος) Apollod. FGrHist 244 F 332a **20**
(Σωσικράτης)–**22** (Ὀλυμπιάδος) Sosicr. fr. 6 Giannat. **20** Κροίσου] i.e.
anno 546 **21–22** i.e. anno 584

---

9 (χρόνῳ)–**11** (παλλακίδων) Suda υ 447 (IV 666.21–3) **11–15**
(διεχρήσαντο) Φ 16 (209.15–8)

Ante **1** tit. περίανδρος Pˣ **2** λυσίδην BP: Λυσιδίκην Reiske 307 et
Roeper (1848) 45 Λυσ. (Ἡρόδοτος Μέλ. καλεῖ) Menag. (conl. Hdt. 3.50)
5 ἀριστομήδους BP¹(Q): -δήμου P⁴ (δήμου in ras.) **6** ἀρκαδίας BPⁱˢˡ:
ἡρακλείας P¹ **9** ὑποβάθρῳ ἢ B¹P: ὑποβάθρων B² (omisso ἢ et ν in ras.):
ἢ non vid. legisse Suda **11** παλακίδων P¹, Suda ἔκαυσε P⁴: ἔκλαυσε
BP¹ **14** παραλάβοι Cob. **15** ὀθάσαντες B **16** ἀλυάτην P¹:
-άττη B **17** προσσχούσης P: προσεχούσης B (οὐ in ras.) **19** ante
καὶ distinxit Menag. Vid. Diels, Chron. Unters. 19–21 **21** τρισὶ add. E.
Schwartz, Abh. Goettingen 40 (1894) 73¹. Vid. Lapini, Eraclide 153–4 et
Goulet 132⁶

τῆς τεσσαρακοστῆς ἐνάτης Ὀλυμπιάδος. τοῦτον Ἡρόδοτος
ἐν τῇ πρώτῃ ξένον φησὶν εἶναι Θρασυβούλῳ τῷ Μιλησίων
τυράννῳ.

[96] φησὶ δὲ Ἀρίστιππος ἐν πρώτῳ Περὶ παλαιᾶς   25
τρυφῆς περὶ αὐτοῦ τάδε, ὡς ἄρα ἐρασθεῖσα ἡ μήτηρ αὐτοῦ
Κράτεια συνῆν αὐτῷ λάθρα· καὶ ὃς ἥδετο. φανεροῦ δὲ
γενομένου βαρὺς πᾶσιν ἐγένετο διὰ τὸ ἀλγεῖν ἐπὶ τῇ φώρα.
ἀλλὰ καὶ Ἔφορος ἱστορεῖ ὡς εὔξαιτο, εἰ νικήσειεν Ὀλύμπια
τεθρίππῳ, χρυσοῦν ἀνδριάντα ἀναθεῖναι· νικήσας δὲ   30
καὶ ἀπορῶν χρυσίου, κατά τινα ἑορτὴν ἐπιχώριον
κεκοσμημένας ἰδὼν τὰς γυναῖκας πάντα ἀφείλετο τὸν
κόσμον, καὶ ἔπεμψε τὸ ἀνάθημα.

λέγουσι δέ τινες ὡς θελήσας αὐτοῦ τὸν τάφον μὴ γνωσ-
θῆναι, τοιοῦτόν τι ἐμηχανήσατο. δυσὶν ἐκέλευσε νεανίσκοις,   35
δείξας τινὰ ὁδόν, ἐξελθεῖν νύκτωρ καὶ τὸν ἀπαντήσαντα
ἀνελεῖν καὶ θάψαι· ἔπειτα βαδίζειν ἄλλους τε κατὰ τούτων
τέτταρας, καὶ ἀνελόντας θάψαι· πάλιν τε κατὰ τούτων
πλείονας. καὶ οὕτως αὐτὸς τοῖς πρώτοις ἐντυχὼν ἀνῃρέθη.
Κορίνθιοι δὲ ἐπί τι κενοτάφιον ἐπέγραψαν αὐτῷ τόδε·   40

[97] πλούτου καὶ σοφίας πρύτανιν πατρὶς ἥδε Κόρινθος
    κόλποις ἀγχιάλοις γῆ Περίανδρον ἔχει.

22–24 Hdt. 1.20   **25–28** (φώρᾳ) ps.-Aristipp. fr. 1 Dor.   **29** (ἀλλὰ)–**33**
Ephor. FGrHist 70 F 178   **40** (Κορίνθιοι)–**42**, **49–50** (ἐποίησε—
δισχίλια) Lobo fr. 7 Gar.   **41–42** Anth. Pal. 7.619; SH 516

26 (ἐρασθεῖσα)–**39** (ἀνῃρέθη) Φ 16 (209.2–15)   **41–42** Pal.

22 τῆς om. B   **28** ἀλγεῖν BP: ἀσελγαίνειν Φ (omissis ἐπὶ τῇ φ.)
φωρᾶι P¹(Q): χώραι P⁴ (χώ in ras.): χῶρα B: ἐκφωρᾷ T. Faber ap. Menag. (de
accentu, vid. J. Hammerstaedt, Oenomaus [1993] 34–8)   **30** ἀναθεῖναι
PΦ: -θείη B   ἀναθεῖναι ἀνδριάντα Φ   **31** ἐπιχώριον om. Φ   **32** τὰς
τῶν ἐπιχωρίων γυναῖκας Φ   **36** νύκτωρ ἐξελθεῖν Φ   **37** Φ post
βαδίζειν habet πάλιν δὲ ἄλλους κατὰ τούτων ἔπεμψε τέτταρας· ὥστε
ἀνελόντας τοὺς δύο θάψαι· καὶ αὖθις κατὰ τούτων πλείονας   ἄλλους τε
BP: πάλιν τε ἄλλους Marcov. ex Φ   **38** ἀνελόντας <τοὺς δύο> Marcov.
ex Φ   **40** δὲ B: δ᾽ P   **41** σοφίας BP¹(Q), Pal.: -ης Pˣ   πρύτανις P³
(ς s.l.)   **42** ἀγχιάλοις BP, Pal.: ἀγχίαλος F. Jacobs, Animadv. III 2, 150:
ἀμφιάλοις Roeper (1848) 45: ἀγχιάλου γῆς Brunck, Anal. III 258. Vid.
Garulli, Lobone 78–80

ἔστι καὶ ἡμῶν·

μή ποτε λυπήσῃ σε τὸ μή σε τυχεῖν τινος· ἀλλὰ
45   τέρπεο πᾶσιν ὁμῶς οἷσι δίδωσι θεός.
    καὶ γὰρ ἀθυμήσας ὁ σοφὸς Περίανδρος ἀπέσβη,
    οὕνεκεν οὐκ ἔτυχε πρήξιος ἧς ἔθελεν.

τούτου ἐστὶ καὶ τὸ· μηδὲν χρημάτων ἕνεκα πράττειν· δεῖν
γὰρ τὰ κερδαντὰ κερδαίνειν. ἐποίησε δὲ καὶ ὑποθήκας εἰς
50 ἔπη δισχίλια. εἶπέ τε τοὺς μέλλοντας ἀσφαλῶς τυραννήσειν
τῇ εὐνοίᾳ δορυφορεῖσθαι, καὶ μὴ τοῖς ὅπλοις. καί ποτε
ἐρωτηθεὶς διὰ τί τυραννεῖ, ἔφη, 'ὅτι καὶ τὸ ἑκουσίως
ἀποστῆναι καὶ τὸ ἀφαιρεθῆναι κίνδυνον φέρει.' ἔλεγε δὲ καὶ
τάδε· καλὸν ἡσυχία· ἐπισφαλὲς προπέτεια· κέρδος αἰσχρὸν
55 < ... >· δημοκρατία κρεῖττον τυραννίδος· αἱ μὲν ἡδοναὶ
φθαρταί, αἱ δὲ τιμαὶ ἀθάνατοι· εὐτυχῶν μὲν μέτριος ἴσθι,
δυστυχῶν δὲ φρόνιμος· **[98]** φίλοις εὐτυχοῦσι καὶ ἀτυχοῦσι
ὁ αὐτὸς ἴσθι· ὃ ἂν ὁμολογήσῃς, διατήρει· λόγων

44–47 Anth. Pal. 7.620

44–47 Pal.   **44** Suda π 1067 (IV 91.18–22)   **44–63** (βουλομένους) Φ 16
(209.19–210.11)   **54** (καλὸν ἡσυχία) Stob. III 1.172 ζ 2 (Dem. Phal. fr. 87
SOD = 114 Wehrli); Rec. Par.₁ Per. 2; Rec. Mon. Per. 14   (ἐπισφαλὲς—
προπέτεια) Stob. ζ 3; Rec. Par.₁ Per. 3; Rec. Mon. Per. 3   (κέρδος αἰσχρόν)
Stob. ζ 4–5; Rec. Par.₁ Per. 4; Rec. Mon. Per. 4   **55** (δημοκρατία—τυ-
ραννίδος) Stob. ζ 6; Rec. Par.₁ Per. 5   **55** (αἱ)–**56** (ἀθάνατοι) Stob. ζ 7; Rec.
Par.₁ Per. 6; Rec. Mon. Per. 5   **56–57** (εὐτυχῶν—φρόνιμος) Stob. ζ 8; Rec.
Par.₁ Per. 7; Rec. Mon. Per. 6   **57** (φίλοις)–**58** (ἴσθι) Stob. ζ 12; Rec. Par.₁
Per. 11; Rec. Mon. Per. 8   **58** (ὃ—διατήρει) Stob. ζ 13; Rec. Par.₁ Per. 12
58 (λόγων)–**59** (ποιοῦ) Stob. ζ 14; Rec. Par.₁ Per. 13; Rec. Mon. Per. 12

---

44 λυπήσει B   μή τυχεῖν σε Φ   **47** ἔτυχε BPΦ, Suda: -χεν Pal.   ἧς
P: ἦν B, Pal.ᶜ: ἦν Pal.   ἔθελεν ΒΦ, Suda: -λε P   **48** μηδὲν ἄγαν μηδὲν Φ
49 τὰ κερδαντὰ BPˣ: τ' ἀκέρδαντα Pⁱ (cf. Diels ad VS 10 ζ 4): τὰ κέρδους
ἄξια Φ   **50** τε <δεῖν> Marcov. ex Gnom. Vat. 451   **51** τῇ <τῶν
πολιτῶν> Marcov. ex Isoc., Hel. 37 (τῇ τῶν πολιτῶν εὐνοίᾳ
δορυφορούμενος) καί ποτε om. Φ   **53–54** δὲ καὶ τάδε om. Φ   **54**
κέρδος αἰσχρόν om. Φ   post αἰσχρόν spatium vacuum 7 litt. in P: φύσεως
κατηγορία Stob., Rec. Par.₁: μεγάλη κατ. Rec. Mon.   'deest φύσεως
κατηγορία, quod apud Stob. III 1, 172; 124 H. legitur' V. d. Muehll, Marcov.
55 κρεῖττον BP: κρείσσων Φ   **56** φθαρταί BPΦ, Rec. Par.₁: θνηταί Stob.,
Rec. Mon.   μὲν om. Φ   **58** ὁ om. B¹, suppl. B²ˢ·ˡ·   ὁμολογήσῃς Stob.,
Rec. Par.₁: -γῆς BPΦ

ἀπορρήτων ἐκφορὰν μὴ ποιοῦ· μὴ μόνον τοὺς
ἁμαρτάνοντας, ἀλλὰ καὶ τοὺς μέλλοντας κόλαζε.   60
οὗτος πρῶτος δορυφόρους ἔσχε, καὶ τὴν ἀρχὴν εἰς
τυραννίδα μετέστησε· καὶ οὐκ εἴα ἐν ἄστει ζῆν τοὺς
βουλομένους, καθά φησιν Ἔφορος καὶ Ἀριστοτέλης. ἤκμαζε
δὲ περὶ τὴν τριακοστὴν ὀγδόην Ὀλυμπιάδα, καὶ
ἐτυράννευσεν ἔτη τετταράκοντα.   65
Σωτίων δὲ καὶ Ἡρακλείδης καὶ Παμφίλη ἐν τῷ πέμπτῳ
τῶν Ὑπομνημάτων δύο φασὶ Περιάνδρους γεγονέναι, τὸν
μὲν τύραννον, τὸν δὲ σοφὸν καὶ Ἀμβρακιώτην. **[99]** τοῦτο
καὶ Νεάνθης φησὶν ὁ Κυζικηνός, ἀνεψιούς τε εἶναι ἀλλήλοις.
καὶ Ἀριστοτέλης μέν φησι τὸν Κορίνθιον εἶναι τὸν σοφόν·   70
Πλάτων δὲ οὔ φησιν.
τούτου ἐστί· μελέτη τὸ πᾶν. ἤθελε δὲ καὶ τὸν Ἰσθμὸν
διορύξαι. φέρεται δὲ αὐτοῦ καὶ ἐπιστολή·

Περίανδρος τοῖς Σοφοῖς

πολλὰ χάρις τῷ Πυθοῖ Ἀπόλλωνι †ὅτ' ὕησεν† ἐλθόντας   75
†αυτει ηξοῦντι† καὶ ἐς Κόρινθον ταὶ ἐμαὶ ἐπιστολαί. ἐγὼν δὲ
ὑμᾶς ἀποδέχομαι, ὡς ἴσετε αὐτοί, ὅτι δαμοτικώτατα.
πεύθομαι ὡς πέρυτι ἐγένετο ὑμῶν ἁλία παρὰ τὸν Λυδὸν ἐς

62–63 Ephor. FGrHist 70 F 179   **63** Arist. fr. 516 R.³   **63–65** Apollod.
FGrHist 244 F 332b   **64** i.e. a. 628–624   **66–70** Arist. fr. 517 R.³
66–68 Sotion fr. 2 W.   Heracl. Pont. fr. 29 Sch. = 145 W.   Pamphil. fr. 5
Cagnazzi   **68** (τοῦτο)–**69** (ἀλλήλοις) Neanth. FGrHist 84 F 19   **71**
(Πλάτων) Plat., Prot. 343a   **74–87** Hercher 408

---

59 (μὴ)–**60** (κόλαζε) Stob. ζ 17; Rec. Par.₁ Per. 16

---

65 ἐτυράννευσεν BP: -ησεν rec.   **67** φασὶ P: φησὶ B   **68**
ἀμπρακιώτην P, 'quid D. L. scripserit incertum' V. d. Muehll   **70** φησιν
post κορίνθιον P   **73** (φέρεται—ἐπιστολή) BP: φέρονται . . . ἐπιστολαί
Menag.: φέρεται . . . ἐπιστόλια Roeper (1848) 45   **75** ἀπόλλω P¹, νι
add. P^{il.s.l.}   o cum fenestra B¹: ὅτ' ὕησεν explevit B²: ὅτ' ἵησεν P^{xmg}: ὅτ' εἰς ἓν
P¹ in textu: τοῦ εἰς ἓν rec.   **76** αυτει ἤξουντι (" B²) B: αὐτεῖ ἤξουντι P:
αὐτεῖ, ἀξοῦντι Casaub.: εὑρεῖν. ἀξοῦντί τε Cob.   ταὶ rec.: τε BP   ἐγὼ B
77 ὑποδέχομαι dub. Reiske 307, ἀποδέξομαι Menag.   ἴσετε P:
-ται B: ἴστε Cob., 'sed sensus debet esse 'videbitis' (εἴσετε?)' V. d. Muehll
78 ἀλιαπαράτον B

131

Σάρδεις. ἤδη ὦν μὴ ὀκνῆτε καὶ παρ᾽ ἐμὲ φοιτὲν τὸν
80 Κορίνθου τύραννον. ὑμᾶς γὰρ καὶ ἄσμενοι ὄψονται
Κορίνθιοι φοιτέντας ἐς οἶκον τὸν Περιάνδρω.

Περίανδρος Προκλεῖ

[100] ἐμὶν μὲν ἀκούσιον τᾶς δάμαρτος τὸ ἄγος· τὺ δὲ
ἑκὼν τῷ παιδί με ἀπὸ θυμοῦ ποιήσαις ἀδικῆς. ἢ ὦν παῦσον
85 τὰν ἀπήνειαν τῶ παιδός, ἢ ἐγώ τὺ ἀμυνοῦμαι. καὶ γὰρ δὴν
καὶ αὐτὸς ποινὰς ἔτισα τὶν τᾷ θυγατρί, κατακαύσαις αὐτᾷ
καὶ τὰ πασᾶν Κορινθιᾶν εἵματα.
ἔγραψε δὲ αὐτῷ καὶ Θρασύβουλος οὕτως·

Θρασύβουλος Περιάνδρῳ

90 τῷ μὲν κήρυκι σεῦ οὐδὲν ὑπεκρινάμην· ἀγαγὼν δὲ αὐτὸν
ἐς λήϊον, τοὺς ὑπερφυέας τῶν ἀσταχύων ῥάβδῳ παίων
ἀπεθέριζον, ὁμαρτέοντος ἐκείνου. καί σοι ἀναγγελεῖ εἰ
ἐπέροιο ὅ τι μευ ἀκούσειεν ἢ ἴδοι. σύ τε ποίει οὕτως, ἤν γ᾽
ἐθέλῃς καρτύνασθαι τὴν αἰσυμνητίην· τοὺς ἐξόχους τῶν
95 πολιτέων ἐξαίρειν, ἤν τέ τις ἐχθρός τοι φαίνηται, ἤν τε μή.
ὕποπτος <γὰρ> ἀνδρὶ αἰσυμνήτῃ καὶ τῶν τις ἑταίρων.

89–96 Hercher 787.

79 ὀκνῆτε B: -εῖτε P   φοιτὲν V. d. Muehll: φοιτεν B (ε in ras.), P¹: -τεῖν Pˣ:
-τῆν rec.   'cur non Κορίνθω?' V. d. Muehll   **81** φοιτέντας BP¹:
φοιτεῦ- Pˣ   περιάνδρου ex -ωι Pˣ   **83** ἐμὶν Cob.: ἐμῖν P¹(Q): εμην B:
ἀμὶν P⁴ (ἀ in ras.)   τᾶς P: τὰς B   **84** με G. Koen, Greg. Corinth. De
dialect. (1766) 94: ην B: ἢν P   ἀπὸ BP: ἄπο Bast ap. G. H. Schaefer, Greg.
Corinth. De dialect. (1811) 210   ἢν ἀπὸ θυμοῦ <με> Casaub.   ἀδικῆς
V. d. Muehll: ἀδικης B: -κεῖς P   **85** τὰν P⁴: τὴν BP¹   ἀπήνειαν P⁴ (ήνει
in ras.): ἀποινειειαν B: -νίειαν P¹(Q): ἀπηνίαν rec.   ἐγὼ BP: ἐγὼν Cob.
τὺ Valckenaer ad Hdt. (ed. Wesseling [1763] 222, 71a): τοι P: τοια B   **86**
ἔτισα P¹ (ἔτι in ras.): ἔτει- B   τὶν τᾷ G. Koen, Greg. Corinth. De dialect.
(1766) 122: τιν ται B: τὴν τε P   κατακαύσαις Casaub.: -κούσαις BP:
συγκατακαύσαις Cob.   αὐτᾷ Casaub.: αυται B: αῦται P   **87** καὶ τὰ
BP: κατὰ rec.: καὶ del. Cob.   πασᾶν Κορινθιᾶν Casaub.: πᾶσαν
κορινθίαν BP   **90** ἀγάσων B   **92** ἀναγγελεῖ V. d. Muehll: ἀναγγέλει
Q: -έλλει Pˣ: -έλλειν BP¹: -ελέει rec.   **93** μευ Pˣ: μέγα BP¹   τε BP: δὲ
Cob.   **93–94** γε θέλης P: γεθελης B   **94** αισυμνητειν^α B   **95** ἐξερεῖν
ητετις B   **96** γὰρ add. rec.: om. BP   αἰσυμνήτῃ Frob.: αισύμνηται
B: αἰσυμνήτα* P   ἑταίρων BP: ἑτάρων Huebn. II 646.

[101] Ἀνάχαρσις ὁ Σκύθης Γνούρου μὲν ἦν υἱός, ἀδελφὸς δὲ Καδουίδου τοῦ Σκυθῶν βασιλέως, μητρὸς δὲ Ἑλληνίδος· διὸ καὶ δίγλωττος ἦν. οὗτος ἐποίησε τῶν τε παρὰ τοῖς Σκύθαις νομίμων καὶ τῶν παρὰ τοῖς Ἕλλησιν εἰς εὐτέλειαν βίου καὶ τὰ κατὰ πόλεμον ἔπη ὀκτακόσια. παρέσχε δὲ καὶ ἀφορμὴν 5 παροιμίας διὰ τὸ παρρησιαστὴς εἶναι, τὴν ἀπὸ Σκυθῶν ῥῆσιν.

λέγει δ'αὐτὸν Σωσικράτης ἐλθεῖν εἰς Ἀθήνας κατὰ τὴν τεσσαρακοστὴν ἑβδόμην Ὀλυμπιάδα ἐπὶ ἄρχοντος Εὐκράτους. Ἕρμιππος δὲ πρὸς τὴν Σόλωνος οἰκίαν 10 ἀφικόμενον τῶν θεραπόντων τινὶ κελεῦσαι μηνῦσαι ὅτι παρείη πρὸς αὐτὸν Ἀνάχαρσις καὶ βούλοιτο αὐτὸν θεάσασθαι, ξένος τε, εἰ οἷόν τε, γενέσθαι. [102] καὶ ὁ θεράπων εἰσαγγείλας ἐκελεύσθη ὑπὸ τοῦ Σόλωνος εἰπεῖν αὐτῷ, ὅτιπερ ἐν ταῖς ἰδίαις πατρίσι ξένους ποιοῦνται. ἔνθεν 15 ὁ Ἀνάχαρσις ἑλὼν ἔφη νῦν αὐτὸς ἐν τῇ πατρίδι εἶναι καὶ προσήκειν αὐτῷ ξένους ποιεῖσθαι. ὁ δὲ καταπλαγεὶς τὴν ἑτοιμότητα εἰσέφρηκεν αὐτὸν καὶ μέγιστον φίλον ἐποιήσατο.

μετὰ χρόνον δὲ παραγενόμενος εἰς τὴν Σκυθίαν καὶ 20 νομιζόμενος τὰ νόμιμα παραλύειν τῆς πατρίδος πολὺς ὢν ἐν τῷ ἑλληνίζειν, τοξευθεὶς ἐν κυνηγεσίῳ πρὸς τἀδελφοῦ

1–7 Lobo fr. 11 Gar.   **1–5** (ὀκτακόσια) FGrHist 845 F 4   **8–19** Hermipp. FGrHistCont 1026 F 16   (Εὐκράτους) Sosicr. fr. 7 Giannat. **8–9** i.e. 591–587   **22** (τοξευθεὶς)–**24** (ἀπολέσθαι) A 19A Kind.

2 (μητρὸς)–**4** (νομίμων) Suda δ 854 (II 79.24–6)   **5** (παρέσχε)–**7** Φ 17 (211.5–6)   **8–19** Φ 17 (210.13–21)   **20** (παραγενόμενος)–**24** (ἀπολέσθαι) Φ 17 (212.4–7)

Ante **1** tit. ἀνάχαρσις Pˣ   **1** ὁ Σκύθης del. V. d. Muehll   γούρου rec.   **2** καδουίδου ΒΡ: Καδουίδα Casaub.   **3** τῶν Ρ: τόν Β: <περὶ> τῶν Richards 342. Vid. Kindstrand, Anach. 9⁹   **11** τινὶ τῶν θεραπόντων Φ   **12** παρεῖν Β   **13** θεήσασθαι (sic) καὶ ξένος εἰ Φ   **14** τοῦ om. Φ **16** ἀνάχαρσις δὲ ἔφη Φ   ἑλὼν Cob.: ἐλθὼν ΒΡ, om. Φ   αὐτὸς ΒΡΦ: -ὸν Casaub.   **17** προσήκειν Ζ (Frob.): -ει ΒΡΦ   αὐτῷ susp. Kassel **18** εἰσέφρηκεν ΡΦ: -φρικεν Β: -φρησεν rec.   **21** νομιζόμενος Φ: νομίζων ΒΡ: δοκῶν Cob. Vid. Kindstrand, Anach. 10¹⁵ et Patillon ap. Goulet 139⁴

τελευτᾷ, εἰπὼν διὰ μὲν τὸν λόγον ἐκ τῆς Ἑλλάδος σωθῆναι, διὰ δὲ τὸν φθόνον ἐν τῇ οἰκείᾳ ἀπολέσθαι. ἔνιοι δὲ τελετὰς
25 Ἑλληνικὰς ἐπιτελοῦντα διαχρησθῆναι.

καὶ ἔστιν ἡμῶν εἰς αὐτόν·

[103] ἐς Σκυθίην Ἀνάχαρσις ὅτ' ἤλυθε, πολλὰ πλανηθεὶς
πάντας ἔπειθε βιοῦν ἤθεσιν Ἑλλαδικοῖς.
τὸν δ' ἔτι μῦθον ἄκραντον ἐνὶ στομάτεσσιν ἔχοντα
30 πτηνὸς ἐς ἀθανάτους ἥρπασεν ὦκα δόναξ.

οὗτος τὴν ἄμπελον εἶπε τρεῖς φέρειν βότρυς· τὸν πρῶτον ἡδονῆς· τὸν δεύτερον μέθης· τὸν τρίτον ἀηδίας. θαυμάζειν δὲ ἔφη πῶς παρὰ τοῖς Ἕλλησιν ἀγωνίζονται μὲν οἱ τεχνῖται, κρίνουσι δὲ οἱ μὴ τεχνῖται. ἐρωτηθεὶς πῶς οὐκ ἂν γένοιτό
35 τις φιλοπότης, 'εἰ πρὸ ὀφθαλμῶν,' εἶπεν, 'ἔχοι τὰς τῶν μεθυόντων ἀσχημοσύνας.' θαυμάζειν τε ἔλεγε πῶς οἱ Ἕλληνες νομοθετοῦντες κατὰ τῶν ὑβριζόντων τοὺς ἀθλητὰς τιμῶσιν ἐπὶ τῷ τύπτειν ἀλλήλους. μαθὼν τέτταρας δακτύλους εἶναι τὸ πάχος τῆς νεώς, τοσοῦτον ἔφη
40 τοῦ θανάτου τοὺς πλέοντας ἀπέχειν.

[104] τὸ ἔλαιον μανίας φάρμακον ἔλεγε διὰ τὸ ἀλειφομένους τοὺς ἀθλητὰς ἐπιμαίνεσθαι ἀλλήλοις. 'πῶς,' ἔλεγεν, 'ἀπαγορεύοντες μὴ ψεύδεσθαι ἐν ταῖς καπηλείαις

27–30 Anth. Pal. 7.92 **32** (ἀηδίας) A 26A **32** (θαυμάζειν)–**34** (τεχνῖται) A 42B **34** (ἐρωτηθεὶς)–**36** (ἀσχημοσύνας) A 28A **36** (θαυμάζειν)–**38** (ἀλλήλους) A 36 **38** (μαθὼν)–**40** A 34A **41–42** (ἀλλήλοις) A 37E **42** (πῶς)–**44** (ψεύδονται;) A 43A

27–30 Pal.; Plan. III[a] 28.23 Φ 17 (210.13–21) **31–33** (τεχνῖται) Φ 17 (210.22–5) **34** (ἐρωτηθεὶς)–**38** (ἀλλήλους) Φ 17 (211.7–11) **38** (μαθὼν)–**40** Φ 17 (210.25–7) **41–44** (ψεύδονται;) Φ 17 (211.11–4)

23 λόγον ΒΡΦ: νόμον Richards 345 ἐν τῇ Ἑλλάδι Menag. **24** οἰκία B **27** ἐς P ἐσκυθίην B ἀνάχαρσιν Pal. πλανηθεὶς ΒΡ: μογήσας Pal. **28** ἔπειθε B[lac] ἑλληνικοῖς B **29** ἐπὶ P[1](Q), corr. P[x] **30** πτηνοὺς Pal. **31** βότρυας Φ **32** ἀηδίας ΒΡΦ: ἀκηδίας coni. Perry ex Vit. Aesop. G 68.57: μανίας Nauck, Mél. Gr.-R. III (1893) 330–1 **34** μὴ τεχνῖται ΒΡ: ἀμαθεῖς Φ τις γένοιτο Φ **36** τε om. Φ **38** τῶ ex τὸ B[2] **38–39** μαθὼν δὲ δ' εἶναι δακτ. Φ **41** ἔλεγε φάρμακον Φ **43** μὴ B: τὸ P: om. Φ

φανερῶς ψεύδονται;' καὶ θαυμάζειν φησὶ πῶς Ἕλληνες
ἀρχόμενοι μὲν ἐν μικροῖς πίνουσι, πλησθέντες δὲ ἐν 45
μεγάλοις. ὑπογράφεται δὲ αὐτοῦ ταῖς εἰκόσι· 'γλώσσης,
γαστρός, αἰδοίων κράτει.' ἐρωτηθεὶς εἰ εἰσὶν ἐν Σκύθαις
αὐλοί, εἶπεν, 'ἀλλ' οὐδὲ ἄμπελοι.' ἐρωτηθεὶς τίνα τῶν
πλοίων εἰσὶν ἀσφαλέστερα, ἔφη, 'τὰ νενεωλκημένα.' καὶ
τοῦτο ἔφη θαυμασιώτατον ἑωρακέναι παρὰ τοῖς Ἕλλησιν, 50
ὅτι τὸν μὲν καπνὸν ἐν τοῖς ὄρεσι καταλείπουσι, τὰ δὲ ξύλα
εἰς τὴν πόλιν κομίζουσιν. ἐρωτηθεὶς πότεροι πλείους εἰσίν,
οἱ ζῶντες ἢ οἱ νεκροί, ἔφη· 'τοὺς οὖν πλέοντας ποῦ τίθης;'
ὀνειδιζόμενος ὑπὸ Ἀττικοῦ ὅτι Σκύθης ἐστίν, 'ἀλλ' ἐμοὶ μὲν
ὄνειδος,' εἶπεν, 'ἡ πατρίς, σὺ δὲ τῇ πατρίδι.' [105] 55
ἐρωτηθεὶς τί ἐστιν ἐν ἀνθρώποις ἀγαθόν τε καὶ φαῦλον,
'γλῶσσα,' ἔφη. κρεῖττον ἔλεγεν ἕνα φίλον ἔχειν πολλοῦ
ἄξιον ἢ πολλοὺς μηδενὸς ἀξίους. τὴν ἀγορὰν ὡρισμένον ἔφη
τόπον εἰς τὸ ἀλλήλους ἀπατᾶν καὶ πλεονεκτεῖν. ὑπὸ

---

44 (καὶ)–**46** (μεγάλοις) A 32A   **46** (ὑπογράφεται)–**47** (κρατεῖ) A 22A
47 (ἐρωτηθεὶς)–**48** (ἄμπελοι) A 23E   **48** (ἐρωτηθεὶς)–**49** (νενεωλκημένα)
A 35A   **49** (καὶ)–**52** (κομίζουσιν) A 46B   **52** (ἐρωτηθεὶς)–**53** (τίθης;) A
33A   **54** (ὀνειδιζόμενος)–**55** (πατρίδι) A 1B   **56** (ἐρωτηθεὶς)–**57** (ἔφη)
A 20A   **57** (κρεῖττον)–**58** (ἀξίους) A 14A   **58** (τὴν)–**59** (πλεονεκτεῖν)
A 44A   **59** (ὑπὸ)–**61** A 30A

---

44 (θαυμάζειν)–**46** (μεγάλοις) Φ 17 (210.27–9)   **46** (ὑπογράφεται)–**47**
(κρατεῖ) Φ 17 (211.14–5)   **47** (ἐρωτηθεὶς)–**48** (ἄμπελοι) Φ 17 (210.29–211.1)
Eustath. in Hom. A 9 (I 36.28–9 V. d. Valk)   **49** (καὶ)–**52** (κομίζουσιν)
Φ 17 (211.17–9)   **52** (ἐρωτηθεὶς)–**55** (πατρίδι) Φ 17 (211.1–5)
56 (ἐρωτηθεὶς)–**57** (ἔφη) Φ 17 (211.15–17)   **57** (κρεῖττον)–**70** Φ 17 (211.20–
212.3)

---

45 πίνουσι P: πεινοῦσι B   **46** ὑπογράφεται BP¹(Q): ἐπι- P⁺ (ἐπι in ras.):
γράφεται Φ   **46–47** γλώσσης τε γαστρός Φ   **47** κράτει BΦ: κρατεῖν
P   **49** ἀσφαλέστατα Richards 343   νενέωακείμενα B   **50** τοῦτο
θαυμασ. ἔλεγεν Φ   **51** καπνὸν BPΦ: καρπὸν Meibom. et Richards,
CR (1902) 394–5, sed vid. A. S. Ferguson, CR 31 (1917) 97 et 34 (1920) 101–2
53 ἔφη om. B   πλέοντας BPΦ: πλέονας Arsen., Viol. 106 Walz et Casaub.
τίθης BP: τίθησι Φ   **54** ἐστίν, ἔφη P   ἐμοὶ BPΦ, Gal., Protr. 7.5:
ἐμοῦ Menag.   **55** εἶπεν om. P   τῇ πατρίδι Gal.: τῆς πατρίδος BPΦ
57 γλῶσσα ἔφη BPΦ: ἔφη γλῶσσα rec.   ἔλεγε κρεῖττον Φ   ἕνα BP⁺Φ:
εἶναι P¹(Q)   **58** οὐδενὸς P¹(Q), corr. P⁺ (μη in ras.)

60 μειρακίου παρὰ πότον ὑβρισθεὶς ἔφη, 'μειράκιον, ἐὰν νέος
ὢν τὸν οἶνον μὴ φέρῃς, γέρων γενόμενος ὕδωρ οἴσεις.'

εὗρε δ' εἰς τὸν βίον ἄγκυράν τε καὶ κεραμικὸν τροχόν, ὥς
τινες.

καὶ ἐπέστειλεν ὧδε·

65   Ἀνάχαρσις Κροίσῳ

ἐγώ, βασιλεῦ Λυδῶν, ἀφῖγμαι εἰς τὴν γῆν τῶν Ἑλλήνων,
διδαχθησόμενος ἤθη τὰ τούτων καὶ ἐπιτηδεύματα. χρυσοῦ
δ' οὐδὲν δέομαι, ἀλλ' ἀπόχρη με ἐπανήκειν ἐς Σκύθας ἄνδρα
ἀμείνονα. ἥκω γοῦν ἐς Σάρδεις, πρὸ μεγάλου ποιούμενος ἐν
70 γνώμῃ τοι γενέσθαι.

65–70 Anach. epist. 10 Reuters.

---

62 Suda α 258 (I 28.31–32) = κ 1354 (III 97.2–3).

---

61 μὴ ΒΦ: οὐ P: del. Long, sed vid. Russell 175   post οἴσεις signum inter-
rogationis ponit P quod recepit Marcov., an recte?   **62** τε om. Suda
κεραμικὸν Β: -μεικὸν ΡΦ, Suda   τὸν κερ. Suda   **66** τὴν γῆν τῶν Β:
γῆν τὴν Φ: τὴν τῶν Ρ   **68** οὐδὲ Cob.   σκύθας P: κύθας Β: σκυθίαν Φ
ἄνδρα γεγονότα ἀμ. Φ   **69** ἥξω δ' οὖν Φ² (ξ et δ' in ras.). Vid. Roeper
(1848) 46 et supra ad § 67   πρὸς Ρ⁴   **70** σοι Roeper (1848) 46.

[106] Μύσων Στρύμονος, ὥς φησι Σωσικράτης Ἕρμιππον παρατιθέμενος, τὸ γένος Χηνεύς, ἀπὸ κώμης τινὸς Οἰταϊκῆς ἢ Λακωνικῆς, σὺν τοῖς ἑπτὰ καταριθμεῖται. φασὶ δ' αὐτὸν καὶ τυράννου πατρὸς εἶναι. λέγεται δὴ πρός τινος Ἀναχάρσιδος πυνθανομένου εἴ τις αὐτοῦ σοφώτερος εἴη, 5 τὴν Πυθίαν εἰπεῖν (ἅπερ προείρηται ἐν τῷ Θαλοῦ βίῳ ὑπὲρ Χείλωνος)·

> οἰταῖον τινά φημι Μύσωνα ἐν Χηνὶ γενέσθαι
> σοῦ μᾶλλον πραπίδεσσιν ἀρηρότα πευκαλίμησι.

πολυπραγμονήσαντα δὴ ἐλθεῖν εἰς τὴν κώμην καὶ εὑρεῖν 10 αὐτὸν θέρους ἐχέτλην ἀρότρῳ προσαρμόττοντα, καὶ εἰπεῖν, 'ἀλλ', ὦ Μύσων, οὐχ ὥρα νῦν ἀρότρου.' 'καὶ μάλα,' εἶπεν, 'ὥστε ἐπισκευάζειν.' **[107]** ἄλλοι δὲ τὸν χρησμὸν οὕτως ἔχειν φασίν· 'Ἠτεῖόν τινά φημι' καὶ ζητοῦσι τί ἐστιν ὁ Ἠτεῖος. Παρμενίδης μὲν οὖν δῆμον εἶναι Λακωνικῆς, ὅθεν 15 εἶναι τὸν Μύσωνα. Σωσικράτης δ' ἐν Διαδοχαῖς, ἀπὸ μὲν πατρὸς Ἠτεῖον εἶναι, ἀπὸ δὲ μητρὸς Χηνέα. Εὐθύφρων δ' ὁ Ἡρακλείδου τοῦ Ποντικοῦ, Κρῆτά φησιν εἶναι· Ἠτείαν γὰρ πόλιν εἶναι Κρήτης. Ἀναξίλαος δ' Ἀρκάδα.

μέμνηται αὐτοῦ καὶ Ἱππῶναξ εἰπών· 20

1–3 (καταριθμεῖται) Hermipp. FGrHistCont 1026 F 19   Sosicr. fr. 8 Giannat.   **4** (λέγεται)–**19** Anaxilaos FGrHistCont 1094 F 1   Euthyphr. Pont. FGrHistCont 1007 T 1 et F 1   **6** (προείρηται) supra § 30   **8–9** Orac. 245 P.-W.   **16** (Σωσικράτης)–**17** (χηνέα) Sosicr. fr. 9 Giannat. **17** (Εὐθύφρων)–**19** (Κρήτης) Heracl. Pont. fr. 4 Sch. = 18 W.

4–13 (ἐπισκευάζειν) Φ 18 (212.9–16)

Ante **1** tit. μύσων Pˣ   **1** στρύμονος B: στρυμό- P: στρύμω- Z (Frob.) **3** (φασὶ)–**4** (εἶναι) 'Reste einer Auseinandersetzung' Schwartz 458 (= 741) **4** τινων Reiske 307   **5** Ἀναχάρσιδος tamquam ex glossemate del. Gigon (1965) 104   πυνθομένου Φ   **6** εἰπεῖν ΒΡΦ: ἀνειπεῖν Casaub.: ἀνελεῖν Richards 344 (vid. supra ad § 30)   **7** χείλωνος B: χ*ί- P   **8** ἠταῖον B² (ἡ supra οἱ)   μύσωνα ἐν ΒΡΦ: μ. ἐνὶ rec.: Μύσων' ἐνὶ Cob.   **10** δὴ PB²: δε B¹ ut vid.: οὖν Φ   **11–12** εἶπεν αὐτῶ· ὦ μύσων Φ   **14** ἠτεῖόν τινά P: ἤτειον τίνα B   **15** ἠτεῖος P: ἤτιος B   Παρμενίσκος Roeper (1870) 576 **17** ἠτεῖον P: ἤτειον B   **19** ἀναξίλαος P: ἀναξίοδος B: Ἀναξιλαΐδης E. Schwartz, RE I 2 (1894) 2083   **20** ἱππῶναξ BP

καὶ Μύσων, ὃν Ὠπόλλων
ἀνεῖπεν ἀνδρῶν σωφρονέστατον πάντων.

Ἀριστόξενος δέ φησιν ἐν τοῖς σποράδην οὐ πόρρω
Τίμωνος αὐτὸν καὶ Ἀπημάντου γεγονέναι· μισανθρωπεῖν
25 γάρ. ὀφθῆναι γοῦν ἐν Λακεδαίμονι μόνον ἐπ’ ἐρημίας
γελῶντα· [108] ἄφνω δέ τινος ἐπιστάντος καὶ πυθομένου
διὰ τί μηδενὸς παρόντος γελᾷ, φάναι· ‘δι’ αὐτὸ τοῦτο.’ φησὶ
δὲ Ἀριστόξενος ὅτι ἔνθεν καὶ ἄδοξος ἦν, ὅτι μηδὲ πόλεως,
ἀλλὰ κώμης, καὶ ταῦτα ἀφανοῦς. ὅθεν διὰ τὴν ἀδοξίαν
30 αὐτοῦ καὶ τὰ αὐτοῦ τινας Πεισιστράτῳ περιθεῖναι τῷ
τυράννῳ, χωρὶς Πλάτωνος τοῦ φιλοσόφου. μέμνηται γὰρ
αὐτοῦ καὶ οὗτος ἐν τῷ Πρωταγόρᾳ, ἀντὶ Περιάνδρου τιθεὶς
αὐτόν.

ἔφασκε δὴ μὴ ἐκ τῶν λόγων τὰ πράγματα ἀλλ’ ἐκ τῶν
35 πραγμάτων τοὺς λόγους ζητεῖν· οὐ γὰρ ἕνεκα τῶν λόγων
τὰ πράγματα συντελεῖσθαι, ἀλλ’ ἕνεκα τῶν πραγμάτων
τοὺς λόγους.

κατέστρεψε δὲ βιοὺς ἔτη ἑπτὰ καὶ ἐνενήκοντα.

21–22 Hippon. fr. 65 Deg. **23–29** (ἀφανοῦς) Aristox. fr. 130 W.   **29–33**
Vid. Plat., Prot. 343a4.

23–29 (κώμης) Φ 18 (212.17–21)   **34–37** Φ 18 (212.21–4).

---

21 ὠπόλλων P, ἀπόλλων B   **22** ἀνεῖπεν P: ἂν εἶπεν B: ἀνεῖλεν B. ten
Brink, Philologus 13 (1858) 606   **24** τίμω**νος B (′ B²)   **28** μηδὲ rec.:
μηδε BP¹: μὴ δὲ (sic) Pˣ: μὴ δὴ Marcov.   **32** Περιάνδρῳ Roeper (1848) 46
(conl. supra § 30 et 41)   τιθεὶς BP¹: θεὶς P⁴   **34** δὴ BP: δεῖν Φ: δὲ Cob.
35 ἕνεκα om. Φ.

EPIMENIDES

[109] Ἐπιμενίδης, καθά φησι Θεόπομπος καὶ ἄλλοι συχνοί,
πατρὸς μὲν ἦν Φαιστίου, οἱ δὲ Δωσιάδα, οἱ δὲ Ἀγησάρχου·
Κρὴς τὸ γένος ἀπὸ Κνωσοῦ, καθέσει τῆς κόμης τὸ εἶδος
παραλλάσσων. οὗτός ποτε πεμφθεὶς ὑπὸ τοῦ πατρὸς εἰς
ἀγρὸν ἐπὶ πρόβατον, τῆς ὁδοῦ κατὰ μεσημβρίαν ἐκκλίνας 5
ὑπ' ἄντρῳ τινὶ κατεκοιμήθη ἑπτὰ καὶ πεντήκοντα ἔτη.
διαναστὰς δὲ μετὰ ταῦτα ἐζήτει τὸ πρόβατον, νομίζων ἐπ'
ὀλίγον κεκοιμῆσθαι. ὡς δὲ οὐχ εὕρισκε, παρεγένετο εἰς τὸν
ἀγρόν, καὶ μετεσκευασμένα πάντα καταλαβὼν καὶ παρ'
ἑτέρῳ τὴν κτῆσιν, πάλιν ἧκεν εἰς ἄστυ διαπορούμενος. 10
κἀκεῖ δὲ εἰς τὴν ἑαυτοῦ εἰσιὼν οἰκίαν περιέτυχε τοῖς
πυνθανομένοις τίς εἴη, ἕως τὸν νεώτερον ἀδελφὸν εὑρών,
τότε ἤδη γέροντα ὄντα, πᾶσαν ἔμαθε παρ' ἐκείνου τὴν
ἀλήθειαν. γνωσθεὶς δὲ παρὰ τοῖς Ἕλλησι θεοφιλέστατος
εἶναι ὑπελήφθη. 15

[110] ὅτε καὶ Ἀθηναίοις τότε λοιμῷ κατεχομένοις
ἔχρησεν ἡ Πυθία καθῆραι τὴν πόλιν· οἱ δὲ πέμπουσι ναῦν
τε καὶ Νικίαν τὸν Νικηράτου εἰς Κρήτην, καλοῦντες τὸν
Ἐπιμενίδην. καὶ ὃς ἐλθὼν Ὀλυμπιάδι τεσσαρακοστῇ ἕκτῃ
ἐκάθηρεν αὐτῶν τὴν πόλιν καὶ ἔπαυσε τὸν λοιμὸν τοῦτον 20
τὸν τρόπον. λαβὼν πρόβατα μελανά τε καὶ λευκὰ ἤγαγε
πρὸς τὸν Ἄρειον πάγον· κἀκεῖθεν εἴασεν ἰέναι οἷ βούλοιντο,
προστάξας τοῖς ἀκολούθοις ἔνθα ἂν κατακλινῇ αὐτῶν

1–49, 71–96 VS 3 A 1   1–55 (νέα), 71 (φησὶ)–96 fr. 1 (PEG II.3). Etiam fr. 6
V, 8 I, 10 VII, 14ab, 29 I, 31 II, 32a I-II, 32b, ad fr. 33, 44 II, 44a, 57a, 67, 68.
Vid. Bernabé, PEG II.3 105–11, 167–8   1–55, 72–73 (Νυμφῶν—βοός), 74
(μέμνηται)–96 Epimen. FGrHist 457 T 1   1–14 (ἀλήθειαν) Theopomp.
FGrHist 115 F *67a   19 i.e. 596–2

4 (οὗτός)–25 (κακόν) Φ 19 (213.2–20)

Ante 1 tit. ἐπιμενίδης Pˣ   2 φεστίου Bˡᵃᶜ: φαίστου Suda ε 2471 (II 370.4).
Vid. Masson, OGS I 570 et 571 adn. 43   δωσιάδα BPˡ: -δου P²ˢ·ˡ·, Suda
post Ἀγησάρχου e Suda add. μητρὸς δὲ Βλάστας Casaub.   4 πεμφθείς
ποτε Φ   ὑπὸ ΒΦ: παρὰ P   εἰς ΒΦ: ἐς P   10 πάλιν ἧκεν P: ἐπανῆκεν
Φ: ἧκεν Β   εἰς ΒΦ: ἐς P   11 οἰκίαν εἰσιὼν ἠρωτᾶτο τίς εἴη Φ   13
ὄντα om. Φ   παρ' ἐκείνου om. Φ   16 ὅτε Pˡ(Q): τότε Β: ὅθεν P⁴
τότε ... {τότε} Diels: ὅθεν ... ποτὲ Reiske 307   23 ἀκολουθοῦσιν Φ
κατακλινῇ Φ: -κλείνη Β: -κλίνοι P

139

ἕκαστον, θύειν τῷ προσήκοντι θεῷ· καὶ οὕτω λῆξαι τὸ
25 κακόν. ὅθεν ἔτι καὶ νῦν ἔστιν εὑρεῖν κατὰ τοὺς δήμους τῶν
Ἀθηναίων βωμοὺς ἀνωνύμους, ὑπόμνημα τῆς τότε
γενομένης ἐξιλάσεως. οἱ δὲ τὴν αἰτίαν εἰπεῖν τοῦ λοιμοῦ τὸ
Κυλώνειον ἄγος σημαίνειν τε τὴν ἀπαλλαγήν· καὶ διὰ
τοῦτο ἀποθανεῖν δύο νεανίας, Κρατῖνον καὶ Κτησίβιον, καὶ
30 λυθῆναι τὴν συμφοράν. [111] Ἀθηναῖοι δὲ τάλαντον
ἐψηφίσαντο δοῦναι αὐτῷ καὶ ναῦν τὴν εἰς Κρήτην
ἀπάξουσαν αὐτόν. ὁ δὲ τὸ μὲν ἀργύριον οὐ προσήκατο,
φιλίαν δὲ καὶ συμμαχίαν ἐποιήσατο Κνωσίων καὶ Ἀθηναίων.

καὶ ἐπανελθὼν ἐπ᾽ οἴκου μετ᾽ οὐ πολὺ μετήλλαξεν, ὥς
35 φησι Φλέγων ἐν τῷ Περὶ μακροβίων, βιοὺς ἔτη ἑπτὰ καὶ
πεντήκοντα καὶ ἑκατόν· ὡς δὲ Κρῆτες λέγουσιν, ἑνὸς δέοντα
τριακόσια· ὡς δὲ Ξενοφάνης ὁ Κολοφώνιος ἀκηκοέναι φησί,
τέτταρα πρὸς τοῖς πεντήκοντα καὶ ἑκατόν.

ἐποίησε δὲ Κουρήτων καὶ Κορυβάντων γένεσιν καὶ
40 θεογονίαν, ἔπη πεντακισχίλια, Ἀργοῦς ναυπηγίαν τε
καὶ Ἰάσονος εἰς Κόλχους ἀπόπλουν ἔπη ἑξακισχίλια
πεντακόσια. [112] συνέγραψε δὲ καὶ καταλογάδην περὶ
θυσιῶν καὶ τῆς ἐν Κρήτῃ πολιτείας καὶ περὶ Μίνω καὶ
Ῥαδαμάνθυος εἰς ἔπη τετρακισχίλια. ἱδρύσατο δὲ καὶ παρ᾽
45 Ἀθηναίοις τὸ ἱερὸν τῶν Σεμνῶν θεῶν, ὥς φησι Λόβων ὁ

34–38 Phleg. FGrHist 257 F 38 = Long. fr 1 Stramaglia   **37–38** Xenoph. fr.
44 G.-Pr.[2]   **34** (ὡς)–**37** (τριακόσια) FGrHist 468 F 13   **36** (ὡς)–**38**
Xenoph. VS 21 B 20   **39–42** Pherec. test. 4 Fowler   **42–47**
(ἱδρύσασθαι) Lobo fr. 8 Garulli   **42–44** Epimen. test. 1 Fowler

---

30 (Ἀθηναῖοι)–**33** Φ 19 (213.20–2)   **35** (βιοὺς)–**37** (τριακόσια) Φ 19
(214.9–11)

---

24 οὕτως ἔληξε Φ   λῆξαι <ἄν> Bywater ap. Diels   **27–28** 'stark
verkuerzter Bericht: οἱ δέ (φασι τὴν Πυθίαν)' Diels (δὲ <αὐτὴν>, sc. τὴν
Πυθίαν Marcov.): 'Randnotiz die den Zusammenhang unterbricht und
E. nichts angeht?' Jacoby   **28** σημαίνειν τε Kuehn: σημαίνοντες BP:
σημαίνοντα Z[3] (Frob.)   corruptum esse susp. Jacoby   **34** καὶ—οἴκ- om.
B[1], in ras. et in mg suppl. B[2]   **35** φλέγων B: φάσγων P   **37** τριακόσια
BP: τετρα- Roeper (1848) 47 (i.e. 7x57). Cf. id. (1870) 576   **38** τέτταρα
BP: δύο Roeper   **40** <εἰς> ἔπη Menag.   **41** <εἰς> ἔπη Menag.
45 θεῶν om. Diels

Ἀργεῖος ἐν τῷ Περὶ ποιητῶν. λέγεται δὲ καὶ πρῶτος οἰκίας
καὶ ἀγροὺς καθῆραι καὶ ἱερὰ ἱδρύσασθαι. εἰσὶ δ' οἳ μὴ
κοιμηθῆναι αὐτὸν λέγουσιν, ἀλλὰ χρόνον τινὰ ἐκπατῆσαι
ἀσχολούμενον περὶ ῥιζοτομίαν.
φέρεται δ' αὐτοῦ καὶ ἐπιστολὴ πρὸς Σόλωνα τὸν 50
νομοθέτην, περιέχουσα πολιτείαν ἣν διέταξε Κρησὶ Μίνως.
ἀλλὰ Δημήτριος ὁ Μάγνης ἐν τοῖς Περὶ ὁμωνύμων ποιητῶν
τε καὶ συγγραφέων διελέγχειν πειρᾶται τὴν ἐπιστολὴν ὡς
νεαρὰν καὶ μὴ τῇ Κρητικῇ φωνῇ γεγραμμένην, Ἀτθίδι δὲ καὶ
ταύτῃ νέᾳ. ἐγὼ δὲ καὶ ἄλλην εὗρον ἐπιστολὴν ἔχουσαν 55
οὕτως·

Ἐπιμενίδης Σόλωνι

[113] θάρρει, ὦ ἑταῖρε· αἱ γὰρ ἔτι θητευόντεσσιν
Ἀθηναίοις καὶ μὴ εὐνομημένοις ἐπεθήκατο Πεισίστρατος,
εἶχέ κα τὰν ἀρχὰν ἀεί, ἀνδραποδιξάμενος τὼς πολιάτας· 60
νῦν δὲ οὐ κακῶς ἄνδρας δουλῶται· τοὶ μεμνάμενοι τᾶς
Σόλωνος μανύσιος ἀλγιόντι πέδα αἰσχύνας οὐδὲ
ἀνεξοῦνται τυραννούμενοι. ἀλλ' αἴ κα Πεισίστρατος

50–55 (νέᾳ) Demetr. Magn. fr. 10 Mejer   55 (ἐγὼ)–70 Epimen. fr. 68
(PEG II.3)

---

47 (εἰσὶ)–49 Φ 19 (213.22–4)   Suda δ 908 (II 83.22–3)

47 ἱερὰ <Νυμφῶν> Bywater ap. Diels (vid. infra 72 et 86)   48 χρ.
ἕνα διεκπατῆσαι Suda (ἕνα etiam E. Maass, Aratea [1892] 342[18])
49 ῥιζοτομίας Φ   51 μίνως P: μή- B   55 νέα om. B[1], extra lin. suppl.
B[2]   58 αἱ B[1]P: αἱ B[2]   θητευόντεσ**σιν P[x](Q): θητεύοντες εἰσὶ B
59 ἐπεθήκατο BP[1]: ἐπεβούλευσε P[4s.l.]   60 καὶ ex κα P[x]
ἀνδραποδιξάμενος P[x] (ras. post ρ et ιξά in ras.): ἄνδρ' ἀποδειξάμενος B:
ἀνδραποδιζόμενος P[1](Q)   τὼς P: τως B   πολιάτας BP[1](Q): -ιήτας P[4] (ή
in ras.)   61 κακῶς rec.: -ῶς BP   δουλῶται P: δουλωτε B: δεδούλωται
Richards 344   τᾶς rec.: τὰς BP   62 αλγιοντι B: ἀλγήοντι P: ἀλγύ-
rec.   πέδα Casaub.: παῖδα BP   παῖδα αἰσχύνας iter. P[1], del. P[4], deinde
repet.   63 ἀνεξοῦνται Cob.: αναιξουνται B: ἀνέξονται P
τυραννούμενοι BP: τυραννεύ- Roeper (1848) 48   ἀλλ' αἴ P[4]: ἄλλαι B:
ἀλλὰ P[1](Q)   κα Cob.: καὶ BP[1](Q): κε P[4]   ἀλλ' αἴκα <καὶ> Bergk, Kl.
Schr. II 298 (a. 1850/1)   Πεισίστρατος <αὐτὸς> Cob.

κασχέθη τὰν πόλιν, οὐ μὰν ἐς παῖδας τήνω ἔλπομαι τὸ
65 κράτος ἵξεσθαι· δυσμάχανον γὰρ ἀνθρώπως ἐλευ-
θεριάξαντας ἐν τεθμοῖς ἀρίστοις δούλως ἦμεν. τὺ δὲ μὴ
ἀλᾶσθαι, ἀλλ᾽ ἔρπε ἐς Κρήτην ποθ᾽ ἁμέ. τουτᾶ γὰρ οὐκ
ἐσεῖταί τιν δεινὸς ὁ μόναρχος· αἰ δέ πη †πλατειν†
ἐγκύρσωντί τοι τήνω τοὶ φίλοι, δειμαίνω μή τι δεινὸν
70 πάθῃς.
[114] καὶ οὗτος μὲν ὧδε. φησὶ δὲ Δημήτριός τινας
ἱστορεῖν ὡς λάβοι παρὰ Νυμφῶν ἔδεσμά τι καὶ φυλάττοι ἐν
χηλῇ βοός· προσφερόμενός τε κατ᾽ ὀλίγον μηδεμιᾷ
κενοῦσθαι ἀποκρίσει μηδὲ ὀφθῆναί ποτε ἐσθίων. μέμνηται
75 αὐτοῦ καὶ Τίμαιος ἐν τῇ δευτέρα. λέγουσι δέ τινες ὅτι
Κρῆτες αὐτῷ θύουσιν ὡς θεῷ· φασὶ γὰρ καὶ
<προ>γνωστικώτατον γεγονέναι. ἰδόντα γοῦν τὴν
Μουνυχίαν παρ᾽ Ἀθηναίοις ἀγνοεῖν φάναι αὐτοὺς ὅσων
κακῶν αἴτιον ἔσται τοῦτο τὸ χωρίον αὐτοῖς· ἐπεὶ κἂν τοῖς
80 ὀδοῦσιν αὐτὸ διαφορῆσαι· ταῦτα ἔλεγε τοσούτοις
πρότερον χρόνοις. λέγεται δὲ ὡς καὶ πρῶτος αὐτὸν Αἰακὸν

---

71 (φησὶ)–**75** (δευτέρα) Timae. FGrHist 566 F 4   **71** (φησὶ)–**74** (ἐσθίων)
Demetr. Magn. fr. 11 Mejer

---

71 (τινας)–**74** (ἐσθίων) Φ 19 (214.11–14)   **75** (λέγουσι)–**86** (Διός) Φ 19
(213.25–214.7)

---

64 κασχέθη V. d. Muehll et Marcov.: κασκεθη B: κασχεθῆ P¹(Q): κατασχεθῆ
P⁴: -σχέθη Roeper (1848) 48   παῖδας <γε> Cob.   **65** ἵξεσθαι BP:
ἱξεῖσθαι Roeper (1848) 48   **66** ἦμεν in mg cum γρ Pˣ: ημεν B: εἶναι P¹(Q),
del. Pˣ   **67** ἁμέ P¹: αμε B: ἅμμε Pˣ   τουτᾶ P⁴ (υ in ras.): του τὰ P¹ ut
vid.: τουτα B   οὐκ ἐσεῖταί P: οὐ κέσσηται B: οὐκ ἐσσῆταί V. d. Muehll
68 μόναρχος BP: μώ- Roeper (1848) 48   αἰ δέ πη P³ (έ* in ras.): αιδεπη B
πλατειν B: -είν P: -είη rec.: ἐπ᾽ ἀλατείας Valckenaer ad Hdt. (ed. Wesseling
[1763] 602, 77b): πλατείης Casaub.   **69** ἐγκύρσωντί P: ἐνκυρσῶντι B
τοι τήνω τοι BP: τοι τοὶ τήνω Valckenaer   αἴ δὲ πλανηθῇς καὶ
ἐγκύρσωντί τοι τήνω φ. vel αἴ δὲ -θείης, ἐγκύρσοντι τήνω ποι Menag.
τινα B¹, corr. B²ˢ·ˡ·   **72** τῶν νυμφῶν Φ   **77** προγνωστικώτατον
Reiske 307: γνωστικώτατον BPΦ   **79** τοῦτο om. Φ   **81** καὶ ὡς
Marcov.   πρῶτος BP: -ον Casaub.: αὐτὸς Diels, Kl. Schr. (1969) 45¹ (a.
1891)   corruptum esse susp. Jacoby   αἰακὸν BP: σεληνιακὸν M. L. West,
ZPE 50 (1983) 46, sed vid. Gigante in Epimenide Cretese (2001) 18 et
A. Visconti, ibid. 159–64

λέγοι, καὶ Λακεδαιμονίοις προείποι τὴν ὑπ' Ἀρκάδων
ἅλωσιν· προσποιηθῆναί τε πολλάκις ἀναβεβιωκέναι.

[115] Θεόπομπος δ' ἐν τοῖς Θαυμασίοις κατασκευ-
άζοντος αὐτοῦ τὸ τῶν Νυμφῶν ἱερὸν ῥαγῆναι φωνὴν ἐξ 85
οὐρανοῦ· "Ἐπιμενίδη, μὴ Νυμφῶν, ἀλλὰ Διός·" Κρησί τε
προειπεῖν τὴν Λακεδαιμονίων ἧτταν ὑπ' Ἀρκάδων,
καθάπερ προείρηται· καὶ δὴ καὶ ἐλήφθησαν πρὸς
Ὀρχομενῷ.

γηρᾶσαί τε ἐν τοσαύταις ἡμέραις αὐτὸν ὅσαπερ ἔτη 90
κατεκοιμήθη· καὶ γὰρ τοῦτό φησι Θεόπομπος. Μυρωνιανὸς
δὲ ἐν Ὁμοίοις φησὶν ὅτι Κούρητα αὐτὸν ἐκάλουν Κρῆτες· καὶ
τὸ σῶμα αὐτοῦ φυλάττουσι Λακεδαιμόνιοι παρ' ἑαυτοῖς
κατά τι λόγιον, ὥς φησι Σωσίβιος ὁ Λάκων.

γεγόνασι δὲ καὶ Ἐπιμενίδαι ἄλλοι δύο, ὅ τε γενεαλόγος 95
καὶ τρίτος ὁ Δωρίδι γεγραφὼς περὶ Ῥόδου.

84–91 (Θεόπομπος) Theopomp. FGrHist 115 F 69   **88** (καθάπερ
προείρηται) supra **81–83**   **91** (Μυρωνιανὸς)**–92** (Κρῆτες) Myron. fr. 1
(FHG IV 454)   **91** (καὶ)**–94** Sosib. FGrHist 595 F 15   **95–96** FHG IV
404   **95** (γενεαλόγος) test. 1 Fowler.

90–91 (γηρᾶσαί—κατεκοιμήθη), **93–94** (τὸ—λόγιον) Φ 19 (214.7–9).

---

82 λέγοι P: -ει B: <γεγονέναι> λέγοι dub. Jacoby   **84** Θαυμασίοις]
Vid. Jacoby, FGrHist IIB (Komm.) 365   Θαυμασίοις <φησὶ> Marcov.
86 ἐπιμενίδη Q: -δη· P: -δης ΒΦ   Κρησί ΒΡΦ ('im Gegensatz zu Z.
81–83, sc. Λακεδαιμονίοις' Diels): φησὶν Urlichs (teste Diels, loc. non
inveni)   **90** ὅσα Φ   **92** Κούρητα <νέον> Jacoby (conl. Plut., Vit. Sol.
12.7)   **93** λακεδαιμόνιοι φυλάττουσι B, λακ. δὲ τὸ σ. αὐ. φυλάττ. Φ.

[116] Φερεκύδης Βάβυος Σύριος, καθά φησιν Ἀλέξανδρος ἐν Διαδοχαῖς, Πιττακοῦ διακήκοεν. τοῦτόν φησι Θεόπομπος πρῶτον περὶ φύσεως καὶ <γενέσεως> θεῶν Ἕλλησι γράψαι.

5 πολλὰ δὲ καὶ θαυμάσια λέγεται περὶ αὐτοῦ. καὶ γὰρ παρὰ τὸν αἰγιαλὸν τῆς Σάμου περιπατοῦντα καὶ ναῦν οὐριοδρομοῦσαν ἰδόντα εἰπεῖν ὡς {οὐ} μετ' οὐ πολὺ καταδύσεται· καὶ ἐν ὀφθαλμοῖς αὐτοῦ καταδῦναι. καὶ ἀνιμηθέντος ἐκ φρέατος ὕδατος πιόντα προειπεῖν ὡς εἰς
10 τρίτην ἡμέραν ἔσοιτο σεισμός, καὶ γενέσθαι. ἀνιόντα τε εἰς Ὀλυμπίαν ἐν Μεσσήνῃ τῷ ξένῳ Περιλάῳ συμβουλεῦσαι ἐξοικῆσαι μετὰ τῶν οἰκείων· καὶ τὸν μὴ πεισθῆναι, Μεσσήνη δὲ ἑάλω.

[117] καὶ Λακεδαιμονίοις εἰπεῖν μήτε χρυσὸν τιμᾶν μήτε
15 ἄργυρον, ὥς φησι Θεόπομπος ἐν Θαυμασίοις· προστάξαι δὲ αὐτῷ ὄναρ τοῦτο τὸν Ἡρακλέα, ὃν καὶ τῆς αὐτῆς νυκτὸς τοῖς βασιλεῦσι κελεῦσαι Φερεκύδῃ πείθεσθαι. ἔνιοι δὲ Πυθαγόρᾳ προσάπτουσι ταῦτα.

1–46, 73–74 (γέγονε—Ὀλυμπιάδα) VS 7 A 1   **1** (Φερεκύδης—Σύριος),
2 (τοῦτόν)–**18** Theopomp. FGrHist 115 F 71   **1–4** fr. 1 Schibli   **1–2**
(διακήκοεν) Alex. Polyhist. FGrHist 273 F 85 = 1 Giannat.   **5–18** fr. 16
Schibli

---

6 (παρὰ)–**13** Φ 20 (214.16–22)   **14–17** (πείθεσθαι) Φ 20 (215.1–4)

Ante **1** tit. φερεκύδης Pˣ   **1** βάβυος Aldobr. (cf. infra **41**): βάδυος P, B²
(ς in ras.)   **3** γενέσεως add. H. Gomperz, WS 47 (1929) 15⁴ (similiter de
Pherecyde dixit Cic., Tusc. 1.38). Vid. Schibli 2–3⁶   Ἕλλησι secl. Diels
(sed vide quod Pherecydi scribit Thales supra § 43): <παρ'> Ἕλλ. Goulet
151⁸   **6** σάμου rec. (coni. Casaub.): ψάμμου BP: om. Φ   **7** μετ' οὐ
πολὺ rec.: οὐ μετ' οὐ πολὺ P: οὐ μετουπολὺ (πουλὺ B) BΦ: οὐ μετὰ πολὺ
Diels   **8** ὀφθαλμοῖς Φ: -ῶν BP¹   **10–11** εἰς Ὀλυμπίαν BPΦ: ἀπ'
Ὀλυμπίας Casaub.   **11** ἐν Μεσσήνῃ V. d. Muehll: ἐς μεσσήνην (μεσή-
PΦ) BP¹Φ: ἐκ Μεσσήνης Richards 344   **12** ἐξοικῆσαι BP¹(Q)Φ: μετ- P⁴
(μετ in ras.)   μεσσήνη δὲ ἑάλω (μεσή- P¹Φ) BP¹Φ (sed hic Φ or. directa
omnino enarravit): μεσσήνην δὲ ἑαλωκέναι Pˣ   **14** εἰπεῖν P: εἶπε Φ: om.
B   **16** δὲ BPΦ: γὰρ Marcov.   **17** φερεκύδει BP   **18** προσάπτουσι
B: περι- P

φησὶ δ' Ἕρμιππος πολέμου συνεστῶτος Ἐφεσίοις καὶ
Μάγνησι βουλόμενον τοὺς Ἐφεσίους νικῆσαι πυθέσθαι 20
τινὸς παριόντος πόθεν εἴη, τοῦ δ' εἰπόντος 'ἐξ Ἐφέσου,'
'ἕλκυσόν με τοίνυν,' ἔφη, 'τῶν σκελῶν καὶ θὲς εἰς τὴν τῶν
Μαγνήτων χώραν, καὶ ἀπάγγειλόν σου τοῖς πολίταις μετὰ
τὸ νικῆσαι αὐτόθι με θάψαι· ἐπεσκηφέναι τε ταῦτα
Φερεκύδην.' [118] ὁ μὲν <οὖν> ἀπήγγειλεν· οἱ δὲ μετὰ μίαν 25
ἐπελθόντες κρατοῦσι τῶν Μαγνήτων, καὶ τὸν Φερεκύδην
μεταλλάξαντα θάπτουσι αὐτόθι καὶ μεγαλοπρεπῶς
τιμῶσιν. ἔνιοι δέ φασιν ἐλθόντα εἰς Δελφοὺς ἀπὸ τοῦ
Κωρυκίου ὄρους αὐτὸν δισκῆσαι. Ἀριστόξενος δ' ἐν τῷ Περὶ
Πυθαγόρου καὶ τῶν γνωρίμων αὐτοῦ φησι νοσήσαντα 30
αὐτὸν ὑπὸ Πυθαγόρου ταφῆναι ἐν Δήλῳ. οἱ δὲ
φθειριάσαντα τὸν βίον τελευτῆσαι· ὅτε καὶ Πυθαγόρου
παραγενομένου καὶ πυνθανομένου πῶς διακέοιτο,
διαβαλόντα τῆς θύρας τὸν δάκτυλον εἰπεῖν, 'χροῒ δῆλα·' καὶ
τοὐντεῦθεν παρὰ τοῖς φιλολόγοις ἡ λέξις ἐπὶ τῶν χειρόνων 35
τάττεται (οἱ δ' ἐπὶ τῶν βελτίστων χρώμενοι
διαμαρτάνουσιν). [119] ἔλεγέ τε ὅτι οἱ θεοὶ τὴν τράπεζαν
θυωρὸν καλοῦσιν.

Ἄνδρων δ' ὁ Ἐφέσιός φησι δύο γεγονέναι Φερεκύδας
Συρίους, τὸν μὲν ἀστρολόγον, τὸν δὲ θεολόγον, υἱὸν 40

19–28 (τιμῶσιν), **58–72** Hermipp. FGrHistCont 1026 F 20 **19–37**
(διαμαρτάνουσιν) fr. 26 Sch. **29** (Ἀριστόξενος)–**31** (Δήλῳ) Aristox.
fr. 14 W. **37–38** VS 7 B 12 = fr. 74 Sch. **39–41** fr. 43 Sch. **39–42**
Andron Ephes. FGrHistCont 1005 T 1 et F 4 Eratosth. FGrHist 241 F 10
Pherecyd. Athen. FGrHist 3 T 4 = test. 8 Dolcetti

19–29 (δισκῆσαι) Φ 20 (215.4–14) **31** (οἱ)–**37** (διαμαρτάνουσιν) Suda χ
(IV 827.15–9) **32** (φθειριάσαντα)–**36** (τάττεται) Φ 20 (214.23–215.1)
37 (ὅτι)–**38** Suda θ (IV 827.15–9)

25 οὖν add. Cob. μίαν ἡμέραν Φ **26** τὸν ΒΦ: τόν τε Ρ **27** καὶ
om. Φ **28** τιμῶσιν om. Φ ἔνιοι ΒΡ: οἱ Φ **29** κωρυκίου ΒΡˣ(Q),Φ:
-είου Ρˡ αὐτὸν Φ (coni. Scaliger ap. Menag.): αὐ- ΒΡ δισκῆσαι ΒΡ:
-κεῦσαι Φ (coni. Scaliger ap. Menag.) **31** αὐτὸν <καὶ τελευτήσαντα>
Marcov. (conl. Porph., Vit. Plot. 15) **34** χροῒ ΒΡˡΦ, Suda: χρῶϊ (sic) Ρˣ
(ῶ ex corr.): χρῶ rec. **35** παρὰ om. Ρˡ, suppl. Ρⁱˢˡ **36** βελτιόνων
Vat. gr. 990 (coni. Kranz dub.). Vid. R. Caballero, Prometheus 30 (2004) 119

Βάβυος, ᾧ καὶ Πυθαγόραν σχολάσαι. Ἐρατοσθένης δ' ἕνα μόνον, καὶ ἕτερον Ἀθηναῖον, γενεαλόγον.

σῴζεται δὲ τοῦ Συρίου τό τε βιβλίον ὃ συνέγραψεν, οὗ ἡ ἀρχή· 'Ζὰς μὲν καὶ Χρόνος ἦσ<αν> ἀεὶ, καὶ Χθονίη ἦν· 45 Χθονίη δὲ ὄνομα ἐγένετο Γῆ ἐπειδὴ αὐτῇ Ζὰς γῆν γέρας διδοῖ.' σῴζεται δὲ καὶ ἡλιοτρόπιον ἐν Σύρῳ τῇ νήσῳ.

φησὶ δὲ Δοῦρις ἐν τῷ δευτέρῳ τῶν Ὥρων ἐπιγεγράφθαι αὐτῷ τὸ ἐπίγραμμα τόδε·

[120]   τῆς σοφίης πάσης ἐν ἐμοὶ τέλος· ἢν δ' ἔτι πλεῖον
50   Πυθαγόρη τὠμῷ λέγε ταῦθ', ὅτι πρῶτος ἁπάντων
         ἔστιν ἀν' Ἑλλάδα γῆν· οὐ ψεύδομαι ὧδ' ἀγορεύων.

Ἴων δ' ὁ Χῖός φησιν περὶ αὐτοῦ·

         ὣς ὃ μὲν ἠνορέῃ τε κεκασμένος ἠδὲ καὶ αἰδοῖ
             καὶ φθίμενος ψυχῇ τερπνὸν ἔχει βίοτον,
55   εἴπερ Πυθαγόρης ἐτύμως ὁ σοφὸς περὶ πάντων
             ἀνθρώπων γνώμας εἶδε καὶ ἐξέμαθεν.

43–46 (διδοῖ) VS 7 B 1 = fr. 14 Sch.   **46** (σῴζεται—νήσῳ) fr. 15 Sch. **47–56** Durid. FGrHist 76 F 22   Ion VS 36 B 4   **47–51** fr. 57 Sch. **49–51** Anth. Pal. 7.93   **53–56** Ion fr. 92 Leurini = 56 Sch.

49–51 Pal.

41 βαβους B: βάβυος Pˣ: βάδϋος Pᵖᶜ (δϋος in ras.)   **43** οὗ ἡ B² (ὖ ἡ in ras.)   **44** ζὰς BP¹(Q): ζεὺς Pˣ. Vid. Schibli 17⁸, 135–9   Κρόνος dub. Casaub.   ἦσαν Diels AGPh 1 (1880) 13⁴: ἧς B: εἰς P¹(Q): εἶς Pˣ **45** Χθονίη ἦν Casaub.: χθόνιη B: χθῶν ἦν P   ζὰς P¹: ζας B: ζεὺς Pˣ   γην B: γῆ P¹(Q): erasit Pˣ   **46** Σύρῳ Menag.: σύρα BP   **47** Ὥρων Cob.: ἱερῶν BP: ὅρων Ionsius, Script. hist. philos. (1659) 123   **49** δ' ἔτι Menag.: δέ τι BP, Pal.   πλεῖον BP, Pal. ('sc. ἦι. Sinn: wenn es noch etwas Weiseres gibt' Diels): πάσχω Cob.   ἢν δ' ἀποπνεύσω Stadtmueller ap. Preger 251 (ad IGmetr. 251.1)   **50** λέγε ταῦθ' BP, Pal.: γ' ἔνι τοῦθ' dub. Diels ἀπαντῶν B   **51** ἀν' BP, Pal.ᶜ: ἐς Pal.   **52** περὶ αὐτοῦ φησὶν P⁴ **53** ὣς BP: ζῶν Jacobs, Animadv. I 316   ὃ Diehl, Anth. lyr. Gr. I (1922¹) 69 (fr. 5): ὁ BP   ὣς ὃ μὲν ἠνορέῃ P: ὡς ὃ μ. ἦν*ὁρέη B: ὧδ' ὁ μέγ' ἠνορέῃ Reiske 307, 'quod si verum esset, ἐτύμους (**55**) certe cum Roepero corrigendum esset' Diels ad Reiske   **54** ψυχῇ Jacobs   **55** οὗπερ Reiske 307 ἐτύμως BP: -μους J. A. Hartung, Die griech. Elegiker (1859) 297   ὁ σοφὸς BP: σοφὸς ὃς F. H. Sandbach, PCPhS n. s. 5 (1958/9) 36   **56** εἶδε rec.: ει δε B¹: εἰ δὲ B²: ἴδε P   εἰδέ τε κἀξ. Roeper (1870) 577, ἤδεε κἀξ. Diels

ἔστι καὶ ἡμῶν οὕτως ἔχον τῷ μέτρῳ τῷ Φερεκρατείῳ·

τὸν κλεινὸν Φερεκύδην
ὃν τίκτει ποτὲ Σῦρος
[121] ἐς φθεῖρας λόγος ἐστὶν 60
ἀλλάξαι τὸ πρὶν εἶδος,
θεῖναί τ' εὐθὺ κελεύειν
Μαγνήτων, ἵνα νίκην
δοίη τοῖς Ἐφέσοιο
γενναίοις πολιήταις. 65
ἦν γὰρ χρησμός, ὃν ᾔδει
μοῦνος, τοῦτο κελεύων·
καὶ θνήσκει παρ' ἐκείνοις.
ἆρ' οὖν τοῦτ' ἆρ' ἀληθές;
ἢν ᾖ τις σοφὸς ὄντως, 70
καὶ ζῶν ἐστιν ὄνησις,
χὤταν μηκέθ' ὑπάρχῃ.

γέγονε δὲ κατὰ τὴν πεντηκοστὴν καὶ ἐνάτην
Ὀλυμπιάδα. καὶ ἐπέστειλεν ὧδε·

Φερεκύδης Θαλῇ 75

[122] εὖ θνήσκοις ὅταν τοι τὸ χρεὼν ἥκῃ. νοῦσός με
καταλελαβήκεε δεδεγμένον τὰ παρὰ σέο γράμματα.
φθειρῶν ἔθυον πᾶς καί με εἶχεν ἠπίαλος. ἐπέσκηψα δ' ὧν
τοῖσιν οἰκιήτησιν, ἐπήν με καταθάψωσιν, ἐς σὲ τὴν γραφὴν
ἐνέγκαι. σὺ δὲ ἢν δοκιμώσῃς σὺν τοῖς ἄλλοις σοφοῖς, οὕτω 80

73-74 (γέγονε—Ὀλυμπιάδα) fr. 5 Sch.   Apollod. FGrHist 244 F 338a
i.e. 544-540   75-89 Hercher 460   Thales test. 238 Woehrle.

---

57 φερεκρατέω B   62 εὐθὺ BP: ἔνθα Marcov.   κελελεύειν B   **65**
πολιήταις rec.: πολίταις BP¹: πολῆῖ- Pˣ   **66** ὃν δεῖ B¹ ut vid.   **68**
θνήσκη B   **69** ἄρ' rec. (coni. Roeper 1848, 48): ἀρ' B: ἄρ' P: ἤν Cob.: ἔστ'
Marcov.   **70** ἢν P: ἦν B   ᾖ B¹P: εἰ ex η B²   **72** μηκεθ' B¹: μηδὲν P
76 ἥκῃ rec.: ἥκοι BP   **77** καταλελαβήκεε· δεδεγμ. P: -λελάβηκε ἐδεδεγμ.
B: -λελάβηκε δεδεγμ. Z (Frob.)   **78** ἔθυον BP: ἔβρυον Z³ᵐᵍ (Frob.)   εἶχε
B¹   ἠ πίαλος BP: ἠ πίλλος rec.   ὦν P: ὧν B   **79** τοῖσι BP¹
οἰκιήτησιν P¹ (η in ras.): οἰκίη τῇσι (' ~, ras. supra η B²) B   εσε B¹   **80**
ἐνεῖκαι Cob.   δοκιμώσῃς P: δοκίμως ης B¹ (ᾗς B²): δοκιμάσῃς rec.
δοκίμως η τε B

LIBER I

μιν φῆνον· ἢν δὲ οὐ δοκιμώσητε, μὴ φήνῃς. ἐμοὶ μὲν γὰρ
οὔκω ἤνδανεν. ἔστι δὲ οὐκ ἀτρεκείη πρηγμάτων οὐδ᾽
ὑπισχνέομαι <κ>ου τὠληθὲς εἰδέναι· ἄσσα δ᾽ ἂν ἐπιλέγῃ
θεολογέοντα, ἄλλα χρὴ νοεῖν· ἅπαντα γὰρ αἰνίσσομαι. τῇ
85 δὲ νούσῳ πιεζόμενος ἐπὶ μᾶλλον οὔτε τῶν τινα ἰητρῶν οὔτε
τοὺς ἑταίρους ἐσιέμην· προσεστεῶσι δὲ τῇ θύρῃ καὶ
εἰρομένοις ὁκοῖόν τι εἴη, διεὶς δάκτυλον ἐκ τῆς κλειθρίης
ἔδειξ᾽ ἂν ὡς ἔθυον τοῦ κακοῦ. καὶ προεῖπε αὐτοῖς ἥκειν ἐς
τὴν ὑστεραίην ἐπὶ τὰς Φερεκύδεω ταφάς.

---

82 ἀτρεκείη BP: -κηῆ Cob.   **83** ὑπισχνέομαι BP: ὑπίσχομαι Cob.
κου τὠληθὲς Diels post Reiske 307 (τἀλ.): οὕτω ληθὲς B: οὐ τὠληθὲς P¹
ut vid. (οὐτῶ ἀληθὲς Q): οὐ τ᾽ ἀληθὲς P⁴ (᾽ ἀ in ras.)   εὖ τὠλ. Lapini*
ἄσσαν BP^lac   ἐπιλέγῃ BP: -γω Menag.   **84** θεολογέοντα Casaub.:
θεολογέων τὰ BP: -γιέων τὰ Reiske 307:   θεολογεόμενα, τὰ ἄλλη
Roeper (1848) 48 post Emperius ap. Huebn. II 652 (θεολογεόμενα) et
Kuehn (τὰ ἄλλη)   νοεῖν BP: νοέειν Cob.   **85** ἐπὶ BP: ἔτι Richards 344
86 προσεστεῶσι BP: προεστ- Menag.   δὲ P: ἴδε B¹: ἴδε B²   **87**
εἰρομένοις Cob.: ἰρο- B: ἠρο- P   τι Z³ (Frob.): τε BP   κλειθρίης P¹(Q):
κλη- B: κλειήθρης P⁴ (η in ras.)   **88** ἔδειξαν BP   ἔθυον BP: ἔβρυον Cob.
προεῖπε BP: -πα Cob.   'an erat προεῖπον cum compendio scriptum?' V.
d. Muehll   αὐτοῖς B: αὐτοῖσιν P, fort. recte

148

LIBER II

I[122] καὶ οὗτοι μὲν οἱ κληθέντες σοφοί, οἷς τινες καὶ Πεισίστρατον τὸν τύραννον προσκαταλέγουσι. λεκτέον δὲ περὶ τῶν φιλοσόφων· καὶ πρῶτόν γε ἀρκτέον ἀπὸ τῆς Ἰωνικῆς φιλοσοφίας, ἧς καθηγήσατο Θαλῆς, οὗ διήκουσεν Ἀναξίμανδρος.   5

II[1] Ἀναξίμανδρος Πραξιάδου Μιλήσιος. οὗτος ἔφασκεν ἀρχὴν καὶ στοιχεῖον τὸ ἄπειρον, οὐ διορίζων ἀέρα ἢ ὕδωρ ἢ ἄλλο τι. καὶ τὰ μὲν μέρη μεταβάλλειν, τὸ δὲ πᾶν ἀμετάβλητον εἶναι. μέσην τε τὴν γῆν κεῖσθαι, κέντρου τάξιν ἐπέχουσαν, οὖσαν σφαιροειδῆ· τήν τε σελήνην ψευδοφαῆ, 10 καὶ ἀπὸ ἡλίου φωτίζεσθαι· ἀλλὰ καὶ τὸν ἥλιον οὐκ ἐλάττονα τῆς γῆς, καὶ καθαρώτατον πῦρ.

εὗρε δὲ καὶ γνώμονα πρῶτος καὶ ἔστησεν ἐπὶ τῶν σκιοθήρων ἐν Λακεδαίμονι, καθά φησι Φαβωρῖνος ἐν Παντοδαπῇ ἱστορίᾳ, τροπάς τε καὶ ἰσημερίας σημαίνοντα· 15 καὶ ὡροσκοπεῖα κατεσκεύασε. **[2]** καὶ γῆς καὶ θαλάσσης περίμετρον πρῶτος ἔγραψεν, ἀλλὰ καὶ σφαῖραν κατεσκεύασε.

τῶν δὲ ἀρεσκόντων αὐτῷ πεποίηται κεφαλαιώδη τὴν ἔκθεσιν, ᾗ που περιέτυχεν καὶ Ἀπολλόδωρος ὁ Ἀθηναῖος· ὃς 20

1–5 Thales test. 239 Woehrle   **6–28** VS 12 A 1   **13–18** Favor. fr. 60
Bar. = 28 Mensch. = 65 Am.   **19–24** (τύραννον) Apollod. FGrHist 244 F
29   i.e. anno 547/6

---

6 (οὗτος)–**18** Φ 21 (215.17–26)   **13–14** (εὗρε—σκιοθήρων) Suda γ 346
(I 532.24–5)

Inscriptio ante **1** in B spatium vacuum 1 et 1/2 lin., in P 1/2 lin.: numerum B in mg sup. P^x   **1** οἷς P: οἳ B.   Ante **6** tit. ἀναξίμανδρος P^xmg   **6**–159, **20** (τοῦ) ff. 17^v-19^v cod. F a manu recentiore (F³) scripta sunt. Vid. supra ad 1.65 (105, **241**)   παρὰ ξιάδου B   **7** ὕδωρ ἢ ἀέρα Φ   **8** πᾶν BP: ὅλον Φ   **10** ψευδοφα<ν>ῆ dub. Mansfeld, Aetiana III (2010) 453²⁰ (a. 2000)   **11** ἐλάττω Φ   **13** ἐφεῦρεν Suda   **16** ὡροσκοπεῖα Φ: -σκοπία B: -σκόπια P (cf. 6.104)   **18** κατεσκεύασε BP: ἐποίησε Φ   **19** δὲ P: τε B   **20** ᾗ που Cob.: ὥς που BP: ἥπερ Z³ (Frob.)   ὃς om. P¹, suppl. P⁴   ὃς καί φ. ἐν τ. Χρ. αὐτὸν Marcov., sed vid. 4.22

καί φησιν αὐτὸν ἐν τοῖς Χρονικοῖς τῷ δευτέρῳ ἔτει τῆς πεντηκοστῆς ὀγδόης Ὀλυμπιάδος ἐτῶν εἶναι ἑξήκοντα τεττάρων καὶ μετ᾽ ὀλίγον τελευτῆσαι, ἀκμάσαντά πη μάλιστα κατὰ Πολυκράτη τὸν Σάμου τύραννον. τούτου
25 φασὶν ᾄδοντος καταγελάσαι τὰ παιδάρια, τὸν δὲ μαθόντα φάναι, 'βέλτιον οὖν ἡμῖν ᾀστέον διὰ τὰ παιδάρια.'

γέγονε δὲ καὶ ἄλλος Ἀναξίμανδρος ἱστορικός, καὶ αὐτὸς Μιλήσιος, τῇ Ἰάδι γεγραφώς.

23 (ἀκμάσαντά)–**24** (τύραννον) Apollod. FGrHist 244 F 339   **27–28**
Anaximand. hist. FGrHist 9 T 2 = VS 58 C 6.23–24 = test. 2 Fowler.

───────

24 (τούτου)–**26** Φ 21 (215.26–216.2).

───────

23 πη] δή Meineke ap. Huebn. II 652   **24** πολυκράτη B: comp. P
24 (τούτου)–**26** 'diese Anekdote ist falsch bezogen' Diels   **25** ἔδοντος
B²ᵐᵍ.

ANAXIMENES

[3] Ἀναξιμένης Εὐρυστράτου Μιλήσιος, ἤκουσεν Ἀναξιμάν-
δρου. ἔνιοι δὲ καὶ Παρμενίδου φασὶν ἀκοῦσαι αὐτόν.
οὗτος ἀρχὴν ἀέρα εἶπε καὶ τὸ ἄπειρον. κινεῖσθαι δὲ τὰ
ἄστρα οὐχ ὑπὸ γῆν, ἀλλὰ περὶ γῆν. κέχρηταί τε λέξει Ἰάδι
ἁπλῇ καὶ ἀπερίττῳ.   5
καὶ γεγένηται μέν, καθά φησιν Ἀπολλόδωρος, περὶ τὴν
Σάρδεων ἅλωσιν, ἐτελεύτησε δὲ τῇ ἑξηκοστῇ τρίτῃ
Ὀλυμπιάδι.
γεγόνασι δὲ καὶ ἄλλοι δύο, Λαμψακηνοί, ῥήτωρ καὶ
ἱστορικός, ὃς ἀδελφῆς υἱὸς ἦν τοῦ ῥήτορος τοῦ τὰς   10
Ἀλεξάνδρου πράξεις γεγραφότος.
οὗτος δὴ ὁ φιλόσοφος, καὶ ἐπέστειλεν ὧδε·

Ἀναξιμένης Πυθαγόρῃ

[4] Θαλῆς Ἐξαμύου ἐπὶ γήρως οὐκ εὔποτμος οἴχεται·
εὐφρόνης, ὥσπερ ἐώθει, ἅμα τῇ ἀμφιπόλῳ προϊὼν ἐκ τοῦ   15
αὐλίου τὰ ἄστρα ἐθηεῖτο· καὶ (οὐ γὰρ ἐς μνήμην ἔθετο)
θηεύμενος ἐς τὸ κρημνῶδες ἐκβὰς καταπίπτει. Μιλησίοισι
μέν νυν ὁ αἰθερολόγος ἐν τοιῷδε κεῖται τέλει. ἡμέες δὲ οἱ

1–11 VS 13 A 1   6–8 Apollod. FGrHist 244 F 66   τὴν Σάρδεων
ἅλωσιν] i. e. anno 546/5   7–8 i.e. 528–524   13–34 Hercher 106
Thales test. 240 Woehrle

2 (οὗτος)–4 (γῆν²) Φ 22 (216.4–5)

Ante 1 tit. ἀναξιμένης Pˣᵐᵍ   2 ἔνιοι—αὐτόν 'Irrtum' Diels
Παρμενίδην et αὐτοῦ Volkmann (1890) 10: 'ut glossema ex 9.21' secl. Marcov.
3 τὸν ἀέρα Φ   καὶ τὸ ἄπειρον 'Mißverstaendnis oder Verderbnis statt
καὶ τοῦτον ἄπειρον (trotz 58 B 30)' Diels   4 ὑπὸ BP¹Φ·: ὑπὲρ P²   λέξει
BPˡᵐᵍ: γλώσσῃ P¹ in textu   7–8 τῇ ἑξ. τρ. ὀλυμπιάδι, ἐτελεύτησε δὲ
περὶ τὴν σάρδεων ἅλωσιν BP, transp. Simson ap. Chr. G. Heyne, Apollod.
Bibl. (²1803) 413 (cf. Diels, Chron. Unters. 27). Text. trad. def. G. B. Kerferd,
MH 11 (1954) 117–21, sed vid. Mosshammer 276–7, 348⁶ et De Fidio 260⁵⁷
12 δὴ ὁ P: ὁ δὴ B   14 Ἐξαμύου M. Gudius ap. Menag.: ἐκ καλοῦ BP
εὐπότμως Cob.   15 εὐφροσύνης P (σύ in ras.)   ἐώθει Cob.: ἔωθεν BP
ἰὼν B   16 εἰς BP   18 νυν Casaub.: νῦν BP

LIBER II

λεσχηνῶται αὐτοί τε μεμνώμεθα τοῦ ἀνδρός, οἵ τε ἡμέων
20 παῖδές τε καὶ λεσχηνῶται, ἐπιδεξιοίμεθα δ᾽ ἔτι τοῖς ἐκείνου
λόγοις. ἀρχὴ μέντοι παντὸς τοῦ λόγου Θαλῇ ἀνακείσθω.
καὶ πάλιν·

Ἀναξιμένης Πυθαγόρῃ

[5] εὐβουλότατος ἦς ἡμέων, μεταναστὰς ἐκ Σάμου εἰς
25 Κρότωνα, ἐνθάδε εἰρηνεῖς. οἱ δὲ Αἰακέος παῖδες ἄλαστα
κακὰ ἔρδουσι καὶ Μιλησίους οὐκ ἐπιλείπουσι αἰσυμνῆται.
δεινὸς δὲ ἡμῖν καὶ ὁ Μήδων βασιλεύς, οὐκ ἦν γε ἐθέλωμεν
δασμοφορέειν· ἀλλὰ μέλλουσι δὴ ἀμφὶ τῆς ἐλευθερίης
ἁπάντων Ἴωνες Μήδοις κατίστασθαι ἐς πόλεμον·
30 καταστᾶσι δὲ οὐκέτι ἐλπὶς ἡμῖν σωτηρίης. κῶς ἂν οὖν
Ἀναξιμένης ἐν θυμῷ ἔτι ἔχοι αἰθερολογέειν, ἐν δείματι ἐὼν
ὀλέθρου ἢ δουλοσύνης; σὺ δὲ εἶ καταθύμιος μὲν
Κροτωνιήτῃσι, καταθύμιος δὲ καὶ τοῖσι ἄλλοισι
Ἰταλιώτῃσι· φοιτέουσι δέ τοι λεσχηνῶται καὶ ἐκ Σικελίης.

---

19 λεσχηνῶται BP: -νευταὶ Cob. (cf. 1.43) μεμνώμεθα] an μεμνῴμεθα
(opt.)? Kassel (cf. ἐπιδεξιοίμεθα (**20**) et H. Lloyd-Jones–N. Wilson, Sophoclea
[1990] 80 ad OR 49) λεσχηνῶται BP: -νευταὶ Cob. **20** ἐπιδεξιοίμεθα
P: ἐπεὶ δεξιοίμεθα B: ἐπιδεξιώμεθα Marcov., 'an ἐπιδεξιούμεθα?' V. d.
Muehll δ᾽ ἔτι P: δέ τι B **21** ἀρχὴ rec.: -ὰ BP: ἀρχήϊα Roeper (1848)
48–9 θαλῇ rec.: θαλίη B²P: θαλιν B¹ **24** εὐβουλότερος Steph. ἦς
P: εἰς B εἰς BP: ἐς Cob. **25** ἐνθάδε P⁴: ἔνθα δὲ P¹: ἔνθαδε B εἰρηνεῖς
P, sine accentu B: -νέεις Cob. αἰάκεος P: ἐακέος B² (ἐλκ- B¹) ἄλαστα
R. Porson, Eur. Med. (1801) ad v. 44: ἄλλοις τὰ BP: ἄνοστα Roeper (1848)
48–9, 'quidni ἄληστα?' V. d. Muehll **26** ἔρδουσι rec.: -οισι BP
ἔρδουσι <Σαμίους> Marcov., RhM 116 (1973) 360 (conl. Hdt. 3.45.4)
αἰϋμνῆται P: αις υμνῆται B¹: αἷς ὕμνηται B² **29** καθίστασθαι P **30**
σωτηρίης rec.: -ας BP ἂν om. P¹, suppl. P²·ˢ·ˡ· **31** ἔτι ἔχοι Valckenaer
ad Hdt. (ed. Wesseling [1763] 296a): ἐπέχοι BP δείματι ἐὼν P: διματιέων
B **32** εἶ P: εἰ B **33** κροτωνιήτῃσι B² (ras. supra ω et ι): κροτωνιήτεσι
P¹(Q): -ιήταισι Pˣ(αισι in ras.) καταθύμιος δὲ om. P τοῖσιν ἄλλοισιν P
34 ἰταλιώταισι B λεσχηνῶται BP: -νευταὶ Cob.

152

[6] Ἀναξαγόρας Ἡγησιβούλου ἢ Εὐβούλου, Κλαζομένιος. οὗτος ἤκουσεν Ἀναξιμένους, καὶ πρῶτος τῇ ὕλῃ νοῦν ἐπέστησεν, ἀρξάμενος οὕτω τοῦ συγγράμματος, ὅ ἐστιν ἡδέως καὶ μεγαλοφρόνως ἡρμηνευμένον· 'πάντα χρήματα ἦν ὁμοῦ· εἶτα νοῦς ἐλθὼν αὐτὰ διεκόσμησε.' παρὸ καὶ Νοῦς 5 ἐπεκλήθη, καί φησι περὶ αὐτοῦ Τίμων ἐν τοῖς Σίλλοις οὕτω·

καί που Ἀναξαγόρην φάσ' ἔμμεναι, ἄλκιμον ἥρω
Νοῦν, ὅτι δὴ νόος αὐτῷ, ὃς ἐξαπίνης ἐπεγείρας
πάντα συνεσφήκωσεν ὁμοῦ τεταραγμένα πρόσθεν.

οὗτος εὐγενείᾳ καὶ πλούτῳ διαφέρων ἦν, ἀλλὰ καὶ 10 μεγαλοφροσύνῃ, ὅς γε τὰ πατρῷα τοῖς οἰκείοις παρεχώρησεν. [7] αἰτιαθεὶς γὰρ ὑπ' αὐτῶν ὡς ἀμελῶν, 'τί οὖν,' ἔφη, 'οὐχ ὑμεῖς ἐπιμελεῖσθε;' καὶ τέλος ἀπέστη καὶ περὶ τὴν τῶν φυσικῶν θεωρίαν ἦν, οὐ φροντίζων τῶν πολιτικῶν. ὅτε καὶ πρὸς τὸν εἰπόντα, 'οὐδέν σοι μέλει τῆς πατρίδος;' 15 'εὐφήμει,' ἔφη, 'ἐμοὶ γὰρ καὶ σφόδρα μέλει τῆς πατρίδος,' δείξας τὸν οὐρανόν.

λέγεται δὲ κατὰ τὴν Ξέρξου διάβασιν εἴκοσιν ἐτῶν εἶναι, βεβιωκέναι δὲ ἑβδομήκοντα δύο. φησὶ δ' Ἀπολλόδωρος ἐν τοῖς Χρονικοῖς γεγενῆσθαι αὐτὸν τῇ ἑβδομηκοστῇ 20

1–118 VS 59 A 1   **4** (πάντα)–**5** (διεκόσμησε) VS 59 B 1   **7–9** Timon SH 798 = fr. 24 Di Marco   **18–25** Apollod. FGrHist 244 F 31   Demetr. Phal. fr. 94 SOD = fr. 150 W. (**22** ἤρξατο–**24** ἀναγραφῇ)   **18** τὴν Ξέρξου διάβασιν] i.e. anno 480/79   **20–21** i.e. 500–496

4 (πάντα)–**6** (ἐπεκλήθη) Φ 23 (217.5–7)   **10–17** Φ 23 (216.7–13)

Ante **1** tit. ἀναξαγόρας Pˣᵐᵍ   **4** ἡδέως] ἰδίως Bergk, Kl. Schr. II 299 (a. 1850/1)   **5** νοῦς¹ ΒΡΦ: ὁ νοῦς rec.   **7** ποῦ ΒΡ   **7–8** ἥρω νοῦν Ρ: ἡρώνουν Β: ἥρων Usener, Kl. Schr. I 89, sent. contr. V (a. 1858)   **8** ὅτι δὴ νόος ΒΡ: ὅττι δάμη Νόος Usener   ἐπεγείρας Wachsmuth, Sillogr. gr. (1885) 162: ἐπ' ἔγειρας Β: ἐπαγείρας Pˣ (αγεί in ras.): ἐπαείρας Roeper (1848) 50 et Bergk, Kl. Schr. II 299 (a. 1850/1)   **9** συνε<κ>σφήκωσεν Lapini 112, fort. recte   **11** γε Ρ: τε Β   **14** ἦν ΒΡ: εἶχεν Φ   **15, 16** μέλλει (bis) Ρ   **20** γεγεννῆσθαι ΒΡ   ἑβδομηκοστῇ Ρ¹: ἑβδόμη εἰκοστῇ ΒΡˣᵐᵍ   ἑβδομηκοστῆς ΒΡ: ὀγδοηκοστῆς rec. (Meursius, Att. Lect. [1617] 159): cruces apposuit Jacoby, FGrHist, 'error iam in D.L.' V. d. Muehll

Ὀλυμπιάδι, τεθνηκέναι δὲ τῷ πρώτῳ ἔτει τῆς
†ἑβδομηκοστῆς† ὀγδόης. ἤρξατο δὲ φιλοσοφεῖν Ἀθήνησιν
ἐπὶ Καλλίου ἐτῶν εἴκοσιν ὤν, ὥς φησι Δημήτριος ὁ
Φαληρεὺς ἐν τῇ τῶν Ἀρχόντων ἀναγραφῇ, ἔνθα καί φασιν
25 αὐτὸν ἐτῶν διατρῖψαι τριάκοντα.

[8] οὗτος ἔλεγε τὸν ἥλιον μύδρον εἶναι διάπυρον καὶ
μείζω τῆς Πελοποννήσου (οἱ δέ φασι Τάνταλον)· τὴν δὲ
σελήνην οἰκήσεις ἔχειν, ἀλλὰ καὶ λόφους καὶ φάραγγας.
ἀρχὰς δὲ τὰς ὁμοιομερείας· καθάπερ γὰρ ἐκ τῶν ψηγμάτων
30 λεγομένων τὸν χρυσὸν συνεστάναι, οὕτως ἐκ τῶν
ὁμοιομερῶν μικρῶν σωμάτων τὸ πᾶν συγκεκρίσθαι. καὶ
νοῦν μὲν ἀρχὴν κινήσεως· τῶν δὲ σωμάτων τὰ μὲν βαρέα
τὸν κάτω τόπον <ὡς τὴν γῆν>, τὰ δὲ κοῦφα τὸν ἄνω
ἐπισχεῖν ὡς τὸ πῦρ· ὕδωρ δὲ καὶ ἀέρα τὸν μέσον. οὕτω γὰρ
35 ἐπὶ τῆς γῆς πλατείας οὔσης τὴν θάλατταν ὑποστῆναι,
διατμισθέντων ὑπὸ τοῦ ἡλίου τῶν ὑγρῶν. [9] τὰ δ᾽ ἄστρα
κατ᾽ ἀρχὰς μὲν θολοειδῶς ἐνεχθῆναι, ὥστε κατὰ κορυφὴν
τῆς γῆς τὸν ἀεὶ φαινόμενον εἶναι πόλον, ὕστερον δὲ τὴν
ἔγκλισιν λαβεῖν. καὶ τὸν γαλαξίαν ἀνάκλασιν εἶναι φωτὸς
40 <τῶν ὑπό> ἡλίου μὴ καταλαμπομένων {τῶν} ἄστρων.

---

23 ἐπὶ Καλλίου] i.e. anno 480/79   **27** (Τάνταλον) VS 59 A 20a

---

26–27 (οὗτος—Πελοποννήσου) Suda μ 1378 (III 423.3–4)   Φ 23 (216.13–4)
27 (τὴν)–**32** (κινήσεως) Φ 23 (217.1–5)   **27** (τὴν)–**31** (συγκεκρίσθαι) Suda
ο 310 (III 536.1–4)   **32** (τῶν)–**51** (πεσεῖσθαι) Φ 23 (217.7–25)   **37**
(κατὰ)–**39** (λαβεῖν) Suda ε 102 (II 195.5–6)   **39** (ἀνάκλασιν)–**40** (ἄστρων)
Suda γ 18 (I 505.3–4)

---

23 καλλίου BP: Καλλιάδου Meursius, Archontes Ath. (1622) 67   ἐτῶν
εἴκοσιν ὢν BP: secl. C. Diano, Studi e saggi filos. ant. (1973) 204 (a. 1955): ἐτ.
εἴκ. <ἐκεῖ διατρίβ>ων Mansfeld Studies 266 (a. 1979)   **25** ἐτῶν BP: ἔτη
rec.   τριάκοντα BP (i.e. λ᾽): πεντήκοντα (i.e. ν᾽) Marcov.   **26**
διάπυρον BP, Suda: ἤτοι λίθον πεπυρωμένον Φ   **28** ἀλλὰ BP: om. Φ,
Suda   **29** δὲ BP, Suda: τε Φ, 'an recte?' V. d. Muehll   ὁμοιομερίας B
30 λεγομένων BPΦ: λέγομεν Suda (probat Casaub.)   **31** ὁμοιομερῶν P,
Suda (cod. G): -ρειῶν BΦ, Suda (codd. ASM)   **33** ὡς τὴν γῆν add. rec.
35 θάλασσαν Φ   **40** τῶν ὑπό add. et τῶν del. Aldobr.   ἡλίου V. d.
Muehll: ἡλιακοῦ BPΦ, Suda   ἄστρων BP: ἀστέρων Φ, Suda

τοὺς δὲ κομήτας σύνοδον πλανήτων φλόγας ἀφιέντων·
τούς τε διάττοντας οἷον σπινθῆρας ἀπὸ τοῦ ἀέρος
ἀποπάλλεσθαι. ἀνέμους γίγνεσθαι λεπτυνομένου τοῦ ἀέρος
ὑπὸ τοῦ ἡλίου. βροντὰς σύγκρουσιν νεφῶν· ἀστραπὰς
ἔκτριψιν νεφῶν· σεισμὸν ὑπονόστησιν ἀέρος εἰς γῆν. 45
ζῷα γίνεσθαι ἐξ ὑγροῦ καὶ θερμοῦ καὶ γεώδους, ὕστερον
δὲ ἐξ ἀλλήλων· καὶ ἄρρενα μὲν ἀπὸ τῶν δεξιῶν, θήλεα δὲ
ἀπὸ τῶν ἀριστερῶν.

[10] φασὶ δ' αὐτὸν προειπεῖν τὴν περὶ Αἰγὸς ποταμοὺς
γενομένην τοῦ λίθου πτῶσιν, ὃν εἶπεν ἐκ τοῦ ἡλίου 50
πεσεῖσθαι. ὅθεν καὶ Εὐριπίδην, μαθητὴν ὄντα αὐτοῦ,
χρυσέαν βῶλον εἰπεῖν τὸν ἥλιον ἐν τῷ Φαέθοντι. ἀλλὰ καὶ
εἰς Ὀλυμπίαν ἐλθόντα ἐν δερματίνῳ καθίσαι, ὡς μέλλοντος
ὕσειν· καὶ γενέσθαι. πρός τε τὸν εἰπόντα, εἰ τὰ ἐν Λαμψάκῳ
ὄρη ἔσται ποτὲ θάλαττα, φασὶν εἰπεῖν, 'ἐάν γε ὁ χρόνος μὴ 55
ἐπιλίπῃ.' ἐρωτηθείς ποτε εἰς τί γεγέννηται, 'εἰς θεωρίαν,'
ἔφη, 'ἡλίου καὶ σελήνης καὶ οὐρανοῦ.' πρὸς τὸν εἰπόντα,
'ἐστερήθης Ἀθηναίων,' 'οὐ μὲν οὖν,' ἔφη, 'ἀλλὰ ἐκεῖνοι ἐμοῦ.'
ἰδὼν τὸν Μαυσώλου τάφον ἔφη, 'τάφος πολυτελὴς
λελιθωμένης ἐστὶν οὐσίας εἴδωλον.' [11] πρὸς τὸν 60
δυσφοροῦντα ὅτι ἐπὶ ξένης τελευτᾷ, 'πανταχόθεν,' ἔφη,
'ὁμοία ἐστὶν ἡ εἰς ᾅδου κατάβασις.'

δοκεῖ δὲ πρῶτος, καθά φησι Φαβωρῖνος ἐν Παντοδαπῇ
ἱστορίᾳ, τὴν Ὁμήρου ποίησιν ἀποφήνασθαι εἶναι περὶ
ἀρετῆς καὶ δικαιοσύνης· ἐπὶ πλεῖον δὲ προστῆναι τοῦ 65

---

51 (Εὐριπίδην)–**52** (Φαέθοντι) Eur. test. 38[al] Kann. Vid. fr. 783 **63–68**
(πραγματείαν) Favor. fr. 61 Bar. = 29 Mensch. = 66 Am. **65** (ἐπὶ)–**68**
(πραγματείαν) Metrod. Lamps. VS 61 A 2

---

51 (ὅθεν)–**52** (ἥλιον) Φ 23 (216.14–6) **53** (εἰς)–**54** (γενέσθαι) Φ 23 (218.9–
10) **54** (πρός)–**58** (ἐμοῦ) Φ 23 (218.3–7) **59** (ἰδὼν)–**60** (εἴδωλον) Φ 23
(218.10–2) **60** (πρός)–**62** Φ 23 (218.7–9)

---

41 πλανήτων ΒΦ: -ητῶν P **42** ἀέρος ΒΡΦ: αἰθέρος Roeper (1848) 50 et
W. Capelle, Philologus 71 (1912) 429 **44** σύγκρουσιν (σύν- B) ΒΡ: -κρισιν
Φ **46** γί(γ)νεσθαι ΒΡ[1]: γενέ- ΦΡ[2] **49** ποταμούς ΡΒ[2]Φ: -οῦ Β[1]: -ὸν
rec. **53** ἀνελθόντα Β **54** εἰπόντα ΒΡ: ἐρωτηθεὶς Φ **56** ἐπιλίπῃ
rec.: -οι P: ὑπολίπῃ Φ: -λείπῃ Β γεγέννηται ΡΦ: γεγένη- Β

λόγου Μητρόδωρον τὸν Λαμψακηνόν, γνώριμον ὄντα
αὐτοῦ, ὃν καὶ πρῶτον σπουδάσαι τοῦ ποιητοῦ περὶ τὴν
φυσικὴν πραγματείαν. πρῶτος δὲ Ἀναξαγόρας καὶ βιβλίον
ἐξέδωκε συγγραφῆς. φησὶ δὲ Σιληνὸς ἐν τῇ πρώτῃ τῶν
70 Ἱστοριῶν ἐπὶ ἄρχοντος †Δημύλου† λίθον ἐξ οὐρανοῦ πεσεῖν·
[12] τὸν δὲ Ἀναξαγόραν εἰπεῖν ὡς ὅλος ὁ οὐρανὸς ἐκ λίθων
συγκέοιτο· τῇ σφοδρᾷ δὲ περιδινήσει συνεστάναι καὶ
ἀνεθέντα κατενεχθήσεσθαι.
    περὶ δὲ τῆς δίκης αὐτοῦ διάφορα λέγεται. Σωτίων μὲν
75 γάρ φησιν ἐν τῇ Διαδοχῇ τῶν φιλοσόφων ὑπὸ Κλέωνος
αὐτὸν ἀσεβείας κριθῆναι διότι τὸν ἥλιον μύδρον ἔλεγε
διάπυρον· ἀπολογησαμένου δὲ ὑπὲρ αὐτοῦ Περικλέους τοῦ
μαθητοῦ, πέντε ταλάντοις ζημιωθῆναι καὶ φυγαδευθῆναι.
Σάτυρος δ' ἐν τοῖς Βίοις ὑπὸ Θουκυδίδου φησὶν εἰσαχθῆναι
80 τὴν δίκην, ἀντιπολιτευομένου τῷ Περικλεῖ· καὶ οὐ μόνον
ἀσεβείας ἀλλὰ καὶ μηδισμοῦ· καὶ ἀπόντα καταδικασθῆναι
θανάτῳ. [13] ὅτε καὶ ἀμφοτέρων αὐτῷ προσαγγελέντων,

---

69 (φησὶ)–**73** Silen. Chius FGrHist 27 F 2 = Silen. FGrHist 175 F 1   **74**
(Σωτίων)–**78** (φυγαδευθῆναι) Sotion fr. 3 W.   **79**–**87** (Ξενοφῶντα) Satyr.
fr. 16 Schorn   **82** (ὅτε)–**89** (γήρως) Demetr. Phal. fr. 84 SOD = fr. 150 W.
(**87** τοῦτον–**89** γήρως)

---

71 (εἰπεῖν)–**73** Φ 23 (217.25–218.2)   **76** (αὐτὸν)–**77** (διάπυρον), **90**
(Περικλῆς)–**98** (ἀφεθῆναι) Φ 23 (216.17–25)

---

67 περὶ τὴν τοῦ ποιητοῦ φυσ. Marcov.   **69** συγγραφῆς BP (vid. Diano,
Studi e saggi filos. ant. 194–9): βιβλίον <ἕν> (vel <ὅλον>) ἐξ. συγγραφῆς
Gigante 471[24]: σὺν γραφῇ H. Kohte, JClPh 133 (1886) 769: διὰ γραφῆς W.
Capelle, GGA 176 (1914) 256: σὺν γραφαῖς A. Ruestow ap. VS II 419:
συγγράψας Richards 343   **70** δημύλου B: δι- P: Δη<μοτίωνος> μύλου
(i.e. anno 470/69) Diels: Λυ<σιστράτου> μύδρον ἢ (i.e. a. 467/6) Fr. Pan-
zerbieter, JClPh Suppl. 5 (1837) 223: Διφίλου (i.e. a. 442/1) Roeper (1848) 51:
Λυ<σανίου> (i.e. a. 466/5) Scaliger, Thes. temp. (1606) ad a. MDLI:
Λυ<σανίου> vel Λυ<σιθέου> (i.e. a. 465/4) μύλου Kuehn   **72** καὶ
BPΦ: κἂν Roeper (1848) 51   **77** <τοῦ> ἀντιπολιτευσαμένου Bergk, Kl.
Schr. II 298 (a. 1850/1)   **82** θανάτῳ BP: -ου Z (Frob.)   αὐτῷ ἅμα Φ
προσαγγελέντων P: προσαγγελλ- B: προσαγγελθ- Φ   **82** (καὶ)–**83**
(καταδίκης) om. B[1], suppl. B[2mg]

τῆς τε καταδίκης καὶ τῆς τῶν παίδων τελευτῆς, εἰπεῖν περὶ
μὲν τῆς καταδίκης, ὅτι ἄρα 'κἀκείνων κἀμοῦ πάλαι ἡ φύσις
κατεψηφίσατο', περὶ δὲ τῶν παίδων, ὅτι 'ᾔδειν αὐτοὺς 85
θνητοὺς γεννήσας.' (οἱ δ᾽ εἰς Σόλωνα τοῦτ᾽ ἀναφέρουσιν,
ἄλλοι εἰς Ξενοφῶντα). τοῦτον δὲ καὶ θάψαι ταῖς ἰδίαις
χερσὶν αὐτοὺς Δημήτριός φησιν ὁ Φαληρεὺς ἐν τῷ Περὶ
γήρως. Ἕρμιππος δ᾽ ἐν τοῖς Βίοις φησὶν ὅτι καθείρχθη ἐν τῷ
δεσμωτηρίῳ τεθνηξόμενος. Περικλῆς δὲ παρελθὼν εἶπεν εἴ τι 90
ἔχουσιν ἐγκαλεῖν αὐτῷ κατὰ τὸν βίον· οὐδὲν δὲ εἰπόντων,
'καὶ μὴν ἐγώ,' ἔφη, 'τούτου μαθητής εἰμι· μὴ οὖν διαβολαῖς
ἐπαρθέντες ἀποκτείνητε τὸν ἄνθρωπον, ἀλλ᾽ ἐμοὶ
πεισθέντες ἄφετε.' καὶ ἀφείθη· οὐκ ἐνεγκὼν δὲ τὴν ὕβριν
ἑαυτὸν ἐξήγαγεν. [14] Ἱερώνυμος δ᾽ ἐν τῷ δευτέρῳ τῶν 95
Σποράδην ὑπομνημάτων φησὶν ὅτι ὁ Περικλῆς παρήγαγεν
αὐτὸν ἐπὶ τὸ δικαστήριον διερρυηκότα καὶ λεπτὸν ὑπὸ
νόσου, ὥστε ἐλέῳ μᾶλλον ἢ κρίσει ἀφεθῆναι. καὶ τὰ μὲν περὶ
τῆς δίκης αὐτοῦ τοσαῦτα.

ἔδοξε δέ πως καὶ Δημοκρίτῳ ἀπεχθῶς ἐσχηκέναι 100
ἀποτυχὼν τῆς πρὸς αὐτὸν κοινολογίας. καὶ τέλος
ἀποχωρήσας εἰς Λάμψακον αὐτόθι κατέστρεψεν. ὅτε καὶ
τῶν ἀρχόντων τῆς πόλεως ἀξιούντων τί βούλεται αὐτῷ
γενέσθαι, φάναι, 'τοὺς παῖδας ἐν ᾧ ἂν ἀποθάνῃ μηνὶ κατ᾽
ἔτος παίζειν συγχωρεῖν.' [15] καὶ φυλάττεται τὸ ἔθος 105
καὶ νῦν. τελευτήσαντα δὴ αὐτὸν ἔθαψαν ἐντίμως οἱ
Λαμψακηνοὶ καὶ ἐπέγραψαν·

---

87 (εἰς Ξενοφῶντα) infra § 55   **89** (Ἕρμιππος)–**99** Hieron. Rhod. fr. 49
White = 41 W. (**95** Ἱερώνυμος–**99**)   **89** (Ἕρμιππος)–**95** (ἐξήγαγεν),
110–114 Hermipp. FGrHistCont 1026 F 65   **100** (Δημοκρίτῳ) vid. 9.34

83 (τῆς)–**85** (γεννήσας) Φ 23 (218.12–16)   **101** (καὶ)–**106** (νῦν) Φ 23
(218.16–19)

84 ἄρα BPΦ: ἀλλὰ Richards 344   κἀμοῦ θάνατον Φ   **90** εἰπεῖν
<ἐκέλευσεν> Croenert, Kol. u. Men. 173   **91** αὑτῷ Steph.: αὐ- BPΦ
95 ἑαυτὸν Φ: αὐτὸν BP¹: αὐ- Pˣ   ὑπεξήγαγεν Φ   **103** ἀξιούντων
εἰπεῖν Φ   **105** <ἔτι> καὶ Cob.

ἐνθάδε, πλεῖστον ἀληθείας ἐπὶ τέρμα περήσας
οὐρανίου κόσμου, κεῖται Ἀναξαγόρας.

110 ἔστι καὶ ἡμῶν εἰς αὐτόν·

ἠέλιον πυρόεντα μύδρον ποτὲ φάσκεν ὑπάρχειν,
καὶ διὰ τοῦτο θανεῖν μέλλεν Ἀναξαγόρας·
ἀλλ' ὁ φίλος Περικλῆς μὲν ἐρύσατο τοῦτον, ὁ δ' αὐτὸν
ἐξάγαγεν βιότου μαλθακίῃ σοφίης.

115 γεγόνασι δὲ καὶ ἄλλοι τρεῖς Ἀναξαγόραι, ὧν {ἐν οὐδενὶ
πάντα, ἀλλ'} ὁ μὲν ἦν ῥήτωρ Ἰσοκράτειος· ὁ δὲ ἀνδριαν-
τοποιός, οὗ μέμνηται Ἀντίγονος· ἄλλος γραμματικὸς
Ζηνοδότειος.

108–109 Anth. Pal. 7.94   **111–114** Anth. Pal. 7.95   **115–116** (ῥήτωρ)
cf. Narcy 223 n. 2   **116** (ἀνδριαντοποιός) Vid. Dorandi, Antigone 55[28]
Antig. Car. fr. 48 Dor.   **116–117** (γραμματικὸς) non aliunde notus.

108–109 Pal.   **111–114** Pal.   **111–112** Suda μ 1378 (III 423.1–3)
113 (ὁ²)**–114** Suda μ 107 (III 314.7–8).

---

108 ἐνθάδε BP: ἐνθάδ' ὁ Ael., Var. hist. 8.19 (coni. Casaub.)   ἐπίτερμα B:
ἐπὶ τέρματα Pal.   **111** πυροεντάμυδρον B   φάσκεν B²P, Suda: -ειν B¹,
Pal.   **113** ἀλλόφυλος B   ἐρύσατο Pal.: ἐρρύ- BP   αὐτὸν P, Suda:
αὐ- B, Pal.   **115–116** ἐν οὐδενὶ πάντα, ἀλλ' secl. Diels: ἐν οὐ. ταὐτά, ἀ.
Richards 344 et Croenert, Kol. u. Men. 173 dub. 'Vielleicht lautete eine
Randbemerkung des Diog. (zu ὁ μὲν): ἐν οὐ. ἀπαντᾷ ἄλλῳ (*in* nullo alio
auctore *occurrit*), nämlich außer Demetrios Magnes' Kranz, alii alia. Text.
trad. def. Gigante 472[36], fort. recte.

[16] Ἀρχέλαος Ἀθηναῖος ἢ Μιλήσιος, πατρὸς
Ἀπολλοδώρου, ὡς δέ τινες, Μίδωνος, μαθητὴς
Ἀναξαγόρου, διδάσκαλος Σωκράτους. οὗτος πρῶτος ἐκ
τῆς Ἰωνίας τὴν φυσικὴν φιλοσοφίαν μετήγαγεν Ἀθήναζε, καὶ
ἐκλήθη φυσικός, παρὸ καὶ ἔληξεν ἐν αὐτῷ ἡ φυσικὴ 5
φιλοσοφία, Σωκράτους τὴν ἠθικὴν εἰσαγαγόντος. ἔοικε δὲ
καὶ οὗτος ἅψασθαι τῆς ἠθικῆς. καὶ γὰρ περὶ νόμων
πεφιλοσόφηκε καὶ καλῶν καὶ δικαίων· παρ᾽ οὗ λαβὼν
Σωκράτης τῷ αὐξῆσαι εἰς τὸ <ἄκρον> εὑρεῖν ὑπελήφθη.
ἔλεγε δὲ δύο αἰτίας εἶναι γενέσεως, θερμὸν καὶ ψυχρόν. καὶ 10
τὰ ζῷα ἀπὸ τῆς ἰλύος γεννηθῆναι· καὶ τὸ δίκαιον εἶναι καὶ
τὸ αἰσχρὸν οὐ φύσει ἀλλὰ νόμῳ.

ὁ δὲ λόγος αὐτῷ οὕτως ἔχει. [17] τηκόμενόν φησι τὸ
ὕδωρ ὑπὸ τοῦ θερμοῦ, καθὸ μὲν εἰς τὸ <μέσον διὰ τὸ>
πυρῶδες συνίσταται, ποιεῖν γῆν· καθὸ δὲ περιρρεῖ, ἀέρα 15
γεννᾶν. ὅθεν ἡ μὲν ὑπὸ τοῦ ἀέρος, ὁ δὲ ὑπὸ τῆς τοῦ πυρὸς
περιφορᾶς κρατεῖται. γεννᾶσθαι δέ φησι τὰ ζῷα ἐκ θερμῆς
τῆς γῆς καὶ ἰλὺν παραπλησίαν γάλακτι οἷον τροφὴν
ἀνιείσης· οὕτω δὴ καὶ τοὺς ἀνθρώπους ποιῆσαι. πρῶτος δὲ
εἶπε φωνῆς γένεσιν τὴν τοῦ ἀέρος πλῆξιν. τὴν δὲ θάλατταν 20
ἐν τοῖς κοίλοις διὰ τῆς γῆς ἠθουμένην συνεστάναι. μέγιστον
τῶν ἄστρων τὸν ἥλιον, καὶ τὸ πᾶν ἄπειρον.

1–25 VS 60 A 1

Ante **1** tit. ἀρχέλαος Pˣᵐᵍ   **2** μίδωνος B² (1 in ras.), P¹(Q), Suda α 4084
(Μείδωνος Wil., Glaube d. Hell. II (1932) 212¹): Μύδωνος P⁴: Μίλτωνος
Epiphan. (VS 60 A 9)   **3–4** οὗτος—Ἀθήναζε ad Anaxagoram revoc.
Casaub. (cf. Clem. Alex., Strom. 1.63 = VS 59 A 7), tamquam ex glossemate
secl. Menag. et Volkmann (1890) 9–10, sed vid. Sud. α 4084   Cf. Wil.,
Glaube d. Hell. II 212¹   **7** νόμων BP¹: νομίμων in mg cum γρ Pˣ   **9** τῷ
P³: τὸ BP¹   εἰς τὸ B: ***τὸ Pˣ(Q): καὶ Menag.: αὐτὸς Emperius ap. Huebn.
II 655   ἄκρον suppl. Diels   **11** ἰλύος BP¹: πιλοῦ P³ˢ·¹·   **14** ὕδωρ P:
ὑγρὸν B   μέσον διὰ τὸ add. Kranz: κάτω διὰ τὸ Diels   **14–15** καθὸ
μὲν εἰς τὸ πηλῶδες Zeller, Philos. d. Gr. I (⁵1892) 1035² (τυρῶδες Reiske 307:
τρυγῶδες Diels ad Reiske: ἰλυῶδες Emperius, Adv. 323)   **15** <πυρὶ>
περιρρεῖται Zeller   **19** δὴ BP: δὲ Z (Frob.)   ποιῆσαι om. B¹, suppl. B²ˢ·¹·
δὲ P: τε B   **20** τοῦ om. B   ab ἀέρος denuo inc. F¹

γεγόνασι δὲ καὶ ἄλλοι τρεῖς Ἀρχέλαοι· ὁ χωρογράφος τῆς
ὑπὸ Ἀλεξάνδρου πατηθείσης γῆς, ὁ τὰ Ἰδιοφυῆ ποιήσας,
25 ἄλλος τεχνογράφος ῥήτωρ.

23–25 Archel. Cappad. FGrHist 123 T 1

[18] Σωκράτης Σωφρονίσκου μὲν ἦν υἱὸς λιθουργοῦ καὶ
Φαιναρέτης μαίας, ὡς καὶ Πλάτων ἐν Θεαιτήτῳ φησίν,
Ἀθηναῖος, τῶν δήμων Ἀλωπεκῆθεν. ἐδόκει δὲ συμποιεῖν
Εὐριπίδῃ· ὅθεν Μνησίλοχος οὕτω φησί·

> Φρύγες ἐστὶ καινὸν δρᾶμα τοῦτ' Εὐριπίδη,　　　　5
> ᾧ καὶ Σωκράτης τὰ φρύγαν' ὑποτίθησι.

καὶ πάλιν· 'Εὐριπίδης σωκρατογόμφους.' καὶ Καλλίας
Πεδήταις·

> (Α.) τί δὴ σὺ σεμνὴ καὶ φρονεῖς οὕτω μέγα;
> (Β.) ἔξεστι γάρ μοι· Σωκράτης γὰρ αἴτιος.　　　　10

Ἀριστοφάνης Νεφέλαις·

1–344, 354–357 SSR I D 1　　**2** (ἐν Θεαιτήτῳ) Plat., Tht. 149 a 1　　**3**
(ἐδόκει)–**13** Eur. test. 51 Kann.　　**5–6** Telecl. fr. 41 K.-A.　　**7** Telecl. fr. 42
K.-A.　　**9–10** Call. fr. 15 K.-A.

---

3 (ἐδόκει)–**10** Φ 24 (220.21–221.4)

Ante **1** tit. σωκράτης mg P^x et P^4　　**1** ἦν om. F^1, suppl. F^2s.l.　　**2** φησὶν om.
F^1, suppl. F^2s.l.　　**3** τοῦ δήμου F^2 ut vid.　　**3** (ἐδόκει)–**13** vid. Kassel-Austin
ad Ar. fr. 392 et Kannicht ad Eur. test. 51　　**4–6** †Μνησίλοχος—
ὑποτίθησι† Kannicht　　**4** post Εὐριπίδη habuerat F^1 ᾧ καὶ σωκράτης τὰ
φρύγανα αὐτῷ ὑποτίθησι a F^2 expuncta Μνησίλοχος BPF:
Μνησίμαχος Menag.: Τηλεκλείδης P. Elmsley, Eur. Bac. (1821) 194^f 'con-
fusionem improbam fecit D.L. ut vides si cum Vita Eur. . . . comparas' V. d.
Muehll　　οὕτω περὶ αὐτοῦ Φ　　**5** φρύγειον τι Vit. Eur. 3 (Eur. test. 1 IA,
46.9–12 Kann.)　　ἐστὶ BPF: ἔτι Φ　　δρᾶμα καινὸν Vita　　Εὐριπίδη
BP^j(Q)Φ, Vita (cod. Q): -δου P^4, Vita (cod. V): inc. comp. F　　**6**
(Σωκράτης)–**7** (Εὐριπίδης) om. B^1, suppl. B^2mg　　**6** ᾧ om. Vita　　τὰ
φρύγαν' Φ: τὰ -να B^2PF, Vita (cod. V): om. Vita (cod. Q)　　{ᾧ} καὶ Σ. τὰ
φρύγαν' ὑποτίθησί<ν οἱ> Marcov., ᾧ καὶ τὰ φρύγαν' ὑποτίθησι Σ.
Menag. et Io. Pierson ap. Valckenaer, Diatr. in Eur. perdit. dram. rel. (1767)
14b　　**7** εὐριπίδης P: comp. B^2mgF　　σωκρατογόμφους BPF: -φοις Φ
Εὐριπίδης σωκρατογόμφος Casaub., Εὐρ. <ὁ> σωκρ. Marcov., Εὐριπίδας
-γόμφους Cob., Εὐρ. <τοὺς> σωκρ. Kaibel, <γνώμας> εὐριπιδο-
σωκρατογόμφους F. V. Fritzsche, Ind. lect. Rostoch. (1852) 6, -κόμπους
Nauck, Eur. tr. I^3 (1870) xiv^15　　**9** τί δὴ M. Runkel, Cratini fragm. (1827)
76: ἤδη BPFΦ　　σεμνοῖ G. Dindorf, Ar. fragm. (1829) ad fr. 392, negat G.
Hermann, Leipziger Lit.-Ztg. (1829) 1622

Εὐριπίδῃ δ' ὁ τὰς τραγῳδίας ποιῶν
τὰς περιλαλούσας οὗτός ἐστι, τὰς σοφάς.

[19] ἀκούσας δὲ Ἀναξαγόρου κατά τινας, ἀλλὰ καὶ
15 Δάμωνος, ὡς Ἀλέξανδρος ἐν Διαδοχαῖς, μετὰ τὴν ἐκείνου
καταδίκην διήκουσεν Ἀρχελάου τοῦ φυσικοῦ· οὗ καὶ
παιδικὰ γενέσθαι φησὶν Ἀριστόξενος. Δοῦρις δὲ καὶ
δουλεῦσαι αὐτὸν καὶ ἐργάσασθαι λίθους· εἶναί τε αὐτοῦ
καὶ τὰς ἐν ἀκροπόλει Χάριτας ἔνιοί φασιν, ἐνδεδυμένας
20 οὔσας. ὅθεν καὶ Τίμωνα ἐν τοῖς Σίλλοις εἰπεῖν·

> ἐκ δ' ἄρα τῶν ἀπέκλινεν <ὁ> λαξόος, ἐννομολέσχης,
> Ἑλλήνων ἐπαοιδός, ἀκριβολόγους ἀποφήνας,
> μυκτὴρ ῥητορόμυκτος, ὑπαττικὸς εἰρωνευτής.

ἦν γὰρ καὶ ἐν τοῖς ῥητορικοῖς δεινός, ὥς φησι καὶ
25 Ἰδομενεύς· ἀλλὰ καὶ οἱ τριάκοντα αὐτὸν ἐκώλυσαν τέχνας

12–13 Ar. fr. 392 K.-A. **14–17** (Ἀριστόξενος) Alex. Polyhist. FGrHist 273 F 86 = 2 Giannat. (**14–16** φυσικοῦ) **14–15** (Διαδοχαῖς) Damon VS 37 A 7 **16** (Ἀρχελάου)–**17** (Ἀριστόξενος) Aristox. fr. 52a W. **17** (Δοῦρις)–**18** (λίθους), **20** (ὅθεν)–**30** (Σωκρατικῶν) Idom. FGrHist 338 F 16 = 25 Angeli (**17–26** Ξενοφῶν) **17** (Δοῦρις)–**18** (λίθους) Duris FGrHist 76 F 78 **21–23** Timon SH 799 = fr. 25 Di Marco

---

18 (εἶναί)–**24** (δεινός) Φ 24 (221.5–10)

---

12 Εὐριπίδῃ Cob.: -πίδης PF: -πείδης B: -πίδου Valckenaer ποῶν BP¹, corr. Pˣ **13** περιλαλούσας FP²: περὶ ἄλλους ἃς BP¹ οὕτως F "τὰς σοφάς ferri mihi non posse videtur post τὰς περιλαλούσας (?). conieci οὗτός ἐσθ' ὁ πάσσοφος, ut ineunte fabula multiplex Socratis sapientia descripta fuerit' Kaibel init. v. <3> τὰς σωκρατογόμφους Hermann (1829) 1623 sq. (cf. Nub.² xix) praeeunte Dindorfio, qui maluit v. 2 τὰς σωκρατογόμφους pro τὰς περιλαλούσας (1829 23, cf. 1835 513)' Kassel-Austin **18** αὐτῶ F **20** τίμωνος P¹(Q) **21** λαξόος BPF : λαο- Clem. Alex., Strom. 1.63.3 (II 40.5 Staehlin): ὁ λαξόος Meineke, Sillogr. 333 **22** ἀποφήνας P¹Φ: -φήσας BFPˣ, 'unde conicias ἀποφύσας' Diels **23** ῥητορόμυκτος Aldobr.: -μύκτους B² (-εί- B¹): -μικτος PFΦ ὑπαττικὸς BP²F: ὑπατι- P¹Φ: ὑπακτικὸς Wachsmuth, Sillogr. Gr. (1885) 168, 'nihil mutandum' Lloyd-Jones/Parsons **24** ἐν ῥητορικῇ Φ καὶ² om. F¹, suppl. F²ˢ·ˡ· **25** ἐκώλυσαν αὐτὸν F

διδάσκειν λόγων, ὥς φησι Ξενοφῶν. **[20]** καὶ Ἀριστοφάνης αὐτὸν κωμῳδεῖ ὡς τὸν ἥττω λόγον κρείττω ποιοῦντα. καὶ γὰρ πρῶτος, ὥς φησι καὶ Φαβωρῖνος ἐν Παντοδαπῇ ἱστορίᾳ, μετὰ τοῦ μαθητοῦ Αἰσχίνου ῥητορεύειν ἐδίδαξε· λέγει δὲ τοῦτο καὶ Ἰδομενεὺς ἐν τοῖς Περὶ τῶν Σωκρατικῶν. ₃₀ καὶ πρῶτος περὶ βίου διελέχθη καὶ πρῶτος φιλοσόφων καταδικασθεὶς ἐτελεύτα. φησὶ δ᾽ αὐτὸν Ἀριστόξενος ὁ Σπινθάρου καὶ χρηματίσασθαι. τιθέντα γοῦν τὸ βαλλόμενον κέρμα ἀθροίζειν· εἶτ᾽ ἀναλώσαντα πάλιν τιθέναι. ₃₅

Κρίτωνα δ᾽ ἀναστῆσαι αὐτὸν ἀπὸ τοῦ ἐργαστηρίου καὶ παιδεῦσαι τῆς κατὰ ψυχὴν χάριτος ἐρασθέντα Δημήτριός φησιν ὁ Βυζάντιος. **[21]** γνόντα δὲ τὴν φυσικὴν θεωρίαν μηδὲν εἶναι πρὸς ἡμᾶς, τὰ ἠθικὰ φιλοσοφεῖν ἐπί τε τῶν ἐργαστηρίων καὶ ἐν τῇ ἀγορᾷ· κἀκεῖνα δὲ φάσκειν ζητεῖν, ₄₀

ὅττι τοι ἐν μεγάροισι κακόν τ᾽ ἀγαθόν τε τέτυκται.

πολλάκις δὲ βιαιότερον ἐν ταῖς ζητήσεσι διαλεγόμενον κονδυλίζεσθαι καὶ παρατίλλεσθαι, τὸ πλέον τε γελᾶσθαι καταφρονούμενον· καὶ πάντα ταῦτα φέρειν ἀνεξικάκως. ὅθεν καὶ λακτισθέντα, ἐπειδὴ ἠνέσχετο, τινὸς θαυμάσαντος, ₄₅

---

26 (Ξενοφῶν) Xen., Mem. 1.2.31   **26** (καὶ)–**32** (ἐτελεύτα) Favor. fr. 62 Bar. = 30 Mensch. (**26–30** Σωκρατικῶν) = 67 Am.   Ἀριστοφάνης] Ar. Nub. 112–18   **27** (καὶ)–**30** (Σωκρατικῶν) Idom. FGrHist 338 F 16 = fr. 25 Angeli **32** (φησὶ)–**35** Aristox. fr. 59 W.   **36–47** Demetr. Byz. FHG II 624   **41** Hom. δ 392. Etiam 6.103

32 (φησὶ)–**41** Φ 24 (221.10–18)   **42** (βιαιότερον)–**46** (ἐλάγχανον;) Φ 24 (218.21–219.1)

30 δὲ om. B   τοῖς BP: τῶ F   τῶν om. F   **31** φιλοσόφων om. F¹, suppl. F²ˢˡ.   **34** εἶτα διπλώσαντα Croenert, Kol. u. Men. 173, sed vid. Wil., Platon ²I 102²   **39–40** ἐπὶ τῆς ἀγορᾶς καὶ τῶν ἐργαστηρίων F **40** ἐν τῇ ἀγορᾷ BP: ἐν τοῖς ἀγροῖς Φ   δὲ om. BFΦ   φάσκειν ἃ φάσκειν B   **41** μεγάροις BΦ   ἀγαθὸν τε κακόν τε Φ   τε² FP²Φ: om. BP¹ **42** δὲ P: τε BF, 'an recte?' V. d. Muehll   διαλεγόμενον Frob.: -μενος BPF **43** κοντυλίζεσθαι F   καὶ om. B¹, suppl. B²ˢˡ.   γελᾶσθαι om. Φ

εἰπεῖν, 'εἰ δέ με ὄνος ἐλάκτισε, δίκην ἂν αὐτῷ ἐλάγχανον;' καὶ ταῦτα μὲν ὁ Δημήτριος.

[22] ἀποδημίας δὲ οὐκ ἐδεήθη, καθάπερ οἱ πλείους, πλὴν εἰ μὴ στρατεύσασθαι ἔδει. τὸ δὲ λοιπὸν αὐτόθι μένων
50 φιλονεικότερον συνεζήτει τοῖς προσδιαλεγομένοις, οὐχ ὥστε ἀφελέσθαι τὴν δόξαν αὐτούς, ἀλλ' ὥστε τὸ ἀληθὲς ἐκμαθεῖν πειρᾶσθαι. φασὶ δ' Εὐριπίδην αὐτῷ δόντα τὸ Ἡρακλείτου σύγγραμμα ἐρέσθαι, 'τί δοκεῖ;' τὸν δὲ φάναι, 'ἃ μὲν συνῆκα, γενναῖα· οἶμαι δὲ καὶ ἃ μὴ συνῆκα· πλὴν Δηλίου
55 γέ τινος δεῖται κολυμβητοῦ.'

ἐπεμελεῖτο δὲ καὶ σωμασκίας, καὶ ἦν εὐέκτης. ἐστρατεύσατο γοῦν εἰς Ἀμφίπολιν· καὶ Ξενοφῶντα ἀφ' ἵππου πεσόντα ἐν τῇ κατὰ Δήλιον μάχῃ διέσωσεν ὑπολαβών. [23] ὅτε καὶ πάντων φευγόντων Ἀθηναίων
60 αὐτὸς ἠρέμα ἀνεχώρει, παρεπιστρεφόμενος ἡσυχῇ καὶ τηρῶν ἀμύνασθαι εἴ τις οἱ ἐπέλθοι. ἐστρατεύσατο δὲ καὶ εἰς Ποτίδαιαν διὰ θαλάττης· πεζῇ γὰρ οὐκ ἐνῆν τοῦ πολέμου κωλύοντος. ὅτε καὶ μεῖναι νυκτὸς ὅλης ἐφ' ἑνὸς σχήματος αὐτὸν φασι, καὶ ἀριστεύσαντα αὐτόθι παραχωρῆσαι
65 Ἀλκιβιάδῃ τὰ ἀριστεῖα· οὗ καὶ ἐρασθῆναί φησιν αὐτὸν Ἀρίστιππος ἐν τετάρτῳ Περὶ παλαιᾶς τρυφῆς. Ἴων δὲ ὁ

52 (φασὶ)–55 Eur. test. 46a Kann.   Heracl. VS 22 A 4 = T 709 Mour. (=T 11b, 12 et 221)   Aristo Ceus fr. 24B SFOD = 30 W.   61 (ἐστρατεύσατο)– 66 (τρυφῆς) ps.-Aristipp. fr. 3 Dor.   64 φασι cf. Plat., Smp. 220 c-d, e   66 (Ἴων)–69 Favor. fr. 33 Bar. = 2 Mensch. = 40 Am.   66 (Ἴων)– 67 (ἀποδημῆσαι) Ion FGrHist 392 F 9 = *111 Leurini   Archel. VS 60 A 3

52 (φασὶ)–55 Suda δ 400 (II 37.25–8)   Φ 24 (219.1–4)   57 (ἐστρα-τεύσατο)–61 (ἐπέλθοι) Φ 24 (221.19–222.2)   61 (ἐστρατεύσατο)– 65 (ἀριστεῖα) Φ 24 (219.4–6)

46 εἰπεῖν post ὄνος transp. F   49 στρατεύσασθαι BPF: -εύεσθαι Z (Frob.) 50 συνεζήτει F: ἐζήτει BP¹   51 τὸ om. F¹, suppl. F²ˢˡ.   52 αὐτῶ om. F¹, suppl. F² post δόντα   δόντος αὐτῶ Φ   τὸ ex τὸν B²   53 τί σοι δ. Φ   54 δηλίου PF, Suda (cf. O. Crusius, Philologus 47 (1889) 382–4): δ' ἡλίου B: δεινοῦ Nauck, Mél. Gr.-R. 5 (1888) 226⁵⁹ et Hermes 24 (1889) 458 60 ἐπιστρεφόμενος Φ   62 πολεμίου Menag.   63 <διὰ> νυκτός Cob. 65 τὰ ἀριστεῖα Menag.: τὰ ἀριστία B: τοῦ ἀριστείου FPˣ(Q): τῶν ἀριστείων Φ   66 τετάρτῳ om. F¹, suppl. F²ˢˡ.

Χῖος καὶ νέον ὄντα εἰς Σάμον σὺν Ἀρχελάῳ ἀποδημῆσαι· καὶ
Πυθώδε ἐλθεῖν Ἀριστοτέλης φησίν· ἀλλὰ καὶ εἰς Ἰσθμόν, ὡς
Φαβωρῖνος ἐν τῷ πρώτῳ τῶν Ἀπομνημομευμάτων.

[24] ἦν δὲ καὶ ἰσχυρογνώμων καὶ δημοκρατικός, ὡς 70
δῆλον ἔκ τε τοῦ μὴ εἶξαι τοῖς περὶ Κριτίαν κελεύουσι Λέοντα
τὸν Σαλαμίνιον, πλούσιον ἄνδρα, ἀγαγεῖν πρὸς αὐτοὺς
ὥστε ἀπολέσθαι· ἀλλὰ καὶ μόνος ἀποψηφίσασθαι τῶν δέκα
στρατηγῶν. καὶ ἐνὸν αὐτῷ ἀποδρᾶναι τῆς εἰρκτῆς μὴ
ἐθελῆσαι· τοῖς τε κλαίουσιν αὐτὸν ἐπιπλῆξαι καὶ τοὺς 75
καλλίστους λόγους ἐκείνους δεδεμένον διαθέσθαι.

αὐτάρκης τε ἦν καὶ σεμνός. καί ποτε Ἀλκιβιάδου, καθά
φησι Παμφίλη ἐν τῷ ἑβδόμῳ τῶν Ὑπομνημάτων, διδόντος
αὐτῷ χώραν μεγάλην, ἵνα οἰκοδομήσηται οἰκίαν φάναι, 'καὶ
εἰ ὑποδημάτων ἔδει καὶ βύρσαν μοι ἐδίδους, ἵν' ἐμαυτῷ 80
ὑποδήματα ποιησαίμην, καταγέλαστος ἂν ἦν λαβών.' [25]
πολλάκις δ' ἀφορῶν εἰς τὰ πλήθη τῶν πιπρασκομένων
ἔλεγε πρὸς αὐτόν, 'πόσων ἐγὼ χρείαν οὐκ ἔχω.' καὶ συνεχὲς
ἐκεῖνα ἀνεφθέγγετο τὰ ἰαμβεῖα·

τὰ δ' ἀργυρώματ' ἐστὶν ἥ τε πορφύρα 85
εἰς τοὺς τραγῳδοὺς χρήσιμ', οὐκ εἰς τὸν βίον.

ὑπερεφρόνησε δὲ καὶ Ἀρχελάου τοῦ Μακεδόνος καὶ
Σκόπα τοῦ Κραννωνίου καὶ Εὐρυλόχου τοῦ Λαρισαίου,

---

67 (καὶ)–**69** Arist. fr. 2 R.[3] = De philos. fr. 2 Ross   **77–81** (λαβών)
Pamphil. fr. 6 Cagn.   **85–86** Philem. fr. 105.4–5 K.-A. Vid. I. Gallo,
Ricerche sul teatro greco (1992) 171–3 (a. 1985)

70 (ἦν—δημοκρατικός) Suda ι 728 (II 675.18–19)   **77** (Ἀλκιβιάδου)–**86** Φ
24 (219.7–14)

---

68 Πυθὼ δὲ B (υ ex ει et ὲ in ras.)   ἴσισθμὸν B   **72** ἄνδρα πλούσιον F
73 ἀπολέσαι F   **74** ἀποδράσαι F   **76** ἐκείνους λόγους F   **78**
ἑβδόμω BP, γρ F[lmg]: δευτέρω F in textu   **79** <ἐν>οικοδομήσηται Cob.
καὶ Φ (coni. Hermann)   **80** ἐμαυτῷ rec.: ἑαυτῶ BPF ('an recte?' V. d.
Muehll): om. Φ   **81** ποιησαίμην BPΦ: ποιήσω F   καταγέλαστος
Φ: καὶ καταγ. BPF   ἦν ἂν Φ   <μὴ> καὶ κ. ἂν ἦν λαβών; Casaub.
83 αὐτόν Steph.: αὐ- BPF   πρὸς αὐτόν om. Φ   συνεχῶς Φ   **84**
ἐκεῖνα om. F   ἰάμβια B   **85–86** iter. B[2mg]   **88** σκόπα BP: σκώ- F
κρανωννίου BP: -ωνίου F   λαρισαίου BP: λαρισσ- F

μήτε χρήματα προσέμενος αὐτῶν μήτε παρ' αὐτοὺς
90 ἀπελθών. εὔτακτός τε ἦν τὴν δίαιταν οὕτως, ὥστε
πολλάκις Ἀθήνησι λοιμῶν γενομένων μόνος οὐκ ἐνόσησε.
[26] φησὶ δ' Ἀριστοτέλης δύο γυναῖκας αὐτὸν
ἀγαγέσθαι· προτέραν μὲν Ξανθίππην, ἐξ ἧς αὐτῷ γενέσθαι
Λαμπροκλέα· δευτέραν δὲ Μυρτώ, τὴν Ἀριστείδου τοῦ
95 δικαίου θυγατέρα, ἣν καὶ ἄπροικον λαβεῖν, ἐξ ἧς γενέσθαι
Σωφρονίσκον καὶ Μενέξενον. οἱ δὲ προτέραν γῆμαι τὴν
Μυρτώ φασιν· ἔνιοι δὲ καὶ ἀμφοτέρας ἔχειν ὁμοῦ, ὧν ἐστι
Σάτυρός τε καὶ Ἱερώνυμος ὁ Ῥόδιος. φασὶ γὰρ βουληθέντας
Ἀθηναίους διὰ τὸ λειπανδρεῖν συναυξῆσαι τὸ πλῆθος,
100 ψηφίσασθαι γαμεῖν μὲν ἀστὴν μίαν, παιδοποιεῖσθαι δὲ καὶ
ἐξ ἑτέρας· ὅθεν τοῦτο ποιῆσαι καὶ Σωκράτη.
ἦν δ' ἱκανὸς καὶ τῶν σκωπτόντων αὐτὸν ὑπερορᾶν.
[27] καὶ ἐσεμνύνετο ἐπὶ τῇ εὐτελείᾳ, μισθόν τε οὐδένα
εἰσεπράξατο. καὶ ἔλεγεν ἥδιστα ἐσθίων ἥκιστα ὄψου
105 προσδεῖσθαι· καὶ ἥδιστα πίνων ἥκιστα τὸ μὴ παρὸν ποτὸν
ἀναμένειν· καὶ ἐλαχίστων δεόμενος ἔγγιστα εἶναι θεῶν.
τοῦτο δ' ἐνέσται καὶ παρὰ τῶν κωμῳδοποιῶν λαβεῖν, οἳ
λανθάνουσιν ἑαυτοὺς δι' ὧν σκώπτουσιν ἐπαινοῦντες
αὐτόν. Ἀριστοφάνης μὲν οὕτως·

110 ὦ τῆς μεγάλης ἐπιθυμήσας σοφίας ἄνθρωπε δικαίως,
ὡς εὐδαίμων παρ' Ἀθηναίοις καὶ τοῖς ἄλλοις<ι> διαζῆς,

92–101 Hieron. fr. 53A White = 45 W.   Satyr. fr. 17a Schorn   92–96
(Μενέξενον) Arist. fr. 93 R.³ = De nob. fr. 2 Ross   110–115 Ar., Nub. 412–17

90 (εὔτακτός)–127 (ἠμπίσχετο) Φ 24 (222.3–223.8)   98 (βουληθέντας)–
101 Suda λ 377 (II 258.22–4)

89 προσέμενος B¹P: προσιέ- F, B² (ιέ in ras.)   παρ' αὐτῶν F   94
ἀριστίδου BF   95 ἐξ ἧς γενέσθαι BP: γ. δὲ ἐξ (ἐξ suppl. F²ˢ·ˡ·) αὐτῆς F
97 σχεῖν Cob.   98 φασὶ F: φησὶ BP¹, 'fort. recte, nam sec. Athen. 13. 556
A = Hieron. fr. 44 W. (= fr. 3B White) Hieronymus plebiscitum attulit' V.
d. Muehll   101 ὅ. καὶ σωκρ. τ. π. F   σωκράτη BP: -ην Φ, Suda: comp.
F   102 αὐτὸν BPF: del. Cob. (deest in Φ)   106 ἀναμένειν ποτὸν F
110 δικαίως] παρ' ἡμῶν Ar.   111 παρ'] ἐν Ar.   ἄλλοισι Tauchn.:
ἄλλοις BPF: Ἕλλησι Ar.   111–112 διαζῆς· εἶτα μν. FPˣ: διαζήσει τ'
ἀμνήμων BP¹: γενήσει | εἰ μνήμων εἶ Ar.: διάξεις. εἰ γὰρ μνήμων C. Reisig,
Ar. Nub. (1820) xvii

εἶτα μνήμων καὶ φροντιστὴς καὶ τὸ ταλαίπωρον ἔνεστιν
ἐν τῇ γνώμῃ κοὖτε τι κάμνεις οὔθ᾽ ἑστὼς οὔτε βαδίζων,
οὔτ᾽ αὖ ῥιγῶν ἄχθῃ λίαν οὔτ᾽ ἀρίστων ἐπιθυμεῖς,
οἴνου τ᾽ ἀπέχῃ καὶ ἀδηφαγίας καὶ τῶν ἄλλων ἀνοήτων.   115

[28] Ἀμειψίας δ᾽ ἐν τρίβωνι παράγων αὐτὸν φησὶν
οὕτως·

Σώκρατες ἀνδρῶν βέλτιστ᾽ ὀλίγων, πολλῶν δὲ ματαιόταθ᾽, ἥκεις
καὶ σὺ πρὸς ἡμᾶς; καρτερικός γ᾽ εἶ. πόθεν ἄν σοι χλαῖνα γένοιτο;
τουτὶ τὸ κακὸν τῶν σκυτοτόμων κατ᾽ ἐπήρειαν γεγένηται   120
οὗτος μέντοι πεινῶν οὕτως οὐπώποτ᾽ ἔτλη κολακεῦσαι.

τοῦτο δ᾽ αὐτοῦ τὸ ὑπεροπτικὸν καὶ μεγαλόφρον ἐμφαίνει
καὶ Ἀριστοφάνης λέγων οὕτως·

ὅτι βρενθύῃ τ᾽ ἐν ταῖσιν ὁδοῖς καὶ τὠφθαλμὼ παραβάλλεις
κἀνυποδητεῖς καὶ πόλλ᾽ ἀνέχῃ, κἂν ἡμῖν σεμνοπροσωπεῖς.   125

καίτοι ἐνίοτε πρὸς τοὺς καιροὺς ἁρμοττόμενος καὶ
λαμπρὰ ἠμπίσχετο· καθάπερ ἐν τῷ Πλάτωνος Συμποσίῳ
παρ᾽ Ἀγάθωνα βαδίζων.

118–121 Amips. fr. 9* K.-A.   **124–125** Ar., Nub. 362–3   **127** (ἐν . . .
Συμποσίῳ) Plat., Smp. 174 a 3

113 γνώμῃ] ψυχῇ Ar.   κοῦτε τι . . . οὔθ᾽ . . . οὔτε] καὶ μὴ . . . μήθ᾽ . . .
μήτε Ar.   **114** οὔτ᾽ αὖ] μήτε Ar.   ἄχθῃ] -ει Ar.   οὔτ᾽ ἀρίστων] μήτ᾽
ἀριστᾶν Ar.   **115** ἀπέχῃ] -ει Ar.   καὶ ἀδηφαγίας] κ. γυμνασίων Ar.
116 τρίβωσι Φ   **118** ὀλίγων πολλῶν BPF: -ῳ, -ῷ P. P. Dobree, Not. Ar.
(1820) addit. 130 (conl. Xen., Mem. 1.6.11. Vid. H. Richards, Aristoph. and
Others (1909) 75)   δὲ om. F[1], suppl. F[2s.l.]   **119** γ᾽ Cob.: τ᾽ BPFΦ   post
hunc versum lac. indic. Ferrarius, De re vestiaria II (1654) 182–3   **120** (B)
τουτὶ Hermann, Ar. Nub. (1830[2]) xxxvi   τῶν σκ. κατ᾽ ἐπ. BP: κατ᾽ ἐπ.
τῶν σκ. F   ἐπήρειαν B[1]: ἐπήριαν B[2]   post hunc versum lac. indic.
Kaibel   **121** (Γ) οὗτος F. V. Fritzsche, Qu. Ar. 1 (1835) 246, 250   οὗτος
. . . οὕτως BPF[2s.l.]: οὕτως . . . οὗτος Φ: οὕτως . . . οὐδ᾽ ὡς H. van Herwer-
den, Mnemosyne 21 (1893) 155   **124** βρενθύῃ] -ει Ar.   τ᾽ ὀφθαλμὼ BF[2]
125 κἀνυποδητεῖς PΦ: κἂν ὑποδῇ τίς B: κἂν ὑποδυτεῖς F: κἀνυπόδητος
Ar.   καὶ] κακὰ Ar.   ἀνέχῃ] -ει Ar.   κἂν F[1] (ἐν suppl. F[2s.l.]): καὶ ἐν BPΦ:
κἀφ᾽ Ar.   **127** λαμπρᾶν B[1], -ὰν B[2]

[29] ἱκανὸς δ' ἀμφότερα ἦν, καὶ προτρέψαι καὶ
130 ἀποτρέψαι· ὥσπερ τὸν Θεαίτητον περὶ ἐπιστήμης
διαλεχθεὶς ἔνθεον ἀπέπεμψε, καθὰ καὶ Πλάτων φησίν.
Εὐθύφρονα δὲ τῷ πατρὶ γραψάμενον ξεν<οκτον>ίας
δίκην περὶ ὁσίου τινὰ διαλεχθεὶς ἀπήγαγε. καὶ τὸν Λύσιν δὲ
ἠθικώτατον ἐποίησε προτρέψας. ἦν γὰρ ἱκανὸς ἀπὸ
135 τῶν πραγμάτων τοὺς λόγους εὑρίσκειν. ἐνέτρεψε δὲ καὶ
Λαμπροκλέα τὸν υἱὸν τῇ μητρὶ ἀγριαινόμενον, ὥς που καὶ
Ξενοφῶν εἴρηκε. καὶ Γλαύκωνα μὲν τὸν Πλάτωνος ἀδελφὸν
θέλοντα πολιτεύεσθαι ἀπέστησε διὰ τὸ ἀπείρως ἔχειν, ὡς
φησι ὁ Ξενοφῶν· Χαρμίδην δὲ τοὐναντίον ἐπέστησεν
140 οἰκείως ἔχοντα.

[30] ἐπῆρε δὲ καὶ εἰς φρόνημα Ἰφικράτη τὸν στρατηγόν,
δείξας αὐτῷ τοῦ κουρέως Μειδίου ἀλεκτρυόνας ἀντίον τῶν
Καλλίου πτερυξαμένους. καὶ αὐτὸν <ὁ> Γλαυκωνίδης ἠξίου
τῇ πόλει περιποιεῖν καθάπερ φασιανὸν ὄρνιν ἢ ταώ.

145 ἔλεγε δὲ ὡς θαυμα<στὸν πρόβα>τα μὲν ἕκαστον εἰπεῖν
ἂν ῥᾳδίως ὅσα ἔχοι, φίλους δ' οὐκ ἂν ὀνομάσαι ὁπόσους
κέκτηται· οὕτως ὀλιγώρως ἔχειν περὶ αὐτούς. ὁρῶν δ'
Εὐκλείδην ἐσπουδακότα περὶ τοὺς ἐριστικοὺς λόγους, 'ὦ
Εὐκλείδη,' ἔφη, 'σοφισταῖς μὲν δυνήσῃ χρῆσθαι, ἀνθρώποις

129–131 Plat., Tht. 142 c–d, 180 c   **130–133** (ἀπήγαγε) Plat., Euthphr.
4 a   **137** (Ξενοφῶν) Xen., Mem. 2.2.1–2   **139** (Ξενοφῶν) Xen., Mem.
3.6.1–2   (Χαρμίδην) Xen., Mem.   3.7.1–2   **147** (ὁρῶν)–**151**
(γλισχρολογίαν) Eucl. test. 9 Doer. = SSR II A 3

---

133 (καὶ)–**135** (εὑρίσκειν) Φ 24 (223.8–9)

---

129 ἱκανῶς B   **132** ξενοκτονίας A. Muretus, Var. lect. (1586) 245:
ξεν<οφον>ίας Fl. Christianus ap. Menag.: ξενίας PF: -είας B   **139**
ἐπέστησεν οἰκ. ἔ. BP: ἔ. οἰκ. ἐπέστησε F   **141** ἰφικράτη BP: -ην F
142 <τοὺς> τοῦ Richards 342   κουρέως BP: καρ- F   Μειδίου Menag.
(conl. Plat., Alc. I 120 a 9): μίδου BPF   **143** ὁ Γλαυκωνίδης = ὁ
Γλαύκωνος (i.e. Charmides) Gigante 474[93] (conl. Xen., Mem. 3.7):
γλαυκωνίδης BPF: γλαυκώδη (vel ἐν γλαυκὸς εἴδει) et <οὐ> καθάπερ H.
Allmann, Philologus 116 (1972) 221: γλαυκὸν εἶδος L. Rossetti et C. Lausdei,
SIFC 51 (1979) 73: καὶ αὖ τὸν Γλ. ἠξ. τὴν πόλιν dub. Menag.   **145**
θαυμαστὸν πρόβατα Cob.: θαύματα BPF: θαῦμα τὸ Menag.: θαῦμα τὸ
<κτήνη> Marcov.   **146** ἔχοι BP: -ει F

δὲ οὐδαμῶς.' ἄχρηστον γὰρ ᾤετο εἶναι τὴν περὶ ταῦτα 150
γλισχρολογίαν, ὡς καὶ Πλάτων ἐν Εὐθυδήμῳ φησίν.

[31] Χαρμίδου τε οἰκέτας αὐτῷ διδόντος, ἵν' ἀπ' αὐτῶν
προσοδεύοιτο, οὐχ εἵλετο· καὶ τὸ κάλλος ὑπερεῖδεν
Ἀλκιβιάδου κατά τινας. καὶ ἐπῄνει σχολὴν ὡς κάλλιστον
κτημάτων, καθὰ καὶ Ξενοφῶν ἐν Συμποσίῳ φησίν. ἔλεγε δὲ 155
καὶ ἓν μόνον ἀγαθὸν εἶναι, τὴν ἐπιστήμην, καὶ ἓν μόνον
κακόν, τὴν ἀμαθίαν· πλοῦτον δὲ καὶ εὐγένειαν οὐδὲν σεμνὸν
ἔχειν, πᾶν δὲ τοὐναντίον κακόν. εἰπόντος γοῦν τινος αὐτῷ
ὡς εἴη Ἀντισθένης μητρὸς Θρᾴττης, 'σὺ δ' ᾤου,' ἔφη, 'οὕτως
ἂν γενναῖον ἐκ δυεῖν Ἀθηναίων γενέσθαι;' Φαίδωνα δὲ δι' 160
αἰχμαλωσίαν ἐπ' οἰκήματος καθήμενον προσέταξε Κρίτωνι
λυτρώσασθαι, καὶ φιλόσοφον ἀπειργάσατο.

[32] ἀλλὰ καὶ λυρίζειν ἐμάνθανεν ἤδη γηραιός, μηδὲν
λέγων ἄτοπον εἶναι ἅ τις μὴ οἶδεν ἐκμανθάνειν. ἔτι τε
ὠρχεῖτο συνεχές, τῇ τοῦ σώματος εὐεξίᾳ λυσιτελεῖν 165
ἡγούμενος τὴν τοιαύτην γυμνασίαν, ὡς καὶ Ξενοφῶν ἐν
Συμποσίῳ φησίν. ἔλεγε δὲ καὶ προσημαίνειν τὸ δαιμόνιον τὰ
μέλλοντα αὐτῷ· τό τε εὖ μικρὸν μὲν μὴ εἶναι, παρὰ μικρὸν

150–151 (ἐν Εὐθυδήμῳ) Plat., Euthd. 303 a   155 (ἐν Συμποσίῳ)
Xen., Smp. 4.44   158 (εἰπόντος)–160 (γενέσθαι;) Antisth. SSR V A 3
165–166 (ἐν Συμποσίῳ) Xen., Smp. 2.16–20

152–157 (κακόν) Φ 24 (223.10–15)   158 (εἰπόντος)–160 (γενέσθαι;) Φ 24
(219.15–17)   163–172 (εἶπεν) Φ 24 (223.15–22)

151 γλισχρολογίαν rec. (coni. Muretus): γ' αἰσχρολογίαν B: αἰσχρο- P, F²
(αἰ- in ras.)   160 δυεῖν BP: δυοῖν ex δυεῖν vel δυεῖν ex δυοῖν F²: δυοῖν Φ
161 ἐπ' BP: ἀπ' F   καθήμενον BP: -εζόμενον F   163 ἤδη γηραιός Vat.
gr. 990 (coni. Menag. Cf. R. Caballero, Prometheus 30 [2004] 119): ὅτε
καιρὸς BPRFΦ: ὅ. <οὐκέτι> κ. Reiske 307: ὅ. <οὐκέτι ἦν> κ. Bergk, Kl. Schr.
II 298 (a. 1850/1): ὅ. κ. <μηκέτ' ἦν> et in proximis ἔτι μανθάνειν Diels ad
Reiske 308 (conl. 5.66)   164 οἶδεν ἐκμανθάνειν BPF: οἶδε μανθάνειν Φ:
οἶδεν <ἔτι> μ. Diels   165 συνεχῶς Φ   166 καὶ om. F   168 εὖ
μικρὸν BPRFΦ: εὖ <ἄρχεσθαι> μ. Z (Frob). (prob. Aldobr. conl. Arist., Soph.
el. 34, 183 b 22–5 et Gigante 475¹⁰¹)   μὴ om. Φ

δέ· καὶ εἰδέναι μὲν μηδὲν πλὴν αὐτὸ τοῦτο {εἰδέναι}. τούς
170 τε τὰ <ἀ>ώρια πολλοῦ ἐωνημένους ἀπογινώσκειν ἔλεγεν
εἰς τὰς ὥρας ἐλθεῖν. καί ποτε ἐρωτηθείς, τίς ἀρετὴ νέου,
'τὸ μηδὲν ἄγαν,' εἶπεν. ἔφασκέ τε δεῖν γεωμετρεῖν
μέχρι ἄν τις μέτρῳ δύνηται γῆν τε παραλαβεῖν καὶ
παραδοῦναι.

175 [33] Εὐριπίδου δ' ἐν τῇ Αὔγῃ εἰπόντος περὶ ἀρετῆς

κράτιστον εἰκῇ ταῦτ' ἐᾶν ἀφειμένα,

ἀναστὰς ἐξῆλθε, φήσας γελοῖον εἶναι ἀνδράποδον μὲν
μὴ εὑρισκόμενον ἀξιοῦν ζητεῖν, ἀρετὴν δ' οὕτως ἐᾶν
ἀπολωλέναι. ἐρωτηθεὶς πότερον γῆμαι ἢ μή, ἔφη, 'ὃ ἂν
180 αὐτῶν ποιήσῃς, μεταγνώσῃ.' ἔλεγέ τε θαυμάζειν τῶν τὰς
λιθίνους εἰκόνας κατασκευαζομένων τοῦ μὲν λίθου προνοεῖν
ὡς ὁμοιότατος ἔσται, αὐτῶν δ' ἀμελεῖν, ὡς μὴ ὁμοίους
τῷ λίθῳ φαίνεσθαι. ἠξίου δὲ καὶ τοὺς νέους συνεχὲς
κατοπτρίζεσθαι, ἵν' εἰ μὲν καλοὶ εἶεν, ἄξιοι γίγνοιντο· εἰ δ'
185 αἰσχροί, παιδείᾳ τὴν δυσείδειαν ἐπικαλύπτοιεν.

[34] καλέσας ἐπὶ δεῖπνον πλουσίους, καὶ τῆς Ξανθίππης
αἰδουμένης ἔφη, 'θάρρει· εἰ μὲν γὰρ εἶεν μέτριοι,
συμπεριενεχθεῖεν ἄν· εἰ δὲ φαῦλοι, ἡμῖν αὐτῶν οὐδὲν

175–176 Vid. Eur. TrGF V 335 Kann. et M. Lefkowitz in Erler-Schorn 104[19]

175–185 Φ 24 (223.23–224.11)   186–189 (μελήσει) Φ 24 (226.8–10)

169 εἰδέναι μὲν μηδὲν πλὴν αὐτὸ τοῦτο εἰδέναι PFB[2mg]: εἰδ. μὲν μηδέν.
αὐτὸ δὲ τοῦτο εἰδέναι Φ   δὲ <γίνεσθαι> (ex 7.26) Marcov. 'perfectio
parvi momenti non est, sed parvis gradibus (gradatim) consequitur'
εἰδέναι[2] secl. Cob.: <τὸ μηδὲν> εἰδ.[2] Marcov. ex ps.-Max., Loc. comm. 49/
56, 29 (819.14–5 Ihm)   170 ἀώρια Menag.: ὥρια BPFΦ: πρώιμα Cob.
ἐωνημένους BPF: ὤνου- Φ   171 ἐρωτηθείς om. F[1], suppl. F[2s.l.]   173 τε
om. F   175 τῇ Αὔγῃ Steph.: τῇ αὐγῇ Z[3] (Frob.): τῇ αὐτῇ BP: τῇ αὐτοῦ
F: ἐν τοῖς Φ   corruptum esse susp. V. d. Muehll   177 ἀναστὰς δὲ F
179 γῆμαι Φ: γῆ- BPF   180 μεταγνῶναι F[1], corr. F[2]   181 λιθίνας
Cob.   <τὸ> τοῦ Richards 304   προνοεῖν BPF: οἳ ... προνοοῦνται Φ
182 ὅπως Cob.   ὡς ἂν ὁμοιότατος αὐτοῖς γένοιτο Φ   αὐτῶν Φ: αὐ-
BPF   ἀμελοῦσιν Φ   ὡς μὴ ὅμοιοι τῶ λ. φαίνονται Φ   183 συνεχῶς Φ
184 εἰ BPΦ: οἱ F   γίνοιντο F   185 δυσείδειαν ΦP[2s.l.]: -δίαν B:
δυσσειδιαν (sic) F   186 καὶ om. F[1]Φ, suppl. F[2s.l.]   188 συμπεριενε-
χθεῖεν ἄν BPΦ: -χθήσονται F   ἡμῶν B[1], corr. B[2]   188 οὐδὲν ἡμῖν αὐτῶν Φ

μελήσει.' ἔλεγέ τε τοὺς μὲν ἄλλους ἀνθρώπους ζῆν, ἵν'
ἐσθίοιεν· αὐτὸν δὲ ἐσθίειν, ἵνα ζώη. πρὸς <τὸν φοβούμενον> 190
τὸ οὐκ ἀξιόλογον πλῆθος ἔφασκεν ὅμοιον εἴ τις
τετράδραχμον ἓν ἀποδοκιμάζων τὸν ἐκ τῶν τοιούτων
σωρὸν ὡς δόκιμον ἀποδέχοιτο. Αἰσχίνου δὲ εἰπόντος,
'πένης εἰμὶ καὶ ἄλλο μὲν οὐδὲν ἔχω, δίδωμι δέ σοι ἐμαυτόν,'
'ἆρ' οὖν,' εἶπεν, 'οὐκ αἰσθάνῃ τὰ μέγιστά μοι διδούς;' 195
πρὸς τὸν ἀποδυσπετοῦντα ἐπὶ τῷ παρορᾶσθαι, ὁπότε
ἐπανέστησαν οἱ τριάκοντα, 'ἆρα,' ἔφη, 'μήτι σοι μεταμέλει;'
[35] πρὸς τὸν εἰπόντα, 'θάνατόν σου κατέγνωσαν
Ἀθηναῖοι,' 'κἀκείνων,' φησίν, 'ἡ φύσις.' (οἱ δὲ τοῦτ'
Ἀναξαγόρου φασίν). τῆς γυναικὸς εἰπούσης, 'ἀδίκως 200
ἀποθνήσκεις,' 'σὺ δέ,' ἔφη, 'δικαίως ἐβούλου;' ὄναρ δόξας
τινὰ αὐτῷ λέγειν·

ἤματί κεν τριτάτῳ Φθίην ἐρίβωλον ἵκοιο,

πρὸς Αἰσχίνην ἔφη, 'εἰς τρίτην ἀποθανοῦμαι.' μέλλοντί τε
αὐτῷ τὸ κώνειον πίεσθαι Ἀπολλόδωρος ἱμάτιον ἐδίδου 205
καλόν, ἵν' ἐν ἐκείνῳ ἀποθάνῃ· καὶ ὅς, 'τί δέ,' ἔφη, 'τὸ ἐμὸν
ἱμάτιον ἐμβιῶναι μὲν ἐπιτήδειον, ἐναποθανεῖν δὲ οὐχί;' πρὸς

---

200 (Ἀναξαγόρου) supra § 13   **203** Hom. I 363   **204** (πρός)–**209**
(ἔμαθε) Plat. dict. 41 Stanzel

---

189 (ἔλεγέ)–**190** (ζώῃ) Φ 24 (219.17–8)   **190** (πρός)–**193** (ἀποδέχοιτο) Φ
24 (224.11–3)   **193** (Αἰσχίνου)–**195** (διδούς;) Φ 24 (219.18–21)   **200**
(τῆς)–**201** (ἐβούλου;) Φ 24 (224.13–5)   **201** (ὄναρ)–**209** (ἔμαθε) Φ 24
(219.21–220.5)

---

190 αὐτὸν BPF: ἑαυτὸν Φ   πρὸς τὸ οὐκ ἀξ. πλ. BPF: τὸν φοβούμενον
add. Marcov. (conl. Xen., Mem. 3.7.5–7): τὸ<ν> οὐκ ἀξ. πλ. <αἰδούμενον>
Richards 342: πρὸς <τὸν ὀκνοῦντα προσελθεῖν πρὸς> τὸ οὐκ ἀξ. πλ. D.
Knoepfler, MH 44 (1987) 237: <τῷ> πρὸς τὸ οὐκ ἀξ. πλ. ('dativus referetur
ad ὅμοιον') Emperius ap. Huebn. II 660   **191** ἀξιόλογον FPˣΦ: -ολόγων
B: ἀξιολογ (sic) P¹   **192** ἓν om. Φ   τῶν om. F   **193** δὲ P: τε B
('an recte?' V. d. Muehll): om. Φ   **194** οὐδὲν μὲν F   **196** ἐπὶ τὸ F
197 post τριάκοντα add. ἀνελόντων αὐτῶν τοὺς πλουσίους Marcov. ex
Ael., Var. hist. 2.11   ἆρα post ἔφη suppl. F²ˢˡ·   **199** φησὶν BP: εἶπεν F
200 Ἀναξαγόρου Huebn.: -αν BPF   **201** δὲ BP: δέ γε Φ: om. F
δικαίως <ἂν> vel σὺ δ' <ἂν> Richards 341   **203** ἤματί Φ: ἤ- BPF
206 ἵν' ἐκείνῳ ἐναποθάνοι Cob.   **207** δέ F: δ' BPΦ

τὸν εἰπόντα, 'κακῶς ὁ δεῖνά σε λέγει,' 'καλῶς γάρ,' ἔφη,
'λέγειν οὐκ ἔμαθε.' **[36]** στρέψαντος Ἀντισθένους τὸ
210 διερρωγὸς τοῦ τρίβωνος εἰς τοὐμφανές, 'ὁρῶ σου,' ἔφη, 'διὰ
τοῦ τρίβωνος τὴν κενοδοξίαν.' πρὸς τὸν εἰπόντα, 'οὐ σοὶ
λοιδορεῖται ὁ δεῖνα;', 'οὐχί,' ἔφη, 'ἐμοὶ γὰρ οὐ πρόσεστι
ταῦτα.' ἔλεγε δὲ τοῖς κωμικοῖς δεῖν ἐπίτηδες ἑαυτὸν διδόναι·
εἰ μὲν γάρ τι τῶν προσόντων λέξειαν, διορθώσονται· εἰ δ'
215 οὔ, οὐδὲν πρὸς ἡμᾶς. πρὸς Ξανθίππην πρότερον μὲν
λοιδοροῦσαν, ὕστερον δὲ καὶ περιχέασαν αὐτῷ, 'οὐκ
ἔλεγον,' εἶπεν, 'ὅτι Ξανθίππη βροντῶσα καὶ ὕδωρ ποιήσει;'
πρὸς Ἀλκιβιάδην εἰπόντα ὡς οὐκ ἀνεκτὴ ἡ Ξανθίππη
λοιδοροῦσα, 'ἀλλ' ἔγωγ', ἔφη, 'συνείθισμαι, καθαπερεὶ καὶ
220 τροχιλέας ἀκούων συνεχές. καὶ σὺ μέν,' εἶπε, 'χηνῶν
βοώντων ἀνέχῃ;' **[37]** τοῦ δὲ εἰπόντος, 'ἀλλά μοι ᾠὰ καὶ
νεοττοὺς τίκτουσι,' 'κἀμοί,' φησί, 'Ξανθίππη παιδία γεννᾷ.'
ποτὲ αὐτῆς ἐν ἀγορᾷ καὶ θοἰμάτιον περιελομένης
συνεβούλευον οἱ γνώριμοι χερσὶν ἀμύνασθαι· 'νὴ Δί',' εἶπεν,
225 'ἵν' ἡμῶν πυκτευόντων ἕκαστος ὑμῶν λέγῃ, εὖ Σώκρατες,
εὖ Ξανθίππη;' ἔλεγε συνεῖναι τραχείᾳ γυναικὶ καθάπερ οἱ
ἱππικοὶ θυμοειδέσιν ἵπποις. 'ἀλλ' ὡς ἐκεῖνοι,' φησί, 'τούτων
κρατήσαντες ῥᾳδίως τῶν ἄλλων περιγίνονται, οὕτω
κἀγὼ Ξανθίππῃ χρώμενος τοῖς ἄλλοις ἀνθρώποις
230 συμπεριενεχθήσομαι.'

ταῦτα δὴ καὶ τοιαῦτα λέγων καὶ πράττων πρὸς τῆς

209 (στρέψαντος)–**211** (κενοδοξίαν) SSR V A 15

211 (πρὸς)–**215** (ἡμᾶς) Φ 24 (224.15–19)   **215** (πρὸς)–**230** Φ 24 (220.6–20)
215 (πρὸς)–**220** (συνεχές) Suda τ 1070 (IV 598.9–11)

208 ἔφη BFΦ: φησὶ P¹ ut vid.   **209** στρέψαντος δὲ F   **211** τὴν
κενοδοξίαν διὰ τοῦ τρίβωνος F   **213** δὲ P⁴: τε F: om. BP¹Φ   **216** καὶ
om. F   <ὕδωρ> περιχέασαν Sternbach 182 (ad Gnom. Vat. 491)
218 ὡς om. Φ   **219** ἔφη BPΦ: εἶπε F   **220** τροχιλέας F, Suda: -ειλέας
B: -ηλέας P: -ιλίας Menag.   μὲν BPF: δὲ Φ   **223** θοἰμ. αὐτοῦ Φ
224 ὡς συνεβούλευον Φ, 'an recte?' V. d. Muehll   **225** post ἡμῶν ras.
5 litt. B, 'fuit ἕκαστος ut vid.' Marcov.   ὑμῶν om. F¹, suppl. F²ˢ·ˡ·   λέγῃ
PFΦ: -ει B: -οι Steph.   **225–226** εὖγε … εὖγε Φ   **228** ῥᾳδίως et ante
et post κρατήσ. F   **230** καλῶς συμπ. Φ

Πυθίας ἐμαρτυρήθη, Χαιρεφῶντι ἀνελούσης ἐκεῖνο δὴ τὸ περιφερόμενον·

ἀνδρῶν ἁπάντων Σωκράτης σοφώτατος.

[38] ἀφ᾽ οὗ δὴ καὶ ἐφθονήθη μάλιστα· καὶ δὴ καὶ ὅτι 235 διήλεγχε τοὺς μέγα φρονοῦντας ἐφ᾽ ἑαυτοῖς ὡς ἀνοήτους, καθάπερ ἀμέλει καὶ Ἄνυτον, ὡς καὶ ἐν τῷ Πλάτωνός ἐστι Μένωνι. οὗτος γὰρ οὐ φέρων τὸν ὑπὸ Σωκράτους χλευασμὸν πρῶτον μὲν ἐπήλειψεν αὐτῷ τοὺς περὶ Ἀριστοφάνην, ἔπειτα καὶ Μέλητον συνέπεισεν 240 ἀπενέγκασθαι κατ᾽ αὐτοῦ γραφὴν ἀσεβείας καὶ τῶν νέων διαφθορᾶς.

ἀπηνέγκατο μὲν οὖν τὴν γραφὴν ὁ Μέλητος, εἶπε δὲ τὴν δίκην Πολύευκτος, ὥς φησι Φαβωρῖνος ἐν Παντοδαπῇ ἱστορίᾳ· συνέγραψε δὲ τὸν λόγον Πολυκράτης ὁ σοφιστής, 245 ὥς φησιν Ἕρμιππος, ἢ Ἄνυτος, ὥς τινες· προητοίμασε δὲ πάντα Λύκων ὁ δημαγωγός.

[39] Ἀντισθένης δὲ ἐν ταῖς τῶν Φιλοσόφων Διαδοχαῖς καὶ Πλάτων ἐν Ἀπολογίᾳ τρεῖς αὐτοῦ κατηγορῆσαί φασιν, Ἄνυτον καὶ Λύκωνα καὶ Μέλητον· τὸν μὲν Ἄνυτον ὑπὲρ 250 τῶν δημιουργῶν καὶ τῶν πολιτικῶν ὀργιζόμενον· τὸν δὲ Λύκωνα ὑπὲρ τῶν ῥητόρων· καὶ τὸν Μέλητον ὑπὲρ τῶν ποιητῶν, οὓς ἅπαντας ὁ Σωκράτης διέσυρε. Φαβωρῖνος δέ φησιν ἐν τῷ πρώτῳ τῶν Ἀπομνημονευμάτων μὴ εἶναι ἀληθῆ τὸν λόγον τὸν Πολυκράτους κατὰ Σωκράτους· ἐν 255 αὐτῷ γάρ, φησί, μνημονεύει τῶν ὑπὸ Κόνωνος τειχῶν

---

234 orac. 420 P.-W. **237–238** (ἐν . . . Μένωνι) Plat., Men. 89 e–95 a. **243–247** Favor. fr. 63 Bar. = 31 Mensch. (**243–245** ἱστορίᾳ) = 68 Am. Hermipp. FGrHistCont 1026 F 67 **248–253** (διέσυρε) Antisth. Rhod. FGrHist 508 F 4 = fr. 4 Giann. **249** (ἐν Ἀπολογίᾳ) Plat., Ap. 23 e 3–6 **253** (Φαβωρῖνος)–**265** (θάνατος) Favor. fr. 34 Bar. = fr. 3 (**253–258** ὕστερον) et fr. 51 (**259–265**) Mensch. = 41 Am. (**259–271**)

---

236 μεγαλοφρονοῦντας P ἐφ᾽ BP: ἐν F **239** ὑπήλειψεν F **240** μέλιτον PF **243** μέλιτος PF **248** δὲ BF: δ᾽ P **250** ἄνυτον PF: αὐτὸν B μέλιτον PF ὑπὲρ Casaub.: περὶ BP: ὡς περὶ F **252** μέλιτον PF **256** ἀπὸ P¹, corr. P²

ἀνασταθέντων, ὃ γέγονεν {ἐν} ἔτεσιν ἓξ τῆς Σωκράτους
τελευτῆς ὕστερον. καὶ ἔστιν οὕτως ἔχον.

[40] ἡ δ' ἀντωμοσία τῆς δίκης τοῦτον ἔχει τὸν τρόπον·
260 ἀνάκειται γὰρ ἔτι καὶ νῦν, φησὶ Φαβωρῖνος, ἐν τῷ
Μητρῴῳ· 'τάδε ἐγράψατο καὶ ἀντωμόσατο Μέλητος
Μελήτου Πιτθεὺς Σωκράτει Σωφρονίσκου Ἀλωπεκῆθεν·
ἀδικεῖ Σωκράτης, οὓς μὲν ἡ πόλις νομίζει θεοὺς οὐ νομίζων,
ἕτερα δὲ καινὰ δαιμόνια εἰσηγούμενος· ἀδικεῖ δὲ καὶ τοὺς
265 νέους διαφθείρων. τίμημα θάνατος.' ὁ δ' οὖν φιλόσοφος,
Λυσίου γράψαντος ἀπολογίαν αὐτῷ, διαναγνοὺς ἔφη,
'καλὸς μὲν ὁ λόγος, ὦ Λυσία, οὐ μὴν ἁρμόττων ἐμοί.'
δηλαδὴ γὰρ ἦν τὸ πλέον δικανικὸς ἢ ἐμφιλόσοφος. [41]
εἰπόντος δὲ τοῦ Λυσίου, 'πῶς, εἰ καλός ἐστιν ὁ λόγος, οὐκ
270 ἄν σοι ἁρμόττοι;' ἔφη, 'οὐ γὰρ καὶ ἱμάτια καλὰ καὶ
ὑποδήματα εἴη ἂν ἐμοὶ ἀνάρμοστα;'

κρινομένου δὲ αὐτοῦ φησιν Ἰοῦστος ὁ Τιβεριεὺς ἐν τῷ
Στέμματι Πλάτωνα ἀναβῆναι ἐπὶ τὸ βῆμα καὶ εἰπεῖν,
'νεώτατος ὤν, ὦ ἄνδρες Ἀθηναῖοι, τῶν ἐπὶ τὸ βῆμα
275 ἀναβάντων'· τοὺς δὲ δικαστὰς ἐκβοῆσαι, 'κατάβα'
{τουτέστι κατάβηθι}. ὁ δ' οὖν κατεδικάσθη διακοσίαις

259–262 (Πιτθεὺς) Meletus II TrGF I 48 T 1   265 (ὁ)–271 Lys. fr. 271f
Carey   272–275 (κατάβα) Iust. Tiber. FGrHist 734 F 1   276 (ὁ)–282
Eubul. test. 66 (?) Doer. (sed vid. SSR II B 14)

---

261 (τάδε—Μέλητος) Suda α 2517 (I 224.23–4)   272–278 (αὐτὸν) Φ 24
(224.20–4)

---

257 ὃ Cob., Nov. lect. 542 et 664: ἃ BPF   ἐν del. Bigot ap. Menag.   τοῦ
σωκρ. F   259 ἀντομοσία B, -μωσία F   ἔχει BP¹: εἶχε FP⁴   260
κεῖται Cob., Nov. lect. 516   φησὶ om. F   261 ἀντωμόσατο Menag.:
ἀνθωμολογή- BPF, Suda   261–262 μέλιτος μελίτου PF   262
σωκράτη BP¹   266 (διαναγνοὺς)–268 (γὰρ) om. F¹, suppl. F²ᵐᵍ   267
<γ'> ἐμοί Cob.   268 δικανικὸς FB²ᵐᵍP⁴: δικανὸς B¹: δικα*** P¹   270
καὶ¹; om. F   οὐ γὰρ σικυώνια ὑποδ. Cob., Nov. lect. 669 (conl. Cic., De
orat. 1.54)   275 δὲ FΦ: om. BP, 'fort. recte' V. d. Muehll   κατάβα
Bergk, Kl. Schr. II 298 (a. 1850/1): καταβάντων BPFΦ: κατάβα, κατάβα
Cob.   276 τουτέστι κατάβηθι secl. Bergk et Cob.   ὁ δ' οὖν Richards
344: ὅτ' οὖν BPFΦ: ὅτ' οὖν <καὶ> Cob.

ὀγδοήκοντα μιᾷ πλείοσι ψήφοις τῶν ἀπολυουσῶν· καὶ
τιμωμένων τῶν δικαστῶν τί χρὴ παθεῖν αὐτὸν ἢ ἀποτῖσαι,
πέντε καὶ εἴκοσιν ἔφη δραχμὰς ἀποτίσειν (Εὐβουλίδης μὲν
γὰρ ἑκατόν φησιν ὁμολογῆσαι)· **[42]** θορυβησάντων δὲ   280
τῶν δικαστῶν, 'ἕνεκα μέν,' εἶπε, 'τῶν ἐμοὶ διαπεπραγμένων
τιμῶμαι τὴν δίκην τῆς ἐν πρυτανείῳ σιτήσεως.'
   καὶ οἳ θάνατον αὐτοῦ κατέγνωσαν, προσθέντες ἄλλας
ψήφους ὀγδοήκοντα. καὶ δεθεὶς μετὰ πολλὰς ἡμέρας ἔπιε τὸ
κώνειον, πολλὰ καλὰ κἀγαθὰ διαλεχθείς, ἃ Πλάτων ἐν τῷ   285
Φαίδωνί φησιν. ἀλλὰ καὶ παιᾶνα κατά τινας ἐποίησεν, οὗ ἡ
ἀρχή·

   Δήλι' Ἄπολλον χαῖρε, καὶ Ἄρτεμι, παῖδε κλεεινώ.

Διονυσόδωρος δέ φησι μὴ εἶναι αὐτοῦ τὸν παιᾶνα.
ἐποίησε δὲ καὶ μῦθον Αἰσώπειον οὐ πάνυ ἐπιτετευγμένως,   290
οὗ ἡ ἀρχή·

   Αἴσωπός ποτ' ἔλεξε Κορίνθιον ἄστυ νέμουσι
   μὴ κρίνειν ἀρετὴν λαοδίκῳ σοφίῃ.

[43] ὁ μὲν οὖν ἐξ ἀνθρώπων ἦν· Ἀθηναῖοι δ' εὐθὺς
μετέγνωσαν, ὥστε κλεῖσαι καὶ παλαίστρας καὶ γυμνάσια.   295
καὶ τοὺς μὲν ἐφυγάδευσαν, Μελήτου δὲ θάνατον
κατέγνωσαν. Σωκράτη δὲ χαλκῇ εἰκόνι ἐτίμησαν, ἣν ἔθεσαν

---

286 (ἀλλὰ)–**288** Socr. fr. 2 W.² = test. 3 G.-Pr.²   **289** Dionysod. Troez.
FHG II 84   **292–293** Socr. fr. 1 W.² = 1 G.-Pr.²   Perry, Aesopica test. 40

281 (ἕνεκα)–**307** Φ 24 (224.25–225.19)   **281** (ἕνεκα)–**283** (κατέγνωσαν)
Suda τ 628 (IV 558.18–20)

277 ὀγδοήκοντα μιᾷ F: ὀγδοηκονταμία BP: ὀγδοήκοντα, τριάκοντα (= λ)
Wil., Platon ¹II 49   ἀπολλουσῶν BP¹   **278** ἢ om. F   **279–280** μὲν
γὰρ BPF: μέντοι Marcov.   **283** θάνατοι B   **284** δεηθεὶς F   μετὰ
Menag.: μετ' οὐ BPF   **286** ἡ om. B   **288** iter. B²ᵐᵍ   δήλι' PFΦ: δῆλι
B¹: διῖ B²ᵐᵍ   καὶ ἄρτεμι χαῖρε F   κλεεινῶ B²ᵐᵍ: κλαιεννῶ B² in textu
(αι in ras.): κλεεννῶ Φ: λατοῦς F¹: κλϊνῶ in mg cum γρ F²   **290** καὶ
om. F   αἰσώπιον B   **295** κλεῖσαι PΦ: κλί- B² (λί in ras.): καῦ- F¹: κλύ-
in mg cum γρ F²   **296** τοὺς μὲν <ἄλλους> Richards 342   μελίτου PFΦ
297 σωκράτη BP¹: -ην FΦ: -ει Pˣ   χαλκῇ εἰκόνι ἐτίμησαν Cob.: -κῆς -νος
ἐτιμήσαντο BPFΦ

ἐν τῷ Πομπείῳ, Λυσίππου ταύτην ἐργασαμένου. Ἄνυτόν
τε ἐπιδημήσαντα αὐθημερὸν ἐξεκήρυξαν Ἡρακλεῶται. οὐ
300 μόνον δὲ ἐπὶ Σωκράτους Ἀθηναῖοι πεπόνθασι τοῦτο, ἀλλὰ
καὶ ἐπὶ πλείστων ὅσων. καὶ γὰρ Ὅμηρον καθά φησιν
Ἡρακλείδης, πεντήκοντα δραχμαῖς ὡς μαινόμενον ἐτίμησαν,
καὶ Τυρταῖον παρακόπτειν ἔλεγον, καὶ Ἀστυδάμαντα
πρότερον τῶν περὶ Αἰσχύλον ἐτίμησαν εἰκόνι χαλκῇ. [44]
305 Εὐριπίδης δὲ καὶ ὀνειδίζει αὐτοῖς ἐν τῷ Παλαμήδει λέγων·

ἐκάνετ᾽ ἐκάνετε τὰν πάνσοφον,
τὰν οὐδὲν᾽ ἀλγύνουσαν ἀηδόνα Μουσᾶν.

καὶ τάδε μὲν ὧδε. Φιλόχορος δέ φησι προτελευτῆσαι τὸν
Εὐριπίδην τοῦ Σωκράτους.

310 ἐγεννήθη δέ, καθά φησιν Ἀπολλόδωρος ἐν τοῖς Χρονικοῖς,
ἐπὶ Ἀψεφίωνος τῷ τετάρτῳ ἔτει τῆς ἑβδομηκοστῆς ἑβδόμης
Ὀλυμπιάδος, Θαργηλιῶνος ἕκτῃ, ὅτε καθαίρουσι τὴν πόλιν
Ἀθηναῖοι καὶ τὴν Ἄρτεμιν γενέσθαι Δήλιοι φασίν.
ἐτελεύτησε δὲ τῷ πρώτῳ ἔτει τῆς ἐνενηκοστῆς πέμπτης

---

299 (οὐ)–307 Heracl. Pont. fr. 98 Sch. = 169 W. = Heracl. Lemb. fr. 13
(FHG III 170)   299 (οὐ)–303 (ἔλεγον) Tyrt. test. 39 G.-Pr.[2]   303
(Ἀστυδάμαντα—χαλκῇ) Astydam. II TrGF I 60 T 8a   305 (Εὐριπίδης)–
307 Philoch. FGrHist 328 F 221   306–307 Eur. fr. 588 Kann.   310–
320 Apollod. FGrHist 244 F 34   310–317 (αὐτόν) Demetr. Phal. fr. 109
SOD = 153 W.   311–312 i.e. anno 469/8   314–315 i.e. anno 400/399

---

298 ἐν om. F   αὐσίππου B   299 ἐκήροξαν F   301 καθά BP: ὥς F
302 δραχμαῖς] 'an δραχμῶν?' V. d. Muehll   ἐτίμησαν BP: -μήσαντο FΦ:
ἐζημίωσαν Cob.   304 πρότερον Hermann, Opusc. II (1827) 156–7
(a. 1816): πρῶτον BPFΦ (τῶν περὶ Αἰσχύλον = Αἰσχύλου. Cf. Aesch. test. 9
Radt)   τῶν PFΦ: τὸν B   ἐτίμησαν BPΦ: ὃν ἐτιμήσαντο F   305
εὐριπίδης δὲ καὶ ὀνειδίζει (-ζειν B) αὐτοῖς (-οὺς F) BPF: ὀνειδίζει δὲ αὐτοῖς
καὶ εὐ. Φ: καὶ Εὐ. δὲ ὁ. αὐτοῖς Marcov.   306 ἐκάνετε κάνετε B: ἐκάνετ᾽
ἐτεκάνετε F   πάνσοφον <ὦ Δαναοί> Huebn. I 123[1] (ex Philostr., Her. 11)
307 τὰν—ἀλγύνασαν iter. B[2mg]   οὐδὲν᾽ B[2mg] (scripserant Grotius, Exc.
trag. et com. [1626], Valckenaer, Eur. Phoen. [1755] ad v. 321 et B. Heath,
Notae s. lect. ad trag. vet. ... dramata [1762]): οὐδὲν B[1]PΦ: οὐδὲ F
ἀλγύνουσαν FΦ: -νασαν BP   μουσᾶν Φ: μοῦσαν BPF   310 καθά om.
F   311 ἀφεψίωνος F   ἐν τῷ P   ἑβδομηκοστῆς om. B   312–313
τὴν πόλιν ἀθηναῖοι BP: ἀ. τ. π. F   313 γενέσθαι δήλιοι BP: δ. γ. F

Ὀλυμπιάδος, γεγονὼς ἐτῶν ἑβδομήκοντα. καὶ ταὐτά φησι 315
καὶ Δημήτριος ὁ Φαληρεύς. [45] ἔνιοι γὰρ ἑξήκοντα ἐτῶν
τελευτῆσαί φασιν αὐτόν. ἀμφότεροι δ᾽ ἤκουσαν
Ἀναξαγόρου, καὶ οὗτος καὶ Εὐριπίδης, ὃς καὶ τῷ πρώτῳ
ἔτει τῆς ἑβδομηκοστῆς πέμπτης Ὀλυμπιάδος ἐγεννήθη ἐπὶ
Καλλιάδου. 320
δοκεῖ δέ μοι καὶ περὶ τῶν φυσικῶν ὁ Σωκράτης διειλέχθαι·
ὅπου γε καὶ περὶ προνοίας τινὰ διαλέγεται, καθά φησι καὶ
Ξενοφῶν, καίτοι περὶ μόνων τῶν ἠθικῶν ποιεῖσθαι τοὺς
λόγους αὐτὸν εἰπών. ἀλλὰ καὶ Πλάτων ἐν τῇ Ἀπολογίᾳ
μνησθεὶς Ἀναξαγόρου καὶ ἄλλων φυσικῶν, ἃ Σωκράτης 325
ἀρνεῖται, περὶ τούτων αὐτὸς λέγει, καίπερ ἀνατιθεὶς πάντα
Σωκράτει.
φησὶ δ᾽ Ἀριστοτέλης μάγον τινὰ ἐλθόντα ἐκ Συρίας εἰς
Ἀθήνας τά τε ἄλλα καταγνῶναι τοῦ Σωκράτους καὶ δὴ καὶ
βίαιον ἔσεσθαι τὴν τελευτὴν αὐτῷ. 330
[46] ἔστι δὲ καὶ ἡμῶν εἰς αὐτὸν οὕτω·

> πῖνέ νυν ἐν Διὸς ὤν, ὦ Σώκρατες· ἦ σε γὰρ ὄντως
> καὶ σοφὸν εἶπε θεός, καὶ θεὸς ἡ σοφίη.
> πρὸς γὰρ Ἀθηναίων κώνειον ἁπλῶς μὲν ἐδέξω·
> αὐτοὶ δ᾽ ἐξέπιον τοῦτο τεῷ στόματι. 335

---

317 (ἀμφότεροι)–**318** (Εὐριπίδης) Eur. test. 11 et 36b Kann.   VS II Nachtr.
419.15–17 (59 A 4a)   **318–319** i.e. anno 480/79   **323** (Ξενοφῶν)
Xen., Mem. 1.4.6; 1.1.16   **324** (ἐν τῇ Ἀπολογίᾳ) Plat., Apol. 26 c-e
328–330 Arist. fr. 32 R.[3]   **332–335** Anth. Pal. 7.96

328–330 Φ 24 (226.10–13)   **331–341** (Κῷος) Φ 24 (225.20–226.7)
332–335 Pal.   **334–335** Suda κ 2034 (III 153.10–11)

---

315 καὶ om. F   ταὐτά Cob.: ταῦτα BPF   **316** γὰρ BPF: δὲ Cob.
317 φασιν αὐτόν BP: αὐτόν φασιν F   **321** διειλέχθαι B[1]PF: διη- B[2]
322 περὶ om. F   **325** ἄλλων τινῶν F   **326** <νομίζειν> ἀρνεῖται
Marcov.   **329** τοῦ om. F   **330** αὐτῷ προειπεῖν Φ   **332** πείνε B
νῦν BPFΦ, Pal.   **333** θεὸς[2] F[1], s.l. P[x]: θεὸν F[2], Pal. (cf. H. Richards, CR 12
(1898) 29): θεῶν BP[1]Φ   σοφία Pal.   **334** κώνειον BPFΦ, Pal.: κόνιον
μὲν Suda   ἁπλῶς BPF, Pal.: αὐτὸς Φ   μὲν BPF: σὺ Pal., Suda   ἐδέξω
ἁπλῶς (om. μὲν) F   **335** ἐξέπιον Φ, Pal., Suda: -ιαν BPF   τε ὦι B[2]

τούτῳ τις, καθά φησιν Ἀριστοτέλης ἐν τρίτῳ Περὶ ποιητικῆς, ἐφιλονείκει Ἀντίλοχος Λήμνιος καὶ Ἀντιφῶν ὁ τερατοσκόπος, ὡς Πυθαγόρᾳ Κύλων καὶ Ὀνάτας· καὶ Σύαγρος Ὁμήρῳ ζῶντι, ἀποθανόντι δὲ Ξενοφάνης ὁ
340 Κολοφώνιος· καὶ Κέρκωψ Ἡσιόδῳ ζῶντι, τελευτήσαντι δὲ ὁ προειρημένος Ξενοφάνης· καὶ Πινδάρῳ Ἀμφιμένης ὁ Κῷος· Θάλητι δὲ Φερεκύδης καὶ Βίαντι Σάλαρος Πριηνεύς· Πιττακῷ Ἀντιμενίδας καὶ Ἀλκαῖος, Ἀναξαγόρᾳ Σωσίβιος, καὶ Σιμωνίδῃ Τιμοκρέων.

345 **[47]** τῶν δὲ διαδεξαμένων αὐτὸν τῶν λεγομένων Σωκρατικῶν οἱ κορυφαιότατοι μὲν Πλάτων, Ξενοφῶν, Ἀντισθένης· τῶν δὲ φερομένων δέκα οἱ διασημότατοι τέσσαρες, Αἰσχίνης, Φαίδων, Εὐκλείδης, Ἀρίστιππος. λεκτέον δὴ πρῶτον περὶ Ξενοφῶντος, εἶτα περὶ
350 Ἀντισθένους ἐν τοῖς κυνικοῖς, ἔπειτα περὶ τῶν Σωκρατικῶν, εἶθ᾽ οὕτω περὶ Πλάτωνος, ἐπεὶ κατάρχει τῶν δέκα αἱρέσεων

336–344 Arist. fr. 75 R.[3] = De poet. fr. 7 Ross = fr. 66 Janko   Antipho Soph. test. 5 Pendrick = VS 87 A 5 (**336–338** τερατοσκόπος)   Thales test. 241 Woehrle   **336–337** (τούτῳ—ἐφιλονείκει), **340** (Κέρκωψ—ζῶντι) Orph. 1101 I (PEG II.2)   **336–338** (Ὀνάτας) Pythag. VS 14.15   **339** (ἀποθανόντι)–**341** (Ξενοφάνης) Xenoph. VS 21 A 19 = 74 G.-Pr.[2]   **342** (Φερεκύδης) Pherec. fr. 58 Schibli   **343** (Ἀλκαῖος) Alcae. test. 471 V. (Σωσίβιος) Anaxag. VS 59 A 25   **345–352** (συνεστήσατο) Eucl. test. 36 Doer. = SSR I H 5

---

338 Κύλων Menag.: κύδων BPFΦ (cf. 8.49)   καὶ ὀνάτας P[1]Φ: καιονατᾶς B: καὶ ὀνάτης FP[x]: Κροτωνιάτης Menag.   **339** Σύαγρος L. Gyraldus, Hist. poet. dialogi (1545) 234: σάγαρις BPFΦ   ἀποθανῶντι F   **342** βίαντι σάλαρος FP[x]: β. σάλυρος P[1](Q): βίαντις ἰλλυρὸς B   **344** σιμωνίδη τιμοκρέων PF: σιμωνίδει τιμ. B[1] in textu: τιμ. σιμ. B[2mg]   **345** τῶν[2] PF: τῶν ** B   **345–352** (συνεστήσατο) τῶν δὲ δ. αὐ. {τῶν λεγομένων Σωκρατικῶν} ... τῶν δὲ {φερομένων δέκα} <λεγομένων Σωκρατικῶν> ...· λεκτέον δὲ ... (ἐν τοῖς Κυνικοῖς) ... τῶν <φερομένων> δέκα αἱρέσεων ... Schwartz 757 (= 482); τῶν δ᾽ <ἐπι>φερομένων (**347**) et περὶ τῶν <ἄλλων> Σωκρατικῶν (**350**) Leo, Biogr. 39[2]; {τῶν δὲ φερομένων δέκα οἱ διασημότατοι τέσσαρες} Schmidt, Studia Laert. 32; εἶτα περὶ Ἀντισθένους ἐν τοῖς κυνικοῖς (**350**) post συνεστήσατο (**352**) transtulit Madvig, Adv. I 712; Ἀρίστιππος post Αἰσχίνης (**348**) Marcov. Nihil mutandum (Dorandi, Neapolitanus 20–3) aut vero τὰ δευτεραῖα pro δέκα (**347**) cum Wil., Kl. Schr. III 41[2] (a. 1879) scribendum   **347** διασημότατοι B[1]: δὲ ἀσημό- B[2]   **349** δὴ BF: δὲ P

καὶ τὴν πρώτην Ἀκαδημίαν αὐτὸς συνεστήσατο. ἡ μὲν οὖν
ἀκολουθία τοῦτον ἐχέτω τὸν τρόπον.

γέγονε δὲ Σωκράτης καὶ ἕτερος, ἱστορικός, περιήγησιν
Ἄργους γεγραφώς· καὶ ἄλλος περιπατητικός, Βιθυνός· καὶ   355
ἕτερος ἐπιγραμμάτων ποιητής· καὶ ὁ Κῶος, ἐπικλήσεις θεῶν
γεγραφώς.

354 (ἱστορικὸς) Socr. Arg. FGrHist 310 T 1.

354 σωκράτης καὶ ἕτερος BP: καὶ ἕ. σ. F.

LIBER II

[48] Ξενοφῶν Γρύλου μὲν ἦν υἱός, Ἀθηναῖος, τῶν δήμων
Ἐρχιεύς· αἰδήμων δὲ καὶ εὐειδέστατος εἰς ὑπερβολήν.
τούτῳ ἐν στενωπῷ φασιν ἀπαντήσαντα Σωκράτη
διατεῖναι τὴν βακτηρίαν καὶ κωλύειν παριέναι,
5 πυνθανόμενον ποῦ πιπράσκοιτο τῶν προσφερομένων
ἕκαστον· ἀποκριναμένου δὲ πάλιν πυθέσθαι, 'ποῦ δὲ καλοὶ
κἀγαθοὶ γίνονται ἄνθρωποι;' ἀπορήσαντος δέ, 'ἕπου
τοίνυν,' φάναι, 'καὶ μάνθανε.' καὶ τοὐντεῦθεν ἀκροατὴς
Σωκράτους ἦν. καὶ πρῶτος ὑποσημειωσάμενος τὰ
10 λεγόμενα εἰς ἀνθρώπους ἤγαγεν, Ἀπομνημονεύματα
ἐπιγράψας. ἀλλὰ καὶ ἱστορίαν φιλοσόφων πρῶτος ἔγραψε.

καὶ αὐτόν φησιν Ἀρίστιππος ἐν τετάρτῳ Περὶ παλαιᾶς
τρυφῆς ἐρασθῆναι Κλεινίου· [49] πρὸς ὃν καὶ ταῦτα εἰπεῖν,
'νῦν γὰρ ἐγὼ Κλεινίαν ἥδιον μὲν θεῶμαι ἢ τἆλλα πάντα ἐν
15 ἀνθρώποις καλά· τυφλὸς δὲ τῶν ἄλλων πάντων δεξαίμην ἂν
ἢ κείνου ἑνὸς ὄντος γενέσθαι· ἄχθομαι δὲ καὶ νυκτὶ καὶ
ὕπνῳ, ὅτι ἐκεῖνον οὐχ ὁρῶ· ἡμέρᾳ δὲ καὶ ἡλίῳ τὴν μεγίστην
χάριν οἶδα, ὅτι μοι Κλεινίαν ἀναφαίνουσι.'

Κύρῳ δὲ φίλος ἐγένετο τοῦτον τὸν τρόπον. ἦν αὐτῷ
20 συνήθης Πρόξενος ὄνομα, γένος Βοιώτιος, μαθητὴς μὲν
Γοργίου τοῦ Λεοντίνου, φίλος δὲ Κύρῳ. οὗτος ἐν Σάρδεσι
διατρίβων παρὰ τῷ Κύρῳ ἔπεμψεν εἰς Ἀθήνας ἐπιστολὴν

Vitam Xenophontis post L. Dindorf, Xenoph. Exp. Cyri (1850, ²1862) ed.
P. Masqueray, Xénophon, Anabase I (1952) xvi-xx   12–18 ps.-Aristipp.
fr. 4 Dor.   14 (νῦν)–18 Xen., Smp. 4.12

2 (εὐειδέστατος εἰς ὑπερβολήν) Φ 25 (226.21)   3 (τούτῳ)–9 (ἦν) Φ 25
(226.15–21)   12–18 Φ 25 (226.21–227.4)

Ante 1 tit. ξενοφῶν Pˣᵐᵍ   1 γρύλλου BPF (vid. ad 52)   2 ἀρχιεὺς P¹ (Q),
corr. Pˣ   ἐς Φ (infra § 51)   3 τούτῳ Steph., et vid. Φ (ξενοφόντι):
τοῦτον BP: τοῦτον δὲ F   στενωπῷ P: στενο- BF   ὑπαντήσαντα Φ
σωκράτη B¹Φ: -ει B²F: comp. P   5 ποῦ Aldobr.: ποῖ B²ᵐᵍ: οἱ B¹: οἷ PΦ: εἰ
F   6 ἀποκριναμένου Φ: -νομένου BPF   7 γίγνονται BP   8 φάναι
BPΦ: ἔφη F   10 εἰς BPΦ: ἐς F   14 μὲν om. F   θεῶμαι BP, γρ F²ˢˡ:
ὁρῶμαι F¹   πάντα <τὰ> Cob. (ex Xen.)   15 πάντων BPF: ἀ- Φ, Xen.
μᾶλλον δεξ. Xen.   16 κείνου BP¹(Q), F² (κει in ras.): 'κείνου Φ: κείνου vel
ἐκείνου Xen.: κλεινίου F¹, P⁴ (λει in ras.)   17 οὐ χορῶ B   20 βοιότιος
B¹F   21 λεοντίου B

180

Ξενοφῶντι, καλῶν αὐτὸν ἵνα γένηται Κύρῳ φίλος. ὁ δὲ τὴν ἐπιστολὴν δεικνύει Σωκράτει καὶ σύμβουλον ἡρεῖτο. **[50]** καὶ ὃς ἀπέστειλεν αὐτὸν εἰς Δελφοὺς χρησόμενον τῷ θεῷ. 25 πείθεται Ξενοφῶν· ἧκει παρὰ τὸν θεόν· πυνθάνεται οὐχὶ εἰ χρὴ ἀπιέναι πρὸς Κῦρον, ἀλλ᾽ ὅπως· ἐφ᾽ ᾧ καὶ Σωκράτης αὐτὸν ᾐτιάσατο μέν, συνεβούλευσε δὲ ἐξελθεῖν. καὶ ὃς γίνεται παρὰ Κύρῳ, καὶ τοῦ Προξένου φίλος οὐχ ἧττον ἦν αὐτῷ. τὰ μὲν οὖν ἄλλα τὰ κατὰ τὴν ἀνάβασιν γενόμενα 30 καὶ τὴν κάθοδον ἱκανῶς αὐτὸς ἡμῖν διηγεῖται. ἐχθρῶς δὲ διέκειτο πρὸς Μένωνα τὸν Φαρσάλιον, παρὰ τὸν χρόνον τῆς ἀναβάσεως τὸν ξεναγόν· ὅτε καὶ λοιδορῶν αὐτόν φησιν αὐτοῦ μείζοσι κεχρῆσθαι παιδικοῖς. ἀλλὰ καὶ Ἀπολλωνίδῃ τινὶ ὀνειδίζει τετρῆσθαι τὰ ὦτα. 35

[51] μετὰ δὲ τήν τε ἀνάβασιν καὶ τὰς ἐν τῷ Πόντῳ συμφορὰς καὶ τὰς παρασπονδήσεις τὰς Σεύθου τοῦ τῶν Ὀδρυσῶν βασιλέως ἧκεν εἰς Ἀσίαν πρὸς Ἀγησίλαον τὸν Λακεδαιμονίων βασιλέα, μισθοῦ τοὺς Κύρου στρατιώτας αὐτῷ παρασχών· φίλος τε ἦν εἰς ὑπερβολήν. παρ᾽ ὃν καιρὸν 40 ἐπὶ Λακωνισμῷ φυγὴν ὑπ᾽ Ἀθηναίων κατεγνώσθη. γενόμενος δ᾽ ἐν Ἐφέσῳ καὶ χρυσίον ἔχων, τὸ μὲν ἥμισυ Μεγαβύζῳ δίδωσι τῷ τῆς Ἀρτέμιδος ἱερεῖ φυλάττειν, ἕως ἂν ἐπανέλθῃ· εἰ δὲ μή, ἄγαλμα ποιησάμενον ἀναθεῖναι τῇ θεῷ· τοῦ δὲ ἡμίσεος ἔπεμψεν εἰς Δελφοὺς ἀναθήματα. 45 ἐντεῦθεν ἦλθεν εἰς τὴν Ἑλλάδα μετὰ Ἀγησιλάου, κεκλημένου εἰς τὸν πρὸς Θηβαίους πόλεμον. καὶ αὐτῷ προξενίαν ἔδοσαν οἱ Λακεδαιμόνιοι.

47–48 (καὶ—Λακεδαιμόνιοι) Suda π 2538 (IV 216.16–17)

---

26 πείθεται PF: -σθαι B   **31** ἡμῖν αὐτὸς F   διηγῆται B   **32** φαρσάδιον B   **33** τὸν ξεναγόν Pˣ(Q): τῶν ξεναγῶν BF, falso loco intrusum esse susp. Richards 344   **34** αὐτοῦ Steph.: αὐ- BPF²: om. F¹   χρῆσθαι B   ἀπολλωνίδι B   **36** τῷ om. F   **37** τὰς BP: τοῦ F   τοῦ τῶν P: τούτων B¹: τού- B²: τοῦ F   **39** λακεδαιμόνιον F   τὸν <τῶν> Λακ. Cob.   **40** παρασχὼν αὐτῶ F   **41** φυγὴν P: -ῆς BF   **44** ἐπανέλθη BP: -οι F   **46** μετὰ ἀγησ. εἰς τὴν ἑλλ. P

[52] ἐντεῦθεν ἐάσας τὸν Ἀγησίλαον ἦλθεν εἰς
50 Σκιλλοῦντα, χωρίον τῆς Ἠλείας ὀλίγον τῆς πόλεως ἀπέχον.
εἴπετο δὲ αὐτῷ καὶ γύναιον ὄνομα Φιλησία, καθά φησι
Δημήτριος ὁ Μάγνης, καὶ δύο υἱεῖς, Γρῦλος καὶ Διόδωρος,
ὥς φησι Δείναρχος ἐν τῷ πρὸς Ξενοφῶντα ἀποστασίου, οἳ
καὶ Διόσκουροι ἐπεκαλοῦντο. ἀφικομένου δὲ τοῦ
55 Μεγαβύζου κατὰ πρόφασιν τῆς πανηγύρεως, κομισάμενος
τὰ χρήματα χωρίον ἐπρίατο καὶ καθιέρωσε τῇ θεῷ, δι᾽ οὗ
ποταμὸς ἔρρει Σελινοῦς, ὁμώνυμος τῷ ἐν Ἐφέσῳ.
τοὐντεῦθεν διετέλει κυνηγετῶν καὶ τοὺς φίλους ἑστιῶν καὶ
τὰς ἱστορίας συγγράφων. φησὶ δ᾽ ὁ Δείναρχος ὅτι καὶ
60 οἰκίαν καὶ ἀγρὸν αὐτῷ ἔδοσαν Λακεδαιμόνιοι.

[53] ἀλλὰ καὶ Φυλοπίδαν τὸν Σπαρτιάτην φασὶν αὐτῷ
πέμψαι αὐτόθι δωρεὰν ἀνδράποδα αἰχμάλωτα ἐκ
Δαρδάνου· καὶ τὸν διαθέσθαι αὐτὰ ὡς ἠβούλετο· Ἠλείους
τε στρατευσαμένους εἰς τὸν Σκιλλοῦντα καὶ βραδυνόντων
65 Λακεδαιμονίων ἐξελεῖν τὸ χωρίον. ὅτε καὶ τοὺς υἱέας αὐτοῦ
εἰς Λέπρεον ὑπεξελθεῖν μετ᾽ ὀλίγων οἰκετῶν, καὶ αὐτὸν
Ξενοφῶντα εἰς τὴν Ἦλιν πρότερον, εἶτα καὶ εἰς Λέπρεον
πρὸς τοὺς παῖδας, κἀκεῖθεν σὺν αὐτοῖς εἰς Κόρινθον
διασωθῆναι καὶ αὐτόθι κατοικῆσαι. ἐν τούτῳ δὲ
70 ψηφισαμένων Ἀθηναίων βοηθεῖν Λακεδαιμονίοις ἔπεμψε
τοὺς παῖδας εἰς τὰς Ἀθήνας στρατευσομένους ὑπὲρ τῶν
Λακεδαιμονίων. **[54]** καὶ γὰρ ἐπεπαίδευντο αὐτόθι ἐν τῇ

49–54, 59 (φησὶ)–**60** Demetr. Magn. fr. 12 Mejer   **51** (εἴπετο)–**54, 59** (φησὶ)–**60** Din. fr. LXXVII Conomis   **69** (ἐν)–**80** (ἔπεσε) Ephor. FGrHist 70 F 85

---

49 ἦλθεν BF: ἧκεν P   **50** ἠλείας PF: ἠλίας B¹: ἰλιᾶς B² (ι in ras.) πόλεως BPF: Φολόης V. d. Muehll (conl. Xen., An. 5.3.10)   **52** γρύδος B: γρύλλος PF (cf. **76, 86, 88**, et vid. K. Latte, Kl. Schr. [1968] 688–9)   **53** ἀποσταίω F   **54** ἐκαλοῦντο P   **59** ξυγγράφων P   δ᾽ ὁ δείναρχος P⁴: δ᾽ ἐλείναρχος P¹(Q): δολίναρχος B: δὲ καὶ δείναρχος F   **60** αὐτῷ om. B   **61** φιλοπίδαν BF   **62** δωρεὰν αὐτόθι F   **63** καὶ τόν<δε> vel κ. <αὐ>τὸν Patillon ap. Goulet-Cazé 258³   ἐβούλετο P   **64** καὶ secl. Cob.   **65** υἱέας BP: υἱεῖς F   **66** λέπραιον F   συνεξελθεῖν F   **67** καὶ om. F   λέπραιον F   **71** τὰς om. F   **72** αὐτόθι secl. Marcov. **72–73** ἐν τῇ Σπάρτῃ delere prop. Jacoby, fort. recte

Σπάρτῃ, καθά φησι Διοκλῆς ἐν τοῖς Βίοις τῶν φιλοσόφων.
ὁ μὲν οὖν Διόδωρος οὐδὲν ἐπιφανὲς πράξας ἐκ τῆς μάχης
ἀνασῴζεται, καὶ αὐτῷ υἱὸς ὁμώνυμος γίνεται τἀδελφῷ. ὁ 75
δὲ Γρῦλος τεταγμένος κατὰ τοὺς ἱππέας (ἦν δὲ ἡ μάχη περὶ
Μαντίνειαν) ἰσχυρῶς ἀγωνισάμενος ἐτελεύτησεν, ὥς φησιν
Ἔφορος ἐν τῇ πέμπτῃ καὶ εἰκοστῇ, Κηφισοδώρου μὲν
ἱππαρχοῦντος, Ἡγησίλεω δὲ στρατηγοῦντος. ἐν ταύτῃ τῇ
μάχῃ καὶ Ἐπαμεινώνδας ἔπεσε. τηνικαῦτα δὴ καὶ τὸν 80
Ξενοφῶντά φασι θύειν ἐστεμμένον· ἀπαγγελέντος δ᾽ αὐτῷ
τοῦ θανάτου ἀποστεφανώσασθαι· ἔπειτα μαθόντα ὅτι
γενναίως, πάλιν ἐπιθέσθαι τὸν στέφανον. [55] ἔνιοι δὲ οὐδὲ
δακρῦσαί φασιν αὐτόν· 'ἀλλὰ γάρ,' εἰπεῖν 'ᾔδειν θνητὸν
γεγεννηκώς.' φησὶ δ᾽ Ἀριστοτέλης ὅτι ἐγκώμια καὶ 85
ἐπιτάφιον Γρύλου μυρίοι ὅσοι συνέγραψαν, τὸ μέρος καὶ
τῷ πατρὶ χαριζόμενοι. ἀλλὰ καὶ Ἕρμιππος ἐν τῷ Περὶ
Θεοφράστου καὶ Ἰσοκράτη φησὶ ἐγκώμιον Γρύλου
γεγραφέναι. Τίμων δ᾽ ἐπικόπτει αὐτὸν ἐν τούτοις·

ἀσθενική τε λόγων δυὰς ἢ τριὰς ἢ ἔτι πρόσσω,   90
οἷος Ξεινοφόων ἤ τ᾽ Αἰσχίνου οὐκ ἀπιθὴς <ἲς>
γράψαι.

---

85 (φησὶ)–89 (γεγραφέναι) Hermipp. FGrHistCont 1026 F 34   85
(φησὶ)–87 (χαριζόμενοι) Arist. fr. 68 R.³ = Gryll. fr. 1 Ross   90–92 Timon
SH 800 = fr. 26 Di Marco. Etiam infra § 62

---

74 ἐκ πράξας P¹, ἐκ expunxit Pˣ   75 ἀδελφῷ B   76 γρύλος B:
γρύλλος PF   78 κηφισιδώρου F   79 ηγησιλεῶ B: ἀ(εχ ἡ)γησίλεως F
80 ἐπαμεινῶνδας F: -μινών- BP   81 ἀπαγγελέντος BP: -ελθέντος F
δ(ὲ) αὐτῷ PF: τῷ B   83 γενναίως <ἀριστεύων τέθνηκε> Marcov. (ex
ps.-Plut., Cons. Apoll. 118 F-119 A)   ἐπιθῆναι F   84 post ἀλλὰ lac.
indic. Cob.   86 γρύλου B: γρύλλου PF   συνέγραψαν Aldobr.: συγ-
γράψειαν PFB²: συνγραψηαν B¹   88 Ἰσοκράτην J. Luzac, Lect. Att.
(1809) 148¹⁶ (duce J. Vossio sec. Huebn. I 131º): σωκράτη B¹: -ην PF: -ους B²
γρύλου B: γρύλλου PF   89 ἐπικόπτει B: -σκώπτει PF   90 διὰς B¹
ut vid.   ἔτι BP: καὶ F   90–91 πρόσσω Wachsmuth, Sillogr. Gr. (1885)
173: προσσώοιος B² (σ² in ras.): πρόσω, οἷος P: προ᾽ comp. inc. F: πόρσω
P⁴   91–92 om. F¹, suppl. F²ᵐᵍ   91 ξενοφόων F¹ ut vid., corr. F²   ἤ τ᾽
Roeper (1848) 56: ητ᾽ B¹: ἤτ᾽ P¹: ἤτ᾽ B²P⁴: εἴ τ᾽ F²   εἴτ᾽ Αἰσχίνεω Meineke,
Sillogr. 333   ἀπιθὴς B¹ (-ῆς B²): ἀπειθὴς P¹(Q), F²: ἐπιπει- P⁴ʸᵖ   ἲς add.
Roeper (1848) 56 (ἲς τ᾽ Αἰσχίνου οὐκ ἐπιπειθὴς Casaub.)   92 γράψαι
Menag. ex § 62

183

καὶ ὁ μὲν βίος αὐτῷ τοιόσδε. ἤκμαζε δὲ κατὰ τὸ τέταρτον ἔτος τῆς τετάρτης καὶ ἐνενηκοστῆς Ὀλυμπιάδος, καὶ
95 ἀναβέβηκε σὺν Κύρῳ ἐπὶ ἄρχοντος Ξεναινέτου ἑνὶ πρότερον ἔτει τῆς Σωκράτους τελευτῆς.

[56] κατέστρεψε δέ, καθά φησι Στησικλείδης ὁ Ἀθηναῖος ἐν τῇ τῶν Ἀρχόντων καὶ Ὀλυμπιονικῶν ἀναγραφῇ, ἔτει πρώτῳ τῆς πέμπτης καὶ ἑκατοστῆς Ὀλυμπιάδος, ἐπὶ
100 ἄρχοντος Καλλιμήδου, ἐφ᾽ οὗ καὶ Φίλιππος ὁ Ἀμύντου Μακεδόνων ἦρξε. τέθνηκε δὲ ἐν Κορίνθῳ, ὥς φησι Δημήτριος ὁ Μάγνης, ἤδη δηλαδὴ γηραιὸς ἱκανῶς· ἀνὴρ τά τε ἄλλα γεγονὼς ἀγαθὸς καὶ δὴ καὶ φίλιππος καὶ φιλοκύνηγος καὶ τακτικός, ὡς ἐκ τῶν συγγραμμάτων δῆλον· εὐσεβής τε καὶ
105 φιλοθύτης καὶ ἱερεῖα διαγνῶναι ἱκανὸς καὶ Σωκράτη ζηλώσας ἀκριβῶς.

συνέγραψε δὲ βιβλία πρὸς τὰ τετταράκοντα, ἄλλων ἄλλως διαιρούντων·

[57] τήν τε Ἀνάβασιν
110 (ἧς κατὰ βιβλίον μὲν ἐποίησε προοίμιον, ὅλης δὲ οὔ)· καὶ Κύρου Παιδείαν καὶ
Ἑλληνικὰ καὶ
Ἀπομνημονεύματα·
Συμπόσιόν τε καὶ
115 Οἰκονομικὸν καὶ
Περὶ ἱππικῆς καὶ

---

93 (ἤκμαζε)–**96** Apollod. FGrHist 244 F 343   **93–94** i.e. anno 401/0
96–101 (ἦρξε) Stesicl. FGrHist 245 F 3   **98–100** i.e. anno 360/59
101 (τέθνηκε)–**102** (ἱκανῶς) Demetr. Magn. fr. 13 Mejer

---

95 ξενεναιτου B   **96** πρότερον Cob.: προτέρῳ BP: inc. comp. F
97 Κτησικλείδης Wil., Ant. 335[20] (conl. Athen. 6, 272 C et 10, 445 D), sed vid. Jacoby, FGrHist II B 802   **100** Καλλιμήδου Martini I 109 et Jacoby (-δους Meursius, Archontes Ath. [1622] 153–4): καλλιδήμου BP¹(Q): καληδημήδου F: καλλιδημίδου P⁴   **101** μακεδόνων PF: -δὼν B   **102** ἤδη PFB²: δη B¹   **103** καὶ¹ om. F¹, suppl. F²ˢ·ˡ·   **105** ἱκανῶς B¹F   post ἱκανὸς iter. ἀνὴρ—φιλοκύνηγος (**102–103**) F, tum inde ab καὶ δὴ (**103**) expunxit   **105** σωκράτη P, B² (-ει B¹): -ην F   **107** τὰ om. F   **111** κύρου παιδείαν FPˣᵐᵍ: καιδειαν B: καὶ διαν P¹   **115–116** καὶ περὶ ἱππικῆς post ἱππαρχικὸν (**118**) F

Κυνηγετικὸν καὶ
Ἱππαρχικόν·
Ἀπολογίαν τε Σωκράτους καὶ
Περὶ πόρων καὶ   120
Ἱέρωνα ἢ Τυραννικόν,
Ἀγησίλαόν τε καὶ
Ἀθηναίων καὶ Λακεδαιμονίων Πολιτείαν,

ἥν φησιν οὐκ εἶναι Ξενοφῶντος ὁ Μάγνης Δημήτριος.
λέγεται δ᾽ ὅτι καὶ τὰ Θουκυδίδου βιβλία λανθάνοντα 125
ὑφελέσθαι δυνάμενος αὐτὸς εἰς δόξαν ἤγαγεν. ἐκαλεῖτο δὲ
καὶ Ἀττικὴ Μοῦσα γλυκύτητι τῆς ἑρμηνείας· ὅθεν καὶ πρὸς
ἀλλήλους ζηλοτύπως εἶχον αὐτός τε καὶ Πλάτων, ὡς ἐν τῷ
περὶ Πλάτωνος λέξομεν.

[58] ἔστι δὲ καὶ εἰς τοῦτον ἡμῶν ἐπιγράμματα τοῦτον 130
ἔχοντα τὸν τρόπον·

      οὐ μόνον ἐς Πέρσας ἀνέβη Ξενοφῶν διὰ Κῦρον,
         ἀλλ᾽ ἄνοδον ζητῶν ἐς Διὸς ἥτις ἄγοι·
      παιδείης γὰρ ἑῆς Ἑλληνικὰ πράγματα δείξας,
         ὡς καλὸν ἡ σοφίη μνήσατο Σωκράτεος.   135

ἄλλο, ὡς ἐτελεύτα·

      εἰ καὶ σέ, Ξενοφῶν, Κραναοῦ Κέκροπός τε πολῖται
         φεύγειν κατέγνων, τοῦ φίλου χάριν Κύρου,

---

124 (Δημήτριος) Demetr. Magn. fr. 14 Mejer   **129** (λέξομεν) 3.34
132–135 Anth. Pal. 7.97   **137–140** Anth. Pal. 7.98

132–135 Pal.   **137–140** Pal.

---

117 κυνηγιτικόν F   **123** Λακεδαιμονίων καὶ Ἀθηναίων Πολ.
H. Richards, Xen. a. Others (1907) 55   **125** θουκιδίδου F   **130**
τούτων B¹ (bis)   **132** εἰς Cob.   **134** παιδείης γὰρ ἑῆς BPF, Pal.: 'v. 2
(**133**) punctum delendum post ἄγοι et v. 3 (**134**) legendum Παιδείης παρ᾽
ἑῆς, Ἑλλ. πρ. δείξας' Reiske 308: παιδείη γ. ἑῆ <γε> Marcov. puncto post
ἄγοι servato. Vid. Natalicchio 88⁶⁰   ἑλλανικὰ Pal.   δείξας PFB²: ἀπο- B¹
ut vid.   **135** σωκράτους B¹, corr. B² (-ους in ras.): -εω Pal.   **138**
φευγέμεναι Pal.   κατέγνων FP⁴, Pal.: ἐπ- BP¹: κατέγνον dub.
Stadtmueller

ἀλλὰ Κόρινθος ἔδεκτο φιλόξενος, ἧ σὺ φιληδῶν,
140   οὕτως ἀρέσκῃ, κεῖθι καὶ μένειν ἔγνως.

[59] εὗρον δὲ ἀλλαχόθι ἀκμάσαι αὐτὸν περὶ τὴν ἐνάτην
καὶ ὀγδοηκοστὴν Ὀλυμπιάδα σὺν τοῖς ἄλλοις Σωκρατικοῖς,
καὶ Ἴστρος φησὶν αὐτὸν φυγεῖν κατὰ ψήφισμα Εὐβούλου,
καὶ κατελθεῖν κατὰ ψήφισμα τοῦ αὐτοῦ.

145 γεγόνασι δὲ Ξενοφῶντες ἑπτά· πρῶτος αὐτὸς οὗτος·
δεύτερος Ἀθηναῖος, ἀδελφὸς Νικοστράτου τοῦ τὴν
Θησηΐδα πεποιηκότος, γεγραφὼς ἄλλα τε καὶ βίον
Ἐπαμεινώνδου καὶ Πελοπίδου· τρίτος ἰατρὸς Κῷος·
τέταρτος ἱστορίαν Ἀννιβαϊκὴν γεγραφώς· πέμπτος μυθώδη
150 τερατείαν πεπραγματευμένος· ἕκτος Πάριος, ἀγαλματο-
ποιός· ἕβδομος κωμῳδίας ἀρχαίας ποιητής.

141–144 Ister FGrHist 334 F 32   **141–142** i.e. 424–420   **145–146**
(δεύτερος) FGrHistCont 1118 T 1   **148** (τείτος) fr. 1 Steckerl   **149**
(τέταρτος) FGrHist 179 T 1   (πέμπτος) FGrHist 24 T 1   **151** (ἕβδομος)
test. 1 K.-A.

139–140 Suda φ 323 (IV 721.26–7)   **139** (ἧ)–**140** Suda η 7 (II 545.21).

139–140 ἧ—ἀρέ iter. B²ᵐᵍ   ἢ B¹ (ἢ B²ᵐᵍ)   φιληδὸν Pal.   **140** ἀρέσκῃ
BP, Pal., Suda: -ει F   'verba οὕτως ἀρέσκῃ si integra sunt, parenthetice
dicuntur' Stadtmueller: (οὕτως ἀρέσκει) Marcov.   **141** ἀλλαχόθεν F
143 φυγεῖν αὐτὸν F   **145** δὲ καὶ F   **146** νικοστράτου BF: πυθο- P
149 ἀννιβαικὴν P⁺: ἀνι- F: ἀννιβιά- BP¹   **151** ἀρχαίας Steph.: -αῖος BPF.

[60] Αἰσχίνης Χαρίνου ἀλλαντοποιοῦ, οἱ δὲ Λυσανίου, Ἀθηναῖος. ἐκ νέου φιλόπονος· διὸ καὶ Σωκράτους οὐκ ἀπέστη. ὅθεν ἔλεγε, 'μόνος ἡμᾶς οἶδε τιμᾶν ὁ τοῦ ἀλλαντοποιοῦ.' τοῦτον ἔφη Ἰδομενεὺς ἐν τῷ δεσμωτηρίῳ συμβουλεῦσαι περὶ τῆς φυγῆς Σωκράτει, καὶ οὐ Κρίτωνα· 5 Πλάτωνα δέ, ὅτι ἦν Ἀριστίππῳ μᾶλλον φίλος, Κρίτωνι περιθεῖναι τοὺς λόγους. διεβάλλετο δ' ὁ Αἰσχίνης καὶ μάλισθ' ὑπὸ Μενεδήμου τοῦ Ἐρετριέως ὡς τοὺς πλείστους διαλόγους ὄντας Σωκράτους ὑποβάλλοιτο, λαμβάνων παρὰ Ξανθίππης· ὧν οἱ μὲν καλούμενοι ἀκέφαλοι σφόδρ' 10 εἰσὶν ἐκλελυμένοι καὶ οὐκ ἐπιφαίνοντες τὴν Σωκρατικὴν εὐτονίαν· οὓς καὶ Περίστρατος ὁ Ἐφέσιος ἔλεγε μὴ εἶναι Αἰσχίνου. [61] καὶ τῶν ἑπτὰ δὲ τοὺς πλείστους Περσαῖός φησι Πασιφῶντος εἶναι τοῦ Ἐρετρικοῦ, εἰς τοὺς Αἰσχίνου δὲ κατατάξαι. ἀλλὰ καὶ τῶν Ἀντισθένους τόν τε μικρὸν Κῦρον 15 καὶ τὸν Ἡρακλέα τὸν ἐλάσσω καὶ Ἀλκιβιάδην καὶ τοὺς τῶν ἄλλων δὲ ἐσκευώρηται. οἱ δ' οὖν τῶν Αἰσχίνου τὸ Σωκρατικὸν ἦθος ἀπομεμαγμένοι εἰσὶν ἑπτά· πρῶτος

Vitam Aeschinis ed. H. Dittmar, Aeschines v. Sphettos (1912) 247–55   **1–7** (λόγους) Aeschin. SSR VI A 3   **4** (τοῦτόν)–**10** (Ξανθίππης) Idom. FGrHist 338 F 17a = fr. 26 Angeli   **4** (τοῦτόν)–**7** (λόγους) Aristipp. fr. 109 Mann. = SSR IV A 15   **7** (διεβάλλετο)–**20** Aeschin. SSR VI A 22   **7** (διεβάλλετο)–**17** (ἐσκευώρηται) Antisth. FGrHistCont 1004 T 4   **7** (διεβάλλετο)–**10** (Ξανθίππης) Mened. Eretr. SSR III F 4   **10** ἀκέφαλοι] Vid. ad 3.62   **12–17** (ἐσκευώρηται) Aeschin. SSR V A 43   **12–15** (κατατάξαι) Persae. SVF I 457 = FGrHist 584 F 9   Pasiph. Eretr. SSR III C 1

1–4 (ἀλλαντοποιοῦ) Φ 26 (227.6–8)   **7** (διεβάλλετο)–**12** (εὐτονίαν) Φh 3 (91.14–92.2)

Ante **1** tit. αἰσχίνης P^xmg   **1** ἀλλαντοποιοῦ (ἀλαν- P^1Q) BP^xF: τοῦ ἀ. P^xmg: ὁ τοῦ ἀ. Φh   **3** ὅθεν BF: διὸ καὶ P: διὸ Φ   <οὗτος> ἔλεγε Marcov.: σωκράτης Φ   μόνους Φ   **6** ὅτι Cob.: ὅτ' BPF   φίλος μᾶλλον F   **7** περιθεῖναι P: -θῆναι BF   δ' ὁ BP: δὲ καὶ F   καὶ om. F   **8** μάλιστ' F   **10** μὲν om. Φh   **12** περίστρατος BP^1: πεισί- F, γρ P^4s.l.   **15** κατατετάχθαι Roeper (1848) 62   τῶν BP: τοῦ F   **17** δὲ ἐσκευώρηται BPF: δὲ ἐσκευωρῆσθαι Kuehn: διεσκευώρηται (vel -ρῆσθαι) Susemihl, JClPh 135 (1887) 209, sed vid. Goulet-Cazé 362^6   τῶν BP: τοῦ F   **18** σωκρατικὸν BP: σῶμα κρατικὸν F

Μιλτιάδης, διὸ καὶ ἀσθενέστερόν πως ἔχει· Καλλίας,
20 Ἀξίοχος, Ἀσπασία, Ἀλκιβιάδης, Τηλαύγης, Ῥίνων.

φασὶ δ᾽ αὐτὸν δι᾽ ἀπορίαν ἐλθεῖν εἰς Σικελίαν πρὸς
Διονύσιον, καὶ ὑπὸ μὲν Πλάτωνος παροφθῆναι, ὑπὸ δὲ
Ἀριστίππου συσταθῆναι· δόντα τέ τινας τῶν διαλόγων
δῶρα λαβεῖν. [62] ἔπειτα ἀφικόμενον Ἀθήναζε μὴ τολμᾶν
25 σοφιστεύειν, εὐδοκιμούντων τότε τῶν περὶ Πλάτωνα καὶ
Ἀρίστιππον. ἐμμίσθους δὲ ἀκροάσεις ποιεῖσθαι· εἶτα
συγγράφειν λόγους δικανικοὺς τοῖς ἀδικουμένοις· διὸ καὶ
τὸν Τίμωνα εἰπεῖν ἐπ᾽ αὐτοῦ·

ἥ τ᾽ Αἰσχίνου οὐκ ἀπιθὴς <ἲς>
30   γράψαι.

φασὶ δ᾽ αὐτῷ λέγειν Σωκράτη, ἐπειδήπερ ἐπιέζετο ὑπὸ
πενίας, παρ᾽ ἑαυτοῦ δανείζεσθαι τῶν σιτίων ὑφαιροῦντα.
τούτου τοὺς διαλόγους καὶ Ἀρίστιππος ὑπώπτευεν. ἐν
γοῦν Μεγάροις ἀναγινώσκοντος αὐτοῦ φασι σκῶψαι
35 εἰπόντα, ‘πόθεν σοι, λῃστά, ταῦτα;’

[63] φησὶ δὲ Πολύκριτος ὁ Μενδαῖος ἐν τῷ πρώτῳ τῶν
Περὶ Διονύσιον ἄχρι τῆς ἐκπτώσεως συμβιῶναι αὐτὸν τῷ

21–32 (ὑφαιροῦντα), 36–46 Aeschin. SSR VI A 13   21–24 (λαβεῖν)
Aristipp. fr. 110 Mann. = SSR IV A 22   24 (ἔπειτα)–26 (Ἀρίστιππον),
33 (τούτου)–35 Aristipp. fr. 111 Mann.   29–30 Timon SH 800 = fr. 26
Di Marco. Etiam supra § 55   33 (τούτου)–35 Aeschin. SSR VI A 28
SSR IV A 23   36–43 (Λεοντῖνον) Polycr. Mend. FGrHist 559 F 1
36–39 (κωμῳδοποιόν) Carcinus II TrGF I 70 T 3

21–26 (ποιεῖσθαι) Φh 3 (92.2–8)   21–23 (συσταθῆναι) Suda σ 1684 (IV
481.22–3)   31–32 (ὑφαιροῦντα) Φ 26 (227.8–10)   33 (τούτου)–35 Φh
3 (92.8–11)

---

19 μιλτιάδης B   20 τηλαυγὴς B²P¹ᵖᶜ: τηλαυγης B   21 σικελίαν πρὸς
om. F¹, suppl. F²ᵐᵍ: εἰσικελίαν B   23 συστῆναι Cob.   διδόντα P¹(Q)
διαλόγων BPF: λόγων Φh   26 ἀρίστιππον BPF: om. Φh: Σπεύσιππον
Zeller, Philos. d. Gr. II 1 (⁴1889) 340¹, Ἀριστοτέλη K. Steinhart, Platon's
Leben (1873) 305³³   ποιῆσθαι F   28 τοῦτόν φασιν εἰπεῖν σωκράτει Φ
29 ἥ τ᾽ Roeper (1848) 57: ἥτ᾽ B: ἥ τ᾽ PF²: εἴ τ᾽ F¹   οὐκ ἀπειθ- om. F¹, suppl.
F²ᵐᵍ   ἀπιθὴς B: -ειθὴς PF²   ἲς add. Roeper (1848) 56   31 σωκράτη
BP: -ην F   ἐπιεζεῖτο P   34 μεγάρεις B¹: -γαροῖς B²   φασι om. F¹,
suppl. F²ˢ·ˡ·

τυράννῳ καὶ ἕως τῆς Δίωνος εἰς Συρακούσας καθόδου, λέγων εἶναι σὺν αὐτῷ καὶ Καρκίνον τὸν κωμῳδοποιόν. φέρεται δὲ καὶ ἐπιστολὴ πρὸς Διονύσιον Αἰσχίνου. ἦν δὲ καὶ 40 ἐν τοῖς ῥητορικοῖς ἱκανῶς γεγυμνασμένος, ὡς δῆλον ἔκ τε τῆς ἀπολογίας τοῦ πατρὸς Φαίακος τοῦ στρατηγοῦ καὶ δι' ὧν μάλιστα μιμεῖται Γοργίαν τὸν Λεοντῖνον. καὶ Λυσίας δὲ κατ' αὐτοῦ συγγέγραφε λόγον, Περὶ συκοφαντίας ἐπιγράψας· ἐξ ὧν δῆλον ὅτι καὶ ῥητορικός τις ἦν. γνώριμος 45 δ' αὐτοῦ φέρεται εἷς, Ἀριστοτέλης ὁ Μῦθος ἐπικληθείς.

[64] πάντων μέντοι τῶν Σωκρατικῶν διαλόγων Παναίτιος ἀληθεῖς εἶναι δοκεῖ τοὺς Πλάτωνος, Ξενοφῶντος, Ἀντισθένους, Αἰσχίνου· διστάζει δὲ περὶ τῶν Φαίδωνος καὶ Εὐκλείδου, τοὺς δὲ ἄλλους ἀναιρεῖ πάντας. 50

γεγόνασι δ' Αἰσχίναι ὀκτώ· πρῶτος αὐτὸς οὗτος· δεύτερος δὲ ὁ τὰς τέχνας γεγραφὼς τὰς ῥητορικάς· τρίτος ὁ ῥήτωρ ὁ κατὰ Δημοσθένην· τέταρτος Ἀρκάς, μαθητὴς Ἰσοκράτους· πέμπτος Μιτυληναῖος, ὃν καὶ ῥητορομάστιγα ἐκάλουν· ἕκτος Νεαπολίτης, φιλόσοφος Ἀκαδημαϊκός, 55 Μελανθίου τοῦ Ῥοδίου μαθητὴς καὶ παιδικά· ἕβδομος Μιλήσιος, πολιτικὸς συγγραφεύς· ὄγδοος ἀνδριαντοποιός.

---

43 (καὶ)–45 (ἐπιγράψας) Lys. fr. 1 Carey (in apparatu)   47–50 Panaet. test. 145 Al.   Eucl. test. 18 Doer. = SSR I H 17   51–57 Aeschin. SSR VI A 40   55–56 (ἕκτος) Melanth. Rhod. TrGF I 131 T 3.

38 καὶ om. P   39 κωμῳδοποιὸν PF: κωμῳδιο- B: τραγῳδοποιὸν Meineke, FCG I (1839) 507: -διοποιὸν Cob.   41 ἱκανὸς ἐγγεγυ- F   42 ἀπολογίας <Ἐρασιστράτου> Sauppe, Orat. Att. I (1839) 169 (conl. Thuc. 5.4)   τοῦ πατρὸς BPF: τῆς ὑπὲρ F. Blass, Att. Bereds. II (²1892) 345¹ καὶ δι' ὧν μάλιστα BF: κ. δίων μ. P: κ. τοῦ δίωνος, μ. δὲ rec.   κ. τῆς Δίωνος, μ. δὲ Steph. (cum γρ); κ. Δίωνος. Μ. δὲ Cob.; τοῦ πατρὸς <καὶ> Φ. τοῦ στρ. {καὶ} δι' ὧν μ. μι. P. Cobetto Ghiggia, [Andocide] Contro Alcibiade (1995) 112²⁴⁵. Vid. L. Piccirilli, RFIC 127 (1999) 129–34   44 αὐτοὺς B   συγγέγραφε (συνγγ- B) BP: συνέγραψε F: γέγραφε Z (Frob.)   46 φέρεται om. B¹, suppl. B²ᵐᵍ   49 Αἰσχίνου <Ἀριστίππου> Susemihl, JClPh 71 (1855) 705 post Chr. A. Brandis, Handb. gr.-röm. Philos. II (1844) 92¹ 52 δὲ om. F   53 δημοσθένην BF: -η P   54 πέμπτος ὁ P Μιτυληναῖος Cob. (cf. supra ad 1.80)   55 ἀκαδημαϊκός PF²ˢ·ˡ· -μικός B: om. F¹

[65] Ἀρίστιππος τὸ μὲν γένος ἦν Κυρηναῖος, ἀφιγμένος δὲ
Ἀθήναζε, καθά φησιν Αἰσχίνης, κατὰ κλέος Σωκράτους.
οὗτος σοφιστεύσας, ὥς φησι Φανίας ὁ περιπατητικὸς ὁ
Ἐρέσιος, πρῶτος τῶν Σωκρατικῶν μισθοὺς εἰσεπράξατο
5 καὶ ἀπέστελλε χρήματα τῷ διδασκάλῳ. καί ποτε πέμψας
αὐτῷ μνᾶς εἴκοσι παλινδρόμους ἔλαβεν, εἰπόντος
Σωκράτους τὸ δαιμόνιον αὐτῷ μὴ ἐπιτρέπειν· ἐδυσχέραινε
γὰρ ἐπὶ τούτῳ. Ξενοφῶν τε εἶχε πρὸς αὐτὸν δυσμενῶς· διὸ
καὶ τὸν κατὰ τῆς ἡδονῆς λόγον Σωκράτει κατ' Ἀριστίππου
10 περιτέθεικεν. οὐ μὴν ἀλλὰ καὶ Θεόδωρος ἐν τῷ Περὶ
αἱρέσεων ἐκάκισεν αὐτὸν καὶ Πλάτων ἐν τῷ Περὶ ψυχῆς, ὡς
ἐν ἄλλοις εἰρήκαμεν.

[66] ἦν δὲ ἱκανὸς ἁρμόσασθαι καὶ τόπῳ καὶ χρόνῳ καὶ
προσώπῳ, καὶ πᾶσαν περίστασιν ἁρμοδίως ὑποκρίνασθαι·
15 διὸ καὶ παρὰ Διονυσίῳ τῶν ἄλλων εὐδοκίμει μᾶλλον, ἀεὶ τὸ
προσπεσὸν εὖ διατιθέμενος. ἀπέλαυε μὲν γὰρ ἡδονῆς τῶν
παρόντων, οὐκ ἐθήρα δὲ πόνῳ τὴν ἀπόλαυσιν τῶν οὐ
παρόντων. ὅθεν καὶ Διογένης βασιλικὸν κύνα ἔλεγεν

1–8 (τούτῳ) SSR IV A 1   1–2 (Σωκράτους) Aristipp. fr. 1 Mann.
Aeschin. SSR VI A 91   3 (οὗτος)–8 (τούτῳ) fr. 3A   Phaenias fr. 31 W. =
FGrHistCont 1012 F 12   8 (Ξενοφῶν)–12 Theod. test. 47 Winiarczyk
8 (Ξενοφῶν)–10 (περιτέθεικεν) Aristipp. fr. 107A = SSR IV A 20   10 (οὐ)–
12 fr. 103D = SSR IV A 15   11 (Πλάτων) Plat., Phd. 59 b–c   12
(εἰρήκαμεν) Vid. 3.36   13–22 SSR IV A 51   13–19 (αὐτόν) fr. 29 + 54B

4 (πρῶτος—εἰσεπράξατο), 8 (Ξενοφῶν—δυσμενῶς), 13–19 (αὐτόν)
Suda α 3908 (I 354.23–7)   4 (πρῶτος)–8 (τούτῳ) Φ 27 (227.12–16)
5 (πέμψας)–6 (ἔλαβεν) Suda π 96 (IV 11.6–7)   13–16 (διατιθέμενος) Φ 27
(227.16–20)   18 (ὅθεν)–19 (αὐτόν) Φh 4 (92.15)

Ante 1 tit. ἀρίστιππος Pxmg   3 Φαινίας Mannebach   περιπατικὸς B
4 ἐρέσσιος F   κρατικῶν P   5 ἀπέστελλε BPΦ: -στειλε F   6
ἀπέλαβεν Suda   8 τοῦτο B¹, corr. B²   Ξενοφῶντι δὲ εἶχε δυσμ. Suda
10 περιέθηκεν B¹, -τέθηκεν B²   12 εἰρήσεται '(i.e. in 3.36)' Marcov., sed
vid. Dorandi, Neapolitanus 22⁶⁵   13 ἱκανὸς PΦ: -ῶς BF   14 καὶ
<κατὰ> πᾶσαν Goulet-Cazé 275¹ (conl. 7.121 et 165; 9.92)   ἁρμοδίως
K. Fr. Hermann 373: -νίως BPFΦ   16 ἀπέλαυε BP: -βε F   ἡδονῆς PF:
-ῆ B: -ὴν Richards 343   17–18 οὐκ—παρόντων om. F¹, suppl. F²mg
(omisso οὐ)   18 ἐκάλει Suda

αὐτόν. ὁ δὲ Τίμων παρέφαγεν ὡς θρυπτόμενον, οὑτωσί πως
εἰπών· 20

οἷά τ᾽ Ἀριστίππου τρυφερὴ φύσις ἀμφαφόωντος
ψεύδη.

τοῦτόν φασί ποτε κελεῦσαι πέρδικα πεντήκοντα
δραχμῶν ὠνηθῆναι· αἰτιασαμένου δέ τινος, 'σὺ δ᾽ οὐκ ἄν,'
εἶπεν, 'ὀβολοῦ τοῦτον ἐπρίω;' ἐπινεύσαντος δέ, 'τοσοῦτον,' 25
ἔφη, 'ἐμοὶ δύνανται αἱ πεντήκοντα δραχμαί.' **[67]**
Διονυσίου δέ ποτε τριῶν ἑταιρῶν οὐσῶν μίαν ἐκλέξασθαι
κελεύσαντος, τὰς τρεῖς ἀπήγαγεν εἰπών, 'οὐδὲ τῷ Πάριδι
συνήνεγκε μίαν προκρῖναι'· ἀπαγαγὼν μέντοι, φασίν,
αὐτὰς μέχρι τοῦ θυρῶνος ἀπέλυσεν. οὕτως ἦν καὶ ἑλέσθαι 30
καὶ καταφρονῆσαι πολύς. διό ποτε Στράτωνα (οἱ δὲ
Πλάτωνα) πρὸς αὐτὸν εἰπεῖν, 'σοὶ μόνῳ δέδοται καὶ
χλανίδα φορεῖν καὶ ῥάκος.' Διονυσίου δὲ προσπτύσαντος
αὐτῷ ἠνέσχετο. μεμψαμένου δέ τινος, 'εἶτα οἱ μὲν ἁλιεῖς,'
εἶπεν, 'ὑπομένουσι ῥαίνεσθαι τῇ θαλάττῃ, ἵνα κωβιὸν 35
θηράσωσιν, ἐγὼ δὲ μὴ ἀνάσχωμαι κράματι ῥανθῆναι, ἵνα
βλέννον λάβω;'
[68] παριόντα ποτὲ αὐτὸν λάχανα πλύνων Διογένης
ἔσκωψε καί φησιν, 'εἰ ταῦτα ἔμαθες προσφέρεσθαι, οὐκ ἂν
τυράννων αὐλὰς ἐθεράπευες.' ὁ δέ, 'καὶ σύ,' εἶπεν, 'εἴπερ 40

---

19 (ὁ)–**22** fr. 79   **21–22** Timon SH 801 = fr. 27 Di Marco   **23–26**
(δραχμαί) fr. 73B = SSR IV A 17   **27** (Διονυσίου)–**31** (πολύς) fr. 58 = SSR
IV A 86   **31** (διό)–**33** (ῥάκος) fr. 33 = SSR IV A 57   **33** (Διονυσίου)–
37 fr. 40A = SSR IV A 36   **40–41** (ἔπλυνες) fr. 52A = SSR IV A 44

23–33 (ῥάκος) Φ 27 (228.3–13)   **33** (Διονυσίου)–**37** Φ 27 (227.20–228.2)
38–45 (ἐγίνετο) Φ 27 (228.13–21)

---

19 παρέφυγεν F   **22** ψευδῆ BF¹   **24** ὠνηθῆναι Cob.: ἑων- BPΡΦ
27 οὐσῶν BPFΦ: <παρ>ουσῶν A. Grilli, RFIC 38 (1960) 422   **29–30**
φασίν, αὐτὰς om. F¹, suppl. F²s.l.   **30** μέχρι BP: ἄχρι F   **33** χλανίδα
K. Fr. Hermann 373: -μύδα BPΡΦ   **35** θαλάσσῃ F   **36** κράματι
BPΡΦ: χρέμματι Menag.   **37** βλέννον BFΦ: βλένον P²: βλαῖνον P¹ ut vid.
39 καὶ <σύ> φησιν Richards 341, καί φησιν· <σὺ> Marcov. (sed vid. 6.58)
προσφέρεσθαι BPΦ: τρέφ- F   **40** ὁ δέ om. F

ἤδεις ἀνθρώποις ὁμιλεῖν, οὐκ ἂν λάχανα ἔπλυνες.' ἐρωτηθεὶς
τί αὐτῷ περιγέγονεν ἐκ φιλοσοφίας, ἔφη, 'τὸ δύνασθαι πᾶσι
θαρρούντως ὁμιλεῖν.' ὀνειδιζόμενός ποτ' ἐπὶ τῷ πολυτελῶς
ζῆν, 'εἰ τοῦτ',' ἔφη, 'φαῦλον ἦν, οὐκ ἂν ἐν ταῖς τῶν θεῶν
45 ἑορταῖς ἐγίνετο.' ἐρωτηθείς ποτε τί πλέον ἔχουσιν οἱ
φιλόσοφοι, ἔφη, 'ἐὰν πάντες οἱ νόμοι ἀναιρεθῶσιν, ὁμοίως
βιώσομεν.' [69] ἐρωτηθεὶς ὑπὸ Διονυσίου διὰ τί οἱ μὲν
φιλόσοφοι ἐπὶ τὰς τῶν πλουσίων θύρας ἔρχονται, οἱ δὲ
πλούσιοι ἐπὶ τὰς τῶν φιλοσόφων οὐκέτι, ἔφη, 'ὅτι οἱ μὲν
50 ἴσασιν ὧν δέονται, οἱ δ' οὐκ ἴσασιν.' ἐρωτηθεὶς τίνι
διαφέρουσιν οἱ πεπαιδευμένοι τῶν ἀπαιδεύτων, ἔφη, 'ᾧπερ
οἱ δεδαμασμένοι ἵπποι τῶν ἀδαμάστων.' εἰσιών ποτε εἰς
ἑταίρας οἰκίαν καὶ τῶν σὺν αὐτῷ μειρακίων τινὸς
ἐρυθριάσαντος, 'οὐ τὸ εἰσελθεῖν,' ἔφη, 'χαλεπόν, ἀλλὰ τὸ μὴ
55 δύνασθαι ἐξελθεῖν.'

[70] αἴνιγμά τινος αὐτῷ προτείναντος καὶ εἰπόντος,
'λῦσον,' 'τί, ὦ μάταιε,' ἔφη, 'λῦσαι θέλεις ὃ καὶ δεδεμένον
ἡμῖν πράγματα παρέχει;' ἄμεινον ἔφη ἐπαιτεῖν ἢ
ἀπαίδευτον εἶναι· οἱ μὲν γὰρ χρημάτων, οἱ δ' ἀνθρωπισμοῦ

---

41 (ἐρωτηθεὶς)–**43** (ὁμιλεῖν) fr. 24A = SSR IV A 104   **43** (ὀνειδιζόμενός)–
45 (ἐγίνετο) fr. 76 = SSR IV A 68   **45** (ἐρωτηθεὶς)–**47** (βιώσομεν) fr. 27 =
SSR IV A 105   **47** (ἐρωτηθεὶς)–**50** (ἴσασιν) fr. 28A = SSR IV A 106
50 (ἐρωτηθεὶς)–**52** (ἀδαμάστων) fr. 12 = SSR IV A 129   **52** (εἰσιών)–**55**
fr. 59 = SSR IV A 87   **56–58** (παρέχει;) fr. 96 = SSR IV A 116   **58**
(ἄμεινον)–**60** (δέονται) fr. 16 = SSR IV A 125

---

45 (ἐρωτηθεὶς)–**47** (βιώσομεν) Φh 4 (92.15–17)   **47** (ἐρωτηθεὶς)–**77** Φ 27
(228.21–229.18)

---

41 ἀνθρώποις BPFΦ: τυράννοις Sternbach, Gnom. Vat. 78   **42** τοῦτο
φησὶ F   **44** ἦν Φ: ἐστι(ν) BPF   **46** ὁμοίως BPF: νομίμως Reiske 308,
'potest tamen vulgata defendi: ὁμοίως scil. ὡς νῦν'   **47** βιώσομεν PF:
-σωμεν B: -σόμεθα Cob.   **50** post ἴσασιν narrationunculam ex § 76
ἄρα—ζῆν (**126–130**) praebent rec. in hunc modum mutato initio
ὀνειδιζόμενός ποτ' ἐπὶ τῷ πολυτελῶς ζῆν ὑπὸ Πλάτωνος, 'sed verba
ὀνειδιζόμενος ... ζῆν perperam ex antecedentibus (§ 68) iterata esse
videntur' Mannebach   **51** ᾧπερ PΦ: ὥσπερ BF   **53** καὶ om. Φ
58 ἐπαιτεῖν B² (-πετ-B¹), P¹FΦ: ἐπαίτην in mg cum γρ Pˣ

δέονται. λοιδορούμενός ποτε ἀνεχώρει· τοῦ δὲ 60
ἐπιδιώκοντος εἰπόντος, 'τί φεύγεις;' 'ὅτι,' φησί, 'τοῦ μὲν
κακῶς λέγειν σὺ τὴν ἐξουσίαν ἔχεις, τοῦ δὲ μὴ ἀκούειν ἐγώ.'
εἰπόντος τινὸς ὡς ἀεὶ τοὺς φιλοσόφους βλέποι παρὰ ταῖς
τῶν πλουσίων θύραις, 'καὶ γὰρ οἱ ἰατροί,' φησί, 'παρὰ ταῖς
τῶν νοσούντων· ἀλλ' οὐ παρὰ τοῦτό τις ἕλοιτ' ἂν νοσεῖν ἢ 65
ἰατρεύειν.'
[71] εἰς Κόρινθον αὐτῷ πλέοντί ποτε καὶ χειμαζομένῳ
συνέβη ταραχθῆναι. πρὸς οὖν τὸν εἰπόντα, 'ἡμεῖς μὲν οἱ
ἰδιῶται οὐ δεδοίκαμεν, ὑμεῖς δὲ οἱ φιλόσοφοι δειλιᾶτε,'
'οὐ γὰρ περὶ ὁμοίας,' ἔφη, 'ψυχῆς ἀγωνιῶμεν ἑκάτεροι.' 70
σεμνυνομένου τινὸς ἐπὶ πολυμαθίᾳ ἔφη, 'ὥσπερ οὐχ οἱ τὰ
πλεῖστα ἐσθίοντες {καὶ γυμναζόμενοι} ὑγιαίνουσι μᾶλλον
τῶν τὰ δέοντα προσφερομένων, οὕτως οὐχ οἱ πολλὰ ἀλλ'
οἱ χρήσιμα ἀναγινώσκοντές εἰσι σπουδαῖοι.' πρὸς τὸν ὑπὲρ
αὐτοῦ λογογράφον δίκην εἰπόντα καὶ νικήσαντα, ἔπειτα 75
φάσκοντα πρὸς αὐτόν, 'τί σε ὤνησε Σωκράτης;', ἔφη,
'τοῦτο, τοὺς λόγους, οὓς εἶπας ὑπὲρ ἐμοῦ, ἀληθεῖς εἶναι.'
[72] τὰ ἄριστα ὑπετίθετο τῇ θυγατρὶ Ἀρήτῃ, συνασκῶν
αὐτὴν ὑπεροπτικὴν τοῦ πλείονος εἶναι. ἐρωτηθεὶς ὑπό τινος
τί αὐτοῦ ὁ υἱὸς ἀμείνων ἔσται παιδευθείς, 'καὶ εἰ μηδὲν 80
ἄλλο,' εἶπεν, 'ἐν γοῦν τῷ θεάτρῳ οὐ καθεδήσεται λίθος ἐπὶ

---

60 (λοιδορούμενός)–**62** (ἐγώ) fr. 91A = SSR IV A 112   **63** (εἰπόντος)–**66**
fr. 28B = SSR IV A 106   **67–70** (ἑκάτεροι) fr. 87A = SSR IV A 49   **71**
(σεμνυνομένου)–**74** (σπουδαῖοι) fr. 11 = SSR IV A 122   **74** (πρὸς)–**77**
fr. 100A = SSR IV A 10   **79** (ἐρωτηθεὶς)–**82** (λίθῳ) fr. 15 = SSR IV A 128
77–78 (εἶναι) SSR IV A 160 = IV B 1

---

79 (ἐρωτηθεὶς)–**84** (δύο) Φ 27 (229.18–23)

61–62 τοῦ μὲν κ. λ. σύ, τοῦ δὲ μὴ ἀκούειν ἐγὼ τὴν ἐξουσίαν ἔχω F   **63**
βλέπει F   **63–64** τὰς ... θύρας F   **64** ταῖς ΒΡΦ: τὰς F   **65** ἕλοιτ'
ἂν ΒΡΦ: ἂν ἕλοιτο F   **67** πλέοντί ποτε ΒΡ: ποτὲ πλέοντι F: πλέοντι Φ
68 οἱ om. F   **70** ὁμοίας ΒΡΦ: ὁ μιᾶς F   ἑκάτεροι Κ. Fr. Hermann 373:
ἕκαστοι ΒΡΦΦ   **71** πολυμαθίᾳ ΒΡ: -εία ΦΦ   ὥσπερ om. F   **72** καὶ
γυμναζόμενοι secl. Cob. (deest in Φ)   **73** οὐχ ΒΡΦ: οὐδὲ F   **74–75**
πρὸς τὸν λογογράφον τὸν ὑπὲρ αὐτοῦ Φ   **76** φάσκοντα om. F   ἔφη
om. F   **81** καθεδήσεται ΒΡF: -δεῖται Φ

λίθῳ.' συνιστάντος τινὸς αὐτῷ υἱὸν ᾔτησε πεντακοσίας δραχμάς· τοῦ δ' εἰπόντος, 'τοσούτου δύναμαι ἀνδράποδον ὠνήσασθαι,' 'πρίω,' ἔφη, 'καὶ ἕξεις δύο.' ἀργύριον εἶπε
85 παρὰ τῶν γνωρίμων λαμβάνειν, οὐχ ἵνα αὐτὸς χρῷτο, ἀλλ' ἵν' ἐκεῖνοι εἰδεῖεν εἰς τίνα δεῖ χρῆσθαι τοῖς ἀργυρίοις. ὀνειδιζόμενός ποτε ὅτι δίκην ἔχων ἐμισθώσατο ῥήτορα, 'καὶ γὰρ ὅταν,' ἔφη, 'δεῖπνον ἔχω, μάγειρον μισθοῦμαι.'

[73] ἀναγκαζόμενός ποτε ὑπὸ Διονυσίου εἰπεῖν τι τῶν ἐκ
90 φιλοσοφίας, 'γελοῖον,' ἔφη, 'εἰ τὸ λέγειν μὲν παρ' ἐμοῦ πυνθάνῃ, τὸ δὲ πότε δεῖ λέγειν σύ με διδάσκεις.' ἐπὶ τούτῳ διαγανακτήσαντα τὸν Διονύσιον ἔσχατον αὐτὸν κατακλῖναι· καὶ τόν, 'ἐνδοξότερον,' φάναι, 'τὸν τόπον ἠθέλησας ποιῆσαι.' αὐχοῦντός τινος ἐπὶ τῷ κολυμβᾶν, 'οὐκ
95 αἰσχύνῃ,' εἶπεν, 'ἐπὶ δελφῖνος ἔργοις ἀλαζονευόμενος;' ἐρωτηθεὶς ποτε τίνι διαφέρει ὁ σοφὸς τοῦ μὴ σοφοῦ, ἔφη, 'εἰς ἀγνῶτας τοὺς δύο γυμνοὺς ἀπόστειλον, καὶ εἴσῃ.' αὐχοῦντός τινος ἐπὶ τῷ πολλὰ πίνειν καὶ μὴ μεθύσκεσθαι, 'τοῦτο καὶ ἡμίονος,' φησί.

100 [74] πρὸς τὸν αἰτιώμενον ὅτι ἑταίρᾳ συνοικεῖ, 'ἆρά γε,' εἶπε, 'μή τι διενέγκαι <ἂν> οἰκίαν λαβεῖν ἐν ᾗ πολλοί ποτε

82 (συνιστάντος)–84 (δύο) fr. 4B = SSR IV A 5   84 (ἀργύριον)–86 (ἀργυρίοις) fr. 8A = SSR IV A 7   87 (ὀνειδιζόμενός)–88 fr. 100C = SSR IV A 12   89–94 (ποιῆσαι) fr. 42A = SSR IV A 36   94 (αὐχοῦντός)–95 (ἀλαζονευόμενος;) fr. 97 = SSR IV A 117   96 (ἐρωτηθεὶς)–97 (εἴσῃ) fr. 14 = SSR IV A 120   98 (αὐχοῦντός)–99 fr. 98 = SSR IV A 118

84 (ἀργύριον)–86 (ἀργυρίοις) Φh 4 (92.17–20)   87 (ὀνειδιζόμενός)–103 (μηδείς) Φ 27 (229.23–230.12)

82 λίθω BPF: -ου Φ   αὐτῷ τινος F   πεντακοσίας ΒΡΦ: πεντήκοντα F   84 πριῶ PF   δύο ἕξεις F   86 δεῖ post ἀργυρίοις transp. F   88 ὅταν ἔφη ΒΡΦ: ἔ. ὅ. Z (Frob.): ἔ. ὅτι F   91 πυνθάνῃ PΓΦ: -οι Β: μανθάνεις Wyttenbach, Plut. Mor. I (1810) 1164, <σὺ> μανθ. Madvig, Adv. I 713   δεῖ om. F¹, suppl. F²ˢˡ   τοῦτο F   92 διαγανακτήσαντα BF: δὴ ἀγ. P: ἀγανακτήσας (om. δὴ) Φ   94 τῷ PΦ: τὸ BF   95 εἶπεν B² (εν in ras.), PΦ: ἔφη F   δελφῖνος PΓΦ: -ίνοις Β   96–97 εἰς ἀγνῶτας ἔφη F   97 οἴσῃ F   98 τῷ ΡΦh: τὸ BF   101 εἶπε Φ (coni. Casaub.): εἰπεῖν BPF   διενέγκαι BPF: -κη Φ   ἂν add. Madvig, Adv. I 713   καὶ οἰκίαν F ποτε ΒΡΦ: τε F

ARISTIPPUS

ᾤκησαν ἢ μηδὲ εἷς;᾿ εἰπόντος δὲ οὔ, 'τί δὲ πλεῦσαι ἐν νηῒ ᾗ
μυρίοι ποτὲ ἐνέπλευσαν ἢ μηδείς;᾿ 'οὐδαμῶς.᾿ 'οὐδ᾿ ἄρα
γυναικί,᾿ ἔφη, 'συνεῖναι ᾗ πολλοὶ κέχρηνται ἢ μηδείς.᾿ πρὸς
τὸν αἰτιώμενον ὅτι Σωκράτους μαθητὴς ὢν ἀργύριον 105
λαμβάνει, 'καὶ μάλα,᾿ εἶπε, 'καὶ γὰρ Σωκράτη, πεμπόντων
τινῶν αὐτῷ καὶ σῖτον καὶ οἶνον, ὀλίγα λαμβάνοντα τὰ
λοιπὰ ἀποπέμπειν· εἶχε γὰρ ταμίας τοὺς πρώτους
Ἀθηναίων, ἐγὼ δὲ Εὐτυχίδην ἀργυρώνητον.᾿ ἐχρῆτο καὶ
Λαΐδι τῇ ἑταίρᾳ, καθά φησι καὶ Σωτίων ἐν δευτέρῳ τῶν 110
Διαδοχῶν. [75] πρὸς οὖν τοὺς μεμφομένους ἔφη, 'ἔχω
Λαΐδα, ἀλλ᾿ οὐκ ἔχομαι· ἐπεὶ τὸ κρατεῖν καὶ μὴ ἡττᾶσθαι
ἡδονῶν ἄριστον, οὐ τὸ μὴ χρῆσθαι.᾿ πρὸς τὸν ὀνειδίσαντα
αὐτῷ πολυτελῆ ὀψωνίαν, 'σὺ δ᾿ οὐκ ἄν,᾿ ἔφη, 'τριωβόλου
ταῦτα ἐπρίω;᾿ ὁμολογήσαντος δέ, 'οὐκέτι τοίνυν,᾿ ἔφη, 115
'φιλήδονος ἐγώ, ἀλλὰ σὺ φιλάργυρος.᾿ Σίμου ποτὲ τοῦ
Διονυσίου ταμίου πολυτελεῖς οἴκους αὐτῷ καὶ λιθοστρώ-
τους δεικνύοντος (ἦν δὲ Φρὺξ καὶ ὄλεθρος) ἀναχρεμψάμενος
προσέπτυσε τῇ ὄψει· τοῦ δ᾿ ἀγανακτήσαντος, 'οὐκ εἶχον,᾿
εἶπε, 'τόπον ἐπιτηδειότερον.᾿ 120

102–104 (μηδείς) fr. 64B = SSR IV A 90 **104** (πρός)–**109**
(ἀργυρώνητον) fr. 7 = SSR IV A 3 **109** (ἐχρῆτο)–**113** (χρῆσθαι) fr. 57A =
SSR IV A 96 Sotion fr. 5 W. **113** (πρός)–**116** (φιλάργυρος) fr. 72B =
SSR IV A 69 **116** (Σίμου)–**120** fr. 51 = SSR IV A 42

104 (πρός)–**113** (χρῆσθαι) Φh 4 (92.20–93.5) **113** (πρός)–**120** Φ 27
(230.12–19)

102 ἢ μηδὲ εἷς BPF: ἢ ἐν ᾗ μηδείς Φ **103** (οὐδαμῶς)–**104** (μηδείς) om. F
106–108 σωκράτη . . . λαμβάνοντα . . . ἀποπέμπειν BP¹Φh: σωκράτης . . .
λαμβάνων . . . ἀπέπεμπεν F σωκράτη P¹: -ει Pˣˢ·ˡ· **107** αὐτῷ τινων
F σίτου F **109** ἐχρεῖτο F **110** λαΐδη F καὶ om. F ἐν τῷ
δευτέρῳ F: ἐν δευτέρα P **111** μεμφομένους αὐτῶ F **112** λαΐδα secl.
Menag. conl. Athen. 12, 544 D καὶ μὴ ἡττᾶσθαι om. F¹, suppl. F²ᵐᵍ
114 πολυτελεῖ F ὀψώνια Φh δ᾿ om. B **115** ὁμολογήσαντος BF
116 σίμου BP: σιμοῦ Φ: ***ιμοῦ F **116–117** τῷ διονύσου ταμείω F
118 δεικνύοντος F ὄλεθρος BPF: ὀλέθριος Φ (cf. Kassel-Austin ad Men.
fr. 835, 13) **119** ὄψει αὐτοῦ Φ

[76] πρὸς Χαρώνδαν εἰπόντα (οἱ δὲ πρὸς Φαίδωνα), 'τίς ὁ μεμυρισμένος;' 'ἐγώ,' φησίν, 'ὁ κακοδαίμων, κἀμοῦ κακοδαιμονέστερος ὁ Περσῶν βασιλεύς. ἀλλ' ὅρα μὴ ὡς οὐδὲν τῶν ἄλλων ζῴων παρὰ τοῦτό τι ἐλαττοῦται, οὕτως
125 οὐδ' ἂν ἄνθρωπος. κακοὶ κακῶς δ' ἀπόλοιντο οἱ κίναιδοι, οἵτινες καλὸν ἡμῶν ἄλειμμα διαβάλλουσιν.' πρὸς Πλάτωνα ὀνειδίσαντα <αὐτῷ> τὴν πολυτέλειαν, 'ἆρα,' ἔφη, 'φαίνεταί σοι Διονύσιος ἀγαθός;' τοῦ δ' ὁμολογήσαντος, 'καὶ μήν,' ἔφη, 'ζῇ ἐμοῦ πολυτελέστερον· ὥστ' οὐδὲν κωλύει καὶ
130 πολυτελῶς καὶ καλῶς ζῆν.' ἐρωτώμενος πῶς ἀπέθανε Σωκράτης, ἔφη, 'ὡς ἂν ἐγὼ εὐξαίμην.' Πολυξένου ποτὲ τοῦ σοφιστοῦ εἰσελθόντος πρὸς αὐτὸν καὶ θεασαμένου γυναῖκάς τε καὶ πολυτελῆ ὀψωνίαν, ἔπειτα αἰτιασαμένου, μικρὸν διαλιπών, 'δύνασαι,' φησί, 'καὶ σὺ μεθ' ἡμῶν
135 σήμερον γενέσθαι;' τοῦ δ' ἐπινεύσαντος, [77] 'τί οὖν,' ἔφη, 'ἐμέμφου; ἔοικας γὰρ οὐ τὴν ὀψωνίαν, ἀλλὰ τὸ ἀνάλωμα αἰτιᾶσθαι.' τοῦ θεράποντος ἐν ὁδῷ βαστάζοντος ἀργύριον καὶ βαρυνομένου, ὥς φασιν οἱ περὶ τὸν Βίωνα ἐν ταῖς Διατριβαῖς, 'ἀπόχεε,' ἔφη, 'τὸ πλέον καὶ ὅσον δύνασαι
140 βάσταζε.' πλέων ποτὲ ἐπεὶ τὸ σκάφος ἔγνω πειρατικόν, λαβὼν τὸ χρυσίον ἠρίθμει· ἔπειτα εἰς θάλατταν ὡς μὴ θέλων παρακατέβαλε καὶ δῆθεν ἀνῴμωξεν. οἱ δὲ καὶ ἐπειπεῖν φασιν αὐτὸν ὡς ἄμεινον ταῦτα ὑπ' Ἀριστίππου ἢ διὰ

121–126 (διαβάλλουσιν) fr. 77C = SSR IV A 63   126 (πρὸς)–130 (ζῆν) fr. 75 = SSR IV A 70   130 (ἐρωτώμενος)–131 (εὐξαίμην) fr. 102 = SSR IV A 13   131 (Πολυξένου)–137 (αἰτιᾶσθαι) fr. 74 = SSR IV A 17   Polyxen. test. 217 Doer.   137 (τοῦ)–140 (βάσταζε) fr. 68 = SSR IV A 79   Bion fr. 40 Kind.   140 (πλέων)–144 (ἀπολέσθαι) fr. 69A = SSR IV A 79

---

126 (πρὸς)–148 (ἥκω) Φ 27 (230.20–231.10)

---

122 ἔφη ἐγὼ φησὶν F   123 μὴ om. F   124 τι om. F   125 ἂν BFP³: deest in P¹, del. Richards 341   <ὁ> ἄνθρωπος Cob.   δ' om. F¹, suppl. F²ᵐᵍ   ἀπόλλοιντο B   126 ἡμῖν Casaub.   126 (πρὸς)–130 (ζῆν) hoc loco BPFΦ: post 50 (ἴσασιν) rec.   127 αὐτῷ add. Marcov.   128 ὠμολογήσαντος B   134 μικρὸν διαλιπὼν BPΦ: εἰπόντος πρὸς αὐτὸν F   134–135 μεθ' ἡμῶν σήμερον BPΦ: σήμ. μεθ' ἡ. F   137 τοῦ δὲ F   139 ὅσα F   141 θάλασσαν FΦ   142 παρακατέλαβε F   καὶ² om. F   143 αὐτὸν φασιν F   ὑπ' ἀριστίππου BPΦ: δι' ἀρίστιππον F

ταῦτα Ἀρίστιππον ἀπολέσθαι. Διονυσίου ποτὲ ἐρομένου
ἐπὶ τί ἥκοι, ἔφη ἐπὶ τὸ μεταδώσειν ὧν ἔχοι καὶ 145
μεταλήψεσθαι ὧν μὴ ἔχει. **[78]** ἔνιοι δὲ οὕτως
ἀποκρίνασθαι, 'ὁπότε μὲν σοφίας ἐδεόμην, ἧκον παρὰ
Σωκράτῃ· νῦν δὲ χρημάτων δεόμενος παρὰ σὲ ἥκω.'
κατεγίνωσκε τῶν ἀνθρώπων ὡς τὰ σκεύη μὲν ἐν ταῖς
ἀγορασίαις κομπούντων, τοὺς δὲ βίους εἰκῆ δοκιμαζόντων 150
(οἱ δὲ τοῦτο Διογένους φασίν). καί ποτε παρὰ πότον
κελεύσαντος Διονυσίου ἕκαστον ἐν πορφυρᾷ ἐσθῆτι
ὀρχήσασθαι, τὸν μὲν Πλάτωνα μὴ προσέσθαι, εἰπόντα·

> οὐκ ἂν δυναίμην θῆλυν ἐνδῦναι στολήν·

τὸν δ' Ἀρίστιππον λαβόντα καὶ μέλλοντα ὀρχήσασθαι 155
εὐστόχως εἰπεῖν·

> καὶ γὰρ ἐν βακχεύμασιν
> οὖσ' ἥ γε σώφρων οὐ διαφθαρήσεται.

[79] δεόμενός ποτε περὶ φίλου Διονυσίου καὶ μὴ
ἐπιτυγχάνων εἰς πόδας αὐτοῦ ἔπεσε· πρὸς οὖν τὸν 160
ἐπισκώψαντα, 'οὐκ ἐγώ,' φησίν, 'αἴτιος, ἀλλὰ Διονύσιος ὁ
ἐν τοῖς ποσὶ τὰς ἀκοὰς ἔχων.' διατρίβων ἐν Ἀσίᾳ καὶ ληφθεὶς

---

144 (Διονυσίου)–**148** (ἥκω) fr. 43 = SSR IV A 38   **149** (κατεγίνωσκε)–
151 (φασίν) fr. 20 = SSR IV A 123 = Diog. SSR V B 312   **151** (καί)–**158**
fr. 39A = SSR IV A 31   **154** Eur., Ba. 836   **156–157** Eur., Ba. 317–18
159–162 (ἔχων) fr. 41A = SSR IV A 37   **162** (διατρίβων)–**165**
(διαλέξεσθαι;) fr. 25A = SSR IV A 37

---

151 (καί)–**173** Φ 27 (231.10–232.9)

---

144 δὲ ποτ' F   ἐρωμένου B²FΦ   **145** ἐπὶ τί BPΦ: ἐφ' ὧ F   ἔφη om.
B   ἐπὶ τὸ BΦ: ἐπὶ τῶ PF   ἔχοι BΦ: -ει PF   **146** μεταλήμψεσθαι BP¹
ἔχοι Cob.   **148** σωκράτη BPΦ: comp. F   **150** κομπούντων BP¹ (cf.
6.30): σκοπ- F² (σκο in ras.), Pˣ (ex κομπ, ο in ras.)   **152** τῶν σοφῶν
ἕκαστον Φ   **153** προσοίσθαι F   **154** στολήν BPF, Eur.: πέπλον Φ
157 βαγχεύμασιν B   **158** οὖσα BΦ   **159** δεόμενός ποτε περὶ φίλου
διονυσίου BPF: διον. ποτὲ δεόμενος π. φ. Φ   δεόμενός ποτε δ. π. φ.
Marcov.   περὶ BPFΦ: ὑπὲρ Kuehn   **160** εἰς BPΦ: εἰς τοὺς F   **161**
ἐπισκώψαντα BPFΦ: ἐπικό- V. d. Muehll (cf. supra § 54 et 9.18)

ὑπὸ Ἀρταφέρνου τοῦ σατράπου πρὸς τὸν εἰπόντα, 'καὶ
ὧδε θαρρεῖς;' 'πότε γάρ,' εἶπεν, 'ὦ μάταιε, θαρρήσαιμι ἂν
165 μᾶλλον ἢ νῦν, ὅτε μέλλω Ἀρταφέρνῃ διαλέξεσθαι;' τοὺς τῶν
ἐγκυκλίων παιδευμάτων μετασχόντας, φιλοσοφίας δὲ
ἀπολειφθέντας ὁμοίους ἔλεγεν εἶναι τοῖς τῆς Πηνελόπης
μνηστῆρσι· καὶ γὰρ ἐκείνους Μελανθὼ μὲν καὶ Πολυδώραν
καὶ τὰς ἄλλας θεραπαίνας ἔχειν, πάντα δὲ μᾶλλον ἢ αὐτὴν
170 τὴν δέσποιναν δύνασθαι γῆμαι. **[80]** τὸ δ' ὅμοιον καὶ
Ἀρίστων· τὸν γὰρ Ὀδυσσέα καταβάντα εἰς ᾅδου τοὺς μὲν
νεκροὺς πάντας σχεδὸν ἑωρακέναι καὶ συντετυχηκέναι, τὴν
δὲ βασίλισσαν αὐτὴν μὴ θεάσασθαι.

ὁ δ' οὖν Ἀρίστιππος ἐρωτηθεὶς τίνα ἐστὶν ἃ δεῖ τοὺς
175 καλοὺς παῖδας μανθάνειν, ἔφη, 'οἷς ἄνδρες γενόμενοι
χρήσονται.' πρὸς τὸν εἰπόντα ἐν αἰτίᾳ ὡς ἀπὸ Σωκράτους
πρὸς Διονύσιον ἔλθοι, 'ἀλλὰ πρὸς Σωκράτην μέν,' εἶπεν,
'ἦλθον παιδείας δεόμενος, πρὸς δὲ Διονύσιον παιδιᾶς.' ἐξ
ὁμιλίας αὐτῷ χρηματισαμένῳ φησὶ Σωκράτης, 'πόθεν σοι
180 τοσαῦτα;' καὶ ὅς, 'ὅθεν σοι τὰ ὀλίγα.'

[81] ἑταίρας εἰπούσης πρὸς αὐτόν, 'ἐκ σοῦ κύω,' 'οὐ
μᾶλλον,' ἔφη, 'γινώσκεις ἢ εἰ δι' ὁλοσχοίνων ἰοῦσα ἔφασκες
ὑπὸ τοῦδε κεκεντῆσθαι.' ᾐτιάσατό τις αὐτὸν τὸν υἱὸν
ἀπορριπτοῦντα ὥσπερ οὐκ ἐξ ἑαυτοῦ γεγονότα· καὶ ὅς,
185 'καὶ τὸ φλέγμα,' φησί, 'καὶ τοὺς φθεῖρας ἐξ ἡμῶν ἴσμεν

---

165 (τοὺς)–**170** (γῆμαι) fr. 23 = SSR IV A 107 **170** (τὸ)–**173** Aristo
Chius SVF I 349 **174–176** (χρήσονται) fr. 10 = SSR IV A 121 **176**
(πρὸς)–**178** (παιδιᾶς) fr. 101 = SSR IV A 38 **178** (ἐξ)–**180** fr. 6 = SSR IV A
4 **181–183** (κεκεντῆσθαι) fr. 66 = SSR IV A 88 **183** (ᾐτιάσατό)–**186**
(ῥιπτοῦμεν) fr. 95A = SSR IV A 135

---

174 (ἐρωτηθεὶς)–**176** (χρήσονται) Φh 4 (93.5–6) **176** (πρὸς)–**189**
(ἐνδεής) Φ 27 (232.10–23)

163–164 καὶ ὧδε FP⁴: ὡς δὲ καὶ BP¹Φ: πῶς καὶ V. d. Muehll **164** ἂν
om. F **165** νῦν om. F διαλέξεσθαι P: -ξασθαι BFΦ **166** κυκλίων
B **169** ἔχειν πάσας, οὐδὲν δὲ μᾶλλον {ἢ} Madvig, Adv. I 713 **173**
αὐτὴν BPΦ: -ῶν F μὴ θεασάσθαι FΦ: μὴ τεθεᾶσθαι P: μήτε θεάσασθαι
B **177** μὲν om. P **178** δεόμενος BPΦ: ἕνεκεν F παιδειᾶς B
180 ταῦτα F **181** ἑτέρας B¹, corr. B² κύω BPΦ: κυῶ F **182** εἰ
om. P¹, suppl. Pˣˢ·ˡ· **184** καὶ ὅς om. F¹, suppl. F²ᵐᵍ

γεννωμένους, ἀλλ' ἀχρεῖα ὄντα ὡς πορρωτάτω ῥιπτοῦμεν.'
ἐκλεξάμενος τὸ ἀργύριον παρὰ Διονυσίου, Πλάτωνος
ἄραντος βιβλίον, πρὸς τὸν αἰτιασάμενον, 'ἐγὼ μὲν γάρ,'
εἶπεν, 'ἀργυρίων, Πλάτων δὲ βιβλίων ἐστὶν ἐνδεής.' πρὸς
τὸν εἰπόντα τίνος ἕνεκα ἐλέγχεται ὑπὸ Διονυσίου, 'οὗ   190
ἕνεκα,' φησίν, 'οἱ ἄλλοι ἐλέγχουσιν.'
   [82] ᾔτει Διονύσιον ἀργύριον· καὶ ὅς, 'ἀλλὰ μὴν ἔφης οὐκ
ἀπορήσειν τὸν σοφόν'· ὁ δ' ὑπολαβών, 'δός,' εἶπε, 'καὶ περὶ
τούτου ζητῶμεν.' δόντος δέ, 'ὁρᾷς,' ἔφη, 'ὅτι οὐκ ἠπόρηκα;'
εἰπόντος πρὸς αὐτὸν Διονυσίου·   195

> ὅστις γὰρ ὡς τύραννον ἐμπορεύεται,
> κείνου 'στὶ δοῦλος, κἂν ἐλεύθερος μόλῃ·

ὑπολαβών·

> οὐκ ἔστι δοῦλος, ἂν ἐλεύθερος μόλῃ.

   τοῦτο Διοκλῆς φησιν ἐν τῷ Περὶ βίων φιλοσόφων· ἄλλοι   200
δὲ εἰς Πλάτωνα ἀναφέρουσιν. ὀργισθεὶς πρὸς Αἰσχίνην μετ'
οὐ πολύ, 'οὐ διαλλαχθησόμεθα, οὐ παυσόμεθα,' εἶπε,
'ληροῦντες, ἀλλὰ ἀναμενεῖς ἕως ἄν τις ἡμᾶς ἐπὶ τῆς κύλικος
φλυαρῶν διαλλάξῃ;' καὶ ὅς, 'ἄσμενος,' ἔφη. **[83]** 'μνημόνευε

---

187 (ἐκλεξάμενος)–**189** (ἐνδεής) fr. 44 = SSR IV A 39   **189** (πρὸς)–**191** fr.
47 = SSR IV A 39   **192–194** (ἠπόρηκα) fr. 45 = SSR IV A 40   **195**
(εἰπόντος)–**201** (ἀναφέρουσιν) fr. 38 = SSR IV A 30   **196–197** Soph. fr.
873 Radt[2]   **199** SH 852A   **201** (ὀργισθεὶς)–**208** (ἄρχεις) fr. 112B =
SSR IV A 24

192–199 Φ 27 (232.24–234.2)   **201** (ὀργισθεὶς)–**208** (ἄρχεις) Φ 27
(233.3–9)

---

187 ἐκλεξάμενος Φ: ἐκδε- BPF   παρὰ διον. τὸ ἀργ. F   **189** ἐστὶν om.
F[1], suppl. F[2.s.l.]   **190** ἕνεκεν B   ὑπὸ BFP[xmg]: παρὰ P[1]   **191** ἄλλοι
<αὐτὸν> Marcov.   **194** ζητοῦμεν Φ   **196** γὰρ BΦP[3]F[2]: δ' ἄρ' P[1]: om.
F[1]   ὡς BPΦ: ἐς F   **198** ὑπ. εἶπεν Φ   **199** ἐστὶ F   μολεῖ F   **201**
δὲ Russell 175: γὰρ BPF   Πλάτωνα BPF: Ζήνωνα Menag. ex Plut., Aud.
poet. 33 D   **202** οὐ[2] om. F   οὐ διαλλαχθησόμεθα om. Φ   **203**
ἀναμενεῖς PF: -μένεις BΦ   **203–204** ἕως ἄν τις ἡμᾶς ἐπὶ τῆς κύλικος
φλυαρῶν διαλλάξῃ BPΦ: ἕως ἂν ἐπὶ τῆς κ. ἡ. δ. τις F   **204** ἄσμενος
BFΦ: ἀσμένως P

205 τοίνυν,' ὁ Ἀρίστιππος, 'ὅτι σοι πρότερος πρεσβύτερος ὢν
προσῆλθον.' καὶ ὁ Αἰσχίνης, 'εὖγε, νὴ τὴν Ἥραν, εὐλόγως
εἶπας, ἐπεὶ πολλῷ μου βελτίων ὑπάρχεις· ἐγὼ μὲν γὰρ
ἔχθρας, σὺ δὲ φιλίας ἄρχεις.' καὶ ταῦτα μὲν εἰς αὐτὸν
ἀναφέρεται.

210 γεγόνασι δ' Ἀρίστιπποι τέσσαρες· περὶ οὗ τε ὁ λόγος,
καὶ δεύτερος ὁ τὰ περὶ Ἀρκαδίας γεγραφώς· τρίτος ὁ
Μητροδίδακτος, θυγατριδοῦς τοῦ πρώτου· τέταρτος ὁ ἐκ
τῆς νεωτέρας Ἀκαδημίας.

τοῦ δὴ Κυρηναϊκοῦ φιλοσόφου φέρεται βιβλία τρία μὲν
215 ἱστορίας τῶν κατὰ Λιβύην, ἀπεσταλμένα Διονυσίῳ· ἓν δὲ ἐν
ᾧ διάλογοι πέντε καὶ εἴκοσιν, οἱ μὲν Ἀτθίδι, οἱ δὲ Δωρίδι
διαλέκτῳ γεγραμμένοι, οἵδε·

[84] Ἀρτάβαζος,
Πρὸς τοὺς ναυαγούς,
220 Πρὸς τοὺς φυγάδας,
Πρὸς πτωχόν,
Πρὸς Λαΐδα,
Πρὸς Πρῶρον,
Πρὸς Λαΐδα περὶ τῆς κατόπτρου,
225 Ἑρμίας,
Ἐνύπνιον,
Πρὸς τὸν ἐπὶ τῆς κύλικος,
Φιλόμηλος,
Πρὸς τοὺς οἰκείους,

210–213 fr. 135 = SSR IV B 1   **211** (δεύτερος) FGrHist 317 T 1   **214–216** (εἴκοσιν) FGrHist 759 T 1   **214–256** fr. 121 = SSR IV A 144

205 πρεσβύτερος BPΦ: -της F   **206** εὖγε BPFΦ: σύ γε Reiske 308   **207** ἐπεὶ FΦP²: ἐπὶ BP¹   **208** καὶ om. F   **214** κυρηναϊκοῦ BPF (G. Burzacchini, Eikasmos 5 [1984] 187³): -ναίου Mannebach 87   **215** τῶ διονυσίω P⁴   **216** πέντε BPF: solum 23 tituli sequuntur, τρεῖς coni. Marcov.   δωριαι B¹ (-ρία* B²): δωριάδι P¹(Q): -ρίδι P⁴ (δι in ras.): -ρίδη F   **218–219** unus tit. in B   **220** φυγαδίας F   **222** πρὸς λαΐδα· περὶ τοῦ κατόπτρου F omisso **224**   **223** Πρῶρον Croenert, Kol. u. Men. 96 et Wil., Kl. Schr. IV 469 (a. 1928): πῶρον BPF   **225** ἑρμίας BP¹: ἑρμείας PˣF   **228–229** unus tit. in B

Πρὸς τοὺς ἐπιτιμῶντας ὅτι κέκτηται οἶνον παλαιὸν καὶ ἑταίρας,   230
Πρὸς τοὺς ἐπιτιμῶντας ὅτι πολυτελῶς ὀψωνεῖ,
Ἐπιστολὴ πρὸς Ἀρήτην τὴν θυγατέρα,
Πρὸς τὸν εἰς Ὀλυμπίαν γυμνάζοντα ἑαυτόν,
Ἐρώτησις,
Ἄλλη Ἐρώτησις,   235
Χρεία πρὸς Διονύσιον,
Ἄλλη ἐπὶ τῆς εἰκόνος,
Ἄλλη ἐπὶ τῆς Διονυσίου θυγατρός,
Πρὸς τὸν οἰόμενον ἀτιμάζεσθαι,
Πρὸς τὸν συμβουλεύειν ἐπιχειροῦντα.   240

ἔνιοι δὲ καὶ διατριβῶν αὐτόν φασιν ἓξ γεγραφέναι, οἱ δ᾽ οὐδ᾽ ὅλως γράψαι· ὧν ἐστι καὶ Σωσικράτης ὁ Ῥόδιος.
[85] κατὰ δὲ Σωτίονα ἐν δευτέρῳ καὶ Παναίτιον ἔστιν αὐτῷ συγγράμματα τάδε·

Περὶ παιδείας,   245
Περὶ ἀρετῆς,
Προτρεπτικός,
Ἀρτάβαζος,
Ναυαγοί,
Φυγάδες,   250
Διατριβῶν ἕξ,
Χρειῶν τρία,
Πρὸς Λαΐδα,
Πρὸς Πρῶρον,
Πρὸς Σωκράτην,   255
Περὶ τύχης.

241–256 Sotion fr. 6 W.   Panaet. test. 150 Al.   241–242 Sosicr. FGrHist 461 T 3 = 10 Giannat.

231 ὀψώνει (sic) spatium vacuum usque ad finem versus in B   232 ἀρίτην P   241 αὐτῷ F   242 σωσικράτης ὁ ῥόδιος BPF: Σ. <καὶ Παναίτιος> ὁ Ῥ. Nietzsche, Philologische Schriften (1982) 112–3 (a. 1869) deleto καὶ Παναίτιον (243); <Παναίτιος> καὶ Σ. ὁ Ῥ. (conl. 7.163) F. Duemmler, Antisthenica (1882) 66¹ et A. Chiappelli, RFIC 13 (1885) 526 deleto καὶ Π. (243). Nihil mutandum, vid. Mannebach 76–7   254 Πρῶρον Croenert, Kol. u. Men. 96 et Wil., Kl. Schr. IV 469 (a. 1928): πῶρον BPF

τέλος δ' ἀπέφαινε τὴν λείαν κίνησιν εἰς αἴσθησιν
ἀναδιδομένην.

ἡμεῖς δ' ἐπειδὴ τὸν βίον ἀνεγράψαμεν αὐτοῦ, φέρε νῦν
260 διέλθωμεν τοὺς ἀπ' αὐτοῦ Κυρηναϊκούς, οἵτινες ἑαυτοὺς οἱ
μὲν Ἡγησιακούς, οἱ δὲ Ἀννικερείους, οἱ δὲ Θεοδωρείους
προσωνόμαζον. οὐ μὴν ἀλλὰ καὶ τοὺς ἀπὸ Φαίδωνος, ὧν
τοὺς κορυφαιοτάτους Ἐρετρικούς. ἔχει δ' οὕτως· **[86]**
Ἀριστίππου διήκουσεν ἡ θυγάτηρ Ἀρήτη καὶ Αἰθίοψ
265 Πτολεμαεὺς καὶ Ἀντίπατρος Κυρηναῖος· Ἀρήτης δὲ
Ἀρίστιππος ὁ Μητροδίδακτος ἐπικληθείς, οὗ Θεόδωρος ὁ
Ἄθεος, εἶτα Θεός· Ἀντιπάτρου δ' Ἐπιτιμίδης Κυρηναῖος, οὗ
Παραιβάτης, οὗ Ἡγησίας ὁ Πεισιθάνατος καὶ Ἀννίκερις ὁ
Πλάτωνα λυτρωσάμενος.

270 οἱ μὲν οὖν ἐπὶ τῆς ἀγωγῆς τῆς Ἀριστίππου μείναντες καὶ
Κυρηναϊκοὶ προσαγορευθέντες δόξαις ἐχρῶντο τοιαύταις·
δύο πάθη ὑφίσταντο, πόνον καὶ ἡδονήν, τὴν μὲν λείαν
κίνησιν, τὴν ἡδονήν, τὸν δὲ πόνον τραχεῖαν κίνησιν. **[87]** μὴ

257–258 fr. 193 = SSR IV A 175   **259–269** SSR IV A 160   **259–262**
(προσωνόμαζον) fr. 133   Theod. test. 50 Win.   **264** (Ἀριστίππου)–
269 fr. 131A   **264** (Ἀριστίππου)–**267** (Θεός) Theod. test. 17A Win.
270–345 SSR IV A 172   **270–283** Panaet. test. 141 Al.   **270–271**
(προσαγορευθέντες) fr. 127   **272** (δύο)–**273** (κίνησιν) fr. 197A   **273**
(μὴ)–**274** (εἶναι) fr. 191

257–258 (τέλος—ἀναδιδομένην) Φh 4 (93.6–7)   **264** (διήκουσεν)–
269 Suda α 3908 (I 354.28–355.2)   **266–267** (Θεόδωρος—Θεός) Φh
35 (114.19)   **270–345** Φ 3 (148.21–151.4)   **272** (καὶ)–**275**
(ἀποκρουστικόν) Suda π 24 (IV 2.24–6)

260 (Κυρηναϊκούς)–**262** (προσωνόμαζον) secl. Schwartz 758 (= 484), sed
vid. Dorandi, Neapolitanus 23[69]   **260** οἵτινες BPF: οἵ τ' (sic) Doering,
Aristipp und die Kyrenaiker 34[56], sed vid. Laks, Plaisirs cyrénaïques 22[24]
261 θεοδωρίους BF   **262** (ὧν)–**263** (οὕτως) secl. Schwartz: τῶν ἀπὸ
Φαίδωνος {ὧν} Schmidt, Studia Laert. 31[1]. Vid. Dorandi, Neapolitanus 23[69]
263 post Ἐρετρικούς add. <ὠνόμαζον> Casaub., <εἶναι> Marcov.   ἔχει
δ' Lapini, Note 233 (post Casaub. ἔχει <δὲ>): ἔχειν BPF. Vid. Rossi 36–40
264–265 ἀρίτη et ἀρίτης P   **265** πολεμαεὺς F   **267** ἐπιτιμίδης B:
-μήδης PF   **268** παραβάτης F   ἀννεικέρις B   **268–269** ὁ Πλάτωνα
λυτρωσάμενος secl. Menag. 'per errorem D.L. ex 3.20 huc transtulit' V. d.
Muehll

διαφέρειν τε ἡδονὴν ἡδονῆς, μηδὲ ἥδιόν τι εἶναι· καὶ τὴν μὲν
εὐδοκητὴν πᾶσι ζῴοις, τὸν δ' ἀποκρουστικόν. ἡδονὴν 275
μέντοι τὴν τοῦ σώματος, {ἢν καὶ τέλος εἶναι,} καθά φησι
καὶ Παναίτιος ἐν τῷ Περὶ τῶν αἱρέσεων, οὐ τὴν
καταστηματικὴν ἡδονὴν τὴν ἐπ' ἀναιρέσει ἀλγηδόνων καὶ
οἷον ἀοχλησίαν, ἢν ὁ Ἐπίκουρος ἀποδέχεται τέλος εἶναί
φασι. δοκεῖ δ' αὐτοῖς καὶ τέλος εὐδαιμονίας διαφέρειν. τέλος 280
μὲν γὰρ εἶναι τὴν κατὰ μέρος ἡδονήν, εὐδαιμονίαν δὲ τὸ ἐκ
τῶν μερικῶν ἡδονῶν σύστημα, αἷς συναριθμοῦνται καὶ αἱ
παρῳχηκυῖαι καὶ αἱ μέλλουσαι.

[88] εἶναί τε τὴν μερικὴν ἡδονὴν δι' αὑτὴν αἱρετήν· τὴν δ'
εὐδαιμονίαν οὐ δι' αὑτήν, ἀλλὰ διὰ τὰς κατὰ μέρος ἡδονάς. 285
πίστιν δ' εἶναι τοῦ τέλος εἶναι τὴν ἡδονὴν τὸ ἀπροαιρέτως
ἡμᾶς ἐκ παίδων ᾠκειῶσθαι πρὸς αὐτήν, καὶ τυχόντας αὐτῆς
μηθὲν ἐπιζητεῖν μηθέν τε οὕτω φεύγειν ὡς τὴν ἐναντίαν
αὐτῇ ἀλγηδόνα. εἶναι δὲ τὴν ἡδονὴν ἀγαθὸν κἂν ἀπὸ τῶν
ἀσχημοτάτων γένηται, καθά φησιν Ἱππόβοτος ἐν τῷ Περὶ 290
αἱρέσεων. εἰ γὰρ καὶ ἡ πρᾶξις ἄτοπος εἴη, ἀλλ' οὖν ἡ ἡδονὴ
δι' αὑτὴν αἱρετὴ καὶ ἀγαθόν. [89] ἡ δὲ τοῦ ἀλγοῦντος
ὑπεξαίρεσις, ὡς εἴρηται παρ' Ἐπικούρῳ, δοκεῖ αὐτοῖς μὴ

---

274 (καὶ)–**275** (ἀποκρουστικόν) fr. 177   **275** (ἡδονὴν)–**280** (φασι) Epic.
fr. 450 Us.   **275** (ἡδονὴν)–**277** (αἱρέσεων) fr. 184   **277** (οὐ)–**280** (φασι)
fr. 205   **280** (δοκεῖ)–**285** (ἡδονάς) fr. 169   **286** (πίστιν)–**289**
(ἀλγηδόνα) fr. 178   **289** (εἶναι)–**292** (ἀγαθόν) fr. 225   Hippob. fr. 4 Gig.
291 (ἡ)–**296** (κατάστασις) fr. 204   Epic. fr. 450 Us.

---

280 (δοκεῖ)–**285** (ἡδονάς) Suda η 97 (II 553.4–13)   **280** (τέλος)–**283** Suda
τ 283 (IV 520.31–3)

---

274 ἥδιον PF: ἥδειον B²: ἴδιον B¹Φ   **275** τὸν δ' ἀποκρουστικὸν BPΦ,
Suda: τὴν δ' ἀποκρουστικὴν F: τὸν δ' ἀπόκρουστον Menag.   **276** ἢν
καὶ τέλος εἶναι secl. Roeper (1848) 64   **277** τῶν om. F   **279**
ἀοχλησίαν BPFΦ, Suda: ἀνο- Z (Frob.)   <καὶ> τέλος Cob.   **280** φασί
BPF, Suda: φησι rec.: φάς 'ad Epic. referendum' Menag.   **282** αἱ
om. F   **284** αὑτὴν ΦF², Suda: αὐ- BPF¹   **285** αὑτὴν Φ, Suda:
αὐ- BPF   **287** πρὸς αὐτὴν BPF: αὐτῇ Φ   αὐτῆς BPΦ: -οῖς F
290 γένηται P¹F: γί- BΦPˣ   περὶ τῶν BP   **292** αὑτὴν Φ: αὐ- BPF

εἶναι ἡδονή· οὐδὲ ἡ ἀηδονία ἀλγηδών. ἐν κινήσει γὰρ εἶναι
295 ἀμφότερα, μὴ οὔσης τῆς ἀπονίας ἢ τῆς ἀηδονίας κινήσεως,
ἐπεὶ ἡ ἀπονία οἱονεὶ καθεύδοντός ἐστι κατάστασις.
δύνασθαι δέ φασι καὶ τὴν ἡδονήν τινας μὴ αἱρεῖσθαι κατὰ
διαστροφήν.

οὐ πάσας μέντοι τὰς ψυχικὰς ἡδονὰς καὶ ἀλγηδόνας ἐπὶ
300 σωματικαῖς ἡδοναῖς καὶ ἀλγηδόσι γίνεσθαι. καὶ γὰρ ἐπὶ
ψιλῇ τῇ τῆς πατρίδος εὐημερίᾳ ὥσπερ τῇ ἰδίᾳ χαρὰν
ἐγγίνεσθαι. ἀλλὰ μὴν οὐδὲ κατὰ μνήμην τῶν ἀγαθῶν ἢ
προσδοκίαν ἡδονήν φασιν ἀποτελεῖσθαι· ὅπερ ἤρεσκεν
Ἐπικούρῳ. [90] ἐκλύεσθαι γὰρ τῷ χρόνῳ τὸ τῆς ψυχῆς
305 κίνημα. λέγουσι δὲ μηδὲ κατὰ ψιλὴν τὴν ὅρασιν ἢ τὴν ἀκοὴν
γίνεσθαι ἡδονάς. τῶν γοῦν μιμουμένων θρήνους ἡδέως
ἀκούομεν, τῶν δὲ κατ᾽ ἀλήθειαν ἀηδῶς. μέσας τε κατα-
στάσεις ὠνόμαζον ἀηδονίαν καὶ ἀπονίαν. πολὺ μέντοι τῶν
ψυχικῶν τὰς σωματικὰς ἀμείνους εἶναι, καὶ τὰς ὀχλήσεις
310 χείρους τὰς σωματικάς. ὅθεν καὶ ταύταις κολάζεσθαι
μᾶλλον τοὺς ἁμαρτάνοντας. χαλεπώτερον γὰρ τὸ πονεῖν,
οἰκειότερον δὲ τὸ ἥδεσθαι ὑπελάμβανον. ἔνθεν καὶ πλείονα
οἰκονομίαν περὶ θάτερον ἐποιοῦντο. διὸ καὶ καθ᾽ αὑτὴν
αἱρετῆς οὔσης τῆς ἡδονῆς, τὰ ποιητικὰ ἐνίων ἡδονῶν
315 ὀχληρὰ πολλάκις ἐναντιοῦσθαι· ὡς δυσκολώτατον αὐτοῖς

---

297 (δύνασθαι)–**317** fr. 179   **299–302** (ἐγγίνεσθαι) fr. 187   **302**
(ἀλλὰ)–**305** (κίνημα) fr. 209   Epic. fr. 453 Us.   **305** (λέγουσι)–**307**
(ἀηδῶς) fr. 181   **307–308** (μέσας—ἀπονίαν) fr. 202   **308** (πολὺ)–**311**
(ἁμαρτάνοντας) fr. 188A   **311** (χαλεπώτερον)–**313** (ἐποιοῦντο) fr. 180
313 (διὸ)–**315** (ἐναντιοῦσθαι) fr. 226   **315** (ὡς)–**317**, **320** (ἀρκεῖ)–**321**
(ἐπανάγῃ) fr. 170

---

294 ἀηδονία Φ, B² (ἀη in ras.), F¹P⁴ˢ·ˡ·: φιλ- P¹F²   **295** ἀπονοίας om. F¹, in
ras. suppl. F²   **296** ἀπόνοια F (ras. supra ι)   **297** δὲ om. P   **301** τῇ¹
om. F   ὥσπερ vel ἤν- K. Fr. Hermann 373: ἡπὲρ B¹: ἤπερ B²PΦ: ἥ- F:
ἦ- Roeper (1848) 64   **303** φησιν F   ἀποτελέσθαι B   ἤρεσκεν om. F¹,
suppl. F²ᵐᵍ   **304** ἐκλύεσθαι Casaub.: -εται BPFΦ   **306** γοῦν BPΦ:
οὖν F   **308** ἀηδονίαν Pˣˢ·ˡF²: ἀηδίαν BP¹F¹Φ   ἀπονοίαν F   **311** τὸ
om. F¹, suppl. F²ˢ·ˡ   **312** ἥδεσθαι BPFΦ: ἄχθεσθαι Mer. Casaub.   **313**
καθ᾽ αὑτὴν Φ: κατὰ ταύτην BPF, fort . recte (vid. Laks, Plaisirs Cyrénaïques
25³¹): κατ᾽ αὑτὴν Aldobr.

φαίνεσθαι τὸν ἀθροισμὸν τῶν ἡδονῶν εὐδαιμονίαν μὴ ποιοῦντα.

[91] ἀρέσκει δ' αὐτοῖς μήτε τὸν σοφὸν πάντα ἡδέως ζῆν, μήτε πάντα φαῦλον ἐπιπόνως, ἀλλὰ κατὰ τὸ πλεῖστον. ἀρκεῖ δὲ κἂν κατὰ μίαν τις προσπίπτουσαν ἡδέως 320 ἐπανάγῃ. τὴν φρόνησιν ἀγαθὸν μὲν εἶναι λέγουσιν, οὐ δι' ἑαυτὴν δὲ αἱρετήν, ἀλλὰ διὰ τὰ ἐξ αὐτῆς περιγινόμενα. τὸν φίλον τῆς χρείας ἕνεκα· καὶ γὰρ μέρος σώματος, μέχρις ἂν παρῇ, ἀσπάζεσθαι. τῶν ἀρετῶν ἐνίας καὶ περὶ τοὺς ἄφρονας συνίστασθαι. τὴν σωματικὴν ἄσκησιν 325 συμβάλλεσθαι πρὸς ἀρετῆς ἀνάληψιν. τὸν σοφὸν μήτε φθονήσειν μήτε ἐρασθήσεσθαι ἢ δεισιδαιμονήσειν· γίνεσθαι γὰρ ταῦτα παρὰ κενὴν δόξαν. λυπήσεσθαι μέντοι καὶ φοβήσεσθαι· φυσικῶς γὰρ γίνεσθαι. [92] καὶ τὸν πλοῦτον δὲ ποιητικὸν ἡδονῆς εἶναι καὶ οὐ δι' αὐτὸν αἱρετόν. 330

τά τε πάθη καταληπτά. ἔλεγον οὖν αὐτά, οὐκ ἀφ' ὧν γίνεται. ἀφίσταντο δὲ καὶ τῶν φυσικῶν διὰ τὴν ἐμφαινομένην ἀκαταληψίαν· τῶν δὲ λογικῶν διὰ τὴν εὐχρηστίαν ἥπτοντο. Μελέαγρος δὲ ἐν τῷ δευτέρῳ Περὶ δοξῶν καὶ Κλειτόμαχος ἐν τῷ πρώτῳ Περὶ τῶν αἱρέσεών 335 φασιν αὐτοὺς ἄχρηστα ἡγεῖσθαι τό τε φυσικὸν μέρος καὶ τὸ διαλεκτικόν. δύνασθαι γὰρ καὶ εὖ λέγειν καὶ δεισιδαιμονίας ἐκτὸς εἶναι καὶ τὸν περὶ θανάτου φόβον ἐκφεύγειν τὸν

318–319 (πλεῖστον) fr. 165   **321** (τὴν)–**322** (περιγινόμενα) fr. 223
322 (τὸν)–**324** (ἀσπάζεσθαι) fr. 232   **324** (τῶν)–**326** (ἀνάληψιν) fr. 245
326 (τὸν)–**329** (γίνεσθαι) fr. 241   **329** (καὶ)–**330** fr. 224   **331–332**
(τά—γίνεται), **344** (καὶ²)–**345** fr. 215   **332** (ἀφίσταντο)–**334** (ἥπτοντο)
fr. 149   **334** (Μελέαγρος)–**339** (ἐκμεμαθηκότα) fr. 146   **335** Clitom. fr.
10 Mette

316–317 μὴ ποιοῦντα BFΦ: μὴ ποιουνᵀ comp. P: μὴ ποιούντων Z (Frob.):
ποιουσῶν vel ποιοῦντα Menag., ποιούντων K. Fr. Hermann 373. Vid.
Laks, Plaisirs Cyrénaïques 31–2⁶⁵   **318** τὸ F   **320** ἀρκεῖ BF, Φ (κεῖ in
ras.): ἀρέσκει P¹(Q): ἀρκεῖν Roeper (1848) 44   **321** ἐπανάγῃ PΦ: -ει BF:
ἐπαναλάβῃ Emperius ap. Huebn. II 671   λέγουσιν εἶναι F   **323** ἕνεκεν
F   **327** γίνεσθαι Φ: γίγν- BPF   **328–329** λυπηθήσεσθαι et
φοβηθήσεσθαι F   **329** καὶ suppl. Φ²ˢ·ˡ·   **330** αὐτὸν Φ: αὐ- BPF
αἱρετὸν ὄντα F   **331** καταλ. ἔλεγον <εἶναι> αὐτά   Madvig, Adv. I 713
332 γίνονται F   **335** τῶν om. F   **336** ἄχρηστον Φ

<τὸν> περὶ ἀγαθῶν καὶ κακῶν λόγον ἐκμεμαθηκότα. [93]
340 μηδέν τε εἶναι φύσει δίκαιον ἢ καλὸν ἢ αἰσχρόν, ἀλλὰ νόμῳ
καὶ ἔθει. ὁ μέντοι σπουδαῖος οὐδὲν ἄτοπον πράξει διὰ τὰς
ἐπικειμένας ζημίας καὶ δόξας· εἶναι δὲ τὸν σοφόν. προκοπήν
τε ἀπολείπουσι καὶ ἐν φιλοσοφίᾳ καὶ ἐν τοῖς ἄλλοις. φασὶ δὲ
καὶ λυπεῖσθαι ἄλλον ἄλλου μᾶλλον, καὶ τὰς αἰσθήσεις μὴ
345 πάντοτε ἀληθεύειν.

οἱ δὲ Ἡγησιακοὶ λεγόμενοι σκοποὺς μὲν εἶχον τοὺς
αὐτούς, ἡδονὴν καὶ πόνον. μήτε δὲ χάριν τι εἶναι μήτε φιλίαν
μήτε εὐεργεσίαν, διὰ τὸ μὴ δι' αὐτὰ ταῦτα αἱρεῖσθαι ἡμᾶς
αὐτά, ἀλλὰ διὰ τὰς χρείας αὐτῶν ὧν ἀπουσῶν μηδ' ἐκεῖνα
350 ὑπάρχειν. [94] τὴν εὐδαιμονίαν ὅλως ἀδύνατον εἶναι· τὸ
μὲν γὰρ σῶμα πολλῶν ἀναπεπλῆσθαι παθημάτων, τὴν δὲ
ψυχὴν συμπαθεῖν τῷ σώματι καὶ ταράττεσθαι, τὴν δὲ
τύχην πολλὰ τῶν κατ' ἐλπίδα κωλύειν· ὥστε διὰ ταῦτα
ἀνύπαρκτον τὴν εὐδαιμονίαν εἶναι. τήν τε ζωὴν καὶ τὸν

---

340 (μηδέν)–**342** (σοφόν) fr. 229   **342** (προκοπήν)–**343** (ἄλλοις) fr. 246
343–344 (φασὶ—μᾶλλον) fr. 242   **346–374** SSR IV F 1   **346–347**
(οἱ—πόνον) fr. 171   **347** (μήτε)–**350** (ὑπάρχειν) fr. 236   **350** (τὴν)–
354 (εἶναι) fr. 172   **354–355** (τήν—αἱρετόν) fr. 249C

346–374 Φ 4 (151.6–152.6)

---

339 τὸν add. Casaub.   μεμαθηκότα F   **341** οὐδὲν ἄτοπον P[1]: οὐδένα
τρόπον ΒΦ: ad οὐδὲν ἄτοπον in mg cum γρ οὐδένα τρόπον P[1], quod P[4]
delevit   'videtur οὐδὲν ἄτοπον aut coniectura inventum aut var. lectio in
archetypo exstans fuisse' V. d. Muehll   πράξει B[1]PF: παραλλάξει B[2mg]
342 δὲ τὸν σοφόν ΒΡΦ: γὰρ σ. Gigante 484[247]: γὰρ τὸν σ. Marcov.
προκοπῶν F   **343** φιλοσοφίᾳ ΒΡΦ: σοφίᾳ Φ, an recte?   δὲ <χαίρειν>
καὶ Reiske 308; δὲ <ἥδεσθαι> καὶ V. d. Muehll (conl. infra **356**)
λυπῆσθαι F   **344–345** μὴ πάντοτε ΒΦΡ[4]: μηδέποτε P[1](Q): in mg μὴ
πάντ. P[1] et εἶχε μηδέποτε P[4] quod iam delevit   **346–374** post **389** transt.
Mannebach 104 'quae cum ita sint, dubium esse non potest, quin capitum
ordo ita restituendus sit, ut Cyrenaicorum veterum dogmata primo
Anniceriorum, deinde Hegesiacorum, ultimo denique loco Theodori placita
sequantur', sed vid. Goulet-Cazé 301[5] et 303[9]   **346** δ' ἐνγησιακοὶ Β
347 τι ΒΡF: τινὰ Φ   **348** μήτε PF: μήτ' ΒΦ   δι' ΒΡΦ: δὲ F   **349**
αὐτὰ om. FΦ   αὐτῶν ὧν ἀπουσῶν Reiske 308: καὶ αὐτοὺς (καὶ αὐτὰς
Z: αὐτὰς Frob.) ὧν ἀπόντων ΒΡΦ   **354** εὐδαιμονίαν εἶναι. τήν τε
ζωὴν καὶ ΒΡΦ: εὐδαιμονίαν. εἶναι τήν τε ζ., καὶ Mer. Casaub.: εὐδ. εἶναι.
τήν τε ζ. <φευκτὴν> A. Grilli, SIFC n.s. 32 (1960) 210–1

θάνατον αἱρετόν. φύσει τε οὐδὲν ἡδὺ ἢ ἀηδὲς ὑπελάμβανον· 355
διὰ δὲ σπάνιν ἢ ξενισμὸν ἢ κόρον τοὺς μὲν ἥδεσθαι, τοὺς δ'
ἀηδῶς ἔχειν. πενίαν καὶ πλοῦτον πρὸς ἡδονῆς λόγον εἶναι
οὐδέν· μὴ γὰρ διαφερόντως ἥδεσθαι τοὺς πλουσίους ἢ τοὺς
πένητας. δουλείαν ἐπίσης ἐλευθερίᾳ ἀδιάφορον πρὸς
ἡδονῆς μέτρον, καὶ εὐγένειαν δυσγενείᾳ, καὶ δόξαν ἀδοξίᾳ. 360
[95] καὶ τῷ μὲν ἄφρονι τὸ ζῆν λυσιτελὲς εἶναι, τῷ δὲ
φρονίμῳ ἀδιάφορον. τόν τε σοφὸν ἑαυτοῦ ἕνεκα πᾶν
πράξειν· οὐδένα γὰρ ἡγεῖσθαι τῶν ἄλλων ἐπίσης ἄξιον
αὐτῷ. κἂν γὰρ τὰ μέγιστα δοκῇ παρά του καρποῦσθαι, μὴ
εἶναι ἀντάξια ὧν αὐτὸς παρίσχει. ἀνῄρουν δὲ καὶ τὰς 365
αἰσθήσεις <ὡς> οὐκ ἀκριβούσας τὴν ἐπίγνωσιν, τῶν
τ' εὐλόγως φαινομένων πάντα πράττειν ἔλεγον τὰ
ἁμαρτήματα συγγνώμης τυγχάνειν· οὐ<δένα> γὰρ ἑκόντα
ἁμαρτάνειν, ἀλλά τινι πάθει κατηναγκασμένον. καὶ μὴ
μισήσειν, μᾶλλον δὲ μεταδιδάξειν. τόν τε σοφὸν οὐχ οὕτω 370
πλεονάσειν ἐν τῇ τῶν ἀγαθῶν αἱρέσει, ὡς ἐν τῇ τῶν κακῶν
φυγῇ, [96] τέλος τιθέμενον τὸ μὴ ἐπιπόνως ζῆν μηδὲ
λυπηρῶς· ὃ δὴ περιγίνεσθαι τοῖς ἀδιαφορήσασι περὶ τὰ
ποιητικὰ τῆς ἡδονῆς.

355 (φύσει)–**357** (ἔχειν) fr. 174   **357** (πενίαν)–**360** (ἀδοξίᾳ) fr. 192   **361**
(καὶ)–**362** (ἀδιάφορον) fr. 249B   **362** (τόν)–**365** (παρίσχει) fr. 237
365 (ἀνῄρουν)–**367** (πράττειν) fr. 220   **367** (ἔλεγον)–**370** (μεταδιδάξειν)
fr. 243   **370** (τόν)–**374** fr. 173

360 δυσγενείᾳ om. B   **361** τὸ μὲν P   **362** ἕνεκα πᾶν ΒΦ: πᾶν ἔν. F:
ἔν. πάντα P   **363** οὐδὲν Φ   **364** αὐτῷ BPF: ἑαυτῶ Φ   δοκῇ PΦ:
-εῖ BF   παρά του Roeper (1848) 64: παρ' αὐτοῦ BPFΦ: παρ' ἄλλου
Menag.: παρ' αὐτοὺς Bredlow, D. L. 429   **365** αὐτὸς <αὑτῷ> Reiske
308   παρίσχει BP: -έχει Φ: -άσχη F   **366** ὡς suppl. Madvig, Adv. I 713
366–368 τῶν τ' εὐ. φαινομένων π. πρ. ἔλεγον τὰ ἁ. σ. τ. (post πράττειν
dist. BΦ) BPFΦ: τῷ τ' εὐ. φαινομένῳ π. πρ. ἔλεγον· τὰ τ' ἁ. σ. τ. <δεῖν>
(add. Casaub.) Madvig, τῷ τ' εὐ. φαινομένῳ π. πρ., ἔλ. τὰ δ' ἁ. Reiske 309,
τὸ τ' εὐ. φαινόμενον π. πρ. Mer. Casaub., τῶν δ' εὐ. φαινομένων <παντὶ>
πάντα Marcov.   **368** τυγχ. <δεῖν> Casaub.   οὐ<δένα> Marcov.:
οὐ BPFΦ   **369** κατηναγκασμένον FΦ: -ω BP   **370** μισήσεις F
μεταδιδάξεις F   **371** πλεονάσεις F   **373** γίνεσθαι Φ

375 οἱ δ' Ἀννικέρειοι τὰ μὲν ἄλλα κατὰ ταὐτὰ τούτοις·
ἀπέλιπον δὲ καὶ φιλίαν ἐν βίῳ καὶ χάριν καὶ πρὸς γονέας
τιμὴν καὶ ὑπὲρ πατρίδος τι πράξειν. ὅθεν διὰ ταῦτα, κἂν
ὀχλήσεις ἀναδέξηται ὁ σοφός, οὐδὲν ἧττον εὐδαιμονήσει,
κἂν ὀλίγα ἡδέα περιγίνηται αὐτῷ. τήν τε τοῦ φίλου
380 εὐδαιμονίαν δι' αὑτὴν μὴ εἶναι αἱρετήν· μηδὲ γὰρ αἰσθητὴν
τῷ πέλας ὑπάρχειν. μὴ εἶναί τε αὐτάρκη τὸν λόγον πρὸς τὸ
θαρρῆσαι καὶ τῆς τῶν πολλῶν δόξης ὑπεράνω γενέσθαι·
δεῖν δὲ ἀνεθίζεσθαι διὰ τὴν ἐκ πολλοῦ συντραφεῖσαν ἡμῖν
φαύλην διάθεσιν. [97] τόν τε φίλον μὴ διὰ τὰς χρείας μόνον
385 ἀποδέχεσθαι, ὧν ὑπολειπουσῶν μὴ ἐπιστρέφεσθαι, ἀλλὰ
καὶ παρὰ τὴν γεγονυῖαν εὔνοιαν, ἧς ἕνεκα καὶ πόνους
ὑπομενεῖν. καίτοι τιθέμενον ἡδονὴν τέλος καὶ ἀχθόμενον ἐπὶ
τῷ στέρεσθαι αὐτῆς, ὅμως ἑκουσίως ὑπομενεῖν διὰ τὴν
πρὸς τὸν φίλον στοργήν.

390 οἱ δὲ Θεοδώρειοι κληθέντες τὴν μὲν ὀνομασίαν ἔσπασαν
ἀπὸ Θεοδώρου τοῦ προγεγραμμένου, καὶ δόγμασιν
ἐχρήσαντο τοῖς αὐτοῦ. ἦν δὲ ὁ Θεόδωρος παντάπασιν
ἀναιρῶν τὰς περὶ θεῶν δόξας· καὶ αὐτοῦ περιετύχομεν
βιβλίῳ ἐπιγραφομένῳ Περὶ θεῶν, οὐκ εὐκαταφρονήτῳ· ἐξ
395 οὗ φασιν Ἐπίκουρον λαβόντα τὰ πλεῖστα εἰπεῖν.

375–389 SSR IV G 3   **375–377** (αὐτῷ) fr. 186   **379** (τήν)–**381**
(ὑπάρχειν) fr. 233   **381** (μή)–**384** (διάθεσιν) fr. 244   **384** (τόν)–**389**
fr. 234   **390–463** (εἴκοσι) SSR IV H 13   **390–392** (αὐτοῦ) fr. 252
Theod. test. 48 Win.   **392** (ἦν)–**395** fr. 268A   Epic. fr. 391 Us.   **392**
(ἦν)–**393** (δόξας) Theod. test. 26A   **393** (καί)–**395** Theod. test. 45

375–389 Φ 5 (152.8–22)   **392–393** (παντάπασιν—δόξας) Φh 35
(114.19–20)

---

375 τὰ αὐτὰ F   **376** ἀπέλιπον FΦ[1]: -λειπον BPΦ[2s.l.]   **378** δέξηται Φ
εὐδαιμονήσειν Roeper (1848) 64   **379** περιγίνηται BPΦ: -γένηται F
380 αὑτὴν Φ: αὐ- BPF   ἀρετὴν F   **381** (μή)–**384** (διάθεσιν) secl.
Hirzel, Unters. Cic. philos. Schr. II 2 (1882) 678[2]   **383** συννεθίζεσθαι
Reiske 309   **385** ἀπολιπουσῶν Φ   **386** παρὰ BPΦ: πρὸς F   **387**
ὑπομενεῖν Casaub.: -μένειν BPFΦ   τέλος καὶ ἀχθόμενον om. B[1],
suppl. B[2mg]   **388** τῷ PΦ: τὸ BF   ὑπομενεῖν Casaub.: -μένειν BPFΦ
ante **390** tit. θεόδωρος P[x]Φ   **390** δὲ et κληθέντες om. B   τὴν ὀνομασίαν
μὲν F ἐπεσπάσαντο F   **392** αὐτοῦ BP: -οῖς F   **394**
ἐπιγραφομένῳ BP: -γεγραμμένῳ F   **395** τὰ om. B

[98] ἤκουσε δὲ καὶ Ἀννικέριδος ὁ Θεόδωρος καὶ
Διονυσίου τοῦ Διαλεκτικοῦ, καθά φησιν Ἀντισθένης ἐν
Φιλοσόφων διαδοχαῖς. τέλος δ᾽ ὑπελάμβανε χαρὰν καὶ
λύπην· τὴν μὲν ἐπὶ φρονήσει, τὴν δ᾽ ἐπὶ ἀφροσύνῃ· ἀγαθὰ
δὲ φρόνησιν καὶ δικαιοσύνην, κακὰ δὲ τὰς ἐναντίας ἕξεις, 400
μέσα δὲ ἡδονὴν καὶ πόνον. ἀνήρει δὲ καὶ φιλίαν, διὰ τὸ μήτε
ἐν ἄφροσιν αὐτὴν εἶναι, μήτε ἐν σοφοῖς. τοῖς μὲν γὰρ τῆς
χρείας ἀναιρεθείσης καὶ τὴν φιλίαν ἐκποδὼν εἶναι· τοὺς δὲ
σοφοὺς αὐτάρκεις ὑπάρχοντας μὴ δεῖσθαι φίλων. ἔλεγε δὲ
καὶ εὔλογον εἶναι τὸν σπουδαῖον μὴ ἐξαγαγεῖν ὑπὲρ τῆς 405
πατρίδος αὑτόν· οὐ γὰρ ἀποβάλλειν τὴν φρόνησιν ἕνεκα
τῆς τῶν ἀφρόνων ὠφελείας.

[99] εἶναί τε πατρίδα τὸν κόσμον. κλέψειν τε καὶ
μοιχεύσειν καὶ ἱεροσυλήσειν ἐν καιρῷ· μηδὲν γὰρ τούτων
φύσει αἰσχρὸν εἶναι, τῆς ἐπ᾽ αὐτοῖς δόξης αἰρομένης ἢ 410
σύγκειται ἕνεκα τῆς τῶν ἀφρόνων συνοχῆς. φανερῶς τε τοῖς
ἐρωμένοις ἄνευ πάσης ὑφοράσεως χρήσεσθαι τὸν σοφόν.
διὸ καὶ τοιούτους λόγους ἠρώτα· 'ἆρά γε γυνὴ γραμματικὴ
χρήσιμος ἂν εἴη παρ᾽ ὅσον γραμματική ἐστι;' 'ναί.' 'καὶ παῖς
καὶ νεανίσκος <γραμματικὸς> χρήσιμος ἂν εἴη παρ᾽ ὅσον 415
γραμματικός ἐστι;' 'ναί.' 'οὐκοῦν καὶ γυνὴ καλὴ χρησίμη ἂν
εἴη παρ᾽ ὅσον καλή ἐστι, καὶ παῖς καὶ νεανίσκος καλὸς
χρήσιμος ἂν εἴη παρ᾽ ὅσον καλός ἐστι;' 'ναί.' 'καὶ παῖς ἄρα

396–398 (διαδοχαῖς) fr. 250   Theod. test. 18   Dionys. test. 46 Doer.
Antisth. Rhod. FGrHist 508 F 5 = fr. 5 Giannat.   **398** (τέλος)–**401**
(πόνον) fr. 175   Theod. test. 21   **401** (ἀνήρει)–**404** (φίλων) fr. 238
Theod. test. 24   **404** (ἔλεγε)–**408** (κόσμον) Theod. test. 23   **404**
(ἔλεγε)–**407** fr. 239   **408–411** (συνοχῆς) fr. 230   **408** (κλέψειν)–**411**
(συνοχῆς) Theod. test. 22   **411** (φανερῶς)–**425** fr. 271A   Theod. test. 58

398 (τέλος)–**411** (συνοχῆς) Φh 35 (114.20–115.13)   **411** (φανερῶς)–**436**
(διηγούμενος) Φ 28 (233.11–234.11)

405–406 μὴ ἐξαγαγεῖν ὑπὲρ τῆς πατρίδος BP: ὑπὲρ τῆς π. μὴ ἐξ. F
ὑπεξαγαγεῖν Φh   **406** αὑτὸν B: αὐ- P: ἑαυ- FΦh   ἀποβάλλειν PFΦh:
ἀποβαλεῖν B   **409** καιρῷ PFΦh: κέρ B¹: κέρματι B²ˢˡ   **410** τῆς
BPΦh: τοῖς F   **411** τε BFPˣ: δὲ P¹   **412** χρῆσθαι Φ   **415** γραμ-
ματικὸς add. Huebn. II 672   **416** γραμματικὸς BP: καλὸς F   **416** (οὐκ-
οῦν)–**418** (ναί) om. F¹, suppl. F²ᵐᵍ (omisso **417** καί²)

καὶ νεανίσκος <καλὸς> πρὸς τοῦτ' ἂν εἴη χρήσιμος πρὸς ὃ
420 καλός ἐστι;' 'ναί.' [100] 'ἔστι δέ γε χρήσιμος πρὸς τὸ
πλησιάζειν;' ὧν διδομένων ἐπῆγεν· 'οὐκοῦν εἴ τις
πλησιασμῷ χρῷτο παρ' ὅσον χρήσιμός ἐστιν, οὐ
διαμαρτάνει· οὐδ' ἄρα εἰ κάλλει χρήσαιτο παρ' ὅσον
χρήσιμόν ἐστι, διαμαρτήσεται.' τοιαῦτα ἄττα διερωτῶν
425 ἴσχυε τῷ λόγῳ.

δοκεῖ δὲ Θεὸς κληθῆναι, Στίλπωνος αὐτὸν ἐρωτήσαντος
οὕτως· 'ἆρά γε, Θεόδωρε, ὃ εἶναι φῂς, τοῦτο καὶ εἶ;'
ἐπινεύσαντος δέ, 'φῂς δ' εἶναι θεόν.' τοῦ δὲ ὁμολογήσαντος,
'θεὸς εἶ ἄρα,' ἔφη. δεξαμένου δ' ἀσμένως, γελάσας φησίν,
430 'ἀλλ', ὦ μόχθηρε, τῷ λόγῳ τούτῳ καὶ κολοιὸς ἂν
ὁμολογήσειας εἶναι καὶ ἄλλα μυρία.'

[101] ὁ δ' οὖν Θεόδωρος προσκαθίσας ποτὲ Εὐρυκλείδῃ
τῷ ἱεροφάντῃ, 'λέγε μοι,' ἔφη, 'Εὐρυκλείδη, τίνες εἰσὶν οἱ
ἀσεβοῦντες περὶ τὰ μυστήρια;' εἰπόντος δ' ἐκείνου, 'οἱ τοῖς
435 ἀμυήτοις αὐτὰ ἐκφέροντες,' 'ἀσεβεῖς ἄρα,' ἔφη, 'καὶ σύ, τοῖς
ἀμυήτοις διηγούμενος.' καὶ μέντοι παρ' ὀλίγον ἐκινδύνευσεν
εἰς Ἄρειον ἀχθῆναι πάγον, εἰ μὴ Δημήτριος αὐτὸν ὁ
Φαληρεὺς ἐρρύσατο. Ἀμφικράτης δ' ἐν τῷ Περὶ ἐνδόξων
ἀνδρῶν φησι κώνειον πιεῖν αὐτὸν καταδικασθέντα.

440 διατρίβων δὲ παρὰ Πτολεμαίῳ τῷ Λάγου ἀπεστάλη
ποθ' ὑπ' αὐτοῦ πρὸς Λυσίμαχον πρεσβευτής. [102] ὅτε καὶ
παρρησιαζομένῳ φησὶν ὁ Λυσίμαχος, 'λέγε μοι, Θεόδωρε,

426–431 fr. 260A   Theod. test. 61   Stilpon test. 182 Doer. = SSR II O 13
432–436 (διηγούμενος) fr. 263   Theod. test. 59   **432–439** Dem. Phal.
48 SOD = fr. 43 W. (**436** καὶ–**439**)   **436** (καὶ)–**437** fr. 265   Theod. test.
3   Amphicr. fr. 2 (FHG IV 300)   **440–450** (νομίζω;) fr. 256   **440–447**
(ἀποστείλῃ) Theod. test. 6

436 (καὶ)–**439** Φh 35 (115.14–16)   **440–456** (ἐχρῶ) Φ 28 (234.12–235.1)

419 καλὸς add. rec.   **420** δέ γε B: δε ** F: δὲ P   **422** χρώμενος Cob.
423 ἄρα εἰ Cob.: εἰ ἄρα BPFΦ   **427** οὕτως BPFΦ: ὧδε F   ὃ FΦP³:
θεὸς B, P¹ ut vid.   εἶναι φῂς BPF: φῂς εἶναι F   θεόν Cob.: θεὸς BPFΦ
431 ὁμολογήσαις Φ   **435** ἀσεβεῖς BPF: ἀσεβὴς ἄρα εἶ καὶ σύ, ἔφη Φ
437–438 ὁ φαληρεὺς αὐτὸν FΦh   **439** πιεῖν αὐτὸν BP: αὐ. πιεῖν F
441 ποθ' BP: ποτὲ Φ: πόθω F   **442** αἰσίμαχος B

οὐ σὺ εἶ ὁ ἐκπεσὼν Ἀθήνηθεν;' καὶ ὅς· 'ὀρθῶς ἀκήκοας· ἡ
γὰρ τῶν Ἀθηναίων πόλις οὐ δυναμένη με φέρειν, ὥσπερ ἡ
Σεμέλη τὸν Διόνυσον, ἐξέβαλε.' πάλιν δ' εἰπόντος τοῦ   445
Λυσιμάχου, 'βλέπε ὅπως μὴ παρέσῃ πρὸς ἡμᾶς ἔτι,' 'οὐκ
ἄν,' ἔφη, 'ἂν μὴ Πτολεμαῖος ἀποστείλῃ.' Μίθρου δὲ τοῦ
διοικητοῦ Λυσιμάχου παρεστῶτος καὶ εἰπόντος, 'ἔοικας σὺ
μὴ μόνον θεοὺς ἀγνοεῖν ἀλλὰ καὶ βασιλέας,' 'πῶς,' εἶπεν,
'ἀγνοῶ, ὅπου γε καὶ σε θεοῖς ἐχθρὸν εἶναι νομίζω;' φασὶ δέ   450
ποτε ἐν Κορίνθῳ παρέρχεσθαι αὐτὸν συχνοὺς ἐπαγόμενον
μαθητάς, Μητροκλέα δὲ τὸν κυνικὸν σκάνδικας πλύνοντα
εἰπεῖν, 'σὺ ὁ σοφιστὴς οὐκ ἂν τοσούτων ἔχρῃζες μαθητῶν,
εἰ λάχανα ἔπλυνες'· τὸν δ' ὑπολαβόντα εἰπεῖν, 'καὶ σὺ εἴπερ
ἀνθρώποις ᾔδεις ὁμιλεῖν, οὐκ ἂν τούτοις τοῖς λαχάνοις   455
ἐχρῶ.' [103] τὸ ὅμοιον ἀναφέρεται, καθάπερ προείρηται,
καὶ εἴς τε Διογένη καὶ Ἀρίστιππον.

τοιοῦτος μὲν ὁ Θεόδωρος κἂν τούτοις. τελευταῖον δ' εἰς
Κυρήνην ἀπελθὼν καὶ Μάγᾳ συμβιοὺς ἐν πάσῃ τιμῇ
διετέλει τυγχάνων. ἔνθεν τὸ πρῶτον ἐκβαλλόμενος   460
λέγεται χάριέν τι εἰπεῖν· φησὶ γάρ, 'καλῶς ποιεῖτε, ἄνδρες
Κυρηναῖοι, ἐκ τῆς Λιβύης εἰς τὴν Ἑλλάδα με ἐξορίζοντες.'

Θεόδωροι δὲ γεγόνασιν εἴκοσι· πρῶτος Σάμιος, υἱὸς
Ῥοίκου. οὗτός ἐστιν ὁ συμβουλεύσας ἄνθρακας ὑποτεθῆναι

---

447 (Μίθρου)–**450** (νομίζω;) Theod. test. 15   **450** (φασὶ)–**457** fr. 267
Theod. test. 2   **456** cf. 2.68 et 6.58   **458** (τελευταῖον)–**462** Theod.
test. 4A

---

458 (τελευταῖον)–**462** Φ 28 (235.2–6)   **463** (σάμιος)–**467** (ὕδατι) Φh 36
(115.18–21).

---

443 εἶ om. P   **446** βλέπε secl. Cob.   μὴ om. F   **447** ἀποστείλει με
F   μέθρου B   **448** λυσιμάχου BP: -ω F: <τοῦ> Λυσιμάχου Cob.
449 μὴ om. F¹, suppl. F²ˢ·ˡ·   βασιλεῖς F   **450** σὲ θεοῖς BPΦ: θεοῖς σε F
εἶναι BFΦ: ὄντα P   **452** καὶ μητροκλέα F   **453** σὺ εἶ ὁ σ.; Φ   ὁ
σοφιστὴς om. F   **454** ἤπερ B² (ἤ in ras.)   **456** καθά F   **457** εἴς τε
BP: καὶ εἰς F   διογένη BP: -ην F   **459** Μάγᾳ Palmerius, Exercit. 453:
μαρίω(ι) BPFΦ   πᾶσι B   **460** τυγχάνων om. Φ   ἔνθεν BPF: ὅθεν Φ
461 φησὶ BP¹FΦ: ἔφη P²   καλῶς Steph.² praef. 13: κακῶς BPRΦ   **462**
με om. F¹, suppl. F²ˢ·ˡ·   **464** ῥοίκου P: -μου F   ὑποτιθέναι Cob.

LIBER II

465 τοῖς θεμελίοις τοῦ ἐν Ἐφέσῳ νεώ· καθύγρου γὰρ ὄντος τοῦ
τόπου τοὺς ἄνθρακας ἔφη τὸ ξυλῶδες ἀποβαλόντας αὐτὸ
τὸ στερεὸν ἀπαθὲς ἔχειν ὕδατι. δεύτερος Κυρηναῖος,
γεωμέτρης, οὗ διήκουσε Πλάτων· τρίτος ὁ προγεγραμμένος
φιλόσοφος· τέταρτος οὗ τὸ φωνασκικὸν φέρεται βιβλίον
470 πάγκαλον· [104] πέμπτος ὁ περὶ τῶν νομοποιῶν
πεπραγματευμένος, ἀρξάμενος ἀπὸ Τερπάνδρου· ἕκτος
Στωϊκός· ἕβδομος ὁ τὰ περὶ Ῥωμαίων πεπραγματευμένος·
ὄγδοος Συρακόσιος, περὶ τακτικῶν γεγραφώς· ἔνατος
Βυζάντιος, ἀπὸ λόγων πολιτικῶν· δέκατος ὁμοίως, οὗ
475 Ἀριστοτέλης μνημονεύει διὰ τῆς ἐπιτομῆς τῶν ῥητόρων·
ἑνδέκατος Θηβαῖος ἀνδριαντοποιός· δωδέκατος
ζωγράφος, οὗ μέμνηται Πολέμων· τρισκαιδέκατος
ζωγράφος, Ἀθηναῖος, ὑπὲρ οὗ γέγραφε Μηνόδοτος·
τεσσαρεσκαιδέκατος Ἐφέσιος, ζωγράφος, οὗ μέμνηται
480 Θεοφάνης ἐν τῷ Περὶ γραφικῆς· πεντεκαιδέκατος ποιητὴς
ἐπιγραμμάτων· ἑκκαιδέκατος γεγραφὼς περὶ ποιητῶν·
ἑπτακαιδέκατος ἰατρός, Ἀθηναίου μαθητής·
ὀκτωκαιδέκατος Χῖος, φιλόσοφος Στωϊκός· ἐννεακαιδέκατος
Μιλήσιος, καὶ αὐτὸς Στωϊκὸς φιλόσοφος· εἰκοστὸς ποιητὴς
485 τραγῳδίας.

467 (δεύτερος) VS 43 A 3   469 (τέταρτος) Theod. test. inc. 25 Matelli
(Aevum 81/2007)   472 (ἕβδομος) FGrHist 822 T 1   473 (ἔνατος) Art.
scr. B XII 1   474 (δέκατος) Arist. fr. 138 R.³   476 (δωδέκατος) Polem.
fr. 67 (FHG III 135)   477 (τρισκαιδέκατος) Menod. Sam. FGrHist 541
F 3   479 (τεσσαρεσκαιδέκατος) Theoph. Mytil. fr. 7 (FHG III 316)
484 (εἰκοστὸς) TrGF I 134 T 1   Theod. test. 19 Matelli.

465 τοῦ FP²Φh: τῶ BP¹   νεῶ B, P (ex νεώ): ναοῦ Φh   466 ἔφη post
ὄντος (465) transp. Φh   ἀποβαλόντας PΦh: -βαλλόντας (sic) F:
-βάλλοντας B   467 ἔχειν BPFΦh: ἕξειν Richards 343   470 πάγκαλον
om. P¹   472 <φιλόσοφος> Στ. Marcov., fort. recte   473 συρακού-
σιος P   474 οὗ P: ὃν F: ὧν B   477 (ζωγράφος)–479 (τεσσαρεσ-
καιδέκατος) om. F   478 ὑπὲρ BP: περὶ Marcov.   γέγραφε B¹:
ἐγεγράφει B²: γεγράφει P: γράφει F   484 ποιητὴς BPF: ὑποκριτὴς
Meineke, FCG I (1839) 524   post τραγ. quaedam erasa in B

[105] Φαίδων Ἠλεῖος, τῶν εὐπατριδῶν, συνεάλω τῇ πατρίδι καὶ ἠναγκάσθη στῆναι ἐπ᾽ οἰκήματος· ἀλλὰ τὸ θύριον προσθεὶς μετεῖχε Σωκράτους, ἕως αὐτὸν λυτρώσασθαι τοὺς περὶ Ἀλκιβιάδην ἢ Κρίτωνα προὔτρεψε· καὶ τοὐντεῦθεν ἐλευθερίως ἐφιλοσόφει. Ἱερώνυμος δ᾽ ἐν τῷ 5 Περὶ ἐποχῆς καθαπτόμενος δοῦλον αὐτὸν εἴρηκε. διαλόγους δὲ συνέγραψε γνησίους μὲν Ζώπυρον, Σίμωνα, καὶ δισταζόμενον Νικίαν, Μήδειον, ὅν φασί τινες Αἰσχίνου, οἱ δὲ Πολυαίνου· Ἀντίμαχον ἢ Πρεσβύτην· καὶ οὗτος διστάζεται· σκυτικοὺς λόγους· καὶ τούτους τινὲς Αἰσχίνου φασίν. 10

διάδοχος δ᾽ αὐτοῦ Πλείσταινος Ἠλεῖος, καὶ τρίτοι ἀπ᾽ αὐτοῦ οἱ περὶ Μενέδημον τὸν Ἐρετριέα καὶ Ἀσκληπιάδην τὸν Φλιάσιον, μετάγοντες ἀπὸ Στίλπωνος. καὶ ἕως μὲν τούτων Ἠλειακοὶ προσηγορεύοντο, ἀπὸ δὲ Μενεδήμου Ἐρετριακοί· περὶ οὗ λέξομεν ἐν ὑστέρῳ διὰ τὸ καὶ αὐτὸν 15 κατάρχειν αἱρέσεως.

1–6 (εἴρηκε), **11–16** SSR III A 1   **1–6** (εἴρηκε) Hieron. fr. 54 White = 24 W.
6 (διαλόγους)–**10** SSR III A 8   **11–13** (Στίλπωνος) Stilp. test. 171 Doer.
11–16 SSR II O 7   **15** (λέξομεν) infra § 125–44.

Ante **1** tit. φαίδων P^{xmg}F   **1–2** (οἰκήματος) om. B^1, in ras. suppl. B^2
ἥλιος B^2 **3** προθεὶς Kuehn: προστιθεὶς BPF   **4** ἢ BP: καὶ F   **6** ἐποχῆς BPF: συνοχῆς Gigante, Elenchos 7 (1986) 57 (conl. POxy. 3656, 10) **7** δὲ BP: μὲν F   **8** Μήδειον P^1 (coni. L. Preller, Ausgw. Aufsaetze [1864] 370 [a. 1846] et Croenert, Kol. u. Men. 30^{158}, 178): μηδείον(ον) B: μήδιον P^{x}F: Μηδεῖον Menag.   Μήδειον ante vel post Σίμωνα (**7**) transp. Hermae editores <Leo/Robert> 40 (1905) 638   **9** Πολυαίνου BPF: Πλεισταίνου Croenert, Kol. u. Men. 30^{158} πρεσβύτην FP$^{xs.l.}$: -ας BP^1 **10** σκυθικοὺς Steph.   **11** Πλείσταινος vel Πλείσταρχος Roeper (1848) 65 (cf. Wil., Ant. 30^6): πλείστανος BP^x: πλείστενος P^1(Q)F   ἥλιος B   τρίτη F   **12** ἐρετρία B   **13** μεταγνόντες 'qui mutata sententia a Stilpone defecerunt' Emperius ap. Huebn. II 673 (conl. infra § 126)   **14** ἡλειακοὶ PF: ἡλιακοὶ B   δὲ om. F   **14–15** Ἐρ. δὲ ἀπὸ Μενεδήμου A. Gercke, De quibusdam Laert. Diog. auctoribus (1899) 49   **15** Ἐρετρικοί Cob. (infra § 126 et W. Dittenberger, Hermes 41 [1906] 204), sed vid. Goulet-Cazé 344^7 ἐν ὑστέρω BP: ὕστερον F   **16** καθάρχεσθαι F

[106] Εὐκλείδης ἀπὸ Μεγάρων τῶν πρὸς Ἰσθμῷ, ἢ Γελῶος κατ' ἐνίους, ὥς φησιν Ἀλέξανδρος ἐν Διαδοχαῖς. οὗτος καὶ τὰ Παρμενίδεια μετεχειρίζετο, καὶ οἱ ἀπ' αὐτοῦ Μεγαρικοὶ προσηγορεύοντο, εἶτ' Ἐριστικοί, ὕστερον δὲ Διαλεκτικοί,
5 οὓς οὕτως ὠνόμασε πρῶτος Διονύσιος ὁ Χαλκηδόνιος διὰ τὸ πρὸς ἐρώτησιν καὶ ἀπόκρισιν τοὺς λόγους διατίθεσθαι. πρὸς τοῦτόν φησιν ὁ Ἑρμόδωρος ἀφικέσθαι Πλάτωνα καὶ τοὺς λοιποὺς φιλοσόφους μετὰ τὴν Σωκράτους τελευτήν, δείσαντες τὴν ὠμότητα τῶν τυράννων. οὗτος ἓν τὸ ἀγαθὸν
10 ἀπεφαίνετο πολλοῖς ὀνόμασι καλούμενον· ὁτὲ μὲν γὰρ φρόνησιν, ὁτὲ δὲ θεόν, καὶ ἄλλοτε νοῦν καὶ τὰ λοιπά. τὰ δ' ἀντικείμενα τῷ ἀγαθῷ ἀνῄρει, μὴ εἶναι φάσκων.

[107] ταῖς τε ἀποδείξεσιν ἐνίστατο οὐ κατὰ λήμματα, ἀλλὰ κατ' ἐπιφοράν. καὶ τὸν διὰ παραβολῆς λόγον ἀνῄρει,
15 λέγων ἤτοι ἐξ ὁμοίων αὐτὸν ἢ ἐξ ἀνομοίων συνίστασθαι· καὶ εἰ μὲν ἐξ ὁμοίων, περὶ αὐτὰ δεῖν μᾶλλον ἢ οἷς ὅμοιά ἐστιν ἀναστρέφεσθαι, εἰ δ' ἐξ ἀνομοίων, παρέλκειν τὴν παράθεσιν. διὰ ταῦτα δὲ καὶ περὶ αὐτοῦ ταῦτά φησι Τίμων, προσπαρατρώγων καὶ τοὺς λοιποὺς Σωκρατικούς·

1–6 (διατίθεσθαι) Eucl. test. 31 Doer.　　**1–2** (Διαδοχαῖς) SSR II A 1 Alex. Polyhist. FGrHist 273 F 87 = fr. 3 Giannat.　　**2–3** (οὗτος— μετεχειρίζετο), **9** (οὗτος)–**12** SSR II A 30　　**2** (καὶ)–**6** (διατίθεσθαι) SSR II P 3　　**2** (καὶ)–**5** (Χαλκηδόνιος) SSR II A 22　　**7** (πρὸς)–**9** (τυράννων) Eucl. test. 4B Doer. = SSR II A 5　　Hermod. fr. 4 Isn. = FGrHistCont 1008 F 1　　**9** (οὗτος)–**12** Eucl. test. 24 Doer.　　**13–22** SSR II A 34 (ταῖς—ἐπιφοράν) Eucl. test. 29 Doer.　　**14** (καὶ)–**18** (παράθεσιν) Eucl. test. 30 Doer.　　**18** (διὰ)–**22** Eucl. test. 8 Doer.

---

14 (τὸν)–**15** (συνίστασθαι), **17–18** (εἰ—παράθεσιν) Φ 29 (235.8–12)

Ante **1** tit. εὐκλείδης P^xmg　　**1** πρὸς ex πρώτω F¹　　**3** παρμενίδια BF **5** οὗτος F　　οὕτως ὠνομάσθη πρῶτος Δ. ὁ Χ. initio fuisse susp. Croenert, Kol. u. Men. 190 s.v. (conl. supra § 98)　　Χαλκηδόνιος I. Jonsius, Script. hist. philos. (1659) 253 (conl. Strab. 12.4.9): καρχη- BPF　　**8** τὴν <τοῦ> Σωκρ. Cob.　　**9** οὕτως F　　**16** δεῖν om. B¹, in ras. suppl. B²　　**18** ταῦτα om. F　　**19** πρὸς παρατρ. (ρα F²s.l.) F

ἀλλ' οὔ μοι τούτων φλεδόνων μέλει· οὐδὲ γὰρ ἄλλου   20
οὐδενός, οὐ Φαίδωνος ὅτις γένετ', οὐδ' ἐριδάντεω
Εὐκλείδου, Μεγαρεῦσιν ὃς ἔμβαλε λύσσαν ἐρισμοῦ.

[108] διαλόγους δὲ συνέγραψεν ἕξ· Λαμπρίαν, Αἰσχίνην,
Φοίνικα, Κρίτωνα, Ἀλκιβιάδην, Ἐρωτικόν. τῆς δὲ
Εὐκλείδου διαδοχῆς ἐστι καὶ Εὐβουλίδης ὁ Μιλήσιος, ὃς καὶ 25
πολλοὺς ἐν διαλεκτικῇ λόγους ἠρώτησε, τόν τε ψευδόμενον
καὶ τὸν διαλανθάνοντα καὶ Ἠλέκτραν καὶ ἐγκεκαλυμμένον
καὶ σωρείτην καὶ κερατίνην καὶ φαλακρόν. περὶ τούτου
φησί τις τῶν κωμικῶν·

οὐριστικὸς δ' Εὐβουλίδης <ὁ> κερατίνας ἐρωτῶν   30
καὶ ψευδαλαζόσιν λόγοις τοὺς ῥήτορας κυλίων
ἀπῆλθ' ἔχων Δημοσθένους τὴν ῥωβοστωμυλήθραν.

20–22 Timon SH 802 = fr. 28 Di Marco   **23–24** (Ἐρωτικόν) test. 15
Doer. = SSR II A 10   **24** (τῆς)–**25** (Μιλήσιος), **28** (περὶ)–**34** (παύσασθαι)
Eubul. test. 51A Doer. = SSR II B 1   **24** (τῆς)–**25** (Μιλήσιος) Eubul. test. 50
Doer. = SSR II A 23   **25** (ὃς)–**28** (φαλακρόν) Eubul. test. 64 Doer. = SSR
II B 13   **30–32** Vid. Adesp. com. 149 K.-A.

---

27 (ἐγκεκαλυμμένον)–**32** Φ 29 (235.12–17)   **30–32** Suda ρ 224 (IV
299.15–17)

---

20 μέλλει PF   **21** ὅτις (Steph.) γένετ' Diels: ὅστις γε τ' B: ὅστις γε[τ] Ppc
(γε[τ] ras.): ὅς τις γε F   ὅπις μ' ἔχει Meineke ap. Wachsmuth, Sillogr. Gr.
(1885) 153, ὅπις γέ τ<ις> Wachsmuth   οὐδ' ἐριδάντεω BP: τοῦ
δερινδάτεω F   **22** εὐκλείδεω Meineke, Sillogr. 333   **23** ἀμπρίαν P[1],
corr. P[4]   **28** σωρείτην BPF: σωρί- Φ   **30** οὐριστικὸς BP[1], Suda (cod.
F): ἐριστ. Suda (cett. codd.): ὀύριστ. (sic) Φ: ὁ ὑβριστ- FP[4]   δ' Εὐβουλίδης
om. Suda   ὁ add. Roeper (1854) 5   **31** ψευδαλαζόσιν Suda: -σι* B[pc]: -σι
PFΦ   κυλίων BPF: κολούων Φ: κυρίττων H. van Herwerden, Obs. crit.
in fragm. com. Gr. (1855) 114 (conl. Plat., Resp. 9, 586 b 1 et Grg. 516 a 7)
32 ἀπῆλθ'] ἐπῆλθ' Suda (cod. H), ἐλπίδ' Suda (cod. G)   Δημοσθένη
Suda (cod. F), comp. (cod. AV)   ῥωβοστωμυλήθραν BPF: ῥομβο- Φ,
Suda: ῥωποπερπερήθραν Plut., Vit. Dem. 9.5, Eust. in Hom. Ν 199–207
(III 460.1 V. d. Valk)

[**109**] ἐῴκει γὰρ αὐτοῦ καὶ Δημοσθένης ἀκηκοέναι καὶ
ῥωβικώτερος ὢν παύσασθαι. ὁ δ᾽ Εὐβουλίδης καὶ πρὸς
35 Ἀριστοτέλη διεφέρετο, καὶ πολλὰ αὐτὸν διαβέβληκε.

μεταξὺ δὲ ἄλλων ὄντων τῆς Εὐβουλίδου διαδοχῆς
Ἀλεξῖνος ἐγένετο Ἠλεῖος, ἀνὴρ φιλονεικότατος· διὸ καὶ
Ἐλεγξῖνος ἐπεκλήθη. διεφέρετο δὲ μάλιστα πρὸς Ζήνωνα.
φησὶ δ᾽ Ἕρμιππος περὶ αὐτοῦ ὡς ἄρα ἀπελθὼν ἐκ τῆς
40 Ἤλιδος εἰς Ὀλυμπίαν αὐτόθι φιλοσοφοίη. τῶν δὲ μαθητῶν
αὐτοῦ πυνθανομένων διὰ τί τῇδε κατοικεῖ, φάναι βούλεσθαι
αἵρεσιν συστήσασθαι ἣν Ὀλυμπικὴν κληθήσεσθαι. τοὺς
δὲ καὶ τοῖς ἐφοδίοις θλιβομένους καὶ τὸ χωρίον νοσηρὸν
καταγνόντας ἀπελθεῖν, καὶ τοῦ λοιποῦ διατρίβειν ἔρημον
45 τὸν Ἀλεξῖνον σὺν οἰκέτῃ μόνῳ· ἔπειτα μέντοι νηχόμενον ἐν
τῷ Ἀλφειῷ νυχθῆναι καλάμῳ καὶ οὕτω τελευτῆσαι.

[**110**] καὶ ἔστιν εἰς αὐτὸν ἡμῶν οὕτως ἔχον·

οὐκ ἄρα μῦθος ἦν ἐκεῖνος εἰκαῖος,
    ὡς ἀτυχής τις ἐὼν
50 τὸν πόδα κολυμβῶν περιέπειρέ πως ἥλῳ.
καὶ γὰρ ὁ σεμνὸς ἀνήρ,
    πρὶν Ἀλφεόν ποτ᾽ ἐκπερᾶν, Ἀλεξῖνος
θνῆσκε νυγεὶς καλάμῳ.

γέγραφε δ᾽ οὐ μόνον πρὸς Ζήνωνα, ἀλλὰ καὶ ἄλλα βιβλία
55 ὧν καὶ πρὸς Ἔφορον τὸν ἱστοριογράφον.

34–35 Eubul. test. 59 Doer. = SSR II B 8   **36** (μεταξὺ)–**55** SSR II C 1
36 (μεταξὺ)–**38** (ἐπεκλήθη) Eubul. test. 73 Doer.   **36–37** (μεταξὺ—
Ἠλεῖος), **56–57** (Εὐβουλίδου—Ὀλύνθιος), **62–63** (Κρόνος) SSR II B 5
38 (διεφέρετο—Ζήνωνα) Eubul. test. 92 Doer.   **39** (φησὶ)–**53** Hermipp.
FGrHistCont 1026 F 78   Eubul. test. 74 Doer.   **54–55** Alexin. test. 93
Doer.   Ephor. FGrHist 70 T 31

---

33 δημοσθένης BP: -ους F   **34** ῥωβικώτερος BP: ῥωμ- F: ῥωπ- duce
Menagio, Roeper (1854), 5   **35** ἀριστοτέλη BP: -ην F   **36** ὄντων
<τῶν> Marcov.   **37** Ἠλεῖος om. F   **43** νοσηρὸν BP[lac]: νοσε- P[1pc]F
44 ἔρημον τὸν om. B   **48** ἄρα Huebn.: ἆρα BPF   εἰκαῖος P: εἰ καὶ ὃς
B: εἰκαίως F   **50** περιεπῆρέ B[2] (ἦρε ex ἰρε)   **52** ἀλφειόν F   **53**
νυγεὶς B[2] (γ in ras. ex χ): -χθεὶς B[1] (θ supra γ), PFΦh   **55** ὧν B: ὃν F:
om. P

Εὐβουλίδου δὲ καὶ Εὔφαντος γέγονε <γνώριμος> ὁ Ὀλύνθιος, ἱστορίας γεγραφὼς τὰς κατὰ τοὺς χρόνους τοὺς ἑαυτοῦ. ἐποίησε δὲ καὶ τραγῳδίας πλείους, ἐν αἷς εὐδοκίμει κατὰ τοὺς ἀγῶνας. γέγονε δὲ καὶ Ἀντιγόνου τοῦ βασιλέως διδάσκαλος, πρὸς ὃν καὶ λόγον γέγραφε Περὶ βασιλείας 60 σφόδρα εὐδοκιμοῦντα. τὸν βίον δὲ γήρᾳ κατέστρεψεν.

[111] εἰσὶ <δὲ> καὶ ἄλλοι διακηκόοτες Εὐβουλίδου, ἐν οἷς καὶ Ἀπολλώνιος ὁ Κρόνος, οὗ Διόδωρος Ἀμεινίου Ἰασεύς, καὶ αὐτὸς Κρόνος ἐπίκλην, περὶ οὗ φησι Καλλίμαχος ἐν ἐπιγράμμασιν· 65

αὐτὸς ὁ Μῶμος
ἔγραφεν ἐν τοίχοις, 'ὁ Κρόνος ἐστὶ σοφός.'

ἦν δὲ καὶ οὗτος διαλεκτικός, πρῶτος δόξας εὑρηκέναι τὸν ἐγκεκαλυμμένον καὶ κερατίνην λόγον κατά τινας. οὗτος παρὰ Πτολεμαίῳ τῷ Σωτῆρι διατρίβων λόγους τινὰς 70 διαλεκτικοὺς ἠρωτήθη πρὸς Στίλπωνος· καὶ παραχρῆμα μὴ δυνάμενος διαλύσασθαι, ὑπὸ τοῦ βασιλέως τά τε ἄλλα ἐπετιμήθη καὶ δὴ καὶ Κρόνος ἤκουσεν ἐν σκώμματος μέρει. [112] ἐξελθὼν δὴ τοῦ συμποσίου καὶ λόγον γράψας περὶ τοῦ προβλήματος ἀθυμίᾳ τὸν βίον κατέστρεψε. καὶ ἔστιν 75 ἡμῶν εἰς αὐτόν·

Κρόνε Διόδωρε, τίς σε δαιμόνων κακῇ
ἀθυμίῃ ξυνείρυσεν,
ἵν' αὐτὸς αὑτὸν ἐμβάλῃς εἰς Τάρταρον
Στίλπωνος οὐ λύσας ἔπη 80

56–61 Eubul. test. 68 Doer. = SSR II D 1   **56–59** (ἀγῶνας) Euph. Olynth. TrGF I 118 = FGrHist 74 T 1   **62–82** SSR II F 1   **62–67** Diod. test. 96 Doer.   **62–64** (ἐπίκλην) SSR II E 1   **66–67** Callim. fr. 393.1–2 Pf. **68–69** (τινας) Diod. test. 109 Doer.   **69** (οὗτος)–**82** Diod. test. 99 Doer.

56 γνώριμος add. Casaub.   **60** ἔγραφε F   **62** δὲ add. Z (Frob.) **63** οὗ F: οὐ B: om. P   **64** φασὶ F   **66** μῶμος om. F¹, suppl. F²   **67** τείχοις F   **69** ἐγκεκρυμμένον F   τὸν κερ. καὶ τὸν ἐγκεκαλ. Φh **71–72** παραχρῆμα μὴ δυνάμενος BP: μὴ δυν. παραχρ. F   **72** διαλύσασθαι BP: -λῦσαι F   **73** ἐτιμήθη F¹, corr. F²ˢ·ˡ·   καὶ² om. PF **74** δὴ BP: δὲ FΦh   **77** κρόνος διόδωρος F   κακὴ F   **78** ἀθυμίαι P **79** ἵνα P   ἐμβάλλεις F¹ ut vid.   ἐς B

LIBER II

αἰνιγματώδη; τοιγὰρ εὑρέθης Κρόνος
ἔξωθε τοῦ ῥῶ κάππα τε.

τῶν δ' ἀπὸ Εὐκλείδου ἐστὶ καὶ Ἰχθύας Μετάλλου, ἀνὴρ
γενναῖος, πρὸς ὃν καὶ Διογένης ὁ Κυνικὸς διάλογον
85 πεποίηται· Κλεινόμαχος τε ὁ Θούριος, ὃς πρῶτος περὶ
ἀξιωμάτων καὶ κατηγορημάτων καὶ τῶν τοιούτων
συνέγραψε· καὶ Στίλπων ὁ Μεγαρεύς, διασημότατος
φιλόσοφος, περὶ οὗ λεκτέον.

83–88 Eucl. test. 32A Doer.   83 (τῶν—Μετάλλου), 85 (Κλεινόμαχος
ὁ Θούριος), 87 (Στίλπων—Μεγαρεύς) SSR II A 24   83 (τῶν—ἐστὶ),
85 (Κλεινόμαχος)–87 (συνέγραψε) SSR II I 1   83–85 (πεποίηται) SSR II
H 1 = Diog. V B 124.

82 ἔξωθε PF: -θ^{εν} in ras. B²: -θεν Φh: ἔξω γε Casaub.   83 μετάλλου
PF: -οῦ B: Μεγάλλου Roeper (1854) 5. Vid. Doering, Megariker (1972) 11
85 πεποίηκε F   τε F: δὲ BP   86 καὶ τῶν τοιούτων om. F

218

[113] Στίλπων Μεγαρεὺς τῆς Ἑλλάδος διήκουσε μὲν τῶν ἀπ' Εὐκλείδου τινῶν· οἱ δὲ καὶ αὐτοῦ Εὐκλείδου φασιν ἀκοῦσαί αὐτόν, ἀλλὰ καὶ Θρασυμάχου τοῦ Κορινθίου, ὃς ἦν Ἰχθύα γνώριμος, καθά φησιν Ἡρακλείδης. τοσοῦτον δ' εὑρησιλογίᾳ καὶ σοφιστείᾳ προῆγε τοὺς ἄλλους, ὥστε 5 μικροῦ δεῆσαι πᾶσαν τὴν Ἑλλάδα ἀφορῶσαν εἰς αὐτὸν μεγαρίσαι. περὶ τούτου φησὶ Φίλιππος ὁ Μεγαρικὸς κατὰ λέξιν οὕτω· 'παρὰ μὲν γὰρ Θεοφράστου Μητρόδωρον τὸν θεωρηματικὸν καὶ Τιμαγόραν τὸν Γελῶον ἀπέσπασε, παρὰ Ἀριστοτέλους δὲ τοῦ Κυρηναϊκοῦ Κλείταρχον καὶ Σιμμίαν· 10 ἀπὸ δὲ τῶν Διαλεκτικῶν Παιώνιον μὲν ἀπὸ Ἀριστείδου· Δίφιλον δὲ τὸν Βοσπορανὸν Εὐφάντου καὶ Μύρμηκα τὸν Ἐξαινέτου παραγενομένους ὡς ἐλέγξοντας ἀμφοτέρους ζηλωτὰς ἔσχε.' [114] χωρὶς τοίνυν τούτων Φρασίδημον μὲν τὸν Περιπατητικὸν καὶ φυσικῶν ἔμπειρον ὄντα 15 προσηγάγε<το>, καὶ τὸν ῥητορικὸν Ἄλκιμον, ἁπάντων πρωτεύοντα τῶν ἐν τῇ Ἑλλάδι ῥητόρων, Κράτητά τε καὶ

1–7 (μεγαρίσαι) SSR II O 2   1–4 (Ἡρακλείδης) Stilp. test. 147 Doer.   Sotion fr. 8 W.   1 (Στίλπων ... διήκουσε)–4 (γνώριμος) SSR II H 2   1–3 (αὐτόν) SSR II A 24   2 (οἱ)–4 (Ἡρακλείδης) SSR II M I 4 (τοσοῦτον)–10 (Σιμμίαν) SSR IV E 5   4 (τοσοῦτον)–7 (μεγαρίσαι) Stilp. test. 163A Doer.   7 (περὶ)–19 (ἀφείλετο) SSR II O 3   7 (περὶ)–14 (ἔσχε) Stilp. test. 164A Doer.   Euph. Olynth. FGrHist 72 T 2   7 (περὶ)–10 (Σιμμίαν) Clitarch. FGrHist 137 T 3   14 (χωρὶς)–19 (ἀφείλετο) Stilp. test. 165 Doer.   16 (προσηγάγε<το>)–17 (ῥητόρων) Alcim. FGrHist 560 T 1

4 (τοσοῦτον)–7 (μεγαρίσαι) Φh 63 (133.2–4)   Suda μ 388 (III 345.2–5) 9 (ἀπέσπασε)–14 (ἔσχε) Φh 63 (133.4–7)   12–13 (Μύρμηκα τὸν Ἐξαινέτου) Steph. Byz. s.v. Ἐνετοί (ε 80 Billerbeck-Zubler)

Ante 1 tit. στίλπων P^xmg   3 θρασυμμάχου F   5 εὑρησειλογία B: εὑρησιο- Φh, Suda: εὑρεσι- PF (cf. infra § 134)   προῆγε BF, P‡ (προ in ras.): διῆγε P¹(Q)   9 τειμαγώραν B: τιμαγώ- F   10 Κυρηναίου Roeper (1854) 7–8 (cf. 5.35)   11 παιώνιον P: -ειον F: πεώνιον B   12 Βοσπορ. <ἀπὸ ... τὸν> Doering, Megariker (1972) 145, sed vid. Gigante, PP 29 (1974) 292–3   15 φυσικῶν F: -ὸν BP   16 προσηγάγετο Cob.: προσήγαγε BPF   ἀλκίμονα πάντων B

ἄλλους πλείστους ὅσους ἐθήρασε· καὶ δὴ καὶ Ζήνωνα τὸν
Φοίνικα μετὰ τούτων ἀφείλετο. ἦν δὲ καὶ πολιτικώτατος.
20 καὶ γυναῖκα ἠγάγετο· καὶ ἑταίρᾳ συνῆν Νικαρέτῃ, ὥς
φησί που καὶ Ὀνήτωρ. καὶ θυγατέρα ἀκόλαστον ἐγέννησεν,
ἣν ἔγημε γνώριμός τις αὐτοῦ Σιμμίας Συρακόσιος. ταύτης
οὐ κατὰ τρόπον βιούσης εἶπέ τις πρὸς τὸν Στίλπωνα ὡς
καταισχύνοι αὐτόν· ὁ δέ, 'οὐ μᾶλλον,' εἶπεν, 'ἢ ἐγὼ ταύτην
25 κοσμῶ.'
[115] ἀπεδέχετο δ᾽ αὐτόν, φασί, καὶ Πτολεμαῖος ὁ
Σωτήρ. καὶ ἐγκρατὴς Μεγάρων γενόμενος ἐδίδου τε
ἀργύριον αὐτῷ καὶ παρεκάλει εἰς Αἴγυπτον συμπλεῖν· ὁ δὲ
μέτριον μέν τι τἀργυριδίου προσήκατο, ἀρνησάμενος δὲ
30 τὴν ὁδὸν μετῆλθεν εἰς Αἴγιναν, ἕως ἐκεῖνος ἀπέπλευσεν.
ἀλλὰ καὶ Δημήτριος ὁ Ἀντιγόνου καταλαβὼν τὰ Μέγαρα
τήν τε οἰκίαν αὐτῷ φυλαχθῆναι καὶ πάντα τὰ ἁρπασθέντα
προὐνόησεν ἀποδοθῆναι. ὅτε καὶ βουλομένῳ παρ᾽ αὐτοῦ
τῶν ἀπολωλότων ἀναγραφὴν λαβεῖν ἔφη μηδὲν τῶν ἰδίων
35 ἀπολωλεκέναι· παιδείαν γὰρ μηδένα ἐξενηνοχέναι, τόν τε
λόγον ἔχειν καὶ τὴν ἐπιστήμην.
[116] καὶ αὐτῷ διαλεχθεὶς περὶ ἀνθρώπων εὐεργεσίας
οὕτως εἷλεν ὥστε προσέχειν αὐτῷ. τοῦτόν φασιν περὶ τῆς
Ἀθηνᾶς τῆς Φειδίου τοιοῦτόν τινα λόγον ἐρωτῆσαι· 'ἆρά γε
40 ἡ τοῦ Διὸς Ἀθηνᾶ θεός ἐστι;' φήσαντος δέ 'ναί,' 'αὕτη δέ γε,'
εἶπεν, 'οὐκ ἔστι Διός, ἀλλὰ Φειδίου·' συγχωρουμένου δέ,

---

19 (ἦν) Stilp. test. 162 Doer. = SSR II O 35   **20–25** Stilp. test. 153 Doer. =
SSR II O 17   **20–21** (καὶ²–Ὀνήτωρ) Onetor FGrHistCont 1113 F 2
Stilp. test. 155 Doer.   **26–30** (ἀπέπλευσεν) Stilp. test. 150 Doer. = SSR
II O 14   **31** (ἀλλὰ)–**38** (αὐτῷ) Stilp. test. 151A Doer. = SSR II O 15
38 (τοῦτόν)–**49** Stilp. test. 183 Doer. = SSR II O 12   Theod. test. 62 Win.

---

21 (καὶ²)–**25** Φ 30 (235.19–21)   **26–38** (αὐτῷ) Φh 63 (133.7–20)   **38**
(τοῦτόν)–**48** (ἐθεάσατο;) Φ 30 (235.21–236.7)

---

18 πλείστους καὶ ὅσους BP (sed vid. 4.11)   καὶ² om. P (cf. supra § 111)
22 συρακόσιος B: -κούσιος PF   **28** πλεῖν F   **32** αὐτῶ BPF: -οῦ Φh
34 ἰδίων BΦh: οἰκείων PF   **35** ἀπολελωκέναι B² (ex -λωλε-)   **38** εἷλεν
FΦh: εἷδεν B: εἷχεν Pˣ(Q)   αὐτὸν F   **39** τῆς φ. BFΦh: τῆς τοῦ φ. P
40 αὐτὴ B¹P   **41** εἶπεν B¹: εἰπεῖν B²PFΦ

STILPO

'οὐκ ἄρα,' εἶπεν, 'αὐτὴ θεός ἐστιν.' ἐφ' ᾧ καὶ εἰς Ἄρειον
πάγον προσκληθέντα μὴ ἀρνήσασθαι, φάσκειν δ' ὀρθῶς
διειλέχθαι· μὴ γὰρ εἶναι αὐτὴν θεόν, ἀλλὰ θεάν· θεοὺς δὲ
εἶναι τοὺς ἄρρενας. καὶ μέντοι τοὺς Ἀρεοπαγίτας εὐθέως 45
αὐτὸν κελεῦσαι τῆς πόλεως ἐξελθεῖν. ὅτε καὶ Θεόδωρον τὸν
ἐπίκλην Θεὸν ἐπισκώπτοντα εἰπεῖν· 'πόθεν δὲ τοῦτ' ᾔδει
Στίλπων; ἢ ἀνασύρας αὐτῆς τὸν κῆπον ἐθεάσατο;' ἦν δὲ
ἀληθῶς οὗτος μὲν θρασύτατος· Στίλπων δὲ κομψότατος.

[117] Κράτητος γοῦν αὐτὸν ἐρωτήσαντος εἰ οἱ θεοὶ 50
χαίρουσι ταῖς προσκυνήσεσι καὶ εὐχαῖς, φασὶν εἰπεῖν, 'περὶ
τούτων μὴ ἐρώτα, ἀνόητε, ἐν ὁδῷ, ἀλλὰ μόνον.' τὸ δ' αὐτὸ
καὶ Βίωνα ἐρωτηθέντα εἰ θεοί εἰσιν εἰπεῖν·

οὐκ ἀπ' ἐμοῦ σκεδάσεις ὄχλον, ταλαπείριε πρέσβυ;

ἦν δ' οὖν ὁ Στίλπων καὶ ἀφελὴς καὶ ἀνεπίπλαστος πρός 55
τε τὸν ἰδιώτην εὔθετος. Κράτητος γοῦν ποτε τοῦ Κυνικοῦ
πρὸς μὲν τὸ ἐρωτηθὲν οὐκ ἀποκριναμένου, ἀποπαρδόντος
δέ, 'ᾔδειν,' ἔφη, 'ὡς πάντα μᾶλλον φθέγξῃ ἢ ἃ δεῖ.' [118]
ἀλλὰ καὶ ἰσχάδα προτείναντος αὐτῷ ποτε καὶ ἐρώτημα,
δεξάμενον καταφαγεῖν· τοῦ δέ, 'ὦ Ἡράκλεις,' εἰπόντος, 60
'ἀπολώλεκα τὴν ἰσχάδα·' 'οὐ μόνον,' ἔφη, 'ἀλλὰ καὶ τὸ

46 (ὅτε)–**49** fr. 260B Mann.   **50–69**, **79** (φασὶ)–**83** SSR II O 6
50–52 (μόνον) Stilp. test. 177 Doer.   **52** (τὸ)–**54** Bion fr. 25 Kind.   **54**
Cypria fr. 16 (PEG I) = adesp. 5 Davies   **55–56** (εὔθετος) Stilp. test. 161
Doer.   **56** (Κράτητος)–**58** (δεῖ) Stilp. test. 178 Doer.   **59** (ἀλλὰ)–**62**
(ἰσχάς) Stilp. test. 179 Doer.

48 (ἦν)–**49** Φh 63 (133.20–1)   **50–54** Φ 30 (236.8–12)   **55** (ἀφελὴς)–**56**
(εὔθετος) Φh 63 (133.21–2)   **56** (Κράτητος)–**62** (ἰσχάς) Φ 30 (236.13–19)

42 αὐτὴ BP: αὕτη Φ: om. F   ἐφ' ᾧ(ι) BPΦ: ἐφ' οὗ F   **44** διειλέχθαι
PΦ: διηλέγχθαι B: -λέχθαι F   **45** καὶ μέντοι καὶ F   εὐθέως om. Φ
48 κῆπον PFΦh: κόλπον B   **50** γοῦν BP: τοίνυν F   αὐτὸν om. Φ
51 εἰπεῖν αὐτὸν F   **52** ἀνόητε μὴ ἐρώτα F   ὁδῷ BPFΦ: ὄχλῳ J. Ebert
ap. Bernabé   ἀλλὰ μόνον om. Φ   **53** εἰ οἱ θεοὶ F   **54** ἀπ' ἐμοῦ Pˣ:
ἄπο μοῦ BP¹: ἄπο μου FΦ   **55** οὖν om. P   **58** ἢ ἃ δεῖ BFΦP⁴: ἰάδι P¹
59 ποτε om. FΦ   **60–61** (καταφαγεῖν–μόνον) om. B¹, suppl. B²ᵐᵍ

221

ἐρώτημα, οὗ ἦν ἀρραβὼν ἡ ἰσχάς.' πάλιν δὲ ἰδὼν τὸν Κράτητα χειμῶνος συγκεκαμμένον, 'ὦ Κράτης,' εἶπε, 'δοκεῖς μοι χρείαν ἔχειν ἱματίου καινοῦ' (ὅπερ ἦν νοῦ καὶ ἱματίου).
65 καὶ τὸν ἀχθεσθέντα παρῳδῆσαι εἰς αὐτὸν οὕτω·

> καὶ μὴν Στίλπων' εἰσεῖδον χαλέπ' ἄλγε' ἔχοντα
> ἐν Μεγάροις, ὅθι φασὶ Τυφωέος ἔμμεναι εὐνάς.
> ἔνθ' ἔτ' ἐρίζεσκεν, πολλοὶ δ' ἀμφ' αὐτὸν ἑταῖροι·
> τὴν δ' ἀρετὴν παρὰ γράμμα διώκοντες κατέτριβον.

70 **[119]** λέγεται δ' οὕτως Ἀθήνησιν ἐπιστρέψαι τοὺς ἀνθρώπους ὥστε ἀπὸ τῶν ἐργαστηρίων συνθεῖν, ἵνα αὐτὸν θεάσαιντο. καί τινος εἰπόντος, 'Στίλπων, θαυμάζουσί σε ὡς θηρίον,' 'οὐ μὲν οὖν,' εἶπεν, 'ἀλλ' ὡς ἄνθρωπον ἀληθινόν.' δεινὸς δ' ἄγαν ὢν ἐν τοῖς ἐριστικοῖς ἀνήρει καὶ τὰ εἴδη· καὶ
75 ἔλεγε τὸν λέγοντα ἄνθρωπον λέγειν μηδένα· οὔτε γὰρ τόνδε λέγειν οὔτε τόνδε. τί γὰρ μᾶλλον τόνδε ἢ τόνδε; οὐδ' ἄρα τόνδε. καὶ πάλιν· τὸ λάχανον οὐκ ἔστι τὸ δεικνύμενον· λάχανον μὲν γὰρ ἦν πρὸ μυρίων ἐτῶν· οὐκ ἄρα ἐστὶ τοῦτο λάχανον. φασὶ δ' αὐτὸν ὁμιλοῦντα Κράτητι μεταξὺ σπεῦσαι

---

62 (πάλιν)–**69** Stilp. test. 180 Doer.　　**65** (καὶ)–**69** SSR V H 67　　**66–69** Crates fr. 1 Diels = SH 347　　**70–73** (ἀληθινόν) Stilp. test. 176 Doer. = SSR II O 11　　**74** (δεινὸς)–**79** (λάχανον) Stilp. test. 199 Doer. = SSR II O 27 **79** (φασὶ)–**83** Stilp. test. 181 Doer.

---

62 (ἰδὼν)–**69** Φh 63 (133.22–134.2)　　**70–73** (ἀληθινόν) Φ 30 (236.19–23) **74** (ἀνήρει)–**79** (λάχανον) Φh 63 (133.22–134.2)　　**79** (φασὶ)–**83** Φ 30 (236.23–237.2)

---

63 συγκεκαμμένον Β: -κεκαυμένον PF: -κεκαλυμμένον Φh (cf. 6.29) **64** ἔχειν χρείαν F　　ὅπερ ἦν νοῦ καὶ ἱματίου BP: ἤτοι ν. κ. ἱ. Φh: del. Cob. (deest in F)　　**65** ἀχθεσθέντα Emperius ap. Huebn. II 675: αἰδεσθέντα BPF: om. Φh　　**66** μὴν PFΦh, B² (ἦν in ras.): μὴ B¹　　χαλέπ' PΦh: χαλεπ' Β: κρατερ' F　　ἄλγε' P: ἄλγη Β: ἄλγεα F　　ἔχοντ' ἄλγεα Φh　　**68** ἔνθ' ἔτ' Diels: ἔνθετ' B¹P¹(Q): ἔνθεν τ' Φh: ἔνθα τ' FP⁴　　ἔνθ' ὅ γ' Wil. ap. Diels (ut Hom. Β 314 et saepe)　　ἐρίζεσκεν (sic) Β: ἐρίζεσκε PFΦh　　**70** ἀθήνηθεν Φ　　**71** ἵν' ΒΦ　　**72** θεάσωνται F　　**73** εἶπεν FΦ: εἰπεῖν BP　　**74** ἀνήρει καὶ PF: ἀνήρηκε Β: ἀνήρει Φh　　**75** λέγειν Roeper (1854) 14: εἶναι BPFΦ　　εἶναι, <εἰπεῖν> Casaub., εἶναι <λέγειν> V. d. Muehll　　**76** λέγειν BPFΦ: εἶναι Cob.　　οὐδ' Cob.: οὔτε BPFΦ

ἰχθῦς πρίασθαι· τοῦ δ᾽ ἐπισπωμένου καὶ φάσκοντος· 80
'καταλείπεις τὸν λόγον;' 'οὐκ ἔγωγε,' ἔφη, 'ἀλλὰ τὸν μὲν
λόγον ἔχω, σὲ δὲ καταλείπω· ὁ μὲν γὰρ λόγος περιμένει, τὸ
δ᾽ ὄψον πεπράσεται.'

[120] φέρονται δ᾽ αὐτοῦ διάλογοι ἐννέα ψυχροί·
Μόσχος, Ἀρίστιππος ἢ Καλλίας, Πτολεμαῖος, Χαιρεκράτης, 85
Μητροκλῆς, Ἀναξιμένης, Ἐπιγένης, Πρὸς τὴν ἑαυτοῦ
θυγατέρα, Ἀριστοτέλης. τούτου καὶ Ἡρακλείδης φησὶ τὸν
Ζήνωνα ἀκοῦσαι τὸν τῆς Στοᾶς κτίστην. γηραιὸν δὲ
τελευτῆσαί φησιν Ἕρμιππος, οἶνον προσενεγκάμενον,
ὅπως θᾶττον ἀποθάνῃ. 90

ἔστι δὲ καὶ εἰς τοῦτον ἡμῶν·

τὸν Μεγαρέα {τὸν} Στίλπωνα, γινώσκεις δ᾽ ἴσως,
γῆρας, ἔπειτα νόσος καθεῖλε, δύσμαχον ζυγόν·
ἀλλ᾽ οἶνον εὗρε τῆς κακῆς συνωρίδος
φέρτερον ἡνίοχον· πιὼν γὰρ ἤλασε πρόσω. 95

ἐσκώφθη δὲ ὑπὸ Σωφίλου τοῦ κωμικοῦ ἐν δράματι Γάμῳ·

Στίλπωνός ἐστι βύσμαθ᾽ ὁ Χαρίνου λόγος.

84–87 (Ἀριστοτέλης) Stilp. test. 187 Doer. = SSR II O 23   **84–85**
(φέρονται—Καλλίας) SSR IV A 140   (φέρονται—Μόσχος) SSR III E 3
87 (τούτου)–**88** (κτίστην) Stilp. test. 167 Doer. = SSR O II 4   Sotion fr. 9
W.   **88** (γηραιὸν)–**96** SSR O II 4   **88** (γηραιὸν)–**95** Stilp. test. 152
Doer.   Hermipp. FGrHistCont 1026 F 76 (Bollansée)   **96–97** Stilp. test.
185 Doer.   **97** Sophil. fr. 3 K.-A.

---

88 (γηραιὸν)–**90** Φh 63 (134.3–4).

---

80 ἰχθύας P¹F   φάσκοντος BPΦ: λέγοντος F   **82** μὲν om. Φ
περιμένει BPΦ: -μενεῖ F   **87** καὶ ἡρακλείδης φησὶ BP: φ. κ. ἡρ. F
φησὶν Ἡρ. κ. Cob.   **90** ὅπως BP: ἵνα F   **91** καὶ om. F   **92** τὸν²
del. Hermannn (1829) 236   γιγνώσκεις Cob.   **95–96** πιὼν γὰρ
ἤλασε πρόσω. ἐσκώφθη Meineke, FCG IV (1841) 386: π. γ. ἤλασε πρὸς
ἐσκώφθη F: π. γ. ἤ.· προσεσκώφθη BP   post ἤλασε (**95**) lac. indic.
Hermann: <χανδὸν> π. γ. ἤλασεν Cob. conl. 7.184, sed vid. Roeper (1854)
14–15: π. παρ᾽ <Ἅιδην> ἤ. Marcov. (conl. 7.184): π. ἤλασ᾽ <ἐς μόρον> V. d.
Muehll   **96** σωφίλου B²: σοφ. B¹P¹F   φίλου Pˣ: Διφίλου Aldobr.
γάμω(ι) BP¹: -ου Pˣ(Q)F

LIBER II

[121] Κρίτων Ἀθηναῖος· οὗτος μάλιστα φιλοστοργότατα
διετέθη πρὸς Σωκράτην, καὶ οὕτως ἐπεμελεῖτο αὐτοῦ, ὥστε
μηδέποτ' ἐλλείπειν τι τῶν πρὸς τὴν χρείαν. καὶ οἱ παῖδες δὲ
αὐτοῦ διήκουσαν Σωκράτους, Κριτόβουλος, Ἑρμογένης,
5 Ἐπιγένης, Κτήσιππος. ὁ δ' οὖν Κρίτων διαλόγους
γέγραφεν ἐν ἑνὶ φερομένους βιβλίῳ ἑπτακαίδεκα, τοὺς
ὑπογεγραμμένους·

Ὅτι οὐκ ἐκ τοῦ μαθεῖν οἱ ἀγαθοί,
Περὶ τοῦ πλεῖον ἔχειν,
10 Τί τὸ ἐπιτήδειον ἢ Πολιτικός,
Περὶ τοῦ καλοῦ,
Περὶ τοῦ κακουργεῖν,
Περὶ εὐθημοσύνης,
Περὶ νόμου,
15 Περὶ τοῦ θείου,
Περὶ τεχνῶν,
Περὶ συνουσίας,
Περὶ σοφίας,
Πρωταγόρας ἢ Πολιτικός,
20 Περὶ γραμμάτων,
Περὶ ποιητικῆς,
Περὶ τοῦ καλοῦ,
Περὶ τοῦ μαθεῖν,
Περὶ τοῦ γνῶναι ἢ Περὶ ἐπιστήμης,
25 Τί τὸ ἐπίστασθαι.

1–25 SSR VI B 42.

Ante 1 tit. κρίτων Pˣ   2 ἐπεμελήθη F   3 μηδέποτ' ἐλλείπειν F:
μηδέποτε λείπειν BP   τὴν om. F   4 ἑρμογένους F   5 γ' οὖν F
9–10 unus tit. in B¹P¹   9 πλέον Cob.   10 ἢ πολιτικός delere vel ἢ
βουλευτικός scribere vult Roeper (1854) 16 (cf. 19)   11 Περὶ τοῦ καλοῦ
del. Roeper (1854) 16 (cf. 22)   14 π. τοῦ νόμου F   νόμου ἢ F: ἢ erasum
B   19 ἢ Πολιτικός secl. Marcov. (conl. 10)   21 ποιητικῆς BP:
ποιητῶν F   22 secl. Huebn. II 676 (cf. 11). Vid. ad § 122   24–25 περὶ
τοῦ γνῶναι ἢ περὶ ἐπιστήμης, τί τὸ ἐπίστασθαι BPF: Περὶ τοῦ γν. π. ἐπ.
<ἢ> Τί τὸ ἐπ. vel π. ἐπ., τί τὸ ἐπ. Casaub. (unus tit.): Π. τ. γν., Περὶ ἐπ.
<ἢ> τί τὸ ἐπ. (duo tituli) Roeper (1854) 16

[122] Σίμων Ἀθηναῖος, σκυτοτόμος. οὗτος ἐρχομένου Σωκράτους ἐπὶ τὸ ἐργαστήριον καὶ διαλεγομένου τινά, ὧν ἐμνημόνευεν ὑποσημειώσεις ἐποιεῖτο· ὅθεν σκυτικοὺς αὐτοῦ τοὺς διαλόγους καλοῦσιν. εἰσὶ δὲ τρεῖς καὶ τριάκοντα ἐν ἑνὶ φερόμενοι βιβλίῳ·   5

    Περὶ θεῶν,
    Περὶ τοῦ ἀγαθοῦ,
    Περὶ τοῦ καλοῦ,
    Τί τὸ καλόν,
    Περὶ δικαίου πρῶτον, δεύτερον,   10
    Περὶ ἀρετῆς, ὅτι οὐ διδακτόν,
    Περὶ ἀνδρείας πρῶτον, δεύτερον, τρίτον,
    Περὶ νόμου,
    Περὶ δημαγωγίας,
    Περὶ τιμῆς,   15
    Περὶ ποιήσεως,
    Περὶ εὐπαθείας,
    Περὶ ἔρωτος,
    Περὶ φιλοσοφίας,
    Περὶ ἐπιστήμης,   20
    Περὶ μουσικῆς,
    Περὶ ποιήσεως,
[123]   Τί τὸ καλόν,
    Περὶ διδασκαλίας,
    Περὶ τοῦ διαλέγεσθαι,   25
    Περὶ κρίσεως,

1–44 SSR VI B 87

1–4 (καλοῦσιν) Φ 31 (237.4–7)

Ante **1** tit. σίμων Pˣ   **3** ἐμνημόνευσεν F   αὐτοὺς F   **4** τρεῖς BPF: εἷς Marcov., an τρεῖς καὶ delendum? Roeper (1854) 16   **6** θεῶν BP: -οῦ F **7** τἀγαθοῦ F   **8–9** unus tit. Casaub. 'videtur idem dialogus esse. indices hos in Diogene traditos non admodum curate digestos fidosque esse colligo in aliis ex eo quod § 123 (**23**) hic idem titulus τί τὸ καλόν recurrit itemque titulus περὶ τοῦ καλοῦ (**33**)' Reiske 309   **9** om. F¹, suppl. F²ᵐᵍ   **10** Π. τοῦ δ. F **16** secl. Marcov. (vid. **22**)   περὶ ποιήσεως BPF: π. π. τί τὸ καλόν· περὶ διδασκαλίας F (cf. **22–24**)   **22–24** om. F (vid. ad **8–9** et **16**)   **22** secl. Long (vid. **16**): Π. <παιδο>ποιήσεως Roeper (1854) 16

225

Περὶ τοῦ ὄντος,
Περὶ ἀριθμοῦ,
Περὶ ἐπιμελείας,
30   Περὶ τοῦ ἐργάζεσθαι,
Περὶ φιλοκερδοῦς,
Περὶ ἀλαζονείας,
Περὶ τοῦ καλοῦ.

οἱ δέ,

35   Περὶ τοῦ βουλεύεσθαι,
Περὶ λόγου ἢ Περὶ ἐπιτηδειότητος,
Περὶ κακουργίας.

οὗτος, φασί, πρῶτος διελέχθη τοὺς λόγους τοὺς
Σωκρατικούς. ἐπαγγειλαμένου δὲ Περικλέους θρέψειν
40 αὐτὸν καὶ κελεύοντος ἀπιέναι πρὸς αὐτόν, οὐκ ἂν ἔφη τὴν
παρρησίαν ἀποδόσθαι.

γέγονε δὲ καὶ ἄλλος Σίμων ῥητορικὰς τέχνας γεγραφώς·
καὶ ἕτερος ἰατρὸς κατὰ Σέλευκον τὸν Νικάτορα· καί τις
ἀνδριαντοποιός.

38–41 Φ 31 (237.7–10).

33 Π. <φιλο>κάλου Roeper (1854) 16   **34** οἱ δέ post **36** ἐπιτηδειότ.
transp. vult Roeper (1854) 16   **36** Π. <πολιτικοῦ> λ. scribere (conl. § 121,
10) vel ἢ delere vult Reiske 309   **38** διειλέχθη F   post λόγους ras. 6
litt. B   **43** νικάτορα BP¹: νικάνορα FP^x

[124] Γλαύκων Ἀθηναῖος· καὶ τούτου φέρονται ἐν ἑνὶ διάλογοι ἐννέα·

> Φειδύλος,
> Εὐριπίδης,
> Ἀμύντιχος,   5
> Εὐθίας,
> Λυσιθείδης,
> Ἀριστοφάνης,
> Κέφαλος,
> Ἀναξίφημος,   10
> Μενέξενος.

φέρονται καὶ ἄλλοι δύο καὶ τριάκοντα, οἳ νοθεύονται.

1–12 SSR VI B 63.

Ante **1** tit. γλαύκων P^xmg   **1** ἐν ἑνὶ <βιβλίῳ> Cob. (supra § 121 et 122) **3** Φείδυλος F. I. Bast, Epist. crit. (1809) 245   **12** ἄλλοι BP: διάλογοι F οἳ καὶ F

LIBER II

Σιμμίας Θηβαῖος· καὶ τούτου φέρονται ἐν ἑνὶ διάλογοι τρεῖς καὶ εἴκοσι·

Ante tit. σιμμίας Pˣ   1 ὁ θηβαῖος P   ἐν ἑνὶ <βιβλίῳ> Cob. (supra § 121 et 122)   19 εὖ ζῆν om. F¹, suppl. F²ᵐᵍ

[125] Κέβης ὁ Θηβαῖος· καὶ τούτου φέρονται διάλογοι τρεῖς·

Πίναξ,
Ἑβδόμη,
Φρύνιχος.   5

Ante **1** tit. κέβης Pˣ

Μενέδημος <Ἐρετριεύς>. οὗτος τῶν ἀπὸ Φαίδωνος,
Κλεισθένους τοῦ τῶν Θεοπροπιδῶν καλουμένων υἱός,
ἀνδρὸς εὐγενοῦς μέν, ἀρχιτέκτονος δὲ καὶ πένητος· οἱ δὲ καὶ
σκηνογράφον αὐτὸν εἶναί φασι καὶ μαθεῖν ἑκάτερα τὸν
5 Μενέδημον· ὅθεν γράψαντος αὐτοῦ ψήφισμά τι καθήψατό
τις Ἀλεξίνειος, εἰπὼν ὡς οὔτε σκηνὴν οὔτε ψήφισμα
προσήκει τῷ σοφῷ γράφειν. πεμφθεὶς δὴ φρουρὸς ὁ
Μενέδημος ὑπὸ τῶν Ἐρετριῶν εἰς Μέγαρα ἀνῆλθεν εἰς
Ἀκαδημίαν πρὸς Πλάτωνα, καὶ θηραθεὶς κατέλιπε τὴν
10 στρατείαν.

[126] Ἀσκληπιάδου δὲ τοῦ Φλιασίου περισπάσαντος
αὐτὸν ἐγένετο ἐν Μεγάροις παρὰ Στίλπωνα, οὗπερ
ἀμφότεροι διήκουσαν· κἀντεῦθεν πλεύσαντες εἰς Ἦλιν
Ἀγχιπύλῳ καὶ Μόσχῳ τοῖς ἀπὸ Φαίδωνος παρέβαλον. καὶ
15 μέχρι μὲν τούτων, ὡς προείρηται ἐν τῷ περὶ Φαίδωνος,
Ἠλειακοὶ προσηγορεύοντο· Ἐρετρικοὶ δ' ἐκλήθησαν ἀπὸ
τῆς πατρίδος τοῦ περὶ οὗ ὁ λόγος.

1–234 Vitam Menedemi post Wil., Ant. 95–102, ed. Knoepfler 170–204
1–17 SSR III F 1   **3** (οἱ)–**7** (γράφειν) Alexin. test. 85 Doer. = SSR II
C 18   **7** (πεμφθεὶς)–**13** (διήκουσαν) Stilp. test. 170 Doer. = SSR II O 7
13 (κἀντεῦθεν)–**14** (παρέβαλον) SSR III D 1   **15** (ὡς προείρηται) supra
§ 105

1–3 (ἀρχιτέκτονος) Φh 44 (120.7)   **5** (ὅθεν)–**10** Φh 44 (120.8–12)

Ante **1** tit. μενέδημος Pˣᵐᵍ et B² in spatio vacuo in fine versus   **1** μενέδημος
F: om. B¹P¹, secl. Cob. et dub. V. d. Muehll   Ἐρετριεύς add. Knoepfler
ex Φh post Leo, Biogr. 75 ('Ερ. fehlt')   **2** υἱός BPΦh: -οῦ F   **4**
σκηνογράφον BP¹(Q): -νορράφον FP⁴   **5** ψηφίσματι B¹, corr. B²   **6**
ἀλεξίνειος F: -ξίνιος BP¹Φh: -ξείνιος Pˣ   ψήφισμα BPF: -φίσματα Φh
7 δὴ BPˣF: δὲ P¹(Q)Φh   **8** ἐρετριῶν B² (ex οροτριων B¹ ut vid.): -ίων P:
-ιέων FΦh   **9** Ἀκαδήμειαν Wil., Ant. 95   Πλάτωνα] 'eigentlich nur
durch eine verwechselung mit Menedemos aus Pyrrha' Wil., Ant. 86
Πολέμωνα V. d. Muehll dub., Στίλπωνα susp. Knoepfler 'si non apud ipsum
Diogenem, at saltem in eius fonte'   κατέλιπε FΦhPˣ: -έληγε BP¹(Q)
10 στρατείαν PFΦh: -ιάν B   **11** φλιασίου (τυφλια- F) BPF: Φλειασίου
Wil., Ant. 95:   **12** <παρ>εγένετο Marcov.   **14** ἀγχιπύλῳ BP: ἀρχι-
F: Ἀγχιμόλῳ Roeper (1854) 18 (conl. Athen. 2, 44 C). Vid. J. Wackernagel,
Kl. Schr. II (s.d.) 893   **16** ἠλειακοὶ PF: ἠλια- B   ἐρετρικοὶ BP¹F:
-ιακοὶ Pˣ

φαίνεται δὴ ὁ Μενέδημος σεμνὸς ἱκανῶς γενέσθαι· ὅθεν
<εἰς> αὐτὸν Κράτης παρῳδῶν φησι·

    Φλιάσιόν τ᾽ Ἀσκληπιάδην καὶ ταῦρον Ἐρετρῇ.   20

ὁ δὲ Τίμων οὕτω·

    †λόγον† ἀναστήσας ὠφρυωμένος ἀφροσιβόμβαξ.

[**127**] οὕτω δ᾽ ἦν σεμνὸς ὡς Εὐρύλοχον τὸν Κασανδρέα
μετὰ Κλεϊππίδου Κυζικηνοῦ μειρακίου κληθέντα ὑπ᾽
Ἀντιγόνου ἀπειπεῖν· φοβεῖσθαι γὰρ μὴ Μενέδημος 25
αἴσθηται. ἦν γὰρ καὶ ἐπικόπτης καὶ παρρησιαστής.
μειρακίου γοῦν καταθρασυνομένου εἶπε μὲν οὐδέν· λαβὼν
δὲ κάρφος διέγραψεν εἰς τὸ ἔδαφος περαινομένου σχῆμα·
ἕως ὁρώντων πάντων συνὲν τὸ μειράκιον τὴν ὕβριν
ἀπηλλάχθη. Ἱεροκλέους δὲ τοῦ ἐπὶ τοῦ Πειραιῶς 30
συνανακάμπτοντος αὐτῷ ἐν Ἀμφιαράου καὶ πολλὰ

18–46 (γεγάμηκα) SSR III F 5   **18** (ὅθεν)–**20** SSR V H 68   **20** Crates
fr. 2 Diels = SH 348   **22** Timon SH 803 = fr. 29 Di Marco

---

18 (σεμνὸς)–**26** (παρρησιαστής) Φh 44 (120.12–121.2)   **27** (μειρακίου)–
30 (ἀπηλλάχθη) Φ 32 (238.10–13)

---

19 εἰς add. Knoepfler (conl. supra § 118 et 4.63)   παρῳδῶν BPΦh: -οδὸν F
20 Φλειάσιόν Wil., Ant. 96   ταῦρον BPF²: τρῶον F¹ ut vid.   Ἐρετρῇ
Bergk (cf. Knoepfler 105⁴⁴): ἐρέτρην BPFΦh   **21** οὕτως Diels   **22**
λόγον BPFΦh: ὄγκον Diels post A. Ludwich, De quibusdam Tim. Phl.
fragmentis (1903) 4: ὄχλον (vel λαὸν) I. Bywater, JPh 10 (1882) 79: λῆρον
Iunius conl. infra § 140: <ὡς> λόφον ἀναστήσας (λόφ. iam F. Schoell ap.
Wachsmuth, Sillogr. Gr. (1885) 134, et ἀνστ. Tauchn.) 'haec quoque ad
Menedemi fastum referenda suspicatus' Di Marco. Vid. E. Livrea, Gnomon
56 (1985) 598   ὠφρυωμένος PFΦh: ὀφρ- B ('de synecphonesi cf. Schwyzer,
Gr. Gramm. I 244' Lloyd-Jones/Parsons), ὀφρυούμενος Ludwich
ἀφροσιβόμβαξ BP: -βόμμαξ F: ἄφροσι βόμβαξ Φh: ἀφρασιβόμβαξ Scaliger
217   **23** δ᾽ ἦν BPF: δ᾽ ἂν Φh   **24** μετ᾽ ἀσκλειπίδου F² (ex μετὰ
κρειπίδου F¹ ut vid.)   κυζινοῦ F   **25** ἀπειπεῖν Wil., Ant. 96: ἀντ-
BPFΦh   **26** καὶ¹ om. Φh   ἐπικόπτης BPΦh: -πης F (supra § 55, 79;
infra 4.33 et 7.16)   **28** διέγραψεν Φ: -φεν BPF   τὸ ἔδαφος BΦ: τοῦδ-
PF   **30** ἀπηλλάχθη BP¹(Q): -άγη FP‡Φ   τοῦ secl. Frob. (deest in Z)
31 συνανακάμπτοντος BP¹(Q): -κόπτοντος FP⁴   ἐν BFPˣˢˡ·: ἐπὶ P¹

λέγοντος περὶ τῆς ἁλώσεως τῆς Ἐρετρίας, ἄλλο μὲν οὐδὲν
εἶπεν, ἠρώτησε δὲ εἰς τί αὐτὸν Ἀντίγονος περαίνει.
[128] πρὸς δὲ τὸν θρασυνόμενον μοιχόν, 'ἀγνοεῖς,' ἔφη,
35 'ὅτι οὐ μόνον κράμβη χυλὸν ἔχει χρηστόν, ἀλλὰ καὶ
ῥαφανίδες;' πρὸς δὲ τὸν νεώτερον κεκραγότα, 'σκέψαι,'
ἔφη, 'μή τι ὄπισθεν ἔχων λέληθας.' Ἀντιγόνου δὲ
συμβουλευομένου εἰ ἐπὶ κῶμον ἀφίκοιτο, σιωπήσας τἆλλα
μόνον ἐκέλευσεν ἀπαγγεῖλαι ὅτι βασιλέως υἱός ἐστιν. πρὸς
40 δὲ τὸν ἀναίσθητον ἀναφέροντά τι αὐτῷ εἰκαίως, ἠρώτησεν
εἰ ἀγρὸν ἔχει· φήσαντος δὲ καὶ πάμπλειστα κτήματα,
'πορεύου τοίνυν,' ἔφη, 'κἀκείνων ἐπιμελοῦ, μὴ συμβῇ σοι
καὶ ταῦτα καταφθεῖραι καὶ κομψὸν ἰδιώτην ἀποβαλεῖν.'
πρὸς δὲ τὸν πυθόμενον εἰ γῆμαι ὁ σπουδαῖος, ἔφη· 'πότερον
45 ἐγώ σοι σπουδαῖος δοκῶ ἢ οὔ;' φήσαντος δ' εἶναι, 'ἐγὼ
τοίνυν,' εἶπε, 'γεγάμηκα.' [129] πρὸς δὲ τὸν εἰπόντα πολλὰ
τὰ ἀγαθὰ ἐπύθετο πόσα τὸν ἀριθμὸν καὶ εἰ νομίζει πλείω
τῶν ἑκατόν. μὴ δυνάμενος δὲ τῶν καλούντων ἐπὶ τὸ δεῖπνόν
τινος περιελεῖν τὴν πολυτέλειαν, κληθείς ποτε οὐδὲν μὲν
50 εἶπε· σιωπῶν δ' αὐτὸν ἐνουθέτησε μόνας ἐλάας
προσενεγκάμενος.
διὰ οὖν δὴ τὸ παρρησιαστικὸν τοῦτο μικροῦ καὶ

---

46 (πρὸς)–**48** (ἑκατόν) SSR III F 17   **48** (μὴ)–**75** (διεκρύπτετο) SSR
III F 8

34–37 (λέληθας) Φ 32 (237.12–15)   **37** (Ἀντιγόνου)–**43** (ἀποβαλεῖν) Φh 44
(121.2–9)   **44** (πρὸς)–**46** (γεγάμηκα) Φ 32 (237.15–18)   **46** (πρὸς)–**48**
(ἑκατόν) Φh 44 (121.9–11)   **48** (μὴ)–**66** Φ 32 (237.18–238.9)

---

32 ἀλλ' ὁ F   **34** ἀγνοεῖς ἔφη BPF: ἔ. ἀγ. Φ   **35** (ὅτι)–**37** (ἔφη) om. F¹,
suppl. F²ᵐᵍ   **36** ῥαφανίδες BPΦ: -νίς F   κεκραγότος B¹, corr. B²
<μέγα> κεκρ. Marcov.   **37** δὲ om. Φh   **38** συμβουλευομένου τί
εἴποι Φh (cf. Knoepfler 121⁴⁵)   σιωπήσαν<τα> Patillon ap. Goulet-Cazé
347¹   τἆλλα BPF: τὰ ἄλλα Φh   **43** καταφθεῖραι BPF: δια- Φh
ἀπολαβεῖν Marcov.   **44** δὲ om. Φh   γῆμαι Φh: γῆμαι F¹: γήμη F², Pˣ
(η in ras.): -ει B²: -οι Z (Frob.): de B¹ et P¹ non constat   **45** σπουδαῖος
BPΦh: -ον F   δ' εἶναι BPF: δὴ ναὶ Φ   **46** δὲ om. Φh   **47** νομίζει BP:
-ζη F: -ζοι Φh   **48** τὸ om. FΦ: del. P⁴   **50** ἐνουθέτησε BPΦ: ἐνομο- F
ἐλάας B¹P: -αίας B²FΦ   **52** οὖν δὴ BP: γοῦν δὴ F: δὴ οὖν Cob.
τούτου F¹ ut vid., corr. F²   μικρὸν B¹, corr. B²

ἐκινδύνευσεν ἐν Κύπρῳ παρὰ Νικοκρέοντι σὺν
Ἀσκληπιάδῃ τῷ φίλῳ. τοῦ γάρ τοι βασιλέως ἐπιμήνιον
ἑορτὴν τελοῦντος καὶ καλέσαντος καὶ τούτους ὥσπερ καὶ 55
τοὺς ἄλλους φιλοσόφους, τὸν Μενέδημον εἰπεῖν ὡς εἰ καλὸν
ἦν ἡ τῶν τοιούτων ἀνδρῶν συναγωγή, καθ᾽ ἡμέραν ἔδει
γίνεσθαι τὴν ἑορτήν· εἰ δ᾽ οὔ, περιττῶς καὶ νῦν. [130] πρὸς
δὲ τοῦτο ἀπαντήσαντος τοῦ τυράννου καὶ εἰπόντος ὡς
ταύτην τὴν ἡμέραν ἔχοι σχολάζουσαν πρὸς τὸ διακούειν 60
φιλοσόφων, ἔτι καὶ μᾶλλον ἀτειρότερον ἐνέκειτο, δεικνὺς ἐπὶ
τῆς θυσίας ὡς χρὴ πάντα καιρὸν φιλοσόφων ἀκούειν· ἕως εἰ
μή τις αὐλητὴς αὐτοὺς διεπέμψατο, κἂν ἀπώλοντο. ὅθεν
χειμαζομένων ἐν τῷ πλοίῳ τὸν Ἀσκληπιάδην φασὶν εἰπεῖν
ὡς ἡ μὲν τοῦ αὐλητοῦ εὐμουσία σέσωκεν αὐτούς, ἡ δὲ τοῦ 65
Μενεδήμου παρρησία ἀπολώλεκεν.

ἦν δέ, φασί, καὶ ἐκκλίτης καὶ τὰ τῆς σχολῆς ἀδιάφορος,
οὔτε γοῦν τάξιν τινὰ ἦν παρ᾽ αὐτῷ βλέπειν οὔτε βάθρα
κύκλῳ διέκειτο, ἀλλ᾽ οὗ ἂν ἕκαστος ἔτυχε περιπατῶν ἢ
καθήμενος ἤκουε, καὶ αὐτοῦ τοῦτον τὸν τρόπον 70
διακειμένου. [131] ἀγωνιάτης μέντοι, φασίν, ἦν ἄλλως καὶ
φιλόδοξος· ὥστε τὸ πρότερον τέκτονι συνοικοδομοῦντες
αὐτός τε καὶ ὁ Ἀσκληπιάδης, ὁ μὲν Ἀσκληπιάδης ἐφαίνετο
γυμνὸς ἐπὶ τοῦ τέγους τὸν πηλὸν παραφέρων, ὁ δὲ εἴ τινα
ἴδοι ἐρχόμενον, διεκρύπτετο. ἐπεὶ δ᾽ ἥψατο τῆς πολιτείας, 75

---

75 (ἐπεὶ)–82 SSR III F 11   67–71 (διακειμένου) Antig. Car. fr. nov. 2 Dor.

67–71 (διακειμένου) Φh 44 (121.12–16)   71 (ἦν)–75 (διεκρύπτετο) Φ 32
(238.13–16)

---

53 κρυπτῶ P¹, corr. P⁴   νικοκρέοντι σὺν BPΦ: -κρέαντι ἐν F   55 καὶ³
Φ: om. BPF   57 καθ᾽ ἑκάστην ἡ. F   60 ἔχοι BPΦ: -ει F   61
ἀτειρότερον B²ᵐᵍ: ἀτη- B¹P¹: ἀστει- F ut vid.: αὐστη- ΦB²ᵐᵍF²P⁴ (cf.
Dorandi, Laertiana 58–9⁴⁵)   62 ἕως BPFΦ: ὥστ᾽ Cob., ὡς Kayser   63
ἀπόλωντο B¹F   64 ἀσκαληπιάδη P   εἰπεῖν φασὶν F   67 ἦν—
ἐκκλίτης om. F¹, suppl. F²ᵐᵍ   φασί om. Φh   ἐκκλίτης PF², in ras. B² (-ὴς),
Φh   68 γοῦν om. F¹, post τάξιν add. F²ˢ·¹·   69 ἂν secl. Knoepfler,
expunxit B² ut vid.   71–72 ἀγων. ἦν φασὶν καὶ ἄλλως φιλόδ. F
72 τὸ om. Φ   συνοικοδομοῦντι Φ   73 ὁ¹ om. Φ   74 τέγους PFΦ:
στέ- B   τῶν πηλῶν B¹, corr. B²   75 ἴδοι PΦ: εἴ- B: ἤδει F
διεκρύπτετο BP¹(Q)Φ: παρεκρ- P⁴ (παρ in ras.): παρεκρύβετο F

LIBER II

οὕτως ἦν ἀγωνιάτης ὥστε καὶ τὸν λιβανωτὸν τιθεὶς
διήμαρτε τοῦ θυμιατηρίου. καί ποτε Κράτητος
περιϊσταμένου αὐτὸν καὶ καθαπτομένου εἰς τὸ ὅτι
πολιτεύεται, ἐκέλευσέ τισιν εἰς τὸ δεσμωτήριον ἐμβαλεῖν
80 αὐτόν· τὸν δὲ μηδὲν ἧττον τηρεῖν παριόντα καὶ
ὑπερκύπτοντα Ἀγαμεμνόνειόν τε καὶ Ἡγησίπολιν
ἀποκαλεῖν.
ἦν δέ πως ἠρέμα καὶ δεισιδαιμονέστερος. [132] σὺν γοῦν
Ἀσκληπιάδῃ κατ' ἄγνοιαν ἐν πανδοκείῳ ποτὲ κρεάτων
85 ῥιπτουμένων φαγών, ἐπειδὴ μάθοι, ἐναυτία τε καὶ ὠχρία
ἕως Ἀσκληπιάδης ἐπετίμησεν αὐτῷ, εἰπὼν ὡς οὐδὲν
ἠνώχλησεν αὐτὸν τὰ κρέα, ἡ δὲ περὶ τούτων ὑπόνοια. τὰ δ'
ἄλλα μεγαλόψυχος ἀνὴρ ἦν καὶ ἐλευθέριος. κατά τε τὴν ἕξιν
τὴν σωματικὴν ἤδη καὶ πρεσβύτης ὑπάρχων οὐδὲν ἧττον
90 ἀθλητοῦ στερεός τε καὶ ἐπικεκαυμένος τὸ εἶδος, πίων τε καὶ
τετριμμένος· τὸ δὲ μέγεθος σύμμετρος, ὡς δῆλον ἐκ τοῦ
εἰκονίου τοῦ ἐν Ἐρετρίᾳ ἐν τῷ ἀρχαίῳ σταδίῳ. ἔστι γάρ,
ὡς ἐπίτηδες, παράγυμνον, τὰ πλεῖστα μέρη φαῖνον τοῦ
σώματος.
95 [133] ἦν δὲ καὶ φιλυπόδοχος καὶ διὰ τὸ νοσῶδες τῆς

83–94 SSR III F 8   **88** (κατά)–**94** Antig. Car. fr. 28* Dor.   **95–112**
(ἐλευθέριος) SSR III F 12   **95–104** Antig. Car. fr. 29* Dor.

76 (καί)–**87** (κρέα) Φh 44 (121.16–25)   **95–107** (Εὐριπίδου) Φh 44
(122.1–11)

76 τὸν om. F   **77** post καὶ add. τοῦ P⁴ˢ·ˡ·   **78** περισταμένου B   καὶ
καθαπτομένου om. F¹, suppl. F²ᵐᵍ   **79–80** αὐτὸν ἐμβαλεῖν F
81 ἀγαμεμνόνιόν BP¹   Αἱρησίπολιν Croenert, Kol. u. Men. 177
83–84 σ. γοῦν (οὖν F¹) ἀσκλ. BPF²: σ. ἀσκλ. γ. Φh   **84** ποτὲ ἐν πανδ.
ποτὲ P¹(Q), prius ποτὲ del. Pˣ   πανδοχείῳ F²   **85** ῥιπτομένων F
ἐπειδὴ BPF: ἐπεὶ Φh   μάθοι ἐναυτία Φh: μάθοι ἀνεναυτία B² (-οιαν- B¹):
μάθοιαν ἐναυτία P: μάθοιεν αὐτία F: μάθοι, ἀνεναυτία ('vix μάθοι ἄν,
ἐναυτία') V. d. Muehll, 'an fortasse μαθεῖν ἐν. scribendum?' Knoepfler 127⁶¹
86 εἰπὼν ὡς οὐδὲν Knoepfler: ὡς οὐ. εἰπ. BPΦh: εἰπὼν om. F¹, suppl.
F²ˢ·ˡ·, secl. Cob.   **87** αὐτὸν BPF: -ῶ Φh   τὰ κρέα αὐτὸν (ex αὐτῶν Fˣ) F
ἡ δὲ BP: ἀλλ' ἡ F   **90** στερρός F   πίων BPF: ἐμπινὴς V. d. Muehll
dub. (conl. 5.67): <ἀ>πίων Marcov.   **91** δὲ om. F   **92** ἐρετριδ' B
93 πλεῖστα BP: πλείω F   **95** καὶ¹ om. Φh

234

Ἐρετρίας πλείω συνάγων συμπόσια· ἐν οἷς καὶ ποιητῶν καὶ μουσικῶν. ἠσπάζετο δὲ καὶ Ἄρατον καὶ Λυκόφρονα τὸν τῆς τραγῳδίας ποιητὴν καὶ τὸν Ῥόδιον Ἀνταγόραν· μάλιστα δὲ πάντων Ὁμήρῳ προσεῖχεν· εἶτα καὶ τοῖς μελικοῖς· ἔπειτα Σοφοκλεῖ, καὶ δὴ καὶ Ἀχαιῷ, ᾧπερ καὶ τὸ δευτερεῖον ἐν τοῖς   100
Σατύροις, Αἰσχύλῳ δὲ τὸ πρωτεῖον ἀπεδίδου. ὅθεν καὶ πρὸς τοὺς ἀντιπολιτευομένους ταῦτα, φασί, προεφέρετο·

> ἡλίσκετ᾽ ἆρα καὶ πρὸς ἀσθενῶν ταχύς,
> καὶ πρὸς χελώνης αἰετὸς βραχεῖ χρόνῳ.

ταῦτα δ᾽ ἐστὶν Ἀχαιοῦ ἐκ τῆς σατυρικῆς Ὀμφάλης· **[134]**   105
ὥστε πταίουσιν οἱ λέγοντες μηδὲν αὐτὸν ἀνεγνωκέναι πλὴν τῆς Μηδείας τῆς Εὐριπίδου, ἣν ἐν τοῖς Νεόφρονος εἶναι τοῦ Σικυωνίου φασίν.

τῶν δὲ διδασκάλων τοὺς περὶ Πλάτωνα καὶ Ξενοκράτη, ἔτι τε Παραιβάτην τὸν Κυρηναῖον κατεφρόνει, Στίλπωνα δ᾽   110
ἐτεθαυμάκει· καί ποτε ἐρωτηθεὶς περὶ αὐτοῦ ἄλλο μὲν οὐδὲν

---

97 (ἠσπάζετο)–**101** (ἀπεδίδου) Achae. TrGF I 20 T 6   **97** (ἠσπάζετο)–
98 (Ἀνταγόραν) Lycophr. TrGF I 100 T 5   **98** (μάλιστα)–**100**
(Σοφοκλεῖ) Soph. test. 171 Radt[2]   **101** (Αἰσχύλῳ—ἀπεδίδου) Aesch. test.
125a Radt   **103–104** Achae. TrGF I 20 F 34   **107** (ἣν)–**108** Neophr.
TrGF I 15 T 3   **109–112** (ἐλευθέριος) Stilp. test. 172 Doer. = SSR II O 7
109–111 (ἐτεθαυμάκει) fr. 139 Mann. = SSR IV D 1   **109** (Ξενοκράτη)
deest ap. Isn.

---

110 (Στίλπωνα)–**112** (ἐλευθέριος) Φh 44 (122.11–12)

---

96 συνάγων πλείω F   συμπτόσια B   **99** ἔπειτα P, B[2] (-πητ- B[1]), F:
εἶτα Φh   **100** ὥπερ BP: ὅ- F: ᾧ Φh   τὸ Φh: om. BPF   δευτέριον B
101 τὸ PFΦh: τῶ B   **102** προεφέρετο BFΦh: προσ- P   **103** ἆρα
Orelli: ἆρα BPFΦh   **104** αἰετὸς F: ἀετὸς BPΦh   βραχὺ F   μοχθῷ
βραχεῖ Nauck, sed vid. Croenert, Kol. u. Men. 10[39] et 173   **105** ὀμφάδης
B[1], corr. B[2]   **106** πταίουσιν BPF: προσ- Φh, 'an recte?' Knoepfler
αὐτὸν μηδὲν Φh   **107** τῆς εὐριπίδου μηδείας Φh   μηδίας B[1], corr. B[2]
ἐν τοῖς BPF (cf. Leo, Biogr. 75[2]): ἔνιοι Menag.   τοῦ om. F   **109** τοὺς
Richards 343: τῶν BPF   ξενοκράτη BP: -ην F   **110** παραιβάτην BP:
παραβ- F (cf. supra § 86)   κυρηναῖον BPF: Κυρηναϊκὸν Roeper (1854) 8,
'an τῶν (**109**) retinendum et Παραιβάτου τοῦ Κυρηναίου scribendum?'
V. d. Muehll   **110–111** δ᾽ ἐτεθαυμάκει rec.: δὲ ἐτεθ. Z (Frob.): δὲ
τεθαυμάκει PF ('an recte?' V. d. Muehll): δὲ τεθαύμακε B

LIBER II

εἶπε πλὴν ὅτι ἐλευθέριος. ἦν δὲ καὶ δυσκατανόητος ὁ
Μενέδημος καὶ ἐν τῷ συνθέσθαι δυσανταγώνιστος·
ἐστρέφετό τε πρὸς πάντα καὶ εὑρησιλόγει· ἐριστικώτατός
115 τε, καθά φησιν Ἀντισθένης ἐν Διαδοχαῖς, ἦν. καὶ δὴ καὶ τόδε
ἐρωτᾶν εἰώθει· 'τὸ ἕτερον τοῦ ἑτέρου ἕτερόν ἐστι;' 'ναί.'
'ἕτερον δέ ἐστι τὸ ὠφελεῖν τοῦ ἀγαθοῦ;' 'ναί.' 'οὐκ ἄρα τὸ
ἀγαθὸν ὠφελοῦν ἐστιν.'

[135] ἀνῄρει δέ, φασί, καὶ τὰ ἀποφατικὰ τῶν ἀξιωμάτων,
120 καταφατικὰ τιθείς· καὶ τούτων τὰ ἁπλᾶ προσδεχόμενος τὰ
οὐχ ἁπλᾶ ἀνῄρει, λέγω δὲ συνημμένα καὶ συμπεπλεγμένα.
φησὶ δ' Ἡρακλείδης ἐν μὲν τοῖς δόγμασι Πλατωνικὸν εἶναι
αὐτόν, διαπαίζειν δὲ τὰ διαλεκτικά· ὥστε Ἀλεξίνου ποτὲ
ἐρωτήσαντος εἰ πέπαυται τὸν πατέρα τύπτων, 'ἀλλ' οὔτε
125 ἔτυπτον,' φάναι, 'οὔτε πέπαυμαι.' πάλιν τ' ἐκείνου
λέγοντος ὡς χρῆν εἰπόντα ναί ἢ οὒ λῦσαι τὴν ἀμφιβολίαν,
'γελοῖον,' εἶπε, 'τοῖς ὑμετέροις νόμοις ἀκολουθεῖν, ἐξὸν ἐν
πύλαις ἀντιβῆναι.' Βίωνός τε ἐπιμελῶς κατατρέχοντος τῶν
μάντεων, νεκροὺς αὐτὸν ἐπισφάττειν ἔλεγε.

130 [136] καί ποτέ τινος ἀκούσας ὡς μέγιστον ἀγαθὸν εἴη τὸ
πάντων ἐπιτυγχάνειν ὧν τις ἐπιθυμεῖ, εἶπε· 'πολὺ δὲ μεῖζον
τὸ ἐπιθυμεῖν ὧν δεῖ.' φησὶ δ' Ἀντίγονος ὁ Καρύστιος

---

112 (ἦν)–**128** (ἀντιβῆναι) SSR III F 18   **112** (ἦν)–**123** (διαλεκτικά)
Antisth. Rhod. FGrHist 508 F 6 = fr. 6 Giannat. (**112** ἦν–**116** ἐστί)   **119–**
128 (ἀντιβῆναι) Alexin. test. 84 Doer.   **122** (φησὶ)–**128** (ἀντιβῆναι),
135 (ὅμως)–**140** Alexin. test. 82 Doer. = SSR II C 6   Antig. Car. fr. 25
Dor.   **122** (φησὶ)–**128** (ἀντιβῆναι) Sotion fr. 12 W.   **128** (Βίωνός)–
129 Bion fr. 32 Kind. = SSR III F 7   **130–132** (δεῖ) SSR III F 13   **132**
(φησὶ)–**140** SSR III F 14

---

114 (ἐριστικώτατός)–**118** Φ 32 (238.16–20)   **122** (ἐν)–**132** (δεῖ) Φ 32
(238.20–9)

---

112 πλὴν ὅτι ἐλευθέριος om. B[1], suppl. B[2mg]   **114** εὑρησιλόγει P: εὐ- B:
εὑρεσιο- F (supra § 113)   **116** ναὶ PF: καὶ B   **117** ὠφελοῦν Roeper
(1854) 26   **117–118** τὸ ἀγαθὸν ὠφελοῦν V. d. Muehll: τὸ ἀ. ὠφελεῖν BPΦ:
τὸ ὠφ. ἀ. F   ἀ. τὸ ὠφελοῦν Roeper   **119** post ἀξιωμάτων hab. B[1]
καταφατικὰ τῶν ἀξιωματων (sic), quae B[2] del.   **121** λέγω F: λέγων BP
δὲ BPF: <ὦ>δε Knoepfler   **123** λαεξίνου P[1](Q), corr. P[4] (ἀλε in ras.)
124 διερωτήσαντος P   **127** νομοῖς Goulet-Cazé 352[2]   **130** τινος
ἀκούσας BPF: λεγόντός τινος Φ   **131** εἶπε Φ: εἰπεῖν BPF

236

γράψαι αὐτὸν μηδὲν μηδὲ συντάξαι, ὥστε μηδ᾽ ἐπὶ
δόγματός τινος στηρίζειν. ἐν δὲ ταῖς ζητήσεσι, φησίν, ὧδε
μάχιμος ἦν ὥσθ᾽ ὑπώπια φέρων ἀπῄει. ὅμως δ᾽ οὖν 135
τοιοῦτος ἐν τοῖς λόγοις ὑπάρχων ἐν τοῖς ἔργοις πρᾴότατος
ἦν. Ἀλεξῖνον γοῦν πολλὰ καταπαίζων καὶ σκληρῶς
ἐπισκώπτων, ὅμως αὐτὸν εὖ ἐποίησε τὴν γυναῖκα
παραπέμψας ἐκ Δελφῶν ἕως Χαλκίδος, εὐλαβουμένην
κλωπείας τε καὶ τὰς καθ᾽ ὁδὸν λῃστείας.   140
[137] φιλ<ικ>ός τε ἦν μάλιστα, ὡς δῆλον ἐκ τῆς πρὸς
Ἀσκληπιάδην συμπνοίας, οὐδέν τι διαφερούσης Πυλάδου
φιλοστοργίας. ἀλλὰ πρεσβύτερος Ἀσκληπιάδης, ὡς
λέγεσθαι ποιητὴν μὲν αὐτὸν εἶναι, ὑποκριτὴν δὲ
Μενέδημον. καί ποτέ φασιν Ἀρχεπόλιδος τρισχιλίας αὐτοῖς 145
διαγράψαντος στηριζομένους περὶ τοῦ τίς δεύτερος ἀρεῖ,
μηδέτερον λαβεῖν. λέγεται δὲ καὶ γυναῖκας ἀγαγέσθαι
αὐτούς· ὧν τὴν μὲν θυγατέρα Ἀσκληπιάδην, τὴν δὲ μητέρα
Μενέδημον. κἀπειδὴ τελευτῆσαι τῷ Ἀσκληπιάδῃ τὸ
γύναιον, λαβεῖν τὸ τοῦ Μενεδήμου· ἐκεῖνόν τε, ἐπειδὴ 150
προὔστη τῆς πολιτείας, πλουσίαν γῆμαι· οὐδὲν μέντοι
ἧττον μιᾶς οὔσης οἰκίας ἐπιτρέψαι τὸν Μενέδημον τὴν
διοίκησιν τῇ προτέρᾳ γυναικί.

[138] ὁ μέντοι Ἀσκληπιάδης προκατέστρεψεν ἐν

141-164 SSR III F 8

134-135 (ἐν—ἀπῄει) Φh 44 (122.13–4)   141-153 Φh 44 (122.14–22)
154-160 (ἀνοίγει) Φ 32 (238.29–239.4)

134 φησίν om. Φh   135 ἀπῄει ΡΦh, in ras. B², F²: ἀπίη F¹   ὑπῄει
Cob., ἐπῄει Roeper (1854) 26–7   136 πρᾴότατος FPˣ: πρακτικώτατος
P¹(Q), γρ F²ᵐᵍ: πραξιώ- B. Vid. Goulet-Cazé 352⁶   137 ἦν om. F
ἀλεξίνου B   138 ἐπισκώπτων PF: -σκόπτων B 'an potius
ἐπικόπτων?' V. d. Muehll   140 τὰς κλωπ. F   141 φιλικός Reiske
309: φίλος BPF   τε BP: δ᾽ F   142 πυλάδου BPF: <τῆς> Π. Cob.: <τῆς
Ὀρέστου πρὸς> Πυλάδην Marcov.   143 ἀλλὰ καὶ F   145 ἀρχε-
πόλιδος Z (Frob.)   τρισχιλίας BFΦh: -χίλια P   146 διαγράψαντος
<δραχμὰς> Knoepfler 130⁷³ post Menag. (τρισχιλίας <δρ.>), sed vid. 6.35 et
42; 7.25 et 169   ἀρεῖ Φh: ἄρη PF: ἄρις B¹: -ης B²   148 θυγατέρα ...
μητέρα BPFΦh: μητέρα ... θυγατέρα Marcov.   149 κἀπειδὴ B¹, corr. B²
τελευτῆσαι BPF: -τήσοι Φh: ἐτελεύτησε Z (Frob.)   150 τε αὖ Φh

155 Ἐρετρίᾳ γηραιὸς ἤδη, συζήσας τῷ Μενεδήμῳ σφόδρα
εὐτελῶς ἀπὸ μεγάλων· ὅτε καὶ μετὰ χρόνον ἐλθόντος ἐπὶ
κῶμον τοῦ ἐρωμένου τοῦ Ἀσκληπιάδου καὶ τῶν νεανίσκων
ἀποκλειόντων αὐτόν, ὁ Μενέδημος ἐκέλευσεν εἰσδέξασθαι,
εἰπὼν ὅτι Ἀσκληπιάδης αὐτῷ καὶ κατὰ γῆς ὢν τὰς θύρας
160 ἀνοίγει. ἦσαν δ' οἱ σωματοποιήσαντες αὐτοὺς Ἱππόνικός
τε ὁ Μακεδὼν καὶ Ἀγήτωρ ὁ Λαμιεύς· ὁ μὲν ἑκατέρῳ δοὺς
τριάκοντα μνᾶς, ὁ δ' Ἱππόνικος Μενεδήμῳ εἰς ἔκδοσιν τῶν
θυγατέρων δισχιλίας δραχμάς. ἦσαν δὲ τρεῖς, καθά φησιν
Ἡρακλείδης, ἐξ Ὠρωπίας αὐτῷ γυναικὸς γεγεννημέναι.

165 **[139]** τὰ δὲ συμπόσια τοῦτον ἐποιεῖτο τὸν τρόπον·
προηρίστα μετὰ δυοῖν ἢ τριῶν ἐς ὃ βαθέως ἦν τῆς ἡμέρας·
ἔπειτά τις ἐκάλει τοὺς παραγενομένους καὶ αὐτοὺς ἤδη
δεδειπνηκότας· ὥστε εἴ τις ἔλθοι θᾶττον, ἀνακάμπτων
ἐπυνθάνετο τῶν ἐξιόντων τί εἴη παρακείμενον καὶ πῶς ἔχοι
170 τοῦ χρόνου· εἰ μὲν οὖν λαχάνιον ἢ τάριχιον, ἀνεχώρουν· εἰ
δὲ κρεάδιον, εἰσῄεσαν. ἦν δὲ τοῦ μὲν θέρους ψίαθος ἐπὶ τῶν
κλινῶν, τοῦ δὲ χειμῶνος κώδιον· προσκεφάλαιον δ' αὐτῷ
φέρειν ἔδει. τό τε περιαγόμενον ποτήριον οὐ μεῖζον ἦν
κοτυλιαίου· τράγημα θέρμος ἢ κύαμος, ἔστι δ' ὅτε καὶ τῶν
175 ὡρίων ἄπιος ἢ ῥόα ἢ ὦχροι ἢ νὴ Δί' ἰσχάδες. **[140]** ἃ πάντα

160 (ἦσαν)–**164** Sotion fr. 11 W.   **165–181** SSR III F 15   Antig. Car.
fr. 26B Dor. Vid. Antig. Car. ap. Athen. 10, 419 E–420 C (= fr. 26A)

165–181 Φh 44 (122.23–123.13)

156 μεγάλων BPFΦ: Μεγάρων F. Chamoux et Ph. Gauthier ap. Knoepfler
ὅτε BF: ὥστε P   **157** τοῦ[1] Φ: om. BPF   **158** ἐκέλευσεν ὁ μενέδημος Φ
159 ὅτι BPΦ: ὅτε καὶ F   **164** γυναικὸς FP[x]: -αῖκες BP[1](Q)   γεγεν-
νημέναι Aldobr.: -ενημέναι BP: -εννημένας F   **166** ἐς ὃ P[1](Q)Φh: ἔσω B:
ἕως FP[4]   βαθέως Kuehn: βραδέως BPFΦ   **167** παραγινομένου
Athen., 'an recte?' V. d. Muehll   ἤδη om. F, Athen.   **169** ἐξιόντων
<παίδων> Marcov. ex Athen.   **170** <τὸ> τοῦ Cob.   λαχάνιον ἢ
τάριχιον BPF: λάχανον ἦν ἢ τάριχον Φh: λάχανον ἢ τάριχος Athen.
172 δ' αὐτῷ Φh: δ(ὲ) αὖ- BPF: om. Z (Frob.): δὲ αὐτὸν Athen.   **173** φέρ.
ἕκαστον ἔδ. Athen.   ἦν om. Φh   **174** ὅτε PFΦh: ὅτι B: ποτὲ δὲ Athen.
175 ῥόα BP[1], Athen.: ῥοὰ P[4]: ῥοιὰ F   ὦχροι BPF, Athen.: ὄχναι Φh   δί'
BΦhP[4]: δῖα P[1]: δία F   ἃ πάντα PF: ἅπαντα B

φησὶν ὁ Λυκόφρων ἐν τοῖς πεποιημένοις σατύροις αὐτῷ,
οὓς Μενέδημον ἐπέγραψεν, ἐγκώμιον τοῦ φιλοσόφου
ποιήσας τὸ δρᾶμα· ὧν καί τινά ἐστι τοιαυτί·

ὡς ἐκ βραχείας δαιτὸς ἡ βαιὰ κύλιξ
αὐτοῖς κυκλεῖται πρὸς μέτρον, τράγημα δὲ   180
ὁ σωφρονιστὴς τοῖς φιληκόοις λόγος.

τὰ μὲν οὖν πρῶτα κατεφρονεῖτο, κύων καὶ λῆρος ὑπὸ
τῶν Ἐρετριέων ἀκούων· ὕστερον δὲ ἐθαυμάσθη, ὅθεν καὶ
τὴν πόλιν ἐγχειρίσασθαι. ἐπρέσβευσε δὲ καὶ πρὸς
Πτολεμαῖον καὶ Λυσίμαχον, τιμώμενος πανταχοῦ· οὐ μὴν 185
ἀλλὰ καὶ πρὸς Δημήτριον. καὶ τῆς πόλεως διακόσια
τάλαντα τελούσης πρὸς ἔτος αὐτῷ, τὰ πεντήκοντα ἀφεῖλε·
πρὸς ὃν διαβληθεὶς ὡς τὴν πόλιν ἐγχειρίζων Πτολεμαίῳ,
ἀπολογεῖται δι' ἐπιστολῆς ἧς ἡ ἀρχή· 'Μενέδημος βασιλεῖ
Δημητρίῳ χαίρειν. [141] ἀκούω πρὸς σὲ ἀνατεθῆναι περὶ 190
ἡμῶν.' λόγος δὲ διαβαλεῖν αὐτὸν τῶν ἀντιπολιτευομένων
τινὰ Αἰσχύλον. δοκεῖ δ' ἐμβριθέστατα πρεσβεῦσαι πρὸς
Δημήτριον ὑπὲρ τοῦ Ὠρωποῦ, ὡς καὶ Εὔφαντος ἐν
Ἱστορίαις μνημονεύει. ἠγάπα δ' αὐτὸν καὶ Ἀντίγονος καὶ
μαθητὴν ἀνεκήρυττεν αὐτοῦ. καὶ ἡνίκα ἐνίκα τοὺς 195
βαρβάρους περὶ Λυσιμάχειαν, γράφει ψήφισμα αὐτῷ
Μενέδημος ἁπλοῦν τε καὶ ἀκόλακον, οὗ ἡ ἀρχή· [142] 'οἱ
στρατηγοὶ καὶ οἱ πρόβουλοι εἶπαν. ἐπειδὴ βασιλεὺς
Ἀντίγονος μάχῃ νικήσας τοὺς βαρβάρους παραγίνεται εἰς

179–181 Lycophr. TrGF I 100 F 3   **182–234** SSR III F 16   **192**
(δοκεῖ)–**194** (μνημονεύει) Euph. Olynth. FGrHist 74 F 2 = test. 71 Doer.
195 (καὶ)–**201** Antig. Car. fr. nov. 1 Dor.

176 ὁ om. F   **177** μενέδημον BP, Athen.: -ος F   **178** τοιαυτί B¹ ut
vid., P, F²ˢˡ· (ex -τή F¹): τοιαῦτ*ᵃ* B²   **179** ἡ B¹, corr. B²   **180** δὲ] γὰρ
Athen.   **181** τοῖς φιληκόοις] πᾶσιν ἐν μέσῳ Athen.   **183** δὲ BF:
δ' P   ὅθεν B (cf. 7.16): ὥστε PF   **184** δὲ om. F¹, suppl. F²ˢˡ·   καὶ om.
F   **187** ἀφεῖλε BP: -είλατο F   **189** ἡ om. BP, 'an recte?' V. d. Muehll
191 διαβαλεῖν Rossi 41: διαβλέπειν BPF   **193** ὡς om. B¹, suppl. B²ˢˡ·
196 Λυσιμάχειαν Roeper (1854) 27: -μαχείαν B: -μαχίαν P: -μάχιαν F
198 εἶπαν BP¹(Q): εἶπον FP⁴. Vid. Knoepfler, Décrets 116

200 τὴν ἰδίαν, καὶ τὰ ἄλλα πάντα πράσσει κατὰ γνώμην, ἔδοξε τῇ βουλῇ καὶ τῷ δήμῳ. '

διὰ ταῦτα δὴ καὶ τὴν ἄλλην φιλίαν ὑποπτευθεὶς προδιδόναι τὴν πόλιν αὐτῷ, διαβάλλοντος Ἀριστοδήμου ὑπεξῆλθε· καὶ διέτριβεν ἐν Ὠρωπῷ ἐν τῷ τοῦ Ἀμφιαράου
205 ἱερῷ· ἔνθα χρυσῶν ποτηρίων ἀπολομένων, καθά φησιν Ἕρμιππος, δόγματι κοινῷ τῶν Βοιωτῶν ἐκελεύσθη μετελθεῖν. ἐντεῦθεν ἀθυμήσας λαθραίως παρεισδὺς εἰς τὴν πατρίδα καὶ τήν τε γυναῖκα καὶ τὰς θυγατέρας παραλαβὼν πρὸς Ἀντίγονον ἐλθὼν ἀθυμίᾳ τὸν βίον κατέστρεψεν.

210 **[143]** φησὶ δ' αὐτὸν Ἡρακλείδης πᾶν τοὐναντίον, πρόβουλον γενόμενον τῶν Ἐρετριῶν πολλάκις ἐλευθερῶσαι τὴν πατρίδα ἀπὸ τῶν τυράννων ἐπαγόμενον Δημήτριον· οὐκ ἂν δὴ οὖν προδοῦναι αὐτὸν Ἀντιγόνῳ τὴν πόλιν, ἀλλὰ διαβολὴν ἀναλαβεῖν ψευδῆ· φοιτᾶν τε πρὸς τὸν Ἀντίγονον
215 καὶ βούλεσθαι ἐλευθερῶσαι τὴν πατρίδα· τοῦ δὲ μὴ εἴκοντος ὑπ' ἀθυμίας ἀσιτήσαντα ἑπτὰ ἡμερῶν τὸν βίον μεταλλάξαι. τὰ ὅμοια τούτῳ καὶ Ἀντίγονος ὁ Καρύστιος ἱστορεῖ. μόνῳ δὲ Περσαίῳ διαπρύσιον εἶχε πόλεμον· ἐδόκει γὰρ Ἀντιγόνου βουλομένου τὴν δημοκρατίαν
220 ἀποκαταστῆσαι τοῖς Ἐρετριεῦσι χάριν Μενεδήμου κωλῦσαι. **[144]** διὸ καί ποτε παρὰ πότον ὁ Μενέδημος

202–209 Hermipp. FGrHistCont 1026 F 79   **210–226** (βιούς) Sotion fr. 10 W.   **210–218** (ἱστορεῖ) Antig. Car. fr. 27 Dor.   **218** (μόνῳ)–**224** Persae. SVF I 460 = FGrHist 584 T 4

211–212 (πολλάκις—τυράννων), **214** (φοιτᾶν)–**217** (μεταλλάξαι) Φh 44 (123.14–18)

---

200 ἰδίαν BF[1]: ἡλείαν P[1](Q), γρ F[2mg]   τὰ ἄλλα BF: τἄλλα P   **202** post φιλίαν hab. P[1](Q) ἔδοξε, quod del. P[4]   **204** ἐν[1] om. F[1], suppl. F[2s.l.] Ἀμφιαράου Knoepfler (conl. supra § 127): -άραω BP[1](Q): -άρεως F: -άρεω P[4] **205** ἀπολομένων P, B[2] (-ολω- B[1]): κλαπέντων F   **206** βῖωτῶν B[2] (ϊ in ras. et ω ex ο)   **207** λαθρέως B[1], corr. B[2]   παρεισδὺς B: -εισδεὶς P: ὑπεισδυεῖς F[2] (-δεις F[1])   **210** δ' αὐτὸν ἡρακλείδης BP: ἡ. δ' αὐ. F: δὲ <περὶ> αὐ. Ἡ. Marcov.   **211** ἐρετριῶν BP[1]F: -τριέων P[4] (cf. supra § 125) **212** πατρίδα BFΦh: πόλιν P   ἐπαγόμενον BPFΦh: -γομένων Meibom. Vid. Knoepfler 85–6   **213** προδοῦναι BP: -διδόναι F   **216** ἡμερῶν BPΦh: ἡμέρας F   **221** πότον PFB[2]: τόπον B[1]

MENEDEMUS

ἐλέγξας αὐτὸν ἐν λόγοις τά τε ἄλλα ἔφη καὶ δή· 'φιλόσοφος
μέντοι οὗτος, ἀνὴρ δὲ καὶ τῶν ὄντων καὶ τῶν γενησομένων
κάκιστος.'
   ἐτελεύτα δὲ κατὰ τὸν Ἡρακλείδην τέταρτον καὶ   225
ὀγδοηκοστὸν ἔτος βιούς. καὶ εἰς αὐτὸν ἡμῶν ἐστιν οὕτως
ἔχον·

   ἔκλυον, Μενέδημε, τεὸν μόρον, ὡς ἑκὼν ἀπέσβης
      ἐν ἡμέρῃσιν ἑπτὰ μηδὲν ἐσθίων.
   κᾆτ' ἔργον ἔρεξας Ἐρετρικόν, ἀλλ' ὅμως ἄνανδρον·   230
      ἀψυχίῃ γὰρ ἡγεμὼν ἔπειγέ <σε>.

   καὶ οὗτοι μὲν οἱ Σωκρατικοὶ καὶ οἱ ἀπ' αὐτῶν· μετιτέον
δὲ ἐπὶ Πλάτωνα τὸν τῆς Ἀκαδημίας κατάρξαντα, καὶ τοὺς
ἀπ' αὐτοῦ, ὁπόσοι γεγόνασιν ἐλλόγιμοι.

---

222 καὶ δὴ BP: καὶ δὴ καὶ F   **223** μέντοι οὗτος P: μὲν τοιοῦτος BF:
μέντοι τοιοῦτος Z (Frob.)   δὲ B¹F: δὴ PB²   **226** ὀγδοηκοστὸν B, F¹
in textu (π'): ἑβδομ- P, γρ F²ᵐᵍ (ο')   οὕτως ἔχον F: οὕτως P: οὗτος B
228 <Ὠ> Μεν. Hermann (1829) 236   **229** ἔσθων Menag.   **230** κᾆτ'
ἔργον PF: κατ' ἔργον B² ex κατέργον B¹: χᾶτερ<ον ἔρ>γον M. Di Marco,
RFIC 135 (2007) 95: κᾆτ' ἔργον <μέγ'> Hermann: κᾆτ' ἔ. <μὲν> Meineke
ap. Huebn. II 681: κα<ὶ δῆ>τ' ἔ. Roeper (1854) 42   post Ἐρετρικόν signum
interrogat. (;) pos. Gallavotti 99   **231** αψυχια B¹ ut vid., corr. B²   ἔπειγέ
σε Cob.: ἔπειγεν PF: ἐπήγ- B¹ ut vid.: ἐπεῖγε B²: <σ'> ἔπειγεν Marcov.
subscriptio B′ P

241

LIBER III

[1] Πλάτων, Ἀρίστωνος καὶ Περικτιόνης ἢ Πωτώνης, Ἀθηναῖος, ἥτις τὸ γένος ἀνέφερεν εἰς Σόλωνα. τούτου γὰρ ἦν ἀδελφὸς Δρωπίδης, οὗ Κριτίας, οὗ Κάλλαισχρος, οὗ Κριτίας ὁ τῶν τριάκοντα καὶ Γλαύκων, οὗ Χαρμίδης καὶ
5 Περικτιόνη, ἧς καὶ Ἀρίστωνος Πλάτων, ἕκτος ἀπὸ Σόλωνος. ὁ δὲ Σόλων εἰς Νηλέα καὶ Ποσειδῶνα ἀνέφερε τὸ γένος. φασὶ δὲ καὶ τὸν πατέρα αὐτοῦ ἀνάγειν εἰς Κόδρον τὸν Μελάνθου, οἵτινες ἀπὸ Ποσειδῶνος ἱστοροῦνται κατὰ Θράσυλλον.

[2] Σπεύσιππος δ' ἐν τῷ ἐπιγραφομένῳ Πλάτωνος
10 περιδείπνῳ καὶ Κλέαρχος ἐν τῷ Πλάτωνος ἐγκωμίῳ καὶ Ἀναξιλίδης ἐν τῷ δευτέρῳ Περὶ φιλοσόφων φασίν ὡς Ἀθήνησιν ἦν λόγος ὡραίαν οὖσαν τὴν Περικτιόνην βιάζεσθαι τὸν Ἀρίστωνα καὶ μὴ τυγχάνειν· παυόμενόν τε τῆς βίας ἰδεῖν τὴν τοῦ Ἀπόλλωνος ὄψιν· ὅθεν καθαρὰν
15 γάμου φυλάξαι ἕως τῆς ἀποκυήσεως.

καὶ γίνεται Πλάτων, ὥς φησιν Ἀπολλόδωρος ἐν Χρονικοῖς, ὀγδόῃ καὶ ὀγδοηκοστῇ Ὀλυμπιάδι, Θαργηλιῶνος ἑβδόμῃ, καθ' ἣν Δήλιοι τὸν Ἀπόλλω γενέσθαι

1–5 (Σόλωνος) Critias VS 88 A 2 = test. 10 G.-Pr.[2]   **1–8** Thrasyll. test. 21 Tarrant   **9–15** Speus. fr. 147 Isn. = 1 Tarán = FGrHistCont 1009 F 1a Clearch. fr. 2 W.   Anaxil. FGrHistCont 1095 F 1   **16–19** (φασί) Apollod. FGrHist 244 F 37   **17** i.e. 428–424

Inscriptio ἐν τῷ γ' B[2]: λαερτίου διογένους βίων φιλοσόφων τῶν εἰς δέκα τὸ τρίτον FP[4]: τόμος γ' Φ.   Ante **1** tit. πλάτων B[2mg]P[x]   **1** ποτώνης F ἢ Πωτώνης del. Cob., sed vid. Sud. π 1707 (IV 140.26–7)   **2** Ἀθηναῖος post Σόλωνα transp. Meibom.   **3** κάλλαισχρος B: κάλαι- P[1](Q)F **5** περικτιόνη ἧς B[2] (ἧς in ras.), F[1]: περικτιόνης B[1]P[1](Q)F[2]   **7** μελάνθου BP[1]: -ίου P[x]: μελενθίου F   **8** θράσυλλον F: -υλον P[x]: -ύλον BP[1]   **9–10** περιδείπνῳ—πλάτωνος om. B[1], suppl. B[2mg]   **10** περιδείπνῳ B[2]P[4]: περὶ δείπνω F: περὶ δείπνου B[1]P[1](Q)   **11** ἀναξιλίδης F: -ήδης B: -ιάδης P[1] (Anaxilides ap. Hier., Adv. Iovin. 1.42, p. 384 Bickel)   Ἀναξιλαΐδης Cob. (cf. 1.107), Ἀναξιλεΐδης Lang 61   ὡς om. P   **12** ἦν om. B   **13** ἐπιτυγχάνειν F[2]   **18** θαργηλίωνος BP[1]   ἀπόλλω BP: -ωνα F

242

φασί. τελευτᾷ δὲ (ὥς φησιν Ἕρμιππος, ἐν γάμοις δειπνῶν)
τῷ πρώτῳ ἔτει τῆς ὀγδόης καὶ ἑκατοστῆς Ὀλυμπιάδος, 20
βιοὺς ἔτος ἓν πρὸς τοῖς ὀγδοήκοντα. [3] Νεάνθης δέ φησιν
αὐτὸν τεττάρων καὶ ὀγδοήκοντα τελευτῆσαι ἐτῶν. ἔστιν
οὖν Ἰσοκράτους νεώτερος ἔτεσιν ἕξ· ὁ μὲν γὰρ ἐπὶ
Λυσιμάχου, Πλάτων δὲ ἐπὶ Ἀμεινίου γέγονεν, ἐφ' οὗ
Περικλῆς ἐτελεύτησεν. ἦν δὲ τῶν δήμων Κολλυτεύς, ὥς 25
φησιν Ἀντιλέων ἐν δευτέρῳ Περὶ χρόνων. καὶ ἐγεννήθη
κατά τινας ἐν Αἰγίνῃ (ἐν τῇ Φειδιάδου οἰκίᾳ τοῦ Θάλητος,
ὥς φησι Φαβωρῖνος ἐν Παντοδαπῇ ἱστορίᾳ) τοῦ πατρὸς
αὐτοῦ μετὰ καὶ ἄλλων πεμφθέντος κληρούχου καὶ
ἐπανελθόντος εἰς Ἀθήνας, ὁπόθ' ὑπὸ Λακεδαιμονίων 30
ἐξεβλήθησαν βοηθούντων Αἰγινήταις. ἀλλὰ καὶ ἐχορήγησεν
Ἀθήνησι Δίωνος ἀναλίσκοντος, ὥς φησιν Ἀθηνόδωρος ἐν η'
Περιπάτων. [4] ἔσχε δ' ἀδελφοὺς Ἀδείμαντον καὶ
Γλαύκωνα καὶ ἀδελφὴν Πωτώνην, ἐξ ἧς ἦν Σπεύσιππος.

καὶ ἐπαιδεύθη μὲν γράμματα παρὰ Διονυσίῳ, οὗ καὶ 35
μνημονεύει ἐν τοῖς Ἀντερασταῖς. ἐγυμνάσατο δὲ παρὰ
Ἀρίστωνι τῷ Ἀργείῳ παλαιστῇ· ἀφ' οὗ καὶ Πλάτων διὰ τὴν
εὐεξίαν μετωνομάσθη, πρότερον Ἀριστοκλῆς ἀπὸ τοῦ
πάππου καλούμενος {ὄνομα}, καθά φησιν Ἀλέξανδρος ἐν

19–21 (ὀγδοήκοντα) Hermipp. FGrHistCont 1026 F 70 **19–20**
(τελευτᾷ—ἔτει) Favor. fr. 13a Mensch. i.e. anno 348/7 **21** (Νεάνθης)–
22 (ἐτῶν) Neanthes FGrHist 84 F 20 **23–24** ἐπὶ Λυσιμάχου] i.e. anno
436/5 **24** ἐπὶ Ἀμεινίου] i.e. anno 429/8 **25** (ἦν)–**26** (χρόνων)
Antil. FGrHist 247 F 1 **26** (καὶ)–**31** (Αἰγινήταις) Favor. fr. 64 Bar. = 32
Mensch. (**26** καὶ–**29** κληρούχου) = 69 Am. **35–36** Plat., Amat. 132 a 1
36 (ἐγυμνάσατο)–**42** (Νεάνθης) Alex. Polyhist. FGrHist 273 F 88 = fr. 4
Giannat.

---

19 dist. Leo, Biogr. 19² **22** τεττάρων BP: δ' F: A' Diels, Chron. Unters.
42¹: δύο Jacoby, Apollodor 306–7 **23** ἕξ] ἑπτά Meursius, Archontes
Athen. (1622) 97 (conl. ps.-Plut., Dec. orat. vit. 836 F et Phot., Bibl. 260, 486 b
12) **24** λυσιμάχου BF, P² (λυ in ras.): αυσιμάχου P¹: Ναυσιμάχου
Nunnesius, Vita Arist. (1621) 75–6 (conl. Diod. 12.33.1) Ἐπαμείνωνος
Zeller, Philos. d. Gr. II 1 (⁴1889) 390¹ **29** κληρούχου BP: -ων F
32 δίονος B (δί in ras.) **34** ποτώτην B ἦν om. F¹, suppl. F²ˢ·¹·
36 ἐμνημονείθη F¹, corr. F² **39** ὄνομα del. Cob. (deest in F)

40 Διαδοχαῖς. ἔνιοι δὲ διὰ τὴν πλατύτητα τῆς ἑρμηνείας οὕτως
ὀνομασθῆναι· ἢ ὅτι πλατὺς ἦν τὸ μέτωπον, ὥς φησι
Νεάνθης. εἰσὶ δ᾽ οἳ καὶ παλαῖσαί φασιν αὐτὸν Ἰσθμοῖ, καθὰ
καὶ Δικαίαρχος ἐν πρώτῳ Περὶ βίων, [5] καὶ γραφικῆς
ἐπιμεληθῆναι καὶ ποιήματα γράψαι, πρῶτον μὲν
45 διθυράμβους, ἔπειτα καὶ μέλη καὶ τραγῳδίας. ἰσχνόφωνός
τε, φασίν, ἦν, ὡς καὶ Τιμόθεός φησιν ὁ Ἀθηναῖος ἐν τῷ Περὶ
βίων. λέγεται δ᾽ ὅτι Σωκράτης ὄναρ εἶδε κύκνου νεοττὸν ἐν
τοῖς γόνασιν ἔχειν, ὃν καὶ παραχρῆμα πτεροφυήσαντα
ἀναπτῆναι ἡδὺ κλάγξαντα· καὶ μεθ᾽ ἡμέραν Πλάτωνα αὐτῷ
50 συστῆναι, τὸν δὲ τοῦτον εἰπεῖν εἶναι τὸν ὄρνιν.

ἐφιλοσόφει δὲ τὴν ἀρχὴν ἐν Ἀκαδημείᾳ, εἶτα ἐν τῷ κήπῳ
τῷ παρὰ τὸν Κολωνόν, ὥς φησιν Ἀλέξανδρος ἐν Διαδοχαῖς,
καθ᾽ Ἡράκλειτον. ἔπειτα μέντοι μέλλων ἀγωνιεῖσθαι
τραγῳδίᾳ πρὸ τοῦ Διονυσιακοῦ θεάτρου Σωκράτους
55 ἀκούσας κατέφλεξε τὰ ποιήματα εἰπών·

41 (ἤ)–42 (Νεάνθης) Neanthes FGrHist 84 F 21a. Vid. St. Schorn in
Erler–Schorn 119–27   42 (εἰσὶ)–45 (τραγῳδίας) Dicaearch. fr. 47 Mirh. =
40 W.   42 (εἰσὶ)–47 (βίων) Timoth. FGrHistCont 1079 F 1   42 (εἰσὶ)–56
ps.-Plat. TrGF I 46 T   47 (λέγεται)–59 (Ἡρακλειτείῳ) Socr. SSR I C 87
51–53 (Ἡράκλειτον) Alex. Polyhist. FGrHist 273 F 89 = fr. 5 Giannat.
Heracl. T 710 Mour. (= T 94)

47 (λέγεται)–50 Φ 33 (239.7–10)   53 (ἔπειτα)–56 Φ 33 (239.11–3)

41 ὠνομασθῆναι F   42 εἰσὶ(ν) δ᾽ PF: εἰσὶν B   φασιν P: φη- BF   43
βίων (ων in ras. F²) λέγεται δ᾽ ὅτι F   44 ἐπεμελήθη F   ἔγραψε F
πρῶτον BP: καὶ πρῶτα F   45 ἔπειτα δὲ F   46 φασίν om. F   ὁ
ἀθηναῖος om. F   47 δ᾽ om. F¹, suppl. F²ˢ·¹·   ὅτι καὶ F   48 σχεῖν B
50 τοῦτο F¹, corr. F²   51 δὲ P²F²: δὴ BP¹   ἀκαδημεία B: -μία PF
'formam titulis probatam . . ., quam quater cod. B habet (73, 225, 452),
recepimus, quamquam etiam ex itacismo, quo cod. B abundat, explicari
potest' Basileenses. Vid. L. Threatte, Grammar Attic Inscriptions I (1980) 128,
318, 320   ἐν Ἀκαδημίᾳ, εἶτα secl. Roeper (1846) 654–6   51–52 ἐν—
Κολωνόν secl. Schwartz 748–9 (= 469) 'antiquior contextus ἐφιλ. δὴ τὴν
ἀρχήν, ὥς φ. Ἀλ. ἐν Δ., καθ᾽ Ἡρ. videtur turbatus esse duobus glossematibus;
quibus receptis cum male τὴν ἀρχὴν intellegeretur, εἶτα insertum est'
Basileenses. Vid. Dorandi, Notes 241–2   52 παρὰ BF: περὶ P   53
ἡράκλητον B   54 πρὸ τοῦ Διονυσιακοῦ θεάτρου om. Φ   'difficile
intellectu; Ael., Var. Hist. 2.30 πρὸ τῶν Διονυσίων' Basileenses. Vid. Wil.,
Platon ²II 2¹

Ἥφαιστε, πρόμολ᾽ ὧδε· Πλάτων νύ τι σεῖο χατίζει.

[6] τοὐντεῦθεν δὴ γεγονώς, φασίν, εἴκοσιν ἔτη διήκουσε Σωκράτους· ἐκείνου δ᾽ ἀπελθόντος προσεῖχε Κρατύλῳ τε τῷ Ἡρακλειτείῳ καὶ Ἑρμογένει τῷ τὰ Παρμενίδου φιλοσοφοῦντι. εἶτα γενόμενος ὀκτὼ καὶ εἴκοσιν ἐτῶν, καθά 60 φησιν Ἑρμόδωρος, εἰς Μέγαρα πρὸς Εὐκλείδην σὺν καὶ ἄλλοις τισὶ Σωκρατικοῖς ὑπεχώρησεν. ἔπειτα εἰς Κυρήνην ἀπῆλθε πρὸς Θεόδωρον τὸν μαθηματικόν· κἀκεῖθεν εἰς Ἰταλίαν πρὸς τοὺς Πυθαγορικοὺς Φιλόλαον καὶ Εὔρυτον. ἔνθεν τε εἰς Αἴγυπτον παρὰ τοὺς προφήτας· οὗ φασι καὶ 65 Εὐριπίδην αὐτῷ συνακολουθῆσαι καὶ αὐτόθι νοσήσαντα πρὸς τῶν ἱερέων ἀπολυθῆναι τῇ διὰ θαλάττης θεραπείᾳ· ὅθεν που καὶ εἰπεῖν·

θάλασσα κλύζει πάντα τἀνθρώπων κακά.

[7] ἀλλὰ καὶ Ὅμηρον φάναι πάντας ἀνθρώπους 70 Αἰγυπτίους ἰατροὺς εἶναι. διέγνω δὴ ὁ Πλάτων καὶ τοῖς Μάγοις συμμίξαι· διὰ δὲ τοὺς τῆς Ἀσίας πολέμους ἀπέστη. ἐπανελθὼν δὲ εἰς Ἀθήνας διέτριβεν ἐν Ἀκαδημείᾳ. τὸ δ᾽ ἐστὶ γυμνάσιον προάστειον ἀλσῶδες ἀπό τινος ἥρωος

56 Vid. Hom. Σ 392   **57–60** (φιλοσοφοῦντι) Cratyl. VS 65 A 3 Heracl. T 711 Mour. (= 47 et T 103)   **60** (εἶτα)**–62** (ὑπεχώρησεν) Hermod. fr. 5 Isn. = FGrHistCont 1008 F 1b   Eucl. test. 4A Doer. = SSR II A 5   **62** (ἔπειτα)**–64** (Εὔρυτον) Philol. VS 44 A 5   Euryt. VS 45 A 1 **65** (ἔνθεν)**–69** Eur. test. 230 Kann.   **69** Eur., Iph. Taur. 1193   **70–71** Vid. Hom. δ 231–2

63 (εἰς)**–69** Φ 33 (239.14–18)   **74** (γυμνάσιον)**–75** (Ἑκαδήμου) Φ 33 (239.19–20)   **74** (γυμνάσιον)**–82** (ἐκαλεῖτο) Suda α 774 (I 73.18–20)

56 τι B[2] (1 in ras.), Φ: τοι PF   **58–60** προσεῖχε—εἶτα secl. Roeper (1846) 654–6   **58** τε om. F   **59** ἡρακλείτω F   **60** εἶτα BF: ἔπειτα P **61** ἐς F   **65** οὗ BPF: οἳ Cob.   **66** Εὐριπίδην BPF: Εὔδοξον W. W. Calder, AJPh 104 (1983) 278 (conl. Strab. 17.1.29, 806 C.), sed vid. Gigon, Das dritte Buch 163 et M. Lefkowitz in Erler–Schorn 101–4   **67** ἀπολυθῆναι B[1]PFΦ: -λουσθῆναι B[2mg]   θαλάσσης F   **68** που om. P   εἰπεῖν φασι Φ   **69** πάντ᾽ ἀνθρώπων F   **70** καὶ Basileenses: καθ᾽ B[1]PF: καὶ* B[2]: καὶ καθ᾽ Frob.   πάντας ἀνθρώπους BPF: <περὶ> πάντων ἀνθρώπων Wil., Platon[2] II 5: <παρὰ> π. ἀν. V. d. Muehll. Vid. Dorandi, Notes 242 **73** ἀκαδημείᾳ B: -μία PF

75 ὀνομασθὲν Ἑκαδήμου, καθὰ καὶ Εὔπολις ἐν Ἀστρατεύτοις φησίν·

ἐν εὐσκίοις δρόμοισιν Ἑκαδήμου θεοῦ.

ἀλλὰ καὶ ὁ Τίμων εἰς τὸν Πλάτωνα λέγων φησί·

τῶν πάντων δ' ἡγεῖτο πλατίστατος, ἀλλ' ἀγορητὴς
80 ἡδυεπής, τέττιξιν ἰσογράφος, οἵ θ' Ἑκαδήμου
δένδρῳ ἐφεζόμενοι ὄπα λειριόεσσαν ἵᾶσιν.

[8] πρότερον γὰρ διὰ τοῦ ε Ἑκαδημία ἐκαλεῖτο. ὁ δ' οὖν φιλόσοφος καὶ Ἰσοκράτει φίλος ἦν. καὶ αὐτῶν Πραξιφάνης ἀνέγραψε διατριβήν τινα περὶ ποιητῶν γενομένην ἐν ἀγρῷ 85 παρὰ Πλάτωνι ἐπιξενωθέντος τοῦ Ἰσοκράτους. καὶ αὐτόν φησιν Ἀριστόξενος τρὶς ἐστρατεῦσθαι, ἅπαξ μὲν εἰς Τάναγραν, δεύτερον δὲ εἰς Κόρινθον, τρίτον ἐπὶ Δηλίῳ· ἔνθα καὶ ἀριστεῦσαι. μίξιν τε ἐποιήσατο τῶν τε Ἡρακλειτείων λόγων καὶ Πυθαγορικῶν καὶ Σωκρατικῶν· 90 τὰ μὲν γὰρ αἰσθητὰ καθ' Ἡράκλειτον, τὰ δὲ νοητὰ κατὰ Πυθαγόραν, τὰ δὲ πολιτικὰ κατὰ Σωκράτην ἐφιλοσόφει.

[9] λέγουσι δέ τινες, ὧν ἐστι καὶ Σάτυρος, ὅτι Δίωνι ἐπέστειλεν εἰς Σικελίαν ὠνήσασθαι τρία βιβλία Πυθαγορικὰ παρὰ Φιλολάου μνῶν ἑκατόν. καὶ γὰρ ἐν εὐπορίᾳ, φασίν, ἦν 95 παρὰ Διονυσίου λαβὼν ὑπὲρ τὰ ὀγδοήκοντα τάλαντα, ὡς

77 Eupol. fr. 36 K.-A.   **79–81** Timon SH 804 = fr. 30 Di Marco   **83** (καὶ²)–**85** (ʾΙσοκράτους) Praxiph. fr. 11 W.   **88** (μίξιν)–**91** Socr. SSR I C 91   Heracl. T 712 Mour. (= T 107)   **92–94** (ἑκατόν) Philol. VS 44 A 8 **92–97** (σοφός) Satyr. fr. 10 Schorn   **94** (καὶ)–**97** (σοφός) Onetor FGrHistCont. 1113 F 1

78 (Τίμων)–**82** (ἐκαλεῖτο) Φh 55 (127.2–8)   **88** (μίξιν)–**91** Φh 55 (127.8–11)

75 ἑκαδήμου BF¹: ἀκ- F²: ἀκ- ΡΦ   **77** ἑκαδήμου BF: ἀκ- P (ε supra ὰ scr.) **79–81** Vid. Dorandi, Notes 242–3   **79** πλατίστατος B: -ίστακος ΡΦh: -ύστακος F   **80** τέττιξιν F¹, τέττιξ Φh   ἰσοκράγος Meineke, Sillogr. 330   **81** δένδρῳ BΦh: -ει PF   λιριόεσαν B²   ἵᾶσιν B: ἰεῖσι P¹(Q)FΦh **83** καὶ¹ om. F¹, suppl. F²ˢ·ˡ·   αὐτόν F   **84** ἀνέγραψε BF: συν- P   **88** καὶ om. F¹, suppl. F²ˢ·ˡ·   **89** καὶ¹ om. F¹, suppl. F²ᵐᵍ   **90** ἡράκλιτον B **94** καὶ γὰρ καὶ BF

καὶ Ὀνήτωρ φησὶν ἐν τῷ ἐπιγραφομένῳ Εἰ χρηματιεῖται ὁ
σοφός. πολλὰ δὲ καὶ παρ᾽ Ἐπιχάρμου τοῦ κωμῳδοποιοῦ
προσωφέληται τὰ πλεῖστα μεταγράψας, καθά φησιν
Ἄλκιμος ἐν τοῖς Πρὸς Ἀμύνταν, ἅ ἐστι τέτταρα. ἔνθα καὶ ἐν
τῷ πρώτῳ φησὶ ταῦτα·   100
  ʽφαίνεται δὲ καὶ Πλάτων πολλὰ τῶν Ἐπιχάρμου λέγων·
σκεπτέον δέ. ὁ Πλάτων φησὶν αἰσθητὸν μὲν εἶναι τὸ
μηδέποτε ἐν τῷ ποιῷ μηδὲ ποσῷ διαμένον ἀλλ᾽ ἀεὶ ῥέον καὶ
μεταβάλλον, [10] ὡς ἐξ ὧν ἄν τις ἀνέλῃ τὸν ἀριθμόν,
τούτων οὔτε ἴσων οὔτε τινῶν οὔτε ποσῶν οὔτε ποιῶν   105
ὄντων· ταῦτα δ᾽ ἐστὶν ὧν ἀεὶ γένεσις, οὐσία δὲ μηδέποτε
πέφυκε. νοητὸν δὲ ἐξ οὗ μηθὲν ἀπογίνεται μηδὲ
προσγίνεται· τοῦτο δ᾽ ἐστὶν ἡ τῶν ἀϊδίων φύσις, ἣν
ὁμοίαν τε καὶ τὴν αὐτὴν ἀεὶ συμβέβηκεν εἶναι. καὶ μὴν ὅ γε
Ἐπίχαρμος περὶ τῶν αἰσθητῶν καὶ νοητῶν ἐναργῶς   110
εἴρηκεν·

  ἀλλ᾽ ἀεί τοι θεοὶ παρῆσαν χὑπέλιπον οὐ πώποκα,
  τάδε δ᾽ ἀεὶ πάρεσθ᾽ ὁμοῖα διά τε τῶν αὐτῶν ἀεί.
  (Β.) ἀλλὰ λέγεται μὰν Χάος πρᾶτον γενέσθαι τῶν θεῶν.
  (Α.) πῶς δέ κα, μὴ ἔχον γ᾽ ἀπὸ τίνος μηδ᾽ ἐς ὅτι πρᾶτον μόλοι;   115
  (Β.) οὐκ ἄρ᾽ ἔμολεν πρᾶτον οὐδέν; (Α.) οὐδὲ μὰ Δία δεύτερον

---

97 (πολλὰ)–**185** (ὠφέλειαν) Alcim. FGrHist 560 F 6   Amyclas 7 T 5 Lass.
97 (πολλὰ)–**192** Epich. VS 23 B 1–6   **112–117** ps.-Epich. fr. 275 K.-A.

97 (πολλὰ)–**98** (προσωφέληται) Φh 55 (127.12)

97 κωμῳδοποιοῦ P: κωμωδο- F: κωμωδιο- B   **102** αἰθητὸν B¹, corr. B²
τὸν B¹, corr. B²   **103** τῷ ποσῷ F   **104** ἐξὸν P¹, corr. P⁴   **107** μηδὲν
F   **108** προσγίνεται BP: προσγιν- F   **109** ἀεὶ om. F   **112**
χὑπέλιπον P. P. Dobree, Not. Ar. (1820) add. 126: καὶ ὑπ- PF: καὶ ὑπέλειπον
B   post hunc versum lac. ind. O. Gigon, Elenchos 7 (1986) 136   **112–113**
οὐ πώποκα τάδε edd.: οὔπω ποκα τάδε PF: οὔπω ποτέ κατὰ δὲ B
113 ὁμοῖα PF: ὅμοια B   τε Kuehn: δὲ BPF   **114** μὰν FP⁴: μὰ BP¹(Q)
πρᾶτον F² (ex πρῶ- ut vid.): πρώτον B, P² (ex πρᾶ- ut vid.)   **115** δέ κα,
μὴ ἔχον Hermann, Opusc. VIII (1877) 380 (a.1850): δέ κ᾽ ἀμήχανον BF: δὲ κ᾽
ἀμ- P¹   μηδ᾽ ἐς Diels VS: μηδες B: μηδεν P (ν in ras.): μηδὲ F (ἐν in ras.).
Vid. Dorandi, Notes 243   πρᾶτον PF: πρῶτον B² (τον in ras.)   **116**
ἔμολεν B: -ε PF   πρᾶτον PF: πρῶ*το*ν B   οὐδὲν P: οὐθὲν BF

[11] τῶνδέ γ᾽ ὧν ἁμές νυν ὧδε λέγομες, ἀλλ᾽ ἀεὶ τάδ᾽ ἦς.

(A.) αἰ πὸτ ἀριθμόν τις περισσόν, αἰ δὲ λῇς πὸτ ἄρτιον,
ποτθέμειν λῇ ψᾶφον ἢ καὶ τᾶν ὑπαρχουσᾶν λαβεῖν,
120 ἦ δοκεῖ κα τοί γ᾽ <ἔθ᾽> ὡύτὸς εἶμεν; (B.) οὐκ ἐμίν γα κα.
(A.) οὐδὲ μὰν οὐδ᾽ αἰ ποτὶ μέτρον παχυαῖον ποτθέμειν
λῇ τις ἕτερον μᾶκος ἢ τοῦ πρόσθ᾽ ἐόντος ἀποταμεῖν,
ἔτι χ᾽ ὑπάρχοι κῆνο τὸ μέτρον; (B.) οὐ γάρ. (A.) ὧδε νῦν ὅρη
καὶ τὸς ἀνθρώπους· ὁ μὲν γὰρ αὔξεθ᾽, ὁ δέ γα μὰν φθίνει,
125 ἐν μεταλλαγᾷ δὲ πάντες ἐντὶ πάντα τὸν χρόνον.
ὃ δὲ μεταλλάσσει κατὰ φύσιν κοὔποκ᾽ ἐν τωὐτῷ μένει,

118–129 ps.-Epich. fr. 276 K.-A.

---

117 τῶνδέ γ᾽ ὧν Hermann ap. Huebn. I 201ᵐ: τῶνδὲγεων B: τῶνδ**ὧν P⁴: τῶνδ᾽ ὧν F: τῶν θεῶν L. Schmidt, GGA (1865) 950   νῦν BPF 'contra metrum (vid. G. O. Hutchinson ad Aesch. Sept. 246)' Kassel-Austin   λέγομες Hermann: λέγω (ω in ras. F) BPF   ἀλλ᾽ ἀεὶ Bergk, Kl. Schr. II 268–9 (a. 1868): μέλλει (μέ in ras., ει ex η F²) BPF¹   **117–118** ἦς. / αἰ Bergk (αἰ iam Hermann): ἦναι F, B² (ἦ in ras.): εἶναι PF²: ἦς. καί· <αἰ> Diels VS 'ut transitus fieret ad nov. fr., quod a priore separandum esse viderat Bergk, Kl. Schr. II 268* (a. 1868); expectes καὶ πάλιν . . . , de quo iam Kaibel cogitavit ('nisi forte desinit Epicharmi haec ecloga in λέγομες sequiturque altera, cui Alcimus praemiserit καὶ πάλιν· αἰ πὸτ—λόγον')' Kassel-Austin   **118** πὸτ ἄρτιον Bergk 268–9: τὸν ἄρ- BPF   **119** ποτθέμειν Ahrens 315: ποτε θεμιν B: ποτὲ θέμην P¹ (-ιν P²): πότε θέμῖν F   τᾶν ὑπαρχουσᾶν A. O. F. Lorenz, Leb. u. Schr. Epich. (1864) 267 (-οισᾶν Cob., De arte interpr. [1847] 62): τᾶν ὑπάρχουσαν F: τὰν -αν BP   **120** γ᾽ ἔθ᾽ ὡύτὸς Kaibel: κ᾽ ἑαυτος B: κα*ὑτὸς P¹ (ras. etiam supra υ): καὶ ὁ αὑτὸς FP⁴: γ᾽ ἔθ᾽ αὑτὸς Basileenses, 'sed de forma ὡύτὸς dubitantes (vid. Ahrens 222)' Kassel-Austin (τόχ᾽ ὡύτὸς coniecerat Hermann ap. Huebn. I 201ᴾ)   ειμεν B: εἰ μὲν PF   γα κα Cob. et Hermann, Opusc. VIII (1877) 380 (a. 1850): τὰ κα B: τακα PF   **121** αἰ ποτὶ Scaliger 55: αποτι B: ἀ-ποτι P¹ (-τὶ P⁴): ἀπότι F   παχυαῖον Scaliger: παχὺ ἐὸν (εον B) BPF   ποτθέμειν Ahrens 315: ποτ᾽ θεμειν (ει ex ι) B: ποτ᾽ ἐθέμιν P: ποτε θέμην F² (τε θέμην in ras.)   **122** ἕτερον P⁴: στερον B: στερρὸν P¹: στερ ρ ὸν F² (στερ et ὸν in ras.): ἅτερον Ahrens 452 (cf. 115)   **123** χ᾽ Scaliger: κ᾽ BPF   κῆνο B: κεῖνο P, F (ει ex ι): τῆνο Scaliger   ὅρη Scaliger: ὅρη BF¹: ὁρῆ P: ὀρῆ F²   **124** τὸς ἀνθρώπους B: τὼς -ους P: τὼς -ως F   γα μὰν F: γαμᾶν P¹ (-ὰν P²): γ᾽ αμαν B   **125** ἐντὶ BF¹P⁴: ἐν τῆ P¹F²   **126** κοὔποκ᾽ Grotius, Exc. trag. et com. (1626) 965: καὶ οὔποκ᾽ P⁴: καὶ οὔπω κ᾽ P¹: καὶ οὔπω·κ᾽ F (ω in ras.): καὶ οὔποτ᾽ B² (οτ᾽ in ras.): κωὔποκ᾽ Ahrens 452 (cf. 222)   τωὐτῷ Ahrens 452: ταὐ- BPF   μένει B: μενεῖ PF

248

ἕτερον εἴη κα τόδ᾽ ἤδη τοῦ παρεξεστακότος.
καὶ τὺ δὴ κἀγὼ χθὲς ἄλλοι καὶ νῦν ἄλλοι τελέθομες
καὖθις ἄλλοι κοὔποχ᾽ ωύτοὶ καττὸν <αὐτὸν αὖ> λόγον.᾽

[12] ἔτι φησὶν ὁ Ἄλκιμος καὶ ταυτί· 'φασὶν οἱ σοφοὶ τὴν 130
ψυχὴν τὰ μὲν διὰ τοῦ σώματος αἰσθάνεσθαι οἷον
ἀκούουσαν, βλέπουσαν, τὰ δ᾽ αὐτὴν καθ᾽ αὑτὴν
ἐνθυμεῖσθαι μηδὲν τῷ σώματι χρωμένην. διὸ καὶ τῶν ὄντων
τὰ μὲν αἰσθητὰ εἶναι, τὰ δὲ νοητά. ὧν ἕνεκα καὶ Πλάτων
ἔλεγεν ὅτι δεῖ τοὺς συνιδεῖν τὰς τοῦ παντὸς ἀρχὰς 135
ἐπιθυμοῦντας πρῶτον μὲν αὐτὰς καθ᾽ αὑτὰς διελέσθαι τὰς
ἰδέας, οἷον ὁμοιότητα καὶ μονάδα καὶ πλῆθος καὶ μέγεθος
καὶ στάσιν καὶ κίνησιν· δεύτερον αὐτὸ καθ᾽ αὑτὸ τὸ καλὸν
καὶ ἀγαθὸν καὶ δίκαιον καὶ τὰ τοιαῦτα ὑποθέσθαι. [13]
τρίτον τῶν ἰδεῶν συνιδεῖν ὅσαι πρὸς ἀλλήλας εἰσίν, οἷον 140
ἐπιστήμην ἢ μέγεθος ἢ δεσποτείαν, ἐνθυμουμένους ὅτι τὰ
παρ᾽ ἡμῖν διὰ τὸ μετέχειν ἐκείνων ὁμώνυμα ἐκείνοις
ὑπάρχει· λέγω δὲ οἷον δίκαια μὲν ὅσα τοῦ δικαίου, καλὰ δὲ
ὅσα τοῦ καλοῦ. ἔστι δὲ τῶν εἰδῶν ἓν ἕκαστον ἀίδιόν τε καὶ
νόημα καὶ πρὸς τούτοις ἀπαθές. διὸ καί φησιν ἐν τῇ φύσει 145
τὰς ἰδέας ἑστάναι καθάπερ παραδείγματα, τὰ δ᾽ ἄλλα
ταύταις ἐοικέναι τούτων ὁμοιώματα καθεστῶτα. ὁ τοίνυν
Ἐπίχαρμος περί τε τοῦ ἀγαθοῦ καὶ περὶ τῶν ἰδεῶν οὕτω
λέγει·

130–156 Φh 55 (127.13–128.14)

127 ἄτερον Ahrens 452 (cf. 115)   κα τόδ᾽ ἤδη Cob.: καὶ τὸ δεὶ B: κάτω δη
P: κατο δὴ F (ω supra ο F²): κα τόδ᾽ ἀεὶ Basileenses   **128** κἠγὼ Ahrens
452   νὺν BPF (vid. ad **117**)   τελέθομες PF: -οιμες B   **129** κωὔποκ᾽
Ahrens 452 (cf. 222)   ωύτοὶ Ahrens 222: αὐτοὶ B²: αὐ- PF   καττὸν
αὐτὸν αὖ Cob.: κατὰ τὸν BPF: κατά γα τοῦτον τὸν Basileenses   **130–
131** τὴν ψυχὴν om. F¹, suppl. F²ᵐᵍ   **133** μηδὲ P¹(Q), corr. P⁴   **134**
εἴνεκα F   **135** δεῖ BF: δὴ P   **141** ἐπιστήμην BP: -η F   τὰ om. B
142 ἐκείνοις PF: -αις BΦh   **143** λέγω δὲ οἷον δίκαια BP: λ. δὴ δίκ. F
144 post δὲ add. καὶ F   ἓν om. Φh   τε om. F¹, suppl. F²ˢˡ   **144–145**
καὶ νόημα BPFΦh: νοητὸν Menag., καὶ del. Casaub.   **146** ἑστάναι τὰς
ἰδέας F   **147** ὁμοιώματα BF: -ότατα P   **148** τἀγαθοῦ F

LIBER III

150 **[14]** (Α.) ἆρ' ἔστιν αὔλησίς τι πρᾶγμα; (Β.) πάνυ μὲν οὖν.
(Α.) ἄνθρωπος οὖν αὔλησίς ἐστιν; (Β.) οὐδαμῶς.
(Α.) φέρ' ἴδω, τί δ' αὐλητάς; τίς εἶμέν τοι δοκεῖ;
ἄνθρωπος, ἢ οὐ γάρ; (Β.) πάνυ μὲν οὖν. (Α.) οὐκ οὖν δοκεῖς
οὕτως ἔχειν <κα> καὶ περὶ τἀγαθοῦ; τὸ μὲν
155 ἀγαθὸν τὸ πρᾶγμ' εἶμεν καθ' αὔθ'· ὅστις δέ κα
εἰδῇ μαθὼν τῆν', ἀγαθὸς ἤδη γίγνεται.
ὥσπερ γάρ ἐστ' αὔλησιν αὐλητὰς μαθὼν
ἢ ὄρχησιν ὀρχηστάς τις ἢ πλοκεὺς πλοκάν,
ἢ πᾶν γ' ὁμοίως τῶν τοιούτων ὅτι τὺ λῇς,
160 οὐκ αὐτὸς εἴη κα τέχνα, τεχνικός γα μάν.

[15] Πλάτων ἐν τῇ περὶ τῶν ἰδεῶν ὑπολήψει φησίν, εἴπερ
ἐστὶ μνήμη, τὰς ἰδέας ἐν τοῖς οὖσιν ὑπάρχειν διὰ τὸ τὴν
μνήμην ἠρεμοῦντός τινος καὶ μένοντος εἶναι· μένειν δὲ οὐδὲν
ἕτερον ἢ τὰς ἰδέας. 'τίνα γὰρ ἂν τρόπον,' φησί, 'διεσῴζετο
165 τὰ ζῷα μὴ τῆς ἰδέας ἐφαπτόμενα καὶ πρὸς τοῦτο τὸν νοῦν
φυσικῶς εἰληφότα; νῦν δὲ μνημονεύει τῆς ὁμοιότητός τε καὶ
τροφῆς, ὁποία τις ἐστὶν αὐτοῖς, ἐνδεικνύμενα διότι πᾶσι
τοῖς ζῴοις ἔμφυτός ἐστιν ἡ τῆς ὁμοιότητος θεωρία· διὸ καὶ
τῶν ὁμοφύλων αἰσθάνεται.' πῶς οὖν ὁ Ἐπίχαρμος;

150–160 ps.-Epich. fr. 277 K.-A.

150 ἆρ' Β: ἆρ' P: ἄρα F   τι ΒΡ: τις F   ὦν Huebn.   **151** οὖν PF: om.
Β: ὦν Huebn.   οὐδαμῶς PF: οὐθ- Β   **152** εἶμέν τοι Ζ³ (Frob.): εἰ μέντοι
ΒΡF   **153** ἢ del. Cob.   ὦν. :: οὐκ ὦν Huebn.   δοκεῖς PF: -εῖ Β
154 κα καὶ περὶ Diels VS: καὶ περὶ ΒΡFΦh: <τοι> καὶ περὶ Hermann ap.
Huebn. I 203ᶜ: καὶ περί <γα> Kaibel   τὠγαθοῦ Ahrens 452   μὲν ΒΡF:
γα Ahrens   **155–156** (ἀγαθὸς) om. F¹, suppl. F²   **155** τὸ Kaibel: τὸ δὲ
ΒΦh: τόδε PF²: τι Huebn.   εἶμεν Ζ³ (Frob.): εἰ μεν ΒΡF   καθ' αὐτό
ΒΡFΦh   **157** ἐστ' Kaibel: εἰς τὴν ΒΡF²: εἰ τὴν F¹: ἔντ' Hermann, Opusc.
VIII 5: αἴκ' Ahrens   **158** ἢ¹ ΒΡ¹: ἢ τὴν FΡ⁴: del. Scaliger 56   **159** ἢ
ΒΡF: καὶ Wil. ap. Kaibel   **160** οὐκ αὐτὸς Scaliger: οὐχ αὐ- ΒΡF   κα
τέχνα, τεχνικός Kaibel: χα τ. τ. ΒΡ: χ' ἁ τεχνικός F¹ (ι eras. et ατεχνι
superscr. F²): χ' ἁ τέχνα, τεχνικός Basileenses   γα Scaliger: γε PF: τε Β
161–169 Vid. Dorandi, Notes 243–5   **161** τῶν om. F   διαλήψει coni.
Reiske 309   **164** φησί om. F   **165** ζῷα <τὰ> K. Gaiser, Gesammelte
Schr. (2004) 549 (a. 1973)   **166** φυσικῶς F: -ὸν ΒΡ   **167** τοῖς πᾶσι F
168 ἡ om. Ρ¹, suppl. Ρ²ˢ·¹·   ὁμοιότητός ΒΡF: οἰκει- Gaiser, Gesammelte
Schr. 547¹⁵ (a. 1973)   ὁμοιότητος <γενέσεως> Diels VS: <γένους>
Marcov.

250

PLATO

[16]   Εὔμαιε, τὸ σοφόν ἐστιν οὐ καθ᾽ ἕν μόνον,   170
           ἀλλ᾽ ὅσσα περ ζῇ, πάντα καὶ γνώμαν ἔχει.
           καὶ γὰρ τὸ θῆλυ τᾶν ἀλεκτορίδων γένος,
           αἰ λῇς καταμαθεῖν ἀτενές, οὐ τίκτει τέκνα
           ζῶντ᾽, ἀλλ᾽ ἐπῴζει καὶ ποιεῖ ψυχὰν ἔχειν.
           τὸ δὲ σοφὸν ἁ φύσις τόδ᾽ οἶδεν ὡς ἔχει   175
           μόνα· πεπαίδευται γὰρ αὐταύτας ὕπο.

καὶ πάλιν·

           θαυμαστὸν οὐδὲν ἁμὲ ταῦθ᾽ οὕτω λέγειν
           καὶ ἁνδάνειν αὐτοῖσιν αὐτοὺς καὶ δοκεῖν
           καλῶς πεφύκειν· καὶ γὰρ ἁ κύων κυνὶ   180
           κάλλιστον εἶμεν φαίνεται καὶ βοῦς βοΐ,
           ὄνος δ᾽ ὄνῳ κάλλιστον, ὗς δέ θην ὑΐ.᾽

[17] καὶ ταῦτα μὲν καὶ τὰ τοιαῦτα διὰ τῶν τεττάρων
βιβλίων παραπήγνυσιν ὁ Ἄλκιμος παρασημαίνων τὴν ἐξ
Ἐπιχάρμου Πλάτωνι περιγινομένην ὠφέλειαν. ὅτι δ᾽ οὐδ᾽   185
αὐτὸς Ἐπίχαρμος ἠγνόει τὴν αὐτοῦ σοφίαν, μαθεῖν ἔστι
κἀκ τούτων ἐν οἷς τὸν ζηλώσοντα προμαντεύεται·

           ὡς δ᾽ ἐγὼ δοκέω—δοκέω γάρ; σάφα ἴσαμι τοῦθ᾽, ὅτι
           τῶν ἐμῶν μνάμα ποκ᾽ ἐσσεῖται λόγων τούτων ἔτι.
           καὶ λαβών τις αὐτὰ περιδύσας τὸ μέτρον ὃ νῦν ἔχει,   190

170–176 ps.-Epich. fr. 278 K.-A.   **178–182** ps.-Epich. fr. 279 K.-A.
188–192 ps.-Epich. fr. 280 K.-A.

171 ὅσσα Scaliger 57: ὅσα BPF   **172** τᾶν B: τῶν PF   ἀλεκτορίδων P:
-ωρίδων B: -οριδῶν F   **174** ἐπωίζει BP¹: ἐπόζει F: ἐπωάζει P⁴   ψυχὰν
F: -ὴν BP   **176** αὐταύτας B¹F²: αὖ ταύτας B²PF¹   **178** ἁμὲ Ahrens
453: με BPF   **180** καλῶς Cob. (cf. Id., Var. lect. [1873] 157): -ῶς BPF
πεφύκειν A. Meineke, Men. et Phil. (1823) 276: -υκέναι BPF: -ύκεν Cob.:
-ῦκεν Basileenses   ἁ BPF: αὖ Cob., Var. lect. (1873) 157   **181** κάλλιστον
PF: -στα B   εἶμεν P⁴: εἰ μὲν BP¹: εἰ μὲν τινὶ F   βῶς Kaibel   **182** υἱ P¹,
F¹ (ex corr.): υἱί P⁴: υἱεῖ B (ὗς δὲ θήλει υἱ B²ᵐᵍ)   **185** περιγινομένην BP:
περιγεν- F   **186** αὐτοῦ σοφίαν BP: σοφ. αὐτ. F, corr. Scaliger 57
187 ζηλώσοντα BP: -αντα F   **188** δοκέω γάρ; Ahrens 453: -ων γὰρ
BPF   σαφαισαμι B (σάφα ἴσαμι coniecerat Ahrens): σαφίσαιμι B²ᵐᵍ:
σαφάσαιμι F: σαφὲς ἅμι P   **189** ἐσσεῖται BP: ἐσεῖται F   **190**
περιλύσας Cob.

εἶμα δοὺς καὶ πορφυροῦν, λόγοισι ποικίλας καλοῖς,
δυσπάλαιστος αὐτὸς ἄλλους εὐπαλαίστους ἀποφανεῖ.

[18] δοκεῖ δὲ Πλάτων καὶ τὰ Σώφρονος τοῦ μιμογράφου
βιβλία ἠμελημένα πρῶτος εἰς Ἀθήνας διακομίσαι καὶ
195 ἠθοποιῆσαι πρὸς αὐτόν· ἃ καὶ εὑρεθῆναι ὑπὸ τῇ κεφαλῇ
αὐτοῦ. τρὶς δὲ πέπλευκεν εἰς Σικελίαν· πρῶτον μὲν κατὰ
θέαν τῆς νήσου καὶ τῶν κρατήρων, ὅτε καὶ Διονύσιος ὁ
Ἑρμοκράτους τύραννος ὢν ἠνάγκασεν ὥστε συμμίξαι
αὐτῷ. ὁ δὲ διαλεγόμενος περὶ τυραννίδος καὶ φάσκων ὡς
200 οὐκ ἔστι τὸ τοῦ κρείττονος συμφέρον αὐτὸ μόνον
<συμφέρον> εἰ μὴ καὶ ἀρετῇ διαφέροι, προσέκρουσεν
αὐτῷ. ὀργισθεὶς γὰρ 'οἱ λόγοι σου,' φησί, 'γεροντιῶσι,' καὶ
ὅς· 'σοῦ δέ γε τυραννιῶσιν.' [19] ἐντεῦθεν ἀγανακτήσας
ὁ τύραννος πρῶτον μὲν ἀνελεῖν ὥρμησεν αὐτόν· εἶτα
205 παρακληθεὶς ὑπὸ Δίωνος καὶ Ἀριστομένους τοῦτο μὲν οὐκ
ἐποίησε, παρέδωκε δ' αὐτὸν Πόλλιδι τῷ Λακεδαιμονίῳ
κατὰ καιρὸν διὰ πρεσβείαν ἀφιγμένῳ ὥστε ἀποδόσθαι.
κἀκεῖνος ἀγαγὼν αὐτὸν εἰς Αἴγιναν ἐπίπρασκεν· ὅτε καὶ
Χάρμανδρος Χαρμανδρίδου ἐγράψατο αὐτῷ δίκην

193–196 (αὐτοῦ) Sophr. test. 6 K.-A.   199–202 Vid. Plat., Resp. 1,
338 c-339 a   206 (παρέδωκε)–214 (ἀπέλυσαν) Favor. fr. 65 Bar. =
33 Mensch. (208 ὅτε–213 ἱστορία) = 70 Am. (208 κἀκεῖνος–213 ἱστορία)

196 (τρὶς)–207 (ἀποδόσθαι) Φ 33 (239.21–240.6)

191 εἶμα PF: ἵμα B   καὶ om. F   πορφυροῦν BF: -υρᾶν P: -ύραν Casaub.
λόγοισι BPF: μύθοισι Gigante 491[48]   ποικίλας BF[1]: -ίλλας PF[2]   καλοῖς
BP: -σι F   192 αὐτὸς I. Toup, Not. in Longin. (1778) 212: ὢν τοὺς BPF
('quod videtur ωὐτὸς fuisse' Kaibel): ὢν τὸς Hermann ap. Huebn. I 206[y]:
ἐὼν τὸς vel ὢν τὸς Ahrens 323   ἀποφανεῖ Z[3] (Frob.): -φάνη F: -φαίνει B[1]P:
-φαίνη B[2]   195 αὐτόν F[1]: -ῶν BPF[2]: -ά Cob.   197 κρατήδων B
198 ἑρμοκράτου B   200 τὸ τοῦ B[2mg]: τούτου B[1]P[1]: τοῦτο FP[2]
κρείττονος B: κρεῖττον ὃ PF   συμφέρον BPF: -ει Φ: -οι Reiske 309
αὐτὸ B: αὐτῷ PF[2] (τῷ in ras.) Φ: αὖτ<αρκες> Marcov.   201 συμφέρον
add. Kassel. 'fortasse ὡς οὐκ ἔστι < . . . > τὸ τοῦ κρείττονος συμφέρον
αὐτὸ μόνον κτλ. scribendum; aut adiectivum quale 'utile' excidit, aut οὐδὲν
pro οὐκ legendum' Basileenses xx; 'an μόνον delendum?' V. d. Muehll
203 σοῦ B[1]PF: οὐ B[2] Φ. Vid. Wil., Platon [2]II 5 (contra K. Gaiser, Gnomon 51
[1979] 108)   204 ὥρμησεν B[1]P: -κεν F   206 δ' om. Φ   πόλλιδι B:
πόλι- PF   207 ἀποδόσθαι BPF: πωλῆσαι Φ

θανάτου κατὰ τὸν παρ' αὐτοῖς τεθέντα νόμον, τὸν 210
ἐπιβάντα Ἀθηναίων τῇ νήσῳ ἄκριτον ἀποθνῄσκειν. ἦν δ'
αὐτὸς ὁ θεὶς τὸν νόμον, καθά φησι Φαβωρῖνος ἐν
Παντοδαπῇ ἱστορίᾳ. εἰπόντος δέ τινος, ἀλλὰ κατὰ παιδιάν,
φιλόσοφον εἶναι τὸν ἐπιβάντα, ἀπέλυσαν. ἔνιοι δέ φασι
παραχθῆναι αὐτὸν εἰς τὴν ἐκκλησίαν καὶ τηρούμενον μηδ' 215
ὁτιοῦν φθέγξασθαι, ἑτοίμως δὲ ἐκδέξασθαι τὸ συμβαῖνον· οἱ
δὲ ἀποκτεῖναι μὲν αὐτὸν οὐ διέγνωσαν, πωλεῖν δὲ ἔκριναν
τῷ τρόπῳ τῶν αἰχμαλώτων.

[20] λυτροῦται δὴ αὐτὸν κατὰ τύχην παρὼν Ἀννίκερις ὁ
Κυρηναῖος εἴκοσι μνῶν (οἱ δὲ τριάκοντα) καὶ ἀναπέμπει 220
Ἀθήναζε πρὸς τοὺς ἑταίρους. οἱ δ' εὐθὺς τἀργύριον
ἐξέπεμψαν· ὅπερ οὐ προσήκατο εἰπὼν μὴ μόνους ἐκείνους
ἀξίους εἶναι Πλάτωνος κήδεσθαι. ἔνιοι δὲ καὶ Δίωνα
ἀποστεῖλαί φασι τὸ ἀργύριον καὶ τὸν μὴ προσέσθαι, ἀλλὰ
καὶ κηπίδιον αὐτῷ τὸ ἐν Ἀκαδημείᾳ πρίασθαι. τὸν μέντοι 225
Πόλλιν λόγος ὑπό τε Χαβρίου ἡττηθῆναι καὶ μετὰ ταῦτα ἐν
Ἑλίκῃ καταποντωθῆναι τοῦ δαιμονίου μηνίσαντος διὰ τὸν
φιλόσοφον, ὡς καὶ Φαβωρῖνός φησιν ἐν πρώτῳ τῶν
Ἀπομνημονευμάτων. [21] οὐ μὴν ἡσύχαζεν ὁ Διονύσιος·
μαθὼν δὲ ἐπέστειλε Πλάτωνι μὴ κακῶς ἀγορεύειν αὐτόν. 230
καὶ ὃς ἀντεπέστειλε μὴ τοσαύτην αὐτῷ σχολὴν εἶναι, ὥστε
Διονυσίου μεμνῆσθαι.

δεύτερον πρὸς τὸν νεώτερον ἧκε Διονύσιον αἰτῶν γῆν
καὶ ἀνθρώπους τοὺς κατὰ τὴν πολιτείαν αὐτοῦ

225 (τὸν)–**229** (Ἀπομνημονευμάτων) Favor. fr. 35 Bar. = 4 Mensch. = 42 Am.

---

210 (τὸν[1]—νόμον) om. F[1], suppl. F[2mg]   **210–211** τὸν πρῶτον ἐπιβ. P[4]
213 κ. Φ. ἐν π. φησιν ἱστ. BF   **213–214** ἀλλὰ κατὰ παιδιάν (-είαν Β)
φιλόσοφον BPF: κατὰ π. ἀλλὰ φ. Wil. ap. E. Maass, De biogr. Graec. (1880)
66[69]   **214** ἀπέλυσαν BP: -εν F   **219** δὴ BP: δὲ F   παρὼν BP: -ιὼν F
221–222 τἀργύριον ἐξέπεμψαν BP: τὸ ἀργ. ἔπ. F   **224** προσέσθαι
FP[2]: προ- BP[1]   **225** καὶ om. F   ἀκαδιμεία B: -δημία PF   **226**
πόλλιν B[1] ut vid.: πόλιν PF   χαβρίου BF[1]: χαυρίου P: χω- F[2] (ω in ras.)
227 αὐτῷ διὰ FP[4]   **228** φησιν BP: φα- F   **229** οὐ μὴν BF: οὐ μὴν δὲ
P: οὐ μὴν οὐδὲ Reiske 309, sed vid. Basileenses et J. D. Denniston, Greek
Part. ([2]1954) 338–9   **231** καὶ ὃς BP: ὃς καὶ F   ἀντεπέστειλε BP: ἀντ'
ἀπ- F   **233** τὸν om. BP   **234** ἢ καὶ B[1], corr. B[2mg]

235 ζησομένους· ὁ δὲ καίπερ ὑποσχόμενος οὐκ ἐποίησεν. ἔνιοι δέ
φασι καὶ κινδυνεῦσαι αὐτὸν ὡς ἀναπείθοντα Δίωνα καὶ
Θεο<δό>ταν ἐπὶ τῇ τῆς νήσου ἐλευθερίᾳ· ὅτε καὶ Ἀρχύτας
αὐτὸν ὁ Πυθαγορικὸς γράψας ἐπιστολὴν πρὸς Διονύσιον
παρῃτήσατο καὶ διέσωσεν εἰς Ἀθήνας. ἔστι δὲ ἡ ἐπιστολὴ
240 ἥδε·

Ἀρχύτας Διονυσίῳ ὑγιαίνειν.

[22] ἀπεστάλκαμέν τοι πάντες οἱ Πλάτωνος φίλοι τὼς
περὶ Λαμίσκον τε καὶ Φωτίδαν ἀπολαμψούμενοι τὸν ἄνδρα
καττὰν πὰρ τὶν γενομέναν ὁμολογίαν. ὀρθῶς δέ κα ποιοῖς
245 ἀμμιμνασκόμενος τήνας τᾶς σπουδᾶς, ἡνίκα πάντας ἄμμε
παρεκάλεις ποττὰν Πλάτωνος ἄφιξιν, ἀξιῶν προτρέπεσθαί
τε αὐτὸν καὶ ἀναδέχεσθαι τά τε ἄλλα καὶ περὶ τὰν
ἀσφάλειαν μένοντί τε καὶ ἀφορμίοντι. μέμνασο δὲ καὶ τῆνο
ὅτι περὶ πολλῶ ἐποίησω τὰν ἄφιξιν αὐτῶ καὶ ἀγάπης ἐκ
250 τήνω τῶ χρόνω ὡς οὐδένα τῶν πὰρ τίν. αἱ δέ τις γέγονε
τραχύτας, ἀνθρωπίζειν χρὴ κἀποδιδόμεν ἄμμιν ἀβλαβῆ τὸν
ἄνδρα. ταῦτα γὰρ ποιῶν δίκαια πραξεῖς καὶ ἄμμιν χαριξῇ.’

[23] τρίτον ἦλθε διαλλάξων Δίωνα Διονυσίῳ· οὐ τυχὼν
δὲ ἄπρακτος ἐπανῆλθεν εἰς τὴν πατρίδα. ἔνθα πολιτείας μὲν

241–252 Thesleff, Pythag. Texts 45

235 ἐποίησεν BP: ἐποίη F 237 Θεοδόταν Cob.: θεώταν PF: θεωτὰν B.
Vid. Wil., Platon ²II 5 238 ὁ πυθαγορικὸς om. B¹, suppl. B²ᵐᵍ 239
διέσωσεν P: -σώσατο BF. Vid. Wil., Platon ²II 5 240 ἥδε om. F¹, suppl.
F²ᵐᵍ 242 ἀπεστάλκαμές Menag. τοι om. P 243 ἀπολαμψού-
μενοι Cob.: -ψύμενοι BFP⁴: -ψοίμενοι P¹ 244 κατταν B: κατὰν P¹:
κατὰ τὰν P²: κατὰ τὴν F πὰρ F. I. Bast ap. G. H. Schaefer, Greg. Cor.
(1811) 208⁸⁵: παρὰ BPF τὴν P¹, corr. P² κα BF: καὶ P ποιοῖς BP⁴: -εῖς
P¹F 245 ἀμμιμνασκόμενος Basileenses: ἀμιμναι- B: ἀσμιμναι- P¹(Q):
μιμνασκ- F, P⁴ (*μιμ et α in ras.) τήνας τᾶς σπουδᾶς FP⁴: τηνας τας
σποδῆς B, P¹ ut vid. ἄμμε BP: ἄμμ F: ἀμέ Cob. 246 παρεκάλεις PF:
-ης B ποττὰν F: πότταν B: ποτὰν P ἄφιξιν PF¹: ἄφη- F²ᵐᵍ: ἀφίξειν B
προστρέπεσθαί B¹ ut vid. 247 ante περὶ suppl. τὰ P²ˢ·ˡ· τὰν BF:
τὴν P 248 τε om. F ἀφορμίοντι B: -είοντι F: -ιῶντι P μέμνασο
BF: -ησω P 249 πολλῶ FPˣ: -ῶς B² (λ² in ras. et ras. etiam supra ς), P¹
ἀγάπης P¹: -ας BP²F 250 τοῦ χρόνου F τίν BP: τήν F αἱ PF: εἰ B
251 ἀνθρωπίζειν BP: καὶ ἀνθρωπίζειν F: κἀνθρ. Frob. ἄμμιν P: ἄ- F²:
ἀμιν BF¹ 252 δίκαιά <τε> Cob. πραξεῖς Cob.: πράξεις BPF ἄμμιν
P: ἄ- F²: ἀμῖν BF¹ χαριξῇ Cob.: χαρίξη B¹ ut vid.: -ίζη PF, B² (ζ in ras.)

PLATO

οὐχ ἥψατο, καίτοι πολιτικὸς ὢν ἐξ ὧν γέγραφεν. αἴτιον δὲ 255
τὸ ἤδη τὸν δῆμον ἄλλοις πολιτεύμασιν ἐνειθίσθαι. φησὶ δὲ
Παμφίλη ἐν τῷ πέμπτῳ καὶ εἰκοστῷ τῶν Ὑπομνημάτων ὡς
Ἀρκάδες καὶ Θηβαῖοι Μεγάλην πόλιν οἰκίζοντες
παρεκάλουν αὐτὸν νομοθέτην· ὁ δὲ μαθὼν ἴσον ἔχειν οὐ
θέλοντας οὐκ ἐπορεύθη. λόγος ὅτι καὶ Χαβρίᾳ συνεῖπε τῷ 260
στρατηγῷ φεύγοντι θανάτου, μηδενὸς τῶν πολιτῶν τοῦτο
πρᾶξαι βουληθέντος. [24] ὅτε καὶ ἀνιόντι αὐτῷ εἰς τὴν
ἀκρόπολιν σὺν τῷ Χαβρίᾳ Κρωβύλος ὁ συκοφάντης
ἀπαντήσας φησίν· 'ἄλλῳ συναγορεύσων ἥκεις, ἀγνοῶν ὅτι
καὶ σὲ τὸ Σωκράτους κώνειον ἀναμένει;' τὸν δὲ φάναι· 'καὶ 265
ὅτε ὑπὲρ τῆς πατρίδος ἐστρατευόμην, ὑπέμενον τοὺς
κινδύνους, καὶ νῦν ὑπὲρ τοῦ καθήκοντος διὰ φίλον
ὑπομενῶ.'

οὗτος πρῶτος ἐν ἐρωτήσει λόγον παρήνεγκεν, ὥς φησι
Φαβωρῖνος ἐν ὀγδόῃ Παντοδαπῆς ἱστορίας. καὶ πρῶτος 270
τὸν κατὰ τὴν ἀνάλυσιν τῆς ζητήσεως τρόπον εἰσηγήσατο
Λεωδάμαντι τῷ Θασίῳ. καὶ πρῶτος ἐν φιλοσοφίᾳ
ἀντίποδα ὠνόμασε καὶ στοιχεῖον καὶ διαλεκτικὴν καὶ
ποιότητα καὶ τοῦ ἀριθμοῦ τὸν προμήκη καὶ τῶν περάτων
τὴν ἐπίπεδον ἐπιφάνειαν καὶ θεοῦ πρόνοιαν. 275

256 (φησὶ)–**260** (ἐπορεύθη) Pamphil. fr. 8 Cagn.   **269–270** Favor. fr. 57
Bar. = 25 Mensch. = 62 Am.   **270–272** Leodamas 2 D 1a Lass.

---

258 (Ἀρκάδες)–**260** (ἐπορεύθη) Φ 33 (240.6–8)   **260** (λόγος)–**268** Φh 55
(128.15–22)

---

256 ἐνειθίσθαι PF: ἐνηθεῖ- B   **258** ἄρκαδες F   **259** παρεκάλουν F,
P² (παρ in ras.): κατ- B: ἐκάλουν Φ   ante ἴσον add. αὐτὸν F¹, del. F² ut
vid.   **260** χαυρία P   συνεῖπε Valckenaer, Diatr. in Eur. perdit. dram.
rel. (1767) 289b: -είπετο BPFΦh   **263** χαυρία P   κρωμῦλος F   **264**
συναγορεύσων FΦh: -εύων BP   **271** τὸν om. F   'post εἰσηγήσατο
apud Favorinum καὶ παρέδωκε extitisse censeo' Mensching: ἀποδεχθεὶς
add. Basileenses: παραδοὺς Marcov. (conl. Procl., In Eucl. 211.19 Friedlein).
Vid. Dorandi, Notes 245   **272** τῇ φιλοσοφίᾳ F   **273** ἀντίποδα B¹PF:
-πόδων B²   **274** ποιότητα Menag.: ποιήματα (-τα ex corr. B²) B¹, PF.
Vid. Wil., Platon ²II 5 et Untersteiner, Posidonio 110–1   τὸν BP: τὴν F
προμήκη BP: -ει F   **275** τὴν FP⁴: τῶν B: τὸν P¹: τὸ Mensching
ἐπίπεδον BP: -ποδον F   καὶ θεοῦ πρόνοιαν om. F¹, suppl. F²ᵐᵍ

255

[25] καὶ πρῶτος τῶν φιλοσόφων ἀντεῖπε πρὸς τὸν λόγον τὸν Λυσίου τοῦ Κεφάλου ἐκθέμενος αὐτὸν κατὰ λέξιν ἐν τῷ Φαίδρῳ. καὶ πρῶτος ἐθεώρησε τῆς γραμματικῆς τὴν δύναμιν. πρῶτός τε ἀντειρηκὼς σχεδὸν ἅπασι τοῖς πρὸ 280 αὐτοῦ, ζητεῖται διὰ τί μὴ ἐμνημόνευσε Δημοκρίτου. τούτου φησὶ Νεάνθης ὁ Κυζικηνὸς εἰς Ὀλύμπια ἀνιόντος τοὺς Ἕλληνας ἅπαντας ἐπιστραφῆναι εἰς αὐτόν· ὅτε καὶ Δίωνι συνέμιξε μέλλοντι στρατεύειν ἐπὶ Διονύσιον. ἐν δὲ τῷ πρώτῳ τῶν Ἀπομνημονευμάτων Φαβωρίνου φέρεται ὅτι 285 Μιθριδάτης ὁ Πέρσης ἀνδριάντα Πλάτωνος ἀνέθετο εἰς τὴν Ἀκαδημίαν καὶ ἐπέγραψε· Ἀριθριδάτης Ὀροντοβάτου Πέρσης Μούσαις εἰκόνα ἀνέθηκε Πλάτωνος, ἣν Σιλανίων ἐποίησε.ʼ

[26] φησὶ δʼ Ἡρακλείδης ὅτι νέος ὢν οὕτως ἦν αἰδήμων 290 καὶ κόσμιος ὥστε μηδέποτε ὀφθῆναι γελῶν ὑπεράγαν. τοιοῦτος δʼ ὢν ὅμως ἐσκώφθη καὶ αὐτὸς ὑπὸ τῶν κωμικῶν. Θεόπομπος γοῦν ἐν Ἡδυχάρει φησὶν οὕτως·

ἓν γάρ ἐστιν οὐδὲ ἕν,
τὼ δὲ δύο μόλις ἕν ἐστιν, ὥς φησιν Πλάτων.

277–278 (ἐν τῷ Φαίδρῳ) Plat., Phdr. 230 e 6–234 c 5   **280** (τούτου)–**283** (Διονύσιον) Neanthes FGrHist 84 F 22   **283** (ἐν)–**288** Favor. fr. 36 Bar. = 5 Mensch. = 43 Am.   **289–290** (ὑπεράγαν) Sotion fr. 13 W. **294–295** Theopomp. com. fr. 16 K.-A.

291 (τοιοῦτος)–**309** (ἀγαθόν) Φh 55 (128.23–129.17)

277 τὸν BP¹: τοῦ FP⁴   τοῦ BP: τὸν τοῦ F   **279** τε om. F **281** φησὶ ἄνθης P   ὀλύμπια BFP⁴: ὀλυμπιάδα P¹(Q)   **282** εἰς BF: πρὸς P   **284** πρώτῳ] αʹ PF: δʹ B   **285** μιθριδάτης BP: μιθρη- F. Vid. R. Schmitt in Actes VIIIᵉᵐᵉ Congr. épigr. grecque et latine (1979) 144–5 et Threatte, Grammar Attic Inscriptions I 129   **286** Ὀροντοβάτου J. L. Marres, Favor. Arel. (1853) 102: ὁ ῥοδοβάτου P: ῥοδοβ- B: ῥοδοά- F² (δο in ras.)   **287** ἀνέθηκε BP: -έθετο F   **289** οὕτως BP: οὗτος F γοῦν BP: οὖν F   Ἡδυχάρει Casaub.: αὐτοχάρει P: αὐτόχαρι F et sine accentu B   φησὶν post γοῦν transp. F   **294** τὼ BΦh: τὸ PF   ἕν om. Φh   φησὶν F: φησι BP

ἀλλὰ καὶ Ἀναξανδρίδης ἐν Θησεῖ·   295

ὅτε τὰς μορίας ἔτρωγεν ὥσπερ <καὶ> Πλάτων.

ἀλλὰ καὶ Τίμων οὑτωσὶ παραγραμματίζων αὐτόν·

ὡς ἀνέπλασσε Πλάτων <ὁ> πεπλασμένα θαύματα εἰδώς.

[27] Ἄλεξις Μεροπίδι·

εἰς καιρὸν ἥκεις, ὡς ἔγωγ᾽ ἀπορουμένη   300
ἄνω κάτω τε περιπατοῦσ᾽ ὥσπερ Πλάτων
σοφὸν οὐδὲν εὕρηκ᾽, ἀλλὰ κοπιῶ τὼ σκέλη.

καὶ ἐν Ἀγκυλίωνι·

λέγεις περὶ ὧν οὐκ οἶσθα· συγγενοῦ τρέχων
Πλάτωνι καὶ γνώσῃ λίτρον καὶ κρόμμυον.   305

Ἄμφις Ἀμφικράτει·

τὸ δ᾽ ἀγαθὸν ὅ τι ποτ᾽ ἐστίν, οὗ σὺ τυγχάνειν
μέλλεις διὰ ταύτην, ἧττον οἶδα τοῦτ᾽ ἐγώ,
ὦ δέσποτ᾽, ἢ τὸ Πλάτωνος ἀγαθόν. (Β.) πρόσεχε δή.

[28] ἐν Δεξιδημίδῃ·   310

---

296 Anaxandr. fr. 20 K.-A.   **298** Timon SH 793 = fr. 19 Di Marco
300–302 Alex. fr. 151 K.-A.   **304–305** Alex. fr. 1 K.-A.   **307–309**
Amphis fr. 6 K.-A.

---

298 Suda π 316 (IV 30.27–8)

295–296 om. F[1], suppl. F[2mg]   **296** μορίας BP: μω- F[2] Φh   ὥσπερ καὶ
Hermann ap. Huebn. I 212[h]: ὥσπερ BPF[2] Φh: ὡσπερεὶ Meineke   **298**
ἀνέπλασσε P: -πλασε BFΦh, Suda: -πλαττε(ν) Athen. II, 505
E   -ε Πλάτων ὁ Nauck ap. Meineke edit. Athen. IV 234: -εν ὁ Πλάτων
Athen. (cod. A): -ε ΠΛ. BPFΦ, Athen. (cod. E), Suda   θαύματα BPFΦ:
θύ- Athen., Suda   **299** μεροπίδι BP: -δη F   **302** τὼ F: τὰ BPΦh
304 λέγεις BP: λέγεις γὰρ F   συγγενοῦ Cob., Nov. lect. (1858) 284:
-οῦς BPFΦ   **305** κρόμμυον F, κόμμυον Φh   **306** ἀμφικράτει FP[4]: -τη
P[1]B[2]   **307** σὺ om. F[1], suppl. F[2s.l.]   **308** μέλλῃς B[1]   **309** ὦ PF: ὡς B
:: πρόσεχε distinxit Cob., Nov. lect. (1858) 20. Vid. H.-G. Nesselrath, Att.
Mittl. Kom. (1990) 294[24]   **310** δεξιδημιδίῳ B[1], corr. B[2]: -μήδει P[1], corr. P[4]:
δεξιμίδη F

ὦ Πλάτων,
ὡς οὐδὲν οἶσθα πλὴν σκυθρωπάζειν μόνον,
ὥσπερ κοχλίας σεμνῶς ἐπηρκὼς τὰς ὀφρῦς.

Κρατῖνος Ψευδυποβολιμαίῳ·

315   (Α.) ἄνθρωπος εἶ; (Β.) δηλονότι. (Α.) καὶ ψυχὴν ἔχεις;
         (Β.) κατὰ μὲν Πλάτων᾽ οὐκ οἶδ᾽, ὑπονοῶ δ᾽ <ὧδ᾽> ἔχειν.

Ἄλεξις Ὀλυμπιοδώρῳ·

         σῶμα μὲν ἐμοῦ τὸ θνητὸν αὖον ἐγένετο,
         τὸ δ᾽ ἀθάνατον ἐξῆρε πρὸς τὸν ἀέρα.
320   (Β.) ταῦτ᾽ οὐ σχολὴ Πλάτωνος;

καὶ ἐν Παρασίτῳ·

         ἢ μετὰ Πλάτωνος ἀδολεσχεῖν κατὰ μόνας.

χλευάζει δ᾽ αὐτὸν καὶ Ἀναξίλας ἐν Βοτρυλίωνι καὶ Κίρκῃ
καὶ Πλουσίαις.

325   [29] Ἀρίστιππος δ᾽ ἐν τῷ τετάρτῳ Περὶ παλαιᾶς τρυφῆς
φησιν αὐτὸν Ἀστέρος μειρακίου τινὸς ἀστρολογεῖν
συνασκουμένου ἐρασθῆναι, ἀλλὰ καὶ Δίωνος τοῦ
προειρημένου (ἔνιοι καὶ Φαίδρου φασί)· δηλοῦν δὲ τὸν

311–313 Amphis fr. 13 K.-A.   **315–316** Cratin. Iun. fr. 10 K.-A.   **318–320** Alex. fr. 163 K.-A.   **322** Alex. fr. 185 K.-A.   **323–324** Anaxil. fr. 5, 14 et 26 K.-A.   **325–344** ps.-Aristipp. fr. 5 Dor.

311–316 Φ 33 (240.9–12); Suda σ 706 (IV 389.27–8)   **326** (Ἀστέρος)–**327** (ἐρασθῆναι); **328** (δηλοῦν)–**335** Φ 33 (240.13–20)

---

312 οἶσθα F: ἦσθα BP, Suda: ἦισθα Basileenses   **313** σεμνῶς BP, Suda (codd. AGVM): -ὸς F, Suda (cod. F)   **315** :: δηλονότι :: distinxit Meineke   **316** μὲν] τὸν H. Richards, Aristoph. and Others (1909) 66   οἶδ᾽ B: οἶδα PF: οἶδά <γ᾽> Basileenses, οἶδα <δ᾽> Wil., Platon ²ΙΙ 6, οἶδα <μὲν> Richards   ὧδ᾽ add. Hermann ap. Huebn. I 213°   **317** ἀλλ᾽ ἕξις B: ἀλλ᾽ ἕξεις B²   **318** ἐμοῦ FP²: ὁμοῦ BP¹: del. W. Headlam, CR 13 (1899) 7   **319** ἐξῆρε BPF: ἐξῆιξε K. Fr. Hermann 373   **321** ἐμπαρασείτω B   **323** ἐν P: ἐν τῷ F: om. B   βοτρυλίωνι PF: βοτρυδίων εἰ B   **325** τετάρτῳ om. F¹, δ᾽ add. F²·ˢ·ˡ·   **326** φησιν BP: λέγειν F   **328** ἔνιοι δὲ F δηλοῦν B¹PF: -οῦσι B²

ἔρωτα αὐτοῦ τάδε τὰ ἐπιγράμματα, ἃ καὶ πρὸς αὐτοῦ
γενέσθαι εἰς αὐτούς·   330

ἀστέρας εἰσαθρεῖς, Ἀστὴρ ἐμός· εἴθε γενοίμην
οὐρανός, ὡς πολλοῖς ὄμμασιν εἰς σὲ βλέπω.

καὶ ἄλλο·

Ἀστὴρ πρὶν μὲν ἔλαμπες ἐνὶ ζωοῖσιν Ἑῷος,
νῦν δὲ θανὼν λάμπεις Ἕσπερος ἐν φθιμένοις.   335

[30] εἰς δὲ τὸν Δίωνα ὧδε·

δάκρυα μὲν Ἑκάβῃ τε καὶ Ἰλιάδεσσι γυναιξὶ
Μοῖραι ἐπέκλωσαν δὴ τότε γεινομέναις·
σοὶ δέ, Δίων, ῥέξαντι καλῶν ἐπινίκιον ἔργων
δαίμονες εὐρείας ἐλπίδας ἐξέχεαν.   340
κεῖσαι δ᾿ εὐρυχόρῳ ἐν πατρίδι τίμιος ἀστοῖς,
ὦ ἐμὸν ἐκμήνας θυμὸν ἔρωτι Δίων.

τοῦτο καὶ ἐπιγεγράφθαι φησὶν ἐν Συρακούσαις ἐπὶ τῷ
τάφῳ.

[31] ἀλλὰ καὶ Ἀλέξιδος, φασίν, ἐρασθεὶς καὶ Φαίδρου,   345
καθὰ προείρηται, τοῦτον ἐποίησε τὸν τρόπον·

331–332 Anth. Pal. 7.669; ps.-Plat. epigr. 1 Page (Epigr. Gr. 511–2 = FGE
584–5)   **334–335** Anth. Pal. 7.670; ps.-Plat. epigr. 2 Page (Epigr. Gr.
513–4 = FGE 586–7)   **337–342** Anth. Pal. 7.99; ps.-Plat. epigr. 10 Page
(Epigr. Gr. 539–44 = FGE 612–7)   **345–350** Alex. test. *14 K.-A.

331–332 Pal.; Plan. IIIᵃ 6.27   **334–335** Pal.; Plan. IIIᵃ 6.28   **337–342**
Pal.; Plan. IIIᵃ 28.24   **337–338** Suda γ 214 (I 521.22–3)

---

331 εἰσαθρεῖ B¹ (corr. B²), Pal.   **332** βλέπω BPΦ, Pal.: -ων F: βλέποιν
Nauck per litt. ad K. Lehrs dat. (1850) in Ausgew. Briefe v. u. an Chr. A.
Lobeck u. K. Lehrs hrg. v. A. Ludwich II (1894) 541 (de forma, vid. Kassel-
Austin ad Cratin. fr. 60): ὅς . . . βλέπει Wil., Platon ²I 457¹, sed vid. R. Del Re,
Athenaeum 9 (1931) 501⁴ et W. Ludwig, GRBS 4 (1963) 77⁴⁸   **334** πρὶν post
ἔλαμπες transp. F   ἐνὶ BF, Pal.: ἐν P   **337** ἐλιάδεσσι F   **338**
ἐπεκλώσαντο Suda   τότε Pal., Suda: ποτε BPF   **339** ῥέξαντι BPF,
Pal.: -ξοντι Basileenses   καλῶν BP¹F: -ὸν P⁴   ἔργων BP¹F¹: -ον P⁴F²
341 εὐρυχόρω P: -ώρω BF   ἐν del. B² ut vid.   **345** φασὶν F: φησὶν
(sc. Ἀρίστιππος) BP   **346** τοῦτον τρόπον ἐποίησε F

νῦν, ὅτε μηδὲν Ἄλεξις ὅσον μόνον εἶφ᾽ ὅτι καλός,
ὦπται, καὶ πάντη πᾶς τις ἐπιστρέφεται.

θυμέ, τί μηνύεις κυσὶν ὀστέον, εἶτ᾽ ἀνιήσῃ
350   ὕστερον; οὐχ οὕτω Φαῖδρον ἀπωλέσαμεν;

ἔχειν τε Ἀρχεάνασσαν, εἰς ἣν καὶ αὐτὴν οὕτω ποιῆσαι·

Ἀρχεάνασσαν ἔχω, τὴν ἐκ Κολοφῶνος ἑταίραν,
ἧς καὶ ἐπὶ ῥυτίδων ἕζετο δριμὺς Ἔρως.
ἆ δειλοί, νεότητος ἀπαντήσαντες ἐκείνης
355   πρωτοπλόου, δι᾽ ὅσης ἤλθετε πυρκαϊῆς.

[32] ἀλλὰ καὶ εἰς Ἀγάθωνα·

τὴν ψυχὴν Ἀγάθωνα φιλῶν ἐπὶ χείλεσιν εἶχον·
ἦλθε γὰρ ἡ τλήμων ὡς διαβησομένη.

καὶ ἄλλο·

360   τῷ μήλῳ βάλλω σε· σὺ δ᾽, εἰ μὲν ἑκοῦσα φιλεῖς με,
δεξαμένη τῆς σῆς παρθενίης μετάδος·

347–350 Anth. Pal. 7.100; ps.-Plat. epigr. 6 Page (Epigr. Gr. 522–6 = FGE 596–9)   **352–355** Anth. Pal. 7.217; ps.-Plat. epigr. 9 Page (Epigr. Gr. 535–8 = FGE 608–11)   **357–358** Anth. Pal. 5.78; ps.-Plat. epigr. 3 Page (Epigr. Gr. 515–16 = FGE 588–9)   **360–363** Anth. Pal. 5.79; ps.-Plat. epigr. 4 Page (Epigr. Gr. 517–20 = FGE 590–3)

347–350 Pal.; Plan. III[a] 26.4   **351–358** Φ 33 (240.21–242.7)   **352–355** Pal.; Plan. III[a] 11.2   **352–353** Suda ρ 319 (IV 309.12–14); Pal.   **360–363** Pal.; Plan. VII 203

---

347 ὅσον BPF, Pal., Apul., Apol. 10: ὁ σὸς Reiske 309–10   καλὸς BP, Pal.[C]: -ὸν Pal.: -ῶς F   **348** ὦ παι F[2], Apul. (ωπαι)   πᾶς τις ἐπιστρέφεται BPF: πᾶσι περιβλέπεται Apul., Pal.[C]: παῖ περικλέπτεται Pal.   **349** ἀνιήσῃ Steph.: -σει Apul.: -σεις BPF, Pal.   **351** Ἀρχεάνασσαν Cob.: ἀρχαιά- BPFΦ   **352** ἀρχεάνασσαν Pal.: ἀρχαιάνασσαν BPFΦ   τὰν Pal.   ἑταίρην Pal.[C], Athen. 13, 589 C, Suda   **353** ἇς Pal., Suda   ἕζετο (ἕζ. F) δριμὺς BPFΦ: ὁ γλυκὺς ἕζετ᾽ Pal., Suda: πικρὸς ἔπεστιν Athen.   **354** ἆ—ἐκείνης BPFΦ, Athen.: ἆ νέον ἥβης ἄνθος ἀποδρέψαντες ἐρασταὶ Pal.   νεότητος BP: -ες F   **355** πρωτοπλόου BPFΦ, Pal.[C]: -βόλου Pal. (ex corr.): -πόρου Athen.   **357** ἐπὶ BP: ἐνὶ F   εἶχον BPFΦ: ἔσχον Pal., Syll. S (An. Par. Cramer IV 384.1), Gel. 19.11.1, Macr. 2.2.15   **361** παρθενίης PF[1], Pal.: -ας BF[2] Φ

εἰ δ' ἄρ' ὃ μὴ γίγνοιτο νοεῖς, τοῦτ' αὐτὸ λαβοῦσα
σκέψαι τὴν ὥρην ὡς ὀλιγοχρόνιος.

ἄλλο·

μῆλον ἐγώ· βάλλει με φιλῶν σέ τις· ἀλλ' ἐπίνευσον,   365
Ξανθίππη· κἀγὼ καὶ σὺ μαραινόμεθα.

[33] φασὶ δὲ καὶ τὸ εἰς τοὺς Ἐρετριέας τοὺς
σαγηνευθέντας αὐτοῦ εἶναι·

Εὐβοίης γένος ἐσμὲν Ἐρετρικόν, ἄγχι δὲ Σούσων
κείμεθα· φεῦ γαίης ὅσσον ἀφ' ἡμετέρης.   370

κἀκεῖνο·

ἁ Κύπρις Μούσαισι· 'κοράσια, τὰν Ἀφροδίταν
τιμᾶτ', ἢ τὸν Ἔρωτ' ὔμμιν ἐφοπλίσομαι.'
αἱ Μοῦσαι ποτὶ Κύπριν· 'Ἄρει τὰ στωμύλα ταῦτα·
ἡμῖν οὐ πέτεται τοῦτο τὸ παιδάριον.'   375

καὶ ἄλλο·

χρυσὸν ἀνὴρ εὑρὼν ἔλιπε βρόχον· αὐτὰρ ὁ χρυσὸν
ὃν λίπεν οὐχ εὑρὼν ἧψεν ὃν εὗρε βρόχον.

365–366 Anth. Pal. 5.80; ps.-Plat. epigr. 5 Page (Epigr. Gr. 521–2 = FGE
594–5)   **369–370** Anth. Pal. 7.259; ps.-Plat. epigr. 11 Page (Epigr. Gr.
545–6 = FGE 618–19)   **372–375** Anth. Pal. 9.39; ps.-Plat. epigr. 7 Page
(Epigr. Gr. 527–30 = FGE 600–3)   **377–378** Anth. Pal. 9.44; ps.-Plat.
epigr. 31 Page (Epigr. Gr. 615–16 = Garl. II 454–5)

365–366 Pal.; Plan. VII 87   **369–370** Pal.; Plan. III[a] 5.29; Suda ι 545
(II 660.11–12)   **372–375** Pal.; Plan. I[a] 7.1   **377–378** Pal.; Plan. I[a] 82.1

362 γίγνοιτο νοεῖς BPFΦ: γ. μογεις Pal. (μισεῖς Pal.[C]): γίγνοιτ' ὀκνεῖς
M. Schmidt (loc. non inveni). Vid. H. Erbse, Hermes 112 (1984) 119–21
364 ἄλλο Φ: om. BPF: <καὶ ἄλλο> Huebn. Vid. 2.58, 8.44 et Lloyd-Jones/
Parsons ad SH 973.8–11   **367** τοὺς[1] om. F   **369** εὐβοίης BPFΦ: -έων
Suda: -ίων Schol. Hermog. (Rhet. Gr. VII 1, 193 Walz)   ἐσμὲν Suda:
εἰμὲν BF[1] Φ, An. Ox. Cramer IV 154.10, Schol.: ἦμεν PF[2]   **370** γαίης
BPFΦ: αἴης An. Ox.: αἶας Schol.   ὅσσον Pal., Suda: ὅσον F: τόσσον PΦ,
Schol.: τόσον B   ἡμετέρας Schol.   **372** μούσαισι BPΦ, Pal.: -ησι F
373 ἔρωτ' BPFΦ: ἔρων Pal.   ἐφοπλισομαι B   **374** αἱ BPFΦ: χ' ἁ Pal. :
χαἱ Plan.   κύπρι Pal.   **375** δ'οὐ πέταται Pal.   **377** ἔλιπεν Pal.
378 λίπεν PFΦ, Pal.: λειπεῖν B

[34] ἀλλά τοι Μόλων ἀπεχθῶς ἔχων πρὸς αὐτόν, 'οὐ
380 τοῦτο,' φησί, 'θαυμαστὸν εἰ Διονύσιος ἐν Κορίνθῳ, ἀλλ' εἰ
Πλάτων ἐν Σικελίᾳ.' ἔοικε δὲ καὶ Ξενοφῶν πρὸς αὐτὸν ἔχειν
οὐκ εὐμενῶς. ὥσπερ γοῦν διαφιλονικοῦντες τὰ ὅμοια
γεγράφασι, Συμπόσιον, Σωκράτους ἀπολογίαν, τὰ ἠθικὰ
ἀπομνημονεύματα (εἶθ' ὁ μὲν Πολιτείαν, ὁ δὲ Κύρου
385 παιδείαν. καὶ ἐν τοῖς Νόμοις ὁ Πλάτων πλάσμα φησὶν εἶναι
τὴν παιδείαν αὐτοῦ· μὴ γὰρ εἶναι Κῦρον τοιοῦτον)
ἀμφότεροί τε Σωκράτους μνημονεύοντες, ἀλλήλων
οὐδαμοῦ, πλὴν Ξενοφῶν Πλάτωνος ἐν τρίτῳ
Ἀπομνημονευμάτων. [35] λέγεται δ' ὅτι καὶ Ἀντισθένης
390 μέλλων ἀναγινώσκειν τι τῶν γεγραμμένων αὐτῷ
παρεκάλεσεν αὐτὸν παρατυχεῖν. καὶ πυθομένου τί μέλλει
ἀναγινώσκειν, εἶπεν ὅτι περὶ τοῦ μὴ εἶναι ἀντιλέγειν· τοῦ δ'
εἰπόντος· 'πῶς οὖν σὺ περὶ αὐτοῦ τούτου γράφεις;' καὶ
διδάσκοντος ὅτι περιτρέπεται, ἔγραψε διάλογον κατὰ
395 Πλάτωνος Σάθωνα ἐπιγράψας· ἐξ οὗ διετέλουν ἀλλοτρίως
ἔχοντες πρὸς ἀλλήλους. φασὶ δὲ καὶ Σωκράτην ἀκούσαντα
τὸν Λύσιν ἀναγιγνώσκοντος Πλάτωνος, 'Ἡράκλεις,' εἰπεῖν,
'ὡς πολλά μου καταψεύδεθ' ὁ νεανίσκος.' οὐκ ὀλίγα γὰρ ὧν
οὐκ εἴρηκε Σωκράτης γέγραφεν ἀνήρ.
400 [36] εἶχε δὲ φιλέχθρως ὁ Πλάτων καὶ πρὸς Ἀρίστιππον.
ἐν γοῦν τῷ Περὶ ψυχῆς διαβάλλων αὐτόν φησιν ὅτι οὐ
παρεγένετο Σωκράτει τελευτῶντι, ἀλλ' ἐν Αἰγίνῃ ἦν καὶ

385 (καὶ)–386 (αὐτοῦ) Plat., Lg. 3, 694 c 5–8   388–389 Xen., Mem.
3.6.1   389 (λέγεται)–396 (ἀλλήλους) Antisth. SSR V A 148   396
(φασὶ)–399 Socr. SSR I C 90   400 Aristipp. fr. 103C Mann. = SSR IV A
15   401 (ἐν γοῦν τῷ Περὶ ψυχῆς) Plat., Phd. 59 c 3–4

389 (Ἀντισθένης)–395 (ἐπιγράψας); 396 (φασὶ)–399 Φ 33 (242.8–17)

379 ἀλλά τοι μόλων (μόλον F: μολῶν B) BPF: ἀλλὰ Τιμολέων Nauck
per litt. ad K. Lehrs dat. (vid. ad 332)   ἔχον F   381 καὶ om. F   382
γοῦν BP: οὖν F   διαφιλονικοῦντες B: -νεικοῦντες PF   391 πυθομένου
Reiske 310: πυθόμενος BPF: πυθομένῳ Par. gr. 1417: ἐρωτηθεὶς Φ. Vid.
Dorandi, Laertiana 124³⁸⁴   397 λύσιν BPF: λυσίαν Φ   εἰπεῖν B²PF:
εἶπεν B¹   398 οὐκ ὀλίγα BP: οὗτος πολλὰ F: πολλὰ Φ   399 ἀνήρ
Cob.: ἀ- BPFΦ

σύνεγγυς. καὶ πρὸς Αἰσχίνην δέ τινα φιλοτιμίαν εἶχε, φασίν, ὅτι δή περ καὶ αὐτὸς εὐδοκίμει παρὰ Διονυσίῳ. ὃν ἐλθόντα δι' ἀπορίαν ὑπὸ μὲν Πλάτωνος παροφθῆναι, ὑπὸ δ' 405 Ἀριστίππου συσταθῆναι. τούς τε λόγους οὓς Κρίτωνι περιτέθηκεν ἐν τῷ δεσμωτηρίῳ περὶ τῆς φυγῆς συμβουλεύοντι, φησὶν Ἰδομενεὺς εἶναι Αἰσχίνου· τὸν δ' ἐκείνῳ περιθεῖναι διὰ τὴν πρὸς τοῦτον δυσμένειαν.

[37] ἑαυτοῦ τε Πλάτων οὐδαμόθι τῶν ἑαυτοῦ 410 συγγραμμάτων μνήμην πεποίηται ὅτι μὴ ἐν τῷ Περὶ ψυχῆς καὶ Ἀπολογίᾳ. φησὶ δ' Ἀριστοτέλης τὴν τῶν λόγων ἰδέαν αὐτοῦ μεταξὺ ποιήματος εἶναι καὶ πεζοῦ λόγου. τοῦτον μόνον παραμεῖναι Πλάτωνι Φαβωρῖνός πού φησιν ἀναγινώσκοντι τὸν Περὶ ψυχῆς, τοὺς δ' ἄλλους ἀναστῆναι 415 πάντας. ἔνιοί τέ φασιν ὅτι Φίλιππος ὁ Ὀπούντιος τοὺς Νόμους αὐτοῦ μετέγραψεν ὄντας ἐν κηρῷ. τούτου δὲ καὶ τὴν Ἐπινομίδα φασὶν εἶναι. Εὐφορίων δὲ καὶ Παναίτιος εἰρήκασι πολλάκις ἐστραμμένην εὑρῆσθαι τὴν ἀρχὴν τῆς Πολιτείας. ἣν Πολιτείαν Ἀριστόξενός φησι πᾶσαν σχεδὸν ἐν 420 τοῖς Πρωταγόρου γεγράφθαι Ἀντιλογικοῖς. [38] λόγος δὲ πρῶτον γράψαι αὐτὸν τὸν Φαῖδρον· καὶ γὰρ ἔχειν

---

406 (τούς)–**409** Idomen. FGrHist 338 F 17b = fr. 27 Angeli **411–412** (ἐν τῷ Περὶ ψυχῆς καὶ Ἀπολογίᾳ) Plat., Phd. 59 b 10 et Apol. 34 a 1 **412** (φησὶ)–**413** (λόγου) Arist. fr. 73 R.[3] = de poet. fr. 4 Ross = fr. 43b Janko **413** (τοῦτον)–**416** (πάντας) Favor. fr. 91 Bar. = 52 Mensch. = 97 Am. **416** (ἔνιοί)–**418** (εἶναι) Philipp. Op. test. VI Tarán = 20 F 14b Lass. = FGrHist-Cont 1011 T 1a **418** (Εὐφορίων)–**420** (Πολιτείας) Euphor. fr. 152 Scheidw. Panaet. test. 149 Al. Vid. K. Gaiser, Gnomon 51 (1979) 109 **420** (ἦν)–**421** (Ἀντιλογικοῖς) Aristox. fr. 67 W. Protag. VS 80 B 5 **421** (λόγος)–**424** Dicaearch. fr. 48 Mirh. = 42 W.

---

403 καὶ om. F αἰσχύνην B **403–404** φασὶν ὅτι δή περ BF: φασὶ δ' ὅτι περ P περ del. et (**404**) <παρ'> ὃν temptav. Basileenses **406** συστῆναι Cob. κρίτων B **407** περιτέθηκεν BF: -εικεν P **409** ἐκείνῳ BP: -εῖνο F περιθεῖναι BP: -ῆναι F **414** πού om. F **418** εἶναι om. B[1], suppl. B[2s.l.] **419** εὑρῆσθαι PF: -εῖσθαι B **420** πολιτείαν del. Th. Gomperz, Apol. Heilkunst (1890) 184. Vid. Dorandi, Notes 245 πᾶσα B **422** ἔχειν B: -ει PF

LIBER III

μειρακιῶδές τι τὸ πρόβλημα. Δικαίαρχος δὲ καὶ τὸν τρόπον τῆς γραφῆς ὅλον ἐπιμέμφεται ὡς φορτικόν.

425 ὁ γοῦν Πλάτων λέγεται θεασάμενός τινα κυβεύοντα αἰτιάσασθαι· τοῦ δὲ εἰπόντος ὡς ἐπὶ μικροῖς, 'ἀλλὰ τό γε ἔθος,' εἰπεῖν, 'οὐ μικρόν.' ἐρωτηθεὶς εἰ ἀπομνημονεύματα αὐτοῦ ἔσται ὥσπερ τῶν πρότερον ἀπεκρίνατο· 'ὀνόματος δεῖ τυχεῖν πρῶτον, εἶτα πολλὰ ἔσται.' εἰσελθόντος ποτὲ
430 Ξενοκράτους εἶπε μαστιγῶσαι τὸν παῖδα· αὐτὸν γὰρ μὴ δύνασθαι διὰ τὸ ὠργίσθαι. [39] ἀλλὰ καὶ πρός τινα τῶν παίδων, 'μεμαστίγωσο ἄν,' εἶπεν, 'εἰ μὴ ὠργιζόμην.' ἐφ' ἵππου καθίσας εὐθέως κατέβη φήσας εὐλαβεῖσθαι μὴ ἱπποτυφίᾳ ληφθῇ. τοῖς μεθύουσι συνεβούλευε
435 κατοπτρίζεσθαι· ἀποστήσεσθαι γὰρ τῆς τοιαύτης ἀσχημοσύνης. πίνειν δ' εἰς μέθην οὐδαμοῦ πρέπον ἔλεγε πλὴν ἐν ταῖς ἑορταῖς τοῦ καὶ τὸν οἶνον δόντος θεοῦ. καὶ τὸ πολλὰ δὲ καθεύδειν ἀπήρεσκεν αὐτῷ. ἐν γοῦν τοῖς Νόμοις φησί· 'κοιμώμενος οὐδεὶς οὐδενὸς ἄξιος.' εἶναί τε ἥδιστον
440 τῶν ἀκουσμάτων τὴν ἀλήθειαν· οἱ δὲ τὸ λέγειν τἀληθῆ. καὶ περὶ ἀληθείας δ' ἐν τοῖς Νόμοις φησὶν οὕτως· [40] 'καλὸν μὲν ἡ ἀλήθεια, ὦ ξένε, καὶ μόνιμον· ἔοικε μὴν οὐ ῥάδιον πείθειν.' ἀλλὰ καὶ ἠξίου μνημόσυνον αὐτοῦ λείπεσθαι ἢ ἐν

425–427 (μικρόν) Plat. dict. 64 Stanzel   427 (ἐρωτηθεὶς)–429 (ἔσται) Plat. dict. 79   429 (εἰσελθόντος)–431 (ὠργίσθαι) Plat. dict. 37e 431 (ἀλλὰ)–432 (ὠργιζόμην) Plat. dict. 36a   432 (ἐφ')–434 (ληφθῇ) Plat. dict. 46a   434 (τοῖς)–436 (ἀσχημοσύνης) Plat. dict. 61a 439 (κοιμώμενος–ἄξιος) Plat., Lg. 7, 808 b 5   439 (εἶναί)–440 (τἀληθῆ) Plat. dict. 7a   441 (καλὸν)–443 (πείθειν) Plat., Lg. 2, 663 e 3   443 (ἀλλὰ)–444 (βιβλίοις) Plat. dict. 78

425 (θεασάμενός)–427 (μικρόν) Φ 33 (242.17–19)   429 (εἰσελθόντος)–437 (θεοῦ) Φ 33 (242.19–243.1)

423 καὶ om. F   inde ab ὡς (424) usque ad 535 (ἀποκρί-) cod. F (f. 38r-v) a manu recentiore (F³) scriptus est (vid. 105 supra ad 241)   425 γοῦν BP: δ' οὖν M. Patillon, REG 112 (1999) 733   427 εἰπεῖν B: εἶπεν P   430 αὐτὸς Cob.   431 ὠργίσθαι B¹ΡΦ: ὀργίζε- B²   432 μεμαστίγωσο B¹ΡΦ: ἐ- B²   439 κοιμώμενος BP: καθεύδων Plat.   δὲ οὐδεὶς P ἥδιστον Steph.: ἥδιον PF: -ειον B   442 μὴν B, Plat.: δὲ P   443 εἶναι πείθειν Plat.

264

φίλοις ἢ ἐν βιβλίοις· ἐξετόπιζε καὶ αὐτὸς τὰ πλεῖστα, καθά
τινές φασι.   445
καὶ ἐτελεύτα μὲν ὃν εἴπομεν τρόπον Φιλίππου
βασιλεύοντος ἔτος τρισκαιδέκατον, καθὰ καὶ Φαβωρῖνός
φησιν Ἀπομνημονευμάτων τρίτῳ. ὑφ᾽ οὗ καὶ ἐπιτιμηθῆναί
φησιν αὐτὸν Θεόπομπος. Μυρωνιανὸς δ᾽ ἐν Ὁμοίοις φησὶ
Φίλωνα παροιμίας μνημονεύειν περὶ τῶν Πλάτωνος   450
φθειρῶν, ὡς οὕτως αὐτοῦ τελευτήσαντος. καὶ ἐτάφη ἐν τῇ
Ἀκαδημείᾳ, ἔνθα τὸν πλεῖστον χρόνον διετέλεσε
φιλοσοφῶν. [41] ὅθεν καὶ Ἀκαδημαϊκὴ προσηγορεύθη ἡ
ἀπ᾽ αὐτοῦ αἵρεσις. καὶ παρεπέμφθη πανδημεὶ πρὸς τῶν
αὐτόθι, διαθέμενος τοῦτον τὸν τρόπον·   455
'τάδε κατέλιπε Πλάτων καὶ διέθετο· τὸ ἐν Ἰφιστιαδῶν
χωρίον, ᾧ γείτων βορρᾶθεν ἡ ὁδὸς ἡ ἐκ τοῦ Κηφισιᾶσιν
ἱεροῦ, νοτόθεν τὸ Ἡράκλειον τὸ ἐν Ἰφιστιαδῶν, πρὸς ἡλίου
δὲ ἀνιόντος Ἀρχέστρατος Φρεάρριος, πρὸς ἡλίου δὲ
δυομένου Φίλιππος Χολλιδεύς· καὶ μὴ ἐξέστω τοῦτο μηδενὶ 460
μήτε ἀποδόσθαι μήτε ἀλλάξασθαι, ἀλλ᾽ ἔστω Ἀδειμάντου
τοῦ παιδίου εἰς τὸ δυνατόν· [42] καὶ τὸ ἐν Εἰρεσιδῶν
χωρίον, ὃ παρὰ Καλλιμάχου ἐπριάμην, ᾧ γείτων βορρᾶθεν
Εὐρυμέδων Μυρρινούσιος, νοτόθεν δὲ Δημόστρατος

446 (εἴπομεν) supra § 2   **448** (τρίτῳ) Favor. fr. 43 Bar. = 13 Mensch.
(**446–449** Θεόπομπος) = 51 Am.   **448** (ὑφ᾽)–**449** (Θεόπομπος)
Theopomp.   FGrHist   115   F   294   **449**   (Μυρωνιανὸς)–**451**
(τελευτήσαντος) Myron. fr. 2 (FHG IV 454)

460 (Χολλιδεύς) Steph. Byz. s.v. Χολλεῖδαι (695.6–8 Meineke)

448 <ἐν> Ἀπομν. τρ. Marcov., sed vid. 1.79, 3.20 et 4.5   {ἐπι}τιμηθῆναι
olim Wil., Ad Maass. epist. (1880) 160, sed vid. id., Ant. 339¹ et Platon ²Ι 709⁴
(cf. Gigante 495¹²⁵)   **449** φασὶν Β   **452** ἀκαδημεία Β: -ία Ρ   **454**
τῶν ΡΒ²: τὸν Β¹   **456** ἐνϊφιστιάδων Β, γρ Ρˣᵐᵍ: ἐν ἡφαι- Ρ¹
457 κηφισιάσιν Ρ⁴: κηφη- ΒΡ¹(Q)   **458** ἐνϊφιστιάδων Β: ἐν ἡφαι- Ρ
459 φρεάρριος Β: -άριος Ρ   **460** χολλιδεύς Β, Steph. Byz.: χολι- Ρ
462 πεδίου Ρ¹(Q), corr. Ρ⁴   ante εἰς τὸ δυνατόν lac. stat. Th. Gomperz,
Hellenika I (1912) 342–6 (a. 1900), sed vid. Casaub. ad loc. et 10.18
Εἰρεσιδῶν Palmerius, Exercit. 454: εἰρεσιάδων ΒΡ   **464** νότοθεν Ρ
δὲ om. Β

465 Ζυπεταιών, πρὸς ἡλίου ἀνιόντος Εὐρυμέδων
Μυρρινούσιος, πρὸς ἡλίου δυομένου Κηφισός. ἀργυρίου
μνᾶς τρεῖς. φιάλην ἀργυρᾶν ἕλκουσαν ρξε′, κυμβίον ἄγον
με′, δακτύλιον χρυσοῦν καὶ ἐνώτιον χρυσοῦν ἄγοντα
συνάμφω δ′ δραχμάς, ὀβολοὺς γ′. Εὐκλείδης ὁ λιθοτόμος
470 ὀφείλει μοι τρεῖς μνᾶς. Ἄρτεμιν ἀφίημι ἐλευθέραν. οἰκέτας
καταλείπω Τύχωνα Βίκταν Ἀπολλωνίδην Διονύσιον. [43]
σκεύη τὰ γεγραμμένα, ὧν ἔχει τὰ ἀντίγραφα Δημήτριος.
ὀφείλω δ᾽ οὐδενὶ οὐθέν. ἐπίτροποι Λεωσθένης Σπεύσιππος
Δημήτριος Ἡγίας Εὐρυμέδων Καλλίμαχος Θράσιππος.᾽
475 καὶ διέθετο μὲν οὕτως. ἐπεγράφη δ᾽ αὐτοῦ τῷ τάφῳ
ἐπιγράμματα τάδε· πρῶτον·

σωφροσύνῃ προφέρων θνητῶν ἤθει τε δικαίῳ
ἐνθάδε δὴ κεῖται θεῖος Ἀριστοκλέης·
εἰ δέ τις ἐκ πάντων σοφίης μέγαν ἔσχεν ἔπαινον,
480 τοῦτον ἔχει πλεῖστον καὶ φθόνος οὐχ ἕπεται.

[44] ἕτερον δέ·

γαῖα μὲν ἐν κόλπῳ κρύπτει τόδε σῶμα Πλάτωνος,
ψυχὴ δ᾽ ἀθάνατον τάξιν ἔχει μακάρων
υἱοῦ Ἀρίστωνος, τόν τις καὶ τηλόθι ναίων
485 τιμᾷ ἀνὴρ ἀγαθὸς θεῖον ἰδόντα βίον.

477–480 Anth. Pal. 7.60; Simias epigr. 6 G.-P. (Hell. Epigr. 3292–5)
482–485 Anth. Pal. 7.61; FGE 1046–9

477–480 Pal.; Plan. IIIᵃ 1.1   477–485 Vi (65)   482–485 Pal.; Plan.
IIIᵃ 28.2

465 Ζυπεταιών Cob. post Casaub. (Ζυπετέων): ξυπεταίρων B: -έρων P
466 μυρρινούσιος BPⁱ: μυρινν- cum γρ P⁴   κηφεισός B: -ησσός Pⁱ: -ισσός
P²   467 κύμβιον BPˣᵐᵍ: -εῖον Pⁱ   471 βίκταν BP: Βιθίαν vel Βιτίαν
Menag.: Βύκταν Basileenses   ἀπολλωνίδην B: -ιάδην P   472 post
σκεύη lac. stat. Basileenses   γεγραμμένα BP (cf. 5.76): <κατα>- Marcov.
Vid. Dorandi, Notes 245   473 Λεωσθένης Basileenses: δὲ ὠσθένης B: δὲ
σωσθένης Pⁱ: δὲ λεωσθένης Pˣ (λεω supra δὲ σ)   477 δικαίων Pal.
478 δὴ κεῖται BP: κεῖται ἀνὴρ Vi, Pal.   θεῖος BVi, Pal.: δῖος P   480
τοῦτον BP: οὗτος Vi, Pal.   ἔχει πουλὺν καὶ φθόνον οὐ φέρεται Pal.
482 κόλπῳ BP: -οις Vi, Pal.   483 ἀθάνατον B, Pal.ᶜ: ἀθανάτων
PVi: -ην Pal., ut vid.: ἀθάνατος I. D. van Lennep, Phalar. ep. (1777) 102a
484 τηλόθι ναίων PVi: -θιν ἐὼν B

καὶ ἄλλο νεώτερον·

αἰετέ, τίπτε βέβηκας ὑπὲρ τάφον; ἢ τίνος, εἰπέ,
ἀστερόεντα θεῶν οἶκον ἀποσκοπέεις;
— ψυχῆς εἰμι Πλάτωνος ἀποπταμένης ἐς Ὄλυμπον
εἰκών, σῶμα δὲ <γῆ> γηγενὲς Ἀτθὶς ἔχει.   490

[45] ἔστι καὶ ἡμέτερον οὕτως ἔχον·

καὶ πῶς, εἰ μὴ Φοῖβος ἀν' Ἑλλάδα φῦσε Πλάτωνα,
ψυχὰς ἀνθρώπων γράμμασιν ἠκέσατο;
καὶ γὰρ ὁ τοῦδε γεγὼς Ἀσκληπιός ἐστιν ἰητὴρ
σώματος ὡς ψυχῆς ἀθανάτοιο Πλάτων.   495

καὶ ἄλλο, ὡς ἐτελεύτα·

Φοῖβος ἔφυσε βροτοῖς Ἀσκληπιὸν ἠδὲ Πλάτωνα,
τὸν μὲν ἵνα ψυχήν, τὸν δ' ἵνα σῶμα σάοι.
δαισάμενος δὲ γάμον πόλιν ἤλυθεν, ἥν ποθ' ἑαυτῷ
ἔκτισε καὶ δαπέδῳ Ζηνὸς ἐνιδρύσατο.   500

καὶ τὰ μὲν ἐπιγράμματα ταῦτα.
[46] μαθηταὶ δ' αὐτοῦ Σπεύσιππος Ἀθηναῖος,
Ξενοκράτης Χαλκηδόνιος, Ἀριστοτέλης Σταγειρίτης,

487–490 Anth. Pal. 7.62; IGmetr. 263 Preger   **492–495** Anth. Pal. 7.108
497–500 Anth. Pal. 7.109   **502–511** (Δικαίαρχος) 1 T 3b Lass.
502–509 (πλείους) Heraclid. Pont. fr. 6 Sch. = 4 Wehrli   **502**
(Σπεύσιππος) Speus. fr. 4 Isn. = test. 5 Tarán   **503** (Ξενοκράτης) Xenocr.
fr. 3 Isn.

488–490 Pal.; Plan. III^a 28.3; Φ 33 (243.3–6)   **492–495** Pal.; Plan. III^a
28.4   **497–498** Φ 33 (243.7–9)   **497–500** Pal.; Plan. III^a 28.5

---

487 αἰετέ P, Pal.: ἀετέ ΒΦ   ἢ τίνος ΒΡΦ, Pal. (sc. ὑπὲρ τάφον βεβηκώς,
Preger 210 et Stadtmueller): ἢ τινος Basileenses   **488** ἀποσκοπεῖς P^1,
corr. P^4   **489** ἐς ΒΦ: εἰς P   **490** γῆ Pal.   **492** φύσε ΒΡ, Pal.
493 ἠκέσατ' <ἄν> Richards 341, an recte? cf. 8.75 πῶς ἂν ἔτ' ἐν Μεγάροις
δείκνυτο τοῦδε τάφος; Casantini   **494** καὶ ΒΡΦΦ: ὡς Richards 344
495 σωμάτων P^1, corr. P^4   ὡς ΒΡΦ: ὦ Pal.: ὡς Richards 344   **497–498**
hos versus tamquam ex glossemate (ad **492–493**) ortos vel deleri
vel transponi (supra § 43–4) iubet Bandini   **497** φοῖβος ἔφυσε βροτοῖς
ΒΡΦ, Pal.: δύ' Ἀπόλλων φῦσ' Olymp., in Plat. Alcib. 2.166–7 Westerink
499 ποθ' ἑαυτῶ Pal.: ποτε αὐτῶ ΒΡ   **503** καλχηδόνιος P, καλχι- B

267

Φίλιππος Ὀπούντιος, Ἑστιαῖος Περίνθιος, Δίων
505 Συρακόσιος, Ἄμυκλος Ἡρακλεώτης, Ἔραστος καὶ Κορίσκος
Σκήψιοι, Τιμόλαος Κυζικηνός, Εὐαίων Λαμψακηνός, Πύθων
καὶ Ἡρακλείδης Αἴνιοι, Ἱπποθάλης <καὶ> Κάλλιππος
Ἀθηναῖοι, Δημήτριος Ἀμφιπολίτης, Ἡρακλείδης Ποντικὸς
καὶ ἄλλοι πλείους, σὺν οἷς καὶ γυναῖκες δύο Λασθένεια
510 Μαντινικὴ καὶ Ἀξιοθέα Φλειασία, ἣ καὶ ἀνδρεῖα ἠμπίσχετο,
ὥς φησι Δικαίαρχος. ἔνιοι δὲ καὶ Θεόφραστον ἀκοῦσαί
φασιν αὐτοῦ· καὶ Ὑπερίδην τὸν ῥήτορα Χαμαιλέων φησὶ καὶ
Λυκοῦργον. ὁμοίως Πολέμων ἱστορεῖ. καὶ Δημοσθένην [47]
Σαβῖνος λέγει Μνησίστρατον Θάσιον παρατιθέμενος ἐν δ'
515 Μελετητικῆς ὕλης· καὶ εἰκός ἐστι.

φιλοπλάτωνι δέ σοι δικαίως ὑπαρχούσῃ καὶ παρ'
ὄντινοῦν τὰ τοῦ φιλοσόφου δόγματα φιλοτίμως ζητούσῃ
ἀναγκαῖον ἡγησάμην ὑπογράψαι καὶ τὴν φύσιν τῶν λόγων
καὶ τὴν τάξιν τῶν διαλόγων καὶ τὴν ἔφοδον τῆς ἐπαγωγῆς,
520 ὡς οἷόν τε στοιχειωδῶς καὶ ἐπὶ κεφαλαίων, πρὸς τὸ μὴ
ἀμοιρεῖν αὐτοῦ τῶν δογμάτων τὴν περὶ τοῦ βίου
συναγωγήν· γλαῦκα γὰρ εἰς Ἀθήνας, φασίν, εἰ δέῃ σοι τὰ
κατ' εἶδος διηγεῖσθαι.

διαλόγους τοίνυν φασὶ πρῶτον γράψαι Ζήνωνα τὸν
525 Ἐλεάτην· [48] Ἀριστοτέλης δὲ ἐν πρώτῳ Περὶ ποιητῶν

504 (Φίλιππος) Philipp. Opunt. test. II Tarán = 20 T 4b Lass.   (Ἑστιαῖος)
Hestiaeus Per. 9 T 2b Lass.   505 (Ἄμυκλος) Amycl. 7 T 3b Lass.
(Ἔραστος καὶ Κορίσκος) Erast. et Corisc. 10 T 2b Lass.   509–510
(Λασθένεια καὶ Ἀξιοθέα) Axioth. et Lasthen. test. 1 Dor.   511
(Δικαίαρχος) Dicaearch. fr. 50 Mirh. = 44 W.   511 (ἔνιοι)–515 1 T 4 Lass.
511 (ἔνιοι)–513 (ἱστορεῖ) Chamael. fr. 45 W.   Polem. Il. fr. 9 (FHG III 117)
516–732 Thrasyll. test. 22 Tarrant   524–527 (Ἀπομνημονεύμασι)
Zen. El. VS 29 A 14   Arist. fr. 72 R.³ = de poet. fr. 3 Ross = fr. 44e Janko
Favor. fr. 47 Bar. = 17 Mensch. = 55 Am.

518 (ἀναγκαῖον)–519 (ἐπαγωγῆς) Suda ε 1922 (II 327.10–2)

504 ἐστι· ος P¹(Q), corr. P³ (αῖ in ras.)   505 συρακόσιος B¹: -κούσιος B²P
506 πύθων B² (ex πίθων): πείθων P   507 ἱπποθαλῆς P   καὶ²
suppl. Z³ (Frob.)   510 φλειασία B: φλι- P   513 δημοσθένη B² (-ην B¹)
515 μελετητικῆς BP: μελετικῆς Suda σ 11 (IV 311.10)   519 post
ἐπαγωγῆς lac. stat. H. Tarrant, Thrasyllan Platonism (1993) 20⁴⁴   522
δέῃ σοι B²: δεήσοι B¹P: δέοι σοι K. Fr. Hermann 373   524 φασὶ τοίνυν B

Ἀλεξαμενὸν Στυρέα ἢ Τήιον, ὡς καὶ Φαβωρῖνος ἐν
Ἀπομνημονεύμασι. δοκεῖ δέ μοι Πλάτων ἀκριβώσας τὸ εἶδος
καὶ τὰ πρωτεῖα δικαίως ἂν ὥσπερ τοῦ κάλλους οὕτω καὶ
τῆς εὑρέσεως ἀποφέρεσθαι. ἔστι δὲ διάλογος λόγος ἐξ
ἐρωτήσεως καὶ ἀποκρίσεως συγκείμενος περί τινος τῶν 530
φιλοσοφουμένων καὶ πολιτικῶν μετὰ τῆς πρεπούσης
ἠθοποιΐας τῶν παραλαμβανομένων προσώπων καὶ τῆς
κατὰ τὴν λέξιν κατασκευῆς. διαλεκτικὴ δ᾽ ἐστὶ τέχνη λόγων,
δι᾽ ἧς ἀνασκευάζομέν τι ἢ κατασκευάζομεν ἐξ ἐρωτήσεως
καὶ ἀποκρίσεως τῶν προσδιαλεγομένων. 535

[49] τοῦ δὴ <δια>λόγου τοῦ Πλατωνικοῦ δύ᾽ εἰσὶν <οἱ>
ἀνωτάτω χαρακτῆρες, ὅ τε ὑφηγητικὸς καὶ ὁ ζητητικός.
διαιρεῖται δὲ ὁ ὑφηγητικὸς εἰς ἄλλους δύο χαρακτῆρας,
θεωρηματικόν τε καὶ πρακτικόν. καὶ τῶν ὁ μὲν
θεωρηματικὸς εἰς τὸν φυσικὸν καὶ λογικόν, ὁ δὲ πρακτικὸς 540
εἰς τὸν ἠθικὸν καὶ πολιτικόν. τοῦ δὲ ζητητικοῦ καὶ αὐτοῦ
δύο εἰσὶν οἱ πρῶτοι χαρακτῆρες, ὅ τε γυμναστικὸς καὶ
ἀγωνιστικός. καὶ τοῦ μὲν γυμναστικοῦ μαιευτικός τε
καὶ πειραστικός, τοῦ δὲ ἀγωνιστικοῦ ἐνδεικτικὸς καὶ
ἀνατρεπτικός. 545

οὐ λανθάνει δ᾽ ἡμᾶς ὅτι τινὲς ἄλλως διαφέρειν τοὺς
διαλόγους φασί **[50]** (λέγουσι γὰρ αὐτῶν τοὺς μὲν
δραματικούς, τοὺς δὲ διηγηματικούς, τοὺς δὲ μικτούς), ἀλλ᾽
ἐκεῖνοι μὲν τραγικῶς μᾶλλον ἢ φιλοσόφως τὴν διαφορὰν
τῶν διαλόγων προσωνόμασαν. εἰσὶ δὲ τοῦ μὲν φυσικοῦ οἷον 550
ὁ Τίμαιος· τοῦ δὲ λογικοῦ ὅ τε Πολιτικὸς καὶ ὁ Κρατύλος καὶ
Παρμενίδης καὶ Σοφιστής· τοῦ δ᾽ ἠθικοῦ ἥ τε Ἀπολογία καὶ
ὁ Κρίτων καὶ Φαίδων καὶ Φαῖδρος καὶ τὸ Συμπόσιον

---

529 (διάλογος)–**550** (προσωνόμασαν) Suda δ 627 (II 62.23–63.12)   **533**
(διαλεκτική)–**535** Vi (66)   **536–545** Vi sub specie schematis (65)

---

528 κάλλους B: καλοῦ P   **529** λόγος Suda: om. BPF   **536** δη] δὲ
Z Fr   διαλόγου Cob.: λόγου BPFVi, Suda   οἱ add. Cob. (Suda). Vid.
Dorandi, Notes 245–6   **537** ὅτε ὁ F   **540** φυσικὸν om. F   **542**
πρῶτοι om. F¹, suppl. F²ˢˡ (πρώ-)   **543** τε καὶ F   **544** ἐνδεικτικός] cf.
559 et T. Goeransson, Albinus, Alcinous, Arius Didymus (1995) 98–100
548 μικτοὺς B²PF: μει- B¹   **553** ὁ φαίδων καὶ ὁ φαῖδρος F

Μενέξενός τε καὶ Κλειτοφῶν καὶ Ἐπιστολαὶ καὶ Φίληβος,
555 Ἵππαρχος, Ἀντερασταί· τοῦ δὲ πολιτικοῦ ἥ τε Πολιτεία καὶ
οἱ Νόμοι καὶ ὁ Μίνως καὶ Ἐπινομὶς καὶ ὁ Ἀτλαντικός· [51]
τοῦ δὲ μαιευτικοῦ Ἀλκιβιάδαι, Θεάγης, Λύσις, Λάχης· τοῦ
δὲ πειραστικοῦ Εὐθύφρων, Μένων, Ἴων, Χαρμίδης,
Θεαίτητος· τοῦ δὲ ἐνδεικτικοῦ ὡς ὁ Πρωταγόρας· καὶ τοῦ
560 ἀνατρεπτικοῦ Εὐθύδημος, Γοργίας, Ἱππίαι δύο. καὶ περὶ
μὲν διαλόγου τί ποτέ ἐστι καὶ τίνες αὐτοῦ διαφοραί,
<τοσαῦτα> ἀπόχρη λέγειν.

ἐπεὶ δὲ πολλὴ στάσις ἐστὶ καὶ οἱ μέν φασιν αὐτὸν
δογματίζειν, οἱ δ' οὔ, φέρε καὶ περὶ τούτου διαλάβωμεν.
565 αὐτὸ τοίνυν τὸ δογματίζειν ἐστὶ δόγματα τιθέναι ὡς τὸ
νομοθετεῖν νόμους τιθέναι. δόγματα δὲ ἑκατέρως καλεῖται,
τό τε δοξαζόμενον καὶ ἡ δόξα αὐτή.

[52] τούτων δὲ τὸ μὲν δοξαζόμενον πρότασίς ἐστιν, ἡ δὲ
δόξα ὑπόληψις. ὁ τοίνυν Πλάτων περὶ μὲν ὧν κατείληφεν
570 ἀποφαίνεται, τὰ δὲ ψευδῆ διελέγχει, περὶ δὲ τῶν ἀδήλων
ἐπέχει. καὶ περὶ μὲν τῶν αὐτῷ δοκούντων ἀποφαίνεται διὰ
τεττάρων προσώπων, Σωκράτους, Τιμαίου, τοῦ Ἀθηναίου
ξένου, τοῦ Ἐλεάτου ξένου· εἰσὶ δ' οἱ ξένοι οὐχ, ὥς τινες
ὑπέλαβον, Πλάτων καὶ Παρμενίδης, ἀλλὰ πλάσματά ἐστιν
575 ἀνώνυμα· ἐπεὶ καὶ τὰ Σωκράτους καὶ τὰ Τιμαίου λέγων
Πλάτων δογματίζει. περὶ δὲ τῶν ψευδῶν ἐλεγχομένους
εἰσάγει οἷον Θρασύμαχον καὶ Καλλικλέα καὶ Πῶλον
Γοργίαν τε καὶ Πρωταγόραν, ἔτι θ' Ἱππίαν καὶ Εὐθύδημον
καὶ δὴ καὶ τοὺς ὁμοίους.

---

564 (δογματίζειν)–**575** (ἀνώνυμα) Suda δ 1319 (II 123.11–19)   **569** (ὁ)–**573**
(ξένου²) Φh 55 (130.1–5)   **569** (περὶ)–**571** (ἐπέχει) Suda ε 2110 (II 342.1–3)
571 (διὰ)–**573** (ξένου²) Vi (66)   **576** (περὶ)–**578** (Γοργίαν) Φh 55 (130.5–6)

---

554 κλειτοφῶν BF   φίληβος BP: φίλιος F   **560** ἱππίαι δύο γοργίας P
562 τοσαῦτα huc add. Basileenses, post λέγειν Diels, duce Reiske 310 λ.
<ταῦτα>   **564** τούτου BF: -ων P   διαλάβωμεν BP: -βομεν F   **566**
δόγματα BF: δόγμα P: δόξαν Suda   **572** τιμαίου καὶ (δ' suppl. F²ˢˡ·) F
572–573 τοῦ—τοῦ om. Vi: τοῦ—ξένου² om. Φh   **577** πῶλον καὶ F
578 τε om. F   ἔτι τ' F: ἔ. δ' P: ἔτ' B   εὐθύδρομον F   **579** καὶ δὴ del.
Cob.

[53] ποιούμενος δὲ τὰς ἀποδείξεις πλείστῳ χρῆται τῷ 580
τῆς ἐπαγωγῆς τρόπῳ, οὐ μὴν μονοτρόπως, ἀλλὰ διχῇ. ἔστι
μὲν γὰρ ἐπαγωγὴ λόγος διά τινων ἀληθῶν τὸ ὅμοιον
ἑαυτῷ ἀληθὲς οἰκείως ἐπιφέρων. δύο δὲ τῆς ἐπαγωγῆς εἰσι
τρόποι, ὅ τε κατ' ἐναντίωσιν καὶ ὁ ἐκ τῆς ἀκολουθίας. ὁ μὲν
οὖν κατ' ἐναντίωσίν ἐστιν ἐξ οὗ τῷ ἐρωτωμένῳ περὶ πᾶσαν 585
ἀπόκρισιν ἀκολουθήσει τὸ ἐναντίον, οἷον· ὁ ἐμὸς πατὴρ τῷ
σῷ πατρὶ ἤτοι ἕτερός ἐστιν ἢ ὁ αὐτός. εἰ μὲν οὖν ἕτερός ἐστι
τοῦ ἐμοῦ πατρὸς ὁ σὸς πατήρ, πατρὸς ἕτερος ὢν οὐκ ἂν εἴη
πατήρ· εἰ δὲ ὁ αὐτός ἐστι τῷ ἐμῷ πατρί, ὁ αὐτὸς ὢν τῷ ἐμῷ
πατρὶ ὁ ἐμὸς ἂν εἴη πατήρ. [54] καὶ πάλιν· εἰ μή ἐστι ζῷον ὁ 590
ἄνθρωπος, λίθος ἂν εἴη ἢ ξύλον. οὐκ ἔστι δὲ λίθος ἢ ξύλον·
ἔμψυχον γάρ ἐστι καὶ ἐξ αὑτοῦ κινεῖται· ζῷον ἄρα ἐστίν. εἰ
δὲ ζῷόν ἐστι, ζῷον δὲ καὶ ὁ κύων καὶ ὁ βοῦς, εἴη ἂν καὶ ὁ
ἄνθρωπος ζῷον <ὢν> καὶ κύων καὶ βοῦς.

οὗτος μὲν ὁ τῆς ἐπαγωγῆς κατ' ἐναντίωσιν καὶ μάχην 595
τρόπος, ᾧ ἐχρῆτο οὐ πρὸς τὸ δογματίζειν, ἀλλὰ πρὸς τὸ
διελέγχειν. ὁ δὲ τῆς ἀκολουθίας ἐστὶ διπλοῦς· ὁ μὲν τὸ ἐπὶ
μέρους ζητούμενον διὰ τοῦ ἐπὶ μέρους ἀποδεικνύς, ὁ δὲ
<διὰ> τοῦ καθόλου {διὰ τοῦ ἐπὶ μέρους}. καὶ ἔστιν ὁ μὲν

580–666 (τρεισκαίδεκα) Vi (66–7)   **582** (ἐπαγωγὴ)–**613** (ἀνάπαλιν)
Suda ε 1923 (II 327.13–328.3)   **583** (δύο)–**607** Φ 33 (243.10–244.2)

581 μονοτρόπως Vi (coni. Steph.): μονοτρόπω (μονω- B) BPF   **585**
παρὰ Reiske 310   **588–589** τοῦ—πατήρ om. Vi   πατὴρ <τοῦ ἐμοῦ>
Marcov. (cf. **590**)   **588** εἴη <ὁ ἐμὸς> Marcov. (cf. **590**)   **589–590** τῷ—
πατρὶ om. Vi   **591** οὐκ—ξύλον om. B   **592** ἔμψυχον BPΦVi: -ος F,
Suda   αὑτοῦ P, Suda: ἑαυ- F: αὐ- BVi   **592–593** εἰ δὲ ζῷόν ἐστι om.
F[1], suppl. F[2mg]   **593** ὁ[1] om. F   **593** (εἴη)–**594** om. F[1], suppl. F[2mg]   **593**
ὁ[3] om. Vi   **594** ὢν add. Cob.: ὄν K. Fr. Hermann 373–4. Vid. Dorandi,
Notes 246   **597** ὁ δὲ BPFVi, Suda: ὁ δ' ἐκ Φ   **598** ἀποδεικνύς (-είς B)
BPF: ἐπι- Vi   **598–599** ὁ—μέρους om. B[1]P[1]: ὁ δὲ τὸ καθόλου διὰ τῶν
ἐπιμέρους πιστούμενος suppl. B[2mg]: ὁ δὲ τὸ καθόλου διὰ τοῦ (F[2]: τὸ F[1])
ἐπὶ μέρους FP[4mg]: ὁ δὲ διὰ τῶν ἐ. μ. κατασκευαστικὸς τοῦ κ.
προαποδειχθέντος Φ   'lacunam antiquam coniectura expletam quoad
potuimus correximus' Basileenses: ὁ δὲ τοῦ κ. διὰ τοῦ ἐπὶ μέρους
{πιστούμενος} Cob.: ὁ δὲ τὸ κ. διὰ τῶν ἐ. μ. πιστούμενος Marcov.: ὁ δὲ
τοῦ κ. (sc. τὸ καθόλου ζητούμενον) διὰ τοῦ ἐπὶ μέρους <ἢ διὰ τοῦ
καθόλου> Gigante 496[151]. Vid. Dorandi, Notes 246

271

600 πρότερος ῥητορικός, ὁ δὲ δεύτερος διαλεκτικός. οἷον ἐν τῷ
προτέρῳ ζητεῖται εἰ ὅδε ἀπέκτεινεν. ἀπόδειξις τὸ εὑρῆσθαι
αὐτὸν κατ᾽ ἐκεῖνον τὸν χρόνον ἡμαγμένον. **[55]** ῥητορικὸς
δ᾽ ἐστὶν ὁ τρόπος τῆς ἐπαγωγῆς οὗτος, ἐπειδὴ καὶ ἡ
ῥητορικὴ περὶ τὰ ἐπὶ μέρους, οὐ τὰ καθόλου τὴν
605 πραγματείαν ἔχει. ζητεῖ γὰρ οὐ περὶ αὐτοῦ τοῦ δικαίου,
ἀλλὰ τῶν ἐπὶ μέρους δικαίων. ὁ δὲ ἕτερός ἐστι διαλεκτικός,
προαποδειχθέντος τοῦ καθόλου διὰ τῶν ἐπὶ μέρους. οἷον
ζητεῖται εἰ ἡ ψυχὴ ἀθάνατος καὶ εἰ ἐκ τῶν τεθνεώτων οἱ
ζῶντες· ὅπερ ἀποδείκνυται ἐν τῷ Περὶ ψυχῆς διά τινος
610 καθολικοῦ, ὅτι ἐκ τῶν ἐναντίων τὰ ἐναντία. καὶ αὐτὸ δὲ τὸ
καθόλου κατασκευάζεται ἔκ τινων ὄντων ἐπὶ μέρους· οἷον
ὅτι τὸ καθεύδειν ἐκ τοῦ ἐγρηγορέναι καὶ ἀνάπαλιν καὶ τὸ
μεῖζον ἐκ τοῦ μικροτέρου καὶ ἀνάπαλιν. τούτῳ δὲ ἐχρῆτο εἰς
τὴν τῶν ἑαυτῷ δοκούντων κατασκευήν.

615 **[56]** ὥσπερ δὲ τὸ παλαιὸν ἐν τῇ τραγῳδίᾳ πρότερον μὲν
μόνος ὁ χορὸς διεδραμάτιζεν, ὕστερον δὲ Θέσπις ἕνα
ὑποκριτὴν ἐξεῦρεν ὑπὲρ τοῦ διαναπαύεσθαι τὸν χορὸν
καὶ δεύτερον Αἰσχύλος, τὸν δὲ τρίτον Σοφοκλῆς καὶ
συνεπλήρωσεν τὴν τραγῳδίαν, οὕτως καὶ τῆς φιλοσοφίας ὁ
620 λόγος πρότερον μὲν ἦν μονοειδὴς ὡς ὁ φυσικός, δεύτερον
δὲ Σωκράτης προσέθηκε τὸν ἠθικόν, τρίτον δὲ Πλάτων
τὸν διαλεκτικὸν καὶ ἐτελεσιούργησε τὴν φιλοσοφίαν.
Θράσυλλος δέ φησι καὶ κατὰ τὴν τραγικὴν τετραλογίαν
ἐκδοῦναι αὐτὸν τοὺς διαλόγους, οἷον ἐκεῖνοι τέτρασι

609 (ἐν τῷ Περὶ ψυχῆς) Plat., Phd. 70 d-72 a **615–624** (διαλόγους)
Arist., de poet. fr. 42 Janko **615–622** (φιλοσοφίαν) Thespis 1 TrGF I F 7
Aesch. test. 102 Radt Soph. test. 97 Radt

623 (κατὰ)–**627** Suda τ 774 (IV 530.20–30)

601 ὅδε BPFVi, Suda: ὁ δεῖνα Cob. **602** χρόνον BPFVi: καιρὸν Suda
605 περὶ om. F¹, suppl. F²ˢ·ˡ· ζητεῖται F **606** ἀλλὰ περὶ τῶν F
607 προσαποδειχθέντος K. Fr. Hermann 374 **609** ἀποδείκνυνται B
613 τούτω B²P: τοῦτο B¹F **615** πρότερον om. F¹, suppl. F²ᵐᵍ **618**
τὸν δεύτερον Vi **619** συνεπλήρωσεν Usener, Kl. Schr. I 162–3 (a 1870):
-σαν BPFVi **620** ὡς del. Reiske 310, fort. recte ὁ om. Vi **623**
θράσυλλος F: θρασύλαος B: -ύλος PVi καὶ om. F¹, suppl. F²ˢ·ˡ·

δράμασιν ἠγωνίζοντο (Διονυσίοις, Ληναίοις, Παναθηναίοις, 625
Χύτροις), ὧν τὸ τέταρτον ἦν Σατυρικόν· τὰ δὲ τέτταρα
δράματα ἐκαλεῖτο τετραλογία.

[57] εἰσὶ τοίνυν, φησίν, οἱ πάντες αὐτῷ γνήσιοι διάλογοι
ἓξ καὶ πεντήκοντα, τῆς μὲν Πολιτείας εἰς δέκα διαιρουμένης
(ἣν καὶ εὑρίσκεσθαι σχεδὸν ὅλην παρὰ Πρωταγόρᾳ ἐν τοῖς 630
Ἀντιλογικοῖς φησι Φαβωρῖνος ἐν Παντοδαπῆς ἱστορίας
δευτέρῳ) τῶν δὲ Νόμων εἰς δυοκαίδεκα. τετραλογίαι δὲ
ἐννέα, ἑνὸς βιβλίου χώραν ἐπεχούσης τῆς Πολιτείας καὶ ἑνὸς
τῶν Νόμων. πρώτην μὲν οὖν τετραλογίαν τίθησι τὴν κοινὴν
ὑπόθεσιν ἔχουσαν· παραδεῖξαι γὰρ βούλεται ὁποῖος ἂν εἴη 635
ὁ τοῦ φιλοσόφου βίος. διπλαῖς τε χρῆται ταῖς ἐπιγραφαῖς
καθ᾽ ἑκάστου τῶν βιβλίων, τῇ μὲν ἀπὸ τοῦ ὀνόματος, τῇ δὲ
ἀπὸ τοῦ πράγματος. [58] ταύτης τῆς τετραλογίας, ἥτις
ἐστὶ πρώτη, ἡγεῖται Εὐθύφρων ἢ περὶ ὁσίου· ὁ διάλογος δ᾽
ἐστὶ πειραστικός· δεύτερος Ἀπολογία Σωκράτους, ἠθικός· 640
τρίτος Κρίτων ἢ περὶ πρακτέου, ἠθικός· τέταρτος Φαίδων ἢ
περὶ ψυχῆς, ἠθικός. δευτέρα τετραλογία, ἧς ἡγεῖται
Κρατύλος ἢ περὶ ὀρθότητος ὀνομάτων, λογικός· Θεαίτητος
ἢ περὶ ἐπιστήμης, πειραστικός· Σοφιστὴς ἢ περὶ τοῦ ὄντος,
λογικός· Πολιτικὸς ἢ περὶ βασιλείας, λογικός. τῆς τρίτης 645
ἡγεῖται Παρμενίδης ἢ περὶ ἰδεῶν, λογικός· Φίληβος ἢ περὶ
ἡδονῆς, ἠθικός· Συμπόσιον ἢ περὶ ἀγαθοῦ, ἠθικός· Φαῖδρος
ἢ περὶ ἔρωτος, ἠθικός. [59] τῆς τετάρτης ἡγεῖται
Ἀλκιβιάδης ἢ περὶ ἀνθρώπου φύσεως, μαιευτικός·
Ἀλκιβιάδης δεύτερος ἢ περὶ εὐχῆς, μαιευτικός· Ἵππαρχος ἢ 650

630 (ἣν)–632 (δευτέρῳ) Protag. VS 80 B 5   Favor. fr. 55 Bar. = 23 Mensch.
= 60 Am.

---

625 δράμασιν] δόγμασιν Vi   δηναίοις B   παναθηναίοις ante ληναίοις
F   628 τοίνυν BPF: οὖν Vi   αὐτῷ BPF: -οῦ Vi   γνήσιοι om. Vi
631 φασὶ F   632–633 εἰσὶ δὲ τετρ. ἐν. Vi   634 τὴν om. Vi   637
καθ᾽ ἑκάστου τῶν βιβλίων BP¹: καθ᾽ om. FP⁴: καθ᾽ ἕκαστον βιβλίον
Vi: καθ᾽ ἕκ. τῶν βιβλίων Suda   638 ταύτης τε F: τ. δὲ Cob.
641 τρίτος—ἠθικός om. F¹, suppl. F²ᵐᵍ (omisso κρίτων)   πρακτοῦ Vi
643 κρατύλλος F   περὶ ὀνομ. ὀρθ. Vi   646 ἢ φίλ. περὶ F
647 ἠθικός FP⁴: -όν BP¹

φιλοκερδής, ἠθικός· Ἀντερασταὶ ἢ περὶ φιλοσοφίας, ἠθικός. τῆς πέμπτης ἡγεῖται Θεάγης ἢ περὶ φιλοσοφίας, μαιευτικός· Χαρμίδης ἢ περὶ σωφροσύνης, πειραστικός· Λάχης ἢ περὶ ἀνδρείας, μαιευτικός· Λύσις ἢ περὶ φιλίας, μαιευτικός. τῆς
655 ἕκτης ἡγεῖται Εὐθύδημος ἢ ἐριστικός, ἀνατρεπτικός· Πρωταγόρας ἢ σοφισταί, ἐνδεικτικός· Γοργίας ἢ περὶ ῥητορικῆς, ἀνατρεπτικός· [60] Μένων ἢ περὶ ἀρετῆς, πειραστικός. τῆς ἑβδόμης ἡγοῦνται Ἱππίαι δύο (α΄ ἢ περὶ τοῦ καλοῦ, β΄ ἢ περὶ τοῦ ψεύδους) ἀνατρεπτικοί· Ἴων ἢ
660 περὶ Ἰλιάδος, πειραστικός· Μενέξενος ἢ ἐπιτάφιος, ἠθικός. τῆς ὀγδόης ἡγεῖται Κλειτοφῶν ἢ προτρεπτικός, ἠθικός· Πολιτεία ἢ περὶ δικαίου, πολιτικός· Τίμαιος ἢ περὶ φύσεως, φυσικός· Κριτίας ἢ Ἀτλαντικός, ἠθικός. τῆς ἐνάτης ἡγεῖται Μίνως ἢ περὶ νόμου, πολιτικός· Νόμοι ἢ περὶ νομοθεσίας,
665 πολιτικός· Ἐπινομὶς ἢ νυκτερινὸς σύλλογος ἢ φιλόσοφος, πολιτικός· [61] Ἐπιστολαὶ τρεισκαίδεκα, ἠθικαί (ἐν αἷς ἔγραφεν εὖ πράττειν, Ἐπίκουρος δὲ εὖ διάγειν, Κλέων χαίρειν) πρὸς Ἀριστόδημον μία, πρὸς Ἀρχύταν δύο, πρὸς Διονύσιον τέτταρες, πρὸς Ἑρμίαν καὶ Ἔραστον καὶ
670 Κορίσκον μία, πρὸς Λεωδάμαντα μία, πρὸς Δίωνα μία, πρὸς Περδίκκαν μία, πρὸς τοὺς Δίωνος οἰκείους δύο. καὶ οὗτος μὲν οὕτω διαιρεῖ καί τινες.

ἔνιοι δέ, ὧν ἐστι καὶ Ἀριστοφάνης ὁ γραμματικός, εἰς τριλογίας ἕλκουσι τοὺς διαλόγους, καὶ πρώτην μὲν τιθέασιν

---

661 (τῆς)–**679** (Λεωδάμαντα μία) Erast. et Corisc. 10 T 5a Lass. Leodam. 2 T 2a Lass.   **666** (Ἐπιστολαὶ)–**668** (χαίρειν) cf. 10.14 (Epic. fr. 95 Us.)   **673–679** (ἀτάκτως) Aristoph. Byz. fr. 403 Slater

---

666 (Ἐπιστολαὶ)–**668** (χαίρειν) Suda ε 3413 (II 444.22–3); ε 3664 (II 466.5); χ 166 (IV 794.11)

---

651 σοφίας F   **654** φιλίας] φιλοσοφίας Vi   **661** (τῆς ὀγδόης— ἠθικός) om. F¹, suppl. F²ᵐᵍ   **665** ἐπὶ νομῆς F   **665–666** νυκτερινὸς— πολιτικὸς om. B¹, suppl. B²ˢ·ˡ·   **668** Ἀριστόδωρον Long (ex ps.-Plat. epist. 10), sed vid. H. Tarrant, Thrasyllan Platonism (1993) 235³⁸   μίαν F   **669** τέσσαρες F   ἑρμίαν B: -είαν PF   post ἑρμίαν add. μία B²ˢ·ˡ·   καὶ¹ Frob.: πρὸς BPF   **670** λεωδάμαντα—πρὸς¹ om. F¹, suppl. F²ᵐᵍ   λεο. F²   **671** περδίκκαν μία om. B   **672** καί τινες 'fortasse ex nota marginali velut πόσαι καί τινες αἱ τριλογίαι in textum irrepsit' Basileenses

PLATO

ἧς ἡγεῖται Πολιτεία, Τίμαιος, Κριτίας· δευτέραν Σοφιστής, 675
Πολιτικός, Κρατύλος· **[62]** τρίτην Νόμοι, Μίνως, Ἐπινομίς·
τετάρτην Θεαίτητος, Εὐθύφρων, Ἀπολογία· πέμπτην
Κρίτων, Φαίδων, Ἐπιστολαί. τὰ δ᾽ ἄλλα καθ᾽ ἓν καὶ
ἀτάκτως. ἄρχονται δὲ οἱ μέν, ὡς προείρηται, ἀπὸ τῆς
Πολιτείας· οἱ δ᾽ ἀπὸ Ἀλκιβιάδου τοῦ μείζονος· οἱ δ᾽ ἀπὸ 680
Θεάγους· ἔνιοι δὲ Εὐθύφρονος· ἄλλοι Κλειτοφῶντος· τινὲς
Τιμαίου· οἱ δ᾽ ἀπὸ Φαίδρου· ἕτεροι Θεαιτήτου· πολλοὶ δὲ
Ἀπολογίαν τὴν ἀρχὴν ποιοῦνται. νοθεύονται δὲ τῶν
διαλόγων ὁμολογουμένως Μίδων ἢ Ἱπποτρόφος, Ἐρυξίας ἢ
Ἐρασίστρατος, Ἀλκυών, Ἀκέφαλοι, Σίσυφος, Ἀξίοχος, 685
Φαίακες, Δημόδοκος, Χελιδών, Ἑβδόμη, Ἐπιμενίδης· ὧν ἡ
Ἀλκυὼν Λέοντός τινος εἶναι δοκεῖ, καθά φησι Φαβωρῖνος ἐν
τῷ πέμπτῳ τῶν Ἀπομνημονευμάτων.

[63] ὀνόμασι δὲ κέχρηται ποικίλοις πρὸς τὸ μὴ
εὐσύνοπτον εἶναι τοῖς ἀμαθέσι τὴν πραγματείαν· ἰδιαίτατα 690
μὲν σοφίαν ἡγεῖται εἶναι τὴν τῶν νοητῶν καὶ ὄντως ὄντων
ἐπιστήμην, ἥν φησι περὶ θεὸν καὶ ψυχὴν σώματος
κεχωρισμένην. ἰδίᾳ δὲ σοφίαν καὶ τὴν φιλοσοφίαν καλεῖ,
ὄρεξιν οὖσαν τῆς θείας σοφίας. κοινῶς δὲ λέγεται παρ᾽ αὐτῷ
σοφία καὶ ἡ πᾶσα ἐμπειρία, οἷον ὅταν σοφὸν λέγῃ τὸν 695
δημιουργόν. χρῆται δὲ καὶ ἐπὶ διαφερόντως σημαινομένων
τοῖς αὐτοῖς ὀνόμασιν. ὁ γοῦν φαῦλος λέγεται παρ᾽ αὐτῷ καὶ

683 (νοθεύονται)–**688** Leo 6 T 2b Lass.　　**686** (ὧν)–**688** Favor. fr. 45
Bar. = 15 Mensch. = 53 Am.

690 (ἰδιαίτατα)–**696** (δημιουργόν) Suda σ 807 (IV 420.22–6)　　**696**
(χρῆται)–**697** (φαῦλος) Suda φ 142 (IV 706.2–3)　　**696** (χρῆται)–**705**
(σημαινομένου) Suda ει 22 (II 519.8–12); ι 96 (II 608.21–3)

677 τετάρτην om. B¹F¹, δ′ add. B²F²ˢ·ˡ·　　**683** <ἀπ᾽> Ἀπολογίας Reiske
310, sed vid. Isoc., Hel. 16 (Basileenses)　　**684** ἱπποστρόφος P　　**685**
ἀλκιὼν F　　ἀκέφαλοι σίσυφος F: ἀκεφάλοις εὔσυφος B: ἀ. εἰ σίσυφος P¹:
ἀκέφαλοι ἢ σ. P⁴ (ἢ in ras.): Ἀκέφαλος ἢ Σίσυφος Steph. (cf. J. Pavlu, WSt 34
[1912] 63–7), Κέφαλος, Σίσυφος Basileenses (conl. 4.4)　　**688** πέμπτῳ BP,
γρ F²: δευτέρῳ F¹　　**689** κέχρηνται P¹(Q), corr. P⁴　　**691** εἶναι om. F¹,
suppl. F²ˢ·ˡ·　　νοητῶν BF¹, P⁴ (νοη in ras.): ὄντων P¹(Q), F² (ὄν in ras.)
693 φιλοσοφίας Suda　　**696** διαφερόντως BP: -ων F, Suda

275

ἐπὶ τοῦ ἁπλοῦ, ὡς καὶ παρὰ Εὐριπίδῃ ἐν Λικυμνίῳ φέρεται
ἐπὶ τοῦ Ἡρακλέους οὑτωσί·

700   φαῦλον, ἄκομψον, τὰ μέγιστ' ἀγαθόν,
            πᾶσαν ἐν ἔργῳ περιτεμνόμενον
            σοφίαν, λέσχης ἀτρίβωνα.

[64] χρῆται δὲ ὁ Πλάτων ἐνίοτε αὐτῷ καὶ ἐπὶ τοῦ κακοῦ·
ἔστι δ' ὅτε καὶ ἐπὶ τοῦ μικροῦ. πολλάκις δὲ καὶ διαφέρουσιν
705 ὀνόμασιν ἐπὶ τοῦ αὐτοῦ σημαινομένου χρῆται. τὴν γοῦν
ἰδέαν καὶ εἶδος ὀνομάζει καὶ γένος καὶ παράδειγμα καὶ
ἀρχὴν καὶ αἴτιον. χρῆται δὲ καὶ ταῖς ἐναντίαις φωναῖς ἐπὶ
τοῦ αὐτοῦ. τὸ γοῦν αἰσθητὸν καὶ ὂν καλεῖ καὶ μὴ ὄν· ὂν
μὲν διὰ τὸ γένεσιν αὐτοῦ εἶναι, μὴ ὂν δὲ διὰ τὴν συνεχῆ
710 μεταβολήν. καὶ τὴν ἰδέαν οὔτε κινούμενον οὔτε μένον· καὶ
ταὐτὸ καὶ ἓν καὶ πολλά. τὸ δ' αὐτὸ καὶ ἐπὶ πλειόνων
εἴθισται ποιεῖν.

ἔστι δὲ ἡ ἐξήγησις αὐτοῦ τῶν λόγων τριπλῆ· [65]
πρῶτον μὲν γὰρ ἐκδιδάξαι χρὴ ὅ τι ἐστὶν ἕκαστον τῶν
715 λεγομένων· ἔπειτα, τίνος εἴνεκα λέλεκται, πότερα κατὰ
προηγούμενον ἢ ἐν εἰκόνος μέρει, καὶ <εἰ> εἰς δογμάτων
κατασκευὴν ἢ εἰς ἔλεγχον τοῦ προσδιαλεγομένου· τὸ δὲ
τρίτον, εἰ ὀρθῶς λέλεκται.

ἐπεὶ δὲ καὶ σημεῖά τινα τοῖς βιβλίοις αὐτοῦ παρατίθενται,
720 φέρε καὶ περὶ τούτων τι εἴπωμεν. χῖ λαμβάνεται πρὸς τὰς
λέξεις καὶ τὰ σχήματα καὶ ὅλως τὴν Πλατωνικὴν συνήθειαν·

700–703 Eur. fr. 473 Kann.

713–718 Vi (67–8)

---

700 μέγιστα F   ἀγαθόν PF: -ῶν B   **701** περιτεμνόμενον Nauck:
-ταμνόμενον BPF (vid. Kannicht ad loc.)   **704** ἐπὶ BP: περὶ F   κακοῦ
Casaub.: -λοῦ BPF   **705** οὖν F   **712** εἴθισται BP: ἤ- F   **713** τῶν λ.
αὐ. P   **714** ἐκδιδάξαι BP: διδάξαι F   ὅ τι ἐστὶν post λεγομένων (**715**)
transp. F   **715** ἕνεκα F   πότερα BP: -ον F: πρότερον Vi   **716** εἰ
add. Basileenses   **719** τινές M. Gigante in Studi A. Privitera (2000) 345
720 εἴπωμεν PF: -ομεν B   **720–729** (Χῖ—ἀθέτησιν) haec signa novem
in mg cod. B (f. 65ᵛ) depicta invenies. Vid. etiam PSI 15 (2008) 1488

[66] διπλῆ πρὸς τὰ δόγματα καὶ τὰ ἀρέσκοντα Πλάτωνι·
χῖ περιεστιγμένον πρὸς τὰς ἐκλογὰς καὶ καλλιγραφίας·
διπλῆ περιεστιγμένη πρὸς τὰς ἐνίων διορθώσεις· ὀβελὸς
περιεστιγμένος πρὸς τὰς εἰκαίους ἀθετήσεις· ἀντίσιγμα 725
περιεστιγμένον πρὸς τὰς διττὰς χρήσεις καὶ μεταθέσεις τῶν
γραφῶν· κεραύνιον πρὸς τὴν ἀγωγὴν τῆς φιλοσοφίας·
ἀστερίσκος πρὸς τὴν συμφωνίαν τῶν δογμάτων· ὀβελὸς
πρὸς τὴν ἀθέτησιν. τὰ μὲν σημεῖα ταῦτα καὶ τὰ βιβλία
τοσαῦτα· ἅπερ (Ἀντίγονός φησιν ὁ Καρύστιος ἐν τῷ Περὶ 730
Ζήνωνος) νεωστὶ ἐκδοθέντα εἴ τις ἤθελε διαναγνῶναι,
μισθὸν ἐτέλει τοῖς κεκτημένοις.

[67] τὰ δὲ ἀρέσκοντα αὐτῷ ταῦτα ἦν. ἀθάνατον ἔλεγε
τὴν ψυχὴν καὶ πολλὰ μεταμφιεννυμένην σώματα, ἀρχήν τε
ἔχειν ἀριθμητικήν, τὸ δὲ σῶμα γεωμετρικήν· ὡρίζετο δὲ 735
αὐτὴν ἰδέαν τοῦ πάντη διεστῶτος πνεύματος. αὐτοκίνητόν
τε εἶναι καὶ τριμερῆ· τὸ μὲν γὰρ αὐτῆς λογιστικὸν μέρος
περὶ τὴν κεφαλὴν καθιδρῦσθαι, τὸ δὲ θυμοειδὲς περὶ τὴν
καρδίαν, τὸ δὲ ἐπιθυμητικὸν περὶ τὸν ὀμφαλὸν καὶ τὸ ἧπαρ
συνίστασθαι. 740

[68] περιέχειν δὲ ἐκ τοῦ μέσου διὰ παντὸς κύκλῳ τὸ
σῶμα καὶ συνεστάναι ἐκ τῶν στοιχείων. διαιρεθεῖσάν τε
κατὰ ἁρμονικὰ διαστήματα δύο κύκλους ποιεῖν
συνημμένους, ὧν τὸν ἐντὸς κύκλον ἑξαχῇ τμηθέντα τοὺς
ἅπαντας ἑπτὰ κύκλους ποιεῖν. καὶ τοῦτον μὲν κατὰ 745

---

729 (τὰ¹)–**732** Antig. Car. fr. 39 Dor.   Thrasyll. test. 22 Tarrant

---

733 (ἔλεγε)–**737** (εἶναι) Φh 55 (130.7–9)   **733** (ἀθάνατον)–**734** (σώματα),
737 (τριμερῆ)–**739** (ἧπαρ) Φ 33 (244.3–7)   **741–859** Φ 6 (152.26–156–24)

---

722 καὶ τὰ παλαίσματα· τὰ ἀρέσκοντα F   **723** περιεστιγμένον BP:
-ου F   **724** ὀβελὸς Steph.: ὀβο- BPF   **725** εἰκαίους P¹: -έους B:
δικαίους FP⁴   **728** ὀβελὸς Steph.: ὀβο- BPF   **730** τοσαῦτα PF:
ταῦτα B   ἅπερ <ὡς> Cob.   **731** ἐκδοθέντα B: -τι· ἃ PF
διαναγνῶναι BP¹: διαγνῶναι F, γρ P⁴: ἀναγνῶναι Casaub., fort. recte
733 ἔλεγε BPF: ἐδόξαζε Φh   **735** ἔχειν PF: -ει B   γεωμετρικήν BP: -όν
F   **737** τε BFΦh: δὲ P   μέρος om. FΦ   **738** τὴν κεφαλὴν FΦ: τῇ -ῇ
BP   **738–739** τὴν καρδίαν FΦ: τῇ -α BP   **741** κύκλῳ om. F¹, suppl.
F²ˢ·ˡ·   **744** συνημμένους BP: συνηγμ- F

διάμετρον κ<ιν>εῖσθαι ἐπ' ἀριστερὰ ἔσωθεν, τὸν δὲ κατὰ πλευρὰν ἐπὶ τὰ δεξιά. διὸ καὶ κρατεῖν αὐτὸν ἕνα ὄντα· τὸν γὰρ ἕτερον ἔσωθεν διῃρῆσθαι. καὶ τὸν μὲν εἶναι ταὐτοῦ, τοὺς δὲ θατέρου, λέγων τὴν τῆς ψυχῆς κίνησιν εἶναι τὴν 750 {δὲ} τοῦ ὅλου καὶ τὰς τῶν πλανωμένων φοράς.

[69] οὕτω δ' ἐχούσης τῆς ἐκ μέσου τομῆς αὐτῇ προσαρμοζομένης πρὸς τὰ ἔσχατα γινώσκειν τε τὰ ὄντα καὶ ἐναρμόζειν διὰ τὸ ἔχειν ἐν αὐτῇ τὰ στοιχεῖα κατὰ ἁρμονίαν. καὶ γίνεσθαι δόξαν μὲν κατὰ τὸν θατέρου κύκλον 755 ὀρθούμενον, ἐπιστήμην δὲ κατὰ τὸν ταὐτοῦ.

δύο δὲ τῶν πάντων ἀπέφηνεν ἀρχάς, θεὸν καὶ ὕλην, ὃν καὶ νοῦν προσαγορεύει καὶ αἴτιον. εἶναι δὲ τὴν ὕλην ἀσχημάτιστον καὶ ἄπειρον, ἐξ ἧς γίνεσθαι τὰ συγκρίματα. ἀτάκτως δέ ποτε αὐτὴν κινουμένην ὑπὸ τοῦ θεοῦ φησιν εἰς 760 ἕνα συναχθῆναι τόπον, τάξιν ἀταξίας κρείττονα ἡγησαμένου. [70] τραπέσθαι δὲ τὴν οὐσίαν ταύτην εἰς τὰ τέτταρα στοιχεῖα, πῦρ, ὕδωρ, ἀέρα, γῆν· ἐξ ὧν αὐτόν τε τὸν κόσμον καὶ τὰ ἐν αὐτῷ γεννᾶσθαι. μόνην δὲ τὴν γῆν ἀμετάβολον εἶναί φησι, νομίζων αἰτίαν τὴν τῶν σχημάτων 765 διαφορὰν ἐξ ὧν σύγκειται. τῶν μὲν γὰρ ἄλλων ὁμογενῆ φησιν εἶναι τὰ σχήματα (ἅπαντα γὰρ ἐξ ἑνὸς συγκεῖσθαι τοῦ προμήκους τριγώνου), τῆς δὲ γῆς ἴδιον εἶναι τὸ σχῆμα· πυρὸς μὲν γὰρ εἶναι στοιχεῖον πυραμίδα, ἀέρος τὸ ὀκτάεδρον, ὕδατος τὸ εἰκοσάεδρον, γῆς δὲ κύβον. ὅθεν μήτε 770 γῆν εἰς ταῦτα μεταβάλλειν, μήτε ταῦτα εἰς γῆν.

[71] οὐ διακεκρίσθαι δ' εἰς τοὺς οἰκείους τόπους ἕκαστον,

---

746 διάμετρον ΒΡ: -α F   κινεῖσθαι Basileenses (conl. Plat., Tim. 36 c 3): κεῖσθαι ΒΡΦΦ   κατὰ ΒΡΦ: ἐπὶ F   **748** διῃρῆσθαι ΡΦ: -εῖσθαι Β: διαιρεῖσθαι F   **749** τὴν ΒΦ: τὴν μὲν P^{ls.l.}F^{ls.l.}   **750** δὲ del. Basileenses: τε coni. V. d. Muehll   **752** τε τὰ Basileenses: τά τε ΒΡΦΦ   **753** αὐτῇ Basileenses: αὐ- ΒΡΦΦ   **755** ὀρθούμενον K. Fr. Hermann 374 (conl. Plat., Tim. 37 b 7 ὀρθὸς ἰών): -μένου ΒΡΦ: om. F   **756** ἀπέφαινεν Φ   θεὸν καὶ ὕλην ΒΡΦΦ: ὕ. καὶ θ. Richards 344   **756–757** ὃν—αἴτιον tamquam ex glossemate del. Peretti 63: 'ὃν sc. τὸν θεὸν D.L. male adnotans' V. d. Muehll. Vid. Dorandi, Notes 246–7   **758** ἄπειρον ΒΡΦΦ: ἄποιον Menag.   **759** ποτε post κινουμένην transp. F   **761** δὲ om. F   **764** νομίζων P²F: κο- ΒΡ¹ Φ   **765** σύγκειται ΒΡF: συνέστηκε Φ

ὅτι ἡ περιφορὰ σφίγγουσα καὶ πρὸς τὸν μέσον συνάγουσα
συγκρίνει τὰ μικρά, τὰ δὲ διακρίνει, τὰ μεγάλα. διόπερ τὰ
εἴδη μεταβάλλοντα καὶ τοὺς τόπους μεταβάλλειν.

κόσμον τε εἶναι ἕνα γεννητόν, ἐπειδὴ καὶ αἰσθητός ἐστιν   775
ὑπὸ θεοῦ κατεσκευασμένος· ἔμψυχόν τε εἶναι διὰ τὸ
κρεῖττον εἶναι τοῦ ἀψύχου τὸ ἔμψυχον, τοῦτο δὲ
δημιούργημα ὑποκεῖσθαι τοῦ βελτίστου αἰτίου. ἕνα τε
αὐτὸν καὶ οὐκ ἄπειρον κατεσκευάσθαι, ὅτι καὶ τὸ
ὑπόδειγμα ἓν ἦν ἀφ' οὗ αὐτὸν ἐδημιούργησε· [72]   780
σφαιροειδῆ δὲ διὰ τὸ καὶ τὸν γεννήσαντα τοιοῦτον ἔχειν
σχῆμα. ἐκεῖνον μὲν γὰρ περιέχειν τὰ ἄλλα ζῷα, τοῦτον δὲ
τὰ σχήματα πάντων. λεῖον δὲ καὶ οὐδὲν ὄργανον ἔχοντα
κύκλῳ διὰ τὸ μηδεμίαν εἶναι χρῆσιν αὐτῶν. ἀλλὰ μὴν καὶ
ἄφθαρτον διαμένειν τὸν κόσμον διὰ τὸ μὴ διαλύεσθαι εἰς τὸν   785
θεόν. καὶ τῆς μὲν ὅλης γενέσεως αἴτιον εἶναι τὸν θεόν, ὅτι
πέφυκεν ἀγαθοποιὸν εἶναι τὸ ἀγαθόν. τοῦ δὲ οὐρανοῦ τῆς
γενέσεως <τοιοῦ>το αἴτιον· τοῦ γὰρ καλλίστου τῶν
γεννητῶν τὸ ἄριστον εἶναι τῶν νοητῶν αἴτιον. ὥστε ἐπεὶ
τοιοῦτος ὁ θεός, ὅμοιος δὲ τῷ ἀρίστῳ ὁ οὐρανὸς κάλλιστός   790
γε ὤν, οὐθενὶ ἂν ὅμοιος εἴη τῶν γεννητῶν ἀλλ' ἢ τῷ θεῷ.

[73] συνεστάναι δὲ τὸν κόσμον ἐκ πυρός, ὕδατος, ἀέρος,
γῆς. ἐκ πυρὸς μέν, ὅπως ὁρατὸς ᾖ· ἐκ γῆς δέ, ὅπως στερεός·
ἐξ ὕδατος δὲ καὶ ἀέρος, ὅπως ἀνάλογος (αἱ γὰρ τῶν
στερεῶν δυνάμεις δύο μεσότησιν ἀναλογοῦσιν ὡς ἓν γενέ-   795
σθαι τὸ πᾶν), ἐξ ἁπάντων δέ, ἵνα τέλειος καὶ ἄφθαρτος ᾖ.

772 τὸν B: τὸ PFΦ   **774** εἴδη BP: ἤδη F   **775** τε BPF: δὲ Φ
γεννητόν BF: γενη- PΦ   **777** δὲ BFΦ: τε P   **779** ἀπείρους Casaub. ex
Platone   κατασκευάσθαι F   **782** τὰ ἄλλα PF: τἆλλα BΦ   **784**
εἶναι BP[lmg], FΦ: ἔχειν P[l] in textu   αὐτῶν BPF: αὐτῶ Φ   **785** εἰς BPFΦ:
ἐᾶν 'ut cum ceteris testimoniis locus consentiat' Basileenses: 'falso; Platonis
sententia cum stoicorum opin. comparatur (SVF II 1047)' V. d. Muehll
787 δὲ post οὐρανοῦ transp. F   **788** τοιοῦτο αἴτιον Sedley*: τὸ
αἴτιον BPFΦ: τὸ ἄριστον αἴτιον Z[3] (Frob.): τὸ<ν αὐτὸν> αἴ. Basileenses:
τὸ<ν νοῦν> αἴ. Marcov. (conl. **757**)   **789** γεννητῶν B[1]F: γενη- B[2]PΦ
790 ὁ[2] om. F   **791** γεννητῶν B[1]F: γενη- B[2]PΦ: τῶν γ. del. Peretti 446
793 δὲ om. F   **795** μεσότησιν FΦ: -τητες BP

χρόνον τε γενέσθαι εἰκόνα τοῦ ἀιδίου. κἀκεῖνον μὲν ἀεὶ
μένειν, τὴν δὲ τοῦ οὐρανοῦ φορὰν χρόνον εἶναι· καὶ γὰρ
νύκτα καὶ ἡμέραν καὶ μῆνα καὶ τὰ τοιαῦτα πάντα χρόνου
800 μέρη εἶναι. διόπερ ἄνευ τῆς τοῦ κόσμου φύσεως οὐκ εἶναι
χρόνον· ἅμα γὰρ ὑπάρχειν αὐτῷ καὶ χρόνον εἶναι.

[74] πρὸς δὲ χρόνου γένεσιν ἥλιον καὶ σελήνην καὶ τὰ
πλανώμενα γενέσθαι. ὅπως δὲ διάδηλος τῶν ὡρῶν ᾖ
ἀριθμὸς καὶ μετάοχοι τὰ ζῷα ἀριθμοῦ, τὸ τοῦ ἡλίου φῶς
805 ἀνάψαι τὸν θεόν. εἶναι δὲ ἐν μὲν τῷ ὑπὲρ γῆς κύκλῳ
σελήνην, ἐν δὲ τῷ ἐπεχομένῳ ἥλιον, ἐν δὲ τοῖς ἐπάνω τοὺς
πλανήτας. ἔμψυχον δὲ πάντως διὰ τὸ ἐμψύχῳ φορᾷ
δεδέσθαι. ἵνα δὲ ὁ κόσμος τελειωθῇ γενόμενος ὅμοιος τῷ
νοητῷ ζῴῳ, τὴν τῶν ἄλλων ζῴων γενέσθαι φύσιν. ἐπεὶ οὖν
810 ἐκεῖνο εἶχε, καὶ τὸν οὐρανὸν δεῖν ἔχειν. θεοὺς μὲν οὖν ἔχειν τὸ
πολὺ πυρίνους· εἶναι δὲ τρία γένη τἆλλα, πτηνόν, ἔνυδρον,
πεζόν. [75] γῆν δὲ πρεσβυτάτην μὲν εἶναι τῶν ἐν τῷ
οὐρανῷ θεῶν· γενέσθαι δὲ δημιούργημα ὡς νύκτα καὶ
ἡμέραν ποιεῖν· οὖσαν δ᾽ ἐπὶ τοῦ μέσου κινεῖσθαι περὶ τὸ
815 μέσον. ἐπεὶ δ᾽ αἰτίαι εἰσὶ δύο, τὰ μὲν διὰ νοῦ εἶναι, τὰ δ᾽ ἐξ
ἀναγκαίας αἰτίας, φησί, λεκτέον. ταῦτα δ᾽ ἐστὶν ἀήρ, πῦρ,
γῆ, ὕδωρ καὶ οὐκ ὄντα μὲν στοιχεῖα κατὰ ἀκρίβειαν, ἀλλὰ
δεκτικά. ταῦτα δ᾽ ἐκ τῶν τριγώνων εἶναι συντιθεμένων καὶ
διαλύεσθαι εἰς ταῦτα· στοιχεῖα δ᾽ αὐτῶν εἶναι τό τε
820 πρόμηκες τρίγωνον καὶ τὸ ἰσοσκελές.

---

797 ἀιδίου <αἰῶνος> F. Solmsen, RhM 124 (1981) 18 (conl. Plat., Tim. 37 d
5), sed vid. Lapini 109²³   ἀεὶ ΒΡΦ: δεῖ F   **801** αὐτῶ ΒΡ: -ὸν ΓΦ
803 ὁ τῶν Φ   **804** τοῦ om. F¹, suppl. F²ˢ·ˡ·   **805** ἐν μὲν τῷ ὑπὲρ γῆς
κύκλῳ Basileenses: ὑ. μὲν τῶν ἐκ γῆς κύκλων ΒΦΦ: ὑ. μὲν τὸν τῆς γῆς
κύκλον P: ὑ. μὲν γ. ἐν πρώτῳ κύκλῳ dub. V. d. Muehll   **807** 'expectes
ἐμψύχους δὲ πάντας' Basileenses   φορᾷ ΒΡ: φθο- F   **808** δεδέσθαι
ΒΡF: φέρε- Φ   ὅμοιος B: ὁμοίως ΡΦΦ   **809** οὖν ΒΡΦΦ: γὰρ
Basileenses   **810** ἐκεῖνο Basileenses: -ος ΒΡΦΦ   **812** εἶναι μὲν F
813 ὡς δημιούργημα Basileenses   **815** (ἐπεὶ)–**832** (τάξιν) 'graviter textus
turbatus est' Basileenses   **815** διὰ νοῦ Basileenses (conl. Plat., Tim. 47 e 4):
διαμονὴν ΒΡF: διὰ μονὴν Φ: διὰ γνώμην Mer. Casaub. ad M. Antonin.
(1643) 68   **818** καὶ del. Marcov.

[76] ἀρχὰς μὲν οὖν εἶναι καὶ αἴτια τὰ λεχθέντα δύο †μὲν ὧν παράδειγμα τὸν θεὸν καὶ τὴν ὕλην· ὅπερ ἀνάγκη ἄμορφον εἶναι, ὥσπερ καὶ ἐπὶ τῶν ἄλλων δεκτικῶν. αἴτιον δὲ τούτων ἐξ ἀνάγκης εἶναι· δεχόμενον γάρ πως τὰς ἰδέας γεννᾶν τὰς οὐσίας, καὶ δι᾽ ἀνομοιότητα δυνάμεως κινεῖσθαι 825 καὶ κινούμενον τὰ γινόμενα ἐξ αὐτῆς ἀντικινεῖν. ταῦτα δὲ πρὶν μὲν ἀλόγως κινεῖσθαι καὶ ἀτάκτως, ἐπεὶ δὲ ἤρξαντο συνιστάναι τὸν κόσμον, ἐκ τῶν ἐνδεχομένων τοῦ θεοῦ συμμέτρως καὶ τεταγμένως γενέσθαι. [77] τὰς μὲν γὰρ αἰτίας καὶ πρὸ τῆς οὐρανοποιΐας δύο εἶναι καὶ τρίτην 830 γένεσιν, ἀλλ᾽ οὐ σαφεῖς, ἴχνη δὲ μόνον καὶ ἀτάκτους· ἐπειδὴ δὲ ὁ κόσμος ἐγένετο, λαβεῖν καὶ ταύτας τάξιν. ἐξ ἁπάντων δὲ τῶν ὑπαρχόντων σωμάτων γενέσθαι τὸν οὐρανόν. δοκεῖ δ᾽ αὐτῷ τὸν θεὸν ὡς καὶ τὴν ψυχὴν ἀσώματον εἶναι· οὕτω γὰρ μάλιστα φθορᾶς καὶ πάθους ἀνεπίδεκτον ὑπάρχειν. 835 τὰς δὲ ἰδέας ὑφίσταται, καθὰ καὶ προείρηται, αἰτίας τινὰς καὶ ἀρχὰς τοῦ τοιαῦτ᾽ εἶναι τὰ φύσει συνεστῶτα οἷάπερ ἐστὶν αὐτά.

[78] περὶ δὲ ἀγαθῶν ἢ κακῶν τοιαῦτα ἔλεγε. τέλος μὲν εἶναι τὴν ἐξομοίωσιν τῷ θεῷ. τὴν δ᾽ ἀρετὴν αὐτάρκη μὲν 840 εἶναι πρὸς εὐδαιμονίαν. ὀργάνων δὲ προσδεῖσθαι τῶν περὶ σῶμα πλεονεκτημάτων, ἰσχύος, ὑγιείας, εὐαισθησίας, τῶν ὁμοίων· καὶ τῶν ἐκτός, οἷον πλούτου καὶ εὐγενείας καὶ δόξης. οὐδὲν δὲ ἧττον εὐδαίμονα ἔσεσθαι τὸν σοφόν, κἂν

821–822 'locum corruptum sanare non possumus' Basileenses. Vid. Dorandi, Notes 247 δύο μὲν ὧν B²ᵐᵍ, PΦ: ὧν δύο F¹, ad quod ὧν add. F²ˢ·ˡ·: δύο ὧν (sine μὲν) Z³ (Frob.): δύο ὧν μὲν Hicks μὲν ὧν παράδειγμα tamquam ex glossemate del. M. Baltes, Platonismus in d. Antike IV (1996) Baustein 119.4, ὧν παράδειγμα del. Segonds, Diog. L. Vie de Platon 89¹ **823** καὶ <δεκτικὸν> τὴν Peretti 448 **826** γινόμενα BF¹ Φ: κινού- PF² αὐτοῦ Marcov. **830–831** δύο et καὶ τρίτην γένεσιν tamquam ex glossemate del. Marcov.: post γένεσιν (**831**) add. τῶν δὲ στοιχείων τὰς δυνάμεις L. A. Bredlow, Hermes 135 (2007) 370–1, sed vid. Dorandi, Notes 247–8 **831** δὲ μόνον BPF: δὲ τούτων μόνα Φ **835** ὑπάρχειν BP: εἶναι FΦ **837** τοῦ τὰ τοιαῦτα F συνεστῶτα BPFΦ: διεστῶτα rec. **838** ἐστὶν αὐτά BPFΦ: εἰσὶν αὐταί Marcov. **842** ὑγιείας BF: ὑγεί- PΦ **843** ἐκτὸς B: ** ἐ. P (δὲ eras. ut vid.): ἐ. δὲ F

845 ταῦτα μὴ παρῇ. πολιτεύσεσθαι αὖ καὶ γαμήσειν καὶ τοὺς
κειμένους νόμους οὐ παραβήσεσθαι· ἐκ δὲ τῶν ἐνδεχομένων
καὶ νομοθετήσειν τῇ ἑαυτοῦ πατρίδι, ἐὰν μὴ τέλεον
ἀπαραίτητα ὁρᾷ τὰ πράγματα ἐν ὑπερβαλλούσῃ διαφορᾷ
δήμου. [79] οἴεται δὲ καὶ θεοὺς ἐφορᾶν τὰ ἀνθρώπινα
850 καὶ δαίμονας εἶναι. ἔννοιάν τε καλοῦ πρῶτος ἀπεφήνατο
τὴν ἐχομένην τοῦ ἐπαινετοῦ καὶ λογικοῦ καὶ χρησίμου καὶ
πρέποντος καὶ ἁρμόττοντος. ὅπερ πάντα ἔχεσθαι τοῦ
ἀκολούθου τῇ φύσει καὶ ὁμολογουμένου.

διελέξατο δὲ καὶ περὶ ὀνομάτων ὀρθότητος· ὥστε καὶ τὴν
855 ἐπιστήμην τοῦ ὀρθῶς ἀποκρίνεσθαι καὶ ἐρωτᾶν πρῶτον
αὐτὸν διασυστῆσαι κατακόρως χρησάμενον. ἐν δὲ τοῖς
διαλόγοις καὶ τὴν δικαιοσύνην θεοῦ νόμον ὑπελάμβανεν ὡς
ἰσχυροτέραν προτρέψαι τὰ δίκαια πράττειν, ἵνα μὴ καὶ
μετὰ θάνατον δίκας ὑπόσχοιεν οἱ κακοῦργοι. [80] ὅθεν καὶ
860 μυθικώτερος ἐνίοις ὑπελήφθη τοῖς συγγράμμασιν
ἐγκαταμίξας τὰς τοιαύτας διηγήσεις, ὅπως διὰ τὸ ἄδηλον
τρόπον {τοῦ} ἔχειν τὰ μετὰ τὸν θάνατον οὕτως ἀπέχωνται
τῶν ἀδικημάτων. καὶ ταῦτα μὲν ἦν αὐτῷ τὰ ἀρέσκοντα.

διήρει δέ, φησὶν Ἀριστοτέλης, καὶ τὰ πράγματα τοῦτον
865 τὸν τρόπον. τῶν ἀγαθῶν ἐστι τὰ μὲν ἐν ψυχῇ, τὰ δὲ ἐν

864–871 Div. 1 Mutschmann

---

865 (τῶν)–**1196** (τινος²) Φ 6 (156.25–159.32) alterans quaedam et omittens

845 πολιτεύσεσθαι ΒΦ: -εύεσθαι PF   **848** ἀπαραίτητα Par. gr. 1417
(coni. Casaub. Vid. Dorandi, Laertiana 124³⁸⁴): εὐ- ΒΡΓΦ, 'non mutandum,
si intellegis "quod quis libenter recuset"' Basilenses   ὑπερβαλούσῃ P
διαφθορᾷ Casaub.   **849** τὰ ἀνθρώπινα ΒΡ: τἀνθρ- F   **852** πάντα
PF: ἅπαντα B   **854** διελέξατο Β²ΓΡ⁴: διεδ- Β¹Ρ¹(Q)   **856**
διασυστῆσαι ΒΡΓΦ: συστ- Cob.: <δοκεῖν> συστ. Casaub.   **857** καὶ
del. Marcov., sed vid.   **854** ὑπέλανβανεν ΒΡF: -έλαβεν Φ   **858**
ἰσχυροτέραν ΒΡF: ἰσχύουσαν Φ   'expectes ὡς <οὕτως> ἰσχυροτέραν
<οὖσαν> vel <ἐσομένην>' Basilenses   ἵνα ΒΡF: ὡς Φ: τινὰ K. Fr.
Hermann 374 (conl. Thuc. 6.10.5)   καὶ om. Φ   **859** <τὸν> θάνατον
Cob.   οἱ ΒΡΓΦ: ὡς Basilenses   **861** διὰ ΒΡ: μετὰ F   **861–862** τὸ
ἄδηλον τρόπον ἔχειν Basilenses: τοῦ ἀδήλου τρόπου τοῦ ἔ. ΒΡF:
τὸ ἄδηλον τοῦ πῶς ἔχει Cob.: τοῦ ἀδήλου τρόπου ὧν ἔχει Marcov.
862 τὰ om. F   ἀπέχωνται Β²Ρ: -ονται Β¹F   **864** διήρει ΒΡ: διαιρεῖ F

PLATO

σώματι, τὰ δὲ ἐκτός· οἷον ἡ μὲν δικαιοσύνη καὶ ἡ φρόνησις
καὶ ἡ ἀνδρεία καὶ ἡ σωφροσύνη καὶ τὰ τοιαῦτα ἐν ψυχῇ· τὸ
δὲ κάλλος καὶ ἡ εὐεξία καὶ ἡ ὑγίεια καὶ ἡ ἰσχὺς ἐν σώματι· οἱ
δὲ φίλοι <καὶ ἡ εὐδοξία> καὶ ἡ τῆς πατρίδος εὐδαιμονία καὶ
ὁ πλοῦτος ἐν τοῖς ἐκτός. **[81]** τῶν ἀγαθῶν ἄρα τρία εἴδη 870
ἐστί· τὰ μὲν ἐν ψυχῇ, τὰ δὲ ἐν σώματι, τὰ δὲ ἐκτός.

τῆς φιλίας τρία εἴδη <ἐστίν·> ἡ μὲν γὰρ αὐτῆς ἐστι
φυσική, ἡ δὲ ἑταιρική, ἡ δὲ ξενική. φυσικὴν μὲν οὖν ταύτην
λέγομεν ἣν οἱ γονεῖς πρὸς τὰ ἔκγονα ἔχουσι καὶ οἱ
συγγενεῖς πρὸς ἀλλήλους· ταύτης δὲ κεκλήρωται καὶ τἆλλα 875
ζῷα. ἑταιρικὴν δὲ καλοῦμεν τὴν ἀπὸ συνηθείας γινομένην
καὶ μηδὲν προσήκουσαν γένει, ἀλλ᾽ οἷον ἡ Πυλάδου πρὸς
Ὀρέστην. ἡ δὲ ξενικὴ φιλία ἡ ἀπὸ συστάσεως καὶ διὰ
γραμμάτων γινομένη πρὸς τοὺς ξένους. τῆς ἄρα φιλίας ἡ μέν
ἐστι φυσική, ἡ δὲ ἑταιρική, ἡ δὲ ξενική· προστιθέασι δέ τινες 880
τετάρτην ἐρωτικήν.

[82] τῆς πολιτείας ἐστὶν εἴδη πέντε· τὸ μὲν γὰρ αὐτῆς
ἐστι δημοκρατικόν, ἄλλο δὲ ἀριστοκρατικόν, τρίτον δὲ
ὀλιγαρχικόν, τέταρτον βασιλικόν, πέμπτον τυραννικόν.
δημοκρατία μὲν οὖν ἐστιν, ἐν αἷς πόλεσι κρατεῖ τὸ πλῆθος 885
καὶ τὰς ἀρχὰς καὶ τοὺς νόμους δι᾽ ἑαυτοῦ αἱρεῖται.
ἀριστοκρατία δέ ἐστιν, ἐν ᾗ μήθ᾽ οἱ πλούσιοι μήθ᾽ οἱ
πένητες μήθ᾽ οἱ ἔνδοξοι ἄρχουσιν, ἀλλ᾽ οἱ ἄριστοι τῆς
πόλεως προστατοῦσιν. ὀλιγαρχία δέ ἐστιν, ὅταν ἀπὸ
τιμημάτων αἱ ἀρχαὶ αἱρῶνται· ἐλάττους γάρ εἰσιν οἱ 890
πλούσιοι τῶν πενήτων. τῆς δὲ βασιλείας ἡ μὲν κατὰ νόμον,
ἡ δὲ κατὰ γένος ἐστίν. ἡ μὲν οὖν ἐν Καρχηδόνι κατὰ νόμον·

872–881 Div. 2   882–898 Div. 3

867 καὶ ἡ σωφροσύνη om. B   **868** ὑγιεία (sic) BF: ὑγεία PΦ   **869**
καὶ ἡ εὐδοξία post Praechter 389 (καὶ ἡ <εὐδ. κ. ἡ> τ. πατρ.) addidi
872 ἐστίν add. Cob.: post τρία Marcov. Vid. Dorandi, Notes 248   **874**
ἔκγονα P: ἔγγ- BFΦ   οἱ PFΦ: ἡ B   **875** ταύτης BF: -ην P   τἆλλα
BP: τὰ ἄλλα F   **876** γινομένην PF: γενομένην B² (ν¹ in ras.)   **882** τὸ
in ras. B²FP⁴: ἡ P¹(Q)   **883** ἐστι om. F   **885** δημοκρατία dub.
Basileenses: -τικὸν BPF   **887** ἀριστοκρατία BP: -τικὸν F   **890**
αἱρῶνται F: αἵροντα B: αἴρω- P

πωλητή γάρ ἐστιν. **[83]** ἡ δὲ ἐν Λακεδαίμονι καὶ Μακεδονίᾳ κατὰ γένος· ἀπὸ γάρ τινος γένους ποιοῦνται τὴν
895 βασιλείαν. τυραννὶς δέ ἐστιν, ἐν ᾗ παρακρουσθέντες ἢ βιασθέντες ὑπό τινος ἄρχονται. τῆς ἄρα πολιτείας ἡ μέν ἐστι δημοκρατία, ἡ δὲ ἀριστοκρατία, ἡ δὲ ὀλιγαρχία, ἡ δὲ βασιλεία, ἡ δὲ τυραννίς.

τῆς δὲ δικαιοσύνης ἐστὶν εἴδη τρία· ἡ μὲν γὰρ αὐτῆς ἐστι
900 περὶ θεούς, ἡ δὲ περὶ ἀνθρώπους, ἡ δὲ περὶ τοὺς ἀποιχομένους. οἱ μὲν γὰρ θύοντες κατὰ νόμους καὶ τῶν ἱερῶν ἐπιμελούμενοι δῆλον ὅτι περὶ θεοὺς εὐσεβοῦσιν· οἱ δὲ δάνεια ἀποδίδοντες καὶ παραθήκας δικαιοπραγοῦσι περὶ ἀνθρώπους· οἱ δὲ τῶν μνημείων ἐπιμελούμενοι δῆλον ὅτι
905 περὶ τοὺς ἀποιχομένους. τῆς ἄρα δικαιοσύνης ἡ μὲν περὶ θεούς ἐστιν, ἡ δὲ περὶ ἀνθρώπους, ἡ δὲ περὶ τοὺς ἀποιχομένους.

[84] τῆς ἐπιστήμης εἴδη ἐστὶ τρία· τὸ μὲν γάρ ἐστι πρακτικόν, τὸ δὲ ποιητικόν, τὸ δὲ θεωρητικόν. ἡ μὲν
910 οἰκοδομικὴ καὶ ναυπηγικὴ ποιητικαί εἰσιν· ἔστι γὰρ αὐτῶν ἰδεῖν ἔργον πεποιημένον. πολιτικὴ δὲ καὶ αὐλητικὴ καὶ κιθαριστικὴ καὶ αἱ τοιαῦται πρακτικαί· οὐ γὰρ ἔστιν οὐδὲν ἰδεῖν θεατὸν αὐτῶν πεποιημένον, ἀλλὰ πράττουσί τι· ὁ μὲν γὰρ αὐλεῖ καὶ κιθαρίζει, ὁ δὲ πολιτεύεται. ἡ δὲ γεωμετρικὴ
915 καὶ ἁρμονικὴ καὶ ἀστρολογικὴ θεωρητικαί· οὔτε γὰρ πράττουσιν οὔτε ποιοῦσιν οὐθέν· ἀλλ' ὁ μὲν γεωμέτρης

899–907 Div. 4   **908–920** Div. 5

893 πωλητὴ BPF: πολιτικὴ Steph.: ὠνητὴ Gigante 498²⁰⁷   **894** γένους γὰρ F²ᵐᵍ   **899** δὲ BP: om. F, 'ut initio ceterarum divisionum omnes libri, quare fortasse hoc quoque loco delendum' Basileenses, sed vid. **959** **900** ἡ δὲ περὶ ἀνθρώπους om. B¹, suppl. B²ᵐᵍ   ἡ² PF: οἱ B   **902** ἐπιμελούμενοι BF, P⁴: -όμενοι P¹(Q)   **902–903** θεούς—περὶ om. F¹, suppl. F²ᵐᵍ   **903** παραθήκας BP: -καταθήκας F²   **905** ἀποιχομένους PF: ἀποιχου- B   περὶ² Praechter 392: πρὸς BPF   **906** θεούς BP: -όν F π. ἀνθρώπους, ἡ δὲ om. F¹, suppl. F²ᵐᵍ   περὶ B: πρὸς PF²ᵐᵍ   **908** εἴδη ἐστὶ BP: ἐστὶν ἤδη F   **909** ἡ μὲν γὰρ F   **910** οἰκοδομικὴ BP: -νομικὴ F   ναυπηγικὴ BF: ναυτικὴ P   **912** οὐδὲν om. F   **913** θεατὸν Φ: θετὸν BPF: ἔργον Mutschmann, τέλος Wendland. Vid. Dorandi, Notes 248 **914** γὰρ om. F¹, suppl. F²ˢ·ˡ·   **915** ἀστρολογικὴ BP: -λογητικὴ F

θεωρεῖ πῶς πρὸς ἀλλήλας ἔχουσιν αἱ γραμμαί, ὁ δ᾽
ἁρμονικὸς τοὺς φθόγγους, ὁ δ᾽ ἀστρολογικὸς τὰ ἄστρα καὶ
τὸν κόσμον. τῶν ἄρα ἐπιστημῶν αἱ μέν εἰσι θεωρητικαί, αἱ
δὲ πρακτικαί, αἱ δὲ ποιητικαί.   920
[85] τῆς ἰατρικῆς ἐστιν εἴδη πέντε· ἡ μὲν φαρμακευτική, ἡ
δὲ χειρουργική, ἡ δὲ διαιτητική, ἡ δὲ νοσογνωμονική, ἡ δὲ
βοηθητική. ἡ μὲν φαρμακευτικὴ διὰ φαρμάκων ἰᾶται τὰς
ἀρρωστίας, ἡ δὲ χειρουργικὴ διὰ τοῦ τέμνειν καὶ καίειν
ὑγιάζει, ἡ δὲ διαιτητικὴ διὰ τοῦ διαιτᾶν ἀπαλλάττει τὰς   925
ἀρρωστίας, ἡ δὲ νοσογνωμονικὴ διὰ τοῦ γνῶναι τὸ
ἀρρώστημα, ἡ δὲ βοηθητικὴ διὰ τοῦ βοηθῆσαι εἰς τὸ
παραχρῆμα ἀπαλλάττει τῆς ἀλγηδόνος. τῆς ἄρα ἰατρικῆς
ἡ μέν ἐστι φαρμακευτική, ἡ δὲ χειρουργική, ἡ δὲ διαιτητική,
ἡ δὲ βοηθητική, ἡ δὲ νοσογνωμονική.   930
[86] νόμου διαιρέσεις δύο· ὁ μὲν γὰρ αὐτοῦ γεγραμμένος,
ὁ δὲ ἄγραφος. ᾧ μὲν ἐν ταῖς πόλεσι πολιτευόμεθα,
γεγραμμένος ἐστίν. ὁ δὲ κατὰ ἔθη γινόμενος οὗτος ἄγραφος
καλεῖται· οἷον τὸ μὴ γυμνὸν πορεύεσθαι εἰς τὴν ἀγορὰν
μηδὲ γυναικεῖον ἱμάτιον περιβάλλεσθαι. ταῦτα γὰρ οὐθεὶς   935
νόμος κωλύει, ἀλλ᾽ ὅμως οὐ πράττομεν διὰ τὸ ἀγράφῳ
νόμῳ κωλύεσθαι. τοῦ ἄρα νόμου ἐστὶν ὁ μὲν γεγραμμένος, ὁ
δὲ ἄγραφος.
ὁ λόγος διαιρεῖται εἰς πέντε, ὧν εἷς μέν ἐστιν ὃν οἱ
πολιτευόμενοι λέγουσιν ἐν ταῖς ἐκκλησίαις, ὃς καλεῖται   940
πολιτικός. [87] ἑτέρα δὲ διαίρεσις λόγου, ὃν οἱ ῥήτορες
{γράφουσιν εἰς ἐπίδειξιν} προφέρουσιν εἰς ἐγκώμια καὶ

921–930 Div. 6   **931–938** Div. 7   **939–952** Div. 8

922 νοσογνωμονικὴ BP: -γνωμικὴ F   **925** τὰς B¹F: τῆς B²ˢ·ˡ·, fort. recte
926 νοσογνωμονικὴ BP: -γνωμικὴ F   **927** τοῦ BP: τὸ F   **928**
ἀπαλλάττει PF: -ειν B   **930** ἡ δὲ νοσογν. ante ἡ δὲ βοηθ. transp.
Huebn.   **936** τὸ <τῷ> Gigon   **939** ante ὁ λόγος tit. λόγου
διαιρέσεις BP¹, del. Pˣ   **941–944** Vid. Dorandi, Notes 248–9
γράφουσιν εἰς ἐπίδειξιν secl. Kassel: γρ. εἰς ἐπίδειξιν B: γρ. εἰς ἐπίδειξίν τε
P: γρ. καὶ εἰς ἐπ. F   γρ. εἰς ἐπ. καὶ Marcov.: γρ. καὶ εἰς ἐπ. τε προφ. καὶ
εἰς <δικαστήριον, οἷον> Wendland: γράφοντες εἰς ἐπ. προφ. Schoene ap.
Basileenses   **942** προφέρουσιν BP: προσ- F

ψόγους καὶ κατηγορίας <καὶ ἀπολογίας>· τὸ δὴ τοιοῦτον
εἶδός ἐστι ῥητορικόν. τρίτη δὲ διαίρεσις λόγου, ὃν οἱ
945 ἰδιῶται διαλέγονται πρὸς ἀλλήλους· οὗτος δὴ ὁ τρόπος
προσαγορεύεται ἰδιωτικός. ἑτέρα δὲ διαίρεσις λόγου, ὃν οἱ
κατὰ βραχὺ ἐρωτῶντες καὶ ἀποκρινόμενοι τοῖς ἐρωτῶσιν
<διαλέγονται>· οὗτος δὴ καλεῖται ὁ λόγος διαλεκτικός.
πέμπτη δὲ διαίρεσις λόγου, ὃν οἱ τεχνῖται περὶ τῆς ἑαυτῶν
950 διαλέγονται τέχνης· ὃς δὴ καλεῖται τεχνικός. τοῦ λόγου ἄρα
τὸ μέν ἐστι πολιτικόν, τὸ δὲ ῥητορικόν, τὸ δὲ ἰδιωτικόν, τὸ
δὲ διαλεκτικόν, τὸ δὲ τεχνικόν.

[88] ἡ μουσικὴ εἰς τρία διαιρεῖται· ἔστι γὰρ ἡ μὲν διὰ τοῦ
στόματος μόνον, οἷον ἡ ᾠδή· δεύτερον δὲ διὰ τοῦ στόματος
955 καὶ τῶν χειρῶν, οἷον ἡ κιθαρῳδία· τρίτον ἀπὸ τῶν χειρῶν
μόνον, οἷον ἡ κιθαριστική. τῆς ἄρα μουσικῆς ἐστι τὸ μὲν
ἀπὸ τοῦ στόματος μόνον, τὸ δ᾽ ἀπὸ τοῦ στόματος καὶ τῶν
χειρῶν, τὸ δ᾽ ἀπὸ τῶν χειρῶν.

διαιρεῖται δὲ ἡ εὐγένεια εἰς εἴδη τέτταρα. ἓν μέν, ἐὰν ὦσιν
960 οἱ πρόγονοι καλοὶ κἀγαθοὶ καὶ δίκαιοι, τοὺς ἐκ τούτων
γεγεννημένους εὐγενεῖς φασιν εἶναι. ἄλλο δέ, ἐὰν ὦσιν οἱ
πρόγονοι δεδυναστευκότες καὶ ἄρχοντες γεγενημένοι, τοὺς
ἐκ τούτων εὐγενεῖς φασιν εἶναι. ἄλλο δέ, ἐὰν ὦσιν οἱ
πρόγονοι ὀνομαστοί, οἷον ἀπὸ στρατηγίας, ἀπὸ στεφα-
965 νιτῶν ἀγώνων· καὶ γὰρ τοὺς ἐκ τούτων γεγεννημένους
εὐγενεῖς προσαγορεύομεν. [89] ἄλλο εἶδος, ἐὰν αὐτός τις ᾖ
γεννάδας τὴν ψυχὴν καὶ μεγαλόψυχος· καὶ τοῦτον εὐγενῆ
φασι· καὶ τῆς γε εὐγενείας αὕτη κρατίστη. τῆς ἄρα

953–958 Div. 9   **959–970** Div. 10

943 καὶ ἀπολογίας add. Wendland, qui participium velut γράφοντες
desiderat   **944** εἶδος om. F¹, suppl. F²ˢ·ˡ·   δὲ om. F   **948**
διαλέγονται add. Frob.   δὴ Marcov.: δὲ BP: om. F   **949** δὲ om. F
ἑαυτῶν PF: αὐ- B   **950** δὴ om. F   τοῦ ἄρα τοῦ λόγου F²   **952** κὸν
τὸ δὲ τεχνικὸν om. B¹, suppl. B²   **954** στόματος καὶ τῶν χειρῶν om.
F¹, suppl. F²ᵐᵍ   **956** μόνον BP¹: -ων FP⁴   ἡ om. BP   ἐστι om. F
961 φασιν B¹PF: φῶσιν B²   δὲ ἐὰν PF: δ᾽ ἐὰν B²: δ᾽ ἂν B¹: δὲ ἂν Basileenses
962 πρόγονοι οἷον F   γεγεννημένοι BP: γεγενν- F   <καὶ> τοὺς
Marcov.   **963** τούτων γεγεννημένους F   δὲ ἐὰν F: δ᾽ ἐὰν B: δὲ ἂν P
966 προσαγορεύομεν BP: φασὶν εἶναι F   **968** γε om. F

εὐγενείας τὸ μὲν ἀπὸ προγόνων ἐπιεικῶν, τὸ δὲ δυναστῶν,
τὸ δὲ ἐνδόξων, τὸ δ' ἀπὸ τῆς αὐτοῦ καλοκαγαθίας.   970
   τὸ κάλλος διαιρεῖται εἰς τρία· ἓν μὲν γὰρ αὐτοῦ ἐστιν
ἐπαινετόν, οἷον ἡ διὰ τῆς ὄψεως εὐμορφία· ἄλλο δὲ
χρηστικόν, οἷον ὄργανον καὶ οἰκία καὶ τὰ τοιαῦτα πρὸς
χρῆσίν ἐστι καλά· τὸ δὲ περὶ νόμους καὶ ἐπιτηδεύματα καὶ
τὰ τοιαῦτα πρὸς ὠφέλειάν ἐστι καλά. τοῦ ἄρα κάλλους τὸ   975
μέν ἐστι πρὸς ἔπαινον, τὸ δὲ πρὸς χρῆσιν, τὸ δὲ πρὸς
ὠφέλειαν.
   [90] ἡ ψυχὴ διαιρεῖται εἰς τρία· τὸ μὲν γὰρ αὐτῆς ἐστι
λογιστικόν, τὸ δὲ ἐπιθυμητικόν, τὸ δὲ θυμικόν. τούτων δὲ
τὸ μὲν λογιστικόν ἐστιν αἴτιον τοῦ βουλεύεσθαί τε καὶ   980
λογίζεσθαι καὶ διανοεῖσθαι καὶ πάντων τῶν τοιούτων· τὸ δ'
ἐπιθυμητικὸν μέρος ἐστὶ τῆς ψυχῆς αἴτιον τοῦ ἐπιθυμεῖν
φαγεῖν καὶ τοῦ πλησιάσαι καὶ τῶν τοιούτων πάντων. τὸ
δὲ θυμικὸν μέρος αἴτιόν ἐστι τοῦ θαρρεῖν καὶ ἥδεσθαι καὶ
λυπεῖσθαι καὶ ὀργίζεσθαι. τῆς ἄρα ψυχῆς ἐστι τὸ μὲν   985
λογιστικόν, τὸ δὲ ἐπιθυμητικόν, τὸ δὲ θυμικόν.
   τῆς τελείας ἀρετῆς εἴδη <ἐστὶ> τέτταρα· ἓν μὲν φρόνησις,
ἓν δὲ δικαιοσύνη, ἄλλο δ' ἀνδρεία, τέταρτον σωφροσύνη.
   [91] τούτων ἡ μὲν φρόνησις αἰτία τοῦ πράττειν ὀρθῶς τὰ
πράγματα· ἡ δὲ δικαιοσύνη τοῦ ἐν ταῖς κοινωνίαις καὶ τοῖς   990
συναλλάγμασι δικαιοπραγεῖν· ἡ δὲ ἀνδρεία τοῦ ἐν τοῖς
κινδύνοις καὶ φοβεροῖς μὴ ἐξίστασθαι ποιεῖν ἀλλὰ μένειν·
ἡ δὲ σωφροσύνη τοῦ κρατεῖν τῶν ἐπιθυμιῶν καὶ ὑπὸ

971–977 Div. 11   **978–986** Div. 12   **987–996** Div. 13

973 τοιαῦτα <ἅ> Marcov.   **974** τὸ BPF: ἄλλο Gigon   περὶ Reiske
310: πρὸς BPF: 'olim extitisse puto κατὰ' Mutschmann (conl. Plat., Grg. 474
e 4), sed vid. Praechter 390¹   **975** τοιαῦτα <ἅ> Basileenses   **979**
λογιστικόν BP: λογικόν F   **980** λογιστικόν BP: λογικόν F   **982** τῆς
ψυχῆς ἐστὶν F   **983** <τοῦ> φαγεῖν W. C(roenert), LC 58 (1907) 1023
984 ἐστὶν αἴτιον F   **986** λογιστικόν BP: λογικόν F   **987** ἐστὶ add.
Cob.: post ἀρετῆς Marcov. (ἐστιν)   **988–989** φρόνησις· δικαιοσύνη·
ἀνδρεία καὶ σωφροσύνη F   **991** ἀνδρία F   **992** ἐξίστασθαι ποιεῖν
BPF, 'fortasse ex neglegentiore dicendi modo explicandum' Basileenses:
{ἐξίστασθαι} τρεῖν Sudhaus: ἐξ. {ποιεῖν} Emperius ap. Huebn. II 699: ἐξ.
τὸν νοῦν Emperius, Adv. 323: ἐξ. <τοῦ> πονεῖν Marcov.

μηδεμιᾶς ἡδονῆς δουλοῦσθαι ἀλλὰ κοσμίως ζῆν. τῆς ἀρετῆς
995 ἄρα τὸ μέν ἐστι φρόνησις, ἄλλο δικαιοσύνη, τρίτον ἀνδρεία,
τέταρτον σωφροσύνη.

ἡ ἀρχὴ διαιρεῖται εἰς μέρη πέντε· ἓν μὲν εἰς τὸ κατὰ νόμον,
ἓν δὲ εἰς τὸ κατὰ φύσιν, ἓν δὲ εἰς τὸ κατὰ ἔθος, τέταρτον εἰς
τὸ κατὰ γένος, πέμπτον δὲ κατὰ βίαν. [92] οἱ μὲν οὖν ἐν
1000 ταῖς πόλεσιν ἄρχοντες ὑπὸ τῶν πολιτῶν ἐπὰν αἱρεθῶσι,
κατὰ νόμον ἄρχουσιν· οἱ δὲ κατὰ φύσιν, οἱ ἄρρενες, οὐ
μόνον ἐν τοῖς ἀνθρώποις, ἀλλὰ καὶ ἐν τοῖς ἄλλοις ζῴοις· ἐπὶ
πολὺ γὰρ πανταχοῦ τὰ ἄρρενα τῶν θηλειῶν ἄρχει. ἡ δὲ τοῦ
κατὰ ἔθος ἀρχὴ τοιαύτη ἐστίν, οἵαν οἱ παιδαγωγοὶ τῶν
1005 παίδων ἄρχουσι καὶ οἱ διδάσκαλοι τῶν φοιτώντων. κατὰ
γένος δὲ ἀρχὴ τοιαύτη τις λέγεται, οἵαν οἱ Λακεδαιμόνιοι
βασιλεῖς ἄρχουσιν· ἀπὸ γὰρ γένους τινὸς ἡ βασιλεία. καὶ
ἐν Μακεδονίᾳ δὲ τὸν αὐτὸν τρόπον ἄρχουσι· καὶ γὰρ
ἐκεῖ ἀπὸ γένους ἡ βασιλεία καθίσταται. οἳ δὲ βιασάμενοι
1010 ἢ παρακρουσάμενοι ἄρχουσιν ἀκόντων τῶν πολιτῶν· ἡ
τοιαύτη ἀρχὴ κατὰ βίαν λέγεται εἶναι. τῆς ἀρχῆς ἄρα ἐστὶ
τὸ μὲν κατὰ νόμον, τὸ δὲ κατὰ φύσιν, τὸ δὲ κατὰ ἔθος, τὸ δὲ
κατὰ γένος, τὸ δὲ κατὰ βίαν.

[93] τῆς ῥητορείας εἴδη ἐστὶν ἕξ· ὅταν μὲν γὰρ κελεύωσι
1015 πολεμεῖν ἢ συμμαχεῖν πρός τινα, καλεῖται τὸ τοιοῦτον εἶδος
προτροπή. ὅταν δ᾽ ἀξιῶσι μὴ πολεμεῖν <ἢ> μὴ συμμαχεῖν,
ἀλλ᾽ ἡσυχίαν ἄγειν, τὸ τοιοῦτον εἶδός ἐστιν ἀποτροπή.
τρίτον εἶδος τῆς ῥητορείας, ὅταν τις φάσκῃ ἀδικεῖσθαι ὑπό
τινος καὶ πολλῶν κακῶν αἴτιον ἀποφαίνῃ· τὸ δὴ τοιοῦτον

997–1013 Div. 14   **1014–1029** Div. 15

995 ἄλλο BP: τὸ δὲ F   **998** τέταρτον <δ᾽> Cob.   **999** <εἰς τὸ> κ.
βίαν Huebn.   **1000** ἄρχοντες BPF: πράττοντες Φ   **1001** νόμον
BPΦ: -ους F   οἱ<ον οἱ> ἄρρ. Sudhaus, sed vid. Dorandi, Notes 249
1002 ἄλλοις BPFΦ: ἀλόγοις Cob.   **1003** τοῦ del. Reiske 310   **1006**
οἱ λακεδαιμόνιοι BPFΦ: ἐν Λακεδαίμονι Reiske 310   **1008** δὲ BP: γὰρ F
1009 οἳ W. C(roenert), LC 58 (1907) 1023: οἱ BP: εἰ F   **1014** ἐστὶν
om. F   **1016** ἢ μὴ Basilenses: μὴ BP: μηδὲ F   **1017** ἀποτροπή
ἐστιν F   **1018** ῥητορείας BP: -ρικῆς F   φάσκῃ PB²: φάσκει B¹F
1019 αἴτιον <αὐτὸν> (sic) Marcov. (conl. **1021**)   δὴ om. P¹, suppl. P⁴ˢ·ˡ·

εἶδος κατηγορία ὀνομάζεται. τέταρτον εἶδος τῆς ῥητορείας   1020
{ἀπολογία καλεῖται}, ὅταν ἀποφαίνῃ αὑτὸν μηθὲν
ἀδικοῦντα μήτε ἄλλο ἄτοπον μηθὲν πράττοντα· τὸ δὲ
τοιοῦτον ἀπολογίαν καλοῦσι. [94] πέμπτον εἶδος
ῥητορείας, ὅταν τις εὖ λέγῃ καὶ ἀποφαίνῃ καλὸν κἀγαθόν·
τὸ δὴ τοιοῦτον εἶδος καλεῖται ἐγκώμιον. ἕκτον εἶδος, ὅταν   1025
τις ἀποφαίνῃ φαῦλον· τὸ δὲ τοιοῦτον εἶδος καλεῖται ψόγος.
τῆς ἄρα ῥητορείας ἐστὶ τὸ μὲν ἐγκώμιον, τὸ δὲ ψόγος, τὸ δὲ
προτροπή, τὸ δὲ ἀποτροπή, τὸ δὲ κατηγορία, τὸ δὲ
ἀπολογία.

τὸ ὀρθῶς λέγειν διαιρεῖται εἰς τέτταρα· ἓν μὲν ἃ δεῖ λέγειν,   1030
ἓν δὲ ὅσα δεῖ λέγειν, τρίτον πρὸς οὓς δεῖ λέγειν, τέταρτον δὲ
πηνίκα δεῖ λέγειν. ἃ μὲν οὖν δεῖ λέγειν, ἃ μέλλει συμφέρειν
τῷ λέγοντι καὶ τῷ ἀκούοντι· τὸ δὲ ὅσα δεῖ λέγειν, μὴ πλείω
μηδὲ ἐλάττω τῶν ἱκανῶν. [95] τὸ δὲ πρὸς οὓς δεῖ λέγειν, ἄν
τε πρὸς πρεσβυτέρους {ἁμαρτάνοντας} διαλέγῃ, ἁρμότ-   1035
τοντας δεῖ τοὺς λόγους διαλέγεσθαι ὡς πρεσβυτέροις· ἄν τε
πρὸς νεωτέρους, ἁρμόττοντας δεῖ <δια>λέγεσθαι ὡς
νεωτέροις. πηνίκα δὲ λέγειν ἐστί, μήτε προτέρω μήτε
ὑστέρω· εἰ δὲ μή, διαμαρτήσεσθαι καὶ οὐκ ὀρθῶς ἐρεῖν.

ἡ εὐεργεσία διαιρεῖται εἰς τέτταρα· ἢ γὰρ χρήμασιν ἢ   1040
σώμασιν ἢ ταῖς ἐπιστήμαις ἢ τοῖς λόγοις. τοῖς μὲν οὖν
χρήμασιν, ὅταν δεομένῳ παραβοηθήσῃ τις εἰς χρημάτων

1030–1039 Div. 16   **1040–1050** Div. 17

1020 ἀποφαίνεται καὶ ὀνομάζεται F   **1021** ἀπολογία καλεῖται
del. Cob.   ἀποφαίνῃ <τις> Cob.   μηδὲ Wendland   **1024** λέγῃ
<τινὰ> Cob.: ἀποφαίνη <τινὰ> Gigon   **1026** ἀποφαίνη <τινὰ> Cob.
δὲ BPF: δὴ Z (Frob.)   **1030** τέσσαρα F   **1031** ἓν BP: δεύτερον F
δεῖ λέγειν ΦΦ: λ. δ. BP   **1035** ἁμαρτάνοντας del. Menag.: ἁμαρτῇ ὄντας
coni. D. W. Triller, Observ. crit. (1742) 93–4   διαλέγη BPF: -λέγηται rec.:
λέγῃ Marcov.   **1036** ὡς πρεσβυτέροις om. B   τε om. B   **1037**
πρὸς om. F   δεῖ διαλέγεσθαι vel solum διαλέγεσθαι Basileenses: δεῖ
λέγεσθαι BP: om. F   **1038–1039** μήτε πρότερον μήτε ὕστερον Cob.
1039 οὐκ ὀρθῶς BF: κακῶς P   **1040** τέσσαρα F   **1042**
παραβοηθήσῃ BP: βοηθήσῃ F   **1042–1043** 'εἰς χρημάτων λόγον et εἰς
εὐπορῆσαι olim varias recensiones fuisse censet Wendl(and)' Mutschmann
<ὡς> εἰς Richards 341

λόγον εὐπορῆσαι· τοῖς δὲ σώμασιν εὖ ποιοῦσιν ἀλλήλους,
ὅταν παραγενόμενοι τυπτομένοις παραβοηθῶσιν· **[96]** οἱ
1045 δὲ παιδεύοντες καὶ ἰατρεύοντες καὶ διδάσκοντες ἀγαθόν τι,
οὗτοι δὴ ταῖς ἐπιστήμαις εὐεργετοῦσιν· ὅταν δ' εἰσέλθωσιν
εἰς δικαστήριον ἄλλος ὑπὲρ ἄλλου βοηθὸς καὶ λόγον τινὰ
ἐπιεικῆ ὑπὲρ αὐτοῦ εἴπῃ, οὗτος δὴ λόγῳ εὐεργετεῖ. τῆς ἄρα
εὐεργεσίας ἡ μέν ἐστι διὰ χρημάτων, ἡ δὲ διὰ σωμάτων, ἡ
1050 δὲ διὰ ἐπιστημῶν, τετάρτη διὰ λόγων.

διαιρεῖται τὸ τέλος τῶν πραγμάτων εἰς τέτταρα εἴδη· ἓν
μὲν κατὰ νόμον τέλος τὰ πράγματα λαμβάνει, ὅταν
ψήφισμα γένηται καὶ τοῦθ' ὁ νόμος τελέσῃ· κατὰ φύσιν δὲ
τέλος τὰ πράγματα λαμβάνει, ἥ τε ἡμέρα καὶ ὁ ἐνιαυτὸς καὶ
1055 αἱ ὧραι. κατὰ τέχνην δὲ τέλος τὰ πράγματα λαμβάνει, οἷον
ἡ οἰκοδομική· οἰκίαν γὰρ {τις} ἐπιτελεῖ· καὶ ἡ ναυπηγική·
πλοῖα γάρ. **[97]** κατὰ τύχην δὲ γίνεται τοῖς πράγμασι
τέλος, ὅταν ἄλλως καὶ μὴ ὡς ὑπολαμβάνει τις ἀποβαίνῃ.
τοῦ τέλους ἄρα τῶν πραγμάτων τὸ μὲν κατὰ νόμον, τὸ δὲ
1060 κατὰ φύσιν, τὸ δὲ κατὰ τέχνην, τὸ δὲ κατὰ τύχην ἐστίν.

ἡ δύναμις διαιρεῖται εἰς τέτταρα εἴδη· ἓν μὲν ὃ δυνάμεθα
τῇ διανοίᾳ, <οἷον> λογίζεσθαι καὶ ὑπονοεῖν· ἕτερον δὲ τῷ
σώματι, οἷον πορεύεσθαι καὶ διδόναι καὶ λαμβάνειν καὶ τὰ
τοιαῦτα· τρίτον ὃ δυνάμεθα πλήθει στρατιωτῶν καὶ
1065 χρημάτων, ὅθεν καλεῖται <ὁ> πολλὴν δύναμιν ἔχων
βασιλεύς· τετάρτη δὲ διαίρεσις δυνάμεως πάσχειν καὶ εὖ
ποιεῖν καὶ κακῶς· οἷον ἀρρωστεῖν καὶ παιδεύεσθαι

1051–1060 Div. 18   **1061–1071** Div. 19

1043 εὐπορῆσαι BP: -ήσῃ F: -ήσας Casaub.   ἀλλήλους PF²: ἄλλους BF¹
1044 παραβοηθῶσιν BP: βοηθοῦσιν F: -ῶσιν Cob.   **1045–1046** τι
οὗτοι PF: τοιοῦτοι B   **1046** δὴ R. Burn ap. Long: δὲ BF¹: om. P, eras. F²
1048 ἐπιεικῆ om. F   εἴπῃ ὑ. αὐτοῦ P   **1050** τετάρτη <δὲ> Cob.
1051 ἓν μὲν secl. Gigon   **1053** τελέσῃ PF: -σει B   **1054** <οἷον> ἢ
Mutschmann   **1054–1055** ἥ τε—λαμβάνει om. F¹, suppl. F²ᵐᵍ   **1055** αἱ
ὧραι PF²: ἡ ὧρα B   **1056** ἡ om. F   τις secl. Reiske 310   **1058**
ὑπολαμβάνει F: -η BP   **1062** οἷον add. Menag.   λογίζεσθαι BP:
δια- F   **1064** πλήθει B²P: -η F, B¹ ut vid.   **1065** ὁ add. Lapini 112
λέγεται π. δ. ἔχειν Marcov.   **1066** <τὸ> πάσχειν Marcov.: <τῷ> π.
Gigon   **1066–1067** ποιεῖν εὖ Menag.

δυνάμεθα καὶ ὑγιεῖς γίνεσθαι καὶ πάντα τὰ τοιαῦτα. τῆς ἄρα δυνάμεως ἡ μέν ἐστιν ἐν διανοίᾳ, ἡ δ' ἐν τῷ σώματι, ἡ δ' ἐν στρατοπέδῳ καὶ χρήμασιν, ἡ δ' ἐν τῷ ποιεῖν καὶ πάσχειν.

[98] τῆς φιλανθρωπίας ἐστὶν εἴδη τρία· ἓν μὲν διὰ τῆς προσηγορίας γινόμενον, οἷον ἐν οἷς τινες τὸν ἐντυχόντα πάντα προσαγορεύουσι καὶ τὴν δεξιὰν ἐμβάλλοντες χαιρετίζουσιν. ἄλλο εἶδος, ὅταν τις βοηθητικὸς ᾖ παντὶ τῷ ἀτυχοῦντι. ἕτερον εἶδός ἐστι τῆς φιλανθρωπίας ἐν ᾧ τινες φιλοδειπνισταί εἰσι. τῆς ἄρα φιλανθρωπίας τὸ μέν ἐστι διὰ τοῦ προσαγορεύειν, τὸ δὲ διὰ τοῦ εὐεργετεῖν, τὸ δὲ διὰ τοῦ ἑστιᾶν καὶ φιλοσυνουσιάζειν.

ἡ εὐδαιμονία διαιρεῖται εἰς πέντε μέρη· ἡ μὲν γὰρ αὐτῆς ἐστιν εὐβουλία, ἕτερον δὲ εὐαισθησία καὶ ὑγίεια τοῦ σώματος, τρίτον εὐτυχία ἐν ταῖς πράξεσι, τέταρτον εὐδοξία παρὰ τοῖς ἀνθρώποις, πέμπτον εὐπορία χρημάτων καὶ τῶν εἰς τὸν βίον χρησίμων. **[99]** ἡ μὲν εὐβουλία γίνεται ἐκ παιδείας καὶ ἐκ τοῦ πολλῶν ἔμπειρον γενέσθαι· ἡ δὲ εὐαισθησία ἐκ τῶν τοῦ σώματος μερῶν, οἷον ἐάν τις τοῖς ὀφθαλμοῖς ὁρᾷ καὶ τοῖς ὠσὶν ἀκούῃ καὶ τῇ ῥινὶ καὶ τῷ στόματι αἰσθάνηται ὧν δεῖ αἰσθάνεσθαι· τὸ δὴ τοιοῦτον εὐαισθησία. ἡ δὲ εὐτυχία, ὅταν <τις> ἐφ' ἃ σκοπεῖ πράξῃ κατορθῶν ἃ δεῖ πράττειν τὸν σπουδαῖον. εὐδοξία δ' ἐστὶν ὅταν τις εὖ ἀκούῃ· εὐπορία δ' ἐστὶν ὅταν τις πρὸς τὰς ἐν τῷ βίῳ χρήσεις οὕτως ἔχῃ, ὥστε καὶ φίλους εὖ ποιῆσαι καὶ φιλοτίμως καὶ εὐπόρως ἀπολειτουργῆσαι. ᾧ δὲ ὑπάρχει ταῦτα πάντα, οὗτός ἐστιν εὐδαίμων τελέως. τῆς ἄρα εὐδαιμονίας ἐστὶ τὸ μὲν εὐβουλία, τὸ δὲ εὐαισθησία καὶ

1072–1079 Div. 20   **1080–1097** Div. 21

1069 δ' ἐν τῷ¹] δὲ τὸ Β¹, corr. Β²   **1073** εὐπροσηγορίας Steph.   οἷς] ᾧ Wendland   **1074** ἐμβάλλοντες PF: ἐμβάλο- B   **1076** ἐστι om. F   **1080** δὲ εὐδαιμονία F   **1081** ἕτερον BF: ἡ P   ὑγίεια Β¹: ὑγεία Β²PFΦ   **1084** μὲν <οὖν> Cob.   **1086** τις τοῖς Φ: τις PF: τοῖς Β   **1088** στόματι BP: σώ- F   δὴ om. F   **1089** τις add. Mutschmann   **1090** κατορθῶν Rossi 49: κατ' ὀρθὸν BPF   δέ ἐστιν BF   **1092** χρήσεις BP: πράξεις F   **1094** πάντα ταῦτα Β   τελέως BP: -είως F   **1095** ἐστὶ om. F

ὑγίεια τοῦ σώματος, τὸ δὲ εὐτυχία, τὸ δὲ εὐδοξία, τὸ δὲ
εὐπορία.

[**100**] αἱ τέχναι εἰς τρία διαιροῦνται· ἡ μὲν πρώτη, ἡ δὲ
δευτέρα, ἡ δὲ τρίτη. πρώτη μὲν οὖν ἡ μεταλλευτικὴ καὶ
1100 ὑλοτομικὴ· παρασκευαστικαὶ γάρ εἰσιν. ἡ δὲ χαλκευτικὴ
καὶ ἡ τεκτονικὴ μετασχηματιστικαί εἰσιν· ἐκ μὲν γὰρ τοῦ
σιδήρου ἡ χαλκευτικὴ ὅπλα ποιεῖ, ἡ δὲ τεκτονικὴ ἐκ τῶν
ξύλων αὐλοὺς καὶ λύρας. ἡ δὲ χρηστική, οἷον ἱππικὴ τοῖς
χαλινοῖς χρῆται, ἡ πολεμικὴ τοῖς ὅπλοις, ἡ μουσικὴ τοῖς
1105 αὐλοῖς καὶ τῇ λύρᾳ. τῆς τέχνης ἄρα τρία εἴδη ἐστί· τὸ μέν τι
πρῶτον, τὸ δέ τι δεύτερον, τὸ δέ τι τρίτον.

[**101**] τὸ ἀγαθὸν εἰς τέτταρα γένη διαιρεῖται· ὧν ἓν μὲν
λέγομεν εἶναι τὸν τὴν ἀρετὴν ἔχοντα ἰδίᾳ ἀγαθόν· ἄλλο δὲ
αὐτὴν τὴν ἀρετὴν καὶ τὴν δικαιοσύνην λέγομεν ἀγαθὸν
1110 εἶναι· τρίτον δέ, οἷον σιτία καὶ γυμνάσια τὰ πρόσφορα καὶ
φάρμακα· τέταρτον δέ φαμεν εἶναι ἀγαθόν, οἷον αὐλητικὴν
καὶ ὑποκριτικὴν καὶ τὰ τοιαῦτα. ἀγαθοῦ ἄρα τέτταρα εἴδη
ἐστί· τὸ μὲν τὸ τὴν ἀρετὴν ἔχειν, ἕτερον δὲ αὐτὴ ἡ ἀρετή,
τρίτον δὲ σιτία καὶ γυμνάσια τὰ ὠφέλιμα· τέταρτον δὲ
1115 αὐλητικὴν καὶ ὑποκριτικὴν καὶ ποιητικὴν ἀγαθὸν λέγομεν
εἶναι.

[**102**] τῶν ὄντων τὰ μέν ἐστι κακά, τὰ δὲ ἀγαθά, τὰ δὲ
οὐδέτερα τούτων. κακὰ μὲν ταῦτα λέγομεν, τὰ δυνάμενα
βλάπτειν ἀεί, οἷον ἀκρισίαν καὶ ἀφροσύνην καὶ ἀδικίαν καὶ
1120 τὰ τοιαῦτα· τὰ δὲ τούτοις ἐναντία ἀγαθά ἐστι. τὰ δὲ ἐνίοτε
μὲν ὠφελεῖν, ἐνίοτε δὲ βλάπτειν (οἷον τὸ περιπατεῖν καὶ τὸ
καθῆσθαι καὶ ἐσθίειν) <ἢ> ὅλως μήτε ὠφελῆσαι μήτε

1098–1106 Div. 22   **1107–1116** Div. 23   **1117–1125** Div. 24

1096 ὑγεία B²PF: ὑγία B¹   **1099** οὖν om. F   μεταλλευτηκή B:
μεταλευτι- F   **1101** ἡ om. F¹, suppl. F²ˢ·ˡ·   μετασχηματιστικαὶ B:
-σχηματικαὶ F: -σκευαστικαὶ P   **1105** τῆς om. P   εἴδη τρία F   τι P:
τοι BF   **1106** πρῶτον BF: πρότερον P   τι¹ B¹PF: τοι B²   τι² B¹P¹F:
τοι B²: del. Pˣ   **1109** αὐτὴν Φ: -ὸ B²PF: -ὸν B¹ ut vid.   **1111** εἶναι om.
F   **1115** καὶ ποιητικὴν BP: om. FΦ, del. Marcov.   **1118** post τούτων
dist. Lapini, Note 228, conl. infra   λέγομεν ταῦτα P, ταῦτα 'fortasse
eiciendum' Basileenses   **1122** καὶ BP: καὶ τὸ F   ἢ add. Z (Frob.)
1122–1123 μήτε βλ. μήτε ὠφ. F

βλάψαι δυνάμενα, ταῦτα γοῦν οὔτε ἀγαθὰ οὔτε κακά ἐστι. τῶν ἄρα ὄντων τὰ μὲν ἀγαθά, τὰ δὲ κακά, τὰ δ᾽ οὐδέτερα τούτων.   1125

[103] εὐνομία διαιρεῖται εἰς τρία· ἓν μέν, ἐὰν ὦσιν οἱ νόμοι σπουδαῖοι, εὐνομίαν φαμὲν εἶναι· ἕτερον δέ, ἐὰν τοῖς κειμένοις νόμοις ἐμμένωσιν οἱ πολῖται, καὶ τοῦτό φαμεν εὐνομίαν εἶναι· τρίτον δέ, ἐὰν μὴ ὄντων τῶν νόμων κατὰ ἔθη καὶ ἐπιτηδεύματα χρηστῶς πολιτεύωνται, καὶ τοῦτο   1130 εὐνομίαν προσαγορεύομεν. τῆς εὐνομίας ἄρα ἓν μέν ἐστι νόμους σπουδαίους εἶναι· ἄλλο δέ, ἐὰν τοῖς οὖσι νόμοις ἐμμένωσι· τρίτον δέ, ἐὰν ἔθεσι καὶ ἐπιτηδεύμασι χρηστοῖς πολιτεύωνται.

διαιρεῖται ἡ ἀνομία εἰς τρία· ὧν ἓν μέν ἐστιν, ἐὰν ὦσιν οἱ 1135 νόμοι μοχθηροὶ καὶ πρὸς ξένους καὶ πρὸς πολίτας· [104] ἕτερον δέ, ἐὰν τοῖς ὑπάρχουσι μὴ πείθωνται· ἄλλο δέ, ἐὰν ὅλως μηδεὶς ᾖ νόμος. τῆς ἄρα ἀνομίας ἓν μέν ἐστι τὸ μοχθηροὺς εἶναι τοὺς νόμους· ἄλλο δέ, ἐὰν τοῖς οὖσι μὴ πείθωνται· τρίτον δέ, ἐὰν μηδεὶς ᾖ νόμος.   1140

τὰ ἐναντία διαιρεῖται εἰς τρία· οἷον ἀγαθὰ κακοῖς ἐναντία φαμὲν εἶναι, ὡς τὴν δικαιοσύνην τῇ ἀδικίᾳ καὶ τὴν φρόνησιν τῇ ἀφροσύνῃ καὶ τὰ τοιαῦτα. κακὰ δὲ κακοῖς ἐναντία ἐστίν, οἷον ἡ ἀσωτία τῇ ἀνελευθερίᾳ καὶ τὸ ἀδίκως στρεβλοῦσθαι τῷ δικαίως στρεβλοῦσθαι· καὶ τὰ τοιαῦτα κακὰ κακοῖς 1145 ἐναντία ἐστίν. τὸ δὲ βαρὺ τῷ κούφῳ καὶ τὸ ταχὺ τῷ βραδεῖ καὶ τὸ μέλαν τῷ λευκῷ ὡς οὐδέτερα οὐδετέροις ἐναντία

1126–1134 Div. 25   **1135–1140** Div. 26   **1141–1150** Div. 27

1123 γοῦν BP: οὖν F   **1124** τῶν ἄρα ὄντων FP⁴: om. BP¹   **1126** ante εὐνομία tit. εὐνομίας διαίρεσις BP¹, del. Pˣ   **1127–1129** ἕτερον—εἶναι om. F¹, suppl. F²ᵐᵍ   **1129** μὴ om. P   τῶν deest in Φ, secl. Richards 342   **1130** πολιτεύωνται P: -ονται BF   **1133** χρηστῶς Steph.   **1134** πολιτεύωνται P: -ονται BF   **1135** ante διαιρεῖται tit. ἀνομίας διαίρεσις (-έσεις P) BP¹, del. Pˣ   **1137** ἄλλο δὲ BP: ἄλλο Φ: τρίτον F   δὲ om. F   **1138** ὅλως om. F   **1139** ἐὰν P: ἂν BF   **1140** δὲ om. PF   **1141** ante τὰ ἐναντία tit. διαίρεσις (-έσεις P) τῶν ἐναντίων BP¹, del. Pˣ   **1145** τῷ BP: τὸ F   κακὰ om. F¹, suppl. F²ˢ·ˡ·   **1146** τῷ ταχεῖ τὸ βραδὺ B   **1147–1148** ἐστὶν ἐναντία F²   **1147–1150** ἐναντία—οὐδέτερα om. F¹, suppl. F²ᵐᵍ

ἐστίν. **[105]** τῶν ἐναντίων ἄρα τὰ μὲν ὡς ἀγαθὰ κακοῖς
ἐναντία ἐστί· τὰ δὲ ὡς κακὰ κακοῖς· τὰ δὲ ὡς οὐδετέροις
1150 οὐδέτερα.

τῶν ἀγαθῶν γένη ἐστὶ τρία· τὰ μὲν γάρ ἐστιν ἑκτά, τὰ δὲ
μεθεκτά, τὰ δὲ ὑπαρκτά. τὰ μὲν οὖν ἑκτά ἐστιν, ὅσα
ἐνδέχεται ἔχειν, οἷον ἡ δικαιοσύνη καὶ ἡ ὑγίεια· μεθεκτὰ δέ,
ὅσα ἔχειν μὲν μὴ ἐνδέχεται, μετασχεῖν δὲ αὐτῶν ἐνδέχεται,
1155 οἷον αὐτὸ τὸ ἀγαθὸν ἔχειν μὲν οὐκ ἐνδέχεται, μετασχεῖν δὲ
αὐτοῦ ἐνδέχεται. ὑπαρκτὰ δέ, ὅσα μήτε μετασχεῖν μήτε
σχεῖν ἐνδέχεται, ὑπάρχειν δὲ δεῖ· οἷον τὸ σπουδαῖον εἶναι
<καὶ> τὸ δίκαιον εἶναι ἀγαθόν ἐστι· καὶ ταῦτα οὔτε σχεῖν
οὔτε μετασχεῖν ἐστιν, ἀλλ' ὑπάρχειν δεῖ {σπουδαῖον εἶναι
1160 καὶ δίκαιον εἶναι}. τῶν ἀγαθῶν ἄρα τὰ μέν ἐστιν ἑκτά, τὰ δὲ
μεθεκτά, τὰ δὲ ὑπαρκτά.

[106] ἡ συμβουλία διαιρεῖται εἰς τρία· ἔστι γὰρ αὐτῆς ἓν
μὲν ἐκ τῶν παροιχομένων χρόνων λαμβανόμενον, ἓν δὲ ἐκ
τῶν μελλόντων, ἓν δὲ ἐκ τῶν ἐνεστώτων. τὰ μὲν οὖν ἐκ τῶν
1165 παροιχομένων παραδείγματα, οἷον τί ἔπαθον
Λακεδαιμόνιοι πιστεύσαντες· τὰ δ' ἐκ τῶν παρόντων, οἷον
ἀποφαίνειν τείχη ἀσθενῆ, δειλοὺς ἀνθρώπους, σῖτον ὀλίγον·
τὰ δ' ἐκ τῶν μελλόντων, οἷον ταῖς ὑπονοίαις μὴ ἀδικεῖν τὰς
πρεσβείας, ὅπως μὴ ἄδοξος ἡ Ἑλλὰς γένηται. τῆς ἄρα
1170 συμβουλίας τὰ μέν ἐστιν ἐκ τῶν παροιχομένων, τὰ δ' ἐκ τῶν
παρόντων, τὰ δ' ἐκ τῶν μελλόντων.

1151–1161 Div. 28   **1162–1171** Div. 29

1149 οὐδετέροις B²P⁴F²: ἑτέροις B¹P¹   **1153** ἔχειν BFΦ: εἶναι P   ὑγίεια
PF: ὑγία B   **1154** μὲν om. F   μετασχεῖν—ἐνδέχεται om. B¹, suppl. B²ᵐᵍ
1157 σχεῖν BFΦ: ἔχειν P   **1158** καὶ add. Steph.   **1158–1159** οὔτε
μετασχεῖν οὔτε σχεῖν F   **1159–1160** σπουδαῖον—εἶναι secl. Basileenses
'eiciendum esse putamus ut glossema ad vocabula τὸ σπ. εἶναι τὸ δ. εἶναι
corrigenda adscriptum'   **1161** ὑπαρκτὰ BP¹: -κτικὰ FP⁴   **1162** ante ἡ
συμβουλία tit. συμβουλίας διαίρεσις (-έσεις P) BP¹, del. Pˣ   **1163**
παροιχομένων PF: παρωχη- B   **1165** παροιχομένων PF: παρωχη- B
1166 οἱ λακεδ. B: 'an Λακεδαιμονίοις?' Gigon   <ἃ>πιστεύσαντες
Marcov. Vid. Dorandi, Notes 249   **1170** παροιχομένων PF: παρωχη- B

PLATO

[107] ἡ φωνὴ διαιρεῖται εἰς δύο· ἓν μὲν αὐτῆς ἐστιν
ἔμψυχον, ἓν δὲ ἄψυχον. ἔμψυχον μὲν ἡ τῶν ζῴων φωνή,
ἄψυχον δὲ φθόγγοι καὶ ἦχοι. τῆς τοῦ ἐμψύχου φωνῆς ἡ μέν
ἐστιν ἐγγράμματος, ἡ δὲ ἀγράμματος. ἐγγράμματος μὲν ἡ   1175
τῶν ἀνθρώπων, ἀγράμματος δὲ ἡ τῶν ζῴων. τῆς ἄρα
φωνῆς ἡ μὲν ἔμψυχος, ἡ δὲ ἄψυχος.
    τῶν ὄντων ἐστὶ τὰ μὲν μεριστά, τὰ δὲ ἀμέριστα. τούτων
δὲ τῶν μεριστῶν τὰ μὲν ὁμοιομερῆ, τὰ δὲ ἀνομοιομερῆ.
ἀμερῆ μὲν οὖν ἐστιν ὅσα μὴ ἔχει διαίρεσιν μηδὲ ἔκ τινος   1180
σύγκειται, οἷον ἥ τε μονὰς καὶ ἡ στιγμὴ καὶ ὁ φθόγγος·
μεριστὰ δὲ ὅσα ἔκ τινος σύγκειται, οἷον αἵ τε συλλαβαὶ καὶ
συμφωνίαι καὶ ζῷα καὶ ὕδωρ καὶ χρυσός. [108] ὁμοιομερῆ
<μὲν> ὅσα ἐξ ὁμοίων <μερῶν> σύγκειται καὶ μηδὲν
διαφέρει τὸ ὅλον τοῦ μέρους εἰ μὴ τῷ πλήθει, οἷον τὸ ὕδωρ   1185
καὶ τὸ χρυσίον καὶ πᾶν τὸ χυτὸν καὶ τὸ τοιοῦτον.
ἀνομοιομερῆ δὲ ὅσα ἐξ ἀνομοίων μερῶν σύγκειται, οἷον
οἰκία καὶ τὰ τοιαῦτα. τῶν ὄντων ἄρα τὰ μέν ἐστι μεριστά,
τὰ δὲ ἀμερῆ· τῶν δὲ μεριστῶν τὰ μὲν ὁμοιομερῆ, τὰ δὲ
ἀνομοιομερῆ.   1190
    τῶν ὄντων τὰ μέν ἐστι καθ᾽ ἑαυτά, τὰ δὲ πρός τι λέγεται.
τὰ μὲν οὖν καθ᾽ ἑαυτὰ λεγόμενά ἐστιν ὅσα ἐν τῇ ἑρμηνείᾳ
μηδενὸς προσδεῖται· ταῦτα δ᾽ ἂν εἴη οἷον ἄνθρωπος, ἵππος
καὶ τἆλλα ζῷα. τούτων γὰρ οὐδὲν δι᾽ ἑρμηνείας χωρεῖ.

1172–1177 Div. 30   **1178–1190** Div. 31   **1191–1199** (πρός τι) Div. 32

1178–1200 Φ 6 (159.32–160.14)

1172 ante ἡ φωνὴ tit. φωνῆς διαίρεσις (-έσεις P) BP¹, del. Pˣ   **1173** ἔμψον
P¹, corr. P²   **1174** φθόγγοι BF: -ἡ P: φωνὴ Φ   **1176** τῶν <ἄλλων> ζ.
Mutschmann   **1177** ἡ μὲν ἄ., ἡ δὲ ἔμ. F   **1178** ἐστὶ (ἔστι F) τὰ μὲν BF:
τὰ μέν ἐστι P   **1180** ἔκ τινων Richards 343   **1180–1181** ὅσα—
σύγκειται om. F¹, suppl. F²ᵐᵍ   **1183** καὶ ὕδωρ καὶ χρυσός om. Φ, secl.
Marcov. (conl. **1185–1186**)   **1184** μὲν add. Z³ (Frob.)   μερῶν add.
Huebn. II 703   **1186** χυτὸν in ras. B², P¹F: τυχὸν P⁴ (τυχ in ras. et in mg
εἶχε τὸ χυτὸν)   τὸ χυτὸν καὶ secl. W. C(roenert), LC 58 (1907) 1023
τοιοῦτον B²F: -ο B¹P   **1187** ἀνομοίων μερῶν P⁴: ἀνομοιομερῶν BP¹F
1194 τἆλλα BF: τὰ ἄλλα P

295

1195 **[109]** τῶν δὲ πρός τι λεγομένων ὅσα προσδεῖταί τινος
ἑρμηνείας, οἷον τὸ μεῖζόν τινος καὶ τὸ θᾶττόν τινος καὶ τὸ
κάλλιον καὶ τὰ τοιαῦτα· τό τε γὰρ μεῖζον ἐλάττονός ἐστι
μεῖζον καὶ τὸ θᾶττον <θᾶττόν> τινός ἐστι. τῶν ὄντων ἄρα
τὰ μὲν αὐτὰ καθ᾽ αὑτὰ λέγεται, τὰ δὲ πρός τι. ὧδε καὶ τὰ
1200 πρῶτα διῄρει κατὰ τὸν Ἀριστοτέλη.

γέγονε δὲ καὶ ἄλλος Πλάτων φιλόσοφος Ῥόδιος, μαθητὴς
Παναιτίου, καθά φησι Σέλευκος ὁ γραμματικὸς ἐν πρώτῳ
Περὶ φιλοσοφίας· καὶ ἄλλος, Περιπατητικός, μαθητὴς
Ἀριστοτέλους· καὶ ἕτερος Πραξιφάνους· καὶ ὁ τῆς ἀρχαίας
1205 κωμῳδίας ποιητής.

1201–1203 (φιλοσοφίας) Panaet. test. 45 Al.   Seleucus Alex. FGrHist-
Cont. 1056 F 2   **1203–1204** Praxiph. fr. 6 W.   **1204–1205** Plat. com.
test. 13 K.-A.

1195 τῶν . . . λεγομένων BPF: τὰ . . . λεγόμενα Φ. Vid. Dorandi,
Notes 249   τινος secl. Rossi 51–2   **1197** κάλλιόν <τινος> Marcov.
μάλιστα μεῖζον F   **1198** θᾶττόν huc add. Cob., post ἐστι Basileenses
1199 μὲν ἐστιν F   τὰ δὲ πρός τι λέγεται Cob.   **1200** τὸν BF: τῶν P
ἀριστοτέλη B: -ην F: comp. P   **1204** πραξιφάνης F   *subscriptio* Γ′ P

LIBER IV

[1] τὰ μὲν περὶ Πλάτωνος τοσαῦτα ἦν ἐς τὸ δυνατὸν ἡμῖν συναγαγεῖν, φιλοπόνως διειλήσασι τὰ λεγόμενα περὶ τἀνδρός. διεδέξατο δ' αὐτὸν Σπεύσιππος Εὐρυμέδοντος Ἀθηναῖος, τῶν {δὲ} δήμων Μυρρινούσιος, ὃς ἦν υἱὸς τῆς ἀδελφῆς αὐτοῦ Πωτώνης. καὶ ἐσχολάρχησεν ἔτη ὀκτώ, 5 ἀρξάμενος ἀπὸ τῆς ὀγδόης καὶ ἑκατοστῆς Ὀλυμπιάδος. Χαρίτων τε ἀγάλματα ἀνέθηκεν ἐν τῷ μουσείῳ τῷ ὑπὸ Πλάτωνος ἐν Ἀκαδημίᾳ ἱδρυθέντι. καὶ ἔμεινε μὲν ἐπὶ τῶν αὐτῶν Πλάτωνι δογμάτων· οὐ μὴν τό γ' ἦθος διέμεινε τοιοῦτος· καὶ γὰρ ὀργίλος καὶ ἡδονῶν ἥττων ἦν. φασὶ γοῦν 10 αὐτὸν ὑπὸ θυμοῦ τὸ κυνίδιον εἰς τὸ φρέαρ ῥῖψαι καὶ ὑφ' ἡδονῆς ἐλθεῖν εἰς Μακεδονίαν ἐπὶ τὸν Κασάνδρου γάμον.

[2] ἐλέγοντο δὲ αὐτοῦ καὶ αἱ Πλάτωνος ἀκούειν μαθήτριαι, Λασθένειά τε ἡ Μαντινικὴ καὶ Ἀξιοθέα ἡ Φλιασία. ὅτε καὶ Διονύσιος πρὸς αὐτὸν γράφων 15 τωθαστικῶς φησι· 'καὶ ἐκ τῆς Ἀρκαδικῆς σου μαθητρίας ἔστι τὴν σοφίαν καταμαθεῖν. καὶ Πλάτων μὲν ἀτελεῖς φόρων τοὺς παρ' αὐτὸν φοιτῶντας ἐποίει· σὺ δὲ δασμολογεῖς καὶ παρ' ἑκόντων καὶ ἀκόντων λαμβάνεις.' οὗτος πρῶτος, καθά

Vitam Speusippi ed. Isnardi (fr. 1) et Tarán (test. 1)   **3** (διεδέξατο)–
6 (Ὀλυμπιάδος) Speus. FGrHistCont 1009 T 1   **5–6** (καὶ—Ὀλυμπιάδος)
Apollod. FGrHist 244 F 344a   i.e. 348–344   **13–17** (καταμαθεῖν) Axioth.
& Lasth. test. 9 Dor.   **19** (οὗτος)–**22** (ἀλλήλοις) Speus. fr. 70 Tarán

---

7 (ὑπὸ)–**12** Φ 34 (244.10–12)   **17** (Πλάτων)–**19** (λαμβάνεις) Suda δ 81
(ΙΙ 7.31)

Inscriptio λαερτίου διογένους τῶν εἰς ι' τὸ δ' FP⁴: τόμος δ Φ: om. cum vacuo
B.   Ante **1** tit. σπεύσιππος B²ᵐᵍPˣ   **1** εἰς P⁴ˢˡ   **2** διειλήσασι BP:
διελοῦσι F   **3** τοῦ ἀνδρός B   **4** τῶν δήμων scripsi (cf. 2.18 et 48): τῶν
δὲ δήμων F: τῶν μὲν δ. P: τὸν (ex τῶν) δὲ δῆμον B. Vid. Dorandi, Notes
249   ὃς ἦν υἱὸς BF: ἦν υἱὸς P: υἱὸς δὲ Z³ (Frob.)   **5** ποτώνης F   ἔτη
BFP⁴: ἐν ἔτει P¹(Q)   **8** ἱδρυθέντι B: ἱδρυ- PF   **9** γ' om. P   **12**
κασάνδρου PFΦ: κασσάν- B   **14** Λασθένειά Huebn.: -θενιά B: -θενία PF
15 φλισία P   **17** τὴν σοφίαν καταμαθεῖν B: τ. φιλοσοφίαν κ. P: κ. τ.
σοφίαν F   **18** αὐτὸν BP: -ῶν F

20 φησι Διόδωρος ἐν Ἀπομνημονευμάτων πρώτῳ, ἐν τοῖς
μαθήμασιν ἐθεάσατο τὸ κοινὸν καὶ συνῳκείωσε καθ᾽ ὅσον
ἦν δυνατὸν ἀλλήλοις· καὶ πρῶτος παρὰ Ἰσοκράτους τὰ
καλούμενα ἀπόρρητα ἐξήνεγκεν, ὥς φησι Καινεύς. **[3]** καὶ
πρῶτος εὗρεν ᾧ τὰ φορμία τῶν φρυγάνων εὔογκα
25 ποιοῦσιν.

ἤδη δὲ ὑπὸ παραλύσεως καὶ τὸ σῶμα διέφθαρτο, καὶ
πρὸς Ξενοκράτη διεπέμπετο παρακαλῶν αὐτὸν ἐλθεῖν
καὶ τὴν σχολὴν διαδέξασθαι. φασὶ δὲ ἐπ᾽ ἀμαξίου αὐτὸν
φερόμενον εἰς τὴν Ἀκαδημίαν συναντῆσαι Διογένει καὶ
30 ᾽χαῖρε᾽ εἰπεῖν· τὸν δὲ φάναι· ᾽ἀλλὰ μὴ σύ γε, ὅστις ὑπομένεις
ζῆν τοιοῦτος ὤν.᾽ καὶ τέλος ὑπὸ ἀθυμίας ἑκὼν τὸν βίον
μετήλλαξε γηραιὸς ὤν. καὶ ἔστιν ἡμῶν εἰς αὐτόν·

ἀλλ᾽ εἰ μὴ Σπεύσιππον ἐμάνθανον ὧδε θανεῖσθαι,
οὐκ ἂν ἔπεισέ μέ τις τόδε λέξαι,
35 ὡς ἦν οὐχὶ Πλάτωνι πρὸς αἵματος· οὐ γὰρ ἀθυμῶν
κάτθανεν ἂν διά τι σφόδρα μικρόν.

[4] Πλούταρχος δέ φησιν ἐν τῷ Λυσάνδρου βίῳ καὶ
Σύλλα φθειρσὶν ἐκζέσαι αὐτόν. ἦν δὲ καὶ τὸ σῶμα
διακεχυμένος, ὥς φησι Τιμόθεος ἐν τῷ Περὶ βίων. οὗτος,
40 φασί, πρὸς τὸν ἐρῶντα πλούσιον ἀμόρφου ἔφη, ᾽τί δέ σοι δεῖ

---

22 (καὶ)–23 (Καινεύς) Idomeneus FGrHist 338 F 18   Art. scr. B XXIV 6
26–28 (διαδέξασθαι) Xenocr. fr. 19 Isn.   26–31 (ὤν) Diog. cyn. SSR V
B 66   33–36 Anth. Pal. 7.101   37 (Πλούταρχος) Cf. Plut., Sulla 36.5–6
(ubi Speusippi nomen deest)   37–42 Timoth. FGrHistCont 1079 F 2

26–31 (ὤν) Φ 34 (244.12–6.18–19)   33–36 Pal.   38 (φθειρσὶν—αὐτόν)
Suda ε 421 (II 218.3)   39 (οὗτος)–42 Φ 34 (244.16–18)

---

21 τὸ BP: τοῦ F   κοινὸν BP: κοινὸν** F   22 παρ᾽ ἰσοκράτου F
23 καινεὺς PF: κενεὺς B: Ἰδομενεὺς Jacoby FGrHist 338 F 18: Ἀφαρεὺς
Gigante, PP 24 (1969) 47–9. Vid. Tarán 181–2   27 ξενοκράτη BP: -ην F
αὐτὸν om. F[1], suppl. F[2s.l.]   28 ἐπ᾽ ἀμαξίου αὐτὸν BP: αὐ. ἐ. ἀ. F: ἐφ᾽ ἀ- Φ
29 συναντῆσαι FP[4]Φ: -τέσθαι B[1]P[1](Q): -τάσθαι B[2]   30 τὸν δὲ φάναι om.
P[1], suppl. P[4]   32 μετήλλαξε BPΦ: δι- F   33 θανόντα Richards 342
35 ὡς BPF: ὃς Pal.   ἦν suppl. P[1s.l.]   οὐ BPF: ὃς Pal.   38 ἔκζεσε B
40 φασί Wil., Ant. 107[9]: φησὶ BPF   τὸν ἐρῶντα πλούσιον BPF: τ. πλ. τὸν
ἀμόρφου ἐ. Φ: τ. πλ. ἐ. Marcov., an recte?   δεῖ BPF[2s.l.]: om. F[1]: ἀεὶ Φ

τούτου; ἐγὼ γάρ σοι δέκα ταλάντων εὐμορφοτέραν εὑρήσω.'

καταλέλοιπε δὲ πάμπλειστα ὑπομνήματα καὶ διαλόγους πλείονας, ἐν οἷς καὶ Ἀρίστιππον τὸν Κυρηναῖον·

Περὶ πλούτου α',   45
Περὶ ἡδονῆς α',
Περὶ δικαιοσύνης α',
Περὶ φιλοσοφίας α',
Περὶ φιλίας α',
Περὶ θεῶν α',   50
Φιλόσοφος α',
Πρὸς Κέφαλον α',
Κέφαλος α',
Κλεινόμαχος ἢ Λυσίας α',
Πολίτης α',   55
Περὶ ψυχῆς α',
Πρὸς Γρύλλον α',
Ἀρίστιππος α',
Τεχνῶν ἔλεγχος α',
[5] Ὑπομνηματικοὶ διάλογοι,   60
Τεχνικὸν α',
†Διάλογοι†,
Τῆς περὶ τὰ ὅμοια πραγματείας α' β' γ' δ' ε' ς' ζ' η' θ' ι',
Διαιρέσεις καὶ πρὸς τὰ ὅμοια ὑποθέσεις,
Περὶ γενῶν καὶ εἰδῶν παραδειγμάτων,   65
Πρὸς τὸν Ἀμάρτυρον,

43–44, 48, 51, 57, 67 FGrHistCont 1009 T 2   **54** Clinom. test. 49
Doering   **59** Art. scr. V A 33

41 εὐμορφοτέραν BPFΦ: ἀμορφότερον (vel -φοτέραν) Richards 345: εὐμορφότερον Marcov.   **43** καταλέλειπε (-ει- ex -η- B²) B   **48** φιλοσόφων Menag. (conl. 9.23)   **50** α' BF: ἕνα P   **52** προσκεφάλαιον B   **57** Γρύλλον Frob.: γύλαον B: γύλλον P: γῦλον F   **58–61** om. F¹, suppl. F²ᵐᵍ   **60–61** unus tit. in B   **62** Διάλογοι corruptum esse vidit A. B. Krische, Theolog. Lehren der griech. Denker (1840) 253²   **63** Τῆς— πραγματείας Brinkmann ap. Lang 17 (conl. § 13): τῶν περὶ τὴν πραγματείαν ὁμοίων BPF   θ' om. F   **64** an duo tituli? H. Mutschmann, WklPh 29 (1912) 340   **65** παράδειγμα τῶν F

Πλάτωνος ἐγκώμιον,
Ἐπιστολαὶ πρὸς Δίωνα, Διονύσιον, Φίλιππον,
Περὶ νομοθεσίας,
70　Μαθηματικός,
Μανδρόβολος,
Λυσίας,
Ὅροι,
Τάξεις ὑπομνημάτων.

75　στίχοι μ(υριάδες) κβ΄ δοε΄.
πρὸς τοῦτον γράφει καὶ Τιμωνίδης τὰς ἱστορίας, ἐν αἷς
κατατετάχει τὰς πράξεις Δίωνός {τε καὶ Βίωνος}. φησὶ δὲ
Φαβωρῖνος ἐν δευτέρῳ Ἀπομνημονευμάτων ὡς
Ἀριστοτέλης αὐτοῦ τὰ βιβλία τριῶν ταλάντων ὠνήσατο.
80　γέγονε Σπεύσιππος καὶ ἕτερος, ἰατρὸς Ἡροφίλειος
Ἀλεξανδρεύς.

76–77 (Βίωνος) Timonid. FGrHist 561 T 3b　**77** (φησὶ)–**79** Favor. fr. 39
Bar. = 9 Mensch. = 47 Am.　Arist. test. 42c Duer.　**80–81** H. von
Staden, Herophilus (1989) 584.

---

71 μανδρόβολος B: -βουλος P: ἀνδρόβουλλος F. Vid. Kassel-Austin ad Plat.
com. fr. 53　**75** μ(υριάδες) κβ΄ δοε΄ F. Ritschl, Opusc. philol. I (1866) 191 et
830 (a. 1858): μκβ γδοε P, B²ᵐᵍ (om. B¹ spat. vac. 14 litt. in textu): μγ. κβδοε F.
Vid. Dorandi, Notes 250　**76** Τιμωνίδης Westermann ap. Mueller, FHG
II 68 praeeunte M. A. Fischer, De Speus. Athen. vita (1845) 16³⁸ (conl. Plut.,
Dio 35.4): σιμωνίδης BPF　**77** κατατετάχει BP: -τέταξε F　τε καὶ
Βίωνος del. Mueller, FHG II 83: τε καὶ Διονυσίου Fischer 16³⁸. Vid.
Schwartz 742 (= 459)　**77** φ. δὲ καὶ F　**78** ἐν β΄ ἀπομν. Φαβ. φησὶν P¹,
cum β΄ et α΄ ordinem restituit Pˣ, sed illas litt. del. P⁴ ut vid.　**80**
ἡροφίλειος P: -λιος BF.

[6] Ξενοκράτης Ἀγαθάνορος Καλχηδόνιος· οὗτος ἐκ νέου Πλάτωνος ἤκουσεν, ἀλλὰ καὶ εἰς Σικελίαν αὐτῷ συναπεδήμησεν. ἦν δὲ τὴν φύσιν νωθρός, ὥστε φασὶ λέγειν τὸν Πλάτωνα συγκρίνοντα αὐτὸν Ἀριστοτέλει, 'τῷ μὲν μύωπος δεῖ, τῷ δὲ χαλινοῦ'· καὶ 'ἐφ' οἷον ἵππον οἷον ὄνον 5 ἀλείφω.' σεμνὸς δὲ τά τ' ἄλλα Ξενοκράτης καὶ σκυθρωπὸς ἀεί, ὥστε αὐτῷ λέγειν συνεχὲς τὸν Πλάτωνα· 'Ξενόκρατες, θῦε ταῖς Χάρισι.' διῆγέ τε ἐν Ἀκαδημίᾳ τὰ πλεῖστα· καὶ εἴ ποτε μέλλοι ἐς ἄστυ ἀνιέναι, φασὶ τοὺς θορυβώδεις πάντας καὶ προυνίκους ὑποστέλλειν αὐτοῦ τῇ παρόδῳ.   10

[7] καί ποτε καὶ Φρύνην τὴν ἑταίραν ἐθελῆσαι πειρᾶσαι αὐτόν, καὶ δῆθεν διωκομένην ὑπό τινων καταφυγεῖν εἰς τὸ οἰκίδιον. τὸν δὲ ἕνεκα τοῦ ἀνθρωπίνου εἰσδέξασθαι, καὶ ἑνὸς ὄντος κλινιδίου δεομένῃ μεταδοῦναι τῆς κατακλίσεως· καὶ τέλος πολλὰ ἐκλιπαροῦσαν ἄπρακτον ἀναστῆναι. λέγειν τε 15 πρὸς τοὺς πυνθανομένους ὡς οὐκ ἀπ' ἀνδρός, ἀλλ' ἀπ' ἀνδριάντος ἀνασταίη. ἔνιοι δὲ Λαΐδα φασὶ παρακατακλῖναι αὐτῷ τοὺς μαθητάς· τὸν δὲ οὕτως εἶναι ἐγκρατῆ, ὥστε καὶ τομὰς καὶ καύσεις πολλάκις ὑπομεῖναι περὶ τὸ αἰδοῖον. ἦν δὲ καὶ ἀξιόπιστος σφόδρα, ὥστε μὴ ἐξὸν ἀνώμοτον 20 μαρτυρεῖν, τούτῳ μόνῳ συνεχώρουν Ἀθηναῖοι. [8] καὶ δὴ καὶ αὐταρκέστατος ἦν. Ἀλεξάνδρου γοῦν συχνὸν ἀργύριον

Vitam Xenocratis ed. Isnardi (fr. 2)   **21** (καὶ)–**29** Myron. fr. 3 Mueller (FHG IV 454–5)

---

3 (ἦν)–**25** (τρέφοντι) Φ 35 (244.21–245.20)   **8** (εἴ)–**10** Suda π 2904 (IV 240.19)   **12** (δῆθεν)–**13** (εἰσδέξασθαι) Suda α 2528 (I 225.20)   **19** (ἦν)– **21** (Ἀθηναῖοι) Suda α 2817 (I 253.24)

Ante **1** tit. ξενοκράτης P^xF^2mg   **1** ἀγαθάνορος BP¹(Q): -θάνωρος F: -θήνορος rec. Vid. Dorandi, Notes 250   Χαλκηδόνιος Frob. Vid. V. d. Mühll, Kl. Schriften 367–8   **3** φασὶ om. FΦ   **4** συγκρίνοντα PFΦ: -νεσθαι B   **6** τ' B: τε PF   **7** αὐτὸν F   συνεχὲς om. Φ   **8** θῦε FΦ: θύε BP   χάρισιν BΦ   **9** μέλλοι PFΦ: -ει B   ἀνιέναι BF, P‡ (νϊ supra πι): ἀπ- P¹, Suda: παρ- Φ (omisso ἐς ἄστυ)   **10** προυν(ε)ίκους (προ- Φ) BPΦ, Suda: πορνικοὺς FP‡. Vid. V. Schmidt, ZPE 37 (1980) 161–7 et Kassel-Austin ad adesp. 804   **13** εἰσδέξασθαι αὐτὴν Suda   **15** ἀναστῆναι BPF: διανα- Φ   **18** δὲ καὶ F   **19** καύσεις PF: κλύ- B¹: κλαύ- B^2s.l.

301

ἀποστείλαντος αὐτῷ, τρισχιλίας Ἀττικὰς ἀφελὼν τὸ
λοιπὸν ἀπέπεμψεν εἰπὼν ἐκείνῳ πλειόνων δεῖν πλείονας
25 τρέφοντι. ἀλλὰ καὶ <τὸ> ὑπ' Ἀντιπάτρου πεμφθὲν μὴ
προσέσθαι, ὥς φησι Μυρωνιανὸς ἐν Ὁμοίοις. καὶ χρυσῷ
στεφάνῳ τιμηθέντα ἐπάθλῳ πολυποσίας τοῖς Χουσὶ παρὰ
Διονυσίῳ ἐξιόντα θεῖναι πρὸς τὸν ἱδρυμένον Ἑρμῆν,
ἔνθαπερ τιθέναι καὶ τοὺς ἀνθινοὺς εἴωθε.

30 λόγος δὲ αὐτὸν μετὰ καὶ ἄλλων πεμφθῆναι πρεσβευτὴν
πρὸς Φίλιππον· καὶ τοὺς μὲν δώροις μαλθασσομένους καὶ ἐς
τὰς κλήσεις συνιέναι καὶ τῷ Φιλίππῳ λαλεῖν· τὸν δὲ
μηδέτερον τούτων ποιεῖν. οὔτε γὰρ ὁ Φίλιππος αὐτὸν
προσίετο διὰ τοῦτο. [9] ὅθεν ἐλθόντας τοὺς πρέσβεις εἰς
35 τὰς Ἀθήνας φάσκειν ὡς μάτην αὐτοῖς Ξενοκράτης
συνεληλύθοι· καὶ τοὺς ἑτοίμους εἶναι ζημιοῦν αὐτόν.
μαθόντας δὲ παρ' αὐτοῦ ὡς νῦν καὶ μᾶλλον φροντιστέον εἴη
τῆς πόλεως αὐτοῖς (τοὺς μὲν γὰρ ᾔδει δωροδοκήσαντας ὁ
Φίλιππος, ἐμὲ δὲ μηδενὶ λόγῳ ἐπαξόμενος) φασὶ διπλασίως
40 αὐτὸν τιμῆσαι. καὶ τὸν Φίλιππον δὲ λέγειν ὕστερον ὡς
μόνος εἴη Ξενοκράτης τῶν πρὸς αὐτὸν ἀφιγμένων
ἀδωροδόκητος. ἀλλὰ καὶ πρεσβεύων πρὸς Ἀντίπατρον
περὶ αἰχμαλώτων Ἀθηναίων κατὰ τὸν Λαμιακὸν πόλεμον,
καὶ κληθεὶς ἐπὶ δεῖπνον πρὸς αὐτὸν προηνέγκατο ταυτί·

---

26 (καὶ)–**29** Cf. Timae. ap. Phld., Acad. hist. col. 8.34–4.7 (138–9 Dor.) et
Athen. 10, 437 B (= FGrHist 566 F 158)

---

31 (τοὺς)–**32** (συνιέναι) Suda μ 109 (III 314.12)   **42** (πρεσβεύων)–**48** Φ 35
(245.21–246.1)

---

24 ἀπέπεμψεν PFΦ: ἐπ- B   ἐκεῖνο F   **25** τὸ add. Cob.   **26**
προέσθαι F   ὥς del. Madvig, Adv. I 713   μυρρωνιανὸς F   **27** ἐπ'
ἄθλω BP¹   χουσὶ BP¹: κατασχοῦσι FP⁺   **28** ἱδρυμένον BP, Athen.:
εἰρη- F   **29** ἔνθα περιτιθέναι F   εἴωθε(ν) BPF: εἰώθει Phld., Athen.
31 εἰς Cob.   **34** διὰ τοῦτο om. P¹, suppl. P⁺ˢ·ˡ·   **36** συνεληλύθει P
37 εἴη F: εἶναι BP   **38** δωροδοκήσαντας B: -κῆσαι P¹(Q): -κήσας F:
-κήσων P⁺ (coni. Madvig, Adv. I 713)   ὁ om. B   **39** ἐπαξόμενος
BP: ὑπο- F: ὑπα- Cob.   **41** ξενοκράτης BP: ξένοξενοκράτης F
43 κατὰ—πόλεμον om. F

ὦ Κίρκη, τίς γάρ κεν ἀνήρ, ὃς ἐναίσιμος εἴη, 45
πρὶν τλαίη πάσσασθαι ἐδητύος ἠδὲ ποτῆτος
πρὶν λύσασθ᾽ ἑτάρους καὶ ἐν ὀφθαλμοῖσιν ἰδέσθαι;

καὶ τὸν ἀποδεξάμενον τὴν εὐστοχίαν εὐθὺς ἀνεῖναι.

[10] στρουθίου δέ ποτε διωκομένου ὑπὸ ἱέρακος καὶ
εἰσπηδήσαντος εἰς τοὺς κόλπους αὐτοῦ, καταψήσας 50
μεθῆκεν, εἰπὼν τὸν ἱκέτην δεῖν μὴ ἐκδιδόναι. σκωπτόμενος
ὑπὸ Βίωνος οὐκ ἔφη αὐτῷ ἀποκρινεῖσθαι· μηδὲ γὰρ τὴν
τραγῳδίαν ὑπὸ τῆς κωμῳδίας σκωπτομένην ἀποκρίσεως
ἀξιοῦν. πρός τε τὸν μήτε μουσικὴν μήτε γεωμετρικὴν μήτε
ἀστρονομικὴν μεμαθηκότα, βουλόμενον δὲ παρ᾽ αὐτὸν 55
φοιτᾶν, 'πορεύου,' ἔφη, 'λαβὰς γὰρ οὐκ ἔχεις φιλοσοφίας.' οἱ
δὲ τοῦτό φασιν εἰπεῖν, 'παρ᾽ ἐμοὶ γὰρ πόκος οὐ κνάπτεται.'

[11] εἰπόντος δὲ Διονυσίου πρὸς Πλάτωνα ὡς ἀφαιρήσει
τις αὐτοῦ τὸν τράχηλον, παρὼν οὗτος καὶ δείξας τὸν ἴδιον,
'οὐκ ἄν γε,' ἔφη, 'τὶς πρότερον τούτου.' φασὶ καὶ 60
Ἀντιπάτρου ποτὲ ἐλθόντος εἰς Ἀθήνας καὶ ἀσπασαμένου
αὐτόν, μὴ πρότερον ἀντιπροσαγορεῦσαι πρὶν ἢ τὸν λόγον
ὃν ἔλεγε διαπεράνασθαι. ἀτυφότατος δὲ ὢν πολλάκις
ἑαυτῷ τῆς ἡμέρας ἐμελέτα, καὶ ὥραν μίαν, φασίν, ἀπένεμε
σιωπῇ. 65

καὶ πλεῖστα ὅσα καταλέλοιπε συγγράμματα καὶ ἔπη καὶ
παραινέσεις, ἅ ἐστι ταῦτα·

Περὶ φύσεως α′ β′ γ′ δ′ ε′ ϛ′,
Περὶ σοφίας ϛ′,

45-47 Hom. κ 383-5   51 (σκωπτόμενος)-54 (ἀξιοῦν) Bion test. 22 Kind.

49-60 (τούτου) Φ 35 (246.1–12)   54 (πρός)-57 Suda κ 1852 (III 138.29)
et λ 3 (III 225.12)   61 (Ἀντιπάτρου)-65 Φh 50 (125.5-9)

---

45 ὅς om. F   αἰνέσιμος BP^x   46 πρὶν om. B¹, suppl. B^{2s.l.}   πάσασθαι
BPΦ: παύσα- F   ποτῆος F¹ ut vid. (ὀτῆο in ras.), corr. F²   47 ἑτάρους
rec.: ἑταίρους BPFΦ   52 γὰρ om. F¹, suppl. F^{2s.l.}   54 ἀξιοῦν PF: -ῶν
B   τε BP¹F: δὲ P²: om. Φ   γεωμετρικὴν BFΦ, Suda: -ίαν P   55
ἀστρονομικὴν BFΦ: -ίαν P, Suda. Vid. Dorandi, Notes 250   57 τοῦτόν F
ἐμοὶ PF: ἐμοῦ B   κόπος F   κνάπτεται BPF: κνάμπτ- Φ   64 ἑαυτῶ
τῆς ἡμέρας ἐμελέτα (διεμ- P) BPΦh: τ. ἡ. ἑ. ἑαυ. F: τ. ἡ. ἑαυ. ἑ. Cob.
φασίν P: φη- BF

70   Περὶ πλούτου α΄,
                 Ἀρκὰς α΄,
                 Περὶ τοῦ ἀορίστου α΄,
[12]   Περὶ τοῦ παιδίου α΄,
                 Περὶ ἐγκρατείας α΄,
75   Περὶ τοῦ ὠφελίμου α΄,
                 Περὶ τοῦ ἐλευθέρου α΄,
                 Περὶ θανάτου α΄,
                 Περὶ ἑκουσίου α΄,
                 Περὶ φιλίας α΄ β΄,
80   Περὶ ἐπιεικείας α΄,
                 Περὶ τοῦ ἐναντίου α΄ β΄,
                 Περὶ εὐδαιμονίας α΄ β΄,
                 Περὶ τοῦ γράφειν α΄,
                 Περὶ μνήμης α΄,
85   Περὶ τοῦ ψεύδους α΄,
                 Καλλικλῆς α΄,
                 Περὶ φρονήσεως α΄ β΄,
                 Οἰκονομικὸς α΄,
                 Περὶ σωφροσύνης α΄,
90   Περὶ δυνάμεως νόμου α΄,
                 Περὶ πολιτείας α΄,
                 Περὶ ὁσιότητος α΄,
                 Ὅτι παραδοτὴ ἡ ἀρετὴ α΄,
                 Περὶ τοῦ ὄντος α΄,
95   Περὶ εἱμαρμένης α΄,
                 Περὶ παθῶν α΄,
                 Περὶ βίων α΄,
                 Περὶ ὁμονοίας α΄,
                 Περὶ μαθητῶν α΄ β΄,
100   Περὶ δικαιοσύνης α΄,
                 Περὶ ἀρετῆς α΄ β΄,

---

73 παιδίου BP: παιδ΄ comp. F: ἀϊδίου R. Heinze, Xenokrates (1892) 156, fort. recte   **77–78** Περὶ θανάτου {α΄ Περὶ} ἑκουσίου α΄ H. Doerrie, RE IXA (1967) 1516, an recte?   **79** φιλίας BP: ἐλευθερίας F   **81** τοῦ om. F **86** καλλίκλης BP: καλικλῆς F   **86–87** Καλλικλῆς {α΄} <ἢ> Περὶ φρονήσεως Doerrie (conl. § 13)   **87** α΄ BP: μία F   **88** οἰκονομικῶς F **92** α΄ BP: μία F   **96** περὶ τῶν BP   **101** ante Περὶ ἀρ. in F περὶ ἀνδρείας (ex **105**) erasum

Περὶ εἰδῶν α',
Περὶ ἡδονῆς α' β',
Περὶ βίου α',
Περὶ ἀνδρείας α',   105
Περὶ τοῦ ἑνὸς α',
Περὶ ἰδεῶν α',
Περὶ τέχνης α',
[13]   Περὶ θεῶν α' β',
Περὶ ψυχῆς α' β',   110
Περὶ ἐπιστήμης α',
Πολιτικὸς α',
Περὶ ἐπιστημοσύνης α',
Περὶ φιλοσοφίας α',
Περὶ τῶν Παρμενίδου α',   115
Ἀρχέδημος ἢ περὶ δικαιοσύνης α',
Περὶ τἀγαθοῦ α',
Τῶν περὶ τὴν διάνοιαν α' β' γ' δ' ε' ς' ζ' η',
Λύσις τῶν περὶ τοὺς λόγους {α'} ι',
Φυσικῆς ἀκροάσεως α' β' γ' δ' ε' ς',   120
Κεφάλαια α',
Περὶ γενῶν καὶ εἰδῶν α',
Πυθαγόρεια α',
Λύσεις α' β',
Διαιρέσεις η',   125
Θέσεων βιβλία κ', <στίχοι> μ(υριὰς) ,γ,
Τῆς περὶ τὸ διαλέγεσθαι πραγματείας βιβλία ιδ',
      <στίχοι> μ(υριὰς) α' ,βψμ',
Μετὰ τοῦτο βιβλία ιε' καὶ ἄλλα βιβλία ις' περὶ
      μαθημάτων τῶν περὶ τὴν λέξιν,   130
Λογιστικῶν βιβλία θ',
Τῶν περὶ τὰ μαθήματα βιβλία ς',
Τῶν περὶ τὴν διάνοιαν ἄλλα βιβλία β',

---

116 ἀρχαίδημος P   α' om. P   **117** τἀγαθοῦ BF: ἀ- P   **119** λύσεις
Menag. Vid. Dorandi, Notes 250   α' del. Cob.   **121** κεφάλαια BP[1]:
-ον P[4]: comp. F   **123** πυθαγορία BP: -ρεία F   **124** λύσις P   **126**
στίχοι μ(υριὰς) ,γ F. Ritschl, Opusc. philol. I (1866) 192 et 831 (a. 1858): κ' μ[γ]
BP: κ' μ' F   **127** δια in διαλέγεσθαι postea add. F[1mg]   **128** στίχοι
μ(υριὰς) α' ,βψμ' Ritschl: ιδ' μ[α] ,βψμ' BP: ιδ' μ βψμ F   **131** post θ' iter.
τῶν περὶ τὴν διάνοιαν ἄλλα βιβλία δ' BP (vid. **133**)   **133** β' PF: δ' B

135

Περὶ γεωμετρῶν βιβλία ε΄,
Ὑπομνημάτων α΄,
Ἐναντίων α΄,
Περὶ ἀριθμῶν α΄,
Ἀριθμῶν θεωρία α΄,
Περὶ διαστημάτων α΄,

140

Τῶν περὶ ἀστρολογίαν ϛ΄,

[14]

Στοιχεῖα πρὸς Ἀλέξανδρον περὶ βασιλείας δ΄,
Πρὸς Ἀρύββαν,
Πρὸς Ἡφαιστίωνα,
Περὶ γεωμετρίας α΄ β΄,

145 στίχοι μ(υριάδες) κβ΄ ,δσλθ΄.

Ἀθηναῖοι δ᾽ ὅμως αὐτὸν ὄντα τοιοῦτον ἐπίπρασκόν ποτε, τὸ μετοίκιον ἀτονοῦντα θεῖναι. καὶ αὐτὸν ὠνεῖται Δημήτριος ὁ Φαληρεὺς καὶ ἑκάτερον ἀποκατέστησε· Ξενοκράτει μὲν τὴν ἐλευθερίαν, Ἀθηναίοις δὲ τὸ μετοίκιον. 150 τοῦτό φησι Μυρωνιανὸς ὁ Ἀμαστριανὸς ἐν τῷ πρώτῳ τῶν Ἱστορικῶν ὁμοίων κεφαλαίων. διεδέξατο δὲ Σπεύσιππον καὶ ἀφηγήσατο τῆς σχολῆς πέντε καὶ εἴκοσιν ἔτη ἐπὶ Λυσιμαχίδου ἀρξάμενος κατὰ τὸ δεύτερον ἔτος τῆς δεκάτης καὶ ἑκατοστῆς Ὀλυμπιάδος. ἐτελεύτα δὲ νυκτὸς λεκάνῃ προσπταίσας, ἔτος ἤδη γεγονὼς δεύτερον καὶ ὀγδοηκοστόν. **[15]** φαμὲν δὲ καὶ εἰς τοῦτον οὑτωσί·

146–149 (μετοίκιον) Demetr. Phal. fr. 49 SOD = 44 W.   **146–151** (κεφαλαίων) Myron. fr. 4 (FHG IV 455)   **151–154** Apollod. FGrHist 244 F 345 = FGrHistCont 1010 T 1   **152** ἐπὶ Λυσιμαχίδου] i.e. anno 339/8

146–149 (μετοίκιον) Φh 50 (125.9–13)   **146–147** (θεῖναι) Suda μ 820 (III 379.12)   **154** (ἐτελεύτα)–**156** Φ 35 (246.12–13)

---

134 γεωμετρῶν P: -ιῶν BF   **140–141** τ. π. ἀ. {ϛ΄} στοιχεῖα. Πρὸς Ἀ. π. β. δ΄ Reiske 310   **142** ἀρύββαν B: ἀρύβαν P: ἀρρύβαν F   **145** μ(υριάδες) κβ΄ ,δσλθ Ritschl: μ^κβ ,δσλθ P: ***δσλθ B: μδ. κβ σλθ F   **148** ἀπεκατέστησε B 'fort. recte cf. Croenert, MGH 207³' V. d. Muehll   **150** μυρρωνιανὸς F   **151** ἱστορικῶν PF: -ιῶν B   **153** λυσιμαχίδου B, F¹ ut vid. (cf. Diod. 16.32): -μάχου P, F² (μάχου in ras.)   **155** προσπταίσας PΦ: -πτέσας B: -παίσας F: προσπταίσας χαλκῇ Φ (ex **157**)

χαλκῇ προσκόψας λεκάνῃ ποτὲ καὶ τὸ μέτωπον
πλήξας ἴαχεν 'ὤ' σύντονον, εἶτ' ἔθανεν,
ὁ πάντα πάντη Ξενοκράτης ἀνὴρ γεγώς.

γεγόνασι δὲ καὶ ἄλλοι Ξενοκράτεις πέντε· ὅ τε τακτικὸς 160
ἀρχαῖος σφόδρα καὶ ὁ συγγενὴς ἅμα καὶ πολίτης τῷ
προειρημένῳ φιλοσόφῳ· φέρεται δὲ αὐτοῦ λόγος
Ἀρσινοϊτικός, γεγραμμένος περὶ Ἀρσινόης ἀποθανούσης.
τέταρτος φιλόσοφος, ἐλεγείαν γεγραφὼς οὐκ ἐπιτυχῶς.
ἴδιον δέ· ποιηταὶ μὲν γὰρ ἐπιβαλλόμενοι πεζογραφεῖν 165
ἐπιτυγχάνουσι· πεζογράφοι δὲ ἐπιτιθέμενοι ποιητικῇ
πταίουσι· τῷ δῆλον τὸ μὲν φύσεως εἶναι, τὸ δὲ τέχνης
ἔργον. πέμπτος ἀνδριαντοποιός· ἕκτος ᾄσματα γεγραφώς,
ὡς φησιν Ἀριστόξενος.

157–159 Anth. Pal. 7.102   **168** (ἕκτος)–**169** Aristox. fr. 126 W.

157–159 Pal.

---

158 ἴαχε F: ἀίαχεν Pal.   ὤ FP⁴: ω B¹: ῶ P¹ ut vid.: ὡς B², Pal.   **159** ὁ
om. Pal.   πάντῃ BPF: παντὶ Pal.   γεγώς B, Pal.: γεγονώς PF   **160**
πέντε BP: ε′ F: ἔξ Z³ (Frob.)   **161** post σφόδρα lac. indic. Cob. 'post
σφόδρα in catalogo sex homonymorum secundus X. Chalcaedoniensis
nominatus erat, quem D.L. ipse hic rursus nominare noluit' V. d. Muehll
163 Ἀρσινοϊτικός Wil., Kl. Schr. IV 43 (a. 1898): -νοειτικὸς B: -νοητικὸς PF
164 ἐλεγείαν PFᵃᶜ: -εῖαν B: -εῖον Fᵖᶜ   **165** ἐπιβαλλόμενοι PF: ἐπιλαβό- B
167 τῷ PF: τὸ B

[16] Πολέμων Φιλοστράτου μὲν ἦν υἱός, Ἀθηναῖος, τῶν δήμων Οἴηθεν. νέος δ' ὢν ἀκόλαστός τε καὶ διακεχυμένος ἦν οὕτως ὥστε καὶ περιφέρειν ἀργύριον πρὸς τὰς ἑτοίμους λύσεις τῶν ἐπιθυμιῶν· ἀλλὰ καὶ ἐν τοῖς στενωποῖς
5 διέκρυπτεν· καὶ ἐν Ἀκαδημίᾳ πρὸς κίονί τινι τριώβολον εὑρέθη προσπεπλασμένον αὐτοῦ διὰ τὴν ὁμοίαν τῇ προειρημένῃ πρόφασιν. καί ποτε συνθέμενος τοῖς νέοις μεθύων καὶ ἐστεφανωμένος εἰς τὴν Ξενοκράτους ᾖξε σχολήν· ὁ δὲ οὐδὲν διατραπεὶς εἷρε τὸν λόγον ὁμοίως· ἦν δὲ περὶ
10 σωφροσύνης. ἀκούων δὴ τὸ μειράκιον κατ' ὀλίγον ἐθηράθη καὶ οὕτως ἐγένετο φιλόπονος ὡς ὑπερβαλέσθαι τοὺς ἄλλους καὶ αὐτὸν διαδέξασθαι τὴν σχολήν, ἀρξάμενον ἀπὸ τῆς ἕκτης καὶ δεκάτης καὶ ἑκατοστῆς Ὀλυμπιάδος.

[17] φησὶ δὲ Ἀντίγονος ὁ Καρύστιος ἐν τοῖς Βίοις τὸν
15 πατέρα αὐτοῦ πρῶτόν τε εἶναι τῶν πολιτῶν καὶ ἁρματοτροφῆσαι. φυγεῖν δὲ τὸν Πολέμωνα καὶ δίκην κακώσεως ὑπὸ τῆς γυναικός, ὡς μειρακίοις συνόντα. τοσοῦτον δὲ ἐπιτεῖναι τὸ ἦθος ἀρξάμενον φιλοσοφεῖν, ὥστε

Vitam Polemonis ed. Gigante, Polemon 15–17. Vid. etiam fragmenta 11, 14, 16, 42–3, 45, 53, 55, 57–8, 60, 62, 64–6, 70, 72–3, 82, 94, 99, 101, 103, 108, 110, 116   1–8 (σχολήν), 14–35 (γενναῖος), 39–45 (Ξενοκράτην), 46 (ἀεὶ)–49 (φιλοσοφοκλῆς), 54–55 Antig. Car. fr. 9B Dor.   1–17 (συνόντα) Cf. Antig. Car. ap. Phld., Acad. hist. col. 4.25–13.10 (144 Dor. = fr. 8 et 9A) 12 (διαδέξεσθαι)–13 Apollod. FGrHist 244 F 346a   i.e. 316–312   18 (τοσοῦτον)–30 (ἤθεσιν) Cf. Antig. Car. ap. Phld., Acad. hist. col. 13.10–14.3 (144–5 Dor. = fr. 9A)

2 (νέος)–5 (διέκρυπτεν) Φ 36 (246.15–18)   8 (καί—σχολήν) Φ 36 (246.18–23)   16 (φυγεῖν)–17 (συνόντα) Φ 36 (246.24–5)

Ante 1 tit. πολέμων Pˣ   1 πολέμων—υἱός om. B¹, in ras. suppl. B² 3 οὕτως BPΦ: οὗτος F   καὶ F: ἀλλὰ καὶ BP   5 διέκυπτεν Bergk, Kl. Schr. II 299 (a. 1850/1)   6 τὴν del. Wil., Ant. 63   7 συνθέμενος B¹PF: -θέων B²ᵐᵍ   8 ᾖξε BPF: ἦξε Φ (coni. T. Hemsterhuys, Arist. Plu. (1811) ad v. 732, alii) Vid. Dorandi, Laertiana 95²³¹   9 εἷρε BFΦ: ἦρε P 10 ἀκούων B: ἀκοῦον PFΦ. Vid. Dorandi, Notes 250   11 ὑπερβαλέσθαι RΦ: ὑπερβαλλέ- (sic) BF   12 αὐτὸν BPF: om. Φ: -ὸς Cob.   ἀρξάμενον PF: -μενος B   13 καὶ² om. B   15 τῶν πρώτων τε εἶναι πολ. Valckenaer ad Hdt. (ed. Wessel. [1763] 411a) 'recte cf. Ind. Ac. IV 27 sq. 46 (=col. 13.40–1; 144 Dor.)' V. d. Muehll   τε om. F

ἐπὶ ταὐτοῦ σχήματος τῆς μορφῆς πάντοτε μένειν. ἀλλὰ καὶ
τὴν φωνὴν ἀναλλοίωτος ἦν· διὸ καὶ θηραθῆναι Κράντορα 20
ὑπ' αὐτοῦ. κυνὸς γοῦν λυττῶντος τὴν ἰγνύαν {τινὸς}
διασπάσαντος μόνον μὴ ὠχριᾶσαι· καὶ ταραχῆς γενομένης
ἐπὶ τῆς πόλεως πυθομένων τὸ γενόμενον ἄτρεπτον μεῖναι.
ἔν τε τοῖς θεάτροις ἀσυμπαθέστατος ἦν. [18] Νικοστρά-
του γοῦν ποτε τοῦ ἐπικαλουμένου Κλυταιμήστρα 25
ἀναγινώσκοντός τι τοῦ ποιητοῦ αὐτῷ τε καὶ Κράτητι, τὸν
μὲν συνδιατίθεσθαι, τὸν δ' ἴσα καὶ μὴ ἀκοῦσαι. καὶ ὅλως ἦν
τοιοῦτος οἷόν φησι Μελάνθιος ὁ ζωγράφος ἐν τοῖς Περὶ
ζωγραφικῆς· φησὶ γὰρ δεῖν αὐθάδειάν τινα καὶ ξηρότητα
τοῖς ἔργοις ἐπιτρέχειν, ὁμοίως δὲ καὶ τοῖς ἤθεσιν. ἔφασκε δὴ 30
ὁ Πολέμων δεῖν ἐν τοῖς πράγμασι γυμνάζεσθαι καὶ μὴ ἐν
τοῖς διαλεκτικοῖς θεωρήμασι, καθάπερ ἁρμονικόν τι τέχνιον
καταπιόντα καὶ <μὴ> μελετήσαντα, ὡς κατὰ μὲν τὴν ἐρώ-
τησιν θαυμάζεσθαι, κατὰ δὲ τὴν διάθεσιν ἑαυτοῖς μάχεσθαι.

ἦν οὖν ἀστεῖός τις καὶ γενναῖος, παρῃτημένος ἅ φησιν 35
Ἀριστοφάνης περὶ Εὐριπίδου, 'ὀξωτὰ καὶ σιλφιωτά·' ἅπερ,
ὡς αὐτός φησι, [19]

---

24 (Νικοστράτου)–**27** (ἀκοῦσαι) Nicostr. TrGF I 252 T 2   **27** (καὶ)–
30 (ἤθεσιν) Melanth. FHG IV 445   **30** (ἔφασκε)–**32** (θεωρήμασι);
35–38 Eur. test 183 Kann.   **36** Ar. fr. 128 K.-A.

---

21 (κυνὸς)–**22** Φ 36 (246.25–247.3)   **24** (Νικοστράτου)–**27** (ἀκοῦσαι) Φ
36 (247.3–5)   **36** (Ἀριστοφάνης) Suda o 76 (III 511.15)

---

21 λυττῶντος BFΦP⁴ˢ·ˡ·: ἄττοντος P¹   τὴν Φ: καὶ τὴν BPF   ἰγνοίαν
B: -ύην Φ   τινὸς BP¹FΦ: del. P⁴   **22** γενομένης BPF: γεγονυίας Φ
23 πυθομένων Cob.: πυθόμενον BPFΦ. Vid. Dorandi, Notes 250   γενό-
μενον PΦ: γιν- BF: γεγονὸς Frob.   **25** γοῦν BP: οὖν F   κλυταιμήστρα
B: κλυταιμνή- PF. Vid. G. Vitelli, SIFC 1 (1893) 239–40 et E. Fraenkel ad
Aeschl., Ag. 84   **26** τοῦ (i.e. Homeri) BPF: του Marcov.   **27** ὅλως P:
ὅλος BF   **29** ξηρότητα BF, Phld.: σκλη- P   **30** καὶ Wil., Ant. 65: κἄν
BPF   δὴ BP: δὲ F   **33** μὴ add. Cob.   **35** οὖν ἀστεῖός τις BPF: οὖν
ἀσόλοικός τις Wil., Ant. 65 (conl. Phld., Acad. hist. col. 14.9; 145 Dor.): οὐκ
ἀστεῖός τις Gigante 501³⁷   Corruptum esse susp. Kassel-Austin. Vid. K.
Gaiser, Philodems Academica (1988) 511–12   **36** ὀξωτὰ Salmasius, Plin.
exerc. (²1689) 368 ex Poll. 6.69: ὀξωτ P¹(ὀξωτα P⁴): ὀξῶτα B: ὀζῶτα Suda:
εὐοξότην (pro Εὐριπίδου ὀξωτὰ) F   σιλφιωτά Salmasius ex Poll. (codd.
FS): σιλφωτα F: στιλφῶτα BP: -τά Suda   **37** <ὁ> αὐτός Cob.

καταπυγοσύνη ταῦτ᾽ ἐστὶ πρὸς κρέας μέγα.

ἀλλὰ μὴν οὐδὲ καθίζων ἔλεγε πρὸς τὰς θέσεις, φασί,
40 περιπατῶν δὲ ἐπεχείρει. διὰ δὴ οὖν τὸ φιλογενναῖον
ἐτιμᾶτο ἐν τῇ πόλει. οὐ μὴν ἀλλὰ καὶ ἐκπεπατηκὼς ἦν
διατρίβων ἐν τῷ κήπῳ, παρ᾽ ὃν οἱ μαθηταὶ μικρὰ καλύβια
ποιησάμενοι κατῴκουν πλησίον τοῦ μουσείου καὶ τῆς
ἐξέδρας. {ὡς} ἐῴκει δὴ ὁ Πολέμων κατὰ πάντα ἐζηλωκέναι
45 τὸν Ξενοκράτην· καὶ ἐρασθῆναι φησὶν αὐτοῦ Ἀρίστιππος ἐν
τετάρτῳ Περὶ παλαιᾶς τρυφῆς. ἀεὶ γοῦν ἐμέμνητο ὁ
Πολέμων αὐτοῦ, τήν τε ἀκακίαν καὶ τὸν αὐχμὸν ἐνεδέδυτο
τἀνδρὸς καὶ τὸ βάρος οἱονεὶ Δώριός τις ἁρμονία. [20] ἦν δὲ
καὶ φιλοσοφοκλῆς, καὶ μάλιστα ἐν ἐκείνοις ὅπου κατὰ τὸν
50 κωμικὸν τὰ ποιήματα αὐτῷ

κύων τις ἐδόκει συμποεῖν Μολοττικός,

---

38 Ar. fr. 958 K.-A.   **41** (οὐ)–**44** (ἐξέδρας) Cf. Antig. Car. ap. Phld., Acad.
hist. col. 14.36–41 (146–7 Dor. = fr. 9A)   **44** (ἐῴκει)–**46** ps.-Aristipp. fr. 6
Dor.   **44** (ἐῴκει)–**45** (Ξενοκράτην) Cf. Antig. Car. ap. Phld., Acad. hist. col.
14.41–5 (147 Dor. = fr. 9A)   **46** (ἀεὶ)–**48** (ἁρμονία) Cf. Antig. Car. ap. Phld.,
Acad. hist. col. 14.10–11 (145 Dor. = fr. 9A)   **48** (ἦν)–**49** (φιλοσοφοκλῆς)
Cf. Antig. Car. ap. Phld., Acad. hist. col. 14.45–6 (147 Dor. = fr. 9A)
48 (ἦν)–**55** Soph. test. 144 Radt[2]

---

43 (κατῴκουν)–**44** (ἐξέδρας) Suda ε 1594 (II 304.14)   **47** (τήν)–
48 (ἁρμονία) Suda β 120 (I 455.8), δ 1462 (II 136.19)   **48** (ἦν)–**49**
(φιλοσοφοκλῆς) Φ 36 (247.5)   **49** (ὅπου)–**51** Suda κ 2730 (III 216.3)

---

38 καταπυγοσύνη BPF: -πυργοσύνη Suda (codd. AF): -νους Suda (cod. V)
ταῦτα BPF, Poll., Suda: corr. Menag.   **39** καθέζων B   **40** περιπατῶν
BF   ἐπεχείρει om. F¹, suppl. F²ˢ·ˡ·   δὴ om. F   **41** ἐκπεπατικὸς B. Vid.
1.112, 9.3 et 63   **44** ἐῴκει Cob.: ὡς ἐῴκει P: ὡς ἔωκε B: ἕως ἐῴκει F
Ξενοκράτην <ὃν> κ. ἐρ. (**45**) F. Marx ad Lucil. 755 (II 269) ὡς . . . ἐζηλώκει
servato. Vid. Dorandi, Notes 250–1   κατὰ πάντα post ἐζηλ. (**44**) transp. F
ἐζηλωκέναι F: -λώκει BP   **45** φησὶν αὐτοῦ BPF: αὐ. φησιν Z (Frob.)
ἐν BP: δὲ ἐν τῷ F   **48** Δώριός τις ἁρμονία Fl. Christianus ap. Menag.: δ.
τ. οἰκονομία BPF, Suda: δώριόν τιν᾽ ἁρμονίαν Marcov.: δωρίας τινὸς
ἁρμονίας Hermann ap. Huebn. II 708: τῆς δωριστὶ ἁρμονίας Cob.: οἷον ἡ
δώριος ἁρμονία dub. V. d. Muehll   **50** τὰ ποιήματα αὐτῷ om. F¹, suppl.
F²ᵐᵍ   **51** συμποεῖν BP¹, Suda (cod. AGVM): -ποιεῖν FP⁴, Suda (cod. F)
Cf. 2.18

καὶ ἔνθα ἦν κατὰ τὸν Φρύνιχον

οὐ γλύξις οὐδ' ὑπόχυτος, ἀλλὰ Πράμνιος.

ἔλεγεν οὖν τὸν μὲν Ὅμηρον ἐπικὸν εἶναι Σοφοκλέα,
<τὸν> δὲ Σοφοκλέα Ὅμηρον τραγικόν.   55
ἐτελεύτησε δὲ γηραιὸς ἤδη ὑπὸ φθίσεως, ἱκανὰ
συγγράμματα καταλιπών. καὶ ἔστιν ἡμῶν εἰς αὐτόν·

  οὐκ ἀΐεις; Πολέμωνα κεκεύθαμεν, ὃν θέτο τῇδε
  ἀρρωστίη, τὸ δεινὸν ἀνθρώποις πάθος.
  οὐ μᾶλλον Πολέμωνα, τὸ σῶμα δέ· τοῦτο γὰρ αὐτὸς   60
  βαίνων ἐς ἄστρα διάβορον θῆκεν χαμαί.

---

53 Phryn. fr. 68 K.-A.   **54–55** Soph. test. 115 Radt[2].

---

53 Suda υ 644 (IV 680.15)   **54–55** Suda π 1887 (IV 158.8)   Φ 36
(247.5–7).

---

53 γλύξις B: γλῦξις F: γαῦξις P: γλυκὺς Suda   πράμνιος BP, Suda: -ειος F
54–55 τὸν δὲ Σ. Ὅ. τραγικόν G. Bernhardy, Grundriss der gr. Litteratur . . .
II (1845) 795 conl. Suda π 1887 (IV 158.8): ὅ. δὲ σ. τρ. BPF: σ. δὲ εἶναι ὅ. τρ.
Φ   **56** γηραιὸς ἤδη ex corr. F²(γηραι et ἤδη in ras.)   **57** καταλιπών
PF: λιπών B   **58** οὐκ ἀΐεις P: οὐ καὶ εἰς BF   κεκευθαμένον B   **59**
ἀρρωστίη Cob.: ἀρρωστεία ἢ B: ἀρρωστία ἢ P (ἢ del. P⁴): ἀρρωστία· ἢ F
60 πολέμωνα BP: πολέμων ἢ F   δέ rec.: om. BPF   **61** βαίνων Cob.:
μέλλων BPF   διάβορον Cob.: -ος B: διαβρὸς P¹(Q): διαβαίνειν F, P⁴(αίνειν
in ras.): -βαλεῖν Hermann (1829) 236   θῆκαι F¹, corr. F²

[21] Κράτης πατρὸς μὲν ἦν Ἀντιγένους, <Ἀθηναῖος>, Θριάσιος δὲ τῶν δήμων, καὶ ἀκροατὴς ἅμα καὶ ἐρώμενος Πολέμωνος· ἀλλὰ καὶ διεδέξατο τὴν σχολὴν αὐτοῦ. καὶ οὕτως ἀλλήλω ἐφιλείτην ὥστε καὶ ζῶντε οὐ μόνον τῶν
5 αὐτῶν ἤστην ἐπιτηδευμάτων, ἀλλὰ καὶ μέχρι σχεδὸν ἀναπνοῆς ἐξωμοιώσθην ἀλλήλοιν καὶ θανόντε τῆς αὐτῆς ταφῆς ἐκοινωνείτην. ὅθεν Ἀνταγόρας εἰς ἄμφω τοῦτον ἐποίησε τὸν τρόπον·

μνήματι τῷδε Κράτητα θεουδέα καὶ Πολέμωνα
10 ἔννεπε κρύπτεσθαι, ξεῖνε, παρερχόμενος,
ἄνδρας ὁμοφροσύνῃ μεγαλήτορας, ὧν ἀπὸ μῦθος
ἱερὸς ἤισσεν δαιμονίου στόματος,
καὶ βίοτος καθαρὸς σοφίας ἐπὶ θεῖον ἐκόσμει
αἰῶν᾽ ἀστρέπτοις δόγμασι πειθόμενος.

15 **[22]** ἔνθεν καὶ Ἀρκεσίλαον μετελθόντα παρὰ Θεοφράστου πρὸς αὐτοὺς λέγειν ὡς εἶεν θεοί τινες ἢ λείψανα τῶν ἐκ τοῦ χρυσοῦ γένους. καὶ γὰρ ἤστην οὐ φιλοδημώδεε· ἀλλ᾽

1–3 (αὐτοῦ) Polem. fr. 57 Gig.   **3** (καὶ)–**7** (ἐκοινωνείτην) Antig. Car. fr. 15* Dor.   **3** (καὶ)–**14** Polem. fr. 60   **9–14** Anth. Pal. 7.103; Antag. epigr. 1 G.-P.   **15–26** Arces. test. 1a 1–10 Mette   **15–25** (πολιτῶν) Antig. Car. fr. 14   Polem. fr. 62

3 (καὶ²)–**7** (ἐκοινωνείτην) Φh 40 (116.9–12)   **9–14** Pal.   **15–20** ('Ισμηνίου) Φh 40 (116.12–18)

Ante **1** tit. κράτης Pˣ   **1** κράτης—δὲ om. B¹, in ras. suppl. B²   Ἀθηναῖος add. Cob.   **2** θράσιος B   τῶν δήμων PF: τὸν δῆμον B   καὶ¹ om. F **3** αὐτοῦ PF: -όν B   **4** ἀλλήλω ἐφιλείτην Palmerius, Exercit. 455: ἀλληλωφελείτην BP¹: -λέτην F: ἀλλήλους ἐφιλείτην P²: ἐφιλήτην ἀλλήλω Φh   **4–5** τὸν αὐτὸν F¹, corr. F²ˢ·ˡ·   **6** ἀποπνοῆς Madvig, Adv. I 714, sed vid. Hdt. 3.160.2   ἐξωμοιώσθην Cob.: -ωμοιούσθην F¹: -ομοιούσθην P⁴: -ομοιότην B: -ωμοιώτην P¹(Q)Φh, γρ F²   **7** ἐκοινωνείτην P⁴: κοινωνήτην BΦh: -νείτην P¹F   **9–10** om. Pal.   **11** ὧν BP: ὃν F ἀπὸ F: ἄπο BP   **12** ἤισσεν Jacobs: ἤισεν B²P⁴: ἤισε B¹P¹F: ἤεισεν Pal. **14** αἰῶν᾽ ἀστρέπτοις Casaub.: αἰῶν᾽ ἀστρεπτοῖς (sic) Pal.: αἰῶνα στρεπτοῖς PF: αἰῶνα τρεπτοῖς B²(αῖ et α in ras.)   πειθόμενος BPF, Pal.: -θομένους V. d. Muehll, Kl. Schr. 290 (a. 1962), sed vid. Livrea 28¹². Vid. Dorandi, Notes 251   **16** τῶν ἐκ om. P   **17** φιλοδημώδεε P⁴: φιλοδήμω δὲ B: -μῶδε P¹(Q), Φh: -μοδε* (ω supra o F²) F¹

οἷον Διονυσόδωρόν ποτέ φασι τὸν αὐλητὴν εἰπεῖν, σεμνυνόμενον ἐπὶ τῷ μηδένα τῶν κρουμάτων αὐτοῦ μήτ' ἐπὶ τριήρους μήτ' ἐπὶ κρήνης ἀκηκοέναι, καθάπερ Ἰσμηνίου. 20 συσσίτιον δέ φησιν αὐτῷ ὁ Ἀντίγονος εἶναι παρὰ Κράντορι, ὁμονόως συμβιούντων τούτων τε καὶ Ἀρκεσιλάου. τὴν δὲ οἴκησιν Ἀρκεσίλαον μὲν ἔχειν μετὰ Κράντορος, Πολέμωνα δὲ σὺν Κράτητι μετὰ Λυσικλέους τινὸς τῶν πολιτῶν. ἦν δέ, φησίν, ἐρώμενος Κράτης μέν, ὡς 25 προείρηται, Πολέμωνος· Ἀρκεσίλαος δὲ Κράντορος.

[23] τελευτῶν δὴ ὁ Κράτης <κατὰ τὸ ... ἔτος τῆς ὀγδόης καὶ εἰκοστῆς καὶ ἑκατοστῆς Ὀλυμπιάδος>, καθά φησιν Ἀπολλόδωρος ἐν τρίτῳ Χρονικῶν, ἀπέλιπε βιβλία τὰ μὲν φιλοσοφούμενα, τὰ δὲ περὶ κωμῳδίας, τὰ δὲ λόγους 30 δημηγορικοὺς καὶ πρεσβευτικούς. ἀλλὰ καὶ μαθητὰς ἐλλογίμους· ὧν Ἀρκεσίλαον περὶ οὗ λέξομεν (διήκουσε γὰρ καὶ τούτου) καὶ Βίωνα τὸν Βορυσθενίτην, ὕστερον δὲ Θεοδώρειον ἀπὸ τῆς αἱρέσεως ἐπικαλούμενον, περὶ οὗ καὶ αὐτοῦ λέξομεν ἐχομένως Ἀρκεσιλάου. 35

γεγόνασι δὲ Κράτητες δέκα· πρῶτος ὁ τῆς ἀρχαίας κωμῳδίας ποιητής, δεύτερος ῥήτωρ Τραλλιανὸς Ἰσοκράτειος, τρίτος ταφρωρύχος Ἀλεξάνδρῳ συνών, τέταρτος ὁ Κύων περὶ οὗ λέξομεν, πέμπτος φιλόσοφος

---

19 (σεμνυνόμενον)–20 (Ἰσμηνίου) Ismen. test. 14 Braccini   24
Λυσικλέους] Vid. Posid. epigr. 89 Bastianini-Austin   25 (ἦν)–26 Polem.
fr. 58   25–26 (ὡς προείρηται) supra § 21   27–35 Arces. test. 1a 11–13
Bion test. 20 Kind.   Theod. test. 54 Win.   27–33 (Βορυσθενίτην)
Apollod. FGrHist 244 F 14   32 (περὶ οὗ λέξομεν) infra § 28–45   34–35
(περὶ οὗ—λέξομεν) infra § 46–58   36–43 Crates Mall. test. 2 Broggiato
36 (πρῶτος) Crates com. test. 10 K.-A.   39 (περὶ οὗ λέξομεν) 6.85–93

---

19 (σεμνυνόμενον)–20 (Ἰσμηνίου) Suda σ 229 (IV 341.1)

---

18 οἷον BP: ὥσπερ F   αὐλητὴν BP, γρ F[2mg]: ἀθλητὴν F[1]   φασὶν post
αὐλ. transp. Φh   19 τῷ PB[2]: τὸ B[1]F   μηδένα Suda: μηδὲν BPFΦh
20 ἀκηκοέναι om. P[1], suppl. P[4s.l.]   εἰσμηνίου* B   21 φησιν αὐτῷ
BP: φ. αὐτὸν F: αὐτῷ φ. Marcov.   22 κράντωρι F   27–28 κατὰ—
Ὀλυμπιάδος add. Jacoby, Apollodor 344   33 βίωνα BP: δίωνα F
35 λέξομεν P: λέξω- B: λέξιν F   ἔχομεν ὡς F

40 Περιπατητικός, ἕκτος Ἀκαδημαϊκὸς ὁ προειρημένος, ἕβδομος Μαλλώτης, γραμματικός, ὄγδοος γεωμετρικὰ γεγραφώς, ἔνατος ἐπιγραμμάτων ποιητής, δέκατος Ταρσεὺς φιλόσοφος Ἀκαδημαϊκός.

---

41 (ἕβδομος) Crates Mall. test. 2 Mette.

---

41 μαλλότης B: μαλώ- P: μαλό- F   **42** ἔννατος BP¹F, corr. P⁴
43 ταρσεὺς BFP⁴: περσεὺς P¹(Q)   ἀκαδιμαικὸς B: -δημιακὸς F² (ια in ras.)

[24] Κράντωρ Σολεὺς θαυμαζόμενος ἐν τῇ ἑαυτοῦ πατρίδι
ἀπῆρεν εἰς Ἀθήνας καὶ Ξενοκράτους διήκουσε Πολέμωνι
συσχολάζων. καὶ κατέλιπεν ὑπομνήματα εἰς μυριάδας
στίχων τρεῖς, ὧν τινά τινες Ἀρκεσιλάῳ προσάπτουσι. φασὶ
δὲ αὐτὸν ἐρωτηθέντα τίνι θηραθείη ὑπὸ Πολέμωνος, εἰπεῖν 5
τῷ μήτε ὀξύτερον μήτε βαρύτερον ἀκοῦσαι φθεγγομένου.
οὗτος νοσήσας εἰς τὸ Ἀσκληπιεῖον ἀνεχώρησε κἀκεῖ
περιεπάτει· οἱ δὲ πανταχόθεν προσῄεσαν αὐτῷ, νομίζοντες
οὐ διὰ νόσον, ἀλλὰ βούλεσθαι αὐτόθι σχολὴν
συστήσασθαι. ὧν ἦν καὶ Ἀρκεσίλαος θέλων ὑπ' αὐτοῦ 10
συστῆναι Πολέμωνι, καίπερ ἐρῶντος, ὡς ἐν τῷ περὶ
Ἀρκεσιλάου λέξομεν. [25] ἀλλὰ καὶ αὐτὸν ὑγιάναντα
διακούειν Πολέμωνος, ἐφ' ᾧ καὶ μάλιστα θαυμασθῆναι.
λέγεται δὲ καὶ τὴν οὐσίαν καταλιπεῖν Ἀρκεσιλάῳ,
ταλάντων οὖσαν δυοκαίδεκα. καὶ ἐρωτηθέντα πρὸς αὐτοῦ 15
ποῦ βούλεται ταφῆναι, εἰπεῖν·

> ἐν γῆς φίλης ὄχθοισι κρυφθῆναι καλόν.

λέγεται δὲ καὶ ποιήματα γράψαι καὶ ἐν τῇ πατρίδι ἐπὶ
τῷ τῆς Ἀθηνᾶς ἱερῷ σφραγισάμενος αὐτὰ θεῖναι. καί φησι

Vitam Crantoris ed. Mette, Krantor–Arkesilaos test. 1a   **1–3** (συσχολάζων)
Polem. fr. 64 Gigante   **1–4** (προσάπτουσι), **15** (καὶ)–**17** Antig. Car.
fr. 11B Dor.   **1–12** (λέξομεν) Arces. fr. 1a 14–19 Mette   **1–4**
(προσάπτουσι) Cf. Antig. Car. ap. Phld., Acad. hist. col. 16.1–15 (148–9
Dor. = fr. 11A)   **4** (φασὶ)–**6** (φθεγγομένου) Polem. fr. 65   **10** (ὧν)–
12 (λέξομεν) Polem. fr. 72   **12** (λέξομεν) infra § 29   **12** (ἀλλὰ)–
13 (θαυμασθῆναι) Polem. fr. 66   **14** (λέγεται)–**17** Arces. test. 1a 20–3
17 TrGF Adesp. 281   Cf. Antig. Car. ap. Phld., Acad. hist. col. S 1–3 (149–
50 Dor. = fr. 11A) et Tel., De exil. 280.10 Fuentes Gonzáles (ap. Stob. III 40.8;
747.3 Hense)   **18–19** SH 343

5 (ἐρωτηθέντα)–**6** (φθεγγομένου) Φ 37 (247.9–11)

Ante **1** tit. κράντωρ P^x: κράτωρ F^mg:·κάντωρ B²   **1** κράντωρ om. B:
κράτωρ F   **3** συσχολάζων BP: σχολάζων F   **6** τῶ BPΦ: τὸ F
βραδύτερον Φ   **7** ἀσκληπιεῖον FP^‡: -πίδιον BP^l(Q)   **10** θέλων PF:
τε ὂν B   **12** ὑγιείαναντα F   **17** ἐν BPF: καὶ Teles   φίλης ὄχθοισι
Teles: φίλοις ἐχθροῖσι BP^l, F^l ut vid.: φίλοις μυχοῖσι P^‡(μυχοῖ in ras. et in mg
εἶχε ἐχθροῖσι): φίλης μυχοῖσι F²(η et μυχ in ras.)   **19** τῶ P: τὸ BF
αὐτὰ θεῖναι BPF: ἀναθεῖναι Wil., Ant. 68, fort. recte

20 Θεαίτητος ὁ ποιητὴς οὑτωσὶ περὶ αὐτοῦ·

> ἥνδανεν ἀνθρώποις, ὁ δ’ ἐπὶ πλέον ἥνδανε Μούσαις
> Κράντωρ, καὶ γήρως ἤλυθεν οὔτι πρόσω.
> γῆ, σὺ δὲ τεθνειῶτα τὸν ἱερὸν ἄνδρ’ ὑπεδέξω·
> ἦ ῥ’ ὅ γε καὶ κεῖθι ζώει ἐν εὐφυΐῃ.

25 **[26]** ἐθαύμαζε δὲ ὁ Κράντωρ πάντων δὴ μᾶλλον Ὅμηρον
καὶ Εὐριπίδην, λέγων ἐργῶδες ἐν τῷ κυρίῳ τραγικῶς ἅμα
καὶ συμπαθῶς γράψαι. καὶ προεφέρετο τὸν στίχον τὸν ἐκ
τοῦ Βελλεροφόντου·

> οἴμοι· τί δ’ οἴμοι; θνητά τοι πεπόνθαμεν.

30 λέγεται δὲ καὶ Ἀνταγόρα τοῦ ποιητοῦ ὡς Κράντορος εἰς
Ἔρωτα πεποιημένα φέρεσθαι ταυτί·

> ἐν δοιῇ μοι θυμός, ὅ τοι γένος ἀμφιβόητον,
> ἢ σε θεῶν τὸν πρῶτον ἀειγενέων, Ἔρος, εἴπω,
> τῶν ὅσσους Ἔρεβός τε πάλαι βασίλειά τε παῖδας
35 γείνατο Νὺξ πελάγεσσιν ὑπ’ εὐρέος Ὠκεανοῖο·

21–24 Theaet. epigr. 2 G.-P.   **25–29** Antig. Car. fr. 12* Dor.   Eur. test. 157 Kann.   **25–27** (γράψαι) SH 343   **29** Eur. fr. 300 Kann. **30–32** (θυμὸς) SH 344   **32–38** Antag. fr. 1 Powell

---

25–29 Φh 41 (116.20–117.2)   **29** Suda οι 101 (IV 621.12)

---

20 οὑτωσὶ περὶ αὐτοῦ BP: π. αὐ. οὑ. F   **21–24** Vid. Dorandi, Notes 251 **21** ἥνδανεν BPF   ὁ δὲ ἐπὶ BP¹: ὅδε ἐπὶ F: ὅδε ἐπεὶ P²   μούσαις BP: -ας F **22** γήρως B: -ας F: ἥρως P   **23** γῆ σὺ FP²: γῆς οἱ B¹P¹: γῆς ἡ οἱ B² τεθνειῶτα P: -ηώ- (sic) B: -εῶ- F   ἄνδρα F   ὑπεδέξω Casaub.: ὑποδέξῃ BP: προσ- F: ὑπόδεξαι Jacobs   **24** ἦ (ἦ F) ῥ’ ὅ γε PF: ηρογε B: ἠρέμα Wil., Ant. 68   κεῖθι ζώει G. Hermann, Orphica (1805) 770: ζ. κ. B: ζώη κ. PF: κ. ζώη Cob.   ἐν om. BP¹   εὐφυΐῃ Livrea 27¹¹: εὐθυειδη B: εὐθὺ ἤδη P¹(Q): εὐθυμίη FP⁴: εὐθενίη Huebn.: -θαλίη Jacobs: -κολίη Bergk, Kl. Schr. II 299 (a. 1850/1)   **26** ἐργῶδες <εἶναι> Cob.   ἐν τῷ κυρίῳ om. Φh **28** βελλεροφόντου P²: βελλερε- B: βελερο- P¹F   **30** Ἀνταγόρα τοῦ ποιητοῦ Casaub.: ἀνταγόραν τὸν ποιητὴν BPF   κράντορος (-τω- F) BFP⁴: -α P¹(Q)   **30–31** εἰς ἔρωτα om. P¹, suppl. P⁴   **31–32** ταυτὶ ἐν PF: ταῦτ’ εἶεν B   **32** ὅ τοι BPF²: ὅτι F¹   ἀμφιβόητον BPF (def. Wil., Hell. Dicht. II 2²): -νόητον rec.: ἀμφίσβητον A. Meineke, Delect. poet. Anth. Graec. (1842) 149   **33** θεὸν B¹F   ἀειγενέων B¹P: αἰει- B²: ἀεὶ γενέος F ἔρως F   **34** ὅσσους BP: -οις F   **35** πελάγεσσιν P: -γεσιν BF

[27]   ἢ σέ γε Κύπριδος υἷα περίφρονος, ἠέ σε Γαίης
ἢ Ἀνέμων· τοῖς ἶσα κακὰ φρονέων ἀλάλησαι
ἀνθρώποις ἠδ᾽ ἐσθλά· τὸ καὶ σέο σῶμα δίφυιον.

ἦν δὲ καὶ δεινὸς ὀνοματοποιῆσαι. τραγῳδὸν γοῦν
ἀπελέκητον εἶπεν ἔχειν φωνὴν καὶ φλοιοῦ μεστήν· καί τινος   40
ποιητοῦ σκίφης μεστοὺς εἶναι τοὺς στίχους· καὶ τὰς
Θεοφράστου θέσεις ὀστρέῳ γεγράφθαι. θαυμάζεται δὲ
αὐτοῦ μάλιστα βιβλίον τὸ Περὶ πένθους. καὶ κατέστρεψε
πρὸ Πολέμωνος καὶ Κράτητος, ὑδρωπικῇ διαθέσει νοσήσας.
καὶ ἔστιν εἰς αὐτὸν ἡμῶν·   45

> ἐπέκλυσε καὶ σέ, Κράντορ, ἡ νόσων κακίστη,
> χοὔτω κατῆλθες εἰς μέλαν Πλουτέως ἄβυσσον.
> καὶ σὺ μὲν ἐκεῖθι {νῦν} χαῖρε, σῶν λόγων δὲ χήρη
> ἕστηκεν Ἀκαδήμεια καὶ Σόλοι, πατρίς σευ.

39–42 (γεγράφθαι) Theophr. fr. 75 FHS&G   **43** (κατέστρεψε)–**44** (νοσήσας) Polem. fr. 70.

39–42 (γεγράφθαι) Φh 41 (117.3–5)   **39** (τραγῳδὸν)–**40** (μεστήν) Suda φ 545 (IV 746.7)   **40** (ἀπελέκητον—μεστήν) Φ 37 (247.11–12)   **40–41** (καί²—στίχους) Suda σ 631 (IV 382.1)   **41** (καὶ)–**42** (γεγράφθαι) Suda θ 262 (II 709.8).

---

36 ἢ P: ἦ B: ἠέ F   γε om. F   **37** τοῖς ἶσα V. d. Muehll, Kl. Schr. 294 (a. 1962): τοιαῖσα B: τοῖα ἶσα F: τοι αἶσα P   ἀλάλησαι BF   **38** ἀνθρώποις Jacobs, Animadv. I 2, 184: -ων BPF   διφυϊον B: -φυιὸν P: δίφυον F   **39** τραγῳδὸν BF: -ῶν P, Suda   γοῦν PF: δ᾽ οὖν B   **40** ἀπελέκυτον F   εἶπεν ἔχειν P⁴: ἔ. εἶπε F: εἶχε BP¹Φ, Suda   **41** σκίφης FP²: σκεί- B: σκίθης P¹   **43** μάλιστα βιβλίον BP: β. μ. F   **46–49** Vid. Dorandi, Notes 251   **46** ἐπέκλυσε FP⁴: ἐπικεκλῦσαι B: -κέκλυσε P¹(Q) ἡ νόσων PF: ὡς ὢν B   **47** κατῆλθες εἰς (ἐς B) μέλαν BP¹(Q): κ. εἰς μέλαιναν FP⁴: μέλαν κ. Cob.   πλούτεως BP: -ωνος F   **48** νῦν del. Cob. χαῖρε Casantini 76: χαίρεις FP⁴: ἄχρι BP¹(Q)   ἐκεῖ νῦν ἄχρι Marcov. σῶν BP: ὢν F   **49** ἀκαδήμεια Cob.: -μία BPF.

[28] Ἀρκεσίλαος Σεύθου (ἢ Σκύθου, ὡς Ἀπολλόδωρος ἐν τρίτῳ Χρονικῶν), Πιταναῖος τῆς Αἰολίδος. οὗτός ἐστιν ὁ τῆς μέσης Ἀκαδημίας κατάρξας, πρῶτος ἐπισχὼν τὰς ἀποφάσεις διὰ τὰς ἐναντιότητας τῶν λόγων. πρῶτος δὲ καὶ
5 ἐς ἑκάτερον ἐπεχείρησε, καὶ πρῶτος τὸν λόγον ἐκίνησε τὸν ὑπὸ Πλάτωνος παραδεδομένον καὶ ἐποίησε δι᾽ ἐρωτήσεως καὶ ἀποκρίσεως ἐριστικώτερον.

παρέβαλε δὲ Κράντορι τοῦτον τὸν τρόπον. τέταρτος ἀδελφὸς ἦν, ὧν εἶχε δύο μὲν ὁμοπατρίους, δύο δὲ
10 ὁμομητρίους· καὶ τῶν μὲν ὁμομητρίων πρεσβύτερον Πυλάδην, τῶν δὲ ὁμοπατρίων Μοιρέαν, ὃς ἦν αὐτῷ ἐπίτροπος. **[29]** ἤκουσε δὲ κατ᾽ ἀρχὰς μὲν Αὐτολύκου τοῦ μαθηματικοῦ πολίτου τυγχάνοντος, πρὶν ἀπαίρειν εἰς Ἀθήνας, μεθ᾽ οὗ καὶ εἰς Σάρδεις ἀπεδήμησεν· ἔπειτα Ξάνθου
15 τοῦ Ἀθηναίου μουσικοῦ· μεθ᾽ ὃν Θεοφράστου διήκουσεν. ἔπειτα μετῆλθεν εἰς Ἀκαδημίαν πρὸς Κράντορα· Μοιρέας μὲν γὰρ ὁ προειρημένος ἀδελφὸς ἦγεν αὐτὸν ἐπὶ ῥητορικήν· ὁ δὲ φιλοσοφίας ἤρα. καὶ αὐτοῦ Κράντωρ ἐρωτικῶς διατεθεὶς ἐπύθετο τὰ ἐξ Ἀνδρομέδας Εὐριπίδου
20 προενεγκάμενος·

ὦ παρθέν᾽, εἰ σώσαιμί σ᾽, εἴσῃ μοι χάριν;

Vitam Arcesilae ed. Mette, Krantor–Arkesilaos test. 1a   **1–2** (Αἰολίδος)
Apollod. FGrHist 244 F 15   **1–12** (ἐπίτροπος) Cf. Antig. Car. ap. Phld.,
Acad. hist. col. 17.1–14 (151 Dor. = fr. 17A Dor.)   **8–18** (ἤρα) Antig. Car.
17B   **8–23** Crantor test. 1a 49–61 Mette   **21** Eur. fr. 129 Kann.

---

16 (Μοιρέας)**–26** (νεανίσκος) Φ 38 (247.14–248.2)   **21** Suda ει 258
(II 538.15)

Ante **1** tit. ἀρκεσίλαος Pˣ   **1** σεύθου P: εὐθού B: σέφθου F. Vid. Masson,
OGS I 531   **5** ἐς BP: εἰς F   **8–9** τετράδελφος Madvig, Adv. I 714,
sed vid. K. Gaiser, Philodems Academica (1988) 537   **11** μυρέαν P¹, corr.
P²ˢ·¹·   **12** δὲ Z (Frob.): δὴ BPF   **14** εἰς BP: ἐς F   **16** μετῆλθεν BP: δι- F
ἀκαδημείαν B   μυρέας P¹, corr. P²ˢ·¹·: μοιραίας F   **20** προενεγκάμενος
Casaub.: προσ- BPFΦ   **21** παρθένε et σε BPFΦ   οἴση F

καὶ ὅς τὰ ἐχόμενα· ἄγου με, ὦ ξέν᾽, εἴτε δμωΐδ᾽ ἐθέλεις εἴτ᾽
ἄλοχον.

ἐκ τούτου συνήστην ἀλλήλοιν· **[30]** ἵνα καὶ τὸν
Θεόφραστον κνιζόμενόν φασιν εἰπεῖν ὡς εὐφυὴς καὶ 25
εὐεπιχείρητος ἀπεληλυθὼς τῆς διατριβῆς εἴη νεανίσκος. καὶ
γὰρ ἐν τοῖς λόγοις ἐμβριθέστατος καὶ φιλογράμματος
ἱκανῶς γενόμενος ἥπτετο καὶ ποιητικῆς. καὶ αὐτοῦ φέρεται
ἐπίγραμματα· εἰς Ἄτταλον οὕτως ἔχον·

Πέργαμος οὐχ ὅπλοις κλεινὴ μόνον, ἀλλὰ καὶ ἵπποις 30
πολλάκις αὐδᾶται Πῖσαν ἀνὰ ζαθέην.
εἰ δὲ τὸν ἐκ Διόθεν θεμιτὸν θνητῷ νόον εἰπεῖν,
ἔσσεται εἰσαῦτις πολλὸν ἀοιδοτέρη.

ἀλλὰ καὶ εἰς Μηνόδωρον τὸν Εὐδάμου ἑνὸς τῶν
συσχολαστῶν ἐρώμενον· 35

[31] τηλοῦ μὲν Φρυγίη, τηλοῦ δ᾽ ἱερὴ Θυάτειρα,
ὦ Μηνόδωρε, σὴ πατρίς, Καδαυάδη.
ἀλλὰ γὰρ εἰς Ἀχέροντα τὸν οὐ φατὸν ἶσα κέλευθα,
ὡς αἶνος ἀνδρῶν, πάντοθεν μετρεύμενα.

22–23 Vid. Eur. fr. 129a Kann.   **29** Ἄτταλον] i.e. Attalus I   **30–33**
Arces. epigr. 1 Page (Epigr. Gr. 957–60 = FGE 55–8 = SH 121)   **36–41**
Arces. epigr. 2 Page (Epigr. Gr. 961–6 = FGE 59–64 = SH 122)

22–23 (ἄγου—ἄλοχον) Suda α 1367 (I 123.22)   **25–26** (ὡς—νεανίσκος)
Suda ε 3816 (II 479.25)

---

22 δμωΐδ᾽ FΦ, Suda: δμῶ ἰδ᾽ B: δμῶι τ᾽ P   **24** ἀλλήλοιν BPF: -οις Φ
ἵνα BPF: ὅτε Φ   **27** ἐμβρυθέστατος F   **29** ἐπιγράμματα· εἰς
Ἄτταλον οὕτως ἔχον· Rossi 64: ἐ. εἰς ἄ. οὔ. ἔχοντα BP: ἐ. εἰς ἄ. ἔχοντα
οὕτω F: ἐπίγραμμα εἰς ἄ. ἔχον οὕτω Cob.   **31** αὐδᾶται PF: λύδατε B
Πῖσαν Brunck, Anal. II 62: πεισαν B: πίσσαν PF   **32** θνητώνοον B:
θνατῶ νόον P: θνητὸν F¹(θνα- F²)   **33** ἔσεται F   εἰσαῦτις Brunck,
Anal. II 62: -αῦθ- BPF   ἀοιδοτέρη FP⁴: -α B¹P¹: λοιδοτέρη B²(λ in ras.)
34 Εὐγάμου Wil., Ant. 71   **37** καδαυάδη P: -ὴ B: κάναδη F: καδαβάδη
in mg cum γρ F²   **38** εἰς ἀκέλευθα B   **39** αἶνος J. Luzac, Lect. Att.
(1809) 206²³ et R. Porson, Adv. (1812) 138: δεινὸς BPF   μετρεύμενα BP:
μετερεύμεναι F

---

40 σῆμα δέ τοι τόδ᾽ ἔρεξεν ἀριφραδὲς Εὔδαμος, ᾧ σὺ
πολλῶν πενεστέων ἦσθα προσφιλέστερος.

ἀπεδέχετο δὲ πάντων μᾶλλον Ὅμηρον, οὗ καὶ εἰς ὕπνον
ἰὼν πάντως τι ἀνεγίνωσκεν, ἀλλὰ καὶ ὄρθρου λέγων ἐπὶ
τὸν ἐρώμενον ἀπιέναι ὁπότε βούλοιτο ἀναγνῶναι. τόν τε
45 Πίνδαρον ἔφασκε δεινὸν εἶναι φωνῆς ἐμπλῆσαι καὶ
ὀνομάτων καὶ ῥημάτων εὐπορίαν παρασχεῖν. Ἴωνα δὲ καὶ
ἐχαρακτήριζε νέος ὤν.

[32] διήκουσε δὲ καὶ Ἱππονίκου τοῦ γεωμέτρου· ὃν καὶ
ἔσκωψε τὰ μὲν ἄλλα νωθρὸν ὄντα καὶ χασμώδη, ἐν δὲ τῇ
50 τέχνῃ τεθεωρημένον, εἰπὼν τὴν γεωμετρίαν αὐτοῦ
χάσκοντος εἰς τὸ στόμα ἐμπτῆναι. τοῦτον καὶ
παρακόψαντα ἀναλαβὼν οἴκοι ἐς τοσοῦτον ἐθεράπευσεν ἐς
ὅσον ἀποκαταστῆσαι.

Κράτητος δὲ ἐκλιπόντος κατέσχε τὴν σχολήν,
55 ἐκχωρήσαντος αὐτῷ Σωκρατίδου τινός. διὰ δὲ τὸ περὶ
πάντων ἐπέχειν οὐδὲ βιβλίον τι, φασί, συνέγραψεν· οἱ δέ,
ὅτι ἐφωράθη τινὰ διορθῶν, ἅ φασιν οἱ μὲν ἐκδοῦναι, οἱ δὲ

42–47 Antig. Car. 21* Dor.   **46–47** (Ἴωνα—ὤν) Ion test. 20 Leurini =
test. 8c Fowler   **54–55** (τινός) Antig. Car. 18B Dor.   Cf. Antig. Car. ap.
Phld., Acad. hist. col. 18.1–7 (153 Dor. = fr. 18A)   **55** (διὰ)–**58**
(κατακαῦσαι) Antig. Car. 19B Dor.   Cf. Antig. Car. ap. Phld., Acad. hist.
col. 18.34–41 (153 Dor. = fr. 19A)

42–46 (παρασχεῖν) Φ 38 (248.2–7)   **48–53** Φ 38 (248.7–12)
49 (νωθρὸν)–**51** (ἐμπτῆναι) Suda θ 213 (II 703.30) et τ 221 (IV 515.9)
55–56 (διὰ—συνέγραψεν) Suda ε 2110 (II 342.3)

40 δέ τοι BP: δ᾽ ἔτι F   Εὔγαμος Wil., Ant. 71   ὦ Β¹P: ὡς FB²   **41**
πολλὸν P   πενεστέων Β²(ε in ras.): πενέστεων P³ in textu (νέστε in ras. et
ras. etiam supra ω) et in mg cum γρ. πολλὸν πενέστεων: περ ἔστε ὦν Q
(de P¹ non constat): πενεστέρων F   προσφιλέστατος Cob.   **44** ὁπότε
Φ: -τε ἂν BP¹F: -τ᾽ ἂν P⁴   **48** διήκου F   **49** νωθρὸν BPF, Suda:
ῥάθυμον Φ   δὲ om. F¹, suppl. F²ˢ·ˡ·   **52** ἐς τοσοῦτον om. Φ   ἐς PF: εἰς
ΒΦ   **55–56** περὶ πάντων BPF: περιπατῶν Suda   **56** τι, φασί,
Marcov.: φασὶ τί BP: τι F, Suda: φασί τινες Ζ³ (Frob.)   **57** ἐφωράθη
<Κράντορος> Wil., Ant. 62 (conl. Phld., Acad. hist. col. 18.34–5; 135 Dor.)
διορθῶν Cob.: κατ- BPF   ἐκδοῦναι BP: -δοθῆναι F

κατακαῦσαι. ἑῴκει δὴ θαυμάζειν καὶ τὸν Πλάτωνα καὶ τὰ βιβλία ἐκέκτητο αὐτοῦ. **[33]** ἀλλὰ καὶ τὸν Πύρρωνα κατά τινας ἐζηλώκει καὶ τῆς διαλεκτικῆς εἴχετο καὶ τῶν 60 Ἐρετρικῶν ἥπτετο λόγων. ὅθεν καὶ ἐλέγετο ἐπ᾽ αὐτοῦ ὑπ᾽ Ἀρίστωνος·

πρόσθε Πλάτων, ὄπιθεν {δὲ} Πύρρων, μέσσος Διόδωρος.

καὶ ὁ Τίμων ἐπ᾽ αὐτοῦ φησιν οὕτως·

τῇ γὰρ ἔχων Μενέδημον ὑπὸ στέρνοισι μόλυβδον 65
θεύσεται ἢ Πύρρωνα τὸ πᾶν κρέας ἢ Διόδωρον.

καὶ διαλιπὼν αὐτὸν ποιεῖ λέγοντα·

νήξομαι εἰς Πύρρωνα καὶ εἰς σκολιὸν Διόδωρον.

ἦν δὲ καὶ ἀξιωματικώτατος καὶ συνηγμένος καὶ ἐν τῇ λαλιᾷ διαστατικὸς τῶν ὀνομάτων, ἐπικόπτης θ᾽ ἱκανῶς καὶ 70 παρρησιαστής· **[34]** διὸ καὶ πάλιν ὁ Τίμων οὑτωσὶ περὶ αὐτοῦ·

---

58 (ἑῴκει)–**59** (αὐτοῦ) Cf. Antig. Car. ap. Phld., Acad. hist. col. 19.14–15 (154 Dor. = fr. 20A)   **58** (ἑῴκει)–**68** Pyrrho test. 32 Decl. C.   Diod. test. 107 Doer. = SSR II F 4   **59** (ἀλλὰ)–**61** (λόγων) Mened. SSR III F 22 **63** Aristo Chius SVF I 343 = SH 204   **65–66** Timon SH 805 = fr. 31 Di Marco   **68** Timon SH 806 = fr. 32 Di Marco

---

58 (ἑῴκει)–**63** Φ 38 (248.12–16)   **69** (ἦν—συνηγμένος) Suda α 2825 (I 254.28)   **69** (ἐν)–**71** (παρρησιαστής) Suda λ 77 (II 231.3)

---

60 τῆς om. Φ   **61** ἐπ᾽ PFΦ: ὑπ᾽ B   **63** πρόσθε πλάτων om. F¹, suppl. F²ᵐᵍ   πρόσθε B¹PF²: -θεν B²   ὄπιθεν Casaub.: -θεν δὲ B²: -θε δὲ B: -σθε δὲ PFΦ   μέσσος Casaub.: μέσος BPFΦ   **65–66** Vid. Dorandi, Notes 251–2   **65** γὰρ BPF: μὲν Numen. ap. Eus., PE 14.5.12 (= fr. 25.16 des Places)   μενέδημον BPF: μενεδήμου Numen.   μόλιβδον PF **66** θεύσεται Numen.: θή- BPF: νεύ- E. Livrea, Gnomon 56 (1985) 598 ἢ¹ BPF, Numen.: ἐς Casaub.: ἢ <᾽ς> Meineke   κρέας BPF, Numen.: κέρας Lloyd Jones/Parsons   **67–68** om. P. Vid. Dorandi, Laertiana 64⁷⁵, 108²⁹⁰ **67** διαλιπὼν B: -εῖν F   **68** νήξομαι B: ἵξομαι F   **69** καὶ¹ om. BP **70** ἱκανῶς BP: -ὸς F   **71** παρρησιαστής BP, Suda: -τικός F

---

†καὶ νέον μηλήσεις† ἐπιπλήξεσιν ἐγκαταμιγνύς.

ὅθεν καὶ πρὸς τὸν θρασύτερον διαλεγόμενον νεανίσκον,
75 'οὐ λήψεταί τις,' ἔφη, 'τοῦτον ἀστραγάλῳ;' πρὸς δὲ τὸν
αἰτίαν ἔχοντα περαίνεσθαι, ὡς ἀνήνεγκεν αὐτῷ ὅτι οὐ
δοκεῖ ἕτερον ἑτέρου μεῖζον εἶναι, ἠρώτησεν εἰ οὐδὲ
τὸ δεκαδάκτυλον τοῦ ἑξαδακτύλου. Ἥμονος δέ τινος
Χίου ἀειδοῦς ὄντος καὶ ὑπολαμβάνοντος εἶναι καλοῦ καὶ
80 ἐν χλανίσιν ἀεὶ ἀναστρεφομένου εἰπόντος ὅτι οὐ δοκεῖ
αὐτῷ ὁ σοφὸς ἐρασθήσεσθαι, ἔφη· 'πότερον οὐδ' ἐὰν
οὕτω καλὸς ᾖ τις ὥσπερ σὺ οὐδ' ἐὰν οὕτω καλὰ ἱμάτια ἔχῃ;'
ἐπεὶ δὲ καὶ παρακίναιδος ὢν ὡς εἰς βαρὺν τὸν Ἀρκεσίλαον
ἔφη·

85 **[35]** ἔξεστ' ἐρωτᾶν πότνιά σ' ἢ σιγὴν ἔχω;

ὑπολαβὼν ἔφη·

γύναι, τί μοι τραχεῖα κοὐκ εἰθισμένως
λαλεῖς;

---

73 Timon SH 807 = fr. 33 Di Marco   **85** TrGF Adesp. 282   **86–87**
TrGF Adesp. 283

74–78 (ἑξαδακτύλου) Φh 8 (98.8–12)   **78** (Ἥμονος)–**97** Φ 38 (248.17–
249.11)

73 καὶ νέον μηλήσεις B: κ. ν. -σης P: κ. ν. μὴ λήση σε F: κ. νέων κηλήσεις
Diels, PPF 193 (fr. 33): κ. νόον (Casaub.) αἱμυλίοις Wil., Ant. 72: καὶεν
ὁμιλήσεις A. Ludwich, De quibusdam Timonis Phliasii fragm. comm. (1903)
5: κέντρον ἀληθείης (vel νηλειὴς) Di Marco 188   **74** διαλεγόμενον BP:
-ος F   **75** ἀστραγάλω (-ω** B) BPF: ἀστραγαλωτὶ Φh: -τῇ (sc. μάστιγι)
Iunius: ἀστραγάλω<ν> <∪∪×> Mette versum esse ratus   **78** ἤμονος P:
ἤμω- B: ἤμω- F   **79** ἀειδοῦς B²PF¹: ἀη- B¹F²Φ   **80** ἀναστρεφομένου
ἀεὶ F   ὅτι Steph.: εἰ B¹: ἢ B²RFΦ   **81** ὁ om. P   οὐδ' ἐὰν Cob.: οὐδὲ
ἂν RFΦ: οὐδὲν ἂν B   **82** οὐδ' ἐὰν Cob.: οὐδὲ ἐὰν B: οὐδὲ ἂν RFΦ
83 καί <τις> Marcov.   παρακίναιδος BRFΦ: καίπερ κίναιδος A. Korais,
Atakta III (1830) 198   ὢν ὡς BPΦ: ὢν F: (καί <τις>. . .) ὠμῶς Lapini 112,
fort. recte   **85** ἔξεστ' Frob.: ἔξεστιν BPFΦ   πότνιέ Φ   σε FP⁴Φ: σαι
BP¹(Q)   ἔχω Nauck: -ειν BPFΦ   **86** ὑπολαβὼν ἔφη F²Φ: ἔ. ὑ. P: ὑ. BF¹
87 τραχέα F   κοὐκ Huebn.: καὶ οὐκ BPFΦ

στωμύλου δὲ ἀγεννοῦς πράγματα αὐτῷ παρέχοντος
ἔφη·   90

ἀκόλασθ᾽ ὁμιλεῖν γίνεται δούλων τέκνα.

ἄλλου δὲ πολλὰ φλυαροῦντος οὐδὲ τίτθης αὐτὸν
χαλεπῆς τετυχηκέναι ἔφη. τισὶ δὲ οὐδὲ ἀπεκρίνετο. πρὸς δὲ
τὸν δανειστικὸν καὶ φιλόλογον εἰπόντα τι ἀγνοεῖν, ἔφη·

λήθουσι γάρ τοι κἀνέμων διέξοδοι   95
θήλειαν ὄρνιν, πλὴν ὅταν τόκος παρῇ.

ἔστι δὲ ταῦτα ἐκ τοῦ Οἰνομάου τοῦ Σοφοκλέους.
[36] πρὸς Ἀλεξίνειόν τινα διαλεκτικὸν μὴ δυνάμενον κατ᾽
ἀξίαν τῶν Ἀλεξίνου τι διηγήσασθαι τὸ Φιλοξένῳ πρὸς τοὺς
πλινθιακοὺς πραχθὲν εἶπεν· ἐκεῖνος γὰρ τὰ αὑτοῦ κακῶς   100
ᾄδοντας τούτους καταλαβὼν αὐτὸς τὰς πλίνθους αὐτῶν
συνεπάτησεν, εἰπών, 'ὡς ὑμεῖς τὰ ἐμὰ διαφθείρετε, κἀγὼ τὰ
ὑμέτερα.' ἤχθετο οὖν δὴ τοῖς μὴ καθ᾽ ὥραν τὰ μαθήματα
ἀνειληφόσι. φυσικῶς δέ πως ἐν τῷ διαλέγεσθαι ἐχρῆτο τῷ
'φήμ᾽ ἐγώ', καὶ 'οὐ συγκαταθήσεται τούτοις ὁ δεῖνα', εἰπών   105

---

91 Eur. fr. 976 Kann.   **95–96** Soph. fr. 477 Radt[2]   **98–103** (ὑμέτερα)
Alexin. test. 86 Doer. = SSR II C 17

95–96 Suda δ 932 (II 85.25) et λ 420 (III 261.12)   **98–103** (ὑμέτερα) Φh 8
(98.12–7)   **104** (φυσικῶς)–**106** (τοὔνομα) Suda φ 270 (IV 718.8)

---

89 δὲ om. Φ   ἀγεννοῦς F[1]Φ   **91** ἀκόλαστα BPFΦ   γίνεται (γείν- B)
δούλων BP: δ. γ. F   **92** ἄλλου BFΦ: λάλου P   **95** λήθουσι BPF:
πλήθουσι Plut., Quaest. conv. 8, 718 A: λήγουσι Suda δ (codd. GI): λήθωσι
Suda λ   κἀνέμων Steph.: καὶ ἀ- BPFΦ, Suda   **96** πλὴν γ᾽ dub. Fr.
H. M. Blaydes, Adv. in trag. gr. fragmenta (1894) 52   τόκος παρῇ BPF:
π. τ. Plut.: τόκῳ σπαρῇ Suda   **97** ἔστι—ἐκ τοῦ om. B[1], suppl. B[2mg]
98 Ἀλεξίνειόν Casaub.: ἀλεξίνιον BFΦh: ἀλεξῖνον P   **99** τὸ B[2]P: τῶ B[1]:
τῶ δὲ F   **100** πλινθιακοὺς P[x]Φh: πλινθουα- B: πλινθυα- F   αὑτοῦ
Steph.: αὐ- BPFΦh   **101–102** αὐτῶν συνεπάτησεν BPΦh: αὐτοῦ
κατ- F   **102** διαφθείρετε PΦh: -ρεται B: διεφθείρατε F   **103** δὴ om. F
μὴ om. BF   'an ante ἀνειληφόσι (**104**) inserendum?' V. d. Muehll   **104**
τῷ PF[2], Suda (codd. GM): τὸ BF[1]: om. Suda (codd. AFV)   **105** ὁ δεῖνα
post τοὔνομα (**106**) transp. F

τοὔνομα· ὃ καὶ πολλοὶ τῶν μαθητῶν ἐζήλουν καὶ τὴν ῥητορείαν καὶ πᾶν τὸ σχῆμα.

[37] ἦν δὲ καὶ εὑρησιλογώτατος ἀπαντῆσαι εὐστόχως καὶ ἐπὶ τὸ προκείμενον ἀνενεγκεῖν τὴν περίοδον τῶν λόγων 110 καὶ ἅπαντι συναρμόσασθαι καιρῷ. πειστικός τε ὑπὲρ ἅπανθ᾽ ὀντινοῦν· παρ᾽ ὃ καὶ πλείους πρὸς αὐτὸν ἀπήντων εἰς τὴν σχολὴν καίπερ ὑπ᾽ ὀξύτητος αὐτοῦ ἐπιπληττόμενοι. ἀλλ᾽ ἔφερον ἡδέως· καὶ γὰρ ἦν ἀγαθὸς σφόδρα καὶ ἐλπίδων ὑποπιμπλὰς τοὺς ἀκούοντας.

115 ἔν τε τῷ βίῳ κοινωνικώτατος ἐγένετο καὶ εὐεργετῆσαι πρόχειρος ἦν καὶ λαθεῖν τὴν χάριν ἀτυφότατος. εἰσελθὼν γοῦν ποτε πρὸς Κτησίβιον νοσοῦντα καὶ ἰδὼν ἀπορίᾳ θλιβόμενον, κρύφα βαλάντιον ὑπέθηκε τῷ προσκεφαλαίῳ· καὶ ὃς εὑρών, Ἀρκεσιλάου, φησί, τὸ παίγνιον.᾽ ἀλλὰ καὶ 120 ἄλλοτε χιλίας ἀπέστειλεν.

[38] Ἀρχίαν τε τὸν Ἀρκάδα Εὐμένει συστήσας πολλῆς ἐποίησε τυχεῖν τῆς ἀξίας. ἐλευθέριός τε ὢν καὶ ἀφιλαργυρώτατος εἰς τὰς ἀργυρικὰς δείξεις ἀπήντα πρῶτος, καὶ ἐπὶ τὴν Ἀρχεκράτους καὶ Καλλικράτους τὰς 125 χρυσιαίας παντὸς ἔσπευδε μᾶλλον. συχνοῖς τε ἐπήρκει καὶ συνηράνιζε· καὶ ποτέ τινος ἀργυρώματα λαβόντος εἰς ὑποδοχὴν φίλων καὶ ἀποστεροῦντος οὐκ ἀπήτησεν οὐδὲ

115–120 Antig. Car. fr. 22* Dor.

108–119 (παίγνιον) Φh 8 (98.18–99.3)   **123** (εἰς)–**126** (συνηράνιζε) Suda δ 354 (II 34.3)   **126** (καί)–**129** Φh 8 (99.4–7)

---

106 ἐζήλουν καὶ BPF: ἐζ. <ὡς> καὶ Wil., Ant. 74, 'an ὡς pro καὶ?' V. d. Muehll   **107** ῥητορίαν B²F   **108** καὶ om. Φh   εὑρησιλογώτατος BP: εὑρε- FΦh   **109** ἀνενεγκεῖν P: -ενεκεῖν B: -ενεγκὼν F   **110** πιστικὸς BF²: -κὰ F¹: πειστικώτατος Φh   **111** ἅπανθ᾽ BF: πάνθ᾽ P: om. Φh   παρ᾽ ὃ BF: παρὸ P   **113** ἀλλ᾽ ὅμως Φh   **116** πρόχειρος BPF: προχειρότατος Φh   **117** γοῦν BFΦh: οὖν P   **118** κρύφα BPΦh: κρύβδην F   βαλλάντιον B   **119** φησί BPF: ἔφη Φh   **120** χιλίας <δραχμὰς> Arsen., Viol. 119.2 Walz et D. Knoepfler, MH 46 (1989) 194², sed vid. ad 2.137 et Dorandi, Notes 252   **121–124** Vid. Dorandi, Notes 252   **121** ἀρχείαν B   τε BF: δὲ P   **122** ὢν om. F¹, suppl. F²ˢ·ˡ·   **123** δείξεις BPF: ἐπιδόσεις U. Koehler, RhM 39 (1884) 293   **124–125** τὰς χρυσιαίας del. Koehler

προσεποιήθη. οἱ δέ φασιν ἐπίτηδες χρῆσαι καὶ
ἀποδιδόντος, ἐπεὶ πένης ἦν, χαρίσασθαι.
ἦν μὲν οὖν αὐτῷ καὶ ἐν Πιτάνῃ περιουσία, ἀφ᾽ ἧς 130
ἀπέστειλεν αὐτῷ Πυλάδης ὁ ἀδελφός. ἀλλὰ καὶ ἐχορήγει
αὐτῷ πολλὰ Εὐμένης ὁ τοῦ Φιλεταίρου· διὸ καὶ τούτῳ
μόνῳ τῶν ἄλλων βασιλέων προσεφώνει. **[39]** πολλῶν δὲ
καὶ τὸν Ἀντίγονον θεραπευόντων καὶ ὅτε ἥκοι
ἀπαντώντων αὐτὸς ἡσύχαζε, μὴ βουλόμενος προεμπίπτειν 135
εἰς γνῶσιν. φίλος τε ἦν μάλιστα Ἱεροκλεῖ τῷ τὴν Μουνυχίαν
ἔχοντι καὶ τὸν Πειραιᾶ· ἔν τε ταῖς ἑορταῖς κατῄει πρὸς αὐτὸν
ἑκάστοτε. καὶ δὴ καὶ πολλὰ ἐκείνου συμπείθοντος ὥστε
ἀσπάσασθαι τὸν Ἀντίγονον, οὐκ ἐπείσθη, ἀλλὰ ἕως πυλῶν
ἐλθὼν ἀνέστρεψε. μετά τε τὴν Ἀντιγόνου ναυμαχίαν 140
πολλῶν προσιόντων καὶ ἐπιστόλια παρακλητικὰ
γραφόντων αὐτὸς ἐσιώπησεν. ἀλλ᾽ οὖν ὅμως ὑπὲρ τῆς
πατρίδος εἰς Δημητριάδα ἐπρέσβευσε πρὸς Ἀντίγονον καὶ
οὐκ ἐπέτυχε. τὸ πᾶν δὴ διέτριβεν ἐν τῇ Ἀκαδημίᾳ τὸν
πολιτισμὸν ἐκτοπίζων. **[40]** καί ποτε δὴ καὶ {Ἀθήνησιν} ἐν 145
τῷ Πειραιεῖ πρὸς τὰς θέσεις λέγων ἐχρόνισεν, οἰκείως ἔχων
πρὸς Ἱεροκλέα· ἐφ᾽ ᾧ καὶ πρός τινων διεβάλλετο.

---

132 (διὸ)–**144** (ἐπέτυχε) Φh 8 (99.7–9) alterans quaedam et omittens
133 (πολλῶν)–**136** (γνῶσιν) Suda π 2388 (IV 204.30)   **144** (τὸ)–**145**
(ἐκτοπίζων) Suda ε 665 (II 234.3)

128 προσεποιήθη BPF: -σατο Φh   **129** ἐπιπένησιν B   **132** εὐμενὴς
BP²F: -ῆς P¹   φιλεταίρου Pˣ: φιλετέ- BF²: φιλαιτέ- P¹(Q)   **133** πολλῶν
BPF: πάντων Suda   **134** καὶ¹ om. F¹, suppl. F²ˢ·ˡ·   <ὅπ>ότε Cob.
135 προεμπίπτειν PF: προσ- B   **136** τε ἦν F: ἦν τε BP   ἱεροκλεῖ τῷ
PF: ἱεροκλίτω B   μουνυχίαν P: -ιχίαν BF   **137** πειραιᾶ B²P¹: πυρία
B¹: πειρειᾶ P²: πυραιᾶ F   τε om. B¹, suppl. B²ˢ·ˡ·   **140** ἀνέστρεψε BP:
ὑπ- F   ναυμαχίαν BP, γρ F²ᵐᵍ: συμμα- F¹   **141** πολλῶν προσιόντων
BP: πρ. πολ. F   **143** εἰς δημητριάδα ἐπρέσβευσε BP: ἐπρέσβευσεν
εἰς δ. F   **144** ἐπέτυχε BPFΦh: ἀπ- F. Hultsch, JClPh 135 (1887) 223–5
τῇ om. F, Suda, an recte? Cf. supra § 8   ἀκαδημίᾳ PF, Suda: -εία B
145 Ἀθήνησιν del. Leo, Biogr. 64²: lac. post Ἀθήνησιν ind. Wil., Ant. 75. Vid.
Dorandi, Notes 253   **147** διεβάλετο B

πολυτελής τε ἄγαν ὢν καὶ (τί γὰρ ἄλλο ἢ ἕτερος
Ἀρίστιππος;) ἐπὶ τὰ δεῖπνα πρὸς τοὺς ὁμοιοτρόπους μέν,
150 πλὴν ἀλλ' ἀπῆντα. καὶ Θεοδότῃ τε καὶ Φίλᾳ ταῖς Ἠλείαις
ἑταίραις συνῴκει φανερῶς καὶ πρὸς τοὺς διασύροντας
προεφέρετο τὰς Ἀριστίππου χρείας. φιλομειράκιός τε ἦν καὶ
καταφερής· ὅθεν οἱ περὶ Ἀρίστωνα τὸν Χῖον Στωϊκοὶ
ἐπεκάλουν αὐτῷ, φθορέα τῶν νέων καὶ κιναιδολόγον καὶ
155 θρασὺν ἀποκαλοῦντες. [41] καὶ γὰρ καὶ Δημητρίου τοῦ
πλεύσαντος εἰς Κυρήνην ἐπὶ πλέον ἐρασθῆναι λέγεται, καὶ
Κλεοχάρους τοῦ Μυρλεανοῦ· ἐφ' ᾧ καὶ πρὸς τοὺς
κωμάσαντας εἰπεῖν αὐτὸς μὲν θέλειν ἀνοῖξαι, ἐκεῖνον δὲ
διακωλύειν. τούτου δὲ ἦρων καὶ Δημοχάρης ὁ Λάχητος καὶ
160 Πυθοκλῆς ὁ {τοὺς} τοῦ Βουσέλου· οὓς καταλαβὼν ὑπ'
ἀνεξικακίας παραχωρεῖν ἔφη. διὰ ταῦτα δὴ οὖν ἔδακνόν τε
αὐτὸν οἱ προειρημένοι καὶ ἐπέσκωπτον ὡς φίλοχλον καὶ
φιλόδοξον. μάλιστα δὲ ἐπετίθεντο αὐτῷ παρὰ Ἱερωνύμῳ
τῷ Περιπατητικῷ, ὁπότε συνάγοι τοὺς φίλους εἰς τὴν
165 Ἀλκυονέως τοῦ Ἀντιγόνου υἱοῦ ἡμέραν, εἰς ἣν ἱκανὰ
χρήματα ἀπέστελλεν ὁ Ἀντίγονος πρὸς ἀπόλαυσιν. [42]
ἔνθα καὶ παραιτούμενος ἑκάστοτε τὰς ἐπικυλικίους

148–170 (ἐπίστασθαι) Hieron. Rhod. fr. 4 White = 4 W. (**163** μάλιστα–
166 ἀπόλαυσιν)   **148–152** (χρείας) Aristipp. fr. 123 Mann. = SSR IV A 99
152 (φιλομειράκιός)–**170** (ἐπίστασθαι) Aristo Chius SVF I 345

---

152 (φιλομειράκιός)–**161** (ἔφη) Φh 8 (99.9–12) alterans quaedam et omittens
154–155 (ἐπεκάλουν–ἀποκαλοῦντες) Suda ε 2034 (II 337.6–7)   **157**
(Κλεοχάρους)–**159** (διακωλύειν) Φ 38 (249.13–15)   **167–168** (τὰς
ἐπικυλικίους ἐξηγήσεις) Suda κ 2665 (III 209.17) et Φ 38 (249.14)

---

148 τε BF: δὲ P   **150** Φίλᾳ ταῖς Cob.: φιλαίτη B² (-λέ- B¹), PF   ἠλείαις
F, P¹(είαις in ras.): ηλιδι B¹(ἤ- B²): ἤλιδι P¹(Q)   **151** ἑταίραις P: ἑτέραις F:
ἑταῖρα B   Φίλᾳ τῇ Ἠλείᾳ ἑταίρᾳ V. d. Muehll   **152** προεφέρετο
Huebn.: προσ- BPF   **154** αὐτῷ BP: -ὸν F, Suda   **155** καὶ γὰρ δὴ καὶ
F   **157** Κλεοχάρους Valckenaer ap. Ruhnken, Rutil. Lup. (1768) 6:
λεοχάρους B: λεω- PFΦh   ᾧ P: οὗ BF   **160** ὁ τοὺς τοῦ BPF: τοὺς del.
Z³, om. Frob.   βουσέλου BPF: Βουγέλου Z (Frob.)   **163–164** παρὰ
ἱερωνύμῳ τῷ περιπατητικῷ BPF: οἱ περὶ ἱερώνυμον τὸν περιπατητικόν
rec. Vid. Dorandi, Arcesilao 54–6 (contra I. Gallo, Eikasmos 13 [2002]
219–20)   **164** συνάγοι PF: -γει B   εἰς F: ἐς BP   **166** ἀπέστελλεν
BP: -στειλεν F   ὁ om. P   **167** ἐπικυλικείους P

ἐξηγήσεις πρὸς Ἀρίδηλον προτείνοντά τι θεώρημα καὶ
ἀξιοῦντα εἰς αὐτὸ λέγειν εἶπεν, 'ἀλλὰ αὐτὸ τοῦτο μάλιστα
φιλοσοφίας ἴδιον, τὸ καιρὸν ἑκάστων ἐπίστασθαι.' εἰς δὲ τὸ 170
διαβαλλόμενον αὐτοῦ φίλοχλον καὶ Τίμων τά τε ἄλλα φησίν,
ἀτὰρ δὴ τοῦτον τὸν τρόπον·

ὣς εἰπὼν ὄχλοιο περίστασιν εἰσκατέδυνεν.
οἱ δέ μιν ἠΰτε γλαῦκα πέρι σπίζα<ι> τερατοῦντο
ἠλέματον δεικνύντες, ὁθούνεκεν ὀχλοαρέσκης.   175
οὐ μέγα πρῆγμα, τάλας· τί πλατύνεαι ἠλίθιος ὥς;

οὐ μὴν ἀλλ' οὕτως ἄτυφος ἦν ὥστε τοῖς μαθηταῖς παρήνει
καὶ ἄλλων ἀκούειν. καί τινος Χίου νεανίσκου μὴ
εὐαρεστουμένου τῇ διατριβῇ αὐτοῦ ἀλλ' Ἱερωνύμου τοῦ
προειρημένου, αὐτὸς ἀπαγαγὼν συνέστησε τῷ φιλοσόφῳ, 180
παραινέσας εὐτακτεῖν.

[43] χαρίεν δ' αὐτοῦ φέρεται κἀκεῖνο· πρὸς τὸν
πυθόμενον διὰ τί ἐκ μὲν τῶν ἄλλων μεταβαίνουσιν εἰς τὴν
Ἐπικούρειον, ἐκ δὲ τῶν Ἐπικουρείων οὐδέποτε, ἔφη, 'ἐκ μὲν
γὰρ ἀνδρῶν γάλλοι γίνονται, ἐκ δὲ γάλλων ἄνδρες οὐ 185
γίνονται.'

---

170 (εἰς)–**181** Hieron. Rhod. fr. 5 White = 6 W. (**177–181**)   **173–176**
Timon SH 808 = fr. 34 Di Marco

---

168 (πρὸς)–**170** (ἐπίστασθαι) Φh 8 (99.13–6)   **171** (φίλοχλον)–
178 (ἀκούειν) Φh 8 (99.16–22)   **178** (καὶ²)–**186** Φ 38 (249.15–20)
184 (ἐκ²)–**185** (γίνονται) Suda γ 41 (I 507.12)

---

168 ἐξήγησις B: ἐξηγήσεις μὴ P⁺   Ἀριδείκην Wil., Ant. 75 (conl. Phld.,
Acad. hist. col. 20.7; 155 Dor.). Vid. Dorandi, Notes 253   **169** αὐτὸ PF:
-ὸν B   εἶπεν Φh : εἰπεῖν BPF   ἀλλὰ BF: ἀλλ' PΦh   **172** δὴ <καὶ>
Cob.   **173** περὶ στάσιν PF   **174** πέρι σπίζαι Salmasius, Plin. exerc.
(²1689) 444 (praeeunt. Iunio et Casaub.): περισπιζα BP, F² (ex -σπαζε F¹ ut
vid.), Φh   **175** ἠλέματον BPΦh: ἡ δὲ μάγω F   ὁθούνεκεν F: -κε B: ὅθ'
οὔνεκε P: ὅθ' οὔνεκα Φh   ὀχλοαρέσκης P: ὄχλω ἀρέσκεις (ἀρέσκ' εἰς Φh)
BFΦh: ὀχλοάρεσκος rec. Vid. Dorandi, Notes 253   **176** τάλας om. F¹,
suppl. F²ˢ·ˡ·   πλατύνεαι (-νε·αι B) BPΦh: -εται F²(εται in ras.)   **179**
εὐαρεστουμένου BPF: ἀρεσκο- Φ   **179–180** τοῦ προειρημένου om Φ
182 φέρεται BP: φαίν- F

λοιπὸν δὲ πρὸς τῷ τέλει γινόμενος ἄπαντα κατέλιπε
Πυλάδῃ τῷ ἀδελφῷ τὰ αὑτοῦ, ἀνθ' ὧν ἐς Χῖον αὐτὸν
προήγαγε τὸν Μοιρέαν λανθάνων, κἀκεῖθεν εἰς Ἀθήνας
190 ἀπήγαγε. περιὼν δὲ οὔτε γύναιον εἰσηγάγετο οὔτε
ἐπαιδοποιήσατο. τρεῖς τε διαθήκας ποιησάμενος ἔθετο τὴν
μὲν ἐν Ἐρετρίᾳ πρὸς Ἀμφίκριτον, τὴν δ' Ἀθήνησι παρά
τινας τῶν φίλων, τὴν δὲ τρίτην ἀπέστειλεν εἰς οἶκον πρὸς
Θαυμασίαν, ἕνα τινὰ τῶν ἀναγκαίων, ἀξιώσας διατηρῆσαι·
195 πρὸς ὃν καὶ γράφει ταυτί·
'Ἀρκεσίλαος Θαυμασίᾳ χαίρειν.

[44] δέδωκα Διογένει διαθήκας ἐμαυτοῦ κομίσαι πρὸς
σέ· διὰ γὰρ τὸ πολλάκις ἀρρωστεῖν καὶ τὸ σῶμα ἀσθενῶς
ἔχειν ἔδοξέ μοι διαθέσθαι, ἵν' εἴ τι γένοιτο ἀλλοῖον, μή τι σὲ
200 ἠδικηκὼς ἀπίω τὸν εἰς ἐμὲ ἐκτενῶς οὕτω πεφιλοτιμημένον.
ἀξιοπιστότατος δὲ εἶ τῶν ἐνθάδε σύ μοι τηρεῖν αὐτὰς διά
τε τὴν ἡλικίαν καὶ τὴν πρὸς ἡμᾶς οἰκειότητα. πειρῶ
οὖν, μεμνημένος διότι σοι πίστιν τὴν ἀναγκαιοτάτην
παρακατατίθεμαι, δίκαιος ἡμῖν εἶναι, ὅπως ὅσον ἐπὶ σοὶ τὰ
205 κατ' ἐμὲ εὐσχημόνως ᾖ μοι διῳκημένα. κεῖνται δὲ Ἀθήνησιν
αὗται παρά τισι τῶν γνωρίμων καὶ ἐν Ἐρετρίᾳ παρ'
Ἀμφικρίτῳ.'

ἐτελεύτησε δέ, ὥς φησιν Ἕρμιππος, ἄκρατον ἐμφορηθεὶς
πολὺν καὶ παρακόψας, ἤδη γεγονὼς ἔτος πέμπτον καὶ
210 ἑβδομηκοστόν, ἀποδεχθεὶς πρὸς Ἀθηναίων ὡς οὐδείς.

208–210 Hermipp. FGrHistCont 1026 F 72

208–210 (ἑβδομηκοστόν) Suda π 370 (IV 35.30)   208–209
(ἐτελεύτησε—παρακόψας) Φ 38 (250.1–2)

187 γινόμενος BP: γεν- F   κατέλιπε (-λει- B) BP: καταλέλοιπε F   188
τἀδελφῷ F   αὑτοῦ Steph.: αὐ- BPF   189 προήγαγε P: προσ- B:
παρ- F   μυρέαν P¹, corr. P²ˢ·ˡ·   190 περιὼν BPF: περιιὼν Cob.: περιὼν
δὲ <τῇ οὐσίᾳ> Marcov. (conl. supra 130 περιουσίᾳ)   Corruptum esse
susp. Wil., Ant. 76   εἰσηγάγετο B: ἐπ- PF   192 ἐν om. BP¹   ἐρετρῇ
P¹(Q), corr. P⁴   194 τινὰ om. P¹, suppl. P⁴ˢ·ˡ·   195 ταῦτα B² (ex ταῦτει)
199 ἀλλοῖον PF: ἀλλ'οἶον B   μή τι PF: μήτοι B   201 καὶ ἀξιοπισ-
τώτατος F   δὲ εἶ F: δ' αἰεὶ P, B² (αἰεὶ in ras.)   τηρεῖν Reiske 310: τηρῶν
BPF   204 ὅσον om. F   206 τισι BF: τινι P   208–209 πολὺν
ἐμφορηθεὶς Suda   209 ὡς ἔτος F   210 πρὸς BF: παρ' P

[45] ἔστι καὶ εἰς τοῦτον ἡμῶν·

Ἀρκεσίλαε, τί μοι, τί τοσοῦτον ἄκρητον ἀφειδῶς
ἔσπασας, ὥστε φρενῶν ἐκτὸς ὄλισθες ἑῶν;
οἰκτείρω σ' οὐ τόσσον ἐπεὶ θάνες, ἀλλ' ὅτι Μούσας
ὕβρισας οὐ μετρίῃ χρησάμενος κύλικι.   215

γεγόνασι δὲ καὶ ἄλλοι τρεῖς Ἀρκεσίλαοι· ποιητὴς ἀρχαίας
κωμῳδίας, ἄλλος ἐλεγείας, ἕτερος ἀγαλματοποιός· εἰς ὃν καὶ
Σιμωνίδης ἐποίησεν ἐπίγραμμα τουτί·

Ἀρτέμιδος τόδ' ἄγαλμα, διηκόσιαι δ' ἄρ' ὁ μισθὸς
δραχμαὶ ταὶ Πάριαι, τῶν ἐπίσημα τράγος.   220
ἀσκητὸς δ' ἐποίησεν Ἀθηναίης παλάμῃσιν
ἄξιος Ἀρκεσίλας υἱὸς Ἀριστοδίκου.

ὁ δὲ προειρημένος φιλόσοφος, καθά φησιν Ἀπολλόδωρος
ἐν Χρονικοῖς, ἤκμαζε περὶ τὴν <... καὶ > εἰκοστὴν καὶ
ἑκατοστὴν Ὀλυμπιάδα.   225

212–215 Anth. Pal. 7.104   **216–217** (ποιητὴς—κωμῳδίας) Arces. com.
II 532 K.-A.   **219–222** Simonid. epigr. 63 Page (Epigr. Gr. 326–9 = FGE
940–3)   **223–225** Apollod. FGrHist 244 F 16

212–215 Pal.   **212–213** Suda ε 3181 (II 427.28)

---

212 τί τοσοῦτον BP: τί τόσον Pal.: τόσον F¹, Suda: τόσσον F²   **213**
ὄλισθες ἑῶν P⁺, Pal.: ὄ. ἑὼν Suda: ὤλισθες ἑῶν F: ὀλεῖσθαι ὃν P¹(Q):
ὀλισθαισεων B¹: ὀλλεῖσθαι σε ὧν B²   **214** οἰκτείρω σ' οὐ F, P⁺(σ' * in
ras.): οἰ. δ' οὐ Pal.: οἰκτείρων κ' οὐ B, P¹(Q)   τόσσον F²P⁺: τόσον BP¹F¹
215 κίλικι F   **218** σιμωνίδης B   **219** δ' ἄρ' Menag.: δ' ἀρ' F: γὰρ
B²ˢˡP: om. B¹   **220** ταὶ B, P⁺: τὲ F: τὸ P¹(Q)   ἐπίσημα τράγος Chr. G.
Heyne, Comm. Soc. Reg. Scient. Gotting. 10 (1791) 105ᵇ: ἐπίσημ' ἄρατος BPF
221 ἀσκητὸς BP: -ὴς F: -ῶς Bergk, PLG⁴ III 502, δ' omisso (sed vid. P. A.
Hansen ad CEG 406)   **222** Νάξιος M. Schmidt (loc. non inveni)
ἀρκεσίλας F: -αος BP   ἀριστοδίκου BP: -δόκου F   **224**<ἕκτην καὶ>
Diels, Chron. Unters. 46–7: <ὀγδόην καὶ> Jacoby, Apollodor 345–6

[46] Βίων τὸ μὲν γένος ἦν Βορυσθενίτης, ὧντινων δὲ
γονέων καὶ ἀφ᾽ οἵων πραγμάτων ἦξεν ἐπὶ φιλοσοφίαν,
αὐτὸς Ἀντιγόνῳ διασαφεῖ. ἐρομένου γὰρ αὐτὸν

τίς πόθεν εἶς ἀνδρῶν; πόθι τοι πόλις ἠδὲ τοκῆες;

5 αἰσθόμενος ὅτι προδιαβέβληται, φησὶ πρὸς αὐτόν· ‘ἐμοῦ
ὁ πατὴρ μὲν ἦν ἀπελεύθερος, τῷ ἀγκῶνι ἀπομυσσόμενος
(διεδήλου δὲ τὸν ταριχέμπορον), γένος Βορυσθενίτης, ἔχων
οὐ πρόσωπον, ἀλλὰ συγγραφὴν ἐπὶ τοῦ προσώπου,
τῆς τοῦ δεσπότου πικρίας σύμβολον· μήτηρ δὲ οἵαν ὁ
10 τοιοῦτος ἂν γήμαι, ἀπ᾽ οἰκήματος. ἔπειτα ὁ πατὴρ
παρατελωνησάμενός τι πανοίκιος ἐπράθη μεθ᾽ ἡμῶν. καί με
ἀγοράζει τις ῥήτωρ νεώτερον ὄντα καὶ εὔχαριν· ὃς καὶ
ἀποθνήσκων κατέλιπέ μοι πάντα. [47] κἀγὼ κατακαύσας
αὐτοῦ τὰ συγγράμματα καὶ πάντα συγχύσας Ἀθήναζε
15 ἦλθον καὶ ἐφιλοσόφησα.

ταύτης τοι γενεῆς τε καὶ αἵματος εὔχομαι εἶναι.

ταῦτά ἐστι τὰ κατ᾽ ἐμέ. ὥστε παυσάσθωσαν Περσαῖός τε
καὶ Φιλωνίδης ἱστοροῦντες αὐτά· σκόπει δέ με ἐξ ἐμαυτοῦ.᾽
καὶ ἦν ὡς ἀληθῶς ὁ Βίων τὰ μὲν ἄλλα πολύτροπος καὶ
20 σοφιστὴς ποικίλος καὶ πλείστας ἀφορμὰς δεδωκὼς τοῖς

Vitam Bionis ed. Kindstrand 103–5   **1–18** fr. 1A Kind.   **4** Hom. α 170 =
κ 325   **16** Hom. Z 211   **17–18** SVF I 459   **19–22** test. 2A

3 (ἐρομένου)–**18** (αὐτά) Φ 39 (250.4–19)   **5–16** Cf. Eustath. in Hom. Z 211
(II 294.8–11 V. d. Valk) et in Hom. Θ 457 (II 615.21 V. d. Valk)   **5** (ἐμοῦ)–
7 (ταριχέμπορον) Suda α 249 (I 28.8)   **7** (ἔχων)–**10** (οἰκήματος) Suda
σ 1377 (IV 459.26)   **20** (ποικίλος)–**21** (φιλοσοφίας) Suda κ 112 (III 10.21)

Ante **1** tit. βίων Pˣ   **1** βωρυσθενείτης B   δὲ om. F¹, suppl. F²ˢ·¹·   **2** ἦξεν
Croenert, Kol. u. Men. 177   **3** ἐρομένου BFΦ   αὐτοῦ B¹, corr. B²
4 εἷς BPΦ: ἦς F   ποθεῖ ex ποθη ut vid. B²   ἠὲ F   **5** αἰσθόμενος BPΦ:
αἰσθανό- F   ἐμοῦ BPFΦ, Suda: ἐμοὶ Cob.   **7** ἐδήλου Φ
βωρυσθενείτης B   **9** συμβουλον B   οἵαν B   **10** γήμαι Φ, Suda: γῆ-
BPF   **11** πανοίκιος BPF: -ιον Φ   **14–15** ἀθήναζε ἦλθον BP: ἦ. ἀ. F
18 ἱστοροῦντες BP: ὑστερ- (ε ex ο F²) F   **20** πλείστας BF, Suda:
παῖς·τὰς P

BION

βουλομένοις καθιππάζεσθαι φιλοσοφίας· ἕν τισι δὲ καὶ
πότιμος καὶ ἀπολαῦσαι τύφου δυνάμενος.
πλεῖστά τε καταλέλοιπεν ὑπομνήματα, ἀλλὰ καὶ
ἀποφθέγματα χρειώδη πραγματείαν περιέχοντα. οἷον
ὀνειδιζόμενος ἐπὶ τῷ μὴ θηρᾶσαι μειράκιον, 'οὐχ οἷόν τε,' 25
εἶπεν, 'ἁπαλὸν τυρὸν ἀγκίστρῳ ἐπισπᾶσθαι.' [48]
ἐρωτηθείς ποτε τίς μᾶλλον ἀγωνιᾷ, ἔφη, 'ὁ τὰ μέγιστα
βουλόμενος εὐημερεῖν.' ἐρωτηθεὶς εἰ γήμαι (ἀναφέρεται γὰρ
καὶ εἰς τοῦτον) ἔφη, 'ἐὰν μὲν γήμῃς αἰσχράν, ἕξεις ποινήν· ἂν
δὲ καλήν, ἕξεις κοινήν.' 30
τὸ γῆρας ἔλεγεν ὅρμον εἶναι κακῶν· εἰς αὐτὸ γοῦν πάντα
καταφεύγειν. τὴν δόξαν αἰτιῶν μητέρα εἶναι· τὸ κάλλος
ἀλλότριον ἀγαθόν· τὸν πλοῦτον νεῦρα πραγμάτων. πρὸς
τὸν τὰ χωρία κατεδηδοκότα, 'τὸν μὲν Ἀμφιάραον,' ἔφη, 'ἡ
γῆ κατέπιε, σὺ δὲ τὴν γῆν.' μέγα κακὸν τὸ μὴ δύνασθαι 35
φέρειν κακόν. κατεγίνωσκε δὲ καὶ τῶν τοὺς νεκροὺς

23–24 (περιέχοντα) test. 7A   **24** (οἷον)–**26** (ἐπισπᾶσθαι) fr. 58   **27**
(ἐρωτηθείς)–**28** (εὐημερεῖν) fr. 24   **28** (ἐρωτηθείς)–**30** fr. 61 A. Vid. Favor.
fr. 122 Bar. (= fr. 61B)   **31–32** (τὸ—καταφεύγειν) fr. 62A. Vid. Favor.
fr. 11 Bar. (= fr. 62B)   **32** (τὴν—εἶναι) fr. 22   **32–33** (τὸ—ἀγαθόν) fr. 54
33 (τὸν—πραγμάτων) fr. 46   **33** (πρὸς)–**35** (γῆν) fr. 45   **35–36**
(μέγα—κακόν) fr. 23   **36** (κατεγίνωσκε)–**38** (αἰσθανομένοις) fr. 71

---

25 (ὀνειδιζόμενος)–**26** (ἐπισπᾶσθαι) Φ 39 (250.19–21)   **27** (ἐρωτηθείς)–
35 (γῆν) Φ 39 (250.22–251.5)   **36** (κατεγίνωσκε)–**60** (ὠφελεῖσθαι) Φ 39
(251.5–29)

---

22 πότιμος BPF : πομπικὸς Cob. (falso, cf. Diels ad Reiske 311)
ἀπολαῦσαι BPF: -κλύσαι Reiske 311: -λῦσαι Madvig, Adv. I 714
Corruptum esse susp. Leo, Biogr. 66   **24** περιέχοντα B: ἔχοντα PF
25 τῷ PΦ: τὸ BF   **26** εἶπεν Φ: εἰπεῖν BPF   **27** μάλιστα Richards
343, sed vid. Hense, Teles² xcix   ὅ τε P¹(Q), corr. P⁴   **28** γῆμαι B¹:
γῆμαι B²PF: γαμητέον Φ² (τέον in ras. α et η ex corr.)   **28** (ἀναφέρεται)–
29 (τοῦτον) om. Φ   **29** ἐὰν BPF: ἂν Φ   ἂν BPΦ: ἐὰν F   **31** κακῶν
BPΦ, Favor.: -ὸν F   πάντα BPFΦ, Favor.: πάντας Kindstrand 276. Vid.
Dorandi, Notes 253   **32** αἰτιῶν Russell 175: ἐτῶν BPFΦ: ἀνιῶν Reiske
311: ἀρετῶν Hirzel, Dialog I 377²: ἀτῶν Mer. Casaub.   **34** ἀμφιάρεων F²
36 δὲ καὶ om. Φ   νεκροὺς Marcov. conl. Gnom. Vat. 20: ἀνθρώπους BP¹:
μὲν ἀ. FP⁴Φ. Vid. Dorandi, Notes 253

κατακαόντων μὲν ὡς ἀναισθήτους, παρακαόντων δὲ ὡς
αἰσθανομένοις. **[49]** ἔλεγε δὲ συνεχὲς ὅτι αἱρετώτερόν ἐστι
τὴν ὥραν ἄλλῳ χαρίζεσθαι ἢ ἀλλοτρίας ἀποδρέπεσθαι·
40 καὶ γὰρ εἰς σῶμα βλάπτεσθαι καὶ εἰς ψυχήν. διέβαλλε δὲ
καὶ τὸν Σωκράτην, λέγων ὡς εἰ μὲν εἶχεν Ἀλκιβιάδου χρείαν
καὶ ἀπείχετο, μάταιος ἦν· εἰ δὲ μὴ εἶχεν, οὐδὲν ἐποίει
παράδοξον. εὔκολον ἔφασκε τὴν εἰς ᾅδου ὁδόν·
καταμύοντας γοῦν ἀπιέναι. τὸν Ἀλκιβιάδην μεμφόμενος
45 ἔλεγεν ὡς νέος μὲν ὢν τοὺς ἄνδρας ἀπάγοι τῶν γυναικῶν,
νεανίσκος δὲ γενόμενος τὰς γυναῖκας τῶν ἀνδρῶν. ἐν Ῥόδῳ
τὰ ῥητορικὰ διασκούντων Ἀθηναίων τὰ φιλοσοφούμενα
ἐδίδασκε· πρὸς οὖν τὸν αἰτιασάμενον ἔφη, 'πυροὺς ἐκόμισα
καὶ κριθὰς πιπράσκω;'
50 **[50]** ἔλεγε τοὺς ἐν ᾅδου μᾶλλον ἂν κολάζεσθαι εἰ
ὁλοκλήροις καὶ μὴ τετρημένοις ἀγγείοις ὑδροφόρουν. πρὸς
τὸν ἀδολέσχην λιπαροῦντα συλλαβέσθαι αὐτῷ, 'τὸ ἱκανόν
σοι ποιήσω,' φησίν, 'ἐὰν παρακλήτους πέμψῃς καὶ αὐτὸς μὴ
ἔλθῃς.' πλέων μετὰ πονηρῶν λῃσταῖς περιέπεσε· τῶν δέ,
55 'ἀπολώλαμεν,' εἰπόντων, 'ἐὰν γνωσθῶμεν,' 'ἐγὼ δέ,' φησίν,
'ἐὰν μὴ γνωσθῶμεν.' τὴν οἴησιν ἔλεγε προκοπῆς ἐγκοπήν.
πρὸς τὸν πλούσιον μικρολόγον, 'οὐχ οὗτος,' ἔφη, 'τὴν
οὐσίαν κέκτηται, ἀλλ' ἡ οὐσία τοῦτον.' ἔλεγε τοὺς

---

38 (ἔλεγε)–**40** (ψυχήν) fr. 57   **40** (διέβαλλε)–**43** (παράδοξον) fr. 59
43 (εὔκολον)–**44** (ἀπιέναι) fr. 66   **44** (τὸν)–**46** (ἀνδρῶν) fr. 60
46 (ἐν)–**49** fr. 4   **50–51** (ὑδροφόρουν) fr. 28   **51** (πρὸς)–**54** (ἔλθῃς)
fr. 74   **54** (πλέων)–**56** (γνωσθῶμεν) fr. 79   **56** (τὴν—ἐγκοπήν) fr. 20
57 (πρὸς)–**58** (τοῦτον) fr. 36   **58** (ἔλεγε)–**60** (ὠφελεῖσθαι) fr. 37

---

37 (ὡς[1])—38 (δὲ) om. F[1], suppl. F[2mg]   37 παρακαόντων BP: παρακαι-
F[2]Φ: -καλούντων Menag.: -κλαιόντων Gassendi (loc. non inveni)   38
αἰσθανομένοις Φ (coni. Mer. Casaub. Cf. Gnom. Vat. 20 et Sternbach
ad loc.): -ους BPF   39 ἄλλῳ BPΦ: -ο F   40 καὶ γὰρ καὶ Φ   σῶμα
τὸν τοιοῦτον Φ   διέβαλλε BPΦ: -βαλε F   40–41 δὲ καὶ om. Φ
47 ἀθηναίων τῶν P   50 ἔλεγε δὲ F   51 μὴ τετρημένοις BP[1]Φ:
μεμετρη- FP[4]   ὑδροφόρουν BPΦ: -ρεῖν F   52 συλλαβέσθαι αὐτῷ
BPΦ: αὐ. σ. F   53 καὶ αὐτὸς μὴ ἔλθῃς secl. Hense, Teles[2] ci   55 δέ
γε F   56 γνωσθῶμεν] γνωσθῶ Cob.   57 τὸν (om. P) πλούσιον
μικρολόγον BP: τὸν μ. πλ. FΦ (cf. 6.47)

BION

μικρολόγους τῶν μὲν ὑπαρχόντων ὡς ἰδίων ἐπιμελεῖσθαι,
ὡς δὲ ἐξ ἀλλοτρίων μηδὲν ὠφελεῖσθαι. τῇ μὲν ἀνδρείᾳ νέους 60
ὄντας ἔφη χρῆσθαι, τῇ δὲ φρονήσει γηράσκοντας ἀκμάζειν.
[51] τοσοῦτον διαφέρειν τὴν φρόνησιν τῶν ἄλλων ἀρετῶν,
ὅσον τὴν ὅρασιν τῶν ἄλλων αἰσθήσεων. μὴ δεῖν ἔφασκεν
ὀνειδίζειν τὸ γῆρας, εἰς ὅ, ἔφη, πάντες εὐχόμεθα ἐλθεῖν. πρὸς
τὸν βάσκανον ἐσκυθρωπακότα, 'οὐκ οἶδα,' ἔφη, 'πότερον 65
σοὶ κακὸν γέγονεν ἢ ἄλλῳ ἀγαθόν.' τὴν †δυσσέβειαν†
πονηρὸν ἔλεγεν εἶναι σύνοικον τῇ παρρησίᾳ·

δουλοῖ γὰρ ἄνδρα, κἂν θρασύστομός τις ᾖ.

τοὺς φίλους ὁποῖοι ἂν ὦσι συντηρεῖν, ἵνα μὴ δοκοίημεν
πονηροῖς κεχρῆσθαι ἢ χρηστοὺς παρῃτῆσθαι. 70
οὗτος τὴν ἀρχὴν μὲν προῃρεῖτο τὰ Ἀκαδημαϊκά, καθ' ὃν
χρόνον ἤκουε Κράτητος· εἶτ' ἐπανείλετο τὴν κυνικὴν
ἀγωγήν, λαβὼν τρίβωνα καὶ πήραν. [52] καὶ τί γὰρ ἄλλο
μετεσκεύασεν αὐτὸν πρὸς ἀπάθειαν; ἔπειτα ἐπὶ τὰ
Θεοδώρεια μετῆλθε διακούσας Θεοδώρου τοῦ Ἀθέου κατὰ 75

60 (τῇ)–61 (ἀκμάζειν) fr. 65   62 (τοσοῦτον)–63 (αἰσθήσεων) fr. 12A
63 (μὴ)–64 (ἐλθεῖν) fr. 63   64 (πρός)–66 (ἀγαθόν) fr. 48   66 (τὴν)–67
fr. 53   68 Eur., Hipp. 424   69–70 fr. 49   71–77 test. 19   74
(ἔπειτα)–76 (σοφιστεύοντος) Theod. test. 52 Win. = SSR IV H 28

62 (τοσοῦτον)–68 Φ 39 (251.30–252.6)

60 ἐξ om. F   60–61 νέους ὄντας ἔφη BP: ἔ. ν. ὄ F   61 χρῆσθαι BP:
-σαι F: γηράσκειν Wyttenbach ad Plut. Mor. I (1810) 101, 'an pro χρῆσθαι
transferendum ἀκμάζειν?' V. d. Muehll   64 ἔφη del. Marcov. (deest in Φ)
65 ἐσκυθρωπακότα PΦ: -κέναι B: σκυθρωπάζοντα F   66 ἄλλῳ
BPF²Φ: -ο F¹   δυσσέβειαν BPFΦ: δύσκλειαν Lapini, Note 228–30 (conl.
Eur., Hipp. 421–3), fort. recte: δυσγένειαν Menag.: συνείδησιν Kindstrand
263   67 ἔλεγεν post σύνοικον transp. F   68 θρασύστομός BPΦ:
-σπλαγχνός F, Eur.   69 δοκοίημεν BP: -κείημεν F   70 παρῃτῆσθαι
BP: -τείσθαι F   71 προῃρεῖτο Madvig, Adv. I 714 (-ήρητο Reiske 311):
παρῃτεῖτο BPF   72 ἤκουε BP: -σε F   ἐπανείλετο BF: ἀνείλετο P
73–74 καὶ τί γὰρ ἄλλο μετεσκεύασεν αὐτὸν πρὸς ἀπάθειαν; BPF: post
ἄλλο add. ἢ Hirzel, Dialog I 376¹: κ. (τί γὰρ ἄλλο) μετ. αὐτὸν π. ἀπ.; 'et
(quid enim aliud poterat facere?) sese transformabat in duritiem adversus
mala' Reiske 311 (probat V. d. Muehll)   74 αὐτὸν BF: αὐ- P   πρὸς BP:
εἰς F

333

πᾶν εἶδος λόγου σοφιστεύοντος· μεθ᾽ ὃν Θεοφράστου
διήκουσε τοῦ Περιπατητικοῦ.

ἦν δὲ καὶ θεατρικὸς καὶ πολὺς ἐν τῷ γελοίως διαφορῆσαι,
φορτικοῖς ὀνόμασι κατὰ τῶν πραγμάτων χρώμενος. διὰ δὴ
80 οὖν τὸ παντὶ εἴδει κεκρᾶσθαι λόγου φασὶ λέγειν ἐπ᾽ αὐτοῦ
τὸν Ἐρατοσθένη, ὡς πρῶτος Βίων φιλοσοφίαν ἀνθινὰ
ἐνέδυσεν. εὐφυὴς γὰρ ἦν καὶ παρῳδῆσαι· οἷά ἐστιν αὐτοῦ
καὶ ταῦτα·

ὦ πέπον Ἀρχύτα, ψαλληγενές, ὀλβιότυφε,
85 τῆς ὑπάτης ἔριδος πάντων ἐμπειρότατ᾽ ἀνδρῶν.

[53] καὶ ὅλως καὶ μουσικὴν καὶ γεωμετρίαν διέπαιζεν.

ἦν τε πολυτελής, καὶ διὰ τοῦτο πόλιν ἐκ πόλεως ἤμειβεν,
ἐνίοτε καὶ φαντασίαν ἐπιτεχνώμενος. ἐν γοῦν Ῥόδῳ τοὺς
ναύτας ἔπεισε σχολαστικὰς ἐσθῆτας ἀναλαβεῖν καὶ
90 ἀκολουθῆσαι αὐτῷ· σὺν οἷς εἰσβάλλων εἰς τὸ γυμνάσιον
περίβλεπτος ἦν. εἰώθει τε νεανίσκων τινῶν υἱοθεσίας
ποιεῖσθαι εἰς τὸ ἀποχρῆσθαι αὐτοῖς ἔς τε τὰς ἡδονὰς καὶ
ὥστε φυλάττεσθαι ὑπ᾽ εὐνοίας αὐτῶν· ἀλλὰ καὶ φίλαυτος
ἦν ἰσχυρῶς καὶ πολὺς ἐγκείμενος τῷ Κοινὰ τὰ φίλων. παρ᾽ ὃ
95 καὶ οὐδεὶς αὐτοῦ μαθητὴς ἐπιγράφεται, τοσούτων αὐτῷ
σχολασάντων· καίτοι τινὰς εἰς ἀναισχυντίαν προῆγεν. [54]

78–82 (ἐνέδυσεν) test. 11   **82** (εὐφυής)–**85** fr. 7   Archyt. A3d Huffman
84–85 SH 227   **86** fr. 8   **87–101** test. 3

---

79 (διὰ)–**85** Φ 39 (252.7–12)   **86–93** (αὐτῶν) Φ 39 (252.13–19)

76 λόγου om. F¹, suppl. F²ˢ·ˡ·   **77** διήκουσε BP: ἤκουσε F   **78** γελοίως
Reiske 311: γελοίω B²PF   **80** τὸ PFΦ: τῶ B   λόγου κεκρᾶσθαι F: λ.
τοῦτον κ. Φ   **81** ἐρατοσθένη BP: -ην FΦ   τὴν φιλοσοφίαν P
ἀνθεινὰ BP: ἄνθινα F: om. Φ   **82** ἐνέδυσεν FΦ: ἐνδύσαι B²P   **84**
ψαλμηγενές Reiske 311   **85** ἐμπειρότατε BPFΦ   **87** τε BPF: δὲ Φ
διὰ τοῦτο om. Φ   τοῦτο om. F¹, suppl. F²ˢ·ˡ·   **88** ἐπιτεχνώμενος PF:
ἐντεχνό- B   **90** εἰσβάλλων PF: -βάλων B: -βαλὼν Φ   **91** ἦν om. F¹,
suppl. F²ˢ·ˡ·   **92** ἔς B¹PΦ: εἴς B²F   **94** παρὸ BP   **95** μαθητὴς αὐτοῦ
Z (Frob.)   **96** ἀναισχυντίαν BP: -τείας F   προῆγεν BP: προσ- F¹
(σ expunxit F²)

ὁ γοῦν Βιτίων εἷς τῶν συνήθων αὐτῷ πρὸς Μενέδημόν ποτε
λέγεται εἰπεῖν, 'ἐγώ τοι, ὦ Μενέδημε, νύκτωρ συνδέομαι
Βίωνι καὶ οὐδὲν ἄτοπον δοκῶ γε πεπονθέναι.' πολλὰ δὲ καὶ
ἀθεώτερον προεφέρετο τοῖς ὁμιλοῦσι, τοῦτο Θεοδώρειον   100
ἀπολαύσας.

καὶ ὕστερόν ποτε ἐμπεσὼν εἰς νόσον, ὡς ἔφασκον οἱ ἐν
Χαλκίδι (αὐτόθι γὰρ καὶ κατέστρεψε), περίαπτα λαβεῖν
ἐπείσθη καὶ μεταγινώσκειν ἐφ' οἷς ἐπλημμέλησεν εἰς τὸ
θεῖον. ἀπορίᾳ δὲ καὶ τῶν νοσοκομούντων δεινῶς διετίθετο,   105
ἕως Ἀντίγονος αὐτῷ δύο θεράποντας ἀπέστειλε. καὶ
ἠκολούθει γε αὐτῷ ἐν φορείῳ, καθά φησι Φαβωρῖνος ἐν
Παντοδαπῇ ἱστορίᾳ. ἀλλὰ καὶ ὡς κατέστρεψε καὶ ἡμεῖς
αὐτὸν οὕτως ᾐτιασάμεθα·

[55] Βίωνα, τὸν Βορυσθένης ἔφυσε γῆ Σκύθισσα,   110
        λέγειν ἀκούομεν θεοὺς ὡς οὐδέν εἰσιν ὄντως.
    κεἰ μὲν τὸ δόγμα τοῦτ' ἔχων ἔμιμνεν, ἦν ἂν εἰκὸς
        λέγειν, 'φρονεῖν ὅπως δοκεῖ· κακῶς μέν, ἀλλ' ἔδοξε.'
    νῦν δ' ἐς νόσον πεσὼν μακρὴν καὶ μὴ θάνῃ δεδοικὼς
        ὁ μὴ θεοὺς εἶναι λέγων, ὁ νηὸν οὐδὲ βλέψας,   115

---

97 (ὁ)–**99** (πεπονθέναι) Mened. SSR III F 7   **99** (πολλὰ)–**101** Theod. test.
53 Win. = SSR IV H 28   **102–108** (ἱστορίᾳ) test. 5   Favor. fr. 66 Bar. =
34 Mensch. (**106** καὶ–**108** ἱστορίᾳ) = 71 Am.

---

97 (ὁ)–**105** (θεῖον) Φ 39 (252.19–253.4)   **110–127** Φh 13 (100.20–101.16)

---

97 βιτίων F: βιττίων BPΦ: Βητίων Z (Frob.). Vid. Masson, OGS III 219
ὑπάρχων αὐτῶ F   **98** συνδέδεμαι Reiske 311   **100** προεφέρετο
Cob.: προσ- BPFΦ   ὁμιλοῦσιν αὐτῶ Φ   τοῦτο δὲ F   **103** χαλκίδι
P⁴: χαλ⁸ⁱ comp. F: χαλδὶ B: χάλδη P¹ ut vid. (χάλιη Q): χαλδία Φ: 'archety-
pus hab. compendium' V. d. Muehll   **103** αὐτόθι—κατέστρεψε om. Φ
104 μεταγινώσκειν BPΦ: μετεγίνωσκεν F   εἰς BF: ἐς P   **107**
ἠκολούθει (sc. Βίων Ἀντιγόνω) BPF : ἠκολούθουν (sc. οἱ θεράποντες)
Gigante 507¹²⁵   ἠκολούθει γε αὐτῶ BPF: ἠκ. δὲ αὐτὸς Reiske 311, 'an
ἠκολούθησε αὐτῷ scribendum?' Mensching   **109** ᾐτιασάμεθα om. F¹,
suppl. F²ˢ·ˡ·   **110** Βορυσθένης ἔφυσε γῆ Σκύθισσα Cob.: βορυσθενίτην
ἔφησεν ἡ σκύθισσα P¹(Q)Φh: -νείτην ἔ. ἡ σκύθει- B: -νίτην ὂν ἔ. ἡ σκυθὶς
αἶα FP⁴   **111** ἀλέγειν ex λέγειν F   **113** κακῶς μὲν BPΦh: μὲν κακὸς F
114 νῦν om. B¹, suppl. B²   μακρὰν P¹(Q)   **115** ὁ νηὸν F: ονηουν BΦh:
ὀνηοῦν P

---

[56] ὁ πολλὰ χλευάσας βροτούς, ὅσοι θεοῖς ἔθυον,
οὐ μοῦνον ἐσχάρης ὕπερ βωμῶν τε καὶ τραπέζης
κνίσῃ, λίπει, θυήμασιν θεῶν ἔδαισε ῥῖνας·
οὐδ᾽ εἶπε μοῦνον, 'ἤλιτον, σύγγνωτε τοῖς πρίν·' ἀλλὰ
120   καὶ γραῒ δῶκεν εὐμαρῶς τράχηλον εἰς ἐπῳδὴν
καὶ σκυτίσιν βραχίονας πεπεισμένως ἔδησε·
[57] ῥάμνον τε καὶ κλάδον δάφνης ὑπὲρ θύρην ἔθηκεν,
ἅπαντα μᾶλλον ἢ θανεῖν ἕτοιμος ὢν ὑπουργεῖν.
μωρὸς δ᾽ ὃς ἤθελέν τινος μισθοῦ τὸ θεῖον εἶναι,
125   ὡς τῶν θεῶν ὄντων ὅταν Βίων θέλῃ νομίζειν.
τοιγὰρ μάτην φρονῶν, ὅτ᾽ ἦν ἅπας ὁ λέμφος ἄνθραξ,
τὴν {δὲ} χεῖρα τείνας ὧδέ πως, 'χαῖρ᾽,' εἶπε, 'χαῖρε, Πλουτεῦ.'

[58] γεγόνασι δὲ Βίωνες δέκα· πρῶτος ὁ Φερεκύδῃ τῷ
Συρίῳ συνακμάσας, οὗ φέρεται βιβλία δύο Ἰάδι· ἔστι δὲ
130 Προκοννήσιος. δεύτερος Συρακούσιος, τέχνας ῥητορικὰς
γεγραφώς· τρίτος αὐτὸς οὗτος· τέταρτος Δημοκρίτειος καὶ
μαθηματικός, Ἀβδηρίτης, Ἀτθίδι γεγραφὼς καὶ Ἰάδι· οὗτος
πρῶτος εἶπεν εἶναί τινας οἰκήσεις ἔνθα γίνεσθαι ἓξ μηνῶν
τὴν νύκτα καὶ ἓξ τὴν ἡμέραν. πέμπτος Σολεύς, Αἰθιοπικὰ
135 γεγραφώς· ἕκτος ῥητορικός, οὗ φέρεται ἐννέα βιβλία

128–130 (Προκοννήσιος) Bion Procon. FGrHist 14 T 1 = 332 T 1
131 (τέταρτος)–**134** (ἡμέραν) VS 77 A 1   **134** (πέμπτος)–**136**
(ἐπιγραφόμενα) Bion Sol. FGrHist 89 T 1 = 668 T 1

---

131 (τέταρτος)–**134** (ἡμέραν) Φh 14 (101.18–19)

---

116 ὅσοι Cob.: οἳ BPFΦh: οἵπερ Steph.: οἳ <τοῖς> Aldobr.   **117** οὐ
BPΦh: καὶ F   μοῦνον B²PF: μό- B¹Φh   ὕπερ PF: ὑπὲρ BΦh   καὶ
τραπέζης om. Φh   **118** κνείση B: κνίσση PFΦh   λίπει FP⁴: λειπει B:
λίπη P¹   θυήμασιν FP⁴: θυλή- BP¹: θυηλή- Φh   ἔδαισε P² (αι in ras.):
ἔδε- BP¹: ἔδη- F: ἔδι- Φh   ῥίνας BF   **121** σκυτίσιν B¹, corr. B²
πεπεισμένως B: -μένος PFΦh   ἔδησε PFΦh: -σεν B   **124** ἤθελέν F: -λέ
BPΦh   **125** θέλῃ BPΦh: -λει F   **126** ὁ om. F¹, suppl. F²ᵐᵍ
ὅτηναπασσόλεμβος Φh   λέμφος Hermann ap. Huebn. I 303ᵗ: λέμβος
BPF(Φh)   **127** δὲ del. Steph.   προτείνας F   πλουτεῦ BPΦh:
πλούτων F   **128** φερεκύδη F: -ει BP   **129** ἰάδι rec.: ταδὶ BPF
129–130 δὲ καὶ πρικωνύσιος F   **130** συρακούσιος P: -όσιος B
συρρακού- F   **131** ὁ αὐτὸς BP   δημοκρίτιος BF   **132** ἀβδηρίτης
(-ρεί- B) BFΦh: αὐ- P   ἀττίθι P¹, corr. P²ᵐᵍ   **133** εἶναί om. F
γίνεσθαι PF: γενέ- B

Μουσῶν ἐπιγραφόμενα· ἕβδομος μελικὸς ποιητής· ὄγδοος
Μιλήσιος ἀνδριαντοποιός, οὗ μέμνηται καὶ Πολέμων·
ἔνατος ποιητὴς τραγῳδίας τῶν Ταρσικῶν λεγομένων·
δέκατος ἀγαλματοποιὸς Κλαζομένιος ἢ Χῖος, οὗ μέμνηται
καὶ Ἱππῶναξ.   140

136 (ὄγδοος)–**137** (Πολέμων) Polem. Il. fr. 68 (FHG III 135)   **138**
(ἔνατος) TrGF I 204 T   **139–140** (δέκατος) Hippon. fr. 157 Deg.

137 μειλήσιος B: μηλή- F   **138** τραγῳδίας om. F¹, suppl. F²ˢ·ˡ·   **140**
ἱππώναξ BPF

LIBER IV

[59] Λακύδης Ἀλεξάνδρου Κυρηναῖος. οὗτός ἐστιν ὁ τῆς νέας Ἀκαδημίας κατάρξας καὶ Ἀρκεσίλαον διαδεξάμενος, ἀνὴρ σεμνότατος καὶ οὐκ ὀλίγους ἐσχηκὼς ζηλωτάς· φιλόπονός τε ἐκ νέου καὶ πένης μέν, εὔχαρις δ' ἄλλως καὶ
5 εὐόμιλος. τοῦτόν φασι καὶ περὶ οἰκονομίαν γλισχρότατα ἐσχηκέναι· ἐπειδὰν γάρ τι προέλοι τοῦ ταμείου, σφραγισάμενος πάλιν εἴσω τὸν δακτύλιον διὰ τῆς ὀπῆς ἐρρίπτει, ὡς μηδέποτε αὐτοῦ περιαιρεθείη τι καὶ βασταχθείη τῶν ἀποκειμένων. μαθόντα δὴ τοῦτο τὰ
10 θεραπόντια ἀπεσφράγιζε καὶ ὅσα ἠβούλετο ἐβάσταζεν· ἔπειτα τὸν δακτύλιον τὸν αὐτὸν τρόπον διὰ τῆς ὀπῆς ἐνίει εἰς τὴν στοάν· καὶ τοῦτο ποιοῦντα οὐδεπώποτε ἐφωράθη.

[60] ὁ γοῦν Λακύδης ἐσχόλαζεν ἐν Ἀκαδημείᾳ ἐν τῷ κατασκευασθέντι κήπῳ ὑπὸ Ἀττάλου τοῦ βασιλέως, καὶ
15 Λακύδειον ἀπ' αὐτοῦ προσηγορεύετο. καὶ μόνος τῶν ἀπ' αἰῶνος ζῶν παρέδωκε τὴν σχολὴν Τηλεκλεῖ καὶ Εὐάνδρῳ τοῖς Φωκαεῦσι. παρὰ δὲ Εὐάνδρου διεδέξατο Ἡγησίνους Περγαμηνός, ἀφ' οὗ Καρνεάδης. χαρίεν δ' εἰς τὸν Λακύδην ἀναφέρεται· Ἀττάλου γὰρ αὐτὸν μεταπεμπομένου φασὶν
20 εἰπεῖν τὰς εἰκόνας πόρρωθεν δεῖν θεωρεῖσθαι. ὀψὲ δὲ αὐτῷ γεωμετροῦντι λέγει τις, 'εἶτα νῦν καιρός;' <καὶ ὅς·> 'εἶτα μηδὲ νῦν;'

Vitam Lacydis ed. Mette, Lakydes-Kleitomachos test. 1a **15** (καὶ)–
18 (Καρνεάδης) Euander test. 1 Mette = Heges. test. 1 Mette = Carneades test. 1.1–3 Mette

---

6 (ἐπειδὰν)–**8** (ἐρρίπτει) Φ 40 (253.6–8) **9** (μαθόντα)–**12** (στοάν) Φ 40 (253.8–10) **19** (Ἀττάλου)–**20** (θεωρεῖσθαι) Φ 40 (253.10–12)

Ante **1** tit. λακύδης Pˣ **1** ἐστιν om. F¹, suppl. F²ˢ·ˡ· **2** καὶ om. P **5** γλισχρότατα Th. Gataker ad M. Antonin. (1652) 187: γλυκύ- BPF **6** τι BP²ˢ·ˡ·F²ˢ·ˡ·: om. P¹F¹ **7** εἴσω τὸν δακτύλιον BPF: τ. δ. εἴ. Φ: διὰ τῆς ὀπῆς τ. δ. Suda **8** (ὡς)–**9** (ἀποκειμένων) om. Φ **8** τι καὶ Cob.: καί τι B²(ι in ras.), P, Suda: καί τοι B¹F **9–10** τὰ θεραπόντια ΒΡΦ: τὸν θεράποντα Fᵖᶜ(α in ras.) **10** ἠβούλετο ΒFΦ: ἐ- P **11** τὸν¹ om. B τὸν αὐτὸν τρόπον om. P διὰ τῆς ὀπῆς om. Φ **12** οὐδεπώποτε PF: οὐδέποτε B **13** ἀκαδημείᾳ B: -μία PF **15** προσηγορεύτο ΒΡ: -γόρευσε F **20** ὀψὲ δὲ P: ὀ. τε F: ὄψεται B **20–21** αὐτῷ γεωμετροῦντι PF: ἑαυτῷ γε μετροῦντι B **21** καὶ ὅς add. Emperius ap. Huebn. II 718: ὁ δέ Casaub.

[61] ἐτελεύτησε δὲ σχολαρχεῖν ἀρξάμενος τῷ τετάρτῳ
ἔτει τῆς τετάρτης καὶ τριακοστῆς καὶ ἑκατοστῆς
Ὀλυμπιάδος, τῆς σχολῆς ἀφηγησάμενος ἓξ πρὸς τοῖς 25
εἴκοσιν ἔτη· ἡ τελευτὴ δ᾽ αὐτῷ παράλυσις ἐκ πολυποσίας.
καὶ αὐτῷ προσεπαίξαμεν ἡμεῖς οὑτωσί·

καὶ σέο, Λακύδη, φάτιν ἔκλυον, ὡς ἄρα καί σε
Βάκχος ἑλὼν Ἀΐδην ποσσὶν ἔσυρεν ἄκροις.
ἦ σαφὲς ἦν· Διόνυσος ὅταν πολὺς ἐς δέμας ἔλθῃ, 30
λῦσε μέλη· διὸ δὴ μήτι Λυαῖος ἔφυ;

23–25 i.e. anno 241/0   **28–31** Anth. Pal. 7.105.

26 (ἡ—πολυποσίας) Φ 40 (253.12)   **28–31** Pal.

24 (καὶ—καὶ) om. F¹, suppl. F²ˢ·ˡ·   **27** οὑτωσὶ Pˣ(ὶ* in ras. et ras. etiam
supra ὑ): οὕτως· εἰ BP¹(Q)F   **28** σέο PF: σὲ ὁ B   λακύδη F, Pal.: -ης BP
ἄρα καί σε Cob.: ἄρα καὶ σὺ BPF, Pal.: ἄρ᾽ ἄκαιρος Beckby   **29** Βάκχος
Cob.: Βάκχον (-χχ- B) BPF: -ου Pal.   Ἀΐδη Cob., fort. recte   ποσσὶν B,
Pal.: ποσὶν PF   ἔσυρεν Cob.: -ρες BPF, Pal.   **30** ἔλθῃ BF: -οι P   **31**
λῦσε μέλη BP: λυσιμελὴς F: -ὴ Pal.

[62] Καρνεάδης Ἐπικώμου ἢ Φιλοκώμου, ὡς Ἀλέξανδρος ἐν Διαδοχαῖς, Κυρηναῖος. οὗτος τὰ τῶν Στωϊκῶν βιβλία ἀναγνοὺς ἐπιμελῶς <καὶ μάλιστα> τὰ Χρυσίππου, ἐπιεικῶς αὐτοῖς ἀντέλεγε καὶ εὐημέρει τοσοῦτον, ὥστε
5 ἐκεῖνο ἐπιλέγειν·

εἰ μὴ γὰρ ἦν Χρύσιππος, οὐκ ἂν ἦν ἐγώ.

φιλόπονος δὲ ἄνθρωπος γέγονεν εἰ καί τις ἄλλος, ἐν μὲν τοῖς φυσικοῖς ἧττον φερόμενος, ἐν δὲ τοῖς ἠθικοῖς μᾶλλον. ὅθεν καὶ ἐκόμα καὶ ἔτρεφεν ὄνυχας ἀσχολίᾳ τῇ περὶ τοὺς
10 λόγους. τοσοῦτον δὲ ἴσχυσεν ἐν φιλοσοφίᾳ ὥστε καὶ τοὺς ῥήτορας ἀπολύσαντας ἐκ τῶν σχολῶν παρ' αὐτὸν ἰέναι καὶ αὐτοῦ ἀκούειν.

[63] ἦν δὲ καὶ μεγαλοφωνότατος, ὥστε τὸν γυμνασίαρχον προσπέμψαι αὐτῷ μὴ οὕτω βοᾶν· τὸν δὲ
15 εἰπεῖν, 'καὶ δὸς μέτρον φωνῆς.' ὅθεν εὐστόχως ἑλόντα ἀμείψασθαι· φάναι γάρ, 'μέτρον ἔχεις τοὺς ἀκούοντας.' δεινῶς τε ἦν ἐπιπληκτικὸς καὶ ἐν ταῖς ζητήσεσι δύσμαχος. τά τε δεῖπνα λοιπὸν παρῃτεῖτο διὰ τὰς προειρημένας αἰτίας. οὗτός ποτε Μέντορος τοῦ Βιθυνοῦ μαθητοῦ ὄντος
20 καὶ παρ' αὐτὸν ἐλθόντος εἰς τὴν διατριβήν, ὡς ἐπείρα αὐτοῦ τὴν παλλακὴν ὁ Μέντωρ, καθά φησι Φαβωρῖνος ἐν Παντοδαπῇ ἱστορίᾳ, μεταξὺ λέγων παρῴδησεν εἰς αὐτόν·

Vitam Carneadis ed. Mette, Lakydes-Kleitomachos test. 1a **1–2** (Καρνεάδης—Κυρηναῖος) Alex. Polyhist. FGrHist 273 F 90 = 6 Giannat. **19** (οὗτός)**–27** Favor. fr. 67 Bar. = 35 Mensch. = 72 Am.

2 (οὗτος)**–6** Φ 41 (253.14–17)   **13–16** (ἀκούοντας) Φ 41 (253.18–21)   **20** (ὡς)**–27** Φ 41 (253.21–254.3)

Ante **1** tit. καρνεάδης Pˣ   **1** καρνεάδης om. B   **3** ἐπιμελεστατὰ τὰ B: -λέστατα F: ἐπιμελῶς τὰ P: om. Φ   καὶ μάλιστα add. Cob., <ἐν οἷς> ἐπ. Richards 341   τὰ Χρυσίππου 'ut interpretamentum ad (**6**) delevi, possis etiam ἐπιμελῶς <τε s. δὲ> τὰ Χρ.' V. d. Muehll   **6** μὴ γὰρ ΒΡ: γὰρ μὴ F   **9** ἐκόμα Pˡ(Q), corr. P⁴   **9** τοὺς om. F   **14** προσπέμψαι ΒΡΦ: προπ- F   **15** ὅθεν ΒΡF: τὸν δὲ Φ   ἑλόντα om. Φ   **16** ἔχεις μέτρον Φ   **17** δεινῶς ΒΡ: -ὸς F   **20** ὡς om. ΒΡˡ   **21** παλακὴν ΡF

[64]   πωλεῖταί τις δεῦρο γέρων ἅλιος νημερτής,
Μέντορι εἰδόμενος ἠμὲν δέμας ἠδὲ καὶ αὐδήν·
τοῦτον σχολῆς τῆσδ᾽ ἐκκεκηρῦχθαι λέγω.   25

καὶ ὅς ἀναστάς·

οἱ μὲν ἐκήρυσσον, τοὶ δ᾽ ἠγείροντο μάλ᾽ ὦκα.

δειλότερον δέ πως δοκεῖ περὶ τὴν τελευτὴν ἀνεστράφθαι,
ὅτε συνεχὲς ἔλεγεν· 'ἡ συστήσασα φύσις καὶ διαλύσει.'
μαθών τε Ἀντίπατρον φάρμακον πιόντα ἀποθανεῖν,   30
παρωρμήθη πρὸς τὸ εὐθαρσὲς τῆς ἀπαλλαγῆς καί φησι
'δότε οὖν κἀμοί·' τῶν δὲ εἰπόντων 'τί;' 'οἰνόμελι,' εἶπε.
τελευτῶντος δ᾽ αὐτοῦ φασιν ἔκλειψιν γενέσθαι σελήνης,
συμπάθειαν, ὡς ἂν εἴποι τις, αἰνιττομένου τοῦ μεθ᾽ ἥλιον
καλλίστου τῶν ἄστρων.   35

[65] φησὶ δὲ Ἀπολλόδωρος ἐν Χρονικοῖς ἀπελθεῖν αὐτὸν
ἐξ ἀνθρώπων ἔτει τετάρτῳ τῆς δευτέρας καὶ ἑξηκοστῆς
καὶ ἑκατοστῆς Ὀλυμπιάδος, βιώσαντα ἔτη πέντε πρὸς
τοῖς ὀγδοήκοντα. φέρονται δὲ αὐτοῦ ἐπιστολαὶ πρὸς
Ἀριαράθην τὸν Καππαδοκίας βασιλέα. τὰ δὲ λοιπὰ αὐτοῦ   40
οἱ μαθηταὶ συνέγραψαν· αὐτὸς δὲ κατέλιπεν οὐδέν.

ἔστι καὶ εἰς τοῦτον ἡμῶν τῷ λογαοιδικῷ καὶ
Ἀρχεβουλείῳ μέτρῳ·

23–24 Hom. δ 384, β 268 = β 401   **25** Cf. Soph., Antig. 203   **27** Hom.
Β 52   **30** (μαθών)**–32** (εἶπε) SVF III Antip. 7   **36–39** (ὀγδοήκοντα)
Apollod. FGrHist 244 F 51   i.e. anno 129/8

---

29 (συνεχὲς)**–35** Φ 41 (254.4–10)

---

23 δεῦρο om. F¹, suppl. F²ˢ·ˡ·   **25** τῆσδ᾽ F: -δε ΒΡΦ   **26** ἀναστὰς ἔφη
Φ (sed cf. supra § 29 et 34)   **27** τοὶ ΡFΦ: οἳ Β   **28** δειλότερον Kuehn:
δειν- ΒΡF   ἀνεστράφθαι ΒΡ²F: ἀπ- Ρ¹(Q)   **29** συνεχῶς Φ   **30**
μαθών (-θόν Β¹) τε Β²Ρ: μαθὼν δ᾽ Φ: -όντα F   **32** τῶν δὲ εἰπόντων
ΒΡF: εἶπ. δὲ Φ   τί δε (sic) F   εἶπε Φ: εἶπεν Cob.   **34** αἰνιττομένου
rec.: -μένης ΒΡFΦ   **35** καλλίστου Ρ: καλί- Β: κάλλιστον F
40 ἀριαράθην ΡF: ἀριανὸν Β   **41** συνέγραψαν F: ξυν- ΒΡ   κατέλιπεν
F: -λειπεν Β: -ελίπε Ρ   οὐδὲν ΒF: μηδὲν Ρ   **42** καὶ ἔστι καὶ F
λογαοιδικῷ F: λογιαοι- ΒΡ¹(Q)   **43** ἀρχεβουλίῳ ΒΡ: ἀρχαιβουλείῳ F
καὶ Ἀρχεβουλείῳ del. Cob.   μέτρῳ post λογ. transp. F

τί με Καρνεάδην, τί με, Μοῦσα, θέλεις ἐλέγχειν;

45   ἀμαθὴς <γὰρ> ὅς οὔ τι κάτοιδεν ὅπως δεδοίκει

τὸ θανεῖν, ὅτε καὶ φθισικήν ποτ' ἔχων κακίστην

νόσον, οὐκ ἔθελεν λύσιν ἰσχέμεν. ἀλλ' ἀκούσας

ὅτι φάρμακον Ἀντίπατρός <τι> πιὼν ἀπέσβη,

[66]   'δότε τοίνυν, ἔφησέ, τι κἀμὲ πιεῖν.' 'τί μέντοι;'

50   'τί; δότ' οἰνόμελι.' σφόδρα τ' εἶχε πρόχειρα ταυτί·

'φύσις ἡ συνέχουσά με καὶ διαλύσεται δή.'

{καὶ} ὁ μὲν οὐδὲν ἔλασσον ἔβη κατὰ γῆς, ἐνῆν δὲ

τὰ πλέω κακὰ κέρδε' ἔχοντα μολεῖν ἐς ᾅδην.

λέγεται καὶ τὰς ὄψεις νυκτὸς ὑποχυθῆναι καὶ ἀγνοεῖν·
55 κελεῦσαί τε τὸν παῖδα λύχνον ἅψαι· εἰσκομίσαντος δὲ καὶ
εἰπόντος, 'κεκόμικα,' 'οὐκοῦν,' εἰπεῖν, 'σὺ ἀναγίνωσκε.'

τούτου πολλοὶ μὲν καὶ ἄλλοι γεγόνασι μαθηταί,
ἐλλογιμώτατος δὲ Κλειτόμαχος· περὶ οὗ καὶ λεκτέον.

γέγονε μέντοι καὶ ἄλλος Καρνεάδης, ἐλεγείας ποιητὴς
60 ψυχρός.

---

58 (περὶ οὗ καὶ λεκτέον) infra § 67.

54–56 Φ 41 (254.10–13).

44–53 Vid. Dorandi, Notes 253–4   **44** μοῦσα FPˣ: -αι B, P¹(Q)   **45** γὰρ add. Grotius ap. Menag.   **46** ὅ τε Casantini 80   ποτὲ BF   **47** ἔθελεν B: -ε PF   ἰσχέμεν BP: ἐ- F   **48** τι add. Menag.   **49** κἀμὲ B: κἀμοὶ PF   **50–51** distinxit Gallavotti 101   **50** δότ' PF: δ' ὅτ' B   τ' BP: τε F   **52** καὶ secl. Cob.: καὶ ὁ μὲν οὐδὲν PF: καιομένου δὲ B   χ' ὁ Menag. ἔλασσον—δὲ om. B¹, suppl. B²ᵐᵍ   δὲ B²PF: δ'<οἶ> Marcov.   **53** κέρδε' ἔχοντα BPF: κ. ἔχοντι Marcov.: κερτομέοντα Gigante 507¹⁴⁷. Vid. Casantini 77–80   ἐς BP: εἰς F   Ἅιδου Cob.   **55** τέ τε τὸν B   **57** μὲν om. F¹, suppl. F²ˢ·ˡ·

[67] Κλειτόμαχος Καρχηδόνιος. οὗτος ἐκαλεῖτο μὲν
Ἀσδρούβας καὶ τῇ ἰδίᾳ φωνῇ κατὰ τὴν πατρίδα ἐφιλοσόφει.
ἐλθὼν δ᾽ εἰς Ἀθήνας ἤδη τετταράκοντα ἔτη γεγονὼς ἤκουσε
Καρνεάδου· κἀκεῖνος ἀποδεξάμενος αὐτοῦ τὸ φιλόπονον
γράμματά τε ἐποίησε μαθεῖν καὶ συνήσκει τὸν ἄνδρα. ὁ δὲ ἐς 5
τοσοῦτον ἤλασεν ἐπιμελείας, ὥστε ὑπὲρ τὰ τετρακόσια
βιβλία συνέγραψε. καὶ διεδέξατο τὸν Καρνεάδην καὶ τὰ
αὐτοῦ μάλιστα διὰ τῶν συγγραμμάτων ἐφώτισεν. ἀνὴρ ἐν
ταῖς τρισὶν αἱρέσεσι διατρίψας, ἔν τε τῇ Ἀκαδημαϊκῇ καὶ
Περιπατητικῇ καὶ Στωϊκῇ. 10
   καθόλου δὲ τοὺς Ἀκαδημαϊκοὺς ὁ Τίμων οὕτω διασύρει·

       οὐδ᾽ Ἀκαδημιακῶν πλατυρημοσύνης ἀναλίστου.

Vitam Clitomachi ed. Mette, Lakydes-Kleitomachos test. ıa   **12** Timon
SH 809 = fr. 35 Di Marco.

Ante **1** tit. κλειτόμαχος Pˣ   **1** κλειτόμαχος om. B   **2** ἀσδρούβας P:
ἀν- BF   **3** ἤδη om. P   τετταράκοντα ἔτη BP: ἔ. τεσσ. F   **9**
διαπρέψας Cob. (cf. 5.64)   **11** οὕτω BP: οὑτωσὶ F   **12** Ἀκαδημιακῶν
W. Dindorf, Luciani opera I (1858) xxıı–ııı: -αϊκῶν B² (-κὸν B¹), PF
πλατυρρημοσύνης F   ἀναλίστου BP²: -ήστου P¹F   post ἀναλίστου
in B duo lineae vacuae, in P una linea cum ~Δ~, et secunda cum ~*~
(E erasum), i.e. finis libri quarti hic esto.

343

LIBER V

IV[67] Ἡμεῖς δὲ τοὺς Ἀκαδημαϊκοὺς τοὺς ἀπὸ Πλάτωνος διεληλυθότες ἔλθωμεν ἐπὶ τοὺς ἀπὸ Πλάτωνος Περιπατητικούς, ὧν ἦρξεν Ἀριστοτέλης.

V[1] Ἀριστοτέλης Νικομάχου καὶ Φαιστίδος Σταγειρίτης.

5 ὁ δὲ Νικόμαχος ἦν ἀπὸ Νικομάχου τοῦ Μαχάονος τοῦ Ἀσκληπιοῦ, καθά φησιν Ἕρμιππος ἐν τῷ Περὶ Ἀριστοτέλους· καὶ συνεβίου Ἀμύντᾳ τῷ Μακεδόνων βασιλεῖ ἰατροῦ καὶ φίλου χρείᾳ. οὗτος γνησιώτατος τῶν Πλάτωνος μαθητῶν, τραυλὸς τὴν φωνήν, ὥς φησι Τιμόθεος

10 ὁ Ἀθηναῖος ἐν τῷ Περὶ βίων· ἀλλὰ καὶ ἰσχνοσκελής, φασίν, ἦν καὶ μικρόμματος ἐσθῆτί τε ἐπισήμῳ χρώμενος καὶ δακτυλίοις καὶ κουρᾷ. ἔσχε δὲ καὶ υἱὸν Νικόμαχον ἐξ Ἑρπυλλίδος τῆς παλλακῆς, ὥς φησι Τιμόθεος.

[2] ἀπέστη δὲ Πλάτωνος ἔτι περιόντος· ὥστε φασὶν

15 ἐκεῖνον εἰπεῖν, Ἀριστοτέλης ἡμᾶς ἀπελάκτισε καθαπερεὶ τὰ πωλάρια †γεννηθέντα† τὴν μητέρα.' φησὶ δὲ Ἕρμιππος ἐν τοῖς Βίοις ὅτι πρεσβεύοντος αὐτοῦ πρὸς Φίλιππον ὑπὲρ Ἀθηναίων σχολάρχης ἐγένετο τῆς ἐν Ἀκαδημίᾳ σχολῆς

Vitam Aristotelis ed. Duering 29–56 et Gigon 19–25. Testamentum (§ 11–16), una cum arabica versione, ed. Plezia 38–42; apophthegmata (§ 17–21) ed. Searby 99–104 **3–8** (χρείᾳ) Hermipp. FGrHistCont 1026 F 32 **8** (οὗτος)**–13** Timoth. FGrHistCont 1079 F 3 **16** (φησὶ)**–25** Hermipp. FGrHistCont 1026 F 33

14–16 (μητέρα) Φ 42 (254.16–18)

Inscriptio λαερτίου διογένους τῶν εἰς δέκα τὸ ε' FP⁴: τόμος ε' Φ.   Ante **4** tit. ἀριστοτέλης P^xmgΦ: περὶ ἀριστοτέλους F^2mg **4** φαιστίδος Vat. gr. 1144 f. 213v (coni. Nunnesius, De stud. philos. [1621] 43 conl. Dion. Halic., Amm. 1.5): φεστίδος B: φαιστιάδος P: ἐφεστιάδος F **5** μαχάωνος F **8** <ἐν> ἰατροῦ Richards 341, an recte? **9** μαθητῶν BPF^2mg: ἀδελφῶν F¹, sed expunxit **11** ἐσθῆτί τε PF: ἐσθῆτι τε B **12** καὶ κουρᾷ in B erasum **13** ἐρπυλίδος PF   παλλακῆς B: παλα- PF   Τίμαιος C. Mueller, FHG I 211 **14** περιόντος BPF⁴: περιι- P¹(Q) **15** τὰ suppl. P⁴ **16** γεννηθέντα BPF: <μεγάλα> vel <ἀπογάλακτα> γενηθέντα Richards 341: κορεσθέντα Duering (conl. Ael., Var. hist. 4.9)   δὲ B: δ' P: δὲ καὶ F

Ξενοκράτης· ἐλθόντα δὴ αὐτὸν καὶ θεασάμενον ὑπ᾽ ἄλλῳ
τὴν σχολήν, ἐλέσθαι περίπατον τὸν ἐν Λυκείῳ καὶ μέχρι μὲν   20
ἀλείμματος ἀνακάμπτοντα τοῖς μαθηταῖς συμφιλοσοφεῖν·
ὅθεν περιπατητικὸν προσαγορευθῆναι (οἱ δ᾽ ὅτι ἐκ νόσου
περιπατοῦντι Ἀλεξάνδρῳ συμπαρὼν διελέγετο ἄττα). [3]
ἐπειδὴ δὲ πλείους ἐγίνοντο, ἤδη καὶ ἐκάθισεν εἰπών·

αἰσχρὸν σιωπᾶν, Ξενοκράτη δ᾽ ἐᾶν λέγειν·   25

καὶ πρὸς θέσιν συνεγύμναζε τοὺς μαθητάς, ἅμα καὶ
ῥητορικῶς ἐπασκῶν.

ἔπειτα μέντοι ἀπῆρε πρὸς Ἑρμίαν τὸν εὐνοῦχον,
Ἀταρνέως ὄντα τύραννον· ὃν οἱ μέν φασι παιδικὰ γενέσθαι
αὐτοῦ, οἱ δὲ καὶ κηδεῦσαι αὐτῷ δόντα τὴν θυγατέρα ἢ   30
ἀδελφιδῆν, ὥς φησι Δημήτριος ὁ Μάγνης ἐν τοῖς Περὶ
ὁμωνύμων ποιητῶν τε καὶ συγγραφέων· ὃς καὶ δοῦλον
Εὐβούλου φησὶ γενέσθαι τὸν Ἑρμίαν, γένει Βιθυνὸν ὄντα
καὶ τὸν δεσπότην ἀνελόντα. Ἀρίστιππος δ᾽ ἐν τῷ πρώτῳ
Περὶ παλαιᾶς τρυφῆς φησιν ἐρασθῆναι τὸν Ἀριστοτέλη   35
παλλακίδος τοῦ Ἑρμίου. [4] τοῦ δὲ συγχωρήσαντος ἔγημέ
τε αὐτὴν καὶ ἔθυεν ὑπερχαίρων τῷ γυναίῳ, ὡς Ἀθηναῖοι τῇ
Ἐλευσινίᾳ Δήμητρι· τῷ τε Ἑρμίᾳ παιᾶνα ἔγραψεν, ὃς ἔνδον
γέγραπται.

---

25 Cf. Eur. fr. 796.2 Kann.   28–34 (ἀνελόντα) Demetr. Magn. fr. 15
Mejer   34 (Ἀρίστιππος)–38 (Δήμητρι) ps.-Aristipp. fr. 2 Dor.
38 (ἔνδον) infra § 7–8

---

19 ἄλλῳ BP: -ο F   20 μὲν in ras. add. Pˣ   22 περιπατητικοὺς Reiske
311. Vid. Dorandi, Notes 254   ἐκ νόσου BFPⁿ: ἐκεῖνος οὐ Pˡ
23 συμπαρὼν BPF: -περιιὼν Richards 345: -περιπατῶν Casaub.
24 καὶ ἐκάθισεν Β (-θη- Β) PF: ἤδη, ἐκάθισεν καὶ εἰπών ... λέγειν {καὶ}
πρὸς Duering. Vid. Dorandi, Notes 254   25 Ἰσοκράτην Menag. ex Cic.,
De or. 3.141 et Quint., Inst. 3.1.14. Vid. Moraux, Composition 136² et Düring
58   26 ἅμα om. F   28 ἑρμίαν Β: -είαν PF De forma, vid. SIG³ 229
(= P. J. Rhodes-R. Osborne, Greek Historical Inscriptions 404–323 BC [2003]
40, 68)   31 ἀδελφιδῆν P, -φιδῆ Β² (ιδῆ in ras.)   33 βιθυνὸν P:
βυθι- Β: βιθι- F   34 πρώτῳ BP: om. F: τετάρτῳ Wil., Ant. 48
36 παλλακίδος Β: παλα- PF   ἑρμίου Β: -είου PF   38 ἐλευσινία BF:
-νίδι P

345

40 ἐντεῦθέν τε γενέσθαι ἐν Μακεδονίᾳ παρὰ Φιλίππῳ καὶ
λαβεῖν μαθητὴν παρ' αὐτοῦ τὸν υἱὸν Ἀλέξανδρον, καὶ
αἰτῆσαι ἀναστῆσαι αὐτοῦ τὴν πατρίδα κατασκαφεῖσαν
ὑπὸ Φιλίππου καὶ τυχεῖν. οἷς καὶ νόμους θεῖναι. ἀλλὰ καὶ
ἐν τῇ σχολῇ νομοθετεῖν μιμούμενον Ξενοκράτην, ὥστε
45 κατὰ δέκα ἡμέρας ἄρχοντα ποιεῖν. ἐπειδὴ δὲ ἐδόκει
ἐπιεικῶς αὐτῷ συγγεγενῆσθαι Ἀλεξάνδρῳ, ἀπῆρεν εἰς
Ἀθήνας, συστήσας αὐτῷ τὸν συγγενῆ Καλλισθένη τὸν
Ὀλύνθιον· [5] ὃν καὶ παρρησιαστικώτερον λαλοῦντα
τῷ βασιλεῖ καὶ μὴ πειθόμενον αὐτῷ φασιν ἐπιπλήξαντα
50 εἰπεῖν·

ὠκύμορος δή μοι, τέκος, ἔσσεαι, οἷ' ἀγορεύεις.

καὶ δὴ καὶ ἐγένετο. δόξας γὰρ Ἑρμολάῳ
συμμετεσχηκέναι τῆς εἰς Ἀλέξανδρον ἐπιβουλῆς ἐν σιδηρᾷ
περιήγετο γαλεάγρᾳ, φθειριῶν καὶ ἀκόμιστος· καὶ τέλος
55 λέοντι παραβληθείς, οὕτω κατέστρεψεν.

ὁ δ' οὖν Ἀριστοτέλης ἐλθὼν εἰς τὰς Ἀθήνας καὶ τρία πρὸς
τοῖς δέκα τῆς σχολῆς ἀφηγησάμενος ἔτη ὑπεξῆλθεν εἰς
Χαλκίδα, Εὐρυμέδοντος αὐτὸν τοῦ ἱεροφάντου δίκην
ἀσεβείας γραψαμένου ἢ Δημοφίλου, ὡς φησι Φαβωρῖνος ἐν
60 Παντοδαπῇ ἱστορίᾳ, ἐπειδήπερ τὸν ὕμνον ἐποίησεν εἰς τὸν
προειρημένον Ἑρμίαν, [6] ἀλλὰ καὶ ἐπίγραμμα ἐπὶ τοῦ ἐν
Δελφοῖς ἀνδριάντος τοιοῦτον·

44 Ξενοκράτην] deest ap. Isnardi   Vid. Dorandi, Antigone 50[115]
45 (ἐπειδὴ)–**55** Callisth. Olynth. FGrHist 124 T 6   **51** Hom. Σ 95
56–61 (Ἑρμίαν) Favor. fr. 68 Bar. = 36 Mensch. = 73 Am.

47 (συστήσας)–**55**Φ 42 (254.18–27)

41 παρ' αὐτοῦ μαθητὴν B   ἀλεξάνδρου B   **47** καλλισθένη
BPΦ: -ην F   **49** φασιν δὲ F   **51** ἔσσεαι PΦ: ἔσσαιε B: ἔσαιε F
54 γαλεάγρα F: γαλαι- BP   **59–60** ἐν παντοδαπῇ ἱστορίᾳ om. F[1],
suppl. F[2mg]   **60** ἐποίησεν BP: ἐποίει F   **61** ἑρμείαν B[2]

τόνδε ποτ' οὐχ ὁσίως παραβὰς μακάρων θέμιν ἁγνὴν
ἔκτεινεν Περσῶν τοξοφόρων βασιλεύς,
οὐ φανερῶς λόγχη φονίοις ἐν ἀγῶσι κρατήσας,   65
ἀλλ' ἀνδρὸς πίστει χρησάμενος δολίου.

ἐνταῦθα δὴ πιὼν ἀκόνιτον ἐτελεύτησεν, ὥς φησιν
Εὔμηλος ἐν τῇ πέμπτῃ τῶν Ἱστοριῶν, βιοὺς ἔτη
ἑβδομήκοντα. ὁ δ' αὐτός φησιν αὐτὸν καὶ Πλάτωνι
τριακοντούτην συστῆναι, διαπίπτων· βεβίωκε γὰρ τρία μὲν   70
πρὸς τοῖς ἑξήκοντα, Πλάτωνι δὲ ἑπτακαιδεκέτης συνέστη.
ὁ δὲ ὕμνος ἔχει τοῦτον τὸν τρόπον·

[7]   ἀρετὰ πολύμοχθε γένει βροτείῳ,
            θήραμα κάλλιστον βίῳ,
            σᾶς πέρι, παρθένε, μορφᾶς   75
            καὶ θανεῖν ζηλωτὸς ἐν Ἑλλάδι πότμος
            καὶ πόνους τλῆναι μαλεροὺς ἀκάμαντας·
            τοῖον ἐπὶ φρένα βάλλεις
            καρπὸν ἰσαθάνατον χρυσοῦ τε κρείσσω

63–66 Arist. epigr. 1 Page (Epigr. Gr. 623–6 = FGE 109–2) = fr. 674 R.³ =
carm. fr. 2 Plezia   **67–71** Eumelos FGrHist 77 F 1   **73–93** PMG
842 = Arist. fr. 675 R.³ = carm. fr. 1 Plezia

64 ἔκτεινεν B²P⁴, Didym., In Demosth. col. 6.39–43 Diels-Schubart (= CPF I
1* 24T): -νε B¹P¹F   **65** φανερῶς λόγχη BPF: -ᾶς -ης Didym.: -ᾷ -η
Diels–Schubart, Didymi de Demosth. Comm. (1904²) 12   φονίοισ' Diehl,
Anth. lyr. I 116   **66** πίστει BPF: πειθοῖ E. Orth, Helmantica 4 (1953)
389–90   **70** γὰρ τρία μὲν BP: μὲν γ' F   **71** ἑπτακαιδεκέτης P¹:
ἑπτὰ καὶ δεκαέτης B: ἑπτακαιδεκαέτης P⁴: -άτη F   **73** βροτείῳ BP,
Athen. 15, 696 B-D: -έῳ Didym., In Demosth. col. 6.22–36 Diels–Schubart
(= CPF I 1* 39T): -οῖο F   **74–75** βίῳ σᾶς PF: βιωσας B   **75** τε πέρι
Athen.   **77** ἀκάμαντας BPF: -μαντος Didym.: -αμάτους Athen.   **78**
τοιοῦτον F   φρενὶ V. Di Benedetto ap. A. Santoni in G. Arrighetti et
F. Montanari, Componente autobiografica poesia greca e latina (1993)
192 (cf. W. D. Furley–J. M. Bremmer, Greek Hymns II [2001] 225–6)
79 καρπὸν BPF, Didym., Athen., 'vix credibile' Page: ἅρπυν Bergk, PLG⁴ II
361: κάρτος Byw.: ἵμερον 'i.e. *amorem* auri, parentum, somni amore fortiorem'
Kaibel: τέρπος 'scripsi in Arist.' Marcov. (conl. Ariphr. PMG 813.3 et 6)
ἰσαθάνατον Didym. (coniecerant Bergk, PLG² II 520 et Wil., Arist. u. Athen.
II 408): εἰς ἀθάνατον BPF: τ' ἀ- Athen.   κρείσσω Didym., Athen.:
κρεῖσσων BP¹: -ον PˣF

LIBER V

80   καὶ γονέων μαλακαυγήτοιό θ᾽ ὕπνου.
    σοῦ δ᾽ ἔνεχ᾽ <οἵ> Διός, Ἡ-
    ρακλέης Λήδας τε κοῦροι,
    πόλλ᾽ ἀνέτλασαν, ἔργοις
    σὰν ἀγρεύοντες δύναμιν.
85   σοῖς τε πόθοις Ἀχιλεὺς Αἴ-
    ας τ᾽ Ἀΐδα δόμον ἦλθον·
[8]   σᾶς δ᾽ ἕνεκεν φιλίου μορφᾶς Ἀταρνέος
    ἔντροφος ἀελίου χήρωσεν αὐγάς.
    τοιγὰρ ἀοίδιμος ἔργοις,
90   ἀθάνατόν τε μιν αὐδήσουσι Μοῦσαι,
    Μναμοσύνας θύγατρες, Δι-
    ὸς ξενίου σέβας αὔξου-
    σαι φιλίας τε γέρας βεβαίου.

80 γονέων BPF, Didym., Athen., 'vix credibile' Page: γόνων 'scripsi in Arist.' Marcov. (conl. Ariphr. PMG 813.3 τεκέων) μαλακαυγήτοιό θ᾽ Athen.: μαλακαγή τοῖο θ᾽ P: μάλα καυγητοιοθ᾽ B: μάλα κ᾽ αὐγὴ· τοιοῦθ᾽ F: μαλακαυγήτου θ᾽ Didym. ὕπνους Athen. **81** σοῦ BPF: σεῦ Athen.: οου Didym. δ᾽ BPF, Athen.: γ᾽ Didym. ἔνεχ᾽ οἱ Διός Wil., Arist. u. Athen II 409: ἔνεκ᾽ ἐκ διὸς P¹F: (ὕπνους οὐδ)ὲν ἐκ ἐκ δ. B: (οουγ)ενειο οδειο Didym.: ἔνεκεν ὁ διός Athen. (cod. A): ἔνεχ᾽ ὁ διός Athen. (codd. CE): ἔνεχ᾽ οὐκ Διός Brunck, Anal. I 177: σεῦ δ᾽ ἔνεκεν <καὶ> ὁ δῖος Page (δῖος iam M. Neander, Opus aureum . . . [1577] 664) ἡρακλέης BPF: -κλεῆς Didym., Athen. **82** κοῦροι BPF², Athen.: κό- F¹, Didym. **83** πόλλ᾽ ἀνέτλασαν BPF, Athen.: πολληνεπλασαν Didym. **84** σὰν ἀγρεύοντες Athen.: ἀναγορ- BPF: . . . . .]επoντε[Didym.: σὰν †[. .]έποντες δύναμιν† 'lectio incerta . . . neque numeris mederi neque varias lectiones]επoντες, ἀγρεύοντες reconciliare possum' Page **85** τε BPF, Didym.: δὲ Athen. ἀχιλεὺς Didym. (coni. M. Maittaire, Miscellanea Graec. aliquot script. carmina [1722] 34): ἀχιλλ- BPF, Athen. **86** τ᾽ P¹F: θ᾽ BP² Ἀΐδα δόμον Wil., Arist. u. Athen II 409: ἀίδαο P¹: ἀίδαο BP²: ἀίδαο F² (ἰδ in ras. et ο addito) δόμους BPF, Didym., Athen. **87** φιλίου FP², Didym., Athen.: -ους BP μορφᾶς καὶ Athen. **88** ἔντροφον P ἀελίου BPF: ἠελ- Athen.: ἀλίου s. ἠλίου Didym. ([. . .]ου): ἀλίου Wil., Arist. u. Athen II 409 αὐγάς F, Athen. (codd. CE): αὐγᾶς P: αυτὰς B: αὔγας Athen. (cod. A) **89** τοιγὰρ B: ποῖ γὰρ PF ἀοίδιμος BPF: -ον Didym., Athen. **90** ἀθάνατον Didym., Athen.: -οι BPF αὐδήσουσι Wil., Arist. u. Athen II 409: αὐξ- BPF, Didym., Athen., an recte? Cf. R. Renehan, GRBS 23 (1982) 267–8 **91** μναμοσύνας BPF: μνημοσύνης Athen.: μνημ[ο]συ[Didym. θύγατρες BFP⁴, Didym.: θύγατερ P¹: -τέρες Athen. **93** βεβαίου BPF, Didym.: -ας Athen.

ἔστι δ' οὖν καὶ εἰς τοῦτον ἡμῶν οὕτως ἔχον·

Εὐρυμέδων ποτ' ἔμελλεν Ἀριστοτέλην ἀσεβείας 95
γράψασθαι Δηοῦς μύστιδος ὢν πρόπολος,
ἀλλὰ πιὼν ἀκόνιτον ὑπέκφυγε· τοῦτ' ἀκονιτὶ
ἦν ἄρα νικῆσαι συκοφάσεις ἀδίκους.

[9] τοῦτον πρῶτον Φαβωρῖνος ἐν Παντοδαπῇ ἱστορίᾳ
λόγον δικανικὸν ὑπὲρ ἑαυτοῦ συγγράψαι φησὶν ἐπ' αὐτῇ 100
ταύτῃ τῇ δίκῃ καὶ λέγειν ὡς Ἀθήνησιν

ὄγχνη ἐπ' ὄγχνῃ γηράσκει, σῦκον δ' ἐπὶ σύκῳ.

Φησὶ δ' Ἀπολλόδωρος ἐν Χρονικοῖς γεννηθῆναι μὲν αὐτὸν
τῷ πρώτῳ ἔτει τῆς ἐνάτης καὶ ἐνενηκοστῆς Ὀλυμπιάδος,
παραβαλεῖν δὲ Πλάτωνι καὶ διατρῖψαι παρ' αὐτῷ εἴκοσιν 105
ἔτη, ἑπτακαιδεκέτη συστάντα· καὶ εἰς {τε} Μιτυλήνην
ἐλθεῖν ἐπὶ ἄρχοντος Εὐβούλου τῷ τετάρτῳ ἔτει τῆς ὀγδόης
καὶ ἑκατοστῆς Ὀλυμπιάδος. Πλάτωνος δὲ τελευτήσαντος
τῷ πρώτῳ ἔτει ἐπὶ Θεοφίλου, πρὸς Ἑρμίαν ἀπᾶραι καὶ

95–98 Anth. Pal. 7.107   **99–102** Favor. fr. 69 Bar. = 37 Mensch. = 74 Am.
102 Cf. Hom. η 120–1   **103–104** i.e. anno 384/3   **103–119**
(Φιλοκλέους) Apollod. FGrHist 244 F 38a   **107** ἐπὶ ἄρχοντος Εὐβούλου]
i.e. anno 345/4   **109** ἐπὶ Θεοφίλου] i.e. anno 348/7   **110** (ἐπὶ)–**113**
(γεγονότος) Apollod. FGrHist 244 F 348b   **110** ἐπὶ Πυθοδότου] i.e. anno
343/2

95–98 Pal.   **95–96** Suda π 2775 (IV 218.25–6)   **97** Suda α 924
(I 85.29–30)   **98** Suda σ 1333 (IV 455.12–13)   **101** (λέγειν)–**102** Φ 42
(254.27–255.1)

---

95 ποτ' ἔμελλεν B, P¹ ut vid.: ποτὲ μέλλεν F, Pˣ (τὲ in ras.)   μέλλων Εὐρυμ.
ποτ' Pal., Suda   ἀριστοτέλει Pal., -λη Suda   ἀσεβείας om. Suda
96 δηιοῦς Pal.   πρόσπολος Pal.   **98** συκοφάσεις B (ras. supra υ et ι),
P: -άντας F: -άσους Pal., Suda   **100** λόγον om. F¹, suppl. F²ˢ·ˡ·   ἑαυτοῦ
PF: αὐ- B: αὐ- Mensching 23   φησὶν F: om. BP¹: φησὶ post λόγον suppl.
P⁴ˢ·ˡ·   **102** ὄχνη ἐπ' ὄχνη P¹FΦ   σύκω FP⁴: νίκη BP¹Φ   **103** ἐν τῶ F
105 διατρίψαι BPF   αὐτῷ Scaliger ap. Menag.: -ὸν BPF   **106**
ἑπτακαιδεκέτη P: ἑπτὰ καὶ δεκαετή (-α- B²ˢ·ˡ·) B: ἑπτακαίδεκα ἐτῶν F
106 (καὶ)–**108** (Ὀλυμπιάδος) post **110** (τρία) transp. A. Stahr, Aristotelia I
(1830) 85¹, sed vid. Gigante 510³³   **106** τε del. Cob.: καὶ del. Gigon
(τε servato)   μιτυλήνην BPF (cf. 1.74)   **109** ἔτει <τῆς ὀγδόης καὶ
ἑκατοστῆς Ὀλυμπιάδος> Stahr   ἑρμείαν B²

110 μεῖναι ἔτη τρία. [10] ἐπὶ Πυθοδότου δὲ ἐλθεῖν πρὸς Φίλιππον τῷ δευτέρῳ ἔτει τῆς ἐνάτης καὶ ἑκατοστῆς Ὀλυμπιάδος, Ἀλεξάνδρου πεντεκαίδεκα ἔτη ἤδη γεγονότος. εἰς δ᾽ Ἀθήνας ἀφικέσθαι τῷ δευτέρῳ ἔτει τῆς ἑνδεκάτης καὶ ἑκατοστῆς Ὀλυμπιάδος καὶ ἐν Λυκείῳ 115 σχολάσαι ἔτη τρία πρὸς τοῖς δέκα. εἶτα ἀπᾶραι εἰς Χαλκίδα τῷ τρίτῳ ἔτει τῆς τετάρτης καὶ δεκάτης καὶ ἑκατοστῆς Ὀλυμπιάδος καὶ τελευτῆσαι ἐτῶν τριῶν που καὶ ἑξήκοντα νόσῳ, ὅτε καὶ Δημοσθένη καταστρέψαι ἐν Καλαυρίᾳ, ἐπὶ Φιλοκλέους. λέγεται δὲ διὰ τὴν Καλλισθένους πρὸς 120 Ἀλέξανδρον σύστασιν προσκροῦσαι τῷ βασιλεῖ· κἀκεῖνον ἐπὶ τῷ τοῦτον λυπῆσαι Ἀναξιμένη μὲν αὐξῆσαι, πέμψαι δὲ καὶ Ξενοκράτει δῶρα.

[11] ἀπέσκωψε δ᾽ εἰς αὐτὸν ἐπίγραμμα καὶ Θεόκριτος ὁ Χῖος, οὑτωσὶ ποιήσας, ὥς φησιν Ἀμβρύων ἐν τῷ Περὶ 125 Θεοκρίτου·

> Ἑρμίου εὐνούχου ἠδ᾽ Εὐβούλου ἅμα δούλου
> σῆμα κενὸν κενόφρων τεῦξεν Ἀριστοτέλης.

111–113 i.e. anno 322/1   **117** (τελευτῆσαι)–**119** (Φιλοκλέους) Apollod. FGrHist 244 F 347c   **119** (λέγεται)–**122** Anaxim. Lamps. FGrHist 72 T 9a **126–127** SH 738.1–2

110 πυθοδότου (-δώτ- B) BP: πυδότου F   πρὸς BF: εἰς P   **112** πεντεκαίδεκα ἤτη P: πέντε καὶ δεκαητῆ B: ε' καὶ ι' ἐτῶν F: ιγ' vel ιδ' susp. Jacoby   **113** δ᾽ suppl. P⁴ˢˡ.   **115–117** ἀπᾶραι εἰς Χαλκίδα <καὶ> τῷ τρίτῳ ... Ὀλυμπιάδος {καὶ} τελευτῆσαι Moraux, Composition 125², 'Moraux recte, sed si corrigere Diogenem vis, scribe εἶτ᾽ ἀπᾶραι εἰς Χαλκίδα καὶ τελευτῆσαι τῷ τρίτῳ κτλ.' Duering   **115** ἀπᾶραι BF   **116** τετάρτης καὶ om. F   **117** ἐτῶν <ὄντα> Byw.   ποῦ τριῶν B   **118** δημοσθένη BP: -ην F   καλαυρίᾳ BF: καλαβρείᾳ P   **120–121** -κροῦσαι—μὲν om. F¹, suppl. F²ᵐᵍ   **121** ἀναξιμένη (-ξη- B) BP: -ην F²ᵐᵍ: Ἀνάξαρχον Aldobr. (conl. Plut., Alex. 8.5)   **123** ἐπίγραμμα del. Byw. **124** ἀμβρύων BP¹F: ἀμβυρύων P⁴: Βρύων R. Laqueur, RE VA 2 (1934) 2025 ex Didym., In Demosth. col. 6.44, sed vid. Leo, Biogr. 52⁶   **126** ἑρμίου B, Didym., In Demosth. col. 6.46–9 Diels–Schubart: -είου PF, Eus., PE 15.2.12 (= Aristocles fr. 2.12 Chiesara)   ἠδ᾽ BPF: τε καὶ Didym., Eus. (codd. BIᵇV): δὲ καὶ Eus. (codd. ON)   ἅμα BPF: τόδε Eus.   **127** σῆμα BPF, Didym.: μνῆμα Eus.   τεῦξεν BPF: θῆκεν Eus.   pleniorem epigram. textum exhibent Didym., Plut., De exil. 603 C, Eus.

ἀλλὰ καὶ Τίμων αὐτοῦ καθήψατο εἰπών·

οὐδ' ἄρ' Ἀριστοτέλους εἰκαιοσύνης ἀλεγεινῆς.

καὶ οὗτος μὲν ὁ βίος τοῦ φιλοσόφου. ἡμεῖς δὲ καὶ 130
διαθήκαις αὐτοῦ περιετύχομεν οὕτω πως ἐχούσαις·
'ἔσται μὲν εὖ· ἐὰν δέ τι συμβαίνῃ, τάδε διέθετο
Ἀριστοτέλης. ἐπίτροπον μὲν εἶναι πάντων καὶ διὰ παντὸς
Ἀντίπατρον· [12] ἕως δ' ἂν Νικάνωρ καταλάβῃ,
ἐπιμελεῖσθαι Ἀριστομένη, Τίμαρχον, Ἵππαρχον, Διοτέλη, 135
Θεόφραστον, ἐὰν βούληται καὶ ἐνδέχηται αὐτῷ, τῶν τε
παιδίων καὶ Ἑρπυλλίδος καὶ τῶν καταλελειμμένων. καὶ
ὅταν ὥρα ᾖ τῇ παιδί, ἐκδόσθαι αὐτὴν Νικάνορι· ἐὰν δὲ τῇ
παιδὶ συμβῇ τι (ὃ μὴ γένοιτο οὐδὲ ἔσται) πρὸ τοῦ γήμασθαι
ἢ ἐπειδὰν γήμηται, μήπω παιδίων ὄντων, Νικάνωρ κύριος 140
ἔστω καὶ περὶ τοῦ παιδίου καὶ περὶ τῶν ἄλλων διοικεῖν
ἀξίως καὶ αὑτοῦ καὶ ἡμῶν. ἐπιμελείσθω δὲ Νικάνωρ καὶ τῆς
παιδὸς καὶ τοῦ παιδὸς Νικομάχου, ὅπως ἂν ἀξιοῖ τὰ περὶ
αὐτῶν, ὡς καὶ πατὴρ ὢν καὶ ἀδελφός. ἐὰν δέ τι πρότερον
συμβαίνῃ Νικάνορι (ὃ μὴ γένοιτο) ἢ πρὸ τοῦ λαβεῖν τὴν 145
παῖδα ἢ ἐπειδὰν λάβῃ, μήπω παιδίων ὄντων, ἐὰν μέν τι
ἐκεῖνος τάξῃ, ταῦτα κύρια ἔστω. [13] ἐὰν δὲ βούληται
Θεόφραστος εἶναι μετὰ τῆς παιδός, καθάπερ πρὸς

---

129 Timon SH 810 = fr. 36 Di Marco   **132–151** Theophr. fr. 19 FHS&G

132–133 (ἔσται—Ἀριστοτέλης) Φ 42 (255.2–3)

129 ἀλέγειν ἧς B   **131** περιετύχομεν BF: ἐν- P   πῶς BF   ἐχούσης F
ut vid.   **132–188** vers. arab. testam. ex vita Ptolemaei servatur ap. Ibn an-
Nadīm, p. 247.20–248.14 Fluegel (hinc Ibn al-Ḳifṭī, p. 32.16–34.7 Lippert), Ibn
Abī Uṣaibiʻa, p. 60.22–61.17 Mueller et in cod. Aya Sofya 4833 (s. XVIII) ff.
13r 14–14v 4. Vid. Plezia 39 et 41 et Dorandi, Notes 254–5   **132** διέθετο BP:
διετί- F   **135** ἀριστομένη BP: -ην F   διοτέλη P: -ῆ BF   **137**
παιδίων B²P: παίδων B¹F   Ἑρπυλλίδος Buhle: -υλαΐδος BP¹F: -υλίδος P²
138 ἐκδόσθαι BP: ἐκδίδο- F   νεικάνο(ex ω)ρι B: νικάνωρι F   **142**
αὐτοῦ Huebn.: αὐ- BPF   **143** παιδὸς² BPF: παιδίου Plezia   **144** αὐτὰ
Reiske 312   **145** συμβαίνῃ P: -νει B: συμβαίη F: συμβῇ Cob.   **146** τι
P: τοι BF   **147** τάξῃ BP: -ξοι F   **148–149** εἶναι—Νικάνορα
BPF: 'oratio videtur turbata' Duering: Θεοφρ. ἐπιμε<λεῖσθαι> τ. π.,
<αὐτὸς κύριος ἔστω>, κ. <καὶ τὰ> π. Νικ. Marcov. conl. vers. arab.
148 πρὸς om. F

Νικάνορα· εἰ δὲ μή, τοὺς ἐπιτρόπους βουλευομένους μετὰ
150 Ἀντιπάτρου καὶ περὶ τῆς παιδὸς καὶ περὶ τοῦ παιδίου
διοικεῖν ὅπως ἂν αὐτοῖς δοκῇ ἄριστα εἶναι.

ἐπιμελεῖσθαι δὲ τοὺς ἐπιτρόπους καὶ Νικάνορα
μνησθέντας ἐμοῦ καὶ Ἑρπυλλίδος, ὅτι σπουδαία περὶ ἐμὲ
ἐγένετο, τῶν τε ἄλλων καὶ ἐὰν βούληται ἄνδρα λαμβάνειν,
155 ὅπως μὴ ἀναξίως ἡμῶν δοθῇ. δοῦναι δ᾽ αὐτῇ πρὸς τοῖς
πρότερον δεδομένοις καὶ ἀργυρίου τάλαντον ἐκ τῶν
καταλελειμμένων καὶ θεραπαίνας τρεῖς, <ἃς> ἂν βούληται,
καὶ τὴν παιδίσκην ἣν ἔχει καὶ παῖδα τὸν Πυρραῖον. [14] καὶ
ἐὰν μὲν ἐν Χαλκίδι βούληται οἰκεῖν, τὸν ξενῶνα τὸν πρὸς τῷ
160 κήπῳ· ἐὰν δὲ ἐν Σταγείροις, τὴν πατρῴαν οἰκίαν· ὁποτέραν
δ᾽ ἂν τούτων βούληται, κατασκευάσαι τοὺς ἐπιτρόπους
σκεύεσιν οἷς ἂν δοκῇ κἀκείνοις καλῶς ἔχειν καὶ Ἑρπυλλίδι
ἱκανῶς.

ἐπιμελείσθω δὲ Νικάνωρ καὶ Μύρμηκος τοῦ παιδίου,
165 ὅπως ἀξίως ἡμῶν τοῖς ἰδίοις ἐπικομισθῇ σὺν τοῖς
ὑπάρχουσιν ἃ εἰλήφαμεν αὐτοῦ. εἶναι δὲ καὶ Ἀμβρακίδα
ἐλευθέραν καὶ δοῦναι αὐτῇ, ὅταν ἡ παῖς ἐκδοθῇ,
πεντακοσίας δραχμὰς καὶ τὴν παιδίσκην ἣν ἔχει. δοῦναι δὲ
καὶ Θαλῇ πρὸς τῇ παιδίσκῃ ἣν ἔχει, τῇ ὠνηθείσῃ, χιλίας
170 δραχμὰς καὶ παιδίσκην· [15] καὶ Σίμῳ χωρὶς τοῦ πρότερον
ἀργυρίου αὐτῷ <δοθέντος> εἰς παῖδα ἢ ἄλλον παῖδα

---

149 νεικάνορα B   βουλευομένους BP: βουλο- F   **150** περὶ² suppl. P⁴
παιδίου BP: παιδὸς F   **151** δοκῇ BP: -κεῖ F   **153** ἑρπυλλίδος B:
-υλίδος P: -υλαίδος F   σπουδαῖα BF   ἐμὲ BP: ἐμοῦ F   **155** ἀναξίως
BF: -άξιος P: -αξίῳ Cob.   **157** ἃς add. Byw. (cf. infra § 55, 62, 63, 73)   ἂν
BF: ἐὰν P   **159** ἐν om. F¹, suppl. F²ᵐᵍ   βούληται τούτων F
162 Ἑρπυλλίδι Buhle: ἑρπυλίδι BPF   **165** ἀξίως BF¹: ἂν ἀ. P: ἀ. ἂν F²
ἐπικομισθῇ rec.: -σμιθῇ B: -ηθῇ PF   **166** ἀμβρακίδα P, γρ F²ᵐᵍ: -κάδα B:
ἀμειρακίδα F¹   **167–168** αὐτῇ—ἣν om. B¹, suppl. B²   **167** post αὐτῇ
lac. ind. Byw. conl. vers. arab.   **168** τὴν om. F¹, suppl. F²ˢ·ˡ·   **169** θάλα
B   **170** σίμῳ FP⁴: σιμω B: σιμῶ P¹(Q): σίμων Z: Σίμωνι Frob.   **171**
'nondum ab omni parte sana est oratio' Byw.   δοθέντος post αὐτῷ add.
Casaub., post ἄλλον Duering, post παῖδα¹ Marcov.   ἢ ἄλλον Marcov.: ἄλ.
ἢ BPF

ARISTOTELES

πρίασθαι ἢ ἀργύριον δοῦναι. Τάχωνα δὲ ἐλεύθερον εἶναι,
ὅταν ἡ παῖς ἐκδοθῇ, καὶ Φίλωνα καὶ Ὀλύμπιον καὶ τὸ
παιδίον αὐτοῦ. μὴ πωλεῖν δὲ τῶν παίδων μηδένα τῶν ἐμὲ
θεραπευόντων, ἀλλὰ χρῆσθαι αὐτοῖς· ὅταν δ' ἐν ἡλικίᾳ 175
γένωνται, ἐλευθέρους ἀφεῖναι κατ' ἀξίαν.
ἐπιμελεῖσθαι δὲ καὶ τῶν ἐκδεδομένων εἰκόνων παρὰ
Γρυλλίωνα, ὅπως ἐπιτελεσθεῖσαι ἀνατεθῶσιν, ἥ τε
Νικάνορος καὶ ἡ Προξένου, ἣν διενοούμην ἐκδοῦναι, καὶ ἡ
τῆς μητρὸς τῆς Νικάνορος· καὶ τὴν Ἀριμνήστου τὴν 180
πεποιημένην ἀναθεῖναι, ὅπως μνημεῖον αὐτοῦ ᾖ, ἐπειδὴ
ἄπαις ἐτελεύτησε· [16] καὶ <τὴν> τῆς μητρὸς τῆς ἡμετέρας
τῇ Δήμητρι ἀναθεῖναι εἰς Νεμέαν ἢ ὅπου ἂν δοκῇ. ὅπου δ'
ἂν ποιῶνται τὴν ταφήν, ἐνταῦθα καὶ τὰ Πυθιάδος ὀστᾶ
ἀνελόντας θεῖναι, ὥσπερ αὐτὴ προσέταξεν· ἀναθεῖναι δὲ καὶ 185
Νικάνορα σωθέντα, ἣν εὐχὴν ὑπὲρ αὐτοῦ ηὐξάμην, ζῷα
λίθινα τετραπήχη Διὶ σωτῆρι καὶ Ἀθηνᾷ σωτείρᾳ ἐν
Σταγείροις.'
τοῦτον ἴσχουσιν αὐτῷ αἱ διαθῆκαι τὸν τρόπον. λέγεται
δὲ καὶ λοπάδας αὐτοῦ πλείστας εὑρῆσθαι· καὶ Λύκωνα 190
λέγειν ὡς ἐν πυέλῳ θερμοῦ ἐλαίου λούοιτο καὶ τοὔλαιον
διαπωλοῖτο. ἔνιοι δὲ καὶ ἀσκίον θερμοῦ ἐλαίου ἐπιτιθέναι
αὐτὸν τῷ στομάχῳ φασί· καὶ ὁπότε κοιμῷτο, σφαῖραν
χαλκῆν βάλλεσθαι αὐτῷ εἰς τὴν χεῖρα λεκάνης ὑποκειμένης,

189 (λέγεται)–**192** (διαπωλοῖτο) Lyco/Lycus Iasens. FGrHistCont 1110 F 1b

192 (ἀσκίον)–**196** Φ 42 (255.3–7)

172 δοῦναι BP: ἐπι- F   τάχωνα BPF: Τύχωνα Z (Frob.)   **174** παίδων
Sylburg, Arist. opera (1587) 29: παιδίων BPF   **176** ἀφεῖναι P: -ῆναι BF
178 γρυλλίωνα (-λ- F) BPF: -ι Sylburg: -ος rec.   ἢ BP: εἴ F   **179** ἦν δὲ F
181 ἀναθῆναι B   **182** τὴν add. Casaub.   **183** τῇ Δήμητρι Casaub.:
τὴν δὴ μητέρα B: τ. δημητέρα PF² (-μήτερα F¹)   ἀναθῆναι BF   **185**
ἀνελόντας P⁴: -α BP¹F   **186** <διὰ> Νικάνορα Marcov.   εὐξάμην B
187 σωτείρη BP   **188** σταγείροις F: -η BP   **189** αἱ om. F¹, suppl. F²ˢ·ˡ·
191 inter ἐν et πυέλῳ add. ὑγρῶ B²ˢ·ˡ·   **191–192** καὶ τοὔλαιον
διαπωλοῖτο om. F¹, suppl. F²ᵐᵍ   **193** ὁπότ' ἐκοιμῶτο B   **194** χεῖρα
BPFΦ: καιρίαν (sc. ὥραν) olim P. Moraux, LEC 19 (1951) 305–15, sed vid. Id.
Composition 152²

353

195 ἵν' ἐκπεσούσης τῆς σφαίρας εἰς τὴν λεκάνην ὑπὸ τοῦ ψόφου ἐξέγροιτο.

[17] ἀναφέρεται δὲ εἰς αὐτὸν καὶ ἀποφθέγματα κάλλιστα ταυτί. ἐρωτηθεὶς τί περιγίνεται κέρδος τοῖς ψευδομένοις, 'ὅταν,' ἔφη, 'λέγωσιν ἀλήθειαν, μὴ πιστεύεσθαι.'

200 ὀνειδιζόμενός ποτε ὅτι πονηρῷ ἀνθρώπῳ ἐλεημοσύνην ἔδωκεν, 'οὐ τὸν τρόπον,' εἶπεν 'ἀλλὰ τὸν ἄνθρωπον ἠλέησα.' συνεχὲς εἰώθει λέγειν πρός τε τοὺς φίλους καὶ τοὺς φοιτῶντας αὐτῷ, ἔνθα ἂν καὶ ὅπου διατρίβων ἔτυχεν, ὡς ἡ μὲν ὅρασις ἀπὸ τοῦ περιέχοντος ἀέρος λαμβάνει τὸ φῶς,

205 ἡ δὲ ψυχὴ ἀπὸ τῶν μαθημάτων. πολλάκις δὲ καὶ ἀποτεινόμενος τοὺς Ἀθηναίους ἔφασκεν εὑρηκέναι πυροὺς καὶ νόμους· ἀλλὰ πυροῖς μὲν χρῆσθαι, νόμοις δὲ μή.

[18] τῆς παιδείας ἔφη τὰς μὲν ῥίζας εἶναι πικράς, τὸν δὲ καρπὸν γλυκύν. ἐρωτηθεὶς τί γηράσκει ταχύ, 'χάρις,' ἔφη.

210 ἐρωτηθεὶς τί ἐστιν ἐλπίς, 'ἐγρηγορότος,' εἶπεν, 'ἐνύπνιον.' Διογένους ἰσχάδ' αὐτῷ διδόντος νοήσας ὅτι, εἰ μὴ λάβοι, χρείαν εἴη μεμελετηκώς, λαβὼν ἔφη Διογένη μετὰ τῆς χρείας καὶ τὴν ἰσχάδα ἀπολωλεκέναι. πάλιν τε διδόντος λαβὼν καὶ μετεωρίσας ὡς τὰ παιδία εἰπών τε 'μέγας Διογένης,'

198 (ἐρωτηθεὶς)–199 (πιστεύεσθαι) sent. 11 Searby 200 (ὀνειδιζόμενός)–202 (ἠλέησα) sent. 12a Vid. infra 245–246 202 (συνεχὲς)–205 (μαθημάτων) sent. 13 205 (πολλάκις)–207 sent. 14 208–209 sent. 15 209 (ἐρωτηθεὶς–ἔφη) sent. 16 210 (ἐρωτηθεὶς—ἐνύπνιον) sent. 17 Vid. supra 2.118 211 (Διογένους)–219 (ὁρίσασθαι) Diog. cyn. SSR V B 68 211 (Διογένους)–213 (ἀπολωλεκέναι) sent. 18a 213 (πάλιν)–215 (αὐτῷ)

198 (ἐρωτηθεὶς)–207 Φ 42 (255.8–16) 209–241 (ἀναμένωσι) Φ 42 (255.16–256.22)

196 ἐξέγροιτο BPF: -εγείροιτο Φ 197 ἀναφέρεται BF: ἀπο- P 198 ταυτὶ PF: ταῦτα B 203 ἂν del. Byw. ὅπου del. Reiske 312 204 ἀέρος om. F, del. Cob. Vid. Dorandi, Notes 255 206 ἔφασκεν ΒΡΦ: ἔλεγεν F 208 ἔφη om. F 208–209 τὸν δὲ καρπὸν γλυκύν BF: γλυκεῖς δὲ τοὺς καρποὺς P¹: γλυκὺν δὲ τὸν καρπὸν P² 209 ἔφη ΒΡΦ: εἶπεν F 211 ἰσ. διδ. αὐτῶ F λάβοι BPF: -η Φ 212 διογένη ΒΡΦ: -ην F 213 καὶ om. F¹, suppl. F²ᵐᵍ τε ΒΦΡ: δὲ P 214 μετεωρίσας PF: -ήσας B

ARISTOTELES

ἀπέδωκεν αὐτῷ. τριῶν ἔφη δεῖν παιδείᾳ, φύσεως, 215
μαθήσεως, ἀσκήσεως. ἀκούσας ὑπό τινος λοιδορεῖσθαι,
'ἀπόντα με,' ἔφη, 'καὶ μαστιγούτω.' τὸ κάλλος παντὸς
ἔλεγεν ἐπιστολίου συστατικώτερον. [19] οἱ δὲ οὕτω μὲν
Διογένη φασὶν ὁρίσασθαι, αὐτὸν δὲ <θεοῦ> δῶρον εἰπεῖν
<τὴν> εὐμορφίαν· Σωκράτη δὲ ὀλιγοχρόνιον τυραννίδα· 220
Πλάτωνα προτέρημα φύσεως· Θεόφραστον σιωπῶσαν
ἀπάτην· Θεόκριτον ἐλεφαντίνην ζημίαν· Καρνεάδην
ἀδορυφόρητον βασιλείαν.
ἐρωτηθεὶς τίνι διαφέρουσιν οἱ πεπαιδευμένοι τῶν
ἀπαιδεύτων, 'ὅσῳ,' εἶπεν, 'οἱ ζῶντες τῶν τεθνεώτων.' τὴν 225
παιδείαν ἔλεγεν ἐν μὲν ταῖς εὐτυχίαις εἶναι κόσμον, ἐν δὲ ταῖς
ἀτυχίαις καταφυγήν. τῶν γονέων τοὺς παιδεύσαντας
ἐντιμοτέρους εἶναι τῶν μόνον γεννησάντων· τοὺς μὲν γὰρ
τὸ ζῆν, τοὺς δὲ τὸ καλῶς ζῆν παρασχέσθαι. πρὸς τὸν
καυχώμενον ὡς ἀπὸ μεγάλης πόλεως εἴη, 'οὐ τοῦτο,' ἔφη, 230
'δεῖ σκοπεῖν, ἀλλ' ὅστις μεγάλης πατρίδος ἄξιός ἐστιν.' [20]
ἐρωτηθεὶς τί ἐστι φίλος, ἔφη, 'μία ψυχὴ δύο σώμασιν
ἐνοικοῦσα.' τῶν ἀνθρώπων ἔλεγε τοὺς μὲν οὕτω φείδεσθαι
ὡς ἀεὶ ζησομένους, τοὺς δὲ οὕτως ἀναλίσκειν ὡς αὐτίκα

215 (τριῶν)–216 (ἀσκήσεως) sent. 19 216 (ἀκούσας)–217
(μαστιγούτω) sent. 20 217 (τὸ)–218 (συστατικώτερον) sent. 21
218 (οἱ)–220 (εὐμορφίαν) sent. 22 220 (Σωκράτη—τυραννίδα) Socr.
SSR I C 174 224–225 (τεθνεώτων) sent. 23 225 (τὴν)–227
(καταφυγήν) sent. 24 227 (τῶν)–229 (παρασχέσθαι) sent. 25 229
(πρὸς)–231 (ἔστιν) sent. 26 232 (ἐρωτηθεὶς)–233 (ἐνοικοῦσα) sent. 27
234 (τῶν)–235 (τεθνηξομένους) sent. 28

218 συστατικώτερον BP: ἐνσταλτικώ- F οὕτω Byw.: τοῦτο BPF
219 διογένη BP: -ην F φασὶ δ. F δὲ τοῦτο F θεοῦ add. Cob.:
φύσεως Marcov. 220 τὴν add. Matthaei ap. Chr. Walz, Arsenius (1832)
120⁸, 'debuisset (sc. Matthaei) corrigere δῶρον <τὴν> εὐμορφίαν. sed sen-
tentia etiam frigidiuscula videtur. malim ergo δ. εὐφυΐας' Walz εὐμορφίαν
Mer. Casaub.: -ίας BPFΦ. Vid. Dorandi, Notes 256 σωκράτη BP: -ην F
225 τεθνεώτων BFΦ: -νηκότων P 228 μόνον post ζῆν transp. A.
Nauck, Iambl. vit. Pythag. (1884) LXXXI: τῶν μόνον γεννησάντων secl.
Sternbach, Gnom. Vat. 41. Vid. Searby 180 229–230 τοὺς δὲ—ζῆν om.
B¹, suppl. B²ᵐᵍ 231 δεῖ om. P ὅστις BPF: εἴ τις Cob. 232 φιλία
Richards 343. Vid. Dorandi, Notes 256 233 φείδεσθαι BPΦ: φιλεῖ- F

355

235 τεθνηξομένους. πρὸς τὸν πυθόμενον διὰ τί τοῖς καλοῖς πολὺν χρόνον ὁμιλοῦμεν, 'τυφλοῦ,' ἔφη, 'τὸ ἐρώτημα.'

ἐρωτηθεὶς τί ποτ' αὐτῷ περιγέγονεν ἐκ φιλοσοφίας, ἔφη, 'τὸ ἀνεπιτάκτως ποιεῖν ἅ τινες διὰ τὸν ἀπὸ τῶν νόμων φόβον ποιοῦσιν.' ἐρωτηθεὶς πῶς ἂν προκόπτοιεν οἱ 240 μαθηταί, ἔφη, 'ἐὰν τοὺς προέχοντας διώκοντες τοὺς ὑστεροῦντας μὴ ἀναμένωσι.' πρὸς τὸν εἰπόντα ἀδολέσχην, ἐπειδὴ πολλὰ αὐτοῦ κατήντλησε, 'μήτι σου κατεφλυάρησα;' 'μὰ Δία,' εἶπεν· 'οὐ γάρ σοι προσεῖχον.' [21] πρὸς τὸν αἰτιασάμενον ὡς εἴη μὴ ἀγαθῷ ἔρανον 245 δεδωκώς (φέρεται γὰρ καὶ οὕτως) 'οὐ τῷ ἀνθρώπῳ,' φησίν, 'ἔδωκα, ἀλλὰ τῷ ἀνθρωπίνῳ.' ἐρωτηθεὶς πῶς ἂν τοῖς φίλοις προσφεροίμεθα, ἔφη, 'ὡς ἂν εὐξαίμεθα αὐτοὺς ἡμῖν προσφέρεσθαι.' τὴν δικαιοσύνην ἔφη ἀρετὴν ψυχῆς διανεμητικὴν τοῦ κατ' ἀξίαν. κάλλιστον ἐφόδιον τῷ γήρᾳ 250 τὴν παιδείαν ἔλεγε. φησὶ δὲ Φαβωρῖνος ἐν τῷ δευτέρῳ τῶν Ἀπομνημονευμάτων ὡς ἑκάστοτε λέγοι, 'ᾧ φίλοι οὐδεὶς φίλος'· ἀλλὰ καὶ ἐν τῶν Ἠθικῶν τῷ ἑβδόμῳ ἐστι. καὶ ταῦτα μὲν εἰς αὐτὸν ἀναφέρεται.

---

235 (πρὸς)–**236** sent. 29   **237–239** (ποιοῦσιν) sent. 30   **239** (ἐρωτηθεὶς)–**241** (ἀναμένωσι) sent. 31   **241** (πρὸς)–**243** (προσεῖχον) sent. 32a   **244** (πρὸς)–**246** (ἀνθρωπίνῳ) sent. 12b   **245** φέρεται γὰρ καὶ οὕτως] Vid. supra **200–202** et Searby 45, 158   **246** (ἐρωτηθεὶς)–**248** (προσφέρεσθαι) sent. 33   **248** (τὴν)–**249** (ἀξίαν) sent. 34   **249** (κάλλιστον)–**250** (ἔλεγε) sent. 35   **250** (φησὶ)–**252** (φίλος) sent. 36 Searby Favor. fr. 40 Bar. = 10 Mensch. = 48 Am.   **252** (ἐν τῶν Ἠθικῶν τῷ ἑβδόμῳ) Arist., EE H 12, 1245 b 20   Vid. EN Θ 4, 1156 b 25–32 et I 10, 1171 a 15–17

251–252 (ἑκάστοτε—φίλος) Φ 42 (256.22–3)

---

237 ποτ' om. F   περιγέγονεν BPΦ: -εγένετο F   **238–239** τὸν νόμον F   **242** αὐτοῦ πολλὰ F   κατήντλησε PF: -τησε B   **247** ἂν del. Richards 341   **248** προσφεροίμεθα BP: -όμεθα F   ἔφη post προσφέρεσθαι transp. F   **250** τῷ om. F   **251** λέγοι PF: -ει B² ᾧ B²: ὢ B¹PFΦ 'nonnulli legunt ᾧ πολλοὶ φίλοι, ut est in VII. Eudemiorum (H 12, 1245 b 20)' Casaub.   **252** τῷ* ἠθικῷ* (ex τῶν ἠθικῶν) τῷ ἑβδόμῳ F: τῷ ἠθικῷ τῶν ἑβδόμων BP: ἐν τῷ Ἠθικῶν ἑβδόμῳ Duering. Vid. Mensching 14–5[49]

συνέγραψε δὲ πάμπλειστα βιβλία, ἃ ἀκόλουθον
ἡγησάμην ὑπογράψαι διὰ τὴν περὶ πάντας λόγους 255
τἀνδρὸς ἀρετήν·

[22] Περὶ δικαιοσύνης α' β' γ' δ',
Περὶ ποιητῶν α' β' γ',
Περὶ φιλοσοφίας α' β' γ',
Πολιτικοῦ α' β',   260
Περὶ ῥητορικῆς ἢ Γρῦλος α',
Νήρινθος α',
Σοφιστὴς α',
Μενέξενος α',
Ἐρωτικὸς α',   265
Συμπόσιον α',
Περὶ πλούτου α',
Προτρεπτικὸς α',
Περὶ ψυχῆς α',
Περὶ εὐχῆς α',   270
Περὶ εὐγενείας α',
Περὶ ἡδονῆς α',
Ἀλέξανδρος ἢ ὑπὲρ ἀποίκων α',
Περὶ βασιλείας α',
Περὶ παιδείας α',   275
Περὶ τἀγαθοῦ α' β' γ',
Τὰ ἐκ τῶν Νόμων Πλάτωνος α' β' γ',
Τὰ ἐκ τῆς Πολιτείας α' β',

258, 338, 374 Arist., de poet. test. 1a Janko

---

254 πάμπλειστα βιβλία BP: β. πολλὰ F   ἃ PF: om. B¹: ἅπερ om. B¹,
suppl. B²ˢ·ˡ·   **255** ὑπογράψαι om. F¹, suppl. F²ᵐᵍ   **257–411** Catal.
librorum servant etiam Vit. Hesychii (ed. Duering 83–9 et Dorandi, Vita
Hesychii) et Vitae Ptolemaei vers. arab. (ed. Chr. Hein, Definition und
Einteilung der Philosophie [1985] 415–39)   **260** πολιτικοῦ BPF¹: περὶ π.
F²ᵐᵍ: Πολιτικὸς Duering   **261** ἢ om. P   γρύλος B: γρύλλος P:
γρῦλλος F (vid. ad 2.52)   **262–263** om. B¹, suppl. B²ᵐᵍ   νήρινθος
α' πλούτου α' F¹   **263** σοφιστὴς α' om. F¹, post νήρινθος α' om. F¹,
suppl. F²ˢ·ˡ·   **265** ἐρωτικὸς iter. P   **270** εὐχῆς BP: -ῶν F   **272** α'
om. F   **273** ἀποικιῶν J. Bernays, Dial. Arist. (1863) 156 ex Vit. Hesych.
ὑπὲρ] Cf. H. Bonitz, Index Arist. 790b 20–8, P. T. Stevens, CQ 30 (1936)
208–9 et K. J. Dover, Lysias and the Corpus Lysiacum (1968) 14¹³

LIBER V

Οἰκονομικός α΄,
280 Περὶ φιλίας α΄,
Περὶ τοῦ πάσχειν ἢ πεπονθέναι α΄,
Περὶ ἐπιστημῶν α΄,
Περὶ ἐριστικῶν α΄ β΄,
Λύσεις ἐριστικαὶ δ΄,
285 Διαιρέσεις σοφιστικαὶ δ΄,
Περὶ ἐναντίων α΄,
Περὶ εἰδῶν καὶ γενῶν <α΄>,
Περὶ ἰδίων α΄,
[23] Ὑπομνήματα ἐπιχειρητικὰ γ΄,
290 Προτάσεις περὶ ἀρετῆς α΄ β΄,
Ἐνστάσεις α΄,
Περὶ τῶν ποσαχῶς λεγομένων ἢ κατὰ πρόσθεσιν α΄,
Περὶ παθῶν <ἢ Περὶ> ὀργῆς α΄,
Ἠθικῶν α΄ β΄ γ΄ δ΄ ε΄,
295 Περὶ στοιχείων α΄ β΄ γ΄,
Ὑπὲρ ἐπιστήμης α΄,
Περὶ ἀρχῆς α΄,
Διαιρέσεις ἑπτακαίδεκα,
Διαιρετικῶν α΄,
300 <Περὶ> ἐρωτήσεως καὶ ἀποκρίσεως α΄ β΄,
Προτάσεις {α΄} περὶ κινήσεως α΄,
Προτάσεις ἐριστικαὶ α΄,
Συλλογισμοὶ α΄,
Προτέρων ἀναλυτικῶν α΄ β΄ γ΄ δ΄ ε΄ ς΄ ζ΄ η΄ θ΄,
305 Ἀναλυτικῶν ὑστέρων μεγάλων α΄ β΄,
Περὶ προβλημάτων α΄,
Μεθοδικὰ α΄ β΄ γ΄ δ΄ ε΄ ς΄ ζ΄ η΄,

---

279 οἰκονομικὸς P: οἰκονομίας BF: <Περὶ> οἰκονομίας Rose[3]   **281** α΄
om. PF   **283** ἐριστικῶν BP, γρ F[2]: ἐρωτ- F[1]   **287** α΄ add. Frob.
288 εἰδῶν BPF[2]: ἡδονῶν F[1]   **289** ἐπιχειρητικὰ B[1]P: -ματικὰ B[2]F
290 προτάσεις B[2]PF: πρότασις B[1]   **291** ἐνστάσεις BF: ἔνστασις P
292 πρόσθεσιν BP: πρόθ- F   **293** ἢ Περὶ add. Rose[3]: περὶ παθῶν ὀργῆς
α΄ BPF: Περὶ παθῶν <α΄> et <Περὶ> ὀργῆς α΄ Duering   **294** ε΄ om. P,
erasit F[2] ut vid.   **296** ὑπὲρ BP: περὶ F   **299** διαιρετικὸν Rose[3]
300 Περὶ add. Rose[2] ex Vit. Hesych.   **301** Προτάσεις περὶ κινήσεως α΄
Moraux, Listes 86: περὶ κινήσεως α΄ et προτάσεις (πρότασις B) α΄ BPF
302 ἐριστικαὶ BP, γρ F[2]: ἐξορ- F[1]   α΄ BF, Vit. Hesych.: δ΄ F   **303**
συλλογισμοὶ BP: -ὸς F   **304** θ΄ del. Huebn.

Περὶ τοῦ βελτίονος α΄,
Περὶ τῆς ἰδέας α΄,
Ὅροι πρὸ τῶν τοπικῶν α΄   310
<Τοπικῶν α΄> β΄ γ΄ δ΄ ε΄ ς΄ ζ΄,
Συλλογισμῶν α΄ β΄,
Συλλογιστικὸν καὶ ὅροι α΄,
[24] Περὶ τοῦ αἱρετοῦ καὶ τοῦ συμβεβηκότος α΄,
Τὰ πρὸ τῶν τόπων α΄,   315
Τοπικῶν πρὸς τοὺς ὅρους α΄ β΄,
Πάθη α΄,
Διαιρετικὸν α΄,
Μαθηματικὸν α΄,
Ὁρισμοὶ τρεῖς καὶ δέκα,   320
Ἐπιχειρημάτων α΄ β΄,
Προτάσεις {α΄} περὶ ἡδονῆς α΄,
Περὶ ἑκουσίου α΄,
Περὶ καλοῦ α΄,
Θέσεις ἐπιχειρητικαὶ πέντε καὶ εἴκοσι,   325
Θέσεις ἐρωτικαὶ τέτταρες,
Θέσεις φιλικαὶ β΄,
Θέσεις περὶ ψυχῆς α΄,
Πολιτικὰ β΄,
Πολιτικῆς ἀκροάσεως ὡς ἡ Θεοφράστου α΄ β΄ γ΄ δ΄ ε΄ ς΄ ζ΄ η΄, 330
Περὶ δικαίων α΄ β΄,
Τεχνῶν συναγωγὴ α΄ β΄,
Τέχνης ῥητορικῆς α΄ β΄,
Τέχνη α΄,
Ἄλλη τέχνη α΄ β΄,   335
Μεθοδικὸν α΄,
Τέχνης τῆς Θεοδέκτου συναγωγὴ α΄,

---

310 πρὸ τῶν Frob.: πρώτων BF: πρῶτον P   311 Τοπικῶν α΄ add. W.
Jaeger, Stud. Entst. d. Metaph. (1912) 151 ex Vit. Hesych. Vid. Barnes, Roman
Aristotle 54–5   313 συλλογιστικὸν BP: -ῶν F   314–315 om. F[1],
suppl. F[2mg]   320 τρεῖς καὶ δέκα B: τρισκαίδεκα P: ιγ΄ F   322
Προτάσεις περὶ ἡδονῆς α΄ Moraux, Listes 92[227]: περὶ ἡδονῆς (ἡδονῶν F) α΄
et προτάσεις α΄ BPF   325 ἐπιχειρητικαὶ B[1]P: -ματικαὶ B[2]F   326 om.
P   329 <Θέσεις> πολιτικα<ί> Rose[3], sed vid. Moraux, Listes 95[1]
δύο P   334 τέχνη BP: τεχνῶν συναγωγὴ F   337 τῆς BP: τῶν F
συναγωγὴ F: -ῆς BP

Πραγματεία τέχνης ποιητικῆς α' β',
Ἐνθυμήματα ῥητορικὰ α',
340 Περὶ μεγέθους α',
Ἐνθυμημάτων διαιρέσεις α',
Περὶ λέξεως α' β',
[25] Περὶ συμβουλίας α',
Συναγωγῆς α' β',
345 Περὶ φύσεως α' β' γ',
Φυσικὸν α',
Περὶ τῆς Ἀρχυτείου φιλοσοφίας α' β' γ',
Περὶ τῆς Σπευσίππου καὶ Ξενοκράτους α',
Τὰ ἐκ τοῦ Τιμαίου καὶ τῶν Ἀρχυτείων α',
350 Πρὸς τὰ Μελίσσου α',
Πρὸς τὰ Ἀλκμαίωνος α',
Πρὸς τοὺς Πυθαγορείους α',
Πρὸς τὰ Γοργίου α',
Πρὸς τὰ Ξενοφάνους α',
355 Πρὸς τὰ Ζήνωνος α',
Περὶ τῶν Πυθαγορείων α',
Περὶ ζῴων α' β' γ' δ' ε' ς' ζ' η' θ',
Ἀνατομῶν α' β' γ' δ' ε' ς' ζ',
Ἐκλογὴ ἀνατομῶν α',
360 Ὑπὲρ τῶν συνθέτων ζῴων α',
Ὑπὲρ τῶν μυθολογουμένων ζῴων α',
Ὑπὲρ τοῦ μὴ γεννᾶν α',
Περὶ φυτῶν α' β',
Φυσιογνωμονικὸν α',
365 Ἰατρικὰ β',
Περὶ μονάδος α',
Σημεῖα χειμώνων α',

---

347 VS 47 A 13   349 VS 49 A 2

338 πραγματεία Buhle: -εῖαι B¹P: -είαι B²F   340 α' om. P   341
διαιρέσεις PF: αἱρ- B   344 post 345 dat F   344 συναγωγῆς BP: -ἡ F
347 ἀρχυτίου P   348 πευσίππου P   349 τοῦ om. F   350
μελισσοῦ B   351 τὰ P: τὰς BF   ἀλκμαίωνος FP⁴: ἀκμ- BP¹(Q)
352–355 om. F¹, suppl. F²ᵐᵍ   354 ξενοφάνους 'membranae Florentinae'
sec. Menag.: ξενοκράτους BPF²ᵐᵍ   356 περὶ τῶν πυθαγορείων om. F¹,
suppl. F²ᵐᵍ   364 φυσιογνωμονικὸν BP: -μικὸν F

[26]

Ἀστρονομικὸν α΄,
Ὀπτικὸν α΄,
Περὶ κινήσεως α΄,   370
Περὶ μουσικῆς α΄,
Μνημονικὸν α΄,
Ἀπορημάτων Ὁμηρικῶν α΄ β΄ γ΄ δ΄ ε΄ ς΄,
Ποιητικὰ α΄,
Φυσικῶν κατὰ στοιχεῖον λη΄,   375
Ἐπιτεθεαμένων προβλημάτων α΄ β΄,
Ἐγκυκλίων α΄ β΄,
Μηχανικὸν α΄,
Προβλήματα ἐκ τῶν Δημοκρίτου β΄,
Περὶ τῆς λίθου α΄,   380
Παραβολαὶ α΄,
Ἄτακτα ιβ΄,
Ἐξητασμένα κατὰ γένος ιδ΄,
Δικαιώματα α΄,
Ὀλυμπιονῖκαι α΄,   385
Πυθιονῖκαι μουσικῆς α΄,
Πυθικὸς α΄,
Πυθιονικῶν ἔλεγχοι α΄,
Νῖκαι Διονυσιακαὶ α΄,
Περὶ τραγῳδιῶν α΄,   390
Διδασκαλίαι α΄,
Παροιμίαι α΄,
Νόμοι συσσιτικοὶ α΄,
Νόμων α΄ β΄ γ΄ δ΄,
Κατηγοριῶν α΄,   395
Περὶ ἑρμηνείας α΄,

---

369 om. F¹, suppl. F²ᵐᵍ   **374** ποιητικὰ BP: -ὸν F: -ῶν (sc. ἀπορημάτων)
Rose³: <Ἀπορήματα> ποιητικὰ J. Bernays, Dial. Arist. (1863) 8   **375**
φυσικῶν κατὰ στοιχεῖον BP: φυσικὸν (-ὰ F²ˢ·ˡ·) κ. στοιχείων F   **376**
Ἐπιτεθειαμένων Moraux, Listes 117   **383** Ἐξητασμένα Duering ex Vit.
Hesych.: ἐξηγμένα BPF   **385** ὀλυμπιονικαὶ B   **386** πυθιονικαὶ B
πυθ. μουσ. α΄ BPF: Πυθιονῖκαι α΄ et <Περὶ> μουσικῆς α΄ duo tit. Rose². Vid.
S. Witkowski, PhW 19 (1899) 1118³   **387** πύθικος B   **391** διδασκαλίαι
BP: -ιῶν F   **393** Νόμοι συσσιτικοὶ Rose³: ν. συστατικοὶ F: νόμος
συστατικὸς BP   **394** Νομίμων E. Heitz, Verlor. Schr. Arist. (1865) 252

[27]   Πολιτεῖαι πόλεων δυοῖν δέουσαι ρξ΄· κατ᾽ ἰδίαν·
δημοκρατικαὶ <καὶ>
ὀλιγαρχικαὶ καὶ ἀριστοκρατικαὶ καὶ τυραννικαί,
400   Ἐπιστολαὶ πρὸς Φίλιππον <περὶ> Σηλυμβρι<αν>ῶν,
Ἐπιστολαὶ Πρὸς Ἀλέξανδρον δ΄,
Ἐπιστολαὶ Πρὸς Ἀντίπατρον θ΄,
Πρὸς Μέντορα α΄,
Πρὸς Ἀρίστωνα α΄,
405   Πρὸς Ὀλυμπιάδα α΄,
Πρὸς Ἡφαιστίωνα α΄,
Πρὸς Θεμισταγόραν α΄,
Πρὸς Φιλόξενον α΄,
Πρὸς Δημόκριτον α΄,

410   ἔπη ὧν ἀρχή· ἁγνὲ θεῶν πρέσβισθ᾽ ἑκαταβόλε.
ἐλεγεῖα ὧν ἀρχή· καλλιτέκνου μητρὸς θύγατερ.
γίνονται αἱ πᾶσαι μυριάδες στίχων τέτταρες καὶ
τετταράκοντα πρὸς τοῖς πεντακισχιλίοις καὶ διακοσίοις
ἑβδομήκοντα.
415   καὶ τοσαῦτα μὲν αὐτῷ πεπραγμάτευται βιβλία. **[28]**
βούλεται δὲ ἐν αὐτοῖς τάδε· διττὸν εἶναι τὸν κατὰ
φιλοσοφίαν λόγον, τὸν μὲν πρακτικόν, τὸν δὲ θεωρητικόν·

410 Arist. carm. fr. 4 Plezia = test. 2 G.-Pr.[2]   **411** Arist. carm. fr. 5 Plezia =
672 W.[2] = 1 G.-Pr.[2]

416 (βούλεται)–**464** (ἀποδιδόναι) Φh 6 (94.5–95.28)

397 δυεῖν P   δέουσαι B[1]F: -ούσαις B[2]P[1]: -ούσαιν P[4]   κατ᾽ ἰδίαν
Duering: καὶ ἰδίᾳ BPF: <κοιναὶ> καὶ ἴδιαι J. Bernays, Ges. Abh. I (1885)
189 (a. 1850): κατ᾽ εἴδη Moraux, Listes 131[52]. Vid. W. Lapini, SIFC 87 (1994)
187–91   **398** καὶ add. Duering   **399** καὶ[1] om. F   τυραννικαὶ
ἀριστοκρατικαὶ F   **400–401** Φίλιππον—ἀλέξαν om. B[1], suppl. B[2mg]
400–403 distinxit Gigante 513[74]. Vid. Narcy 584[2-5], 649–50[2]   **400**
Σηλυμβριανῶν Duering (de forma nom., vid. E. Oberhummer, RE IIA 2
[1923] 1324–7): σηλυμβρίων B[2]P: σηλυβ- F   Ἐπιστολαί· Πρὸς Φίλιππον
<περὶ> Σηλυβριανῶν ἐπιστολαὶ E. Heitz, Verlor. Schr. Arist. (1865) 289:
†Σηλυμβριῶν ἐπιστολαί† Byw.: Σ. ε΄ {πιστολαί} Plezia   **401** τέτταρες
ἐπιστολαὶ BP: ἐ. δ΄ F: ἐπιστολαὶ del. Plezia   **402** θ΄ F: ἐννέα BP: δ΄
Plezia   **403** α΄ BP: θ΄ F   **409** α΄ om. P   **410** ἀρχὴ BP: -αὶ F
ἑκαταβόλε BP: -ιβόλε F: -ηβόλε Z (Frob.)   **411** ἐλεγεῖα ὧν V: ἐλεγιαίων
B: ἐλεγεῖαι ὧν P: ἐλεγείων F (et ὧν add. F[2mg])   **412** αἱ πᾶσαι BP:
ἅπᾶσαι F

καὶ τοῦ πρακτικοῦ τόν τε ἠθικὸν καὶ πολιτικόν, οὗ τά τε
περὶ πόλιν καὶ τὰ περὶ οἶκον ὑπογεγράφθαι· τοῦ δὲ
θεωρητικοῦ τόν τε φυσικὸν καὶ λογικόν, οὗ τὸ λογικὸν οὐχ 420
ὡς ὅλου μέρος, ἀλλ᾽ ὡς ὄργανον προηκριβωμένον. καὶ
τούτου διττοὺς ὑποθέμενος σκοποὺς τό τε πιθανὸν καὶ
τὸ ἀληθὲς διεσάφησε. δύο δὲ πρὸς ἑκάτερον δυνάμεσιν
ἐχρήσατο, διαλεκτικῇ μὲν καὶ ῥητορικῇ πρὸς τὸ πιθανόν,
ἀναλυτικῇ δὲ καὶ φιλοσοφίᾳ πρὸς τὸ ἀληθές· οὐδὲν 425
ὑπολειπόμενος οὔτε τῶν πρὸς εὕρεσιν, οὔτε τῶν πρὸς
κρίσιν, οὔτε μὴν τῶν πρὸς χρῆσιν. [29] πρὸς μὲν οὖν τὴν
εὕρεσιν τά τε Τοπικὰ καὶ Μεθοδικὰ παρέδωκε <καὶ>
Προτάσεων πλῆθος, ἐξ ὧν πρὸς τὰ προβλήματα πιθανῶν
ἐπιχειρημάτων οἶόν τε εὐπορεῖν· πρὸς δὲ τὴν κρίσιν τὰ 430
Ἀναλυτικὰ πρότερα καὶ ὕστερα (διὰ μὲν οὖν τῶν προτέρων
τὰ λήμματα κρίνεται, διὰ δὲ τῶν ὑστέρων ἡ συναγωγὴ
ἐξετάζεται)· πρὸς δὲ τὴν χρῆσιν τά τε ἀγωνιστικὰ καὶ τὰ
περὶ ἐρωτήσεως, ἐριστικῶν τε καὶ <τὰ περὶ> σοφιστικῶν
ἐλέγχων τε καὶ συλλογισμῶν καὶ τῶν ὁμοίων τούτοις. 435
κριτήριον δὲ τῆς ἀληθείας τῶν μὲν κατὰ φαντασίαν
ἐνεργημάτων τὴν αἴσθησιν ἀπεφήνατο· τῶν δὲ ἠθικῶν (τῶν
περὶ πόλιν καὶ περὶ οἶκον καὶ περὶ νόμους) τὸν νοῦν.

[30] τέλος δὲ ἓν ἐξέθετο χρῆσιν ἀρετῆς ἐν βίῳ τελείῳ. ἔφη
δὲ τὴν εὐδαιμονίαν συμπλήρωμα ἐκ τριῶν ἀγαθῶν εἶναι· 440

---

419 τὴν πόλιν F   τὰ BP: τοῦ F   γεγράφθαι Φh   420 φυσικὸν,
<καὶ ... > Gigon   οὗ τὸ λογικὸν om. F¹, suppl. F²ᵐᵍ   421 ὡς ὅλου
μέρος Moraux, Exposé 10²⁶: ὡς *** μέρος B²: ὁλομερῶς PFΦh: ὡς μέρος
Aldobr.   προηκριβωμένον Duering (conl. Arist., Metaph. Γ 3 1005 b 4
προεπισταμένους): προσ- BPFΦ   426 ὑπολειπόμενος P²: -λιπόμενος
Φh: -μενον BP¹F²ˢˡ: om. F¹   428 Τοπικὰ Steph.: ὀπτικὰ BPFΦh   καὶ²
add. Moraux, Exposé 12³⁴   433 τὰ² om. F   434 ἐριστικῶν Duering:
ἐριστικὰ BPFΦh   τε om. F: ἐριστικὰ τε del. Byw.: ἐριστικὰ {τε} καὶ τὰ
περὶ ἐρωτήσεως Marcov. (conl. Arist., Soph. el. 165 b 11 περὶ δὲ τῶν
ἀγωνιστικῶν καὶ ἐριστικῶν νῦν λέγωμεν)   τὰ περὶ add. Moraux, Peri-
patos 271⁷⁵: περὶ Gigon   434-435 σοφιστικῶν ἐλέγχων BP¹FΦh: -οὶ
ἔλεγχοι P² (οἱ et οι s.l.)   435 τε om. F   καὶ² del. Moraux, Exposé 13⁴²:
καὶ τῶν del. Gigon   τούτων F   τούτοις <πλῆθος> Marcov.
437 lac. post ἀπεφήνατο ind. Moraux, Peripatos 273: post νόμους (438)
Gigon, ipse τῶν <τε> π. π. coniciens   τῶν² rec.: τὰ BPFΦ

τῶν περὶ ψυχήν, ἃ δὴ καὶ πρῶτα τῇ δυνάμει καλεῖ· ἐκ
δευτέρων δὲ τῶν περὶ σῶμα, ὑγιείας καὶ ἰσχύος καὶ κάλλους
καὶ τῶν παραπλησίων· τῶν δὲ ἐκτός, πλούτου καὶ
εὐγενείας καὶ δόξης καὶ τῶν ὁμοίων. τήν τε ἀρετὴν μὴ εἶναι
445 αὐτάρκη πρὸς εὐδαιμονίαν· προσδεῖσθαι γὰρ τῶν τε περὶ
σῶμα καὶ τῶν ἐκτὸς ἀγαθῶν, κακοδαιμονήσοντος τοῦ
σοφοῦ κἂν ἐν πόνοις ᾖ, κἂν ἐν πενίᾳ καὶ τοῖς ὁμοίοις. τὴν
μέντοι κακίαν αὐτάρκη πρὸς κακοδαιμονίαν, κἂν ὅτι
μάλιστα παρῇ αὐτῇ τὰ ἐκτὸς ἀγαθὰ καὶ τὰ περὶ σῶμα. [31]
450 τάς τε ἀρετὰς ἔφη μὴ ἀντακολουθεῖν· ἐνδέχεσθαι γὰρ
φρόνιμόν τινα καὶ ὁμοίως δίκαιον ὄντα ἀκόλαστον καὶ
ἀκρατῆ εἶναι. ἔφη δὲ τὸν σοφὸν μὴ εἶναι μὲν ἀπαθῆ,
μετριοπαθῆ δέ.

τήν τε φιλίαν ὡρίζετο ἰσότητα εὐνοίας ἀντιστρόφου·
455 ταύτης δὲ τὴν μὲν εἶναι συγγενικήν, τὴν δὲ ἐρωτικήν, τὴν δὲ
ξενικήν. εἶναι δὲ καὶ τὸν ἔρωτα μὴ μόνον συνουσίας, ἀλλὰ
καὶ φιλοσοφίας. καὶ ἐρασθήσεσθαι δὲ τὸν σοφὸν καὶ
πολιτεύσεσθαι, γαμήσειν γε μὴν καὶ βασιλεῖ συμβιώσειν.
βίων τε τριῶν ὄντων, θεωρητικοῦ, πρακτικοῦ, ἡδονικοῦ,
460 τὸν θεωρητικὸν ἐνέκρινεν. εὔχρηστα δὲ καὶ τὰ ἐγκύκλια
μαθήματα πρὸς ἀρετῆς ἀνάληψιν.

[32] ἔν τε τοῖς φυσικοῖς αἰτιολογώτατος παρὰ πάντας
ἐγένετο, ὥστε καὶ περὶ τῶν ἐλαχίστων τὰς αἰτίας
ἀποδιδόναι· διόπερ καὶ οὐκ ὀλίγα βιβλία συνέγραψε

---

452 (ἔφη)–**453** Suda μ 811 (III 377.22–3)

---

442 ὑγιείας Buhle: ὑγε- BPFΦh **446** κακοδαιμονήσοντος BP, γρ F²ᵐᵍ:
-γνωμονήσαντος F¹ **451** ὁμοίως om. Φh **452** δὲ om. Φh ἀπαθῆ
μὲν μὴ εἶναι Byw. **454** ὡρίσατο Φh ἀντιστρόφου Casaub.:
ἀντίστροφον BPFΦh **457** φιλοσοφίας BPFΦh: φιλίας J. Davies, Cic.
Tusc. (1770) ad 4.70 **458** πολιτεύσεσθαι BPΦh: -τεύεσθαι F γε ed.
Aldina Arist. Op. II (1497) et Reiske 312: τε BPFΦh συμβιώσειν Steph.:
-ῶσαι F: -ῶσαι BP: -ῶναι Z (Frob.): -ώσεσθαι Byw. **460** ἐνέκρινεν
BPFΦh: ἔκρ- rec.: προέκρ- Frob. **462** αἰτιολογώτατος BPF:
αἰτιώτατος Φh: αἰτιολογικώ- rec. παρὰ πάντας BPΦh: πάντων F
463 ἐγένετο μάλιστα F **464** βιβλία om. F

φυσικῶν ὑπομνημάτων. τὸν δὲ θεὸν ἀσώματον ἀπέφαινε, 465
καθὰ καὶ ὁ Πλάτων· διατείνειν δὲ αὐτοῦ τὴν πρόνοιαν μέχρι
τῶν οὐρανίων καὶ εἶναι ἀκίνητον αὐτόν· τὰ δ' ἐπίγεια κατὰ
τὴν πρὸς ταῦτα συμπάθειαν οἰκονομεῖσθαι. εἶναι δὲ παρὰ
τὰ τέτταρα στοιχεῖα καὶ ἄλλο πέμπτον, ἐξ οὗ τὰ αἰθέρια
συνεστάναι· ἀλλοίαν δ' αὐτοῦ τὴν κίνησιν εἶναι· 470
κυκλοφορητικὴν γάρ.

και τὴν ψυχὴν δὲ ἀσώματον, ἐντελέχειαν οὖσαν τὴν
πρώτην σώματος {γὰρ} φυσικοῦ καὶ ὀργανικοῦ δυνάμει
ζωὴν ἔχοντος. [33] λέγει δὲ τὴν ἐντελέχειαν ἧς ἐστιν εἶδός τι
ἀσώματον. διττὴ δ' ἐστὶν αὕτη κατ' αὐτόν· ἡ μὲν κατὰ 475
δύναμιν, ὡς ἐν τῷ κηρῷ ὁ Ἑρμῆς ἐπιτηδειότητα ἔχοντι
ἐπιδέξασθαι τοὺς χαρακτῆρας, καὶ {ὁ} ἐν τῷ χαλκῷ
ἀνδριάς· καθ' ἕξιν δὲ λέγεται ἐντελέχεια ἡ τοῦ
συντετελεσμένου Ἑρμοῦ ἢ ἀνδριάντος. σώματος δὲ
φυσικοῦ, ἐπεὶ τῶν σωμάτων τὰ μέν ἐστι χειρόκμητα, ὡς τὰ 480
ὑπὸ τεχνιτῶν γινόμενα, οἷον πύργος, πλοῖον· τὰ δὲ ὑπὸ
φύσεως, ὡς φυτὰ καὶ τὰ τῶν ζῴων. ὀργανικοῦ δὲ εἶπε,
τούτεστι πρός τι κατεσκευασμένου, ὡς ἡ ὅρασις πρὸς τὸ
ὁρᾶν καὶ ἡ ἀκοὴ πρὸς τὸ ἀκούειν· δυνάμει δὲ ζωὴν ἔχοντος,
οἷον ἐν αὐτῷ. 485

465 (τὸν)–**489** Φh 6 (95.28–96.24)

465 ὑπομνημάτων Cob.: ἀπομνημονευ- BPF   **466** διατείνειν Φh: -ει
BPF   **468** οἰκονομεῖσθαι BPF: κινεῖσθαι Φh   **469** τέσσαρα F
471 κυκλοφορητικὴν BP: -ρικὴν F   **473** γὰρ secl. Byw.   **474** τὴν
BP¹FΦh: del. P² ut vid.   ἧς BPFΦh: ἥ Moraux, Exposé 38¹³⁶   **475** διττὴ
δ' ἐστὶν αὕτη κατ' αὐτόν ante λέγει (**474**) BPFΦh, huc transp. Byw. 'haud
recte' V. d. Muehll. Vid. Mejer, Transmission 3575⁶⁷   αὕτη BPFΦh: ἡ
οὐσία Duering   **476** ὁ Ἑρμῆς BPF: θέρμης Φh   ἔχοντι B² (οντι in ras.):
ἔχων B¹PF: -ον Φh   **477** ἐπιλέξασθαι B¹F¹   ὁ secl. Duering   **478**
ἐντελέχεια BPFΦh: <ἢ> ἐντελεχείᾳ Moraux, Exposé 38¹³⁶   **479** ἢ om.
Φh   **480** ἐπὶ B¹P¹   **481** πῦργος BF   **483** τούτεστι om. F¹, suppl.
F²ᵐᵍ   **484** ἡ add. Φh   **485** αὐτῷ rec.: αὐ- BPFΦh

[34] τὸ δυνάμει δὲ διττόν, ἢ καθ᾽ ἕξιν ἢ κατὰ ἐνέργειαν·
κατὰ ἐνέργειαν μέν ὡς ὁ ἐγρηγορὼς λέγεται ψυχὴν ἔχειν·
καθ᾽ ἕξιν δὲ ὡς ὁ καθεύδων. ἵν᾽ οὖν καὶ οὗτος ὑποπίπτῃ, τὸ
δυνάμει προσέθηκε.

490 πολλὰ δὲ καὶ ἄλλα περὶ πολλῶν ἀπεφήνατο, ἅπερ
μακρὸν ἂν εἴη καταριθμεῖσθαι. τοῖς γὰρ ὅλοις
φιλοπονώτατος ἐγένετο καὶ εὑρετικώτατος, ὡς δῆλον ἐκ
τῶν προγεγραμμένων συγγραμμάτων, ἃ τὸν ἀριθμὸν
ἐγγὺς ἥκει <τῶν> τετρακοσίων, τὰ ὅσα γε ἀναμφίλεκτα·
495 πολλὰ γὰρ καὶ ἄλλα εἰς αὐτὸν ἀναφέρεται συγγράμματά τε
καὶ ἀποφθέγματα, ἀγράφου φωνῆς εὐστοχήματα.

γεγόνασι δὲ Ἀριστοτέλεις ὀκτώ· **[35]** πρῶτος αὐτὸς
οὗτος· δεύτερος ὁ πολιτευσάμενος Ἀθήνησιν, οὗ καὶ
δικανικοὶ φέρονται λόγοι χαρίεντες· τρίτος περὶ Ἰλιάδος
500 πεπραγματευμένος· τέταρτος Σικελιώτης ῥήτωρ, πρὸς τὸν
Ἰσοκράτους Πανηγυρικὸν ἀντιγεγραφώς· πέμπτος ὁ
ἐπικληθεὶς Μῦθος, Αἰσχίνου τοῦ Σωκρατικοῦ γνώριμος·
ἕκτος Κυρηναῖος, γεγραφὼς περὶ ποιητικῆς· ἕβδομος
παιδοτρίβης, οὗ μέμνηται Ἀριστόξενος ἐν τῷ Πλάτωνος
505 βίῳ· ὄγδοος γραμματικὸς ἄσημος, οὗ φέρεται τέχνη περὶ
πλεονασμοῦ.

τοῦ δὴ Σταγειρίτου γεγόνασι μὲν πολλοὶ γνώριμοι,
διαφέρων δὲ μάλιστα Θεόφραστος, περὶ οὗ λεκτέον.

---

503 (ἕκτος) Arist. Cyr. SSR IV E 1   (ἕβδομος) Aristox. fr. 66 Wehrli.

486–489 post ἀνδριάντος (**479**) olim transp. Moraux, Exposé 38[136], sed vid.
id., Peripatos 287   **486** τὸ δυνάμει δὲ διττόν Menag.: τὸ δυν. διττὸν B²
(τὸ δυνάμει et τ¹ in ras.): τὸ δ. δὲ ἧττον PFΦh   δυνάμει B²PFΦh:
ἐντελεχείᾳ Moraux, Exposé 38[136]   ἢ καθ᾽ ἕξιν om. PFΦh   **487** κατὰ
BPFh: κατ᾽ F   **488** κατὰ Φh: κατ᾽ BPF   δὲ om. P   οὕτως F² (ex
αὐτὸς F¹)   ὑποπίπτει B¹F¹   τῷ P¹(Q)   **493** προγεγραμμένων om.
F¹, suppl. F²ᵐᵍ   **494** τῶν add. Cob.   **495** γὰρ BP: δὲ F
συγγράμματά τε Diels ad Reiske 312: σ. αὐτοῦ BP: αὐτοῦ del. Reiske
495–496 αὐτοῦ καὶ ἀποφθέγματα om. F¹, suppl. F²ᵐᵍ   **497** αὐτὸς om. F
499 φέρονται BF, γρ P⁴: φαίν- P¹   λόγοι φέρονται F   χαρίεντες om. F
500 πεπραγματευμένος om. F¹, suppl. F²ᵐᵍ   **501** ἀντιγεγραφώς BP:
ἀντιγρ- F   **502** Αἰσχίνου—γνώριμος om. F¹, suppl. F²ᵐᵍ   **508** περὶ
οὗ λεκτέον om. F¹, suppl. F².

[36] Θεόφραστος Μελάντα Ἐρέσιος, κναφέως υἱός, ὥς φησιν Ἀθηνόδωρος ἐν ὀγδόῃ Περιπάτων. οὗτος πρότερον μὲν ἤκουσεν Ἀλκίππου τοῦ πολίτου ἐν τῇ πατρίδι, εἶτ' ἀκούσας Πλάτωνος μετέστη πρὸς Ἀριστοτέλη· κἀκείνου εἰς Χαλκίδα ὑποχωρήσαντος αὐτὸς διεδέξατο τὴν σχολὴν 5 Ὀλυμπιάδι τετάρτῃ καὶ δεκάτῃ καὶ ἑκατοστῇ. φέρεται δ' αὐτοῦ καὶ δοῦλος φιλόσοφος ὄνομα Πομπύλος, καθά φησιν Μυρωνιανὸς Ἀμαστριανὸς ἐν τῷ πρώτῳ τῶν Ὁμοίων ἱστορικῶν κεφαλαίων.

ὁ δὲ Θεόφραστος γέγονεν ἀνὴρ συνετώτατος καὶ 10 φιλοπονώτατος καί, καθά φησι Παμφίλη ἐν τῷ τριακοστῷ δευτέρῳ τῶν Ὑπομνημάτων, διδάσκαλος Μενάνδρου τοῦ κωμικοῦ· [37] ἄλλως τε καὶ εὐεργετικὸς καὶ φιλόλογος. Κάσανδρος γοῦν αὐτὸν ἀπεδέχετο καὶ Πτολεμαῖος ἔπεμψεν ἐπ' αὐτόν· τοσοῦτον δ' ἀποδοχῆς ἠξιοῦτο παρ' Ἀθηναίοις, 15 ὥστε Ἀγνωνίδης τολμήσας ἀσεβείας αὐτὸν γράψασθαι μικροῦ καὶ προσῶφλεν. ἀπήντων τε εἰς τὴν διατριβὴν αὐτοῦ μαθηταὶ πρὸς δισχιλίους. οὗτος τά τε ἄλλα καὶ περὶ δεικτηρίου τοιαῦτα διείλεκται ἐν τῇ πρὸς Φανίαν τὸν Περιπατητικὸν ἐπιστολῇ· 'οὐ γὰρ ὅτι πανήγυριν, ἀλλ' οὐδὲ 20 συνέδριον ῥᾴδιον, οἷόν τις βούλεται, λαβεῖν· αἱ δὲ

Vitam Theophrasti ed. Sollenberger FHS&G 20–47 (fr. 1)   **4** (κἀκείνου)–**6** (ἑκατοστῇ) Apollod. FGrHist 244 F 349a   **6** i.e. anno 323   **6** (φέρεται)–**9** Myron. fr. 5 (FHG IV 455)   **10–13** (κωμικοῦ) Pamphila fr. 10 Cagn. = Menand. test 8 K.-A.   **18** (οὗτος)–**24** Phainias fr. 4 W. = FGrHistCont 1012 T 4

15 (τοσοῦτον)–**17** (προσῶφλεν) Φ 43 (256.25–7)   **17** (ἀπήντων)–**18** (δισχιλίους) Φh 37 (115.23–4)

Ante **1** tit. θεόφραστος Pˣᵐᵍ   **1** Ἐρέσιος post υἱός transp. Marcov., ante Μελάντα Frob.   **2** η' (= ὀγδόῃ) B (ras. supra η), P³ᵐᵍF: ἢ P¹   πρότερον BP (cf. 2.53, 9.61): πρῶτον F (cf. 3.19)   **3** ἤκουσεν om. P¹, suppl. P⁴ˢ·ˡ· ἀλκίππου BPˣᵐᵍ: λακίππου P¹: ἀκίππου F   τῇ om. F   εἶτ' PF: τ' B   **4** ἀριστοτέλη BP: -ην F   εἰς BP: πρὸς F   **7** πομπῦλος BF   **11** καὶ om. F   **12** ὑπομνημάτων BP: -μονευμάτων F   **13** ἐνεργητικὸς Richards 345   φιλόλογος F   **14** κάσανδρος PF: κάσσαν- B   **16** αὐτῶν F   **17–24** Vid. Dorandi, Notes 257   **18** δισχιλίους ΦhP²: -χίλιοι BP¹F   **19** δεικτηρίου B²: δικτηρίου B¹P¹: δικαστηρίου FPˣ

ἀναγνώσεις ποιοῦσιν ἐπανορθώσεις· τὸ δ᾽ ἀναβάλλεσθαι
πάντα καὶ ἀμελεῖν οὐκέτι φέρουσιν αἱ ἡλικίαι.᾽ ἐν ταύτῃ τῇ
ἐπιστολῇ σχολαστικὸν ὠνόμακε.

25 [38] τοιοῦτος δὲ ὤν, ὅμως πρὸς ὀλίγον ἀπεδήμησε καὶ
οὗτος καὶ πάντες οἱ λοιποὶ φιλόσοφοι, Σοφοκλέους τοῦ
Ἀμφικλείδου νόμον εἰσενεγκόντος μηδένα τῶν φιλοσόφων
σχολῆς ἀφηγεῖσθαι ἂν μὴ τῇ βουλῇ καὶ τῷ δήμῳ δόξῃ· εἰ δὲ
μή, θάνατον εἶναι τὴν ζημίαν. ἀλλ᾽ αὖθις ἐπανῆλθον εἰς
30 νέωτα, Φίλωνος τὸν Σοφοκλέα γραψαμένου παρανόμων.
ὅτε καὶ τὸν νόμον μὲν ἄκυρον ἐποίησαν Ἀθηναῖοι, τὸν δὲ
Σοφοκλέα πέντε ταλάντοις ἐζημίωσαν κάθοδόν τε τοῖς
φιλοσόφοις ἐψηφίσαντο, ἵνα καὶ Θεόφραστος κατέλθῃ καὶ ἐν
τοῖς ὁμοίοις ᾖ.

35 τοῦτον Τύρταμον λεγόμενον Θεόφραστον διὰ τὸ τῆς
φράσεως θεσπέσιον Ἀριστοτέλης μετωνόμασεν· [39] οὗ καὶ
τοῦ υἱέος Νικομάχου φησὶν ἐρωτικῶς διατεθῆναι, καίπερ
ὄντα διδάσκαλον, Ἀρίστιππος ἐν τετάρτῳ Περὶ παλαιᾶς
τρυφῆς. λέγεται δ᾽ ἐπ᾽ αὐτοῦ τε καὶ Καλλισθένους τὸ ὅμοιον
40 εἰπεῖν Ἀριστοτέλη, ὅπερ Πλάτωνα, καθὰ προείρηται, φασὶν
εἰπεῖν ἐπί τε Ξενοκράτους καὶ αὐτοῦ τούτου· φάναι γάρ,
τοῦ μὲν Θεοφράστου καθ᾽ ὑπερβολὴν ὀξύτητος πᾶν τὸ
νοηθὲν ἐξερμηνεύοντος, τοῦ δὲ νωθροῦ τὴν φύσιν
ὑπάρχοντος, ὡς τῷ μὲν χαλινοῦ δέοι, τῷ δὲ κέντρου.
45 λέγεται δ᾽ αὐτὸν καὶ ἴδιον κῆπον σχεῖν μετὰ τὴν
Ἀριστοτέλους τελευτήν, Δημητρίου τοῦ Φαληρέως, ὃς ἦν
καὶ γνώριμος αὐτῷ, τοῦτο συμπράξαντος.

25–34 Vid. Haake 16–43 **36** (οὗ)–**39** (τρυφῆς) ps.-Aristipp. fr. 7 Dor.
39 (λέγεται)–**44** (κέντρου) Callisth. Olynth. FGrHist 124 T 4 = Arist. sent.
37a Searby **40** (καθὰ προείρηται) vid. 4.6 **45** (λέγεται)–**47** Demetr.
Phal. fr. 10 SOD = 5 Wehrli

---

24 σχολαστικὸν <αὐτὸν> Menag. (<ἑαυ-> Wehrli) **25** ἀπεδήμησε
πρὸς ὀλίγον P **27** ἀμφικλίδου B: -κλείδους F εἰσενεγκόντος BP:
εἰσάγοντος F **29** ἀλλὰ PF **30** Φίλωνος Menag. ex Athen. 13, 610
F: φιλίωνος F: φιλλ- P: φαλλ- B **33** ἐν om. B **39** τε om. F
40 ἀριστοτέλη B: -ην PF **41** εἰπεῖν om. F[1], suppl. F[2mg] **43**
ἐξερμηνεύοντος BP: ἑρμ- F **47** τοῦτο PF: τούτω B

THEOPHRASTUS

φέρεται δ' αὐτοῦ ἀποφθέγματα ταυτὶ χρειώδη· θᾶττον
ἔφη πιστεύειν δεῖν ἵππῳ ἀχαλίνῳ ἢ λόγῳ ἀσυντάκτῳ. [40]
πρὸς δὲ τὸν ἐν τῷ συμποσίῳ σιωπῶντα τὸ ὅλον ἔφη, 'εἰ μὲν 50
ἀμαθὴς εἶ, φρονίμως ποιεῖς, εἰ δὲ πεπαίδευσαι, ἀφρόνως.'
συνεχές τε ἔλεγε πολυτελὲς ἀνάλωμα εἶναι τὸν χρόνον.
ἐτελεύτα δὴ γηραιός, βιοὺς ἔτη πέντε καὶ ὀγδοήκοντα,
ἐπειδήπερ ὀλίγον ἀνῆκε τῶν πόνων. καὶ ἔστιν ἡμῶν εἰς
αὐτόν·   55

  οὐκ ἄρα τοῦτο μάταιον ἔπος μερόπων τινὶ λέχθη,
    ῥήγνυσθαι σοφίης τόξον ἀνιέμενον·
  δὴ γὰρ καὶ Θεόφραστος ἕως ἐπόνει μὲν ἄπηρος
    ἦν δέμας, εἶτ' ἀνεθεὶς κάτθανε πηρομελής.

φασὶ δ' αὐτὸν ἐρωτηθέντα ὑπὸ τῶν μαθητῶν εἴ τι 60
ἐπισκήπτει, εἰπεῖν, 'ἐπισκήπτειν μὲν ἔχειν οὐδέν, πλὴν ὅτι
πολλὰ τῶν ἡδέων ὁ βίος διὰ τὴν δόξαν καταλαζονεύεται.
[41] ἡμεῖς γὰρ ὁπότε ἀρχόμεθα ζῆν, τότε ἀποθνήσκομεν.
οὐδὲν οὖν ἀλυσιτελέστερόν ἐστι φιλοδοξίας. ἀλλ' εὐτυχεῖτε
καὶ ἤτοι τὸν λόγον ἄφετε (πολὺς γὰρ ὁ πόνος), ἢ καλῶς 65
αὐτοῦ πρόστητε· μεγάλη γὰρ ἡ δόξα. τὸ δὲ κενὸν τοῦ βίου
πλεῖον τοῦ συμφέροντος. ἀλλ' ἐμοὶ μὲν οὐκέτ' ἐκποιεῖ
βουλεύεσθαι τί πρακτέον, ὑμεῖς δ' ἐπισκέψασθε τί
ποιητέον.' ταῦτα, φασίν, εἰπὼν ἀπέπνευσε· καὶ αὐτόν, ὡς
ὁ λόγος, Ἀθηναῖοι πανδημεὶ παρέπεμψαν ποσί, τὸν ἄνδρα 70

53 (ἐτελεύτα—ὀγδοήκοντα) Apollod. FGrHist 244 F 349b   56–59
Anth. Pal. 7.110

48 (θᾶττον)–51 Φ 43 (256.27–257.3)   52 Eustath. in Hom. Β 435–6
(I 382.7–8 V. d. Valk) Xenophonti tribuit   56–59 Pal.   69 (καὶ)–71
(τιμήσαντες) Φ 43 (257.3–19.21–2)

49 ἀχαλίνῳ BPF: -ινώτω Φ   50 τῷ om. FΦ   56 τινὶ λέχθη (λεχθῆ F²)
BPF¹Φ: τιν' ἐλέχθη Pal.   58 μὲν ἐπόνει F   63 ἀρχόμεθα Steph.: ἠρ-
BPFΦ, an recte? Vid. Dorandi, Notes 257   τότε BF: τοτ' P   66 αὐτοῦ
FP⁴Φ: -ῶ BP¹(Q)   67 οὐκέτι Β   68 βούλεσθαι F¹, corr. F²ᵐᵍ   69
φασὶν om. F   καὶ αὐτὸν om. Β¹, suppl. Β²   ὡς om. F¹, suppl. F²ˢ·ˡ·   70
ὁ om. BP¹   ποσί BPFΦ, mirum: πεζῇ Lapini, Note 230, fort. recte: οὑτωσί
Menag. (conl. 3.41): δημοσίᾳ Volkmann (1895) 8

τιμήσαντες. Φαβωρῖνος δέ φησι γηράσαντα αὐτὸν ἐν φορείῳ περιφέρεσθαι· καὶ τοῦτο λέγειν "Ερμιππον, παρατιθέμενον ἱστορεῖν Ἀρκεσίλαον τὸν Πιταναῖον ἐν οἷς ἔφασκε πρὸς Λακύδην τὸν Κυρηναῖον.

75   **[42]** καταλέλοιπε δὲ βιβλία καὶ αὐτὸς ὅτι μάλιστα πάμπλειστα, ἃ καὶ αὐτὰ ἄξιον ἡγησάμην ὑπογράψαι διὰ τὸ πάσης ἀρετῆς πεπληρῶσθαι. ἔστι δὲ τάδε·

    Ἀναλυτικῶν προτέρων α' β' γ',
    Ἀναλυτικῶν ὑστέρων α' β' γ' δ' ε' ϛ' ζ',
80   Περὶ ἀναλύσεως συλλογισμῶν α',
    Ἀναλυτικῶν ἐπιτομὴ α',
    Ἀνηγμένων τόπων α' β',
    Ἀγωνιστικῶν <ἢ> τῆς περὶ τοὺς ἐριστικοὺς λόγους
                              θεωρίας < . . . >,
    Περὶ αἰσθήσεων α',
85   Πρὸς Ἀναξαγόραν α',
    Περὶ τῶν Ἀναξαγόρου α',
    Περὶ τῶν Ἀναξιμένους α',
    Περὶ τῶν Ἀρχελάου α',
    Περὶ ἁλῶν, νίτρου, στυπτηρίας α',
90   Περὶ τῶν <ἀπο>λιθουμένων α' β',
    Περὶ τῶν ἀτόμων γραμμῶν α',
    Ἀκροάσεως α' β',
    Περὶ ἀνέμων α',
    Ἀρετῶν διαφοραὶ α',

---

71 (Φαβωρῖνος)–**74** Favor. fr. 92 Bar. = 53 Mensch. = 98 Am.   Hermipp. FGrHistCont 1026 F 36

---

72 περι- in spatio vac. B²   **74** λακύδην PF: ἀλκύδην B   **75** καταλέλοιπε PF: κατέλοιπε B   **75–76** καὶ—πάμπλειστα BP: πλεῖστα F **76** ἃ om. F   **82** τόπων BPF: λόγων A. Brandis, RhM 1 (1827) 268[67] (conl. Alex. Aphr., in Anal. pr. 340.14 Wallies)   **83–84** unus tit. in B **83** ἀγωνιστικῶν PF: -ὸν B   ἢ add. M. Schmidt, Comm. de Th.o rhetore (1839) 24   τῆς BPF: τῶν Us., Anal. 52: ἢ pro τῆς J. M. Bochenski, Logique Théophr. (1947) 31   περὶ BP: πρὸς F   'deest α' β'' Us., Anal. 52: <α'> suppl. Marcov.   **90** αἰθουμένων α' β' τῶν om. B¹, suppl. B²ᵐᵍ ἀπολιθουμένων Regenbogen 1418: λιθουμένων PF: αἰθ- B²: <ἀπολε>λιθ- Us., Anal. 52: αἰθομένων Rose, Arist. pseudep. (1863) 280   **91** τῶν om. F¹, suppl. F²

Περὶ βασιλείας α',   95
Περὶ παιδείας βασιλέως α',
Περὶ βίων α' β' γ',
Περὶ γήρως α',
[43] Περὶ τῆς Δημοκρίτου ἀστρολογίας α',
<Περὶ> τῆς μεταρσιολεσχίας α',   100
Περὶ τῶν εἰδώλων α',
Περὶ χυμῶν, χροῶν, σαρκῶν α',
Περὶ τοῦ διακόσμου α',
Περὶ τοῦ Περὶ ἀνθρώπων α',
Τῶν Διογένους συναγωγὴ α',   105
Διορισμῶν α' β' γ',
Ἐρωτικὸς α',
Ἄλλο περὶ ἔρωτος α',
Περὶ εὐδαιμονίας α',
Περὶ εἰδῶν α' β',   110
Περὶ ἐπιλήψεως α',
Περὶ ἐνθουσιασμοῦ α',
Περὶ Ἐμπεδοκλέους α',
Ἐπιχειρημάτων α' β' γ' δ' ε' ς' ζ' η' θ' ι' ια' ιβ' ιγ' ιδ' ιε' ις'
                                                 ιζ' ιη',
Ἐνστάσεων α' β' γ',   115
Περὶ ἑκουσίου α',
Ἐπιτομὴ τῆς Πλάτωνος Πολιτείας α' β',
Περὶ ἑτεροφωνίας ζῴων τῶν ὁμογενῶν α',
Περὶ τῶν ἀθρόον φαινομένων α',
Περὶ δακέτων καὶ βλητικῶν α',   120
Περὶ τῶν ζῴων ὅσα λέγεται φθονεῖν α',
Περὶ τῶν ἐν ξηρῷ διαμενόντων α',
[44] Περὶ τῶν τὰς χρόας μεταβαλλόντων α',
Περὶ τῶν φωλευόντων α',
Περὶ ζῴων α' β' γ' δ' ε' ς' ζ',   125

---

100 περὶ add. Us., Anal. 53   μεταρσιολεσχίας BF: -είας P   **102** περὶ
τῶν F   **103** τοῦ om. F   **104** περὶ τοῦ περὶ ἀνθρώπων BP: περὶ
ἀνθρ. F   α' om. F   **108** om. F¹, suppl. F²ᵐᵍ   **110** εἰδῶν BF, P⁴ (ν** in
ras.): εἰδώλων P¹ ut vid.   **112** om. B¹F, suppl. B²ᵐᵍ   **113** περὶ <τῶν>
Us., Anal. 53, fort. recte   **119** ἀθρόον PF: -όων B: -όως Phot., Bibl. cod.
278, 527 b 11   α' om. F¹, suppl. F²ˢ·ˡ·   **120** α' β' F   **122** ἐν τῷ B
125 περὶ BP: περὶ τῶν F

Περὶ ἡδονῆς ὡς Ἀριστοτέλης α΄,
Περὶ ἡδονῆς ἄλλο α΄,
Θέσεις κδ΄,
Περὶ θερμοῦ καὶ ψυχροῦ α΄,
130 Περὶ ἰλίγγων καὶ σκοτώσεων α΄,
Περὶ ἱδρώτων α΄,
Περὶ καταφάσεως καὶ ἀποφάσεως α΄,
Καλλισθένης ἢ περὶ πένθους α΄,
Περὶ κόπων α΄,
135 Περὶ κινήσεως α΄ β΄ γ΄,
Περὶ λίθων α΄,
Περὶ λοιμῶν α΄,
Περὶ λιποψυχίας α΄,
Μεγαρικὸς α΄,
140 Περὶ μελαγχολίας α΄,
Περὶ μετάλλων α΄ β΄,
Περὶ μέλιτος α΄,
Περὶ τῶν Μητροδώρου συναγωγῆς α΄,
Μεταρσιολογικῶν α΄ β΄,
145 Περὶ μέθης α΄,
Νόμων κατὰ στοιχεῖον κδ΄,
Νόμων ἐπιτομῆς α΄ β΄ γ΄ δ΄ ε΄ ϛ΄ ζ΄ η΄ θ΄ ι΄,
Πρὸς τοὺς ὁρισμοὺς α΄,
Περὶ ὀδμῶν α΄,
150 **[45]** Περὶ οἴνου καὶ ἐλαίου < . . . >,
Πρώτων προτάσεων α΄ β΄ γ΄ δ΄ ε΄ ϛ΄ ζ΄ η΄ θ΄ ι΄ ια΄ ιβ΄ ιγ΄ ιδ΄
                                                    ιε΄ ιϛ΄ ιζ΄ ιη΄
<Πολιτεύματα> νομοθετῶν α΄ β΄ γ΄,
Πολιτικῶν α΄ β΄ γ΄ δ΄ ε΄ ϛ΄,

---

133 Callisth. Olynth. FGrHist 124 T 19a   **139** SSR II A 35

127 om. F¹, suppl. F²ᵐᵍ   **131** ἱδρώτων F, Phot., Bibl. cod. 278, 528 b 29: ἱδρῶτος BP   **132** α΄ post καταφάσεως BPF, transp. Frob.   **138** λιποψυχίας BP³: λει- P¹F   **140** μελαγχολίας PF: -νίας B   **142** μελίτος BPF: -των Phot., Bibl. cod. 278, 529 b 11   **143** περὶ secl. Us., Anal. 54   **144** μεταρσιολογιῶν B¹, corr. B²   **146** περὶ νόμων F   **147** η΄ om. P¹   **150** 'numerus deest' Us., Anal. 55, <α΄> Gigante 517¹⁴   **151** α΄-ιζ΄ om. F   **152** πολιτεύματα νομοθετῶν Us., Anal. 55 'cf. Arist. Pol. II 12', <περὶ> ν. (vel νομοθέται) Zeller, Philos. d. Gr. II 2 (³1879) 865⁵. Vid. Sollenberger 50   **153** α΄-ε΄ om. F

Πολιτικῶν πρὸς τοὺς καιροὺς α′ β′ γ′ δ′,
Πολιτικῶν ἐθῶν α′ β′ γ′ δ′,   155
Περὶ τῆς ἀρίστης πολιτείας α′,
Προβλημάτων συναγωγῆς α′ β′ γ′ δ′ ε′,
Περὶ παροιμιῶν α′,
Περὶ πήξεων καὶ τήξεων α′,
Περὶ πυρὸς α′ β′,   160
Περὶ πνευμάτων α′,
Περὶ παραλύσεως α′,
Περὶ πνιγμοῦ α′,
Περὶ παραφροσύνης α′,
Περὶ παθῶν α′,   165
Περὶ σημείων α′,
Σοφισμάτων α′ β′,
Περὶ συλλογισμῶν λύσεως α′,
Τοπικῶν α′ β′,
Περὶ τιμωρίας α′ β′,   170
Περὶ τριχῶν α′,
Περὶ τυραννίδος α′,
Περὶ ὕδατος α′ β′ γ′,
Περὶ ὕπνου καὶ ἐνυπνίων α′,
Περὶ φιλίας α′ β′ γ′,   175
Περὶ φιλοτιμίας α′ β′,
Περὶ φύσεως α′ β′ γ′,
[46] Περὶ φυσικῶν α′ β′ γ′ δ′ ε′ ϛ′ ζ′ η′ θ′ ι′ ια′ ιβ′ ιγ′ ιδ′ ιε′ ιϛ′ ιζ′ ιη′,
Περὶ φυσικῶν ἐπιτομῆς α′ β′,
Φυσικῶν α′ β′ γ′ δ′ ε′ ϛ′ ζ′ η′,   180
Πρὸς τοὺς φυσικοὺς α′,
Περὶ φυτικῶν ἱστοριῶν α′ β′ γ′ δ′ ε′ ϛ′ ζ′ η′ θ′ ι′,
Φυτικῶν αἰτιῶν α′ β′ γ′ δ′ ε′ ϛ′ ζ′ η′,

---

154 α′–δ′ om. F   ε′ add. P¹, del. P⁴   155 πολιτικῶν ἐθῶν α′ β′ γ′ δ′ BP:
πολιτικῶν ε′ F   156–157 om. F¹, suppl. F²ᵐᵍ   157 α′–δ′ om. F²
160 α′ om. F   167 α′ om. F   168–170 om. F¹, 168–169 suppl. F²ᵐᵍ
168 λύσεως BPF²: <ἀνα>λύσεως Us., Anal. 56 (conl. 80)   169 α′ om. F²
173 α′ β′ om. F   175 α′–γ′ om. F¹, γ′ add. Fˣˢ·ˡ·   176 α′ om. F   β′ ex
ε′ Fˣ   177 α′ β′ om. F   178 α′–ιζ′ om. F   179–180 ἕτερον περὶ
φυσ. η′ F (om. 179 ἐπιτομῆς–180 ζ′)   182 φυτικῶν Casaub.: φυσ- BPF²:
φύσεως F¹: φυτῶν Us., Anal. 56   ἱστορικῶν BP   α′–θ′ om. F   183
φυτικῶν Casaub.: φυσ- BPF

373

Περὶ χυλῶν α΄ β΄ γ΄ δ΄ ε΄,
185   Περὶ ψευδοῦς ἡδονῆς α΄,
Περὶ ψυχῆς θέσεις α΄,
Περὶ τῶν ἀτέχνων πίστεων < . . . >,
Περὶ τῶν ἁπλῶν διαπορημάτων α΄,
Ἁρμονικῶν α΄,
190   Περὶ ἀρετῆς α΄,
Ἀφορμαὶ ἢ ἐναντιώσεις α΄,
Περὶ ἀποφάσεως α΄,
Περὶ γνώμης α΄,
Περὶ γελοίου α΄,
195   Δειλινῶν α΄ β΄,
Διαιρέσεις α΄ β΄,
Περὶ τῶν διαφορῶν α΄,
Περὶ τῶν †ἀδικημάτων† α΄,
Περὶ διαβολῆς α΄,
200   Περὶ ἐπαίνου α΄,
Περὶ ἐμπειρίας α΄,
Ἐπιστολῶν α΄ β΄ γ΄,
Περὶ τῶν αὐτομάτων ζῴων α΄,
Περὶ ἐκκρίσεως α΄,
205 **[47]**   Ἐγκώμια θεῶν α΄,
Περὶ ἑορτῶν α΄,
Περὶ εὐτυχίας α΄,
Περὶ ἐνθυμημάτων α΄,
Περὶ εὑρημάτων α΄ β΄,
210   Ἠθικῶν σχολῶν α΄,
Ἠθικοὶ χαρακτῆρες α΄,
Περὶ θορύβου α΄,
Περὶ ἱστορίας α΄,

---

184 α΄–δ΄ om. F   **186** θέσεις BF²: θέσις PF¹   α΄ BP: μία F   **187**
πίστεων <α΄> rec.   **190** om. F   **195** α΄ om. F   **197** om. F¹, suppl.
F²ᵐᵍ (om. τῶν): Π. τ. κατὰ τόπους δ. Athen. 7, 317 F (fr. 365B FHS&G)
198 Π. τ. <δικαιωμάτων (vel δικαιοπραγμάτων) καὶ> ἀδ. dubit. W. W.
Fortenbaugh, Quellen Ethik Theophr. (1984) 124 conl. Arist., Rhet. A 1373 b 1
et EN E 1135 a 8–15   **201–202** unus tit. in B (**201** α΄ corr. in ἐ- B²)   **202**
α΄-β΄ om. F   **203** 'titulus loco suo motus esse videtur' Us., Anal. 57
209 α΄ om. F   **212** α΄ om. BP   **212–213** unus tit. in BP (om. α΄ **212**)
213 om. F

Περὶ κρίσεως συλλογισμῶν α΄,
Περὶ θαλάττης α΄,   215
Περὶ κολακείας α΄,
Πρὸς Κάσανδρον περὶ βασιλείας α΄,
Περὶ κωμῳδίας α΄,
Περὶ μετεώρων α΄,
Περὶ λέξεως α΄,   220
Λόγων συναγωγὴ α΄,
Λύσεις α΄,
Περὶ μουσικῆς α΄ β΄ γ΄,
Περὶ μέτρων α΄,
Μεγακλῆς α΄,   225
Περὶ νόμων α΄,
Περὶ παρανόμων α΄,
Τῶν Ξενοκράτους συναγωγῆς α΄,
Ὁμιλητικὸς α΄,
Περὶ ὅρκου α΄,   230
Παραγγέλματα ῥητορικῆς α΄,
Περὶ πλούτου α΄,
Περὶ ποιητικῆς α΄,
Προβλήματα πολιτικά, φυσικά, ἐρωτικά, ἠθικὰ α΄,
[48]   Προοιμίων α΄,   235
Προβλημάτων συναγωγῆς α΄,
Περὶ {τῶν} προβλημάτων φυσικῶν α΄,
Περὶ παραδείγματος α΄,
Περὶ προθέσεως καὶ διηγήματος α΄,
Περὶ ποιητικῆς ἄλλο α΄,   240
Περὶ τῶν σοφῶν α΄,
Περὶ συμβουλῆς α΄,
Περὶ σολοικισμῶν α΄,
Περὶ τέχνης ῥητορικῆς α΄,

---

215 Περὶ <κινήσεων> θαλ. Us., Anal. 57, fort. recte: Π. <κυμάτων> θ. V. d. Muehll   **217** περὶ βασιλείας α΄· πρὸς κάσανδρον F   κάσσανδρον B   **219** μετεώρων BP: μέτρων F   **220–224** om. F¹, suppl. F²ᵐᵍ   **220** α΄ BPF²: δ΄ Us., Anal. 57   **224** μέτρων BP: μετεώρων F²   **228** συναγωγῆς F: ξυν- BP   **231** om. F   **232** α΄ om. F   **234** φυσικά— ἠθικὰ om. F¹, suppl. F²ᵐᵍ   **235** <Περὶ> πρ. Us., Anal. 58   **237** περὶ τῶν om. F, τῶν del. Us., Anal. 58   **240** om. F¹, suppl. F²ᵐᵍ (om. ἄλλο α΄)   **241** <ζ΄> σοφῶν Us., Anal. 58 (conl. Plut., Sol. 4), sed vid. 1.42

LIBER V

245   Περὶ τεχνῶν ῥητορικῶν †εἴδη ξα′†,
       Περὶ ὑποκρίσεως α′,
       Ὑπομνημάτων Ἀριστοτελικῶν ἢ Θεοφραστείων α′ β′ γ′ δ′ ε′ ϛ′,
       Φυσικῶν δοξῶν α′ β′ γ′ δ′ ε′ ϛ′ ζ′ η′ θ′ ι′ ια′ ιβ′ ιγ′ ιδ′ ιε′ ιϛ′,
       Φυσικῶν ἐπιτομῆς α′,
250   Περὶ χάριτος α′,
       Χαρακτῆρες ἠθικοί,
       Περὶ ψεύδους καὶ ἀληθοῦς α′,
       Τῶν περὶ τὸ θεῖον ἱστορίας α′ β′ γ′ δ′ ε′ ϛ′,
       Περὶ θεῶν α′ β′ γ′,
255   Ἱστορικῶν γεωμετρικῶν α′ β′ γ′ δ′,
  [49] Ἐπιτομῶν Ἀριστοτέλους περὶ ζῴων α′ β′ γ′ δ′ ε′ ϛ′,
       Ἐπιχειρημάτων α′ β′,
       Θέσεις γ′,
       Περὶ βασιλείας α′ β′,
260   Περὶ αἰτιῶν α′,
       Περὶ Δημοκρίτου α′,
       Περὶ διαβολῆς α′,
       Περὶ γενέσεως α′,
       Περὶ ζῴων φρονήσεως καὶ ἤθους α′,
265   Περὶ κινήσεως α′ β′,
       Περὶ ὄψεως α′ β′ γ′ δ′,
       Πρὸς ὅρους α′ β′,
       Περὶ τοῦ δεδόσθαι α′,
       Περὶ μείζονος καὶ ἐλάττονος α′,
270   Περὶ τῶν μουσικῶν α′,

---

245 <κατ΄> εἴδη dubit. Fortenbaugh ap. Sollenberger 52   ξα′ B: ζα′ P, F[1]
ut vid.: ζβ′ F[2]: ιζ′ Z (Frob.)   ἐπιδείξεις α′ W. Lapini, SIFC 87 (1994)
195   **247** θεοφραστείων F: –ίων BP   α′–ε′ om. F   **248** α′–ιε′ om. F
249 φυσικῶν <δοξῶν> Meursius, Theophr. 67 (no. clxxii)   **251** del.
Casaub. (conl. **211**)   **253** τῶν om. F[1], suppl. F[2]   α′–ε′ om. F   **254** α′
β′ om. F   **255** ἱστορικῶν BP: περὶ ἱστοριῶν F   **256** περὶ ζῴων BP:
πεζῶν F   α′–ε′ om. F   **257** α′ β′ BP: ἑπτὰ F   **260–263** om. F[1],
suppl. F[2]   **262** secl. Huebn. conl. **199** et **286**   **263** Περὶ <ζῴων> γ.
Meursius, Theophr. 70 (no. clxxxiv) conl. Apul., Apol. 36: Π. <τῆς τῶν
στοιχείων> γ. P. Steinmetz, Physik d. Theophrastos (1964) 11[2] (conl. Simpl.,
In de caelo 700.4 Heiberg)   **265** α′ om. F   **266** α′–γ′ om. F   **267**
πρὸς ὅρους BP: om. F[1]: περὶ ὅρου F[2mg] (α′ β′ om.)   post hunc tit. iterat
περὶ κινήσεως β′ F (cf. **265**)   **270** τῶν om. F

Περὶ τῆς θείας εὐδαιμονίας πρὸς τοὺς ἐξ Ἀκαδημείας α΄,
Προτρεπτικὸς α΄,
Πῶς ἄριστ' ἂν πόλεις οἰκοῖντο α΄,
Ὑπομνήματα α΄,
Περὶ ῥύακος τοῦ ἐν Σικελίᾳ α΄,   275
Περὶ τῶν ὁμολογουμένων α΄,
Περὶ τῶν προβλημάτων φυσικῶν α΄,
Τίνες οἱ τρόποι τοῦ ἐπίστασθαι α΄,
Περὶ τοῦ ψευδομένου α΄ β΄ γ΄,
Τὰ πρὸ τῶν τόπων α΄,   280
Πρὸς Αἰσχύλον α΄,
[50] Ἀστρολογικῆς ἱστορίας α΄ β΄ γ΄ δ΄ ε΄ ς΄,
Ἀριθμητικῶν ἱστοριῶν περὶ αὐξήσεως α΄,
Ἀκίχαρος α΄,
Περὶ δικανικῶν λόγων α΄,   285
Περὶ διαβολῆς α΄,
Ἐπιστολαὶ αἱ ἐπὶ τῷ Ἀστυκρέοντι, Φανίᾳ, Νικάνορι,
Περὶ εὐσεβείας α΄,
Εὐιάδος α΄,
Περὶ καιρῶν α΄ β΄,   290
Περὶ οἰκείων λόγων α΄,
Περὶ παίδων ἀγωγῆς α΄,
Ἄλλο διάφορον α΄,
Περὶ παιδείας ἢ περὶ ἀρετῶν ἢ περὶ σωφροσύνης α΄,
Προτρεπτικὸς α΄,   295

---

281 Aesch. TrGF III ad test. 144 Radt (102)   **287** Phanias fr. 4 W. =
FGrHistCont 1012 T 4

271 unus tit. BPF. Vid. Sollenberger 53   ἀκαδημείας B: -ίας PF   **273**
ἄριστ' ἂν BP: ἂν ἄριστα F   πόλις B¹F¹   α΄ B²P: om. B¹F   **273–274**
unus tit. Sollenberger   **274** om. F <Ἱστορικὰ> ύ. α΄ Us., Anal. 59
(praeeunte E. Koepke, De hypomn. gr. [1842] 11 ύ. <ίστ.>)   **277** del.
Meursius, Theophr. 66 (no. clx)   τῶν om. F, del. Us., Anal. 59   **279** α΄
β΄ om. F   **281** αἰσχῦλον F   **282** α΄–ε΄ om. F   **283** post ἱστοριῶν
add. α΄ et duo tit. fecit Meursius, Theophr. 12 (no. ccv-ccvi)   **284**
ἀκίχαρος α΄ P: ἀκεί- B: om. F¹: ἀκίχαρις α΄ F²ᵐᵍ, om. F¹   **286** secl.
Huebn., conl. **199** et **262**   **287** ἐπὶ BPF: ἐπι<γραφόμεναι> Us., Anal. 59
φανία P: φανεῖναι B¹: φανεῖαι B²: φιλαν(θρωπ)ία comp. F   **289** εὐειάδος
B: εὐίδαος F: Θυιάδες Us., Anal. 59   **291** α΄ PF: α΄ β΄ B   **292** ἀγωγῆς
PF: ἀπ- B   **293** om. F¹, suppl. F²ᵐᵍ   **295** secl. Huebn., conl. **272**

Περὶ ἀριθμῶν α΄,
Ὁριστικὰ περὶ λέξεως συλλογισμῶν α΄,
Περὶ οὐρανοῦ α΄,
Πολιτικοῦ α΄ β΄,
300   Περὶ φύσεως,
Περὶ καρπῶν,
Περὶ ζῴων.

ἃ γίνονται στίχων μ(υριάδες) κγ΄ ,βων΄. τοσαῦτα μὲν οὖν καὶ τῷδε τὰ βιβλία.

305   **[51]** εὗρον δ᾽ αὐτοῦ καὶ διαθήκας τοῦτον ἐχούσας τὸν τρόπον·
'ἔσται μὲν εὖ· ἐὰν δέ τι συμβῇ, τάδε διατίθεμαι. τὰ μὲν οἴκοι ὑπάρχοντα πάντα δίδωμι Μελάντῃ καὶ Παγκρέοντι τοῖς υἱοῖς Λέοντος. ἀπὸ δὲ τῶν παρ᾽ Ἱππάρχου
310   συμβεβλημένων τάδε μοι βούλομαι γενέσθαι· πρῶτον μὲν {βούλομαι γενέσθαι} τὰ περὶ τὸ μουσεῖον καὶ τὰς θεὰς συντελεσθῆναι κἂν εἴ τι ἄλλο δύναται περὶ αὐτὰς ἐπικοσμηθῆναι πρὸς τὸ κάλλιον· ἔπειτα τὴν Ἀριστοτέλους εἰκόνα τεθῆναι εἰς τὸ ἱερὸν καὶ τὰ λοιπὰ ἀναθήματα, ὅσα
315   πρότερον ὑπῆρχεν ἐν τῷ ἱερῷ· εἶτα τὸ στωΐδιον οἰκοδομηθῆναι τὸ πρὸς τῷ μουσείῳ μὴ χεῖρον ἢ πρότερον· ἀναθεῖναι δὲ καὶ τοὺς πίνακας, ἐν οἷς αἱ τῆς γῆς περίοδοί εἰσιν, εἰς τὴν κάτω στοάν· **[52]** ἐπισκευασθῆναι δὲ καὶ τὸν βωμόν, ὅπως ἔχῃ τὸ τέλειον καὶ τὸ εὔσχημον. βούλομαι δὲ
320   καὶ τὴν Νικομάχου εἰκόνα συντελεσθῆναι ἴσην. τὸ μὲν τῆς πλάσεως ἔχει Πραξιτέλης, τὸ δ᾽ ἄλλο ἀνάλωμα ἀπὸ τούτου γενέσθω. σταθῆναι δὲ ὅπου ἂν δοκῇ τοῖς καὶ τῶν ἄλλων

---

296 ἀριθμῶν BPF: ῥυθμῶν Meursius, Theophr. 73 (no. ccxvi)   **297**
suppl. F²ᵐᵍ (om. α΄)   **299** πολιτικοῦ om. F¹, -κὰ suppl. F²ᵐᵍ (om. α΄)
300 del. Marcov. (conl. **177**)   φύσεως <α΄> Us., Anal. 60   **301** del. Us.,
Anal. 60   καρπῶν <α΄> Marcov.   **302** del. Us., Anal. 60 (vid. **125**)
ζῴων α΄ B omisso ἃ (**303**)   **303** μκγ ,βων BP: μ ,βων F   **308** μελάντῃ
BF: μέλαντι P   **311** βούλομαι γενέσθαι del. Frob.   **312** κἂν εἴ τι BP:
κἂν ἔστι F: κἂν τι Cob.   δύναται BP: ἰσχύῃ F   **313** ἐπικοσμηθῆναι
P⁴: ἐπικομισ- BP¹F   **316** χεῖρον ἢ BF: χείρονι P   **319** τὸ² om. F¹,
suppl. F²ˢ·¹·

378

ἐπιμελουμένοις τῶν ἐν τῇ διαθήκῃ γεγραμμένων. καὶ τὰ μὲν
περὶ τὸ ἱερὸν καὶ τὰ ἀναθήματα τοῦτον ἔχει τὸν τρόπον.

τὸ δὲ χωρίον τὸ ἐν Σταγείροις ἡμῖν ὑπάρχον δίδωμι 325
Καλλίνῳ· τὰ δὲ βιβλία πάντα Νηλεῖ. τὸν δὲ κῆπον καὶ τὸν
περίπατον καὶ τὰς οἰκίας τὰς πρὸς τῷ κήπῳ πάσας δίδωμι
τῶν γεγραμμένων φίλων ἀεὶ τοῖς βουλομένοις συσχολάζειν
καὶ συμφιλοσοφεῖν ἐν αὐταῖς, [53] ἐπειδήπερ οὐ δυνατὸν
ἀεὶ πᾶσιν ἀνθρώποις ἐπιδημεῖν, μήτε ἐξαλλοτριοῦσι μήτε 330
ἐξιδιαζομένου μηδενός, ἀλλ’ ὡς ἂν ἱερὸν κοινῇ κεκτημένοις
καὶ τὰ πρὸς ἀλλήλους οἰκείως καὶ φιλικῶς χρωμένοις,
ὥσπερ προσῆκον καὶ δίκαιον. ἔστωσαν δὲ οἱ κοινωνοῦντες
Ἵππαρχος, Νηλεύς, Στράτων, Καλλῖνος, Δημότιμος,
Δημάρατος, Καλλισθένης, Μελάντης, Παγκρέων, Νίκιππος. 335
ἐξεῖναι δὲ βουλομένῳ φιλοσοφεῖν καὶ Ἀριστοτέλει τῷ
Μηδίου καὶ Πυθιάδος υἱῷ καὶ μετέχειν τούτων· καὶ αὐτοῦ
πᾶσαν ἐπιμέλειαν ποιεῖσθαι τοὺς πρεσβυτάτους, ὅπως ὅτι
μάλιστα προαχθῇ κατὰ φιλοσοφίαν.

θάψαι δὲ καὶ ἡμᾶς ὅπου ἂν δοκῇ μάλιστα ἁρμόττον εἶναι 340
τοῦ κήπου, μηδὲν περίεργον μήτε περὶ τὴν ταφὴν μήτε περὶ
τὸ μνημεῖον ποιοῦντας. [54] ὅπως δὲ συνείρηται μετὰ τὰ
περὶ ἡμᾶς συμβάντα <τὰ> περὶ τὸ ἱερὸν καὶ τὸ μνημεῖον

---

326 (τὸν¹)–**335** (Νίκιππος) Strato fr. 6 W. = fr. 4 Sharples

341 (μηδὲν)–**342** (ποιούντας) Φ 43 (257.19–21)

324 ἔχει BPF: ἐχέτω Cob.: ἔχει<ν> Marcov.   **328** συσχολάζειν PF:
σχο- B   **329** αὐταῖς F: -ῶ BP   **330** ἀεὶ post ἀνθρώποις transp. F
ἐξαλλοτριοῦσι PF: ἐξ ἀλλοτρίου** B: ἐξαλλοτριουμένου Emperius, Adv.
323   **330–331** μήτε²—ἂν om. B¹ spatio 2 versuum relicto, μήτε ἐξ
ἰδιαζομένου μηδενὸς et ἀνιαρὸν suppl. B²   **330** μήτε² B²P: μὴ δὲ F
331 ἐξιδιαζομένου PF: ἐξ ἰδ. B²   κοινῇ BP: -οὶ F   **332** καὶ¹—χρωμένοις
om. F¹, suppl. F²ᵐᵍ   **334** καλλῖνος BP: καλλίνικος F   **335** μελάντης
BF: μέλαντις P   πανκρέων BP   **336** καὶ om. F   **337** μηδίου BF¹:
μειδίου PF²: Μητροδώρου Nunnesius, Vita Arist. (²1621) 53 (conl. Sext., M.
1.258)   πυθιάδος BP: μυ- F   **341** μήτε¹ om. BP   μήτε² PFΦ: μηδὲ B
342 συνείρηται BP: συνή- F: συντηρῆται A. Wilhelm, Kl. Schr. II 2 (1984) 3
(a. 1896). Vid. Dorandi, Notes 257–8   **342–343** τὰ . . . συμβάντα BPF:
τὸ . . . συμβάν, τὰ Roeper (1846) 657   **343** τὰ add. Cob.

καὶ τὸν κῆπον καὶ τὸν περίπατον θεραπευόμενα,
345 συνεπιμελεῖσθαι καὶ Πομπύλον τούτων, ἐποικοῦντα αὐτὸν
καὶ τὴν τῶν ἄλλων ἐπιμέλειαν ποιούμενον ἦν καὶ πρότερον·
τῆς δὲ λυσιτελείας ἐπιμελεῖσθαι αὐτοῦ τοὺς ἔχοντας ταῦτα.

Πομπύλῳ δὲ καὶ Θρέπτῃ πάλαι ἐλευθέροις οὖσι καὶ ἡμῖν
πολλὴν χρείαν παρεσχημένοις, εἴ τι πρότερον ἔχουσι παρ'
350 ἡμῶν καὶ εἴ τι αὐτοὶ ἐκτήσαντο καὶ ἃ νῦν παρ' Ἱππάρχου
αὐτοῖς συντέταχα, δισχιλίας δραχμάς, ἀσφαλῶς οἶμαι δεῖν
αὐτοῖς ὑπάρχειν ταῦτα, καθάπερ καὶ αὐτὸς διελέχθην
Μελάντῃ καὶ Παγκρέοντι πλεονάκις καὶ πάντα μοι
συγκατετίθεντο. δίδωμι δὲ αὐτοῖς καὶ Σωματάλην {καὶ}
355 τὴν παιδίσκην.

[55] τῶν δὲ παίδων Μόλωνα μὲν καὶ Κίμωνα καὶ
Παρμένοντα ἤδη ἐλευθέρους ἀφίημι· Μάνην δὲ καὶ Καλλίαν
παραμείναντας ἔτη τέτταρα ἐν τῷ κήπῳ καὶ
συνεργασαμένους καὶ ἀναμαρτήτους γενομένους ἀφίημι
360 ἐλευθέρους. τῶν δὲ οἰκηματικῶν σκευῶν ἀποδιδόντας
Πομπύλῳ ὅσα ἂν δοκῇ τοῖς ἐπιμεληταῖς καλῶς ἔχειν, τὰ
λοιπὰ ἐξαργυρίσαι. δίδωμι δὲ καὶ Καρίωνα Δημοτίμῳ,
Δόνακα δὲ Νηλεῖ· Εὔβοιον δ' ἀποδόσθαι.

δότω δ' Ἵππαρχος Καλλίνῳ τρισχιλίας δραχμάς·
365 Μελάντῃ δὲ καὶ Παγκρέοντι εἰ μὲν μὴ ἑωρῶμεν Ἵππαρχον
καὶ {ἡμῖν} πρότερον χρείαν παρεσχημένον καὶ νῦν ἐν τοῖς
ἰδίοις μάλα νεναυαγηκότα, προσετάξαμεν ἂν μετὰ
Μελάντου καὶ Παγκρέοντος ἐξάγειν αὐτά. [56] ἐπειδὴ
δὲ οὔτε ἐκείνοις ἑώρων ῥᾴδιον ὄντα συνοικονομεῖν

---

344 θεραπευόμενα BPF: ὑπὸ τῶν ὀργεώνων Salmasius, Observ. ad ius
Atticum (1645) 103 (conl. Harpocr., Lex. s.v. ὀργεῶνας = Theophr. fr. 35
FHS&G)   **345** πομπῦλον F   τούτων B²: τοῦτον B¹PF   **347** αὐτοῦ
Aldobr.: αὐτὸν B¹PF¹: -ῶν B²: -ῶ F²   **352** αὐτὸς Reiske ms.: αὐτοῖς BPF
διελέχθην B: διει- P: διειλέχθημεν F   **353** μελάντη B²FP⁴: μέλαντι B¹P¹
πανκρέοντι BP   **354** συνκατετίθεντο BP   Σωματάλην BPF: σῶμα
<Μυρ>τάλην A. Wilhelm, Kl. Schr. II 2 (1984) 3 (a. 1896)   καὶ del. Frob.
356 μώλωνα F   κίμωνα BP: τίμωνα F: Σίμωνα Cobet, Nov. lect. (1858)
104   **362** διοτίμω F   **363** Εὔβοιον Meineke ap. Huebn. II 730:
εὔβοον PF: ἔββοον B² (ἔβ in ras.)   **365** μελάντη B²FP⁴: μέλαντι B¹P¹
πανκρέοντι B   **366** ἡμῖν BP: μὴν F: del. Cob.   **369** ὄντα BPF: ὃν
τα<ῦτα> Marcov.

λυσιτελέστερόν τε αὐτοῖς ὑπελάμβανον εἶναι τεταγμένον τι 370
λαβεῖν παρὰ Ἱππάρχου, δότω Ἵππαρχος Μελάντῃ καὶ
Παγκρέοντι ἑκατέρῳ τάλαντον. διδόναι δὲ Ἵππαρχον καὶ
τοῖς ἐπιμεληταῖς εἰς τὰ ἀναλώματα τὰ ἐν τῇ διαθήκῃ
γεγραμμένα κατὰ τοὺς ἑκάστου καιροὺς τῶν
δαπανημάτων. οἰκονομήσαντα δὲ ταῦτα Ἵππαρχον 375
ἀπηλλάχθαι τῶν συμβολαίων τῶν πρὸς ἐμὲ πάντων· καὶ εἴ
τι ἐπὶ τοῦ ἐμοῦ ὀνόματος συμβέβληκεν Ἵππαρχος ἐν
Χαλκίδι, Ἱππάρχου τοῦτό ἐστιν.
ἐπιμεληταὶ δὲ ἔστωσαν τῶν ἐν τῇ διαθήκῃ γεγραμμένων
Ἵππαρχος, Νηλεύς, Στράτων, Καλλῖνος, Δημότιμος, 380
Καλλισθένης, Κτήσαρχος. [57] αἱ διαθῆκαι κεῖνται
ἀντίγραφα τῷ Θεοφράστου δακτυλίῳ σεσημασμέναι, μία
μὲν παρὰ Ἡγησίᾳ Ἱππάρχου· μάρτυρες Κάλλιππος
Παλληνεύς, Φιλόμηλος Εὐωνυμεύς, Λύσανδρος Ὑβάδης,
Φιλίων Ἀλωπεκῆθεν. τὴν δ᾽ ἑτέραν ἔχει Ὀλυμπιόδωρος· 385
μάρτυρες δ᾽ οἱ αὐτοί. τὴν δ᾽ ἑτέραν ἔλαβεν Ἀδείμαντος,
ἀπήνεγκε δὲ Ἀνδροσθένης ὁ υἱός· μάρτυρες Ἀείμνηστος
Κλεοβούλου, Λυσίστρατος Φείδωνος Θάσιος, Στράτων
Ἀρκεσιλάου Λαμψακηνός, Θήσιππος Θησίππου ἐκ
Κεραμέων, Διοσκουρίδης Διονυσίου Ἐπικηφίσιος.' 390
ὧδ᾽ ἔχουσιν αὐτῷ καὶ αἱ διαθῆκαι.
ἀκοῦσαι δ᾽ αὐτοῦ καὶ Ἐρασίστρατον τὸν ἰατρόν εἰσιν οἳ
λέγουσι· καὶ εἰκός.

379–381 (Κτήσαρχος) Strato fr. 5 W. = fr. 4 Sharples   **392–393** Erasistr.
fr. 7 Garofalo

371 δότω F: δότω δ᾽ BP: δότω δὴ Marcov.   μελάντῃ B²PF: μέλαντι B¹
372 πανκρέοντι B   **373** τῇ om. F   **377** ἐπὶ BP: περὶ F
συμβέβληκεν BP: -βέβηκεν F   **379–390** Vid. Chr. Habicht in Festschrift
Drerup (1988) 175–8   **379** τῇ om. F   **382** ἀντίγραφα BPF: <κατ᾽>
ἀντ. Richards 346: ἀντίγραφοι <τρεῖς> Reiske 312. Vid. Sollenberger,
Peripatetics 3864³⁶⁷   **384** Παλληνεύς Menag.: πελλανεύς BP: πελα- F
φιλόμηλος εὐωνυμεύς om. F   Ὑβάδης Menag.: ὑβαίης BPF   **387**
Ἀρίμνηστος Menag.   **388** φείδωνος F: φίδ- BP   **389** Θέρσιππος
Θερσίππου Kirchner, PA I 7242. Vid. Masson, OGS I 128   **390**
κεραμέων BP: -έως F   διοσκουρίδης BP: διοσκορ- F   **392** εἰσιν F: εἰσι
δ᾽ BP   **393** λέγουσι PF: λέγοντες B

[58] διεδέξατο δ' αὐτοῦ τὴν σχολὴν Στράτων Ἀρκεσιλάου
Λαμψακηνός, οὗ καὶ ἐν ταῖς διαθήκαις ἐμνημόνευσεν· ἀνὴρ
ἐλλογιμώτατος καὶ φυσικὸς ἐπικληθεὶς ἀπὸ τοῦ περὶ τὴν
θεωρίαν ταύτην παρ' ὁντινοῦν ἐπιμελέστατα
5 διατετριφέναι. ἀλλὰ καὶ καθηγήσατο Πτολεμαίου τοῦ
Φιλαδέλφου καὶ ἔλαβε, φασί, παρ' αὐτοῦ τάλαντα
ὀγδοήκοντα. σχολαρχεῖν δέ, καθά φησιν Ἀπολλόδωρος ἐν
Χρονικοῖς, ἤρξατο τῇ τρίτῃ καὶ εἰκοστῇ καὶ ἑκατοστῇ
Ὀλυμπιάδι, τῆς σχολῆς ἀφηγησάμενος ἔτη ὀκτωκαίδεκα.
10   φέρεται δ' αὐτοῦ·

	Περὶ βασιλείας τρία,
	Περὶ δικαιοσύνης τρία,
	Περὶ τἀγαθοῦ τρία
	Περὶ θεῶν τρία,
15	Περὶ ἀρχῶν τρία ἢ δύο,
[59]	Περὶ βίων,
	Περὶ εὐδαιμονίας,
	Περὶ βασιλείας φιλοσοφίας,
	Περὶ ἀνδρείας,
20	Περὶ τοῦ κενοῦ,
	Περὶ τοῦ οὐρανοῦ,
	Περὶ τοῦ πνεύματος,
	Περὶ φύσεως ἀνθρωπίνης,
	Περὶ ζωογονίας,
25	Περὶ μίξεως,
	Περὶ ὕπνου,
	Περὶ ἐνυπνίων,

Vitam Stratonis post Wehrli (fr. 1, 10–1, 15, 20–39, 42–140, 142–50) ed.
Sharples (fr. 1)   **1–9** Strato fr. 1 W.   **7** (σχολάρχειν)–**9** Apollod. FGr-
Hist 244 F 40   i.e. 288–4   **10–58** Strato fr. 18

Ante **1** tit. στράτων PˣᵐᵍF²ᵐᵍ   **1** αὐτοῦ F: -ὸν BP   post σχολὴν
explicit caput in BP. Vid. Dorandi, Neapolitanus 19–20   στράτων om. B
3 περὶ Cob.: ἐπὶ BPF   **5** διατετρυφέναι B   **6** φασί om. F   **8** καὶ
ἑκατοστῇ om. B   **10** δ' om. F   αὐτοῦ <βιβλία> Huebn.: αὐ. <καὶ
βιβλία ταῦτα> Steph.   **15** post **11** transp. F   ἀρχῶν BPF: -ῆς rec.
18 περὶ βασιλείας φιλοσοφίας BP: π. βασιˡ φιλ° F: Π. βασιλέως φιλοσόφου
Cob.: Π. βασιλείας· <Περὶ> φιλοσοφίας Wehrli   **21** τοῦ om. BP

Περὶ ὄψεως,
Περὶ αἰσθήσεως,
Περὶ ἡδονῆς,   30
Περὶ χρωμάτων,
Περὶ νόσων,
Περὶ κρίσεων,
Περὶ δυνάμεων,
Περὶ τῶν μεταλλικῶν,   35
Μηχανικόν,
Περὶ ἰλίγγου καὶ σκοτώσεων,
Περὶ κούφου καὶ βαρέος,
Περὶ ἐνθουσιασμοῦ,
Περὶ χρόνου,   40
Περὶ τροφῆς καὶ αὐξήσεως,
Περὶ τῶν ἀπορουμένων ζῴων,
Περὶ τῶν μυθολογουμένων ζῴων,
Περὶ αἰτιῶν,
Λύσεις ἀπορουμένων,   45
Τόπων προοίμια,
Περὶ τοῦ συμβεβηκότος,
Περὶ τοῦ ὅρου,
[60]   Περὶ τοῦ μᾶλλον καὶ ἧττον,
Περὶ ἀδίκου,   50
Περὶ τοῦ προτέρου καὶ ὑστέρου,
Περὶ τοῦ προτέρου γένους,
Περὶ τοῦ ἰδίου,
Περὶ τοῦ μέλλοντος,
Εὑρημάτων ἔλεγχοι δύο,   55
Ὑπομνήματα, ἃ διστάζεται,

35–36 duo tit. Menag.: unus tit. in BP: Περὶ τῶν μεταλλικῶν μηχανημάτων
Steph.   **35** μετάλλων W. Capelle, RE IVA (1931) 280   **36** μηχανικὸν
B: -ῶν P: om. F   **37** ἰλίγγου Reiske 312: λιμοῦ BPF   **38** βαρέος P:
-ως BF   **44** αἰτίων F   **45–46** unus tit. in BP   **45** λύσεις BF: -ις P
46–47 προοίμια π. τ. συμβ. unus tit. F   **50** Π. ἀνίσου Moraux, Listes
246[147]   **51** τοῦ om. F   καὶ ὑστέρου om. BP   **52** τοῦ om. F   **54**
post hunc tit. iter. περὶ ἀδίκου· περὶ τοῦ προτέρου καὶ ὑστέρου BP: περὶ
ἀδίκου F   **55–56** δύο ὑπομνήματα unus tit. F   **56** ἃ om. BP

ἐπιστολαὶ ὧν ἀρχή· 'Στράτων Ἀρσινόῃ εὖ πράττειν.'
<στίχοι> μ (υριάδες) λγ´ ,βυκ´.

τοῦτόν φασιν οὕτω γενέσθαι λεπτὸν ὡς ἀναισθήτως
60 τελευτῆσαι. καὶ ἔστιν ἡμῶν εἰς αὐτὸν οὕτως ἔχον·

> λεπτὸς ἀνὴρ δέμας ἦν †εἰ μὴ προσέχῃς ἀποχρησμοῖς†
> Στράτωνα τοῦτόν φημί σοι,
> Λάμψακος ὅν ποτ' ἔφυσεν· ἀεὶ δὲ νόσοισι παλαίων
> θνῄσκει λαθών, οὐδ' ᾔσθετο.

65 **[61]** γεγόνασι δὲ Στράτωνες ὀκτώ· πρῶτος Ἰσοκράτους
ἀκροατής· δεύτερος αὐτὸς οὗτος· τρίτος ἰατρός, μαθητὴς
Ἐρασιστράτου, ὡς δέ τινες, τρόφιμος· τέταρτος ἱστορικός,
Φιλίππου καὶ Περσέως τῶν Ῥωμαίοις πολεμησάντων
γεγραφὼς πράξεις· < ... > ἕκτος ποιητὴς ἐπιγραμμάτων·
70 ἕβδομος ἰατρὸς ἀρχαῖος, ὡς Ἀριστοτέλης φησίν· ὄγδοος
Περιπατητικός, βεβιωκὼς ἐν Ἀλεξανδρείᾳ.

τοῦ δ' οὖν φυσικοῦ φέρονται καὶ διαθῆκαι τοῦτον
ἔχουσαι τὸν τρόπον·

59–64 Strato fr. 11 **61–64** Anth. Pal. 7.111 **67** (τέταρτος)–**69**
(πράξεις) Strato FGrHist 168 T 1 **70** (ἕβδομος–φησὶν) Arist. fr. 374 R.[3]
72–111 Strato fr. 10 = Lyco fr. 4 SFOD **72–81** (Διοκλῆς) Diocles Car. test.
7 dub. van der Eijk

59–60 (τοῦτον—τελευτῆσαι) Φ 44 (257.24–5) **61–64** Pal.

---

57 ἡ ἀρχή F **58** στίχοι add. Marcov. Vid. F. Ritschl, Opusc. philol. I
(1866) 194 (a. 1858) **58** μ(υριάδες) λγ´ ,βυκ´ V. d. Muehll ap. Capelle,
RE 281: μ^{αγ} ´βυκ B: μ^{ατ} ,βυκ P: μ ,βυκ F **61** (εἰ)–**64** om. B[1] spatio relicto,
expl. B[2] inde ab στράτωνα(**62**) **61** εἰ μὴ προσέχῃς ἀποχρησμοῖς P[1](Q): εἰμὶ
προσεχρίσατο χρισμοῖς F (-χρήσατο χρη- P[4]): εἰ μὴ προσέχῃς,
ἀπόχρημος Pal. (ἀπόχρη μοι Pal[C]) εἰ μὴ προσέχῃς, ἀπόχρη μοι | Σ.
τοῦτ' οὖν φημί γε (num attendas dicta mea, nil mea refert; certe de Stratone
illud assevero) Stadtmueller: προσεχρήσατο χραίσμαις Menag.: εἴ μοι
προσέχῃς (vel -εις), ἀπὸ χρισμῶν (vel -οῦ) Jacobs: ἢ μὴ προσεχῇς· ἀπόχρη
μοι Hermann (1829) 236 **62** σοι B[2]PF: γε Pal. **63** Λάμψακος ὅν
Menag.: λαμψακηνὸν ὅν B[2]P[1]: τὸν λαμψακηνὸν ὅν F: λαμψακινόν·
λαμψακὸς ὅν Pal. ποτε B[2]P φύσεν P[1](Q): om. B[2] cum spatio **64**
θανάτου in fine versus add. P[4] **66** ἰατρὸς om. F **67** ὡς—τρόφιμος
om. F **69** γεγραφὼς πράξεις om. F[1], suppl. F[2mg] 'excidit quintus
Strato' Menag.: πέμπτος cum spatio add. rec.

ʽτάδε διατίθεμαι, ἐάν τι πάσχω. τὰ μὲν οἴκοι καταλείπω
πάντα Λαμπυρίωνι καὶ Ἀρκεσιλάῳ. ἀπὸ δὲ τοῦ Ἀθήνησιν 75
ὑπάρχοντός μοι ἀργυρίου πρῶτον μὲν οἱ ἐπιμεληταὶ τὰ
περὶ τὴν ἐκφορὰν ἐπιμεληθήτωσαν καὶ ὅσα νομίζεται μετὰ
τὴν ἐκφοράν, μηθὲν μήτε περίεργον ποιοῦντες μήτʼ
ἀνελεύθερον. [62] ἐπιμεληταὶ δὲ ἔστωσαν τῶν κατὰ τὴν
διαθήκην οἵδε· Ὀλύμπιχος, Ἀριστείδης, Μνησιγένης, 80
Ἱπποκράτης, Ἐπικράτης, Γοργύλος, Διοκλῆς, Λύκων,
Ἄθανις. καταλείπω δὲ τὴν μὲν διατριβὴν Λύκωνι, ἐπειδὴ
τῶν ἄλλων οἱ μέν εἰσι πρεσβύτεροι, οἱ δὲ ἄσχολοι. καλῶς δʼ
ἂν ποιοῖεν καὶ οἱ λοιποὶ συγκατασκευάζοντες τούτῳ.
καταλείπω δʼ αὐτῷ καὶ τὰ βιβλία πάντα, πλὴν ὧν αὐτοὶ 85
γεγράφαμεν, καὶ τὰ σκεύη πάντα κατὰ τὸ συσσίτιον καὶ τὰ
στρώματα καὶ τὰ ποτήρια.

δότωσαν δὲ οἱ ἐπιμεληταὶ Ἐπικράτει πεντακοσίας
δραχμὰς καὶ τῶν παίδων ἕνα, ὃν ἂν δοκῇ Ἀρκεσιλάῳ. [63]
καὶ πρῶτον μὲν Λαμπυρίων καὶ Ἀρκεσίλαος ἀράσθωσαν 90
τὰς συνθήκας ἃς ἔθετο Δάϊππος ὑπὲρ Ἡραίου· καὶ μηθὲν
ὀφειλέτω μήτε Λαμπυρίωνι μήτε τοῖς Λαμπυρίωνος
κληρονόμοις, ἀλλʼ ἀπηλλάχθω παντὸς τοῦ συμβολαίου.
δότωσαν δʼ αὐτῷ καὶ οἱ ἐπιμεληταὶ ἀργυρίου πεντακοσίας
δραχμὰς καὶ τῶν παίδων ἕνα, ὃν ἂν δοκιμάζῃ Ἀρκεσίλαος, 95
ὅπως ἂν πολλὰ συμπεπονηκὼς ἡμῖν καὶ παρεσχημένος
χρείας ἔχῃ βίον ἱκανὸν καὶ εὐσχημονῇ.

ἀφίημι δὲ καὶ Διόφαντον ἐλεύθερον καὶ Διοκλέα καὶ
Ἄβουν· Σιμίαν δὲ ἀποδίδωμι Ἀρκεσιλάῳ. ἀφίημι δὲ καὶ

---

82 (καταλείπω)–**83** (ἄσχολοι) Lyco fr. 4 Wehrli

76 μοι om. B   **78** μηθὲν BP: μηδὲν F   μήτε BP: τι F   **79** ἂν
ἐλεύθερον P¹(Q)   **80** Ὀλύμπιχος Huebn.: ὀλυμπικὸς BPF (vid.
101) μνησιένης B   **81** γοργῦλος BF   **82** ἄθανις F: ἀθάνις B: -ης P
84 τούτω F: τοῦτο BP   **86** κατὰ BP: καὶ F   **89** ἕνα BP: ἕνεκα F
90 καὶ¹ Menag.: δὲ B²PF: om. B¹   λαμπηρίων F   **91** ἔθετο BP: δι- F
ἡραίου B: ἠ- F: ἰ- P   μηθὲν Wehrli: μηδὲν BPF   **92** ὀφειλέτω F:
ἀφείλετο B: ὠφεί- P   **94–95** δραχμὰς πεντακοσίας F   **95** ἕνα ὃν ἂν
rec.: ἔνδον ἐὰν B: ἕνα ὃν ἐὰν P: ἕνα ἐὰν F   **96** παρεσχημένος BP:
παρεσχό- F   **97** εὐσχημονῇ F: -μονή B² (sine acc. B¹): εὐσχήμων ἢ P:
εὐσχήμονα Cob. (cf. infra § 72)   **99** ἀβοῦν F   σιμίαν BP: σιμμ- F

100 Δρόμωνα ἐλεύθερον. ἐπειδὰν δὲ παραγένηται Ἀρκεσίλαος, λογισάσθω Ἡραῖος μετ' Ὀλυμπίχου καὶ Ἐπικράτους καὶ τῶν ἄλλων ἐπιμελητῶν τὸ γεγονὸς ἀνάλωμα εἰς τὴν ἐκφορὰν καὶ τἆλλα τὰ νομιζόμενα. **[64]** τὸ δὲ περιὸν ἀργύριον κομισάσθω Ἀρκεσίλαος παρ' Ὀλυμπίχου, μηθὲν
105 ἐνοχλῶν αὐτὸν κατὰ τοὺς καιροὺς καὶ τοὺς χρόνους. ἀράσθω δὲ καὶ τὰς συνθήκας Ἀρκεσίλαος ἃς ἔθετο Στράτων πρὸς Ὀλύμπιχον καὶ Ἀμεινίαν, τὰς κειμένας παρὰ Φιλοκράτει Τεισαμενοῦ. τὰ δὲ περὶ τὸ μνημεῖον ποιείτωσαν ὡς ἂν δοκῇ Ἀρκεσιλάῳ καὶ Ὀλυμπίχῳ καὶ Λύκωνι.'
110 καὶ αἵδε μέν εἰσιν αἱ φερόμεναι αὐτοῦ διαθῆκαι, καθά που συνήγαγε καὶ Ἀρίστων ὁ Κεῖος.

αὐτὸς δὲ ὁ Στράτων ἀνὴρ γέγονε, καθάπερ καὶ ἄνω δεδήλωται, πολλῆς τῆς ἀποδοχῆς ἄξιος, διατρίψας ἐν παντὶ λόγων εἴδει καὶ μάλιστά γε ἐν τῷ καλουμένῳ φυσικῷ, ὅπερ
115 εἶδος ἀρχαιότερόν τε καὶ σπουδαιότερον.

110–111 Aristo Ceus fr. 16 SFOD = 31 W.   **112–115** Strato fr. 15
112–113 (καθάπερ—δεδήλωται) vid. 5.58.

---

100 δρόμονα B   **101** Ἡραῖος Wehrli: ἥραιος B² (ἔ- B¹): ἵραιος P: ἠραῖον F
103 τἆλλα Cob.   **105** ἐνοχλῶν BP: ὀχλῶν F   τοὺς² om. F   **108** τεισαμενοῦ F: τισαμένου P: -μείνου B: †Τεἰσαμένοῦ† (sic) Wehrli ποιήτωσαν B   **112** καθάπερ BP: καθά F   **113** διαπρέψας Frob. (cf. 4.67)   **114** εἶδος F²ᵐᵍ   **115** (–δαιότερον)–**387, 1** (λύκων) om. B¹ spatio relicto, add. B²

[65] τοῦτον διεδέξατο Λύκων Ἀστυάνακτος Τρωαδεύς, φραστικὸς ἀνὴρ καὶ περὶ παίδων ἀγωγῆς ἄκρως συντεταγμένος. ἔφασκε γὰρ δεῖν παρεζεῦχθαι τοῖς παισὶ τὴν αἰδῶ καὶ φιλοτιμίαν ὡς τοῖς ἵπποις μύωπα καὶ χαλινόν. τὸ δὲ ἐκφραστικὸν αὐτοῦ καὶ περιγεγονὸς ἐν τῇ ἑρμηνείᾳ 5 φαίνεται κἀνθάδε· φησὶ γὰρ τοῦτον τὸν τρόπον ἐπὶ παρθένου πενιχρᾶς· 'βαρὺ γὰρ φορτίον πατρὶ κόρη διὰ σπάνιν προικὸς ἐκτρέχουσα τὸν ἀκμαῖον τῆς ἡλικίας καιρόν.' διὸ δὴ καί φασιν Ἀντίγονον ἐπ' αὐτοῦ τοῦτο εἰπεῖν ὡς οὐκ ἦν ὥσπερ μήλου τὴν εὐωδίαν καὶ χάριν ἄλλοθί που 10 μετενεγκεῖν, ἀλλ' ἐπ' αὐτοῦ τοῦ ἀνθρώπου καθάπερ ἐπὶ τοῦ δένδρου τῶν λεγομένων ἕκαστον ἔδει θεωρεῖσθαι. [66] τοῦτο δὲ ὅτι ἐν μὲν τῷ λέγειν γλυκύτατος ἦν· παρὸ καί τινες τὸ γάμμα αὐτοῦ τῷ ὀνόματι προσετίθεσαν· ἐν δὲ τῷ γράφειν ἀνόμοιος αὑτῷ. ἀμέλει γοῦν καὶ ἐπὶ τῶν 15 μεταγινωσκόντων ἐπειδὴ μὴ ἔμαθον ὅτε καιρὸς καὶ εὐχομένων τοῦτον ἐκαλλιλέκτει τὸν τρόπον· ἔλεγεν αὐτῶν κατηγορεῖν ἀδυνάτῳ μηνύοντας εὐχῇ μετάνοιαν ἀργίας ἀδιόρθωτον. τούς τε βουλευομένους <οὐκ> ὀρθῶς διαπίπτειν ἔφασκε τῷ λογισμῷ, οἱονεὶ στρεβλῷ κανόνι 20

Vitam Lyconis post Wehrli (fr. 2–3, 5, 8, 10–12, 15–16, 18, 22–5, 27) ed. SFOD (fr. 1)   1 (Λύκων)–4 (χαλινόν) Lyco fr. 22   1 (τοῦτον—Τρωαδεύς) Lyco fr. 2 W.   2 (φραστικὸς)–12 (θεωρεῖσθαι) Lyco fr. 18   Vid. Fortenbaugh in Lyco and Hieronymus 411–41 et H. B. Gottschalk, Phronesis 18 (1973) 94–6   6 (φησὶ)–9 (καιρόν) Lyco fr. 27   9 Antigonus II Gonatas (277–239)   15 (ἀμέλει)–19 (ἀδιόρθωτον) Lyco fr. 23   19 (τούς)–22 (διεστραμμένῳ) Lyco fr. 24

3 (παρεζεῦχθαι)–9 (καιρόν) Φ 45 (257.27–258.5)

Ante 1 tit. λύκων P^{xmg}   1 τοῦτον i. e. Στράτωνα   cum διεδέξατο explicit caput in B²P   διεδέξαντο F   2 <ἐκ>φραστικὸς Reiske 312 ἀγωγὴν Cob. (cf. infra 121 περὶ παιδείαν)   3 συντεταμένος Richards 345   4 ὡς καὶ F   5 ἐκφραστικὸν BP: φρ. F   περιγεγονὸς BPFΦ (def. Reiske 312 'τὸ ὑπερβάλλον καὶ περιγιγνόμενον τῆς τῶν ἄλλων ἐκφράσεως, τὸ περιττόν'): -γωνὸς Casaub.: περιττὸν Nauck, Mél. Gr.-R. IV (1876) 45^{17}   6 κἀνθάδε BPF: -ταῦθα Φ   φασὶ F   γὰρ om. Φ 10 ὥσπερ del. Marcov.   15 αὐτῷ B²: αὐ- B¹PF   γοῦν om. F   16 μὴ om. F   17 αὐτῶν Huebn.: αὐτῶν PB²: -ῶ B¹: -ὸν F   19 ἀδιορθώτου Cob.   οὐκ add. Casaub.

βασανίζοντας εὐθεῖαν φύσιν ἢ πρόσωπον ὕδατι
κλυδαττομένῳ ἢ κατόπτρῳ διεστραμμένῳ. καὶ ἐπὶ μὲν τὸν
ἐκ τῆς ἀγορᾶς στέφανον πολλοὺς ἀπιέναι, ἐπὶ δὲ τὸν
Ὀλυμπίασιν ἢ ὀλίγους ἢ οὐδένα. **[67]** πολλάκις τε πολλὰ
25 συμβουλεύσας Ἀθηναίοις, τὰ μέγιστα αὐτοὺς ὠφέλησεν.

ἦν δὲ καὶ καθαρώτατος τὴν στολήν, ὡς ἀνυπερβλήτῳ
χρῆσθαι μαλακότητι ἱματίων, καθά φησιν Ἕρμιππος. ἀλλὰ
καὶ γυμναστικώτατος ἐγένετο καὶ εὐέκτης τὸ σῶμα τήν τε
πᾶσαν σχέσιν ἀθλητικὴν ἐπιφαίνων, ὠτοθλαδίας καὶ
30 ἐμπινὴς ὤν, καθά φησιν Ἀντίγονος ὁ Καρύστιος· διὰ τοῦτο
δὲ καὶ παλαῖσαι λέγεται τά τε ἐν τῇ πατρίδι Ἰλίεια καὶ
σφαιρίσαι. ὡς οὐκ ἄλλος τε ἦν φίλος τοῖς περὶ Εὐμενῆ καὶ
Ἄτταλον, οἳ καὶ πλεῖστα ἐπεχορήγουν αὐτῷ. ἐπειράθη δ᾽
αὐτὸν σχεῖν καὶ Ἀντίοχος, ἀλλ᾽ οὐκ ἔτυχεν. **[68]** οὕτω δὲ ἦν
35 ἐχθρὸς Ἱερωνύμῳ τῷ Περιπατητικῷ, ὡς μόνον μὴ ἀπαντᾶν
πρὸς αὐτὸν εἰς τὴν ἐτήσιον ἡμέραν, περὶ ἧς ἐν τῷ περὶ
Ἀρκεσιλάου βίῳ διειλέγμεθα.

ἀφηγήσατο δὲ τῆς σχολῆς ἔτη τέτταρα πρὸς τοῖς
τετταράκοντα, Στράτωνος αὐτὸν ἐν ταῖς διαθήκαις
40 καταλιπόντος κατὰ τὴν ἑβδόμην καὶ εἰκοστὴν καὶ

---

22 (καὶ)–**24** (οὐδένα) Lyco fr. 25 **24** (πολλάκις)–**25** Lyco fr. 12 **26**–
32 (σφαιρίσαι) Lyco fr. 8 **26–27** (Ἕρμιππος) Hermipp. FGrHistCont
1026 F 74 (Bollansée) **27** (ἀλλὰ)–**37** Vid. Wil., Ant. 85 **27** (ἀλλὰ)–**32**
(σφαιρίσαι) Antig. fr. 24 Dor. **32** (ὡς)–**37** Hieron. Rhod. fr. 6 White
32 (ὡς)–**34** (ἔτυχεν) Lyco fr. 11 **34** (οὕτω)–**37** Hieron. Rhod. fr. 3 W.
34 (οὕτω) = Lyco fr. 10 **36** (ἐν)–**37** Vid. 4.41 **38–41** (Ὀλυμπιάδα)
Strato fr. 9 W.

---

28 (γυμναστικώτατος)–**30** (ὤν) Φ 45 (258.5–6) **29–30** (ὠτοθλαδίας—
ὤν) Suda ω 265 (III 629.21)

---

22 κλυδαττομένῳ FP⁴: -ων B: -όμενον P¹ **23** δὲ om F **25** ἀθηναίους
P¹(Q), corr. P⁴ **27** καθάπερ P **30** ἐμπείνης P **30–31** τοῦτο δὲ om.
F¹, τοῦτο om. F¹, suppl. F²ˢ·ˡ· **31** παλαῖσαι P τε BP: τ᾽ F: del. Reiske
312 Ἰλίεια Bentley, Diss. Ep. Phalaris (²1699) 54: Ἴλεια P: ἠλεῖα B: ἠ- F
32 εὐμενῆ BF: -εῖ P **34** ἀντίλοχος B **35** μόνος Cob. Vid. Dorandi,
Notes 258 **36** περὶ om. B **38** τέττερα B¹ **39** τεττεράκοντα B
αὐτὴν Long, sed vid. Dorandi, Notes 258

ἑκατοστὴν Ὀλυμπιάδα. οὐ μὴν ἀλλὰ καὶ Πανθοίδου διήκουσε τοῦ διαλεκτικοῦ. ἐτελεύτησε δὲ γεγονὼς ἔτος τέταρτον καὶ ἑβδομηκοστόν, νόσῳ ποδαγρικῇ καταπονηθείς. καὶ ἔστιν ἡμῶν εἰς αὐτόν·

οὐ μὰ τόν, οὐδὲ Λύκωνα παρήσομεν, ὅττι ποδαλγὴς   45
κάτθανε· θαυμάζω τοῦτο μάλιστα δ' ἐγώ,
τὴν οὕτως Ἀΐδαο μακρὴν ὁδὸν ὡς πρὶν ὁ ποσσὶν
ἀλλοτρίοις βαδίσας ἔδραμε νυκτὶ μιῇ.

[69] γεγόνασι δὲ Λύκωνες καὶ ἄλλοι· πρῶτος Πυθαγορικός, δεύτερος αὐτὸς οὗτος, τρίτος ἐπῶν ποιητής, 50 τέταρτος ἐπιγραμμάτων ποιητής.

τοῦ δὲ φιλοσόφου καὶ διαθήκαις περιετύχομεν ταῖσδε· 'τάδε διατίθεμαι περὶ τῶν κατ' ἐμαυτόν, ἐὰν μὴ δυνηθῶ τὴν ἀρρωστίαν ταύτην ὑπενεγκεῖν. τὰ μὲν ἐν οἴκῳ πάντα δίδωμι τοῖς ἀδελφ<ιδ>οῖς Ἀστυάνακτι καὶ Λύκωνι. καὶ 55 οἶμαι δεῖν ἀποδοθῆναι ἀπὸ τούτων ὅσα κατακέχρημαι Ἀθήνησι παρά τινος ἔχων †ἢ πεπραχώς†· καὶ ἃ ἂν εἰς τὴν ἐκφορὰν ἀναλωθῇ καὶ εἰς τἆλλα <τὰ> νομιζόμενα. [70] τὰ δὲ ἐν ἄστει καὶ ἐν Αἰγίνῃ δίδωμι Λύκωνι διὰ τὸ καὶ τοὔνομα

41–42 (οὐ—διαλεκτικοῦ) Panthoid. test. 145 Doer. = SSR II Q 1 = Lyco fr. 3   42 (ἐτελεύτησεν)–44 (καταπονηθείς) Lyco fr. 16   42–43 (ἑβδομηκοστόν) Apollod. FGrHist 244 F 350   45–48 Anth. Pal. 7.112   49 (πρῶτος) Lyco Pyth. VS 57 A 1   49–50 Lyco/Lycus Iasens. FGrHistCont 1110 T 3   52–119 Lyco fr. 15

45–48 Pal.; Plan. IIIᵃ 6.2

42 γεγονὸς ἐτῶν F   44 καταπονηθεὶς om. F   καὶ ἔστι F: καὶ ἔστιν καὶ BP   45 ὅτι BP¹F, corr. P²   46 δ' ἐγώ P²: λέγω BP¹: ἐγὼ F   47 ἀίδαο P (αο ex corr.), F: αἰδέω B¹: ἀΐδαο* B²   ὡς Scaliger ap. Jacobs (cf. Jacobs III lii et Hermann ap. Huebn. II 732): ἀ- BP¹: ἃ F: ἃ Pal.: ἂν P²: ἂν Z Frob.: εἰ Jacobs. Vid. Dorandi, Notes 258   ποσσὶν BF, P⁴ (σσὶν in ras.), Pal.: πουσὶν P¹(Q)   48 ἔδραμεν BF   52 δὲ Frob.: δὴ BPF   55 δίδωμι BP: δια- F   ἀδελφιδοῖς H. Pomtow, GGA 175 (1913) 169¹: -φοῖς BPF. Vid. Dorandi, Notes 258   56 ἀποδοθῆναι om. F¹, suppl. F²ᵐᵍ   57 ἢ πεπραχὼς BPF: ἢ ἐκπεπραχώς Frob.: <μ>ὴ ἐκπεπραχότος Diels ad Reiske 313. Vid. Dorandi, Notes 258–9   58 ἀναλωθῇ καὶ B²PF: -δοθῆναι B¹   τὰ add. F²P⁴ (cf. 81)   59 ἄστυ F   καὶ ἐν αἰγίνη om. B¹, in ras. suppl. B²

60 φέρειν ἡμῶν καὶ συνδιατετριφέναι πλείω χρόνον ἀρεστῶς
πάνυ, καθάπερ δίκαιον ἦν τὸν υἱοῦ τάξιν ἐσχηκότα.

τὸν δὲ Περίπατον καταλείπω τῶν γνωρίμων τοῖς
βουλομένοις, Βούλωνι, Καλλίνῳ, Ἀρίστωνι, Ἀμφίωνι,
Λύκωνι, Πύθωνι, Ἀριστομάχῳ, Ἡρακλείῳ, Λυκομήδει,
65 Λύκωνι τῷ ἀδελφιδῷ. προστησάσθωσαν δὲ αὐτοὶ ὃν ἂν
ὑπολαμβάνωσι διαμενεῖν ἐπὶ τοῦ πράγματος καὶ συνέξειν
μάλιστα δυνήσεσθαι. συγκατασκευαζέτωσαν δὲ καὶ οἱ
λοιποὶ γνώριμοι κἀμοῦ καὶ τοῦ τόπου χάριν.

περὶ δὲ τῆς ἐκφορᾶς καὶ καύσεως ἐπιμελήθητωσαν
70 Βούλων καὶ Καλλῖνος μετὰ τῶν συνήθων, ὅπως μήτ᾽
ἀνελεύθερος γένηται μήτε περίεργος. [71] τῶν δὲ ἐν Αἰγίνῃ
μοι γενομένων μερῶν μετὰ τὴν ἐμὴν ἀπόλυσιν
καταχωρισάτω Λύκων τοῖς νεανίσκοις εἰς ἐλαιοχριστίαν,
ὅπως κἀμοῦ καὶ τοῦ τιμήσαντος ἐμὲ μνήμη γένηται διὰ τῆς
75 χρείας ταύτης ἡ προσήκουσα. καὶ ἀνδριάντα ἡμῶν
ἀναθέτω· τὸν δὲ τόπον, ὅπως ἁρμόττων ᾖ τῆς στάσεως,
ἐπιβλεψάτω καὶ συμπραγματευθήτω Διόφαντος καὶ
Ἡρακλείδης Δημητρίου. ἀπὸ δὲ τῶν ἐν ἄστει Λύκων
ἀποδότω πᾶσι παρὼν ἃ προείληφα μετὰ τὴν ἀποδημίαν
80 τὴν ἐκείνου. παρεχέσθωσαν δὲ Βούλων καὶ Καλλῖνος καὶ ἃ
ἂν εἰς τὴν ἐκφορὰν ἀναλωθῇ καὶ τἆλλα τὰ νομιζόμενα.
κομισάσθω<σαν> δὲ ταῦτα ἀπὸ τῶν ἐν οἴκῳ κοινῇ

---

60 συνδιατετριφέναι BP, γρ F²ᵐᵍ: συντρυφέναι F¹ **62** καταλίπω BF
63 καὶ καλλίνω F ἀμφίωνι om. F **66** διαμενεῖν Cob.: -μένειν BPF
συναύξειν Cob. **69** καὶ om. F¹, suppl. F²ᵐᵍ ἐπιμελήθειτωσαν F
70–91 Vid. Dorandi, Notes 259–60 **72** μερῶν BPF: μοριῶν Cob.: μορῶν
Scaliger ap. Menag. **73** καταχωρισάτω PF: -ρησάτω B
ἐλαιοχριστίαν Budaeus in ThesGrL s.v. et Reiske 313: ἔλεο- BPF:
ἐλαιοχρηστίαν Frob.: -χρίστιον A. Wilhelm, Kl. Schr. II 4 (2002) 175
(a. 1925) **74** γένηται B: γί- PF **75** ταύτης Wilhelm: αὐτῆς BF: αὕτη
P **76** ἁρμόττων P: -ον BF **76–81** ᾖ—τἆλλα om. B spatio versuum 6
relicto στάσεως PF: κατα- Huebn. **79** παρὼν ἃ PF: παρ᾽ ὦν ἃ
Frob.: παρ᾽ ὦν τι Cob. προείληφα P¹: προσ- FP⁴ **80** τὴν om. F
παρεχέσθωσαν Cob.: παρεπ- F: παρακολουθοῦσι P **81** τὰ ἄλλα PF
82 κομισάσθωσαν Cob.: κομισάσθω BPF ταῦτα BP: πάντα F

καταλειπομένων ἀμφοτέροις ὑπ' ἐμοῦ. **[72]** τιμησάτω-
<σαν> δὲ καὶ τοὺς ἰατροὺς Πασίθεμιν καὶ Μηδίαν, ἀξίους
ὄντας καὶ διὰ τὴν ἐπιμέλειαν τὴν περὶ ἐμὲ καὶ τὴν τέχνην καὶ 85
μείζονος ἔτι τιμῆς. δίδωμι δὲ τῷ Καλλίνου παιδίῳ
Θηρικλείων ζεῦγος καὶ τῇ γυναικὶ αὐτοῦ Ῥο<δ>ιακῶν
ζεῦγος, ψιλοτάπιδα, ἀμφίταπον, περίστρωμα, προσκε-
φάλαια δύο τὰ βέλτιστα τῶν καταλειπομένων, ὡς ἂν ἐφ'
ὅσον ἀνήκει πρὸς τιμὴν καὶ τούτων φανῶμεν μὴ ἀμνήμονες 90
ὄντες.
περὶ δὲ τῶν θεραπευόντων ἐμαυτὸν οὕτως ἐξάγω·
Δημητρίῳ μὲν ἐλευθέρῳ πάλαι ὄντι ἀφίημι τὰ λύτρα καὶ
δίδωμι πέντε μνᾶς καὶ ἱμάτιον καὶ χιτῶνα, ἵνα πολλὰ
πεπονηκὼς μετ' ἐμοῦ βίον εὐσχήμονα ἔχῃ. Κρίτωνι δὲ 95
Χαλκηδονίῳ καὶ τούτῳ τὰ λύτρα ἀφίημι καὶ δίδωμι
τέτταρας μνᾶς. καὶ τὸν Μίκρον ἀφίημι ἐλεύθερον· καὶ
θρεψάτω Λύκων αὐτὸν καὶ παιδευσάτω ἀπὸ τοῦ νῦν
χρόνου ἓξ ἔτη. **[73]** καὶ Χάρητα ἀφίημι ἐλεύθερον· καὶ
θρεψάτω Λύκων αὐτόν. καὶ δύο μνᾶς αὐτῷ δίδωμι καὶ τὰ 100
ἐμὰ βιβλία τὰ ἀνεγνωσμένα· τὰ δὲ ἀνέκδοτα Καλλίνῳ, ὅπως
ἐπιμελῶς αὐτὰ ἐκδῷ. δίδωμι δὲ καὶ Σύρῳ ἐλευθέρῳ ὄντι
τέτταρας μνᾶς καὶ τὴν Μηνοδώραν δίδωμι· καὶ εἴ τί μοι
ὀφείλει, ἀφίημι αὐτῷ. καὶ Ἱλαρᾷ πέντε μνᾶς καὶ ἀμφίταπον
καὶ περίστρωμα καὶ δύο προσκεφάλαια καὶ κλίνην ἣν ἂν 105
βούληται. ἀφίημι δὲ ἐλευθέραν καὶ τὴν τοῦ Μίκρου μητέρα
καὶ Νοήμονα καὶ Δίωνα καὶ Θέωνα καὶ Εὐφράνορα καὶ
Ἑρμίαν. καὶ Ἀγάθωνα δύο ἔτη παραμείναντα ἀφεῖσθαι

---

86 (δίδωμι)–**89** (καταλειπομένων) Suda ρ 273 (IV 304.25–6) omisso
Θηρικλείων—αὐτοῦ

83 τιμησάτωσαν Cob.: τιμησάτω BPF   **84** Μηδίαν Menag.: μειδίαν
BP: μηδείαν F   **86** καλλίνου BPF: -νίκου Suda   **87** θηρικλείων P⁴:
θηρα- BP¹: θηρικλεῖ F   Ῥοδιακῶν I. D. van Lennep, Phalar. ep. (1777)
305b: ῥοιάκων B¹PF, Suda: ῥοίσκων B²   **88** ψιλοτάπιδα καὶ F   **89**
ὡς ἂν PF: ὅσον B   **90–91** ἀμνήμονες ὄντες BF: ἀμνημονεύοντες P
95 ἔχει BF   **97** Μίκρον Huebn. II 732: μικρὸν BPF   **104** αὐτῷ BF:
-ὸν P   ἱλαρα B: ἱλάρα F: ἱλαρα P¹: ἱλαρὰ Pˣ   **105** καὶ δύο προσκ. καὶ
περ. P   **106** Μίκρου Huebn. II 732: μικροῦ BPF   **107** καὶ² om. F
καὶ Εὐφράνορα om. F¹, suppl. F²ᵐᵍ   **108** ἑρμίαν B: ἑρμείαν PF

ἐλεύθερον· καὶ τοὺς φορεαφόρους Ὠφελίωνα καὶ
110 Ποσειδώνιον τέτταρα ἔτη παραμείναντας. **[74]** δίδωμι δὲ
καὶ Δημητρίῳ καὶ Κρίτωνι καὶ Σύρῳ κλίνην ἑκάστῳ καὶ
στρώματα τῶν καταλειπομένων, ἃ ἂν φαίνηται Λύκωνι
καλῶς ἔχειν. ταῦτα ἔστω αὐτοῖς ἀποδείξασιν ὀρθῶς ἐφ᾽ ὧν
ἕκαστοι τεταγμένοι εἰσί.
115 περὶ δὲ τῆς ταφῆς ἐάν τε αὐτοῦ βούληται Λύκων θάπτειν,
ἐάν τε ἐν οἴκῳ, οὕτω ποιείτω. πέπεισμαι γὰρ αὐτὸν οὐδὲν
ἧττον ἐμοῦ συνορᾶν τὸ εὔσχημον. ταῦτα δὲ πάντα
οἰκονομήσαντι κυρία ἔστω ἡ δόσις τῶν ἐνταῦθα. μάρτυρες
Καλλῖνος Ἑρμιονεύς, Ἀρίστων Κεῖος, Εὐφρόνιος Παιανιεύς.᾽
120 οὕτω μέντοι αὐτῷ συνετῶς τὰ πάντα πράττοντι τά τε
περὶ παιδείαν καὶ πάντας λόγους, οὐδὲν ἧττον καὶ τὰ τῶν
διαθηκῶν τρόπον τινὰ καὶ σφόδρα ἐπιμελῶς τε καὶ
οἰκονομικῶς ἴσχει· ὥστε κἀνταῦθα ζηλωτέος.

---

118 (μάρτυρες)–**119** Aristo fr. 5 SFOD = 5 W.

---

109 ὀφελίωνα P   **110** ποσειδώνιον P: ποσιδώ- B: ποσειδό- F   **111**
καὶ κλίνην B   **118** μάρτυρες δὲ F   **119** ἑρμιονεύς, ἀρίστων PF:
ἑρμίων· εὐσαρίστων B² (ex ἑρμιονεῦσα-)   **120** συνετῶς τὰ P:
συνεστῶτα B: -τι F   **123** -ταῦθα ζηλωτέος erasit B²

[75] Δημήτριος Φανοστράτου Φαληρεύς. οὗτος ἤκουσε μὲν
Θεοφράστου· δημηγορῶν δὲ παρ' Ἀθηναίοις τῆς πόλεως
ἐξηγήσατο ἔτη δέκα, καὶ εἰκόνων ἠξιώθη χαλκῶν ἑξήκοντα
πρὸς ταῖς τριακοσίαις, ὧν αἱ πλείους ἐφ' ἵππων ἦσαν καὶ
ἁρμάτων καὶ συνωρίδων, συντελεσθεῖσαι ἐν οὐδὲ   5
τριακοσίαις ἡμέραις· τοσοῦτον ἐσπουδάσθη. ἄρξασθαι δ'
αὐτὸν τῆς πολιτείας φησὶ Δημήτριος ὁ Μάγνης ἐν τοῖς
Ὁμωνύμοις, ὁπότε φυγὼν Ἀλέξανδρον εἰς Ἀθήνας ἧκεν
Ἅρπαλος. πολλὰ δὲ καὶ κάλλιστα τῇ πατρίδι
ἐπολιτεύσατο. καὶ γὰρ προσόδοις καὶ κατασκευαῖς ηὔξησε   10
τὴν πόλιν, καίπερ οὐκ εὐγενὴς ὤν. [76] ἦν γὰρ ἐκ τῆς
Κόνωνος οἰκίας, ὡς Φαβωρῖνος ἐν πρώτῳ τῶν
Ἀπομνημονευμάτων φησίν, ἀλλὰ ἀστῇ καὶ εὐγενεῖ συνῴκει
Λαμίᾳ τῇ ἐρωμένῃ, καθάπερ ὁ αὐτὸς ἐν τῷ πρώτῳ φησίν·
ἀλλὰ καὶ ὑπὸ Κλέωνος πεπονθέναι ἐν τῷ δευτέρῳ ἱστορεῖ.   15
Δίδυμος δὲ ἐν Συμποσιακοῖς καὶ Χαριτοβλέφαρον καὶ
Λαμπετὼ καλεῖσθαι αὐτόν φησιν ἀπό τινος ἑταίρας.
λέγεται δὲ ἀποβαλόντα αὐτὸν τὰς ὄψεις ἐν Ἀλεξανδρείᾳ,
κομίσασθαι αὖθις παρὰ τοῦ Σαράπιδος· ὅθεν καὶ τοὺς
παιᾶνας ποιῆσαι τοὺς μέχρι νῦν ᾀδομένους.   20

Vitam Demetrii post Wehrli (fr. 1, 6, 24, 28, 38, 52, 57, 68–9, 74, 77–8, 80,
84–90, 100, 102–9, 111–3, 115–22, 125–9, 130, 148, 160, 181, 187, 189, 194, 197,
200) ed. SOD (fr. 1)   **1–2** (Θεοφράστου) Theophr. fr. 18.5 FHS&G
6 (ἄρξασθαι)–**9** (Ἅρπαλος) Demetr. Magn. fr. 16 Mejer   **11** (οὐκ)–
13 (φησίν) Favor. fr. 37 Bar. = 6–7 Mensch. = 44 Am.   **13** (ἀλλὰ)–**15**
(ἱστορεῖ) Favor. fr. 41 Bar. = 11 Mensch. = 49 Am.   **16** (Δίδυμος)–**17**
(ἑταίρας) Didym. fr. 5 Schmidt   **18** (λέγεται)–**20** L. Kaeppel, Paian (1992)
test. 141

---

3 (εἰκόνων)–**4** (τριακοσίαις) Φ 46 (258.8–9)   **18** (λέγεται)–**19**
(Σαράπιδος) Φ 46 (258.15–16)

Ante **1** tit. δημήτριος B²PˣᵐᵍF²ᵐᵍ   **1** δημήτριος om. B¹   **2** δημαγωγῶν
Jacoby, FGrHist 228 T 1 conl. Suda δ 429   **6** δ' om. F¹, suppl. F²ˢ·ˡ·   **8**
φυγὼν B¹PF: -γόντα B²ᵐᵍ   **15** Κόνωνος V. d. Muehll ap. Mensching
17 Λαμπιτὼ Hicks ex Ath. 13, 593 F. Vid. Dorandi, Notes 260   ἀπό BPFΦ:
ἀντί Schwartz 744 (= 462)   ἑτέρας B¹, corr. B²ᵐᵍ   **18** ἀποβαλόντα BPFΦ:
τυφλωθέντα F   **19** παρὰ BP: ἀπὸ F   **20** μέχρι BP: μ. τοῦ F

σφόδρα δὲ λαμπρὸς ὢν παρὰ τοῖς Ἀθηναίοις, ὅμως ἐπεσκοτήθη καὶ αὐτὸς ὑπὸ τοῦ τὰ πάντα διεσθίοντος φθόνου. [77] ἐπιβουλευθεὶς γὰρ ὑπό τινων δίκην θανάτου οὐ παρὼν ὦφλεν. οὐ μὴν ἐκυρίευσαν τοῦ σώματος αὐτοῦ,
25 ἀλλὰ τὸν ἰὸν ἀπήρυγον εἰς τὸν χαλκόν, κατασπάσαντες αὐτοῦ τὰς εἰκόνας καὶ τὰς μὲν ἀποδόμενοι, τὰς δὲ βυθίσαντες, τὰς δὲ κατακόψαντες εἰς ἀμίδας (λέγεται γὰρ καὶ τοῦτο). μία δὲ μόνη σῴζεται ἐν ἀκροπόλει. Φαβωρῖνος δέ φησιν ἐν Παντοδαπῇ ἱστορίᾳ τοῦτο ποιῆσαι τοὺς
30 Ἀθηναίους Δημητρίου κελεύσαντος τοῦ βασιλέως. ἀλλὰ καὶ τῷ ἔτει τῆς ἀρχῆς αὐτοῦ ἐπέγραψαν ἀνομίας, ὡς Φαβωρῖνος.

[78] φησὶ δ' αὐτὸν Ἕρμιππος μετὰ τὸν Κασάνδρου θάνατον φοβηθέντα Ἀντίγονον παρὰ Πτολεμαῖον ἐλθεῖν τὸν
35 Σωτῆρα, κἀκεῖ χρόνον ἱκανὸν διατρίβοντα συμβουλεύειν τῷ Πτολεμαίῳ πρὸς τοῖς ἄλλοις καὶ τὴν βασιλείαν τοῖς ἐξ Εὐρυδίκης περιθεῖναι παισί. τοῦ δὲ οὐ πεισθέντος, ἀλλὰ παραδόντος τὸ διάδημα τῷ ἐκ Βερενίκης, μετὰ τὴν ἐκείνου τελευτὴν ἀξιωθῆναι πρὸς τούτου παραφυλάττεσθαι ἐν τῇ
40 χώρῃ μέχρι τι δόξει περὶ αὐτοῦ. ἐνταῦθα ἀθυμότερον διῆγε· καί πως ὑπνώττων ὑπ' ἀσπίδος τὴν χεῖρα δηχθεὶς τὸν βίον μεθῆκε. καὶ θάπτεται ἐν τῷ Βουσιρίτῃ νομῷ πλησίον Διοσπόλεως.

---

28 (Φαβωρῖνος)–**30** (βασιλέως) Favor. fr. 70 Bar. = 38 Mensch. = 75 Am.
30 (ἀλλὰ)–**32** (Φαβωρῖνος) Favor. fr. 70a Bar.=54 Mensch.=75 Am. **33–48**
Hermipp. FGrHistCont 1026 F 75

---

22 (ἐπεσκοτήθη)–**27** (ἀμίδας) Φ 46 (258.9–14) **22–24** (ὦφλεν) Suda φ
510 (IV 743.6–8) **41–42** (ὑπνώττων—μεθῆκε) Φ 46 (258.16–17)

---

22 ἐπεσκοτήθη PF: -ήσθη B: -ίσθη Suda διεσθίοντος BP: κατ- F
25 ἀπήρυγον BP: -ρυσαν F **26** ἀπολόμενοι B **27** ἀμύδας F **29**
ἐν παντοδαπῇ ἱστορίᾳ om. F **31** τῷ ἔτει Cobet: τὸ ἐπὶ BP¹: τῶ ἔπει F,
γρ P⁴: τὰ ἔτη K. Fr. Hermann 374 **31–32** ὡς Φαβωρῖνος om. F **33**
φησὶ δ' αὐτὸν ἕρμιππος (δ' B²ˢ·¹) BP: ἕρμ. δέ φησι F κασάνδρου PF:
κασσάν- B **36** τῶ om. F **38** τῶ BP: τὸ F βερενίκης P⁴: βερο-
BP¹F **41** ὑπνώττων PF: -οντος B **42** μεθῆκε Kuehn: μετέθηκε
BPFΦ τέθαπται Cob. βουσείρειτῆ (sic) B **43** διὸς πόλεως BPF

[79] καὶ αὐτῷ ἐπεγράψαμεν ἡμεῖς {παρ' ἡμῖν}·

> ἀνεῖλεν ἀσπὶς τὸν σοφὸν Δημήτριον   45
> ἰὸν ἔχουσα πολὺν
> ἄσμηκτον, οὐ στίλβουσα φῶς ἀπ' ὀμμάτων,
> ἀλλ' ἀΐδην μέλανα.

Ἡρακλείδης δ' ἐν τῇ ἐπιτομῇ τῶν Σωτίωνος Διαδοχῶν τῷ Φιλαδέλφῳ τὴν βασιλείαν θέλειν ἐκχωρῆσαι τὸν 50 Πτολεμαῖον, τὸν δ' ἀποτρέπειν φάσκοντα· 'ἂν ἄλλῳ δῷς, σὺ οὐχ ἕξεις.' ὁπηνίκα δ' ἐσυκοφαντεῖτο ἐν ταῖς Ἀθήναις (μανθάνω γὰρ καὶ τοῦτο), Μένανδρος ὁ κωμικὸς παρ' ὀλίγον ἦλθε κριθῆναι δι' οὐδὲν ἄλλο ἢ ὅτι φίλος ἦν αὐτῷ. ἀλλ' αὐτὸν παρῃτήσατο Τελεσφόρος ὁ ἀνεψιὸς τοῦ 55 Δημητρίου.

[80] πλήθει δὲ βιβλίων καὶ ἀριθμῷ στίχων σχεδὸν ἅπαντας παρελήλακε τοὺς κατ' αὐτὸν περιπατητικούς, εὐπαίδευτος ὢν καὶ πολύπειρος παρ' ὁντινοῦν· ὧν ἐστι τὰ μὲν ἱστορικά, τὰ δὲ πολιτικά, τὰ δὲ περὶ ποιητῶν, τὰ δὲ 60 ῥητορικά, δημηγοριῶν τε καὶ πρεσβειῶν, ἀλλὰ μὴν καὶ λόγων Αἰσωπείων συναγωγαὶ καὶ ἄλλα πλείω. ἔστι δὲ τὰ

> Περὶ τῆς Ἀθήνησι νομοθεσίας α' β' γ' δ' ε',
> Περὶ τῶν Ἀθήνησι πολιτειῶν α' β',
> Περὶ δημαγωγίας α' β',   65
> Περὶ πολιτικῆς α', β',
> Περὶ νόμων α',

45-48 Anth. Pal. 7.113   **49-52** (ἕξεις) Sotion fr. 18 W.   **52** (ὁπηνίκα)–**56** Menand. test. 9 K.-A.   **61-62, 106** Perry, Aesopica test. 74

45-48 Pal.   **53** (μανθάνω)–**54** (αὐτῷ) Suda μ 155 (III 320.2–3)

---

44 παρ' ἡμῖν del. Scaliger, Thes. temp. (²1658) 133a   **47** ἄσμηκτον BF: ἄσμι- PF², Pal.   **48** -λλ' ἀιδὴν om. B¹, in ras. suppl. B²   **51** ἀποτρέπειν PF: ἀπορρ- B   ἄλλῳ BP¹F: -οις in mg cum γρ P⁴   **53** καὶ om. B ὁ κωμικὸς PF: οὔ τινος B   **54-58** δι'—ἅπαντας om. B spatio versuum 3 relicto   **55** τοῦ om. F   **57-58** πλήθει—ἅπαντας om. B¹, suppl. B² in lac.   ἀριθμῷ F: -ῶν PB²   **58** κατ' αὐτὸν BP: καθ' αὑτὸν F **61** ῥητορικά BP: δημηγορικά F   **64** πολιτιῶν F: -τῶν BP   α' om. F **65** α' om. F   **66** πολιτικῆς BP: -κῶν F   α' om. F

Περὶ ῥητορικῆς α′ β′,
Στρατηγικῶν α′ β′,
70 **[81]** Περὶ Ἰλιάδος α′ β′,
Περὶ Ὀδυσσείας α′ β′ γ′ δ′,
Πτολεμαῖος α′,
Ἐρωτικὸς α′,
Φαιδώνδας α′,
75 Μέδων α′,
Κλέων α′,
Σωκράτης α′,
Ἀρτοξέρξης α′,
Ὁμηρικὸς α′,
80 Ἀριστείδης α′,
Ἀριστόμαχος α′,
Προτρεπτικὸς α′,
Ὑπὲρ τῆς πολιτείας α′,
Περὶ τῆς δεκαετίας α′,
85 Περὶ τῶν Ἰώνων α′,
Πρεσβευτικὸς α′,
Περὶ πίστεως α′,
Περὶ χάριτος α′,
Περὶ τύχης α′,
90 Περὶ μεγαλοψυχίας α′,
Περὶ γάμου α′,
Περὶ τοῦ δοκοῦ α′,
Περὶ εἰρήνης α′,
Περὶ νόμων α′,
95 Περὶ ἐπιτηδευμάτων α′,
Περὶ καιροῦ α′,
Διονύσιος α′,
Χαλκιδικὸς α′,

76–80 FGrHist 696 F 29

68 α′ om. F   **69** α′ om. F   **70** α′ om. F   **71** α′–γ′ om. F   **75**
μέδων F: μαί- BP: †Μαίδων Jacoby: Μίδων Hirzel, Dialog I 318[1] (conl. 3.62)
77 post hunc versum repet. ἀριστόμαχος ex **81** BP   **78–80** om. F
78 ἀρτοξέρξης BP: ἀρτα- Z (Frob.)   **81** ἀρι- om. F[1], suppl. F[2mg]   **86**
πρεσβευτικὸς Z (Frob.): πρεσβυτ- BPF   **92** δόκου (= δοκήσεως) Menag.
94 secl. Long (vid. **67**)

Ἀθηναίων καταδρομὴ α΄,
Περὶ Ἀντιφάνους α΄,   100
Προοίμιον ἱστορικὸν α΄,
Ἐπιστολαὶ α΄,
Ἐκκλησία ἔνορκος α΄,
Περὶ γήρως α΄,
Δίκαια α΄,   105
Αἰσωπείων α΄,
Χρειῶν α΄,

[82] χαρακτὴρ δὲ φιλόσοφος, εὐτονίᾳ ῥητορικῇ <καὶ>
δυνάμει κεκραμένος. οὗτος ἀκούσας ὅτι τὰς εἰκόνας αὐτοῦ
κατέστρεψαν Ἀθηναῖοι, 'ἀλλ' οὐ τὴν ἀρετήν,' ἔφη, 'δι' ἣν 110
ἐκείνας ἀνέστησαν.' ἔλεγε μὴ μικρὸν εἶναι μέρος τὰς ὀφρῦς·
ὅλῳ γοῦν ἐπισκοτῆσαι δύνασθαι τῷ βίῳ. οὐ μόνον τὸν
πλοῦτον ἔφη τυφλόν, ἀλλὰ καὶ τὴν ὁδηγοῦσαν αὐτὸν
τύχην. ὅσον ἐν πολέμῳ δύνασθαι σίδηρον, τοσοῦτον ἐν
πολιτείαις ἰσχύειν λόγον. ἰδών ποτε νεανίσκον ἄσωτον, 115
'ἰδού,' ἔφη, 'τετράγωνος Ἑρμῆς ἔχων σύρμα, κοιλίαν,
αἰδοῖον, πώγωνα.' τῶν τετυφωμένων ἀνδρῶν ἔφη τὸ μὲν
ὕψος δεῖν περιαιρεῖν, τὸ δὲ φρόνημα καταλείπειν. τοὺς νέους
ἔφη δεῖν ἐπὶ μὲν τῆς οἰκίας τοὺς γονέας αἰδεῖσθαι, ἐν δὲ ταῖς
ὁδοῖς τοὺς ἀπαντῶντας, ἐν δὲ ταῖς ἐρημίαις ἑαυτούς. [83] 120
τοὺς φίλους ἐπὶ μὲν τὰ ἀγαθὰ παρακαλουμένους ἀπιέναι,

---

100 Antiph. com. test. 5 K.-A.   **106** Perry, Aesopica test. 74

---

109 (ἀκούσας)–**123** Φ 46 (258.18–259.8)

---

101 περὶ προοίμιον F   **102** ἐπιστολαὶ BP: -ὴ F   **103** ἐκκλησία
ἔνορκος α΄ Z³ (Frob.): ἐκκληένορχα B: ἐκκληενόρχ΄ α΄ P¹: ἐκκλη΄ ἔνορχος F:
ἐκκλησία ἔνορχος P⁴   **106** αἰσωπίων B   **108** καὶ add. Z³ (Frob.)
109 δυνάμει τε F   κεκραμένος BP: πεπυκνωμένος F   **111** μὴ BPF¹Φ:
erasit F²: om. Z (Frob.)   μικρὸν μὲν (omisso μὴ) J. Price, Comm. in varios
Novi Test. libr. (1660) ad Luc. 3   **112** γοῦν BPFΦ: δὲ Price   δύνασθαι
τῷ βίῳ BPFΦ: τῷ β. δ. F   **115** πολιτείαις BP: -εία Φ: πολίταις F comp.
λόγον PFΦ: δῶρον B   **116** σύρμα BPFΦ: στόμα Reiske 313 (vid.
Stob. 3.4.66; III 235 Hense)   **117** ἔφη om. F   **118** καταλείπειν FΦ:
-λιπεῖν BP   **119** τῆς οἰκίας BPF: ταῖς οἰκίαις F   γονέας BFΦ: -εῖς P
121 ἀπιέναι BPF: ἰέναι Φ: παρ- vel προσ- Richards 344, sed vid. 6.46

ἐπὶ δὲ τὰς συμφορὰς αὐτομάτους. τοσαῦτα καὶ εἰς τοῦτον ἀναφέρεσθαι δοκεῖ.

γεγόνασι δὲ Δημήτριοι ἀξιόλογοι εἴκοσι· πρῶτος
125 Χαλκηδόνιος, ῥήτωρ καὶ Θρασυμάχου πρεσβύτερος·
δεύτερος αὐτὸς οὗτος· τρίτος Βυζάντιος, Περιπατητικός·
τέταρτος καλούμενος Γραφικός, σαφὴς διηγήσασθαι· ἦν δὲ
ὁ αὐτὸς καὶ ζωγράφος· πέμπτος Ἀσπένδιος, μαθητὴς
Ἀπολλωνίου τοῦ Σολέως· ἕκτος Καλλατιανός, ὁ γεγραφὼς
130 περὶ Ἀσίας καὶ Εὐρώπης εἴκοσι βίβλους· ἕβδομος
Βυζάντιος, ἐν τρισκαίδεκα βιβλίοις γεγραφὼς τὴν Γαλατῶν
διάβασιν ἐξ Εὐρώπης εἰς Ἀσίαν καὶ ἐν ἄλλοις ὀκτὼ τὰ περὶ
Ἀντίοχον καὶ Πτολεμαῖον καὶ τὴν τῆς Λιβύης ὑπ' αὐτῶν
διοίκησιν· [84] ὄγδοος ὁ διατρίψας ἐν Ἀλεξανδρείᾳ
135 σοφιστής, τέχνας γεγραφὼς ῥητορικάς· ἔνατος
Ἀδραμυττηνός, γραμματικός, ἐπικληθεὶς Ἰξίων διὰ τὸ
ἀδικῆσαί τι δοκεῖν περὶ τὴν Ἥραν· δέκατος Κυρηναῖος,
γραμματικός, ὁ ἐπικληθεὶς Στάμνος, ἀνὴρ ἀξιόλογος·
ἑνδέκατος Σκήψιος, πλούσιος καὶ εὐγενὴς ἄνθρωπος καὶ
140 φιλόλογος ἄκρως· οὗτος καὶ Μητρόδωρον προεβίβασε τὸν
πολίτην. δωδέκατος γραμματικὸς Ἐρυθραῖος,
πολιτογραφηθεὶς ἐν Τήμνῳ· τρισκαιδέκατος Βιθυνὸς
Διφίλου τοῦ Στωϊκοῦ υἱός, μαθητὴς δὲ Παναιτίου τοῦ
Ῥοδίου· τεσσαρεσκαιδέκατος ῥήτωρ Σμυρναῖος. [85] καὶ
145 οὗτοι μὲν λογικοί. ποιηταὶ δὲ πρῶτος ἀρχαίαν κωμῳδίαν

124–155 Demetr. Magn. fr. 17 Mejer   129 (ἕκτος) Demetr. Callat. FGrHist
85 T 1   130 (ἕβδομος) Demetr. Byzant. FGrHist 162 T 1   140–141
(οὗτος—πολίτην) Metrod. Sceps. FGrHist 184 T 1   142
(τρισκαιδέκατος) Panaet. test. 46 Alesse   145 (πρῶτος) Demetr. Com. I
test. 1 K.-A.

125 Χαλκηδόνιος Huebn.: καλχη- (-χι- B) BPF   127 <ὁ> καλ. V. d.
Muehll   καὶ σαφὴς Z (Frob.)   σαφὴς διηγήσθαι om. F   128 ὁ αὐτὸς
καὶ PF: καὶ ὁ αὐτὸς B   129 Καλλατιανός Steph.: καλλαντ- BPF
130 καὶ om. F   135 ἔνατος B   136 ἀδραμυτηνὸς P: -μιτηνὸς F
137 δοκεῖν om. F   138 ἀνὴρ ἀξιόλογος om. F¹, suppl. F²ˢ·ˡ·   139–140
ἄνθρωπος—ἄκρως om. F¹, suppl. F²ᵐᵍ   140 φιλόλογος PF²   141–
142 πολίτην—τήμνω om. F¹, suppl. F²ᵐᵍ   142 τήμνω B: τῆ μνῶ PF².
Vid. H. Bolkestein, Mnemosyne (1966) 191³ et K. J. Rigsby, CPh 91 (1996)
254–5   143 δειφίλου B, διι- F

πεποιηκώς· δεύτερος ἐπῶν ποιητής, οὗ μόνα σῴζεται πρὸς
τοὺς φθονεροὺς εἰρημένα τάδε·

> ζωὸν ἀτιμήσαντες ἀποφθίμενον ποθέουσι·
> καί ποθ᾽ ὑπὲρ τύμβοιο καὶ ἀπνόου εἰδώλοιο
> ἄστεα νεῖκος ἐπῆλθεν, ἔριν δ᾽ ἐστήσατο λαός.   150

τρίτος Ταρσικὸς σατυρογράφος· τέταρτος ἰάμβους
γεγραφώς, πικρὸς ἀνήρ· πέμπτος ἀνδριαντοποιός, οὗ
μέμνηται Πολέμων· ἕκτος Ἐρυθραῖος, ποικιλογράφος
ἄνθρωπος, <ὃς> καὶ ἱστορικὰ καὶ ῥητορικὰ πεποίηκε
βιβλία.   155

146–150 (δεύτερος) SH 373   **151** (τρίτος) TrGF I 206   **152** (πέμπτος)
Polem. Il. fr. 69 Mueller (FHG III 135)   **153** (ἕκτος) Demetr. Erythr. FHG
IV 381.

148–150 Suda φ 512 (IV 743.10–12).

---

148 ἀτιμήσαντες BP: ἀτιμά- F, Suda   **149** ποθ᾽ FP²: ποτ᾽ BP¹
150 ἄστεα BP: -εϊ F   λαός om. F¹, suppl. F²ˢ·ˡ·   **154** ὃς add. Cob.
154–155 καὶ²—βιβλία om. B spatio relicto, suppl. B²

[86] Ἡρακλείδης Εὐθύφρονος Ἡρακλεώτης τοῦ Πόντου, ἀνὴρ πλούσιος. Ἀθήνησι δὲ παρέβαλε πρῶτον μὲν Σπευσίππῳ· ἀλλὰ καὶ τῶν Πυθαγορείων διήκουσε καὶ τὰ Πλάτωνος ἐζηλώκει· καὶ ὕστερον ἤκουσεν Ἀριστοτέλους, 5 ὥς φησι Σωτίων ἐν Διαδοχαῖς. οὗτος ἐσθῆτί τε μαλακῇ ἐχρῆτο καὶ ὑπέρογκος ἦν τὸ σῶμα, ὥστε αὐτὸν ὑπὸ τῶν Ἀττικῶν μὴ Ποντικὸν ἀλλὰ Πομπικὸν καλεῖσθαι. πρᾶός τε ἦν τὸ βάδισμα καὶ σεμνός. φέρεται δ' αὐτοῦ συγγράμματα κάλλιστά τε καὶ ἄριστα {διάλογοι}, ὧν 10 ἠθικὰ μὲν

Περὶ δικαιοσύνης τρία,
Ἕν δὲ περὶ σωφροσύνης,
Περί τε εὐσεβείας α′

καὶ

15 Περὶ ἀνδρείας α′,
[87] Κοινῶς τε περὶ ἀρετῆς α′

καὶ ἄλλο

Περὶ εὐδαιμονίας α′,
Περί τε ἀρχῆς α′

Vitam Heraclidis Pontici post Wehrli (frr. 3, 11, 13a, 14a, 16, 22, 25, 28–44, 46–63, 67, 71–2, 76–123, 142–52, 164–6, 171–81) ed. Schuetrumpf (fr. 1) **1–9** (ἄριστα) Heracl. Pont. fr. 3   **8** (φέρεται)–**76** (διαλεκτικά) Heracl. Pont. fr. 22

---

5 (ἐσθῆτι)–**7** (καλεῖσθαι) Φ 47 (259.10–13)

Ante **1** tit. ἡρακλείδης P^xmgF^2mg   **3** (ἀλλὰ)–**4** (ἐζηλώκει) postea inserta esse susp. E. Schwartz, Hermes 44 (1909) 481[1]   **5** τε om. F   **6** σῶμα BPF: σχῆμα T. Hemsterhuys, Luciani Colloquia sel. . . . (1708) ad Somn. 8 **8** βάδισμα BPF: βλέμμα Cob.   'an καὶ ante τὸ βάδ. scribendum?' Schuetrumpf   **9** καὶ ἄριστα F: καὶ τά τε ἄρ. BP[1]: τά τε del. P^x   καὶ <πλεῖστα>· τά τε ἄ. O. Voss, De Heracl. Pont. vita et script. (1896) 20 διάλογοι secl. Hirzel, Dialog I 322[1]: ἄριστα <καὶ> διάλ. H. Schrader, Philologus 44 (1885) 239[7]. Vid. Dorandi, Notes 260–1   **11** τρία BP: γ′ F **15** ἀνδρείας BF: -ίας P   **19** τε BPF: τῆς Aldobr.

400

καί 20

Νόμων α΄ καὶ τῶν συγγενῶν τούτοις,
Περὶ ὀνομάτων α΄,
Συνθῆκαι α΄,
Ἀκούσιος α΄,
Ἐρωτικὸς 25

καί

Κλεινίας α΄.
Φυσικὰ δὲ
Περὶ νοῦ,
Περὶ ψυχῆς, 30
καὶ κατ' ἰδίαν Περὶ ψυχῆς,

καί

Περὶ φύσεως,

καί

Περὶ εἰδώλων, 35
Πρὸς Δημόκριτον,
Περὶ τῶν <ἐν> οὐρανῷ α΄,
Περὶ τῶν ἐν ᾅδου,
Περὶ βίων α΄ β΄,
Αἰτίαι περὶ νόσων α΄, 40
Περὶ τἀγαθοῦ α΄,
Πρὸς τὰ Ζήνωνος α΄,
Πρὸς τὰ Μήτρωνος α΄.

35–38 Democr. VS 68 A (II 92.32)

21 α΄ post τούτοις transp. Marcov.   **24** Περὶ ἀκουσίου Wehrli   α΄ om.
BP   **25** ἐρωτικὸς <α΄> Marcov.   **25–27** Ἐρωτικὸς ἢ Κλεινίας Gigante
521[188]   **29–30** π. ν. <καὶ> π. ψ. Reiske 313   **31–32** suppl. P[lmg]
36–37 πρὸς δημόκριτον περὶ τῶν οὐρανῶν α΄ BPF   **37** ἐν add. Steph.
39 α΄ om. F   **42** τὰ Steph.: τὸ BPF   **43** τὰ Steph.: τὸ BPF   α΄ om.
BP

γραμματικὰ δὲ

45   Περὶ τῆς Ὁμήρου καὶ Ἡσιόδου ἡλικίας α' β',
    Περὶ Ἀρχιλόχου καὶ Ὁμήρου α' β'.

καὶ μουσικὰ δὲ

    Περὶ τῶν παρ' Εὐριπίδῃ καὶ Σοφοκλεῖ < . . . > α' β' γ',
    Περὶ μουσικῆς α' β',
50 **[88]**   Λύσεων Ὁμηρικῶν α' β',
    Θεωρηματικὸν α',
    Περὶ τῶν τριῶν τραγῳδοποιῶν α',
    Χαρακτῆρες α',
    Περὶ ποιητικῆς καὶ τῶν ποιητῶν α',
55   Περὶ στοχασμοῦ α',
    Προοπτικῶν α',
    Ἡρακλείτου ἐξηγήσεις δ',
    Πρὸς τὸν Δημόκριτον· ἐξηγήσεις α',
    Λύσεων ἐριστικῶν α' β',
60   Ἀξίωμα α',
    Περὶ εἰδῶν α',
    Λύσεις α',
    Ὑποθῆκαι α',
    Πρὸς Διονύσιον α'.

65 ῥητορικὰ δὲ

    Περὶ τοῦ ῥητορεύειν ἢ Πρωταγόρας.

---

48 Soph. test. 151 Radt[2]   Eur. test. 209a Kann.   **52** Soph. test. 152
Radt[2]   Eur. test. 209b Kann.   **57** Heracl. T 714 Mour.   **58** Democr.
VS 68 A (II 92.34)   **65–66** Art. scr. B XXVII 1

45 ἡσιόδου καὶ ὁμήρου F (vid. **111–112**)   α' om. F   **46** α' om. F
47 om. F   **48** lac. ind. W. Schmid, Gesch. griech. Lit. I 2 (1934) 33:
<μυθοποιῶν?> Id., Gesch. griech. Lit. II 1 (⁵1911) 54[1]: <μύθων?> Jacoby,
FGrHist IIIb II 277 (ad 328 nos. 20–3 adn. 5)   α' β' om. F   **49** α' om. F
γ' add. Meursius, Chalcidii Timaeus (1617) 11–12 conl. Athen. 10, 455 D et 14,
624 C (= Heracl. Pont. fr. 161 et 163)   **50** α' om. F   **51** θεωρηματικὸν
BP: -ῶν F   **52** τριῶν om. F   **53** χαρακτῆρες P: -ήρ BF   **56**
προοπτικῶν BP: -ὸν F   **58** πρὸς τὸν Z[3] (Frob.): πρῶτον BP: πρώτων F
δημοκριτίων F   **59** α' om. F   **60** om. F

ἱστορικά

Περὶ τῶν Πυθαγορείων
καὶ Περὶ εὑρημάτων.

τούτων τὰ μὲν κωμικῶς πέπλακεν, ὡς τὸ Περὶ ἡδονῆς καὶ 70
Περὶ σωφροσύνης· τὰ δὲ τραγικῶς, ὡς τὸ Περὶ τῶν καθ᾽
ᾅδην καὶ τὸ Περὶ εὐσεβείας καὶ τὸ Περὶ ἐξουσίας.
[89] ἔστι δ᾽ αὐτῷ καὶ μεσότης τις ὁμιλητικὴ φιλοσόφων
τε καὶ στρατηγικῶν καὶ πολιτικῶν ἀνδρῶν πρὸς ἀλλήλους
διαλεγομένων. ἀλλὰ καὶ γεωμετρικά ἐστιν αὐτοῦ καὶ 75
διαλεκτικά. ἄλλως τε ἐν ἅπασι ποικίλος τε καὶ διηρμένος
τὴν λέξιν ἐστὶ καὶ ψυχαγωγεῖν ἱκανῶς δυνάμενος.

δοκεῖ δὲ καὶ τὴν πατρίδα τυραννουμένην ἐλευθερῶσαι,
τὸν μόναρχον κτείνας, ὥς φησι Δημήτριος ὁ Μάγνης ἐν
Ὁμωνύμοις. ὃς καὶ τοιόνδε ἱστορεῖ περὶ αὐτοῦ· ᾽θρέψαι 80
αὐτὸν δράκοντα ἐκ νέου καὶ αὐξηθέντα, ἐπειδὴ τελευτᾶν
ἔμελλε, κελεῦσαί τινι τῶν πιστῶν αὐτοῦ τὸ σῶμα
κατακρύψαι, τὸν δὲ δράκοντα ἐπὶ τῆς κλίνης θεῖναι, ἵνα
δόξειεν εἰς θεοὺς μεταβεβηκέναι. ἐγένετο δὲ πάντα. **[90]** καὶ
μεταξὺ παραπεμπόντων τὸν Ἡρακλείδην τῶν πολιτῶν καὶ 85
εὐφημούντων, ὁ δράκων ἀκούσας τῆς ἐπιβοῆς ἐξέδυ τῶν
ἱματίων καὶ διετάραξε τοὺς πλείστους. ὕστερον μέντοι
ἐξεκαλύφθη πάντα καὶ ὤφθη Ἡρακλείδης οὐχ οἷος ἐδόκει,
ἀλλ᾽ οἷος ἦν.᾽

70–72 Heracl. Pont. fr. 52   **73–77** Heracl. Pont. fr. 25   **78–95** Hippob.
fr. 7 Gig.   **78–89** Demetr. Magn. fr. 18 Mejer   **78–80** (Ὁμονύμοις)
Heracl. Pont. fr. 11   **80** (ὅς)**–95** Heracl. Pont. fr. 16   **81** ἐκ νέου καὶ
αὐξηθέντα sc. δράκοντα (Menag.)

---

80 (θρέψαι)**–89** Φ 47 (259.13–21)

---

67 om. F   **68** τῶν om. P   **71** περὶ om. F   **71–72** καθάδην B
72 τὸ περὶ om. F   **76** (ἄλλως)**–77** om. F¹, suppl. F²ᵐᵍ   **76** ἄλλως τε
PF²: ἀλλὰ ὥστε B   **79** μόναρχον BPFΦ: Κλέαρχον Wil., Ant. 24¹⁷   **81**
αὐξηθέντα BPF: -ος Φ ἐπεὶ δὲ vel ἐπειδὴ <δὲ> Schuetrumpf, CQ 58 (2008)
79–81   **82** τινι BPΦ: τινα F   αὐτοῦ Huebn.: αὐ- BPFΦ   **83**
κατακαῦσαι Casaub.   **84** δείξειεν F   πάντα BPΦ: ταῦτα F   **87**
διετάραξε BPF: ἐτάραξε F   πλείστους BPF: πλείους Φ

90 καὶ ἔστιν ἡμῶν εἰς αὐτὸν οὕτως ἔχον·

ἤθελες ἀνθρώποισι λιπεῖν φάτιν, Ἡρακλείδη,
ὥς ῥα θανὼν ἐγένου ζωὸς ἅπασι δράκων.
ἀλλὰ διεψεύσθης, σεσοφισμένε· δὴ γὰρ ὁ μὲν θὴρ
ἦε δράκων, σὺ δὲ θήρ, οὐ σοφὸς ὤν, ἑάλως.

95 ταὐτὰ δέ φησι καὶ Ἱππόβοτος.

[91] Ἕρμιππος δὲ λιμοῦ κατασχόντος τὴν χώραν φησὶν
αἰτεῖν τοὺς Ἡρακλεώτας τὴν Πυθίαν λύσιν. τὸν δὲ
Ἡρακλείδην διαφθεῖραι χρήμασι τούς τε θεωροὺς καὶ τὴν
προειρημένην, ὥστ' ἀνειπεῖν ἀπαλλαγήσεσθαι τῶν κακῶν,
100 εἰ ζῶν μὲν Ἡρακλείδης ὁ Εὐθύφρονος χρυσῷ στεφάνῳ
στεφανωθείη πρὸς αὐτῶν, ἀποθανὼν δὲ ὡς ἥρως τιμῷτο.
ἐκομίσθη ὁ δῆθεν χρησμὸς καὶ οὐδὲν ὤναντο οἱ πλάσαντες
αὐτόν. αὐτίκα γὰρ ἐν τῷ θεάτρῳ στεφανούμενος ὁ
Ἡρακλείδης ἀπόπληκτος ἐγένετο, οἵ τε θεωροὶ
105 καταλευσθέντες διεφθάρησαν. ἀλλὰ καὶ ἡ Πυθία τὴν αὐτὴν
ὥραν κατιοῦσα ἐς τὸ ἄδυτον καὶ ἐπιστᾶσα ἐνὶ τῶν
δρακόντων δηχθεῖσα παραχρῆμα ἀπέπνευσε. καὶ τὰ μὲν
περὶ τὸν θάνατον αὐτοῦ τοσαῦτα.

[92] φησὶ δ' Ἀριστόξενος ὁ μουσικὸς καὶ τραγῳδίας

91–94 Anth. Pal. 7.114   96–108 Hermipp. FGrHistCont 1026 F 71 =
Heracl. Pont. fr. 14a   109–110 (ἐπιγράφειν) Aristox. fr. 114 W. = Heracl.
Pont. fr. 181

91–94 Pal.; Plan. III^a 28.26   96 (λιμοῦ)–107 (ἀνέπνευσε) Φ 47 (259.22–
260.5)

---

90 οὕτως ἔχον P: οὔ. ἔχων B: ἔχον οὔ. F   91 ἤλυθες Pal.   92 ἄρα
Pal.   ἅπασι BPF, Pal.: ἀπαρτὶ Reiske 313. Vid. Dorandi, Notes 261   93
σεσοφισμένε BP, Pal.: -μένος F   94 ἦε P: ἠὲ BF   95 ταὐτὰ Wil., Ant.
46^3: ταῦτα BPF   96 λιμοῦ PFΦ: λοι- B   97 αἰτεῖν φησὶ F   99
ἀνειπεῖν BPF: εἰπεῖν Φ: ἀνελεῖν Richards 345, sed vid. ad 1.30   τῶν κακῶν
BPΦ: τοῦ κακοῦ F   101 στεφανωθείη PΦ: -θῇ BF   αὐτῶν PFΦ: -ὸν B
101–102 τιμῷτο—ὤναντο om. B^1, in fenestra suppl. B^2 105
καταλευσθέντες Kuehn: -κυλισθέντες BPFΦ   διεφθάρησαν BPF: ἐφθ- Φ
106 ἐπιστᾶσα om. Φ

αὐτὸν ποιεῖν καὶ Θέσπιδος αὐτὰς ἐπιγράφειν. Χαμαιλέων 110
τε τὰ παρ᾽ ἑαυτῷ φησι κλέψαντα αὐτὸν τὰ περὶ Ἡσιόδου
καὶ Ὁμήρου γράψαι· ἀλλὰ καὶ Ἀντίδωρος <ὁ>
Ἐπικούρειος ἐπιτιμᾷ αὐτῷ, τοῖς Περὶ δικαιοσύνης
ἀντιλέγων. ἔτι καὶ Διονύσιος ὁ Μεταθέμενος (ἢ Σπίνθαρος,
ὡς ἔνιοι) γράψας τὸν Παρθενοπαῖον ἐπέγραψε Σοφοκλέους. 115
[93] ὁ δὲ πιστεύσας εἴς τι τῶν ἰδίων συγγραμμάτων
ἐχρῆτο μαρτυρίοις ὡς Σοφοκλέους. αἰσθόμενος δὴ ὁ
Διονύσιος ἐμήνυσεν αὐτῷ τὸ γεγονός· τοῦ δ᾽ ἀρνουμένου
καὶ ἀπιστοῦντος ἐπέστειλεν ἰδεῖν τὴν παραστιχίδα· καὶ εἶχε
Πάγκαλος· οὗτος δ᾽ ἦν ἐρώμενος Διονυσίου. ὡς δ᾽ ἔτι 120
ἀπιστῶν ἔλεγε κατὰ τύχην ἐνδέχεσθαι οὕτως ἔχειν, πάλιν
ἀντεπέστειλεν ὁ Διονύσιος ὅτι ʻκαὶ ταῦτα εὑρήσεις·

(Α) Γέρων πίθηκος οὐχ ἁλίσκεται πάγῃ·
(Β.) ἁλίσκεται μέν, μετὰ χρόνον δ᾽ ἁλίσκεται.

καὶ πρὸς τούτοις· 125

<x>Ἡρακλείδης γράμματα οὐκ ἐπίσταται.ʼ

---

110 (Χαμαιλέων)–**112** (γράψαι) Chamael. fr. 46 W. = Heracl. Pont. fr. 176
112 (ἀλλὰ)–**114** (ἀντιλέγων) Heracl. Pont. fr. 48   Thespis TrGF I 1 test. 24
= 93T   **114** (ἔτι)–**127** Heracl. Pont. fr. 13a = Dionys. Heracl. SVF I 425 =
Spynth. TrGF I 40 test. 3   **114** (Διονύσιος)–**117** (Σοφοκλέους) Dionys.
Heracl. TrGF I 113

---

114 (Διονύσιος)–**127** Φ 47 (260.6–18)   **116** (ὁ)–**120** (Πάγκαλος) Suda π
449 (IV 43.1–4)

---

111 τὰ om. F   **112** Ἀντίδωρος Menag. (conl. 10.8): ἀντόδωρος BPF:
Αὐτόδωρος Steph., corruptum esse susp. Wehrli   ὁ add. Cob.
113 ἐπικούριος BP¹: καὶ ἐπικούρειος F   **116** (ὁ)–**117** σοφοκλέους om. F¹,
suppl. F²ᵐᵍ   **117** ἐχρῆτο BP: -εῖτο F²   ὡς BPΦ: τῶν F²   δὴ BΦ: δὲ
Suda: δʼ P: om. F   ὁ om. F   **119** παραστοιχίδα F   **120** πάγκαλος
F¹Φ: πάνκ- BP¹: πὰν καλος Pˣᵐᵍ: πᾶν κάλλος F², γρ P⁴: παγκάλως Suda
121 ἔχειν B¹PFΦ: -ει B²   **122** ἀντεπέστειλεν BP: ἀντα- F   ὁ om. F
124 μὲν om. B (ras. 3 litt.)   δʼ FΦ: θʼ BP   **126** lac. esse vid. O. Crusius,
Philol. 80 (1925) 190³⁴, ipse <ὁ δʼ> vel <ἀλλʼ> supplens

ὁ δ᾽ ᾐσχύνθη.

γεγόνασι δ᾽ Ἡρακλεῖδαι τετταρεσκαίδεκα· πρῶτος αὐτὸς οὗτος· δεύτερος πολίτης αὐτοῦ, πυρρίχας καὶ φλυαρίας
130 συντεταγμένος· **[94]** τρίτος Κυμαῖος, γεγραφὼς Περσικὰ ἐν πέντε βιβλίοις· τέταρτος Κυμαῖος, ῥήτωρ τέχνας γεγραφώς· πέμπτος Καλλατιανὸς ἢ Ἀλεξανδρεύς, γεγραφὼς τὴν Διαδοχὴν ἐν ἓξ βιβλίοις καὶ Λεμβευτικὸν λόγον, ὅθεν καὶ Λέμβος ἐκαλεῖτο· ἕκτος Ἀλεξανδρεύς, γεγραφὼς τὰ Περσικὰ
135 ἰδιώματα· ἕβδομος διαλεκτικὸς Βαργυληΐτης, κατ᾽ Ἐπικούρου γεγραφώς· ὄγδοος ἰατρὸς τῶν ἀπὸ Ἱκεσίου· ἔνατος ἰατρὸς Ταραντῖνος, ἐμπειρικός· δέκατος ποιητικός, παραινέσεις γεγραφώς· ἑνδέκατος ἀνδριαντοποιὸς Φωκαεύς· δωδέκατος ἐπιγραμμάτων ποιητὴς λιγυρός·
140 τρισκαιδέκατος Μάγνης, Μιθριδατικὰ γεγραφώς· τεσσαρεσκαιδέκατος ἀστρολογούμενα συγγεγραφώς.

---

129 (δεύτερος) PCG I 288 K.-A. **130** (τρίτος) Heracl. Cum. FGrHist 689 T 1 FGrHist 696 F 30 **132-133** τὴν Διαδοχὴν ἐν ἓξ βιβλίοις i.e. ἐπιτομὴ τῶν Σωτίωνος Διαδοχῶν (supra § 79. Vid. Gigante 521[204]) **134** (ἕκτος) FGrHist 696 F 30 **137** (ἔνατος) Heracl. Tarant. test. 1 Guardasole **140** (τρισκαιδέκατος) Heracl. Magn. FGrHist 187 T 1.

---

127 ὁ δ᾽ Nauck[2] 840*: οὐδ᾽ BPF **129** καὶ φλυαρίας om. F[1], suppl. F[2mg] φλύακας Wil. ap. G. Kaibel, CGF I.1 197 **131** ὁ ῥήτωρ F **132** Καλλατιανὸς Menag. (vid. supra § 83): καλλι- BPF **132** (τὴν)–**135** (ἰδιώματα) partim in ras., partim mg suppl. F[2] **135** βαργυληΐτης P[2] (-λίτης P[1]): -ιήτης B: βαργιλιτης F[1] (ü super ι[1] F[2]) **137** ποιητικὸς om. F **139** λιγυρὸς om. F *subscriptio* E᾽ BP

LIBER VI

[1] Ἀντισθένης Ἀντισθένους Ἀθηναῖος. ἐλέγετο δ' οὐκ εἶναι ἰθαγενής· ὅθεν πρὸς τὸν ὀνειδίζοντα εἰπεῖν, 'καὶ ἡ μήτηρ τῶν θεῶν Φρυγία ἐστίν.' ἐδόκει γὰρ εἶναι Θρᾴττης μητρός· ὅθεν καὶ ἐν Τανάγρᾳ κατὰ τὴν μάχην εὐδοκιμήσας ἔδωκε λέγειν Σωκράτει ὡς οὐκ ἂν ἐκ δυοῖν Ἀθηναίων οὕτως 5 γεγόνοι γενναῖος. καὶ αὐτὸς δὲ τοὺς Ἀθηναίους ἐπὶ τῷ γηγενεῖς εἶναι σεμνυνομένους ἐκφαυλίζων ἔλεγε μηδὲν εἶναι κοχλιῶν καὶ ἀττελέβων εὐγενεστέρους.

οὗτος κατ' ἀρχὰς μὲν ἤκουσε Γοργίου τοῦ ῥήτορος· ὅθεν τὸ ῥητορικὸν εἶδος ἐν τοῖς διαλόγοις ἐπιφέρει καὶ μάλιστα ἐν 10 τῇ Ἀληθείᾳ καὶ τοῖς Προτρεπτικοῖς. [2] φησὶ δ' Ἕρμιππος ὅτι προείλετο ἐν τῇ τῶν Ἰσθμίων πανηγύρει ψέξαι τε καὶ ἐπαινέσαι Ἀθηναίους, Θηβαίους, Λακεδαιμονίους· εἶτα μέντοι παραιτήσασθαι ἰδόντα πλείους ἐκ <τούτων> τῶν πόλεων ἀφιγμένους. 15

ὕστερον δὲ παρέβαλε Σωκράτει, καὶ τοσοῦτον ὤνατο αὐτοῦ, ὥστε παρήνει τοῖς μαθηταῖς γενέσθαι αὐτῷ πρὸς Σωκράτην συμμαθητάς. οἰκῶν τε ἐν Πειραιεῖ καθ' ἑκάστην ἡμέραν τοὺς τετταράκοντα σταδίους ἀνιὼν ἤκουε Σωκράτους, παρ' οὗ καὶ τὸ καρτερικὸν λαβὼν καὶ τὸ 20

1–24 Hermipp. FGrHistCont 1026 F 68   **1–3** (μητρός) SSR V A 1
4 (ὅθεν)–**6** (γενναῖος) SSR V A 3 (cf. 2.31)   **6** (καὶ)–**8** SSR V A 8
9–16 (Σωκράτει) Art. scr. B XIX 1   **9–11** (Προτρεπτικοῖς) SSR V A 11
11 (φησὶ)–**15** SSR V A 9   **16–21** (Κυνισμοῦ) SSR V A 12

1–8 Φ 48 (260.21–5)   **16–20** (Σωκράτους) Φ 48 (260.25–261.3)

Inscriptio ϛ' P¹: λαερτίου διογένους τῶν εἰς δέκα τὸ ϛ' FP⁴ᵐᵍ   Ante **1** tit.
ἀντισθένης rec.   **2** ὅθεν καὶ F   **3** θράτης F   **5** δυεῖν P   οὕτως
BP: οὗτος F   **6** γεγόνοι BP: γέγονε F   **8** κοχλιῶν P: κοχλαιων B
(ras. supra αι): κοχλύων F   ἀττελέβων PB² (ἐ ras.): -βέλων F¹: -λάβων in
mg cum γρ F²   **11** προπετικοῖς B   **12** τε om. B¹, suppl. B²   **13**
θηβαίους om. F   **14** τούτων add. Marcov.   **17** αὐτοῦ FP²: ἑαυ- BP¹
17–18 πρὸς σωκρ. συμμαθ. αὐτοῦ γεν. F   **19** ἀνιὼν τοὺς μ' σταδίους
ἤκουε Φ   τεσσαράκοντα F   σταδίους om. F¹, suppl. F²ᵐᵍ   ἤκουε PΦ:
-σε BF

ἀπαθὲς ζηλώσας κατῆρξε πρῶτος τοῦ Κυνισμοῦ. καὶ ὅτι ὁ
πόνος ἀγαθὸν συνέστησε διὰ τοῦ Μεγάλου Ἡρακλέους καὶ
τοῦ Κύρου, τὸ μὲν ἀπὸ τῶν Ἑλλήνων, τὸ δὲ ἀπὸ τῶν
βαρβάρων ἑλκύσας.

25 [3] πρῶτός τε ὡρίσατο λόγον εἰπών, 'λόγος ἐστὶν ὁ τὸ τί
ἦν ἢ ἔστι δηλῶν.' ἔλεγέ τε συνεχές, 'μανείην μᾶλλον ἢ
ἡσθείην·' καὶ 'χρὴ τοιαύταις πλησιάζειν γυναιξὶν αἳ χάριν
εἴσονται.' πρός τε τὸ Ποντικὸν μειράκιον μέλλον φοιτᾶν
αὐτῷ καὶ πυθόμενον τίνων αὐτῷ δεῖ, φησί, 'βιβλαρίου
30 καινοῦ καὶ γραφείου καινοῦ καὶ πινακιδίου καινοῦ,' τὸν
νοῦν παρεμφαίνων. πρὸς δὲ τὸν ἐρόμενον ποδαπὴν γήμῃ
ἔφη, 'ἂν μὲν καλήν, ἕξεις κοινήν, ἂν δὲ αἰσχράν, ἕξεις ποινήν.'
ἀκούσας ποτὲ ὅτι Πλάτων αὐτὸν κακῶς λέγει, 'βασιλικόν,'
ἔφη, 'καλῶς ποιοῦντα κακῶς ἀκούειν.'

35 [4] μυούμενός ποτε τὰ Ὀρφικά, τοῦ ἱερέως εἰπόντος ὅτι
οἱ ταῦτα μυούμενοι πολλῶν ἀγαθῶν ἐν ᾄδου μετίσχουσι, 'τί
οὖν,' ἔφη, 'οὐκ ἀποθνήσκεις;' ὀνειδιζόμενός ποτε ὡς οὐκ εἴη
ἐκ δύο ἐλευθέρων, 'οὐδὲ γὰρ ἐκ δύο,' ἔφη, 'παλαιστικῶν,
ἀλλὰ παλαιστικός εἰμι.' ἐρωτώμενος διὰ τί ὀλίγους ἔχει
40 μαθητάς, ἔφη, 'ὅτι ἀργυρέᾳ αὐτοὺς ἐκβάλλω ῥάβδῳ.'

21 (καὶ)–24 SSR V A 85 = 97   25–26 SSR V A 151   Art. scr. B XIX 7
26 (ἔλεγέ)–27 (ἡσθείην) SSR V A 122   27 (χρὴ)–28 (εἴσονται) SSR
V A 56   28 (πρός)–31 (παρεμφαίνων) SSR V A 171 (cf. 2.118)
31 (πρός)–32 (ποινήν) SSR IV A 57 (cf. 4.48)   33 (ἀκούσας)–34 SSR
V A 28   35–37 SSR V A 178   37–39 (εἰμι) SSR V A 3   39 (ἐρω-
τώμενος)–42 (κάμνουσιν) SSR V A 169

25–31 (παρεμφαίνων), 33 (ἀκούσας)–68 (θοἰμάτιον), 70 (παρεκελεύετό)–
83 (πεποίηκα;), 89 (πρός)–90 Φ 48 (261.4–262.30)

22 ἡρακλέους P: -έως B: -έος F   25–26 πρῶτος ὡρίσατο τὸν ὁρισμὸν
εἰπών ὁρισμός ἐστιν λόγος ὁ τὸ τί ἦν εἶναι δηλῶν διελέγετο praebet Pˣᵐᵍ,
ὅρος λόγου Fᵐᵍ   26 ἦν ἢ om. F¹, ἢ suppl. F²ˢ·ˡ·   συνεχές BP: -ῶς FΦ
μανείην ἂν F   29 φησί BPF: ἔφη Φ   βιβλιδαρίου Meineke, FCG III
(1840) 446   30 καινοῦ ter F: καὶ νοῦ ter BPΦ   31 ἐρόμενον Pˣ: ἐρώ-
BP¹F   γήμῃ PF: γῆμαι (sic) B: γήμαι Cob.   32 ἂν¹ PF: ἐὰν B   ἂν² F:
ἐὰν BP   33 ποτὲ om. Φ   ὁ πλάτων F   34 κακῶς αὐτὸν FΦ
36 ἐν ᾄδου ἀγαθῶν F   37 ποτε om. Φ   40 ἀργυρέᾳ FΦ: -αία BP:
Κερκυραίᾳ A. G. Winkelmann, Antisth. fragm. (1842) 56¹   <οὐκ>
ἐκβάλλω P. Galesius ap. Casaub.

ἐρωτηθεὶς διὰ τί πικρῶς τοῖς μαθηταῖς ἐπιπλήττει, 'καὶ οἱ
ἰατροί,' φησί, 'τοῖς κάμνουσιν.' ἰδών ποτε μοιχὸν φεύγοντα,
'ὡς δυστυχής·' εἶπε, 'πηλίκον κίνδυνον ὀβολοῦ διαφυγεῖν
ἐδύνασο.' κρεῖττον ἔλεγε, καθά φησιν Ἑκάτων ἐν ταῖς
Χρείαις, εἰς κόρακας ἢ εἰς κόλακας ἐμπεσεῖν· οἱ μὲν γὰρ   45
νεκρούς, οἱ δὲ ζῶντας ἐσθίουσιν.

[5] ἐρωτηθεὶς τί μακαριώτερον ἐν ἀνθρώποις, ἔφη,
'εὐτυχοῦντα ἀποθανεῖν.' γνωρίμου ποτὲ πρὸς αὐτὸν
ἀποδυραμένου ὡς εἴη τὰ ὑπομνήματα ἀπολωλεκώς, 'ἔδει
γάρ,' ἔφη, 'ἐν τῇ ψυχῇ αὐτὰ καὶ μὴ ἐν τοῖς χάρταις   50
καταγράφειν.' ὥσπερ ὑπὸ τοῦ ἰοῦ τὸν σίδηρον, οὕτως
ἔλεγε τοὺς φθονεροὺς ὑπὸ τοῦ ἰδίου ἤθους κατεσθίεσθαι.
τοὺς βουλομένους ἀθανάτους εἶναι ἔφη δεῖν ζῆν εὐσεβῶς καὶ
δικαίως. τότ' ἔφη τὰς πόλεις ἀπόλλυσθαι, ὅταν μὴ
δύνωνται τοὺς φαύλους ἀπὸ τῶν σπουδαίων διακρίνειν.   55
ἐπαινούμενός ποτε ὑπὸ πονηρῶν, ἔφη, 'ἀγωνιῶ μή τι κακὸν
εἴργασμαι.'

[6] ὁμονοούντων ἀδελφῶν συμβίωσιν παντὸς ἔφη
τείχους ἰσχυροτέραν εἶναι. τοιαῦτα ἔφη δεῖν ἐφόδια
ποιεῖσθαι ἃ καὶ ναυαγήσαντι συγκολυμβήσει. ὀνειδιζόμενός   60
ποτε ἐπὶ τῷ πονηροῖς συγγενέσθαι, 'καὶ οἱ ἰατροί,' φησί,
'μετὰ τῶν νοσούντων εἰσίν, ἀλλ' οὐ πυρέττουσιν.' ἄτοπον
ἔφη τοῦ μὲν σίτου τὰς αἴρας ἐκλέγειν καὶ ἐν τῷ πολέμῳ τοὺς

42 (ἰδών)–44 (ἐδύνασο) SSR A 60   44 (κρεῖττον)–46 SSR V A 131
Hecat. fr. 21 Gomoll   47–48 SSR V A 177   48–51 (καταγράφειν) SSR
V A 168   51 (ὥσπερ)–52 (κατεσθίεσθαι) SSR V A 129   53 (τοὺς)–
54 (δικαίως) SSR V A 176   54 (τότ')–55 (διακρίνειν) SSR V A 71
56 (ἐπαινούμενός)–57 SSR V I 88. Cf. infra 82–83   58–59 SSR V A 108
59–62 (πυρέττουσιν) SSR V A 167   62 (ἄτοπον)–64 (παραιτεῖσθαι)
SSR V A 73

41 πικρῶς post ἐπιπλ. pos. Φ   οἱ ΒΦ: om. PF (infra 61)   43 ὡς ΒΡ¹ΦΦ:
ὦ Ρ²   44 ἐδύνασο ΒΡΦ: ἴσχυες F   44–45 καθά—χρείαις om. Φ
47 μακαριώτερον: -τατον Cob.   ἔφη <τὸ> Cob.   49 ἀποδυραμένου
ΒΡF: -δυρομένου Φ   ἀπολωλεκώς ΒΡΦ: ἀπολέσας F   50 τοῖς ΡΦΦ:
ταῖς Β   χάρταις ΒΡΦ: χαρτίοις F   51 γράφειν F   53 ζῆν post
δικαίως (54) pos. F   55 δύνανται F   58 ἔφη παντὸς F   59 ἔφη
om. F   60 φησὶν ἃ F   ναυαγήσαντα F   61 ποτε om. Φ   τῷ ΡˣF:
τὸ ΒΡ¹   οἱ om. F (vid. supra 41)

ἀχρείους, ἐν δὲ πολιτείᾳ τοὺς πονηροὺς μὴ παραιτεῖσθαι.
65 ἐρωτηθεὶς τί αὐτῷ περιγέγονεν ἐκ φιλοσοφίας, ἔφη, 'τὸ
δύνασθαι ἑαυτῷ ὁμιλεῖν.' εἰπόντος τινὸς αὐτῷ παρὰ
πότον, 'ᾆσον,' 'σύ μοι,' φησίν, 'αὔλησον.' Διογένει χιτῶνα
αἰτοῦντι πτύξαι προσέταξε θοἰμάτιον. [7] ἐρωτηθεὶς τί τῶν
μαθημάτων ἀναγκαιότατον, '†τὸ περιαιρεῖν,' ἔφη, 'τὸ
70 ἀπομανθάνειν†.' παρεκελεύετό τε κακῶς ἀκούοντας
καρτερεῖν μᾶλλον ἢ εἰ λίθοις τις βάλλοιτο.
    ἔσκωπτέ τε Πλάτωνα ὡς τετυφωμένον. πομπῆς οὖν
γινομένης ἵππον θεασάμενος φρυακτὴν φησι πρὸς τὸν
Πλάτωνα, 'δοκεῖς μοι καὶ σὺ ἵππος ἂν εἶναι λαμπρυντής·'
75 τοῦτο δὲ ἐπεὶ καὶ συνεχὲς ὁ Πλάτων ἵππον ἐπήνει. καί ποτ'
ἐλθὼν πρὸς αὐτὸν νοσοῦντα καὶ θεασάμενος λεκάνην ἔνθα ὁ
Πλάτων ἐμημέκει ἔφη, 'χολὴν μὲν ὁρῶ ἐνταῦθα, τῦφον δὲ
οὐχ ὁρῶ.'
    [8] συνεβούλευεν Ἀθηναίοις τοὺς ὄνους ἵππους
80 ψηφίσασθαι· ἄλογον δὲ ἡγουμένων, 'ἀλλὰ μὴν καὶ

---

65 (ἐρωτηθεὶς)–**66** (ὁμιλεῖν) SSR V A 100   **66** (εἰπόντος)–**67** (αὔλησον)
SSR V A 101   **67** (Διογένει)–**68** (θοἰμάτιον) Diog. Cyn. SSR V B 23
68 (ἐρωτηθεὶς)–**70** (ἀπομανθάνειν) SSR V A 87   **70–71** SSR V A 90
72–78 SSR V A 27   **79–82** (χειροτονηθέντες) SSR V A 72

---

64 πονηρούς BF: φθονη- P   **65** περιεγένετο F   ἔφη P[2mg]   **66**
ἑαυτῷ BP: αὐτῷ F   τινὸς αὐτῷ BP: αὐτῷ τινος FΦ   **67** πότον PFΦ:
τόπον B   σὺ <δὲ> Cob.   **69** ἀναγκαιότατον BP: -τερον F   τὸ
περιαιρεῖν BPF: del. P[x] (om. Q)   **69–70** τὸ ἀπομανθάνειν BP[1]F[1]: τὸ κακὰ
(τὰ κ. s.l.) ἀπομαθεῖν P[x](Q): τὸ ἀπομανθάνειν τὰ κακὰ (τὰ κ. s.l.) F[2] 'D.L.
textus iam ex duabus v. lect. (τὸ περ. ἔφη τὰ κακὰ et ἔφη τὸ ἀπομανθάνειν
τὰ κακὰ) commixtus et mutilatus (deerat τὰ κακὰ cui τὸ ἀπομανθάνειν
superscripserat antea) erat; quem hyparchetypus ex quo vulg. pendet secun-
dum florilegium quoddam (cf. Gnom. Paris. 157 [3.268 Searby], Flor. Wien.
St. XI, 9 <sic>, Flor. Monac. 138, Stob. II 31, 34 [τὸ ἀπομανθάνειν s.
ἀπομανθάνειν τὰ κακά]') corrigere studuit. Vix Ant. scientiarum optimam
simpliciter τὸ ἀπομανθάνειν appellavit, ut vol. Bidez <ap. Humblé, AC 3
(1934) 169[1]>, vix τὸ περιαιρεῖν τὸ μανθάνειν (6, 103; 6, 11)' V. d. Muehll:
{τὸ ἀπομανθάνειν} <τὰ κακὰ> Heinimann ap. V. d. Muehll: τὸ περιαιρεῖν
τὰ κακὰ secl. Humblé 169–71   **71** μᾶλλον om. F   **72** τε F: om. BPΦ
γοῦν F   **73** γενομένης rec. Cob.   **74** δοκεῖς Richards 344: ἐδόκεις
BPFΦ   **75** τοῦτο δὲ ἐπεὶ BPF: τοῦτο δ' εἶπεν ἐπεὶ Φ   καί[1] del.
Marcov.   συνεχές ὁ πλ. BPF: πλ. συνεχῶς Φ (om. ὁ)   **77** ἐμεμέκει F

στρατηγοί,' φησί, 'γίνονται ποθ' ὑμῖν μηδὲν μαθόντες, μόνον δὲ χειροτονηθέντες.' πρὸς τὸν εἰπόντα 'πολλοί σε ἐπαινοῦσι,' 'τί γάρ,' ἔφη, 'κακὸν πεποίηκα;' στρέψαντος αὐτοῦ τὸ διερρωγὸς τοῦ τρίβωνος εἰς τὸ προφανές, Σωκράτης ἰδών φησιν, 'ὁρῶ σου διὰ τοῦ τρίβωνος τὴν 85 φιλοδοξίαν.' ἐρωτηθεὶς ὑπό του, καθά φησι Φαινίας ἐν τῷ Περὶ τῶν Σωκρατικῶν, τί ποιῶν καλὸς κἀγαθὸς ἔσοιτο, ἔφη, 'εἰ τὰ κακὰ ἃ ἔχεις ὅτι φευκτά ἐστι μάθοις παρὰ τῶν εἰδότων.' πρὸς τὸν ἐπαινοῦντα τρυφήν, 'ἐχθρῶν παῖδες,' ἔφη, 'τρυφήσειαν.' 90

[9] πρὸς τὸ παρασχηματίζον αὐτὸ τῷ πλάστῃ μειράκιον, 'εἰπέ μοι,' φησίν, 'εἰ φωνὴν λάβοι ὁ χαλκός, ἐπὶ τίνι <οἴει> ἂν σεμνυνθῆναι;' τοῦ δὲ εἰπόντος, 'ἐπὶ κάλλει,' 'οὐκ αἰσχύνῃ οὖν,' ἔφη, 'τὰ ὅμοια γεγηθὼς ἀψύχῳ;' Ποντικοῦ νεανίσκου πολυωρήσειν αὐτὸν ἐπαγγελλομένου 95 εἰ τὸ πλοῖον ἀφίκοιτο τῶν ταρίχων, λαβὼν αὐτὸν καὶ θύλακον κενὸν πρὸς ἀλφιτόπωλιν ἧκε καὶ σαξάμενος ἀπῄει· τῆς δὲ αἰτούσης τὸ διάφορον, 'ὁ νεανίσκος,' ἔφη, 'δώσει, ἐὰν τὸ πλοῖον αὐτοῦ τῶν ταρίχων ἀφίκηται.'

82 (πρὸς)–83 (πεποίηκα;) SSR IV A 89. Cf. supra 55–56   83 (στρέ-ψαντος)–86 (φιλοδοξίαν) SSR V A 15 (cf. 2.36)   86 (ἐρωτηθεὶς)–89 (εἰδότων), 91–99 SSR V A 172   Phanias fr. 30 W. = FGrHistCont 1012 F 11 89 (πρὸς)–90 SSR IV A 114

86 (ἐρωτηθεὶς)–89 (εἰδότων) Φ 48 (263.14–16)   91–94 (ἀψύχῳ) Φ 48 (263.9–13)   95–99 Φ 48 (263.1–6)

81 φησί, γίνονται BPΦ: φαίνονται ἔφη F   ποθ' ὑμῖν Φ: ποτ' ὑμῖν B, P¹ ut vid.: παρ' ὑμῖν F (post μαθ.): παρ' ὑμῶν P²   83 ante στρέψαντος add. μὴ Pˣˢ·ˡ· et in mg cum γρ   86 ὑπό του Pˣ: ὑπ' αὐτοῦ BPF   φαινίας BP: φανίνας F   87 τῶν om. F   τί ποιῶν τις Φ   88 ἔφη om. F¹, suppl. F²ˢ·ˡ·   εἰ τὰ κακὰ φησὶν Φ   κακὰ PFΦ: καλὰ B   ἔχεις BPF: ἔχει Φ   μάθοις BPF: μάθοι Φ   91 αὐτὸ Scaliger ap. Menag.: αὐτοῦ BPFΦ: ἑαυ- Casaub., sed vid. Hermann ap. Huebn. II, iv   93 οἴει add. Casaub. qui etiam ἂν σεμνυθήσεται; coni.   94 αἰσχύνῃ P (χύνη in ras.): -νει B: αἰσχυνεῖ F   95 αὐτοῦ rec. (coni. Cob.)   97 κενὸν B²F: και- B¹PΦ   ἀλφιτόπωλιν BFPˣ: -τοπώλην P¹F   ἧξε Bywater teste V. d. Muehll, loc. non inveni (cf. 1.49, 4.1, 7.18; 10.2 et infra § 87)   σαξάμενος PΦB² (σαξ in ras.): ἀρά- F   99 τῶν ταρίχων αὐτοῦ F   ἀφίκοιτο F

100 αὐτὸς καὶ Ἀνύτῳ τῆς φυγῆς αἴτιος γενέσθαι δοκεῖ καὶ
Μελήτῳ τοῦ θανάτου. [10] Ποντικοῖς γὰρ νεανίσκοις κατὰ
κλέος Σωκράτους ἀφιγμένοις περιτυχὼν ἀπήγαγεν αὐτοὺς
πρὸς τὸν Ἄνυτον, εἰπὼν ἐν ἤθει σοφώτερον εἶναι τοῦ
Σωκράτους· ἐφ᾽ ᾧ διαγανακτήσαντας τοὺς περιεστῶτας
105 ἐκδιῶξαι αὐτόν. εἰ δέ ποθι θεάσαιτο γύναιον κεκοσμημένον,
ἀπῄει ἐπὶ τὴν οἰκίαν καὶ ἐκέλευε τὸν ἄνδρα ἐξαγαγεῖν
ἵππον καὶ ὅπλα, ὥστε εἰ μὲν ἔχοι ταῦτα, ἐᾶν τρυφᾶν·
ἀμύνεσθαι γὰρ τούτοις· εἰ δὲ μή, περιαιρεῖν τὸν κόσμον.
ἤρεσκεν αὐτῷ καὶ τάδε. διδακτὴν ἀπεδείκνυε τὴν ἀρετήν.
110 καὶ τοὺς αὐτοὺς εὐγενεῖς τοὺς καὶ ἐναρέτους· [11] αὐτάρκη
δὲ τὴν ἀρετὴν πρὸς εὐδαιμονίαν, μηδενὸς προσδεομένην ὅτι
μὴ Σωκρατικῆς ἰσχύος. τήν τε ἀρετὴν τῶν ἔργων εἶναι, μήτε
λόγων πλείστων δεομένην μήτε μαθημάτων. αὐτάρκη τε
εἶναι τὸν σοφόν· πάντα γὰρ αὐτοῦ εἶναι τὰ τῶν ἄλλων. τήν
115 τε ἀδοξίαν ἀγαθὸν κατ᾽ ἴσον τῷ πόνῳ. καὶ τὸν σοφὸν οὐ
κατὰ τοὺς κειμένους νόμους πολιτεύσεσθαι, ἀλλὰ κατὰ τὸν
τῆς ἀρετῆς. γαμήσειν τε τεκνοποιΐας χάριν, ταῖς
εὐφυεστάταις συνιόντα γυναιξί. καὶ ἐρασθήσεσθαι δέ·
μόνον γὰρ εἰδέναι τὸν σοφὸν τίνων χρὴ ἐρᾶν.

100–105 (αὐτόν) SSR V A 21   Meletus II TGrF 48 T 4   **105** (εἰ)–**108**
SSR V A 61   **109–117** (ἀρετῆς), **120–132** SSR V A 134   **117**
(γαμήσειν)–**119** SSR V 58

101 (Ποντικοῖς)–**105** (αὐτόν) Φ 48 (263.16–19)   **105** (εἰ)–**108** Φ 48 (263.6–
9)   **109** (ἤρεσκεν—ἀρετήν) Φh 7 (97.9)   **110** (τοὺς)–**112** (ἰσχύος) Φ 48
(263.20–2)   **112** (τῶν)–**119** Φh 7 (97.10–17)

100 αὐτὸς δὲ F   γενέσθαι BP: εἶναι F   **101** μελήτῳ BP¹: μελίτω FP²
102 τοῦ σωκράτους F   αὐτοὺς om. F   **103** τὸν om. F   εἰπὼν om.
F   **104** διαγανακτήσαντας BPF: δὴ ἄγαν. Φ, 'fort. recte' V. d. Muehll
105 ἐκδιῶξαι BP: διῶξαι F: ἐδίωξαν Φ   αὐτὸν BPF: ἄνυτον Φ   εἰ δέ
ποθι Pˣ: εἰ δὲ ποθεῖ BP¹: εἴ ποτε Φ   **106** αὐτῆς post οἰκίαν add. PˣF²ˢˡ·
107 ἔχοι BPΦ: ἔχειν F   **108** ἀμυνεῖσθαι Richards 343   γὰρ <ἂν> V. d.
Muehll   **109** διδακτὴν Φh (infra § 105): διδακτικὴν BPF   ἀπεδείκνυε
BPF: -κνυ Φh   **110** τοὺς²] οὓς Richards 344   **113** πλαστῶν Richards
345   **115** κατ᾽ Croenert, Kol. u. Men. 173 (conl. § 99. Cf. etiam 9.28
et 76 et ps.-Diog., epist. 12): καὶ BPFΦ   **116** πολιτεύσεσθαι BPF²:
-εύεσθαι F¹Φh   τὸν BPFh: τοὺς F   **118** συνιόντα BPFh: συνόντα F
119 χρὴ BPF: δεῖ Φh

[12] ἀναγράφει δ᾽ αὐτοῦ καὶ Διοκλῆς ταυτί. τῷ γὰρ 120
σοφῷ ξένον οὐδὲν οὐδ᾽ ἄ<το>πο<ν>. ἀξιέραστος ὁ
ἀγαθός· οἱ σπουδαῖοι φίλοι· συμμάχους ποιεῖσθαι τοὺς
εὐψύχους ἅμα καὶ δικαίους· ἀναφαίρετον ὅπλον ἡ ἀρετή·
κρεῖττόν ἐστι μετ᾽ ὀλίγων ἀγαθῶν πρὸς ἅπαντας τοὺς
κακοὺς ἢ μετὰ πολλῶν κακῶν πρὸς ὀλίγους <ἀγαθοὺς> 125
μάχεσθαι. προσέχειν τοῖς ἐχθροῖς· πρῶτοι γὰρ τῶν
ἁμαρτημάτων αἰσθάνονται. τὸν δίκαιον περὶ πλείονος
ποιεῖσθαι τοῦ συγγενοῦς· ἀνδρὸς καὶ γυναικὸς ἡ αὐτὴ
ἀρετή· τἀγαθὰ καλά, τὰ κακὰ αἰσχρά· τὰ πονηρὰ πάντα
νόμιζε ξενικά. [13] τεῖχος ἀσφαλέστατον φρόνησιν· μήτε 130
γὰρ καταρρεῖν μήτε προδίδοσθαι. τείχη κατασκευαστέον
ἐν τοῖς αὐτῶν ἀναλώτοις λογισμοῖς.

διελέγετο δ᾽ ἐν τῷ Κυνοσάργει γυμνασίῳ μικρὸν ἄπωθεν
τῶν πυλῶν· ὅθεν τινὲς καὶ τὴν κυνικὴν ἐντεῦθεν
ὀνομασθῆναι· αὐτός τε ἐπεκαλεῖτο Ἁπλοκύων. καὶ πρῶτος 135
ἐδίπλωσε τὸν τρίβωνα, καθά φησι Διοκλῆς, καὶ μόνῳ αὐτῷ
ἐχρῆτο· βάκτρον τε ἀνέλαβε καὶ πήραν. πρῶτον δὲ καὶ
Νεάνθης φησὶν ἁπλῶσαι θοἰμάτιον (Σωσικράτης δ᾽ ἐν τρίτῃ

120–132 SSR V A 22   **137** (πρῶτον)–**140** Neanthes FGrHist 84 F 24
Sosicr. fr. 15 Giannat.

---

120 (τῷ)–**132** Φh 7 (97.18–98.6)   **135** (αὐτός—Ἁπλοκύων) Φh 7 (97.2)

---

120 τῷ γὰρ BP: τῶ FΦh, 'sed verba ἀναγράφει κτλ. antiquam continua-
tionem interrumpere videntur' V. d. Muehll   **121** οὐδ᾽ FP⁴: om. BP¹Φh
ἄτοπον Kuehn (cf. 2.32; 88; 93 et infra § 69 et 73): ἄπο PF: ἀπὸ B: deest
in Φh   ἀπ<ορον> Steph.² praef. 14: ἀπάξιον. ἐραστὸς Roeper (1846)
657–8   ἀξιεράστως B¹, corr. B²   **123** ἡ B: om. PFΦh   **124** πάντας
F   **125** ἀγαθοὺς add. Scaliger ap. Menag.   **127** πλεῖον Φh   **128**
συγγενοῦς PFΦh: εὐ- B   **129–130** νόμιζε πάντα F   **130** φρόνησις F
132 αὐτῶν Φh: αὐ- BPF   **133** μικρῶν F   **135** Αὐτοκύων Reiske 313
137 πρῶτον Z (Frob.): πρῶτος BPF   **138** ἁπλῶσαι BPF (cf. Hieron.,
adv. Iovin. 2.14 [SSR V A 12]: '[Antisthenes] nihil sibi amplius quam
palliolum reservavit'): διπλῶσαι Salmasius, Tertull. De pallio (1622) 399, sed
vid. Leo, Biogr. 121¹ et Ausg. kl. Schr. I (1960) 187 (a. 1906)   **138–139** dist.
Cobet, Collect. cr. (1878) 90 et Wil., Ad Maass. epist. (1880) 155

Διαδοχῶν Διόδωρον τὸν Ἀσπένδιον) καὶ πώγωνα καθεῖναι
140 καὶ βάκτρῳ καὶ πήρᾳ χρῆσθαι.

[14] τοῦτον μόνον ἐκ πάντων Σωκρατικῶν Θεόπομπος
ἐπαινεῖ καί φησι δεινόν τε εἶναι καὶ δι' ὁμιλίας ἐμμελοῦς
ὑπαγαγέσθαι πάνθ' ὁντινοῦν. δῆλον δ' ἐκ τῶν
συγγραμμάτων κἀκ τοῦ Ξενοφῶντος Συμποσίου. δοκεῖ δὲ
145 καὶ τῆς ἀνδρωδεστάτης Στωϊκῆς κατάρξαι· ὅθεν καὶ
Ἀθήναιος ὁ ἐπιγραμματοποιὸς περὶ αὐτῶν φησιν οὕτως·

ὦ Στωϊκῶν μύθων εἰδήμονες, ὦ πανάριστα
δόγματα ταῖς ἱεραῖς ἐνθέμενοι σελίσιν,
τὰν ἀρετὰν ψυχᾶς ἀγαθὸν μόνον· ἅδε γὰρ ἀνδρῶν
150 μούνα καὶ βιοτὰν ῥύσατο καὶ πόλιας.
σαρκὸς δ' ἡδυπάθημα, φίλον τέλος ἀνδράσιν ἄλλοις,
ἡ μία τῶν Μνήμης ἤνυσε θυγατέρων.

[15] οὗτος ἡγήσατο καὶ τῆς Διογένους ἀπαθείας καὶ τῆς
Κράτητος ἐγκρατείας καὶ τῆς Ζήνωνος καρτερίας, αὐτὸς
155 ὑποθέμενος τῇ πόλει τὰ θεμέλια. ὁ δὲ Ξενοφῶν ἥδιστον μὲν
εἶναι περὶ τὰς ὁμιλίας φησιν αὐτόν, ἐγκρατέστατον δὲ περὶ
τἄλλα.

141–143 (ὁντινοῦν) Theopomp. FGrHist 115 F 295   **144** Xenoph.,
Symp. 4.61–4   **147–152** SH 226 = FGE 438–43. Etiam 7.30   **155–157**
Xenoph., Mem. 2.5.1–3

---

139 (πώγωνα)–**140** Suda κ 64 (III 7.14–15)   **147–152** Anth. Pal. 9.496;
Plan. I[b] 6.1

---

140 καὶ βάκτρω καὶ πήρα BP, Suda: καὶ πείρα καὶ βάκτρω F
χρήσασθαι Suda   **141** μόνον om. P[1], suppl. P[2s.l.]   πάντων <τῶν> rec.
(coni. Richards 342)   **142** δεινόν τε] οἷόν τε Wil., Ad Maass. epist. 155
143 ὑπάγεσθαι F   πάνθ' PF: παρ' B   **146** ὁ F[2s.l.]   **147** στωϊκῶν
BPF, Plan.: στοϊ- Pal., melioribus numeris   πανάριστα BP: -οι F, Pal.
148 σελίσιν B[1] Pal.: -σι B[2]PF   **149** τὰν ἀρίσταν ἀρετὰν ψ. Pal.   **150**
βιοτὰν BPF: βιότου Pal.: βίοτον Plan.   πόλιας B[2]P: -ηας B[1]F: -ιος Pal.
151 ἡδυπάθημα BPF, Pal.: ἁδυ- Brunck, Anal. I 257   **152** ἡ BPF, Pal.: ἁ
Brunck   τῶν BPF: τῆς Pal.   **155** πόλει BPF: πολιτεία Reiske 313 et
Wil., Ad Maass. epist. 156, fort. recte: πραγματεία Gigante II 523[26]: σχολῇ
C. D. Georgules, Πλάτων 5 (1953) 172   **156** δὲ BP: τε F   **156–157** περὶ
τἄλλα BP: περί τε τὰ ἄλλα F

φέρονται δ' αὐτοῦ συγγράμματα τόμοι δέκα· πρῶτος
ἐν ᾧ

Περὶ λέξεως ἢ περὶ χαρακτήρων,   160
Αἴας ἢ Αἴαντος λόγος,
Ὀδυσσεὺς ἢ περὶ Ὀδυσσέως,
Ὀρέστου ἀπολογία,
Περὶ τῶν δικογράφων,
†ἰσογράφη ἡδεσίας ἢ **ἰσοκράτης†,   165
Πρὸς τὸν Ἰσοκράτους Ἀμάρτυρον.

τόμος δεύτερος ἐν ᾧ

Περὶ ζῴων φύσεως,
Περὶ παιδοποιΐας ἢ περὶ γάμου ἐρωτικός,
Περὶ τῶν σοφιστῶν φυσιογνωμονικός,   170
[16] Περὶ δικαιοσύνης καὶ ἀνδρείας προτρεπτικὸς πρῶτος,
                                          δεύτερος, τρίτος,
Περὶ Θεόγνιδος δ', ε'.

158–239 (αὐτόν) SSR V A 41   158, 167, 171–174, 177–178, 183–188,
229–237 Antisth. FGrHistCont 1004 T 1   158–166 Art. scr. B XIX 4–5

162 Ὀδυσσεὺς ἢ περὶ Ὀδυσσέως BPF: Ὀδ. ἢ {περὶ} Ὀδ. <λόγος> vel
Ὀδ. ἢ ὑπὲρ Ὀδ. Casaub., an recte?: Ὀδ. ἢ περὶ Ὀδυσσείας Menag.
163 ἀπολογία <ἢ> Kuehn, unus tit. cum 164   164 δικογράφων BP:
-γραφιῶν F   164–166 Π. τ. δικογράφων | Δεσίας ἢ Ἰσογράφης
{Ἰσοκράτης} | Πρὸς τὸν Ἰσ. Ἀμ. M. Pohlenz, Hermes 42 (1907) 158, fort.
recte: ἢ Π. τ. δικ. | Δεσίας ἢ Ἰσογράφης πρὸς τὸν Ἰσ. Ἀμ. Wil., Platon ²II
114: Π. τ. δικ. | Ἰσογραφῇ ἢ Λυσίας καὶ Ἰσ. | Πρὸς τὸν Ἰσ. Ἀμ. Wyttenbach
ad Plut. Mor. I (1810) 390: Π. τ. δικ. ἢ Λυσ. καὶ Ἰσ. | Πρὸς τὸν Ἰσ. Ἀμ. I.
Bake, Scholica hypomnemata III (1844) 115–16: Π. τ. δικ. ἢ Λυσ. καὶ Ἰσ.
ἀντιγραφὴ πρὸς τὸν Ἰσ. Ἀμ. Usener, Kl. Schr. I 7–8 (a. 1856), qui postea
Kl. Schr. III 67 (a. 1880) ἰσογράφοι pro ἰσογράφη scrib. censuit
(μισθογράφοι L. Schmidt, Philologus 40, 1881, 384): Π. τ. δικογραφίων (sic)
ἰσογράφων ἢ Δεσίας ἢ Ἰσογράφης {Ἰσοκράτης} | Πρὸς τὸν Ἰσ. Ἀμ.
Humblé 164, 167–9: Π. τ. δικογράφων | Ἰσ. ἢ Δ. {Ἰσοκράτης}, Πρὸς τὸν
Ἰσ. Ἀμ. L. Radermacher, Art. Script. 120: Π. τ. δικογράφων ἢ Ἰσ. καὶ Δ.
{Ἰσοκράτης} | Πρὸς τὸν Ἰσ. Ἀμ. (i.e. Ἰσ. καὶ Δ. ἢ π. τ. δικογράφων)
Decleva Caizzi 17, 79. Vid. Patzer, Antisthenes 112, 191–2, 215–26   165
ἰσογράφη ἡδεσίας ἢ **ἰσοκράτης B: ἰσογραφὴ ἢ δεσίας ἢ ἰσοκράτης PF
167 ἐν ᾧ om. F   169 ἢ om. F   169–170 γάμου· ἐρωτικὸς ἢ περὶ B: γ.
ἐρωτικός· περὶ PF   170 σοφιστῶν BP: -στικῶν F   φυσιογνωμικός F
171 ἀνδρίας P   171–172 πρῶτος δεύτερος τρίτος BP: γ F   173 δ' om.
F: <α' β' γ'> add. Marcov.

τόμος τρίτος ἐν ᾧ

175   Περὶ ἀγαθοῦ,
Περὶ ἀνδρείας,
Περὶ νόμου ἢ περὶ πολιτείας,
Περὶ νόμου ἢ περὶ καλοῦ καὶ δικαίου,
Περὶ ἐλευθερίας καὶ δουλείας,
180   Περὶ πίστεως,
Περὶ ἐπιτρόπου ἢ περὶ τοῦ πείθεσθαι,
Περὶ νίκης οἰκονομικός.

τόμος τέταρτος ἐν ᾧ

         Κῦρος,
185   Ἡρακλῆς ὁ μείζων ἢ περὶ ἰσχύος.

τόμος πέμπτος ἐν ᾧ

         Κῦρος ἢ περὶ βασιλείας,
Ἀσπασία.

τόμος ἕκτος ἐν ᾧ

190   Ἀλήθεια,
Περὶ τοῦ διαλέγεσθαι ἀντιλογικός,
Σάθων
Περὶ τοῦ ἀντιλέγειν α′ β′ γ′,
Περὶ διαλέκτου.

195 τόμος ἕβδομος ἐν ᾧ

---

176 ἀνδρίας P   177 ἢ om. F   178 om. F   180 post πίστεως add. ἢ
B, unus tit. cum 181. Vid. K. Fr. Hermann 103, qui ἢ post ἐπιτρόπου del.
181 περὶ² om. F   182 post νίκης distinx. B: 'διοικήσεως? an Περὶ . . .
οἰκονομικός varia duo scripta?' V. d. Muehll   185 ἢ περὶ ἰσχύος om.
F   190–191 unus tit. BP   Ἀλήθεια <ἢ> unus tit. cum 191 Hirzel,
Dialog I 119¹   192 Σάθων <ἢ> unus tit. cum 193 Kuehn, sed vide
Brancacci, Oik. logos 28–9   193 ἀντιλέγειν BP: διαλέγειν F, fort. recte.
Vid. Brancacci, Oik. logos 29–30   α′ β′ om. F

[17] Περὶ παιδείας ἢ περὶ ὀνομάτων α' β' γ' δ' ε',
{Περὶ τοῦ ἀποθανεῖν,
Περὶ ζωῆς καὶ θανάτου,}
Περὶ ὀνομάτων χρήσεως ἢ ἐριστικός,
Περὶ ἐρωτήσεως καὶ ἀποκρίσεως,   200
Περὶ δόξης καὶ ἐπιστήμης α' β' γ' δ',
Περὶ τοῦ ἀποθανεῖν,
Περὶ ζωῆς καὶ θανάτου,
Περὶ τῶν ἐν ᾅδου,
Περὶ φύσεως α' β',   205
Ἐρώτημα περὶ φύσεως α', ἐρώτημα περὶ φύσεως β',
Δόξαι ἢ ἐριστικός,
Περὶ τοῦ μανθάνειν προβλήματα.

τόμος ὄγδοος ἐν ᾧ

    Περὶ μουσικῆς,   210
    Περὶ ἐξηγητῶν,
    Περὶ Ὁμήρου,
    Περὶ ἀδικίας καὶ ἀσεβείας,
    Περὶ Κάλχαντος,
    Περὶ κατασκόπου,   215
    Περὶ ἡδονῆς.

τόμος ἔνατος ἐν ᾧ

    Περὶ Ὀδυσσείας,
    Περὶ τῆς ῥάβδου,
    Ἀθηνᾶ ἢ περὶ Τηλεμάχου,   220
    Περὶ Ἑλένης καὶ Πηνελόπης,
    Περὶ Πρωτέως,
    Κύκλωψ ἢ περὶ Ὀδυσσέως,

---

196 α'—δ' om. F   **197–198** quae in **202–203** iterantur, hic duce
Menagio del. Huebn.   **197** περὶ om. B¹, suppl. B²   **199** ἢ ἐριστικός BP:
om. F: ἢ del. Cob., fort. recte. Vid. Brancacci, Oik. logos 31–2   **201** α' β'
γ' om. F   **205** (α')–**208** om. F   **206** ἐρώτημα περὶ φύσεως α',
ἐρώτημα περὶ φύσεως β' BP: Ἐρώτημα περὶ φύσεως β' Huebn.   **207** ἢ
del. F. Susemihl, JClPh 33 (1887) 207, fort. recte   **211** Περὶ <τῶν
Ὁμήρου> ἐξηγητῶν Marcov.   **211–212** Περὶ Ὁμήρου {Περὶ}
ἐξηγητῶν, unus tit. A. B. Krische, Theolog. Lehren der griech. Denker (1840)
243²   **220** ἀθηνᾶ ἡ περὶ τῆς*******(*) B: ἀθ. ἢ περὶ τηλεμάχου P: om. F

[18] Περὶ οἴνου χρήσεως ἢ περὶ μέθης ἢ περὶ τοῦ Κύκλωπος,

225 Περὶ Κίρκης,

Περὶ Ἀμφιαράου,

Περὶ {τοῦ} Ὀδυσσέως καὶ Πηνελόπης

Περὶ τοῦ κυνός.

τόμος δέκατος ἐν ᾧ

230 Ἡρακλῆς καὶ Μίδας,

Ἡρακλῆς ἢ περὶ φρονήσεως καὶ ἰσχύος,

†κύριος† ἢ ἐρώμενος,

†κύριος† ἢ κατάσκοποι,

Μενέξενος ἢ περὶ τοῦ ἄρχειν,

235 Ἀλκιβιάδης,

Ἀρχέλαος ἢ περὶ βασιλείας.

καὶ ταῦτα μέν ἐστιν ἃ συνέγραψεν.

ᾧ Τίμων διὰ τὸ πλῆθος ἐπιτιμῶν 'παντοφυῆ φλέδονά' φησιν αὐτόν. ἐτελεύτησε δὲ ἀρρωστίᾳ· ὅτε καὶ Διογένης

240 εἰσιὼν πρὸς αὐτὸν ἔφη, 'μήτι χρεία φίλου;' καί ποτε παρ' αὐτὸν ξιφίδιον ἔχων εἰσῆλθε. τοῦ δ' εἰπόντος, 'τίς ἂν ἀπολύσῃ με τῶν πόνων;' δείξας τὸ ξιφίδιον, ἔφη 'τοῦτο'·

238–239 Timon SH 811 = fr. 37 Di Marco   **238–244** (φιλοζωΐας) SSR V A 37   **238–243** (ζῆν) Diog. Cyn. SSR V B 24

238–244 (φιλοζωΐας) Φ 48 (263.22–264.5)   Suda φ 532 (IV 745.18–9)

---

227 om. F¹, suppl. F²ᵐᵍ   τοῦ om. F², secl. F. Duemmler, Kl. Schr. I (1901) 25 (a. 1882)   καὶ post πηνελόπης add. Z (Frob.), unus tit. cum **228   230** Ἡρακλῆς καὶ Μίδας F. G. Welcker, Kl. Schr. II (1845) 482 (a. 1833): ἡρακλῆς ἢ μίδας PF: ἡρακλῆς****** B   **231** ἡρακλῆς ἢ περὶ φρονήσεως BP: om. F   καὶ ἰσχύος Decleva Caizzi: ἢ ἰσχύος BP: om. F   **232** κύριος BP: κῦρος F: Κύρνος A. W. Winkelmann, Plut. Amat. (1836) 97. Vid. H. Dittmar, Aischines v. Sphettos (1912) 70–1¹⁴   **232–233** 'fortasse pro voce κύριος quae explicari vix potest Κυρσᾶς legendum est' Patzer, Antisthenes 177 (etiam 153–7. Cf. Cic., Att. 12.38a.2 = SSR V A 84)   **233** κύριος BP: κύριοι Z (Frob.): κῦρος F   **234** μὲν ἐξ ἑνός B   **238** ᾧ τίμων διὰ τὸ πλῆθος ὁ τίμων (expunx. P²) ἐπιτιμῶν P¹(Q): ὁ τίμων διὰ τὸ πλῆθος ὁ τίμων ἐπ. B: ὁ τ. δὲ διὰ τὸ πλῆθος ἐπ. αὐτῶ FP⁴: διὰ τὸ πλῆθος ἐπιτιμῶν αὐτῶ ὁ τίμων Φ   φλέδονα B, P (λ in ras.): φαεδόνα F   **240** τότε Rossi 90–1   **241** εἰσῆλθε BPΦh: εἰσήει F   **242** ἀπολύσειε Cob.

[19] καὶ ὅς, 'τῶν πόνων,' ἔφη 'εἶπον, οὐ τοῦ ζῆν.' ἐδόκει γάρ πως μαλακώτερον φέρειν τὴν νόσον ὑπὸ φιλοζωΐας. καὶ ἔστιν ἡμῶν εἰς αὐτὸν οὕτως ἔχον· 245

> τὸν βίον ἦσθα κύων, Ἀντίσθενες, ὧδε πεφυκὼς
> ὥστε δακεῖν κραδίην ῥήμασιν, οὐ στόμασιν·
> ἀλλ' ἔθανες φθισικός, τάχ' ἐρεῖ τις ἴσως· 'τί δὲ τοῦτο;
> πάντως εἰς Ἀΐδην δεῖ τιν' ὁδηγὸν ἔχειν.'

γεγόνασι δὲ καὶ ἄλλοι Ἀντισθένεις τρεῖς· Ἡρακλείτειος εἷς, 250 καὶ ἕτερος Ἐφέσιος, καὶ Ῥόδιός τις ἱστορικός.

ἐπειδὴ δὲ τοὺς ἀπ' Ἀριστίππου διεληλύθαμεν καὶ Φαίδωνος, νῦν ἑλκύσωμεν τοὺς ἀπ' Ἀντισθένους κυνικούς τε καὶ Στωϊκούς. καὶ ἐχέτω ὧδε.

243 (καὶ)–**249** SSR V A 38   **250** (Ἡρακλείτειος) Antisth. Heracl. VS 66 A 1   **251** (ἕτερος) Heracl. T 715 Mour. (= T 33).   (Ῥόδιός) Antisth. Rhod. FGrHist 508 T 2.

244–249 Φh 7 (97.3–8)   **246–249** Anth. Pal. 7.115.

243 ἔφη, εἶπον Φ: εἶπον ΒΡ εἶπεν F   **245** ἔχον οὕτως F   **246** κύον Pal.   **247** κραδείην F   στόμασι Φh   **248** φθισικός Β²ΡF: -ὼς Β¹ ἀλλ'–ἴσως om. Φh   **249** δεῖ ΒΡ²: δεῖν F: δῆι Ρ¹   ἔχειν ex ἐλεῖν Ρ¹: ἔχιν Β: ἔχει Pal.   **250** τρεῖς om. F   ἡρακλείτιος ΒΡF   εἷς Ρ: οἷς Β: om. F   **251** ἕτερος om. F   **253** νῦν om. F¹, suppl. F²

[20] Διογένης Ἱκεσίου τραπεζίτου Σινωπεύς. φησὶ δὲ Διοκλῆς, δημοσίαν αὐτοῦ τὴν τράπεζαν ἔχοντος τοῦ πατρὸς καὶ παραχαράξαντος τὸ νόμισμα, φυγεῖν. Εὐβουλίδης δὲ ἐν τῷ Περὶ Διογένους αὐτόν Διογένη φησὶ
5 τοῦτο πρᾶξαι καὶ συναλᾶσθαι τῷ πατρί. οὐ μὴν ἀλλὰ καὶ αὐτὸς περὶ αὐτοῦ φησιν ἐν τῷ Πορδάλῳ ὡς παραχαράξαι τὸ νόμισμα. ἔνιοι δὲ ἐπιμελητὴν γενόμενον ἀναπεισθῆναι ὑπὸ τῶν τεχνιτῶν καὶ ἐλθόντα εἰς Δελφοὺς ἢ εἰς τὸ Δήλιον ἐν τῇ πατρίδι Ἀπόλλωνος πυνθάνεσθαι εἰ ταῦτα πράξει
10 ἅπερ ἀναπείθεται· τοῦ δὲ συγχωρήσαντος τὸ πολιτικὸν νόμισμα, οὐ συνείς, τὸ κέρμα κιβδηλεύσας καὶ φωραθείς, ὡς μέν τινες, ἐφυγαδεύθη, ὡς δέ τινες, ἑκὼν ὑπεξῆλθε φοβηθείς.
[21] ἔνιοι δέ φασι παρὰ τοῦ πατρὸς αὐτὸν λαβόντα τὸ νόμισμα διαφθεῖραι· καὶ τὸν μὲν δεθέντα ἀποθανεῖν, τὸν
15 δὲ φυγεῖν ἐλθεῖν τε εἰς Δελφοὺς οὐ πυνθανόμενον εἰ παραχαράξει, ἀλλὰ τί ποιήσας ἐνδοξότατος ἔσται, καὶ οὕτω λαβεῖν τὸν χρησμὸν τοῦτον.

γενόμενος δὲ Ἀθήνησιν Ἀντισθένει παρέβαλε. τοῦ δὲ διωθουμένου διὰ τὸ μηδένα προσίεσθαι, ἐξεβιάζετο τῇ
20 προσεδρίᾳ. καὶ ποτε τὴν βακτηρίαν ἐπανατειναμένου αὐτῷ τὴν κεφαλὴν ὑποσχών, 'παῖε,' εἶπεν, 'οὐ γὰρ εὑρήσεις οὕτω σκληρὸν ξύλον ᾧ με ἀπείρξεις ἕως ἄν τι φαίνῃ λέγων.'

1–17 SSR V B 2   **3** (παραχαράξαντος τὸ νόμισμα) cf. infra **423–427**
4 (Εὐβουλίδης)–**5** (πατρί) Eubul. FGrHistCont 1105 F 1   **15** cf. infra
334–337   **18–44** Satyr. fr. *35 Schorn   **18–28** (περιστάσεως)
Theophr. fr. 511 FHS&G (cf. 5.44)   **18–24** SSR V B 19

1–3, 18–25 (διατρέχοντα) Φ 49 (264.7–15)

Ante **1** tit. διογένης P^{xmg}   **2–3** τοῦ πατρὸς αὐτοῦ τὸ νόμισμα
παραχαράξαντος ἔφυγε μετ' αὐτοῦ Φ   **4** διογένη φησὶ BP: φησὶ
διογένην F   **5** τοῦτο om. F   **6** αὐτοῦ F: αὐ- BP   ἐν τῶ πορδ. om.
F¹, ἐν πορδ. suppl. F²mg   πορδάλω BPF²: Πορδάλει vel Παρ. Menag.:
Παρδάλω Marcov. (conl. infra **704** et **733**). Vid. Diels, AGPh 7 (1894) 314⁴;
Donzelli, Codici 123 et N. Nicholas, GRBS 40 (1999) 253–98   **8** δήλιον
om. BP¹   **11** ἐκιβδήλευσε Cob.   **15** οὐ πυνθανόμενον BPF: <καὶ>
πυνθανόμενον οὐκ Z³ (Frob.)   **16** παραχαράξει F: -χαράξαι PB² (ξαι in
ras.)   καὶ BPF: del. Z³, om. Frob.   **20** προσεδρείᾳ BPF: -ίᾳ rec.

τοὐντεῦθεν διήκουσεν αὐτοῦ καὶ ἅτε φυγὰς ὢν ὥρμησεν ἐπὶ τὸν εὐτελῆ βίον.

[22] μῦν θεασάμενος διατρέχοντα, καθά φησι 25 Θεόφραστος ἐν τῷ Μεγαρικῷ, καὶ μήτε κοίτην ἐπιζητοῦντα μήτε σκότον εὐλαβούμενον ἢ ποθοῦντά τι τῶν δοκούντων ἀπολαυστῶν, πόρον {τ'} ἐξεῦρε τῆς περιστάσεως. τρίβωνα διπλώσας πρῶτος κατά τινας διὰ τὸ ἀνάγκην ἔχειν καὶ ἐνεύδειν αὐτῷ, πήραν τε ἐκομίσατο ἔνθα αὐτῷ τὰ σιτία 30 ἦν, καὶ παντὶ τόπῳ ἐχρῆτο εἰς πάντα, ἀριστῶν τε καὶ καθεύδων καὶ διαλεγόμενος. ὅτε καὶ τοὺς Ἀθηναίους ἔφασκε, δεικνὺς τὴν τοῦ Διὸς στοὰν καὶ τὸ Πομπεῖον, αὐτῷ κατεσκευακέναι ἐνδιαιτᾶσθαι. [23] βακτηρίᾳ δὲ ἐπηρείσατο ἀσθενήσας· ἔπειτα μέντοι καὶ διὰ παντὸς 35 ἐφόρει, οὐ μὴν ἐν ἄστει, ἀλλὰ καθ' ὁδὸν αὐτῇ τε καὶ τῇ πήρᾳ, καθά φησιν Ὀλυμπιόδωρος ὁ Ἀθηναίων προστατήσας καὶ Πολύευκτος ὁ ῥήτωρ καὶ Λυσανίας ὁ Αἰσχρίωνος. ἐπιστείλας δέ τινι οἰκίδιον αὐτῷ προνοήσασθαι καὶ βραδύνοντος, τὸν ἐν τῷ Μητρῴῳ πίθον 40 ἔσχεν οἰκίαν, ὡς καὶ αὐτὸς ἐν ταῖς ἐπιστολαῖς διασαφεῖ. καὶ θέρους μὲν ἐπὶ ψάμμου ζεστῆς ἐκυλινδεῖτο, χειμῶνος δὲ ἀνδριάντας κεχιονισμένους περιελάμβανε, πανταχόθεν ἑαυτὸν συνασκῶν.

25–28 (περιστάσεως) SSR V B 172   **28** (τρίβωνα)–**44** SSR V B174.
Cf. supra § 6

---

39 (ἐπιστείλας)–**115** (ἀρκεῖσθαι) Φ 49 (264.15–266.19)

---

27 σκότον BPF: κόπον Marcov.   **28** τ' BP: τε F: om. Z (Frob.): 'delendum, nisi interciderunt quaedam ante πόρον' V. d. Muehll   **29** πρῶτος κατά τινας, distinx. Leo, Biogr. 121   **33** τὸ in P erasum, om. rec.   **35** <πρῶτον> ἐπηρ. Richards 342   ἐπηρείσατο BP: ἐπεστηρίζετο F   **36** τε καὶ secl. Leo, Ausg. kl. Schr. I (1960) 186 (a 1906)   **37** 'excidit post πήρᾳ verbum ἐχρήσατο vel legendum αὐτήν τε καὶ τὴν πήραν' Kuehn, probabiliter   ὀλυμπιόδωρος BP: ἀθηνόδωρος F   **39** αὐτῷ V. d. Muehll   **40** καὶ BP: om. FΦ: καὶ <αὐτοῦ> Marcov.   **41** κατέσχεν F[1], corr. F[2]   **41** (ὡς—διασαφεῖ) om. Φ   καὶ αὐτὸς om. F   **42** ἐκυλινδεῖτο PFΦ: -δοῦτο B   **44** συνάπτων Rossi 96

45 **[24]** δεινός τε ἦν κατασοβαρεύσασθαι τῶν ἄλλων. καὶ τὴν μὲν Εὐκλείδου σχολὴν ἔλεγε χολήν, τὴν δὲ Πλάτωνος διατριβὴν κατατριβήν, τοὺς δὲ Διονυσιακοὺς ἀγῶνας μεγάλα θαύματα μωροῖς ἔλεγε καὶ τοὺς δημαγωγοὺς ὄχλου διακόνους. ἔλεγε δὲ καὶ ὡς ὅταν μὲν ἴδῃ κυβερνήτας ἐν τῷ
50 βίῳ καὶ ἰατροὺς καὶ φιλοσόφους, συνετώτατον τῶν ζῴων νομίζειν τὸν ἄνθρωπον· ὅταν δὲ πάλιν ὀνειροκρίτας καὶ μάντεις καὶ τοὺς προσέχοντας τούτοις ἢ τοὺς ἐπὶ δόξῃ καὶ πλούτῳ πεφυσημένους, οὐδὲν ματαιότερον νομίζειν ἀνθρώπου. συνεχές τε ἔλεγεν εἰς τὸν βίον παρεσκευάσθαι
55 δεῖν λόγον ἢ βρόχον.

[25] καί ποτε Πλάτωνα ἐν δείπνῳ πολυτελεῖ κατανοήσας ἐλάας ὀψώμενον, 'τί,' φησίν, 'ὁ σοφὸς εἰς Σικελίαν πλεύσας τῶν τραπεζῶν τούτων χάριν, νῦν παρακειμένων οὐκ ἀπολαύεις;' καὶ ὅς, 'ἀλλὰ νὴ τοὺς θεούς,'
60 φησί, 'Διόγενες, κἀκεῖ τὰ πολλὰ πρὸς ἐλάας καὶ τὰ τοιαῦτα ἐγινόμην.' ὁ δέ, 'τί οὖν ἔδει πλεῖν εἰς Συρακούσας; ἢ τότε ἡ Ἀττικὴ οὐκ ἔφερεν ἐλάας;' Φαβωρῖνος δέ φησιν ἐν Παντοδαπῇ ἱστορίᾳ Ἀρίστιππον εἰπεῖν τοῦτο. καὶ ἄλλοτε ἰσχάδας ἐσθίων ἀπήντετο αὐτῷ φησί τε, 'ἔξεστί σοι
65 μετασχεῖν'· τοῦ δὲ λαβόντος καὶ φαγόντος, ἔφη, 'μετασχεῖν εἶπον, οὐ καταφαγεῖν.'

45–49 (διακόνους) SSR V B 487   **45** (καὶ)–**46** (χολήν) Eucl. SSR II A 28 = fr. 7 Doering   **48** (ἔλεγε)–**54** (ἀνθρώπου) SSR V B 375   **54** (συνεχὲς)– **55** SSR V B 303   **56–78** SSR V B 55   **56–63** (τοῦτο) Aristipp. SSR IV A 43   Favor. fr. 71 Bar. = 39 Mensch. = 76 Am.

---

45 τε BPFΦ: δὲ v. Fritz 11[28]   **46** τοῦ πλάτωνος Φ   **49** ὅτε μὲν ἴδοι Cob.   **50** καὶ[1] BPΦ: ἢ F   **50–51** συν. τ. ζ. νομίζειν Φ: συν. τ. ζ. εἶναι (sine νομίζειν) BP: συν. εἶναι τ. ζ. νομίζειν F   **51** ὅτε Cob.   πάλιν om. F **52–53** καὶ πλούτῳ om. F   **54** συνεχές τε ἔλεγεν εἰς Cob.: ἔλεγε συνεχῶς δεῖν εἰς Φ: συνεχέστερον νομίζειν ἔλεγεν εἰς B[1]PF: νομίζειν del. B[2] 'νομίζειν olim in mg. adscriptum fuisse vid., ut in linea **51** εἶναι corrigeretur' V. d. Muehll   **57** ἐλάας B[1]P: ἐλαίας B[2]FΦ   ὀψώμενον BP[1]Φ: ἀψά- FP[2] **59** ἀλλὰ om. F   **60** φησί BPΦ: ἔφη F   ἐλάας καὶ B[2] (ας καὶ in ras.) **61** συρακούσας BPF: συρρακ- Φ   **62** ἐλάας B[2] (ἐλά in ras.), PF: ἐλαίας Φ **62** (ἐν)–**63** (ἱστορίᾳ) om. F   **64** φησί τε BPF: ἔφησέ τε Φ   **65** ἔφη om. F

[26] πατῶν αὐτοῦ ποτε στρώματα κεκληκότος φίλους παρὰ Διονυσίου, ἔφη, 'πατῶ τὴν Πλάτωνος κενοσπουδίαν'· πρὸς ὃν ὁ Πλάτων, 'ὅσον, ὦ Διόγενες, τοῦ τύφου διαφαίνεις, δοκῶν μὴ τετυφῶσθαι.' οἱ δέ φασι τὸν Διογένην εἰπεῖν, 70 'πατῶ τὸν Πλάτωνος τῦφον'· τὸν δὲ φάναι, 'ἑτέρῳ γε τύφῳ, Διόγενες'· Σωτίων δὲ ἐν τῷ τετάρτῳ φησὶ πρὸς αὐτὸν τοῦτο εἰπεῖν τὸν Πλάτωνα, 'τὸν κύνα, Διόγενες, σὺ ποιεῖς.' ᾔτησεν αὐτόν ποτε δέκα ἰσχάδας. ὁ δὲ κεράμιον ὅλον ἔπεμψεν αὐτῷ· καὶ ὅς, 'σύ,' φησίν, 'κἂν ἐρωτηθεὶς δύο καὶ 75 δύο πόσα ἐστίν, εἴκοσιν ἀποκρινῇ; οὕτως οὔτε πρὸς τὰ αἰτούμενα δίδως οὔτε πρὸς τὰ ἐρωτώμενα ἀποκρίνῃ.' ἔσκωψε δὴ ὡς ἀπεραντολόγον.

[27] ἐρωτηθεὶς ποῦ τῆς Ἑλλάδος ἴδοι ἀγαθοὺς ἄνδρας, 'ἄνδρας μέν,' εἶπεν, 'οὐδαμοῦ, παῖδας δὲ ἐν Λακεδαίμονι.' 80 σπουδαιολογουμένῳ ποτὲ ὡς οὐδεὶς προσῄει, ἐπέβαλε τερετίζειν· ἀθροισθέντων δέ, ὠνείδισεν ὡς ἐπὶ μὲν τοὺς φληνάφους ἀφικνουμένων σπουδαίως, ἐπὶ δὲ τὰ σπουδαῖα βραδυνόντων ὀλιγώρως. ἔλεγέ τε περὶ μὲν τοῦ παρορύττειν καὶ λακτίζειν ἀγωνίζεσθαι τοὺς ἀνθρώπους, περὶ δὲ 85 καλοκἀγαθίας μηδένα.

67–73 Sotion fr. 15 W.   **79–80** (Λακεδαίμονι) SSR V B 280   **81** (σπουδαιολογουμένῳ)–**84** (ὀλιγώρως) SSR V B 314   **84** (ἔλεγέ)–**86** SSR V B 450

67 τὰ στρώματα Φ   **68** παρὰ Διονυσίου om. Φ   καινοσπουδ(ε)ίαν B¹P¹   **71** γε om. F   **72** (Σωτίων)–**74** (ποτε) om. Φ   **73** τοῦτο ('quod sequitur') Casaub. Cf. infra **186** (οὕτως) et 4.10   'τὸν κύνα, Διόγενες, σὺ ποιεῖς.' dub. V. d. Muehll: τὸν κύνα διόγενες συμποεῖς (συν- P¹ ut vid.) BP¹: τ. κ. διογένης οἶνον ποτὲ FP⁴: 'τὸν κύνα, Διόγενες, οὖν προσποιῇ' Donzelli, RFIC n.s. 36 (1958) 240–7: τὸν κύνα secl. v. Fritz 14: Πλάτωνα ὁ κύων (scil. πατῶ) Schwartz 745 (= 463): lac. ante τὸν κ. susp. Patillon ap. Goulet-Cazé 708⁵   **74** ποτε V. d. Muehll (ut Arsen. Viol. 198.17 Walz): τότε BPF: τοτέ Cob.   δέκα B²P¹ᵃᶜΦ: δέκαι B¹: δὲ καὶ P¹ᵖᶜF. Vid. Tartaglia 264–5   **75** ἔπεμψεν PFΦ: ἐξέπ- B   κἂν BPFΦ: ἐὰν Z (Frob.)   ἐρωτηθεὶς BF: -θῇς PΦ   **76** ἀποκρινῇ ΦPˣ: -νει B: -κρίνη P¹F   **76–77** πρὸς bis del. Croenert, Kol. u. Men. 178   **78** δὴ BPΦ: δὲ F   **81** σπουδαιολογῶν F   ὡς om. BP¹   **82** τερετίζειν BP: τερεττ- FΦ   **84** ὀλιγώρως om. F, del. Cob.   μὲν post παρορ. pos. F

τούς τε γραμματικοὺς ἐθαύμαζε τὰ μὲν τοῦ Ὀδυσσέως κακὰ ἀναζητοῦντας, τὰ δὲ ἴδια ἀγνοοῦντας. καὶ μὴν καὶ τοὺς μουσικοὺς τὰς μὲν ἐν τῇ λύρᾳ χορδὰς ἁρμόττεσθαι,

90 ἀνάρμοστα δὲ ἔχειν τῆς ψυχῆς τὰ ἤθη· [28] τοὺς μαθηματικοὺς ἀποβλέπειν μὲν πρὸς τὸν ἥλιον καὶ τὴν σελήνην, τὰ δ' ἐν ποσὶ πράγματα παρορᾶν· τοὺς ῥήτορας τὰ δίκαια μὲν ἐσπουδακέναι λέγειν, πράττειν δὲ μηδαμῶς· ἀλλὰ μὴν καὶ τοὺς φιλαργύρους ψέγειν μὲν τὸ ἀργύριον,

95 ὑπεραγαπᾶν δέ. κατεγίνωσκε δὲ καὶ τῶν ἐπαινούντων μὲν τοὺς δικαίους, ὅτι χρημάτων ἐπάνω εἶεν, ζηλούντων δὲ τοὺς πολυχρηματίας. ἐκίνει δ' αὐτὸν καὶ τὸ θύειν μὲν τοῖς θεοῖς ὑπὲρ ὑγιείας, ἐν αὐτῇ δὲ τῇ θυσίᾳ κατὰ τῆς ὑγιείας δειπνεῖν. ἄγασθαι δὲ καὶ τῶν δούλων, οἳ λαβροφαγοῦντας

100 ὁρῶντες τοὺς δεσπότας μηδὲν ἁρπάζοιεν τῶν ἐσθιομένων. [29] ἐπῄνει τοὺς μέλλοντας γαμεῖν καὶ μὴ γαμεῖν, καὶ τοὺς μέλλοντας καταπλεῖν καὶ μὴ πλεῖν, καὶ τοὺς μέλλοντας πολιτεύεσθαι καὶ μὴ πολιτεύεσθαι, καὶ τοὺς παιδοτροφεῖν καὶ μὴ παιδοτροφεῖν, καὶ τοὺς παρασκευαζομένους

105 συμβιοῦν τοῖς δυνάσταις καὶ μὴ προσιόντας. ἔλεγε δὲ καὶ δεῖν τὰς χεῖρας ἐπὶ τοὺς φίλους ἐκτείνειν μὴ συγκεκαμμένοις τοῖς δακτύλοις.

φησὶ δὲ Μένιππος ἐν τῇ Διογένους Πράσει ὡς, <ὅθ'>

87–92 (παρορᾶν) SSR V B 374   **92** (τούς)–**95** (δὲ) SSR V B 504   **95** (κατεγίνωσκε)–**97** (πολυχρηματίας) SSR V B 237   **97** (ἐκίνει)–**99** (δειπνεῖν) SSR V B 345   **99** (ἄγασθαι)–**100** (ἐσθιομένων) SSR V B 444   **101** (ἐπῄνει)–**105** (προσιόντας) SSR V B 297   **105** (ἔλεγε)–**107** SSR V B 277   **108–131** (εἶχον) SSR V B 70

88–89 μὴν καὶ τοὺς om. Φ   **90** ἔθη F[1], corr. F[2]   **91** μαθητικοὺς BP   **93** λέγειν μὲν ἐσπ. τὰ δίκαια Cob.   μηδαμῶς BFΦ: οὐ- P   **94** φιλαργύρους BPFΦ: φιλοσόφους Patillon ap. Goulet-Cazé 710[1]   **97** πολυχρηματίας PΦ: -ματείας B: -μάτους F   αὐτὸν BPΦ: -οὺς F   **98** ὑγιείας[1] B: ὑγείας PFΦ   ὑγιείας[2] BP: ὑγείας FΦ   **99** δειπνεῖν FP[4]: -πνούντων BP[1]Φ   **100** μηθὲν Φ   **101–104** pro γαμεῖν[2] πλεῖν πολιτεύεσθαι[2] παιδοτροφεῖν[2] coni. γαμοῦντας καταπλέοντας πολιτευομένους παιδοτροφοῦντας Turneb., Adv. III (1573) 121 et Kuehn, an recte? Vid. Russell 175   **102** καταπλεῖν BP: πλεῖν F   πλεῖν BP[1]: κατα- FP[4]   **106** συγκεκαυμένοις F (cf. 2.118)   **108** Ἕρμιππος Menag. φησὶ—ὡς om. Φ   δὲ om. B   ὅθ' add. Reiske 314

ἁλοὺς καὶ πωλούμενος ἠρωτήθη τί οἶδε ποιεῖν, ἀπεκρίνατο
'ἀνδρῶν ἄρχειν'· καὶ πρὸς τὸν κήρυκα, 'κήρυσσε,' ἔφη, 'εἴ τις 110
ἐθέλει δεσπότην αὑτῷ πρίασθαι.' κωλυθεὶς καθίζεσθαι,
'οὐδέν,' ἔφη, 'διαφέρει· καὶ γὰρ τοὺς ἰχθῦς ὅπως ἂν κέοιντο
πιπράσκεσθαι.' [30] θαυμάζειν τε ἔφη εἰ χύτραν μὲν καὶ
λοπάδα ὠνούμενοι κομποῦμεν· ἄνθρωπον δὲ μόνη τῇ ὄψει
ἀρκεῖσθαι. ἔλεγε τῷ Ξενιάδῃ τῷ πριαμένῳ αὑτὸν δεῖν 115
πείθεσθαι αὑτῷ εἰ καὶ δοῦλος εἴη· καὶ γὰρ ἰατρὸς ἢ
κυβερνήτης εἰ δοῦλος εἴη, πεισθῆναι ἂν αὑτῷ. Εὔβουλος δέ
φησιν ἐν τῷ ἐπιγραφομένῳ Διογένους Πρᾶσις οὕτως ἄγειν
τοὺς παῖδας τοὺς Ξενιάδου, μετὰ τὰ λοιπὰ μαθήματα
ἱππεύειν, τοξεύειν, σφενδονᾶν, ἀκοντίζειν· ἔπειτα ἐν τῇ 120
παλαίστρᾳ οὐκ ἐπέτρεπε τῷ παιδοτρίβῃ ἀθλητικῶς ἄγειν,
ἀλλ' αὐτὸ ἐρυθήματος χάριν καὶ εὐεξίας.

κατεῖχον δ' οἱ παῖδες πολλὰ ποιητῶν καὶ συγγραφέων
καὶ τῶν αὐτοῦ Διογένους, [31] πᾶσάν τε ἔφοδον σύντομον
πρὸς τὸ εὐμνημόνευτον ἐπήσκει. ἐν οἴκῳ τε ἐδίδασκε 125
διακονεῖσθαι λιτῇ τροφῇ χρωμένους καὶ ὕδωρ πίνοντας, ἐν
χρῷ κουρίας τε καὶ ἀκαλλωπίστους εἰργάζετο καὶ
ἀχίτωνας καὶ ἀνυποδήτους καὶ σιωπηλούς, καθ' αὑτοὺς
βλέποντας ἐν ταῖς ὁδοῖς. ἐξῆγε δ' αὐτοὺς καὶ ἐπὶ κυνηγέσια.
οἱ δὲ καὶ αὐτοῦ Διογένους ἐπιμέλειαν ἐποιοῦντο καὶ πρὸς 130
τοὺς γονέας αἰτητικῶς εἶχον. ὁ δ' αὐτός φησι παρὰ τῷ

---

131 (ὁ)–**137** SSR V B 102

113–114 (θαυμάζειν—κομποῦμεν) Eusth. in Hom. M 149 (III 366.14–5 V. d.
Valk)   **115** (ἔλεγε)–**117** (αὑτῷ) Φ 49 (267.3–5)

110 ἔφη κήρυσσε Φ   **111** ἐθέλει ΒΡF: θέλει F   αὑτῷ Pˣ(Q): ἑαυ- Φ:
αὐ- ΒPF   καθίζεσθαι ΒPF: καθέ- Φ   **113** πιπράσκεσθαι om. F¹, suppl.
F²ᵐᵍ **114** ἀνθρώπου V. d. Muehll, -ων Steph.   **115** ἀρκεῖσθαι ΒPF:
-ούμεθα Φ   **116** εἴη ΒΡ: εἴη αὑτῷ F: ἐστι Φ   **117** εἰ ΒΡF: ἢ F   εἴη
ΒPF: ἦν Φ   Εὔβουλος] Εὐβουλίδης dicitur supra **4** et coni. Menag.
118 πρᾶσις PF: πράσεις Β   ἄγειν <αὐτὸν> Marcov.   **119** τοὺς² ΒF:
τοῦ Ρ   τὰ λοιπὰ ΒΡ: ἄλλα F   **122** αὐτὸ Β¹PF ('sed id simpliciter et
nude coloris boni valetudinisque gratia' recte interpret. est Kuehn): -ῶ Β²: -ὸς
rec.: αὐτὸ <μόνον> Cob.: αὐτὸ <μ. τὸ> Marcov.   **124** αὐτοῦ ΒΡ: τοῦ F
128 καὶ καθ' Cob. (ut Arsen., Viol. 200.2 Walz)

Ξενιάδῃ καὶ γηρᾶσαι αὐτὸν καὶ θανόντα ταφῆναι πρὸς τῶν
υἱῶν αὐτοῦ. ἔνθα καὶ πυνθανομένου τοῦ Ξενιάδου πῶς
αὐτὸν θάψειεν, ἔφη, 'ἐπὶ πρόσωπον·' [32] τοῦ δ' ἐρομένου
135 'διὰ τί;' 'ὅτι μετ' ὀλίγον,' εἶπε, 'μέλλει τὰ κάτω
ἀναστρέφεσθαι.' τοῦτο δὲ διὰ τὸ ἐπικρατεῖν ἤδη τοὺς
Μακεδόνας καὶ ἐκ ταπεινῶν ὑψηλοὺς γίνεσθαι.

εἰσαγαγόντος τινός αὐτὸν εἰς οἶκον πολυτελῆ καὶ
κωλύοντος πτύσαι, ἐπειδὴ ἐχρέμψατο, εἰς τὴν ὄψιν αὐτοῦ
140 ἔπτυσεν, εἰπὼν χείρονα τόπον μὴ εὑρηκέναι (οἱ δὲ τοῦτο
Ἀριστίππου φασί). φωνήσας ποτέ, 'ἰὼ ἄνθρωποι,'
συνελθόντων, καθίκετο τῇ βακτηρίᾳ, εἰπών, 'ἀνθρώπους
ἐκάλεσα, οὐ καθάρματα,' <καθά> φησιν Ἑκάτων ἐν τῷ
πρώτῳ τῶν Χρειῶν. φασὶ δὲ καὶ Ἀλέξανδρον εἰπεῖν ὡς εἴπερ
145 Ἀλέξανδρος μὴ ἐγεγόνει, ἐθελῆσαι ἂν Διογένης γενέσθαι.

[33] ἀναπήρους ἔλεγεν οὐ τοὺς κωφοὺς καὶ τυφλούς,
ἀλλὰ τοὺς μὴ ἔχοντας πήραν. εἰσελθὼν ποτε ἡμιξύρητος εἰς
νέων συμπόσιον, καθά φησι Μητροκλῆς ἐν ταῖς Χρείαις,
πληγὰς ἔλαβε· μετὰ δὲ ἐγγράψας τὰ ὀνόματα εἰς λεύκωμα
150 τῶν πληξάντων περιήει ἐξημμένος, ἕως αὐτοὺς ὕβρει
περιέθηκε καταγινωσκομένους καὶ ἐπιπληττομένους.
ἔλεγεν ἑαυτὸν κύνα εἶναι τῶν ἐπαινουμένων, ἀλλὰ μηδένα
τολμᾶν τῶν ἐπαινούντων συνεξιέναι ἐπὶ τὴν θήραν. πρὸς

138–141 (φασί) SSR V B 236   140–141 (οἱ δὲ τοῦτο Ἀριστίππου
φασί) supra 2.75   141 (φωνήσας)–144 (Χρειῶν) SSR V B 278 Hecat.
fr. 22 Gomoll   144 (φασί)–145 SSR V B 31   146–147 (πήραν) SSR
V B 154   147 (εἰσελθών)–151 (ἐπιπληττομένους) SSR V B 412
152 (ἔλεγεν)–153 (θήραν) SSR V B 144. Cf. infra 412–414   153 (πρὸς)–
155 SSR V B 76. Cf. infra 267–269

133 (ἔνθα)–202 (ἀσχημονήσῃς;) Φ 49 (267.5–269.10)

132–133 τῶν υἱῶν PF: τὸν υἱὸν B   133 πυνθανομένου BPF: πυθο- Φ
134 θάψειεν BPF: -ψει Φ   ἐπὶ πρ. ἔφη Φ   137 καὶ Richards 344: ἢ
BPFΦ   140 τοῦτο BP: τὰ F   143 καθά add. Donzelli, Codici 125 et
V. d. Muehll, ὥς rec.   143 (φησιν)–144 (Χρειῶν) om. Φ   145 ἐγεγόνει
B: γεγόνειν PF¹Φ: ἐγεγόνειν F²   ἐθελῆσαι BPF: ἐθέλησα Φ. Vid. Tartaglia
265   148 (καθά—Χρείαις) om. Φ   149 εἰς λεύκ. τὰ ὀνόμ. Φ   150
περιήει F   ἕως Φ: ὥς BPF

τὸν εἰπόντα, 'Πύθια νικῶ ἄνδρας,' 'ἐγὼ μὲν οὖν,' εἶπεν, 'ἄνδρας, σὺ δ' ἀνδράποδα.' 155

[34] πρὸς τοὺς εἰπόντας, 'γέρων εἶ καὶ λοιπὸν ἄνες,' 'τί δέ,' ἔφη, 'εἰ δόλιχον ἔτρεχον, πρὸς τῷ τέλει ἔδει με ἀνεῖναι καὶ μὴ μᾶλλον ἐπιτεῖναι;' κληθεὶς ἐπὶ δεῖπνον οὐκ ἔφη παρέσεσθαι· μηδὲ γὰρ πρώην αὐτῷ χάριν ἐγνωκέναι. γυμνοῖς ποσὶ χίονα ἐπάτει καὶ τὰ ἄλλα ὅσα ἄνω 160 προείρηται· καὶ ὠμὰ δὲ κρέα ἐπεχείρησε φαγεῖν, ἀλλ' οὐ διῴκησεν. κατέλαβέ ποτε Δημοσθένην τὸν ῥήτορα ἐν πανδοκείῳ ἀριστῶντα. τοῦ δ' ὑποχωροῦντος, 'τοσούτῳ,' ἔφη, 'μᾶλλον ἔσῃ ἐν τῷ πανδοκείῳ.' ξένων δέ ποτε θεάσασθαι θελόντων Δημοσθένην, τὸν μέσον δάκτυλον 165 ἐκτείνας, 'οὗτος ὑμῖν,' ἔφη, 'ἐστὶν ὁ Ἀθηναίων δημαγωγός.'

[35] ἐκβαλόντος δὲ ἄρτον καὶ αἰσχυνομένου ἀνελέσθαι, βουλόμενος αὐτὸν νουθετῆσαι, κεράμου τράχηλον δήσας ἔσυρε διὰ τοῦ Κεραμεικοῦ.

μιμεῖσθαι ἔλεγε τοὺς χοροδιδασκάλους· καὶ γὰρ ἐκείνους 170 ὑπὲρ τόνον ἐνδιδόναι ἕνεκα τοῦ τοὺς λοιποὺς ἅψασθαι τοῦ προσήκοντος τόνου. τοὺς πλείστους ἔλεγε παρὰ δάκτυλον μαίνεσθαι· ἐὰν οὖν τις τὸν μέσον προτείνας πορευθῇ, δόξειν

156–158 (ἐπιτεῖναι) SSR V B 83   158 (κληθεὶς)–159 (ἐγνωκέναι) SSR V B 467   160 (γυμνοῖς)–161 (προείρηται) SSR V B 176   (ἄνω προείρηται) supra 41–44   161 (καὶ)–162 (διῴκησεν) SSR V B 93 162 (κατέλαβέ)–166 (δημαγωγός) SSR V B 502. Cf. Plut., De prof. in virt. 82 C–D et ps.-Plut., Decem or. vit. 847 F   167 (ἐκβαλόντος)–169 SSR V B 188   170–172 (τόνου) SSR V B 266   172 (τοὺς)–174 (οὐκέτι) SSR V B 276

157 post δόλιχον add. μακρὸν B²ˢ·ˡ·   ἀνεῖναι P² (cf. Gnom. Vat. 202 προσεῖναι): ἀνιέναι BRFΦ   161 δὲ om. Φ   162 κατέλαβε Φ: κατέλαβετο BPF   ποτε om. Φ   163 πανδοκείῳ BPΦ: -χείῳ F ὑποχωροῦντος BPF, ps.-Plut., Vit. dec. orat. 847 F: ἔσωθεν φεύγοντος Φ. Cf. Plut., Prof. virt. 82 C–D   τοσούτῳ PF: -οῦτον B¹Φ: -οῦτο B² 164 μᾶλλον om. B¹, suppl. B²ᵐᵍ   μᾶλλον ἔφη F   ἔσῃ BPF: γίνῃ Φ, Plut., Prof. virt. 82 C–D   πανδοκείῳ BPΦ: -χείῳ F   δὲ om. Φ   165 τὸν Δημ. Φ   166 ἀθηναῖος Φ   167 ἄρτον <τινὸς> Steph. falso, 'nam de Demosthene agitur' V. d. Muehll   171 τοῦ¹ om. F¹, suppl. P²ˢ·ˡ·   173 πορευθῇ Φ: πορεύθιτο B: -ρευθήτω P¹(Q): -ρεύοιτο F: -ηται P⁴   δόξειν Roeper (1848) 44 (sc. τοὺς πλείστους ἀνθρώπους): δόξει BPF: δόξει τῳ Φ

τῷ μαίνεσθαι, ἐὰν δὲ τὸν λιχανόν, οὐκέτι. τὰ πολλοῦ ἄξια
175 τοῦ μηδενὸς ἔλεγε πιπράσκεσθαι καὶ ἔμπαλιν· ἀνδριάντα
γοῦν τρισχιλίων πιπράσκεσθαι, χοίνικα δ' ἀλφιτῶν δύο
χαλκῶν.

[36] τῷ πριαμένῳ αὐτὸν Ξενιάδῃ φησί, 'ἄγε ὅπως τὸ
προσταττόμενον ποιήσῃς.' τοῦ δ' εἰπόντος·

180   ἄνω ποταμῶν χωροῦσι παγαί,

'εἰ δὲ ἰατρὸν ἐπρίω' εἶπε 'νοσῶν, οὐκ ἂν αὐτῷ ἐπείθου,
ἀλλ' εἶπες ἂν ὡς Ἄνω ποταμῶν χωροῦσι παγαί·' ἤθελέ τις
παρ' αὐτῷ φιλοσοφεῖν· ὁ δέ οἱ σαπέρδην δοὺς ἐκέλευσεν
ἀκολουθεῖν. ὡς δ' ὑπ' αἰδοῦς ῥίψας ἀπῆλθε, μετὰ χρόνον
185 ὑπαντήσας αὐτῷ καὶ γελάσας λέγει, 'τὴν σὴν καὶ ἐμὴν
φιλίαν σαπέρδης διέλυσε.' Διοκλῆς δὲ οὕτως ἀναγράφει.
εἰπόντος τινὸς αὐτῷ, 'ἐπίτατπε ἡμῖν, Διόγενες,' ἀπαγαγὼν
αὐτὸν ἡμιωβελίου τυρὸν ἐδίδου φέρειν· ἀρνησαμένου δέ,
'τὴν σήν,' ἔφη, 'καὶ ἐμὴν φιλίαν ἡμιωβελίου τυρίον
190 διαλέλυκε.'

[37] θεασάμενός ποτε παιδίον ταῖς χερσὶ πῖνον ἐξέρριψε
τῆς πήρας τὴν κοτύλην, εἰπών, 'παιδίον με νενίκηκεν
εὐτελείᾳ.' ἐξέβαλε δὲ καὶ τὸ τρυβλίον, ὁμοίως παιδίον
θεασάμενος, ἐπειδὴ κατέαξε τὸ σκεῦος, τῷ κοίλῳ τοῦ
195 ψωμίου τὴν φακῆν ὑποδεχόμενον. συνελογίζετο δὲ καὶ
οὕτως· τῶν θεῶν ἐστι πάντα· φίλοι δὲ οἱ σοφοὶ τοῖς θεοῖς·

174 (τὰ)–**177** SSR V B 323   **178–180** (παγαί) SSR V B 70   **180** Eur.,
Med. 410   **182** (ἤθελέ)–**190** SSR V B 367   **191–195** (ὑποδεχόμενον)
SSR V B 158   **195** (συνελογίζετο)–**197** (σοφῶν) SSR V B 353

178 ἄγε φησὶν Φ   **179** ποιήσῃς PFΦ: -σεις B   **180** παγαί BPF,
Eurip.: πη- Φ   **181** εἶπε Φ: om. BPF   ἐπείθου PFΦ: ἐπί- B, 'an recte?'
V. d. Muehll   **182** ἂν om. Φ   **183** ἐκέλευσεν Φ: ἐποίησεν BPF, fort.
recte (cf. LSJ s.v. A II 1 b)   **184** ἀπῆλθε BPΦ: ἀπήει F   **188** αὐτὸν
PFΦ: -ῶ B   ἡμιωβελίου V. d. Muehll: ἡμιοβελίου P¹(Q): ἡμιωβολίου PˣF
(οˡ in ras.): ἡμιω- (ω ex ο) B. Vid. Croenert, MGH 287⁴   **189** ἡμιωβελίου
V. d. Muehll: ἡμιοβελίου BP¹(Q): -βολίου F: ἡμιωβολίου Pˣ (οˡ in ras.)
τυρίον BP: τυρίδιον F   **191** ἐξέρριψε PˣFΦ: ἐξέριψε BP¹   **192**
νενίκηκεν BPΦ: νενίκεν F   **194** ἐπεὶ δὲ Φ   τὸ κοίλον F   **195**
ὑποδεχόμενος ἤσθιον Φ   καὶ om. F

κοινὰ δὲ τὰ φίλων· πάντα ἄρα ἐστὶ τῶν σοφῶν. θεασάμενός ποτε γυναῖκα ἀσχημονέστερον τοῖς θεοῖς προσπίπτουσαν, βουλόμενος αὐτῆς περιελεῖν τὴν δεισιδαιμονίαν, καθά φησι Ζωΐλος ὁ Περγαῖος, προσελθὼν εἶπεν, 'οὐκ εὐλαβῇ, ὦ 200 γύναι, μή ποτε θεοῦ ὄπισθεν ἑστῶτος (πάντα γάρ ἐστιν αὐτοῦ πλήρη) ἀσχημονήσῃς;' **[38]** τῷ Ἀσκληπιῷ ἀνέθηκε πλήκτην, ὃς τοὺς ἐπὶ στόμα πίπτοντας ἐπιτρέχων συνέτριβεν.

εἰώθει δὲ λέγειν <πάσας> τὰς τραγικὰς ἀρὰς αὐτῷ 205 συνηντηκέναι· εἶναι γοῦν

ἄπολις, ἄοικος, πατρίδος ἐστερημένος,
πτωχός, πλανήτης, βίον ἔχων τοὐφ' ἡμέραν.

ἔφασκε δὲ ἀντιτιθέναι τύχῃ μὲν θάρσος, νόμῳ δὲ φύσιν, πάθει δὲ λόγον. ἐν τῷ Κρανείῳ ἡλιουμένῳ αὐτῷ 210 Ἀλέξανδρος ἐπιστάς φησιν, 'αἴτησόν με ὃ θέλεις.' καὶ ὅς, 'ἀποσκότησόν μου,' φησί. μακρά τινος ἀναγινώσκοντος καὶ πρὸς τῷ τέλει τοῦ βιβλίου ἄγραφον παραδείξαντος, 'θαρρεῖτε,' ἔφη, 'ἄνδρες· γῆν ὁρῶ.'

πρὸς τὸν συλλογισάμενον ὅτι κέρατα ἔχει, ἁψάμενος τοῦ 215 μετώπου, **[39]** 'ἐγὼ μέν,' ἔφη, 'οὐχ ὁρῶ.' ὁμοίως καὶ πρὸς

---

197 (θεασάμενός)–**202** (ἀσχημονήσης) SSR V B 344   **202** (τῷ)–**204** SSR V B 341   **205–207** SSR V B 263   **207–208** Diog. TrGF I 88 F 4
209–210 (ἔφασκε—λόγον) SSR V B 7   **210** (ἐν)–**212** (φησί) SSR V B 33.
Cf. infra **670–671**   **212** (μακρά)–**214** SSR V B 391   **215–217** (περιεπάτει) SSR V B 479   **216** (πρός)–**219** (οὐρανοῦ) SSR V B 371

210 (ἐν)–**571** (ἄτοπον) Φ 49 (269.11–282.14)

197 τὰ BP: τὰ τῶν FΦ et infra **603**   **199–200** καθά—Περγαῖος om. Φ
204 συνέτριβεν PF: οὖν ἔτος B, tum lacuna 5 1/2 versuum; incipit denuo ab **210** (ἡλιου)μένῳ (ἡλίου add. B²). Vid. Dorandi, Laertiana 54   **205** πάσας add. Marcov. (ex Gnom. Vat. 201 πάντα)   **209** ἀντιτιθέναι BP¹: -θεῖναι P²: ἀντιθεῖναι F: <δεῖν> ἀντιτιθέναι Richards 341   **212** ἀποσκότησον BP: -τισεν (sic) F: -τισον L. Dindorf in ThGL s.v. ἀποσκοτίζω (cf. Plut., De exil. 605 E ἀποσκοτίσαι)   μακράν· τινός Φ   **213** ἄγραφόν <τι> Cob.   παραδείξαντος BP: -λογισάμενον F¹: -δείξαντα in mg cum γρ F²
216 ἔφη suppl. P^{i.s.l.}

τὸν εἰπόντα ὅτι κίνησις οὐκ ἔστιν, ἀναστὰς περιεπάτει. πρὸς τὸν λέγοντα περὶ τῶν μετεώρων, 'ποσταῖος,' ἔφη, 'πάρει ἀπὸ τοῦ οὐρανοῦ;' †εὐνούχου† μοχθηροῦ
220 ἐπιγράψαντος ἐπὶ τὴν οἰκίαν, 'μηδὲν εἰσίτω κακόν,' 'ὁ οὖν κύριος,' ἔφη, 'τῆς οἰκίας ποῦ εἰσέλθῃ;' τῷ μύρῳ τοὺς πόδας ἀλειψάμενος ἔφη ἀπὸ μὲν τῆς κεφαλῆς εἰς τὸν ἀέρα ἀπιέναι τὸ μύρον, ἀπὸ δὲ τῶν ποδῶν εἰς τὴν ὄσφρησιν. ἀξιούντων Ἀθηναίων μυηθῆναι αὐτὸν καὶ λεγόντων ὡς ἐν ᾅδου
225 προεδρείας οἱ μεμυημένοι τυγχάνουσι, 'γελοῖον,' ἔφη, 'εἰ Ἀγησίλαος μὲν καὶ Ἐπαμεινώνδας ἐν τῷ βορβόρῳ διάξουσιν, εὐτελεῖς δέ τινες μεμυημένοι ἐν ταῖς μακάρων νήσοις ἔσονται.'

[40] πρὸς τοὺς ἑρπύσαντας ἐπὶ τὴν τράπεζαν μῦς, 'ἰδού,'
230 φησί, 'καὶ Διογένης παρασίτους τρέφει.' Πλάτωνος εἰπόντος αὐτὸν κύνα, 'ναί,' ἔφη, 'ἐγὼ γὰρ ἐπανῆλθον ἐπὶ τοὺς πεπρακότας.' ἐκ τοῦ βαλανείου ἐξιὼν τῷ μὲν πυθομένῳ εἰ πολλοὶ ἄνθρωποι λούονται, ἠρνήσατο· τῷ δ' εἰ πολὺς ὄχλος, ὡμολόγησε. Πλάτωνος ὁρισαμένου
235 ἄνθρωπός ἐστι ζῷον δίπουν, ἄπτερον, καὶ εὐδοκιμοῦντος, τίλας ἀλεκτρυόνα εἰσήνεγκεν αὐτοῦ εἰς τὴν σχολὴν καί φησιν, 'οὗτός ἐστιν ὁ Πλάτωνος ἄνθρωπος.' ὅθεν τῷ ὅρῳ

---

219 (εὐνούχου)–**221** (εἰσέλθῃ) SSR V B 347   **221** (τῷ)–**223** (ὄσφρησιν) SSR V B 324   **223** (ἀξιούντων)–**228** SSR V B 339   **225** (γελοῖον)–**228** 435 V (II) (PEG II.1)   **229–230** (τρέφει) SSR V B 173   **230** (Πλάτωνος)–**231** (πεπρακότας) SSR V B 59   **231** (ἐκ)–**233** (ὡμολόγησε) SSR V B 274   **234** (Πλάτωνος)–**238** (πλατυώνυχον) SSR V B 63

---

219 εὐνούχου BPF: ἀνθρώπου A. Nauck, Philologus 5 (1850) 560: tamquam ex gloss. del. R. Tosi, Eikasmos 3 (1992) 237, an recte? (cf. infra **350** νεογάμου ἐπιγράψαντος)   **225** προεδρείας P: -ρίας BFΦ (cf. supra **20**)   **231** ἐγὼ γὰρ BPFΦ: <ἀλλ'> ἐγώ γ' <οὐκ> Marcov. (conl. Ael., Var. hist. 14.33 ἀλλ' ἐγώ, εἶπεν, οὐκ ἐπανῆλθον ἐκεῖσε ὅθεν ἐπράθην, ὥσπερ οἱ κύνες), sed vid. D. M. Searby, Elenchos 24 (2003) 185–6 et v. Fritz 21–2   ἐπανῆλθον BP⁴: ἦλθον P¹F   **233** λούονται BF: λοῦνται PΦ (cf. infra **319**)   τῷ PΦ: τὸ BF   **236** αὐτὸν Hicks, αὐτοῦ post σχολὴν pos. Frob.

προσετέθη τὸ πλατυώνυχον. πρὸς τὸν πυθόμενον ποίαν ὥραν δεῖ ἀριστᾶν, 'εἰ μὲν πλούσιος,' εἶπεν, 'ὅταν θέλῃ· εἰ δὲ πένης, ὅταν ἔχῃ.'   240

[41] ἐν Μεγάροις ἰδὼν τὰ μὲν πρόβατα τοῖς δέρμασιν ἐσκεπασμένα, τοὺς δὲ παῖδας αὐτῶν γυμνούς, ἔφη, 'λυσιτελέστερόν ἐστι Μεγαρέως εἶναι κριὸν ἢ υἱόν.' πρὸς τὸν ἐντινάξαντα αὐτῷ τὴν δοκόν, εἶτα εἰπόντα, 'φύλαξαι,' 'πάλιν γάρ με,' ἔφη, 'παίειν μέλλεις;' ἔλεγε τοὺς μὲν   245 δημαγωγοὺς ὄχλου διακόνους, τοὺς δὲ στεφάνους δόξης ἐξανθήματα. λύχνον μεθ' ἡμέραν ἅψας, 'ἄνθρωπον,' φησί, 'ζητῶ.' εἱστήκει ποτὲ κατακρουνιζόμενος· τῶν δὲ περιεστώτων ἐλεούντων, παρὼν Πλάτων ἔφη, 'εἰ βούλεσθε αὐτὸν ἐλεῆσαι, ἀπόστητε,' ἐνδεικνύμενος φιλοδοξίαν αὐτοῦ.   250 ἐντρίψαντος αὐτῷ κόνδυλόν τινος, 'Ἡράκλεις,' ἔφη, 'οἷον με χρῆμα ἐλάνθανε τὸ μετὰ περικεφαλαίας περιπατεῖν.' [42] ἀλλὰ καὶ Μειδίου κονδυλίσαντος αὐτὸν καὶ εἰπόντος, 'τρισχίλιαί σοι κεῖνται ἐπὶ τῇ τραπέζῃ,' τῇ ἑξῆς πυκτικοὺς λαβὼν ἱμάντας καὶ καταλοήσας αὐτὸν ἔφη, 'τρισχίλιαί σοι   255 κεῖνται ἐπὶ τῇ τραπέζῃ.' Λυσίου τοῦ φαρμακοπώλου

238 (πρὸς)–240 SSR V B 183   241–243 (υἱόν) SSR V B 284   243 (πρὸς)–245 (μέλλεις) SSR V B 457. Cf. infra 535–536   245 (ἔλεγε)–247 (ἐξανθήματα) SSR V B 501. Cf. supra 47–48   247–248 (λύχνον—ζητῶ) SSR V B 272   248 (εἱστήκει)–250 SSR V B 57   251–252 (περιπατεῖν) SSR V B 456. Cf. infra 393–394   253 (ἀλλὰ)–256 (τραπέζῃ) SSR V B 483   256 (Λυσίου)–259 (τοῦτο) SSR V B 334 Theod. SSR IV A 5 = test. 16 Win. Vid. 2.102

238 post πλατυώνυχον add. apophthegma Φ¹ in mg sup. ἰατρὸν ἰδὼν ἀφυῆ ἱπποιατρῷ ὁμιλοῦντα καὶ αὐτῷ ἀφυεῖ ἔφη· σύ γ' ἄνδρας ἔναιρε, μελήσουσι δέ οἱ ἵπποι 'ex florilegio quodam' V. d. Muehll (cf. Gnom. Vat. 524 et Vat. gr. 1144, f. 231ʳ). Vid. Dorandi, Laertiana 99²⁵⁰   238–239 ποίαν ὥραν δεῖ ΒΡΦ: ποίαν δεῖ ὥραν F: ποία ὥρα δεῖ Z (Frob.)   239 εἶπεν ΒΡΦΦ: ἔφη Z (Frob.)   241 μεγάροις ΒΦ: μεγαρεῦσιν Ρ   243 κριὸν εἶναι Φ   244 τὴν om. F   245 πάλιν ΒΦ: πάλαι Ρ: καὶ F   247– 248 ἄνθρωπον, φησί, ζητῶ ΒΡ: ἄνθρ. ζητῶ, φησίν F: περιήει λέγων· ἄνθρ. ζητῶ Φ 'ex florilegio desumptum ut vid. Cf. Max. Conf. Loci comm. 70 1016 Migne [ps.-Max. 63.70/12.17 Ihm], sed cf. Philo, De gigant. 33' V. d. Muehll περιήει <πυνθανομένων δέ τινων πρὸς τί τοῦτο,> Marcov. 'ex Arsenio [Viol. 197.23–24 Walz. Cf. CP 3.380 Searby] (cf. Philonem)'

πυθομένου εἰ θεοὺς νομίζει, 'πῶς δέ,' εἶπεν, 'οὐ νομίζω, ἵνα
καὶ σὲ θεοῖς ἐχθρὸν ὑπολαμβάνω;' (οἱ δὲ Θεόδωρον εἰπεῖν
τοῦτο). ἰδών τινα περιρραινόμενον ἐπεῖπεν, 'ὦ κακόδαιμον,
260 οὐκ ἐπίστασαι ὅτι ὥσπερ τῶν ἐν γραμματικῇ ἁμαρ-
τημάτων περιρραινόμενος οὐκ ἂν ἀπαλλαγείης, οὕτως οὐδὲ
τῶν ἐν τῷ βίῳ;' ἐνεκάλει τοῖς ἀνθρώποις περὶ τῆς εὐχῆς,
αἰτεῖσθαι λέγων αὐτοὺς ἀγαθὰ τὰ αὐτοῖς δοκοῦντα καὶ οὐ
τὰ κατὰ ἀλήθειαν. [43] πρὸς δὲ τοὺς περὶ τὰ ὀνείρατα
265 ἐπτοημένους ἔλεγεν ὡς ὑπὲρ ὧν μὲν πράττουσιν ὕπαρ, οὐκ
ἐπιστρέφονται, ὑπὲρ ὧν δὲ καθεύδοντες φαντασιοῦνται,
πολυπραγμονοῦσιν. Ὀλυμπίασι τοῦ κήρυκος ἀνειπόντος,
'νικᾷ Διώξιππος ἄνδρας,' 'οὗτος μὲν δὴ ἀνδράποδα, ἄνδρας
δὲ ἐγώ.'
270 ἠγαπᾶτο δὲ καὶ πρὸς Ἀθηναίων· μειρακίου γοῦν τὸν
πίθον αὐτοῦ συντρίψαντος, τῷ μὲν πληγὰς ἔδοσαν, ἐκείνῳ
δὲ ἄλλον παρέσχον. φησὶ δὲ Διονύσιος ὁ Στωϊκὸς ὡς μετὰ
Χαιρώνειαν συλληφθεὶς ἀπήχθη πρὸς Φίλιππον· καὶ
ἐρωτηθεὶς τίς εἴη, ἀπεκρίνατο, 'κατάσκοπος τῆς σῆς
275 ἀπληστίας.' ὅθεν θαυμασθεὶς ἀφείθη. [44] Ἀλεξάνδρου
ποτὲ πέμψαντος ἐπιστολὴν πρὸς Ἀντίπατρον εἰς Αθήνας
διά τινος Ἀθλία, παρὼν ἔφη·

ἀθλία παρ' ἀθλίου δι' ἀθλίου πρὸς ἄθλιον.

259 (ἰδών)–**262** (βίῳ;) SSR V B 326   **262** (ἐνεκάλει)–**264** (ἀλήθειαν)
SSR V B 350   **264** (πρὸς)–**267** (πολυπραγμονοῦσιν) SSR V B 327
267 (Ὀλυμπίασι)–**269** SSR V B 76. Cf. supra **153-155**   **270-272**
(παρέσχον) SSR V B 169   **272** (φησὶ)–**275** (ἀφείθη) SSR V B 27   **275**
(Ἀλεξάνδρου)–**278** SSR V B 37. Cf. Favor. fr. 127 Bar.

275 (Ἀλεξάνδρου)–**278** Eusth. in Hom. l 124 (II 675.20–1 V. d. Valk)

257 ἵνα BP¹F: ὅπου in mg cum γρ Pˣ. Vid. Russell 175 et vid. 4.30; 5.38; 7.4,
27, 48; 9.52   **262** εὐχῆς Mer. Casaub.: τύχης BPFΦ   **263** αὐτοὺς BP:
-οῖς F: om. Φ   **264** τὰ om. B   **265** μὲν ὧν F   **268** δή, <ἔφη,>
Marcov. 'ex Arsen. (Viol. 206.11)'   **272-273** μετὰ χαιρώνειαν (χε- F: -νι- B)
BPF: μετὰ τὰ κατὰ χαιρ. Φ   **273** ἐν τῶ στρατοπέδω τοῦ φιλίππου συλλ.
ἀπ. πρὸς τὸν βασιλέα Φ   **274** τίς BP¹F: τί Pˣ: ὅστις Φ   **276** ποτὲ om.
Φ   **277** Ἀθλίου Menag.   **278** ἀθλία (i.e. ἐπιστολή) A. Meineke, Z. Alt. 1
(1834) 320: ἀθλίας BPFΦ '(scil. ἐπιστολάς?' V. d. Muehll): ἄθλια Favor.:
Ἄθλιος (sc. Alexander) Cob.: 'possis etiam scr. ἀθλίως, ἄθλιον' V. d. Muehll

Περδίκκου ἀπειλήσαντος εἰ μὴ ἔλθοι πρὸς αὐτόν, ἀποκτείνειν, ἔφη, 'οὐδὲν μέγα· καὶ γὰρ κάνθαρος καὶ 280 φαλάγγιον τοῦτ' ἂν πράξειεν·' ἐκεῖνο δὲ μᾶλλον ἀπειλεῖν ἠξίου ὡς 'εἰ καὶ χωρὶς ἐμοῦ ζῆσαι, εὐδαιμόνως ζήσοιτο.' ἐβόα πολλάκις λέγων τὸν τῶν ἀνθρώπων βίον ῥᾴδιον ὑπὸ τῶν θεῶν δεδόσθαι, ἀποκεκρύφθαι δὲ αὐτὸν ζητούντων μελίπηκτα καὶ μύρα καὶ τὰ παραπλήσια. ὅθεν 285 πρὸς τὸν ὑπὸ τοῦ οἰκέτου ὑποδούμενον, 'οὔπω,' εἶπε, 'μακάριος εἶ, ἂν μή σε καὶ ἀπομύξῃ· τοῦτο δὲ ἔσται πηρωθέντι σοι τὰς χεῖρας.'

[45] θεασάμενός ποτε τοὺς ἱερομνήμονας τῶν ταμιείων τινα φιάλην ὑφῃρημένον ἄγοντας ἔφη, 'οἱ μεγάλοι κλέπται 290 τὸν μικρὸν ἄγουσι.' θεασάμενός ποτε μειράκιον λίθους βάλλον ἐπὶ σταυρόν, 'εὖγε,' εἶπε, 'τεύξῃ γὰρ τοῦ σκοποῦ.' πρὸς τὰ περιστάντα μειράκια καὶ εἰπόντα, 'βλέπωμεν μὴ δάκῃ ἡμᾶς,' 'θαρρεῖτε,' ἔφη, 'παιδία· κύων τευτλία οὐκ ἐσθίει.' πρὸς τὸν ἐπὶ τῇ λεοντῇ θρυπτόμενον, 'παῦσαι,' ἔφη, 295 'τὰ τῆς ἀρετῆς στρώματα καταισχύνων.' πρὸς τὸν μακαρίζοντα Καλλισθένη καὶ λέγοντα ὡς πολυτελῶν παρ' Ἀλεξάνδρῳ μετέχει, 'κακοδαίμων μὲν οὖν ἐστιν,' εἶπεν, 'ὃς καὶ ἀριστᾷ καὶ δειπνεῖ ὅταν Ἀλεξάνδρῳ δόξῃ.'

279–282 SSR V B 50   **283–288** SSR V B 322   **289–291** (ἄγουσι) SSR V B 462   **291** (θεασάμενός)–**292** (σκοποῦ) SSR V B 413   **293** (πρὸς)–**295** (ἐσθίει) SSR V B 145   **295** (πρὸς)–**296** (καταισχύνων) SSR V B 465   **296** (πρὸς)–**299** SSR V B 30   Callisth. FGrHist 124 T 14

280 ἀποκτείνειν P¹Φ: -κτεινεῖν FP⁴: -κτεῖναι B   οὐδὲν ἔφη F   **281** πράξειεν BPΦ: πράξῃ F (η ex ει)   ἀπειλεῖν PΦ: -ελθεῖν B: -ηλεῖν F   **282** ζῆσαι rec.: -οι Φ: ζῆσαι BPF   ζήσοιτο BPF: ζήσοι Φ   **284** κεκρύφθαι F   δὲ om. F   αὐτὸν BPF: -ῶν Φ   **285** μελίπηκτα PF, in ras. B²   ὅθεν om. Φ   **286** εἰπεῖν B   **287** καὶ om. F¹, suppl. F²ˢ·ˡ· ἔσται PΦ: ἔστι σοι B: εἶπε F   **289** ποτε om. Φ   ταμιείων rec.: -μίων B: -μείων PFΦ: ταμιῶν Kuehn. Vid. R. Tosi, Eikasmos 3 (1992) 239–40 et R. Giannattasio, Orpheus 17 (1996) 390–5   **290** ἄγοντας post τινα pos. Φ: ἀπάγοντας Cob.   **291** ἀπάγουσι Cob., sed vid. G. Scarpat, Paideia 48 (1993) 60   **292** τεύξῃ BPF, in mg cum γρ Φ: τεύξαιο Φ   **293** βλέπωμεν FΦ: -ομεν BP   **294** τευτλία Φ, B² (α in ras.), Pˣ (λία in ras.): -τία F (cf. infra **483**)   **297** μακαρίζοντα Φ: -ζόμενον BPF   καλλισθένη BPΦ: -ην F

300 **[46]** χρημάτων δεόμενος ἀπαιτεῖν ἔλεγε τοὺς φίλους, οὐκ αἰτεῖν. ἐπ᾽ ἀγορᾶς ποτε χειρουργῶν, 'εἴθε,' ἔφη, 'καὶ τὴν κοιλίαν ἦν παρατρίψαντα μὴ πεινῆν.' μειράκιον θεασάμενος μετὰ σατραπῶν ἐπὶ δεῖπνον ἀπιόν, ἀποσπάσας πρὸς τοὺς οἰκείους ἀπήγαγε καὶ ἐκέλευσε τηρεῖν. πρὸς τὸ
305 κεκοσμημένον μειράκιον πυθόμενόν τι ἔφη οὐ πρότερον λέξειν αὐτῷ εἰ μὴ ἀνασυράμενος δείξειε πότερον γυνή ἐστιν ἢ ἀνήρ. πρὸς τὸ κοτταβίζον ἐν τῷ βαλανείῳ μειράκιόν φησιν, 'ὅσῳ βέλτιον, τοσούτῳ χεῖρον.' ἐν δείπνῳ προσερρίπτουν αὐτῷ τινες ὀστάρια ὡς κυνί· καὶ ὃς
310 ἀπαλλαττόμενος προσούρησεν αὐτοῖς ὡς κύων.

[47] τοὺς ῥήτορας καὶ πάντας τοὺς ἐνδοξολογοῦντας τρισανθρώπους ἀπεκάλει ἀντὶ τοῦ τρισαθλίους. τὸν πλούσιον ἀμαθῆ πρόβατον εἶπε χρυσόμαλλον. θεασάμενος ἐπὶ ἀσώτου οἰκίᾳ ἐπιγεγραμμένον 'πράσιμος· 'ᾔδειν,' εἶπεν,
315 'ὅτι οὕτω κραιπαλῶσα ῥᾳδίως ἐξεμέσεις τὸν κύριον.' πρὸς τὸ καταιτιώμενον μειράκιον τὸ πλῆθος τῶν ἐνοχλούντων, 'παῦσαι γάρ,' ἔφη, 'καὶ σὺ τὰ δείγματα τοῦ πασχητιῶντος περιφέρων.' πρὸς τὸ ῥυπαρὸν βαλανεῖον, 'οἱ ἐνθάδε,' ἔφη,

---

300–301 (χρημάτων—αἰτεῖν) SSR V B 234   **301** (ἐπ᾽)–**302** (πεινῆν) SSR V B 147. Cf. infra **567–573**   **302** (μειράκιον)–**304** (τηρεῖν) SSR V B 402 **304** (πρὸς)–**307** (ἀνήρ) SSR V B 403   **307** (πρὸς)–**308** (χεῖρον) SSR V B 401   **308** (ἐν)–**310** SSR V B 146   **311–312** (τρισαθλίους) SSR V B 501 **312–313** (τὸν—χρυσόμαλλον) SSR V B 232   **313** (θεασάμενος)–**315** (κύριον) SSR V B 233   **315** (πρὸς)–**318** (περιφέρων) SSR V B 409 **318** (πρὸς)–**319** (λούονται;) SSR V B 268

300–301 οὐκ αἰτεῖν ΦΡˣ: οὐ καὶ τεῖν Ρ¹(Q): οὐ καὶ τὴν Β οἰκέτην F   **301** χειρουργῶν ΒΡ¹ΦΘ: κνώμενος in ras. Ρˣ ut vid. (cf. infra **571**)   **302** post πεινῆν lacuna 6 1/2 versuum in B; incipit denuo ab **307** (τὸ κοτταβί)ζον (τὸ κοτταβί suppl. B²). Vid. Dorandi, Laertiana 54   **303** ἀπιόν ΡΦ: προϊόν F **304** ἀπήγαγε ΡΦ: ἤγαγε F   ἐκέλευσε Φ: -ευε PF   **306** ἀνασυράμενος ΡΦ: -ρόμενος F   **308** ὅσον β. τοσοῦτον F   βέλτιον F: βελτίων ΒΡ   **309** προσερρίπτουν FΦ: προσερί- ΒΡ   ὃς τάρια· ὃς Β   **310** προσούρησεν ΒΡΦΘ: προσεου- rec. Vid. W. Buehler, Zenob. V (1999) 502   αὐτοῖς ΒΡF: -οὺς Φ   **312** τρισάνους Kaibel teste V. d. Muehll, loc. non inveni   **313** ἀμαθῆ πλούσιον FΦ   χρυσόμαλον F   **315** κραιπαλῶσα ΒF¹ΦΡ⁺: -λῶ Ρ¹(Q): -λῶν F² (ν in ras.)   ἐξεμέσεις Β²FΦ: -ις Β¹ ut vid.: -οις P   **318** περιφέρων ΒΦ: -ον PF   ἔφη om. F¹, suppl. F²ˢ·¹·

'λουόμενοι ποῦ λούονται;' παχέος κιθαρῳδοῦ πρὸς πάντων μεμφομένου αὐτὸς μόνος ἐπήνει· ἐρωτηθεὶς δὲ διὰ τί, ἔφη, 320 'ὅτι τηλικοῦτος ὢν κιθαρῳδεῖ καὶ οὐ ληστεύει.'

[48] τὸν κιθαρῳδὸν ἀεὶ καταλειπόμενον ὑπὸ τῶν ἀκροατῶν ἠσπάσατο 'χαῖρε ἀλέκτορ·' τοῦ δὲ εἰπόντος, 'διὰ τί;' 'ὅτι,' ἔφη, 'ᾄδων πάντας ἐγείρεις.' μειρακίου ἐπιδεικνυμένου πληρώσας τὸ προκόλπιον ἀντικρὺς θέρμων 325 ἔκαπτε· τοῦ δὲ πλήθους εἰς αὐτὸν ἀφορῶντος θαυμάζειν ἔφη πῶς ἐκεῖνον ἀφέντες εἰς αὐτὸν ὁρῶσι. λέγοντος δὲ αὐτῷ τινος ἰσχυρῶς δεισιδαίμονος, 'μιᾷ πληγῇ τὴν κεφαλήν σου διαρρήξω,' 'ἐγὼ δέ γε,' εἶπε, 'πταρὼν ἐξ ἀριστερῶν τρέμειν σε ποιήσω.' Ἡγησίου παρακαλοῦντος χρῆσαί τι αὐτῷ τῶν 330 συγγραμμάτων, 'μάταιος,' ἔφη, 'τυγχάνεις, ὦ Ἡγησία, ὃς ἰσχάδας μὲν γραπτὰς οὐχ αἱρῇ, ἀλλὰ τὰς ἀληθινάς· ἄσκησιν δὲ παριδὼν τὴν ἀληθινὴν ἐπὶ τὴν γεγραμμένην ὁρμᾷς.'

[49] πρός τε τὸν ὀνειδίσαντα αὐτῷ τὴν φυγήν, 'ἀλλὰ τούτου γε ἕνεκεν,' εἶπεν, 'ὦ κακόδαιμον, ἐφιλοσόφησα.' καὶ 335 πάλιν εἰπόντος τινός, 'Σινωπεῖς σου φυγὴν κατέγνωσαν,' 'ἐγὼ δέ γε,' εἶπεν, 'ἐκείνων μονήν.' ἰδών ποτε Ὀλυμπιονίκην πρόβατα νέμοντα, 'ταχέως,' εἶπεν, 'ὦ βέλτιστε, μετέβης ἀπὸ τῶν Ὀλυμπίων ἐπὶ τὰ Νέμεα.' ἐρωτηθεὶς διὰ τί οἱ

---

319 (παχέος)–**321** SSR V B 453   **322–324** (ἐγείρεις) SSR V B 454 **324** (μειρακίου)–**327** (ὁρῶσι) SSR V B 393   **327** (λέγοντος)–**330** (ποιήσω) SSR V B 346   **330** (Ἡγησίου)–**333** SSR V B 118   Heges. SSR IV F 7   **334–335** (ἐφιλοσόφησα) SSR V B 13   **335** (καὶ)–**337** (μονήν) SSR V B 11   **337** (ἰδών)–**339** (Νέμεα) SSR V B 448   **339** (ἐρωτηθεὶς)–**341** (ἀνῳκοδόμηνται) SSR V B 446

---

319 λουσάμενοι Cob.   λοῦνται Cob. (cf. supra **233**)   **320** διὰ τί Β[1mg] ἔφη om. F   **321** τηλικοῦτος ΒΡΦ: τοι- F   **322** καταλειπόμενον Β[1]Ρ: καταλι- Β[2]F: καταλιμπά- Φ   **323** ἀλέκτορ FΦ: -ωρ ΒΡ   **325** ἐπιδεικνυμένου Φ: διαδεικνυ- ΒΡ: διαδιδο- F   ἀντικρὺς θέρμων ΒΡF: θέρμ. ἀντικρὺ Φ   **326** ἔκαπτε(ν) Β[1]Ρ: ἔκοπτεν Β[2]: ἔκαμπτε FΦ   **327** εἰς om. ΒΡΦ   δὲ om. Φ   **329** διαρρήξω ΡF[2]Φ: διαρήξω Β: ῥήξω F[1] γε om. Φ   πταρὼν ΡΦ: πα- ΒF   **330** αὐτῷ τι F   **331** ὦ Ἡγησία om. Φ   **333** ὁρμᾷς ἐπὶ τ. γεγρ. F   **334** τε om. Φ   **335** γε om. FΦ εἶπεν om. F   κακοδαίμων Β   **336** πάλιν om. Φ   **337** ἐγὼ δέ γε ΒΡ: ἐγὼ δὲ F: ἔγωγε Φ   ποτε om. Φ   **339** νέμεα ΦΡ[2]: -ια ΒΡ[1]: -αια F

340 ἀθληταὶ ἀναίσθητοί εἰσιν, ἔφη, 'ὅτι κρέασιν ὑείοις καὶ
βοείοις ἀνῳκοδόμηνται.' ᾔτει ποτὲ ἀνδριάντα· ἐρωτηθεὶς δὲ
διὰ τί τοῦτο ποιεῖ, 'μελετῶ,' εἶπεν, 'ἀποτυγχάνειν.' αἰτῶν
τινα (καὶ γὰρ τοῦτο πρῶτον ἐποίησε διὰ τὴν ἀπορίαν) ἔφη,
'εἰ μὲν καὶ ἄλλῳ δέδωκας, δὸς κἀμοί· εἰ δὲ μηδενί, ἀπ' ἐμοῦ
345 ἄρξαι.'

[50] ἐρωτηθεὶς ποτε ὑπὸ τυράννου ποῖος εἴη ἀμείνων
χαλκὸς εἰς ἀνδριάντα, ἔφη, 'ἀφ' οὗ Ἁρμόδιος καὶ
Ἀριστογείτων ἐχαλκεύθησαν.' ἐρωτηθεὶς πῶς χρῆται
Διονύσιος τοῖς φίλοις, ἔφη, 'ὡς θυλάκοις, τοὺς μὲν πλήρεις
350 κρημνῶν, τοὺς δὲ κενοὺς ῥίπτων.' νεογάμου ἐπιγράψαντος
ἐπὶ τὴν οἰκίαν·

ὁ τοῦ Διὸς παῖς καλλίνικος Ἡρακλῆς
ἐνθάδε κατοικεῖ. μηδὲν εἰσίτω κακόν·

ἐπέγραψε, 'μετὰ τὸν πόλεμον ἡ συμμαχία.' τὴν
355 φιλαργυρίαν εἶπε μητρόπολιν πάντων τῶν κακῶν. ἄσωτον
θεασάμενος ἐν πανδοκείῳ ἐλάας ἐσθίοντα ἔφη, 'εἰ οὕτως
ἠρίστας, οὐκ ἂν οὕτως ἐδείπνεις.'

[51] τοὺς ἀγαθοὺς ἄνδρας θεῶν εἰκόνας εἶναι· τὸν ἔρωτα
σχολαζόντων ἀσχολίαν. ἐρωτηθεὶς τί ἄθλιον ἐν βίῳ, ἔφη,
360 'γέρων ἄπορος.' ἐρωτηθεὶς τί τῶν θηρίων κάκιστα δάκνει,
ἔφη, 'τῶν μὲν ἀγρίων συκοφάντης, τῶν δὲ ἡμέρων κόλαξ.'
ἰδών ποτε δύο κενταύρους κάκιστα ἐζωγραφημένους ἔφη,

---

341 (ᾔτει)–**342** (ἀποτυγχάνειν) SSR V B 247   **342** (αἰτῶν)–**345** SSR
V B 249   **346–348** (ἐχαλκεύθησαν) SSR V B 358   **348** (ἐρωτηθεὶς)–
350 (ῥίπτων) SSR V B 53   **350** (νεογάμου)–**354** (συμμαχία) SSR V B
347. Cf. supra **219–220**   **354** (τὴν)–**355** (κακῶν) SSR V B 228   **355**
(ἄσωτον)–**357** SSR V B 191   **358** (τοὺς—εἶναι) SSR V B 354   **358**
(τὸν)–**359** (ἀσχολίαν) SSR V B 198   **359–360** (ἐρωτηθεὶς—ἄπορος)
SSR V B 84   **360** (ἐρωτηθεὶς)–**361** (κόλαξ) SSR V B 423   **362** (ἰδών)–
363 (ἐστί;) SSR V B 485. Cf. infra **456–457**

---

342 ποιεῖ B²FΦ: -οῖ B¹P   **343** πρῶτος Leo, Ausg. kl. Schr. I (1960) 186
(a. 1906), sed vid. V. d. Muehll, Kl. Schr. 357¹⁷ (a. 1966)   ἐποίησε BPF:
ἐποίει Φ   **344** μηδενί ΒΡΦ: μὴ F   ἀπ' Φ: ἀπὸ BPF   **346** ἂν εἴη P⁴
rec.   **346** ἄριστος Richards 341 et 343   **350** κρεμῶν Φ   **355** εἶπε
ΒΡΦ: ἔφη F   μητρόπολιν PF: μητρ. εἶναι ΒΦ, an recte?   πάντων om. Φ
τῶν om. F   **356** ἐλάας BF: -αίας ΡΦ   **357** ἐδείπνεις ΦΡ²: -ης BP¹:
-οις F   **358** ἄνδρας ἔλεγε Φ

436

'πότερος τούτων Χείρων ἐστί;' τὸν πρὸς χάριν λόγον ἔφη μελιτίνην ἀγχόνην εἶναι. τὴν γαστέρα Χάρυβδιν ἔλεγε τοῦ βίου. ἀκούσας ποτὲ ὅτι Διδύμων ὁ μοιχὸς συνελήφθη, 365 'ἄξιος,' ἔφη, 'ἐκ τοῦ ὀνόματος κρέμασθαι.' ἐρωτηθεὶς διὰ τί τὸ χρυσίον χλωρόν ἐστιν, ἔφη, 'ὅτι πολλοὺς ἔχει τοὺς ἐπιβουλεύοντας.' ἰδὼν γυναῖκα ἐν φορείῳ, 'οὐ κατὰ τὸ θηρίον,' ἔφη, 'ἡ γαλεάγρα.'

[52] ἰδὼν δραπέτην ἐπὶ φρέατι καθήμενον ἔφη, 370 'μειράκιον, βλέπε μὴ ἐμπέσῃς.' ἰδὼν {κύλλιον} ἱματιο-κλέπτην ἐν τῷ βαλανείῳ ἔφη, 'ἐπ' ἀλειμμάτιον ἢ ἐπ' ἄλλο ἱμάτιον;' ἰδὼν ποτε γυναῖκας ἀπ' ἐλαίας ἀπηγχονισμένας, 'εἴθε γάρ,' ἔφη, 'πάντα τὰ δένδρα τοιοῦτον καρπὸν ἤνεγκεν.' {ἀξιόπιστον} ἰδὼν λωποδύτην ἔφη· 375

τίπτε σὺ ὧδε, φέριστε;
ἢ τινα συλήσων νεκύων κατατεθνηώτων;

363–364 (τὸν—εἶναι) SSR V B 505   **364** (τὴν)–**365** (βίου) SSR V B 181
365 (ἀκούσας)–**366** (κρέμασθαι) SSR V B 490   **366** (ἐρωτηθεὶς)–
368 (ἐπιβουλεύοντας) SSR V B 227   **368** (ἰδὼν)–**369** SSR V B 203
370–371 SSR V B 443   **371** (ἰδὼν)–**373** (ἱμάτιον;) SSR V B 484   **373**
(ἰδὼν)–**375** (ἤνεγκεν) SSR V B 202   **375** (ἀξιόπιστον)–**377** SSR V B 492
376 Deest ap. Homerum   **377** Cf. Hom. K 343 et 387

---

363 (τὸν)–**365** (βίου) si versus sunt (J. L. López Cruces, Hermes 132 [2004]
248–52), ita legendi τὸν <τε> πρὸς χάριν λόγον | ἔφη μελιτίνην ἀγχόνην
εἶναι et τὴν γαστέρα | Χάρυβδιν ἔλεγε τοῦ βίου   **364** ἔλεγε BPF: εἶναι
Φ   **365** ὁ μοιχὸς BPF: ὁ αὐλητὴς μοιχὸς Φ   συνελή(μ)φθη BPF: ἑάλω
Φ. Vid. Dorandi, Laertiana 96   **368** ἰδὼν BPΦ: ἰδὼν ποτε F   **369**
ἔφη om. P¹, suppl. P²ˢ·¹·   **371** (ἰδὼν)–**373** (ἱμάτιον) om. F¹, suppl. F²ᵐᵍ
371 κύλλιον (κυλλιον Φ) BP¹Φ: del. Pˣ: om. F²: <μειρα>κύλλιον Meibom.,
'sed olim (iam in Diogenis L. schedis?) in mg. extitisse vid. tamquam correctio
vocab. praeced. μειράκιον' V. d. Muehll. Vid. Gigante, Gnomon (1973) 549
372 τῷ om. Φ   ἐπ' ἀλειμμάτιον PF²: παλιμμάτιον B: παλιμά- Φ
ἄλλο ἱμάτιον BPF²: ἄλλω ἱμ. Φ: ἄλλ' ἱμ. Menag.: ἀλημάτιον Lapini 112
373 ποτε om. F   γυναῖκας Π (coni. Richards 342)   ἀπ' BPF: ἐπ' Φ
ἀπηγχονισμένην Π (coni. Richards 342)   **374** γάρ om. Φ   καρπὸν
post ἤνεγ. (**375**) Φ   **375** ἤνεγκεν BP: -αν F: -οι Φ   ἀξιόπιστον BP¹FΦ:
om. rec., del. P⁴. Vid. L. Tartaglia, AFLN n.s. 5 (1974/5) 105–7 et E. Martini,
RhM 55 (1900) 619   λωποδύτην <ἐν τῷ βαλανείῳ> Marcov.   **377** ἢ
PΦ: η B: εἴ F   κατατεθνηώτων Steph.: -ειώτων BPFΦ κατ.
<εἰλήλουθας> Φ

ἐρωτηθεὶς εἰ παιδισκάριον ἢ παιδάριον ἔχοι, ἔφη, 'οὔ·'
τοῦ δὲ εἰπόντος, 'ἐὰν οὖν ἀποθάνῃς, τίς σε ἐξοίσει;', ἔφη, 'ὁ
380 χρήζων τῆς οἰκίας.'

[53] μειράκιον εὔμορφον ἀφυλάκτως ἰδὼν κοιμώμενον,
νύξας, 'ἐπέγειραι,' ἔφη,

μή τίς σοι εὔδοντι μεταφρένῳ ἐν δόρυ πήξῃ.

πρὸς τὸν πολυτελῶς ὀψωνοῦντα

385   ὠκύμορος δή μοι, τέκος, ἔσσεαι, οἷ' ἀγοράζεις.

Πλάτωνος περὶ ἰδεῶν διαλεγομένου καὶ ὀνομάζοντος
τραπεζότητα καὶ κυαθότητα, 'ἐγώ,' εἶπεν, 'ὦ Πλάτων,
τράπεζαν μὲν καὶ κύαθον ὁρῶ, τραπεζότητα δὲ καὶ
κυαθότητα οὐδαμῶς·' καὶ ὅς, 'κατὰ λόγον,' ἔφη, 'οἷς μὲν γὰρ
390 κύαθος καὶ τράπεζα θεωρεῖται ὀφθαλμοὺς ἔχεις· ᾧ δὲ
τραπεζότης καὶ κυαθότης βλέπεται νοῦν οὐκ ἔχεις.'

[54] ἐρωτηθεὶς ποίῳ καιρῷ δεῖ γαμεῖν, ἔφη, 'τοὺς μὲν
νέους μηδέπω, τοὺς δὲ πρεσβυτέρους μηδέποτε.' ἐρωτηθεὶς
τί θέλοι κονδύλου λαβεῖν, 'περικεφαλαίαν,' ἔφη. μειράκιον
395 ἰδὼν καλλωπιζόμενον ἔφη, 'εἰ μὲν πρὸς ἄνδρας, ἀτυχεῖς· εἰ δὲ

378–380 SSR V B 442   **381–383** SSR V B 499   **383** Cf. Hom. Θ 95
384–385 SSR V B 493   **385** Cf. Hom. Σ 95 et supra 5.5   **386–391**
SSR V B 62   **392–393** (μηδέποτε) SSR V B 200   **393** (ἐρωτηθεὶς)–
394 (ἔφη) SSR V B 456. Cf. supra **251–252**   **394** (μειράκιον)–**396**
(ἀδικεῖς) SSR V B 405

383 Eusth. in Hom. E 39 (II 18.1 V. d. Valk)   **385** Eusth. in Hom. Σ 95 (IV
140.28–141.2 V. d. Valk)

378 εἰ RFΦ: ἢ B   **379** οὖν om. F   **382** ἐπέγειραι RFΦ: -ρε B   **383**
σοι BPF: τοι Φ   πήξῃ BPΦ: -ει F   **384** ὀψωνοῦντα ἔφη Φ   **388**
μὲν om. F¹, suppl. F²ˢ·ˡ·   **390–391** (ὦ—κυαθότης) om. B¹, ὦ δὲ κυαθ. καὶ
τραπ. suppl. B²ᵐᵍ   **391** βλέπεται BPΦ: φαίνεται F: θεωρεῖται Marcov.
post ἔχεις add. ἐρωτηθεὶς (scil. Plato) ὑπό του, 'ποῖός τίς σοι διογένης
δοκεῖ;' 'σωκράτης,' εἶπε, 'μαινόμενος.' Vᵐᵍ minio scriptum, secl. Menag.
Vid. Donzelli, Codici 120–1   **393** μηδέπω ΔΠ (coni. Menag. conl. 1.26):
μηδέποτε BPFΦ 'nisi ipse D.L. erravit' V. d. Muehll   **394** τί om. F¹,
suppl. F²ˢ·ˡ·   θέλοι BPΦ: -ει F   **395** (εἰ)–**397** (ἔφη) om. F¹, suppl. F²ᵐᵍ

πρὸς γυναῖκας, ἀδικεῖς.' ἰδών ποτε μειράκιον ἐρυθριῶν, 'θάρρει,' ἔφη, 'τοιοῦτόν ἐστι τῆς ἀρετῆς τὸ χρῶμα.' δυοῖν ποτε νομικοῖν ἀκούσας τοὺς δύο κατέκρινεν, εἰπὼν τὸν μὲν κεκλοφέναι, τὸν δὲ μὴ ἀπολωλεκέναι. ἐρωτηθεὶς ποῖον οἶνον ἡδέως πίνει, ἔφη, 'τὸν ἀλλότριον.' πρὸς τὸν εἰπόντα, 400 'πολλοί σου καταγελῶσιν,' 'ἀλλ' ἐγώ,' ἔφη, 'οὐ καταγελῶμαι.'

[55] πρὸς τὸν εἰπόντα κακὸν εἶναι τὸ ζῆν, 'οὐ τὸ ζῆν,' εἶπεν, 'ἀλλὰ τὸ κακῶς ζῆν.' πρὸς τοὺς συμβουλεύοντας τὸν ἀποδράντα αὐτοῦ δοῦλον ζητεῖν, 'γελοῖον,' ἔφη, 'εἰ Μάνης 405 μὲν χωρὶς Διογένους ζῆ, Διογένης δὲ χωρὶς Μάνου οὐ δύναται.' ἀριστῶν ἐλάας, πλακοῦντος εἰσενεχθέντος, ῥίψας φησίν,

ὦ ξένε, τυράννοις ἐκποδὼν μεθίστασο·

καὶ ἄλλοτε·   410

μάστιξεν δ' ἐλάαν.

ἐρωτηθεὶς ποδαπὸς εἴη κύων, ἔφη, 'πεινῶν Μελιταῖος, χορτασθεὶς δὲ Μολοττικός, τούτων οὓς ἐπαινοῦντες οἱ πολλοὶ οὐ τολμῶσι διὰ τὸν πόνον συνεξιέναι αὐτοῖς ἐπὶ τὴν θήραν· οὕτως οὐδ' ἐμοὶ δύνασθε συμβιοῦν διὰ τὸν φόβον 415 τῶν ἀλγηδόνων.'

396 (ἰδών)–**397** (χρῶμα) SSR V B 399   **397** (δυοῖν)–**399** (ἀπολωλεκέναι) SSR V B 461   **399** (ἐρωτηθεὶς)–**400** (ἀλλότριον) SSR V B 193   **400** (πρὸς)–**402** SSR V B 430   **403–404** (ζῆν) SSR V B 310   **404** (πρὸς)–**407** (δύναται) SSR V B 441   **407** (ἀριστῶν)–**411** SSR V B 494   **409** Eur., Phoen. 40   **411** Cf. Hom. E 366, Θ 45, ζ 82   **412–416** SSR V B 143. Cf. supra **152–153**

411 Eusth. in Hom. Λ 519–20 (III 246.14; 522.5–6 V. d. Valk)

396 ἀδικεῖς PFΦ: ἀτυχεῖς B   ποτε om. Φ   **398** τοὺς δύο om. Φ   **403** οὐ τὸ ζῆν om. F   **405** ἔφη γελοῖον F, tum ἔφη add. F²   **407** δύναται BPF: δυνήσεται Φ   ἐλάας PFΦ: ἐλαίας B   **410–411** ἄλλοτε· μάστιξεν δ' Frob.: ἄλ. μάστιξε δ' PΦ: ἄλλοτ' ἐμάστιξε δ' F: ἄλλοτ' ἐμάστιξεν B   **412** ποδαπὸς BPF: ποτ- Φ   εἴη PΦ: εἶ BF   πεινῶν <μὲν> A. Korais, Epict. Encheir. (1826) κζ²   μελιτταῖος P   **415–416** (οὕτως-ἀλγηδόνων) om. Φ   **415** δύνασθε P: -σθαι BF   φόβον BP: πόνον F

[56] ἐρωτηθεὶς εἰ σοφοὶ πλακοῦντα ἐσθίουσι, 'πάντα,' εἶπεν, '<ἀλλ' οὐχ> ὡς καὶ οἱ λοιποὶ ἄνθρωποι.' ἐρωτηθεὶς διὰ τί προσαίταις μὲν ἐπιδιδόασι, φιλοσόφοις δὲ οὔ, ἔφη, 'ὅτι χωλοὶ μὲν καὶ τυφλοὶ γενέσθαι ἐλπίζουσι, φιλοσοφῆσαι δὲ οὐδέποτε.' φιλάργυρον ἤτει· τοῦ δὲ βραδύνοντος, 'ἄνθρωπε,' εἶπεν, 'εἰς τροφήν σε αἰτῶ, οὐκ εἰς ταφήν.' ὀνειδιζόμενός ποτε ἐπὶ τῷ παραχαράξαι τὸ νόμισμα ἔφη, 'ἦν ποτε χρόνος ἐκεῖνος ὅτ' ἤμην ἐγὼ τοιοῦτος ὁποῖος σὺ νῦν· ὁποῖος δ' ἐγὼ νῦν, σὺ οὐδέποτε.' καὶ πρὸς ἄλλον ἐπὶ τοῦ αὐτοῦ ὀνειδίσαντα, 'καὶ γὰρ ἐνεούρουν θᾶττον, ἀλλὰ νῦν οὔ.'

[57] εἰς Μύνδον ἐλθὼν καὶ θεασάμενος μεγάλας τὰς πύλας, μικρὰν δὲ τὴν πόλιν, ἔφη, 'ἄνδρες Μύνδιοι, κλείσατε τὰς πύλας, μὴ ἡ πόλις ὑμῶν ἐξέλθῃ.' θεασάμενός ποτε πορφυροκλέπτην πεφωραμένον ἔφη·

ἔλλαβε πορφύρεος θάνατος καὶ μοῖρα κραταιή.

Κρατέρου ἀξιοῦντος πρὸς αὐτὸν ἀπιέναι, 'ἀλλὰ βούλομαι,' ἔφη, 'ἐν Ἀθήναις ἅλα λείχειν ἢ παρὰ Κρατέρῳ τῆς πολυτελοῦς τραπέζης ἀπολαύειν.' Ἀναξιμένει τῷ ῥήτορι παχεῖ ὄντι προσελθών, 'ἐπίδος καὶ ἡμῖν,' ἔφη, 'τοῖς

420

425

430

435

417–418 (ἄνθρωποι) SSR V B 189   **418** (ἐρωτηθεὶς)–**421** (οὐδέποτε) SSR V B 366   **421** (φιλάργυρον)–**422** (ταφήν) SSR V B 251 **423** (ὀνειδιζόμενός)–**427** SSR V B 4   **428–430** (ἐξέλθῃ) SSR V B 286 **430** (θεασάμενός)–**432** SSR V B 495   **433–435** (ἀπολαύειν) SSR V B 51 **435** (Ἀναξιμένει)–**440** SSR V B 506   Anax. FGrHist 72 T 11 (cf. supra **188–190**)

429–430 (κλείσατε—ἐξέλθῃ) Eusth. in Hom. Z 415–16 (II 349.25 V. d. Valk)

417 οἱ σοφοὶ Φ   ἐσθίουσι ΒΡΦ: -ωσι F   πάντα ΒF: πάντες ΡΦ **418** ἀλλ' οὐχ add. Gigon (1965) 103 e Gnom. Vat. 188   **419** ἔφη om. F **422** εἶπεν ἄνθρωπε F   **423** τῷ ΡΦ: τὸ ΒF   **424** ἔγωγε Φ   **425** ἄλλο F   **425–426** ἐπὶ τοῦ αὐτοῦ ΒΡ: ἐπὶ τὸ αὐτὸ F: τὸ αὐτὸ Φ: ἐπὶ τῷ αὐτῷ Cob.   **426** ἐνεούρουν (εο in ras. P) B¹PF : ἐνού- B²ᵐᵍΦ   θᾶττον εἶπεν Φ (θᾶττον 'antea' Mer. Casaub. Cf. 1.12 et 83; 2.39)   **428** μεγάλας <μὲν> Marcov.   **429** ἔφη om. P   **430** ποτε om. Φ   **432** ἔλλαβε ΒΡˣ: ἔλα- P¹FΦ   **433** Κρατέρου Huebn. II 737: -εροῦ ΒΡFΦ   **434** ἅλα λείχειν ἢ B²Φ: om. cum lac. B¹: ἄλλα λείχειαν ἢ P¹(Q)   Κρατέρῳ Huebn. II 737: -ερῶ ΒΡFΦ   **436** παχιόντι B

πτωχοῖς τῆς γαστρός· καὶ γὰρ αὐτὸς κουφισθήσῃ καὶ ἡμᾶς
ὠφελήσεις.' διαλεγομένου ποτὲ αὐτοῦ τάριχος προτείνας
περιέσπασε τοὺς ἀκροατάς· ἀγανακτοῦντος δέ, 'τὴν
Ἀναξιμένους,' ἔφη, 'διάλεξιν ὀβολοῦ τάριχος διαλέλυκεν.' 440
[58] ὀνειδιζόμενός ποτε ὅτι ἐν ἀγορᾷ ἔφαγεν, 'ἐν ἀγορᾷ
γάρ,' ἔφη, 'καὶ ἐπείνησα.' ἔνιοι δὲ τούτου φασὶν εἶναι
κἀκεῖνο, ὅτι Πλάτων θεασάμενος αὐτὸν λάχανα πλύνοντα,
προσελθὼν ἡσυχῇ εἴποι αὐτῷ, 'εἰ Διονύσιον ἐθεράπευες,
οὐκ ἂν λάχανα ἔπλυνες·' τὸν δὲ ἀποκρίνασθαι ὁμοίως 445
ἡσυχῇ, 'καὶ σὺ εἰ λάχανα ἔπλυνες, οὐκ ἂν Διονύσιον
ἐθεράπευες.' πρὸς τὸν εἰπόντα, 'οἱ πλείους σου
καταγελῶσι,' 'κἀκείνων τυχόν,' εἶπεν, 'οἱ ὄνοι· ἀλλ' οὔτε
ἐκεῖνοι τῶν ὄνων ἐπιστρέφονται, οὔτ' ἐγὼ ἐκείνων.'
θεασάμενος μειράκιον φιλοσοφοῦν, 'εὖγε,' εἶπεν, 'ὅτι τοὺς 450
τοῦ σώματος ἐραστὰς ἐπὶ τὸ τῆς ψυχῆς κάλλος μετάγεις.'
[59] θαυμάζοντός τινος τὰ ἐν Σαμοθρᾴκῃ ἀναθήματα,
ἔφη, 'πολλῷ ἂν εἴη πλείω εἰ καὶ οἱ μὴ σωθέντες ἀνετίθεσαν·'
(οἱ δὲ τοῦτο Διαγόρου φασὶ τοῦ Μηλίου). εὐμόρφῳ
μειρακίῳ ἀπιόντι εἰς συμπόσιον ἔφη, 'χείρων ἐπανήξεις·' τοῦ 455
δὲ ἐπανελθόντος καὶ τῇ ἑξῆς εἰπόντος, 'καὶ ἀπῆλθον καὶ
χείρων οὐκ ἐγενόμην,' ἔφη, 'Χείρων μὲν οὔ, Εὐρυτίων δέ.'
δύσκολον ᾔτει· τοῦ δ' εἰπόντος, 'ἐάν με πείσῃς·' ἔφη, 'εἴ σε
ἐδυνάμην πεῖσαι, ἔπεισά σε ἂν ἀπάγξασθαι.' ἐπανήρχετο ἐκ

441-442 (ἐπείνησα) SSR V B 186   442 (ἔνιοι)–447 (ἐθεράπευες) SSR
V B 56. Cf. 2.68   447 (πρὸς)–449 (ἐκείνων) SSR V B 431   450
(θεασάμενος)–451 SSR V B 397   452–454 (Μηλίου) SSR V B 342
Diag. test. 37 Win.   454 (εὐμόρφῳ)–457 (δέ) SSR V B 485. Cf.
supra 362–363   458 (δύσκολον)–459 (ἀπάγξασθαι) SSR V B 250
459 (ἐπανήρχετο)–461 SSR V B 282

---

437 καὶ αὐτὸς Φ   438 τοῦ αὐτοῦ ῥήτορος διαλ. ποτε Φ   τάρ(ε)ιχος
BP¹Φ: -ον FP⁴   439 περιέσπασε PFΦ: προσ- B   441 ποτε om. Φ
442 γάρ om. F   φασὶ τούτου F   444 ἐθεράπευσας B   445
ἔπλυνας F   ἀποκρίνεσθαι F   447 εἰπόντα ὅτι Φ   448 κακεῖνον F
449 τὸν ὄνον F¹, corr. F²   450 θεασάμενός ποτε (sic) F   453 εἴη BPF:
ἦν Φ   454 (οἱ—Μηλίου) om. Φ   μηλίου F: -δίου BP   455 ἔφη
om. F   459 ἔπεισά σε ἂν BP: ἔπεισα ἂν F: ἔπεισα ἄν σε Φ

460 Λακεδαίμονος εἰς Ἀθήνας· πρὸς οὖν τὸν πυθόμενον, 'ποῖ καὶ
πόθεν;', 'ἐκ τῆς ἀνδρωνίτιδος,' εἶπεν, 'εἰς τὴν γυναικωνῖτιν.'
[60] ἐπανήει ἀπὸ Ὀλυμπίων· πρὸς οὖν τὸν πυθόμενον εἰ
ὄχλος ἦν πολύς, 'πολὺς μέν,' εἶπεν, 'ὁ ὄχλος, ὀλίγοι δὲ οἱ
ἄνθρωποι.' τοὺς ἀσώτους ἔφη παραπλησίους εἶναι συκαῖς
465 ἐπὶ κρημνῷ πεφυκυίαις, ὧν τοῦ καρποῦ μὲν ἄνθρωπος
οὐκ ἀπογεύεται, κόρακες δὲ καὶ γῦπες ἐσθίουσι. Φρύνης
Ἀφροδίτην χρυσῆν ἀναθείσης ἐν Δελφοῖς τοῦτον
ἐπιγράψαι, 'ἀπὸ τῆς τῶν Ἑλλήνων ἀκρασίας.' Ἀλεξάνδρου
ποτὲ ἐπιστάντος αὐτῷ καὶ εἰπόντος, 'ἐγώ εἰμι Ἀλέξανδρος
470 ὁ μέγας βασιλεύς,' 'κἀγώ,' φησί, 'Διογένης ὁ κύων.'
ἐρωτηθεὶς τί ποιῶν κύων καλεῖται, ἔφη, 'τοὺς μὲν διδόντας
σαίνων, τοὺς δὲ μὴ διδόντας ὑλακτῶν, τοὺς δὲ πονηροὺς
δάκνων.'
[61] ἀπὸ συκῆς ὠπώριζε· τοῦ δὲ φυλάττοντος εἰπόντος,
475 'αὐτόθεν πρώην ἄνθρωπος ἀπήγξατο,' 'ἐγώ φησίν,' οὖν,
'αὐτὴν καθαρῶ.' ἰδὼν Ὀλυμπιονίκην εἰς ἑταίραν
πυκνότερον ἀτενίζοντα, 'ἴδε,' ἔφη, 'κριὸν ἀρειμάνιον ὡς ὑπὸ
τοῦ τυχόντος κορασίου τραχηλίζεται.' τὰς εὐπρεπεῖς
ἑταίρας ἔλεγε θανασίμῳ μελικράτῳ παραπλησίας εἶναι.
480 ἀριστῶντι αὐτῷ ἐν ἀγορᾷ οἱ περιεστῶτες συνεχὲς ἔλεγον
'κύον·' ὁ δέ, 'ὑμεῖς,' εἶπεν, 'ἐστὲ κύνες, οἵ με ἀριστῶντα

462–464 (ἄνθρωποι) SSR V B 273. Cf. supra **232–234** **464** (τοὺς)–**466**
(ἐσθίουσι) SSR V B 321 **466** (Φρύνης)–**468** (ἀκρασίας) SSR V B 212
468 (Ἀλεξάνδρου)–**470** (κύων) SSR V B 34 **471** (ἐρωτηθεὶς)–**473** SSR
V B 143 **474–476** (καθαρῶ) SSR V B 348 **476** (ἰδὼν)–**478**
(τραχηλίζεται) SSR V B 452 **478** (τὰς)–**479** (εἶναι) SSR V B 209
480 (ἀριστῶντι)–**482** (περιεστήκατε) SSR V B 147

---

463 ἦν ΒΡΦ: εἴη F πολὺς¹ om. Φ ὁ om. Φ οἱ om. ΒΡΦ. Vid. W.
Buehler, Zenob. V (1999) 370 **464** ἔφη ΒΡΦ: εἶπε F εἶναι om. F
465 κρημνῶν F μὲν ἄνθρωπος ΒΡ: ἄνθρ. μὲν Φ: μὲν om. F **467**
ἀναθείσης ΒΡΦ: -θήσης F: -θήσοι Cob. τοῦτον ΒΡ: τοῦτο F: om. Φ:
<φασὶ> τοῦτον Cob. **468** ἐπιγράψαι ΒΡF: ἐπέγραψεν Φ ἀπὸ
τῆς FΦ: τῆς ἀπὸ ΒΡ **469** ποτὲ om. Φ **475** αὐτόθι Φ φησὶν οὖν
ΒΡ: οὖν φησὶν Φ: οὖν om. F **476** καθαρῶ F: καθάρω ΒΡΦ **477**
ἀριμάνιον Φ **480** συνεχῶς Φ **481** κύον ΡFΦ: κύων Β ὑμεῖς
εἶπεν ΒΡ: εἶπ. ὑμ. F: εἶπεν om. et post κύνες hab. ἔφη Φ

περιεστήκατε.' δύο μαλακῶν περικρυπτομένων αὐτὸν ἔφη, 'μὴ εὐλαβεῖσθε· κύων τευτλία οὐ τρώγει.' περὶ παιδὸς πεπορνευκότος ἐρωτηθεὶς πόθεν εἴη, 'Τεγεάτης,' ἔφη. **[62]** ἀφυῆ παλαιστὴν θεασάμενος ἰατρεύοντα ἔφη. 'τί τοῦτο; ἢ 485 ἵνα τούς ποτέ σε νικήσαντας νῦν καταβάλῃς;' θεασάμενος υἱὸν ἑταίρας λίθον εἰς ὄχλον βάλλοντα, 'πρόσεχε,' ἔφη, 'μὴ τὸν πατέρα πλήξῃς.'

δείξαντος αὐτῷ παιδαρίου μάχαιραν ἣν εἰλήφει παρὰ ἐραστοῦ, 'ἡ μὲν μάχαιρα,' ἔφη, 'καλή, ἡ δὲ λαβὴ αἰσχρά.' 490 ἐπαινούντων τινῶν τὸν ἐπιδόντα αὐτῷ ἔφη, 'ἐμὲ δὲ οὐκ ἐπαινεῖτε τὸν ἄξιον λαβεῖν.' ἀπαιτούμενος ὑπό τινος τρίβωνα ἔφη, 'εἰ μὲν ἐχαρίσω, ἔχω· εἰ δὲ ἔχρησας, χρῶμαι.' ὑποβολιμαίου τινὸς εἰπόντος αὐτῷ ὅτι χρυσὸν ἔχοι ἐν τῷ ἱματίῳ, 'ναί,' ἔφη, 'διὰ τοῦτο αὐτὸ ὑποβεβλημένος κοιμᾶ.' 495 **[63]** ἐρωτηθεὶς τί αὐτῷ περιγέγονεν ἐκ φιλοσοφίας, ἔφη, 'καὶ εἰ μηδὲν ἄλλο, τὸ γοῦν πρὸς πᾶσαν τύχην παρεσκευάσθαι.' ἐρωτηθεὶς πόθεν εἴη, 'κοσμοπολίτης,' ἔφη. θυόντων τινῶν τοῖς θεοῖς ἐπὶ τῷ υἱὸν γενέσθαι, ἔφη, 'περὶ δὲ τοῦ ποδαπὸς ἐκβῇ οὐ θύετε;' ἔρανόν ποτε ἀπαιτούμενος 500 πρὸς τὸν ἐρανάρχην ἔφη·

---

482 (δύο)–**483** (τρώγει) SSR V B 145. Cf. supra **293–295**   **483–484** (περὶ—ἔφη) SSR V B 400.   **485** (ἀφυῆ)–**486** (καταβάλῃς;) SSR V B 447 **486** (θεασάμενος)–**488** SSR V B 211. Cf. supra **291–292**   **489–490** (αἰσχρά) SSR V B 491   **491** (ἐπαινούντων)–**492** (λαβεῖν) SSR V B 248 **492** (ἀπαιτούμενος)–**493** (χρῶμαι) SSR V B 252   **494** (ὑποβολιμαίου)– **495** (κοιμᾶ) SSR V B 226   **496** (ἐρωτηθεὶς)–**498** (παρεσκευάσθαι) SSR V B 360. Cf. supra § 85, 86; 2.68, 5.20 et 63   **497** (ἐρωτηθεὶς—ἔφη) SSR V B 335   **498** (θυόντων)–**500** (θύετε;) SSR V B 343   **500** (ἔρανόν)– **502** SSR V B 496

---

485 (θεασάμενος)–**487** Eusth. in Hom. Ω 498 (IV 940.20–2 V. d. Valk)

---

483 μὴ εὐλ. ἔφη F   **484** τευτλία Φ: τεύτλια BP^{xmg}: τεῦτλα P¹F (cf. supra **294**)   **486** καταβάλῃς BPF: -βαλεῖς Φ   **486–487** θεασάμενος υἱὸν ἑταίρας BPF: υἱὸν ἑτ. ἰδὼν Φ   **489** εἰλήφει PF: εἴληφε B: ἔλαβε Φ **495** κοιμᾶ Cob.: -ῶμαι BPFΦ: κοιμᾷ οἶμαι K. Fr. Hermann 104   **496** (ἐρωτηθεὶς)–**498** (παρεσκευάσθαι) om. F¹, suppl. F²mg   **496** περιγέγονεν BPΦ: προσ- F²   **497** καὶ om. Φ: εἰ καὶ Cob.   **498** Κόσμου πολίτης dub. J. Mansfeld, ICS 20 (1995) 150⁴   **499** δὲ om. F   **500** θύετε PΦ: -ται BF   ἀπαιτούμενος Φ: αἰτού- BPF (cf. supra **492**)

τοὺς ἄλλους ἐράνιζ', ἀπὸ δ' Ἕκτορος ἴσχεο χεῖρας.

τὰς ἑταίρας ἔφη βασιλέων εἶναι βασιλίσσας· αἰτεῖν γὰρ ὅ
τι ἂν δόξῃ αὐταῖς. ψηφισαμένων Ἀθηναίων Ἀλέξανδρον
505 Διόνυσον, 'κἀμέ,' ἔφη, 'Σάραπιν ποιήσατε.' πρὸς τὸν
ὀνειδίζοντα ὡς εἰς τόπους ἀκαθάρτους εἰσίοι, 'καὶ γὰρ ὁ
ἥλιος,' ἔφη, 'εἰς τοὺς ἀποπάτους, ἀλλ' οὐ μιαίνεται.'
[64] ἐν ἱερῷ δειπνῶν, μεταξὺ ῥυπαρῶν ἄρτων
παρατεθέντων, ἄρας αὐτοὺς ἔρριψεν, εἰπὼν εἰς ἱερὸν
510 μηδένα δεῖν ῥυπαρὸν εἰσιέναι. πρὸς τὸν εἰπόντα, 'οὐδὲν
εἰδὼς φιλοσοφεῖς,' ἔφη, 'εἰ καὶ προσποιοῦμαι σοφίαν, καὶ
τοῦτο φιλοσοφεῖν ἐστι.' πρὸς τὸν συνιστάντα τὸν παῖδα
καὶ λέγοντα ὡς εὐφυέστατός ἐστι καὶ τὰ ἤθη κράτιστος, 'τί
οὖν,' εἶπεν, 'ἐμοῦ χρήζει;' τοὺς λέγοντας μὲν τὰ σπουδαῖα,
515 μὴ ποιοῦντας δέ, ἔλεγε μηδὲν διαφέρειν κιθάρας· καὶ γὰρ
ταύτην μήτε ἀκούειν μήτε αἰσθάνεσθαι. εἰς θέατρον εἰσῄει
ἐναντίος τοῖς ἐξιοῦσιν· ἐρωτηθεὶς διὰ τί, 'τοῦτ',' ἔφη,
'παντὶ τῷ βίῳ ἐπιτηδεύω ποιεῖν.'
[65] ἰδών ποτε νεανίσκον θηλυνόμενον, 'οὐκ αἰσχύνῃ,'
520 ἔφη, 'χείρονα τῆς φύσεως περὶ σεαυτοῦ βουλευόμενος; ἡ μὲν
γάρ σε ἄνδρα ἐποίησε, σὺ δὲ σεαυτὸν βιάζῃ γυναῖκα εἶναι.'
ἰδὼν ἄφρονα ψαλτήριον ἁρμοζόμενον, 'οὐκ αἰσχύνῃ,' ἔφη,

503–504 (τὰς—αὐταῖς) SSR V B 208   **504–505** (ψηφισαμένων—
ποιήσατε) SSR V B 36   **505** (πρὸς)–**507** SSR V B 269   **508–510**
(εἰσιέναι) SSR V B 349   **510** (πρὸς)–**512** (ἐστι) SSR V B 364   **512**
(πρὸς)–**514** (χρήζει;) SSR V B 392   **514** (τοὺς)–**516** (αἰσθάνεσθαι) SSR
V B 320   **516** (εἰς)–**518** SSR V B 267   **519–521** (εἶναι) SSR V B 403
522 (ἰδὼν)–**524** (ἁρμόττων;) SSR V B 319

---

502 exemplar versus (scil. cum ἐράνιζ') non exstat apud Homerum
ἐράνιζ' Φ (coni. Steph.[2] praef. 12): ἐνάριζ' BPF. Vid. Donzelli, Codici 121–2
503 βασιλέως Φ   αἰτεῖν PFΦ: αἰτεῖ B: πράττειν Cob.   **506**
ὀνειδίσαντα F   ὡς BPΦ: ὅτι F   εἰσίοι PΦ: -ίει B: -ῄει F   ὁ FΦ: om. BP
509 παρατεθέντων om. F[1], suppl. F[2mg]   αὐτοὺς om. F   ἔριψεν BP[1]
510 μηδένα BP: μηδέν Φ: μὴ F   **510** (πρὸς)–**512** (ἐστι) om. F[1], suppl. F[2mg]
511 σοφίαν PF[2]Φ: φιλο- B   **512** συνιστάντα <αὐτῷ> Marcov. (cf. 7.183
τίνι συστήσω)   **513** καὶ τὰ ἤθη κράτιστος om. F[1], suppl. F[2mg]
515 ἔλεγε om. F   **516** (εἰς)–**518** om. F[1], suppl. F[2mg]   **517** δὲ om. B
518 ἐν παντὶ Φ   **522** ἔφη BPF: εἶπε Φ

'τοὺς μὲν φθόγγους τῷ ξύλῳ προσαρμόττων, τὴν δὲ ψυχὴν εἰς τὸν βίον μὴ ἁρμόττων·' πρὸς τὸν εἰπόντα, 'ἀνεπιτήδειός εἰμι πρὸς φιλοσοφίαν,' 'τί οὖν,' ἔφη, 'ζῇς, εἰ τοῦ καλῶς ζῆν 525 μὴ μέλει σοι;' πρὸς τὸν καταφρονοῦντα τοῦ πατρός, 'οὐκ αἰσχύνῃ,' ἔφη, 'καταφρονῶν τούτου δι' ὃν μέγα φρονεῖς;' ἰδὼν εὐπρεπῆ νεανίσκον ἀπρεπῶς λαλοῦντα, 'οὐκ αἰσχύνῃ,' ἔφη, 'ἐξ ἐλεφαντίνου κολεοῦ μολυβδίνην ἕλκων μάχαιραν;' 530

[66] ὀνειδιζόμενος ὅτι ἐν καπηλείῳ πίνει, 'καὶ ἐν κουρείῳ,' φησί, 'κείρομαι.' ὀνειδιζόμενος ὅτι παρὰ Ἀντιπάτρου τριβώνιον ἔλαβεν, ἔφη·

οὔτοι ἀπόβλητ' ἐστὶ θεῶν ἐρικυδέα δῶρα.

πρὸς τὸν ἐνσείσαντα αὐτῷ δοκόν, εἶτα εἰπόντα, 535 'φύλαξαι,' πλήξας αὐτὸν τῇ βακτηρίᾳ, ἔφη, 'φύλαξαι.' πρὸς τὸν λιπαροῦντα τῇ ἑταίρᾳ, 'τί θέλεις,' ἔφη, 'τυχεῖν, ὦ ταλαίπωρε, οὗ τὸ ἀποτυχεῖν ἄμεινόν ἐστι;' πρὸς τὸν μυριζόμενον, 'βλέπε,' εἶπε, 'μὴ ἡ τῆς κεφαλῆς σου εὐωδία δυσωδίαν σου τῷ βίῳ παράσχῃ.' τοὺς μὲν οἰκέτας τοῖς 540 δεσπόταις, τοὺς δὲ φαύλους ταῖς ἐπιθυμίαις δουλεύειν.

[67] ἐρωτηθεὶς διὰ τί ἀνδράποδα ἐκλήθη, 'ὅτι,' φησί, 'τοὺς πόδας ἀνδρῶν εἶχον, τὴν δὲ ψυχὴν ὁποίαν σὺ νῦν ὁ

---

524 (πρὸς)–**526** (σοι;) SSR V B 362   **526** (πρὸς)–**527** (φρονεῖς;) SSR V B 396   **528** (ἰδὼν)–**530** SSR V B 411   **531–532** (κείρομαι) SSR V B 194   **532** (ὀνειδιζόμενος)–**534** SSR V B 52   **534** Hom. Γ 65   **535–536** (φύλαξαι) SSR V B 457. Cf. supra **243–245**   **536** (πρὸς)–**538** (ἐστι;) SSR V B 210   **538** (πρὸς)–**540** (παράσχῃ) SSR V B 325   **540** (τοὺς)–**541** SSR V B 318   **542–544** (ἐξετάζων) SSR V B 440

523 προσαρμόζων F   **524** ἐς F   **525** ἔφη PF: ἔφης B: εἶπε Φ   **526** μέλοι B   **529** μολυβδίνην BP: -ιβδύ- F: -ιβδί- Φ   **531** καὶ BPF: καὶ γὰρ Φ   **532** φησί BPF: ἔφη Φ   **532** (ὀνειδιζόμενος)–**534** om. F¹, suppl. F²mg   **533** ἔφη om. F²   **534** οὔτοι BP: οὔτι ΦF²   **537** τῇ ἑταίρᾳ BP¹F: τὴν ἑταίραν Pˣ(Q)Φ (coni. Richards 343). Vid. Tartaglia 269   ἔτ. καὶ λέγοντα Φ   τυχεῖν ἔφη F   **540** post οἰκέτας add. εἶπε P⁴mg: ἔφη Z (Frob.)   **541** ταῖς F: om. BPΦ, 'an recte?' V. d. Muehll   δουλεύειν ἔλεγεν Φ

ἐξετάζων.' ἄσωτον ᾔτει μνᾶν· πυθομένου δὲ διὰ τί τοὺς μὲν
545 ἄλλους ὀβολὸν ζητεῖ, αὐτὸν δὲ μνᾶν, 'ὅτι,' εἶπε, 'παρὰ μὲν
τῶν ἄλλων πάλιν ἐλπίζω λαβεῖν, παρὰ δὲ σοῦ θεῶν ἐν
γούνασι κεῖται εἰ πάλιν λήψομαι.' ὀνειδιζόμενος ὅτι αὐτὸς
αἰτεῖ, Πλάτωνος μὴ αἰτοῦντος, 'κἀκεῖνος,' εἶπεν, 'αἰτεῖ, ἀλλ'

ἄγχι σχὼν κεφαλήν, ἵνα μὴ πευθοίαθ' οἱ ἄλλοι.'

550 ἰδὼν τοξότην ἀφυῆ παρὰ τὸν σκοπὸν ἐκάθισεν, εἰπών,
'ἵνα μὴ πληγῶ.' τοὺς ἐρῶντας ἔφη πρὸς ἡδονὴν ἀτυχεῖν.

[68] ἐρωτηθεὶς εἰ κακὸς ὁ θάνατος, 'πῶς,' εἶπε, 'κακός, οὖ
παρόντος οὐκ αἰσθανόμεθα;' πρὸς Ἀλέξανδρον ἐπιστάντα
καὶ εἰπόντα, 'οὐ φοβῇ με;', 'τί γάρ,' εἶπεν, 'εἶ; ἀγαθὸν ἢ
555 κακόν;' τοῦ δὲ εἰπόντος, 'ἀγαθόν,' 'τίς οὖν,' εἶπε, 'τὸ ἀγαθὸν
φοβεῖται;' τὴν παιδείαν εἶπε τοῖς μὲν νέοις σωφροσύνην,
τοῖς δὲ πρεσβυτέροις παραμυθίαν, τοῖς δὲ πένησι πλοῦτον,
τοῖς δὲ πλουσίοις κόσμον εἶναι. πρὸς Διδύμωνα τὸν μοιχὸν
ἰατρεύοντά ποτε κόρης ὀφθαλμόν, 'ὅρα,' φησί, 'μὴ τὸν
560 ὀφθαλμὸν τῆς παρθένου θεραπεύων τὴν κόρην φθείρης.'
εἰπόντος τινὸς ὅτι ὑπὸ τῶν φίλων ἐπιβουλεύεται, 'καὶ τί δεῖ
πράττειν,' ἔφη, 'εἰ δεήσει τοῖς φίλοις καὶ τοῖς ἐχθροῖς ὁμοίως
χρῆσθαι;'

[69] ἐρωτηθεὶς τί κάλλιστον ἐν ἀνθρώποις, ἔφη,
565 'παρρησία.' εἰσελθὼν εἰς διδασκάλου καὶ Μούσας μὲν ἰδὼν

---

544 (ἄσωτον)–**547** (λήψομαι) SSR V B 253   **547** (ὀνειδιζόμενος)–**549**
SSR V B 58   **549** Hom. α 157 et δ 70   **550–551** SSR V B 455
552–553 (αἰσθανόμεθα;) SSR V B 199   **553** (πρὸς)–**556** (φοβεῖται;)
SSR V B 40   **556** (τὴν)–**558** (εἶναι) SSR V B 380   **558** (πρὸς)–
560 (φθείρης) SSR V B 489   **561** (εἰπόντος)–**563** SSR V B 419   **564–**
565 (ἐρωτηθεὶς—παρρησία) SSR V B 473   **565** (εἰσελθὼν)–**567** (ἔχεις)
SSR V B 389

---

544 (ἄσωτον)–**547** (λήψομαι) om. F¹, suppl. F²ᵐᵍ   **545** ζητεῖ PF²: om. B
cum lac. 5 litt.: αἰτεῖ Φ   **546** πάλιν PFΦ: πάντων B   **548** ἀλλ' om. Φ
549 ἀγχ' ἴσχων (sic) B   πευθοίαθ' FP²Φ: πειθοίατ' BP¹   **552** κακόν
(bis) Richards 343   **553** ἐπιστάντα <αὐτῷ> Marcov. (conl. supra **211**)
555–556 φοβεῖται τὸ ἀγαθόν Φ   **556** εἶπε BPΦ: ἔφη F   **559** ποτε
om. FΦ   φησὶν ὅρα Φ   **560** φθείρεις F   **563** χρᾶσθαι F   **564**
κάλλιστον BPF: καλόν ἐστιν Φ   **564–565** παρρησία ἔφη F

πολλάς, μαθητὰς δὲ ὀλίγους, 'σὺν θεοῖς,' ἔφη, 'διδάσκαλε,
πολλοὺς μαθητὰς ἔχεις.' εἰώθει δὲ πάντα ποιεῖν ἐν τῷ μέσῳ,
καὶ τὰ Δήμητρος καὶ τὰ Ἀφροδίτης. καὶ τοιούτους τινὰς
ἠρώτα λόγους· εἰ τὸ ἀριστᾶν μηδὲν εἴη ἄτοπον, οὐδ' ἐν
ἀγορᾷ ἐστιν ἄτοπον· οὐκ ἔστι δὲ ἄτοπον τὸ ἀριστᾶν· οὐδ'   570
ἄρα ἐν ἀγορᾷ ἐστὶν ἄτοπον. χειρουργῶν τε ἐν τῷ μέσῳ
συνεχές, 'εἴθε ἦν,' ἔλεγε, 'καὶ τὴν κοιλίαν παρατριψάμενον
τοῦ λιμοῦ παύσασθαι.' ἀναφέρεται δὲ καὶ ἄλλα εἰς αὐτόν, ἃ
μακρὸν ἂν εἴη καταλέγειν πολλὰ ὄντα.

[70] διττὴν δὲ ἔλεγε εἶναι τὴν ἄσκησιν, τὴν μὲν ψυχικήν,   575
τὴν δὲ σωματικὴν ταύτην καθ' ἣν ἐν γυμνασίᾳ συνεχεῖ
γινόμεναι φαντασίαι εὐλυσίαν πρὸς τὰ τῆς ἀρετῆς ἔργα
παρέχονται. εἶναι δὲ ἀτελῆ τὴν ἑτέραν χωρὶς τῆς ἑτέρας,
οὐδὲν ἧττον εὐεξίας καὶ ἰσχύος ἐν τοῖς προσήκουσι
γενομένης, ὡς περὶ τὴν ψυχὴν καὶ περὶ τὸ σῶμα.   580
παρετίθετο δὲ τεκμήρια τοῦ ῥᾳδίως ἀπὸ τῆς γυμνασίας ἐν

567 (εἰώθει)–573 (παύσασθαι) SSR V B 147. Cf. supra 301–302
575–596 (ἐφαίνετο), 598 (τόν)–600 SSR V B 291

567 δὲ om. F¹, suppl. F²ˢ·¹·   568 καὶ τὰ δήμητρος καὶ τὰ ἀφροδίτης in
Φ erasa: καὶ τὰ δήμητρος om. B¹, suppl. B²ᵐᵍ   569 μηδὲν BPF: -θὲν Φ
ἐστιν Cob.   570 post ἄτοπον¹ add. τὸ ἀριστᾶν B   570 (οὐκ)–573
(παύσασθαι) om. F¹, suppl. F²ᵐᵍ   570–571 οὐδ' ἄρα Φ: οὐδ' BPF²
571 post ἄτοπον haec hab. Φ ἀγγελλομένου Φιλίππου ὡς μέλλοι τῇ
Κορίνθῳ προσβάλλειν καὶ πάντων πρὸς ἔργοις ὄντων καὶ
περισπωμένων, οὗτος τὸν οἰκεῖον πίθον ἐκύλιεν· ἐρομένων δέ τινων·
'ὅτου χάριν, Διόγενες;' 'ὅτι,' ἔφη, 'πάντων ταλαιπωρουμένων ἐμὲ μηδὲν
ποιεῖν ἄτοπον· κυλίω γοῦν τὸν πίθον, οὐδὲν ἄλλο διαπράττεσθαι ἔχων.'
ὡραῖον ἰδὼν μειράκιον ἀτάκτως ἄνω καὶ κάτω φερόμενον καὶ μεταπηδῶν
συνεχῶς, ἔφη· 'Μηριόνη, τάχα κέν σε καὶ ὀρχηστήν περ ἐόντα | ἔγχος
ἐμὸν κατέπαυσε διαμπερές, εἴ σ' ἔβαλόν περ' (Hom. Π 617–18)
'ex Gnomologio quodam' V. d. Muehll. Vid. Dorandi, Laertiana 96–8
571 (χειρουργῶν)–573 om. Φ   571 χειρουργῶν BP¹FΦ: κνώμενος in ras.
Pˣ ut vid. (cf. supra 301)   572 συνεχῶς F²   574 καταλέγειν πολλὰ
ὄντα BP: λέγειν πάντα F   576 καθ' ἦν om. P¹, suppl. P²ˢ·¹·   συνεχεῖ
Kuehn et Reiske 314 'et delenda distinctio ante ταύτην' (cf. infra 586): -εῖς
BPF, 'fort. recte' Mansfeld, CR 38 (1988) 162–3   577 γινόμεναι BP: γε- B,
'an recte?' V. d. Muehll   579 προσήκουσι BPF², de F¹ non constat
580 γινομένης F   καὶ π. τ. ψ. ὡς τὸ σ. V. d. Muehll (cf. 7.115), γεν. περὶ
ψ. ὡς καὶ περὶ σ. Kuehn   περὶ P: om. BF   581 ἀπὸ τῆς γυμνασίας
om. F¹, suppl. F²ᵐᵍ

τῇ ἀρετῇ καταγίνεσθαι· ὁρᾶν τε γὰρ ἔν τε ταῖς τέχναις ταῖς
βαναύσοις καὶ ταῖς ἄλλαις οὐ τὴν τυχοῦσαν ὀξυχειρίαν τοὺς
τεχνίτας ἀπὸ τῆς μελέτης πεποιημένους τούς τε ἀθλητὰς
585 καὶ τοὺς αὐλητὰς ὅσον ὑπερφέρουσιν ἑκάτεροι τῇ ἰδίᾳ
πονήσει τῇ συνεχεῖ, καὶ ὡς οὗτοι εἰ μετήνεγκαν τὴν ἄσκησιν
καὶ ἐπὶ τὴν ψυχήν, οὐκ ἂν ἀνωφελῶς καὶ ἀτελῶς ἐμόχθουν.

[71] οὐδέν γε μὴν ἔλεγε τὸ παράπαν ἐν τῷ βίῳ χωρὶς
ἀσκήσεως κατορθοῦσθαι, δυνατὴν δὲ ταύτην πᾶν
590 ἐκνικῆσαι. δέον οὖν ἀντὶ τῶν ἀχρήστων πόνων τοὺς κατὰ
φύσιν ἑλομένους ζῆν εὐδαιμόνως, παρὰ τὴν ἄνοιαν
κακοδαιμονοῦσι. καὶ γὰρ αὐτῆς τῆς ἡδονῆς ἡ καταφρόνησις
ἡδυτάτη προμελετηθεῖσα, καὶ ὥσπερ οἱ συνεθισθέντες
ἡδέως ζῆν, ἀηδῶς ἐπὶ τοὐναντίον μετίασιν, οὕτως οἱ
595 τοὐναντίον ἀσκηθέντες ἥδιον αὐτῶν τῶν ἡδονῶν
καταφρονοῦσι. τοιαῦτα διελέγετο καὶ ποιῶν ἐφαίνετο,
ὄντως νόμισμα παραχαράττων, μηδὲν οὕτω τοῖς κατὰ
νόμον ὡς τοῖς κατὰ φύσιν διδούς· τὸν αὐτὸν χαρακτῆρα τοῦ
βίου λέγων διεξάγειν ὅνπερ καὶ Ἡρακλῆς, μηδὲν ἐλευθερίας
600 προκρίνων.

[72] πάντα τῶν σοφῶν εἶναι λέγων καὶ τοιούτους
λόγους ἐρωτῶν οἵους ἄνω προειρήκαμεν· πάντα τῶν θεῶν
ἐστι· φίλοι δὲ τοῖς σοφοῖς οἱ θεοί· κοινὰ δὲ τὰ τῶν φίλων·
πάντα ἄρα τῶν σοφῶν. περί τε τοῦ νόμου ὅτι χωρὶς αὐτοῦ
605 οὐχ οἷόν τε πολιτεύεσθαι· οὐ γάρ φησιν ἄνευ πόλεως
ὄφελός τι εἶναι ἀστείου· ἀστεῖον δὴ ἡ πόλις· νόμου δὲ ἄνευ

597 (ὄντως)–598 (διδούς) SSR V B 7. Cf. supra 3 et 423–427   601–614
(γεύσασθαι) SSR V B 353. Cf. supra 195–198

598 (τόν)–618 (ἄρτου) Φ 49 (282.25–283.9)

583 ταῖς om. P   583–584 τοῖς τεχνίταις F   584 πεποιημένους B²P:
ποιη- B¹: ποιου- F: περιπεποιη- Cob.   586 πονήσει BP: ποι- F
συνεχῇ F   ἄσκησιν PF: δόκησιν B   588 παράπαν FP²: παραστὰν
BP¹   591 εὐδαιμόνως BP: εὐσχη- F   592 αὐτῆς BP: αὕτη F:
αὐτή Cob.   593 μελετηθεῖσα F   συνεθισθέντες BP: συναθροι- F
594 μετήεσαν F   597 τοῖς BP: ταῖς F   598 τόν <τε> Marcov.
606 ἀστείου om. B¹, suppl. B²ᵐᵍ   δὴ V. d. Muehll et Goulet-Cazé 738⁵:
δὲ BPF

πόλεως οὐδὲν ὄφελος· ἀστεῖον ἄρα ὁ νόμος. εὐγενείας δὲ καὶ δόξας καὶ τὰ τοιαῦτα πάντα διέπαιζε, προσκοσμήματα κακίας εἶναι λέγων· μόνην τε ὀρθὴν πολιτείαν εἶναι τὴν ἐν κόσμῳ. ἔλεγε δὲ καὶ κοινὰς εἶναι δεῖν τὰς γυναῖκας, γάμον 610 μηδένα νομίζων, ἀλλὰ τὸν πείσαντα τῇ πεισάσῃ συνεῖναι· κοινοὺς δὲ διὰ τοῦτο καὶ τοὺς υἱέας.

[73] μηδέν τε ἄτοπον εἶναι ἐξ ἱεροῦ τι λαβεῖν ἢ τῶν ζῴων τινὸς γεύσασθαι· μηδὲ ἀνόσιον εἶναι τὸ καὶ τῶν ἀνθρωπείων κρεῶν ἅψασθαι, ὡς δῆλον ἐκ τῶν ἀλλοτρίων 615 ἐθῶν· καὶ τῷ δὲ ὀρθῷ λόγῳ πάντα ἐν πᾶσι καὶ διὰ πάντων εἶναι λέγων. καὶ γὰρ ἐν τῷ ἄρτῳ κρέως εἶναι καὶ ἐν τῷ λαχάνῳ ἄρτου, καὶ τῶν σωμάτων τῶν λοιπῶν ἐν πᾶσι διά τινων ἀδήλων πόρων καὶ ὄγκων εἰσκρινομένων καὶ συνατμιζομένων, ὡς δῆλον ἐν τῷ Θυέστῃ ποιεῖ, εἴ γε αὐτοῦ 620 αἱ τραγῳδίαι καὶ μὴ Φιλίσκου τοῦ Αἰγινήτου ἐκείνου γνωρίμου ἢ Πασιφῶντος τοῦ †λουκιανοῦ†, ὅν φησι Φαβωρῖνος ἐν Παντοδαπῇ ἱστορίᾳ μετὰ τὴν τελευτὴν

613–626 Diog. TrGF I 88 F 1d   **614** (μηδὲ)**–620** (ποιεῖ) SSR V B 132 **620** (εἴ)**–624** (συγγράψαι) SSR V B 128   Favor. 72 Bar. = fr. 40 Mensch. = 77 Am. Cf. infra **724–727**   Philisc. Aeg. TGrF 89 T 2   Pasiph. Eretr. SSR III C 3

608 προσκοσμήματα B¹ (σ¹ expunxit Bˣ), P¹: προκοσ- ΦF, P⁴ (σ¹ eraso). Cf. 1.7   **609** (λέγων)**–610** (εἶναι) om. B¹, suppl. B²ᵐᵍ   ἐν τῶ κόσμῶ F **610** δεῖν εἶναι Φ   **611** μηδένα νομίζων Cob.: μηδὲ ὀνομάζων B: μηδὲν ὂν. PFΦ   πεισασθείσῃ Steph.   **612** διὰ τοῦτο καὶ om. Φ   **613– 620** Vid. Goulet-Cazé, Kynika 34⁹² et Lapini, Note 231–4   **614** τινὸς BPΦ: τινὰ F   μηδὲν P   **615** ἀνθρωπίνων Φ   **616** ἐθῶν om. F **616–617** καὶ—εἶναι BPF: καὶ πάντα ἐν πᾶσι εἶναι Φ   καὶ τῷ ὀρθῷ δὲ λόγῳ rec.: καὶ τῶδε ὀρθῶ λόγω BPF: καὶ τῶν . . . λεγόντων dub. Lapini, Note 233: καὶ τῷ δὲ ὀρθῷ λ. Pearson.: δὲ expu. Cob.   **617** λέγων—εἶναι om. B¹, suppl. B²ᵐᵍ   κρέως B²PF: -ας Φ (sed in excerptis)   **618** ἄρτου BP: -ον FΦ   καὶ BPFΦ: ὡς M. Gigante, SIFC 34 (1962) 133   λοιπῶν B: λιτῶν PF   ἐν πᾶσι om. F   ἐν del. Gigante   **619** καὶ¹ del. Mer. Casaub.: τῶν coni. K. Fr. Hermann 104, sed vid. LSJ s.v. ὄγκος III **620** συνατμιζομένων BPFΦ: συναυλιζο- Lapini, Note 232, an recte? **621** φιδίσκου B²   **622** λουκιανοῦ PF: δου- B: Λουκιάτου Roeper (1848) 62: Λευκιάδου Croenert, Kol. u. Men. 30: Λουκιακοῦ dub. Gigante 527¹³²: Ἐρετριακοῦ Wil., Ant. 142¹³ᵃ (cf. 2.61)   **623** ἐν—ἱστορίᾳ om. F

αὐτοῦ συγγράψαι. μουσικῆς τε καὶ γεωμετρικῆς καὶ
625 ἀστρολογίας καὶ τῶν τοιούτων ἀμελεῖν, ὡς ἀχρήστων καὶ
οὐκ ἀναγκαίων.

[74] εὐστοχώτατος δὲ ἐγένετο ἐν ταῖς ἀπαντήσεσι τῶν
λόγων, ὡς δῆλον ἐξ ὧν προειρήκαμεν. καὶ πρᾶσιν ἤνεγκε
γενναιότατα· πλέων γὰρ εἰς Αἴγιναν καὶ πειραταῖς ἁλοὺς
630 ὧν ἦρχε Σκίρπαλος, εἰς Κρήτην ἀπαχθεὶς ἐπιπράσκετο· καὶ
τοῦ κήρυκος ἐρωτῶντος τί οἶδε ποιεῖν, ἔφη, 'ἀνθρώπων
ἄρχειν.' ὅτε καὶ δείξας τινὰ Κορίνθιον εὐπάρυφον, τὸν
προειρημένον Ξενιάδην, ἔφη, 'τούτῳ με πώλει· οὗτος
δεσπότου χρῄζει.' ὠνεῖται δὴ αὐτὸν ὁ Ξενιάδης καὶ
635 ἀπαγαγὼν εἰς τὴν Κόρινθον ἐπέστησε τοῖς ἑαυτοῦ παιδίοις
καὶ πᾶσαν ἐνεχείρισε τὴν οἰκίαν. ὁ δὲ οὕτως αὐτὴν ἐν πᾶσι
διετίθει, ὥστε ἐκεῖνος περιὼν 'ἀγαθὸς' ἔλεγε 'δαίμων εἰς τὴν
οἰκίαν μου εἰσελήλυθε.' [75] φησὶ δὲ Κλεομένης ἐν τῷ
ἐπιγραφομένῳ Παιδαγωγικῷ τοὺς γνωρίμους
640 λυτρώσασθαι αὐτὸν θελῆσαι, τὸν δὲ εὐήθεις αὐτοὺς εἰπεῖν·
οὐδὲ γὰρ τοὺς λέοντας δούλους εἶναι τῶν τρεφόντων, ἀλλὰ
τοὺς τρέφοντας τῶν λεόντων. δούλου γὰρ τὸ φοβεῖσθαι, τὰ
δὲ θηρία φοβερὰ τοῖς ἀνθρώποις εἶναι.

θαυμαστὴ δέ τις ἦν περὶ τὸν ἄνδρα πειθώ, ὥστε πάνθ᾽
645 ὁντινοῦν ῥᾳδίως αἱρεῖν τοῖς λόγοις. λέγεται γοῦν

---

624 (μουσικῆς)–**626** SSR V B 370   **627–628** (προειρήκαμεν) SSR V B
472   **628** (καὶ)–**629** SSR V B 70. Cf. supra **115–122**   **644–653**
(λόγοις) SSR V B 137   Onesicr. FGrHist 134 T 3

---

628 (πρᾶσιν)–**630** (ἐπιπράσκετο) Φ 49 (283.10–13)   **632** (ὅτε)–**643** Φ
49 (266.19–267.2)   **632** (ὅτε)–**633** (πώλει) Suda ε 3640 (II 463.15–16)
644–697 (τελευτῆσαι) Φ 49 (283.14–285.15)

---

624 τε καὶ γεωμετρικῆς om. F   **625** ἀστρολογίας BP: ἀστρολογικῆς
ἱστορίας F   **625–626** καὶ οὐκ ἀναγκαίων om. F   **630** σκίρπαλος
BPF: σκίπαρλος Φ   ἀπαχθεὶς BPF: ἀνεπαχθῶς Φ   ἐπιπράσκετο BPF:
ἐπράθη Φ   **631** ἐρωτῶντος om. F   **631–632** ἄρχειν ἔφη ἀνθρώπων
F   **632–633** τὸν προειρημένον om. Φ   **634** ὁ om. Φ   **635** τὴν
om. Φ   **636** ἐνεχείρησε B   αὐτὴν Φ: -ὸν BPF   **637** περιὼν BP¹:
-ιιὼν FP⁴ (cf. 4.43)   ἀγαθὸς ἔλεγε BP: ἔλεγεν ἀγ. F   **640** θέλειν λυτρ.
αὐτόν Φ

Ὀνησίκριτόν τινα Αἰγινήτην πέμψαι εἰς τὰς Ἀθήνας δυοῖν
ὀντινοῦν υἱοῖν τὸν ἕτερον Ἀνδροσθένη, ὃν ἀκούσαντα
τοῦ Διογένους αὐτόθι προσμεῖναι· τὸν δ' ἐπ' αὐτὸν καὶ
τὸν ἕτερον ἀποστεῖλαι τὸν πρεσβύτερον Φιλίσκον τὸν
προειρημένον· **[76]** ὁμοίως δὲ καὶ τὸν Φιλίσκον 650
κατασχεθῆναι. τὸ τρίτον αὐτὸν ἀφικόμενον μηδὲν ἧττον
συνεῖναι τοῖς παισὶ φιλοσοφοῦντα. τοιαύτη τις προσῆν ἴυγξ
Διογένους τοῖς λόγοις. ἤκουσε δ' αὐτοῦ καὶ Φωκίων ὁ
ἐπίκλην χρηστὸς καὶ Στίλπων ὁ Μεγαρεὺς καὶ ἄλλοι
πλείους ἄνδρες πολιτικοί. 655

λέγεται δὲ πρὸς τὰ ἐνενήκοντα ἔτη βιοὺς τελευτῆσαι.
περὶ δὲ τοῦ θανάτου διάφοροι λέγονται λόγοι· οἱ μὲν γὰρ
πολύποδα φαγόντα ὠμὸν χολερικῶς ληφθῆναι καὶ ὧδε
τελευτῆσαι· οἱ δὲ τὸ πνεῦμα συγκρατήσαντα, ὧν ἐστι καὶ
Κερκίδας ὁ Μεγαλοπολίτης ἢ Κρής, λέγων ἐν τοῖς 660
μελιάμβοις οὕτως·

648 (τὸν)–**650** (προειρημένον) Philisc. Aeg. TGrF 89 T 1   **653** (ἤκουσε)–
655 SSR V B 138   Stilp. SSR II O 35 = test. 149 Doering   **656–682**
(κύνα) Antisth. Rh. FGrHist 508 F 7 = fr. 7 Giannat. (**668** οἱ–**676**)   **656**
(λέγεται—τελευτῆσαι) SSR V B 90   **657** (περὶ)–**661** Cercid. test. 7
Lomiento   **657** (περὶ)–**659** (τελευτῆσαι) SSR V B 94   **659** (οἱ)–**665**,
668 (οἱ)–**681** (Ἰσθμόν) SSR V B 97

652 (τοιαύτη)–**653** (λόγοις) Suda ι 761 (II 678.9–10)

647 ὀντινοῦν Pˣ: ὅτι- P¹F: ὀντιναοῦν (sic) B (cf. supra § 14)   ἀνδροσθένη
B²PΦ: -ην B¹F   **648** ἐπ' αὐτὸν BPF: ἐπ' αὐτῶ Ψ (coni. Reiske 314 'post
eum'): αὐτῶ Φ   **649** ἄποστ. τὸν πρεσβ. om. F   **649–650** τὸν
προειρημένον om. Φ   **650** δὲ om. F   **651** ἀφικόμενον BPFΦ¹:
ἀφειμένον Φ²: ἀφιγ- Cob.   **652** συμφιλοσοφοῦντα F   τοσαύτη F
ἴυγξ om. F   **653** τοῖς διογένους λόγοις F   ἤκουσε BP: ἠκολούθησε
F   ὁ BPˣᵐᵍF: ὦ P¹   **657** θανάτου αὐτοῦ Φ   γὰρ φασι Φ   **658**
πολύποδα Casaub.: βοὸς πόδα BP: πόδα βοὸς F   χολερικῶς BPF (cf.
Sext., PH 1.84): -ῆ Φ: -ῷ (sc. πάθει) Casaub.   **660** Κερκιδᾶς edd. Vid.
Masson, OGS I 172–6 (a. 1973)   μεγαλοπολίτης ἢ κρής BPF : ὁ—κρής
om. Φ   ἢ Κρής secl. Cob.: Ἀρκάς S. Bochart ap. Menag.: Ἀρκάς
Μεγαλοπολίτης vel Μεγαλ. τῆς Ἀρκαδίας W. Croenert, APF 2 (1903)
374: ἄντικρυς A. D. Knox, Herodes Cercidas (1927) 218

οὐ μὰν ὁ πάρος γα Σινωπεύς τῆνος ὁ βακτροφόρας
διπλοείματος, αἰθεριβόσκας, **[77]** ἀλλ᾽ ἀνέβα
χῆλος ποτ᾽ ὀδόντας ἐρείσας καὶ τὸ πνεῦμα συνδακών.
665 ἧς γὰρ ἀλαθέως Διογένης Ζανὸς γόνος οὐράνιός τε κύων.

ἄλλοι φασὶ πολύπουν κυσὶ συμμερίσασθαι βουλόμενον
οὕτω δηχθῆναι τοῦ ποδὸς τὸν τένοντα καὶ καταστρέψαι.
οἱ μέντοι γνώριμοι αὐτοῦ, καθά φησιν Ἀντισθένης ἐν
Διαδοχαῖς, εἴκαζον τὴν τοῦ πνεύματος ἐγκράτησιν.
670 ἐτύγχανε μὲν γὰρ διάγων ἐν τῷ Κρανείῳ τῷ πρὸ τῆς
Κορίνθου γυμνασίῳ. κατὰ δὲ τὸ ἔθος ἧκον οἱ γνώριμοι καὶ
αὐτὸν καταλαμβάνουσιν ἐγκεκαλυμμένον· οὐ δὴ εἴκασαν
αὐτὸν κοιμώμενον (οὐ γὰρ ἦν τις νύσταλος καὶ ὑπνηλός)
ὅθεν ἀποπετάσαντες τὸν τρίβωνα ἔκπνουν αὐτὸν

662–665 Cercid. fr. 54 Livrea = 60 Lomiento   **666–667** (καταστρέψαι)
SSR V B 96

673 (οὐ—ὑπνηλός) Suda ν 577 (III 486.14)

662–665 Vid. E. Livrea in Studi F. Della Corte (1987) I 427–33   **662** ὁ¹
ΒΡΦ: οὐ F   γ᾽ ἐασινωπεὺς Β² (σιν in ras.): γ᾽ ἔασι- Ρ: γ᾽ ἔασιν- ΦΦ: 'vid.
fuisse γεασ.' V. d. Muehll: γα Σ. Bergk, PLG II³ 798   βακτροφόρας PF:
βακτρο*φορὰς Β¹: βακτροφορὰς Β²: βακτροφόρος Φ   **663** διπλείματος
H. Arnim, WSt 34 (1912) 6   αἰθεριβόσκας ΒΡΦ: -ος F. Vid. Wil., Kl. Schr.
II (1941) 139 (a. 1918) et J. L. López Cruces, ZPE 140 (2002) 31¹⁰
<οὐρανὸν> ἀλλ᾽ ἀνέβα Maas ap. Diehl, Anth. Lyr. Gr. III (²1936) 129: ἀλλ᾽
ἀνέβα <κρατερῶς> Arnim 25: ἀλλ᾽ ἂν <Ὄλυμπον> ἔβα Knox 219: ἀλλ᾽
ἀπέβα Meineke, Anal. Alex. (1843) 391   **664** χῆλος Ζ (Frob.): χεῖ- ΒΡΦΦ
ποτ᾽ ὀδόντας BPF: πάντ᾽ ὀδόντ᾽ Φ   καὶ—συνδακών secl. Cob.   **665**
ἧς ΦΦ: ης ΒΡ¹: εἷς Ρˣ(Q)   ἀλαθέως ΡΦ: ἀλη- F: αλλαθεως Β² (ω in ras. et
ras. supra α et ω)   διογένης ΒΡΦ: -η F: διογενής Diehl, Anth. Lyr. Gr. III
(¹1923) 311   ζανὸς γόνος ΡΦ: ζ. τόνος Β² (ζ in ras.): ζηνωὸς τόκος F
Ζαν. γόν. ἧς γὰρ ἀλαθ. transp. et Διογένης tamquam ex glossemate secl.
Arnim 6, 25–6, 'nolui apud D. L. tradita mutare' V. d. Muehll, sed vid. Livrea,
Eikasmos 17 (2006) 172¹⁰   **666** πουλούπουν Ρ¹, corr. Ρ⁴   **668** (καθά)–
671 (γνώριμοι) om. Φ   **669** ἐγκράτησιν (ἐν- Β) BPF: συν- Cob.   **671**
ἧθος F   **672** οὐ δὴ BPF: καὶ Φ   **673** κοιμώμενον BPF: -μᾶσθαι Φ
οὐ ΒΡ: οὐδὲ Ρ   **673–674** οὐ—ὅθεν om. Φ   νύσταλος Rossi 98–9:
νύκταλος Β: νυκταλὸς PF Suda: νυσταλέος Cob.   καὶ ΡΡ: ἢ F   καὶ
ὑπνηλός olim secl. Dorandi, SIFC 87 (1984) 235   **674** αὐτὸν om. F

καταλαμβάνουσι καὶ ὑπέλαβον τοῦτο πρᾶξαι λοιπὸν 675
βουλόμενον ὑπεξελθεῖν τοῦ βίου.

[78] ἔνθα καὶ στάσις, ὥς φασιν, ἐγένετο τῶν γνωρίμων,
τίνες αὐτὸν θάψωσιν· ἀλλὰ καὶ μέχρι χειρῶν ἦλθον.
ἀφικομένων δὲ τῶν πρώτων καὶ τῶν ὑπερεχόντων, ὑπὸ
τούτοις ταφῆναι τὸν ἄνδρα παρὰ τῇ πύλῃ τῇ φερούσῃ εἰς 680
Ἰσθμόν. ἐπέστησάν τε αὐτῷ κίονα καὶ ἐπ᾽ αὐτῷ λίθου
Παρίου κύνα. ὕστερον δὲ καὶ οἱ πολῖται αὐτοῦ χαλκαῖς
εἰκόσιν ἐτίμησαν αὐτὸν καὶ ἐπέγραψαν οὕτω·

> γηράσκει καὶ χαλκὸς ὑπὸ χρόνου, ἀλλὰ σὸν οὔτι
> κῦδος ὁ πᾶς αἰών, Διόγενες, καθελεῖ· 685
> μοῦνος ἐπεὶ βιοτᾶς αὐτάρκεα δόξαν ἔδειξας
> θνατοῖς καὶ ζωῆς οἶμον ἐλαφροτάταν.

[79] ἔστι καὶ ἡμῶν ἐν τῷ προκελευσματικῷ μέτρῳ ·

> Διόγενες, ἄγε λέγε, τίς ἔλαβέ σε μόρος
> ἐς Ἄϊδος; — ἔλαβέ με κυνὸς ἄγριον ὀδάξ. 690

ἔνιοι δέ φασι τελευτῶντα αὐτὸν καὶ ἐντείλασθαι ἄταφον
ῥῖψαι ὡς πᾶν θηρίον αὐτοῦ μετάσχοι, ἢ εἴς γε βόθρον

---

681 (ἐπέστησάν)–**690** SSR V B 108   **691–694** SSR V B 101

684–687 Anth. Plan. 334 (= Pal. 16.334)   **689–690** Suda α 180 (I 22.4–6).

---

675 καταλαμβάνουσι BPF: εὑρίσκουσι Φ   **675–676** λοιπὸν βουλόμενον
ὑπεξελθεῖν BF: βουλ. λοιπὸν ὑπ. P: λοιπὸν ὑπ. βουλ. Φ   **677** ὥς φασιν
om. BΦ, sed post ἐγένετο pos. ὥς φησὶ (sic) B   **678** θάψωσιν BP: -ουσιν
FΦ   **679** τῶν πρώτων καὶ Lapini 113: τῶν πατέρων καὶ BPF: om.
Φ: secl. Marcov.   **680** παρὰ om. F   **681** τὸν ἰσθμόν Φ   ἐπέστησαν
δὲ αὐτῷ οὗτοι καὶ κίονα Φ   **683** αὐτὸν om. F   **684–685** (αἰών) om.
F¹, suppl. F²ᵐᵍ   **684** γηράσκει Φ, Suda: -ράσει (-ράσι B) BPF², Plan.
χαλκὸς BPFΦ, Plan.: χρυσὸς Suda   ἀλάσσον οὐτ εἰ B   **685** πασαίων
B   **686** ἐπεὶ P: ἐπὶ BFΦ, Suda: γὰρ Plan.   βιοτᾶς BPFΦ: -ῆς Plan.: -ᾷ
Suda   **687** θνατοῖς BPFΦ: θνητ- Suda, Plan.   καὶ BPFΦ, Plan.: οἷς
Suda   ζωᾶς BPFΦ: -ῆς Plan., Suda   οἶμον PΦ¹, Plan.: οἵ- F: οὔ- BΦ²:
οἶμος Suda   ἐλαφροτάταν BPFΦ: -ην Plan.: -ῃ Suda   **688**
προκελευσματικῷ Pal. in titulo: προκελευμα- BPF   **690** ἐς BPF, Pal.,
Suda: εἰς Φ   ἄιδος B² (δος in ras.): ἄϊδος P, Pal., Suda: ἄΐδαο B¹ (ut vid.)
FΦ   ἔβαλέ με K. Fr. Hermann 104   ἄγριον BPΦ: -ιος F: om. Suda α et δ
691 καὶ om. Φ: secl. Cob.   **692** ῥῖψαι rec.: ῥί- BPFΦ   ἢ om. F   γε
BP: τε F: om. Φ

συνῶσαι καὶ ὀλίγην κόνιν ἐπαμῆσαι (οἱ δέ, εἰς τὸν Ἰλισσὸν ἐμβαλεῖν) ἵνα τοῖς ἀδελφοῖς χρήσιμος γένηται.

695 Δημήτριος δ᾽ ἐν τοῖς Ὁμωνύμοις φησὶ τῆς αὐτῆς ἡμέρας Ἀλέξανδρον μὲν ἐν Βαβυλῶνι, Διογένη δ᾽ ἐν Κορίνθῳ τελευτῆσαι. ἦν δὲ γέρων κατὰ τὴν τρίτην καὶ δεκάτην καὶ ἑκατοστὴν Ὀλυμπιάδα.

[80] φέρεται δ᾽ αὐτοῦ βιβλία τάδε·

700 διάλογοι·

Κεφαλίων,
Ἰχθύας,
Κολοιός,
Πάρδαλις,
705 Δῆμος Ἀθηναίων,
Πολιτεία,
Τέχνη ἠθική,
Περὶ πλούτου,
Ἐρωτικός,
710 Θεόδωρος,
Ὑψίας,
Ἀρίσταρχος,
Περὶ θανάτου.

ἐπιστολαί.

715 τραγῳδίαι ἑπτά·

Ἑλένη,
Θυέστης,
Ἡρακλῆς,
Ἀχιλλεύς,
720 Μήδεια,
Χρύσιππος,
Οἰδίπους.

695–698 SSR V B 92   **695–697** (τελευτῆσαι) Demetr. Magn. fr. 19 Mejer   i.e. 328–324   **699, 726** (Σωτίων)–**741** SSR V B 117   **699, 726** (Διογένους) Diog. TGrF 88 T 1   **702** Eucl. fr. 32B Doer. **715–726** (Διογένους) Satyr. fr. 1 Schorn. Cf. supra **620–624**

693 ἰλισσὸν Φ: ἔλεισον B: ἐλισὸν P¹: ἐλισσὸν FP⁴   **696** διογένη BΡΦ: -ην F   **701** Κεφαλίων Menag. conl. infra **735**: -λαίων BPF   **702** ἰχθύες F **704** πάρδαλις BF: πάρδα^λ P¹ (ά e corr.): Πόρδαλος Cob. (cf. supra **6**)

Σωσικράτης δ᾽ ἐν τῷ πρώτῳ τῆς Διαδοχῆς καὶ Σάτυρος ἐν τῷ τετάρτῳ τῶν Βίων οὐδὲν εἶναι Διογένους φασί· τά τε τραγῳδάριά φησιν ὁ Σάτυρος Φιλίσκου εἶναι τοῦ 725 Αἰγινήτου, γνωρίμου τοῦ Διογένους. Σωτίων δὲ ἐν τῷ ἑβδόμῳ ταῦτα μόνα φησὶ Διογένους εἶναι·

> Περὶ ἀρετῆς,
> Περὶ ἀγαθοῦ,
> Ἐρωτικόν,   730
> Πτωχόν,
> Τολμαῖον,
> Πάρδαλιν,
> Κάσανδρον,
> Κεφαλίωνα,   735
> Φιλίσκον,
> Ἀρίσταρχον,
> Σίσυφον,
> Γανυμήδη,
> Χρείας,   740
> Ἐπιστολάς.

[81] γεγόνασι δὲ Διογένεις πέντε· πρῶτος Ἀπολλωνιάτης, φυσικός· ἀρχὴ δ᾽ αὐτῷ τοῦ συγγράμματος ἥδε, ᾽λόγου παντὸς ἀρχόμενον δοκεῖ μοι χρεὼν εἶναι τὴν ἀρχὴν ἀναμφισβήτητον παρέχεσθαι.᾽ δεύτερος Σικυώνιος, ὁ 745 γράψας τὰ περὶ Πελοπόννησον· τρίτος αὐτὸς οὗτος·

723–724 (φασί) Sosicr. fr. 11 Giannat.   724 (τά)–726 (Διογένους) SSR V B 128   726 (Σωτίων)–741 Sotion fr. 19 W.   742–745 (παρέχεσθαι) Diog. Apoll. VS 64 A = B 1 = test. 1.21 et fr. 1 Laks. Cf. 9.57   745 (δεύτερος)–746 FGrHist 503 T 1

723 Σωσικράτης Casaub.: σωκράτης BPF   727 μόνα om. F   φησὶν εἶναι τοῦ διογένους F   733 πάρδαλιν Z (Frob.): πάρδα᾽ P: πάρδαλον BF 'ex comp. male intellecto ut vid.' V. d. Muehll: Πόρδαλος Cob. (cf. supra 6 et 704)   734 κάσσανδρον B   739 γανυμήδη B: γανυμή᾽ P: -μίδην F²: om. F¹   742 γεγόνασι BP: εἰσὶ F   744 χρεὼν εἶναι om. F   745 ἀναμφισβήτητον παρέχεσθαι om. F

τέταρτος Στωϊκός, γένος Σελευκεύς, καλούμενος δὲ
Βαβυλώνιος διὰ τὴν γειτονίαν· πέμπτος Ταρσεύς,
γεγραφὼς περὶ ποιητικῶν ζητημάτων ἃ λύειν ἐπιχειρεῖ.

750   τὸν δὴ φιλόσοφον Ἀθηνόδωρός φησιν ἐν ὀγδόῃ
Περιπάτων ἀεὶ στιλπνὸν φαίνεσθαι διὰ τὸ ἀλείφεσθαι.

---

747 (τέταρτος)–**748** (γειτονίαν) SVF III Diog. 2   **750**–**751** SSR V B 179

747–748 καλούμενος δὲ βαβυλώνιος BP: ὁ καὶ βαβυλ. καλ. F   **748** διὰ
τὴν γειτονίαν om. F   **749** ἃ—ἐπιχερεῖ om. F¹, suppl. F²ᵐᵍ

[82] Μόνιμος Συρακόσιος μαθητὴς μὲν Διογένους, οἰκέτης δέ τινος τραπεζίτου Κορινθίου, καθά φησι Σωσικράτης. πρὸς τοῦτον συνεχὲς ἀφικνούμενος ὁ Ξενιάδης ὁ τὸν Διογένην ἐωνημένος τὴν ἀρετὴν αὐτοῦ καὶ τῶν ἔργων καὶ τῶν λόγων διηγούμενος εἰς ἔρωτα τἀνδρὸς ἐνέβαλε τὸν 5 Μόνιμον. αὐτίκα γὰρ ἐκεῖνος μανίαν προσποιηθεὶς τό τε κέρμα διερρίπτει καὶ πᾶν τὸ ἐπὶ τῆς τραπέζης ἀργύριον ἕως αὐτὸν ὁ δεσπότης παρητήσατο· καὶ ὃς εὐθέως Διογένους ἦν. παρηκολούθησε δὲ καὶ Κράτητι τῷ Κυνικῷ συχνὰ καὶ τῶν ὁμοίων εἴχετο, ὥστε καὶ μᾶλλον αὐτὸν ὁρῶν ὁ 10 δεσπότης ἐδόκει μαίνεσθαι.

ἐγένετο δὴ ἀνὴρ ἐλλόγιμος, ὡς καὶ Μένανδρον αὐτοῦ τὸν κωμικὸν μεμνῆσθαι. **[83]** ἔν τινι γοῦν τῶν δραμάτων ἐν τῷ Ἱπποκόμῳ εἶπεν οὕτως·

(Α.) Μόνιμός τις ἦν ἄνθρωπος, ὦ Φίλων, σοφός, 15
ἀδοξότερος μικρῷ δ'. (Β.) ὁ τὴν πήραν ἔχων;
(Α.) πήρας μὲν οὖν τρεῖς. ἀλλ' ἐκεῖνος ῥῆμά τι
ἐφθέγξατ' οὐδὲν ἐμφερές, μὰ τὸν Δία,
τῷ γνῶθι σαυτόν οὐδὲ τοῖς βοωμένοις
τούτοις, ὑπὲρ δὲ ταῦθ', ὁ προσαιτῶν καὶ ῥυπῶν· 20
τὸ γὰρ ὑποληφθὲν τῦφον εἶναι πᾶν ἔφη.

1–25 SSR V G 1   **1–9** (ἦν) Sosicr. fr. 14 Giannat.   **15–19** Men. fr. 193 K.-A.

1–9 (ἦν) Φ 50 (286.20–287.2)

Ante **1** tit. μόνιμος P⁴   **1** συρακόσιος B: συρακούσιος PF: συρρα- Φ **2** τραπεζίτου τινὸς Φ   Σωσικράτης Casaub.: σωκράτης BPF   **3** ὁ¹ om. F   **4–5** καὶ τῶν λόγων καὶ τῶν ἔργων F   **5** τἀνδρὸς B¹PF: τοῦ ἀνδρὸς B²Φ   **6** γὰρ BPFΦ: γοῦν Marcov., sed vid. 5.91   ἐκεῖνος om. F **8** εὐθέως BPF: αὐτίκα Φ   **10** ὥστε Marcov.: ὅτε BPF   ὁρῶν αὐτὸν F **12** δὴ BP: δὲ F   ἀνὴρ om. F   **14** εἶπεν P: εἰπεῖν BF   **15–16** σοφός huc BP: post μικρῷ F   **16–17** personas distinxit G. A. Hirschig, Annotat. crit. (1849) 22   **17** ἀλλ' ἐκεῖνος Menag.: ἀλλὰ καὶ εἰκόνος BPF   ῥῆμά τι F: ῥήματι BP   **18** ἐφθέγξατ' FPˣ: -αθ' BP¹   **20** ὑπὲρ δὲ BPF: ὑπερεῖδε Scaliger ap. Menag.   **21** ὑποληφθὲν P: -λιφθὲν B: -λειφθὲν F οὗτος μὲν ἐμβριθέστατος ἐγένετο, ὥστε δόξης μὲν καταφρονεῖν, πρὸς δὲ ἀλήθειαν παρορμᾶν. γέγραφε δὲ παίγνια σπουδῇ λεληθυίᾳ μεμιγμένα καὶ Περὶ ὁρμῶν δύο

25 καὶ Προτρεπτικόν.

---

22 μὲν BPF: μὴν Marcov.   **24** λεληθυίᾳ PF: δὲ ληθύϊα B   **25** καὶ προτρεπτικόν om. B¹, suppl. B²

[84] Όνησίκριτος· τοῦτον οἱ μὲν Αἰγινήτην, Δημήτριος δ' ὁ Μάγνης Ἀστυπαλαιᾶ φησιν εἶναι. καὶ οὗτος τῶν ἐλλογίμων Διογένους μαθητῶν. ἔοικε δέ τι ὅμοιον πεπονθέναι πρὸς Ξενοφῶντα. ἐκεῖνος μὲν γὰρ Κύρῳ συνεστράτευσεν, οὗτος δὲ Ἀλεξάνδρῳ· κἀκεῖνος μὲν Παιδείαν Κύρου, ὁ δὲ πῶς 5 Ἀλέξανδρος ἤχθη γέγραφε· καὶ ὁ μὲν ἐγκώμιον Κύρου, ὁ δὲ Ἀλεξάνδρου πεποίηκε. καὶ τῇ ἑρμηνείᾳ δὲ παραπλήσιος, πλὴν ὅτι ὡς ἀπόγραφος ἐξ ἀρχετύπου δευτερεύει.

γέγονε καὶ Μένανδρος Διογένους μαθητής, ὁ ἐπικαλούμενος Δρυμός, θαυμαστὴς Ὁμήρου, καὶ Ἡγησίας 10 Σινωπεὺς ὁ Κλοιὸς ἐπίκλην, καὶ Φιλίσκος ὁ Αἰγινήτης, ὡς προειρήκαμεν.

1–8 SSR V C 1   Onesicr. FGrHist 134 T 1   1–2 (εἶναι) Demetr. Magn. fr. 20 Mejer   9–10 (Ὁμήρου) Men. Cyn. SSR V E 1   9–11 (ἐπίκλην) Heges. Sinop. SSR V F 1   11 (Φιλίσκος)–12 Philisc. Aegin. SSR V D 2.

Ante 1 tit. ὀνησίκριτος P⁴   1 ὀνησίκριτος PF: om. B¹, inter versus litt. uncialibus add. B²   2 ἀστυπαλαιᾶ BP⁴ᵐᵍ: -λέα P¹F: -λαιέα Menag. εἶναι om. BP   4 γὰρ suppl. P¹ˢˡ   6 ἀλέξανδρος ἤχθη BP: ἀνήχθη ἀλ. F   10 Ἡγησίας Cob. (cf. supra § 48): -σαῖος BPF   11 ὁ¹ BFPˣ: ὢ P¹ ὁ² om. P

LIBER VI

[85] Κράτης Ἀσκώνδου Θηβαῖος. καὶ οὗτος τῶν ἐλλογίμων
τοῦ κυνὸς μαθητῶν. Ἱππόβοτος δέ φησιν οὐ Διογένους
αὐτὸν μαθητὴν γεγονέναι, ἀλλὰ Βρύσωνος τοῦ Ἀχαιοῦ.
τούτου Παίγνια φέρεται τάδε·

5 Πήρη τις πόλις ἐστὶ μέσῳ ἐνὶ οἴνοπι τύφῳ
 καλὴ καὶ πίειρα, περίρρυπος, οὐδὲν ἔχουσα,
 εἰς ἣν οὔτε τις εἰσπλεῖ ἀνὴρ μωρὸς παράσιτος,
 οὔτε λίχνος πόρνης ἐπαγαλλόμενος πυγῆσιν·
 ἀλλὰ θύμον καὶ σκόρδα φέρει καὶ σῦκα καὶ ἄρτους.
10 ἐξ ὧν οὐ πολεμοῦσι πρὸς ἀλλήλους περὶ τούτων,
 οὐχ ὅπλα κέκτηνται περὶ κέρματος, οὐ περὶ δόξης.

[86] ἔστι καὶ ἐφημερὶς ἡ θρυλουμένη οὕτως ἔχουσα·

 τίθει μαγείρῳ μνᾶς δέκ᾽, ἰατρῷ δραχμήν,
 κόλακι τάλαντα πέντε, συμβούλῳ καπνόν,
15 πόρνῃ τάλαντον, φιλοσόφῳ τριώβολον.

ἐκαλεῖτο δὲ καὶ Θυρεπανοίκτης διὰ τὸ εἰς πᾶσαν εἰσιέναι
οἰκίαν καὶ νουθετεῖν. ἔστιν αὐτοῦ καὶ τόδε·

 ταῦτ᾽ ἔχω ὅσσ᾽ ἔμαθον καὶ ἐφρόντισα καὶ μετὰ Μουσῶν
 σέμν᾽ ἐδάην· τὰ δὲ πολλὰ καὶ ὄλβια τῦφος ἔμαρψεν.

1–170 Diels, PPF 10 A 1 et B 4.8–9, 13–15, 18 **1–3** (Ἀχαιοῦ) SSR V H 1
2 (Ἱππόβοτος)–**3** (Ἀχαιοῦ) Hippob. fr. 8 Gig. Brys. fr. 205 A (?) Doer.
4 (τούτου)–**11** SSR V H 70 **5–11** SH 351 **12–15** SSR V H 78
13–15 SH 362 **16–17** SSR V H 18 **17** (ἔστιν)–**19** SSR V H 74
18–19 SH 355

1–2 (Κράτης—μαθητῶν), **4** (τούτου)–**17** Φ 51 (287.4–18) **18–19** Anth.
Pal. 7.326; Plan. III^a 28.37

Ante **1** tit. κράτης B²P⁴ **1** κράτης ἀσκώνδου PFB²: κρατήσας κόνδου B
2 φησιν om. F **3** αὐτὸν om. F γεγονέναι om. F **6** περίρρυπος
Steph.: περίρρυτος BPFΦ (-ίρυ- BP^lac): περίρρυτον Reiske ms. et Wachsm.,
Sillogr. 197. Vid. Livrea, Gnomon 57 (1985) 594 **7** πλεῖ Φ μωρὸς ἀνὴρ
F **8** πόρνησ᾽ Diels PPF **9** σκόροδα Φ **11** οὐδ᾽ Bergk, PLG⁴ II
367 **12** θρυλουμένη B: θρυλλου- PFΦ **13** δέκ᾽ rec.: δέκα BPFΦ
16 καὶ om. Φ **18** ταῦτ᾽ BPF, Pal.: τόσσ᾽ Plan. (cf. Anth. Pal. 7.325)
ὅσσ᾽ P, Pal.: ὅσα B: ᾽σσ᾽ F **19** σεμνὰ B τῦφος BPF: τάφος Pal.:
τύμβος Plan.

460

καὶ ὅτι ἐκ φιλοσοφίας αὐτῷ περιγένοιτο 20

θέρμων τε χοῖνιξ καὶ τὸ μηδενὸς μέλειν.

φέρεται δ᾽ αὐτοῦ κἀκεῖνο·

ἔρωτα παύει λιμός· εἰ δὲ μή, χρόνος·
ἐὰν δὲ τούτοις μὴ δύνῃ χρῆσθαι, βρόχος.

[87] ἤκμαζε δὲ κατὰ τὴν τρίτην καὶ δεκάτην καὶ 25
ἑκατοστὴν Ὀλυμπιάδα.

τοῦτόν φησιν Ἀντισθένης ἐν Διαδοχαῖς θεασάμενον ἔν τινι
τραγῳδίᾳ Τήλεφον σπυρίδιον ἔχοντα καὶ τἆλλα λυπρὸν
ἀΐξαι ἐπὶ τὴν Κυνικὴν φιλοσοφίαν· ἐξαργυρισάμενόν τε τὴν
οὐσίαν (καὶ γὰρ ἦν τῶν ἐπιφανῶν) ἀθροίσαντα πρὸς τὰ 30
{ἑκατὸν} διακόσια τάλαντα, τοῖς πολίταις ἀνεῖναι ταῦτα.
αὐτὸν δὲ καρτερῶς οὕτω φιλοσοφεῖν ὡς καὶ Φιλήμονα τὸν
κωμικὸν αὐτοῦ μεμνῆσθαι. φησὶ γοῦν·

κ̓αὶ τοῦ θέρους μὲν εἶχεν ἱμάτιον δασύ,
ἵν᾽ ἐγκρατὴς ᾖ, τοῦ δὲ χειμῶνος ῥάκος. 35

20–21 SSR V H 83   **21** SH 367   **22–24** SSR V H 79   **23–24** SH
363   **25–26** SSR V H 2   i.e. 328–324   **27–38** (βαλεῖν), **39**
(πολλάκις)**–45** SSR V H 4   Demetr. Magn. fr. 21 Mejer   **27–31** (ταῦτα)
Antisth. Rhod. FGrHist 508 F 8 = fr. 8 Giannat. (**27–35**)   **27–29**
(φιλοσοφίαν) Eur. (67) *ivd Kann.   **34–35** Philem. fr. 134 K.-A.

20–24 Φ 51 (287.18–288.2)   **23–24** Anth. Pal. 9.497; Plan. IIIᵃ 26.13
Suda κ 2341 (III 182.20–1)   **27–38** (βαλεῖν) Φ 51 (288.3–11)

---

21 τε καὶ F   μέλλειν F   **23** δὲ om. BP¹   **24** ἂν δὲ μηδὲ (cod. A: μὴ
codd. GM) τούτῳ δυνάσαι, βρ. Suda   **27** ἐν ταῖς F   θεασάμενον BPF:
ἰδόντα Φ   **30** γὰρ—ἐπιφανῶν om. Φ   ἐπιφανῶν PF: ἐπιούνων B
30–31 πρὸς τὰ ρ′ καὶ σ′ F: πρὸς σ′ (om. τὰ ἑκατόν) Φ: ἑκατὸν del. Reiske
ms. et Cob.   **31** ἀνεῖναι (ἀνῆ- Bᵃᶜ) BPF: δοῦναι Φ: διανεῖμαι Cob., an
recte? (cf. infra **44**)   **32** δὲ om. B   κρατερῶς F   **34** καὶ τοῦ θέρους
μὲν εἶχεν BPF: θέρους μὲν οὖν εἶχεν Φ   **35** ἵν᾽ ἐγκρατὴς ᾖ PF: ἵν᾽
ἐγκρατήσῃ B² (ἐγ in ras., de B¹ non constat), coniecerat Meineke, FCG V.1
(1857) 100 ('i.e. ἐγκαρτερήσῃ'): ἵν᾽ ὡς Κράτης ᾖ Cob.: Κράτης ἵν᾽ εἴη H. van
Herwerden, Collectanea (1903) 147: ἵν᾽ ἐγκρατηθῇ A. M. Desrousseaux in
Mél. Navarre (1935) 149 (conl. Ar., Nub. 48 ἐγκεκοισυρωμένην)

φησὶ δὲ Διοκλῆς πεῖσαι αὐτὸν Διογένη τὴν οὐσίαν μηλόβοτον ἀνεῖναι καὶ εἴ τι ἀργύριον εἴη, εἰς θάλατταν βαλεῖν. **[88]** καὶ Κράτητος μέν, φησίν, ὁ οἶκος ὑπὸ Ἀλεξάνδρου <. . .>, Ἱππαρχίας δὲ ὑπὸ Φιλίππου. πολλάκις
40 τε τῇ βακτηρίᾳ τῶν συγγενῶν τινας προσιόντας καὶ ἀποτρέποντας ἐδίωκε, καὶ ἦν γενναῖος. φησὶ δὲ Δημήτριος ὁ Μάγνης τραπεζίτῃ τινὶ παρακαταθέσθαι τὸ ἀργύριον, συνθέμενον, εἰ μὲν οἱ παῖδες ἰδιῶται γενηθεῖεν, αὐτοῖς ἀποδοῦναι· εἰ δὲ φιλόσοφοι, τῷ δήμῳ διανεῖμαι· μηδενὸς
45 γὰρ ἐκείνους δεήσεσθαι φιλοσοφοῦντας.

Ἐρατοσθένης δέ φησιν ἐξ Ἱππαρχίας, περὶ ἧς λέξομεν, γενομένου παιδὸς αὐτῷ ὄνομα Πασικλέους, ὅτ᾽ ἐξ ἐφήβων ἐγένετο, ἀγαγεῖν αὐτὸν ἐπ᾽ οἴκημα παιδίσκης καὶ φάναι τοῦτον αὐτῷ πατρῷον εἶναι τὸν γάμον· **[89]** τοὺς δὲ τῶν
50 μοιχευόντων τραγικούς· φυγὰς <γὰρ> καὶ φόνους ἔχειν ἔπαθλον· τοὺς δὲ τῶν ἑταίραις προσιόντων κωμικούς· ἐξ ἀσωτίας γὰρ καὶ μέθης μανίαν ἀπεργάζεσθαι. τούτου γέγονε Πασικλῆς ἀδελφός, μαθητὴς Εὐκλείδου.

χαρίεν δ᾽ αὐτοῦ Φαβωρῖνος ἐν τῷ δευτέρῳ τῶν

36–38 (βαλεῖν) SSR V B 238   **38** (καὶ)–**39** (Φιλίππου) SSR V H 30
46–51 (κωμικούς) SSR V H 19   **46–52** (ἀπεργάζεσθαι) Eratosth. FGrHist
241 F 21   **51–52** (ἐξ—ἀπεργάζεσθαι) SSR V H 48   **52** (τούτου)–
53 (Εὐκλείδου) SSR V H 4   Eucl. SSR II A 25   Stilp. test. 148B
Doer.   **54–62** (ἐποίει) SSR V H 36   **54–58** (γόνατα;) Favor. fr. 42 Bar.
= 12 Mensch. = 50 Am.

---

39 (πολλάκις)–**45** Φ 51 (288.12–17)

---

36 διογένη BP: -ην F   **39** post ἀλεξάνδρου lac. ind. Cob. (post φησίν (**37**)
iam Aldobr.): ἐφυλάχθη add. Diels, PPF, fort. recte (cf. 2.115): διεφυ- V. d.
Muehll (conl. Arr., Anab. 1.9.10): ἦν (post φησίν) add. Casaub.: κατεσκάφη
Menag.   **40** τε BPF: δὲ Φ   τῇ βακτηρίᾳ om. Φ   τινας BPF: τοὺς Φ
41 καὶ ἦν γενναῖος om. Φ   γενναίως B   **42** παρακαταθέσθαι FΦ:
-τίθεσθαι BP   αὐτὸν τὸ ἀργύριον Φ   **43** γενηθεῖεν BΦ: γεννη- P:
γένωνται F: γένοιντο Cob.   **43–44** ἀποδοῦναι αὐτοῖς Φ   **44**
διανεῖμαι BPF²: ἀνεῖμαι F¹   **49** δὲ BPF: μὲν Marcov.: τε Frob.   **50** γὰρ
add. Wil. ap. Diels: <οὖς> φυγὰς Hermann ap. Huebn. II 65¹   φόνους
BPF²: πό- F¹   **51** ἔπαθλα Cob.   δὲ Hermann: τε BPF   **52** γὰρ om.
F   **53** εὐκλείδου BPF: Διοκλείδου Zeller, Philos. d. Gr. II 1 (³1875) 210⁴,
'Εὐ. pro Διο- aut scriptoris aut scribae errore positum est' Diels, PPF 208

462

Ἀπομνημονευμάτων φέρει. φησὶ γάρ· παρακαλῶν περί του 55
τὸν γυμνασίαρχον, τῶν ἰσχίων αὐτοῦ ἥπτετο·
ἀγανακτοῦντος δέ, ἔφη, 'τί γάρ; οὐχὶ καὶ ταῦτα σά ἐστι
καθάπερ καὶ τὰ γόνατα;' ἔλεγέ τε ἀδύνατον εἶναι
ἀδιάπτωτον εὑρεῖν, ἀλλ᾽ ὥσπερ ἐν ῥοιᾷ καὶ σαπρόν τινα
κόκκον εἶναι. Νικόδρομον ἐξερεθίσας τὸν κιθαρῳδὸν 60
ὑπωπιάσθη· προσθεὶς οὖν πιττάκιον τῷ μετώπῳ
ἐπέγραψε, 'Νικόδρομος ἐποίει.' [90] τὰς πόρνας ἐπίτηδες
ἐλοιδόρει συγγυμνάζων ἑαυτὸν πρὸς τὰς βλασφημίας.

Δημήτριον τὸν Φαληρέα πέμψαντα αὐτῷ ἄρτους καὶ
οἶνον ὠνείδισεν εἰπών, 'εἴθε γὰρ αἱ κρῆναι καὶ ἄρτους 65
ἔφερον.' δῆλον οὖν ὡς ὕδωρ ἔπινεν. ὑπὸ τῶν Ἀθήνησιν
ἀστυνόμων ἐπιτιμηθεὶς ὅτι σινδόνα ἠμφίεστο, ἔφη, 'καὶ
Θεόφραστον ὑμῖν δείξω σινδόνα περιβεβλημένον·'
ἀπιστούντων δέ, ἀπήγαγεν ἐπὶ κουρεῖον καὶ ἔδειξε
κειρόμενον. ἐν Θήβαις ὑπὸ τοῦ γυμνασιάρχου μαστιγωθεὶς 70
(οἱ δέ, ἐν Κορίνθῳ ὑπ᾽ Εὐθυκράτους) καὶ ἑλκόμενος τοῦ
ποδὸς ἐπέλεγεν ἀφροντιστῶν,

ἕλκε ποδὸς τεταγὼν διὰ βηλοῦ θεσπεσίοιο.

[91] Διοκλῆς δέ φησιν ἑλχθῆναι αὐτὸν ὑπὸ Μενεδήμου
τοῦ Ἐρετρικοῦ. ἐπειδὴ γὰρ εὐπρεπὴς ἦν καὶ ἐδόκει 75
χρησιμεύειν Ἀσκληπιάδῃ τῷ Φλιασίῳ, ἁψάμενος αὐτοῦ
τῶν μηρῶν ὁ Κράτης ἔφη, 'ἔνδον Ἀσκληπιάδης.' ἐφ᾽ ᾧ

---

60 Νικόδρομον] Cf. SIG³ 432   **62** (τὰς)–**63** SSR V H 27   **64–66**
(ἔπινεν) SSR V H 33   **66** (ὑπὸ)–**75** (Ἐρετρικοῦ) SSR V H 35   (ὑπὸ)–
70 (κειρόμενον) Theophr. fr. 23 FHS&G   **70** (ἐν)–**79** SSR III F 11
Demetr. Phal. fr. 33B SOD = 58a W.   **73** SH 357

---

55 (παρακαλῶν)–**70** (κειρόμενον) Φ 51 (288.18–289.11)   **70** (ἐν)–**79** Φ 51
(289.11–16)

55–56 του τὸν P: τούτων B: -ου F   **58** τε om. F¹, suppl. F²ˢ·¹·
ἀδύνατον om. F   εἶναι om. Φ   **59** ῥοιᾷ καὶ PFΦ: ῥύακι* B² (1* in ras.)
62 ἐποίει BPF: -σε Φ   **64** ἄρτον F   **69** ἐπήγαγεν B   ἐπὶ κουρεῖον
PΦ: ἐπικούριον B: ἐπὶ τὸ κουρεῖον F   **71** (ἐν)–**72** (ἐπέλεγεν) om. F¹,
suppl. F²ᵐᵍ   **73** βηλοῦ] πηλοῦ Kassel ap. SH   **74** ὁ διοκλῆς B
ἐλεγχθῆναι F   **76** ἀφαψάμενος B, ἐφ- dub. Diels

δυσχεράναντα τὸν Μενέδημον ἕλκειν αὐτόν, τὸν δὲ τοῦτο ἐπιλέγειν.

80 Ζήνων δ' αὖθ' ὁ Κιτιεὺς ἐν ταῖς Χρείαις καὶ κῴδιον αὐτόν φησί ποτε προσράψαι τῷ τρίβωνι ἀνεπιστρεπτοῦντα. ἦν δὲ καὶ τὴν ὄψιν αἰσχρὸς καὶ γυμναζόμενος ἐγελᾶτο. εἰώθει δὲ λέγειν ἐπαίρων τὰς χεῖρας, 'θάρρει, Κράτης, ὑπὲρ ὀφθαλμῶν καὶ τοῦ λοιποῦ σώματος· **[92]** τούτους γὰρ ὄψει
85 τοὺς καταγελῶντας, ἤδη {καὶ} συνεσπασμένους ὑπὸ νόσου καί σε μακαρίζοντας, αὐτοὺς δὲ καταμεμφομένους ἐπὶ τῇ ἀργίᾳ.'

ἔλεγε δὲ μέχρι τούτου δεῖν φιλοσοφεῖν, μέχρις ἂν δόξωσιν οἱ στρατηγοὶ εἶναι ὀνηλάται. ἐρήμους ἔλεγε τοὺς μετὰ
90 κολάκων ὄντας ὥσπερ τοὺς μόσχους ἐπειδὰν μετὰ λύκων ὦσιν· οὔτε γὰρ ἐκείνοις τοὺς προσήκοντας οὔτε τούτοις συνεῖναι, ἀλλὰ τοὺς ἐπιβουλεύοντας. συναισθανόμενος ὅτι ἀποθνήσκει, ἐπῇδε πρὸς ἑαυτὸν λέγων·

στείχεις δή, φίλε κυρτών,
95 †βαίνεις εἰς Ἀΐδαο δόμους κυφὸς ὥρην διὰ γῆρας†.

ἦν γὰρ κυφὸς ὑπὸ χρόνου.

80–87 SSR V H 40   Zen. Cit. SVF I 272   **88–89** (ὀνηλάται) SSR V H 47   **89** (ἐρήμους)**–92** (ἐπιβουλεύοντας) SSR V H 54   **92** (συναισθανόμενος)**–96** SSR V H 75   **94–95** SH 356

81 (ἦν)**–96** Φ 51 (289.17–290.4)

80 αὖθ' P: om. BF: αὖ Arnim   κιτιεὺς B: κιττι- P: κηττι- F   **81** ποτε om. F   ἀνεπιστρεπτοῦντα Rossi 100–1 et Reiske ms.: ἀνεπιτρε- BP: om. F   **84** ὀφθαλμῶν BPFΦ: ὤμων Marcov.   γὰρ BPF: δὲ Φ   **85** καταγελῶντας <καταμεμυκότας> Wil. ap. Diels, PPF   καὶ om. Φ, del. Cob.   καί σε μὲν Φ   **86** αὐτοὺς PF: ἑαυ- Φ: αὐ- B   ἐπὶ τῇ om. F   **88** δὲ om. Φ   **90** μετὰ τῶν λ. Φ   **91** ἐκείνοις εἶναι Φ   **92** συνεῖναι om. Φ   ἀλλὰ <μόνους> Marcov.   συναισθόμενος Φ   **93** ἐπῇδε PFΦ: ἐπεὶ δὲ B   λέγων om. Φ   **94** κυρτών Huebn.: κυρτῶν BP¹: κύρτων FPˣ: om. Φ   **95** βαίνεις εἰς Ἀΐδαο δόμους κυφὸς ὥρην διὰ γῆρας BPFΦ: βαίνεις del. Diels: β. <τ'> Casaub.   **96** κυφὸς ὥρην διὰ γῆρας del. Diels 'κυφὸς γὰρ ἦν δ. γ. (nam sic olim scriptum fuerit a glossatore) tamquam alteram vocis κυρτών explicationem': στ. δή, φ. κύρτων, | βαίνεις εἰς <τ'> Ἀΐδ. | κυφὸς ὁρᾶν δ. γ. A. Meineke, Philologus 12 (1857) 369   ἦν—χρόνου om. Long

[93] πρὸς Ἀλέξανδρον πυθόμενον εἰ βούλεται αὐτοῦ τὴν πατρίδα ἀνορθωθῆναι, ἔφη, 'καὶ τί δεῖ; πάλιν γὰρ ἴσως Ἀλέξανδρος ἄλλος αὐτὴν κατασκάψει.' ἔχειν δὲ πατρίδα ἀδοξίαν <καὶ> πενίαν ἀνάλωτα τῇ τύχῃ καὶ Διογένους 100 εἶναι πολίτης ἀνεπιβουλεύτου φθόνῳ. μέμνηται δὲ αὐτοῦ καὶ Μένανδρος ἐν Διδύμοις οὕτως·

συμπεριπατήσεις γὰρ τρίβων' ἔχουσ' ἐμοί,
ὥσπερ Κράτητι τῷ Κυνικῷ ποθ' ἡ γυνή
καὶ θυγατέρ' ἐξέδωκ' ἐκεῖνος, ὡς ἔφη   105
αὐτός, ἐπὶ πείρᾳ δοὺς τριάκονθ' ἡμέρας.

μαθηταὶ αὐτοῦ·
[94] Μητροκλῆς, ἀδελφὸς Ἱππαρχίας, ὃς πρότερον ἀκούων Θεοφράστου τοῦ Περιπατητικοῦ τοσοῦτον διέφθαρτο, ὥστε ποτὲ μελετῶν καὶ μεταξύ πως ἀποπαρδὼν 110 ὑπ' ἀθυμίας οἴκοι κατάκλειστος ἦν, ἀποκαρτερεῖν βουλόμενος. μαθὼν δὴ ὁ Κράτης εἰσῆλθε πρὸς αὐτὸν παρακληθεὶς καὶ θέρμους ἐπίτηδες βεβρωκὼς ἔπειθε μὲν αὐτὸν καὶ διὰ τῶν λόγων μηδὲν φαῦλον πεποιηκέναι· τέρας

97–101 (φθόνῳ) SSR V H 31   **101** (μέμνηται)–**106** SSR V H 26
103–106 Men. fr. 114 K.-A.   **108–134** Metrocl. SSR V L 1

99 (ἔχειν)–**101** (φθόνῳ) Φ 51 (290.4–6)   **108–118** Φ 52 (290.8–17)

99 ἄλλος ἀλέξανδρος F   ἔχειν δὲ BPF: ἔχειν ἔλεγε Φ   **99** (ἔχειν)–**101** (φθόνῳ) 'iambici numeri aperta vestigia sed versus restitui nequeunt' Bergk, PLG³ II 674 (ad fr. 21)   **100** καὶ add. Steph.   πενίαν BPΦ: πένητα F   **101** φθόνῳ BPΦ: -ου F   δὲ F: om. BP   **102** διδύμοις BPF: -αις Meursius, Biblioth. Att. ed. J. Gronovius, Thes. gr. Ant. (1701) 1550 E   **104** post γυνὴ lac. stat. Kock   **105** ἐξέδωκ' ἐκεῖνος Cob. (cf. Nov. lect. (1858) 42), praeeunte Grotio, Exc. trag. et com. (1626) 984: ἐξέδοκ' ἐκείνοις B² (ἐκοί- B¹): -δωκε κείνοις P: -κεν ἐκείνοις F   **105–106** ἔφη αὐτὸς BF: αὐτὸς ἔφη P   **107** μαθηταὶ BPF: -τῆς Z (Frob.)   δ' αὐτοῦ rec.   ante **108** tit. μητροκλῆς P⁴ᵐᵍ   **108** μητροκλῆς om. B¹: inter versus litt. uncialibus in ras. add. B²   μητροκλῆς ὁ μαρωνείτης Φ (cf. infra **136**)   **111** κατάκλειστος RFΦ: -κεστος B   **111–112** ἀποκαρτερεῖν βουλόμενος om. Φ   **113** καὶ om. Φ, del. Cob.   μὲν BP: om. F: μὲν οὖν Φ   **114** αὐτὸν καὶ BPF: αὐτὸν Φ: καὶ ante ἔπειθε transp. Marcov. (deleto καὶ **113**) καὶ τέρας F

115 γὰρ ἂν γεγονέναι εἰ μὴ καὶ τὰ πνεύματα κατὰ φύσιν
ἀπεκρίνετο· τέλος δὲ καὶ ἀποπαρδὼν ἀνέρρωσεν αὐτόν, ἀφ᾽
ὁμοιότητος τῶν ἔργων παραμυθησάμενος. τοὐντεῦθεν
ἤκουεν αὐτοῦ καὶ ἐγένετο ἀνὴρ ἱκανὸς ἐν φιλοσοφίᾳ.

[95] οὗτος τὰ ἑαυτοῦ συγγράμματα κατακάων, ὥς
120 φησιν Ἑκάτων ἐν πρώτῳ Χρειῶν, ἐπέλεγε·

τάδ᾽ ἔστ᾽ ὀνείρων νερτέρων φαντάσματα,

οἷον λῆρος· οἱ δ᾽, ὅτι τὰς Θεοφράστου ἀκροάσεις
καταφλέγων ἐπέλεγεν·

Ἥφαιστε, πρόμολ᾽ ὧδε, Θέτις νύ τι σεῖο χατίζει.

125 οὗτος ἔλεγε τῶν πραγμάτων τὰ μὲν ἀργυρίου ὠνητὰ
εἶναι, οἷον οἰκίαν· τὰ δὲ χρόνου καὶ ἐπιμελείας, ὡς παιδείαν.
τὸν πλοῦτον βλαβερὸν εἰ μή τις ἀξίως αὐτῷ χρῷτο.
ἐτελεύτα δὲ ὑπὸ γήρως ἑαυτὸν πνίξας.

μαθηταὶ δ᾽ αὐτοῦ Θεόμβροτος καὶ Κλεομένης,
130 Θεομβρότου Δημήτριος ὁ Ἀλεξανδρεύς, Κλεομένους
Τίμαρχος Ἀλεξανδρεὺς καὶ Ἐχεκλῆς Ἐφέσιος· οὐ μὴν ἀλλὰ
καὶ Ἐχεκλῆς Θεομβρότου διήκουσεν, οὗ Μενέδημος, περὶ οὗ
λέξομεν. ἐγένετο καὶ Μένιππος Σινωπεὺς ἐν αὐτοῖς
ἐπιφανής.

135 [96] ἐθηράθη δὲ τοῖς λόγοις καὶ ἡ ἀδελφὴ τοῦ

119–122 Hecat. fr. 23 Gomoll   121 TrGF Adesp. 285   124 Hom. Σ
392. Cf. 3.5   129–134 SSR V L 6   135–170 Hipparchia SSR V I 1

135–169 Φ 53 (290.19–292.3)

---

115 ἂν BPΦ: ἐν F   116 ἀπεκρίνατο F   αὐτὸν ἀνέρρωσεν Z (Frob.)
117 παραμυθησάμενος om. Φ   118 κατὰ φιλοσοφίαν Φ   120
*κάτων B   121 νερτέρων BPF: νύκτ- A. Nauck, Z. Alt. 13 (1855) 115
122 οἷον λῆρος BPF: 'interpretamentum Diogenis L.' V. d. Muehll,
tamquam ex glossemate del. Cob.   ἀκροάσεις BP: γραφὰς F   124
(πρόμολ᾽)–125 (πραγμάτων) om. F¹, suppl. F²ᵐᵍ   124 θέτις BP¹: πόλις F²,
s.l. cum γρ P⁴   τι BP: τοι F²   126 δὲ F: δὴ BP   128 ὑπὸ γήρως
suppl. F¹ᵐᵍ   129 αὐτοῦ 'immo Cratetis' M.-O. Goulet-Cazé, Hermes 114
(1986) 247–52, contra Gigante 653   130–131 κλεομένους τίμ. ἀλεξ. om.
BF: in ras. κλεομένους P⁴ (de P¹ non constat, om. Q)   ante 135 tit.
ἱππαρχία P⁴ᵐᵍ

Μητροκλέους Ἱππαρχία. Μαρωνῖται δ᾽ ἦσαν ἀμφότεροι. καὶ ἦρα τοῦ Κράτητος καὶ τῶν λόγων καὶ τοῦ βίου, οὐδενὸς τῶν μνηστευομένων ἐπιστρεφομένη, οὐ πλούτου, οὐκ εὐγενείας, οὐ κάλλους· ἀλλὰ πάντα ἦν Κράτης αὐτῇ. καὶ δὴ καὶ ἠπείλει τοῖς γονεῦσιν ἀναιρήσειν αὑτὴν εἰ μὴ τούτῳ 140 δοθείη. Κράτης μὲν οὖν παρακαλούμενος ὑπὸ τῶν γονέων αὐτῆς ἀποτρέψαι τὴν παῖδα, πάντα ἐποίει· καὶ τέλος μὴ πείθων, ἀναστὰς καὶ ἀποθέμενος τὴν ἑαυτοῦ σκευὴν ἄντικρυς αὐτῆς ἔφη, 'ὁ μὲν νυμφίος οὗτος, ἡ δὲ κτῆσις αὕτη, πρὸς ταῦτα βουλεύου·' οὐδὲ γὰρ ἔσεσθαι κοινωνὸν εἰ μὴ καὶ 145 τῶν αὐτῶν ἐπιτηδευμάτων γενηθείης.

[97] εἵλετο ἡ παῖς καὶ ταὐτὸν ἀναλαβοῦσα σχῆμα συμπεριῄει τἀνδρὶ καὶ ἐν τῷ φανερῷ συνεγίνετο καὶ ἐπὶ τὰ δεῖπνα ἀπῄει. ὅτε καὶ πρὸς Λυσίμαχον εἰς τὸ συμπόσιον ἦλθον, ἔνθα Θεόδωρον τὸν ἐπίκλην Ἄθεον ἤλεγξε, σόφισμα 150 προτείνασα τοιοῦτο· ὃ ποιῶν Θεόδωρος οὐκ ἂν ἀδικεῖν λέγοιτο, οὐδ᾽ Ἱππαρχία ποιοῦσα τοῦτο ἀδικεῖν λέγοιτ᾽ ἄν· Θεόδωρος δὲ τύπτων ἑαυτὸν οὐκ ἀδικεῖ, οὐδ᾽ ἄρα Ἱππαρχία Θεόδωρον τύπτουσα ἀδικεῖ. ὁ δὲ πρὸς μὲν τὸ λεχθὲν οὐδὲν ἀπήντησεν, ἀνέσυρε δ᾽ αὐτῆς θοἰμάτιον· ἀλλ᾽ 155

---

149 (ὅτε)–162 Theod. test. 60A Win.

137 (ἦρα)–155 (θοἰμάτιον) Suda η 448 (ΙΙ 578.21–7)

136 μητροκλέους ἱππαρχία om. B¹, inter versus add. B² (ἱππαρχία litt. uncialibus in ras.)   μαρωνῖται Z (Frob.): -νεῖται BPF   138 οὐ PFΦ: τοῦ B   139 δὴ BPF: δὲ Φ   140 αὑτήν BP: ἑαυ- Φ αὐ- F   142 ἀποτρέψαι BP: -στρέψαι FΦ   143 ἑαυτοῦ om. B¹, suppl. B²ˢ·ˡ·   144 ἄντικρυς BP: ἀντικρὺ FΦ   145 σὺ δὲ βουλεύου πρὸς ταῦτα· οὐ γὰρ F ἔσται Marcov.   κοινωνόν Diels: -ός BPFΦ   146 γενηθείης BPFΦ: -θείη F: -θείη· καὶ Reiske 314   148 συμπεριῄει PΦ: -περιείη B: -περίη F: συναπῄει dub. Diels   τῷ ἀνδρὶ B   149 ἀπείη B   150 ἦλθον BΦ: -εν PF   ἐπίκλην om. Φ Suda   ἤλεγξε Φ Suda: ἐπή- BPF: ἀπή- vel ἐξή- Reiske 314   151 τοιοῦτο B¹PΦ: -ον B²F   152 (-κεῖν)–153 (ἀδι-) om. B¹, suppl. B²ᵐᵍ   153 δὲ om. Suda   ἄρα om. F, Suda   154 μὲν om. Suda   155 ἀνεσύρατο δ᾽ αὐτῆς τὸν ῥημάτιον Suda

467

οὔτε κατεπλάγη Ἱππαρχία οὔτε διεταράχθη ὡς γυνή. **[98]** ἀλλὰ καὶ εἰπόντος αὐτῇ, 'αὕτη 'στὶν

ἡ τὰς παρ' ἱστοῖς ἐκλιποῦσα κερκίδας;'

'ἐγώ,' φησίν, 'εἰμί, Θεόδωρε· ἀλλὰ μὴ κακῶς σοι δοκῶ
160 βεβουλεῦσθαι περὶ αὑτῆς εἰ τὸν χρόνον ὃν ἔμελλον ἱστοῖς προσαναλώσειν τοῦτον εἰς παιδείαν κατεχρησάμην;' καὶ ταῦτα μὲν καὶ ἄλλα μυρία τῆς φιλοσόφου.

φέρεται δὲ τοῦ Κράτητος βιβλίον Ἐπιστολαί, ἐν αἷς ἄριστα φιλοσοφεῖ, τὴν λέξιν ἔστιν ὅτε παραπλήσιος
165 Πλάτωνι. γέγραφε καὶ τραγῳδίας ὑψηλότατον ἐχούσας φιλοσοφίας χαρακτῆρα, οἷόν ἐστι κἀκεῖνο·

οὐχ εἷς πάτρα μοι πύργος, οὐ μία στέγη,
πάσης δὲ χέρσου καὶ πόλισμα καὶ δόμος
ἕτοιμος ἡμῖν ἐνδιαιτᾶσθαι πάρα.

170 ἐτελεύτησε δὲ γηραιὸς καὶ ἐτάφη ἐν Βοιωτίᾳ.

---

158 Eur., Ba. 1236   **163–165** (Πλάτωνι) SSR V H 87   **165** (γέγραφε)–
170 SSR V H 80   **167–169** SH 364   TrGF I 90 F 1   **170** SSR
V H 2.

---

157 (αὕτη)–**158** Suda θ 150 (II 695.30–1).

---

156 ἱππαρχία ΡΦ: ἡ ἱππ. B: om. F   **157** αὐτῇ αὕτη 'στὶν (ἐστὶν F)
ἡ B²FΦ: αὐτῇ τίνι B¹ ut vid.: αὐτοῦ αὐτῇ (ex αὐτῇ αὐτοῦ) τίνι P   **158**
πρὸς ἱστοὺς Suda   post κερκίδας add. καὶ τρίβωνα φοροῦσα Suda
159 δοκῶ om. F¹, suppl. F²ᵐᵍ   **160** αὐτῆς P: ἑαυ- Φ: αὐ- BF   ἔμελλον
B¹ΡΦ: ἔμελον B² (λον in ras.): ἤμελλον F   **161** προσαναλώσειν (-σιν B¹)
B²ΡΦ: -λῶσαι F   **163–170** post **106** transferenda E. S. Stamatis, Πλάτων
29 (1977) 85, frustra   **164** παραπλησίως (ex -ήσιος) P¹(Q)   **167**
πάτρα Grotius, Exc. trag. et com. (1626) 963: -ας BPFΦ   **170** καὶ ἐτάφη
ἐν βοιωτίαι add. B²; quae B¹ scripserat sub titulo a B² scripto erasa (vid. 469
infra ad **1**).

468

[99] Μένιππος, καὶ οὗτος κυνικός, τὸ ἀνέκαθεν ἦν Φοῖνιξ, δοῦλος, ὥς φησιν Ἀχαϊκὸς ἐν Ἠθικοῖς. Διοκλῆς δὲ καὶ τὸν δεσπότην αὐτοῦ Ποντικὸν εἶναι καὶ Βάτωνα καλεῖσθαι. ἀτειρότερον δὲ αἰτῶν ὑπὸ φιλαργυρίας ἴσχυσε Θηβαῖος γενέσθαι. φέρει μὲν οὖν σπουδαῖον οὐδέν· τὰ δὲ βιβλία 5 αὐτοῦ πολλοῦ καταγέλωτος γέμει κατ᾽ ἴσον τοῖς Μελεάγρου τοῦ κατ᾽ αὐτὸν γενομένου.

φησὶ δὲ Ἕρμιππος ἡμεροδανειστὴν αὐτὸν γεγονέναι καὶ καλεῖσθαι· καὶ γὰρ ναυτικῷ τόκῳ δανείζειν καὶ ἐξενεχυριάζειν, ὥστε πάμπλειστα χρήματα ἀθροίζειν· **[100]** 10 τέλος δὲ ἐπιβουλευθέντα πάντων στερηθῆναι καὶ ὑπ᾽ ἀθυμίας βρόχῳ τὸν βίον μεταλλάξαι. καὶ ἡμεῖς ἐπαίξαμεν εἰς αὐτόν·

> φοίνικα τὸ γένος, ἀλλὰ Κρητικὸν κύνα,
> ἡμεροδανειστὴν (τοῦτο γὰρ ἐπεκλήζετο)   15
> οἶσθα Μένιππον ἴσως.
> Θήβησιν οὗτος ὡς διωρύγη ποτὲ
> καὶ πάντ᾽ ἀ<π>έβαλεν οὐδ᾽ ἐνόει φύσιν κυνός,
> αὐτὸν ἀνεκρέμασεν.

ἔνιοι δὲ τὰ βιβλία αὐτοῦ οὐκ αὐτοῦ εἶναι, ἀλλὰ Διονυσίου 20 καὶ Ζωπύρου τῶν Κολοφωνίων, οἳ τοῦ παίζειν ἕνεκα συγγράφοντες ἐδίδοσαν αὐτῷ ὡς εὖ δυναμένῳ διαθέσθαι.

8–19 Hermipp. FGrHistCont 1026 F 80 (Bollansée)

Ante **1** tit. μένιππος P⁴ᵐᵍ   **1** μένιππος PF: om. B¹ inter versus litt. uncialibus in ras. add. B² (vid. 468 supra ad **170**)   **2** φησιν <καὶ> dub. Croenert, Kol. u. Men. 2   **3** κάτωνα F   **4** ἀτειρότερον Menag. (cf. 2.130 et Dorandi, Laertiana 58–9): ἀτη- BP¹(Q): αὐστη- FP⁴   δὲ αἰτῶν BPˣF: δὲ **αιτῶν P¹: δὲ ζῶν Reiske 314 et Wil., Hell. Dicht. I 60: διαιτῶν Kuehn   **5** φέρεται Richards 343   **5** (τὰ)–**8** (ἡμεροδανειστὴν) in lac. a B¹ relicta suppl. B²   **6** κατ᾽ ἴσον A. Hecker, Philologus 5 (1850) 434 (cf. 9.28 et supra ad § 11): καί τι P: καίτοι F: om. B² spatio relicto   **8** δὲ ἕρμιππος P: δὲ καὶ ἔρμ. F: δ᾽ ὁ ἔρμ. B²   **10** ἐνεχυριάζειν F   **14–19** versus distinxit Salmasius, De modo usurarum (1639) 63   **15** τοῦτο γὰρ ἐπεκλήζετο om. F¹, suppl. F²ᵐᵍ   **17** διωρύγη Salmasius: διορυχὴ B: διωρύχει PF: -χθη Mer. Casaub.: -χη V. d. Muehll   **18** πάντ᾽ ἀπέβαλεν Frob.: πάντα (πάντ᾽ P) ἔβαλεν BPF   οὐδ᾽ F: εἰ δ᾽ BP   **19** αὐτὸν P: αὐ- BF

[101] γεγόνασι δὲ Μένιπποι ἕξ· πρῶτος ὁ γράψας τὰ
περὶ Λυδῶν καὶ Ξάνθον ἐπιτεμόμενος, δεύτερος αὐτὸς
25 οὗτος, τρίτος Στρατονικεὺς σοφιστής, Κὰρ τὸ ἀνέκαθεν·
τέταρτος ἀνδριαντοποιός, πέμπτος καὶ ἕκτος ζωγράφοι·
μέμνηται δ᾽ ἀμφοτέρων Ἀπολλόδωρος.

τὰ δ᾽ οὖν τοῦ Κυνικοῦ βιβλία ἐστὶ δεκατρία·

Νέκυια,
30 Διαθῆκαι,
Ἐπιστολαὶ κεκομψευμέναι ἀπὸ τῶν θεῶν προσώπου,
Πρὸς τοὺς φυσικοὺς καὶ μαθηματικοὺς καὶ γραμματικοὺς καὶ
Γονὰς Ἐπικούρου καὶ
Τὰς θρησκευομένας ὑπ᾽ αὐτῶν εἰκάδας

35 καὶ ἄλλα.

---

23 (πρῶτος)–**24** Xanth. Lyd. FGrHist 765 T 7   **26** (πέμπτος)–**27** Apoll.
FGrHist 244 F 81.

---

24 ξάνθων F   **25** κὰρ τὸ ἀνέκαθεν om. F   **29–31** om. F[1], suppl. F[2mg]
32 καὶ γραμματικοὺς om. B   **34–35** εἰκάδας καὶ ἄλλα add. B[2]; quae B[1]
scripserat. sub titulo a B[2] scripto erasa (vid. 468 supra ad **170** et 471 infra ad **1**).
Vid. K. Wachsmuth, Corp. poes. epicae Gr. ludib. II (1885) 82[1] et eiusdem
Addenda in I (1888) 223–4.

[102] Μενέδημος Κωλώτου τοῦ Λαμψακηνοῦ μαθητής. οὗτος, καθά φησιν Ἱππόβοτος, εἰς τοσοῦτο τερατείας ἤλασεν ὥστε Ἐρινύος ἀναλαβὼν σχῆμα περιήει, λέγων ἐπίσκοπος ἀφῖχθαι ἐξ ᾅδου τῶν ἁμαρτανομένων, ὅπως πάλιν κατιὼν ταῦτα ἀπαγγέλλοι τοῖς ἐκεῖ δαίμοσιν. ἦν δὲ 5 αὐτῷ ἡ ἐσθὴς αὕτη· χιτὼν φαιὸς ποδήρης, περὶ αὐτῷ ζώνη φοινικῆ, πῖλος Ἀρκαδικὸς ἐπὶ τῆς κεφαλῆς ἔχων ἐνυφασμένα τὰ δώδεκα στοιχεῖα, ἐμβάται τραγικοί, πώγων ὑπερμεγέθης, ῥάβδος ἐν τῇ χειρὶ μειλίνη.

1–9 SSR V N 1   Hippob. fr. 9 Gig.

1–9 Φ 53 (292.5–12)   5 (ἦν)–9 Suda φ 180 (IV 710.13–19)

Ante 1 tit. μενέδημος P⁴ᵐᵍ   1 μενέδημος PF: om. B¹ inter versus litt. uncialibus in ras. add. B² (vid. 468 supra ad 170 et 470 supra ad 34–35) 2 εἰς BPFΦ: ἐπὶ Suda   τοσοῦτο B¹P¹F: -τον ΦB²P⁴   3 ἐρινύος B¹P: ἐρινν- B²FΦ, Suda   ἀναλαβεῖν σχῆμα Suda   4 τῶν ἁμαρτανομένων ἐξ ᾅδου Suda   5 ἀπαγγέλλοι BPΦ: -είλη F: -έλλειν Suda   6 αὐτῷ om. Suda   ἡ om. B   φαιὸς χιτὼν Suda   αὐτῶ BPF: -ὸν Φ, Suda   7 καὶ πῖλος ἀρδικὸς Suda   ἐπὶ τῆς κεφαλῆς om. P¹, suppl. P⁴ˢ·ˡ·   9 μειλίνη (ει ex corr. P) PFΦ²ˢ·ˡ·: μη- BΦ¹: με- Suda

[103] καὶ οὗτοι μὲν οἱ βίοι τῶν κυνικῶν ἑκάστου. προσυπογράψομεν δὲ καὶ τὰ κοινῇ ἀρέσκοντα αὐτοῖς, αἵρεσιν καὶ ταύτην εἶναι ἐγκρίνοντες τὴν φιλοσοφίαν, οὐ, καθά φασί τινες, ἔνστασιν βίου. ἀρέσκει οὖν αὐτοῖς τὸν
5 λογικὸν καὶ τὸν φυσικὸν τόπον περιαιρεῖν, ἐμφερῶς Ἀρίστωνι τῷ Χίῳ, μόνῳ δὲ προσέχειν τῷ ἠθικῷ. καὶ ὅπερ τινὲς ἐπὶ Σωκράτους, τοῦτο Διοκλῆς ἐπὶ Διογένους ἀναγράφει, τοῦτον φάσκων λέγειν, 'δεῖ ζητεῖν

ὅττι τοι ἐν μεγάροισι κακόν τ' ἀγαθόν τε τέτυκται.'

10 παραιτοῦνται δὲ καὶ τὰ ἐγκύκλια μαθήματα. γράμματα γοῦν μὴ μανθάνειν ἔφασκεν ὁ Ἀντισθένης τοὺς σώφρονας γενομένους, ἵνα μὴ διαστρέφοιντο τοῖς ἀλλοτρίοις. [104] περιαιροῦσι δὲ καὶ γεωμετρίαν καὶ μουσικὴν καὶ πάντα τὰ τοιαῦτα. ὁ γοῦν Διογένης πρὸς τὸν ἐπιδεικνύντα αὐτῷ
15 ὡροσκοπεῖον, 'χρήσιμον,' ἔφη, 'τὸ ἔργον πρὸς τὸ μὴ ὑστερῆσαι δείπνου.' πρὸς τὸν ἐπιδεικνύντα αὐτῷ μουσικὴν ἔφη·

γνώμαις γὰρ ἀνδρῶν εὖ μὲν οἰκοῦνται πόλεις,
εὖ δ' οἶκος, οὐ ψαλμοῖσι καὶ τερετίσμασιν.

---

2 (προσυπογράψομεν)–6 (ἠθικῷ), 10–14 (τοιαῦτα), 20–32 (εἶναι), 33 (καὶ)–37 Antisth. SSR V A 135   4 (ἀρέσκει)–9 Diog. Cyn. SSR V B 368
4 (ἀρέσκει)–6 (ἠθικῷ) SVF I 354   9 Hom. δ 392. Cf. 2.21   10–12 (ἀλλοτρίοις) Antisth. SSR V A 161   13 (περιαιροῦσι)–16 (δείπνου) Diog. Cyn. SSR V B 369   16 (πρὸς)–19 Diog. Cyn. SSR V B 497
18–19 Eur. fr. 200 Kannicht

---

4 (ἀρέσκει)–37 Φ 49 (285.16–286.18)

---

2 κοινοὶ F   3 ἐγκρίνοντες F: ἐν- P: ἐκ- B   3–4 οὐ—βίου om. F¹, suppl.
F²ᵐᵍ   4 τὸν om. Φ   5 τόπον BPF: τρό- Φ   8 <ὅτι> δεῖ dub. A.
Gercke, De quibusdam L. D. auctoribus (1899) 30   9 ὅτι P   11 τοὺς
Z³ (Frob.): ἢ BPF: <τοὺς σοφοὺς> καὶ σώφρ. Marcov.   14 αὐτῷ om.
Φ   15 ὡροσκοπεῖον FΦ: -σκόπιον BP (cf. 2.1)   16 ἐπιδεικνύμενον
αὐτῷ μουσικὸν Cob., ἐπιδεικνύντα αὐ. μουσικὸν <ὄργανον> Marcov.
19 ψαλμοῖσι F: -οῖς BPΦ

ἀρέσκει δ᾽ αὐτοῖς καὶ τέλος εἶναι τὸ κατ᾽ ἀρετὴν ζῆν, ὡς 20
Ἀντισθένης φησὶν ἐν τῷ Ἡρακλεῖ, ὁμοίως τοῖς Στωϊκοῖς· ἐπεὶ
καὶ κοινωνία τις ταῖς δύο ταύταις αἱρέσεσίν ἐστιν. ὅθεν καὶ
τὸν Κυνισμὸν εἰρήκασι σύντομον ἐπ᾽ ἀρετὴν ὁδόν. καὶ
οὕτως ἐβίω καὶ Ζήνων ὁ Κιτιεύς.

[105] ἀρέσκει δ᾽ αὐτοῖς καὶ λιτῶς βιοῦν, αὐτάρκεσι 25
χρωμένοις σιτίοις καὶ τρίβωσι μόνοις, πλούτου καὶ δόξης
καὶ εὐγενείας καταφρονοῦσιν. ἐνίοτε γοῦν καὶ βοτάναις καὶ
παντάπασιν ὕδατι χρῶνται ψυχρῷ σκέπαις τε ταῖς
τυχούσαις καὶ πίθοις, καθάπερ Διογένης, ὃς ἔφασκε θεῶν
μὲν ἴδιον εἶναι μηδενὸς δεῖσθαι, τῶν δὲ θεοῖς ὁμοίων τὸ 30
ὀλίγων χρῄζειν.

ἀρέσκει δ᾽ αὐτοῖς καὶ τὴν ἀρετὴν διδακτὴν εἶναι, καθά
φησιν Ἀντισθένης ἐν τῷ Ἡρακλεῖ καὶ ἀναπόβλητον
ὑπάρχειν· ἀξιέραστόν τε τὸν σοφὸν καὶ ἀναμάρτητον καὶ
φίλον τῷ ὁμοίῳ, τύχῃ τε μηδὲν ἐπιτρέπειν. τὰ δὲ μεταξὺ 35
ἀρετῆς καὶ κακίας ἀδιάφορα λέγουσιν ὁμοίως Ἀρίστωνι τῷ
Χίῳ.

20–21 (Ἡρακλεῖ) Antisth. SSR V A 98   **32–35** (ἐπιτρέπειν) Antisth.
SSR V A 99.

20–34 (ὑπάρχειν) Suda κ 2712 (III 214.13–20).

---

20 (ὡς)–**22** (ἐστιν) om. Φ   **22** καὶ om. Φ   **23** ἀρετῆς cum γρ P⁴   **23**
(καὶ)–**24** om. Φ   **24** κιττιεύς PF   **25** ἤρεσκε Suda   **26** χρωμένους
P καὶ—μόνοις om. Suda   **27** καταφρονεῖν Suda   ἐνίοτε γοῦν καὶ
Reiske 314: ἔνιοι τε γοῦν καὶ BP: ἔνιοι γοῦν καὶ F: ἐνίοτε καὶ Φ: ἔνιοι δὲ
Suda   **28** παντάπασιν om. Φ, Suda   χρῶνται BPF: χρωμένοις Φ:
ἐχρῶντο Suda   **29** πίθοις· ἔφασκε γοῦν διογένης Φ   **30** εἶναι om. F,
Suda (codd. GM)   τὸ μηδενὸς Suda (probat Marcov.)   **32** (καθά)–**33**
(Ἡρακλεῖ) om. Φ   *subscriptio* ϛ´ media in linea Pᵐᵍ: ἐν τῶ ϛ´ B²

LIBER VII

VI[105]καὶ οὗτοι μὲν οἱ Κυνικοί· μετιτέον δ' ἐπὶ τοὺς Στωϊκούς, ὧν ἦρξε Ζήνων, μαθητὴς γενόμενος Κράτητος.

VII[1] Ζήνων Μνασέου ἢ Δημέου, Κιτιεὺς ἀπὸ Κύπρου, πολίσματος Ἑλληνικοῦ Φοίνικας ἐποίκους ἐσχηκότος. τὸν
5 τράχηλον ἐπὶ θάτερα νενευκὼς ἦν, ὥς φησι Τιμόθεος ὁ Ἀθηναῖος ἐν τῷ Περὶ βίων. καὶ Ἀπολλώνιος δέ φησιν ὁ Τύριος ὅτι ἰσχνὸς ἦν, ὑπομήκης, μελάγχρως (ὅθεν τις αὐτὸν εἶπεν Αἰγυπτίαν κληματίδα, καθά φησι Χρύσιππος ἐν πρώτῳ Παροιμιῶν) παχύκνημός τε καὶ ἀπαγὴς καὶ
10 ἀσθενής· διὸ καί φησι Περσαῖος ἐν Ὑπομνήμασι συμποτικοῖς τὰ πλεῖστα αὐτὸν δεῖπνα παραιτεῖσθαι. ἔχαιρε δέ, φασί, σύκοις χλωροῖς καὶ ἡλιοκαΐαις.

[2] διήκουσε δέ, καθάπερ προείρηται, Κράτητος· εἶτα καὶ Στίλπωνος ἀκοῦσαί φασιν αὐτὸν καὶ Ξενοκράτους ἔτη

1–2 Crates Cyn. SSR V H 37   **3–39, 60** (τελευταῖον)**–76** (ἐπιστολαῖς), **78** (οἷ)**–90** (Ζήνωνος) **122–124** (ἐπιστολῇ), **156–194, 198–202, 205–208** (πόρρωθεν), **317–326** (καὶ¹), **327** (τοὺς)**–337** (κοινωνίαις), **341–374** (προσμαρτυροῦντες), **403–410** SVF I 1–6   **4** (τὸν)**–6** (βίων) Timoth. FGrHistCont 1079 F 4   **7** (ὅτι)**–9** (Παροιμιῶν) SVF III p. 202, 55–7 **10** (καὶ)**–11** (παρατεῖσθαι) Persae. SVF I 453 = FGrHist 584 T 3b   **13** (προείρηται) supra **2**   **13–15** (Πολέμωνος), **20–38, 54, 58, 60–67** Crates Cyn. SSR V H 38   **13–15** (Πολέμωνος) Stilp. test. 168 Doer. = SSR II O 4 (**13–14** αὐτὸν)   Xenocr. deest ap. Isnardi   Timocr. FGrHist 563 F 1 = FGrHistCont 1059 F 1   Polem. fr. 85 Gig.   **14** (φασιν) cf. 2.120 et 114 et infra **311–316**

7–8 (ἰσχνὸς—κληματίδα) Φ 55 (292.15–16)   (ἰσχνὸς—κληματίδα), **17** (χρηστηριασαμένου)**–19** Suda α 76 (II 161.1–4)   Suda σ 1313 (IV 452.29–453.2)

Inscriptio ἐν τῷ ζ′ B²ᵐᵍ: ζ′ P: διογένους λαερτίου τῶν εἰς ι′ τὸ ἕβδομον FP⁴ᵐᵍ **2** ζήνων—κράτητος B² in lac.   Ante **3** tit. ζήνων PˣF²   **3** ζήνων PF: om. B¹, inter versus litt. uncialibus in ras. add. B²   μνασέου F, B² (**ασέου B¹): -σαίου P¹(Q)   δημέου B: -μαίου P¹(Q)F   ἢ Δημέου del. Cob.   **5** θάτερον F   **6** δέ om. F   **7** ὅτι ἰσχνὸς ἦν suppl. F²ˢˡ   μελάγχρως BP¹F¹: -ους Pˣ(Q)F²Φ   **8–9** καθά—παροιμιῶν suppl. F²ᵐᵍ   **9** ἀπαγὴς P¹: εὐ- BFP⁴   **10** καί om. F   **11** φασί om. F   **13** εἴρηται F   **14** ἀκοῦσαί φασιν αὐτὸν om. F

474

δέκα, ὡς Τιμοκράτης ἐν τῷ Δίωνι· ἀλλὰ καὶ Πολέμωνος. 15
Ἑκάτων δέ φησι καὶ Ἀπολλώνιος ὁ Τύριος ἐν α′ Περὶ
Ζήνωνος, χρηστηριασαμένου αὐτοῦ τί πράττων ἄριστα
βιώσεται, ἀποκρίνασθαι τὸν θέον, εἰ συγχρωτίζοιτο τοῖς
νεκροῖς· ὅθεν ξυνέντα τὰ τῶν ἀρχαίων ἀναγινώσκειν.
τῷ γοῦν Κράτητι παρέβαλε τοῦτον τὸν τρόπον. 20
πορφύραν ἐμπεπορευμένος ἀπὸ τῆς Φοινίκης πρὸς τῷ
Πειραιεῖ ἐναυάγησεν. ἀνελθὼν δὲ εἰς τὰς Ἀθήνας, ἤδη
τριακοντούτης, ἐκάθισε παρά τινα βιβλιοπώλην. [3]
ἀναγινώσκοντος δὲ ἐκείνου τὸ δεύτερον τῶν Ξενοφῶντος
Ἀπομνημονευμάτων, ἡσθεὶς ἐπύθετο ποῦ διατρίβοιεν οἱ 25
τοιοῦτοι ἄνδρες. εὐκαίρως δὲ παριόντος Κράτητος, ὁ
βιβλιοπώλης δείξας αὐτόν φησι, 'τούτῳ παρακολούθησον.'
ἐντεῦθεν ἤκουε τοῦ Κράτητος, ἄλλως μὲν εὔτονος πρὸς
φιλοσοφίαν, αἰδήμων δὲ ὡς πρὸς τὴν Κυνικὴν ἀναισχυντίαν.
ὅθεν ὁ Κράτης βουλόμενος αὐτοῦ καὶ τοῦτο θεραπεῦσαι 30
δίδωσι χύτραν φακῆς διὰ τοῦ Κεραμεικοῦ φέρειν. ἐπεὶ δὲ
εἶδεν αὐτὸν αἰδούμενον καὶ περικαλύπτοντα, παίσας τῇ
βακτηρίᾳ κατάγνυσι τὴν χύτραν· φεύγοντος δὲ αὐτοῦ καὶ
τῆς φακῆς κατὰ τῶν σκελῶν ῥεούσης, φησὶν ὁ Κράτης, 'τί
φεύγεις, Φοινικίδιον; οὐδὲν δεινὸν πέπονθας.' 35

16–19 Hecat. fr. 26 Gom.   com. Adesp. 848 K.-A.   **17** (χρηστη-ριασαμένου)–**19** (νεκροῖς) orac. 421 P.-W.

17 (χρηστηριασαμένου)–**35** Φ 55 (292.16–293.13)   **26** (εὐκαίρως)–**27** (παρακολούθησον) Suda ε 3531 (II 453.23–4)

15 Τιμωνίδης Croenert, Kol. u. Men. 143⁵⁵⁷ et 195, sed vid. Jacoby, FGrHist IIIb (Komm.) 523 et (Noten) 308–9   ἀλλὰ καὶ Πολέμωνος om. F
17 χρηστηριασαμένου B: -ζομένου PFΦ, Suda   **20** γοῦν BP: οὖν F: δ′ οὖν Roeper (1846) 658   παρέβαλε F, in ras. Pˣ: -βαλλε BP¹   **21** τῆς om.
Φ   **22** τὰς om. FΦ   **28** ἤκουε in ras. Bˣ et Pˣ(Q), Φ: -εν B¹P¹: ἤκουσε F
τοῦ om. Φ   εὔτονος BPFΦ: ἔν- Gigante 530⁵: εὔ. <ὢν> Richards 341
29 ἀναισχυντίαν BPΦ: φιλοσοφίαν F   **30** αὐτοῦ P¹FΦ: -ὸν BPˣ(Q)
τοῦτο FP⁴Φ: τούτου BP¹. Vid. Russell 176   **31** ἐπειδὴ δὲ Φ   **32** οἶδεν
F   παρακαλύπτοντα Steph., sed vid. 6.61   τῇ om. Φ   **34** κατὰ
BPΦ: μετὰ F

[4] ἕως μὲν οὖν τινὸς ἤκουε τοῦ Κράτητος· ὅτε καὶ τὴν Πολιτείαν αὐτοῦ γράψαντος, τινὲς ἔλεγον παίζοντες ἐπὶ τῆς τοῦ κυνὸς οὐρᾶς αὐτὴν γεγραφέναι. γέγραφε δὲ πρὸς τῇ Πολιτείᾳ καὶ τάδε·

40   Περὶ τοῦ κατὰ φύσιν βίου,
   Περὶ ὁρμῆς ἢ περὶ ἀνθρώπου φύσεως,
   Περὶ παθῶν,
   Περὶ τοῦ καθήκοντος,
   Περὶ νόμου,
45   Περὶ τῆς Ἑλληνικῆς παιδείας,
   Περὶ ὄψεως,
   Περὶ τοῦ ὅλου,
   Περὶ σημείων,
   Πυθαγορικά,
50   Καθολικά,
   Περὶ λέξεων,
   Προβλημάτων Ὁμηρικῶν πέντε,
   Περὶ ποιητικῆς ἀκροάσεως.

ἔστι δ᾽ αὐτοῦ καὶ

55   Τέχνη καὶ
   Λύσεις καὶ
   Ἔλεγχοι δύο,
   Ἀπομνημονεύματα Κράτητος,
   Ἠθικά.

60 καὶ τάδε μὲν τὰ βιβλία. τελευταῖον δὲ ἀπέστη καὶ τῶν προειρημένων ἤκουσεν ἕως ἐτῶν εἴκοσιν· ἵνα καί φασιν

38–59 SVF I 41

36–38 Φ 55 (293.17–20)

---

36 οὖν om. F   ἤκουε PFΦ: οἴκους B: ἤκουσε Cob.   **38** τοῦ om. Φ ἔτι τῇ τ. κ. οὐρᾷ Th. Gomperz, Hellenika I (1912) 247–8 (a. 1876), sed vid. Wil., Ad Maass. ep. (1880) 156⁵   τῇ F²ˢ·ˡ·   **49–50** unus tit. BPF, dist. Frob.   **55** τέχνη καὶ BP¹F: τεχνικαὶ Pˣ(Q)   **55–57** unus tit. C. Wachsmuth, Comm. I de Zen. Cit. et Cleanthe Assio (1874) 4   **58–59** Ἀπομνημονεύματα Κράτητος, Ἠθικά Cob.: ἀπομνημονεύματα· κράτητος ἠθικά BPF: unus tit. E. Koepke, Ueber die Gattung der ἀπομνημ. in der gr. Litt. (1857) 15

αὐτὸν εἰπεῖν, 'νῦν εὐπλόηκα, ὅτε νεναυάγηκα.' οἱ δ' ἐπὶ
τοῦ Κράτητος τοῦτ' αὐτὸν εἰπεῖν· **[5]** ἄλλοι δὲ διατρίβοντα
ἐν ταῖς Ἀθήναις ἀκοῦσαι τὴν ναυαγίαν καὶ εἰπεῖν, 'εὖ γε
ποιεῖ ἡ τύχη προσελαύνουσα ἡμᾶς φιλοσοφίᾳ.' ἔνιοι <δέ>, 65
διαθέμενον Ἀθήνησι τὰ φορτία, οὕτω τραπῆναι πρὸς
φιλοσοφίαν.

ἀνακάμπτων δὴ ἐν τῇ ποικίλῃ στοᾷ τῇ καὶ Πεισιανακτίῳ
καλουμένῃ, ἀπὸ δὲ τῆς γραφῆς τῆς Πολυγνώτου ποικίλῃ,
διετίθετο τοὺς λόγους, βουλόμενος καὶ τὸ χωρίον 70
ἀπερίστατον ποιῆσαι. ἐπὶ γὰρ τῶν τριάκοντα τῶν
πολιτῶν πρὸς τοὺς χιλίους τετρακοσίους ἀνῄρηντο ἐν
αὐτῷ. προσῄεσαν δὴ λοιπὸν ἀκούοντες αὐτοῦ καὶ διὰ
τοῦτο Στωϊκοὶ ἐκλήθησαν καὶ οἱ ἀπ' αὐτοῦ ὁμοίως,
πρότερον Ζηνώνειοι καλούμενοι, καθά φησι καὶ Ἐπίκουρος 75
ἐν ἐπιστολαῖς. καὶ πρότερόν γε Στωϊκοὶ ἐκαλοῦντο οἱ
διατρίβοντες ἐν αὐτῇ ποιηταί, καθά φησι καὶ Ἐρατοσθένης
ἐν ὀγδόῃ Περὶ τῆς ἀρχαίας κωμῳδίας· οἳ καὶ τὸν λόγον ἐπὶ
πλεῖον ηὔξησαν.

[6] ἐτίμων δὴ οὖν Ἀθηναῖοι σφόδρα τὸν Ζήνωνα, οὕτως 80
ὡς καὶ τῶν τειχῶν αὐτῷ τὰς κλεῖς παρακαταθέσθαι καὶ

63 (ἄλλοι)–**67** SVF I 277   **68–76** (ἐπιστολαῖς) Epic. fr. 198 Us.   **68–69**
(ποικίλη), **76** (καὶ)–**79** Eratosth. fr. 132 Strecker

62 (νῦν)–**65** (φιλοσοφίᾳ) Φ 55 (293.14–17)   **68–70** (λόγους) Suda π 1469
(IV 123.1–2)   Suda σ 1150 (IV 438.14–16)   **80–84** (εἰκόνα); **85**
(ἀπεδέχετο)–**86** (αὐτοῦ); **90** (ἡ)–**105** Φ 55 (293.25–294.15)

62 εὐπλόηκα νῦν F   **63** τοῦτο αὐτὸ F, τοῦτ' (οὖ in ras.) αὐτὸν et in
mg cum γρ ταῦτ' αὐτὸν Pˣ   **64** ταῖς om. Φ   **65** ποιεῖ BPFΦ: ποιεῖς
Cob.: ἐποίει Richards 344   ἔνιοι BP: ἐν ᾗ F   δέ add. Steph.   **68** καὶ
om. F   **69** ποικίλη FPˣ(Q): -λης BPⁱ   **71** ἐπὶ FP²: ἐπεὶ BPⁱ   **72**
τοὺς χιλίους BPF, Suda (codd. AVMᵃᶜ): τοῖς χιλίοις Suda (codd. GMᵖᶜ). Cf.
8.39, 40 et 69   τετρακοσίους P: -κόσιοι F: τρικοσίους B   **73** λοιπὸν
BPF, Suda: πολλοὶ Cob.   **73–78** 'verba καὶ διὰ τοῦτο usque ad κωμῳδίας
includenda sunt signis parentheseos' Reiske 314 (cf. 304)   **74** τοῦτο
suppl. F²ˢˡ   Στωϊκὸς ἐκλήθη Preller in C. Ritter–L. Preller, Hist. philos.
(³1864) 357* conl. Sud. ζ 79 (II 507.5–6). Cf. 5.2   **75** ζηνώνιοι BP   **75–76**
καθά—ἐπιστολαῖς om. F   **77** καθά BP: ὥς F   καὶ om. F   **78** (ἐν—
κωμῳδίας) om. F   **80** σφόδρα om. Φ   **81** ὡς BPΦ: ὥστε F
τειχέων B² ex τιχῶν Bⁱ   τὰς κλεῖς αὐτῶ F

χρυσῷ στεφάνῳ τιμῆσαι καὶ χαλκῇ εἰκόνι. τοῦτο δὲ καὶ τοὺς πολίτας αὐτοῦ ποιῆσαι, κόσμον ἡγουμένους τὴν τἀνδρὸς εἰκόνα. ἀντεποιοῦντο δ' αὐτοῦ καὶ οἱ ἐν Σιδῶνι
85 Κιτιεῦσιν. ἀπεδέχετο δ' αὐτὸν καὶ Ἀντίγονος, καὶ εἴ ποτε Ἀθήναζε ἥκοι, ἤκουεν αὐτοῦ πολλά τε παρεκάλει ἀφικέσθαι ὡς αὐτόν. ὁ δὲ τοῦτο μὲν παρῃτήσατο, Περσαῖον δ' ἕνα τῶν γνωρίμων ἀπέστειλεν (ὃς ἦν Δημητρίου μὲν υἱός, Κιτιεὺς δὲ τὸ γένος, καὶ ἤκμαζε κατὰ τὴν τριακοστὴν καὶ ἑκατοστὴν
90 Ὀλυμπιάδα) ἤδη γέροντος ὄντος Ζήνωνος. ἡ δὲ ἐπιστολὴ ἡ τοῦ Ἀντιγόνου τοῦτον εἶχε τὸν τρόπον, καθὰ καὶ Ἀπολλώνιος ὁ Τύριος ἐν τοῖς Περὶ Ζήνωνός φησι·

[7] 'βασιλεὺς Ἀντίγονος Ζήνωνι φιλοσόφῳ χαίρειν.

ἐγὼ τύχῃ μὲν καὶ δόξῃ νομίζω προτερεῖν τοῦ σοῦ βίου,
95 λόγου δὲ καὶ παιδείας καθυστερεῖν καὶ τῆς τελείας εὐδαιμονίας ἣν σὺ κέκτησαι. διόπερ ἔκρινα προσφωνῆσαί σοι παραγενέσθαι πρὸς ἐμέ, πεπεισμένος σε μὴ ἀντερεῖν πρὸς τὸ ἀξιούμενον. σὺ οὖν πειράθητι ἐκ παντὸς τρόπου συμμῖξαί μοι, διειληφὼς τοῦτο διότι οὐχ ἑνὸς ἐμοῦ
100 παιδευτὴς ἔσῃ, πάντων δὲ Μακεδόνων συλλήβδην. ὁ γὰρ τὸν τῆς Μακεδονίας ἄρχοντα καὶ παιδεύων καὶ ἄγων ἐπὶ τὰ κατὰ ἀρετὴν φανερός ἐστι καὶ τοὺς ὑποτεταγμένους παρασκευάζων πρὸς εὐανδρίαν. οἷος γὰρ ἂν ὁ ἡγούμενος ᾖ, τοιούτους εἰκὸς ὡς ἐπὶ τὸ πολὺ γίγνεσθαι καὶ τοὺς
105 ὑποτεταγμένους.'

καὶ ὁ Ζήνων ἀντιγράφει ὧδε·

[8] 'βασιλεῖ Ἀντιγόνῳ Ζήνων χαίρειν.

---

85 (ἀπεδέχετο)–**92** (Ζήνωνος), **122–124** (ἐπιστολῇ), **167** (σύν)–**169** Persae. SVF I 439 = FGrHist 584 T 3a **89–90** i.e. 540–537 **93–105** Hercher p. 107 **107–121** Hercher p. 792

85 Κιτιεῦσιν Madvig, Adv. I 55: κιτιεῖς (κιττ- F) BPF δ' om. P **86** πολλάκις Cob. **87** τοῦτον F **88** (ὅς)–**90** (Ὀλυμπιάδα) signa parentheseos pos. E. Rohde, Kl. Schr. I (1901) 133² (a. 1878). Vid. Jacoby, Apollodor 368 **90–91** ἡ-τοῦ om. F **92** ἐν τοῖς Περὶ Z. om. F **96** ἦν] ἧς dub. Croenert, Kol. u. Men. 28 κέκρικα Cob. **99** ὅτι Φ **102** ἔσται Richards 343 **103** παρασκευάζειν F πρός] εἰς F **104** γίγνεσθαι BP: γίν- FΦ

ἀποδέχομαί σου τὴν φιλομάθειαν καθόσον τῆς ἀληθινῆς
καὶ εἰς ὄνησιν τεινούσης, ἀλλ' οὐχὶ δημώδους καὶ εἰς
διαστροφὴν ἠθῶν ἀντέχῃ παιδείας. ὁ φιλοσοφίας 110
ὠρεγμένος, ἐκκλίνων δὲ τὴν πολυθρύλητον ἡδονὴν ἢ τινῶν
θηλύνει νέων ψυχάς, φανερός ἐστιν οὐ μόνον φύσει πρὸς
εὐγένειαν κλίνων, ἀλλὰ καὶ προαιρέσει. φύσις δὲ εὐγενὴς
μετρίαν ἄσκησιν προσλαβοῦσα, ἔτι τε τὸν ἀφθόνως
διδάξοντα, ῥᾳδίως ἔρχεται πρὸς τὴν τελείαν ἀνάληψιν τῆς 115
ἀρετῆς. [9] ἐγὼ δὲ συνέχομαι σώματι ἀσθενεῖ διὰ γῆρας·
ἐτῶν γάρ εἰμι ὀγδοήκοντα· διόπερ οὐ δύναμαί σοι συμμῖξαι.
ἀποστέλλω δέ σοί τινας τῶν ἐμαυτοῦ συσχολαστῶν, οἳ
τοῖς μὲν κατὰ ψυχὴν οὐκ ἀπολείπονται ἐμοῦ, τοῖς δὲ κατὰ
σῶμα προτεροῦσιν· οἷς συνὼν οὐδενὸς καθυστερήσεις τῶν 120
πρὸς τὴν τελείαν εὐδαιμονίαν ἀνηκόντων.'

ἀπέστειλε δὲ Περσαῖον καὶ Φιλωνίδην τὸν Θηβαῖον, ὧν
ἀμφοτέρων Ἐπίκουρος μνημονεύει ὡς συνόντων Ἀντιγόνῳ
ἐν τῇ πρὸς Ἀριστόβουλον τὸν ἀδελφὸν ἐπιστολῇ. ἔδοξε δέ
μοι καὶ τὸ ψήφισμα τὸ περὶ αὐτοῦ τῶν Ἀθηναίων 125
ὑπογράψαι. καὶ ἔχει δὲ ὧδε·

[10] ψήφισμα

'ἐπὶ Ἀρρενείδου ἄρχοντος, ἐπὶ τῆς Ἀκαμαντίδος πέμπτης
πρυτανείας, Μαιμακτηριῶνος δεκάτῃ ὑστέρᾳ, τρίτῃ καὶ

122–124 (ἐπιστολῇ) Epic. fr. 119 Us. = 45 Arr.² **124** (ἔδοξε)–**154** SVF I
7–8 **128** ἐπὶ Ἀρρενείδου] i.e. anno 272/1

108 φιλομάθειαν P: -μάθιαν B: -μαθίαν F **109** τῆς δημώδους rec.
110 διατροφὴν F ἀντέχει B ὁ BPF: ὁ γὰρ rec.: ὁ <δὲ> Cob.: ὁ del.
Roeper (1846) 658 **111** ὀρεγόμενος Pˣ (ὁ et ὁ in ras.) δὲ del. Marcov.
πολυθρύλητον Cob.: -θρύλλητον BPF **114** ἔτι τε V. d. Muehll: ἐπί τε
BPF: ἔτι δὲ Cob. ἀφθόρως Gigante 531¹⁸ **115** ἀνάλη*ψιν B (μ eraso)
116 ἀσθενῆ F **118** ἀποστέλλω BP: -στελῶ F συσχολαστῶν
FPˣ: συνοχ- BPᵃᶜ **119** τοῖς¹ BP: τῆς F **121** ἡκόντων P **122**
ἀπέστειλε B²: -λα B¹PF cum epistula iungentes **124** ἐπιστολῇ τὸν
ἀδελφόν F δέ BP: δή F **125** αὐτοῦ τῶν om. F **128** ἐπὶ
Ἀρρενείδου Wil., Ant. 340: ἐπ' ἀρρενίδου BP: ἐπαρμενίδου F **129**
μαιμακτηριῶνος P² (αι ras.): μεμα- BP¹: μαιμακτριῶνος F πρώτη pro
τρίτη Cobet, Mnem. n.s. 1 (1873) 123¹

479

130 εἰκοστῇ τῆς πρυτανείας, ἐκκλησία κυρία, τῶν προέδρων
ἐπεψήφισεν Ἵππων Κρατιστόλεω Ξυπεταιὼν καὶ οἱ
συμπρόεδροι·

Θράσων Θράσωνος Ἀνακαιεὺς εἶπεν· Ἐπειδὴ Ζήνων
Μνασέου Κιτιεὺς ἔτη πολλὰ κατὰ φιλοσοφίαν ἐν τῇ πόλει
135 γενόμενος ἔν τε τοῖς λοιποῖς ἀνὴρ ἀγαθὸς ὢν διετέλεσε καὶ
τοὺς εἰς σύστασιν αὐτῷ τῶν νέων πορευομένους
παρακαλῶν ἐπ’ ἀρετὴν καὶ σωφροσύνην παρώρμα πρὸς
τὰ βέλτιστα, παράδειγμα τὸν ἴδιον βίον ἐκθεὶς ἅπασιν
ἀκόλουθον ὄντα τοῖς λόγοις οἷς διελέγετο, [11] τύχῃ τῇ
140 ἀγαθῇ δεδόχθαι τῷ δήμῳ, ἐπαινέσαι μὲν Ζήνωνα Μνασέου
Κιτιέα καὶ στεφανῶσαι χρυσῷ στεφάνῳ κατὰ τὸν νόμον
ἀρετῆς ἕνεκεν καὶ σωφροσύνης, οἰκοδομῆσαι δὲ αὐτῷ καὶ
τάφον ἐπὶ τοῦ Κεραμεικοῦ δημοσίᾳ.

τῆς δὲ ποιήσεως τοῦ στεφάνου καὶ τῆς οἰκοδομῆς τοῦ
145 τάφου χειροτονῆσαι τὸν δῆμον ἤδη τοὺς ἐπιμελησομένους
πέντε ἄνδρας ἐξ Ἀθηναίων. ἐγγράψαι δὲ τὸ ψήφισμα τὸν
γραμματέα τοῦ δήμου ἐν στήλαις δύο καὶ ἐξεῖναι αὐτῶν
θεῖναι τὴν μὲν ἐν Ἀκαδημείᾳ, τὴν δὲ ἐν Λυκείῳ. τὸ δὲ
ἀνάλωμα τὸ εἰς τὰς στήλας γινόμενον μερίσαι τὸν ἐπὶ τῆς
150 διοικήσεως. ὅπως ἅπαντες εἰδῶσιν ὅτι ὁ δῆμος ὁ τῶν

---

131 ἐπεψήφιζεν Droysen 292   ἵππων ex ἱππω(κρα. B², ex ἵππον P¹
Κρατιστόλεω Kirchner, PA 7679. Vid. Chr. Habicht in Festschrift Drerup
(1988) 174–5: κράτης τὸ τελέως B¹: κρατιστοτελέως P¹ ut vid.: -τέλης FP⁴:
-τέλους Z³ (Frob.)   ξυπεταίων BF: -τέων P   οἱ secl. Wil., Ant. 341
133 ἀνακλιεὺς BP^lac   εἶπε BF   **134** μνασέου B: -σαίου P¹F   **135** ὢν
ἀγαθὸς F   **136** αὐτῷ BP: -ῶν F   **138** ἴδιον suppl. B²ˢ·ˡ·   **139** τῇ
om. F, del. Droysen 293   **140** δεδείχθαι (sic) F   μνασέου B: -σαίου P¹F
142 αὐτῷ BP: -οῦ F   **143** δημοσίᾳ (σία B²ˢ·ˡ·) B²P: -σίου F   **146** Ἀθην.
<ἁπάντων> Cobet, Mnem. n.s. 1 (1873) 123   ἐγγράψαι (ἐν- BP^lac) BPF:
ἀνα- Cob.   <τόδε> τὸ Droysen 294   **147** στήλαις <λιθίναις> Wil.,
Ant. 341   αὐτῶν Wil.: αὐτῷ BPF   **148** Ἀκαδημείᾳ Wil.: -μία BPF
γενόμενον F   **149–150** ἐπὶ τῇ διοικήσει Wil. (sed vid. SIG³ 401.16)
150 (ὅπως)–**152** (τελευτήσαντας) suo loco non stare vid. Droysen 296 et
Wil., Ant. 341–2: post Λυκείῳ (**148**) transp. A. J. Festugière, Révél. II (1949)
269⁵, loco retinet Pohlenz I 24   **150** ὅπως <ἂν> Wil., Ant. 341, duce
Droysen 295–6   εἰδῶσιν Cob.: ἴδωσιν PF: ἰδῶσιν B   ὁ¹ P¹ˢ·ˡ·(Q): om. BF
τῶν secl. Wil.

ZENO

Ἀθηναίων τοὺς ἀγαθοὺς καὶ ζῶντας τιμᾷ καὶ
τελευτήσαντας. [12] ἐπὶ δὲ τὴν οἰκοδομὴν κεχειροτόνηνται
Θράσων Ἀνακαιεύς, Φιλοκλῆς Πειραιεύς, Φαῖδρος
Ἀναφλύστιος, Μένων Ἀχαρνεύς, Σμίκυθος Συπαλήττιος.'
καὶ τὸ ψήφισμα μὲν ὧδε ἔχει.   155

φησὶ δ' Ἀντίγονος ὁ Καρύστιος οὐκ ἀρνεῖσθαι αὐτὸν εἶναι
Κιτιέα· τῶν γὰρ εἰς τὴν ἐπισκευὴν τοῦ λουτρῶνος
συμβαλλομένων εἰς ὦν καὶ ἀναγραφόμενος ἐν τῇ στήλῃ,
'Ζήνωνος τοῦ φιλοσόφου', ἠξίωσε καὶ <ὅ>τι Κιτιεὺς
προστεθῆναι. ποιήσας δέ ποτε κοῖλον ἐπίθημα τῇ ληκύθῳ   160
περιέφερε νόμισμα, λύσιν ἕτοιμον τῶν ἀναγκαίων ἵν' ἔχοι
Κράτης ὁ διδάσκαλος. [13] φασὶ δ' αὐτὸν ὑπὲρ χίλια
τάλαντα ἔχοντα ἐλθεῖν εἰς τὴν Ἑλλάδα καὶ ταῦτα δανείζειν
ναυτικῶς. ἤσθιε δέ, φησίν, ἀρτίδια καὶ μέλι καὶ ὀλίγον
εὐώδους οἰναρίου ἔπινε. παιδαρίοις τε ἐχρῆτο σπανίως, καὶ   165

156–311 (ἀπεστέλλοιτο), **334–336** (γλυκαίνονται) Wil., Ant. 116–22
156–164 (ναυτικῶς) Antig. Car. fr. 32 Dor.   **164** (ἤσθιε)–**167** (εἶναι) Antig.
Car. fr. 33B Dor. Cf. Antig. Car. ap. Athen. 13, 563 C = fr. 33A Dor.

---

160 (ποιήσας)–**167** (εἶναι); **173** (ἐξέκλινε)–**182** Φ 55 (294.22–295.10)
160 (ποιήσας)–**162** (διδάσκαλος) Suda λ 438 (III 362.17–9)   **162** (φασὶ)–
164 (ναυτικῶς) Suda ν 82 (III 441.25–6)

---

152 δὲ secl. Wil., duce Droysen 296   τὴν <ποίησιν τοῦ στεφάνου καὶ
τὴν> οἰκοδομὴν <τοῦ τάφου> Wil., duce Droysen   κεχειροτόνηται F
153 ἀνακεεὺς B   Φιλοκλῆς Πειραιεύς om. B   **154** ἀναφαύστιος B²
(α² in ras.)   Μένων Droysen 296 (cf. SIG³ 409, 100 et Habicht 174): μέδων
B: μέλων P: μέλλων F   Σμίκυθος U. Koehler, RhM 39 (1884) 300²:
Μίκυθος BPF: Μύκυθος dub. Follet, BullÉp (1989) 62 (conl. IG XI 2 199A 33)
Συπαλήττιος Menag.: συπαλητεύς BP: συμπαλητεύς F: Συπαληττεύς
Huebn.   in fine Δίων Παιανιεύς add. rec., del. Droysen 292   **155** μὲν
om. F   ἔχει ὧδε F   **159** ὅτι Κιτιεὺς Diels ad Reiske 314: τικιτιεὺς B: τὸ
κιττιεὺς PF: τὸ Κιττιέως Reiske   **160** ποτε om. F   **161** περιήγειρε
Madvig, Adv. I 714, sed vide 4.16   νόμισμα <αἰτῶν> Heine 624
ἕτοιμον BP¹Φ, Suda: ἑτοίμην FP⁴. Cf. 4.16   **161** (ἵν')–**167** (σύν) om. B
cum spatio 5 1/2 litterarum; inde ab παιδισκαρίῳ (**166**) suppl. B²
162 (φασὶ)–**164** (ναυτικῶς) vid. Croenert, Kol. u. Men. 2⁵ et supra 6.99
162 <τὰ> χίλια Cob.   **163** εἰσελθεῖν F   **164** φησίν (sc. Antig. Car.)
PF: om. Φ: φασίν Marcov.   **165** ἐπέπινε Cob.   τε P: δὲ F   καὶ Φ:
om. PF

481

ἅπαξ ἢ δίς που παιδισκαρίῳ τινί, ἵνα μὴ δοκοίη μισογύνης εἶναι. σύν τε Περσαίῳ τὴν αὐτὴν οἰκίαν ᾤκει· καὶ αὐτοῦ αὐλητρίδιον εἰσαγαγόντος πρὸς αὐτόν, σπάσας πρὸς τὸν Περσαῖον αὐτὸ ἀπήγαγεν.

170 ἦν τε, φασίν, εὐσυμπερίφορος, ὡς πολλάκις Ἀντίγονον τὸν βασιλέα ἐπικωμάσαι αὐτῷ καὶ πρὸς Ἀριστοκλέα τὸν κιθαρῳδὸν ἅμα αὐτῷ ἐλθεῖν ἐπὶ κῶμον, εἶτα μέντοι ὑποδῦναι. [14] ἐξέκλινε δέ, φησί, καὶ τὸ πολυδημῶδες, ὡς ἐπ' ἄκρου καθίζεσθαι τοῦ βάθρου, κερδαίνοντα τὸ γοῦν
175 ἕτερον μέρος τῆς ἐνοχλήσεως. οὐ μὴν οὐδὲ μετὰ πλειόνων δύο ἢ τριῶν περιεπάτει. ἐνίοτε δὲ καὶ χαλκὸν εἰσέπραττε τοὺς περιϊσταμένους, ὥστε δεδιότας τὸ διδόναι μὴ ἐνοχλεῖν, καθά φησι Κλεάνθης ἐν τῷ Περὶ χαλκοῦ· πλειόνων τε περιστάντων αὐτόν, δείξας ἐν τῇ Στοᾷ κατ' ἄκρου τὸ
180 ξύλινον περιφερὲς τοῦ βωμοῦ ἔφη, 'τοῦτό ποτε ἐν μέσῳ ἔκειτο, διὰ δὲ τὸ ἐμποδίζειν ἰδίᾳ ἐτέθη· καὶ ὑμεῖς οὖν ἐκ τοῦ μέσου βαστάσαντες αὐτοὺς ἧττον ἡμῖν ἐνοχλήσετε.'

Δημοχάρους δὲ τοῦ Λάχητος ἀσπαζομένου αὐτὸν καὶ

---

167 (σύν)–**169** Antig. Car. fr. 34B Dor. Cf. Antig. Car. ap. Athen. 13, 607 E = fr. 34A Dor.   **170–173** (ὑποδῦναι) Antig. Car. fr. 35B Dor. Cf. Antig. Car. ap. Athen. 13, 603 E = fr. 35A Dor.   **173** (ἐξέκλινε)–**176** (περιεπάτει) Antig. Car. fr. 36 Dor.   **176** (ἐνίοτε)–**178** (χαλκοῦ) Cleanth. SVF I 589   **183–186** (συνδιέτριψε) Democh. test. 12 Marasco

---

166 παιδαρίῳ F   δοκείη F   **167** αὐτοῦ] του Madvig, Adv. I 714   **168** σπάσας BPF: σπεύ- Z^pc (Frob.): φθάσας Cob.   **169** εἰσήγαγε F   **170** φησίν (sc. Antig. Car.) Huebn., fort. recte (cf. Athen. 13, 603 E = Ant. fr. 35A Dor.)   **171** αὐτῷ BP: τὸ F   **173** ὑποδεῖναι F   ἐξέκλινε PF: ἐξεκᾶναι B² (ξ et ῆ in ras.)   φησί (sc. Antig. Car.) BPF: om. Φ: φασί rec.   **174** κερδαίνων Cob.   **176** <τῶν> δύο Cob.   ἐνίοτε Battier 8 (cf. 6.105): ἐνίους BPFΦ   **177** τοὺς περιϊσταμένους BPF: τῶν περιϊσταμένων Φ 'sine dubio recte' Biedl 116   ὥστε δεδιότας Φ: om. BPF: lac. significavit Arnim   τὸ διδόναι BPFΦ: τοῦ {διδ.} Madvig, Adv. I 714: τοῦ διδ. <τὸ> dub. V. d. Muehll   **178** καθά—χαλκοῦ om. Φ   'titulum (Περὶ χαλκοῦ) integrum esse vix crediderim' C. Wachsmuth, Comm. I de Zen. Cit. et Cleanthe Assio (1874) 19: Περὶ χάριτος Casaub. (ad 7.175): Π. χρόνου Menag.: Π. χρειῶν Wachsmuth   τε BPΦ: δὲ F   **179** κατ' ἄκρον C. Wachsmuth, Stadt Athen im Alterth. II (1890) 443⁵   **180** βωμοῦ] βάθρου U. Koehler, RhM 39 (1884) 297   **181** διὰ τὸ ἐμπ. δὲ F   ἡμεῖς BF   **182** αὐτούς rec.: ἑαυ- Φ: αὐ- BPF   ἐνοχλήσετε PΦ: -σεται Β -σητε F

φάσκοντος λέγειν καὶ γράφειν ὧν ἂν χρείαν ἔχῃ πρὸς
Ἀντίγονον, ὡς ἐκείνου πάντα παρέξοντος, ἀκούσας οὐκέτ' 185
αὐτῷ συνδιέτριψε. **[15]** λέγεται δὲ καὶ μετὰ τὴν τελευτὴν
τοῦ Ζήνωνος εἰπεῖν τὸν Ἀντίγονον οἷον εἴη θέατρον
ἀπολωλεκώς. ὅθεν καὶ διὰ Θράσωνος πρεσβευτοῦ
παρόντος Ἀθήνηθεν ᾔτησεν αὐτῷ τὴν ἐν Κεραμεικῷ ταφήν.
ἐρωτηθεὶς δὲ διὰ τί θαυμάζει αὐτόν, 'ὅτι,' ἔφη, 'πολλῶν 190
καὶ μεγάλων αὐτῷ διδομένων ὑπ' ἐμοῦ οὐδεπώποτε
ἐχαυνώθη οὐδὲ ταπεινὸς ὤφθη.'
ἦν δὲ καὶ ζητητικὸς καὶ περὶ πάντων ἀκριβολογούμενος·
ὅθεν καὶ ὁ Τίμων ἐν τοῖς Σίλλοις φησὶν οὕτω·

    καὶ Φοίνισσαν ἴδον λιχνόγραυν σκιερῷ ἐνὶ τύφῳ 195
    πάντων ἱμείρουσαν· ὁ δ' ἔρρει γυργαθὸς αὐτῇ
    σμικρὸς ἐὼν νοῦν δ' εἶχεν ἐλάσσονα κινδαψοῖο.

[16] ἐπιμελῶς δὲ καὶ πρὸς Φίλωνα τὸν διαλεκτικὸν
διεκρίνετο καὶ συνεσχόλαζεν αὐτῷ· ὅθεν καὶ θαυμασθῆναι
ὑπὸ Ζήνωνος τοῦ νεωτέρου οὐχ ἧττον Διοδώρου τοῦ 200

193–197 SVF I 22 = 3F L.-S.   **195–197** Timon SH 812 = fr. 38 Di Marco
198–201 (αὐτοῦ) Diod. test. 104 Doer. = SSR I F 3

---

186 (λέγεται)–**189** (ταφήν) Φ 55 (294.16–21)   **190** (ἐρωτηθεὶς)–**192** Φh
32 (110.21–4)   **193–197** Φ 55 (295.11–5)   **196** (ὁ)–**197** Suda σ 609 (IV
379.25–6)

---

184 λέξειν κ. γράψειν Richards 343   **186** καὶ om. F   τὴν om. F
187 θέατρον] θέαμα Volkmann (1895) 9   **188** (ὅθεν)–**189** (ταφήν) post
192 Φh   **189** παρόντος Ἀθήνηθεν Pohlenz II 15: παρὰ τῶν ἀθήνηθεν
BPF: om. Φ: παρ' αὐτῷ Ἀθήνηθεν Wil., Ant. 344: παρὰ τῶν Ἀθηναίων
Cob.   **191** διδομένων αὐτῷ FΦh   οὐδεπώποτε BPF: οὐδέποτε Φh
192 οὐδὲ ταπεινὸς ὤφθη om. F   **193** ζητικὸς F   **194** καὶ om. Φ
195 ἴδον P¹Φ: ἰδον B¹: ἰδὼν B²: εἴδον FPˣ(Q)   **195–197** loc. intellectu
perdifficilis. Vid. Livrea, Gnomon 57 (1985) 598–9, Di Marco, Timone (1989)
194–8 et M. Billerbeck, MH 44 (1987) 132–3   **196** πάντων δὲ F
γυργαθὸς Wachsm., Sillogr. 103 'sec. Herodianum <cf. Arcad. 49.19
Barker>': γύργαθος BPFΦ, Suda   **196–197** αὐτῇ σμικρὸς Diels: αὐτῆς
μικρὸς BPFΦ: -οῦ μ. Suda: αὕτως μ. P. P. Dobree, Not. Ar. Plut. (1820) ad
v. 314   **197** ἐὼν F: ἰὼν B, Pˣ (ἰ in ras.), Φ, Suda   κινδαψοῖο BP¹Φ: -ψίω
F (οῖ supra ίω): σκινδαψοῖο P⁴, Suda (codd. GFM): -ψοῖς Suda (codd. AV)
200 τοῦ νεωτέρου BPF: τὸν νεώτερον Mansfeld, Studies 372 (a. 1986): τὸν
ἑταῖρον Kuehn: τοῦ ἑταίρου Reiske 315. Vid. Gigante, Ippoboto 169–70

διδασκάλου αὐτοῦ. ἦσαν δὲ περὶ αὐτὸν καὶ γυμνορρύπαροί τινες, ὥς φησι καὶ ὁ Τίμων·

> ὄφρα πενεστάων σύναγεν νέφος, οἳ περὶ πάντων
> πτωχότατοί τ' ἦσαν καὶ κουφότατοι βροτοὶ ἀστῶν.

205 αὐτὸν δὲ στυγνόν τε εἶναι καὶ πικρόν, καὶ τὸ πρόσωπον συνεσπασμένον. ἦν εὐτελής τε σφόδρα καὶ βαρβαρικῆς ἐχόμενος μικρολογίας, προσχήματι οἰκονομίας. εἰ δέ τινα ἐπικόπτοι, περιεσταλμένως καὶ οὐχ ἄδην, ἀλλὰ πόρρωθεν. λέγω δὲ οἷον ἐπὶ τοῦ καλλωπιζομένου ποτὲ ἔφη· [17]
210 ὀχέτιον γάρ τι ὀκνηρῶς αὐτοῦ ὑπερβαίνοντος, 'δικαίως,' εἶπεν, 'ὑφορᾷ τὸν πηλόν· οὐ γάρ ἔστιν ἐν αὐτῷ κατοπτρίσασθαι.' ὡς δὲ Κυνικός τις οὐ φήσας ἔλαιον ἔχειν ἐν τῇ ληκύθῳ προσῄτησεν αὐτόν, οὐκ ἔφη δώσειν· ἀπελθόντα μέντοι ἐκέλευσε σκέψασθαι ὁπότερος εἴη
215 ἀναιδέστερος.

ἐρωτικῶς δὲ διακείμενος Χρεμωνίδου, παρακαθιζόντων αὐτοῦ τε καὶ Κλεάνθους, ἀνέστη· θαυμάζοντος δὲ τοῦ Κλεάνθους ἔφη, 'καὶ τῶν ἰατρῶν ἀκούω τῶν ἀγαθῶν,

---

201 (ἦσαν)–**204** SVF I 21   **203–204** Timon SH 813 = fr. 39 Di Marco
209 (οἷον)–**212** (κατοπτρίσασθαι) SVF I 293   **212** (ὡς)–**215** SVF I 296
216–219 (ἡσυχίαν) SVF I 286

201–202 (ἦσαν—τινες) Suda γ 488 (I 47.18–19)   **206** (βαρβαρικῆς)–
207 (οἰκονομίας) Suda π 2853 (IV 236.12)   **209** (καλλωπιζομένου)–**223**
(σοῦ;) Φ 55 (295.16–296.3)

202 γυμνορύπαροί BPF   καὶ ὁ om. F   **203** σύναγε PF   **204**
βροτοὶ ἀστῶν BP (sed ἀστῶν B² in spatio vacuo): ἀστῶν ἄνθρωποι comp.
F: βρ. ἀνδρῶν Wachsm., Sillogr. 122: βρ. ἄλλων G. Wakefield, Sylva critica
V (1795) 150: ἀνθρώπων Meineke ap. Wachsm.: μεταναστῶν Diels (ex
Hom. l 648)   **205** τε om. F   **206** ἦν om. F   τε om. F   **207** πρὸς
σχήματι B   **208** ἐπικόπτοι P: -σκόπτοι B² (σκό in ras.): -σκώπτοι F
οὐχ ἄδην PF: οὐχ ἄλλην B: οὐ χάδην Wil., Ant. 119: οὐ χύδην Apelt
209 καλλωπιστοῦ Φ   **210** τι BP: τοι F   **211** εἶπεν BP: εἶναι F
212–213 ἔχειν αὐτὸν ἐν ληκύθῳ ᾔτησεν, οὐκ F   **214** ἀπελθόντος
Richards 342   ἐκέλευσε BF: ἐκέλευε P   **216** δὲ om. Φ   **217–218**
ἀνέστη—Κλεάνθους om. Φ   **217** δὲ τοῦ om. F   δὲ P¹: τε BP²

κράτιστον εἶναι φάρμακον πρὸς τὰ φλεγμαίνοντα ἡσυχίαν.'
δυοῖν δ' ὑπερανακείμενος ἐν πότῳ καὶ τοῦ ὑπ' αὐτὸν τὸν 220
ὑφ' ἑαυτὸν σκιμαλίζοντος τῷ ποδί, αὐτὸς ἐκεῖνον τῷ
γόνατι· ἐπιστραφέντος δέ, 'τί οὖν οἴει τὸν ὑποκάτω σου
πάσχειν ὑπὸ σοῦ;' **[18]** πρὸς δὲ τὸν φιλόπαιδα οὔτε τοὺς
διδασκάλους ἔφη φρένας ἔχειν, ἀεὶ διατρίβοντας ἐν
παιδαρίοις, οὔτ' ἐκείνους.   225

ἔφασκε δὲ τοὺς μὲν τῶν ἀσολοίκων λόγους τοὺς
ἀπηρτισμένους ὁμοίους εἶναι τῷ ἀργυρίῳ τῷ Ἀλεξανδρείῳ·
εὐοφθάλμους μὲν καὶ περιγεγραμμένους καθὰ καὶ τὸ
νόμισμα, οὐδὲν δὲ διὰ ταῦτα βελτίονας, τοὺς δὲ τοὐναντίον
{ἀφομοίου} τοῖς Ἀττικοῖς τετράχμοις εἰκῇ μὲν κεκομμένοις 230
καὶ σολοίκως, καθέλκειν μέντοι πολλάκις τὰς
κεκαλλιγραφημένας λέξεις. Ἀρίστωνος δὲ τοῦ μαθητοῦ
πολλὰ διαλεγομένου οὐκ εὐφυῶς, ἔνια δὲ καὶ προπετῶς καὶ
θρασέως, 'ἀδύνατον,' εἰπεῖν, 'εἰ μή σε ὁ πατὴρ μεθύων
ἐγέννησεν·' ὅθεν αὐτὸν καὶ λάλον ἀπεκάλει, βραχύλογος 235
ὤν.

---

220 (δυοῖν)–**223** (σοῦ) SVF I 292   **223** (πρός)–**225** SVF I 295   **226–**
232 (λέξεις) SVF I 81   **232** (Ἀρίστωνος)–**236** SVF I 302 = 340

220 (δυοῖν)–**223** (σοῦ;) Suda σ 606 (IV 379.8–11)   **226–232** (λέξεις)
Φ 55 (296.4–10)

219 φάρμακον εἶναι κράτιστον F   **220** ὑπερανακείμενος (sc. Zeno) V. d.
Muehll (-μένου Casaub.): -μένοιν BPFΦ, Suda: ὑπανακειμένοιν Menag.
ὑπ' αὐτὸν F, Suda (codd. GM): ὑφ' αὐτὸν BPΦ, Suda (codd. AV)   **221**
σκιμαλίζοντος BPΦ: σκυμβα- F   **222** οἴει BPF, Suda: οἴει ἔφη Φ (cf.
J. Vahlen, Hermes 15 [1880] 272)   **225** ἐκεῖνον Reiske 315. Vid. Gigante
532[38]   **226** τοὺς[2] (vel <καλοὺς> καὶ) Reiske 315: καὶ BPFΦ   **227**
Ἀλεξανδρείῳ Bergk, Kl. Schr. II 298 (a. 1850/1) et U. Koehler, RhM 39 (1884)
299–300: -δρινῶ BF[1]: -δρηνῶ PF[2]Φ. Vid. D. Knoepfler, MH 44 (1987) 233–53
et 46 (1989) 193–230; id., Décrets 63[229]   **228** μὲν om. F   **229** βελτίονας
P[1]Φ: βελτίους FP[4]: βελτιώνων B   **230** ἀφομοίου BP: ἀφω- FΦ: del.
Kassel   τετράχμοις BP[1]: τετραδράχμοις FP[4]Φ. Vid. D. Knoepfler, MH 44
(1987) 242–3   **230–231** κεκομμένους καὶ σολοίκους I. Bywater, JPh 17
(1888) 75, fort. recte   **232** λέξεις del. Wil., Ant. 119, 'sed tum debebat scribi
τοὺς -μένους, cf. 3, 66' V. d. Muehll   **234** ἀδύνατόν τε BP[1](Q): τε eras. P[x]
εἰπεῖν BPF: εἶπεν rec., an recte?   **235** βραχύλογος BF: -χυλόγος P

[19] πρὸς δὲ τὸν ὀψοφάγον μηδὲν τοῖς συμβιωταῖς
καταλιπόντα, παρατεθέντος ποτὲ μεγάλου ἰχθύος, ἄρας,
οἷός {τ'} ἦν, κατήσθιεν· ἐμβλέψαντι δέ, 'τί οὖν,' ἔφη, 'τοὺς
240 συμβιωτὰς οἴει πάσχειν καθ' ἡμέραν, εἰ σὺ <μίαν> μὴ
δύνασαι ἐνεγκεῖν τὴν ἐμὴν ὀψοφαγίαν;' μειρακίου δὲ
περιεργότερον παρὰ τὴν ἡλικίαν ἐρωτῶντος ζήτημά τι,
προσήγαγε πρὸς κάτοπτρον καὶ ἐκέλευσεν ἐμβλέψαι·
ἔπειτ' ἠρώτησεν εἰ δοκεῖ αὐτῷ ἁρμόττοντα εἶναι ὄψει
245 τοιαύτῃ τοιαῦτα ζητήματα. πρὸς δὲ τὸν φάσκοντα ὡς τὰ
πολλὰ αὐτῷ Ἀντισθένης οὐκ ἀρέσκοι, χρείαν Σοφοκλέους
προενεγκάμενος ἠρώτησεν εἴ τινα καὶ καλὰ ἔχειν αὐτῷ
δοκεῖ· τοῦ δ' οὐκ εἰδέναι φήσαντος, 'εἶτ' οὐκ αἰσχύνῃ,' ἔφη,
'εἰ μέν τι κακὸν ἦν εἰρημένον ὑπ' Ἀντισθένους, τοῦτ'
250 ἐκλεγόμενος καὶ μνημονεύων, εἰ δέ τι καλόν, οὐδ'
ἐπιβαλλόμενος κατέχειν;'

[20] εἰπόντος δέ τινος ὅτι μικρὰ αὐτῷ δοκεῖ τὰ λογάρια
τῶν φιλοσόφων, 'λέγεις,' εἶπε, 'τἀληθῆ· δεῖ μέντοι καὶ τὰς
συλλαβὰς αὐτῶν, εἰ δυνατόν, βραχείας εἶναι.' λέγοντος δέ

237–241 (ὀψοφαγίαν;) SVF I 290   Antig. Car. fr. 38B Dor. Cf. Antig. Car.
ap. Athen. 8, 345 C = fr. 38A Dor.   **241** (μειρακίου)–**245** (ζητήματα) SVF
I 314   **245** (πρὸς)–**251** SVF I 305   Soph. fr. 1116c Radt²   Antisth.
SSR V A 137   **252–254** (εἶναι) SVF I 328   **254** (λέγοντος)–**257**
(διδόμενα;) SVF I 306   Polem. fr. 87 Gig.

237–260 (δέ) Φ 55 (296.10–297.5)

---

237 δὲ om. Φ   ὀψοφάγω (sic) Φ, -γων B   μηδὲν BPΦ: βραχὺ F
συμβιώταις BΦ   **238** ἄ*ρας (ι erasum) BP   **239** οἷός Athen.: οἶος
τ' BPF: οἷος τε Φ   τ' secl. et κατήσθιεν scrips. Madvig, Adv. III (1884)
62–3: τ' ἦν κατεσθίειν BPFΦ   ἐμβλέψαντι BPF: -ψαντος Φ, Athen.
240 συμβιώτας BΦ   οἴει BPΦ: εἴη F   οἴει ante ἔφη dat. Φ   εἰ σὺ μὴ
BPF: εἰ μὴ σὺ Φ   μίαν add. Jacobitz ap. Huebn. II (1831) IV (μίαν ἡμέραν
Athen.)   **241** ἐμὴν om. F   δὲ om. Φ   **242** παρὰ BP: περὶ F
243 πρὸς BPF: εἰς Φ   **244** δοκεῖ BPΦ: -κῇ F: -κοίη Cob.   ἁρμόττοντα
rec.: ἁρμόττον BPFΦ   **245** τοιαύτῃ τοιαῦτα rec.: τοιαύτῃ BPΦ:
τοιαῦτα F   **245** (πρὸς)–**251** Vid. Radt ad Soph. fr. 1116c (TrGF
IV 633)   **245** δὲ om. Φ   **247** πρὸς ἐνεγκάμενος B, προσεν- F
249 τι] τοι B   εἴη Cob.   ὑπ' Ἀντισθένους secl. Wil., Ant. 120   **250**
οὐκ B   **251** ὑποβαλλόμενος Φ   **252** δέ om. Φ   **254** εἰ δυνατὸν
βραχείας εἶναι BP: βρ. εἶναι εἰ (F²ˢ·ˡ·) δυνατὸν F: εἶναι βραχείας (om. εἰ
δυν.) Φ

τινος αὐτῷ περὶ Πολέμωνος ὡς ἄλλα προθέμενος ἄλλα 255
λέγει, σκυθρωπάσας ἔφη, 'πῶς; οὐ γὰρ ἠγάπας τὰ
διδόμενα;' δεῖν δὲ ἔφη τὸν <σὺν> νῷ διαλεγόμενον ὥσπερ
τοὺς ὑποκριτὰς τὴν μὲν φωνὴν καὶ τὴν δύναμιν μεγάλην
ἔχειν, τὸ μέντοι στόμα μὴ διέλκειν· ὃ ποιεῖν τοὺς πολλὰ μὲν
λαλοῦντας, ἀδύνατα δέ. τοῖς εὖ λεγομένοις οὐκ ἔφη δεῖν 260
καταλείπεσθαι τόπον ὥσπερ τοῖς ἀγαθοῖς τεχνητοῖς εἰς
τὸ θεάσασθαι, τοὐναντίον δὲ τὸν ἀκούοντα οὕτω πρὸς
τοῖς λεγομένοις γίνεσθαι ὥστε μὴ λαμβάνειν χρόνον εἰς τὴν
ἐπισημείωσιν.

[21] νεανίσκου πολλὰ λαλοῦντος ἔφη, 'τὰ ὦτά σου εἰς 265
τὴν γλῶτταν συννερρύηκε.' πρὸς τὸν καλὸν εἰπόντα ὅτι
οὐ δοκεῖ αὐτῷ ἐρασθήσεσθαι ὁ σοφός, 'οὐδέν,' ἔφη, 'ὑμῶν
ἀθλιώτερον ἔσεσθαι τῶν καλῶν.' ἔλεγε δὲ καὶ τῶν φιλοσό-
φων τοὺς πλείστους τὰ μὲν πολλὰ ἀσόφους εἶναι, τὰ δὲ μικρὰ
καὶ τυχηρὰ εὐμαθεῖς. καὶ προεφέρετο τὸ τοῦ Καφισίου, ὃς 270
ἐπιβαλλομένου τινὸς τῶν μαθητῶν μεγάλα φυσᾶν, πατάξας

---

257 (δεῖν)–**260** (δέ) SVF I 327   **260** (τοῖς)–**264** SVF I 308   **265–266**
(συνερρύηκε) SVF I 311   **266** (πρὸς)–**268** (καλῶν) SVF I 316   **268**
(ἔλεγε)–**270** (εὐμαθεῖς) SVF I 331   **270** (καὶ)–**273** (μέγα) SVF I 307. Cf.
Athen. 14, 629 A-B

265–266 (συνερρύηκε), **270** (καὶ²)–**280** (νεανίσκος) Φ 55 (297.5–17)
266 (πρὸς)–**268** (καλῶν) Φh 32 (110.24–111.3)   **270** (καὶ²)–**273** (μέγα)
Suda μ 364 (III 343.3–5)

---

256 οὕτως ἔφη B   πῶς; οὐ Reiske 315: πόσου BPF   ἠγάπας Reiske et
Cob.: ἠγάπα BPF: <ἂν> ἠγάπας Arnim   **257** δὲ om. Φ   τὸν σὺν νῷ
Marcov.: τόνω B (ν in ras.): τὸν* P: τὸν νῶ F: τῶ νῶ Φ: τὸν εὖ V. d. Muehll
258 μὲν om. Φ   **260** ἀδύνατα BPFΦ ('inefficacia' Kuehn): ἀσύνετα
Apelt: χαῦνα Arnim: ἀδυνάτως (vel -τους) Russell 175   εὖ λεγομένοις]
ἐλεγχομένοις Arnim   **261** τεχνητοῖς Kassel : τεχνίταις PF, B² in fenestra
267 δοκεῖ BP: δύνη F   αὐτῷ om. Φh   **268** ἀθλιώτερον ὑμῶν F:
οὐδὲν ἀθλ. ἔφη ὑμῶν Φh   post καλῶν pergit εἰ μὴ ἡμεῖς ἐρασθησόμεθα
Φh   φιλο in φιλοσόφων postmodo suppl. B^{img}   **269** πολλὰ] μεγάλα
Menag.   ἀσόφους BP: σοφούς F   **270** εὐμαθεῖς Mer. Casaub.: ἀμαθεῖς
BPF   τὸ Wil., Ant. 120: τὰ BPF   **271** ἐπιβαλλομένου BP, Athen.
14, 629 A-B: -βαλομένου F, Suda   μεγάλα BPFΦ: μέγα Suda (cf. Athen.
αὐλεῖν μέγα), 'sed loco alphabeti insertum, ubi μεγάλα expectatur' V. d.
Muehll

εἶπεν ὡς οὐκ ἐν τῷ μεγάλῳ τὸ εὖ κείμενον εἴη, ἀλλ' ἐν τῷ εὖ
τὸ μέγα. νεανίσκου δέ τινος θρασύτερον διαλεγομένου, 'οὐκ
ἂν εἴποιμι,' ἔφη, 'μειράκιον, ἃ ἐπέρχεταί μοι.'

275 **[22]** Ῥοδίου δέ τινος καλοῦ καὶ πλουσίου ἄλλως δὲ
μηδέν, προσκειμένου αὐτῷ, μὴ βουλόμενος ἀνέχεσθαι,
πρῶτον μὲν ἐπὶ τὰ κεκονιμένα τῶν βάθρων ἐκάθιζεν αὐτόν,
ἵνα μολύνῃ τὴν χλανίδα· ἔπειτα εἰς τὸν τῶν πτωχῶν τόπον,
ὥστε συνανατρίβεσθαι τοῖς ῥάκεσιν αὐτῶν· καὶ τέλος
280 ἀπῆλθεν ὁ νεανίσκος. πάντων ἔλεγεν ἀπρεπέστερον εἶναι
τὸν τῦφον, καὶ μάλιστα ἐπὶ τῶν νέων. μὴ τὰς φωνὰς καὶ τὰς
λέξεις ἀπομνημονεύειν, ἀλλὰ περὶ τὴν διάθεσιν τῆς χρείας
τὸν νοῦν ἀσχολεῖσθαι, μὴ ὥσπερ ἔψησίν τινα ἢ σκευασίαν
ἀναλαμβάνοντας. δεῖν τε ἔλεγε τοὺς νέους πάσῃ κοσμιότητι
285 χρῆσθαι καὶ πορείᾳ καὶ σχήματι καὶ περιβολῇ. συνεχές τε
προεφέρετο τοὺς ἐπὶ τοῦ Καπανέως Εὐριπίδου στίχους,
ὅτι **[23]** αὐτῷ

βίος μὲν ἦν <πολύς>,
ἥκιστα δ' ὄλβῳ γαῦρος ἦν, φρόνημα δὲ
290 οὐ<δέν> τι μεῖζον εἶχεν ἢ πένης ἀνήρ.

ἔλεγε δὲ μηδὲν εἶναι τῆς οἰήσεως ἀλλοτριώτερον πρὸς
κατάληψιν τῶν ἐπιστημῶν, μηδενός τε ἡμᾶς οὕτως εἶναι

---

273 (νεανίσκου)–**274** SVF I 315   **275–280** (νεανίσκος) SVF I 20
280 (πάντων)–**281** (νέων) SVF I 317   **281** (μὴ)–**284** (ἀναλαμβάνοντας)
SVF I 309   **284** (δεῖν)–**290** SVF I 245   **288–290** Eur., Suppl. 861–3
291–292 (ἐπιστημῶν) SVF I 71 = 321   **292–293** (μηδενός—χρόνου)
SVF I 323

---

285 (συνεχὲς)–**290** Φ 55 (297.17–20)

---

273 δέ om. Φ   **274** ἃ in ras. P¹(Q): δ' BFΦ   **275** δέ om. Φ   **277**
πρῶτα F   κεκονιμένα Frob.: κεκομμένα BPFΦ   **278** χλανίδα BPΦ:
-μύδα F   **280** ἀπρεπέστερον BPF: -τατον Arsen. (267.8 Walz) et Rich-
ards 343, fort. recte   **285** καὶ¹ BPF: ἐν rec.: καὶ <ἐν> Marcov.   καὶ² P⁴:
τῶ BP¹(Q)F   συνεχῶς Φ   **287–288** αὐτῷ | βίος μὲν ἦν πολύς, ex Eur.
(ᾧ βίος μὲν ἦν πολύς) rest. Huebn., praeeunte Casaub. ('vox αὐτῷ poetae
non est')   **289** δ'] δὲ BPFΦ   δὲ BF: δ' PΦ   **290** οὐδέν τι Eur.: οὔ τι
PFΦ: οὔτοι B   **291** οἰήσεως Mer. Casaub. (cf. 4.50): ποιήσεως BPF

ἐνδεεῖς ὡς χρόνου. ἐρωτηθεὶς τί ἐστι φίλος, 'ἄλλος ἐγώ.'
δοῦλον ἐπὶ κλοπῇ, φασίν, ἐμαστίγου· τοῦ δ' εἰπόντος,
'εἵμαρτό μοι κλέψαι,' ἔφη, 'καὶ δαρῆναι.' τὸ κάλλος εἶπε 295
τῆς σωφροσύνης ἄνθος εἶναι· οἱ δὲ τοῦ κάλλους τὴν
σωφροσύνην. τῶν γνωρίμων τινὸς παιδάριον
μεμωλωπισμένον θεασάμενος πρὸς αὐτόν 'ὁρῶ σου' ἔφη,
'τοῦ θυμοῦ τὰ ἴχνη.' πρὸς τὸν κεχρισμένον τῷ μύρῳ, 'τίς
ἐστιν,' ἔφη, 'ὁ γυναικὸς ὄζων;' Διονυσίου δὲ τοῦ 300
Μεταθεμένου εἰπόντος αὐτῷ διὰ τί αὐτὸν μόνον οὐ διορθοῖ,
ἔφη, 'οὐ γάρ σοι πιστεύω.' πρὸς τὸ φλυαροῦν μειράκιον,
'διὰ τοῦτο,' εἶπε, 'δύο ὦτα ἔχομεν, στόμα δὲ ἕν, ἵνα πλείω
μὲν ἀκούωμεν, ἥττονα δὲ λέγωμεν.'

[24] ἐν συμποσίῳ κατακείμενος σιγῇ τὴν αἰτίαν 305
ἠρωτήθη· ἔφη οὖν τῷ ἐγκαλέσαντι ἀπαγγεῖλαι πρὸς τὸν
βασιλέα ὅτι παρῆν τις σιωπᾶν ἐπιστάμενος· ἦσαν δὲ οἱ
ἐρωτήσαντες παρὰ Πτολεμαίου πρέσβεις ἀφικόμενοι καὶ
βουλόμενοι μαθεῖν τί εἴποιεν περὶ αὐτοῦ πρὸς τὸν βασιλέα.
ἐρωτηθεὶς πῶς ἔχει πρὸς λοιδορίαν, 'καθάπερ,' εἶπεν, 'εἰ 310
πρεσβευτὴς ἀναπόκριτος ἀποστέλλοιτο.' φησὶ δ'

293 (ἐρωτηθεὶς—ἐγώ) SVF I 324   294 (δοῦλον)–295 (δαρῆναι) SVF
I 298 62E L.-S.   295 (τὸ)–296 (σωφρωσύνην) SVF I 330
297 (τῶν)–299 (ἴχνη) SVF I 320   299 (πρὸς)–300 (ὄζων;) SVF I 318
300 (Διονυσίου)–302 (πιστεύω) SVF I 303   Dionys. Metath. SVF I
423   302 (πρὸς)–304 SVF I 310   305–309 (βασιλέα) SVF I 284
310 (ἐρωτηθεὶς)–311 (ἀποστέλλοιτο) SVF I 283   311 (φησὶ)–316 SVF I
278   Stilpo test. 169 Doer. = SSR II O 4

294 (δοῦλον)–309 (βασιλέα) Φ 55 (297.21–298.11)

293 τί F: τίς BP (cf. infra § 124)   <εἶπεν> ἄλλος Arsen. (267.25 Walz): ἐγώ,
<ἔφη> Cob.   294 φασίν om. Φ   ἐμαστίγουν F   295 ante κλέψαι
alterum ἔφη add. P   ἔφη καὶ δαρῆναι (δαρεῖναι B^lacF) BF: καὶ δαρ. ἔφη P:
εἰ κλέψαι ἔφη εἵμαρτο καὶ δαρ. Φ   296 σωφροσύνης Cob.: φωνῆς
BPRFΦ: ἀρετῆς V. d. Muehll (conl. infra § 130): ῥώμης Arnim   297
σωφροσύνην Cob.: φωνήν BPRFΦ (retinet Arnim): ἀρετήν V. d. Muehll
298–299 εἶπεν· ὁρῶ σου τοῦ θυμοῦ Φ   300 ἔφη· τίς ἐστιν F   303
πλείω BRΦ: πλείονα F   304 ἀκούομεν et λέγομεν F   306 οὖν om. F
307 τις BPF: τις πρεσβύτης Φ ut est ap. Plut., De garrul. 4, 504 A (= SVF I
284), 'an Φ sua e florilegio quodam habet?' V. d. Muehll: <γέρων> τις Reiske
315   εἰδὼς σιωπᾶν Φ   307 (ἦσαν)–309 (βασιλέα) ante ἔφη (306)
transp. Richards 345   309 περὶ] παρ' Cob.   311 πρεσβύτης BP^lac

Ἀπολλώνιος ὁ Τύριος, ἕλκοντος αὐτὸν Κράτητος τοῦ
ἱματίου ἀπὸ Στίλπωνος, εἰπεῖν, 'ὦ Κράτης, λαβὴ
φιλοσόφων ἐστὶν ἐπιδέξιος ἡ διὰ τῶν ὤτων· πείσας οὖν ἕλκε
315 τούτων· εἰ δέ με βιάζῃ, τὸ μὲν σῶμα παρὰ σοὶ ἔσται, ἡ δὲ
ψυχὴ παρὰ Στίλπωνι.'

[25] συνδιέτριψε δὲ καὶ Διοδώρῳ, καθά φησιν
Ἱππόβοτος· παρ' ᾧ καὶ τὰ διαλεκτικὰ ἐξεπόνησεν. ἤδη δὲ
προκόπτων εἰσῄει καὶ πρὸς Πολέμωνα ὑπ' ἀτυφίας, ὥστε
320 φασὶ λέγειν ἐκεῖνον, 'οὐ λανθάνεις, ὦ Ζήνων, ταῖς κηπαίαις
παρεισρέων θύραις καὶ τὰ δόγματα κλέπτων Φοινικικῶς
μεταμφιεννύς.' καὶ πρὸς τὸν δείξαντα δὲ αὐτῷ διαλεκτικὸν
ἐν τῷ θερίζοντι λόγῳ ἑπτὰ διαλεκτικὰς ἰδέας πυθέσθαι,
πόσας εἰσπράττεται μισθοῦ· ἀκούσαντα δὲ ἑκατόν,
325 διακοσίας αὐτῷ δοῦναι. τοσοῦτον ἤσκει φιλομάθειαν. φασὶ
δὲ καὶ πρῶτον καθῆκον ὠνομακέναι καὶ λόγον περὶ αὐτοῦ
πεποιηκέναι. τούς τε Ἡσιόδου στίχους μεταγράφειν οὕτω·

κεῖνος μὲν πανάριστος ὃς εὖ εἰπόντι πίθηται,
ἐσθλὸς δ' αὖ κἀκεῖνος ὃς αὐτὸς πάντα νοήσει.

330 [26] κρείττονα γὰρ εἶναι τὸν ἀκοῦσαι καλῶς δυνάμενον
τὸ λεγόμενον καὶ χρῆσθαι αὐτῷ τοῦ δι' αὐτοῦ τὸ πᾶν
συννοήσαντος· τῷ μὲν γὰρ εἶναι μόνον τὸ συνεῖναι, τῷ δ' εὖ
πεισθέντι προσεῖναι καὶ τὴν πρᾶξιν.

317–333 Hippob. fr. 10 Gig.   **317–322** (μεταμφιεννύς) Polem. fr. 88 Gig.
317–318 (ἐξεπόνησεν) Diod. test. 103 Doer. = SSR II F 3   **321** (καὶ)–**325**
(φιλομάθειαν) SVF I 279 = 31M L.-S.   **325** (φασὶ)–**327** (πεποιηκέναι)
SVF I 230   **327** (τούς)–**333** SVF I 235   **327–328** Hes., Op. 295 et 293

312 (ἕλκοντος)–**316** Φ 55 (293.20–4)   **325** (φασὶ)–**327** (πεποιηκέναι)
Suda κ 76 (III 8.2–3)

314 ἤ] ὁ F   **315** ἔστω F   **319** ἐσῄει B   **319–322** signa parentheseos
ante ὥστε et post μεταμφιεννύς pos. Schwartz 755 (= 479)   **321** φοινικῶς
F   **322** μεταμφιεννύς BP: μετ' ἀμφιεννύς F   **324** πόσας B¹PF:
πόσου B²ˢˡ·   μισθόν Richards 343   **328** πίθηται F²: πεί- BPF¹   **329**
αὐτὸς BP: αὐτῷ F   νοήσει BPF: -σῃ Casaub. ut Hes. Π⁵ et Π³³   **331**
καὶ χρῆσθαι PF: κεχρῆσθαι B   αὐτοῦ rec.: αὐ- BPF   **332** τῷ B²P:
τὸ B¹F   **333** τὴν αὐτὴν πρᾶξιν B¹, corr. αὐτὴν delens B²

ἐρωτηθεὶς δέ, φησί, διὰ τί αὐστηρὸς ὢν ἐν τῷ πότῳ διαχεῖται ἔφη, 'καὶ οἱ θέρμοι πικροὶ ὄντες βρεχόμενοι 335 γλυκαίνονται.' φησὶ δὲ καὶ Ἑκάτων ἐν τῷ δευτέρῳ τῶν Χρειῶν ἀνίεσθαι αὐτὸν ἐν ταῖς τοιαύταις κοινωνίαις. ἔλεγέ τε κρεῖττον εἶναι τοῖς ποσὶν ὀλισθεῖν ἢ τῇ γλώττῃ. τὸ εὖ γίνεσθαι μὲν παρὰ μικρόν, οὐ μὴν μικρὸν εἶναι· οἱ δὲ Σωκράτους. 340

ἦν δὲ καρτερικώτατος καὶ λιτότατος, ἀπύρῳ τροφῇ χρώμενος καὶ τρίβωνι λεπτῷ, ὥστε λέγεσθαι ἐπ' αὐτοῦ·

[27]   τὸν δ' οὔτ' ἄρ χειμὼν κρυόεις, οὐκ ὄμβρος ἀπείρων,
οὐ φλὸξ ἡελίοιο δαμάζεται, οὐ νόσος αἰνή,
οὐκ ἔροτις δήμου ἐναρίθμιος, ἀλλ' ὅ γ' ἀτειρὴς 345
ἀμφὶ διδασκαλίῃ τέταται νύκτας τε καὶ ἦμαρ.

οἵ γε μὴν κωμικοὶ ἐλάνθανον ἐπαινοῦντες αὐτὸν διὰ τῶν σκωμμάτων. ἵνα καὶ   Φιλήμων φησὶν οὕτως ἐν δράματι Φιλοσόφοις·

εἷς ἄρτος, ὄψον ἰσχάς, ἐπιπιεῖν ὕδωρ. 350
φιλοσοφίαν καινὴν γὰρ οὗτος φιλοσοφεῖ·
πεινῆν διδάσκει καὶ μαθητὰς λαμβάνει

334–336 (γλυκαίνονται) SVF I 285   **336** (φησὶ)–**337** (κοινωνίαις)
Hecat. fr. 24 Gom.   **337** (ἔλεγε)–**338** (γλώττῃ) SVF I 329   **338** (τὸ)–
340 SVF I 325. Cf. supra 2.32   **350–352** Philem. fr. 88 K.-A.

334–338 (γλώττῃ); **341–352** Φ 55 (298.12–299.3)   **341** (ἀπύρῳ)–**342**
(λεπτῷ) Suda α 3722 (I 335.10–11)

334 δέ om. Φ   φησί BP: om. FΦ: del. Huebn.: φασί Marcov.   **335** οἱ
ὄντε B   **336** καὶ om. F   **338** τε om. Φ   ὀλισθαίνειν Φ   **339**
μικρόν B¹PF¹: -ῶν B²F²   **339–340** οἱ δὲ Σωκράτους secl. Cob. (cf. 2.32 et
vid. A. Stewart, AJA 102 [1998] 273–5)   **342** λιτῷ Reiske 315   **343**
κρ*υόεις (ο erasum) F   **345** οὐκ BPΦ: οὐτ' F   οὐκερoτις B: οὐκέ ρο τις
P: οὐκ ἐροτὶς Φ: οὐκ (in mg add. F¹ ut vid.) ἔρωτις F   ἐναρίθμιος BPFΦ
('= ἐγκύκλιος?' V. d. Muehll): ἐναρεῖ μένος A. Meineke, Z. Alt. n.F. 3 (1845)
320: ἀναρίθμιος Gigante 533⁵⁵   **347** ἐλάνθανον post σκωμμάτων pos. F
348 οὕτως BPΦ: οὗτος F   **349** φιλοσόφοις om. Φ, secl. Cob.   **350** εἷς
ἄρτος Clem.: εἰς ἄρτον BPFΦ   **351, 352, 350** iidem versus ordinantur
ap. Clem. Alex., Strom. 2.121.3   **351** καινὴν] κενὴν Clem.   **352** πεινῆν
. . . λαμβάνει PFΦ, Clem.: πίνειν . . . -ειν B

(οἱ δὲ Ποσειδίππου).

ἤδη δὲ καὶ εἰς παροιμίαν σχεδὸν ἐχώρησεν. ἐλέγετο γοῦν
355 ἐπ᾽ αὐτοῦ·

τοῦ φιλοσόφου Ζήνωνος ἐγκρατέστερος.

ἀλλὰ καὶ Ποσείδιππος Μεταφερομένοις·

ὥστ᾽ ἐν ἡμέραις δέκα
εἶναι δοκεῖν Ζήνωνος ἐγκρατέστερον.

360 **[28]** τῷ γὰρ ὄντι πάντας ὑπερεβάλλετο τῷ τε εἴδει
τούτῳ καὶ τῇ σεμνότητι καὶ δὴ νὴ Δία καὶ μακαριότητι·
ὀκτὼ γὰρ πρὸς τοῖς ἐνενήκοντα βιοὺς ἔτη κατέστρεψεν,
ἄνοσος καὶ ὑγιὴς διατελέσας. Περσαῖος δέ φησιν ἐν ταῖς
Ἠθικαῖς σχολαῖς δύο καὶ ἑβδομήκοντα ἐτῶν τελευτῆσαι
365 αὐτόν, ἐλθεῖν δὲ Ἀθήναζε δύο καὶ εἴκοσιν ἐτῶν· ὁ δ᾽
Ἀπολλώνιός φησιν ἀφηγήσασθαι τῆς σχολῆς αὐτὸν ἔτη
δυοῖν δέοντα ἑξήκοντα. ἐτελεύτα δὴ οὕτως· ἐκ τῆς σχολῆς
ἀπιὼν προσέπταισε καὶ τὸν δάκτυλον περιέρρηξε· παίσας
δὲ τὴν γῆν τῇ χειρί, φησὶ τὸ ἐκ τῆς Νιόβης·

370 **[29]**   ἔρχομαι· τί μ᾽ ἀΰεις;

καὶ παραχρῆμα ἐτελεύτησεν, ἀποπνίξας ἑαυτόν.

Ἀθηναῖοι δ᾽ ἔθαψαν αὐτὸν ἐν τῷ Κεραμεικῷ καὶ
ψηφίσμασι τοῖς προειρημένοις ἐτίμησαν, τὴν ἀρετὴν αὐτῷ

358–359 Posidipp. fr. 16 K.-A.   **363** (Περσαῖος)–**364** (ἐτῶν) Persae.
SVF I 458 = FGrHist 584 F 10   **367** (ἐτελεύτα)–**371** SVF I 288
370 Timoth. fr. 11 Page = 11 Horden

---

367 (ἐκ)–**370** Φ 55 (299.4–9)   Suda α 4422 (I 411.24–7)   **371** Φ 55 (299.8)

---

353 secl. Rossi 104   ποσιδίππου BPF   **357** ποσιδιππος BP¹F
358 ἡμέραις B^{lac}P^{lac}F: -ας B^{1pc}P^{1pc}   **359** εἶναι δοκεῖν BP: δοκεῖν εἶναι F
361 δὴ om. F   καὶ] τῇ Cob.   μακροβιότητι Meineke, FCG IV (1841)
518   **364** ἐνενήκοντα H. F. Clinton, Fasti hellenici II (³1841) 453^i. Vid.
Jacoby, FGrHist IID 738 (ad 244 F 44–5)   **366** αὐτὸν post φησιν pos. F
367 ἐτελεύτησε F   οὗτος F   **368** παίσας PFΦ, Suda: πλήσας B
370 ἀΰεις P: αὔεις BΦ: ἀΐεις F² (ΐ in ras.)   **373** αὐτῷ BP: -οῦ F

προσμαρτυροῦντες. καὶ Ἀντίπατρος ὁ Σιδώνιος ἐποίησεν
οὕτως·   375

    τῆνος ὅδε Ζήνων Κιτίῳ φίλος, ὅς ποτ' Ὄλυμπον
    ἔδραμεν, οὐκ Ὄσσῃ Πήλιον ἀνθέμενος·
    οὐδὲ τά γ' Ἡρακλῆος ἀέθλια· τὴν δὲ ποτ' ἄστρα
    ἀτραπ<ιτ>ὸν μούνας εὗρε σαοφροσύνας.

καὶ ἄλλο Ζηνόδοτος ὁ Στωϊκός, Διογένους μαθητής·   380

[30]   ἔκτισας αὐτάρκειαν, ἀφεὶς κενεαυχέα πλοῦτον,
    Ζήνων, σὺν πολιῷ σεμνὸς ἐπισκυνίῳ·
    ἄρσενα γὰρ λόγον εὗρες, ἐνηθλήσω δὲ προνοίᾳ,
    αἵρεσιν, ἀτρέστου ματέρ' ἐλευθερίας·
    εἰ δὲ πάτρα Φοίνισσα, τίς ὁ φθόνος; οὐ καὶ ὁ Κάδμος   385
    κεῖνος, ἀφ' οὗ γραπτὰν Ἑλλὰς ἔχει σελίδα;

καὶ κοινῇ δὲ καὶ περὶ πάντων τῶν Στωϊκῶν Ἀθήναιος ὁ
ἐπιγραμματοποιός φησιν οὕτως·

    ὦ Στωϊκῶν μύθων εἰδήμονες, ὦ πανάριστα
    δόγματα ταῖς ἱεραῖς ἐνθέμενοι σελίσιν,   390
    τὰν ἀρετὰν ψυχᾶς ἀγαθὸν μόνον· ἅδε γὰρ ἀνδρῶν

376–379 Antip. Sid. epigr. 35 G.-P. (Epigr. Gr. 3586–9)   **380** SVF
III Diog. 11   **381–386** Zenod. epigr. 1 G.-P. (Epigr. Gr. 3956–61)
389–394 SH 226   FGE 438–43. Etiam 6.14

375–379 Φ 55 (299.8–13)   **381–386** Anth. Pal. 7.117   **385–386** Suda
κ 21 (III 2.21–2)   **389–394** Anth. Pal. 9.496; Plan. I^b 6 1

---

375 οὕτως εἰς αὐτόν Φ   **376** τῆνος Ζ (Frob.): τῆμος BPFΦ: ἠνίδ' V. d.
Muehll, fort. recte   ὧδε F   κιττίω (τ¹ in ras. P¹Φ) FP¹Φ   **377** ὄρση F
378 ἀέθλια BPFΦ: ἀέθλεε Brunck, Anal. II 28. Vid. Th. Gaertner, Exempla-
ria Classica 11 (2007) 71   τὰν Meibom.   ἄστρα om. F   **379**
ἀτραπιτὸν Steph.: ἀτραπὸν P, B² (τ in ras.), Φ: ἄτραπον F: ἀτραπὸν <ὃς>
Casaub.   μούνας Meibom.: μοῦνος BPFΦ   **381** ἔκτισας B¹ ut vid., PF
et s.l. Pal.^C: -σαν Pal¹·ἐκτίσω Pal^C: κτήσας B² (ras. ante κ et ἡ ex 1)   **382**
πολείω B   **384** μητέρ' ἐλευθερίης Pal.   **385** οὐ R. Porson, Eur.
Phoen. (1799) ad v. 1613: ὂν BPF, Suda: ἦν Pal.: ἦν Pal.^C: ἦς P⁴   **386** κεῖνος
BPFΦ, Pal., Suda: κεῖθεν Kuehn et Stadtmueller, an recte?   **387** ἀθηναῖος
BPF   **389** στωϊκῶν BPF: στοϊ- Pal., melioribus numeris   **390** σελίσιν
B¹P, Pal.: -σι B²F   **391** ψυχαῖς ἀγαθαῖς F   τὰν ἀρίσταν ἀρετὰν ψ. Pal.

μούνα καὶ βιοτὰν ῥύσατο καὶ πόλιας.
σαρκὸς <δ'> ἡδυπάθημα, φίλον τέλος ἀνδράσιν ἄλλοις,
ἡ μία τῶν Μνήμης ἤνυσε θυγατέρων.

395 **[31]** εἴπομεν ὡς ἐτελεύτα ὁ Ζήνων καὶ ἡμεῖς ἐν τῇ
Παμμέτρῳ τοῦτον τὸν τρόπον·

τὸν Κιτιέα Ζήνωνα θανεῖν λόγος ὡς ὑπὸ γήρως
πολλὰ καμὼν ἐλύθη μένων ἄσιτος·
οἱ δ' ὅτι προσκόψας ποτ' ἔφη χερὶ γαῖαν ἀλοίσας·
400 'ἔρχομαι αὐτόματος· τί δὴ καλεῖς με;'

ἔνιοι γὰρ καὶ τοῦτον τὸν τρόπον τελευτῆσαί φασιν
αὐτόν. καὶ περὶ μὲν τῆς τελευτῆς ταῦτα.

φησὶ δὲ Δημήτριος ὁ Μάγνης ἐν τοῖς Ὁμωνύμοις τὸν
πατέρα αὐτοῦ Μνασέαν πολλάκις ἅτε ἔμπορον Ἀθήναζε
405 παραγίνεσθαι καὶ πολλὰ τῶν Σωκρατικῶν ἀποφέρειν ἔτι
παιδὶ ὄντι τῷ Ζήνωνι· **[32]** ὅθεν καὶ ἐν τῇ πατρίδι
συγκεκροτῆσθαι. καὶ οὕτως ἐλθόντα εἰς Ἀθήνας Κράτητι
παραβαλεῖν. δοκεῖ δέ, φησί, καὶ τὸ τέλος αὐτὸς ὁρίσαι τῶν
<προτέρων> πλανωμένων περὶ τὰς ἀποφάσεις. ὤμνυε δέ,
410 φασί, καὶ κάππαριν, καθάπερ Σωκράτης τὸν κύνα.

403–409 (ἀποφάσεις) Demetr. Magn. fr. 22 Mejer   **403** (φησὶ—
Ὁμωνύμοις), **407–408** (καὶ—παραβαλεῖν) SSR V H 37   **409** (ὤμνυε)–
410 SVF I 32a

397–400 Anth. Pal. 7.118   **409** (ὤμνυε)–**410** Φ 55 (299.14–15)   Suda κ
327 (III 28.2–3)

---

392 βιοτὰν BPF: βιότου Pal.   πόλιας BP: -ηας F: -ιος Pal.   **393** δ'
ex 6.14 add. Frob.: om. BPF   **396** τὸν suppl. F²ᵐᵍ   **397** κιτιέα B,
Pal.: κιττιᾶ Pᵃᶜ(Q)F: κιτιᾶ Pᵖᶜ (τ¹ erasum)   **398** οἱ δὲ μένων Pⁱˢ·¹, Pal.
399–400 om. Pal.   **399** οἶδ' F   ποτ' ἔφη F: ποτὲ φῆ Bᵖᶜ (ῆ ex ή),
P   χερὶ P²: χει- BP¹F   ἀλοίσας PF: ἀλύ- B: γῆν ἀλοήσας Valckenaer,
Eur. Phoen. (1755) ad v. 856: γαῖαν ἀλοιῶν Cob.   **401–402** αὐτόν φασι F
404 μνασέα F   πολλάκι κατ' ἐμπορίαν Croenert, Kol. u. Men. 173
406 παιδίω ex παιδίον F¹   **407** συγκεκροτῆσθαι B¹P: -τεῖσθαι B²F
ἐλθόντας B   **409** προτέρων add. V. d. Muehll: ἄλλων Madvig, Adv.
I 715   **410** φασί om. Φ   καθάπερ BPF: ὡς ὁ Φ

ἔνιοι μέντοι, ἐξ ὧν εἰσιν οἱ περὶ Κάσσιον τὸν Σκεπτικόν, ἐν πολλοῖς κατηγοροῦντες τοῦ Ζήνωνος, πρῶτον μὲν τὴν ἐγκύκλιον παιδείαν ἄχρηστον ἀποφαίνειν λέγουσιν ἐν ἀρχῇ τῆς Πολιτείας, δεύτερον ἐχθροὺς καὶ πολεμίους καὶ δούλους καὶ ἀλλοτρίους ἀλλήλων λέγειν αὐτὸν εἶναι πάντας τοὺς μὴ 415 σπουδαίους, καὶ γονεῖς τέκνων καὶ ἀδελφοὺς ἀδελφῶν, <καὶ> οἰκείους οἰκείων. [33] πάλιν ἐν τῇ Πολιτείᾳ παριστάντα πολίτας καὶ φίλους καὶ οἰκείους καὶ ἐλευθέρους τοὺς σπουδαίους μόνον, ὥστε τοῖς Στωϊκοῖς οἱ γονεῖς καὶ <τὰ> τέκνα ἐχθροί· οὐ γάρ εἰσι σοφοί. κοινάς τε τὰς 420 γυναῖκας δογματίζειν ὁμοίως ἐν τῇ Πολιτείᾳ {καὶ} κατὰ τοὺς διακοσίους <στίχους>, μήτε ἱερὰ μήτε δικαστήρια μήτε γυμνάσια ἐν ταῖς πόλεσιν οἰκοδομεῖσθαι. περί τε νομίσματος οὕτως γράφειν, 'νόμισμα δὲ οὔτε ἀλλαγῆς ἕνεκεν οἴεσθαι δεῖν κατασκευάζειν οὔτε ἀποδημίας ἕνεκεν.' 425 καὶ ἐσθῆτι δὲ τῇ αὐτῇ κελεύει<ν> χρῆσθαι ἄνδρας καὶ γυναῖκας καὶ μηθὲν μόριον ἀποκεκρύφθαι.

411–432 (Κασσίῳ) Cassius Empir. fr. 286 Deichgr.   **411–427** 67B L.-S.
411–414 (Πολιτείας) SVF I 259   **414** (δεύτερον)–**417** (οἰκείων) SVF I 226   **417** (πάλιν)–**419** (μόνον) SVF I 222   **420–421** (κοινάς— Πολιτείᾳ) SVF I 269   **421** (καὶ)–**423** (οἰκοδομεῖσθαι) SVF I 267   **423** (περί)–**425** (ἕνεκεν) SVF I 268   **426** (καὶ)–**427** SVF I 257

420–421 (κοινάς—δογματίζειν); **423** (περί)–**427** Φ 55 (299.15–19)

411–438 Vid. A. Angeli, CErc 23 (1993) 19–20[109] et Goulet-Cazé, Kynika 41[120] **411** κάσιον BP   **412** κατηγόρουν Madvig, Adv. I 715   καὶ πρῶτον F **413** λέγουσιν Reiske 316 et Cob. (servato **412** κατηγοροῦντες): λέγοντα BPF: -γοντες Madvig   ἀποφαίνοντα λέγειν Gigante 533[70]: ἀπέφαινον λέγοντα Apelt   **414** πολεμίους Aldobr.: -μικοὺς BPF, an recte?   **417** καὶ add. rec.   **418** παριστάναι A. Dyroff, Anlage d. stoischen Buecher-kataloge (1896) 51   **420** τὰ add. rec.   **421** ἐν τῇ πολ. ὁμοίως F   καὶ secl. Reiske 316   **422** στίχους add. Menag. (cf. infra § 187 et 188)   μήτε[1] 'novum excerptum incipit: SVF I 267 (Arnim haud recte verba discernit)' V. d. Muehll   **423** ἐν F: ἐπὶ BP   οἰκοδομεῖσθαι BP: -μῆσθαι F   **425** ἕνεκεν om. Φ: del. Cob., fort. recte   **426** κελεύειν Reiske 316: κελεύει BPF: ἐκέλευε Φ   ἄνδρας BP: καὶ ἄνδρας F: ἄνδρας τε Φ

[34] ὅτι δ' αὐτοῦ ἐστιν ἡ Πολιτεία καὶ Χρύσιππος ἐν τῷ Περὶ πολιτείας φησίν. περί τε ἐρωτικῶν διείλεκται κατὰ τὴν
430 ἀρχὴν τῆς ἐπιγραφομένης ἐρωτικῆς τέχνης· ἀλλὰ καὶ ἐν ταῖς Διατριβαῖς τὰ παραπλήσια γράφει. τοιουτότροπά τινά ἐστι παρὰ τῷ Κασσίῳ, ἀλλὰ καὶ Ἰσιδώρῳ τῷ Περγαμηνῷ ῥήτορι· ὃς καὶ ἐκτμηθῆναί φησιν ἐκ τῶν βιβλίων τὰ κακῶς λεγόμενα παρὰ τοῖς Στωϊκοῖς ὑπ' Ἀθηνοδώρου τοῦ
435 Στωϊκοῦ πιστευθέντος τὴν ἐν Περγάμῳ βιβλιοθήκην· εἶτα ἀντιτεθῆναι αὐτά, φωραθέντος τοῦ Ἀθηνοδώρου καὶ κινδυνεύσαντος. καὶ τοσαῦτα μὲν περὶ τῶν ἀθετουμένων αὐτοῦ.

[35] γεγόνασι δὲ Ζήνωνες ὀκτώ· πρῶτος ὁ Ἐλεάτης,
440 περὶ οὗ λέξομεν· δεύτερος αὐτὸς οὗτος· τρίτος Ῥόδιος, τὴν ἐντόπιον γεγραφὼς ἱστορίαν †ἐνιέα†· τέταρτος ἱστορικός, τὴν Πύρρου γεγραφὼς στρατείαν εἰς Ἰταλίαν καὶ Σικελίαν, ἀλλὰ καὶ ἐπιτομὴν τῶν πεπραγμένων Ῥωμαίοις τε καὶ Καρχηδονίοις· πέμπτος Χρυσίππου μαθητής, βιβλία μὲν
445 ὀλίγα γεγραφώς, μαθητὰς δὲ πλείστους καταλελοιπώς· ἕκτος ἰατρὸς Ἡροφίλειος, νοῆσαι μὲν ἱκανός, γράψαι δὲ ἄτονος· ἕβδομος γραμματικός, οὗ πρὸς τοῖς ἄλλοις καὶ ἐπιγράμματα φέρεται· ὄγδοος Σιδώνιος τὸ γένος, φιλόσοφος Ἐπικούρειος καὶ νοῆσαι καὶ ἑρμηνεῦσαι σαφής.
450 [36] μαθηταὶ δὲ Ζήνωνος πολλοὶ μέν, ἔνδοξοι δὲ

---

439 (πρῶτος)–**440** cf. 9.25–9   **440** (τρίτος) FGrHist 523 T 1   **441** (τέταρτος) FGrHist 158 T 1   **444** (πέμπτος) SVF III Zen. Tars. 1
450–469 Persae. SVF I 435 = FGrHist 584 T 1 (**450–457**)

---

428 χρυσ. ὥσπερ ἐν B   **430** ἐπιγραφομένης om. F   **431–432** τινά εἰσὶ F   **433** ῥήτορι om. F   **434** λεγόμενα BP: κείμενα F   παρὰ τοῖς στωϊκοῖς om. F   **435** τὴν BP: γὰρ F   **436** ἀντιτεθῆναι Pˣ (ῆναι in ras.), F: ἀντι**θηναι (sic) B: ἀνατεθῆναι Richards 344. Vid. A. Angeli, CErc 23 (1993) 20¹⁰⁹   **437** (καὶ)–**438** om. F   **440–441** τὴν—ἐνιέα om. F   **441** cruces app. Jacoby: ἐνιέα B¹P: ἐνηεα (ras. supra ε) B²: ἐνιαίαν Z (Frob.): ἑ- (= 'uno volumine') Casaub.: ἐν ια' Menag.: ἐν ιε' H. Ullrich, De Polyb. font. Rhodiis (1898) 13–14   **442** (τὴν)–**444** (Καρχηδονίοις) suppl. F²ᵐᵍ   **442** εἰς Ἰταλίαν om. B   **445** μαθητὰς—καταλελοιπώς om. F   **446–447** νοῆσαι—ἄτονος om. F   **447** πρὸς τοῖς ἄλλοις om. F   **449** φιλόσοφος—σαφής om. F

Περσαῖος Δημητρίου Κιτιεύς, ὂν οἱ μὲν γνώριμον αὐτοῦ, οἱ
δὲ οἰκέτην ἕνα τῶν εἰς βιβλιογραφίαν πεμπομένων αὐτῷ
παρὰ Ἀντιγόνου, οὗ καὶ τροφεὺς ἦν τοῦ παιδὸς Ἀλκυονέως.
διάπειραν δή ποτε βουληθεὶς λαβεῖν αὐτοῦ ὁ Ἀντίγονος
ἐποίησεν αὐτῷ πλαστῶς ἀγγελῆναι ὡς εἴη τὰ χωρία αὐτοῦ   455
πρὸς τῶν πολεμίων ἀφηρημένα· καὶ σκυθρωπάσαντος,
'ὁρᾷς,' ἔφη, 'ὅτι οὐκ ἔστιν ὁ πλοῦτος ἀδιάφορον;'
βιβλία δὲ αὐτοῦ φέρεται τάδε·

> Περὶ βασιλείας,
> Πολιτεία Λακωνική,   460
> Περὶ γάμου,
> Περὶ ἀσεβείας,
> Θυέστης,
> Περὶ ἐρώτων,
> Προτρεπτικοί,   465
> Διατριβῶν,
> Χρειῶν δ΄,
> Ἀπομνημονεύματα,
> Πρὸς τοὺς Πλάτωνος Νόμους ζ΄.

[37] Ἀρίστων Μιλτιάδου Χῖος, ὁ τὴν ἀδιαφορίαν   470
εἰσηγησάμενος. Ἥριλλος Χαλκηδόνιος, ὁ τὴν ἐπιστήμην
τέλος εἰπών. Διονύσιος ὁ μεταθέμενος εἰς τὴν ἡδονήν· διὰ
γὰρ σφοδρὰν ὀφθαλμίαν ὤκνησεν ἔτι λέγειν τὸν πόνον

470–482 SVF I 38   472 (Διονύσιος)–474 (Ἡρακλεώτης) infra § 166

454 (διάπειραν)–457 Φh 32 (III.3–8)

451 ὂν BF: ὦν P   452–453 πεμπ. παρ᾽ αὐτοῦ Ἀντιγόνῳ Roeper (1854)
28[21]: π. αὐτῷ παρὰ Ἀντίγονον R. Koepke De Arati aetate (1867) 6[10]
453 Ἀλκυονέως Huebn.   454 τούτου λέγοντος ὡς οὐ λυπηθήσεται
ὁ σοφός, διάπειραν βουλ. λαβ. ὁ βασιλεὺς Ἀντ. ('falso ad Zenonem refe-
rens' V. d. Muehll) Φh, post ἀφηρημένα (456) addens καὶ ἡ γυνὴ καὶ οἱ
παῖδες δή BP: δέ F (cf. supra 68)   αὐτοῦ λαβεῖν F   455 ἀγγελῆναι
BPFΦh: -θῆναι Steph.   457 ἔφη del. P[4], om. rec.   458 δὲ om. F
466 Διατριβῶν <δ΄> Gigante 534[81]   470 Μιλτιάδου I. B. Carpzov,
Paradoxon Stoicum (1742) 218: -δης BPF: -δους Z[3] (Frob.)   471 ἤριλλος
BPF   Χαλκηδόνιος V. d. Muehll, Kl. Schr. 367–8 (a. 1963): καρχη- BPF
473 ἔτι om. F

ἀδιάφορον· οὗτος ἦν Ἡρακλεώτης. Σφαῖρος Βοσποριανός·
475 Κλεάνθης Φανίου Ἄσσιος, ὁ διαδεξάμενος τὴν σχολήν· ὃν
καὶ ἀφωμοίου ταῖς σκληροκήροις δέλτοις, αἳ μόλις μὲν
γράφονται, διατηροῦσι δὲ τὰ γραφέντα. διήκουσε δ' ὁ
Σφαῖρος καὶ Κλεάνθους μετὰ τὴν Ζήνωνος τελευτήν· καὶ
λέξομεν περὶ αὐτοῦ ἐν τῷ Περὶ Κλεάνθους. **[38]** ἦσαν δὲ
480 Ζήνωνος μαθηταὶ καὶ οἵδε, καθά φησιν Ἱππόβοτος·
Φιλωνίδης Θηβαῖος, Κάλλιππος Κορίνθιος, Ποσειδώνιος
Ἀλεξανδρεύς, Ἀθηνόδωρος Σολεύς, Ζήνων Σιδώνιος.

---

475 (ὃν)–**477** (γραφέντα) SVF I 301   **479** (λέξομεν) infra § 177–8   **479**
(ἦσαν)–**482** Hippob. fr. 11 Gig.

---

476 (ἀφωμοίου)–**477** (γραφέντα) Suda δ 202 (II 19.21–3)

---

474 Σφαῖρος Βοσπορ ιανός post τελευτήν (**478**) falso transp. Arnim 'nam
ὃν (**475**) - Κλεάνθους (**478**) D. L. ex vita Cleanthis sumpsit et huc intrusit'
V. d. Muehll   **475** φαννίνου F   ἄσιος P   **477** <ἐγ>γράφονται
Reiske 316   **478** τήν om. F   **478–479** (καὶ—Κλεάνθους) om. F
480 καθά φησιν Ἱππόβοτος om. F   **481** φιλ*ωνίδης P: φιλονί- B:
φιλονεί- F   **482** Σιδώνιος] Ταρσεύς Gigante, Ippoboto 184

κοινῇ δὲ περὶ πάντων τῶν Στωϊκῶν δογμάτων ἔδοξέ μοι ἐν τῷ Ζήνωνος εἰπεῖν βίῳ διὰ τὸ τοῦτον κτίστην γενέσθαι τῆς αἱρέσεως. ἔστι μὲν οὖν αὐτοῦ καὶ τὰ προγεγραμμένα βιβλία πολλά, ἐν οἷς ἐλάλησεν ὡς οὐδεὶς τῶν Στωϊκῶν. τὰ δὲ δόγματα κοινῶς ἐστι τάδε· λελέχθω δ' ἐπὶ κεφαλαίων, 5 ὥσπερ καὶ ἐπὶ τῶν ἄλλων ποιεῖν εἰώθαμεν.

[39] τριμερῆ φασιν εἶναι τὸν κατὰ φιλοσοφίαν λόγον· εἶναι γὰρ αὐτοῦ τὸ μέν τι φυσικόν, τὸ δὲ ἠθικόν, τὸ δὲ λογικόν. οὕτω δὲ πρῶτος διεῖλε Ζήνων ὁ Κιτιεὺς ἐν τῷ Περὶ λόγου καὶ Χρύσιππος ἐν τῇ α′ Περὶ λόγου καὶ ἐν τῇ πρώτῃ 10 τῶν Φυσικῶν καὶ Ἀπολλόδωρος ὁ Ἔφηλος ἐν τῷ πρώτῳ τῶν Εἰς τὰ δόγματα εἰσαγωγῶν καὶ Εὔδρομος ἐν τῇ Ἠθικῇ στοιχειώσει καὶ Διογένης ὁ Βαβυλώνιος καὶ Ποσειδώνιος.

ταῦτα δὲ τὰ μέρη ὁ μὲν Ἀπολλόδωρος τόπους καλεῖ, ὁ δὲ Χρύσιππος καὶ Εὔδρομος εἴδη, ἄλλοι γένη. [40] εἰκάζουσι 15 δὲ ζῴῳ τὴν φιλοσοφίαν, ὀστοῖς μὲν καὶ νεύροις τὸ λογικὸν προσομοιοῦντες, τοῖς δὲ σαρκωδεστέροις τὸ ἠθικόν, τῇ δὲ ψυχῇ τὸ φυσικόν. ἢ πάλιν ᾠῷ· τὰ μὲν γὰρ ἔξω εἶναι τὸ λογικόν, τὰ δὲ μετὰ ταῦτα τὸ ἠθικόν, τὰ δ' ἐσωτάτω τὸ φυσικόν. ἢ ἀγρῷ παμφόρῳ· τὸν μὲν περιβεβλημένον 20 φραγμὸν τὸ λογικόν, τὸν δὲ καρπὸν τὸ ἠθικόν, τὴν δὲ γῆν ἢ τὰ δένδρα τὸ φυσικόν. ἢ πόλει καλῶς τετειχισμένῃ καὶ κατὰ λόγον διοικουμένῃ.

---

3 (τὰ προγεγραμμένα βιβλία) supra § 4   7–37 (Ταρσεύς) 26B L.-S.
7–15 (γένη) SVF I 45   SVF II 37   SVF III Apollod. 1   SVF III Eudr. 1
SVF III Diog. 16. Vid. Goulet-Cazé, Kynika 137–40   7–13 Posid. fr. 87 Ed.-
K. = 252a Th.   15 (εἰκάζουσι)–23 SVF II 38

---

7 (τριμερῆ—λόγον); 15 (εἰκάζουσι)–23 Φ 61 (306.22–307.3)

---

4 δὲ BP: στωϊκὰ F   5 (κοινῶς)–6 suppl. F²ᵐᵍ   5 κεφαλαίω F²
7 φησὶν B   8 τι PF: τοι B   8–9 τὸ¹—λογικόν suppl. B²ᵐᵍ   10 τῇ α′
PF: τῇ πρώτῃ B: τῷ α′ Long   11 ὁ ἔφηλος B²: ὁ ἔφιλος B¹PF: ὁ ἔφιλλος
Z (Frob.): ὁ Σύλλος Aldobr. (conl. Cic., N.D. 1.93). Vid. V. d. Muehll, Kl. Schr.
359–63 (a. 1963)   14 δὲ¹ om. F   18 ἔξω ΦFP⁴ᵐᵍ: om. BP¹(Q): ἐκτὸς
Pˣˢ·ˡ·: ἔξωθεν Sext., M 7.18   19 τὰ² B²P: τὸ B¹F   20 <οὗ> τὸν Arnim
21 φραγμὸν <εἶναι> Marcov.   τὸ² PF: τὸν B   ἢ] καὶ Marcov.

καὶ οὐθὲν μέρος τοῦ ἑτέρου προκεκρίσθαι, καθά τινες
25 αὐτῶν φασιν, ἀλλὰ μεμίχθαι αὐτά· καὶ τὴν παράδοσιν
μικτὴν ἐποίουν. ἄλλοι δὲ πρῶτον μὲν τὸ λογικὸν τάττουσι,
δεύτερον δὲ τὸ φυσικόν, καὶ τρίτον τὸ ἠθικόν· ὧν ἐστι
Ζήνων ἐν τῷ Περὶ λόγου καὶ Χρύσιππος καὶ Ἀρχέδημος καὶ
Εὔδρομος.

30 [41] ὁ μὲν γὰρ Πτολεμαιεὺς Διογένης ἀπὸ τῶν ἠθικῶν
ἄρχεται, ὁ δ᾽ Ἀπολλόδωρος δεύτερα τὰ ἠθικά, Παναίτιος δὲ
καὶ Ποσειδώνιος ἀπὸ τῶν φυσικῶν ἄρχονται, καθά φησι
Φανίας ὁ Ποσειδωνίου γνώριμος ἐν τῷ πρώτῳ τῶν
Ποσειδωνιείων σχολῶν. ὁ δὲ Κλεάνθης ἓξ μέρη φησί,
35 διαλεκτικόν, ῥητορικόν, ἠθικόν, πολιτικόν, φυσικόν,
θεολογικόν. ἄλλοι δὲ οὐ τοῦ λόγου ταῦτα μέρη φασίν, ἀλλ᾽
αὐτῆς <τῆς> φιλοσοφίας, ὡς Ζήνων ὁ Ταρσεύς. τὸ δὲ
λογικὸν μέρος φασὶν ἔνιοι εἰς δύο διαιρεῖσθαι ἐπιστήμας, εἰς
ῥητορικὴν καὶ εἰς διαλεκτικήν. τινὲς δὲ καὶ εἰς τὸ ὁρικὸν
40 εἶδος, <καὶ> τὸ περὶ κανόνων καὶ κριτηρίων· ἔνιοι δὲ τὸ
ὁρικὸν περιαιροῦσι.

[42] τὸ μὲν οὖν περὶ κανόνων καὶ κριτηρίων
παραλαμβάνουσι πρὸς τὸ τὴν ἀλήθειαν εὑρεῖν· ἐν αὐτῷ
γὰρ τὰς τῶν φαντασιῶν διαφορὰς ἀπευθύνουσι. καὶ τὸ
45 ὁρικὸν δὲ ὁμοίως πρὸς ἐπίγνωσιν τῆς ἀληθείας· διὰ γὰρ

24–34 (σχολῶν) Posid. fr. 91 Ed.-K. = 253 Th.   **24–26** (ἐποίουν) SVF II 41
26 (ἄλλοι)**–29** SVF I 46   SVF II 43   SVF III Arch. 5   SVF III Eudr. 2
31 (ὁ—ἠθικά) SVF III Apollod. 2   **31** (Παναίτιος)**–34** (σχολῶν) Panaet.
test. 129 Al. = Posid. test. 43 Ed.-K. = 22 Th.   **34** (ὁ)**–36** (θεολογικόν)
Cleanth. SVF I 482   **36** (ἄλλοι)**–37** (Ταρσεύς) SVF III Zen. Tars. 3
37 (τὸ)**–65** (σοφισμάτων), **69–74** 31A L.-S.   **37** (τὸ)**–50** SVF II 48

---

24 ἀποκεκρίσθαι Cob., sed vid. I. Kidd in J. Brunschwig, Stoïc. et leur
logique (1978) 274–5   **24–25** φασὶ τινὲς (αὐτῶν omisso) F   **25** ἀλλὰ
μεμίχθαι Pˣ(Q): ἀναμε- BPʲF   **26** δὲ om. F   **28** ἐν—λόγου om. F
33 φανίας BP: φάννίας F (φ F²ˢ·ˡ·): Φαινίας Long   **34** ποσειδωνιείων
Reiske 316: -νείων (-νίων B) BPF   **37** τῆς Z (Frob.): om. BPF   **39** εἰς
om. F   **40** εἶδος expunxit P⁴   καὶ add. K. Fr. Hermann 105: τό <τε>
Zeller, Philos. d. Gr. III 2 (³1879) 64²   **41** περιαιροῦσι PF: περιδι- B
43 ἐν del. Marcov.

τῶν ἐννοιῶν τὰ πράγματα λαμβάνεται. τήν τε ῥητορικὴν
ἐπιστήμην οὖσαν τοῦ εὖ λέγειν περὶ τὸν ἐν διεξόδῳ λόγον
καὶ τὴν διαλεκτικὴν τοῦ ὀρθῶς διαλέγεσθαι περὶ τὸν ἐν
ἐρωτήσει καὶ ἀποκρίσει λόγον· ὅθεν καὶ οὕτως αὐτὴν
ὁρίζονται, ἐπιστήμην ἀληθῶν καὶ ψευδῶν καὶ οὐδετέρων.   50

καὶ τὴν μὲν ῥητορικὴν αὐτὴν εἶναι λέγουσι τριμερῆ· τὸ
μὲν γὰρ αὐτῆς εἶναι συμβουλευτικόν, τὸ δὲ δικανικόν, τὸ δὲ
ἐγκωμιαστικόν. [43] εἶναι δ' αὐτῆς τὴν διαίρεσιν εἴς τε τὴν
εὕρεσιν καὶ εἰς τὴν φράσιν καὶ εἰς τὴν τάξιν καὶ εἰς τὴν
ὑπόκρισιν. τὸν δὲ ῥητορικὸν λόγον εἴς τε τὸ προοίμιον καὶ   55
εἰς τὴν διήγησιν καὶ τὰ πρὸς τοὺς ἀντιδίκους καὶ τὸν
ἐπίλογον.

τὴν δὲ διαλεκτικὴν διαιρεῖσθαι εἴς τε τὸν περὶ τῶν
σημαινομένων καὶ τῆς φωνῆς τόπον· καὶ τὸν μὲν τῶν
σημαινομένων εἴς τε τὸν περὶ τῶν φαντασιῶν τόπον καὶ   60
τῶν ἐκ τούτων ὑφισταμένων λεκτῶν ἀξιωμάτων καὶ
αὐτοτελῶν καὶ κατηγορημάτων καὶ τῶν ὁμοίων ὀρθῶν
καὶ ὑπτίων καὶ γενῶν καὶ εἰδῶν, ὁμοίως δὲ καὶ λόγων καὶ
τρόπων καὶ συλλογισμῶν καὶ τῶν παρὰ τὴν φωνὴν καὶ τὰ
πράγματα σοφισμάτων· [44] ὧν εἶναι ψευδομένους λόγους   65
καὶ ἀληθεύοντας καὶ ἀποφάσκοντας σωρείτας τε καὶ τοὺς

51–57 SVF II 295   **65** (ὧν)–**68** 37C L.-S.

---

48 (διαλεκτικὴν)–**50** Cf. Suda δ 627 (II 62.17.19–20)

47 οὖσαν] εἶναι Marcov.   **47** (τοῦ)–**50** (ἐπιστήμην) suppl. F²ᵐᵍ   **47**
<ἢ> περὶ dub. Arnim, sed vid. SVF II 294 et Alex. Aphr., in Ar. Top. 5.11–20
Wallies   τὸν B¹ᵖᶜP¹: τῶν B¹ᵃᶜP²F²   **48–49** τὸν ... λόγον B²ˢˡ: τῶν ...
λόγων B¹PF²   **49** αὐτὴν εἶναι om. F   **52** εἶναι 49 om. F   βουλε-
υτικόν F   δικανικόν BP: κανονικόν F (νι supra νο add. F²)   **55**
ἀπόκρισιν B   τοῦ δὲ ῥητορικοῦ λόγου Arnim   **56** τὰ περὶ πρὸς F
58 δὲ F: om. BP   **58** (εἴς)–**59** (σημαινομένων) suppl. F²ᵐᵍ   **59** καὶ <τὸν
περὶ> Pohlenz II 22: καὶ <εἰς τ. π.> Marcov.   τόπον BP: τόπων F²
60 τὸν P: τῶν BF   τῶν om. F   τόπον Frob.: τύ- BPF   **61** τῶν]
<εἰς> τὸν Marcov.   λεκτῶν PF: δ' ἐκτῶν B   **61–62** ἀξιωμάτων καὶ
αὐτοτελῶν BPF: αὐτ. καὶ ἀξ. Marcov. conl. infra § 63 (ll. **279–280**): αὐτ.
<καὶ ἐλλιπῶν> C. Prantl, Gesch. Log. (1855) 418⁵⁵   **63** δὲ om. F
λογοτρόπων Kuehn   **66** καὶ ἀποφάσκοντας om. F

ὁμοίους τούτοις, ἐλλιπεῖς καὶ ἀπόρους καὶ περαίνοντας καὶ ἐγκεκαλυμμένους κερατίνας τε καὶ οὔτιδας καὶ θερίζοντας.

70 εἶναι δὲ τῆς διαλεκτικῆς ἴδιον τόπον καὶ τὸν προειρημένον περὶ αὐτῆς τῆς φωνῆς, ἐν ᾧ δείκνυται ἡ ἐγγράμματος φωνὴ καὶ τίνα τὰ τοῦ λόγου μέρη, καὶ περὶ σολοικισμοῦ καὶ βαρβαρισμοῦ καὶ ποιημάτων καὶ ἀμφιβολιῶν καὶ περὶ ἐμμελοῦς φωνῆς καὶ περὶ μουσικῆς καὶ περὶ ὅρων κατά τινας καὶ διαιρέσεων καὶ λέξεων.

75 **[45]** εὐχρηστοτάτην δέ φασιν εἶναι τὴν περὶ τῶν συλλογισμῶν θεωρίαν· τὸ γὰρ ἀποδεικτικὸν ἐμφαίνειν, ὅπερ συμβάλλεσθαι πολὺ πρὸς διόρθωσιν τῶν δογμάτων καὶ τάξιν καὶ μνήμην· τὸ ἐπιστατικὸν κατάλημμα ἐμφαίνειν.

εἶναι δὲ τὸν λόγον αὐτὸν σύστη<μα ἐκ λημ>μάτων καὶ 80 ἐπιφορᾶς· τὸν δὲ συλλογισμὸν λόγον συλλογιστικὸν ἐκ τούτων· τὴν δὲ ἀπόδειξιν λόγον διὰ τῶν μᾶλλον καταλαμβανομένων τὸ ἧττον καταλαμβανόμενον παριστάντα.

τὴν δὲ φαντασίαν εἶναι τύπωσιν ἐν ψυχῇ, τοῦ ὀνόματος 85 οἰκείως μετενηνεγμένου ἀπὸ τῶν τύπων τῶν ἐν τῷ κηρῷ ὑπὸ τοῦ δακτυλίου γινομένων. **[46]** τῆς δὲ φαντασίας τὴν μὲν καταληπτικήν, τὴν δὲ ἀκατάληπτον· καταληπτικὴν μέν, ἥν κριτήριον εἶναι τῶν πραγμάτων <φασί,> τὴν γινομένην ἀπὸ ὑπάρχοντος κατ᾽ αὐτὸ τὸ ὑπάρχον,

79–83 SVF II 235   **84–92** SVF II 53

67 ὁμοίως P   <ἀμεθόδως> περαίνοντας C. Prantl, Gesch. d. Log. (1855) 488²⁰⁷   **68** ἐγκεκαλυμένους F   **71** τὰ om. F   **73** ἀμφιβολῶν B **74** περὶ om. F   καὶ λέξεων om. B   **75** τῶν om. F   **76** ἐμφαίνειν secl. Usener, Kl. Schr. I 347 (a. 1889)   **78** τὸ <δ'> Gigante 534⁹³: <ὥστε> τὸ Marcov.   ἐπιστημονικὸν Usener ἐμβαίνειν Marcov.   <καὶ> τὸ ἐπιστατικὸν κατ. {ἐμφαίνειν} J. Brunschwig ap. Goulet 60¹   **79** αὐτῶν F σύστημα ἐκ λημμάτων C. Beier, De formis cogitandi disjunctivis (1815) 23ⁿ· (conl. Sext., PH 2.135): συστημάτων BPF   **81** λόγον <ἀποδεικνύντα> Gigante 534⁹³ (περὶ πάντων **83** servato)   **83** παριστάντα J. Davies, Cic. Acad. (1728) ad 2.26 (cf. infra § 59, **229**): περὶ πάντων BPF: περαίνοντα P. Faber. Vid. Huebn. II 116ᵐ   **84** ἐν ψυχῇ FP²: ἐμψυχῇ B   **85** τῶν² om. BP   **86** γενομένων F   **88** φασί add. Pˣ(Q): om. BP¹F   **89** comma post ὑπάρχον pos. Hirzel, Unters. II 2 (1882) 790¹

ἐναπεσφραγισμένην καὶ ἐναπομεμαγμένην· ἀκατάληπτον 90
δὲ τὴν ἢ μὴ ἀπὸ ὑπάρχοντος, ἢ ἀπὸ ὑπάρχοντος μέν, μὴ
κατ' αὐτὸ δὲ τὸ ὑπάρχον, τὴν μὴ τρανῆ μηδὲ ἔκτυπον.

αὐτὴν δὲ τὴν διαλεκτικὴν ἀναγκαίαν εἶναι καὶ ἀρετὴν ἐν
εἴδει περιέχουσαν ἀρετάς· τήν τε ἀπροπτωσίαν ἐπιστήμην
τοῦ πότε δεῖ συγκατατίθεσθαι καὶ μή· [47] τὴν δὲ 95
ἀνεικαιότητα ἰσχυρὸν λόγον πρὸς τὸ εἰκός, ὥστε μὴ
ἐνδιδόναι αὐτῷ· τὴν δὲ ἀνελεγξίαν ἰσχὺν ἐν λόγῳ, ὥστε μὴ
ἀπάγεσθαι ὑπ' αὐτοῦ εἰς τὸ ἀντικείμενον· τὴν δὲ
ἀματαιότητα ἕξιν ἀναφέρουσαν τὰς φαντασίας ἐπὶ τὸν
ὀρθὸν λόγον. αὐτήν τε τὴν ἐπιστήμην φασὶν ἢ κατάληψιν 100
ἀσφαλῆ ἢ ἕξιν ἐν φαντασιῶν προσδέξει ἀμετάπτωτον ὑπὸ
λόγου. οὐκ ἄνευ δὲ τῆς διαλεκτικῆς θεωρίας τὸν σοφὸν
ἄπτωτον ἔσεσθαι ἐν λόγῳ· τό τε γὰρ ἀληθὲς καὶ τὸ ψεῦδος
διαγινώσκεσθαι ἀπ' αὐτῆς καὶ τὸ πιθανὸν τό τε ἀμφιβόλως
λεγόμενον διευκρινεῖσθαι· χωρίς τε αὐτῆς οὐκ εἶναι ὁδῷ 105
ἐρωτᾶν καὶ ἀποκρίνεσθαι.

[48] διατείνειν δὲ τὴν ἐν ταῖς ἀποφάσεσι προπέτειαν καὶ
ἐπὶ τὰ γινόμενα, ὥστε εἰς ἀκοσμίαν καὶ εἰκαιότητα
τρέπεσθαι τοὺς ἀγυμνάστους ἔχοντας τὰς φαντασίας. οὐκ
ἄλλως τε ὀξὺν καὶ ἀγχίνουν καὶ τὸ ὅλον δεινὸν ἐν λόγοις 110
φανήσεσθαι τὸν σοφόν· τοῦ γὰρ αὐτοῦ εἶναι ὀρθῶς
διαλέγεσθαι καὶ διαλογίζεσθαι καὶ τοῦ αὐτοῦ πρός τε τὰ
προκείμενα διαλεχθῆναι καὶ πρὸς τὸ ἐρωτώμενον
ἀποκρίνασθαι, ἅπερ ἐμπείρου διαλεκτικῆς ἀνδρὸς εἶναι.

93–114 SVF II 130   **100** (αὐτὴν)–**102** (λόγου) SVF I 68

91 τὴν ἢ V. d. Muehll: ἢ τὴν BPF: τὴν Z (Frob.)   μὲν suppl. B²ˢ·ˡ·   **92** τὸ
suppl. Pˡˢ·ˡ·   τὴν—ἔκτυπον (sic) B¹, sed expunxit B²   **95** δὲ] τε Usener,
Kl. Schr. I 347 (a. 1889), post Madvig, Cic. Fin. (¹1839) ad 3.62   **96**
ἀνεικότητα F   ἰσχυρόνοιαν ('mentis constantia') Usener   εἰκός] εἰκαῖον
Reiske 316   **98** ὑπάγεσθαι F   ὑπὸ <τοῦ> 'i.e. ὑπὸ τοῦ εἰκότος'
Marcov.   δὲ] τε Madvig, Cic. Fin. (¹1839) ad 3.62   **101** προσδέξει P, B²
(ἕξει in ras.): πρὸς λέξιν F   **104** ἀπ' BPF: ὑπ' rec.   **105** διευκρίνεσθαι
Pⁱᵃᶜ   **107** ἀποφάνσεσι Arnim   **113** προκείμενα rec.: προσ- BP¹:
λεγόμενα F   **114** ἀποκρίνεσθαι B   ἐμπείρου καὶ διαλεκτικῆς F

115 ἐν οὖν τοῖς λογικοῖς ταῦτ' αὐτοῖς δοκεῖ κεφαλαιωδῶς· καὶ
ἵνα καὶ κατὰ μέρος εἴπωμεν καὶ τάδε ἅπερ αὐτῶν εἰς τὴν
εἰσαγωγικὴν τείνει τέχνην, καὶ αὐτὰ ἐπὶ λέξεως τίθησι
Διοκλῆς ὁ Μάγνης ἐν τῇ Ἐπιδρομῇ τῶν φιλοσόφων, λέγων
οὕτως·

120 **[49]** 'ἀρέσκει τοῖς Στωϊκοῖς τὸν περὶ φαντασίας καὶ
αἰσθήσεως προτάττειν λόγον, καθότι τὸ κριτήριον, ᾧ ἡ
ἀλήθεια τῶν πραγμάτων γινώσκεται, κατὰ γένος
φαντασία ἐστί, καὶ καθότι ὁ περὶ συγκαταθέσεως καὶ ὁ περὶ
καταλήψεως καὶ νοήσεως λόγος, προάγων τῶν ἄλλων, οὐκ
125 ἄνευ φαντασίας συνίσταται. προηγεῖται γὰρ ἡ φαντασία,
εἶθ' ἡ διάνοια ἐκλαλητικὴ ὑπάρχουσα, ὃ πάσχει ὑπὸ τῆς
φαντασίας, τοῦτο ἐκφέρει λόγῳ.'

[50] διαφέρει δὲ φαντασία καὶ φάντασμα· φάντασμα μὲν
γάρ ἐστι δόκησις διανοίας, οἵα γίνεται κατὰ τοὺς ὕπνους,
130 φαντασία δέ ἐστι τύπωσις ἐν ψυχῇ, τουτέστιν ἀλλοίωσις,
ὡς ὁ Χρύσιππος ἐν τῷ {ι}β' Περὶ ψυχῆς ὑφίσταται. οὐ γὰρ
δεκτέον τὴν τύπωσιν οἱονεὶ τύπον σφραγιστῆρος, ἐπεὶ
ἀνένδεκτόν ἐστι πολλοὺς τύπους κατὰ τὸ αὐτὸ περὶ τὸ
αὐτὸ γίνεσθαι. νοεῖται δὲ φαντασία ἡ ἀπὸ ὑπάρχοντος
135 κατὰ τὸ ὑπάρχον ἐναπομεμαγμένη καὶ ἐναποτετυπωμένη

115–525 Ed. U. Egli, Dioklesfragment (1981) 13–24 **120–151** 39A L.-S.
120–127 SVF II 52 **125** (προηγεῖται)–**127** 33D L.-S. **128–134**
(γίνεσθαι) SVF II 55 **134** (νοεῖται)–**137** SVF II 60. Cf. SVF I 59

128–142 (λαμβανομένων) Suda φ 85 (IV 698.1–10)

---

115 ταῦτ' Cob.: ταῦτα τὲ BP (τὲ Ps.l.): τ. τὰ F: τοιαῦτα Lapini 113: τ. δὴ
Marcov. δοκεῖ Roeper (1848) 44: δοκεῖν BPF **116** καὶ om. F εἴπωμεν
Kayser et Cob.: εἴποιμεν BP: -ομεν F τάδε] τὰ Cob.: τὰ δὴ Marcov.
117 εἰσαγωγ<ικὴν διαλεκτ>ικήν Egli, sed vid. Mansfeld, Studies 411
(a. 1986) αὐτὰ] ταῦτα Croenert, Kol. u. Men. 145 **123** ὁ² om. F
129 οἵα] ὃ F **130** ἐστι om. Suda **131** ὡς—ὑφίσταται om. Suda
{ι}β' Diels Dox. Gr. (1879) 147¹: ιβ' BPF **133–134** τὸ αὐτὸ FPˣ: τῶ αὐτῶ
BP¹(Q) **135** κατ' <αὐτὸ> τὸ ὑπ. Usener, Kl. Schr. I 347–8 (a. 1889). Cf.
supra § 46 (l. **89**) et Sext., M 7.248 et 402 καὶ ἐναποτετυπωμένη B²ᵐᵍP,
Suda: om. B¹F. Cf. supra § 46 (l. **90**), Sext., l.c. et Cic., Luc. 18 et 77

καὶ ἐναπεσφραγισμένη, οἷα οὐκ ἂν γένοιτο ἀπὸ μὴ ὑπάρχοντος.

[51] τῶν δὲ φαντασιῶν κατ' αὐτοὺς αἱ μέν εἰσιν αἰσθητικαί, αἱ δ' οὔ· αἰσθητικαὶ μὲν αἱ δι' αἰσθητηρίου ἢ αἰσθητηρίων λαμβανόμεναι, οὐκ αἰσθητικαὶ δ' αἱ διὰ τῆς 140 διανοίας, καθάπερ τῶν ἀσωμάτων καὶ τῶν ἄλλων τῶν λόγῳ λαμβανομένων. τῶν δὲ αἰσθητικῶν <αἱ μὲν> ἀπὸ ὑπαρχόντων μετὰ εἴξεως καὶ συγκαταθέσεως γίνονται. εἰσὶ δὲ τῶν φαντασιῶν καὶ ἐμφάσεις αἱ ὡσὰν ἀπὸ ὑπαρχόντων γινόμεναι. 145

ἔτι τῶν φαντασιῶν αἱ μέν εἰσι λογικαί, αἱ δὲ ἄλογοι· λογικαὶ μὲν αἱ τῶν λογικῶν ζῴων, ἄλογοι δὲ αἱ τῶν ἀλόγων. αἱ μὲν οὖν λογικαὶ νοήσεις εἰσίν, αἱ δὲ ἄλογοι οὐ τετυχήκασιν ὀνόματος. καὶ αἱ μέν εἰσι τεχνικαί, αἱ δὲ ἄτεχνοι· ἄλλως γοῦν θεωρεῖται ὑπὸ τεχνίτου εἰκὼν καὶ 150 ἄλλως ὑπὸ ἀτέχνου.

[52] αἴσθησις δὲ λέγεται κατὰ τοὺς Στωϊκοὺς τό τε ἀφ' ἡγεμονικοῦ πνεῦμα ἐπὶ τὰς αἰσθήσεις διῆκον καὶ ἡ δι' αὐτῶν κατάληψις καὶ ἡ περὶ τὰ αἰσθητήρια κατασκευή, καθ' ἥν τινες πηροὶ γίνονται. καὶ ἡ ἐνέργεια δὲ αἴσθησις 155 καλεῖται. ἡ δὲ κατάληψις γίνεται κατ' αὐτοὺς αἰσθήσει μὲν λευκῶν καὶ μελάνων καὶ τραχέων καὶ λείων, λόγῳ δὲ τῶν δι' ἀποδείξεως συναγομένων, ὥσπερ τὸ θεοὺς εἶναι, καὶ

138–151 SVF II 61   **152–159** (τούτους) SVF II 71 et 84   SVF I 62
152–156 (καλεῖται) 40Q L.-S.   **156** (ἡ)–**159** (τούτους) 40P L.-S.

---

136 ἐναποσφραγισμένη F   **138** κατ' αὐτοὺς BP: κατ' αὐτῶν F: om. Suda   **141** καθάπερ καὶ ἐπὶ F: καθ. καὶ Suda (codd. GF): καθ. <αἱ ἐπὶ> Cob.   τῶν³ BP: τῶ F: om. Suda: secl. Egli   **142** <τινὲς> τῶν Egli αἱ μὲν add. Heine 622   τῶν δὲ φαντασιῶν αἰσθητικαὶ ἀπὸ ὑπαρχ. Gigante 535[101]   **144** (καὶ)–**146** (φαντασιῶν) F²ᵐᵍ   **144** αἱ ὡσὰν V. d. Muehll: αἱ ὡς ἂν BP: ἕως ἂν F²: αἱ ὡσανεὶ W. Th. Baumhauer, Specimen juridicum (1811) 10: αἱ <ἀπὸ μὴ ὑπαρχόντων> ὡσανεὶ Heine 622–3 **146** λογικαὶ PF: -στικαί B   **149** τοῦ ὀνόματος F   αἱ μέν εἰσι P: εἰσὶν αἱ μὲν BF   **150** οὖν F   **155** καθ'—γίνονται del. Gigante 535[103] γίγνονται BP   **156** γίγνεται BP   αὐτῆς F   **157** λόγων Bᵖᶜ   **158** τὸ BPF: τοὺς rec.: τοῦ Reiske 316

προνοεῖν τούτους. τῶν γὰρ νοουμένων τὰ μὲν κατὰ
160 περίπτωσιν ἐνοήθη, τὰ δὲ καθ᾽ ὁμοιότητα, τὰ δὲ κατ᾽
ἀναλογίαν, τὰ δὲ κατὰ μετάθεσιν, τὰ δὲ κατὰ σύνθεσιν, τὰ
δὲ κατ᾽ ἐναντίωσιν.

[53] κατὰ περίπτωσιν μὲν οὖν ἐνοήθη τὰ αἰσθητά· καθ᾽
ὁμοιότητα δὲ {τὰ} ἀπό τινος παρακειμένου, ὡς Σωκράτης
165 ἀπὸ τῆς εἰκόνος· κατὰ ἀναλογίαν δὲ αὐξητικῶς μέν, <ὡς> ὁ
Τιτυὸς καὶ Κύκλωψ· μειωτικῶς δέ, ὡς ὁ Πυγμαῖος. καὶ τὸ
κέντρον δὲ τῆς γῆς κατ᾽ ἀναλογίαν ἐνοήθη ἀπὸ τῶν
μικροτέρων σφαιρῶν. κατὰ μετάθεσιν δέ, οἷον ὀφθαλμοὶ ἐπὶ
τοῦ στήθους· κατὰ σύνθεσιν δὲ ἐνοήθη Ἱπποκένταυρος· καὶ
170 κατ᾽ ἐναντίωσιν θάνατος. νοεῖται δὲ καὶ κατὰ μετάβασίν
τινα, ὡς τὰ λεκτὰ καὶ ὁ τόπος. φυσικῶς δὲ νοεῖται δίκαιόν τι
καὶ ἀγαθόν· καὶ κατὰ στέρησιν, οἷον ἄχειρ. τοιάδε τινὰ καὶ
περὶ φαντασίας καὶ αἰσθήσεως καὶ νοήσεως δογματίζουσι.

[54] κριτήριον δὲ τῆς ἀληθείας φασὶ τυγχάνειν τὴν
175 καταληπτικὴν φαντασίαν, τουτέστι τὴν ἀπὸ ὑπάρχοντος,
καθά φησι Χρύσιππος ἐν τῇ {ι}β΄ τῶν Φυσικῶν καὶ
Ἀντίπατρος καὶ Ἀπολλόδωρος. ὁ μὲν γὰρ Βόηθος κριτήρια
πλείονα ἀπολείπει, νοῦν καὶ αἴσθησιν καὶ ὄρεξιν καὶ

159 (τῶν)–**172** (ἄχειρ) SVF II 87   **163–172** (ἄχειρ) 39D L.-S.   **171–172** (φυσικῶς—ἀγαθόν) 60C L.-S.   **174–184** Posid. fr. 42 Ed.-K. = 460 Th.   40A L.-S.   **174–181** (πρόληψιν) SVF II 105   SVF III Antip. 18 SVF III Apollod. 3   SVF III Boeth. 1

159 (τῶν)–**172** (ἄχειρ) Suda ν 524 (III 482.8–19)   **176** (Χρύσιππος—Φυσικῶν), **180** (φησιν)–**181** (καθόλου) Suda π 2495 (IV 212.28–30)

159 γάρ] δὲ Steph.   διανοουμένων Suda   **161** τὰ δὲ κατὰ μετάθεσιν Suda: om. BPF   **162** post ἐναντίωσιν add. τὰ δὲ φυσικῶς, τὰ δὲ κατὰ στέρησιν rec., 'sed est coniectura' V. d. Muehll   **163** οὖν om. F, οὖν ἐνοήθη om. Suda   ἐννόηθη F   **164** τὰ secl. Arnim   **165** ὡς add. Steph.   **166** δὲ suppl. Pˣˢ·ˡ·   **168** οἷον PF: οὖν οἱ B: οἷον οἱ Suda   **169** ἐνοήθη om. Suda   ὑποκένταυρος F   **170** βασίν B² in fenestra   **171** ὡς τὰ λεκτὰ om. B¹ cum fen., ὡς τὰ B²   τρόπος Gigante 535¹⁰⁴   δίκαιόν τι] καὶ ὄν τι Suda   **172** ἄχειρ* B (ο erasum): ἄχειρος Suda (praeter codd. GMᴾᶜ)   **173** αἰσθήσεως νομοθετοῦσι καὶ περὶ νοήσεως F   **176** {ι}β΄ Arnim: ιβ΄ BPF, Suda   **177** βοηθὸς BPF   **178** πλείονα BP: πολλὰ F   ἀπολείπει νοῦν PF: ἀπολίπειν οὖν B   ὄρεξιν BPF: πρόσδεξιν H. Tarrant, Apeiron 20 (1987) 36: πρόληψιν Marcov. (conl. infra **181**)

ἐπιστήμην· ὁ δὲ Χρύσιππος διαφερόμενος πρὸς αὐτὸν ἐν τῷ
πρώτῳ Περὶ λόγου κριτήριά φησιν εἶναι αἴσθησιν καὶ   180
πρόληψιν· ἔστι δ᾽ ἡ πρόληψις ἔννοια φυσικὴ τῶν καθόλου.
ἄλλοι δέ τινες τῶν ἀρχαιοτέρων Στωϊκῶν τὸν ὀρθὸν λόγον
κριτήριον ἀπολείπουσιν, ὡς ὁ Ποσειδώνιος ἐν τῷ Περὶ
κριτηρίου φησί.

[55] τῆς δὲ διαλεκτικῆς θεωρίας συμφώνως δοκεῖ τοῖς   185
πλείστοις ἀπὸ τοῦ περὶ φωνῆς ἐνάρχεσθαι τόπου. ἔστι δὲ
φωνὴ ἀὴρ πεπληγμένος ἢ τὸ ἴδιον αἰσθητὸν ἀκοῆς, ὥς φησι
Διογένης ὁ Βαβυλώνιος ἐν τῇ Περὶ φωνῆς τέχνῃ. ζῴου μέν
ἐστι φωνὴ ἀὴρ ὑπὸ ὁρμῆς πεπληγμένος, ἀνθρώπου δέ ἐστιν
ἔναρθρος καὶ ἀπὸ διανοίας ἐκπεμπομένη, ὡς ὁ Διογένης   190
φησίν, ἥτις ἀπὸ δεκατεσσάρων ἐτῶν τελειοῦται. καὶ σῶμα
δ᾽ ἐστὶν ἡ φωνὴ κατὰ τοὺς Στωϊκούς, ὥς φησιν Ἀρχέδημός
τε ἐν τῇ Περὶ φωνῆς καὶ Διογένης καὶ Ἀντίπατρος καὶ
Χρύσιππος ἐν τῇ δευτέρᾳ τῶν Φυσικῶν. [56] πᾶν γὰρ τὸ
ποιοῦν σῶμά ἐστι· ποιεῖ δ᾽ ἡ φωνὴ προσιοῦσα τοῖς   195
ἀκούουσιν ἀπὸ τῶν φωνούντων.

λέξις δέ ἐστιν κατὰ τοὺς Στωϊκούς, ὥς φησιν ὁ Διογένης,
φωνὴ ἐγγράμματος, οἷον 'ἡμέρα {ἐστί}'. λόγος δέ ἐστι φωνὴ

---

182 (ἄλλοι)–**184** SVF I 631   **185–186** (τόπου) SVF II 136   **186**
(ἔστι)–**191** (τελειοῦται) SVF III Diog. 17   **186** (ἔστι)–**189** (πεπληγμένος)
SVF I 74   **188** (ζῴου)–**196** 33H L.-S.   **191** (καὶ)–**196** SVF III 140
SVF III Diog. 18   SVF III Antip. 16   Arch. 6   **197–211** SVF III
Diog. 20

---

194 (πᾶν)–**196** Suda σ 835 (IV 406.4–6)

---

179 αὐτὸν Heine 612: αὐ- BPF   **179–180** ἐν τῷ περὶ λόγου α΄ F   **180**
ante κριτήρια add. δύο Suda (codd. AV): τρία Suda (codd. GM)   post
αἴσθησιν add. γνῶσιν Suda: del. G. Bernhardy, Suid. Lex. (1853) 445–6
181 ἡ om. Suda   **182** στωικοὶ τῶν ἀρχαίων F   **188** ἐν—τέχνῃ om.
F   <καὶ> ζῴου Arnim   **189** ἀπὸ Usener, Kl. Schr. I 348 (a. 1889)
190 ἐκπεμπομένη BPF²ᵐᵍ: ἐκπεπλεγ- F¹   **190–191** ὡς—φησίν om. F
192 κατὰ τοὺς Στωϊκούς del. Arnim I, xxxviii¹   **193** τε BP: om. F
193–194 καὶ Χρύσ.—Φυσικῶν om. F   **195** προσιοῦσα Pᵖᶜ, Suda
(codd. GM): -σοῦσα BPᵃᶜF, Suda (codd. AFV)   **196** φωνούντων ὥστε
σῶμά ἐστιν Suda   **197** κατὰ τοὺς Στωϊκούς del. Cob.   ὁ BP: om. F
198 ἐστί del. Casaub.

σημαντικὴ ἀπὸ διανοίας ἐκπεμπομένη. διάλεκτος δέ ἐστι
200 λέξις κεχαραγμένη ἐθνικῶς τε καὶ Ἑλληνικῶς, ἢ λέξις
ποταπή, τουτέστι ποιὰ κατὰ διάλεκτον, οἷον κατὰ μὲν τὴν
Ἀτθίδα 'θάλαττα,' κατὰ δὲ τὴν Ἰάδα 'ἡμέρη.'
τῆς δὲ λέξεως στοιχεῖά ἐστι τὰ εἰκοσιτέσσαρα γράμματα.
τριχῶς δὲ λέγεται τὸ γράμμα, ὅ τε χαρακτὴρ τοῦ στοιχείου
205 <. . .> καὶ τὸ ὄνομα, οἷον 'ἄλφα.' [57] φωνήεντα δέ ἐστι τῶν
στοιχείων ἑπτά, α, ε, η, ι, ο, υ, ω· ἄφωνα δὲ ἕξ, β, γ, δ, κ, π,
τ. διαφέρει δὲ φωνὴ καὶ λέξις, ὅτι φωνὴ μὲν καὶ ὁ ἦχός ἐστι,
<. . .> λέξις μὲν γὰρ ἄσημος γίνεται ὡς ἡ 'βλίτυρι,' λόγος δὲ
οὐδαμῶς. διαφέρει δὲ καὶ τὸ λέγειν τοῦ προφέρεσθαι·
210 προφέρονται μὲν γὰρ αἱ φωναί, λέγεται δὲ τὰ πράγματα, ἃ
δὴ καὶ λεκτὰ τυγχάνει.

τοῦ δὲ λόγου ἐστὶ μέρη πέντε, ὥς φησι Διογένης τε ἐν τῷ
Περὶ φωνῆς καὶ Χρύσιππος, ὄνομα, προσηγορία, ῥῆμα,

---

207 (διαφέρει)–**211** 33A L.-S.   **212–225** SVF II 147   SVF III Diog.
21–2

198–199 (λόγος—ἐκπεμπομένη), **207** (διαφέρει)–**211, 226–227**
(κατασκευή) Suda λ 658 (III 281.1–6)

199 post ἐκπεμπομένη add. οἷον ἡμέρα ἐστί Casaub., sed vid. Pohlenz,
Kl. Schr. I (1965) 47–8 (a. 1939)   **202** μέρη B¹: μάρε B²ˢˡ·   **204** post
στοιχείου add. <τό τε στοιχεῖον> P. Galesius ap. Casaub. (post γράμμα
Meibom.), <ἥ τε δύναμις τοῦ στοιχείου> Egli   **205** ἄλφα Meibom.: α′
BPF   post ἄλφα add. <καὶ ἡ φωνὴ vel δύναμις> Gercke, Überlieferung
428, <καὶ ἡ τούτου δύναμις> K. Barwick, Remmius Palaemon (1922) 102¹
206 'post enumerationem vocalium <ἡμίφωνα δὲ ἕνδεκα ζ θ λ μ ν ξ ρ σ χ φ
ψ> inserendum esse verisimile est' Egli (cf. Sext., M 1.102)   **207** ἡ φωνὴ
καὶ ἡ λέξις F   post ἐστι add. λέξις δὲ τὸ ἔναρθρον μόνον. λέξις δὲ λόγου
διαφέρει, ὅτι λόγος ἀεὶ σημαντικός ἐστι rec. e coniectura (vid. Gercke,
Überlieferung 426–8): διαφέρει δὲ λέξις καὶ λόγος Suda: <λέξις δὲ ἡ
ἔναρθρος (sc. φωνή). διαφέρει δὲ (καὶ?) λόγος καὶ λέξις> Gercke, Überlie-
ferung 428: <λέξις δὲ τὸ ἔναρθρον μόνον. διαφέρει δὲ λέξις καὶ λόγος> Egli
208 λέξις μὲν γὰρ ἄσημος γίνεται BPF, Suda: λέξις δὲ καὶ ἀσήμαντος
rec.   ἡ om. Suda   βλίτυρι B² (ι in ras.): βλίτυρ*ι Pˣ (βλ in ras. et ras.
supra υ), βλίτρι rec. Cf. Sext., M 8.133   **208–209** λόγος δὲ οὐδαμῶς
secl. Marcov.   **210** δὲ καὶ τὰ F   **211** δὴ] δεῖ B   **212** ἐστὶ om. F
212 (ὥς)–**213** (Χρύσιππος) om. F¹, post μέρη (**212**) suppl. F²ᵐᵍ   **212** τε
om. B¹ (suppl. B²ˢˡ·), F². Cf. supra § 55 (l. **193**)

σύνδεσμος, ἄρθρον· ὁ δὲ Ἀντίπατρος καὶ τὴν μεσότητα
τίθησιν ἐν τοῖς Περὶ λέξεως καὶ τῶν λεγομένων.   215

[58] ἔστι δὲ προσηγορία μὲν κατὰ τὸν Διογένη μέρος
λόγου σημαῖνον κοινὴν ποιότητα, οἷον 'ἄνθρωπος,' 'ἵππος'·
ὄνομα δέ ἐστι μέρος λόγου δηλοῦν ἰδίαν ποιότητα, οἷον
'Διογένης', 'Σωκράτης'· ῥῆμα δέ ἐστι μέρος λόγου σημαῖνον
ἀσύνθετον κατηγόρημα, ὡς ὁ Διογένης, ἤ, ὥς τινες,   220
στοιχεῖον λόγου ἄπτωτον, σημαῖνόν τι συντακτὸν περί
τινος ἢ τινῶν, οἷον 'γράφω,' 'λέγω'· σύνδεσμος δέ ἐστι μέρος
λόγου ἄπτωτον, συνδοῦν τὰ μέρη τοῦ λόγου· ἄρθρον δέ
ἐστι στοιχεῖον λόγου πτωτικόν, διορίζον τὰ γένη τῶν
ὀνομάτων καὶ τοὺς ἀριθμούς, οἷον 'ὁ, ἡ, τό, οἱ, αἱ, τά.'   225

[59] ἀρεταὶ δὲ λόγου εἰσὶ πέντε, Ἑλληνισμός, σαφήνεια,
συντομία, πρέπον, κατασκευή. Ἑλληνισμὸς μὲν οὖν ἐστι
φράσις ἀδιάπτωτος ἐν τῇ τεχνικῇ καὶ μὴ εἰκαίᾳ συνηθείᾳ·
σαφήνεια δέ ἐστι λέξις γνωρίμως παριστᾶσα τὸ νοούμενον·
συντομία δέ ἐστι λέξις αὐτὰ τὰ ἀναγκαῖα περιέχουσα πρὸς   230
δήλωσιν τοῦ πράγματος· πρέπον δέ ἐστι λέξις οἰκεία τῷ
πράγματι· κατασκευὴ δὲ λέξις ἐκπεφευγυῖα τὸν ἰδιωτισμόν.
ὁ δὲ βαρβαρισμὸς ἐκ τῶν κακιῶν λέξις ἐστὶ παρὰ τὸ ἔθος
τῶν εὐδοκιμούντων Ἑλλήνων, σολοικισμὸς δέ ἐστι λόγος
ἀκαταλλήλως συντεταγμένος.   235

---

214 (ὁ)–**215** SVF III Antip. 22   **216–222** (λέγω) 33M L.-S.   **226–235**
SVF III Diog. 24

233 (ὁ)–**235** Suda β 104 (I 453.25–7)   Suda σ 782 (IV 398.1–3)

216 διογένη B: comp. PF: -ην rec.   **216–217** λόγου μέρος F   **218**
(ὄνομα)–**219** (ἐστι) in lac. Pˣ   **219** σημαίνων F   **220** σύνθετον F
223 συνδοῦν τὰ BP: συνδοῦντα F   **224** διορίζων τὰ B¹: διορίζονᵀτὰ
(= -τα τὰ) F   **225** Ὁ, Ἡ, Τό, Οἱ, Αἱ, Τά Aldobr.: ὁ η · το οι αι τα B² (η ·
το in ras.): ο το τω ο αι τα F: ὁ τοῦ τῶ οι αι α P   **226** τοῦ λόγου
Suda   εἰσὶ om. F, Suda   **227** ἀποσκευή Suda   οὖν om. F   **229**
παριστᾶσα BP: -στῶσα F. Vid. § 33 (**418**) et § 45 (**83**)   **230** αὐτὰ
BP: κατὰ F   περιέχουσα BP: παριστῶσα F   **231** πράγματος καὶ
περιέχουσα F   **232** δέ ἐστι Frob.   **234** εὐδοκιμούντων G. J. Voss, De
vitiis sermonis (1645) 3: εὐδαιμονούντων BPF, Suda: ἐνδημούντων Apelt

[60] ποίημα δέ ἐστιν, ὡς ὁ Ποσειδώνιός φησιν ἐν τῇ Περὶ λέξεως εἰσαγωγῇ, λέξις ἔμμετρος ἢ ἔνρυθμος μετὰ <κατα>σκευῆς τὸ λογοειδὲς ἐκβεβηκυῖα· {τὸν} ἔνρυθμον δὲ εἶναι τό

240   γαῖα μεγίστη καὶ Διὸς αἰθήρ.

ποίησις δέ ἐστι σημαντικὸν ποίημα, μίμησιν περιέχον θείων καὶ ἀνθρωπείων.

ὅρος δέ ἐστιν, ὥς φησιν Ἀντίπατρος ἐν τῷ πρώτῳ Περὶ ὅρων, λόγος κατὰ ἀνάλυσιν ἀπαρτιζόντως ἐκφερόμενος,
245 ἤ, ὡς ὁ Χρύσιππος ἐν τῷ Περὶ ὅρων, ἰδίου ἀπόδοσις. ὑπογραφὴ δέ ἐστι λόγος τυπωδῶς εἰσάγων εἰς τὰ πράγματα, ἢ ὅρος ἁπλούστερον τὴν τοῦ ὅρου δύναμιν προσενηνεγμένος. γένος δέ ἐστι πλειόνων καὶ ἀναφαιρέτων ἐννοημάτων σύλληψις, {ἐστὶν ἐννόημα} οἷον ζῷον· τοῦτο
250 γὰρ περιείληφε τὰ κατὰ μέρος ζῷα.

236–242 Posid. fr. 44 Ed.-K. = 458 Th.   **240** Eur. fr. 839.1 Kann.
243–248 (προσενηνεγμένος), **258–267** 32C L.-S. **243–248** (προσενηνεγμένος) SVF III Antip. 23   **245** (ἤ—ἀπόδοσις) SVF II 226. Cf. Schol. Vat. in Dion. Thrac. p. 107, 5 Hilgard   **248** (γένος)–**267** SVF III Diog. 25   **248** (γένος)–**257** 30C L.-S.

243–244 (ἐκφερόμενος) Suda α 2929 (I 264.29–265.1)   Suda ο 627 (II 62.14–15)

236–237 ὡς—εἰσαγωγῇ suppl. F²ᵐᵍ   **237** ἔνρυθμος B¹: ἔρρυ- (fort. ex ἔνρ. P¹) Pᵖᶜ: εὔρυ- B²F   **238** κατασκευῆς G. Kaibel, Abh. Goettingen (1898) 21: σκευῆς BPF   τὸν BPF: τὸ Frob., del. Kaibel: <διὰ> τὸ F. Marx ad Lucil. 338 (II 130): exemplum ἐμμέτρου an exciderit ambigitur, C. O. Brink, Horace on Poetry I (1963) 65³   ἔνρυθμον BF: ἔρρυ- (ex ἔνρ. P¹) Pᵖᶜ: εὔρυ- Z (Frob.)   τῶν ἐνρύθμων Lapini 113   <· ποίημα> δὲ Marx **239** <ὡς> τὸ Kayser, <οἷον> τὸ E. Norden, Hermes 40 (1905) 524   **241** ἐστι om. F   σημαντικὸν] σωματικὸν Usener, Kl. Schr. I 349 (a. 1889) περιέχων B¹F   **243** πρώτῳ om. F   **245** (ἤ—ἀπόδοσις) om. F (ἤ—ὅρων) in P deleta vel erasa   ὅρων om. Suda   ἰδίου Arnim post Heine 621 (ἡ <τοῦ ἰδίου>) conl. schol. in Dionys. Thr. 107.5 Hilgard: ἡ B, Suda: ἢ P: om. F   **246** εἰς om. F   **247** ὅρος BPF: ὅρου Sedley: λόγος Arnim. Vid. Brittain in Language and Learning 186⁸¹   <κατὰ> τὴν C. Prantl, Gesch. Log. (1855) 426⁷³   **248** προσενηνεγμένος Arnim ἀναφαιρέτων PF: -φερέτων B: -φερόντων Arnim   **249** ἐστὶν ἐννόημα BP¹F: del. Pˣ (om. Q): εἰς ἓν νόημα Steph.: post σύλληψις dist. (·) V. d. Muehll ἐστὶν ἐννόημα servatis

510

[61] ἐννόημα δέ ἐστι φάντασμα διανοίας, οὔτε τὶ ὂν οὔτε ποιόν, ὡσανεὶ δέ τι ὂν καὶ ὡσανεὶ ποιόν, οἷον γίνεται ἀνατύπωμα ἵππου καὶ μὴ παρόντος.

εἶδος δέ ἐστι τὸ ὑπὸ γένους περιεχόμενον, ὡς ὑπὸ τοῦ ζῴου ὁ ἄνθρωπος περιέχεται. γενικώτατον δέ ἐστιν ὃ γένος 255 ὂν γένος οὐκ ἔχει, οἷον τὸ τί· εἰδικώτατον δέ ἐστιν ὃ εἶδος ὂν εἶδος οὐκ ἔχει, ὥσπερ ὁ Σωκράτης.

διαίρεσις δέ ἐστι γένους ἡ εἰς τὸ προσεχῆ εἴδη τομή, οἷον 'τῶν ζῴων τὰ μέν ἐστι λογικά, τὰ δὲ ἄλογα.' ἀντιδιαίρεσις δέ ἐστι γένους εἰς εἶδος τομὴ κατὰ τοὐναντίον, ὡς ἂν κατὰ 260 ἀπόφασιν, οἷον 'τῶν ὄντων τὰ μέν ἐστιν ἀγαθά, τὰ δ' οὐκ ἀγαθά.' ἐπιδιαίρεσις δέ ἐστι διαίρεσις ἐπ' ἀντιδιαιρέσει, οἷον 'τῶν ὄντων τὰ μέν ἐστιν ἀγαθά, τὰ δ' οὐκ ἀγαθά, καὶ τῶν οὐκ ἀγαθῶν τὰ μέν ἐστι κακά, τὰ δὲ ἀδιάφορα.'

[62] μερισμὸς δέ ἐστι γένους εἰς τόπους κατάταξις, ὡς ὁ 265 Κρῖνις· οἷον 'τῶν ἀγαθῶν τὰ μέν ἐστι περὶ ψυχήν, τὰ δὲ περὶ σῶμα.'

ἀμφιβολία δέ ἐστι λέξις δύο ἢ καὶ πλείονα πράγματα σημαίνουσα λεκτικῶς καὶ κυρίως καὶ κατὰ τὸ αὐτὸ ἔθος, ὥσθ' ἅμα τὰ πλείονα ἐκδέξασθαι κατὰ τὴν αὐτὴν λέξιν· οἷον 270 'αὐλητρὶς πέπτωκε·' δηλοῦνται γὰρ δι' αὐτῆς τὸ μὲν

265–267 SVF III Crin. 2   **268–273** SVF III Diog. 23   **268–270** (λέξιν) 37P L.-S.

268–273 Suda α 1706 (I 152-11-4)

---

252 δέ om. F   253 παρόντος] ὑπάρχοντος W. Theiler, Vorb. d. Neupl. (1930) 8   254 γένους Pᵖᶜ: γένος BPᵃᶜ: τὸ γένος F   256 οἷον τὸ τί Egli: οἷον τοῦ B: οἷον του P¹(Q): del. Pˣ: om. F¹, οἷον τὸ ὂν suppl. F²ᵐᵍ εἰδικώτατον B²: ἰδι- B¹PF   ὂν BP: ὢν F   262 (ἐπιδιαίρεσις)–263 (ἀγαθά²) om. F   262 ἐπιδιαίρεσις B² (αἱ in ras.), P¹(Q): ὑπο- P⁴ (ύ et ο in ras.). Cf. infra § 84 (531)   ἐπ' ἀντιδιαιρέσει Usener, Kl. Schr. I 349 (a. 1889): ἐν παντὶ διαιρέσει B: ἐπὶ διαιρέσει P   268 δύο suppl. B²ˢˡ· 269 λεκτικῶς PF, Suda: ἐκτικῶς B   καὶ κυρίως om. F   καὶ—ἔθος om. Suda   ἔθος Aldobr.   270 τὰ om. Suda: τινὰ Arnim: del. Marcov. ἐκδέξασθαι B, Suda: ἐκλέ- P: δέξασθαι F   τὴν αὐτὴν Suda: ταύτην τὴν BPF: αὐτὴν τὴν V. d. Muehll   271 δηλοῦται B² (ν cras.), Suda

τοιοῦτον, 'οἰκία τρὶς πέπτωκε,' τὸ δὲ τοιοῦτον, 'αὐλήτρια πέπτωκε.'

διαλεκτικὴ δέ ἐστιν, ὥς φησι Ποσειδώνιος, ἐπιστήμη
275 ἀληθῶν καὶ ψευδῶν καὶ οὐθετέρων· τυγχάνει δ᾽ αὕτη, ὡς ὁ
Χρύσιππός φησι, περὶ σημαίνοντα καὶ σημαινόμενα. ἐν μὲν
οὖν τῇ περὶ φωνῆς θεωρίᾳ τοιαῦτα λέγεται τοῖς Στωϊκοῖς.

[63] ἐν δὲ τῷ περὶ τῶν πραγμάτων καὶ τῶν
σημαινομένων τόπῳ τέτακται ὁ περὶ λεκτῶν καὶ αὐτοτελῶν
280 καὶ ἀξιωμάτων καὶ συλλογισμῶν λόγος καὶ ὁ περὶ ἐλλιπῶν
τε καὶ κατηγορημάτων καὶ ὀρθῶν καὶ ὑπτίων.

φασὶ δὲ τὸ λεκτὸν εἶναι τὸ κατὰ φαντασίαν λογικὴν
ὑφιστάμενον. τῶν δὲ λεκτῶν τὰ μὲν λέγουσιν εἶναι
αὐτοτελῆ οἱ Στωϊκοί, τὰ δὲ ἐλλιπῆ. ἐλλιπῆ μὲν οὖν ἐστι τὰ
285 ἀναπάρτιστον ἔχοντα τὴν ἐκφοράν, οἷον 'γράφει·'
ἐπιζητοῦμεν γάρ, 'τίς;' αὐτοτελῆ δέ ἐστι τὰ ἀπηρτισμένην
ἔχοντα τὴν ἐκφοράν, οἷον 'γράφει Σωκράτης.' ἐν μὲν οὖν
τοῖς ἐλλιπέσι λεκτοῖς τέτακται τὰ κατηγορήματα, ἐν δὲ τοῖς
αὐτοτελέσι τὰ ἀξιώματα καὶ οἱ συλλογισμοὶ καὶ τὰ
290 ἐρωτήματα καὶ τὰ πύσματα.

[64] ἔστι δὲ τὸ κατηγόρημα τὸ κατά τινος ἀγορευόμενον
ἢ πρᾶγμα συντακτὸν περί τινος ἢ τινῶν, ὡς οἱ περὶ
Ἀπολλόδωρόν φασιν, ἢ λεκτὸν ἐλλιπὲς συντακτὸν ὀρθῇ
πτώσει πρὸς ἀξιώματος γένεσιν. τῶν δὲ κατηγορημάτων

274–276 (σημαινόμενα) Posid. fr. 188 Ed.-K. = 454 Th. **275–276**
(τυγχάνει—σημαίνοντα) SVF II 122 **278–290** 33F L.-S. **282–287**
(Σωκράτης) SVF II 181 **291–305** SVF II 183 **291–294** (γένεσιν)
33G L.-S.

278–292 (τινῶν) Suda κ 1039 (III 74.29–75.6)

---

272 οἷον οἰκία F οἳ cum fenestra B[1]: οἰκία B[2] **274** ὥς—Ποσειδώνιος
om. F **275** οὐθετέρων (θ ex τ) P[1]: οὔθ᾽ ἑτέρων B: οὐδε- F αὕτη F:
αὐτῇ B[1]P: αὐτὴ B[2], Suda **275–276** ὥς—φησι om. F, Suda **279** καὶ
om. Suda, del. Marcov. **282** τὸ[1] secl. Arnim λεκτέον Suda **284**
οἱ Στωϊκοί om. F **285** ἐκφοράν] διάνοιαν Suda **290** post
ἐρωτήματα repet. καὶ τὰ ἀξιώματα F **292** ἢ περί τινων F **293**
ὀρθῇ <ἢ πλαγίᾳ> πτ. dub. Egli

τὰ μέν ἐστι συμβάματα <. . .> οἷον τὸ 'διὰ πέτρας πλεῖν.' 295
καὶ τὰ μέν ἐστι τῶν κατηγορημάτων ὀρθά, ἃ δὲ ὕπτια, ἃ δ'
οὐδέτερα. ὀρθὰ μὲν οὖν ἐστι τὰ συντασσόμενα μιᾷ τῶν
πλαγίων πτώσεων πρὸς κατηγορήματος γένεσιν, οἷον
'ἀκούει,' 'ὁρᾷ,' 'διαλέγεται·' ὕπτια δέ ἐστι τὰ
συντασσόμενα τῷ παθητικῷ μορίῳ, οἷον 'ἀκούομαι,' 300
'ὁρῶμαι·' οὐδέτερα δέ ἐστι τὰ μηδετέρως ἔχοντα, οἷον
'φρονεῖ{ν},' 'περιπατεῖ{ν}.' ἀντιπεπονθότα δέ ἐστιν ἐν τοῖς
ὑπτίοις, ἃ ὕπτια ὄντα **[65]** ἐνεργήματα {δέ} ἐστιν, οἷον
'κείρεται·' ἐμπεριέχει γὰρ αὐτὸν ὁ κειρόμενος. πλάγιαι δὲ
πτώσεις εἰσὶ γενικὴ καὶ δοτικὴ καὶ αἰτιατική. 305

ἀξίωμα δέ ἐστιν ὅ ἐστιν ἀληθὲς ἢ ψεῦδος· ἢ πρᾶγμα
αὐτοτελὲς ἀποφαντὸν ὅσον ἐφ' ἑαυτῷ, ὡς ὁ Χρύσιππός
φησιν ἐν τοῖς Διαλεκτικοῖς ὅροις, 'ἀξίωμά ἐστι τὸ
ἀποφαντὸν ἢ καταφαντὸν ὅσον ἐφ' ἑαυτῷ, οἷον 'ἡμέρα
ἐστί, Δίων περιπατεῖ.' ὠνόμασται δὲ τὸ ἀξίωμα ἀπὸ τοῦ 310
ἀξιοῦσθαι ἢ ἀθετεῖσθαι· ὁ γὰρ λέγων 'ἡμέρα ἐστίν,' ἀξιοῦν

306–313 SVF II 193   **306–311** (ἀθετεῖσθαι) 34A L.-S.   **311** (ὁ)–
313 34E L.-S.

306–324 Suda α 2827 (I 255.2–15)

---

295 'multa hic desiderantur verba' Casaub.: συμβ. <ὡς τὸ πλεῖν, οἷον,
Σωκράτης πλεῖ· τὰ δὲ παρασυμβάματα, ὡς> τὸ διὰ πέτρας πλεῖν
Aldobr.: συμβ. οἷον τὸ <. . . οἷον τὸ> διὰ π. πλ. V. d. Muehll: συμβ. <οἷον
Σωκρ. διὰ π. πλεῖν, τὰ δὲ παρασυμβ. οἷον Σωκράτει μεταμέλει> Marcov.
διὰ π. πλεῖν corrupta esse vidit Arnim: οἷον—πλεῖν ut alienum secl.
Marcov.: οἷον τὸ Δίων περιπατεῖ L. Lersch, Sprachphilos. d. Alten II (1840)
32–3: οἷον τὸ Δίωνι μεταμέλει R. Schmidt, Gramm. stoic. (1839) 66[91]. Vid.
Heine 623–4 et Goulet 73[1-2]   **296** ἐστι om. F   τῶν κατηγορημάτων
secl. Kayser   **297** ἐστι om. F   **298** πρὸς κατηγορήματος γένεσιν
secl. Kayser   πρ. κατηγορουμένου γ. Gigante 536[119]   **302** φρονεῖ,
περιπατεῖ Arnim   ἐστι <τὰ> ἐν Kayser   **303** ἃ ὕπτια Madvig, Adv.
I 715: ἀνύπτια BPF   δέ BP: δ' F: del. Madvig   Cf. W. Lapini, Philol. 153
(2009) 350[4]   **304** ἐμπαρέχει Menag.   αὐτὸν F: αὐ- BP   **305** καὶ[1-2]
om. F   **307** ἐφ' ἑαυτῷ <ἢ καταφαντὸν> Casaub. ex Suda   **307** (ὡς)–
309 (ἀποφαντὸν) om. Suda   **307** <ἢ> ὡς W. Theiler ap. Egli, Dialektik
35   **308** (ἀξίωμά)–**309** (ἑαυτῷ) secl. Egli   **309** ἀποφαντὸν ἢ secl.
Frede 39   ἢ καταφαντὸν secl. Cob.   ὅσον ἐφ' ἑαυτῷ om. Suda   **310**
δι' ὧν P   τὸ om. Suda   **311** ἢ ἀθετεῖσθαι secl. Frede

δοκεῖ τὸ ἡμέραν εἶναι. οὔσης μὲν οὖν ἡμέρας, ἀληθές γίνεται
τὸ προκείμενον ἀξίωμα· μὴ οὔσης δέ, ψεῦδος.

[66] διαφέρει δὲ ἀξίωμα καὶ ἐρώτημα καὶ πύσμα, <καὶ>
315 προστακτικὸν καὶ ὁρκικὸν καὶ ἀρατικὸν καὶ ὑποθετικὸν
καὶ προσαγορευτικὸν καὶ πρᾶγμα ὅμοιον ἀξιώματι. ἀξίωμα
μὲν γάρ ἐστιν ὃ λέγοντες ἀποφαινόμεθα, ὅπερ ἢ ἀληθές
ἐστιν ἢ ψεῦδος. ἐρώτημα δέ ἐστι πρᾶγμα αὐτοτελὲς μέν, ὡς
καὶ τὸ ἀξίωμα, αἰτητικὸν δὲ ἀποκρίσεως, οἷον 'ἆρά γε
320 ἡμέρα ἐστί;' τοῦτο δὲ οὔτε ἀληθές ἐστιν οὔτε ψεῦδος, ὥστε
τὸ μὲν 'ἡμέρα ἐστίν' ἀξίωμά ἐστι, τὸ δὲ 'ἆρά γε ἡμέρα ἐστίν;'
ἐρώτημα. πύσμα δέ ἐστι πρᾶγμα πρὸς ὃ συμβολικῶς οὐκ
ἔστιν ἀποκρίνεσθαι, ὡς ἐπὶ τοῦ ἐρωτήματος, 'ναί', ἀλλὰ
εἰπεῖν 'οἰκεῖ ἐν τῷδε τῷ τόπῳ.'
325 [67] προστακτικὸν δέ ἐστι πρᾶγμα ὃ λέγοντες
προστάσσομεν, οἷον·

σὺ μὲν βάδιζε τὰς ἐπ' Ἰνάχου ῥοάς.

ὁρκικὸν δέ ἐστι πρᾶγμα <...> ὃ εἰ λέγοι τις,
προσαγορεύοι ἄν, οἷον·

330   Ἀτρεΐδη κύδιστε, ἄναξ ἀνδρῶν Ἀγάμεμνον.

ὅμοιον δέ ἐστιν ἀξιώματι ὃ τὴν ἐκφορὰν ἔχον
ἀξιωματικὴν παρά τινος μορίου πλεονασμὸν ἢ πάθος ἔξω
πίπτει τοῦ γένους τῶν ἀξιωμάτων, οἷον·

314–339 SVF II 186   **327** TrGF adesp. 177.1   **330** Hom. B 434 et al.

-----

312 οὖν suppl. F²ˢˡ   **314** καὶ³ add. Arnim   πύσμα· ἔστι γὰρ προστ.
Suda quattuor καὶ quae insequuntur omittens   **315** ὁρικὸν B   ὁρατικὸν
F² (ὁ in ras.)   ὑποθ. <καὶ ἐκθετικὸν> Egli   **316** (καὶ²—ἀξιώματι) om.
Suda   καὶ πρᾶγμα BPF: πρᾶγμα καὶ Marcov.   **317** μὲν γάρ BP, Suda:
δέ F   **323** ἀποκρίνασθαι F   ἀλλὰ BP: ἀλλ' F: ἀλλὰ <δεῖ> Arnim
323–324 ἀλλὰ <δεῖ τι> εἰπ. <οἷον, ποῦ οἰκεῖ;> A. Korais, Epict. (1826) 136
328 ὁρκικὸν BPF: προσαγορευτικὸν Z³ᵐᵍ (Frob.)   lac. stat. Huebn.,
exciderunt definitiones ὁρκικοῦ ἀρατικοῦ ὑποθετικοῦ   **331** ἐκφορὰν
Menag.: εἰσ- BPF   **332** πάθος F: πάθους BP

καλός γε ὁ παρθενών

335

ὡς Πριαμίδησιν ἐμφερὴς ὁ βουκόλος.

[68] ἔστι δὲ καὶ ἐπαπορητικόν τι πρᾶγμα διενηνοχὸς ἀξιώματος, ὃ εἰ λέγοι τις, ἀποροίη ἄν·

ἆρ᾽ ἐστὶ συγγενές τι λύπη καὶ βίος;

οὔτε δὲ ἀληθῆ ἐστιν οὔτε ψευδῆ τὰ ἐρωτήματα καὶ τὰ 340
πύσματα καὶ τὰ τούτοις παραπλήσια, τῶν ἀξιωμάτων
<μόνων> ἢ ἀληθῶν ἢ ψευδῶν ὄντων.

τῶν ἀξιωμάτων τὰ μέν ἐστιν ἁπλᾶ, τὰ δ᾽ οὐχ ἁπλᾶ, ὥς
φασιν οἱ περὶ Χρύσιππον καὶ Ἀρχέδημον καὶ Ἀθηνόδωρον
καὶ Ἀντίπατρον καὶ Κρῖνιν. ἁπλᾶ μὲν οὖν ἐστι τὰ <μὴ> 345
συνεστῶτα ἐξ ἀξιώματος διαφορουμένου ἢ ἐξ ἀξιωμάτων,
οἷον τὸ 'ἡμέρα ἐστίν'· οὐχ ἁπλᾶ δέ ἐστι τὰ συνεστῶτα
ἐξ ἀξιώματος διαφορουμένου ἢ ἐξ ἀξιωμάτων. **[69]** ἐξ
ἀξιώματος μὲν διαφορουμένου, οἷον 'εἰ ἡμέρα ἐστίν, <ἡμέρα
ἐστίν>·' ἐξ ἀξιωμάτων δέ, οἷον 'εἰ ἡμέρα ἐστί, φῶς ἐστίν.'   350

ἐν δὲ τοῖς ἁπλοῖς ἀξιώμασίν ἐστι τὸ ἀποφατικὸν καὶ τὸ
ἀρνητικὸν καὶ τὸ στερητικὸν καὶ τὸ κατηγορικὸν καὶ τὸ
καταγορευτικὸν καὶ τὸ ἀόριστον, ἐν δὲ τοῖς οὐχ ἁπλοῖς
τὸ   συνημμένον   καὶ   τὸ   παρασυνημμένον   καὶ   τὸ
συμπεπλεγμένον καὶ τὸ διεζευγμένον καὶ τὸ αἰτιῶδες καὶ τὸ 355

334 com. adesp. 155.3 K.-A.   **336** TrGF adesp. 286   **339** Men.,
Cithar. fr. 1.8 Sandb. = ps.-Men., Monost. 54 Pernigotti   **343–350** SVF
II 203   SVF III Crin. 3   SVF III Arch. 9   **351–360** SVF II 204
34K L.-S.

334 καλός FP^x: καλλός BP^1   **335** <καὶ> add. Long, sed vid. H.
Bolkestein, Mnemosyne 19 (1966) 191^3   **342** μόνων add. Marcov.   ἢ^1
PF: ἃ B   ἀληθῶν Arnim: -θινῶν BPF   **343** (ὥς)–**345** (Κρῖνιν) F^2mg
344 καὶ^1 rec.: ἢ BPF   **345** μὴ add. Egli, Dialektik 37, post ἀξιώματος
(**346**) falso Z^3 (Frob.)   **346** διαπορουμένου Madv., Adv. I 715   ἢ ἐξ
ἀξιωμάτων secl. Rossi 107. Vid. Frede 51^6 et Goulet 76^4   ἐξ^2 om. F   **347**
(οἷον)–**348** (ἀξιωμάτων) suppl. F^2s.l.   **349** διαφορουμένου om. F
349–350 ἡμέρα ἐστίν add. Valesius, Eus. Eccl. hist. (1659) 111   **351**
ἀποφατικὸν B: -φαντικὸν P^1 (ντ in ras.), F   **352** καὶ τὸ κατηγορικὸν
om. B   κατηγορητικὸν F   **353–354** ἁπλοῖς ἀξιώμασι F   **355–356**
τὸ διασαφοῦν τὸ om. F

διασαφοῦν τὸ μᾶλλον καὶ τὸ διασαφοῦν τὸ ἧττον. <...> καὶ ἀξιώματος, οἷον 'οὐχὶ ἡμέρα ἐστίν.' εἶδος δὲ τούτου τὸ ὑπεραποφατικόν. ὑπεραποφατικὸν δέ ἐστιν ἀποφατικὸν ἀποφατικοῦ, οἷον '<οὐχὶ> οὐχὶ ἡμέρα ἔστι.' τίθησι δὲ τὸ
360 'ἡμέρα ἐστίν.'

[70] ἀρνητικὸν δέ ἐστι τὸ συνεστὸς ἐξ ἀρνητικοῦ μορίου καὶ κατηγορήματος, οἷον 'οὐδεὶς περιπατεῖ·' στερητικὸν δέ ἐστι τὸ συνεστὸς ἐκ στερητικοῦ μορίου καὶ ἀξιώματος κατὰ δύναμιν, οἷον 'ἀφιλάνθρωπός ἐστιν οὗτος·' κατηγορικὸν δέ
365 ἐστι τὸ συνεστὸς ἐκ πτώσεως ὀρθῆς καὶ κατηγορήματος, οἷον 'Δίων περιπατεῖ·' καταγορευτικὸν δέ ἐστι τὸ συνεστὼς ἐκ πτώσεως ὀρθῆς δεικτικῆς καὶ κατηγορήματος, οἷον 'οὗτος περιπατεῖ·' ἀόριστον δέ ἐστι τὸ συνεστὸς ἐξ ἀορίστου μορίου ἢ ἀορίστων μορίων <καὶ κατηγο-
370 ρήματος>, οἷον 'τὶς περιπατεῖ,' 'ἐκεῖνος κινεῖται.'

[71] τῶν δ' οὐχ ἁπλῶν ἀξιωμάτων συνημμένον μέν ἐστιν, ὡς ὁ Χρύσιππος ἐν ταῖς Διαλεκτικαῖς φησι καὶ Διογένης ἐν

371–418 (πειπατεῖ) 35A L.-S.   **371–394** SVF II 207   SVF III Diog. 26
SVF III Crin. 4

___

361–364 (οὗτος) Φ 7 (171.14–18)

___

356 post ἧττον lac. indic. Cob. (post ἀξιώματος (**357**) Z (Frob.): <καὶ τῶν μὲν ἁπλῶν ἀξιωμάτων ἀποφατικὸν μέν ἐστιν, ὡς *** φησι *** τὸ συνεστὸς ἐξ ἀποφατικοῦ μορίου> coni. Goulet, Études (2001) 110 (a. 1978) et Egli (om. ὡς *** φησι ***): ἐξ ἀποφάσεως pro ἐξ ἀποφ. μορίου J.-B. Gourinat, Dialectique Stoïciens (2000) 211[1]   **357** τοῦτο ὑπὲρ F   **358** ὑπεραποφατικόν BP[x]: -φαντικόν P[1]F   ἀποφατικόν BP[x]: -φαντικόν P[1]F   **359** ἀποφατικοῦ BFP[x]: -φαντικοῦ P[1]   οὐχὶ add. Goulet, Études 111 post E. Casari in Actes VIIIe Congr. Hist. sciences (1958) 1223 οὐχὶ <οὐχὶ>: οὐχὶ <οὐχ> Ritter (teste Egli, loc. non inveni)   **361, 363** συνεστὸς B[1]F: -ὡς P[1] (ex -ῶς), B[2]: -εστικὸς Φ, 'quid D.L. scripserit, an sibi constans fuerit incertum' V. d. Muehll (cf. Croenert, MGH 261[1])   **361** ἐστι om. Φ   **363** ἀξιώματος] κατηγορήματος Marcov.   **364** ἐστιν om. Φ   **365** συνεστὸς B[1]F: -ὡς P[1] (ex -ῶς), B[2]   **366** Δίων Z[3] (Frob.): οὗτος BPF. Vid. Frede 68–9   **366** (καταγορευτικὸν)–**370** (περιπατεῖ) suppl. F[2mg]   **367** συνεστὼς BFP[x]: -ῶς P[1]   **369** ἢ ἐξ F   ἢ ἀορίστων μορίων secl. Marcov.   καὶ κατηγορήματος add. Arnim   **370** ἐκεῖνος κινεῖται secl. Marcov. Vid. Long–Sedley II 209   **372** ἐν ταῖς Διαλεκτικαῖς om. F, ἐν τοῖς Διαλεκτικοῖς <ὅροις> Gigante 536[126] ex § 65 (**308**) et § 189 (**140**)   καὶ Διογένης om. F   **372–373** (ἐν—τέχνη) om. F

τῇ Διαλεκτικῇ τέχνῃ, τὸ συνεστὼς διὰ τοῦ 'εἰ' συναπτικοῦ
συνδέσμου. ἐπαγγέλλεται δὲ ὁ σύνδεσμος οὗτος
ἀκολουθεῖν τὸ δεύτερον τῷ πρώτῳ, οἷον 'εἰ ἡμέρα ἐστί, φῶς 375
ἐστι.' παρασυνημμένον δέ ἐστιν, ὡς ὁ Κρῖνίς φησιν ἐν τῇ
Διαλεκτικῇ τέχνῃ, ἀξίωμα ὃ ὑπὸ τοῦ 'ἐπεί' συνδέσμου
παρασυνῆπται ἀρχόμενον ἀπ' ἀξιώματος καὶ λῆγον εἰς
ἀξίωμα, οἷον 'ἐπεὶ ἡμέρα ἐστί, φῶς ἐστιν.' ἐπαγγέλλεται δὲ
ὁ σύνδεσμος ἀκολουθεῖν τε τὸ δεύτερον τῷ πρώτῳ καὶ τὸ 380
πρῶτον ὑφεστάναι. **[72]** συμπεπλεγμένον δέ ἐστιν ἀξίωμα
ὃ ὑπό τινων συμπλεκτικῶν συνδέσμων συμπέπλεκται, οἷον
'καὶ ἡμέρα ἐστὶ καὶ φῶς ἐστι.' διεζευγμένον δέ ἐστιν ὃ ὑπὸ
τοῦ 'ἤτοι' διαζευκτικοῦ συνδέσμου διέζευκται, οἷον 'ἤτοι
ἡμέρα ἐστὶν ἢ νύξ ἐστιν.' ἐπαγγέλλεται δὲ ὁ σύνδεσμος 385
οὗτος τὸ ἕτερον τῶν ἀξιωμάτων ψεῦδος εἶναι. αἰτιῶδες δέ
ἐστιν ἀξίωμα τὸ συντασσόμενον διὰ τοῦ 'διότι,' οἷον 'διότι
ἡμέρα <ἐστί>, φῶς ἐστιν·' οἰονεὶ γὰρ αἴτιόν ἐστι τὸ πρῶτον
τοῦ δευτέρου. διασαφοῦν δὲ τὸ μᾶλλον ἀξίωμά ἐστι τὸ
συνταττόμενον ὑπὸ τοῦ {διασαφοῦντος τὸ} μᾶλλον 390
συνδέσμου καὶ τοῦ <'ἤ'> μέσου τῶν ἀξιωμάτων
τασσομένου, οἷον 'μᾶλλον ἡμέρα ἐστὶν ἢ νύξ ἐστι.' **[73]**
διασαφοῦν δὲ τὸ ἧττον ἀξίωμά ἐστι τὸ ἐναντίον τῷ
προκειμένῳ, οἷον 'ἧττον νύξ ἐστιν ἢ ἡμέρα ἐστίν.'
    ἔτι τῶν ἀξιωμάτων κατά τε ἀλήθειαν καὶ ψεῦδος 395
ἀντικείμενα ἀλλήλοις ἐστίν, ὧν τὸ ἕτερον τοῦ ἑτέρου ἐστὶν
ἀποφατικόν, οἷον τὸ 'ἡμέρα ἐστί' καὶ τὸ 'οὐχὶ ἡμέρα ἐστί.'

395–418 (περιπατεῖ) SVF II 215

373 συνεστὼς BFPˣ: -ῶς P¹   εἰ διὰ B   **376–377** ὡς—τέχνῃ suppl. F²ᵐᵍ
376 φησιν om. F²   **380** τε om. F   τῶ πρώτω F   **382** ὃ suppl. F²ˢ·ˡ·
384 ἤτοι BP: ἢ F   **385** ἐστιν om. F   **387** διότι¹ <συνδέσμου>
Marcov.   οἷον διότι F: om. B¹P: οἷον διότι ἐστιν (comp.) suppl. B²ᵐᵍ
388 ἐστί om. BPF: suppl. Zᵎᵐᵍ (Frob.). Cf. § 74 (**414**)   οἰονεὶ BP: οἷον F
390 διασαφοῦντος τὸ del. Kassel: τὸ del. I. Sluiter, Mnemosyne 41 (1988) 47
391 ἢ add. Arnim, praeeunte K. Fr. Hermann 105 (συνδ. <ἤ>)   **392**
ταττομένου F   **394** ἐστιν om. F   **395–396** (ἔτι—ἐστίν) suppl. F²ᵐᵍ
397 ἀποφατικόν BPˣ: -φαντικόν P¹F   οὐχὶ ἡμέρα P: οὐχ ἡμ. F: ἡμ. οὐχὶ B

συνημμένον οὖν ἀληθές ἐστιν οὗ τὸ ἀντικείμενον τοῦ
λέγοντος μάχεται τῷ ἡγουμένῳ, οἷον 'εἰ ἡμέρα ἐστί, φῶς
400 ἐστι.' τοῦτο ἀληθές ἐστι· τὸ γὰρ 'οὐχὶ φῶς <ἐστι>,'
ἀντικείμενον τῷ λήγοντι, μάχεται τῷ 'ἡμέρα ἐστί.'
συνημμένον δὲ ψεῦδός ἐστιν οὗ τὸ ἀντικείμενον τοῦ
λέγοντος οὐ μάχεται τῷ ἡγουμένῳ, οἷον 'εἰ ἡμέρα ἐστί,
Δίων περιπατεῖ·' τὸ γὰρ 'οὐχὶ Δίων περιπατεῖ' οὐ μάχεται
405 τῷ 'ἡμέρα ἐστί.'

[74] παρασυνημμένον δὲ ἀληθὲς μέν ἐστιν ὃ ἀρχόμενον
ἀπὸ ἀληθοῦς εἰς ἀκόλουθον λήγει, οἷον 'ἐπεὶ ἡμέρα ἐστίν,
ἥλιός ἐστιν ὑπὲρ γῆς.' ψεῦδος δὲ <ὃ> ἢ ἀπὸ ψεύδους
ἄρχεται ἢ μὴ εἰς ἀκόλουθον λήγει, οἷον 'ἐπεὶ νύξ ἐστι, Δίων
410 περιπατεῖ,' ἂν ἡμέρας οὔσης λέγηται.

αἰτιῶδες δὲ ἀληθὲς μέν ἐστιν ὃ ἀρχόμενον ἀπὸ ἀληθοῦς εἰς
ἀκόλουθον λήγει, οὐ μὴν ἔχει τῷ λήγοντι τὸ ἀρχόμενον
ἀκόλουθον, οἷον 'διότι ἡμέρα ἐστί, φῶς ἐστι·' τῷ μὲν γὰρ
'ἡμέρα ἐστίν' ἀκολουθεῖ τὸ 'φῶς ἐστι,' τῷ δὲ 'φῶς ἐστιν' οὐχ
415 ἕπεται τὸ 'ἡμέρα ἐστίν.' αἰτιῶδες δὲ ψεῦδός ἐστιν ὃ ἤτοι
ἀπὸ ψεύδους ἄρχεται ἢ μὴ εἰς ἀκόλουθον λήγει ἢ ἔχει τῷ
λήγοντι τὸ ἀρχόμενον ἀνακόλουθον, οἷον 'διότι νύξ ἐστι,
Δίων περιπατεῖ.' [75] πιθανὸν δέ ἐστιν ἀξίωμα τὸ ἄγον εἰς
συγκατάθεσιν, οἷον 'εἰ τίς τι ἔτεκεν, ἐκείνη ἐκείνου μήτηρ
420 ἐστί.' ψεῦδος δὲ τοῦτο· οὐ γὰρ ἡ ὄρνις ᾠοῦ ἐστι μήτηρ.

406–410 SVF III Crin. 4   **418** (πιθανὸν)–**435** SVF II 201   **418**
(πιθανὸν)–**420** 37M L.-S.

415 (αἰτιῶδες)–**418** (περιπατεῖ) Suda αι 371 (II 186.12–4)   **418**
(πιθανὸν)–**420** Suda π 1572 (IV 129.7–9)

399 οὐ μάχεται F   **399** (οἷον)–**403** (ἡγουμένῳ) F²ᵐᵍ   **400** ἐστι add.
Arnim   **401** ἀντικείμενον <ὂν> Marcov.   **402** τοῦ BP: οὐ F²   **405**
τῶ BP: τὸ F   **407** ἐπεὶ PF: ἐὰν B   **408** cum ὑπὲρ γῆς spatium vac.
expl. B²   ὃ add. rec.   cum ἢ ἀ spatium vac. expl. B²   **409** εἰς suppl.
B²ˢ·ˡ·   ἐπεὶ PF: εἰ B   **410** περιπατῶν B   λήγηται F   **411** ἐστι)ν–
413 (διότι) om. B¹ cum spatio vacuo 2 1/2 linearum, expl. B²   **412** ὁ
ἀρχόμενον PF: ἂν ἑπόμενον B²   **412–413** τὸ ἀρχόμενον ἀκόλουθον P:
ἀκόλ. τὸ ἀρχ. F: τὸ ἑπόμενον ἀκόλ. B²   **413** διότι om. B²   τῶ PF: τὸ
B   **414** τὸ PF: τῶ B   τῶ PF: τὸ F   **415** ἤτοι ὃ Suda   **416**
ἀκόλουθον Suda: ἀνα- BPF   **417–418** νύξ ἐστι, ἐπεὶ Δίων περιπατεῖ K.
Fr. Hermann 105

ἔτι τε τὰ μέν ἐστι δυνατά, τὰ δὲ ἀδύνατα· καὶ τὰ μὲν
ἀναγκαῖα, τὰ δ᾽ οὐκ ἀναγκαῖα. δυνατὸν μὲν τὸ ἐπιδεκτικὸν
τοῦ ἀληθὲς εἶναι, τῶν ἐκτὸς μὴ ἐναντιουμένων πρός τὸ
ἀληθὲς εἶναι, οἷον 'ζῇ Διοκλῆς·' ἀδύνατον δὲ ὃ μή ἐστιν
ἐπιδεκτικὸν τοῦ ἀληθὲς εἶναι, οἷον 'ἡ γῆ ἵπταται.' 425
ἀναγκαῖον δέ ἐστιν ὅπερ ἀληθὲς ὂν οὐκ ἔστιν ἐπιδεκτικὸν
τοῦ ψεῦδος εἶναι, ἢ ἐπιδεκτικὸν μέν ἐστι, τὰ δ᾽ ἐκτὸς αὐτῷ
ἐναντιοῦται πρὸς τὸ ψεῦδος εἶναι, οἷον 'ἡ ἀρετὴ ὠφελεῖ.'
οὐκ ἀναγκαῖον δέ ἐστιν ὃ καὶ ἀληθές ἐστι καὶ ψεῦδος οἷόν τε
εἶναι, τῶν ἐκτὸς μηδὲν ἐναντιουμένων, οἷον τὸ 'περιπατεῖ 430
Δίων.' **[76]** εὔλογον δέ ἐστιν ἀξίωμα τὸ πλείονας ἀφορμὰς
ἔχον εἰς τὸ ἀληθὲς εἶναι, οἷον 'βιώσομαι αὔριον.'

καὶ ἄλλαι δὲ διαφοραί εἰσιν ἀξιωμάτων καὶ μεταπτώσεις
αὐτῶν ἐξ ἀληθῶν εἰς ψεύδη καὶ ἀντιστροφαί, περὶ ὧν ἐν τῷ
πλάτει λέγομεν.   435
λόγος δέ ἐστιν, ὡς οἱ περὶ τὸν Κρῖνίν φασι, τὸ συνεστηκός

421–431 (Δίων) 38D L.-S.   **436–500** 36A L.-S.   **436–443** SVF III
Crin. 5

424 (ἀδύνατον)–**425** (ἵπταται) Suda α 1827 (I 164.1–4)   **426**
(ἀναγκαῖον)–**431** (Δίων) Suda α 537 (I 56.14–15)   **431** (εὔλογον)–**432**
Suda ε 3569 (II 456.19–20)

421 τε om. F   καὶ BP: ὡς F   **421–432** fort. corrupta. Vid. Goulet 81[2] et
D. Babut ad Plut., Contrad. des Stoïciens (2004) 351[578]   **423** πρὸς Arnim
(cf. **428**): εἰς BPF   **424** Διοκλῆς] an Δίων? Mansfeld, Studies 428 (a. 1986)
425 post εἶναι add. <ἢ ἐπιδεκτικὸν μέν ἐστι, τὰ δ᾽ ἐκτὸς αὐτῷ
ἐναντιουμένων πρὸς τὸ ἀληθὲς εἶναι> Frede 110 conl. Boeth. in Ar. de
interpr. 3.9 (p. 234,1–235, 11 Meiser) post K. Berka, LF 81 (1958) 44 <τῶν
ἐκτὸς ἐναντιουμένων πρὸς τὸ ἀλ. εἶναι>, sed vid. K. Algra, Concepts of
Space (1995) 289–90[75]   **427** (ἢ)–**428** (εἶναι) tamquam ex glossemate del.
O. Bekker, Philologus 100 (1956) 110–11   **429** <εἰ> ἀληθές Frede   ἐστι]
ὂν Huelser ap. Egli: <ὄν> ἐστι Theiler ap. Egli   τε BP: τι F   **430** αὐτὸ
εἶναι Suda   μηδὲν BP: μὴ F   ἐναντ. <εἰ τὸ ψεῦδος εἶναι> Frede   τὸ
om. Suda, del. Marcov.   **433** εἰσὶ διαφοραὶ P   **434** ἀληθῶν rec.:
ἀλλήλων BPF   ἀντιστροφαί rec.: ἀντίστροφα BPF   <οὐκ> ἐν Bekker
111, <οὐδ᾽> ἐν Theiler ap. Egli   τῷ del. Madvig, Adv. I 715[1]   **435**
<ἄλλοθι> λέγομεν Madvig, λέγουσι (sc. οἱ Στωϊκοί) Marcov. Vid. Mans-
feld, Studies 416–7 (a. 1986)   **436** ὡς—φασι om. F   συνεστηκὼς B[2]P[ac]

ἐκ λήμματος ἢ λημμάτων καὶ προσλήψεως καὶ ἐπιφορᾶς, οἷον ὁ τοιοῦτος, 'εἰ ἡμέρα ἐστί, φῶς ἐστίν· ἡμέρα δέ ἐστι· φῶς ἄρα ἐστί.' λῆμμα μὲν γὰρ τὸ 'εἰ ἡμέρα ἐστί, φῶς ἐστίν'·
440 πρόσληψις τὸ 'ἡμέρα δέ ἐστιν'· ἐπιφορὰ δὲ τὸ 'φῶς ἄρα ἐστί.' τρόπος δέ ἐστιν οἱονεὶ σχῆμα λόγου, οἷον ὁ τοιοῦτος, 'εἰ τὸ πρῶτον, τὸ δεύτερον· ἀλλὰ μὴν τὸ πρῶτον· τὸ ἄρα δεύτερον.'

[77] λογότροπος δέ ἐστι τὸ ἐξ ἀμφοτέρων σύνθετον, οἷον
445 'εἰ ζῇ Πλάτων, ἀναπνεῖ Πλάτων· ἀλλὰ μὴν τὸ πρῶτον· τὸ ἄρα δεύτερον.' παρεισήχθη δὲ ὁ λογότροπος ὑπὲρ τοῦ ἐν ταῖς μακροτέραις συντάξεσι τῶν λόγων μηκέτι τὴν πρόσληψιν μακρὰν οὖσαν καὶ τὴν ἐπιφορὰν λέγειν, ἀλλὰ συντόμως ἐπενεγκεῖν, 'τὸ δὲ πρῶτον· τὸ ἄρα δεύτερον.'
450 τῶν δὲ λόγων οἱ μέν εἰσιν ἀπέραντοι, οἱ δὲ περαντικοί. ἀπέραντοι μὲν ὦν τὸ ἀντικείμενον τῆς ἐπιφορᾶς <οὐ> μάχεται τῇ διὰ τῶν λημμάτων συμπλοκῇ, οἷον οἱ τοιοῦτοι, 'εἰ ἡμέρα ἐστί, φῶς ἐστι· ἡμέρα δέ ἐστιν· περιπατεῖ ἄρα Δίων.'

455 [78] τῶν δὲ περαντικῶν λόγων οἱ μὲν ὁμωνύμως τῷ γένει λέγονται περαντικοί· οἱ δὲ συλλογιστικοί. συλλογιστικοὶ μὲν οὖν εἰσιν οἱ ἤτοι ἀναπόδεικτοι ὄντες ἢ ἀναγόμενοι ἐπὶ {τι} τοὺς ἀναποδείκτους κατά τι τῶν θεμάτων ἤ τινα, οἷον οἱ τοιοῦτοι, 'εἰ περιπατεῖ Δίων, <κινεῖται Δίων· ἀλλὰ μὴν
460 περιπατεῖ Δίων> κινεῖται ἄρα Δίων.' περαντικοὶ δέ εἰσιν εἰδικῶς οἱ συνάγοντες μὴ συλλογιστικῶς, οἷον οἱ τοιοῦτοι, 'ψεῦδός ἐστι τὸ ἡμέρα ἐστὶ καὶ νύξ ἐστιν· ἡμέρα δέ ἐστιν·

450–473 SVF II 238

441 (τρόπος)–443 Suda τ 1055 (IV 596.27–597.1)   444–449 Suda λ 659 (III 281.9–14)

437 ἢ λημμάτων del. C. Beier, De formis cogitandi disjunctivis (1815) 23 καὶ προσλήψεως secl. Egli   439 γάρ ἐστι F   440 δὲ τὸ ἡμέρα F 444–446 (δεύτερον) suppl. B²ᵐᵍ   446 παρεισῆλθε F   448 πρόσληψιν B²PˣF: -λημψιν B¹P¹: σύλληψιν Suda   450 εἰσιν om. F 451 οὐ add. rec.   456 λέγοντι F   457 οὖν om. F   458 τι del. rec. θεαμάτων F   459 (εἰ)–461 (τοιοῦτοι) suppl. F²ᵐᵍ   459–460 κινεῖται—Δίων add. Arnim, post Battier 9

οὐκ ἄρα νύξ ἐστιν.' ἀσυλλόγιστοι δ' εἰσὶν οἱ παρακείμενοι
μὲν πιθανῶς τοῖς συλλογιστικοῖς, οὐ συνάγοντες δέ, οἷον 'εἰ
ἵππος ἐστὶ Δίων, ζῷόν ἐστι Δίων· οὐκ ἄρα ζῷόν ἐστι Δίων.' 465
[79] ἔτι τῶν λόγων οἱ μὲν ἀληθεῖς εἰσιν, οἱ δὲ ψευδεῖς.
ἀληθεῖς μὲν οὖν εἰσι λόγοι οἱ δι' ἀληθῶν συνάγοντες, οἷον 'εἰ
ἡ ἀρετὴ ὠφελεῖ, ἡ κακία βλάπτει· <ἀλλὰ μὴν ἡ ἀρετὴ
ὠφελεῖ· ἡ ἄρα κακία βλάπτει>.' ψευδεῖς δέ εἰσιν οἱ τῶν
λημμάτων ἔχοντές τι ψεῦδος ἢ ἀπέραντοι ὄντες, οἷον 'εἰ 470
ἡμέρα ἐστί, φῶς ἐστιν· ἡμέρα δέ ἐστι· ζῇ ἄρα Δίων.' καὶ
δυνατοὶ δὲ εἰσὶ λόγοι καὶ ἀδύνατοι καὶ ἀναγκαῖοι καὶ οὐκ
ἀναγκαῖοι.

εἰσὶ δὲ καὶ ἀναπόδεικτοί τινες, τῷ μὴ χρῄζειν ἀποδείξεως,
ἄλλοι μὲν παρ' ἄλλοις, παρὰ δὲ τῷ Χρυσίππῳ πέντε, δι' ὧν 475
πᾶς λόγος πλέκεται· οἵτινες λαμβάνονται ἐπὶ τῶν
περαντικῶν καὶ ἐπὶ τῶν συλλογιστικῶν καὶ ἐπὶ τῶν
τροπικῶν. [80] πρῶτος δ' ἐστὶν ἀναπόδεικτος ἐν ᾧ πᾶς
λόγος συντάσσεται ἐκ συνημμένου καὶ τοῦ ἡγουμένου,
ἀφ' οὗ ἄρχεται τὸ συνημμένον καὶ τὸ λῆγον ἐπιφέρει, οἷον 480
'εἰ τὸ πρῶτον, τὸ δεύτερον· ἀλλὰ μὴν τὸ πρῶτον· τὸ
ἄρα δεύτερον.' δεύτερος δ' ἐστὶν ἀναπόδεικτος ὁ διὰ
συνημμένου καὶ τοῦ ἀντικειμένου τοῦ λήγοντος τὸ
ἀντικείμενον τοῦ ἡγουμένου ἔχων συμπέρασμα, οἷον 'εἰ
ἡμέρα <ἐστί, φῶς ἐστιν· ἀλλὰ μὴν οὐχὶ δὲ φῶς ἐστιν· οὐκ 485

474–500 SVF II 241

465 δίων BP: ζῶον F   post δίων add. ἀλλὰ μὴν ἵππος οὐκ ἔστι δίων·
rec.: οὐχὶ δὲ ἵππος ἐστὶ Δίων· Egli, Dialektik 8: ἀλλὰ μὴν οὐχ ἵππος ἐστὶ
Δίων· J. Martínez Lacalle, Phronesis 21 (1976) 117   **466** εἰσιν om. F
467 οὖν εἰσι om. F   **468–469** ἀλλὰ—βλάπτει Sedley*, post Arnim (ἀ. μ.
ὠφ. ἡ ἀρετή· ἡ κ. ἄρα βλ.)   **470** <ἤ> λημμάτων Ruestow 64   **476** πᾶς
λόγος πλέκεται corrupt. esse vidit Egli, 'fort. δι' ὧν πᾶς <συλ>λογ<ισμ>ὸς
πλ.'   **477** συλλογιστικῶν Kayser et Arnim: -γισμῶν BPF. Cf. supra §
78 (**456**)   **478** τρόπ<ων συλλογιστ>ικῶν Egli (servato συλλογισμῶν
477)   **479** λόγος om. F   **480** τὸ[1] Arnim: τι BPF   καὶ] ἐξ οὗ
Marcov. conl. Sext., PH 2.157–8 et M 8.224–6   **484** ἔχων F[xs.l.]: ἔχον BP
484–486 εἰ ἡμέρα ἐστίν BP[1]F[1]: εἰ ἠμ. ἐστὶ φῶς ἐστιν ἀλλὰ μὴν νύξ
ἐστιν οὐκ ἄρα ἡμέρα ἐστιν suppl. P[xmg]F[2mg]: εἰ ἠμ. ἐστίν, ἀλλὰ μὴν φῶς οὐκ
ἔστιν· οὐκ ἄρα ἡμέρα ἐστιν rec. e coniectura: οὐχὶ δὲ φῶς ἐστιν· Gercke,
Überlieferung 429, φῶς οὐχὶ ἐστίν· B. Mates, Stoic Logic ([2]1961) 71[54]

ἄρα ἡμέρα> ἐστίν.' ἡ γὰρ πρόσληψις γίνεται ἐκ τοῦ
ἀντικειμένου τῷ λήγοντι καὶ ἡ ἐπιφορὰ ἐκ τοῦ ἀντικειμένου
τῷ ἡγουμένῳ. τρίτος δ᾽ ἐστὶν ἀναπόδεικτος ὁ δι᾽
ἀποφατικοῦ συμπλοκῆς καὶ ἑνὸς τῶν ἐν τῇ συμπλοκῇ
490 ἐπιφέρων τὸ ἀντικείμενον τοῦ λοιποῦ, οἷον 'οὐχὶ τέθνηκε
Πλάτων καὶ ζῇ Πλάτων· ἀλλὰ μὴν τέθνηκε Πλάτων· [81]
οὐκ ἄρα ζῇ Πλάτων.' τέταρτος δέ ἐστιν ἀναπόδεικτος ὁ
διὰ διεζευγμένου καὶ ἑνὸς τῶν ἐν τῷ διεζευγμένῳ τὸ
ἀντικείμενον τοῦ λοιποῦ ἔχων συμπέρασμα, οἷον 'ἤτοι τὸ
495 πρῶτον ἢ τὸ δεύτερον· ἀλλὰ μὴν τὸ πρῶτον· οὐκ ἄρα
τὸ δεύτερον.' πέμπτος δέ ἐστιν ἀναπόδεικτος ἐν ᾧ πᾶς
λόγος συντάσσεται ἐκ διεζευγμένου καὶ <τοῦ> ἑνὸς τῶν ἐν
τῷ διεζευγμένῳ ἀντικειμένου καὶ ἐπιφέρει τὸ λοιπόν, οἷον
'ἤτοι ἡμέρα ἐστὶν ἢ νύξ ἐστιν· οὐχὶ δὲ νύξ ἐστιν· ἡμέρα ἄρα
500 ἐστίν.'

ἐπ᾽ ἀληθεῖ δὲ ἀληθὲς ἕπεται κατὰ τοὺς Στωϊκούς, ὡς τῷ
'ἡμέρα ἐστὶ' τὸ 'φῶς ἐστι'· καὶ ψεύδει ψεῦδος, ὡς τῷ 'νύξ
ἐστι' ψεύδει τὸ 'σκότος ἐστί'· καὶ ψεύδει ἀληθές, ὡς τῷ
'ἵπτασθαι τὴν γῆν' τὸ 'εἶναι τὴν γῆν.' ἀληθεῖ μέντοι ψεῦδος
505 οὐκ ἀκολουθεῖ· τῷ γὰρ 'εἶναι τὴν γῆν' τὸ 'πέτεσθαι τὴν
γῆν' οὐκ ἀκολουθεῖ.

[82] καὶ ἄποροι δέ τινές εἰσι λόγοι ἐγκεκαλυμμένοι καὶ
διαλεληθότες καὶ σωρεῖται καὶ κερατίδες καὶ οὗτιδες. ἔστι δὲ
ἐγκεκαλυμμένος, οἷον ὁ τοιοῦτος <...> 'οὐχὶ τὰ μὲν δύο
510 ὀλίγα ἐστίν, οὐχὶ δὲ καὶ τὰ τρία, οὐχὶ δὲ καὶ ταῦτα μέν, οὐχὶ

501–506 SVF II 243   **507–516** SVF II 274   **507–512** (ἄρα) 37D L.-S.

508 (ἔστι)–**512** (ἄρα) Φ 7 (171.19–23)

489 ἀποφατικῆς Steph.   **491** καὶ ζῇ Πλάτων om. B   **493** <τοῦ>
διεζευγμένου Egli   **494** ἔχων B: ἔχον PF   **497** τοῦ add. P. Shorey,
CPh 22 (1927) 100   **501** τῷ PF: τὸ B   **502** τῷ BF: τὸ P   **503** τῷ B²:
τὸ B¹PF   **505** τῷ PF: τὸ B   τὴν γῆν PF: αὐτὴν B   **508** κερατίναι
Cob. Cf. supra § 44 (**68**) et 2.108   **509** lacunam stat. Cuiacius, Ad Africa-
num tract. V (1570) 89–90, desideratur exemplum soritae, <ἔστι δὲ
σωρείτης, οἷον ὁ τοιοῦτος> ex. gr. Sedley   **510** ταῦτα Φ: καὶ ταῦτα
BPF. Vid. Egli 4–5

δὲ καὶ τὰ τέσσαρα καὶ οὕτω μέχρι τῶν δέκα· τὰ δὲ δύο
ὀλίγα ἐστί· καὶ τὰ δέκα ἄρα.' <...> οὗτις δέ ἐστι λόγος
συναπτικὸς ἐξ ἀορίστου καὶ ὡρισμένου συνεστώς,
πρόσληψιν δὲ καὶ ἐπιφορὰν ἔχων, οἷον 'εἰ τίς ἐστιν ἐνταῦθα,
οὐκ ἔστιν ἐκεῖνος ἐν Ῥόδῳ. <ἀλλὰ μὴν ἔστι τις ἐνταῦθα· οὐκ 515
ἄρα τις ἔστιν ἐν Ῥόδῳ>.'

[83] καὶ τοιοῦτοι μὲν ἐν τοῖς λογικοῖς οἱ Στωϊκοί, ἵνα
μάλιστα κρατύνωσι διαλεκτικὸν ἀεὶ εἶναι τὸν σοφόν· πάντα
γὰρ τὰ πράγματα διὰ τῆς ἐν λόγοις θεωρίας ὁρᾶσθαι, ὅσα
τε τοῦ φυσικοῦ τόπου τυγχάνει καὶ αὖ πάλιν ὅσα τοῦ 520
ἠθικοῦ (εἰς μὲν γὰρ τὸ λογικὸν τί δεῖ λέγειν;) περί τε
ὀνομάτων ὀρθότητος, ὅπως διέταξαν οἱ νόμοι ἐπὶ τοῖς
ἔργοις, οὐκ ἂν ἔχειν εἰπεῖν. δυοῖν δ' οὖσαιν συνηθείαιν ταῖν
ὑποπιπτούσαιν τῇ ἀρετῇ, ἡ μὲν τί ἕκαστόν ἐστι τῶν ὄντων
σκοπεῖ, ἡ δὲ τί καλεῖται. καὶ ὧδε μὲν αὐτοῖς ἔχει τὸ λογικόν. 525

517–525 (καλεῖται) SVF II 130   31C L.-S.

511 τέσσερα B   δέκα BPF: ιʹ Φ: μυρίων (sc. ·ι) Egli   **512** δέκα ἄρα BPF:
ιʹ Φ: μύρια ἄρα <ὀλίγα ἐστίν> Egli   lacunam stat. Cuiacius, desideratur
exemplum κερατίδων   οὗτις PF: οὕτω B   **513** συναπτικὸς B:
συνακτι- P¹F: συντακτι- P⁴. Vid. Goulet 87⁴   λ. συνακτ. ἐκ <συνημμένου
μὲν> Marcov., duce Arnim ('ipsa descriptio mutila est. expecto: οὗτις ἐστὶ
λ. συν<ημμένου μὲν> ἐξ')   **514** <ἀόριστον> ἔχων Marcov. duce Arnim
(ἔχ. <ἀόρ.>)   οἷον εἰ τό ἐστὶν expl. in fenestra B²   **515** ἐκεῖνος om. F
ἐν Ῥόδῳ om. B cum spatio vac.   **515–516** lac. stat. et suppl. Menag.,
Arnim: <ἄνθρωπος δέ ἐστιν ἐνταῦθα. ἄνθρωπος ἄρα οὐκ ἔστιν ἐν Ῥόδῳ>
Frede 56⁹, sed vid. Goulet, Études 107⁴⁶   **517** ἵνα PF: τὰ B   **518**
κρατύνωσι PF: -τύνων B: -τύνουσι Cob.   ἀεὶ P, post εἶναι hab. F: om. B¹:
μόνον B²ˢ·ˡ·   **519** τὰ om. BP, fort. recte   τῆς BP: τοῖς F   **520** τε om.
F   τόπου rec.: τύπου BP, post τυγχάνει hab. F   **521–523** Vid. Long–
Sedley ad 31C   εἰ μὲν γὰρ τὸν λογικόν τι δεῖ λέγειν περὶ {τε}
ὀνομάτων ὀρθότητος, πῶς τὰ κατ' ἀξίαν ὀνόματα ἐπὶ τοῖς ἔργοις οὐκ ἂν
ἔχοι εἰπεῖν; dub. Arnim, sed vid. Mansfeld, Mnemosyne 53 (2000) 592–7: εἰ
μὲν γὰρ τὸν λ., τι δεῖ λ. περί γε (Marcov.) ὀν. ὀρθ., ὅπως δ' ἔταξαν οἱ νόμοι
ἐπὶ τοῖς ἔργοις, οὐκ ἂν ἔχειν εἰπεῖν; Bredlow, D. L. 472   **521** λογικὸν]
νομικὸν scripsit et interrogat. notas post λέγειν et εἰπεῖν (**523**) pos. Mansfeld
594   τε BPF: γε Marcov.: δὲ Battier 9   **523** συνηθείαιν P: -θεῖαιν F:
-νήθειαιν B   ταῖν F: τε BP

[84] τὸ δὲ ἠθικὸν μέρος τῆς φιλοσοφίας διαιροῦσιν εἴς τε τὸν περὶ ὁρμῆς καὶ εἰς τὸν περὶ ἀγαθῶν καὶ κακῶν τόπον καὶ εἰς τὸν περὶ παθῶν καὶ περὶ ἀρετῆς καὶ περὶ τέλους περί τε τῆς πρώτης ἀξίας καὶ τῶν πράξεων καὶ περὶ τῶν

530 καθηκόντων προτροπῶν τε καὶ ἀποτροπῶν. οὕτω δ᾽ ὑποδιαιροῦσιν οἱ περὶ Χρύσιππον καὶ Ἀρχέδημον καὶ Ζήνωνα τὸν Ταρσέα καὶ Ἀπολλόδωρον καὶ Διογένη καὶ Ἀντίπατρον καὶ Ποσειδώνιον· ὁ μὲν γὰρ Κιτιεὺς Ζήνων καὶ ὁ Κλεάνθης, ὡς ἂν ἀρχαιότεροι, ἀφελέστερον περὶ τῶν

535 πραγμάτων διέλαβον. οὗτοι δὲ διεῖλον καὶ τὸν λογικὸν καὶ τὸν φυσικόν.

[85] τὴν δὲ πρώτην ὁρμήν φασι τὸ ζῷον ἴσχειν ἐπὶ τὸ τηρεῖν ἑαυτό, οἰκειούσης αὐτὸ <ἑαυτῷ> τῆς φύσεως ἀπ᾽ ἀρχῆς, καθά φησιν ὁ Χρύσιππος ἐν τῷ πρώτῳ Περὶ τελῶν,

540 πρῶτον οἰκεῖον λέγων εἶναι παντὶ ζῴῳ τὴν αὑτοῦ σύστασιν καὶ τὴν ταύτης συνείδησιν· οὔτε γὰρ ἀλλοτριῶσαι εἰκὸς ἦν αὐτῷ τὸ ζῷον, οὔτε ποιήσασαν αὐτό, μήτε ἀλλοτριῶσαι μήτε {οὐκ} οἰκειῶσαι. ἀπολείπεται τοίνυν λέγειν συστησαμένην αὐτὸ οἰκειῶσαι

545 πρὸς ἑαυτό· οὕτω γὰρ τά τε βλάπτοντα διωθεῖται καὶ τὰ οἰκεῖα προσίεται.

526–536 SVF III 1   SVF III Arch. 18   SVF III Zen. Tars. 4   SVF III Apollod. 13   SVF III Diog. 38   SVF III Antip. 51   Posid. fr. 89 Ed.-K. = 404 Th.   SVF I 178   56A L.-S.   **537–560** SVF III 178   57A L.-S.

537–563 (φύσις) Suda o 601 (III 560.7–22)

---

532 (καὶ[1])**–533** (ποσειδόνιον sic) suppl. F[2mg]   διογένη comp. BP: -ην F **534** ὁ om. F   ἂν om. F   ἀφελέστερονBPF[1]: ἀσφαλέστερον in mg F[2] **538** ἑαυτὸ BP: -ῶ F   αὐτὸ ἑαυτῷ A. Korais, Epict. (1826) 61[1] (<αὐτό> αὐτῷ Reiske 316): αὐτὸ BP: -ῶ F, Suda   **539** (ἐν—τελῶν) suppl. F[2mg] **540** εἶναι λέγων F   αὑτοῦ Steph.: αὐ- BPF   **541** συνείδησιν BPF: σύνδεσιν Suda: συντήρησιν M. Giusta, Doss. di etica I (1964) 295[19] (conl. Hierocl., Stoic. col. 6.54–9 Bastianini–Long), fort. recte: συναίσθησιν A. Dyroff, Ethik d. alten Stoa (1897) 37[3]   **542** αὑτῷ Kuehn: αὐτὸ BPF: αὐτοῦ Zeller, Philos. d. Gr. III 1 (²1865) 192[3]: αὐτὴν K. Fr. Hermann 106: <αὐτὴν> αὐτῷ Marcov.   ποιήσασαν Reiske 316: ποιῆσαι ἂν BPF: ποιῆσαι ἄνευ τοῦ Diels ap. Zeller, Philos. d. Gr. III 1 (⁴1909) 213[1]   **543** οὐκ secl. Korais   **544** αὐτὸ BP: -ῶ F   οἰκειῶσαι Madv., Cic. Fin. (¹1839) ad 3.16: οἰκείως BPF   **545** ἑαυτὸ BP: -ῶ F

ὃ δὲ λέγουσί τινες, πρὸς ἡδονὴν γίγνεσθαι τὴν πρώτην ὁρμὴν τοῖς ζῴοις, ψεῦδος ἀποφαίνουσιν. **[86]** ἐπιγέννημα γάρ φασιν, εἰ ἄρα ἔστιν, ἡδονὴν εἶναι ὅταν αὐτὴ καθ᾽ αὑτὴν ἡ φύσις ἐπιζητήσασα τὰ ἐναρμόζοντα τῇ συστάσει 550 ἀπολάβῃ· ὃν τρόπον ἀφιλαρύνεται τὰ ζῷα καὶ θάλλει τὰ φυτά. οὐδέν τε, φασί, διήλλαξεν ἡ φύσις ἐπὶ τῶν φυτῶν καὶ ἐπὶ τῶν ζῴων, ὅτε χωρὶς ὁρμῆς καὶ αἰσθήσεως κἀκεῖνα οἰκονομεῖ καὶ ἐφ᾽ ἡμῶν τινα φυτοειδῶς γίνεται. ἐκ περιττοῦ δὲ τῆς ὁρμῆς τοῖς ζῴοις ἐπιγενομένης, ᾗ συγχρώμενα 555 πορεύεται πρὸς τὰ οἰκεῖα, τούτοις μὲν τὸ κατὰ φύσιν τὸ κατὰ τὴν ὁρμὴν διοικεῖσθαι· τοῦ δὲ λόγου τοῖς λογικοῖς κατὰ τελειοτέραν προστασίαν δεδομένου, τὸ κατὰ λόγον ζῆν ὀρθῶς γίνεσθαι <τού>τοις κατὰ φύσιν· τεχνίτης γὰρ οὗτος ἐπιγίνεται τῆς ὁρμῆς. 560

[87] διόπερ πρῶτος ὁ Ζήνων ἐν τῷ Περὶ ἀνθρώπου φύσεως τέλος εἶπε τὸ ὁμολογουμένως τῇ φύσει ζῆν· ὅπερ ἐστὶ κατ᾽ ἀρετὴν ζῆν· ἄγει γὰρ πρὸς ταύτην ἡμᾶς ἡ φύσις. ὁμοίως δὲ καὶ Κλεάνθης ἐν τῷ Περὶ ἡδονῆς καὶ Ποσειδώνιος καὶ Ἑκάτων ἐν τοῖς Περὶ τελῶν. 565

πάλιν δ᾽ ἴσον ἐστὶ τὸ κατ᾽ ἀρετὴν ζῆν τῷ κατ᾽ ἐμπειρίαν τῶν φύσει συμβαινόντων ζῆν, ὥς φησι Χρύσιππος ἐν τῷ πρώτῳ Περὶ τελῶν· μέρη γάρ εἰσιν αἱ ἡμέτεραι φύσεις τῆς

547–565 Posid. fr. 426 Th.   **547–552** (φυτά) Usener, Epic. 275.15 (ad fr. 398)   **554** (ἐκ)–**565** Posid. fr. 185 Ed.-K.   **561–583** 63C L.-S. **561–565** SVF I 552   Hecat. fr. 1 Gom.   **566–577** (βούλησιν) SVF III 4 **568** (μέρη)–**577** (βούλησιν) Posid. fr. 427 Th.

547 γίνεσθαι BP, Suda: λέγεσθαι F   **548** ἐπιγέννημα BPF, Suda **549** γὰρ ἂν ἦν· εἰ Suda   αὐτὴ Salmasius, Epict. et Simpl. (1640) 54: -ὴν BPF, Suda   αὐτῇ ἐν συστάσει Suda   **551** ἀφιλαρύνεται BPF: ἀντιλαμβάν- Suda   **552** φασί om. F   **552–553** ἐπὶ φυτῶν καὶ ζῴων Suda   **553** ὅτε BPF, Suda: ὅτι Z (Frob.): <ἢ> ὅτι Salmasius   κἀκεῖνα] ἐκεῖνα A. Dyroff, Ethik d. alten Stoa (1897) 38⁴   **554** γίνονται Suda (praeter cod. G)   **556** πρὸς τὰ οἰκεῖα om. Suda   τὸ¹ secl. Theiler **558** τὸ BPF, Suda: τῷ rec. (coni. Heine 628)   **559** γίνεσθαι BFPˣ: γενέσθαι Pʲ: ἐπιγίνεσθαι Reiske 317   τούτοις J. Davies, Cic. Acad. (1728) ad 3.23: τοῖς BPF, Suda: τὸ Salmasius, Epict. et Simpl. (1640) 123: <αὐ>τοῖς <τὸ> Cob. (<αὐ>τοῖς iam Battier 10): <τού>τοῖς <τὸ> Marcov.   **563** ἡμᾶς om. F, secl. Cob.   **564** (ὁμοίως)–**565** suppl. F²ᵐᵍ   **567–568** (ὡς— τελῶν) suppl. F²ᵐᵍ

τοῦ ὅλου. **[88]** διόπερ τέλος γίνεται τὸ ἀκολούθως τῇ φύσει
570 ζῆν, ὅπερ ἐστὶ κατά τε τὴν αὐτοῦ καὶ κατὰ τὴν τῶν ὅλων,
οὐδὲν ἐνεργοῦντας ὧν ἀπαγορεύειν εἴωθεν ὁ νόμος ὁ κοινός,
ὅσπερ ἐστὶν ὁ ὀρθὸς λόγος, διὰ πάντων ἐρχόμενος, ὁ αὐτὸς
ὢν τῷ Διί, καθηγεμόνι τούτῳ τῆς τῶν ὄντων διοικήσεως
ὄντι. εἶναι δ' αὐτὸ τοῦτο τὴν τοῦ εὐδαίμονος ἀρετὴν καὶ
575 εὔροιαν βίου, ὅταν πάντα πράττηται κατὰ τὴν συμφωνίαν
τοῦ παρ' ἑκάστῳ δαίμονος πρὸς τὴν τοῦ ὅλου διοικητοῦ
βούλησιν. ὁ μὲν οὖν Διογένης τέλος φησὶ ῥητῶς τὸ
εὐλογιστεῖν ἐν τῇ τῶν κατὰ φύσιν ἐκλογῇ. Ἀρχέδημος δὲ τὸ
πάντα τὰ καθήκοντα ἐπιτελοῦντα ζῆν.

580 **[89]** φύσιν δὲ Χρύσιππος μὲν ἐξακούει, ᾗ ἀκολούθως δεῖ
ζῆν, τήν τε κοινὴν καὶ ἰδίως τὴν ἀνθρωπίνην· ὁ δὲ Κλεάνθης
τὴν κοινὴν μόνην ἐκδέχεται φύσιν, ᾗ ἀκολουθεῖν δεῖ, οὐκέτι
δὲ καὶ τὴν ἐπὶ μέρους.

τήν τε ἀρετὴν διάθεσιν εἶναι ὁμολογουμένην· καὶ αὐτὴν
585 δι' αὑτὴν εἶναι αἱρετήν, οὐ διά τινα φόβον ἢ ἐλπίδα ἤ τι τῶν
ἔξωθεν· ἐν αὐτῇ τε εἶναι τὴν εὐδαιμονίαν, ἅτε οὔσῃ ψυχῇ
πεποιημένῃ πρὸς τὴν ὁμολογίαν παντὸς τοῦ βίου.
διαστρέφεσθαι δὲ τὸ λογικὸν ζῷον, ὁτὲ μὲν διὰ τὰς τῶν
ἔξωθεν πραγμάτων πιθανότητας, ὁτὲ δὲ διὰ τὴν κατήχησιν
590 τῶν συνόντων· ἐπεὶ ἡ φύσις ἀφορμὰς δίδωσιν
ἀδιαστρόφους.

---

571 (ὁ¹)–**574** (ὄντι) SVF I 162   **577** (ὁ)–**578** (ἐκλογῇ) SVF III Diog. 45
578–579 (Ἀρχέδημος) SVF III Arch. 19   59J L.-S.   **580–581**
(ἀνθρωπίνην) SVF III 4   **581** (ὁ)–**583** Cleanth. SVF I 555   **584**
(τὴν—ὁμολογουμένην) SVF III 197   **584–587** (βίου) SVF III 39 et 197
61A L.-S.   **588** (διαστρέφεσθαι)–**591** SVF III 228–9

584–623 (εὐβουλίαν) Suda α 3830 (I 345.13–18) summatim

---

570 κατά τε τὴν Cob.: κατά γε τὴν PF: κατ' ἀρετὴν B   αὐτοῦ Huebn.:
αὐ- BPF   **571** ἐνεργοῦντα Reiske 317   **572** ὅσπερ Meibom.: ὅπερ
BPF   ἀρχόμενος P¹(Q)   **573** ὢν Aldobr.: ἐν BPF   διί καθηγεμόνι F:
δισκα- BP¹(Q)   ὄντων BP: πάντων F: ὅλων Cob.   **574–575** καὶ
εὔροιαν βίου suppl. F²ᵐᵍ   **576** τοῦ <τῶν> ὅλων Cob.   **577** (ὁ)–**579**
suppl. F²ᵐᵍ   **580** μὲν om. F   **585** αὑτὴν F²: αὐ- BPF¹   ἀρετὴν B
588 ὁτὲ B, Suda: ὅτε F: ποτὲ P   **589** πραγμάτων F: -ματειῶν BP, Suda
ὁτὲ B, Suda: ὅτε F: ποτὲ P   **591** ἀδιαστρόφως F

[90] ἀρετὴ δὲ ἡ μέν τις κοινῶς παντὶ τελείωσις <...>
ὥσπερ ἀνδριάντος καὶ ἡ ἀθεώρητος ὥσπερ ὑγίεια καὶ ἡ
θεωρηματικὴ ὡς φρόνησις. φησὶ γὰρ ὁ Ἑκάτων ἐν τῷ
πρώτῳ Περὶ ἀρετῶν ἐπιστημονικὰς μὲν εἶναι καὶ 595
θεωρηματικὰς τὰς ἐχούσας τὴν σύστασιν ἐκ θεωρημάτων
ὡς φρόνησιν καὶ δικαιοσύνην· ἀθεωρήτους δὲ τὰς κατὰ
παρέκτασιν θεωρουμένας ταῖς ἐκ τῶν θεωρημάτων
συνεστηκυίαις καθάπερ ὑγίειαν καὶ ἰσχύν. τῇ γὰρ
σωφροσύνῃ τεθεωρημένῃ ὑπαρχούσῃ συμβαίνει 600
ἀκολουθεῖν καὶ παρεκτείνεσθαι τὴν ὑγίειαν, καθάπερ τῆς
ψαλίδος οἰκοδομίᾳ τὴν ἰσχὺν ἐπιγίνεσθαι. [91] καλοῦνται
δ' ἀθεώρητοι ὅτι μὴ ἔχουσι συγκαταθέσεις, ἀλλ'
ἐπιγίνονται {καὶ περὶ φαύλους γίγνονται} ὡς ὑγίεια,
ἀνδρεία.   605
  τεκμήριον δὲ τοῦ ὑπαρκτὴν εἶναι τὴν ἀρετήν φησιν ὁ
Ποσειδώνιος ἐν τῷ πρώτῳ τοῦ Ἠθικοῦ λόγου τὸ γενέσθαι
ἐν προκοπῇ τοὺς περὶ Σωκράτη, Διογένη, Ἀντισθένη. εἶναι
δὲ καὶ τὴν κακίαν ὑπαρκτὴν διὰ τὸ ἀντικεῖσθαι τῇ ἀρετῇ.

592-594 (φρόνησις) SVF III 197   **594** (φησὶ)-**605** Hecat. fr. 6 Gom.
606-609 Posid. fr. 29 Ed.-K. = 403 Th.   **606-608** (Ἀντισθένη) Diog. cyn.
SSR V B 512   Antisth. SSR V A 137

592 δέ τοι B   κοινῶς παντὶ BP: παντὶ κ. F: κ. παντὸς Hirzel, Unters. II
332: κ. <ἐν> παντὶ Marcov.   lac. post τελείωσις ind. M. Giusta, Doss. di
etica II (1967) 27 qui <ἡ δὲ ἀνθρωπίνη ἰδίως τοῦ λόγου τελείωσις> suppl.,
praeeunte Arnim I, xxxix (<ἡ δέ τις ἀνθρώπῳ ἰ. τοῦ λ. τ.>): <ἡ δὲ τῆς
ψυχῆς διττῶς λέγεται> R. Philippson, Philologus 85 (1930) 374: <ἡ δέ
τις ἰδίως ἀνθρώπου *> Marcov.   **593** ἡ ὑγεία F, ὑγεία Suda   **594**
(φησὶ)-**595** (ἀρετῶν) suppl. F²ᵐᵍ   **596** θεωρητικὰς F   τὴν om. Suda
597 τὰς BP: τοὺς F   **598** θεωρουμένας BP: -ους F: συνθεωρουμένας
Kuehn   **599** ὑγεία(ν) Suda   γὰρ F, Suda: γ' B: om. P   **600**
σωφροσύνῃ Aldobr.: ἀφροσύνῃ BP, γρ F²ᵐᵍ, Suda: εὐ- F¹   θεωρηματικῇ
Usener ap. H. N. Fowler, Panaetii et Hecat. fragm. (1885) 49 (ad fr. 1)   **601**
τῆς BP¹F, Suda: τῇ Pˣ   **602** οἰκονομία in mg cum γρ F²   ἐπιγίγνεσθαι
BP   **604** ἐπιγίγνονται BP   καὶ—γίγνονται PF: om. B, Suda: secl.
Sedley*, καὶ—ἀνδρεία secl. V. d. Muehll   γίγνονται BP: γίν- F: secl. Cob.
ὑγεία F, Suda   **605** ἀνδρία P   **606** τοῦ BF: τὸ P   εἶναι τὴν suppl.
B²ᵐᵍ   **606** (φησιν)-**607** (λόγου) om. Suda   **608** ἐκ προκοπῆς Suda
σωκράτη B (comp.), PF: -ην Suda   διογένη B (comp.), PF: -ην Suda
ἀντισθένη B, P (comp.), F: -ην Suda

610 διδακτήν τε εἶναι αὐτήν, λέγω δὲ τὴν ἀρετήν, καὶ Χρύσιππος ἐν τῷ πρώτῳ Περὶ τέλους φησὶ καὶ Κλεάνθης καὶ Ποσειδώνιος ἐν τοῖς Προτρεπτικοῖς καὶ Ἑκάτων· ὅτι δὲ διδακτή ἐστι, δῆλον ἐκ τοῦ γίνεσθαι ἀγαθοὺς ἐκ φαύλων.

[92] Παναίτιος μὲν οὖν δύο φησὶν ἀρετάς, θεωρητικὴν 615 καὶ πρακτικήν· ἄλλοι δὲ λογικὴν καὶ φυσικὴν καὶ ἠθικήν· τέτταρας δὲ οἱ περὶ Ποσειδώνιον καὶ πλείονας οἱ περὶ Κλεάνθην καὶ Χρύσιππον καὶ Ἀντίπατρον. ὁ μὲν γὰρ Ἀπολλοφάνης μίαν λέγει, τὴν φρόνησιν.

τῶν δ' ἀρετῶν τὰς μὲν πρώτας, τὰς δὲ ταύταις 620 ὑποτεταγμένας. πρώτας μὲν τάσδε, φρόνησιν, ἀνδρείαν, δικαιοσύνην, σωφροσύνην· ἐν εἴδει δὲ τούτων μεγαλοψυχίαν, ἐγκράτειαν, καρτερίαν, ἀγχίνοιαν, εὐβουλίαν. καὶ τὴν μὲν φρόνησιν εἶναι ἐπιστήμην κακῶν καὶ ἀγαθῶν καὶ οὐδετέρων †τὴν δὲ δικαιοσύνην ἐπιστήμην ὧν 625 αἱρετέον καὶ εὐλαβητέον καὶ οὐδετέρων† [93] τὴν δὲ

610–613 Cleanth. SVF I 567   SVF III 223   Posid. fr. 2 Ed.-K. = 435b
Th.   Hecat. fr. 8 Gom.   61K L.-S.   **614–618** Panaet. test. 67 Al.
Posid. fr. 180 Ed.-K. = 424 Th.   Cleanth. SVF I 565   SVF III 261   SVF
III Antip. 60   Apolloph. SVF I 406   **619–638** SVF III 265

623–624 (φρόνησιν—οὐδετέρων) Suda φ 726 (IV 762.25–6)   **624–625**
(ἐπιστήμην—οὐδετέρων)   Suda   δ   1073   (II   94.31–2)   **625–627**
(σπουδαίοις) Suda μ 371 (III 343.25)

---

610 αὐτήν, λέγω δὲ om. Suda   δὲ PF: δὴ B   **610** (καὶ)–**612** (Ἑκάτων)
suppl. F[2mg]   **612** δῆλον ἐν τοῖς προτρεπτικοῖς καὶ τοῦ F   **613**
γίγνεσθαι BP: γίνεσθαί <τινας> Marcov.   ἀγαθοὺς <διδασκομένους>
F. H. Sandbach ap. I. Kidd, Posid. II 1 (1988) 100   **614** οὖν suppl. F[2mg]
617 καὶ Ἀντίπατρον suppl. F[2mg]   μὲν γάρ] μέντοι Patillon ap. Goulet
93[7]   **620** ἀνδρείαν φρόνησιν Suda   ἀνδρίαν P   **621** ἐν εἴδει] εἴδη
Reiske 317, sed vid. § 46 (**94**)   **622–623** ἀγχίνοιαν εὐβουλίαν om. B
624–625 mutila indic. K. Fr. A. Beier, Cic. De off. I (1820) 332: οὐδετέρων.
<τὴν δὲ ἀνδρείαν . . . >· τὴν δὲ δικαιοσύνην . . . · <τὴν δὲ σωφροσύνην>
ἐπιστήμην V. d. Muehll: ἐπιστήμην <ἀπονεμητικὴν τοῦ κατ' ἀξίαν
ἑκάστῳ, τὴν δὲ σωφροσύνην ἐπιστήμην> ὧν αἱρ. κ. εὐλ. κ. οὐδ. <τὴν δὲ
ἀνδρείαν ἐπιστήμην δεινῶν καὶ οὐ δεινῶν καὶ οὐδετέρων> Ebbesen per
litt. ad Marcov. datas: ἀγαθῶν <καὶ οὐδετέρων· τὴν δὲ ἀνδρείαν
ἐπιστήμην δεινῶν καὶ οὐ δεινῶν> καὶ οὐδετέρων· τὴν δὲ δικ. <ἐπιστήμην
ἀπονεμητικὴν τῆς ἀξίας ἑκάστῳ· τὴν δὲ σωφροσύνην> ἐπιστ. Mansfeld,
Mnemosyne 42 (1989) 88–9   **625** καὶ ὧν εὐλ. F

μεγαλοψυχίαν ἐπιστήμην <ἢ> ἕξιν ὑπεράνω ποιοῦσαν τῶν συμβαινόντων κοινῇ φαύλοις τε καὶ σπουδαίοις· τὴν δὲ ἐγκράτειαν διάθεσιν ἀνυπέρβατον τῶν κατ' ὀρθὸν λόγον ἢ ἕξιν ἀήττητον ἡδονῶν. τὴν δὲ καρτερίαν ἐπιστήμην ἢ ἕξιν ὧν ἐμμενετέον καὶ μὴ καὶ οὐδετέρων. τὴν δὲ ἀγχίνοιαν ἕξιν 630 εὑρετικὴν τοῦ καθήκοντος ἐκ τοῦ παραχρῆμα· τὴν δὲ εὐβουλίαν ἐπιστήμην τοῦ σκοπεῖσθαι ποῖα καὶ πῶς πράττοντες πράξομεν συμφερόντως.

ἀνὰ λόγον δὲ καὶ τῶν κακιῶν τὰς μὲν εἶναι πρώτας, τὰς δὲ ὑπὸ ταύτας· οἷον ἀφροσύνην μὲν καὶ δειλίαν καὶ ἀδικίαν 635 καὶ ἀκολασίαν καὶ ἀκρασίαν καὶ βραδύνοιαν καὶ κακοβουλίαν ἐν ταῖς ὑπὸ ταύτας· εἶναι δὲ ἀγνοίας τὰς κακίας, ὧν αἱ ἀρεταὶ ἐπιστῆμαι.

[94] ἀγαθὸν δὲ κοινῶς μὲν τὸ τὶ ὄφελος, ἰδίως δὲ ἤτοι ταὐτὸν ἢ οὐχ ἕτερον ὠφελείας· ὅθεν αὐτήν τε τὴν ἀρετὴν 640 καὶ τὸ μετέχον αὐτῆς ἀγαθὸν τριχῶς οὕτως λέγεσθαι· οἷον τὸ ἀγαθὸν ἀφ' οὗ συμβαίνει, ὡς τὴν πρᾶξιν τὴν κατ' ἀρετήν· ὑφ' οὗ δέ, ὡς τὸν σπουδαῖον τὸν μετέχοντα τῆς ἀρετῆς· (ἄλλως δὲ οὕτως ἰδίως ὁρίζονται τὸ ἀγαθόν, 'τὸ τέλειον κατὰ φύσιν λογικοῦ {ἢ} ὡς λογικοῦ.' τοιοῦτο δ' 645

639–653 SVF III 76

---

627 (τὴν)–**630** (οὐδετέρων) Suda κ 427 (III 36.30–1)   **628** (διάθεσιν)–
629 (ἡδονῶν) Suda ε 123 (II 196.14–15)   **629** (ἕξιν)–**631** (παραχρῆμα)
Suda α 403 (I 41.13–4)   **632** (εὐβουλίαν)–**633** Suda ε 3384 (II 441.15–16)
634–638 (κακίας) Suda κ 150 (III 12.27–9)   **639–691** (δίκαιον) Suda α
118 (I p 16.1–27)

---

626 ἢ add. K. Fr. Hermann 106   ἕξιν del. Usener, Kl. Schr. I 349 (a. 1889),
'possis delere eodem modo ἐπιστήμην' V. d. Muehll   οὖσαν ὑπεράνω
τῶν συμβ. F   **627** φαύλοις τε καὶ σπουδαίοις Madvig, Adv. I
715: φαύλων τε καὶ σπουδαίων BPF, Suda: φαύλῳ τε καὶ σπουδαίῳ
Usener   **628** λόγον <φανέντων> Marcov.   **629** ἀήττητον <ὑφ'>
Marcov.   **631** δὲ om. F   **633** πράξωμεν P¹(Q)   **634** ἀνὰ λόγον
Cob.: ἀνάλογον BPF   **635** ταύταις B² (ις in ras.)   **636** post
ἀκολασίαν add. ἐν ταῖς πρώταις rec.   ἀκρασίαν δὲ rec., om. καὶ³
637 ταύτας P⁴: ταύταις B²P¹F: ταῦτα B¹   **639** τὸ <οὗ> τὶ Cob.   **640**
τε BP: τὸ F   **641** οὕτως om. Suda   **642** τὸ <μὲν> Arnim   post
συμβαίνει add. ὠφελεῖσθαι ὡς τὴν ἀρετήν, καθ' ὃ δὲ συμβαίνει Heine 627,
sed vid. Mansfeld, Mnemosyne 42 (1989) 487–91   **645** ἢ del. Rossi 136

εἶναι τὴν ἀρετήν)· ὡς <δὲ> μετέχοντα τάς τε πράξεις τὰς κατ᾽ ἀρετὴν καὶ τοὺς σπουδαίους εἶναι· ἐπιγεννήματα δὲ τήν τε χαρὰν καὶ τὴν εὐφροσύνην καὶ τὰ παραπλήσια. [95] ὡσαύτως δὲ καὶ τῶν κακιῶν τὸ μὲν εἶναι ἀφροσύνην, 650 δειλίαν, ἀδικίαν, καὶ τὰ παραπλήσια· μετέχοντα δὲ κακιῶν τάς τε πράξεις τὰς κατὰ κακίαν καὶ τοὺς φαύλους· ἐπιγεννήματα δὲ τήν τε δυσθυμίαν καὶ τὴν δυσφροσύνην καὶ τὰ ὅμοια.

ἔτι τῶν ἀγαθῶν τὰ μὲν εἶναι περὶ ψυχήν, τὰ δ᾽ ἐκτός, τὰ 655 δ᾽ οὔτε περὶ ψυχὴν οὔτε ἐκτός. τὰ μὲν περὶ ψυχὴν ἀρετὰς καὶ τὰς κατὰ ταύτας πράξεις· τὰ δ᾽ ἐκτὸς τό τε σπουδαίαν ἔχειν πατρίδα καὶ σπουδαῖον φίλον καὶ τὴν τούτων εὐδαιμονίαν· τὰ δὲ οὔτε ἐκτὸς οὔτε περὶ ψυχὴν τὸ αὐτὸν ἑαυτῷ εἶναι σπουδαῖον καὶ εὐδαίμονα. [96] ἀνάπαλιν δὲ 660 καὶ τῶν κακῶν τὰ μὲν περὶ ψυχὴν εἶναι, τὰς κακίας καὶ τὰς κατ᾽ αὐτὰς πράξεις· τὰ δὲ ἐκτὸς τὸ ἄφρονα πατρίδα ἔχειν καὶ ἄφρονα φίλον καὶ τὴν τούτων κακοδαιμονίαν· τὰ δ᾽ οὔτε ἐκτὸς οὔτε περὶ ψυχὴν τὸ αὐτὸν ἑαυτῷ εἶναι φαῦλον καὶ κακοδαίμονα.

665 ἔτι τῶν ἀγαθῶν τὰ μὲν εἶναι τελικά, τὰ δὲ ποιητικά, τὰ δὲ τελικὰ καὶ ποιητικά. τὸν μὲν οὖν φίλον καὶ τὰς ἀπ᾽ αὐτοῦ γινομένας ὠφελείας ποιητικὰ εἶναι ἀγαθά· θάρσος δὲ καὶ φρόνημα καὶ ἐλευθερίαν καὶ τέρψιν καὶ εὐφροσύνην καὶ ἀλυπίαν καὶ πᾶσαν τὴν κατ᾽ ἀρετὴν πρᾶξιν τελικά. [97]

654–664 SVF III 97a   **665–681** SVF III 107

---

646 (μετέχοντα)–**653** Suda κ 150 (III 12.29–13.1)

---

646 ὡς δὲ V. d. Muehll et Ebbesen ap. Marcov.: ὡς BPF: ὥστε Meibom.: ἧς τὰ Reiske 317: ἧς Diels   **647** ἐπιγενήματα BP¹F, corr. P⁴   δὲ om. F   **648** (τὴν)–**652** (ἐπιγενήματα) suppl. F²ᵐᵍ   **649** κακῶν Arnim   **650** κακιῶν BPF²: τῶν κακιῶν Suda: κακίας Arnim   **651** τοὺς BP: τὰς F²   **652** ἐπιγενήματα BP¹F²   **654** τὰ δ᾽ ἐκτός suppl. F²ᵐᵍ   **656** κατὰ ταύτας BF, s.l. cum γρ P⁴: κατ᾽ αὐτὰς P¹   **656** (τό)–**659** (ἑαυτὸν) in spatio a B¹ vacuo relicto scr. B²   **658** οὔτε F: οὐκ B²P¹(Q): οὔτ᾽ P⁴   **659** ἑαυτῶ FP⁴: -ὸν B²P¹(Q)   **659** (σπουδαῖον)–**663** (εἶναι) suppl. F²ᵐᵍ   **660** κακῶν Rossi 137: -ιῶν BPF   μὲν om. F²   τὰς om. F²   τὰς om. F²   **663** ἑαυτῷ F²P⁴: -ὸν BP¹(Q)   εἶναι om. F   **666** ἀπ᾽ BP: ὑπ᾽ F, Suda   **667** προσγινομένας Suda

ποιητικὰ δὲ καὶ τελικὰ εἶναι ἀγαθά <τὰς ἀρετάς>· καθὸ μὲν 670
γὰρ ἀποτελοῦσι τὴν εὐδαιμονίαν ποιητικά ἐστιν ἀγαθά·
καθὸ δὲ συμπληροῦσιν αὐτήν, ὥστε μέρη αὐτῆς γίνεσθαι,
τελικά. ὁμοίως δὲ καὶ τῶν κακῶν τὰ μὲν εἶναι τελικά, τὰ δὲ
ποιητικά, τὰ δὲ ἀμφοτέρως ἔχοντα.

τὸν μὲν ἐχθρὸν καὶ τὰς ἀπ᾽ αὐτοῦ γινομένας βλάβας 675
ποιητικὰ εἶναι· κατάπληξιν {εἶναι} δὲ καὶ ταπεινότητα καὶ
δουλείαν καὶ ἀτερπίαν καὶ δυσθυμίαν καὶ περιλυπίαν καὶ
πᾶσαν τὴν κατὰ κακίαν πρᾶξιν τελικά· ἀμφοτέρως δὲ
ἔχοντα <τὰς κακίας>, ἐπεὶ καθὸ μὲν ἀποτελοῦσι τὴν
κακοδαιμονίαν ποιητικά ἐστι· καθὸ δὲ συμπληροῦσιν 680
αὐτήν, ὥστε μέρη αὐτῆς γίνεσθαι, τελικά.

[98] ἔτι τῶν περὶ ψυχὴν ἀγαθῶν τὰ μέν εἰσιν ἕξεις, τὰ δὲ
διαθέσεις, τὰ δ᾽ οὔτε ἕξεις οὔτε διαθέσεις· διαθέσεις μὲν αἱ
ἀρεταί, ἕξεις δὲ τὰ ἐπιτηδεύματα, οὔτε δὲ ἕξεις οὔτε
διαθέσεις αἱ ἐνέργειαι. κοινῶς δὲ τῶν ἀγαθῶν μικτὰ μέν 685
ἐστιν εὐτεκνία καὶ εὐγηρία, ἁπλοῦν δ᾽ ἐστὶν ἀγαθὸν
ἐπιστήμη. καὶ ἀεὶ μὲν παρόντα αἱ ἀρεταί, οὐκ ἀεὶ δέ, οἷον
χαρά, περιπάτησις.

πᾶν δ᾽ ἀγαθὸν συμφέρον εἶναι καὶ δέον καὶ λυσιτελὲς καὶ
χρήσιμον καὶ εὔχρηστον καὶ καλὸν καὶ ὠφέλιμον καὶ 690

682–685 (ἐνέργειαι) SVF III 105   **685** (κοινῶς)–**688** SVF III 102
689–700 SVF III 87

689–691 (δίκαιον) Suda λ 865 (III 302.17–19)

670 καὶ ἀγαθὰ καὶ τελικὰ F   εἶναι ἀγαθὰ om. F, Suda   τὰς ἀρετάς
add. Lipsius, Manud. ad stoic. philos. (1604) 99r   **671** γὰρ om. Suda
ἀποτελοῦσι BPF: ποιοῦσι Suda   **672** αὐτόν F   γίνεσθαι P¹:
γενέσθαι BP¹F, Suda (cf. infra **681**)   **673** (ὁμοίως)–**674** suppl. F²ᵐᵍ
676 εἶναι· κατάπληξιν δὲ εἶναι scr. partim supra ras. B², εἶναι¹ solum
habuisse vid. B¹   εἶναι del. Aldobr.   **679** τὰς κακίας add. Madvig, Cic.
Fin. (¹1839) ad 3.55   **681–682** τελικὰ ἐστι*. τῶν περὶ B   **683** (τὰ)–
687 (διαθέσεις¹) om. B   **685** δὲ om. Suda   μικρὰ Suda   **686** καὶ
om. F   **687** οὐκ ἀεὶ B, Suda: οὐκ αἰεὶ P: οὐ καιεὶ F (ras. supra ι)
688 <φρονίμη> περιπάτησις dub. V. d. Muehll conl. SVF III 103 et 106
689 λυσιτελὲς εἶναι καὶ συμφέρον καὶ δέον Suda, καὶ λυσιτελὲς F²ˢ·ˡ·
690 καὶ καλὸν om. F

αἱρετὸν καὶ δίκαιον. **[99]** συμφέρον μὲν ὅτι φέρει τοιαῦτα
ὧν συμβαινόντων ὠφελούμεθα· δέον δὲ ὅτι συνέχει ἐν οἷς
χρή· λυσιτελὲς δὲ ὅτι λύει τὰ τελούμενα εἰς αὐτό, ὥστε τὴν
ἀντικατάλλαξιν τὴν ἐκ τῆς πραγματείας ὑπεραίρειν τῇ
695 ὠφελείᾳ· χρήσιμον δὲ ὅτι χρείαν ὠφελείας παρέχεται·
εὔχρηστον δὲ ὅτι τὴν χρείαν ἐπαινετὴν ἀπεργάζεται· καλὸν
δὲ ὅτι συμμέτρως ἔχει πρὸς τὴν ἑαυτοῦ χρείαν· ὠφέλιμον δὲ
ὅτι τοιοῦτόν ἐστιν ὥστε ὠφελεῖν· αἱρετὸν δ᾿ ὅτι τοιοῦτόν
ἐστιν ὥστε εὐλόγως αὐτὸ αἱρεῖσθαι· δίκαιον δὲ ὅτι νόμῳ
700 ἐστὶ σύμφωνον καὶ κοινωνίας ποιητικόν.

[100] καλὸν δὲ λέγουσι τὸ τέλειον ἀγαθὸν παρὰ τὸ
πάντας ἀπέχειν τοὺς ἐπιζητουμένους ἀριθμοὺς ὑπὸ τῆς
φύσεως ἢ τὸ τελέως σύμμετρον. εἴδη δὲ εἶναι τοῦ καλοῦ
τέτταρα· δίκαιον, ἀνδρεῖον, κόσμιον, ἐπιστημονικόν· ἐν γὰρ
705 τοῖσδε τὰς καλὰς πράξεις συντελεῖσθαι. ἀνὰ λόγον δὲ καὶ
τοῦ αἰσχροῦ εἴδη εἶναι τέτταρα, τό τε ἄδικον καὶ τὸ δειλὸν
καὶ ἄκοσμον καὶ ἄφρον. λέγεσθαι δὲ τὸ καλὸν μοναχῶς μὲν
τὸ ἐπαινετοὺς παρεχόμενον τοὺς ἔχοντας <ἢ> ἀγαθὸν
ἐπαίνου ἄξιον· ἑτέρως δὲ τὸ εὖ πεφυκέναι πρὸς τὸ ἴδιον

701–711 SVF III 83

691 (συμφέρον)–**692** (ὠφελούμεθα) Suda σ 1405 (IV 461.32–3)   **692–693**
(δέον—χρή) Suda δ 242 (II 24.1, 14)   **695** (χρήσιμον)–**696** (ἀπεργάζεται)
Suda χ 499 (IV 824.17–18)   **696–697** (καλόν—ἔχει), **706** (εἴδη)–**711** Suda
κ 246 (III 21.10–21)   **697** (ὠφέλιμον)–**699** (αἱρεῖσθαι) Suda ω 270 (III
630.10–11)   **699** (δίκαιον)–**700** Suda δ 1069 (II 94.16–17)

691 καὶ δίκαιον καὶ αἱρετὸν Suda   τὰ τοιαῦτα F   **692** μὲν
ὠφελούμεθα BP¹: μὲν om. F, expunxit P⁴   **696** τὴν om. Suda   **697** ὅτι
καλεῖ πρὸς τὴν ἑ. χρ. συμμέτρως ἔχον Suda: 'scribendum igitur συμμέτρως
ἔχ<ον καλ>εῖ, cf. SVF III 208 = Stob. II 100.21 W. συμμέτρως ἔχον aliunde
(cf. 7.100 [**703**] huc illatum)' V. d. Muehll   **698** ὠφελεῖν πρὸς αὔξησιν καὶ
προσθήκην Suda   **699** αὐτὸ om. B   **702** ἀπέχειν BPF: ἀμπ- Marcov.:
περι- Usener, Kl. Schr. I 349 (a. 1889), 'falso (ἀπέχον retinendum etiam apud
Stob. II 93.14 W. = SVF III 500)' V. d. Muehll. Vid. Long–Sedley ad 59K
703 τελέως BP, Suda: τελείως F (cf. 3.99)   εἶναι om. F   **704** κόσμιον
Suda 'per emendationem?' V. d. Muehll: κοσμικὸν BPF   **705** ἀνάλογον
B² (λογον in ras.), PF   **706** εἶναι εἴδη δὲ τ. καλ. F   **707** δὲ τὸ om. Suda
μοναχῶς BP: μόνως F: deest in Suda   **708** ἢ add. Arnim: καὶ Kayser
709 τὸ¹ PF: τοῦ B   πεφυκέναι BPF: -κὸς Arnim: -κέναι <ποιοῦν> Kayser

ἔργον· ἄλλως δὲ τὸ ἐπικοσμοῦν, ὅταν λέγωμεν μόνον τὸν 710
σοφὸν {ἀγαθὸν} καλὸν εἶναι.

[101] λέγουσι δὲ μόνον τὸ καλὸν ἀγαθὸν εἶναι, καθά
φησιν Ἑκάτων ἐν τῷ τρίτῳ Περὶ ἀγαθῶν καὶ Χρύσιππος ἐν
τοῖς Περὶ τοῦ καλοῦ· εἶναι δὲ τοῦτο ἀρετὴν καὶ τὸ μετέχον
ἀρετῆς· ᾧ ἐστιν ἴσον τὸ πᾶν ἀγαθὸν καλὸν εἶναι καὶ τὸ 715
ἰσοδύναμον τὸ καλὸν τῷ ἀγαθῷ, ὅπερ ἴσον ἐστὶ τούτῳ.
ἐπεὶ γάρ ἐστιν ἀγαθόν, καλόν ἐστιν· ἔστι δὲ καλόν· ἀγαθὸν
ἄρα ἐστί. δοκεῖ δὲ πάντα τὰ ἀγαθὰ ἴσα εἶναι καὶ πᾶν
ἀγαθὸν ἐπ᾽ ἄκρον εἶναι αἱρετὸν καὶ μήτε ἄνεσιν μήτε
ἐπίτασιν ἐπιδέχεσθαι. 720

τῶν δὲ ὄντων φασὶ τὰ μὲν ἀγαθὰ εἶναι, τὰ δὲ κακά, τὰ δ᾽
οὐδέτερα. [102] ἀγαθὰ μὲν οὖν τάς τε ἀρετάς, φρόνησιν,
δικαιοσύνην, ἀνδρείαν, σωφροσύνην καὶ τὰ λοιπά· κακὰ δὲ
τὰ ἐναντία, ἀφροσύνην, ἀδικίαν καὶ τὰ λοιπά. οὐδέτερα δὲ
ὅσα μήτε ὠφελεῖ μήτε βλάπτει, οἷον ζωή, ὑγίεια, ἡδονή, 725
κάλλος, ἰσχύς, πλοῦτος, δόξα, εὐγένεια· καὶ τὰ τούτοις
ἐναντία, θάνατος, νόσος, πόνος, αἶσχος, ἀσθένεια, πενία,
ἀδοξία, δυσγένεια καὶ τὰ παραπλήσια, καθά φησιν
Ἑκάτων ἐν ἑβδόμῳ Περὶ τέλους καὶ Ἀπολλόδωρος ἐν τῇ
Ἠθικῇ καὶ Χρύσιππος. μὴ γὰρ εἶναι ταῦτα ἀγαθά, ἀλλ᾽ 730

712–718 (ἐστί) SVF III 30　　Hecat. fr. 4 Gom.　　**718** (δοκεῖ)–**720** SVF
III 92　60O L.-S.　**721–737** (ὑγίεια) SVF III 117　58A L.-S.　Hecat.
fr. 2 Gom.　**724** (οὐδέτερα)–**730** (Χρύσιππος) SVF III Apollod. 14

721–741 (ἀγαθόν) Suda ο 406 (III 544 2–13)

710 λέγομεν BF　**710–711** τὸν σοφὸν μόνον F　**711** ἀγαθὸν (sc.
σοφὸν) BPF: del. Hirzel, Unters. II 81¹: ἀγαθὸν καὶ Suda　**712** ὁ κάτων F
τῷ om. F　**713–714** καὶ—καλοῦ suppl. F²ᵐᵍ　**715** ᾧ ἐστιν P: ὅ ἐστιν
BF: ὅπερ ἐστὶν Suda　**716** τὸ] τῷ Suda (codd. AF)　ἰσοδύναμον
BPⁱ(Q), Suda: -δυναμεῖν FPⁱ　τὸ καλὸν τῶ ἀγαθῶ BP, Suda: τῶ καλῶ τὸ
ἀγαθὸν F　**716–717** (ὅπερ—ἐστί) om. Suda　**718** δὲ suppl. F²ᵐᵍ
εἶναι om. Suda　**720** ἐπίστασιν B　ἐπιδέχεσθαι PF, Suda: δέχεσθαι B
721 εἶναι om. F　**722** (φρόνησιν)–**724** (λοιπά) om. Suda　**723**
ἀνδρίαν P　**725** ὑγεία PF, Suda　**726** δόξα BPF, Suda: εὐδοξία Z
(Frob.)　**728** δυσγένεια suppl. F²ᵐᵍ　**728** (καθά)–**731** (προηγμένα)
suppl. F²ᵐᵍ　**730–731** ἀλλὰ διάφορα BF

ἀδιάφορα κατ' εἶδος προηγμένα. [103] ὡς γὰρ ἴδιον θερμοῦ
τὸ θερμαίνειν, οὐ τὸ ψύχειν, οὕτω καὶ ἀγαθοῦ τὸ ὠφελεῖν,
οὐ τὸ βλάπτειν· οὐ μᾶλλον δὲ ὠφελεῖ ἢ βλάπτει ὁ πλοῦτος
καὶ ἡ ὑγίεια· οὐκ ἄρα ἀγαθὸν οὔτε πλοῦτος οὔτε ὑγίεια. ἔτι
735 τέ φασιν, ᾧ ἔστιν εὖ καὶ κακῶς χρῆσθαι, τοῦτο οὐκ ἔστιν
ἀγαθόν· πλούτῳ δὲ καὶ ὑγιείᾳ ἔστιν εὖ καὶ κακῶς χρῆσθαι·
οὐκ ἄρα ἀγαθὸν πλοῦτος καὶ ὑγίεια. Ποσειδώνιος μέντοι
καὶ ταῦτά φησι τῶν ἀγαθῶν εἶναι. ἀλλ' οὐδὲ τὴν ἡδονὴν
ἀγαθόν φασιν Ἑκάτων τε ἐν τῷ θ' Περὶ ἀγαθῶν καὶ
740 Χρύσιππος ἐν τοῖς Περὶ ἡδονῆς· εἶναι γὰρ καὶ αἰσχρὰς
ἡδονάς, μηδὲν δὲ αἰσχρὸν εἶναι ἀγαθόν. [104] ὠφελεῖν δέ
ἐστι κινεῖν ἢ ἴσχειν κατ' ἀρετήν, βλάπτειν δὲ κινεῖν ἢ ἴσχειν
κατὰ κακίαν.

διχῶς δὲ λέγεσθαι ἀδιάφορα· ἅπαξ μὲν τὰ μήτε πρὸς
745 εὐδαιμονίαν μήτε πρὸς κακοδαιμονίαν συνεργοῦντα, ὡς
ἔχει πλοῦτος, δόξα, ὑγίεια, ἰσχὺς καὶ τὰ ὅμοια· ἐνδέχεται
γὰρ καὶ χωρὶς τούτων εὐδαιμονεῖν, τῆς ποιᾶς αὐτῶν
χρήσεως εὐδαιμονικῆς οὔσης ἢ κακοδαιμονικῆς. ἄλλως δὲ
λέγεται ἀδιάφορα τὰ μήτε ὁρμῆς μήτε ἀφορμῆς κινητικά, ὡς
750 ἔχει τὸ ἀρτίας ἔχειν ἐπὶ τῆς κεφαλῆς τρίχας ἢ περιττάς, ἢ
ἐκτεῖναι τὸν δάκτυλον ἢ συστεῖλαι, τῶν προτέρων
ἀδιαφόρων οὐκέθ' οὕτως λεγομένων· ὁρμῆς γάρ ἐστιν

734 (ἔτι)–738 (εἶναι) Posid. fr. 171 Ed.-K. = 425a Th. 737–738
(Ποσειδώνιος—εἶναι) 64n L.-S. 738 (ἀλλ')–741 (ἀγαθόν) SVF III 156
Hecat. fr. 5 Gom. 741 (ὠφελεῖν)–743 SVF III 117 744–755 SVF
III 119 58B L.-S.

744–782 Suda α 478 (I 50.20–51.15)

731 προηγμένα <τε καὶ ἀποπροηγμένα> Hermann ap. Huebn. II, v
732 οὐ τὸ ψύχειν om. Suda 733 οὐ τὸ βλάπτειν om. Suda ἢ
suppl. Pˡˢˡ ἢ βλάπτει suppl. F²ᵐᵍ 734 ὑγεία¹ P ὑγεία² PF,
Suda 735 (τοῦτο)–736 (χρῆσθαι) suppl. F² 735 τούτῳ P⁴, om. Suda
736 ὑγεία PF², Suda 737 ὑγεία P¹, Suda μέντοι BP: δὲ φησι F
738 φησι om. F 739 τε BP¹(Q): δὲ FP⁴ ἐν—ἀγαθῶν om. F θ' Pᵖᶜ:
θι' BPᵃᶜ: ιθ' P⁴ 740 ἡδονῶν F 742 ἴσχειν P⁴ (ἴσ in ras.): ἔχειν BP¹(Q):
ἄγειν F δὲ καὶ κινεῖν F 744 μὲν PF: δὲ B 745 συνεργοῦντα post
εὐδαιμονίαν transp. F 746 ὑγεία P¹, Suda καὶ τὰ ὅμοια om. F

ἐκεῖνα καὶ ἀφορμῆς κινητικά· **[105]** διὸ τὰ μὲν αὐτῶν
ἐκλέγεται, <τὰ δὲ ἀπεκλέγεται>, τῶν {δ'} ἑτέρων ἐπίσης
ἐχόντων πρὸς αἵρεσιν καὶ φυγήν.   755
τῶν ἀδιαφόρων τὰ μὲν λέγουσι προηγμένα, τὰ δὲ
ἀποπροηγμένα· προηγμένα μὲν τὰ ἔχοντα ἀξίαν,
ἀποπροηγμένα δὲ τὰ ἀπαξίαν ἔχοντα. ἀξίαν δὲ τὴν μέν τινα
λέγουσι σύμβλησιν πρὸς τὸν ὁμολογούμενον βίον, ἥτις ἐστὶ
περὶ πᾶν ἀγαθόν· τὴν δὲ εἶναι μέσην τινὰ δύναμιν ἢ χρείαν   760
συλλαμβανομένην πρὸς τὸν κατὰ φύσιν βίον, ὅμοιον εἰπεῖν
ἥντινα εἰσφέρεται πρὸς τὸν κατὰ φύσιν βίον πλοῦτος ἢ
ὑγίεια· τὴν δ' εἶναι ἀξίαν ἀμοιβὴν δοκιμαστοῦ, ἣν ἂν ὁ
ἔμπειρος τῶν πραγμάτων τάξῃ, ὅμοιον εἰπεῖν ἀμείβεσθαι
πυροὺς πρὸς τὰς σὺν ἡμιολίῳ κριθάς.   765
[106] προηγμένα μὲν οὖν εἶναι ἃ καὶ ἀξίαν ἔχει, οἷον ἐπὶ
μὲν τῶν ψυχικῶν εὐφυΐαν, τέχνην, προκοπὴν καὶ τὰ ὅμοια·
ἐπὶ δὲ τῶν σωματικῶν ζωήν, ὑγίειαν, ῥώμην, εὐεξίαν,
ἀρτιότητα, κάλλος· ἐπὶ δὲ τῶν ἐκτὸς πλοῦτον, δόξαν,
εὐγένειαν καὶ τὰ ὅμοια. ἀποπροηγμένα δὲ ἐπὶ μὲν τῶν   770
ψυχικῶν ἀφυΐαν, ἀτεχνίαν καὶ τὰ ὅμοια· ἐπὶ δὲ τῶν
σωματικῶν θάνατον, νόσον, ἀσθένειαν, καχεξίαν, πήρωσιν,
αἶσχος καὶ τὰ ὅμοια· ἐπὶ δὲ τῶν ἐκτὸς πενίαν, ἀδοξίαν,

756–765 SVF III 126   **766–775** SVF III 127

753 αὐτῶν om. F, del. Cob.   **754** τὰ δὲ ἀπεκλέγεται add. Arnim: τὰ δ'
ἀποβάλλεται Reiske 317   τῶν δ' (δὲ Suda) ἑτέρων BP, Suda: τῶν
οὐδετέρων F: δ' del. Huebn.   **755** τῶν πρὸς BP[1]   post αἵρεσιν in
B 6–8 litterae erasae   **756–757** προηγούμενα, ἀποπροηγούμενα Suda
757–758 προηγούμενα Suda   ἀποπροηγούμενα Suda   **758** τὰ
ἔχοντα ἀναξίαν Suda   ἀπαξίαν J. A. Goerenz, Cic. Acad. (1810) 80:
ἀν- BPF, Suda   **759** λέγουσι om. Suda   **761** συλλαμβανομένην BPF,
Suda: συμβαλλο- rec., fort. recte   οἷον Kuehn   **762** εἰσφέρεται BP[1],
Suda: προσ- F, P[4] (προσ in ras.)   πρὸς BPF: εἰς Suda   ἢ om. Suda
763 ὑγία Suda   δ' εἶναι ἀξίαν] δὲ εὐεξίαν Suda   **765** σὺν ἡμιολίῳ
(vel ἡμιολίῳ) Kuehn: σὺν ἡμιόνῳ PF, Suda: συνημιόνων B: ἡμιολίους
Arnim   **766** ἔχει FP[x]: ἔχειν BP[1], Suda   **768** ὑγίειαν Suda   **768–769**
εὐεξίαν—κάλλος in mg suppl. F[2], pro quibus post ῥώμην hab. καὶ τὰ
παραπλήσια F[1], sed vid. infra **774**   **769** ἐπὶ PF: ἀπὸ B   **772**
(καχεξίαν)–**773** (αἶσχος) suppl. F[2mg]

535

δυσγένειαν καὶ τὰ παραπλήσια· οὔτε δὲ προήχθη οὔτε
775 ἀποπροήχθη τὰ μηδετέρως ἔχοντα.

[107] ἔτι τῶν προηγμένων τὰ μὲν δι᾽ αὐτὰ προῆκται, τὰ
δὲ δι᾽ ἕτερα, τὰ δὲ καὶ δι᾽ αὐτὰ καὶ δι᾽ ἕτερα. δι᾽ αὐτὰ μὲν
εὐφυΐα, προκοπὴ καὶ τὰ ὅμοια· δι᾽ ἕτερα δὲ πλοῦτος,
εὐγένεια καὶ τὰ ὅμοια· δι᾽ αὐτὰ δὲ καὶ δι᾽ ἕτερα ἰσχύς,
780 εὐαισθησία, ἀρτιότης. δι᾽ αὐτὰ μέν, ὅτι κατὰ φύσιν ἐστί· δι᾽
ἕτερα δέ, ὅτι περιποιεῖ χρείας οὐκ ὀλίγας. ὁμοίως δὲ ἔχει καὶ
τὸ <ἀπο>προηγμένον κατὰ τὸν ἐναντίον λόγον.

ἔτι δὲ καθῆκόν φασιν εἶναι ὃ προαχθὲν εὔλογόν {τε} ἴσχει
ἀπολογισμόν, οἷον τὸ ἀκόλουθον ἐν ζωῇ, ὅπερ καὶ ἐπὶ τὰ
785 φυτὰ καὶ ζῷα διατείνει· ὁρᾶσθαι γὰρ κἀπὶ τούτων
καθήκοντα. [108] κατωνομάσθαι δὲ οὕτως ὑπὸ πρώτου
Ζήνωνος τὸ καθῆκον, ἀπὸ τοῦ κατά τινας ἥκειν τῆς
προσονομασίας εἰλημμένης. ἐνέργημα δὲ αὐτὸ εἶναι ταῖς
κατὰ φύσιν κατασκευαῖς οἰκεῖον.

790 τῶν γὰρ καθ᾽ ὁρμὴν ἐνεργουμένων τὰ μὲν καθήκοντα
εἶναι, τὰ δὲ παρὰ τὸ καθῆκον, <τὰ δὲ οὔτε καθήκοντα οὔτε
παρὰ τὸ καθῆκον>. καθήκοντα μὲν οὖν εἶναι ὅσα λόγος
αἱρεῖ ποιεῖν, ὡς ἔχει γονεῖς τιμᾶν, ἀδελφούς, πατρίδα,
συμπεριφέρεσθαι φίλοις· παρὰ τὸ καθῆκον δέ, ὅσα μὴ αἱρεῖ
795 λόγος, ὡς ἔχει τὰ τοιαῦτα, γονέων ἀμελεῖν, ἀδελφῶν

776–782 SVF III 135   58m L.-S.   **783–789** SVF I 230   SVF III 493
784 (ὅπερ)–**789** 59C L.-S.   **790–800** SVF III 495   **790–806**
(καθῆκον) 59E L.-S.

783–810 Suda κ 77 (III 8.18, 20–4)

774 δὲ om. F   **775** μηδετέρως (μηδὲ γήρως B) BP¹, Suda: cum γρ sscr. οὐ
in textu et οὐδετέρως in mg P: οὐδετέρως F   **776** δι᾽ PF: δ᾽ B   αὐτὰ P
προήχθη F   **777** καὶ¹ om. F   **779** καὶ δι᾽ αὐτὰ F   αὐτὰ P   δι᾽
ἕτερα καὶ δι᾽ αὐτὰ Suda   **781** ἔχειν B   **782** ἀποπροηγμένον Pᵖᶜ(Q):
προηγμένον BPᵃᶜF: προηγούμενον Suda   **783** προαχθὲν BPF, Suda:
πραχθὲν Menag. (conl. Sext., M 7.158)   τε om. Arsen. (268 Walz),
secl. Arnim: τινα dub. Huebn.   **787** τινος Reiske 317   **790** τὰ FPˣ: τὸ
BP¹   **791–792** τὰ—καθῆκον add. Aldobr. teste Mer. Bigotio ap. Menag.
καθήκοντα PF: τὰ B   **792–793** λόγῳ πρέπει Suda   **793** ἔχει <τὸ>
γον. Cob.   **795** ἀδελφῶν BP¹, Suda: συγγενῶν F, in mg cum γρ P⁴

ἀφροντιστεῖν, φίλοις μὴ συνδιατίθεσθαι, πατρίδα ὑπερορᾶν
καὶ τὰ παραπλήσια· **[109]** οὔτε δὲ καθήκοντα οὔτε παρὰ
τὸ καθῆκον ὅσα οὔτε αἱρεῖ λόγος πράττειν οὔτε
ἀπαγορεύει, οἷον κάρφος ἀνελέσθαι, γραφεῖον κρατεῖν,
στλεγγίδα καὶ τὰ ὅμοια τούτοις.   800
  καὶ τὰ μὲν εἶναι καθήκοντα ἄνευ περιστάσεως, τὰ δὲ
περιστατικά. καὶ ἄνευ περιστάσεως τάδε, ὑγιείας
ἐπιμελεῖσθαι καὶ αἰσθητηρίων καὶ τὰ ὅμοια· κατὰ
περίστασιν δὲ τὸ πηροῦν ἑαυτὸν καὶ τὴν κτῆσιν
διαρριπτεῖν. ἀνὰ λόγον δὲ καὶ <ἐπὶ> τῶν παρὰ τὸ 805
καθῆκον. ἔτι τῶν καθηκόντων τὰ μὲν ἀεὶ καθήκει, τὰ δὲ οὐκ
ἀεί. καὶ ἀεὶ μὲν καθήκει <. . .> τὸ ἐρωτᾶν καὶ ἀποκρίνεσθαι
καὶ περιπατεῖν καὶ τὰ ὅμοια. ὁ δ' αὐτὸς λόγος καὶ ἐπὶ τῶν
παρὰ τὸ καθῆκον. **[110]** ἔστι δὲ καὶ ἐν τοῖς μέσοις τι
καθῆκον, ὡς τὸ πείθεσθαι τοὺς παῖδας τοῖς παιδαγωγοῖς. 810

  φασὶ δὲ τὴν ψυχὴν εἶναι ὀκταμερῆ· μέρη γὰρ αὐτῆς τά
τε πέντε αἰσθητήρια καὶ τὸ φωνητικὸν μόριον καὶ τὸ
διανοητικόν, ὅπερ ἐστὶν αὐτὴ ἡ διάνοια, καὶ τὸ γεννητικόν.
ἐκ δὲ τῶν ψευδῶν ἐπιγίγνεσθαι τὴν διαστροφὴν ἐπὶ τὴν
διάνοιαν, ἀφ' ἧς πολλὰ πάθη βλαστάνειν καὶ ἀκατα- 815
στασίας αἴτια. ἔστι δὲ αὐτὸ τὸ πάθος κατὰ Ζήνωνα

801–810 SVF III 496   **811–813** (γεννητικόν) SVF II 828   **814** (ἐκ)–
821 (ἡδονήν) SVF III 412   SVF I 205 et 211

811–836 Suda π 27 (IV 3.11–26)

796 πατρίδος Suda   **797** δὲ om. Suda   **798** λόγος P^x: -ω BP^1F, Suda
799 ἀπαγορεύει P^x: -ειν BP^1F, Suda   κρατεῖν <ἢ> Cob.   **801** κα-
θήκοντα BFP^4: ἐθήκοντα P^1(Q)   **801** (τὰ^2)–**802** περιστάσεως om. F^1,
Suda, τὰ δὲ περιστατικὰ καὶ suppl. F^2mg   **802** ὡς τάδε Suda   ἁγνείας
Suda   **804** κτίσιν F   **805** διαρίπτειν BP^1   ἀνὰ λόγον Cob.:
ἀνάλογον BPF   ἐπὶ (vel τὰ) add. Kuehn   **807** post καθήκει add. <τὸ
κατ' ἀρετὴν ζῆν, οὐκ ἀεὶ δὲ> rec.: <τὸ κατ' ἀρ. πράττειν, οὐκ ἀεὶ δὲ> V. d.
Muehll, sed vid. Gercke, Überlieferung 428–9   ἀποκρίνεσθαι]
πυνθάνεσθαι Suda   **813** αὐτή om. Suda   καὶ τὸ γεννητικόν om.
Suda   post γεννητικόν excidisse quaedam indic. Reiske 317, sed vid.
Pohlenz II 125   **814** ἐπιγίγνεσθαι sic BPF, Suda   **815** βλαστάνειν
<ἀνίας> (s. <ἀνοίας> vel <ταραχῆς>) Reiske 317: βλ. <ἅ> Wachsmuth
(teste Diels, loc. non inveni)

ἢ ἄλογος καὶ παρὰ φύσιν ψυχῆς κίνησις ἢ ὁρμὴ πλεονάζουσα.

τῶν δὲ παθῶν τὰ ἀνωτάτω, καθά φησιν Ἑκάτων ἐν τῷ
820 δευτέρῳ Περὶ παθῶν καὶ Ζήνων ἐν τῷ Περὶ παθῶν, εἶναι γένη τέτταρα, λύπην, φόβον, ἐπιθυμίαν, ἡδονήν. [111] δοκεῖ δ᾽ αὐτοῖς τὰ πάθη κρίσεις εἶναι, καθά φησι Χρύσιππος ἐν τῷ Περὶ παθῶν· ἥ τε γὰρ φιλαργυρία ὑπόληψίς ἐστι τοῦ τὸ ἀργύριον καλὸν εἶναι, καὶ ἡ μέθη δὲ καὶ ἡ ἀκολασία
825 ὁμοίως καὶ τὰ ἄλλα.

καὶ τὴν μὲν λύπην εἶναι συστολὴν ἄλογον· εἴδη δὲ αὐτῆς ἔλεον, φθόνον, ζῆλον, ζηλοτυπίαν, ἄχθος, ἐνόχλησιν, ἀνίαν, ὀδύνην, σύγχυσιν. ἔλεον μὲν οὖν εἶναι λύπην ὡς ἐπὶ ἀναξίως κακοπαθοῦντι, φθόνον δὲ λύπην ἐπ᾽ ἀλλοτρίοις ἀγαθοῖς,
830 ζῆλον δὲ λύπην ἐπὶ τῷ ἄλλῳ παρεῖναι ὧν αὐτὸς ἐπιθυμεῖ, ζηλοτυπίαν δὲ λύπην ἐπὶ τῷ καὶ ἄλλῳ παρεῖναι ὧν καὶ αὐτὸς ἔχει, [112] ἄχθος δὲ λύπην βαρύνουσαν, ἐνόχλησιν λύπην στενοχωροῦσαν καὶ δυσχωρίαν παρασκευάζουσαν, ἀνίαν λύπην ἐκ διαλογισμῶν μένουσαν ἢ ἐπιτεινομένην,
835 ὀδύνην λύπην ἐπίπονον, σύγχυσιν λύπην ἄλογον, ἀποκωλύουσαν τὰ παρόντα συνορᾶν.

ὁ δὲ φόβος ἐστὶ προσδοκία κακοῦ. εἰς δὲ τὸν φόβον

819–821 (ἡδονήν) Hecat. fr. 9 Gom.   **822** (δοκεῖ)–**825** SVF III 456
826–836 SVF III 412   **829** (φθόνον—ἀγαθοῖς) cf. Poll. 6. 136 et Chr.
Theodoridis in Festschr. Kambylis (1998) 51   **837–843** SVF III 407

823–824 (φιλαργυρία—εἶναι) Suda λ 843 (III 300.10–12)   **837–843** Suda
φ 559 (IV 747.7–12)

817 ἢ¹ F: ἡ BP, Suda   **819** τά] τῶν Suda (praeter cod. G)   **819–820**
καθά—παθῶν¹ om. F¹ (suppl. F²ᵐᵍ), Suda   **822** αὐτοῖς om. Suda   **822**
(καθά)–**823** (παθῶν) om. F¹ (suppl. F²ᵐᵍ), Suda   **827** ἄχθος <ἄχος>
Pohlenz II 81   ἀνίαν P⁴: ἄνοιαν BP¹F, Suda   **828** οὖν suppl. F²ˢ·ˡ·
830 δι᾽ ὧν B   **830** (ὧν)–**831** (παρεῖναι) om. Suda   **831** καί¹ om. F
ὧν καὶ BPF², Suda: ὧν F¹: ἃ καὶ rec.   **832** δὲ om. Suda   **833**
δυσχέρειαν Reiske 317   **834** ἀνίαν P⁴: ἄνοιαν BP¹F: ἀνοίαν Suda
836 ἀποκωλύουσαν V. d. Muehll: ἀποκλύουσαν B: ἀποκλείουσαν (εἴ ex
ε F²) καὶ κωλύουσαν P¹(Q)F, Suda: ἀποκναίουσαν (ναί in ras.) et in mg
ἀποκλείουσαν P⁴   κωλύουσαν in definitione συγχύσεως ps.-Andron.,
π. παθῶν 2 (SVF III 414) confert V. d. Muehll

ἀνάγεται καὶ ταῦτα· δεῖμα, ὄκνος, αἰσχύνη, ἔκπληξις, θόρυβος, ἀγωνία. δεῖμα μὲν οὖν ἐστι φόβος δέος ἐμποιῶν, αἰσχύνη δὲ φόβος ἀδοξίας, ὄκνος δὲ φόβος μελλούσης 840 ἐνεργείας, ἔκπληξις δὲ φόβος ἐκ φαντασίας ἀσυνήθους πράγματος, [113] θόρυβος δὲ φόβος μετὰ κατεπείξεως φωνῆς, <ἀγωνία δὲ φόβος ἀδήλου διαπτώσεως>.

ἡ δὲ ἐπιθυμία ἐστὶν ἄλογος ὄρεξις, ὑφ᾽ ἣν τάττεται καὶ ταῦτα· σπάνις, μῖσος, φιλονεικία, ὀργή, ἔρως, μῆνις, θυμός. 845 ἔστι δὲ ἡ μὲν σπάνις ἐπιθυμία τις ἐν ἀποτεύξει καὶ οἷον κεχωρισμένη ἐκ τοῦ πράγματος, τεταμένη δὲ διακενῆς ἐπ᾽ αὐτὸ καὶ σπωμένη· μῖσος δέ ἐστιν ἐπιθυμία τις τοῦ κακῶς εἶναί τινι μετὰ προσκοπῆς τινος καὶ προστάσεως· φιλονεικία δὲ ἐπιθυμία τις περιαιρέσεως· ὀργὴ δὲ ἐπιθυμία 850 τιμωρίας τοῦ δοκοῦντος ἠδικηκέναι οὐ προσηκόντως· ἔρως δέ ἐστιν ἐπιθυμία τις οὐχ ἣ περὶ σπουδαίους ἐστίν· ἔστι γὰρ ἐπιβολὴ φιλοποιΐας διὰ κάλλος ἐμφαινόμενον. [114] μῆνις δέ ἐστιν ὀργή τις πεπαλαιωμένη καὶ ἐπίκοτος, ἐπιτηρητικὴ δέ, ὅπερ ἐμφαίνεται διὰ τῶνδε· 855

844–858 SVF III 396

---

838 (ὄκνος)–**841** (ἐνεργείας) Φ 7 (171.12–13) **844–858** Suda ε 2341 (II 357.25–358.2)

838 καὶ om. Suda **839** οὖν suppl. F[2s.l.] **840–841** ὄκνος—ἐνεργείας post ἐμποιῶν (**839**) pos. Suda, an recte? **841** φόβος Suda: om. BPF **842** μετὰ κατεπείξεως BP, Suda: μετ᾽ ἐκπλήξεως F **843** ἀγωνία δὲ φόβος ἀδήλου διαπτώσεως e Suda add. V. d. Muehll et Dorandi, Laertiana 151[120] (ἀγ. δὲ φ. ἀδ. πράγματος, an ἀγ. δὲ φ. ἀδ. ἥττης?): om. BPF **846** καὶ om. Suda **847** ἐκ τοῦ] εὐκτοῦ O. Apelt, Beiträge Gesch. griech. Philos. (1891) 332 (a. 1885) διακενῆς BP: διὰ κενῆς F: διανεκὲς Apelt **848** περισπωμένη Suda κακῶσαί τινα Suda **849** μετὰ— προστάσεως suppl. F[2s.l.] προσκοπῆς BP¹(Q), Suda: προκο- F²Pˣ. Vid. A. Grilli, Maia 40 (1988) 151–2 προστάσεως BP¹(Q), Suda: προτά- F²: παρα- P⁴ **850** φιλονεικία—αἱρέσεως om. Suda περιαιρέσεως Madv., Adv. I 716: περὶ αἱρέσεως BPF **852** οὐχ ἣ (P²F: οὐχ ἡ B: οὐχὶ P¹) π. σπουδαίους ἐστίν BPF: οὐ π. σπουδαίου πράγματος Suda: οὐχὶ π. σπουδαίους (omisso ἐστίν) Steph.: <καὶ> οὐχὶ π. σ. Arnim: ὥσπερ σπουδαίου Madvig ἔστι γὰρ κτλ. 'scil. amor sapientium cf. 7, 130' V. d. Muehll **853** φιλοποιΐας Steph.: -πονίας BPF, Suda **854** τις om. F ἐπίκοτος FP⁴, Suda: -σκοτος BP¹(Q): corruptum esse susp. Arnim **855** δὲ <τιμωρίας> Marcov. (conl. Stob. II 7.10c = SVF III 395)

εἴ περ γάρ τε χόλον γε καὶ αὐτῆμαρ καταπέψῃ,
ἀλλά τε καὶ μετόπισθεν ἔχει κότον, ὄφρα τελέσσῃ·

ὁ δὲ θυμός ἐστιν ὀργὴ ἀρχομένη. ἡδονὴ δέ ἐστιν ἄλογος ἔπαρσις ἐφ᾽ αἱρετῷ δοκοῦντι
860 ὑπάρχειν, ὑφ᾽ ἣν τάττεται κήλησις, ἐπιχαιρεκακία, τέρψις, διάχυσις. κήλησις μὲν οὖν ἐστιν ἡδονὴ δι᾽ ὤτων κατακηλοῦσα· ἐπιχαιρεκακία δὲ ἡδονὴ ἐπ᾽ ἀλλοτρίοις κακοῖς· τέρψις δέ, οἷον τρέψις, προτροπή τις ψυχῆς ἐπὶ τὸ ἀνειμένον· διάχυσις δὲ ἀνάλυσις ἀρετῆς.

865 [115] ὡς δὲ λέγεταί τινα ἐπὶ τοῦ σώματος ἀρρωστήματα, οἷον ποδάγρα καὶ ἀρθρίτιδες, οὕτω κἀπὶ τῆς ψυχῆς φιλοδοξία καὶ φιληδονία καὶ τὰ παραπλήσια. τὸ γὰρ ἀρρώστημά ἐστι νόσημα μετὰ ἀσθενείας, τὸ δὲ νόσημα οἴησις σφόδρα δοκοῦντος αἱρετοῦ. καὶ ὡς ἐπὶ τοῦ σώματος
870 εὐεμπτωσίαι τινὲς λέγονται, οἷον κατάρρους καὶ διάρροια, οὕτω κἀπὶ τῆς ψυχῆς εἰσιν εὐκαταφορίαι, οἷον φθονερία, ἐλεημοσύνη καὶ τὰ παραπλήσια.

εἶναι δὲ καὶ εὐπαθείας φασὶ τρεῖς, χαράν, εὐλάβειαν, βούλησιν. [116] καὶ τὴν μὲν χαρὰν ἐναντίαν φασὶν εἶναι {τῇ
875 λύπῃ} τῇ ἡδονῇ, οὖσαν εὔλογον ἔπαρσιν· τὴν δὲ εὐλάβειαν τῷ φόβῳ, οὖσαν εὔλογον ἔκκλισιν. φοβηθήσεσθαι μὲν γὰρ τὸν σοφὸν οὐδαμῶς, εὐλαβήσεσθαι δέ. τῇ δὲ ἐπιθυμίᾳ

856–857 Hom. A 81–2   **859–864** SVF III 400   **865–872** SVF III
422   **873–883** SVF III 431   65F L.-S.

859–864 Suda η 97 (II 553.13–17)   Suda ε 2767 (II 339.30)   **867** (τὸ)–
872 Suda α 3997 (I 365.27–366.2)   **873–883** Suda ε 3633 (II 462.22–31)

---

856 τε διὰ χόλον F   καταπέμψῃ B¹F   **857** τε BF: γε Pˣ   **860** ὑφ᾽
Suda: ἐφ᾽ BPF   **862** κατακηλοῦσα Suda: -κλῶσα BPF   **863** τρέψις
BP⁴: τέρψις B, P¹ ut vid.   τις BP: τῆς F   **866** ποδάγρα Pˣ: -αι BP¹F, an
recte?   **867** παραπλήσια BP: ὅμοια F   **868** νόσημα <ψυχῆς>
Kayser   **869** τοῦ BP⁴: om. P¹F, Suda   **870** καὶ om. Suda   **871** καὶ
ἐπὶ B   καταφορίαι Suda   φθονερία BP¹(Q): φθονέρα Suda: φθόνοι PF⁴
872 ἐλεημοσύνη B¹, Suda: ἐλαι- Q (in P a P⁴ erasum et deletum): om. F:
ἀνελεη- B²   **873** φασὶ om. F   **874–875** τῇ λύπῃ τῇ ἡδονῇ B¹PF:
τῇ λύπῃ τὴν ἡδονῆν B²: τῇ ἡδονῇ (om. τῇ λύπῃ) Frob.: τῇ λύπῃ καὶ τῇ
ἡδονῇ Suda   **875** εὐλάβειαν PF, Suda: δειλίαν B   **877** εὐλαβήσεσθαι
BP: εὐλαβηθή- F, Suda   ἐπιθυμίαν F

ἐναντίαν φασὶν εἶναι τὴν βούλησιν, οὖσαν εὔλογον ὄρεξιν.
καθάπερ οὖν ὑπὸ τὰ πρῶτα πάθη πίπτει τινά, τὸν αὐτὸν
τρόπον καὶ ὑπὸ τὰς πρώτας εὐπαθείας· καὶ ὑπὸ μὲν τὴν 880
βούλησιν εὔνοιαν, εὐμένειαν, ἀσπασμόν, ἀγάπησιν· ὑπὸ δὲ
τὴν εὐλάβειαν αἰδῶ, ἁγνείαν· ὑπὸ δὲ τὴν χαρὰν τέρψιν,
εὐφροσύνην, εὐθυμίαν.

[117] φασὶ δὲ καὶ ἀπαθῆ εἶναι τὸν σοφόν, διὰ τὸ
ἀνέμπτωτον εἶναι. εἶναι δὲ καὶ ἄλλον ἀπαθῆ τὸν φαῦλον, ἐν 885
ἴσῳ λεγόμενον τῷ σκληρῷ καὶ ἀτέγκτῳ. ἄτυφόν τε εἶναι
τὸν σοφόν· ἴσως γὰρ ἔχειν πρός τε τὸ ἔνδοξον καὶ ἄδοξον.
εἶναι δὲ καὶ ἄλλον ἄτυφον, κατὰ τὸν εἰκαῖον τεταγμένον, ὅς
ἐστι φαῦλος. καὶ αὐστηροὺς δέ φασιν εἶναι πάντας τοὺς
σπουδαίους τῷ μήτε αὐτοὺς πρὸς ἡδονὴν ὁμιλεῖν μήτε παρ᾿ 890
ἄλλων τὰ πρὸς ἡδονὴν παραδέχεσθαι. καὶ ἄλλον δὲ εἶναι
αὐστηρόν, παραπλησίως λεγόμενον τῷ αὐστηρῷ οἴνῳ, ᾧ
πρὸς μὲν φαρμακοποσίαν χρῶνται, πρὸς δὲ πρόποσιν οὐ
πάνυ.

[118] ἀκιβδήλους τοὺς σπουδαίους φυλακτικούς τε εἶναι 895

884–886 (ἀτέγκτῳ) SVF III 448 **886** (ἄτυφόν)–**889** (φαῦλος) SVF
III 646 **889** (καὶ)–**894** SVF III 637 **895–899** (εἴδει) SVF III 647

884–894 Φ 7 (160.18–28) **884–886** (ἀτέγκτῳ) Suda α 2873
(I 259.28–260.2) **886** (ἄτυφόν)–**887** (ἄδοξον) Suda α 4398 (I 409.9–11)
889 (αὐστηρούς)–**894** Suda α 4462 (I 417.11–15) **895–899** (εἴδει) Suda
α 874 (I 81.23–7) Suda α 3683 (I 332.9–13)

---

878 φασὶν om. F, Suda **879** πίπτειν B **882** ἄγνοιαν Steph.
887 ἴσως BP¹Φ, Suda: ἴσον F: ἴσον P⁴ (ον in ras.) τε om. B **887–888**
ἔνδοξον—ἄλλον suppl. F²ᵐᵍ **887** τὸ ἄδοξον PF² **888** ἄλλον PF²:
ἄλλους B ἄτυφον om. B cum spatio vac. κατὰ τοῦ εἰκαίου Reiske 318
τεταμένος F **888** (ὅς)–**890** (σπουδαίους) suppl. F²ᵐᵍ ὅ ἐστι φαῦλο
Suda **889–890** τοὺς σοφοὺς καὶ σπουδαίους Suda **890** (τῷ)–**897**
(τὰ¹) om. B, plus quam quinque versus vac. relinquens, expl. B² sic τῷ μήτε
αὐτοὺς πρὸς ἡδονὴν ⟨vacat⟩ μήτε παρ᾿ ἄλλου ⟨cetera vacant⟩ **890** τῷ
μήτε BPF: διὰ τὸ μήτε Φ πρὸς B²PFΦ: κατὰ Suda **891** πρὸς PF:
καθ᾿ Φ, Suda παραδέχεσθαι Suda: παρέχεσθαι P¹(Q)FΦ: προσδέχεσθαι
P⁴ **893** πρὸς PFΦ: κατὰ Suda φαρμακοποσίαν PFΦ: -ποσίας
Suda: -ποιίαν Z (Frob.) πόσιν Φ **895** καὶ ἀκιβδήλους Suda τοὺς
σπουδακτικούς τε F

τοῦ ἐπὶ τὸ βέλτιον τι περὶ αὑτῶν παριστάνειν, διὰ
παρασκευῆς τῆς τὰ φαῦλα μὲν ἀποκρυπτούσης, τὰ δὲ
ὑπάρχοντα ἀγαθὰ φαίνεσθαι ποιούσης. ἀπλάστους <τε>·
περιηρηκέναι γὰρ ἐν τῇ φωνῇ τὸ πλάσμα καὶ τῷ εἴδει.
900 ἀπράγμονάς τε εἶναι· ἐκκλίνειν γὰρ τὸ πράττειν τι παρὰ τὸ
καθῆκον. καὶ οἰνωθήσεσθαι μέν, οὐ μεθυσθήσεσθαι δέ. ἔτι δὲ
οὐδὲ μανήσεσθαι· προσπεσεῖσθαι μέντοι ποτὲ αὐτῷ
φαντασίας ἀλλοκότους διὰ μελαγχολίαν ἢ λήρησιν, οὐ
κατὰ τὸν τῶν αἱρετῶν λόγον, ἀλλὰ παρὰ φύσιν. οὐδὲ μὴν
905 λυπήσεσθαι τὸν σοφόν, διὰ τὸ τὴν λύπην ἄλογον εἶναι
συστολὴν ψυχῆς, ὡς Ἀπολλόδωρός φησιν ἐν τῇ Ἠθικῇ.

[119] θείους τε εἶναι· ἔχειν γὰρ ἐν ἑαυτοῖς οἱονεὶ θεόν. τὸν
δὲ φαῦλον ἄθεον. διττὸν δὲ τὸν ἄθεον, τόν τε ἐναντίως τῷ
θεῷ λεγόμενον καὶ τὸν ἐξουθενητικὸν τοῦ θείου· ὅπερ οὐκ
910 εἶναι περὶ πάντα φαῦλον. θεοσεβεῖς τε τοὺς σπουδαίους·
ἐμπείρους γὰρ εἶναι τῶν περὶ θεῶν νομίμων· εἶναί τε τὴν
εὐσέβειαν ἐπιστήμην θεῶν θεραπείας. ἀλλὰ μὴν καὶ θύσειν
αὐτοὺς θεοῖς ἁγνούς τε ὑπάρχειν· ἐκνεύειν γὰρ τὰ περὶ

---

900 (ἀπράγμονάς)–**901** (καθῆκον) SVF III 649   **901** (καὶ)–**904** (φύσιν)
SVF III 644   **904** (οὐδὲ)–**906** SVF III Apollod. 16   **907–910**
(φαῦλον) SVF III 606   **910** (θεοσεβεῖς)–**917** SVF III 608

---

901 (καὶ)–**906** (ψυχῆς) Φ 7 (160.29–161.5)   **907–915** (δικαίους) Φ 7
(161.6–13)   **907–911** (νομίμων) Suda θ 305 (II 713.18–23)   **910**
(θεοσεβεῖς)–**917** Suda ε 3735 (II 472.3–8)

---

896 τοῦ Frob.: τοὺς PF, Suda   τι περὶ αὑτῶν V. d. Muehll: τι περὶ αὐτῶν
P¹F: τι περὶ expunxit P⁴: τὰ περὶ αὐτοὺς Suda (ad τι cf. **900**)
παριστάναι Cob.   **897** παρασκευῆς δυναμένους Suda   **898**
ἀπλάστους Mer. Casaub.: ἀπλάστως BPF, Suda   τε add. Huebn.
900 γὰρ] τε Suda   **901** μὲν αὐτὸν Φ   **902** οὐδὲ om. Φ   ποτὲ om.
Suda   **903** ἀλλοκότους Φ: ἀλο- BPF   **905** λυπήσεσθαι BP¹(Q) (cf.
2.91 et 10.110): λυπηθή- FP³Φ, Suda   **906** τῆς ψυχῆς F   ὡς—Ἠθικῇ
om. Φ   **907** εἶναι τοὺς σπουδαίους Suda   ἐν ἑαυτοῖς BPΦ: αὐτοῖς
F¹, corr. F²   τὸν θεὸν F   **908** δὲ εἶναι FP⁴, Suda: εἶναι non hab. BP¹Φ
ἐναντίον Φ, Suda   **909** θεῷ BP¹FΦ, Suda: θείῳ P⁴   **910** περὶ BPF,
Suda: παρὰ Φ   τε Suda: om. BPFΦ   **911** περὶ θεῶν BPF: περὶ θεοῦ
Suda: πρὸς θεοὺς Φ: περὶ θεούς Cob.   **913** θεοῦ Suda   **913–914**
ἐκνεύειν—ἁμαρτήματα om. Φ

θεοὺς ἁμαρτήματα. καὶ τοὺς θεοὺς ἄγασθαι αὐτούς· ὁσίους
τε γὰρ εἶναι καὶ δικαίους πρὸς τὸ θεῖον. μόνους <τε> ἱερέας 915
τοὺς σοφούς· ἐπεσκέφθαι γὰρ περὶ θυσιῶν, ἱδρύσεων,
καθαρμῶν, τῶν ἄλλων τῶν πρὸς τοὺς θεοὺς οἰκείων.
[120] δοκεῖ δ' αὐτοῖς καὶ γονέας σεβήσεσθαι καὶ
ἀδελφοὺς ἐν δευτέρᾳ μοίρᾳ μετὰ τοὺς θεούς. φασὶ δὲ καὶ τὴν
πρὸς τὰ τέκνα φιλοστοργίαν φυσικὴν εἶναι αὐτοῖς καὶ ἐν 920
φαύλοις μὴ εἶναι.

ἀρέσκει τε αὐτοῖς ἴσα ἡγεῖσθαι τὰ ἁμαρτήματα, καθά
φησι Χρύσιππος ἐν τῷ τετάρτῳ τῶν Ἠθικῶν ζητημάτων
καὶ Περσαῖος καὶ Ζήνων. εἰ γὰρ ἀληθὲς ἀληθοῦς μᾶλλον οὐκ
ἔστιν, οὐδὲ ψεῦδος ψεύδους· οὕτως οὐδὲ ἀπάτη ἀπάτης, 925
οὐδὲ ἁμάρτημα ἁμαρτήματος. καὶ γὰρ ὁ ἑκατὸν σταδίους
ἀπέχων Κανώβου καὶ ὁ ἕνα ἐπίσης οὐκ εἰσὶν ἐν Κανώβῳ·
οὕτω καὶ ὁ πλεῖον καὶ ὁ ἔλαττον ἁμαρτάνων ἐπίσης οὐκ
εἰσὶν ἐν τῷ κατορθοῦν. [121] Ἡρακλείδης μέντοι ὁ Ταρσεύς,
Ἀντιπάτρου τοῦ Ταρσέως γνώριμος, καὶ Ἀθηνόδωρος 930
ἄνισά φασι τὰ ἁμαρτήματα.

πολιτεύσεσθαί φασι τὸν σοφὸν ἂν μή τι κωλύῃ, ὥς φησι

918–921 SVF III 731   922–929 (καθορθοῦν) SVF III 527   Persae.
SVF I 450   Zen. SVF I 224   929 (Ἡρακλείδης)–931 SVF III 258
932–934 (παρορμήσειν) SVF III 697

918–942 Φ 7 (161.14–162.5)   922 (ἀρέσκει)–931 Suda α 1654 (I 146.23–8)
932–934 (παρορμήσειν) Suda π 1917 (IV 160.26–7)

914 τοὺς θεοὺς P¹(Q), sed τοὺς erasum   τὸν θεὸν Suda   αὐτούς BPF:
om. Φ: αὐτοῖς Patillon   915 γὰρ om. Φ   915 (πρὸς)–921 om. Φ
915 τε add. rec.: καὶ μὲν τούτους Suda   916 γὰρ καὶ Suda   917 καὶ
καθαρμῶν καὶ τ. ἄ. Suda   πρὸς τὸν θεῖον Suda   918 σέβεσθαι Kayser
et Cob.   922 τε BPF, Suda: δὲ Φ   αὐτοῖς om. Φ   922 (καθά)–924
(Ζήνων) om. F¹Φ, Suda, suppl. F²ᵐᵍ   924 εἰ BPF, Suda: ὡς Φ   925
ψεῦδος ψεύδους P (ras. supra υ): ψεύδους ψεῦδος B: ψευδὲς ψευδοῦς
Suda   927 ἕνα BFP⁴, Suda: ἐννέα P¹(Q)Φ   928 ὁ (sscr. P¹) πλεῖον καὶ
ὁ (sscr. Pˣ) ἔλαττον ἁμαρτάνων PF: πλεῖον καὶ ἔλαττον ἁμαρτάνων
B: πλέον (sic) καὶ ἔλαττον ἁμάρτημα Φ, Suda   929 ἔστιν Φ   932
πολιτεύσεσθαι Steph.: -τεύεσθαι BPFΦ: -τεύεσθαι δεῖ Suda, sed vid. SVF
III 611   932 (ὥς)–933 (βίων) om. F¹Φ, Suda (inde ab ἂν μή), suppl. F²ᵐᵍ

Χρύσιππος ἐν πρώτῳ Περὶ βίων· καὶ γὰρ κακίαν ἐφέξειν καὶ
ἐπ᾽ ἀρετὴν παρορμήσειν. καὶ γαμήσειν, ὡς ὁ Ζήνων φησὶν ἐν
935 τῇ Πολιτείᾳ, καὶ παιδοποιήσεσθαι. ἔτι τε μὴ δοξάσειν τὸν
σοφόν, τουτέστι ψεύδει μὴ συγκαταθήσεσθαι μηδενί.
κυνιεῖν τε αὐτόν· εἶναι γὰρ τὸν Κυνισμὸν σύντομον ἐπ᾽
ἀρετὴν ὁδόν, ὡς Ἀπολλόδωρος ἐν τῇ Ἠθικῇ. γεύσεσθαί τε
καὶ ἀνθρωπίνων σαρκῶν κατὰ περίστασιν.

940 μόνον τε ἐλεύθερον, τοὺς δὲ φαύλους δούλους· εἶναι γὰρ
τὴν ἐλευθερίαν ἐξουσίαν αὐτοπραγίας, τὴν δὲ δουλείαν
στέρησιν αὐτοπραγίας. [122] εἶναι δὲ καὶ ἄλλην δουλείαν
τὴν ἐν ὑποτάξει καὶ τρίτην τὴν ἐν κτήσει τε καὶ ὑποτάξει,
ᾗ ἀντιτίθεται ἡ δεσποτεία, φαύλη οὖσα καὶ αὐτή. οὐ μόνον
945 δὲ ἐλευθέρους εἶναι τοὺς σοφούς, ἀλλὰ καὶ βασιλέας, τῆς
βασιλείας οὔσης ἀρχῆς ἀνυπευθύνου, ἥτις περὶ μόνους ἂν
τοὺς σοφοὺς συσταίη, καθά φησι Χρύσιππος ἐν τῷ Περὶ
τοῦ κυρίως κεχρῆσθαι Ζήνωνα τοῖς ὀνόμασιν· ἐγνωκέναι
γάρ φησι δεῖν τὸν ἄρχοντα περὶ ἀγαθῶν καὶ κακῶν, μηδένα

---

934 (καὶ)–**935** (παιδοποιήσεσθαι) SVF I 270   **935** (ἔτι)–**936** (μηδενὶ)
SVF III 549   **937** (κυνιεῖν)–**938** (Ἠθικῇ) SVF III Apollod. 17   **938**
(γεύσεσθαί)–**939** SVF I 254   SVF III 747   **940**–**952** (οὐδένα) 67M
L.-S.   **940**–**944** (αὐτή) SVF III 335   **944** (οὐ)–**950** (ταῦτα) SVF III 617

---

935 (ἔτι)–**936** (συγκατατίθεσθαι) Suda δ 1370 (II 129.31)   **940**–**947**
(συσταίη) Suda δ 1424 (II 133.10–15)   Suda β 147 (I 457.27–9)   **940**–**942**
(αὐτοπραγίας) Suda ε 807 (II 244.20–1)   **944** (οὐ)–**975** (φρονίμους) Φ 7
(162.6–163.4)

---

933 ἐν τῷ πρώτῳ F² ἀκακίαν F καὶ² Suda: om. BPFΦ **934**
παρορμῆσαι ἱκανὸς ἔσται Suda **934–935** ὡς—Πολιτείᾳ om. Φ ἐν
τῇ BP¹: ἐν Pˣ: καὶ F¹: καὶ ἐν F² **935** παιδοποιήσασθαι F: -ποιῆσαι Φ
οὐ δεῖ δοξάσαι Suda **936** ψεύδει BP¹(Q)Φ, Suda: ψευδῆ F: -εῖ P⁴
συγκαταθήσεσθαι PFΦ: -τίθεσθαι B, Suda (qui **934** δεῖ praemittit)
μηδενί om. Suda **937** σύντομον Φ (cf. 6.104): εὔτονον BP¹, Suda:
ἀσύντονον F, in mg cum γρ P⁴ **938** γεύσασθαι P¹F **939** καὶ om. Φ
κρεῶν Φ **941** ἐλευθερίαν in mg B² **943** ὑποτάξει¹] τάξει F
καὶ¹—ὑποτάξει om. B τὴν om. Suda **944** καὶ ἡ δεσπ. F αὐτή
BP¹, Suda: αὕτη FP⁴ οὐ om. F **945** σοφούς BPF: σπουδαίους
Suda: om. Φ **946** (ἥτις)–**948** (ὀνόμασιν) om. Φ **947** συσταίη Suda:
σταίη BPF **947** (καθά)–**948** (ὀνόμασι [sic]) suppl. F²ᵐᵍ **948** ζήνωνα
τοῖς BPˣ: ζήνων αὐτοῖς P¹(Q)F² **949** τὸν ἄρχοντα δεῖν FΦ περὶ
ἀγαθὸν Φ καὶ κακῶν] εἶναι Φ

544

δὲ τῶν φαύλων ἐπίστασθαι ταῦτα. ὁμοίως δὲ καὶ ἀρχικοὺς 950
δικαστικούς τε καὶ ῥητορικοὺς μόνους εἶναι, τῶν δὲ φαύλων
οὐδένα. ἔτι καὶ ἀναμαρτήτους, τῷ ἀπεριπτώτους εἶναι
ἁμαρτήματι. [123] ἀβλαβεῖς τε εἶναι· οὔτε γὰρ ἄλλους
βλάπτειν οὔτε ἑαυτούς. ἐλεήμονάς τε μὴ εἶναι συγγνώμην
τε ἔχειν μηδενί· μὴ γὰρ παριέναι τὰς ἐπιβαλλούσας ἐκ 955
τοῦ νόμου κολάσεις (ἐπεὶ τό γε εἴκειν καὶ ὁ ἔλεος αὐτή τε
ἡ ἐπιείκεια οὐδένειά ἐστι ψυχῆς πρὸς κολάσεις
προσποιουμένη χρηστότητα)· μηδὲ οἴεσθαι σκληροτέρας
αὐτὰς εἶναι.

ἔτι τε τὸν σοφὸν οὐδὲν θαυμάζειν τῶν δοκούντων 960
παραδόξων, οἷον Χαρώνεια καὶ ἀμπώτεις καὶ πηγὰς
θερμῶν ὑδάτων καὶ πυρὸς ἀναφυσήματα. ἀλλὰ μὴν οὐδ᾽ ἐν
ἐρημίᾳ βιώσεται, φασίν, ὁ σπουδαῖος· κοινωνικὸς γὰρ φύσει
καὶ πρακτικός. τὴν μέντοι ἄσκησιν ἀποδέξεται ὑπὲρ τῆς
τοῦ σώματος ὑπομονῆς.   965

---

950 (ὁμοίως)–**952** (οὐδένα) SVF III 612   **952** (ἔτι)–**953** (ἁμαρτήματι)
SVF III 556   **953** (ἀβλαβεῖς)–**954** (ἑαυτούς) SVF III 588   **954**
(ἐλεήμονάς)–**659** SVF III 641   **960–962** (ἀναφύσματα) SVF III 642
962 (ἀλλὰ)–**964** (πρακτικός) SVF III 628   **964** (τὴν)–**965** SVF III 715

---

954 (ἐλεήμονάς)–**959** Suda σ 1280 (IV 449.20–4)   **960–964** Suda α 1656
(I 147.4–8)

---

950 δὲ² om. Φ   **951** ῥητορικοὺς τε καὶ δικαστ. Φ   μόνους εἶναι om. Φ
953 οὔτε Φ: οὐ BPF   **954** ἑαυτούς BPΦ: αὐ- F¹: αὐ- F²: 'an αὐτοὺς
<βλάπτεσθαι>?' V. d. Muehll   μὴ om. Φ   **954–955** ἔχειν τε μηδενὶ
συγγνώμην Φ   **955** μὴ γάρ] μηδὲ Suda   παρειέναι B   **955–956**
τὰς ἐκ τοῦ νόμου ἐπιβαλούσας F   **956–958** dist. Kuehn   **956** ἐπὶ B
εἴκειν PΦ, Suda: ἥκειν F: εἶναι B   **957** οὐδένεια Cob.: οὐδεμία BP¹Φ,
Suda: -μιᾶ FP⁴: ἀδυναμία Arnim, an recte?   ψυχῆς B: -ῆ FP⁴   πρὸς
κολάσεις om. F, secl. Marcov.   **958** προσποιουμένη BPF, Suda: -ης Φ
(coni. Kuehn)   **958–959** μηδὲ—εἶναι om. Φ   **959** εἶναι τῶν σοφῶν F
960 τε BΦ: γε PF   τὸν σοφὸν BPF²: τῶν -ῶν F¹: τὸν σπουδαῖον Suda
θαυμάζειν BPF: δεῖ θαυμάζειν Suda: θαυμάσειν Φ   **960–961** δοκούντων
τι παραδόξων Suda   **961** ἀμπώτεις P¹(Q), Suda: ἄμπωτις P⁴ (ras. supra
ω et ις in ras.), Φ: -ιν F: ἀμπώτιδας B² (ιδας in ras.)   **963** φασὶ ante
βιώσεται transp. F: om. Suda   **964** ἀποδείξεται F

[124] εὔξεταί τε, φασίν, ὁ σοφός, αἰτούμενος τὰ ἀγαθὰ παρὰ τῶν θεῶν, καθά φησι Ποσειδώνιος ἐν τῷ πρώτῳ Περὶ καθηκόντων καὶ Ἑκάτων ἐν γ΄ Περὶ παραδόξων. λέγουσι δὲ καὶ τὴν φιλίαν ἐν μόνοις τοῖς σπουδαίοις εἶναι, διὰ τὴν
970 ὁμοιότητα· φασὶ δ᾽ αὐτὴν κοινωνίαν τινὰ εἶναι τῶν κατὰ τὸν βίον, χρωμένων ἡμῶν τοῖς φίλοις ὡς ἑαυτοῖς. δι᾽ αὐτόν τε αἱρετὸν τὸν φίλον ἀποφαίνονται καὶ τὴν πολυφιλίαν ἀγαθόν. ἔν τε τοῖς φαύλοις μὴ εἶναι φιλίαν μηδενί τε τῶν φαύλων φίλον εἶναι. πάντας τε τοὺς ἄφρονας μαίνεσθαι· οὐ
975 γὰρ εἶναι φρονίμους, ἀλλὰ κατὰ τὴν ἴσην τῇ ἀφροσύνῃ μανίαν πάντα πράττειν.

[125] πάντα τε εὖ ποιεῖν τὸν σοφόν, ὡς καὶ πάντα φαμὲν τὰ αὐλήματα εὖ αὐλεῖν τὸν Ἰσμηνίαν. καὶ τῶν σοφῶν δὲ πάντα εἶναι· δεδωκέναι γὰρ αὐτοῖς παντελῆ ἐξουσίαν τὸν
980 νόμον. τῶν δὲ φαύλων εἶναί τινα λέγεται, ὃν τρόπον καὶ †τὸν ἄδικον†, ἄλλως μὲν τῆς πόλεως, ἄλλως δὲ τῶν χρωμένων φαμέν.

τὰς δ᾽ ἀρετὰς λέγουσιν ἀντακολουθεῖν ἀλλήλαις καὶ τὸν μίαν ἔχοντα πάσας ἔχειν· εἶναι γὰρ αὐτῶν τὰ θεωρήματα
985 κοινά, καθάπερ Χρύσιππος ἐν τῷ πρώτῳ Περὶ ἀρετῶν

966–968 (παραδόξων) Posid. fr. 40 Ed.-K. = 429 Th.   Hecat. fr. 20 Gom.
968 (λέγουσι)–974 (εἶναι) SVF III 631   67P L.-S.   974 (πάντας)–976
SVF III 664   977–978 (Ἰσμηνίαν) SVF III 561   Ismen. test. 17 Braccini
977 (καὶ)–982 SVF III 590   983–999 SVF III 295   SVF III Apollod.
15   983–996 (τρεπέσθαι) Hecat. fr. 7 Gom.

977–985 (κοινά) Φ 7 (163.4–13)

966 φασίν, ὁ σοφός om. Φ   τἀγαθὰ BP   967 τῶν om. Φ   967
(καθά)–968 (παραδόξων) om. F¹Φ, suppl. F²ᵐᵍ   968 καθήκοντος
M. Beier, Cic. De off. (1820) ad 1.16. Vid. infra § 129 (1032)   γ΄ F²: γι΄
BP: ιγ΄ rec.   δὲ om. Φ   ἐν om. F   969 μόνοις εἶναι σπουδαίοις Φ
970 αὐτὴν BP¹(Q)Φ: -οῖς FP⁴   τινὰ om. Φ   971 αὐτόν rec.: αὐ- BPF
972 ἀποφαίνονται om. Φ   973 (ἔν)–974 (εἶναι) om. Φ   973 μηδένα P.
Galesius ap. Mer. Casaub.   τε² BPˣˢ·ˡ·: τὰ F   974 φίλον εἶναι Cob.:
φιλονεικεῖν BPFΦ: φίλον ἔχειν Galesius   τε om. Φ   975 φρονίμους
εἶναι FΦ   975–976 ἀλλὰ—πράττειν om. Φ   976 πάντα om. F
977 πάντα¹ Z (Frob.): πάντας BPFΦ   979 παντελεῖ F   980 τὸν δὲ
φαῦλον B   981 τὸν ἄδικον BPᵃᶜFΦ: τῶν ἀδίκων Pᵖᶜ(Q): τὸν οἶκον Rossi
141: τὸν <Κερ>αμικὸν Arnim   985 (καθάπερ)–987 (ἀρετῶν) om. F¹Φ,
suppl. F²ᵐᵍ

φησιν, Ἀπολλόδωρος δ᾽ ἐν τῇ Φυσικῇ κατὰ τὴν ἀρχαίαν, Ἑκάτων δ᾽ ἐν τῷ τρίτῳ Περὶ ἀρετῶν. [126] τὸν γὰρ ἐνάρετον θεωρητικόν τε εἶναι καὶ πρακτικὸν <τῶν> ποιητέων. τὰ δὲ ποιητέα καὶ αἱρετέα ἐστὶ καὶ ὑπομενετέα καὶ ἀπονεμητέα καὶ ἐμμενετέα, ὥστε εἰ τὰ μὲν αἱρετ<ικ>ῶς 990 ποιεῖ, τὰ δὲ ὑπομενετικῶς, τὰ δὲ ἀπονεμητικῶς, τὰ δὲ ἐμμενετικῶς, φρόνιμός τε ἐστὶ καὶ ἀνδρεῖος καὶ δίκαιος καὶ σώφρων. κεφαλαιοῦσθαί τε ἑκάστην τῶν ἀρετῶν περί τι ἴδιον κεφάλαιον, οἷον τὴν ἀνδρείαν περὶ τὰ ὑπομενετέα, τὴν φρόνησιν περὶ τὰ ποιητέα καὶ μὴ καὶ οὐδέτερα· ὁμοίως τε 995 καὶ τὰς ἄλλας περὶ τὰ οἰκεῖα τρέπεσθαι. ἕπονται δὲ τῇ μὲν φρονήσει εὐβουλία καὶ σύνεσις, τῇ δὲ σωφροσύνῃ εὐταξία καὶ κοσμιότης, τῇ δὲ δικαιοσύνῃ ἰσότης καὶ εὐγνωμοσύνη, τῇ δὲ ἀνδρείᾳ ἀπαραλλαξία καὶ εὐτονία.

[127] ἀρέσκει δὲ αὐτοῖς μηδὲν μεταξύ τι εἶναι ἀρετῆς καὶ 1000

1000–1012 6iI L.-S.   **1000–1004** (ὁμοίως) SVF III 536

---

987 (τὸν)–**1010** (εὐδαιμονίαν) Φ 7 (163.13–164.3)   **987** (τὸν)–**999** Suda α 3830 (I 346.5–11.24–6)   **1000–1004** (ὁμοίως) Suda α 3830 (I 346.16–9)

---

986 ἀρχαίαν BPF (sc. ἔκδοσιν Usener, Kl. Schr. III 136[21] [a. 1892] vel αἴρεσιν Gigante 538[155], vel φυσικήν Goulet 113[1]): ἀρχήν Hirzel, Unters. II 494[0]. Vid. V. d. Muehll, Kl. Schr. 365 (a. 1963)   **987** τὸν PFΦ, Suda: τὸ B   **988** τε om. Suda   πρακτικὸν BP[1](Q)FΦ, Suda: ποιη- P[4]   τῶν suppl. P[4mg]: om. BP[1]FΦ   **989** ποιητέων BP[1](Q)Φ, Suda: -τέον F: πρακτέων P[4]   ποιητέα BP[1](Q)FΦ, Suda: πρακτέα P[4]   ὑπομενετέα BP[1](Q)Φ, Suda: -νητέα FP[4]   **990** ἀπονεμητέα καὶ om. Suda   ἐμμενετέα καὶ ἀπονεμητέα pos. F   ἐμμενετέα BP[1](Q)Φ, Suda: -νητέα FP[4]   εἰ] εἶναι Suda   αἱρετικῶς Frob.: αἱρετῶς PFΦ, Suda: αἰτιῶς B   **989–990** Φ sic ordin. ἀπον. ἐμμεν. ὑπομεν.   **991** (τὰ[1])–**996** (τρέπεσθαι) om. B, spatium 6 1/2 versuum vacuum relinquens   **991** ὑπομενετικῶς P[1](Q)Φ: ὑπομενη- FP[4]: ὑπομονη-Suda   **991–992** τὰ δὲ ἐμμενετικῶς suppl. F[2mg]   **992** ἐμμενετικῶς Φ, Suda: ἐμμενη- PF[2]   τε om. F   καὶ δίκαιος om. Φ   **993** τε] δὲ Suda   **994** ἴδιον om. Φ   ἀνδρίαν P[pc]Φ ὑπομενετέα P[1](Q)FΦ, Suda: -νητέα P[4]   **995** μὴ] μὴν F   **995–996** καὶ[2]—τρέπεσθαι om. Φ   **995** τε om. Suda   **996** ἄλλας τε F   ἕπεται Suda, παρέπεται Φ   **997** post εὐβουλία add. καὶ φρόνησις F   **998** καὶ[1] Suda, om. BPFΦ   δὲ om Φ   καὶ[2] om Φ   **999** δὲ P: τε BF: om. Φ   ἀνδρία PΦ   καὶ om. Φ   **1000** δὲ om. Φ   μεταξύ τι BPF[1mg]: μεταξύ (sed in Φ post εἶναι) Φ, Suda: μέσον Z (Frob.): μέσον εἶναι P[4s.l.]

547

κακίας, τῶν Περιπατητικῶν μεταξὺ ἀρετῆς καὶ κακίας εἶναι λεγόντων τὴν προκοπήν· ὡς γὰρ δεῖν φασιν ἢ στρεβλὸν εἶναι ξύλον ἢ ὀρθόν, οὕτως ἢ δίκαιον ἢ ἄδικον, οὔτε δικαιότερον οὔτε ἀδικώτερον, καὶ ἐπὶ τῶν ἄλλων ὁμοίως.

1005 καὶ μὴν τὴν ἀρετὴν Χρύσιππος μὲν ἀποβλητήν, Κλεάνθης δὲ ἀναπόβλητον· ὁ μὲν ἀποβλητὴν διὰ μέθην καὶ μελαγχολίαν, ὁ δὲ ἀναπόβλητον διὰ βεβαίους καταλήψεις. καὶ αὐτὴν δι' <αὐτὴν> αἱρετὴν εἶναι· αἰσχυνόμεθα γοῦν ἐφ' οἷς κακῶς πράττομεν, ὡς ἂν μόνον τὸ καλὸν εἰδότες ἀγαθόν.

1010 αὐτάρκη τε εἶναι αὐτὴν πρὸς εὐδαιμονίαν, καθά φησι Ζήνων καὶ Χρύσιππος ἐν τῷ πρώτῳ Περὶ ἀρετῶν καὶ Ἑκάτων ἐν τῷ δευτέρῳ Περὶ ἀγαθῶν. [128] 'εἰ γάρ,' φησίν, 'αὐτάρκης ἐστὶν ἡ μεγαλοψυχία πρὸς τὸ πάντων ὑπεράνω ποιεῖν, ἔστι δὲ μέρος τῆς ἀρετῆς, αὐτάρκης ἐστὶ καὶ ἡ ἀρετὴ

1015 πρὸς εὐδαιμονίαν καταφρονοῦσα καὶ τῶν δοκούντων ὀχληρῶν.' ὁ μέντοι Παναίτιος καὶ Ποσειδώνιος οὐκ αὐτάρκη λέγουσι τὴν ἀρετήν, ἀλλὰ χρείαν εἶναί φασι καὶ ἰσχύος καὶ ὑγιείας καὶ χορηγίας.

ἀρέσκει δ' αὐτοῖς καὶ διὰ παντὸς χρῆσθαι τῇ ἀρετῇ, ὡς οἱ

1020 περὶ Κλεάνθην φασίν· ἀναπόβλητος γάρ ἐστι καὶ πάντοτε

1005 (καὶ)–**1007** (καταλήψεις) SVF III 237   Cleanth. SVF I 568   **1007** (καὶ)–**1009** SVF III 40   **1010–1016** (ὀχληρῶν) SVF I 187   SVF III 49 Hecat. fr. 3 Gom.   **1010–1012** (ἀγαθῶν), **1016** (ὁ)–**1018** Posid. fr. 173 Ed.-K. = 425c Th. (**1016–1018**)   **1016** (ὁ)–**1018** Panaet. test. 74 Al. 640 L.-S.   **1019–1021** (τελείᾳ) Cleanth. SVF I 569

1006 (ὁ)–**1018** Suda α 3831 (I 346.29–31)   **1012** (εἰ)–**1016** (ὀχληρῶν) Φ 7 (164.3–6)

1001–1002 λεγόντων εἶναι Suda   **1002–1003** ὀρθόν et στρεβλὸν pos. P⁴   **1003** ξύλον post ὀρθὸν pos. F   **1003–1004** οὔτε δὲ δικ. F **1006** ἀναπόβλητον λέγει Φ   καὶ] ἢ Suda   **1007–1008** δι' αὐτὴν Madv., Adv. I 716: δὲ BPRFΦ: καθ' αὑτὴν δὲ Heine 624, fort. recte   **1010** (καθά)–**1015** (εὐδαιμονίαν) om. F¹, (καθά)–**1014** (ἀρετή) suppl. F²ᵐᵍ   **1010** (καθά)–**1012** (ἀγαθῶν) om. Φ   **1011** πρώτῳ om. B   **1012** φασίν F²Φ   **1013–1014** μεγαλοψ. καὶ τῶν πάντων ὑπ. ποιεῖ Φ   **1014** τῆς in P erasum   ἔσται Cob.   **1015** πρὸς εὐδαιμονίαν om. F²   καὶ εὐδαιμονία Φ   καὶ del. Marcov.   **1017** τὴν ἀρετὴν λέγουσιν F **1117–1118** καὶ ὑγ. καὶ χορ. καὶ ἰσχ. F   **1018** ὑγείας Pˣ, Suda

τῇ ψυχῇ χρῆται ὁ σπουδαῖος οὔσῃ τελείᾳ. φύσει τε τὸ δίκαιον εἶναι καὶ μὴ θέσει, ὡς καὶ τὸν νόμον καὶ τὸν ὀρθὸν λόγον, καθά φησι Χρύσιππος ἐν τῷ Περὶ τοῦ καλοῦ. [129] δοκεῖ δὲ αὐτοῖς μήτε <διὰ> τὴν διαφωνίαν ἀφίστασθαι φιλοσοφίας, ἐπεὶ τῷ λόγῳ τούτῳ προλείψειν ὅλον τὸν 1025 βίον, ὡς καὶ Ποσειδώνιός φησιν ἐν τοῖς Προτρεπτικοῖς. εὐχρηστεῖν δὲ καὶ τὰ ἐγκύκλια μαθήματά φησιν ὁ Χρύσιππος.

ἔτι ἀρέσκει αὐτοῖς μηδὲν εἶναι ἡμῖν δίκαιον πρὸς τὰ ἄλλα ζῷα, διὰ τὴν ἀνομοιότητα, καθά φησι Χρύσιππος ἐν τῷ 1030 πρώτῳ Περὶ δικαιοσύνης καὶ Ποσειδώνιος ἐν πρώτῳ Περὶ καθήκοντος.

καὶ ἐρασθήσεσθαι δὲ τὸν σοφὸν τῶν νέων τῶν ἐμφαινόντων διὰ τοῦ εἴδους τὴν πρὸς ἀρετὴν εὐφυΐαν, ὥς φησι Ζήνων ἐν τῇ Πολιτείᾳ καὶ Χρύσιππος ἐν τῷ πρώτῳ 1035 Περὶ βίων καὶ Ἀπολλόδωρος ἐν τῇ Ἠθικῇ. [130] εἶναι δὲ τὸν ἔρωτα ἐπιβολὴν φιλοποιΐας διὰ κάλλος ἐμφαινόμενον· καὶ μὴ εἶναι συνουσίας, ἀλλὰ φιλίας. τὸν γοῦν Θρασωνίδην καίπερ ἐν ἐξουσίᾳ ἔχοντα τὴν ἐρωμένην, διὰ τὸ μισεῖσθαι ἀπέχεσθαι αὐτῆς. εἶναι οὖν τὸν ἔρωτα φιλίας, ὡς καὶ 1040

1021 (φύσει)–**1023** (καλοῦ) SVF III 308 **1024** (δοκεῖ)–**1026** (Προτρεπτικοῖς) Posid. fr. 1 Ed.-K. = 435c Th. **1027** (εὐχρηστεῖν)–**1028** SVF III 738 **1029–1032** SVF III 367 Posid. fr. 39 Ed.-K. = 430 Th. **1029–1040** (αὐτῆς) SVF I 248 SVF III 716 SVF III Apollod. 18 **1038–1040** Men., Mis. 10–2 **1040** (εἶναι)–**1042** SVF III 718

1021–1022 (φύσει—νόμον); **1029** (μηδὲν)–**1030** (ἀνομοιότητα); **1033–1034** (εὐφυΐαν) Φ 7 (164.7–10) **1036** (εἶναι)–**1056** (βασιλείας) Φ 7 (164.11–28) **1036** (εἶναι)–**1042** Suda ε 3070 (II 417.28–418.3)

1021 τῇ <ἀρετῇ> ψυχῇ Gigante 538[157] οὔσῃ τελείᾳ ὁ σπουδαῖος F **1023** τοῦ om. F **1024** μήτε ΒΡΦ: μή<πο>τε Lapini 113: μηδὲ Hicks: μή τι Marcov.: μὴ δεῖν Kidd διὰ add. J. Bake, Posid. (1810) 38 **1025** ἐπὶ B **1030** (καθά)–**1032** om. F¹Φ, suppl. F²ᵐᵍ **1033** τὸν (ex τῶν) σοφῶν F **1034** εὐφυίαν ex ἀφ. P, in mg εὖ repet. P⁴ **1034** (ὥς)–**1036** (Ἠθικῇ) om. Φ **1037** φιλοποιΐας Φ: φιλευ- ΒΡF, Suda **1039** καίπερ ἐξουσίαν ἔχοντα τῆς ἐρωμένης Suda **1040** φιλίης Suda **1040** (ὡς)–**1041** (φησι) om. Φ, Suda **1040** καὶ om. F

Χρύσιππος ἐν τῷ Περὶ ἔρωτός φησι· καὶ μὴ εἶναι
ἐπίμεμπτον αὐτόν. εἶναι δὲ καὶ τὴν ὥραν ἄνθος ἀρετῆς.

βίων δὲ τριῶν ὄντων, θεωρητικοῦ, πρακτικοῦ, λογικοῦ,
τὸν τρίτον φασὶν αἱρετέον· γεγονέναι γὰρ ὑπὸ τῆς φύσεως
1045 ἐπίτηδες τὸ λογικὸν ζῷον πρὸς θεωρίαν καὶ πρᾶξιν.

εὐλόγως τέ φασιν ἐξάξειν ἑαυτὸν τοῦ βίου τὸν σοφὸν καὶ
ὑπὲρ πατρίδος καὶ ὑπὲρ φίλων, κἂν ἐν σκληροτέρᾳ γένηται
ἀλγηδόνι ἢ πηρώσεσιν ἢ νόσοις ἀνιάτοις.

[131] ἀρέσκει δ᾽ αὐτοῖς καὶ κοινὰς εἶναι τὰς γυναῖκας δεῖν
1050 παρὰ τοῖς σοφοῖς, ὥστε τὸν ἐντυχόντα τῇ ἐντυχούσῃ
χρῆσθαι, καθά φησι Ζήνων ἐν τῇ Πολιτείᾳ καὶ Χρύσιππος
ἐν τῷ Περὶ πολιτείας (ἀλλ᾽ ἔτι Διογένης ὁ Κυνικὸς καὶ
Πλάτων). πάντας τε παῖδας ἐπίσης στέρξομεν πατέρων
τρόπον καὶ ἡ ἐπὶ μοιχείᾳ ζηλοτυπία περιαιρεθήσεται.
1055 πολιτείαν δ᾽ ἀρίστην τὴν μικτὴν ἔκ τε δημοκρατίας καὶ
βασιλείας καὶ ἀριστοκρατίας.

καὶ ἐν μὲν τοῖς ἠθικοῖς δόγμασι τοιαῦτα λέγουσι καὶ
τούτων πλείω μετὰ τῶν οἰκείων ἀποδείξεων· ταῦτα δὲ ὡς
ἐν κεφαλαίοις ἡμῖν λελέχθω καὶ στοιχειωδῶς.

1043–1045 SVF III 687   **1046–1048** SVF III 757   66H L.-S.
1049–1054 (περιαιρεθήσεται) SVF I 269   SVF III 728   **1052**
(Διογένης) cf. 6.72   **1053** (Πλάτων) Plat., Resp. 5, 457 b 7–460 a 11
1055 (πολιτείαν)–**1056** SVF III 700   67U L.-S.

1042 ἐπίμεμπτον P⁴ (ἐπίμ in ras.): θεόπεμπτον BP¹FΦ: -πομπον Suda.
'Lectio vulgatorum codd. recta vid. . . .; varia lectio antiqua fortasse irrepsit
ex X 118' Biedl 112   καὶ om. Suda   **1043** τριῶν δὲ βίων Φ   λογ.
πρακτ. θεωρ. Φ   καὶ πρακτικοῦ suppl. P⁴ᵐᵍ   καὶ λογικοῦ suppl. P⁴ˢ·¹·
Vid. Th. Bénatouïl in Bonazzi-Helmig, Platonic Stoicism—Stoic Platonism
(2007) 11   **1044** τὸν τρίτον BPF: τὸ λογικὸν Φ   **1047** ἐν om. F
1048 ἢ νόσοις ἀνιάτοις om. Φ   **1049–1050** δεῖν παρὰ om. Φ   **1050**
ὥστε FP⁴: ὡς BP¹Φ   **1051** καθά BP: ὥς F   **1051** (ἐν)–**1052** (πολιτείας)
om. F   **1052** ἀλλ᾽ ἔτι Cob.: ἄλλα τε BPF: ἀλλά τε Z (Frob.): ἀλλά γε
<καὶ> Marcov.   ὁ κωμικὸς Φ   **1052–1053** ἀλλ᾽—Πλάτων secl. Cob.
1053 τε παῖδας B: τε τας P¹, ut vid.: τε γὰρ Pˣ(Q): om. F: τὰς στέγας Φ
1055 δ᾽ om. Φ   ἀρίστην εἶναι Φ   τε om. Φ   **1056** καὶ
ἀριστοκρατίας om. Φ   **1058** τῶν ἀποδείξεων τῶν οἰκείων P   **1059**
ἐν Pˡ·ˢ·¹·

[132] τὸν δὲ φυσικὸν λόγον διαιροῦσιν εἴς τε τὸν περὶ 1060
σωμάτων τόπον καὶ περὶ ἀρχῶν καὶ στοιχείων καὶ θεῶν καὶ
περάτων καὶ τόπου καὶ κενοῦ. καὶ οὕτω μὲν εἰδικῶς,
γενικῶς δὲ εἰς τρεῖς τόπους, τόν τε περὶ κόσμου καὶ τὸν περὶ
τῶν στοιχείων καὶ τρίτον τὸν αἰτιολογικόν.

τὸν δὲ περὶ τοῦ κόσμου διαιρεῖσθαί φασιν εἰς δύο μέρη. 1065
μιᾷ γὰρ σκέψει ἐπικοινωνεῖν αὐτοῦ καὶ τοὺς ἀπὸ τῶν
μαθημάτων, καθ᾽ ἣν ζητοῦσι περί τε τῶν ἀπλανῶν καὶ τῶν
πλανωμένων, οἷον εἰ ὁ ἥλιός ἐστι τηλικοῦτος ἡλίκος
φαίνεται, καὶ ὁμοίως εἰ ἡ σελήνη, καὶ περὶ δινήσεως καὶ τῶν
ὁμοίων τούτοις ζητημάτων. [133] ἑτέραν δὲ αὐτοῦ σκέψιν 1070
εἶναι ἥτις μόνοις τοῖς φυσικοῖς ἐπιβάλλει, καθ᾽ ἣν ζητεῖται ἥ
τε οὐσία αὐτοῦ {καὶ εἰ ὁ ἥλιος} καὶ εἰ γενητὸς ᾖ ἢ ἀγένητος
καὶ εἰ ἔμψυχος ἢ ἄψυχος καὶ εἰ φθαρτὸς ἢ ἄφθαρτος καὶ
εἰ προνοίᾳ διοικεῖται καὶ περὶ τῶν λοιπῶν. τόν τε
αἰτιολογικὸν εἶναι καὶ αὐτὸν διμερῆ· μιᾷ δ᾽ αὐτοῦ σκέψει 1075
ἐπικοινωνεῖν τὴν τῶν ἰατρῶν ζήτησιν, καθ᾽ ἣν ζητοῦσι περί
τε τοῦ ἡγεμονικοῦ τῆς ψυχῆς καὶ τῶν ἐν ψυχῇ γινομένων
καὶ περὶ σπερμάτων καὶ τῶν τούτοις ὁμοίων· τοῦ δ᾽ ἑτέρου
καὶ τοὺς ἀπὸ τῶν μαθημάτων ἀντιποιεῖσθαι, οἷον πῶς
ὁρῶμεν, τίς ἡ αἰτία τῆς κατοπτρικῆς φαντασίας, ὅπως νέφη 1080

1060–1064 43B L.-S. **1060–1082** Posid. fr. 254 Th.

1060–1082 Suda φ 862 (IV 775.28–776.3)

1062 τεράτων F, P[x] (ex περάτων, sed denuo περ sscr. P[4]): περάτων τοῦ
κόσμου Suda **1063** τρόπους BP τὸν[2] P: τῶν B: om. F **1064** τῶν
om. F **1067** μαθημάτων Huebn.: μαθηματικῶν B[2] (ματικῶν in ras.), PF
cf. infra § 133 (**1079**) **1069** κινήσεως J. Bake, Posid. (1810) 62 **1072**
καὶ εἰ ὁ ἥλιος 'ex margine intrusum esse vid., ubi quidam καὶ εἰ (ὁ ἥλιος)
γενητὸς ἢ ἀγένητος κτλ. intellexit, stupide, nam de mundo agitur' V. d.
Muehll: καὶ εἰ ἀΐδιος Kuehn: καὶ ἡ ἡλίου (sc. οὐσία) Usener, Kl. Schr. I 350
(a. 1889): post καὶ εἰ ὁ ἥλιος add. καὶ οἱ ἀστέρες ἐξ ὕλης καὶ εἴδους rec.
(e coniectura). Vid. Hermann ap. Huebn. II 176[t] γεννητὸς FP[x] ᾖ ἢ P: ἢ
εἰ B: ἢ F ἀγέννητος FP **1074** post λοιπῶν lac. ind. Theiler, qui τόν
τε περὶ τῶν στοιχείων … suppl. **1075** σκέψει BP[1]F: ἐπισκέψει P[4]
1076 κοινωνεῖν P[ac] τὴν om. B[1], την (sic) B[2s.l.] τῶν B: om. PF **1080**
ἡ om. BP[1], Suda (codd. GVM)

συνίστανται, βρονταὶ καὶ ἴριδες καὶ ἅλως καὶ κομῆται καὶ
τὰ παραπλήσια.

[134] δοκεῖ δ᾽ αὐτοῖς ἀρχὰς εἶναι τῶν ὅλων δύο, τὸ
ποιοῦν καὶ τὸ πάσχον. τὸ μὲν οὖν πάσχον εἶναι τὴν ἄποιον
1085 οὐσίαν, τὴν ὕλην, τὸ δὲ ποιοῦν τὸν ἐν αὐτῇ λόγον, τὸν θεόν·
τοῦτον γὰρ ἀΐδιον ὄντα διὰ πάσης αὐτῆς δημιουργεῖν
ἕκαστα. τίθησι δὲ τὸ δόγμα τοῦτο Ζήνων μὲν ὁ Κιτιεὺς ἐν
τῷ Περὶ οὐσίας, Κλεάνθης δὲ ἐν τῷ Περὶ τῶν ἀτόμων,
Χρύσιππος δὲ ἐν τῇ πρώτῃ τῶν Φυσικῶν πρὸς τῷ τέλει,
1090 Ἀρχέδημος δ᾽ ἐν τῷ Περὶ στοιχείων καὶ Ποσειδώνιος ἐν τῷ
δευτέρῳ τοῦ Φυσικοῦ λόγου. διαφέρειν δέ φασιν ἀρχὰς καὶ
στοιχεῖα· τὰς μὲν γὰρ εἶναι ἀγενήτους καὶ ἀφθάρτους, τὰ δὲ
στοιχεῖα κατὰ τὴν ἐκπύρωσιν φθείρεσθαι. ἀλλὰ καὶ
σώματα εἶναι τὰς ἀρχὰς καὶ ἀμόρφους, τὰ δὲ μεμορφῶσθαι.

1095 [135] σῶμα δ᾽ ἐστί, φησιν Ἀπολλόδωρος ἐν τῇ Φυσικῇ,
τὸ τριχῇ διαστατόν, εἰς μῆκος, εἰς πλάτος, εἰς βάθος· τοῦτο

1083–1091 Posid. fr. 5 Ed.-K. = 257 Th. 44B L.-S. **1083–1090**
(στοιχείων) SVF III Arch. 12 **1083–1088** (οὐσίας) SVF I 85 **1083–
1088** (ἀτόμων) Cleanth. SVF I 493 SVF II 300 **1091** (διαφέρειν)–
1094 SVF II 299 **1095–1102** SVF III Apollod. 6 **1095–1097**
(καλεῖται) 45E L.-S.

1083–1098 (οὔ) Φ 7 (165.1–10) **1083–1094** Suda α 4092 (I 373.10–16)
1095–1100 (ἀπολείπει) Suda ε 2739 (II 391.13–15)

1081 συνίσταται Cob. ἅλως P^{pc}F: ἄλλως BP^1 **1083** εἶναι om. F
1085 τὴν BPF: γῆν Φ, Suda (codd. AVM): ἀρχὴν Suda (codd. GIT) τὸ
ποιοῦν δὲ Suda **1086** ἀΐδιον ὄντα BPΦ: ὄντα ἀΐδιον F: ἰόντα pro ὄντα
scr. Usener, Kl. Schr. I 350 (a. 1889): ὄντα <καὶ διϊόντα> V. d. Muehll: ὄντα
<καὶ διήκοντα> Pohlenz (teste V. d. Muehll, loc. non inveni): διϊόντα (vel
διήκοντα) Kidd **1087** (τίθησι)–**1091** (λόγου) om. Φ **1087** δὲ om. F
μὲν om. F **1088** (Κλεάνθης—ἀτόμων) suppl. F^{2mg} **1089** τῶν del.
Cob. **1090–1091** (καὶ—λόγου) om. F **1091** φασιν ex φησιν F^x: om.
Φ **1092** ἀγεννήτους FP$^{xs.l.}$, Suda (codd. GITM) καὶ Suda: om.
BPFΦ **1094** σώματα BPF: ἀσώματα Φ: ἀσωμάτους Suda:
ἀσχηματίστους dub. Goulet 118^3 <μὲν> εἶναι Marcov. καὶ ἀμόρφους
BPFΦ Suda: ἄμορφα Marcov. Vid. Dorandi, Laertiana 146–7; R. Goulet in
Essays D. O'Brien (2005) 157–76 et M. Bonazzi in L'eredità platonica (2005),
129–32 **1095** ἐστι BP: ἐστὶν ὥς F φησιν—Φυσικῇ om. Φ: ἐν τῇ
Φυσικῇ om. F **1096–1097** (εἰς—καλεῖται) om. Φ

δὲ καὶ στερεὸν σῶμα καλεῖται. ἐπιφάνεια δὲ ἐστὶ σώματος πέρας ἢ τὸ μῆκος καὶ πλάτος μόνον ἔχον, βάθος δ' οὔ· ταύτην δὲ Ποσειδώνιος ἐν ε' Περὶ μετεώρων καὶ κατ' ἐπίνοιαν καὶ καθ' ὑπόστασιν ἀπολείπει. γραμμὴ δ' ἐστὶν 1100 ἐπιφανείας πέρας ἢ μῆκος ἀπλατὲς ἢ τὸ μῆκος μόνον ἔχον. στιγμὴ δέ ἐστι γραμμῆς πέρας, ἥτις ἐστὶ σημεῖον ἐλάχιστον.

ἕν τε εἶναι θεὸν καὶ νοῦν καὶ εἱμαρμένην καὶ Δία· πολλαῖς τε ἑτέραις ὀνομασίαις προσονομάζεσθαι. [136] κατ' ἀρχὰς μὲν οὖν καθ' αὑτὸν ὄντα τρέπειν τὴν πᾶσαν οὐσίαν δι' 1105 ἀέρος εἰς ὕδωρ· καὶ ὥσπερ ἐν τῇ γονῇ τὸ σπέρμα περιέχεται, οὕτω δὲ καὶ τοῦτον, σπερματικὸν λόγον ὄντα τοῦ κόσμου, τοιοῦτο ὑπολείπεσθαι ἐν τῷ ὑγρῷ, εὐεργὸν αὑτῷ ποιοῦντα τὴν ὕλην πρὸς τὴν τῶν ἑξῆς γένεσιν· εἶτα ἀπογεννᾶν πρῶτον τὰ τέτταρα στοιχεῖα, πῦρ, ὕδωρ, ἀέρα, 1110 γῆν. λέγει δὲ περὶ αὐτῶν Ζήνων τε ἐν τῷ Περὶ τοῦ ὅλου καὶ Χρύσιππος ἐν τῇ πρώτῃ τῶν Φυσικῶν καὶ Ἀρχέδημος ἔν τῷ Περὶ στοιχείων.

ἔστι δὲ στοιχεῖον ἐξ οὗ πρώτου γίνεται τὰ γινόμενα καὶ εἰς ὃ ἔσχατον ἀναλύεται. [137] τὰ δὴ τέτταρα στοιχεῖα 1115 εἶναι ὁμοῦ τὴν ἄποιον οὐσίαν, τὴν ὕλην· εἶναι δὲ τὸ μὲν πῦρ

1097 (ἐπιφάνεια)–**1100** (ἀπολείπει) Posid. fr. 16 Ed.-K. = 311 Th. (**1099–1102**)   **1097** (ἐπιφάνεια)–**1102** 50E L.-S.   **1103–1113** SVF I 102 SVF II 580   **1114–1123** SVF II 580   47B L.-S.

1100 (γραμμὴ)–**1102** Φ 7 (165.11–13)   Suda γ 424 (I 539.1–2)   **1102** (στιγμὴ—ἐλάχιστον) Suda σ 1150 (IV 434.19–20)   **1103–1111** (γῆν) Φ 7 (165.14–21)   **1111–1123** Φ 7 (165.22–9)   Suda σ 1238 (IV 446.10–17)

1097 σῶμα del. K. Fr. Hermann 106   δὲ ἐστὶ om. Φ   **1098** ἔχον μόνον F   **1099** ε' BP: πέμπτῳ F   **1100** ἐστὶν om. Φ   **1101** ἦ² om. Suda   **1103–1104** πολλὰς τε ἑτέρας ὀνομασίας B, sed vid. infra § 147 (**1241**)   **1104** τε P^{l.s.l.}   **1105** πρέπειν B   τὴν om. Φ   **1107** περιχέεται Fr. V. d. Muehll   <ὑγρῷ> περιέχεται dub. V. d. Muehll et Marcov. <τῷ ὑ.>   δὲ om. FΦ   **1108** τοιοῦτο B: -ον B²: τοιοῦδ' P¹: -δε F: τοιόνδ' P⁴   ὑπολείπεσθαι P¹FΦ: -λίπεσθαι B: -λιπέσθαι P⁴   εὐεργὸν BPF: ἐν- Φ   **1109** αὑτῷ Arnim: αὐτῷ BP: -ὸ F   ποιοῦντι Φ   **1111** (λέγει)–**1113** om. F¹Φ, suppl. F²ᵐᵍ   **1111** τε om. B   **1113** τῷ Diels (teste V. d. Muehll): τινι BPF. Cf. supra § 134 (**1090**)   **1114** δέ φασι F   τι γίνεται Φ   γινόμενα PF: γενό- B: om. Φ   **1116** τὴν¹ FPᵖᶜΦ: τινὰ BPᵃᶜ

τὸ θερμόν, τὸ δὲ ὕδωρ τὸ ὑγρόν, τόν τε ἀέρα τὸ ψυχρόν, καὶ
τὴν γῆν τὸ ξηρόν. οὐ μὴν ἀλλὰ καὶ ἔτι ἐν τῷ ἀέρι εἶναι τὸ
αὐτὸ μέρος. ἀνωτάτω μὲν οὖν εἶναι τὸ πῦρ, ὃ δὴ αἰθέρα
1120 καλεῖσθαι, ἐν ᾧ πρώτην τὴν τῶν ἀπλανῶν σφαῖραν
γεννᾶσθαι, εἶτα τὴν τῶν πλανωμένων· μεθ᾽ ἣν τὸν ἀέρα,
εἶτα τὸ ὕδωρ, ὑποστάθμην δὲ πάντων τὴν γῆν, μέσην
ἁπάντων οὖσαν.

λέγουσι δὲ κόσμον τριχῶς· αὐτόν τε τὸν θεὸν τὸν ἐκ τῆς
1125 ἁπάσης οὐσίας ἰδίως ποιόν, ὃς δὴ ἄφθαρτός ἐστι καὶ
ἀγένητος, δημιουργὸς ὢν τῆς διακοσμήσεως, κατὰ χρόνων
ποιὰς περιόδους ἀναλίσκων εἰς ἑαυτὸν τὴν ἅπασαν οὐσίαν
καὶ πάλιν ἐξ αὐτοῦ γεννῶν· [138] καὶ αὐτὴν δὲ τὴν
διακόσμησιν {τῶν ἀστέρων} κόσμον εἶναι λέγουσι· καὶ
1130 τρίτον τὸ συνεστηκὸς ἐξ ἀμφοῖν. καὶ ἔστι κόσμος ὁ ἰδίως
ποιὸς τῆς τῶν ὅλων οὐσίας ἤ, ὥς φησι Ποσειδώνιος ἐν τῇ
Μετεωρολογικῇ στοιχειώσει, σύστημα ἐξ οὐρανοῦ καὶ γῆς
καὶ τῶν ἐν τούτοις φύσεων ἢ σύστημα ἐκ θεῶν καὶ

1122–1123 (ὑποστάθμην—οὖσαν) SVF I 105   **1124–1134** (γεγονότων)
44F L.-S.   **1124–1130** (ἀμφοῖν) SVF II 526   **1130** (καὶ)–**1134**
(γεγονότων) Posid. fr. 14 Ed.-K. = 334 Th.

1124–1160 (συντονίαν) Φ 7 (166.1–27)   Suda κ 2148 (III 168.18–38)

1117 τὸ[1, 3, 4] om. Suda   **1118** τὸ om. Suda   ξηράν Suda   **1118–1119**
οὐ—μέρος om. Φ   **1118** ἔτι om. F   ἀέρι] ἑτέρῳ Goulet 120[2]   **1119** ὃ
δὴ Φ, Suda: ὃν δὴ BF (an recte? K. Fr. Hermann 106 et V. d. Muehll): ὃν δεῖ
P   **1121** τὸν om. Φ   **1122** τὸ om. Φ   πάντων οὖσαν μέσην Φ
1124 δὲ BPF: τε Φ   τε om. Φ   θεὸν καὶ τὸν Suda   **1124** (τὸν[2])–**1125**
(ποιόν) om. Φ   **1125** πάσης F   ἰδίως ποιόν BPF: ἰδιοποιόν Suda:
ποιόν rec. Vid. Dorandi, Laertiana 147   δὴ om. Φ   **1126** ἀγένητος Φ:
ἀγέννη- BPF, Suda   χρόνου Suda   **1127** περιόδου B   **1128** αὐτοῦ
B[1]Φ, Suda: ἑαυ- B[2]PF   **1129** ἀστέρων PFΦ, Suda: ἄστρων B   τῶν
ἀστέρων secl. Arnim. Vid. Long-Sedley II 268   **1129** (κόσμον)–**1132** (γῆς)
om. B[1], 3 1/2 lineas vacuas relinquens, quas B[2] sic expl. κόσμον (vacat) καὶ
τρίτον usque ad κόσμος (**1130**)   **1130** (ὁ)–**1132** (στοιχειώσει) om. Φ
1130–1131 ἰδίως ποιός PF: ἰδιοποιός Suda   **1133** (καὶ[1])–**1134**
(γεγονότων) om. Φ   **1133** αὐτοῖς Suda   φύσεων FP[4], Suda: -εως BP[1]
θεῶν BPF: στοιχείων Suda

ἀνθρώπων καὶ τῶν ἕνεκα τούτων γεγονότων. οὐρανὸς δ᾽
ἐστὶν ἡ ἐσχάτη περιφέρεια ἐν ᾗ πᾶν ἵδρυται τὸ θεῖον.   1135

τὸν δὴ κόσμον διοικεῖσθαι κατὰ νοῦν καὶ πρόνοιαν, καθά
φησι Χρύσιππος ἐν τοῖς ε΄ Περὶ προνοίας καὶ Ποσειδώνιος ἐν
τοῖς ιγ΄ Περὶ θεῶν, εἰς ἅπαν αὐτοῦ μέρος διήκοντος τοῦ νοῦ,
καθάπερ ἐφ᾽ ἡμῶν τῆς ψυχῆς· ἀλλ᾽ ἤδη δι᾽ ὧν μὲν μᾶλλον, δι᾽
ὧν δὲ ἧττον. [139] δι᾽ ὧν μὲν γὰρ ὡς ἕξις κεχώρηκεν, ὡς διὰ   1140
τῶν ὀστῶν καὶ τῶν νεύρων· δι᾽ ὧν δὲ ὡς νοῦς, ὡς διὰ τοῦ
ἡγεμονικοῦ. οὕτω δὴ καὶ τὸν ὅλον κόσμον, ζῷον ὄντα καὶ
ἔμψυχον καὶ λογικόν, ἔχειν ἡγεμονικὸν μὲν τὸν αἰθέρα, καθά
φησιν Ἀντίπατρος ὁ Τύριος ἐν τῷ ὀγδόῳ Περὶ κόσμου.
Χρύσιππος δ᾽ ἐν τῷ πρώτῳ Περὶ προνοίας καὶ Ποσειδώνιος   1145
ἐν τῷ Περὶ θεῶν τὸν οὐρανόν φασι τὸ ἡγεμονικὸν τοῦ
κόσμου, Κλεάνθης δὲ τὸν ἥλιον. ὁ μέντοι Χρύσιππος
διαφορώτερον πάλιν τὸ καθαρώτατον τοῦ αἰθέρος ἐν
ταὐτῷ, ὃ καὶ πρῶτον θεὸν λέγουσιν αἰσθητικῶς ὥσπερ

1136–1151 SVF II 634   Posid. fr. 345 Th.   47O L.-S.   **1136–1142**
(ἡγεμονικοῦ) Posid. fr. 21 Ed.-K.   **1142** (οὕτω)–**1147** (ἥλιον) Posid. fr. 23
Ed.-K.   **1145** (Χρύσιππος)–**1149** (ταὐτῷ) SVF II 644   Posid. fr. 347
Th.

1134 (οὐρανὸς)–**1135** Suda ο 940 (III 590.12–13)

1134 ἕνεκα τούτων γεγονότων BPF: ἕνεκά του Suda   **1136** διοικεῖσθαι
BΦ: οἰκεῖσθαι PF, Suda   **1136** (καθά)–**1138** (θεῶν) suppl. F²ᵐᵍ   **1137**
χρύσιππός τε F²   ἐν τοῖς ε΄ περὶ (ἐπερι B) προνοίας BP: ἐν τῶ πέμπτω
π. πρ. F²: ἐν τοῖς π. πρ. rec.   **1137–1138** ἐν τοῖς ιγ΄ BP¹(Q): ἐν τῶ ιγ΄ F²:
ἐν τῆ * ιγ΄ʰ¹ P⁴: ἐν ιγ΄ rec.: ἐν τῷ τρίτῳ Cob.: ἐν τοῖς Sandbach ap. Kidd
II.1, 141   **1138** διοίκοντος B   **1139** (ἀλλ᾽)–**1140** (ἧττον) om. Suda
1139 ἀλλὰ δι᾽ ὧν Φ   **1140** γὰρ om. Suda   ἐχώρησε F   ὡς
suppl. Fˣˢ·¹·   **1141** τῶν² om. F   **1142** (οὕτω)–**1151** (φυτῶν) loc. vel
Laertii vel librariorum culpa laborare videtur   **1142** καὶ <τὸν νοῦν> τ. ὅ.
κ. Egli, Dialektik 60 τὸν κόσμον ὅλον F   ὡς ζῷον Suda   καὶ om. Φ
1142–1143 καὶ—λογικόν om. Suda   **1143** ἡγεμονικὸν ἔχειν τὸν αἰθέρα
Suda   **1143** (καθά)–**1146** (θεῶν) om. Φ   **1143–1144** καθά φησιν BP:
ὡς φασὶν F   **1144** (Ἀντίπατρος)–**1146** (θεῶν) suppl. F²ᵐᵍ   **1146** φασι
suppl. F²ˢ·¹·   **1147** μέντοι BP: δὲ F   **1148** καθαρώτατον BP¹(Q):
-τερον FP⁴Φ. 'ἐν ταὐτῷ melius post Χρύσιππος positum esset' V. d. Muehll
1149 ὃ] ὂν Arnim I, xxxiv (sc. αἰθέρα)   πρῶτον <ὂν νοῦν> Reiske 318
θεὸν <ὂν> A. A. Long   λέγουσιν· <τὸν αὐτὸν δὲ> αἰσθ. Arnim, λέγει·
<ὂν> αἰσθ. Marcov.

1150 κεχωρηκέναι διὰ τῶν ἐν ἀέρι καὶ διὰ τῶν ζῴων ἁπάντων καὶ φυτῶν· **[140]** διὰ δὲ τῆς γῆς αὐτῆς καθ᾿ ἕξιν.

ἕνα τὸν κόσμον εἶναι καὶ τοῦτον πεπερασμένον, σχῆμα ἔχοντα σφαιροειδές· πρὸς γὰρ τὴν κίνησιν ἁρμοδιώτατον τὸ τοιοῦτο, καθά φησι Ποσειδώνιος ἐν εʹ τοῦ Φυσικοῦ 1155 λόγου καὶ οἱ περὶ Ἀντίπατρον ἐν τοῖς περὶ κόσμου. ἔξωθεν δὲ αὐτοῦ περικεχυμένον εἶναι τὸ κενὸν ἄπειρον, ὅπερ ἀσώματον εἶναι· ἀσώματον δὲ τὸ οἷόν τε κατέχεσθαι ὑπὸ σωμάτων οὐ κατεχόμενον. ἐν δὲ τῷ κόσμῳ μηδὲν εἶναι κενόν, ἀλλ᾿ ἡνῶσθαι αὐτόν· τοῦτο γὰρ ἀναγκάζειν τὴν τῶν 1160 οὐρανίων πρὸς τὰ ἐπίγεια σύμπνοιαν καὶ συντονίαν. φησὶ δὲ περὶ τοῦ κενοῦ Χρύσιππος μὲν ἐν τῷ Περὶ κενοῦ καὶ ἐν τῇ πρώτῃ τῶν Φυσικῶν τεχνῶν καὶ Ἀπολλοφάνης ἐν τῇ Φυσικῇ καὶ Ἀπολλόδωρος καὶ Ποσειδώνιος ἐν βʹ τοῦ Φυσικοῦ λόγου.

1165 **[141]** εἶναι δὲ καὶ ταῦτα †ἀσώματα ὅμοια. ἔτι δὲ καὶ τὸν χρόνον ἀσώματον, διάστημα ὄντα τῆς τοῦ κόσμου

1152–1155 (κόσμου) SVF III Antip. 43   Posid. fr. 8 Ed.-K. = 260 Th.
1155 (ἔξωθεν)–**1164** SVF I 95   SVF II 543   SVF I Apolloph. 404   SVF III Apollod. 5   Posid. fr. 260 Th.   **1160** (φησὶ)–**1164** Posid. fr. 6 Ed.-K. = 259 Th.   **1165–1168** SVF II 520

1165 (ἔτι)–**1175** Suda χ 533 (IV 827.23–30)

1150 post κεχωρηκέναι ex Suda add. καὶ χωρεῖν Heine 620   **1151** καὶ <φυσικῶς διὰ τῶν> φυτῶν Arnim   **1152** καὶ ἕνα εἶναι κόσμον Suda τοῦτον om. Φ   **1153** ἁρμοδιώτατον P^{pc}(Q)FΦ, Suda: ἁρμονι- BP^{ac}. Cf. 2.66. et 1.44   **1154** τὸ τοιοῦτο B¹P: τὸ τοιοῦτον B²FΦ: τοῦτο Suda **1154** (καθά)–**1155** (κόσμου) om. Φ   **1154** (ἐν)–**1155** (κόσμου) om. F **1154** ἐν εʹ B: ἐν εῐ^{ω} P (^ω P⁴): ἐν τῷ πέμπτῳ Cob.   **1156** τὸ κέντρον εἶναι περικεχ. ἄπειρον Suda   ὅπερ] ὥσπερ Suda   **1157** εἶναι om. Suda ἀσώματον² BPFΦ, Suda: κενὸν Zeller, Philos. d. Gr. III 2 (³1879) 181³. Vid. Goulet 123¹   **1157–1158** κατέχειν, ὑπὸ σ. οὐ κατ. Kuehn   **1159** ἀναγκάζει Suda   **1160** συντονίαν καὶ σύμπνοιαν Suda   φασὶ B **1161** (μὲν)–**1164** om. F   **1161** Περὶ <τοῦ> κενοῦ Arnim   **1165** 'fort. σώμασιν ὅμοια, cf. SVF II 482' V. d. Muehll: ἀσωμάτοις ὅμοια Steph.: σώματα ὁμοίως Cob.: εἶναι δὲ καὶ τὰ λεκτὰ ἀσώματα ὁμοίως Arnim: εἶναι δὲ καὶ <τὸν τόπον καὶ> τὰ λεκτὰ ἀσώματα ὁμοίως Marcov. (conl. Sext., M 10.128)

κινήσεως. τούτου δὲ τὸν μὲν παρῳχηκότα καὶ τὸν μέλλοντα ἀπείρους, τὸν δὲ ἐνεστῶτα πεπερασμένον.

ἀρέσκει δ' αὐτοῖς καὶ φθαρτὸν εἶναι τὸν κόσμον, ἅτε γενητόν, τῷ λόγῳ τῶν δι' αἰσθήσεως νοουμένων· οὗ τε τὰ   1170
μέρη φθαρτά ἐστι, καὶ τὸ ὅλον· τὰ δὲ μέρη τοῦ κόσμου φθαρτά (εἰς ἄλληλα γὰρ μεταβάλλει)· φθαρτὸς ἄρα ὁ κόσμος. καὶ εἴ τι ἐπιδεκτικόν ἐστι τῆς ἐπὶ τὸ χεῖρον μεταβολῆς, φθαρτόν ἐστι· καὶ ὁ κόσμος δέ· ἐξαυχμοῦται γοῦν καὶ ἐξυδατοῦται.   1175

[142] γίνεσθαι δὲ τὸν κόσμον ὅταν ἐκ πυρὸς ἡ οὐσία τραπῇ δι' ἀέρος εἰς ὑγρότητα, εἶτα τὸ παχυμερὲς αὐτοῦ συστὰν ἀποτελεσθῇ γῆ, τὸ δὲ λεπτομερὲς ἐξαραιωθῇ, καὶ τοῦτ' ἐπὶ πλέον λεπτυνθὲν πῦρ ἀπογεννήσῃ. εἶτα κατὰ μίξιν ἐκ τούτων φυτά τε καὶ ζῷα καὶ τὰ ἄλλα γένη. περὶ δὴ   1180
οὖν τῆς γενέσεως τε καὶ φθορᾶς τοῦ κόσμου φησὶ Ζήνων μὲν ἐν τῷ Περὶ ὅλου, Χρύσιππος δ' ἐν τῇ πρώτῃ τῶν Φυσικῶν καὶ Ποσειδώνιος ἐν πρώτῳ Περὶ κόσμου καὶ Κλεάνθης καὶ Ἀντίπατρος ἐν τῷ ι′ Περὶ κόσμου. Παναίτιος δ' ἄφθαρτον ἀπεφήνατο τὸν κόσμον.   1185

1169–1175 SVF II 589   46J L.-S.   **1176–1185** SVF I 102   SVF II
581   Posid. fr. 13 Ed.-K.   SVF III Antip. 45   Panaet. test. 132 Al.
1176–1180 (γένη) 46C L.-S.

1169–1180 (γένη) Φ 7 (166.28–167.8)

1169 (ἅτε)**–1170** (νοουμένων) om. Suda   **1170** γενητόν Φ: γεννη-
BPF   (τῷ—νοουμένων) om. Φ, Suda, secl. Heine 616   τῶν B² ex τῶ
**νοουμένων Fˣ (ου supra o): γενομένων F¹ ut vid. (γε in ras.)   οὗ τε BP:
οὗ F: οὐ γὰρ Φ, Suda   **1172** ἄρα καὶ Suda   **1173** ἐπιδεικτικόν F
τὸ PF: τοῦ B   **1174** δέ om. Suda: ἄρα Cob.: δή dub. V. d. Muehll
1175 γοῦν BP¹(Q)Φ, Suda: γὰρ FP⁴   ἐξυδατοῦται· <φθαρτὸς ἄρα
ὁ κόσμος> Arnim   **1176** ἐκ πυρὸς om. Φ   **1177** ὑγρότητα B
(cf. supra § 136, **1110**: ὕδωρ): ὑγρ P inc. comp.: ὑγρὸν FΦ (cf. infra § 147,
1247)   **1178** λεπτομερὲς αὐτοῦ Φ   ἐξαραιωθῇ BP¹(Q)F: ἐξαερωθῇ
P⁴Φ   **1180** καὶ FP⁴ˢ·¹Φ: om. BP¹   **1181** τε καὶ BP¹: τε om. F, del. P⁴
μὲν om. F   **1182** καὶ χρύσιππος F   δ'—Φυσικῶν om. F   τῇ
πρώτῃ BP¹: τῶ α^ω in mg cum γρ P⁴   **1183** πρώτῳ BP: τῶ F   **1183**
(καὶ²)**–1184** (κόσμου) om. F   **1184** τῷ ι′ BP: τῶι Arnim   δ' (δὲ P)
ἄφθαρτον PF: διάφθαρτον B

ὅτι δὲ καὶ ζῷον ὁ κόσμος καὶ λογικὸν καὶ ἔμψυχον καὶ
νοερὸν καὶ Χρύσιππος ἐν α΄ φησὶ Περὶ προνοίας καὶ
Ἀπολλόδωρός φησιν ἐν τῇ Φυσικῇ καὶ Ποσειδώνιος· [143]
ζῷον μὲν οὕτως ὄντα, οὐσίαν ἔμψυχον αἰσθητικήν. τὸ γὰρ
1190 ζῷον τοῦ μὴ ζῴου κρεῖττον· οὐδὲν δὲ τοῦ κόσμου κρεῖττον·
ζῷον ἄρα ὁ κόσμος. ἔμψυχον δέ, ὡς δῆλον ἐκ τῆς ἡμετέρας
ψυχῆς, ἐκεῖθεν οὔσης ἀποσπάσματος.

Βόηθος δέ φησιν οὐκ εἶναι ζῷον τὸν κόσμον. ὅτι τε εἷς ἐστι
Ζήνων τέ φησιν ἐν τῷ Περὶ τοῦ ὅλου καὶ Χρύσιππος καὶ
1195 Ἀπολλόδωρος ἐν τῇ Φυσικῇ καὶ Ποσειδώνιος ἐν α΄ τοῦ
Φυσικοῦ λόγου.

τὸ δὲ πᾶν λέγεται, ὥς φησιν Ἀπολλόδωρος, ὅ τε κόσμος
καὶ καθ' ἕτερον τρόπον τὸ ἐκ τοῦ κόσμου καὶ τοῦ ἔξωθεν
κενοῦ σύστημα. ὁ μὲν οὖν κόσμος πεπερασμένος ἐστί, τὸ δὲ
1200 κενὸν ἄπειρον.

[144] τῶν δὲ ἄστρων τὰ μὲν ἀπλανῆ συμπεριφέρεσθαι
τῷ ὅλῳ οὐρανῷ, τὰ δὲ πλανώμενα κατ' ἰδίας κινήσεις
κινεῖσθαι. τὸν δὲ ἥλιον λοξῇ τὴν πορείαν ποιεῖσθαι διὰ τοῦ

1186–1193 Posid. fr. 99A Ed.-K.   SVF III Boeth. 6   **1186–1192** SVF II
633   SVF III Apollod. 10   **1191** (ἔμψυχον)**–1192** 53X L.-S.   **1193**
(ὅτι)**–1200** SVF I 97   SVF II 531   SVF III Apollod. 11   Posid. fr. 4 Ed.-
K. = 256 Th.   **1197–1200** SVF III Apollod. 9   **1201–1226** (ἐχούσης)
SVF II 650

1186 (ζῷον)**–1192** Φ 7 (167.9–12)   **1197–1200** Φ 7 (167.12–15)   **1197–
1234** Suda π 149 (IV 16.31–17.26)   **1201–1229** (ἡλίῳ) Φ 7 (167.16–168.9)

1187 ἐν α΄ φησι BP: ἐν τῷ (om. φησι) F   προνοίας BFP⁴: ἀνοίας P¹(Q)
1187–1188 καὶ¹—Ποσειδώνιος om. F   φησιν del. Cob.   **1189** οὕτως]
ὡς Reiske 318: οὖν ὡς Diels   **1190** τοῦ om. Φ   οὐδὲν—κρεῖττον
suppl. F²ᵐᵍ   **1191** ζῷον—κόσμος om. Φ   **1192** 'post ἀποσπάσματος
videtur intercidisse demonstratio mundum λογικὸν et νοερὸν εἶναι conl.
§ 142' Reiske 318   **1193** Βόηθος Menag.: βοηθός BPF   **1194** (Ζήνων)–
1196 suppl. F²ᵐᵍ   **1198** κόσμου καὶ καθ' ἕτερον σύστημα τοῦ (ex
τὸ?) ἔξωθεν κ. σ. F   **1199** σύστημα FP⁴, Suda (cod. M): συστήματος
BP¹, Suda (codd. AGFV)   **1200** κενόν] πᾶν Arnim   **1201** δὲ om. Φ
ἀστέρων Suda   συμφέρεσθαι Suda   **1202** ὅλῳ om. Φ, Suda
1202–1203 κινεῖσθαι κινήσεις F   **1203** δὲ om. Φ   λοξῇ V. d. Muehll:
δοξῇ B¹: δόξῃ P¹(Q): λοξὴν B²P⁴, Suda

ζωδιακοῦ κύκλου· ὁμοίως τε τὴν σελήνην, ἑλικοειδῆ. εἶναι δὲ
τὸν μὲν ἥλιον εἰλικρινὲς πῦρ, καθά φησι Ποσειδώνιος ἐν 1205
ἑβδόμῳ Περὶ μετεώρων· καὶ μείζονα τῆς γῆς, ὡς ὁ αὐτὸς ἐν
τῷ ϛ' τοῦ Φυσικοῦ λόγου· ἀλλὰ καὶ σφαιροειδῆ, ὡς οἱ περὶ
αὐτὸν τοῦτόν φασιν, ἀναλόγως τῷ κόσμῳ. πῦρ μὲν οὖν
εἶναι, ὅτι τὰ πυρὸς πάντα ποιεῖ· μείζω δὲ τῆς γῆς τῷ πᾶσαν
ὑπ' αὐτοῦ φωτίζεσθαι, ἀλλὰ καὶ τὸν οὐρανόν. καὶ τὸ τὴν 1210
γῆν δὲ κωνοειδῆ σκιὰν ἀποτελεῖν τὸ μείζονα εἶναι σημαίνει·
πάντοθεν δὲ βλέπεσθαι διὰ τὸ μέγεθος.

[145] γεωδεστέραν δὲ τὴν σελήνην, ἅτε καὶ
προσγειοτέραν οὖσαν. τρέφεσθαι δὲ τὰ ἔμπυρα ταῦτα καὶ
τὰ ἄλλα ἄστρα, τὸν μὲν ἥλιον ἐκ μεγάλης θαλάττης νοερὸν 1215
ὄντα ἄναμμα· τὴν δὲ σελήνην ἐκ ποτίμων ὑδάτων, ἀερομιγῆ
τυγχάνουσαν καὶ πρόσγειον οὖσαν, <καθά φησι>
Ποσειδώνιος ἐν τῷ ἕκτῳ τοῦ Φυσικοῦ λόγου· τὰ δ' ἄλλα
ἀπὸ γῆς. δοκεῖ δὲ αὐτοῖς σφαιροειδῆ εἶναι καὶ τὰ ἄστρα καὶ
τὴν γῆν ἀκίνητον οὖσαν. τὴν δὲ σελήνην οὐκ ἴδιον ἔχειν 1220
φῶς, ἀλλὰ παρ' ἡλίου λαμβάνειν ἐπιλαμπομένην.

ἐκλείπειν δὲ τὸν μὲν ἥλιον ἐπιπροσθούσης αὐτῷ σελήνης
κατὰ τὸ πρὸς ἡμᾶς μέρος, ὡς Ζήνων ἀναγράφει ἐν τῷ Περὶ
τοῦ ὅλου. [146] φαίνεται γὰρ ὑπερχομένη ταῖς συνόδοις

1204 (εἶναι)–**1212** Posid. fr. 17.9 et 117 Ed.-K. = 312.261a et 265 Th.   **1216**
(τὴν)–**1218** (λόγου) Posid. fr. 10 Ed.-K. = 262 Th.   **1222–1235** SVF I 119
SVF II 678

1205–1206 καθά—μετεώρων om. Φ   ἐν—μετεώρων om. F   ἐν ἑβδόμῳ
B: ἐν ιζ' P: ἐν τῷ ιζ' rec.   **1206–1207** ὡς—ἀλλὰ om. ΦΦ, Suda   **1207**
ϛι' P ἒξ καὶ δεκάτῳ B   **1207–1208** ὡς—φασιν om. Φ   **1208** οὖν om.
F: οὖν εἶναι om. Φ   **1210** ἀλλὰ om. Φ   τὸ] τῷ Suda   **1211** δὲ om.
Φ   ἀποτελεῖν BFP⁴: -βάλλειν P¹(Q)Φ: ἐπιβάλλειν Suda   **1214–1215**
τὰ—ἄστρα om. Φ   **1215** τῆς μεγάλης P⁴, sed vid. infra **1219**   νοερὸν
BPFΦ: νωθρὸν Suda: νοτερὸν Steph., 'recte' K. Fr. Hermann 106 conl. Cic.,
N.D. 2.15 (sed vid. SVF II 652 et 656)   **1217** τυγχάνουσαν om. Φ
καθά φησι V. d. Muehll: nihil dant BP¹: ὡς P⁴ˢ·ˡ·: ὡς ὁ Z (Frob.)   **1218**
ἄλλα ἄστρα Φ   Ποσειδώνιος—λόγου om. FΦ   **1219** τῆς γῆς P⁴ (cf.
supra ad **1215**)   καὶ om. Φ   **1221** ἀλλ' ἀπὸ Φ, Suda   ἐπιλαμπουμ-
ένην B   **1222** μὲν om. Suda   ἐπίπροσθ' οὔσης B¹: -θεν οὔσης B²   τῆς
σελήνης Suda   **1223** πρὸς] ἐφ' Suda   **1223–1224** ὡς—ὅλου om. FΦ
1224 τοῦ in P erasum   <ἐν> ταῖς συνόδοις Cob., sed cf. infra **1227**

1225 καὶ ἀποκρύπτουσα αὐτὸν καὶ πάλιν παραλλάττουσα· γνωρίζεται δὲ τοῦτο διὰ λεκάνης ὕδωρ ἐχούσης. τὴν δὲ σελήνην ἐμπίπτουσαν εἰς τὸ τῆς γῆς σκίασμα· ὅθεν καὶ ταῖς πανσελήνοις ἐκλείπειν μόναις, καίπερ κατὰ διάμετρον ἱσταμένην κατὰ μῆνα τῷ ἡλίῳ, ὅτι κατὰ λοξοῦ ὡς πρὸς τὸν

1230 ἥλιον κινουμένη παραλλάττει τῷ πλάτει, ἢ βορειοτέρα ἢ νοτιωτέρα γινομένη. ὅταν μέντοι τὸ πλάτος αὐτῆς κατὰ τὸν ἡλιακὸν καὶ τὸν διὰ μέσων γένηται, εἶτα διαμετρήσῃ τὸν ἥλιον, τότε ἐκλείπει· γίνεται δὲ τὸ πλάτος αὐτῆς κατὰ τὸν διὰ μέσων ἐν Χηλαῖς καὶ Σκορπίῳ καὶ Κριῷ καὶ Ταύρῳ,

1235 ὡς οἱ περὶ τὸν Ποσειδώνιον.

[147] θεὸν δ' εἶναι ζῷον ἀθάνατον, λογικόν, τέλειον {ἢ νοερὸν} ἐν εὐδαιμονίᾳ, κακοῦ παντὸς ἀνεπίδεκτον, προνοητικὸν κόσμου τε καὶ τῶν ἐν κόσμῳ· μὴ εἶναι μέντοι ἀνθρωπόμορφον. εἶναι δὲ <αὐ>τὸν μὲν δημιουργὸν τῶν

1240 ὅλων καὶ ὥσπερ πατέρα πάντων, κοινῶς τε καὶ τὸ μέρος αὐτοῦ τὸ διῆκον διὰ πάντων, ὃ πολλαῖς προσηγορίαις προσονομάζεται κατὰ τὰς δυνάμεις. Δία μὲν γάρ φασι δι' ὃν

1226 (τὴν)–**1235** Posid. fr. 126 Ed.-K. = 266 Th.   **1236–1249** SVF II 1021   54A L.-S.   **1236–1262** 43A L.-S.

1236–1248 (γῆν) Φ 61 (307.4–16)   **1236–1242** (δυνάμεις) Suda θ 178 (II 699.2–8)

1225 ὑποκρύπτουσα B   **1227** σκίασμα BPF: ἀποσκίασμα Φ, Suda καὶ om. Φ   **1228** μόναις P⁴: μῆνα BP¹(Q) Φ: μόνον F: om. Suda: ἐκλ. <, ἀλλ' οὐ καθ' ἕκαστον> μῆνα V. d. Muehll   καίπερ] καὶ Rossi 149 **1229** (ὅτι)–**1231** (γινο-) om. B, 2 lineas vacuas relinquens, deinde incipit cum μὲν ἢ   **1229** λοξοῦ PF, Suda: λοξὸν Reiske 318: κύκλου Diels   **1231** γιγνομένη P, γενο- Steph.   **1232** μέσον F¹ atque spatium 4 fere litt. vacuum   **1232** (γένηται)–**1234** (μέσων) suppl. F²ᵐᵍ   **1231–1234** κατὰ τῶν ἡλιακῶν καὶ τῶν διὰ μέσων ἐν χηλαῖς Suda   **1233** γίνεται BP¹(Q)F, Suda: γεῖ- P⁴ 'videtur scribere voluisse κεῖται' V. d. Muehll   **1234** τὸν P: τῶν BF, Suda   διαμέσον Pᵃᶜ, διὰ μέσον F²   **1236** ἢ om. Suda: ἢ νοερὸν secl. A. J. Festugière, Révél. III (1953) 161¹: post λογικόν transp. Pohlenz, Stoa u. Stoiker I (1950) 365ⁿ: τέλ. καὶ νοερ. Marcov.   **1237** παντὸς BP¹, in ras. F², Suda: τινὸς P⁴, de F¹ non constat   **1238** τε om. Φ   **1239** αὐτὸν G. Bernhardy, Suid. Lex. (1853) 1145: τὸν BPFΦ, Suda   **1240** ὥσπερ καὶ FP⁴ τε Z (Frob.): δὲ BPFΦ, Suda   **1242** προσονομάζεσθαι Cob.

τὰ πάντα, καὶ Ζῆνα καλοῦσι παρ' ὅσον τοῦ ζῆν αἴτιός ἐστιν
ἢ διὰ τοῦ ζῆν κεχώρηκεν, Ἀθηνᾶν δὲ κατὰ τὴν εἰς αἰθέρα
διάτασιν τοῦ ἡγεμονικοῦ αὐτοῦ, Ἥραν δὲ κατὰ τὴν εἰς 1245
ἀέρα, καὶ Ἥφαιστον κατὰ τὴν εἰς τὸ τεχνικὸν πῦρ, καὶ
Ποσειδῶνα κατὰ τὴν εἰς τὸ ὑγρόν, καὶ Δήμητραν κατὰ τὴν
εἰς γῆν· ὁμοίως δὲ καὶ τὰς ἄλλας προσηγορίας ἐχόμενοί
τινος οἰκειότητος ἀπέδοσαν.

[148] οὐσίαν δὲ θεοῦ Ζήνων μέν φησι τὸν ὅλον κόσμον 1250
καὶ τὸν οὐρανόν, ὁμοίως δὲ καὶ Χρύσιππος ἐν τῷ α' Περὶ
θεῶν καὶ Ποσειδώνιος ἐν α' Περὶ θεῶν. καὶ Ἀντίπατρος ἐν
ἑβδόμῳ Περὶ κόσμου ἀεροειδῆ φησιν αὐτοῦ τὴν οὐσίαν·
Βόηθος δὲ ἐν τῇ Περὶ φύσεως οὐσίαν θεοῦ τὴν τῶν ἀπλανῶν
σφαῖραν.   1255

φύσιν δὲ ποτὲ μὲν ἀποφαίνονται τὴν συνέχουσαν τὸν
κόσμον, ποτὲ δὲ τὴν φύουσαν τὰ ἐπὶ γῆς. ἔστι δὲ φύσις ἕξις
ἐξ αὑτῆς κινουμένη κατὰ σπερματικοὺς λόγους,
ἀποτελοῦσά τε καὶ συνέχουσα τὰ ἐξ αὑτῆς ἐν ὡρισμένοις
χρόνοις καὶ τοιαῦτα δρῶσα ἀφ' οἵων ἀπεκρίθη. [149] 1260
ταύτην δὲ καὶ τοῦ συμφέροντος στοχάζεσθαι {ἡδονῆς}, ὡς
δῆλον ἐκ τῆς τοῦ ἀνθρώπου δημιουργίας.

1250–1255 SVF I 163   SVF II 1022   Posid. fr. 20 Ed.-K. = 344 Th.
SVF III Antip. 44   SVF III Boeth. 3   **1256–1262** SVF II 1132

1250–1267 Φ 7 (168.10–8)   **1256–1262** Suda φ 864 (IV 777.11–5)

1243 καὶ ζῆνα BP¹: ζῆνα δὲ FP⁴: ζῆνα Φ   ἐστὶν αἴτιος Φ   **1244** ἢ—
κεχώρηκεν secl. Rossi 158   ζῆν] ζεῖν Lipsius, Physiol. Stoic. (1604) 21ʳ   εἰς
FP⁴: ἐς P¹(Q): om. B   ἀέρα ἤτοι αἰθέρα F   **1245** τοῦ ἡγεμονικοῦ
αὐτοῦ om. F   δὲ om. Φ   εἰς P⁴: ἐς BP¹(Q)F   **1246** ἐς Φ   **1247**–
1248 ἐς¹⁻² Φ   **1250** ζήνων μέν φησι rec.: ζήνων δὲ φησὶ BP¹: φησὶ ζήνων
F: ζήνων (deleto δὲ φησὶ) Pˣ: φασὶ Φ   **1251** α'¹ rec.: αι' BP: ια' F
1252 (καὶ²)–**1253** (οὐσίαν) suppl. F²ᵐᵍ   **1252** α' BP: πρώτω F²   **1253**
ἀέρος δὴ (ex δῆ) B   **1254** Βόηθος Menag.: βοηθός BPF   ἐν—φύσεως
om. F   **1257** τῆς γῆς Suda   **1258** αὑτῆς Φ, Suda: αὐ- BPF   **1259**
τε om. Φ   αὑτῆς rec.: αὐ- BPFΦ, Suda   **1259** (ἐν)–**1260** (ἀπεκρίθη)
om. Φ   **1261** ἡδονῆς BPF: om. Suda: καὶ ἡδονῆς rec.: del. V. d. Muehll.
Cf. SVF I 172   **1262** ἐκ τῆς οὐρανοῦ δημιουργίας Suda

καθ᾽ εἱμαρμένην δέ φησι τὰ πάντα γίνεσθαι Χρύσιππος ἐν τοῖς Περὶ εἱμαρμένης καὶ Ποσειδώνιος ἐν β΄ Περὶ εἱμαρμένης 1265 καὶ Ζήνων, Βόηθος δ᾽ ἐν α΄ Περὶ εἱμαρμένης. ἔστι δὲ εἱμαρμένη αἰτία τῶν ὅλων εἰρομένη ἢ λόγος καθ᾽ ὃν ὁ κόσμος διεξάγεται.

καὶ μὴν καὶ μαντικὴν ὑφεστάναι φασὶ πᾶσαν, ᾗ καὶ πρόνοιαν εἶναι· καὶ αὐτὴν καὶ τέχνην ἀποφαίνουσι διά 1270 τινας ἐκβάσεις, ὥς φησι Ζήνων τε καὶ Χρύσιππος ἐν τοῖς δύο Περὶ μαντικῆς καὶ Ἀθηνόδωρος καὶ Ποσειδώνιος ἐν τῷ δευτέρῳ τοῦ Φυσικοῦ λόγου καὶ ἐν τοῖς ε΄ Περὶ μαντικῆς. ὁ μὲν γὰρ Παναίτιος ἀνυπόστατον αὐτήν φησι.

[150] οὐσίαν δέ φασι τῶν ὄντων ἁπάντων τὴν πρώτην 1275 ὕλην, ὡς καὶ Χρύσιππος ἐν τῇ πρώτῃ τῶν Φυσικῶν καὶ Ζήνων. ὕλη δέ ἐστιν ἐξ ἧς ὁδηποτοῦν γίνεται. καλεῖται δὲ διχῶς, οὐσία τε καὶ ὕλη, ἥ τε τῶν πάντων καὶ ἡ τῶν ἐπὶ μέρους. ἡ μὲν οὖν τῶν ὅλων οὔτε πλείων οὔτε ἐλάττων γίνεται, ἡ δὲ τῶν ἐπὶ μέρους <καὶ πλείων καὶ ἐλάττων 1280 γίνεται>. σῶμα δέ ἐστι κατ᾽ αὐτοὺς ἡ οὐσία, καὶ

1263–1267 SVF II 915   **1263–1265** (εἱμαρμένης) Posid. fr. 25 Ed.-K. = 381 Th.   SVF I 175   SVF III Boeth. 5. Vid. E. Maass, Aratea (1892) 153[62] **1268–1273** SVF I 174   SVF II 1191   Posid. fr. 7 et 27 Ed.-K. = 258 et 371a Th.   Panaet. test. 139 Al.   **1274–1279** (ἐλάττων) SVF I 87   SVF II 316   **1280** (σῶμα)**–1287** (γίνεσθαι) 50B L.-S.   **1280** (σῶμα)**–1284** (ἐγίνετο) SVF III Antip. 32   SVF III Apollod. 4

1265 (ἔστι)**–1267** Suda ε 142 (II 529.3–5)

1263 φησι BP[1]F: φασι P[4]   τὰ om. Φ   **1264–1265** καὶ—Ζήνων om. F **1265** Βόηθος Menag.: βοηθός BPF   ἐν—εἱμαρμένης om. F   α΄ B: πρώτω P[1](Q): ια΄ s.l. cum γρ P[4]: ἐν <τῷ> πρώτω Cob.   **1266** τῶν BP: τῆς F   ὅλων Suda (coni. Reiske 318. Cf. 8.27): νόμων BPF: ὄντων rec. **1268** μαγικὴν F   πᾶσαν φασὶν F   ᾗ Kuehn: εἰ B: ἢ PF   **1269** καὶ[2] om. F, in P erasum   **1270** (ὥς)**–1272** (μαντικῆς) om. F[1], ὥς usque ad φησι (**1273**) suppl. F[2mg]   **1270** τοῖς δύο B: τ‾ β΄ P: τῶ β΄[ω] F[2]   **1272** δευτέρω Cob.: ιβ΄ BP: β΄[ω] F[2]   τοῦ φυσικῶν λόγων F[2]   τοῖς ε΄ BP: τῶ ε΄[ω] F[2] **1273** φησί PF, comp. B   **1274–1290** Vid. M. Rashed, AAntHung 49 (2009) 355–61   **1275** (ὥς)**–1276** (Ζήνων) om. F   **1276** ὁδηποτοῦν BP[1]F: ὁτιδη- P[4]   **1279–1280** καὶ πλείων καὶ ἐλάττων γίνεται suppl. Gercke, Überlieferung 429 ex rec. (καὶ πλείω καὶ ἐλάττω), praeeunte Steph. (om. γίν.): om. BPF: lac. agnoscit P[x] qui in mg hab. ζῆτ.

πεπερασμένη καθά φησιν Ἀντίπατρος ἐν β' Περὶ οὐσίας καὶ
Ἀπολλόδωρος ἐν τῇ Φυσικῇ. καὶ παθητὴ δέ ἐστιν, ὡς ὁ
αὐτός φησιν· εἰ γὰρ ἦν ἄτρεπτος, οὐκ ἂν τὰ γινόμενα ἐξ
αὐτῆς ἐγίνετο· ἔνθεν κἀκεῖνος ὡς ἥ τε τομὴ <μὴ> εἰς ἄπειρόν
ἐστιν ἣν ἄπειρον φησιν ὁ Χρύσιππος [151] (οὐ γάρ ἐστί τι   1285
ἄπειρον, εἰς ὃ γίνεται ἡ τομή), ἀλλ' ἀκατάληκτός ἐστι, καὶ
τὰς κράσεις δὲ διόλου γίνεσθαι, καθά φησιν ὁ Χρύσιππος ἐν
τῇ γ' τῶν Φυσικῶν, καὶ μὴ κατὰ περιγραφὴν καὶ
παράθεσιν· καὶ γὰρ εἰς πέλαγος ὀλίγος οἶνος βληθεὶς ἐπὶ
ποσὸν ἀντιπαρεκταθήσεται, εἶτα συμφθαρήσεται.   1290
    φασὶ δὲ εἶναί τινας καὶ δαίμονας ἀνθρώπων συμπάθειαν
ἔχοντας, ἐπόπτας τῶν ἀνθρωπείων πραγμάτων· καὶ ἥρωας
τὰς ὑπολελειμμένας τῶν σπουδαίων ψυχάς.
    τῶν δὲ ἐν ἀέρι γινομένων χειμῶνα μὲν εἶναί φασι τὸν ὑπὲρ
γῆς ἀέρα κατεψυγμένον διὰ τὴν τοῦ ἡλίου πρόσω ἄφοδον,   1295
ἔαρ δὲ τὴν εὐκρασίαν τοῦ ἀέρος κατὰ τὴν πρὸς ἡμᾶς
πορείαν· [152] θέρος δὲ τὸν ὑπὲρ γῆς ἀέρα
καταθαλπόμενον τῇ τοῦ ἡλίου πρὸς ἄρκτον πορείᾳ,

1282 (καὶ)–**1287** SVF II 482   **1286** (καὶ)–**1290** SVF II 479   48A L.-S.
1291–1293 SVF II 1102   Posid. fr. 400f Th.   **1294–1300** (γίνεσθαι)
SVF II 693

1291–1292 (φασὶ—ἔχοντας) Suda δ 113 (II 12.12–13)   **1291–1293** Φ 61
(307.16–18)   **1294–1377** (λόγου)   Φ 7 (168.19–171.9)   **1294–1295**
(ἄφοδον) Suda χ 234 (IV 800.16–17)   **1297** (θέρος)–**1298** (πορείᾳ) Suda
θ 254 (II 666.4–7)

1281–1282 καὶ—Φυσικῇ om. F   **1282–1283** ὁ αὐτός BPF: οὗτός
(i.e. Apollodorus) Rashed   **1284** κἀκεῖνος ὡς Rashed: κἀκεῖνος ἥ τε
BP: κἀκείνως ἥ τε F: κἀκεῖνο ὅτι rec.   post κἀκεῖνος lac. stat. V. d. Muehll
'ἥ τε monstrat excidisse quaedam', κἀκεῖν' ὡς Hicks, κἀκ<ολουθ>εῖν
ὡς Arnim, κἀκεῖνός <φησιν> ὅτι Hermann ap. Huebn. II 190f   μὴ add.
Rashed   **1285** ἄπειρον <οὐκ εἰς ἄπειρόν> Arnim   ὁ om. F   **1286**
ἀκατάληπτός R. B. Todd, Apeiron 7 (1973) 23, sed vid. A. Drozdek, Hermes
130 (2002) 413[29]   **1287** διόλου BPF: δι' ὅλου A. A. Long: δι' ὅλων R. B.
Todd, Alexander of Aphrodisias on Stoic Physics (1976) 31[45]   **1288**
γραφὴν F   **1291** τινὰς καὶ BP¹F: καί τινας Φ: τινας Suda: καὶ expunxit
P⁴   **1292** ἀνθρωπείων PᵖᶜΦ: -ίων F: -ίνων B (cf. 6.73)   **1294**
γενομένων F   **1296** δὲ om. Φ   **1297** δὲ om. Φ

μετόπωρον δὲ τῇ παλινδρομίᾳ τοῦ ἡλίου ἀφ' ἡμῶν
1300 γίνεσθαι. <...> παρὰ τοὺς τόπους ἀφ' ὧν ῥέουσι. τῆς δὲ
γενέσεως αὐτῶν αἴτιον γίνεσθαι τὸν ἥλιον ἐξατμίζοντα τὰ
νέφη.

ἶριν δ' εἶναι αὐγὰς ἀφ' ὑγρῶν νεφῶν ἀνακεκλασμένας ἤ,
ὡς Ποσειδώνιός φησιν ἐν τῇ Μετεωρολογικῇ, ἔμφασιν ἡλίου
1305 τμήματος ἢ σελήνης ἐν νέφει δεδροσισμένῳ κοίλῳ καὶ
συνεχεῖ πρὸς φαντασίαν, ὡς ἐν κατόπτρῳ φανταζομένην
κατὰ κύκλου περιφέρειαν. κομήτας δὲ καὶ πωγωνίας καὶ
λαμπαδίας πυρὰ εἶναι ὑφεστῶτα πάχους ἀέρος εἰς τὸν
αἰθερώδη τόπον ἀνενεχθέντος. [153] σέλας δὲ πυρὸς
1310 ἀθρόου ἔξαψιν ἐν ἀέρι φερομένου ταχέως καὶ φαντασίαν
μήκους ἐμφαίνοντος.

ὑετὸν δὲ ἐκ νέφους μεταβολὴν εἰς ὕδωρ, ἐπειδὰν ἡ ἐκ γῆς

1300–1302 SVF II 698   **1303–1315** (καλεῖσθαι) Posid. fr. 335 Th.
1303–1311 SVF II 692   **1303–1307** (περιφέρειαν) Posid. fr. 15 Ed.-K.
1312–1316 (διακρυφθέν) SVF II 702

1299 (παλινδρομίᾳ)–**1302** Suda φ 494 (IV 741.20–2)   **1303–1307**
(περιφέρειαν) Suda ι 598 (II 708.15–16)   **1307** (κομήτας)–**1311** Suda κ
1996 (III 149.20–3)   **1312** (ἐπειδάν)–**1315** (καλεῖσθαι) Suda π 831 (IV
73.1–2)   **1312–1313** (ὑγρασία) Suda υ 75 (IV 779.8–9)

1299 δὲ om. Φ   τὴν παλινδρομίαν ex τῇ -μία Φ   **1299–1300** τοῦ—
γίνεσθαι om. Φ   **1300** lac. agnoscit Pˣ, qui in mg hab. λείπει: πνεύματα
δὲ ἀέρος εἶναι ῥύσιν· τὰς δὲ ἐπωνυμίας ἀλλάττειν Casaub.: τοὺς δ'
ἀνέμους ἀέρος εἶναι ῥύσεις· παραλλαττούσας δὲ τὰς ἐπωνυμίας Arnim (cf.
Aet. 3.7.2 = SVF II 697)   παρὰ] πρὸς Suda   τρόπους F   ῥέουσι]
ἐγένοντο Suda   **1301** γίνεσθαι BP¹: γενέ- FPˣ Suda: εἶναι Φ   **1303**
ἀφ' BP¹(Q)Φ, Suda: ἐξ F, s.l. cum γρ P⁴   **1304** (ὡς—Μετεωρολογικῇ)
om. Φ   ἔμφασιν comp. Φ: -ις BF: comp. P¹, sed in mg ἔμφασιν cum γρ P⁴:
de Suda incertum   **1306** συνεχῆ F   ὡς ἐν ΦᵖᶜP⁴, Suda: ὡς ἂν BP¹F:
ὡσὰν dub. V. d. Muehll   φανταζομένην BPᵃᶜΦΦ, Suda: -η Pᵖᶜ:
αὐγαζομένην in mg cum γρ P⁴   **1307** δὲ om. Φ   **1307–1308** καὶ
λαμπαδίας PF, Suda: om. ΒΦ, sed vid Arrian., Phys. fr. 6 (193.22 et 195.17
Roos) et Plin., Nat. hist. 2.25   **1308** ἐφεστῶτα P¹(Q)   πάχους ΒΡΦΦ:
-έος Suda (coni. Reiske 318)   **1309** ἀναχθέντος Φ   δὲ om. Suda
1310–1311 (ἀθρόου—μήκους) suppl. F²ᵐᵍ   ἐν ἀέρι φερομένου ΒPF:
ἐμπεριφε- Φ: περιφε- Suda   **1312** δὲ om. Φ   ἡ Reiske 318 et Usener, Kl.
Schr. I 348 (a. 1889): ἢ ΒΡΦ: ἤ F: om. Suda: ἢ Diels

ἢ ἐκ θαλάττης ἀνενεχθεῖσα ὑγρασία ὑφ' ἡλίου {καὶ} μὴ
τυγχάνῃ κατεργασίας· καταψυχθὲν δὲ τοῦτο πάχνην
καλεῖσθαι. χάλαζαν δὲ νέφος πεπηγός, ὑπὸ πνεύματος   1315
διαθρυφθέν· χιόνα δὲ ὑγρὸν ἐκ νέφους πεπηγότος, ὡς
Ποσειδώνιος ἐν τῷ η' τοῦ Φυσικοῦ λόγου.

ἀστραπὴν δὲ ἔξαψιν νεφῶν παρατριβομένων ἢ
ῥηγνυμένων ὑπὸ πνεύματος, ὡς Ζήνων ἐν τῷ Περὶ τοῦ
ὅλου· βροντὴν δὲ τὸν τούτων ψόφον ἐκ παρατρίψεως ἢ   1320
ῥήξεως· [154] κεραυνὸν ἔξαψιν σφοδρὰν μετὰ πολλῆς βίας
καταπίπτουσαν ἐπὶ γῆς, νεφῶν παρατριβομένων ἢ
ῥηγνυμένων. οἱ δὲ συστροφὴν πυρώδους ἀέρος βιαίως
καταφερομένην. τυφῶνα κεραυνὸν βίαιον, πολὺν καὶ
πνευματώδη ἢ πνεῦμα καπνῶδες ἐρρωγότος ἀπὸ νέφους·   1325
πρηστῆρα νέφος περισχεθὲν πυρὶ μετὰ πνεύματος.

<σεισμοὺς δὲ γίνεσθαι εἰσδύοντος πνεύματος> εἰς τὰ

1315 (χάλαζαν)–**1317** Posid. fr. 11 Ed.-K. = 263 Th.   **1318–1326** SVF I
117   SVF II 704   **1326** (πρηστῆρα)–**1331** Posid. fr. 12 Ed.-K. = 264 Th.

1315 (χάλαζαν)–**1316** (πεπηγότος) Suda χ 5 (IV 636.22–4)   **1318–1319**
(ἀστραπὴν—πνεύματος) Suda α 4252 (I 392.23–4)   **1320** (βροντὴν)–
1321 (ῥέξεως) Suda β 549 (I 496.25)   **1321** (κεραυνὸν)–**1324**
(καταφερομένην) Suda κ 1377 (III 98.19–21)   **1324** (τύφωνα)–**1325**
(νέφους) Suda τ 1224 (IV 611.25–6)   **1326** Suda π 2269 (IV 194.3–4)
1327–1331 Suda σ 291 (IV 348.3–4)

1313 ὑφ' BP¹(Q)F, Suda: ἀφ' ΦΡ⁴ καὶ om. Φ, del. Frob.   **1314**
τυγχάνῃ ΦΡ⁴: -οι Pˣ: -ον BP¹F   καταψυχθὲν ΦΡ⁴ (-χθῇ Suda): -χὲν B:
-ψύχειν P¹(Q): κατέψυχε F   πάχνην suppl. F²ᵐᵍ   **1315** καὶ ὑπὸ Suda
1316 post διαθρυφθέν e Suda add. καὶ κατενεχθέν Heine 616   δὲ om. Φ
πεπηγός Suda   **1316–1317** ὡς—λόγου om. Φ   **1319** (ὡς)–**1320**
(ὅλου) om. F   **1319** τοῦ in P expunctum   **1321** κεραυνὸν δὲ FPᵗˢˡ⁻
1322 καταπίπτουσαν V. d. Muehll: καὶ πίπτουσαν BP¹F: καὶ in P erasum:
deest in Φ, Suda   **1323** ῥηγνυμένων ὑπὸ πνεύματος F   **1323** (οἱ)–
1324 (καταφερομένην) om. Φ   **1324** τυφῶνα δὲ Pᵗˢˡ⁻   **1325**
ἐρρωγότος ἀπὸ V. d. Muehll: ἔρρωτος ἀπὸ B: ἐρρωγὸς ἀπὸ P¹(Q):
ἐρρωγότος F, Pˣ (ότος in ras.) γ ex τ?: ἀπὸ Φ   **1326** πρηστῆρα <δὲ>
Hicks   περισχεθὲν P¹(Q), Suda: -σχιθὲν B¹: -σχισθὲν B²Φ, in mg cum γρ
Pˣ: περιχυθὲν FP⁴   πνεύματος βιαιοτάτου Suda, 'vix recte supplens'
V. d. Muehll   **1327** lac. indic. Aldobr., conl. Suda expl. V. d. Muehll post
Menag. (<σ. δὲ γίν. πν.> εἰς τὰ κοιλ. <εἰσδύοντος> τῆς γῆς) et Hicks
(<σ. δὲ γίν. ῥυέντος πν.>)

κοιλώματα τῆς γῆς ἢ καθειρχθέντος πνεύματος ἐν τῇ γῇ, καθά φησι Ποσειδώνιος ἐν τῇ η΄· εἶναι δ᾽ αὐτῶν τοὺς μὲν
1330 σεισματίας, τοὺς δὲ χασματίας, τοὺς δὲ κλιματίας, τοὺς δὲ βρασματίας.

[155] ἀρέσκει δ᾽ αὐτοῖς καὶ τὴν διακόσμησιν ὧδε ἔχειν· μέσην τὴν γῆν κέντρου λόγον ἐπέχουσαν, μεθ᾽ ἣν τὸ ὕδωρ σφαιροειδές, ἔχον τὸ αὐτὸ κέντρον τῇ γῇ, ὥστε τὴν γῆν ἐν
1335 ὕδατι εἶναι· μετὰ τὸ ὕδωρ δὲ ἀέρα ἐσφαιρωμένον. κύκλους δὲ εἶναι ἐν τῷ οὐρανῷ πέντε, ὧν πρῶτον ἀρκτικὸν ἀεὶ φαινόμενον, δεύτερον τροπικὸν θερινόν, τρίτον ἰσημερινόν, τέταρτον χειμερινὸν τροπικόν, πέμπτον ἀνταρκτικὸν ἀφανῆ. λέγονται δὲ παράλληλοι καθότι οὐ συννεύουσιν εἰς
1340 ἀλλήλους· γράφονται μέντοι περὶ τὸ αὐτὸ κέντρον. ὁ δὲ ζῳδιακὸς λοξός ἐστιν, ὡς †ἐπιὸς τοὺς παραλλήλους. [156]

1332–1335 (ἐσφαιρωμένον) SVF II 558   **1335** (κύκλους)–**1341** (παραλλήλους) SVF II 651

1333 (μέσην)–**1336** (πέντε) Suda δ 595 (II 60.4–7)   **1335** (κύκλους)–**1341** (παραλλήλους) Suda κ 2654 (III 208.25–9)

1328 ἢ καθειρχθέντος (καθηρχθ. B) BPFΦ: ἐγκαθειρ- Suda   πνεύματος huc om. Suda, del. Hicks   ἐν γῇ Φ   πνεύματος—γῇ om. Cob. **1329** καθά—η΄ om. FΦ Suda   ἐν τῇ η΄] ἐν τῇ Μετεωρολογικῇ J. Bake, Posidon. (1810) 83   **1330** σεισματίας τοὺς δὲ om. Suda   σχισματίας Sudhaus, Aëtna (1898) 58[4], sed vid. W. Capelle, Neue Jahrb. 15 (1905) 551[2]: κλιμα- Menag.: ἵζήμα Theiler conl. ps.-Arist., De mundo 396 a 4   κλιματίας J. G. Schneider, Eclogae physicae (1801) 112: και- B[1] (καϊ- B[2]): καυ- FP[4]Φ: κυ- P[1](Q)   τοὺς δὲ κλιματίας om. Suda   **1333** ἐπέχουσαν PF: ἀπ- B: ἔχουσαν Φ, Suda   **1334** κέντρον] σχῆμα Suda   **1338** δ΄ δὲ χ(ε)ιμ. BP[ac]   χειμερινὸν ante τροπικὸν θερινόν pos. Suda, 'recte' Heine 621   **1339** παράλληλοι B, Suda: π**ρά- P[x]: πάντα ἄλληλοι P[1](Q)F: ἀκατάλληλοι Φ   **1340** τὸν αὐτὸν πόλον P[4]   **1341** ὡς— παραλλήλους om. Φ   ἐπιὸς BP[1]: ἐπιὼν FP[4]: αἴτιος Suda, inde ἀντίος (τοῖς παραλλήλοις) J. Toup, Emend. in Suid. et Hesych. I (1790) 370, 'sed denuo oratio hiare videtur, sic fort. ὡς ἐπι<ψαύειν τῶν μέσων τριῶν· ἀπὸ δὲ τῶν ἄρκτων ἐπὶ τὸ ἀντίξουν τέμνει ὁ μεσημβριν>ὸς τοὺς παραλλήλους, cf. Aet. 340, 15 sqq. D., Cleomed. I 4, 18 p. 32 Z. [= 18 Todd]' V. d. Muehll

ζῶναί τε ἐπὶ τῆς γῆς εἰσι πέντε· πρώτη βόρειος ὑπὲρ τὸν ἀρκτικὸν κύκλον, ἀοίκητος διὰ ψῦχος· δευτέρα εὔκρατος· τρίτη ἀοίκητος ὑπὸ καύματος, ἡ διακεκαυμένη καλουμένη· τετάρτη ἡ ἀντεύκρατος· πέμπτη νότιος, ἀοίκητος διὰ ψῦχος. 1345

δοκεῖ δὲ αὐτοῖς τὴν μὲν φύσιν εἶναι πῦρ τεχνικόν, ὁδῷ βαδίζον εἰς γένεσιν, ὅπερ ἐστὶ πνεῦμα πυροειδὲς καὶ τεχνοειδές· τὴν δὲ ψυχὴν αἰσθητικήν. ταύτην δ᾽ εἶναι τὸ συμφυὲς ἡμῖν πνεῦμα· διὸ καὶ σῶμα εἶναι καὶ μετὰ τὸν 1350 θάνατον ἐπιμένειν· φθαρτὴν δὲ ὑπάρχειν, τὴν δὲ τῶν ὅλων ἄφθαρτον, ἧς μέρη εἶναι τὰς ἐν τοῖς ζῴοις. [157] Ζήνων δὲ ὁ Κιτιεὺς καὶ Ἀντίπατρος ἐν τοῖς Περὶ ψυχῆς καὶ Ποσειδώνιος πνεῦμα ἔνθερμον εἶναι τὴν ψυχήν· τούτῳ γὰρ ἡμᾶς εἶναι ἔμπνοους καὶ ὑπὸ τούτου κινεῖσθαι. Κλεάνθης μὲν οὖν 1355 πάσας ἐπιδιαμένειν {τὰς} μέχρι ἐκπυρώσεως, Χρύσιππος δὲ τὰς τῶν σοφῶν μόνων.

μέρη δὲ ψυχῆς λέγουσιν ὀκτώ, τὰς πέντε αἰσθήσεις καὶ τοὺς ἐν ἡμῖν σπερματικοὺς λόγους καὶ τὸ φωνητικὸν καὶ τὸ λογιστικόν. 1360

1342 (ζῶναί)–**1346** SVF II 649   **1347-1352** (ζῴοις) SVF I 171   SVF II 774   **1352** (Ζήνων)–**1355** (κινεῖσθαι) SVF I 135   SVF III Antip. 49 Posid. fr. 139 Ed.-K. = 390 Th.   **1355** (Κλεάνθης)–**1357** Cleanth. SVF I 522   SVF II 811   **1358–1360** SVF II 828

1342 (ζῶναί)–**1346** Suda ζ 137 (II 512.31–513.2)

1342 τε om. Φ   τῆς om. Φ, Suda   εἰσι om. Φ, Suda   πρώτη Z (Frob.): πρῶτος B: α′ PF: om. Φ, Suda (sed similiter postea numeros om. Suda) **1343** δευτέρα Z (Frob.): β′ BP: δεύτερος F: δευτέρα ex δεύτερον Φ¹ **1344** τρίτη—ὑπὸ om. Φ, Suda   καύματος Suda: καυμάτων BPFΦ, an recte?   ἡ καλουμένη διακεκαυμένη Suda   **1346** ψῦχος] καῦμα Suda **1347** (ὁδῷ)–**1349** (τεχνοειδές) om. Φ   **1349** post αἰσθητικήν add. φύσιν Arnim I xxxv, ἕξιν Gigante 539[179]   **1350** τὸν om. Φ   **1351** ὑπάρχειν BP¹Φ: εἶναι FB², s.l. cum γρ P⁴   **1352** μέλη B   ἐν τοῖς om. Φ   post ζῴοις 5 fere litterae erasae in F   **1352-1353** Ζήνων—Ποσειδόνιος (sic) suppl. F²ᵐᵍ, sequebantur alia multa, quae nunc erasa sunt   Ζήνων—Ποσειδώνιος] οἱ δὲ φασί Φ   **1354** θερμὸν F   τούτῳ B² ex τοῦ B¹ **1355** ἔμπνους F   **1356** τὰς—ἐκπυρώσεως om. Φ   τὰς del. et post μέχρι add. τῆς Meibom.   **1357** μόνας τὰς τῶν σοφῶν Φ   μόνον Cob.

ὁρᾶν δὲ τοῦ μεταξὺ τῆς ὁράσεως καὶ τοῦ ὑποκειμένου φωτὸς ἐντεινομένου κωνοειδῶς, καθά φησι Χρύσιππος ἐν β΄ τῶν Φυσικῶν καὶ Ἀπολλόδωρος. γίνεσθαι μὲν τὸ κωνοειδὲς τοῦ ἀέρος πρὸς τῇ ὄψει, τὴν δὲ βάσιν πρὸς τῷ ὁρωμένῳ· ὡς
1365 διὰ βακτηρίας οὖν τοῦ ταθέντος ἀέρος τὸ βλεπόμενον ἀναγγέλλεσθαι. [158] ἀκούειν δὲ τοῦ μεταξὺ τοῦ φωνοῦντος καὶ τοῦ ἀκούοντος ἀέρος πληττομένου σφαιροειδῶς, εἶτα κυματουμένου καὶ ταῖς ἀκοαῖς προσπίπτοντος, ὡς κυματοῦται τὸ ἐν τῇ δεξαμενῇ ὕδωρ
1370 κατὰ κύκλους ὑπὸ τοῦ ἐμβληθέντος λίθου.

τὸν δὲ ὕπνον γίνεσθαι ἐκλυομένου τοῦ αἰσθητικοῦ τόνου περὶ τὸ ἡγεμονικόν. αἰτίας δὲ τῶν παθῶν ἀπολείπουσι τὰς περὶ τὸ πνεῦμα τροπάς.

σπέρμα δὲ λέγουσιν εἶναι τὸ οἷόν τε γεννᾶν τοιαῦτα ἀφ᾽
1375 οἵου καὶ αὐτὸ ἀπεκρίθη· ἀνθρώπου δὲ σπέρμα, ὃ μεθίησιν ὁ ἄνθρωπος μεθ᾽ ὑγροῦ, συγκιρνᾶσθαι τοῖς τῆς ψυχῆς μέρεσι κατὰ μιγμὸν τοῦ τῶν προγόνων λόγου. [159] εἶναι δ᾽ αὐτὸ Χρύσιππός φησιν ἐν τῇ β΄ τῶν Φυσικῶν πνεῦμα κατὰ τὴν οὐσίαν, ὡς δῆλον ἐκ τῶν εἰς τὴν γῆν καταβαλλομένων
1380 σπερμάτων, ἃ παλαιωθέντα οὐκέτι φύεται, {ὡς δῆλον} διαπεπνευκυίας αὐτῶν τῆς δυνάμεως. καὶ ἀφ᾽ ὅλων δὲ τῶν

1361–1366 (ἀναγγέλλεσθαι) SVF II 867   SVF III Apollod. 12   53N
L.-S.   **1366** (ἀκούειν)**–1370** SVF II 872   **1371–1373** SVF II 766
1374–1381 (δυνάμεως) SVF I 128   SVF II 741   **1381** (καὶ)**–1385** SVF I
626 et 129

1371–1372 (τὸν—ἡγεμονικόν) Suda υ 442 (IV 666.11–13)   **1374–1385**
(ὑδατῶδες) Φ 61 (307.19–26)

1361 δὲ <ἡμᾶς> Arnim   τοῦ[1] P[x]Φ: τοὺς BP[1]F   **1362–1363** καθά—
Ἀπολλόδωρος om. FΦ   **1363** μὲν BP[1]: μέντοι FP[4]: μὲν γὰρ Φ   **1365**
οὖν post ὡς (**1369**) pos. Φ   **1366** ἀγγέλλεσθαι Φ   δὲ <ἡμᾶς> Arnim
1366–1367 τοῦ τε φων. P[4]   **1369** τὸ om. Φ   **1372** δὲ om. Φ
ἀπολείπουσι BPF: φησὶ Φ   **1374** δὲ λέγουσιν εἶναι om. Φ   **1375**
οἵου BPΦ: οὖ F   δὲ om. Φ   ὁ om. Φ   **1376** συγκιρνᾶσθαι PF: συγ-
κρίνα- BΦ   **1377** προγόνου BP[1](Q)   **1378** Χρύσιππός—Φυσικῶν
om. F   **1379** τὴν om. F   **1380** ὡς δῆλον om. Φ: del. Diels: ὡς δὴ vel
δῆλον ὡς Reiske 318   **1381** αὐτῶν BP[1](Q)Φ: -οῖς FP[4]   post δυνάμεως
superaddit Φ διὰ τοῦτο τοὺς γέροντας μὴ τεκνοποιεῖν   καὶ om. Φ

σωμάτων φασὶ αὐτὸ καταφέρεσθαι οἱ περὶ τὸν Σφαῖρον· πάντων γοῦν γεννητικὸν εἶναι τῶν τοῦ σώματος μερῶν. τὸ δὲ τῆς θηλείας ἄγονον ἀποφαίνονται· ἄτονόν τε γὰρ εἶναι καὶ ὀλίγον καὶ ὑδατῶδες, ὡς ὁ Σφαῖρός φησιν.

ἡγεμονικὸν δ' εἶναι τὸ κυριώτατον τῆς ψυχῆς, ἐν ᾧ αἱ φαντασίαι καὶ αἱ ὁρμαὶ γίνονται καὶ ὅθεν ὁ λόγος ἀναπέμπεται· ὅπερ εἶναι ἐν καρδίᾳ.

[160] ταῦτα μὲν καὶ τὰ φυσικὰ τὸ ὅσον ἡμῖν ἀποχρώντως ἔχειν δοκεῖ στοχαζομένοις τῆς συμμετρίας τοῦ συγγράμματος. ἃ δέ τινες ἐξ αὐτῶν διηνέχθησαν, ἔστι τάδε.

1385

1390

1386–1388 SVF II 837.

1386–1388 Φ 7 (171.9–11)   Suda η 41 (II 548.31–549.2).

1382 φασὶ om. Φ, αὐτό φασι F   οἱ περὶ τὸν Σφαῖρον om. Φ   1384 γὰρ om. F, in P erasum   1390 ἀποχρώντως Cob.: ἀποχρηστικῶς BPF

Ἀρίστων ὁ Χῖος ὁ Φάλανθος, ἐπικαλούμενος Σειρήν. τέλος ἔφησεν εἶναι τὸ ἀδιαφόρως ἔχοντα ζῆν πρός τι μεταξὺ ἀρετῆς καὶ κακίας μηδὲ ἡντινοῦν ἐν αὐτοῖς παραλλαγὴν ἀπολείποντα, ἀλλ' ἐπίσης ἐπὶ πάντων ἔχοντα· εἶναι γὰρ
5 ὅμοιον τὸν σοφὸν τῷ ἀγαθῷ ὑποκριτῇ, ὃς ἄν τε Θερσίτου ἄν τε Ἀγαμέμνονος πρόσωπον ἀναλάβῃ, ἑκάτερον ὑποκρίνεται προσηκόντως. τόν τε φυσικὸν τόπον καὶ τὸν λογικὸν ἀνῄρει, λέγων τὸν μὲν εἶναι ὑπὲρ ἡμᾶς, τὸν δ' οὐδὲν πρὸς ἡμᾶς, μόνον δὲ τὸν ἠθικὸν εἶναι πρὸς ἡμᾶς. [161]
10 ἐοικέναι δὲ τοὺς διαλεκτικοὺς λόγους τοῖς ἀραχνίοις, ἃ καίτοι δοκοῦντα τεχνικόν τι ἐμφαίνειν, ἄχρηστά ἐστιν. ἀρετάς τε οὔτε πολλὰς εἰσῆγεν, ὡς ὁ Ζήνων, οὔτε μίαν πολλοῖς ὀνόμασι καλουμένην, ὡς οἱ Μεγαρικοί, ἀλλὰ κατὰ τὸ πρός τί πως ἔχειν.
15 οὕτω δὲ φιλοσοφῶν καὶ ἐν Κυνοσάργει διαλεγόμενος ἴσχυσεν αἱρετιστὴς ἀκοῦσαι. Μιλτιάδης οὖν καὶ Δίφιλος Ἀριστώνειοι προσηγορεύοντο. ἦν δέ τις πειστικὸς καὶ ὄχλῳ πεποιημένος· ὅθεν ὁ Τίμων φησὶ περὶ αὐτοῦ·

καί τις Ἀρίστωνος γέννης ἄπο αἱμύλον ἕλκων.

1–14 SVF I 351   **1–7** (προσηκόντως) 58G L.-S.   **7** (τόν)–**11** (ἐστιν) 31N L.-S.   **12** (ἀρετάς)–**14** Eucl. fr. 25 Doer. = SSR II A 32   **12** (ἀρετὰς— Ζήνων) SVF I 200   **15–21** (περιπεσόντος) SVF I 333   **19** Timon SH 814 = fr. 40 Di Marco

1 (τέλος)–**7** (προσηκόντως) Φ 56 (300.2–7)   **1–5** (ὑποκριτῇ) Suda τ 282 (IV 520.23–7)   **10** (ἐοικέναι)–**11** (ἐστιν) Φ 56 (8–10)

Ante **1** tit. ἀρίστων Φ^mg: ἀρίστων ὁ χῖος Z^mg (Frob.)   **2** τι BPFΦ, Suda (cf. § 127, **1000**): τὰ Z^3 (Frob.)   **3** μηδὲ BPF, Suda: μηδ' Φ   **4** ἀπολείποντ' ἀλλὰ B   **5** τῶ ἀγαθῶ ὑποκριτῆ τὸν σοφὸν FP^x   τῷ om. Suda   **6** ἑκάτέρων B   **7** ὑποκρινεῖται Cob.   **8** οὐδὲ F   **10** ἐοικέναι ἔλεγε Φ   τοῖς ἀραχνίοις ante τοὺς διαλ. λόγους transp. Φ   **11** καί τι F   ἐμφαίνειν BPFΦ: ἐνυφ- C. I. Blomfield, Callim. (1815) 92 (ad Ap. 56): ὑφ- A. Korais, Epict. (1826) 118, sed vid. K. Fr. Hermann 106   **12** οὔτε ὁ πολλὰς F   οὔτε μίαν suppl. F^2mg   **13** κατὰ Heine 624: καὶ BPF   **14** ἴσχειν FP^3   **16** γοῦν Long   δείφιλος B: δ*ί- P (διί- Q)   **17** ἀριστώνιοι B: -όνιοι F   **17–18** καὶ ὄχλω πεποιημένος suppl. F^2mg   **19** τι Diels   γενεήν Meineke ap. Wachsm., Sillogr. 184 (et vid. Schaefer ap. Huebn. IV 123)   αἱμύλον P^pc (ras. supra î): αἴμυλον F: εμυλον B: αἱμύλου Z (Frob.)

[162] παραβαλὼν δὲ Πολέμωνι, φησὶ Διοκλῆς ὁ Μάγνης, 20
μετέθετο, Ζήνωνος ἀρρωστίᾳ μακρᾷ περιπεσόντος.
μάλιστα δὲ προσεῖχε Στωϊκῷ δόγματι τῷ τὸν σοφὸν
<ἀ>δόξαστον εἶναι. πρὸς ὃ Περσαῖος ἐναντιούμενος
διδύμων ἀδελφῶν τὸν ἕτερον ἐποίησεν αὐτῷ
παρακαταθήκην δοῦναι, ἔπειτα τὸν ἕτερον ἀπολαβεῖν· καὶ 25
οὕτως ἀπορούμενον διήλεγξεν. ἀπετείνετο δὲ πρὸς
Ἀρκεσίλαον· ἵνα θεασάμενος ταῦρον τερατώδη μήτραν
ἔχοντα, 'οἴμοι,' ἔφη, 'δέδοται Ἀρκεσίλᾳ ἐπιχείρημα κατὰ τῆς
ἐναργείας.' [163] πρὸς δὲ τὸν φάμενον Ἀκαδημεικὸν μηδὲν
καταλαμβάνειν, 'ἆρ' οὐδὲ τὸν πλησίον σου καθήμενον 30
ὁρᾷς;' εἶπεν· ἀρνησαμένου δέ,

τίς σέ <γ'> ἐτύφλωσεν—ἔφη—, τίς ἀφείλετο λαμπάδος
αὐγάς;

βιβλία δὲ αὐτοῦ φέρεται τάδε·

Προτρεπτικῶν β', 35
Περὶ τῶν Ζήνωνος δογμάτων,
Διάλογοι,
Σχολῶν ς',
Περὶ σοφίας
Διατριβῶν ζ', 40
Ἐρωτικαὶ διατριβαί,
Ὑπομνήματα ὑπὲρ κενοδοξίας,

20–21 (περιπεσόντος) Polem. fr. 93 Gig.   22 (μάλιστα)–26 (διήλεγξεν)
SVF I 347   Persae. SVF I 461   26 (ἀπετείνετο)–33 SVF I 346   Arces.
T 1a 227–9 Mette   32–33 SH 205   34–54 (τελευτῆσαι) SVF I 333

---

22 (μάλιστα)–33 Φ 56 (300.10–21)

---

20 παραλαβὼν F¹, corr. F²ᵐᵍ   21 μετεθέτη τὸ F   22 στωϊκῶ
δόγματι τῶ BPF: τῶ στωϊκῶ δόγματι Φ: στωϊκῶν δογμάτων τῷ Reiske
319   23 ἀδόξαστον Scaliger ap. Menag. et Aldobr.: δοξαστὸν BPF: μὴ
δοξ. Φˣ (μὴ s.l.). Cf. infra § 201 (341)   εἶναι λέγοντι Φ   27 ἵνα BP¹(Q)F:
ὅτι P⁴: ὅτε Frob.   28 ἔχοντα suppl. F²ᵐᵍ   ἀρκεσίλαι B: -λάω PFΦ. Cf.
infra § 183 (61)   29 δὲ om. Φ   ἀκαδημεικὸν V. d. Muehll: -μικὸν
BP¹(Q): -μαικὸν FP⁴: om. Φ. Cf. 4.23 (40, 43) et infra § 184 (65)   31 εἶπεν
om. F, expunxit P⁴   32 τίς σέ <γ'> V. d. Muehll: τίς σε BΦ: τίς σ' P: τίς
F: τίς <δέ> σ' Meibom.: τίς σ' ἐκτύφλωσεν Huebn. Vid. Kassel-Austin ad
Cratin. fr. 157   39–40 duo tit. distinxit Huebn. 201ᵗ

Ὑπομνημάτων κε΄,
Ἀπομνημονευμάτων γ΄,

45 Χρειῶν ια΄,
Πρὸς τοὺς ῥήτορας,
Πρὸς τὰς Ἀλεξίνου ἀντιγραφάς,
Πρὸς τοὺς διαλεκτικούς γ΄,
Πρὸς Κλεάνθη,

50 Ἐπιστολῶν δ΄,

Παναίτιος δὲ καὶ Σωσικράτης μόνας αὐτοῦ τὰς ἐπιστολάς φασι, τὰ δ᾽ ἄλλα τοῦ περιπατητικοῦ Ἀρίστωνος. [164] τοῦτον λόγος φαλακρὸν ὄντα ἐκκαυθῆναι ὑπὸ ἡλίου καὶ ὧδε τελευτῆσαι. προσεπαίσαμεν δὲ αὐτῷ τόνδε 55 τὸν τρόπον τῷ ἰάμβῳ τῷ χωλῷ·

τί δὴ γέρων ὢν καὶ φάλανθος, ὦ ᾽ρίστων,
τὸ βρέγμα δῶκας ἡλίῳ κατοπτῆσαι;
τοιγὰρ τὸ θερμὸν πλεῖον ἢ δέον ζητῶν
τὸν ψυχρὸν ὄντως εὗρες οὐ θέλων Ἅιδην.

60 γέγονε δὲ καὶ ἄλλος Ἀρίστων Ἰουλιήτης περιπατητικός, ὁ δέ τις μουσικὸς Ἀθηναῖος, τέταρτος ποιητὴς τραγῳδίας, πέμπτος Ἁλαιεὺς τέχνας γεγραφὼς ῥητορικάς, ἕκτος Ἀλεξανδρεὺς περιπατητικός.

47 Alex. test. 87 Doer. = SSR II C 5   **51–52** Panaet. test. 151 Al.   Sosicr. fr. 12 Giannat.   Aristo Ceus fr. 8 SFOD = 9 W.   **60–63** Aristo Ceus fr. 1 SFOD = 1 W. (**60**)   **61** (τέταρτος) TrGF I 146 T 3   **62** (ἕκτος) Aristo Alex. test. 4 Mariotti.

53–59 Φ 56 (300.22–301.4).

---

43 ὑπομνήματα F, -τα τῶν rec.   **49** κλεάνθη B: -ην PF   **49–50** tit. distinxit Th. Gomperz, Sitzb. Wien 117 (1888) 17[14]   **51–52** suppl. F[2mg] **53** ὁ λόγος F   ἐκκαυθῆναι BP[1]: ἐγκαυ- FP[x]Φ   **54** τοῦ ἡλίου Φ προσεπαίσαμεν P[1](Q): -επέσαμεν B: -επαίξαμεν FP[4] (ut Diog. Laert. alibi, sed vid. Croenert, MGH 228)   δὲ FP[4]: δὴ BP[1]   τόνδε FP[4]: τοῦτον BP[1](Q)   **56** φάλανθος FP[4]: φίλανθος BP[pc](Q)Φ: φίλανθ*ος sic P[ac] ὠρίστων BP[1]: ἀρίστων FΦ, in mg cum γρ P[4]   **57** βρέγμ᾽ ἔδωκας Cob.   κατοπτῖσαι (ex -ῆσαι) P[x](Q): -ύσαι F   **58** τοιγὰρ A. Meineke, Delectus (1842) 192: τὺ γὰρ BPRFΦ: τὸ γὰρ Z (Frob.)   θερμὸν ἢ πλέον ζητῶν F   δέοι Cob.   **59** ὄντως om. F   ἅιδην Φ: ἀΐδ- BP[1]: ἄδ- FP[4] **60** ἰουλῆΐτης F   **61** τις] τρίτος Madvig, Adv. I 716

[165] Ἤριλλος δ' ὁ Χαλκηδόνιος τέλος εἶπε τὴν ἐπιστήμην, ὅπερ ἐστὶ ζῆν ἀεὶ πάντα ἀναφέροντα πρὸς τὸ μετ' ἐπιστήμης ζῆν καὶ μὴ τῇ ἀγνοίᾳ διαβεβλημένον. εἶναι δὲ τὴν ἐπιστήμην ἕξιν ἐν φαντασιῶν προσδέξει ἀνυπόπτωτον ὑπὸ λόγων. ποτὲ δὲ ἔλεγε μηδὲν εἶναι τέλος, ἀλλὰ κατὰ τὰς 5 περιστάσεις καὶ τὰ πράγματα ἀλλάττεσθαι αὐτό, ὡς καὶ τὸν αὐτὸν χαλκὸν ἢ Ἀλεξάνδρου γινόμενον ἀνδριάντα ἢ Σωκράτους. διαφέρειν δὲ τέλος καὶ ὑποτελίδα· τῆς μὲν γὰρ καὶ τοὺς μὴ σοφοὺς στοχάζεσθαι, τοῦ δὲ μόνον τὸν σοφόν. τὰ δὲ μεταξὺ ἀρετῆς καὶ κακίας ἀδιάφορα εἶναι. ἔστι δὲ 10 αὐτοῦ τὰ βιβλία ὀλιγόστιχα μέν, δυνάμεως δὲ μεστὰ καὶ περιέχοντα ἀντιρρήσεις πρὸς Ζήνωνα.

[166] λέγεται δ' ὅτι παιδὸς ὄντος αὐτοῦ ἠράσθησαν ἱκανοί, οὓς ἀποτρέψαι βουλόμενος ὁ Ζήνων ἠνάγκασε ξυρᾶσθαι Ἤριλλον, οἱ δὲ ἀπετράποντο. 15

τὰ δὲ βιβλία ἐστὶ τάδε·

Περὶ ἀσκήσεως,
Περὶ παθῶν,
Περὶ ὑπολήψεως,
Νομοθέτης, 20
Μαιευτικός,
Ἀντιφέρων,
Διδάσκαλος,
Διασκευάζων,
Εὐθύνων, 25
Ἑρμῆς,

1–10 (εἶναι) SVF I 411   8 (διαφέρειν)–10 (εἶναι) 58l L.-S.   10 (ἔστι)–29 SVF I 409

3–5 (εἶναι—λόγων) Suda ε 2627 (II 383.15–16)   13–15 Φ 57 (301.6–8)

Ante 1 tit. *ρίαλος P⁴mg: γρίλλος Φ³   1 ἡρίλλος B: ἤριλλος P: ἡρίαλλος F   χαλκη- B: καρχη- Z (Frob.). Cf. supra § 37 (**471**)   3 ἀγνεία F   4 προσδέξει ἀνυπόπτωτον P: πρὸς δεξιὰν ὑπόπτωτον BF: προσδέξει ἀνυποκρίτῳ Suda   5 λόγων BᵖᶜPF: -ον Bᵃᶜ: -ου J. Davies, Cic. Acad. (1728) ad 2.23 (conl. § 47)   μηδὲν B²PF: μὴ B¹: μὴ ἓν Arnim, RE VIII.1 (1912) 684   7 γινόμενον <ἂν> ἀνδρ. Cob.   ἢ FP⁴: καὶ BP¹(Q)

LIBER VII

Μήδεια,
Διάλογοι,
Θέσεων ἠθικῶν < . . . >.

29 numerum librorum deesse vid. Huebn. Vid. A. Dyroff, Anlage d.
stoischen Buecherkataloge (1896) 9[2]

DIONYSIUS

Διονύσιος δὲ ὁ Μεταθέμενος τέλος εἶπε τὴν ἡδονὴν διὰ
περίστασιν ὀφθαλμίας· ἀλγήσας γὰρ ἐπιπόνως ὤκνησεν
εἰπεῖν τὸν πόνον ἀδιάφορον.

ἦν δὲ παῖς μὲν Θεοφάντου, πόλεως δ' Ἡρακλείας. ἤκουσε
δέ, καθά φησι Διοκλῆς, πρῶτον μὲν Ἡρακλείδου τοῦ 5
πολίτου, ἔπειτα Ἀλεξίνου καὶ Μενεδήμου, τελευταῖον δὲ
Ζήνωνος.

[167] καὶ κατ' ἀρχὰς μὲν φιλογράμματος ὢν
παντοδαποῖς ἐπεχείρει ποιήμασιν, ἔπειτα δὲ καὶ Ἄρατον
ἀπεδέχετο, ζηλῶν αὐτόν. ἀποστὰς δὲ τοῦ Ζήνωνος πρὸς 10
τοὺς Κυρηναϊκοὺς ἀπετράπη καὶ ἔς τε τὰ χαμαιτυπεῖα
εἰσῄει καὶ τἄλλα ἀπαρακαλύπτως ἡδυπάθει. βιοὺς δὲ πρὸς
τὰ ὀγδοήκοντα ἀσιτίᾳ κατέστρεψε.

βιβλία δὲ αὐτοῦ φέρεται τάδε·

Περὶ ἀπαθείας β', 15
Περὶ ἀσκήσεως β',
Περὶ ἡδονῆς δ',
Περὶ πλούτου καὶ χάριτος καὶ τιμωρίας,
Περὶ ἀνθρώπων χρήσεως,
Περὶ εὐτυχίας, 20
Περὶ ἀρχαίων βασιλέων,
Περὶ τῶν ἐπαινουμένων,
Περὶ βαρβαρικῶν ἐθῶν.

καὶ οὗτοι μὲν οἱ διενεχθέντες. Διεδέξατο δὲ τὸν Ζήνωνα
Κλεάνθης, περὶ οὗ λεκτέον. 25

1–23 SVF I 422   **1–7** Heraclid. Pont. fr. 5 Sch. = 12 W. (**4** ἤκουσε–**6**
πολίτου)   Alex. test. 81 Doer. = SSR II C 16   Mened. SSR III F 3

1–3 Φ 58 (301.12–14)   **10** (ἀποστὰς)–**12** (ἡδυπάθει) Φ 58 (301.10–12)

Ante **1** tit. διονύσιος Φ^mg   **9** ἐπεχείρησε F   **11** ἔς τε τὰ PF: ἐς ** τὰ B^pc
(ras. supra ἐ): ἐς τὰ Φ   **12** εἰσῄει BP¹Φ: ὑπ- FP⁴   τἄλλα FP^x: τἆλλα B:
τἄλλ' P¹: τὰ ἄλλα Φ   **13** ὀγδ. <ἔτη> Cob.   **14** ταδί PF   **17** δ' PF:
α' B   **18** Περὶ πλούτου et <Περὶ> χάρ. καὶ τιμ. duo tit. Arnim   **25**
ante λεκτέον in P καὶ erasum

[**168**] Κλεάνθης Φανίου Ἄσσιος. οὗτος πρῶτον ἦν πύκτης,
ὥς φησιν Ἀντισθένης ἐν Διαδοχαῖς. ἀφικόμενος δὲ εἰς Ἀθήνας
τέτταρας ἔχων δραχμάς, καθά φασί τινες, καὶ Ζήνωνι
παραβαλὼν ἐφιλοσόφησε γενναιότατα καὶ ἐπὶ τῶν αὐτῶν
5 ἔμεινε δογμάτων. διεβοήθη δὲ ἐπὶ φιλοπονία, ὅς γε πένης
ὢν ἄγαν ὥρμησε μισθοφορεῖν· καὶ νύκτωρ μὲν ἐν τοῖς
κήποις ἤντλει, μεθ᾽ ἡμέραν δὲ ἐν τοῖς λόγοις ἐγυμνάζετο·
ὅθεν καὶ Φρεάντλης ἐκλήθη. φασὶ δὲ αὐτὸν καὶ εἰς
δικαστήριον ἀχθῆναι, λόγους δώσοντα πόθεν ἐς τοσοῦτον
10 εὐέκτης ὢν διαζῇ· ἔπειτα ἀποφυγεῖν, τόν τε κηπουρὸν
μάρτυρα παρασχόντα παρ᾽ ὃν ἤντλει, καὶ τὴν
ἀλφιτόπωλιν, παρ᾽ ᾗ τὰ ἄλφιτα ἔπεττεν. [**169**]
ἀποδεξαμένους δὲ αὐτὸν τοὺς Ἀρεοπαγίτας ψηφίσασθαι
δέκα μνᾶς δοθῆναι, Ζήνωνα δὲ κωλῦσαι λαβεῖν. φασὶ δὲ καὶ
15 Ἀντίγονον αὐτῷ τρισχιλίας δοῦναι.

ἡγούμενόν τε τῶν ἐφήβων ἐπί τινα θέαν ὑπὸ ἀνέμου
παραγυμνωθῆναι καὶ ὀφθῆναι ἀχίτωνα· ἐφ᾽ ᾧ κρότῳ
τιμηθῆναι ὑπὸ Ἀθηναίων, καθά φησι Δημήτριος ὁ Μάγνης
ἐν τοῖς Ὁμωνύμοις. ἐθαυμάσθη οὖν δὴ καὶ διὰ τόδε. φασὶ
20 δὲ καὶ Ἀντίγονον αὐτοῦ πυθέσθαι ὄντα ἀκροατήν, διὰ τί
ἀντλεῖ· τὸν δ᾽ εἰπεῖν, 'ἀντλῶ γὰρ μόνον; τί δ᾽, οὐχὶ σκάπτω;
τί δ᾽, οὐκ ἄρδω καὶ πάντα ποιῶ φιλοσοφίας ἕνεκα;' καὶ γὰρ
ὁ Ζήνων αὐτὸν συνεγύμναζεν εἰς τοῦτο καὶ ἐκέλευεν ὀβολὸν
φέρειν ἀποφορᾶς. [**170**] καὶ ποτε ἀθροισθὲν τὸ κέρμα

1–36 (φορτίον) SVF I 463   **1** (οὗτος)–**2** (Διαδοχαῖς) Antisth. Rhod.
FGrHist 508 F 9 = fr. 9 Giannat.   **16–19** (Ὁμωνύμοις) Demetr. Magn.
fr. 23 Mejer   **19** (φασὶ)–**24** (ἀποφορᾶς) SVF I 597

1–4 (γενναιότατα) Φ 59 (301.16–18)   **19** (φασὶ)–**22** (ἕνεκα) Φ 59
(301.18–21)   **22** (καὶ)–**28** (φιλοσοφοῦντες) Φh 42 (117.11–16)

Ante **1** tit. κλεάνθης Φ[x] rec.   **1** ἄσιος F   πρῶτος F   **2** ὥς—
Διαδοχαῖς om. Φ: ἐν Διαδοχαῖς om. F   **3** καθά—τινες om. Φ   φησι
P[ac]F[ac]   **4** ἐπὶ τῶν αὐτοῦ Gigante 540[196]   **7** λόγοις BFP[4]: πόνοις P[1](Q)
8 φρεάντης P[1](Q)   **11** παρ᾽ οὗ P[1pc], παρ᾽ ὃν denuo P[4]   **15** τρισχιλίας
<δραχμάς> Knoepfler 130[73]. Vid. ad 2.137 (**145**)   **17** κροκωτῶ FP[4]
19 δὴ οὖν F   **24** ἀποφοράν T. Hemsterhuys, Anecd. (1825) 50 et
Reiske 319

ἐκόμισεν εἰς μέσον τῶν γνωρίμων καί φησι, 'Κλεάνθης μὲν 25
καὶ ἄλλον Κλεάνθην δύναιτ᾽ ἂν τρέφειν, εἰ βούλοιτο· οἱ δὲ
ἔχοντες ὅθεν τρέφονται παρ᾽ ἑτέρων ἐπιζητοῦσι τὰ
ἐπιτήδεια, καίπερ ἀνειμένως φιλοσοφοῦντες.᾽ ὅθεν δὴ καὶ
δεύτερος Ἡρακλῆς ὁ Κλεάνθης ἐκαλεῖτο. ἦν δὲ πονικὸς μέν,
ἀφύσικος δὲ καὶ βραδὺς ὑπερβαλλόντως· διὸ καὶ Τίμων περὶ 30
αὐτοῦ φησιν οὕτως·

τίς δ᾽ οὗτος κτίλος ὡς ἐπιπωλεῖται στίχας ἀνδρῶν;
μωλύτης ἐπέων λίθος Ἄσσιος, ὅλμος ἄτολμος.

καὶ σκωπτόμενος δ᾽ ὑπὸ τῶν συμμαθητῶν ἠνείχετο καὶ
ὄνος ἀκούων προσεδέχετο, λέγων αὐτὸς μόνος δύνασθαι 35
βαστάζειν τὸ Ζήνωνος φορτίον. **[171]** καί ποτε
ὀνειδιζόμενος ὡς δειλός, 'διὰ τοῦτ᾽,' εἶπεν, 'ὀλίγα
ἁμαρτάνω.' προκρίνων δὲ τὸν ἑαυτοῦ βίον τοῦ τῶν
πλουσίων ἔλεγεν, ἐν ᾧ σφαιρίζουσιν ἐκεῖνοι, <αὐτὸς> τὴν
ἄκαρπον ἐργάζεσθαι σκάπτων. πολλάκις δὲ καὶ ἑαυτῷ 40
ἐπέπληττεν· ὧν ἀκούσας Ἀρίστων, 'τίνι,' ἔφη,
'ἐπιπλήττεις;' καὶ ὃς γελάσας, 'πρεσβύτῃ,' φησί, 'πολιὰς μὲν
ἔχοντι, νοῦν δὲ μή.' εἰπόντος δέ τινος Ἀρκεσίλαον μὴ ποιεῖν
τὰ δέοντα, 'παῦσαι,' ἔφη, 'καὶ μὴ ψέγε· εἰ γὰρ καὶ λόγῳ τὸ

32-33 Timon SH 815 = fr. 41 Di Marco   **34-36** (φορτίον) SVF I 599
36-38 (καὶ—ἁμαρτάνω) SVF I 600   **38** (προκρίνων)**-40** (σκάπτων)
SVF I 598   **40** (πολλάκις)**-43** (μή) SVF I 602   **43** (εἰπόντος)**-48** SVF
I 605   Arces. T 1a 231-5 Me.   69C L.-S.

---

28 (ὅθεν)**-36** (ἁμαρτάνω); **40** (πολλάκις)**-43** (μή) Φ 59 (301.21–302.9)
32-33 Anth. Pal. 11.296; Plan. II[a] 7.1   **43** (εἰπόντος)**-51** Φh 42 (117.17–
118.3)

---

27 τρέφονται BP[1](Q)FΦh: τραφήσονται P[4]   **29** ἐκαλεῖτο om. F   δὲ
BF: δὴ P   **30** ἀφύσικος BPF: ἀφυὴς Φ   **32** ὡς B: ὡς F: ὃς P
ἐπιπολεῖται BP[1ac]F   **33** λίθος A. Meineke, Z. Alt. n.F. 3 (1845) 320: φίλος
BPFΦ   ἄσσιος FΦ   ὅλμος BPF: ὅλβιος Φ   **34** δ᾽ om. Φ   **34-35** καὶ
ὄνος ἀκούων ἠνείχετο Φ (omittens προσεδέχετο)   **35** ἠνέσχετο B[2]
36 τὸ ζήνωνος φορτίον βαστάζειν Φ   **39** αὐτὸς add. Cob.   **39-40**
τὴν ἄκαρπον ἐργάζεσθαι V. d. Muehll: καὶ τὴν ἄκαρπον ἐργ. BP[1](Q): τὴν
σκληρὰν καὶ ἄκαρπον ἐργ. FP[4]   **39** τήν] γῆν Meineke 320   **40** δὲ
om. F   **40-41** ἐπέπληττεν ἑαυτῶ Φ   ὦν om. Φ

45 καθῆκον ἀναιρεῖ, τοῖς γοῦν ἔργοις αὐτὸ τιθεῖ.' καὶ ὁ
Ἀρκεσίλαος, 'οὐ κολακεύομαι,' φησί. πρὸς ὃν ὁ Κλεάνθης,
'ναί,' ἔφη, 'σὲ κολακεύω φάμενος ἄλλα μὲν λέγειν, ἕτερα δὲ
ποιεῖν.'

[172] ἐρομένου τινὸς τί ὑποτίθεσαι τῷ υἱῷ, 'τὸ ἐκ τῆς
50 Ἠλέκτρας,' ἔφη,

σῖγα σῖγα λευκὸν ἴχνος.

Λάκωνός τινος εἰπόντος ὅτι ὁ πόνος ἀγαθόν, διαχυθεὶς
φησιν·

αἵματός εἰς ἀγαθοῖο, φίλον τέκος.

55 φησὶ δ' ὁ Ἑκάτων ἐν ταῖς Χρείαις, εὐμόρφου μειρακίου
εἰπόντος, 'εἰ ὁ εἰς τὴν γαστέρα τύπτων γαστρίζει, καὶ ὁ εἰς
τοὺς μηροὺς τύπτων μηρίζει,' ἔφη, 'σὺ μὲν τοὺς
διαμηρισμοὺς ἔχε, μειράκιον· αἱ δ' ἀνάλογοι φωναὶ τὰ
ἀνάλογα οὐ πάντως σημαίνουσι πράγματα.' μειρακίῳ
60 ποτὲ διαλεγόμενος ἐπύθετο εἰ αἰσθάνεται· τοῦ δ'
ἐπινεύσαντος, 'διὰ τί οὖν,' εἶπεν, 'ἐγὼ οὐκ αἰσθάνομαι ὅτι
αἰσθάνῃ;'

[173] Σωσιθέου τοῦ ποιητοῦ ἐν θεάτρῳ εἰπόντος πρὸς
αὐτὸν παρόντα

65 οὓς ἡ Κλεάνθους μωρία βοηλατεῖ,

49–51 SVF I 610   **51** Eur., Or. 140   **52–54** SVF I 611   **54** Hom.
δ 611   **55–59** (πράγματα) SVF I 613   Hecat. fr. 25 Gom.   **59**
(μειρακίῳ)–**62** SVF I 609   **63–71** (δυσχεραίνειν) SVF I 603   Sosith.
TrGF I 99 F 4

52–54 Φ 59 (302.10–2)   **59** (μειρακίῳ)–**81** (λαλεῖς) Φ 59 (302.13–303.6)
63–71 (δυσχεραίνειν) Φh 42 (118.4–8)

45 ὁ om. Φ   **46–47** κλεάνθης, ναὶ κολακεύω, φησί Φ   **47** ναί PFΦ:
καί B   ἔφη σὲ Frob.: ἔφησε BPF: φησί Φh   κολακεύω BP¹Φh: -κεύομαι
FP⁴   **49** ὑποτίθεσαι BP¹: -τίθεσθαι F: -τίθεσθαι δὴ P⁴: -τίθεσθαι δεῖ rec.:
-θήσεται Φh   τὸ ἐκ FΦh: τὼ ἐκ P: τῷ ἐκ B: ἐκ del. Casaub.   **51** λευκὸν
BΦh: λεπτὸν Pˣ (πτὸν in ras.) F   **54** ἧς F   **55** ἐν ταῖς Χρείαις om. F
57 μὲν] μέντοι Cob.   **63** ἐν θεάτρῳ post παρόντα Φh   **65** οὓς PFΦh:
ὡς B   κλεάνθου BF

ἔμεινεν ἐπὶ ταὐτοῦ σχήματος· ἐφ' ᾧ ἀγασθέντες οἱ ἀκροαταὶ τῷ μὲν ἐκρότησαν, τὸν δὲ Σωσίθεον ἐξέβαλον. μεταγινώσκοντα δ' αὐτὸν ἐπὶ τῇ λοιδορίᾳ προσήκατο, εἰπὼν ἄτοπον εἶναι τὸν μὲν Διόνυσον καὶ τὸν Ἡρακλέα φλυαρουμένους ὑπὸ τῶν ποιητῶν μὴ ὀργίζεσθαι, αὐτὸν δ' 70 ἐπὶ τῇ τυχούσῃ βλασφημίᾳ δυσχεραίνειν. ἔλεγε δὲ καὶ τοὺς ἐκ τοῦ περιπάτου ὅμοιόν τι πάσχειν ταῖς λύραις, αἳ καλῶς φθεγξάμεναι αὐτῶν οὐκ ἀκούουσι.

λέγεται δέ, φάσκοντος αὐτοῦ κατὰ Ζήνωνα καταληπτὸν εἶναι τὸ ἦθος ἐξ εἴδους, νεανίσκους τινὰς εὐτραπέλους 75 ἀγαγεῖν πρὸς αὐτὸν κίναιδον ἐσκληραγωγημένον ἐν ἀγρῷ καὶ ἀξιοῦν ἀποφαίνεσθαι περὶ τοῦ ἤθους· τὸν δὲ διαπορούμενον κελεῦσαι ἀπιέναι τὸν ἄνθρωπον. ὡς δ' ἀπιὼν ἐκεῖνος ἔπταρεν, 'ἔχω,' εἶπεν, 'αὐτόν,' ὁ Κλεάνθης, 'μαλακός ἐστι.' [174] πρὸς δὲ τὸν μονήρη καὶ ἑαυτῷ 80 λαλοῦντα, 'οὐ φαύλῳ,' ἔφη, 'ἀνθρώπῳ λαλεῖς.' ὀνειδίσαντος αὐτῷ τινος εἰς τὸ γῆρας, 'κἀγώ,' ἔφη, 'ἀπιέναι βούλομαι· ὅταν δὲ πανταχόθεν ἐμαυτὸν ὑγιαίνοντα περινοῶ καὶ γράφοντα καὶ ἀναγινώσκοντα, πάλιν μένω.' τοῦτόν φασιν εἰς ὄστρακα καὶ βοῶν 85 ὠμοπλάτας γράφειν ἅπερ ἤκουε παρὰ τοῦ Ζήνωνος, ἀπορίᾳ κερμάτων ὥστε ὠνήσασθαι χαρτία. τοιοῦτος δὴ ὢν ἐξίσχυσε, πολλῶν καὶ ἄλλων ὄντων ἀξιολόγων Ζήνωνος μαθητῶν, αὐτὸς διαδέξασθαι τὴν σχολήν.

74-75 (εἴδους) SVF I 204   **80** (πρός)–**81** (λαλεῖς) SVF I 616   **82**
(ὀνειδίσαντος)–**85** (μένω) SVF I 601   **85** (τοῦτόν)–**89** SVF I 463

85 (τοῦτόν)–**87** (χαρτία) Φ 59 (303.6–8)

67 τῶ P¹(Q), F Φh: τὸ B: τὸν P⁴ rec.   ἐπεκρότησαν Φh, 'rasura brevis post μὲν quae in P extat, vix ad ἐπ. pertinet' V. d. Muehll   **71** τῇ suppl. Pˣˢˡ· **73** αὐτῶν Frob.: αὐτῶν BP¹: αὐτὸν F: ἑαυτῶν Φ   **76** προσήγαγον πρὸς αὐτὸν Φ   **80** δὲ om. Φ   **83** ἐμαυτὸν BP: ἑαυ- F   **84** ἀναγιγνώσκοντα BPˡᵃᶜ   **86** ἤκουε παρὰ τοῦ B² (ras. ante τοῦ), Q: ἤκ. παρ' αὐτοῦ B¹, Pˣ ut vid.: ἤκ. παρὰ (om. τοῦ) Φ: ἤκουεν ἀπ' αὐτοῦ F, P⁴ (ν ἀπ' in ras. et in mg cum γρ παρ' αὐτοῦ)   **87** δὴ BP¹(Q): δὲ FP⁴ **88** ἀξιολόγων <τῶν> Wil., Ant. 109¹¹

90 βιβλία δὲ κάλλιστα καταλέλοιπεν, ἅ ἐστι τάδε·

Περὶ χρόνου,
Περὶ τῆς Ζήνωνος φυσιολογίας δύο,
Τῶν Ἡρακλείτου ἐξηγήσεις, τέσσαρα,
Περὶ αἰσθήσεως,
95 Περὶ τέχνης,
Πρὸς Δημόκριτον,
Πρὸς Ἀρίσταρχον,
Πρὸς Ἥριλλον,
Περὶ ὁρμῆς δύο,
100 **[175]** Ἀρχαιολογία,
Περὶ θεῶν,
Περὶ γιγάντων,
Περὶ ὑμεναίου,
Περὶ τοῦ ποιητοῦ,
105 Περὶ τοῦ καθήκοντος τρία,
Περὶ εὐβουλίας,
Περὶ χάριτος,
Προτρεπτικός,
Περὶ ἀρετῶν,
110 Περὶ εὐφυΐας,
Περὶ Γοργίππου,
Περὶ φθονερίας,
Περὶ ἔρωτος,
Περὶ ἐλευθερίας,
115 Ἐρωτικὴ τέχνη,
Περὶ τιμῆς,
Περὶ δόξης,
Πολιτικός,
Περὶ βουλῆς,
120 Περὶ νόμων,
Περὶ τοῦ δικάζειν,
Περὶ ἀγωγῆς,

91–141 SVF I 481   **93** Heracl. T 716 Mour. (= T 259)

98 ἥριλλον F: ἥ- P: ἡρίαλον B   **110–111** Περὶ εὐφυΐας πρὸς Γόργιππον
unus tit. Croenert, Kol. u. Men. 81[398]   **113–114** om. B

Περὶ τοῦ λόγου τρία,
Περὶ τέλους,
Περὶ καλῶν,   125
Περὶ πράξεων,
Περὶ ἐπιστήμης,
Περὶ βασιλείας,
Περὶ φιλίας,
Περὶ συμποσίου,   130
Περὶ τοῦ ὅτι ἡ αὐτὴ ἀρετὴ ἀνδρὸς καὶ γυναικός,
Περὶ τοῦ τὸν σοφὸν σοφιστεύειν,
Περὶ χρειῶν,
Διατριβῶν δύο,
Περὶ ἡδονῆς,   135
Περὶ ἰδίων,
Περὶ τῶν ἀπόρων,
Περὶ διαλεκτικῆς,
Περὶ τρόπων,
Περὶ κατηγορημάτων,   140

ταῦτα αὐτῷ τὰ βιβλία.

[176] καὶ τελευτᾷ τοῦτον τὸν τρόπον· διῴδησεν αὐτῷ
τὸ οὖλον· ἀπαγορευσάντων δὲ τῶν ἰατρῶν, δύο ἡμέρας
ἀπέσχετο τροφῆς. καί πως ἔσχε καλῶς ὥστε τοὺς ἰατροὺς
αὐτῷ πάντα τὰ συνήθη συγχωρεῖν· τὸν δὲ μὴ ἀνασχέσθαι, 145
ἀλλ' εἰπόντα ἤδη αὐτῷ προοδοποιεῖσθαι καὶ τὰς λοιπὰς
ἀποσχόμενον τελευτῆσαι ταὐτὰ Ζήνωνι, καθά φασί τινες,
{π'} ἔτη βιώσαντα καὶ ἀκούσαντα ἔτη ἐννεακαίδεκα.

ἐπαίξαμεν δὴ καὶ ἡμεῖς πρὸς αὐτὸν οὕτως·

142–148 SVF I 474

142 (διῴδησεν)–**147** (τελευτῆσαι); **150–153** Φ 59 (303.9–18)

131 καὶ ἀνδρὸς καὶ FP⁴   **142** τοῦτον BP¹: τόνδε FP⁴   **145** αὐτῷ post
συγχωρεῖν transp. Φ   πάντα Φ²Pˣ: πάντας BP¹(Q)FΦ¹   τὸν PFΦ:
τῶν B   **146** προοδοποιεῖσθαι B: -οδοιπορεῖσθαι PF: -ωδοιπορῆσθαι
Φ: -ωδοποιῆσθαι Arnim   **147** ἀποσχόμενον Huebn.: ἀνα- BPFΦ
ταὐτὰ P¹(Q): ταῦτα BPˣF   ζήνωνι BP¹: ζήνων F: ζήνωνος P⁴   **148** π'
(= ὀγδοήκοντα) FP⁴ˢ·¹·: om. BP¹, del. Arnim. Vid. T. Dorandi, Philologus 134
(1990) 161–2   ἀκούσαντα ζήνωνος Z (Frob.), falso   θ' καὶ ι' B: θ' καί
δεκα (sic: ras. supra ί et ε) P: ἐννέα καὶ δέκα F

150 αἰνῶ Κλεάνθην, ἀλλὰ μᾶλλον Ἀΐδην·
     ἰδὼν γὰρ αὐτὸν πρέσβυν οὐκ ἠνέσχετο
     <τὸ> μὴ οὐ τὸ λοιπὸν ἄνεσιν ἐν φθιτοῖς ἔχειν
     τοσοῦτον ἀντλήσαντα τοῦ βίου χρόνον.

---

150 ἀ ad ἴδην in fenestra add. B², ἀΐδης F   **152** τὸ add. R. Porson, Adv.
(1812) 41   οὐ τὸ B¹FP⁴: οὖν B²ᵐᵍ: οὕτω P¹(Q)Φ

[177] τούτου, καθάπερ προειρήκαμεν, ἤκουσε μετὰ
Ζήνωνα καὶ Σφαῖρος ὁ Βοσπορίανός, ὃς προκοπὴν ἱκανὴν
περιποιησάμενος ἐν λόγῳ εἰς Ἀλεξάνδρειαν ἀπῆρε πρὸς
Πτολεμαῖον τὸν Φιλοπάτορα. λόγου δέ ποτε γενομένου
περὶ τοῦ δοξάσειν τὸν σοφὸν καὶ τοῦ Σφαίρου εἰπόντος ὡς 5
οὐ δοξάσει, βουλόμενος ὁ βασιλεὺς ἐλέγξαι αὐτόν, κηρίνας
ῥόας ἐκέλευσε παρατεθῆναι· τοῦ δὲ Σφαίρου ἀπατηθέντος
ἀνεβόησεν ὁ βασιλεὺς ψευδεῖ συγκατατεθεῖσθαι αὐτὸν
φαντασίᾳ. πρὸς ὃν ὁ Σφαῖρος εὐστόχως ἀπεκρίνατο, εἰπὼν
οὕτως συγκατατεθεῖσθαι, οὐχ ὅτι ῥόαι εἰσίν, ἀλλ' ὅτι 10
εὔλογόν ἐστι ῥόας αὐτὰς εἶναι· διαφέρειν δὲ τὴν
καταληπτικὴν φαντασίαν τοῦ εὐλόγου. πρὸς δὲ
Μνησίστρατον κατηγοροῦντα αὐτοῦ ὅτι Πτολεμαῖον οὔ
φησιν εἶναι βασιλέα <...> εἶναι, 'τοιοῦτον δ' ὄντα τὸν
Πτολεμαῖον καὶ βασιλέα εἶναι.' 15

[178] βιβλία δὲ γέγραφε τάδε·

Περὶ κόσμου δύο,
Περὶ στοιχείων,
<Περὶ> σπέρματος,
Περὶ τύχης, 20
Περὶ ἐλαχίστων,

1–4 (Φιλοπάτορα), **16–48** SVF I 620   **1–4** (Φιλοπάτορα), **16, 24,**
30–36 FGrHist 585 T 1   **3** (εἰς)–**15** SVF I 625

3–12 (εὐλόγου) Φ 60 (303.20–304.5)   **4** (λόγου)–**12** (εὐλόγου) Suda ε 177
(II 456.20–7)

Ante **1** tit. σφαῖρος P^xmgF^2mgΦ   **3** ἐν λόγῳ BP¹(Q): λόγων FP⁴: ἐν λόγοις
dub. V. d. Muehll   εἰς om. B   ἀπῆρε B² (ῆ in ras.), P¹: ἀπήει F, in mg cum
γρ P⁴   **5** δοξάζειν Suda (codd. praeter A: coni. Reiske 319). Cf. § 121 (**935**)
ὡς BPF: ὅτι Φ   **6** δοξάζει Suda (codd. praeter A)   **7** ῥόας P^pcΦ: ῥοὰς
BF, Suda, an recte?   **8** συγκαταθέσθαι Φ   **10** συγκαταθέσθαι Φ
ῥόαι P^pcΦ: ῥοαὶ BF, Suda, an recte?   **14** φησιν εἶναι βασιλέα εἶναι BP¹:
φησι βασιλέα εἶναι FP⁴: lac. indic. Casaub.: οὐκ εἶναι, ἔφη, <μὴ σοφὸν>
τοιοῦτον P. Galesius ap. Casaub.: οὐκ εἶν., ἔφη, <βασιλέα, εἰ μὴ μόνον τὸν
σοφὸν> τ. Reiske 319: Π. οὔ φησι βασιλέα εἶναι <λέγων οὐδένα βασιλέα, εἰ
μὴ τὸν σοφὸν βασιλέα εἶναι>· τ. Diels: φησιν εἶναι βασιλέα <ἔφη οὐδένα
μὲν εἰ μὴ τὸν σοφὸν βασιλέα> εἶναι· τ. V. d. Muehll   **19** Περὶ add.
Meibom.

Πρὸς τὰς ἀτόμους καὶ τὰ εἴδωλα,
Περὶ αἰσθητηρίων,
Περὶ Ἡρακλείτου πέντε
25 Διατριβῶν <...>,
Περὶ τῆς ἠθικῆς διατάξεως,
Περὶ καθήκοντος,
Περὶ ὁρμῆς,
Περὶ παθῶν δύο,
30 Περὶ βασιλείας,
Περὶ Λακωνικῆς πολιτείας,
Περὶ Λυκούργου καὶ Σωκράτους τρία,
Περὶ νόμου,
Περὶ μαντικῆς,
35 Διαλόγους ἐρωτικούς,
Περὶ τῶν Ἐρετριακῶν φιλοσόφων,
Περὶ ὁμοίων,
Περὶ ὅρων,
Περὶ ἕξεως,
40 Περὶ τῶν ἀντιλεγομένων τρία,
Περὶ λόγου,
Περὶ πλούτου,
Περὶ δόξης,
Περὶ θανάτου,
45 Τέχνης διαλεκτικῆς δύο,
Περὶ κατηγορημάτων,
Περὶ ἀμφιβολιῶν,
Ἐπιστολάς.

24 Heracl. T 717 Mour. (= T 263)   36 Mened. SSR III F 21.

25 'deest numerus librorum' V. d. Muehll   26–27 Περὶ διατάξεως
καθήκοντος F   30–31 om. F   31 post πολιτείας numerum librorum
(<γ'>) vel ἤ desiderat Jacoby   36 Ἐρετρικῶν Cob.

[179] Χρύσιππος Ἀπολλωνίου Σολεύς, ἢ Ταρσεὺς ὡς
Ἀλέξανδρος ἐν Διαδοχαῖς, μαθητὴς Κλεάνθους. οὗτος
πρότερον μὲν δόλιχον ἤσκει, ἔπειτα ἀκούσας Ζήνωνος ἢ
Κλεάνθους, ὡς Διοκλῆς καὶ οἱ πλείους, ἔτι τε ζῶντος ἀπέστη
αὐτοῦ καὶ οὐχ ὁ τυχὼν ἐγένετο κατὰ φιλοσοφίαν· ἀνὴρ 5
εὐφυὴς καὶ ὀξύτατος ἐν παντὶ μέρει οὕτως ὥστε καὶ ἐν τοῖς
πλείστοις διηνέχθη πρὸς Ζήνωνα, ἀλλὰ καὶ πρὸς Κλεάνθην,
ᾧ καὶ πολλάκις ἔλεγε μόνης τῆς τῶν δογμάτων διδασκαλίας
χρῄζειν, τὰς δ' ἀποδείξεις αὐτὸς εὑρήσειν. μετενόει μέντοι
ὁπότε πρὸς αὐτὸν ἀποτείνοιτο, ὥστε συνεχὲς προφέρεσθαι 10
ταῦτα·

εγὼ δὲ τἄλλα μακάριος πέφυκ' ἀνὴρ
πλὴν εἰς Κλεάνθην· τοῦτο δ' οὐκ εὐδαιμονῶ.

[180] οὕτω δ' ἐπίδοξος ἐν τοῖς διαλεκτικοῖς ἐγένετο,
ὥστε δοκεῖν τοὺς πλείους ὅτι εἰ παρὰ θεοῖς ἦν διαλεκτική, 15
οὐκ ἂν ἄλλη ἦν ἢ ἡ Χρυσίππειος. πλεονάσας δὲ τοῖς
πράγμασι τὴν λέξιν οὐ κατώρθωσε. πονικώτατός τε παρ'
ὁντινοῦν γέγονεν, ὡς δῆλον ἐκ τῶν συγγραμμάτων αὐτοῦ·
τὸν ἀριθμὸν γὰρ ὑπὲρ πέντε καὶ ἑπτακόσιά ἐστιν. ἐπλήθυνε
δὲ αὐτὰ πολλάκις ὑπὲρ τοῦ αὐτοῦ δόγματος ἐπιχειρῶν καὶ 20
πᾶν τὸ ὑποπεσὸν γράφων καὶ διορθούμενος πλεονάκις
πλείστῃ τε τῶν μαρτυριῶν παραθέσει χρώμενος· ὥστε καὶ

1–41 (ἔλεγεν), 61–89 SVF II 1   1–2 (Κλεάνθους) Alex. Polyhist. FGrHist
273 F 91 = 7 Giannat.   12–13 Eur., Or. 540–1   12–16 (Χρυσίππειος)
31Q L.-S.

---

4 (ἀπέστη)–26 Φ 61 (304.7–20)

Ante 1 tit. χρύσιππος FΦ: om. B vacuum relinquens   1 Ἀπολλωνίδου
Sudae χ 568 codices praeter F   3 δόλιχον Huebn.: δολιχόν BPF   7
πλείστοις BPiFpc: παιστοῖς P4 (αι in ras.)   ἀλλά om. Φ   πρὸς om. F
πρὸς αὐτὸν Φ   8 καὶ om. Φ   10–11 ὥστε—ταῦτα om. Φ
10 συνεχῶς P   φέρεσθαι F   12 τἄλλα BF: τἄλλα ΦP4: τὰ ἄλλα Pi
15 ἡ διαλεκτική FP4   16 ἡ FPx: om. BPiΦ   18 δῆλος Arnim   19 ἃ
ante τὸν Pxs.l.(Q)F2s.l.   γὰρ F: om. BP   πέντε] πεντήκοντα vel {πέντε
καὶ} Barnes, Catalogue 1695   21 διορθούμενος BPF: <μὴ> διορθ. Mans-
feld, Studies 346 (a. 1986), conl. 10.27 (ἀδιόρθωτα): διορθῶν dub. V. d.
Muehll   22 τῶν om. Φ   καὶ om. Φ

ἐπειδή ποτε ἔν τινι τῶν συγγραμμάτων παρ᾽ ὀλίγον τὴν
Εὐριπίδου Μήδειαν ὅλην παρετίθετο καί τις μετὰ χεῖρας
25 εἶχε τὸ βιβλίον, πρὸς τὸν πυθόμενον τί ἄρα ἔχοι, ἔφη
'Χρυσίππου Μήδειαν.'

[181] καὶ Ἀπολλόδωρος δ᾽ ὁ Ἀθηναῖος ἐν τῇ Συναγωγῇ
τῶν δογμάτων, βουλόμενος παριστάνειν ὅτι τὰ Ἐπικούρου
οἰκείᾳ δυνάμει γεγραμμένα καὶ ἀπαράθετα ὄντα μυρίῳ
30 πλείω ἐστὶ τῶν Χρυσίππου βιβλίων, φησὶν οὕτως αὐτῇ
<τῇ> λέξει· 'εἰ γάρ τις ἀφέλοι τῶν Χρυσίππου βιβλίων ὅσα
ἀλλότρια παρατέθειται, κενὸς αὐτῷ ὁ χάρτης
καταλελείψεται.' καὶ ταῦτα μὲν Ἀπολλόδωρος. ἡ δὲ
παρεδρεύουσα πρεσβῦτις αὐτῷ, ὥς φησι Διοκλῆς, ἔλεγεν
35 ὡς πεντακοσίους γράφοι στίχους ἡμερησίους. Ἑκάτων δέ
φησιν ἆξαι αὐτὸν ἐπὶ φιλοσοφίαν τῆς οὐσίας αὐτοῦ τῆς
πατρῴας εἰς τὸ βασιλικὸν ἀναληφθείσης.

[182] ἦν δὲ καὶ τὸ σωμάτιον εὐτελής, ὡς δῆλον ἐκ τοῦ
ἀνδριάντος τοῦ ἐν Κεραμεικῷ, ὃς σχεδόν τι ὑποκέκρυπται
40 τῷ πλησίον ἱππεῖ· ὅθεν αὐτὸν ὁ Καρνεάδης Κρύψιππον
ἔλεγεν. οὗτος ὀνειδισθεὶς ὑπό τινος ὅτι οὐχὶ παρὰ Ἀρίστωνι
μετὰ πολλῶν σχολάζοι, 'εἰ τοῖς πολλοῖς,' εἶπε, 'προσεῖχον,
οὐκ ἂν ἐφιλοσόφησα.' πρὸς δὲ τὸν κατεξανιστάμενον
Κλεάνθους διαλεκτικὸν καὶ προτείνοντα αὐτῷ σοφίσματα,
45 'πέπαυσο,' εἶπε, 'παρέλκων τὸν πρεσβύτερον ἀπὸ τῶν

27-33 (καταλελείψεται) Usener, Epic. 87   **35** (Ἑκάτων)**-37** Hecat. fr. 27
Gom.   **41** (οὗτος)**-43** (ἐφιλοσόφησα) SVF II 10   SVF I 339   **43**
(πρὸς)**-46** (νέοις), **61-65** 31O L.-S.   **43** (πρὸς)**-46** (νέοις) SVF II 9

---

33 (ἡ)**-35** (ἡμερησίους) Φ 61 (304.20-2)   **36** (ἆξαι)**-37** Φh 78 (139.5-7)
38-60 Φ 61 (304.22-305.18)

---

23 παρ᾽ BPF: πρὸς Φ   **24** παρέθετο Cob.   **25** καὶ πρὸς P^xs.l.(Q)
31 τῇ add. Steph.   ἀφέλοι P: ἀφελεῖ B: ἀφέλῃ F   **33** καταλείψεται F
34 προσεδρεύουσα Richards 344   ὥς φησι Διοκλῆς om. Φ   διοκλείδης
F   **35** γράφει F   **36** ἆξαι V. d. Muehll: ἥξειν BP^iFΦh: ἐλθεῖν cum γρ
P^i: ἥκειν Marcov.   **41** οὗτος om. Φ   οὐχὶ BPF: οὐ Φ   **42** μετὰ
πολλῶν om. Φ   σχολάζει F   προσέσχον Cob.   **43** δὲ om. Φ
κατεπανιστάμενον Φ   **45** παρέλκων FP^i: περι- BPΦ   πρεσβύτην
Cob.

πραγματικωτέρων, ἡμῖν δὲ τὰ τοιαῦτα πρότεινε τοῖς νέοις.᾽ πάλιν δὲ ἐπεί τις ζητῶν καταμόνας αὐτῷ διελέγετο εὐσταθῶς, ἔπει<τα> δὲ θεωρῶν προσιόντα ὄχλον ἤρχετο φιλονεικεῖν, ἔφη·

οἴμοι, κασίγνητ᾽, ὄμμα σὸν ταράσσεται·   50
ταχὺς δὲ μετέθου λύσσαν ἀρτίως φρονῶν.

[183] ἐν μέντοι ταῖς οἰνώσεσιν ἡσύχαζε παραφερόμενος τοῖς σκέλεσιν, ὥστε εἰπεῖν τὴν δούλην, 'Χρυσίππου μόνα τὰ σκέλη μεθύει.᾽ οὕτω δ᾽ ἦν φρονηματίας ὥστε ἐρομένου τινός, 'τίνι συστήσω τὸν υἱόν;᾽, εἰπεῖν, 'ἐμοί· καὶ γὰρ εἰ 55 ὑπελάμβανον εἶναί τινα ἐμοῦ βελτίονα, παρ᾽ αὐτῷ ἂν ἐγὼ ἐφιλοσόφουν.᾽ ὅθεν φασὶν ἐπ᾽ αὐτοῦ λεχθῆναι·

οἶος πέπνυται, τοὶ δὲ σκιαὶ ἀΐσσουσι·

καί·

εἰ μὴ γὰρ ἦν Χρύσιππος, οὐκ ἂν ἦν Στοά.   60

τέλος δὲ Ἀρκεσίλᾳ καὶ Λακύδῃ, καθά φησι Σωτίων ἐν τῷ η᾽, παραγενόμενος ἐν Ἀκαδημίᾳ συνεφιλοσόφησε· [184] δι᾽ ἣν αἰτίαν καὶ κατὰ τῆς συνηθείας καὶ ὑπὲρ αὐτῆς ἐπεχείρησε, καὶ περὶ μεγεθῶν καὶ πληθῶν τῇ τῶν Ἀκαδημεικῶν συστάσει χρησάμενος.   65

---

47 (πάλιν)–**51** SVF II 8   **50–51** Eur., Or. 253–4   **52–54** (μεθύει) SVF I 7
54 (οὕτω)–**60** SVF I 6   **58** Hom. κ 495   **60** Cf. 4.62   **61–65**
Sotion fr. 22 W.   Arces. T 1a 236–41 Mette

46 τοῖς νέοις ταῦτα προτίθει FP⁴   **47** πάλιν δέ ποτ᾽ ἐπιζητῶν Φ   ἐπί
τι Pᵖᶜ(Q)   κατὰ μόνας PF   ἑαυτῷ Φ   **48** ἔπειτα K. Fr. Hermann
106: ἐπεὶ BPFΦ   προσιόντα ὄχλον θεωρῶν F   **49** φιλονικεῖν F   **50**
κασίγνητε BF   **51** ἄρτι σωφρονῶν Eur. Vid. V. Di Benedetto, Eur.
Oreste (1965) 53   **55** στήσω F   **55–56** ἐμοί· εἰ καὶ γὰρ ὑπ. Z (Frob.)
56 εἶναι om. Φ   **57** φασὶν om. Φ   αὐτῷ F   **58** οἶος τοι Φ, οἶος P
60 ἦν στοά in fenestra B²   **61** ἀρκεσίλα Bᵖᶜ (ras. supra ε et post α):
-σιλάω PF   λακύδει PF: λακί- B   **62** παραγενόμενος Kuehn:
-νομένοις BPF   **65** Ἀκαδημεικῶν V. d. Muehll : -μικῶν BP¹: -μαϊκῶν FP⁴.
Vid. Croenert, MGH 295–6⁵   συστάσει P: ἐν- B: στάσει F

τοῦτον ἐν τῷ Ὠιδείῳ σχολάζοντά φησιν Ἕρμιππος ἐπὶ
θυσίαν ὑπὸ τῶν μαθητῶν κληθῆναι· ἔνθα προσενεχθέντα
γλυκὺν ἄκρατον καὶ ἰλιγγιάσαντα πεμπταῖον ἀπελθεῖν ἐξ
ἀνθρώπων, τρία καὶ ἑβδομήκοντα βιώσαντα ἔτη, κατὰ τὴν
70 τρίτην καὶ τετταρακοστὴν <καὶ ἑκατοστὴν> Ὀλυμπιάδα,
καθά φησιν Ἀπολλόδωρος ἐν Χρονικοῖς.
καὶ ἔστιν ἡμῶν εἰς αὐτόν·

ἰλιγγίασε Βάκχον ἐκπιὼν χανδὸν
Χρύσιππος, οὐδ᾽ ἐφείσατο
75 οὐ τῆς Στοᾶς, οὐ τῆς πάτρης, οὐ τῆς ψυχῆς,
ἀλλ᾽ ἦλθε δῶμ᾽ ἐς Ἀίδεω.

[185] ἔνιοι δέ φασι γέλωτι συσχεθέντα αὐτὸν
τελευτῆσαι· ὄνου γὰρ τὰ σῦκα αὐτῷ φαγόντος, εἰπόντα
τῇ γραΐδι· ᾽δίδου νυν ἄκρατον ἐπιρροφῆσαι τῷ ὄνῳ,᾽
80 ὑπερκαγχάσαντα τελευτῆσαι.
δοκεῖ δὲ ὑπερόπτης τις γεγονέναι. τοσαῦτα γοῦν
συγγράψας οὐδενὶ τῶν βασιλέων προσπεφώνηκεν. ἠρκεῖτό
τε γραϊδίῳ μόνῳ, καθὰ καὶ Δημήτριος ἐν Ὁμωνύμοις φησί.
Πτολεμαίου τε πρὸς Κλεάνθην ἀποστείλαντος ἢ αὐτὸν
85 ἐλθεῖν ἢ πέμψαι τινά, Σφαῖρος μὲν ἀπῆλθε, Χρύσιππος δὲ

66–76 Hermipp. FGrHistCont 1026 F 82   **68** (ἀπελθεῖν)–**71** Apollod.
FGrHist 244 F 46   i.e. 208–204   **81–89** Demetr. Magn. fr. 24 Mejer
84 (Πτολεμαίου)–**86** (ὑπερεῖδε) Sphaer. SVF I 621 = FGrHist 585 T 2a

---

72–76 Anth. Pal. 7.706

---

67 προσενεχθέντα BP¹FΦ: -ενεγκάμενον P⁴   **68–69** ἐξ ἀνθρώπων
suppl. F²ˢ·ˡ·   **69** τρία καὶ ἑβδομήκοντα post ὀλυμπιάδα (**70**) transp. F
70 τεττερακοστὴν B   καὶ ἑκατοστὴν fort. ex Suda χ 568, ut vid., add.
rec.   **71** suppl. F²ˢ·ˡ·   **72** ἡμῶν παίγνιον εἰς Φ   **73–76** quattuor
versus distinxit Salmasius ap. Menag. Vid. G. Morelli, GIF 23 (1971) 125 et
M. Di Marco, SIFC Quarta s. 8 (2010) 77–85   **75** οὐ τῆς¹ BPF: οὐχ ἧς Φ
οὐ τῆς Jacobs III 398 (probat Di Marco): οὐχ ἧς BP¹(Q), Pal.: οὐδ᾽ ἧς ΦFP⁴
πάτρας Φ, Pal.   **76** ἀίδεω B¹F¹P⁴, Pal.: ἀΐ- B²: ἀίδαο P¹(Q)F²Φ   **77**
ἔνιοι BPF: οἱ Φ   γέλωτα Fᵃᶜ   αὐτὸν συσχεθέντα Φ   **78** αὐτοῦ F¹
79 γραΐδι*δίδου νῦν (ι* in ras.) B²: γραΐδι δίδου νῦν P¹(Q): γραὶ δίδου
νῦν (νῦν in ras. F²ᵐᵍ) F: γραΐδι*δοῦναι (αι in ras.) P⁴: γραΐδι ἄκρατον δίδου
νῦν Φ   **84** ἀποστείλαντος BP¹(Q)F: ἐπι- P⁴

ὑπερεῖδε. μεταπεμψάμενος δὲ τοὺς τῆς ἀδελφῆς υἱεῖς, Ἀριστοκρέοντα καὶ Φιλοκράτη, συνεκρότησε. καὶ πρῶτος ἐθάρρησεν ὑπαίθριον σχολὴν ἔχειν ἐν Λυκείῳ, καθὰ καὶ ὁ προγεγραμμένος Δημήτριος ἱστορεῖ.

[186] γέγονε καὶ ἄλλος Χρύσιππος Κνίδιος ἰατρός, παρ' 90 οὗ φησιν Ἐρασίστρατος πολλὰ ὠφελῆσθαι. καὶ ἕτερος υἱὸς τούτου, ἰατρὸς Πτολεμαίου, ὃς διαβληθεὶς περιήχθη καὶ μαστιγούμενος ἐκολάσθη. ἄλλος μαθητὴς Ἐρασιστράτου καί τις Γεωργικὰ γεγραφώς.

ὁ δὴ φιλόσοφος καὶ τοιούτους τινὰς ἠρώτα λόγους· 'ὁ 95 λέγων τοῖς ἀμυήτοις τὰ μυστήρια ἀσεβεῖ· ὁ δέ γε ἱεροφάντης τοῖς ἀμυήτοις λέγει· ἀσεβεῖ ἄρα ὁ ἱεροφάντης.' ἄλλο· 'ὃ ἔστιν ἐν τῇ πόλει, τοῦτο καὶ ἐν τῇ οἰκίᾳ· οὐκ ἔστι δὲ φρέαρ ἐν τῇ πόλει, οὐδ' ἄρα ἐν τῇ οἰκίᾳ.' ἄλλο· 'ἔστι τις κεφαλή· ἐκείνην δὲ οὐκ ἔχεις· ἔστι δέ γέ τις κεφαλὴ ἣν οὐκ 100 ἔχεις· οὐκ ἄρα ἔχεις κεφαλήν.' **[187]** <ἄλλο·> 'εἴ τις ἐστιν ἐν Μεγάροις, οὐκ ἔστιν ἐν Ἀθήναις· ἄνθρωπος δέ ἐστιν ἐν Μεγάροις· οὐκ ἄρα ἐστὶν ἄνθρωπος ἐν Ἀθήναις.' καὶ πάλιν· 'εἴ τι λαλεῖς, τοῦτό σου διὰ τοῦ στόματος διέρχεται· ἄμαξαν

90–94 Erasistr. fr. 10 Garofalo   **95–108** SVF II 279   **95** (ὁ—λόγους), **104** (εἴ)**–108** Eubul. SSR II B 13   **104** (εἴ)**–105** (διέρχεται) 38R L-S.

95–107 (ἔχεις) Φ 61 (306.7–17)   Suda χ 569 (IV 830.28–831.6)

---

86 ὑπερεῖδε BP¹: περι- FP⁴   μεταπεμψαμένου Wil., Ant. 104   **87** φιλοκράτη BP: comp. F: -την rec.   **88** ἐθάρρησεν ὑπαίθριον σχολὴν ἔχειν BP¹(Q): -σεν ὕπαιθρον σχ. ἔχειν P⁴: -σε σχολὴν ἔχειν ὕπαιθρον F καθὰ καὶ BP¹: καθάπερ καὶ F: καθάπερ (περ in ras., omisso καὶ) P⁴ (cf. supra 2.97 et 103)   **89** προγεγραμμένος F: προειρημένος F   **90** γέγονε in fenestra B²   δὲ καὶ F   **91** φασιν F   πολλὰ BP¹(Q): κάλλιστα F: τὰ μάλιστα P⁴   ὠφελῆσθαι Q: -λεῖσθαι BPF   υἱονὸς Wil., Ant. 326   **92** καὶ F: om. BP¹: post μαστιγούμενος (**93**) Pˣˢ·ˡ· (illic hab. Q)   **96** ὁ δέ γε B, P¹ (δέ γε del. Pˣ), Φ: ὁ F, Suda   **97** οὐ λέγει suppl. F²ˢ·ˡ·   λέγει <τὰ μυστήρια> Arnim λ. <αὐτά> Marcov. conl. 2.101   **98** (ἄλλο)**–99** (ἄλλο) om. Φ   **98** ἄλλο om. Suda   ὃ οὐκ ἔστιν rec.   τοῦτο καὶ BPF, Suda: τοῦτ' οὐδ' rec.   **98** (οὐκ)**–99** (οἰκία) suppl. F²ᵐᵍ   **99** οὐδ' P, Suda: οὐδὲ BF   ἄλλο om. Suda   **100–101** ἢν οὐκ ἔχεις Suda: deest in BPFΦ   **101** ἄλλο rec.: deest in BPFΦ, Suda   ἥτις F   **103** καὶ πάλιν om. Φ, Suda   **104** τοῦ om. Suda   σου post στόματος transp. FP⁴   ἔρχεται B

589

105 δὲ λαλεῖς· ἅμαξα σου ἄρα διὰ τοῦ στόματος διέρχεται.' καὶ
πάλιν· 'εἴ τι οὐκ ἀπέβαλες, τοῦτο ἔχεις· κέρατα δὲ οὐκ
ἀπέβαλες· κέρατα ἄρα ἔχεις.' οἱ δὲ Εὐβουλίδου τοῦτό
φασιν.
εἰσὶ δὲ οἳ κατατρέχουσι τοῦ Χρυσίππου ὡς πολλὰ
110 αἰσχρῶς καὶ ἀρρήτως ἀναγεγραφότος. ἐν μὲν γὰρ τῷ Περὶ
τῶν ἀρχαίων φυσιολόγων συγγράμματι αἰσχρῶς τὰ περὶ
τὴν Ἥραν καὶ τὸν Δία ἀναπλάττει, λέγων κατὰ τοὺς
ἑξακοσίους στίχους ἃ μηδεὶς ἠτυχηκὼς μολύνειν τὸ στόμα
εἴποι ἄν. **[188]** αἰσχροτάτην γάρ, φασί, ταύτην
115 ἀναπλάττει ἱστορίαν, εἰ καὶ ἐπαινεῖ ὡς φυσικήν,
χαμαιτύπαις μᾶλλον πρέπουσαν ἢ θεοῖς, ἔτι τ' οὐδὲ παρὰ
τοῖς περὶ πινάκων γράψασι κατακεχωρισμένην· μήτε γὰρ
παρὰ Πολέμωνι μήτε παρ' Ὑψικράτει, ἀλλὰ μηδὲ παρ'
Ἀντιγόνῳ εἶναι, ὑπ' αὐτοῦ δὲ πεπλάσθαι.
120 ἐν δὲ τῷ Περὶ πολιτείας καὶ μητράσι λέγει συνέρχεσθαι
καὶ θυγατράσι καὶ υἱοῖς· τὰ δ' αὐτά φησι καὶ ἐν τῷ Περὶ
τῶν μὴ δι' ἑαυτὰ αἱρετῶν εὐθὺς ἐν ἀρχῇ. ἐν δὲ τῷ τρίτῳ
Περὶ δικαίου κατὰ τοὺς χιλίους στίχους καὶ τοὺς
ἀποθανόντας κατεσθίειν κελεύων. ἐν δὲ τῷ δευτέρῳ Περὶ
125 βίου καὶ πορισμοῦ προνοεῖν λέγων ὅπως ποριστέον τῷ

---

106 (εἴ)–**108** Eubul. test 65 Doer.   **109–119** SVF II 1071   Antig.
Car. fr. 46 Dor.   **118** (παρὰ)–**119** Hypsicr. Amis. FGrHist 190 F 11
120–122 (ἀρχῇ) SVF III 744   **121** (ἐν)–**124** (κελεύων) SVF III 747
SVF I 254   **124** (ἐν)–**132** (σοφία) SVF III 685

109–116 (θεοῖς) Φ 61 (306.17–20)   **123** (καὶ)–**124** (κελεύων) Φ 61
(306.20–1)   **125** (προνοεῖν)–**132** (σοφία) Φh 78 (137.5–138.5)

---

105 σου post στόματος transp. rec.   **107–108** οἱ—φασιν om. F   **109**
πολλὰ om. Φ   **111–112** περὶ τὸν δία καὶ τὴν ἥραν Φ   **115** εἴ] ἦν
Casaub.   **116** τ' οὐδὲ Cob.: τε τὰ BPF: τε καὶ et postea <οὐ> κατακεχ.
(**117**) Casaub.   **117** γράψασι suppl. F²ˢˡ·   κατακεχωρισμένα Pᵖᶜ(Q)
μήτε¹ P⁴: οὔτε BP¹(Q)F   **118** παρ' om. F   παρὰ Ξενοκράτει R.
Koepke, De Antigono Carystio (1862) 25. Vid. Dorandi, Antigone 37²³
124 κελεύει Marcov.   **124–125** Π. βίων καὶ πορ. προνοεῖ Arnim, 'recte ut
vid.' V. d. Muehll   **125** <μηδὲν> ποριστέον Gigante 541²³¹

 CHRYSIPPUS

σοφῷ· **[189]** καίτοι τίνος χάριν ποριστέον αὐτῷ; εἰ μὲν γὰρ
τοῦ ζῆν ἕνεκεν, ἀδιάφορον τὸ ζῆν· εἰ δὲ ἡδονῆς, καὶ αὕτη
ἀδιάφορος· εἰ δὲ τῆς ἀρετῆς, αὐτάρκης αὕτη πρὸς
εὐδαιμονίαν. καταγέλαστοι δὲ καὶ οἱ τρόποι τοῦ πορισμοῦ,
οἷον οἱ ἀπὸ βασιλέως· εἴκειν γὰρ αὐτῷ δεήσει. καὶ οἱ ἀπὸ   130
φιλίας· λήμματος γὰρ ὤνιος ἡ φιλία ἔσται. καὶ οἱ ἀπὸ
σοφίας· μισθαρνήσει γὰρ ἡ σοφία. καὶ ταῦτα μὲν
ἐγκαλεῖται.

ἐπειδὴ δὲ ἐνδοξότατα τὰ βιβλία ἐστὶν αὐτῷ, ἔδοξέ μοι καὶ
τὴν πρὸς εἶδος ἀναγραφὴν αὐτῶν ἐνταῦθα καταχωρίσαι.   135
καὶ ἔστι τάδε·

Λογικοῦ τόπου <. . .>
Θέσεις λογικαί <. . .>,
Τῶν τοῦ φιλοσόφου σκεμμάτων,
Ὅρων διαλεκτικῶν πρὸς Μητρόδωρον α' β' γ' δ' ε' ς',   140
Περὶ τῶν κατὰ τὴν διαλεκτικὴν ὀνομάτων πρὸς Ζήνωνα α',
[190] Τέχνη διαλεκτικὴ πρὸς Ἀρισταγόραν α',
Συνημμένων πιθανῶν πρὸς Διοσκουρίδην α' β' γ' δ'.

λογικοῦ τόπου τοῦ περὶ τὰ πράγματα
σύνταξις πρώτη   145

Περὶ ἀξιωμάτων α',
Περὶ τῶν οὐχ ἁπλῶν ἀξιωμάτων α',
Περὶ τοῦ συμπεπλεγμένου πρὸς Ἀθηνάδην α' β',
Περὶ ἀποφατικῶν πρὸς Ἀρισταγόραν α' β' γ',

134–363 SVF II 13–18

126 σοφῷ <ἐπιλέγει> Marcov.   **126–133** I. Kidd in Fragmentensamml.
philos. Texte d. Antike (1998) 300   **126** καίτοι] φασὶ γὰρ Φh   **127**
ἕνεκα P^lacΦh   καὶ F^2s.l.   αὐτῇ ΒΦh   **128** ἀδιάφορος BPF: -ον Φh, an
recte?   αὐτῇ B   **129** δέ, φασί, καὶ Φh   καὶ om. F   **130** οἱ^l om. F
εἴξειν Richards 343   **133** <αὐτῷ> ἐγκαλεῖται Marcov.   **134** ἐπειδὴ
BP^l: ἐπεὶ FP^4   **137** λογικοῦ τόπου <τοῦ περὶ τὴν διάρθρωσιν τῶν
λογικῶν ἐννοιῶν> Arnim conl. infra § 199 (**303**). Vid. Barnes, Catalogue
176^30   **138** λογικαί Heubn. II 225^i, qui etiam numeros librorum deesse
vidit: λογικὰ καὶ BPF   **140** α' β' γ' δ' ε' ς' BP et sic semper: ς' F et simili
modo semper   **141** τὴν om. F   **144** τὰ om. B   **145** πρώτη P: α'
BF   **147** α' om. F   **149** ἀποφαντικῶν P^x (ν erasum), Q

LIBER VII

150   Περὶ τῶν κατηγορευτικῶν πρὸς Ἀθηνόδωρον α',
      Περὶ τῶν κατὰ στέρησιν λεγομένων πρὸς Θέαρον α',
      Περὶ τῶν ἀορίστων ἀξιωμάτων πρὸς Δίωνα α' β' γ',
      Περὶ τῆς διαφορᾶς τῶν ἀορίστων α' β' γ' δ',
      Περὶ τῶν κατὰ χρόνους λεγομένων α' β',
155   Περὶ συντελικῶν ἀξιωμάτων α' β'.

      σύνταξις δευτέρα

      Περὶ ἀληθοῦς διεζευγμένου πρὸς Γοργιππίδην α',
      Περὶ ἀληθοῦς συνημμένου πρὸς Γοργιππίδην α' β' γ' δ',
[191] Αἵρεσις πρὸς Γοργιππίδην α',
160   Πρὸς τὸ περὶ ἀκολούθων α',
      Περὶ τοῦ διὰ τριῶν πρὸς Γοργιππίδην α',
      Περὶ δυνατῶν πρὸς Κλεῖτον α' β' γ' δ',
      Πρὸς τὸ περὶ σημασιῶν Φίλωνος α',
      Περὶ τοῦ τίνα ἐστὶ τὰ ψευδῆ α'.

165   σύνταξις τρίτη

      Περὶ προσταγμάτων α' β',
      Περὶ ἐρωτήσεων α' β',
      Περὶ πεύσεως α' β' γ' δ',
      Ἐπιτομὴ περὶ ἐρωτήσεως καὶ πεύσεως α',
170   Ἐπιτομὴ περὶ ἀποκρίσεων α',
      <Περὶ> ζητήσεως α' β',
      Περὶ ἀποκρίσεων α' β' γ' δ'.

      σύνταξις τετάρτη

163 Philo Meg. test. 144 (?) Doer. = SSR II G 1

151 α' om. F, superest β'   152 ἀορίστων Heubn. II 739: ἀρίστων BP
δίον B   158–159 om. F   159 αἵρεσις BP¹: διαίρεσις P⁺: αἱρέσεις
Menag.: corruptum esse susp. Th. Ebert ap. Huelser, Fragm. Dialekt. Stoik.
I (1987) 174, qui etiam Περὶ αἰτιώδους dub. prop.   160 nomen auctoris
libri περὶ ἀκολούθων deesse susp. Ebert, inde lac. post τὸ vel post ἀκολ.
statuit   161 πάλιν πρὸς rec.: corruptum esse susp. Ebert, qui Περὶ
τοῦ διασαφοῦντων πρὸς Γοργ. prop.   162 περὶ δυνατῶν om. F
163 πρὸς τὸ om. F   165 om. F   167 ἐρωτήσεως Menag.   169
ἐπιτομὴ om. F   170 περὶ om. F   ἀποκρίσεως Huebn.   171 περὶ
add. Huebn.   172 om. F

592

Περὶ τῶν κατηγορημάτων πρὸς Μητρόδωρον α΄ β΄
γ΄ δ΄ ε΄ ϛ΄ ζ΄ η΄ θ΄ ι΄, 175
Περὶ ὀρθῶν καὶ ὑπτίων πρὸς Φίλαρχον α΄,
Περὶ τῶν συμβαμάτων πρὸς Ἀπολλωνίδην α΄,
Πρὸς Πάσυλον περὶ κατηγορημάτων α΄ β΄ γ΄ δ΄.

σύνταξις πέμπτη

[192] Περὶ τῶν πέντε πτώσεων α΄, 180
Περὶ τῶν κατὰ τὸ ὑποκείμενον ὡρισμένων ἐκφορῶν α΄,
Περὶ παρεμφάσεως πρὸς Στησαγόραν α΄ β΄,
Περὶ τῶν προσηγορικῶν α΄ β΄.

λογικοῦ τόπου περὶ τὰς λέξεις καὶ τὸν κατ' αὐτὰς λόγον σύνταξις πρώτη 185

Περὶ τῶν ἑνικῶν καὶ πληθυντικῶν ἐκφορῶν α΄ β΄ γ΄ δ΄ ε΄ ϛ΄,
Περὶ λέξεων πρὸς Σωσιγένην καὶ Ἀλέξανδρον α΄ β΄ γ΄ δ΄ ε΄,
Περὶ τῆς κατὰ τὰς λέξεις ἀνωμαλίας πρὸς Δίωνα α΄ β΄ γ΄ δ΄,
Περὶ τῶν πρὸς τὰς φωνὰς σωρειτῶν λόγων α΄ β΄ γ΄,
Περὶ σολοικισμῶν α΄, 190
Περὶ σολοικιζόντων λόγων πρὸς Διονύσιον α΄,
Λόγοι παρὰ τὰς συνηθείας α΄,
Λέξεις πρὸς Διονύσιον α΄.

σύνταξις δευτέρα

Περὶ τῶν στοιχείων τοῦ λόγου καὶ τῶν λεγομένων 195
α΄ β΄ γ΄ δ΄ ε΄,
Περὶ τῆς συντάξεως τῶν λεγομένων α΄ β΄ γ΄ δ΄,
[193] Περὶ τῆς συντάξεως καὶ στοιχείων τῶν λεγομένων πρὸς
Φίλιππον α΄ β΄ γ΄,

184–193, 202–211, 257–293 37B L.-S.

176 Φύλαρχον Cob.   **177** συμβαμάτων R. Nicolai, De logicis Chrysippi libris . . . commentatio, Progr. k. Gymn. Quedlinburg (1859) 34: συναμμάτων BP: συγγραμμάτων F   **178** πρὸς Πάσυλον om. F   **181** περὶ τῶν πρὸς τὸ κατὰ τὸ F   **182** στὴνἀγόρὰν (sic, ν¹ in ras.) B²   **186** ἑνικῶν rec.: ἐθνικῶν BPF   καὶ πληθυντικῶν om. F   **187** σωσιγέννην F² (-γένην F¹)   **188** δίωνα PF: δίον B: δίων rec.   **189** σωρετῶν F   **190** om. F   **192** om. F   περὶ τὰς P, περὶ τῆς Menag.   **193** λέξεις PF: λέξις B   **198** τῆς om. F   καὶ om. F   τῶν λεγομένων om. F

200 Περὶ τῶν στοιχείων τοῦ λόγου πρὸς Νικίαν α΄,
Περὶ τοῦ πρὸς ἔτερα λεγομένου α΄.

σύνταξις τρίτη

Πρὸς τοὺς μὴ διαιρουμένους α΄ β΄,
Περὶ ἀμφιβολιῶν πρὸς Ἀπολλᾶν α΄ β΄ γ΄ δ΄,
205 Περὶ τῶν τροπικῶν ἀμφιβολιῶν α΄,
Περὶ συνημμένης τροπικῆς ἀμφιβολίας α΄ β΄,
Πρὸς τὸ περὶ ἀμφιβολιῶν Πανθοίδου α΄ β΄,
Περὶ τῆς εἰς τὰς ἀμφιβολίας εἰσαγωγῆς α΄ β΄ γ΄ δ΄ ε΄,
Ἐπιτομὴ τῶν πρὸς Ἐπικράτη ἀμφιβολιῶν α΄,
210 Συνημμένα πρὸς τὴν εἰσαγωγὴν τῶν εἰς τὰς ἀμφιβολίας
α΄ β΄.

λογικοῦ τόπου πρὸς τοὺς λόγους καὶ τοὺς τρόπους
σύνταξις πρώτη

Τέχνη λόγων καὶ τρόπων πρὸς Διοσκουρίδην α΄ β΄ γ΄ δ΄ ε΄,
215 Περὶ τῶν λόγων α΄ β΄ γ΄,
[194] Περὶ τρόπων συστάσεως πρὸς Στησαγόραν α΄ β΄,
Σύγκρισις τροπικῶν ἀξιωμάτων α΄,
Περὶ ἀντιστρεφόντων λόγων καὶ συνημμένων α΄,
Πρὸς Ἀγάθωνα ἢ περὶ τῶν ἑξῆς προβλημάτων α΄,
220 Περὶ τοῦ τ<ίν>α συλλογιστικά τινος μετ᾽ ἄλλου τε καὶ
μετ᾽ ἄλλων α΄,
Περὶ τῶν ἐπιφορῶν πρὸς Ἀρισταγόραν α΄,
Περὶ τοῦ τάττεσθαι τὸν αὐτὸν λόγον ἐν πλείοσι τρόποις α΄,

---

207 Panthoid. test. 146 Doer. = SSR II Q 2

---

200 περὶ—λόγου om. F   **204** ἀπολλᾶν B²: ἀπόλλαν B¹PF: ἀπελλᾶν
rec.   **205** τῶν om. F   α΄ om. F   **207** περὶ suppl. B²ˢˡ·   **208** Περὶ
del. Croenert, Kol. u. Men. 80³⁹⁴ᵃ, sed cf. § 196 (**258**)   **209** ἐπικράτη BP:
comp. F: -την rec.   **210** τῶν] τὴν Huebn.   **212–213** (σύνταξις) om. F
213 σύνταξις P: συντάξεις B   **214** διοσκορίδην B   **215** τῶν om. F
λογιῶν B   **217** τῶν τροπικῶν Z (Frob.)   **218–221** om. F   **220**
τίνα Arnim: τὰ BP   μετ᾽ ἄλλου Menag.: μετάλλου BP   τε καὶ BP: τε τὸ
Z (Frob.)   **221** μετ᾽ ἄλλων Menag.: μετάλλων BP   **222** ἀρισταγόραν
BP: στησαγό- F   **223** ἐμπλείοσι F

Πρὸς τὰ ἀντειρημένα τῷ τὸν αὐτὸν λόγον ἐν συλλογιστικῷ
            καὶ ἀσυλλογίστῳ τετάχθαι τρόπῳ α' β', 225
Πρὸς τὰ ἀντειρημένα ταῖς τῶν συλλογισμῶν ἀναλύσεσι α' β' γ',
Πρὸς τὸ περὶ τρόπων Φίλωνος πρὸς Τιμόστρατον α',
Λογικὰ συνημμένα πρὸς Τιμοκράτη καὶ Φιλομαθῆ· εἰς τὰ
            περὶ λόγων καὶ τρόπων α'.

[195] σύνταξις δευτέρα   230

Περὶ τῶν περαινόντων λόγων πρὸς Ζήνωνα α',
Περὶ τῶν πρώτων καὶ ἀναποδείκτων συλλογισμῶν πρὸς
                   Ζήνωνα α',
Περὶ τῆς ἀναλύσεως τῶν συλλογισμῶν α',
Περὶ τῶν παρελκόντων λόγων πρὸς Πάσυλον α' β',   235
Περὶ τῶν εἰς τοὺς συλλογισμοὺς θεωρημάτων α',
Περὶ συλλογισμῶν εἰσαγωγικῶν πρὸς Ζήνωνα α',
Τῶν πρὸς εἰσαγωγὴν τρόπων πρὸς Ζήνωνα α' β' γ',
Περὶ τῶν κατὰ ψευδῆ σχήματα συλλογισμῶν α' β' γ' δ' ε',
Λόγοι συλλογιστικοὶ κατὰ ἀνάλυσιν ἐν τοῖς ἀναποδείκτοις α', 240
Τροπικὰ ζητήματα πρὸς Ζήνωνα καὶ Φιλομαθῆ α' (τοῦτο
                   δοκεῖ ψευδεπίγραφον).

σύνταξις τρίτη

Περὶ τῶν μεταπιπτόντων λόγων πρὸς Ἀθηνάδην α'
                  (ψευδεπίγραφον), 245
[196] Λόγοι μεταπίπτοντες πρὸς τὴν μεσότητα α' β' γ'
                  (ψευδεπίγραφα),
Πρὸς τοὺς Ἀμεινίου διαζευκτικοὺς α'.

227 Philo Meg. test. 144 (?) Doer. = SSR II G 1

224 (τῷ)–**226** (ἀντειρημένα) om. F   **224** τῷ P⁴ˢ·ˡ·, τῶν B   τῶν αὐτῶν
λόγων P   **226** <ἐν> ταῖς Steph.   τῶν om. F   συλλογισμῶν FP⁴:
λογισμῶν BPⁱ   **227** τρόπων om. F   **228** τιμοκράτη BP: comp. F:
-την rec.   post Φιλομαθῆ numerum librorum desid. Huebn.   **231** πρὸς
ζήνωνα om. F   **234** hunc tit. post **231** hab. F   **235** α' β' BP: α' F: β'
rec.   **236** συλλογισμοὺς Huebn.: σολοικι- BPF   **237** πρὸς Ζήνωνα
α' om. F   **238** <Περὶ> τῶν Cob.   εἰσαγωγὴν Z (Frob.): -γικὴν BPF²:
-γικῶν Fⁱ   α' β' γ' BP: α' F, sed post idem F repet. πρὸς εἰσαγωγιγὴν
τρόπων πρὸς ζήνωνα γ'   **241** πρὸς ζήνωνα τροπικὰ ζητήματα α'
(om. καὶ φιλομαθῆ) F   **241** (τοῦτο)–**242** om. F   **245** ψευδεπίγραφον
om. F   **246** τρεῖς F

σύνταξις τετάρτη

250 Περὶ ὑποθέσεων πρὸς Μελέαγρον α′ β′ γ′,
Λόγοι ὑποθετικοὶ εἰς τοὺς νόμους πρὸς Μελέαγρον α′,
Λόγοι ὑποθετικοὶ πρὸς εἰσαγωγὴν α′ β′,
Λόγοι ὑποθετικοὶ θεωρημάτων α′ β′,
Λύσις τῶν Ἡδύλου ὑποθετικῶν α′ β′,
255 Λύσις τῶν Ἀλεξάνδρου ὑποθετικῶν α′ β′ γ′ (ψευδεπίγραφα),
Περὶ ἐκθέσεων πρὸς Λαοδάμαντα α′.

σύνταξις πέμπτη

Περὶ τῆς εἰς τὸν ψευδόμενον εἰσαγωγῆς πρὸς
Ἀριστοκρέοντα α′,
260 Λόγοι ψευδόμενοι πρὸς εἰσαγωγὴν α′,
Περὶ τοῦ ψευδομένου πρὸς Ἀριστοκρέοντα α′ β′ γ′ δ′ ε′ ϛ′.

σύνταξις ἕκτη

Πρὸς τοὺς νομίζοντας καὶ ψευδῆ καὶ ἀληθῆ εἶναι α′,
[197]Πρὸς τοὺς διὰ τῆς τομῆς διαλύοντας τὸν ψευδόμενον
265 λόγον πρὸς Ἀριστοκρέοντα α′ β′,
Ἀποδείξεις πρὸς τὸ μὴ δεῖν τέμνειν τὰ ἀόριστα α′,
Πρὸς τὰ ἀντειρημένα τοῖς κατὰ τῆς τομῆς τῶν ἀορίστων
πρὸς Πάσυλον α′ β′ γ′,
Λύσις κατὰ τοὺς ἀρχαίους πρὸς Διοσκουρίδην α′,
270 Περὶ τῆς τοῦ ψευδομένου λύσεως πρὸς Ἀριστοκρέοντα
α′ β′ γ′,
Λύσις τῶν Ἡδύλου ὑποθετικῶν πρὸς Ἀριστοκρέοντα καὶ
Ἀπολλᾶν α′.

σύνταξις ἑβδόμη

---

250 περὶ BP: πρὸς F   πρὸς om. F   251 μελέαγρον πάλιν rec.   252 λόγοι ὑποθετικοὶ om. F   254 Λύσεις Cob., fort. recte   ἡδύλλου FP⁴ ὑποθετικοὶ F   255 Λύσεις Cob., fort. recte   ψευδεπίγραφα om. F 256 λαοδάμαντα B: ἀλοδά- P¹: ἄλο- P⁴: ἀδά- F   258 περὶ τῶν εἰς F τὸν om. F   261 α′ om. F   263 ʻsc. τὸν ψευδόμενονʼ Arnim. Vid. Ruestow 64   266 ἀποδείξεις B: ἀπόδειξις PF   267 ἀντιρημένα F τοῖς P: τῆς BF   τῆς om. F   269 λύσις BPF: Λύσεις dub. V. d. Muehll : Λύσις <τοῦ ψευδομένου> Ruestow 65   διοσκορίδην B   272-274 om. F   272 Λύσεις Cob.   273 ἀπολλᾶν B²PˣF: ἀπόλλαν B¹P¹ (cf. supra 204)

Πρὸς τοὺς φάσκοντας τὰ λήμματα ἔχειν ψευδῆ τὸν   275
                    ψευδόμενον λόγον α΄,
Περὶ ἀποφάσκοντος πρὸς τὸν Ἀριστοκρέοντα α΄ β΄,
Λόγοι ἀποφάσκοντες πρὸς γυμνασίαν α΄,
Περὶ τοῦ παρὰ μικρὸν λόγου πρὸς Στησαγόραν α΄ β΄,
Περὶ τῶν εἰς τὰς ὑπολήψεις λόγων καὶ ἡσυχαζόντων   280
                  πρὸς Ὀνήτορα α΄ β΄,
[198]Περὶ τοῦ ἐγκεκαλυμμένου πρὸς Ἀριστόβουλον α΄ β΄,
Περὶ τοῦ διαλεληθότος πρὸς Ἀθηνάδην α΄.

σύνταξις ὀγδόη

Περὶ τοῦ οὔτιδος πρὸς Μενεκράτην α΄ β΄ γ΄ δ΄ ε΄ ϛ΄ ζ΄ η΄,   285
Περὶ τῶν ἐξ ἀορίστου καὶ ὡρισμένου λόγων πρὸς
                    Πάσυλον α΄ β΄,
Περὶ οὔτιδος λόγου πρὸς Ἐπικράτην α΄.

σύνταξις ἐνάτη

Περὶ τῶν σοφισμάτων πρὸς Ἡρακλείδην καὶ Πόλλιν α΄ β΄,   290
Περὶ τῶν ἀπόρων διαλεκτικῶν λόγων πρὸς Διοσκουρίδην
                  α΄ β΄ γ΄ δ΄ ε΄,
Πρὸς τὸ Ἀρκεσιλάου μεθόδιον πρὸς Σφαῖρον α΄.

σύνταξις δεκάτη

Κατὰ τῆς συνηθείας πρὸς Μητρόδωρον α΄ β΄ γ΄ δ΄ ε΄ ϛ΄,   295
Περὶ τῆς συνηθείας πρὸς Γοργιππίδην α΄ β΄ γ΄ δ΄ ε΄ ϛ΄ ζ΄.

λογικοῦ τόπου τὰ τῶν προειρημένων τεττάρων
διαφορῶν ἐκτὸς ὄντα καὶ περιέχοντα <τὰς> σποράδην καὶ

293 Arces. fr. 3 Mette

275 τὰ om. F   277 om. F τοῦ ante ἀποφάσκοντος add. et τὸν del.
Ruestow 65   279 παρὰ BP: κατὰ F   282 ἐγκεκαλυμμένου P¹: ἐν - B:
ἐκκεκαυμέ- F, s.l. cum γρ P⁴   284–285 (οὔτιδος) om. F   286
ὡρισμένων F   288 (λόγου)–290 (πρὸς) om. F   290 πόλλιν BP:
πούδην F   291 διοσκορίδην B   296 περὶ] ὑπὲρ Cob. Vid. D. Babut,
PhilosAnt 5 (2005) 85 et Pohlenz II 17   τῆς om. F   γοργίππην F
298 ὄντα ἐκτὸς F   'an περιέχοντα καὶ?' V. d. Muehll   τὰς add. Arnim,
τὰ Cob.

οὐ σωματικὰς ζητήσεις λογικὰς περὶ τῶν καταλεγομένων
300 ζητημάτων α' β' γ' δ' ε' ϛ' ζ' η' θ' ι' ια' ιβ' ιγ' ιδ' ιε' ιϛ' ιζ' ιη'
ιθ' κ' κα' κβ' κγ' κδ' κε' κϛ' κζ' κη' κθ' λ' λα' λβ' λγ' λδ' λε' λϛ'
λζ' λη' λθ'. ὁμοῦ τὰ πάντα τοῦ λογικοῦ τριακόσια δέκα ἕν.
[199] ἠθικοῦ λόγου τοῦ περὶ τὴν διάρθρωσιν τῶν
ἠθικῶν ἐννοιῶν
305 σύνταξις πρώτη

    Ὑπογραφὴ τοῦ λόγου τοῦ πρὸς Θεόπορον α',
    Θέσεις ἠθικαὶ α',
    Πιθανὰ λήμματα εἰς τὰ δόγματα πρὸς Φιλομαθῆ α' β' γ',
    Ὅρων τῶν τοῦ ἀστείου πρὸς Μητρόδωρον α' β',
310   Ὅρων τῶν τοῦ φαύλου πρὸς Μητρόδωρον α' β',
    Ὅρων τῶν ἀνὰ μέσον πρὸς Μητρόδωρον α' β',
    Ὅρων τῶν κατὰ γένος πρὸς Μητρόδωρον α' β' γ' δ' ε' ϛ' ζ',
    Ὅρων τῶν κατὰ τὰς ἄλλας τέχνας πρὸς Μητρόδωρον α' β'.

σύνταξις δευτέρα

315   Περὶ ὁμοίων πρὸς Ἀριστοκλέα α' β' γ',
    Περὶ τῶν ὅρων πρὸς Μητρόδωρον α' β' γ' δ' ε' ϛ' ζ'.

σύνταξις τρίτη

    Περὶ τῶν οὐκ ὀρθῶς τοῖς ὅροις ἀντιλεγομένων πρὸς
                         Λαοδάμαντα α' β' γ' δ' ε' ϛ' ζ',
320 [200]Πιθανὰ εἰς τοὺς ὅρους πρὸς Διοσκουρίδην α' β',

303–328 32I L.-S.

299 σώματι τὰς Rossi 159–60   **300–302** sic BP: λθ' F: ἐννέα καὶ
τριάκοντα Huebn.   **302** λογικοῦ BP: ἠθικοῦ F   τριακόσια δέκα ἕν B:
τ'ι'α' PF: ἕνδεκα καὶ τριάκοσια Huebn. 'haec summa monstrat intercidisse
quosdam libros vel numeros librorum' V. d. Muehll. Vid. Barnes, Catalogue
172–7   **303–304** om. F   λόγου] τόπου A. Dyroff, Anlage d. stoischen
Buecherkataloge (1896) 40²   διόρθρωσιν P   **306** τοῦ <ἠθικοῦ> λόγου
{τοῦ} πρὸς Cob.: τοῦ λ. τοῦ <ἠθικοῦ> πρὸς Arnim 'cf. Stob. 2, 116, 12 W.
(= SVF III 204) agitur hic certe de parte morali illius summarii' V. d. Muehll.
Θεόμορον Croenert, Kol. u. Men. 81   **311** om. F   ἀνὰ μέσον P:
ἀναμέσων B   **312** Ὅρων τῶν κατὰ γένος πρὸς M. Huebn.: ὅρων
τῶν πρὸς μ. κατὰ γένος BP   **313–319** om. F   **315** περὶ <τῶν> ὁμ. Z
(Frob.)   **320** διοσκορίδην B

Περὶ εἰδῶν καὶ γενῶν πρὸς Γοργιππίδην α′ β′,
Περὶ τῶν διαιρέσεων α′,
Περὶ τῶν ἐναντίων πρὸς Διονύσιον α′ β′,
Πιθανὰ πρὸς τὰς διαιρέσεις καὶ τὰ γένη καὶ τὰ εἴδη καὶ
<τὰ> περὶ τῶν ἐναντίων α′. 325

σύνταξις τετάρτη

Περὶ τῶν ἐτυμολογιῶν πρὸς Διοκλέα α′ β′ γ′ δ′ ε′ ς′ ζ′,
Ἐτυμολογικῶν πρὸς Διοκλέα α′ β′ γ′ δ′.

σύνταξις πέμπτη

Περὶ παροιμιῶν πρὸς Ζηνόδοτον α′ β′, 330
Περὶ ποιημάτων πρὸς Φιλομαθῆ α′,
Περὶ τοῦ πῶς δεῖ τῶν ποιημάτων ἀκούειν α′ β′,
Πρὸς τοὺς κριτικοὺς πρὸς Διόδωρον α′.

[201] ἠθικοῦ τόπου περὶ τὸν κοινὸν λόγον καὶ τὰς ἐκ
τούτου συνισταμένας τέχνας τε καὶ ἀρετάς 335
σύνταξις πρώτη

Πρὸς τὰς ἀναζωγραφήσεις πρὸς Τιμώνακτα α′,
Περὶ τοῦ πῶς ἕκαστα λέγομεν καὶ διανοούμεθα α′,
Περὶ τῶν ἐννοιῶν πρὸς Λαοδάμαντα α′ β′,
Περὶ ὑπολήψεως πρὸς Πυθώνακτα α′ β′ γ′, 340
Ἀπόδειξις πρὸς τὸ μὴ δοξάσειν τὸν σοφὸν α′,
Περὶ καταλήψεως καὶ ἐπιστήμης καὶ ἀγνοίας α′ β′ γ′ δ′,
Περὶ λόγου α′ β′,
Περὶ τῆς χρήσεως τοῦ λόγου πρὸς Λεπτίναν <*>.

---

333 Diod. Cron. SSR II F 33 (sed vid. Doering 127⁶)

322 τῶν om. F   **323** τῶν om. PF   **324–325** om. F   **325** τὰ add.
Arnim   **327** ἐτυμολογιῶν rec.: ἔτοι- (<ex ᾽ B²) B¹P¹(Q): ἐτυμολογικῶν
FPˣ   **328** ἐτυμολογικῶν Pˣ: ἔτοι- (᾽ex ᾽ B²) B¹P¹(Q): om. F   **329** om. F
333 πρὸς τοὺς κριτικοὺς om. F   **334** περὶ om. F   τῶν κοινῶν λόγων
F   τὰς BP: τῶν F   **335** τέχνας τε καὶ ἀρετάς BP: ἀρετάς καὶ τέχνας F
336–337 om. F   **338** λέγωμεν B   α′ om. F   **340–341** om. F   **340**
α′ β′ B   **341** ἀπόδειξις BP¹: -δείξεις Pˣ. 'quid verum incertum est' V. d.
Muehll   **342** δ′ om. F   **343** λογικοῦ F   β′ om. F   **344** τῆς om.
F   λεπτίναν BP: λεπτύ- F: Λεπτίνην Cob.   numerus deest: α′ Marcov.

345 σύνταξις δευτέρα

Περὶ τοῦ εὖ κρίνειν τοὺς ἀρχαίους τὴν διαλεκτικὴν σὺν ταῖς
ἀποδείξεσι πρὸς Ζήνωνα α′ β′,
[202] Περὶ τῆς διαλεκτικῆς πρὸς Ἀριστοκρέοντα α′ β′ γ′ δ′,
Περὶ τῶν ἀντιλεγομένων τοῖς διαλεκτικοῖς α′ β′ γ′,
350 Περὶ τῆς ῥητορικῆς πρὸς Διοσκουρίδην α′ β′ γ′ δ′.

σύνταξις τρίτη

Περὶ ἕξεως πρὸς Κλέωνα α′ β′ γ′,
Περὶ τέχνης καὶ ἀτεχνίας πρὸς Ἀριστοκρέοντα α′ β′ γ′ δ′,
Περὶ τῆς διαφορᾶς τῶν ἀρετῶν πρὸς Διόδωρον α′ β′ γ′ δ′,
355 Περὶ τοῦ ποιὰς εἶναι τὰς ἀρετὰς α′,
Περὶ ἀρετῶν πρὸς Πόλλιν α′ β′.

ἠθικοῦ τόπου περὶ ἀγαθῶν καὶ κακῶν
σύνταξις πρώτη

Περὶ τοῦ καλοῦ καὶ τῆς ἡδονῆς πρὸς Ἀριστοκρέοντα

360 α′ β′ γ′ δ′ ε′ ς′ ζ′ η′ θ′ ι′,
Ἀποδείξεις πρὸς τὸ μὴ εἶναι τὴν ἡδονὴν τέλος α′ β′ γ′ δ′,
Ἀποδείξεις πρὸς τὸ μὴ εἶναι τὴν ἡδονὴν ἀγαθὸν α′ β′ γ′ δ′,
Περὶ τῶν λεγομένων ὑπὲρ τῆς <. . .>

---

354 Diod. Cron. SSR II F 33 (sed vid. Doering 127⁶).

346–349 om. F   **346** εὖ κρίνειν B: εἰκρίνειν P¹(Q): ἐγ- P⁴   **350** τῆς
om. F   **351** om. F   **353** om. F   **355** ποίας BP¹   **357–360** om. F
357 ἀγαθοῦ rec.   **361** ἀποδείξεις Huebn.: ἀπόδειξις BPF   **362**
ἀποδείξεις Huebn.: ἀπόδειξις BP: om. F   **363** om. F   Sequitur
magnum spatium vacuum in BP, brevius in F. Vid. Dorandi, Prometheus 18
(1992) 121–6

LIBER VIII

[1] ἐπειδὴ δὲ τὴν Ἰωνικὴν φιλοσοφίαν τὴν ἀπὸ Θαλοῦ καὶ τοὺς ἐν ταύτῃ διαγενομένους ἄνδρας ἀξιολόγους διεληλύθαμεν, φέρε καὶ περὶ τῆς Ἰταλικῆς διαλάβωμεν, ἧς ἦρξε Πυθαγόρας Μνησάρχου δακτυλιογλύφου, ὥς φησιν Ἕρμιππος, Σάμιος ἤ, ὡς Ἀριστόξενος, {ὁ} Τυρρηνός, ἀπὸ 5 μιᾶς τῶν νήσων ἃς ἔσχον Ἀθηναῖοι Τυρρηνοὺς ἐκβαλόντες. ἔνιοι δὲ υἱὸν μὲν εἶναι Μαρμάκου τοῦ Ἱππάσου τοῦ Εὐθύφρονος τοῦ Κλεωνύμου φυγάδος ἐκ Φλιοῦντος, οἰκεῖν δὲ ἐν Σάμῳ τὸν Μάρμακον, ὅθεν Σάμιον τὸν Πυθαγόραν λέγεσθαι. [2] συστῆναι δὲ εἰς Λέσβον ἐλθόντα Φερεκύδῃ 10 ὑπὸ Ζωΐλου τοῦ θείου. καὶ τρία ποτήρια κατασκευασάμενος ἀργυρᾶ δῶρον ἀπήνεγκεν ἑκάστῳ τῶν ἱερέων εἰς Αἴγυπτον. ἔσχε δὲ καὶ ἀδελφούς, πρεσβύτερον μὲν Εὔνομον, μέσον δὲ Τυρρηνόν· καὶ δοῦλον Ζάμολξιν, ᾧ Γέται θύουσι, Κρόνον νομίζοντες, ὥς φησιν Ἡρόδοτος. 15

οὗτος ἤκουσε μέν, καθὰ προείρηται, Φερεκύδου τοῦ

1–3 (διαλάβωμεν) Thales test. 242 Woehrle   Vitam Pythagorae ed. A. Delatte, La vie de Pythag. de Diog. L. (1922)   **4** (Πυθαγόρας)–**6** (ἐκβαλόντες) Hermipp. FGrHistCont. 1026 F 23   Aristox. fr. 11a W. = VS 14 A 8   **10** (συστῆναι)–**11** (θείου); **16–17** (Σάμον) Pherec. fr. 42 Schibli **14** (καὶ)–**15** cf. Hdt 4.95   **16** καθὰ προείρηται cf. 1.118–9

14–15 Φ 62 (309.16–17)

Inscriptio η΄ P: λαερτίου διογένους τῶν εἰς ι΄ τὸ ὄγδοον FP⁴   Ante **1** tit. πυθαγόρας PˣF²: om. P¹F¹, B spatio relicto   **1** τὴν² om. F¹, suppl. F²ᵐᵍ **2** ταύτῃ ἰδίᾳ γενομένους B   ἀξιολόγους ἄνδρας F   **4** πυθαγόρας tamquam titulum litt. uncialibus scr. B   post πυθαγόρας add. μὲν F **5** σάμιος—τυρρηνός om. F   ὁ τυρρηνός BPˣ: ὁ τυρρηνός P¹: ὁ om. rec. **6** ἔσχον P¹: ἔσχων B: κατέσχον FP⁴   τυρρηνοὺς P¹   ἐκβαλλόντες B **7** Μαρμέκου Casaub.   **8** φλιοῦντος FP⁴: φαι- BP¹(Q)   οἰκεῖν bis scr. F **10** φερεκύδην F   **12** <ἐν> ἑκάστῳ Reiske 319   **13** δὲ καὶ BP¹: δὲ FP⁴ **14** τυρηνόν P¹   ζάμολξιν FΦ: ζάλμοξιν BP   **15** ὥς φησιν ἡρόδοτος om. F   quia apud Hdt. 4.98 non legitur Κρόνον νομίζοντες, haec verba post ὥς φ. Ἡρ. transponere suasit Steph. Monachus ap. Menag.   **16** μέν— προείρηται om. F   καθάπερ εἴρηται B   φερεκύδους F

601

Συρίου· μετὰ δὲ τὴν ἐκείνου τελευτὴν ἧκεν εἰς Σάμον καὶ
ἤκουσεν Ἑρμοδάμαντος τοῦ ἀπογόνου Κρεωφύλου, ἤδη
πρεσβυτέρου. νέος δ᾽ ὢν καὶ φιλομαθὴς ἀπεδήμησε τῆς
20 πατρίδος καὶ πάσας ἐμυήθη τάς τε Ἑλληνικὰς καὶ
βαρβάρους τελετάς. **[3]** ἐγένετο οὖν ἐν Αἰγύπτῳ, ὁπηνίκα
καὶ Πολυκράτης αὐτὸν Ἀμάσιδι συνέστησε δι᾽ ἐπιστολῆς·
καὶ ἐξέμαθε τὴν φωνὴν αὐτῶν, καθά φησιν Ἀντιφῶν ἐν τῷ
Περὶ τῶν ἐν ἀρετῇ πρωτευσάντων, καὶ παρὰ Χαλδαίοις
25 ἐγένετο καὶ Μάγοις. εἶτα ἐν Κρήτῃ σὺν Ἐπιμενίδῃ κατῆλθεν
εἰς τὸ Ἰδαῖον ἄντρον· ἀλλὰ καὶ ἐν Αἰγύπτῳ εἰς τὰ ἄδυτα·
καὶ τὰ περὶ θεῶν ἐν ἀπορρήτοις ἔμαθεν. εἶτα ἐπανῆλθεν εἰς
Σάμον, καὶ εὑρὼν τὴν πατρίδα τυραννουμένην ὑπὸ
Πολυκράτους, ἀπῆρεν εἰς Κρότωνα τῆς Ἰταλίας· κἀκεῖ
30 νόμους θεὶς τοῖς Ἰταλιώταις ἐδοξάσθη σὺν τοῖς μαθηταῖς, οἳ
πρὸς τοὺς τριακοσίους ὄντες ᾠκονόμουν ἄριστα τὰ
πολιτικά, ὥστε σχεδὸν ἀριστοκρατίαν εἶναι τὴν πολιτείαν.
[4] τοῦτόν φησιν Ἡρακλείδης ὁ Ποντικὸς περὶ αὐτοῦ
τάδε λέγειν, ὡς εἴη ποτὲ γεγονὼς Αἰθαλίδης καὶ Ἑρμοῦ υἱὸς
35 νομισθείη· τὸν δὲ Ἑρμῆν εἰπεῖν αὐτῷ ἑλέσθαι ὅ τι ἂν
βούληται πλὴν ἀθανασίας. αἰτήσασθαι οὖν ζῶντα καὶ
τελευτῶντα μνήμην ἔχειν τῶν συμβαινόντων. ἐν μὲν οὖν τῇ
ζωῇ πάντων διαμνημονεῦσαι, ἐπεὶ δὲ ἀποθάνοι τηρῆσαι
τὴν αὐτὴν μνήμην. χρόνῳ δ᾽ ὕστερον εἰς Εὔφορβον ἐλθεῖν
40 καὶ ὑπὸ Μενέλεω τρωθῆναι. ὁ δὲ Εὔφορβος ἔλεγεν ὡς
Αἰθαλίδης ποτὲ γεγόνοι καὶ ὅτι παρ᾽ Ἑρμοῦ τὸ δῶρον
λάβοι καὶ τὴν τῆς ψυχῆς περιπόλησιν, ὡς περιεπολήθη καὶ

---

17 (ἧκεν)–**19** (πρεσβυτέρου) Creoph. test. 20 (PEG I) **21–24**
(πρωτευσάντων) Antiphon FGrHistCont 1096 F 1b **25** (εἶτα)–**27**
(ἔμαθεν) Epimen. fr. 22 (PEG II.3) **33–56** VS 14 A 8 Heracl. Pont.
fr. 86 Sch. = 89 W.

---

17 δὲ postea add. B¹ σάλμον B **18** κρεοφύλου B **21** βαρβάρους
BPF: -βαρικὰς Z (Frob.) **23** (καθά)–**24** (πρωτευσάντων) om. F
26 εἰδαῖον B: ἰ**δαῖον (ου erasum) F **31** πρὸς BP¹F: περὶ P⁴ **33–34**
περὶ—λέγειν om. F **33** αὐτοῦ K. Fr. Hermann (1834) 107: αὐ- BP
34 τάδε P: τίδὲ B **37** τελευτήσαντα Cob.

εἰς ὅσα φυτὰ καὶ ζῷα παρεγένετο καὶ ὅσα ἡ ψυχὴ ἐν τῷ
Ἅιδῃ ἔπαθε καὶ αἱ λοιπαὶ τίνα ὑπομένουσιν.

[5] ἐπειδὴ δὲ Εὔφορβος ἀποθάνοι, μεταβῆναι τὴν ψυχὴν 45
αὐτοῦ εἰς Ἑρμότιμον, ὃς καὶ αὐτὸς πίστιν θέλων δοῦναι
ἐπανῆλθεν εἰς Βραγχίδας καὶ εἰσελθὼν εἰς τὸ τοῦ
Ἀπόλλωνος ἱερὸν ἐπέδειξεν ἣν Μενέλαος ἀνέθηκεν ἀσπίδα
(ἔφη γὰρ αὐτόν, ὅτ' ἀπέπλει ἐκ Τροίας, ἀναθεῖναι τῷ
Ἀπόλλωνι τὴν ἀσπίδα), διασεσηπυῖαν ἤδη, μόνον δὲ 50
διαμένειν τὸ ἐλεφάντινον πρόσωπον. ἐπειδὴ δὲ Ἑρμότιμος
ἀπέθανε, γενέσθαι Πύρρον τὸν Δήλιον ἁλιέα· καὶ πάντα
πάλιν μνημονεύειν, πῶς πρόσθεν Αἰθαλίδης, εἶτ' Εὔφορβος,
εἶτα Ἑρμότιμος, εἶτα Πύρρος γένοιτο. ἐπειδὴ δὲ Πύρρος
ἀπέθανε, γενέσθαι Πυθαγόραν καὶ πάντων τῶν εἰρημένων 55
μεμνῆσθαι.

[6] ἔνιοι μὲν οὖν Πυθαγόραν μηδὲ ἓν καταλιπεῖν
σύγγραμμά φασιν διαπεσόντες. Ἡράκλειτος γοῦν ὁ φυσικὸς
μονονουχὶ κέκραγε καί φησι· 'Πυθαγόρης Μνησάρχου
ἱστορίην ἤσκησεν ἀνθρώπων μάλιστα πάντων καὶ 60
ἐκλεξάμενος ταύτας τὰς συγγραφὰς ἐποιήσατο ἑαυτοῦ
σοφίην, πολυμαθίην, κακοτεχνίην.' οὕτω δ' εἶπεν,
ἐπειδήπερ ἐναρχόμενος ὁ Πυθαγόρας τοῦ Φυσικοῦ
συγγράμματος λέγει ὧδε· 'οὐ μὰ τὸν ἀέρα τὸν ἀναπνέω, οὐ
μὰ τὸ ὕδωρ τὸ πίνω, οὔ κοτ' οἴσω ψόγον περὶ τοῦ λόγου 65

57–79 (Πυθαγόρᾳ) VS 14 A 19   57–67 (Φυσικόν) Heracl. T 720 Mour.
57–62 (κακοτεχνίην) Heracl. VS 22 B 129 = 17 Marc.

43 παρεγένετο BP¹: περι- FPˣ   43–44 ἐν Ἅιδου Cob.   46 δοῦναι
θέλων F   47 ἐπανῆλθεν BPF: ἀνῆλθεν Reiske 319: εἶτ' ἀνῆλθεν Apelt
48 ἔθηκεν F   49–50 ἔφη—ἀσπίδα secl. Cob.   49 ἀπέπλει BP¹:
-πλευσεν FP⁴   51 διαμένον Cob.   53 προσθῆναι θαλίδης B   54
εἶτα ἑρμότιμος om. F¹, suppl. F²ᵐᵍ   57 μὲν οὖν P: μὲν BF   58
διαπεσόντες Reiske 319: -πέζοντες B: -παίζοντες PF: παίζοντες Diels
VS   59 πυθαγόρης P: -οις B: -ας F   60 ἱστορεῖν ἴσκυσεν F
61 ἐκδεξάμενος Wil., Glaube d. Hell. II (1932) 185³   ἐποιήσατο BP:
ἐποίησεν F   ἑωυτοῦ P⁴   62 πολυμαθίην B: -θείην PF   63 ὁ om. F
65 οὔ κοτ' οἴσω Diels, Kl. Schr. 268 (a. 1890): οὐ κατοίσω BPF (vid.
Corssen, RhMus 67 [1912] 15): οὐκ ἀνοίσω Delatte

τοῦδε.᾽ γέγραπται δὲ τῷ Πυθαγόρᾳ συγγράμματα τρία,
Παιδευτικόν, Πολιτικόν, Φυσικόν. [7] τὸ δὲ φερόμενον ὡς
Πυθαγόρου Λύσιδός ἐστι τοῦ Ταραντίνου Πυθαγορικοῦ,
φυγόντος εἰς Θήβας καὶ Ἐπαμεινώνδα καθηγησαμένου.
70 φησὶ δ᾽ Ἡρακλείδης ὁ τοῦ Σαραπίωνος ἐν τῇ Σωτίωνος
ἐπιτομῇ γεγραφέναι αὐτὸν καὶ Περὶ τοῦ ὅλου ἐν ἔπεσι,
δεύτερον τὸν Ἱερὸν λόγον, οὗ ἡ ἀρχή·

ὦ νέοι, ἀλλὰ σέβεσθε μεθ᾽ ἡσυχίας τάδε πάντα·

τρίτον Περὶ ψυχῆς, τέταρτον Περὶ εὐσεβείας, πέμπτον
75 Ἡλοθαλῆ τὸν Ἐπιχάρμου τοῦ Κῴου πατέρα, ἕκτον
Κρότωνα, καὶ ἄλλους. τὸν δὲ Μυστικὸν λόγον Ἱππάσου
φησὶν εἶναι, γεγραμμένον ἐπὶ διαβολῇ Πυθαγόρου, πολλοὺς
δὲ καὶ ὑπὸ Ἄστωνος τοῦ Κροτωνιάτου γραφέντας
ἀνατεθῆναι Πυθαγόρᾳ. [8] φησὶ δὲ καὶ Ἀριστόξενος τὰ
80 πλεῖστα τῶν ἠθικῶν δογμάτων λαβεῖν τὸν Πυθαγόραν
παρὰ Θεμιστοκλείας τῆς ἐν Δελφοῖς. Ἴων δὲ ὁ Χῖος ἐν τοῖς
Τριαγμοῖς φησιν αὐτὸν ἔνια ποιήσαντα ἀνενεγκεῖν εἰς
Ὀρφέα. αὐτοῦ λέγουσι καὶ τὰς †κοπιάδας†, οὗ ἡ ἀρχή, ʽμὴ
†ἀνααίδευ† μηδενί.᾽

70–71 (αὐτόν), **75** (Ἡλοθαλῆ—πατέρα) vid. ad Epich. test. 9 K.-A. **70–
79** (Πυθαγόρᾳ) Sotion fr. 24 W. **75** (τόν)–**77** (Πυθαγόρου) VS 18.3
79 (φησί)–**81** (Δελφοῖς) Aristox. fr. 15 W. VS 14 A 3 **81** (Ἴων)–**83**
(Ὀρφέα) Ion Chius fr. 116 Leur. = VS 36 B 2 = FGrHist 392 F 25a Orph.
506T, 1114 I (PEG II.2)

67 τὸ δὲ <τέταρτον> Nauck, Iambl. vit. Pyth. (1884) 225 **69**
ἐπαμινώνα B **72** ἡ om. B **73** σέβεσθε rec.: -θαι BPF ἡσυχίης Pᴴ
74 (πέμπτον)–**76** (ἄλλους) ʽsinnlos: entweder ein Schüler- und ein Stadtname
sind in die Bücherliste gedrungen oder <πρὸς> Ἡλ. und <πρὸς> Κρότωνα
zu lesen᾽ Kranz **75** τὸν Ἐπ. τ. Κ. π. a lectore addita censet Nauck,
Iambl. vit. Pyth. 226¹⁸, praeeunte F. G. Welcker, Kl. Schr. I (1844) 278 (a. 1830)
ἡλοθαλῆ BF: ἡλοθάλη P¹(Q): Φιλοθαλῆ Herzog, Koische Forsch. u. Funde
(1899) 202 **77** φασὶν rec. **81** ἐν Δελφοῖς Aldobr.: ἀδελφῆς BPF
ἰῷ P¹(Q) ut vid. δὲ BF: δ᾽ P **83** κατασκοπιάδας B: καὶ τὰς κοπιάδας
PF: καὶ τὰς Κοπίδας Diels, Kl. Schr. 270 (a. 1890) ἡ om. B (cf. **72**) **84**
ἀνάαιδευ B² (άαι in ras.): ἀνααίδευ Pᵖᶜ (ras. supra ἀ et ί: ἀνα αίδευ Q), F:
ἀναίδου Steph.: ἀνάδευ Palmerius, Exercit. 459: ἀνειδεῦ Kuhn: ἀναδίδευ
Diels, Kl. Schr. 271 (a. 1890)

Σωσικράτης δὲ ἐν Διαδοχαῖς φησιν αὐτὸν ἐρωτηθέντα 85
ὑπὸ Λέοντος τοῦ Φλιασίων τυράννου τίς εἴη, φιλόσοφον
εἰπεῖν. καὶ τὸν βίον ἐοικέναι πανηγύρει· ὡς οὖν εἰς ταύτην οἱ
μὲν ἀγωνιούμενοι, οἱ δὲ κατ' ἐμπορίαν, οἱ δέ γε βέλτιστοι
ἔρχονται θεαταί, οὕτως ἐν τῷ βίῳ οἱ μὲν ἀνδραποδώδεις,
ἔφη, φύονται δόξης καὶ πλεονεξίας θηραταί, οἱ δὲ φιλόσοφοι 90
τῆς ἀληθείας. καὶ τάδε μὲν ὧδε.

[9] ἐν δὲ τοῖς τρισὶ συγγράμμασι τοῖς προειρημένοις
φέρεται Πυθαγόρου τάδε καθολικῶς. οὐκ ἐᾷ εὔχεσθαι ὑπὲρ
αὑτῶν διὰ τὸ μὴ εἰδέναι τὸ συμφέρον. τὴν μέθην ἓν ἀνθ' ἑνὸς
βλάβην καλεῖ καὶ πλησμονὴν πᾶσαν ἀποδοκιμάζει, λέγων 95
μὴ παραβαίνειν μήτε τῶν ποτῶν μήτε τῶν σιτίων μηδένα
τὴν συμμετρίαν. καὶ περὶ ἀφροδισίων δέ φησιν οὕτως·
'ἀφροδίσια χειμῶνος ποιέεσθαι, μὴ θέρεος· φθινοπώρου δὲ
καὶ ἦρος κουφότερα, βαρέα δὲ πᾶσαν ὥρην καὶ ἐς ὑγείην
οὐκ ἀγαθά.' ἀλλὰ καί ποτ' ἐρωτηθέντα πότε δεῖ πλησιάζειν 100
εἰπεῖν· 'ὅταν βούλῃ γενέσθαι αὐτοῦ ἀσθενέστερος.'

[10] διαιρεῖται δὲ καὶ τὸν τοῦ ἀνθρώπου βίον οὕτω·
'παῖς εἴκοσι ἔτεα, νεηνίσκος εἴκοσι, νεηνίης εἴκοσι, γέρων
εἴκοσι. αἱ δὲ ἡλικίαι πρὸς τὰς ὥρας ὧδε σύμμετροι· παῖς

85–91 (ἀληθείας) Sosicr. fr. 17 Giannat.

85–91 (ἀληθείας) Φ 62 (308.3–9)   100 (ἐρωτηθέντα)–105 (χειμών) Φ 62
(308.9–13)

---

85 σωσικράτης rec.: σωκράτης BPF   δοχαῖς B¹   86 φιλόσοφον BP¹F
(cf. 1.12): -ος Φ (sed in orat. recta)   87 γοῦν Bywater   88 γε om. Φ
89 ἔρχονται post ἀγωνιούμενοι (88) pos. Φ   90 ἔφη om. Φ
φαίνονται Reiske 319   δόξης bis pos. Φ   92 γράμμασι F   93 ἐᾷ
εὔχεσθαι BP: ἐλέγχεσθε F   93–94 ὑπὲρ αὑτῶν (αὐ- B) BP: ὑπὸ ἑαυτῶν
F   94 εἶναι τὸ σύμφορον B   ἓν ἀνθ' ἑνὸς BP¹: ἐν ἄνθει νοός FP⁴: ἐν
ἄνθεσι Immisch, PhW 47 (1927) 482   96 ποτῶν Cob.: πόνων BPF:
πότων Casaub.   σιτίων PF: οἰτίων B   98 θέρος B   99 βαρέα BF¹:
-εία P   ὑγείην F: ὑγίην P¹: ὑγιείαν ex ὑγίαν B²   post ὑγείην add. εἶναι F
100 οὐκ ἀγαθά om. F¹, suppl. F²ˢˡ   post πλησιάζειν add. γυναικὶ Φ
101 εἰπεῖν om. F: ἔφη Φ   ὅταν BP¹: ὅτε FΦ   βούλῃ BP¹: -ει FΦ
αὐτοῦ (αὐ- B) BP¹: ἑαυτοῦ F: σεαυ- Φ   ἀσθενέστερος εἶπεν F   102
διαιρεῖ*ται (ν erasum) B: διήρει Φ   103–104 γέρων εἴκοσι om. F

105 ἔαρ, νεηνίσκος θέρος, νεηνίης φθινόπωρον, γέρων χειμών.'
ἔστι δ' αὐτῷ ὁ μὲν νεηνίσκος μειράκιον, ὁ δὲ νεηνίης ἀνήρ.
εἶπέ τε πρῶτος, ὥς φησι Τίμαιος, κοινὰ τὰ φίλων εἶναι καὶ
φιλίαν ἰσότητα. καὶ αὐτοῦ οἱ μαθηταὶ τὰς οὐσίας εἰς ἓν
κατετίθεντο ποιούμενοι. πενταετίαν τε ἡσύχαζον, μόνων
110 τῶν λόγων κατακούοντες καὶ οὐδέπω Πυθαγόραν ὁρῶντες
εἰς ὃ δοκιμασθεῖεν· τοὐντεῦθεν δὲ ἐγίνοντο τῆς οἰκίας
αὐτοῦ καὶ τῆς ὄψεως μετεῖχον. ἀπείχοντο δὲ καὶ σοροῦ
κυπαρισσίνης διὰ τὸ τὸ τοῦ Διὸς σκῆπτρον ἐντεῦθεν
πεποιῆσθαι, ὥς φησιν Ἕρμιππος ἐν δευτέρῳ Περὶ
115 Πυθαγόρου.

[11] καὶ γὰρ καὶ σεμνοπρεπέστατος λέγεται γενέσθαι
καὶ αὐτοῦ οἱ μαθηταὶ δόξαν εἶχον περὶ αὐτοῦ ὡς εἴη
Ἀπόλλων ἐξ Ὑπερβορέων ἀφιγμένος. λόγος δέ ποτε αὐτοῦ
παραγυμνωθέντος τὸν μηρὸν ὀφθῆναι χρυσοῦν· καὶ ὅτι
120 Νέσσος ὁ ποταμὸς διαβαίνοντα αὐτὸν προσαγορεῦσαι
πολύς ἦν ὁ φάσκων.

Τίμαιός τέ φησιν ἐν δεκάτῳ Ἱστοριῶν λέγειν αὐτὸν τὰς
συνοικούσας ἀνδράσι θεῶν ἔχειν ὀνόματα, Κόρας, Νύμφας,
εἶτα Μητέρας καλουμένας. τοῦτον καὶ γεωμετρίαν ἐπὶ
125 πέρας ἀγαγεῖν, πρῶτον Μοίριδος εὑρόντος τὰς ἀρχὰς τῶν

107–108 (εἶπέ—ἰσότητα) Tim. FGrHist 566 F 13b   107–115 Hermipp.
FGrHistCont 1026 F 22   122–124 (καλουμένας) Tim. FGrHist 566
F 17   124 (τοῦτον)–127 (Ἀλεξάνδρου) Anticl. FGrHist 140 F 1

112 (ἀπείχοντο)–114 (πεποιῆσθαι) Φ 62 (308.13–15)   119
(παραγυμνωθέντος)–120 (προσαγορεῦσαι) Φ 62 (308.15–17)

105 νεηνίσκος F: νεα- BP   108–109 κατετ. τὰς οὐσίας εἰς ἓν F   108
εἰς secl. Rittershuis   109 ποιούμενοι secl. Cob.   109–110 μόνων τῶν
λόγων BPˣF: μόνον τὸν λόγον P¹ ut vid.   113 τὸ τὸ Φ: τὸ BPF   114
πεποιῆσθαι P: πεποιεῖ- B: περιποιεῖ- F   117 αὐτοῦ secl. Cob.   118
ὑπερβορέων (ἐ in ras.) Pˣ: -βοραίων B²(βοραί in ras.), Q: -βορείων F
λόγος BP: λέγεται F   ποτε αὐτοῦ BP: αὐτοῦ ποτὲ F   120 νέσσος
BP: νέσος ΦF: Κάσαν Diels, Hermes 33 (1898) 335   122 τε BP: δέ F
124 Μητέρας <καὶ Μαίας> Jacoby ex Iambl., vit. Pyth. 56   125 ἀγαγεῖν
F: τοῦτον ἄγειν B: ἄγειν τοῦτον P¹(Q): ἄγειν dub. V. d. Muehll:
<προ>αγαγεῖν Delatte   πρῶτον μοίριδος BP¹: μοίριδος πρῶτον F: μ.
πρώτου Cob.

στοιχείων αὐτῆς, ὥς φησιν Ἀντικλείδης ἐν δευτέρῳ Περὶ
Ἀλεξάνδρου. [12] μάλιστα δὲ σχολάσαι τὸν Πυθαγόραν
περὶ τὸ ἀριθμητικὸν εἶδος αὐτῆς· τόν τε κανόνα τὸν ἐκ μιᾶς
χορδῆς εὑρεῖν. οὐκ ἠμέλησε δὲ οὐδὲ ἰατρικῆς. φησὶ δ᾽
Ἀπολλόδωρος ὁ λογιστικὸς ἑκατόμβην θῦσαι αὐτόν, 130
εὑρόντα ὅτι τοῦ τριγώνου ὀρθογωνίου ἡ ὑποτείνουσα
πλευρὰ ἴσον δύναται ταῖς περιεχούσαις. καὶ ἔστιν
ἐπίγραμμα οὕτως ἔχον·

> ἤνυκε Πυθαγόρης τὸ περικλεές· εὕρατο γράμμα
> κεῖν᾽, ἐφ᾽ ὅτῳ κλεινὴν ἤγαγε βουθυσίην.   135

λέγεται δὲ καὶ πρῶτος κρέασιν ἀσκῆσαι ἀθλητάς, καὶ
πρῶτόν γε Εὐρυμένη, καθά φησι Φαβωρῖνος ἐν τρίτῳ τῶν
Ἀπομνημονευμάτων, τῶν πρότερον ἰσχάσι ξηραῖς καὶ
τυροῖς ὑγροῖς, ἀλλὰ καὶ πυροῖς σωμασκούντων αὐτούς,
καθάπερ ὁ αὐτὸς Φαβωρῖνος ἐν η´ Παντοδαπῆς ἱστορίας 140
φησίν. [13] οἱ δὲ Πυθαγόραν ἀλείπτην τινὰ τοῦτον σιτίσαι
τὸν τρόπον, μὴ τοῦτον. τοῦτον γὰρ καὶ τοῦ φονεύειν
ἀπαγορεύειν, μὴ ὅτι γε ἅπτεσθαι τῶν ζῴων κοινὸν δίκαιον
ἡμῖν ἐχόντων ψυχῆς. καὶ τόδε μὲν ἦν τὸ πρόσχημα· τὸ δ᾽

---

129 (φησὶ)–**132** Apollod. FGrHistCont 1097 F 1c   **136** (λέγεται)—**141**
(φησίν) Favor. fr. 14 et 26 Mensch.   **136** (λέγεται—ἀθλητάς), **137**
(τῶν)—**141** (φησίν) Favor. fr. 58 Bar. = 63 Am. (**137–141**)   **136–138**
(Ἀπομνημονευμάτων) Favor. fr. 44 Bar. = 52 Am.

134–135 Anth. Pal. 7.119; Plan. I[b] 49.4   **143** (ἀπαγορεύειν)–**153** (μηδέν)
Φ 62 (308.18–24)

126–127 αὐτῆς—ἀλεξάνδρου om. F   **127** πυθαγόρα F   **129** οὐδὲ
om. F   **130** ὁ λογιστικὸς om. F   **133** ἔχον F: ἔργον BP¹   **134**
ἤνυκε BPF: ἤνυκε Pal.[C]: ἠνίκε Pal., cum γρ Pal.[C]: -κα Plut., Non posse 1094 B
et Athen. 10, 418 F   εὕρατο BPF: εὕρετο Pal., Plut., Athen.   **135** κεῖν᾽
ἐφ᾽ ὅτῳ BP: ἐκεῖν᾽ ἐφότω F: κεῖν᾽ ἐφ᾽ ᾧ Plut.: κλεινὸς ἐφ᾽ ᾧ Athen.
κλεινὴν ἤγαγε BPF, Athen.: λαμπρὴν ἤγετο Plut.   **137** εὐρυμένη B[ac]:
εὐ- B[pc]P: εὐρημένην F¹: εὐρυ- F²   ἐν τρίτῳ om. F   **138** τῶν P: τὸν BF
139 σωμασκούντων BP¹(Q): -κεῖν FP⁴   **140** (καθάπερ)–**141** (φησίν)
om. F   **141** σιτίσαι P: σιτῆσαι F: συστῆσαι B   **142** τοῦ BP¹(Q): τὸ F
143 γε ἅπτεσθαι BPF: γεύεσθαι Cob.   **144** ἡμῖν om. F¹, suppl. F[2mg]
ψυχῆς BPF: <τὴν> ψυχὴν Richards 343   ἦν om. F

145 ἀληθὲς τῶν ἐμψύχων ἀπηγόρευεν ἅπτεσθαι συνασκῶν
καὶ συνεθίζων εἰς εὐκολίαν βίου τοὺς ἀνθρώπους, ὥστε
εὐπορίστους αὐτοῖς εἶναι τὰς τροφὰς ἄπυρα
προσφερομένοις καὶ λιτὸν ὕδωρ πίνουσιν· ἐντεῦθεν γὰρ καὶ
σώματος ὑγίειαν καὶ ψυχῆς ὀξύτητα περιγίνεσθαι. ἀμέλει
150 καὶ βωμὸν προσκυνῆσαι μόνον ἐν Δήλῳ τὸν Ἀπόλλωνος
τοῦ γενέτορος, ὅς ἐστιν ὄπισθε τοῦ Κερατίνου, διὰ τὸ
πυροὺς καὶ κριθὰς καὶ πόπανα μόνα τίθεσθαι ἐπ' αὐτοῦ
ἄνευ πυρός, ἱερεῖον δὲ μηδέν, ὥς φησιν Ἀριστοτέλης ἐν
Δηλίων πολιτείᾳ.

155 **[14]** πρῶτόν τέ φασι τοῦτον ἀποφῆναι τὴν ψυχὴν
κύκλον ἀνάγκης ἀμείβουσαν ἄλλοτ' ἄλλοις ἐνδεῖσθαι ζῴοις·
καὶ πρῶτον εἰς τοὺς Ἕλληνας μέτρα καὶ σταθμὰ
εἰσηγήσασθαι, καθά φησιν Ἀριστόξενος ὁ μουσικός·
πρῶτόν τε Ἕσπερον καὶ Φωσφόρον τὸν αὐτὸν εἰπεῖν, ὥς
160 φησι Παρμενίδης.

οὕτω δὲ ἐθαυμάσθη ὥστε ἔλεγον †τοὺς† γνωρίμους
αὐτοῦ †παντοίας† θεοῦ φωνάς, ἀλλὰ καὶ αὐτὸς ἐν τῇ γραφῇ
φησι 'δι' ἑπτὰ καὶ διηκοσίων ἐτέων ἐξ ἀΐδεω
παραγεγενῆσθαι ἐς ἀνθρώπους.' τοιγὰρ καὶ

---

149 (ἀμέλει)–**154** Arist. fr. 489 R.[3]   **157** (καὶ[1])–**158** (μουσικός) VS 14 A 12
Aristox. fr. 24 W.   **159** (πρῶτόν)–**160** Favor. fr. 16a Mensch. = p. 204 Bar.
(ad fr. 46)

---

145 ἀπηγόρευεν FΦP[4]: ἀπαγορεύειν BP[1]   **146** ἐθίζων Φ
ἀνθρώπους BFΦP[4]: βροτοὺς P[1]   **148** λιτὸν BPF: om. Φ: λιτὰ <καὶ>
Cob., Collect. 451   ἐντεῦθεν γὰρ om. F   **149** ὑγίαν B[1]   **150** τὸν Φ
(coni. Menag.): τοῦ BPF   **151** ὄπισθεν F   τὸ RFΦ: τοῦ B   **152** τὰ
πόπανα F   **153** ἄνευ τοῦ πυρός F   **158** ὁ μουσικός om. F   **159–**
160 ὥς φησι <καὶ> Π. Diels: οἱ δέ φασι Παρμενίδην Casaub. (cf. 9.23): ὡς
<δέ> φησι <Φαβορίνος,> Παρμενίδης Karsten, Parmenidis carm. rel.
(1835) 255[97]: ὡς <δὲ Φαβορῖνός> φησι Παρμενίδην V. d. Muehll et Barigazzi:
ὥς φησι < ... οἱ δὲ> Παρμενίδην Corssen, RhMus 67 (1912) 240   **161**
λέγειν Rittershuis   τοὺς γνωρίμους PF: τ. -σμους B   **162** παντοίας
BP: -οίους F: παμώχους Hermann ap. Huebn. II, v   **161–162** τὰς ...
παραγγελίας Delatte, τ. . . . μαντίας Triller, Observ. (1742) 125. Vid. Gigante
544–6   **162** θεῶ φωνᾶς Cob.   **163** ἑπτὰ] ἑκκαίδεκα Rohde, Kl.
Schr. II (1901) 106[1] (a. 1871) ex ps.-Iambl., Theol. arithm. 53.6 De Falco (σις')
διηκοσίων BP: δια- F   **164** παραγενῆσθαι B

προσεκαρτέρουν αὐτῷ καὶ τῶν λόγων ἕνεκα προσῇεσαν 165
καὶ Λευκανοὶ καὶ Πευκέτιοι καὶ Μεσσάπιοί τε καὶ Ῥωμαῖοι.

[15] μέχρι τε Φιλολάου οὐκ ἦν τι γνῶναι Πυθαγόρειον
δόγμα· οὗτος δὲ μόνος ἐξήνεγκε τὰ διαβόητα τρία βιβλία,
ἃ Πλάτων ἐπέστειλεν ἑκατὸν μνῶν ὠνηθῆναι. τῶν τε
ἑξακοσίων οὐκ ἐλάττους ἐπὶ τὴν νυκτερινὴν ἀκρόασιν 170
ἀπήντων αὐτοῦ· καὶ εἴ τινες ἀξιωθεῖεν αὐτὸν θεάσασθαι,
ἔγραφον πρὸς τοὺς οἰκείους ὡς μεγάλου τινὸς τετυχηκότες.
Μεταποντῖνοί γε μὴν τὴν μὲν οἰκίαν αὐτοῦ Δήμητρος ἱερὸν
ἐκάλουν, τὸν στενωπὸν <δὲ> μουσεῖον, ὥς φησι Φαβωρῖνος
ἐν Παντοδαπαῖς ἱστορίαις· ἔλεγόν τε καὶ οἱ ἄλλοι 175
Πυθαγόρειοι μὴ εἶναι πρὸς πάντας πάντα ῥητά, ὥς φησιν
Ἀριστόξενος ἐν δεκάτῳ Παιδευτικῶν νόμων. [16] ἔνθα καὶ
Ξενόφιλον τὸν Πυθαγορικόν, ἐρωτηθέντα πῶς ἂν μάλιστα
τὸν υἱὸν παιδεύσειεν, εἰπεῖν, ʻεἰ πόλεως εὐνομουμένης
γενηθείη.ʼ ἄλλους τε πολλοὺς κατὰ τὴν Ἰταλίαν 180
ἀπεργάσασθαι καλούς τε καὶ ἀγαθοὺς ἄνδρας, ἀτὰρ καὶ
Ζάλευκον καὶ Χαρώνδαν τοὺς νομοθέτας· ἱκανός τε γὰρ
ἦν φιλίας ἐργάτης τά τε ἄλλα καὶ εἴ τινα πύθοιτο τῶν
συμβόλων αὐτοῦ κεκοινωνηκότα, εὐθύς τε προσηταιρίζετο
καὶ φίλον κατεσκεύαζεν. 185

[17] ἦν δὲ αὐτῷ τὰ σύμβολα τάδε· πῦρ μαχαίρᾳ μὴ

---

169 (Πλάτων) cf. 3.9   173 (Μεταποντῖνοί)–175 (ἱστορίαις) Favor. fr. 73
Bar. = 41 Mensch. = 78 Am.   175 (ἔλεγόν)–177 (νόμων) Aristox. fr. 43 W.

170–172 (τετυχηκότες) Φ 62 (309.9–12)   186–299 (πάντα) Suda π 3124
(IV 264.24–267.11)   186–205 (ζῆν) Φ 62 (308.24–309.8)

---

166 καὶ³ BP¹F: del. Pˣ, om. Z (Frob.)   μεσσάπιοί B: μεσά- P: μεσάππ- F
167 τε BP¹: δὲ FP⁴   τι om. B   πυθαγόριον BF   168 ἐξήνεγκε BP:
ἐξήγαγε F   169 ὠνηθῆναι Cob.: ἑω- BPF   τε BPF: δὲ Φ   170 τὰς
νυκτερινὰς ἀκροάσεις Φ   171 εἴ RFΦ: οἵ B   174 δὲ Pˣ: om. BP¹F
174 (ὥς)–175 (ἱστορίαις) om. F   176 πυθαγόρειοι P: -γορεῖοι B: -γόριοι
F   176–177 ὥς—νόμων om. F   178 τὸν BPF: τις Korais, Epict. (1826)
Proleg. θ´: τις τὸν Schaefer ap. Huebn. IV 303   180 γεννηθείη P¹F¹
πολλοὺς om. F   ἰταλίαν BP: ἱστορίαν F   181 ἄνδρας om. F
182 ζέλευκον B   183 ἄλλα ἃ καὶ εἴ BP¹   184 συμβούλων BP¹
κεκοινικότα B   τε BP: τὸ F   186 τοιάδε Casaub.

σκαλεύειν, ζυγὸν μὴ ὑπερβαίνειν, ἐπὶ χοίνικος μὴ καθίζειν, καρδίαν μὴ ἐσθίειν, φορτίον συγκαθαιρεῖν καὶ μὴ συνεπιτιθέναι, τὰ στρώματα ἀεὶ συνδεδεμένα ἔχειν, ἐν
190 δακτυλίῳ θεοῦ εἰκόνα μὴ περιφέρειν, χύτρας ἴχνος συγχεῖν ἐν τῇ τέφρᾳ, δᾳδίῳ εἰς θᾶκον μὴ ὁμόργνυσθαι, πρὸς ἥλιον τετραμμένον μὴ ὀμίχειν, ἐντὸς τὰς λεωφόρους μὴ βαδίζειν, μὴ ῥᾳδίως δεξιὰν ἐμβάλλειν, ὁμωροφίους χελιδόνας μὴ ἔχειν, γαμψώνυχα μὴ τρέφειν, ἀπονυχίσμασι καὶ κουραῖς μὴ
195 ἐπουρεῖν μηδὲ ἐφίστασθαι, ὀξεῖαν μάχαιραν ἀποστρέφειν, ἀποδημοῦντα ἐπὶ τοῖς ὅροις ἀνεπιστρεπτεῖν.

[18] ἤθελε δὲ αὐτῷ τὸ μὲν πῦρ μαχαίρᾳ μὴ σκαλεύειν δυναστῶν ὀργὴν καὶ οἰδοῦντα θυμὸν μὴ κινεῖν. τὸ δὲ ζυγὸν μὴ ὑπερβαίνειν, τουτέστι τὸ ἴσον καὶ δίκαιον μὴ
200 ὑπερβαίνειν. ἐπί τε χοίνικος μὴ καθίζειν ἐν ἴσῳ τῷ φροντίδα ποιεῖσθαι καὶ τοῦ μέλλοντος· ἡ γὰρ χοῖνιξ ἡμερήσιος τροφή. διὰ τοῦ καρδίαν μὴ ἐσθίειν ἐδήλου μὴ τὴν ψυχὴν ἀνίαις καὶ λύπαις κατατήκειν. διὰ δὲ τοῦ εἰς ἀποδημίαν βαδίζοντα μὴ ἐπιστρέφεσθαι παρῄνει τὸ ἀπαλλαττομένους τοῦ βίου μὴ
205 ἐπιθυμητικῶς ἔχειν τοῦ ζῆν μηδ' ὑπὸ τῶν ἐνταῦθα ἡδονῶν ἐπάγεσθαι. καὶ τὰ ἄλλα πρὸς ταῦτα λοιπόν ἐστιν ἐκλαμβάνειν, ἵνα μὴ παρέλκωμεν.

[19] παντὸς δὲ μᾶλλον ἀπηγόρευε μήτε ἐρυθῖνον ἐσθίειν

---

188 (καρδίαν μὴ ἐσθίειν) Orph. 647 III (PEG II.2)

187 σκαλεύειν F: -λαίειν B: -λαεύειν P¹ ut vid. **188** καρδίαν BPF, Suda: -ην rec. μὴ συγκαθαιρεῖν rec. et Suda (codd. GM) καὶ μὴ BPF: μηδὲ Suda: ἀλλὰ Marcov. **189** δὲ post συνεπιτιθέναι add. Menag. **190** εἰκόνα θεοῦ F **191** δᾳδίῳ Menag. (cf. Iambl., Protr. 21): λαδίῳ P¹(Q), Suda: ἐλαδίῳ B² (ἐ in ras.), FP⁴ εἰς del. Cob. (om. Iambl.) **192** ὀμίχειν F²(ὀμή- F¹): ὀμιχεῖν Pˣ, Suda: ὁμιλεῖν BP¹(Q): ὀμείχειν Solmsen IF 31 (1912/13) 468 ἐντὸς Rittershuis: ἐκτὸς BPF, Suda τὰς λεωφόρους Cob.: λεωφόρου BPF, Suda **196** ἐπὶ BPF: ἐν Suda ἀνεπιστραφεῖν F **198** δυναστῶν BPF: ὅτι δ. Suda: ἤτοι δ. Φ οἰδοῦντα θυμὸν BPF: οἰδούντων θυμῷ Φ: οἰδ. θυμὸν Suda **199** μὴ ὑπερβαίνειν om. FΦ **200** τε om. F τῷ Suda: τοῦ BPFΦ φροντίδα BPF: παρόντος Φ: ἐνεστῶτος Z³ (Frob.) **201** φροντίδα post. μέλ. hab. Φ ἡ] ὁ Suda ἡμερησία Φ **202** διὰ δὲ Suda **202–203** ἀνίαις κατατείνειν καὶ λύπαις Φ **204** τὸ BP¹F, Suda: τοῖς rec.: non hab. Φ ἀπαλλαττομένους Φ: -μένοις BPF, Suda **206** ὑπάγεσθαι Pˣ, Suda τἄλλα Suda

μήτε μελάνουρον, καρδίας τε ἀπέχεσθαι καὶ κυάμων·
Ἀριστοτέλης δέ φησι καὶ μήτρας καὶ τρίγλης. ἐνίοτε δὲ 210
αὐτὸν ἀρκεῖσθαι μέλιτι μόνῳ φασί τινες ἢ κηρίῳ ἢ ἄρτῳ,
οἴνου δὲ μεθ' ἡμέραν μὴ γεύεσθαι· ὄψῳ τε τὰ πολλὰ
λαχάνοις ἐφθοῖς τε καὶ ὠμοῖς, τοῖς δὲ θαλαττίοις σπανίως.
στολὴ δὲ αὐτῷ λευκή, καθαρά, καὶ στρώματα λευκὰ ἐξ
ἐρίων· τὰ γὰρ λινᾶ οὔπω εἰς ἐκείνους ἀφῖκτο τοὺς τόπους. 215
οὐδεπώποτε ἐγνώσθη οὔτε διαχωρῶν οὔτε ἀφροδισιάζων
οὔτε μεθυσθείς. [20] ἀπείχετο καταγέλωτος καὶ πάσης
ἀρεσκείας οἷον σκωμμάτων καὶ διηγημάτων φορτικῶν.
ὀργιζόμενός τε οὔτε οἰκέτην ἐκόλαζεν οὔτε ἐλεύθερον
οὐδένα. ἐκάλει δὲ τὸ νουθετεῖν πεδαρτᾶν. μαντικῇ τε 220
ἐχρῆτο τῇ διὰ τῶν κληδόνων τε καὶ οἰωνῶν, ἥκιστα δὲ διὰ
τῶν ἐμπύρων, ἔξω τῆς διὰ λιβάνου. θυσίαις τε ἐχρῆτο
ἀψύχοις, οἱ δέ φασιν ὅτι ἀλέκτορσι μόνον καὶ ἐρίφοις καὶ
γαλαθηνοῖς τοῖς λεγομένοις ἀπαλίαις, ἥκιστα δὲ ἄρνασιν. ὅ
γε μὴν Ἀριστόξενος πάντα μὲν τὰ ἄλλα συγχωρεῖν αὐτὸν 225
ἐσθίειν ἔμψυχα, μόνον δ' ἀπέχεσθαι βοὸς ἀροτῆρος καὶ

---

210 (Ἀριστοτέλης—τρίγλης) Arist. fr. 194 R.³   **222** (θυσίαις)–**227**
(κριοῦ) VS 14 A 9   **224** (ὅ)–**228** Aristox. fr. 29a et 15 W.

220 (ἐκάλει—πελαργᾶν) Suda π 929 (IV 80.25)   **224** (ὅ)–**227** (κρίου)
Φ 62 (309.13–15)

210 Ἀριστοτέλης δέ φησι om. Suda   ἐνίοτε ad sequentia trahunt B, Suda
(cf. 6.105)   **210–211** δὲ αὐτὸν rec., Suda (codd. GM): αὐτόν τε BP¹: αὐτὸν
δὲ FP⁴   **211** μόνῳ ex μόνον ut vid. B¹   φασί τινες om. Suda   κηρίῳ
rec.: κηρῷ BPF¹, Suda: τυρῷ F²ˢˡ   ἢ² BPF, Suda: καὶ Bywater   **212**
ὄψῳ Suda (codd. GM): ὄψου BPF, Suda (codd. AV)   τε om. F, Suda
213 σπανίως <χρῆσθαι> Diels ad Reiske, σπ. <ἐχρῆτο> Reiske 319
214 καὶ καθαρά Suda, 'rectius' Nauck, Iambl. vit. Pyth. (1884) 109   **215**
ἀφῖκτο PF: ἀφείκτο B: ἀφίκετο Suda   **216** οὐδεπώποτε PF, Suda:
οὐδέποτε B¹   δὲ ἐγνώσθη Suda   **217** καταγέλωτος BPF: δὲ
καταγέλωτος Suda: καὶ γέλωτος Cob.   **218** οἷον—φορτικῶν om. F¹,
suppl. F²ᵐᵍ   **219** τε om. F   **220** οὐδένα BP: om. F   ἐνουθέτει Cob.,
Collect. 451   πεδαρτᾶν Schaefer ap. Huebn. II 814 ex Iambl., vit. Pyth.
101,197,231: πελαργᾶν BPˣF, Suda: πελάργαν P¹   **221** δὲ <τῇ> διὰ Cob.
222 ἔξω τε F   θυσίας F   τε om. F   **223** φασιν ὅτι om. Suda
ἀλεκτορίσι Suda   **224** ἀπαλίοις Casaub.   **225** συγχωρεῖ F   **226**
μόνον BPF: μόνου Φ, Suda   αὐτὸν ἀπέχεσθαι F   ἀροτῆρος βοὸς F

κριοῦ. **[21]** ὁ δ᾽ αὐτός φησιν, ὡς προείρηται, καὶ τὰ δόγματα λαβεῖν αὐτὸν παρὰ τῆς ἐν Δελφοῖς Θεμιστοκλείας.

φησὶ δ᾽ Ἱερώνυμος κατελθόντα αὐτὸν εἰς ᾅδου τὴν μὲν
230 Ἡσιόδου ψυχὴν ἰδεῖν πρὸς κίονι χαλκῷ δεδεμένην καὶ τρίζουσαν, τὴν δὲ Ὁμήρου κρεμαμένην ἀπὸ δένδρου καὶ ὄφεις περὶ αὐτὴν ἀνθ᾽ ὧν εἶπον περὶ θεῶν, κολαζομένους δὲ καὶ τοὺς μὴ θέλοντας συνεῖναι ταῖς ἑαυτῶν γυναιξί· καὶ δὴ καὶ διὰ τοῦτο τιμηθῆναι ὑπὸ τῶν ἐν Κρότωνι. φησὶ
235 δ᾽ Ἀρίστιππος ὁ Κυρηναῖος ἐν τῷ Περὶ φυσιολογῶν Πυθαγόραν αὐτὸν ὀνομασθῆναι ὅτι τὴν ἀλήθειαν ἠγόρευεν οὐχ ἧττον τοῦ Πυθίου.

[22] λέγεται παρεγγυᾶν αὐτὸν τοῖς μαθηταῖς ἑκάστοτε τάδε λέγειν εἰς τὸν οἶκον εἰσιοῦσι·

240 πῇ παρέβην; τί δ᾽ ἔρεξα; τί μοι δέον οὐκ ἐτελέσθη;

σφάγιά τε θεοῖς προσφέρειν κωλύειν, μόνον δὲ τὸν ἀναίμακτον βωμὸν προσκυνεῖν. μηδὲ ὀμνύναι θεούς· ἀσκεῖν γὰρ αὐτὸν δεῖν ἀξιόπιστον παρέχειν. τούς τε πρεσβυτέρους τιμᾶν δεῖν, τὸ προηγούμενον τῷ χρόνῳ τιμιώτερον
245 ἡγουμένους· ὡς ἐν κόσμῳ μὲν ἀνατολὴν δύσεως, ἐν βίῳ δὲ ἀρχὴν τελευτῆς, ἐν ζωῇ δὲ γένεσιν φθορᾶς. **[23]** καὶ θεοὺς

---

227 ὡς προείρηται cf. 8.8   **229–234** (Κρότωνι) Hieron. Rhod. fr. 50 Wh. = 42 W.   **234** (φησὶ)–**237** SSR IV A 150   **240** Carm. aur. 42

229–232 (θεῶν) Φ 62 (309.17–20)   **236–237** Φ 62 (309.12–13)

---

228 δὲ αὐτὸν λαβεῖν F   τῆς PF, Suda: τοῖς B   ἐν δελφοῖς θεμιστοκλείας BPF: ἀδελφῆς θεοκλείας Suda (cf. supra **81**)   **229** αὐτὸν κατελθόντα Suda   **230** κίονα F (io ex corr.)   **231** κρεμαμένην F: κρεμμα- P¹ ut vid.: κρεκραμέ- B   **232** εἶπον BP¹Φ, Suda: εἶπε F   **233** ἑαυτῶν F, Suda: αὐτῶν BP   καὶ² om. F   **235** φυσιολογιῶν rec.   **236** ὠνομασθῆναι F, ὀνω- B   **238** ἑκάστοτε τοῖς μαθηταῖς F   **239** ταῦτα Suda   pro οἶκον prop. κοῖτον Corssen, PhW 31 (1911) 1390 ex Porph., vit. Pyth. 40   **240** ἔρρεξα F   τί δέ μοι οὐκ F   **241** σφάγια P, Suda: σφάγεια B: σφαγεῖα F   δὲ BPF: τε Suda   **241–242** βωμὸν δὲ πρ. τὸν ἀναίμακτον Suda   **242** μηδὲ BP¹, Suda: μὴ FP⁴   **243** γὰρ BP: om. F: δὲ Suda αὐτὸν rec.: αὐ- BP¹F: ἑαυ- Suda   τε om. F, Suda   **244** δεῖν om. F   **246** τὴν ἀρχὴν Suda   δὲ BPF: om. Suda: δὴ rec.

μὲν δαιμόνων προτιμᾶν, ἥρωας δὲ ἀνθρώπων, ἀνθρώπων
δὲ μάλιστα γονέας. ἀλλήλοις τε ὁμιλεῖν, ὡς τοὺς μὲν φίλους
ἐχθροὺς μὴ ποιῆσαι, τοὺς δὲ ἐχθροὺς φίλους ἐργάσασθαι.
ἴδιόν τε μηδὲν ἡγεῖσθαι. νόμῳ βοηθεῖν, ἀνομίᾳ πολεμεῖν· 250
φυτὸν ἥμερον μήτε φθείρειν μήτε σίνεσθαι, ἀλλὰ μηδὲ ζῷον
ὃ μὴ βλάπτει ἀνθρώπους. αἰδῶ καὶ εὐλάβειαν εἶναι μήτε
γέλωτι κατέχεσθαι μήτε σκυθρωπάζειν. φεύγειν σαρκῶν
πλεονασμόν, ὁδοιπορίης ἄνεσιν καὶ ἐπίτασιν ποιεῖσθαι,
μνήμην ἀσκεῖν, ἐν ὀργῇ μήτε τι λέγειν μήτε πράσσειν, [24] 255
μαντικὴν πᾶσαν τιμᾶν. ᾠδαῖς χρῆσθαι πρὸς λύραν ὕμνῳ τε
θεῶν καὶ ἀνδρῶν ἀγαθῶν εὔλογον χάριν ἔχειν. τῶν δὲ
κυάμων ὑπηγόρευεν ἀπέχεσθαι διὰ τὸ πνευματώδεις ὄντας
μάλιστα μετέχειν τοῦ ψυχικοῦ· καὶ ἄλλως κοσμιωτέρας
ἀπεργάζεσθαι, μὴ παραληφθέντας, τὰς γαστέρας. καὶ διὰ 260
τοῦτο καὶ τὰς καθ' ὕπνους φαντασίας λείας καὶ ἀταράχους
ἀποτελεῖν.

φησὶ δὲ ὁ Ἀλέξανδρος ἐν ταῖς τῶν Φιλοσόφων διαδοχαῖς
καὶ ταῦτα εὑρηκέναι ἐν Πυθαγορικοῖς ὑπομνήμασιν. [25]
ἀρχὴν μὲν τῶν ἁπάντων μονάδα· ἐκ δὲ τῆς μονάδος 265
ἀόριστον δυάδα ὡς ἂν ὕλην τῇ μονάδι αἰτίῳ ὄντι
ὑποστῆναι· ἐκ δὲ τῆς μονάδος καὶ τῆς ἀορίστου δυάδος
τοὺς ἀριθμούς· ἐκ δὲ τῶν ἀριθμῶν τὰ σημεῖα· ἐκ δὲ τούτων

263–366 VS 58 B 1a   Alex. Polyhist. FGrHist 273 F 93 = 9 Giannat.
Thesleff, Pythag. Texts 234–7   **263–337** (σώματι) Posid. fr. 401 Th.

247 post προτιμᾶν, add. δαίμονας δὲ ἡρώων Cob., Collect. 322 ex Iambl.,
vit. Pyth. 37   **249** τοὺς ἐχθροὺς δὲ F   **251** φθείρειν BP¹(Q): φθίνειν
Suda, P⁴: σίνειν F   σίνεσθαι BP, Suda: φθίνειν F   μηδὲ rec.: μήτε BP¹F,
Suda   **252** εἶναι BPF: <μετ>εῖναι Reiske 320: εἰδέναι Mer. Casaub.:
ἀσκεῖν Casaub.: ἔχειν Corssen, PhW 31 (1911) 1390   **253** καταγέλωτι Suda
254 ὁδοιπορίης PF: -πορίοις B: -πορίας Suda   **255** τι om. F   **256** οὐ
πᾶσαν Casaub., obloquitur Cob., Collect. 452   **257** ἔχειν χάριν Suda
258 ὑπηγόρευεν Kassel e ps.-Dem., 17.29: ἀπ- BPF: om. Suda
ἀπέχεσθαι BP¹, Suda: ἔχεσθαι F (cf. supra **209**)   **259** μάλιστα BP, Suda:
μᾶλλον F   **259–260** καὶ ἄλλως—γαστέρας, duce Menag., secl. Huebn. ut
aliam explicationem   **259** κοσμιωτέρως F   **260** ἐργάζεσθαι F   τὰς
γαστέρας μὴ παραληφθέντας F   **263** δὲ BF: δὲ καὶ P¹   ἐν—διαδοχαῖς
om. F   **264** πυθαγορικαῖς F   **265** τῶν om. F   **266** αἰτίῳ in ras. B²,
PF: de B¹ non constat   οὔσῃ Reiske ms.   **268** (ἐκ)–**269** (σχήματα) om. F

τὰς γραμμάς, ἐξ ὧν τὰ ἐπίπεδα σχήματα· ἐκ δὲ τῶν
270 ἐπιπέδων τὰ στερεὰ σχήματα· ἐκ δὲ τούτων τὰ αἰσθητὰ
σώματα, ὧν καὶ τὰ στοιχεῖα εἶναι τέτταρα, πῦρ, ὕδωρ, γῆν,
ἀέρα· ἃ μεταβάλλειν καὶ τρέπεσθαι δι᾽ ὅλων, καὶ γίγνεσθαι
ἐξ αὐτῶν κόσμον ἔμψυχον, νοερόν, σφαιροειδῆ, μέσην
περιέχοντα τὴν γῆν καὶ αὐτὴν σφαιροειδῆ καὶ
275 περιοικουμένην. εἶναι δὲ καὶ ἀντίποδας καὶ τὰ ἡμῖν κάτω
ἐκείνοις ἄνω.

[26] ἰσόμοιρά τε εἶναι ἐν τῷ κόσμῳ φῶς καὶ σκότος,
καὶ θερμὸν καὶ ψυχρόν, καὶ ξηρὸν καὶ ὑγρόν· ὧν κατ᾽
ἐπικράτειαν θερμοῦ μὲν θέρος γίγνεσθαι, ψυχροῦ δὲ
280 χειμῶνα· ἐὰν δὲ ἰσομοιρῇ, τὰ κάλλιστα εἶναι τοῦ ἔτους, οὗ
τὸ μὲν θάλλον ἔαρ ὑγιεινόν, τὸ δὲ φθίνον φθινόπωρον
νοσερόν. ἀλλὰ καὶ τῆς ἡμέρας θάλλειν μὲν τὴν ἕω, φθίνειν δὲ
τὴν ἑσπέραν· ὅθεν καὶ νοσερώτερον εἶναι. τόν τε περὶ τὴν
γῆν αἰθέρα ἄσειστον καὶ νοσερὸν καὶ τὰ ἐν αὐτῷ πάντα
285 θνητά· τὸν δὲ ἀνωτάτω ἀεικίνητόν τε εἶναι καὶ καθαρὸν καὶ
ὑγιᾶ καὶ πάντα τὰ ἐν αὐτῷ ἀθάνατα καὶ διὰ τοῦτο θεῖα.
[27] ἥλιόν τε καὶ σελήνην καὶ τοὺς ἄλλους ἀστέρας εἶναι
θεούς· ἐπικρατεῖ γὰρ τὸ θερμὸν ἐν αὐτοῖς, ὅπερ ἐστὶ ζωῆς
αἴτιον. τήν τε σελήνην λάμπεσθαι ὑφ᾽ ἡλίου. καὶ ἀνθρώπων
290 εἶναι πρὸς θεοὺς συγγένειαν, κατὰ τὸ μετέχειν ἄνθρωπον
θερμοῦ· διὸ καὶ προνοεῖσθαι τὸν θεὸν ἡμῶν. εἱμαρμένην τε
τῶν ὅλων καὶ κατὰ μέρος αἰτίαν εἶναι τῆς διοικήσεως.

---

289 (ἀνθρώπων)–**297** (πάντα) Φ 62 (309.21–4)

271 τέτταρα om. B **272** ἃ μεταβάλλειν καὶ BP, Suda: μεταβάλλειν δὲ
καὶ F γίγνεσθαι BPʲ: γίν- FP⁴, Suda **273** (σφαιροειδῆ)–**274**
(σφαιροειδῆ) om. Fʲ, suppl. F²ᵐᵍ **275** οἰκουμένην Suda δὲ BPF, Suda:
γὰρ Reiske ms. **278** ψυχρόν BP, Suda: ὑγρόν F ὑγρὸν καὶ ξηρὸν P
279 γίγνεσθαι B: γίν- PF, Suda **280** post χειμῶνα add. <ξηροῦ δ᾽ ἔαρ
καὶ ὑγροῦ φθινόπωρον> ex C (ξ. δ᾽ ἔαρος κ. ὑ. φθινοπώρου) Huebn., sed
vid. Delatte 92 ἰσομοιροῖ F **283** νοσερωτέραν Pˣ **284** αἰθέρα
BPʲ(Q), F: ἀέρα P⁴, Suda ἄσειστον <καὶ θολερὸν> καὶ Reiske ms.
286 ὑγιᾶ B: -εία Pʲ(Q): -ειᾶ F **287–288** ἥλιόν—θεούς om. Suda
288 ἐπικρατεῖν rec. **289** ἀνθρώπων BPΦ: -ους F: -οις rec.: -ῳ Bywater
290 θεοῦ F **291** διὸ—ἡμῶν om. Suda τε BP: δὲ F

διήκειν τε ἀπὸ τοῦ ἡλίου ἀκτῖνα διὰ τοῦ αἰθέρος τοῦ τε ψυχροῦ καὶ παχέος. καλοῦσι δὲ τὸν μὲν ἀέρα ψυχρὸν αἰθέρα, τὴν δὲ θάλασσαν καὶ τὸ ὑγρὸν παχὺν αἰθέρα. 295 ταύτην δὲ τὴν ἀκτῖνα καὶ εἰς τὰ βένθη δύεσθαι καὶ διὰ τοῦτο ζωοποιεῖν πάντα. [28] καὶ ζῆν μὲν πάνθ' ὅσα μετέχει τοῦ θερμοῦ· διὸ καὶ τὰ φυτὰ ζῷα εἶναι· ψυχὴν μέντοι μὴ ἔχειν πάντα. εἶναι δὲ τὴν ψυχὴν ἀπόσπασμα αἰθέρος καὶ τοῦ θερμοῦ καὶ τοῦ ψυχροῦ τῷ τε συμμετέχειν ψυχροῦ 300 αἰθέρος διαφέρειν ψυχὴν ζωῆς· ἀθάνατόν τε εἶναι αὐτήν, ἐπειδήπερ καὶ τὸ ἀφ' οὗπερ ἀπέσπασται ἀθάνατόν ἐστι. τὰ δὲ ζῷα γεννᾶσθαι ἐξ ἀλλήλων ἀπὸ σπερμάτων, τὴν δὲ ἐκ γῆς γένεσιν ἀδύνατον ὑφίστασθαι. τὸ δὲ σπέρμα εἶναι σταγόνα ἐγκεφάλου περιέχουσαν ἐν ἑαυτῇ ἀτμὸν θερμόν· 305 ταύτην δὲ προσφερομένην τῇ μήτρᾳ ἀπὸ μὲν τοῦ ἐγκεφάλου ἰχῶρα καὶ ὑγρὸν καὶ αἷμα προίεσθαι, ἐξ ὧν σάρκας τε καὶ νεῦρα καὶ ὀστᾶ καὶ τρίχας καὶ τὸ ὅλον συνίστασθαι σῶμα· ἀπὸ δὲ τοῦ ἀτμοῦ ψυχὴν καὶ αἴσθησιν. [29] μορφοῦσθαι δὲ τὸ μὲν πρῶτον παγὲν ἐν ἡμέραις 310 τεσσαράκοντα, κατὰ δὲ τοὺς τῆς ἁρμονίας λόγους ἐν ἑπτὰ ἢ ἐννέα ἢ δέκα τὸ πλεῖστον μησὶ τελειωθὲν ἀποκυίσκεσθαι τὸ βρέφος· ἔχειν δὲ ἐν αὐτῷ πάντας τοὺς λόγους τῆς ζωῆς, ὧν εἰρομένων συνέχεσθαι κατὰ τοὺς τῆς ἁρμονίας λόγους, ἑκάστων ἐν τεταγμένοις καιροῖς ἐπιγινομένων. 315 τήν τε αἴσθησιν κοινῶς καὶ κατ' εἶδος τὴν ὅρασιν ἀτμόν

---

304 (τὸ)–309 (αἴσθησιν) Φ 62 (309.24–310.4)

294 παχέως B   294–295 καλοῦσι—αἰθέρα om. Suda   295 παχὺν BP¹, Suda: ψυχρὸν F, cum γρ P⁴   296 βένθη P¹(Q)F, Suda: βάθη BΦP⁴   298 διὸ om. F   300 τῷ τε Diels: τῶ P: τὸ BF   302 οὗπερ BP¹(Q)F: οὗ P⁴   ἀθάνατον F: ἀθάνατόν τε BP   304 ὑφίστασθαι B² (σθαι supra ται in ras.) F: -σταται B¹ ut vid., P¹(Q)   305 σταγόνας BPᵃᶜ   <ἀπὸ τοῦ> ἐγκ. Bywater (cf. infra 328)   περιέχουσα B θερμὸν ἀτμὸν F   306 ταύτης δὲ προσφερομένης Wellmann, Hermes 54 (1919) 233, an recte?   307 καὶ om. Φ   308 τε om. Φ   καὶ τρίχας— ὅλον om. Φ   309 συνίστασθαι BPΦ: ὑφ- F   σῶμα om. Φ   καὶ ψυχὴν Φ   312 τελειωθὲν P¹(Q)F: om. B¹, τελεωθὲν B²   313 αὐτῷ F: αὐ- BP   316 ὅρασιν BP¹(Q): κρᾶσιν F

τινα ἄγαν εἶναι θερμόν. καὶ διὰ τοῦτον λέγεται δι' ἀέρος
ὁρᾶν καὶ δι' ὕδατος· ἀντερείδεσθαι γὰρ τὸ θερμὸν ἀπὸ τοῦ
ψυχροῦ. ἐπεί τοι εἰ ψυχρὸς ἦν ὁ ἐν τοῖς ὄμμασιν ἀτμός,
320 διειστήκει ἂν πρὸς τὸν ὅμοιον ἀέρα· νῦν δὲ ἔστιν ἐν οἷς
ἡλίου πύλας καλεῖ τοὺς ὀφθαλμούς. τὰ δ' αὐτὰ καὶ περὶ τῆς
ἀκοῆς καὶ τῶν λοιπῶν αἰσθήσεων δογματίζει.

[30] τὴν δὲ ἀνθρώπου ψυχὴν διῃρῆσθαι τριχῆ, εἴς τε
νοῦν καὶ φρένας καὶ θυμόν. νοῦν μὲν οὖν καὶ θυμὸν εἶναι καὶ
325 ἐν τοῖς ἄλλοις ζῴοις, φρένας δὲ μόνον ἐν ἀνθρώπῳ. εἶναι δὲ
τὴν ἀρχὴν τῆς ψυχῆς ἀπὸ καρδίας μέχρις ἐγκεφάλου· καὶ τὸ
μὲν ἐν τῇ καρδίᾳ μέρος αὐτῆς ὑπάρχειν θυμόν, φρένας δὲ καὶ
νοῦν τὰ ἐν τῷ ἐγκεφάλῳ· σταγόνας δὲ εἶναι ἀπὸ τούτων
τὰς αἰσθήσεις. καὶ τὸ μὲν φρόνιμον ἀθάνατον, τὰ δὲ λοιπὰ
330 θνητά. τρέφεσθαί τε τὴν ψυχὴν ἀπὸ τοῦ αἵματος· τοὺς δὲ
λόγους ψυχῆς ἀνέμους εἶναι. ἀόρατόν τ' εἶναι αὐτὴν καὶ
τοὺς λόγους, ἐπεὶ καὶ ὁ αἰθὴρ ἀόρατος.

[31] δεσμά τε εἶναι τῆς ψυχῆς τὰς φλέβας καὶ τὰς
ἀρτηρίας καὶ τὰ νεῦρα· ὅταν δὲ ἰσχύῃ καὶ καθ' αὑτὴν
335 γενομένη ἠρεμῇ, δεσμὰ γίνεσθαι αὐτῆς τοὺς λόγους καὶ τὰ
ἔργα. ἐκριφθεῖσάν τε αὐτὴν ἐπὶ γῆς πλάζεσθαι ἐν τῷ ἀέρι
ὁμοίαν τῷ σώματι. τὸν δὲ Ἑρμῆν ταμίαν εἶναι τῶν ψυχῶν
καὶ διὰ τοῦτο πομπέα λέγεσθαι καὶ πυλαῖον καὶ χθόνιον,

323–328 (ἐγκεφάλῳ) Suda ν 524 (III 482.3–8)   **330** (τρέφεσθαί)–**331**
(εἶναι) Φ 62 (310.4–5)   **333–334** (δεσμά—ἀρτηρίας) Φ 62 (310.5–6)
333–336 (ἔργα) Suda δ 269 (II 25.28–30)

317 ἄγαν εἶναι B: εἶναι P: εἶναι ἄγαν F   καὶ om. F   τοῦτον BP¹: τοῦτο
F   λέγεται BPF: λέγει καὶ Bywater: λέγει Reiske 320   **318** ἀπὸ rec.:
ἐπὶ BPF   **320** ἂν <οὐδὲν> Diels   lac. post. νῦν δὲ ind. Reiske 320
322 δογματίζει rec.: -ζειν BPF   **323** διῃρῆσθαι BP: διαι- F: διαιρεῖ- rec.
324 φρένα F   οὖν om. F, Suda   εἶναι καὶ θυμὸν F   **327** τῇ om. Suda
328 τὰ om. P¹   εἶναι rec.: εἰδέναι BPF: ἰέναι Kuhn   ἀπὸ BΦ: ὑπὸ PF
331 ἀναίμους Janda, LF 91 (1968) 114   **332** ὁρατὸς P¹(Q)   **333** τῆς
BP: om. Φ: τὰς τῆς F   τὰς¹ om. F   **334** καθ' αὑτὴν BPΦ: κατ' αὐτὴν
F: καθ' ἑαυτὴν Suda   **335** γινομένη B   δεῖγμα Wiersma, Mnem.
(1942) 108³⁵   πρὸ τοῦ λόγου Suda   **336** ἐκριφθεῖσαν P: κρυφθεῖσαν
B: ἐξελθοῦσαν F   τε BP: δὲ F   **338** πομπέα P: -παῖα B: -παῖον F
ἐμπολαῖον Lobeck, Soph. Aiax (1809) ad v. 831

ἐπειδήπερ οὗτος καὶ εἰσπέμπει ἀπὸ τῶν σωμάτων τὰς
ψυχὰς ἀπό τε γῆς καὶ ἐκ θαλάττης· καὶ ἄγεσθαι τὰς μὲν 340
καθαρὰς ἐπὶ τὸν ὕψιστον, τὰς δὲ ἀκαθάρτους μήτε ἐκείναις
πελάζειν μήτε ἀλλήλαις, δεῖσθαι δ᾽ ἐν ἀρρήκτοις δεσμοῖς
ὑπὸ Ἐρινύων. [32] εἶναί τε πάντα τὸν ἀέρα ψυχῶν
ἔμπλεων· καὶ τούτους τοὺς δαίμονάς τε καὶ ἥρωας
νομίζεσθαι· καὶ ὑπὸ τούτων πέμπεσθαι ἀνθρώποις τούς τε 345
ὀνείρους καὶ τὰ σημεῖα νόσους τε, καὶ οὐ μόνον ἀνθρώποις,
ἀλλὰ καὶ προβάτοις καὶ τοῖς ἄλλοις κτήνεσιν· εἴς τε τούτους
γίνεσθαι τούς τε καθαρμοὺς καὶ ἀποτροπιασμοὺς μαντικήν
τε πᾶσαν καὶ κληδόνας καὶ τὰ ὅμοια.
     μέγιστον δέ φησιν τῶν ἐν ἀνθρώποις εἶναι τὴν ψυχὴν 350
πεῖσαι ἐπὶ τὸ ἀγαθὸν ἢ ἐπὶ τὸ κακόν. εὐδαιμονεῖν τε
ἀνθρώπους ὅταν ἀγαθὴ ψυχὴ προσγένηται, μηδέποτε δὲ
ἠρεμεῖν μηδὲ τὸν αὐτὸν ῥόον κρατεῖν. [33] ὅρκιόν τε εἶναι
τὸ δίκαιον καὶ διὰ τοῦτο Δία ὅρκιον λέγεσθαι. τήν τε
ἀρετὴν ἁρμονίαν εἶναι καὶ τὴν ὑγίειαν καὶ τὸ ἀγαθὸν ἅπαν 355
καὶ τὸν θεόν· διὸ καὶ καθ᾽ ἁρμονίαν συνεστάναι τὰ ὅλα.
φιλίαν τε εἶναι ἐναρμόνιον ἰσότητα. τιμὰς θεοῖς δεῖν νομίζειν
καὶ ἥρωσιν μὴ τὰς ἴσας, ἀλλὰ θεοῖς μὲν ἀεὶ μετ᾽ εὐφημίας

357 (τιμὰς)–**366** Orph. 628 I (PEG II.2)   **357–373, 376–385, 393–395**
Arist. fr. 195 R.[3]

343 (εἶναι)–**346** (νόσους) Φ 62 (310.6–9)   **346** (ὀνείρους)–**347** (κτήνεσιν)
Suda o 344 (III 538.19–20)

339 καὶ εἰσπέμπει BPF: καὶ om. rec.: <ἄγει> καὶ εἰσπ. Marcov.: κάτω
πέμπει vel καταπέμπει Lapini 113   **340** τῆς γῆς F   τὰς μὲν Cob.: μὲν
τὰς BP: τὰς F   **341** ὕψιστον <τόπον> Cob., fort. recte: ὕψ. <κύκλον>
vel <τὸ> ὕψ. Rohde, Psyche II (²1898) 165²   μήτε BP: μηδὲ F   ἐκείνας F
344 τούτους τοὺς BP¹: ταύτας Φ: τούτους F   **345** ὀνομάζεσθαι Cob.
346 νόσους τε PF: νόσου τε B: καὶ νόσους Φ, Suda: νόσου τε καὶ ὑγιείας
rec.: ν. τε <καὶ θανάτου> V. d. Muehll   **348** γίγνεσθαι B   **350** φησιν
εἶναι τῶν ἐν ἀνθρώποις F   τῶν PF: τὸν B: αὐτῶν (sc. τῶν δαιμόνων)
Wiersma 108³⁵   **351** ἢ ἐπὶ τὸ κακόν secl. Reiske 320 'ut varia lectio
priorum', sed ἢ (i.e. μᾶλλον ἢ) Diels   **353** post αὐτὸν lac. ind. Cob.:
<ῥεύματος> Wellmann, Hermes 54 (1919) 232   ῥόον BPF: νόον Kuhn
post κρατεῖν add. αὐτοὺς ὅταν κακὴ ψυχὴ προσγένηται Gigante 548⁷³
357 δεῖ F   **358** ἥρωσιν BP¹: ἥρωας F   μὲν om. F

λευχειμονοῦντας καὶ ἁγνεύοντας, ἥρωσι δὲ ἀπὸ μέσου
360 ἡμέρας. τὴν δὲ ἁγνείαν εἶναι διὰ καθαρμῶν καὶ λουτρῶν καὶ
περιρραντηρίων καὶ διὰ τοῦ αὐτὸν καθαρεύειν ἀπό τε
κήδους καὶ λεχοῦς καὶ μιάσματος παντὸς καὶ ἀπέχεσθαι
βρωτῶν θνησειδίων τε κρεῶν καὶ τριγλῶν καὶ μελανούρων
καὶ ᾠῶν καὶ τῶν ᾠοτόκων {ἢ} ζῴων καὶ κυάμων καὶ τῶν
365 ἄλλων ὧν παρακελεύονται καὶ οἱ τὰς τελετὰς ἐν τοῖς ἱεροῖς
ἐπιτελοῦντες.

[34] φησὶ δ᾽ Ἀριστοτέλης ἐν τῷ Περὶ τῶν †κυάμων†
παραγγέλλειν αὐτὸν ἀπέχεσθαι τῶν κυάμων ἤτοι ὅτι
αἰδοίοις εἰσὶν ὅμοιοι ἢ ὅτι Ἅιδου πύλαις. ἀγόνατον γὰρ
370 μόνον· ἢ ὅτι φθείρει ἢ ὅτι τῇ τοῦ ὅλου φύσει ὅμοιον ἢ ὅτι
ὀλιγαρχικόν· κληροῦνται γοῦν αὐτοῖς. τὰ δὲ πεσόντα μὴ
ἀναιρεῖσθαι, ὑπὲρ τοῦ ἐθίζεσθαι μὴ ἀκολάστως ἐσθίειν ἢ ὅτι
ἐπὶ τελευτῇ τινος· καὶ Ἀριστοφάνης δὲ τῶν ἡρώων φησὶν
εἶναι τὰ πίπτοντα, λέγων ἐν τοῖς Ἥρωσι,

375   μηδὲ γεύεσθ᾽ ἅττ᾽ ἂν ἐντὸς τῆς τραπέζης καταπέσῃ.

ἀλεκτρυόνος μὴ ἅπτεσθαι λευκοῦ, ὅτι ἱερὸς τοῦ Μηνὸς
καὶ ἱκέτης· τὸ δ᾽ ἦν τῶν ἀγαθῶν· τῷ τε Μηνὶ ἱερός· σημαίνει

367–395 VS 58 C 3   **371** (τὰ)–**375** Ar. fr. 320 K.-A.

368–369 (τῶν—ὅμοιοι) Φ 62 (311.10)   **371** (τὰ)–**384** (ποιεῖν) Suda π
3124 (IV 266.35–267.6)   **376–377** (ἀλεκτρυόνος—ἱκέτης) Φ 62 (311.13–14)

359 λευχ. καὶ ἁγνεύοντας om. F[1], suppl. F[2mg] λευχειμονοῦντας P[x]:
λευχη- BP[1]F[2]   **361** περιραντηρίων BP[1]F τοῦ BP[1]F: τὸ P[x] αὐτὸν
BF: αὐ- P[1](Q), del. Cob.   **362** λεχοῦς Cob., De arte interpr. (1847) 69:
λέχους BPF παντὸς om. F   **363** θνησιδίων B, -δείων F   **364** ἢ in
P erasum, om. F ἢ ζῴων secl. Diels   **366** ἀπιτελοῦντες F   **367** ἐν
τῷ om. F κυάμων BPF: Πυθαγορείων Diels ad Reiske 320   **368**
παραγγέλλειν—κυάμων om. F αὐτῶν B   **369** ἢ ὅτι ἅδου πύλαις
bis pos. F post πύλαις lac. susp. Diels ἄγονον Scaliger ap. Menag.
370 τῇ BP: τὸ F   **371** <οὐκ> ὀλιγαρχικόν Richards 342 γοῦν BPF:
γὰρ Rittershuis τὰ δὲ πεσ. <ἀπὸ τραπέζης> Huebn. ex Suda   **372**
ἐθίζεσθαι FP[1]: αἰθί- B: ἀηθί- P[1](Q): μὴ ἐθ. Suda   **373** καὶ om. F, Suda
375 μηδὲ BP: μὴ F γεύεσθαι B καταπέσῃ τῆς τραπέζης ἐντὸς F
376 λευκοῦ om. Φ μηνὸς BPFΦ: ἡλίου Suda (cf. Iambl., vit. Pyth. 147 et
Protr. 21)   **377** καὶ om. Φ οἰκέτης FΦ τὸ—ἀγαθῶν secl. Menag.

γὰρ τὰς ὥρας, καὶ τὸ μὲν λευκὸν τῆς τἀγαθοῦ φύσεως, τὸ δὲ μέλαν τοῦ κακοῦ. τῶν ἰχθύων μὴ ἅπτεσθαι ὅσοι ἱεροί· μὴ γὰρ δεῖν τὰ αὐτὰ τετάχθαι θεοῖς καὶ ἀνθρώποις, ὥσπερ 380 οὐδ᾽ ἐλευθέροις καὶ δούλοις. **[35]** ἄρτον μὴ καταγνύειν, ὅτι ἐπὶ ἕνα οἱ πάλαι τῶν φίλων ἐφοίτων, καθάπερ ἔτι καὶ νῦν οἱ βάρβαροι· μὴ δὴ διαιρεῖν ὃς συνάγει αὐτούς· οἱ δέ, πρὸς τὴν ἐν ᾅδου κρίσιν· οἱ δ᾽, εἰς πόλεμον δειλίαν ποιεῖν· οἱ δέ, ἐπεὶ ἀπὸ τούτου ἄρχεται τὸ ὅλον.   385

καὶ τῶν σχημάτων τὸ κάλλιστον σφαῖραν εἶναι τῶν στερεῶν, τῶν δὲ ἐπιπέδων κύκλον. γῆρας καὶ πᾶν τὸ μειούμενον ὅμοιον· καὶ αὔξην καὶ νεότητα ταὐτόν. ὑγίειαν τὴν τοῦ εἴδους διαμονήν, νόσον τὴν τούτου φθοράν. περὶ τῶν ἁλῶν, ὅτι δεῖ παρατίθεσθαι πρὸς ὑπόμνησιν τοῦ 390 δικαίου· οἱ γὰρ ἅλες πᾶν σώζουσιν ὅ τι καὶ παραλάβωσι καὶ γεγόνασιν ἐκ τῶν καθαρωτάτων ἡλίου καὶ θαλάσσης.

[36] καὶ ταῦτα μέν φησιν ὁ Ἀλέξανδρος ἐν τοῖς Πυθαγορικοῖς ὑπομνήμασιν εὑρηκέναι, καὶ τὰ ἐκείνων ἐχόμενα ὁ Ἀριστοτέλης.   395

τὴν δὲ σεμνοπρέπειαν τοῦ Πυθαγόρου καὶ Τίμων ἐν τοῖς Σίλλοις δάκνων αὐτὸν ὅμως οὐ παρέλιπεν, εἰπὼν οὕτως·

> Πυθαγόρην τε γόητας ἀποκλίνοντ᾽ ἐπὶ δόξας
> θήρη ἐπ᾽ ἀνθρώπων, Σεμνηγορίης ὀαριστήν.

398–399 Timon SH 831 = fr. 57 Di Marco

381 (ἄρτον)–**383** (αὐτούς) Φ 62 (310.11–13)

378 (καὶ)–379 (κακοῦ) post δούλοις (381) in BPFΦ, huc transtulit Diels. Text. trad. def. V. d. Muehll 'D.L. excerpta iam olim turbata'   382 οἱ πάλαι BPΦ: om. F: οἱ παλαιοί Suda   τῶν φίλων om. Suda   πάλαι οἱ φίλοι Kranz (cf. Iambl., vit. Pyth. 86)   ἐφοίτουν F   382 (καθάπερ)–383 (βάρβαροι) om. Φ, Suda   382 ἔτι om. F   383 μὴ δὴ B²Pᵃᶜ: μὴ δεῖ B¹: μηδὲ Pˣ(Q)F: μὴ γοῦν Φ: καὶ μὴ Suda   ὃς F: ὡς B: ὃ* P   αὐτούς BPFΦ: ἐφ᾽ ἑαυτόν Suda   385 τούτου PF: τόπου B   388 μειούμενον F: μιμού- BP¹(Q)   389 εἴδους BP: γένους F   390 ἁλῶν BP: ἄλλων F   391 καὶ BPF, Suda: ἂν rec.   392 ἡλίου Cob.: ὕδατος BPF: ὑδάτων Suda   398–399 om. F¹, suppl. F²ᵐᵍ   398 γόητας BP¹, Plut., Numa 8.6: γοητείας FP⁴: γόητος Casaub.   ἀποκλίνοντ᾽ Plut.: ἀπόκλινον BP¹(Q): ἀποκλεινειν (sic) FP⁴: ἀποκλίναντ᾽ Steph.   ἐπὶ δόξας P¹(Q), Plut.: ἐπιδόξας B: ἐπίδοξον F   ἐπὶ δόξαν Scaliger ap. Menag.   399 Σεμνηγορίης Di Marco, GIF 14 (1983) 78–83: σεμνη- BPF, Plut.   ὁ ἀριστήν F

400 περὶ δὲ τοῦ ἄλλοτε ἄλλον αὐτὸν γεγενῆσθαι Ξενοφάνης
ἐν ἐλεγείᾳ προσμαρτυρεῖ, ἧς ἀρχή,

νῦν αὖτ᾽ ἄλλον ἔπειμι λόγον, δείξω δὲ κέλευθον.

ὃ δὲ περὶ αὐτοῦ φησιν οὕτως ἔχει·

καί ποτέ μιν στυφελιζομένου σκύλακος παριόντα
405 φασὶν ἐποικτῖραι καὶ τόδε φάσθαι ἔπος·
'παῦσαι μηδὲ ῥάπιζ᾽, ἐπεὶ ἦ φίλου ἀνέρος ἐστὶ
ψυχή, τὴν ἔγνων φθεγξαμένης ἀίων.'

[37] καὶ ταῦτα μὲν ὁ Ξενοφάνης. ἔσκωψε δὲ αὐτὸν
Κρατῖνος μὲν ἐν Πυθαγοριζούσῃ· ἀλλὰ καὶ ἐν Ταραντίνοις
410 φησὶν οὕτως·

ἔθος ἐστὶν αὐτοῖς, ἄν τιν᾽ ἰδιώτην ποθὲν
λάβωσιν εἰσελθόντα, διαπειρωμένοις
τῆς τῶν λόγων ῥώμης ταράττειν καὶ κυκᾶν

402, 404–407 Xenoph. VS 21 B 7 = 36 G.-Pr.[2] = 7 et 7a W.[2]   **408**
(ἔσκωψε)–**430** VS 58 E 3   **408** (ἔσκωψε)–**415** Crat. iun. fr. 6 et 7 K.-A.

403–415 Suda ξ 46 (III 494.19–26)   **404–407** Anth. Pal. 7.120; Plan. I[b]
49.4   Φ 62 (310.11–14)   **404–406** Suda σ 1264 (IV 448.1–3)   **408–430**
Suda π 3124 (IV 267.6–11)

400 ξενοφάνης PFΦ, Suda: ξενοκράτης B   **401** προσμαρτυρεῖ ἧς P[x]:
-μαρτυρίης BP[1]F   ἀρχήν P[1](Q)F   **403** οἱ B   **404** μιν PΦ, Suda: μην
BF   -μένους κύλακος BP[1]   **405** φασὶν B, Pal., Suda σ: φασί γ᾽ PΦ,
Suda ξ: φασὶ γοῦν F   **405** (ἐποικτ.)–**406** (φίλου) non hab. B, 2 lineae
vacuae   **405** ἐποικτῖραι Fink, Beitr. z. Kunde d. indogerm. Spr. 13 (1888)
218 (ad fr. 6. 3): ἐποικτεῖραι PF[2](ἐπι- F[1]), Suda, Pal.   **406** ῥαπίζειν Suda σ
(codd. GM)   ἐπεὶ ἦ Bergk: ἐπεὶ ἢ P[1]F, Pal.: ἐπειὴ Φ, Suda   ἐστὶν B, Pal.:
ἐστὶν ἡ F   **407** τὴν δ᾽ dub. West, τῆς Karsten, Xenoph. carm. rel. (1830)
56   ἔγνως F   φθεγξαμένης BPF[2]: φθεγγ- F[1]: φθεγξαμένην Suda ξ (codd.
GVM): -μένοιο Bergk   αἰών B   **408** καὶ—Ξενοφάνης om. Suda
409 καὶ Κρατῖνος Suda   μὲν om. F, Suda   πυθαγοριζούση BP[1], Suda
(codd. AGFM[ac]): -ίζουσι Suda (codd. VM[pc]): -ικοῖς rec.: τοῖς -ικοῖς F   ἀλλὰ
om. Suda   Ἄλεξις δ᾽ ἐν Kaibel ap. Kassel–Austin   **410** φησὶν οὕτως
om. Suda   **411** ἄν τινα BPF: ἐὰν Suda   **412** λάβωσιν ποθὲν F
διαπειρωμένοις Scaliger ap. Menag.: -ώμενον PF, Suda: -όμενον B

τοῖς ἀντιθέτοις, τοῖς πέρασι, τοῖς παρισώμασιν,
τοῖς ἀποπλάνοις, τοῖς μεγέθεσιν νουβυστικῶς.　　　415

Μνησίμαχος δ᾽ Ἀλκμαίωνι·

　　ὡς Πυθαγοριστὶ θύομεν τῷ Λοξίᾳ,
　　ἔμψυχον οὐδὲν ἐσθίοντες παντελῶς.

[38]　Ἀριστοφῶν Πυθαγοριστῇ·

　　ἔφη {τε} καταβὰς εἰς τὴν δίαιταν τῶν κάτω　　　420
　　ἰδεῖν ἑκάστους, διαφέρειν δὲ πάμπολυ
　　τοὺς Πυθαγοριστὰς τῶν νεκρῶν· μόνοισι γὰρ
　　τούτοισι τὸν Πλούτωνα συσσιτεῖν ἔφη
　　δι᾽ εὐσέβειαν. :: εὐχερῆ θεὸν λέγεις
　　εἰ τοῖς ῥύπου μεστοῖσιν ἥδεται συνών.　　　425

ἔτι ἐν τῷ αὐτῷ·

　　　　ἐσθίουσί τε
　　λάχανά τε καὶ πίνουσιν ἐπὶ τούτοις ὕδωρ·
　　φθεῖρας δὲ καὶ τρίβωνα τήν τ᾽ ἀλουσίαν
　　οὐδεὶς ἂν ὑπομείνειε τῶν νεωτέρων.　　　430

417–418 Mnesim. fr. 1 K.-A.　　**420–425, 427–430** Aristoph. fr. 12 K.-A.

414 παρισώμασιν B, in mg cum γρ F, Suda: παρισόμ^α comp. P¹: ἀντισώμασι F　　**415** νουβυστικῶς Suda: νουβιστ- B: οὐ βυστ- F: οὐ βυστικός P　　**416** δαλκμαίωνι ὡς F　　**417** πυθαγοριστὶ F: -ῆ BP˟(Q): -αὶ Scaliger ap. Kassel–Austin et Menag.　　**420** ἔφη Cob.: ἔφη τε BPF: om. Suda　　τῶν BPF: αὐτῶν Suda　　**421** διαφέρει Suda (cod. V)　　**422** μόνοις P¹　　**423–424** σύσσιτον δι᾽ εὐσ. ἔφη Suda (cod. V)　　**424** δυσχερῆ Cob., falso (vid. Kassel–Austin ad loc.)　　**424–425** λέγεις εἰ τοῖς P˟(Q), Suda (cod. M): λέγεις εἰστυοῖς Suda (cod. G): λέγει σίτοις B: λέγειν σίτοις Suda (codd. AV): λέγεις ἐν τοῖς F: λέγειν τοῖς P¹　　**425** μεστοῖσιν F: μεστοῖς BP¹, Suda　　**427** ἐσθίουσί τε F: om. BP, Suda (defectus indicatur in Suda codd. GM): ἐσθ. δὲ Casaub.: falsum esse supplementum, aliorum ciborum ante λάχανά τε excidisse censet V. d. Muehll ap. Diels–Kranz　　**428** τε om. F　　**429** τε καὶ P¹　　τρίβωνας Suda (cod. G): 'fort. κατὰ τρίβωνα' Kaibel ap. Kassel–Austin　　**430** τῶν νεωτέρων BF: τῶν ἑτέρων P, unde τῶν ἑτέρων <νεκρῶν> Diels

[39] ἐτελεύτα δ᾽ ὁ Πυθαγόρας τοῦτον τὸν τρόπον. συνεδρεύοντος μετὰ τῶν συνήθων ἐν τῇ Μίλωνος οἰκίᾳ †τούτου†, ὑπό τινος τῶν μὴ παραδοχῆς ἀξιωθέντων διὰ φθόνον ὑποπρησθῆναι τὴν οἰκίαν συνέβη· τινὲς δ᾽ αὐτοὺς 435 τοὺς Κροτωνιάτας τοῦτο πρᾶξαι, τυραννίδος ἐπίθεσιν εὐλαβουμένους. τὸν δὴ Πυθαγόραν καταληφθῆναι διεξιόντα· καὶ πρός τινι χωρίῳ γενόμενον πλήρει κυάμων ἵνα <μὴ> διέρχοιτο αὐτόθι στῆσαι, εἰπόντα ἁλῶναι <ἂν> μᾶλλον ἢ πατῆσαι, ἀναιρεθῆναι δὲ κρεῖττον ἢ λαλῆσαι· καὶ 440 ὧδε πρὸς τῶν διωκόντων ἀποσφαγῆναι. οὕτω δὴ καὶ τοὺς πλείστους τῶν ἑταίρων αὐτοῦ διαφθαρῆναι, ὄντας πρὸς τοὺς τετταράκοντα· διαφυγεῖν δ᾽ ὀλιγίστους, ὧν ἦν καὶ Ἄρχιππος ὁ Ταραντῖνος καὶ Λῦσις ὁ προειρημένος.

[40] φησὶ δὲ Δικαίαρχος τὸν Πυθαγόραν ἀποθανεῖν 445 καταφυγόντα εἰς τὸ ἐν Μεταποντίῳ ἱερὸν τῶν Μουσῶν, τετταράκοντα ἡμέρας ἀσιτήσαντα. Ἡρακλείδης δέ φησιν ἐν τῇ τῶν Σατύρου βίων ἐπιτομῇ μετὰ τὸ θάψαι Φερεκύδην ἐν Δήλῳ ἐπανελθεῖν εἰς Ἰταλίαν καὶ πανδαισίαν εὑρόντα

444–446 (ἀσιτήσαντα) Dicaearch. fr. 41B Mirh. = 35b W. **446** (Ἡρακλείδης)–**451** (ζῆν) Satyr. fr. 11 Schorn **446** (Ἡρακλείδης)–**448** (Ἰταλίαν) Pherec. fr. 28 Schibli. Vid. 1.118

431–442 (τετταράκοντα) Suda π 3120 (IV 263.4–12) **445** (εἰς)–**446** (ἀσιτήσαντα) Φ 62 (310.15–20)

---

433 τούτου del. Cob.: τοῦ <ἄθλη>τοῦ vel potius τοῦ <Κροτωνιά>του Cob., Collect. 453: τοῦ <μαθη>τοῦ vel τοῦ <συνήθους αὐ>τοῦ Glucker in van Ophuijsen–van Raalte, Theophrastus (1998) 301[4] **434** ὑποπρισθῆναι BF **436** καταληφθῆναι BPF, Suda: -λειφθῆναι rec. (coni. Schwartz 749 = 470) **437** γενόμενον BPF, Suda: -μενος Z[3] (Frob.) **438** ἵνα BP[1](Q)F: del. P[x], om. Z (Frob.) μὴ add. Delatte διέρχοιτο Delatte: διήρχετο Suda: om. BPF αὐτόθι secl. Cob. στῆσαι, εἰπόντα V. d. Muehll: ἔστη εἰπὼν BPF, Suda ἂν add. Cob.: 'an μᾶλλον <ἂν>' V. d. Muehll **439** (ἀναιρεθῆναι—λαλῆσαι) secl. Cob., sed cf. Iambl., vit. Pyth. 193 et vid. Delatte 24 **440** δὴ F ἀποσφαγῆναι BP, Suda: ἀναιρεθῆναι F δὴ BF: δὲ P, Suda **441** πλείους F ἑτέρων B Suda: ἀναιρεθῆναι F δὴ BF: δὲ P, Suda **441** πλείους F ἑτέρων B **442** τοὺς om. F ὀλιγίστους BP: ὀλίγους F **443** Ἄρχιππος Menag. (cf. Iambl., vit. Pyth. 249 et Porph., vit. Pyth. 55): ἀρχύτας BPF **445** ἀποφυγόντα F **446** ἡρακλείδης BP: ἡρακλῆς F **447** ἀτύρου B ἐπὶ τοῦ μὴ B

Κύλωνος τοῦ Κροτωνιάτου εἰς Μεταπόντιον ὑπεξελθεῖν
κἀκεῖ τὸν βίον καταστρέψαι ἀσιτίᾳ, μὴ βουλόμενον 450
περαιτέρω ζῆν. Ἕρμιππος δέ φησι, πολεμούντων
Ἀκραγαντίνων καὶ Συρακουσίων, ἐξελθεῖν μετὰ τῶν
συνήθων τὸν Πυθαγόραν καὶ προστῆναι τῶν
Ἀκραγαντίνων· τροπῆς δὲ γενομένης περικάμπτοντα
αὐτὸν τὴν τῶν κυάμων χώραν ὑπὸ τῶν Συρακουσίων 455
ἀναιρεθῆναι· τούς τε λοιπούς, ὄντας πρὸς τοὺς πέντε καὶ
τριάκοντα, ἐν Τάραντι κατακαυθῆναι, θέλοντας
ἀντιπολιτεύεσθαι τοῖς προεστῶσι.

[41] καὶ ἄλλο τι περὶ Πυθαγόρου φησὶν ὁ Ἕρμιππος.
λέγει γὰρ ὡς γενόμενος ἐν Ἰταλίᾳ κατὰ γῆς οἰκίσκον 460
ποιῆσαι καὶ τῇ μητρὶ ἐντείλαιτο τὰ γινόμενα εἰς δέλτον
γράφειν σημειουμένην καὶ τὸν χρόνον, ἔπειτα καθιέναι
αὐτῷ ἔστ᾽ ἂν ἀνέλθῃ. τοῦτο ποιῆσαι τὴν μητέρα. τὸν δὲ
Πυθαγόραν μετὰ χρόνον ἀνελθεῖν ἰσχνὸν καὶ
κατεσκελετευμένον· εἰσελθόντα τε εἰς τὴν ἐκκλησίαν φάσκειν 465
ὡς ἀφῖκται ἐξ ᾅδου· καὶ δὴ καὶ ἀνεγίνωσκεν αὐτοῖς τὰ
συμβεβηκότα. οἱ δὲ σαινόμενοι τοῖς λεγομένοις ἐδάκρυόν τε
καὶ ᾤμωζον καὶ ἐπίστευον εἶναι τὸν Πυθαγόραν θεῖόν τινα,
ὥστε καὶ τὰς γυναῖκας αὐτῷ παραδοῦναι, ὡς καὶ
μαθησομένας τι τῶν αὐτοῦ· ἃς καὶ Πυθαγορικὰς κληθῆναι. 470
καὶ ταῦτα μὲν ὁ Ἕρμιππος.

---

451 (Ἕρμιππος)–471 Hermipp. FGrHistCont 1026 F 22

---

451 (πολεμούντων)–456 (ἀναιρεθῆναι) Φ 62 (310.16–17) 460
(γενόμενος)–467 (συμβεβηκότα) Φ 62 (310.21–311.4)

---

449 κύλωνος BPF: μίλωνος rec. post Κροτωνιάτου lac. ind. Cob., Coll.
crit. 455 μετάποντον B ὑπεξελθεῖν BP¹(Q): ἐξ- F 452 τῶν ἀκρα-
γαντίνων F συρρακουσίων Φ 452–453 τὸν πυθ. μετὰ τῶν συνήθων
F μετὰ τῶν συνήθων om. Φ 453 τὸν πυθαγόραν post προστῆναι
repet. F, deinde del. ipse 455 συρρακουσίων Φ 456 τούς¹ PF: τοῖς
B 459 ὁ om. F 460 λέγει γὰρ om. F 461 ποιῆσαι P⁴: ποιῆσαι
BP¹F: ἐποίησε Φ ἐντείλαιτο F: ἐντειλαι τὸ P: ἐντεῖλαι B¹: ἐνετείλατο Φ
463 αὐτῶ B²ΦF: -ὸν B¹: -ὸ P 464 ἰσχνὸν BPF: στυγνὸς Φ 465
κατεσκελευμένον P¹(Q) τε BPF: δὲ Φ τὴν om. F 466 δὴ καὶ
om. Φ αὐτοῖς PFΦ: -ὸς B 471 καὶ—Ἕρμιππος om. F¹, suppl. F²ᵐᵍ

[42] ἦν δὲ τῷ Πυθαγόρᾳ καὶ γυνή, Θεανὼ ὄνομα, Βροντίνου τοῦ Κροτωνιάτου θυγάτηρ· οἱ δέ, γυναῖκα μὲν εἶναι Βροντίνου, μαθήτριαν δὲ Πυθαγόρου. ἦν αὐτῷ καὶ
475 θυγάτηρ Δαμώ, ὥς φησι Λῦσις ἐν ἐπιστολῇ τῇ πρὸς Ἵππασον, περὶ Πυθαγόρου λέγων οὕτως· 'λέγοντι δὲ πολλοί τυ καὶ δαμοσίᾳ φιλοσοφέν, ὅπερ ἀπαξίωσε Πυθαγόρας ὅς γέ τοι Δαμοῖ τᾷ ἑαυτοῦ θυγατρὶ παρακαταθέμενος τὰ ὑπομνάματα ἐκέλευσε μηδενὶ τῶν
480 ἐκτὸς τᾶς οἰκίας παραδιδόμεν. ἁ δὲ δυναμένα πολλῶν χρημάτων ἀποδίδοσθαι τὼς λόγως οὐκ ἐβουλήθη· πενίαν καὶ τὰς τῶ πατρὸς ἐπισκήψιας ἐνόμιζε χρυσῶ τιμιωτέρας ἦμεν, καὶ ταῦτα γυνά.'

[43] ἦν καὶ Τηλαύγης υἱὸς αὐτοῖς, ὃς καὶ διεδέξατο τὸν
485 πατέρα καὶ κατά τινας Ἐμπεδοκλέους καθηγήσατο· Ἱππόβοτός γέ τοί φησι λέγειν Ἐμπεδοκλέα·

Τήλαυγες, κλυτὲ κοῦρε Θεανοῦς Πυθαγόρεώ τε.

472–476 (Ἵππασον) VS 17 A 1   (Πυθαγόρου) Orph. 1100 V (PEG II.2) **476** (λέγοντι)–**483** Hercher p. 603   **484–489** (τινα) Hippob. fr. 14 Gig. **487** ps.-Emped. VS 31 B 155

473 κροντίνου F   **473–474** γυναῖκα βροντίνου εἶναι (om. μὲν) F **475–476** ἐν—ἵππ. om. F¹, suppl. F²ᵐᵍ   **476** ἵππασον BP: ἵππαρχον F² **476–483** Vid. etiam epist. Pyth. p. 154–9 Staedele et Iambl., vit. Pyth. 75 **476** φάντι Iambl.   δὴ rec.   **477** τυ Casaub.: τοι BPF: σε epist., Iambl. φιλοσοφέν epist., Iambl.: -φεῖν BPF   ἀπαξίωσε epist., Iambl.: -ξιὼν B: -ξιῶν PF: -ξίων Delatte   **478** τοι BP¹F²: τῶ F¹   **479** τὰ BP: τὰ ἑαυτοῦ F   ὑπομνάματα epist.: -μνήματα BPF   ἐκέλευσε BPF: ἐπέσκαψε epist. **480** τᾶς rec: τὰς BP¹F   παραδιδόμεν ἁ δὲ Pˣ F: -μενα δὲ BP¹   δυναμένα postmodum add. P¹   **481** χραμάτων Cob.   ἀποδίδοσθαι BP: -δωσθαι F: ἀποδόσθαι epist.   τὼς λόγως FP⁴, epist.: τ' ὡς λόγο*ς B: θ' ὡς λόγος P¹(Q)   ἐβουλήθη F, epist.: -λάθη BP   πενίαν καὶ BP¹F: π. δὲ καὶ Pˣˢ·ˡ·, epist.: π. γὰρ καὶ rec.   **482** τῶ πατρὸς P⁴, epist.: τῶν πατρίων B: τῶ πατρὶ ὃς P¹(Q): τῶ πρὸς πατρὸς F   ἐπισκήψιας rec.: -σκήψειας FP⁴: -σκεψίας BP¹(Q): -σκάψιας epist.   **483** ἦμεν BPᵖᶜ: εἶμεν F: ἔμεν epist.   καὶ ταῦτα γυνά om. epist.   **486** γέ τοι BP: δὲ F   **487** Τήλαυγες Bentley, Opusc. (1781) 188: τηλαυγῆ B: τηλαύγη Pˣ (ras. supra η): τηλαυγεῖ F   Πυθαγόρεω F: -γοράω P¹(Q): -γορίω B σύγγραμμα δὲ φέρεται τοῦ Τηλαύγους οὐδέν, τῆς δὲ μητρὸς αὐτοῦ Θεανοῦς τινα. ἀλλὰ καί φασιν αὐτὴν ἐρωτηθεῖσαν ποσταία γυνὴ ἀπ' ἀνδρὸς καθαρεύει, φάναι, 490 'ἀπὸ μὲν τοῦ ἰδίου παραχρῆμα, ἀπὸ δὲ τοῦ ἀλλοτρίου οὐδέποτε.' τῇ δὲ πρὸς τὸν ἴδιον ἄνδρα μελλούσῃ πορεύεσθαι παρῄνει ἅμα τοῖς ἐνδύμασι καὶ τὴν αἰσχύνην ἀποτίθεσθαι, ἀνισταμένην τε πάλιν ἅμα αὐτοῖσιν ἀναλαμβάνειν. ἐρωτηθεῖσα, 'ποῖα;', ἔφη, 'ταῦτα δι' ἃ γυνὴ 495 κέκλημαι.'

[44] ὁ δ' οὖν Πυθαγόρας, ὡς μὲν Ἡρακλείδης φησὶν ὁ τοῦ Σαραπίωνος, ὀγδοηκοντούτης ἐτελεύτα, κατὰ τὴν ἰδίαν ὑπογραφὴν τῶν ἡλικιῶν· ὡς δὲ οἱ πλείους, ἔτη βιοὺς ἐνενήκοντα. καὶ ἡμῶν ἐστιν εἰς αὐτὸν πεπαιγμένα {μὲν} 500 οὕτως ἔχοντα·

οὐ μόνος ἐμψύχων ἄπεχες χέρας, ἀλλὰ καὶ ἡμεῖς.
τίς γὰρ ὃς ἐμψύχων ἥψατο, Πυθαγόρα;
ἀλλ' ὅταν ἑψηθῇ τι καὶ ὀπτηθῇ καὶ ἁλισθῇ,
δὴ τότε καὶ ψυχὴν οὐκ ἔχον ἐσθίομεν. 505

ἄλλο·

ἦν ἄρα Πυθαγόρης τοῖος σοφός, ὥστε μὲν αὐτὸς
μὴ ψαύειν κρειῶν καὶ λέγεν ὡς ἄδικον,
σιτίζειν δ' ἄλλους. ἄγαμαι σοφόν· αὐτὸς ἔφα μὲν
οὐκ ἀδικεῖν, ἄλλους δ' αὐτὸς ἔτευχ' ἀδικεῖν. 510

---

492 (τῇ)–**496** Hdt. 1.8.3   **497–500** (ἐνενήκοντα) Sotion fr. 23 W.

500 (ἡμῶν)–**505** Φ 62 (311.5–9)   **502–505** Anth. Pal. 7.121; Plan. IIIᵃ 28.27

488 φέρεται om. F   **489** τινα ἄλλα F   **491** δὲ om. BP¹   **494** αὐτοῖσιν B: -οῖσι F: -οῖς P¹(Q)   **497** φησὶν om. F   **500** ἐνενήκοντα <ἐννέα> Casaub. (cf. Jacoby, Apollodor 226)   μὲν BP¹(Q): om. F   **501** οὕτως ἔχοντα om. F   **502** ἐμψύχων P⁴, Plan.: ἀψύχοις BP¹(Q)F: -ων Φ, Pal.:   ἀπέχες Pal.: ἐπέχες BP¹(Q): ἐπέσχες F: ἀπέσχες Φ: ἔπεχες Long, sed vid. Bolkestein, Mnem. 19 (1966) 191³   χεῖρας Φ   **503** ὅς om. Φ πυθαγόρη Pal.   **504** τι P, Pal.: τί BΦ: τε F   **505** οὐκ BPFΦ: μὴ Pal. ἐσθίωμεν F   **506** ἀλλ' F   **507** ἄρα om. F   **508** κρεῶν B   λέγειν B   **509** ἄγαμη B   **510** ἔτευχ' Cob.: ἔτυχ' BPF: ἄρ' ἦν rec.   ἀδικεῖν BPF: -κῶν rec. (cf. Cob., Collect. 459)

[45] καὶ ἄλλο·

τὰς φρένας ἢν ἐθέλῃς τὰς Πυθαγόραο νοῆσαι,
ἀσπίδος Εὐφόρβου βλέψον ἐς ὀμφάλιον.
φησὶ γὰρ οὗτος, ἐγὼν ἢν πρόβροτος· ὃς δ' ὅτε οὐκ ἦν,
515   φάσκων ὥς τις ἔην, οὔτις ἔην ὅτε ἦν.

καὶ ἄλλο, ὡς ἐτελεύτα·

αἴ, αἴ, Πυθαγόρης τί τόσον κυάμους ἐσεβάσθη;
καὶ θάνε φοιτηταῖς ἄμμιγα τοῖς ἰδίοις.
χωρίον ἦν κυάμων· ἵνα μὴ τούτους δὲ πατήσῃ,
520   ἐξ Ἀκραγαντίνων κάτθαν' ἐνὶ τριόδῳ.

ἤκμαζε δὲ καὶ κατὰ τὴν ἑξηκοστὴν Ὀλυμπιάδα, καὶ
αὐτοῦ τὸ σύστημα διέμενε μέχρι γενεῶν ἐννέα ἢ καὶ
δέκα· **[46]** τελευταῖοι γὰρ ἐγένοντο τῶν Πυθαγορείων, οὓς
καὶ Ἀριστόξενος εἶδε, Ξενόφιλός τε ὁ Χαλκιδεὺς ἀπὸ Θρᾴκης
525   καὶ Φάντων ὁ Φλιάσιος καὶ Ἐχεκράτης καὶ Διοκλῆς καὶ
Πολύμναστος, Φλιάσιοι καὶ αὐτοί. ἦσαν δὲ ἀκροαταὶ
Φιλολάου καὶ Εὐρύτου τῶν Ταραντίνων.

γεγόνασι δὲ Πυθαγόραι τέτταρες περὶ τοὺς αὐτοὺς
χρόνους, οὐ πολὺ ἀπ' ἀλλήλων ἀπέχοντες· εἷς μὲν
530   Κροτωνιάτης, τυραννικὸς ἄνθρωπος· ἕτερος Φλιάσιος,
σωμασκητής (ἀλείπτης, ὥς φασί τινες)· τρίτος Ζακύνθιος·

---

521 i.e. 540–537   **521–527** VS 14 A 10   Aristox. fr. 19 W.   **523**
(τελευταῖοι)–**527** VS 44 A 4; 52. 1 H

517–520 Anth. Pal. 7.122; Plan. III[a] 28.28

---

512 ἐθέλῃς rec.: -λοις BPF   πυθαγόραο P[x]: -γόροιο BP[1](Q): -γοροῖο F
513 ἐφόρβου B   ὀμφάλιον Menag.: ὀμφαλόν BP[1](Q): -λόον F   **513–515**
(φάσκει) om. F[1], suppl. F[2mg]   **514** αἰγών B   ἢν[1] rec.: ἤμην BPF[2]
προβροτός BF   **515** φάσκων Cob.: φάσκειν BP: -ει F[2]   ὡς B: ὃς PF
οὔτις ἔην Cob.: οκτισεν B[2] (ι in ras.): ὄκτις ἔην P[1](Q) ut vid.: om. F   ὅτε ἦν
BP: ὅτ' ἔην F. Vid. Delatte 86   **517** ἐσεβάσθης Pal.   **518** θάνε PF: -ναι
B: -νες Pal.: -νεν Pal.[C]   φοιτοῖς Pal.   ἄμμιγα B   **521** καὶ[1] del. Cob. (in
F erasum)   τὴν <δευτέραν καὶ> ἐξ. Jacoby, Apollodor 220   **522**
διέμενε P: -μεινε BF   ἢ om. F   **523** πυθαγορίων BF[1]   **524** οἶδε vel
ἤδει Richards 345   ἀπὸ Θρᾴκης om. F   **525** φλιάσιος P, B[2](λ in ras.):
φιλιά- F   καὶ[3] om. F   **531** ἀλείπτης secl. Kuhn, ἀλείπτης—τινες secl.
Rossi 165

<τέταρτος αὐτός> οὗτος, οὗ φασιν εἶναι τὠπόρρητον τῆς φιλοσοφίας, αὐτῶν διδάσκαλος· ἐφ' οὗ καὶ τὸ 'αὐτὸς ἔφα' παροιμιακὸν εἰς τὸν βίον ἦλθεν. [47] οἱ δὲ καὶ ἄλλον, ἀνδριαντοποιὸν Ῥηγῖνον, γεγονέναι φασὶ Πυθαγόραν, 535 πρῶτον δοκοῦντα ῥυθμοῦ καὶ συμμετρίας ἐστοχάσθαι· καὶ ἄλλον, ἀνδριαντοποιὸν Σάμιον· καὶ ἕτερον, ῥήτορα μοχθηρόν· καὶ ἰατρὸν ἄλλον, τὰ περὶ σκίλλης γεγραφότα καί τινα περὶ Ὁμήρου συντεταγμένον· καὶ ἕτερον Δωρικὰ πεπραγματευμένον, ὡς Διονύσιος ἱστορεῖ.   540

Ἐρατοσθένης δέ φησι, καθὸ καὶ Φαβωρῖνος ἐν ὀγδόῳ Παντοδαπῆς ἱστορίας παρατίθεται, τοῦτον εἶναι τὸν πρῶτον ἐντέχνως πυκτεύσαντα ἐπὶ τῆς ὀγδόης καὶ τετταρακοστῆς Ὀλυμπιάδος, κομήτην καὶ ἁλουργίδα φοροῦντα· ἐκκριθῆναί τε ἐκ τῶν παίδων καὶ χλευασθέντα 545 αὐτίκα προσβῆναι τοὺς ἄνδρας καὶ νικῆσαι. [48] δηλοῦν δὲ τοῦτο καὶ τοὐπίγραμμα ὅπερ ἐποίησε Θεαίτητος·

Πυθαγόρην τινά, Πυθαγόρην, ὦ ξεῖνε, κομήτην,
   ἀδόμενον πύκτην εἰ κατέχεις Σάμιον,
Πυθαγόρης ἐγώ εἰμι· τὰ δ' ἔργα μου εἴ τιν' ἔροιο   550
   Ἠλείων, φήσεις αὐτὸν ἄπιστα λέγειν.

541-546 Eratosth. FGrHist 241 F 11a   Favor. fr. 59 Bar. = 27 Mensch. = 64 Am.   542-543 i.e. 588-4   548-551 Theaet. epigr. 6 G.-P.

533-534 (αὐτὸς ἔφα παροιμιακὸν εἰς τὸν βίον ἦλθεν) Suda α 4523 (I 422.30-3)

532 <μουσικός· τέταρτος αὐτός> Rossi 162: <τέτ. οὗτος αὐτὸς ὁ διδάσκαλος> V. d. Muehll   οὗτος, οὗ φασιν Huebn.: οὗ φασιν οὗτος (οὕτως F) BPF: οὗτος del. Z³, om. Frob.   'ex mg intrusum' V. d. Muehll   τὠπόρρητον Delatte: τοῦ- BF: τοὐπόρη- P¹(Q): τἀπόρρητα Frob.   533 αὐτῶν διδάσκαλος secl. Rossi 163, 'ex mg intrusum' V. d. Muehll   536 δοκούντων B   538 σκίλλης Muretus, Var. lect. (1580) 247 conl. Plin., nat. hist. 19.30: κίλλης B: κήλης PF   541-542 καθὸ—ἱστορίας om. F   541 ὀγδόῳ V. d. Muehll et Marcov.: η' BP: τῇ Z³ (Frob.): τῇ ὀγδόῃ Huebn.   543 πρῶτως F   545 ἐκκριθέντα Cob.   546 δηλοῦν Cob.: ἁπλοῦν BPF   547 τούτω P   548 πυθαγόρην² om. F   549 αἰδόμενον BP: ἀη- F   551 ἠλίων B, P¹ᵖᶜ: ἠ- P¹ᵃᶜ: ἠλεῖον F

τοῦτον <πρῶτον> ὁ Φαβωρῖνός φησιν ὅροις χρήσασθαι διὰ τῆς μαθηματικῆς ὕλης, ἐπὶ πλέον δὲ Σωκράτη καὶ τοὺς ἐκείνῳ πλησιάσαντας, καὶ μετ' αὐτοὺς Ἀριστοτέλη καὶ τοὺς
555 Στωικούς. ἀλλὰ μὴν καὶ τὸν οὐρανὸν πρῶτον ὀνομάσαι κόσμον καὶ τὴν γῆν στρογγύλην· ὡς δὲ Θεόφραστος, Παρμενίδην· ὡς δὲ Ζήνων, Ἡσίοδον. [49] τούτῳ φησὶν ἀντιπαρατάσσεσθαι Κύλωνα καθάπερ Ἀντίλοχον Σωκράτει.
560 ἐπὶ δὲ τοῦ ἀθλητοῦ Πυθαγόρου καὶ τοῦτο ἐλέγετο τὸ ἐπίγραμμα·

οὗτος πυκτεύσων ἐς Ὀλύμπια παισὶν ἄνηβος
ἤλυθε Πυθαγόρης †ὁ κροτέω Σάμιος.

ὁ δὲ φιλόσοφος καὶ ὧδε ἐπέστειλε·

565 Πυθαγόρης Ἀναξιμένει

'καὶ σύ, ὦ λῷστε, εἰ μηδὲν ἀμείνων ἦς Πυθαγόρεω γενεήν τε καὶ κλέος, μεταναστὰς ἂν οἴχεο ἐκ Μιλήτου· νῦν

552–559 Arist. de poet. fr. 66b Janko **552–555** (Στωικούς) Favor. fr. 59a Bar. = 55 Mensch. = 99 Am. (**552–557** Ἡσίοδον) 32A L.-S. **555** (ἀλλά)–**557** (Ἡσίοδον) Theophr., Phys. opin. fr. 17 Diels = 227E FHS&G Parmen. VS 28 A 44. Vid. 9. 21 SVF I 276 Hes., Theog. 127 **557** (τούτῳ)–**559** Favor. fr. 56 Mensch. Cf. fr. 59 Bar. **562–563** FGE 1476–7 **565–574** Staedele, Briefe Pythag. (1980) 354

---

552 πρῶτον hic add. Barigazzi, post φησίν Marcov. **553** de διά recte dubitat Lapini, Note² 210, ipse e. g. <ἰ>δίᾳ coniciens σωκράτη B: comp. P: -ην F **554** ἐκεῖνο F μετ' αὐτούς Delatte: μεταυτὰ B: μετ' αὐτὰ P¹(Q): μετὰ ταῦτα F: μετ' αὐτὸν V. d. Muehll, an recte? ἀριστοτέλη B: comp. P: -ην F **555** πρῶτον om. B **557** τοῦτο F φησὶν BP¹F (scil. Aristoteles, cf. 2.46): φασὶν rec. **558** Κύλωνα Menag. ex § 40 (cf. 2.46): κύδωνα BPF Ἀντίλοχον Cob. ex 2.46: ἀντίδοκον BP¹(Q)F: -δικον P⁴ **560** ἐπεὶ B **560–561** τὸ ἐπίγραμμα om. F **562** οὗτος P⁴: οὕτω BP¹(Q)F εἰς F **563** ἦλθε B ὁ κροτέω P¹(Q): ὁ κρότεω F: ὁ κράτεω P⁴: ὁ κρο cum fenestra omisso etiam σάμιος B¹, pro quibus expl. ὁ κροτώνιος B²: Ἐρατοκλέος Σάμιος Delatte conl. Iambl., vit. Pyth. 25: οὐρατοκλέος dub. V. d. Muehll. Vid. Lapini, AC 73 (2004) 217–8 **564** καὶ ὧδε PF: spat. vac. B¹: καὶ τῆδε B² **566** λῷστε PF: spat. vac. B¹, expl. B²

δὲ κατερύκεισε ἡ πατρόθεν εὔκλεια, καὶ ἐμέ γε ἂν κατήρυκεν
Ἀναξιμένει ἐοικότα. εἰ δὲ ὑμεῖς οἱ ὀνήιστοι τὰς πόλιας
ἐκλείψετε, ἀπὸ μὲν αὐτέων ὁ κόσμος αἱρεθήσεται, ἐπὶ δὲ 570
κινδυνότερα αὐτῇσι τὰ ἐκ Μήδων. [50] οὔτε δὲ αἰεὶ καλὸν
αἰθερολογίη μελεδωνόν τε εἶναι τῇ πατρίδι κάλλιον. καὶ
ἐγὼ δὲ οὐ πάντα περὶ τοὺς ἐμεωυτοῦ μύθους, ἀλλὰ καὶ ἐν
πολέμοις οὓς διαφέρουσιν ἐς ἀλλήλους Ἰταλιῶται.ʼ

ἐπειδὴ δὲ περὶ Πυθαγόρου διεληλύθαμεν, ῥητέον περὶ 575
τῶν ἐλλογίμων Πυθαγορικῶν· μεθʼ οὓς περὶ τῶν σποράδην
κατά τινας φερομένων· ἔπειθʼ οὕτως ἐξάψομεν τὴν διαδοχὴν
τῶν ἀξίων λόγου ἕως Ἐπικούρου καθὰ καὶ προειρήκαμεν.
περὶ μὲν οὖν Θεανοῦς καὶ Τηλαύγους διειλέγμεθα· λεκτέον
δὲ νῦν περὶ Ἐμπεδοκλέους πρῶτον· κατὰ γάρ τινας 580
Πυθαγόρου διήκουσεν.

---

568 ἡ postea add. B¹   γε V. d. Muehll: τε BPF: δὲ Bremius ap. Orelli,
Socratis epist. (1815) 299   κατήρυκεν B: κατέ- F: κατεί- P   **569** οἱ
ὀνήιστοι Casaub.: οἷον ἦστοι B: οἷον ἦστοὶ P¹(Q): οἱ ὀνηστοὶ F   πόλιας
BP: -εις F   **570** ἐκλείψετε P: ἐκλίψεται B: ἐκλείψητε F   **570–571** ἐπὶ δὲ
κινδυνότερα BP¹(Q)F (-νώτ-): ἐπικινδυνότερα P⁴   ʻtmesin finxit, ut ἀπὸ
μὲν κτλ. responderetʼ V. d. Muehll   **571** αὐτῆς εἶ B: αὐτῆς ἢ P¹(Q):
δʼ αὐτῇσι F   δὲ om. F¹, suppl. F²ˢˡ·   καλὸν om. F¹, suppl. F²ᵐᵍ   **572**
αἰθερολογίη PF: -γεῖν B   **573** ἐμεωυτοῦ P: ἐμεωὠυτοῦ B²(ὠ in spat.
vac.): ἐμὲ αὐτοῦ Fˣ(α in ras.)   **574** ἐς om. F   **580** δὲ νῦν om. F
πρῶτον F: πρώτου BP¹(Q)   **581** διήκουσεν F: -κουσε B: -κουεν P¹(Q)

[51] Ἐμπεδοκλῆς, ὥς φησιν Ἱππόβοτος, Μέτωνος ἦν υἱὸς
τοῦ Ἐμπεδοκλέους, Ἀκραγαντῖνος. τὸ δ' αὐτὸ καὶ Τίμαιος
ἐν τῇ πεντεκαιδεκάτῃ τῶν Ἱστοριῶν <φησι λέγων>
ἐπίσημον ἄνδρα γεγονέναι τὸν Ἐμπεδοκλέα τὸν πάππον
5 τοῦ ποιητοῦ. ἀλλὰ καὶ Ἕρμιππος τὰ αὐτὰ τούτῳ φησίν.
ὁμοίως Ἡρακλείδης ἐν τῷ Περὶ νόσων, ὅτι λαμπρᾶς ἦν
οἰκίας ἱπποτροφηκότος τοῦ πάππου. λέγει δὲ καὶ
Ἐρατοσθένης ἐν τοῖς Ὀλυμπιονίκαις τὴν πρώτην καὶ
ἑβδομηκοστὴν Ὀλυμπιάδα νενικηκέναι τὸν τοῦ Μέτωνος
10 πατέρα, μάρτυρι χρώμενος Ἀριστοτέλει. [52]
Ἀπολλόδωρος δ' ὁ γραμματικὸς ἐν τοῖς Χρονικοῖς φησιν ὡς
ἦν Μέτωνος μὲν υἱός, εἰς δὲ Θουρίους αὐτὸν νεωστὶ
παντελῶς ἐκτισμένους Γλαῦκος ἐλθεῖν φησιν. εἶθ' ὑποβάς· οἱ
δ' ἱστοροῦντες, ὡς οἴκοθεν πεφευγὼς εἰς τὰς Συρακούσας
15 μετ' ἐκείνων ἐπολέμει πρὸς τοὺς Ἀθηναίους τελέως ἀγνοεῖν
μοὶ δοκοῦσιν· ἢ γὰρ οὐκέτ' ἦν ἢ παντελῶς ὑπεργεγηρακώς,
ὅπερ οὐ φαίνεται. Ἀριστοτέλης γὰρ αὐτὸν (ἔτι τε

1–298 VS 31 A 1   **1–22** Arist. de poet. fr. *72 Janko   **1–2**
(Ἀκραγαντῖνος), **7** (λέγει)–**22** Arist. fr. 71 R.³ = De poet. fr. 2 Ross   **1–7**
(πάππου) Hermipp. FGrHistCont 1026 F 60B   **1–5** (φησίν) Hippob. fr. 15
Gig.   Tim. FGrHist 566 F 26b   **6** (ὁμοίως)–**7** (πάππου) Heracl. fr. 82
Sch. = 76 W.   **7** (λέγει)–**22** Heracl. T 706 Mour. (= T 140 et 287)   **7**
(λέγει)–**10** (Ἀριστοτέλει) Eratosth. FGrHist 241 F 7   **8–9** i.e. anni 496
11 (Ἀπολλόδωρος)–**22** Apollod. FGrHist 244 F 32a   **11** (Ἀπολλόδωρος—
φησιν), **13** (οἱ)–**22** Heracl. fr. 83 Sch. = 86 W.

Ante **1** tit. ἐμπεδοκλῆς Pˣ/⁴F: om. B spatio relicto   **2** δ' om. F   **3** φησι
λέγων add. V. d. Muehll (cf. **43**): <ἱστορεῖ λ.> Marcov.: <λέγει
προσιστορῶν> Diels: pro τῶν Ἱστοριῶν prop. ἱστορῶν Schwartz, Hermes
34 (1899) 488¹   **5** τούτῳ om. F   **6** ὁμοίως καὶ F   ἐν τῷ περὶ νόσων
om. F   **12** ἦν μὲν M. υἱός Clinton, Fasti Hell. (1824), 'sed in D. L. edendo
versus Apollodori non sunt restituendi' V. d. Muehll   μὲν υἱός om. F¹,
add. F²ˢ·ˡ·   θερίους F¹(ου supra ε scr. F²)   **13** <ὁ> Γλαῦκος Cob.
14 πεφευγὼς οἴκοθεν Meineke, Men. et Phil. (1823) xxiv   **15–16** πρὸς
τὰς Ἀθήνας ἀγνοεῖν τελέως <ἐ>μοὶ Bahnsch, Quaest. de D. L. fontibus
(1868) 7: πρὸς Ἀθηναίους ἐμοί<γε> τελ. ἀγν. Diels   **17** οὐ<χὶ> Meineke

Ἡράκλειτον) ἑξήκοντα ἐτῶν φησι τετελευτηκέναι. ὁ δὲ
<τὴν> μίαν καὶ ἑβδομηκοστὴν Ὀλυμπιάδα νενικηκὼς
κέλητι τούτου πάππος ἦν ὁμώνυμος, ὥσθ' ἅμα καὶ 20
<τούτου> τὸν χρόνον ὑπὸ τοῦ Ἀπολλοδώρου
σημαίνεσθαι.

[53] Σάτυρος δὲ ἐν τοῖς Βίοις φησὶν ὅτι Ἐμπεδοκλῆς υἱὸς
μὲν ἦν Ἐξαινέτου, κατέλιπε δὲ καὶ αὐτὸς υἱὸν Ἐξαίνετον·
ἐπί τε τῆς αὐτῆς Ὀλυμπιάδος τὸν μὲν ἵππῳ κέλητι 25
νενικηκέναι, τὸν δὲ υἱὸν αὐτοῦ πάλῃ ἤ, ὡς Ἡρακλείδης ἐν τῇ
Ἐπιτομῇ, δρόμῳ. ἐγὼ δὲ εὗρον ἐν τοῖς Ὑπομνήμασι
Φαβωρίνου ὅτι καὶ βοῦν ἔθυσε τοῖς θεωροῖς ὁ Ἐμπεδοκλῆς
ἐκ μέλιτος καὶ ἀλφίτων, καὶ ἀδελφὸν ἔσχε Καλλικρατίδην.
Τηλαύγης δὲ ὁ Πυθαγόρου παῖς ἐν τῇ πρὸς Φιλόλαον 30
ἐπιστολῇ φησι τὸν Ἐμπεδοκλέα Ἀρχινόμου εἶναι υἱόν. [54]
ὅτι δ' ἦν Ἀκραγαντῖνος ἐκ Σικελίας, αὐτὸς ἐναρχόμενος τῶν
Καθαρμῶν φησιν·

> ὦ φίλοι οἳ μέγα ἄστυ κατὰ ξανθοῦ Ἀκράγαντος
> ναίετ' ἀν' ἄκρα πόλεος. 35

καὶ τὰ μὲν περὶ τοῦ γένους αὐτοῦ τάδε.

---

18 i.e. anno 445   **23–27** (δρόμῳ) Satyr. fr. 12 Schorn   Sotion fr. 25 W.
27 (ἐγὼ)–**29** (ἀλφίτων) Orph. 1108 I (PEG II.2)   **27** (ἐγὼ)–**29**
(Καλλικρατίδην) Favor. fr. 48 Bar. = 21 Mensch. (**27** ἐγὼ–**29** ἀλφίτων) =
56 Am.   **29** (καὶ²—Καλλικρατίδην) Favor. fr. 57 Mensch.   **34–35** VS
31 B 112. 1–2 = 1.1–2 Zuntz = 102.1–2 Wr.

18 ἡράκλειτον B¹P¹(Q)F: -ος B² (cf. 9.3): Ἡρακλείδης (sc. ὁ Ποντικός) Sturz,
Empedocles (1805) xxii, fort. recte (cf. infra § 60, **101–103**)   ἔτι τε
Ἡράκλειτον 'kann zusatz aus Diog. L. IX 3 sein' Jacoby FGrHist, secl.
Marcov., Heraclitus (1967) 604   **19** τὴν add. Cob.   μίαν BP¹(Q)F:
πρώτην P⁴   ἑξηκοστὴν F¹, corr. F²   **20** κέλητι F   πάππος K. Fr.
Hermann (1834) 108: πάντως BPF   **21** τούτου add. Jacoby   **23–24**
Ἐμπεδοκλέους υἱ. μ. ἦν Ἐξαίνετος Schwartz, Hermes 34 (1899) 488³ conl.
Euseb., Chron. 1.240 et Diod. 13.82.7   **24** ἐξενέτου B¹, P¹(Q αι supra ἑ), F¹
ἐξένετον B¹, P¹ (Q αι supra ε)   **25** μὲν ἐνίππω B¹(ἵπ- B²)   κέλητι F
28 'post ἔθυσε apud Favorinum καὶ διέμεινε extitisse censeo' Mensching
29 ἐκ—ἀλφίτων secl. Marcov.   **30** τηλαυγῆς B¹Pᵖᶜ: -γῆς B²F   **32** post
ἀκραγ. iterav. ἦν B¹P¹   **34** οἳ BP: ἢ F   **35** ναίετ' ἀνακρα B: ναίεταν
ἄκρα P¹(Q): ναιετάετης ἄν' F : ναίετ' ἀν' ἄκρα P⁴   πόλεος Merzdorf,
Quaestiunc. Empedocleae (1874) 53–4: -εως BP¹(Q): -ηως FP⁴

ἀκοῦσαι δ᾽ αὐτὸν Πυθαγόρου Τίμαιος διὰ τῆς ἐνάτης
ἱστορεῖ λέγων ὅτι καταγνωσθεὶς ἐπὶ λογοκλοπίᾳ τότε,
καθὰ καὶ Πλάτων, τῶν λόγων ἐκωλύθη μετέχειν. μεμνῆσθαι
40 δὲ καὶ αὐτὸν Πυθαγόρου λέγοντα·

ἦν δέ τις ἐν κείνοισιν ἀνὴρ περιώσια εἰδώς,
ὃς δὴ μήκιστον πραπίδων ἐκτήσατο πλοῦτον.

οἱ δὲ τοῦτο εἰς Παρμενίδην αὐτὸν λέγειν ἀναφέροντα.
[55] φησὶ δὲ Νεάνθης ὅτι μέχρι Φιλολάου καὶ
45 Ἐμπεδοκλέους ἐκοινώνουν οἱ Πυθαγορικοὶ τῶν λόγων. ἐπεὶ
δ᾽ αὐτὸς διὰ τῆς ποιήσεως ἐδημοσίωσεν αὐτά, νόμον ἔθεντο
μηδενὶ μεταδώσειν ἐποποιῷ. (τὸ δ᾽ αὐτὸ καὶ Πλάτωνα
παθεῖν φησι· καὶ γὰρ τοῦτον κωλυθῆναι). τίνος μέντοι γε
αὐτῶν ἤκουσεν ὁ Ἐμπεδοκλῆς, οὐκ εἶπε· τὴν γὰρ
50 περιφερομένην ὡς Τηλαύγους ἐπιστολὴν ὅτι τε μετέσχεν
Ἱππάσου καὶ Βροτίνου, μὴ εἶναι ἀξιόπιστον.

ὁ δὲ Θεόφραστος Παρμενίδου φησὶ ζηλωτὴν αὐτὸν
γενέσθαι καὶ μιμητὴν ἐν τοῖς ποιήμασι· καὶ γὰρ ἐκεῖνον ἐν
ἔπεσι τὸν Περὶ φύσεως ἐξενεγκεῖν λόγον. [56] Ἕρμιππος δὲ
55 οὐ Παρμενίδου, Ξενοφάνους δὲ γεγονέναι ζηλωτήν, ᾧ καὶ
συνδιατρῖψαι καὶ μιμήσασθαι τὴν ἐποποιΐαν· ὕστερον δὲ
τοῖς Πυθαγορικοῖς ἐντυχεῖν. Ἀλκιδάμας δ᾽ ἐν τῷ Φυσικῷ
φησι κατὰ τοὺς αὐτοὺς χρόνους Ζήνωνα καὶ Ἐμπεδοκλέα

37–39 (μετέχειν) Tim. FGrHist 566 F 14   **41–42** VS 31 B 129.1–2 = 28.1–2
Zuntz = 99.1–2 Wr.   **44–48** (κωλυθῆναι) Neanth. FGrHist 84 F 26
49 (τὴν)–**51** VS 17.3   Orph. 1100 VII (PEG II.2)   **52–54** (λόγον) Theo-
phr. fr. 227B FHS&G. Theophr. non in Phys. opin., sed fortasse in Περὶ
λέξεως (Diels)   Parmen. VS 28 A 9   **54–57** (ἐντυχεῖν) Hermipp.
FGrHistCont 1026 F 61   Xenoph. VS 21 A 5   **57** (Ἀλκιδάμας)–**63**
Pythag. VS 14 A 5   Alcid. fr. 8 Av.

---

43 οἱ—ἀναφέροντα om. F   **46** δ᾽ οὗτος dub. Jacoby   αὐτὰ BP: -ὰς F:
-οὺς (sc. λόγους) Reiske 320   **48** φησι παθεῖν F   **49** ὁ om. F   **50**
περιφερομένην PF: προσ- B   ὡς Reiske 320 'post ἐπιστολὴν subaudi τὴν
λέγουσαν': πρὸς BPF: πρὸς <Φιλόλαον> Roeper (1846) 659 conl. supra
τηλαυγοῦς BP^ac^F   τε BP: μὲν F: del. dub. Jacoby   **51** βροτίνου BP^l^(Q):
βροντί- F   **54** λόγον ἐξενεγκεῖν F   **54–55** δὲ οὐ P^x^(Q)F²: δὲ ὁ BP^ac^:
δὲ F^l^   **55** οὐ παρμενίδου om. F^l^, in mg suppl. οὐ παρμενίδης F²   δὲ
om. F   **55** (ᾧ)–**56** (ἐποποιΐαν) om. F^l^, suppl. F^2mg^   **57** τῶ om. F

ἀκοῦσαι Παρμενίδου, εἶθ' ὕστερον ἀποχωρῆσαι, καὶ τὸν μὲν Ζήνωνα κατ' ἰδίαν φιλοσοφῆσαι, τὸν δὲ Ἀναξαγόρου 60 διακοῦσαι καὶ Πυθαγόρου· καὶ τοῦ μὲν τὴν σεμνότητα ζηλῶσαι τοῦ τε βίου καὶ τοῦ σχήματος, τοῦ δὲ τὴν φυσιολογίαν.

[57] Ἀριστοτέλης δὲ ἐν τῷ Σοφιστῇ φησι πρῶτον Ἐμπεδοκλέα ῥητορικὴν εὑρεῖν, Ζήνωνα δὲ διαλεκτικήν. ἐν 65 δὲ τῷ Περὶ ποιητῶν φησιν ὅτι καὶ Ὁμηρικὸς ὁ Ἐμπεδοκλῆς καὶ δεινὸς περὶ τὴν φράσιν γέγονεν, μεταφορητικός τε ὢν καὶ τοῖς ἄλλοις τοῖς περὶ ποιητικὴν ἐπιτεύγμασι χρώμενος· καὶ διότι γράψαντος αὐτοῦ καὶ ἄλλα ποιήματα τήν τε Ξέρξου διάβασιν καὶ προοίμιον εἰς Ἀπόλλωνα, ταῦθ' 70 ὕστερον κατέκαυσεν ἀδελφή τις αὐτοῦ (ἢ θυγάτηρ, ὡς φησιν Ἱερώνυμος), τὸ μὲν προοίμιον ἄκουσα, τὰ δὲ Περσικὰ βουληθεῖσα διὰ τὸ ἀτελείωτα εἶναι. [58] καθόλου δέ φησι καὶ τραγῳδίας αὐτὸν γράψαι καὶ πολιτικούς· Ἡρακλείδης δὲ ὁ τοῦ Σαραπίωνος ἑτέρου φησὶν εἶναι τὰς τραγῳδίας. 75 Ἱερώνυμος δὲ τρισὶ καὶ τετταράκοντά φησιν ἐντετυχηκέναι, Νεάνθης δὲ νέον ὄντα γεγραφέναι τὰς τραγῳδίας καὶ αὐτῶν ἑπτὰ ἐντετυχηκέναι.

φησὶ δὲ Σάτυρος ἐν τοῖς Βίοις ὅτι καὶ ἰατρὸς ἦν καὶ ῥήτωρ ἄριστος. Γοργίαν γοῦν τὸν Λεοντῖνον αὐτοῦ γενέσθαι 80 μαθητήν, ἄνδρα ὑπερέχοντα ἐν ῥητορικῇ καὶ Τέχνην

64–78 Empedocles (?) TGrF I 50T   Hieron. fr. 52 Wh. = 30 W.   **64–65** (διαλεκτικήν) Arist. fr. 65 R.³ = Soph. fr. 1 Ross   Art. scr. A V 1 et B I 1 (εὑρεῖν)   **65** (ἐν)–**73** (εἶναι) Arist. fr. 65 Rose³ = De poet. fr. 1 Ross = fr. 73 Janko (**65–74** πολιτικούς)   **74** (Ἡρακλείδης)–**78** Satyr. fr. *37 Schorn **77** (Νεάνθης)–**78** Neanth. FGrHist 84 F 26   **79–95** Satyr. fr. 13 Schorn **79** (καὶ¹)–**84** (γοητεύοντι) Gorg. VS 82 A 3   **79–82** (ἀπολελοιπότα) Art. scr. A V 3   **80** (Γοργίαν)–**82** (ἀπολελοιπότα) Art. scr. B VII 2

---

64 ἐν τῶ σοφιστῆ om. F   **67** μεταφοριτικὸς BP¹: -φορικὸς F   **69** δὴ ὅτι B   **70** τοῦ ξέρξου F   **75** ἑτέρου—τραγωδίας om. F¹, suppl. F²ᵐᵍ **76** φησὶ ante τρισὶ add. F   **77** (νεάνθης)–**78** (ἐντετυχηκέναι) om. F¹, suppl. F²ᵐᵍ   **78** αὐτῶν Diels ad Reiske 320: -ὸν BPF²: -ὸς Cob.   ἑπτὰ Diels: ἔπειτα BPF²: ἐνίοτε Richards 345   **79** ὁ σάτυρος F   ἐν τοῖς βίοις om. F   **80** γοῦν PF: δὲ B

ἀπολελοιπότα· ὅν φησιν Ἀπολλόδωρος ἐν Χρονικοῖς ἐννέα
πρὸς τοῖς ἑκατὸν ἔτη βιῶναι. [59] τοῦτόν φησιν ὁ Σάτυρος
λέγειν ὡς αὐτὸς παρείη τῷ Ἐμπεδοκλεῖ γοητεύοντι. ἀλλὰ
85 καὶ αὐτὸν διὰ τῶν ποιημάτων ἐπαγγέλλεσθαι τοῦτό τε καὶ
ἄλλα πλείω, δι' ὧν φησι·

φάρμακα δ' ὅσσα γεγᾶσι κακῶν καὶ γήραος ἄλκαρ
πεύσῃ, ἐπεὶ μούνῳ σοὶ ἐγὼ κρανέω τάδε πάντα.
παύσεις δ' ἀκαμάτων ἀνέμων μένος οἵ τ' ἐπὶ γαῖαν
90 ὀρνύμενοι πνοιαῖσι καταφθινύθουσιν ἄρουραν·
καὶ πάλιν, ἢν ἐθέλησθα, παλίντιτα πνεύματ' ἐπάξεις·
θήσεις δ' ἐξ ὄμβροιο κελαινοῦ καίριον αὐχμὸν
ἀνθρώποις, θήσεις δὲ καὶ ἐξ αὐχμοῖο θερείου
ῥεύματα δενδρεόθρεπτα τά τ' αἰθέρι ναιήσονται,
95 ἄξεις δ' ἐξ Ἀΐδαο καταφθιμένου μένος ἀνδρός.

---

82 (ὅν)–**83** (βιῶναι) Apollod. FGrHist 244 F 33   **87–95** VS 31 B III.1–2,
4–10 = 101.1–2, 4–10 Wr.

88–95, 97 (καὶ)–**101** (κληθῆναι), **102–103, 112–114** (σῶμα) Suda α 3242
(I 291.1–13)

83 ἑκατὸν P, in mg cum γρ F²: -τῶν B: τεσσαράκοντα F¹   ἔτη om. F
84 παρείη P: -ῆναι B: -ήει F   ἐμπεδοκλῆ BF   **84–85** γοητεύοντι—
ἐπαγγέλλεσθαι (γοϊ- F) PF: τὸ et linea vacua B   **85** τε om. F   **87** ὅσσα
F   **87** (καὶ)–**89** (μένος) om. B spatio 2 linearum relicto   **88** ἐπὶ PᵃᶜF
κραδέω F   τάδε om. F   **89** παύσεις P¹: -ση F   δ' ἀκαμάτων P: δ'
ἐκ κα- F   ἀνέμων μένος P: ἀνειμένος F   μένος om. Suda   ὅτ' F   **90**
πνοιαῖσι BPF: πνοιῇσι Merzdorf 50: θνητοῖσι Clem. Alex., Strom. 6.30.2
ἀρούρας Clem. et Tzetz., Chil. 2.908–14 (= 909–17 Leone)   **91** ἢν
ἐθέλησθα F: ἢν κ' ἐθέλ- P (κ' expunxit P⁴), Suda, Tzetz.: ἢν καὶ θέλ- B: εὖτ'
ἐθέλ- Clem.   παλίντιτα BPF, Clem.: -τονα Suda   πνεύματα BPˡᵃᶜ
θήσεις F, Clem.: στήσεις P, Suda, Tzetz.: τῆσ εἰς B (' ' B²)   **92** κελαινοῦ
Pˡᵖᶜ(ε in ras.): καιλαι- B: κελε- F   post κελαινοῦ add. ῥόον Suda   **93**
θήσεις PB²: θήσει B¹: στήσεις Suda, Tzetz.   αὐθμοῖο F   θερείου rec.,
Tzetz.: -είοις F¹: -ίοις BP¹(Q): om. Suda   **94** τάτ' αἰθέρι ναιήσονται
P¹(Q): ταταιθερινάιης ὄντα B: τάτε θέρει ναήσονται F: τάτ' ἐν θέρει
ἔσονται Suda: τά τ' αἰθέρια θήσονται Tzetz.: αἰθέρι ἄίσσονται Wil. ap. VS
conl. 31 B 29.1: αἰθ. ναιετάουσι J. Bollack, Empédocle II (1969) 9 (cf. ibid. III
[1969] 24–5). Vid. P. Kingsley, Ancient Philosophy, Mistery, and Magic (1995)
218²   **95** ἀΐδεο F

[60] φησὶ δὲ καὶ Τίμαιος ἐν τῇ ὀκτωκαιδεκάτῃ κατὰ πολλοὺς τρόπους τεθαυμάσθαι τὸν ἄνδρα. καὶ γὰρ ἐτησίων ποτὲ σφοδρῶς πνευσάντων ὡς τοὺς καρποὺς λυμῆναι, κελεύσας ὄνους ἐκδαρῆναι καὶ ἀσκοὺς ποιῆσαι περὶ τοὺς λόφους καὶ τὰς ἀκρωρείας διέτεινε πρὸς τὸ συλλαβεῖν τὸ 100 πνεῦμα· λήξαντος δὲ κωλυσανέμαν κληθῆναι. Ἡρακλείδης τε ἐν τῷ Περὶ νόσων φησὶ καὶ Παυσανίᾳ ὑφηγήσασθαι αὐτὸν τὰ περὶ τὴν ἄπνουν. ἦν δ᾽ ὁ Παυσανίας, ὥς φησιν Ἀρίστιππος καὶ Σάτυρος, ἐρώμενος αὐτοῦ, ᾧ δὴ καὶ τὰ Περὶ φύσεως προσπεφώνηκεν οὕτως· 105

[61]   Παυσανίη, σὺ δὲ κλῦθι, δαΐφρονος Ἀγχίτου υἱέ.

ἀλλὰ καὶ ἐπίγραμμα εἰς αὐτὸν ἐποίησε·

Παυσανίην ἰητρὸν ἐπώνυμον Ἀγχίτου υἱὸν
φῶτ᾽ Ἀσκληπιάδην πατρὶς ἔθρεψε Γέλα,
ὃς πολλοὺς μογεροῖσι μαραινομένους καμάτοισι 110
φῶτας ἀπέστρεψεν Φερσεφόνης ἀδύτων.

τὴν γοῦν ἄπνουν ὁ Ἡρακλείδης φησὶ τοιοῦτόν τι εἶναι, ὡς τριάκοντα ἡμέρας συντηρεῖν ἄπνουν καὶ ἄσφυκτον τὸ

96–101 (κληθῆναι) Tim. FGrHist 566 F 30   **101** (Ἡρακλείδης)–**125** Heracl. fr. 87 Sch. = 77 W.   **103** (ἦν)–**112** Satyr. fr. 14 Schorn   **103–106** ps.-Aristipp. fr. 8 Dor.   **106** VS 31 B 1 = 4 Wr.   **108–111** VS 31 B 156 FGE 550–3

97 (ἐτησίων)–**101** (κληθῆναι) Φ 63 (311.16–20)   **108–111** Cf. Anth. Pal. 7.508 (non ex D. L.)

96 ὀκτωκαιδεκάτη BF: ιη΄ P: ιβ΄ Beloch, JClPh 123 (1881) 697 (vid. infra **163**), fort. recte   **97** ἐθαυμάσθαι F¹   **98** ὡς BP, Suda α: ὡς ἂν F: ὡς καὶ Φ   λυμήνασθαι Cob.   **99** ποιεῖσθαι Cob.   **101** κωλυσανέμαν κληθῆναι BPF: -σάνεμον κλ. Suda   -σανέμας ἐκλήθη Φ   **102** τε BPF: δὲ Φ   **103** τὸν ἄπνουν Suda   **104** καὶ σάτυρος om F   **105** πεφώνηκεν F   **108** παυσανία F   Ἀγχίτεω Diels   **110** πολλοὺς BP: -οῖσι F   μογεροῖσι BP: om. F   μαραινομένους BP: μαγερο- F   **111** ἀπέστρεψε BF   φερσεφόνης Pal.: -νας BP¹F   **112** δ᾽ οὖν Roeper (1846) 658   Ἡρακλείδης Mercurialis, Var. lect. (1570) 116: ἡράκλητος BF: -κλειτος P   **113** ἄπνουν τὸ σῶμα καὶ ἄσιτον Φh   ἄσφυκτον Mercurialis: ἄσηπτον BPF: ἄσιτον Φh, Suda α

σῶμα· ὅθεν εἶπεν αὐτὸν καὶ ἰητρὸν καὶ μάντιν, λαμβάνων
115 ἅμα καὶ ἀπὸ τούτων τῶν στίχων·

[62] ὦ φίλοι, οἳ μέγα ἄστυ κατὰ ξανθοῦ Ἀκράγαντος
      ναίετ᾽ ἀν᾽ ἄκρα πόλεος, ἀγαθῶν μελεδήμονες ἔργων,
      χαίρετ᾽· ἐγὼ δ᾽ ὑμῖν θεὸς ἄμβροτος, οὐκέτι θνητὸς
      πωλεῦμαι μετὰ πᾶσι τετιμένος, ὥσπερ ἔοικα,
120   ταινίαις τε περίστεπτος στέφεσίν τε θαλείοις·
      τοῖσιν †ἅμ᾽† ἂν ἵκωμαι ἐς ἄστεα τηλεθάοντα,
      ἀνδράσιν ἠδὲ γυναιξί, σεβίζομαι· οἱ δ᾽ ἅμ᾽ ἕπονται
      μυρίοι, ἐξερέοντες ὅπῃ πρὸς κέρδος ἀταρπός·
      οἱ μὲν μαντοσυνέων κεχρημένοι, οἱ δ᾽ ἐπὶ νούσων
125   παντοίων ἐπύθοντο κλύειν εὐηκέα βάξιν.

[63] μέγαν δὲ τὸν Ἀκράγαντα εἰπεῖν φησι †ποταμίλλα†
ἐπεὶ μυριάδες αὐτὸν κατῴκουν ὀγδοήκοντα· ὅθεν τὸν
Ἐμπεδοκλέα εἰπεῖν, τρυφώντων αὐτῶν, Ἀκραγαντῖνοι
τρυφῶσι μὲν ὡς αὔριον ἀποθανούμενοι, οἰκίας δὲ
130 κατασκευάζονται ὡς πάντα τὸν χρόνον βιωσόμενοι.'
αὐτοὺς δὲ τούτους τοὺς Καθαρμοὺς {ἐν} Ὀλυμπίασι

116–125 VS 31 B 112 = 1 Zuntz = 102 Wr.   131–133 (Ἀπομνημονεύμασι)
Favor. fr. 49 Bar. = 18 Mensch. = 57 Am.

116–120 Anth. Pal. 9.569.3–7; Plan. I^a 84, 2   116–117 cf. supra 34–35
118–119 cf. infra 167–168

114 καὶ εἶπεν F   ἰητρὸν BP¹: ἰα- FP⁴   116 οἳ BP: ἢ F   117 ναίετ᾽
ἄνακρα B: ναίεταν ἄκρα P¹(Q): ναιετάετ᾽ ἀν᾽ F   πόλεος Merzdorf: -ηως
BP¹(Q)F, Pal.   118 χαίρετε B   119 τετιμένος P: -μημένος BF   ἔοικα
BPF: ἔοικεν Pal.   120 τενίαις B   περίστεπτος BP: -στρεπτος Fᵃᶜ, Pal.
στέφεσιν Pal.: -σι BPF   θαλείοις Pˣ, Pal.: -ίοις BP¹(Q): -ίης F   121 ἅμα
νίκωμαι BP¹F: ἅμ᾽ εὖτ᾽ ἂν (᾽ εὖτ᾽ ἂν ἵκω in ras.) P⁴: <πᾶσι δὲ> τοῖς ἂν ἵκ.
Wil., Kl. Schr. I (1935) 476 (a. 1929): τ. <δ᾽> εὖτ᾽ ἂν Kranz: <πᾶσι δ᾽> ἅμ᾽
εὖτ᾽ ἂν Wright in adn.   ἄστρα F   τηλεθάοντα BP¹: -θόωντα F   123
ἀταρπῶς F   124 μαντοσυναίων F   δ᾽ ἐπὶ Clem.: δέ τι BPF: δέ τε rec.
126 φησι om. F   ποταμίλλα BP¹(Q): ποταμὸν ἀλλ᾽ F: om. Frob.: tamq-
uam ex glossemate del. Battier, Observ. et emend. in D. L. libros (1705) 12
εἰπεῖν φησι <Τίμαιος οὐκ ἐπεὶ μέγα ἦν προάστιον παρὰ τὸν> ποταμόν,
ἀλλ᾽ ἐπεὶ Wil., Kl. Schr. I (1935) 478¹ (a. 1929). Vid. Jacoby, FGrHist III b
(Noten) 325 et Kassel–Austin ad Sophr. fr. 123   127 ἐπὶ F   αὐτὸν
Pˣ(Q)F: -ὴν BP¹   128 τρυφόντων BF   129 δὲ om. F   131 {ἐν}
Ὀλυμπίασι Diels ex Athen. 14, 620 D (VS 31 A 12; Dicaearch. fr. 87 W. = 85
Mirh.): ἐν ὀλυμπιάδι BP¹(Q): ἐν ὀλυμπία FP⁴

ῥαψῳδῆσαι λέγεται Κλεομένη τὸν ῥαψῳδόν, ὡς καὶ
Φαβωρῖνος ἐν Ἀπομνημονεύμασι. φησὶ δ' αὐτὸν καὶ
Ἀριστοτέλης ἐλεύθερον γεγονέναι καὶ πάσης ἀρχῆς
ἀλλότριον, εἴ γε τὴν βασιλείαν αὐτῷ διδομένην 135
παρῃτήσατο, καθάπερ Ξάνθος ἐν τοῖς περὶ αὐτοῦ λέγει,
τὴν λιτότητα δηλονότι πλέον ἀγαπήσας. **[64]** τὰ δ' αὐτὰ
καὶ Τίμαιος εἴρηκε, τὴν αἰτίαν ἅμα παρατιθέμενος τοῦ
δημοτικὸν εἶναι τὸν ἄνδρα. φησὶ γὰρ ὅτι κληθεὶς ὑπό τινος
τῶν ἀρχόντων ὡς προβαίνοντος τοῦ δείπνου τὸ ποτὸν οὐκ 140
εἰσεφέρετο, τῶν {δ'} ἄλλων ἡσυχαζόντων, μισοπονήρως
διατεθεὶς ἐκέλευσεν εἰσφέρειν· ὁ δὲ κεκληκὼς ἀναμένειν ἔφη
τὸν τῆς βουλῆς ὑπηρέτην. ὡς δὲ παρεγένετο, ἐγενήθη
συμποσίαρχος, τοῦ κεκληκότος δηλονότι καταστήσαντος,
ὃς ὑπεγράφετο τυραννίδος ἀρχήν· ἐκέλευσε γὰρ ἢ πίνειν ἢ 145
καταχεῖσθαι τῆς κεφαλῆς. τότε μὲν οὖν ὁ Ἐμπεδοκλῆς
ἡσύχασε· τῇ δὲ ὑστεραίᾳ εἰσαγαγὼν εἰς δικαστήριον
ἀπέκτεινε καταδικάσας ἀμφοτέρους, τόν τε κλήτορα καὶ
τὸν συμποσίαρχον. ἀρχὴ μὲν οὖν αὐτῷ τῆς πολιτείας ἥδε.
[65] πάλιν δὲ Ἄκρωνος τοῦ ἰατροῦ τόπον αἰτοῦντος παρὰ 150
τῆς βουλῆς εἰς κατασκευὴν πατρῴου μνήματος διὰ τὴν ἐν
τοῖς ἰατρικοῖς ἀκρότητα παρελθὼν δ' Ἐμπεδοκλῆς

---

133 (φησὶ)–**149** Tim. FGrHist 566 F 134   **133** (φησὶ)–**137** (ἀγαπήσας)
Xanth. FGrHist 765 F 33 = FGrHistCont 1001 F 1   Arist. fr. 66 R.³ = Soph.
fr. 2 Ross = de poet. fr. *71 Janko

---

139 (κληθεὶς)–**149** (συμποσίαρχον) Φ 63 (311, 20–312, 8)   **150–156** Φh
31 (109.8–15)

---

132 ῥαψῳδῆσαι BP¹(Q): διαραψω- FP⁴   κλεομένη BP: -ην F   **133** ἐν
B²FPˣ: om. B¹P¹, an recte?   **133–134** καὶ ἀριστοτέλης φησὶν ἐλεύθερον
(om. αὐτὸν) F   **137** (τὴν)–**139** (ἄνδρα) om. F¹, suppl. F²ᵐᵍ   **140** ὡς
Diels: καὶ BPFΦ   τοῦ δείπνου τὸ ποτὸν F: τοῦ πότου τὸ δεῖπνον BPΦ
141 δ' del. Cob.   **142** ἐκεῖνος διατεθεὶς Φ   **145** ὃς BPFΦ: καὶ Jacoby
ἢ¹ B²F: eras. P: εἰ B¹   **146** ὁ om. Φ   **147** ἡσύχαζε Huebn. II 740
ἀγαγὼν Φ   **148** καταδικάσας ἀμφοτέρους BPF: ἄμφω Φ   **149**
αὐτῷ Aldobr.: αὕτη BF: αὐτῆ Pˣ(Q)   **152** ἰατρικοῖς Φh: ἰατροῖς BPF

ἐκώλυσε, τά τε ἄλλα περὶ ἰσότητος διαλεχθεὶς καί τι καὶ
τοιοῦτον ἐρωτήσας· 'τί δὲ ἐπιγράψομεν ἐλεγεῖον; ἢ τοῦτο;

155   Ἄκρον ἰατρὸν Ἄκρων' Ἀκραγαντῖνον πατρὸς Ἄκρου
κρύπτει κρημνὸς ἄκρος πατρίδος ἀκροτάτης.'

τινὲς δὲ τὸν δεύτερον στίχον οὕτω προφέρονται·

ἀκροτάτης κορυφῆς τύμβος ἄκρος κατέχει.

τοῦτό τινες Σιμωνίδου φασὶν εἶναι.

160   **[66]** ὕστερον δ' ὁ Ἐμπεδοκλῆς καὶ τὸ τῶν χιλίων
ἄθροισμα κατέλυσε συνεστὼς ἐπὶ ἔτη τρία, ὥστε οὐ μόνον
ἦν τῶν πλουσίων, ἀλλὰ καὶ τῶν τὰ δημοτικὰ φρονούντων.
ὅ γέ τοι Τίμαιος ἐν τῇ πρώτῃ καὶ δευτέρᾳ (πολλάκις γὰρ
αὐτοῦ μνημονεύει) φησὶν ἐναντίαν ἐσχηκέναι γνώμην αὐτὸν
165   †τῇ τε πολιτείᾳ φαίνεσθαι†· ὅπου δὲ ἀλαζόνα καὶ φίλαυτον
ἐν τῇ ποιήσει· φησὶ γοῦν·

χαίρετ'· ἐγὼ δ' ὑμῖν θεὸς ἄμβροτος, οὐκέτι θνητὸς
πωλεῦμαι,

καὶ τὰ ἑξῆς. καθ' ὃν δὲ χρόνον ἐπεδήμει Ὀλυμπίασιν,
170   ἐπιστροφῆς ἠξιοῦτο πλείονος, ὥστε μηδενὸς ἑτέρου μνείαν
γίνεσθαι ἐν ταῖς ὁμιλίαις τοσαύτην ὅσην Ἐμπεδοκλέους.

155–156 VS 31 B 157   FGE 554–5ab   **163–171** Tim. FGrHist 566 F 2
167–168 VS 31 B 112.3–4 = 1.3–4 Zuntz = 102.3–4 Wr.

155–156 Suda α 1026 (I 94.21–3)

153–154 διαλεχθεὶς καὶ τοιοῦτον τὶ ἐρ. Φh   **154** τι ΒΡΦh: ὅτι F
155 ἄκρον[1] ΒΡ: ἄκρων F, Suda   ἰητρὸν Ρ[x]   **156** κρυμνὸς Β   **159**
τοῦτον rec.   **160** χιλιάδων F   **161** διέλυσε Β   συνεστὼς Ρ: -εστὸς
BF   **163** πρώτῃ καὶ δευτέρᾳ Β: α′ καὶ β′ PF: ια′ καὶ ιβ′ Beloch
(supra **96**), fort. recte   **164** γνώμην ἐσχηκέναι F   **165** τῇ τε πολιτείᾳ
φαίνεσθαι ΒΡ: om. F: lac. post πολιτείᾳ ind. Reiske ms.: αὐτὸν <ἔν> τε τῇ
πολ. <καὶ ἐν τῇ ποιήσει· ὅπου μὲν γὰρ μέτριον καὶ ἐπιεικῆ> φαίν., ὅπου
δ' ἀλ. καὶ φίλ. {ἐν τῇ ποιήσει} Diels: αὐτὸν <καὶ ἐν τῇ π.· ὅ. μὲν γὰρ
σεμνὸν καὶ φιλοδημοτικὸν> Bignone, Empedocle (1916) 304[1]: αὐτόν·
<ὅπου μὲν γὰρ μέτριον καὶ ἐπιεικῆ ἐν τῷ βίῳ> τῇ τε πολ. φαίν. V. d.
Muehll   δὲ ΒΡF: γε Kuehn   **166** post ποιήσει falso add. ἴδοι τις ἂν rec.
170 ἑτέρου om. F   **171** ὅσον F

[67] ὕστερον μέντοι τοῦ Ἀκράγαντος †οἰκιζομένου†, ἀντέστησαν αὐτοῦ τῇ καθόδῳ οἱ τῶν ἐχθρῶν ἀπόγονοι· διόπερ εἰς Πελοπόννησον ἀποχωρήσας ἐτελεύτησεν. οὐ παρῆκε τ' οὐδὲ τοῦτον ὁ Τίμων, ἀλλ' ὧδε αὐτοῦ 175 καθάπτεται λέγων·

κcaì Ἐμπεδοκλῆς ἀγοραίων
ληκητὴς ἐπέων· ὅσα δ' ἔσθενε, τόσσα διεῖλεν
ἄρχων ὃς διέθηκ' ἀρχὰς ἐπιδευέας ἄλλων.

περὶ δὲ τοῦ θανάτου διάφορός ἐστιν αὐτοῦ λόγος. 180 Ἡρακλείδης μὲν γὰρ τὰ περὶ τῆς ἄπνου διηγησάμενος, ὡς ἐδοξάσθη Ἐμπεδοκλῆς ἀποστείλας τὴν νεκρὰν ἄνθρωπον ζῶσαν, φησὶν ὅτι θυσίαν συνετέλει πρὸς τῷ Πεισιάνακτος ἀγρῷ. συνεκέκληντο δὲ τῶν φίλων τινές, ἐν οἷς καὶ Παυσανίας. **[68]** εἶτα μετὰ τὴν εὐωχίαν οἱ μὲν ἄλλοι 185 χωρισθέντες ἀνεπαύοντο, οἱ μὲν ὑπὸ τοῖς δένδροις ὡς ἀγροῦ παρακειμένου, οἱ δ' ὅπῃ βούλοιντο, αὐτὸς δ' ἔμεινεν ἐπὶ τοῦ τόπου ἐφ' οὗπερ κατεκέκλιτο. ὡς δὲ ἡμέρας γενηθείσης ἐξανέστησαν, οὐχ εὑρέθη μόνος. ζητουμένου δὲ καὶ τῶν οἰκετῶν ἀνακρινομένων καὶ φασκόντων μὴ εἰδέναι, 190 εἷς τις ἔφη μέσων νυκτῶν φωνῆς ὑπερμεγέθους ἀκοῦσαι προσκαλουμένης Ἐμπεδοκλέα, εἶτα ἐξαναστὰς ἑωρακέναι φῶς οὐράνιον καὶ λαμπάδων φέγγος, ἄλλο δὲ μηδέν· τῶν δὲ

177–179 Timon SH 816 = fr. 42 Di Marco   **180–197** Heracl. fr. 93 Sch. = 83 W.

---

182 (ἀποστείλας)–**197** Φh 31 (109.16–110.6)

---

172 οἰκιζομένου BPF: οἰκ<τ>- Apelt: <ἀπ>οικ- Bignone, Boll. Class. (1941) 106: αἰκ- Q. Cataudella, RFIC n.s. 38 (1960) 125: οἰκιζομένου < . . . > J. A. de Waele, Acragas Graeca I (1971) 170[861]: στασιάσαντος Gigante 552[180]   **175** τ' BP¹(Q): δ' FP⁴   ἀλλ' ὧδε rec.: ἄλλῳ δ' B: ἄλλων δ' P¹(Q): ἄλλῳ δὲ F **178** ληκητὴς BP¹F: κηλητὴς rec.   ὅσσα BP¹   τόσσα διεῖλεν Apelt: τοσσάδε εἶλεν B²(εῖ B¹), PF: τοσσάδ' ἔειλεν Diels   **179** ἄρχων BPF: ἀρχῶν Sturz 120[73], ἀρχῶν ὡς Lloyd-Jones/Parsons   **180** τοῦ om. F **186** ἀνεπαύσαντο Φh   δένδρεσιν Φh   **187** παρακειμένοις F   **188** κατεκέκλιτο rec.: -κλητο B: -κλειτο P¹(Q): κατακέκλιτο F   **189** εὑρέθη BFΦh: ηὑ- P¹(Q)   **191** μέσων νυκτῶν ἔφη Φh, ἔφη μέσον νυκτὸς F φ. ἐπακοῦσαι ὑπερμεγ. F   **193** καὶ λαμπάδων φέγγος om. Φh

ἐπὶ τῷ γενομένῳ ἐκπλαγέντων καταβὰς ὁ Παυσανίας
195 ἔπεμψέ τινας ζητήσοντας. ὕστερον δὲ ἐκώλυεν
πολυπραγμονεῖν, φάσκων εὐχῆς ἄξια συμβεβηκέναι καὶ
θύειν αὐτῷ δεῖν καθαπερεὶ γεγονότι θεῷ.

[69] Ἕρμιππος δέ φησι Πάνθειάν τινα Ἀκραγαντίνην
ἀπηλπισμένην ὑπὸ τῶν ἰατρῶν θεραπεῦσαι αὐτὸν καὶ διὰ
200 τοῦτο τὴν θυσίαν ἐπιτελεῖν· τοὺς δὲ κληθέντας εἶναι πρὸς
τοὺς ὀγδοήκοντα. Ἱππόβοτος δέ φησιν ἐξαναστάντα αὐτὸν
ὡδευκέναι ὡς ἐπὶ τὴν Αἴτνην, εἶτα παραγενόμενον ἐπὶ τοὺς
κρατῆρας τοῦ πυρὸς ἐναλέσθαι καὶ ἀφανισθῆναι,
βουλόμενον τὴν περὶ αὑτοῦ φήμην βεβαιῶσαι ὅτι γεγόνοι
205 θεός, ὕστερον δὲ γνωσθῆναι, ἀναρριπισθείσης αὐτοῦ μιᾶς
τῶν κρηπίδων· χαλκᾶς γὰρ εἴθιστο ὑποδεῖσθαι. πρὸς
τοῦτο ὁ Παυσανίας ἀντέλεγε.

[70] Διόδωρος δὲ ὁ Ἐφέσιος περὶ Ἀναξιμάνδρου γράφων
φησὶν ὅτι τοῦτον ἐζηλώκει, τραγικὸν ἀσκῶν τῦφον καὶ
210 σεμνὴν ἀναλαβὼν ἐσθῆτα. τοῖς Σελινουντίοις ἐμπεσόντος
λοιμοῦ διὰ τὰς ἀπὸ τοῦ παρακειμένου ποταμοῦ δυσωδίας,
ὥστε καὶ αὐτοὺς φθείρεσθαι καὶ τὰς γυναῖκας δυστοκεῖν,
ἐπινοῆσαι τὸν Ἐμπεδοκλέα καὶ δύο τινὰς ποταμοὺς τῶν
σύνεγγυς ἐπαγαγεῖν ἰδίαις δαπάναις· καὶ καταμίξαντα
215 γλυκῆναι τὰ ῥεύματα. οὕτω δὴ λήξαντος τοῦ λοιμοῦ καὶ

198–201 (ὀγδοήκοντα) Hermipp. FGrHistCont 1026 F 62   **198–207**
Heracl. 95A Sch. = fr. 85 W. (**198–201** ὀγδοήκοντα)   **201** (Ἱππόβοτος)–
207 Hippob. fr. 16 Gig.   **208–209** (ἐζηλώκει), **215** (οὕτω)–**234** Heracl. fr.
94 Sch. = 84 et 115 W.   **208–210** (ἐσθῆτα) Anaxim. VS 12 A 8   Diod.
Ephes. FGrHistCont 1102 F 1

---

205 (ὕστερον)–**206** (ὑποδεῖσθαι) Φ 63 (312.17–18)   **210** (τοῖς)–**219** Φ 63
(312.9–16)

---

194 ἐπὶ τῷ γενομένῳ om. Φh   **195** ἐκώλυεν Diels post Reiske (-λυε):
ἐκωλύθη BPF: ἐνομίσθη Φh: ἐκώλυσε Cob.   **197** δεῖ F   γεγονότι
om. F   **204** αὑτοῦ rec.: αὐ- BPF   γεγόνοι₊ B, P¹(ν erasum): -νει F
205–206 μιᾶς τῶν ἐμβάδων αὐ. ἀν. Φh   **205** ἀναρριφθείσης Kochalsky,
teste Diels (loc. non inveni)   αὐτῶ F   **207** ἀντέλεγεν F   **208**
θεόδωρος F   pro Ἀναξιμάνδρου coni. Ἀναξαγόρου Gigante 553¹⁹⁴
209 φησὶν om. F   **210** τοῖς δὲ rec.   σελινιοτίοις F   **212** δυστοκεῖν
om. F   **215** γλυκῆναι BF: -κύναι P¹(Q): ἐγλυκάνε Φ   δὲ F

τῶν Σελινουντίων εὐωχουμένων ποτὲ παρὰ τῷ ποταμῷ,
ἐπιφανῆναι τὸν Ἐμπεδοκλέα· τοὺς δ' ἐξαναστάντας
προσκυνεῖν καὶ προσεύχεσθαι καθαπερεὶ θεῷ. ταύτην οὖν
θέλοντα βεβαιῶσαι τὴν διάληψιν εἰς τὸ πῦρ ἐναλέσθαι.

[71] τούτοις δ' ἐναντιοῦται Τίμαιος, ῥητῶς λέγων ὡς 220
ἐξεχώρησεν εἰς Πελοπόννησον καὶ τὸ σύνολον οὐκ
ἐπανῆλθεν· ὅθεν αὐτοῦ καὶ τὴν τελευτὴν ἄδηλον εἶναι. πρὸς
δὲ τὸν Ἡρακλείδην καὶ ἐξ ὀνόματος ποιεῖται τὴν ἀντίρρησιν
ἐν τῇ τετάρτῃ· Συρακόσιόν τε γὰρ εἶναι τὸν Πεισιάνακτα
καὶ ἀγρὸν οὐκ ἔχειν ἐν Ἀκράγαντι· Παυσανίαν τε μνημεῖον 225
<ἂν> πεποιηκέναι τοῦ φίλου, τοιούτου διαδοθέντος λόγου,
ἢ ἀγαλμάτιόν τι ἢ σηκὸν οἷα θεοῦ· καὶ γὰρ πλούσιον εἶναι.
'πῶς οὖν,' φησίν, 'εἰς τοὺς κρατῆρας ἥλατο ὧν σύνεγγυς
ὄντων οὐδὲ μνείαν ποτὲ ἐπεποίητο; τετελεύτηκεν οὖν ἐν
Πελοποννήσῳ. [72] οὐδὲν δὲ παράδοξον τάφον αὐτοῦ μὴ 230
φαίνεσθαι· μηδὲ γὰρ ἄλλων πολλῶν.' τοιαῦτά τινα εἰπὼν ὁ
Τίμαιος ἐπιφέρει· 'ἀλλὰ διὰ παντός ἐστιν Ἡρακλείδης
τοιοῦτος παραδοξολόγος, καὶ ἐκ τῆς σελήνης πεπτωκέναι
ἄνθρωπον λέγων.'

Ἱππόβοτος δέ φησιν ὅτι ἀνδριὰς ἐγκεκαλυμμένος 235
Ἐμπεδοκλέους ἔκειτο πρότερον μὲν ἐν Ἀκράγαντι, ὕστερον
δὲ πρὸ τοῦ Ῥωμαίων βουλευτηρίου ἀκάλυφος δηλονότι
μεταθέντων αὐτὸν ἐκεῖ Ῥωμαίων· γραπταὶ μὲν γὰρ εἰκόνες
καὶ νῦν περιφέρονται. Νεάνθης δ' ὁ Κυζικηνὸς ὁ καὶ περὶ
τῶν Πυθαγορικῶν εἰπών φησι Μέτωνος τελευτήσαντος 240
τυραννίδος ἀρχὴν ὑποφύεσθαι· εἶτα τὸν Ἐμπεδοκλέα

220–234 Tim. FGrHist 566 F 6   **235–243** Hippob. fr. 17 Gig.   **239**
(Νεάνθης)–**243** Neanth. FGrHist 84 F 28

216 ποτὲ om. Φ   ποταμῶν Φ   **218** καθὰ Φ   **219** θέλων F   δια-
βεβαιῶσαι FΦ   ὑπόληψιν Φ   **220** ἐναντιῶσαι F   **224** τετάρτη
BF: δ' P: ιδ' Diels: δευτέρᾳ καὶ δεκάτῃ Jacoby   συρακόσιον BP[1]:
-κούσιον F   γὰρ om. F   **226** ἂν add. C. Mueller, FHG I 218 (ad fr. 98)
227 θεός F   **228** φησίν om. F   τοὺς BP: τὰς F   **233** καὶ BPF: κἂν
Roeper (1848) 51: <ὡς> καὶ Marcov.: καὶ <οὐκ ἂν ἁμάρτοις> ἐκ Reiske 321
234 λέγειν Marcov.   **237** ἀκάμφος F[1]   **238** αὐτῶν F   εἰκόνες Sturz
133: εἰσὶ τινὲς BPF   **239–240** ὁ[2]—εἰπών om. F

πεῖσαι τοὺς Ἀκραγαντίνους παύσασθαι μὲν τῶν στάσεων,
ἰσότητα δὲ πολιτικὴν ἀσκεῖν.

[73] ἔτι τε πολλὰς τῶν πολιτίδων ἀπροίκους
245 ὑπαρχούσας αὐτὸν προικίσαι διὰ τὸν παρόντα πλοῦτον·
διὸ δὴ πορφύραν τε ἀνα λαβεῖν αὐτὸν καὶ στρόφιον
ἐπιθέσθαι χρυσοῦν, ὡς Φαβωρῖνος ἐν Ἀπομνημονεύμασιν·
ἔτι τε ἐμβάδας χαλκᾶς καὶ στέμμα Δελφικόν. κόμη τε ἦν
αὐτῷ βαθεῖα· καὶ παῖδες ἀκόλουθοι· καὶ αὐτὸς ἀεὶ
250 σκυθρωπὸς ἐφ᾽ ἑνὸς σχήματος ἦν. τοιοῦτος δὴ προήει, τῶν
πολιτῶν ἐντυχόντων καὶ τοῦτο ἀξιωσάντων οἱονεὶ
βασιλείας τινὸς παράσημον. ὕστερον δὲ διά τινα πανήγυριν
πορευόμενον ἐπ᾽ ἀμάξης ὡς εἰς Μεσσήνην πεσεῖν καὶ τὸν
μηρὸν κλάσαι· νοσήσαντα δ᾽ ἐκ τούτου τελευτῆσαι ἐτῶν
255 ἑπτὰ καὶ ἑβδομήκοντα. εἶναι δ᾽ αὐτοῦ καὶ τάφον ἐν
Μεγάροις.

[74] περὶ δὲ τῶν ἐτῶν Ἀριστοτέλης διαφέρεται· φησὶ γὰρ
ἐκεῖνος ἑξήκοντα ἐτῶν αὐτὸν τελευτῆσαι· οἱ δὲ ἐννέα καὶ
ἑκατόν. ἤκμαζε δὲ κατὰ τὴν τετάρτην καὶ ὀγδοηκοστὴν
260 Ὀλυμπιάδα. Δημήτριος δ᾽ ὁ Τροιζήνιος ἐν τῷ Κατὰ
σοφιστῶν βιβλίῳ φησὶν αὐτὸν καθ᾽ Ὅμηρον

ἁψάμενον βρόχον αἰπὺν ἀφ᾽ ὑψηλοῖο κρανείης
αὐχέν᾽ ἀποκρεμάσαι, ψυχὴν <δ᾽> Ἀϊδόσδε κατελθεῖν.

246 (διὸ)–252 (παράσημον) Favor. fr. 50 Bar. = 19 Mensch. = 45 Am.
254 (τελευτῆσαι)–260 (Ὀλυμπιάδα) Apollod. FGrHist 244 F 32b   257–
259 (ἑκατόν) Arist. fr. 71 R.³ = De poet. fr. 2 Ross = fr. *72b Janko (257–260
Ὀλυμπιάδα)   259–260 i.e. 444–440   260–263 Demetr. Troez. fr. 1
Diels (PPF p. 224)   263–264 SH 374. Cf. Hom. λ 278–9

244–254 (τελευτῆσαι) Φh 31 (110, 9–19)

246 δὴ BP: καὶ Φh: om. F   247 περιθέσθαι Kuehn   ὡς—Ἀπομνημο-
νεύμασιν om. F: ἀπομνημονευμάτων α´ Z³, πρώτῳ Frob.   248 ἐμβάδας
Frob.: -τας BPFΦh   250 ἦν σχήματος F   δὲ F   προήει PΦh: προείε
BF   251 καὶ fort. delendum V. d. Muehll   253 ἐπ᾽ ἀμάξης B¹P¹: ἐφ᾽
ἀμ- B²FΦh   μεσήνην FΦh   254 κλάσαι BPF: ἐκλάσθη Φh (orat. recta)
255 καὶ² om. F   257 διαφέρεται om. F   φησὶ γὰρ om. F   258
αὐτὸν om. F   260 Δημήτριος Steph. (cf. Athen. 4, 139 C): δημόκριτος
BPF   260–261 ἐν—βιβλίῳ om. F   261 αὐτὸν om. F   262
κρανίης BF   263 δ᾽ add. rec.   ἄϊδος δὲ B: ἀίδός δε P: ἄϊδος δὲ F

ἐν δὲ τῷ προειρημένῳ Τηλαύγους ἐπιστολίῳ λέγεται
αὐτὸν εἰς θάλατταν ὑπὸ γήρως ὀλισθόντα τελευτῆσαι. καὶ 265
ταῦτα μὲν περὶ τοῦ θανάτου καὶ τοσαῦτα.

φέρεται δὲ καὶ ἡμῶν εἰς αὐτὸν ἐν τῇ Παμμέτρῳ
σκωπτικὸν μέν, τοῦτον δ' ἔχον τὸν τρόπον·

[75] καὶ σύ ποτ', Ἐμπεδόκλεις, διερῇ φλογὶ σῶμα καθήρας
πῦρ ἀπὸ κρατήρων ἔκπιες ἀθανάτων· 270
οὐκ ἐρέω δ' ὅτι σαυτὸν ἑκὼν βάλες ἐς ῥόον Αἴτνης,
ἀλλὰ λαθεῖν ἐθέλων ἔμπεσες οὐκ ἐθέλων.

καὶ ἄλλο·

ναὶ μὴν Ἐμπεδοκλῆα θανεῖν λόγος ὥς ποτ' ἀμάξης
ἔκπεσε καὶ μηρὸν κλάσσατο δεξιτερόν· 275
εἰ δὲ πυρὸς κρατῆρας ἐσήλατο καὶ πίε τὸ ζῆν,
πῶς ἂν ἔτ' ἐν Μεγάροις δείκνυτο τοῦδε τάφος;

[76] ἐδόκει δὲ αὐτῷ τάδε· στοιχεῖα μὲν εἶναι τέτταρα,
πῦρ, ὕδωρ, γῆν, ἀέρα· Φιλίαν τε ᾗ συγκρίνεται καὶ Νεῖκος ᾧ
διακρίνεται. φησὶ δ' οὕτω· 280

Ζεὺς ἀργὴς Ἥρη τε φερέσβιος ἠδ' Ἀϊδωνεὺς
Νῆστίς θ', ἣ δακρύοις τέγγει κρούνωμα βρότειον·

264 cf. § 53 et 55

269–272 Φ 63 (313.11–14)   Anth. Pal. 7.123; Plan. IIIᵃ 28.29   **274–277**
Anth. Pal. 7.124; Plan. IIIᵃ 28.30   **281–295** contraxit Φ 63 (312.20–313.9)
282 Suda ν 1026 (III 463.22)

264 τηλαυγοῦς BPF   **265** ἐς B   θάλασσαν F   ὀλισθόντα BP¹(Q):
-σθήσαντα F   **265–266** καὶ—τοσαῦτα om. F   **267** καὶ om. F
268 δ' F: δὲ B: om. P¹   **269** διερεῖ B   καθήρας BP¹, Pal.: κάθη- F
270 πῦρ. B: πυρὸς Φ: καὶ πῦρ Pal.   κρατήρων BP¹(Q)F: κρη- Pal.ᶜ:
κρήνων Pal.   ἔκπιες BPF: ἐξέπιες rec.: ἔπιες Pal.   ἀθανάτων Pal.:
θάνατον BP¹FΦ: ἀθάνατον Meineke, Delectus (1842) 192   ἐξέπιες
θάνατον Cob.   **271** δὲ Φ   αὐτὸν Φ   **272** μαθεῖν Mer. Casaub.
274 ἐμπεδοκλῆα Pal.: -κλέα BPF   ποτ' ἀμάξης B¹P¹(Q), Pal.: ποθ'
ἀμ- B²F   **275** κλάσατο F   **276** κρατῆρας BPF: κρη- Pal.   πίε τὸ
Pal.: πίετο BPF: κἄππιε Mer. Casaub.   **278** δὲ P: δ' B: om. F   **281**
ἄρης Φ   **282** τέγγει κρούνωμα alii Empedocl. testes: τεπικρούνωμα
BP¹(Q): τὲ πικροῖ ὄμμα F: γε πικροῖς νωμᾷ Suda: ἐπιπικροῖ ὄμμα P⁴:
ἐκπικροῖ ὄ. Z³ (Frob.)   βρότειον γένος Suda

Δία μὲν τὸ πῦρ λέγων, Ἥρην δὲ τὴν γῆν, Ἀϊδωνέα δὲ τὸν ἀέρα, Νῆστιν δὲ τὸ ὕδωρ.

285 'καὶ ταῦτα,' φησίν, 'ἀλλαττόμενα διαμπερὲς οὐδαμοῦ λήγει,' ὡς ἂν ἀϊδίου τῆς τοιαύτης διακοσμήσεως οὔσης· ἐπιφέρει γοῦν·

ἄλλοτε μὲν Φιλότητι συνερχόμεν᾽ εἰς ἓν ἅπαντα,
ἄλλοτε δ᾽ αὖ δίχ᾽ ἕκαστα φορεύμενα Νείκεος ἔχθει.

290 [77] καὶ τὸν μὲν ἥλιόν φησι πυρὸς ἄθροισμα μέγα καὶ τῆς σελήνης μείζω· τὴν δὲ σελήνην δισκοειδῆ, αὐτὸν δὲ τὸν οὐρανὸν κρυσταλλοειδῆ. καὶ τὴν ψυχὴν παντοῖα εἴδη ζῴων καὶ φυτῶν ἐνδύεσθαι· φησὶ γοῦν·

ἤδη γάρ ποτ᾽ ἐγὼ γενόμην κοῦρός τε κόρη τε
295 θάμνος τ᾽ οἰωνός τε καὶ ἔξαλος ἔμπυρος ἰχθύς.

τὰ μὲν οὖν Περὶ φύσεως αὐτῷ καὶ οἱ Καθαρμοὶ εἰς ἔπη τείνουσι πεντακισχίλια, ὁ δὲ Ἰατρικὸς λόγος εἰς ἔπη ἑξακόσια. περὶ δὲ τῶν τραγῳδιῶν προειρήκαμεν.

283–284 VS 31 B 6.2–3 = 7.2–3 Wr.   288–289 VS 31 B 17.7–8 = 8.7–8 Wr.   294–295 VS 31 B 117 = 34 Zuntz = 108 Wr.   296–298 (ἑξακόσια) Lobo fr. inc. 12 Gar.

294–295 Anth. Pal. 9.569.1–2; Plan. Iᵃ 84.1   cf. Suda ε 1002 (III 258.18–21).

---

285 'verum esset ἀλλάττοντα scil. ἀλλάσσοντα aliorum testium' V. d. Muehll   διὰ τὸ ἀμπερὲς F   οὐδαμοῦ] 'verum οὐδαμὰ al. test.' V. d. Muehll   288 συνερχόμεν᾽ Β   289 ἔχθι Β: -η F   291 δυσκοειδῆ F¹   292 κρυσταλοειδῆ Φ   293 γοῦν ΒΡΦ: γὰρ F   295 ἔξαλος Β: ἐξ ἁλός ΡΦΦ, Pal.   ἔμπυρος ΒΡΦΦ: ἔμπορος Hippol., Ref. 1.3.2 et Athen. 8, 365 E: ἔλλοπος Clem. Alex., Strom. 6.24.3   ἐξ ἁλὸς ἔμπορος Wil., Kl. Schr. I (1935) 486 (a. 1929)   ἰχθῦς ΒΡ¹ΦΦ, Pal.   297 pro πεντακισχίλια prop. πάντα τρισχίλια Diels, Kl. Schr. 139 (a. 1898), sed vid. VS I 282 ad loc.: πάντα δισχίλια K. Horna, WS 48 (1930) 8: πεντακ<όσια δ>ισχίλια Gallavotti, Empedocle (1975) 157⁴, 336. Vid. R. Janko in A. Pierris, The Empedoclean κόσμος (2005) 97–105   297–298 ὁ—ἑξακόσια om. F¹, suppl. F²ᵐᵍ

[78] Ἐπίχαρμος Ἡλοθαλοῦς Κῷος. καὶ οὗτος ἤκουσε Πυθαγόρου. τριμηνιαῖος δ' ὑπάρχων ἀπηνέχθη τῆς Σικελίας εἰς Μέγαρα, ἐντεῦθεν δὲ εἰς Συρακούσας, ὥς φησι καὶ αὐτὸς ἐν τοῖς συγγράμμασι. καὶ αὐτῷ ἐπὶ τοῦ ἀνδριάντος ἐπιγέγραπται τόδε· 5

εἴ τι παραλλάσσει φαέθων μέγας ἄλιος ἄστρων
καὶ πόντος ποταμῶν μείζον' ἔχει δύναμιν,
φαμὶ τοσοῦτον ἐγὼ σοφίᾳ προέχειν Ἐπίχαρμον,
ὃν πατρὶς ἐστεφάνωσ' ἅδε Συρακοσίων.

οὗτος ὑπομνήματα καταλέλοιπεν ἐν οἷς φυσιολογεῖ, 10
γνωμολογεῖ, ἰατρολογεῖ· καὶ παραστιχίδα γε ἐν τοῖς
πλείστοις τῶν ὑπομνημάτων πεποίηκεν, οἷς διασαφεῖ ὅτι
αὐτοῦ ἐστι τὰ συντάγματα. βιοὺς δ' ἔτη ἐνενήκοντα
κατέστρεψεν.

1–14 VS 23 A 3   test. 9 K.-A.   **6–9** FGE 1190–3   **10–14**
Ψευδεπιχάρμεια test. ii K.-A. (PCG I p. 138)

6–9 Anth. Pal. 7.125; Plan. III^a 28.31.

Ante **1** tit. ἐπίχαρμος F: om. P^1 et B spatio relicto   ηλοθαλοῦς B^1: ἠλ- B^{2}F:
ἠλοθάλλους P^1(Q): Ἡλιοθαλοῦς Kern ap. Diels–Kranz VS I p. 495: Φιλοθ-
Herzog, Koische Forsch. u. Funde (1899) 202   **4** αὐτῷ P: -ὸ BF
9 ἐστεφάνωσ' B^2(ωσ' in ras.) P^x: -σεν B^{1}P^1(Q)   συρακοσίων B: συρρα-
P^1(Q)F: -κόσιον Boissonade ap. F. Duebner, Epigr. Anth. I (1871) 431
11 παραστιχίδια rec., -ίδας Russell 176   γε om. F   αἷς Russell   **13**
ἑαυτοῦ Diels   συντάγματα B: συγγράμματα PF

[79] Ἀρχύτας Μνησαγόρου Ταραντῖνος, ὡς δὲ Ἀριστόξενος, Ἑστιαίου, Πυθαγορικὸς καὶ αὐτός. οὗτός ἐστιν ὁ Πλάτωνα ῥυσάμενος δι᾽ ἐπιστολῆς παρὰ Διονυσίου μέλλοντα ἀναιρεῖσθαι. ἐθαυμάζετο δὲ καὶ παρὰ τοῖς πολλοῖς
5 ἐπὶ πάσῃ ἀρετῇ· καὶ δὴ ἑπτάκις τῶν πολιτῶν ἐστρατήγησε, τῶν ἄλλων μὴ πλέον ἐνιαυτοῦ στρατηγούντων διὰ τὸ κωλύειν τὸν νόμον. πρὸς τοῦτον καὶ Πλάτων γέγραφεν ἐπιστολὰς δύο, ἐπειδήπερ αὐτῷ πρότερος γεγράφει τοῦτον τὸν τρόπον·
10 Ἀρχύτας Πλάτωνι ὑγιαίνειν.

[80] καλῶς ποιεῖς ὅτι ἀνπέφευγας ἐκ τᾶς ἀρρωστίας· ταῦτα γὰρ αὐτός τυ ἐπέσταλκας καὶ τοὶ περὶ Λαμίσκον ἀπάγγελον. περὶ δὲ τῶν ὑπομνημάτων ἐπεμελήθημες καὶ ἀνήλθομες ὡς Λευκανὼς καὶ ἐνετύχομες τοῖς Ὀκκέλω
15 ἐκγόνοις. τὰ μὲν ὦν Περὶ νόμω καὶ Βασιληίας καὶ Ὁσιότατος καὶ τᾶς τῶ παντὸς γενέσιος αὐτοί τε ἔχομες καὶ τὶν ἀπεστάλκαμες· τὰ δὲ λοιπὰ οὗτοι νῦν γα δύναται εὑρεθήμειν, αἱ δέ κα εὑρεθῇ, ἥξει τοι.᾽

ὧδε μὲν ὁ Ἀρχύτας· ὁ δὲ Πλάτων ἀντεπιστέλλει τοῦτον
20 τὸν τρόπον·

1–9, 33–49 VS 47 A 1   test. A1 Huffm.   **1–2** (αὐτός) Aristox. fr. 47 W.
8 (Πλάτων) cf. ps.-Plat., epist. 9 et 12   **10–31** VS 48.4 (**11–17** ἀπεσ-
τάλκαμες, **22–28** δηλοῖ)   Occel. test. 10ab Harder   Thesleff, Pyth. Texts
(1965) 46

5 (ἑπτάκις)–**7** (νόμον) Φ 64 (313.16–18)

Ante **1** tit. ἀρχύτας F: om. BP   **9** γεγράφει P¹: -φε B: ἔγραψε F, cum
γρ P⁴   **11** ἀνπέφευγας BP¹(Q): ἀποπέ- FP⁴   τᾶς B²P: τὰς B¹: τῆς F² (ex
ταῖς ut vid.)   ἀρρωστείας B, -στίας Fˣ (ex -στίαις)   **12** τυ Cob.: τοι
BP: συ F   καὶ τοὶ rec.: καίτοι BPF   Λαμίσκον Menag. ex 3.22:
δαμίσκον BP¹(Q): δαμασκὸν F   **13** ἀπάγγελον F: -γελλον BP¹(Q), 'an
recte?' V. d. Muehll   **14** ὀκκέλω BP: ὀκέλλω F   **15** νόμω B¹P: -ων B²F
βασιληίας P⁴: -είας BP¹(Q): -ήας Fˣ (ex -ῆας)   **16** τὰς BF   τῶ παντὸς
P¹(Q)B²: τῶν πάντων B¹F, fort. recte. Vid. Thesleff, Eranos 60 (1962) 16⁶
16–17 καὶ τινὰ ἀπεστάλκαμες om. B¹, suppl. B²ᵐᵍ   **17** τὶν Reiske ms. et
Koen, Greg. Corinth. De dialect. (1766) 122: τινὰ B¹PF   οὗτοι P: οὔ- B:
οὔ- F   γα B: γ᾽ ἅ P¹(Q): γε F   **18** εὑρεθήμειν αἱ F: εὑρεθεῖμειναι B¹:
-θήμειναι B²: -θῇ μεῖναι P¹(Q)   δέ κα BP: δ᾽ αἶνα F   ἱξεῖ dub. Thesleff 23³
conl. 1.113   τυ Thesleff   **19** post τοῦτον litterae erasae in P

646

'Πλάτων Ἀρχύτᾳ εὖ πράττειν.

[81] τὰ μὲν παρὰ σοῦ ἐλθόντα ὑπομνήματα θαυμαστῶς ἄσμενοί τε ἐλάβομεν καὶ τοῦ γράψαντος αὐτὰ ἠγάσθημεν ὡς ἔνι μάλιστα, καὶ ἔδοξεν ἡμῖν ἀνὴρ ἄξιος ἐκείνων τῶν παλαιῶν προγόνων. λέγονται γὰρ δὴ οἱ ἄνδρες οὗτοι 25 Μυραῖοι εἶναι· (οὗτοι δ᾽ ἦσαν τῶν ἐπὶ Λαομέδοντος ἐξαναστάντων Τρώων) ἄνδρες ἀγαθοί, ὡς ὁ παραδεδομένος μῦθος δηλοῖ. τὰ δὲ παρὰ ἐμοῦ ὑπομνήματα, περὶ ὧν ἐπέστειλας, ἱκανῶς μὲν οὔπω ἔχει· ὡς δέ ποτε τυγχάνει ἔχοντα ἀπέσταλκά σοι. περὶ δὲ τῆς φυλακῆς ἀμφότεροι 30 συμφωνοῦμεν, ὥστε οὐδὲν δεῖ παρακελεύεσθαι. ἔρρωσο.'

καὶ ὧδε μὲν πρὸς ἀλλήλους αὐτοῖς ἔχουσιν αἱ ἐπιστολαί.

[82] γεγόνασι δ᾽ Ἀρχύται τέτταρες· πρῶτος αὐτὸς οὗτος, δεύτερος Μιτυληναῖος μουσικός, τρίτος Περὶ γεωργίας συγγεγραφώς, τέταρτος ἐπιγραμματοποιός. 35 ἔνιοι καὶ πέμπτον ἀρχιτέκτονά φασιν, οὗ φέρεται βιβλίον Περὶ μηχανῆς, ἀρχὴν ἔχον ταύτην, 'τάδε παρὰ Τεύκρου Καρχηδονίου διήκουσα.' περὶ δὲ τοῦ μουσικοῦ φέρεται καὶ τόδε, ὡς ὀνειδιζόμενος ἐπὶ τῷ μὴ ἐξακούεσθαι εἴποι, 'τὸ γὰρ ὄργανον ὑπὲρ ἐμοῦ διαγωνιζόμενον λαλεῖ'. 40

τὸν δὲ Πυθαγορικὸν Ἀριστόξενός φησι μηδέποτε στρατηγοῦντα ἡττηθῆναι· φθονούμενον δ᾽ ἅπαξ ἐκχωρῆσαι τῆς στρατηγίας καὶ τοὺς αὐτίκα ληφθῆναι.

21–31 ps.-Plat., epist. 12, 359 c 5–e 2   **41–43** Aristox. fr. 48 W.

39–40 Φh 31 (100.6–8)   **41–43** Φh 10 (100.2–4)

---

22 θαυμαστῶς <ὡς> Cob. ex ps.-Plat.   **23** ἐλάβωμεν B   **24** ἀνὴρ Cob. ex ps.-Plat. (ὁ ἀ-): ἀ- BPF   **25** δὴ om. F   **26** μυραῖοι BP¹: μοι- FP⁴: μύριοι ps.-Plat.: Ἰλλύριοι dub. Wil., Platon² II 407: Ἔλυμοι Burkert ap. Thesleff, Pythag. Texts (1965) 46 post Howald, Briefe Plat. (1923) Ἐλυμαῖοι οὖτ. δ᾽ αὖ τῶν Burkert   **27** τρώων PˣF: τρωῖων BP¹ **28** παρὰ BP: παρ᾽ F, ps.-Plat.   ἐμοῦ BF: ἐμοῖ P, ps.-Plat.   **29** ἐπέσταλκας P⁴   ἱκανὰς F   τυγχάνοι P   **30** ἀπέσταλκά σοι BF: -κας οἱ P¹: -κα σοί Huebn. II 740   **32** αὐτοῖς om. F   **33** ἀρχύται BPF (de accentu vid. Huffmann, Archytas 619)   **34** μιτυληναῖος BPF: μυτι- rec.   μουσικός om. F   **35** ἐπιγραμματικός F   **37** παρὰ Pˣ: περὶ BP¹F   **38–39** καὶ τόδε om. F   **39** τῶ PΦh: τὸ BF   **40** ὑπὲρ BPF: ὑπ᾽ Φh   **43** ληφθῆναι B¹F: λειφθ- B²P¹(Q), Φh (ἐλείφθησαν)

[83] οὗτος πρῶτος τὰ μηχανικὰ ταῖς μαθηματικαῖς
45 προσχρησάμενος ἀρχαῖς μεθώδευσε καὶ πρῶτος κίνησιν
ὀργανικὴν διαγράμματι γεωμετρικῷ προσήγαγε, διὰ τῆς
τομῆς τοῦ ἡμικυλίνδρου δύο μέσας ἀνὰ λόγον λαβεῖν ζητῶν
εἰς τὸν τοῦ κύβου διπλασιασμόν. κἂν γεωμετρίᾳ πρῶτος
κύβον εὗρεν, ὥς φησι Πλάτων ἐν Πολιτείᾳ.

---

49 (Πλάτων) Cf. Plat., Resp. 7, 528 b; ps.-Plat., Sisyph. 388 e.

---

44 μαθηματικαῖς Kuehn: μηκανικαῖς BPF   **47** ἀνὰ λόγον rec.:
ἀνάλογον BPF   **48** κἂν Roeper (1848) 51: καὶ BPF   **49** κύβην F
πρ. <τὴν τῶν> κύβων <αὔξην> εὗρεν prop. Huffmann, Archytas 80[14]:
κύβου <διαπλασιασμὸν> Meibom.   pro εὗρεν prop. εὔξεν Wil. ap. VS
φησι—πολιτεία add. B[2] post titulum, quae B[1] scr. latent in rasura sub titulo

Ἀλκμαίων Κροτωνιάτης. καὶ οὗτος Πυθαγόρου διήκουσε·
καὶ τὰ πλεῖστά γε {τὰ} ἰατρικὰ λέγει, ὅμως δὲ καὶ
φυσιολογεῖ ἐνίοτε λέγων, 'δύο τὰ πολλά ἐστι τῶν
ἀνθρωπίνων.' δοκεῖ δὲ πρῶτος φυσικὸν λόγον
συγγεγραφέναι, καθά φησι Φαβωρῖνος ἐν Παντοδαπῇ 5
ἱστορίᾳ, καὶ τὴν σελήνην καθόλου < ... > ταύτην ἔχειν
ἀίδιον φύσιν.

ἦν δὲ Πειρίθου υἱός, ὡς αὐτὸς ἐναρχόμενος τοῦ
συγγράμματός φησιν· Ἀλκμαίων Κροτωνιήτης τάδε ἔλεξε
Πειρίθου υἱὸς Βροτίνῳ καὶ Λέοντι καὶ Βαθύλλῳ περὶ τῶν 10
ἀφανέων· περὶ τῶν θνητῶν σαφήνειαν μὲν θεοὶ ἔχοντι, ὡς δὲ
ἀνθρώποις τεκμαίρεσθαι' καὶ τὰ ἑξῆς· ἔφη δὲ καὶ τὴν ψυχὴν
ἀθάνατον, καὶ κινεῖσθαι αὐτὴν συνεχὲς ὡς τὸν ἥλιον.

1–9 (φησιν), 12 (ἔφη)–13 VS 24 A 1   1–10 (Λέοντι) Orph. 1100 T VI (PEG
II.2)   4 (δοκεῖ)–7 Favor. fr. 74 Bar. = 42 Mensch. (4–6 ἱστορίᾳ) = 79 Am.
9–12 (ἑξῆς) VS 24 B 1

Ante 1 tit. ἀλκμαίων F: om. BP   2 τὰ in P erasum, om. rec.   5–6 ἐν—
ἱστορίᾳ om. F   6 καθόλου <τε τὰ ὑπὲρ> Diels, <καὶ ὅλον τὸν
οὐρανὸν> καθ. Zeller, Philos. d. Gr. I (⁵1892) 490³ (ex Arist., De an. A 405 a
29-b 1 = 24 A 12)   κ. τ. σελ. καὶ θόλον ταύτην Apelt   8–9 ὡς—φησὶ
(sic) om. F¹, suppl. F²ᵐᵍ   10 βροτίνω BP: βροντ- F   φαθύλλω F
10–11 βαθύλλω· περὶ τῶν ἀφανέων περὶ τῶν θνητῶν BPF: Βαθύλλῳ περὶ
τῶν ἀφανέων· dist. H. Gomperz, PhW 48 (1928) 1598: περὶ τῶν θνητῶν
secl. Cob.: {περὶ τῶν ἀφανέων} περὶ τῶν ἀθήτων Wachtler, De Alcmae-
one (1896) 37 post J. Bernays (ἀθέητων). Vid. E. Dettori, MCr 25–8 (1990/3)
45–57   12 (ἔφη)–13 ante καὶ τὴν (6) pos. Wachtler 59 praeeunte ps.-
Eudocia, Viol. xc (vid. E. Amato, EMC 43, 1999, 397–400), 'dann ist καὶ nach
ἔφη δὲ unerklärbar' Diels   13 αὐτὴν om. F   συνεχὲς BP: -ῶς F

[84] Ἵππασος Μεταποντῖνος καὶ αὐτὸς Πυθαγορικός. ἔφη δὲ χρόνον ὡρισμένον εἶναι τῆς τοῦ κόσμου μεταβολῆς καὶ πεπερασμένον εἶναι τὸ πᾶν καὶ ἀεικίνητον.

φησὶ δ᾽ αὐτὸν Δημήτριος ἐν Ὁμωνύμοις μηδὲν καταλιπεῖν
5 σύγγραμμα. γεγόνασι δὲ Ἵππασοι δύο, οὗτός τε καὶ ἕτερος γεγραφὼς ἐν πέντε βιβλίοις Λακώνων πολιτείαν· ἦν δὲ καὶ αὐτὸς Λάκων.

1–7 VS 18 A 1   Hipp. Lac. FGrHist 589 T 1   **4–7** Dem. Magn. fr. 25
Mejer.

1–3 Φh 38 (116.2–4).

Ante **1** tit. ἵππασος F: om. P et B¹   **1** (ἔφη)-p. 651, 1 (πυθαγορικός) om. F¹,
suppl. F²ᵐᵍ   **2** τοῦ om. F²

Φιλόλαος Κροτωνιάτης Πυθαγορικός. παρὰ τούτου
Πλάτων ὠνήσασθαι τὰ βιβλία τὰ Πυθαγορικὰ Δίωνι
γράφει. ἐτελεύτα δὲ νομισθεὶς ἐπιτίθεσθαι τυραννίδι. καὶ
ἡμῶν ἐστιν εἰς αὐτόν·

> τὴν ὑπόνοιαν πᾶσι μάλιστα λέγω θεραπεύειν·   5
> εἰ γὰρ καὶ μὴ δρᾷς ἀλλὰ δοκεῖς, ἀτυχεῖς.
> οὕτω καὶ Φιλόλαον ἀνεῖλε Κρότων ποτὲ πάτρη,
> ὥς μιν ἔδοξε θέλειν δῶμα τύραννον ἔχειν.

[85] δοκεῖ δὲ αὐτῷ πάντα ἀνάγκῃ καὶ ἁρμονίᾳ γίνεσθαι.
καὶ τὴν γῆν κινεῖσθαι κατὰ κύκλον πρῶτον εἰπεῖν· οἱ δὲ   10
Ἱκέταν <τὸν> Συρακόσιόν φασιν.

γέγραφε δὲ βιβλίον ἕν, ὅ φησιν Ἕρμιππος λέγειν τινὰ
τῶν συγγραφέων Πλάτωνα τὸν φιλόσοφον παραγενόμενον
εἰς Σικελίαν πρὸς Διονύσιον ὠνήσασθαι παρὰ τῶν
συγγενῶν τοῦ Φιλολάου ἀργυρίου Ἀλεξανδρείων μνῶν   15
τετταράκοντα καὶ ἐντεῦθεν μεταγεγραφέναι τὸν Τίμαιον.
ἕτεροι δὲ λέγουσι τὸν Πλάτωνα λαβεῖν αὐτὰ παρὰ
Διονυσίου παραιτησάμενον ἐκ τῆς φυλακῆς νεανίσκον
ἀπηγμένον τῶν τοῦ Φιλολάου μαθητῶν.

1–21 (ἥδε) VS 44 A 1   1 (παρά)–3 (γράφει) cf. infra 12–19 et supra 3.6
12–19 Hermipp. FGrHistCont 1026 F 69

5–8 Suda υ 553 (IV 674.7–10) = Suda φ 384 (IV 728.14–15)   Anth. Pal.
7.126; Plan. III^a 28.32

Ante 1 tit. φιλόλαος F^x: om. BP   3 τυραννίδα B   3–8 verba ἐτελεύτα
usque ad ἔχειν signis parentheseos inclusit et post τυραννίδι distinxit Diels,
ἐτελεύτα scil. Δίων 'was Diog. mißversteht'   6 δοκεῖς <γ'> Reiske ap.
Stadtmueller (vid. Anth. Gr. II 1 p. xxxi)   ἀτυχεῖς B²PF¹: -χεῖν B¹F², Pal.,
Suda   7 φιλόλαλον Pal.   9 ἐδόκει Richards 344   10 πρῶτος εἶπεν
Reiske ms.   11 τὸν add. Cob.   συρακόσιον B: συρρακό- P¹:
συρρακού- F   φασί B, φησὶν F¹   12 ἕν· ὅ FP⁴: ἐν ᾧ BP¹   12 (ὅ)–19,
20–23 'sind spätere Einschiebsel wie αὐτὰ (17) zeigt' Diels (cf. supra 3.9).
Vid. Schwartz 741 (= 458)   15 Ἀλεξανδρείων Knoepfler, MusHelv
46 (1989) 225: -δρινῶν BP¹: -δρηνῶν F. Vid. Knoepfler, ib. 224–30 et
Décrets 63^229   16 γεγραφέναι F   17 δὲ om. F   λέγουσι BP: φασὶ F
19 <ἐπιβουλεύσεως> ἀπηγμένον Reiske ms.

651

20   τοῦτόν φησι Δημήτριος ἐν Ὁμωνύμοις πρῶτον ἐκδοῦναι
τῶν Πυθαγορικῶν <τὰ> Περὶ φύσεως, ὧν ἀρχὴ ἥδε· 'ἁ
φύσις δ' ἐν τῷ κόσμῳ ἁρμόχθη ἐξ ἀπείρων τε καὶ
περαινόντων καὶ ὅλος <ὁ> κόσμος καὶ τὰ ἐν αὐτῷ πάντα.'

20–23 Philol. fr. 1 Huffm. = VS 44 B 1 (**21** Περὶ–**23**)   Dem. Magn. fr. 26
Mejer.

21 τὰ add. Reiske 321: <βιβλία καὶ ἐπιγράψαι> Diels (cf. supra 3.9) post
Schwartz 741 (= 458) <τὰ> τῶν Π. <βιβλία> (**21**), sed vid. Huffmann,
Philolaus (1993) 93–4   περὶ F: om. BP   ἀρχὴ BP[i]: ἡ ἀρχὴ F   ἁ Diels
ad Reiske 321: α′ BP[i]: del. P[4]: om. F   **22** δὲ τῶ κόσμω Heidel, AJPh 28
(1907) 79   τε om. B   **23** ὁ add. Cob.

[86] Εὔδοξος Αἰσχίνου Κνίδιος, ἀστρολόγος, γεωμέτρης, ἰατρός, νομοθέτης. οὗτος τὰ μὲν γεωμετρικὰ Ἀρχύτα διήκουσε, τὰ δὲ ἰατρικὰ Φιλιστίωνος τοῦ Σικελιώτου, καθὰ Καλλίμαχος ἐν τοῖς Πίναξί φησι. Σωτίων δ' ἐν ταῖς Διαδοχαῖς λέγει καὶ Πλάτωνος αὐτὸν ἀκοῦσαι. γενόμενον γὰρ ἐτῶν 5 τριῶν που καὶ εἴκοσι καὶ στενῶς διακείμενον κατὰ κλέος τῶν Σωκρατικῶν εἰς Ἀθήνας ἀπᾶραι σὺν Θεομέδοντι τῷ ἰατρῷ, τρεφόμενον ὑπ' αὐτοῦ (οἱ δέ, καὶ παιδικὰ ὄντα) καὶ καταχθέντα δὴ εἰς τὸν Πειραιᾶ ὁσημέραι ἀνιέναι Ἀθήναζε καὶ ἀκούσαντα τῶν σοφιστῶν αὐτόθι ὑποστρέφειν. 10

[87] δύο δὴ μῆνας διατρίψαντα οἴκαδε ἐπανελθεῖν καὶ πρὸς τῶν φίλων ἐρανισθέντα εἰς Αἴγυπτον ἀπᾶραι μετὰ Χρυσίππου τοῦ ἰατροῦ, συστατικὰς φέροντα παρ' Ἀγησι-λάου πρὸς Νεκτάναβιν· τὸν δὲ τοῖς ἱερεῦσιν αὐτὸν συστῆσαι. καὶ τέτταρας μῆνας πρὸς ἐνιαυτῷ διατρίψαντα αὐτόθι 15 ξυρόμενόν τε ἥβην καὶ ὀφρῦν τὴν Ὀκταετηρίδα κατά τινας συγγράψαι. ἐντεῦθέν τε γενέσθαι ἐν Κυζίκῳ καὶ τῇ Προ-ποντίδι σοφιστεύοντα· ἀλλὰ καὶ παρὰ Μαυσωλὸν ἀφικέσθαι.

ἔπειθ' οὕτως ἐπανελθεῖν Ἀθήναζε, πάνυ πολλοὺς περὶ ἑαυτὸν ἔχοντα μαθητάς, ὥς φασί τινες, ὑπὲρ τοῦ Πλάτωνα 20 λυπῆσαι, ὅτι τὴν ἀρχὴν αὐτὸν παρεπέμψατο. [88] τινὲς δέ φασι καὶ συμπόσιον ἔχοντι τῷ Πλάτωνι αὐτὸν τὴν ἡμικύκλιον κατάκλισιν, πολλῶν ὄντων, εἰσηγήσασθαι. φησὶ

1–67 Eudox. test. 7 Lass.   **1–5** (ἀκοῦσαι) Archit. A 6c Huffm.   Philist. fr. 3 Wellm.   Callim. fr. 429 Pf.   **4** (Σωτίων)–**8** (αὐτοῦ) Sotion fr. 16 W. **15** (καὶ)–**17** (συγγράψαι) Eudox. fr. 130   **23** (φησὶ)–**25** (ἀγαθόν) Arist. EN A 1101 b 27 et K 1172 b 9. Moraux, Peripatos 293–4

Ante **1** tit. εὔδοξος P⁴: deest in BP¹F   **3** φιλιστίου F   καθὰ Frob.: καὶ BPF: <οὗ> καὶ Diels, Anon. Lond. (1893) 116: ὡς V. d. Muehll   **8** καὶ² BP: om. F   **9** δὴ BP: δὲ F   ὡς ἡμέραι F   **12** τὸν φίλον B   **13** παρ' ἀγησιλάου P: παρὰ γησιλάου BF   **14** νεκτάναβιν FP⁴: νέκταβιν BP¹(Q)   συστῆναι F   **15** διατρίψαντα Pˣ(Q): -τας BP¹F   **16** ἥβην BPF: ὑπήνην rec. (cf. Lasserre, AC 33, 1964, 484–5)   ὀφρῦν BP¹F: -ῦς rec.   **18** παρὰ B: περὶ F²ˢ·¹·: εἰς in ras. P⁴, de P¹ non constat   μαυσωδὸν BP¹(Q)   **19** ἐπανελθὼν F   **22** καὶ om. F   **23** κατάκλισιν BP: -κλεισιν F

653

δ' αὐτὸν Νικόμαχος ὁ Ἀριστοτέλους τὴν ἡδονὴν λέγειν τὸ
25 ἀγαθόν. ἀπεδέχθη δὴ ἐν τῇ πατρίδι μεγαλοτίμως ὡς τό γε
περὶ αὐτοῦ ψήφισμα γενόμενον δηλοῖ. ἀλλὰ καὶ παρὰ τοῖς
Ἕλλησιν ἐπιφανέστατος ἐγένετο, γράψας τοῖς ἰδίοις
πολίταις νόμους, ὥς φησιν Ἕρμιππος ἐν τετάρτῃ Περὶ τῶν
ἑπτὰ σοφῶν, καὶ ἀστρολογούμενα καὶ γεωμετρούμενα καὶ
30 ἕτερ' ἄττα ἀξιόλογα.

ἔσχε δὲ καὶ θυγατέρας τρεῖς, Ἀκτίδα, Δελφίδα, Φιλτίδα.
[89] φησὶ δ' αὐτὸν Ἐρατοσθένης ἐν τοῖς Πρὸς Βάτωνα καὶ
Κυνῶν διαλόγους συνθεῖναι· οἱ δέ, γεγραφέναι μὲν
Αἰγυπτίους τῇ αὐτῶν φωνῇ, τοῦτον δὲ μεθερμηνεύσαντα
35 ἐκδοῦναι τοῖς Ἕλλησι. τούτου διήκουσε Χρύσιππος
†Ἐρίνεω† Κνίδιος τά τε περὶ θεῶν καὶ κόσμου καὶ τῶν
μετεωρολογουμένων, τὰ δ' ἰατρικὰ παρὰ Φιλιστίωνος τοῦ
Σικελιώτου. κατέλιπε δὲ καὶ ὑπομνήματα κάλλιστα.
τούτου γέγονε παῖς Ἀρισταγόρας, οὗ Χρύσιππος Ἀεθλίου
40 μαθητής, οὗ τὰ θεραπεύματα φέρεται ὁρατικά, τῶν
φυσικῶν θεωρημάτων ὑπὸ τὴν διάνοιαν αὐτοῦ πεσόντων.

[90] γεγόνασι δὲ Εὔδοξοι τρεῖς· αὐτὸς οὗτος, ἕτερος
Ῥόδιος ἱστορίας γεγραφώς, τρίτος Σικελιώτης παῖς
Ἀγαθοκλέους, ποιητὴς κωμῳδίας, νίκας ἑλὼν ἀστικὰς μὲν
45 τρεῖς, Ληναϊκὰς δὲ πέντε, καθά φησιν Ἀπολλόδωρος ἐν

26 (ἀλλὰ)–**30** Hermipp. FGrHistCont 1026 F 9   **32** (φησὶ)–**35** (Ἕλλησι)
Bato Sinop. FGrHist 268 T 3 = 665 F 49   Eudox. fr. 374   **32** (φησὶ)–
33 (συνθεῖναι) Eratosth. FGrHist 241 F 22   **42–46** (Χρονικοῖς)
Apoll. FGrHist 244 F 48   **42** (ἕτερος) Eudox. Rhod. FGrHist 79 T 1
43 (τρίτος)–**46** (Χρονικοῖς) Eudox. com. test. 1 K.-A.

25 γε om. F   **28** ἐν τετάρτῃ om. B   **28–29** περὶ—σοφῶν om. F[1],
suppl. F[2mg]   **29–30** καὶ—ἀξιόλογα om. F[1], suppl. F[2mg]   **31** δὲ om. F[1],
suppl. F[2s.l.]   δελφίδα BP: δεκτίδα F   **32** κάτωνα PF[1]   **33** διαλόγοις
F   **34** αὐτῶν BPF   τούτοις F   **36** ἐρίνεω BP: ἐρίδεων F: Κρίνεω
Bergk, Kl. Schr. II 298 (a. 1850/1): <ὁ> Ἐρίνεω Cob., sed vid. Wil., Ant. 325
40–41 τῶν—πεσόντων post κάλλιστα (**38**) pos. Garofalo, Erasistrato (1988)
21[150] (τούτου i.e. Chrysippi Eudoxi sodalis)   **41** post θεωρημάτων add.
τῶν Cob.   **44** ἑλὼν P[1ras]: ἐχὼν BP[1](Q)F·   **45–46** καθά—Χρονικοῖς
om. F

Χρονικοῖς. εὑρίσκομεν δὲ καὶ ἄλλον ἰατρὸν Κνίδιον, περὶ οὗ φησιν Εὔδοξος ἐν Γῆς περιόδῳ ὡς εἴη παραγγέλλων ἀεὶ συνεχὲς κινεῖν τὰ ἄρθρα πάσῃ γυμνασίᾳ, ἀλλὰ καὶ τὰς αἰσθήσεις ὁμοίως.

ὁ δ᾽ αὐτός φησι τὸν Κνίδιον Εὔδοξον ἀκμάσαι κατὰ τὴν 50 τρίτην καὶ ἑκατοστὴν Ὀλυμπιάδα, εὑρεῖν τε τὰ περὶ τὰς καμπύλας γραμμάς. ἐτελεύτησε δὲ τρίτον ἄγων καὶ πεντηκοστὸν ἔτος. ὅτε δὲ συνεγένετο ἐν Αἰγύπτῳ Χονούφι τῷ Ἡλιοπολίτῃ, ὁ Ἆπις αὐτοῦ θοἰμάτιον περιελιχμήσατο. ἔνδοξον οὖν αὐτὸν ἀλλ᾽ ὀλιγοχρόνιον ἔφασαν οἱ ἱερεῖς 55 ἔσεσθαι, καθά φησι Φαβωρῖνος ἐν Ἀπομνημονεύμασιν.

[91] ἔστι δὲ καὶ ἡμῶν εἰς αὐτὸν οὕτως ἔχον·

ἐν Μέμφει λόγος ἐστὶν προμαθεῖν τὴν ἰδίην
Εὔδοξόν ποτε μοῖραν παρὰ τοῦ καλλικέρω
ταύρου. κοὐδὲν ἔλεξεν· βοῖ γὰρ πόθεν λόγος;   60
φύσις οὐκ ἔδωκε μόσχῳ λάλον Ἄπιδι στόμα.
παρὰ δ᾽ αὐτὸν λέχριος στὰς ἐλιχμήσατο στολήν,
προφανῶς τοῦτο διδάσκων, Ἀποδύσῃ βιοτὴν

---

46 (εὑρίσκομεν)–**49** Eudox. fr. 339   **50–53** (ἔτος) Apoll. FGrHist 244
F 76   i.e. 368–4   **53** (ὅτε)–**56** Favor. fr. 51 Bar. = 20 Mensch. = 58 Am.

---

53 (ὅτε)–**56** (ἔσεσθαι), **66–67** Φ 65 (314.2–6)   **58–65** Anth. Pal. 7.744;
Plan. I^b 21.4

---

47 γῆς om. F   **48** συνεχῶς rec.   **52** γραμμὰς PF: δραχμὰς B   **52**
(τρίτον)–**53** (ἔτος) BP: ἐτῶν νγ′ F   **53** (ὅτε)–**55** (ἀλλ᾽) om. B, 3 1/2
lineas vacuas relinquens, quarum in fine suppl. B² ἔνδοξον οὖν αὐτὸν καὶ
53 Χονούφι Lasserre: ἰχόνουφι PF: Χονούφ<ε>ι Mensching: Χονούφι<δι>
Menag. conl. Clem. Alex., Strom. 1.69.1   **54** ἡλιοπολίτῃ P¹: ἡλιου- F
ἆπις ΡΦ: ἄππις F   **55** ἀλλ᾽ PF: καὶ B²   ἔφασκον B   **56** ἔσεσθαι
om. F   ἐν ἀπομνημονεύμασιν om. F   **58–65** versi sunt galliambi,
quos Grotefend, Nova Acta Soc. Lat. Ienensis 1 (1806) 163–8, Buttmann ap.
Iacobs, Anth. Gr. III (1817) 412 et Porson ap. Gaisford, Hephaest. (1810) 327
restituerunt **58–61** disticha fecit Pal.; Planudes etiam, suo Marte, **62–65**
hexametros   **58** ἐστὶν Cob.: ἐστὶ BPF, Pal.   **59** μοῖραν BPF^{2s.l.}: μοίρην
Pal.   **61** οὐ δῶκέ <γε> Marcov.   ἄππιδι F   **62** ἐλιχήσατο F

ὅσον οὔπω. διὸ καί οἱ ταχέως ἦλθε μόρος,
65   δεκάκις πέντε ἐπὶ καὶ τρεῖς ἐσιδόντι Πλειάδας.

τοῦτον ἀντὶ Εὐδόξου Ἔνδοξον ἐκάλουν διὰ τὴν λαμπρότητα τῆς φήμης.

---

65 πέντε ἐπὶ καὶ τρεῖς BP¹(Q): π. καὶ τρεῖς Pal.: π. ἐπὶ τρεῖς F   πέντ᾽, ἔτι καὶ τρεῖς Th. Korsch ap. Stadtmueller, Anth. Gr. II p. 520: πέντε τε καὶ τρεῖς Boissonade ap. Duebner, Epigr. Anth. I (1871) 513, πέντ᾽ ἐπὶ τρισσαῖς Porson ἐσιδόντι BPF: -τα Pal.   πλειάδας PF: παῖδας B, Pal.   **66** ἔνδοξον om. B¹, suppl. B²ˢ·ˡ·   **67** post φήμης novi libri initium in BPF   *subscriptio* λαερτίου διογένους φιλοσόφων βίων καὶ δογμάτων συναγωγῆς τῶν εἰς ιη΄ η΄ (lege ι΄ {η΄} η΄ vel ι΄ η΄ οἱ) πυθαγορικοί B: η΄ P¹(Q)

LIBER IX

VIII[91] ἐπειδὴ περὶ τῶν ἐλλογίμων Πυθαγορικῶν διεληλύθαμεν, νῦν ἤδη περὶ τῶν σποράδην, ὥς φασι, διαλεχθῶμεν. λεκτέον δὲ πρῶτον περὶ Ἡρακλείτου.

IX[1] Ἡράκλειτος Βλόσωνος ἤ, ὥς τινες, Ἡράκωντος Ἐφέσιος. οὗτος ἤκμαζε μὲν κατὰ τὴν ἐνάτην καὶ ἑξηκοστὴν 5 Ὀλυμπιάδα. μεγαλόφρων δὲ γέγονε παρ' ὁντιναοῦν καὶ ὑπερόπτης, ὡς καὶ ἐκ τοῦ συγγράμματος αὐτοῦ δῆλον ἐν ᾧ φησι, 'πολυμαθίη νόον οὐ διδάσκει· Ἡσίοδον γὰρ ἂν ἐδίδαξε καὶ Πυθαγόρην, αὖτίς τε Ξενοφάνεά τε καὶ Ἑκαταῖον.' εἶναι γὰρ 'ἓν τὸ σοφόν, ἐπίστασθαι γνώμην †ὅτε ἡ κυβερνῆσαι† 10 πάντα διὰ πάντων.' τόν γε Ὅμηρον ἔφασκεν ἄξιον ἐκ τῶν ἀγώνων ἐκβάλλεσθαι καὶ ῥαπίζεσθαι, καὶ Ἀρχίλοχον ὁμοίως.

[2] ἔλεγε δὲ καὶ 'ὕβριν χρὴ σβεννύναι μᾶλλον ἢ πυρκαϊήν', καὶ 'μάχεσθαι χρὴ τὸν δῆμον ὑπὲρ τοῦ νόμου 15

4–207 VS 22 A 1 = T 705 Mour.   **4–9** (Ἑκαταῖον) Hecat. test. 21 Fowler **5–6** i.e. 504–500   **8** (πολυμαθίη)–**9** (Ἑκαταῖον) VS 22 B 40 = fr. 16 Marcov.   **10** (ἓν)–**11** (πάντων) VS 22 B 41 = fr. 85 Marcov.   **11** (τόν)– **13** VS 22 B 42 = fr. 30 Marcov.   **14–15** (ὕβριν—πυρκαϊήν) VS 22 B 43 = fr. 102 Marcov.   **15** (μάχεσθαι)–**16** (τείχεος) VS 22 B 44 = fr. 103 Marcov.

Inscriptio θ' bis P: λαερτίου διογένους τῶν εἰς ι' τὸ ἐνάτον FP⁴ in summa pagina   **1** περὶ PF: om. B: δὲ περὶ rec.   ante **4** tit. ἡράκλειτος ὁ σκοτεινός P⁴ in summa pagina   **4** βλόσωνος BP¹: βλύ- FP⁴. Vid. Croenert, Kol. u. Men. (1906) 184 et O. Masson, OGS I 493–4 (a. 1986) ὅς B   Ἡράκωντος Keil, Anal. epigr. (1842) 231: ἡρακίωντος B: -κιῶντος P¹: -κίοντος FP⁴   **5** ἐννάτην B¹   **8** πολυμαθίη B: -θία P¹ ut vid.: -θείη Pˣ: -θῇ F   νόον ἔχειν Athen. 13, 610B et Clem. Alex., Strom. 1.93.2 **9** αὖθις F   τε BP: δὲ F   τε om. F   **10** ὅτε ἡ B¹ (ἢ B²): ὁτέη P¹(Q): ὅτ' ἐν- FP⁴   {ὅτε} ἢ κυβερνᾶται Byw., Heracl.: ὁτέη <ἐ>κυβέρνησε Diels: ὁτέη κυβερνᾶται Deichgraeber, Philol. 93 (1938) 14¹: ὅπη vel ὅκη κυβερνᾶται Gigon, Unters. z. Heraklit (1935) 144, alii alia (vid. Mouraviev II.A.2, 587 ad loc.)   **11** γε BP¹(Q)F: τε P⁴   **14** σβεννύναι B² (σ in ras.): -ῦναι P¹(Q): -ύην FP⁴   **15** πυρκαιὴν PF: -ὰν B

{ὑπὲρ τοῦ γινομένου} ὅκωσπερ τείχεος.' καθάπτεται δὲ καὶ
τῶν Ἐφεσίων ἐπὶ τῷ τὸν ἑταῖρον ἐκβαλεῖν Ἑρμόδωρον ἐν
οἷς φησιν, 'ἄξιον Ἐφεσίοις ἡβηδὸν ἀποθανεῖν πᾶσι καὶ τοῖς
ἀνήβοις τὴν πόλιν καταλιπεῖν, οἵτινες Ἑρμόδωρον ἑωυτῶν
20 ὀνήιστον ἐξέβαλον λέγοντες, ὑμέων μηδὲ εἷς ὀνήιστος ἔστω·
εἰ δέ τις τοιοῦτος, ἄλλῃ τε καὶ μετ' ἄλλων.' ἀξιούμενος δὲ καὶ
νόμους θεῖναι πρὸς αὐτῶν ὑπερεῖδε διὰ τὸ ἤδη κεκρατῆσθαι
τῇ πονηρᾷ πολιτείᾳ τὴν πόλιν. [3] ἀναχωρήσας δὲ εἰς τὸ
ἱερὸν τῆς Ἀρτέμιδος μετὰ τῶν παίδων ἠστραγάλιζε·
25 περιστάντων δ' αὐτὸν τῶν Ἐφεσίων, 'τί, ὦ κάκιστοι,
θαυμάζετε;', εἶπεν· 'ἢ οὐ κρεῖττον τοῦτο ποιεῖν ἢ μεθ' ὑμῶν
πολιτεύεσθαι;'

καὶ τέλος μισανθρωπήσας καὶ ἐκπατήσας ἐν τοῖς ὄρεσι
διῃτᾶτο, πόας σιτούμενος καὶ βοτάνας. καὶ μέντοι καὶ διὰ
30 τοῦτο περιτραπεὶς εἰς ὕδερον κατῆλθεν εἰς ἄστυ καὶ τῶν
ἰατρῶν αἰνιγματωδῶς ἐπυνθάνετο εἰ δύναιντο ἐξ ἐπομβρίας
αὐχμὸν ποιῆσαι· τῶν δὲ μὴ συνιέντων, αὐτὸν εἰς βούστασιν
κατορύξας τῇ τῶν βολβίτων ἀλέᾳ ἤλπισεν ἐξατμισθή-
σεσθαι. οὐδὲν δ' ἀνύων οὐδ' οὕτως, ἐτελεύτα βιοὺς ἔτη
35 ἑξήκοντα.

---

18 (ἄξιον)–**21** (ἄλλων) VS 22 B 121 = fr. 105 Marcov.   **28–30** (ὕδερον),
41–45 (ἀγορᾷ) Hermipp. FGrHistCont 1026 F 64

---

23 (ἀναχωρήσας)–**34** (ἐτελεύτα) Φ 66 (314.9–18)

---

16 ὑπὲρ τοῦ γινομένου BP¹: del. Pˣ (om. Q): variam lectionem ὑπὲρ τοῦ γε
νόμου esse ind. Diels. Text. trad. def. Vollgraff, Mmem. n.s. 45 (1917) 166–80
et dub. J. Bollack, Gnomon 42 (1970) 4   ὅκωσπερ rec. (coni. Meineke,
Delectus [1842] 173): ὅκως ὑπὲρ BPF, fort. recte   **17** ἐπὶ τῶν¹ F   τῶ om.
F   ἕτερον B   **18** ἀποθανεῖν ἀπάγξασθαι Strab. 14.1.25 (p. 642, 4)
19 Ἑρμόδωρον ἄνδρα Strab.   **19–20** ἑωυτῶν ὀνηιστον (sic) P⁴:
ἑωυτωνον ἤιστον BP¹(Q): ἑωυτῶν ὀνηιστὸν F   **20** μηδὲ εἷς ὀνήιστος
F, Strab.: μηδὲ ἴσον ἤιστος B: μηδεὶς ἀνήιστος P¹(Q)   **21** ἄλλη rec.,
Strab.: ἄλλοι BPF   **22** αὐτὸν F   κεκρατεῖσθαι B   **24** τῶν om. Φ
ἠστραγάδιζεν BP¹   **25** αὐτῶν F   **26** εἶπεν ΒΡΦ: ἔφη F, γρ P⁴
ἡμῶν B   **28** καὶ ἐκπατήσας om. Φ   τοῖς om. Φ   **29** καὶ³ om. Φ
31 δύναιντι B¹ ut vid.   **32** αὐτὸν BP: ἑαυ- Φ: αὐ- F   βουστάσιον Φ
33 κατωρύξας BF   κατορ. ἑαυτὸν Φ   βολβίτων ΒΦ: βολί- P: βουλί- F
ἤλπιζεν Φ   **33–34** ἐξατμισθήσεσθαι P¹Φ: -μησθήσεσθαι B: -μίζεσθαι
FP⁴   **34** δὲ BF

καὶ ἔστιν εἰς αὐτὸν ἡμῶν οὕτως ἔχον·

[4]   πολλάκις Ἡράκλειτον ἐθαύμασα, πῶς ποτε τὸ ζῆν
        ὧδε διαντλήσας δύσμορος εἶτ᾽ ἔθανεν·
        σῶμα γὰρ ἀρδεύσασα κακὴ νόσος ὕδατι φέγγος
        ἔσβεσεν ἐν βλεφάροις καὶ σκότον ἠγάγετο.   40

"Ερμιππος δέ φησι λέγειν αὐτὸν τοῖς ἰατροῖς εἴ τις
δύναται ἔντερα ταπεινώσας ὑγρόν τ᾽ ἐξερᾶσαι· ἀπει-
πόντων δέ, θεῖναι ἑαυτὸν εἰς τὸν ἥλιον καὶ κελεύειν τοὺς
παῖδας βολβίτοις καταπλάττειν· οὕτω δὴ κατατεινόμενον
δευτεραῖον τελευτῆσαι καὶ ταφθῆναι ἐν τῇ ἀγορᾷ. Νεάνθης   45
δ᾽ ὁ Κυζικηνός φησι μὴ δυνηθέντα αὐτὸν ἀποσπάσαι τὰ
βόλβιτα μεῖναι καὶ διὰ τὴν μεταβολὴν ἀγνοηθέντα
κυνόβρωτον γενέσθαι.

[5] γέγονε δὲ θαυμάσιος ἐκ παίδων, ὅτε καὶ νέος ὢν
ἔφασκε μηδὲν εἰδέναι, τέλειος μέντοι γενόμενος πάντα   50
ἐγνωκέναι· ἤκουσέ τε οὐδενός, ἀλλ᾽ αὐτὸν ἔφη διζήσασθαι
καὶ μαθεῖν πάντα παρ᾽ ἑαυτοῦ. Σωτίων δέ φησιν εἰρηκέναι
τινὰς Ξενοφάνους αὐτὸν ἀκηκοέναι· λέγειν τε Ἀρίστωνα ἐν

---

45 (Νεάνθης)–**48** Neanth. FGrHist 84 F 25   **49–55** Aristo Ceus fr. 23
SFOD = 28 W. (**52** Σωτίων–**55**)   **51** (αὐτὸν—διζήσασθαι) cf. VS 22 B
101 = fr. 15 Marcov.   **52** (Σωτίων)–**55** Sotion fr. 30 W.   Hippob. fr. 20
Gig.   Xenophan. test. 76 G.-Pr.[2]

37–40 Anth. Pal. 7.127; Plan. III[a] 28.33; Φh 34 (112.7–10)   **41–44**
(κατατεινόμενον), **46** (μὴ)–**48, 51** (ἤκουσέ)–**52** (ἑαυτοῦ) Φh 34 (111.20–112.6)

---

38 ὧδε om. F   ἔθανεν B[1]P: -νε B[2]F, Pal.   **39** ἀρδεύουσα Pal.   νόσωι
F   ὕδασι Pal.   **40** ἐκ βλεφάρων Pal.   σκότος Φh   **42** δύναται
B[2]PF: δύναιτο Φh   <τὰ> ἔντ. Cob.   ταπεινώσας BPF: -πεινῶσαι Φh:
κεινώσας Diels: πιέσας Cob. Vid. Deichgraeber, Philol. 93 (1938) 17[10]
ὑγρόν τ᾽ Φh: ὑγρὸν BPF: <τὸ> ὑγρὸν Cob.   ἐξερᾶσαι BPF: -ρῦσαι Φh
ἑαυτὸν Φh: αὐ- BPF   **44** βολβίτοις BΦF[2]: βολί- PF[1]   **45** ταφθῆναι
BP[1](Q): ταφῆναι FP[4]   **47** βόλβιτα B[2]Φ: βόλι- B[1]PF   **49** ὅτε—ὢν om.
F[1], suppl. F[2mg]   **50** ἔφασκε δὲ F   εἰδέναι rec.: εἶναι BPF   **51** αὐτὸν
Steph.: αὐτὸν BPF: -ὸς Φh   διζήσασθαι Casaub.: διζήσεσθαι PF: διαζή-
B[2] (ια in ras.): δίζεσθαι Φh   **52** ἑαυτοῦ BP, F[pc] (vix ἑωυ- F[ac]): ἑωυ- rec.
δ᾽ ἔφησεν F   **53** τινὰς BP: αὐτὸν F

τῷ Περὶ Ἡρακλείτου καὶ τὸν ὕδερον αὐτὸν θεραπευθῆναι,
55 ἀποθανεῖν δὲ ἄλλῃ νόσῳ. τοῦτο δὲ καὶ Ἱππόβοτός φησι.

τὸ δὲ φερόμενον αὐτοῦ βιβλίον ἐστὶ μὲν ἀπὸ τοῦ
συνέχοντος Περὶ φύσεως, διῄρηται δὲ εἰς τρεῖς λόγους, εἴς τε
τὸν περὶ τοῦ παντὸς καὶ πολιτικὸν καὶ θεολογικόν. [6]
ἀνέθηκε δ᾽ αὐτὸ εἰς τὸ τῆς Ἀρτέμιδος ἱερόν, ὥς μέν τινες,
60 ἐπιτηδεύσας ἀσαφέστερον γράψαι, ὅπως οἱ δυνάμενοι
<μόνοι> προσίοιεν αὐτῷ καὶ μὴ ἐκ τοῦ δημώδους
εὐκαταφρόνητον ᾖ. τοῦτον δὲ καὶ ὁ Τίμων ὑπογράφει
λέγων·

65 τοῖς δ᾽ ἔνι κοκκυστής, ὀχλολοίδορος Ἡράκλειτος,
αἰνικτὴς ἀνόρουσε.

Θεόφραστος δέ φησιν ὑπὸ μελαγχολίας τὰ μὲν ἡμιτελῆ,
τὰ δὲ ἄλλοτε ἄλλως ἔχοντα γράψαι. σημεῖον δ᾽ αὐτοῦ
τῆς μεγαλοφροσύνης Ἀντισθένης φησὶν ἐν Διαδοχαῖς·
ἐκχωρῆσαι γὰρ τἀδελφῷ τῆς βασιλείας. τοσαύτην δὲ δόξαν
70 ἔσχε τὸ σύγγραμμα ὡς καὶ αἱρετιστὰς ἀπ᾽ αὐτοῦ γενέσθαι
τοὺς κληθέντας Ἡρακλειτείους.

[7] ἐδόκει δὲ αὐτῷ καθολικῶς μὲν τάδε· ἐκ πυρὸς τὰ
πάντα συνεστάναι καὶ εἰς τοῦτο ἀναλύεσθαι· πάντα δὲ
γίνεσθαι καθ᾽ εἱμαρμένην καὶ διὰ τῆς ἐναντιοτροπῆς
75 ἡρμόσθαι τὰ ὄντα· καὶ πάντα ψυχῶν εἶναι καὶ δαιμόνων

64–65 Timon SH 817 = fr. 43 Di Marco   **66–67** (γράψαι) Theophr.
fr. 233 FHS&G   **67** (σημεῖον)**–69** (βασιλείας) Antisth. Rhod. FGrHist
508 F 10 = fr. 10 Giannat.

---

55 ἱππόβωτος F   **58** τὸν πολιτικὸν F   **59** αὐτὸν F   τὸν F   **61**
μόνοι add. Rohde, Kl. Schr. I (1901) 195 (a. 1873)   **62** εἴη Cob.   **64** δ᾽
ἔνι κοκκυστὴς P: δὲ νικοκκυστὴς F: δὲ νικοκνύστης ('B²) B: δ᾽
ἐπικηκαστὴς vel δ᾽ ἐπικοκκαστὴς Nauck, Aristoph. Byz. (1848) 202: δ᾽ ἔπι
κοκκυστὴς Meineke, Anal. Athen. (1867) 27   **65** ὀνόρουσε B² (ὀν in
ras.)   **68** ἀντισθένης δὲ F   διαδοχαῖς BP¹(Q): ταῖς διατριβαῖς F, γρ P⁴
69 ἐκχωρῆσαι BP: δια- F   **71** ἡρακλειτίους B²F: -κλητείους B¹P   **73**
δὲ B: τε P¹F: expunxit Pˣ   **74** ἐναντιοτροπῆς BPF (cf. C. Ritter, Philol. 73,
1914/16, 240): -τροπίας L. Dindorf, ThGL III s.v. ἐναντιοτροπή): -δρομίας
Diels conl. Aet. 1.7.22 (= VS 22 A 8)

πλήρη. εἴρηκε δὲ καὶ περὶ τῶν ἐν κόσμῳ συνισταμένων πάντων παθῶν, ὅτι τε ὁ ἥλιός ἐστι τὸ μέγεθος οἷος φαίνεται. λέγει δὲ καὶ ʽψυχῆς πείρατα †*ον† οὐκ ἂν ἐξεύροιο, πᾶσαν ἐπιπορευόμενος ὁδόν· οὕτω βαθὺν λόγον ἔχει.ʼ τήν τε οἴησιν ἱερὰν νόσον ἔλεγε καὶ τὴν ὅρασιν ψεύδεσθαι. 80 λαμπρῶς τε ἐνίοτε ἐν τῷ συγγράμματι καὶ σαφῶς ἐκβάλλει, ὥστε καὶ τὸν νωθέστατον ῥαδίως γνῶναι καὶ δίαρμα ψυχῆς λαβεῖν· ἥ τε βραχύτης καὶ τὸ βάρος τῆς ἑρμηνείας ἀσύγκριτον.

[8] καὶ τὰ ἐπὶ μέρους δὲ αὐτῷ ὧδε ἔχει τῶν δογμάτων· 85 πῦρ εἶναι στοιχεῖον καὶ πυρὸς ἀμοιβὴν τὰ πάντα, ἀραιώσει καὶ πυκνώσει {τὰ} γινόμενα. σαφῶς δὲ οὐδὲν ἐκτίθεται. γίνεσθαί τε πάντα κατʼ ἐναντιότητα καὶ ῥεῖν τὰ ὅλα ποταμοῦ δίκην, πεπεράνθαι τε τὸ πᾶν καὶ ἕνα εἶναι κόσμον· γεννᾶσθαί τε αὐτὸν ἐκ πυρὸς καὶ πάλιν ἐκπυροῦσθαι κατά 90 τινας περιόδους ἐναλλὰξ τὸν σύμπαντα αἰῶνα· τοῦτο δὲ γίνεσθαι καθʼ εἱμαρμένην. τῶν δὲ ἐναντίων τὸ μὲν ἐπὶ τὴν γένεσιν ἄγον καλεῖσθαι πόλεμον καὶ ἔριν, τὸ δʼ ἐπὶ τὴν ἐκπύρωσιν ὁμολογίαν καὶ εἰρήνην.

---

77 (ὁ—φαίνεται) cf. VS 22 B 3 = fr. 57 Marcov.   **78** (ψυχῆς)–**79** (ἔχει) VS 22 B 45 = fr. 67 Marcov.   **79** (τήν)–**80** (ψεύδεσθαι) VS 22 B 46 = fr. 114 Marcov.   **86** (πυρὸς ἀμοιβὴν) cf. VS 22 B 90 = fr. 54 Marcov.   **89** (ποταμοῦ δίκην) cf. VS 22 B 12 et 91 = fr. 40 Marcov.

---

79 (τήν)–**80** (ψεύδεσθαι) Φh 34 (112.11–2)   **81** (λαμπρῶς)–**84** Φh 34 (114.14–17)   **86** (πῦρ)–**125** (ἀπεργάζεσθαι), **126–127** (περὶ—ἐστιν) Φh 34 (112.13–114.3)

---

76 ἐν τῷ P⁴   **77** πάντων BP¹(Q): om. F: del. Pˣ, an recte? Vid. Diels, JLZ (1877) 395a   post πάντων lac. ind. Byw., Heracl.   παθῶν secl. Cob. τὸ om. BP¹   ὅσος Cob.   **78** λέγει Lipsius, Physiol. Stoic. (1604) 166: λέγεται BPF   πειρατέ*ον B² (έ* in ras.): πειρατέ ον P¹(Q): πειρᾶται ὂν FP⁴: πείρατα Hermann ap. Huebn. II 330ᶜ et ἰὼν Diels   ἐξεύροιο B¹P¹: ἐξεύροι ὁ B²Pˣ: εὕροι ὁ F   πείρατα οὐκ ἐξεύροις, πᾶσαν ἰὼν ὁδόν Wil., Kl. Schr. IV 432 (a. 1927)   **79** βαθὺν F: -ὺς BP¹(Q)   Vid. T. Dorandi, Elenchos 31 (2010) 111–16   **81** ἐκβάλλει ὥστε rec. (cf. infra § 16, **184**): ἐκβόλως τε BPF: ἐκβοᾷ ὥστε Byw., Heracl. fort. recte   **86** τὰ BP¹Φh: om. F: del. P⁴   **89** πεπεράνθαι Φh: -ράσθαι BP: -ρᾶσθαι F   εἶναι κόσμον ἕνα Φh   **91** ἐναλλὰξ F   **91–92** καὶ τοῦτο γίνεσθαι Φh

95 καὶ τὴν μεταβολὴν ὁδὸν ἄνω κάτω, τόν τε κόσμον
γίνεσθαι κατ' αὐτήν. **[9]** πυκνούμενον γὰρ τὸ πῦρ
ἐξυγραίνεσθαι συνιστάμενόν τε γίνεσθαι ὕδωρ, πηγνύμενον
δὲ τὸ ὕδωρ εἰς γῆν τρέπεσθαι· καὶ ταύτην ὁδὸν ἐπὶ τὸ κάτω
εἶναι. πάλιν τε αὖ τὴν γῆν χεῖσθαι, ἐξ ἧς τὸ ὕδωρ γίνεσθαι,
100 ἐκ δὲ τούτου τὰ λοιπά, σχεδὸν πάντα ἐπὶ τὴν ἀναθυμίασιν
ἀνάγων τὴν ἀπὸ τῆς θαλάττης· αὕτη δέ ἐστιν ἡ ἐπὶ τὸ ἄνω
ὁδός. γίνεσθαι δὲ ἀναθυμιάσεις ἀπό τε γῆς καὶ θαλάττης, ἃς
μὲν λαμπρὰς καὶ καθαράς, ἃς δὲ σκοτεινάς. αὔξεσθαι δὲ τὸ
μὲν πῦρ ὑπὸ τῶν λαμπρῶν, τὸ δὲ ὑγρὸν ὑπὸ τῶν ἑτέρων.
105 τὸ δὲ περιέχον ὁποῖόν ἐστιν οὐ δηλοῖ· εἶναι μέντοι ἐν
αὐτῷ σκάφας ἐπεστραμμένας κατὰ κοῖλον πρὸς ἡμᾶς, ἐν αἷς
ἀθροιζομένας τὰς λαμπρὰς ἀναθυμιάσεις ἀποτελεῖν φλόγας,
ἃς εἶναι τὰ ἄστρα. **[10]** λαμπροτάτην δὲ εἶναι τὴν τοῦ
ἡλίου φλόγα καὶ θερμοτάτην. τὰ μὲν γὰρ ἄλλα ἄστρα
110 πλεῖον ἀπέχειν ἀπὸ γῆς καὶ διὰ τοῦτο ἧττον λάμπειν καὶ
θάλπειν, τὴν δὲ σελήνην προσγειοτέραν οὖσαν μὴ διὰ τοῦ
καθαροῦ φέρεσθαι τόπου. τὸν μέντοι ἥλιον ἐν διαυγεῖ καὶ
ἀμιγεῖ κ<ιν>εῖσθαι καὶ σύμμετρον ἀφ' ἡμῶν ἔχειν διάστημα·
τοιγάρτοι μᾶλλον θερμαίνειν τε καὶ φωτίζειν. ἐκλείπειν
115 τε ἥλιον καὶ σελήνην, ἄνω στρεφομένων τῶν σκαφῶν·
τούς τε κατὰ μῆνα τῆς σελήνης σχηματισμοὺς γίνεσθαι
στρεφομένης ἐν αὐτῇ κατὰ μικρὸν τῆς σκάφης.

ἡμέραν τε καὶ νύκτα γίνεσθαι καὶ μῆνας καὶ ὥρας ἐτείους

---

95 (ὁδὸν ἄνω κάτω) cf. VS 22 B 60 = fr. 33 Marcov.   **100** (τὴν
ἀναθυμίασιν) cf. fr. 61 Marcov.

---

95 μεταβολὴν om. F   **96** κατ' αὐτήν BP¹(Q)Φh: κατὰ ταύτην FP⁴
98 ὁδὸν λέγει Φh   **99** εἶναι λέγει F   τε BPΦh: τὸ F   αὖ τὴν Reiske
321 et Zeller, Philos. d. Griech. I (³1869) 543²: αὐτὴν BPFΦh   **100** πάντα
expunxit Pˣ   **101** ἀπὸ BPΦh: ἐπὶ F   θαλάσσης Φh   **103** δὲ καὶ
σκοτεινὰς Φh   **104** ὑπὸ BPF: ἀπὸ Φh   **106** <τὸ> κοῖλον Reiske 321
108 ἄστρα om. F   **110** ἀπὸ τῆς γῆς Φh   **113** κινεῖσθαι Reiske 321 et
Byw., Heracl.: κεῖσθαι BPFΦh: **114** τοιγάρτι F   τε om. F   **115** τε
BPF: τε καὶ Φh   στρεφομένοις F¹   **117** ἐν αὐτῇ Mouraviev: ἐν αὐτῇ
BPF²Φh: ἐν αὐτοῖς F¹: αὐτῆς Marcov.   **118** καὶ³ F: om. BPΦh   ἐτείους
F¹Φh: αἰτίους BPF²

καὶ ἐνιαυτούς ὑετούς τε καὶ πνεύματα καὶ τὰ τούτοις ὅμοια κατὰ τὰς διαφόρους ἀναθυμιάσεις. [11] τὴν μὲν γὰρ 120 λαμπρὰν ἀναθυμίασιν φλογωθεῖσαν ἐν τῷ κύκλῳ τοῦ ἡλίου ἡμέραν ποιεῖν, τὴν δὲ ἐναντίαν ἐπικρατήσασαν νύκτα ἀποτελεῖν· καὶ ἐκ μὲν τοῦ λαμπροῦ τὸ θερμὸν αὐξόμενον θέρος ποιεῖν, ἐκ δὲ τοῦ σκοτεινοῦ τὸ ὑγρὸν πλεονάζον χειμῶνα ἀπεργάζεσθαι. ἀκολούθως δὲ τούτοις καὶ περὶ τῶν 125 ἄλλων αἰτιολογεῖ. περὶ δὲ τῆς γῆς οὐδὲν ἀποφαίνεται ποία τίς ἐστιν, ἀλλ᾽ οὐδὲ περὶ τῶν σκαφῶν. καὶ ταῦτα μὲν ἦν αὐτῷ τὰ δοκοῦντα.

τὰ δὲ περὶ Σωκράτους καὶ ὅσα ἐντυχὼν τῷ συγγράμματι εἴποι, κομίσαντος Εὐριπίδου καθά φησιν Ἀρίστων, ἐν τῷ 130 περὶ Σωκράτους εἰρήκαμεν. [12] Σέλευκος μέντοι φησὶν ὁ γραμματικὸς Κρότωνά τινα ἱστορεῖν ἐν τῷ Κατακολυμβητῇ Κράτητά τινα πρῶτον εἰς τὴν Ἑλλάδα κομίσαι τὸ βιβλίον· καὶ εἰπεῖν Δηλίου τινὸς δεῖσθαι κολυμβητοῦ, ὃς οὐκ ἀποπνιγήσεται ἐν αὐτῷ. ἐπιγράφουσι δὲ αὐτῷ οἱ μὲν 135 Μούσας, οἱ δὲ Περὶ φύσεως, Διόδοτος δὲ

ἀκριβὲς οἰάκισμα πρὸς στάθμην βίου,

129-135 Aristo Ceus fr. 24A SFOD = 29 W. (129-130) 129-135 (αὐτῷ) Seleuc. Alex. FGrHistCont. 1056 F 3 129-131 (εἰρήκαμεν) Eur. test. 46a Kann. SSR I C 21 135 (ἐπιγράφουσι)-137 fr. trag. adesp. 287 N.² excluserunt Kann.–Sn. Ut Diodoti secl. Crusius, GGA (1890) 700 et Wil., Kl. Schr. I (1935) 198 (a. 1893)

134 (δηλίου)-139 (ξυμπάντων) Suda δ 400 (II 37.20-4)

121 ἐν om. F κοίλῳ Reiske 321 122 ποιεῖν om. Φh ἐπικρατεῖσα-σαν B: -τήσασα F 123 ἀποτελεῖ F αὐξόμενον BP¹(Q): -ανόμενον FΦhP⁴ 124 τὸ PFΦh: τοῦ B πλεονάζων B, -νάσαν Φh 125 ἀπερ-γάσασθαι F τούτων B 126 αἰτιολογεῖν F¹ 126 (οὐδὲν)-127 (σκαφῶν) om. F¹, suppl. F²ᵐᵍ 126-127 ὁποία ἐστι Φh pro ποία—οὐδὲ hab. καὶ F² 127 μὲν om. F, del. Pˣ(Q) 132 ἱστορεῖ F 133 κράτητα F: κράτη BP¹ post βιβλίον add. ὃν P 'sed, ut ex 2, 22 elucet, καὶ εἰπεῖν ad Socratem pertinet, Σέλευκος—βιβλίον continuationem dirumpunt' V. d. Muehll, sed vid. Mansfeld, Phronesis 50 (2005) 236³ 135 δὲ PF, Suda: δ᾽ B αὐτῷ² BF, Suda (codd. AᵃᶜF): -ὁ P 137 στάθμην P, Suda: σταθμήν BF: σταθμὸν Buttmann teste Nauck (loc. non inveni)

ἄλλοι †γνώμην ἠθῶν τρόπου κόσμον ἑνός τῶν
ξυμπάντων†. φασὶ δ' αὐτὸν ἐρωτηθέντα διὰ τί σιωπᾷ,
140 φάναι 'ἵν' ὑμεῖς λαλῆτε.' ἐπόθησε δὲ αὐτοῦ καὶ Δαρεῖος
μετασχεῖν καὶ ἔγραψεν ὧδε πρός αὐτόν·
[13] 'βασιλεύς Δαρεῖος πατρός Ὑστάσπεω Ἡράκλειτον
Ἐφέσιον σοφὸν ἄνδρα προσαγορεύει χαίρειν.
καταβέβλησαι λόγον περὶ φύσεως δυσνόητόν τε καὶ
145 δυσεξήγητον. ἔν τισι μὲν οὖν ἑρμηνευόμενος κατὰ λέξιν
σὴν δοκεῖ δύναμίν τινα περιέχειν θεωρίας κόσμου τε τοῦ
σύμπαντος καὶ τῶν ἐν τούτῳ γινομένων, ἅπερ ἐστὶν ἐν
θειοτάτῃ κείμενα κινήσει, τῶν δὲ πλείστων ἐποχὴν ἔχοντα,
ὥστε καὶ τοὺς ἐπὶ πλεῖστον μετεσχηκότας συγγραμμάτων
150 διαπορεῖσθαι, τῆς ὀρθῆς δοκούσης γεγράφθαι παρὰ σοὶ
διηγήσεως. βασιλεὺς οὖν Δαρεῖος Ὑστάσπου βούλεται
τῆς σῆς ἀκροάσεως μετασχεῖν καὶ παιδείας Ἑλληνικῆς.
ἔρχου δὴ συντόμως πρὸς ἐμὴν ὄψιν καὶ βασίλειον οἶκον.
[14] Ἕλληνες γὰρ ἐπὶ τὸ πλεῖστον ἀνεπισήμαντοι σοφοῖς
155 ἀνδράσιν ὄντες παρορῶσι τὰ καλῶς ὑπ' αὐτῶν
ἐνδεικνύμενα πρὸς σπουδαίαν ἀκοὴν καὶ μάθησιν. παρ' ἐμοὶ
δὲ ὑπάρχει σοι πᾶσα μὲν προεδρία, καθ' ἡμέραν δὲ καλὴ

138–139 (γνώμην—ξυμπάντων) cf. VS 22 B 30 = fr. 51 Marcov.   **142–
168** ps.-Heracl. epist. 1–2 Attridge = 1–2 Tarán

138–139 locus nondum sanatus. γνώμην BPF, Sud.: γνώμον' Kuster, Suidae
lex. (1700) ad loc.: γνώμην ἤτοι Bernays, Ges. Abh. I (1885) 8³ (a. 1848)
τρόπου κόσμον BPF: κόσμον τρόπων Suda: τροπὰς κόσμου Deich-
graeber, Rythm. Elem. im Logos d. Heraklit, Abh. Ak. Mainz (1962) 549
ἑνός BPF, Sud.: ἕνα Kuster   ἓν ἀντὶ ξυμπ. vel ἕνα ἀντὶ ξυνὸν πάντων
West, Early Greek Philos. and the Orient (1971) 112¹   **140** λαλῆτε P:
λαλεῖται B: λαλεῖτε F   **142** ὑστάσπεως F   **144** λόγῳ F   **145**
ἑρμηνευόμενον F   **146** σὴν δοκεῖ PF: συνδοκεῖ B   περιέχειν BP: ἔχειν
περὶ F   **147** γενομένων P¹(Q)   **148** ἔχοντα BPF: ἔχειν Bernays, Die
heraklit. Briefe (1869) 119–20   **149** συγγραμμάτων <ἑλληνικῶν>
Cob.   **150** comma (,) post διαπορεῖσθαι pos. Lapini* servato διηγήσεως
(**151**) ὀρθῶς Richards 343   **151** διηγήσεως BPF: ἐξηγήσεως Cob.
152 τῆς FP⁴: om. BP¹   **154** ἕλλανες F¹ ut vid.   **156** σπουδαίων F
157 σοι om. F

καὶ σπουδαία προσαγόρευσις καὶ βίος εὐδόκιμος σαῖς παραινέσεσιν.'

Ἡράκλειτος Ἐφέσιος βασιλεῖ Δαρείῳ πατρὸς Ὑστάσπεω 160 χαίρειν.

ὁκόσοι τυγχάνουσιν ὄντες ἐπιχθόνιοι τῆς μὲν ἀληθείης καὶ δικαιοπραγμοσύνης ἀπέχονται, ἀπληστίῃ δὲ καὶ δοξοκοπίῃ προσέχουσι κακῆς ἕνεκα ἀνοίης. ἐγὼ δὲ νηστίην ἔχων πάσης πονηρίης καὶ κόρον φεύγων παντὸς 165 οἰκειούμενον φθόνῳ καὶ διὰ τὸ περιίστασθαι ὑπερηφανίας οὐκ ἂν ἀφικοίμην εἰς Περσῶν χώρην, ὀλίγοις ἀρκεόμενος κατ' ἐμὴν γνώμην.'

τοιοῦτος μὲν ἀνὴρ καὶ πρὸς βασιλέα. [15] Δημήτριος δέ φησιν ἐν τοῖς Ὁμωνύμοις καὶ Ἀθηναίων αὐτὸν 170 ὑπερφρονῆσαι, δόξαν ἔχοντα παμπλείστην, κατα-φρονούμενόν τε ὑπὸ τῶν Ἐφεσίων ἑλέσθαι μᾶλλον τὰ οἰκεῖα. μέμνηται αὐτοῦ καὶ ὁ Φαληρεὺς Δημήτριος ἐν τῇ Σωκράτους ἀπολογίᾳ. πλεῖστοί τέ εἰσιν ὅσοι ἐξήγηνται αὐτοῦ τὸ σύγγραμμα· καὶ γὰρ Ἀντισθένης καὶ Ἡρακλείδης 175 ὁ Ποντικὸς Κλεάνθης τε {ὁ Ποντικὸς} καὶ Σφαῖρος ὁ Στωικός, πρὸς δὲ Παυσανίας ὁ κληθεὶς Ἡρακλειτιστής,

---

169 (Δημήτριος)–**174** (ἀπολογίᾳ) Demetr. Phal. fr. 106 SOD = 92 W. (**173** μέμνηται–**174**) **169** (Δημήτριος)–**173** (οἰκεῖα) Demetr. Magn. fr. 27 Mejer **174** (πλεῖστοί)–**184** (ἐκβάλλειν) Hieron. fr. 51 Wh. = 46 W. (**182–184**) **174** (πλεῖστοί)–**179** (Διόδοτος) Heracl. Pont. fr. 127 Sch. = 39 W. **175** (Ἀντισθένης) cf. 6.19 **176** (Κλεάνθης) cf. 7.174 (Σφαῖρος) cf. 7.178

158 σαῖς PF: αῖς B ante **160** add. ἡράκλειτος ἀπεκρίνατο οὕτως vel ἀπεκρ. οὕτ. rec. **160** βασιλέϊ Huebn. δαρίῳ B ὑστάσπεω B: -ἁπεω P: -ἀσπεως F **162** ὁκόσοι F τυγχάνοντες ὄντες B ἀληθήίης Cob.: -είης BPF **164** κακοῖς F εἵνεκεν Marcov. νηστίην Reiske 322: ἀμνηστίην PF: ἀναμνη- B: ἀεὶ νηστείην Diels **165** πάντως Cob. **166** φθόνῳ rec.: -νου BPF περι ca. 7 litterae erasae ἵστασθαι B, super quod ἐκφεύγειν B² ὑπερηφανίας BPF: -ηφάνης Menag.: -ην Cob. **167** ἀφικόμην F ἐς Cob. χώραν B ἀρκησόμενος F **169** ἀνὴρ rec.: ὁ ἀνὴρ (ὁ postmodum add. P) BP: ἀνήρ F **173** αὐτοῦ BPF: <δ'> αὐ- Marcov.: ταὐτοῦ vel τούτου Mouraviev, REG 98 (1985) 132 δημήτριος FP⁴: δημόκριτος BP¹(Q) **174** ἐξήγεινται Bᵖᶜ **176** ὁ ποντικὸς del. Bake, Posid. (1810) 27: Κλ. τε ὁ Στωικὸς καὶ Σφ. ὁ Ποντικὸς Schrader, Philol. 44 (1885) 252³⁰ **177** ἡρακλειτιστής PF: ἡρακλείτης τῆς B

Νικομήδης τε καὶ Διονύσιος· τῶν δὲ γραμματικῶν Διόδοτος, ὃς οὔ φησι περὶ φύσεως εἶναι τὸ σύγγραμμα ἀλλὰ
180 περὶ πολιτείας, τὰ δὲ περὶ φύσεως ἐν παραδείγματος εἴδει κεῖσθαι.

[16] Ἱερώνυμος δέ φησι καὶ Σκυθῖνον τὸν τῶν ἰάμβων ποιητὴν ἐπιβαλέσθαι τὸν ἐκείνου λόγον διὰ μέτρου ἐκβάλλειν. πολλά τε εἰς αὐτὸν ἐπιγράμματα φέρεται, ἀτὰρ
185 δὴ καὶ τόδε·

> Ἡράκλειτος ἐγώ· τί μ' ἄνω κάτω ἕλκετ' ἄμουσοι;
> οὐχ ὑμῖν ἐπόνουν, τοῖς δέ μ' ἐπισταμένοις.
> εἷς ἐμοὶ ἄνθρωπος τρισμύριοι, οἱ δ' ἀνάριθμοι
> οὐδείς. ταῦτ' αὐδῶ καὶ παρὰ Φερσεφόνῃ.

190 καὶ ἄλλο τοιόνδε·

> μὴ ταχὺς Ἡρακλείτου ἐπ' ὀμφαλὸν εἴλεε βύβλον
> τοὐφεσίου· μάλα τοι δύσβατος ἀτραπιτός.
> ὄρφνη καὶ σκότος ἐστὶν ἀλάμπετον· ἢν δέ σε μύστης
> εἰσαγάγῃ, φανεροῦ λαμπρότερ' ἠελίου.

178–179 (Διόδοτος) cf. 9.12   **182–184** (ἐκβάλλειν) Scyth. 6 A 2 Diels, PPF = FGrHist 13 T 2 = test. 2 Fowler   **188** Cf. VS 22 B 49 = fr. 98 Marcov.

186–194 Φh 34 (114.5–13)   **186–189** Anth. Pal. 7.128; Plan. IIIᵃ 28.34   **186, 188–189** Suda α 2046 (I 184.11–13)   **191–194** Anth. Pal. 9.540; Plan. Iᵇ 49.3

---

178 καὶ om. B   **180** εἴδει BP: ἤδη F   **183** ἐπιβαλέσθαι rec.: -βαλλέσθαι B: βάλλεσθαι PF   διὰ μέτρου BP: ἐκ διαμέτρου F   **184** ἐκβάλλειν BP¹(Q): -βαλεῖν FP⁴   φέρονται Φh   **186** τί μ' ἄνω Meineke, Men. et Phil. (1823) 178: τίμαίω (' et ' B²) B et in mg τί με B²: τιμαίω P¹(Q): τί με ὦν FP⁴: τί με ὦ Φh, Pal.   **187** δέ μ' BF¹Φh, Pal.: δ' ἔμ' P¹(Q)F²   **188** (εἷς)–**190** (ἄλλο) F²ᵐᵍ   **188** οἱ om. F²   **189** οὐδίς ταῦτα B   αὐλῶ B¹ ut vid., ἀνδρῶν Pal.   περὶ F²   φερσεφόνη PF², Pal.ᶜ: περ- BΦh, Pal., Suda   **191** εἴλεε Stadtmueller: εἴ- BPFΦh, Pal.   βύβλον BPF: βί- Φh, Pal.   **192** τοὐφεσίου Pal.: τοῦ ἐφ- BPFΦh   ἀτραπητός PF, Pal.: ἀταρπι- Φh   **193** ἢν PF   **194** φανεροῦ BPF: φαειοῦ Φh: φανεροῖ Lapini 113   λαμπρότερ' B: -προτέρη P¹(Q): -πρότεροι F: -πρότερον Φh

[17] γεγόνασι δ' Ἡράκλειτοι πέντε· πρῶτος αὐτὸς οὗτος· 195
δεύτερος ποιητὴς λυρικός, οὗ ἐστι Τῶν δώδεκα θεῶν
ἐγκώμιον· τρίτος ἐλεγείας ποιητὴς Ἁλικαρνασσεύς, εἰς ὃν
Καλλίμαχος πεποίηκεν οὕτως·

εἶπέ τις, Ἡράκλειτε, τεὸν μόρον, ἐς δέ με δάκρυ
ἤγαγεν, ἐμνήσθην δ' ὁσσάκις ἀμφότεροι   200
ἥλιον ἐν λέσχῃ κατεδύσαμεν. ἀλλὰ σὺ μέν που,
ξεῖν' Ἁλικαρνασσεῦ, τετράπαλαι σποδιή·
αἱ δὲ τεαὶ ζώουσιν ἀηδόνες, ᾗσιν ὁ πάντων
ἁρπακτὴς Ἀΐδης οὐκ ἐπὶ χεῖρα βαλεῖ.

τέταρτος Λέσβιος, ἱστορίαν γεγραφὼς Μακεδονικήν· 205
πέμπτος σπουδογέλοιος, ἀπὸ κιθαρῳδίας μεταβεβηκὼς εἰς
τὸ εἶδος.

199–204 Callim. epigr. 2 Pf. Vid. L. Lehnus, ZPE 105 (1995) 8–9   **205**
(τέταρτος) FGrHist 167 T 1.

199–204 Anth. Pal. 7.80; Plan. III^b 26.3   **200** (ἐμνήσθην)–**203** (ἀηδόνες)
Suda λ 309 (III 252.29–253.1).

197 ἁλικαρνασεὺς F   **199** δέ με F, γρ P⁴, Pal.: δ' ἐμὲ BP¹(Q)   δάκρυ' B
200 ἐμνήσθη B¹P¹   ὁσάκις F, Suda   **201** ἥλιον ἐν λέσχῃ Pal., Suda:
ἡέλιον ἐν λέσχῃ BPF, Plan.: ἡέλιον {ἐν} λέσχῃ Bentley ap. Graevium, Call.
hymn. epigr. et fragm. I (1697) 182   κατελύσαμεν FP⁴   **202**
ἁλικαρνασσεῦ P^{1pc}B²: -νασσεῦς B¹ ut vid., Suda (codd. GVM): -νασεῦ F:
-νησεῦ Pal., Suda (cod. A)   **203** αἱ Pal., Suda: *αἱ P¹: δη B² (ex δι?): δὴ F
204 βαλεῖ P: βάλει B, Pal.: βάλλει F   **206** σπουδογέλοιος Huebn.:
-γελοῖος BPF   **206** εἰς <τοῦτο> Menag.: εἰς <τόδε> Cob.

[**18**] Ξενοφάνης Δεξίου ἤ, ὡς Ἀπολλόδωρος, Ὀρθομένους Κολοφώνιος· ἐπαινεῖται πρὸς τοῦ Τίμωνος· φησὶ γοῦν,

Ξεινοφάνη θ' ὑπάτυφον, Ὁμηραπάτην ἐπικόπτην.

οὗτος ἐκπεσὼν τῆς πατρίδος ἐν Ζάγκλῃ τῆς Σικελίας
5 <...> διέτριβε δὲ καὶ ἐν Κατάνῃ. διήκουσε δὲ κατ' ἐνίους μὲν οὐδενός, κατ' ἐνίους δὲ Βότωνος Ἀθηναίου ἤ, ὥς τινες, Ἀρχελάου. καί, ὡς Σωτίων φησί, κατ' Ἀναξίμανδρον ἦν. γέγραφε δὲ ἐν ἔπεσι καὶ ἐλεγείας καὶ ἰάμβους καθ' Ἡσιόδου καὶ Ὁμήρου, ἐπικόπτων αὐτῶν τὰ περὶ θεῶν
10 εἰρημένα. ἀλλὰ καὶ αὐτὸς ἐρραψῴδει τὰ ἑαυτοῦ. ἀντιδοξάσαι τε λέγεται Θαλῇ καὶ Πυθαγόρᾳ, καθάψασθαι δὲ καὶ Ἐπιμενίδου. μακροβιώτατός τε γέγονεν, ὥς που καὶ αὐτός φησιν·

[**19**]   ἤδη δ' ἑπτά τ' ἔασι καὶ ἑξήκοντ' ἐνιαυτοὶ
15   βληστρίζοντες ἐμὴν φροντίδ' ἀν' Ἑλλάδα γῆν·
       ἐκ γενετῆς δὲ τότ' ἦσαν ἐείκοσι πέντε τε πρὸς τοῖς,
       εἴπερ ἐγὼ περὶ τῶνδ' οἶδα λέγειν ἐτύμως.

1–41 VS 21 A 1 = test. 77 G.-Pr.[2]   **1–2** (Ξενοφάνης—Κολοφώνιος) Apollod. FGrHist 244 F 68a   **3** Timon SH 834 = fr. 60.1 Di Marco   **5** (διήκουσε)**–8** (ἦν) Sotion fr. 28 W.   **8** (γέγραφε)**–10** (ἑαυτοῦ), **32–34** (Ὀλυμπιάδα) Lobo fr. 13 Gar.   **11** (ἀντιδοξάσαι)**–12** (Ἐπιμενίδου) Epimen. FGrHist 457 T 11 = 22 II (PEG II.3)   Thales test. 243 Woehrle **14–17** Xenophan. VS B 8 = fr. 7 G.-Pr.[2]

Ante **1** tit. ξενοφάνης B[2]F[2mg]P[4mg]   **1** Δεξίου Huebn.: δεξιοῦ BPF ὀρθουμένους B   **3** ξεινοφάνη θ' BP: -νην F: ξενοφάνης Sext., PH 1.224 ὑπάτυφον BP[1]: ὑπότ- FP[4]: ὑπάτυφος Sext.   ὁμηραπάτην FP[4]: ὁμηροπ-BP[1](Q): ὁμηραπάτης Sext., fort. recte. Vid. E. Vogt, RhMus 107 (1964) 295–8 et Pfeiffer, Hist. Class. Scholarship I (1968) 9[3]   ἐπικόπτης Sext. **4** ζάγκλῃ P[1pc] (γκ in ras.): ζάβλη in mg cum γρ P[4]   **5** lacunam ind. Diels, qui sic suppl. <διέτριβε καὶ τῆς εἰς Ἐλέαν ἀποικίας κοινωνήσας ἐδίδασκεν ἐκεῖ>. Vid. Gigante, PP 25 (1970) 237–8   δὲ BP[1]: om. F, del. P[4]   κατ' BFP[4]: καὶ P[1](Q)   **6** οὐδ' ἑνός P[1](Q)   **7** κατὰ ναξίμανδρον F   **8** δὲ καὶ ἐν ἔπεσιν ἐλ. F   **11** ἀντιδοξάσε * τε (τε add. B[2]) B[2]   **14** ἑξήκοντα BPF   **16** ἧς ἂν P[1](Q)   ἐείκοσι πέντε P (ἐ ex corr.), F: αἱ εἰκοσιπέντε B τε om. F   **17** περιττῶν δ' F   ἐτύμως B[2] (ὐ in ras.), F: ἐ- P[1]

φησὶ δὲ τέτταρα εἶναι τῶν ὄντων στοιχεῖα, κόσμους δ᾽
ἀπείρους, οὐ παραλλακτούς δέ. τὰ νέφη συνίστασθαι τῆς
ἀφ᾽ ἡλίου ἀτμίδος ἀναφερομένης καὶ αἰρούσης αὐτὰ εἰς τὸ   20
περιέχον. οὐσίαν θεοῦ σφαιροειδῆ, μηδὲν ὅμοιον ἔχουσαν
ἀνθρώπῳ· ὅλον δὲ ὁρᾶν καὶ ὅλον ἀκούειν, μὴ μέντοι
ἀναπνεῖν· σύμπαντά τε εἶναι νοῦν καὶ φρόνησιν καὶ ἀίδιον.
πρῶτός τε ἀπεφήνατο ὅτι πᾶν τὸ γινόμενον φθαρτόν ἐστι
καὶ ἡ ψυχὴ πνεῦμα.   25
ἔφη δὲ καὶ τὰ πολλὰ ἥσσω νοῦ εἶναι. καὶ τοῖς τυράννοις
ἐντυγχάνειν <δεῖ> ἢ ὡς ἥκιστα ἢ ὡς ἥδιστα. [20]
Ἐμπεδοκλέους δὲ εἰπόντος αὐτῷ ὅτι ἀνεύρετός ἐστιν ὁ
σοφός, 'εἰκότως,' ἔφη, 'σοφὸν γὰρ εἶναι δεῖ τὸν
ἐπιγνωσόμενον τὸν σοφόν.' φησὶ δὲ Σωτίων πρῶτον αὐτὸν   30
εἰπεῖν ἀκατάληπτα εἶναι τὰ πάντα, πλανώμενος.

ἐποίησε δὲ καὶ Κολοφῶνος κτίσιν καὶ τὸν εἰς Ἐλέαν τῆς
Ἰταλίας ἀποικισμὸν ἔπη δισχίλια. καὶ ἤκμαζε κατὰ τὴν
ἑξηκοστὴν Ὀλυμπιάδα. φησὶ δὲ Δημήτριος ὁ Φαληρεὺς ἐν
τῷ Περὶ γήρως καὶ Παναίτιος ὁ Στωϊκὸς ἐν τῷ Περὶ   35
εὐθυμίας ταῖς ἰδίαις χερσὶ θάψαι τοὺς υἱεῖς αὐτόν, καθάπερ
καὶ Ἀναξαγόραν. δοκεῖ δὲ πεπρᾶσθαι ὑπὸ <...> τῶν

---

30 (φησὶ)–**31** (πλανώμενος) Sotion fr. 29 W.   **32–34** (Ὀλυμπιάδα)
Xenophan. FGrHist 450 T 1 = Apollod. FGrHist. 244 F 68b   **34** (φησὶ)–**37**
(Ἀναξαγόραν) Demetr. Phal. fr. 84 SOD = 83 W.   Panaet. test. 86 Al.
i.e. 540–536   **37** (Ἀναξαγόραν) cf. 2.13   **37** (δοκεῖ)–**39** (πρώτῳ) Favor.
fr. 38 Bar. = 8 Mensch. = 46 Am.   VS 20 A 2

18–31 (πάντα) Φh 51 (125.15–126.4)   **26** (καὶ²)–**27** (ἥδιστα) Suda η 174
(II 558.7–8)

18 τέσσαρα Φh   δ᾽ P: δὲ B: om. F   **19** οὐ παραλλακτούς BP¹(Q)Φh:
ἀπαραλλάκτους FP⁴   **20** ἀναιρούσης F   αὐτὰ del. Heidel, Proceed.
Amer. Acad. Arts a. Sciences 48 (1913) 693   **26** ἥσσω νοῦ PFΦh: ἥσσων·
οὖ B   **27** ἐντυγχάνειν B   δεῖ add. Kassel   ἢ¹ om. Suda   ἥδιστα
F¹   **31** ἀκατάλημπτα B   πλανώμενον F   **35–36** καὶ—εὐθυμίας
om. F   **36** υἱοὺς F   αὐτὸν BP: -ῶν F   **37** πεπρᾶσθαι B: πεπρά- P:
περὶ πρᾶσθαι F¹ (περὶ comp.): τετάφθαι von Fritz, RE XVIII.1 (1939) 960:
alii alia (vid. Mesching, Favorin 75⁷⁵⁻⁶)   ὑπὸ <* καὶ λελύσθαι ὑπὸ> Diels:
πεπρ. <καὶ λελύσθαι> ὑπὸ Marcov.

Πυθαγορικῶν Παρμενίσκου καὶ Ὀρεστάδου, καθά φησι
Φαβωρῖνος ἐν Ἀπομνημονευμάτων πρώτῳ. γέγονε δὲ καὶ
40 ἄλλος Ξενοφάνης Λέσβιος ποιητὴς ἰάμβων.

και οὗτοι μὲν οἱ σποράδην.

---

38 Παρμενιάδου καὶ Ὀρεστάκου F   38 (καθά)–39 (πρώτῳ) om. F

[21] Ξενοφάνους δὲ διήκουσε—Παρμενίδης Πύρητος Ἐλεάτης. τοῦτον Θεόφραστος ἐν τῇ Ἐπιτομῇ Ἀναξιμάνδρου φησὶν ἀκοῦσαι. ὅμως δ᾽ οὖν ἀκούσας καὶ Ξενοφάνους οὐκ ἠκολούθησεν αὐτῷ. ἐκοινώνησε δὲ καὶ Ἀμεινίᾳ Διοχάρτα τῷ Πυθαγορικῷ, ὡς ἔφη Σωτίων, ἀνδρὶ 5 πένητι μέν, καλῷ δὲ καὶ ἀγαθῷ. ᾧ καὶ μᾶλλον ἠκολούθησε καὶ ἀποθανόντος ἡρῷον ἱδρύσατο γένους τε ὑπάρχων λαμπροῦ καὶ πλούτου, καὶ ὑπὸ Ἀμεινίου ἀλλ᾽ οὐχ ὑπὸ Ξενοφάνους εἰς ἡσυχίαν προετράπη.

πρῶτος δὲ οὗτος τὴν γῆν ἀπέφαινε σφαιροειδῆ καὶ ἐν 10 μέσῳ κεῖσθαι. δύο τε εἶναι στοιχεῖα, πῦρ καὶ γῆν, καὶ τὸ μὲν δημιουργοῦ τάξιν ἔχειν, τὴν δὲ ὕλης. [22] γένεσίν τε ἀνθρώπων ἐξ ἡλίου πρῶτον γενέσθαι· †αὐτὸν† δὲ ὑπάρχειν τὸ θερμὸν καὶ τὸ ψυχρόν, ἐξ ὧν τὰ πάντα συνεστάναι. καὶ τὴν ψυχὴν καὶ τὸν νοῦν ταὐτὸν εἶναι, καθὰ μέμνηται καὶ 15 Θεόφραστος ἐν τοῖς Φυσικοῖς, πάντων σχεδὸν ἐκτιθέμενος τὰ δόγματα. δισσήν τε ἔφη τὴν φιλοσοφίαν, τὴν μὲν κατὰ ἀλήθειαν, τὴν δὲ κατὰ δόξαν. διὸ καὶ φησί που·

1–41 VS 28 A 1   **1–4** (αὐτῷ) Xenophan. test. 78 G.-Pr.[2]   **2** (τοῦτον)– **3** (ἀκοῦσαι) Theophr. fr. 227D FHS&G   **4** (ἐκοινώνησε)–**9** Sotion fr. 27 W.   **14** (καὶ)–**17** (δόγματα) Theophr. fr. 227D FHS&G

---

11 (δύο)–**14** (συνεστάναι) Φ 67 (314.20–315.1)

Ante **1** tit. παρμενίδης rec.   **1–2** παρμ. πύρ. ἐλ. διήκουσε ξενοφάνους. τοῦτον Z (Frob.)   **1** post διήκουσε cum novo capite incipit B. Vid. Dorandi, Elenchos 30 (2009) 347–53   **5** ἀμιννίᾳ B   Διοχάρτα Bechtel, Kl. onomat. Stud. (1981) 17–18 (a. 1917): διοχαίτη BP: καὶ διοχέτη F: Ἰοχαίτα E. Teza et Wil., Hermes 65 (1930) 251 (= Wil., Kl. Schr. IV 519): Διοχαίτα Diels, Hermes 35 (1900) 197: -του V. d. Muehll. Vid. Knoepfler, Décrets 131[149]   **6** κακῷ B   **8** πλούτου καὶ BPF: πλούσιος deleto καὶ Z (Frob.)   **10** ἀπέφαινε BP: -φηνε F   **13** ἡλίου BPF: ἴλυος Frob.: ἡλίου <τε καὶ ἰλύος> Steinhart in Ersch u. Gruber, Allgemeine Enzyklopädie III 13.242   αὐτὸν (sc. ἄνθρωπον) BPF, def. Untersteiner, Parmenide (1958) ccii[125], 11–2: αὐτῶν (sc. ἀνθρώπων) Wyttenbach, Opusc. (1821) 542: αὐτοῖς Heidel, Proceed. Amer. Acad. Arts a. Sciences 48 (1913) 717: αὐτὰ Merlan, Kl. philos. Schr. (1976) 12 (a. 1966): αἴτια Diels, Dox. 142, 166. Vid. Merlan, Kl. philos. Schr. **11–12** δὲ BPF: τε Φ   ὑπερέχειν Apelt   **14** θερμόνδε B   **15** καὶ τὸν νοῦν καὶ τὴν ψυχὴν F   καὶ[2] om. B   **16** φυσικοῖς PF: στωικοῖς B σχεδὸν om. B spatio relicto   **17** ἔφη BP¹(Q): εἶναι F: ἔφη εἶναι P⁴ᵐᵍ

χρεὼ δέ σε πάντα πυθέσθαι,
20 ἠμὲν Ἀληθείης εὐπειθέος ἀτρεκὲς ἦτορ,
ἠδὲ βροτῶν δόξας, ταῖς οὐκ ἔνι πίστις ἀληθής.

καὶ αὐτὸς δὲ διὰ ποιημάτων φιλοσοφεῖ, καθάπερ Ἡσίοδός
τε καὶ Ξενοφάνης καὶ Ἐμπεδοκλῆς. κριτήριον δὲ τὸν λόγον
εἶπε· τάς τε αἰσθήσεις μὴ ἀκριβεῖς ὑπάρχειν. φησὶ γοῦν·

25 μηδέ σ' ἔθος πολύπειρον ὁδὸν κατὰ τήνδε βιάσθω
νωμᾶν ἄσκοπον ὄμμα καὶ ἠχήεσσαν ἀκουὴν
καὶ γλῶσσαν, κρῖναι δὲ λόγῳ πολύδηριν ἔλεγχον.

[23] διὸ καὶ περὶ αὐτοῦ φησιν ὁ Τίμων·

Παρμενίδου τε βίην μεγαλόφρονος οὐ πολύδοξον,
30 ὅς ῥ' ἐπὶ φαντασίας Ἀπάτης ἀνενείκατο νώσεις.

εἰς τοῦτον καὶ Πλάτων τὸν διάλογον γέγραφε,
'Παρμενίδην' ἐπιγράψας 'ἢ Περὶ ἰδεῶν.'
ἤκμαζε δὲ κατὰ τὴν ἐνάτην καὶ ἑξηκοστὴν Ὀλυμπιάδα.
καὶ δοκεῖ πρῶτος πεφωρακέναι τὸν αὐτὸν εἶναι Ἕσπερον
35 καὶ Φωσφόρον, ὥς φησι Φαβωρῖνος ἐν πέμπτῳ

19–21 VS 28 B 1.28–30   **22–23** (Ἐμπεδοκλῆς) Xenophan. test. 79 G.-Pr.[2]
25–27 VS 28 B 7.3–5   **29–30** Timon SH 818 = fr. 44 Di Marco   3H
L.-S.   **33** (ἤκμαζε—Ὀλυμπιάδα) Apollod. FGrHist 244 F 341   i.e.
504–500   **34** (καὶ)–**36** (Πυθαγόραν) Favor. fr. 46 Bar. = 16 Mensch. =
54 Am.   Cf. 8.14

34–35 (πεφωρακέναι—Φωσφόρον) Suda ε 3187 (II 428.4–5)

19 χρεὼ δέ σε P[x](Q)F: χρεῶδές σε P[ac]: χρεωδές σε B   **20** ἦ μὲν B: ἠμὲν
P: εἰμὲν F   εὐπειθέος P[1pc]F: -πιθέος P[1ac]: -τίθεος B   **21** ταῖς οὐκ
ἔνι Menag. e Sext., M 7.111 et Procl., in Plat. Tim., I p. 345, 15 Diehl: τῆς
οὐκέτι BPF   **23** καὶ Ἐμπεδοκλῆς om. F   **25** σ' ἔθος Menag. e Sext.,
M 7.111: σε θεὸς BF, γρ P[±mg]: σέθεν P[x](Q) (ras. supra ν)   **26** ἠχήεσαν BP[1]
29 μεγαλόφρονος BP[1](Q): -φρονα FP[‡]   οὖ rec.: ὁ BP[1](Q): τὴν F   **30** ὅς
BP: ὡς F   ἐπὶ BPF: ἀπὸ Wachsm.: ἐκ dub. A. A. Long, Proc. Cambr. Phil.
Soc. 204 (1978) 86[31]   φαντασίης Wachsm.   Ἀπάτης Di Marco   ἐπὶ
φαντασίης ἀπάτας Meineke ap. Wachsm. et Wil., Hell. Dicht. I (1924) 168[4]
ἀνενείκατο νώσεις Steph.: -νίκατο νώσ. P[x]: -νίκατον ὡς εἰς (ras. supra ι)
B: -νήκατον ὡς εἶς P[1]F[1]   **31** καὶ Πλάτων τὸν om. B   **32** ἢ περὶ ἰδεῶν
om. F   **33** ἐννάτην B[1]F   **34** ἔσπερον εἶναι Suda   **35** (ἐν)–**36** (ἀπο-
μνημονευμάτων) om. F

Ἀπομνημονευμάτων· οἱ δὲ Πυθαγόραν· Καλλίμαχος δέ φησι μὴ εἶναι αὐτοῦ τὸ ποίημα. λέγεται δὲ καὶ νόμους θεῖναι τοῖς πολίταις, ὥς φησι Σπεύσιππος ἐν τῷ Περὶ φιλοσόφων. καὶ πρῶτος ἐρωτῆσαι τὸν Ἀχιλλέα λόγον, ὡς Φαβωρῖνος ἐν Παντοδαπῇ ἱστορίᾳ.   40

    γέγονε δὲ καὶ ἕτερος Παρμενίδης, ῥήτωρ τεχνογράφος.

---

36 (Καλλίμαχος)–**37** (ποίημα) Callim. fr. 442 Pf.   **37** (λέγεται)–**38** (φιλοσόφων) Speusipp. fr. 118 Isn. = 3 Tarán   **38** (καὶ)–**40** Favor. fr. 75 Bar. = 43 Mensch. = 80 Am.   Cf. infra § 29.

---

36 φησι om. F   **37** θῆναι B   **38** ὡς—φιλοσόφων om. F   **38** (ὥς)–**40** (ἱστορίᾳ) om. F   **41** τεχνογράφος ῥήτωρ F

[24] Μέλισσος Ἰθαιγένους Σάμιος. οὗτος ἤκουσε Παρμενίδου· ἀλλὰ καὶ εἰς λόγους ἦλθεν Ἡρακλείτῳ· ὅτε καὶ συνέστησεν αὐτὸν τοῖς Ἐφεσίοις ἀγνοοῦσι, καθάπερ Ἱπποκράτης Δημόκριτον Ἀβδηρίταις. γέγονε δὲ καὶ
5 πολιτικὸς ἀνὴρ καὶ ἀποδοχῆς παρὰ τοῖς πολίταις ἠξιωμένος· ὅθεν ναύαρχος αἱρεθεὶς ἔτι καὶ μᾶλλον ἐθαυμάσθη διὰ τὴν οἰκείαν ἀρετήν.

ἐδόκει δὲ αὐτῷ τὸ πᾶν ἄπειρον εἶναι καὶ ἀναλλοίωτον καὶ ἀκίνητον καὶ ἓν ὅμοιον ἑαυτῷ καὶ πλῆρες· κίνησίν τε μὴ
10 εἶναι, δοκεῖν δ᾽ εἶναι. ἀλλὰ καὶ περὶ θεῶν ἔλεγε μὴ δεῖν ἀποφαίνεσθαι· μὴ γὰρ εἶναι γνῶσιν αὐτῶν.

φησὶ δ᾽ Ἀπολλόδωρος ἠκμακέναι αὐτὸν κατὰ τὴν τετάρτην καὶ ὀγδοηκοστὴν Ὀλυμπιάδα.

1–13 VS 30 A 1   **1–4** (Ἀβδηρίταις) Heracl. T 707 Mour. (= T 9)
8 (ἄπειρον) cf. VS 30 B 3 et 6   **9** (ἀκίνητον) cf. VS 30 B 7 et 10
(πλῆρες) cf. VS 30 B 7   **12–13** Apollod. FGrHist 244 F 72   i.e. 444–440

8–11 Φh 45 (123.20–3)

Ante **1** tit. μέλισσος FP^img   **1** μέλισσος B² in ras.   ἰθαιγένους B: -γενοῦς
P: ἰθαγένους F   **2** ἐς F   **4** ἀβδηρίταις F: αὐ- BP   **10** δοκεῖν δ᾽
εἶναι om. B   **11** ἀποφήνεσθαι F

[25] Ζήνων Ἐλεάτης. τοῦτον Ἀπολλόδωρός φησιν εἶναι ἐν Χρονικοῖς {Πύρητος τὸν δὲ Παρμενίδην} φύσει μὲν Τελευταγόρου, θέσει δὲ Παρμενίδου <τὸν δὲ Παρμενίδην Πύρητος>.

περὶ τούτου καὶ Μελίσσου Τίμων φησὶ ταῦτα·   5

ἀμφοτερογλώσσου τε μέγα σθένος οὐκ ἀλαπαδνὸν
Ζήνωνος πάντων ἐπιλήπτορος, ἠδὲ Μελίσσου,
πολλῶν φαντασμῶν ἐπάνω, παύρων γε μὲν ἥσσω.

ὁ δὴ Ζήνων διακήκοε Παρμενίδου καὶ γέγονεν αὐτοῦ παιδικά. καὶ εὐμήκης ἦν, καθά φησι Πλάτων ἐν τῷ 10
Παρμενίδῃ· ὁ δ᾽ αὐτὸς ἐν τῷ Σοφιστῇ καὶ Ἐλεατικὸν Παλαμήδην αὐτὸν καλεῖ. φησὶ δ᾽ Ἀριστοτέλης εὑρετὴν αὐτὸν γενέσθαι διαλεκτικῆς, ὥσπερ Ἐμπεδοκλέα ῥητορικῆς.

γέγονε δὲ ἀνὴρ γενναιότατος καὶ ἐν φιλοσοφίᾳ καὶ ἐν 15
πολιτείᾳ· **[26]** φέρεται γοῦν αὐτοῦ βιβλία πολλῆς συνέσεως γέμοντα. καθελεῖν δὲ θελήσας Νέαρχον τὸν τύραννον (οἱ δὲ Διομέδοντα) συνελήφθη, καθά φησιν Ἡρακλείδης ἐν τῇ Σατύρου ἐπιτομῇ. ὅτε καὶ ἐξεταζόμενος τοὺς συνειδότας καὶ

1–61 VS 29 A 1   **1–4** Apollod. FGrHist 244 F 30a   **6–8** Timon SH 819 = fr. 45 Di Marco   3I L.-S.   **10** Plat., Parm. 127 b 4 et cf. Soph. 216 a 4   **12** (φησὶ)–**14** Arist. fr. 65 R.³   Cf. 8.57   **15–24** Satyr. fr. 15 Schorn

---

17 (καθελεῖν)–**35** Φ 68 (315.3–16)

Ante **1** tit. ζήνων P⁴ᵐᵍ   **1** ζήνων B² in ras.   μὴ εἶναι F   **2** Πύρητος τὸν δὲ Παρμενίδην del. Rossi 190   πύρρητος F   **3–4** τὸν—Πύρητος (ex **2**) huc ins. Karsten, Parmenidis carm. rel. (1835) 3¹   **7** πάντων Casaub. ex Plut., Pericl. 4.5: πλάτων BPF   μελίσσου BPF: Μέλισσον Meineke, Philol. 15 (1860) 330   **8** γε BP: δὲ F   ἥσσω BP: εἴσω F   **11** ἐν τῷ σοφιστῇ] quia Plato non in Soph. 215A ubi eius memoriam fecit, sed in Phaedro 261D hunc Ἐλ. Παλαμ. appellat, ἐν τῷ Φαίδρῳ scr. G. L. Spalding ad Quint., inst. or. 3.1.10: <καὶ ἐν τῷ Φαίδρῳ αὐτοῦ μέμνηται> suppl. Diels: Σοφ. pro Φαίδρ. Diogenis errore positum susp. Battier, Observ. et emend. in D. L. libros (1705) 12–3 et K. Fr. Hermann (1834) 109   **12** Ἀριστ. <ἐν τῷ Σοφιστῇ> Spalding (cf. 8.57)   εὗρεν F¹   **18** καθά φ. ἡρακλείδης om. F¹, suppl. F²ᵐᵍ   **19** ἐξεταζόμενος εἰπεῖν Φ

20 περὶ τῶν ὅπλων ὧν ἦγεν εἰς Λιπάραν, πάντας ἐμήνυσεν
αὐτοῦ τοὺς φίλους, βουλόμενος αὐτὸν ἔρημον καταστῆσαι·
εἶτα περί τινων εἰπεῖν ἔχειν τινά αὐτῷ ἔλεγε πρός τὸ οὖς καὶ
δακὼν οὐκ ἀνῆκεν ἕως ἀπεκεντήθη, ταὐτὸν Ἀριστογείτονι
τῷ τυραννοκτόνῳ παθών.

25 [27] Δημήτριος δέ φησιν ἐν τοῖς Ὁμωνύμοις τὸν μυκτῆρα
αὐτὸν ἀποτραγεῖν. Ἀντισθένης δὲ ἐν ταῖς Διαδοχαῖς φησι
μετὰ τὸ μηνῦσαι τοὺς φίλους ἐρωτηθῆναι πρὸς τοῦ
τυράννου εἴ τις ἄλλος εἴη· τὸν δ' εἰπεῖν, 'σὺ ὁ τῆς πόλεως
ἀλιτήριος.' πρός τε τοὺς παρεστῶτας φάναι· 'θαυμάζω
30 ὑμῶν τὴν δειλίαν, εἰ τούτων ἕνεκεν ὧν νῦν ἐγὼ ὑπομένω,
δουλεύετε τῷ τυράννῳ·' καὶ τέλος ἀποτραγόντα τὴν
γλῶτταν προσπτύσαι αὐτῷ· τοὺς δὲ πολίτας
παρορμηθέντας αὐτίκα τὸν τύραννον καταλεῦσαι. ταῦτα
δὲ σχεδὸν οἱ πλείους λαλοῦσιν. Ἕρμιππος δέ φησιν εἰς
35 ὅλμον αὐτὸν βληθῆναι καὶ κατακοπῆναι.

[28] καὶ εἰς αὐτὸν ἡμεῖς εἴπομεν οὕτως·

> ἤθελες, ὦ Ζήνων, καλὸν ἤθελες ἄνδρα τύραννον
> κτείνας ἐκλῦσαι δουλοσύνης Ἐλέαν.
> ἀλλ' ἐδάμης· δὴ γάρ σε λαβὼν ὁ τύραννος ἐν ὅλμῳ
40 > κόψε. τί τοῦτο λέγω; σῶμα γάρ, οὐχὶ δὲ σέ.

25–26 (Δημήτριος—ἀποτραγεῖν) Demetr. Magn. fr. 28 Mejer   **26–33** (καταλεῦσαι) Antisth. Rhod. FGrHist 508 F 11 = fr. 11 Giannat. **34** (Ἕρμιππος)–**40** Hermipp. FGrHistCont 1026 F 63   Cf. infra § 59

37–40 Anth. Pal. 7.129; Plan. IIIᵃ 28.35

---

20 ἐμήνυσεν BP¹: om. F, expunxit Pˣ   **21** ἔρημον αὐτὸν Φ   **22** εἰπεῖν BP¹(Q), Φ: -ὼν FP⁴   τινὰ BP¹: τινὰ εἰπεῖν FP⁴: τινὰ om. Φ: τινὰ <ἔφη> Diels   ἔλεγε Φ: om. BPF: λέγων Marcov.   πρός τὸ οὖς om. Φ   **22–23** καὶ κύψαντος δακὼν τὸ ὠτίον Φ   **23** ἕως BP¹(Q)Φ: ἕως ἂν FP⁴ ἀριστογείτωνι F   **25** φησιν αὐτὸν F   **26–27** ἐν—φίλους om. Φ **28** τι ἄλλο F   **29** τε BPF: δὲ Φ   **30** νῦν BP: om. FΦ   **31** δουλεύεται B   **33** παρορμηθέντας F   αὐτίκα om. Φ   ταῦτα Byw., Heracl. (sed vid. 5.90 et 9.40)   **37** ἤθελες¹ BPF: ἤλυθες Pal. ἤθελες² om. F   **38** ἐκλῦσαι BPF: ..ἐλκύσαι Pal.ᶜ: δουλοσύνης BP, Pal.ᶜ: δουλωσύνας F: δουλο- Pal.   **39** δὴ BP, Pal.ᶜ: δεῖ F   **40** κόψαι B σὲ δέ F

γέγονε δὲ τά τε ἄλλα ἀγαθὸς ὁ Ζήνων, ἀλλὰ καὶ
ὑπεροπτικὸς τῶν μειζόνων κατ' ἴσον Ἡρακλείτῳ· καὶ γὰρ
οὗτος τὴν πρότερον μὲν Ὑέλην, ὕστερον δὲ Ἐλέαν,
Φωκαέων οὖσαν ἀποικίαν, αὑτοῦ δὲ πατρίδα, πόλιν εὐτελῆ
καὶ μόνον ἄνδρας ἀγαθοὺς τρέφειν ἐπισταμένην ἠγάπησε   45
μᾶλλον τῆς Ἀθηναίων μεγαλαυχίας, οὐκ ἐπιδημήσας
πώμαλα πρὸς αὐτούς, ἀλλ' αὐτόθι καταβιούς.

[29] οὗτος καὶ τὸν Ἀχιλλέα πρῶτος λόγον ἠρώτησε
(Φαβωρῖνος δέ φησι Παρμενίδην) καὶ ἄλλους συχνούς.
ἀρέσκει δὲ αὐτῷ τάδε· κόσμον εἶναι κενόν τε μὴ εἶναι·   50
γεγενῆσθαι δὲ τὴν τῶν πάντων φύσιν ἐκ θερμοῦ καὶ
ψυχροῦ καὶ ξηροῦ καὶ ὑγροῦ, λαμβανόντων αὐτῶν εἰς
ἄλληλα τὴν μεταβολήν· γένεσίν τε ἀνθρώπων ἐκ γῆς εἶναι
καὶ ψυχὴν κρᾶμα ὑπάρχειν ἐκ τῶν προειρημένων κατὰ
μηδενὸς τούτων ἐπικράτησιν.   55

τοῦτόν φασι λοιδορούμενον ἀγανακτῆσαι· αἰτιασαμένου
δέ τινος, φάναι· 'ἐὰν μὴ λοιδορούμενος προσποιῶμαι, οὐδὲ
ἐπαινούμενος αἰσθήσομαι.'

41–42 (Ἡρακλείτῳ) 48–49 (συχνούς) Favor. fr. 75 Bar. = 43a Mensch. =
80a Am. (48–49 συχνούς)   Cf. supra § 23

---

42 (καὶ)–47 Suda ε 768 (II 241.1–5)   50 (κόσμον)–58 Φh 33 (III.10–18)

---

43 μὲν πρότερον F   Ὑέλην Casaub.: ὕλην BPF, Suda   ὕστ. δὲ Ἐλ. om.
Suda   δὲ BP: δ' F   ἐλαίαν F¹   44 αὐ. δὲ πατρ. om. Suda   αὑτοῦ
Cob.: αὐ- BPF   εὐτελεῖ F   45 ἀγαθοὺς ἄνδρας Suda   ἐπιστάμενον
F   47 πώμαλα Diels: τὰ πολλὰ BPF, Suda, fort. recte: τὸ παράπαν
Cob.   48 πρῶτος rec.: α' BP¹: ἕνα F   49 verba Φαβ.—Παρμενίδην
tamquam in parenthesi posita put. Huebn. Vid. Barigazzi, Favor. 233   50
κόσμον Φh: -ος BP¹(Q): -ους FP⁴   κόσμους εἶναι <ἀπείρους> Kranz
καινὸν τὲ B¹, κενάν τε (εν supra ά) F¹   51 δὲ om. F   πάντων BPF:
ὑδάτων Φh   52 καὶ ξηροῦ καὶ ὑγροῦ om. F¹, suppl. F²ᵐᵍ   αὐτῶν om.
F   54 εἰρημένων F   57 ἐὰν BPF: εἰ Φh   μὴ λοιδορούμενος BP¹Φh:
μὴ om. F¹, expunxit Pˣ: λοιδορούμενος μὴ Iunius: λοιδ. μὴ <ἀχθῆναι>
Marcov. ex Gnom. Vat. 274. Vid. Lapini 106⁸   προσποιῶμαι PF:
-ποιοῦμαι BΦh   58 αἰσθήσομαι BPF: αἰσθανθή- Φh: ἠσθή- Frob. et
Gnom. Vat.

677

ὅτι τε γεγόνασι Ζήνωνες ὀκτὼ ἐν τῷ Κιτιεῖ διειλέγμεθα.
60 ἤκμαζε δὲ οὗτος κατὰ τὴν ἐνάτην <καὶ ἑβδομηκοστὴν>
Ὀλυμπιάδα.

---

59 (διειλέγμεθα) cf. 7.35   **60** (ἤκμαζε)–**61** Apollod. FGrHist 244 F 30b
i.e. 464–460.

---

59 τε BP: δὲ F   κιττιεῖ PF   διηλέγμεθα BF[1]   **60** δὲ BP: δ' F
ἐνάτην B: θ' P[1](Q): om. F   καὶ ἑβδομηκοστὴν add. Aldobr.

[30] Λεύκιππος Ἐλεάτης, ὡς δέ τινες, Ἀβδηρίτης, κατ᾽ ἐνίους δὲ Μήλιος. οὗτος ἤκουσε Ζήνωνος.

ἤρεσκε δὲ αὐτῷ ἄπειρα εἶναι τὰ πάντα καὶ εἰς ἄλληλα μεταβάλλειν, τό τε πᾶν εἶναι κενὸν καὶ πλῆρες σωμάτων. τούς τε κόσμους γίνεσθαι σωμάτων εἰς τὸ κενὸν 5 ἐμπιπτόντων καὶ ἀλλήλοις περιπλεκομένων· ἔκ τε τῆς κινήσεως κατὰ τὴν αὔξησιν αὐτῶν γίνεσθαι τὴν τῶν ἀστέρων φύσιν. φέρεσθαι δὲ τὸν ἥλιον ἐν μείζονι κύκλῳ ἢ τὴν σελήνην· τὴν γῆν ὀχεῖσθαι περὶ τὸ μέσον δινουμένην· σχῆμά τε αὐτῆς τυμπανῶδες εἶναι. πρῶτός τ᾽ ἀτόμους 10 ἀρχὰς ὑπεστήσατο. κεφαλαιωδῶς μὲν ταῦτα. ἐπὶ μέρους δὲ ὧδε ἔχει·

[31] τὸ μὲν πᾶν ἄπειρόν φησιν, ὡς προείρηται· τούτου δὲ τὸ μὲν πλῆρες εἶναι, τὸ δὲ κενόν, <ἃ> καὶ στοιχεῖά φησι. κόσμους τε ἐκ τούτων ἀπείρους εἶναι καὶ διαλύεσθαι εἰς 15 ταῦτα. γίνεσθαι δὲ τοὺς κόσμους οὕτω· φέρεσθαι κατὰ ἀποτομὴν ἐκ τῆς ἀπείρου πολλὰ σώματα παντοῖα τοῖς σχήμασιν εἰς μέγα κενόν, ἅπερ ἀθροισθέντα δίνην ἀπεργάζεσθαι μίαν, καθ᾽ ἣν προσκρούοντα καὶ παντοδαπῶς κυκλούμενα διακρίνεσθαι χωρὶς τὰ ὅμοια 20 πρὸς τὰ ὅμοια. ἰσορρόπων δὲ διὰ τὸ πλῆθος μηκέτι δυναμένων περιφέρεσθαι, τὰ μὲν λεπτὰ χωρεῖν εἰς τὸ ἔξω κενόν, ὥσπερ διαττώμενα· τὰ δὲ λοιπὰ συμμένειν καὶ

1–49 VS 67 A 1   10 (τυμπανῶδες) cf. VS 67 A 26

3–11 (ὑπεστήσατο); 13–49 Φh 43 (118.10–120.5)

Ante 1 tit. λεύκιππος FP⁴ᵐᵍ   1 λεύκιππος B² in ras.   ἀβδηρίτης P¹: αὐδηρεί- B: αὐδηρί- F   2 μήλιος BPF: μιλήσιος rec.   cf. VS 67 A 8, 12, 33 et infra § 34   4–5 καινόν B¹   4 σωμάτων secl. Rohde, Kl. Schr. I (1901) 208 (a. 1880)   7 τήν om. Φh   8 φέρεσθαι BPF: φαίν- Φh   ἢ Lapini MH 68 (2011) 22: περὶ BPΦh: παρά F   10 τυμπανοειδὲς Φh   13 ὡς προείρηται om. FΦh   14 εἶναι om. F   ἃ add. C. Hoelk, De acusmatis Pythag. (1894) sent. contr. II   15 τε om. F   ἐκ τούτων om. Φh   εἶναι ἀπείρους F   διαδύεσθαι BΦh   18–19 μίαν ἀπεργ. δίνην Φh   19 μίαν BPFΦh: βίᾳ Roeper teste Diels (loc. non inveni)   post προσκρούοντα add. ἀλλήλοις Rohde, Kl. Schr. I (1901) 208 (a. 1880)   20 διακρούεσθαι F   21 ἰσορρόπων PF: ἰσορόπων B: ἰσορρόπως Roeper teste Diels (loc. non inveni)   23 διαττώμενα B¹P¹: διαττό- B², Pˣ(Q), FΦh

περιπλεκόμενα συγκατατρέχειν ἀλλήλοις καὶ ποιεῖν
25 πρῶτόν τι σύστημα σφαιροειδές.

[32] τοῦτο δὲ οἷον ὑμένα ἀφίστασθαι, περιέχοντα ἐν
ἑαυτῷ παντοῖα σώματα· ὧν κατὰ τὴν τοῦ μέσου ἀντέρεισιν
περιδινουμένων λεπτὸν γενέσθαι τὸν πέριξ ὑμένα,
συρρεόντων ἀεὶ τῶν συνεχῶν κατ᾽ ἐπίψαυσιν τῆς δίνης. καὶ
30 οὕτω γενέσθαι τὴν γῆν, συμμενόντων τῶν ἐνεχθέντων ἐπὶ
τὸ μέσον. αὐτόν τε πάλιν τὸν περιέχοντα οἷον ὑμένα
αὔξεσθαι κατὰ τὴν ἐπέκρυσιν τῶν ἔξωθεν σωμάτων· δίνῃ τε
φερόμενον αὐτὸν ὧν ἂν ἐπιψαύσῃ, ταῦτα ἐπικτᾶσθαι.
τούτων δέ τινα συμπλεκόμενα ποιεῖν σύστημα, τὸ μὲν
35 πρῶτον κάθυγρον καὶ πηλῶδες, ξηρανθέντα δὲ καὶ
περιφερόμενα σὺν τῇ τοῦ ὅλου δίνῃ, εἶτ᾽ ἐκπυρωθέντα τὴν
τῶν ἀστέρων ἀποτελέσαι φύσιν.

[33] εἶναι δὲ τὸν τοῦ ἡλίου κύκλον ἐξώτατον, τὸν δὲ τῆς
σελήνης προσγειότατον, τῶν ἄλλων μεταξὺ τούτων ὄντων.
40 καὶ πάντα μὲν τὰ ἄστρα πυροῦσθαι διὰ τὸ τάχος τῆς
φορᾶς, τὸν δὲ ἥλιον καὶ ὑπὸ τῶν ἀστέρων ἐκπυροῦσθαι·
τὴν δὲ σελήνην τοῦ πυρὸς ὀλίγον μεταλαμβάνειν. ἐκλείπειν

---

26 (ὑμένα) cf. VS 67 A 23

24 ἀλλήλοις Cob.: ἄλληλα BPFΦh   **26** τούτου Kerschensteiner,
Hermes 87 (1959) 446   δὲ BF: δ᾽ PΦh   ἀφίστασθαι BPF: ὑφ- Φh (coni.
Reiske 322). Vid. L. Orelli, La pienezza del vuoto (1996) 172–6   **27** αὐτῷ
F   ἀντίρρησιν F   **28** γενέσθαι BP¹(Q)Φh: γίνε- FP⁴   **29** τῶν
συνεχῶν om. F¹, suppl. F²ᵐᵍ   ἐπίψαυσιν P (υσι in ras.), F: ἐπιψαύειν B
30 οὕτω μὲν F   συμμενόντων PFΦh: συμβεν- B: συμβαιν- rec.   **31**
αὐτὸν PFΦh: -ὸς B   τε F² ex τὸν F¹   πάλιν τὸν om. F¹, suppl. F²ᵐᵍ
32 αὔξεσθαι PFΦh: ἅπτ- B   ἐπέκρυσιν BPF (cf. Kerschensteiner 446⁴ et
Mejer, Transmission 3595¹⁴²): ἐπικράτησιν Φh: ἐπέκκρισιν Arsen. (coni.
Heidel, Proceed. Amer. Acad. Arts a. Sciences 48 [1913] 732): ἐπίκρισιν (vel
ἐπείσ-) Reiske 322: ἐπείσρυσιν Rohde, Kl. Schr. I (1901) 208 (a. 1880):
ἐπίρρυσιν Brieger, Urbewegung d. Atome (1884) 22   **33** ἐπιψαύσει B
34 ποιεῖ B   **35** σπιλῶδες Φh   δὲ Φh: om. BPF   **37** ἄστρων Φh
39 ὄντων Φh: om. BPF   **40** πάντα F² ex τὰ F¹   **40** (πυροῦσθαι)–**41**
(ἀστέρων) om. F¹, τῶ τάχει—ἐκπυροῦσθαι in mg suppl. F², sed post
ἐκπυροῦσθαι quod nunc bis in F exstat   **40** διὰ τὸ τάχος BPΦh: τῷ
τάχει F²   **42** ὀλίγον τοῦ πυρὸς Φh

δὲ ἥλιον καὶ σελήνην <...> τῷ κεκλίσθαι τὴν γῆν πρὸς
μεσημβρίαν· τὰ δὲ πρὸς ἄρκτῳ ἀεί τε νίφεσθαι καὶ
κατάψυχρα εἶναι καὶ πήγνυσθαι. καὶ τὸν μὲν ἥλιον 45
ἐκλείπειν σπανίως, τὴν δὲ σελήνην συνεχές, διὰ τὸ ἀνίσους
εἶναι τοὺς κύκλους αὐτῶν. εἶναί τε ὥσπερ γενέσεις κόσμου,
οὕτω καὶ αὐξήσεις καὶ φθίσεις καὶ φθοράς, κατά τινα
ἀνάγκην, ἣν ὁποία ἐστὶν <οὐ> διασαφεῖ.

43 lac. statuit J. C. Orelli, Hesych. Miles. Opusc. (1820) 158, qui <*** θέρος
δὲ γίνεσθαι> suppl. conl. Aet. 3.12.2: <*** τὴν δὲ λόξωσιν τοῦ ζῳδιακοῦ
γενέσθαι> Diels   τῷ PFΦh: τὸ B   **44** ἄρκτον F   **45** τὸν om. P¹(Q)
46 συνεχὲς Diels: -εῖ BP¹(Q): ὡς FΦhP⁴   **47** κόσμων Rohde   **48**
φθίσεις BPΦh: φύσεις F, in mg cum γρ P⁴   καὶ φθορὰς om. Φh   τινα
PFΦh: τὴν B   **49** ὁποῖα BF   οὐ add. Steph.

[34] Δημόκριτος Ἡγησιστράτου, οἱ δὲ Ἀθηνοκρίτου, τινὲς Δαμασίππου Ἀβδηρίτης ἤ, ὡς ἔνιοι, Μιλήσιος. οὗτος μάγων τινῶν διήκουσε καὶ Χαλδαίων, Ξέρξου τοῦ βασιλέως τῷ πατρὶ αὐτοῦ ἐπιστάτας καταλιπόντος, ἡνίκα ἐξενίσθη

5 παρ' αὐτῷ, καθά φησι καὶ Ἡρόδοτος· παρ' ὧν τά τε περὶ θεολογίας καὶ ἀστρολογίας ἔμαθεν ἔτι παῖς ὤν. ὕστερον δὲ Λευκίππῳ παρέβαλε καὶ Ἀναξαγόρᾳ κατά τινας, ἔτεσιν ὢν αὐτοῦ νεώτερος τετταράκοντα. Φαβωρῖνος δέ φησιν ἐν Παντοδαπῇ ἱστορίᾳ λέγειν Δημόκριτον περὶ Ἀναξαγόρου

10 ὡς οὐκ εἶησαν αὐτοῦ αἱ δόξαι αἵ τε περὶ ἡλίου καὶ σελήνης, ἀλλὰ ἀρχαῖαι, τὸν δὲ ὑφηρῆσθαι. [35] διασύρειν τε αὐτοῦ τὰ περὶ τῆς διακοσμήσεως καὶ τοῦ νοῦ, ἐχθρῶς ἔχοντα πρὸς αὐτὸν ὅτι δὴ μὴ προσήκατο αὐτόν. πῶς οὖν κατά τινας ἀκήκοεν αὐτοῦ;

15 φησὶ δὲ Δημήτριος ἐν Ὁμωνύμοις καὶ Ἀντισθένης ἐν Διαδοχαῖς ἀποδημῆσαι αὐτὸν καὶ εἰς Αἴγυπτον πρὸς τοὺς ἱερέας γεωμετρίαν μαθησόμενον καὶ πρὸς Χαλδαίους εἰς τὴν Περσίδα καὶ εἰς τὴν Ἐρυθρὰν θάλασσαν γενέσθαι. τοῖς τε γυμνοσοφισταῖς φασί τινες συμμῖξαι αὐτὸν ἐν Ἰνδίᾳ καὶ εἰς

20 Αἰθιοπίαν ἐλθεῖν. τρίτον τε ὄντα ἀδελφὸν νείμασθαι τὴν οὐσίαν· καὶ οἱ μὲν πλείους φασὶ τὴν ἐλάττω μοῖραν ἑλέσθαι

1–146, 235–240 VS 68 A 1   **2** (οὗτος)–**6** (ὤν) ps.-Democr. FGrHist 263 T 2   **5** (Ἡρόδοτος) Hdt. 8.120 et 7.109   **6** (ὕστερον)–**8** (τεττα-ράκοντα) Apollod. FGrHist 244 F 36b. Cf. infra § 41   **8** (Φαβωρῖνος)– **13** (αὐτόν) Favor. fr. 76 Bar. = 44 Mensch. = 81 Am.   VS 68 B 5   **12** (ἐχθρῶς ἔχοντα) cf. 2.14   **15–34** Demetr. Magn. fr. 29 Mejer   **15–20** (ἐλθεῖν) Antisth. Rhod. 508 F 12 = 12 Giannat.   ps.-Democr. FGrHist 263 T 3a

---

2 (οὗτος)–**5** (αὐτῷ) Φ 69 (315.23–5)   **18** (τοῖς)–**21** (οὐσίαν) Φh 23 (104.17–9)

Ante **1** tit. δημόκριτος FP⁴ᵐᵍ   **1** δημόκριτος B² in ras.   τινὲς <δὲ> Reiske 322   **2** ἀβδηρίτης BP¹: αὐδι- F   **4** ἐπιστάτας τῶ πατρὶ αὐτοῦ F **5** παρ' αὐτοῦ F   τά γε Reiske ms.   **8–9** ἐν—ἱστορίᾳ om. F   **12** τῆς om. F   ἐχθρῶς om. F¹, ἐχθρωδῶς suppl. F²ᵐᵍ   **13** αὐτὸν Schamp ap. Amato   **15–16** καὶ—διαδοχαῖς om. F   **16** καὶ εἰς BP: πρὸς F **17** <καὶ> εἰς Perizonius, Ael. Var. hist. (1701) ad 4.20   **21** ἑλέσθαι PF: ἔσεσθαι B

τὴν ἐν ἀργυρίῳ, χρείαν ἔχοντα ἀποδημῆσαι, τοῦτο κἀκείνων δολίως ὑποπτευσάντων. **[36]** ὁ δὲ Δημήτριος ὑπὲρ ἑκατὸν τάλαντά φησιν εἶναι αὐτῷ τὸ μέρος, ἃ πάντα καταναλῶσαι. λέγει δὲ ὅτι τοσοῦτον ἦν φιλόπονος ὥστε 25 τοῦ περικήπου δωμάτιόν τι ἀποτεμόμενος κατάκλειστος ἦν· καί ποτε τοῦ πατρὸς αὐτοῦ πρὸς θυσίαν βοῦν ἀγαγόντος καὶ αὐτόθι προσδήσαντος, ἱκανὸν χρόνον μὴ γνῶναι, ἕως αὐτὸν ἐκεῖνος διαναστήσας προφάσει τῆς θυσίας καὶ τὰ περὶ τὸν βοῦν διηγήσατο. 'δοκεῖ δέ,' φησί, 30 'καὶ Ἀθήναζε ἐλθεῖν καὶ μὴ σπουδάσαι γνωσθῆναι, δόξης καταφρονῶν. καὶ εἰδέναι μὲν Σωκράτη, ἀγνοεῖσθαι δὲ ὑπ' αὐτοῦ· 'ἦλθον γάρ,' φησίν, 'εἰς Ἀθήνας καὶ οὔτις με ἔγνωκεν.'

[37] 'εἴπερ οἱ Ἀντερασταὶ Πλάτωνός εἰσι,' φησὶ 35 Θράσυλλος, 'οὗτος ἂν εἴη ὁ παραγενόμενος ἀνώνυμος, τῶν περὶ Οἰνοπίδην καὶ Ἀναξαγόραν ἕτερος, ἐν τῇ πρὸς Σωκράτην ὁμιλίᾳ διαλεγόμενος περὶ φιλοσοφίας, ᾧ, φησίν, ὡς πεντάθλῳ ἔοικεν ὁ φιλόσοφος. καὶ ἦν ὡς ἀληθῶς ἐν φιλοσοφίᾳ πένταθλος· τὰ γὰρ φυσικὰ καὶ τὰ ἠθικὰ 40 <ἤσκητο>, ἀλλὰ καὶ τὰ μαθηματικὰ καὶ τοὺς ἐγκυκλίους λόγους καὶ περὶ τεχνῶν πᾶσαν εἶχεν ἐμπειρίαν.' τούτου

---

30 (δοκεῖ)**–34** SSR I C 79   **33–34** (ἦλθον—ἔγνωκεν) VS 68 B 116
35–43 (σκιή) Thrasyll. test. 18c Tarrant   **38–39** Plat., Amat. 138 e 1

---

25 (τοσοῦτον)**–30** (διηγήσατο) Φ 69 (315.18–23)   **40** (τὰ)**–43** (σκιή)
Suda π 971 (IV 84.17–9)

---

22 ἀποδημῆσαι BP[1]: καὶ ἀπο- F: <διὰ τὸ> ἀποδ. τούτου Reiske ms.
24 ἃ πάντα P[1]: ἅπαντα B: ἅπ. δὲ F   **26** πατρίου κήπου Reiske ms.
ἀποτεμώμενος F   **27** πρὸς om. F   **28** ἀγαγόντος BPF: ἄγοντος Φ
28–29 οὐκ ἔγνω Φ   **29** ἐκεῖνος om. F   **31** σπουδάσαι PF: -ζων B
32 (καὶ)**–33** (αὐτοῦ) bis scr. F[1]   **32** σωκράτη B[2] (σο- B[1]), F: comp. P[1]: -ην
P[4]   **36** θράσυλλος B[1]PF: -υλος B[2]   τῶν PF: τὸν B   **37** Ἀναξ.
<ἐριζόντων νεανιῶν> Marcov. ex Plat., Amat. 132 b 1 et c 1   ἑταῖρος
Reiske ms. Vid. Janda, LF 92 (1969) 227–8   **38** σωκράτην BP: comp. F
ᾧ BPF: <ἐν> ᾧ Reiske 322: οὗ Diels ad Reiske   **39** ὁ φιλόσοφος ὡς
πεντάθλῳ ἔοικε F   **41** ἤσκητο e Suda add. Diels, praeeunte Casaub.
(ante τὰ **40**): om. BPF   **42** <τὴν> περὶ Reiske 322

ἐστὶ καὶ τὸ 'λόγος ἔργου σκιή.' Δημήτριος δὲ ὁ Φαληρεὺς ἐν τῇ Σωκράτους ἀπολογίᾳ μηδὲ ἐλθεῖν φησιν αὐτὸν εἰς
45 Ἀθήνας. τοῦτο δὲ καὶ μεῖζον, εἴγε τοσαύτης πόλεως ὑπερεφρόνησεν, οὐκ ἐκ τόπου δόξαν λαβεῖν βουλόμενος, ἀλλὰ τόπῳ δόξαν περιθεῖναι προελόμενος.

[38] δῆλον δὲ κἀκ τῶν συγγραμμάτων οἷος ἦν. 'δοκεῖ δέ,' φησὶν ὁ Θράσυλλος, 'ζηλωτὴς γεγονέναι τῶν
50 Πυθαγορικῶν· ἀλλὰ καὶ αὐτοῦ Πυθαγόρου μέμνηται, θαυμάζων αὐτὸν ἐν τῷ ὁμωνύμῳ συγγράμματι. πάντα δὲ δοκεῖν παρὰ τούτου λαβεῖν καὶ αὐτοῦ δ' ἂν ἀκηκοέναι εἰ μὴ τὰ τῶν χρόνων ἐμάχετο.' πάντως μέντοι τῶν Πυθαγορικῶν τινος ἀκοῦσαί φησιν αὐτὸν Γλαῦκος ὁ Ῥηγῖνος, κατὰ τοὺς
55 αὐτοὺς χρόνους αὐτῷ γεγονώς. φησὶ δὲ καὶ Ἀπολλόδωρος ὁ Κυζικηνὸς Φιλολάῳ αὐτὸν συγγεγονέναι.

ἤσκει δέ, φησὶν ὁ Ἀντισθένης, καὶ ποικίλως δοκιμάζειν τὰς φαντασίας, ἐρημάζων ἐνίοτε καὶ τοῖς τάφοις ἐνδιατρίβων. [39] ἐλθόντα δή φησιν αὐτὸν ἐκ τῆς
60 ἀποδημίας ταπεινότατα διάγειν, ἅτε πᾶσαν τὴν οὐσίαν καταναλωκότα· τρέφεσθαί τε διὰ τὴν ἀπορίαν ἀπὸ τἀδελφοῦ Δαμάσου. ὡς δὲ προειπών τινα τῶν μελλόντων εὐδοκίμησε, λοιπὸν ἐνθέου δόξης παρὰ τοῖς πλείστοις

---

43 (λόγος ἔργου σκιή) VS 68 B 145   **43** (Δημήτριος)–**45** (Ἀθήνας) Demetr. Phal. fr. 108 SOD = 93 W.   **48–53** (ἐμάχετο) Thrasyll. test. 18b Tarrant   **53** (πάντως)–**55** (γεγονώς) Glauc. fr. 5 Lanata   **55** (φησὶ)–**56** Apollod. VS 72 A 2   Philol. VS 44 A 2   **57–59** (ἐνδιατρίβων) Antisth. Rhod. 508 F 13 = fr. 13 Giannat.   **59** (ἐλθόντα)–**71** (ἔτη) Antisth. Rhod. 508 F 14 = fr. 14 Giannat.

---

44 (μηδὲ)–**47** Suda δ 448 (II 44.18–20)   **57–64** (ἠξιώθη) Φh 23 (104.19–105.4)

---

43 ἑρμοῦ Suda   σκιή PF: εκίη B¹: αἰκιή B²·αἰκίη Suda   **45** καὶ om. F ἤ γε B, ὑπερῆγε F¹   **46** τοῦ τόπου Suda   **47** τῶ τόπω Suda περιθῆναι F   προελόμενος PF², Sud.: προσελ- B: βουλ- F¹   **48** δῆλος F   κἀκ BP: ἐκ F   **49** φησὶν om. F   θράσυλλος F: -υλος BP¹   **49–50** τῶν συγγραμμάτων τῶν πυθαγορικῶν F   **52** δοκεῖ Casaub.   **58** ἐρεμάζων F   **59** δὴ BP: δὲ FP⁴   **60** ὅτε F   τὴν πᾶσαν οὐσίαν Φh   **61** ἀπὸ BPF: ὑπὸ Φh   **62** τῆς ἀδελφῆς Φh   προσειπών P¹(Q)   **63** ηὐδοκίμησε Φh   λοιπὸν om. Φh   τοῖς om. F

ἠξιώθη. νόμου δὲ ὄντος τὸν ἀναλώσαντα τὴν πατρῴαν
οὐσίαν μὴ ἀξιοῦσθαι ταφῆς ἐν τῇ πατρίδι, φησὶν ὁ 65
'Αντισθένης συνέντα, μὴ ὑπεύθυνος γενηθείη πρός τινων
φθονούντων καὶ συκοφαντούντων, ἀναγνῶναι αὐτοῖς τὸν
Μέγαν διάκοσμον, ὃς ἁπάντων αὐτοῦ τῶν συγγραμμάτων
προέχει· καὶ πεντακοσίοις ταλάντοις τιμηθῆναι· μὴ μόνον
δέ, ἀλλὰ καὶ χαλκαῖς εἰκόσι· καὶ τελευτήσαντα αὐτὸν 70
δημοσίᾳ ταφῆναι, βιώσαντα ὑπὲρ τὰ ἑκατὸν ἔτη. **[40]** ὁ δὲ
Δημήτριος τοὺς συγγενέας αὐτοῦ φησιν ἀναγνῶναι τὸν
Μέγαν διάκοσμον, ὃν μόνον ἑκατὸν ταλάντων τιμηθῆναι.
ταῦτα δὲ καὶ Ἱππόβοτός φησιν.

'Αριστόξενος δ' ἐν τοῖς Ἱστορικοῖς ὑπομνήμασί φησι 75
Πλάτωνα θελῆσαι συμφλέξαι τὰ Δημοκρίτου συγ-
γράμματα, ὁπόσα ἐδυνήθη συναγαγεῖν, Ἀμύκλαν δὲ καὶ
Κλεινίαν τοὺς Πυθαγορικοὺς κωλῦσαι αὐτόν, ὡς οὐδὲν
ὄφελος· παρὰ πολλοῖς γὰρ εἶναι ἤδη τὰ βιβλία. καὶ δῆλον
δέ· πάντων γὰρ σχεδὸν τῶν ἀρχαίων μεμνημένος ὁ Πλάτων 80
οὐδαμοῦ Δημοκρίτου διαμνημονεύει, ἀλλ' οὐδὲ ἔνθα
ἀντειπεῖν τι αὐτῷ δέοι, δῆλον <ὅτι> εἰδὼς ὡς πρὸς τὸν
ἄριστον οὕτω τῶν φιλοσόφων ἐρίσοι· ὅν γε καὶ Τίμων
τοῦτον ἐπαινέσας τὸν τρόπον ἔχει·

οἷον Δημόκριτόν τε περίφρονα, ποιμένα μύθων, 85
ἀμφίνοον λεσχῆνα μετὰ πρώτοισιν ἀνέγνων.

71 (ὁ)–**74** Demetr. Magn. fr. 30 Mejer   Hippob. fr. 21 Gig.   **75–83** (ἐρίσοι)
Aristox. fr. 131 W.   **85–86** Timon SH 820 = fr. 46 Di Marco   3 J L.-S.

64 (νόμου)–**71** (ταφῆναι) Φ 69 (315.26–316.4)

68 αὐτοῦ τῶν BP: τῶν αὐτοῦ F   **70** δὲ FP⁴: om. BP¹   εἰκόσι χαλκαῖς
F   **73** ὃν BP: καὶ FP⁴   **74** ταὐτὰ Diels   ταῦτα—φησιν om. F
δὲ expunxit Pˣ   **75** δ' ἐν F: δὲ BP   ἱστορικοῖς om. F   **77**
συναγαγεῖν PF: οὖν ἀγαγεῖν B   **78** κλινίαν BP¹   **79** ὤφελος F
81 post ἔνθα add. ἂν Long   **82** ἀντειπεῖν P¹: ἀντιπεῖν B: -πίπτειν FP⁴ᵐᵍ
τι om. F   ὅτι add. Reiske 322 et K. Fr. Hermann (1834) 109   **83** οὕτω
BPF: αὐτῷ Cob.   ἐρίσοι Lapini 113: ἔσοιτο BPF: ἐρίσοιτο Luzac, Lect.
Att. (1809) 242   <ὁ ἀγὼν> ἔσ. Reiske 322, praeeunte Casaub. (ἔσ. <ὁ
ἀγὼν>)   **84** post τρόπον repetit τοῦτον F   **85** τε om. B   τὸν
ποιμένα F   μύθον B   **86** λεσχῆνα Meineke, Anal. Athen. (1867) 26:
λέσχην ἃ BPF

[41] γέγονε δὲ τοῖς χρόνοις, ὡς αὐτός φησιν ἐν τῷ Μικρῷ
διακόσμῳ, νέος κατὰ πρεσβύτην Ἀναξαγόραν, ἔτεσιν
αὐτοῦ νεώτερος τετταράκοντα. συντετάχθαι δέ φησι τὸν
90 Μικρὸν διάκοσμον ἔτεσιν ὕστερον τῆς Ἰλίου ἁλώσεως
τριάκοντα καὶ ἑπτακοσίοις. γεγόνοι δ᾽ ἄν, ὡς μὲν
Ἀπολλόδωρος ἐν Χρονικοῖς, κατὰ τὴν ὀγδοηκοστὴν
Ὀλυμπιάδα· ὡς δὲ Θράσυλλος ἐν τῷ ἐπιγραφομένῳ Τὰ
πρὸ τῆς ἀναγνώσεως τῶν Δημοκρίτου βιβλίων, κατὰ τὸ
95 τρίτον ἔτος τῆς ἑβδόμης καὶ ἑβδομηκοστῆς Ὀλυμπιάδος,
ἐνιαυτῷ, φησί, πρεσβύτερος ὢν Σωκράτους. εἴη ἂν οὖν κατ᾽
Ἀρχέλαον τὸν Ἀναξαγόρου μαθητὴν καὶ τοὺς περὶ
Οἰνοπίδην· καὶ γὰρ τούτου μέμνηται. [42] μέμνηται δὲ καὶ
τῆς περὶ τοῦ ἑνὸς δόξης τῶν περὶ Παρμενίδην καὶ Ζήνωνα,
100 ὡς κατ᾽ αὐτὸν μάλιστα διαβεβοημένων, καὶ Πρωταγόρου
τοῦ Ἀβδηρίτου, ὃς ὁμολογεῖται κατὰ Σωκράτην
γεγονέναι.

φησὶ δ᾽ Ἀθηνόδωρος ἐν η′ Περιπάτων, ἐλθόντος
Ἱπποκράτους πρὸς αὐτόν, κελεῦσαι κομισθῆναι γάλα· καὶ
105 θεασάμενον τὸ γάλα εἰπεῖν εἶναι αἰγὸς πρωτοτόκου
καὶ μελαίνης· ὅθεν τὴν ἀκρίβειαν αὐτοῦ θαυμάσαι τὸν

87–91 (ἑπτακοσίοις) VS 68 B 5   87–89 (τετταράκοντα) cf. supra § 34
Anaxag. VS 59 A 5   91 (γεγόνοι)–96 (Σωκράτους), 98 (μέμνηται),
100 (Πρωταγόρου)–102 SSR I C 3   91 (γεγόνοι)–92 (Ὀλυμπιάδα)
Apollod. FGrHist 244 F 36a   i.e. 460–456   93 (ὡς)–102 Thrasyll. test.
18a Tarrant   94–95 i.e. anno 470/69   96 (εἴη)–98 (μέμνηται) Oenop.
VS 41 A 3

103 (ἐλθόντος)–119 (προήκατο) Suda δ 448 (II 44.21–32)   103 (ἐλ-
θόντος)–110 Φ 69 (316.5–11)

91 τρία <καὶ ἑξῆ>κοντα κ. ἑ. (vel τρία κ<αὶ ἑξῆ>κ. κ. ἑ.) Mansfeld, Studies
310 (a. 1983)   ὡς μὲν BF: ὡς ὁ μὲν P   92 ἐν χρονικοῖς om. F   93
θράσυλλος F: -υλος BP¹   93 (ἐν)–94 (βιβλίων) om. F   96 κατὰ F
98 τούτων Reiske 322, an recte?   μέμνηται δὲ om. F   99 τῆς περὶ
rec. (coni. Casaub.): περὶ τῆς BPF   100 διαβεβαιουμένων F
101 ἀβδηρίτου BP¹: αὐδη- F   ὁμολογεῖται BF, γρ P⁴: -λόγηται P¹(Q)
103 περιπάτων F: περὶ πάντων BP¹   104 κελεῦσαι om. F¹, suppl. F²ˢ·ˡ·
105 τὸ γάλα om. Φ   εἶναι αἰγὸς Casaub.: καὶ αἰγὸς BPFΦ: αἰγὸς εἶναι
Suda   πρὸς τόκου F

Ἱπποκράτη. ἀλλὰ καὶ κόρης ἀκολουθούσης τῷ Ἱπποκράτει, τῇ μὲν πρώτῃ ἡμέρᾳ ἀσπάσασθαι οὕτω 'χαῖρε κόρη,' τῇ δὲ ἐχομένῃ 'χαῖρε γύναι'· καὶ ἦν ἡ κόρη τῆς νυκτὸς διεφθαρμένη.   110

[43] τελευτῆσαι δὲ τὸν Δημόκριτόν φησιν Ἕρμιππος τοῦτον τὸν τρόπον. ἤδη ὑπέργηρων ὄντα πρὸς τῷ καταστρέφειν εἶναι. τὴν οὖν ἀδελφὴν λυπεῖσθαι ὅτι ἐν τῇ τῶν θεσμοφόρων ἑορτῇ μέλλοι τεθνήξεσθαι καὶ τῇ θεῷ τὸ καθῆκον αὐτὴ οὐ ποιήσειν· τὸν δὲ θαρρεῖν εἰπεῖν καὶ   115 κελεῦσαι αὐτῷ προσφέρειν ἄρτους θερμοὺς ὁσημέραι. τούτους δὴ ταῖς ῥισὶ προσφέρων διεκράτησεν αὐτὸν τὴν ἑορτήν· ἐπειδὴ δὲ παρῆλθον αἱ ἡμέραι (τρεῖς δὲ ἦσαν), ἀλυπότατα τὸν βίον προήκατο, ὥς φησιν ὁ Ἵππαρχος, ἐννέα πρὸς τοῖς ἑκατὸν ἔτη βιούς. ἡμεῖς τε εἰς αὐτὸν ἐν τῇ   120 Παμμέτρῳ τοῦτον ἐποιήσαμεν τὸν τρόπον·

> καὶ τίς ἔφυ σοφὸς ὧδε, τίς ἔργον ἔρεξε τοσοῦτον
> ὅσσον ὁ παντοδαὴς ἤνυσε Δημόκριτος;
> ὃς θάνατον παρεόντα τρί' ἤματα δώμασιν ἔσχε
> καὶ θερμοῖς ἄρτων ἄσθμασιν ἐξένισε.   125

111–125 Hermipp. FGrHistCont 1026 F 66   119 (ἀλυπότατα)–120 (βιούς) Hipparch. FGrHistCont 1109 F 1

---

113 (τὴν)–118 (ἑορτήν) Φ 69 (316.11–15)   122–125 Anth. Pal. 7.57; Plan. IIIᵃ 28.7   Tzetz., Chil. 2.995–1000 (= 999–1004 Leone)   122 (τίς)–123 Suda π 234 (IV 23.27–8)

---

107 ἱπποκράτη B: comp. P¹F   107–108 κόρης ἀκολουθούσης τῷ ἱπποκράτει BPF: τὴν κόρην τὴν μετὰ ἱπποκράτους ἐλθοῦσαν Φ, Suda 109 δὲ B, Suda: δ' PFΦ   χαῖρε om. Φ   112 ὑπέργηρω B   τῷ P, Suda: τὸ BF   113 εἶναι BP: ὄντα F   ἀδελφιδῆν Reiske 323   114 θεσμοφόρων BPF, Suda: -φορίων Φ   115 αὐτὴ Reiske et Kuehn: -ἦν BP, Suda: -ῇ F: deest Φ   116 αὐτῷ rec.: αὐ- BPFΦ, Suda   117 τούτους δὴ BPF: καὶ τούτους Φ   αὐτὸν PF: αὐ- B: ἑαυ- Φ, Suda   118 δὲ² F, Suda: om. BP¹: δὴ Long (sed vid. Russell 176)   119 ἀλυπότατα τὸν BF, Suda: ἀλυπότατον P   ὥς—ἵππαρχος om. F   ὁ eras. Pˣ 122–125 Vid. Dorandi, Laertiana 179–80   122 ἔφυ PF, Pal.: ἔφη B: om. Tz. ἔρεξαι B   123 ὅσον B   παντοδαὴς PF, Pal., Suda: -κλῆς B   ἤνυσε Opsopoeus, In Graec. epigr. libr. IV adnot. (1540) 488: μήνυσε PF, Suda, Tz.: μηνῦσαι B: μάνυε Pal.   124 παρεόντα F, Pal.: παρι- BP¹(Q), Tz. ἔσχεν Pal.   125 ἐξένισεν Pal.

687

τοιοῦτος μὲν ὁ βίος τἀνδρός.

δοκεῖ δὲ αὐτῷ τάδε· [44] ἀρχὰς εἶναι τῶν ὅλων ἀτόμους καὶ κενόν, τὰ δ' ἄλλα πάντα νενομίσθαι {δοξάζεσθαι}· ἀπείρους τε εἶναι κόσμους καὶ γεννητοὺς καὶ φθαρτούς.
130 μηδέν τε ἐκ τοῦ μὴ ὄντος γίνεσθαι μηδὲ εἰς τὸ μὴ ὂν φθείρεσθαι. καὶ τὰς ἀτόμους δὲ ἀπείρους εἶναι κατὰ μέγεθος καὶ πλῆθος, φέρεσθαι δ' ἐν τῷ ὅλῳ δινουμένας. καὶ οὕτω πάντα τὰ συγκρίματα γεννᾶν, πῦρ, ὕδωρ, ἀέρα, γῆν· εἶναι γὰρ καὶ ταῦτα ἐξ ἀτόμων τινῶν συστήματα· ἅπερ εἶναι
135 ἀπαθῆ καὶ ἀναλλοίωτα διὰ τὴν στερρότητα. τόν τε ἥλιον καὶ τὴν σελήνην ἐκ τοιούτων λείων καὶ περιφερῶν ὄγκων συγκεκρίσθαι, καὶ τὴν ψυχὴν ὁμοίως· ἣν καὶ νοῦν ταὐτὸν εἶναι. ὁρᾶν δ' ἡμᾶς κατ' εἰδώλων ἐμπτώσεις.

[45] πάντα τε κατ' ἀνάγκην γίνεσθαι, τῆς δίνης αἰτίας
140 οὔσης τῆς γενέσεως πάντων, ἣν ἀνάγκην λέγει. τέλος δ' εἶναι τὴν εὐθυμίαν, οὐ τὴν αὐτὴν οὖσαν τῇ ἡδονῇ, ὡς ἔνιοι παρακούσαντες ἐξεδέξαντο, ἀλλὰ καθ' ἣν γαληνῶς καὶ εὐσταθῶς ἡ ψυχὴ διάγει, ὑπὸ μηδενὸς ταραττομένη φόβου ἢ δεισιδαιμονίας ἢ ἄλλου τινὸς πάθους. καλεῖ δ' αὐτὴν καὶ
145 εὐεστὼ καὶ πολλοῖς ἄλλοις ὀνόμασι. ποιότητας δὲ νόμῳ εἶναι· φύσει δὲ ἄτομα καὶ κενόν. καὶ ταῦτα μὲν αὐτῷ ἐδόκει.

127–128 (νενομίσθαι) cf. VS 68 B 9 et 125   **141** (εὐθυμίαν) cf. VS 68 B 3 et 4   **145** (εὐεστώ) cf. VS 68 B 4 et 140   **145** (ποιότητας)**–146** (κενόν) cf. VS 68 B 125

127–146 (κενόν) Φh 23 (105.5–24)   **130** (μηδέν)**–140** (λέγει) Suda α 1827 (I 164.5–12)   **140** (τέλος)**–145** (ὀνόμασι) Suda ε 3446 (II 447.9–13)

---

127 δοκεῖ BPF: ἐδόκει Φ (coni. Richards 344)   **128** δοξάζεσθαι om. Φh, del. Menag.   **129** γεννητοὺς B: γενετοὺς PFΦh Cf. **133**   **130** μὴ[2] F: μηδὲ BP[1]: μηδὲν Φh, Suda   **133** συγκρίμματα F   **134** τινῶν BPFΦh: τινὰ Suda, an recte ?   **135** τὴν om. Suda   **136** λείων B[2]P[1](Q): λοίων B[1]: δινῶν FP[4]: δι' ὧν Φh   **137** συγκεκρεῖσθαι B   **139** τε BPFΦh: δὲ Suda   **140** τῆς γενέσεως οὔσης Suda   δὲ F   **141** οὐσίαν Φh   **142** ἐξεδέξαντο BP[1]Φh, Suda: -ηγήσαντο F, γρ P[4]   **143** ταραττομένη BPFΦh: τυραννου- Suda   **145** ποιότητας Menag.: ποιητὰ BPFΦh νόμῳ Zeller, Philos. Gr. I ([2]1856) 595[2]: νόμιμα BPFΦh: <τὰ> νόμιμα Bignone, Nuova riv. storica 1 (1917) 469[1]. Vid. G. Onodera, Philol. 137 (1993) 104–7

τὰ δὲ βιβλία αὐτοῦ καὶ Θράσυλλος ἀναγέγραφε κατὰ τάξιν οὕτως ὥσπερεὶ καὶ τὰ Πλάτωνος κατὰ τετραλογίαν.

[46] ἔστι δὲ ἠθικὰ μὲν τάδε·   150

Πυθαγόρης,
Περὶ τῆς τοῦ σοφοῦ διαθέσεως,
Περὶ τῶν ἐν Ἅιδου,
Τριτογένεια (τοῦτο δέ ἐστιν ὅτι τρία γίνεται ἐξ
            αὐτῆς, ἃ πάντα ἀνθρώπινα συνέχει),   155
Περὶ ἀνδραγαθίας ἢ περὶ ἀρετῆς,
᾿Αμαλθείης κέρας,
Περὶ εὐθυμίης,
῾Υπομνημάτων ἠθικῶν· ἡ γὰρ Εὐεστὼ οὐχ εὑρίσκεται.
καὶ ταῦτα μὲν τὰ ἠθικά.   160

φυσικὰ δὲ τάδε·

Μέγας διάκοσμος (ὃν οἱ περὶ Θεόφραστον Λευκίππου
                                      φασὶν εἶναι),
Μικρὸς διάκοσμος,
Κοσμογραφίη,   165
Περὶ τῶν πλανήτων,
Περὶ φύσεως πρῶτον,
Περὶ ἀνθρώπου φύσιος (ἢ Περὶ σαρκός) δεύτερον,
Περὶ νοῦ,
Περὶ αἰσθησίων (ταῦτά τινες ὁμοῦ γράφοντες Περὶ ψυχῆς   170

147–234 VS 68 A 33   Thrasyll. test. 18d Tarrant   **162–163** Theophr. 237 FHS&G

152–155 Suda τ 1019 (IV 593.29–31)

---

147 θράσυλλος FP⁴: -υλος BP¹   **148** ὥσπερ ἢ B   **153** Ἅιδου Suda: ἅ*δη BˣPˣ: ἅδη F: de B¹P¹ non constat   **155** ἃ πάντα BP: ἅπαντα F τἀνθρώπινα Cob.   **156** ἀνδραγαθίης Menag.   **157** ἀμαλθίης BPᵃᶜ: -είας (η supra α) Pˣ: -ίας FP⁴   **159** ἠθικῶν Steph. Monachius ap. Menag.: ἢ οἴκων BPF   'numerus librorum deest' Diels   **160** καὶ γὰρ BP   Pro **161–163** solum φησὶν habet F   **162** λευκιππίου BP¹(Q), corr. Pˣ   **167** φύσεως BF: φᵘ P: -ιος Cob.   **167–168** Vid. O'Brien, DPhA II (1993) 686   **168** φύσιος B: φᵘ PF   δεύτερον Reiske 323: ἢ B: β′ PF   **170** αἰσθήσιων BP, comp. F   γράφοντες ὁμοῦ F

ἐπιγράφουσι),

Περὶ χυμῶν,

Περὶ χροῶν,

[47] Περὶ τῶν διαφερόντων ῥυσμῶν,

175 Περὶ ἀμειψιρυσμιῶν,

Κρατυντήρια (ὅπερ ἐστὶν ἐπικριτικὰ τῶν προειρημένων),

Περὶ εἰδώλων ἢ περὶ προνοίας,

Περὶ λογικῶν κανὼν α′ β′ γ′,

Ἀπορημάτων. ταῦτα καὶ περὶ φύσεως.

180 τὰ δὲ ἀσύντακτά ἐστι τάδε·

Αἰτίαι οὐράνιαι,

Αἰτίαι ἀέριοι,

Αἰτίαι ἐπίπεδοι,

Αἰτίαι περὶ πυρὸς καὶ τῶν ἐν πυρί,

185 Αἰτίαι περὶ φωνῶν,

Αἰτίαι περὶ σπερμάτων καὶ φυτῶν καὶ καρπῶν,

Αἰτίαι περὶ ζῴων α′ β′ γ′,

Αἰτίαι σύμμικτοι,

Περὶ τῆς λίθου. ταῦτα καὶ τὰ ἀσύντακτα.

190 μαθηματικὰ δὲ τάδε·

Περὶ διαφορῆς γνώμης ἢ Περὶ ψαύσιος κύκλου καὶ σφαίρης,

Περὶ γεωμετρίης,

Γεωμετρικῶν,

176 Suda κ 2348 (III 183.8–9)

172 χειμῶν F   174 (ῥυσμῶν)–176 (τῶν) om. F   174 ῥυσμῶν Pˣ: ῥου- BP¹(Q)   175 ἀμιψειρισμῶν B   176 κρατηντήρια B ἐπικριτικὰ BP: -κὸν Suda: -κρατυντικὰ Byw., Heracl.   προ*ειρημένων Bᵖᶜ   177 εἰδώλων Cob.: -δώλου BP, -δώ^λ F   προνοίας BPF: -ης Huebn.: ἀπορροίης Krische, Theolog. Lehren der griech. Denker (1840) 149¹   178 λογικῶν F, in mg cum γρ P⁴: λοιμῶν BP¹(Q)   <ἢ> κανὼν Cob.   179 post Ἀπορημ. numerum librorum desiderat Diels   καὶ <τὰ> Reiske 323 (cf. 202, 211)   185 φρενῶν F   186 καὶ καρπῶν om. F   187 α′ β′ om. F   191 γνώμης BPF (vid. D.-K. II 141, ad B 11l): γωνίης Heath, Hist. Greek Mathem. I (1921) 179: γνώμονος Cob.   σφέρης B, σφαίρας F   193 γεωμετρικῶν BP: -κὸν F: an deest numerus librorum? Diels

Ἀριθμοί,
Περὶ ἀλόγων γραμμῶν καὶ ναστῶν α' β',   195
Ἐκπετάσματα,
[48] Μέγας ἐνιαυτὸς ἢ Ἀστρονομίη, παράπηγμα,
†Ἄμιλλα κλεψύδραι†,
Οὐρανογραφίη,
Γεωγραφίη,   200
Πολογραφίη,
Ἀκτινογραφίη. τοσαῦτα καὶ τὰ μαθηματικά.

μουσικὰ δὲ τάδε·

Περὶ ῥυθμῶν καὶ ἁρμονίης,
Περὶ ποιήσιος,   205
Περὶ καλλοσύνης ἐπέων,
Περὶ εὐφώνων καὶ δυσφώνων γραμμάτων,
Περὶ Ὁμήρου ἢ ὀρθοεπείης καὶ γλωσσέων,
Περὶ ἀοιδῆς,
Περὶ ῥημάτων,   210
Ὀνομαστικῶν. τοσαῦτα καὶ τὰ μουσικά.

τεχνικὰ δὲ τάδε·

Πρόγνωσις,
Περὶ διαίτης ἢ διαιτητικόν,
{Ἤ} Ἰητρικὴ γνώμη,   215
Αἰτίαι περὶ ἀκαιριῶν καὶ ἐπικαιριῶν,
Περὶ γεωργίης ἢ γεωμετρικόν,

---

195 ναστῶν F   α' om. F   **197** παράπειγμα F   **198** ἄμιλλα BP¹F:
ἄ- Pˣ   κλεψύδρ*αι P: -ψίδραι BF: -ψύδρας rec.   κλεψύδρας <καὶ
οὐρανοῦ> Diels   **202** ἀκτινογραφίη· πολογραφίη B   **204** ῥυσμῶν
Huebn.   **206** καλωσύνης F   **207** γραμμάτων PF: πραγμά- B
208 ἢ del. W. O. Friedel, De Sophistarum studiis Homer. (1873) 137²³: pro
ἢ prop. περὶ Classen, Ansaetze (1986) 235 (a. 1959)   ὀρθοεπίης F   **210**
γραμμάτων F   **211** ὀνομαστικῶν BF: -κὸν P: an deest numerus
librorum? Diels   **215** ἢ secl. Diels   γνώμης Gomperz, Hellen. I (1912)
278 (a. 1890)   **216** αἰτίαι PF: -ία B   ἀκερίων B, ἀκαιρίων P¹   καὶ
ἐπικαιριῶν om. F: ἐπικερίων B: -καιρίων P¹   **217** γεωμετρικὸν BPF:
Γεωργικὸν Menag.: -κῶν Wellmann, Die Georgika d. Demokr., Abh. Berlin
(1921) 3: -κὰ Diels

Περὶ ζωγραφίης,
Τακτικὸν καὶ
220 Ὁπλομαχικόν. τοσαῦτα καὶ τάδε.

τάττουσι δέ τινες κατ' ἰδίαν ἐκ τῶν Ὑπομνημάτων καὶ ταῦτα·

[49] Περὶ τῶν ἐν Βαβυλῶνι ἱερῶν γραμμάτων,
Περὶ τῶν ἐν Μερόῃ,
225 Ὠκεανοῦ περίπλους,
Περὶ ἱστορίης,
Χαλδαϊκὸς λόγος,
Φρύγιος λόγος,
Περὶ πυρετοῦ καὶ τῶν ἀπὸ νόσου βησσόντων,
230 Νομικὰ αἴτια,
†χερνικὰ† ἢ προβλήματα.

τὰ δ' ἄλλα ὅσα τινὲς ἀναφέρουσιν εἰς αὐτὸν τὰ μὲν ἐκ τῶν αὐτοῦ διεσκεύασται, τὰ δ' ὁμολογουμένως ἐστὶν ἀλλότρια. ταῦτα καὶ περὶ τῶν βιβλίων αὐτοῦ καὶ τοσαῦτα.

235 γεγόνασι δὲ Δημόκριτοι ἕξ· πρῶτος αὐτὸς οὗτος, δεύτερος Χῖος μουσικὸς κατὰ τὸν αὐτὸν χρόνον, τρίτος ἀνδριαντοποιὸς οὗ μέμνηται Ἀντίγονος, τέταρτος περὶ τοῦ ἱεροῦ τοῦ ἐν Ἐφέσῳ γεγραφὼς καὶ τῆς πόλεως {καὶ} Σαμοθράκης, πέμπτος ποιητὴς ἐπιγραμμάτων σαφὴς καὶ 240 ἀνθηρός, ἕκτος Περγαμηνὸς ἀπὸ ῥητορικῶν λόγων.

221–233 (ἀλλότρια) ps.-Democr. FGrHist 263 T 1   **221–222, 227–228** FGrHist 800 F 7   **237** (Ἀντίγονος) Antig. Caryst. fr. 49 Dor. (τέταρτος) FGrHist 267 T 1

223 περὶ B: τὸ περὶ PF   **224** μερόῃ BP[1]: βε- FP[4]   **230** λοιμικὰ Reiske 323   **231** χερνικὰ B: -ιβὰ (supra β add. κ P[x]) P: χέρνιβα F   ἢ PF: om. B χειρόκμητα προβλήματα Salmasius, Plin. exercit. (1629) 1100   Cf. VS 68 B 300. Vid. G. Giangrande, Mnem. 27 (1974) 174–6 et O'Brien, DPhA 684 **234** καὶ[2] rec.: ἢ BPF   **237** <ὁ> περὶ Jacoby   **238** πόλεως F: πόλ. καὶ BP   **239** σαφὴς PF: ἀφ' ἧς B   **240** περγαμινὸς BF   post λόγων add. εὐδοκιμήσας Reiske ms., sed vid. Wil. ap. VS et supra 2.104

[50] Πρωταγόρας Ἀρτέμωνος ἤ, ὡς Ἀπολλόδωρος καὶ
Δίνων ἐν Περσικοῖς {ἐν}, Μαιανδρίου, Ἀβδηρίτης, καθά
φησιν Ἡρακλείδης ὁ Ποντικὸς ἐν τοῖς Περὶ νόμων, ὃς καὶ
Θουρίοις νόμους γράψαι φησὶν αὐτόν· ὡς δ᾽ Εὔπολις ἐν
Κόλαξιν, Τήιος· φησὶ γάρ,   5

    ἔνδον μέν ἐστι Πρωταγόρας ὁ Τήιος.

οὗτος καὶ Πρόδικος ὁ Κεῖος λόγους ἀναγινώσκοντες
ἠρανίζοντο· καὶ Πλάτων ἐν τῷ Πρωταγόρᾳ φησὶ
βαρύφωνον εἶναι τὸν Πρόδικον. διήκουσε δ᾽ ὁ Πρωταγόρας
Δημοκρίτου. ἐκαλεῖτό τε Σοφία, ὥς φησι Φαβωρῖνος ἐν   10
Παντοδαπῇ ἱστορίᾳ.

[51] καὶ πρῶτος ἔφη δύο λόγους εἶναι περὶ παντὸς
πράγματος ἀντικειμένους ἀλλήλοις· οἷς καὶ συνηρώτα,
πρῶτος τοῦτο πράξας. ἀλλὰ καὶ ἤρξατό που τοῦτον τὸν
τρόπον· 'πάντων χρημάτων μέτρον ἄνθρωπος, τῶν μὲν   15
ὄντων ὡς ἔστιν, τῶν δὲ οὐκ ὄντων ὡς οὐκ ἔστιν.' ἔλεγέ τε
μηδὲν εἶναι ψυχὴν παρὰ τὰς αἰσθήσεις, καθὰ καὶ Πλάτων
φησὶν ἐν Θεαιτήτῳ, καὶ πάντα εἶναι ἀληθῆ. καὶ ἀλλαχοῦ δὲ
τοῦτον ἤρξατο τὸν τρόπον· 'περὶ μὲν θεῶν οὐκ ἔχω εἰδέναι

1–88 VS 80 A 1   **1–4** (αὐτόν) Apollod. FGrHist 244 F 70   Dinon
FGrHist 690 F 6   Heracl. Pont. fr. 31 Sch. = 150 W.   **6** Eup. fr. 157.1
K.-A.   **8** (Πλάτων) Plat., Prt. 316 a 1   **10–11** (ἐκαλεῖτό—ἱστορίᾳ)
Favor. fr. 77 Bar. = 45 Mensch. = 82 Am. (**8** διήκουσε)   **12–13** (ἀλλήλοις)
VS 80 B 6a   **12–14** (πράξας) Art. scr. B III 9   **15** (πάντων)–**16** (ἔστιν)
VS 80 B 1   **17** (Πλάτων) cf. Plat., Tht. 152 a   **19** (περὶ)–**21** (ἀνθρώπου)
VS 80 B 4

---

18 (καὶ)–**25** Φ 70 (316.17–317.1)

Ante **1** tit. πρωταγόρας FP[4mg]   **2** Δίνων Menag.: Δίων BPF
περσικοῖς ἐν B: περσ (comp.) ἐν P[1]: -ῶ ἐν Q: -οῖς F: -ῶν ε᾽ Diels, fort.
recte   μεανδρίου B   ἀβδηρίτης BP: αὐ- F   **5** κόλαξιν B[1]P[1]: -ξι B[2]F
6 ἔνδον Cob.: ἔνδο[θ] BPF: ἔνδοθι rec.   προτάγορας B   **7** ὁ κεῖος om. F,
ὁ κίος B   **8** προτάγορα B   **10–11** ἐκαλεῖτό—ἱστορίᾳ ad Demo-
critum rettulit Menag.   **10** τε secl. Schwartz 744 (= 462). Vid. Barigazzi,
Favor. 233–4   **13** οὓς Richards 343   **15** ἄνθρωπος F: ἀνθρώποις
BP[1](Q)   **17** ψυχὴν BPF: ἐπιστήμην aut significasse aut scripsisse susp.
Zeller, Philos. d. Gr. I (⁴1889) 1355[0]   **19** εἰδέναι BPF: εἰπεῖν Richards,
CR 16 (1902) 396–7

20 οὔθ' ὡς εἰσίν, οὔθ' ὡς οὐκ εἰσίν· πολλὰ γὰρ τὰ κωλύοντα εἰδέναι, ἥ τε ἀδηλότης καὶ βραχὺς ὢν ὁ βίος τοῦ ἀνθρώπου.' [52] διὰ ταύτην δὲ τὴν ἀρχὴν τοῦ συγγράμματος ἐξεβλήθη πρὸς Ἀθηναίων· καὶ τὰ βιβλία αὐτοῦ κατέκαυσαν ἐν τῇ ἀγορᾷ, ὑπὸ κήρυκι ἀναλεξάμενοι παρ' ἑκάστου τῶν 25 κεκτημένων.

οὗτος πρῶτος μισθὸν εἰσεπράξατο μνᾶς ἑκατόν· καὶ πρῶτος μέρη χρόνου διώρισε καὶ καιροῦ δύναμιν ἐξέθετο καὶ λόγων ἀγῶνας ἐποιήσατο καὶ σοφίσμα<τα> τοῖς πραγματολογοῦσι προσήγαγε· καὶ τὴν διάνοιαν ἀφεὶς 30 πρὸς τοὔνομα διελέχθη καὶ τὸ νῦν ἐπιπόλαιον γένος τῶν ἐριστικῶν ἐγέννησεν· ἵνα καὶ Τίμων φησὶ περὶ αὐτοῦ,

Πρωταγόρης τ' ἐπίμεικτος ἐριζέμεναι εὖ εἰδώς.

[53] οὗτος καὶ τὸ Σωκρατικὸν εἶδος τῶν λόγων πρῶτος ἐκίνησε. καὶ τὸν Ἀντισθένους λόγον τὸν πειρώμενον 35 ἀποδεικνύειν ὡς οὐκ ἔστιν ἀντιλέγειν οὗτος πρῶτος διείλεκται, καθά φησι Πλάτων ἐν Εὐθυδήμῳ. καὶ πρῶτος κατέδειξε τὰς πρὸς τὰς θέσεις ἐπιχειρήσεις, ὥς φησιν Ἀρτεμίδωρος ὁ διαλεκτικὸς ἐν τῷ Πρὸς Χρύσιππον. καὶ πρῶτος τὴν καλουμένην τύλην, ἐφ' ἧς τὰ φορτία 40 βαστάζουσιν, εὗρεν, ὥς φησιν Ἀριστοτέλης ἐν τῷ Περὶ

---

32 Timon SH 821 = fr. 47 Di Marco   **33** (καὶ)–**36** (Εὐθυδήμῳ) SSR V A 154   **36** (Πλάτων) Plat., Euthd. 286 c 2   **36** (καὶ)–**38** (Χρύσιππον) Art. scr. B III 20   **38** (καὶ)–**41** (παιδείας) Arist. fr. 63 R.[3]

---

39 (ἐφ')–**41** (ἣν) Suda κ 2166 (III 166.1–2) et φ 610 (IV 752.11)

---

20 οὔθ' . . . οὔθ' BP: εἴθ' . . . εἴθ' F   εἰσίν[2] B: εἰσί PFΦ   κωλύοντα <με> in Protagora rest. V. Di Benedetto, Il richiamo del testo IV (2007) 1521 (a. 2001) conl. Eus., PE 14.3.7   **21** εἰδέναι om. Φ   ἤ BPΦ: εἴ F   **24** ὑπὸ κήρυκι Φ: ὑποκήρυκα B ('an recte' V. d. Muehl): ὑπὸ κήρυκα PF   παρ' om. F   ἑκάστους F   **28** ἐποιήσατο BP[1]: ἐθεά- FP[4]   σοφίσματα Aldobr.: σόφισμα BPF   **30** ἐπιπόλαιον PF: -λεον B: -πολάζον Lobeck, Phryn. (1820) 2   **32** προταγόρης B   ἐπίμεικτος Diels: -μικτος BPF: -μυκτος Meineke, Philol. 15 (1860) 334   **34** πειρόμενον B   **36** εὐθυδρόμῳ F   **37** κατέληξε* B   **39** κοτύλην leg. vid. Suda   **40–41** ἐν—παιδείας om. F

παιδείας· φορμοφόρος γὰρ ἦν, ὡς καὶ Ἐπίκουρός πού φησι. καὶ τοῦτον τὸν τρόπον ἤρθη πρὸς Δημοκρίτου ξύλα δεδεκὼς ὀφθείς. διεῖλέ τε τὸν λόγον πρῶτος εἰς τέτταρα· εὐχωλήν, ἐρώτησιν, ἀπόκρισιν, ἐντολήν [54] (οἱ δὲ εἰς ἑπτά· διήγησιν, ἐρώτησιν, ἀπόκρισιν, ἐντολήν, ἀπαγγελίαν, 45 εὐχωλήν, κλῆσιν), οὓς καὶ πυθμένας εἶπε λόγων. Ἀλκιδάμας δὲ τέτταρας λόγους φησί· φάσιν, ἀπόφασιν, ἐρώτησιν, προσαγόρευσιν.

πρῶτον δὲ τῶν λόγων ἑαυτοῦ ἀνέγνω τὸν Περὶ θεῶν, οὗ τὴν ἀρχὴν ἄνω παρεθέμεθα· ἀνέγνω δὲ Ἀθήνησιν ἐν τῇ 50 Εὐριπίδου οἰκίᾳ ἤ, ὥς τινες, ἐν τῇ Μεγακλείδου· ἄλλοι ἐν Λυκείῳ, μαθητοῦ τὴν φωνὴν αὐτῷ χρήσαντος Ἀρχαγόρου τοῦ Θεοδότου. κατηγόρησε δ' αὐτοῦ Πυθόδωρος Πολυζήλου, εἷς τῶν τετρακοσίων· Ἀριστοτέλης δ' Εὔαθλόν φησιν.   55

[55] ἔστι δὲ τὰ σωζόμενα αὐτοῦ βιβλία τάδε·

> Τέχνη ἐριστικῶν,
> Περὶ πάλης,
> Περὶ τῶν μαθημάτων,
> Περὶ πολιτείας,   60

---

41 (φορμοφόρος)–**43** (ὀφθείς) Epic. fr. 172 Us.   **43** (διεῖλέ)–**46** (λόγων) Art. scr. B III 10   **46** (Ἀλκιδάμας)–**48** Alcid. fr. 12 Avezzù   Art. scr. B XXII 9   **49–53** (Θεοδότου) Eur. test. 40 Kann.   **53** (κατηγόρησε)– **55** Arist. fr. 67 R.[3]

---

43 (διεῖλέ)–**48** Suda π 2958 (IV 247.7–11) et π 3132 (IV 268.17–21

---

42 ἤχθη (servato Δημόκριτον) Croenert, Kol. u. Men. (1906) 22[116] Δημοκρίτου Toup, Emend. in Suid. (1760) 293: δημόκριτον BPF   **43** δεδεκὼς Casaub.: δεδο- B: δεδω- PF   ξύλα <τύλη> δεδεκὼς ὀφθεὶς vel ξύλα <τύλη> δεδεκὼς σοφῶς Croenert   **45** ἐρώτησιν ἀπόφασιν F ἐντολὴν om. F   ἀπαγγελίαν rec.: ἐπ- BP[1]F, Suda (π 3122): εἰσ- Suda (π 2958)   **49** τὸν BP: **50** ἄνω[θ] comp. F   **51** ἄλλοι <δὲ> Cob. **52** λυκείῳ F: -κία B: -κεία P[1](Q)   ἀρσαγόρου B   **53** (κατηγόρησε)–**54** (ἀριστοτέλης) om. F[1], suppl. F[2mg]   **54** ad Πολυζήλου vid. Jacoby, Apollod. (1902) 268[3]   **56** ante δὲ in F τὸ τέλος erasum   post τάδε lac. indic. Menag., 'quia libri principales Protagorae desiderantur, catalogi primam partem omissam esse manifestum est' V. d. Muehll   **57** ἐριστικῶν F: -ὸν BP[1]   **59** τῶν om. F

Περὶ φιλοτιμίας,
Περὶ ἀρετῶν,
Περὶ τῆς ἐν ἀρχῇ καταστάσεως,
Περὶ τῶν ἐν ᾅδου,
65   Περὶ τῶν οὐκ ὀρθῶς τοῖς ἀνθρώποις πρασσομένων,
Προστακτικός,
Δίκη ὑπὲρ μισθοῦ,
Ἀντιλογιῶν α′ β′.

καὶ ταῦτα μὲν αὐτῷ τὰ βιβλία. γέγραφε δὲ καὶ Πλάτων
70 εἰς αὐτὸν διάλογον.

φησὶ δὲ Φιλόχορος, πλέοντος αὐτοῦ εἰς Σικελίαν, τὴν
ναῦν καταποντωθῆναι· καὶ τοῦτο αἰνίττεσθαι Εὐριπίδην ἐν
τῷ Ἰξίονι. ἔνιοι <δὲ> κατὰ τὴν ὁδὸν τελευτῆσαι αὐτόν,
βιώσαντα ἔτη πρὸς τὰ ἐνενήκοντα· [56] Ἀπολλόδωρος δέ
75 φησιν ἑβδομήκοντα, σοφιστεῦσαι δὲ τεσσαράκοντα καὶ
ἀκμάζειν κατὰ τὴν τετάρτην καὶ ὀγδοηκοστὴν Ὀλυμπιάδα.
ἔστι καὶ εἰς τοῦτον ἡμῶν οὕτως ἔχον·

    καὶ σέο, Πρωταγόρη, φάτιν ἔκλυον, ὡς ἄρ' Ἀθηνέων
    ἔκ ποτ' ἰὼν καθ' ὁδὸν πρέσβυς ἐὼν ἔθανες·
80   εἵλετο γάρ σε φυγεῖν Κέκροπος πόλις· ἀλλὰ σὺ μέν που
    Παλλάδος ἄστυ φύγες, Πλουτέα δ' οὐκ ἔφυγες.

λέγεται δέ ποτε αὐτὸν ἀπαιτοῦντα τὸν μισθὸν Εὔαθλον
τὸν μαθητήν, ἐκείνου εἰπόντος, 'ἀλλ' οὐδέπω δίκην

71–73 (Ἰξίονι) Philoch. FGrHist 328 F 217   Eur. (33) i Kann.
74 (Ἀπολλόδωρος)–76 Apollod. FGrHist 244 F 71   76 i.e. 444–440
83–85 Art. scr. A V 15

78–81 Anth. Pal. 7.130; Plan. IIIᵃ 28.36

---

68 α′ om. F   69 αὐτοῦ F   72 καταποντισθῆναι Z (Frob.)   73 δὲ
rec.   74 βιώσαντα—ἐνενήκοντα om. F¹, suppl. F²ᵐᵍ, omisso ἔτη   ἔτη
<η′> πρὸς Reiske ms.   75 ἑβδομήκοντα om. F   δὲ τεσσαράκοντα
BP: αὐτὸν μ′ ἔτη F   78 σέο Sternbach, Meletemata Graeca (1886) 190–1:
σεῦ P: σὲ BP, Pal. (cf. 4.61)   φάτιν FP⁴: φάσιν BP, comp. Pal.   ἀθηνέων F:
-αίων BP: -ῶν Pal.   79 ἐκ ποτίων B, P¹ ut vid.   πρέσβυς ἐὼν Pˣ(Q)F:
πρεσβευσεων BP¹   80 εἴδετο BP¹   83 δίκην Marcov.: νίκην BP:
om. F, expunxit Pˣ

νενίκηκα,' εἰπεῖν, 'ἀλλ' ἐγὼ μὲν ἂν νικήσω, ὅτι ἐγὼ ἐνίκησα, λαβεῖν με δεῖ· ἐὰν δὲ σύ, ὅτι σύ.' 85

γέγονε δὲ καὶ ἄλλος Πρωταγόρας ἀστρολόγος, εἰς ὃν καὶ Εὐφορίων ἐπικήδειον ἔγραψε· καὶ τρίτος Στωικὸς φιλόσοφος.

---

84 νενίκηκας Richards 342.   **87** ἐπικήδιον B

[57] Διογένης Ἀπολλοθέμιδος Ἀπολλωνιάτης, ἀνὴρ φυσικὸς καὶ ἄγαν ἐλλόγιμος. ἤκουσε δέ, φησὶν Ἀντισθένης, Ἀναξιμένους. ἦν δὲ ἐν τοῖς χρόνοις κατὰ Ἀναξαγόραν. τοῦτόν φησιν ὁ Φαληρεὺς Δημήτριος ἐν τῇ Σωκράτους
5 ἀπολογίᾳ διὰ μέγαν φθόνον μικροῦ κινδυνεῦσαι Ἀθήνησιν.

ἐδόκει δὲ αὐτῷ τάδε· στοιχεῖον εἶναι τὸν ἀέρα, κόσμους ἀπείρους καὶ κενὸν ἄπειρον· τόν τε ἀέρα πυκνούμενον καὶ ἀραιούμενον γεννητικὸν εἶναι τῶν κόσμων· οὐδὲν ἐκ τοῦ μὴ ὄντος γίνεσθαι οὐδὲ εἰς τὸ μὴ ὄν φθείρεσθαι· τὴν γῆν
10 στρογγύλην, ἠρεισμένην ἐν τῷ μέσῳ, τὴν σύστασιν εἰληφυῖαν κατὰ τὴν ἐκ τοῦ θερμοῦ περιφορὰν καὶ πῆξιν ὑπὸ τοῦ ψυχροῦ.

ἀρχὴ δὲ αὐτῷ τοῦ συγγράμματος ἥδε· 'λόγου παντὸς ἀρχόμενον δοκεῖ μοι χρεὼν εἶναι τὴν ἀρχὴν ἀναμ-
15 φισβήτητον παρέχεσθαι, τὴν δὲ ἑρμηνείαν ἁπλῆν καὶ σεμνήν.'

1–16 VS 59 A 1   Laks p. 247 et test. 1a (**1–5**)   **1–5** Demetr. Phal. fr. 107 SOD = 91 W. (**4** τοῦτόν–**5**)   **2–3** (ἤκουσε—Ἀναξιμένους) Antisth. Rhod. FGrHist 508 F 15 = 15 Giannat.   **6–12** test. 21 Laks   **13–16** VS 59 B 1 = fr. 1 Laks

---

Ante **1** tit. διογένης FP⁴ᵐᵍ   **1** διογένης B²   ἀπολλοθέμιδος F: -μιτος BP
2 <ὥς> φησιν Cob.   ἀντισθένους F   **3** ἐν del. Cob.   **7–8** καὶ ἀραιούμενον om. B¹, suppl. B²ᵐᵍ   **10** ἠρεισμένην Pˣ(Q)F: ἠρι- BP¹: ἠρηρει- Φh   **11** εἰληφυῖαν BPΦh: ἐσχηκυίαν F   **13** τοῦ συγγράμματος αὐτῶ F

[58] Ἀνάξαρχος Ἀβδηρίτης. οὗτος ἤκουσε Διογένους τοῦ Σμυρναίου· ὁ δὲ Μητροδώρου τοῦ Χίου, ὃς ἔλεγε μηδὲ αὐτὸ τοῦτο εἰδέναι ὅτι οὐδὲν οἶδε· Μητρόδωρον δὲ Νεσσᾶ τοῦ Χίου, ὃν δὴ Δημοκρίτου φασὶν ἀκοῦσαι. ὁ δ᾽ οὖν Ἀνάξαρχος καὶ Ἀλεξάνδρῳ συνῆν καὶ ἤκμαζε κατὰ τὴν 5 δεκάτην καὶ ἑκατοστὴν Ὀλυμπιάδα καὶ εἶχεν ἐχθρὸν Νικοκρέοντα τὸν Κύπρου τύραννον· καί ποτε ἐν συμποσίῳ τοῦ Ἀλεξάνδρου ἐρωτήσαντος αὐτὸν τί ἄρα δοκεῖ τὸ δεῖπνον, εἰπεῖν φασιν, 'ὦ βασιλεῦ, πάντα πολυτελῶς·' ἔδει δὲ λοιπὸν κεφαλὴν σατράπου τινὸς παρατεθεῖσθαι·' 10 ἀπορρίπτων πρὸς τὸν Νικοκρέοντα. [59] ὁ δὲ μνησικακήσας, μετὰ τὴν τελευτὴν τοῦ βασιλέως ὅτε πλέων ἀκουσίως προσηνέχθη τῇ Κύπρῳ ὁ Ἀνάξαρχος, συλλαβὼν αὐτὸν καὶ εἰς ὅλμον βαλὼν ἐκέλευσε τύπτεσθαι σιδηροῖς ὑπέροις. τὸν δὲ οὐ φροντίσαντα τῆς τιμωρίας εἰπεῖν ἐκεῖνο 15 δὴ τὸ περιφερόμενον, 'πτίσσε τὸν Ἀναξάρχου θύλακον, Ἀνάξαρχον δὲ οὐ πλήττεις.' κελεύσαντος δὲ τοῦ Νικοκρέοντος καὶ τὴν γλῶτταν αὐτοῦ ἐκτμηθῆναι, λόγος ἀποτραγόντα προσπτύσαι αὐτῷ. καὶ ἔστιν ἡμῶν εἰς αὐτὸν οὕτως· 20

1–35 VS 72 A 1 = 1 Dor.   1–6 (Ὀλυμπιάδα) Metrod. Chius test. 1c Fowler 5–6 i.e. 340–336

6 (εἶχεν)–19 (αὐτῷ), 27 (τὸν)–35 Φ 71 (317.3–20)

Ante 1 tit. ἀνάξαρχος FP[4mg]   1 ἀνάξαρχος ἀβδηρείτης B[2] partim in ras. ἀβδηρίτης P: αὐ- F   διογένους F: διομέ- BP   2 ὁ B[1]P[1]F: οἱ B[2]   3 οἶδεν Φ   μητρόδωρον Cob.: -ος BPF   νεσσᾶ B: νέσα P[1](Q): νέσου F 4 ὃν δὴ Kochalsky teste Diels (loc. non inveni): οἱ δὲ BPF   5 καὶ ἤκμαζε BP: ἤκμαζε δὲ F   6 <ἐν>δεκάτην Jacoby Apollod. 340[2]   9 φασιν FP[4]: φη- BP[1]   πολυτελῆ Φ   10 τινὸς σατράπου Φ   παρατεθῆναι Φ 12 τὴν om. Φ   13 ὁ Ἀνάξαρχος om. Φ   14 ὅλμον BP   14–15 σιδηροῖς ὑπ. τύπτεσθαι F   15 φροντήσαντα F   15–16 εἰπεῖν ἐκεῖνο δὲ εἰπεῖν τὸ F   16 πτίσσε BP: πτύσσε F: πτίσσε πτίσσε Φ (sic alii testes) 17 πλήττεις BPFΦ: πτίσσεις Menag. e testibus   18 ἀποτμηθῆναι Φ 20 οὕτως <ἔχον> Cob., sed cf. 2.46 et 10.16

πτίσσετε, Νικοκρέων, ἔτι καὶ μάλα· θύλακός ἐστι·
πτίσσετ'· Ἀνάξαρχος δ' ἐν Διός ἐστι πάλαι.
καί σε διαστείλασ' ὀλίγον †ταδε νεφη† τάδε λέξει
ῥήματα Φερσεφόνη, 'ἔρρε μυλωθρὲ κακέ.'

25 **[60]** οὗτος διὰ τὴν ἀπάθειαν καὶ εὐκολίαν τοῦ βίου
Εὐδαιμονικὸς ἐκαλεῖτο· καὶ ἦν ἐκ τοῦ ῥᾴστου δυνατὸς
σωφρονίζειν. τὸν γοῦν Ἀλέξανδρον οἰόμενον εἶναι θεὸν
ἐπέστρεψεν· ἐπειδὴ γὰρ ἔκ τινος πληγῆς εἶδεν αὐτῷ
καταρρέον αἷμα, δείξας τῇ χειρὶ πρὸς αὐτόν φησι, 'τουτὶ μὲν
30 αἷμα καὶ οὐκ

ἰχὼρ οἷός πέρ τε ῥέει μακάρεσσι θεοῖσι.'

Πλούταρχος δ' αὐτὸν Ἀλέξανδρον τοῦτο λέξαι πρὸς τοὺς
φίλους φησίν. ἀλλὰ καὶ ἄλλοτε προπίνοντα αὐτῷ τὸν
Ἀνάξαρχον δεῖξαι τὴν κύλικα καὶ εἰπεῖν

35 βεβλήσεταί τις θεῶν βροτησίᾳ χερί.

---

31 Hom. E 340 **32** (Πλούταρχος) Plut., Alex. 28.1 et Quaest. conv. 9.1
(737A) **35** Eur., Or. 271

21–24 Anth. Pal. 7.133

---

21 πτίσσετε rec., Pal.[C]: -ται BP: πτύσεται F: πτήσετε Pal.: πτίσσε γε
Gigante 564[201] καὶ ἔτι F μάλα BP[1], Pal.: μᾶλλον FP[4] **22** πτίσσετ'
BP: πτύ- F: πτή- Pal.: πτίσσε γ' Gigante **23** διαστείλας ὀλίγον τὰ δὲ
νέφη τάδε BP[1](Q): δ. ὀλ. τὰ δυσνεφῆ τ. F: δ. γένειφει ὀλ. τ. Pal.:
διαστείλασα γνάφοις ὀλίγον (-γω = ἐν ὀλ. χρόνῳ Marcov.) τάδε Jacobs,
Anth. Gr. III 588: δ. γνάφοισιν ὅλον τ. H. van Herwerden, Studia crit.
in epigram. Graeca (1891) 141: δ. γνάφοις ὀλίγ' ἐνθάδε dub. Diels
24 περσεφόνη Pal. ἔρρε Pal.: ἔρρεε BP: ἔρεε F μυλωθρὲ κακή
om. F[1], suppl. F[2s.l.] μύλωθρε B, μί- Pal. κακέ Aldobr.: -ή BPF[2],
Pal. **25** ἀπείθειαν F **28** ἐπέστρεψε B, ἐπέτρεψεν F αὐτοῦ Φ
29 καταρρέων B[1] **31** μακάρεσιν F θεοῖσιν Φ **33** φιλοσόφους F
34 ἀλέξανδρον F **35** βεβλήσαι τέ τις in spatio vac. F[2] χερί Φ: χειρί
BPF

[61] Πύρρων Ἠλεῖος Πλειστάρχου μὲν ἦν υἱός, καθὰ καὶ Διοκλῆς ἱστορεῖ· ὥς φησι <δ'> Ἀπολλόδωρος ἐν Χρονικοῖς, πρότερον ἦν ζωγράφος, καὶ ἤκουσε Βρύσωνος τοῦ Στίλπωνος, ὡς Ἀλέξανδρος ἐν Διαδοχαῖς, εἶτα Ἀναξάρχου, ξυνακολουθῶν πανταχοῦ, ὡς καὶ τοῖς γυμνοσοφισταῖς ἐν 5 Ἰνδίᾳ συμμῖξαι καὶ τοῖς Μάγοις. ὅθεν γενναιότατα δοκεῖ φιλοσοφῆσαι, τὸ τῆς ἀκαταληψίας καὶ ἐποχῆς εἶδος εἰσαγαγών, ὡς Ἀσκάνιος ὁ Ἀβδηρίτης φησίν. οὐδὲν γὰρ ἔφασκεν οὔτε καλὸν οὔτε αἰσχρὸν οὔτε δίκαιον οὔτε ἄδικον· καὶ ὁμοίως ἐπὶ πάντων μηδὲν εἶναι τῇ ἀληθείᾳ, νόμῳ δὲ καὶ 10 ἔθει πάντα τοὺς ἀνθρώπους πράττειν· οὐ γὰρ μᾶλλον τόδε ἢ τόδε εἶναι ἕκαστον.

[62] ἀκόλουθος δ' ἦν καὶ τῷ βίῳ, μηδὲν ἐκτρεπόμενος, μηδὲν φυλαττόμενος, ἅπαντα ὑφιστάμενος, ἀμάξας, εἰ τύχοι, καὶ κρημνοὺς καὶ κύνας καὶ ὅσα μηδὲν ταῖς 15 αἰσθήσεσιν ἐπιτρέπων. σῴζεσθαι μέντοι, καθά φασιν οἱ

1–20 1A L.-S.   1–12 Pyrrho test. 1 Decleva Caizzi   1–6 (Μάγοις)
Anaxarch. VS 72 A 2 = fr. 9 Dor.   1–4 (Ἀναξάρχου) Bryson test. 203A
Doer.   SSR II S 2   Alex. Polyhist. FGrHist 273 F 92 = fr. 8 Giannat.
1–3 (ζωγράφος) Apollod. FGrHist 244 F 39   13–20 Antig. Caryst. fr. 3
Dor.   13–18 (παρακολουθούντων) Pyrrho test. 6

4 (Ἀναξάρχου)–12 Φh 56 (130.11–7)   7 (ἀκαταληψίας)–8 (εἰσαγαγών)
Suda ε 2824 (II 398.3–4)   13 (μηδέν)–18 (παρακολουθούντων) Φ 72
(318.2–5)

Ante 1 tit. πύρρων F²ᵐᵍP⁴ᵐᵍ   1 πύρρων B²   πλιστάρχου B   2 δὲ
add. P⁴: om. BP¹F   post Χρ. add. <Πιστοκράτους> Croen., Kol. u. Men.
139 (coll. Paus. 6.24.5)   3 Βρύσωνος Menag. ex Suda π 3238: δρύ-
BPF   τοῦ BPF: ἢ Nietzsche, Philologische Schriften (1982) 179⁶ (a. 1870):
'an καὶ? nisi solum τοῦ Στίλπωνος ad Alex. Polyh. revocas' V. d. Muehll
4 pro Στίλπωνος hab. Κλεινομάχου μαθητοῦ   Suda π 3238   ὡς—
διαδοχαῖς om. F   ἀναξάρχῳ FΦh   5 συνακολουθῶν FΦh   τοῖς
om. F   8 pro Ἀσκάνιος coni. Ἑκαταῖος Roeper (1846) 660 et Mueller,
FHG II 384ⁿ, sed vid. Jacoby, FGrHist IIIa 33 (ad 264 T 3)   ἀβδηρίτης P¹:
ἀβλη- B: αὐδη- F   13 κἂν Richards 341   14 μηδὲν (ex μηδ' ἐν B²)
BP¹(Q): μὴ δὲ* Pˣ: μηδὲ F   ἅπαντα <δὲ> Reiske 323   ἀμάξας F   15
καὶ ὅσα om. Φh: καὶ ὅλως Cob.: καὶ ὅσα τοιαῦτα rec.   'possis etiam καὶ
ὅσα ἄλλα, sed nihil deesse vid.' V. d. Muehll   16 (καθά)–17 (ἀντίγονον)
om. Φh   καθά φασιν P: καθά φη- B: καθάπερ F

περὶ τὸν Καρύστιον Ἀντίγονον, ὑπὸ τῶν γνωρίμων παρακολουθούντων. Αἰνεσίδημος δέ φησι φιλοσοφεῖν μὲν αὐτὸν κατὰ τὸν ἐποχῆς λόγον, μὴ μέντοι γε ἀπροοράτως
20 ἕκαστα πράττειν. ὁ δὲ πρὸς τὰ ἐνενήκοντα ἔτη κατεβίω.

Ἀντίγονος δέ φησιν ὁ Καρύστιος ἐν τῷ Περὶ Πύρρωνος τάδε περὶ αὐτοῦ, ὅτι τὴν ἀρχὴν ἄδοξός τε ἦν καὶ πένης καὶ ζωγράφος. σώζεσθαί τε αὐτοῦ ἐν Ἤλιδι ἐν τῷ γυμνασίῳ λαμπαδιστὰς μετρίως ἔχοντας. [63] ἐκπατεῖν τε αὐτὸν καὶ
25 ἐρημάζειν, σπανίως ποτὲ ἐπιφαινόμενον τοῖς οἴκοι. τοῦτο δὲ ποιεῖν ἀκούσαντα Ἰνδοῦ τινος ὀνειδίζοντος Ἀναξάρχῳ ὡς οὐκ ἂν ἕτερόν τινα διδάξαι οὗτος ἀγαθόν, αὐτὸς αὐλὰς βασιλικὰς θεραπεύων. ἀεί τε εἶναι ἐν τῷ αὐτῷ καταστήματι, ὥστε εἰ καί τις αὐτὸν καταλίποι μεταξὺ
30 λέγοντα, αὐτῷ διαπεραίνειν τὸν λόγον, καίτοι κεκινημένον {τε} ὄντα ἐν νεότητι. πολλάκις, φησί, καὶ ἀπεδήμει, μηδενὶ προειπών, καὶ συνερρέμβετο οἷστισιν ἤθελεν. καί ποτε Ἀναξάρχου εἰς τέλμα ἐμπεσόντος, παρῆλθεν οὐ βοηθήσας· τινῶν δὲ αἰτιωμένων, αὐτὸς Ἀνάξαρχος ἐπῄνει τὸ
35 ἀδιάφορον καὶ ἄστοργον αὐτοῦ.

[64] καταληφθεὶς δέ ποτε καὶ αὐτῷ λαλῶν καὶ ἐρωτηθεὶς τὴν αἰτίαν ἔφη μελετᾶν χρηστὸς εἶναι. ἔν τε ταῖς ζητήσεσιν

---

20 (ὁ—κατεβίω) Pyrrho test. 9   **21–46** Antig. Caryst. fr. 2 Dor.   1B L.-S.   **21–37** (εἶναι) Pyrrho test. 10   **21–35** Anaxarch. VS 72 A 2 = fr. 12 Dor.   **37** (ἕν)–**41** (ἑαυτοῦ) Pyrrho test. 28   Nausiph. VS 75 A 2

---

24 (ἐκπατεῖν)–**32** (ἤθελεν) Φh 56 (130.18–25)   **32** (καί)–**35** Φ 72 (318.5–8) **36–46, 61** (εὐσεβῶς)–**72** Φh 56 (130.18–131.15)

---

17 ἀρύστιον B   γνωρίμων BPF: οἰκείων Φ   **19** τῆς ἐποχῆς F   **20** ὁ—κατεβίω om. F¹, suppl. F²ᵐᵍ   **21** φησιν om. F¹, suppl. F²ᵐᵍ   ἐν— πύρρωνος om. F   **22** τε om. F   **23** αὐτοῦ F, γρ P⁴: -ὸν BP¹(Q) **25** ποτὲ om.   Φh οἴκοις F   **26** ἰνδοῦ om. F¹, suppl. F²ᵐᵍ   **29** καταλίποι PΦh: -λείποι BF²: -ει F¹   **30** αὐτῷ ΦhP⁴: αὐτῶ P¹F: -ὸν B τὸν λόγον διαπεραίνειν F   καί τι B   **31** τε BP: om. F, del. Pˣ 'recte cf. Plat., Phdr. 245b' (Barnes 10)   † κεκ. ὄντα Wil., Ant. 36: post τε lac. indic. Diels   πολλάκι PF   **32** συνερρέμβετο rec.: συνερέμβ- BPFΦh ἤθελεν FP⁴Φh: ἔ- BP¹(Q): ἔτυχεν Cob.   **36** καὶ αὐτῶ BP¹: ἑαυτῶ FP⁴: αὐτῶ Φh   **37** τε om. Φh

ὑπ' οὐδενὸς κατεφρονεῖτο διὰ τὸ <καὶ δι>εξοδικῶς λέγειν
καὶ πρὸς ἐρώτησιν· ὅθεν καὶ Ναυσιφάνην ἤδη νεανίσκον
ὄντα θηραθῆναι. ἔφασκε γοῦν γίνεσθαι δεῖν τῆς μὲν 40
διαθέσεως τῆς Πυρρωνείου, τῶν δὲ λόγων τῶν ἑαυτοῦ.
ἔλεγέ τε πολλάκις καὶ Ἐπίκουρον θαυμάζοντα τὴν
Πύρρωνος ἀναστροφὴν συνεχὲς αὐτοῦ πυνθάνεσθαι περὶ
αὐτοῦ. οὕτω δ' αὐτὸν ὑπὸ τῆς πατρίδος τιμηθῆναι ὥστε
καὶ ἀρχιερέα καταστῆσαι αὐτὸν καὶ δι' ἐκεῖνον πᾶσι τοῖς 45
φιλοσόφοις ἀτέλειαν ψηφίσασθαι.

καὶ δὴ καὶ πολλοὺς εἶχε ζηλωτὰς τῆς ἀπραγμοσύνης·
ὅθεν καὶ ὁ Τίμων περὶ αὐτοῦ φησιν οὕτως ἐν τῷ Πύθωνι
<. . .> καὶ ἐν τοῖς Σίλλοις·

[65]   ὦ γέρον, ὦ Πύρρων, πῶς ἢ πόθεν ἔκδυσιν εὗρες   50
        λατρείης δοξῶν {τε} κενεοφροσύνης τε σοφιστῶν,
        καὶ πάσης ἀπάτης πειθοῦς τ' ἀπελύσαο δεσμά;
        οὐδ' ἔμελέν σοι ταῦτα μεταλλῆσαι, τίνες ἆται
        Ἑλλάδ' ἔχουσι, πόθεν τε καὶ εἰς ὅ τι κύρει ἕκαστα.

καὶ πάλιν ἐν τοῖς Ἰνδαλμοῖς·   55

        τοῦτό μοι, ὦ Πύρρων, ἱμείρεται ἦτορ ἀκοῦσαι,
           πῶς ποτ' †ανηροταγεις† ῥᾶστα μεθ' ἡσυχίης
        μοῦνος ἐν ἀνθρώποισι θεοῦ τρόπον ἡγεμονεύων.

44 (οὕτω)–**46** Pyrrho test. 11   **47–54** 2C L.-S.   Pyrrho test. 60   **50–**
54 Timon SH 822 = fr. 48 Di Marco   **55–58** Pyrrho test. 61B   **56–58**
Timon SH 841.1–2.5   2D L.-S.

38 καὶ δ. Wil. post Kuehn (διεξ.)   **39** ναυσιφάνη B, an recte?
40 ἔφασκεν οὖν F   **41** πυρρωνίου B: πυρω- P¹   **43** πύρωνος B
45 καταστῆσαι BPΦh: τιμηθῆναι F   αὐτῶ Fᵖᶜ   **47** καὶ² om. F
ζηλωτὰς εἶχε πολλοὺς F   **48** ὅθεν om. F   **49** lacunam indic. Wil.,
Ant. 37   **50** ἢ γέροντος (om. ὦ πύρρων) F   πόθ' F   ἔκδυσιν BP¹(Q):
ἔκλυ- FP⁴   **51** κενεοφροσύνης Usener ap. Wachsm.: τε κενο- BPF   **53**
οὐδ' ἔμελεν P¹: οὐδεμέλε B: οὐδὲ μέλει F   μεταλλῆσαι Wachsm.:
μετάλλησι B: μεταλλήση P¹ ut vid.: -σειν P⁴: μεταμελῆσειν F   τίνες Cob.:
τίνος F: τινὸς BP¹   ἆται Lapini 114: αὖραι F: αὖραι δ' B: αὖρας P¹(Q)
54 ἔχουσαι B   κύρει Wachsm.: κυρη P¹(Q): κυρεῖ BF   ἕκαστη Wil., Ant.
38   **57** cruces appos. Lloyd-Jones/Parsons   ἀνὴρ ὅτ' ἄγεις P: ἀ. ὁ
ταγεὶς B: ἀνήροτ' ἄγεις F: ἀ. ἔτ' ἄγεις Frob.: π. ποτε δίφρον ἄγεις
'desideramus' Lloyd-Jones/Parsons   ῥῆστα Sext., M 11.1   ἡσυχίης
BP¹(Q): -ας F   **58** pro ἐν hab. δ' Sext., M 1.305   ἡγεμονεύεις Sext.

Ἀθηναῖοι δὲ καὶ πολιτείᾳ αὐτὸν ἐτίμησαν, καθά φησι
60 Διοκλῆς, ἐπὶ τῷ Κότυν τὸν Θρᾷκα διαχρήσασθαι. [66]
εὐσεβῶς δὲ καὶ τῇ ἀδελφῇ συνεβίω μαιευούσῃ, καθά φησιν
Ἐρατοσθένης ἐν τῷ Περὶ πλούτου καὶ πενίας, ὅτε καὶ αὐτὸς
φέρων εἰς τὴν ἀγορὰν ἐπίπρασκεν ὀρνίθια, εἰ τύχοι, καὶ
χοιρίδια, καὶ τὰ ἐπὶ τῆς οἰκίας ἐκάθαιρεν ἀδιαφόρως.
65 λέγεται δὲ καὶ δέλφακα λούειν αὐτὸς ὑπὸ ἀδιαφορίας. καὶ
χολήσας τι περὶ τῆς ἀδελφῆς (Φιλίστα ἐκαλεῖτο), πρὸς τὸν
λαβόμενον εἰπεῖν ὡς οὐκ ἐν γυναίῳ ἡ ἐπίδειξις τῆς
ἀδιαφορίας. καὶ κυνός ποτε ἐπενεχθέντος διασοβηθέντα
εἰπεῖν πρὸς τὸν αἰτιασάμενον, ὡς χαλεπὸν εἴη ὁλοσχερῶς
70 ἐκδῦναι τὸν ἄνθρωπον· διαγωνίζεσθαι δ᾽ ὡς οἷόν τε
πρῶτον μὲν τοῖς ἔργοις πρὸς τὰ πράγματα, εἰ δὲ μή, τῷ γε
λόγῳ.

[67] φασὶ δὲ καὶ σηπτικῶν φαρμάκων καὶ τομῶν καὶ
καύσεων ἐπί τινος ἕλκους αὐτῷ προσενεχθέντων, ἀλλὰ
75 μηδὲ τὰς ὀφρῦς συναγαγεῖν. καὶ ὁ Τίμων δὲ διασαφεῖ τὴν
διάθεσιν αὐτοῦ ἐν οἷς πρὸς Πύθωνα διέξεισιν. ἀλλὰ καὶ
Φίλων ὁ Ἀθηναῖος, γνώριμος αὐτοῦ γεγονώς, ἔλεγεν ὡς

59–60 (διαχρήσασθαι) Pyrrho test. 13   **61** (εὐσεβῶς)–**64** (ἀδιαφορίας)
Pyrrho test. 14   Eratosth. FGrHist 241 F 23   **65** (καὶ²)–**72** Pyrrho
test. 15A   Antig. Caryst. fr. 4b Dor.   **73–75** (συναγαγεῖν) Pyrrho
test. 16   **75** (καὶ)–**76** (διέξεισιν) Pyrrho test. 51   Timon 9 B 79 Diels PPF
76 (ἀλλὰ)–**86** Pyrrho test. 20

65 (λέγεται—ἀδιαφορίας) Φ 72 (318.8–9)   **73–84** Φ 72 (318.9–15)

59–60 de Pythone Aenio agi vidit Casaub.   **60** τῷ P: τὸν B: τὸ F   **61**
μαιευούσῃ V. d. Muehll: μαιουούση Φh: μαιούση BP: -βίω)μαι οὔση F:
μαία οὔση Z³ (Frob.)   **61** (καθά)–**62** (πενίας) om. Φh   **62** ὅτε rec.: ὅτι
BPF   αὐτὸς Menag.: οὗτος PF: οὕτως B   **63** ἀγορὰν Pˣ(Q)F: ἄνρυν
B², P¹ ut vid., Φh: αρυν B¹   ὄρνιθας F² ex -δας   εἰ τύχοι om. F   **64**
ἐκάθαιρεν Φh (coni. Menag.): καθάροι BPF   **66** χηλήσας F   περὶ
BPFΦh: ὑπὲρ Cob.   φιλίστα δὲ FP⁴ (δ᾽)   **67** ἐπιλαβόμενον Φh
(cod. A). Vid. Dorandi, Antigone 46²⁸   εἶπεν Φh   ἡ FP⁴: om. BP¹ Φh
68 κύνα ποτὲ ἐπενεχθέντα F   διασοβηθέντος Φh   **69** εἶπε Φh   τὸν
om. F   **70** διηγωνίζετο Φh   **71** πρῶτον μὲν ὡς οἷόν τε Φh
72 λόγῳ <πρὸς τὰ δόγματα> dub. Barnes 10   **73** καὶ¹ om. BP¹   **74**
ἀλλὰ om. Φh   **76** διέξησιν B, -εισι F

ἐμέμνητο μάλιστα μὲν Δημοκρίτου, εἶτα δὲ καὶ Ὁμήρου,
θαυμάζων αὐτὸν καὶ συνεχὲς λέγων·

οἵη περ φύλλων γενεή, τοίη δὲ καὶ ἀνδρῶν·   80

καὶ ὅτι σφηξὶ καὶ μυίαις καὶ ὀρνέοις εἴκαζε τοὺς ἀνθρώπους.
προφέρεσθαι δὲ καὶ ταῦτα·

αλλά, φίλος, θάνε καὶ σύ· τίη ὀλοφύρεαι οὕτως;
κάτθανε καὶ Πάτροκλος, ὅ περ σέο πολλὸν ἀμείνων·

[68] καὶ ὅσα συντείνει εἰς τὸ ἀβέβαιον καὶ κενόσπουδον 85
ἅμα καὶ παιδαριῶδες τῶν ἀνθρώπων.

Ποσειδώνιος δὲ καὶ τοιοῦτό τι διέξεισι περὶ αὐτοῦ. τῶν
γὰρ ἐμπλεόντων ἐσκυθρωπακότων ὑπὸ χειμῶνος, αὐτὸς
γαληνὸς ὢν ἀνέρρωσε τὴν ψυχήν, δείξας ἐν τῷ πλοίῳ
χοιρίδιον ἐσθίον καὶ εἰπὼν ὡς χρὴ τὸν σοφὸν ἐν τοιαύτῃ 90
καθεστάναι ἀταραξίᾳ. μόνος δὲ Νουμήνιος καὶ δογματίσαι
φησὶν αὐτόν. τούτου πρὸς τοῖς ἄλλοις καὶ μαθηταὶ
γεγόνασιν ἐλλόγιμοι, ὧν Εὐρύλοχος· οὗ φέρεται ἐλάσσωμα
τόδε. φασὶ γὰρ ὡς οὕτω παρωξύνθη ποτὲ ὥστε τὸν
ὀβελίσκον ἄρας μετὰ τῶν κρεῶν ἕως τῆς ἀγορᾶς ἐδίωκε τὸν 95
μάγειρον. [69] καὶ ἐν Ἤλιδι καταπονούμενος ὑπὸ τῶν
ζητούντων ἐν τοῖς λόγοις, ἀπορρίψας θοἰμάτιον διενήξατο

---

80 Hom. Z 146   **83–84** Hom. Φ 106–7   **87–91** (ἀταραξίᾳ) Pyrrho
test. 17A   Posid. fr. 287 Ed.-K. = 453Db Th.   **91–92** (μόνος—αὐτόν)
Pyrrho test. 42   **92** (τούτου)–**99** Pyrrho test. 37

---

87 (τῶν)–**98** (Ἀλφειόν) Φ 72 (318.16–23)

---

78 μάλιστα om. F¹, suppl. F²ˢ·ˡ·   **80** γενεή—καὶ om. F¹, γ. τε τ. δὲ καὶ
suppl. F²ᵐᵍ   δὲ om. B   **81** σφηξὶ J. Fr. Herel in Klotz, Acta litter. 2 (1795)
109: φησὶ BPF   **82** δὲ om. F¹, suppl. F²ˢ·ˡ·   ταῦτα BP: τάδε F   **83** τίη
P: τί ἢ F: τη B¹: τηι B²: τι Φ   οὕτως B: αὕτως PF: αὖ- Φ   **84** ὅ περ P:
ὅσπερ Φ: ὡσ- B: ὥσ- F¹   πολλῶν F   **87** τοιοῦτο B¹P: -τον B²F²: τοῦτι
F¹, ut vid.   **88** συμπλεόντων αὐτῷ ποτε Φ   **89** μετὰ γαλήνης Φ
ὢν—ψυχήν om. Φ   **90** ἐσθίων F   **94** ὡς om. BP¹   **95** (μετὰ)–**96**
(κατα) om. F¹, suppl. F²ᵐᵍ   **97** τοῖς om. Φ   ἀπορρίψας Φ: -ρίψας BP:
-ρήξας F   ἐνήχετο Φ

{πέραν} τὸν Ἀλφειόν. ἦν οὖν πολεμιώτατος τοῖς σοφισταῖς, ὡς καὶ Τίμων φησίν.

100 ὁ δὲ Φίλων τὰ πλεῖστα διελέγετο <ἑαυτῷ>. ὅθεν καὶ περὶ τούτου φησὶν οὕτως·

ἢ τὸν ἀπ' ἀνθρώπων αὐτόσχολον αὐτολαλητὴν
οὐκ ἐμπαζόμενον δόξης ἐρίδων τε Φίλωνα.

πρὸς τούτοις διήκουσε τοῦ Πύρρωνος Ἑκαταῖός τε ὁ
105 Ἀβδηρίτης καὶ Τίμων ὁ Φλιάσιος ὁ τοὺς Σίλλους πεποιηκώς, περὶ οὗ λέξομεν, ἔτι τε Ναυσιφάνης <ὁ> Τήιος, οὗ φασί τινες ἀκοῦσαι Ἐπίκουρον. οὗτοι πάντες Πυρρώνειοι μὲν ἀπὸ τοῦ διδασκάλου, ἀπορητικοὶ δὲ καὶ σκεπτικοὶ καὶ ἔτι ἐφεκτικοὶ καὶ ζητητικοὶ ἀπὸ τοῦ οἷον
110 δόγματος προσηγορεύοντο. [70] ζητητικὴ μὲν οὖν φιλοσοφία ἀπὸ τοῦ πάντοτε ζητεῖν τὴν ἀλήθειαν, σκεπτικὴ δ' ἀπὸ τοῦ σκέπτεσθαι ἀεὶ καὶ μηδέποτε εὑρίσκειν, ἐφεκτικὴ

98–99 (ἦν—φησίν) Timon SH 823 = fr. 49 Di Marco   **100–104** Pyrrho test. 38   **102–103** Timon SH 824 = fr. 50 Di Marco   **104–115** (Πύρρωνος) Pyrrho test. 39A   **104–107** (Ἐπίκουρον) Hecat. VS 73 A 3 = FGrHist 264 T 3a   Timon 9 A 3 Diels, PPF   Nausiph. VS 75 A 3   **106** (περὶ οὗ λέξομεν) infra § 102

---

107 (οὗτοι)–**135** Suda π 3241 (IV 278.15–32) alterans quaedam et omittens **107** (οὗτοι)–**124** (ἀποφαίνεται) Φ 8 (171.26–172.9)

---

98 πέραν BP¹(Q): om. FΦ, secl. Cob. 'an π. τοῦ Ἀλφειοῦ?' Barnes conl. Eur., HF 386. Post Ἀλφειόν add. σχοίνῳ δὲ κεντηθεὶς ἀπέθανεν Φ (cf. Biedl 116, ad loc.)   οὖν FP⁴: οὖν ἂν BP¹(Q)   **99** τίμων Pˣ(Q): τίμωνα BP¹F φασίν F   **100** φίλων P: φιλῶν B: τίμων F   πλεῖστα <οἱ> Wachsm., Sillogr. 185 (ad fr. 63)   ἑαυτῷ add. Cob.   **101** οὕτως Menag.: οὗτος PF: B habet οὑτωσεὶ pro οὕτως ἢ   **102** ἀπάνθρωπον rec. (coni. Casaub.), prob. Barnes conl. Sext., PH 1.224 (Tim. fr. 60 Di Marco = SH 834) αὐτόσχολον Meineke, Delectus (1842) 150: ἀπό- BPF   **103** φίλωνα P¹F: φίλων B¹: -ον B²   **104** διήκουσε BF: -ουε P   τοῦ om. F   **105** ἀβδηρίτης BP¹: αὐ- F   **106** λέξωμεν B   ὁ add. Diels   **108** πυρρώνιοι B   τε Suda   **109** ἔτι deest in Φ: καὶ ἔτι om. Suda, ἐφεκτικοί τε scribens   **109** (ἀπὸ)–**110** (προσηγορεύοντο) om. Suda **110–111** ζητητικὴ (-κοὶ F) μὲν οὖν φιλοσοφία ἀπὸ BPF: ζητητικοὶ μὲν ἀπὸ Suda et sic infra semper in -οί, sed cf. Φ (ἡ δὲ πυρρώνειος αἵρεσις καλεῖται ζητητικὴ καὶ σκεπτικὴ καὶ ἐφεκτικὴ καὶ ἀπορετική) et Sext., PH 1.7 **111** σκεπτικοὶ Fᵃᶜ   **112** ἀεὶ PFΦ: δεῖ B

δ' ἀπὸ τοῦ μετὰ τὴν ζήτησιν πάθους· λέγω δὲ τὴν ἐποχήν·
ἀπορητικὴ δὲ ἀπὸ τοῦ †τοὺς δογματικοὺς ἀπορεῖν καὶ
αὐτοὺς δέ†. Πυρρώνειος δὲ ἀπὸ Πύρρωνος. Θεοδόσιος δὲ ἐν 115
τοῖς Σκεπτικοῖς κεφαλαίοις οὔ φησι δεῖν Πυρρώνειον
καλεῖσθαι τὴν σκεπτικήν· εἰ γὰρ τὸ καθ' ἕτερον κίνημα τῆς
διανοίας ἄληπτόν ἐστιν, οὐκ εἰσόμεθα τὴν Πύρρωνος
διάθεσιν· μὴ εἰδότες δὲ οὐδὲ Πυρρώνειοι καλοίμεθ' ἄν. πρὸς
τῷ μηδὲ πρῶτον εὑρηκέναι τὴν σκεπτικὴν Πύρρωνα μηδ' 120
ἔχειν τι δόγμα. λέγοιτο δ' ἄν τι<ς> Πυρρώνειος ὁμότροπος.

[71] ταύτης δὲ τῆς αἱρέσεως ἔνιοί φασιν Ὅμηρον
κατάρξαι, ἐπεὶ περὶ τῶν αὐτῶν πραγμάτων παρ' ὄντιν'
ἄλλοτε ἄλλως ἀποφαίνεται καὶ οὐδὲν ὁρικῶς δογματίζει
περὶ τὴν ἀπόφασιν. ἐπεὶ καὶ τῶν ἑπτὰ σοφῶν σκεπτικὰ 125
εἶναι, οἷον τῷ 'μηδὲν ἄγαν', καὶ 'ἐγγύα, πάρα δ' ἄτα·'
δηλοῦσθαι καὶ τῷ βεβαίως καὶ πεπεισμένως διεγγυωμένῳ

---

115 (Θεοδόσιος)–**121** Pyrrho test. 41   Theodos. fr. 308 Deichgr.

---

125 (καὶ)–**126** (ἄτα) Φ 8 (172.14–15)

---

113 δὲ BPF: δὴ Φ Suda   τῆς ἐποχῆς Φ   **114** ἀπορρητικὴ F:
ἀπορητικοὶ P^ac   δὲ om. B   **114–115** καὶ αὐτοὺς δὲ BP: om. FΦ: δὲ
expunxit Z³ (Frob.): ἀπὸ τοῦ περὶ παντὸς ἀπορεῖν coni. Barnes, Pyrr-
honism 4291, τ. δογμ.—αὐτοὺς tamquam ex glossemate deletis: ἀπὸ τοῦ
<περὶ παντὸς ἀπορεῖν, εἰ καὶ> τ. δογμ. ἀπ. κ. αὐτούς Marcov. conl.
Sext., PH 1.7: τ. δογμ. ἀπορεῖν <ποιεῖν> κ. αὐτοὺς dub. V. d. Muehll
115 πυρρώνειος Φ: -νειοι F: -νιοι B: πυρώνειοι BP πύρρωνος P
Πυρρών.—Πύρρωνος om. Suda, del. Casaub.   **116** κεφαλαίοις om.
Suda   δεῖν om. Suda et F¹, suppl. F^2s.l.   πυρρώνιον B, πυρώνειον P
117 τὸν σκεπτικόν Suda, 'an recte?' Barnes   ἕτερον BP¹Φ: ἑκάτερον F,
Suda (cod. M)   **118** οὐ κεισόμεθα BP¹(Q)   οὐ F   **119** καλοίμεθ' PΦ:
-θα BF   post ἄν rasura unius versus in F   **119–120** πρὸς τῷ P, Suda
(i.e. πρὸς τοῖς, cf. infra § 91, 95 et Gigante 565^225): πρὸς τὸ BF: ἄλλως δὲ Φ
120 πύρωνα P   **121** τις Cob.: τι P¹(Q), del. P^x: om. BF   πυρρώνιος
BP^x: πυρώνιος P¹   ὁμότροπος BP¹(Q): ὁμοτρόπως FP⁴. Vid. Brunschwig
1108⁵   **122** ὡς ἔνιοι F   **123** περὶ—πραγμάτων om. F¹, suppl. F^2mg
παρ' ὄντιν' B²PF: παρόντινα B¹: om. Φ: παρ' ὁντινοῦν Cob.   **124**
ὁριστικῶς Suda   **125** ἔπειτα Huebn. II 742   <τὰ> τῶν Steph.
σκεπτικὰ F: -ὰς BP ('scil. ἀποφάσεις' V. d. Muehll)   **126** οἷον τῷ Reiske
323, cum δηλοῦσθαι coniungens: οἷον τὸ BPF   καὶ τὸ ἐγγύα Φ   **127**
καὶ τῷ P: καὶ τὸ BF   <οἷς> (<ᾧ>) K. Fr. Hermann [1834] 109) δηλ. τῷ
Reiske: δηλ. γὰρ τῷ Cob.: 'vide ne καὶ τῷ—ἄτην scholion sit' Diels ad
Reiske   πεπεισμένον F

707

ἐπακολουθεῖν ἄτην. ἀλλὰ καὶ Ἀρχίλοχον καὶ Εὐριπίδην σκεπτικῶς ἔχειν, ἐν οἷς Ἀρχίλοχος μέν φησι·

130   τοῖος ἀνθρώποισι θυμός, Γλαῦκε Λεπτίνεω πάϊ,
        γίνεται θνητοῖς ὁκοίην Ζεὺς ἐπ' ἡμέρην ἄγει.

Εὐριπίδης δέ·

        τί δῆτα τούτους τοὺς ταλαιπώρους βροτοὺς
        φρονεῖν λέγουσι; σοῦ γὰρ ἐξηρτήμεθα
135   δρῶμέν τε τοιαῦθ' ἂν σὺ τυγχάνῃς θέλων.

[72] οὐ μὴν ἀλλὰ καὶ Ξενοφάνης καὶ Ζήνων ὁ Ἐλεάτης καὶ Δημόκριτος κατ' αὐτοὺς σκεπτικοὶ τυγχάνουσιν· ἐν οἷς Ξενοφάνης μέν φησι·

        καὶ τὸ μὲν οὖν σαφὲς οὔτις ἀνὴρ ἴδεν οὐδέ τις ἔσται
140   εἰδώς.

Ζήνων δὲ τὴν κίνησιν ἀναιρεῖ λέγων, 'τὸ κινούμενον οὔτε ἐν ᾧ ἐστι τόπῳ κινεῖται οὔτε ἐν ᾧ μὴ ἔστι'· Δημόκριτος δὲ τὰς ποιότητας ἐκβάλλων, ἵνα φησί, 'νόμῳ θερμόν, νόμῳ ψυχρόν, ἐτεῇ δὲ ἄτομα καὶ κενόν'· καὶ πάλιν, 'ἐτεῇ δὲ οὐδὲν
145   ἴδμεν· ἐν βυθῷ γὰρ ἡ ἀλήθεια.' καὶ Πλάτωνα τὸ μὲν ἀληθὲς

130–131 Archil. fr. 131 W.[2]   **133–135** Eur., Suppl. 734–6   **139–140** Xenophan. VS 21 B 34.1–2 = 35.1–2 G.-Pr.[2]   **141–142** (ἔστι) Zenon VS 29 B 4   **142** (Δημόκριτος)**–144** (κενόν) Democr. VS 68 B 125   **144** (ἐτεῇ)**–145** (ἀλήθεια) Democr. VS 68 B 117   **145** (Πλάτωνα) cf. Plat., Ti. 40 d 6

132–135 Φ 8 (172.10–13)   **144** (ἐτεῇ)**–149** Φ 8 (172.16–21)

---

128 ἀκολουθεῖν F   **130** θυμός Archilochi alii testes: νοῦς P[x](Q)F, Suda: ῥύς BP[1]   νοῦς <ᾦ> Menag. metri causa   λεπτίναιω F[1] -ω παι B[1] (ᾦπται B[2])   **131** γίνεσθαι Suda   ἐπ' ἡμέρην P: ἐπιμέρην B: ἐφ' ἡμ. F: ἡμ. Suda   **133–134** τούτους τοὺς ταλ. βροτοὺς φρονεῖν PΦ: τούτους φρονεῖν B: τούτους τοὺς ταλ. φρονεῖν βροτοὺς F: τοὺς ταλ. βρ. φρ. Suda: ὦ Ζεῦ, τί δῆτα τοὺς ταλ. βροτοὺς φρονεῖν Eur.   **135** τε om. F[1], δὲ add. F[2] τοιαῦθ' BP[x](Q)Φ, Suda: τοιαῦτα θ' F: de P[1] incertum: τοιάδ' Eur.   ἂν σὺ P[1]: ἃ σὺ* (᾿ B[2]) B: ἃ σὺ Φ: ἂν εὖ F: ἃ δὴ Suda   τυγχάνῃ ἐθ. B: τυγχάνεις θ. FΦ, Sud   **136** ὁ om. F   **137** σκεπτικοὶ om. F[1], suppl. F[2mg]   **139** ἴδεν Frob.: εἶ- P: οἶ- BF   **141** ἀναιρεῖ BP[1]: ἀνήρει F, γρ P[4]   **144** ἐτεῇ[1] Steph.: αἰτίη BPF   ἐτεῇ[2] Steph.: αἰτίη BPFΦ   δὲ οὐδὲν BP: οὐδὲν Φ: μὲν F: οὐδὲν post ἴδμεν suppl. F[2]   **145** πλάτων (ex πλάτωνα) F[x]Φ

θεοῖς τε καὶ θεῶν παισὶν ἐκχωρεῖν, τὸν δὲ εἰκότα λόγον ζητεῖν. καὶ Εὐριπίδην λέγειν·

[73] τίς δ᾽ οἶδεν εἰ τὸ ζῆν μέν ἐστι κατθανεῖν,
τὸ κατθανεῖν δὲ ζῆν νομίζεται βροτοῖς;

ἀλλὰ καὶ Ἐμπεδοκλέα·   150

οὕτως <οὔτ᾽> ἐπιδερκτὰ τάδ᾽ ἀνδράσιν οὔτ᾽ ἐπακουστὰ
οὔτε νόῳ περιληπτά·

καὶ ἐπάνω,

αὐτὸ μόνον πεισθέντες ὅτῳ προσέκυρσεν ἕκαστος·

ἔτι μὴν Ἡράκλειτον, 'μὴ εἰκῇ περὶ τῶν μεγίστων 155
συμβαλλώμεθα·' καὶ Ἱπποκράτην ἔπειτα ἐνδοιαστῶς καὶ
ἀνθρωπίνως ἀποφαίνεσθαι· καὶ πρὶν Ὅμηρον,

στρεπτὴ δὲ γλῶσσ᾽ ἐστὶ βροτῶν, πολέες δ᾽ ἔνι μῦθοι·

καὶ

ἐπέων δὲ πολὺς νομὸς ἔνθα καὶ ἔνθα·   160

καὶ

ὁπποῖόν κ᾽ εἴπῃσθα ἔπος, τοῖόν κ᾽ ἐπακούσαις·

τὴν ἰσοσθένειαν λέγων καὶ ἀντίθεσιν τῶν λόγων.

148–149 Eur. fr. 638 Kann.   **151–152** Emped. 31 B 2.7–8   **154**
Emped. 31 B 2.5   **155–156** (μὴ—συμβαλλώμεθα) Heracl. VS 22 B 47 =
fr. 113 Marcov. = T 721 Mour.   **158–162** Hom. Υ 248–250

---

157 (καὶ)–**209** (εὑρίσκεται) Φ 8 (172.22–174.25)

146–147 ἐκχωρεῖ et ζητεῖ Φ   **146** ἐγχωρεῖν V. d. Muehll   **147**
εὐριπίδης omisso λέγειν F   **148** εἶδεν F   **149** τὸ om. Φ: τὸ κατθανεῖν
om. B¹P¹: in mg suppl. B² et P⁴ (κατ. τὸ)   **151** οὔτ᾽ ἐπιδερκτὰ e Sext.,
M 7.123 Casaub.: ἐπεὶ τὰ δ᾽* (ε erasum) ἐρκτὰ (᾽ B²) B: ἐπεὶ τάδ᾽ ἐρκτὰ P:
ἐπεὶ τάδ᾽ ἄρκτὰ F   **152** ληπτὰ F   **154** αὐτῶ F¹   πεισθέντες ὅτῳ
Casaub. e Sext.: πεισθὲν τὸ τῶ BP¹(Q): πεισθὲν τῶ F   **156** ἔπειτα BPF:
secl. Cob.: ἔστιν ἃ vel ἔνια vel ἐνίοτε Richards 345   ἐνδιαστῶς B
157 ὅμηρον F: -ος BP   **158** γλῶσσα BP¹: γλῶσσ᾽ F   **160** καὶ ἔνθα
ΦP⁴: om. BP¹F   **162** ὁπποῖόν κ᾽ Steph.: ὁποῖον κ᾽ PΦ: -ον καὶ B:
ὁπποῖκον F   καὶπακούσαις B¹, καὶ ἐπακ. B²F

[74] διετέλουν δὴ οἱ σκεπτικοὶ τὰ τῶν αἱρέσεων
165 δόγματα πάντα ἀνατρέποντες, αὐτοὶ δὲ οὐδὲν
ἀποφαίνονται δογματικῶς, ἕως δὲ τοῦ προφέρεσθαι τὰ τῶν
ἄλλων καὶ διηγεῖσθαι μηδὲν ὁρίζοντες, μηδ' αὐτὸ τοῦτο.
ὥστε καὶ τὸ 'μὴ ὁρίζειν' ἀνῄρουν, λέγοντες οἷον 'οὐδὲν
ὁρίζομεν', ἐπεὶ ὥριζον ἄν· προφερόμεθα δέ, φασί, τὰς
170 ἀποφάσεις εἰς μήνυσιν τῆς ἀπροπτωσίας, ὡς εἰ καὶ
νεύσαντας, τοῦτο ἐνεδέχετο δηλῶσαι· διὰ τῆς οὖν 'οὐδὲν
ὁρίζομεν' φωνῆς τὸ τῆς ἀρρεψίας πάθος δηλοῦται· ὁμοίως
δὲ καὶ διὰ τῆς 'οὐδὲν μᾶλλον' καὶ τῆς 'παντὶ λόγῳ λόγος
ἀντίκειται' καὶ ταῖς ὁμοίαις.

175 **[75]** λέγεται δὲ τὸ 'οὐδὲν μᾶλλον' καὶ θετικῶς, ὡς ὁμοίων
τινῶν ὄντων· οἷον, 'οὐδὲν μᾶλλον ὁ πειρατῆς κακός ἐστιν ἢ
ὁ ψεύστης.' ὑπὸ δὲ τῶν σκεπτικῶν οὐ θετικῶς ἀλλ' ἀναι-
ρετικῶς λέγεται, ὡς ὑπὸ τοῦ ἀνασκευάζοντος καὶ λέγοντος,
'οὐ μᾶλλον ἡ Σκύλλα γέγονεν ἢ ἡ Χίμαιρα.' αὐτὸ δὲ τὸ
180 'μᾶλλον' ποτὲ μὲν συγκριτικῶς ἐκφέρεται, ὡς ὅταν φῶμεν
'μᾶλλον τὸ μέλι γλυκὺ ἢ τὴν σταφίδα·' ποτὲ δὲ θετικῶς καὶ
ἀναιρετικῶς, ὡς ὅταν λέγωμεν, 'μᾶλλον ἡ ἀρετὴ ὠφελεῖ ἢ
βλάπτει·' σημαίνομεν γὰρ ὅτι ἡ ἀρετὴ ὠφελεῖ, βλάπτει δ' οὔ.

[76] ἀναιροῦσι δὲ οἱ σκεπτικοὶ καὶ αὐτὴν τὴν 'οὐδὲν
185 μᾶλλον' φωνήν· ὡς γὰρ οὐ μᾶλλόν ἐστι πρόνοια ἢ οὐκ

184–188 Pyrrho test. 54

164–191 (ἐπακολουθεῖ) Suda o 802 (III 578.9–28)   **175–183** Suda μ 115
(III 314.28–315.5)

---

164 δὲ Pˣ(Q), F   τὰ PFΦ: κατὰ B   **166** ἀποφαίνονται BPˡ(Q)Φ: -οντες
FP⁴: ἀπεφαίνοντο Cob.   δὲ om. F   προφέρεσθαι BP: προσ- F: περι- Φ
166–167 τὰ τῶν ἄλλων secl. Brunschwig 1111²   **169** ὁρίζωμεν B
ὥριζον F   προφερόμενος F, -φέρονται Suda   τὰς om. Suda   **170**
εἰς om. B   μιμήσιν F   ἀποπροπτωσίας Φ   **171** οὖν BPˡ: del. Pˣ: om.
FΦ, Suda   **172** ἀρρεψίας Φ: ἀρε- BPF, Suda   δηλοῦται BF, Suda:
-οῦνται Pˡ: -οῦντας Φ   **173** δὲ om. Φ   **174** ταῖς ὁμοίαις BPF,
Suda: om. Φ: τῶν ὁμοίων Cob.   **175** δὲ τὸ BPΦ: καὶ F   μᾶλλον δὲ BPˡ
καὶ om. Suda   **175–176** ὡς—ὄντων om. Suda μ   **176** οὐδὲν Φ, Suda
μ: οὐθὲν BPF, Suda o   **179** ἡˡ PF Suda: ἢ BΦ   ἡ² om. BPˡ(Q)Φ, Suda
179–180 αὐτὸ—μᾶλλον om. Suda μ   **182** λέγομεν F   μᾶλλον BPΦ:
ὅταν F   ἡ om. BPˡ   **184** τὴν om. B   **185** οὐ μᾶλλον om. Suda

---

ἔστιν, οὕτω καὶ τὸ 'οὐδὲν μᾶλλον' οὐ μᾶλλόν ἐστιν ἢ οὐκ
ἔστιν. σημαίνει οὖν ἡ φωνή, καθά φησι καὶ Τίμων ἐν τῷ
Πύθωνι, 'τὸ μηδὲν ὁρίζειν, ἀλλ' ἀπροσθετεῖν.' ἡ δὲ 'παντὶ
λόγῳ' φωνὴ καὶ αὐτὴ συνάγει τὴν ἐποχήν· τῶν μὲν γὰρ
πραγμάτων διαφωνούντων τῶν δὲ λόγων ἰσοσθενούντων   190
ἀγνωσία τῆς ἀληθείας ἐπακολουθεῖ· καὶ αὐτῷ δὲ τούτῳ τῷ
λόγῳ λόγος ἀντίκειται, ὡς καὶ αὐτὸς μετὰ τὸ ἀνελεῖν τοὺς
ἄλλους ὑφ' ἑαυτοῦ περιτραπεὶς ἀπόλλυται, κατ' ἴσον τοῖς
καθαρτικοῖς, ἃ τὴν ὕλην προεκκρίναντα καὶ αὐτὰ
ὑπεκκρίνεται καὶ ἐξαπόλλυται. [77] πρὸς ὅ φασιν οἱ   195
δογματικοὶ μὴ αἴρειν τὸν λόγον, ἀλλὰ προσεπισχυρίζειν.

μόνον οὖν διακόνοις ἐχρῶντο τοῖς λόγοις· οὐ γὰρ οἷόν τε
ἦν μὴ λόγον λόγῳ ἀνελεῖν· καθ' ὃν τρόπον εἰώθαμεν λέγειν
τόπον μὴ εἶναι καὶ δεῖ πάντως τὸν τόπον εἰπεῖν, ἀλλ' οὐ
δογματικῶς, ἀποδεικτικῶς δέ· καὶ μηδὲν γίνεσθαι κατ'   200
ἀνάγκην καὶ δεῖ τὴν ἀνάγκην εἰπεῖν. τοιούτῳ τινὶ τρόπῳ
τῆς ἑρμηνείας ἐχρῶντο· οἷα γὰρ φαίνεται τὰ πράγματα, μὴ
τοιαῦτα εἶναι τῇ φύσει, ἀλλὰ μόνον φαίνεσθαι· ζητεῖν τε
ἔλεγον οὐχ ἅπερ νοοῦσιν, ὅ τι γὰρ νοεῖται δῆλον, ἀλλ' ὧν
ταῖς αἰσθήσεσι μετίσχουσιν.   205

[78] ἔστιν οὖν ὁ Πυρρώνειος λόγος μνήμη τις τῶν
φαινομένων ἢ τῶν ὁπωσοῦν νοουμένων, καθ' ἣν πάντα
πᾶσι συμβάλλεται καὶ συγκρινόμενα πολλὴν ἀνωμαλίαν

187 (σημαίνει)–188 (ἀπροσθετεῖν) Timon 9 B 80 Diels, PPF

187–188 καθά—πύθωνι om. Φ Suda   188 ἀλλὰ ἀπροσθετεῖν BPᶦᵖᶜ:
ἀλλ' ἀπρ. Suda: ἀλλὰ πρ. ΦΦ   189 αὕτη F   ἀποχήν Β   192 ὡς
Patillon ap. Brunschwig 1113³: ὃς BPF   αὐτὸς Huebn.: οὗτος BPFΦ
193 κατ' ἴσον BPF: ἐπίσης Φ   194 προεκκρίναντα BᶦF   194–195 καὶ
αὐτὰ ὑπεκκρίνεται bis pos. Bᶦ   195 ἀπόλλυται Φ   196 post
δογματικοὶ lac. statuit Cob. (vid. Brunschwig 1114²)   αἴρειν F: αἱρεῖν BPΦ
197 διακονίαις BPᶦ(Q)Φ: -κόνοις FPᴬ: -κενῶς dub. Barnes   198 λόγον
λόγῳ BPΦ: λόγῳ λόγον F   199 (ἀλλ')–201 (εἰπεῖν) om. Φ   200
ἀποδεικτικῶς 'vix recte' Barnes, an ὑποδ-, ἀπαγγελτ- (Sext., PH 1.197)
vel ἀπορητ- (Sext., M 9.12)?   201 τινὶ om. F   204 ἔλεγχον F   ὅ, τι
Huebn.   205 μετέχουσιν Φ   206 πυρρώνιος Β: πυρώνειος PᶦF
μνήμη τις BPF: μήνυσις Galesius ap. Casaub.: μηνυτής Kuehn   208
ἀνωμαλίαν Kuehn: ἀνωφέλειαν BPFΦ (cf. Sext., PH 1.12)

καὶ ταραχὴν ἔχοντα εὑρίσκεται, καθά φησιν Αἰνεσίδημος
210 ἐν τῇ εἰς τὰ Πυρρώνεια ὑποτυπώσει. πρὸς δὲ τὰς ἐν ταῖς
σκέψεσιν ἀντιθέσεις προαποδεικνύντες καθ᾽ οὓς τρόπους
πείθει τὰ πράγματα, κατὰ τοὺς αὐτοὺς ἀνῄρουν τὴν περὶ
αὐτῶν πίστιν· πείθειν γὰρ τά τε κατ᾽ αἴσθησιν συμφώνως
ἔχοντα καὶ τὰ μηδέποτε ἢ σπανίως γοῦν μεταπίπτοντα τά
215 τε συνήθη καὶ τὰ νόμοις διεσταλμένα καὶ <τὰ> τέρποντα
καὶ τὰ θαυμαζόμενα. [79] ἐδείκνυσαν οὖν ἀπὸ τῶν
ἐναντίων τοῖς πείθουσιν ἴσας τὰς πιθανότητας.

αἱ δ᾽ ἀπορίαι κατὰ τὰς συμφωνίας τῶν φαινομένων ἢ
νοουμένων ἃς ἀπεδίδοσαν ἦσαν κατὰ δέκα τρόπους, καθ᾽
220 οὓς τὰ ὑποκείμενα παραλλάττοντα ἐφαίνετο. τούτους δὲ
τοὺς δέκα τρόπους καθ᾽ ἕν τίθησιν·

{ἕν} πρῶτος ὁ παρὰ τὰς διαφορὰς τῶν ζῴων πρὸς
ἡδονὴν καὶ ἀλγηδόνα καὶ βλάβην καὶ ὠφέλειαν. συνάγεται
δὲ δι᾽ αὐτοῦ τὸ μὴ τὰς αὐτὰς ἀπὸ τῶν αὐτῶν προσπίπτειν
225 φαντασίας καὶ τὸ διότι τῇ τοιαύτῃ μάχῃ ἀκολουθεῖ τὸ

218–356 (ἐπιχειρεῖν) Φ 8 (174.26–179.17)   219 (δέκα)–220 Suda o 802
(III 578.28–9)

210 πυρρώνια Β: πυρώνεια Pˡ   211 τόπους Menag.   214 ἢ
σπανίως bis pos. Β   τά² F: om. BPˡ   215 τὰ add. Huebn.   216 τὰ
om. Β: τὰ <μὴ> Annas/Barnes 186, sed vid. Barnes, Pyrrhonism 429ˡ
ἐδείκνυον Fˡ (o in ras.)   218 εὐπορίαι P   τῆς Reiske 323   συμφωνίας
BPF: δια- V. d. Muehll, Annas/Barnes 186, fort. recte: ἀσυμ- C. L. Kayser,
Philol. 4 (1849) 61 (vid. Brunschwig 1116²)   φαινομένων PF: πραγμάτων Β
219 ἀπεδίδωσαν BF   219 (καθ᾽)–221 (τίθησιν) om. Φ, deinde ὧν
πρῶτος ἀπεφαίνετο Suda   καθ᾽ ἕν Kuhn (καθ᾽ ἕνα Hermann ap.
Huebn. II, v): καθ᾽ οὓς BPF: expunxit Zˣ, om. Frob.: an οὕτως? Barnes,
Pyrrhonism 428ˡ: καὶ Θεοδόσιος Nietzsche, Philologische Schriften (1982)
207 (a. 1870)   221 τίθησιν BPF (post τίθ. spatium parvum et punctum in B):
τιθέασιν Barnes   220 (τούτους)–222 (ἕν) secl. V. d. Muehll 'quae inclusi,
erant olim marginalia ut vid., ad corrigenda verba superiora adscripta
(τίθησιν = τίθει ad amanuensem?). Voluisse vid. D.L. ἦσαν κατὰ τούσδε
(s. τούτους {δὴ}) τοὺς δέκα τρόπους, καθ᾽ οὓς τὰ ὑποκ. παραλλ.
ἐφαίνετο. Fortasse etiam ἦσαν κατὰ δέκα τρόπους. τούτους δὲ τοὺς δέκα
τρόπους καθ᾽ οὓς τὰ ὑ. π. ἐφ. τίθησιν . . . (Nomen proprium, ἕν = Αἰνεσ.?)'
222 ἕν πρῶτον ὃ BPF: ὧν πρῶτος ὁ Φ: ἕν om. rec., secl. Cob.: 'ἕν ex nota
marginali α´ effictum erat causa, cur πρῶτος in πρῶτον corrumperetur'
V. d. Muehll   224 αὐτῶν PFΦ: -οῦ Β   225 τὸ del. Kayser   τῇ om. F

ἐπέχειν· τῶν γὰρ ζῴων τὰ μὲν χωρὶς μίξεως γίνεσθαι, ὡς τὰ
πυρίβια καὶ ὁ Ἀράβιος φοῖνιξ καὶ εὐλαί· τὰ δ' ἐξ ἐπιπλοκῆς,
ὡς ἄνθρωποι καὶ τὰ ἄλλα. [80] καὶ τὰ μὲν οὕτως, τὰ δ'
οὕτως συγκέκριται. διὸ καὶ τῇ αἰσθήσει διαφέρει, ὡς κίρκοι
μὲν ὀξυ<ωπέσ>τατοι, κύνες δὲ ὀσφρητικώτατοι. εὔλογον   230
οὖν τοῖς διαφόροις τοὺς ὀφθαλμοὺς διάφορα καὶ τὰ
φαντάσματα προσπίπτειν. καὶ τῇ μὲν αἰγὶ τὸν θαλλὸν εἶναι
ἐδώδιμον, ἀνθρώπῳ δὲ πικρόν, καὶ τὸ κώνειον ὄρτυγι μὲν
τρόφιμον, ἀνθρώπῳ δὲ θανάσιμον, καὶ ὁ ἀπόπατος ὑὶ μὲν
ἐδώδιμος, ἵππῳ δὲ οὔ.   235

δεύτερος ὁ παρὰ τὰς τῶν ἀνθρώπων φύσεις κατὰ
ἔθνη καὶ συγκρίσεις· Δημοφῶν γοῦν ὁ Ἀλεξάνδρου
τραπεζοκόμος ἐν σκιᾷ ἐθάλπετο, ἐν ἡλίῳ δὲ ἐρρίγου. [81]
Ἄνδρων δὲ ὁ Ἀργεῖος, ὥς φησιν Ἀριστοτέλης, διὰ τῆς
ἀνύδρου Λιβύης ὥδευεν ἄποτος. καὶ ὁ μὲν ἰατρικῆς, ὁ δὲ   240
γεωργίας, ἄλλος ἐμπορίας ὀρέγεται· καὶ ταὐτὰ οὓς μὲν
βλάπτει, οὓς δὲ ὠφελεῖ· ὅθεν ἐφεκτέον.

τρίτος <ὁ> παρὰ τὰς τῶν αἰσθητικῶν πόρων διαφοράς.
τὸ γοῦν μῆλον ὁράσει μὲν ὠχρόν, γεύσει δὲ γλυκύ,
ὀσφρήσει δὲ εὐῶδες ὑποπίπτει. καὶ ἡ αὐτὴ δὲ μορφὴ παρὰ   245
τὰς διαφορὰς τῶν κατόπτρων ἀλλοία θεωρεῖται. ἀκολουθεῖ
οὖν μὴ μᾶλλον εἶναι τοῖον τὸ φαινόμενον ἢ ἀλλοῖον.

239 (Ἄνδρων)–**240** (ἄποτος) Arist. fr. 103 Rose[3]

---

226 (τῶν)–**227** (εὐλαί) π 3216 (IV 275.11–13)

---

226 γὰρ P[xs.l.]   γίνεσθαι om. Φ   **227** ἀρράβιος PΦ   ἐβλαὶ F, αἱ εὐλαὶ
Suda (coni. Reiske 323)   συμπλοκῆς Menag. e Sext., PH 1.41   **228**
τἆλλα Φ   **229** dist. Sedley*   κύρκοι F   **230** ὀξυωπέστατοι V. d.
Muehll et Barnes: ὀξύτατοι BPF: ὀξυ<δερκέσ>- rec.: <ὁρᾶν> ὀξύτ. Reiske
323   ὀσφριτικώτατοι F   εὔλογον BP¹Φ: εὔδηλον F, in mg cum γρ P⁴
231 διάφορα δὲ B   **232** προσπίπτειν BPΦ: -φέρειν F   dist. Sedley*
θαλὸν FΦ   **235** ἐδώδιμος FΦ: -ον BP   **236** φύσις B, comp. P   **236–
237** κατὰ ἔθνη καὶ συγκρίσεις BPΦ (ἔθνη καὶ in ras. B², de B¹ non constat):
καὶ ἔθνη καὶ συγκρ. F: καὶ τὰς ἰδιοσυγκρισίας Menag. (cf. Sext., PH 1.81).
Vid. K. Fr. Hermann (1834) 109 et Barnes   **237** οὖν F   **238** ἐρίγου
BPF¹   **239** ἀνάρων B   δὲ F: δ' PΦ: δ'· B   ὡς φ. Ἀριστ. om. Φ
241 post ἄλλος ins. δ' Cob., sed vid. infra § 95 (Barnes)   ταὐτὰ C. L.
Kayser, Philol. 4 (1849) 61   **243** ὁ ins. Huebn.   **245** αὐτὴ δὲ ἡ μορφὴ Φ

[82] τέταρτος ὁ παρὰ τὰς διαθέσεις καὶ κοινῶς παραλλαγάς, οἷον ὑγίειαν νόσον, ὕπνον ἐγρήγορσιν, 250 χαρὰν λύπην, νεότητα γῆρας, θάρσος φόβον, ἔνδειαν πλήρωσιν, μῖσος φιλίαν, θερμασίαν ψύξιν· παρὰ τὸ πνεῖν παρὰ τὸ πιεσθῆναι τοὺς πόρους. ἀλλοῖα οὖν φαίνεται τὰ προσπίπτοντα παρὰ τὰς ποιὰς διαθέσεις. οὐδὲ γὰρ οἱ μαινόμενοι παρὰ φύσιν ἔχουσι· τί γὰρ μᾶλλον ἐκεῖνοι ἢ 255 ἡμεῖς; καὶ γὰρ ἡμεῖς τὸν ἥλιον ὡς ἑστῶτα βλέπομεν. Θέων δὲ ὁ Τιθορεὺς στωϊκὸς κοιμώμενος περιεπάτει ἐν τῷ ὕπνῳ καὶ Περικλέους δοῦλος ἐπ’ ἄκρου τοῦ τέγους.

[83] πέμπτος <ὁ> παρὰ τὰς ἀγωγὰς καὶ τοὺς νόμους καὶ τὰς μυθικὰς πίστεις καὶ τὰς ἐθικὰς συνθήκας καὶ 260 δογματικὰς ὑπολήψεις. ἐν τούτῳ περιέχεται τὰ περὶ καλῶν καὶ αἰσχρῶν, περὶ ἀληθῶν καὶ ψευδῶν, περὶ ἀγαθῶν καὶ κακῶν, περὶ θεῶν καὶ γενέσεως καὶ φθορᾶς τῶν φαινομένων πάντων. τὸ γοῦν αὐτὸ παρ’ οἷς μὲν δίκαιον, παρ’ οἷς δὲ ἄδικον· καὶ ἄλλοις μὲν ἀγαθόν, ἄλλοις δὲ κακόν. Πέρσαι μὲν 265 γὰρ οὐκ ἄτοπον ἡγοῦνται θυγατρὶ μίγνυσθαι, Ἕλληνες δὲ ἔκθεσμον. καὶ Μασσαγέται μέν, ὥς φησι καὶ Εὔδοξος ἐν τῷ πρώτῳ τῆς Περιόδου, κοινὰς ἔχουσι τὰς γυναῖκας, Ἕλληνες

266 (καὶ)–**268** (οὔ) Eudox. fr. 278a Lass.

---

248 κοινῶς BPF: -ὰς Φ. Vid. Brunschwig 1118[5] **249** παραλλαγὰς BPFΦ: περιστάσεις Menag. e Sext., PH 1.100 **251** πνεῖν BPFΦ: <δια>πνεῖν <ἢ> Reiske 323: π<ο>νεῖν dub. Barnes, Elenchos 7 (1986) 392[12] **255** δὲ BPF[x]: om. F[1] **256** τιθορεὺς P[1]Φ: τιθω- BF: Τιθορ<αι>εὺς Menag. ὁ στωικὸς FP[4] κοιμώμενος del. Reiske 323 (sed cf. Gal., De musc. motu IV 431.1 K.): 'ego malim ἐν τῷ ὕπνῳ glossema iudicare . . ., sed propter proximum ἐπ’ ἄκρου τοῦ στέγους . . . credo locum significari debere. fortasse legendum ἐν τῷ ὑπερῴῳ' Diels ad Reiske: κοιμ. περιεπάτει <καὶ περιεπάτει> ἐν τῷ ὕπνῳ Sedley* (vid. Barnes, Pyrrhonism 4274) **257** στέγους B[2] **258** ὁ ins. Huebn. τὰς F **259** μυσικὰς F[1]P[4] τὰς ἐθικὰς Menag.: τεχνικὰς BPFΦ (vid. Sext., PH 1.145 et Barnes, Pyrrhonism 4291) **260** ὑπολήμψεις B τοῦτο B[1], τούτοις Φ **261** περὶ BPΦ: καὶ F **261–262** περὶ ἀγαθῶν καὶ κακῶν rec.: π. τῶν τἀγαθοῦ BPF: om. Φ: π. τοῦ ἀγαθοῦ V. d. Muehll conl. Phil., De ebr. 200 **262** γενέσεως Φ: -εων BPF **263** πάντων om. Φ **265** οὐκ om. F[1], suppl. F[xs.l.] μίγνυσθαι BP[1]Φ: μιγῆναι FP[4] **266** μασαγέται P **266–267** ὥς—περιόδου om. Φ καὶ om. F ἐν—περιόδου om. F τῷ πρώτῳ B τῇ πρώτῃ P κοινῶς Φ δὲ οὔ· **[84]** Κίλικές τε λῃστείαις ἔχαιρον, ἀλλ' οὐχ Ἕλληνες. θεούς τε ἄλλοι ἄλλως ἡγοῦνται· καὶ οἱ μὲν προνοεῖσθαι, οἱ δ' οὔ. θάπτουσι δὲ Αἰγύπτιοι μὲν ταριχεύοντες, Ῥωμαῖοι δὲ 270 καίοντες, Παίονες δ' εἰς τὰς λίμνας ῥιπτοῦντες· ὅθεν περὶ τἀληθοῦς ἡ ἐποχή.

ἕκτος ὁ παρὰ τὰς μίξεις καὶ κοινωνίας, καθ' ὃν εἰλικρινῶς οὐδὲν καθ' αὑτὸ φαίνεται, ἀλλὰ σὺν ἀέρι, σὺν φωτί, σὺν ὑγρῷ, σὺν στερεῷ, θερμότητι, ψυχρότητι, κινήσει, 275 ἀναθυμιάσεσιν, ἄλλαις δυνάμεσιν. ἡ γοῦν πορφύρα διάφορον ὑποφαίνει χρῶμα ἐν ἡλίῳ καὶ σελήνῃ καὶ λύχνῳ. καὶ τὸ ἡμέτερον χρῶμα ἀλλοῖον ὑπὸ τῇ μεσημβρίᾳ φαίνεται καὶ ὁ ἥλιος· **[85]** καὶ ὁ ἐν ἀέρι {ὑπὸ δυοῖν} κουφιζόμενος λίθος ἐν ὕδατι ῥᾳδίως μετατίθεται, ἤτοι βαρὺς ὢν καὶ ὑπὸ 280 τοῦ ὕδατος κουφιζόμενος ἢ ἐλαφρὸς ὢν καὶ ὑπὸ τοῦ ἀέρος βαρυνόμενος. ἀγνοοῦμεν οὖν τὸ κατ' ἰδίαν, ὡς ἔλαιον ἐν μύρῳ.

ἕβδομος ὁ παρὰ τὰς ἀποστάσεις καὶ ποιὰς θέσεις καὶ τοὺς τόπους καὶ τὰ ἐν τοῖς τόποις. κατὰ τοῦτον τὸν τρόπον 285 τὰ δοκοῦντα εἶναι μεγάλα μικρὰ φαίνεται, τὰ τετράγωνα στρογγύλα, τὰ ὁμαλὰ ἐξοχὰς ἔχοντα, τὰ ὀρθὰ κεκλασμένα, τὰ ὠχρὰ ἑτερόχροα. ὁ γοῦν ἥλιος παρὰ τὸ διάστημα †πόρρωθεν† φαίνεται· καὶ τὰ ὄρη πόρρωθεν ἀεροειδῆ καὶ λεῖα, ἐγγύθεν δὲ τραχέα. **[86]** ἔτι ὁ ἥλιος ἀνίσχων μὲν 290

268 δὲ FΦ: δ' BP   269 ἄλλως BPΦ: -ους F   270 δὲ καὶ αἰγ. F
271 τὰς om. P¹(Q)   273 εἰλικρινὲς Φ   274 αὐτὸ B²FΦ: -ὸν B¹F   275
(σὺν)—276 (δυνάμεσιν) om. Φ   276 ἀναθυμιάσει P¹ ἤγουν B
278 τῇ μεσημβρίᾳ (-συμ- B) BPΦ: τὴν -ίαν F   279 ὁ ἥλιος BPFΦ. Vid.
Annas/Barnes 187: δείλης Reiske 324: <ὑπὸ> δείλην Menag.: <ὑπὸ> δύσιν
Huebn. post Mer. Casaub. (<ἀλλοῖον ὑπὸ τὴν> δ.): <ὅτε> ἥλιος <δύνει>
Kuehn: <ὅτ' ἔδυ> ἥλιος Gigante 566²⁴⁶   ὑπὸ δυοῖν BΦ: ὑπὸ δυεῖν PF.
Est ut vidit Huebn. correctura marginalis ad ὁ ἥλιος pertinens   280 καὶ
om. F   281 de κουφιζόμενος dub. Annas/Barnes 187, 'an οὐ φερόμενος
vel μόλις κινούμενος?'   ὢν om. F, secl. Cob.   282 ἐλαίου Reiske 324
286–287 τὰ τετρ. στρογγύλα om. Φ   287 ἔχον B   τὰ² om. BP¹
289 πόρρωθεν BPF: τετράγωνος Φ: ποδαῖος Triller, Observ. crit. (1742)
190, fort. recte: διπόδης Menag.: τετράδωρος Theiler ap. Imhof, BZ 50
(1957) 130: πόρρ. <μικρὸς> Kuehn: πόρρ. <οὐ> Hermann ap. Huebn. II vi:
μικρὸς pro πόρρωθεν Huebn.   290 δὲ <ἑτερόχροα> dub. Annas/
Barnes 187

ἀλλοῖος, μεσουρανῶν δὲ οὐχ ὅμοιος. καὶ τὸ αὐτὸ σῶμα ἐν
μὲν ἄλσει ἀλλοῖον, ἐν δὲ ψιλῇ γῇ ἕτερον· καὶ ἡ εἰκὼν παρὰ
τὴν ποιὰν θέσιν, ὅ τε τῆς περιστερᾶς τράχηλος παρὰ τὴν
στροφήν. ἐπεὶ οὖν οὐκ ἔνι ἔξω τόπων καὶ θέσεων ταῦτα
295 κατανοῆσαι, ἀγνοεῖται ἡ φύσις αὐτῶν.

ὄγδοος ὁ παρὰ τὰς ποσότητας αὐτῶν ἢ θερμότητας ἢ
ψυχρότητας ἢ ταχύτητας ἢ βραδύτητας ἢ ὠχρότητας ἢ
ἑτεροχροιότητας. ὁ γοῦν οἶνος μέτριος μὲν ληφθεὶς ῥώννυσι,
πλείων δὲ παρίησιν· ὁμοίως καὶ ἡ τροφὴ καὶ τὰ ὅμοια.

300 **[87]** ἔνατος ὁ παρὰ τὸ ἐνδελεχὲς ἢ ξένον ἢ σπάνιον. οἱ
γοῦν σεισμοὶ παρ' οἷς συνεχῶς ἀποτελοῦνται οὐ
θαυμάζονται, οὐδ' ὁ ἥλιος, ὅτι καθ' ἡμέραν ὁρᾶται. τὸν
ἔνατον Φαβωρῖνος ὄγδοον, Σέξτος δὲ καὶ Αἰνεσίδημος
δέκατον· ἀλλὰ καὶ τὸν δέκατον Σέξτος ὄγδοόν φησι,
305 Φαβωρῖνος δὲ ἔνατον.

δέκατος ὁ κατὰ τὴν πρὸς ἄλλα σύμβλησιν, καθάπερ τὸ
κοῦφον παρὰ τὸ βαρύ, τὸ ἰσχυρὸν παρὰ τὸ ἀσθενές, τὸ
μεῖζον παρὰ τὸ ἔλαττον, τὸ ἄνω παρὰ τὸ κάτω. τὸ γοῦν
δεξιὸν φύσει μὲν οὐκ ἔστι δεξιόν, κατὰ δὲ τὴν ὡς πρὸς τὸ
310 ἕτερον σχέσιν νοεῖται· μετατεθέντος γοῦν ἐκείνου, οὐκέτ'
ἔσται δεξιόν. **[88]** ὁμοίως καὶ πατὴρ καὶ ἀδελφὸς ὡς πρός τι
καὶ ἡμέρα ὡς πρὸς τὸν ἥλιον καὶ πάντα ὡς πρὸς τὴν
διάνοιαν. ἄγνωστα οὖν τὰ πρός τι καθ' ἑαυτά. καὶ οὗτοι
μὲν οἱ δέκα τρόποι.

302 (τὸν)–**305** Fav. p. 172 Bar. = fr. 30 Am.

---

291 οὐχ ὅμοιος BPF: ἀλλοῖος Φ   pro σῶμα prop. dub. χρῶμα Annas/
Barnes 187, an recte?   **294** θέσεων <καὶ ἀποστημάτων> dub. Annas/
Barnes 187   **295** κατανοεῖσθαι Φ   **296** ποσότητας BP: ποιό- ΦΡ:
ποσότ. καὶ ποιότ. Cob. 'recte' Annas/Barnes 188 (vid. Barnes, Pyrrhonism
4248[36])   **297** (ἢ[1])–**298** (ἑτεροχροιότητας) om. Φ   **297** ταχύτητας καὶ
βραδύτητας F   **300** ἢ σπάνιον 'delendum?' Barnes   **302** <ὡς> οὐδ'
Kayser   κατημέραν Φ   **302** (τὸν)–**305** om. Φ   **303** Σέξτος δὲ
<πέμπτον> V. d. Muehll post Schmekel, Die positive Philos. (1938) 295
(<τὸν π.>) et Hirzel, Unters. III 116[1] (<τὸν π.> δέκατον). Vid. Barnes,
Pyrrhonism 4278–9   **306** ἄλλα P[1](Q), Φ: ἄλλας B: ἄλληλα FP[4]
σύμβασιν B   **306** (κατὰ)–**311** (δεξιὸν) om. F[1], suppl. F[2mg]   **309–310**
τὴν πρὸς ἕτερον Φ   **310** μετατιθέντος F[2]   οὐκέτ' BP[1]F: οὐκ Φ
313 τὰ FΦP[4]: om. BP[1]   πρός τι ὡς FP[4]

οἱ δὲ περὶ Ἀγρίππαν τούτοις ἄλλους πέντε 315
προσεισάγουσι, τόν τε ἀπὸ τῆς διαφωνίας καὶ τὸν εἰς
ἄπειρον ἐκβάλλοντα καὶ τὸν πρός τι καὶ τὸν ἐξ ὑποθέσεως
καὶ τὸν δι' ἀλλήλων. ὁ μὲν οὖν ἀπὸ τῆς διαφωνίας, ὃ ἂν
προτεθῇ ζήτημα παρὰ τοῖς φιλοσόφοις ἢ τῇ συνηθείᾳ,
πλείστης μάχης καὶ ταραχῆς πλῆρες ἀποδεικνύει· ὁ δὲ εἰς 320
ἄπειρον ἐκβάλλων οὐκ ἐᾷ βεβαιοῦσθαι τὸ ζητούμενον, διὰ
τὸ ἄλλο ἀπ' ἄλλου τὴν πίστιν λαμβάνειν καὶ οὕτως εἰς
ἄπειρον. [89] ὁ δὲ πρός τι οὐδέν φησι καθ' ἑαυτὸ
λαμβάνεσθαι, ἀλλὰ μεθ' ἑτέρου. ὅθεν ἄγνωστα εἶναι. ὁ δ' ἐξ
ὑποθέσεως τρόπος συνίσταται, οἰομένων τινῶν τὰ πρῶτα 325
τῶν πραγμάτων αὐτόθεν δεῖν λαμβάνειν ὡς πιστὰ καὶ μὴ
αἰτεῖσθαι· ὅ ἐστι μάταιον· τὸ ἐναντίον γάρ τις ὑποθήσεται.
ὁ δὲ δι' ἀλλήλων τρόπος συνίσταται ὅταν τὸ ὀφεῖλον τοῦ
ζητουμένου πράγματος εἶναι βεβαιωτικὸν χρείαν ἔχῃ τῆς ἐκ
τοῦ ζητουμένου πίστεως, οἷον εἰ τὸ εἶναι πόρους τις 330
βεβαιῶν διὰ τὸ ἀπορροίας γίνεσθαι, αὐτοὺς παραλαμβάνοι
πρὸς βεβαίωσιν τοῦ ἀπορροίας γίνεσθαι.

[90] ἀνῄρουν δ' οὗτοι καὶ πᾶσαν ἀπόδειξιν καὶ κριτήριον
καὶ σημεῖον καὶ αἴτιον καὶ κίνησιν καὶ μάθησιν καὶ γένεσιν
καὶ τὸ φύσει τι εἶναι ἀγαθὸν ἢ κακόν. πᾶσα γὰρ ἀπόδειξις, 335
φασίν, ἢ ἐξ ἀποδεδειγμένων σύγκειται χρημάτων ἢ ἐξ
ἀναποδείκτων. εἰ μὲν οὖν ἐξ ἀποδεδειγμένων, κἀκεῖνα

---

315 οἱ om. F   ἄλλοις F   316 διανοίας F¹   318 διανοίας F¹
322 ἄλλο BP: ἄλλο∗ Fˣ: ἄλλοτε Φ   323 καθ' ἑαυτὸ Steph.: κατὰ πάντα
BPF: om. Φ: κατ' αὐτὸ Z³ (Frob.)   323–324 pro κατὰ πάντα
λαμβάνεσθαι coni. καταλαμβ. Kuehn, <ἰδίως> λαμβ. Marcov.   324
ἀλλὰ <πάντα> V. d. Muehll et Barnes, Pyrrhonism 4264¹²⁴ (cf. Sext., PH
1.135)   325 οἰωμένων B¹F   326 δεῖ B   327 τις om. Φ
ὑποτίθεσεται Φ   328 ὀφίλον BP¹   328–329 τοῦ πράγματος τοῦ
ζητουμένου F   329–330 χρείαν—πίστεως om. F¹, suppl. F²ᵐᵍ   329
ἔχει B   331 βεβαιῶν Cob.: -οῖ BPF: -οῖτο Φ: 'possis etiam retinere
βεβαιοῖ et <καὶ> αὐτὸ scribere' V. d. Muehll et Marcov.   τὸ BPF: τοῦ Φ
ἀπορροίας F², ἀπορίας F¹Pˣ   331 (αὐτούς)–332 om. F¹, suppl. F²ᵐᵍ   331
αὐτοὺς V. d. Muehll: αὐτὸ PF²Φ: -ῶ B: αὐτὸ <τοῦτο> Cob. : <καὶ> αὐτὸ
Marcov.   παραλαμβάνει BF²Φ   332 πρὸς βεβαίωσιν BPF: καὶ
βεβαιοῖτο Φ   τοῦ F² (coni. Rossi 221): τὸ BPΦ   ἀπορίας Pˣ   334
γέννεσιν Φ   336 (σύγκειται)–337 (ἀποδεδειγμένων) om. F¹, suppl. F²ᵐᵍ

δεήσεταί τινος ἀποδείξεως κἀντεῦθεν εἰς ἄπειρον· εἰ δὲ ἐξ
ἀναποδείκτων, ἤτοι πάντων ἢ τινῶν ἢ καὶ ἑνὸς μόνου
340 δισταζομένου, καὶ τὸ ὅλον εἶναι ἀναπόδεικτον. εἰ δὲ δοκεῖ,
φασίν, ὑπάρχειν τινὰ μηδεμιᾶς ἀποδείξεως δεόμενα,
θαυμαστοὶ τῆς γνώμης, εἰ μὴ συνιᾶσιν ὅτι εἰς αὐτὸ τοῦτο
πρῶτον, ὡς ἄρα ἐξ αὑτῶν ἔχει τὴν πίστιν, ἀποδείξεως χρή.
[91] οὐδὲ γὰρ τὸ τέτταρα εἶναι τὰ στοιχεῖα ἐκ τοῦ τέτταρα
345 εἶναι στοιχεῖα βεβαιωτέον. πρὸς τῷ, καὶ τῶν κατὰ μέρος
ἀποδείξεων ἀπιστουμένων ἄπιστον εἶναι καὶ τὴν γενικὴν
ἀπόδειξιν. ἵνα τε γνῶμεν ὅτι ἔστιν ἀπόδειξις, κριτηρίου δεῖ·
καὶ ὅτι ἔστι κριτήριον, ἀποδείξεως δεῖ· ὅθεν ἑκάτερα
ἀκατάληπτα ἀναπεμπόμενα ἐπ᾽ ἄλληλα. πῶς ἂν οὖν
350 καταλαμβάνοιτο τὰ ἄδηλα τῆς ἀποδείξεως ἀγνοουμένης;
ζητεῖται δὲ οὐκ εἰ φαίνεται τοιαῦτα, ἀλλ᾽ εἰ καθ᾽ ὑπόστασιν
οὕτως ἔχει.

εὐήθεις δὲ τοὺς δογματικοὺς ἀπέφαινον. τὸ γὰρ ἐξ
ὑποθέσεως περαινόμενον οὐ σκέψεως ἀλλὰ θέσεως ἔχει
355 λόγον. τοιούτῳ δὲ λόγῳ καὶ ὑπὲρ ἀδυνάτων ἔστιν
ἐπιχειρεῖν. [92] τοὺς δ᾽ οἰομένους μὴ δεῖν ἐκ τῶν κατὰ
περίστασιν κρίνειν τἀληθὲς μηδ᾽ ἐκ τῶν παρὰ φύσιν
νομοθετεῖν, ἔλεγον †αὐτοῖς† μέτρα τῶν πάντων ὁρίζειν, οὐχ
ὁρῶντας ὅτι πᾶν τὸ φαινόμενον κατὰ ἀντιπερίστασιν καὶ

---

339 ἤτοι πάντων om. F¹, suppl. F²ˢ·ˡ·   ἢ καὶ BP: om. Φ: ἢ om. F   ἑνὸς δὲ
Φ   340 δισταζομένου rec.: διαστι- PFΦ: διστι- B: tamquam ex glosse-
mate del. Barnes, an recte?   τὸ BPFΦ: τι Steph.   ἀποδεικτὸν Β:
ἀναπόδεικτον Pˣ(Q) (ἀναπ in ras.)   341 φησὶν F   ὑπάρχειν BPF: εἶναι
Φ   342 θαυμαστὴ F   συνύασιν BP¹   343 ὡς BPΦ: ὧ F   αὑτῶν
Huebn.: αὐ- BPF: αὑτοῦ Φ   χρὴ PFΦ: χρεῖ B¹: χρεία B²   344 τὸ om. F
345 στοιχεῖα BPΦ: τὰ στ. F (τὰ in loco impuro)   τῶ PΦ: τὸ BF
347 δεῖ BPΦ: χρή F   349 ἀκατάληπτα PF: -λημπτα Β: -ληπτα εἶναι Φ
ἂν om. Φ   350 καταλαμβάνειτο Β   τὰ ἄδηλα Φ, γρ Pⁱ: τὰ δῆλα
BP¹(Q): om. F   351 δὲ Β: δ᾽ PFΦ   εἰ² FΦPᵖᶜ: ἀεὶ Β   352 ἔχει• P
353 τὸ γὰρ om. BP¹   354–355 λόγον ἔχει Φ   356 pro μὴ et μηδ᾽
(357) ἢ et ἢ prop. Kayser: μὴ et ἀλλ᾽ dub. V. d. Muehll   357 παρὰ
Barnes: κατὰ BPF (vid. Brunschwig 1126⁶)   358 αὐτοῖς BPF: -οὺς Z³
(Frob.): 'an αὐτοῖς vel <αὐτούς> αὐτοῖς (cf. Sext., M 8.125) vel αὐτούς?'
V. d. Muehll   359 ἀντιπερίστασιν BPF: περίστασιν rec., 'fort. recte'
Barnes: τινα περ. Kayser

διάθεσιν φαίνεται. ἤτοι γοῦν πάντα ἀληθῆ ῥητέον ἢ πάντα 360
ψευδῆ. εἰ δ' ἐνιά ἐστιν ἀληθῆ, <ἔνια δὲ ψευδῆ>, τίνι
διακριτέον; οὔτε γὰρ αἰσθήσει τὰ κατὰ αἴσθησιν πάντων
ἴσων αὐτῇ φαινομένων, οὔτε νοήσει διὰ τὴν αὐτὴν αἰτίαν.
ἄλλη δὲ παρὰ ταύτας εἰς ἐπίκρισιν δύναμις οὐχ ὁρᾶται.

ὁ οὖν, φασί, περί τινος διαβεβαιούμενος αἰσθητοῦ ἢ 365
νοητοῦ πρότερον ὀφείλει τὰς περὶ τούτων δόξας
καταστῆσαι· οἱ μὲν γὰρ ταῦτα, οἱ δὲ ταῦτα ἀνῃρήκασι.
[93] δεῖ δὲ ἢ δι' αἰσθητοῦ ἢ νοητοῦ κριθῆναι, ἑκάτερα δὲ
ἀμφισβητεῖται. οὐ τοίνυν δυνατὸν τὰς περὶ αἰσθητῶν ἢ
νοητῶν ἐπικρῖναι δόξας· εἴ τε διὰ τὴν ἐν ταῖς νοήσεσι μάχην 370
ἀπιστητέον πᾶσιν, ἀναιρεθήσεται τὸ μέτρον ᾧ δοκεῖ τὰ
πάντα διακριβοῦσθαι· πᾶν οὖν ἴσον ἡγήσονται. ἔτι, φασίν,
ὁ συζητῶν ἡμῖν τὸ φαινόμενον πιστός ἐστιν ἢ οὔ. εἰ μὲν οὖν
πιστός ἐστιν, οὐδὲν ἕξει λέγειν πρὸς τὸν ᾧ φαίνεται
τοὐναντίον· ὡς γὰρ αὐτὸς πιστὸς τὸ φαινόμενον λέγων, 375
οὕτω καὶ ὁ ἐναντίος· εἰ δὲ ἄπιστος, καὶ αὐτὸς
ἀπιστηθήσεται τὸ φαινόμενον λέγων.

[94] τό τε πεῖθον οὐχ ὑποληπτέον ἀληθὲς ὑπάρχειν· οὐ
γὰρ πάντας τὸ αὐτὸ πείθει οὐδὲ τοὺς αὐτοὺς συνεχές.
γίνεται δὲ καὶ παρὰ τὸ ἐκτὸς ἡ πιθανότης, ἢ παρὰ τὸ 380
ἔνδοξον τοῦ λέγοντος ἢ παρὰ τὸ φροντιστικὸν ἢ παρὰ τὸ
αἱμύλον ἢ παρὰ τὸ σύνηθες ἢ παρὰ τὸ κεχαρισμένον.

---

372 (ἔτι)–462 Φ 8 (179.18–182.18)

360 διάστασιν F   ἢ BP: εἴτε F   πάντα² om. F   361 ἔνια¹ BP: ἔννοια
F¹   ἔνια δὲ ψευδῆ add. Reiske 324   363 ἴσως vel ἐπ' ἴσης Barnes conl.
Sext., PH 2.8 et M 7.400   αὐτῇ ex αὐτὸ Fˣ   τὴν τοιαύτην FP⁴   364
ἄλλοι F   ταύτας PF: ταῦτα B   366 τούτου Cob.   367 ὁ μὲν F
369 οὐ BP: οὐδὲ F   δυνατὸν om. F   370 ἐν ταῖς <αἰσθήσεσι καὶ>
v. Kuehn   371 ἀπιστητέον Cob.: ἀπαιτη- B²P¹F: ἀπε- B¹: ἀπειπητέον
Kuehn   τὸ om. B: τε P¹(Q)   373 πιστὸς F: -ὸν BP¹(Q): εἰ πιστὸν
Φ: ἢ πιστός Marcov.   οὖν om. Φ   374 πιστὸς P¹: -ὸν BPˣ(Q)FΦ
374–375 ᾧ τὸ ἐναντίον φαίνεται B   375 πιστός <ἐστι> Cob.
376 ὁ ἐναντίον Rossi 228   δὲ B: δ' RFΦ   ἄπιστος BP¹(Q)Φ: -ον FP⁴
378 ὑπολημπτέον B¹   379 πείθει Pˣ: -ειν BP¹FΦ   380 τὸ¹ BPF: τὰ
Cob.   ἢ om. F

ἀνῄρουν δὲ καὶ τὸ κριτήριον λόγῳ τοιῷδε. ἤτοι κέκριται καὶ τὸ κριτήριον ἢ ἄκριτόν ἐστιν. ἀλλ' εἰ μὲν ἄκριτόν ἐστιν,
385 ἄπιστον καθέστηκε καὶ διημάρτηκε τοῦ ἀληθοῦς καὶ ψεύδους· εἰ δὲ κέκριται, ἓν τῶν κατὰ μέρος γενήσεται κρινομένων, ὥστ' ἂν τὸ αὐτὸ καὶ κρίνοι καὶ κρίνοιτο τὸ κεκρικὸς κριτήριον ὑφ' ἑτέρου κριθήσεται κἀκεῖνο ὑπὸ ἄλλου καὶ οὕτως εἰς ἄπειρον.

390 **[95]** πρὸς τῷ καὶ διαφωνεῖσθαι τὸ κριτήριον, τῶν μὲν τὸν ἄνθρωπον κριτήριον εἶναι λεγόντων, τῶν δὲ τὰς αἰσθήσεις, ἄλλων τὸν λόγον, ἐνίων τὴν καταληπτικὴν φαντασίαν. καὶ ὁ μὲν ἄνθρωπος καὶ πρὸς αὑτὸν διαφωνεῖ καὶ πρὸς τοὺς ἄλλους, ὡς δῆλον ἐκ τῶν διαφόρων νόμων καὶ ἐθῶν. αἱ δ'
395 αἰσθήσεις ψεύδονται, ὁ δὲ λόγος διάφωνος. ἡ δὲ καταληπτικὴ φαντασία ὑπὸ νοῦ κρίνεται καὶ ὁ νοῦς ποικίλως τρέπεται. ἄγνωστον οὖν ἐστι τὸ κριτήριον καὶ διὰ τοῦτο ἡ ἀλήθεια.

[96] σημεῖόν τε οὐκ εἶναι· εἰ γάρ ἐστι, φασί, σημεῖον, ἤτοι
400 αἰσθητόν ἐστιν ἢ νοητόν· αἰσθητὸν μὲν οὖν οὐκ ἔστιν, ἐπεὶ τὸ αἰσθητὸν κοινόν ἐστι, τὸ δὲ σημεῖον ἴδιον. καὶ τὸ μὲν αἰσθητὸν <τῶν> κατὰ διαφοράν, τὸ δὲ σημεῖον τῶν πρός τι. νοητὸν δὲ οὐκ ἔστιν, ἐπεὶ οὐκ ἔστι <. . .> νοητὸν ἤτοι φαινόμενόν ἐστι φαινομένου ἢ ἀφανὲς ἀφανοῦς ἢ ἀφανὲς
405 φαινομένου ἢ φαινόμενον ἀφανοῦς· οὐδὲν δὲ τούτων ἐστιν· οὐκ ἄρα ἐστὶ σημεῖον. φαινόμενον μὲν οὖν φαινομένου οὐκ

383 καὶ τὸ κριτήριον om. F   καὶ del. Huebn.   **384** ἀλλ' PF: ἀλλὰ B: om. Φ   **385** <καὶ> τοῦ ἀλ. Reiske 324   **386** ψεύδους P¹: ψευδοῦς BΦ: τοῦ ψεύδους F, γρ P⁴: καὶ ψ. dub. secl. Barnes   ἐν τῶ BP¹(Q)   **387** κρινόμενον P   ὥστε B   κρίνοι καὶ κρίνοιτο Φ: κρίνειν καὶ κρίνεσθαι BPF: κρίνῃ καὶ κρίνηται Reiske 324   τὸ² BP¹FΦ: καὶ τὸ Pˣ(Q)   **388** κεκρικὼς B   κριτήριον Φ: τὸ κρ. BPF   ὥστε τὸ αὐτὸ καὶ κρίνειν καὶ κρίνεσθαι, καὶ τὸ κεκρ. κριτ. Barnes 11   ὑπὸ BFΦ: ὑπὲρ P¹(Q)   **390** τῶ PΦ: τὸ BF   διαφωνῆσθαι B: -φορεῖσθαι F   **392** καταλημπτικὴν B   **393** διαφωνεῖ Cob.: -νεῖται BPFΦ. Vid. Sext., PH 2.145 (Barnes)   **397** ἐστι FΦ: ἔτι BP¹(Q)   **399** ἤτοι BPF: ἢ Φ   **400** ἐστιν BPF: ἔσται Φ   **402** τῶν add. Rossi 230   **403** οὐκ ἔστι² BPF: εἰ ἔστι Φ: τὸ² Frob. Lac. ind. Barnes post Janda, LF 96 (1973) 65–9, qui τὸ νοητὸν *** <καὶ μὴν εἰ ἔστι σημεῖον> prop. Vid. Janáček, Studien 204 (a. 1975)   **405** φαινονουμένου F¹   δὲ Φ: om. BPF   **406** μὲν om. FΦ

ἔστιν, ἐπεὶ τὸ φαινόμενον οὐ δεῖται σημείου· ἀφανὲς δὲ
ἀφανοῦς οὐκ ἔστιν, ἐπεὶ δεῖ φαίνεσθαι τὸ ἐκκαλυπτόμενον
ὑπό τινος· **[97]** ἀφανὲς δὲ φαινομένου οὐ δύναται, καθότι
δεῖ φαίνεσθαι τὸ ἑτέρῳ παρέξον ἀφορμὴν καταλήψεως· 410
φαινόμενον δὲ ἀφανοῦς οὐκ ἔστιν, ὅτι τὸ σημεῖον τῶν πρός
τι ὂν συγκαταλαμβάνεσθαι ὀφείλει τῷ οὗ ἐστι σημεῖον, τὸ
δὲ εἰ μὴ ἔστιν, οὐδὲν ἂν τῶν ἀδήλων καταλαμβάνοιτο· διὰ
γὰρ τῶν σημείων λέγεται τὰ ἄδηλα καταλαμβάνεσθαι.

ἀναιροῦσι δὲ τὸ αἴτιον ὧδε· τὸ αἴτιον τῶν πρός τι ἔστι· 415
πρὸς γὰρ τῷ αἰτιατῷ ἐστι· τὰ δὲ πρός τι ἐπινοεῖται μόνον,
ὑπάρχει δὲ οὔ· καὶ τὸ αἴτιον οὖν ἐπινοοῖτο ἂν μόνον.
[98] ἔτι εἴπερ ἐστὶν αἴτιον, ὀφείλει ἔχειν τὸ οὗ λέγεται
αἴτιον, ἐπεὶ οὐκ ἔσται αἴτιον. καὶ ὥσπερ ὁ πατήρ, μὴ
παρόντος τοῦ πρὸς ὃ λέγεται πατήρ, οὐκ ἂν εἴη πατήρ, 420
οὕτωσὶ δὲ καὶ τὸ αἴτιον· οὐ πάρεστι δὲ πρὸς ὃ νοεῖται τὸ
αἴτιον· οὔτε γὰρ γένεσις οὔτε φθορὰ οὔτε ἄλλο τι· οὐκ ἄρα
ἐστὶν αἴτιον.

καὶ μὴν εἰ ἔστιν αἴτιον, ἤτοι σῶμα σώματός ἐστιν αἴτιον ἢ
ἀσώματον ἀσωμάτου <ἢ ἀσώματον σώματος ἢ σῶμα 425
ἀσωμάτου>· οὐδὲν δὲ τούτων· οὐκ ἄρα ἐστὶν αἴτιον. σῶμα
μὲν οὖν σώματος οὐκ ἂν εἴη αἴτιον, ἐπείπερ ἀμφότερα τὴν
αὐτὴν ἔχει φύσιν. καὶ εἰ τὸ ἕτερον αἴτιον λέγεται παρ' ὅσον
ἐστὶ σῶμα, καὶ τὸ λοιπὸν σῶμα ὂν αἴτιον γενήσεται. **[99]**
κοινῶς δὲ ἀμφοτέρων αἰτίων ὄντων, οὐδὲν ἔσται τὸ 430

---

407 σημεῖον F   δὲ PFΦ: δ' B   **408** ἐπεὶ δεῖ B²PˣΦ:
ἐπειδὴ P¹F
ἐγκαλυπτόμενον Φ   **410** τὸ BPΦ: τῷ F: τὸ τῷ Huebn.   **411–412** τῶν
πρός τι ὂν τὸ σημεῖον Φᵃᶜ   **412** τῷ PΦ: τὸ BF   οὗ BPΦ: οὐκ F   τὸ
B¹FΦ: τῷ P   **413** εἰ Φ: om. BPF   ἂν BPΦ: ἄρα F   **414** ἄδηλα PFΦ:
ἄλληλα B   **415** δὲ BPF: καὶ Φ   ὧδε BPΦ: οὗτοι F   τὸ αἰτιατὸν
Menag. Vid. Barnes, Pyrrhonism 4269¹⁴⁷   **416** τὰ δὲ BPF: τὸ δὲ Φ
417 δὲ PFΦ: δ' B   ἐπινοεῖται ἂν F, ἐννοεῖται cum γρ P⁴   **418** ἔτι
Barnes, Pyrrhonism 4292: ἐπεὶ BPFΦ   **420** ὃ PFΦ: ὧ B   **421** οὕτω Φ
δὲ¹ BP: om. FΦ: δὴ Marcov.   ὃ PFΦ: ὧ B   **422** γένεσις οὔτε φθορὰ
rec.: γενέσει οὔτε φθορᾶ BPFΦ   ἄλλω τινὶ Φ   ἄρ' Φ   **423** αἴτιον
om. Φ   **424** σώματος BPΦ: ἀσωμάτου F   **424** (ἢ)–**426** (αἴτιον) om. F
425–426 ἢ—ἀσωμάτου suppl. Hirzel, Unters. III 139¹. Vid. Janáček,
Studien 97–8 (a. 1959)   **426–427** καὶ σῶμα μὲν σώματος Φ   **427** μὲν
om. F

πάσχον. ἀσώματον δὲ ἀσωμάτου οὐκ ἂν εἴη αἴτιον διὰ τὸν
αὐτὸν λόγον· ἀσώματον δὲ σώματος οὐκ ἔστιν αἴτιον, ἐπεὶ
οὐδὲν ἀσώματον ποιεῖ σῶμα. σῶμα δὲ ἀσωμάτου οὐκ ἂν
εἴη αἴτιον, ὅτι τὸ γενόμενον τῆς πασχούσης ὕλης ὀφείλει
435 εἶναι· μηδὲν δὲ πάσχον διὰ τὸ ἀσώματον εἶναι οὐδ' ἂν ὑπό
τινος γένοιτο· οὐκ ἔστι τοίνυν αἴτιον. ᾧ συνεισάγεται τὸ
ἀνυποστάτους εἶναι τὰς τῶν ὅλων ἀρχάς· δεῖ γὰρ εἶναί τι
τὸ ποιοῦν καὶ δρῶν.

ἀλλὰ μὴν οὐδὲ κίνησίς ἐστι· τὸ γὰρ κινούμενον ἤτοι ἐν ᾧ
440 ἐστι τόπῳ κινεῖται ἢ ἐν ᾧ μὴ ἔστιν· οὐδὲν κινεῖται <οὔτε ᾧ
ἐστι τόπῳ, οὔτε ἐν ᾧ μὴ ἔστιν· οὐκ ἄρα κινεῖται>· οὐκ ἔστιν
οὖν κίνησις.

[100] ἀνήρουν δὲ καὶ μάθησιν. εἴπερ, φασί, διδάσκεταί τι,
ἤτοι τὸ ὂν τῷ εἶναι διδάσκεται ἢ τὸ μὴ ὂν τῷ μὴ εἶναι. οὔτε
445 δὲ τὸ ὂν τῷ εἶναι διδάσκεται (ἡ γὰρ τῶν ὄντων φύσις πᾶσι
φαίνεται καὶ γιγνώσκεται) οὔτε τὸ μὴ ὂν τῷ μὴ ὄντι· τῷ
γὰρ μὴ ὄντι οὐδὲν συμβέβηκεν, ὥστε οὐδὲ τὸ διδάσκεσθαι.

οὐδὲ μὴν γένεσίς ἐστι, φασίν. οὔτε γὰρ τὸ ὂν γίνεται, ἔστι
γάρ, οὔτε τὸ μὴ ὄν, οὐδὲ γὰρ ὑφέστηκε· τὸ δὲ μὴ ὑφεστὼς
450 μηδὲ ὂν οὐδὲ τὸ γίνεσθαι εὐτύχηκε.

[101] φύσει τε μὴ εἶναι ἀγαθὸν ἢ κακόν· εἰ γάρ τί ἐστι
φύσει ἀγαθὸν ἢ κακόν, πᾶσιν ὀφείλει ἀγαθὸν ἢ κακόν

---

434 γινόμενον Φ   **435** <τὸ> μηδὲν Kayser   **436** συνάγεται Φ
439 μὴν om. Φ   οὐδὲ FΦP⁴: καὶ BP¹   **440** μὴ om. F   οὐδὲ B: οὐδὲ
PF: οὐδὲν δὲ Φ   **440–441** οὔτε—κινεῖται lacunam expl. V. d. Muehll
sec. Sext., M 10.87 et PH 3.71: οὔτε ἐν ᾧ ἔστιν, οὔτε ἐν ᾧ μὴ ἔστιν suppl.
Φ: B² in mg post οὔτε ἐν ᾧ μὴ ἔστιν dat ἀλλ' οὔ· οὔτε ἐν ᾧ ἐστὶ κινεῖται
οὔτε ἐν ᾧ μὴ ἔστιν ἄρα (sic, scil. οὐδὲν κινεῖται): <καὶ ἐν ᾧ μέν ἐστι τόπῳ
οὐ κινεῖται, ἐν ᾧ δὲ οὐκ ἔστιν> Huebn.   **442** οὖν BPF: ἄρα Φ   **443**
μάθησιν B²P¹Φ: μαθήματα B¹ ut vid. (σιν** in ras.), F, γρ P⁴   εἴπερ γάρ
φασι Φ   **444** τὸ¹ BPΦ: τῷ F¹   τὸ² BP: τῷ FΦ   **446** γιγνώσκεται
BP¹: γινώσκεται διδάσκεται F, sed διδ. expunctum: διδάσκεται Φ   οὔτε
Φ: om. BPF   τῷ BPF: τὸ Φ   ὄντι BPF: εἶναι Φ   **447** γὰρ Φ: δὲ BPF
οὐδὲ ΦP⁴: οὔτε BPF   τὸ BPΦ: τῷ F   **448** οὐδὲ BF: οὔτε P¹Φ   μὴν
om. Φ   **449** δὲ μὴ PFΦ: μηδὲ B   ὑφεστὸς BF   **450** τὸ FP⁴: om.
BP¹Φ   **451** τι PFΦ: τοι B   **452** ἢ Φ: καὶ BPF   πᾶσιν—κακὸν om. B
452 (πᾶσιν)—**455** (κακὸν) om. Φ

ὑπάρχειν, ὥσπερ ἡ χιὼν πᾶσι ψυχρόν· οὐδὲν δὲ κοινὸν
πάντων ἀγαθὸν ἢ κακόν ἐστιν· οὐκ ἄρα ἐστὶ φύσει ἀγαθὸν
ἢ κακόν. ἤτοι γὰρ πᾶν τὸ ὑπό τινος δοξαζόμενον ῥητέον 455
ἀγαθὸν ἢ οὐ πᾶν· καὶ πᾶν μὲν οὐ ῥητέον, ἐπεὶ τὸ αὐτὸ ὑφ᾽
οὗ μὲν δοξάζεται ἀγαθόν, ὡς ἡ ἡδονὴ ὑπὸ Ἐπικούρου,
ὑφ᾽ οὗ δὲ κακόν, ὡς ὑπὸ Ἀντισθένους. συμβήσεται τοίνυν
τὸ αὐτὸ ἀγαθόν τε εἶναι καὶ κακόν. εἰ δὲ οὐ πᾶν λέγοιμεν τὸ
ὑπό τινος δοξαζόμενον ἀγαθόν, δεήσει ἡμᾶς διακρίνειν τὰς 460
δόξας· ὅπερ οὐκ ἐνδεχόμενόν ἐστι διὰ τὴν ἰσοσθένειαν τῶν
λόγων. ἄγνωστον οὖν τὸ φύσει ἀγαθόν.

[102] ἔστι δὲ καὶ τὸν ὅλον τῆς συναγωγῆς αὐτῶν
τρόπον συνιδεῖν ἐκ τῶν ἀπολειφθεισῶν συντάξεων. αὐτὸς
μὲν γὰρ ὁ Πύρρων οὐδὲν ἀπέλιπεν, οἱ μέντοι συνήθεις 465
ἀπ᾽ αὐτοῦ <...> Τίμων καὶ Αἰνεσίδημος καὶ Νουμήνιος καὶ
Ναυσιφάνης καὶ ἄλλοι τοιοῦτοι.

οἷς ἀντιλέγοντες οἱ δογματικοί φασιν αὐτοὺς
καταλαμβάνεσθαι καὶ δογματίζειν· ἐν ᾧ γὰρ δοκοῦσι
διελέγχειν καταλαμβάνονται· καὶ γὰρ ἐν τῷ αὐτῷ 470
κρατύνουσι καὶ δογματίζουσι. καὶ γὰρ ὅτε φασὶ ‘μηδὲν
ὁρίζειν’ καὶ ‘παντὶ λόγῳ’ λόγον ἀντικεῖσθαι, αὐτὰ ταῦτα
καὶ ὁρίζονται καὶ δογματίζουσι.

πρὸς οὓς ἀποκρίνονται· [103] περὶ μὲν ὧν ὡς ἄνθρωποι
πάσχομεν, ὁμολογοῦμεν· καὶ γὰρ ὅτι ἡμέρα ἐστὶ καὶ ὅτι 475

---

455 (ἤτοι)–**458** (Ἀντισθένους) SSR V A 117   **463–467** Pyrrho test. 44

468–499 Φ 8 (182.19–183.24)

453 ὥσπερ PF: ὥστε B   κοινὸν δὲ οὐδὲν F   **454** ἀγαθόν[1] BF: -ῶν P
φύσις ΒΦ   **455** γὰρ om. Φ   **456** οὐ postea ins. F[1]   ἐπὶ P[ac]F   **457**
ὑπὸ ἐπικούρου om. F   **458** ὡς Φ: om. BPF   **458–459** οὖν τὸ αὐτὸ
εἶναι ἀγαθὸν καὶ κακόν Φ   **459** τὸ αὐτὸ τὸ F   δὲ BF: δ᾽ ΡΦ
λέγοιμεν ΒΡΦ: λεγόμενον F: λέγομεν Cob.   **461** ἀσθένειαν B   **463**
συναγωγῆς dubium: ἀγωγῆς Barnes conl. Phot., Bibl. cod. 222, 170b1–3
464 συνιδεῖν ΒΡ[1]   **465** οἱ ΒΡΦ: εἰ F   **466** ἀπ᾽ αὐτοῦ ΒΡ[1]: αὐτοῦ FP[4]
lacunam indic. Barnes, Pyrrhonism 426o   **466** (Τίμων)–**467** secl. Hirzel,
Unters. III 44   **468** τοῖς αὐτοῖς Φ   **474** πρὸς οὓς ἀποκρίνονται FP[4]
‘emendatione praeclara’ V. d. Muehll: καὶ γὰρ ὅτε φασὶ μηδὲν ὁρίζειν
BP[1](Q)Φ   **475** ἡμέρα ΒΦΒ: ἡ γένεσις P[1](Q)

LIBER IX

ζῶμεν καὶ ἄλλα πολλὰ τῶν ἐν τῷ βίῳ φαινομένων γινώσκομεν. †ἀλλ’ οὐδὲ περὶ† ὧν οἱ δογματικοὶ διαβεβαιοῦνται τῷ λόγῳ, φάμενοι κατειλῆφθαι, περὶ τούτων ἐπέχομεν ὡς ἀδήλων, μόνα δὲ τὰ πάθη γινώσκομεν.

480 τὸ μὲν γὰρ ὅτι ὁρῶμεν ὁμολογοῦμεν καὶ {τὸ} ὅτι τόδε τι νοοῦμεν, γινώσκομεν, πῶς δὲ ὁρῶμεν ἢ πῶς νοοῦμεν ἀγνοοῦμεν· καὶ τὸ ὅτι τόδε λευκὸν φαίνεται διηγηματικῶς λέγομεν, οὐ διαβεβαιούμενοι εἰ καὶ ὄντως ἐστί. [104] περὶ δὲ τῆς ‘οὐδὲν ὁρίζω’ φωνῆς καὶ τῶν ὁμοίων λέγομεν οὐ

485 δογματίζοντες· οὐ γάρ εἰσιν ὅμοιαι τῷ λέγειν ὅτι ‘σφαιροειδής ἐστιν ὁ κόσμος.’ ἀλλὰ γὰρ τὸ μὲν ἄδηλον, αἱ δὲ ἐξομολογήσεις εἰσί. {τὸ μὲν ἄδηλον} ἐν ᾧ οὖν λέγομεν μηδὲν ὁρίζειν, οὐδ’ αὐτὸ τοῦτο ὁριζόμεθα.

πάλιν οἱ δογματικοί φασι καὶ τὸν βίον αὐτοὺς ἀναιρεῖν,
490 ἐν ᾧ πάντα ἐκβάλλουσιν ἐξ ὧν ὁ βίος συνέστηκεν. οἱ δὲ ψεύδεσθαί φασιν αὐτούς· οὐ γὰρ τὸ ὁρᾶν ἀναιρεῖν, ἀλλὰ τὸ πῶς ὁρᾶν ἀγνοεῖν. καὶ γὰρ τὸ φαινόμενον τιθέμεθα, οὐχ ὡς καὶ τοιοῦτον ὄν. καὶ ὅτι τὸ πῦρ καίει αἰσθανόμεθα· εἰ δὲ φύσιν ἔχει καυστικὴν ἐπέχομεν. [105] καὶ ὅτι κινεῖταί τις βλέπομεν,

489–504 (ὁμολογῶ) ιΗ L.-S.

476 φαινομένων BPF: γινο- Φ   477 γινώσκομεν BP¹(Q), Φ: δια- FP⁴
ἀλλ’ οὐδὲ περὶ BP¹(Q), Φ   477 (ἀλλ’)–479 (γινώσκομεν) om. F¹ cum
spatio vacuo, ἀλλ’ οὐδὲ γὰρ περὶ ὧν in mg suppl. F²: περὶ δὲ ὧν P⁴:
γινώσκομεν. {ἀλλ’ οὐδὲ} περὶ <δὲ> ὧν V. d. Muehll: διαγ.· ἀλλὰ δὴ περὶ
ὧν Marcov.   479 τούτου F²   γινώσκομεν B   480 καὶ ὅτι τόδε τι
νοοῦμεν V. d. Muehll: καὶ τὸ ὅτι τόδε τινα οὐ γινώσκομεν B¹ (τὸ Β²), P¹(Q):
καὶ τὸ ὅτι τόδε νοοῦμεν γιν. P⁴: καὶ τὸ ὅτι τὸ δέ τι νοοῦμεν· ὧν οἱ
δογματικοὶ διαβεβαιοῦνται τῷ λόγῳ φάμενοι κατειλῆφθαι ἐπέχομεν περὶ
τούτων ὡς ἀδήλων μόνα δὲ τὰ πάθη γινώσκομεν F: καὶ τὸ ὅτι τὸ τίνα
γιν. Φ   481 (πῶς)–482 (ἀγνοοῦμεν) om. F   482 καὶ τὸ ὅτι BP¹(Q), Φ:
καὶ ὅτι FP⁴   483 εἰ BPFΦ: ὅτι Cob.   καὶ om. Φ   484–485 λέγομεν
οὐ δογματίζοντες Φ: λεγομένων οὐ δογμάτων BPF: λέγομεν ὡς οὐ
δογμάτων Z³ (Frob.), an οὐ δογματικῶς? Barnes   485 ὅμοιαι BPFΦ:
ὅμοια rec.   487 τὸ μὲν ἄδηλον BPF: om. Φ   οὖν BPΦ: οὐ F   488
ὁριζόμεθα BPFΦ: ὁρίζομεν Cob.   489 δογματικοὶ om. F¹, suppl. F²ᵐᵍ
φασι post βίον transpos. Φ   491 τὸ ὁρᾶν iterat Φ   ἀναιρεῖν rec.: -εῖ
BPFΦ   492 ὁρᾶν BPΦ: ὁρᾷ F: secl. Richards 345: ‘an ὁρᾶται s. ὁρῶσι?’
V. d. Muehll: ὁρῶμεν Russell 176   ἀγνοεῖ FPˣ   494 τι Marcov., fort.
recte

724

καὶ ὅτι φθείρεται· πῶς δὲ ταῦτα γίνεται οὐκ ἴσμεν. μόνον 495
οὖν, φασίν, ἀνθιστάμεθα πρὸς τὰ παρυφιστάμενα τοῖς
φαινομένοις ἄδηλα. καὶ γὰρ ὅτε τὴν εἰκόνα ἐξοχὰς λέγομεν
ἔχειν, τὸ φαινόμενον διασαφοῦμεν· ὅταν δὲ εἴπωμεν μὴ ἔχειν
αὐτὴν ἐξοχάς, οὐκέτι ὃ φαίνεται ἕτερον δὲ λέγομεν.
ὅθεν καὶ ὁ Τίμων ἐν τῷ Πύθωνί φησι μὴ ἐκβεβηκέναι τὴν 500
συνήθειαν. καὶ ἐν τοῖς Ἰνδαλμοῖς οὕτω λέγει·

ἀλλὰ τὸ φαινόμενον πάντη σθένει οὗπερ ἂν ἔλθῃ.

καὶ ἐν τοῖς Περὶ αἰσθήσεών φησι, 'τὸ μέλι ὅτι ἐστὶ γλυκὺ
οὐ τίθημι, τὸ δὲ ὅτι φαίνεται ὁμολογῶ.' [106] καὶ
Αἰνεσίδημος ἐν τῷ πρώτῳ τῶν Πυρρωνείων λόγων οὐδέν 505
φησιν ὁρίζειν τὸν Πύρρωνα δογματικῶς διὰ τὴν
ἀντιλογίαν, τοῖς δὲ φαινομένοις ἀκολουθεῖν. ταῦτα δὲ λέγει
κἂν τῷ Κατὰ σοφίας κἂν τῷ Περὶ ζητήσεως. ἀλλὰ καὶ Ζεῦξις
ὁ Αἰνεσιδήμου γνώριμος ἐν τῷ Περὶ διττῶν λόγων καὶ
Ἀντίοχος ὁ Λαοδικεὺς καὶ Ἀπελλᾶς ἐν τῷ Ἀγρίππᾳ 510
τιθέασι τὰ φαινόμενα μόνα. ἔστιν οὖν κριτήριον κατὰ τοὺς
σκεπτικοὺς τὸ φαινόμενον, ὡς καὶ Αἰνεσίδημός φησιν· οὕτω
δὲ καὶ Ἐπίκουρος. Δημόκριτος δὲ τὰ μὲν εἶναι τῶν
φαινομένων, τὰ δὲ μὴ εἶναι.

497 (καὶ)–501 (συνήθειαν) Pyrrho test. 55   500–501 (ὅθεν—συνήθειαν)
Timon 9 B 81 Diels, PPF   501 (καὶ)–502 Pyrrho test. 63A   502 Pyrrho
SH 843   503 (τὸ)–504 (ὁμολογῶ) Timon 9 B 74 Diels, PPF   504
(καὶ)–514, 524–526 (Αἰνεσίδημον) 71A L.-S.   504 (καὶ)–508 (ζητήσεως)
Pyrrho test. 8   508 (Ζεῦξις)–511 (μόνα) Zeuxis fr. 281 Deichgr.

511 (ἔστιν)–537 Φ 8 (184.1–23)

495 de φθείρεται dub. V. d. Muehll, 'an εὐφραίνεται?'   496 οὖν om. F
498 δὲ BPF: δ' Φ   εἴπομεν B   499 αὐτὴν om. F   ὃ PFΦ: οὐ B
502 πάντη F: παντὶ BP   503 μέλι Fabricius, Sext. Pyrrh. Hyp. (1718) 7ʳ:
μὲν BPF   505 τῶν om. F   507 ἀπολογίαν Pˣ   ταῦτα BPF: ταὐτὰ
rec.   508 κατὰ σοφίας BP: φιλοσοφίας F   510 ἀντίλοχος B
λαδικεὺς BP¹(Q)   ἐν τῷ ἀγρίππα om. F   512 (ὡς)–513 (ἐπίκουρος)
om. Φ   513 τὰ μὲν Φ (coni. Reiske 324): μηδὲν BPF   514 post
φαινομένων add. <λέγει· οἱ δὲ ἀπὸ τῆς Στοᾶς καὶ τοῦ Περιπάτου τὰ μὲν
εἶναι τῶν φαινομένων> V. d. Muehll, Kl. Schr. 387 (a. 1963)

515 **[107]** πρὸς τοῦτο τὸ κριτήριον τῶν φαινομένων οἱ δογματικοί φασιν ὅτι ὅτε ἀπὸ τῶν αὐτῶν διάφοροι προσπίπτουσι φαντασίαι, ὡς ἀπὸ τοῦ πύργου ἢ στρογγύλου ἢ τετραγώνου, ὁ σκεπτικὸς εἰ οὐδετέραν προκρινεῖ, ἀπρακτήσει· εἰ δὲ τῇ ἑτέρᾳ κατακολουθήσει, 520 οὐκέτι τὸ ἰσοσθενές, φασί, τοῖς φαινομένοις ἀποδώσει. πρὸς οὓς οἱ σκεπτικοί φασιν ὅτι ὅτε προσπίπτουσιν ἀλλοῖαι φαντασίαι, ἑκατέρας ἐροῦμεν φαίνεσθαι· καὶ διὰ τοῦτο τὰ φαινόμενα τιθέναι ὅτε φαίνεται.

τέλος δὲ οἱ σκεπτικοί φασι τὴν ἐποχήν, ᾗ σκιᾶς τρόπον 525 ἐπακολουθεῖ ἡ ἀταραξία, ὥς φασιν οἵ τε περὶ τὸν Τίμωνα καὶ Αἰνεσίδημον. **[108]** οὔτε γὰρ τάδ᾽ ἑλούμεθα ἢ ταῦτα φευξόμεθα ὅσα περὶ ἡμᾶς ἐστι· τὰ δ᾽ ὅσα μή ἐστι περὶ ἡμᾶς, ἀλλὰ κατ᾽ ἀνάγκην, οὐ δυνάμεθα φεύγειν, ὡς τὸ πεινῆν καὶ διψῆν καὶ ἀλγεῖν· οὐκ ἔστι γὰρ λόγῳ περιελεῖν 530 ταῦτα. λεγόντων δὲ τῶν δογματικῶν ὡς οὐ δυνήσεται βιοῦν ὁ σκεπτικὸς μὴ φεύγων τό, εἰ κελευσθείη, κρεουργεῖν τὸν πατέρα, φασὶν οἱ σκεπτικοὶ περὶ τῶν δογματικῶν †πῶς δυνήσεται βιοῦν ζητήσεων ἀπέχειν†, οὐ περὶ τῶν

---

517 τοῦ om. Φ   πύρρου B   **518** στρόγγυλος et τετράγωνος Barnes, Pyrrhonism 4293   τετραγώνου <φαινομένου> Marcov.   σκεπτικὸς σὺ Φ   εἰ οὐδετέραν ΒΦ: οἵοι οὐδ. P¹(Q): εἰ δ᾽ ἑτέραν F: εἰ <μὲν> οὐδ. Cob.   **519** προκρινεῖ Huebn.: προκρίνει ΒΡΦ: -η F   κατακολουθήσῃ F   **520** τὸ om. F¹, suppl. F²ˢˡ·   **521** ὅτι om. Φ   ὅτε Φ (coni. Barnes, Pyrrhonism 4293)   **521–522** ἀλλοῖαι φαντασίαι προσπίπτουσιν Φ   **524** ᾗ ΒΡ: ἧς F: ἢ Φ   **525** ᾗ ἀταραξίαν Φ   **525–526** ὥς—αἰνεσίδημον om. Φ   **526** οὔτε ΒΡΡΦ: αὐτοὶ Apelt   τὰ δ᾽ Φ: τὰ α´ BP¹(Q): τάδε P⁴: ταῦτα F   ἑλούμεθα Kayser et Cob.: ἑλοί- ΒΡΦ   ταῦτα BPF: τάδε Φ. Vid. Blomqvist, Eranos 66 (1968) 87   **527** φευξόμεθα ΒΡΦ: φευξοί- F   ὅσα περὶ ἡμᾶς ἐστι· τὰ δ᾽ ὅσα μή ἐστι περὶ ἡμᾶς, ἀλλὰ BP: ὅ. π. ἡ. ἐστι· τὰ δὲ ὅ. π. ἡ. οὐκ ἔστιν, ἀλλὰ F: ὅ. π. ἡ. ἐστι· τὰ δ᾽ μή ἐστι π. ἡ., ἀλλὰ Φ   παρ᾽ ἡμᾶς bis Mer. Casaub. Vid. Shorey, CP 11 (1916) 465 et 13 (1918) 412–13   **528** πεινεῖν B   **529** διψεῖν B   περιελθεῖν Menag.   **530** ὡς οὐ Barnes, Pyrrhonism 4293: ὡς BPF: οὐ Φ. Vid. Brunschwig 1138¹   **531** ὁ σκεπτικὸς βιοῦν F   εἰ καὶ κελευσθείη BP¹   **533** πῶς δυνήσεται βιοῦν ΒΡΦΦ, 'verba πῶς—βιοῦν iterata illa ex priore loco [**530–531**] extirpanda sunt' Reiske 324   πῶς] ὡς Rossi 238   ἀπέχειν BPF: -ων Φ: ἐπέχειν Cob.

βιωτικῶν καὶ τηρητικῶν· ὥστε καὶ αἱρούμεθά τι κατὰ τὴν
συνήθειαν καὶ φεύγομεν καὶ νόμοις χρώμεθα. τινὲς δὲ καὶ τὴν 535
ἀπάθειαν ἄλλοι δὲ τὴν πραότητα τέλος εἰπεῖν φασι τοὺς
σκεπτικούς.

---

534 τὴν om. FΦ   **535** καὶ om. P¹(Q), suppl. P⁴   **535–536** πραότητα
ἄλλοι δὲ τὴν ἀπάθειαν F   **536** φασι om. F   **537** κεκτικοὺς B

[109] Ἀπολλωνίδης ὁ Νικαεὺς ὁ παρ' ἡμῶν ἐν τῷ πρώτῳ
τῶν Εἰς τοὺς Σίλλους ὑπομνήματι, ἃ προσφωνεῖ Τιβερίῳ
Καίσαρι, φησὶ τὸν Τίμωνα εἶναι πατρὸς μὲν Τιμάρχου,
Φλιάσιον δὲ τὸ γένος· νέον δὲ καταλειφθέντα χορεύειν,
5 ἔπειτα καταγνόντα ἀποδημῆσαι εἰς Μέγαρα πρὸς
Στίλπωνα· κἀκείνῳ συνδιατρίψαντα αὖθις ἐπανελθεῖν
οἴκαδε καὶ γῆμαι. εἶτα πρὸς Πύρρωνα εἰς Ἦλιν
ἀποδημῆσαι μετὰ <τῆς> γυναικὸς κἀκεῖ διατρίβειν ἕως
αὐτῷ παῖδες ἐγένοντο, ὧν τὸν μὲν πρεσβύτερον Ξάνθον
10 ἐκάλεσε καὶ ἰατρικὴν ἐδίδαξε καὶ διάδοχον τοῦ βίου
κατέλιπεν [110] (ὁ δὲ ἐλλόγιμος ἦν, ὡς καὶ Σωτίων ἐν τῷ
ἑνδεκάτῳ φησίν). ἀπορῶν μέντοι τροφῶν ἀπῆρεν εἰς τὸν
Ἑλλήσποντον καὶ τὴν Προποντίδα· ἐν Χαλκηδόνι τε
σοφιστεύων ἐπὶ πλέον ἀποδοχῆς ἠξιώθη· ἐντεῦθέν τε
15 πορισάμενος ἀπῆρεν εἰς Ἀθήνας, κἀκεῖ διέτριβε μέχρι καὶ
τελευτῆς, ὀλίγον χρόνον εἰς Θήβας διαδραμών. ἐγνώσθη δὲ
καὶ Ἀντιγόνῳ τῷ βασιλεῖ καὶ Πτολεμαίῳ τῷ Φιλαδέλφῳ,
ὡς αὐτὸς ἐν τοῖς ἰάμβοις αὐτῷ μαρτυρεῖ.

ἦν δέ, φησὶν ὁ Ἀντίγονος, καὶ φιλοπότης καὶ ἀπὸ τῶν
20 φιλοσόφων <εἰ> ἐσχόλαζε ποιήματα συνέγραφε· καὶ γὰρ

1–91 Vitam Timonis ed. Diels, PPF 9 A 1 et Di Marco test. 1 (1–78 Τρωάδος)
1–4 (χορεύειν), 20 (ποιήματα)–23 (κιναίδους), 47–50 (Ὁμήρῳ) TrGF I 112
1–12 (φησίν) Sotion fr. 61 W.   1–6 (Στίλπωνα) Stilp. test. 174 Doer. = SSR
II O 8   16 (ἐγνώσθη)–23 (κιναίδους) Timon SH 848   19–26 (βίον)
Antig. Caryst. fr. 5 Dor.   19–23 (κιναίδους) PCG VII p. 782

Ante 1 tit. τίμων P⁴ᵐᵍ   1 ὁ παρ' ἡμῶν] vid. Mansfeld, Studies 346–7
(a. 1986) et Barnes, Pyrrhonism 4244   2 τῶν om. F   ὑπομνήματι ἃ F:
ὑπομνήματια P¹(Q): ὑπομνήματι* B² (ras. supra α et ι in ras.), de B¹
non constat   4 καταληφθέντα B   5 ἐπιδημῆσαι B   7 καὶ om. F
8 τῆς add. Cob.   9–10 ὧν ὁ πρεσβύτερος ξάνθος ὃν καὶ ἰατρικὴν F
11 κατέλειπεν B   12 δεκάτῳ F   16 ἐγνωρίσθη in mg cum γρ P⁴
18 ἰάμβοις BPF: Ἰνδαλμοῖς Wil., Ant. 42, sed vid. Wachsm., Sillogr. 26 et
Diels, PPF 173 'Sillorum prooemium intellego' (cf. supra § 18)   αὐτῷ rec.:
αὐ- BP: αὐτὸ F   19 ὁ om. F   φιλοπότης BPF: -πο<ιη>τῆς Wachsm.,
Sillogr. 19   20 φιλοσόφων neutr.   εἰ ἐσχόλαζε L. Tarán, Ordia Prima 2
(2003) 47–50: ἐσχόλαζε BPF: ε<ἰ> σχόλαζοι Diels: <ὅτε> ἐσχόλαζε Marcov.
ποιήματα συνέγραφε· καὶ γὰρ BP¹(Q): καὶ γὰρ π. σ. FP⁴

καὶ ἔπη καὶ τραγῳδίας καὶ σατύρους (καὶ δράματα κωμικὰ
τριάκοντα, τὰ δὲ τραγικὰ ἑξήκοντα) σίλλους τε καὶ
κιναίδους. [111] φέρεται δ' αὐτοῦ καὶ καταλογάδην βιβλία
εἰς ἐπῶν τείνοντα μυριάδας δύο, ὧν καὶ Ἀντίγονος ὁ
Καρύστιος μέμνηται, ἀναγεγραφὼς αὐτοῦ καὶ αὐτὸς τὸν   25
βίον. τῶν δὲ Σίλλων τρία ἐστίν, ἐν οἷς ὡς ἂν σκεπτικὸς ὢν
πάντας λοιδορεῖ καὶ σιλλαίνει τοὺς δογματικοὺς ἐν
παρῳδίας εἴδει. ὧν τὸ μὲν πρῶτον αὐτοδιήγητον ἔχει τὴν
ἑρμηνείαν, τὸ δὲ δεύτερον καὶ τρίτον ἐν διαλόγου σχήματι.
φαίνεται γοῦν ἀνακρίνων Ξενοφάνη τὸν Κολοφώνιον περὶ   30
ἑκάστων, ὁ δὲ αὐτῷ διηγούμενός ἐστι· καὶ ἐν μὲν τῷ
δευτέρῳ περὶ τῶν ἀρχαιοτέρων, ἐν δὲ τῷ τρίτῳ περὶ τῶν
ὑστέρων· ὅθεν δὴ αὐτῷ τινες καὶ Ἐπίλογον ἐπέγραψαν.
[112] τὸ δὲ πρῶτον ταὐτὰ περιέχει πράγματα, πλὴν ὅτι
μονοπρόσωπός ἐστιν ἡ ποίησις· ἀρχὴ δ' αὐτῷ ἥδε,   35

ἔσπετε νῦν μοι ὅσοι πολυπράγμονές ἐστε σοφισταί.

ἐτελεύτησε δὲ ἐγγὺς ἐτῶν ἐνενήκοντα, ὥς φησιν ὁ
Ἀντίγονος καὶ Σωτίων ἐν τῷ ἑνδεκάτῳ. τοῦτον ἐγὼ καὶ
ἑτερόφθαλμον ἤκουσα, ἐπεὶ καὶ αὐτὸς αὐτὸν Κύκλωπα
ἐκάλει. γέγονε καὶ ἕτερος Τίμων ὁ μισάνθρωπος.   40

ὁ δ' οὖν φιλόσοφος καὶ φιλόκηπος ἦν σφόδρα καὶ
ἰδιοπράγμων, ὡς καὶ Ἀντίγονός φησι. λόγος γοῦν εἰπεῖν
Ἱερώνυμον τὸν περιπατητικὸν ἐπ' αὐτοῦ, 'ὡς παρὰ τοῖς

---

36 Timon SH 775 = fr. 1 Di Marco   37–38 (ἑνδεκάτῳ) Sotion fr. 32 W.
(ἐτελεύτησε—Ἀντίγονος) Antig. Caryst. fr. 6 Dor.   41–46 Hieron. fr. 7
Wh. = 7 W.   41–42 (φησι) Antig. Caryst. fr. 7 Dor.

---

38 (τοῦτον)–40 (ἐκάλει) Φ 73 (319.10–11)   43 (Ἱερώνυμον)–46 Φ 73
(319.2–6)

---

22 τὰ δὲ τραγικὰ P¹(Q): δὲ τρ. B: τρ. δὲ F   σιάλους B   23 δ' BP: δὲ F
24 εἰς BP: ὡς F   30 ξενοφάνη B: -ην F: comp. P   κολοφώνειον F
33 δὴ FP⁴: δὲ B: de P¹ non constat (om. Q)   αὐτῷ P⁴: -ὸν BP¹(Q): -ὸ F
33–34 ἐπεγράψαντο δὲ πρῶτον B   34 ταὐτὰ FP⁴: ταῦτα BP¹(Q)
35 αὐτῷ PF: -ῶν B   36 ἔσπετε P: -ται* B: ἔπετε F   37 (ἐτελεύτησε)–
38 (ἑνδεκάτῳ) om. F¹, suppl. F²ᵐᵍ   39 αὐτὸν P: αὐ- BF   40 καὶ BP: δὲ
καὶ F   41 δ' om. F   43 ὡς BPF: ὥσπερ Φ

Σκύθαις καὶ οἱ φεύγοντες τοξεύουσι καὶ οἱ διώκοντες, οὕτω
45 τῶν φιλοσόφων οἱ μὲν διώκοντες θηρῶσι τοὺς μαθητάς, οἱ
δὲ φεύγοντες, καθάπερ καὶ ὁ Τίμων.'

[113] ἦν δὲ καὶ ὀξὺς νοῆσαι καὶ διαμυκτηρίσαι·
φιλογράμματός τε καὶ τοῖς ποιηταῖς μύθους γράψαι ἱκανὸς
καὶ δράματα συνδιατιθέναι. μετεδίδου δὲ τῶν τραγῳδιῶν
50 Ἀλεξάνδρῳ καὶ Ὁμήρῳ. θορυβούμενός τε ὑπὸ τῶν
θεραπαινῶν καὶ κυνῶν ἐποίει μηδέν, σπουδάζων περὶ τὸ
ἠρεμάζειν. φασὶ δὲ καὶ Ἄρατον πυθέσθαι αὐτοῦ πῶς τὴν
Ὁμήρου ποίησιν ἀσφαλῆ κτήσαιτο, τὸν δὲ εἰπεῖν, 'εἰ τοῖς
ἀρχαίοις ἀντιγράφοις ἐντυγχάνοι καὶ μὴ τοῖς ἤδη
55 διωρθωμένοις.' εἰκῆ τε αὐτῷ ἔκειτο τὰ ποιήματα, ἐνίοτε
ἡμίβρωτα· [114] ὥστε καὶ Ζωπύρῳ τῷ ῥήτορι
ἀναγινώσκοντά <τι> ἐπιτυλίττειν καὶ κατὰ τὸ ἐπελθὸν
διεξιέναι· ἐλθόντα τε ἐφ' ἡμισείας, οὕτως εὑρεῖν τὸ
ἀπόσπασμα τέως ἀγνοοῦντα. τοσοῦτον ἦν ἀδιάφορος.
60 ἀλλὰ καὶ εὔρους ὡς μηδὲ †ἀριστᾶν συγχωρεῖν†. φασὶ δὲ
αὐτὸν Ἀρκεσίλαον θεασάμενον διὰ τῶν Κερκώπων ἰόντα,
εἰπεῖν, 'τί σὺ δεῦρο, ἔνθαπερ ἡμεῖς οἱ ἐλεύθεροι;' συνεχές τε
ἐπιλέγειν εἰώθει πρὸς τοὺς τὰς αἰσθήσεις μετ'
ἐπιμαρτυροῦντος τοῦ νοῦ ἐγκρίνοντας,

65   συνῆλθεν ἀτταγᾶς τε καὶ νουμήνιος.

εἰώθει δὲ καὶ παίζειν τοιαῦτα. πρὸς οὖν τὸν θαυμάζοντα
πάντα ἔφη, 'τί δ' οὐ θαυμάζεις ὅτι τρεῖς ὄντες τέτταρας

---

49 (μετεδίδου)–**50** (Ὁμήρῳ) TrGF I 101 T 10 et 98 T 8

66–69 (ὑγιής) Φ 73 (319.6–10)

45 θηρῶσι BPF: αἱροῦσι Φ   **47** δὲ F: δὴ BP   **48** φιλογράμματον B
μύθους om. F   ἱκανῶς B   **49** τῶν τρα suppl. B² in spatio vacuo   **52**
ἠρεμάζειν BP^xmg: ἠρέμα ζῆν P in textu, F   **52–53** αὐτοῦ ἐπὶ τὴν ὁμήρου
ποίησιν πῶς F   **53** ἀσφαλῆ BP: -ῶς F   **57** ἀναγινώσκοντά τι
Cob.: -ντι P^xF: -ντα BP^l(Q)   ἐπιτυλίττειν P: -λείττειν B: -λίττην F   **59**
ἀποσπούδασμα F   **59–60** Vid. Wil., Ant. 44 et Wachsm., Sillogr. 14
60 ἀριστᾶν BPF: -ῶν dub. Reiske 325   συγχωρεῖν B: -χρονεῖν PF   ὡς
μηδ' ἀριστᾶν συχνόν Diels: -ᾶν <αὐτῷ> συγχωρεῖν Marcov.   **64**
ἐκκρίνοντας B   **65** νομίνιος B¹, νου- B²   **66** εἰώθη B   **67** δ' om. B

ἔχομεν ὀφθαλμούς;' ἦν δ' αὐτός τε ἑτερόφθαλμος καὶ ὁ
Διοσκουρίδης μαθητὴς αὐτοῦ, καὶ ὁ πρὸς ὃν ἔλεγεν ὑγιής.
[115] ἐρωτηθεὶς δέ ποτε ὑπὸ Ἀρκεσιλάου διὰ τί παρείη ἐκ 70
Θηβῶν, ἔφη, 'ἵν' ὑμᾶς ἀναπεπταμένους ὁρῶν γελῶ.' ὅμως
δὲ καθαπτόμενος τοῦ Ἀρκεσιλάου ἐν τοῖς Σίλλοις ἐπήνεκεν
αὐτὸν <ἐν> τῷ ἐπιγραφομένῳ Ἀρκεσιλάου περιδείπνῳ.

τούτου διάδοχος, ὡς μὲν Μηνόδοτός φησι, γέγονεν
οὐδείς, ἀλλὰ διέλιπεν ἡ ἀγωγὴ ἕως αὐτὴν Πτολεμαῖος ὁ 75
Κυρηναῖος ἀνεκτήσατο. ὡς δ' Ἱππόβοτός φησι καὶ Σωτίων,
διήκουσαν αὐτοῦ Διοσκουρίδης Κύπριος καὶ Νικόλοχος
Ῥόδιος καὶ Εὐφράνωρ Σελευκεὺς Πραΰλος τε ἀπὸ Τρωάδος,
ὃς οὕτω καρτερικὸς ἐγένετο, καθά φησι Φύλαρχος ἱστορῶν,
ὥστε ἀδίκως ὑπομεῖναι ὡς ἐπὶ προδοσίᾳ κολασθῆναι, μηδὲ 80
λόγου τοὺς πολίτας καταξιώσας.

[116] Εὐφράνορος δὲ διήκουσεν Εὔβουλος Ἀλεξανδρεύς,
οὗ Πτολεμαῖος, οὗ Σαρπηδὼν καὶ Ἡρακλείδης, Ἡρακλείδου
δὲ Αἰνεσίδημος Κνώσιος, ὃς καὶ Πυρρωνείων λόγων ὀκτὼ
συνέγραψε βιβλία· οὗ Ζεύξιππος ὁ πολίτης, οὗ Ζεῦξις ὁ 85
Γωνιόπους, οὗ Ἀντίοχος Λαοδικεὺς ἀπὸ Λύκου· τούτου δὲ
Μηνόδοτος ὁ Νικομηδεύς, ἰατρὸς ἐμπειρικός, καὶ Θειωδᾶς

71 (ὅμως)–73 Timon fr. 74a Di Marco   74–91 fr. 9 Deichgr.   Menod.
FGrHist 541 F 4   74–78 (Τρωάδος) Hippob. fr. 22 Gig.   Sotion fr. 33 W.
79 (ὅς—ἱστορῶν) Phylarch. FGrHist 81 F 67   82–83 (Ἡρακλείδης)
Heracl. Tarant. test. 7 Guardasole

68 ὀφθαλμοὺς ἔχομεν F   τε om. ΦΦ   68–69 καὶ διοσκουρίδης ὁ
μαθητὴς Φ, 'fort. recte' V. d. Muehll   70 ὑπὸ <τοῦ> Cob.   παρήει PF
71 ἔφη om. B   ἀναπεπταμένους BPF ('scil. γεγυμνωμένους' Marcov.):
ἄνιπτα- Diels: ἀνατετα- Wil. ap. Diels: ἀνεπτοη- Apelt   72 ἐπήνεκεν
BF: - ἤνεγκεν P¹(Q)   73 ἐν ins. Cob. (cf. 3.2)   74 μὲν om. F   75
διέλειπεν B   78 σελευκὲς B   πραῧλος BPF: Παῦλος Clem. Alex.,
Strom. 4.56.2: Πραΰλους Cob.   79 καθά—ἱστορῶν om. F   φίλαρχος
B   <*> Ἱστοριῶν Jacoby   84 πυρρωνίων B   85–86 οὗ ζεύξ.
ὁ πολ. om. F   85 οὗ² PF: ὁ B   86 ἀντίοχος BP¹(Q): -γονος FP⁺
87 μηνόδοτος B   ἐμπειριδὸς B   Θειωδᾶς Huebn.: θειοδᾶς B: θειόδας
PF: Θευδᾶς Menag.

Λαοδικεύς· Μηνοδότου δὲ Ἡρόδοτος Ἀριέως Ταρσεύς· Ἡροδότου δὲ διήκουσε Σέξτος ὁ ἐμπειρικός, οὗ καὶ τὰ δέκα τῶν Σκεπτικῶν καὶ ἄλλα κάλλιστα· Σέξτου δὲ διήκουσε Σατουρνῖνος ὁ †κυθηνάς†, ἐμπειρικὸς καὶ αὐτός.

88 ταρσεὺς PF: ταρεεὺς B   Ἀρείου Ταρσέως F. Kudlien, RhMus 106 (1963) 252[1]   **89** οὗ BP[1]: οὗ καὶ FP[4]   **91** σατουρνῖνος BP[1]: σατουρρῖνος P[x](Q): σατορνῖνος F   κυθηνὰς B: -θήνας P[1](Q): -νᾶς F: καθ᾽ ἡμᾶς Nietzsche, Philologische Schriften (1982) 207 (a. 1870): Κυ<δα>θηνα<ιεύ>ς Hicks 527[b], sed vid. Mansfeld, Studies 348 (a. 1986): Κυ<δα>θηνᾶς S. Mazzarino, BIDR 65 (1962) 65[23], sed vid. Gigante 568[285] *subscriptio* λαερτίου διογένους φιλοσόφων βίων καὶ δογμάτων συναγωγῆς τῶν εἰς ιθ᾽ ἤ (lege οἱ: ἤ B[2]) σποράδην καὶ πυρρώνιοι B: θ᾽ P[x]

LIBER X

[1] Ἐπίκουρος Νεοκλέους καὶ Χαιρεστράτης, Ἀθηναῖος, τῶν δήμων Γαργήττιος, γένους τοῦ τῶν Φιλαϊδῶν, ὥς φησι Μητρόδωρος ἐν τῷ Περὶ εὐγενείας. τοῦτόν φασιν ἄλλοι τε καὶ Ἡρακλείδης ἐν τῇ Σωτίωνος ἐπιτομῇ κληρουχησάντων Ἀθηναίων τὴν Σάμον ἐκεῖθι τραφῆναι· ὀκτωκαιδεκαέτη δ᾽ 5 ἐλθεῖν εἰς Ἀθήνας, Ξενοκράτους μὲν ἐν Ἀκαδημείᾳ, Ἀριστοτέλους δ᾽ ἐν Χαλκίδι διατρίβοντος. τελευτήσαντος δὲ Ἀλεξάνδρου τοῦ Μακεδόνος καὶ τῶν Ἀθηναίων ἐκπεσόντων ὑπὸ Περδίκκου μετελθεῖν εἰς Κολοφῶνα πρὸς τὸν πατέρα. [2] χρόνον δέ τινα διατρίψαντα αὐτόθι καὶ 10 μαθητὰς ἀθροίσαντα πάλιν ἐπανελθεῖν εἰς Ἀθήνας ἐπὶ Ἀναξικράτους· καὶ μέχρι μέν τινος κατ᾽ ἐπιμιξίαν τοῖς ἄλλοις φιλοσοφεῖν, ἔπειτα ἰδίᾳ ἀποσ< ... > τὴν ἀπ᾽ αὐτοῦ κληθεῖσαν αἵρεσιν συστήσαντα.

ἐφάψασθαί τε φιλοσοφίας αὐτός φησιν ἔτη γεγονὼς 15

Liber 10 edd. H. Usener (1887), C. Bailey (1926) et G. Arrighetti (²1973). Capita 1–34 ed. Usener 359–73, Diano (²1974) 70–2, 75–83 et Laks (1976) 1–118   **1–3** (εὐγενείας) Metrod. fr. 4 Koerte   **3** (τοῦτον)–**14** Heracl. Lemb. fr. 9 Mueller (FHG III p. 170) = Sotion fr. 34 W.   **11–12** ἐπὶ Ἀναξικράτους i.e. 307/6   **15–20** (χάους) Pamph. 19 T *4a Lasserre. Cf. Sext., M 10.18–9

Inscriptio ι' bis P: λαερτίου διογένους βίων φιλοσόφων τὸ δέκατον Pᵗ: λ. δ. τῶν εἰς ι' τὸ δέκατον F   Ante **1**, tit. ἐπίκουρος BˣᵐᵍPˣᵐᵍFᶻᵐᵍ: om. B¹P¹F¹   **1** ἐπίκουρος νεοκλέους καὶ in ras. scr. B²   χαρεστράτης B ut vid.   **2** τῶν δήμων B¹PF: τὸν δῆμον B², Z (Frob.)   γαργίττιος F   φιλαιδῶν B²F, s.l. γρ. Pᵗ: φιλε- B¹: φιλλίδων P¹   **3** φασὶν ex φησὶν (comp.) F   **5** ἐκείθει B   ὀκτὼ καὶ δέκα ἔτη B¹: ὀκτω καίδεκα ἔτη F (ras. supra ω): ὀκτωκαιδεκαετῆ B²: -δεκέτη (comp.) P   **5–6** δ᾽ ἐλθεῖν B¹P: διελθεῖν B²: ἐλθεῖν F   **6** ἀκαδημεία B: -μία PF (vid. ad 3.5)   **11** ἐπὶ τὰ B   **13** ἀπο⁻ᐟ᙮τὴν B (ᐟ᙮ et in mg λείπ(ει) B²): ἀποστὴν P¹(Q): πῶς τὴν Pᵗ (πῶς τ in ras.), F: ἀποστὴ<ναι> post Apelt (ἀπο<στῆναι> τὴν), Lapini, Note² 210, an recte?: ἀπο<φαίνεσθαι> τ. Us. : ἀπο<στατεῖν> τ. Koch. 60 : ἀποσ<τραφῆναι> τ. Marcov., an ἀπο<χωρῆσαι> τ. V. d. Muehll (conl. 8.56 et 10.9)   **14** συ ad στήσαντα postea sscr. Fˣ, συστήσασθαι (cum πως) Cob.   **15** τε BP¹(Q)F: eras. Pˣ: δὲ Us.

τετταρεσκαίδεκα. Ἀπολλόδωρος δ᾽ ὁ Ἐπικούρειος ἐν τῷ
πρώτῳ περὶ τοῦ Ἐπικούρου βίου φησὶν ἐλθεῖν αὐτὸν ἐπὶ
φιλοσοφίαν καταγνόντα τῶν γραμματιστῶν, ἐπειδὴ μὴ
ἐδυνήθησαν ἑρμηνεῦσαι αὐτῷ τὰ περὶ τοῦ παρ᾽ Ἡσιόδῳ
20 χάους. φησὶ δ᾽ Ἕρμιππος γραμματοδιδάσκαλον αὐτὸν
γεγενῆσθαι, ἔπειτα μέντοι περιτυχόντα τοῖς Δημοκρίτου
βιβλίοις ἐπὶ φιλοσοφίαν ᾆξαι· **[3]** διὸ καὶ τὸν Τίμωνα
φάσκειν περὶ αὐτοῦ·

ὕστατος αὖ φυσικῶν καὶ κύντατος, ἐκ Σάμου ἐλθὼν
25 γραμμοδιδασκαλίδης, ἀναγωγότατος ζωόντων.

συνεφιλοσόφουν δ᾽ αὐτῷ προτρεψαμένῳ καὶ οἱ ἀδελφοὶ
τρεῖς ὄντες, Νεοκλῆς Χαιρέδημος Ἀριστόβουλος, καθά φησι
Φιλόδημος ὁ Ἐπικούρειος ἐν τῷ δεκάτῳ τῆς τῶν
φιλοσόφων συντάξεως· ἀλλὰ καὶ δοῦλος Μῦς ὄνομα, καθά
30 φησι Μυρωνιανὸς ἐν Ὁμοίοις ἱστορικοῖς κεφαλαίοις.

Διότιμος δ᾽ ὁ Στωικὸς δυσμενῶς ἔχων πρὸς αὐτὸν
πικρότατα αὐτὸν διαβέβληκεν, ἐπιστολὰς φέρων
πεντήκοντα ἀσελγεῖς ὡς Ἐπικούρου· καὶ ὁ τὰ εἰς

---

19 παρ᾽ Ἡσιόδου] Hes., Th. 116–17   **20** (φησὶ)–**25** Hermipp. FGrHist-
Cont 1026 F 82   **20** (φησὶ)–**22** (ᾆξαι) Democr. VS 68 A 52   **24–25**
Timon SH 825 = fr. 51 Di Marco   3K L.-S.   Cf. Athen. 13, 588 A
26–29 (συντάξεως) Phld. test. 7 Sider   **29** (ἀλλὰ)–**30** Myron. fr. 6
Mueller (FHG IV p. 455)   **31** Διότιμος] Θεότιμος appellatur ap. Athen.
13, 611 B   **31–38** (Ἁλικαρνασσεύς) Posid. fr. 288 Ed.-K. = 290b Th.
Nicol. FHG III 344   **31–35** (συντάξας) fr. 104.2 Us.

---

20 (γραμματοδιδάσκαλον)–**25** Φh 30 (108.18–23)

---

16 τετταρεσκαίδεκα BP : ιδ΄ F. Vid. infra § 15 (180)   ἐπικούριος BP¹
17 βίου om. F   αὐτὸν om. F   **18** ἐπηδημη B¹, corr. B²   **19** ἐδυνήθη-
σαν (ex ἠδ-) post ἑρμηνεῦσαι B   ἐδυνήθη P¹, comp. corr. Pˣ (ἐδυνήθην Q)
totum scribens P⁴   αὐτῷ om. F   **20** γραμματοδιδάσκαλον Pˣ (γ in ras.
et ras. supra α¹), Φh: πραγματοδι- B (de P¹ non constat): πράγματι διδ. F
21 μέντοι om. Φh   περιτύχοντα PF: -τυχὼν B   **22** ᾆξαι Huebn. : ἄξαι
BP¹: ἀΐξαι P²(Q)F: ῆξαι Φh   Cf. 1.49   **22–23** τίμων οὕτω λέγει Φh
25 γραμμοδιδασκαλίδης BPF²Φh : γραμμα- F¹, Athen.   **26** δ᾽ P: om. B¹,
add. B²: δὲ F   προτρεψαμένου F   **28** ἐπικούριος BP¹   **29** τάξεως F
μῦς∗ P¹, μὺς in textu et in mg P⁴   **30** Ὁμοίοις Huebn. (conl. 4.14 et 5.36):
νόμοις BPF

734

Χρύσιππον ἀναφερόμενα ἐπιστόλια ὡς Ἐπικούρου
συντάξας. [4] ἀλλὰ καὶ οἱ περὶ Ποσειδώνιον τὸν Στωικὸν 35
καὶ Νικόλαος καὶ Σωτίων ἐν τῷ δωδεκάτῳ τῶν
ἐπιγραφομένων Διοκλείων ἐλέγχων, †ἅ ἐστι περὶ τοῖς κδ´†,
καὶ Διονύσιος ὁ Ἁλικαρνασσεύς. καὶ γὰρ σὺν τῇ μητρὶ
περιϊόντα αὐτὸν ἐς τὰ οἰκίδια καθαρμοὺς ἀναγινώσκειν, καὶ
σὺν τῷ πατρὶ γράμματα διδάσκειν λυπροῦ τινος 40
μισθαρίου. ἀλλὰ καὶ τῶν ἀδελφῶν ἕνα προαγωγεύειν, καὶ
Λεοντίῳ συνεῖναι τῇ ἑταίρᾳ. τὰ δὲ Δημοκρίτου περὶ τῶν
ἀτόμων καὶ Ἀριστίππου περὶ τῆς ἡδονῆς ὡς ἴδια λέγειν. μὴ
εἶναί τε γνησίως ἀστόν, ὡς Τιμοκράτης φησὶ καὶ Ἡρόδοτος
ἐν τῷ Περὶ Ἐπικούρου ἐφηβείας. Μιθρῆν τε αἰσχρῶς 45
κολακεύειν τὸν Λυσιμάχου διοικητήν, ἐν ταῖς ἐπιστολαῖς
Παιᾶνα καὶ Ἄνακτα καλοῦντα. [5] ἀλλὰ καὶ Ἰδομενέα καὶ
Ἡρόδοτον καὶ Τιμοκράτην τοὺς ἔκπυστα αὐτοῦ τὰ κρύφια
ποιήσαντας ἐγκωμιάζειν καὶ κολακεύειν αὐτὸ τοῦτο.
    ἔν τε ταῖς ἐπιστολαῖς πρὸς μὲν Λεόντιον 'Παιὰν ἄναξ, 50

---

36 Σωτίων] deest ap. Wehrli   **38** Dion. Halic. fr. 37 Us.-Rad. (II p. 250)
42 (τὰ)–**43** (λέγειν) Aristipp. fr. 142 Mann. = SSR IV A 202 (**31–32**
διαβέβληκεν, **35** ἀλλὰ–**38** Ἁλικαρν., **42–43**)   **45** (Μιθρῆν)–**49** Idom.
fr. 5 Angeli   **45** (Μιθρῆν)–**47** (καλοῦντα) fr. 148 Us.   **47** (ἀλλὰ)–**49** fr.
124 Us.   **50–52** (ἐπιστόλιον) fr. 143 Us. = 71 Arr.[2]

50–55 (ὠθεῖσθαι) Φ 74 (319.14–9)   **50** (Παιὰν)–**52** (ἐπιστόλιον) Suda
κ 2480 (III 194.5–6)

---

35 συντάξεις P[1], corr. P[2]   ποσιδώνιον B   **36** ἐν τῷ δωδεκάτῳ Gass.:
ἐν τοῖς (τῆς rec.) δώδεκα BPF: ἐν τῷ κ´ (pro ιβ´) Croen., Kol. u. Men. 135
37 διοκλίων B   ἅ ἐστι περὶ τοῖς κδ´ BPF : ἅ ἐστι πρὸς τὰ κδ´ Marcov.:
ἅ ἐστι δ´ πρὸς τοῖς κ´ Bign., Epic. 195[3]: ἅ ἐστι πρὸς τοῖς εἴκοσι τέσσαρα
Croen.: οἵ εἰσι περὶ κδ´ Gass.: ἅ ἐστι περὶ τοὺς εἰκοσιτέσσαρας Cob.:
ἅ ἐστι περὶ Εἰκαδεῖς Bign., Ar. perd. I 588 (τῆς εἰκάδος Huebn.). Vid.
Festugière, Épic. et ses dieux (²1968) 32–3⁰   **38** ἁλικαρνασεὺς PF   **41**
προαγωγεύειν B²P¹: προαγεύειν B¹: προάγωρεύειν F (' F²)   καὶ² BP¹:
expu. P⁴ : om. F   **42** λεοντίῳ B¹ ut vid., P¹(Q): -τία B² (a in ras.) : -τία τε
F, P⁴ (τε in textu et in mg)   ἑτέρα B¹F¹, corr. B²F²   **43** περὶ τῆς om. F
44 ἀστὸν BP: αὐτὸν F   ἡρόδοτος B   **45** μίθρην PF: μείθρην B   **46**
λύσιμαχον B¹   **48** ἡρόδωτον B   **49** αὐτῷ τούτῳ F   <δι᾽> αὐτὸ
Marcov.   **50** Λεόντιον rec. (coni. Casaub.): λεοντίαν BPFΦ

735

φίλον Λεοντάριον, οἵου κροτοθορύβου ἡμᾶς ἐνέπλησεν ἀναγνόντας σου τὸ ἐπιστόλιον·· πρὸς δὲ Θεμίσταν τὴν Λεοντέως γυναῖκα 'οἷός τε', φησίν, 'εἰμί, ἐὰν μὴ ὑμεῖς πρός με ἀφίκησθε, αὐτὸς τρικύλιστος, ὅπου ἂν ὑμεῖς {καὶ Θεμίστα}
55 παρακαλῆτε, ὠθεῖσθαι.' πρὸς δὲ Πυθοκλέα ὡραῖον ὄντα 'καθεδοῦμαι', φησί, 'προσδοκῶν τὴν ἱμερτὴν καὶ ἰσόθεόν σου εἴσοδον.' καὶ πάλιν πρὸς Θεμίσταν γράφων νομίζει †αὐτῇ παραινεῖν†, καθά φησι Θεόδωρος ἐν τῷ τετάρτῳ τῶν Πρὸς Ἐπίκουρον. [6] καὶ ἄλλαις δὲ πολλαῖς ἑταίραις
60 γράφειν, καὶ μάλιστα Λεοντίῳ, ἧς καὶ Μητρόδωρον ἐρασθῆναι. ἔν τε τῷ Περὶ τέλους γράφειν οὕτως· 'οὐ γὰρ ἔγωγε ἔχω τί νοήσω τἀγαθόν, ἀφαιρῶν μὲν τὰς διὰ χυλῶν ἡδονάς, ἀφαιρῶν δὲ τὰς δι' ἀφροδισίων καὶ τὰς δι'

---

52 (πρὸς)–55 (ὠθεῖσθαι) fr. 125 Us. = 51 Arr.² **55** (πρὸς)–57 (εἴσοδον) fr. 165 Us. = 88 Arr.² **57** (καὶ)–59 (Ἐπίκουρον) fr. 126 Us. Theod. test. 65 Winiarczyk **59** (καὶ)–61 (ἐρασθῆναι) Metrod. test. 8 Koerte **59** (καὶ)–60 (Λεοντίῳ) p. 140 Us. **61** (ἔν)–64 (μορφῆς) fr. 67 Us. **61** (ἔν)–66 (ἀράμενος) fr. 163 Us. = 89 Arr.² 25G L.-S.

---

53 (ἐὰν)–55 (παρακαλῆτε) Suda τ 986 (IV 590.23–4) **55** (πρὸς)–57 (εἴσοδον) Φh 30 (107.16–18) **61** (ἔν)–64 (ἀκροαμάτων) Φh 30 (107.18–21)

---

51 φίλον PΓΦ: φησὶ Β: <φησί,> φίλον Marcov. ἐνέπλησεν Β (-σε), PF (sc. τὸ ἐπιστόλιον): ἐνέπλησας Φ, Suda **52** ἀναγνόντας σου P²(Q)Φ: ἀναγνόντ... Β¹: ἀναγνόντι σοι Β² (σοι supra ras.), P¹F, Suda: ἀναγνόντας σοι rec. θεμίσταν Β, P (ras. supra α), F: θεμιστᾶν Φ **53** Λεοντέως Gass.: λέοντος ΒPΓΦ ἐὰν ΒΓΦ: εἰ P **54** ἀφίκησθαι Β ὅποι Cob. καὶ θεμίστα om. Φ, Suda θέμιστα ΒP **56** καθαιδοῦμαι Β¹P¹ **57** πρὸς ΒP¹F: εἰς P⁴ νομίζει ΒPF: -ζειν rec. **58** αὐτῇ παραινεῖν ΒPF (Lapini, Note² 212) νομίζειν αὐτή<ν> παροινεῖν Bign., Studi 436: ν. αὐτή<ν> περαινεῖν Frob. (περαίνειν Rossi 252): νομίζει αὐτῇ παρεῖναι Kuehn: ν. αὐτή<ν> παρα<κ>ινεῖν Hicks 533ᵇ: γράφειν νομίζειν <σὺν> αὐτῇ παροινεῖν Marcov. Alii alia. Vid. Gigante 569¹⁷ et Laks 45–6 **59** ἑτέραις Β¹, corr. Β² **60** λεοντίῳ Β¹ ut vid., P¹(Q): -τία Β²FP⁴ **61** τῷ Β² ex τὸ Β¹ οὕτως γράφειν Φ **62** νοῆσαι F **62–63** ἀφ. μὲν τὰς δι' ἀφροδισίων, ἀφ. δὲ τὰς διὰ χυλῶν ἡδονὰς καὶ Φh **63** ἀφροδισίων PΦh: -σείων Β: -σίας F

ἀκροαμάτων καὶ τὰς διὰ μορφῆς.' ἔν τε τῇ πρὸς Πυθοκλέα
ἐπιστολῇ γράφειν 'παιδείαν δὲ πᾶσαν, μακάριε, φεῦγε 65
τἀκατίδιον ἀράμενος.' Ἐπίκτητός τε κιναιδολόγον αὐτὸν
καλεῖ καὶ τὰ μάλιστα λοιδορεῖ.

καὶ μὴν καὶ Τιμοκράτης ἐν τοῖς ἐπιγραφομένοις
Εὐφραντοῖς, ὁ Μητροδώρου μὲν ἀδελφός, μαθητὴς δὲ
αὐτοῦ τῆς σχολῆς ἐκφοιτήσας, φησὶ δὶς αὐτὸν τῆς ἡμέρας 70
ἐμεῖν ἀπὸ τρυφῆς, ἑαυτόν τε διηγεῖται μόγις ἐκφυγεῖν
ἰσχῦσαι τὰς νυκτερινὰς ἐκείνας φιλοσοφίας καὶ τὴν
μυστικὴν ἐκείνην συναγωγήν. [7] τόν τε Ἐπίκουρον πολλὰ
κατὰ τὸν λόγον ἠγνοηκέναι καὶ πολὺ μᾶλλον κατὰ τὸν
βίον, τό τε σῶμα ἐλεεινῶς διακεῖσθαι, ὡς πολλῶν ἐτῶν μὴ 75
δύνασθαι ἀπὸ τοῦ φορείου διαναστῆναι· μνᾶν τε ἀναλίσκειν
ἡμερησίαν εἰς τὴν τράπεζαν, ὡς αὐτὸς ἐν τῇ πρὸς Λεόντιον
ἐπιστολῇ γράφει καὶ ἐν ταῖς πρὸς τοὺς ἐν Μιτυλήνῃ
φιλοσόφους. συνεῖναί τε αὐτῷ τε καὶ Μητροδώρῳ ἑταίρας
καὶ ἄλλας, Μαμμάριον καὶ Ἡδεῖαν καὶ Ἐρώτιον καὶ 80
Νικίδιον.

---

66 (Ἐπίκτητός)**–67** cf. Epict. Diss. 3.24.37   **68–99** fr. 101 Arr.²   **76**
(μνᾶν)**–79** (φιλοσόφους) fr. 145 Us.   **79–81** Metrod. test. 9 Koerte

---

64 δικροαμάτων B¹   μορφῆς rec., Athen. 12, 546 E: -ᾶς BᵖᶜP¹: -ὰς BᵃᶜQ,
an recte?: -ῶν FPᵘᵐᵍ. Vid. Laks 46–7   **65** παιδείαν F¹ ut vid., Pᵘᵐᵍ: -διὰν
B² (ras. supra ι et ` B²), P¹, F² (ι in ras.)   μακάριοι F   **65–66** φεῦγε-
**κατιδιαραμεν B (ras. supra ν): φεύγετε κατι ´ἑ ραμεν P¹(Q), in mg ./. αι Pˣ:
φεύγετε ceteris omissis F¹, sequuntur in mg κατὰ διέρα F² ut vid.: φεῦγε
τἀκατίδιον ἀράμενος Byw., Epic. 279 post Gass. (τἀκάτιον)   **66**
κιναιδολόγον B² (ιναι in ras.), P¹F: γρ add. et in mg γρ κιναιδόληγον P⁴ ut
vid.   **68** τιμωκράτης B   εὐφραντοῖς FP⁴: εὐφάντοις BP¹(Q)   **73**
συναγωγὴν BP¹F: συνδιαγωγὴν Pˣ(Q)   **75** βίον om. B   **77** λεόντιον
BP¹: λεοντίαν FP⁴   **78** ταῖς BPF: τῇ Menag. conl. infra § 136   τοὺς ἐν
om. F   μιτυλήνη B² (λ in ras.), PF et sic D.L. scribere solet. Vid. ad 1.80
79 τε² om. F   ἑτέρας B¹   **79–80** ἑταίρας τε ἄλλας καὶ Μα. Mer. Casaub.
80 ἄλλας BPF: ἄλλοις Croen., Kol. u. Men. 17⁷⁵   Μαμμάριον L. Spengel,
Philol. Suppl. 2 (1863) 534 (conl. Phld., Ad cont. [PHerc. 1005] col. 6.16
Angeli, Μάμμα[ρι]ον: μαρμάριον BP: -ρειον F. Cf. Masson, OGS III 273
(a. 1997)   ἡδεῖαν Pⁱᵖᶜ: ἡδείαν PⁱᵃᶜF: ἰδίαν B¹: ἰδείαν B²   **81** νικίδιον Pˣ:
νική- BP¹F

καὶ ἐν ταῖς ἑπτὰ καὶ τριάκοντα βίβλοις ταῖς Περὶ φύσεως τὰ πλεῖστα ταὐτὰ λέγειν καὶ ἀντιγράφειν ἐν αὐτοῖς ἄλλοις τε καὶ Ναυσιφάνει {τὰ πλεῖστα} καὶ αὐτῇ λέξει φάσκειν
85 οὕτως· 'ἀλλ' {ειτως· ἀλλ'} εἶχε γὰρ κεῖνος ὠδίνων τὴν ἀπὸ τοῦ στόματος καύχησιν τὴν σοφιστικήν, καθάπερ καὶ ἄλλοι πολλοὶ τῶν ἀνδραπόδων.' **[8]** καὶ αὐτὸν Ἐπίκουρον ἐν ἐπιστολαῖς περὶ Ναυσιφάνους λέγειν· 'ταῦτα ἤγαγεν αὐτὸν εἰς ἔκστασιν τοιαύτην, ὥστε μοι λοιδορεῖσθαι καὶ
90 ἀποκαλεῖν διδάσκαλον.' πλεύμονά τε αὐτὸν ἐκάλει καὶ ἀγράμματον καὶ ἀπατεῶνα καὶ πόρνην· τούς τε περὶ Πλάτωνα Διονυσοκόλακας καὶ αὐτὸν Πλάτωνα χρυσοῦν, καὶ Ἀριστοτέλη ἄσωτον, καταφαγόντα γὰρ τὴν πατρῴαν οὐσίαν στρατεύεσθαι καὶ φαρμακοπωλεῖν· φορμοφόρον τε
95 Πρωταγόραν καὶ γραφέα Δημοκρίτου καὶ ἐν κώμαις γράμματα διδάσκειν· Ἡράκλειτόν τε κυκητὴν καὶ

82–91 (πόρνην) Nausiph. VS 75 A 9   **82–87** (ἀνδραπόδων) fr. 93 Us. **87** (καὶ)–**90** (διδάσκαλον) fr. 113 Us.   **90** (πλεύμονά)–**91** (πόρνην) fr. 236 Us. = 88   **91** (τούς)–**99** fr. 238 Us.   **93** (Ἀριστοτέλη)–**94** (φαρμακοπωλεῖν) fr. 171 Us.   **94** (φορμοφόρον)–**96** (διδάσκειν) fr. 172 Us. Cf. 9.53   **96** (Ἡράκλειτον) cf. Heracl. VS 22 B 125 = fr. 31 c Marcov.

---

87 (καὶ)–**99** Φh 30 (107.21–108.10)

---

83 τὰ πλεῖστα ταῦτα BP¹: ταῦτα τὰ πλ. F: τὰ πλεῖστα secl. Diano ταὐτὰ Kuehn: ταῦτα BPF: ταὐτά <τε> Us.   λέγειν καὶ ἀντιγράφειν BP¹: ἀντιγρ. κ. ἀντιλέγειν F: γρ. κ. ἀντιλ. cum γρ P⁴ᵐᵍ   αὐτοῖς rec.: -αῖς BPF   **84** τὰ πλεῖστα secl. Us.   τὰ πλεῖστα οὕτως F   **85** ἀλλ' εἴτως· ἀλλ' εἶχε γὰρ (γὰρ in ras. B²) κεῖνος BP¹(Q): ἀλλ' ἤτω.· ἀλλ' εἶχε γ. κ. P⁴: ἀλλ' εἶχε γ. κ. F (post ἀλλ' ἤτις erasum): ἀλλ' ἴτωσαν· εἶχε γ. ἐκεῖνος Us.: dittographiam del. Croen., Kol. u. Men. 17⁷⁷   κεῖνος] κἀκεῖνος rec.: ἐκεῖνος Us., sed vid. Croen., MGH 131   ὠδίνων] ὁ πλεύμων Us.   **87** an pro ἀνδραπόδων legendum ἀπόδων? Lapini, Note² 214   <τὸν> αὐτὸν Diels **87–88** ἐν ταῖς ἐπιστολαῖς P   **88** λέγειν ταῦτα· ἤγαγεν F   **89** μοι B² (οι in ras.), PΦh: μὴ F   **90** διδάσκαλον BPFΦh: δύσκολον Us. Vid. H. Mutschmann, Hermes 50 (1915) 340¹   πλεύμονα F: πλεύμονα BP¹: πνεύμονα Φh, sed vid. Sext., M. 1.3   αὐτὸν φασὶν ἐκάλει Φh   **91** καὶ πορνὴν om. F   **92** διονυσοκόλακας BPF: διονυσιο- Φh, an recte ? Cf. Athen. X 435 E et VI 249 F   **93** ἀριστοτέλη BP¹: -ην FP⁴ καταφαγόντα γὰρ Φh: γὰρ om. BPF   <ὃν> καταφαγ. Huebn. 743: <καὶ> καταφαγ. Sedley, Rivals 123   **94** φαρμακοπώλην Φh   **95** δημοκρίτου BP¹(Q)Φh: δημόκριτον F, ex corr. P⁴ et in mg εἶχε δημοκρίτου

Δημόκριτον Ληρόκριτον καὶ Ἀντίδωρον Σαννίδωρον· τούς
τε Κυζικηκοὺς ἐχθροὺς τῆς Ἑλλάδος· καὶ τοὺς διαλεκτικοὺς
πολυφθό{νε}ρους, Πύρρωνα δὲ ἀμαθῆ καὶ ἀπαίδευτον.
μεμήνασι δ᾽ οὗτοι. **[9]** τῷ γὰρ ἀνδρὶ μάρτυρες ἱκανοὶ τῆς 100
ἀνυπερβλήτου πρὸς πάντας εὐγνωμοσύνης ἥ τε πατρὶς
χαλκαῖς εἰκόσι τιμήσασα, οἵ τε φίλοι τοσοῦτοι τὸ πλῆθος,
ὡς μηδ᾽ ἂν πόλεσιν ὅλαις μετρεῖσθαι δύνασθαι· οἵ τε
γνώριμοι πάντες ταῖς δογματικαῖς αὐτοῦ σειρῆσι
προσκατασχεθέντες, πλὴν Μητροδώρου τοῦ Στρατονικέως 105
πρὸς Καρνεάδην ἀποχωρήσαντος, τάχα βαρυνθέντος ταῖς
ἀνυπερβλήτοις αὐτοῦ χρηστότησιν· ἥ τε διαδοχή, πασῶν
σχεδὸν ἐκλιπουσῶν τῶν ἄλλων, ἐς ἀεὶ διαμένουσα καὶ
νηρίθμους ἀρχὰς †ἀπολύουσα† ἄλλην ἐξ ἄλλης τῶν
γνωρίμων· **[10]** ἥ τε πρὸς τοὺς γονέας εὐχαριστία καὶ ἡ 110
πρὸς τοὺς ἀδελφοὺς εὐποιΐα πρός τε τοὺς οἰκέτας ἡμερότης,
ὡς δῆλον κἀκ τῶν διαθηκῶν αὐτοῦ καὶ ὅτι αὐτοὶ
συνεφιλοσόφουν αὐτῷ, ὧν ἦν ἐνδοξότατος ὁ προειρημένος
Μῦς· καθόλου τε ἡ πρὸς πάντας αὐτοῦ φιλανθρωπία. τῆς
μὲν γὰρ πρὸς θεοὺς ὁσιότητος καὶ πρὸς πατρίδα φιλίας 115
ἄλεκτος ἡ διάθεσις· ὑπερβολῇ γὰρ ἐπιεικείας οὐδὲ πολιτείας
ἥψατο.

97 (καὶ Ἀντ. Σαννίδωρον) fr. 4 Us.   **99** Πύρρωνα—ἀπαίδευτον Pyrr.
test. Decleva Caizzi   **106** Καρνεάδην] T 1a 73 Mette

---

97 σαννίδωρον BPF: σανί- Φh: Σαινίδωρον Iunius   **98** κυζικηνούς
ΡΦh: κυζηκι- BF: κυνικούς Th. Reinesius, Var. lect. (1640) III 2   **99**
πολυφθόρους J. Bake, Cleomedis circul. doctr. ed. R. Balfour (1820) 434 conl.
Plut., Non posse suav. vivi 1086 E: πολυφθονερούς BPFΦh: -φθονέρους
Huebn.   πύρρωνα P¹(Q), corr. P⁴   δὲ BPF: τε Φh   **100** δ᾽ BP: δὲ F
τῷ γὰρ ἀνδρὶ Gass.: τῶν γ. ἀνδρῶν B¹PF: ὧν bis punctis notavit et in
mg γρ τοῦ ἀνδρὸς B²   **103** πόλεσι τούτους ὅλαις F   **105**
προσκατασχεθέντες BP¹(Q): προκατα- F, Pˣ (σ¹ erasum)   **107** αὐτοῦ
D.L. vid. posuisse per errorem pro τοῦ διδασκάλου, i.e. Apollodori
τοῦ κηποτυράννου.   Cf. Phld., Acad. hist. col. 24, 9–16 p. 161 Dor. (Us.
413)   **107–108** ἥ τε—σχεδὸν in rasura F²   **108** ἐκλειπουσῶν F
διαμενοῦσα P¹, corr. P²   **109** ἀνηρίθμους ex νηρ. F²   ἀπολύουσα BPF:
-φύουσα Lapini, Note² 214: -διδοῦσα Gass.: -λαύουσα Apelt   **110**
γονέους F   **111** τε BP¹(Q): δὲ FP⁴   **115** πρὸς² bis pos. F   πατρίδα
Pᵖᶜ(Q): -δας BPᵃᶜF   **116** ἄληκτος F   ὑπερβολῇ rec.: -λὴ BPF

καὶ χαλεπωτάτων δὲ καιρῶν κατασχόντων τηνικάδε τὴν
Ἑλλάδα, αὐτόθι καταβιῶναι, δὶς ἢ τρὶς εἰς τοὺς περὶ τὴν
120 Ἰωνίαν τόπους πρὸς τοὺς φίλους διαδραμόντα. οἳ καὶ
πανταχόθεν πρὸς αὐτὸν ἀφικνοῦντο καὶ συνεβίουν αὐτῷ ἐν
τῷ κήπῳ καθά φησι καὶ Ἀπολλόδωρος (ὃν καὶ ὀγδοήκοντα
μνῶν πρίασθαι [11] Διοκλῆς {δὲ} ἐν τῇ τρίτῃ τῆς ἐπιδρομῆς
φησιν) εὐτελέστατα καὶ λιτότατα διαιτώμενοι· 'κοτύλῃ
125 γοῦν,' φησίν, 'οἰνιδίου ἠρκοῦντο, τὸ δὲ πᾶν ὕδωρ ἦν αὐτοῖς
ποτόν.' τόν τε Ἐπίκουρον μὴ ἀξιοῦν εἰς τὸ κοινὸν
κατατίθεσθαι τὰς οὐσίας, καθάπερ τὸν Πυθαγόραν κοινὰ
τὰ φίλων λέγοντα· ἀπιστούντων γὰρ εἶναι τὸ τοιοῦτον· εἰ
δ' ἀπίστων οὐδὲ φίλων. αὐτός τέ φησιν ἐν ταῖς ἐπιστολαῖς,
130 ὕδατι μόνον ἀρκεῖσθαι καὶ ἄρτῳ λιτῷ. καί, 'πέμψον μοι
τυροῦ,' φησί, 'κυθρίδιον, ἵν' ὅταν βούλωμαι πολυτε-
λεύσασθαι δύνωμαι.' τοιοῦτος ἦν ὁ τὴν ἡδονὴν εἶναι τέλος
δογματίζων, ὃν καὶ Ἀθήναιος δι' ἐπιγράμματος οὕτως
ὑμνεῖ·

135 **[12]**   ἄνθρωποι, μοχθεῖτε τὰ χείρονα, καὶ διὰ κέρδος
                 ἄπληστοι νεικέων ἄρχετε καὶ πολέμων·

126 (τὸν)–**128** (φίλων) fr. 543 Us.   **127–128** κοινὰ τὰ φίλων] cf. 4.53,
6.37 et 72, 8.10   **129** (αὐτός)–**130** (λιτῷ) fr. 181 Us.   **130** (καί)–**132**
(δύνωμαι) fr. 182 Us. = 123 Arr.²   **135–140** FGE 444–9 = SH 225

---

126 (μὴ)–**132** (δύνωμαι) Φ 74 (319.19–320.4)

---

118)σχόντων τηνικάδε om. B¹, in mg suppl. σχόντων τηνικαῦτα B²
119 τρὶς PF: τρεῖς B   εἰς om. Z (Frob.)   **120** πρὸς τοὺς φίλους om. F
122 καὶ¹ om. F, expu. P⁴   **123** δὲ BPF: secl. Roeper (1846) 660, verba ὃν—
φησιν (**122–124**) Diocli attribuens, sed vid. Laks 62–3 et J. Mejer, D. Laert.
and his Hellenistic Background (1978) 43–4   **124** λιτώτατα BPᵃᶜ
φησὶν BFPᵘʳᵃˢ: de P¹ non constat, om. Q   διαιτώμενοι BP: -τόμενοι F:
-τωμένους Gass. et Menag.   **125** οἰνηδίου F   an pro τὸ δὲ πᾶν
legendum τὸ δὲ λοιπόν?' Lapini, Note² 214   **128** τὰ τῶν φίλων Φ
τοιοῦτον B²PˣF: -το B¹P¹(Q)   **128–129** εἰ δ' ἀπίστων expu. P⁴   **129**
ἄπιστον, οὐ φίλον Φ   **130** λι in λιτῷ expl. B²   **131** φησὶ τυροῦ
Φ   κυθρίδιον Φ: κυθριδίου BPF. Vid. Diels, D. III 2, p. 84²
πολυτελεύσασθαι BP: καὶ πολυτ. Φ: πολυτελέσασθαι F: πολυτελέσασθαι
et in mg εἶχε πολυτελεύσεσθαι P⁴   **133** ὃν in fenestra expl. B²
ἀθηναῖος BP¹   **135** μοχθῆτε τὰ χείρωνα F   **136** ἄπληστοι Us.:
ἄπληστον B²P: ἄπλειστον B¹F   νεικέων PF: νει(ex η)κῶν (˜ B²) B

τᾶς φύσιος δ᾽ ὁ πλοῦτος ὅρον τινὰ βαιὸν ἐπίσχει,
αἱ δὲ κεναὶ κρίσιες τὰν ἀπέραντον ὁδόν,
τοῦτο Νεοκλῆος πινυτὸν τέκος ἢ παρὰ Μουσέων
ἔκλυεν ἢ Πυθοῦς ἐξ ἱερῶν τριπόδων.   140

εἰσόμεθα δὲ καὶ μᾶλλον προϊόντες ἔκ τε τῶν δογμάτων ἔκ τε
τῶν ῥητῶν αὐτοῦ.

μάλιστα δ᾽ ἀπεδέχετο, φησὶ Διοκλῆς, τῶν ἀρχαίων
Ἀναξαγόραν, καίτοι ἔν τισιν ἀντειρηκὼς αὐτῷ, καὶ
Ἀρχέλαον τὸν Σωκράτους διδάσκαλον. ἐγύμναζε δέ, φησί,   145
τοὺς γνωρίμους καὶ διὰ μνήμης ἔχειν τὰ ἑαυτοῦ
συγγράμματα.

[13] τοῦτον Ἀπολλόδωρος ἐν Χρονικοῖς Ναυσιφάνους
ἀκοῦσαί φησι †καὶ Πραξιφάνους†· αὐτὸς δὲ οὔ φησιν, ἀλλ᾽
ἑαυτοῦ, ἐν τῇ πρὸς Εὐρύλοχον ἐπιστολῇ. ἀλλ᾽ οὐδὲ   150
Λεύκιππόν τινα γεγενῆσθαί φησι φιλόσοφον, οὔτε αὐτὸς
οὔτε Ἕρμαρχος, ὃν ἔνιοί φασι καὶ Ἀπολλόδωρος ὁ
Ἐπικούρειος διδάσκαλον Δημοκρίτου γεγενῆσθαι.
Δημήτριος δέ φησιν ὁ Μάγνης καὶ Ξενοκράτους αὐτὸν
ἀκοῦσαι.   155

κέχρηται δὲ λέξει κυρίᾳ κατὰ τῶν πραγμάτων, ἣν ὅτι

137–138 fr. 471 Us.   **143–145** (διδάσκαλον) fr. 240 Us.   Anaxag. VS 59
A 26   **148–170** (ἑπτά) Arist. Ceus fr. 25 SFOD   **148–153** (γεγενῆσθαι)
Leuc. VS 67 A 2   **148–150** (ἐπιστολῇ) fr. 123 Us. = 48 Arr.² Nausiph.
VS 75 A 8   Praxiph. fr. 5 W.   **148–149** (Πραξιφάνους) Apoll. FGrHist
244 F 41   **150** (ἀλλ᾽)–**153** (γεγενῆσθαι) fr. 232 Us.   **150** (ἀλλ᾽)–**152**
(Ἕρμαρχος) Hermarch. fr. 13 Longo   **154–155** (Δημήτριος—ἀκοῦσαι)
Dem. Magn. fr. 31 Mejer   Xenocr. fr. 47a Isnardi Parente   **156–157**
(αἰτιᾶται) Aristoph. Byz. fr. 404 Slater

---

138 τὰν B² in ras.   **139** τοῦτον νεοκλῆ⁰ˢ (⁰ˢ F²) F   τέλος F² ut vid.
μουσέων P¹(Q): μουσῶν (σῶν in ras.) B²: -σεύων F: -σάων P⁴   **142**
ῥητῶν BP¹(Q): ῥημάτων FP⁴   **143** δ᾽ P: δὲ BF   **146** τὰ (ex τῶν)
ἑαυτοῦ ἔχειν F   **148** ναυσιφάνους BP¹(Q): λυσιφάνους F, cum γρ P⁴ˢ·ˡ·
149 καὶ Πραξιφάνους ut ex dittographia ortum secl. Jacoby, Apollodor
354–5³   **149–150** ἀλλ᾽ ἐν τῇ ἑαυτοῦ πρὸς F   **150** Εὐρύλοχον Menag.
ex 10.28: εὐρύδυκον BFP⁴: εὐρύλοκον P¹(Q)   **151** φησι om. F   οὔτ᾽ F
152 φησὶ B¹   **153** ἐπικούρειος PF: ἐπικούρου B

ἰδιωτάτη ἐστίν, Ἀριστοφάνης ὁ γραμματικὸς αἰτιᾶται.
σαφὴς δ᾽ ἦν οὕτως, ὡς καὶ ἐν τῷ Περὶ ῥητορικῆς ἀξιοῖ μηδὲν
ἄλλο ἢ σαφήνειαν ἀπαιτεῖν. [14] καὶ ἐν ταῖς ἐπιστολαῖς ἀντὶ
160 τοῦ 'χαίρειν,᾽ 'εὖ πράττειν᾽ καὶ 'σπουδαίως ζῆν.᾽

Ἀρίστων {οἱ} δέ φησιν ἐν τῷ Ἐπικούρου βίῳ τὸν Κανόνα
γράψαι αὐτὸν ἐκ τοῦ Ναυσιφάνους Τρίποδος, οὗ καὶ
ἀκοῦσαί φησιν αὐτόν, ἀλλὰ καὶ Παμφίλου τοῦ Πλατωνικοῦ
ἐν Σάμῳ. ἄρξασθαί τε φιλοσοφεῖν ἐτῶν ὑπάρχοντα
165 δυοκαίδεκα, ἀφηγήσασθαι δὲ τῆς σχολῆς ἐτῶν ὄντα δύο
πρὸς τοῖς τριάκοντα.

ἐγεννήθη δέ, φησὶν Ἀπολλόδωρος ἐν Χρονικοῖς, κατὰ τὸ
τρίτον ἔτος τῆς ἐνάτης καὶ ἑκατοστῆς Ὀλυμπιάδος ἐπὶ
Σωσιγένους ἄρχοντος μηνὸς Γαμηλιῶνος ἑβδόμη, ἔτεσιν
170 ὕστερον τῆς Πλάτωνος τελευτῆς ἑπτά. [15] ὑπάρχοντα δ᾽
αὐτὸν ἐτῶν δύο καὶ τριάκοντα πρῶτον ἐν Μιτυλήνῃ καὶ
Λαμψάκῳ συστήσασθαι σχολὴν ἐπὶ ἔτη πέντε· ἔπειθ᾽ οὕτω
εἰς Ἀθήνας μετελθεῖν καὶ τελευτῆσαι κατὰ τὸ δεύτερον ἔτος

158 (ἐν)–160 fr. 54 et 95 Us.   Cf. 3.61   161–166 Pamph. 19 T 2 Lasserre
161–165 (δυοκαίδεκα) Nausiph. VS 75 A 6   Us. p. 104   161–164
(Σάμῳ) Arist. Ceus fr. 32 W.   167–177 Apoll. FGrHist 244 F 42. Cf. 10.18
i.e. 342/1   173–175 i.e. 271/0

157 ἰδιωτάτη BPF: ἰδιωτικὴ J. Bake, Cleomedis circul. doctr. ed. R. Balfour
(1820) 426: ἰδιω<τικω>τάτη Menag.   158 δὲ B   οὗτος F¹   περὶ τῆς
ῥητορικῆς P⁴   159 ἀπαιτεῖν BPF: ἀσκεῖν Cob.: ἀπαιτῶν Us.   159–
160 ἀντὶ τοῦ εὖ πράττειν, χαίρειν καὶ σπουδαίως ζῆν (= εὖ διάγειν)
Gigante, Athenaeum 39 (1961/2) 24–5 conl. 3.61, ubi Ep. in epistulis εὖ
διάγειν scrips. dicitur, 'sed in D. L. noli mutare᾽ V. d. Muehll   160 γράφει
post χαίρειν add. Us., ἔγραφεν post ζῆν Marcov.   161 Ἀρίστων δέ φησιν
Cob.: ἄριστον· οἱ δέ φασιν BPF   Ἀρίστων ὁ Ἰ<ουλιήτης> Jacoby: Ἀρ.
ὁ π<εριπατητικός> Bign., Epic. 202⁶: Ἀντίγονος {οἱ} Us.: {ἄριστον.} οἱ
R. Philippson, PhW 41 (1921) 911–2, qui 161–166 post Πραξιφάνους (149)
transp.; sed manent dubitationes, cf. praeter alios Jacoby, FGrHist II B
733–4, Wil., Gl. d. Hell. II (1932) 272² et Laks 75–6   165 δυοκαίδεκα] ιδ᾽
Jacoby, Apollodor 357 et FGrHist II B 733, 30–2 conl. 10.2   δὲ om. F
167 ἐγεννήθη B   ἐν χρονικοῖς om. F   169 (γαμηλιῶνος)–170 (ὕστερον)
om. B¹ spatium vac. relinquens, quod sic suppl. B² παπυλεῶνος ἑβδόμη
ἔτεσιν ὕστερον γαμηλιῶνος P: γαμηλιῶν F   ἑβδόμη B²: -μης PF
170 δὲ F   171 πρῶτον post λαμψάκω transp. F   μιτυλήνη BPF (vid.
ad 78)   172 ἔπειθ᾽ οὕτω BP¹(Q): εἶθ᾽ οὕτως F, cum γρ P⁴ᵐᵍ

EPICURUS

τῆς ἑβδόμης καὶ εἰκοστῆς καὶ ἑκατοστῆς Ὀλυμπιάδος ἐπὶ
Πυθαράτου ἔτη βιώσαντα δύο πρὸς τοῖς ἑβδομήκοντα. 175
τήν τε σχολὴν διαδέξασθαι Ἕρμαρχον Ἀγεμόρτου
Μιτυληναῖον.

τελευτῆσαι δ' αὐτὸν λίθῳ τῶν οὔρων ἐπισχεθέντων, ὥς
φησι καὶ Ἕρμαρχος ἐν ἐπιστολαῖς, ἡμέρας νοσήσαντα
τεσσαρεσκαίδεκα. ὅτε καί φησιν Ἕρμιππος ἐμβάντα αὐτὸν 180
εἰς πύελον χαλκῆν κεκραμένην ὕδατι θερμῷ καὶ αἰτήσαντα
ἄκρατον ῥοφῆσαι· **[16]** τοῖς τε φίλοις παραγγείλαντα τῶν
δογμάτων μεμνῆσθαι, οὕτω τελευτῆσαι.

καὶ ἔστιν ἡμῶν εἰς αὐτὸν οὕτω·

χαίρετε, καὶ μέμνησθε τὰ δόγματα· τοῦτ' Ἐπίκουρος 185
ὕστατον εἶπε φίλοις πρῶτος ἀποφθίμενος·
θερμὴν ἐς πύελον γὰρ ἐληλύθεεν καὶ ἄκρατον
ἔσπασεν, εἶτ' Ἀΐδην ψυχρὸν ἐπεσπάσατο.

οὗτος μὲν ὁ βίος τἀνδρός, ἥδε <δὲ> ἡ τελευτή.

176–177 (τήν—Μιτυληναῖον) Hermarch. fr. 8 Longo   **178–188** Her-
mipp. FGrHistCont 1026 F 83   **178–180** (τεσσαρεσκαίδεκα) Hermarch.
fr. 42 Longo

---

179 (ἡμέρας)–**188** Φh 30 (108.24–109.6)   **185–188** Anth. Pal. 7.106;
187–188 Suda π 3119 (IV 262.13–14)

---

174 καὶ εἰκοστῆς om. F   **175** ἔτη βιώσαντα F, P⁴ (ἔτη in ras. et in mg εἶχε
ἐπιβιώσαντα): ἐπιβιώσαντα BP¹(Q)   **176** Ἀγεμόρτου Us. ex 10.24:
ἀγεμάρτου BFP⁴: ἀγεμάρτˣᵒᵘ P¹: ἀγεμάρχου Q   **177** μιτυληναῖος BP:
μιπυ- F   **178** δὲ F   οὔρων BP: θυρῶν F   **180** τεσσαρεσκαίδεκα B:
τεσσαρες- P¹(Q): τεττάρα- FP⁴   φησιν ἔρμιππος om. F   **181** χαλκὴν
BP¹F   κεκραμένην (ρ ex α et α in ras.) B²   θερμῷ in ras. F²   αἰτήσαντα
BP¹: αἰτῆσαι F, γρ P⁴ˢ·ˡ·: αἰτήσας Φh   **183** οὕτω om. Φh   **184** ἡμῶν
om. Φh   **185** ἐπίκουρος PFΦh: -κούρου B, Pal.¹   **186** ὕστατον
BP¹Φh: ὕστερον F, γρ P⁴ˢ·ˡ·   πρῶτος BPFΦh: οἷσιν Pal.: τοῦπος Us.: πρωῒ
Marcov. Vid. K. Praechter, Hermes 56 (1921) 107–8   ἀποφθίμενος PB²:
ἀποθίμενος F   **187** θερμὴν BPF: χαλκῆ Φh   πύλον F   ἐληλύθεεν
Us.: ἐληλύθην B (σ erasum): ἐσήλυθεν P, Pal., Suda (codd. FVM): -θε F:
ἐσῆλθε Φh: εἰσήλυθε Suda (cod. G): ἐπ- Suda (cod. A): ἐληλύθει
Stadtmueller   ἄκρατον BPΦh: ἄκρη- Palᶜ, Suda (codd. AF): ἄκρι- Pal¹,
Suda (codd. GVM): τὸν ἄκρατον F   **188** ἔσπασε F   εἶθ' ἀΐδην B²,
Suda (cod. A)   ἀπεσπάσατο B   **189** δὲ rec.: om. BPF

743

190 καὶ διέθετο ὧδε· 'κατὰ τάδε δίδωμι τὰ ἐμαυτοῦ πάντα
Ἀμυνομάχῳ Φιλοκράτους Βατῆθεν καὶ Τιμοκράτει
Δημητρίου Ποταμίῳ κατὰ τὴν ἐν τῷ Μητρῴῳ
ἀναγεγραμμένην ἑκατέρῳ δόσιν, [17] ἐφ' ᾧ τε τὸν μὲν
κῆπον καὶ τὰ προσόντα αὐτῷ παρέξουσιν Ἑρμάρχῳ
195 Ἀγεμόρτου Μιτυληναίῳ καὶ τοῖς συμφιλοσοφοῦσιν αὐτῷ
καὶ οἷς ἂν Ἕρμαρχος καταλίπῃ διαδόχοις τῆς φιλοσοφίας,
ἐνδιατρίβειν κατὰ φιλοσοφίαν· καὶ ἀεὶ δὲ τοῖς φιλοσοφοῦσιν
ἀπὸ ἡμῶν, ὅπως ἂν συνδιασώσωσιν Ἀμυνομάχῳ καὶ
Τιμοκράτει κατὰ τὸ δυνατόν, τὴν ἐν τῷ κήπῳ διατριβὴν
200 παρακατατίθεμαι τοῖς τ' αὐτῶν κληρονόμοις, ἐν ᾧ ἂν
†ἀποτρέπω† ἀσφαλέστατον ᾖ, ὅπως ἂν κἀκεῖνοι
διατηροῖεν τὸν κῆπον, καθάπερ καὶ αὐτοὶ οἷς ἂν οἱ ἀπὸ
ἡμῶν φιλοσοφοῦντες παραδιδῶσιν. τὴν δ' οἰκίαν τὴν ἐν
Μελίτῃ παρεχέτωσαν Ἀμυνόμαχος καὶ Τιμοκράτης ἐνοικεῖν
205 Ἑρμάρχῳ καὶ τοῖς μετ' αὐτοῦ φιλοσοφοῦσιν, ἕως ἂν
Ἕρμαρχος ζῇ.

[18] ἐκ δὲ τῶν γινομένων προσόδων τῶν δεδομένων ἀφ'
ἡμῶν Ἀμυνομάχῳ καὶ Τιμοκράτει κατὰ τὸ δυνατὸν
μεριζέσθωσαν μεθ' Ἑρμάρχου σκοπούμενοι εἴς τε τὰ
210 ἐναγίσματα τῷ τε πατρὶ καὶ τῇ μητρὶ καὶ τοῖς ἀδελφοῖς, καὶ

190–252 fr. 217 Us. = fr. 176 Diano   **190–248** (προσόδων) Hermarch. fr. 6
Longo   **190** (κατὰ)–**215** (κατατεταγμένην) Laum, Stiftungen in d. griech.
u. roem. Antike II (1914) fr. 14   **207–215** (κατατεταγμένην) Metrod. test.
17 Koerte   Cf. Cic., fin. 2.101

---

190 κατὰ τάδε <διατίθεμαι>. δίδωμι Gass.   **191** τιμοκράτη Β, comp.
hab. PF   **193** γεγραμμένην F   **195** Ἀγεμόρτου Us. ex 10.24:
ἀγεμάρχου BPF   μιτυληναίω Β (μιτυλι-) P: μιτυληναίου F   **196**
καταλείπη Β   **197–198** καὶ—ἡμῶν post δυνατόν (**199**) et ὅπως—κῆπον
(**201–202**) post κληρονόμοις (**200**) transp. Croen., Lect. 425   **198** ὅπως
ἂν FP⁴: ὅπως BP¹   διασώσωσιν F   **199** τιμοκράτει BᵖᶜP: -τη Bᵃᶜ:
δημοκράτει F   τῷ om. F   **200** περικατατίθεμαι (comp.) P   **200–
201** ἂν ἀποτρέπω BPF: ἂν ποτε τρόπῳ Us. (Croen.): ἂν τρόπῳ Z³ (Frob.).
Vid. Laks 83   **202** διατηροῖεν BP: -εῖεν F: -ῶσιν Us. (Croen.)   **203**
φιλοσοφοῦντες om. F   παραδιδῶσιν BP: -δίδωσι F: -δῶσιν Us.   δὲ F
207 γενομένων F   δεδομένων BP: γενο- F   **207–208** ἀφ' ὑμῶν B¹
(corr. B²), P¹ (corr. P², et in mg P⁴), F: ὑφ' ἡμῶν Croen., Lect. 426   **208**
post τιμοκράτει add. κατὰ τὸ δυνατόν FP⁴: om. B P¹   **209** μεριζέτωσαν
Croen., Lect. 426

ἡμῖν εἰς τὴν εἰθισμένην ἄγεσθαι γενέθλιον ἡμέραν ἑκάστου ἔτους τῇ προτέρᾳ δεκάτῃ τοῦ Γαμηλιῶνος, ὥσπερ καὶ εἰς τὴν γινομένην σύνοδον ἑκάστου μηνὸς ταῖς εἰκάσι τῶν φιλοσοφούντων ἡμῖν εἰς τὴν ἡμῶν τε καὶ Μητροδώρου <μνήμην> κατατεταγμένην. συντελείτωσαν δὲ καὶ τὴν τῶν 215 ἀδελφῶν ἡμέραν τοῦ Ποσειδεῶνος· συντελείτωσαν δὲ καὶ τὴν Πολυαίνου τοῦ Μεταγειτνιῶνος, καθάπερ καὶ ἡμεῖς.

[19] ἐπιμελείσθω<σαν> δὲ καὶ Ἀμυνόμαχος καὶ Τιμοκράτης τοῦ υἱοῦ τοῦ Μητροδώρου Ἐπικούρου καὶ τοῦ υἱοῦ τοῦ Πολυαίνου, φιλοσοφούντων αὐτῶν καὶ συζώντων 220 μεθ᾽ Ἑρμάρχου. ὡσαύτως δὲ τῆς θυγατρὸς τῆς Μητροδώρου τὴν ἐπιμέλειαν ποιείσθωσαν, καὶ εἰς ἡλικίαν ἐλθοῦσαν ἐκδότωσαν ᾧ ἂν Ἕρμαρχος ἕληται τῶν φιλοσοφούντων μετ᾽ αὐτοῦ, οὔσης αὐτῆς εὐτάκτου καὶ πειθαρχούσης Ἑρμάρχῳ. διδότωσαν δὲ Ἀμυνόμαχος καὶ 225 Τιμοκράτης ἐκ τῶν ὑπαρχουσῶν ἡμῖν προσόδων εἰς τροφὴν τούτοις, ὅ τι ἂν αὐτοῖς κατ᾽ ἐνιαυτὸν ἐπιδέχεσθαι δοκῇ σκοπουμένοις μεθ᾽ Ἑρμάρχου.

[20] ποιείσθωσαν δὲ μεθ᾽ αὐτῶν καὶ Ἕρμαρχον κύριον τῶν προσόδων, ἵνα μετὰ τοῦ συγκαταγεγηρακότος 230 ἡμῖν ἐν φιλοσοφίᾳ καὶ καταλελειμμένου ἡγεμόνος τῶν

212 τῇ προτέρᾳ δεκάτῃ τοῦ Γαμηλιῶνος] i.e. vicesimo die mensis Gamelionis. Cf. 10.14   215 (συντελείτωσαν)–217 Polyaen. fr. 13 Tepedino   218–225 (Ἑρμάρχῳ), 244–247 (ἀναγκαίων) Metrod. test. 12 Koerte   218–221 (Ἑρμάρχου) Polyaen. fr. 6 Tepedino

212 ὥσπερ καὶ Us. (itemque Cic.): ὥστε καὶ BPF: ἔτι δὲ καὶ Casaub.: ὡς καὶ Schaefer ap. Huebn. II 744   214 φιλοσοφούντων BP'F: συμφιλο- P⁴ 215 μνήμην inser. Aldobr. sec. Cic. (memoria): 'an ἀνάμνησιν?' V. d. Muehll κατὰ <τὰ> τεταγμένα Us.   216 ποσειδέωνος P: ποσι- B: ποσειδῶνος F   216 (συντελείτωσαν)–217 (μεταγ.) ante 215 (συντελείτωσαν) traiec. F 217 μεταγειτνίωνος B: -γιτνιῶνος P¹, corr. P²: -γειτνιῶντος F   218 ἐπιμελείσθωσαν Cob.: -σθω BPF   220 Πολυαίνου <Πολυαίνου> dub. A. Vogliano, Epic. et Epicureorum scripta (1928) 116 ex PHerc. 176 fr. 5 col. 22, 7–8, fort. recte   221 τῆς² BP: τοῦ F   222 ποιείτωσαν B² (τ in ras.) 223 ἐλθοῦσαν PF: ἀνθοῦσαν B   ἐρέμαρχος F   229 ποιείτωσαν B² (τ in ras.)   αὐτῶν PB²: αὐτὸν B¹: ἑαυτῶν F   230 μετὰ τοῦ BP¹(Q): μετ᾽ αὐτοῦ F, P⁴ (et in mg εἶχε μετὰ τοῦ): μετ᾽ αὐτοῦ <τοῦ> Bailey συγκαταγεγηρακότος P², B² (γ¹ in ras.), συνκαταγε- P¹: συγγε- F

φιλοσοφούντων ἡμῖν ἕκαστα γίνηται. τὴν δὲ προῖκα τῷ θήλει παιδίῳ, ἐπειδὰν εἰς ἡλικίαν ἔλθῃ, μερισάτωσαν Ἀμυνόμαχος καὶ Τιμοκράτης ὅσον ἂν ἐπιδέχηται ἀπὸ τῶν
235 ὑπαρχόντων ἀφαιροῦντες μετὰ τῆς Ἑρμάρχου γνώμης.

ἐπιμελείσθωσαν δὲ καὶ Νικάνορος, καθάπερ καὶ ἡμεῖς, ἵν᾽ ὅσοι τῶν φιλοσοφούντων ἡμῖν χρείαν ἐν τοῖς ἰδίοις παρεσχημένοι καὶ τὴν πᾶσαν οἰκειότητα ἐνδεδειγμένοι συγκαταγηράσκειν μεθ᾽ ἡμῶν προείλοντο ἐν φιλοσοφίᾳ,
240 μηδενὸς τῶν ἀναγκαίων ἐνδεεῖς καθεστήκωσιν ἐπὶ τὴν ἡμετέραν δύναμιν.

[21] δοῦναι δὲ τὰ βιβλία τὰ ὑπάρχοντα ἡμῖν πάντα Ἑρμάρχῳ.

ἐὰν δέ τι τῶν ἀνθρωπίνων περὶ Ἕρμαρχον γίνηται πρὸ
245 τοῦ τὰ Μητροδώρου παιδία εἰς ἡλικίαν ἐλθεῖν, δοῦναι Ἀμυνόμαχον καὶ Τιμοκράτη, ὅπως ἂν εὐτακτούντων αὐτῶν ἕκαστα γίνηται τῶν ἀναγκαίων, κατὰ τὸ δυνατὸν ἀπὸ τῶν καταλελειμμένων ὑφ᾽ ἡμῶν προσόδων. καὶ τῶν λοιπῶν ἁπάντων ὡς συντετάχαμεν ἐπιμελείσθωσαν, ὅπως δὴ κατὰ
250 τὸ ἐνδεχόμενον ἕκαστα γίνηται. ἀφίημι δὲ τῶν παίδων ἐλεύθερον Μῦν, Νικίαν, Λύκωνα· ἀφίημι δὲ καὶ Φαίδριον ἐλευθέραν.᾽

[22] ἤδη δὲ τελευτῶν γράφει πρὸς Ἰδομενέα τήνδε ἐπιστολήν·
255 ῾τὴν μακαρίαν ἄγοντες καὶ ἅμα τελευταίαν ἡμέραν τοῦ

255–262 fr. 138 Us.   Idom. fr. 23 Angeli = FGrHist 338 T 4   24D L.-S.

236 νικάνωρος F   **237** ἵν᾽ PF: ἵνα B   ὅσον F   φιλοσοφούντων BPF: συμφιλο- Z (Frob.)   **239** προείλονται F   **240** ἀναγκαίων PF: ἐναντίων B   ἐπὶ BPF: παρὰ Us.: κατὰ Meibom.   **242** πάντα om. F   **243** ἐνμάρχω F   **244** γίνηται BP: γέ- F   **246** τιμοκράτη B, comp. P¹: -την FP⁴   **247** γίνηται BP¹: γέ- FP⁴ (sscr. ϊ)   **249** ὡς B: ὦν PF   δή] ἂν Us.   **250** γίνηται P: γίγνηται BF   **251** Μῦν] add. γρ et in mg γρ ἡμῖν P⁴   **252** ἐλευθέραν F¹Pˣ: -θερίαν BP¹F²: -θερίᾳ Us.   **253** τὴν δὲ BPF¹   **255** τελευταίαν J. Davies, Cic. Fin. (1741) ad 2.96. Vid. V. d. Muehll, Kl. Schr. 382–5 (a. 1955): τελευτῶντες BPF 'sed potest error esse in citando' V. d. Muehll in schedis

βίου ἐγράφομεν ὑμῖν ταυτί. στραγγουρικά τε παρηκολουθήκει καὶ δυσεντερικὰ πάθη ὑπερβολὴν οὐκ ἀπολείποντα τοῦ ἐν ἑαυτοῖς μεγέθους. ἀντιπαρετάττετο δὲ πᾶσι τούτοις τὸ κατὰ ψυχὴν χαῖρον ἐπὶ τῇ τῶν γεγονότων ἡμῖν διαλογισμῶν μνήμῃ. σὺ δὲ ἀξίως τῆς ἐκ μειρακίου 260 παραστάσεως πρὸς ἐμὲ καὶ φιλοσοφίαν ἐπιμελοῦ τῶν παίδων Μητροδώρου.᾿
καὶ ἔθετο μὲν ὧδε.

μαθητὰς δὲ ἔσχε πολλοὺς μέν, σφόδρα δὲ ἐλλογίμους Μητρόδωρον Ἀθηναίου ἢ Τιμοκράτους καὶ Σάνδης 265 Λαμψακηνόν· ὃς ἀφ᾿ οὗ τὸν ἄνδρα ἔγνω, οὐκ ἀπέστη ἀπ᾿ αὐτοῦ πλὴν ἓξ μηνῶν εἰς τὴν οἰκείαν, ἔπειτα ἐπανῆλθε. [23] γέγονε δὲ ἀγαθὸς πάντα, καθὰ καὶ Ἐπίκουρος ἐν προηγουμέναις γραφαῖς μαρτυρεῖ καὶ ἐν τῷ τρίτῳ Τιμοκράτει. τοιοῦτος δ᾿ ὢν καὶ τὴν ἀδελφὴν Βατίδα ἐξέδοτο 270 Ἰδομενεῖ, καὶ Λεόντιον τὴν Ἀττικὴν ἑταίραν ἀναλαβὼν εἶχε παλλακήν. ἦν δὲ καὶ ἀκατάληπτος πρός τε τὰς ὀχλήσεις καὶ

---

260 (σὺ)–262 Metrod. test. 10 Koerte   264–292 Metrod. test. 1 Koerte
264–269 (μαρτυρεῖ) fr. 241 Us.   270–271 (τὴν—Ἰδομενεῖ) Idom. fr. 3
Angeli = FGrHist 338 T 1b   272 (ἦν)–274 (φησί) fr. 37 Us.

---

257 (πάθη)–258 (μεγέθους) Φ 74 (320, in adnot.)

---

256 στραγγ. τε om. B¹ cum fenestra, expl. B²   στραγγουρικά Us.: -ριτία B²P¹: -ρητία P²(Q): -ρίτιά F   257 παρακολούθει Steph.   257–258 οὐκ ἀπολείποντα FP²: οὐκ ἀπολι- BP¹: οὐ καταλι- Φ, sed vid. Sen., ep. 66.47 (*non* recipientia)   259 πᾶσι om. F¹, add. F² ˢ·ˡ·   τούτοις BPF: αὐτοῖς Φ, 'an recte?' V. d. Muehll   χαῖρον B²P: χαίρων B¹F   261 φιλοσοφίαν Z (Frob.): -φίας BPF   263 ἔθετο BPF: <δι>έθετο rec.   265 Ἀθηναίου Duening, De Metrodori Epic. vita et scr. (1866) 8: ἀθηναῖον BPF   ab ἀθηναῖον usque ad αὐτοῦ (267) in B multa vix legibilia   ἢ BPF: καὶ rec. Τιμοκράτους Us.: τιμοκρά́ᵀ comp. PF: -την rec., de B incertum   Σάνδης Us.: -ην B, ut vid., PF: Κασσάνδρας Th. Gomperz, Hermes 5 (1871) 387 Μητρ. <καὶ> (Meib.) Ἀθηναῖον καὶ Τιμοκράτην καὶ Σάνδην Λαμψακηνούς Marcov.   265–266 Cf. L. A. Bredlow, Philologus 152 (2008) 145–8   266 ἀπ᾿ FP⁴: om. P¹(Q), in B erasum ut vid.   267 οἰκείαν rec.: οἰκίαν BPF   ἔπειτ᾿ F   268 κατὰ πάντα P⁴   268 (καθὰ)–270 (τιμοκρ.) om. F   269 γραφαῖς Us.: γράφει BPF   μαρτυρεῖ δὲ rec. 270 τιμοκράτει rec. (vid. 273): -κράτης BP: -κράτους Us.   271 λεόντιον BP¹(Q): λεοντίαν FP⁴   272 παλακὴν F   ἀκατάληπτος BP : -πληκτος F

747

τὸν θάνατον, ὡς Ἐπίκουρος ἐν τῷ πρώτῳ Μητροδώρῳ
φησί. φασὶ δὲ καὶ πρὸ ἑπτὰ ἐτῶν αὐτοῦ τελευτῆσαι
275 πεντηκοστὸν τρίτον ἔτος ἄγοντα, καὶ αὐτὸς Ἐπίκουρος ἐν
ταῖς προειρημέναις διαθήκαις, ὡς προαπεληλυθότος αὐτοῦ
δηλονότι, ἐπισκήπτει περὶ τῆς ἐπιμελείας αὐτοῦ τῶν
παίδων. ἔσχε δὲ καὶ τὸν προειρημένον εἰκαῖόν τινα ἀδελφὸν
τοῦ Μητροδώρου Τιμοκράτην.

280 [24] βιβλία δέ ἐστι τοῦ Μητροδώρου τάδε·

Πρὸς τοὺς ἰατρούς, τρία,
Περὶ αἰσθήσεων,
Πρὸς Τιμοκράτην,
Περὶ μεγαλοψυχίας,
285 Περὶ τῆς Ἐπικούρου ἀρρωστίας,
Πρὸς τοὺς Διαλεκτικούς,
Πρὸς τοὺς σοφιστάς, ἐννέα,
Περὶ τῆς ἐπὶ σοφίαν πορείας,
Περὶ τῆς μεταβολῆς,
290 Περὶ πλούτου,
Πρὸς Δημόκριτον,
Περὶ εὐγενείας.

ἦν καὶ Πολύαινος Ἀθηνοδώρου Λαμψακηνός, ἐπιεικὴς καὶ
φιλικός, ὡς οἱ περὶ Φιλόδημόν φασι. καὶ ὁ διαδεξάμενος

---

274 (καὶ)–**278** (παίδων) fr. 217 Us.   **278** τὸν προειρημένον] 10.6 et 22
280–292 Metrod. p. 537 Koerte   **293–294** (φασι) Polyaen. fr. 1 Tepedino
294 (ὁ)–**296** Hermarch. fr. 1 et 9 Longo

---

273 μητροδώρῳ BPF: -ρου Us., sed vid. Croen., Kol. u. Men. 24[136]   **275**
ἄγοντα rec.: ἄγοντος B ut vid., P: ἄγων F   καὶ ἃ αὐτὸς ἐπ. P   **276**
προαπεληλυθότος B[pc] (απ*ελ), P[1]: -αποθανόντος F, cum γρ P[4] sed deletum
277 δηλῶν ὅτι B   **278** εἰκαῖον B[1]PF: οἰκεῖον B[2s.l.]   **279** τοῦ
Μητρωδώρου del. Kuehn, sed ἔσχε scil. Ἐπίκουρος μαθητήν. Vid. Us. xxvi
τοῦ BP: τὸν F   τιμοκράτην B (-μω-), F: -κρά[τ] comp. P   **280** δ' F
τάδε PF: ταῦτα B   **282** αἰσθήσεων PF: -σεως B   **283** τιμοκρά[τ]
comp. P   **287** ἐννέα om. F   **289** τῆς del. Koerte, Metrod. Epic. fragm.
(1890) 537[t] conl. Phld., De piet. 99–100 et 185 Obbink   **294** φιλικὸς BP:
φιληκὸς F: φίλικος et in mg εἶχε κὸς P[4]: φιλήκοος Cob.   οἱ περὶ BP: ἐπὶ F
φασι om. F

αὐτὸν Ἕρμαρχος Ἀγεμόρτου Μιτυληναῖος, ἀνὴρ πατρὸς 295
μὲν πένητος τὰς δὲ ἀρχὰς προσέχων ῥητορικοῖς.

φέρεται καὶ τούτου βιβλία κάλλιστα τάδε·

[25]   Ἐπιστολικά,
           Περὶ Ἐμπεδοκλέους εἴκοσι καὶ δύο,
           Περὶ τῶν μαθη<μά>των,   300
           Πρὸς Πλάτωνα,
           Πρὸς Ἀριστοτέλην.

ἐτελεύτα δὲ παραλύσει, γενόμενος ἱκανὸς ἀνήρ.

Λεοντεύς τε Λαμψακηνὸς ὁμοίως καὶ ἡ τούτου γυνὴ
Θεμίστα, πρὸς ἣν καὶ γέγραφεν ὁ Ἐπίκουρος. ἔτι τε 305
Κωλώτης καὶ Ἰδομενεύς, καὶ αὐτοὶ Λαμψακηνοί. καὶ οὗτοι
μὲν ἐλλόγιμοι, ὧν ἦν καὶ Πολύστρατος ὁ διαδεξάμενος
Ἕρμαρχον· ὃν διεδέξατο Διονύσιος· ὃν Βασιλείδης. καὶ
Ἀπολλόδωρος δὲ ὁ Κηποτύραννος γέγονεν ἐλλόγιμος, ὃς
ὑπὲρ τετρακόσια συνέγραψε βιβλία· δύο τε Πτολεμαῖοι 310
Ἀλεξανδρεῖς, ὅ τε μέλας καὶ ὁ λευκός. Ζήνων τε ὁ Σιδώνιος,
ἀκροατὴς Ἀπολλοδώρου, πολυγράφος ἀνήρ· [26] καὶ
Δημήτριος ὁ ἐπικληθεὶς Λάκων· Διογένης τε ὁ Ταρσεὺς ὁ
τὰς ἐπιλέκτους σχολὰς συγγράψας· καὶ Ὠρίων καὶ ἄλλοι
οὓς οἱ γνήσιοι Ἐπικούρειοι σοφιστὰς ἀποκαλοῦσιν.   315

ἦσαν δὲ καὶ ἄλλοι Ἐπίκουροι τρεῖς· ὅ τε Λεοντέως υἱὸς
καὶ Θεμίστας· ἕτερος Μάγνης· τέταρτος ὁπλομάχος.

297–302 Hermarch. fr. 25 Longo   **303** Hermarch. fr. 11 Longo   **304–306** (Λαμψακηνοί) fr. 124 Us.   Idom. fr. 2 Angeli = FGrHist 338 T 2
307–308 (ὧν—Ἕρμαρχον) Hermarch. fr. 12 Longo   **308–309** (καὶ—ἐλλόγιμος), **311** (Ζήνων—Σιδώνιος), **312–313** (καὶ—Λάκων) Demetr. Lac. test. 9 Gigante

---

295 ἀγεμόρτου BFP⁴: ἀγαι- P¹: ἀγεμάρχου F   μιτυληναῖος BPF   **296** δ' F   **297** κάλλιστάδε B¹   **298–299** duo tit. B (coni. Bernays, Theophr. Schr. ueber Froemmigkeit [1866] 139). Vid. F. Longo Auricchio, Ermarco. Frammenti (1988) 123–5   **300** μαθημάτων Casaub.: μαθητῶν BPF   **303** παραλύσει Menag.: παραλυσία B: παρὰ λυσία PF   **305** γέγραφας cum γρ P⁴   **306** κωλώτης P: κολώ- B: κωλοτὴς F   **308** ὃν βασιλείδης om. F¹, suppl. F²ᵐᵍ   βασιλίδης B   **309** δ' F   **310** ὑπὲρ τὰ τετρ. rec.   **312** ἀκροατοῦ F   **313** τε BFP⁴: δὲ P¹(Q)   **315** ἐπικούριοι BF   **317** τέταρτος BPF: τρίτος Cob.

γέγονε δὲ πολυγραφώτατος ὁ Ἐπίκουρος, πάντας ὑπερβαλλόμενος πλήθει βιβλίων· κύλινδροι μὲν γὰρ πρὸς 320 τοὺς τριακοσίους εἰσί. γέγραπται δὲ μαρτύριον ἔξωθεν ἐν αὐτοῖς οὐδέν, ἀλλ᾽ αὐταί εἰσιν Ἐπικούρου φωναί. ἐζήλου δὲ αὐτὸν Χρύσιππος ἐν πολυγραφίᾳ, καθά φησι καὶ Καρνεάδης παράσιτον αὐτοῦ τῶν βιβλίων ἀποκαλῶν· εἰ γάρ τι γράψαι ὁ Ἐπίκουρος, φιλονεικεῖ τοσοῦτον γράψαι ὁ 325 Χρύσιππος. [27] καὶ διὰ τοῦτο καὶ πολλάκις τὰ αὐτὰ γέγραφε καὶ τὸ ἐπελθόν, καὶ ἀδιόρθωτα εἴακε τῷ ἐπείγεσθαι· καὶ τὰ μαρτύρια τοσαῦτά ἐστιν ὡς ἐκείνων μόνων γέμειν τὰ βιβλία, καθάπερ καὶ παρὰ Ζήνωνι ἔστιν εὑρεῖν καὶ παρὰ Ἀριστοτέλει. καὶ τὰ συγγράμματα μὲν 330 Ἐπικούρῳ τοσαῦτα καὶ τηλικαῦτα· ὧν τὰ βέλτιστά ἐστι τάδε·

Περὶ φύσεως, λζ΄,
Περὶ ἀτόμων καὶ κενοῦ,
Περὶ ἔρωτος,
335   Ἐπιτομὴ τῶν πρὸς τοὺς φυσικούς,
Πρὸς τοὺς Μεγαρικούς,
Διαπορίαι,
Κύριαι δόξαι,
Περὶ αἱρέσεων καὶ φυγῶν,

318–372 Us. p. 85   **329** (καὶ²)–**331, 336** SSR II B 17 = test. 194 Doering (**336**)

321 (ἐζήλου)–**328** (βιβλία) Φh 30 (108.11–17)

319 ὑπερβαλόμενος A. Korais, Plut. Vit. Ant. (1814) 373   **320** τριακοσίους BP: τ΄ F: φ΄ F. Ritschl, Opusc. philol. I (1866) 185 (a. 1840/1) ἔξω F   **321** αὐταί Bign., Studi 437: αὗται B (αὖ-), PF: αὐτοῦ Cob. **322** καὶ BP: om. FΦh   **323** καρνεάδης FΦhP⁴: ἀρνεάδης BPⁱ(Q) αὐτοῦ BP: -ὸν F: ἐκείνου Φh, 'non Epicuri librorum parasitum eum appellavit, sed eorum quorum testimoniis opera eius erant referta' Diano 80 **324** γράψαι¹ PFΦh: γράψει B   φιλονικεῖ B: -νεικεῖ P: -νικῇ F: ἐφιλονείκει Φh (coni. Casaub.)   **325** καὶ² om. Φh   τὰ αὐτὰ BPΦh: ταὐτὰ F **326** εἴακε Cob., De arte interpr. (1847) 57: εἶλκε BPF: ἔλιπε K. Fr. Hermann (1834) 110   **327** ἐπείγεσθαι FPᵖᶜ(Q): ἐπή- BPᵃᶜ   **328** μόνον B καθάπερ BPⁱ: καθὰ FP⁴   **329** καὶ παρὰ ἀριστοτέλει om. Fⁱ, κ. περὶ ἀρ ιστοτ^λ suppl. F²ᵐᵍ   **339** om. F   φυγῶν Gass.: φυτῶν BP

Περὶ τέλους,   340
Περὶ κριτηρίου ἢ Κανών,
Χαιρέδημος,
Περὶ θεῶν,
Περὶ ὁσιότητος,
Ἡγησιάναξ,   345
Περὶ βίων, τέσσαρα,

[28]   Περὶ δικαιοπραγίας,
Νεοκλῆς πρὸς Θεμίσταν,
Συμπόσιον,
Εὐρύλοχος πρὸς Μητρόδωρον,   350
Περὶ τοῦ ὁρᾶν,
Περὶ τῆς ἐν τῇ ἀτόμῳ γωνίας,
Περὶ ἁφῆς,
Περὶ εἱμαρμένης,
Περὶ παθῶν δόξαι πρὸς Τιμοκράτην,   355
Προγνωστικόν,
Προτρεπτικός,
Περὶ εἰδώλων,
Περὶ φαντασίας,
Ἀριστόβουλος,   360
Περὶ μουσικῆς,
Περὶ δικαιοσύνης καὶ τῶν ἄλλων ἀρετῶν,
Περὶ δώρων καὶ χάριτος,
Πολυμήδης,
Τιμοκράτης α′ β′ γ′,   365
Μητρόδωρος α′ β′ γ′ δ′ ε′,
Ἀντίδωρος α′ β′,
Περὶ νόσων δόξαι πρὸς Μιθρῆν,
Καλλιστόλας,
Περὶ βασιλείας,   370

---

346 τέσσαρα BP: δ′ F   **355** τιμοκρά᾽ comp. P   **358** εἰδώλων ex ηδονων B¹ ut vid.   **365** α′ β′ om. F   **366** α′ β′ γ′ δ′ om. F   **367** α′ om. F   **368** νόσων Gass.: νότων BPF   Cf. Dem. Lac., Dub. (PHerc. 1012) col. 37, 3–5 Puglia   Post νόσων add. καὶ θανάτου Gigante 572⁵⁹ conl. Dem. Lac., loc. cit.   Μιθρῆν Us. 413: μίθρην BPF: Μίθραν Cob. **369** καλλιστόλας PF: -στολὰς B: an Καλλίστρατος? Croen., Kol. u. Men. 192 s.v.   Cf. Phld., Tract. (PHerc. 1418) col. 19, 10 et 12 Militello **370–371** 'tituli nescio an coniungendi sint' Us.

Ἀναξιμένης,
Ἐπιστολαί.

ἃ δὲ αὐτῷ δοκεῖ ἐν αὐτοῖς ἐκθέσθαι πειράσομαι τρεῖς
ἐπιστολὰς αὐτοῦ παραθέμενος, ἐν αἷς πᾶσαν τὴν ἑαυτοῦ
375 φιλοσοφίαν ἐπιτέτμηται· **[29]** θήσομεν δὲ καὶ τὰς Κυρίας
αὐτοῦ δόξας καὶ εἴ τι ἔδοξεν ἐκλογῆς ἀξίως ἀνεφθέγχθαι,
ὥστε σὲ πανταχόθεν καταμαθεῖν τὸν ἄνδρα κἀμὲ κρίνειν
εἰδέναι κρίνειν.

τὴν μὲν οὖν πρώτην ἐπιστολὴν γράφει πρὸς Ἡρόδοτον
380 <ἥτις ἐστὶ περὶ τῶν φυσικῶν· τὴν δὲ δευτέραν πρὸς
Πυθοκλέα>, ἥτις ἐστὶ περὶ μεταρσίων· τὴν τρίτην πρὸς
Μενοικέα, ἔστι δ᾽ ἐν αὐτῇ τὰ περὶ βίων. ἀρκτέον δὴ ἀπὸ τῆς
πρώτης, ὀλίγα προειπόντα περὶ τῆς διαιρέσεως τῆς κατ᾽
αὐτὸν φιλοσοφίας.

385 διαιρεῖται τοίνυν εἰς τρία, τό τε κανονικὸν καὶ φυσικὸν καὶ
ἠθικόν. **[30]** τὸ μὲν οὖν κανονικὸν ἐφόδους ἐπὶ τὴν
πραγματείαν ἔχει, καὶ ἔστιν ἐν ἑνὶ τῷ ἐπιγραφομένῳ
Κανών· τὸ δὲ φυσικὸν τῆς περὶ φύσεως θεωρίας πάντα, καὶ
ἔστιν ἐν ταῖς Περὶ φύσεως βίβλοις λζ' καὶ ταῖς ἐπιστολαῖς
390 κατὰ στοιχεῖον· τὸ δὲ ἠθικὸν τὰ περὶ αἱρέσεως καὶ φυγῆς·
ἔστι δὲ ἐν ταῖς Περὶ βίων βίβλοις καὶ ἐπιστολαῖς καὶ τῷ Περὶ
τέλους. εἰώθασι μέντοι τὸ κανονικὸν ὁμοῦ τῷ φυσικῷ

373–384, 446 Us. p. 2   **385–388** (Κανών) Us. p. 104   **386** (τὸ)–**392**
(τέλους) Us. p. 94, 124 et 131

373 ἃ rec.: μίαν BPF   αὐτῷ rec.: αὐτῶν B¹ ut vid., P¹(Q): αὐτω η B²
(ras. supra ω et η in ras.): αὐτῶν εἶ F, γρ P⁴mg   ἐν αὐτοῖς BP¹: αὐτοῖς F:
del Z³, om. Frob.   **375** ἐπιτέτμηται BP: ἐπιτέμε F, ἐπε- cum γρ P⁴mg
θήσομαι Cob.   **376** ἀνεᵏφθέγχθαι B: ἀνεφθέγχθαι Pᵖᶜ (ras. supra ε), F:
ἀναφθέγ- Q: ἀπεφθ. Huebn.   **377** κἀμὲ BPF: κἄν Us.: κᾆμα Bign., Studi
438: καὶ Marcov. Vid. J. Barnes, Nietzsche-Studien 15 (1986) 27   **378**
κρίνειν BP¹: om. F, exp. P⁴. Vid. Laks 101   **380** (ἥτις)–**381** (Πυθοκλέα)
suppl. Us.: om. BPF: περὶ τῶν φυσικῶν· δευτέραν πρὸς Π. Z³ (Frob.)
381 τὴν δὲ τρίτην rec., sed vid. Bolkestein, Mnemosyne 19 (1966) 191³
385 τε om. F   **388** τῆς π. φ. θεωρίας BP¹(Q): τὴν π. φ. θεωρίαν F: τὰ
π. φ. θ. P⁴   πάντα V. d. Muehll: πᾶσαν BP: om. F   **390** κατεσ-
τοιχειωμένον Us., sed vid. Croen., Kol. u. Men. 175   **391** βίων Fˣ in mg,
in t. φύσεως   καὶ² om. F   τῷ F: τὸ BP

τάττειν· καλοῦσι δ᾽ αὐτὸ περὶ κριτηρίου καὶ ἀρχῆς, καὶ
στοιχειωτικόν· τὸ δὲ φυσικὸν περὶ γενέσεως καὶ φθορᾶς,
καὶ περὶ φύσεως· τὸ δὲ ἠθικὸν περὶ αἱρετῶν καὶ φευκτῶν, 395
καὶ περὶ βίων καὶ τέλους.

[31] τὴν διαλεκτικὴν ὡς παρέλκουσαν ἀποδοκιμάζουσιν·
ἀρκεῖν γὰρ τοὺς φυσικοὺς χωρεῖν κατὰ τοὺς τῶν
πραγμάτων φθόγγους. ἐν τοίνυν τῷ Κανόνι λέγων ἐστὶν
ὁ Ἐπίκουρος κριτήρια τῆς ἀληθείας εἶναι τὰς αἰσθήσεις 400
καὶ προλήψεις καὶ τὰ πάθη, οἱ δ᾽ Ἐπικούρειοι καὶ τὰς
φανταστικὰς ἐπιβολὰς τῆς διανοίας. λέγει δὲ καὶ ἐν τῇ πρὸς
Ἡρόδοτον ἐπιτομῇ καὶ ἐν ταῖς Κυρίαις δόξαις· 'πᾶσα γάρ,'
φησίν, 'αἴσθησις ἄλογός ἐστι καὶ μνήμης οὐδεμιᾶς δεκτική·
οὔτε γὰρ ὑφ᾽ αὑτῆς κινεῖται οὔτε ὑφ᾽ ἑτέρου κινηθεῖσα 405
δύναταί τι προσθεῖναι ἢ ἀφελεῖν· οὐδὲ ἔστι τὸ δυνάμενον
αὐτὰς διελέγξαι. [32] οὔτε γὰρ ἡ ὁμογένεια αἴσθησις
τὴν ὁμογενῆ διὰ τὴν ἰσοσθένειαν, οὔθ᾽ ἡ ἀνομογένεια τὴν
ἀνομογένειαν, οὐ γὰρ τῶν αὐτῶν εἰσι κριτικαί· οὔτε μὴν

397–419 fr. 36 et 257 Us.   19I L.-S.   **399** (ἐν)–**403** (δόξαις) p. 70 et fr. 35
Us.   17A L.-S.   **402–403** ἐν τῇ πρὸς Ἡρόδοτον ἐπιτομῇ] 10.38 et
50–1   **403** ἐν ταῖς Κυρίαις δόξαις] 10.147 (RS 24)   **403** (πᾶσα)–**419**
16B L.-S.

397–444 (φωνὴν) Φ 9 (185.2–186.21)

---

393 συντάττειν FP⁴   δὲ F   **395** καὶ περὶ φύσεως om. F   **396** καὶ²
in mg suppl. F²   **397** post διαλεκτικὴν add. δὲ rec.: om. BPFΦ   **399**
λέγων ἐστὶν FP⁴: ἐστὶν BP¹   **401** (οἱ)–**403** (δόξαις) 'in margine addita
videntur' Diano 82   **401** <τὰς> προλήψεις Gass.   ἐπικούριοι BF
καὶ³ om. F   **402** αὐτὸς post καὶ inserendum put. Us.   **404** φασι Φ
μνήμης] λύμης Gomperz, Hellen. I (1912) 283 (a. 1890)   δεκτική BP: ἐστὶ
δεκτική F: ἐπιδεκτική Φ   **405** ὑφ᾽ αὑτῆς F: ὑπ᾽ αὑ- cum γρ P⁴ˢˡ·: ἀπ᾽
αὑτῆς BPΦ   κινεῖται om. F   **406** δύναταί Φ (coni. Gass.): ἀδυνατεῖ
BPF   προσθῆναι B   οὐδὲν F   **407** ἡ om. P¹(Q), add. P⁴
ὁμογένεια BPF: ὁμογενῆς Φ (coni. Gass.). Vid. Usener, Götternamen (1896)
371–2¹⁸   **407** (αἴσθησις)–**408** (ἀνομογένεια) om. F¹, add. F²ᵐᵍ   **407**
αἴσθησις B¹PF: αἰσθήσεις B²: secl. Diano   **408** ὁμογενῇ] ὁμογένειαν P⁴
ἀνομογένεια BPF: -γενῆς Φ   **408–409** τὴν ἀνομογένειαν PF: om. B¹,
suppl. B²ᵐᵍ   τ. ἀνομογενῆ Φ   **409** εἰσὶ κριτικαί ΦFP⁴: εἰσκριτικῶν B:
-κὸν P¹(Q)   **409** (οὔτε)–**410** (ἤρτηται) post **411** (προσέχομεν) transp.
Gass.

753

410 λόγος· πᾶς γὰρ λόγος ἀπὸ τῶν αἰσθήσεων ἤρτηται. οὔθ' ἡ
ἑτέρα τὴν ἑτέραν· πάσαις γὰρ προσέχομεν. καὶ τὸ τὰ
ἐπαισθήματα δ' ὑφεστάναι πιστοῦται τὴν τῶν αἰσθήσεων
ἀλήθειαν. ὑφέστηκε δὲ τό τε ὁρᾶν ἡμᾶς καὶ ἀκούειν ὥσπερ
τὸ ἀλγεῖν. ὅθεν καὶ περὶ τῶν ἀδήλων ἀπὸ τῶν φαινομένων
415 χρὴ σημειοῦσθαι. καὶ γὰρ καὶ αἱ ἐπίνοιαι πᾶσαι ἀπὸ τῶν
αἰσθήσεων γεγόνασι κατά τε περίπτωσιν καὶ ἀναλογίαν
καὶ ὁμοιότητα καὶ σύνθεσιν, συμβαλλομένου τι καὶ τοῦ
λογισμοῦ. τά τε τῶν μαινομένων φαντάσματα καὶ <τὰ>
κατ' ὄναρ ἀληθῆ, κινεῖ γάρ· τὸ δὲ μὴ ὂν οὐ κινεῖ.'

420 **[33]** τὴν δὲ πρόληψιν λέγουσιν οἱονεὶ κατάληψιν ἢ δόξαν
ὀρθὴν ἢ ἔννοιαν ἢ καθολικὴν νόησιν ἐναποκειμένην,
τουτέστι μνήμην τοῦ πολλάκις ἔξωθεν φανέντος, οἷον 'τὸ
τοιοῦτόν ἐστιν ἄνθρωπος·' ἅμα γὰρ τῷ ῥηθῆναι
'ἄνθρωπος' εὐθὺς κατὰ πρόληψιν καὶ ὁ τύπος αὐτοῦ
425 νοεῖται προηγουμένων τῶν αἰσθήσεων. παντὶ οὖν ὀνόματι
τὸ πρώτως ἐπιτεταγμένον ἐναργές ἐστι· καὶ οὐκ ἂν
ἐζητήσαμεν τὸ ζητούμενον εἰ μὴ πρότερον ἐγνώκειμεν αὐτό·
οἷον 'τὸ πόρρω ἑστὸς ἵππος ἐστὶν ἢ βοῦς;' δεῖ γὰρ κατὰ

---

415 (καὶ¹)–**418** (λογισμοῦ) 15F L.-S.   **420–434** (ἄνθρωπος;) 17E L.-S.
420–431 fr. 255 Us. = 174 Arr.². Vid. ad **474–485**

---

420 (πρόληψιν)–**434** (λέγουσιν) Suda π 2495 (IV 213.1–13)

---

410 ἤρτηται Φ rec. (coni. Aldobr.): εἴρηται BPF   **411** τὴν ἑτέραν PF: τῆς
ἑτέρας B: τῇ ἑτέρᾳ Φ   **412** ἐπαισθήματα B² (ἔπε- B¹), P¹(Q)Φ:
ἀνεπαίσθητα F, in ras. P⁴   δ' P¹Φ: δὲ B: om. FP⁴   ὑφεστάναι P: -στᾶναι
BΦ: ὑφιστάναι F   τὴν ἐκ τῶν Φ   **413** δὲ] γὰρ P⁴   **414** καὶ τὸ
ἀλγεῖν Φ   τῶν¹ om. P⁴   **415** καὶ αἱ Φ: καὶ BP¹: expu. Pˣ: om. F
417 συμβαλλομένου P: συν- P: ἐμβαλο- F   **418** μαινομένων BPF¹:
φαινο- F²Φ   τὰ add. Casaub.   **419** κατόναρ BΦ   **420** δὲ om. Φ
λέγουσιν οἱονεὶ κατάληψιν om. B   **421** ὀρθὴν BPΦ, Suda: ἀνορθεῖν F
422 τουτέστιν F   comma (,) post μνήμην pos. Long/Sedley   ἔξωθεν
φανέντος om. F¹, suppl. F²ᵐᵍ   **422–423** τὸ τοιοῦτον om. Φ   **423**
ἔστιν Φ   τῷ PΦ, Suda: τὸ BF   **424** πρόληψιν PF¹: πρόσ- ΦF²: in B
vix legibilia   **426** ἐπιτεταγμένον BPFΦ: ἐπιτετευγ- Suda: ὑποτεταγ-
Gass. ex § 37, sed vid. Laks 113 et Balaudé 1263²   **428** ἑστὸς B: ἑστὼς F, Φ
(ras. ante ἑ): ἑστός P. Vid. ad 7.70   βοῦς ἐστιν ἢ ἵππος Φ Suda   signum
interrogationis (;) post βοῦς pos. V. d. Muehll et Long/Sedley   τὸ κατὰ F

πρόληψιν ἐγνωκέναι ποτὲ ἵππου καὶ βοὸς μορφήν· οὐδ' ἂν
ὠνομάσαμέν τι μὴ πρότερον αὐτοῦ κατὰ πρόληψιν τὸν   430
τύπον μαθόντες. ἐναργεῖς οὖν εἰσιν αἱ προλήψεις.

καὶ τὸ δοξαστὸν ἀπὸ προτέρου τινὸς ἐναργοῦς ἤρτηται,
ἐφ' ὃ ἀναφέροντες λέγομεν, οἷον 'πόθεν ἴσμεν εἰ τοῦτό ἐστιν
ἄνθρωπος;' **[34]** τὴν δὲ δόξαν καὶ ὑπόληψιν λέγουσιν,
ἀληθῆ τέ φασι καὶ ψευδῆ· ἂν μὲν γὰρ ἐπιμαρτυρῆται ἢ μὴ   435
ἀντιμαρτυρῆται, ἀληθῆ εἶναι· ἐὰν δὲ μὴ ἐπιμαρτυρῆται ἢ
ἀντιμαρτυρῆται, ψευδῆ τυγχάνει. ὅθεν <τὸ> προσμένον
εἰσήχθη· οἷον τὸ προσμεῖναι καὶ ἐγγὺς γενέσθαι τῷ πύργῳ
καὶ μαθεῖν ὁποῖος ἐγγὺς φαίνεται.

πάθη δὲ λέγουσιν εἶναι δύο, ἡδονὴν καὶ ἀλγηδόνα,   440
ἱστάμενα περὶ πᾶν ζῷον, καὶ τὴν μὲν οἰκεῖον, τὴν δὲ
ἀλλότριον· δι' ὧν κρίνεσθαι τὰς αἱρέσεις καὶ φυγάς. τῶν τε
ζητήσεων εἶναι τὰς μὲν περὶ τῶν πραγμάτων, τὰς δὲ περὶ
ψιλὴν τὴν φωνήν. καὶ ταῦτα δὲ περὶ τῆς διαιρέσεως καὶ τοῦ
κριτηρίου στοιχειωδῶς.   445

ἀνιτέον δὲ ἐπὶ τὴν ἐπιστολήν.

Ἐπίκουρος Ἡροδότῳ χαίρειν.

[35] τοῖς μὴ δυναμένοις, ὦ Ἡρόδοτε, ἕκαστα τῶν περὶ
φύσεως ἀναγεγραμμένων ἡμῖν ἐξακριβοῦν μηδὲ τὰς μείζους

432–439 Us. p. 181 adn. 7   **434** (τὴν)–**439** 18B L.-S.   **440–442**
(φυγάς) fr. 260 Us.   **442** (τῶν)–**444** (φωνήν) fr. 265 Us.   19J L.-S.
Capita 35–83 (Ep. Hdt.) ed. Usener 1–32, V. d. Muehll 3–27, Bailey 18–55,
Arrighetti² [2] 34–73, J. Bollack–M. Bollack–H. Wismann (1971), Conche
98–125

429 post οὐδ' ἂν add. ὃν Φ: οὖν (om. cod. G) Suda   **430** μὴ om. F, post
πρότερον add. εἰ μὴ F²ˢˡ·   **431** προλήψεις PF¹: προ.λήψ.· Β: προσ- F²
432 ἐναργοοῦς ΒΡΦ, Suda (cod. G): -ῶς F, Suda (cod. AM): ἐνεργῶς Suda
(cod. V)   **433** τοῦτο ἐστὶν ΡΦ   **435** φασι om. Φ   **435** (ἂν)–**437**
(ψευδῆ) om. F¹, in mg suppl. ἂν—ψευδῆ τυγχάνει F²   **435–437** semper
-μαρτύρηται Ρ¹(Q)F²   **435** ἐπιμαρτυρῆται τι ἢ Φ   **436** ἂν F²
437 τυγχάνειν om. Φ   **437** (ὅθεν)–**439** om. Φ   **437** τὸ add. Gass.
προσμενον (ras. supra ο¹, ε et ο² ex ω) Βᵖᶜ: πρὸς μὲν ὂν PF :
προσμενό<μενο>ν Sedley, fort. recte   **439** φαίνεσθαι F¹, corr. F²
440 δὲ om. Φ   εἶναι δύο om. F, δύο expu. P⁴   **441** δὲ] δὴ prop. Us.
442 αἱρέσεως F   **448–473** Vid. Dorandi, Epicuro 279–81   **448**
ἕκαστα τῶν om. F¹, add. F²ˢˡ·   **449** ἀναγεγραμμένων ἡμῖν F²ˢˡ·:
ἐγγεγραμμένων F¹

---

450 τῶν συντεταγμένων βίβλους διαθρεῖν ἐπιτομὴν τῆς ὅλης
πραγματείας εἰς τὸ κατασχεῖν τῶν ὁλοσχερωτάτων δοξῶν
τὴν μνήμην ἱκανῶς αὐτοῖς παρεσκεύασα, ἵνα παρ' ἑκάστους
τῶν καιρῶν ἐν τοῖς κυριωτάτοις βοηθεῖν αὐτοῖς δύνωνται,
καθ' ὅσον ἂν ἐφάπτωνται τῆς περὶ φύσεως θεωρίας. καὶ
455 τοὺς προβεβηκότας δὲ ἱκανῶς ἐν τῇ τῶν ὅλων ἐπιβλέψει τὸν
τύπον τῆς ὅλης πραγματείας τὸν κατεστοιχειωμένον δεῖ
μνημονεύειν· τῆς γὰρ ἀθρόας ἐπιβολῆς πυκνὸν δεόμεθα,
τῆς δὲ κατὰ μέρος οὐχ ὁμοίως. [36] βαδιστέον μὲν οὖν καὶ
ἐπ' ἐκεῖνα συνεχῶς, ἐν τῇ μνήμῃ τὸ τοσοῦτο ποιητέον, ἀφ'
460 οὗ ἥ τε κυριωτάτη ἐπιβολὴ ἐπὶ τὰ πράγματα ἔσται καὶ
δὴ καὶ τὸ κατὰ μέρος ἀκρίβωμα πᾶν ἐξευρήσεται, τῶν
ὁλοσχερωτάτων τῶν τύπων εὖ περιειλημμένων καὶ
μνημονευομένων· ἐπεὶ καὶ τοῦ τετελεσιουργημένου τοῦτο
κυριώτατον τοῦ παντὸς ἀκριβώματος γίνεται, τὸ ταῖς
465 ἐπιβολαῖς ὀξέως δύνασθαι χρῆσθαι, καὶ πρὸς ἁπλᾶ
στοιχειώματα καὶ φωνὰς συναγομένων. οὐ γὰρ οἷόν τε τὸ

450 βύβλους Us.   **451** δοξῶν FP⁴: δὲ δοξῶν BP¹(Q): γε δ. Us.: δὴ δ.
Marcov. Vid. Diano, Scritti 289² (a. 1946)   **452** αὐτοῖς BPF: -ὸς Brieger,
Herodot 6: -οὶ Arndt 16¹⁵   παρεσκεύασα ἵνα P⁴: -ασαι₍₎ (1 in ras.) ἵνα F:
-ασα₍₎ B: -ασαν ἅ P¹(Q): -σκευάσαμεν, ἵνα Arndt 16¹⁵   ἑκάστου F
453 αὐτοῖς Schn. 45: αὐ- BPF   δύνωνται FP⁴: δύνονται P¹(Q): δύναιντο
Z (Frob.): δύνανται B   **454** ἐφάπτωνται Pˣ(Q): -ονται BP¹F   περὶ τῆς
F   θεωρίας om. F¹, add. F²ˢ·ˡ·   **456** καταστοιχειωμένον F   **458** καὶ
del. Croen., Lect. 414 (Arndt)   **459** <καὶ> συνεχῶς rec. (coni. Arndt 6)
ἐν τῇ μνήμῃ BPF: ἐν <δὲ> τῇ μνήμῃ V. d. Muehll (an recte?): <καὶ> ἐν τῇ μν.
(Aldobr.), Schn. 46: ἕν τε μν. Us., Index lect. Bonn. (1880/1) vii   Cf. 10.83
(**977**)   τὸ τοσοῦτο B¹P¹: τὸ τοσοῦτον B²: τοσοῦτο F: τοσοῦτον P⁴ Z
(Frob.): om. rec.   **461** καὶ om. F   **462** τῶν τύπων BP¹: τύπων FP⁴:
τύπῳ Nuernberger, Diog. L. de vitis dogm. et apophth. lib. decimus (1791):
τὸν τύπον dub. V. d. Muehll   Cf. 10.68 (**807–808**)   **463** (ἐπεὶ)–**465**
(χρῆσθαι) post **457** (μνημονεύειν) ponit Lapini, Prol. 337–8   **463** τοῦ
τετελεσιουργημένου P: τοῦ τελε- BF: τῷ τετελεσιουργημένῳ V. d. Muehll
465 ὀξέαις Byw., Epic. 279   καὶ BPF: del. Schn. 46: ἑκάστων Us.: καὶ <***>
Marcov.: καὶ <περὶ τῶν κατὰ μέρος καὶ περὶ τῶν ὅλων> Bign., Epic. 72²:
καὶ <τοῦτο ἀδύνατον μὴ πάντων> Diano, Scritti 297 (a. 1943): καὶ <τοῦτο
γίνοιτ' ἂν ἀπάντων> Bailey   **466** συναγομένων BPF: καὶ¹ . . . συναγ.
post μνημονευομένων (**463**) pos. Aldobr.: {καὶ¹} . . . συναγομέναις Schn. 46:
ἑκάστων (pro καὶ¹) . . . ἀναγομένων Us.: καὶ¹ . . . συναγομένοις V. d. Muehll

πύκνωμα τῆς συνεχοῦς τῶν ὅλων περιοδείας εἰ<δέ>ναι μὴ
δυνάμενον διὰ βραχεῶν φωνῶν ἅπαν ἐμπεριλαβεῖν ἐν αὐτῷ
τὸ καὶ κατὰ μέρος ἂν ἐξακριβωθέν. [37] ὅθεν δὴ πᾶσι
χρησίμης οὔσης τοῖς ᾠκειωμένοις φυσιολογίᾳ τῆς τοιαύτης 470
ὁδοῦ, παρεγγυᾷ τὸ συνεχὲς ἐνέργημα ἐν φυσιολογίᾳ καὶ
τὸ τούτῳ μάλιστα ἐγγαληνίζον τῷ βίῳ ποιήσασθαι καὶ
τοιαύτην τινὰ ἐπιτομὴν καὶ στοιχείωσιν τῶν ὅλων δοξῶν.

πρῶτον μὲν οὖν τὰ ὑποτεταγμένα τοῖς φθόγγοις, ὦ
Ἡρόδοτε, δεῖ εἰληφέναι, ὅπως ἂν τὰ δοξαζόμενα ἢ 475
ζητούμενα ἢ ἀπορούμενα ἔχωμεν εἰς ταῦτα ἀναγαγόντες
ἐπικρίνειν, καὶ μὴ ἄκριτα πάντα ἡμῖν <ἴῃ> εἰς ἄπειρον
ἀποδεικνύουσιν ἢ κενοὺς φθόγγους ἔχωμεν. [38] ἀνάγκη
γὰρ τὸ πρῶτον ἐννόημα καθ' ἕκαστον φθόγγον βλέπεσθαι
καὶ μηθὲν ἀποδείξεως προσδεῖσθαι, εἴπερ ἕξομεν τὸ 480
ζητούμενον ἢ ἀπορούμενον καὶ δοξαζόμενον ἐφ' ὃ ἀνάξομεν.
ἔ<τ>ι τε κατὰ τὰς αἰσθήσεις δεῖ πάντα τηρεῖν καὶ ἁπλῶς

474-485 17C L.-S.

467 εἰδέναι Meibom.: εἶναι BPF   <συμπληρῶσαι δυνατὸν> εἶναι Diano,
Scritti 308 (a. 1948)   468 δυναμένου E. Thomas ap. Us. servato εἶναι
βραχέων BPF, corr. Schn. 47   αὐτῷ Schn. 47: αὐ- BPF   469 τὸ καὶ
τὸ κατὰ F   471 παρεγγυᾷ Lapini, Prol. 342: παρεγγυῶν τὸ P¹(Q):
παρεγγυῶ: τὸ (sic ὦ: in ras.) B²: παρεγγυώντων FP⁴   ἐνέργημα F: ἐνάρ-
BP, def. K. Kleve, SO 46 (1971) 90-5, sed vid. D. Sedley, CErc 3 (1973) 78
472 τὸ τούτῳ Lapini, Prol. 342: τὸ τούτων BPF: τοιούτῳ post Hirzel,
Unters. I 156 ('viell.'), Us.: τοιοῦτ<ος> ὦν Bign., Epic. 72³   ἐγγαληνίζον
τῶ P¹ (ἐνγ.), F²: ἐνταληνίζον τῶ B (-ζων B²): ἐγγαληνιζόντων F¹P⁴. Vid. M.
Regali, SCO 51 (2005, revera 2009) 229-33 et Lapini, Prol.   ποιήσασθαι
BPF: ἐποίησά σοι Us.   473 ἐπιτομὴν <συνέθηκα> Diano, Scritti
309 (a. 1948)   δοξῶν BPF: ἔδοξεν Kuehn, probat Roeper (1846) 662
476 (εἰς)-477 (ἄκριτα) expu. et ἢ ἀπορούμενα—πάντα iter. B¹   476
ἀνάγοντες F¹, corr. F²   477 ἴῃ add. Us.: om. BPF: ᾖ s. ᾖ rec.   478
ἀποδεικνύουσιν P: -ωσιν F: ἀποδεικν'⸛⸛ᵔ B² evanida in rasura   ἠχῶμεν
Leop. 269   480 μηθὲν BP⁴: μηδὲν P¹(Q)F   481 καὶ δοξαζόμενον in
mg F²   482 (ἔτι)-487 (ὄντος) Vid. Dorandi, Epicuro 281-2 et Lapini,
Hdt.   482 ἔτι τε Arndt 7: εἴτε BPF: εἶτα Gass.: ἔπειτα Us.   κατὰ BPF:
καὶ V. d. Muehll: del. Heidel, AJPh 23 (1902) 185-8: ἔπειτα τ. αἰσθ. <κατὰ>
πάντα τ. A. Brieger, BPhW 31 (1911) 513   πάντα BP: om. F (del. Heidel):
πάντως V. d. Muehll: πάντη dub. Merbach 44¹: πάντων Bign., Epic. 73³
καὶ τὰς αἰσθ. (V. d. Muehll) δεῖ μάλιστα τ. Lapini, Hdt.   παρατηρεῖν pro
πάντα τηρεῖν Diels ap. Arndt 8

τὰς παρούσας ἐπιβολὰς εἴτε διανοίας εἴθ' ὅτου δήποτε τῶν
κριτηρίων, ὁμοίως δὲ καὶ τὰ ὑπάρχοντα πάθη, ὅπως ἂν καὶ
485 τὸ προσμενόμενον καὶ τὸ ἄδηλον ἔχωμεν οἷς σημειωσόμεθα.
ταῦτα δὲ διαλαβόντας συνορᾶν ἤδη περὶ τῶν ἀδήλων·
πρῶτον μὲν ὅτι οὐδὲν γίνεται ἐκ τοῦ μὴ ὄντος. πᾶν γὰρ
ἐκ παντὸς ἐγίνετ' ἂν σπερμάτων γε οὐθὲν προσδεόμενον.
[39] καὶ εἰ ἐφθείρετο δὲ τὸ ἀφανιζόμενον εἰς τὸ μὴ ὄν, πάντα
490 ἂν ἀπωλώλει τὰ πράγματα, οὐκ ὄντων τῶν εἰς ἃ διελύετο.
καὶ μὴν καὶ τὸ πᾶν ἀεὶ τοιοῦτον ἦν οἷον νῦν ἐστι, καὶ ἀεὶ
τοιοῦτον ἔσται. οὐθὲν γάρ ἐστιν εἰς ὃ μεταβάλλει. παρὰ
γὰρ τὸ πᾶν οὐθέν ἐστιν, ὃ ἂν εἰσελθὸν εἰς αὐτὸ τὴν
μεταβολὴν ποιήσαιτο.
495 ἀλλὰ μὴν καὶ (τοῦτο καὶ ἐν τῇ Μεγάλῃ ἐπιτομῇ φησι κατ'
ἀρχὴν καὶ ἐν τῇ α' Περὶ φύσεως) τὸ πᾶν ἐστι <σώματα
καὶ κενόν>· σώματα μὲν γὰρ ὡς ἔστιν, αὐτὴ ἡ αἴσθησις ἐπὶ
πάντων μαρτυρεῖ, καθ' ἣν ἀναγκαῖον τὸ ἄδηλον τῷ
λογισμῷ τεκμαίρεσθαι, ὥσπερ προεῖπον. [40] τόπος δὲ εἰ
500 μὴ ἦν ὃ κενὸν καὶ χώραν καὶ ἀναφῆ φύσιν ὀνομάζομεν, οὐκ

486–494 4A L.-S.   **495–505** 5A L.-S.   **495** (τοῦτο)–**496** (φύσεως) fr. 24 Us.   **499** προεῖπον cf. § 38

487 (οὐδὲν)–**501** (ἐκινεῖτο) contracta habet Φ 9 (186.22–187.6)

484 καὶ τὰ ὑπάρχοντα BPF: καὶ <κατὰ> τὰ ὑπ. Gass.   **485** προσμενόμενον BP¹(Q): προσμένον FP⁴   Cf. 10.147 (**1718**) et 10.34 (**437**)   **486** δὲ BPF: δεῖ Cob.   <δεῖ> συνορᾶν Arndt 10   ἤδη BPF: δεῖ Gass.: ἤδη <δεῖ> Meibom.   **487** οὐθὲν Long   ὄντος, <οὐδὲ φθείρεται εἰς τὸ μὴ ὄν> Gass.   **488** ἐγίνετ' Pⁱᵃᶜ   οὐδὲν B   **490** ἀπωλώλει PΦ: ἀπολώλη B: -λει F   τῶν BPΦ: om. F   διαλύεται Φ   **492** οὐδὲν Φ   μεταβάλλει BPF: -βάλῃ Φ: -βαλεῖ Us.   **493** εἰς ὃ ἀνελθὸν Φ pro ὃ ἂν εἰσελθὸν   **494** ποιήσαιτο PFΦ: -σετο B: ποιῆσαι Us.: ποιῆσαι <δύναι>το Croen., Lect. 414   **495–496** de scholiis glossematibusque in tribus Epicuri epistulis et in RS 1, vid. Dorandi, Epicuro 277–8   **496–497** σώματα καὶ κενόν duce Gass. (πῇ μὲν σῶμα, πῇ δὲ κενόν) suppl. V. d. Muehll: σώματα καὶ τόπος Us. Traditam lectionem defendere conatur Arndt 26. Vid. K. Algra, Elenchos 15 (1994) 100 et D. Obbink, Philodemus On Piety. Part 1 (1996) 338–9   **497** σώματα ΦFP⁴: σῶμα· τὰ BP¹   **498** πάντων om. Φ   **499** τόπος δὲ Us.: τὸ πρόσθε B¹: τὸ πρόσθεν B²PΦ: πρόσθεν F   Cf. Lucr. 1.426–7 (locus) et vid. Sedley, Phronesis (1982) 183–4   εἰ δὲ Φ (coni. Gass.)   **500** ὃ Φ: ὃ. B²: ὃν B¹, ut vid.: ὃν PF   ὃ post κενὸν traiecit Φ   προεῖπον τὸ πρόσθεν· εἰ δὲ μὴ ἦν ὃ κενὸν Brieger, Seele 5   Vid. Dorandi, Epicuro 282–4

ἂν εἶχε τὰ σώματα ὅπου ἦν οὐδὲ δι' οὗ ἐκινεῖτο, καθάπερ
φαίνεται κινούμενα. παρὰ δὲ ταῦτα οὐθὲν οὐδ' ἐπινοηθῆναι
δύναται οὔτε περιληπτῶς οὔτε ἀναλόγως τοῖς περιληπτοῖς
ὡς <τὰ> καθ' ὅλας φύσεις λαμβανόμενα καὶ μὴ ὡς τὰ
τούτων συμπτώματα ἢ συμβεβηκότα λεγόμενα.   505

καὶ μὴν καὶ τῶν (τοῦτο καὶ ἐν τῇ πρώτῃ Περὶ φύσεως καὶ
τῇ ιδ' καὶ ιε' καὶ τῇ Μεγάλῃ ἐπιτομῇ) σωμάτων τὰ μέν ἐστι
συγκρίσεις, τὰ δ' ἐξ ὧν αἱ συγκρίσεις πεποίηνται· [41]
ταῦτα δέ ἐστιν ἄτομα καὶ ἀμετάβλητα (εἴπερ μὴ μέλλει
πάντα εἰς τὸ μὴ ὂν φθαρήσεσθαι, ἀλλ' ἰσχύοντα ὑπομενεῖν   510
ἐν ταῖς διαλύσεσι τῶν συγκρίσεων) πλήρη τὴν φύσιν ὄντα
<καὶ> οὐκ ἔχοντα ὅπῃ ἢ ὅπως διαλυθήσεται. ὥστε τὰς
ἀρχὰς ἀτόμους ἀναγκαῖον εἶναι σωμάτων φύσεις.

ἀλλὰ μὴν καὶ τὸ πᾶν ἄπειρόν ἐστι. τὸ γὰρ πεπερασμένον
ἄκρον ἔχει· τὸ δὲ ἄκρον παρ' ἕτερόν τι θεωρεῖται. ὥστε οὐκ   515
ἔχον ἄκρον πέρας οὐκ ἔχει· πέρας δὲ οὐκ ἔχον ἄπειρον ἂν
εἴη καὶ οὐ πεπερασμένον.

καὶ μὴν καὶ τῷ πλήθει τῶν σωμάτων ἄπειρόν ἐστι τὸ πᾶν
καὶ τῷ μεγέθει τοῦ κενοῦ. [42] εἴ τε γὰρ ἦν τὸ κενὸν
ἄπειρον, τὰ δὲ σώματα ὡρισμένα, οὐθαμοῦ ἂν ἔμενε τὰ   520
σώματα, ἀλλ' ἐφέρετο κατὰ τὸ ἄπειρον κενὸν διεσπαρμένα,
οὐκ ἔχοντα τὰ ὑπερείδοντα καὶ στέλλοντα κατὰ τὰς

506–513 8A L.-S.   **506–508** (πεποίηνται) Cf. Phld., Piet. I 37–41 Obbink
506 (τοῦτο)–**507** (ἐπιτομῇ) fr. 25, 77, 89 Us.   **514–524** 10A L.-S.

---

501 ἦν B: εἴη ΦFP⁴: ἔνι P¹(Q)   **502** οὐδ' Us.: οὔτε B²PF: ὅτε B¹   **503**
περιληπτικῶς rec.   **504** τὰ add. Lapini, Hdt.   ὡς] ὅσα Us.
λαμβάνομεν Us.   **505** λέγομεν Us.   **506** καὶ τῶν B¹P¹(Q): expu. et
τὸν add. B²ˢ·ˡ·: καὶ ταυτὸν FP⁴   τοῦτο] τούτῳ P⁴   **507** καὶ τῇ ιε' FP⁴ˢ·ˡ·
τῶν σωμάτων FP²(Q)   **510** ἰσχύοντα BPF: ἰσχύειν τι Us.: ἰσχύοντά
<τινα> Koch. 63: ἰσχῦόν τι Bign., Epic. 76¹   Vd. G. Betegh, OSAP 30
(2006) 264⁹   ὑπομενεῖν Croen., Lect. 415: ὑπομένειν BPF   **511–512**
ὄντα καὶ Meibom.: ὅταν BPF: ὡσὰν Bign., Epic. 266²: ὄντα Us.: ἅτε
Kuehn   ὄντα οὐδὲ ἔχ. Lapini, Hdt.   **513** ἀναγκαῖον PF: -αίως B
515 δὲ PF: γὰρ B   ἄκρον <ἔχον> Gass. e Cic., De div. 2.103, sed vid. Lucr.
1.960 (V. d. Muehll)   θεωρεῖται· <ἀλλὰ μὴν τὸ πᾶν οὐ παρ' ἕτερόν
τι θεωρεῖται> Us. xviii conl. Cic. et Lucr. 1.963, sed vid. Arndt 28–9
520 οὐθαμοῦ B¹P¹(Q): οὐδ- B²FP⁴   **522** στέλλοντα B¹PF: συστέλλοντα
B²ᵐᵍ

ἀνακοπάς· εἴ τε τὸ κενὸν ἦν ὡρισμένον, οὐκ ἂν εἶχε τὰ
ἄπειρα σώματα ὅπου ἐνέστη.

525 πρός τε τούτοις τὰ ἄτομα τῶν σωμάτων καὶ μεστά, ἐξ
ὧν καὶ αἱ συγκρίσεις γίνονται καὶ εἰς ἃ διαλύονται,
ἀπερίληπτά ἐστι ταῖς διαφοραῖς τῶν σχημάτων· οὐ γὰρ
δυνατὸν γενέσθαι τὰς τοσαύτας διαφορὰς ἐκ τῶν αὐτῶν
σχημάτων περιειλημμένων. καὶ καθ᾽ ἑκάστην δὲ σχημάτισιν
530 ἁπλῶς ἄπειροί εἰσιν αἱ ὅμοιαι, ταῖς δὲ διαφοραῖς οὐχ ἁπλῶς
ἄπειροι ἀλλὰ μόνον ἀπερίληπτοι, [43] (οὐδὲ γάρ φησιν
ἐνδοτέρω εἰς ἄπειρον τὴν τομὴν τυγχάνειν. λήγει δέ, ἐπειδὴ
αἱ ποιότητες μεταβάλλονται,) εἰ μέλλει τις μὴ καὶ τοῖς
μεγέθεσιν ἁπλῶς εἰς ἄπειρον αὐτὰς ἐκβάλλειν. κινοῦνταί τε
535 συνεχῶς αἱ ἄτομοι (φησὶ δὲ ἐνδοτέρω καὶ ἰσοταχῶς αὐτὰς
κινεῖσθαι τοῦ κενοῦ τὴν εἶξιν ὁμοίαν παρεχομένου καὶ τῇ
κουφοτάτῃ καὶ τῇ βαρυτάτῃ) τὸν αἰῶνα, καὶ αἱ μὲν εἰς
μακρὰν ἀπ᾽ ἀλλήλων διϊστάμεναι, αἱ δὲ αὐτοῦ τὸν παλμὸν
ἴσχουσαι, ὅταν τύχωσι τῇ περιπλοκῇ κεκλειμέναι ἢ
540 στεγαζόμεναι παρὰ τῶν πλεκτικῶν.

525–534 (ἐκβάλλειν) 12B L.-S.   **532** ἐνδοτέρω] cf. § 56   **534**
(κινοῦνται)–**547** (κενοῦ) 11A L.-S.   **535** ἐνδοτέρω] cf. § 61

523 ἀντικοπάς Meibom., fort. recte. Vid. Croen., Lect. 415   **525** τε om.
B   **526** καὶ² del. Leop. 269   **528** τὰς om. F   **530** αἱ ὅμοιαι B: αἱ
ὁμοῖαι P¹(Q): ἄτομοι F, γρ Pᵐᵍ   **531** ἀπερίληπτοι B: ἀπει- P¹: ἀπειρία
ληπτοί F, Pᵗᵐᵍ addens γρ ἢ ἀπερίληπτοι   **532** λήγει K. F. Hermann
(1834) 110: λέγει BPF: λήγειν Us.   ἐπειδή] ὅτι ἀεὶ Lapini, Hdt.   **533**
(εἰ)–**534** (ἐκβάλλειν) Epicuro restituit V. d. Muehll   **533** μεταβάλλονται
<αἱ δὲ ἄτομοι οὐδὲν μεταβάλλονται> Bign., Note 385 scholiastae
attribuens   μέλλει PF: -οι B   **534** ἁπλῶς om. F   **535** δ᾽ B   **536**
εἶξιν Kuehn: ἴξιν Bᵖᶜ: ἴ- P¹(Q): ἴ- FPˣ   παρεχομένου ὁμοίαν F   **537** καὶ¹
del. Heidel 191   post αἰῶνα lac. statuit Us., post αἱ μὲν Bign., Epic. 79°, ipse
<κατὰ στάθμην, αἱ δὲ κατὰ παρέγκλισιν, αἱ δὲ κατὰ παλμόν. τούτων
δὲ αἱ μὲν φέρονται> supplens   εἰς del. Gass.   **538** διϊστάμεναι 'dis-
cedentes' Leop. 270   Cf. Lucr. 2.98   αὐτοῦ ('ibidem') τὸν Brieger,
Urbewegung 15* (cf. Id., Atom. 225³⁹): αὐτὸν BPF: αὖ τὸν Woltjer 36⁴: αὐτῶν
τὸν Apelt   **539** ἴσχουσαι Brieger: -σιν B (-σι), PF   τῇ περιπλοκῇ Us.:
τὴν περιπλοκὴν BPF   κεκλειμέναι Brieger: κεκλι- B² (κεκλη- B¹), PF
τὴν περιπλοκὴν κεκτημέναι Lapini, Hdt.   **540** παρὰ rec.: περὶ B, comp.
PF   πλεκτικῶν BP: πληκτ- F: τῶν πλησίον Lapini, Hdt.

[44] ἥ τε γὰρ τοῦ κενοῦ φύσις ἡ διορίζουσα ἑκάστην αὐτὴν τοῦτο παρασκευάζει, τὴν ὑπέρεισιν οὐχ οἷά τε οὖσα ποιεῖσθαι· ἥ τε στερεότης ἡ ὑπάρχουσα αὐταῖς κατὰ τὴν σύγκρουσιν τὸν ἀποπαλμὸν ποιεῖ, ἐφ' ὁπόσον ἂν ἡ περιπλοκὴ τὴν ἀποκατάστασιν ἐκ τῆς συγκρούσεως διδῷ. 545 ἀρχὴ δὲ τούτων οὐκ ἔστιν, αἰτιῶν τῶν ἀτόμων οὐσῶν καὶ τοῦ κενοῦ. *(φησὶ δ' ἐνδοτέρω μηδὲ ποιότητά τινα περὶ τὰς ἀτόμους εἶναι πλὴν σχήματος καὶ μεγέθους καὶ βάρους· τὸ δὲ χρῶμα παρὰ τὴν θέσιν τῶν ἀτόμων ἀλλάττεσθαι ἐν ταῖς ιβ' στοιχειώσεσί φησι. πᾶν τε μέγεθος μὴ εἶναι περὶ αὐτάς·* 550 *οὐδέποτε γοῦν ἄτομος ὤφθη αἰσθήσει.)*

[45] ἡ τοσαύτη δὴ φωνὴ τούτων πάντων μνημονευομένων τὸν ἱκανὸν τύπον ὑποβάλλει τῆς τῶν ὄντων φύσεως ἐπινοίαις.

ἀλλὰ μὴν καὶ κόσμοι ἄπειροί εἰσιν, οἵ θ' ὅμοιοι τούτῳ καὶ 555 ἀνόμοιοι. αἵ τε γὰρ ἄτομοι ἄπειροι οὖσαι, ὡς ἄρτι ἀπεδείχθη, φέρονται καὶ πορρωτάτω. οὐ γὰρ κατανήλωνται αἱ τοιαῦται ἄτομοι ἐξ ὧν ἂν γένοιτο κόσμος ἢ ὑφ' ὧν ἂν ποιηθείη, οὔτ' εἰς ἕνα οὔτ' εἰς πεπερασμένους, οὔθ' ὅσοι τοιοῦτοι οὔθ' ὅσοι διάφοροι τούτοις. ὥστε οὐδὲν τὸ 560 ἐμποδοστατῆσόν ἐστι πρὸς τὴν ἀπειρίαν τῶν κόσμων.

[46] καὶ μὴν καὶ τύποι ὁμοιοσχήμονες τοῖς στερεμνίοις εἰσί, λεπτότησιν ἀπέχοντες μακρὰν τῶν φαινομένων. οὔτε γὰρ ἀποστάσεις ἀδυνατοῦσιν ἐν τῷ περιέχοντι γίνεσθαι τοιαῦται οὔτ' ἐπιτηδειότητες πρὸς κατεργασίας τῶν 565 κοιλωμάτων καὶ λεπτοτήτων γίνεσθαι, οὔτε ἀπόρροιαι τὴν

547 ἐνδοτέρω] cf. § 54   **555–561** 13A L.-S.   **562–569** (προσαγορεύμεν), **580** (εἶθ')–**653** 15A L.-S.

542 αὐτὴν BPF: -ῶν rec. (coni. Schn. 57)   **544** σύγκρισιν F[rac]   **546** αἰτιῶν P[1](Q): αἰτίων BFP[4]: αἰδίων Gass. Vid. Diels, D. III 2, p. 35[4]   **550** ιβ' BP: δώδεκα F   **552** ἡ τοσαύτη δὴ BP[1](Q): αὕτη δ' ἡ F, γρ P[4mg]   **554** ἐπινοίας Frob.   **555** οἴθ' B[2]P: εἶθ' B[1]F   καὶ BF: καὶ οἱ P   **556–557** ἄρτι ἀπεδείχθη BP: εἴρηται F   **561** ἐμποδοστατῆσον BP[1]: ἐποδίζον FP[4]   τῶν τοιούτων κόσμων FP[4]   **564** ἀποστάσεις BPF: συστάσεις Gass.   **565** πρὸς Us.: τοὺς BP[1]: τὰς FP[4]: <ἐς> τὰς Casaub.: τῆς Bailey   **566** λεπτοτήτων BPF: λειοτήτων Us.   γίνεσθαι del. Kuehn

ἑξῆς θέσιν καὶ βάσιν διατηροῦσαι, ἥνπερ καὶ ἐν τοῖς στερεμνίοις εἶχον· τούτους δὲ τοὺς τύπους εἴδωλα προσαγορεύομεν. καὶ μὴν καὶ ἡ διὰ τοῦ κενοῦ φορὰ κατὰ 570 μηδεμίαν ἀπάντησιν τῶν ἀντικοψάντων γινομένη πᾶν μῆκος περιληπτὸν ἐν ἀπερινοήτῳ χρόνῳ συντελεῖ. βράδους γὰρ καὶ τάχους ἀντικοπὴ καὶ οὐκ ἀντικοπὴ ὁμοίωμα λαμβάνει. [47] οὐ μὴν οὐδ' ἅμα κατὰ τοὺς διὰ λόγου θεωρητοὺς χρόνους αὐτὸ τὸ φερόμενον σῶμα ἐπὶ τοὺς 575 πλείους τόπους ἀφικνεῖται – ἀδιανόητον γάρ. καὶ τοῦτο συναφικνούμενον ἐν αἰσθητῷ χρόνῳ ὅθεν δήποθεν τοῦ ἀπείρου οὐκ ἐξ οὗ ἂν περιλάβωμεν τὴν φορὰν τόπου ἔσται ἀφιστάμενον· ἀντικοπῇ γὰρ ὅμοιον ἔσται, κἂν μέχρι τοσούτου τὸ τάχος τῆς φορᾶς μὴ ἀντικοπὲν καταλίπωμεν. 580 χρήσιμον δὴ καὶ τοῦτο κατασχεῖν τὸ στοιχεῖον. εἶθ' ὅτι τὰ εἴδωλα ταῖς λεπτότησιν ἀνυπερβλήτοις κέχρηται, οὐθὲν ἀντιμαρτυρεῖ τῶν φαινομένων· ὅθεν καὶ τάχη ἀνυπέρβλητα ἔχει, πάντα πόρον σύμμετρον ἔχοντα πρὸς τῷ ἀπείροις

568 (τούτους)–**580** (στοιχεῖον) 11D L.-S.

---

567 βάσιν BPF: τάξιν Gass. conl. 10.48 (589)   **567** (καὶ²)–**573** (λαμβάνει) post 10.61 δύναμιν (**740**) transt. Giussani, Studi 105–7, sed vid. Bign., Epic. 225–53   **570** ἀντικοψόντων Us., sed vid. 10.61 (**740**)   **571** βράδους BP¹(Q): βραδύτητος FP⁴   **573** (οὐ)–**580** (στοιχεῖον) post 10.62 ἐστιν (**749**) transt. Giussani   **573** οὐδ' ἅμα BPF: οὔθ' ἅμα Us.: οὐδαμῇ Bign., Epic. 240¹   διὰ λόγου B¹P¹(Q): διαλόγου B²Pˣ: om. F   **574** αὐτὸ τὸ V. d. Muehll: κατὰ τὸ BPF: τὸ κάτω Meibom.: καὶ τὸ Us.: καταφερόμενον Mau, Problem d. Infinitesimalen 44   τοὺς del. Schn. 60   **575** interpu. Sedley καὶ τοῦτο BPF: καίτοι τὸ Bredlow, D. L. 503   **576** συναφικνούμενον BPF: οὔτ' ἀφ- Us., <οὔτε> συναφ- Giussani, Studi 114, οὐδ' ἀφ- Koch. 64 ὁθενδήποτε FP⁴   τούτου B   **578** φ. . . . . B¹   ἀντικοπῇ V. d. Muehll: ἀντικοπεον B: -κοπέον P¹(Q): –κοπτέον FP⁴: ἀντικοπῇ ὂν Sedley, an recte?: ἀντικοπτόμενον Meibom. (cf. Croen., Lect. 415): ἀντικόπτον vel ἀντίκοπον Us.: ἀντικοπτὸν Bailey   **579** καταλίπωμεν PF: . . . . λίπτω μὲν B cum lacuna   **580** χρῆσ- et lac. 7 litt. B¹δ' ἡ [sic] καὶ τοῦτο καὶ lac. 5 litt. τὸ στοιχεῖον εἶθ' lac. 8 litt. in spatio vacuo B²   **581** ἀνυπερβλήτως B οὐθὲν BP¹: ὅθεν F, γρ P⁴ᵐᵍ   **582** ἢ ὅθεν FP⁴ˢ·ˡ·   **583** τῷ ἀπείροις Sedley: τῷ ἀπείρῳ BPF: τὸ ἀπείροις V. d. Muehll: τῷ <τῷ> ἀπείρῳ Meibom.: <τὸ> τῷ ἀπείρῳ O. Tescari, SIFC 15 (1907) 162 et Koch. 64, qui etiam αὐτῶν <ἐπιρρυσμῷ . . . > propos.: τῷ <τῷ> ἀπορρῷ Bailey: τῷ ἀραιῷ s. τῷ ἀπείρῳ <ἀραιῷ> Bign., Studi critici 115

αὐτῶν μηθὲν ἀντικόπτειν ἢ ὀλίγα ἀντικόπτειν, πολλαῖς δὲ
καὶ ἀπείροις εὐθὺς ἀντικόπτειν τι. [48] πρός τε τούτοις, ὅτι 585
ἡ γένεσις τῶν εἰδώλων ἅμα νοήματι συμβαίνει. καὶ γὰρ
ῥεῦσις ἀπὸ τῶν σωμάτων τοῦ ἐπιπολῆς συνεχής, οὐκ
ἐπίδηλος σημειώσει διὰ τὴν ἀνταναπλήρωσιν, σώζουσα
τὴν ἐπὶ τοῦ στερεμνίου θέσιν καὶ τάξιν τῶν ἀτόμων ἐπὶ
πολὺν χρόνον, εἰ καὶ ἐνίοτε συγχεομένη ὑπάρχει, καὶ 590
συστάσεις ἐν τῷ περιέχοντι ὀξεῖαι διὰ τὸ μὴ δεῖν κατὰ
βάθος τὸ συμπλήρωμα γίνεσθαι, καὶ ἄλλοι δὲ τρόποι τινὲς
γεννητικοὶ τῶν τοιούτων φύσεών εἰσιν. οὐθὲν γὰρ τούτων
ἀντιμαρτυρεῖ ταῖς αἰσθήσεσιν, ἂν βλέπῃ τίς τινα τρόπον
τὰς ἐνεργείας, †ἵνα† καὶ τὰς συμπαθείας ἀπὸ τῶν ἔξωθεν 595
πρὸς ἡμᾶς ἀνοίσει.

[49] δεῖ δὲ καὶ νομίζειν ἐπεισιόντος τινὸς ἀπὸ τῶν ἔξωθεν
τὰς μορφὰς ὁρᾶν ἡμᾶς καὶ διανοεῖσθαι· οὐ γὰρ ἂν
ἐναποσφραγίσαιτο τὰ ἔξω τὴν ἑαυτῶν φύσιν τοῦ τε
χρώματος καὶ τῆς μορφῆς διὰ τοῦ ἀέρος τοῦ μεταξὺ ἡμῶν τε 600
κἀκείνων, οὐδὲ διὰ τῶν ἀκτίνων ἢ ὧν δήποτε ῥευμάτων ἀφ'
ἡμῶν πρὸς ἐκεῖνα παραγινομένων, οὕτως ὡς τύπων τινῶν
ἐπεισιόντων ἡμῖν ἀπὸ τῶν πραγμάτων ὁμοχρόων τε καὶ
ὁμοιομόρφων κατὰ τὸ ἐναρμόττον μέγεθος εἰς τὴν ὄψιν ἢ

584 αὐτῶν om. F   ἢ ὀλίγα ἀντικόπτειν om. B   'πολλαῖς: atomos
simulacrorum cogitat' V. d. Muehll   **583** τῷ ἀπείρων (**583**) . . . ἀπείρων
Lapini, Hdt.: τὸ ἀπείροις (**583**) . . . {ἀπείροις} Diano, Scritti 305 (a. 1943)
587 ἐπιπολῆς Z³ (Frob.): ἐπὶ πολλῆς BPF   συνεχής Rossi 266 : -ῆς cum γρ
P⁴ᵐᵍ: συνοχῆς BP¹F: -ῆ Z³ (Frob.)   **588** σημειώσει BP: ἢ μειώσει FP⁴ᵐᵍ: τῇ
μειώσει Us., sed vid. Lortzing, PhW 8 (1888) 393 et Diels, Kl. Schr. (1969) 308
s. v. ἐλαττοῦν (a. 1916)   **593** γενητικοὶ F   **594** ἀντιμαρτυρεῖ BP:
μαρτυρεῖ F: ἀντιμαρτυρεῖ<ται> Brieger, Herodot 5**, sed vid. Barigazzi, PP
fasc. 61 (1958) 263   βλέπουσα F   **595** ἐνεργείας BPF: ἐναρ- Gass.
ἵνα BPF: τίνα Us.: secl. V. d. Muehll: τίνα post καὶ pos. Heidel 191. Vid. Grilli
102–3   τὰς ἐνεργείας εἶνα<ι> . . . ἀνοίσει<ς> Lapini, Hdt.   **596**
ἀνοίσει B: -ση PF   **597** ἐπεισιόντος P: ἐπι- F: ἐπιστάντος B   ἔξωθεν
BP: ἔξω F   **598–599** ἂν ἐναποσφραγίσαιτο Cob.: ἃ μὲν ἀποσφρ. BPF :
ἂν ἀποσφρ. rec.   **601** τῶν] τινῶν Us.   ὠνδήποτε BP¹: οἵων- F², P⁴ˢˡ·
(οἵων δήπ.) οἷον- F¹ ut vid.   **602** παραγινόμενων P: -γενόμενων BF
603 ὁμοχρόων Rossi 274: ἀπὸ χρῶν BPF: ὁμοιοχρόων D. Lembo, AFLN
24 (1980/1) 55³⁹, an recte?

605 τὴν διάνοιαν, ὠκέως ταῖς φοραῖς χρωμένων, **[50]** εἶτα διὰ
ταύτην τὴν αἰτίαν τοῦ ἑνὸς καὶ συνεχοῦς τὴν φαντασίαν
ἀποδιδόντων καὶ τὴν συμπάθειαν ἀπὸ τοῦ ὑποκειμένου
σῳζόντων κατὰ τὸν ἐκεῖθεν σύμμετρον ἐπερεισμὸν ἐκ τῆς
κατὰ βάθος ἐν τῷ στερεμνίῳ τῶν ἀτόμων πάλσεως.

610 καὶ ἢν ἂν λάβωμεν φαντασίαν ἐπιβλητικῶς τῇ διανοίᾳ ἢ
τοῖς αἰσθητηρίοις εἴτε μορφῆς εἴτε συμβεβηκότων, μορφή
ἐστιν αὕτη τοῦ στερεμνίου, γινομένη κατὰ τὸ ἑξῆς πύκνωμα
ἢ ἐγκατάλειμμα τοῦ εἰδώλου· τὸ δὲ ψεῦδος καὶ τὸ
διημαρτημένον ἐν τῷ προσδοξαζομένῳ ἀεί ἐστιν.

615 (†ἐπιμαρτυρηθήσεσθαι ἢ μὴ ἀντιμαρτυρηθήσεσθαι, εἶτ᾽ οὐκ
ἐπιμαρτυρουμένου κατὰ τὴν ἀκίνητον ἐν ἡμῖν αὐτοῖς
συνημμένην τῇ φανταστικῇ ἐπιβολῇ, διάληψιν δὲ ἔχουσαν,
καθ᾽ ἣν τὸ ψεῦδος γίνεται†) **[51]** ἥ τε γὰρ ὁμοιότης τῶν
φαντασμῶν οἱονεὶ ἐν εἰκόνι λαμβανομένων ἢ καθ᾽ ὕπνους
620 γινομένων ἢ κατ᾽ ἄλλας τινὰς ἐπιβολὰς τῆς διανοίας ἢ τῶν
λοιπῶν κριτηρίων οὐκ ἄν ποτε ὑπῆρχε τοῖς οὖσί τε καὶ
ἀληθέσι προσαγορευομένοις, εἰ μὴ ἦν τινα καὶ ταῦτα πρὸς
ἃ βάλλομεν· τὸ δὲ διημαρτημένον οὐκ ἂν ὑπῆρχεν. εἰ μὴ
ἐλαμβάνομεν καὶ ἄλλην τινὰ κίνησιν ἐν ἡμῖν αὐτοῖς

---

605 ὠκέαις Byw., Epic. 279   **607** ἀποδιδόντων Us.: -διδόντος BPF
608 σῳζόντων Us.: σώζοντος BPF. Vid. Grilli 103   **609** πάλσεως B²
(ἀλσεως in ras.): πλάσεως PF, de B¹ non constat   **610** ἂν λάβωμεν rec.:
ἀναλάβωμεν BPF   **611** αἰσθητηρίοις Fᵐᵍ, στερεμνίοις Fⁱ in textu
612 αὐτῇ B¹, corr. B²   **613** ἐγκατάλειμμα τοῦ Z³ (Frob.):
ἐγκαταλείμματος F: ἐνκαταλείμ- B² (λίμ- B¹): ἐγκαταλήμ- P¹(Q)
ἐγκατάλειμμα τῶν εἰδώλων Diano, Scritti 189³⁰⁷ (a. 1942)   **615–618** Vid.
L.-S. II p. 78   'additamenti reliquias olim ex margine intrusas agnoverunt
Rossi 277–8 (... ἐπιμαρτυρουμένου), Us. (κατά ... γίνεται) et Merbach'
V. d. Muehll   <ἐπὶ τοῦ προσμένοντος> ἐπιμαρτυρηθήσ. Us. (cum
Schn. 65)   **615** μὴ om. F   **616** ἐπιμαρτυρουμένου <ἢ ἀντιμ-
αρτυρουμένου> Us.   τὴν ἀκίνητον BPF: τινα κίνησιν Us., τὴν κ. Menag.
617 ἔχουσαν Gass.: ἐχούσῃ BPF   **619** φαντασμῶν BPF: -τασιῶν
Cob.: -τασμάτων Meibom.   οἷον ἢ Us.   λαμβανομένου B¹ ut vid.
620 γινομένων FP⁴: -μένου BP¹(Q)   **622** ταῦτα BPF: τοιαῦτα Gass.
622–623 πρὸς ἃ βάλλομεν F: πρὸς ὃ βάλ. BP: πρ. ἃ ἐπιβάλ. Schn. 66:
προσβαλλόμενα Us. συμβαλ., παραβαλ. s. προσλαμβάν- Lapini, Hdt.Vid.
Diano, Scritti 285¹⁷ (a. 1942)   **623** δὲ] τε Us.

EPICURUS

συνημμένην μὲν διάληψιν δὲ ἔχουσαν· κατὰ δὲ ταύτην {τὴν 625
συνημμένην τῇ φανταστικῇ ἐπιβολῇ, διάληψιν δὲ ἔχουσαν},
ἐὰν μὲν μὴ ἐπιμαρτυρηθῇ ἢ ἀντιμαρτυρηθῇ, τὸ ψεῦδος
γίνεται· ἐὰν δὲ ἐπιμαρτυρηθῇ ἢ μὴ ἀντιμαρτυρηθῇ, τὸ
ἀληθές. [52] καὶ ταύτην οὖν σφόδρα γε δεῖ τὴν δόξαν
κατέχειν, ἵνα μήτε τὰ κριτήρια ἀναιρῆται τὰ κατὰ τὰς 630
ἐνεργείας μήτε τὸ διημαρτημένον ὁμοίως βεβαιούμενον
πάντα συνταράττῃ.

ἀλλὰ μὴν καὶ τὸ ἀκούειν γίνεται πνεύματός τινος
φερομένου ἀπὸ τοῦ φωνοῦντος ἢ ἠχοῦντος ἢ ψοφοῦντος ἢ
ὅπως δήποτε ἀκουστικὸν πάθος παρασκευάζοντος. τὸ δὲ 635
ῥεῦμα τοῦτο εἰς ὁμοιομερεῖς ὄγκους διασπείρεται, ἅμα τινὰ
διασῴζοντας συμπάθειαν πρὸς ἀλλήλους καὶ ἑνότητα
ἰδιότροπον, διατείνουσαν πρὸς τὸ ἀποστεῖλαν καὶ τὴν
ἐπαίσθησιν τὴν ἐπ᾽ ἐκείνου ὡς τὰ πολλὰ ποιοῦσαν, εἰ δὲ μή
γε, τὸ ἔξωθεν μόνον ἔνδηλον παρασκευάζουσαν· [53] ἄνευ 640
γὰρ ἀναφερομένης τινὸς ἐκεῖθεν συμπαθείας οὐκ ἂν γένοιτο
ἡ τοιαύτη ἐπαίσθησις. οὐκ αὐτὸν οὖν δεῖ νομίζειν τὸν ἀέρα
ὑπὸ τῆς προϊεμένης φωνῆς ἢ καὶ τῶν ὁμογενῶν
σχηματίζεσθαι (πολλὴν γὰρ ἔνδειαν ἕξει τοῦτο πάσχων ὑπ᾽
ἐκείνης), ἀλλ᾽ εὐθὺς τὴν γινομένην πληγὴν ἐν ἡμῖν, ὅταν 645
φωνὴν ἀφίωμεν, τοιαύτην ἔκθλιψιν ὄγκων τινῶν ῥεύματος

625 μὲν <τῇ φανταστικῇ ἐπιβολῇ> Us.   625 (τὴν)–626 (ἔχουσαν) BPF:
om. Z (Frob.)   'glossema' Us., 'immo tamquam correctio vs. 625 delenda'
V. d. Muehll   626 ἔχουσαν P⁴: ἐχούσης BP¹: ἔχουσαι F. Vid. Grilli
104–5   627 μὴ om. F   629 σφόδρα γε δεῖ BP: δεῖ σφόδρα F   630
τὰς BP: τῆς F   631 ἐνεργείας BPF: ἐναργείας Gass. Vid. K. Algra,
Elenchos (1994) 98   632 πάντας B   633 πνεύματος BPF: ῥεύματος
Gass. Vid. Dorandi, Epicuro 284   635 παρασκευάζοντος BP¹: κατα- F,
γρ P⁴ˢ·ˡ·   636 κατασπείρεται F   637 διασῴζοντας Pˣ(Q): -ζοντα
BP¹: -ζουσα F   638 ἰδίῳ τρόπῳ B¹ ut vid.   639 ὡς τὰ πολλὰ FP⁴:
ὡς τὸ π. BP¹: ὡς τὸ στόμα 'glossema ad τὸ ἀποστεῖλαν' Us.   ποιοῦντας
Us.   640 ἔξωθεν] ἔξω<σ>θέν Lapini, Hdt.   παρασκευάζοντας Us.
644 ἔνδειαν ἕξει F: ερ . . . . . . .ξει B¹, ἔρδειαν ἕξει explevit B²: ἐρδειανεξει P¹:
ἐρ<ωὴν ἂν εἴ>ξε Bredlow, D. L. 505 post García Calvo, Emerita 40 (1972) 87
(ἐρώειαν)   πάσχων B²P: -ον B¹F: -ειν Meibom.   646 ἔκθλιψιν Brieger,
Seele 6: ἐκλίθην B: ἐκλή- P¹(Q): ἔκ FP⁴: ἔγκλισιν Bign., Epic. 88²   ὄγκων
τινῶν P¹(Q): ὄγκων τινὸς B: τινων ὄγκων FP⁴

πνευματώδους ἀποτελεστικῶν ποιεῖσθαι, ἢ τὸ πάθος τὸ
ἀκουστικὸν ἡμῖν παρασκευάζει.

καὶ μὴν καὶ τὴν ὀσμὴν νομιστέον, ὥσπερ καὶ τὴν ἀκοὴν
650 οὐκ ἄν ποτε οὐθὲν πάθος ἐργάσασθαι, εἰ μὴ ὄγκοι τινὲς
ἦσαν ἀπὸ τοῦ πράγματος ἀποφερόμενοι σύμμετροι πρὸς
τοῦτο τὸ αἰσθητήριον κινεῖν, οἱ μὲν τοῖοι τεταραγμένως καὶ
ἀλλοτρίως, οἱ δὲ τοῖοι ἀταράχως καὶ οἰκείως ἔχοντες.

[54] καὶ μὴν καὶ τὰς ἀτόμους νομιστέον μηδεμίαν
655 ποιότητα τῶν φαινομένων προσφέρεσθαι πλὴν σχήματος
καὶ βάρους καὶ μεγέθους καὶ ὅσα ἐξ ἀνάγκης σχήματος
συμφυῆ ἐστι. ποιότης γὰρ πᾶσα μεταβάλλει· αἱ δὲ ἄτομοι
οὐδὲν μεταβάλλουσιν, ἐπειδήπερ δεῖ τι ὑπομένειν ἐν ταῖς
διαλύσεσι τῶν συγκρίσεων στερεὸν καὶ ἀδιάλυτον, ὃ τὰς
660 μεταβολὰς οὐκ εἰς τὸ μὴ ὂν ποιήσεται οὐδ' ἐκ τοῦ μὴ ὄντος,
ἀλλὰ κατὰ μεταθέσεις ἐν πολλοῖς, τινῶν δὲ καὶ προσόδους
καὶ ἀφόδους. ὅθεν ἀναγκαῖον τὰ μὴ μετατιθέμενα ἄφθαρτα
εἶναι καὶ τὴν τοῦ μεταβάλλοντος φύσιν οὐκ ἔχοντα, ὄγκους
δὲ καὶ σχηματισμοὺς ἰδίους (τοῦτο γὰρ καὶ ἀναγκαῖον)
665 ὑπομένειν. [55] καὶ γὰρ ἐν τοῖς παρ' ἡμῖν μετασχη-
ματιζομένοις κατὰ τὴν περιαίρεσιν τὸ σχῆμα ἐνυπάρχον
λαμβάνεται, αἱ δὲ ποιότητες οὐκ ἐνυπάρχουσαι ἐν τῷ
μεταβάλλοντι, ὥσπερ ἐκεῖνο καταλείπεται, ἀλλ' ἐξ ὅλου τοῦ

654–672 12D L.-S.

---

647 ἀποτελεστικὴν Us. **648** ἡμῖν om. F **650** πάθος οὐθὲν F
ἐργάζεσθαι F **651–652** πρὸς <τὸ> τοῦτο rec., an recte? **655**
σχήματι Kuehn **657** ante συμφυῆ add. καὶ P³, sed expunxit **658**
οὐδὲν Z (Frob.): οὐδὲ BPF δεῖ BP¹: ἀεὶ F, γρ Pᵘᵐᵍ ὑπομένειν BP¹: -εἰ F,
γρ P⁴ ᵐᵍ **659** καὶ om. F **661** κατὰ ....μεταθέσεις (σεις in ras.) F², 'in
rasura fuit τὰ μ?' V. d. Muehll **661** (ἐν)–**662** (μετατιθέμενα) om. F¹, suppl.
F²ᵐᵍ **661** ἐν πολλοῖς (sc. στερεμνίοις vel σώμασι) BPF: ἐκ πολλοῦ rec.:
μὲν πολλῶν Gass. Us. ἐν πολλοῖς· 'τινῶν . . . ἀφόδους' variam lectionem
esse ad μεταθέσεις iudicat, quem secutus et 'v. l.' accipiens μεταθέσεις
<τινῶν>, τινῶν δὲ κ. πρ. κ. ἀ. Bign., AAT 47 (1912) 687 (= Epic. 89–90²)
πρὸς ὅλους B **662** ἀφόδους PF: ἀφολους B¹: ἀφ' ὅλου B² μὴ del.
Weil ap. Us., μὲν coni. Koch. 65, δὴ Us. **664** τοῦτο BPF: ταῦτα Meibom.
parenth. pos. L.-S. **665** ὑπομένειν BPF: -τιθέναι Us. Vid. Bign., Epic.
90² **665–666** σχηματιζόμενοις F **667** οὐκ ἐνυπ. PF: οὐδὲν ὑπ. B
668 ὥσπερ ἐκεῖνο καταλείπεται BPF: ὥσπερ ἐκεῖνο <ὃ> καταλ. Mau,
Problem d. Infinitesimalen 29: <οὐχ> ὥσπερ ἐκ. καταλείπονται Gass.

σώματος ἀπολλύμεναι. ἱκανὰ οὖν τὰ ὑπολειπόμενα ταῦτα
τὰς τῶν συγκρίσεων διαφορὰς ποιεῖν, ἐπειδήπερ 670
ὑπολείπεσθαί γέ τινα ἀναγκαῖον καὶ <ἢ> εἰς τὸ μὴ ὂν
φθείρεσθαι.

ἀλλὰ μὴν οὐδὲ δεῖ νομίζειν πᾶν μέγεθος ἐν ταῖς ἀτόμοις
ὑπάρχειν, ἵνα μὴ τὰ φαινόμενα ἀντιμαρτυρῇ· παραλλαγὰς
δέ τινας μεγεθῶν νομιστέον εἶναι. βέλτιον γὰρ καὶ τούτου 675
προσόντος τὰ κατὰ τὰ πάθη καὶ τὰς αἰσθήσεις γινόμενα
ἀποδοθήσεται. [56] πᾶν δὲ μέγεθος ὑπάρχον οὔτε
χρήσιμόν ἐστι πρὸς τὰς τῶν ποιοτήτων διαφοράς, ἀφῖχθαί
τε ἅμ' ἔδει καὶ πρὸς ἡμᾶς ὁρατὰς ἀτόμους· ὃ οὐ θεωρεῖται
γινόμενον, οὔθ' ὅπως ἂν γένοιτο ὁρατὴ ἄτομος ἔστιν 680
ἐπινοῆσαι. πρὸς δὲ τούτοις οὐ δεῖ νομίζειν ἐν τῷ ὡρισμένῳ
σώματι ἀπείρους ὄγκους εἶναι οὐδ' ὁπηλίκους οὖν. ὥστε οὐ
μόνον τὴν εἰς ἄπειρον τομὴν ἐπὶ τοὔλαττον ἀναιρετέον, ἵνα
μὴ πάντα ἀσθενῆ ποιῶμεν καὶ ταῖς περιλήψεσι τῶν ἀθρόων
εἰς τὸ μὴ ὂν ἀναγκαζώμεθα τὰ ὄντα θλίβοντες 685
καταναλίσκειν, ἀλλὰ καὶ τὴν μετάβασιν μὴ νομιστέον
γίνεσθαι ἐν τοῖς ὡρισμένοις εἰς ἄπειρον μηδ' ἐ<πὶ>
τοὔλαττον. [57] οὔτε γὰρ ὅπως, ἐπειδὰν ἅπαξ τις εἴπῃ ὅτι
ἄπειροι ὄγκοι ἔν τινι ὑπάρχουσιν ἢ ὁπηλίκοι οὖν, ἔστι
νοῆσαι· πῶς τ' ἂν ἔτι τοῦτο πεπερασμένον εἴη τὸ μέγεθος; 690
πηλίκοι γάρ τινες δῆλον ὡς οἱ ἄπειροί εἰσιν ὄγκοι {καὶ}

673–681 (ἐπινοῆσαι) 12A L.-S.   **673–675** (εἶναι) VS 68 A 43   **681**
(πρός)–**718** 9A L.-S.

669 ἀπολλύμεναι PF: -μενα B: ἀπόλλυνται Gass.   **671** ἢ εἰς Lapini,
Hdt.: καὶ εἰς BPF: καὶ <μὴ> εἰς Aldobr.: οὐκ εἰς Us.   **673** μὴν οὐδὲ (οὐδ',
οὐ in ras. B²) BPF: μηδὲ rec.   δεῖ Casaub.: ἀεὶ BPF   **674** ἀντιμαρτυρεῖν
B   **675** τούτου BP¹F: τούτοις cum γρ P⁴ᵐᵍ   **676** γενόμενα B   **677**
ὑπάρχον BPF: -χειν (Aldobr.), Us.   **679** ἅμ' ἔδει Us.: ἀμέλει BPF: ἀμέλει
<ἔδει> Sedley   οὐδ' Us.   **680** ὁρατὴ ἄτομος tamquam ex gloss. secl.
Us.   **684** καὶ BPF: κἂν Us.   ἀθρόων P: -οῶν B: ἀτόμων F   **687**
γίνεσθαι Meibom.: γενέ- BPF   μηδ' ἐπὶ Gass.: μηδὲ BPF   **688** ὅπως
BP: om. F: ὅλως Schn. 69: ἁπλῶς Brieger, Seele 7   **689** ἢ] οἱ Us.
690 πῶς τ'] ὅπως Brieger, Seele 7   πεπερασμένον τοῦτο F   **691** οἱ
BP¹: om. FP⁴   καὶ del. et sic interpu. Bign., Note 388

οὗτοι. ἐξ ὧν, ὁπηλίκοι ἄν ποτε ὦσιν, ἄπειρον ἂν ἦν καὶ τὸ μέγεθος. ἄκρον τε ἔχοντος τοῦ πεπερασμένου διαληπτόν, εἰ μὴ καὶ καθ᾿ ἑαυτὸ θεωρητόν, οὐκ ἔστι μὴ οὐ καὶ τὸ
695 ἑξῆς τούτου τοιοῦτον νοεῖν καὶ οὕτω κατὰ τὸ ἑξῆς εἰς τοὔμπροσθεν βαδίζοντα εἰς τὸ ἄπειρον ὑπάρχειν κατὰ τοσοῦτον ἀφικνεῖσθαι τῇ ἐννοίᾳ. [58] τό τε ἐλάχιστον τὸ ἐν τῇ αἰσθήσει δεῖ κατανοεῖν ὅτι οὔτε τοιοῦτόν ἐστιν οἷον τὸ τὰς μεταβάσεις ἔχον οὔτε πάντῃ πάντως ἀνόμοιον, ἀλλ᾿
700 ἔχον μέν τινα κοινότητα τῶν μεταβατῶν, διάληψιν δὲ μερῶν οὐκ ἔχον· ἀλλ᾿ ὅταν διὰ τὴν τῆς κοινότητος προσεμφέρειαν οἰηθῶμεν διαλήψεσθαί τι αὐτοῦ, τὸ μὲν ἐπιτάδε, τὸ δὲ ἐπέκεινα, τὸ ἴσον ἡμῖν δεῖ προσπίπτειν. ἑξῆς τε θεωροῦμεν ταῦτα ἀπὸ τοῦ πρώτου καταρχόμενοι καὶ οὐκ ἐν τῷ αὐτῷ,
705 οὐδὲ μέρεσι μερῶν ἁπτόμενα, ἀλλ᾿ ἢ ἐν τῇ ἰδιότητι τῇ ἑαυτῶν τὰ μεγέθη καταμετροῦντα, τὰ πλείω πλεῖον καὶ τὰ ἐλάττω ἔλαττον. ταύτῃ τῇ ἀναλογίᾳ νομιστέον καὶ τὸ ἐν τῇ ἀτόμῳ ἐλάχιστον κεχρῆσθαι· [59] μικρότητι γὰρ ἐκεῖνο δῆλον ὡς διαφέρει τοῦ κατὰ τὴν αἴσθησιν θεωρουμένου,
710 ἀναλογίᾳ δὲ τῇ αὐτῇ κέχρηται. ἐπείπερ καὶ ὅτι μέγεθος ἔχει ἡ ἄτομος κατὰ τὴν ἐνταῦθα ἀναλογίαν κατηγορήσαμεν, μικρόν τι μόνον μακρὰν ἐκβαλόντες. ἔτι τε τὰ ἐλάχιστα καὶ ἀμιγῆ πέρατα δεῖ νομίζειν τῶν μηκῶν τὸ καταμέτρημα ἐξ

692 ἐξ ὧν PF: om. B, del. Us.   καὶ οὕτως ἐξ ὧν s. καὶ ἐξ ὧν οὗτοι Lapini, Hdt.   ἦν] εἴη Lortzing, PhW 8 (1888) 421   **693** τε ἦν F   ἔχοντος Gass.: -τες BPF   τοῦ BP¹(Q): τὸ ὑπὸ FP⁴ˢˡ   **694** θεωρητὸν rec. (coni. Schn. 70): -τέον BPF   οὐ BP¹: om. FP⁴   **695** οὕτω PF²: τοῦτο BF¹ **696** βαδίζοντα BPF¹: -οντες F²: -οντι Us. (et τοῦτο supra)   εἰς τὸ <τὸ> ἄπειρον Leop. 273, del. Koch. 65   **696–697** κατὰ τοσοῦτον Sedley: κ. τοιοῦτον BPF: καὶ τὸ τοιοῦτον V. d. Muehll: κατὰ τοῦτον D. Furley, Two Studies in the Greek Atomists (1967) 16: κατὰ <τὸ> τοιοῦτον Schn. 70 **699** πάντῃ om. F   **700** μεταβατῶν Schn. 72: -βάντων BPF   **701** ὅταν Cob.: ὅτε BP¹F: ὅτι cum γρ P⁴ˢˡ   τὴν διὰ F   **702** τι om. F **705** μέρους F   ἁπτόμενα F: ἅπτομενα B¹ (ex μενα): ἅπτομεν P   τῇ² om. F   **708** κεχρῆσθαι BPF: κέχρηται Gass.   **711** τὴν <τῶν> ἐνταῦθα Us.   κατηγορήσομεν dub. V. d. Muehll   **712** μακρὰν Us.: -ὸν BPF ἐκβαλόντες Us. xviii: ἐκβάλλοντες BPF   μακρὸν ἐκλαβόντες Mau, Problem d. Infinitesimalen 38   **713** ἀμιγῆ BPF: ἀμερῆ Arnim, Alm. Ak. Wiss. Wien 57 (1907) 398. Vid. Dorandi, Epicuro 284   μηκῶν BP¹(Q): μακρῶν P⁴: μικρῶν F

αὐτῶν πρώτων τοῖς μείζοσι καὶ ἐλάττοσι παρασκευάζοντα
τῇ διὰ λόγου θεωρίᾳ ἐπὶ τῶν ἀοράτων. ἡ γὰρ κοινότης 715
ἡ ὑπάρχουσα αὐτοῖς πρός τὰ μετάβολα ἱκανὴ τὸ μέχρι
τούτου συντελέσαι· συμφόρησιν δὲ ἐκ τούτων κίνησιν
ἐχόντων οὐχ οἷόν τε γενέσθαι.

[60] καὶ μὴν καὶ τοῦ ἀπείρου ὡς μὲν ἀνωτάτω ἢ
κατωτάτω οὐ δεῖ κατηγορεῖν τὸ ἄνω ἢ κάτω (εἰς μέντοι 720
τὸ ὑπὲρ κεφαλῆς, ὅθεν ἂν στῶμεν εἰς ἄπειρον ἄγειν ὄν,
μηδέποτε φανεῖσθαι τοῦτο ἡμῖν) ἢ τὸ ὑποκάτω τοῦ
νοηθέντος εἰς ἄπειρον ἅμα ἄνω τε εἶναι καὶ κάτω πρός τὸ
αὐτό. τοῦτο γὰρ ἀδύνατον διανοηθῆναι. ὥστε ἔστι μίαν
λαβεῖν φορὰν τὴν ἄνω νοουμένην εἰς ἄπειρον καὶ μίαν τὴν 725
κάτω, ἂν καὶ μυριάκις πρὸς τοὺς πόδας τῶν ἐπάνω τὸ παρ'
ἡμῶν φερόμενον <εἰς> τοὺς ὑπὲρ κεφαλῆς ἡμῶν τόπους
ἀφικνῆται, ἢ ἐπὶ τὴν κεφαλὴν τῶν ὑποκάτω τὸ παρ' ἡμῶν
κάτω φερόμενον· ἡ γὰρ ὅλη φορὰ οὐθὲν ἧττον ἑκατέρα
ἑκατέρᾳ ἀντικειμένη ἐπ' ἄπειρον νοεῖται.   730

719–730 10C L.-S.

---

714 αὐτῶν Us.: αὐ- BPF   πρώτων P: πρῶτον BF   post
παρασκευάζοντα Us. lac. indicavit, quem sic expl. Koch. 65 <τῇ μὲν δι'
αἰσθήσεως θεωρίᾳ ἐπὶ τῶν ὁρατῶν>, τῇ <δὲ>   **716** μετάβολα Furley,
Two Studies 26–7: ἀμετάβολα BPF: μετάβατα Arnim, Alm. Ak. Wien 398:
ἀμετάβατα Us. Vid. Dorandi, Epicuro 284   **717** τελέσαι F   δὲ BP: καὶ
F   **718** ἐχόντων BPF : <οὐκ> ἐχ. A. Brieger, JAW 98 (1896) 164, 'falso'
V. d. Muehll: τού<των ὡς> τῶν κ. ἐχ. Bign., Epic. 95°   γενέσθαι BPF:
γι- Schn. 77   **719** καὶ² om. F   ἢ P: καὶ BF   **720** εἰς μέντοι P¹(Q):
ἴσμεν τοι B: μέντοι FP⁴: signa parentheseos pos. Bign., Epic. 95¹ (cf. Grilli
106–7): ἴσμεν <μέν>τοι Hicks CR 37 (1923) 109   εἰς μέντοι . . . αὐτό
(**724**) corrupta esse susp. V. d. Muehll, (ἴσμεν τοι) . . . ἢ (**722**) Bredlow 172–3
εἰ{ς} . . . στ. εἶ ἄπ. ἄγομεν, μηδ. φ. Lapini, Hdt.   **721** στῶμεν BP¹(Q):
τὸ μὲν F, γρ P⁴ᵐᵍ   ἄγειν ὄν F: ἄγ. ὂν BP: 'corrupta' V. d. Muehll:
ἀγόμενον Schn. 78, τεῖνον Us., ἄγειν <ἐξ>όν Giussani, Studi 168, ἄγ.
<νοοῦσιν, δῆλ>ον Bign., ἄγ. <ἐν>όν Bailey, ἄγ. καὶ J. Mau, Hermes
82 (1954) 16   **722–723** ἢ— ἄπειρον ante μηδέποτε transt. Marcov.
(et <ἐν>όν **722**) et εἰς ἄπειρον 'ut dissographiam' seclusit   **724** ἔστι om.
F   **725** τὴν¹ BP¹F: τῶν γρ P⁴ᵐᵍ   **727** εἰς V. d. Muehll, post Us. (ἐς)
728 ἀφικνῆσθαι F   **729** φθορὰ F   οὐδὲν F   ἑκατέρα BP¹: om. F,
expu. P⁴   **730** νοεῖται BP: γενέσθαι F

[61] καὶ μὴν καὶ ἰσοταχεῖς ἀναγκαῖον τὰς ἀτόμους εἶναι, ὅταν διὰ τοῦ κενοῦ εἰσφέρωνται μηθενὸς ἀντικόπτοντος. οὔτε γὰρ τὰ βαρέα θᾶττον οἰσθήσεται τῶν μικρῶν καὶ κούφων, ὅταν γε δὴ μηδὲν ἀπαντᾷ αὐτοῖς· οὔτε τὰ μικρὰ

735 τῶν μεγάλων, πάντα πόρον σύμμετρον ἔχοντα, ὅταν μηθὲν μηδὲ ἐκείνοις ἀντικόπτῃ· οὔθ' ἡ ἄνω οὔθ' ἡ εἰς τὸ πλάγιον διὰ τῶν κρούσεων φορά, οὔθ' ἡ κάτω διὰ τῶν ἰδίων βαρῶν. ἐφ' ὁπόσον γὰρ ἂν κατίσχῃ ἑκάτερον, ἐπὶ τοσοῦτον ἅμα νοήματι τὴν φορὰν σχήσει, ἕως ἀντικόψῃ ἢ ἔξωθεν ἢ ἐκ

740 τοῦ ἰδίου βάρους πρὸς τὴν τοῦ πλήξαντος δύναμιν. [62] ἀλλὰ μὴν καὶ κατὰ τὰς συγκρίσεις θάττων ἑτέρα ἑτέρας ῥηθήσεται τῶν ἀτόμων ἰσοταχῶν οὐσῶν, τῷ ἐφ' ἕνα τόπον φέρεσθαι τὰς ἐν τοῖς ἀθροίσμασιν ἀτόμους καὶ κατὰ τὸν ἐλάχιστον συνεχῆ χρόνον, εἰ μὴ ἐφ' ἕνα κατὰ τοὺς λόγῳ

745 θεωρητοὺς χρόνους· ἀλλὰ πυκνὸν ἀντικόπτουσιν, ἕως ἂν ὑπὸ τὴν αἴσθησιν τὸ συνεχὲς τῆς φορᾶς γίνηται. τὸ γὰρ προσδοξαζόμενον περὶ τοῦ ἀοράτου, ὡς ἄρα καὶ οἱ διὰ λόγου θεωρητοὶ χρόνοι τὸ συνεχὲς τῆς φορᾶς ἕξουσιν, οὐκ ἀληθές ἐστιν ἐπὶ τῶν τοιούτων· ἐπεὶ τό γε θεωρούμενον

731–751 11E L.-S.   **731–736** (ἀντικόπτῃ) VS 68 A 61

732 εἰσφέρωνται] εἶξ<ιν> φερ. Lapini, Hdt.   μηθενὸς B: μηδ- PF   **733** <μεγάλα καὶ> βαρέα Us.   θᾶττον] ἥττον Lapini, Hdt.   μικρῶν καὶ del. Gass.   **734** μηθὲν Marcov.   ἀπαντᾷ BP¹: ἄπαντα F: ἀπαντᾶν Pˣ **735** <βραδύτερον> τῶν μεγάλων Us., 'falso' V. d. Muehll   **737** φοραὶ P¹(Q)   ἡ FP⁴: αἱ BP¹(Q) ἢ ἡ κάτω Lapini, Hdt.   **738** ἑκάτερον Us.: ἑκατέρων BPF: ἑκατέρ<α αὐτ>ῶν Bailey   τοσοῦτον P: τοσούτων B: τοσοῦτο F   **739** σχήσει PF: -σειν B   ἀντικόψῃ ἢ BPF: <ἂν> ἀντ. ἡ Lapini, Hdt.   <ἄν τι> ἀντικόψῃ ἢ Us.   **740** πρὸς—δύναμιν in marg. infer. ut 'glossema' ad ἔξωθεν pos. Us.   **741** καὶ BPF: οὐδὲ (Aldobr.) Huebn.: del. Brieger, Atom. 227⁵⁰   <οὐ> θάττων Us.   θάττων Z³ (Frob.): θᾶττον BPF   **742** ῥηθήσεται BPF: οἰσθή- Kuehn: <φο>ρη- Brieger, Atom. 227⁵   τῷ BP: καὶ τὸ F: τῷ <μὴ> Heinze, GGA 160 (1898) 265   **743** καὶ del. Us.   **743–744** τὸν ἐλάχιστον Meibom.: τῶν ἐλαχίστων BPF   **744** εἰ μὴ BPF: εἰ <καὶ> μὴ V. d. Muehll: ἢ μὴ Us.: εἰ καὶ Heinze   **744–745** κατὰ . . . χρόνους in marg. infer. ut 'glossema' ad πυκνὸν ἀντικόπτουσιν pos. Us.   ante κατὰ ins. <καὶ ὅταν συνεχῆ ἔχωσι κίνησιν ἢ μὴ συνεχῆ> Arnim, Alm. Ak. Wien (1907) 401²¹, tradita accipiens   **745** ἀντικόπτουσιν Gass.: -ωσιν BPF   **746** τὸ om. B¹, add. B²ˢ·ˡ·   **748** φορᾶς BP: φωνῆς F   **749** ἐπὶ om. F

πᾶν ἢ κατ' ἐπιβολὴν λαμβανόμενον τῇ διανοίᾳ ἀληθές 750
ἐστιν.

[63] μετὰ δὲ ταῦτα δεῖ συνορᾶν ἀναφέροντα ἐπὶ τὰς
αἰσθήσεις καὶ τὰ πάθη (οὕτω γὰρ ἡ βεβαιοτάτη πίστις
ἔσται) ὅτι ἡ ψυχὴ σῶμά ἐστι λεπτομερὲς παρ' ὅλον τὸ
ἄθροισμα παρεσπαρμένον, προσεμφερέστατον δὲ πνεύματι 755
θερμοῦ τινα κρᾶσιν ἔχοντι καὶ πῇ μὲν τούτῳ προσεμφερές,
πῇ δὲ τούτῳ· ἔστι δὲ τὸ μέρος πολλὴν παραλλαγὴν εἰληφὸς
τῇ λεπτομερείᾳ καὶ αὐτῶν τούτων, συμπαθὲς δὲ τούτῳ
μᾶλλον καὶ τῷ λοιπῷ ἀθροίσματι· τοῦτο δὲ πᾶν αἱ
δυνάμεις τῆς ψυχῆς δηλοῦσι καὶ τὰ πάθη καὶ αἱ εὐκινησίαι 760
καὶ αἱ διανοήσεις καὶ ὧν στερόμενοι θνήσκομεν. καὶ μὴν καὶ
ὅτι ἔχει ἡ ψυχὴ τῆς αἰσθήσεως τὴν πλείστην αἰτίαν δεῖ
κατέχειν· [64] οὐ μὴν εἰλήφει ἂν ταύτην, εἰ μὴ ὑπὸ τοῦ
λοιποῦ ἀθροίσματος ἐστεγάζετό πως. τὸ δὲ λοιπὸν
ἄθροισμα παρασκευάσαν ἐκείνῃ τὴν αἰτίαν ταύτην 765
μετείληφε καὶ αὐτὸ τοιούτου συμπτώματος παρ' ἐκείνης, οὐ
μέντοι πάντων ὧν ἐκείνη κέκτηται· διὸ ἀπαλλαγείσης τῆς
ψυχῆς οὐκ ἔχει τὴν αἴσθησιν. οὐ γὰρ αὐτὸ ἐν ἑαυτῷ ταύτην
ἐκέκτητο τὴν δύναμιν, ἀλλ' ἑτέρῳ ἅμα συγγεγενημένῳ
αὐτῷ παρεσκεύαζεν, ὃ διὰ τῆς συντελεσθείσης περὶ αὐτὸ 770
δυνάμεως κατὰ τὴν κίνησιν σύμπτωμα αἰσθητικὸν εὐθὺς
ἀποτελοῦν ἑαυτῷ ἀπεδίδου κατὰ τὴν ὁμούρησιν καὶ

752–808 14A L.-S.

754 (ψυχή)–804 (συμπτώματα) Φ 9 (187.7–189.3)

753 βεβαία F   754 ἔσται BP: ἄγεται F   755 κατεσπαρμένον F
πνεύματι BP¹(Q)Φ: σπέρματι F, γρ P⁴ᵐᵍ   757 ἔστι δὲ τὸ μέρος BPFΦ:
ἔστι δέ τι μ. Woltjer 61–2 et 189: ἔτι δὲ τὸ μ. Leop. 274: ἔστι δὲ τὸ <γ'> μ.
Koch. 69   ἔστι δὲ τοῦ ἀέρος ... εἰληφός, τῇ <δὲ> λ. Lapini, Hdt.
758 τούτῳ 'haud scio an τούτῳ sit pro διὰ τοῦτο' Schn. 82   759 καὶ
BPF: ἢ Φ (coni. K. Fr. Hermann [1834] 111)   760 δηλοῦσι (Aldobr.),
Gass.: δῆλον BPF: δηλονότι Φ: δῆλον <ποιοῦσι> Brieger, Seele 11⁹:
ἐδήλουν Leop. 274   τ. δὲ κἂν ... δηλοῖεν Lapini, Hdt.   αἱ Pˢ·ˡ·
761 στερόμενοι BF, P⁴ in linea, Φ: στερού- P¹ et P⁴ˢ·ˡ·   μὴν BPF: μὲν Φ
765 παρασκευάσαι B   ἐκείνῃ BPΦ: om. F   766 τοιούτου FP⁴Φ:
τοιοῦτο (-τοῦ B²) τοῦ BP¹(Q)   769 ἕτερον ἅμα συγγεγενημένον Us.
770 ὃ duae litt. evanidae in B   αὐτὸ B²PFΦ: -ῶ B¹   771 κίνησιν
BP¹(Q)Φ: δί- F, P⁴ (in mg εἶχε κινησιν [sic])

συμπάθειαν καὶ ἐκείνῳ, καθάπερ εἶπον. **[65]** διὸ δὴ καὶ
ἐνυπάρχουσα ἡ ψυχὴ οὐδέποτε ἄλλου τινὸς μέρους
775 ἀπηλλαγμένου ἀναισθητεῖ· ἀλλὰ ἂν καὶ ταύτης
ξυναπόληται τοῦ στεγάζοντος λυθέντος εἴθ᾽ ὅλου εἴτε καὶ
μέρους τινός, ἐάνπερ διαμένῃ, ἕξει τὴν αἴσθησιν. τὸ δὲ
λοιπὸν ἄθροισμα διαμένον καὶ ὅλον καὶ κατὰ μέρος οὐκ ἔχει
τὴν αἴσθησιν ἐκείνου ἀπηλλαγμένου, ὅσον ποτέ ἐστι τὸ
780 συντεῖνον τῶν ἀτόμων πλῆθος εἰς τὴν τῆς ψυχῆς φύσιν.
καὶ μὴν καὶ λυομένου τοῦ ὅλου ἀθροίσματος ἡ ψυχὴ
διασπείρεται καὶ οὐκέτι ἔχει τὰς αὐτὰς δυνάμεις οὐδὲ
κινεῖται, ὥστε οὐδ᾽ αἴσθησιν κέκτηται. **[66]** οὐ γὰρ οἷόν τε
νοεῖν αὐτὸ αἰσθανόμενον μὴ ἐν τούτῳ τῷ συστήματι καὶ
785 ταῖς κινήσεσι ταύταις χρώμενον, ὅταν τὰ στεγάζοντα καὶ
περιέχοντα μὴ τοιαῦτα ᾖ, ἐν οἷς νῦν οὖσα ἔχει ταύτας τὰς
κινήσεις. ἀλλὰ μὴν καὶ τόδε (*λέγει ἐν ἄλλοις καὶ ἐξ ἀτόμων*
αὐτὴν συγκεῖσθαι λειοτάτων καὶ στρογγυλωτάτων,
πολλῷ τινι διαφερουσῶν τῶν τοῦ πυρός καὶ τό μέν τι
790 *ἄλογον αὐτῆς, ὃ τῷ λοιπῷ παρεσπάρθαι σώματι· τὸ δὲ*
λογικὸν ἐν τῷ θώρακι, ὡς δῆλον ἔκ τε τῶν φόβων καὶ τῆς
χαρᾶς. ὕπνον τε γίνεσθαι τῶν τῆς ψυχῆς μερῶν τῶν παρ᾽
ὅλην τὴν σύγκρισιν παρεσπαρμένων ἐγκατεχομένων ἢ

---

773 ἐκεῖνο F   δὴ καὶ om. Φ sed loco contracto: καὶ om. F   **774** τινὸς
ἄλλου B   **775** ἀναισθητεῖ(ν) Φ (coni. Schn. 83): -θήσει B: -θησία PF:
-θη<τή>σει Kuehn   ἀλλὰ ἂν BP¹: ἀλλ᾽ ἃ ἂν FP⁴: ἀλλ᾽ ἂν Φ   ταύτης
Us.: ταύτῃ BPF: αὕτη Φ (coni. Meibom.)   **776** ξυναπόληται rec.:
-απόλληται PF: -απόλλυται B: -εξαπόληται Φ   ταύτης συναπόληται
Sedley   στεγάσματος Φ   καὶ om. F   **776** (εἴθ᾽)—**777** (τινός) del.
Brieger, Seele 15   **777** ἕξει Us.: ὀξὺ BPF: ὀξύνει Φ: σῴζει V. d. Muehll
τὸ δὲ BPΦ: ἐκείνου F   **778** καὶ κατὰ FΦ: κατὰ BP: καὶ Us.   **781**
λυομένου PΦ: δυο- B: διαλυο- F   **782** καὶ οὐκέτι] οὐθ᾽ οὐκέτι B¹, οὐθ᾽
οὐκ expu. B² et in mg pos. εἰδ οὐ   αὐτῆς B¹, corr. B²   **783** κινεῖται]
κινήσεις dub. Bign., Epic. 100°   κέκτηται FP⁴: οὐ κ. B: κέκτηται P⁴Φ
784 αὐτὸ BPFΦ: αὐτὸ <τὸ> Lapini, Hdt.: τὸ Us.   αὐτὴν αἰσθανομένην
et χρωμένην (**785**) Meibom. cf. οὖσα (**786**)   <ὃν> ἐν Us.   συστήματι
BPF²ˢ·ˡ·: κινή- F¹   καὶ om. FP⁴, an recte?   **788** στρογγυλοτάτων B,
Pⁱᵃᶜ   **789** μέν τι Φ (idem iam Cob.): μέντοι BPF   **790** παρεσπάρθαι
Schn. 84: -εσπάρθη B²: -εσαρθρεῖ B¹PF: -εσαρθρεῖται Φ   **791** θώρακι]
σώματι cum γρ P⁴ᵐᵍ   τε om. B   **792** τῆς—τῶν om. Φ   **793** παρεσ-
παρμένων μερῶν τῆς ψυχῆς Φ

διαφορουμένων, εἶτα συμπιπτόντων τοῖς πορίμοις. τό τε
σπέρμα ἀφ' ὅλων τῶν σωμάτων φέρεσθαι) **[67]** γε δεῖ 795
προσκατανοεῖν, ὅτι τὸ ἀσώματον λέγεται κατὰ τὴν
πλείστην ὁμιλίαν τοῦ ὀνόματος ἐπὶ τοῦ καθ' ἑαυτὸ
νοηθέντος ἄν· καθ' ἑαυτὸ δὲ οὐκ ἔστι νοῆσαι τὸ ἀσώματον
πλὴν τοῦ κενοῦ. τὸ δὲ κενὸν οὔτε ποιῆσαι οὔτε παθεῖν
δύναται, ἀλλὰ κίνησιν μόνον δι' ἑαυτοῦ τοῖς σώμασι 800
παρέχεται. ὥσθ' οἱ λέγοντες ἀσώματον εἶναι τὴν ψυχὴν
ματαιΐζουσιν. οὐθὲν γὰρ ἂν ἐδύνατο ποιεῖν οὔτε πάσχειν, εἰ
ἦν τοιαύτη· νῦν δ' ἐναργῶς ἀμφότερα ταῦτα διαλαμβάνεται
περὶ τὴν ψυχὴν τὰ συμπτώματα. **[68]** ταῦτα οὖν πάντα
τὰ διαλογίσματα <τὰ> περὶ ψυχῆς ἀνάγων τις ἐπὶ τὰ 805
πάθη καὶ τὰς αἰσθήσεις, μνημονεύων τῶν ἐν ἀρχῇ
ῥηθέντων, ἱκανῶς κατόψεται τοῖς τύποις ἐμπεριειλημμένα
εἰς τὸ κατὰ μέρος ἀπὸ τούτων ἐξακριβοῦσθαι βεβαίως.

ἀλλὰ μὴν καὶ τὰ σχήματα καὶ τὰ χρώματα καὶ τὰ μεγέθη
καὶ τὰ βάρη καὶ ὅσα ἄλλα κατηγορεῖται σώματος ὡς ἀεὶ 810
συμβεβηκότα (ἢ πᾶσιν ἢ τοῖς ὁρατοῖς καὶ κατὰ τὴν
αἴσθησιν αὐτοῖς γνωστοῖς), οὔθ' ὡς καθ' ἑαυτάς εἰσι φύσεις

809–860 (ὀνομάζομεν) 7B L.-S.

794 εἶτα BPF: ἢ Φ: ἤτε καὶ Gass.   συμπιπτόντων BPΦ: ἐμ- F: ἐκ- dub.
Giussani ad Lucr. 4.904–25: συνεκ- Diels, D. III 2, p. 42³   πορίμοις Apelt:
πορυμοῖς BP¹(Q): 'πορμοῖς (sic) F: σπορίμοις Φ: ἐσπαρμένοις cum γρ P⁴ᵐᵍ:
ἐπερεισμοῖς Us.   **795** (γε)–**801** (παρέχεται) om. Φ   **796** πρὸς τὸ
κατανοεῖν F   ὅτι BP: ὅ τι F   λέγεται Heidel 193: λέγει γὰρ BPF: λέγω
Schn. 86: λέγομεν V. d. Muehll   **796–797** λέγει ... ὁμιλίαν ut 'scholium'
in mg posuit Us., λέγει ... ὀνόματος Heidel 193   **797** ἑαυτὸ F¹ : -ὸν
BPF²   **799** τὸ] τι Leop. 275   **801** εἶναι om. F   **802** ματαιΐζουσιν
BPF: ματαιά- Φ: ματά- Us.   ἂν ἐδύνατο FP⁴: ἂν ἐδύνετο B: ἀνεδύνετο
P¹(Q)   οὔτε BPF: ἢ Φ: 'fort. οὐδὲ' Us.   **803** διαλαμβάνεται Bailey: -νει
BPFΦ: -νομεν (Aldobr.) Meibom.: συμβαίνει Us.   **804** πάντα om. F
805 διαλογίσματα] διανοήματα F²   τὰ add. Us.   περὶ ψυχῆς om. rec.,
del. Huebn.   **807** συπεριειλημμένα B   **808** <καὶ τὰ> κατὰ μέρος
Us.: <τὰ> κ. μ. Gass., sed vid. Diano 299   **810** βάρη Us.: βαρέα ἢ
BPF   **810–811** ὡς ἀεὶ συμβ. Sedley in J. Barnes–M. Mignucci, Matter and
Metaphysics (1988) 311²⁷ post Bign., Epic. 101² (ὡς ἂν ἀεὶ συμβ.): ὡς ἂν εἰς
αὐτὰ βεβηκότα BPF: ὡσανεὶ συμβ. P. Galesius ap. Casaub.: ὡσανεὶ σὺν
αὐτῷ βεβ. Bredlow 175   **811** τὴν] τιν' dub. V. d. Muehll   **812** αὐτοῖς
BP¹F: -ῶν P⁴: ἁπλῶς Lapini, Hdt.: αὐτὴν Meibom.: σώματος Us.: ἡμῖν dub.
v. d. Muehll   γνωστά Us.

δοξαστέον (οὐ γὰρ δυνατὸν ἐπινοῆσαι τοῦτο)· **[69]** οὔτε
ὅλως ὡς οὐκ εἰσίν· οὔθ᾽ ὡς ἕτερ᾽ ἄττα προσυπάρχοντα
815 τούτῳ ἀσώματα· οὔθ᾽ ὡς μόρια τούτου, ἀλλ᾽ ὡς τὸ ὅλον
σῶμα καθόλου μὲν <ἐκ> τούτων πάντων τὴν ἑαυτοῦ φύσιν
ἔχον ἀΐδιον οὐχ οἷόν τε εἶναι, συμπεφορημένων ὥσπερ ὅταν
ἐξ αὐτῶν τῶν ὄγκων μεῖζον ἄθροισμα συστῇ ἤτοι τῶν
πρώτων ἢ τῶν τοῦ ὅλου μεγεθῶν τοῦδέ τινος ἐλαττόνων,
ἀλλὰ μόνον ὡς λέγω ἐκ τούτων ἁπάντων τὴν ἑαυτοῦ φύσιν
ἔχον ἀΐδιον. καὶ ἐπιβολὰς μὲν ἔχοντα ἰδίας πάντα ταῦτά
ἐστι καὶ διαλήψεις, συμπαρακολουθοῦντος δὲ τοῦ ἀθρόου
καὶ οὐθαμῇ ἀποσχιζομένου, ἀλλὰ κατὰ τὴν ἀθρόαν ἔννοιαν
τοῦ σώματος κατηγορίαν εἰληφότος.
825 **[70]** καὶ μὴν καὶ τοῖς σώμασι συμπίπτει πολλάκις καὶ οὐκ
ἀΐδιον παρακολουθεῖ ἃ οὔτ᾽ ἐν τοῖς ἀοράτοις ἔσται οὔτε
ἀσώματα. ὥστε δὴ κατὰ τὴν πλείστην φορὰν τούτῳ τῷ
ὀνόματι χρώμενοι φανερὰ ποιοῦμεν τὰ συμπτώματα
οὔτε τὴν τοῦ ὅλου φύσιν ἔχειν, ὃ συλλαβόντες κατὰ τὸ
830 ἀθρόον σῶμα προσαγορεύομεν, οὔτε τὴν τῶν ἀΐδιον
παρακολουθούντων ὧν ἄνευ σῶμα οὐ δυνατὸν νοεῖσθαι.
κατ᾽ ἐπιβολὰς δ᾽ ἄν τινας παρακολουθοῦντος τοῦ ἀθρόου
ἕκαστα προσαγορευθείη, **[71]** ἀλλ᾽ ὅτε δήποτε ἕκαστα
συμβαίνοντα θεωρεῖται, οὐκ ἀΐδιον τῶν συμπτωμάτων
835 παρακολουθούντων. καὶ οὐκ ἐξελατέον ἐκ τοῦ ὄντος

---

813 οὔτε BP: ἢ F   **814** οὔθ᾽ ὡς Gass.: ὡς οὔθ᾽ BPF   ἕτερ᾽ ἄττα Us.:
ἕτερα τὰ BPF   **815** οὐδ᾽ F   **816** μὲν ἐκ Meibom.: μὲν BPF: ἐκ
(Aldobr.) Gass.   **817** τε B: τ᾽ PF   δὲ Schn. 87   συμπεφορημένων
BP¹(Q): -μένον FP⁴: <ἐκ> -μένων Bailey   **816–817** καθ. ἄνευ τούτων π.
... οὐχ οἷόν τε εἶναι, συμπεφορημένον Lapini, Hdt.   **818** ὄγκων]
οἴκων B¹P¹(Q)   **819** μεγεθῶν] μερῶν Schn. 87   **823** οὐδαμῇ FP⁴
ἀποσχιζόμενα Us.   **824** τοῦ σώματος ἔννοιαν F   εἰληφότα Us.
826 παρακολουθεῖ ἃ Sedley duce Bign., Epic. 102³ (παρακ. ἃ γ᾽): -θεῖν PF:
-θεῖ B   post παρακολ. lac. indic. Us.   corrupta esse censet V. d. Muehll
'sunt reliquiae tantum definitionis Eventorum similis definitioni Coniuncto-
rum **809–814**'   ἔσται Us.: καὶ BPF: εἶναι Bailey οὔτε τοῖς ἀορ. ἴσα οὔτε
ἀσ. dub. Lapini, Hdt.   **827** δὴ BP: δεῖ F   **829** ἔχειν BP: –ει F   ὃ F:
ὃν P: ἦν B² in lac.   **830** ἀΐδιον Meibom.: ἀϊδίων BPF   **833** hiatum
ante ἀλλ᾽ ὅτῳ (sic) indic. Us., sed vid. V. d. Muehll ad loc.   **834** ἀΐδιον
Meibom.: ἀϊδίων BPF

ταύτην τὴν ἐνάργειαν, ὅτι οὐκ ἔχει τὴν τοῦ ὅλου φύσιν ᾧ
συμβαίνει, ὃ δὴ καὶ σῶμα προσαγορεύομεν, οὐδὲ τὴν τῶν
ἀΐδιον παρακολουθούντων. οὐδ' αὖ καθ' αὐτὰ νομιστέον
(οὐδὲ γὰρ τοῦτο διανοητὸν οὔτ' ἐπὶ τούτων οὔτ' ἐπὶ τῶν
ἀΐδιον συμβεβηκότων). ἀλλ' ὅπερ καὶ φαίνεται, 840
συμπτώματα πάν<τα κα>τὰ τὰ σώματα νομιστέον, καὶ
οὐκ ἀΐδιον παρακολουθοῦντα οὐδ' αὖ φύσεως καθ' ἑαυτὰ
τάγμα ἔχοντα, ἀλλ' ὃν τρόπον αὐτὴ ἡ αἴσθησις τὴν
ἰδιότητα ποιεῖ, θεωρεῖται.

[72] καὶ μὴν καὶ τόδε γε δεῖ προσκατανοῆσαι σφοδρῶς. 845
τὸν γὰρ δὴ χρόνον οὐ ζητητέον ὥσπερ καὶ τὰ λοιπά, ὅσα
ἐν ὑποκειμένῳ ζητοῦμεν ἀνάγοντες ἐπὶ τὰς βλεπομένας
παρ' ἡμῖν αὐτοῖς προλήψεις, ἀλλ' αὐτὸ τὸ ἐνάργημα, καθ' ὃ
τὸν πολὺν ἢ ὀλίγον χρόνον ἀναφωνοῦμεν, συγγενικῶς
τοῦτο περιφέροντες, ἀναλογιστέον. καὶ οὔτε διαλέκτους ὡς 850
βελτίους μεταληπτέον, ἀλλ' αὐταῖς ταῖς ὑπαρχούσαις κατ'
αὐτοῦ χρηστέον· οὔτε ἄλλο τι κατ' αὐτοῦ κατηγορητέον
ὡς τὴν αὐτὴν οὐσίαν ἔχοντος τῷ ἰδιώματι τούτῳ (καὶ γὰρ
τοῦτο ποιοῦσί τινες), ἀλλὰ μόνον ᾧ συμπλέκομεν τὸ ἴδιον
τοῦτο καὶ παραμετροῦμεν μάλιστα ἐπιλογιστέον. [73] καὶ 855
γὰρ τοῦτο οὐκ ἀποδείξεως προσδεῖται ἀλλ' ἐπιλογισμοῦ,
ὅτι ταῖς ἡμέραις καὶ ταῖς νυξὶ συμπλέκομεν καὶ τοῖς τούτων
μέρεσιν, ὡσαύτως δὲ καὶ τοῖς πάθεσι καὶ ταῖς ἀπαθείαις, καὶ

845–862 Vid. F. Verde, Elenchos 29 (2008) 91–117

836 ᾧ F¹: ᾦ B: ὃ PF²   **837** ὃ—προσαγορεύομεν ut 'scholium' in mg.
posuit Us.   συμβαίνει BPF: συμμένει Lapini, Hdt. (comma deleto)
838 ἀΐδιον P: ἀϊδίων B: ἀϊδίων οὐδὲ τὴν τὸν ἀΐδιον F   παρακολουθοῦν
BP¹(Q)   **839** διανοητὸν Bernays, Ges. Abhandl. II (1885) 49 (a. 1853):
-νοητέον BPF   οὔτ'² F: οὐδ' BP   **840** ἀΐδιον P: ἀϊδίων BF   **841**
πάντα κατὰ σώματα Bign., Epic. 103³   π. τὰ σώματα BPF: περὶ τὰ
σώματα Lapini, Hdt.: π. τὰ σωμάτων Sedley: π. σώματος Us.: π. ταῦτα
σώματος Leop. 276: π. τὰ τοιαῦτα V. d. Muehll   **843** ἄλλον P¹(Q)
844 θεωρεῖται BPF: -ρούμενα Koch. 70: -ρητέον Us.   **845** γε om. F
848 προσλήψεις B   **850** περιφέροντες BPF: ἐπιφέροντες Us.: -ας
Bailey   καὶ ἀναλογιστέον F   διαλέκτου P¹ (coni. Kuehn)   **851–852**
κατ' αὐτοῦ F: καθ' αὑ- BP¹   **852** κατ' αὐτοῦ Gass.: καθ' αὑ- BPF
853 ἔχοντος BPF: ἔχον Us.   **854** τοῦτο BP: τούτῳ F   ᾧ B (ex ᾦ), PˣF:
ὃ P¹: ὥς cum γρ P⁴ᵐᵍ   **855** τοῦτο BP¹(Q): τούτῳ FP⁴

κινήσεσι καὶ στάσεσιν, ἴδιόν τι σύμπτωμα περὶ ταῦτα
860 πάλιν αὐτὸ τοῦτο ἐννοοῦντες, καθ' ὃ χρόνον ὀνομάζομεν.
(φησὶ δὲ τοῦτο καὶ ἐν τῇ δευτέρᾳ Περὶ φύσεως καὶ ἐν τῇ
Μεγάλῃ ἐπιτομῇ.)

ἐπί τε τοῖς προειρημένοις τοὺς κόσμους δεῖ καὶ πᾶσαν
σύγκρισιν πεπερασμένην τὸ ὁμοειδὲς τοῖς θεωρουμένοις
865 πυκνῶς ἔχουσαν νομίζειν γεγονέναι ἀπὸ τοῦ ἀπείρου,
πάντων τούτων ἐκ συστροφῶν ἰδίων ἀποκεκριμένων καὶ
μειζόνων καὶ ἐλαττόνων· καὶ πάλιν διαλύεσθαι πάντα, τὰ
μὲν θᾶττον, τὰ δὲ βραδύτερον, καὶ τὰ μὲν ὑπὸ τῶν τοιῶνδε,
τὰ δὲ ὑπὸ τῶν τοιῶνδε τοῦτο πάσχοντα. [74] (δῆλον οὖν
870 ὡς καὶ φθαρτούς φησι τοὺς κόσμους, μεταβαλλόντων τῶν
μερῶν. καὶ ἐν ἄλλοις τὴν γῆν τῷ ἀέρι ἐποχεῖσθαι). ἔτι δὲ
τοὺς κόσμους οὔτε ἐξ ἀνάγκης δεῖ νομίζειν ἕνα σχηματισμὸν
ἔχοντας < ... > (†ἀλλὰ καὶ διαφόρους αὐτοὺς ἐν τῇ ιβ' περὶ
αὐτοῦ φησιν· οὓς μὲν γὰρ σφαιροειδεῖς, καὶ ᾠοειδεῖς
875 ἄλλους, καὶ ἀλλοιοσχήμονας ἑτέρους· οὐ μέντοι πᾶν σχῆμα

---

861 (φησὶ)–**862** fr. 26 et 79 Us.   **863–869** 13C L.-S.

---

860 πάλιν BPF: πάντα Us. conl. Sext., M. 10.219   **861** τῇ β' F   **863**
τοῦ κόσμου B   **864** ὁμοειδὲς B: ὁμοιο- PF   **865** πυκνῶς BPF:
πύκνωμ' G. B. Kerferd, RhMus 114 (1971) 87–9   **867** πάλιν BP: πάντα F
868 τῶν om. F   **869** τοῦτο πάσχοντα rec.: τοῦτο σχοα (σχόα B²)
BP¹(Q): πάσχοντα, F: πάσχοντα P⁴   ἄδηλον P⁴, sed in mg γρ δῆλον
ὅπερ καὶ κάλλιον P⁴   δῆλον οὖν ὡς καὶ .. epist. annectit V. d. Muehll, ipse
in scholio ante φθαρτούς supplens <καὶ ἐν τῇ ... περὶ φύσεως> (postquam
naturam corruptelae huius loci perspex. Brieger, Herodot 14 et Woltjer 111,
124)   **870** καὶ φθαρτούς BP, F² ut vid.: καὶ .φθαρτὸν F¹: ἀφθάρτους rec.
καὶ <γενετούς καὶ> φθ. Bign., Ar. perd. II 96   τοὺς κόσμους BPF²: τὸν
κόσμον F¹   **871** ἔτι δὲ BP¹(Q): ἔτι δὲ καὶ FP⁴: ἔτι τε Arndt 20   **872** δεῖ
PF: ἀεὶ B   **873** post ἔχοντας lac. indic. Us.   **873–874** περὶ αὐτοῦ
BP¹(Q): π. τούτου F, γρ P⁴: περὶ φύσεώς K. Fr. Hermann (1834) 111 et
Brieger, Herodot 15: π. <φύσεως> αὐτὸς Us.   **875** (οὐ)–**876** (ἀπείρου)
Us. scholiastae dat, verba epistulae esse susp. Brieger, Herodot 15 et Diels ap.
Arndt 21²⁰ (πάσχοντα [schol.], ἔτι δὲ καὶ τοὺς κόσμους (sc. διαλύεσθαι),
<οὓς> οὔτε ... ἔχοντας [schol.] οὐ μέντοι πᾶν σχῆμα ἔχειν οὐδὲ ζῷα ...
ἀπείρου)   Vid. Lapini, Hdt., ipse locum ita refingens ἔτι δὲ τ. κ. οὔτε ἐξ
ἀν. δεῖ ν. ἕνα σχ. ἔχ. < ... > ἀλλὰ καὶ διαφ. αὐτούς (ἐν τῇ ιβ' <Περὶ
φύσεως> περὶ τούτου φησιν· 'οὓς μὲν γὰρ σφ., καὶ ᾠο. ἄλ., καὶ ἀ. ἑ.· οὐ μ.
πᾶν σχ. ἔχ.)· οὐδὲ ζ. εἶναι κτλ.   'ante οὐδὲ desunt qualia apud Lucr. II
1075sq. leguntur' V. d. Muehll

ἔχειν. οὐδὲ ζῷα εἶναι ἀποκριθέντα ἀπὸ τοῦ ἀπείρου†) οὐδὲ
γὰρ ἂν ἀποδείξειεν οὐδεὶς ὡς <ἐν> μὲν τῷ τοιούτῳ καὶ οὐκ
ἂν ἐμπεριελήφθη τὰ τοιαῦτα σπέρματα, ἐξ ὧν ζῷά τε καὶ
φυτὰ καὶ τὰ λοιπὰ πάντα <τὰ> θεωρούμενα συνίσταται,
ἐν δὲ τῷ τοιούτῳ οὐκ ἂν ἐδυνήθη. ὡσαύτως δὲ καὶ 880
ἐντραφῆναι. τὸν αὐτὸν δὲ τρόπον καὶ ἐπὶ γῆς νομιστέον).

[75] ἀλλὰ μὴν ὑποληπτέον καὶ τὴν φύσιν πολλὰ καὶ
παντοῖα ὑπὸ αὐτῶν τῶν πραγμάτων διδαχθῆναί τε καὶ
ἀναγκασθῆναι, τὸν δὲ λογισμὸν τὰ ὑπὸ ταύτης
παρεγγυηθέντα ὕστερον ἐπακριβοῦν καὶ προσεξευρίσκειν 885
ἐν μὲν τισὶ θᾶττον, ἐν δὲ τισὶ βραδύτερον, καὶ ἐν μὲν τισὶ
περιόδοις καὶ χρόνοις †ἀπὸ τῶν ἀπὸ τοῦ ἀπείρου < ... >,
ἐν δὲ τισὶ κατ' ἐλάττους. ὅθεν καὶ τὰ ὀνόματα ἐξ ἀρχῆς μὴ
θέσει γενέσθαι, ἀλλ' αὐτὰς τὰς φύσεις τῶν ἀνθρώπων καθ'
ἕκαστα ἔθνη ἴδια πασχούσας πάθη καὶ ἴδια λαμβανούσας 890
φαντάσματα ἰδίως τὸν ἀέρα ἐκπέμπειν στελλόμενον ὑφ'
ἑκάστων τῶν παθῶν καὶ τῶν φαντασμάτων, ὡς ἄν ποτε καὶ
ἡ παρὰ τοὺς τόπους τῶν ἐθνῶν διαφορὰ ᾖ· [76] ὕστερον
δὲ κοινῶς καθ' ἕκαστα ἔθνη τὰ ἴδια τεθῆναι πρὸς τὸ
τὰς δηλώσεις ἧττον ἀμφιβόλους γενέσθαι ἀλλήλαις καὶ 895
συντομωτέρως δηλουμένας· τινὰ δὲ καὶ οὐ συνορώμενα

882–900 19A L.-S.

---

876 ἔχειν PF: ἔχεται B   **877** ὡς μὲν τῶ BPF: ἐν add. Us.: ὡς ἐν τῷ Gass.
879 τὰ add. Schn. 92   **880** τοιούτων B   **881** verba τὸν—νομιστέον
epistulae esse susp. V. d. Muhll, ipse lacunam post νομιστέον postulans,
'putandum est <species animalium et plantarum semper easdem exsistere>'
880–881 ἐδυνήθη ὡσ. δὴ καὶ ἐντρ. τὸν αὐτὸν δὲ τρ. καὶ ἐπὶ γῆς ν. Bred-
low, D. L. 509   **883** παντοῖα τε F   ὑπὸ αὐτῶν τῶν BP: ὑπὸ τῶν
αὐτῶν F   τε om. F   **885** καὶ ὕστερον FP⁴   **886** ἐν δὲ τισὶ BP: τισὶ
δὲ F   **887** χρόνοις καὶ περιόδοις F   ἀπὸ τῶν ἀπὸ τοῦ ἀπείρου
'glossema' Us., del. V. d. Muehll 'libr. ad **876** aberravisse videtur'   ἀπὸ τοῦ
ἀπείρου secl. et <ἰδίων χρειῶν κατὰ μείζους ἐπιδόσεις> suppl. Sedley
ἀπὸ τῶν] ἀποτομὴν Us.   ἀπὸ τοῦ om. F   <κατὰ μείζους ἐπιδόσεις>
Leop. 276 (servato κατ'), <μ. λαμβάνειν ἐπιδ.> Us.: <φόβων κατὰ μείζους
φυλάττεσθαι τῆς φυσιολογίας> Bign., Note 389   **888** κατ' BPF: καὶ Us.
κατ' ἐνιαυτοὺς Lapini, Hdt.   **891** στελλομένων F   ὑπ' BP¹   **893** ᾖ
Us.: εἴη BPF   **895** γίνεσθαι dub. V. d. Muehll   ἀλλήλαις BP: -λους F:
-λοις Meibom.   Cf. Diog. Oen. fr. 12 III 14–IV 3 Smith   **896**
συντομωτέρως F: -οτέρως B: -ωτέρας P

πράγματα εἰσφέροντας τοὺς συνειδότας παρεγγυῆσαί τινας φθόγγους τοὺς ἀναγκασθέντας ἀναφωνῆσαι, τοὺς δὲ τῷ λογισμῷ ἑλομένους κατὰ τὴν πλείστην αἰτίαν οὕτως
900 ἑρμηνεῦσαι.

καὶ μὴν ἐν τοῖς μετεώροις φορὰν καὶ τροπὴν καὶ ἔκλειψιν καὶ ἀνατολὴν καὶ δύσιν καὶ τὰ σύστοιχα τούτοις μήτε λειτουργοῦντός τινος νομίζειν δεῖ γίνεσθαι καὶ διατάττοντος ἢ διατάξοντος καὶ ἅμα τὴν πᾶσαν
905 μακαριότητα ἔχοντος μετὰ ἀφθαρσίας **[77]** (οὐ γὰρ συμφωνοῦσιν πραγματεῖαι καὶ φροντίδες καὶ ὀργαὶ καὶ χάριτες μακαριότητι, ἀλλ᾽ ἐν ἀσθενείᾳ καὶ φόβῳ καὶ προσδεήσει τῶν πλησίον ταῦτα γίνεται), μήτε αὖ πῦρ ἅμα ὄντα συνεστραμμένον τὴν μακαριότητα κεκτημένα κατὰ
910 βούλησιν τὰς κινήσεις ταύτας λαμβάνειν· ἀλλὰ πᾶν τὸ σέμνωμα τηρεῖν κατὰ πάντα ὀνόματα φερόμενα ἐπὶ τὰς τοιαύτας ἐννοίας, ἐὰν μηδὲν ὑπεναντίον ἐξ αὐτῶν τῷ σεμνώματι δόξῃ· εἰ δὲ μή, τὸν μέγιστον τάραχον ἐν ταῖς ψυχαῖς αὐτὴ ἡ ὑπεναντιότης παρασκευάσει. ὅθεν δὴ κατὰ
915 τὰς ἐξ ἀρχῆς ἐναπολήψεις τῶν συστροφῶν τούτων ἐν τῇ

901–914 (παρασκευάσει) 23C L.-S.

898 τοὺς¹ del. Us.: <καὶ> τοὺς <μὲν> Gass.: <ὧν> τοὺς <μὲν> Meibom.: τοὺς <μὲν> Giussani, Studi 273: τοὺς <μὲν οὖν> Sedley, 'nihil mutandum' V. d. Muehll **899** ἑπομένους Schn. 92 αἰτίαν] φαντασίαν Us., ὁμιλίαν Leop. 277 **901** καὶ μὴν <καὶ τὴν> Us., sed vid. Arndt 21–3 **903** γίνεσθαι Meibom. : γενέ- BPF **904** ἢ διατάξοντος BPF: ἢ διατάξαντος rec., del. Meibom. Cf. RS 16 **906–907** καὶ χάριτες FP⁴: κ. χ. καὶ BP¹(Q): κ. χ. τῇ Cob. **907** ἀλλ᾽ ἐν BP¹(Q): ἀλλὰ ἐν B: ἀλλ᾽ FP⁴ **908** πλησίων B **908–909** αὖ πῦρ ἅμα ὄντα P⁴: αὖ πυρα μαον τα P¹(Q): λυπαρα μαοντα B¹: λυπαρὰ ἅμα ὄντα B²: αὖ πῦρ ὄντα F: αὖ πυρὸς ἀνάμματα Us., ὄντα sc. τὰ μετέωρα Arndt 21–2 **909** συνεστραμμένον BPF: -μένα Steph., -μένου Us. μακαριοτάτην B, P¹(-ω-) **910** πᾶν τὸ BP: πάν τὰ F **911** τηρεῖν sc. δεῖ τηρεῖν, ... φερόμενον Us., πᾶν τ᾽ ὄνομα τὰ φ.... ἐννοίας ἐᾶν, μὴ δ᾽ Garcia Calvo, Emerita 40 (1972) 113 **912** ἐὰν BPF: ἵνα Us. μηδὲν Meibom.: μηδ᾽ BPF ὑπεναντίον Meibom.: -τίαις BP¹: -τίαι FP⁴ ὑπ᾽ ἐναντίαις Bredlow, D. L. 510, ὑπεναντίαι <γένωνται> Gass. ἐξ αὐτῶν sc. τῶν ὀνομάτων **913** δόξῃ Meibom.: δόξαι BPF ἐὰν (s. ἵνα) μηδ᾽ ὑπεναντία ἐξῇ αὐτῶν τῷ σ. δόξαι dub. Lapini, Hdt. **914** αὐτὴ ἡ P: -ὴν ἡ B: αὕτη F κατὰ Meibom.: καὶ BPF

778

τοῦ κόσμου γενέσει δεῖ δοξάζειν καὶ τὴν ἀνάγκην ταύτην καὶ περίοδον συντελεῖσθαι.

[78] καὶ μὴν καὶ τὴν ὑπὲρ τῶν κυριωτάτων αἰτίαν ἐξακριβῶσαι φυσιολογίας ἔργον εἶναι δεῖ νομίζειν, καὶ τὸ μακάριον ἐν τῇ περὶ μετεώρων γνώσει ἐνταῦθα πεπτωκέναι 920 καὶ ἐν τῷ τίνες φύσεις αἱ θεωρούμεναι κατὰ τὰ μετέωρα ταυτί, καὶ ὅσα συγγενῆ πρὸς τὴν εἰς τοῦτο ἀκρίβειαν· ἔτι τε οὐ τὸ πλεοναχῶς ἐν τοῖς τοιούτοις εἶναι καὶ τὸ ἐνδεχομένως καὶ ἄλλως πως ἔχειν, ἀλλ' ἁπλῶς μὴ εἶναι ἐν ἀφθάρτῳ καὶ μακαρίᾳ φύσει τῶν διάκρισιν ὑποβαλλόντων ἢ τάραχον 925 μηθέν· καὶ τοῦτο καταλαβεῖν τῇ διανοίᾳ ἔστιν ἁπλῶς εἶναι.

[79] τὸ δ' ἐν τῇ ἱστορίᾳ πεπτωκός τῆς δύσεως καὶ ἀνατολῆς καὶ τροπῆς καὶ ἐκλείψεως καὶ ὅσα συγγενῆ τούτοις μηθὲν ἔτι πρὸς τὸ μακάριον τῆς γνώσεως συντείνειν, ἀλλ' ὁμοίως τοὺς φόβους ἔχειν τοὺς ταῦτα 930 κατιδόντας, τίνες δ' αἱ φύσεις ἀγνοοῦντας καὶ τίνες αἱ κυριώταται αἰτίαι, καὶ εἰ μὴ προσῄδεσαν ταῦτα· τάχα δὲ καὶ πλείους, ὅταν τὸ θάμβος ἐκ τῆς τούτων προσκατανοήσεως μὴ δύνηται τὴν λύσιν λαμβάνειν κατὰ τὴν περὶ τῶν κυριωτάτων οἰκονομίαν. διὸ δὴ καὶ πλείους 935 αἰτίας εὑρίσκομεν τροπῶν καὶ δύσεων καὶ ἀνατολῶν καὶ ἐκλείψεων καὶ τῶν τοιουτοτρόπων ὥσπερ καὶ ἐν τοῖς κατὰ μέρος γινομένοις, καὶ [80] οὐ δεῖ νομίζειν τὴν ὑπὲρ τούτων χρείαν ἀκρίβειαν μὴ ἀπειληφέναι, ὅση πρὸς τὸ ἀτάραχον

---

916 γενέσει BP: συστάσει F   918 <τὸ> τὴν Us.   920 ἐν—γνώσει tamquam ex glossemate ad ἐνταῦθα eiecit Us., sed vid. 929   921 καὶ <οὐκ> ἐν Lapini, Hdt.   τίνες Ζ³ (Frob.): τινὰς BPF   922 ταυτὶ καὶ F: τ' αὐτίκα B² (τ' et ὶ in ras.): ταυτὶ ex ταυτικα P ut vid.   συγγενῆ BPF: συγ. <τούτοις συντείνει> Koch. 70: συντείνει Us.   τοῦτο PF: τούτων B 923 τοῖς om. F   ἐνδεχομένως PF: -μένω B: - μένας rec.: -χόμενον Schn. 94. Vid. Bign., Epic. 109⁴   924 πως om. F   926 τούτω B   929 τῆς γνώσεως BPF: τὰς γνώσεις Us.: 'praeferrem τὴν γνῶσιν, sed cf. 920' V. d. Muehll   931 κατιδόντας PF: καταδιδόντας Β: κατειδότας Us.   δ' αἱ Β: δὲ αἱ F: δὲ P   932 προσῄδεσαν Huebn.: -δεισαν BPF. Vid. Croen., MGH 210   τάχα δὲ BP'F²: τὰ χαλεπὰ F'P⁴   934 κατὰ Gass.: καὶ BPF 935-936 κἄν πλ. αἰτ. εὑρίσκωμεν Us.   937 τῶν τοιουτοτρόπων Meibom.: τ. τοιούτων τρόπων (τροπῶν P⁴) BP'F   καὶ Meibom.: ἢ BPF: ἦν Us.

779

940 καὶ μακάριον ἡμῶν συντείνει. ὥστε παραθεωροῦντας
ποσαχῶς παρ' ἡμῖν τὸ ὅμοιον γίνεται, αἰτιολογητέον ὑπέρ
τε τῶν μετεώρων καὶ παντὸς τοῦ ἀδήλου, καταφρονοῦντας
τῶν οὔτε <τὸ> μοναχῶς ἔχον ἢ γινόμενον γνωριζόντων
οὔτε τὸ πλεοναχῶς συμβαῖνον τὴν ἐκ τῶν ἀποστημάτων
945 φαντασίαν παραδιδόντων, ἔτι τε ἀγνοούντων καὶ ἐν ποίοις
οὐκ ἔστιν ἀταρακτῆσαι. ἂν οὖν οἰώμεθα καὶ ὡδί πως
ἐνδεχόμενον αὐτὸ γίνεσθαι καὶ ἐν ποίοις ὁμοίως
ἀταρακτῆσαι, αὐτὸ τὸ ὅτι πλεοναχῶς γίνεται γνωρίζοντες,
ὥσπερ κἂν ὅτι ὡδί πως γίνεται εἰδῶμεν, ἀταρακτήσομεν.
950 **[81]** ἐπὶ δὲ τούτοις ὅλως ἅπασιν ἐκεῖνο δεῖ κατανοεῖν, ὅτι
τάραχος ὁ κυριώτατος ταῖς ἀνθρωπίναις ψυχαῖς γίνεται ἐν
τῷ ταῦτα μακάριά τε δοξάζειν <εἶναι> καὶ ἄφθαρτα, καὶ
ὑπεναντίας ἔχειν τούτοις ἅμα βουλήσεις καὶ πράξεις καὶ
αἰτίας, καὶ ἐν τῷ αἰώνιόν τι δεινὸν ἢ προσδοκᾶν ἢ
955 ὑποπτεύειν κατὰ τοὺς μύθους, εἴτε καὶ αὐτὴν τὴν
ἀναισθησίαν τὴν ἐν τῷ τεθνάναι φοβουμένους ὥσπερ
οὖσαν κατ' αὐτούς, καὶ ἐν τῷ μὴ δόξαις ταῦτα πάσχειν ἀλλ'
ἀλόγῳ γέ τινι παραστάσει, ὅθεν μὴ ὁρίζοντας τὸ δεινὸν τὴν
ἴσην ἢ καὶ ἐπιτεταμένην ταραχὴν λαμβάνειν τῷ εἰ καὶ
960 ἐδόξαζον ταῦτα· **[82]** ἡ δὲ ἀταραξία τὸ τούτων πάντων
ἀπολελύσθαι καὶ συνεχῆ μνήμην ἔχειν τῶν ὅλων καὶ

---

943 οὔτε τὸ Gass.: οὐδὲ BPF   **944** τὴν BPF: τὴν <ἐπὶ τῶν> Bign., Epic.
111': τὴν <τ'> Us.: <κατὰ> τὴν Meibom.: <τῶν> τὴν Koch. 71, 'nihil
mutandum est' V. d. Muehll   **945** παραδιδόντων BPF: παριδόντων Us.
946 post ἀταρακτῆσαι ex **945–946** καὶ ἐν ποίοις ὁμοίως ἀταρακτῆσαι
transp. V. d. Muehll   **946** (ἂν)–**948** (ἀταρακτῆσαι) om. B   **947** καὶ del.
Us.   ἐν ποίοις P'(Q): ἐφ' οἷοις FP⁴   **949** κἂν ὅτι κἂν ὁδή πως F' (ὅτι
κἂν ὁδή πως in ras.)   γίνεται FP⁴: γίνονται BP'(Q)   ἀταρακτήσομεν F:
-σωμεν BP   **950** ὅλως BP: ὅλοις F   **951** τάραχος <μὲν> dub. Us.
952 ταῦτα BPF: ταὐτὰ V. d. Muehll   εἶναι post Gass., add. Us.   **953**
τούτοις BP: ταύτας F: τούτῳ Us.   ἅμα trasp. post βουλήσεις F   **954**
αἰῶνι ὄντι P   ἢ' V. d. Muehll: καὶ BPF: ἀεὶ Us.   ἢ² BP'(Q): καὶ F, γρ P⁴mg
955 καὶ αὐτὴν Casaub.: κατὰ ταύτην BPF   **956** τὴν ἐν FPˣ: τῇ ἐν P': τί
ἐν B² (τί in ras.)   **957** κατ' αὐτοὺς Casaub.: καὶ αὐτοὺς BPF   **957–958**
ἀλλὰ λόγω F   **959** τῷ B: τὸ PF: ὡς W. Nestle, PhW 37 (1917) 1091
959–960 εἰκαίως δοξάζοντι Us.   **960** τὸ BPF: τῷ Us.

κυριωτάτων. ὅθεν τοῖς πά<θε>σι προσεκτέον τοῖς παροῦσι καὶ ταῖς αἰσθήσεσι, κατὰ μὲν τὸ κοινὸν ταῖς κοιναῖς, κατὰ δὲ τὸ ἴδιον ταῖς ἰδίαις, καὶ πάσῃ τῇ παρούσῃ καθ' ἕκαστον τῶν κριτηρίων ἐναργείᾳ. ἂν γὰρ τούτοις προσέχωμεν, τὸ 965 ὅθεν ὁ τάραχος καὶ ὁ φόβος ἐγίνετο ἐξαιτιολογήσομεν ὀρθῶς καὶ ἀπολύσομεν, ὑπέρ τε μετεώρων αἰτιολογοῦντες καὶ τῶν λοιπῶν τῶν ἀεὶ παρεμπιπτόντων, ὅσα φοβεῖ τοὺς λοιποὺς ἐσχάτως.

ταῦτά σοι, ὦ Ἡρόδοτε, ἔστι κεφαλαιωδέστατα ὑπὲρ τῆς 970 τῶν ὅλων φύσεως ἐπιτετμημένα· [83] ὥστε ἂν γένοιτο οὗτος ὁ λόγος δυνατὸς κατασχεθεὶς μετ' ἀκριβείας, οἶμαι, ἐὰν μὴ καὶ πρὸς ἅπαντα βαδίσῃ τις τῶν κατὰ μέρος ἀκριβωμάτων, ἀσύμβλητον αὐτὸν πρὸς τοὺς λοιποὺς ἀνθρώπους ἁδρότητα λήψεσθαι. καὶ γὰρ καὶ καθαρὰ ἀφ' 975 ἑαυτοῦ ποιήσει πολλὰ τῶν κατὰ μέρος ἐξακριβουμένων κατὰ τὴν ὅλην πραγματείαν ἡμῖν, καὶ αὐτὰ ταῦτα ἐν μνήμῃ τιθέμενα συνεχῶς βοηθήσει. τοιαῦτα γάρ ἐστιν, ὥστε καὶ τοὺς κατὰ μέρος ἤδη ἐξακριβοῦντας ἱκανῶς ἢ καὶ τελείως, εἰς τὰς τοιαύτας ἀναλύοντας ἐπιβολὰς τὰς πλείστας τῶν 980 περιοδειῶν ὑπὲρ τῆς ὅλης φύσεως ποιεῖσθαι· ὅσοι δὲ μὴ παντελῶς αὐτῶν τῶν ἀποτελουμένων ἐκ τούτων εἰσὶν καὶ

---

962 (ὅθεν)–969 17D L.-S.

962 πάθεσι Bonnet, De Galeni subfig. empir. (1872) 82: πᾶσι BPF 963 καὶ ταῖς αἰσθήσεσι om. F¹, add. F²ᵐᵍ 964 πᾶσι τοῖς παροῦσι F 968 ὅσα BP¹: καὶ ὅσα FP⁴ 969 λοιποὺς <ἀνθρώπους> Meibom. 970 κεφαλαιοδέστερα F, γρ P⁴ᵐᵍ (-αιω-) 971 ἐπιτεταγμένα B ὥστε ἂν γένοιτο BPF: ὥστ' ἂν γένηται Us. 972 δυνατὸς ὁ λόγος οὗτος F κατασχεθεὶς Gass.: κατεσχέθη BPF: <ἐὰν> κατεσχεθῆ Kuehn: κατασχεθῆναι F. Bockenmueller, JClPh 127 (1883) 411 973 καὶ om. F, del. P⁴ 974 ἀσύμβλητον BP¹(Q): ἀσύγκριτον F, P⁴ᵐᵍ αὐτὸ B 975 καθαρὰ Gass.: -ὰν BPF 975–976 ἀφ' ἑαυτοῦ BP: αὑτοῦ F 976 ἐξακριβουμένων Gass.: -βούμενος BPF 978 (τοιαῦτα)–984 Vid. Dorandi, Epicuro 285 et Lapini, Hdt. 979 τοὺς κατὰ μέρος BPF: τοὺς <τὰ> κ. μ. Meibom.: τοὺς <καὶ τὰ> κ. μ. Us., sed vid. 808 979–980 τελείως εἰς B² (εἰς B²ˢˡ), FP⁴: τελειώσεις P¹: τελείως B¹: τελέως εἰς Diels, D. I p. 93¹ 981 (ὅσα)–983 (ἄν/) om. B ὅσοι rec. (coni. Gass.): ὅσα PF 982 ἀποτετελειωμένων Schn. 97 (cf. 463) ἐκ τ. εἰσὶν PF: εἰσίν, ἐκ τούτων Kuehn καὶ Brieger, Herodot 27: ἢ PF: secl. Bredlow 176

κατὰ τὸν ἄνευ φθόγγων τρόπον τὴν ἅμα νοήματι περίοδον
τῶν κυριωτάτων πρὸς γαληνισμὸν ποιοῦνται.'

985 καὶ ἥδε μέν ἐστιν αὐτῷ ἐπιστολὴ περὶ τῶν φυσικῶν. περὶ
δὲ τῶν μετεώρων ἥδε.

᾽Επίκουρος Πυθοκλεῖ χαίρειν.

[84] ἤνεγκέ μοι Κλέων ἐπιστολὴν παρὰ σοῦ, ἐν ᾗ
φιλοφρονούμενός τε περὶ ἡμᾶς διετέλεις ἀξίως τῆς ἡμετέρας
990 περὶ σεαυτὸν σπουδῆς, καὶ οὐκ ἀπιθάνως ἐπειρῶ
μνημονεύειν τῶν εἰς μακάριον βίον συντεινόντων
διαλογισμῶν, ἐδέου τε σεαυτῷ περὶ τῶν μετεώρων
σύντομον καὶ εὐπερίγραφον διαλογισμὸν ἀποστεῖλαι, ἵνα
ῥᾳδίως μνημονεύῃς· τὰ γὰρ ἐν ἄλλοις ἡμῖν γεγραμμένα
995 δυσμνημόνευτα εἶναι, καίτοι, ὡς ἔφης, συνεχῶς αὐτὰ
βαστάζεις. ἡμεῖς δὲ ἡδέως τέ σου τὴν δέησιν ἀπεδεξάμεθα
καὶ ἐλπίσιν ἡδείαις συνεσχέθημεν. **[85]** γράψαντες οὖν τὰ
λοιπὰ πάντα συντελοῦμεν ἅπερ ἠξίωσας πολλοῖς καὶ
ἄλλοις ἐσόμενα χρήσιμα τὰ διαλογίσματα ταῦτα, καὶ
1000 μάλιστα τοῖς νεωστὶ φυσιολογίας γνησίου γευομένοις καὶ
τοῖς εἰς ἀσχολίας βαθυτέρας τῶν ἐγκυκλίων τινὸς
ἐμπεπλεγμένοις. καλῶς δὴ αὐτὰ διάλαβε, καὶ διὰ μνήμης
ἔχων ὀξέως αὐτὰ περιόδευε μετὰ τῶν λοιπῶν ὧν ἐν τῇ
μικρᾷ ἐπιτομῇ πρὸς Ἡρόδοτον ἀπεστείλαμεν.

Capita 83–116 (Ep. Pyth.) ed. Usener 33–55, V. d. Muehll 27–43, Bailey
56–81, E. Boer, Epikur Brief an Pythokles (1954), Arrighetti² [3] 75–103,
J. Bollack–A. Laks, Épicure à Pythoclès (1978), Conche 190–213

---

983 τὸν P: τῶν F   ἄνευ φθόγγων FP⁴: ἀνεύφθογγον P¹(Q): εὔφθογγον B
984 πο<ρ>ιοῦνται Lapini, Hdt.   **989** τε om. F   **992** σεαυτῷ om. F
993 ἀποστεῖλαι B² (εἶλαι in ras.)   **995–996** καίτοι ... βαστάζεις
Casaub.: κ. ... βαστάζειν BPF: κἄν τις ... -ζῃ (-ζει) Schn. 93: καίτοι ...
–ζοντι Us.: 'quidni καὶ τῷ ... –ζοντι?' V. d. Muehll, καὶ τῷ ... -ζειν
Philippson, PhW 43 (1923) 1098   **997** ἡδείαις P: ἰδίαις BF   **998**
λοιπὰ πάντα BPF: 'fort. λείποντα' Us., sed cf. **1003   1000** τοῖς P, B²
(οἶ in ras.): τῆς F¹   γευομένοις BP: γεγευμένοις Fˣ ex -νης   **1000** (καὶ)–
1002 (ἐμπεπλεγμένοις) om. F¹, add. F²ᵐᵍ   **1001** τοῖς εἰς P: τῆς εἰς B: τῆς
F²   **1003** ἔχων BP: ἄγων F

πρῶτον μὲν οὖν μὴ ἄλλο τι τέλος ἐκ τῆς περὶ μετεώρων 1005
γνώσεως εἴτε κατὰ συναφὴν λεγομένων εἴτε αὐτοτελῶς
νομίζειν εἶναι ἤπερ ἀταραξίαν καὶ πίστιν βέβαιον, καθάπερ
καὶ ἐπὶ τῶν λοιπῶν. **[86]** μήτε τὸ ἀδύνατον {καὶ}
παραβιάζεσθαι μήτε ὁμοίαν κατὰ πάντα τὴν θεωρίαν ἔχειν
ἢ τοῖς περὶ βίων λόγοις ἢ τοῖς κατὰ τὴν τῶν ἄλλων φυσικῶν 1010
προβλημάτων κάθαρσιν, οἷον ὅτι τὸ πᾶν σῶμα καὶ ἀναφὴς
φύσις ἐστίν, ἢ ὅτι ἄτομα στοιχεῖα, καὶ πάντα τὰ τοιαῦτα
<δ>ἢ ὅσα μοναχὴν ἔχει τοῖς φαινομένοις συμφωνίαν· ὅπερ
ἐπὶ τῶν μετεώρων οὐχ ὑπάρχει, ἀλλὰ ταῦτά γε πλεοναχὴν
ἔχει καὶ τῆς γενέσεως αἰτίαν καὶ τῆς οὐσίας ταῖς αἰσθήσεσι 1015
σύμφωνον κατηγορίαν. οὐ γὰρ κατὰ ἀξιώματα κενὰ
καὶ νομοθεσίας φυσιολογητέον, ἀλλ᾽ ὡς τὰ φαινόμενα
ἐκκαλεῖται· **[87]** οὐ γὰρ ἰδιολογίας καὶ κενῆς δόξης ὁ βίος
ἡμῶν ἔχει χρείαν, ἀλλὰ τοῦ ἀθορύβως ἡμᾶς ζῆν. πάντα
μὲν οὖν γίνεται ἀσείστως κατὰ πάντων <τῶν> κατὰ 1020
πλεοναχὸν τρόπον ἐκκαθαιρομένων, συμφώνως τοῖς
φαινομένοις, ὅταν τις τὸ πιθανολογούμενον ὑπὲρ αὐτῶν
δεόντως καταλίπῃ· ὅταν δέ τις τὸ μὲν ἀπολίπῃ τὸ δὲ
ἐκβάλῃ ὁμοίως σύμφωνον ὂν τῷ φαινομένῳ, δῆλον ὅτι καὶ
ἐκ παντὸς ἐκπίπτει φυσιολογήματος, ἐπὶ δὲ τὸν μῦθον 1025
καταρρεῖ. σημεῖα δ᾽ ἐπὶ τῶν ἐν τοῖς μετεώροις
συντελουμένων φέρει τῶν παρ᾽ ἡμῖν τινα φαινομένων, ἃ

1005–1032 18C L.-S.

1005 ἐκ Us. suspectum, εἰκὸς Koch. 71. Vid. Bign., Epic. 116² **1006** τὴν
συναφὴν F **1007** νομίζειν <δεῖ> Gass. **1008** καὶ² BP¹(Q): om. FP⁴:
ante μήτε transp. Koch. 71: καὶ <ἄπρακτον> Bign., Epic. 116⁴ **1011**
σῶμα<τα> Us. **1012** <τὰ> στοιχεῖα Schn. 100 **1013** δὴ Bign.,
Epic. 117³: ἢ BPF: del. Schn. 100 **1014** ὑπάρχει Gass.: -ειν BPF
1018 ἰδιολογίας Steph.: ἰδιαλο- BP¹(Q): ἤδη ἀλο- FP⁴ **1020** οὖν P: οὐ
BF κατὰ BPF: del. Croen., Lect. Epic. 129: καὶ Us. πάντων BFPˣ: πᾶν
τῶν P¹(Q) τῶν suppl. Bign., Epic. 117⁴ **1021** πλεοναχῶν F
ἐκκαθαιρουμένων B συμφώνων F **1023** δεόντος F καταλίπει B
1026 δ᾽ ἐπὶ Us.: δέ τι BP¹(Q): δέ τινα FP⁴: δ᾽ ἔστι Boer (φέρειν **1027**
servato): δὲ πι<θανὰ> Bign., Epic. 118¹ **1027** φέρει Kuehn: -ειν BPF

θεωρεῖται ᾗ ὑπάρχει· καὶ οὐ τὰ ἐν τοῖς μετεώροις φαινόμενα· ταῦτα γὰρ ἐνδέχεται πλεοναχῶς γίνεσθαι. [88] τὸ μέντοι
1030 φάντασμα ἑκάστου τηρητέον καὶ ἐπὶ τὰ συναπτόμενα τούτῳ διαιρετέον, ἃ οὐκ ἀντιμαρτυρεῖται τοῖς παρ' ἡμῖν γινομένοις πλεοναχῶς συντελεῖσθαι.

κόσμος ἐστὶ περιοχή τις οὐρανοῦ, ἄστρα τε καὶ γῆν καὶ πάντα τὰ φαινόμενα περιέχουσα, ἀποτομὴν ἔχουσα ἀπὸ
1035 τοῦ ἀπείρου καὶ καταλήγουσα ἐν πέρατι ἢ ἀραιῷ ἢ πυκνῷ καὶ οὗ λυομένου πάντα τὰ ἐν αὐτῷ σύγχυσιν λήψεται— καὶ λήγουσα ἢ ἐν περιαγομένῳ ἢ ἐν στάσιν ἔχοντι καὶ στρογγύλην ἢ τρίγωνον ἢ οἵαν δήποτε περιγραφήν· πανταχῶς γὰρ ἐνδέχεται· τῶν γὰρ φαινομένων οὐδὲν
1040 ἀντιμαρτυρεῖ <ἐν> τῷδε τῷ κόσμῳ, ἐν ᾧ λῆγον οὐκ ἔστι καταλαβεῖν. [89] ὅτι δὲ καὶ τοιοῦτοι κόσμοι εἰσὶν ἄπειροι τὸ πλῆθος ἔστι καταλαβεῖν καὶ ὅτι καὶ ὁ τοιοῦτος δύναται κόσμος γίνεσθαι καὶ ἐν κόσμῳ καὶ μετακοσμίῳ, ὃ λέγομεν μεταξὺ κόσμων διάστημα, ἐν πολυκένῳ τόπῳ καὶ οὐκ ἐν
1045 μεγάλῳ εἰλικρινεῖ καὶ κενῷ, καθάπερ τινές φασιν, ἐπιτηδείων τινῶν σπερμάτων ῥυέντων ἀφ' ἑνὸς κόσμου ἢ

1033–1049 (τόπον), **1052** (οὐ)–**1056** Leucipp. VS 67 A 25 **1033–1041** (καταλάβειν) 13B L.-S.

1028 ἦ Woltjer 118: ἢ BPF οὐ τὰ BP: οὕτως Fᵖᶜ: οὐ<χ> ὡς τὰ Croen., Lect. Epic. 130 **1029** post γὰρ iter. F ἃ θεωρεῖται ᾗ ὑπάρχει· καὶ οὕτως ἐν τ. μετ. φαιν.· ταῦτα γὰρ γίνεσθαι Leop. 278: γενέ- BPF **1030** ἐπὶ BPF: ἔτι Us. **1035** καὶ λήγουσα V. d. Muehll **1035** (καὶ– πυκνῷ) ut additamentum secl. Us., post ἔχοντι (**1037**) transp. Barig., Pit. 183 **1036** (καὶ—λήψεται) ut additamentum secl. Us., post περιέχουσα (**1034**, sine καὶ) transp. Bailey καὶ 'fort. delendum' V. d. Muehll **1037** καὶ λήγουσα Gass.: καὶ -σαν BPF: secl. V. d. Muehll 'est v.l. ad (**1035**) καὶ καταλήγουσα', post ἀπείρου (**1035**) transp. Us. ἐνˡ⁻² secl. Diano περιαγομένων B ἐν στάσιν Pⁱ: ἔνστασιν BPˣF ἐν secl. Arrighetti, ASNP s. II 24 (1955) 70 **1037** (καὶ²)–**1038** (περιγραφήν) post ἀπείρου (**1035**) pos. Boer **1038** περιγραφὴν <ἔχουσα> Bailey **1040** ἐν add. Us. τόδε F **1042** καὶ² BPF: secl. Schn. 102: δὴ Diels **1043–1044** καὶˡ—διάστημα ut interpretamentum ad ἐν πολυκένῳ τόπῳ secl. V. d. Muehll **1043** κόσμῳ καὶ del. Gass. 'fort. κἂν μετακοσμίῳ' Us. **1045** εἰλικρινεῖ καὶ BPF: καὶ εἰλικρινεῖ Brieger, Urbewegung 18 et Diels: εἰλικρινεῖ Gass. τινές Casaub.: τινὰ BPF φασιν PF: φύσιν B **1046** ἐπιτηδειότητα F τινῶν om. F ἢ BPⁱ: καὶ F, γρ Pᵘᵐᵍ

μετακοσμίου ἢ ἀπὸ πλειόνων κατὰ μικρὸν προσθέσεις τε
καὶ διαρθρώσεις καὶ μεταστάσεις ποιούντων ἐπ' ἄλλον
τόπον, ἐὰν οὕτω τύχῃ, καὶ ἐπαρδεύσεις ἐκ τῶν ἐχόντων
ἐπιτηδείως ἕως τελειώσεως καὶ διαμονῆς ἐφ' ὅσον τὰ 1050
ὑποβληθέντα θεμέλια τὴν προσδοχὴν δύναται ποιεῖσθαι.
[90] οὐ γὰρ ἀθροισμὸν δεῖ μόνον γενέσθαι οὐδὲ δῖνον ἐν ᾧ
ἐνδέχεται κόσμον γίνεσθαι κενῷ κατὰ τὸ δοξαζόμενον ἐξ
ἀνάγκης, αὔξεσθαί τε, ἕως ἂν ἑτέρῳ προσκρούσῃ, καθάπερ
τῶν φυσικῶν καλουμένων φησί τις. τοῦτο γὰρ μαχόμενόν 1055
ἐστι τοῖς φαινομένοις.

ἥλιός τε καὶ σελήνη καὶ τὰ λοιπὰ ἄστρα <οὐ> καθ' ἑαυτὰ
γενόμενα ὕστερον ἐμπεριελαμβάνετο ὑπὸ τοῦ κόσμου καὶ
ὅσα γε δὴ σῴζει, ἀλλ' εὐθὺς διεπλάττετο καὶ αὔξησιν
ἐλάμβανεν (ὁμοίως δὲ καὶ γῆ καὶ θάλαττα) κατὰ 1060
προσκρίσεις καὶ δινήσεις λεπτομερῶν τινων φύσεων, ἤτοι
πνευματικῶν ἢ πυροειδῶν ἢ τὸ συναμφότερον· καὶ γὰρ
ταῦτα οὕτως ἡ αἴσθησις ὑποβάλλει. [91] τὸ δὲ μέγεθος
ἡλίου τε καὶ τῶν λοιπῶν ἄστρων κατὰ μὲν τὸ πρὸς ἡμᾶς
τηλικοῦτόν ἐστιν ἡλίκον φαίνεται· (τοῦτο καὶ ἐν τῇ ια' Περί 1065
φύσεως 'εἰ γάρ,' φησί 'τὸ μέγεθος διὰ τὸ διάστημα
ἀποβεβλήκει, πολλῷ μᾶλλον ἂν τὴν χρόαν'). ἄλλο γὰρ

1065 (τοῦτο)–1068 (ἐστι) fr. 81 Us.

1047 ἢ BP¹: ἢ καὶ FP⁴ˢ·ˡ· κατὰ μικρὸν om. F 1049 ἐὰν BP: ἂν F, γρ
P⁴ᵐᵍ τύχῃ add. Pˣˢ·ˡ· 1050 διαμονῆς BPF: -ὴν Us. ἐφ' ὅσον BFPˣ:
ἐφ' ὃ καὶ P¹(Q) τὰ om. B 1051 προσδοχὴν BP¹: προσοχὴν F, γρ P⁴ᵐᵍ
1052 δῖνον Pˣ(Q): δεῖνον P¹: δεινὸν BΦ 1057 οὐ add. Aldobr. ἑαυτὰ
BP: αὑτὰ F 1058 γινόμενα P 1058–1059 καὶ—σῴζει tamquam ex
gloss. secl. Us., post θάλαττα (1060) collocat Gass., sed vid. Bign., Epic. 122²
1059 (δὴ)–1060 (γῆ) om. F¹, add. F²ᵐᵍ 1059 σῴζει ἀλλ' BPF: συζῇ (cum
Us.) ἄλλα, Pascal, Studi crit. Lucrezio (1903) 167 1060 ὁμοίως—
θάλαττα additamentum esse iudicat Us. 1062 ἢ τὸ συναμφότερον BP,
F (ἢ τὸ συνα in ras.): ἤτοι συναμφοτέρων Gass., 'fort. delendum' V. d.
Muehll 1064 ἡλίου τε BP: καὶ ἡλίου F <καὶ σελήνης> καὶ Us.
λοιπῶν om. F μὲν τὸ Schn. 104: μέντοι BPF 1065 ἡλίκον BP: οἷον F
φαίνονται F 1067 ἀπεβεβλήκει Us. μᾶλλον ἂν BP: ἂν μ. rec.: μᾶλλον
F χρόαν P, F¹ (ρό in ras.): χρό*αν B ἄλλο PF: -ω B: ἀλλ' οὐ Us., qui
ἀλλ' οὐ—ἔστι loco a Diog. L. ex libro De nat. allegato annectit ut Gass.

τούτῳ συμμετρότερον διάστημα οὐθέν ἐστι. κατὰ δὲ τὸ καθ᾽ αὑτὸ ἤτοι μεῖζον τοῦ ὁρωμένου ἢ μικρῷ ἔλαττον ἢ
1070 τηλικοῦτον (οὐχ ἅμα). οὕτω γὰρ καὶ τὰ παρ᾽ ἡμῖν πυρὰ ἐξ ἀποστήματος θεωρούμενα κατὰ τὴν αἴσθησιν θεωρεῖται. καὶ πᾶν δὲ τὸ εἰς τοῦτο τὸ μέρος ἔνστημα ῥᾳδίως διαλυθήσεται, ἐάν τις τοῖς ἐναργήμασι προσέχῃ, ὅπερ ἐν τοῖς Περὶ φύσεως βιβλίοις δείκνυμεν. [92] ἀνατολὰς καὶ
1075 δύσεις ἡλίου καὶ σελήνης καὶ τῶν λοιπῶν ἄστρων καὶ κατὰ ἄναψιν γίνεσθαι δύνασθαι καὶ κατὰ σβέσιν, τοιαύτης οὔσης περιστάσεως καὶ καθ᾽ ἑκατέρους τοὺς τόπους, ὥστε τὰ προειρημένα ἀποτελεῖσθαι. οὐδὲν γὰρ τῶν φαινομένων ἀντιμαρτυρεῖ <καὶ> κατ᾽ ἐκφάνειάν τε ὑπὲρ γῆς καὶ πάλιν
1080 ἐπιπροσθέτησιν τὸ προειρημένον δύναιτ᾽ ἂν συντελεῖσθαι· οὐδὲ γάρ τι τῶν φαινομένων ἀντιμαρτυρεῖ. τάς τε κινήσεις αὐτῶν οὐκ ἀδύνατον μὲν γίνεσθαι κατὰ τὴν τοῦ ὅλου οὐρανοῦ δίνην, ἢ τούτου μὲν στάσιν, αὐτῶν δὲ δίνην κατὰ τὴν ἐξ ἀρχῆς ἐν τῇ γενέσει τοῦ κόσμου ἀνάγκην
1085 ἀπογεννηθεῖσαν †ἐπ᾽ ἀνατολῇ [93] τατη† θερμασίᾳ κατά τινα ἐπινέμησιν τοῦ πυρὸς ἀεὶ ἐπὶ τοὺς ἑξῆς τόπους ἰόντος.

1068 τοῦτο F   συμμετρότερον B² (-ώ- B¹), PF: -ρούμενον Lachmann, Comm. in Lucr. (1850) 301 (ad 5.589)   **1069** καθ᾽ αὑτό Us.: καθ᾽ αὑτὸν P¹(Q): κατ᾽ αὑτό FP⁴: κατ᾽ αὐτὸν B   ἢ μικρῷ ἔλαττον BP: ἤ τοι ἔλαττον μικρῷ F   **1070** οὐχ ἅμα secl. Koch. 72, τυχὸν Lachmann, τυγχάνει Us. Vid. Barig., Pit. 184–5   **1073** τις om. B¹, add. B²ˢ·¹·   **1074** περὶ om. B   **1074–1075** καὶ δύσεις om. F   **1076** ἄναψιν <τε> Us.   γίνεσθαι Schn. 108: γενέ- BPF   δύνασθαι BPF: δυνατὸν Us.   καὶ σβέσιν Us.   **1077** καὶ—τόπους eiecit Us.   ἑκατέρους BP¹: ἑτέρους F, γρ P⁴ᵐᵍ τόπους BPF: τρό- Meibom.   **1078** οὐδὲ B   **1079** καὶ add. Us.   **1079** (κατ᾽)–**1081** (ἀντιμαρτυρεῖ) om. F   **1079** ἐκφάνειαν BP¹: ἐμ- P⁴   **1080** ἐπιπροσθέτησιν BP: -πρόσθησιν Cob.   **1081** οὐδὲν cum γρ P⁴   **1081** (τάς)–**1086** (ἰόντος) Vid. Dorandi, Epicuro 286   **1081** τε om. F   **1083** ἢ—δίνην om. F   μὲν στάσιν, αὐτῶν δὲ P²(Q): μὲν αὐ. στ. δὲ P¹: μὲν **αὐ. στ. δὲ litteris α γ δ β superpositis B²   **1084** τὴν] τιν᾽ dub. V. d. Muehll   ἐξ ἀρχῆς BP: ἀρχῆθεν F   **1085** ἐπ᾽ ἀνατολῇ] ἐπ᾽ ἀνατροπὴν sive ἐπ᾽ ἀνέλιξιν dub. Gigante 572⁷³   τατη P¹: τὰ τῇ B: εἰ τατῇ P²(Q): εἶτα τῇ(ι) FP⁴ᵐᵍ: Us. lac. post ἀνατολῇ indic. et <σφοδρο>τάτη ex. gr. coni. ἐπ᾽—θερμασίᾳ secl. V. d. Muehll 'quod neque cum eis quae antecedunt, neque cum eis quae sequuntur, cohaerent' cf. Mansfeld, in Mansfeld–Runia, Aetiana III (2010) 249³⁴ (a. 1994)   <ἢ καὶ> κατὰ V. d. Muehll   **1085–1086** κατά τινα ἐπινέμησιν om. F

τροπὰς ἡλίου καὶ σελήνης ἐνδέχεται μὲν γίνεσθαι κατὰ
λόξωσιν οὐρανοῦ οὕτω τοῖς χρόνοις κατηναγκασμένου·
ὁμοίως δὲ καὶ κατὰ ἀέρος ἀντέξωσιν ἢ καὶ ὕλης ἀεὶ
ἐπιτηδείας ἐχομένοις ἐμπιπραμένοις, τῆς δὲ καταλιπούσης· 1090
ἢ καὶ ἐξ ἀρχῆς τοιαύτην δίνην κατειληθῆναι τοῖς ἄστροις
τούτοις, ὥσθ᾽ οἷόν τιν᾽ ἕλικα κινεῖσθαι. πάντα γὰρ τὰ
τοιαῦτα καὶ τὰ τούτοις συγγενῆ οὐθενὶ τῶν ἐναργημάτων
διαφωνεῖ, ἐάν τις ἀεὶ ἐπὶ τῶν τοιούτων μερῶν ἐχόμενος τοῦ
δυνατοῦ εἰς τὸ σύμφωνον τοῖς φαινομένοις ἕκαστον τούτων 1095
δύνηται ἐπάγειν, μὴ φοβούμενος τὰς ἀνδραποδώδεις
ἀστρολόγων τεχνιτείας.

[94] κενώσεις τε σελήνης καὶ πάλιν πληρώσεις καὶ κατὰ
στροφὴν τοῦ σώματος τούτου δύναιντ᾽ ἂν γίνεσθαι καὶ
κατὰ σχηματισμοὺς ἀέρος ὁμοίως, ἔτι τε καὶ κατὰ 1100
προσθετήσεις καὶ κατὰ πάντας τρόπους, καθ᾽ οὓς καὶ τὰ
παρ᾽ ἡμῖν φαινόμενα ἐκκαλεῖται εἰς τὰς τούτου τοῦ εἴδους
ἀποδόσεις, ἐὰν μή τις τὸν μοναχῇ τρόπον κατηγαπηκὼς
τοὺς ἄλλους κενῶς ἀποδοκιμάζῃ, οὐ τεθεωρηκὼς τί
δυνατὸν ἀνθρώπῳ θεωρῆσαι καὶ τί ἀδύνατον, καὶ διὰ 1105
τοῦτο ἀδύνατα θεωρεῖν ἐπιθυμῶν. ἔτι τε ἐνδέχεται τὴν
σελήνην ἐξ ἑαυτῆς ἔχειν τὸ φῶς, ἐνδέχεται δὲ ἀπὸ τοῦ ἡλίου.
[95] καὶ γὰρ παρ᾽ ἡμῖν θεωρεῖται πολλὰ μὲν ἐξ ἑαυτῶν
ἔχοντα, πολλὰ δὲ ἀφ᾽ ἑτέρων. καὶ οὐθὲν ἐμποδοστατεῖ τῶν

1087 μὲν om. F   **1090** ἐχομένοις BP¹(Q): -νης F, γρ P⁴: -νως Us. Vid.
Barig., Pit. 190–1   ἐπιπραμένοις PF: om. B: -νης Z (Frob.)   τῆς δὲ] τῆδε
Balaudé 1294⁴   δὲ καταλιπούσης BPF: δὲ καταλειπομένης V. d. Muehll:
δ᾽ ἐκλιπούσης Us.   **1091** κατειληθῆναι om. F   **1092** τιν᾽ Us.: τε BPF
ἕλικα BPF²: ἕν- F¹: εἵλικα Cob.   **1093** οὐθενὶ Us.: οὐθὲν BP: οὐδὲν F
1094 αἰεὶ F   **1096** ἐπάγειν B: ἀπ- PF: ἐπ<αν>άγειν V. d. Muehll: ἀνά-
tacite Schn.   ἀνδραπόδεις B   **1097** τῶν ἀστρολόγων F   **1098**
κένωσις Us.   πληρώσεις BP: ἐμπλη- F: πλήρωσις Us.   **1098–1099**
κατὰ στροφὴν Gass.: καταστροφὴν BPF   **1099** δύναιντ᾽ Meibom.:
δύναιτ᾽ BPF   **1100** ὁμοίου Giussani ad Lucr. 5.718–28   **1100–1101**
κατὰ προσθετήσεις BPF: κατ᾽ ἐπιπροσθήσεις Cob.: κατὰ
ἐπιπροσθετήσεις (Aldobr.) Schn. 111   **1102** τούτου om. F   **1103**
κατηγαπηκὼς FP⁴: κατα- BP¹(Q)   **1104** κενῶς BP: -οὺς F: <ὡς> κενοὺς
Cob.   οὐ τεθεωρηκὼς Cob.: οὔτε θεωρητικῶς B² (-ὡς B¹), PF   **1106** ἃ
δυνατὰ P²(Q)   'immo <μὲν> τὴν' Us.   **1109** τῶν FP⁴ˢˡ: om. BP¹(Q)

1110 ἐν τοῖς μετεώροις φαινομένων, ἐάν τις τοῦ πλεοναχοῦ
τρόπου ἀεὶ μνήμην ἔχῃ καὶ τὰς ἀκολούθους αὐτοῖς
ὑποθέσεις ἅμα καὶ αἰτίας συνθεωρῇ καὶ μὴ ἀναβλέπων εἰς
τὰ ἀνακόλουθα ταῦτ' ὀγκοῖ ματαίως καὶ καταρρέπῃ
ἄλλοτε ἄλλως ἐπὶ τὸν μοναχὸν τρόπον. ἡ δὲ ἔμφασις τοῦ
1115 προσώπου ἐν αὐτῇ δύναται μὲν γίνεσθαι καὶ κατὰ
παραλλαγὴν μερῶν καὶ κατ' ἐπιπροσθέτησιν, καὶ ὅσοι ποτ'
ἂν τρόποι θεωροῖντο τὸ σύμφωνον τοῖς φαινομένοις
κεκτημένοι. [96] ἐπὶ πάντων γὰρ τῶν μετεώρων τὴν
τοιαύτην ἴχνευσιν οὐ προετέον. ἢν γάρ τις ᾖ μαχόμενος τοῖς
1120 ἐναργήμασιν, οὐδέποτε μὴ δυνήσεται ἀταραξίας γνησίου
μεταλαβεῖν.

ἔκλειψις ἡλίου καὶ σελήνης δύναται μὲν γίνεσθαι καὶ κατὰ
σβέσιν, καθάπερ καὶ παρὰ ἡμῖν τοῦτο θεωρεῖται γινόμενον·
καὶ ἤδη κατ' ἐπιπροσθέτησιν ἄλλων τινῶν, ἢ γῆς ἢ
1125 οὐρανίου {ἢ} τινος ἑτέρου τοιούτου. καὶ ὧδε τοὺς οἰκείους
ἀλλήλοις τρόπους συνθεωρητέον, καὶ τὰς ἅμα συγκυρήσεις
τινῶν ὅτι οὐκ ἀδύνατον γίνεσθαι. (ἐν δὲ τῇ ιβ' Περὶ
φύσεως ταῦτα λέγει καὶ πρός, ἥλιον ἐκλείπειν σελήνης
ἐπισκοτούσης, σελήνην δὲ τοῦ τῆς γῆς σκιάσματος, ἀλλὰ

1127 (ἐν)–**1131** (Ἐπιλέκτων) Us. fr. 83

1111 τρόπου om. F   αὐτοῖς] -ῷ Gass.   **1112** συνθεωρῇ P²(Q): -ρεῖ
BP¹F   **1113** ἀν in ἀνακόλουθα add. F²ˢˡ·   ταῦτ' ὀγκοῖ ματαίως καὶ
καταρρέπῃ B²(γκοῖ in ras.): ταυτὸν (sic) κυματαίως καὶ καταρρέπῃ (-ρεπῇ
P⁴) P¹(Q): ταυτὸν ⋯καὶ καταρρεπῇ F¹, κυματαίως lacunae sscr. F²   **1115**
μὲν om. F   γενέσθαι B   **1116** μερῶν BP: ἡμερῶν F
ἐπιπροσθέτησιν BPF: -πρόσθησιν Cob.   ποτ' Us.: πάντα BPF   **1117**
τρόπον F   **1119** ἴχνευσιν Us.: ἰχνεύειν BPF   Vid. Bign., Epic. 127⁵
προετέον BP¹: προσθετέον F, γρ P⁴ˢˡ·: προσετέον K. Fr. Hermann (1834) 111
τις ᾖ Us.: τισὶ B: τισι F: τίσι⟨ ex τίσιν P   μαχόμενος Gass.: μαχόμενοις
BP¹(Q): βαλλο- F, γρ P⁴ˢˡ·   **1120** μὴ om. FP⁴   'an γνησίως?' V. d.
Muehll   **1123** καὶ καθάπερ καὶ BP¹   παρ' PˣF   **1124** ἤδη BPF: ἔτι
Meibom.: δὴ <καὶ> Cob.   ἐπιπροσθέτησιν F, γρ P⁴ˢˡ·: -πρόσθεσιν BP¹:
-πρόσθησιν Cob.   ᾖ² <σελήνης> Bailey   **1125** οὐρανίου Bign., A&R
n.s. 1 (1933) 112: -νοῦ BPF: ἀοράτου Us. xix, 'vix recte' V. d. Muehll:
σελήνης Woltjer 135¹   ἢ del. Arr.   τινὸς ἢ Bailey   **1126** θεωρητέον
F, γρ P⁴   συγκυρήσεις BPˣ: -κρίσεις P¹F   **1127** (ἐν)–**1128** (λέγει) om.
F¹, add. F²ᵐᵍ   **1127** δὲ om. F²   δωδεκάτῃ B   **1128** ταῦτα BPF:
ταῦτὰ Us.   καὶ τὸν πρός F

καὶ κατ᾽ ἀναχώρησιν. **[97]** τοῦτο δὲ καὶ Διογένης ὁ 1130
Ἐπικούρειος ἐν τῇ α΄ τῶν Ἐπιλέκτων.) ἔτι τε τάξις
περιόδου, καθάπερ ἔνια καὶ παρ᾽ ἡμῖν τῶν τυχόντων
γίνεται, λαμβανέσθω· καὶ ἡ θεία φύσις πρὸς ταῦτα μηδαμῇ
προσαγέσθω. ἀλλ᾽ ἀλειτούργητος διατηρείσθω καὶ ἐν τῇ
πάσῃ μακαριότητι. ὡς εἰ τοῦτο μὴ πραχθήσεται, ἅπασα ἡ 1135
περὶ τῶν μετεώρων αἰτιολογία ματαία ἔσται, καθάπερ
τισὶν ἤδη ἐγένετο οὐ δυνατοῦ τρόπου ἐφαψαμένοις, εἰς δὲ
τὸ μάταιον ἐκπεσοῦσι τῷ καθ᾽ ἕνα τρόπον μόνον οἴεσθαι
γίνεσθαι, τοὺς δ᾽ ἄλλους πάντας τοὺς κατὰ τὸ ἐνδεχόμενον
ἐκβάλλειν εἴς τε τὸ ἀδιανόητον φερομένους καὶ τὰ φαινόμενα 1140
ἃ δεῖ σημεῖα ἀποδέχεσθαι μὴ δυναμένους συνθεωρεῖν.

[98] †μήκη νυκτῶν καὶ ἡμερῶν παραλλάττοντα καὶ
παρὰ τὸ ταχείας ἡλίου κινήσεις γίνεσθαι καὶ πάλιν
βραδείας ὑπὲρ γῆς, παρὰ τὸ μήκη τόπων παραλλάττοντα
καὶ τόπους τινὰς περαιοῦντα τάχιον, ὡς καὶ παρ᾽ ἡμῖν ἢ 1145
καὶ βραδύτερόν τινα θεωρεῖται, οἷς συμφώνως δεῖ λέγειν ἐπὶ
τῶν μετεώρων. οἱ δὲ τὸ ἓν λαμβάνοντες τοῖς τε φαινομένοις
μάχονται καὶ τοῦ ᾗ δυνατὸν ἀνθρώπῳ θεωρῆσαι
διαπεπτώκασιν.

1130 καὶ¹ eras. Pˣ   **1131** πρώτη B   **1134** ἀλλὰ καὶ F   **1135–1136**
ἡ περὶ P: ἡ BF: περὶ rec.   **1136** αἰτιολογία Gass.: ἀντιλογία BP, F² (ἀντι
in ras.)   **1138** τῶ rec.: τὸ BPF   μόνον post γίνεσθαι transp. F   **1139**
πάντας om. F   **1140** φερομένους BPF: -μένοις Gass.   **1141** ἃ δεῖ BP¹:
δὴ F: δεῖ cum γρ Pᵘᵐᵍ   δυναμένους BPF: -μένοις Gass.   συνθεωρεῖν
Meibom.: σὺν θεῶ χαίρειν BPF   **1142–1145** 'verba confusa sunt ex
duabus eiusdem rei tractationibus, quarum altera a Diogene iuxta columnam
epistulae scripta erat' V. d. Muehll. Vid. Dorandi, Epicuro 286–7   **1142**
παραλλάττοντα BPF: παραλλ. <ἐνδέχεται γίνεσθαι> Meibom.:
παραλλάττειν Schn. 113   post παραλλάττοντα lac. indic. V. d. Muehll
1144 ὑπὲρ γῆς secl. V. d. Muehll   παρὰ BPF: <καὶ> π. Kuehn, <ἢ> π.
Meibom., <συμβαίνει ἢ καὶ> π. Barig., Pit. 192–3 **1143** (παρὰ)–**1146**
(βραδύτερον) secl. Us.   **1143** τὸ PF: τῶ B: τὸ τὰ Gass.: τὰ Kuehn
1144 παραλλάττοντα BPF: παραλλάττειν Gass.   post παραλλάττοντα
lac. indic. Bign., Epic. 129² et V. d. Muehll   **1145** καὶ—τάχιον uncis incl.
V. d. Muehll   καὶ¹ BPF: ἢ Marcov.   περαιοῦντα BPF: -οῦν Us.: -οῦσθαι
Gass.   παρὰ BP¹: παρ᾽ FP⁴   **1145–1146** ἢ καὶ βραδύτερον BF: ἢ βρ.
P: uncis incl. V. d. Muehll   ἢ βραδύτερον post τάχιον transp. Gass.
1148 τοῦ BP: τὸ F   ᾗ Us.: εἰ BPF: τί Meibom.

1150 ἐπισημασίαι δύνανται γίνεσθαι καὶ κατὰ συγκυρήσεις καιρῶν, καθάπερ ἐν τοῖς ἐμφανέσι παρ' ἡμῖν ζῴοις, καὶ παρ' ἑτεροιώσεις ἀέρος καὶ μεταβολάς. ἀμφότερα γὰρ ταῦτα οὐ μάχεται τοῖς φαινομένοις· **[99]** ἐπὶ δὲ ποίοις παρὰ τοῦτο ἢ τοῦτο τὸ αἴτιον γίνεται, οὐκ ἔστι συνιδεῖν.

1155 νέφη δύναται γίνεσθαι καὶ συνίστασθαι καὶ παρὰ πιλήσεις ἀέρος <ὑπὸ> πνευμάτων συνώσεως καὶ παρὰ περιπλοκὰς ἀλληλούχων ἀτόμων καὶ ἐπιτηδείων εἰς τὸ τοῦτο τελέσαι καὶ κατὰ ῥευμάτων συλλογὴν ἀπό τε γῆς καὶ ὑδάτων· καὶ κατ' ἄλλους δὲ τρόπους πλείους, αἱ τῶν 1160 τοιούτων συστάσεις οὐκ ἀδυνατοῦσι συντελεῖσθαι. ἤδη δ' ἀπ' αὐτῶν ᾗ μὲν θλιβομένων, ᾗ δὲ μεταβαλλόντων ὕδατα δύναται συντελεῖσθαι, **[100]** ἔτι τε <διὰ> πνεύματα κατὰ ἀποφορὰν ἀπὸ ἐπιτηδείων τόπων καὶ δι' ἀέρος κινουμένων, βιαιοτέρας ἐπαρδεύσεως γινομένης ἀπό τινων 1165 ἀθροισμάτων ἐπιτηδείων εἰς τὰς τοιαύτας ἐπιπέμψεις.

βροντὰς ἐνδέχεται γίνεσθαι καὶ κατὰ πνεύματος ἐν τοῖς κοιλώμασι τῶν νεφῶν ἀνείλησιν, καθάπερ ἐν τοῖς ἡμετέροις ἀγγείοις, καὶ παρὰ πυρὸς πεπνευματωμένου βόμβον ἐν αὐτοῖς, καὶ κατὰ ῥήξεις δὲ νεφῶν καὶ διαστάσεις, καὶ κατὰ

1150 ἐπισημασίαι BP¹(Q)F: ἐπεὶ σημασίαι P⁴   γενέσθαι FP⁴   καὶ om. B
1151 <ἐπὶ τοῖς> παρ' Boll ap. E. Pfeiffer, Studien z. ant. Sternglauben (1916)
76   **1152** ἑτεροιώσεις Us.: ἑτέροις ὡσεὶ BPF   μεταβολὰς Kuehn: -ῆς
BPF   οὐ om. F¹, add. F²   **1153** ἐπὶ Us.: ἔτι F, γρ P¹: ἤδη BP¹(Q)
1154–1155 συνειδεῖν νέφη B² (εῖν νέ in ras.): συνιδεῖν ἔφη P¹: συνιδ. ἐφ' ἦ FP⁴
1155 δύναται post συνίστασθαι transp. F   **1156** ὑπὸ add. Barig., Pit.
193: διὰ Bign., Epic. 130³   συνώσεως BPF: -σει (Aldobr.) Gass.: -σεις Us.
1157 τὸ om. F   **1159** πλείους αἱ τῶν τοιούτων συστάσεις BP:
τοιούτους αὐτῶν πραγμάτων φαντασίαι F   **1160** ἤδη δ' P: ἤδη δὲ B:
ἤδ' F   **1161** ἀπ' Kuehn: ἐπ' BPF   ἦ ... ἦ FP⁴: ἡ ... ἡ BP¹
μεταλαβόντων F   **1162** δύναται BP¹: om. F: δύνανται P⁴   διὰ add.
Barig., Pit. 194   **1162–1163** πνεύματα κατὰ ἀποφορὰν BPF: πνευμάτων
καταφορᾷ Us.: ῥευμάτων κατὰ ἀποφορὰν Bign., Epic. 131¹   πνεύματα
κ. ἀπ.–τόπων 'seclusi tamquam reliquias scholii "doxographici";
verba sunt de conceptione umoris (Lucr. 6.503 sqq.) vel de origine ventorum
(Lucr. 6.529)' V. d. Muehll   καὶ δι' ἀέρος BP¹: δι' ἀέρος cum γρ P⁴:
διαφόρων F: ἀεὶ δι' ἀέρος Barig., Pit. 194   **1168** πνευματωμένου B
1169 κατὰ ῥήξεις B: καταρρήξεις P¹(Q)F   δὲ om. F   διασπάσεις Us.

παρατρίψεις νεφῶν καὶ †τάξεις πῆξιν εἰληφότων 1170
κρυσταλλοειδῆ. καὶ τὸ ὅλον καὶ τοῦτο τὸ μέρος πλεοναχῶς
γίνεσθαι λέγειν ἐκκαλεῖται τὰ φαινόμενα. [101] καὶ
ἀστραπαὶ δ᾽ ὡσαύτως γίνονται κατὰ πλείους τρόπους· καὶ
γὰρ κατὰ παράτριψιν καὶ σύγκρουσιν νεφῶν ὁ πυρὸς
ἀποτελεστικὸς σχηματισμὸς ἐξολισθαίνων ἀστραπὴν 1175
γεννᾷ· καὶ κατ᾽ ἐκριπισμὸν ἐκ τῶν νεφῶν ὑπὸ πνευμάτων
τῶν τοιούτων σωμάτων ἃ τὴν λαμπηδόνα ταύτην
παρασκευάζει· καὶ κατ᾽ ἐκπιασμόν, θλίψεως τῶν νεφῶν
γινομένης εἴθ᾽ ὑπ᾽ ἀλλήλων εἴθ᾽ ὑπὸ πνευμάτων· καὶ κατ᾽
ἐμπερίληψιν δὲ τοῦ ἀπὸ τῶν ἄστρων κατεσπαρμένου 1180
φωτός, εἶτα συνελαυνομένου ὑπὸ τῆς κινήσεως νεφῶν τε
καὶ πνευμάτων καὶ διεκπίπτοντος διὰ τῶν νεφῶν· ἢ κατὰ
διήθησιν <διὰ> τῶν νεφῶν τοῦ λεπτομερεστάτου φωτὸς
(ἢ ἀπὸ τοῦ πυρὸς νέφη συνειλέχθαι καὶ τὰς βροντὰς
ἀποτελεῖσθαι) καὶ κατὰ τὴν τούτου κίνησιν· καὶ κατὰ τὴν 1185
τοῦ πνεύματος ἐκπύρωσιν τὴν γινομένην διά τε συντονίαν
φορᾶς καὶ διὰ σφοδρὰν κατείλησιν· [102] καὶ κατὰ ῥήξεις δὲ
νεφῶν ὑπὸ πνευμάτων ἔκπτωσίν τε πυρὸς ἀποτελεστικῶν
ἀτόμων καὶ τὸ τῆς ἀστραπῆς φάντασμα ἀποτελουσῶν. καὶ
κατ᾽ ἄλλους δὲ πλείους τρόπους ῥᾳδίως ἔσται καθορᾶν 1190
ἐχόμενον ἀεὶ τῶν φαινομένων καὶ τὸ τούτοις ὅμοιον
δυνάμενον συνθεωρεῖν. προτερεῖ δὲ ἀστραπὴ βροντῆς ἐν

1170 νεφῶν καὶ BP¹(Q): δὲ ν. κ. F, γρ P⁴   καὶ τάξεις BP: κ. κατάξεις rec.: κ.
διαστάσεις F: κ. πατάξεις Gass.: κ. τάσεις Us.   **1171** κρυσταλοειδῆ F
πλεοναχῶς om. F   **1173** καὶ BPF: ἢ Us.   **1175** ἐξολισθαίνων B
(-σθέ-), P: ἀπολι- F   **1176** ἐκπιεσμὸν Gass.   **1177** τ. τοιούτων σωμ.
om. F   **1180** ἀπὸ BP: ὑπὸ F   κατεσπαρμένου F: κατεσπειρα- BP
1181 post νεφῶν rasuram ca. 17 litterarum hab. F   **1182** ἢ BPF: καὶ dub.
V. d. Muehll   **1183** διὰ add. Schn. 117   **1184** (ἢ)–**1185** (ἀποτελεῖσθαι)
tamquam additam. eiecit Us.   **1184** ἢ BPF: ῇ Bign., Epic. 132⁵
συνειλέχθαι BPF: -εφλέχθαι Us.   **1185** καὶ¹ del. Bign., Epic. 132⁶, κατὰ¹
del. Us.   **1186** τοῦ om. F   συντονίαν B² (συνφο- B¹), P: -ας F   **1187**
κατὰ ῥήξεις B: καταρρή- F: καταρήξεις P¹(Q)   **1188** <καὶ> ἔκπωσιν
Gass.   τε Us.: τῶν BPF   **1189** ἀποτελουσῶν FP⁴: ἀπολλου- BP¹
1190 κατ᾽ del. Meibom.   **1191** ἀεὶ Us.: καὶ BPF   **1192** τῆς βροντῆς B

τοιᾳδέ τινι περιστάσει νεφῶν καὶ διὰ τὸ ἅμα τῷ τὸ πνεῦμα
ἐμπίπτειν ἐξωθεῖσθαι τὸν ἀστραπῆς ἀποτελεστικὸν
1195 σχηματισμόν, ὕστερον δὲ τὸ πνεῦμα ἀνειλούμενον τὸν
βόμβον ἀποτελεῖν τοῦτον· καὶ κατ᾽ ἔμπτωσιν δὲ ἀμφοτέρων
ἅμα, τῷ τάχει συντονωτέρῳ κεχρῆσθαι πρὸς ἡμᾶς τὴν
ἀστραπήν, [103] ὑστερεῖν δὲ τὴν βροντήν, καθάπερ ἐπ᾽
ἐνίων ἐξ ἀποστήματος θεωρουμένων καὶ πληγάς τινας
1200 ποιουμένων.

κεραυνοὺς ἐνδέχεται γίνεσθαι καὶ κατὰ πλείονας
πνευμάτων συλλογὰς καὶ κατείλησιν ἰσχυράν τε ἐκπύρωσιν
καὶ κατάρρηξιν μέρους καὶ ἔκπτωσιν ἰσχυροτέραν αὐτοῦ
ἐπὶ τοὺς κάτω τόπους, τῆς ῥήξεως γινομένης διὰ τὸ τοὺς
1205 ἑξῆς τόπους πυκνοτέρους εἶναι διὰ πίλησιν νεφῶν· καὶ κατ᾽
αὐτὴν δὲ τὴν τοῦ πυρὸς ἔκπτωσιν ἀνειλουμένου, καθὰ
καὶ βροντὴν ἐνδέχεται γίνεσθαι, πλείονος γενομένου καὶ
πνευματωθέντος ἰσχυρότερον καὶ ῥήξαντος τὸ νέφος διὰ τὸ
μὴ δύνασθαι ὑποχωρεῖν εἰς τὰ ἑξῆς, τῷ πίλησιν γίνεσθαι, τὸ
1210 μὲν πολὺ πρὸς ὄρος τι ὑψηλόν, ἐν ᾧ μάλιστα κεραυνοὶ
πίπτουσιν, ἀεὶ πρὸς ἄλληλα. [104] καὶ κατ᾽ ἄλλους δὲ
τρόπους πλείονας ἐνδέχεται κεραυνοὺς ἀποτελεῖσθαι·
μόνον ὁ μῦθος ἀπέστω· ἀπέσται δέ, ἐάν τις καλῶς τοῖς
φαινομένοις ἀκολουθῶν περὶ τῶν ἀφανῶν σημειῶται.

1215 πρηστῆρας ἐνδέχεται γίνεσθαι καὶ κατὰ κάθεσιν νέφους
εἰς τοὺς κάτω τόπους στυλοειδῶς ὑπὸ πνεύματος ἀθρόου

1193 διὰ τὸ ἅμα BP: διατόλμα F   **1196** κατέμπτωσιν B (corr.
Sambucus): -πρωσιν P¹: κατ᾽ ἔμπρωσιν FP²(Q): κατέμπρ. rec.   **1197**
πρὸς BP: καθ᾽ F   **1199** ἐνίων <τῶν παρ᾽ ἡμῖν> ἐξ Us.   **1200**
ποιουμένων BP: γενο- F   **1201** πλείονας] 'an πλειόνων?' V. d. Muehll
1202 κατείλησιν F: κατ᾽ εἴλη- P: κατέγλη- B   **1203** κατάρρηξιν F, γρ
P⁴: κατὰ ῥῆξιν BP¹(Q)   μέρους BPF: νέφους Barig., Pit. 196   **1205**
πείλησιν BP¹F, corr. P²   τῶν νεφῶν F, γρ P⁴   **1205–1206** κατ᾽ αὐτὴν
Us.: κατὰ ταύτην BPF: κατὰ ταύτην δὲ ἔκπ. τοῦ πυρὸς Kuehn   **1207**
γίνεσθαι post πλείονος hab. F   γινομένου F   **1209** (τὸ)–**1211**
(πίπτουσιν) additam. ad **1023** agnoverunt Meibom. et Us., sed vid. Bign.,
Epic. 266²   **1211** ἀεὶ <δὲ> Schn. 118   ἀεὶ πρὸς ἄλληλα post γίνεσθαι
(**1209**) transp. Boer   **1213** ἀπέσται PF: ἀπέστων B   τις om. B
1215 κατὰ κάθεσιν BP¹(Q)F²: κατάθεσιν F¹: κατὰ θέσιν rec., γρ P⁴ᵐᵍ
1216 στυλοειδῶς Us.: ἀλλο- BPF: ἑλικο- Schn. 119

ὠσθέντος, καὶ διὰ τοῦ πνεύματος πολλοῦ φερομένου, ἅμα καὶ τὸ νέφος εἰς τὸ πλάγιον ὠθοῦντος τοῦ ἐκτὸς πνεύματος· καὶ κατὰ περίστασιν δὲ πνεύματος εἰς κύκλον, ἀέρος τινὸς ἐπισυνωθουμένου ἄνωθεν, καὶ ῥύσεως πολλῆς πνευμάτων 1220 γενομένης καὶ οὐ δυναμένης εἰς τὰ πλάγια διαρρυῆναι διὰ τὴν πέριξ τοῦ ἀέρος πίλησιν. [105] καὶ ἕως μὲν γῆς τοῦ πρηστῆρος καθιεμένου στρόβιλοι γίνονται, ὡς ἂν καὶ ἡ ἀπογέννησις κατὰ τὴν κίνησιν τοῦ πνεύματος γίνηται, ἕως δὲ θαλάττης δῖνοι ἀποτελοῦνται. 1225

σεισμοὺς ἐνδέχεται γίνεσθαι καὶ κατὰ πνεύματος ἐν τῇ γῇ ἀπόληψιν καὶ παρὰ μικροὺς ὄγκους αὐτῆς παράθεσιν καὶ συνεχῆ κίνησιν, ὅταν κραδασμὸν τῇ γῇ παρασκευάζῃ. καὶ τὸ πνεῦμα τοῦτο ἢ ἔξωθεν ἐμπεριλαμβάνει <ἢ> ἐκ τοῦ πίπτειν {εἰς} ἐδάφη εἰς ἀντροειδεῖς τόπους τῆς γῆς 1230 ἐκπνευματοῦντα τὸν ἐπειλημμένον ἀέρα. <καὶ> κατ' αὐτὴν δὲ τὴν διάδοσιν τῆς κινήσεως ἐκ τῶν πτώσεων ἐδαφῶν πολλῶν καὶ πάλιν ἀνταπόδοσιν, ὅταν πυκνώμασι σφοδροτέροις τῆς γῆς ἀπαντήσῃ, ἐνδέχεται σεισμοὺς ἀποτελεῖσθαι. [106] καὶ κατ' ἄλλους δὲ πλείους τρόπους 1235 τὰς κινήσεις ταύτας τῆς γῆς γίνεσθαι. τὰ δὲ πνεύματα

1217 (καὶ—φερομένου) 'additamentum seclusi' V. d. Muehll τοῦ del. Gass. πολλοῦ BPF: κύκλῳ Us.: ὁμοῦ Bign., Note 390 **1218** πλάγιον Us.: πλησίον BPF **1220** ἐπισυνωθουμένας F **1221** γενομένης BPF: γινο- Q οὐ om. F **1223** γίνονται P: γιγν- B: γίνεται F **1223** (ὡς)–**1224** (γίνηται) ut 'scholium' ad δῖνοι (**1225**) in mg posuit Us., sed vid. Bign., Epic. 135¹ **1223** ὡς ἂν καὶ BPF: ὡς ἀναγκαῖον Us. **1224** δίνησιν Us. γίνεται Us. **1227** ἐναπόληψιν Us. μικρὸν F **1228** ὅταν BPF: ὃ τὴν Us.: ὃ τὸν Koch. 73 κραδασμὸν Casaub.: κραδαστὸν PF: κράδαστον B¹: κράδανσιν B²ᵐᵍ παρασκευάζῃ BP: -ζει F Vid. Dorandi, Laertiana 59⁵⁰ **1229** ἢ add. Meibom. **1230** εἰς¹ del. Schn. 121: εἴσω Diels ap. Us. p. xx ἐδάφη ἢ F, γρ P⁴ **1231** ἐκπνευματοῦντα Us.: ἐκ πνευμάτων BPF: ἐκπνευματοῖ Kuehn ἐπειλημμένον P¹(Q) et γρ P⁴ᵐᵍ: ἐπι- B: πεπιλημένον F, γρ P⁴ καὶ add. Gass. κατ' αὐτὴν Us.: κατὰ ταύτην BPF **1232** διάδοσιν BP: ἀνά- F **1233** ἀνταπόδοσιν Gass.: -ποδίδωσιν BPF **1235** τρόπους πλείονας F **1236** post γίνεσθαι 'deest δυνατόν' Us., lac. indic. Bailey **1236** (τὰ)– **1241** 'est scholion' ad § 105 (de terrae motu)' V. d. Muehll πνεύματα <ταῦτα> Us. 'nam haec adduntur superiori de turbinibus loco [§ 104]'

συμβαίνει γίνεσθαι κατὰ χρόνον ἀλλοφυλίας τινὸς ἀεὶ καὶ κατὰ μικρὸν παρεισδυομένης, καὶ καθ' ὕδατος ἀφθόνου συλλογήν· τὰ δὲ λοιπὰ πνεύματα γίνεται καὶ ὀλίγων
1240 πεσόντων εἰς τὰ πολλὰ κοιλώματα, διαδόσεως τούτων γινομένης.

χάλαζα συντελεῖται καὶ κατὰ πῆξιν ἰσχυροτέραν, πάντοθεν δὲ πνευματωδῶν περίστασίν τινων καὶ καταμέρισιν· καὶ τῆξιν μετριωτέραν ὑδατοειδῶν τινων,
1245 ὁμοῦ ῥῆξιν, ἅμα τήν τε σύνωσιν αὐτῶν ποιουμένην καὶ τὴν διάρρηξιν πρὸς τὸ κατὰ μέρη συνίστασθαι πηγνύμενα καὶ κατὰ ἀθρότητα. [107] ἡ δὲ περιφέρεια οὐκ ἀδυνάτως μὲν ἔχει γίνεσθαι πάντοθεν τῶν ἄκρων ἀποτηκομένων καὶ ἐν τῇ συστάσει πάντοθεν, ὡς λέγεται, κατὰ μέρη ὁμαλῶς
1250 περισταμένων εἴτε ὑδατοειδῶν τινων εἴτε πνευματωδῶν.

χιόνα δὲ ἐνδέχεται συντελεῖσθαι καὶ ὕδατος λεπτοῦ ἐκχεομένου ἐκ τῶν νεφῶν διὰ πόρων συμμετρίας καὶ θλίψεις ἐπιτηδείων νεφῶν ἀεὶ ὑπὸ πνεύματος σπορᾶς, εἶτα τούτου πῆξιν ἐν τῇ φορᾷ λαμβάνοντος διά τινα ἰσχυρὰν ἐν τοῖς
1255 κατώτερον τόποις τῶν νεφῶν ψυχρασίας περίστασιν. καὶ

1237 κατὰ χρόνον om. F   καὶ del. Leop. 280   ἀλλοφυλείας τινὰς Pxmg(Q)   **1239** τὰ—γίνεται del. Koch. 73   τὰ δὲ λοιπὰ BPF: τὸ δὲ λοιπὸν Bign., Epic. 136²: 'conicias τὰ δὲ λοιπὰ ("scil. ἀντίγραφα")· πν. γίν. pro πνεύματα συμβαίνει γίνεσθαι' V. d. Muehll   post γίνεται lac. indic. Marcov.   ὀλίγων F: -ον BP   **1240** διαλώσεως B   **1243–1244** καὶ καταμέρισιν V. d. Muehll: καὶ καταμέρισιν F: καὶ κατὰ μέρισιν BP   καὶ <κατὰ> Meibom.   **1244** τῆξιν BPF: πῆξιν rec.   ὑδατοειδῶν <δὲ> V. d. Muehll, ὕδατ. τινων, <πνευματωδῶν δέ τινων> Us.   **1245** <καὶ> ὁμοῦ Bailey   ὁμοῦ ῥῆξιν BPF: ὁμούρησιν Us.   τὴν del. P⁴   **1247** ἀθρότητα Gass.   **1248** ἀποτηκομένων Sambucus: ἀποτικο- B: ἀποπικο- P: om. F¹ cum lacuna: ἀποπυκνου- F²   **1249** συ in συστάσει add. F²ˢ·ˡ·   κατὰ Aldobr.: καὶ τὰ BPF   **1250** περισταμένων BP: περιϊ- F, γρ P⁴   ὑδατοειδῶν BP: -ποιῶν F   **1252** διὰ πόρων Kuehn: διαφόρων BP¹(Q): -φορῶν FP⁴   συμμετρίας BP¹: -ίων F: -ίως cum γρ P⁴ˢ·ˡ·   **1253** ἀεὶ Bign., Epic. 136⁷: καὶ BPF   ὑπὸ πνεύματος σπορᾶς Meibom.: ὑποπνήματος σπ. BPF: ὑπὸ πν. φορᾶς Casaub.: ὑπὸ πν. σφοδρᾶς Us. καὶ θλίψεις ἐπ. ν. {καὶ} ὑπὸ πνευμάτων (Gass.) σφοδρᾶς Us.   'verba διὰ ... σπορᾶς fere intacta reliqui, quia ex scholio in epist. invasisse videntur' V. d. Muehll   **1255** κατώτερον BP: -τάτοις F, γρ P⁴mg: -τέρω Cob.

κατὰ πῆξιν δ' ἐν τοῖς νέφεσιν ὁμαλῆ ἀραιότητα ἔχουσαν
τοιαύτη πρόεσις ἐκ τῶν νεφῶν γίνοιτο ἂν πρὸς ἄλληλα
θλιβομένων, ὑδατοειδῶν καὶ συμπαρακειμένων· ἃ οἱονεὶ
σύνωσιν ποιούμενα χάλαζαν ἀποτελεῖ, ὃ μάλιστα γίνεται ἐν
τῷ ἀέρι. [108] καὶ κατὰ τρῖψιν δὲ νεφῶν πῆξιν εἰληφότων 1260
ἀπόπαλσιν ἂν λαμβάνοι τὸ τῆς χιόνος τοῦτο ἄθροισμα. καὶ
κατ' ἄλλους δὲ τρόπους ἐνδέχεται χιόνα συντελεῖσθαι.

δρόσος συντελεῖται καὶ κατὰ σύνοδον πρὸς ἄλληλα ἐκ
τοῦ ἀέρος τῶν τοιούτων, ἃ τῆς τοιαύτης ὑγρασίας
ἀποτελεστικὰ γίνεται· καὶ κατὰ φορὰν δὲ ἢ ἀπὸ νοτερῶν 1265
τόπων ἢ ὕδατα κεκτημένων, ἐν οἷος τόποις μάλιστα
δρόσος συντελεῖται, εἶτα σύνοδον τούτων εἰς τὸ αὐτὸ
λαβόντων καὶ ἀποτέλεσιν ὑγρασίας καὶ πάλιν φορὰν
ἐπὶ τοὺς κάτω τόπους, καθάπερ ὁμοίως καὶ παρ' ἡμῖν
ἐπὶ πλειόνων τοιαῦτά τινα συντελεῖται. <πάχνη δὲ 1270
συντελεῖται> [109] τῶν δρόσων τοιούτων {τινὰ} πῆξίν
τινα ποιὰν λαβόντων διὰ περίστασίν τινα ἀέρος ψυχροῦ.

κρύσταλλος συντελεῖται καὶ κατ' ἔκθλιψιν μὲν τοῦ
περιφεροῦς σχηματισμοῦ ἐκ τοῦ ὕδατος, σύνωσιν δὲ τῶν

1256 ὁμαλῆ BP¹(Q): -ὴν FP⁴   ἔχουσαν BP¹(Q): -σα FP⁴: -σι Meibom.
τοιαύτη rec.: -ην BPF   1257 πρόεσις BP: προαίρεσις F   <τῶν>
ὑδατοειδῶν Us., 'qui ut ceteri falso θλιβομένων a νεφῶν separ.' V. d. Muehll
καὶ BPF: τινων V. d. Muehll (conl. 1244): καὶ <πνευματειδῶν> . . . ἃ <δ>
Bign., Note 391   post συμπαρακειμένων ex 1257–1258 traiecit πρὸς
ἄλληλα θλιβόμενα Marcov.   ἃ οἱονεὶ BP: λεῖον εἰς B   1258 (ἃ)–1260
(ἀέρι) 'additamentum' V. D. Muehll   1260 ἀέρι BPF: ἔαρι Us., 'recte'
Bign., Note 391   1261 ἂν λαμβάνοι τὸ Schn. 124: ἀναλαμβάνοιτο
BP¹(Q): -βάνοι τὸ FPˣ   τοῦτο τὸ F   1263 καὶ om. F   1265
συντελεστικὰ F   καὶ κατὰ φορὰν FPˣ: κ. καταφορὰν BP¹(Q): κ. κατ' ἀνα-
Bign., Epic. 137²: κ. κατ' ἀπο- V. d. Muehll   1266–1267 ἐν—
συντελεῖται 'additamentum' V. d. Muehll   1266 οἷοις Us.: τοῖς BPF: οἷς
Meibom.: τοιούτοις dub. Barig., Pit. 209   1269 παρ' ἡμᾶς P. Shorey,
CPh 11 (1916) 465   1270 ἐπὶ—τινα om. F   πλειόνων B: πλε.όνων P:
πλεόνων rec.   post τινα lac. indic. Gass., post συντελεῖται Boer ipsa
πάχνη δὲ συντελεῖται supplens: <συντελούμενα θεωρεῖται. καὶ πάχνη δὲ
οὐ διαφερόντως> suppl. Us. secutus Gass.   συντελεῖται ante τοιαῦτα
transp. Z (Frob.)   1271 (τῶν)–1272 om. F¹, add. F²ᵐᵍ   1271 τούτων F:
τούτων τινὰ B: τούτων **** P: τοιούτων τινῶν Us.   1272 ποιὰν om. F
1273 κρύσταλλος συντελεῖται post ὕδατος (1274) pos. F   μὲν om. F

1275 σκαληνῶν καὶ ὀξυγωνίων τῶν ἐν τῷ ὕδατι ὑπαρχόντων·
καὶ κατὰ ἔξωθεν δὲ τῶν τοιούτων πρόσκρισιν, ἃ
συνελασθέντα πῆξιν τῷ ὕδατι παρεσκεύασε, ποσὰ τῶν
περιφερῶν ἐκθλίψαντα.

Ἶρις γίνεται κατὰ πρόσλαμψιν {ὑπὸ} τοῦ ἡλίου πρὸς
1280 ἀέρα ὑδατοειδῆ· ἢ κατὰ πρόσφυσιν ἰδίαν τοῦ τε φωτὸς καὶ
τοῦ ἀέρος, ἢ τὰ τῶν χρωμάτων τούτων ἰδιώματα ποιήσει
εἴτε πάντα εἴτε μονοειδῶς· ἀφ᾽ οὗ πάλιν ἀπολάμποντος τὰ
ὁμοροῦντα τοῦ ἀέρος χρῶσιν ταύτην λήψεται, οἵαν
θεωροῦμεν, κατὰ πρόσλαμψιν πρὸς τὰ μέρη. [110] τὸ δὲ
1285 τῆς περιφερείας τοῦτο φάντασμα γίνεται διὰ τὸ τὸ
διάστημα πάντοθεν ἴσον ὑπὸ τῆς ὄψεως θεωρεῖσθαι, ἢ
σύνωσιν τοιαύτην λαμβανουσῶν τῶν ἐν τῷ ἀέρι <ἀ>τόμων
ἢ ἐν τοῖς νέφεσιν ἀπὸ τοῦ αὐτοῦ ἀέρος {προσφερομένου
πρὸς τὴν σελήνην} ἀποφερομένων ἀτόμων περιφέρειάν
1290 τινα καθίεσθαι τὴν σύγκρισιν ταύτην.

ἅλως περὶ τὴν σελήνην γίνεται καὶ {κατὰ} πάντοθεν
ἀέρος προσφερομένου πρὸς τὴν σελήνην, ἢ τὰ ἀπ᾽ αὐτῆς
ῥεύματα ἀποφερόμενα ὁμαλῶς ἀναστέλλοντος ἐπὶ

1275 ὀξυτονίων B   **1276** κατὰ <τὴν> Schn. 125   **1277** συνελασθ-
έντα BP: συντελε- F: συνελαθέντα Gass.   **1279** ὑπὸ BP: om. F, del.
Schn. 125: ἀπὸ Bailey: ὑπὸ <χειμῶνα> Barig., Pit. 210   **1280** κατὰ πρόσ-
φυσιν Apelt et van den Hout, Mnemosyne 6 (1953/4) 18: κατ᾽ ἀέρος φύσιν
BPF: ἀέρος del. Gass.: κατὰ κρᾶσιν Us.: κ. πρόσκρισιν Bailey: κ. σύμφυσιν
Bign., Epic. 138³   **1282** (ἀφ᾽)–**1284** (μέρη) 'turbata; fort. ἀφ᾽ οὗ κτλ. post
ὑδατοειδῆ (**1280**) ponenda sunt' V. d. Muehll   **1282** <ἔν τι> μονειδῶς
Bign., Note 391   **1283** ταύτην BP¹: ταῦτα F, γρ Pᵘᵐᵍ: τοιαύτην Us.
1284 post θεωροῦμεν lac. indic. V. d. Muehll, 'cogitavi de <ἢ> κατὰ πρόσλ.
πρ. τὰ νέφη'   τὸ rec. (coni. Gass.): τὰ BPF   **1285** τοῦτο BPF: τούτου
'scil. "huius rei"' V. d. Muehll   τὸ τὸ PF: τὸ τοῦ B   **1287** ἀτόμων
Meibom.: τομῶν BPF: <ἰσο>τόνων Bredlow, D. L. 513   **1288** αὐτοῦ BPF:
ἡλίου Us.: φωτὸς Bign., Note 392   ἀέρος om. B¹, add. B²ˢ·ˡ·   **1288–1289**
προσφερομένου—σελήνην del. Gass. ut anticipata ex **1292**: ἀέρος—
σελήνην del. Us., 'ego locum non intellego' V. d. Muehll   **1289**
(ἀποφερομένων)–**1291** (πάντοθεν) om. F   **1289** ἀτόμων del. Us.
1290 καθίεσθαι Meibom.: καθεῖ- BP   εἰς τὴν P   **1291** περὶ P: κατὰ B
καὶ Us.: καὶ κατὰ BP: del. V. d. Muehll: καὶ τοῦ Gass.: ἢ {κατὰ} Marcov.
1293 ὁμαλῶς καὶ F   ἀναστέλλοντος Meibom.: -ντα BPF

τοσοῦτον ἐφ᾽ ὅσον κύκλῳ περιστῆσαι τὸ νεφοειδὲς τοῦτο
καὶ μὴ τὸ παράπαν διακρῖναι, ἢ καὶ τὸν πέριξ αὐτῆς ἀέρα   1295
ἀναστέλλοντος συμμέτρως πάντοθεν εἰς τὸ περιφερὲς τὸ
περὶ αὐτὴν καὶ παχυμερὲς περιστῆσαι. [111] ὃ γίνεται
κατὰ μέρη τινὰ ἤτοι ἔξωθεν βιασαμένου τινὸς ῥεύματος ἢ
τῆς θερμασίας ἐπιτηδείων πόρων ἐπιλαμβανομένης εἰς τὸ
τοῦτο ἀπεργάσασθαι.   1300

κομῆται ἀστέρες γίνονται ἤτοι πυρὸς ἐν τόποις τισὶ
διὰ χρόνων τινῶν ἐν τοῖς μετεώροις συντρεφομένου
περιστάσεως γινομένης, ἢ ἰδίαν τινὰ κίνησιν διὰ χρόνων
τοῦ οὐρανοῦ ἴσχοντος ὑπὲρ ἡμᾶς, ὥστε τὰ τοιαῦτα ἄστρα
ἀναφανῆναι, ἢ αὐτὰ ἐν χρόνοις τισὶν ὁρμῆσαι διά τινα   1305
περίστασιν καὶ εἰς τοὺς καθ᾽ ἡμᾶς τόπους ἐλθεῖν καὶ ἐκφανῆ
γενέσθαι· τήν τε ἀφάνισιν τούτων γίνεσθαι παρὰ τὰς
ἀντικειμένας ταύταις αἰτίας.

τινὰ ἄστρα στρέφεται αὐτοῦ, [112] ὃ συμβαίνει οὐ μόνον
τῷ τὸ μέρος τοῦτο τοῦ κόσμου ἑστάναι, περὶ ὃ τὸ λοιπὸν   1310
στρέφεται, καθάπερ τινές φασιν, ἀλλὰ καὶ τῷ δίνην ἀέρος
ἔγκυκλον αὐτοῖς περιεστάναι, ἢ κωλυτικὴ γίνεται τοῦ
περιπολεῖν ὡς καὶ τὰ ἄλλα· ἢ καὶ διὰ τὸ ἑξῆς μὲν αὐτοῖς
ὕλην ἐπιτηδείαν μὴ εἶναι, ἐν δὲ τούτῳ τῷ τόπῳ ἐν ᾧ κείμενα
θεωρεῖται. καὶ κατ᾽ ἄλλους δὲ πλείονας τρόπους τοῦτο   1315
δυνατὸν συντελεῖσθαι, ἐάν τις δύνηται τὸ σύμφωνον τοῖς
φαινομένοις συλλογίζεσθαι.

τινὰ τῶν ἄστρων πλανᾶσθαι, εἰ οὕτω ταῖς κινήσεσι

1294 περιστῆσαι V. d. Muehll (post Us. περ. εἰς): περὶ τῆς εἰς BPF:
περιστήσῃ Meibom.   1295 καὶ¹ om. F   διακρῖναι Us.: -κρίνη BPF
αὐτῆς ἀέρα B: ἀέρα αὐτῆς PF   1296 εἰς τὸ τὸ Meibom.   1299
ἐπιτηδείως Bailey   1303 περιστάσεως <τινος> γινομένης Leop. 281
ἢ om. F   χρόνον B   1305 (ἢ)–1308 'additamentum' Us.   1305 ἢ
<διὰ τὸ> αὐτὰ Schn. 126, ἢ <παρὰ τὸ> αὐ. Marcov.   1307–1308
παρὰ τὰς ἀντικειμένας F (ex -αις F¹), P⁴: π. παραστάντι κειμέναις (ex -νας
B²) BP¹(Q): παραστάν τι κειμέναις Bollack/Laks   1309 τινὰ B² ex τινα.
τ. ἄστρα στρέφεται Bailey: τ. ἀναστρέφεται BPF: τ. <τῶν ἄστρων>
ἀναστρ. Schn. 126: <τῶν ἄστρων> τ. ἀναστρ. V. d. Muehll: τ. ἄστ.
στρέφεσθαι deleto ὃ Us.   1311 ἀναστρέφεται cum γρ P⁴ˢˡ·   τῷ
B²P²(Q)F: τὸ B¹P¹   δίνην (ί et η in ras.) B², F: δινιν P¹   1312 αὐτοῖς
Gass.: -ῶ BPF   1316 δύναται F

χρώμενα συμβαίνει, τινὰ δὲ μὴ {κινεῖσθαι} **[113]** ἐνδέχεται
1320 μὲν καὶ παρὰ τὸ κύκλῳ κινούμενα ἐξ ἀρχῆς οὕτω
<κινεῖσθαι> κατηναγκάσθαι, ὥστε τὰ μὲν κατὰ τὴν αὐτὴν
δῖναν φέρεσθαι ὁμαλὴν οὖσαν, τὰ δὲ κατὰ τὴν ἅμα τισὶν
ἀνωμαλίαις χρωμένην· ἐνδέχεται δὲ καὶ καθ᾽ οὓς τόπους
φέρεται οὗ μὲν παρεκτάσεις ἀέρος εἶναι ὁμαλεῖς ἐπὶ τὸ αὐτὸ
1325 συνωθούσας κατὰ τὸ ἑξῆς ὁμαλῶς τε ἐκκαούσας, οὗ δὲ
ἀνωμαλεῖς οὕτως ὥστε τὰς θεωρουμένας παραλλαγὰς
συντελεῖσθαι. τὸ δὲ μίαν αἰτίαν τούτων ἀποδιδόναι,
πλεοναχῶς τῶν φαινομένων ἐκκαλουμένων, μανικὸν καὶ
οὐ καθηκόντως πραττόμενον ὑπὸ τῶν τὴν ματαίαν
1330 ἀστρολογίαν ἐζηλωκότων καὶ εἰς τὸ κενὸν αἰτίας τινῶν
ἀποδιδόντων, ὅταν τὴν θείαν φύσιν μηθαμῇ λειτουργιῶν
ἀπολύωσι.

[114] τινὰ ἄστρα ὑπολειπόμενά τινων θεωρεῖσθαι
συμβαίνει καὶ παρὰ τὸ βραδύτερον συμπεριφέρεσθαι τὸν
1335 αὐτὸν κύκλον περιόντα, καὶ παρὰ τὸ τὴν ἐναντίαν κινεῖσθαι
ἀντισπώμενα ὑπὸ τῆς αὐτῆς δίνης· καὶ παρὰ τὸ
περιφέρεσθαι τὰ μὲν διὰ πλείονος τόπου, τὰ δὲ δι᾽
ἐλάττονος, τὴν αὐτὴν δῖναν περικυκλοῦντα. τὸ δὲ ἁπλῶς
ἀποφαίνεσθαι περὶ τούτων καθῆκόν ἐστι τοῖς τερατεύεσθαί
1340 τι πρὸς τοὺς πολλοὺς βουλομένοις.

1319 συμβαίνει FP⁴: -νειν BP¹(Q)   δὲ μὴ BPF: δ᾽ ὁμαλῶς Us.   κινεῖσθαι
BPF: secl. V. d. Muehll et Bign., Epic. 140³, post οὕτω **(1321)** transp. Barig.,
Pit. 213 <οὕτω> κιν. Bailey   **1320** τὸ] τῷ B¹P¹(Q)   **1321**
καταναγκάσθαι F   **1322** δῖναν B² (ί in ras.), P¹(Q): δίνην FP⁴. Vid.
Croen., MGH 159³   ὁμαλῇ Us.   κατὰ τὴν ἅμα τισὶν BPF: κατ᾽ αὐτὴν
ἅμα τισὶν Meibom.: κατὰ τινα δίνησιν Us.: κατὰ τὴν ἄλλην τισὶν Bign.,
Epic. 140⁴   **1324** οὗ B: οὐ PF   μὲν om. FP⁴   εἶναι BP: γίνεσθαι F
ὁμαλεῖς BP¹(Q): -λὰς F, γρ P⁴   **1325** οὗ δὲ BF: οὐ δὲ P   **1328**
πλεοναχὰς dub. Byw., Epic. 279   **1329** καθήκοντος B   **1330**
ἐζηλωκότων] -λοκ- BF: -λ.κ- Pˣ   καὶ om. F   τινῶν BPF: ἄστρων Us.:
τούτων Bign., Ar. perd. II 38¹⁰⁸   **1331** μηθαμῇ BP¹(Q): μηδαμῇ FP⁴
1333 ἀπολειπόμενα P⁴   **1335** περιόντα BPF: περιι- Frob.   **1336** τῆς
αὐτῆς BPF, 'scil. τοῖς ἄλλοις vel τῷ οὐρανῷ nisi mavis αὐτῆς τῆς' V. d.
Muehll: τοιαύτης Us.   **1338** δῖναν rec.: δίναν P: δίνα (ί in ras.) B²: δίνην
FP⁴ (vid. ad **1322**)

EPICURUS

οἱ λεγόμενοι ἀστέρες ἐκπίπτειν καὶ παρὰ μέρος καὶ παρὰ
τρίψιν ἑαυτῶν δύνανται συντελεῖσθαι καὶ παρὰ ἔκπτωσιν
οὗ ἂν ἡ ἐκπνευμάτωσις γένηται, καθάπερ καὶ ἐπὶ τῶν
ἀστραπῶν ἐλέγομεν· **[115]** καὶ κατὰ σύνοδον δὲ ἀτόμων
πυρὸς ἀποτελεστικῶν, συμφυλίας γενομένης εἰς τὸ τοῦτο   1345
τελέσαι, καὶ κατὰ κίνησιν οὗ ἂν ἡ ὁρμὴ ἐξ ἀρχῆς κατὰ τὴν
σύνοδον γένηται· καὶ κατὰ πνευμάτων δὲ συλλογὴν ἐν
πυκνώμασί τισιν {ἐν} ὁμιχλοειδέσι, καὶ ἐκπύρωσιν τούτων
διὰ τὴν κατείλησιν, εἶτ᾽ ἐπέκρηξιν <ἐκ> τῶν περιεχόντων,
καὶ ἐφ᾽ ὃν ἂν τόπον ἡ ὁρμὴ γένηται τῆς φορᾶς, εἰς τοῦτον   1350
φερομένων. καὶ ἄλλοι δὲ τρόποι εἰς τὸ τοῦτο τελέσαι
ἀμύθητοί εἰσιν.

αἱ δ᾽ ἐπισημασίαι αἱ γινόμεναι ἐπί τισι ζῴοις κατὰ
συγκύρημα γίνονται τοῦ καιροῦ. οὐ γὰρ τὰ ζῷα ἀνάγκην
τινὰ προσφέρεται τοῦ ἀποτελεσθῆναι χειμῶνα, οὐδὲ   1355
κάθηταί τις θεία φύσις παρατηροῦσα τὰς τῶν ζῴων
τούτων ἐξόδους κἄπειτα τὰς ἐπισημασίας ταύτας ἐπιτελεῖ.
[116] οὐδὲ γὰρ εἰς τὸ τυχὸν ζῷον, κἂν μικροχαρέστερον ᾖ,
ἡ τοιαύτη μωρία <μὴ> ἐκπέσῃ, μὴ ὅτι εἰς παντελῆ
εὐδαιμονίαν κεκτημένον.   1360

1341–1344 (ἐλέγομεν) 'in iis quae sequuntur scriptoris verba pannis qui-
busdam e loco de fulguribus (§ 101) assutis pessime corrupta sunt' V. d.
Muehll, ipse καὶ¹, καὶ παρὰ τρίψιν† ἑαυτῶν et καὶ—γένηται delens
1341 ἐκπίπτειν BPF: -πτοντες Marcov.   **1341–1342** καὶ παρὰ τρίψιν
BPF: κατὰ παράτριψιν Us.   **1342** ἑαυτῶν BPF: νεφῶν Us.: ἄστρων
Bign., Epic. 141⁷   δύναται BP¹(Q)   παρὰ] πυρὸς Us.   **1343** ἡ BP: ἢ
F   γίνεται F   **1344** ἀστραπῶν BPF²ᵐᵍ: ἀστέρων F¹   **1345**
συμφυλίας P: συνφι- BF   **1346** κατὰ del. Us.   οὗ] 'an οἶ?' Us.   ἐξ
ἀρχῆς post σύνοδον (**1347**) hab. F   **1347** πνευμάτων V. d. Muehll ex
1202: πνεύματος BPF   **1348** ἐν om. Z (Frob.)   καὶ Us.: κατ᾽ BPF
τούτου Us.   **1349** ἐπέκρηξιν PF: ἐπ᾽ ἔκριξιν B: ἔκρηξιν Us.   ἔκρ. ἐκ V.
d. Muehll   **1350** ὃν BP: ὧν F   **1351** φερομένων V. d. Muehll: -νης
BPF: -ου Us.   τὸ F, γρ Pⁱ: om. BP¹   **1352** ἀμύθητοι BPF: ἀνύσιμοι Us.:
ἄμυθοι Lortzing, PhW 8 (1888) 422, sed vid. Croen., Lect. 417   **1354**
γίνεται F   οὐ BP: καὶ F   **1357** σημασίας F   **1358** <ἂν> εἰς Cob.
κἂν <εἰ> Us.   μικροχαρέστερον Sedley, CErc 6 (1976) 41⁵⁰: μικρῷ
χαριέστερον BP: -ον χ. F   **1358–1359** ἢ ἡ PF: εἴη B   **1359** μὴ dub.
add. Sedley   ἐκπέσῃ BPF: -σοι Cob.: ἐμπέσοι Gass.

ταῦτα δὴ πάντα, Πυθόκλεις, μνημόνευσον· κατὰ πολύ τε
γὰρ τοῦ μύθου ἐκβήσῃ καὶ τὰ ὁμογενῆ τούτοις συνορᾶν
δυνήσῃ· μάλιστα δὲ σεαυτὸν ἀπόδος εἰς τὴν τῶν ἀρχῶν καὶ
ἀπειρίας καὶ τῶν συγγενῶν τούτοις θεωρίαν, ἔτι τε
1365 κριτηρίων καὶ παθῶν καὶ οὗ ἕνεκεν ταῦτα ἐκλογιζόμεθα.
ταῦτα γὰρ μάλιστα συνθεωρούμενα ῥᾳδίως τὰς περὶ τῶν
κατὰ μέρος αἰτίας συνορᾶν ποιήσει. οἱ δὲ ταῦτα μὴ
καταγαπήσαντες ᾗ μάλιστα οὔτ᾽ <ἂν> αὐτὰ ταῦτα καλῶς
συνθεωρήσαιεν οὔτε οὗ ἕνεκεν δεῖ θεωρεῖν ταῦτα
1370 περιεποιήσαντο.

[117] ταῦτα αὐτῷ καὶ περὶ τῶν μετεώρων δοκεῖ.

περὶ δὲ τῶν βιωτικῶν καὶ ὅπως χρὴ τὰ μὲν ἡμᾶς
αἱρεῖσθαι, τὰ δ᾽ ἐκφεύγειν, οὑτωσὶ γράφει. πρότερον
διέλθωμεν ἅ τε αὐτῷ δοκεῖ περὶ τοῦ σοφοῦ καὶ τοῖς ἀπ᾽
1375 αὐτοῦ.

βλάβας ἐξ ἀνθρώπων ἢ διὰ μῖσος ἢ διὰ φθόνον ἢ διὰ
καταφρόνησιν γίνεσθαι, ὧν τὸν σοφὸν λογισμῷ
περιγίνεσθαι. ἀλλὰ καὶ τὸν ἅπαξ γενόμενον σοφὸν μηκέτι
τὴν ἐναντίαν λαμβάνειν διάθεσιν μηδὲ πλάττειν ἑκόντα.
1380 πάθεσι μᾶλλον συσχεθήσεσθαι· οὐκ ἂν ἐμποδίσαι πρὸς τὴν

Capita 117–21 ed. Usener xxvii–xxx, Bailey 164–8, Diano 83–5,
Arrighetti[2] 25–9, Bollack, Pensée 22–31 **1376–1418** (nonnulla omit-
tentes) 22Q L.-S. **1376–1378** (περιγίνεσθαι) fr. 536 Us. **1378**
(ἀλλὰ)–**1379** (ἑκόντα) fr. 222a Us. **1380** (πάθεσι—συσχεθήσεσθαι) fr.
596 Us. **1380–1381** (οὐκ—σοφίαν) fr. 587 Us.

1378 (τὸν ἅπαξ)–**1427** Φ 9 (189.4–190.8) alterans quaedam et omittens

1361 ταῦτα δὴ πάντα BP: πάντα δὴ ταῦτα F **1363** μάλιστα BP¹(Q):
μᾶλλον F, γρ P⁴ˢ·ˡ· σεαυτὸν BP: -ῶ F ἀπόδος εἰς BPˣ(Q): ἀποδώσεις
F, γρ P⁴ˢ·ˡ· **1364–1365** ἔτι—παθῶν om. F¹, add. F²ᵐᵍ τε BP: γε F²: δὲ
Us. **1366** ῥᾳδίας P¹(Q), corr. P⁴ **1366–1367** τὰς—μέρος iterat F
1368 ᾗ Kuehn: ἢ BPF οὔτε BP: ἢ F ἂν add. Us. **1372** τῶν om. F
1373 ἐκφεύγειν, τὰ δ᾽ αἱρέσθαι F δὲ B πρότερον BP¹: πρ. δὲ FP⁴ˢ·ˡ·
'expectes ἅ αὐτῷ τε' Us. **1379** πλάττειν BPF: πλ. <ἔχειν> Marcov.:
πράττειν M. Casaub. **1380** πάθεσι BPF: πάθεσί <τισι> Bign., Epic.
210³: πάθεσί <τέ τισι> Marcov. μᾶλλον BPF: 'fortasse μὴν' Us. **1380–
1381** πάθεσι <ὁ>μαλοῖς συσχ. οὐκ ἂν ἐμποδίσα<σ>ι πρ. τ. σ. Giusta
131. Vid. L.-S. II p. 142 **1380** <ὃ> οὐκ ἂν dub. Koch. 74 **1380–1381**
οὐκ—σοφίαν om. Φ

σοφίαν. οὐδὲ μὴν ἐκ πάσης σώματος ἕξεως σοφὸν γενέσθαι ἂν οὐδ' ἐν παντὶ ἔθνει. [118] κἂν στρεβλωθῇ δ' ὁ σοφός, εἶναι αὐτὸν εὐδαίμονα. μόνον τε χάριν ἕξειν τὸν σοφόν, καὶ ἐπὶ φίλοις καὶ παροῦσι καὶ ἀποῦσιν ὁμοίως διά τε †οδουχ† ὅτε μέντοι στρεβλοῦται, ἔνθα καὶ μύζει καὶ οἰμώζει. γυναικί 1385 τε οὐ μιγήσεσθαι τὸν σοφὸν ᾗ οἱ νόμοι ἀπαγορεύουσιν, ὥς φησι Διογένης ἐν τῇ Ἐπιτομῇ τῶν Ἐπικούρου ἠθικῶν δογμάτων. οὐδὲ κολάσειν οἰκέτας, ἐλεήσειν μέντοι καὶ συγγνώμην τινὶ ἕξειν τῶν σπουδαίων. ἐρασθήσεσθαι τὸν σοφὸν οὐ δοκεῖ αὐτοῖς· οὐδὲ ταφῆς φροντιεῖν· οὐδὲ 1390 θεόπεμπτον εἶναι τὸν ἔρωτα, ὡς ὁ Διογένης ἐν τῷ < ... >· οὐδὲ ῥητορεύσειν καλῶς. συνουσίη δέ φασιν ὤνησε μὲν οὐδέποτε, ἀγαπητὸν δὲ εἰ μὴ ἔβλαψε.

1381 (οὐδὲ)–**1382** (ἔθνει) fr. 226 Us.   **1382** (κἂν)–**1383** (εὐδαίμονα) fr. 601 Us.   **1383** (μόνον)–**1384**(†) fr. 589 Us.   **1385** (γυναικί)–**1388** (δογμάτων) fr. 583 Us.   **1388** (οὐδὲ)–**1389** (σπουδαίων) fr. 594 Us. **1389** (ἐρασθήσεσθαι)–**1391** (τῷ) fr. 574 Us.   **1390** (οὐδὲ—φροντιεῖν) fr. 578 Us.   **1390** (οὐδὲ)–**1392** (καλῶς) fr. 565 Us.   **1392** (συνουσίη)– **1393** fr. 62 Us.

1381 οὐδὲ μὴν BPF: οὐδ' Φ   σώματος om. Φ   **1382** ἂν] ἀλλ' B ἔθει B   δ' add. B[s.l.] P[4]   **1383** ἕξειν BP[pc]: ἔχειν F   **1383–1384** καὶ ἐπὶ BP[1]F: del. P[x] (om. Q): ἐπὶ Φ   **1384** ἀποῦσι B   **1384–1385** ὁμοίως— οἰμώζει om. Φ   **1384** ὁδοῦχοτε B[1]: ὁδ' οὐχ ὅτε B[2]: ὁδοῦ*ὅτε P[x]: ὁδοῦ χ' ὅτε P[1](Q): ὁδοῦ ὅτι F: ὁδοῦ ὅτε Z (Frob.)   'reliquiae verborum insanabiles' V. d. Muehll: διά τε λόγου <καὶ πράξεως ἰέναι> Us. (ad fr. 589): διατε<λεῖν> εὐλογοῦντα Koch. 74: διά τε λ. <καὶ πρ. διατελεῖν> Diano: διά τε ὅλου (= Apelt) χ<αίρειν> Bign., Studi 439: διάξ<ειν> ε<ὐ>δοκοῦν<τα> Giusta 134: ὃ δ' οὐχ <ἁρμόζον μὴ λέγειν> suppleverim e.g.' Marcov.   **1385** μύζει BP[1](Q): μύξει FP[4]   οἰμώζει B: -ξει P[x] (ξ in ras.) Q, F   ὅτε—οἰμώζει post εὐδαίμονα (**1383**) transp. Marcov.   **1386** ῇ P[x](Q): ᾗ BP[1]: οἱ F   **1386** (ὥς)–**1388** (δογμάτων) om. Φ   **1388** οὐδὲ Us.: οὔτε BPFΦ: <ἔσθ'> ὅτε Diano: τούς τε οἰκ. κολάσειν Casaub. ἐλεήσειν BPΦ: -ῆσαι F   **1389** τῶν σπουδαίων FΦ: τὸν σπουδαῖον BP. Vid. Giusta 137–8   **1390** ante οὐ δοκεῖ interpu. Φ   **1391** (ὡς)–**1393** (ἔβλαψε) om. Φ   **1391** (ὡς)–**1392** (καλῶς) om. F   **1391** ἐν τῷ BP ('/· et in mg ·'/·λεί(πει) B[2])   **1392** ῥητορεύσειν P[4s.l.]: -ρεύειν BP[1](Q)   συνουσίη δὲ FP[4]: συνουσίην δὲ B: συνουσιν ἥδε P[1](Q): συνουσία δὲ Menag.   ὀνῆσαι Us.   **1393** δὲ om. B   εἰ μὴ BP[1]: εἰ μὴ καὶ FP[4]

[119] καὶ μὴν καὶ γαμήσειν καὶ τεκνοποιήσειν τὸν
1395 σοφόν, ὡς Ἐπίκουρος ἐν ταῖς Διαπορίαις καὶ ἐν ταῖς Περὶ
φύσεως. κατὰ περίστασιν δέ ποτε βίου γαμήσειν. καὶ
διατραπήσεσθαί τινας. οὐδὲ μὴν ληρήσειν ἐν μέθῃ φησὶν ὁ
Ἐπίκουρος ἐν τῷ Συμποσίῳ. οὐδὲ πολιτεύσεσθαι, ὡς ἐν
τῇ πρώτῃ Περὶ βίων· οὐδὲ τυραννεύσειν· οὐδὲ κυνιεῖν, ὡς ἐν
1400 τῇ δευτέρᾳ Περὶ βίων· οὐδὲ πτωχεύσειν. ἀλλὰ κἂν πηρωθῇ
τὰς ὄψεις οὐκ ἐξάξειν αὑτὸν τοῦ βίου, ὡς ἐν τῇ αὐτῇ φησι.
καὶ λυπήσεσθαι δὲ τὸν σοφόν, ὡς Διογένης ἐν τῇ εʹ τῶν
Ἐπιλέκτων· καὶ δικάσεσθαι· καὶ συγγράμματα καταλεί-
ψειν· οὐ πανηγυριεῖν δέ. [120a] καὶ κτήσεως προνοήσεσθαι
1405 καὶ τοῦ μέλλοντος. φιλαγρήσειν. τύχῃ τε ἀντιτάξεσθαι,
φίλον τε οὐδένα <ἀπο>κτήσεσθαι. εὐδοξίας ἐπὶ τοσοῦτον

1394–1396 (γαμήσειν) fr. 19 et 94 Us.   **1396** (καὶ)–**1397** (τινας) fr. 591 Us.
1397 (οὐδὲ)–**1398** (Συμποσίῳ) fr. 63 Us.   **1398–1399** (οὐδὲ—
τυραννεύσειν) fr. 8 Us.   **1399** (οὐδὲ²)–**1400** (πτωχεύσειν) fr. 14 Us.
SSR V B 508   **1400** (ἀλλὰ)–**1401** (φησι) fr. 15 Us.   **1402** (καὶ)–**1403**
(Ἐπιλέκτων) fr. 597 Us.   **1403** (καὶ¹—καταλείψειν) fr. 563 Us.   **1404**
(οὐ—δέ) fr. 566 Us.   **1404–1405** (καὶ—μέλλοντος) fr. 572 Us.
1405 (φιλαγρήσειν) fr. 570 Us.   **1405–1406** (τύχῃ—κτήσεσθαι) fr. 584 Us.
1406 (εὐδοξίας)–**1407** (καταφρονήσεσθαι) fr. 573 Us.

1394 καὶ μὴν καὶ BPFΦ 'cum aliis auctoribus et cum l.   **1392–1393**
pugnare vid.' V. d. Muehll: καὶ μηδὲ Galesius et Casaub.: καὶ μηδὲ καὶ Hicks:
οὐδὲ καὶ s. οὐδὲ μὴν καὶ Chilton, Phronesis 5 (1960) 73: καὶ μὴν μὴ Marcov.
1395 (ὡς)–**1396** (φύσεως) om. F   **1396** γαμήσειν del. Giusta 143, fort.
recte   **1397** διατραπήσεσθαι BPF: <παιδία> διατραφήσεσθαι Marcov.
post Brennan, CP 91 (1996) 351 (<παι>δία τραφήσεσθαι)   ληρήσειν K. Fr.
Hermann (1834) 111: τηρήσειν BPˣF: τήρησιν Pⁱ: τήρη<σιν ἀφή>σειν Diano.
Vid. Diels, D. III 2, p. 80ⁱ et Giusta 146–7   <ὡς> φησιν Cob.   **1398**
πολιτεύσεσθαι rec.: -σασθαι Φ: -σεται BPF   **1399** τυραννεύσειν P, B²
(-εύειν Bⁱ): -εῦσιν F   κυνιεῖν P, B² (υνιεῖν in ras.): κιν- F   **1400** πτωχεύειν
Bⁱ (corr. B²)   κἂν πηρωθῇ Φ (coni. Richards): καὶ πηρωθεὶς BPF: καὶ
πηρωθέντα Byw., Epic. 279   **1401** οὐκ ἐξάξειν V. d. Muehll conl. 7.130 et
2.89: μετάξειν Φ: -ξει BPF: μὴ ἐξάξειν Byw., Epic. 279   αὑτὸν Cob.: ἑαυτὸν
Φ: αὐτὸν BPF   **1402** λυπήσεσθαι BPⁱ(Q): -θήσεσθαι FP⁴, sed cf. 2.91 et
7.118   δέ] δὴ Giusta 149   **1402** (ὡς)–**1403** (Ἐπιλέκτων) om. F   εʹ Bʹ: ιεʹ
P, 'an recte?' V. d. Muehll   **1403** δικάσεσθαι rec.: -σαθαι BPF   **1405**
φιλαγρήσειν <δὲ> Marcov.   ἀντιτάξεσθαι rec.: -σαθαι BPF   **1406**
φίλον BPΦ: -ων F: -ην Us.   οὐδένα B, P (comp.): οὐδὲν FΦ   κτήσεσθαι
BPF: -σαθαι Φ   οὐδένα προή- Bign., Epic. 212⁶, οὐδὲν <ἐ>κ<σ>τή- Giusta
152 (conl. Porph., Marc. 30 = fr. 489 Us.), φαῦλον οὐδένα <ἀπο>κτή- Ko. 74

προνοήσεσθαι, ἐφ' ὅσον μὴ καταφρονήσεσθαι. μᾶλλόν τε εὐφρανθήσεσθαι τῶν ἄλλων ἐν ταῖς θεωρίαις.

[121b] εἰκόνας τε ἀναθήσειν· εἰ ἔχοι, ἀδιαφόρως ἂν σχοίη. μόνον τε τὸν σοφὸν ὀρθῶς ἂν περί τε μουσικῆς καὶ 1410 ποιητικῆς διαλέξεσθαι· ποιήματά τε ἐνεργῶς οὐκ ἂν ποιῆσαι. οὐκ εἶναί τε ἕτερον ἑτέρου σοφώτερον. χρηματίσεσθαί τε, ἀλλ' ἀπὸ μόνης σοφίας, ἀπορήσαντα. καὶ μόναρχον ἐν καιρῷ θεραπεύσειν. καὶ ἐπιχαρήσεσθαί τινι ἐπὶ τῷ διορθώματι. καὶ σχολὴν κατασκευάσειν, ἀλλ' οὐχ 1415 ὥστε ὀχλαγωγῆσαι· καὶ ἀναγνώσεσθαι ἐν πλήθει, ἀλλ' οὐχ ἑκόντα· δογματιεῖν τε καὶ οὐκ ἀπορήσειν. καὶ καθ' ὕπνους δὲ ὅμοιον ἔσεσθαι· καὶ ὑπὲρ φίλου ποτὲ τεθνήξεσθαι.

1407 (μᾶλλον)–**1408** fr. 593 Us.   **1409** (εἰκόνας δὲ ἀναθήσειν) fr. 575 Us. (εἰ—σχοίη) fr. 588 Us.   **1410** (μόνον)–**1411** (διαλέξασθαι) fr. 569 Us. **1411** (ποιήματά)–**1412** (ποιῆσαι) fr. 568 Us.   **1412** (οὐκ—σοφώτερον) fr. 561 Us.   **1413** (χρηματίσεσθαί—ἀπορήσαντα) fr. 567 Us.   **1414** (καὶ—θεραπεύσειν) fr. 577 Us.   **1414** (καὶ²)–**1415** (διορθώματι) fr. 592 Us. **1415** (καὶ)–**1417** (ἑκόντα) fr. 564 Us.   **1417** (δογματιεῖν—ἀπορήσειν) fr. 562 Us.   **1417** (καὶ²)–**1418** (ἔσεσθαι) fr. 595 Us.   **1418** (καὶ— τεθνήξεσθαι) fr. 590 Us.

1407 προνοήσεσθαι BPF: -σαθαι Φ   **1407–1408** εὐφρανθήσεσθαι μᾶλλον τῶν Φ   **1409** (εἰκόνας)–**1419** (δοκεῖ δ' αὐτοῖς) post **1428** (ἐπιστολήν) in BPFΦ, huc transtulit Bign., Epic. 214. Text. trad. defendi potest, vid. Dorandi, Epicuro 292–7   **1409** ante εἰ supplendum aliquid velut πλοῦτον, τέκνα, δόξαν cens. Us., εὖ Hicks   ἔχη F   σχοίη Kuehn: -ης BPF   **1410** ἂν del. Cob.   **1411** διαλέξεσθαι BP: -ασθαι F   τε BPF: δὲ Ko. 75   ἐνεργῶς D. Sider in D. Obbink, Philodemus and Poetry (1995) 36: -εῖν BPF: -είᾳ Us.   **1411** (οὐκ)–**1412** (ἕτερον) om. F¹, in mg εὖ κινεῖται τὸ ἕτερον ἑτέρου σοφώτερον add. F² in textu delens ἑτέρου σοφοτέροις a F¹ scriptum   **1412** οὐκ εἶναί τε ἕτερον (Aldobr.) Sambucus: οὐκ'εἰναιτετε ἕ. B (ras. supra 1¹⁻²): οὐ κινεῖται τε ἕ. P: εὖ κινεῖται τὸ ἕ. F²: οὐ κινεῖσθαί τε (fort. δὲ) ἕ. Us.: καὶ εἶναί τε Gass.: καὶ εἶναι ἕ. Kuehn. Vid. Bign. (1933) 440–2   **1413** χρηματίσεθαι BP: -τισαθαι F: -τιεῖσθαι Cob. ἀπορήσαντα BPF: εὐ- Gigante 574⁹⁴. Vid. McConnell, PCPS 56 (2010) 178–95   **1414** μόναρχον BP: μόνον ἄρχων F   θεραπεύειν F¹, corr. F² ἐπιχαρήσεσθαι PFΦ: -ρίσεσθαι B cf. Giusta 156–7   **1415** ἐπὶ BP: ἐν F **1416** ὀχλαγωγῆσαι BP¹(Q), γρ F²ᵐᵍ, Φ: σχολαγωγη- F¹, γρ P⁴ᵐᵍ (-γώγη-) **1417** ἑκόντα F, γρ P⁴ᵐᵍ: ἑκὼν BP¹(Q)Φ, 'igitur fort. scribendum ἀναγνώσεται' Us.   ἀπορήσειν Pˣ in textu (ει in ras.), γρ καὶ ἀπορήσειν P⁴ᵐᵍ   **1418** δὲ expu. Pˣ

[120b] {τὸ ἑξῆς} δοκεῖ δ᾽ αὐτοῖς ἁμαρτήματα ἄνισα εἶναι.
1420 καὶ τὴν ὑγίειαν τισὶ μὲν ἀγαθόν, τισὶ δὲ ἀδιάφορον. τὴν δὲ
ἀνδρείαν φύσει μὴ γίνεσθαι, λογισμῷ δὲ τοῦ συμφέροντος.
καὶ τὴν φιλίαν διὰ τὰς χρείας· δεῖν μέντοι προκατάρχεσθαι
(καὶ γὰρ τὴν γῆν σπείρομεν), συνίστασθαι δὲ αὐτὴν κατὰ
κοινωνίαν ἐν τοῖς ταῖς ἡδοναῖς ἐκπεπληρωμ<ένοις>. **121a**
1425 τὴν εὐδαιμονίαν διχῇ νοεῖσθαι, τήν τε ἀκροτάτην, οἵα ἐστὶ
περὶ τὸν θεόν, ἐπίτασιν οὐκ ἔχουσαν· καὶ τὴν <κατὰ>
προσθήκην καὶ ἀφαίρεσιν ἡδονῶν.

μετιτέον δὲ ἐπὶ τὴν ἐπιστολήν.

᾽Επίκουρος Μενοικεῖ χαίρειν.

1430 **[122]** μήτε νέος τις ὢν μελλέτω φιλοσοφεῖν, μήτε γέρων
ὑπάρχων κοπιάτω φιλοσοφῶν. οὔτε γὰρ ἄωρος οὐδείς
ἐστιν οὔτε πάρωρος πρὸς τὸ κατὰ ψυχὴν ὑγιαῖνον. ὁ δὲ
λέγων ἢ μήπω τοῦ φιλοσοφεῖν ὑπάρχειν ὥραν ἢ
παρεληλυθέναι τὴν ὥραν ὅμοιός ἐστι τῷ λέγοντι πρὸς

1419 (ἁμαρτήματα—εἶναι) fr. 521 Us.   **1420** (καὶ—ἀδιάφορον) fr. 428
Us.   **1420** (τὴν)–**1421** (συνφέροντος) fr. 517 Us.   **1422** (καὶ)–**1424**
(ἐκπεπληρ.) fr. 540 Us.   **1425** (τὴν)–**1427** fr. 407 Us.   **1427** 21K L.-S.
Capita 122–35 (Ep. Men.) ed. Usener 59–66, V. d. Muehll 44–50, Bailey 82–
93, Diano 7–10, Arrighetti² [4] 106–17, Bollack, Pensée 58–85, Conche 216–
27, Heßler   **1430–1444** (διαλαμβάνων) 25A L.-S.

1430–1439 (μελλόντων) Clem. Alex., Strom. 4.69.2–4 (p. 279, 18–26 St.)

1419 τὸ ἑξῆς δοκεῖ δ᾽ αὐτοῖς BPF: τὸ ἑξῆς om. rec.: admonit. Diog. Laert. ad
librarium fuisse docuit Us. xxxiii, secl. Bign. 214²   ταῦτα δοκεῖ αὐτοῖς.
μετιτέον δὲ ἐπὶ τὴν ἐπιστολὴν Frob., omis. μετιτέον—ἐπιστολὴν (**1428**)
ἁμαρτήματα BPFΦ: <τὰ> ἁμ. Cob.: lac. ante ἁμ. indic. Us., 'debebat saltem
τά τε κατορθώματα καὶ τὰ supplere. sed quis dixerit, quantum interciderit?'
1420 ὑγίειαν PΦ: ὑγίαν B: ὑγίεαν F   δὲ² om. Φ   **1421** ἀνδρείαν BF:
-ρίαν PΦ   **1423** γὰρ om. F   αὐτὴν BP¹(Q): -ὸν FPˣˢ·ˡ·   **1424** ἐν τοῖς
ταῖς BP¹(Q): μεγίσταις Us.   ἐν del. Hicks   τοῖς om. F, del. P⁴
ἐκπεπληρωμένοις Bign. 214⁴: ἐκπεπληρῶν B: -ρων P¹(Q): om. F, del. P⁴:
-μένην Us.   **1426** κατὰ (s. ἀτελῇ, ἔχουσαν) add. Diels D. III 2, p. 14¹ post
Us. (κατὰ τὴν)   **1427** τῶν ἡδονῶν Φ   **1429** μενοικεῖ Pˣ: μενοικε
P¹(Q): μὲν· οικε B: μὲν οἰκεῖ F   **1430** μελλέτω P¹: μελέτω B²FP⁴, Clem.
1432 ὑγιαῖνον PF: -αίνων B: -αίνειν Clem.   **1433** ἢ P⁴: ἦ F: εἶ B: om. P¹,
Clem.   ὥραν BPF, Clem.: <τὴν> ὥ. Huebn.: del. Us.

εὐδαιμονίαν ἢ μὴ παρεῖναι τὴν ὥραν ἢ μηκέτι εἶναι. ὥστε   1435
φιλοσοφητέον καὶ νέῳ καὶ γέροντι, τῷ μὲν ὅπως γηράσκων
νεάζῃ τοῖς ἀγαθοῖς διὰ τὴν χάριν τῶν γεγονότων, τῷ δὲ
ὅπως νέος ἅμα καὶ παλαιὸς ᾖ διὰ τὴν ἀφοβίαν
τῶν μελλόντων· μελετᾶν οὖν χρὴ τὰ ποιοῦντα τὴν
εὐδαιμονίαν, εἴπερ παρούσης μὲν αὐτῆς πάντα ἔχομεν,   1440
ἀπούσης δὲ πάντα πράττομεν εἰς τὸ ταύτην ἔχειν.

[123] ἃ δέ σοι συνεχῶς παρήγγελλον, ταῦτα καὶ πρᾶττε
καὶ μελέτα, στοιχεῖα τοῦ καλῶς ζῆν ταῦτ' εἶναι
διαλαμβάνων. πρῶτον μὲν τὸν θεὸν ζῷον ἄφθαρτον καὶ
μακάριον νομίζων, ὡς ἡ κοινὴ τοῦ θεοῦ νόησις ὑπεγράφη,   1445
μηθὲν μήτε τῆς ἀφθαρσίας ἀλλότριον μήτε τῆς
μακαριότητος ἀνοίκειον αὐτῷ πρόσαπτε· πᾶν δὲ τὸ
φυλάττειν αὐτοῦ δυνάμενον τὴν μετὰ ἀφθαρσίας
μακαριότητα περὶ αὐτὸν δόξαζε. θεοὶ μὲν γὰρ εἰσίν· ἐναργὴς
γὰρ αὐτῶν ἐστιν ἡ γνῶσις. οἵους δ' αὐτοὺς <οἱ> πολλοὶ   1450
νομίζουσιν, οὐκ εἰσίν· οὐ γὰρ φυλάττουσιν αὐτοὺς οἵους
νομίζουσιν. ἀσεβὴς δὲ οὐχ ὁ τοὺς τῶν πολλῶν θεοὺς
ἀναιρῶν, ἀλλ' ὁ τὰς τῶν πολλῶν δόξας θεοῖς προσάπτων.
[124] οὐ γὰρ προλήψεις εἰσὶν ἀλλ' ὑπολήψεις ψευδεῖς αἱ
τῶν πολλῶν ὑπὲρ θεῶν ἀποφάσεις· ἔνθεν αἱ μέγισται   1455

1444 (πρῶτον)–**1459** 23 B L.-S.

1444 (τὸν)–**1453** (προσάπτων) Φ 9 (190.9–16)   **1454** (οὐ)–**1459** Cf.
Phld., Piet. (PHerc. 1428) col. 12.13–32 Henrichs (= col. 364 Obbink) et vid. D.
Obbink in D. Frede–A. Laks, Traditions of Theology (2002) 216–17

1435 μὴ BPF: μήπω Clem. 'vix necessario ante παρεῖναι' V. d. Muehll
παρῆναι F   μηκέτι BP, Clem.: μὴ F   εἶναι τὴν ὥραν Clem.   **1436**
νεωτέρῳ Clem.   τὸ μὲν F   **1437** νεάζει F   τῷ δὲ om. F¹, add. F²ˢ·ˡ·
1438 ᾖ om. F¹, add. F²ˢ·ˡ·   **1442** παρήγγελον F   **1443–1444** ταῦτα
διαλαμβάνων εἶναι F   **1445** ὑπογράφει F   **1446** μηδὲν Φ   **1449**
περὶ αὐτὸν BPF: om. Φ: π. αὐτοῦ Cob.   ἐναργὴς γὰρ BPˣ(Q)Φ: ἐν. μὲν
γὰρ P¹: ἐν. δὲ F   **1450** ἐστιν αὐτῶν F   οἱ add. Gass., 'falso' Bign., Ar.
perd. II 46   **1451** νομίζουσιν] νοοῦσιν Us.   νομίζουσιν et
φυλάττουσιν commut. F   **1451** (οὐ)–**1459** Vid. Dorandi, Epicuro 287–9
1452 οὐχ ὁ τοὺς τῶν πολλῶν BP: ὀχ (sic) ὁ τοὺς πολλοὺς F¹: τοὺς
τῶν πολλῶν cum γρ F²ᵐᵍ: οὐχ ὁ τοὺς πολλοὺς Φ   **1453** τοῖς θεοῖς Φ
προάπτων Pᵃᶜ(Q)

βλάβαι †αιτιαι† τοῖς κακοῖς ἐκ θεῶν ἐπάγονται καὶ ὠφέλειαι. ταῖς γὰρ ἰδίαις οἰκειούμενοι διὰ παντὸς ἀρεταῖς τοὺς ὁμοίους ἀποδέχονται, πᾶν τὸ μὴ τοιοῦτον ὡς ἀλλότριον νομίζοντες.

1460   συνέθιζε δὲ ἐν τῷ νομίζειν μηδὲν πρὸς ἡμᾶς εἶναι τὸν θάνατον· ἐπεὶ πᾶν ἀγαθὸν καὶ κακὸν ἐν αἰσθήσει· στέρησις δέ ἐστιν αἰσθήσεως ὁ θάνατος. ὅθεν γνῶσις ὀρθὴ τοῦ μηθὲν εἶναι πρὸς ἡμᾶς τὸν θάνατον ἀπολαυστὸν ποιεῖ τὸ τῆς ζωῆς θνητόν, οὐκ ἄπειρον προστιθεῖσα χρόνον, ἀλλὰ τὸν τῆς 1465 ἀθανασίας ἀφελομένη πόθον. [125] οὐθὲν γάρ ἐστιν ἐν τῷ ζῆν δεινὸν τῷ κατειληφότι γνησίως τὸ μηδὲν ὑπάρχειν ἐν τῷ μὴ ζῆν δεινόν· ὥστε μάταιος ὁ λέγων δεδιέναι τὸν θάνατον οὐχ ὅτι λυπήσει παρών, ἀλλ' ὅτι λυπεῖ μέλλων. ὃ γὰρ παρὸν οὐκ ἐνοχλεῖ, προσδοκώμενον κενῶς λυπεῖ. τὸ 1470 φρικωδέστατον οὖν τῶν κακῶν ὁ θάνατος οὐθὲν πρὸς ἡμᾶς, ἐπειδήπερ ὅταν μὲν ἡμεῖς ὦμεν, ὁ θάνατος οὐ πάρεστιν· ὅταν δὲ ὁ θάνατος παρῇ, τόθ' ἡμεῖς οὐκ ἐσμέν. οὔτε οὖν πρὸς τοὺς ζῶντάς ἐστιν οὔτε πρὸς τοὺς τετελευτηκότας, ἐπειδήπερ περὶ οὓς μὲν οὐκ ἔστιν, οἱ δ' οὐκέτι εἰσίν. ἀλλ' οἱ

1460–1490 (ἐπιδεχομένοις) 24A L.-S.

1469 (τό)–**1579** Φ 9 (190.17–194.15)

1456 αἴτιαι B: αἴτιαι PF: αἱ ἐπὶ A. A. Long: τε Us.   τοῖς κακοῖς BPF: τε (Us.) τ. ἀνθρώποις Leop. 282   αἴτιαι τοῖς κακοῖς secl. Barig., Epicurea 156–7   ἐπάγονται B²FP²(Q) : ἐπεί- P¹: ἐπί- B¹   **1456–1457** (αἴτιαι) . . . ὠφέλειαι <τοῖς ἀγαθοῖς> Gass. ex versione Ambrosiana (probis)   Locus desperatus, vid. Heßler 11–67 et Lapini, Note² 214–6   **1457** ταῖς BP: καὶ F <οἳ> οἰκειούμενοι Barig., Epicurea 157   **1458** τοὺς <ἑαυτοῖς> ὁμοίους Gigante 574⁹⁶   **1459** νομίζοντες BPF: ἐξορίζοντες W. Schmid, RhM 94 (1951) 113: ἀποδοκιμάζοντες Koch. 75   **1460** μηθὲν Huebn.   **1464** ἄπειρον 'Florentinae membranae' Menag. (Aldobr.): ἄπορον BPF   Cf. RS 19 et 20 τὸν <ἄποιρον> τῆς Bign., Epic. 45³   τῆς om. F   **1466** γνησίως BP: γνώσεως F   μηθὲν Huebn.   **1467** δεδιόιεναι F   **1469** παρὸν Pˣ(Q): -ὼν BP¹F   τὸ δὲ προσδοκώμενον F, τόδε πρ. Cob. λυπεῖ PF: -ῇ B   **1470** οὖν om. Φ   οὐθὲν BP: οὐδὲν FΦ   **1472** δὲ BF: δ' P   **1473** τοὺς om. F   **1474** (ἐπειδήπερ—εἰσίν) om. Φ

πολλοὶ τὸν θάνατον ὁτὲ μὲν ὡς μέγιστον τῶν κακῶν 1475
φεύγουσιν, ὁτὲ δὲ ὡς ἀνάπαυσιν τῶν ἐν τῷ ζῆν < ... >
[126] οὔτε φοβεῖται τὸ μὴ ζῆν· οὔτε γὰρ αὐτῷ
προσίσταται τὸ ζῆν οὔτε δοξάζεται κακὸν εἶναί τι τὸ μὴ
ζῆν. ὥσπερ δὲ τὸ σιτίον οὐ τὸ πλεῖον πάντως ἀλλὰ τὸ
ἥδιστον αἱρεῖται, οὕτω καὶ χρόνον οὐ τὸν μήκιστον ἀλλὰ 1480
τὸν ἥδιστον καρπίζεται. ὁ δὲ παραγγέλλων τὸν μὲν νέον
καλῶς ζῆν, τὸν δὲ γέροντα καλῶς καταστρέφειν, εὐήθης
ἐστὶν οὐ μόνον διὰ τὸ τῆς ζωῆς ἀσπαστόν, ἀλλὰ καὶ διὰ τὸ
τὴν αὐτὴν εἶναι μελέτην τοῦ καλῶς ζῆν καὶ τοῦ καλῶς ἀπο-
θνῄσκειν. πολὺ δὲ χείρων καὶ ὁ λέγων 'καλὸν μὲν μὴ φῦναι, 1485

φύντα δ' ὅπως ὤκιστα πύλας Ἀίδαο περῆσαι.'

[127] εἰ μὲν γὰρ πεποιθὼς τοῦτό φησιν, πῶς οὐκ
ἀπέρχεται ἐκ τοῦ ζῆν; ἐν ἑτοίμῳ γὰρ αὐτῷ τοῦτ' ἐστίν,
εἴπερ ἦν βεβουλευμένον αὐτῷ βεβαίως· εἰ δὲ μωκώμενος,
μάταιος ἐν τοῖς οὐκ ἐπιδεχομένοις. μνημονευτέον δὲ ὡς τὸ 1490
μέλλον οὔτε πάντως ἡμέτερον οὔτε πάντως οὐχ ἡμέτερον,
ἵνα μήτε πάντως προσμένωμεν ὡς ἐσόμενον, μήτε
ἀπελπίζωμεν ὡς πάντως οὐκ ἐσόμενον.

ἀναλογιστέον δὲ ὡς τῶν ἐπιθυμιῶν αἱ μέν εἰσι φυσικαί, αἱ
δὲ κεναί. καὶ τῶν φυσικῶν αἱ μὲν ἀναγκαῖαι, αἱ δὲ φυσικαί 1495

1485 (καλὸν)–**1486** Cert. Hom. et Hes. p. 37.7–8 Wil.; Theogn. 425 et 427
1494–1557 21B L.-S.

1475 ὡς om. Φ   **1476** <κακῶν ποθοῦσιν> Casaub. ex versione
Ambrosiana (*tristium cupiunt*), <ζῆτουσιν. ὁ σοφὸς οὖν> Meibom., <κακῶν
αἱροῦνται. ὁ δὲ σοφὸς οὔτε παραιτεῖται τὸ ζῆν> Us. Vid. Dorandi,
Epicuro 288⁴⁶   **1477** φοβῆται F   οὔτε²] οὐδὲ Richards 344   **1478**
δοξάζεται BPFΦ: -ζει Richards 343, 'falso' Widmann, Beitr. z. Syntax Epik.
(1935) 57   τι BPΦ: om. F   **1479** τὸ σιτίον B¹PF: σιτίον Φ (coni. Us.):
τῶν σιτίων B²ᵐᵍ, 'fort. recte' V. d. Muehll   τὸ πλεῖον BPF: πλεῖον Φ: τὸ
πλεῖστον Leop. 282   **1480** ἥδιον Us.   **1482** εὐήθης BᵖᶜPᵖᶜF
1483–1484 διὰ τοῦ τὴν F   **1486** περῆσαι BP: -άσαι F: -ήσειν Φ
1488 ἐκ del. Us.   **1490** δὲ ὡς BPF: ὅτι Φ   **1491** οὔτε πάντως
ἡμέτερον Φ: om. BP¹F¹: οὔτε ἡμέτερον in mg suppl. P²(Q), idem ante
μνημονετεύον inser. F²   **1492** πάντως προσμένωμεν BPF: πάντως
αὐτὸ προσμ. Φ: πάντως προσμ. <αὐτὸ> Meibom.   **1493**
ἀπελπίζωμεν P: -ομεν BF   **1495** δὲ¹ BPF: τε Φ   αἱ μὲν εἰσὶν ἀναγκαῖαι Φ

μόνον· τῶν δὲ ἀναγκαίων αἱ μὲν πρὸς εὐδαιμονίαν εἰσὶν ἀναγκαῖαι, αἱ δὲ πρὸς τὴν τοῦ σώματος ἀοχλησίαν, αἱ δὲ πρὸς αὐτὸ τὸ ζῆν. [128] τούτων γὰρ ἀπλανὴς θεωρία πᾶσαν αἵρεσιν καὶ φυγὴν ἐπανάγειν οἶδεν ἐπὶ τὴν τοῦ

1500 σώματος ὑγίειαν καὶ τὴν <τῆς ψυχῆς> ἀταραξίαν, ἐπεὶ τοῦτο τοῦ μακαρίως ζῆν ἐστι τέλος. τούτου γὰρ χάριν πάντα πράττομεν, ὅπως μήτε ἀλγῶμεν μήτε ταρβῶμεν· ὅταν δὲ ἅπαξ τοῦτο περὶ ἡμᾶς γένηται, λύεται πᾶς ὁ τῆς ψυχῆς χειμών, οὐκ ἔχοντος τοῦ ζῴου βαδίζειν ὡς πρὸς

1505 ἐνδέον τι καὶ ζητεῖν ἕτερον ᾧ τὸ τῆς ψυχῆς καὶ τοῦ σώματος ἀγαθὸν συμπληρώσεται. τότε γὰρ ἡδονῆς χρείαν ἔχομεν ὅταν ἐκ τοῦ μὴ παρεῖναι τὴν ἡδονὴν ἀλγῶμεν· <ὅταν δὲ μὴ ἀλγῶμεν,> οὐκέτι τῆς ἡδονῆς δεόμεθα.

καὶ διὰ τοῦτο τὴν ἡδονὴν ἀρχὴν καὶ τέλος λέγομεν εἶναι

1510 τοῦ μακαρίως ζῆν· [129] ταύτην γὰρ ἀγαθὸν πρῶτον καὶ συγγενικὸν ἔγνωμεν, καὶ ἀπὸ ταύτης καταρχόμεθα πάσης αἱρέσεως καὶ φυγῆς, καὶ ἐπὶ ταύτην καταντῶμεν ὡς κανόνι τῷ πάθει πᾶν ἀγαθὸν κρίνοντες. καὶ ἐπεὶ πρῶτον ἀγαθὸν τοῦτο καὶ σύμφυτον, διὰ τοῦτο καὶ οὐ πᾶσαν ἡδονὴν

1515 αἱρούμεθα, ἀλλ᾽ ἔστιν ὅτε πολλὰς ἡδονὰς ὑπερβαίνομεν, ὅταν πλεῖον ἡμῖν τὸ δυσχερὲς ἐκ τούτων ἔπηται· καὶ πολλὰς ἀλγηδόνας ἡδονῶν κρείττους νομίζομεν, ἐπειδὰν μείζων ἡμῖν ἡδονὴ παρακολουθῇ πολὺν χρόνον ὑπομείνασι τὰς

1496 δὲ BF: δ᾽ P   **1499** φυγεῖν F   ἐπανάγειν B²P¹(Q)Φ: ἐπαναγαγεῖν B¹FP⁴   **1500** τὴν τῆς ψυχῆς ἀταραξίαν B² (τῆς ψυχῆς s.l.): τὴν ἀταραξίαν B¹ (probat Arndt 31, sed vid. infra § 131, **1544**): τὴν τοῦ σώματος ἀταραξίαν F (sed ἀταραξ in ras.), PΦ   **1501** μακαρίου F   **1502** πάντα BP¹Φ: ἅπαντα FP⁴   **1505** ἕτερον τί F   καὶ τὸ τοῦ σώματος PΦ   **1506** συμπληρώσεται Φ et B¹ ut vid.: -σηται P¹(Q), B² (η in ras.): -θήσεται F, γρ P⁴   **1507** ὅταν δ᾽ ἐκ Φ   **1507–1508** ὅταν δὲ μὴ ἀλγῶμεν Gass. (cf. fr. 422 Us.): ὅ. δ. μηδὲν ἀ. Us.: 'an potius ὅ. δ. μηκέτι ἀ.?' V. d. Muehll   **1513** ἐπεὶ] ἐπὶ cum γρ P⁴ᵐᵍ   **1514** τοῦτο¹ om. B¹, add. B²ˢ·ˡ·   τοῦτο² om. F¹, add. F²ˢ·ˡ·   καὶ οὐ BP⁴: καὶ P¹F: καὶ οὐ om. Φ   **1515** ὑπερβαίνωμεν B   **1517** μεῖζον F   **1518** ἡμῖν om. F¹, add. F²ˢ·ˡ·   ἡ ἡδονὴ Φ   παρακολουθεῖ F   <οὐ> πολὺν Madvig Cic. Fin. (¹1839) ad 1.32, 'vix recte' V. d. Muehll

ἀλγηδόνας. πᾶσα οὖν ἡδονὴ διὰ τὸ φύσιν ἔχειν οἰκείαν ἀγαθόν, οὐ πᾶσα μέντοι αἱρετή· καθάπερ καὶ ἀλγηδὼν πᾶσα κακόν, οὐ πᾶσα δὲ ἀεὶ φευκτὴ πεφυκυῖα. [130] τῇ μέντοι συμμετρήσει καὶ συμφερόντων καὶ ἀσυμφόρων βλέψει ταῦτα πάντα κρίνειν καθήκει. χρώμεθα γὰρ τῷ μὲν ἀγαθῷ κατά τινας χρόνους ὡς κακῷ, τῷ δὲ κακῷ τοὔμπαλιν ὡς ἀγαθῷ. 1520

1525

καὶ τὴν αὐτάρκειαν δὲ ἀγαθὸν μέγα νομίζομεν, οὐχ ἵνα πάντως τοῖς ὀλίγοις χρώμεθα, ἀλλ' ὅπως ἐὰν μὴ ἔχωμεν τὰ πολλά, τοῖς ὀλίγοις χρώμεθα, πεπεισμένοι γνησίως ὅτι ἥδιστα πολυτελείας ἀπολαύουσιν οἱ ἥκιστα ταύτης δεόμενοι, καὶ ὅτι τὸ μὲν φυσικὸν πᾶν εὐπόριστόν ἐστι, τὸ δὲ κενὸν δυσπόριστον. οἵ τε λιτοὶ χυλοὶ ἴσην πολυτελεῖ διαίτῃ τὴν ἡδονὴν ἐπιφέρουσιν ὅταν ἅπαν τὸ ἀλγοῦν κατ' ἔνδειαν ἐξαιρεθῇ· [131] καὶ μᾶζα καὶ ὕδωρ τὴν ἀκροτάτην ἀποδίδωσιν ἡδονήν, ἐπειδὰν ἐνδέων τις αὐτὰ προσενέγκηται. τὸ συνεθίζειν οὖν ἐν ταῖς ἁπλαῖς καὶ οὐ πολυτελέσι διαίταις καὶ ὑγιείας ἐστὶ συμπληρωτικὸν καὶ πρὸς τὰς ἀναγκαίας τοῦ βίου χρήσεις ἄοκνον ποιεῖ τὸν ἄνθρωπον καὶ τοῖς πολυτελέσιν ἐκ διαλειμμάτων προσερχομένους κρεῖττον ἡμᾶς διατίθησι καὶ πρὸς τὴν 1530

1535

1519 διὰ τὸ τῇ φύσει ἔχειν οἰκείως Cob.   **1520** ἀγαθὴ P⁴ˢ·ˡ·   μέντοι <γ'> Us.   ἀρετὴ B¹, corr. B²   **1521** κακή F   **1521** ἀεὶ φευκτὴ πεφυκυῖα BP¹: ἀεὶ φευκτικὴ πεφ. cum γρ P⁴ᵐᵍ: φευκτὴ ἀεὶ πεφ. Φ: φευκτὴ ἀεὶ (om. πεφ.) F   **1522** καὶ¹ secl. Diano   **1523** βλέψει secl. Heßler, 'an ἐπιβλέψει?' Us.   **1523–1524** τὸ μὲν ἀγαθὸν F   **1525** τοὔμπαλιν Pˣ(Q)Φ: τὸ ἔμπαλιν F: ὅτ' ἂν πάλιν B: τὸν πάλιν P¹: τἄμπαλιν Us.: ὅταν πάλιν Bollack, Pensée   **1526** δὲ ὡς ἀγαθὸν Φ   ἀγαθῷ F   **1527** πάντως om. F   **1528** χρώμεθα BPFΦ: ἀρκώμεθα Cob.   **1531** καινὸν P   οἵ τε BPFΦ: ὅτι τε V. d. Muehll, fort. recte: οἱ γὰρ Us.   γὰρ post χυλοὶ add. Diels, Kl. Schr. (1969) 294⁵ (a. 1916) propter hiatum   πολυτελεῖ Pˣ(Q)Φ: -τελεῖαν B¹: -τέλειαν B²P¹ et γρ P⁴ᵐᵍ: πολυτελ comp. F   **1532** ἡδονὴν] ἀηδίαν Us.   περιφέρουσιν F   ἅπαν] ἅπαξ Us.   xxi   **1534** ἀποδιδόασιν Φ   ἐνδέων τις BP: ἐνδέον τίς F: ἐνδέοντι τίς Φ   **1535** ἐν om. F   οὐ om. F   **1536** πολυτελαῖς F   ὑγείας FΦ   **1538** διειλημμάτων B   **1539** προσερχομένους Φ: -νοις BPF: προσχρωμένους Barig., Epicurea 158

1540 τύχην ἀφόβους παρασκευάζει. ὅταν οὖν λέγωμεν ἡδονὴν
τέλος ὑπάρχειν, οὐ τὰς τῶν ἀσώτων ἡδονὰς καὶ τὰς ἐν
ἀπολαύσει κειμένας λέγομεν, ὥς τινες ἀγνοοῦντες καὶ οὐχ
ὁμολογοῦντες ἢ κακῶς ἐκδεχόμενοι νομίζουσιν, ἀλλὰ τὸ
μήτε ἀλγεῖν κατὰ σῶμα μήτε ταράττεσθαι κατὰ ψυχήν.
1545 **[132]** οὐ γὰρ πότοι καὶ κῶμοι συνείροντες οὐδ᾽ ἀπολαύσεις
παίδων καὶ γυναικῶν οὐδ᾽ ἰχθύων καὶ τῶν ἄλλων, ὅσα
φέρει πολυτελὴς τράπεζα, τὸν ἡδὺν γεννᾷ βίον, ἀλλὰ νήφων
λογισμὸς καὶ τὰς αἰτίας ἐξερευνῶν πάσης αἱρέσεως καὶ
φυγῆς καὶ τὰς δόξας ἐξελαύνων ἐξ ὧν πλεῖστος τὰς ψυχὰς
1550 καταλαμβάνει θόρυβος.

τούτων δὲ πάντων ἀρχὴ καὶ τὸ μέγιστον ἀγαθὸν
φρόνησις· διὸ καὶ φιλοσοφίας τιμιώτερον ὑπάρχει φρόνησις,
ἐξ ἧς αἱ λοιπαὶ πᾶσαι πεφύκασιν ἀρεταί, διδάσκουσα ὡς
οὐκ ἔστιν ἡδέως ζῆν ἄνευ τοῦ φρονίμως καὶ καλῶς καὶ
1555 δικαίως, <οὐδὲ φρονίμως καὶ καλῶς καὶ δικαίως> ἄνευ τοῦ
ἡδέως· συμπεφύκασι γὰρ αἱ ἀρεταὶ τῷ ζῆν ἡδέως, καὶ τὸ
ζῆν ἡδέως τούτων ἐστὶν ἀχώριστον.

[133] ἐπεὶ τίνα νομίζεις εἶναι κρείττονα τοῦ καὶ περὶ θεῶν
ὅσια δοξάζοντος καὶ περὶ θανάτου διὰ παντὸς ἀφόβως
1560 ἔχοντος καὶ τὸ τῆς φύσεως ἐπιλελογισμένου τέλος, καὶ τὸ
μὲν τῶν ἀγαθῶν πέρας ὡς ἔστιν εὐσυμπλήρωτόν τε καὶ
εὐπόριστον διαλαμβάνοντος, τὸ δὲ τῶν κακῶν ὡς ἢ

1540 (ὅταν)–**1550** SSR IV A 201

1540 λέγομεν F   τὴν ἡδονὴν Φ   **1541** ὑπάρχειν οὐ ΒΡΦ: εἶναι καὶ F
1541–1542 τὰς ἐν ἀπολαύσει Φ (coni. Rossi 308): τὰς τῶν ἐν ἀπολ. ΒΡF
1545 συνείροντες om. Φ   ἀπολαύσεις ΒΡF: ἀπόλαυσις Φ   **1547** ἡδὺν
ΒΡΦ: ἡδίον F: ἡδίω Us.   ἡδὺν καὶ γενναῖον βίον ποιοῦσιν Φ   **1549** ἐξ
ὧν ΒΦ: om. ΡF: ἀφ᾽ οὖ rec.   **1552** διὸ—φρόνησις om. Φ   φιλοσοφίας
ΡΦ[4]: -φία ΒΡ[1], an recte? Vid. Bollack, Pensée 129–31: σοφίας Rossi 309
ὑπάρχει om. F   **1553** διδάσκουσα H. Dulac, RPh 1 (1877) 204:
διδάσκουσαι ΒΡΦΦ: διδασκούσης Rossi 309   **1555** hiatum explevit
Steph., Lex. Cic. (1557) 52   Cf. RS 5   **1556** τῷ ΡΒ[2]Φ: τὸ Β[1]: τοῦ F
1558 νομίζει τις Φ   καὶ om. Φ   **1560** ἐπιλελογισμένου ΒΡ[1]Φ: -μένον
FP[4]

χρόνους ἢ πόνους ἔχει βραχεῖς· τὴν δὲ ὑπό τινων δεσπότιν
εἰσαγομένην πάντων †ἀγγέλλοντος†, ἃ δὲ ἀπὸ τύχης, ἃ δὲ
παρ' ἡμᾶς διὰ τὸ τὴν μὲν ἀνάγκην ἀνυπεύθυνον εἶναι, τὴν   1565
δὲ τύχην ἄστατον ὁρᾶν, τὸ δὲ παρ' ἡμᾶς, ἀδέσποτον, ᾧ καὶ
τὸ μεμπτὸν καὶ τὸ ἐναντίον παρακολουθεῖν πέφυκεν **[134]**
(ἐπεὶ κρεῖττον ἦν τῷ περὶ θεῶν μύθῳ κατακολουθεῖν ἢ τῇ
τῶν φυσικῶν εἱμαρμένῃ δουλεύειν· ὁ μὲν γὰρ ἐλπίδα
παραιτήσεως ὑπογράφει θεῶν διὰ τιμῆς, ἡ δὲ ἀπαραίτητον   1570
ἔχει τὴν ἀνάγκην)· τὴν δὲ τύχην οὔτε θεόν, ὡς οἱ πολλοὶ
νομίζουσιν, ὑπολαμβάνων (οὐθὲν γὰρ ἀτάκτως θεῷ
πράττεται) οὔτε ἀβέβαιον αἰτίαν (<οὐκ> οἴεται μὲν γὰρ
ἀγαθὸν ἢ κακὸν ἐκ ταύτης πρὸς τὸ μακαρίως ζῆν
ἀνθρώποις δίδοσθαι, ἀρχὰς μέντοι μεγάλων ἀγαθῶν ἢ   1575
κακῶν ὑπὸ ταύτης χορηγεῖσθαι), **[135]** κρεῖττον εἶναι
νομίζων εὐλογίστως ἀτυχεῖν ἢ ἀλογίστως εὐτυχεῖν· βέλτιον

1563 βραχεῖς· τὴν BP: βραδύστην F, χ supra δ posito: βραχίστην rec.:
βραχεῖς; τὴν V. d. Muehll   **1563** (τὴν)–**1568** (ἐπεὶ) praeterit Φ   **1564**
πάντων om. F¹, add. F²   ἀγγέλλοντος BF: -έλο(ex ω)ν τος P: -ελῶντος
Pᵘᵐᵍ   'corruptum . . . quae usque ad πέφυκεν (**1567**) sequuntur mihi scho-
lion esse videntur' V. d. Muehll   πάντων διαγελῶντος <εἱμαρμένην καὶ
μᾶλλον ἃ μὲν κατ' ἀνάγκην γίνεσθαι λέγοντος> suppl. Us., supra βραχεῖς,
τὴν scribens: ἂν γελῶντος <εἱμαρμένην ἀλλ' ἃ μὲν κατ' ἀνάγκην ὄντα
συνορῶντος> Sedley, alii alia   **1565** ἀνυπεύθυνον BP¹: ὑπεύ- FP⁴
1566 ὁρᾶν corruptum esse cens. Leop. 282, ipse αἰτίαν scribens   **1567**
μεμπτὸν B²F: μεν- B¹: μελ- Pˣ(Q)   πέφυκεν om. F   **1568** ἐπεὶ καὶ
κρεῖττον τῷ F   ἦν om. Φ   κατακολουθεῖν BP¹: ἀκολ- FP⁴: δουλεύειν Φ
(cf. **1569**)   **1571–1572** ὡς—νομίζουσιν om. Φ   **1572** ὑπολαμβάνων
BPF: om. Φ: -βάνοντος Us., 'nihil vero mutandum propter hiatum v. **1564**'
οὐδὲν ΦF   ἄτακτον Φ   **1573** ἀβέβαιον ΒΡΦΦ: βέβαιον H. Lewy,
JClPh 145 (1895) 765: αὖ βέβαιον A. Goedeckemeyer, Epikurs Verh. zu
Demokrit (1897) 40⁵   ἀβέβαιον <πάντων> Bailey   οὐκ add. Us., <μὴ>
δίδοσθαι (**1575**) scripserat (Aldobr.) Gass.   αἰτίαν <οἰόμενος τῶν
μεγίστων οὐκ> Bign., Studi critici 109   οἴεται B (-τε), PF: νομίζεται Φ
1577 νομίζων ΒΡΦ: -ζειν F: -ζει Bailey (*praestat* versio Ambrosiana): -ζοντος
Us. Vid. Dorandi, Epicuro 288⁴⁶   βέλτιστον Us.

γὰρ ἐν ταῖς πράξεσι τὸ καλῶς κριθὲν <μὴ ὀρθωθῆναι ἢ τὸ μὴ καλῶς κριθὲν> ὀρθωθῆναι διὰ ταύτην.

1580 ταῦτα οὖν καὶ τὰ τούτοις συγγενῆ μελέτα πρὸς σεαυτὸν ἡμέρας, καὶ νυκτὸς πρὸς τὸν ὅμοιον σεαυτῷ, καὶ οὐδέποτε οὔθ᾽ ὕπαρ οὔτ᾽ ὄναρ διαταραχθήσῃ, ζήσῃ δὲ ὡς θεὸς ἐν ἀνθρώποις. οὐθὲν γὰρ ἔοικε θνητῷ ζῴῳ ζῶν ἄνθρωπος ἐν ἀθανάτοις ἀγαθοῖς.᾽

1585 μαντικὴν δὲ ἅπασαν ἐν ἄλλοις ἀναιρεῖ, ὡς καὶ ἐν τῇ Μικρᾷ ἐπιτομῇ. καί φησι· ʽμαντικὴ οὖσα ἀνύπαρκτος, εἰ καὶ ὑπαρκτή, οὐδὲν παρ᾽ ἡμᾶς ἡγη<τέα> τὰ γινόμενα.᾽

τοσαῦτα καὶ περὶ τῶν βιωτικῶν· καὶ ἐπὶ πλείω διείλεκται ἀλλαχόθι.

1590 **[136]** διαφέρεται δὲ πρὸς τοὺς Κυρηναϊκοὺς περὶ τῆς

1585 Capita 135–8 ed. Usener xxxi–xxxii, Bailey 168–70, Diano 86–7, Arrighetti[2] [1] 29–31, Bollack, Pensée 158–63   **1585–1587** fr. 27 et 395 Us. = 15 Arr.[2]   **1590–1607** (ψυχῆς) SSR IV 200   21R L.-S   **1590–1595** (ἐπιστολῇ) fr. 1 Us.   **1590–1592** (σώματος) Aristipp. fr. 206 Mann.

1590–1619 Φ 9 (194.16–195.13)

1578 γὰρ] δ᾽ αὖ Bign., Epic. 52[2]   **1578–1579** ἐν τ. πρ. τὸ κ. κριθὲν ΒΡΦ: τὸ κριθὲν ἐν ταῖς πράξεσι καλῶς F   lac. expl. V. d. Muehll duce Madvig, Adv. I 716 (β. γ. τὸ καλῶς κριθὲν ἐν ταῖς πράξεσι <μὴ ὀρθωθῆναι ἢ τὸ κριθὲν μὴ καλῶς> ὀρθωθῆναι): <μὴ> ὀρθ. Meibom.: <σφαλῆναι μᾶλλον ἢ τὸ κακῶς κριθὲν> ὀρθ. Bailey: <σφαλ. ἢ τὸ ἄκριτον> ὀρθ. Diano: τὸ κριθὲν ἐν τ. πρ. καλῶς <ἢ τὸ> ὀρθ. A. Cosattini, SIFC 17 (1909) 288   **1579** ὀρθωθῆναι ΒΡΦ: ὠρθω- F   ταύτην] τύχην Madvig   **1580–1581** πρὸς ἑαυτὸν ἡμέρας καὶ νυκτὸς πρὸς τὸν ΒΡ: ἡμέρας τε καὶ νυκτὸς πρὸς τὸν F: διαπαντὸς ἡμ. καὶ ν. πρὸς ἑαυτὸν rec.   **1580** σεαυτὸν corr. Gass.   **1581** πρός <τε> Us.   πρός τε <τὸ> τὸν ὅμ. <εἶναι> σεαυτῷ Gigante 575[102], sed nihil mutandum (Long/Sedley)   **1582** διαταραχθήσῃ Β[2] (ήσῃ in ras.)   ζήσῃ Ρ[x] (σῃ in ras., de Ρ[1] non constat): ζήσειϛ Β[2] (σειϛ in ras., de Β[1] non constat): ζήσηϛ F   **1583** ζῶν Β[2] (˜ et ν in ras.): ζῶον Ρ: ζῶον ὁ F   **1585–1589** Vid. Diano, Scritti 23–5 (a. 1935)   **1585** δὲ ΒF: δ᾽ Ρ   **1585–1586** ὡς—ἐπιτομῇ om. F   **1585** καὶ postmodo add. Β[a.s.l.]   **1586** μαντικὴ οὖσα Β[2] (οὖ in ras.): -κὴν ὅσα Ρ[1](Q): -κή.ῶς F[1], γρ ὡς ἀνύπαρκτος Ρ[4mg]   εἰ καὶ ΒΡ[1](Q): εἰ δὲ καὶ FΡ[4]   **1587** ὑπαρκτή ΒΡ[1]F: εἰ δὲ καὶ ὑπαρκτική cum γρ Ρ[4mg]   οὐθέν Long   παρ᾽ ἡμᾶς ΒΡF: πρὸς ἡ. Meibom.: παρ<ὰ τὸ παρ᾽> ἡ. Bign., Epic. 215[2], ʽperperam omnesʼ Diano   ἡγητέα τὰ Us. (ἡγητέον τὰ Meibom., fort. recte): ἡγῆ τὰ Β (ἡγῆ evanida), ΡF: ἡγοῦ τὰ Cob. et Meibom. (in adnot.)   γενόμενα Ρ[1](Q), corr. Ρ[x]   **1588** διείλεκται ΡF[1]: διέλεκ- Β: διείλεγκ- F[2]   **1590** τῆς om. F

EPICURUS

ἡδονῆς· οἱ μὲν γὰρ τὴν καταστηματικὴν οὐκ ἐγκρίνουσι,
μόνην δὲ τὴν ἐν κινήσει· ὁ δὲ ἀμφότερα ψυχῆς καὶ σώματος,
ὥς φησιν ἐν τῷ Περὶ αἱρέσεως καὶ φυγῆς καὶ ἐν τῷ Περὶ
τέλους καὶ ἐν τῷ α' Περὶ βίων καὶ ἐν τῇ πρὸς τοὺς ἐν
Μιτυλήνῃ φίλους ἐπιστολῇ. ὁμοίως δὲ καὶ Διογένης ἐν τῇ ιζ'   1595
τῶν Ἐπιλέκτων καὶ Μητρόδωρος ἐν τῷ Τιμοκράτει
λέγουσιν οὕτω· νοουμένης δὲ ἡδονῆς τῆς τε κατὰ κίνησιν
καὶ τῆς καταστηματικῆς. ὁ δ' Ἐπίκουρος ἐν τῷ Περὶ
αἱρέσεων οὕτω λέγει· ἡ μὲν γὰρ ἀταραξία καὶ ἀπονία
καταστηματικαί εἰσιν ἡδοναί· ἡ δὲ χαρὰ καὶ ἡ εὐφροσύνη   1600
κατὰ κίνησιν ἐνέργειαι βλέπονται.'

[137] ἔτι πρὸς τοὺς Κυρηναϊκούς· οἱ μὲν γὰρ χείρους τὰς
σωματικὰς ἀλγηδόνας τῶν ψυχικῶν, κολάζεσθαι γοῦν τοὺς
ἁμαρτάνοντας σώματι· ὁ δὲ τὰς ψυχικάς. τὴν γοῦν σάρκα
τὸ παρὸν μόνον χειμάζειν, τὴν δὲ ψυχὴν καὶ τὸ παρελθὸν   1605
καὶ τὸ παρὸν καὶ τὸ μέλλον. οὕτως οὖν καὶ μείζονας ἡδονὰς
εἶναι <τὰς> τῆς ψυχῆς. ἀποδείξει δὲ χρῆται τοῦ τέλος εἶναι
τὴν ἡδονὴν τῷ τὰ ζῷα ἅμα τῷ γεννηθῆναι τῇ μὲν

1595 (Διογένης)–1598 (καταστηματικῆς) Metrod. fr. 29 Koerte   1598
(ὁ)–1601 fr. 2 Us. = 7 Arr.²   1602–1607 (ψυχῆς) fr. 452 Us.   1602–1604
(ψυχικάς) Aristipp. fr. 188b Mann.   1606 (οὕτως)–1613 fr. 66 Us.

1591 οὐκ ἐγκρίνουσι P² (γ in ras.), FΦ: οὐκεκκρίν- B¹ (κ¹ add. B²ˢˡ)   1592
ἐν B² in ras.   ὁ δὲ BPF: οἱ δὲ Φ   ἀμφότερα BPΦ, comp. F: -τέρας Gass.:
-τέραν, Meibom., -τέραν <καὶ> A. A. Long. Vid. Ph. Merlan, Studies in Ep.
and Aristotle (1960) 3–7   lac. post ἀμφότερα indic. Us.: ἀμφότερα <τὰ
γένη> Bign., Epic. 216²   1594 τῶ α' BP: τῶ F: τῷ πρώτῳ Meibom.
1595 μιτυλήνη BF: μιτυλῆ Pˣ (μιτυλήνη Q): μυτι- Cob.   φίλους B² (ς s.l.),
QF: φιλ' comp. Pˣ: φιλοσόφους Gass.   1595–1596 ἐν—ἐπιλέκτων om. F
1596 μητρόδωρος PF: δημόκριτος B   1597 δὲ] διχῶς Us.   1598–
1599 ἐν—αἱρέσεων om. F   1599 αἱρέσεως FP⁴: αἱρέ comp. P¹: αἱρέσεως
Q   γὰρ BP: om. F: οὖν Φ   ἀπονία P, B² (ἰ in ras.), Φ: ἀπον.ία (ο erasum)
F   <ἡ> ἀπονία Us.   1600 ἡ² om. FΦ, expu. P⁴   1601 ἐνέργειαι A.
A. Long: ἐνεργείᾳ BP: -είαι F   1603 ψυχικῶν <εἶναι> Marcov.
1605 παρελθὼν B¹   1606 τὸ μέλλον καὶ τὸ παρόν Φ   1607 τὰς τῆς
ψυχῆς Cob.: τῆς ψυχῆς BPF: τὰς ψυχικάς Φ   χρῶνται Φ   τοῦ] τὸ F
1608 τῶ¹BΦ: τὸ P¹(Q): ὧ F et cum γρ in mg ᾧ τὰ ζῷα P⁴   τῶ²] τὸ B¹
γεννηθῆναι B   τῇ] τὴν cum γρ P⁴ˢˡ

εὐαρεστεῖσθαι, τῷ δὲ πόνῳ προσκρούειν φυσικῶς καὶ
1610 χωρὶς λόγου. αὐτοπαθῶς οὖν φεύγομεν τὴν ἀλγηδόνα· ἵνα
καὶ ὁ Ἡρακλῆς καταβιβρωσκόμενος ὑπὸ τοῦ χιτῶνος βοᾷ·

†δάκνων, ἰύζων· ἀμφὶ δ’ ἔστενον πέτραι
Λοκρῶν τ’ ὄρειοι πρῶνες Εὐβοίας τ’ ἄκραι.

[138] διὰ δὲ τὴν ἡδονὴν καὶ τὰς ἀρετὰς αἱρεῖσθαι, οὐ δι’
1615 αὐτάς, ὥσπερ τὴν ἰατρικὴν διὰ τὴν ὑγίειαν, καθά φησι καὶ
Διογένης ἐν τῇ εἰκοστῇ τῶν Ἐπιλέκτων, ὃς καὶ διαγωγὴν
λέγει τὴν ἀγωγήν. ὁ δ’ Ἐπίκουρος καὶ ἀχώριστόν φησι τῆς
ἡδονῆς τὴν ἀρετὴν μόνην· τὰ δ’ ἄλλα χωρίζεσθαι, οἷον
βρωτά.

1620   καὶ φέρε οὖν δὴ νῦν τὸν κολοφῶνα, ὡς ἂν εἴποι τις,
ἐπιθῶμεν καὶ τοῦ παντὸς συγγράμματος καὶ τοῦ βίου τοῦ
φιλοσόφου, τὰς Κυρίας αὐτοῦ δόξας παραθέμενοι καὶ
ταύταις τὸ πᾶν σύγγραμμα κατακλείσαντες, τέλει
χρησάμενοι τῇ τῆς εὐδαιμονίας ἀρχῇ.

1625   [139] (1) τὸ μακάριον καὶ ἄφθαρτον οὔτε αὐτὸ πράγματα

1612–1613 Soph., Trach. 787–8   **1614–1616** (Ἐπιλέκτων) fr. 504 Us.
1617 (ὁ)–**1619** fr. 506 Us.   **1620–1624** Us. p. 68   Capita 139–54 (Ratae
sententiae) ed. Usener 71–81, V. d. Muehll 51–60, Bailey 94–105, Diano 13–7,
Arrighetti² [5] 120–37, Bollack, Pensée 211–407, Conche 230–45   **1625–
1631** 23G L.-S.

1625–1627 = SV 1; Diog. Oen. fr. 29 mg inf. Smith

1609 εὐχαριστῆσθαι F   πόνω] γόνω F   **1610** φεύγωμεν Β   ἵνα PF:
om. B: ὁπότε Φ   **1611** ὁ om. Φ   ἡρακλεῖς Β   χιτῶνος F, P⁴ et in mg
εἶχε χειμῶνος: χειμῶνος P¹(Q): -όνος B: om. Φ   βοᾷ Menag.: βοῆ (βοη Β)
BPF²Φ   **1612** β. δάκνων ἰύζων om. cum fenestra F¹, suppl. F²
δάκνων] βοῶν Soph.   ἰύζων P² (’ ΄ P² et ζ in ras.), F², Soph.: νυζων Β¹ (ras.
supra ω): ἠύζων Β² (ras. supra ω): ἴυζεν Φ   'cum Soph., Trach. 787 sq.
habeat βοῶν ἰύζων fort. quod olim extabat δάκνων ἴυζεν secundum poetae
verba correctum est atque sic errores procreavit' V. d. Muehll   δ’ ἔστενον
Β²Φ: δέστενον Β¹F: δὲ στενὸν P¹, corr. Pˣ   δ’ ἐκτύπον Soph.   **1613** τ’
Pˣ(Q)FΦ: τε BP¹ : non hab. Soph.   ὄρειοι F, Pˣ (ex ὁριοι) Φ: ὅριοι Β
πρῶ° P¹, corr. Pˣ   ἄκραι BPˣ(Q)Φ: ἄκρα P¹F   **1615** αὐτὰς FΦ: αὐ-
BPˣ(Q)   καθά φησι καὶ om. F¹, καθά φησι add. F²ˢˡ·   **1616** ἐν τῇ
ἐπιλέκτω κ´ F   **1617** (ὁ)–**1619** om. F¹, add. F²ᵐᵍ   **1619** βρωτά Β²ΡΦ:
βροτά Β¹F²   **1621** καὶ¹ om. FP⁴   **1622** αὐτοῦ om. F   **1625–1631**
Vid. Dorandi, Epicuro 290

ἔχει οὔτε ἄλλῳ παρέχει, ὥστε οὔτε ὀργαῖς οὔτε χάρισι
συνέχεται· ἐν ἀσθενεῖ γὰρ πᾶν τὸ τοιοῦτον. (ἐν ἄλλοις δέ
φησι τοὺς θεοὺς λόγῳ θεωρητούς, οὓς μὲν κατ᾽ ἀριθμόν
ὑφεστῶτας, οὓς δὲ καθ᾽ ὁμοείδειαν ἐκ τῆς συνεχοῦς
ἐπιρρύσεως τῶν ὁμοίων εἰδώλων ἐπὶ τὸ αὐτὸ   1630
ἀποτετελεσμένων, ἀνθρωποειδεῖς.)

(2) ὁ θάνατος οὐδὲν πρὸς ἡμᾶς· τὸ γὰρ διαλυθὲν
ἀναισθητεῖ· τὸ δ᾽ ἀναισθητοῦν οὐδὲν πρὸς ἡμᾶς.

(3) ὅρος τοῦ μεγέθους τῶν ἡδονῶν ἡ παντὸς τοῦ
ἀλγοῦντος ὑπεξαίρεσις. ὅπου δ᾽ ἂν τὸ ἡδόμενον ἐνῇ, καθ᾽ ὃν   1635
ἂν χρόνον ᾖ, οὐκ ἔστι τὸ ἀλγοῦν ἢ λυπούμενον ἢ τὸ
συναμφότερον.

[140] (4) οὐ χρονίζει τὸ ἀλγοῦν συνεχῶς ἐν τῇ σαρκί,
ἀλλὰ τὸ μὲν ἄκρον τὸν ἐλάχιστον χρόνον πάρεστι, τὸ δὲ
μόνον ὑπερτεῖνον τὸ ἡδόμενον κατὰ σάρκα οὐ πολλὰς   1640
ἡμέρας συμβαίνει. αἱ δὲ πολυχρόνιοι τῶν ἀρρωστιῶν
πλεονάζον ἔχουσι τὸ ἡδόμενον ἐν τῇ σαρκὶ ἤπερ τὸ ἀλγοῦν.

(5) οὐκ ἔστιν ἡδέως ζῆν ἄνευ τοῦ φρονίμως καὶ καλῶς καὶ
δικαίως <οὐδὲ φρονίμως καὶ καλῶς καὶ δικαίως> ἄνευ τοῦ

1627 (ἐν)–**1631** fr. 355 Us.   **1634–1642** 21C L.-S.

1627–1631 Cf. Cic., Nat. deor. 1.49   **1632–1633** = SV 2; Diog. Oen. fr.
30 mg inf. S.   **1634–1637** Diog. Oen. fr. 34 mg inf. S. Cf. Dem. Lac.,
Dubia (PHerc. 1012) col. 38 Puglia   **1638–1642** = SV 3; Diog. Oen. fr. 44
mg inf. S.   **1643–1647** = SV 5; Diog. Oen. fr. 37 mg inf. S

1626 ἄλλῳ B²P: ἄλλο B¹F   οὔτε² om. F   **1627** συνέχεσθαι B
1628–1629 οὓς . . . οὓς BPF: οὐ . . . ὥς Gass.: οὐ . . . <οἵ>ους Bign., Epic.
56⁰: οὐ . . . ὅσον olim Diano, sed vid. id., Scritti 244⁵¹¹   **1629** ὁμοείδειαν
Pˣ(Q): ὁμοειδίαν (ex ὅμω-) B²: ὁμοιδίαν P¹: ὁμοιοειδίαν F   **1630** ὁμοίων
BP: ἰδίων F   **1631** ἀποτετελεσμένων BP: τετελεσ-   F:
ἀποτετελεσμένους Kuehn   **1632** διαλυθὲν PF: ἀνα- B   **1635** ἂν
FP⁴ˢ·ˡ·: om. BP¹(Q)   **1636** τὸ λυπούμενον FP⁴, om. art. BP¹(Q), Diog. Oen.
1638 οὐ postmodo add. P¹ ut vid.   **1640** (κατὰ)–**1642** (ἡδόμενον) om. F¹,
add. F²ᵐᵍ   **1641** συμβαίνει BPF: συμμένει Byw., Epic. 279, 'συμβεβηκός
τι enim est dolor' Diano   **1644** οὐδὲ—δικαίως Diog. Oen., ut olim Gass.
suppleverat: om. BPF   **1644** (ἄνευ)–**1645** (καλῶς) om. F

1645 ἡδέως. ὅτῳ δὲ τοῦτο μὴ ὑπάρχει, οὐ ζῆ φρονίμως καὶ καλῶς
καὶ δικαίως †ὑπάρχει†· οὐκ ἔστι τοῦτον ἡδέως ζῆν.

(6) ἕνεκα τοῦ θαρρεῖν ἐξ ἀνθρώπων ἦν κατὰ φύσιν ἀρχῆς
καὶ βασιλείας ἀγαθόν, ἐξ ὧν ἄν ποτε τοῦτο οἷός τ' ᾖ
παρασκευάζεσθαι.

1650 **[141]** (7) ἔνδοξοι καὶ περίβλεπτοί τινες ἐβουλήθησαν
γενέσθαι, τὴν ἐξ ἀνθρώπων ἀσφάλειαν οὕτω νομίζοντες
περιποιήσεσθαι. ὥστε εἰ μὲν ἀσφαλὴς ὁ τῶν τοιούτων βίος,
ἀπέλαβον τὸ τῆς φύσεως ἀγαθόν· εἰ δὲ μὴ ἀσφαλής, οὐκ
ἔχουσιν οὗ ἕνεκα ἐξ ἀρχῆς κατὰ τὸ τῆς φύσεως οἰκεῖον
1655 ὠρέχθησαν.

(8) οὐδεμία ἡδονὴ καθ' ἑαυτὸ κακόν· ἀλλὰ τὰ τινῶν
ἡδονῶν ποιητικὰ πολλαπλασίους ἐπιφέρει τὰς ὀχλήσεις
τῶν ἡδονῶν.

[142] (9) εἰ κατεπύκνου πᾶσα ἡδονὴ τ<όπ>ῳ καὶ χρόνῳ
1660 καὶ περὶ ὅλον τὸ ἄθροισμα ὑπῆρχεν ἢ τὰ κυριώτατα μέρη
τῆς φύσεως, οὐκ ἄν ποτε διέφερον ἀλλήλων αἱ ἡδοναί.

1650–1655 22C (1) L.-S.   **1656–1668** 21D L.-S.

1647–1649 Diog. Oen. fr. 32 mg inf. S.   **1656–1658** = SV 50; Diog.
Oen. fr. 32 mg inf. S

1645 ὅτῳ δ' ἐν τούτων Us.   **1645–1646** οὐ—ὑπάρχει BPF, del. V. d.
Muehll (deest Vat.): <καὶ ὅτῳ ἐκεῖνο μὴ> ὑπ. Bailey, fort. recte: ὑπάρχει
secl. Bollack. Vid. Dorandi, Epicuro 290–1   **1645** οὐ BPF: οἷον Us.: <ἐξ>
οὗ Bign., Epic. 57⁴ et vid. id., Studi 419–28   ζῆ] ζῆν Gass.   **1646** καὶ οὐ
δικαίως F   ὑπάρχει F: ὑπα cum lacuna B: ὑπάρχων compendio P
τοῦτον B²PF: τοῦτο B¹: om. Vat.   **1647** ἦν Us.: ἢ BPF   **1647–1648**
ἀρχῆς καὶ βασιλείας glossema ad ἐξ ὧν esse exist. Us., sed vid. Diano, Scritti
20–1   comma (,) post ἀρχῆς pos. Bollack, Pensée 257   φύσις <δι'> ἀρχῆς
Bign., Ar. perd. I 609–10   **1648** ἀγαθὰ Us.   τοῦτο post ᾖ transp. Diog.
Oen., τοῦτό <τις> Meibom.   τ' ᾖ FB²Pˣ: τ' ἦν B¹: τι P¹   **1650**
ἠβουλήθησαν F   **1656** ἑαυτὸ BP¹(Q): -ὴν F, γρ P⁴ˢ·ˡ·, Diog. Oen., Vat.
κακὸν BP¹(Q), Vat.: -ὴ F, γρ P⁴ˢ·ˡ·: κα[Diog. Oen.   τὰ om. F   **1657**
ἡδονῶν om. B¹ cum Vat. (τὰ ποιητικὰ ἐνίων), suppl. B²   **1659**
κατεπύκνου BP¹(Q): -πυκνοῦτο F, γρ P⁴ˢ·ˡ·. Vid. Arndt 35   τόπῳ καὶ
χρόνῳ Diano, Scritti 28 (a. 1935): τῶ καὶ χρ. B²P¹(Q): τω … χρόνω cum
lacuna B¹: καὶ χρ. FP⁴: τ<όν>ῳ καὶ χρ. Bign., Studi 433: τῷ χρ. Arndt 34–5
1660 περὶ ὅλον Rossi 321: περίοδον BP¹(Q): περὶ ὁδὸν F, γρ P⁴ˢ·ˡ·

(10) εἰ τὰ ποιητικὰ τῶν περὶ τοὺς ἀσώτους ἡδονῶν ἔλυε τοὺς φόβους τῆς διανοίας τούς τε περὶ μετεώρων καὶ θανάτου καὶ ἀλγηδόνων, ἔτι τε τὸ πέρας τῶν ἐπιθυμιῶν ἐδίδασκεν, οὐκ ἄν ποτε εἴχομεν ὅ τι μεμψαίμεθα αὐτοῖς, 1665 πανταχόθεν ἐκπληρουμένοις τῶν ἡδονῶν καὶ οὐθαμόθεν οὔτε τὸ ἀλγοῦν οὔτε τὸ λυπούμενον ἔχουσιν, ὅπερ ἐστὶ τὸ κακόν.

(11) εἰ μηθὲν ἡμᾶς αἱ τῶν μετεώρων ὑποψίαι ἠνώχλουν καὶ αἱ περὶ θανάτου, μή ποτε πρὸς ἡμᾶς ᾖ τι, ἔτι τε τὸ μὴ 1670 κατανοεῖν τοὺς ὅρους τῶν ἀλγηδόνων καὶ τῶν ἐπιθυμιῶν, οὐκ ἄν προσεδεόμεθα φυσιολογίας.

[143] (12) οὐκ ἦν τὸ φοβούμενον λύειν ὑπὲρ τῶν κυριωτάτων μὴ κατειδότα τίς ἡ τοῦ σύμπαντος φύσις, ἀλλ᾽ ὑποπτεύοντά τι τῶν κατὰ τοὺς μύθους· ὥστε οὐκ ἦν ἄνευ 1675 φυσιολογίας ἀκεραίους τὰς ἡδονὰς ἀπολαμβάνειν.

(13) οὐθὲν ὄφελος ἦν τὴν κατὰ ἀνθρώπους ἀσφάλειαν κατασκευάζεσθαι τῶν ἄνωθεν ὑπόπτων καθεστώτων καὶ τῶν ὑπὸ γῆς καὶ ἁπλῶς τῶν ἐν τῷ ἀπείρῳ.

(14) τῆς ἀσφαλείας τῆς ἐξ ἀνθρώπων γενομένης μέχρι 1680

1669–1679 25B L.-S.

1662–1668 = Diog. Oen. fr. 33 mg inf. S.   **1673–1676** = SV 49   **1677–1679** = SV 72; Diog. Oen. fr. 35 mg inf. S

1662 ποιητικὰ BP¹: ποιητὰ F, γρ P⁴ᵐᵍ   ἀσώτους BP¹: ἀσωμάτους F, γρ P⁴   **1664** καὶ ἀλγηδόνων secl. V. d. Muehll, Kl. Schr. 378–81 (a. 1965) post ἐπιθυμιῶν ex Diog. Oen. add. καὶ τῶν ἀλγηδόνων Bign., Epic. 59²   **1665** ἐδίδασκε Diog. Oen.   ποτε εἴχομεν P¹, B² (ε εἶ in ras.): ποτε εἴημεν F ut vid.   μεμψαίμεθα PF: μεμψά- B: ἐμεμψά- Us.   **1666** πάντοθεν F, γρ P⁴ˢ·ˡ   ἐκπληρουμένοις Diog. Oen. (coni. Us.): εἰσπλη- BPF, def. Leop. 282   οὐθαμόθεν P¹(Q): οὐθαμῶ- B: οὐδαμό- FP⁴   **1667** τὸ¹ om. B   **1669** ἠνόχλουν B¹F   καὶ περὶ rec.   **1670–1671** τε τὸ μὴ κατανοεῖν J. Lachelier, RPh 1 (1877) 85: τετόλμηκα νοεῖν Pˣ (ε et λ in ras.), F: τετολμηκά ν. B   **1672** ἐδεόμεθα F   **1675** ὑποπτεύοντά Us.: -ευόμενόν BPF: -εύοντι Vat.   τῶν PF: τὸν B   **1677** κατὰ ἀνθρώπους BP: κατ᾽ ἀνθρ. F: παρ᾽ ἀνθρώπων Us., Kl. Schr. I 301 (a. 1889)   **1679** τῶν ἐν τῷ ἀπείρω BP: τῶν ἀπείρων τῶν ὑπὸ F (con proximis coniungens) τινὸς δυνάμει τε ἐξερειστικῇ καὶ εὐπορίᾳ, εἰλικρινεστάτη γίνεται ἡ ἐκ τῆς ἡσυχίας καὶ ἐκχωρήσεως τῶν πολλῶν ἀσφάλεια.

[144] (15) ὁ τῆς φύσεως πλοῦτος καὶ ὥρισται καὶ εὐπό-
1685 ριστός ἐστιν· ὁ δὲ τῶν κενῶν δοξῶν εἰς ἄπειρον ἐκπίπτει.

(16) βραχέα σοφῷ τύχη παρεμπίπτει, τὰ δὲ μέγιστα καὶ κυριώτατα ὁ λογισμὸς διῴκηκε καὶ κατὰ τὸν συνεχῆ χρόνον τοῦ βίου διοικεῖ καὶ διοικήσει.

(17) ὁ δίκαιος ἀταρακτότατος, ὁ δ᾽ ἄδικος πλείστης
1690 ταραχῆς γέμων.

(18) οὐκ ἐπαύξεται ἐν τῇ σαρκὶ ἡ ἡδονὴ ἐπειδὰν ἅπαξ τὸ κατ᾽ ἔνδειαν ἀλγοῦν ἐξαιρεθῇ, ἀλλὰ μόνον ποικίλλεται. τῆς δὲ διανοίας τὸ πέρας τὸ κατὰ τὴν ἡδονὴν ἀπεγέννησεν ἥ τε τούτων αὐτῶν ἐκλόγισις καὶ τῶν ὁμογενῶν τούτοις, ὅσα
1695 τοὺς μεγίστους φόβους παρεσκεύαζε τῇ διανοίᾳ.

[145] (19) ὁ ἄπειρος χρόνος ἴσην ἔχει τὴν ἡδονὴν καὶ ὁ πεπερασμένος, ἐάν τις αὐτῆς τὰ πέρατα καταμετρήσῃ τῷ λογισμῷ.

(20) ἡ μὲν σὰρξ ἀπέλαβε τὰ πέρατα τῆς ἡδονῆς ἄπειρα,
1700 καὶ ἄπειρος αὐτὴν χρόνος παρεσκεύασεν. ἡ δὲ διάνοια τοῦ

1686–1688 VS 68 B 119   **1689–1690** 22B (3) L.-S.   **1691–1695** 21E
(1) L.-S.   **1696–1710** 24C L.-S.

1684–1685 = SV 8   **1686–1688** Diog. Oen. fr. 49 mg inf. et fr. 71 II 9–13
S.; Stob. 2.8.28; Cic., Fin. 1.63, Tusc. 5.26 ; Vitr. 6 praef. 3; Sen., Const. sap.
15.4   **1689–1690** = SV 19   **1696–1698** = SV 22; Cic., Fin. 1.63

1681 τε BPF: τινὶ Us.   ἐξερειστικῇ P⁴: ἐξεριστικῇ F: ἐξαριστικῇ P¹(Q), B²
(1² in ras.) ut vid.: ἐξοριστικῇ Meibom.   εἰλικρινεστάτη BPF: -τέρα V. d.
Muehll. Vid. Barig., Epicurea 159–62   **1682** ἐκχωρήσεως rec.: ἐγχω-
BPF   **1686** βραχέα BP¹F: -εῖα Pˣ(Q)   **1687** διῴκηκε BPF: διώκει rec.:
διῴκησε Us.   **1688** τοῦ βίου om. F   διῴκηκε καὶ διοικεῖ καὶ διοικήσει
κατὰ τ. σ. χρ. Diels, D. III 2, p. 18¹   **1689** δίκαιος <βίος> Vat., Diod. Sic.
25 fr. 1   ἀταρακτότατος P: -ώτατος BF   **1691** ἐπαύξεται ἡ ἡδονὴ ἐν
σαρκὶ F   **1693** τὸ om. F   **1694** ἐκλόγισις BP: -γησις F   **1696** ὁ
FP⁴ˢˡ: om. BP¹(Q)   **1697** καταμετρήσει F   **1700** καὶ BPF: κᾶν Diels,
D. I 74⁶   παρεσκεύασεν BPF: ἀρέσκοι ἂν Us.: 'scripseram παρασκευάσαι
ἂν' V. d. Muehll

τῆς σαρκὸς τέλους καὶ πέρατος λαβοῦσα τὸν ἐπιλογισμὸν
καὶ τοὺς ὑπὲρ τοῦ αἰῶνος φόβους ἐκλύσασα τὸν παντελῆ
βίον παρεσκεύασε, καὶ οὐθὲν ἔτι τοῦ ἀπείρου χρόνου
προσεδεήθημεν· ἀλλ' οὔτε ἔφυγε τὴν ἡδονήν, οὐδὲ ἡνίκα
τὴν ἐξαγωγὴν ἐκ τοῦ ζῆν τὰ πράγματα παρεσκεύαζεν, ὡς   1705
ἐλλείπουσά τι τοῦ ἀρίστου βίου κατέστρεφεν.

[146] (21) ὁ τὰ πέρατα τοῦ βίου κατειδὼς οἶδεν ὡς
εὐπόριστόν ἐστι τὸ <τὸ> ἀλγοῦν κατ' ἔνδειαν ἐξαιροῦν καὶ
τὸ τὸν ὅλον βίον παντελῆ καθιστάν· ὥστε οὐδὲν
προσδεῖται πραγμάτων ἀγῶνας κεκτημένων.   1710

(22) τὸ ὑφεστηκὸς δεῖ τέλος ἐπιλογίζεσθαι καὶ πᾶσαν τὴν
ἐνάργειαν, ἐφ' ἣν τὰ δοξαζόμενα ἀνάγομεν· εἰ δὲ μή, πάντα
ἀκρισίας καὶ ταραχῆς ἔσται μεστά.

(23) εἰ μαχῇ πάσαις ταῖς αἰσθήσεσιν, οὐχ ἕξεις οὐδ' ἃς ἂν
φῇς αὐτῶν διεψεῦσθαι πρὸς τί ποιούμενος τὴν ἀναγωγὴν   1715
κρίνῃς.

[147] (24) εἴ τιν' ἐκβαλεῖς ἁπλῶς αἴσθησιν καὶ μὴ
διαιρήσεις τὸ δοξαζόμενον κατὰ τὸ προσμενόμενον καὶ τὸ
παρὸν ἤδη κατὰ τὴν αἴσθησιν καὶ τὰ πάθη καὶ πᾶσαν
φανταστικὴν ἐπιβολὴν τῆς διανοίας, συνταράξεις καὶ τὰς   1720
λοιπὰς αἰσθήσεις τῇ ματαίῳ δόξῃ, ὥστε τὸ κριτήριον ἅπαν
ἐκβαλεῖς. εἰ δὲ βεβαιώσεις καὶ τὸ προσμενόμενον ἅπαν ἐν

1714–1716 16D L.-S.   **1717–1726** 17B L.-S.

1702 παντελεῖ F   **1703** ἀπείρου BF, γρ P⁴ˢ·ˡ·: -όρου P¹(Q)   χρόνου
BP¹: βίου F, γρ P⁴ˢ·ˡ·   **1704** προσεδεήθημεν F, γρ P⁴ˢ·ˡ·: -δέθημεν P¹: -δέθη
μὲν B² (προσεδέθη in ras.): -δεήθη{μεν} V. d. Muehll: -δεήθη· <οὐ> μὴν Us.:
-εδεήθη ἂν Meibom.   οὐδὲ B: οὐδ' PF: οὔθ' rec.   **1706** ἐλλείπουσα
FP⁴: ἐλλίπ- BP¹: ἐλλιποῦσα Bollack, Pensée 313   κατέστρεψεν Byw., Epic.
279   **1708** τὸ² add. Casaub.   **1709** τῶν ὅλων F   καθιστὰν
Casaub.: -τᾶν BPF   **1711** ὑφεστικὸς B   δεῖ BᵖᶜPF: ἀεὶ Bᵃᶜ ut vid.
τέλος BPF: del. Schn. 54, sed vid. Arndt 36   λογίζεσθαι F   **1712** post εἰ
add. μὴ F¹ (expu. F²)   **1714** μαχῇ Byw., Epic. 279: μάχη BPF   οὐδ' ἃς
ἂν] οὐδασα B ut vid.   **1715** φῇς (φὴς B²P²) αὐτῶν (ex αὐτῶ P¹) BP:
αὐτῶν ἐφ' ἧς F: αὐτῶν φῇς Z (Frob.)   **1716** κρίνης PF: -εις F   **1717**
ἐκβαλεῖς Cob.: ἐκβάλλεις BPF   **1718** διαιρήσεις P: -ρήσης B: -ρεῖς εἰς F
κατὰ BP¹: καὶ F, γρ P⁴ᵐᵍ   προσμενόμενον BP: προσμένον F Vid. supra
485   1721 ματαίῳ P: -αίων B: -αία F   **1722** ἐκβαλεῖς Z (Frob.):
ἐκβάλλεις BPF   προσμενόμενον BP¹: προσμένον FP⁴

ταῖς δοξαστικαῖς ἐννοίαις καὶ τὸ μὴ τὴν ἐπιμαρτύρησιν
<...> οὐκ ἐκλείψεις τὸ διεψευσμένον· ὡς τετηρηκὼς ἔσῃ
1725 πᾶσαν ἀμφισβήτησιν κατὰ πᾶσαν κρίσιν τοῦ ὀρθῶς ἢ μὴ
ὀρθῶς.

[148] (25) εἰ μὴ παρὰ πάντα καιρὸν ἐπανοίσεις ἕκαστον
τῶν πραττομένων ἐπὶ τὸ τέλος τῆς φύσεως, ἀλλὰ
προκαταστρέψεις εἴτε φυγὴν εἴτε δίωξιν ποιούμενος εἰς
1730 ἄλλο τι, οὐκ ἔσονταί σοι τοῖς λόγοις αἱ πράξεις ἀκόλουθοι.

(26) τῶν ἐπιθυμιῶν ὅσαι μὴ ἐπ' ἀλγοῦν ἐπανάγουσιν ἐὰν
μὴ συμπληρωθῶσιν, οὐκ εἰσὶν ἀναγκαῖαι, ἀλλ' εὐδιάχυτον
τὴν ὄρεξιν ἔχουσιν, ὅταν δυσπόριστοι ἢ βλάβης
ἀπεργαστικαὶ δόξωσιν εἶναι.

1735 (27) ὧν ἡ σοφία παρασκευάζεται εἰς τὴν τοῦ ὅλου βίου
μακαριότητα, πολὺ μέγιστόν ἐστιν ἡ τῆς φιλίας κτῆσις.

(28) ἡ αὐτὴ γνώμη θαρρεῖν τε ἐποίησεν ὑπὲρ τοῦ μηθὲν
αἰώνιον εἶναι δεινὸν μηδὲ πολυχρόνιον, καὶ τὴν ἐν αὐτοῖς
τοῖς ὡρισμένοις ἀσφάλειαν φιλίας μάλιστα κατεῖδε
1740 συντελουμένην.

[149] (29) τῶν ἐπιθυμιῶν αἱ μέν εἰσι φυσικαὶ καὶ

1727–1730 21E (2) L.-S.   **1735–1740** 22E L.-S.

1726–1730 Diog. Oen. fr. 40 mg inf. S.   **1731–1734** Diog. Oen. NF 131 S.
Cf. M. F. Smith, Supplement to Diog. of Oin. (2003) 121–2   **1735–1736** =
SV 13; Cic., Fin. 1.65   **1741–1743** = SV 20; Diog. Oen. fr. 39 mg inf. S

1723 καὶ τὸ μὴ τὴν ἐπιμαρτύρησις del. Merbach 40   hiatum post
ἐπιμαρτύρησιν significavit V. d. Muehll 'sic fere explanandum <ἔχον τοῖς
ἀδήλοις ἐγκρινεῖς>', <ἔχον> tantum Diano   **1724** οὐκ ἐκλείψεις 'cor-
rupta' V. d. Muehll, οὐκ ἐκλείψει Bonnet, De Galeni subfig. empir. 82   ὡς
τετηρηκὼς BPF: ὥσ<τε> τετηρηκὼς Merbach 40: ὥστ' ἐξῃρηκὼς Us. xxi
1725 κατὰ Bign., Epic. 64²: καὶ BPF   **1733** δυσπόριστοι FP⁴: -ον BP¹:
δυσπορίστων (sc. ὅταν δ.... δοξ. εἶναι) Bign., Studi critici 72. Vid.
Dorandi, Epicuro 292   ἢ PF: ἢ B   **1737** τε BP: τί F   **1739** φιλίας
BPF: -ᾳ vir doctus ap. Madvig, Cic. fin. ('1839) ad 1.68 (amicitiae praesidium esse
firmissimum), fort. recte: -αις Us. Vid. Bign., Epic. 64⁶   κατεῖδε Madvig
ex Ciceronis perspexit: κατεῖναι B² (τεῖναι in ras.), PF: κατειδέναι Bollack,
Pensée 343   **1740** συντελουμένην B² (συν in ras.)

<ἀναγκαῖαι· αἱ δὲ φυσικαὶ καὶ> οὐκ ἀναγκαῖαι· αἱ δὲ οὔτε φυσικαὶ οὔτ' ἀναγκαῖαι, ἀλλὰ παρὰ κενὴν δόξαν γινόμεναι. (φυσικὰς καὶ ἀναγκαίας ἡγεῖται ὁ Ἐπίκουρος τὰς ἀλγηδόνος ἀπολυούσας, ὡς ποτὸν ἐπὶ δίψους· φυσικὰς δὲ 1745 οὐκ ἀναγκαίας δὲ τὰς ποικιλλούσας μόνον τὴν ἡδονήν, μὴ ὑπεξαιρουμένας δὲ τὸ ἄλγημα, ὡς πολυτελῆ σιτία· οὔτε δὲ φυσικὰς οὔτ' ἀναγκαίας, ὡς στεφάνους καὶ ἀνδριάντων ἀναθέσεις.)

(30) ἐν αἷς τῶν φυσικῶν ἐπιθυμιῶν, μὴ ἐπ' ἀλγοῦν δὲ 1750 ἐπαναγουσῶν ἐὰν μὴ συντελεσθῶσιν, ὑπάρχει ἡ σπουδὴ σύντονος, παρὰ κενὴν δόξαν αὗται γίνονται καὶ οὐ παρὰ τὴν ἑαυτῶν φύσιν οὐ διαχέονται, ἀλλὰ παρὰ τὴν τοῦ ἀνθρώπου κενοδοξίαν.

[150] (31) τὸ τῆς φύσεως δίκαιόν ἐστι σύμβολον τοῦ 1755 συμφέροντος εἰς τὸ μὴ βλάπτειν ἀλλήλους μηδὲ βλάπτεσθαι.

(32) ὅσα τῶν ζῴων μὴ ἐδύνατο συνθήκας ποιεῖσθαι τὰς ὑπὲρ τοῦ μὴ βλάπτειν ἄλλ<ηλ>α μηδὲ βλάπτεσθαι, πρὸς ταῦτα οὐθὲν ἦν δίκαιον οὐδὲ ἄδικον. ὡσαύτως δὲ καὶ τῶν 1760 ἐθνῶν ὅσα μὴ ἐδύνατο ἢ μὴ ἐβούλετο τὰς συνθήκας ποιεῖσθαι τὰς ὑπὲρ τοῦ μὴ βλάπτειν μηδὲ βλάπτεσθαι.

(33) οὐκ ἦν τι καθ' ἑαυτὸ δικαιοσύνη, ἀλλ' ἐν ταῖς μετ' ἀλλήλων συστροφαῖς καθ' ὁπηλίκους δήποτε ἀεὶ τόπους συνθήκη τις ὑπὲρ τοῦ μὴ βλάπτειν ἢ βλάπτεσθαι. 1765

1744–1749 L.-S. 21I   **1750–1754** 21E (3) L.-S.   **1755–1772** 22A L.-S.

1758–1762 Diog. Oen. fr. 43 mg inf. S

1742 ἀναγκαῖαι—καὶ suppl. Steph., <ἀναγκαῖαι, αἱ δὲ φυσικαὶ μέν,> οὐκ ἀναγκαῖαι <δέ> Us., Kl. Schr. I (1912) 302 (a. 1888) e SV 20, Diog. Oen. aliisque testim.   οὔτε om. P¹, add. P⁴ˢˡ.   **1743** γινόμεναι BP: ἡγούμεναι F   **1744** (φυσικὰς)–**1749** scholion denotavit Us.   **1745** ἀλγηδόνος H. Weil ap. Us.: -νας BPF   **1745–1746** δὲ καὶ οὐκ F   **1746** δὲ om. F μόνην F   **1748** post ἀναγκαίας add. <τὰς παρὰ κενὴν δόξαν γινομένας> Bign., Epic. 65⁵   **1750** post φυσικῶν addi suadet μὲν Us. δὲ del. Marcov.   **1751** ὑπάρχῃ B   **1758** ἐδύνατο BP: ἡδύ- F **1759** ἄλληλα Gass.: ἀλλὰ BF: ἀλλὰ. P: ἄλλα Us.   μηδὲ postmodo add. Fˣˢˡ.   **1760** ἦν Us.: ἢ BP¹: ἢ οὐδὲ cum γρ P⁴ˢˡ.: ἐστιν οὐδὲ F: ἢ Bollack, Pensée 362   **1761** ἐδύνατο BP: ἡδύ- F   μὴ² om. F

821

[151] (34) ἡ ἀδικία οὐ καθ᾽ ἑαυτὴν κακόν, ἀλλ᾽ ἐν τῷ κατὰ τὴν ὑποψίαν φόβῳ, εἰ μὴ λήσει τοὺς ὑπὲρ τῶν τοιούτων ἐφεστηκότας κολαστάς.

(35) οὐκ ἔστι τὸν λάθρᾳ τι ποιοῦντα ὧν συνέθεντο πρὸς
1770 ἀλλήλους εἰς τὸ μὴ βλάπτειν μηδὲ βλάπτεσθαι, πιστεύειν ὅτι λήσει, κἂν μυριάκις ἀπὸ τοῦ παρόντος λανθάνῃ. μέχρι γὰρ καταστροφῆς ἄδηλον εἰ καὶ λήσει.

(36) κατὰ μὲν κοινὸν πᾶσι τὸ δίκαιον τὸ αὐτό, συμφέρον γάρ τι ἦν ἐν τῇ πρὸς ἀλλήλους κοινωνίᾳ· κατὰ δὲ τὸ ἴδιον
1775 χώρας καὶ ὅσων δήποτε αἰτίων οὐ πᾶσι συνέπεται τὸ αὐτὸ δίκαιον εἶναι.

[152] (37) τὸ μὲν ἐπιμαρτυρούμενον ὅτι συμφέρει ἐν ταῖς χρείαις τῆς πρὸς ἀλλήλους κοινωνίας τῶν νομισθέντων εἶναι δικαίων, ἔχει τὸ ἐν τοῦ δικαίου χώρᾳ εἶναι, ἐάν τε τὸ αὐτὸ
1780 πᾶσι γένηται ἐάν τε μὴ τὸ αὐτό. ἐὰν δὲ νόμον θῆταί τις, μὴ ἀποβαίνῃ δὲ κατὰ τὸ συμφέρον τῆς πρὸς ἀλλήλους κοινωνίας, οὐκέτι τοῦτο τὴν τοῦ δικαίου φύσιν ἔχει. κἂν

1773–1786 22B (1–2) L.-S.

1769–1772 = SV 6   **1777–1786** Diog. Oen. fr. 50 mg inf. S

1767 λήσει PF: δήσει B   τοὺς BP: τὰς P   **1769** ποιοῦντα BPF, Vat.: κιν- dub. Madvig, Cic. fin. (1839¹) ad 1.50: κατ- J. B. Bury, Hermathena 5 (1885) 269   ποιοῦντα <ἐναντίον> Bign., Note 392, π. <καθ᾽> Marcov. ὧν] παρ᾽ ἃ Meibom., ὧν <μὴ ποιεῖν> συν. Koch. 77   **1770** μηδὲ BP¹(Q): καὶ F, γρ P⁴ˢ·ˡ·   **1771** ἀπὸ BP¹(Q), γρ P⁴ᵐᵍ: ὑπὸ FP⁴: ἐπὶ Vat. (coni. Menag.)   τοῦ παρόντος om. F   **1772** εἰ καὶ BP: εἶναι F: εἰ Vat. **1773** <τὸ> κοινὸν Gass., 'cf. tamen Polyb. 4.6.11' V. d. Muehll   τὸ ante δίκαιον del. Koch. 77   **1775** αἰτίων B: -ιῶν PF   **1778–1779** τῶν— δικαίων ut additamentum secl. Us.   **1779** ἔχει τὸ ἐν τοῦ V. d. Muehll: ἔχει τὸν τοῦ P: ἔχει τὸ τοῦ F: ἔχειν τοῦ B   χώρᾳ V. d. Muehll: χώραν B (χῶ-), P (antea omissum ipse add. P¹), F   ἔχειν τὴν τοῦ δικαίου φύσιν (omisso εἶναι) Gass., ἔχειν τὸν τοῦ δ. χαρακτῆρα Us., 'his anteferrem ἔχειν τοῦ δ. χώραν ἔστιν' V. d. Muehll, ἔχειν τοῦ δ. χώραν <δ>εῖ Bign., Studi critici 73, ἔχειν τὴν τοῦ δ. χώραν {εἶναι} Marcov.   τὸ αὐτὸ BP: αὐτὸ F **1780** γένηται BP: μὴ γένοιτο F   ἐάν τε μὴ τὸ αὐτό Steph.: ἐάν τε μὴ τὸ αὐτὸ πᾶσι γένηται· ἐάν τε μὴ (μὴν P) τὸ αὐτὸ BP: om. F   νόμον Us.: μόνον BPF: <νόμον> μόνον Diano   τις BPF: τί rec.   **1781** ἀποβαίνῃ rec.: ἀποβᵃⁱ P¹: ἀποβαίνει BFP⁴   δὲ PF: δὴ B

μεταπίπτῃ τὸ κατὰ τὸ δίκαιον συμφέρον, χρόνον δέ τινα εἰς τὴν πρόληψιν ἐναρμόττῃ, οὐδὲν ἧττον ἐκεῖνον τὸν χρόνον ἦν δίκαιον τοῖς μὴ φωναῖς κεναῖς ἑαυτοὺς συνταράττουσιν, 1785 ἀλλ᾽ εἰς τὰ πράγματα βλέπουσιν.

[153] (38) ἔνθα μὴ καινῶν γενομένων τῶν περιεστώτων πραγμάτων ἀνεφάνη μὴ ἁρμόττοντα εἰς τὴν πρόληψιν τὰ νομισθέντα δίκαια ἐπ᾽ αὐτῶν τῶν ἔργων, οὐκ ἦν ταῦτα δίκαια. ἔνθα δὲ καινῶν γενομένων τῶν πραγμάτων οὐκέτι 1790 συνέφερε τὰ αὐτὰ δίκαια κείμενα, ἐνταῦθα δὴ τότε μὲν ἦν δίκαια, ὅτε συνέφερεν εἰς τὴν πρὸς ἀλλήλους κοινωνίαν τῶν συμπολιτευομένων· ὕστερον δ᾽ οὐκ ἦν ἔτι δίκαια, ὅτε μὴ συνέφερεν.

[154] (39) ὁ τὸ μὴ θαρροῦν ἀπὸ τῶν ἔξωθεν ἄριστα 1795 συστησάμενος οὗτος τὰ μὲν δυνατὰ ὁμόφυλα κατεσκεύασατο, τὰ δὲ μὴ δυνατὰ οὐκ ἀλλόφυλά γε· ὅσα δὲ μηδὲ τοῦτο δυνατὸς ἦν, ἀνεπίμεικτος ἐγένετο, καὶ ἐξηρείσατο ὅσα τοῦτ᾽ ἐλυσιτέλει πράττειν.

(40) ὅσοι τὴν δύναμιν ἔσχον τοῦ τὸ θαρρεῖν μάλιστα ἐκ 1800 τῶν ὁμορούντων παρασκευάσασθαι, οὕτω καὶ ἐβίωσαν

1800–1804 22C (2) L.-S.

1784 ἐναρμόττει F   τὸν χρόνον ἐκεῖνον B   **1786** ἀλλ᾽ εἰς τὰ Gomperz, Hellen. II (1912) 268 (a. 1884): ἀλλὰ πλεῖστα BPF: ἀλλ᾽ ἁπλ<ῶς> εἰς τὰ Koch. 78   **1787** καινῶν Aldobr.: κε- BPF   **1788** (ἀνεφάνη)– **1790** (πραγμάτων) om. F   **1788** μὴ PF: μοι B   <ἐν>αρμόττοντα Us. **1788–1789** τὰ νομισθέντα P: ἀνομισθέντα B: ἃ νομ. Aldobr.   **1790** καινῶν Gass.: κενῶν P: καὶ τῶν B   τῶν om. B   **1791** δὴ FP⁴ˢˡ·: δὲ BP¹ **1792** δίκαια ὅτε F: δίκαια ὅτε∗ P: δίκαιός τε ἃ B   **1793** συμπολιτευομένων BP¹: πολι- FP⁴   ὁ <τὰ πρὸς> τὸ Marcov.   μὴ BPF: del. Frob.: μὲν Us.   **1796** συστειλάμενος Us.   οὗτος om. B   **1796** (τὰ)–**1798** (ἀνεπίμεικτος) om. B¹ spatio relicto, τὰ δὲ μὴ δυνατὰ atque ἐπίμικτος suppl. B²   **1797** ὅσα δὲ Us.: ὅσα γε P: ὅσα F   'expectes μηδ᾽ αὐτὸ τοῦτο' Us.   **1799** ἐξηρείσατο Croen., Lect. 419, 'sed vocem non recte interpretans' V. d. Muehll: ἐξηρί- BPF   ἐξωρί- Steph.: ἐξηρέ- Us.   ὅσα <πρὸς> Diano   τοῦτ᾽ ἐλυσιτέλει Q: τοῦτ᾽ ὁ (ex ἐ rasura factum) λυσιτέλει (ex -τελῆ vel -τελὲς) P¹: λυσιτελῆ cum γρ⁴ᵐᵍ: τούτῳ λυσιτελὲς B: τοῦ λυσιτελῆ F   **1801** παρασκευάσασθαι F, γρ P⁴: -ᾶσθαι B, P¹ (ex -άσθαι)   οὕτω BP¹: οὗτοι FP⁴ μετ' ἀλλήλων ἥδιστα τὸ βεβαιότατον πίστωμα ἔχοντες, καὶ πληρεστάτην οἰκειότητα ἀπολαβόντες οὐκ ὠδύραντο ὡς πρὸς ἔλεον τὴν τοῦ τελευτήσαντος προκαταστροφήν.

1802 ἥδιστα τό Us.: ἥδιστον τὸν B: ἥδιστον καὶ Pˣ (στον καὶ in ras.), Q: ἥδιστον F: ἥδιστον τὸν <βίον> Koch. 78. Vid. Barig., Epicurea 161³ **1803** πληρέστατον F   ἀπολαύοντες F   **1804** πρὸς ἔλεον B: πρὸς σὲ δέον Pˡ: ἔλεον F², γρ P⁴ˢˡ: ἔλαιον Fˡ: ἐλεεινὸν Casaub.: πρόμοιρον Croen., Lect. Epic. 131   καταστροφήν F.   *subscriptio* λαερτίου διογένους φιλοσόφων βίων (γνωμῶν P⁴) καὶ δογμάτων συναγωγῆς τῶν εἰς ι′ ἐπίκουρος BPˡ: non habet F

SUBSIDIUM INTERPRETATIONIS

DE DIOGENIS LAERTII
VITIS PHILOSOPHORUM
STUDIA SELECTA

Ambaglio, D., 'Diogene Laerzio e la storiografia greca frammentaria', *Athenaeum* 61 (1983) 269–72.

Arabatzis, G. 'Βίος καὶ φιλοσοφία στὸν Διογένη Λαέρτιο', *Φιλοσοφία* 38 (2008) 129–58.

Aronadio, F., 'Due fonti laerziane: Sozione e Demetrio di Magnesia', *Elenchos* 11 (1990) 203–55.

Bahnsch, F., *Quaestionum de Diogenis Laertii fontibus initia* (Gumbinnen 1868).

Barnes, J., 'Nietzsche and Diogenes Laertius', *Nietzsche-Studien* 15 (1986) 16–40.

Budde, K., *Quaestiones Laertianae*, Diss. ined. (Göttingen 1914). Vid. M. Pohlenz, *Jahrbuch der Philosophischen Fakultät zu Göttingen* 12 (1920) 73–9.

Canfora, L., 'Clemente di Alessandria e Diogene Laerzio', in *Studi M. Gigante* (Naples 1994) 79–81.

Crönert, W., *Kolotes und Menedemos* (Leipzig 1906) 133–47 ('Sätze zur Quellenkunde des Diogenes', 'Zur Anführungsweise des Diogenes').

Desbordes, B. A., *Introduction à Diogène Laërce. Exposition de l'Altertumswissenschaft servant de préliminaires critiques à une lecture de l'œuvre* (Utrecht 1990).

Dumont, J. P., 'Les modèles de conversion à la philosophie chez Diogène Laërce', *Augustinus* 32 (1987) 79–97.

Egger, V., *Disputationis de fontibus Diogenis Laertii particula de successionibus philosophorum* (Bordeaux 1881).

Eshleman, K. J., 'Affection and affiliation: social networks and conversion to philosophy', *CJ* 103 (2007/8) 129–41.

Frenkian, A. M., 'Analecta Laertiana', *StudClass* 3 (1961) 395–403.

Gercke, A., *De quibusdam Laertii Diogenis auctoribus* (Greifswald 1899).

Gigante, M., 'Per una interpretazione di Diogene Laerzio', *RAAN* 47 (1972) 119–37.

'Diogene Laerzio storico e cronista dei filosofi antichi', *A&R* 18 (1973) 105–32.

'Diogene Laerzio, da poeta a prosatore', *Sileno* 10 (1984) 245–8.

'Biografia e dossografia in Diogene Laerzio', *Elenchos* 7 (1986) 7–102.

'Gli studi di Nietzsche su Diogene Laerzio', in *Classico e mediazione* (Rome 1989), 41–53.

'Diogene Laerzio', in G. Cambiano, L. Canfora & D. Lanza, *Lo spazio letterario della Grecia antica*, I.3 (Rome 1994) 723–40.

Gigante, M. et al., 'Diogene Laerzio storico del pensiero antico', *Elenchos* 7 (1986).

Gigon, O., 'Antike Erzählungen über die Berufung zur Philosophie', *MH* 3 (1946) 1–21.

Goulet, R., 'Les références chez Diogène Laërce: sources ou autorités', in *Études sur les Vies des philosophes de l'Antiquité tardive* (Paris 2001) 79–96.

Grau i Guijarro, S., *La imatge del filòsof i de l'activitat filosòfica a la Grècia antiga: Anàlisi dels tòpics biogràfics presents a les* Vides i doctrines dels filòsofs més il·lustres *de Diògenes Laerci* (Barcelona 2009).

'How to kill a philosopher: the narrating of ancient Greek philosophers' deaths in relation to their way of living', *AncPhil* 30 (2010) 347–81.

Haake, M. 'Illustrating, documenting, making-believe. The use of *psephismata* in Hellenistic biographies of philosophers', in P. Low & P. Liddel, *Inscriptions and their Uses in Ancient Literature* (Oxford: forthcoming).

Hope, R., *The Book of Diogenes Laertius, its Spirit and its Method* (New York 1930).

Howald, E., 'Handbücher als Quellen des Diogenes Laërtius', *Philologus* 74 (1917) 119–30.

Janáček, K., *Indice delle* Vite dei filosofi *di Diogene Laerzio* (Florence 1992).

  Studien zu Sextus Empiricus, Diogenes Laertius und zur pyrrhonischen Skepsis (Berlin/New York 2008).

Jerphagnon, L., 'Les mille et une morts des philosophes antiques. Essai de typologie', *RBPH* 69 (1981) 17–28.

Jouanna, J., 'Médecine et philosophie: sur la date de Sextus Empiricus et de Diogène Laërce à la lumière du *Corpus* galénique', *REG* 122 (2009) 359–90.

Kienle, W. von, *Die Berichte über die Sukzessionen der Philosophen in der hellenistischen und spätantiken Literatur*, Diss. (Berlin 1961).

Kolář, A., 'De Diogenis Laertii *Pammetro*', *LF* 78 (1955) 190–5.

  'De quibusdam carminibus in Diogenis Laertii Vitis', *Eunomia* 3 (1959) 65–7.

  'De Diogenis Laertii fontibus', *LF* 82 (1959) 197–202 & 83 (1960) 71–80.

Kudlien, F., 'Die Datierung des Sextus Empiricus und des Diogenes Laertius', *RhM* 106 (1963) 251–4.

Leri, D., 'Diogene Laerzio e la storiografia filosofica ellenistica', *RF* 70 (1979) 299–307.

Maass, E., *De biographis Graecis quaestiones selectae* (Berlin 1880).

Masson, O., 'La patrie de Diogène Laërce est-elle inconnue?', *MH* 52 (1995) 225–30.

Mejer, J., *Diogenes Laertius and his Hellenistic Background* (Wiesbaden 1978).

  'Diogène Laërce', *DPhA* II (1994) 824–33.

Mejer, J. et al., 'Diogenes Laertius', *ANRW* II.36.5–6 (Berlin/New York 1992) 3355–4307.

Nassen Poulos, P., 'Form and function of the pronouncement story in Diogenes Laertius' Lives', in R. C. Tannehill, *Pronouncement Stories* (Missoula, Mont. 1981) 53–64.

Nietzsche, F., 'De Laertii Diogenis fontibus', *RhM* 23 (1868) 632–53 & 24 (1869) 181–228 (= *Nietzsche Werke. Kritische Gesamtausgabe* hrg. v. G. Colli u. M. Montinari: II.1 *Philologische Schriften* ed. F. Bornmann & M. Carpitella, Berlin/New York 1982, 75–167).

'Analecta Laertiana', *RhM* 25 (1870) 217–31 (= *Philologische Schriften* 169–190).

'Beiträge zur Quellenkunde und Kritik des Laertius Diogenes', in *Gratulationsschrift des Baseler Pädagogiums zur Feier der fünfzigjährigen Lehrtätigkeit Prof. Dr. F. D. Gerlachs* (Basel 1870) 1–36 (= *Philologische Schriften* 191–245).

Runia, D. T., 'Diogenes Laertios', *DNP* 3 (1997) 601–3.

Schwartz, E., 'Diogenes Laertios', *RE* V 1 (1903) 738–63 (= *Griechische Geschichtschreiber* (Leipzig 1957) 453–91).

Trevissoi, M., 'Diogene Laerzio', *RSA* 12 (1908) 483–505.

Diogene Laerzio. Saggio biografico (Feltre 1909).

Uscatescu, G., 'Notizia su Diogene Laerzio', *RCCM* 32 (1990) 139–42.

Usener, H., 'Die Unterlage des Diogenes Laertius', *Sitzb. Berlin* (1892) 1023–34 (= *Kleine Schriften* III, Leipzig 1914, 163–75).

Wilamowitz-Moellendorff, U. von, *Epistula ad Maassium, ap.* Maass, *De biographis Graecis* 142–64.

Warren, J., 'Diogenes Laërtius, biographer of philosophy', in J. König & T. Whitmarsh, *Ordering Knowledge in the Roman Empire* (Cambridge 2007) 133–49.

Wiśniewski, B., 'Quid Diogenes Laertius aliique vitarum scriptores de negotiis publicis philosophorum Graecorum senserint', *Sileno* 10 (1984) 265–73.

Liber I

R. Goulet, *<Diogène Laërce> Livre* I. Introduction, traduction et notes, in *Diogène Laërce* 43–158.

N. C. Dührsen, 'Die Briefe der Sieben Weisen bei Diogenes Laertios. Möglichkeiten und Grenzen der Rekonstruktion eines verlorenen griechischen Briefromans', in N. Holzberg & S. Merkle, *Der griechische Briefroman* (Tübingen 1994) 84–115; Goulet, 'Des sages parmi les philosophes. Le premier livre des *Vies des philosophes* de Diogène Laërce', in *Études* 67–77, 387; P. Gómez, 'Savis i tirans: la correspondència dels Set Savis al llibre I de Diògenes Laerci', *Ítaca* 18 (2002) 191–209.

§§ 1–21

O. Gigon, 'Das Prooemium des Diogenes Laertios: Struktur und Probleme', in *Freundesgabe W. Wili* (Bern/Stuttgart 1960) 37–64; Glucker, *Antiochus* 121–58, 187 adn. 67; M. M. Sassi, 'La filosofia 'italica': genealogia e varianti di una formula storiografica', *AION(filol)* 16 (1994) 29–53; ead., 'Ionian philosophy and Italic philosophy: from Diogenes Laertius to Diels', in O. Primavesi & Katharina Luchner (edd.), *The Presocratics from the Latin Middle Ages to Hermann Diels* (Stuttgart 2011), 19–44; W. Spoerri, *Späthellenistische Berichte über Welt, Kultur und Götter* (Basel 1959) 53–69.

§ 1

J. B. Rives, 'Aristotle, Antisthenes of Rhodes, and the *Magikos*', *RhM* 147 (2004) 35–54.

Σεμνοθέους vix recte traditum est (cf. tamen § 6 [. . .] σέβειν θεούς) neque de Celtis ἐν τῷ Μαγικῷ sermo fuisse potest. Si καὶ Σεμνοθέους . . . Διαδοχῆς falso loco insertum et potius cum Indis coniungendum esse putas, fortasse scribi debet Σαμαναίους vel cum Roepero (Philol. 3, 22) <παρὰ Βάκτροις> Σαμαναίους, cf. Clem. Strom. 1, 71, 4, Orig. c. Cels. 4, 17, Bardesanes FGrH 719 F 2 etc. Σεμνοὺς Gabrielsson, cf. Clem. Str. 3, 60, 3' V. d. Muehll.

F. Bömer, *Der lateinische Neuplatonismus und Neupythagorismus* (Leipzig 1936) 105–6 adn. 1.

Ὦχον/Μῶχον] G. Staub, *Pythagoras in der Spätantike* (Munich 2002) 249 adn. 630; Haake 307–9.

§ 6

A. De Jong, *Traditions of the Magi. Zoroastrism in Greek and Latin Literature* (Leiden 1997) 205–28; J. N. Bremmer, 'The birth of the term "magic"', *ZPE* 126 (1999) 1–12.

§ 9

G. Betegh, 'On Eudemus Fr. 150 (Wehrli)', in Bodnár & Fortenbaugh, *Eudemus of Rhodes* 354 adn. 48.

§ 12

Vid. 8.8 et Chr. Riedweg, 'Zum Ursprung des Wortes "Philosophie" oder Pythagoras von Samos als Wortschöpfer', in A. Bierl, A. Schmidt, A. Willi, *Antike Literatur in neuer Deutung* (Munich 2004) 147–81.

§ 21.

A. Rescigno, 'Potamone, interprete del *De caelo* di Aristotele', *Lexis* 19 (2001) 267–73; D. T. Runia, 'Philosophical heresiography: evidence in two Ephesian inscriptions', *ZPE* 72 (1988) 241–2; M. Hatzimichali, *Potamo of Alexandria and the Emergence of Eclecticism in Late Hellenistic Philosophy* (Cambridge 2011).

§§ 22–44

G. Woehrle, *Die Milesier: Thales*. Mit einem Beitrag v. G. Strohmaier (Berlin/New York 2009) 194–210.

§ 22

De Thaletis nomine, vid. V. Schmidt, *Sprachliche Untersuchungen zu Herondas* (Berlin/New York 1968) 61–9.

'Testimonia ad Φοίνιξ (cf. Clem. Strom. I, 62) pertinent, sed in hac paragrapho multa confusa' V. d. Muehll.

§ 23

A. C. Bowen, 'Eudemus' History of early Greek astronomy: two hypotheses', in Bodnár & Fortenbaugh, *Eudemus of Rhodes* 308–10 adn. 6; L. Zhmud, *The Origin of the History of Science in Classical Antiquity* (Berlin/New York 2006) 238–49.

Herodotus] W. Lapini, 'Talete e l'eclissi del 585 (11 A 5 DK)', *ZPE* 126 (1999) 115–16.

§ 24

D. Shalev, 'The role of εὑρήματα in the *Lives* of Diogenes Laertius, and related literature', *Hermes* 134 (2006) 309–37.

§ 27

Goulet, 'Thalès et l'ombre des pyramides', *Études* 123–36 (a. 2000); S. Jedrkiewicz, 'Savant et "trickster": Thalès devant les pyramides', *Lexis* 18 (2000) 77–91.

§§ 28–33

De tripode s. aureo poculo, vid. D. Manetti, in *CPF* I 1*** (1999) 818–26.

§ 28

M. Polito, 'Frammenti di opere in prosa conservati in poesia: Meandrio di Mileto in Callimaco', *PP* fasc. 350 (2006) 352–70.

§§ 28–9

N. Natalucci, 'Il Giambo I di Callimaco e i Sette Sapienti', in *Studi in memoria di A. Colonna* (Naples 2003) 539–51.

§ 29

J. L. López Cruces, 'Cercidas, P.Oxy. 1082, col. XI', *ZPE* 140 (2002) 30–2.

§ 30

C. Dognini, 'Daimaco di Platea! Chi era costui?', *Aevum* 74 (2000) 95–104.

§§ 35–7

Vid. etiam §§ 60, 69–70, 78, 87–8, 91–2, 97–8.

Dorandi, *Laertiana* 177–9; J. Althoff & D. Zeller, *Die Worte der Sieben Weisen* (Darmstadt 2006) 10–50.

§ 37

De Thaletis annorum ratione, vide etiam B. Bravo, *La Chronique d'Apollodore et le pseudo-Skymnos* (Leuven 2009) 130–3.

§ 44

De φοιτέεις et de Βίης, vid. V. Schmidt, *Sprachl. Unt. Herond.* (cit. § 22) 34.

§§ 45–67

A. Martina, *Solon. Testimonia veterum* (Rome 1968); C. Mülke, *Solons politische Elegien und Iamben (fr. 1–13, 32–37 W.)* (Munich/Leipzig 2002); M. Noussia-Fantuzzi, *Solon the Athenian. The Poetic Fragments* (Leiden/Boston 2010).

§ 45

ἄξονας] G. Davies, '*Axones* and *Kurbeis*: a new answer to an old problem', *Historia* 60 (2011) 1–35; Buehler ad Zenob. 2.11 (vol. IV, Gottingae 1982, 110–12).

§ 57

ἃ μὴ ἔθου, μὴ ἀνέλῃ] J. Bernays, *Gesammelte Abhandlungen*, I (Berlin 1885) 272–4 (a. 1876).

L. Ferreri, 'La biblioteca del tiranno. Una proposta di interpretazione della cosiddetta redazione pisistratea dei poemi omerici', *QS* 56 (2002) 8–17; R. Pfeiffer, *History of Classical Scholarship from the Beginning to the End of the Hellenistic Age* (Oxford 1968) 6–7.

§ 68
N. Richer, *Les éphores* (Paris 1998) 19–20, 117–21, 304–5.

§ 76
O. Poltera, *Simonides lyricus, Testimonia und Fragmente*. Einleitung, kritische Ausgabe, Übersetzung und Kommentar (Basel 2008) 454–67.

§ 79
Mosshammer 246–54, 344–6.

§ 80.
Lapini, *Filologia filosofica* 13–33; E. Livrea, *Da Callimaco a Nonno* (Messina 1995) 45–58 ≈ 'From Pittacus to Byzantium: the history of a Callimachean epigram', *CQ* 45 (1995) 474–80.

§ 81
W. Lapini, 'Elementi biografici di Pittaco nei frammenti alcaici', in G. Bastianini & A. Casanova, *I papiri di Saffo e di Alceo* (Florence 2007) 167–75; G. Lentini, 'Pittaco erede degli Atridi: il fr. 70 V. di Alceo', *SIFC* Terza s. 18 (2000) 3–14; G. Liberman, *Alcée. Fragments* (Paris 1999) 188–9.

§§ 82–8
V. d. Muehll, *Kl. Schriften* 347–50 (a. 1965); J. Pórtulas, 'Bías de Priene', *Fortunatae* 5 (1993) 141–56.

§§ 89–90
W. Lapini, *Capitoli su Posidippo* (Alessandria 2007) 314–15 adn. 17; T. Dorandi, 'Per la restituzione dell'epigramma per Mida nella *Vita di Cleobulo* di Diogene Laerzio', *Prometheus* 32 (2006) 83–4; G. Markwald, *Die homerischen Epigramme. Sprachliche und inhaltliche Untersuchungen* (Königstein/Ts 1986) 34–83.

§ 90
V. Garulli, 'Callimaco e Simonide: ancora sul fr. 64 Pf.', *Eikasmos* 18 (2007) 254–6; Poltera, *Simonides lyricus* (cit. § 76) 478–84.

§§ 90–1
C. Neri, *Erinna. Testimonianze e frammenti* (Bologna 2003) 452–4.

§§ 94–100
W. Lapini, *Il POxy. 664 di Eraclide Pontico e la cronologia dei Cipselidi* (Florence 1996); C. Elena, 'Le συμφοραί di Periandro nelle *Storie* di Erodoto', *RSA* 31 (2001) 154–76.

§§ 101–5

J. F. Kindstrand, *Anacharsis: the Legend and the Apophthegmata* (Uppsala 1981); id., 'Anacharsis', *DPhA* I (1989) 176–9.

§ 103

ἄκραντον] M. Taufer, 'Nota su Eschilo, Cho. 65', *Prometheus* 28 (2002) 219–21.

M. S. Funghi, 'Su alcuni testimoni di 'chreiai' e di 'detti dei sette sapienti'', in *Aspetti lett. gnomica* II 376–7.

§ 105

Anacarsi Scita, Lettere a cura di G. Cremonini. Con una nota di L. Canfora (Palermo 1991); C. Schubert, *Anacharsis der Weise: Nomade, Skythe, Grieche* (Tübingen 2010).

§ 107

H. Erbse, 'Varia', *WJA* 2 (1976) 234.

§§ 109–15

M. Gigante, 'Il *bios* laerziano di Epimenide', in E. Federico & A. Visconti, *Epimenide cretese* (Naples 2001) 7–24; Bernabé, *PEG* II.3, 105–68.

§ 110

Νικίαν τὸν Νικηράτου] G. Huxley, 'Nikias, Crete and the plague', *GRBS* 10 (1969) 235–9.

§ 112

C. Pecorella Longo, 'Le pietre (o gli altari) di *hybris* e di *anaideia*', *Prometheus* 28 (2002) 34–5.

A. C. Cassio, 'Dialetti greci e pseudepigrapha pitagorici: le valutazioni degli antichi', *AION(filol)* 22 (2000) 153–66.

§ 115

S. Dušanić, 'On Theopompus' *Philippica* VI–VIII', *Aevum* 51 (1977) 27–36.

§§ 116–22

H. S. Schibli, *Pherecydes of Syros* (Oxford 1990); R. L. Fowler, 'The authors named Pherecydes', *Mnemosyne* 52 (1999) 1–15; D. L. Toye, 'Pherecydes of Syros: ancient theologian and genealogist', *Mnemosyne* 50 (1997) 530–60.

§ 116
Goulet, *Études* 137–44; J. N. Bremmer, 'The skins of Pherekydes and Epimenides', *Mnemosyne* 46 (1993) 234–6.

§ 120
H. Baltussen, 'Playing the Pythagorean: Ion's *Triagmos*', in V. Jennings & A. Katsaros, *The World of Ion of Chios* (Leiden 2007) 305–6. De temporibus, vid. Mosshammer 277–89, 346–50.

Liber II

M. Narcy & M.-O. Goulet-Cazé, <*Diogène Laërce*> *Livre II*. Introduction, traduction et notes, in *Diogène Laërce* 169–367. K. Döring, 'Sokrates, die Sokratiker und die von ihnen begründeten Traditionen', in *Grundriss* 2/1, 139–266, 323–55; G. Giannantoni, 'Il secondo libro delle *Vite* di Diogene Laerzio', *ANRW* II 36.5 (Berlin/ New York 1992) 3603–18; id., 'Socrate e i Socratici in Diogene Laerzio', *Elenchos* 7 (1986) 183–216; Mejer, *Transmission* 3564–9.

§ 1
τήν τε σελήνην . . . πῦρ] 'das Theophrastexcerpt wohl von Anaxagoras fälschlich übertragen, vgl. 59 A 77' Diels, *VS* I, 81; Mejer, *Diogenes Laertius* 22 adn. 43, 26.
S. Heilen, *Die Anfänge der wissenschaftlichen Geographie: Anaximander und Hekataios*, in W. Hübner, *Geographie und verwandte Wissenschaften* (Stuttgart 2000) 33–54.

§ 2
De Anaximandri libro, vid. H. Blank, 'Anaximander in Taormina', *MDAI(R)* 104 (1997) 507–11.
W. Burkert, 'Policrate nelle testimonianze letterarie', in E. Cavallini, *Samo. Storia, letteratura, scienza* (Pisa 2004) 355–7; F. D'Alfonso, 'Anassimene e Ibico alla corte di Policrate', *Helikon* 35–8 (1995–8) 55–76. Cf. T. Hägg & B. Utas, *The Virgin and her Lover* (Leiden 2003); G. O. Hutchinson, *Greek Lyric Poetry* (Oxford 2001) 232 adn. 7. ἀκμάσαντά . . . τύραννον] 'von Pythagoras übertragen?' Diels, *VS* I, 82.

§§ 2–5
G. Wöhrle (ed.), *Die Milesier: Anaximander und Anaximenes*. Mit Beiträgen v. O. Overwien (Berlin/Boston 2011).

§ 3

ῥήτωρ καὶ ἱστορικός] P. Chiron, *Pseudo-Aristote, Rhétorique à Alexandre* (Paris 2002).

§§ 6–15

D. Sider, *The Fragments of Anaxagoras* (Sankt Augustin [2]2005); D. Lanza, *Anassagora. Testimonianze e frammenti* (Florence 1966); Mejer, *Transmission* 3591–2.

§ 7

De Anaxagorae temporibus, Mansfeld, *Studies* 264–306 (a. 1979–1980).

§ 10

S. Citroni Marchetti, 'Plinio il Vecchio, Anassagora e le pietre cadute dal sole', *SIFC* Quarta s. 5 (2007) 125–55; P. J. Bicknell, 'Did Anaxagoras observe a sunspot in 467 BC?', *Isis* 59 (1968) 87–90; M. L. West, 'Anaxagoras and the meteorite of 467 BC', *Journal of British Astron. Ass.* 70 (1959/60) 368–9.

πρὸς . . . ἐμοῦ] 'Wanderanekdote' Diels. Vid. W. Capelle, *GGA* 176 (1914) 251.

ἰδὼν . . . εἴδωλον] 'chronologisch unmögliches Apophthegma, das von einem Kyniker herrühren wird' Diels.

§ 11

C. Diano, 'La data di pubblicazione della *syngraphè* di Anassagora', in *Studi e saggi di filosofia antica* (Padua 1973) 189–209 (a. 1955).

§ 15

ἀνδριαντοποιός] Dorandi, *Antigone* 55 adn. 28.

§§ 16–17

V. Tilman, 'Archélaos d'Athènes', *RPhA* 18 (2000) 65–107.

§ 17

ὁ τὰ Ἰδιοφυῆ ποιήσας] E. Voutiras, 'Le cadavre et le serpent, ou l'héroïsation manquée de Cléomène de Sparte', in V. Pirenne-Delforge & E. Suárez de la Torre, *Héros et Héroïnes dans les mythes et les cultes grecs* (Liège 2000) 384 adn. 30.

§§ 18–47

J. Mitscherling, 'Socrates and the comic poets', *Apeiron* 36 (2003) 67–72; A. Patzer, 'Sokrates in den Fragmenten der Attischen Komödie', in *Festschrift H. Flashar* (Stuttgart 1994) 50–81; I. Gallo, 'Citazioni comiche nella *Vita Socratis* di Diogene Laerzio', in *Ricerche sul teatro greco* (Naples 1992) 127–39 (a. 1983).

§ 18
M. Narcy, 'Socrate et Euripide. Le point de vue de Diogène Laërce', in L. Rossetti & A. Stavru, *Socratica 2008* (Bari 2010) 321–31.

§ 22
A. Patzer, 'Sokrates als Soldat: Geschichtlichkeit und Fiktion in der Sokratesüberlieferung', *A&A* 45 (1999) 1–35.
Δήλιος κολυμβητής] Vid. 9.12 et P. Bruneau, 'Deliaca', *BCH* 103 (1979) 83–4.

§ 23
R. Fletcher, 'Legwork: Ion's Socrates', in Jennings & Katsaros, *The World of Ion of Chios* (cit. ad 1.120) 319–30; D. W. Graham, 'Socrates on Samos', *CQ* 58 (2008) 308–13.

§ 27
A. Casanova, 'La revisione delle *Nuvole* di Aristofane', *Prometheus* 26 (2000) 19–34.

§ 30
A. Patzer, 'Sokrates und Iphikrates', *WJA* n. F. 11 (1985) 45–62.

§ 32
ἔλεγε κτλ.] Vid. 7.26. Huffman, *Polyclète* 311–21; Stewart, *Nuggets* 273–5.

§ 38
Vid. etiam 2.65, 76, 113; 4.47, 52; 5.83–4; 6.101; 8.87; 9.56, 110.
σοφιστής] R. N. Gaines, 'Sophists in Diogenes Laertius', in L. Calboli Montefusco, *Papers on Rhetoric X* (Rome 2010) 113–25.

§ 42
παιᾶνα] L. Kaeppel, *Paian* (Berlin/New York 1992) 395.

§ 43
F. Longo Auricchio, 'La testimonianza filodemea sull'immagine di Socrate: osservazioni testuali', in *Studi Giannantoni* (Naples 2008) 423–39.

§ 46

Testimonia et fragmenta Aristotelis *De poetis* denuo ed., transt. et comm. R. Janko, *Philodemus, On Poems, Books 3–4, with the Fragments of Aristotle, On Poets* (Oxford 2011) 313–539. Ipse (fr. 66a) lacunam statuit et Φερεκύδης καὶ < . . . >, Βίαντι †Σάλαρος Πριηνεύς scripsit, fort. recte.

§§ 48–59

A. Natalicchio, *Diogene Laerzio. Senofonte*. Introduzione di L. Canfora (Palermo 1992).

§ 59

πέμπτος] A. Guida, 'Un apografo sconosciuto di Caritone, un'ambigua nota del Pasquali e una fallita impresa editoriale del '700', in *Studi F. Di Benedetto* (1998) 278–9 adn. 4.

§ 60–4

Giannantoni, *SSR* IV 585–96.

§ 60–1

E. F. Beall, 'Diogenes Laertius on Aeschines the Socratic's works', *Hermes* 129 (2001) 142–4.

§ 63

L. Piccirilli, 'L'"apologia" del padre di Feace nella testimonianza di Diogene Laerzio', *RFIC* 127 (1999) 129–34.
Ἀριστοτέλης ὁ Μῦθος] Vid. 5.35. W. J. Schneider, 'Aristoteles, genannt *Mythos*', *Mnemosyne* 50 (1997) 667–715; W. M. Calder III, 'Was Aristotle a myth? (DL 2.63)', *Mnemosyne* 45 (1992) 225.

§§ 65–104

A. Laks, 'Plaisirs cyrénaïques. Pour une logique de l'évolution interne à l'école', in L. Boulègue & C. Lévy, *Hédonismes* (Lille 2007) 17–46; W.-R. Mann, 'The life of Aristippus', *AGPh* 78 (1996) 97–119; Giannantoni, *SSR* IV 135–937; K. Döring, 'Der Sokratesschüler Aristipp und die Kyrenaiker', in *Kleine Schriften zur antiken Philosophie und ihrer Nachwirkung* (Stuttgart 2010) 77–139 (a. 1988).

§ 65

Θεόδωρος] L. A. Bredlow, 'Some notes on Diogenes Laertius', *Hermes* 135 (2007) 370.

SUBSIDIUM INTERPRETATIONIS

§ 83
Κυρηναϊκοῦ] C. J. Classen, 'Aristipp und seine Anhänger in Rom', in *Studies Mansfeld* (Leiden 1996) 212 adn. 26.

§ 105
Giannantoni, *SSR* IV 115–27.

§§ 106–12
Giannantoni, *SSR* IV 33–71.

§ 111
Cameron, *Callimachus* 222.

§§ 113–20
Giannantoni, *SSR* IV 93–106.

§§ 122–3
J. Sellars, 'Simon the shoemaker and the problem of Socrates', *CPh* 98 (2003) 207–16; R. S. Brumbaugh, 'Simon and Socrates', *AncPhil* 11 (1991) 151–2.

§§ 125–44
D. Knoepfler, *La* Vie de Ménédème d'Érétrie *de Diogène Laërce: contribution à l'histoire et à la critique du texte des* Vies des philosophes (Basel 1991); M. Haake, 'Der Grabstein des Asklepiades Phleiasios aus Eretria – Philosoph und Freund des Menedemos von Eretria? Zu *SEG* LV 979', *MH* 67 (2010) 233–7.

§ 127
Knoepfler, *Décrets* 271 adn. 1; G. Reger, 'Athens and Tenos in the early Hellenistic age', *CQ* 42 (1992) 373–7.

§§ 130 et 141–2
T. Dorandi, 'Accessioni a Antigono di Caristo', *SCO* 51 (2005, re vera 2009) 119–21.

§ 144
M. Di Marco, 'Su un epigramma di Diogene Laerzio (Anth. App. V 40 Cougny): nota metrico-testuale', *RFIC* 135 (2007) 91–5; Casantini 71–4; F. Bornmann, 'Callimachea', *Maia* 19 (1967) 44–5.

Liber III

L. Brisson, <Diogène Laërce> Livre III. Introduction, traduction et notes, in Diogène Laërce 369–464; Id., 'Diogène Laërce, "Vies et doctrines des philosophes illustres", livre III: structure et contenu' ANRW II 36.5 (Berlin/New York 1992) 3619–760 et 2*-25* (indices); M. Carbonara Naddei, 'Platone e Posidonio in Diogene Laerzio III', Logos 1 (1970) 523–40; B. Centrone, 'Alcune osservazioni sui Placita di Platone in Diogene Laerzio', Elenchos 8 (1987) 105–18; K. Döring, 'Platons Garten, sein Haus, das Museion und die Stätten der Lehrtätigkeit Platons', in Kleine Schriften (cit. ad 2.65–104) 181–94 (a. 2008); M. Erler, 'Platon', in Grundriss 2/2; O. Gigon, 'Das dritte Buch des Diogenes Laertios', Elenchos 7 (1986) 33–182; Mejer, Transmission 3569–73; A. S. Riginos, Platonica. The Anecdotes Concerning the Life and Writings of Plato (Leiden 1976); C. Rossitto, Aristotele e altri autori, Divisioni. Introduzione, traduzione e commento (Milan ²2005); A. Ph. Segonds, Diogène Laërce. Vie de Platon. Traduction, introduction et notes (Paris 1996); K.-H. Stanzel, Dicta Platonica. Die unter Platons Namen überlieferten Aussprüche (Darmstadt 1987); M. Untersteiner, Posidonio nei placita di Platone secondo Diogene Laerzio III (Brescia 1970).

§ 5

Τιμόθεος] Cf. 4.4, 5.1 et 7.1. E. Mensching, 'Timotheos von Athen, Diogenes Laertios und Timaios', Hermes 92 (1964) 382–4.

§ 6

M. R. Lefkowitz, 'Visits to Egypt in the biographical tradition', in Erler & Schorn, 101–4; W. M. Calder, 'Diogenes Laertius 3.6. Plato and Euripides', AJPh 104 (1983) 287.

§ 7

Ἑκάδημος] F. Billot, 'Académie', DPhA I (1989) 731–5; E. Kearns, The Heroes of Attica (London 1989) 157.

§ 8

Billot, 'Académie' 697–8; Kassel-Austin ad Eupol. fr. 36; T. Dorandi, 'Four notes on Academy', CQ 38 (1988) 576–8.

§§ 9–17

O. Álvarez Salas, 'I frammenti 'filosofici' di Epicarmo: una rivisitazione critica', SIFC Quarta s. 5 (2007) 23–72; R. Kerkhof,

SUBSIDIUM INTERPRETATIONIS

Dorische Posse (Munich 2001) 65–78, 95–6; A. C. Cassio, 'The language of Doric comedy', in A. Willi, *The Language of Greek Comedy* (Oxford 2002) 57 adn. 1; K. Gaiser, *Gesammelte Schriften* (Sankt Augustin 2004) 543–60 (a. 1973); A. Capra & S. Martinelli Tempesta, 'Riding from Elea to Athens (via Syracuse). The *Parmenides* and the early reception of Eleatism: Epicharmus, Cratinus, Plato', *Méthexis* 24 (2011) 135–75.

§ 25
Pfeiffer, *History of Classical Scholarship* (cit. ad 1.57) 60 adn. 1.
Vid. 9.40. R. Ferwerda, 'Democritus and Plato', *Mnemosyne* 25 (1972) 337–78; J. Bollack, 'Un silence de Platon (Diogène Laërce IX, 40 = Aristoxène fr. 131 Wehrli)', *RPh* 93 (1967) 242–6.

§ 28
J. L. López Cruces, 'Anfis sobre Platón (fr. 13 K.-A.)', *CFC(G)* 18 (2008) 159–75.

§§ 29–33
Dorandi, *Aristippo* 163–5; W. Ludwig, 'Plato's love epigrams', *GRBS* 4 (1963) 59–82.

§ 29
ps.-Plat. epigr. 1 Page] M. Gigante, *Civiltà delle forme letterarie nell' antica Pompei* (Naples 1979) 88–99.
ps.-Plat. epigr. 2 Page] V. Pisani, 'Su un epigramma attribuito a Platone', *Paideia* 6 (1951) 297–300.

§ 30
ps.-Plat. epigr. 10 Page] C. M. Bowra, *Problems in Greek Poetry* (Oxford 1953) 126–37 (a. 1938); H. Herter, *Kleine Schriften* (Munich 1975) 359–70 (a. 1944).

§ 32
ps.-Plat. epigr. 5 Page] D. Sider, *The Epigrams of Philodemus* (Oxford 1997) 64–7; Cameron, *Greek Anthology* 385–7; H. Erbse, 'Zu A.P. 5, 79 (78)', *Hermes* 112 (1984) 119–21; S. Mariotti, 'Da Platone agli epigrammi Bobbiesi: appunti su due temi epigrammatici antichi', *Studi Urbinati* 41 (1967) 1074–5.

§ 33
ps.-Plat. epigr. 11 Page] F. Grosso, 'Gli Eretriesi deportati in Persia', *RFIC* 36 (1958) 355–6.

§ 35

Brancacci, *Oik. logos* 173–97; Kassel-Austin ad Telecl. fr. 71.

M. Erler, 'Idealità e storia: la cornice dialogica del *Timeo* e del *Crizia* e la *Poetica* di Aristotele', *Elenchos* 19 (1998) 6–7.

§ 41

διέθετο] A. Biscardi 'Osservazioni critiche sulla terminologia διαθήκη-διατίθεσθαι', in *Symposion 1979* (Athens 1981) 23–35.

§§ 43–4

Glucker, *Antiochus* 230 adn. 14; Dorandi, *Laertiana* 130–1, 168–9; L. Tarán, *Collected Papers* (Leiden 2001) 47–69 (a. 1984); J. A. Notopoulos, 'Plato's epitaph', *AJPh* 63 (1942) 272–93.

§ 45

M. Bandini 'Un epigramma ellenistico anonimo (*Anth. Pal.* VII 109 a)', in *Studi C. Senofonte* (Naples 2008) 367–80 et id. 'Bessarione lettore di Diogene Laerzio', *Studi Medievali e Umanistici* 7 (2009) 405–6.

§ 46

K. Gaiser, *Philodems Academica: die Berichte über Platon und die Alte Akademie in zwei herkulanensischen Papyri* (Stuttgart 1988) 439–49.

§§ 47–66

B. Reis, *Der Platoniker Albinos und sein sogenannter Prologos* (Wiesbaden 1999); C. D'Ancona, *Mnemosyne* 55 (2002) 613–26.

φιλοπλάτων] O. Nüsser, *Albins Prolog und die Dialogtheorie des Platonismus* (Stuttgart 1991) 236–7; M. Gigante, 'Biografia e dossografia in Diogene Laerzio', *Elenchos* 7 (1986) 64–7; V. d. Muehll, *Kl. Schriften* 388–90 (a. 1965); Schwartz 759 (= 485).

§§ 49–51

T. Göransson, *Albinus, Alcinous, Arius Didymus* (Gothenburg 1995) 78–104.

§ 56

Διονυσίοις . . . Χύτροις] Vid. *SEG* XLI 115, 3.39–43. Chr. Habicht, *Athen in hellenistischer Zeit* (Munich 1994) 73–139 (a. 1991).

§§ 56–66

C. M. Lucarini, 'Osservazioni sulla prima circolazione delle opere di Platone e sulle *Trilogiae* di Aristofane di Bisanzio (D.L. 3, 56–66)', *Hyperboreus* 16–17 (2010/11) 346–61.

§ 57
πρώτην ... βίος] D. Sedley, POxy. 4941: 'A Thrasyllan interpretation of Plato's *Theaetetus*', *POxy* 73 (2009) 70–1.

§ 62
Ἀκέφαλοι] M.-O. Goulet-Cazé, 'Les titres des œuvres d'Eschine chez Diogène Laërce', in J.-C. Fredouille et al., *Titres et articulations du texte dans les œuvres antiques* (Paris 1997) 184–6; C. W. Müller, *Die Kurzdialoge der Appendix Platonica* (Munich 1975) 39 adn. 1; J. Mejer, 'A note on the word ἀκέφαλος', *C&M* 32 (1971–80) 129–30.

§§ 63–4
Cf. S. Valente (ed.), *I lessici a Platone di Timeo Sofista e Pseudo-Didimo* (Berlin/Boston 2012) 231–3.

§§ 65–6
M. Stein, 'Kritische Zeichen', *RAC* 22 (2007) 135–41; F. Schironi, 'Plato at Alexandria', *CQ* 55 (2005) 423–34; Dorandi, *Antigone* LXXI–LXXIV. Cf. M. J. Luzzatto, 'Emendare Platone nell'Antichità. Il caso del Vaticanus gr. 1', *QS* 68 (2008) 29–87.

§§ 80–109
T. Dorandi, 'Ricerche sulla trasmissione delle *Divisoni aristoteliche*', in *Studies Mansfeld* (cit. ad 2.83) 145–65 et 'Le *Leidensis* BPG 67C et l'histoire du texte des *Divisiones quae vulgo dicuntur Aristoteleae*', *Mnemosyne* 64 (2011) 632–8; C. Rossitto, *Aristotele e altri autori*, Divisioni (Milan ²2005).

§§ 108–9
Div. 32] R. M. Dancy, 'The categories of being in Plato's *Sophist* 255 C-E', *AncPhil* 19 (1999) 45–72.

Liber IV

Dorandi, <*Diogène Laërce*> *Livre IV*. Introduction, traduction et notes, in *Diogène Laërce* 465–540.

J. Dillon, *The Heirs of Plato. A Study of the Old Academy (347–274 BC)* (Oxford 2003); T. Dorandi, 'Il quarto libro delle Vite di Diogene Laerzio: l'Academia da Speusippo a Clitomaco', *ANRW* II 36.5 (Berlin/New York 1992) 3761–92; W. Görler, 'Jüngere Akademie', in *Grundriss* 4/2, 775–914; H. Krämer, 'Die Ältere Akademie', in *Grundriss*

3, 1–165; E. J. Watts, 'Creating the Academy: historical discourse and the shape of community in the Old Academy', *JHS* 127 (2007) 106–22.

§§ 1–5
L. Tarán, *Speusippus of Athens. A Critical Study with a Collection of the Related Texts and Commentary* (Leiden 1981); M. Isnardi Parente, *Speusippo. Frammenti* (Naples 1980).

§ 3
Vid. 9.53. M. Corradi, 'Protagora facchino e l'invenzione del cercine', *RFIC* 134 (2005) 392–412.

§ 4
Πλούταρχος] Tarán, *Speusippus* 186–7 et Leo, *Biogr.* 58.

§ 5
Μανδρόβολος] vid. Janko, *Philodemus, On Poems, Books 3–4* (cit. ad 2.46) 334–5.

§§ 6–15
M. Isnardi Parente, *Senocrate-Ermodoro. Frammenti* (Naples 1981) et 'Per la biografia di Senocrate', *RFIC* 109 (1981) 129–62.

§ 7
C. Aparicio Villalonga, 'Diógenes Laercio IV 7 y VI 60: la provocación de Friné frente a la continencia del sabio', in *Actas XII Congr. Español Estudios Clásicos* (Madrid 2009) 501–9.

§§ 8–9
T. Dorandi 'Senocrate nel giudizio di Demetrio del Falero', in *Festschrift W. Kullmann* (Stuttgart 1997) 271–8.

§ 15
M. Di Marco, 'Senocrate "asino" (Diog. Laert. 4.15 = A.P. 7.102)', *SemRom* 12 (2009) 85–94.
τέταρτος] M. Gigante, 'Demetrio di Magnesia e Cicerone', *SIFC* Terza s. 2 (1984) 102–6.

§ 21
Cameron, *Callimachus* 296–7; Livrea 28–9; V. d. Mühll, *Kl. Schriften* 289–94 (a. 1962).

§ 22

θεοί τινες ἢ λείψανα τῶν ἐκ τοῦ χρυσοῦ γένους] A. Lorenzoni, 'Platone "novello Archiloco" e l'"aureo" Gorgia: (Athen. XI 505 de; Plat. Phaedr. 235d-236b)', *Eikasmos* 6 (1995) 120 adn. 26; A. S. F. Gow, *Theocritus* (Cambridge 1950) II 225 (ad 12.16).

Λυσικλέους] V. Garulli, *Eikasmos* 18 (2007) 486; Lapini, *Capitoli su Posidippo* (cit. ad 1.89–90) 293–4.

§ 25

C. W. Mueller, 'Das Archontat des Philokrates und die Chronologie der hellenistischen Akademie', *RhM* 146 (2003) 6–7; Livrea 24–31; P. Boyancé, *Études sur l'humanisme cicéronien* (Brussels 1970) 339–40 (a. 1944).

§ 26

Livrea 26–30; V. d. Muehll, *Kl. Schriften* 289–94 (a. 1962).

§ 27

Casantini 74–7; B. M. Palumbo Stracca, 'Asinarteti κατὰ στίχον in un epigramma di Diogene Laerzio (IV 27)', *RCCM* 23 (1981) 155–8.

§§ 28–45

A. A. Long, 'Diogenes Laertius, life of Arcesilaus', in *From Epicurus to Epictetus: Studies in Hellenistic and Roman Philosophy* (Oxford 2006) 96–114 (a. 1986).

§ 30

Ἄτταλον] S. Barbantani, Φάτις Νικηφόρος (Milan 2001) 86–7 adn. 74; Cameron, *Callimachus* 200–2.

Arces. epigr. 1 Page] C. Mileta, 'Menodoros: einer der λαοί von Thyateira? Überlegungen zu einem Epigramm des Arkesilaos', *EA* 31 (1999) 181–5; P. Herrmann, 'Epigraphische Notizen. 13, ἱερὴ Θυάτειρα: ein Nachtrag', *EA* 25 (1995) 103–5; V. d. Mühll, *Kl. Schriften* 276–85 (a. 1955).

§ 31

Dorandi, *Arcesilao* 52–4.

§ 33

R. F. Glei, *Gnomon* 55 (1993) 114–15; W. Ax, 'Timons Gang in die Unterwelt: ein Beitrag zur Geschichte der antiken Literaturparodie', *Hermes* 119 (1991) 177–93.

§ 34

παρακίναιδος] A. Angeli, 'Luigi Caterino, editore del decimo libro del trattato filodemeo *Sui vizi*', *PapLup* 15 (2006) 85 adn. 85.

§ 45

Simonides] D. M. Lewis, 'Further notes on Page, *Further Greek Epigrams*', *JHS* 104 (1984) 180; Page, *FGE* 285–6; Gigante 505 adn. 96.

Apollodorus] Mueller, 'Das Archontat des Philokrates' (cit. § 25) 8–9.

§ 65

Ἀριαράθην] Haake 110–17.

Casantini 77–80; Gallavotti 101–3.

Liber V

M. Narcy, *<Diogène Laërce> Livre V*. Introduction, traduction et notes, in *Diogène Laërce* 541–653.

H. Flashar, 'Aristoteles', in *Grundriss* 3, 167–492; H. B. Gottschalk, 'Notes on the wills of the peripatetic scholarchs', *Hermes* 100 (1972) 314–42; Maffi 113–25; R. Goulet et al., 'Aristote de Stagire', *DPhA* I (1989) 413–590 et *Supplément* (2003) 108–654; Mejer, *Transmission* 3574–6; Moraux, *Peripatos* 245–94; M. G. Sollenberger, 'The lives of the Peripatetics: an analysis of the content and stucture of Diogenes Laertius' *Vitae philosophorum* Book 5', *ANRW* II 36.6 (Berlin/New York 1992) 3793–879; F. Wehrli, G. Wöhrle, L. Zhmud, 'Der Peripatos bis zu Beginn der römischen Kaiserzeit', in *Grundriss* 3, 493–666.

§§ 1–35

J. Barnes, 'Roman Aristotle', in J. Barnes & M. Griffin, *Philosophia Togata II: Plato and Aristotle at Rome* (Oxford 1997) 1–69; R. Bodéüs, 'L'influence historique du Stoïcisme sur l'interprétation de l'œuvre philosophique d'Aristote', *RSP* 79 (1995) 553–86; A.-H. Chroust, *Aristotle. New Light on his Life and Some of his Lost Works* (Notre Dame, Indiana 1973); T. Dorandi, 'Diogène Laërce 'lecteur' d'Aristote', *Elenchos* 28 (2007) 435–46; Düring, 13–79; Moraux, *Exposé* 5–43; id., *Listes*; id., *Composition* 124–63; C. M. Mulvany, 'Notes on the legend of Aristotle', *CQ* 20 (1926) 155–67; C. Natali, *Bios theoretikos. La vita di Aristotele e l'organizzazione della sua scuola* (Bologna 1991); O. Primavesi, 'Ein Blick in den Stollen von Skepsis: vier Kapitel zur frühen

Überlieferung des *Corpus Aristotelicum*', *Philologus* 151 (2007) 51–77;
D. M. Searby, *Aristotle in the Greek Gnomological Tradition* (Uppsala
1998).
De Aristotelis nomine, vid. A. Leukart 'Le nom d'Aristote', in
Mélanges O. Masson (Salamanca 2000) 201–8.

§§ 2–3
συμφιλοσοφεῖν] P. Moraux, *Der Aristotelismus bei den Griechen* I (Berlin/
New York 1973) 54 adn. 25.
D. L. Blank, 'Aristotle's 'Academic course on Rhetoric' and the end of
Philodemus, *On rhetoric* VIII', *CErc* 37 (2007) 5–47.

§§ 3–8
T. Dorandi, 'Hermias d'Atarnée', *DPhA* III (2000) 650–1.

§ 5
Hom. *Il.* 18.95. Vid. 6.53. J. Bollansée, 'Aristotle and the death of
Hermias of Atarneus: two extracts from Hermippos' monograph *On
Aristotle*', *Simblos* 3 (2001) 67–98; T. Dorandi, *Laertiana* 181 adn. 242,
182–3.
M. Haake, 'Ein athenisches Ehrendekret für Aristoteles? Die
Rhetorik eines pseudo-epigraphischen Dokuments und die Logik
seiner "Geschichte"', *Klio* 88 (2006) 344–8.

§ 6
R. Goulet, 'Eumélos', *DPhA* III (2000) 309.

§§ 7–8
T. Dorandi, 'Note sulla tradizione e sul testo del poema di Aristotele
in onore di Ermia di Atarneo', *ZPE* 161 (2007) 21–6; A. Ford, *Aristotle
as Poet: The Song for Hermias and its Contexts* (Oxford & New York 2011).

§ 11
C. Franco, 'Teocrito di Chio', *Athenaeum* 79 (1991) 448–9; D. T. Runia,
'Theocritus of Chios' epigram against Aristotle', *CQ* 36 (1986) 531–4;
P. Maas, *Kleine Schriften* (Munich 1973) 99 (a. 1938).

§§ 11–16
De Aristotelis testamento, vid. R. Goulet, 'Aristote de Stagire', *DPhA* I
(1989) 418–22. De versionis Arabicae utilitate ad textum Graecum
restituendum, vid. D. Gutas, 'The spurious and the authentic in the
arabic lives of Aristotle', in J. Kraye, W. F. Ryan & C. B. Schmitt (edol.),

Pseudo-Aristotle in the Middle Ages. The Theology *and other Texts* (London 1986) 35 adn. 33.

§ 12

Aristomenes] S. Follet, 'Stèle funéraire d'Aristoménès de Stagire, exécuteur testamentaire d'Aristote (*IG* II2 10744 + *IG* II 3421)', *REG* 121 (2008) 469–78.

Nicanor] D. Whitehead, *Hyperides. The Forensic Speeches* (Oxford 2000) 413–14; A. B. Bosworth, 'A new Macedonian prince', *ClQ* 44 (1994) 57–65.

§ 16

ζῷα λίθινα] <I. Bywater>, 'Verify your quotations', *JPh* 32 (1913) 302–3.

Lyco/Lycus Iasens] Radicke, *FGrHistCont* 436–7.

§§ 17–21

Searby 157–92.

§ 17

ἀποφθέγματα] Kindstrand, *Chreia* 224–5.

§§ 21–7

T. Dorandi, 'La *Vita Hesychii* d'Aristote', *SCO* 52 (2006, re vera 2009) 87–106; J. Bollansée, *Hermippos of Smyrna and his Biographical Writings* (Leuven 1999) 233–43.

§ 23

Προτάσεις περὶ ἀρετῆς α' β'] M. Cacouros, 'Aristote de Stagire (*De virtutibus et vitiis*)', in *DPhA* Suppl. (2003) 508–9.

§ 24

ὡς ἡ Θεοφράστου] Narcy 580 adn. 1.

§ 25

Πρὸς τὰ Ξενοφάνους α'] Mansfeld, *Studies* 148–9 adn. 2 (a. 1987).
Περὶ ζῴων] F. Berger, *Die Textgeschichte der* Historia animalium *des Aristoteles* (Wiesbaden 2005) 6–8.

§ 26

κατὰ στοιχεῖον] Moraux, *Listes* 115–16.
Πυθιονῖκαι μουσικῆς α'] Haake 237–40; A. Chaniotis, *Historie und Historiker in den griechischen Inschriften. Epigraphische Beiträge zur griechischen*

Historiographie (Stuttgart 1988) 214–17; H. Diels, 'Die Olympionikenliste aus Oxyrhynchos', *Hermes* 36 (1901) 79–80 adn. 1.

§§ 28–34
Dorandi, 'Diogène Laërce 'lecteur' d'Aristote', 435–46.

§ 31
G. Zago, 'Diog. Laert. 5, 31'. *RhM* 155 (2012) 224 scribere mavult τάς τε ἀρετὰς ἔφη {μὴ} ἀντακολουθεῖν· <μὴ> ἐνδέχεσθαι γὰρ φρόνιμόν τινα καὶ ὁμοίως δίκαιον ὄντα ἀκόλαστον καὶ ἀκρατῆ εἶναι.

§ 35
πέμπτος] Vid. supra ad 2.63.

§§ 36–57
T. Dorandi, 'Qualche aspetto della *Vita Theophrasti* di Diogene Laerzio e il Liceo dopo Aristotele', in Ophuijsen & Raalte 29–38; W. Fortenbaugh & G. Wœhrle, *On the* Opuscula *of Theophrastus* (Stuttgart 2002); J. Glucker, 'Theophrastus, the Academy, and the Athenian philosophical atmosphere', in Ophuijsen & Raalte 299–316; M. Haake, 'Das "Gesetz des Sophokles" und die Schließung der Philosophenschulen in Athen unter Demetrios Poliorketes', in H. Hugonnard-Roche, *L'enseignement supérieur dans les mondes antiques et médiévaux* (Paris 2008) 89–112; J. Mejer, 'A life in fragments: the *Vita Theophrasti*', in Ophuijsen & Raalte 1–28; O. Regenbogen, 'Theophrastos 3', *RE* Suppl. VII (1940) 1354–562; Sollenberger 1–62.

§§ 42–50
S. White, '*Opuscula* and *Opera* in the catalogue of Theophrastus' works', in Fortenbaugh & Woehrle 12–9; Regenbogen 1363–546.

§ 47
Περὶ λέξεως] Fortenbaugh, *Theophrastean Studies* (Leiden 2003) 200 (a. 1998).

§ 48
Περὶ τεχνῶν ῥητορικῶν †εἴδη ξα′†] Fortenbaugh, *Theophrastean Studies* 204–10 (a. 1998); D. Schenkeveld 'Theophrastus' rhetorical works: one rhetorical fragment the less, one logical fragment the more', in Ophuijsen & Raalte 68–9.
Περὶ ὑποκρίσεως] Regenbogen 1526–7.

§ 49

Aeschylus] R. W. Sharples, *Theophrastus of Eresus. Commentary*, III.1 (Leiden 1998) 29 (no. 42).

§50

Ἀκίχαρος] M. J. Luzzatto, 'Sentenze di Menandro e *Vita Aesopi*', in *Aspetti lett. gnomica* I 36, 39–40.

§§ 51–7

P. Millet, *Theophrastus and his World* (Cambridge 2007) 20–7, 127–31; Narcy 612–7; Sollenberger, *Peripatetics* 3864–9.

§ 57

Erasistratus] Glucker, *Theophrastus* 309–10; Sollenberger, *Peripatetics* 3827 adn. 175.

§ 58–64

Fragmenta Stratonis denuo ed. R. W. Sharples, in M.-L. Desclos & W. W. Fortenbaugh, *Strato of Lampsacus. Text, Translation, and Discussion* (New Brunswick 2011) 5–229.

T. Dorandi, 'Sur deux passages difficiles de la *Vie de Straton* de Diogène Laërce', in Desclos & Fortenbaugh, *Strato of Lampsacus*, 231–7; M. Gatzemeier, *Die Naturphilosophie des Straton von Lampsakos* (Meisenheim am Glan 1970); W. Capelle, 'Straton', *RE* IVA (1931) 278–315.

§§ 58–60

Glucker, *Theophrastus* 310.

Sollenberger, *Peripatetics* 3850–1; Gatzemeier 38–53; Wehrli, *Straton* 50–85; Moraux, *Listes* 246–7; Capelle 279–82.

§ 60

Περὶ τοῦ κενοῦ] Algra, *Space* 58–69; D. Furley, *Cosmic Problems. Essays on Greek and Roman Philosophy of Nature* (Cambridge 1989) 149–60.

§§ 61–4

Sollenberger, *Peripatetics* 3869–70; Gottschalk, 'Notes on the Wills' 320–1.

§§ 65–74

W. W. Fortenbaugh & S. White, *Lyco of Troas and Hieronymus of Rhodes. Text, Translation and Discussion* (New Brunswick 2004).

§ 65

W. W. Fortenbaugh, 'Lyco φραστικός: Comments on ten texts', in

Fortenbaugh & White, *Lyco and Hieronymus* 411–41; H. B. Gottschalk, 'Addenda Peripatetica', *Phronesis* 18 (1973) 94–6.
Antigonus II Gonatas] Dorandi, *Antigone* LXVI.

§ 66
Gottschalk, 'Addenda Peripatetica' (cit. § 65) 95–6.

§ 67
'Ἰλίεια] Dorandi, *Antigone* 51 adn. 123.

§ 68
Vid. 4.41 et Dorandi, *Arcesilao* 54–6.

§ 72
M. Steinhart, 'Therikles', *DNP* XII.1 (2002) 411–12.

§ 73
τὰ ἐμὰ βιβλία ... ἐκδῶ] T. Dorandi, *Nell'officina dei classici* (Roma 2007) 83–4.

§§ 75–85
W. W. Fortenbaugh & E. Schütrumpf, *Demetrius of Phalerum. Text, Translation and Discussion* (New Brunswick 1999); Haake 60–82; M. G. Sollenberger, 'Diogenes Laertius' life of Demetrius of Phalerum', in Fortenbaugh & Schütrumpf, *Demetrius of Phalerum* 311–29.

§ 75
St. Tracy, 'Demetrius of Phalerum: who was he and who was he not?', in Fortenbaugh & Schütrumpf, *Demetrius of Phalerum* 334–6.

§ 79
D. Potter, 'Telesphoros, cousin of Demetrius. A note on the trial of Menander', *Historia* 36 (1987) 491–5.

§ 80
E. Matelli, 'Gli *Aesopica* di Demetrio Falereo', in Fortenbaugh & Schütrumpf, *Demetrius of Phalerum* 413–47.

§ 81
Περὶ τοῦ δοκοῦ] Lapini, *Filologia filosofica* 60–1; H. B. Gottschalk, 'Demetrius of Phalerum: a politician among philosophers and a philosopher among politicians', in Fortenbaugh & Schütrumpf, *Demetrius of Phalerum* 373–4.

Περὶ Ἀντιφάνους] F. Montanari, 'Demetrius of Phalerum on literature', in Fortenbaugh & Schütrumpf, *Demetrius of Phalerum* 392.
Ἐκκλησία ἔνορκος] W. Lapini, 'Il Περὶ τεχνῶν ῥητορικῶν di Teofrasto (Diog. Laert. 5.48)', *SIFC* Terza s. 12 (1994) 196.

§ 84
ὄγδοος] P. Chiron, *Un rhéteur méconnu: Démétrios (Ps.-Démétrios de Phalère)* (Paris 2001) 365–7.

§ 85
λογικοί] B. Puech, *Orateurs et sophistes grecs dans les inscriptions d'époque impériale* (Paris 2002) 16.

§§ 86–94
W. W. Fortenbaugh & E. Pender, *Heraclides of Pontus. Discussion of Textual Evidence* (New Brunswick 2009); H. B. Gottschalk, *Heraclides of Pontus* (Oxford 1980); E. Schütrumpf, *Heraclides Ponticus. Text and Translation* (New Brunswick 2008).

§ 86
Περὶ ἀρχῆς] T. Dorandi, 'La tradizione papirologica di Eraclide Pontico', in Fortenbaugh & Pender, *Heraclides of Pontus* 1–25.

§ 87
Democritus] W. Capelle, 'Zur Geschichte der meteorologischen Litteratur', *Hermes* 48 (1913) 333 adn. 3.

§ 88
Gottschalk, *Heraclides* 6–8.

§ 89
T. Dorandi, 'Héraclide d'Ainos', *DPhA* III (2000) 559.

§ 92
Croenert, *Kol. u. Men.* 10 adn. 39.
Σπίνθαρος] Masson, *OGS* III 129–30 (a. 1992).

§ 94
D. Gourevitch, 'Hicesius' fish and chips: a pea for an edition of the fragments and testimonies of the περὶ ὕλης', in D. Braund & J. Wilkins, *Athenaeus and his World* (2000) 483–91, 590.

SUBSIDIUM INTERPRETATIONIS

Liber VI

M.-O. Goulet-Cazé, *<Diogène Laërce>* Livre *VI*. Introduction,
traduction et notes, in *Diogène Laërce* 655–772.
K. Döring, 'Sokrates, die Sokratiker und die von ihnen begründeten
Traditionen', in *Grundriss* 2/1, 267–321, 355–64; I. Gugliermina, *Diogène
Laërce et le Cynisme* (Lille 2006); M.-O. Goulet-Cazé, 'Le livre VI
de Diogène Laërce: analyse de sa structure et réflexions
méthodologiques', *ANRW* II 36.6 (Berlin/New York 1992) 3880–4048;
ead., *Kynika*; Kindstrand, *Chreia* 217–43; M. D. Usher, 'Diogenes'
doggerel: "chreia" and quotation in Cynic performance', *CJ* 104
(2009) 207–23.

§§ 1–19
A. Patzer, *Antisthenes der Sokratiker. Das literarische Werk und die Philosophie,
dargestellt am Katalog der Schriften* (Heidelberg 1970); Brancacci, *Oik. logos*;
Giannantoni, *SSR* IV 195–411; F. Duemmler, *Antisthenica*, in *Kleine
Schrifen* I (Leipzig 1901) 10–78 (a. 1882).

§ 1
M. T. Luzzatto, 'Un'insidia biografica: Antistene, Gorgia e la
retorica', *SCO* 46 (1996) 365–76.

§ 4
(ἐρωτώμενος . . . κάμνουσιν) Wilamowitz, *Platon* [2]II 199 adn. 2.

§ 13
Schorn, *Neanthes* 140–1.

§ 15
M. Pohlenz, 'Antisthenicum', *Hermes* 42 (1907) 157–9.
πόλει] Goulet-Cazé 694 adn. 1; ead., *Kynika* 157.

§§ 15–18
J. Humblé, 'Antisthenica', *AC* 3 (1934) 163–9; Patzer, *Antisthenes der
Sokratiker* 111–17.

§ 20–81
Giannantoni, *SSR* IV 413–559; S. Husson, *La 'République' de Diogène.
Une cité en quête de la nature* (Paris 2011); O. Overwien, 'Das Bild des
Kynikers Diogenes in griechischen, syrischen und arabischen Quellen',
Philologus 155 (2011) 92–124; id., *Die Sprüche des Kynikers Diogenes in der
griech. u. arab. Überlieferung* (Stuttgart 2005); J. L. Calvo Martínez, 'El

bios de Diógenes el Cínico en Diógenes Laercio', in J.-A. Sánchez Marín, J. Lens Tuero, C. López Rodríguez, *Historiografía y biografía* (Madrid 1997) 139–50; G. Donzelli, 'Il Περὶ αἱρέσεων e il κυνισμός di Ippoboto', *RFIC* 37 (1959) 24–39; K. v. Fritz, 'Quellenuntersuchungen zu Leben und Philosophie des Diogenes von Sinope', *Philologus*, Suppl. 18.2 (Leipzig 1926).

§ 20

παραχαράξαντος τὸ νόμισμα] F. Casadesús, 'Diógenes Laercio VI 20–21: ¿en qué consistió la falsificación de la moneda (*to nomisma paracharattein*) de Diógenes de Sinope?', *EClás* 131 (2007) 45–62; Goulet-Cazé, *Kynika* 73–82; G. Donzelli, 'Del παραχαράττειν τὸ νόμισμα', *SicGymn* 11 (1958) 96–107; I. Bywater & J.-G. Milne, 'παραχάραξις', *CR* 54 (1940) 10–12.

§§ 26 et 28

G. Donzelli, 'Ad Diogenem Laertium VI, 26 & 28', *RFIC* 36 (1958) 240–8.

§ 30

G. Donzelli, 'Ad Diogenem Laertium VI 30', *SicGymn* 9 (1956) 104–7.

§ 37

Cf. §72. J. Moles, 'The Cynics', in C. Rowe & M. Schofield, *Greek and Roman Political Thought* (Cambridge 2000) 424–5; M.-O. Goulet-Cazé, 'Un syllogisme stoïcien sur la loi dans la doxographie de Diogène le Cynique. A propos de Diogène Laërce VI 72', *RhM* 125 (1982) 214–40.

§§ 39 et 45

R. Tosi, 'Note agli apoftegmi di Diogene Cinico', *Eikasmos* 3 (1992) 235–42.

§ 45

R. Giannattasio, 'Diogene cinico e il furto della coppa: nota a D.L. 6, 45', *Orpheus* 17 (1996) 390–5; G. Scarpat, 'Una battuta di Diogene cinico in Diog. L. 6, 45', *Paideia* 48 (1993) 60.

§ 51

J. L. López Cruces, 'Two sayings of Diogenes in comedy (D.L. 6.51)', *Hermes* 132 (2004), 248–52.

(ἀκούσας ... κρέμασθαι) D. Sedley, 'Pythagoras the grammar teacher (PBrLibr Add Ms 37516, 1)', in *Papiri filosofici. Miscellanea di studi II* (Florence 1998) 177–9.

A. Lorenzoni, 'Eustazio: paura "verde" e oro "pallido" (Ar. Pax 1176, Eup. fr. 253 K.-A., Com. adesp. frr. 390 e 1380A E.)', *Eikasmos* 5 (1994) 156–63.

§ 52
L. Tartaglia, 'Ἀξιόπιστον in Diogene Laerzio VI 52', *AFLN* 17 (1974–75) 105–7.

§ 53
Hom. *Il.* 18.95. Vid. 5.5

§ 54
R. F. Glei, 'Passiv in der Tonne (zu Diog. Laert. 6, 54)', *Hermes* 126 (1998) 256–8.

§§ 70–1
M.-O. Goulet-Cazé, *L'ascèse cynique. Un commentaire de Diogène Laërce VI, 70–71* (Paris ²2001).

§ 72
R. Anastasi, 'Varia. (1) Diog. Laert. VI 72', in *Studi Q. Cataudella* II (Catania 1972) 367–70; G. Donzelli, 'Un'ideologia contestataria del secolo IV av. C.', *SIFC* n.s. 42 (1970) 225–51; M. Gigante, 'Su un insegnamento di Diogene di Sinope', *SIFC* n.s. 34 (1962) 130–6; id., 'Sul pensiero politico di Diogene di Sinope', *PP* fasc. 81 (1961) 454–5. Vid. ad § 37.

§ 73
G. Donzelli, 'Del Tieste di Diogene di Sinope in Diog. Lae. VI, 73', *SIFC* n.s. 37 (1965) 241–58.

§§ 76–7
J. L. López Cruces, *Les méliambes de Cercidas de Mégalopolis. Politique et tradition littéraire* (Amsterdam 1995) 236–41; E. Livrea, 'La morte di Diogene cinico', in *Studia Hellenistica* (Florence 1991) 233–8 (a. 1987); H. v. Arnim, 'Zu den Gedichten des Kerkidas', *WS* 34 (1912), 6, 25–6.

§ 77
T. Dorandi, 'Diog. Laert. VI, 77', *SIFC* Terza s. 2 (1984) 23; R. Giannattasio Andria, *I frammenti delle 'Successioni dei filosofi'* (Naples 1989) 48–9 adn. 64.

§§ 85–93
Giannantoni, *SSR* IV 461–79; Lapini, *Filologia filosofica* 217–30.

§ 93

D. Pons Olivares, 'D.L. VI 93: Crates, "ciudadano de Diógenes": una revisión del cosmopolitismo cínico', in *Actas XII Congr. Español Estudios Clásicos* (Madrid 2009) 575–82.

§ 95

M.-O. Goulet-Cazé, 'Une liste de disciples de Cratès le cynique en Diogène Laërce 6, 95', *Hermes* 114 (1986) 247–52.

§§ 97–8

F. Baroncelli & W. Lapini, 'Ipparchia, di Maronea, sorella di Metrocle cinico, sposa di Cratete tebano, e il perfido Teodoro', *Maia* 53 (2001) 635–42; J. M. García Gonzáles, 'Hiparquia, la de Maronea, filósofo cínico', in A. Pociña & J. M. García Gonzáles, *Studia Carmen Sanmillán* (Granada 1988) 179–87.

§ 98

E. S. Stamatis, 'Errors in *Diogenis Laertii Vitae philosophorum*', Πλάτων 29 (1977) 85.

§§ 99–101

J. C. Relihan, 'Menippus, the cur from Crete', *Prometheus* 16 (1990) 217–24.

§ 99

Μελεάγρου] Gigante 529 adn. 187; Cameron, *Greek Anthology* 49.

P. Millet, 'Note on a Greek text relating to credit transactions', *PCPhS* 206 (1980) 67–9.

§ 102

Giannantoni, *SSR* IV 581–3; F. Alesse, 'La polemica di Colote contro il "socratico" Menedemo', *CErc* 33 (2003) 101–6.

§§ 103–5

A. Brancacci, 'Ι κοινῇ ἀρέσκοντα dei Cinici e la κοινωνία tra cinismo e stoicismo nel libro VI (103–105) delle *Vite* di Diogene Laerzio', *ANRW* II 36.6 (Berlin/New York 1992) 4049–75; Mejer, *Transmission* 3576–8.

Liber VII

R. Goulet, *Diogène Laërce, Vies et doctrines des Stoïciens* (Paris 2006).

J. Barnes, 'The catalogue of Chrysippus' logical works', in *Studies*

Mansfeld (Leiden 1996) 169–83; A. Covotti, 'Quibus libris Vitarum in libro septimo scribendo Laertius usus fuerit', *SIFC* 5 (1897) 65–97; Goulet-Cazé, *Kynika*; J.-B. Gourinat, *La dialectique des Stoïciens* (Paris 2000); D. E. Hahm, 'Diogenes Laertius VII: on the Stoics', *ANRW* II.36.6 (Berlin/New York 1992) 4076–182, 4404–11; E. Howald, 'Handbücher als Quellen des Diogenes Laërtius', *Philologus* 74 (1917) 119–30; K. Ierodiakonou, *Topics in Stoic Philosophy* (Oxford ²2001); B. Inwood, *The Cambridge Companion to the Stoics* (Cambridge 2003); A. A. Long, *Stoic Studies* (Berkeley & Los Angeles 1996) et *From Epicurus to Epictetus* (Oxford 2006); J. Mansfeld, 'Diogenes Laertius on Stoic philosophy', *Elenchos* 7 (1986) 295–382 (= *Studies* 343–428); R. Salles, *God and Cosmos in Stoicism* (Oxford 2009); M. Schofield, *The Stoic Idea of the City* (Cambridge ²1999); P. Steinmetz, 'Die Stoa', in *Grundriss* 4/2, 493–716; G. Verbeke, 'Panétius et Posidonius chez Diogène Laërce', *Elenchos* 7 (1986) 103–31.

§ 2
χρηστηριασαμένου ... νεκροῖς] J. Glucker, 'Theophrastus, the Academy, and the Athenian philosophical atmosphere' & W. Goerler, 'Theophrastus, the Academy, Antiochus and Cicero: a response (to John Glucker) and an appendix', in Ophuijsen & Raalte, *Theophrastus* 307–9 et 319–20.

§§ 6–9
A. Grilli, 'Zenone e Antigono II', *RFIC* 91 (1963) 287–301 (= *Stoicismo, Epicureismo, Letteratura*, Brescia 199, 405–18); W. Lapini, 'Il carteggio tra Zenone stoico e Antigono Gonata', in *Studi F. Adorno* (Florence 1996) 277–86.

§§ 10–12
M. Haake, 'Documentary evidence, literary forgery, or manipulation of historical documents? Diogenes Laertius and an Athenian honorary decree for Zeno of Citium', *CQ* 54 (2004) 470–83.

§ 10
ἐπὶ Ἀρρενείδου] M. J. Osborne, 'The archons of Athens 300/299–228/7', *ZPE* 171 (2009) 90 adn. 29.

§ 15
M. Billerbeck, 'Faule Fische. Zu Timon von Phleius und seiner Philosophensatire', *MH* 44 (1987) 127–33; Chr. Habicht, 'Analecta Laertiana', in *Festschrift Drerup* (Saarbrücken 1988) 173–8.

§ 20

Polemon] D. Sedley, 'The Stoic-Platonist debate on *kathêkonta*', in Ierodiakonou, *Topics in Stoic Philosophy* 147 adn. 72.

§§ 25–6

De Hesiodi versibus, vid. A. Antoni, 'Il PHerc. 1384: Édition critique', *CErc* 42 (2012) ad col. 50.

§ 26

Stewart, *Nuggets* 271–82.

§ 28

P. Berettoni, 'Il dito rotto di Zenone', *MD* 22 (1989) 23–36; T. Gärtner, 'Das Gebet des lebensmüden Greises bei Maximian an "Mutter Erde" und sein antikes Vorbild', *Hermes* 137 (2009) 505–8.

§§ 32–4

H. von Staden, 'Was Cassius an Empiricist?', in *Synodia. Studia A. Garzya* (Naples 1997) 939–60: 'it seems likely that Diogenes' "sceptic" is identical with Galen's 'Pyrrhonist' [Gal., *Subf. emp.* 4] of the early second century' (955).

§§ 39–41

K. Ierodiakonou, 'The Stoic division of philosophy', *Phronesis* 38 (1983) 57–74

§§ 41–83

M. Frede, *Die stoische Logik* (Göttingen 1974); A. Kolár, 'La logique stoïcienne selon l'interprétation de Diogène Laërce', *LF* 83 (1960) 249–52 et 84 (1961) 17–22.
K. Berka, 'Notes to the 7th Book of Diogenes Laertius' *Vitae clarorum philosophorum*', *LF* 81 (1958) 41–5.

§§ 48–83

U. Egli, *Das Dioklesfragment bei Diogenes Laertios* (Konstanz 1981).

§ 48

V. Celluprica, 'Diocle di Magnesia fonte della dossografia stoica in Diogene Laerzio', *Orpheus* 10 (1989) 58–79.

§ 53

Algra, *Space*, 311–12.

§ 54
H. Tarrant, 'Peripatetic and Stoic epistemology in Boethus and Antiochus', *Apeiron* 20 (1987) 17–37.

§ 62
V. Barré & A. Laks, 'Le sens de ΛΕΠΤΙΚΩΣ dans la définition stoïcienne de l'ambiguïté (Diogène Laërce VII, 62 = SVF III, 23)', *REG* 107 (1994) 708–12.

§ 64
M. Szymanski, 'Difficulties with examples SVF II.83 and 65', *Hermes* 120 (1992) 238–40.

§§ 65–6
J.-B. Gourinat, 'La définition et les propriétés de la proposition dans le Stoïcisme ancien', in P. Büttgen, S. Diebler, M. Rashed, *Théories de la phrase et de la proposition de Platon à Averroès* (Paris 1999) 133–50.

§§ 69–70
R. Goulet, 'La classification stoïcienne des propositions simples selon Diogène Laërce VII 69–70', in J. Brunschwig, *Les Stoïciens et leur logique* (Paris ²2006) 171–98.

§ 69
I. Sluiter, 'On ἡ διασαφητικός and propositions containing μᾶλλον/ ἧττον', *Mnemosyne* 41 (1988) 46–66.

§§ 69, 78, 80
J. Martínez Lacalle, 'Three Stoic propositions in Diogenes Laertius VII 69–80', *Phronesis* 21 (1976) 115–19.

§§ 71–4
J. Barnes, 'What is a disjunction?', in *Language and Learning* 275–8.

§ 75
Algra, *Space* 288–90 adn. 75.

§§ 75–6
O. Becker, 'Formallogisches und Mathematisches in griechischen philosophischen Texten', *Philologus* 100 (1956) 108–12.

§ 83
J. Mansfeld, 'Diogenes Laertius 7.83', *Mnemosyne* 53 (2000) 592–7.

§ 85–8

A. A. Long, *Stoic Studies* (Berkeley & Los Angeles 1996) 134–55 (a. 1970/1) et 'Notes on Hierocles Stoicus apud Stobaeum', in *Studi F. Adorno* (Florence 1996) 306–9.

§ 91

Brouwer, *Sagehood* 196–7.

§ 92

J. Mansfeld, 'The Stoic cardinal virtues at Diog. Laert. VII, 92', *Mnemosyne* 42 (1989) 88–9.

§ 94

J. Mansfeld, 'Stoic definitions of the good (Diog. Laert. VII 94)', *Mnemosyne* 42 (1989) 487–91.

§ 105

Goulet-Cazé, *Kynika* 179–80.

§ 109

N. P. White, 'Two notes on Stoic terminology', *AJPh* 99 (1978) 111–19.

§ 113

A. Grilli, 'Il μῖσος stoico e il testo di Diogene Laerzio (VII 113)', *Maia* 40 (1988) 151–2.

§ 134

F. Decleva Caizzi & M. S. Funghi, 'Su alcuni frammenti filosofici della Österreichische Nationalbibliothek (PVindob G 26008 e 29329)', in *Varia Papyrologica* (Florence 1991) 91–2.

§§ 137–8

G. Armato, 'Stoics on bodies, identity and ἰδίως ποιός', *C&M* 56 (2005) 129–54.
A. Finkelberg, 'Diogenes Laertius on the Stoic definitions of κόσμος', *SCI* 17 (1998) 21–6; I. Ludlam, 'The "original text" of D.L. 7.137–8', *SCI* 19 (2000) 251–70; A. Finkelberg, 'Diogenes Laertius on the Stoic definitions of kosmos again: on I. Ludlam, "The original text of D.L. 7.137–138"', *SCI* 19 (2000) 271–80.

§§ 138–9

T. Bénatouïl, 'How industrious can Zeus be? The extent and objects of divine activity in Stoicism', in Salles, *God and Cosmos in Stoicism*, 23–45.

SUBSIDIUM INTERPRETATIONIS

§ 142
Sedley, 'The school from Zeno to Arius Didymus', in *The Cambridge Companion to the Stoics* 23 adn. 33; J. M. Cooper, in Salles, *God and Cosmos in Stoicism*, 106 and. 27.

§§ 150–1
M. Rashed, 'Chrysippe et la division à l'infini (D.L. 150–151)', *AAntHung* 49 (2009) 345–51; R. B. Todd, 'Chrysippus on infinite divisibility (Diogenes Laertius VII, 150', *Apeiron* 7 (1973) 21–30; A. Drozdek, 'Infinity in Chrysippus', *Hermes* 130 (2002) 404–15.

§ 151
E. Lewis, 'Diogenes Laertius and the stoic theory of mixture', *BICS* 35 (1988) 84–90.

§§ 160–4
A. M. Ioppolo, *Aristone di Chio e lo stoicismo antico* (Naples 1980).

§ 162
Brouwer, *Sagehood* 206–7.

§ 165
V. d. Muehll, *Kl. Schriften* 359–70 (a. 1963).

§ 176.
T. Dorandi, 'Zu Diogenes Laertios VII 176', *Philologus* 134 (1990) 161–2.

§ 177
Brouwer, *Sagehood* 203–5.

§§ 183–4
D. Babut, 'Chrysippe à l'Académie: Diogène Laërce VII, 183–184', *Philologus* 147 (2003) 70–90; M. Di Marco, 'Un eccesso di brindisi: la morte di Crisippo in un epigramma di Diogene Laerzio (VII 184 = AP VII 706)', *SIFC* Quarta s. 8 (2010) 77–85.

§ 187
M. Wifstrand Schiebe, 'Chrysippos und das obszöne Bild von Zeus und Hera', *Mnemosyne* 85 (2012) 469–79.

§ 197
τοὺς ἀρχαίους] i.e. τοὺς Περιπατητικούς: J. Barnes, 'Aristotle and Stoic logic', in Ierodiakonou, *Topics in Stoic Philosophy* 32–3.

Περὶ τοῦ παρὰ μικρὸν λόγου πρὸς Στησαγόραν] Huffman, *Polyclète* 317–8.

§ 201

J. Brunschwig, 'On a book-title by Chrysippus: on the fact that the ancients admitted dialectic along with demonstrations', *OSAP* Suppl. (1991) 81–95.

Liber VIII

J.-F. Balaudé & L. Brisson, *<Diogène Laërce> Livre VIII*. Introduction, traduction et notes, in *Diogène Laërce* 919–1023.

W. Burkert, *Lore and Science in Ancient Pythagoreanism* (Cambridge, Mass. 1972); B. Centrone, 'L'VIII libro delle *Vite* di Diogene Laerzio', *ANRW* II 36.6 (Berlin/New York 1992) 4183–217; C. Riedweg, *Pythagoras. Leben, Lehre, Nachwirkung* (Munich 2002); G. Staab, *Pythagoras in Spätantike* (Munich/Leipzig 2002); L. Zhmud, *Wissenschaft, Philosophie und Religion im frühen Pythagoreismus* (Berlin 1997).

§ 6

C. Riedweg, ' "Pythagoras hinterliess keine einzige Schrift" – ein Irrtum? Anmerkungen zu einer alten Streitfrage', *MH* 54 (1997) 65–92.

Heraclitus] Mansfeld, *Studies* 443–8 (a. 1989).

§ 8

M. Erbì, 'Eraclito e l'inganno della retorica in Filodemo (*PHerc.* 1004, coll. 57–63)', *CErc* 40 (2010) 65–74.

§ 9

A. Roselli, 'Esercizi e cibo nella dieta pitagorica: a proposito di Iambl. Vita Pyth. §§ 163 e 244 (e D.L. VIII 9)', *Filologia antica e moderna* 12 (1997) 103–10.

§ 15

G. Vallet, 'Le stenopos des Muses à Métaponte', in *Mélanges P. Boyancé* (Rome 1974) 749–59.

§§ 17–18

T. Vítek, 'The origins of the Pythagorean *symbola*', *PP* fasc. 367 (2009), 241–70.

§ 21
Aristippus] C. J. Classen, 'Bemerkungen zu zwei griechischen Philosophiehistorikern', *Philologus* 109 (1965) 180.

§§ 24–30
A. J. Festugière, 'Les *Mémoires pythagoriques* cités par Alexandre Polyhistor', in *Études de Philosophie grecque* (Paris 1971) 371–436 (a. 1945); W. Wiersma, 'Das Referat des Alexander Polyhistor über die pythagoreische Philosophie', *Mnemosyne* 10 (1942) 97–112; M. Wellmann, 'Eine pythagoreische Urkunde des IV. Jahr. v. Chr.', *Hermes* 54 (1919) 225–48.

§ 30
J. Janda, 'Eine textkritische Bemerkung zu Diogenes Laertios VIII 30', *LF* 91 (1968) 111–15.

§ 43
A. E. Raubitschek, 'Die schamlose Ehefrau (Herodot I, 8, 3). Mit einer Anmerk. von Bickel E.', *RhM* 100 (1957) 139–41; H. Barth, 'Nochmals Herodot I, 8, 3', *Philologus* (1968) 288–91.

§§ 51–2
S. N. Mouraviev, 'Aristotle, fr. 71 Rose', *REG* 93 (1980), 511–15.

§ 55
Schorn, *Neanthes* 128–32.

§§ 67–72
De morte Empedoclis, vid. Lapini, *Filologia filosofica* 91–114.

§ 70
W. Fuchs, 'Die Verseuchung des Wassers in Selinus und die Tat des Empedokles', *MDAI(A)* 64 (1957) 230–1.

§ 77
O. Primavesi, 'Empedokles in Florentiner Aristoteles-Scholien', *ZPE* 158 (2006) 61–75.

§§ 79–83
C. A. Huffman, *Archytas of Tarentum* (Cambridge 2005); Zhmud, *Origin of the History of Science in Classical Antiquity* (cit. ad 1.23).

§§ 80–1
H. Thesleff, 'Okkelos, Archytas, and Plato', *Eranos* 60 (1962) 8–36.

§ 82

G. Cambiano, 'Archimede meccanico e la meccanica di Archita', *Elenchos* 19 (1989) 308–9.

Archytas] L. Zhmud, 'Eudemus' History of mathematics', in Bodnár & Fortenbaugh, *Eudemus of Rhodes* 273–4.

§ 83

Alcmaeon] L. Perilli, 'Alcmeone di Crotone tra filosofia e scienza. Per una nuova edizione delle fonti', *QUCC* 69 (2001) 55–79; J. Wachtler, *De Alcmaeone Crotoniate* (Leipzig 1896); L. Gemelli Marciano, 'Lire du début: quelques observations sur les *incipit* des présocratiques', *PhAnt* 7 (2007) 18–22; E. Dettori, 'Alcmae. fr. 1 D.-K.', *MCr* 25–8 (1990–3) 45–57; E. Amato, 'Pour Diogène Laërce VIII, 83 (= Favorinus, Fr. 74 Barigazzi)', *EMC* n.s. 18 (1999) 397–400.

§§ 84–5

C. A. Huffman, *Philolaus of Croton* (Cambridge 1993); L. Brisson, 'Aristoxenus: his evidence on Pythagoras and the Pythagoreans. The case of Philolaus', in Erler & Schorn 269–82.

§§ 89–91

P. Podolak, 'Questioni Pitoclee' *WJA* 34 (2010) 45–55; P. Tannery, 'Vie d'Eudoxe d'après Diogène Laërce (VIII, 89–91)', in *Recherches sur l'histoire de l'astronomie ancienne* (Paris 1893) 295–300.

§ 89

J. G. Griffith, 'A translation from the Egyptian by Eudoxus', *CQ* n.s. 15 (1965) 75–8; Chr. N. Polycarpou, 'On Eudoxus' κυνῶν διάλογοι', Φιλοσοφία 32 (2002) 185–7.

Liber IX

J. Brunschwig, *<Diogène Laërce> Livre IX*. Introduction, traduction et notes, in *Diogène Laërce* 1025–145.

F. Decleva Caizzi, 'Il libro IX delle *Vite* dei filosofi di Diogene Laerzio', *ANRW* II 36.6 (Berlin/New York 1992) 4218–40; W. Görler, 'Älterer Pyrrhonismus', in *Grundriss* 4/2, 717–67; J. Mejer, 'Biography and doxography. Four crucial questions raised by Diogenes Laertius', in Erler & Schorn 431–42; R. Bett, *The Cambridge Companion to Ancient Scepticism* (Cambridge 2010).

SUBSIDIUM INTERPRETATIONIS

§ 1
VS 22 B 41 = fr. 85 Marcov.] F. Fronterotta, 'Alcune osservazioni su Eraclito, fr. 41 D.-K. (85 Marcovich)', *Elenchos* 30 (2009) 329–36; W. Lapini, 'Eraclito e il governo del tutto (VS 22 B 41 = Diog. Laert. IX 1)', *Eikasmos* 22 (2012) 45–9.

§ 5
J. Fairweather, 'The death of Heraclitus', *GRBS* 14 (1973) 233–9.

§§ 7–12
J. Janda, 'Die Berichte über Heraklits Lehre bei Diogenes Laertios', *LF* 92 (1969) 97–115.

§ 7
VS 22 B 45 = fr. 67 Marcov.] G. Betegh, 'The limits of the soul: Heraclitus B 45 DK. Its text and interpretation', in E. Huelsz Piccone, *Nuevos ensayos sobre Heráclito* (Mexico 2009) 391–414; T. Dorandi, 'Considerazioni di un editore laerziano in margine al testo di un frammento di Eraclito (B 45 D.-K. = 67 Marcov.), *Elenchos* 31 (2010) 111–16; J. Mansfeld, 'Heraclitus fr. 22 B 45 D.-K.: a conjecture', *ibid.*, 117–21 et 375.

§ 9
(γίνεσθαι ... ἄστρα) S. Mouraviev, 'Doctrinalia Heraclitea I et II: âme du monde et embrasement universel (Notes de lecture)', *Phronesis* 53 (2008) 330–7.

§§ 11–12
Mansfeld, *Phronesis* 50 (2005) 336–7 adn. 3.

§ 17
L. Lehnus, 'Riflessioni cronologiche sull'ultimo Callimaco', *ZPE* 105 (1995) 8–9.
πέμπτος] Knoepfler, *Décrets* 86 adn. 377.

§ 18–20
M. Di Marco, 'La διαδοχή eleatica e il Senofane scettico di Timone', in *Studi B. Gentili* III (Rome 1993) 1007–24.

§§ 21–23
G. Rocca-Serra, 'Parménide chez Diogène Laërce', in P. Aubenque, *Études sur Parménide* II (Paris 1987) 254–73.

§ 21

T. Dorandi, 'Parmenide, Senofane e Anassimandro (una nota a Diog. Laert. IX 21)', *Elenchos* 30 (2009) 347–53.
Cf. N.-L. Cordero, 'L'invention de l'école éléatique', in P. Aubenque, *Études sur le* Sophiste *de Platon* (Naples 1991) 91–124.

§ 22

R. Di Giuseppe, 'La conclusion du proème de Parménide. *Constitutio textus* et histoire de la tradition', in *Studi A. Carlini* (Pisa 2008) 319–70.

§ 25

G. Cortassa, 'D. L. 9.25', *RFIC* 106 (1978) 146–51.

§ 29

J. P. Dumont, 'La physique de Zénon d'Élée, Diogène Laërce, Vies 9, 29', *Helmantica* 44 (1993) 73–90.

§§ 30–1

L. Orelli, *La pienezza del vuoto* (Bari 1996); W. Leszl, *I primi atomisti* (Florence 2009); W. Lapini, 'Diogene Laerzio 9,30 e una *doxa* di Leucippo (DK 67 A 1)', *MH* 68 (2011) 20–3.

§§ 32–49

Leszl, *I primi atomisti.*

§ 37

J. Janda, 'Eine Bemerkung zu Diogenes Laertios IX 37', *LF* 92 (1969) 227–8.

§ 40

W. C. Chieza, 'Presque tous sauf Démocrite (Diogène Laërce IX 40)', in C. Darbo-Peschanski, *La citation dans l'antiquité* (Grenoble 2004) 51–70, et vid. ad 3.25.
G. Cortassa, 'D. L. 9.40', *RFIC* 104 (1976) 312–21.
Timon] C. Lévy, 'Pyrrhon, Enésidème et Sextus Empiricus: la question de la légitimation historique dans le scepticisme', in A. Brancacci, *Antichi e moderni nella filosofia di età imperiale* (Naples 2001) 300–4.

§ 42

J. Jouanna, *Hippocrate* (Paris 1992) 64–5.

§ 43
F. Kudlien, 'Brotgeruch als Todes-Hemmer. Zur Geschichte einer volkstümlichen Anschauung', *MHJ* 10 (1975) 273–80.
Hipparchus] D. Manetti, *CPF* I 1** 11–5 (7T).

§ 45–9
W. Leszl, 'Democritus' works: from their titles to their contents', in A. Brancacci & P.-M. Morel, *Democritus. Science, the Arts, and the Care of the Soul* (Leiden 2007) 11–76.

§ 48
A. Brancacci, 'Democritus' *Mousika*', in Brancacci & Morel, *Democritus* 181–205.

§ 52
M. Corradi, 'L'origine della tradizione sul processo di Protagora', in Erler & Schorn 285–301; D. Lenfant, 'Protagoras et son procès d'impiété: peut-on soutenir une thèse et son contraire?', *Ktèma* 27 (2002) 135–54; L. Piccirilli, 'Il primo caso di autodafé letterario: il rogo dei libri di Protagora', *SIFC* Terza s. 15 (1997) 17–23.
F. M. Dunn, 'Protagoras and the parts of time', *Hermes* 129 (2001) 547–50.

§ 53
Vid. ad 4.3.
Πλάτων ἐν Εὐθυδήμῳ] F. Decleva Caizzi, in *CPF* I 1*** (1999) 656–62.

§ 54
G. Mazzara, 'La rhétorique éléatico-gorgienne d'Alcidamas chez Diogène Laërce (IX, 54) et les quatre fonctions fondamentales du λόγος', *AC* 74 (2005) 51–67.

§ 57
A. Laks, *Diogène d'Apollonie: édition, traduction et commentaire des fragments et témoignages* (Sankt Augustin ²2008).

§§ 58–60
T. Dorandi, 'I frammenti di Anassarco di Abdera', *AATC* 59 (1994) 11–54; J. Brunschwig, 'The Anaxarchus case: an essay in survival', *PBA* 82 (1992) 59–88; S. Bernard, 'Le philosophe Anaxarque et le roi Nicocréon', *JS* (1984) 7–49; S. Diefenbach, 'Jenseits der "Sorge um sich". Zu Folten von Philosophen und Märtyren in der römischen

Kaiserzeit', in P. Burschel, G. Distelrath, S. Lembke, *Das Quälen des Körpers* (Cologne/Weimar/Vienna 2000) 101–6.

§§ 61–108

F. Decleva Caizzi, *Pirrone. Testimonianze* (Naples 1981); J. Barnes, 'Diogenes Laertius IX 61–116: the philosophy of Pyrrhonism', *ANRW* II.36.6 (Berlin/New York 1992) 4241–301; R. Bett, *Pyrrho, his Antecedents, and his Legacy* (Oxford 2000); K. Janáček, *Studien zu Sextus Empiricus, Diogenes Laertius und zur pyrrhonischen Skepsis* (Berlin 2008).

§ 70

A. M. Ioppolo, 'Gli accademici "νεώτεροι" nel secondo secolo d.C.', *Methexis* 15 (2002) 20–1; C. Lévy, 'Pyrrhon, Enésidème et Sextus Empiricus' (cit. § 40) 317–18.

§ 79–89

M. Schofield, 'Aenesidemus: Pyrrhonist and Heraclitean', in A. M. Ioppolo & D. Sedley, *Pyrrhonists, Patricians, Platonizers* (Naples 2007) 304–12.

§ 96–7

J. Janda, 'Eine textkritische Bemerkung zur σημεῖον-Darstellung bei Diogenes Laertios (IX 96–97)', *LF* 95 (1973) 65–9.

§ 109–16

M. Di Marco, *Timone di Fliunte. Silli* (Rome 1989); A. A. Long, 'Pyrrho of Phlius: Pyrrhonist and satirist', in *From Epicurus to Epictetus. Studies in Hellenistic and Roman Philosophy* (Oxford 2006) 70–95 (a. 1978); D. L. Clayman, *Timon of Phlius. Pyrrhonism into Poetry* (Berlin 2009).

§ 116

L. Perilli, *Menodoto di Nicomedia: contributo a una storia galeniana della medicina empirica. Con una raccolta commentata delle testimonianze* (Munich 2004); id., '*Quantum coniectare (non) licet*: Menodotus between Sextus Empiricus (P. 1.222) and Diogenes Laertius (9.116)', *Mnemosyne* 58 (2005) 286–93.

Liber X

J.-F. Balaudé, *<Diogène Laërce> Livre X*. Introduction, traduction et notes, in *Diogène Laërce* 1147–325.
K. A. Algra, 'Gassendi et le texte de Diogène Laërce', *Elenchos* 15

(1994) 79–103; Dorandi, *Epicuro* 273–301; M. Erler, 'Epikur', in *Grundriss* 4/1, 29–362; J. Fish & K. R. Sanders, *Epicurus and the Epicurean tradition* (Cambridge 2011).

§§ 1–34
A. Laks, 'Édition critique et commentée de la *Vie d'Épicure* dans Diogène Laërce', in *Études sur l'épicurisme antique* (Lille 1976) 1–118.

§ 5
τρικύλιστος] M. Okál, 'A propos de τρικύλιστος', *Sborn. Filoz. Fak. Univ. Komenského* (Wroclaw), *Philologica* 9 (1957) 37–45; N. W. De Witt, 'Epicurus' three-wheeled chair', *CPh* 35 (1940) 183–5.

§§ 6–8
D. Sedley, 'Epicurus and his professional rivals', in *Études sur l'Épicurisme antique* 119–59.

§ 8
Aristoteles] M. L. Chiesara, *Aristocles of Messene* (Oxford 2001) 68–76.
τούς τε Κυζικηνούς] M. Gigante, *Cinismo e Epicureismo* (Naples 1992) 29–30.
Pyrrho] M. Gigante, *Epicureismo e Scetticismo* (Naples 1981) 54–6.

§ 13
T. Dorandi, 'Aspects of the epigraphical and papyrological tradition of Praxiphanes', in A. Martano, D. Mirhady & E. Matelli, *Praxiphanes and Chamaeleon* (New Brunswick 2012) 445–61.
M. Capasso, 'Prassifane, Epicuro e Filodemo. A proposito di Diog. Laert. X 13 e Philod. Poem. V IX, 10-X, 1', *Elenchos* 5 (1984) 391–415.
G. Arrighetti, 'Epicuro, la κυρία λέξις e i πράγματα', *CErc* 40 (2010) 17–22.

§ 14
E. Acosta Méndez, 'Diogenes Laertius X 14,1–2', in *Syzetesis. Studi Gigante* (Naples 1983) 121–32.
M. Gigante, 'A Diogene Laerzio X 14', *Athenaeum* 39 (1961) 24–5;
R. Philippson, 'Diogenes Laertios X 14', *PhW* 41 (1921) 911–12.
G. Milanese, *Lucida carmina. Comunicazione e scrittura da Epicuro a Lucrezio* (Milan 1989) 60–5.

§§ 16–21
D. Clay, *Lucretius and Epicurus* (Ithaca 1983) 54–81 (a. 1973); T. Dorandi,

'Precisazioni sul testamento di Epicuro', *Labeo* 38 (1992) 55–62; Maffi 120, 124.

K. Praechter, 'Diogenes Laertius X 16 (Usener, *Epicurea* S. 367, 10 ff.)', *Hermes* 56 (1921) 107–8.

§ 17

κῆπος] M. L. Clarke, 'The garden of Epicurus', *Phoenix* 27 (1973) 386–7; R. E. Wycherley, 'The garden of Epicurus', *Phoenix* 13 (1959) 73–7.

§ 18

D. M. Lewis, 'Two days', *CR* 19 (1969) 271–2; K. Alpers, 'Epikurs Geburtstag', *MH* 25 (1968) 48–51.

§ 22

L. A. Bredlow, 'Diogenes Laertius 10, 22: Metrodorus of Lampsacus or of Athens?', *Philologus* 152 (2008) 145–8.

§ 25

De Hermarchi scriptis *Adversus Empedoclem*, vid. D. Obbink, 'Hermarchus, *Against Empedocles*', *CQ* 38 (1988) 428–35.

§§ 35–83

E. Spinelli & F. Verde, *Epicuro. Epistola a Erodoto* (Rome 2010); L. A. Bredlow, 'Epicurus' Letter to Herodotus: some textual notes', *HSCPh* 104 (2008) 171–7; D. Delattre, 'Un modèle magistral d'écriture didactique: la *Lettre à Hérodote* d'Épicure', in *Mathesis e Mneme. Studi in memoria di M. Gigante* I (Naples 2004) 149–69; D. Lembo, 'ΤΥΠΟΣ e ΣΥΜΠΑΘΕΙΑ in Epicuro', *AFLN* 24 (1981/2) 17–67; A. García Calvo, 'Para la interpretación de la carta a Heródoto de Epicuro', *Emerita* 40 (1972) 69–140.

W. Lapini, *L'Epistola a Erodoto di Epicuro. Note testuali ed esegetiche* (sub prelis).

Huius libelli auctor humanissime suas coniecturas in *Epistulam ad Herodotum*, antequam in lucem prodirent, mei iuris fecit. Quarum alias in textu recepi, alias, cum iam Diogenem meum prelis traditurus essem, in apparatu critico tantum laudavi. Si autem illas tres philosophicas Epicuri epistulas Ratasque ut dicuntur Sententias denuo edere, non qua Laertianum, ut nunc, sed qua Epicureum textum olim mihi persuasum fuerit, minime dubitandum est quin W. Lapini in Epicurum coniecturae non minori mihi usui futurae sint.

§ 35–7
W. Lapini, 'Il prologo della *Lettera a Erodoto* di Epicuro: sul testo di Diog. Laert. 10.35–37', *Elenchos* 31 (2010), 331–43; A. Angeli, 'L'esattezza scientifica in Epicuro e Filodemo', *CErc* 15 (1985) 67–9.

§ 37
J. Hammerstaedt, 'Il ruolo della πρόληψις epicurea nell'interpretazione di Epicuro, *Epistula ad Herodotum* 37 sg.', in G. Giannantoni & M. Gigante, *Epicureismo greco e romano* (Naples 1996) 221–37.
A. Manuwald, *Die Prolepsislehre Epikurs* (Bonn 1972).
K. Kleve, 'A textcritical note on Epicurus' *Letter to Herodotus* 37 (Diog. Laert. 10)', *SO* 46 (1971) 90–5.

§§ 38–9
J. Brunschwig, *Études sur les philosophies hellénistiques* (Paris 1995) 15–42 (a. 1977).

§ 39–40
D. Konstan, 'Περίληψις in Epicurean epistemology', *Ancient Philosophy* 13 (1993) 125–37; D. Sedley, 'Two conceptions of *vacuum*', *Phronesis* 27 (1982) 175–93; F. Adorno, 'Epicuro Epistola a Erodoto 39, 7–40, 3', *Elenchos* 1 (1980) 245–75.

§ 40
D. Obbink, *Philodemus On Piety. Part 1* (Oxford 1996) 288–9.

§§ 43–4
Algra, *Space* 52–8.

§§ 46–7 et 62
F. Verde, 'Minimi temporali nell'*Epistola a Erodoto* di Epicuro?' *PP* fasc. 366 (2009) 205–25.

§§ 54–6
D. J. Furley, *Two Studies in the Greek Atomists* (1967); J. Mau, *Zum Problem des Infinitesimalen bei den antiken Atomisten* (Berlin 1954).

§ 60
J. Mau, 'Raum und Bewegung. Zu Epikurs Brief an Herodot 60', *Hermes* 82 (1954) 13–24.

§§ 63–8
L. Repici, 'Il pensiero dell'anima in Epicuro e in Lucrezio', in *Studi*

Giannantoni (Naples 2008) 379–402; G. B. Kerferd, 'Epicurus' doctrine of the soul', *Phronesis* 15 (1971) 80–96.

§§ 68–70

A. Renaut, 'Épicure et le problème de l'être. Sur le statut ontologique des prédicats; essai de lecture de la *Lettre à Hérodote* 68, 7–71', *EPh* 4 (1975) 435–63.

§§ 72–3

F. Verde, '*Rebus ab ipsis consequitur sensus*. Il tempo in Epicuro', *Elenchos* 29 (2008) 91–117.

§ 74

F. Heidsieck, 'Épicure et la logique du vivant. Commentaire de la page 74 de la *Lettre à Hérodote*', *REG* 89 (1976) 611–14.

§§ 75–6

A. Verlinskij, 'Epicurus and his predecessors on the origin of language', in *Language and Learning* 56–100; id., 'Οὐ συνορώμενα πράγματα (Epicurus, *Epistula ad Herodotum*, 76): on Epicurus' theory of the emergence of language', *Hyperboreus* 1 (1994/5) 46–86; Brunschwig, *Études sur les philosophies hellénistiques* (cit. §§ 38–9) 43–68 (a. 1977).

§§ 83–116

F. Bakker, *Three Studies in Epicurean Cosmology* (Zutphen 2010); P. Podolak, 'Questioni pitoclee', *WJA* 34 (2010) 39–80.

§§ 117–21

M. Giusta, 'Passi dossografici di morale epicurea nel X libro di Diogene Laerzio', *AAT* 97 (1962/3) 120–74.

§ 118

C. García Gual, 'Μόνον χάριν ἕξειν τὸν σοφόν (Diógenes Laercio X 118)', in *Athlon. Satura grammatica in honorem F. Rodríguez Adrados*, II (Madrid 1987) 279–87.

συνουσίη] V. Boudon, *Galien Exhortation à la médecine. Art médical* (Paris 2000) 427–8; Dorandi, *CPF* I 1** (Florence 1992) 474–6.

§ 119

T. Brennan, 'Epicurus on sex, marriage and children', *CP* 91 (1996) 346–52; A. Grilli, 'Epicuro e il matrimonio (D.L. X 119)', *RCSF* 26 (1971) 51–6; C. W. Chilton, 'Did Epicurus approve of marriage? A study of Diogenes Laertius X, 119', *Phronesis* 5 (1960), 71–4.

§ 121b
S. McConnell, 'Epicureans on kingship', *PCPhS* 56 (2010) 178–95.

§ 132 et 140
M. Blanchard-Lemée & A.-Blanchard, 'Épicure dans une anthologie sur mosaïque à Autun', *CRAI* (1993) 975–6; Lapini, *Note*² 216–17.

§ 136
D. Wolfdorf, 'Epicurus on εὐφροσύνη and ἐνέργεια (DL 10, 136)', *Apeiron* 42 (2009), p. 221–57.

§§ 139–54
M. F. Smith, 'Quotations of Epicurus common to Diogenes of Oenoanda and Diogenes Laertius', *Hyperboreus* 6 (2000) 188–97.

§ 139 (scholion)
M. Wifstrand Schiebe, 'Sind die epikureischen Götter "thought-constructs"?', *Mnemosyne* 56 (2003) 703–27.

§ 147 (24)
D. Lembo, 'Rileggendo Epic. R. S. XXIV', in Giannantoni & Gigante, *Epicureismo greco e romano* (cit. § 37) 99–118.

§ 148 (26)
M. F. Smith, 'Epicurus' Kyria Doxa 26 and a new fragment of Diogenes of Oinoanda', *Hyperboreus* 4 (1998) 193–5.

Supplementum

Fragmenta Praxiphanis et Chamaeleontis, post Wehrli denuo ediderunt E. Matelli (Praxiphanes) et A. Martano (Chamaeleon), op. cit. ad 10.13.

Comparatio numerorum
Praxiphanes – Diog. L. 3.109 = fr. 8 Matelli; 10.13 = fr. 6
Chamaeleon – Diog. L. 3.46 = fr. 49 Martano; 5.92 = fr. 25.

Fragmenta Xenocratis et Hermodori Platonici, tertium edidit M. Isnardi Parente, *Senocrate e Ermodoro. Testimonianze e frammenti*. Ed., trad. e comm. a cura di M. I. P. Nuova edizione a cura di T. Dorandi. Con una Premessa di G. Cambiano e una Nota liminare di T. Dorandi (Pisa 2012).

Comparatio numerorum

Xenocrates – Diog. L. 3.8 = Test. 12 Isn. Par.; 3.46 = Test. 3; 4.3 = Test. 21; 4.6–15 (Vita Xenocr.) = Test. 2; 4.16–19 = Test. 48; 5.2 = Test. 23; 5.4 = Test. 27; 5.10 = Test. 36; 10.3 = Test. 55

Hermodorus – Diog. L. 1.2 = F.3; 1.8 = F 4; 2.106 = F1; 3.6 = F 2.

APPENDIX I

METRES OF DIOGENES LAERTIUS' POEMS (WITH THE EXCEPTION OF ELEGIAC DISTICHS)

1. 120–1   pherecratean
2. 58$_2$ hex || 3ia |||
2. 110   choliamb || hem^m |||
2. 112   3ia || 2ia |||
2. 120   3ia || hem^m || 2ia |||
2. 144   ∧4da | ith || 3ia |||[1]
4. 3   hex || 4da∧ |||
4. 15   hex || pentameter || 3ia |||
4. 20   hex || 3ia |||
4. 27   3ia$^+$ |||[2]
4. 55–7   4ia∧
4. 65–6   2an | ia∧ (archebuleans)
5. 60   hex || 2 ia |||
5. 79   3ia || hem^m |||

---

[1]   The textual difficulties of lines 1 and 3 affect their metrical interpretation. I have printed Cobet's text (cf. West 175). M. Di Marco, *RFIC* 135 (2007) 91–5, has recently proposed writing in line 1: <ὦ> Μενέδημε (with G. Hermann), and conjectured in line 3 χᾶτερ<ον ἔρ>γον. This would give the structure 4da || 3ia |||. In his article, Di Marco puts forward a detailed discussion of previous textual proposals and consequent metrical interpretations.

[2]   The textual difficulties of the poem also affect its metrical interpretation. I agree with the metrical analysis proposed by L. Casantini, 'Osservazioni su tre epigrammi di Diogene Laerzio', *RCCM* 49 (2007) 74–7, who interprets the lines as iambic hypercatalectic trimeters. B. M. Palumbo Stracca, 'Asinarteti κατὰ στίχον in un epigramma di Diogene Laerzio (IV 27)', *RCCM* 23 (1981) 155–8 and (independently) West 176 accept Cobet's text and suppose 2ia^ || ith |||.

6. 79	proceleusmatics
6. 100	3ia || 3ia || hem^m |||
7. 31	hex || hem^m || reiz |||
7. 164	choliamb
7. 176	3ia
7. 184	choliamb || 2ia |||
8. 91	galliambics[3]

KEY TO METRICAL SYMBOLS

–	long
∪	short
x	anceps
|	word-end
||	period-end
|||	strophe-end
∧	verse with catalexis
+	verse with hypercatalexis
an	anapaestic metron
da	dactyl
hem^m	masculine *hemiepes*
hex	hexameter
ia	iambic metron
ith	ithyphallic
reiz	reizianum

---

[3] In these lines, Kolář 1955, 195 (approved by B. Gentili–L. Lomiento, *Metrica e ritmica*, Milan 2003, 183) finds the only evidence of tetrameters made up of anaclastic dimeters, of which the second is with catalexis (∪∪–∪–∪– – \|\| ∪∪–∪– ∪x). I prefer L. Casantini's analysis, *La* Πάμμετρος *di Diogene Laerzio*. Unpubl. Diss. (Rome 2008) 196 n. 4: 'galliambo semipuro con molosso in prima sede (vv. 1–2); dimetro ionico con molosso in prima sede + anaclomeno anacreontico catalettico associati con dieresi (v. 3); galliambo anaclastico κατὰ στίχον (v. 4 [. . .]); dimetro ionico puro + anaclomeno anacreontico catalettico associati con dieresi (v. 5); galliambo puro (vv. 6–8 [. . .])'.

APPENDIX I

BIBLIOGRAPHY

Kolář (1955) = A. Kolář, 'De Diogenis Laertii Pammetro', *LF* 78 (1955) 190–5
(in Czech with Latin summary)
Kolář (1959) = A. Kolář, 'De quibusdam carminibus in Diogenis Laertii Vitis',
Eunomia 3 (1959) 65–7
West = M. L. West, *Greek Metre* (Oxford 1982)

APPENDIX II

SOME ADDENDA TO *LAERTIANA*

Pages 5–6 (Pal. gr. 93) and 8–9 (Vat. gr. 96): see S. Mariev, *Ioannis Antiocheni fragmenta quae supersunt omnia* (Berlin/New York 2008) 26*-8*.

p. 10 (Vat. gr. 1144): see D. Bianconi, 'La controversia palamitica. Figure, libri, testi, mani', *S&T* 6 (2008) 352.

pp. 16–17 (Pal. Heid. gr. 129) and 87 n. 203 (Vat. gr. 228): see I. Pérez Martín, 'El Escurialensis X.I.13: una fuente de los extractos elaborados por Nicéforo Gregoràs en el Palat. Heidelberg Gr. 129', *ByzZ* 86/7 (1993/4) 20–30; V. Nibetti, 'Un codice di Proclo ed Ermia Alessandrino tra Giorgio Pachimere e Niceforo Gregora (Parisinus Graecus 1810)', *RFIC* 136 (2008) 385–95.

pp. 17 and 35: **Co** is to be dated to the fourteenth century. See 65 n. 88.

pp. 23–4: A. Cataldi Palau provides a detailed description of **R** in *Gian Francesco D'Asola e la tipografia aldina: la vita, le edizioni, la biblioteca dell'Asolano* (Genoa 1998) 524–5, 561–4. She draws attention to other watermarks that allow us to improve the dating of the manuscript: 'balance' ≈ Briquet 2584 (a. 1501, 1538) and 2575 (a. 1478); = 'balance 73 Harlfinger' (1502). The manuscript belonged to G. F. D'Asola (1498–1557) as can be seen from various *notae possessionis* (for the quires with Diogenes Laertius, f. 98r mg inf.). See T. Dorandi, 'Diogène Laërce et la datation de Zoroastre', *RhM* 153 (2010) 409–12.

pp. 28–9, 120–4 (Marc. Gr. 189): L. Ferroni, 'Per una nuova edizione dello *Ione* platonico: i manoscritti primari e l'indipendenza del Marc. Gr 189 (S)'. *RPh* 81 (2007) 271–90.

pp. 29–30: on various *marginalia* in **I** written in Bessarion's hand, see N. G. Wilson, *Da Bisanzio all'Italia* (Alessandria 2000) 84.

p. 31 (Vindob. phil. gr. 109): on this manuscript (but also on Laur. 85.9 = **c** and Marc. gr. 189 = **m**), see M. Menchelli, *Studi sulla tradizione manoscritta dei discorsi I-IV di Dione di Prusa* (Pisa 2008) 86–100 and 302–3.

p. 33 (BPG 67C): see T. Dorandi, 'Le Leidensis BPG 67C et l'histoire du texte des Divisiones quae vulgo dicuntur Aristoteleae', *Mnemosyne* 64 (2011) 632–8; (Voss. gr. Q 11): see P. Moraux and D. Harlfinger, *Aristoteles Graecus* I 489.

p. 60 n. 52: see also N. G. Wilson, 'More about γράφεται variants', *AAntHung* 48 (2008) 79–81.

p. 61 n. 62: should read 'aggiunto in maiuscola probabilmente da una mano diversa da quella del copista di **B** [. . .] è vergato da una mano che non è quella di **B**'.

p. 64: on the relationship between **B** and **P**, see my δεύτεραι φροντίδες (*supra* p. 22 n. 46). The example of the agreement of **B** and **P** against **F** in 4.13 is unfounded. In the second paragraph, the words 'rimasto senza discendenza' should be removed.

p. 66: in the stemma, the broken line indicating contamination between **Q** and **H** is missing.

p. 73 (l. 1): read 'del f. 8v'.

p. 78 (l. 1): remove the words 'come **B**'.

p. 87 n. 200: on Michael Clostomalles (cf. p. 16 and 27), see E. Lamberz, 'Johannes Kantakuzenos und die Produktion von Luxushandschriften in Konstantinopel in der frühen Palaiologenzeit', in B. Atsalos and N. Tsironi (eds.), *Actes du VIᵉ Colloque International de Paléograhie Grecque* (Athens 2008), I 133–57; III 981–1005 and D. Bianconi, 'Il Laur. Pl. 28.26 ovvero la storia di Bisanzio nella storia di un codice', in *Studi G. Prato* I (Spoleto 2010) 39–64.

p. 106 n. 285: see *supra* pp. 31–2 n. 62.

pp. 125–94: the two articles (in modern Greek with an English summary) of G. Arabatzis, '*Bios* and *Philosophia*: Diogenes Laertius in Byzantium. A critical introdution', Φιλοσοφία 39 (2009) 220–41, and 'Diogenes Laertius in Byzantium: history of philosophy and philosophy of history', Φιλοσοφία 40 (2010)

377–90 present 'a critical introdution attempting to perceive the hermeneutical possibilities that are offered by the use of the Laertian *Lives*' model in Byzantine thought' (241).

pp. 136–52: cf. G. Schepens, 'L'incontournable *Souda*', and V. Costa, 'Esichio di Mileto, Johannes Flach e le fonti biografiche della *Suda*', in G. Vanotti (ed.), *Il Lessico* Suda *e gli storici greci in frammenti* (Tivoli 2010) 1–42 and 43–55 (I am not convinced of the results of Costa's study).

pp. 144–5: cf. M. Asper, *Griechische Wissenschaftstexte: Formen, Funktionen, Differenzierungsgeschichten* (Stuttgart 2007) 61–93.

pp. 201–28: cf. *supra*, p. 10 n. 14 and F. F. Minetti, 'La strana *appendix* (solo coeva?) d'un testimone trascurato del *De temporibus* di Matteo Palmieri: l'Ambros. quattrocentesco I 44 sup.', *RCCM* 46 (2004) 275–311 and id., 'Qualche postilla ad uno specifico frústolo memoriale', *RCCM* 51 (2009) 283.

To conclude, a list of *errata corrige* (and there may be others that a well-disposed reader might correct himself). Page 17 (l. 8 ab imo): *lege* Universitätsbibliothek; pp. 22 & 74 (**B**): *lege* *Subscriptio* (f. 246r); p. 41: (1644) *lege* (*Cura* I. Pearsoni); p. 44 n. 6: 'non è sempre'; p. 46 (l. 4): 'Diogenis'; p. 47 (l. 8 *ab imo*): '*coniciendi*'; p. 59 (10.135): ὁ; p. 71 (l. 5) *lege* Θήβαις; (at the end of the second paragraph): *dele* 'conservato'; p. 86 (l. 7 *ab imo*): *lege* 'convincenti'; p. 102 (l. 14): 'da un lato'; p. 126 (final line): ὑψηλά; p. 128 (first paragraph): 'sondern [. . .] vorherrschende'; p. 133 (227.11–12): ἐκ; 148 note: 'celebri filosofi'; p. 178 (bis): *Rehdigeriana*; p. 179: ὅσσον & ἄσθμασιν; p. 185 (l. 4 *ab imo*): *dele* 'tra gli anni 1454 e 1466'; p. 194 (title): *lege* Eudocia; p. 196 n. 3: *lege* Gugliermina; p. 226 (l. 7): 'sussistere'; p. 235 n. 24 (Gerlach) 'gnomologischen Überlieferung [. . .] mit einer Edition der Democritea'; p. 236 (l. 4) 'la presentazione'; p. 242 (l. 10) 'presupposto'; p. 244 (l. 6 *ab imo*) 'überstieg'; p. 249 (Cufalo) 'continens'; 'Delatte' should precede 'De Meyier'.

For some corrections and useful remarks especially on pages 1–37 see R. Stefec's review on *ByzZ* 104 (2011) 757–64.

APPENDIX III

ADDITAMENTUM

Nonnulla hoc loco addam, quae nuper mecum liberaliter communicavit Valtherus Lapini, vir insignis doctrinae, de aliquot Laertii locis:

1.65 ἐνομοθέτησα: an ἐνουθέτησα?

2.16 εἰς τὸ <ἄκρον> εὑρεῖν: an πρῶτος εὑρεῖν?

3.40 ἐπιτιμηθῆναι: an περιτιμηθῆναι vel προτιμηθῆναι?

3.49 τοῦ δὴ <δια>λόγου τοῦ Πλατωνικοῦ: an τοῦ <δὲ> διαλόγου τοῦ Πλ.?

3.72 εἰς τὸν θεόν: an εἰς τὸ μὴ ὄν?

3.80 ὅπως διὰ τὸ ἄδηλον τρόπον {τοῦ} ἔχειν τὰ μετὰ τὸν θάνατον οὕτως ἀπέχωνται τῶν ἀδικημάτων: legerim διὰ τοῦ ἀδήλου τρόπου οὗ ἔχει τὰ μετὰ τὸν θάνατον κτλ.; nec tamen pro certo habeo textum traditum defendi non posse.

4.19 καταπυγοσύνη ταῦτ᾽ ἐστί: an καταπυγοσύνῃ ταῦτ᾽ ἔστι?

5.12 οὐδὲ ἔσται: an οὐδὲ <εὖ> ἔσται?

7.47 τὴν δὲ ἀνεικαιότητα ἰσχυρὸν λόγον πρὸς τὸ εἰκός, ὥστε μὴ ἐνδιδόναι αὐτῷ· τὴν δὲ ἀνελεγξίαν ἰσχὺν ἐν λόγῳ, ὥστε μὴ ἀπάγεσθαι κτλ.: an ἰσχὺν ἐν λόγῳ πρὸς τὸ εἰκός, ὥστε μὴ κτλ.?

7.141 εἶναι δὲ καὶ ταῦτα †ἀσώματα ὅμοια: legerim εἶναι δὲ καὶ ταῦτα ἀσώματα <καὶ τὰ> ὅμοια.

8.10 ποιούμενοι: an <ἀπο>ποιούμενοι?

8.23 φυτὸν ἥμερον μήτε φθείρειν μήτε σίνεσθαι, ἀλλὰ μηδὲ ζῷον ὃ μὴ βλάπτει ἀνθρώπους. αἰδῶ καὶ εὐλάβειαν εἶναι μήτε γέλωτι κατέχεσθαι μήτε σκυθρωπάζειν: an ἀλλὰ μηδὲ ζῷον ὃ μὴ βλάπτει. <πρὸς> ἀνθρώπους αἰδῶ καὶ εὐλάβειαν εἶναι κτλ?

879

8.31 πομπέα λέγεσθαι καὶ πυλαῖον καὶ χθόνιον, ἐπειδήπερ οὗτος καὶ εἰσπέμπει ἀπὸ τῶν σωμάτων τὰς ψυχὰς ἀπό τε γῆς καὶ ἐκ θαλάττης] pro εἰσπέμπει olim conieceram κάτω πέμπει vel καταπέμπει; nunc κάτω πέμπει vel κατὰ γῆς πέμπει malim.

ABBREVIATIONS AND BIBLIOGRAPHY

I SELECT ABBREVIATIONS

Abbreviations for journals follow (for the most part) *L'Année Philologique*; for Greek Authors, LSJ; for Latin, *OLD*.

Abh. Ak.	*Abhandlungen der Akademie* (Berlin, Göttingen, Mainz . . .)
ANRW	*Aufstieg und Niedergang der römischen Welt.* Geschichte und Kultur Roms im Spiegel der neueren Forschung (Berlin/New York 1973–)
Art. scr.	*Artium scriptores (Reste der voraristotelischen Rhetorik)*, ed. L. Radermacher (Vienna 1951)
CEG	*Carmina epigraphica Graeca saeculorum VIII–V a. Chr. n.*, ed. P. A. Hansen (Berlin/New York 1983)
CErc	*Cronache Ercolanesi*
CGF	*Comicorum Graecorum Fragmenta*, ed. G. Kaibel. Vol. I fasc. 1 *Doriensium comoedia Mimi Phlyaces* (Berlin 1899, ²1958)
CPF	*Corpus dei papiri filosofici greci e latini* (Florence 1989–)
DNP	*Der neue Pauly. Enzyklopädie der Antike* (Stuttgart/Weimar 1996–2003)
DPhA	*Dictionnaire des philosophes antiques*, ed. R. Goulet (Paris 1989-)
Epigr. Gr.	*Epigrammata Graeca*, ed. D. L. Page (Oxford 1975)
FCG	*Fragmenta Comicorum Graecorum*, ed. A. Meineke (Berlin 1839–57)
FGE	*Further Greek Epigrams*, ed. D. L. Page (Cambridge 1981)
FGrHist	F. Jacoby, *Die Fragmente der griechischen Historiker* (Berlin 1923–30, Leiden 1940–58)
FGrHistCont	*Die Fragmente der griechischen Historiker Continued.* IVA: *Biography.* 1: *The Pre-Hellenistic Period*, ed. J. Bollansée, J. Engels, G. Schepens and E. Theys (Leiden 1998); 3: *Hermippos of Smyrna*, ed. J. Bollansée (Leiden 1999); 7: *Imperial and Undated Authors*, ed. J. Radicke (Leiden 1999)
FHG	*Fragmenta Historicorum Graecorum*, ed. C. and T. Mueller (Paris 1841–70)
FHS&G	*Theophrastus of Eresus. Sources for his Life, Writings, Thought and Influence*, ed. W. W. Fortenbaugh, P. Huby, R. W. Sharples and D. Gutas (Leiden 1992)
Garl(and)	*The Greek Anthology, The Garland of Philip*, ed. A. S. F. Gow and D. L. Page (Cambridge 1968)
Gnom. Vat.	*Gnomologium Vaticanum e codice Graeco 743*, ed. L. Sternbach (Berlin ²1963)

GV	*Griechische Vers-Inschriften I*, ed. W. Peek (Berlin 1955)
Hell. Epigr.	*The Greek Anthology, Hellenistic Epigrams*, ed. A. S. F. Gow and D. L. Page (Cambridge 1965)
IEG	*Iambi et Elegi Graeci ante Alexandrum cantati*, ed. M. L. West (Oxford 1971–2, ²1989–92)
IG	*Inscriptiones Graecae*
IGmetr.	Vide Preger
JClPh	*Jahrbücher für classische Philologie*
JPh	*The Journal of Philology*
LGPN	*A Lexicon of Greek Personal Names*, ed. P. M. Fraser *et al.* (Oxford 1987–)
LSJ	H. G. Liddell and R. Scott, *A Greek-English Lexicon*. A new (9th) edition by Sir Henry Stuart Jones (Oxford 1940). A Revised Supplement, ed. P. G. W. Glare (Oxford 1996)
LZ	*Literarisches Zentralblatt für Deutschland*
OLD	*Oxford Latin Dictionary*, ed. P. G. W. Glare (Oxford 1968–82)
PA	*Prosopographia Attica*, ed. Ioh. Kirchner (Berlin 1901–3)
PCG	*Poetae Comici Graeci*, ed. R. Kassel and C. Austin (Berlin/New York 1983–)
PE	*Poetae Elegiaci. Testimonia et Fragmenta*, ed. B. Gentili and C. Prato (Leipzig ²2002)
PEG	*Poetae Epici Graeci*, ed. A. Bernabé (Leipzig, Munich and Berlin 1985–2007)
PHerc.	*Papyrus Herculanensis*
PhW	*(Berliner) Philologische Wochenschrift*
PLG	*Poetae Lyrici Graeci*, ed. T. Bergk (Leipzig ¹1843, ²1853, ³1867, ⁴1882)
PMG	*Poetae Melici Graeci*, ed. D. L. Page (Oxford 1962)
POxy.	*The Oxyrhynchus Papyri*
PPF	*Poetarum philosophorum fragmenta*, ed. H. Diels (Berlin 1901)
PSI	*Pubblicazioni della Società Italiana per la ricerca dei papiri greci e latini in Egitto*
RAC	*Reallexikon für Antike und Christentum* (Leipzig/Stuttgart 1941–)
RE	*Real-Encyclopädie der classischen Altertumswissenschaft* (Stuttgart/Munich 1893–1978)
Rec. Mon.	Septem sapientium sententiarum recensio Monacensis (ed. M. Tziatzi-Papagianni 365–434)
Rec. Par.₁	Septem sapientium sententiarum recensio Parisina prior (ed. M. Tziatzi-Papagianni 129–254)
Rec. Par.₂	Septem sapientium sententiarum recensio Parisina altera (ed. M. Tziatzi-Papagianni 255–336)
SEG	*Supplementum epigraphicum Graecum*

882

SFOD   *Lyco of Troas. The Sources. Text and Translation*, ed. P. Stork,
        W. W. Fortenbaugh, J. M. van Ophuijsen and T. Dorandi, in
        W. W. Fortenbaugh and S. White (eds.), *Lyco of Troas and
        Hieronymus of Rhodes. Text, Translation and Discussion* (New
        Brunswick/London 2004) 1–78
        Aristo of Ceus. The Sources, Text and Translation, ed. P. Stork,
        T. Dorandi, W. W. Fortenbaugh and J. M. van Ophuijsen, in
        W. W. Fortenbaugh and S. White (eds.), *Aristo of Ceus. Text,
        Translation and Discussion* (New Brunswick/London 2006) 1–178

SGO   R. Merkelbach and J. Stauber, *Steinepigramme aus dem griechischen
        Osten* (Munich 1998–2004)

SH   *Supplementum Hellenisticum*, ed. H. Lloyd-Jones and P. Parsons,
        (Berlin/New York 1983)

SIG³   *Sylloge Inscriptionum Graecarum*, ed. G. Dittenberger and F. Hiller
        de Gaertringen (Leipzig 1915–24)

Sitzb. *Sitzungsberichte der Akademie der Wissenschaften* (Berlin, Munich,
        Vienna . . .)

SOD   *Demetrius of Phalerum. The Sources, Text and Translation*, ed. P. Stork,
        J. M. van Ophuijsen and T. Dorandi, in W. W. Fortenbaugh
        and E. Schütrumpf (eds.), *Demetrius of Phalerum. Text, Translation
        and Discussion* (New Brunswick/London 1999) 1–310

SSR   *Socratis et Socraticorum reliquiae*, ed. G. Giannantoni (Naples 1990)

SVF   *Stoicorum veterum fragmenta*, ed. Ioannes ab Arnim (Leipzig
        1903–5)

ThesGrL *Thesaurus Graecae Linguae* ab H. Stephano constructus . . . Tertio
        ed. C. B. Hase, G. and L. Dindorfius (Paris 1831–65)

TGF   *Tragicorum Graecorum Fragmenta*, rec. A. Nauck (Leipzig ²1889)

TrGF   *Tragicorum Graecorum Fragmenta*. 1: *Didascaliae, catalogi, testimonia
        et fragmenta tragicorum minorum*, ed. B. Snell, (Göttingen ²1981);
        2: *Adespota*, ed. R. Kannicht and B. Snell (Göttingen 1981);
        3: *Aeschylus*, ed. S. Radt (Göttingen 1985); 4: *Sophocles*, ed.
        S. Radt (Göttingen ²1999); 5.1–2: *Euripides*, ed. R. Kannicht
        (Göttingen 2004)

VS   *Die Fragmente der Vorsokratiker*, H. Diels and W. Kranz, 6th edn.
        (Berlin 1951–52)

WklPh   Wochenschrift für klassischen Philologie

Z. Alt. Zeitschrift für die Altertumswissenschaft

II SELECT BIBLIOGRAPHY

(I) EDITIONS OF DIOGENES LAERTIUS

Aldobr.   *Laertii Diogenis De vitis, dogmatis et apophthegmatis eorum qui in philosophia claruerunt, libri X.* Th. Aldobrandino interprete (Rome 1594)

Basileenses   *Diogenis Laertii Vita Platonis,* rec. H. Breitenbach, F. Buddenhagen, A. Debrunner, F. Von der Muehll (Basel 1907)

Cob.   *Diogenis Laertii de clarorum philosophorum vitis, dogmatibus et apophthegmatibus libri decem,* ed. C. G. Cobet (Paris 1850)

Frob(eniana)   *Diogenis Laertij De vitis, decretis, & responsis celebrium philosophorum Libri decem, nunc primum exscusi.* Hieronymus Frobenius et Nicolaus Episcopius (Basel 1533)

Hicks   *Diogenes Laertius, Lives of the Eminent Philosophers,* with an English translation by R. D. Hicks, 2 vols. (Cambridge, Mass./London 1925)

Huebn.   *Diogenis Laertii de vitis, dogmatibus et apophthegmatibus clarorum philosophorum libri decem,* ed. H. G. Huebnerus. 2 vols. (Leipzig 1828 and 1831); *Commentarii in Diogenem Laertium ... Isaaci Casauboni Notae atque Aegidii Menagii Observationes et emendationes in Diogenem Laertium ...* editionem ... cur. H. G. Huebnerus (Leipzig 1830 and 1833). 2 vols. Vol. 2, post Huebneri mortem absolvit C. Iacobitz.

Long   *Diogenis Laertii Vitae philosophorum,* recognovit brevique adnotatione critica instruxit H. S. Long, 2 vols. (Oxford [1]1964, [2]1966)

Longolius   *Diogenis Laertii De vitis, dogmatibus et apophthegmatibus clarorum philosophorum libri X,* ed. P. D. Longolius (Hof, Bavaria 1739)

Marcov.   *Diogenis Laertii Vitae philosophorum,* I: Libri I–X; II: *Excerpta Byzantina,* ed. M. Marcovich (Stuttgart and Leipzig 1999)

Meibom.   *Diogenis Laertii De vitis, dogmatibus et apophthegmatibus clarorum philosophorum libri X,* ed. M. Meibomius. Seorsum excusas Aeg. Menagii in Diogenem Observationes auctiores habet volumen II, ut et ... J. Kuehnii ad Diogenem Notas ... 2 vols. (Amsterdam 1692)

Pearson   Editionem Aldobrandinam iterum impressit Io. Pearson (London 1664)

Sambucus   *Laertii Diogenis de vita et moribus philosophorum libri X. Plus quam mille in locis restituti et emendati ex fide dignis vetustis exemplaribus Graecis . . .* (Antwerp 1566)

Steph.   *Diogenis Laertii de vitis, dogmatis et apophthegmatis eorum qui in philosophia claruerunt libri X.* Excudebat H. Stephanus

SELECT BIBLIOGRAPHY

(<Geneva> [1]1570, [2]1593, [3]1615 vel 1616 [Editio tertia, curis Pauli Stephani]).

Tauchn.   *Diogenis Laertii De Vitis Philosophorum libri X.* Editio stereotypa C. Tauchnitii (Leipzig 1833)

(II) OTHER WORKS

I list only works which I mention with abbreviated reference

Ahrens	H. L. Ahrens, *De Graecae linguae dialectis, II. De dialecto Dorica* (Göttingen 1843)
Algra, *Space*	K. Algra, *Concepts of Space in Greek Thought* (Leiden 1995)
Amato	E. Amato, *Favorinos d'Arles. Œuvres. III. Fragments* (Paris 2010)
Annas/Barnes	J. Annas and J. Barnes, *The Modes of Scepticism* (Cambridge 1985)
Apelt	Diogenes Laertius. *Leben und Meinungen berühmter Philosophen.* In der Übersetzung v. O. Apelt unter Mitarb. v. H. G. Zekl neu hrsg. sowie mit Einleitung u. Anmerkungen versehen v. K. Reich (Hamburg 2008; [1]1921)
Arndt	G. Arndt, *Emendationes Epicureae* (Berlin 1913)
Arnim	vid. *SVF*
Aspetti lett. gnomica	M. S. Funghi (ed.), *Aspetti di letteratura gnomica nel mondo. antico* I (Florence 2003); II (Florence 2004)
Bailey	C. Bailey, *Epicurus. The Extant Remains* (Oxford 1926)
Barigazzi	A. Barigazzi
	Favorino di Arelate. Opere (Florence 1966)
Epicurea	'Epicurea', *Hermes* 81 (1953), 145–62
Pit.	'Note critiche alla lettera a Pitocle di Epicuro', *SIFC* 23 (1949) 179–213
Barnes	J. Barnes
	(review of Marc.) *CR* 52 (2002) 8–11
Catalogue	'The catalogue of Chrysippus' logical works', in *Studies Mansfeld* (Leiden 1996) 169–83
Pyrrhonism	'Diogenes Laertius IX.61–116: the philosophy of Pyrrhonism', *ANRW* II. 36.6 (Berlin/New York 1992) 4241–301
Battier	S. Battier, *Observationum et emendationum in Diogenis Laërtii libros de vitis philosophorum continuatio . . .* (Basel 1705)
Bergk, *Kl. Schr.*	T. Bergk, *Kleine philologische Schriften*, hrsg. von R. Peppmüller, I–II (Halle 1886)
Biedl	A. Biedl, *Zur Textgeschichte des Laertios Diogenes. Das grosse Exzerpt Φ* (Vatican City 1955)

BIBLIOGRAPHY

Bign(one) E. Bignone
 Ar. perd. *L'Aristotele perduto e la formazione filosofica di Epicuro*, 2 vols. (Florence 1936; ²1973)
 Epic. *Epicuro. Opere, frammenti, testimonianze sulla sua vita*, tradotti con introduzione e commento (Bari 1920)
 Note 'Note critiche ad Epicuro', *RFIC* 52 (1924) 383–93
 Studi 'Studi critici sulle Κύριαι δόξαι e sulla vita di Epicuro', *Aegyptus* 13 (1933) 419–42
 Studi critici 'Studi critici sul testo di Epicuro', *SIFC* 10 (1932) 71–118
Bodnár–Fortenbaugh, *Eudemus of Rhodes* I. Bodnár and W. W. Fortenbaugh, *Eudemus of Rhodes* (New Brunswick 2002)
Boer E. Boer, *Epikur, Brief an Pythokles* (Berlin 1954)
Bollack, *Pensée* *La pensée du plaisir. Epicure: textes moraux, commentaires* (Paris 1975)
Bollack–Laks J. Bollack and A. Laks, *Épicure à Pythoclès* (Lille 1978)
Brancacci, *Oik. logos* A. Brancacci, *Oikeios logos. La filosofia del linguaggio di Antistene* (Naples 1990)
Bredlow, *D. L.* Diógenes Laercio, *Vidas y opiniones de los filósofos ilustres*, traducidas y comentadas por L.-A. Bredlow (Zamora 2010)
Brieger A. Brieger
 Atom. *De atomorum Epicurearum motu principali*, in *Philologische Abhandlungen M. Hertz . . . dargebracht* (Berlin 1888) 217–28
 Herodot *Epikurs Brief an Herodot, § 68–83*, Jahresbericht d. Stadtgymnasiums Halle, 1882
 Seele *Epikur's Lehre von der Seele Grundlinien*, Jahresbericht d. Stadtgymnasiums Halle, 1893
 Urbewegung *Die Urbewegung der Atome und die Weltentstehung bei Leucipp und Demokrit*, Jahresbericht d. Stadtgymnasiums Halle, 1884
Brouwer, *Sagehood* R. Brouwer, 'Sagehood and the Stoics', *OSAP* 23 (2002) 181–224
Brunck, *Anal.* R. Fr. Ph. Brunck, *Analecta veterum poetarum Graecorum*, 3 vols. (Strasbourg 1772–6)
Buhle J. Th. Buhle, *Aristotelis Opera Omnia*, I (Zweibrücken 1791)
Byw(ater) <I. Bywater>, Ἀριστοτέλους Βίος ἐκ τῶν Λαερτίου (Oxford 1879)
 Epic. (review of Us.) *CR* 2 (1888) 278–9
 Heracl. *Heracliti Hephesii reliquiae.* Appendicis loco additae sunt Diogenis Laertii Vita Heracliti, particulae Hippocratei de diaeta libri primi, Epistolae Heracliteae (Oxford 1877)

886

SELECT BIBLIOGRAPHY

Cameron   A. Cameron
    Callimachus   *Callimachus and his Critics* (Princeton 1995)
    Greek Anthology   *The Greek Anthology from Meleager to Planudes* (Oxford 1993)
Casantini   L. Casantini 'Osservazioni su tre epigrammi di Diogene Laerzio', *RCCM* 49 (2007) 71–80
Casaub(onus)   I. Casaubonus, *Notae ad Diogenis Laertii libros de vitis, dictis et decretis principum philosophorum* (Geneva 1583); *ap.* Steph.² (1593); *ap.* Pearson (1664); *ap.* Meibom. (1692); *ap.* Huebn. III (1830) 1–138
Casaub(onus),   Mericus Casaubonus, *Notae (in Diogenem Laertium)*, *ap.*
    Mer.   Pearson (1664); *ap.* Meibom. (1692)
Cob., *Nov. lect.*   C. G. Cobet, *Novae lectiones* (Leiden 1858)
Colonienses   Sodales Seminarii Philologiae classicae Universitatis Coloniensis (*per litteras*. Vid. *supra*, Preface p. x)
Crön(ert)   W. Crönert
    Kol. u. Men.   *Kolotes und Menedemos* (Leipzig 1906)
    Lect.   'Lectiones Epicureae, I', *RhM* 61 (1906) 414–26
    Lect. Epic.   'Lectiones Epicureae, II', *RhM* 62 (1907) 123–32
    MGH   *Memoria Graeca Herculanensis* (Leipzig 1903)
Decleva Caizzi   F. Decleva Caizzi, *Antisthenis fragmenta* (Milan 1966)
De Fidio   P. De Fidio, 'Problemi di metodo in Apollodoro', *PP* fasc. 325 (2002) 241–85
Diano   C. Diano
    Epicuri Ethica (Florence 1946; ²1974)
    Scritti   *Scritti Epicurei* (Florence 1974)
Diels   H. Diels
    Chron. Unters.   'Chronologische Untersuchungen über Apollodors Chronika', *RhM* 31 (1876) 1–54
    D. I   'Philodemos Über die Götter erstes Buch', *Abh. Preuss. Ak.*, philos.-hist. Kl. 1915, Nr. 7 (Berlin 1916)
    D. III   'Philodemos Über die Götter drittes Buch. I. Griechischer Text'; II. 'Erläuterung des Textes', *Abh. Preuss. Ak.*, philos.-hist. Kl. 1916, Nr. 6 (Berlin 1917)
    Kl. Schr.   *Kleine Schriften zur Geschichte der antiken Philosophie*, hrsg. v. W. Burkert (Darmstadt 1969)
Diogène Laërce   *Diogène Laërce. Vies et doctrines des philosophes illustres.* Traduction française sous la direction de M.-O. Goulet-Cazé (Paris 1999)
Donzelli, *Codici*   G. Donzelli, 'Per un'edizione critica di Diogene Laerzio: i codici VUDGS', *BollClass* 8 (1960) 93–132
Dorandi   T. Dorandi
    Antigone   *Antigone de Caryste. Fragments* (Paris 1999)

Arcesilao	'Due note alla *Vita di Arcesilao* di Diogene Laerzio', *Prometheus* 28 (2002) 52–6
Aristippo	'Il Περὶ παλαιᾶς τρυφῆς attribuito a Aristippo nella storia della biografia antica', in Erler-Schorn 157–72
Epicuro	'Diogene Laerzio, Epicuro e gli editori di Epicuro e di Diogene Laerzio', *Eikasmos* 21 (2010) 273–301
Estratti	'Estratti dal III libro di Diogene Laerzio in un codice di Vienna (Cod. phil. gr. 314)', *SCO* 43 (1993) 63–72
Laertiana	Laertiana. *Capitoli sulla tradizione manoscritta e sulla storia del testo delle* Vite dei filosofi *di Diogene Laerzio* (Berlin/New York 2009)
Neapolitanus	'Remarques sur le *Neapolitanus* III B 29 (B) et sur la composition des *Vies des philosophes* de Diogène Laërce', *RHT* 32 (2002) 1–23
Notes	'Notes critiques et exégétiques aux livres III à V des *Vies des philosophes* de Diogène Laërce', *Eikasmos* 19 (2008) 241–62
Droysen	H. Droysen, 'Die attische Volksbeschluss zu Ehren des Zenon' *Hermes* 16 (1881) 291–301
Düring	I. Düring, *Aristotle in the Ancient Biographical Tradition* (Gothenburg 1957)
Egli	U. Egli
	Das Dioklesfragment bei Diogenes Laertios (Konstanz 1981)
Dialektik	*Zur stoischen Dialektik* (Bern 1967)
Emperius, *Adv.*	A. Emperius, 'Adversaria', in *Opuscula philologica* (Göttingen 1847) 323
Erler–Schorn	M. Erler and S. Schorn, *Die griechische Biographie in hellenistischer Zeit* (Berlin/New York 2007)
Frede	M. Frede, *Die stoische Logik* (Göttingen 1974)
Fritz, v.	K. von Fritz, 'Quellenuntersuchungen zu Leben und Philosophie des Diogenes von Sinope', *Philologus*, Suppl. 18.2 (1926)
Gallavotti	C. Gallavotti, 'Per il testo di epigrammi greci', *BollClass* n.s. 5, (1984) 101–3
Garulli, *Lobone*	V. Garulli, *Il Περὶ ποιητῶν di Lobone di Argo* (Bologna 2004)
Gass(endi)	P. Gassendi, *Animadversiones in decimum librum Diogenis Laertii, qui est De vita, moribus placitisque Epicuri*, 3 vols. (Lyons 1649)
Gercke, *Überlieferung*	A. Gercke, 'Die Überlieferung des Diogenes Laertios', *Hermes* 37 (1902) 401–34
Gigante	M. Gigante
	Diogene Laerzio. Vite dei filosofi (Rome/Bari ¹1962, ⁵2002)

SELECT BIBLIOGRAPHY

Ippoboto	'Frammenti di Ippoboto', in *Omaggio a P. Treves* (Padua 1983) 151–93
Gigon	O. Gigon
	Aristotelis Opera. III. *Librorum deperditorum fragmenta*, ed. O. Gigon (Berlin/New York 1987)
1965	(review of Long), *DLZ* 86 (1965) 101–5
Giussani	C. Giussani
Ad Lucr.	*T. Lucreti Cari De rerum natura libri sex*, ed. C. Giussani. Vols. II–IV (Turin 1896–1898)
Studi	*T. Lucreti Cari De rerum natura libri sex*, ed. C. Giussani. Vol. I: *Studi Lucreziani* (Turin 1896)
Glucker, *Antiochus*	J. Glucker, *Antiochus and the Late Academy* (Göttingen 1978)
Goulet, *Études*	R. Goulet, *Études sur les Vies des philosophes de l'Antiquité tardive* (Paris 2001)
Goulet-Cazé, *Kynika*	M.-O. Goulet-Cazé, *Les Kynika du Stoïcisme* (Stuttgart 2003)
Grundriss	*Grundriss der Geschichte der Philosophie.* Begründet v. F. Ueberweg. Völlig neubearbatete Ausgabe. *Die Philosophie der Antike.* Hrsg. v. H. Flashar. Band 2/1 (Basel 1998); 2/2 (Basel 2007); 3 (Basel ²2004); 4/1–2 (Basel 1994)
Haake	M. Haake, *Der Philosoph in der Stadt. Untersuchungen zur öffentlichen Rede über Philosophen und Philosophie in den hellenistischen Poleis* (Munich 2007)
Heine	O. Heine, 'Kritische Beiträge zum siebenten Buche des Laertios Diogenes', *JCPh* 15 (1869) 611–28
Hense, *Teles²*	*Teletis reliquiae*, ed. O. Hense (Tübingen ²1909)
Hercher	*Epistolographi Graeci*, ed. R. Hercher (Paris 1873)
Hermann 1829	G. Hermann (review of Huebn. I), *Leipziger Literatur-Zeitung* (1829) 235–6
Hermann (K.Fr.)	K. Fr. Hermann (review of Huebn. I), *Allgemeine Schulzeitung* Abth. II Nr. 45 (1829) 369–75
Heßler	J. Heßler, 'Ergebnisse der Arbeit am Kommentar zu Epikurs *Brief an Menoikeus*: Ep. Men. 124', *SCO* 54 (2008, re vera 2011), 11–67
Hirzel	R. Hirzel
Dialog	*Der Dialog: Ein literarhistorischer Versuch* (Leipzig 1895)
Unters.	*Untersuchungen zu Cicero's philosophischen Schriften*, 3 vols. (Leipzig 1877–83)
Huffman, *Polyclète*	C. Huffman, 'Polyclète et les Présocratiques', in A. Laks and C. Louguet, *Qu'est-ce que la philosophie présocratique?* (Lille 2002) 303–27

Humblé J. Humblé, 'Antisthenica', *AC* 3 (1934) 163–71

Iunius Lectiones Hadriani Iunii quae in margine editionis J. Sambuci *Hesychii Milesii, Illustri cognomento, de his qui eruditionis fama claruere liber* (Antwerp 1572) inveniuntur

Jacobs F. Jacobs, *Anthologia Graeca ad fidem codicis olim Palatini nunc Parisini ex apographo Gothano edita* (Leipzig 1813–17)

Animadv. *Animadversiones in epigrammata Anthologiae Graecae* (Leipzig 1798–1814)

Jacoby, *Apollodor* F. Jacoby, *Apollodors Chronik. Eine Sammlung der Fragmente* (Berlin 1902)

Kassel R. Kassel (*per litteras*)

Kayser *ap.* V. d. Mühll

Kindstrand, *Chreia* J. F. Kindstrand, 'Diogenes Laertius and the chreia tradition', *Elenchos* 7 (1986) 217–34

Knoepfler D. Knoepfler, *La Vie de Ménédème d'Érétrie de Diogène Laërce. Contribution à l'histoire et à la critique du texte des* Vies des philosophes (Basel 1991)

Décrets D. Knoepfler, *Décrets érétriens de proxénie et de citoyenneté* (Lausanne 2001)

Koch. A. Kochalsky, *Das Leben und die Lehre Epikurs: Diogenes Laertius Buch X übersetzt und erklärt* (Leipzig 1914)

Kuehn J. Kuehn, *Observationes et emendationes in Diogenem Laertium*, *ap.* Meibom. (1692); *ap.* Huebn. IV (1833) 635–75 (*Selectae quaedam. . . observationes*)

Laks A. Laks, 'Édition critique et commentée de la *Vie d'Épicure* dans Diogène Laërce (X, 1–34)', in *Études sur l'Épicurisme antique* (Lille 1976) 1–118

Lang P. Lang, *De Speusippi academici scriptis. Accedunt fragmenta*, (Bonn 1911)

Language and Learning D. Frede and B. Inwood, *Language and Learning. Philosophy of Language in the Hellenistic Age* (Cambridge 2005)

Lapini W. Lapini
'Il Diogene Laerzio di Miroslav Marcovich', *Méthexis* 16 (2003) 105–14

Eraclide *Il POxy. 664 di Eraclide Pontico e la cronologia dei Cipselidi* (Florence 1996)

Filologia filosofica *Studi di filologia filosofica greca* (Florence 2003)

Hdt. *L'Epistola a Erodoto di Epicuro. Note testuali ed esegetiche* (forthcoming). Vid. *supra*, Preface p. x.

Prol. 'Il prologo della *Lettera a Erodoto* di Epicuro: sul testo di Diog. Laert. X 35–7', *Elenchos* 31 (2010) 331–43

890

SELECT BIBLIOGRAPHY

Note 'Note laerziane (D. L. 1.86, 3.102, 4.51, 5.41, 6.73)', *Sileno* 35 (2009) 227–34

Note² 'Note laerziane (D. L. 1.12, 8.48, 10.2, 10.5, 10.7–9, 10.9, 10.11, 10.124, 10.140)', *Sileno* 37 (2011) 207–17

Lapini* W. Lapini (*per litteras*)

Leo, *Biogr.* F. Leo, *Die griechisch-römische Biographie nach ihrer literarischen Form* (Leipzig 1901)

Leop. J. H. Leopold, 'Ad Epicurum', *Mnemosyne* 68 (1915) 268–85

Livrea E. Livrea, 'Teeteto, Antagora e Callimaco', *SIFC* 82 (1989) 24–31

L(ong)/S(edley) A. A. Long and D. Sedley, *The Hellenistic Philosophers*, 2 vols. (Cambridge 1987)

Madvig, *Adv.* J. N. Madvig, *Adversaria critica ad scriptores Graecos et Latinos*, I (Copenhagen 1871)

Maffi A. Maffi, 'Lo statuto giuridico delle scuole filosofiche greche nel III sec. a. C.', in H. Hugonnard-Roche, *L'enseignement supérieur dans les mondes antiques et médiévaux* (Paris 2008) 113–25

Mansfeld, *Studies* J. Mansfeld, *Studies in the Historiography of Greek Philosophy* (Assen 1990)

Martini E. Martini

I 'Analecta Laertiana I', *Leipziger Studien zur classischen Philolologie* 19 (1899) 73–177

II 'Analecta Laertiana II', *Leipziger Studien zur classischen Philologie* 20 (1902) 145–66

Überlieferung 'Zur handschriftlichen Überlieferung des Laertios Diogenes', *RhMus* 55 (1900) 612–24

Masson, *OGS* O. Masson, *Onomastica Graeca selecta*, 3 vols. (Paris/Geneva 1990–2000)

Meineke, *Sillogr.* A. Meineke, 'Zu den Sillographen', *Philologus* 15 (1860) 330–5

Mejer J. Mejer

Diogenes Laertius *Diogenes Laertius and his Hellenistic Background* (Wiesbaden 1978)

Transmission 'Diogenes Laertius and the transmission of Greek philosophy' *ANRW*, II 36.5 (Berlin/New York 1992) 3556–602

Menag(ius) Aeg. Menagius, *Observationes et emendationes in Diogenem Laertium* (Paris 1663); *ap.* Pearson (1664); *ap.* Meibom. (1692); *ap.* Huebn. III–IV (1830–33)

Mensching E. Mensching

  Favorin von Arelate, I. Fragmente (Berlin 1963)

Gnomon (review of Gigante), *Gnomon* 35 (1963) 659–65

Merbach F. Merbach, *De Epicuri canonica* (Leipzig 1909)

Meursius, *Theophr.*	J. Meursius, *Theophrastus, sive de illius libris qui iniuria temporis interciderunt liber singularis* (Leiden 1640)
Moraux	P. Moraux
Composition	'La composition de la "Vie d'Aristote" chez Diogène Laërce', *REG* 68 (1955) 124–63
Exposé	'L'exposé de la philosophie d'Aristote chez Diogène Laërce V 28–34', *RPhL* 47 (1949) 5–43
Listes	*Les listes anciennes des ouvrages d'Aristote* (Louvain 1951)
Peripatos	'Diogène Laërce et le Peripatos', *Elenchos* 7 (1986) 245–94
Mosshammer	A. A. Mosshammer, *The Chronicle of Eusebius and the Chronographic Tradition* (Lewisburg 1979)
Muehll, V. d.	P. Von der Muehll
	Schedae manu scriptae in Bibliotheca Universitatis Basileensis servatae. Schedas ipse inspexi. Vid. Dorandi, *Laertiana* 229–45
Kl. Schr.	*Ausgewählte kleine Schriften* (Basel 1976)
Mutschmann	H. Mutschmann, *Divisiones quae vulgo dicuntur Aristoteleae* (Leipzig 1906)
Ophuijsen & Raalte *Theophrastus*	J. van Ophuijsen and M. van Raalte, *Theophrastus. Reappraising the Sources* (New Brunswick 1998)
Palmerius, *Exercit.*	J. Palmerius, *Exercitationes in optimos fere auctores Graecos* (Leiden 1668)
Patzer, *Antisthenes*	A. Patzer, *Antisthenes der Sokratiker* (Heidelberg 1970)
Peretti	M. M. Peretti, 'Su alcuni passi della Vita di Platone di Diogene Laerzio', *RFIC* 93 (1965) 446–9
Pohlenz	M. Pohlenz, *Die Stoa. Geschichte einer geistigen Bewegung*, 2 vols. (Göttingen ¹1948–49, ³1964)
Praechter	K. Praechter (review of Mutschmann), *PhW* 39 (1910) 387–95
Preger	T. Preger, *Inscriptiones Graecae Metricae ex scriptoribus praeter Anthologiam collectae* (Leipzig 1891)
Regenbogen	O. Regenbogen, 'Theophrastos 3', *RE* Suppl. VII (1940) 1354–562
Reiske	H. Diels, 'Reiskii animadversiones in Laertium Diogenem', *Hermes* 24 (1889) 302–25
ap. Stadtmüller	vid. Stadtmüller II.1, p. xxxi*
ms.	I. I. Reiskii Ad Diogenem Laertium animadversiones secundum editionem Meibonianam (typis non impressae). Animadv. asservantur Hauniae in Bibliotheca regia (Ny kgl. Saml. 98.8vo et 194.4to). Nonnullis locis codicum imagines contuli. Vid. *supra* pp. ix–x

SELECT BIBLIOGRAPHY

Richards   H. Richards, 'Laertiana', *CR* 18 (1904) 340–6

Roeper   G. Roeper

    1846   'Emendationen zu Diogenes Laertius', *Philologus* 1 (1846) 652–63

    1848   'Conjecturen zu Diogenes Laertius', *Philologus* 3 (1848) 22–65

    1852   (review of Cob.) *Z. Alt.* n. F. 10 (1852) 132–68, 414–30, 433–9, 441–59

    1854   'Conjecturen zu Diogenes Laertius', *Philologus* 9 (1854) 1–42

    1870   'Zu Laertios Diogenes I.', *Philologus* 30 (1870) 557–77

Rohde, *Kl. Schr.*   E. Rohde, *Kleine Schriften*, 2 vols. (Tübingen and Leipzig 1901)

Rose   *Aristotelis qui ferebantur librorum fragmenta*, ed. V. Rose (Berlin ²1870; ³1886)

Rossi   I. Rossi, *Commentationes Laertianae* (Rome 1788)

Russell   D. A. Russell (review of Long), *CR* n.s. 15 (1965) 174–6

Rüstow   A. Rüstow, *Der Lügner. Theorie, Geschichte und Auflösung* (Leipzig 1910)

Scaliger   J. J. Scaliger *ap.* H. Stephanus, Ποίησις φιλόσοφος (Geneva 1573)

Schmidt, *Studia Laert.*   H. Schmidt, *Studia Laertiana* (Bonn 1906)

Schorn, *Neanthes*   St. Schorn, ' "Periegetische Biographie"—"Historische Biographie": Neanthes von Kyzikos (FgrHist 84) als Biograph', in Erler–Schorn 115–56

Schwartz   E. Schwartz, 'Diogenes Laertios', *RE* V 1 (1903) 738–63 (= *Griechische Geschichtschreiber* [Leipzig 1957] 453–91)

Sedley*   D. Sedley (*per litteras*)

Sollenberger   M. G. Sollenberger, 'Diogenes Laertius 5.36–57: the Vita Theophrasti', in W. W. Fortenbaugh, *Theophrastus of Eresus. On his Life and Work* (New Brunswick and Oxford 1985) 1–62

Stadtmüller   *Anthologia Graeca epigrammatum Palatina cum Planudea*, II.1, ed. H. Stadtmueller (Leipzig 1899)

Sternbach   Vide *Gnom. Vat.*

Stewart, *Nuggets*   A. Stewart, 'Nuggets', *AJA* 102 (1998) 271–82

Sudhaus   S. Sudhaus *ap.* Mutschmann

Tartaglia   L. Tartaglia, 'L'estratto vaticano delle *Vite* di Diogene Laerzio', *RAAN* 49 (1974) 253–72

Thesleff, *Pythag. Texts*   H. Thesleff, 'The Pythagorean Texts of the Hellenistic Period', *Acta Academiae Aboensis*. Humaniora 30.1 (1965)

Tziatzi-   M. Tziatzi-Papagianni, *Die Sprüche der sieben Weisen. Zwei*
  Papagianni   *byzantinische Sammlungen* (Stuttgart and Leipzig 1994)
Us(ener)   H. Usener
  Anal.   *Analecta Theophrastea* (Leipzig 1858) = *Kl. Schr.* I (1912) 50–90
  Kl. Schr.   *Kleine Schriften*, 3 vols. (Leipzig/Berlin 1912–14)
Volkmann   W. Volkmann
  1890   *Quaestiones de Diogene Laertio, I: De D. L. et Suida*,
    Jahresbericht über das Gymnasium St. Maria Magdalena
    in Breslau (1890) 1–13
  1895   *Quaestiones de Diogene Laertio, II: Miscellanea, ibid.* (1895) 1–14
Wachsm., *Sillogr.*   C. Wachsmuth, *Sillographorum Graecorum reliquiae* (Leipzig
    ²1885)
Wendland   P. Wendland, *ap.* Mutschmann
Wil(amowitz)   U. von Wilamowitz-Moellendorff
  Ant.   *Antigonos von Karystos* (Berlin 1881)
  Arist. u. Athen   *Aristoteles und Athen* (Berlin 1893)
  Hell. Dicht.   *Hellenistische Dichtung* (Berlin 1924)
  Kl. Schr.   *Kleine Schriften*, I–V (Berlin 1935–69)
  Platon   *Platon* (Berlin ¹1919, ²1920).

INDEX NOMINUM

INDEX NOMINUM

901

INDEX NOMINUM

INDEX NOMINUM

924

INDEX NOMINUM

925

INDEX NOMINUM

929